世界人口年鑑・別巻

国際連合

世界人口予測 1960→2060

2015年改訂版

国際連合経済社会情報・政策分析局 人口部［編］

第I分冊

原書房

注

本報告書で用いられた名称およびそのなかで提供されている資料は、国、領土、地域の法的資格、あるいは、それらに存在する機関の法的資格について、また、その国境・境界の決定について、国連事務局としてのいかなる見解の表明を意味するものではない。
本刊行物は、正式な編集なしで出版された。

ESA/P/WP.241

序　文

第24回目となる国連経済社会局人口部による公式人口推計および予測である本2015年改訂版は、国連人口部による最新の結果を示したものである。2015年改訂版の全結果は、全部で2巻からなる。

2015年改訂版のなかで本巻は、国連の公式人口推計および予測の包括的な表を示したものである。1960-2060年の発展段階グループ、主要地域、国ごとの人口学的プロフィールと主要な人口学的指標が示されている。すべての表のデータは、1960-2015年までの推計値とそれ以降の中位、高位、低位、および出生率一定の予測値である。表には、結果の概要が付いている。

この巻に加えて、第Ⅱ巻は1960-2060年の主要地域、特定グループ、2015年時点で10万人以上の住民のいる国ごとの男女・年齢別人口の推計および予測が示されている。

2015年改訂に関する責任は人口部にある。2015年改訂の準備は人口部と各地域委員会、専門機関、国連の他の関連機関によって行われた。人口部はまた経済社会局統計部の変わらぬ協力にも感謝する。

2015年改訂の主要なアウトプットは、他の人口情報と同様に、世界的な人口部のウェブサイトwww.unpopulation.org上でアクセスできる。2015年改訂版のさらなる情報に関しては国連経済社会局人口部あてに連絡されたい。

Population Estimates and Projections Section
Population Division, UN Department of Economic and Social Affairs,
2 United Nations Plaza, Rm. DC2-1950, New York, NY 10017 USA,
telephone: + 1-212-963-3179, email: population@un.org

目　次

序文 …… iii

注釈 …… xix
要約 …… xxix

付　表

Ⅰ. 人口学的プロフィール

A.1. 主要地域，地域，および特別グループ別人口学的プロフィール

世界 …… 2
先進地域 …… 4
発展途上地域 …… 6
最貧国 …… 8
最貧国を除く発展途上地域 …… 10
中国を除く発展途上地域 …… 12
高所得国 …… 14
中所得国 …… 16
中高所得国 …… 18
中低所得国 …… 20
低所得国 …… 22
サハラ以南のアフリカ …… 24
アフリカ …… 26
東部アフリカ …… 28
中部アフリカ …… 30
北部アフリカ …… 32
南部アフリカ …… 34
西部アフリカ …… 36
アジア …… 38
東部アジア …… 40
南・中央アジア …… 42
中央アジア …… 44
南アジア …… 46
南東部アジア …… 48
西部アジア …… 50
ヨーロッパ …… 52
東部ヨーロッパ …… 54
北部ヨーロッパ …… 56
南部ヨーロッパ …… 58
西部ヨーロッパ …… 60
ラテンアメリカおよびカリブ海 …… 62
カリブ海 …… 64

中央アメリカ……66
南アメリカ……68
北部アメリカ……70
オセアニア……72
オーストラリア／ニュージーランド……74
メラネシア……76
ミクロネシア……78
ポリネシア……80

A.2. 国・属領別人口プロフィール

アフガニスタン……82
アルバニア……84
アルジェリア……86
アンゴラ……88
アルゼンチン……90
アルメニア……92
アルバ……94
オーストラリア……96
オーストリア……98
アゼルバイジャン……100
バハマ……102
バーレーン……104
バングラデシュ……106
バルバドス……108
ベラルーシ……110
ベルギー……112
ベリーズ……114
ベニン……116
ブータン……118
ボリビア……120
ボスニア・ヘルツェゴビナ……122
ボツワナ……124
ブラジル……126
ブルネイダルサラーム……128
ブルガリア……130
ブルキナファソ……132
ブルンディ……134
カンボジア……136
カメルーン……138
カナダ……140
カーボベルデ……142
中央アフリカ共和国……144
チャド……146
チャネル諸島……148

チリ.......... 150
中国.......... 152
中国（香港）.......... 154
中国（マカオ）.......... 156
コロンビア.......... 158
コモロ.......... 160
コンゴ.......... 162
コスタリカ.......... 164
コートジボアール.......... 166
クロアチア.......... 168
キューバ.......... 170
キプロス.......... 172
チェコ共和国.......... 174
朝鮮民主主義人民共和国.......... 176
コンゴ民主共和国.......... 178
デンマーク.......... 180
ジブチ.......... 182
ドミニカ共和国.......... 184
エクアドル.......... 186
エジプト.......... 188
エルサルバドル.......... 190
赤道ギニア.......... 192
エリトリア.......... 194
エストニア.......... 196
エチオピア.......... 198
フィジー.......... 200
フィンランド.......... 202
フランス.......... 204
フランス領ギアナ.......... 206
フランス領ポリネシア.......... 208
ガボン.......... 210
ガンビア.......... 212
ジョージア.......... 214
ドイツ.......... 216
ガーナ.......... 218
ギリシャ.......... 220
グレナダ.......... 222
グアドループ.......... 224
グアム.......... 226
グアテマラ.......... 228
ギニア.......... 230
ギニアビサウ.......... 232
ガイアナ.......... 234
ハイチ.......... 236
ホンジュラス.......... 238

ハンガリー……240
アイスランド……242
インド……244
インドネシア……246
イラン・イスラム共和国……248
イラク……250
アイルランド……252
イスラエル……254
イタリア……256
ジャマイカ……258
日本……260
ヨルダン……262
カザフスタン……264
ケニア……266
キリバス……268
クウェート……270
キルギスタン……272
ラオス人民民主主義共和国……274
ラトビア……276
レバノン……278
レソト……280
リベリア……282
リビア・アラブ……284
リトアニア……286
ルクセンブルク……288
マダガスカル……290
マラウィ……292
マレーシア……294
モルジブ……296
マリ……298
マルタ……300
マルチニーク……302
モーリタニア……304
モーリシャス……306
マヨット島……308
メキシコ……310
ミクロネシア連邦……312
モンゴル……314
モンテネグロ……316
モロッコ……318
モザンビーク……320
ミャンマー……322
ナミビア……324
ネパール……326
オランダ……328

ニューカレドニア...330
ニュージーランド...332
ニカラグア...334
ニジェール...336
ナイジェリア...338
ノルウェー...340
オマーン...342
パキスタン...344
パナマ...346
パプアニューギニア...348
パラグアイ...350
ペルー...352
フィリピン...354
ポーランド...356
ポルトガル...358
プエルトリコ...360
カタール...362
韓国...364
モルドバ共和国...366
レユニオン...368
ルーマニア...370
ロシア連邦...372
ルワンダ...374
セントルシア...376
セントビンセント・グレナディーン...378
サモア...380
サントメ・プリンシペ...382
サウジアラビア...384
セネガル...386
セルビア...388
シエラレオネ...390
シンガポール...392
スロバキア...394
スロベニア...396
ソロモン諸島...398
ソマリア...400
南アフリカ...402
南スーダン...404
スペイン...406
スリランカ...408
パレスチナ自治領...410
スーダン...412
スリナム...414
スワジランド...416
スウェーデン...418

スイス......420
シリア・アラブ共和国......422
タジキスタン......424
マケドニア旧ユーゴスラビア......426
タイ......428
東ティモール......430
トーゴ......432
トンガ......434
トリニダード・トバゴ......436
チュニジア......438
トルコ......440
トルクメニスタン......442
ウガンダ......444
ウクライナ......446
アラブ首長国連邦......448
イギリス......450
タンザニア共和国連邦......452
アメリカ合衆国......454
米領バージン諸島......456
ウルグアイ......458
ウズベキスタン......460
バヌアツ......462
ベネズエラ......464
ベトナム......466
西サハラ......468
イエメン......470
ザンビア......472
ジンバブエ......474

Ⅱ．人口学的主要指標

人口規模およびその増加

A.3. 主要地域，地域別年央総人口，推計および中位予測値，1960-2060年......478
A.4. 主要地域，地域別年央総人口，高位予測値，2015-2060年......480
A.5. 主要地域，地域別年央総人口，低位予測値，2015-2060年......481
A.6. 主要地域，地域別年央総人口，出生率一定予測値，2015-2060年......482
A.7. 主要地域，地域別年平均人口増加率，推計および中位予測値，1960-2060年......484
A.8. 主要地域，地域別年平均人口増加率，高位予測値，2010-2060年......486
A.9. 主要地域，地域別年平均人口増加率，低位予測値，2010-2060年......487
A.10. 主要地域，地域別年平均人口増加率，出生率一定予測値，2010-2060年......488
A.11. 主要地域，地域および国別年央総人口，推計および中位予測値，1960-2060年......490
A.12. 主要地域，地域および国別年央総人口，高位予測値，2015-2060年......500
A.13. 主要地域，地域および国別年央総人口，低位予測値，2015-2060年......506
A.14. 主要地域，地域および国別年央総人口，出生率一定予測値，2015-2060年......512

A. 15. 主要地域，地域および国別年平均人口増加率，推計および中位予測値，1960-2060年 ... 518
A. 16. 主要地域，地域および国別年平均人口増加率，高位予測値，2010-2060年......... 528
A. 17. 主要地域，地域および国別年平均人口増加率，低位予測値，2010-2060年......... 534
A. 18. 主要地域，地域および国別年平均人口増加率，出生率一定予測値，2010-2060年... 540
A. 19. 主要地域，地域および国別，年次別補間年央人口：推計値，1990-2010年......... 546
A. 20. 主要地域，地域および国別，年次別補間年央人口：中位予測値，2011-2030年..... 556

出生

A. 21. 主要地域，地域および国別粗出生率：推計および中位予測値，1960-2060年....... 566
A. 22. 主要地域，地域および国別粗出生率：推計および高位予測値，1960-2060年....... 574
A. 23. 主要地域，地域および国別粗出生率：推計および低位予測値，1960-2060年....... 582
A. 24. 主要地域，地域および国別合計出生率：推計および中位予測値，1960-2060年..... 590
A. 25. 主要地域，地域および国別合計出生率：推計および高位予測値，1960-2060年..... 598
A. 26. 主要地域，地域および国別合計出生率：推計および低位予測値，1960-2060年..... 606

死亡

A. 27. 主要地域，地域および国別粗死亡率：推計および中位予測値，1960-2060年....... 614
A. 28. 主要地域，地域および国別粗死亡率：推計および高位予測値，1960-2060年....... 622
A. 29. 主要地域，地域および国別粗死亡率：推計および低位予測値，1960-2060年....... 630
A. 30. 主要地域，地域および国別出生時の平均余命：推計および予測値，1960-2060年... 638
A. 31. 主要地域，地域および国別乳児死亡率：推計および予測値，1960-2060年......... 666
A. 32. 主要地域，地域および国別５歳未満の子どもの死亡率:推計および予測値，1980-2060年.. 674

年齢別人口構成および従属人口指数

A. 33. 主要地域，地域および国別，年齢階級別人口：推計および中位予測値，1960-2060年.. 678
A. 34. 主要地域，地域および国別，在学人口：推計および中位予測値，1960-2060年..... 706
A. 35. 主要地域，地域および国別，従属人口指数：推計および中位予測値，1960-2060年.... 742

CONTENTS

ANNEX TABLES

I. DEMOGRAPHIC PROFILES

A.1. Demographic profiles by major area, region and special group

WORLD 2
More developed regions 4
Less developed regions 6
Least developed countries 8
Less developed regions, excluding least developed countries 10
Less developed regions, excluding China 12
High-income countries 14
Middle-income countries 16
Upper-middle-income countries 18
Lower-middle-income countries 20
Low-income countries 22
Sub-Saharan Africa 24
AFRICA 26
Eastern Africa 28
Middle Africa 30
Northern Africa 32
Southern Africa 34
Western Africa 36
ASIA 38
Eastern Asia 40
South-Central Asia 42
Central Asia 44
Southern Asia 46
South-Eastern Asia 48
Western Asia 50
EUROPE 52
Eastern Europe 54
Northern Europe 56
Southern Europe 58
Western Europe 60
LATIN AMERICA AND THE CARIBBEAN 62
Caribbean 64
Central America 66
South America 68
NORTHERN AMERICA 70

OCEANIA 72
Australia/New Zealand 74
Melanesia 76
Micronesia 78
Polynesia 80

A.2. Demographic profiles by country or area

Afghanistan 82
Albania 84
Algeria 86
Angola 88
Argentina 90
Armenia 92
Aruba 94
Australia 96
Austria 98
Azerbaijan 100
Bahamas 102
Bahrain 104
Bangladesh 106
Barbados 108
Belarus 110
Belgium 112
Belize 114
Benin 116
Bhutan 118
Bolivia (Plurinational State of) 120
Bosnia and Herzegovina 122
Botswana 124
Brazil 126
Brunei Darussalam 128
Bulgaria 130
Burkina Faso 132
Burundi 134
Cambodia 136
Cameroon 138
Canada 140
Cape Verde 142
Central African Republic 144
Chad 146
Channel Islands 148
Chile 150
China 152

China, Hong Kong SAR 154
China, Macao SAR 156
Colombia 158
Comoros 160
Congo 162
Costa Rica 164
Côte d'Ivoire 166
Croatia 168
Cuba 170
Cyprus 172
Czech Republic 174
Dem. People's Republic of Korea 176
Democratic Republic of the Congo 178
Denmark 180
Djibouti 182
Dominican Republic 184
Ecuador 186
Egypt 188
El Salvador 190
Equatorial Guinea 192
Eritrea 194
Estonia 196
Ethiopia 198
Fiji 200
Finland 202
France 204
French Guiana 206
French Polynesia 208
Gabon 210
Gambia 212
Georgia 214
Germany 216
Ghana 218
Greece 220
Grenada 222
Guadeloupe 224
Guam 226
Guatemala 228
Guinea 230
Guinea-Bissau 232
Guyana 234
Haiti 236
Honduras 238
Hungary 240

Iceland 242
India 244
Indonesia 246
Iran (Islamic Republic of) 248
Iraq 250
Ireland 252
Israel 254
Italy 256
Jamaica 258
Japan 260
Jordan 262
Kazakhstan 264
Kenya 266
Kiribati 268
Kuwait 270
Kyrgyzstan 272
Lao People's Democratic Republic 274
Latvia 276
Lebanon 278
Lesotho 280
Liberia 282
Libya 284
Lithuania 286
Luxembourg 288
Madagascar 290
Malawi 292
Malaysia 294
Maldives 296
Mali 298
Malta 300
Martinique 302
Mauritania 304
Mauritius 306
Mayotte 308
Mexico 310
Micronesia (Fed. States of) 312
Mongolia 314
Montenegro 316
Morocco 318
Mozambique 320
Myanmar 322
Namibia 324
Nepal 326
Netherlands 328

New Caledonia 330
New Zealand 332
Nicaragua 334
Niger 336
Nigeria 338
Norway 340
Oman 342
Pakistan 344
Panama 346
Papua New Guinea 348
Paraguay 350
Peru 352
Philippines 354
Poland 356
Portugal 358
Puerto Rico 360
Qatar 362
Republic of Korea 364
Republic of Moldova 366
Réunion 368
Romania 370
Russian Federation 372
Rwanda 374
Saint Lucia 376
Saint Vincent and the Grenadines 378
Samoa 380
Sao Tome and Principe 382
Saudi Arabia 384
Senegal 386
Serbia 388
Sierra Leone 390
Singapore 392
Slovakia 394
Slovenia 396
Solomon Islands 398
Somalia 400
South Africa 402
South Sudan 404
Spain 406
Sri Lanka 408
State of Palestine 410
Sudan 412
Suriname 414

Swaziland 416
Sweden 418
Switzerland 420
Syrian Arab Republic 422
Tajikistan 424
TFYR Macedonia 426
Thailand 428
Timor-Leste 430
Togo 432
Tonga 434
Trinidad and Tobago 436
Tunisia 438
Turkey 440
Turkmenistan 442
Uganda 444
Ukraine 446
United Arab Emirates 448
United Kingdom 450
United Republic of Tanzania 452
United States of America 454
United States Virgin Islands 456
Uruguay 458
Uzbekistan 460
Vanuatu 462
Venezuela (Bolivarian Republic of) 464
Viet Nam 466
Western Sahara 468
Yemen 470
Zambia 472
Zimbabwe 474

II. SELECTED DEMOGRAPHIC INDICATORS

Population size and growth

A.3. Total population at mid-year by major area and region: estimates and medium variant, 1960-2060 478
A.4. Total population at mid-year by major area and region: high variant, 2015-2060 480
A.5. Total population at mid-year by major area and region: low variant, 2015-2060 481
A.6. Total population at mid-year by major area and region: constant-fertility variant, 2015-2060 482
A.7. Average annual rate of population change by major area and region: estimates and medium variant, 1960-2060 484
A.8. Average annual rate of population change by major area and region: high variant, 2010-2060 486
A.9. Average annual rate of population change by major area and region: low variant, 2010-2060 487

A.10. Average annual rate of population change by major area and region: constant-fertility variant, 2010-2060 488
A.11. Total population at mid-year by major area, region and country: estimates and medium variant, 1960-2060 490
A.12. Total population at mid-year by major area, region and country: high variant, 2015-2060 500
A.13. Total population at mid-year by major area, region and country: low variant, 2015-2060 506
A.14. Total population at mid-year by major area, region and country: constant-fertility variant, 2015-2060 512
A.15. Average annual rate of population change by major area, region and country: estimates and medium variant, 1960-2060 518
A.16. Average annual rate of population change by major area, region and country: high variant, 2010-2060 528
A.17. Average annual rate of population change by major area, region and country: low variant, 2010-2060 534
A.18. Average annual rate of population change by major area, region and country: constant-fertility variant, 2010-2060 540
A.19. Annual interpolated mid-year population by major area, region and country: estimates, 1990-2010 546
A.20. Annual interpolated mid-year population by major area, region and country: medium variant, 2011-2030 556

Fertility

A.21. Crude birth rate by major area, region and country: estimates and medium variant, 1960-2060 566
A.22. Crude birth rate by major area, region and country: estimates and high variant, 1960-2060 574
A.23. Crude birth rate by major area, region and country: estimates and low variant, 1960-2060 582
A.24. Total fertility by major area, region and country: estimates and medium variant, 1960-2060 590
A.25. Total fertility by major area, region and country: estimates and high variant, 1960-2060 598
A.26. Total fertility by major area, region and country: estimates and low variant, 1960-2060 606

Mortality

A.27. Crude death rate by major area, region and country: estimates and medium variant, 1960-2060 614
A.28. Crude death rate by major area, region and country: estimates and high variant, 1960-2060 622
A.29. Crude death rate by major area, region and country: estimates and low variant, 1960-2060 630
A.30. Life expectancy at birth by major area, region and country: estimates and projections, 1960-2060 638
A.31. Infant mortality rate by major area, region and country: estimates and projections, 1960-2060 666
A.32. Under-five mortality by major area, region and country: estimates and projections, 1960-2060 674

Population age composition and dependency ratios

A.33. Population by broad age group, major area, region and country: estimates and medium variant, 1960-2060 678
A.34. Population in school age by major area, region and country: estimates and medium variant, 1960-2060 706
A.35. Dependency ratios by major area, region and country: estimates and medium variant, 1960-2060 742

注　釈

本報告書の表では、以下の記号が使用されている。

(…) は、該当数字なし、あるいはとくに報告がないことを示す。
(-) は、アイテムが適用できないことを示す。
数字の前の (−) は、減少を示す。
(.) は、小数点を表すのに用いられる
年次を表す数字の間の - の使用、例えば、1995-2000は、最初の年次の７月１日から２番目の年次の７月１日までの全期間を意味する。

表中の数値および割合は、四捨五入をしてあるため必ずしも合計と一致しない。

本報告書で用いられた名称、およびそのなかで提供されている資料は、国、領土、地域の法的資格、あるいはそれらに存在する機関の法的資格について、また、その国境・境界の決定について、国連事務局としてのいかなる見解の表明も意味するものではない。

「先進」、「発展途上」地域の表記は、統計上の便宜のためにつけられたもので、必ずしも特定の国、属領、地域が発展段階で到達した段階についての判断を示したものではない。本報告書中で用いられる「国」は、その固有の属領あるいは領域も含めたものとする。

先進地域は、ヨーロッパ、北部アメリカ、オーストラリア／ニュージーランドおよび日本の全地域からなる。

発展途上地域はアフリカ、アジア（日本を除く）、ラテンアメリカおよびカリブ海、メラネシア、ミクロネシア、ポリネシアの全地域からなる。

最貧国グループは以下の国からなる。アフガニスタン、アンゴラ、バングラデシュ、ベニン、ブータン、ブルキナファソ、ブルンディ、カンボジア、中央アフリカ共和国、チャド、コモロ、コンゴ民主共和国、ジブチ、赤道ギニア、エリトリア、エチオピア、ガンビア、ギニア、ギニアビサウ、ハイチ、キリバス、キルギスタン、レソト、リベリア、マダガスカル、マラウィ、マリ、モーリタニア、モザンビーク、ミャンマー、ネパール、ニジェール、ルワンダ、サントメ・プリンシペ、セネガル、シエラレオネ、ソロモン諸島、ソマリア、南スーダン、スーダン、東ティモール、トーゴ、トルクメニスタン、ウガンダ、タンザニア共和国連邦、バヌアツ、イエメン、ザンビア、の48ヶ国である。

発展途上地域の中には、これら最貧国を除くその他の発展途上諸国も含まれる。

「サハラ以南のアフリカ」という表記は、サハラ以南のアフリカに属するスーダンを含む北部アフリカ以外の、アフリカ全地域を指すものとして使われている。

国と地域は地理的に、アフリカ、アジア、ヨーロッパ、ラテンアメリカおよびカリブ海、北部アメリカ、オセアニアの６つの主要地域に分類する。更にこれらの地域は地理的に21の区域に分類する。

地域の名称と地理的構成は、「統計を使用するための標準的な国または地域コード」“Standard country or area codes for statistical use”に準拠している。
参照URL　http://unstats.un.org/unsd/methods/m49/m49.htm

主要地域および地域別国の分類

アフリカ

東部アフリカ
ブルンディ
コモロ
ジブチ
エリトリア
エチオピア
ケニア
マダガスカル
マラウィ
モーリシャス[1]
マヨット島
モザンビーク
レユニオン
ルワンダ
セイシェル
ソマリア
南スーダン
ウガンダ
タンザニア共和国連邦[3]
ザンビア
ジンバブエ

中部アフリカ
アンゴラ
カメルーン
中央アフリカ共和国
チャド
コンゴ
コンゴ民主共和国
赤道ギニア
ガボン
サントメ・プリンシペ

北部アフリカ
アルジェリア
エジプト
リビア・アラブ
モロッコ
スーダン
チュニジア
西サハラ

南部アフリカ
ボツワナ
レソト
ナミビア
南アフリカ
スワジランド

西部アフリカ
ベニン
ブルキナファソ
カーボベルデ
コートジボアール
ガンビア
ガーナ
ギニア
ギニア・ビサウ
リベリア
マリ
モーリタニア
ニジェール
ナイジェリア
セントヘレナ[2*]
セネガル
シエラレオネ
トーゴ

アジア

東部アジア
中国[5]
中国（香港）[6]
中国（マカオ）[8]
北朝鮮
日本
モンゴル
韓国
その他の非特定領域

南・中央アジア[4]

南アジア
カザフスタン
キルギスタン
タジキスタン
トルクメニスタン
ウズベキスタン

中央アジア
アフガニスタン
バングラデシュ
ブータン
インド
イラン・イスラム共和国
モルジブ
ネパール
パキスタン
スリランカ

南東部アジア
ブルネイダルサラーム
カンボジア
インドネシア
ラオス
マレーシア[11]
ミャンマー
フィリピン
シンガポール
タイ
東ティモール
ベトナム

西部アジア
アルメニア
アゼルバイジャン[7]
バーレーン
キプロス[9]
ジョージア[10]
イラク
イスラエル
ヨルダン
クウェート
レバノン
オマーン
カタール
サウジアラビア
パレスチナ自治領[12]
シリア・アラブ共和国
トルコ
アラブ首長国連邦
イエメン

---

1 アガレガ、ロドリゲスおよびセントブランダンを含む。
2 アセンション島およびトリスタン・ダ・クーナ諸島を含む。
3 ザンジバルを含む。
4 南部アジアおよび中央アジアは、南・中央アジアにまとめられている。
5 統計上の目的により、中国のデータには香港行政特区およびマカオ行政特区、台湾のデータを含んでいない。
6 香港は1997年7月1日をもって、中国香港行政特別区となった。
7 ナゴルノ・カラバフを含む。
8 マカオは1999年12月をもって、中国マカオ行政特別区となった。
9 北キプロスを含む。
10 アブハジアおよび南オセチアを含む。
11 サバおよびサラワクを含む。
12 東エルサレムを含む。

ヨーロッパ

東部ヨーロッパ
ベラルーシ
ブルガリア
チェコ共和国
ハンガリー
ポーランド
モルドバ共和国 [15]
ルーマニア
ロシア連邦
スロバキア
ウクライナ [17]

北部ヨーロッパ
チャネル諸島 [13]
デンマーク
エストニア
フェロー諸島*
フィンランド [14]
アイスランド
アイルランド
マン島*
ラトビア
リトアニア
ノルウェー [18]
スウェーデン
イギリス [20]

南部ヨーロッパ
アルバニア
アンドラ*
ボスニア・ヘルツェゴビナ
クロアチア
ジブラルタル*
ギリシャ
バチカン [16]*
イタリア
マルタ
モンテネグロ
ポルトガル
サンマリノ*
セルビア [19]
スロベニア
スペイン [21]
マケドニア
旧ユーゴスラビア [22]

西部ヨーロッパ
オーストリア
ベルギー
フランス
ドイツ
リヒテンシュタイン*
ルクセンブルク
モナコ*
オランダ
スイス

ラテンアメリカおよびカリブ海

カリブ海
アンギラ*
アンチグア・バーブーダ
アルバ
バハマ
バルバドス
英領ヴァージン諸島*
オランダカリブ領域* [23]
ケイマン諸島*
キューバ
ドミニカ*
ドミニカ共和国
グレナダ
グアドループ [24]
ハイチ
ジャマイカ
マルチニーク
モントセラト*
プエルトリコ
セントキッツ・ネイビス*
セントルシア
セントビンセント・
グレナディーン
シント・マールテン(蘭領)*
トリニダード・トバゴ
タークス・カイコス諸島*
米領バージン諸島

中央アメリカ
ベリーズ
コスタリカ
エルサルバドル
グアテマラ
ホンジュラス
メキシコ
ニカラグア
パナマ

南アメリカ
アルゼンチン
ボリビア
ブラジル
チリ
コロンビア
エクアドル
フォークランド諸島*
フランス領ギアナ
ガイアナ
パラグアイ
ペルー
スリナム
ウルグアイ
ベネズエラ

北部アメリカ

バーミューダ*
カナダ
グリーンランド*
セントピエール・ミケロン*
アメリカ合衆国

---

13 ゲムジー島およびジャージー島を指す。
14 オーランド諸島を含む。
15 沿ドニエストルを含む。
16 バチカン市国を指す。
17 クリミア半島を含む。
18 スバルバル諸島およびヤン・マイエン島を含む。
19 コソボを含む。
20 連合王国（UK）とも言う。
21 カナリア諸島、セウタおよびメリリャを含む。
22 TFYR Macedoniaとも略される。
23 ボネール島、サバおよびセントエスタチュースを指す。
24 セント・バーソロミュー島およびセント・マーチン島（仏領）を含む。

国の分類(続)

オセアニア

オーストラリア/ニュージーランド
- オーストラリア[26]
- ニュージーランド

メラネシア
- フィジー
- ニューカレドニア
- パプアニューギニア
- ソロモン諸島
- バヌアツ

ミクロネシア
- グアム
- キリバス
- マーシャル諸島*
- ミクロネシア連邦
- ナウル*
- 北マリアナ諸島*
- パラオ*

ポリネシア[25]
- 米領サモア*
- クック諸島*
- フランス領ポリネシア
- ニウエ*
- サモア
- トケラウ*
- トンガ
- ツバル*
- ワリスおよびフツナ諸島*

サハラ以南のアフリカ

アンゴラ
ベニン
ボツワナ
ブルキナファソ
ブルンディ
カメルーン
カーボベルデ
中央アフリカ共和国
チャド
コモロ
コンゴ
コートジボワール
コンゴ民主共和国
ジブチ
赤道ギニア
エリトリア
エチオピア
ガボン
ガンビア
ガーナ
ギニア
ギニアビサウ
ケニア
レソト
リベリア
マダガスカル
マラウィ
マリ
モーリタニア
モーリシャス
マヨット島
モザンビーク
ナミビア
ニジェール
ナイジェリア
レユニオン
ルワンダ
セントヘレナ
サントメ・プリンシペ
セネガル
セイシェル
シエラレオネ
ソマリア
南アフリカ
南スーダン
スワジランド
トーゴ
ウガンダ
タンザニア共和国連邦
ザンビア
ジンバブエ

最貧国

アフガニスタン
アンゴラ
バングラデシュ
ベニン
ブータン
ブルキナファソ
ブルンディ
カンボジア
中央アフリカ共和国
チャド
コモロ
コンゴ民主共和国
ジブチ
赤道ギニア
エリトリア
エチオピア
ガンビア
ギニア
ギニアビサウ
ハイチ
キリバス
キルギスタン
レソト
リベリア
マダガスカル
マラウィ
マリ
モーリタニア
モザンビーク
ミャンマー
ネパール
ニジェール
ルワンダ
サントメ・プリンシペ
セネガル
シエラレオネ
ソロモン諸島
ソマリア
南スーダン
スーダン
東ティモール
トーゴ
トルクメニスタン
ウガンダ
タンザニア共和国連邦
バヌアツ
イエメン
ザンビア

注：20015年において人口9万人以下の国・属領については*が付されている。

25 ピトケアン諸島を含む。
26 クリスマス島、ココス（キーリング）諸島、およびノーフォーク島を含む。

高所得国

アルジェリア
アンゴラ
アルゼンチン
アルバ
オーストラリア
オーストリア
バハマ
バーレーン
バルバドス
ベルギー
ベニン
ブルネイダルサラーム
カナダ
カリブ海
チャネル諸島
チリ
中国(香港)
中国(マカオ)
クロアチア
キューバ
キプロス
チェコ共和国
デンマーク
赤道ギニア
エストニア
ヨーロッパ
フィンランド
フランス
フランス領ポリネシア
ドイツ
ギリシャ
ギリシャ
グアム
ハンガリー
アイスランド
アイルランド
アイルランド
イスラエル
イタリア
日本
クウェート
ラトビア
リビア・アラブ
リトアニア
ルクセンブルク
マルタ
中所得国
オランダ
ニューカレドニア
ニュージーランド
北部ヨーロッパ
ノルウェー
オマーン
ポーランド
ポルトガル
プエルトリコ
カタール
韓国
ロシア連邦
ルワンダ
サモア
サウジアラビア
セルビア
シンガポール
シンガポール
スロバキア
スロベニア
スペイン
スウェーデン
スイス
トリニダード・トバゴ
トルクメニスタン
アラブ首長国連邦
イギリス
アメリカ合衆国
米領バージン諸島
ウルグアイ
バヌアツ
オマーン

低所得国

アフガニスタン
ベニン
ブルキナファソ
ブルンディ
カンボジア
中央アフリカ共和国
チャド
コモロ
朝鮮民主主義人民共和国
コンゴ民主共和国
エリトリア
エチオピア
ガンビア
ギニア
ギニアビサウ
ハイチ
リベリア
マダガスカル
マラウィ
マリ
モザンビーク
ネパール
ニジェール
ルワンダ
シエラレオネ
ソマリア
南スーダン
トーゴ
ウガンダ
タンザニア共和国連邦
ジンバブエ

中高所得国

アルバニア
アルジェリア
アルジェリア
アンゴラ
アゼルバイジャン
ベラルーシ
ベリーズ
ボスニア・ヘルツェゴビナ
ボツワナ
ブラジル
ブルガリア
中国
コロンビア
コスタリカ
キューバ
ジブチ
ドミニカ共和国
エクアドル
フィジー
ガボン
グレナダ
イラン・イスラム共和国
イラク
ジャマイカ
ヨルダン
カザフスタン
レバノン
リビア・アラブ
マレーシア
モルジブ
マルタ
モーリシャス
メキシコ
モンゴル
モンテネグロ
ナミビア
パキスタン
パナマ
パラグアイ
ペルー
ルーマニア
セントルシア
セントビンセント・グレナディーン
セルビア
南アフリカ
スリナム
タイ
韓国
タイ
トンガ
チュニジア
トルコ
トルクメニスタン
トルクメニスタン

中低所得国

アルメニア
バングラデシュ
ブータン
ボリビア
カーボベルデ
カメルーン
コンゴ
コートジボアール
ジブチ
エジプト
エルサルバドル
ジョージア
ガーナ
グアテマラ
ガイアナ
ホンジュラス
インド
インドネシア
ケニア
キリバス
キルギスタン
ラオス人民民主主義共和国
レソト
モーリタニア
ミクロネシア連邦
モロッコ
ミャンマー
ニカラグア
ナイジェリア
パキスタン
パプアニューギニア
フィリピン
モルドバ共和国
サモア
サントメ・プリンシペ
セネガル
ソロモン諸島
スリランカ
パレスチナ自治領
スーダン
スワジランド
シリア・アラブ共和国
タジキスタン
東ティモール
ウクライナ
ウズベキスタン
バヌアツ
ベトナム
イエメン
ザンビア

CLASSIFICATION OF COUNTRIES BY MAJOR AREA AND REGION OF THE WORLD

Africa

Eastern Africa

Burundi
Comoros
Djibouti
Eritrea
Ethiopia
Kenya
Madagascar
Malawi
Mauritius [1]
Mayotte
Mozambique
Réunion
Rwanda
Seychelles
Somalia
South Sudan
Uganda
United Republic of Tanzania [3]
Zambia
Zimbabwe

Middle Africa

Angola
Cameroon
Central African Republic
Chad
Congo
Democratic Republic of the Congo
Equatorial Guinea
Gabon
São Tomé and Príncipe

Northern Africa

Algeria
Egypt
Libyan Arab Jamahiriya
Morocco
Sudan
Tunisia
Western Sahara

Southern Africa

Botswana
Lesotho
Namibia
South Africa
Swaziland

Western Africa

Benin
Burkina Faso
Cape Verde
Côte d'Ivoire
Gambia
Ghana
Guinea
Guinea-Bissau
Liberia
Mali
Mauritania
Niger
Nigeria
Saint Helena [2]*
Senegal
Sierra Leone
Togo

Asia

Eastern Asia

China [5]
China, Hong Kong SAR [6]
China, Macao SAR [8]
Democratic People's Republic of Korea
Japan
Mongolia
Republic of Korea

South-Central Asia [4]

Central Asia

Kazakhstan
Kyrgyzstan
Tajikistan
Turkmenistan
Uzbekistan

Southern Asia

Afghanistan
Bangladesh
Bhutan
India
Iran (Islamic Republic of)
Maldives
Nepal
Pakistan
Sri Lanka

South-Eastern Asia

Brunei Darussalam
Cambodia
Indonesia
Lao People's Democratic Republic
Malaysia [11]
Myanmar
Philippines
Singapore
Thailand
Timor-Leste
Viet Nam

Western Asia

Armenia
Azerbaijan [7]
Bahrain
Cyprus [9]
Georgia [10]
Iraq
Israel
Jordan
Kuwait
Lebanon
Oman
Qatar
Saudi Arabia
State of Palestine [12]
Syrian Arab Republic
Turkey
United Arab Emirates
Yemen

---

1 Including Agalega, Rodrigues, and Saint Brandon.
2 Including Ascension, and Tristan da Cunha.
3 Including Zanzibar.
4 The regions Southern Asia and Central Asia are combined into South-Central Asia.
5 For statistical purposes, the data for China do not include Hong Kong and Macao, Special Administrative Regions (SAR) of China, and Taiwan Province of China.
6 As of 1 July 1997, Hong Kong became a Special Administrative Region (SAR) of China.
7 Including Nagorno-Karabakh.
8 As of 20 December 1999, Macao became a Special Administrative Region (SAR) of China.
9 Refers to the whole country.
10 Including Abkhazia and South Ossetia
11 Including Sabah and Sarawak.
12 Including East Jerusalem.

Europe

Eastern Europe

Belarus
Bulgaria
Czech Republic
Hungary
Poland
Republic of Moldova [15]
Romania
Russian Federation
Slovakia
Ukraine [17]

Northern Europe

Channel Islands [13]
Denmark
Estonia
Faeroe Islands*
Finland [14]
Iceland
Ireland
Isle of Man*
Latvia
Lithuania
Norway [18]
Sweden
United Kingdom of Great Britain and Northern Ireland [20]

Southern Europe

Albania
Andorra*
Bosnia and Herzegovina
Croatia
Gibraltar*
Greece
Holy See [16] *
Italy
Malta
Montenegro
Portugal
San Marino*
Serbia [19]
Slovenia
Spain [21]
The former Yugoslav Republic of Macedonia [22]

Western Europe

Austria
Belgium
France
Germany
Liechtenstein*
Luxembourg
Monaco*
Netherlands
Switzerland

Latin America and the Caribbean

Caribbean

Anguilla
Antigua and Barbuda*
Aruba
Bahamas
Barbados
British Virgin Islands*
Caribbean Netherlands*[23]
Cayman Islands*
Cuba
Curaçao
Dominica*
Dominican Republic
Grenada
Guadeloupe [24]
Haiti
Jamaica
Martinique
Montserrat*
Puerto Rico
Saint Kitts and Nevis*
Saint Lucia
Saint Vincent and the Grenadines
Sint Maarten (Dutch part)*
Trinidad and Tobago
Turks and Caicos Islands*
United States Virgin Islands

Central America

Belize
Costa Rica
El Salvador
Guatemala
Honduras
Mexico
Nicaragua
Panama

South America

Argentina
Bolivia
Brazil
Chile
Colombia
Ecuador
Falkland Islands (Malvinas) *
French Guiana
Guyana
Paraguay
Peru
Suriname
Uruguay
Venezuela (Bolivarian Rep. of)

Northern America

Bermuda*
Canada
Greenland*
Saint Pierre and Miquelon*
United States of America

---

13 Refers to Guernsey, and Jersey.
14 Including Åland Islands.
15 Including Transnistria.
16 Refers to the Vatican City State.
17 Including Crimea.
18 Including Svalbard and Jan Mayen Islands.
19 Including Kosovo.
20 Also referred to as United Kingdom.
21 Including Canary Islands, Ceuta and Melilla
22 Also referred to as TFYR Macedonia.
23 Refers to Bonaire, Saba and Sint Eustatius.
24 Including Saint-Barthélemy and Saint-Martin (French part).

Oceania

Australia/New Zealand

Australia [26]
New Zealand

Melanesia

Fiji
New Caledonia
Papua New Guinea
Solomon Islands
Vanuatu

Micronesia

Guam
Kiribati*
Marshall Islands*
Micronesia (Federated States of)
Nauru*
Northern Mariana Islands*
Palau*

Polynesia [25]

American Samoa*
Cook Islands*
French Polynesia
Niue*
Samoa
Tokelau*
Tonga
Tuvalu*
Wallis and Futuna Islands*

Sub-Saharan Africa

Angola
Benin
Botswana
Burkina Faso
Burundi
Cameroon
Cape Verde
Central African Republic
Chad
Comoros
Congo
Côte d'Ivoire
Democratic Republic of the Congo
Djibouti
Equatorial Guinea
Eritrea
Ethiopia
Gabon
Gambia
Ghana
Guinea
Guinea-Bissau
Kenya
Lesotho
Liberia
Madagascar
Malawi
Mali
Mauritania
Mauritius
Mayotte
Mozambique
Namibia
Niger
Nigeria
Réunion
Rwanda
Saint Helena
São Tomé and Príncipe
Senegal
Seychelles
Sierra Leone
Somalia
South Africa
South Sudan
Swaziland
Togo
Uganda
United Republic of Tanzania
Zambia
Zimbabwe

Least developed countries

Afghanistan
Angola
Bangladesh
Benin
Bhutan
Burkina Faso
Burundi
Cambodia
Central African Republic
Chad
Comoros
Democratic Republic of the Congo
Djibouti
Equatorial Guinea
Eritrea
Ethiopia
Gambia
Guinea
Guinea-Bissau
Haiti
Kiribati
Lao People's Democratic Republic
Lesotho
Liberia
Madagascar
Malawi
Mali
Mauritania
Mozambique
Myanmar
Nepal
Niger
Rwanda
São Tomé and Príncipe
Senegal
Sierra Leone
Solomon Islands
Somalia
South Sudan
Sudan
Timor-Leste
Togo
Tuvalu
Uganda
United Republic of Tanzania
Vanuatu
Yemen
Zambia

NOTE: Countries with a population of less than 90,000 in 2015 are indicated by an asterisk (*).

25 Including Pitcairn.
26 Including Christmas Island, Cocos (Keeling) Islands, and Norfolk Island.

High-income countries

Andorra
Antigua and Barbuda
Argentina
Aruba
Australia
Austria
Bahamas
Bahrain
Barbados
Belgium
Bermuda
Brunei Darussalam
Canada
Cayman Islands
Channel Islands
Chile
China, Hong Kong SAR
China, Macao SAR
Croatia
Curaçao
Cyprus
Czech Republic
Denmark
Equatorial Guinea
Estonia
Faroe Islands
Finland
France
French Polynesia
Germany
Greece
Greenland
Guam
Hungary
Iceland
Ireland
Isle of Man
Israel
Italy
Japan
Kuwait
Latvia
Liechtenstein
Lithuania
Luxembourg
Malta
Monaco
Netherlands
New Caledonia
New Zealand
Northern Mariana Islands
Norway
Oman
Poland
Portugal
Puerto Rico
Qatar
Republic of Korea
Russian Federation
Saint Kitts and Nevis
San Marino
Saudi Arabia
Seychelles
Singapore
Sint Maarten (Dutch part)
Slovakia
Slovenia
Spain
Sweden
Switzerland
Trinidad and Tobago
Turks and Caicos Islands
United Arab Emirates
United Kingdom
United States of America
United States Virgin Islands
Uruguay
Venezuela (Bolivarian Rep. of)
Other non-specified areas

Low-income countries

Afghanistan
Benin
Burkina Faso
Burundi
Cambodia
Central African Republic
Chad
Comoros
Democratic People's Republic of Korea
Democratic Republic of the Congo
Eritrea
Ethiopia
Gambia
Guinea
Guinea-Bissau
Haiti
Liberia
Madagascar
Malawi
Mali
Mozambique
Nepal
Niger
Rwanda
Sierra Leone
Somalia
South Sudan
Togo
Uganda
United Republic of Tanzania
Zimbabwe

Upper-middle-income countries

Albania
Algeria
American Samoa
Angola
Azerbaijan
Belarus
Belize
Bosnia and Herzegovina
Botswana
Brazil
Bulgaria
China
Colombia
Costa Rica
Cuba
Dominica
Dominican Republic
Ecuador
Fiji
Gabon
Grenada
Iran (Islamic Republic of)
Iraq
Jamaica
Jordan
Kazakhstan
Lebanon
Libya
Malaysia
Maldives
Marshall Islands
Mauritius
Mexico
Mongolia
Montenegro
Namibia
Palau
Panama
Paraguay
Peru
Romania
Saint Lucia
Saint Vincent and the Grenadines
Serbia
South Africa
Suriname
The former Yugoslav Republic of Macedonia
Thailand
Tonga
Tunisia
Turkey
Turkmenistan
Tuvalu

Lower-middle-income countries

Armenia
Bangladesh
Bhutan
Bolivia (Plurinational State of)
Cabo Verde
Cameroon
Congo
Côte d'Ivoire
Djibouti
Egypt
El Salvador
Georgia
Ghana
Guatemala
Guyana
Honduras
India
Indonesia
Kenya
Kiribati
Kyrgyzstan
Lao People's Democratic Republic
Lesotho
Mauritania
Micronesia (Fed. States of)
Morocco
Myanmar
Nicaragua
Nigeria
Pakistan
Papua New Guinea
Philippines
Republic of Moldova
Samoa
Sao Tome and Principe
Senegal
Solomon Islands
Sri Lanka
State of Palestine
Sudan
Swaziland
Syrian Arab Republic
Tajikistan
Timor-Leste
Ukraine
Uzbekistan
Vanuatu
Viet Nam
Yemen
Zambia

要　約

今後予想される人口動態の変化を理解することは、持続可能な開発の達成に向けた課題と可能性のみならず、ポスト2015年開発アジェンダの策定と取り組みにおいて重要となる。人口予測2015年改訂版は、国連経済社会局の人口部による公式人口推計および予測の第24回目にあたる。2015年改訂版は前回の改訂版をベースとして、2010年度国勢調査からの追加データにくわえ、世界各国で実施された人口と保健に関する各種専門調査により明らかになった結果も加味して構築された。2015年改訂版が提供する人口統計データおよび各種指標は、世界・地域・国の各レベルにおける人口動向を見通すものとして、そして国連システムにおいて他の様々な主要指標を算出するさいに広く利用されている。

2015年の人口動態

2015年改訂版によると世界の人口は2015年に73億に達し（表1）、過去12年間でおよそ10億人増加したことを示している。世界人口の60%が住んでいるのはアジア（44億人）、16%がアフリカ（12億人）、10%がヨーロッパ（7億3800万人）、9%がラテンアメリカ・カリブ海（6億3400万人）、そして残り5%が北アメリカ（3億5800万人）とオセアニア（3900万人）となっている。中国（14億人）およびインド（13億人）が変わらず最も多くの人口を保ち、この10億人を超える両国がそれぞれ世界人口の19%および18%を占めている。

表1. 世界および主要地域の人口（中位予測）

Major area	人口（単位：100万人）			
	2015	***2030***	***2050***	***2100***
World	7 349	8 501	9 725	11 213
Africa	1 186	1 679	2 478	4 387
Asia	4 393	4 923	5 267	4 889
Europe	738	734	707	646
Latin America and the Caribbean	634	721	784	721
Northern America	358	396	433	500
Oceania	39	47	57	71

出典：United Nations, Department of Economic and Social Affairs, Population Division (2015). World Population Prospects: The 2015 Revision. New York: United Nations.

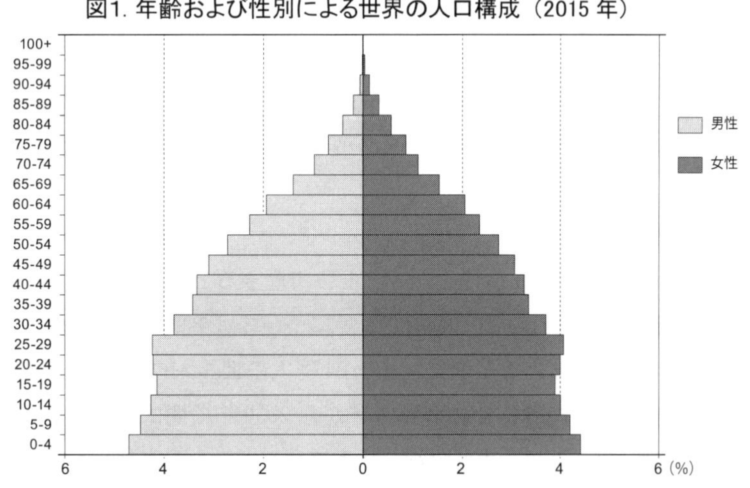

図1. 年齢および性別による世界の人口構成（2015年）

出典：United Nations, Department of Economic and Social Affairs, Population Division (2015). World Population Prospects: The 2015 Revision. New York: United Nations.

2015 年時点における世界人口の 50.4%が男性、49.6%が女性である（前掲図 1）。世界人口の中位数年齢、つまり人口をその中央で老年と若年とに 2 等分する境界点にあたる年齢は、29.6 歳である。世界人口のおよそ 4 分の 1（26%）が 15 歳未満であり、15 歳以上 59 歳未満が 62%、60 歳以上が 12%で構成されている。

世界人口増加の予測

近年その増加スピードが鈍ってはきているものの、世界の人口は増えつづけている。10 年前には年 1.24%の増加率であった。現在では年 1.18%、つまり年間 8300 万人近くが増えている。今後 15 年ほどで 10 億人以上の増加が予測され、世界人口は 2030 年には 85 億人、さらに 2050 年に 97 億人、2100 年までには 112 億人に達すると見込まれている。

図 2. 世界の人口：1950-2015 年推計、2015-2100 年中位予測および 80%・95%信頼区間

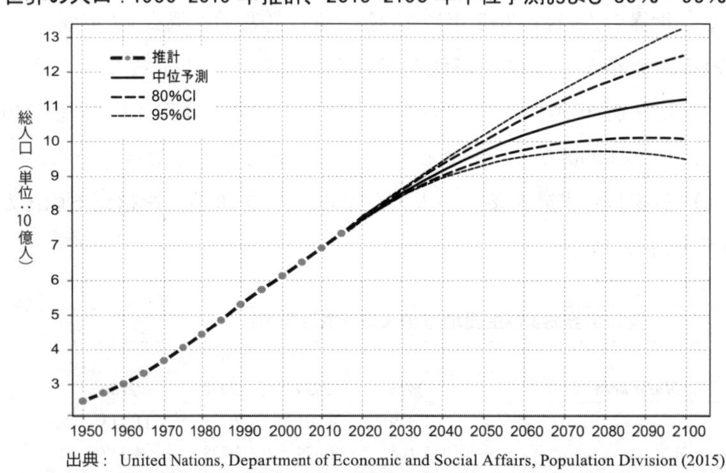

出典： United Nations, Department of Economic and Social Affairs, Population Division (2015). World Population Prospects: The 2015 Revision. New York: United Nations.

予測データの性質上、これら最新の人口予測にはある程度の不確実性がともなう。前掲は中位予測に基づいた結果を示しており、大家族志向が強い国々における出生率が低下をはじめる一方で、女性 1 人当たりの出生児数が 2 人を下回る数カ国における出生率がわずかな上昇をはじめると予測されている。また、すべての国について生存率の向上が見込まれている。中位予測の折れ線を囲む範囲は、これら予測値の不確実性を、国連人口部が統計的手法によって示したものである。たとえば、信頼度 95%の予測として 2030 年の世界人口が 84 ～ 86 億人、2100 年の世界人口が 95 ～ 133 億人に達すると言うことできる。言い換えれば、短・中期にわたりほぼ確実な人口増加が予測される。21 世紀の後半にも増加がつづく可能性は高いが、2100 年より前に停滞するか減少に転じる可能性もおよそ 23%ある。

アフリカは最大の人口増加地域

今後 2050 年までの世界人口増加の半数以上がアフリカで起きると予測される。アフリカは他の主要地域を上回る最大の人口増加率を示し、2010 ～ 2015 年については年率 2.55%で増加している。結果として、2015 年から 2050 年までに加わると予測される 24 億人の世界人口のうち、13 億人がアフリカの人口増となる。2 番目に大きな人口増加地域は 2015 年から 2050 年の間に 9 億人が増加するアジアで、その次に北アメリカ、ラテンアメリカ・カリブ海、オセアニアと続き、これらの地域ははるかに小さな増加数が予測される。2050 年のヨーロッパ人口は、中位推計では 2015 年時よりも小さくなると見込まれる。

図 3. 主要地域別年平均人口増加率：1950-2015 年推計および 2015-2100 年中位予測

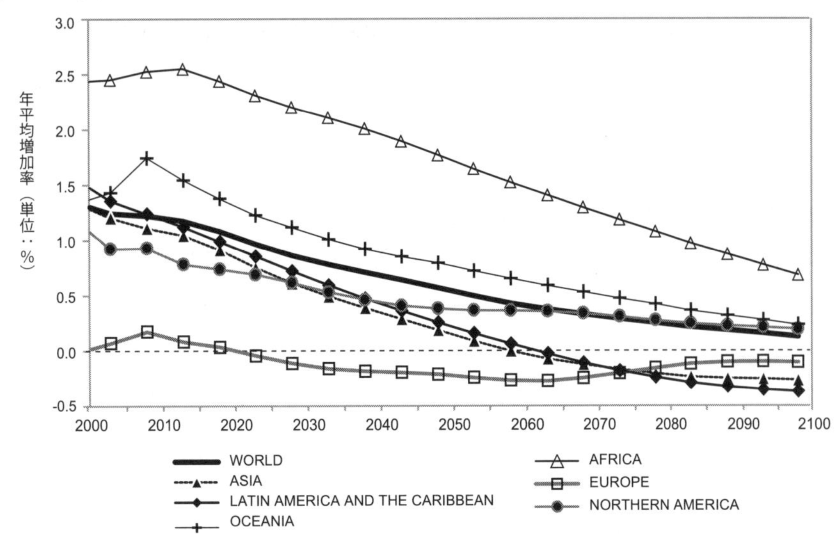

出典： United Nations, Department of Economic and Social Affairs, Population Division (2015). World Population Prospects: The 2015 Revision. New York: United Nations.

アフリカの著しい人口増加は、たとえ近い将来に出生率が大きく低下したとしても続くと考えられる。アフリカの出生率は、中位推計では 2010-2015 年の女性 1 人あたり子供 4.7 人から、2045-2050 年に子供 3.1 人、2095-2100 年には子供 2.2 人に低下すると予測されている。2050 年以降には主要地域で大きな人口増が続くのはアフリカのみとなる。その結果、世界人口に占めるアフリカの割合は 2050 年に 25%、2100 年には 39%へと増加し、一方でアジアが占める割合は 2050 年に 54%、2100 年には 44%へと減少する。将来の出生率動向変化に伴う不確実性にかかわらず、現在アフリカにいる大きな若者人口が今後何年かのうちに成人して子供をもつようになることから、この地域が今後数十年にわたり世界の人口規模と構造を決定する中心的存在になるのは確実である。

国連により最貧国（LDC：後発開発途上国）として認定された 48 か国における人口増加は特に大きく、その内の 27 か国がアフリカにある。最貧国の人口増加率は現在の年 2.4%から低下するとみられるものの、これらの国々の総人口は 2015 年の 9 億 5400 万人から 2050 年には 19 億人へと倍増し、さらに 2100 年には 32 億人に達すると予測される。2015 年から 2100 年までの間、主に最貧国が該当する 33 か国について、少なくとも 3 倍以上の人口増となること可能性が高い。中でも、アンゴラ、ブルンディ、コンゴ民主共和国、マラウィ、マリ、ニジェール、ソマリア、ウガンダ、タンザニア共和国連邦、ザンビアについては 2100 年までに少なくとも 5 倍以上の人口増が見込まれる。最も貧しい国々に人口増加が集中することは、それぞれの政府にとって、貧困や不平等の撲滅、飢餓・栄養不足対策、教育機会と保健医療の拡大、基本的なサービスの提供、そして、誰一人として取り残すことのない持続可能な開発アジェンダに向けた他の側面への取り組みを困難なものにしている。

ヨーロッパは人口減少が見込まれる

際立って対照的に、世界の 48 の国と地域においては 2015 年から 2050 年にかけて人口が減少すると見込まれる。2050 年までに 15%以上の人口減少が予測される国々として、ボスニア･ヘルツェゴビナ、ブルガリア、クロアチア、日本、ハンガリー、ラトビア、リトアニア、モルドバ共和国、ルーマニア、セルビア、ウクライナが含まれる。現在のところヨーロッパのすべての国が、長期的に人口を維持できる人口置換水準（女性 1 人あたり平均でおよそ子供 2.1 人）を下回る出生率であり、そのほとんどが過去数十年にわたる低水準が続いている。ヨーロッパ全体としての出生率は 2010-2015 年の 1.6 人から 2045-2050 年に 1.8 人へと増加が見込まれているものの、その増加幅は全体的な人口規模が縮小する傾向を覆すほどにはならない。

世界人口増加の大部分は少数の国々で説明される

各国レベルでいえば、今後 2050 年までに見込まれる全体的な人口増加の大部分は、アフリカを中心とする高出生率の国々か、あるいは人口規模の大きな国々のいずれかで起こる。2015 年から 2050 年にかけての世界の増加人口全体について、その半分以上が 9 か国に集中すると予測される。増加規模の大きさの順に、インド、ナイジェリア、パキスタン、コンゴ民主共和国、エチオピア、タンザニア共和国連邦、アメリカ合衆国、インドネシア、ウガンダである。

今回の推計には各国レベルでの注目すべき分析が含まれている。たとえば 7 年以内にインドの人口が中国を超えると予測される。現在の中国の人口はおよそ 13 億 8000 万人であるのに対しインドの人口は 13 億 1000 万人で、両国とも 2022 年までに人口がおよそ 14 億人に達する見込みである。そこから以降インドの人口は増加を続けて 2030 年に 15 億人、2050 年には 17 億人に達するが、一方の中国は 2030 年代までは変動が少ないまま推移し、その後減少に転じると予測される。

国別人口を上位 10 か国で見た場合、アフリカが 1 か国（ナイジェリア）、アジアが 5 か国（バングラデシュ、中国、インドネシア、パキスタン）、ラテンアメリカが 2 か国（ブラジル、メキシコ）、北アメリカが 1 か国（アメリカ合衆国）、ヨーロッパが 1 か国（ロシア連邦）となっている。10 か国のうち、現在 7 番目のナイジェリアの人口が最も急速に増加している。結果としてナイジェリアは 2050 年頃までにはアメリカ合衆国の人口を抜き、世界第 3 位の人口大国になると予測される。2050 年までに、国別人口の上位 6 か国（中国、インド、インドネシア、ナイジェリア、パキスタン、アメリカ合衆国）が人口 30 億人を超えると予想される。

世界の将来人口は出生率で大きく左右される

中位推計による予測人口水準は、出生率が大幅に低下する見通しに基づいた結果である。2015 年改訂版の中位推計では、世界の出生率は 2010-2015 年の女性 1 人あたり子供 2.5 人から、2025-2030 年に子供 2.4 人、2095-2100 年には子供 2.0 人に低下すると予測されている。最貧国については 2010-2015 年の女性 1 人あたり子供 4.3 人から、2025-2030 年に子供 3.5 人、2095-2100 年には子供 2.1 人へと出生率が大きく低下すると見込まれている。しかし、高出生率の国々における出生率の予測は大きな不確実性を伴うものであり、ポスト 2015 開発アジェンダの計画対象期間 15 年について、あるいは 2100 年の長期予測ではなおさら非常に不確実なものとなる。「予測よりも遅い」出生率の低下は、以後の全年度にわたる総人口の大幅な増加に結び付く。たとえば、すべての国で中位推計よりも 0.5 人高い出生率が一貫して続いたと仮定してみると、その場合の 2100 年人口は 166 億人となり、中位推計による予測よりも 50 億人多くなる。

中位推計で見込まれている出生率の大幅な減少を実現するには、とりわけ最貧国グループにおいて女性やカップルが希望の家族規模を実現できるよう、リプロダクテイブ・ヘルス教育と家族計画普及への投資が必要である。2015 年時点では、最貧国における近代的な避妊方法の活用率は有配偶者再生産年齢女性のおよそ 34 パーセントで、さらに 22 パーセント以上の同条件の女性が希望するものの近代的な避妊方法へのアクセスができない状況にあると推計されている。

国や地域により出生率に多様性がみられる

ここ数十年ほど、多くの国において家族規模の縮小が大きく進んでいる。世界の各国は現在それぞれの出生率水準に応じておおまかに 3 つのグループに分けられる。今のところ世界の人口の 46%が低出生率の国々、つまり女性 1 人あたりの生涯出産数が平均で 2.1 人を下回る国に住んでいる。低出生率国には全ヨーロッパと北アメリカ、くわえてアジアの 20 か国、ラテンアメリカ・カリブ海地域の 17 か国、オセアニアの 3 か国、アフリカの 1 か国が含まれる。低出生率国で人口規模の大きい順に、中国、アメリカ合衆国、ブラジル、ロシア連邦、日本およびベトナムとなる。

次いで世界の人口の 46%が住んでいるのは、既に相当の出生率低下を経験した中間出生率の国々であり、平均で女性 1 人あたりの生涯出産数は 2.1 ～ 5 人である。中間出生率国は多くの地域に分散しており、人口規模の大きさ順としては、インド、インドネシア、パキスタン、バングラデシュ、メキシコおよびフィリピンとなる。

残り 9%の世界人口が住んでいるのが、ほんの限定的な低下しか経験していない高出生率の国々である。これらの国では平均で女性 1 人あたりの生涯出産数が 5 人を上回る。高出生率の 21 カ国は、アフリカが 19 か国、アジアが 2 か国である。人口規模の大きさ順に、ナイジェリア、コンゴ民主共和国、タンザニア共和国連邦、ウガンダおよびアフガニスタンとなる。

若年出産は母親と新生児の双方にとって健康面でも社会的にも深刻な問題を抱えることになる危険性がある。ほとんどの国では 10 代での出産は減少しているものの、いまだ高い若年出産率が懸念される地域も残る。主要地域のなかでも 10 代の出生率（15 ～ 19 歳女性 1000 人あたりの出生数）が最も高かったのは、2010-2015 年で 1000 人あたり 98 人のアフリカで、次いで 1000 人あたり 67 人のラテンアメリカ・カリブ海地域となっている。

世界的な平均寿命の伸びがみられる

2015 年改訂版では近年平均寿命が順調に伸びていることが確認された。世界的には 2000-2005 年の 67 歳から 2010-2015 年の 70 歳へと、出生時平均余命が 3 歳伸びている。この間はすべての主要地域で平均寿命の延伸があったが、中でも最も伸びたのはアフリカで、1990 年代の平均寿命の延伸がわずか 2 歳だったのに比べ,2000 年代には 6 歳伸びている。2010-2015 年でアフリカの平均寿命は 60 歳となり、対してアジアは 72 歳、ラテンアメリカ・カリブ海地域が 75 歳、ヨーロッパとオセアニアが 77 歳、北アメリカが 79 歳となっている。

5 歳未満児死亡率は出生時から 5 歳になる日までに死亡する確率を表し、子供の福祉を判断する上で重要な指標の一つである。世界全体では、5 歳未満児の死亡は 2000-2005 年の 1000 人中死亡数 71 から減少して、2010-2015年には1000人中死亡数50と推計されている。減少の絶対数が大きいのは、サハラ以南のアフリカ（1000人中死亡数142から99に）および最貧国（1000人中死亡数125から86に）である。5歳未満児死亡率の削減はミレニアム開発目標として掲げられたことで世界的に注目され、過去10年ほど多くの国々で迅速な取り組みがなされてきた。サハラ以南のアフリカおよび最貧国グループの大多数において5歳未満児死亡率は2000年以降早いペースで削減が進んだ。

世界全体では、出生時平均余命は2010-2015年の70歳から2045-2050年には77歳、2095-2100年には83歳に伸びると見込まれている。アフリカは今世紀の終わりまでに19歳の平均寿命延伸が予測されており、2045-2050年に70歳、2095-2100年には78歳になる。こういった寿命の延伸は、HIV感染拡大を防ぐことができるかどうか、そして非伝染性のものも含めて他の感染症対策が成功するかどうかにかかっている。アジアおよびラテンアメリカ・カリブ海地域はいずれも2095-2100年までに13～14歳、北アメリカおよびオセアニアは10～11歳の寿命の延伸が見込まれている。

国際人口移動は増え続ける

国内移動も国際移動も、出身地と受け入れ地の双方にとって労働市場の不均衡是正を促す契機として経済的および社会的発展に利益をもたらしうる。移住者からの送金が出身国に大きな経済効果をもたらすこともある。全体からみれば国際人口移動が人口変動に及ぼす影響は、出生と死亡による変動に比べてはるかに小さい。しかし一部の国や地域においては、経済的要因による移住もしくは難民の流入といった大きな人口移動を含め、送り出した側も受け入れた側も人口規模への顕著な影響となることがある。

全体としては、1950年から2015年にかけて、主要地域のヨーロッパ、北アメリカおよびオセアニアが主な受入れ先であり、一方の送り出しはアフリカ、アジア、ラテンアメリカ・カリブ海地域であったが、その数は年々増加の傾向にある。2000年から2015年についてヨーロッパ、北アメリカおよびオセアニアへの純移動は年平均280万人を記録した。地域別ではなく所得別に各国をグループ化した場合、高所得の国々への集中はより顕著に示される。2000年から2015年の間に、高所得国グループは低・中所得の国々からの平均410万人の純移動を受け入れている。近い将来には高所得国の多くで純移動が人口増加の大きな要因になると予想されている。2015年から2050年までに高所得国グループにおける総出生は総死亡を2000万人上回ると予測される一方で、純移動による増加は9100万人に達すると見込まれる。つまり中位予測では、高所得国における人口増加の82%が純移動によるものとなる。

人々がアフリカ、アジア、ラテンアメリカ・カリブ海地域から、ヨーロッパ、北アメリカ、オセアニアへと移動する流れは、世界的な移動パターンとして半世紀近く続いてきたものの、発展途上国の中での流動も重要となっている。数か国の「グローバル・サウス」の高所得国および中所得国にも、近年になり多くの移住者が集中してきた。

経済と人口の不均衡が、近い将来も国際人口移動を力強く生み出し続けるだろう。2010年から2050年にかけて国際的な移動者のおもな受入れ国（年間10万人以上）と予測されるのは、アメリカ合衆国、カナダ、イギリス、オーストラリア、ドイツ、ロシア連邦、およびイタリアである。年間10万人以上の移住が見込まれる国には、インド、バングラデシュ、中国、パキスタン、メキシコが含まれる。

世界の多くの地域は依然若者が多い：人口配当を生かす機会

多くの地域は依然として若い人口である。アフリカについては、2015 年現在で 15 歳未満の子供が総人口の 41%を占め、15 歳以上 24 歳未満の若者 19%の比率をはるかに上回る。ラテンアメリカ・カリブ海地域およびアジアについては出生率が低下してきており、子供の比率はもう少し低く（それぞれ 24%と 26%）、若者人口も同様である（それぞれ 17%と 16%）。全体としては、2015 年現在これら 3 つの地域に 17 億人の子どもと 11 億人の若者が住んでいる。最貧国グループの国々に若者たちも含め、これらの世代に教育、健康、職業訓練を提供することはポスト 2015 開発アジェンダの中心課題となっている。

これらの地域の多くの国々における子どもの比率は近い将来に大きく低下するとみられるが、主要生産年齢の人口数および構成比は増加するとみられる。生産年齢人口割合が従属人口割合を上回る国々には「人口ボーナス」活用の機会があり、増加する生産年齢人口を吸収し、子どもと若者への投資がなされるような適切な労働市場と政策施行が実現すれば発展のポテンシャルとなりうる。

世界的に60歳以上人口が急増傾向にある

出生率の低下と寿命の延伸にともない、一定の年齢を越える人口の割合は高くなる。人口高齢化と呼ばれるこの現象は、世界中の地域で進行している。

2015 年について 60 歳以上人口は 9 億 1000 万人、世界人口の 12%を占める。60 歳以上人口は年 3.26% で増加している。現在、ヨーロッパの 60 歳以上人口割合（24%）が最も高いものの、他の主要地域でも急速な高齢化が進展しており、2050 年までにはアフリカを除く世界のすべての主要地域について 60 歳以上人口が全体の 4 分の 1 かそれ以上を占めると予測される。世界の 60 歳以上人口は 2030 年には 14 億人、2050 年に 21 億人に達する見通しで、2100 年には 32 億人を超える可能性もある。すでに生存している対象年齢集団を考えれば、短・中期的な老齢人口の増加は確実である。

人口の高齢化は、多くの国々において退職者あたり労働人口数に決定的な影響を及ぼすことが予測されており、そのことは潜在扶養率（PSR）すなわち 20 ～ 64 歳人口数を 65 歳以上人口数で割った数値に表れる。現在のところ、アフリカは平均で 65 歳以上の高齢者 1 人あたり 20 ～ 64 歳は 12.9 人であるが、アジアの潜在扶養率は 8.0、ラテンアメリカ・カリブ海地域が 7.6、オセアニアが 4.8、ヨーロッパと北アメリカについては 4 かそれ以下である。潜在扶養率 2.1 の日本が世界で最も低くなっているが、ヨーロッパの 7 カ国も潜在扶養率が 3 を下回っている。2050 年までにはアジアの 7 か国、ヨーロッパの 24 か国、ラテンアメリカ・カリブ海地域の 4 か国で潜在扶養率が 2 を下回ることが予想され、そう遠くない将来に多くの国々が直面することになる高齢者福祉・社会保障とともに医療保険システムへの経済的・政治的対応の緊急性が強調される。

2015年改訂版の主要ポイント

1．2015年7月の時点で世界人口は73億人に達した。これは2003年時点より10億人多く、1990年時点から20億人増えたことになる。2015年現在の世界人口について50.4％が男性、49.6％が女性である。同じく5歳未満が9.1％、15歳未満が26.1％、60歳以上が12.3％、80歳以上が1.7％を占める。

2．2016年には世界人口は8300万人増えると見込まれる。たとえ出生率の低下が続くとしても、世界人口は中位予測で2030年には85億人、さらに2050年に97億人、2100年までには112億人に達すると見込まれる。

3．たとえ出生率の低下スピードが速まるとしても、2050年まで人口数増加が続くのは避けられない。可能性80％として、世界人口が2030年に84～86億人、2050年に94～100億人、2100年に100～125億人に達することもあり得る。

4．今後の人口増加は出生率の動向に大きく左右される。出生行動における比較的小さな変化であっても、以後数十年にわたる推計において総人口数の大きな違いとなって表れる。2015年改訂版の中位推計では、世界の出生率は2010-2015年の女性1人あたり子供2.5人から、2025-2030年に子供2.4人、2095-2100年には子供2.0人に低下すると予測している。もしもこの中位推計よりも0.5人高い出生率が一貫して続いたと仮定してみると、その場合の世界人口は2050年に108億人、2100年には166億人となる。逆にもし中位推計より0.5人低い出生率が一貫して続いたと仮定すると、世界人口は2050年に87億人、2100年には73億人となる。

5．近年、世界のほぼ全ての主要地域で出生率は低下してきている。主要地域のなかでも最も出生率が高いアフリカでは、女性1人あたりの合計出生率が2005-2010年の4.9人から、2010-2015年に4.7人に低下した。アジアとオセアニアにおいても同時期にかけて出生率が低下し、アジアで2.3人から2.2人、オセアニアで2.5人から2.4人になった。ラテンアメリカ・カリブ海地域の直近の低下幅はわずかに大きくて2.3人から2.15人、北アメリカでは005-2010年の2.0人が2010-2015年の1.86人に低下している。主要地域のなかで唯一の例外がヨーロッパである。近年になってヨーロッパの出生率は2005-2010年の1.55人から2010-2015年の1.6人へとわずかに回復している。

6．48の最貧国は全体として出生率が高く（2010-2015年は女性1人あたり4.3人）、人口増加が大きい地域であり、年平均増加率2.4％で急増している。この増加は今後数十年のうちに大きく減速すると予想されているものの、2015年現在9億5400万人の最貧国全体の総人口は、2030年までに39％増となり、さらに倍増して2050年には19億人に達すると予測される。

7．出生率の低下により人口増加の進みが緩やかになることは、人口の高齢化をともなう。つまり長期にわたる人口増加率の低迷は、高齢者の割合が増して若者の割合が減る結果になる。2015年現在における15歳未満人口は60歳以上人口の2倍以上多い。しかし2050年までには、世界全体としては15歳未満人口と60歳以上人口はほぼ同じ数になる。

8. ヨーロッパについては全体の24%がすでに60歳以上の高齢人口で、その比率は2050年に34%、2100年には35%に達すると予測される。他の主要地域においても今後数十年にわたって急激な高齢化が見込まれている。ラテンアメリカ・カリブ海地域は2015年時点では11%に過ぎない60歳以上人口が2050年には26%の比率になる。同じように、アジアについても12%の60歳以上人口比率が2050年には25%に、北アメリカは21%から2050年には28%に、オセアニアは16%から2050年に23%へとシフトが予測されている。アフリカはいずれの主要地域よりも若年人口の比率が高い。そうとはいえ今後35年間は高齢化が進む見通しであり、60歳以上人口の比率が2015年現在の5%から2050年には9%になると予測される。

9. 世界全体としては60歳以上人口の数は2050年までに倍増、2100年には3倍以上になる見込みで、2015年の9億100万人が2050年に21億人、2100年に32億人に達する。2015年から2050年までに予測される高齢人口増加の66%はアジアで、13%がアフリカ、11%がラテンアメリカ・カリブ海地域、残りの10%はその他の地域である。

10. 80歳以上人口の数は2050年までに3倍に増加、2100年には7倍以上になると見込まれる。世界全体としては80歳以上人口の数は2015年の1億2500万人から、2050年に4億3400万人、2100年に9億4400万人に増える。2015年時点においては80歳以上の高齢人口全体の28%がヨーロッパに住んでいるが、その比率はしかし2050年には16%、2100年には6%へと、つまり他の主要地域でもそれぞれに人口の増加と高齢化が進むことにより相対的に低くなる。

11. 当面は世界的にすべての国で高齢化が進むと予測されるが、出生率が依然として高い諸国においては比較的若い人口を保つだろう

12. 中位数年齢は、人口を同数の2つのグループに分ける年齢であり、人口高齢化の1つの指標となる。世界的には、2015年から2050年にかけて中位数年齢は30歳から36歳に上昇し、2100年には42歳になると予測されている。長く低出生率を経験した国や地域ほど中位数年齢は高くなる。2015年時点で中位数年齢が42歳のヨーロッパは最も人口の高齢化が進んでおり、今後さらに2050年には46歳、2100年には47歳にまで引き上がる見込みである。対照的に、最貧国については全体で2015年時点では20歳の中位数年齢は、2050年に26歳、2100年には36歳に上昇すると予測される。

13. アフリカの急激な人口増加は続くと考えられる。2015年から2100年までの間に、アフリカの28か国で人口が2倍以上になると見込まれる。中でも、アンゴラ、ブルンディ、コンゴ民主共和国、マラウィ、マリ、ニジェール、ソマリア、ウガンダ、タンザニア共和国連邦、ザンビアについては2100年までに少なくとも5倍以上の人口増が見込まれる。

14. 世界の48の国と地域については2015年から2050年にかけて人口が減少するとみられる。2050年までに15%以上の人口減少が予測される11か国には、ボスニア・ヘルツェゴビナ、ブルガリア、クロア

チア、日本、ハンガリー、ラトビア、リトアニア、モルドバ共和国、ルーマニア、セルビア、ウクライナが含まれる。

15. 2015年から2050年にかけての世界の増加人口全体について、その半分以上が9か国に集中すると予測される。増加規模の大きさの順に、インド、ナイジェリア、パキスタン、コンゴ民主共和国、エチオピア、タンザニア共和国連邦、アメリカ合衆国、インドネシア、ウガンダである。

16. 2015年改訂版では出生率の低下が、とりわけ近年まで高出生率であった国々を含めて、世界の大半の国で確認された。2015年人口9万人以上の国について、出生率の高い（女性1人あたり子供5人以上）発展途上国の数は2000-2005年の40か国から2010-2015年には21か国へと減った。アフリカを除くとアフガニスタンと東ティモールの2か国のみが、2010-2015年において女性1人あたり出生数が5人以上の国である。2005-2010年の出生率が人口置換水準（女性1人あたり子供2.1人）を上回った126か国のうち、108国について2005-2010年から2010-2015年にかけて出生率が低下している。

17. ますます多くの国について出生率が人口の置き換え水準を下回る傾向にあり、数十年も置き換え水準以下がづづく状況も少なくない。2005-2010年では83か国について出生率が置き換え水準以下であり、その内の25か国については女性1人あたり子供1.5を下回る。近年になって出生率がわずかに上下した国も多い。2010-2015年の出生率が置き換え水準以下にある54か国について、2000-2005年から2010-2015年のどこかの時点でかすかな出生率の上昇がみられたが、その内の21か国では続けて2010-2015年に出生率が低下した。1990-1995年以降のどこかの時点で置き換え水準を上回る出生率を記録した5年期間があったのは、ヨーロッパでは4か国のみである。

18. 2010-2015年について、低出生率国である83か国が世界の人口の46%を占めている。低出生率国を人口規模の大きい順に並べると、中国、アメリカ合衆国、ブラジル、ロシア連邦、日本、ベトナム、ドイツ、イラン・イスラム共和国、タイとなる。

19. 中位予測においては、世界全体では女性1人あたりの合計出生率が2010-2015年の2.5人から、2045-2050年には2.25人、2095-2100年には2.0人に減ると見込まれている。しかしヨーロッパと北アメリカでは2010-2015年から2045-2050年にかけての合計出生率の上昇が見込まれており、ヨーロッパでは女性1人あたり1.6人から1.8人、北アメリカでは女性1人あたり1.86人から1.9人になる。アフリカ、アジア、ラテンアメリカ・カリブ海地域、オセアニアについては2010-2015年から2045-2050年にかけて出生率は低下し、最も大幅な低下はアフリカで起きると予測されている。これにより、世界の主要地域のすべてにおいて、2095-2100年には出生率が置換水準もしくはわずかに置換水準を下回る水準に収束するだろう。

20. 若年出産は母親と新生児の双方にとって健康面でも社会的にも深刻な問題を抱えることになる危険性がある。ほとんどの国では10代での出産は減少しているものの、いまだ高い若年出産が懸念される地域も残る。主要地域のなかでも10代の出生率（15～19歳女性1000人あたりの出生数）が最も高かったのは、2010-2015年で1000人あたり98人のアフリカで、次いで1000人あたり67人のラテンアメリカ・カリブ海地域である。

21. 2015年改訂版では近年における平均寿命の大幅な延伸が確認された。世界全体としては、2000-2005年の出生時平均余命について男性68歳、女性69歳であったものが、2010-2015年には男性68歳、女性73歳に伸びている。2010-2015年の出生時平均余命が最も高い水準にあったのは、中国、香港特別行政区（男女計で84歳）、次いで日本、イタリア、スイス、シンガポール、アイスランド、スペイン、オーストラリア､そしてイスラエルである。世界の寿命は2010-2015年に70歳から2045-2050年に77歳、2095-2100年に83歳に伸びると予測される。

22. 近年の出生時平均余命の延伸は最貧国について最も顕著である。2000-2005年の56歳から2010-2015年に62歳へと、平均で6歳伸びた最貧国グループでの延伸は、その他の世界に比べて2倍近い伸びとなる。主要地域や収入グループ間で平均余命がで大きく異なる状況は継続されるものの、2045-2050年までにその格差は大幅に縮小されると予測される。

23. 5歳未満児死亡率は出生時から5歳になる日までに死亡する確率を表し、子供の福祉を判断する上で重要な指標の一つである。ミレニアム発展目標（MDG s ）のターゲット4.Aでは、2015年までに5歳未満児死亡率を1990年の水準の3分の1に削減することが掲げられた。2015年までのMDGsターゲット達成には至らないが、近年における5歳未満児死亡率の改善は大きく広範囲に及んできた。2000-2005年から2010-2015年までに156か国で20％以上の削減が進み、アフリカ（57か国中で47か国）をはじめ、アジア（51か国中で43か国)、ヨーロッパ（40か国中で39か国)、ラテンアメリカ・カリブ海地域（38か国中で24か国)、オセアニア（13か国中で8か国）といった広範囲で20％もしくはそれ以上の削減が達成された。2000-2005年から2010-2015年までの間、30％以上削減されたのが86か国、その内で13か国は50％以上の削減が達成されている。

24. HIV ／エイズ感染は依然として重要な国際保健問題だが、感染の影響が非常に大きかった国々の大半において抗ウイルス治療が広く施されるようになったことで、この数十年ほどで成人のHIV感染の最盛期を過ぎたといえる。そうとはいえ、感染率がいまだ高い国々における罹病率、死亡率、そして人口成長の停滞といった顕著な影響はなおも続くことになる。そのため、病気の蔓延が最も著しい地域である南アフリカでは、平均余命は1990-1995年の62歳から2000-2005年の52歳に下降し、2010-2015年になってようやく57歳に上昇した。南アフリカの平均余命が1990年代水準に回復するには2030年まで待たねばならないと予測されている。

25. 東ヨーロッパの多くの国が1980年代後半から1990年代にかけて大きく平均寿命の低下を経験した。この地域における平均寿命は2010-2015年までには大きく回復したものの72歳にとどまり、東ヨーロッパは他のヨーロッパ諸国と比較して大幅に低い寿命水準にある。ベラルーシ、モルドバ共和国、ロシア連邦、ウクライナについて、出生時平均余命がヨーロッパで最も低い水準となっている（およそ70 ～ 71歳)。

26. 1990年以降、5年区間を2期続けて平均寿命が低下した国が58ある。この58か国には、HIV ／エイズ感染の影響を強く受けた国々、紛争が原因した国々、ソ連崩壊後に死亡率の上昇を経験した国々が含まれる。5年区間のどこかで平均寿命の低下がみられた国の数は劇的に減ってきており、1990-1995年の38か国から2000-2005年には17か国、2010-2015年は2か国になった。

27. 2000年から2015年のにかけて、ヨーロッパ、北アメリカおよびオセアニアへの純移動は年平均280万人を記録した。地域別ではなく所得別に各国をグループ化した場合、高所得の国々への集中はより顕著に示される。2000年から2015年の間に高所得国グループは低・中所得の国々からの平均410万人の純移動を受け入れている。経済と人口の不均衡が、近い将来も国際人口移動を力強く生み出し続けるだろう。直近ではシリア騒乱による流入を含め、数か国が経験した大規模な難民の受け入れもまた純移動水準に大きな影響を残した。

28. すでに出生率が人口置換水準を下回る国や地域については、純移動の獲得によって出生数より上回った死亡数が埋め合わせられなければ、総人口は減り続けるだろう。しかしながら、現水準かそれに近い水準の純国際人口移動数では出生利率低下による人口の消失を完全に補うことはできない。2015年から2050年にかけて、ヨーロッパの自然増加（出生数から死亡数を引いたもの）は6300万人と予測される一方で、ヨーロッパへの国際人口移動は最大でも3100万人と見込まれ、ヨーロッパ人口は全体で3200万人減少することになる。

付　表

Ⅰ．人口学的プロフィール

WORLD

A. 推 計 値

指　標	1960	1965	1970	1975	1980	1985	1990	1995	2000	2005	2010
人口(千人)											
総数	3 018 344	3 322 495	3 682 488	4 061 399	4 439 632	4 852 541	5 309 668	5 735 123	6 126 622	6 519 636	6 929 725
男	1 508 854	1 662 959	1 845 146	2 037 628	2 229 046	2 437 789	2 670 424	2 886 636	3 084 538	3 285 082	3 493 957
女	1 509 490	1 659 536	1 837 341	2 023 771	2 210 586	2 414 752	2 639 244	2 848 487	3 042 084	3 234 554	3 435 768
性比(女100につき男)	100.0	100.2	100.4	100.7	100.8	101.0	101.2	101.3	101.4	101.6	101.7
年齢分布(%)											
０－４歳	14.3	14.4	14.2	13.4	12.3	12.2	12.1	10.9	9.9	9.5	9.3
５－14歳	22.8	23.5	23.4	23.5	23.1	21.7	20.8	21.0	20.3	18.5	17.4
15－24歳	16.8	16.7	18.1	18.7	19.0	19.3	19.0	18.0	17.7	18.2	17.6
60歳以上	7.8	7.9	8.2	8.4	8.5	8.7	9.1	9.4	9.9	10.3	11.0
65歳以上	5.0	5.1	5.3	5.5	5.8	5.9	6.1	6.5	6.8	7.3	7.6
80歳以上	0.6	0.6	0.7	0.7	0.8	0.9	1.0	1.1	1.2	1.3	1.5
15－49歳女子(%)	46.8	45.9	46.4	46.8	47.9	49.2	50.0	50.8	51.8	52.4	52.2
中位数年齢(歳)	22.6	21.9	21.5	21.8	22.5	23.3	24.0	25.1	26.3	27.4	28.5
人口密度(1k㎡あたり)	23	26	28	31	34	37	41	44	47	50	53

指　標	1960-1965	1965-1970	1970-1975	1975-1980	1980-1985	1985-1990	1990-1995	1995-2000	2000-2005	2005-2010	2010-2015
年平均人口増加数(千人)	60 830	71 999	75 782	75 647	82 582	91 425	85 091	78 300	78 603	82 018	83 949
年平均出生数(千人)	112 227	119 434	122 235	121 411	129 292	139 663	135 287	130 062	131 686	136 113	139 843
年平均死亡数(千人)	51 396	47 436	46 453	45 765	46 710	48 238	50 196	51 763	53 083	54 096	55 893
人口増加率(%)	1.92	2.06	1.96	1.78	1.78	1.80	1.54	1.32	1.24	1.22	1.18
粗出生率(人口千人あたり)	35.4	34.1	31.6	28.6	27.8	27.5	24.5	21.9	20.8	20.2	19.6
粗死亡率(人口千人あたり)	16.2	13.5	12.0	10.8	10.1	9.5	9.1	8.7	8.4	8.0	7.8
合計出生率(女子１人あたり)	5.02	4.92	4.48	3.87	3.59	3.45	3.04	2.74	2.62	2.56	2.51
純再生産率(女子１人あたり)	1.81	1.89	1.77	1.56	1.49	1.45	1.28	1.16	1.12	1.11	1.10
乳児死亡率(出生千人あたり)	122	105	95	85	76	67	63	57	49	42	36
出生時の平均余命(歳)											
男	49.4	53.5	56.1	58.1	59.7	61.4	62.3	63.3	64.9	66.7	68.3
女	52.7	57.3	60.0	62.3	64.3	65.8	66.9	67.9	69.2	71.1	72.7
男女計	51.1	55.4	58.0	60.2	62.0	63.6	64.5	65.6	67.1	68.8	70.5

B. 中 位 予 測 値

指　標	2015	2020	2025	2030	2035	2040	2045	2050	2055	2060
人口(千人)										
総数	7 349 472	7 758 157	8 141 661	8 500 766	8 838 908	9 157 234	9 453 892	9 725 148	9 968 809	10 184 290
男	3 707 206	3 913 434	4 105 529	4 284 260	4 451 994	4 609 834	4 757 575	4 893 447	5 016 580	5 126 311
女	3 642 266	3 844 722	4 036 132	4 216 506	4 386 914	4 547 400	4 696 317	4 831 701	4 952 228	5 057 979
性比(女100につき男)	101.8	101.8	101.7	101.6	101.5	101.4	101.3	101.3	101.3	101.4
年齢分布(%)										
０－４歳	9.1	8.7	8.3	7.9	7.7	7.5	7.4	7.2	7.0	6.8
５－14歳	16.9	16.7	16.4	15.7	15.1	14.6	14.3	14.1	13.9	13.6
15－24歳	16.2	15.3	15.1	15.1	15.0	14.5	14.0	13.7	13.5	13.4
60歳以上	12.3	13.5	14.9	16.5	17.9	18.9	20.1	21.5	22.5	23.1
65歳以上	8.3	9.3	10.4	11.7	13.0	14.2	15.0	16.0	17.2	18.1
80歳以上	1.7	1.9	2.0	2.4	2.9	3.4	3.9	4.5	5.0	5.3
６－11歳	10.3	10.1	9.9	9.4	9.0	8.8	8.6	8.5	8.4	8.2
12－14歳	4.9	4.9	4.8	4.7	4.5	4.4	4.3	4.2	4.1	4.1
15－17歳	4.8	4.7	4.7	4.7	4.5	4.3	4.2	4.2	4.1	4.1
18－23歳	9.8	9.1	9.0	9.0	9.0	8.7	8.4	8.2	8.1	8.0
15－24歳女子(%)	51.0	49.7	48.7	48.2	47.4	46.2	45.4	45.0	44.7	44.4
中位数年齢(歳)	29.6	30.9	32.1	33.1	33.9	34.6	35.4	36.1	36.9	37.5
人口密度(1k㎡あたり)	56	60	63	65	68	70	73	75	77	78

指　標	2010-2015	2015-2020	2020-2025	2025-2030	2030-2035	2035-2040	2040-2045	2045-2050	2050-2055	2055-2060
年平均人口増加数(千人)	83 949	81 737	76 701	71 821	67 628	63 665	59 332	54 251	48 732	43 096
年平均出生数(千人)	139 843	140 625	139 174	138 521	139 363	140 913	142 163	142 417	141 754	140 671
年平均死亡数(千人)	55 893	58 888	62 473	66 700	71 735	77 248	82 831	88 166	93 022	97 575
年平均純移動数(千人)	0	0	0	0	0	0	0	0	0	0
人口増加率(%)	1.18	1.08	0.97	0.86	0.78	0.71	0.64	0.57	0.50	0.43
粗出生率(人口千人あたり)	19.6	18.6	17.5	16.6	16.1	15.7	15.3	14.9	14.4	14.0
粗死亡率(人口千人あたり)	7.8	7.8	7.9	8.0	8.3	8.6	8.9	9.2	9.4	9.7
純移動率(人口千人あたり)	0.0	0.0	0.0	0.0	0.0	0.0	0.0	0.0	0.0	0.0
合計出生率（女子１人あたり）	2.51	2.47	2.43	2.38	2.35	2.31	2.28	2.25	2.22	2.18
純再生産率（女子１人あたり）	1.10	1.09	1.08	1.07	1.06	1.05	1.05	1.04	1.03	1.02
乳児死亡率（出生千人あたり）	36	32	29	26	23	21	19	17	15	14
５歳未満の死亡数(出生千人あた	50	44	40	36	32	29	26	23	21	19
出生時の平均余命(歳)										
男	68.3	69.5	70.5	71.5	72.4	73.3	74.2	75.1	75.9	76.7
女	72.7	73.9	74.9	75.9	76.8	77.6	78.4	79.1	79.8	80.4
男女計	70.5	71.7	72.7	73.7	74.6	75.4	76.3	77.1	77.8	78.5

C. 高 位 予 測 値

	2015	2020	2025	2030	2035	2040	2045	2050	2055	2060
人口(千人)										
総数	7 349 472	7 827 607	8 322 369	8 821 836	9 306 009	9 789 249	10 286 184	10 801 105	11 328 639	11 859 342
男	3 707 206	3 949 425	4 199 043	4 450 199	4 693 141	4 935 772	5 186 342	5 447 208	5 715 832	5 986 960
女	3 642 266	3 878 182	4 123 326	4 371 637	4 612 868	4 853 477	5 099 843	5 353 897	5 612 807	5 872 382
性比(女100につき男)	101.8	101.7	101.6	101.4	101.2	101.0	100.9	100.7	100.7	100.6
年齢分布(%)										
0－4歳	9.1	9.5	9.4	9.2	8.9	8.7	8.7	8.7	8.7	8.5
5－14歳	16.9	16.6	16.9	17.2	17.0	16.6	16.2	16.1	16.2	16.2
15－24歳	16.2	15.2	14.8	14.6	14.9	15.4	15.3	15.0	14.6	14.6
60歳以上	12.3	13.4	14.6	15.9	17.0	17.7	18.5	19.4	19.8	19.9
65歳以上	8.3	9.3	10.2	11.3	12.4	13.3	13.8	14.4	15.2	15.6
80歳以上	1.7	1.9	2.0	2.3	2.7	3.1	3.6	4.0	4.4	4.5
15－49歳女子(%)	51.0	49.3	47.7	46.5	45.8	45.1	44.8	44.8	44.9	45.1
中位数年齢(歳)	29.6	30.6	31.3	31.7	31.9	32.1	32.1	32.3	32.6	32.9

	2010-2015	2015-2020	2020-2025	2025-2030	2030-2035	2035-2040	2040-2045	2045-2050	2050-2055	2055-2060
年平均人口増加数(千人)	83 949	95 627	98 952	99 894	96 834	96 648	99 387	102 984	105 507	106 141
年平均出生数(千人)	139 843	154 914	162 096	167 433	169 451	174 874	183 370	192 508	200 086	205 468
年平均死亡数(千人)	55 893	59 287	63 143	67 540	72 617	78 226	83 983	89 524	94 580	99 327
人口増加率(%)	1.18	1.26	1.23	1.17	1.07	1.01	0.99	0.98	0.95	0.92
粗出生率(人口千人あたり)	19.6	20.4	20.1	19.5	18.7	18.3	18.3	18.3	18.1	17.7
粗死亡率(人口千人あたり)	7.8	7.8	7.8	7.9	8.0	8.2	8.4	8.5	8.5	8.6
合計出生率（女子１人あたり）	2.51	2.72	2.83	2.88	2.84	2.80	2.76	2.73	2.70	2.66
純再生産率（女子１人あたり）	1.10	1.20	1.26	1.30	1.29	1.29	1.28	1.27	1.26	1.25

D. 低 位 予 測 値

	2015	2020	2025	2030	2035	2040	2045	2050	2055	2060
人口(千人)										
総数	7 349 472	7 688 595	7 960 813	8 179 515	8 372 455	8 532 257	8 647 359	8 710 042	8 720 959	8 685 876
男	3 707 206	3 877 387	4 011 943	4 118 229	4 211 179	4 287 522	4 342 077	4 371 015	4 374 944	4 356 485
女	3 642 266	3 811 208	3 948 869	4 061 286	4 161 276	4 244 734	4 305 282	4 339 028	4 346 015	4 329 392
性比(女100につき男)	101.8	101.7	101.6	101.4	101.2	101.0	100.9	100.7	100.7	100.6
年齢分布(%)										
0－4歳	9.1	7.9	7.1	6.5	6.4	6.2	5.9	5.6	5.3	5.0
5－14歳	16.9	16.9	15.9	14.2	12.9	12.3	12.2	11.9	11.4	10.8
15－24歳	16.2	15.5	15.5	15.7	15.0	13.5	12.4	12.0	12.0	11.8
60歳以上	12.3	13.6	15.3	17.1	18.9	20.3	22.0	24.0	25.7	27.1
65歳以上	8.3	9.4	10.7	12.2	13.8	15.2	16.4	17.9	19.7	21.2
80歳以上	1.7	1.9	2.1	2.5	3.0	3.6	4.3	5.0	5.7	6.2
15－49歳女子(%)	51.0	50.1	49.8	50.0	49.2	47.5	45.9	44.9	44.0	42.9
中位数年齢(歳)	29.6	31.2	32.9	34.5	35.9	37.3	38.6	40.1	41.7	43.1

	2010-2015	2015-2020	2020-2025	2025-2030	2030-2035	2035-2040	2040-2045	2045-2050	2050-2055	2055-2060
年平均人口増加数(千人)	83 949	67 825	54 443	43 740	38 588	31 960	23 020	12 537	2 183	－7 016
年平均出生数(千人)	139 843	126 313	116 247	109 601	109 444	108 253	104 764	99 456	93 804	89 000
年平均死亡数(千人)	55 893	58 489	61 803	65 860	70 856	76 293	81 744	86 919	91 621	96 016
人口増加率(%)	1.18	0.90	0.70	0.54	0.47	0.38	0.27	0.14	0.03	-0.08
粗出生率(人口千人あたり)	19.6	16.8	14.9	13.6	13.2	12.8	12.2	11.5	10.8	10.2
粗死亡率(人口千人あたり)	7.8	7.8	7.9	8.2	8.6	9.0	9.5	10.0	10.5	11.0
合計出生率（女子１人あたり）	2.51	2.22	2.03	1.89	1.85	1.82	1.80	1.78	1.75	1.72
純再生産率（女子１人あたり）	1.10	0.97	0.90	0.84	0.83	0.82	0.82	0.81	0.80	0.79

E. 出生力一定予測値

	2015	2020	2025	2030	2035	2040	2045	2050	2055	2060
人口(千人)										
総数	7 349 472	7 788 603	8 236 838	8 697 714	9 179 755	9 694 762	10 254 919	10 872 161	11 562 316	12 345 341
男	3 707 206	3 929 307	4 155 068	4 386 692	4 629 114	4 888 848	5 172 767	5 486 875	5 839 472	6 240 360
女	3 642 266	3 859 296	4 081 770	4 311 022	4 550 642	4 805 914	5 082 152	5 385 286	5 722 844	6 104 981
中位数年齢(歳)	29.6	30.8	31.7	32.3	32.5	32.5	32.3	31.9	31.3	30.6

	2010-2015	2015-2020	2020-2025	2025-2030	2030-2035	2035-2040	2040-2045	2045-2050	2050-2055	2055-2060
人口増加率(%)	1.18	1.16	1.12	1.09	1.08	1.09	1.12	1.17	1.23	1.31
粗出生率(人口千人あたり)	19.6	19.4	19.1	18.9	19.0	19.3	19.8	20.3	20.9	21.6
粗死亡率(人口千人あたり)	7.8	7.8	7.9	8.0	8.2	8.4	8.5	8.6	8.6	8.5

More developed regions

A. 推 計 値

指 標	1960	1965	1970	1975	1980	1985	1990	1995	2000	2005	2010
人口(千人)											
総数	914 951	965 645	1 007 682	1 047 312	1 081 844	1 113 605	1 144 463	1 169 761	1 188 812	1 208 920	1 233 376
男	439 407	465 290	486 362	506 379	523 428	539 374	555 256	568 268	578 010	587 962	599 955
女	475 544	500 356	521 320	540 933	558 416	574 230	589 207	601 493	610 802	620 957	633 420
性比(女100につき男)	92.4	93.0	93.3	93.6	93.7	93.9	94.2	94.5	94.6	94.7	94.7
年齢分布(%)											
0－4歳	9.8	9.1	8.2	7.7	7.2	7.0	6.7	6.0	5.5	5.4	5.5
5－14歳	18.5	18.3	17.7	16.4	15.3	14.4	13.8	13.5	12.7	11.5	10.9
15－24歳	15.1	15.4	16.6	16.8	16.6	15.7	14.7	14.1	13.8	13.7	12.8
60歳以上	12.6	13.5	14.6	15.5	15.5	16.5	17.7	18.4	19.5	20.1	21.9
65歳以上	8.5	9.1	9.9	10.8	11.7	11.7	12.5	13.6	14.3	15.3	16.1
80歳以上	1.3	1.4	1.6	1.8	2.0	2.3	2.7	3.1	3.1	3.6	4.3
15－49歳女子(%)	48.0	47.3	48.4	48.6	48.8	49.1	48.9	49.3	48.9	48.1	46.4
中位数年齢(歳)	29.5	29.9	30.6	30.9	31.9	33.1	34.4	35.8	37.3	38.7	40.0
人口密度(1km²あたり)	19	20	21	21	22	23	23	24	24	25	25

指 標	1960-1965	1965-1970	1970-1975	1975-1980	1980-1985	1985-1990	1990-1995	1995-2000	2000-2005	2005-2010	2010-2015
年平均人口増加数(千人)	10 139	8 407	7 926	6 906	6 352	6 172	5 060	3 810	4 022	4 891	3 595
年平均出生数(千人)	18 526	17 027	16 454	15 785	15 832	15 659	14 307	13 250	13 215	13 910	13 737
年平均死亡数(千人)	8 821	9 332	9 826	10 198	10 671	10 920	11 623	12 089	12 349	12 305	12 479
人口増加率(%)	1.08	0.85	0.77	0.65	0.58	0.55	0.44	0.32	0.34	0.40	0.29
粗出生率(人口千人あたり)	19.7	17.3	16.0	14.8	14.4	13.9	12.4	11.2	11.0	11.4	11.1
粗死亡率(人口千人あたり)	9.4	9.5	9.6	9.6	9.7	9.7	10.0	10.3	10.3	10.1	10.0
合計出生率(女子1人あたり)	2.69	2.39	2.15	1.92	1.84	1.81	1.67	1.57	1.58	1.67	1.67
純再生産率(女子1人あたり)	1.25	1.11	1.00	0.90	0.88	0.87	0.80	0.75	0.75	0.79	0.80
乳児死亡率(出生千人あたり)	33	26	22	18	15	13	11	9	7	6	5
出生時の平均余命(歳)											
男	66.3	66.9	67.5	68.2	69.0	70.2	70.2	70.9	71.8	73.4	75.1
女	72.4	73.6	74.5	75.6	76.5	77.4	78.0	78.5	79.3	80.4	81.5
男女計	69.4	70.3	71.1	72.0	72.8	73.9	74.1	74.7	75.6	76.9	78.3

B. 中 位 予 測 値

指 標	2015	2020	2025	2030	2035	2040	2045	2050	2055	2060
人口(千人)										
総数	1 251 351	1 266 360	1 277 210	1 283 920	1 287 051	1 287 935	1 287 580	1 286 422	1 284 201	1 281 157
男	609 297	617 163	622 822	626 355	628 200	629 268	630 098	630 728	630 820	630 553
女	642 054	649 197	654 388	657 564	658 851	658 667	657 482	655 694	653 382	650 604
性比(女100につき男)	94.9	95.1	95.2	95.3	95.3	95.5	95.8	96.2	96.5	96.9
年齢分布(%)										
0－4歳	5.5	5.4	5.3	5.1	5.0	5.1	5.2	5.2	5.2	5.2
5－14歳	10.9	11.0	10.9	10.8	10.5	10.3	10.3	10.4	10.6	10.6
15－24歳	11.6	10.9	11.0	11.2	11.2	11.1	10.9	10.7	10.7	10.8
60歳以上	23.9	25.9	27.8	29.2	30.5	31.3	32.1	32.8	33.0	32.8
65歳以上	17.6	19.4	21.2	23.0	24.2	25.2	25.8	26.5	27.1	27.4
80歳以上	4.7	5.3	5.7	6.6	7.6	8.6	9.4	9.9	10.4	10.7
6－11歳	6.6	6.6	6.6	6.4	6.2	6.1	6.2	6.3	6.4	6.4
12－14歳	3.2	3.3	3.3	3.3	3.2	3.1	3.1	3.1	3.2	3.2
15－17歳	3.2	3.2	3.4	3.3	3.3	3.2	3.2	3.1	3.2	3.2
18－23歳	7.1	6.5	6.6	6.8	6.8	6.7	6.6	6.4	6.4	6.5
15－24歳女子(%)	44.2	42.6	41.3	40.5	39.6	38.8	38.3	38.4	38.6	38.5
中位数年齢(歳)	41.2	42.2	43.1	44.1	45.0	45.4	45.3	45.1	45.2	45.3
人口密度(1km²あたり)	25	26	26	26	26	26	26	26	26	26

指 標	2010-2015	2015-2020	2020-2025	2025-2030	2030-2035	2035-2040	2040-2045	2045-2050	2050-2055	2055-2060
年平均人口増加数(千人)	3 595	3 002	2 170	1 342	626	177	− 71	− 232	− 444	− 609
年平均出生数(千人)	13 737	13 689	13 409	13 026	12 851	13 008	13 251	13 357	13 298	13 157
年平均死亡数(千人)	12 479	13 038	13 486	13 957	14 533	15 141	15 633	15 898	15 937	15 845
年平均純移動数(千人)	2337	2351	2247	2273	2308	2310	2310	2310	2195	2079
人口増加率(%)	0.29	0.24	0.17	0.11	0.05	0.01	−0.01	−0.02	−0.04	−0.05
粗出生率(人口千人あたり)	11.1	10.9	10.5	10.2	10.0	10.1	10.3	10.4	10.3	10.3
粗死亡率(人口千人あたり)	10.0	10.4	10.6	10.9	11.3	11.8	12.1	12.4	12.4	12.4
純移動率(人口千人あたり)	1.9	1.9	1.8	1.8	1.8	1.8	1.8	1.8	1.7	1.6
合計出生率 (女子1人あたり)	1.67	1.69	1.72	1.75	1.77	1.79	1.81	1.82	1.83	1.84
純再生産率 (女子1人あたり)	0.80	0.81	0.83	0.84	0.85	0.86	0.87	0.88	0.88	0.89
乳児死亡率 (出生千人あたり)	5	5	4	4	3	3	3	3	2	2
5歳未満の死亡数(出生千人あたり	6	6	5	4	4	4	3	3	3	3
出生時の平均余命(歳)										
男	75.1	76.0	76.9	77.8	78.7	79.5	80.3	81.1	81.8	82.5
女	81.5	82.1	82.8	83.5	84.1	84.7	85.3	85.8	86.4	86.9
男女計	78.3	79.1	79.9	80.7	81.4	82.1	82.8	83.5	84.1	84.8

C. 高位予測値

	2015	2020	2025	2030	2035	2040	2045	2050	2055	2060
人口(千人)										
総数	1 251 351	1 276 440	1 302 805	1 328 062	1 349 387	1 369 273	1 390 686	1 416 263	1 446 261	1 479 266
男	609 297	622 334	635 951	648 996	660 171	670 979	682 963	697 288	713 881	732 073
女	642 054	654 106	666 854	679 066	689 216	698 293	707 723	718 975	732 380	747 193
性比(女100につき男)	94.9	95.0	95.0	94.9	94.9	94.9	95.1	95.3	95.5	95.7
年齢分布(%)										
0－4歳	5.5	6.2	6.4	6.3	6.1	6.2	6.4	6.6	6.9	6.9
5－14歳	10.9	10.9	11.5	12.3	12.5	12.4	12.2	12.4	12.8	13.2
15－24歳	11.6	10.8	10.8	10.9	11.5	12.3	12.5	12.3	12.1	12.2
60歳以上	23.9	25.7	27.3	28.3	29.1	29.4	29.7	29.8	29.3	28.4
65歳以上	17.6	19.3	20.8	22.3	23.1	23.7	23.9	24.1	24.1	23.7
80歳以上	4.7	5.2	5.6	6.4	7.3	8.1	8.7	9.0	9.2	9.2
15－49歳女子(%)	44.2	42.2	40.5	39.2	38.6	38.4	38.7	39.3	39.8	40.3
中位数年齢(歳)	41.2	41.9	42.4	42.8	43.0	42.7	41.8	40.9	39.9	39.6

	2010-2015	2015-2020	2020-2025	2025-2030	2030-2035	2035-2040	2040-2045	2045-2050	2050-2055	2055-2060
年平均人口増加数(千人)	3 595	5 018	5 273	5 051	4 265	3 977	4 283	5 115	6 000	6 601
年平均出生数(千人)	13 737	15 715	16 527	16 754	16 509	16 831	17 634	18 743	19 793	20 432
年平均死亡数(千人)	12 479	13 048	13 501	13 975	14 552	15 164	15 662	15 938	15 988	15 910
人口増加率(%)	0.29	0.40	0.41	0.38	0.32	0.29	0.31	0.36	0.42	0.45
粗出生率(人口千人あたり)	11.1	12.4	12.8	12.7	12.3	12.4	12.8	13.4	13.8	14.0
粗死亡率(人口千人あたり)	10.0	10.3	10.5	10.6	10.9	11.2	11.4	11.4	11.2	10.9
合計出生率（女子1人あたり）	1.67	1.94	2.12	2.25	2.28	2.29	2.31	2.32	2.33	2.34
純再生産率（女子1人あたり）	0.80	0.93	1.02	1.08	1.09	1.10	1.11	1.12	1.13	1.13

D. 低位予測値

	2015	2020	2025	2030	2035	2040	2045	2050	2055	2060
人口(千人)										
総数	1 251 351	1 256 280	1 251 616	1 239 777	1 224 773	1 207 058	1 186 470	1 162 261	1 133 963	1 102 810
男	609 297	611 993	609 694	603 715	596 259	587 793	578 256	567 082	553 822	539 170
女	642 054	644 288	641 921	636 062	628 514	619 265	608 213	595 180	580 141	563 640
性比(女100につき男)	94.9	95.0	95.0	94.9	94.9	94.9	95.1	95.3	95.5	95.7
年齢分布(%)										
0－4歳	5.5	4.7	4.1	3.8	3.8	3.9	3.9	3.8	3.6	3.4
5－14歳	10.9	11.1	10.4	9.1	8.2	7.9	8.1	8.2	8.2	7.9
15－24歳	11.6	11.0	11.2	11.6	11.0	9.8	8.9	8.7	8.9	9.1
60歳以上	23.9	26.1	28.4	30.3	32.0	33.4	34.8	36.3	37.4	38.1
65歳以上	17.6	19.6	21.7	23.8	25.5	26.9	28.0	29.3	30.7	31.8
80歳以上	4.7	5.3	5.8	6.9	8.0	9.2	10.2	11.0	11.8	12.4
15－49歳女子(%)	44.2	42.9	42.1	41.8	40.7	39.3	37.9	37.3	36.7	35.8
中位数年齢(歳)	41.2	42.5	43.9	45.4	46.8	47.9	48.8	49.4	50.1	51.1

	2010-2015	2015-2020	2020-2025	2025-2030	2030-2035	2035-2040	2040-2045	2045-2050	2050-2055	2055-2060
年平均人口増加数(千人)	3 595	986	－ 933	－ 2 368	－ 3 001	－ 3 543	－ 4 118	－ 4 842	－ 5 660	－ 6 231
年平均出生数(千人)	13 737	11 663	10 290	9 298	9 206	9 266	9 176	8 709	8 036	7 476
年平均死亡数(千人)	12 479	13 028	13 471	13 939	14 514	15 119	15 604	15 861	15 890	15 786
人口増加率(%)	0.29	0.08	−0.07	−0.19	−0.24	−0.29	−0.34	−0.41	−0.49	−0.56
粗出生率(人口千人あたり)	11.1	9.3	8.2	7.5	7.5	7.6	7.7	7.4	7.0	6.7
粗死亡率(人口千人あたり)	10.0	10.4	10.7	11.2	11.8	12.4	13.0	13.5	13.8	14.1
合計出生率（女子1人あたり）	1.67	1.44	1.32	1.25	1.27	1.29	1.31	1.32	1.34	1.35
純再生産率（女子1人あたり）	0.80	0.69	0.63	0.60	0.61	0.62	0.63	0.64	0.64	0.65

E. 出生力一定予測値

	2015	2020	2025	2030	2035	2040	2045	2050	2055	2060
人口(千人)										
総数	1 251 351	1 264 469	1 272 109	1 275 500	1 275 567	1 272 834	1 267 576	1 260 189	1 250 903	1 240 536
男	609 297	616 203	620 224	622 064	622 345	621 567	619 892	617 338	613 818	609 810
女	642 054	648 267	651 885	653 437	653 222	651 268	647 684	642 851	637 085	630 726
中位数年齢(歳)	41.2	42.2	43.3	44.3	45.3	45.9	46.0	46.0	46.3	46.6

	2010-2015	2015-2020	2020-2025	2025-2030	2030-2035	2035-2040	2040-2045	2045-2050	2050-2055	2055-2060
人口増加率(%)	0.29	0.21	0.12	0.05	0.00	−0.04	−0.08	−0.12	−0.15	−0.17
粗出生率(人口千人あたり)	11.1	10.6	10.1	9.7	9.6	9.6	9.7	9.6	9.5	9.4
粗死亡率(人口千人あたり)	10.0	10.4	10.6	11.0	11.4	11.9	12.3	12.6	12.7	12.7

Less developed regions

A. 推 計 値

指 標	1960	1965	1970	1975	1980	1985	1990	1995	2000	2005	2010
人口(千人)											
総数	2 103 393	2 356 850	2 674 806	3 014 087	3 357 789	3 738 936	4 165 205	4 565 362	4 937 810	5 310 716	5 696 349
男	1 069 447	1 197 670	1 358 784	1 531 249	1 705 618	1 898 414	2 115 168	2 318 367	2 506 527	2 697 120	2 894 001
女	1 033 947	1 159 180	1 316 021	1 482 838	1 652 170	1 840 521	2 050 037	2 246 994	2 431 283	2 613 596	2 802 348
性比(女100につき男)	103.4	103.3	103.2	103.3	103.2	103.1	103.2	103.2	103.1	103.2	103.3
年齢分布(%)											
０－４歳	16.2	16.5	16.4	15.3	14.0	13.7	13.6	12.2	11.0	10.4	10.1
５－14歳	24.7	25.7	25.6	26.0	25.6	23.9	22.7	22.9	22.1	20.1	18.8
15－24歳	17.5	17.3	18.6	19.4	19.7	20.4	20.1	19.1	18.7	19.2	18.7
60歳以上	5.7	5.6	5.8	6.0	6.2	6.4	6.7	7.1	7.6	8.0	8.7
65歳以上	3.5	3.4	3.5	3.7	4.0	4.1	4.3	4.6	5.0	5.5	5.8
80歳以上	0.3	0.3	0.3	0.4	0.4	0.5	0.5	0.6	0.7	0.8	0.9
15－49歳女子(%)	46.2	45.3	45.6	46.2	47.6	49.3	50.3	51.3	52.5	53.4	53.5
中位数年齢(歳)	20.0	19.1	18.8	19.2	19.9	20.8	21.7	22.8	24.0	25.1	26.4
人口密度(1km²あたり)	26	29	33	37	41	46	51	56	61	66	70

指 標	1960-1965	1965-1970	1970-1975	1975-1980	1980-1985	1985-1990	1990-1995	1995-2000	2000-2005	2005-2010	2010-2015
年平均人口増加数(千人)	50 691	63 591	67 856	68 740	76 229	85 254	80 031	74 490	74 581	77 127	80 354
年平均出生数(千人)	93 701	102 408	105 781	105 626	113 459	124 004	120 980	116 813	118 471	122 203	126 105
年平均死亡数(千人)	42 575	38 104	36 627	35 566	36 039	37 317	38 573	39 674	40 735	41 790	43 414
人口増加率(%)	2.28	2.53	2.39	2.16	2.15	2.16	1.84	1.57	1.46	1.40	1.36
粗出生率(人口千人あたり)	42.0	40.7	37.2	33.2	32.0	31.4	27.7	24.6	23.1	22.2	21.4
粗死亡率(人口千人あたり)	19.1	15.1	12.9	11.2	10.2	9.4	8.8	8.4	7.9	7.6	7.4
合計出生率(女子１人あたり)	6.13	6.03	5.42	4.59	4.17	3.92	3.39	3.00	2.83	2.72	2.65
純再生産率(女子１人あたり)	2.07	2.22	2.07	1.80	1.69	1.62	1.41	1.26	1.20	1.17	1.15
乳児死亡率(出生千人あたり)	139	118	106	95	84	74	69	63	54	46	39
出生時の平均余命(歳)											
男	45.0	50.2	53.6	56.0	57.9	59.7	60.8	62.0	63.7	65.4	66.9
女	47.1	52.7	56.0	58.7	61.1	62.9	64.2	65.5	66.9	68.9	70.7
男女計	46.0	51.4	54.8	57.3	59.4	61.2	62.5	63.7	65.3	67.1	68.8

B. 中 位 予 測 値

指 標	2015	2020	2025	2030	2035	2040	2045	2050	2055	2060
人口(千人)										
総数	6 098 121	6 491 797	6 864 451	7 216 847	7 551 857	7 869 299	8 166 312	8 438 726	8 684 607	8 903 133
男	3 097 909	3 296 271	3 482 707	3 657 905	3 823 793	3 980 567	4 127 477	4 262 719	4 385 761	4 495 758
女	3 000 212	3 195 526	3 381 744	3 558 942	3 728 063	3 888 733	4 038 835	4 176 007	4 298 847	4 407 375
性比(女100につき男)	103.3	103.2	103.0	102.8	102.6	102.4	102.2	102.1	102.0	102.0
年齢分布(%)										
０－４歳	9.9	9.4	8.8	8.4	8.1	7.9	7.7	7.5	7.2	7.0
５－14歳	18.2	17.9	17.4	16.6	15.9	15.3	15.0	14.7	14.4	14.1
15－24歳	17.2	16.2	15.9	15.8	15.6	15.0	14.5	14.1	13.9	13.8
60歳以上	9.9	11.1	12.5	14.2	15.7	16.9	18.2	19.8	21.0	21.8
65歳以上	6.4	7.4	8.4	9.7	11.1	12.4	13.3	14.4	15.8	16.8
80歳以上	1.1	1.2	1.4	1.6	2.1	2.5	3.0	3.6	4.1	4.5
６－11歳	11.0	10.8	10.5	10.0	9.5	9.2	9.0	8.8	8.7	8.4
12－14歳	5.3	5.2	5.1	5.0	4.7	4.6	4.4	4.4	4.3	4.2
15－17歳	5.1	5.0	5.0	4.9	4.7	4.5	4.4	4.3	4.2	4.2
18－23歳	10.3	9.6	9.4	9.4	9.3	9.0	8.7	8.4	8.3	8.2
15－24歳女子(%)	52.5	51.2	50.1	49.6	48.8	47.5	46.5	46.0	45.6	45.3
中位数年齢(歳)	27.8	29.1	30.3	31.3	32.3	33.2	34.0	34.9	35.8	36.5
人口密度(1km²あたり)	75	80	85	89	93	97	101	104	107	110

指 標	2010-2015	2015-2020	2020-2025	2025-2030	2030-2035	2035-2040	2040-2045	2045-2050	2050-2055	2055-2060
年平均人口増加数(千人)	80 354	78 735	74 531	70 479	67 002	63 489	59 403	54 483	49 176	43 705
年平均出生数(千人)	126 105	126 937	125 766	125 495	126 511	127 905	128 912	129 060	128 456	127 513
年平均死亡数(千人)	43 414	45 850	48 987	52 743	57 202	62 106	67 199	72 267	77 085	81 729
年平均純移動数(千人)	−2337	−2351	−2247	−2273	−2308	−2310	−2310	−2310	−2195	−2079
人口増加率(%)	1.36	1.25	1.12	1.00	0.91	0.82	0.74	0.66	0.57	0.50
粗出生率(人口千人あたり)	21.4	20.2	18.8	17.8	17.1	16.6	16.1	15.5	15.0	14.5
粗死亡率(人口千人あたり)	7.4	7.3	7.3	7.5	7.7	8.1	8.4	8.7	9.0	9.3
純移動率(人口千人あたり)	−0.4	−0.4	−0.3	−0.3	−0.3	−0.3	−0.3	−0.3	−0.3	−0.2
合計出生率 (女子１人あたり)	2.65	2.58	2.52	2.47	2.42	2.37	2.33	2.30	2.26	2.22
純再生産率 (女子１人あたり)	1.15	1.14	1.12	1.11	1.09	1.08	1.07	1.06	1.05	1.03
乳児死亡率 (出生千人あたり)	39	35	31	28	25	23	20	19	17	15
５歳未満の死亡数(出生千人あたり	54	48	44	39	35	31	28	25	23	21
出生時の平均余命(歳)										
男	66.9	68.2	69.3	70.3	71.3	72.3	73.2	74.2	75.1	75.9
女	70.7	72.0	73.1	74.2	75.3	76.3	77.1	78.0	78.7	79.4
男女計	68.8	70.0	71.2	72.2	73.2	74.2	75.1	76.0	76.8	77.6

C. 高位予測値

	2015	2020	2025	2030	2035	2040	2045	2050	2055	2060
人口(千人)										
総数	6 098 121	6 551 167	7 019 564	7 493 774	7 956 622	8 419 976	8 895 498	9 384 842	9 882 378	10 380 077
男	3 097 909	3 327 091	3 563 092	3 801 203	4 032 970	4 264 793	4 503 378	4 749 920	5 001 951	5 254 888
女	3 000 212	3 224 076	3 456 472	3 692 572	3 923 652	4 155 184	4 392 120	4 634 922	4 880 427	5 125 189
性比(女100につき男)	103.3	103.1	102.9	102.6	102.3	102.0	101.8	101.6	101.5	101.4
年齢分布(%)										
0－4歳	9.9	10.2	10.0	9.7	9.3	9.1	9.1	9.1	9.0	8.8
5－14歳	18.2	17.7	17.8	18.1	17.8	17.3	16.8	16.7	16.7	16.6
15－24歳	17.2	16.1	15.5	15.2	15.5	15.9	15.7	15.4	15.0	15.0
60歳以上	9.9	11.0	12.3	13.7	14.9	15.8	16.7	17.8	18.4	18.7
65歳以上	6.4	7.3	8.2	9.3	10.6	11.6	12.2	13.0	13.9	14.4
80歳以上	1.1	1.2	1.3	1.6	2.0	2.3	2.8	3.3	3.6	3.9
15－49歳女子(%)	52.5	50.7	49.1	47.8	47.1	46.2	45.8	45.6	45.6	45.8
中位数年齢(歳)	27.8	28.8	29.5	30.0	30.3	30.6	30.9	31.2	31.6	32.0

	2010-2015	2015-2020	2020-2025	2025-2030	2030-2035	2035-2040	2040-2045	2045-2050	2050-2055	2055-2060
年平均人口増加数(千人)	80 354	90 609	93 679	94 842	92 569	92 671	95 104	97 869	99 507	99 540
年平均出生数(千人)	126 105	139 200	145 569	150 680	152 942	158 044	165 736	173 765	180 293	185 037
年平均死亡数(千人)	43 414	46 239	49 642	53 565	58 065	63 062	68 321	73 586	78 591	83 418
人口増加率(%)	1.36	1.43	1.38	1.31	1.20	1.13	1.10	1.07	1.03	0.98
粗出生率(人口千人あたり)	21.4	22.0	21.5	20.8	19.8	19.3	19.1	19.0	18.7	18.3
粗死亡率(人口千人あたり)	7.4	7.3	7.3	7.4	7.5	7.7	7.9	8.1	8.2	8.2
合計出生率（女子1人あたり）	2.65	2.83	2.91	2.96	2.91	2.86	2.81	2.78	2.74	2.70
純再生産率（女子1人あたり）	1.15	1.25	1.30	1.34	1.32	1.31	1.30	1.29	1.27	1.26

D. 低位予測値

	2015	2020	2025	2030	2035	2040	2045	2050	2055	2060
人口(千人)										
総数	6 098 121	6 432 315	6 709 197	6 939 738	7 147 683	7 325 198	7 460 889	7 547 781	7 586 996	7 583 066
男	3 097 909	3 265 395	3 402 249	3 514 515	3 614 920	3 699 729	3 763 821	3 803 933	3 821 122	3 817 315
女	3 000 212	3 166 921	3 306 948	3 425 223	3 532 762	3 625 469	3 697 068	3 743 848	3 765 874	3 765 751
性比(女100につき男)	103.3	103.1	102.9	102.6	102.3	102.0	101.8	101.6	101.5	101.4
年齢分布(%)										
0－4歳	9.9	8.5	7.6	7.0	6.8	6.6	6.2	5.9	5.5	5.3
5－14歳	18.2	18.0	16.9	15.1	13.7	13.1	12.8	12.4	11.9	11.3
15－24歳	17.2	16.4	16.3	16.5	15.7	14.1	13.0	12.5	12.4	12.2
60歳以上	9.9	11.2	12.8	14.8	16.6	18.2	20.0	22.1	24.0	25.5
65歳以上	6.4	7.5	8.6	10.1	11.8	13.3	14.6	16.1	18.1	19.7
80歳以上	1.1	1.2	1.4	1.7	2.2	2.7	3.3	4.1	4.7	5.3
15－49歳女子(%)	52.5	51.6	51.3	51.5	50.7	48.9	47.2	46.1	45.2	44.0
中位数年齢(歳)	27.8	29.4	31.1	32.7	34.2	35.7	37.3	38.9	40.6	42.0

	2010-2015	2015-2020	2020-2025	2025-2030	2030-2035	2035-2040	2040-2045	2045-2050	2050-2055	2055-2060
年平均人口増加数(千人)	80 354	66 839	55 376	46 108	41 589	35 503	27 138	17 378	7 843	- 786
年平均出生数(千人)	126 105	114 651	105 956	100 302	100 239	98 987	95 588	90 747	85 768	81 523
年平均死亡数(千人)	43 414	45 461	48 333	51 921	56 342	61 174	66 140	71 058	75 730	80 230
人口増加率(%)	1.36	1.07	0.84	0.68	0.59	0.49	0.37	0.23	0.10	-0.01
粗出生率(人口千人あたり)	21.4	18.3	16.1	14.7	14.2	13.7	12.9	12.1	11.3	10.7
粗死亡率(人口千人あたり)	7.4	7.3	7.4	7.6	8.0	8.5	8.9	9.5	10.0	10.6
合計出生率（女子1人あたり）	2.65	2.33	2.12	1.97	1.92	1.88	1.85	1.83	1.80	1.76
純再生産率（女子1人あたり）	1.15	1.02	0.94	0.88	0.86	0.85	0.84	0.83	0.82	0.81

E. 出生力一定予測値

	2015	2020	2025	2030	2035	2040	2045	2050	2055	2060
人口(千人)										
総数	6 098 121	6 524 134	6 964 729	7 422 214	7 904 188	8 421 928	8 987 344	9 611 972	10 311 413	11 104 805
男	3 097 909	3 313 104	3 534 844	3 764 628	4 006 769	4 267 282	4 552 875	4 869 537	5 225 654	5 630 551
女	3 000 212	3 211 030	3 429 885	3 657 586	3 897 419	4 154 646	4 434 468	4 742 436	5 085 759	5 474 255
中位数年齢(歳)	27.8	28.9	29.8	30.3	30.6	30.6	30.4	30.1	29.6	29.0

	2010-2015	2015-2020	2020-2025	2025-2030	2030-2035	2035-2040	2040-2045	2045-2050	2050-2055	2055-2060
人口増加率(%)	1.36	1.35	1.31	1.27	1.26	1.27	1.30	1.34	1.41	1.48
粗出生率(人口千人あたり)	21.4	21.2	20.8	20.5	20.5	20.8	21.3	21.8	22.4	23.1
粗死亡率(人口千人あたり)	7.4	7.3	7.4	7.5	7.7	7.8	8.0	8.1	8.1	8.1

Least developed countries

A. 推 計 値

指　標	1960	1965	1970	1975	1980	1985	1990	1995	2000	2005	2010
人口(千人)											
総数	241 073	271 724	308 870	347 329	393 172	446 546	510 058	585 189	664 386	752 805	847 255
男	120 214	135 351	153 798	172 825	195 545	222 388	254 043	292 027	331 482	375 758	422 398
女	120 859	136 373	155 072	174 504	197 627	224 158	256 015	293 163	332 904	377 047	424 857
性比(女100につき男)	99.5	99.3	99.2	99.0	98.9	99.2	99.2	99.6	99.6	99.7	99.4
年齢分布(%)											
０－４歳	17.6	17.9	18.0	17.9	18.0	18.0	17.5	16.8	16.4	16.0	15.4
５－14歳	25.1	25.7	26.2	26.7	26.8	26.9	27.2	27.1	26.6	26.2	26.0
15－24歳	18.6	18.3	18.4	18.3	18.9	19.3	19.4	19.6	20.0	20.1	19.8
60歳以上	4.8	4.8	4.8	4.9	5.0	4.9	5.0	5.0	5.1	5.2	5.3
65歳以上	2.8	2.8	2.9	3.0	3.1	3.0	3.1	3.2	3.3	3.3	3.5
80歳以上	0.2	0.2	0.2	0.2	0.3	0.3	0.3	0.3	0.4	0.4	0.5
15－49歳女子(%)	46.6	45.8	45.3	44.9	44.8	44.9	45.3	45.9	46.8	47.6	48.2
中位数年齢(歳)	18.7	18.3	17.9	17.7	17.5	17.4	17.5	17.8	18.2	18.6	19.1
人口密度(1km²あたり)	12	13	15	17	19	22	25	29	33	37	42

	1960–1965	1965–1970	1970–1975	1975–1980	1980–1985	1985–1990	1990–1995	1995–2000	2000–2005	2005–2010	2010–2015
年平均人口増加数(千人)	6 130	7 429	7 692	9 169	10 675	12 702	15 026	15 839	17 684	18 890	21 381
年平均出生数(千人)	12 284	13 776	15 366	17 110	19 073	20 840	22 679	24 730	26 665	28 378	29 999
年平均死亡数(千人)	5 977	6 175	6 709	7 072	7 122	7 387	7 999	8 117	8 122	7 813	7 670
人口増加率(%)	2.39	2.56	2.35	2.48	2.55	2.66	2.75	2.54	2.50	2.36	2.38
粗出生率(人口千人あたり)	47.9	47.5	46.8	46.2	45.4	43.6	41.4	39.6	37.6	35.5	33.3
粗死亡率(人口千人あたり)	23.3	21.3	20.4	19.1	17.0	15.4	14.6	13.0	11.5	9.8	8.5
合計出生率(女子１人あたり)	6.70	6.74	6.73	6.67	6.53	6.19	5.77	5.39	5.01	4.62	4.27
純再生産率(女子１人あたり)	2.05	2.16	2.18	2.25	2.28	2.22	2.10	2.04	1.97	1.90	1.81
乳児死亡率(出生千人あたり)	168	154	151	136	125	114	107	93	79	67	57
出生時の平均余命(歳)											
男	39.8	42.1	43.2	44.5	47.6	49.4	50.2	52.6	55.1	58.3	60.7
女	42.2	44.5	45.5	47.4	50.0	51.9	52.7	54.9	57.3	60.7	63.6
男女計	40.9	43.3	44.3	45.9	48.8	50.6	51.4	53.7	56.2	59.5	62.2

B. 中 位 予 測 値

	2015	2020	2025	2030	2035	2040	2045	2050	2055	2060
人口(千人)										
総数	954 158	1 070 680	1 194 702	1 325 694	1 462 796	1 604 725	1 749 973	1 896 921	2 044 313	2 190 644
男	476 031	534 479	596 621	662 189	730 722	801 563	873 964	947 098	1 020 374	1 093 045
女	478 127	536 201	598 081	663 505	732 074	803 161	876 008	949 824	1 023 938	1 097 600
性比(女100につき男)	99.6	99.7	99.8	99.8	99.8	99.8	99.8	99.7	99.7	99.6
年齢分布(%)										
０－４歳	14.6	14.0	13.4	12.8	12.2	11.7	11.1	10.6	10.1	9.7
５－14歳	25.4	24.5	23.7	22.9	22.1	21.3	20.6	19.9	19.2	18.5
15－24歳	20.0	20.0	19.7	19.3	18.9	18.6	18.2	17.8	17.4	17.0
60歳以上	5.5	5.7	6.2	6.7	7.3	8.0	8.9	9.8	10.8	11.8
65歳以上	3.6	3.7	4.0	4.3	4.8	5.3	5.9	6.6	7.3	8.2
80歳以上	0.5	0.5	0.6	0.6	0.7	0.8	0.9	1.1	1.3	1.5
６－11歳	15.5	14.9	14.4	13.9	13.4	13.0	12.5	12.0	11.6	11.2
12－14歳	7.1	6.9	6.7	6.5	6.3	6.1	5.9	5.8	5.6	5.4
15－17歳	6.6	6.5	6.3	6.2	6.0	5.9	5.7	5.6	5.4	5.3
18－23歳	11.6	11.7	11.6	11.4	11.1	11.0	10.7	10.5	10.3	10.1
15－24歳女子(%)	49.0	49.9	50.5	50.9	51.1	51.1	51.0	50.8	50.5	50.2
中位数年齢(歳)	19.7	20.5	21.4	22.3	23.2	24.1	25.1	26.1	27.1	28.1
人口密度(1km²あたり)	47	53	59	66	73	80	87	94	101	109

	2010–2015	2015–2020	2020–2025	2025–2030	2030–2035	2035–2040	2040–2045	2045–2050	2050–2055	2055–2060
年平均人口増加数(千人)	21 381	23 305	24 804	26 198	27 420	28 386	29 050	29 390	29 478	29 266
年平均出生数(千人)	29 999	31 970	33 797	35 588	37 297	38 887	40 303	41 551	42 655	43 618
年平均死亡数(千人)	7 670	7 840	8 158	8 558	9 059	9 682	10 433	11 339	12 397	13 612
年平均純移動数(千人)	−948	−826	−835	−832	−817	−819	−820	−821	−780	−739
人口増加率(%)	2.38	2.30	2.19	2.08	1.97	1.85	1.73	1.61	1.50	1.38
粗出生率(人口千人あたり)	33.3	31.6	29.8	28.2	26.8	25.4	24.0	22.8	21.6	20.6
粗死亡率(人口千人あたり)	8.5	7.7	7.2	6.8	6.5	6.3	6.2	6.2	6.3	6.4
純移動率(人口千人あたり)	−1.1	−0.8	−0.7	−0.7	−0.6	−0.5	−0.5	−0.5	−0.4	−0.3
合計出生率（女子１人あたり）	4.27	3.98	3.72	3.50	3.33	3.17	3.04	2.91	2.79	2.69
純再生産率（女子１人あたり）	1.81	1.72	1.64	1.57	1.50	1.44	1.39	1.34	1.30	1.26
乳児死亡率（出生千人あたり）	57	50	45	40	36	32	29	26	23	21
５歳未満の死亡数(出生千人あた	86	75	66	58	51	45	40	36	32	29
出生時の平均余命(歳)										
男	60.7	62.5	64.0	65.4	66.6	67.8	68.9	69.9	70.8	71.6
女	63.6	65.6	67.2	68.7	70.1	71.4	72.6	73.7	74.7	75.6
男女計	62.2	64.0	65.6	67.0	68.3	69.6	70.7	71.7	72.7	73.6

C. 高位予測値

	2015	2020	2025	2030	2035	2040	2045	2050	2055	2060
人口(千人)										
総数	954 158	1 080 062	1 221 046	1 375 738	1 539 788	1 714 319	1 900 835	2 099 510	2 309 138	2 527 514
男	476 031	539 240	609 987	687 575	769 768	857 130	950 439	1 049 775	1 154 572	1 263 722
女	478 127	540 822	611 059	688 163	770 020	857 189	950 395	1 049 735	1 154 566	1 263 792
性比(女100につき男)	99.6	99.6	99.7	99.7	99.6	99.6	99.5	99.4	99.2	99.1
年齢分布(%)										
0－4歳	14.6	14.8	14.5	14.1	13.4	12.8	12.4	12.1	11.7	11.3
5－14歳	25.4	24.3	23.9	23.9	23.6	22.9	22.1	21.5	21.0	20.6
15－24歳	20.0	19.8	19.3	18.6	18.6	18.9	18.8	18.4	18.0	17.7
60歳以上	5.5	5.7	6.0	6.4	6.9	7.5	8.2	8.8	9.5	10.3
65歳以上	3.6	3.7	3.9	4.2	4.5	4.9	5.4	6.0	6.5	7.1
80歳以上	0.5	0.5	0.6	0.6	0.7	0.7	0.9	1.0	1.1	1.3
15－49歳女子(%)	49.0	49.4	49.5	49.1	49.1	49.4	49.6	49.5	49.4	49.4
中位数年齢(歳)	19.7	20.2	20.8	21.3	21.8	22.4	23.1	23.8	24.6	25.3

	2010-2015	2015-2020	2020-2025	2025-2030	2030-2035	2035-2040	2040-2045	2045-2050	2050-2055	2055-2060
年平均人口増加数(千人)	21 381	25 181	28 197	30 938	32 810	34 906	37 303	39 735	41 926	43 675
年平均出生数(千人)	29 999	33 955	37 392	40 602	42 989	45 749	48 961	52 375	55 657	58 655
年平均死亡数(千人)	7 670	7 948	8 360	8 831	9 362	10 024	10 837	11 819	12 951	14 240
人口増加率(%)	2.38	2.48	2.45	2.39	2.25	2.15	2.07	1.99	1.90	1.81
粗出生率(人口千人あたり)	33.3	33.4	32.5	31.3	29.5	28.1	27.1	26.2	25.2	24.3
粗死亡率(人口千人あたり)	8.5	7.8	7.3	6.8	6.4	6.2	6.0	5.9	5.9	5.9
合計出生率（女子1人あたり）	4.27	4.22	4.12	4.00	3.82	3.67	3.52	3.39	3.27	3.17
純再生産率（女子1人あたり）	1.81	1.83	1.82	1.79	1.73	1.67	1.62	1.57	1.52	1.48

D. 低位予測値

	2015	2020	2025	2030	2035	2040	2045	2050	2055	2060
人口(千人)										
総数	954 158	1 061 188	1 168 218	1 275 468	1 385 755	1 496 142	1 603 147	1 704 077	1 797 828	1 883 682
男	476 031	529 661	583 184	636 711	691 650	746 510	799 540	849 373	895 496	937 563
女	478 127	531 526	585 034	638 757	694 105	749 632	803 606	854 705	902 331	946 119
性比(女100につき男)	99.6	99.6	99.7	99.7	99.6	99.6	99.5	99.4	99.2	99.1
年齢分布(%)										
0－4歳	14.6	13.2	12.2	11.4	10.9	10.4	9.7	9.1	8.5	8.0
5－14歳	25.4	24.7	23.4	21.7	20.4	19.5	18.8	18.0	17.1	16.2
15－24歳	20.0	20.1	20.2	20.1	19.3	18.2	17.3	16.8	16.5	16.1
60歳以上	5.5	5.8	6.3	6.9	7.7	8.6	9.7	10.9	12.3	13.8
65歳以上	3.6	3.7	4.1	4.5	5.0	5.6	6.4	7.3	8.4	9.5
80歳以上	0.5	0.5	0.6	0.7	0.7	0.8	1.0	1.2	1.4	1.7
15－49歳女子(%)	49.0	50.3	51.7	52.9	53.2	53.1	52.6	52.1	51.5	50.6
中位数年齢(歳)	19.7	20.7	22.0	23.3	24.7	26.1	27.5	28.8	30.2	31.5

	2010-2015	2015-2020	2020-2025	2025-2030	2030-2035	2035-2040	2040-2045	2045-2050	2050-2055	2055-2060
年平均人口増加数(千人)	21 381	21 406	21 406	21 450	22 057	22 077	21 401	20 186	18 750	17 171
年平均出生数(千人)	29 999	29 963	30 196	30 567	31 633	32 244	32 270	31 902	31 424	30 960
年平均死亡数(千人)	7 670	7 731	7 955	8 285	8 758	9 347	10 048	10 895	11 893	13 050
人口増加率(%)	2.38	2.13	1.92	1.76	1.66	1.53	1.38	1.22	1.07	0.93
粗出生率(人口千人あたり)	33.3	29.7	27.1	25.0	23.8	22.4	20.8	19.3	17.9	16.8
粗死亡率(人口千人あたり)	8.5	7.7	7.1	6.8	6.6	6.5	6.5	6.6	6.8	7.1
合計出生率（女子1人あたり）	4.27	3.73	3.33	3.01	2.83	2.68	2.55	2.43	2.32	2.22
純再生産率（女子1人あたり）	1.81	1.61	1.46	1.34	1.27	1.22	1.16	1.11	1.07	1.03

E. 出生力一定予測値

	2015	2020	2025	2030	2035	2040	2045	2050	2055	2060
人口(千人)										
総数	954 158	1 083 226	1 235 317	1 411 978	1 615 569	1 851 415	2 127 707	2 453 436	2 838 473	3 293 843
男	476 031	540 844	617 216	705 935	808 165	926 592	1 065 386	1 229 090	1 422 753	1 651 976
女	478 127	542 383	618 101	706 044	807 404	924 823	1 062 321	1 224 346	1 415 720	1 641 866
中位数年齢(歳)	19.7	20.2	20.5	20.5	20.3	20.2	20.2	20.0	19.8	19.6

	2010-2015	2015-2020	2020-2025	2025-2030	2030-2035	2035-2040	2040-2045	2045-2050	2050-2055	2055-2060
人口増加率(%)	2.38	2.54	2.63	2.67	2.69	2.73	2.78	2.85	2.92	2.98
粗出生率(人口千人あたり)	33.3	34.0	34.3	34.2	33.9	33.9	34.1	34.5	34.9	35.2
粗死亡率(人口千人あたり)	8.5	7.9	7.4	6.9	6.5	6.2	5.9	5.7	5.5	5.3

Less developed regions, excluding least developed countries

A. 推 計 値

指　標	1960	1965	1970	1975	1980	1985	1990	1995	2000	2005	2010
人口(千人)											
総数	1 862 321	2 085 126	2 365 936	2 666 758	2 964 617	3 292 390	3 655 147	3 980 173	4 273 424	4 557 911	4 849 094
男	949 233	1 062 319	1 204 986	1 358 423	1 510 074	1 676 026	1 861 126	2 026 341	2 175 045	2 321 362	2 471 604
女	913 088	1 022 807	1 160 949	1 308 334	1 454 543	1 616 364	1 794 021	1 953 832	2 098 379	2 236 549	2 377 491
性比(女100につき男)	104.0	103.9	103.8	103.8	103.8	103.7	103.7	103.7	103.7	103.8	104.0
年齢分布(%)											
０－４歳	16.1	16.4	16.2	15.0	13.4	13.1	13.1	11.5	10.1	9.5	9.2
５－14歳	24.7	25.7	25.5	25.9	25.4	23.5	22.1	22.2	21.4	19.1	17.6
15－24歳	17.3	17.1	18.6	19.5	19.8	20.6	20.2	19.0	18.4	19.1	18.5
60歳以上	5.8	5.8	5.9	6.1	6.4	6.6	6.9	7.4	8.0	8.5	9.3
65歳以上	3.5	3.5	3.6	3.8	4.1	4.3	4.5	4.8	5.3	5.8	6.2
80歳以上	0.3	0.3	0.4	0.4	0.4	0.5	0.6	0.7	0.7	0.9	1.0
15－49歳女子(%)	46.1	45.2	45.6	46.4	48.0	49.9	51.0	52.1	53.4	54.4	54.5
中位数年齢(歳)	20.2	19.2	18.9	19.4	20.2	21.3	22.3	23.6	25.1	26.4	27.9
人口密度(1k㎡あたり)	31	34	39	44	49	54	60	65	70	75	80

指　標	1960-1965	1965-1970	1970-1975	1975-1980	1980-1985	1985-1990	1990-1995	1995-2000	2000-2005	2005-2010	2010-2015
年平均人口増加数(千人)	44 561	56 162	60 164	59 572	65 555	72 551	65 005	58 650	56 897	58 237	58 974
年平均出生数(千人)	81 416	88 631	90 415	88 516	94 387	103 164	98 301	92 083	91 806	93 825	96 106
年平均死亡数(千人)	36 599	31 929	29 917	28 495	28 917	29 931	30 574	31 556	32 613	33 977	35 744
人口増加率(%)	2.26	2.53	2.39	2.12	2.10	2.09	1.70	1.42	1.29	1.24	1.18
粗出生率(人口千人あたり)	41.3	39.8	35.9	31.4	30.2	29.7	25.7	22.3	20.8	19.9	19.2
粗死亡率(人口千人あたり)	18.5	14.3	11.9	10.1	9.2	8.6	8.0	7.6	7.4	7.2	7.2
合計出生率(女子１人あたり)	6.05	5.94	5.25	4.32	3.87	3.64	3.09	2.69	2.52	2.42	2.37
純再生産率(女子１人あたり)	2.07	2.23	2.06	1.74	1.61	1.54	1.32	1.15	1.09	1.06	1.04
乳児死亡率(出生千人あたり)	135	112	98	87	76	66	60	55	47	40	33
出生時の平均余命(歳)											
男	45.8	51.5	55.3	58.0	59.7	61.5	62.8	63.9	65.5	67.0	68.3
女	47.8	54.0	57.7	60.7	63.0	64.8	66.3	67.5	68.9	70.5	72.1
男女計	46.8	52.7	56.5	59.3	61.3	63.1	64.5	65.6	67.1	68.7	70.2

B. 中 位 予 測 値

指　標	2015	2020	2025	2030	2035	2040	2045	2050	2055	2060
人口(千人)										
総数	5 143 963	5 421 116	5 669 749	5 891 153	6 089 061	6 264 575	6 416 339	6 541 805	6 640 295	6 712 488
男	2 621 877	2 761 792	2 886 085	2 995 716	3 093 072	3 179 003	3 253 513	3 315 621	3 365 386	3 402 713
女	2 522 086	2 659 324	2 783 663	2 895 437	2 995 989	3 085 571	3 162 827	3 226 183	3 274 908	3 309 775
性比(女100につき男)	104.0	103.9	103.7	103.5	103.2	103.0	102.9	102.8	102.8	102.8
年齢分布(%)										
０－４歳	9.0	8.5	7.9	7.4	7.1	6.9	6.8	6.6	6.4	6.2
５－14歳	16.9	16.6	16.1	15.2	14.4	13.8	13.5	13.2	12.9	12.6
15－24歳	16.7	15.5	15.1	15.0	14.8	14.1	13.5	13.1	12.9	12.7
60歳以上	10.7	12.1	13.9	15.9	17.8	19.2	20.8	22.7	24.1	25.0
65歳以上	6.9	8.1	9.4	10.9	12.7	14.2	15.4	16.7	18.4	19.6
80歳以上	1.2	1.4	1.5	1.8	2.4	2.9	3.6	4.4	5.0	5.5
６－11歳	10.2	10.0	9.7	9.1	8.6	8.3	8.1	7.9	7.7	7.5
12－14歳	4.9	4.8	4.8	4.6	4.4	4.1	4.0	4.0	3.9	3.8
15－17歳	4.9	4.7	4.7	4.6	4.4	4.2	4.0	3.9	3.9	3.8
18－23歳	10.1	9.2	9.0	9.0	8.9	8.5	8.1	7.8	7.7	7.6
15－24歳女子(%)	53.2	51.4	50.1	49.3	48.2	46.5	45.3	44.6	44.1	43.7
中位数年齢(歳)	29.3	30.9	32.4	33.8	34.9	35.9	36.9	37.8	38.8	39.7
人口密度(1k㎡あたり)	85	89	93	97	100	103	105	108	109	110

指　標	2010-2015	2015-2020	2020-2025	2025-2030	2030-2035	2035-2040	2040-2045	2045-2050	2050-2055	2055-2060
年平均人口増加数(千人)	58 974	55 431	49 726	44 281	39 582	35 103	30 353	25 093	19 698	14 439
年平均出生数(千人)	96 106	94 966	91 968	89 907	89 214	89 018	88 608	87 510	85 801	83 896
年平均死亡数(千人)	35 744	38 010	40 830	44 185	48 142	52 424	56 766	60 928	64 688	68 117
年平均純移動数(千人)	−1388	−1526	−1412	−1441	−1491	−1491	−1490	−1489	−1414	−1340
人口増加率(%)	1.18	1.05	0.90	0.77	0.66	0.57	0.48	0.39	0.30	0.22
粗出生率(人口千人あたり)	19.2	18.0	16.6	15.6	14.9	14.4	14.0	13.5	13.0	12.6
粗死亡率(人口千人あたり)	7.2	7.2	7.4	7.6	8.0	8.5	9.0	9.4	9.8	10.2
純移動率(人口千人あたり)	−0.3	−0.3	−0.3	−0.2	−0.2	−0.2	−0.2	−0.2	−0.2	−0.2
合計出生率（女子１人あたり）	2.37	2.32	2.26	2.22	2.18	2.14	2.11	2.09	2.07	2.04
純再生産率（女子１人あたり）	1.04	1.03	1.01	1.00	0.99	0.98	0.98	0.97	0.96	0.95
乳児死亡率（出生千人あたり）	33	29	26	23	21	19	17	15	14	12
５歳未満の死亡数(出生千人あた	45	39	35	32	28	25	23	21	19	17
出生時の平均余命(歳)										
男	68.3	69.5	70.5	71.5	72.5	73.4	74.4	75.3	76.2	77.1
女	72.1	73.4	74.5	75.5	76.5	77.4	78.2	79.0	79.7	80.4
男女計	70.2	71.4	72.4	73.5	74.4	75.3	76.2	77.1	77.9	78.7

C. 高 位 予 測 値

	2015	2020	2025	2030	2035	2040	2045	2050	2055	2060
人口(千人)										
総数	5 143 963	5 471 105	5 798 518	6 118 036	6 416 833	6 705 658	6 994 664	7 285 333	7 573 240	7 852 562
男	2 621 877	2 787 851	2 953 105	3 113 628	3 263 202	3 407 663	3 552 939	3 700 145	3 847 379	3 991 166
女	2 522 086	2 683 254	2 845 413	3 004 408	3 153 631	3 297 995	3 441 724	3 585 187	3 725 861	3 861 396
性比(女100につき男)	104.0	103.8	103.6	103.3	103.0	102.7	102.4	102.3	102.2	102.1
年齢分布(%)										
0－4歳	9.0	9.3	9.1	8.8	8.4	8.2	8.2	8.2	8.1	7.9
5－14歳	16.9	16.4	16.6	16.7	16.4	15.9	15.4	15.3	15.3	15.3
15－24歳	16.7	15.3	14.7	14.5	14.8	15.1	14.9	14.5	14.1	14.1
60歳以上	10.7	12.0	13.6	15.3	16.9	18.0	19.1	20.4	21.1	21.4
65歳以上	6.9	8.0	9.2	10.5	12.0	13.3	14.1	15.0	16.1	16.7
80歳以上	1.2	1.4	1.5	1.8	2.3	2.7	3.3	3.9	4.4	4.7
15－49歳女子(%)	53.2	51.0	49.0	47.5	46.5	45.4	44.7	44.5	44.4	44.6
中位数年齢(歳)	29.3	30.6	31.7	32.4	32.9	33.3	33.5	33.8	34.2	34.5

	2010-2015	2015-2020	2020-2025	2025-2030	2030-2035	2035-2040	2040-2045	2045-2050	2050-2055	2055-2060
年平均人口増加数(千人)	58 974	65 428	65 483	63 904	59 759	57 765	57 801	58 134	57 582	55 864
年平均出生数(千人)	96 106	105 245	108 176	110 078	109 953	112 294	116 775	121 390	124 637	126 382
年平均死亡数(千人)	35 744	38 291	41 282	44 733	48 703	53 038	57 484	61 767	65 641	69 177
人口増加率(%)	1.18	1.23	1.16	1.07	0.95	0.88	0.84	0.81	0.78	0.72
粗出生率(人口千人あたり)	19.2	19.8	19.2	18.5	17.5	17.1	17.0	17.0	16.8	16.4
粗死亡率(人口千人あたり)	7.2	7.2	7.3	7.5	7.8	8.1	8.4	8.7	8.8	9.0
合計出生率(女子1人あたり)	2.37	2.57	2.66	2.71	2.67	2.63	2.60	2.58	2.55	2.52
純再生産率(女子1人あたり)	1.04	1.14	1.20	1.23	1.22	1.21	1.21	1.20	1.19	1.18

D. 低 位 予 測 値

	2015	2020	2025	2030	2035	2040	2045	2050	2055	2060
人口(千人)										
総数	5 143 963	5 371 127	5 540 979	5 664 270	5 761 928	5 829 057	5 857 742	5 843 704	5 789 168	5 699 384
男	2 621 877	2 735 733	2 819 066	2 877 803	2 923 270	2 953 220	2 964 280	2 954 561	2 925 625	2 879 752
女	2 522 086	2 635 394	2 721 914	2 786 466	2 838 658	2 875 837	2 893 462	2 889 143	2 863 543	2 819 632
性比(女100につき男)	104.0	103.8	103.6	103.3	103.0	102.7	102.4	102.3	102.2	102.1
年齢分布(%)										
0－4歳	9.0	7.6	6.6	6.0	5.8	5.6	5.3	4.9	4.6	4.4
5－14歳	16.9	16.7	15.5	13.6	12.1	11.4	11.2	10.8	10.3	9.7
15－24歳	16.7	15.6	15.4	15.6	14.8	13.0	11.8	11.3	11.2	10.9
60歳以上	10.7	12.2	14.2	16.6	18.8	20.7	22.8	25.4	27.6	29.4
65歳以上	6.9	8.2	9.6	11.3	13.4	15.3	16.9	18.7	21.1	23.1
80歳以上	1.2	1.4	1.6	1.9	2.5	3.2	3.9	4.9	5.8	6.5
15－49歳女子(%)	53.2	51.9	51.2	51.2	50.0	47.8	45.7	44.4	43.2	41.8
中位数年齢(歳)	29.3	31.2	33.2	35.2	36.9	38.6	40.2	41.9	43.7	45.5

	2010-2015	2015-2020	2020-2025	2025-2030	2030-2035	2035-2040	2040-2045	2045-2050	2050-2055	2055-2060
年平均人口増加数(千人)	58 974	45 433	33 970	24 658	19 532	13 426	5 737	－2 808	－10 907	－17 957
年平均出生数(千人)	96 106	84 688	75 760	69 735	68 606	66 743	63 318	58 844	54 345	50 563
年平均死亡数(千人)	35 744	37 729	40 378	43 636	47 584	51 826	56 091	60 163	63 837	67 180
人口増加率(%)	1.18	0.86	0.62	0.44	0.34	0.23	0.10	−0.05	−0.19	−0.31
粗出生率(人口千人あたり)	19.2	16.1	13.9	12.4	12.0	11.5	10.8	10.1	9.3	8.8
粗死亡率(人口千人あたり)	7.2	7.2	7.4	7.8	8.3	8.9	9.6	10.3	11.0	11.7
合計出生率(女子1人あたり)	2.37	2.07	1.86	1.72	1.68	1.65	1.62	1.61	1.59	1.56
純再生産率(女子1人あたり)	1.04	0.91	0.83	0.77	0.76	0.75	0.74	0.74	0.73	0.72

E. 出生力一定予測値

	2015	2020	2025	2030	2035	2040	2045	2050	2055	2060
人口(千人)										
総数	5 143 963	5 440 907	5 729 412	6 010 236	6 288 619	6 570 513	6 859 636	7 158 536	7 472 940	7 810 963
男	2 621 877	2 772 260	2 917 628	3 058 693	3 198 604	3 340 690	3 487 489	3 640 447	3 802 901	3 978 574
女	2 522 086	2 668 647	2 811 785	2 951 542	3 090 015	3 229 823	3 372 147	3 518 090	3 670 039	3 832 388
中位数年齢(歳)	29.3	30.8	32.1	33.1	33.7	34.1	34.3	34.4	34.3	34.0

	2010-2015	2015-2020	2020-2025	2025-2030	2030-2035	2035-2040	2040-2045	2045-2050	2050-2055	2055-2060
人口増加率(%)	1.18	1.12	1.03	0.96	0.91	0.88	0.86	0.85	0.86	0.89
粗出生率(人口千人あたり)	19.2	18.7	18.0	17.4	17.2	17.3	17.5	17.6	17.9	18.2
粗死亡率(人口千人あたり)	7.2	7.2	7.4	7.6	7.9	8.3	8.6	8.9	9.1	9.2

Less developed regions, excluding China

A. 推 計 値

指　標	1960	1965	1970	1975	1980	1985	1990	1995	2000	2005	2010
人口(千人)											
総数	1 445 203	1 633 796	1 847 527	2 087 822	2 356 842	2 661 377	2 984 213	3 309 822	3 638 685	3 975 101	4 324 652
男	730 617	826 172	934 406	1 056 165	1 192 058	1 345 708	1 509 023	1 673 642	1 839 436	2 010 678	2 188 542
女	714 586	807 624	913 120	1 031 657	1 164 783	1 315 669	1 475 189	1 636 180	1 799 249	1 964 423	2 136 110
性比(女100につき男)	102.2	102.3	102.3	102.4	102.3	102.3	102.3	102.3	102.2	102.4	102.5
年齢分布(%)											
0－4歳	16.9	16.9	16.4	16.0	15.6	15.3	14.5	13.5	12.6	12.0	11.5
5－14歳	24.5	25.8	26.2	26.0	25.5	25.0	24.8	24.4	23.3	22.1	21.1
15－24歳	18.0	17.5	18.3	19.3	19.7	19.7	19.5	19.5	19.7	19.7	19.0
60歳以上	5.5	5.6	5.7	5.7	5.8	5.9	6.1	6.4	6.8	7.1	7.5
65歳以上	3.4	3.4	3.5	3.6	3.7	3.8	3.9	4.1	4.4	4.7	5.0
80歳以上	0.4	0.4	0.4	0.4	0.4	0.5	0.5	0.6	0.6	0.7	0.8
15－49歳女子(%)	46.6	45.6	45.7	46.3	46.9	47.5	48.3	49.5	50.9	51.8	52.1
中位数年齢(歳)	19.6	18.9	18.6	18.8	19.2	19.6	20.2	21.0	21.9	23.0	24.1
人口密度(1k㎡あたり)	20	23	26	29	33	37	42	46	51	56	60

指　標	1960-1965	1965-1970	1970-1975	1975-1980	1980-1985	1985-1990	1990-1995	1995-2000	2000-2005	2005-2010	2010-2015
年平均人口増加数(千人)	37 719	42 746	48 059	53 804	60 907	64 567	65 122	65 773	67 283	69 910	73 233
年平均出生数(千人)	66 319	71 685	77 738	83 861	91 275	95 775	97 934	99 844	102 551	105 820	108 964
年平均死亡数(千人)	28 276	28 164	28 596	28 711	29 218	29 806	30 601	31 445	32 522	33 034	33 717
人口増加率(%)	2.45	2.46	2.45	2.42	2.43	2.29	2.07	1.90	1.77	1.69	1.63
粗出生率(人口千人あたり)	43.1	41.2	39.5	37.7	36.4	33.9	31.1	28.7	26.9	25.5	24.2
粗死亡率(人口千人あたり)	18.4	16.2	14.5	12.9	11.6	10.6	9.7	9.1	8.5	8.0	7.5
合計出生率(女子1人あたり)	6.13	5.96	5.68	5.27	4.92	4.46	4.00	3.63	3.34	3.13	2.98
純再生産率(女子1人あたり)	2.08	2.12	2.09	2.01	1.93	1.80	1.63	1.50	1.41	1.34	1.30
乳児死亡率(出生千人あたり)	142	129	119	106	94	83	76	68	59	51	44
出生時の平均余命(歳)											
男	46.2	48.9	51.1	53.4	55.3	57.1	58.5	60.0	61.5	63.4	65.1
女	47.8	50.8	53.4	56.1	58.6	60.4	62.0	63.5	65.0	67.0	69.1
男女計	47.0	49.9	52.2	54.7	56.9	58.7	60.2	61.7	63.2	65.1	67.0

B. 中 位 予 測 値

指　標	2015	2020	2025	2030	2035	2040	2045	2050	2055	2060
人口(千人)										
総数	4 690 815	5 057 356	5 417 821	5 769 515	6 111 914	6 443 373	6 761 090	7 060 907	7 340 616	7 598 505
男	2 373 527	2 557 767	2 738 130	2 913 298	3 083 192	3 247 094	3 404 065	3 552 331	3 691 162	3 819 560
女	2 317 288	2 499 589	2 679 691	2 856 217	3 028 722	3 196 279	3 357 025	3 508 576	3 649 453	3 778 945
性比(女100につき男)	102.4	102.3	102.2	102.0	101.8	101.6	101.4	101.2	101.1	101.1
年齢分布(%)										
0－4歳	11.0	10.5	9.9	9.4	9.0	8.7	8.4	8.1	7.8	7.5
5－14歳	20.3	19.7	19.0	18.2	17.4	16.8	16.2	15.8	15.4	14.9
15－24歳	18.3	17.7	17.3	17.0	16.6	16.1	15.5	15.1	14.8	14.5
60歳以上	8.2	9.2	10.3	11.4	12.6	13.8	15.2	16.5	17.7	18.8
65歳以上	5.4	6.0	6.8	7.8	8.7	9.7	10.7	11.8	13.0	14.0
80歳以上	0.9	1.0	1.1	1.3	1.5	1.9	2.2	2.6	2.9	3.4
6－11歳	12.3	11.9	11.5	11.0	10.5	10.1	9.8	9.5	9.2	9.0
12－14歳	5.9	5.7	5.6	5.4	5.2	5.0	4.8	4.7	4.6	4.5
15－17歳	5.7	5.5	5.4	5.3	5.1	4.9	4.7	4.6	4.5	4.4
18－23歳	10.9	10.5	10.2	10.1	9.9	9.6	9.3	9.0	8.8	8.7
15－24歳女子(%)	52.0	51.7	51.4	51.0	50.2	49.4	48.7	48.0	47.4	46.9
中位数年齢(歳)	25.2	26.3	27.4	28.5	29.5	30.6	31.6	32.6	33.6	34.4
人口密度(1k㎡あたり)	66	71	76	81	85	90	94	99	103	106

指　標	2010-2015	2015-2020	2020-2025	2025-2030	2030-2035	2035-2040	2040-2045	2045-2050	2050-2055	2055-2060
年平均人口増加数(千人)	73 233	73 308	72 093	70 339	68 480	66 292	63 543	59 963	55 942	51 578
年平均出生数(千人)	108 964	110 770	111 645	112 584	113 879	115 258	116 387	116 905	116 886	116 647
年平均死亡数(千人)	33 717	35 376	37 569	40 237	43 356	46 921	50 799	54 897	59 002	63 229
年平均純移動数(千人)	−2014	−2086	−1982	−2008	−2043	−2045	−2045	−2045	−1943	−1841
人口増加率(%)	1.63	1.51	1.38	1.26	1.15	1.06	0.96	0.87	0.78	0.69
粗出生率(人口千人あたり)	24.2	22.7	21.3	20.1	19.2	18.4	17.6	16.9	16.2	15.6
粗死亡率(人口千人あたり)	7.5	7.3	7.2	7.2	7.3	7.5	7.7	7.9	8.2	8.5
純移動率(人口千人あたり)	−0.4	−0.4	−0.4	−0.4	−0.3	−0.3	−0.3	−0.3	−0.3	−0.2
合計出生率 (女子1人あたり)	2.98	2.85	2.73	2.63	2.55	2.48	2.42	2.37	2.32	2.27
純再生産率 (女子1人あたり)	1.30	1.25	1.22	1.18	1.16	1.13	1.11	1.09	1.08	1.06
乳児死亡率 (出生千人あたり)	44	38	34	31	27	25	22	20	18	17
5歳未満の死亡数(出生千人あたり)	61	54	48	43	38	34	31	28	25	22
出生時の平均余命(歳)										
男	65.1	66.4	67.5	68.6	69.7	70.6	71.6	72.5	73.4	74.3
女	69.1	70.5	71.7	72.9	74.0	75.0	75.9	76.8	77.6	78.3
男女計	67.0	68.4	69.6	70.7	71.8	72.8	73.7	74.6	75.5	76.3

C. 高 位 予 測 値

	2015	2020	2025	2030	2035	2040	2045	2050	2055	2060
人口(千人)										
総数	4 690 815	5 104 061	5 542 929	5 996 979	6 448 359	6 905 256	7 377 349	7 865 849	8 365 411	8 868 316
男	2 373 527	2 581 823	2 802 530	3 030 302	3 256 123	3 484 311	3 720 322	3 965 160	4 216 469	4 470 144
女	2 317 288	2 522 238	2 740 399	2 966 677	3 192 236	3 420 945	3 657 027	3 900 689	4 148 942	4 398 171
性比(女100につき男)	102.4	102.3	102.1	101.8	101.6	101.3	101.0	100.8	100.6	100.4
年齢分布(%)										
0－4歳	11.0	11.3	11.1	10.8	10.3	9.9	9.8	9.7	9.5	9.3
5－14歳	20.3	19.5	19.4	19.6	19.3	18.7	18.1	17.8	17.6	17.4
15－24歳	18.3	17.5	16.9	16.3	16.4	16.8	16.7	16.2	15.8	15.6
60歳以上	8.2	9.1	10.1	11.0	11.9	12.9	13.9	14.8	15.6	16.1
65歳以上	5.4	6.0	6.7	7.5	8.3	9.0	9.8	10.6	11.4	12.0
80歳以上	0.9	1.0	1.1	1.2	1.5	1.7	2.0	2.3	2.6	2.9
15－49歳女子(%)	52.0	51.2	50.2	49.1	48.4	47.9	47.7	47.3	47.1	47.0
中位数年齢(歳)	25.2	26.0	26.7	27.2	27.7	28.2	28.6	29.2	29.8	30.4

	2010-2015	2015-2020	2020-2025	2025-2030	2030-2035	2035-2040	2040-2045	2045-2050	2050-2055	2055-2060
年平均人口増加数(千人)	73 233	82 649	87 774	90 810	90 276	91 379	94 419	97 700	99 913	100 581
年平均出生数(千人)	108 964	120 475	127 947	133 843	136 506	141 269	148 347	155 918	162 316	167 285
年平均死亡数(千人)	33 717	35 739	38 191	41 025	44 187	47 844	51 883	56 173	60 460	64 863
人口増加率(%)	1.63	1.69	1.65	1.58	1.45	1.37	1.32	1.28	1.23	1.17
粗出生率(人口千人あたり)	24.2	24.6	24.0	23.2	21.9	21.2	20.8	20.5	20.0	19.4
粗死亡率(人口千人あたり)	7.5	7.3	7.2	7.1	7.1	7.2	7.3	7.4	7.5	7.5
合計出生率（女子1人あたり）	2.98	3.09	3.13	3.13	3.04	2.97	2.90	2.85	2.80	2.75
純再生産率（女子1人あたり）	1.30	1.37	1.40	1.41	1.39	1.36	1.34	1.32	1.30	1.29

D. 低 位 予 測 値

	2015	2020	2025	2030	2035	2040	2045	2050	2055	2060
人口(千人)										
総数	4 690 815	5 010 539	5 292 572	5 541 869	5 776 000	5 987 105	6 164 914	6 302 588	6 400 560	6 461 716
男	2 373 527	2 533 654	2 673 659	2 796 202	2 910 533	3 012 759	3 098 123	3 163 449	3 209 371	3 237 264
女	2 317 288	2 476 885	2 618 914	2 745 667	2 865 468	2 974 345	3 066 791	3 139 139	3 191 189	3 224 452
性比(女100につき男)	102.4	102.3	102.1	101.8	101.6	101.3	101.0	100.8	100.6	100.4
年齢分布(%)										
0－4歳	11.0	9.6	8.6	7.9	7.6	7.3	6.9	6.4	6.0	5.7
5－14歳	20.3	19.9	18.6	16.7	15.3	14.5	14.1	13.5	12.9	12.2
15－24歳	18.3	17.9	17.7	17.7	16.8	15.2	14.1	13.6	13.4	13.0
60歳以上	8.2	9.3	10.5	11.9	13.3	14.8	16.7	18.5	20.3	22.1
65歳以上	5.4	6.1	7.0	8.1	9.2	10.4	11.7	13.3	14.9	16.4
80歳以上	0.9	1.0	1.1	1.3	1.6	2.0	2.4	2.9	3.4	3.9
15－49歳女子(%)	52.0	52.2	52.6	53.0	52.3	51.1	49.7	48.5	47.4	46.0
中位数年齢(歳)	25.2	26.6	28.1	29.8	31.4	33.0	34.7	36.5	38.1	39.5

	2010-2015	2015-2020	2020-2025	2025-2030	2030-2035	2035-2040	2040-2045	2045-2050	2050-2055	2055-2060
年平均人口増加数(千人)	73 233	63 945	56 407	49 859	46 826	42 221	35 562	27 535	19 594	12 231
年平均出生数(千人)	108 964	101 043	95 336	91 317	91 398	90 287	87 382	83 307	79 227	75 849
年平均死亡数(千人)	33 717	35 012	36 947	39 450	42 529	46 021	49 775	53 726	57 690	61 777
人口増加率(%)	1.63	1.32	1.10	0.92	0.83	0.72	0.59	0.44	0.31	0.19
粗出生率(人口千人あたり)	24.2	20.8	18.5	16.9	16.2	15.4	14.4	13.4	12.5	11.8
粗死亡率(人口千人あたり)	7.5	7.2	7.2	7.3	7.5	7.8	8.2	8.6	9.1	9.6
合計出生率（女子1人あたり）	2.98	2.60	2.33	2.13	2.05	1.99	1.94	1.90	1.85	1.81
純再生産率（女子1人あたり）	1.30	1.14	1.03	0.95	0.93	0.90	0.88	0.86	0.85	0.83

E. 出生力一定予測値

	2015	2020	2025	2030	2035	2040	2045	2050	2055	2060
人口(千人)										
総数	4 690 815	5 092 259	5 525 140	5 987 478	6 482 422	7 020 187	7 614 959	8 279 252	9 026 444	9 872 049
男	2 373 527	2 575 805	2 793 570	3 025 887	3 274 480	3 544 660	3 844 142	4 179 482	4 557 852	4 986 974
女	2 317 288	2 516 454	2 731 570	2 961 591	3 207 942	3 475 527	3 770 818	4 099 770	4 468 592	4 885 074
中位数年齢(歳)	25.2	26.1	26.8	27.3	27.6	27.6	27.5	27.3	27.0	26.6

	2010-2015	2015-2020	2020-2025	2025-2030	2030-2035	2035-2040	2040-2045	2045-2050	2050-2055	2055-2060
人口増加率(%)	1.63	1.64	1.63	1.61	1.59	1.59	1.63	1.67	1.73	1.79
粗出生率(人口千人あたり)	24.2	24.1	23.9	23.6	23.4	23.5	23.8	24.3	24.7	25.3
粗死亡率(人口千人あたり)	7.5	7.3	7.2	7.2	7.2	7.2	7.3	7.3	7.3	7.2

High-income countries

A. 推 計 値

指　標	1960	1965	1970	1975	1980	1985	1990	1995	2000	2005	2010
人口(千人)											
総数	912 007	969 982	1 019 422	1 067 978	1 113 605	1 158 471	1 202 698	1 243 808	1 280 673	1 319 249	1 365 643
男	441 486	470 991	495 665	520 223	543 000	565 697	588 450	609 588	628 101	647 956	672 567
女	470 521	498 991	523 757	547 756	570 605	592 774	614 248	634 220	652 572	671 294	693 076
性比(女100につき男)	93.8	94.4	94.6	95.0	95.2	95.4	95.8	96.1	96.3	96.5	97.0
年齢分布(%)											
０－４歳	10.2	9.7	8.8	8.2	7.7	7.5	7.2	6.6	6.1	5.9	5.9
５－14歳	19.0	18.9	18.6	17.3	16.1	15.2	14.6	14.2	13.5	12.4	11.6
15－24歳	15.2	15.7	16.8	17.2	17.2	16.3	15.3	14.5	14.2	14.0	13.3
60歳以上	12.2	12.9	13.8	14.6	14.7	15.5	16.5	17.1	18.0	18.7	20.3
65歳以上	8.2	8.7	9.4	10.2	11.0	11.0	11.7	12.6	13.3	14.1	14.8
80歳以上	1.2	1.3	1.5	1.7	1.9	2.2	2.5	2.9	2.9	3.4	3.9
15－49歳女子(%)	47.7	47.1	48.0	48.5	49.0	49.5	49.6	49.9	49.6	48.9	47.4
中位数年齢(歳)	28.8	28.9	29.3	29.6	30.6	31.8	33.0	34.4	36.0	37.3	38.4
人口密度(1km²あたり)	17	18	19	19	20	21	22	23	23	24	25

指　標	1960–1965	1965–1970	1970–1975	1975–1980	1980–1985	1985–1990	1990–1995	1995–2000	2000–2005	2005–2010	2010–2015
年平均人口増加数(千人)	11 595	9 888	9 711	9 125	8 973	8 845	8 222	7 373	7 715	9 279	7 167
年平均出生数(千人)	20 068	18 562	18 100	17 500	17 725	17 638	16 712	15 764	15 670	16 366	16 283
年平均死亡数(千人)	8 990	9 413	9 801	10 072	10 440	10 704	11 296	11 701	12 013	12 047	12 406
人口増加率(%)	1.23	0.99	0.93	0.84	0.79	0.75	0.67	0.58	0.59	0.69	0.52
粗出生率(人口千人あたり)	21.3	18.7	17.3	16.0	15.6	14.9	13.7	12.5	12.1	12.2	11.8
粗死亡率(人口千人あたり)	9.6	9.5	9.4	9.2	9.2	9.1	9.2	9.3	9.2	9.0	9.0
合計出生率(女子１人あたり)	2.94	2.60	2.34	2.07	1.98	1.91	1.80	1.71	1.69	1.76	1.75
純再生産率(女子１人あたり)	1.35	1.20	1.08	0.97	0.93	0.91	0.86	0.81	0.80	0.83	0.83
乳児死亡率(出生千人あたり)	39	32	25	21	17	15	12	10	8	7	6
出生時の平均余命(歳)											
男	65.2	65.9	66.8	67.8	68.9	70.2	70.6	71.6	72.6	74.2	75.7
女	71.4	72.6	73.9	75.2	76.3	77.4	78.1	78.9	79.7	80.9	81.9
男女計	68.3	69.3	70.4	71.5	72.6	73.8	74.4	75.2	76.1	77.5	78.8

B. 中 位 予 測 値

指　標	2015	2020	2025	2030	2035	2040	2045	2050	2055	2060
人口(千人)										
総数	1 401 479	1 431 215	1 455 448	1 474 557	1 488 948	1 499 524	1 507 184	1 512 496	1 515 279	1 515 997
男	691 583	706 722	718 892	728 382	735 532	741 043	745 433	748 874	751 097	752 397
女	709 896	724 493	736 556	746 175	753 416	758 481	761 751	763 622	764 183	763 600
性比(女100につき男)	97.4	97.5	97.6	97.6	97.6	97.7	97.9	98.1	98.3	98.5
年齢分布(%)										
０－４歳	5.8	5.7	5.5	5.3	5.2	5.2	5.2	5.2	5.2	5.2
５－14歳	11.5	11.5	11.4	11.1	10.8	10.5	10.5	10.5	10.6	10.6
15－24歳	12.2	11.5	11.4	11.5	11.5	11.3	11.0	10.8	10.8	10.8
60歳以上	22.1	24.1	26.2	27.7	29.1	30.2	31.2	31.9	32.5	32.6
65歳以上	16.3	17.9	19.8	21.7	23.0	24.2	25.0	25.8	26.5	27.0
80歳以上	4.3	4.8	5.3	6.2	7.1	8.1	9.0	9.6	10.2	10.5
６－11歳	6.9	6.9	6.8	6.6	6.4	6.3	6.3	6.3	6.3	6.3
12－14歳	3.4	3.4	3.4	3.4	3.3	3.2	3.2	3.2	3.2	3.2
15－17歳	3.4	3.4	3.5	3.4	3.4	3.3	3.2	3.2	3.2	3.2
18－23歳	7.5	6.9	6.8	7.0	6.9	6.8	6.7	6.5	6.5	6.5
15－24歳女子(%)	45.4	43.8	42.5	41.5	40.6	39.8	39.2	39.1	39.0	38.9
中位数年齢(歳)	39.7	40.7	41.8	42.9	43.8	44.4	44.6	44.7	44.9	45.1
人口密度(1km²あたり)	25	26	26	27	27	27	27	27	28	28

指　標	2010–2015	2015–2020	2020–2025	2025–2030	2030–2035	2035–2040	2040–2045	2045–2050	2050–2055	2055–2060
年平均人口増加数(千人)	7 167	5 947	4 847	3 822	2 878	2 115	1 532	1 062	557	143
年平均出生数(千人)	16 283	16 244	15 966	15 615	15 430	15 513	15 692	15 774	15 708	15 559
年平均死亡数(千人)	12 406	13 075	13 687	14 348	15 137	15 986	16 749	17 312	17 621	17 755
年平均純移動数(千人)	3290	2778	2568	2555	2585	2588	2590	2600	2470	2340
人口増加率(%)	0.52	0.42	0.34	0.26	0.19	0.14	0.10	0.07	0.04	0.01
粗出生率(人口千人あたり)	11.8	11.5	11.1	10.7	10.4	10.4	10.4	10.4	10.4	10.3
粗死亡率(人口千人あたり)	9.0	9.2	9.5	9.8	10.2	10.7	11.1	11.5	11.6	11.7
純移動率(人口千人あたり)	2.4	2.0	1.8	1.7	1.7	1.7	1.7	1.7	1.6	1.5
合計出生率（女子１人あたり）	1.75	1.76	1.77	1.79	1.80	1.81	1.82	1.82	1.83	1.83
純再生産率（女子１人あたり）	0.83	0.84	0.85	0.86	0.86	0.87	0.87	0.88	0.88	0.89
乳児死亡率（出生千人あたり）	6	5	5	4	4	3	3	3	3	2
５歳未満の死亡数(出生千人あた	7	6	6	5	5	4	4	4	3	3
出生時の平均余命(歳)										
男	75.7	76.7	77.6	78.5	79.4	80.2	81.0	81.7	82.4	83.1
女	81.9	82.6	83.3	84.0	84.6	85.2	85.7	86.3	86.9	87.4
男女計	78.8	79.6	80.5	81.2	82.0	82.7	83.4	84.0	84.6	85.3

C. 高位予測値

	2015	2020	2025	2030	2035	2040	2045	2050	2055	2060
人口(千人)										
総数	1 401 479	1 442 784	1 485 033	1 525 972	1 561 966	1 595 138	1 628 547	1 665 276	1 705 895	1 749 148
男	691 583	712 654	734 060	754 739	772 960	790 045	807 617	827 139	848 728	871 798
女	709 896	730 130	750 973	771 233	789 006	805 092	820 929	838 137	857 167	877 350
性比(女100につき男)	97.4	97.5	97.5	97.4	97.3	97.2	97.3	97.4	97.4	97.5
年齢分布(%)										
0－4歳	5.8	6.4	6.6	6.6	6.3	6.3	6.4	6.7	6.9	6.9
5－14歳	11.5	11.4	11.9	12.7	12.8	12.6	12.4	12.5	12.8	13.1
15－24歳	12.2	11.4	11.2	11.1	11.7	12.5	12.7	12.4	12.2	12.2
60歳以上	22.1	23.9	25.6	26.8	27.8	28.4	28.8	29.0	28.8	28.2
65歳以上	16.3	17.8	19.4	20.9	22.0	22.8	23.1	23.5	23.5	23.4
80歳以上	4.3	4.8	5.2	6.0	6.8	7.6	8.4	8.7	9.0	9.1
15－49歳女子(%)	45.4	43.4	41.7	40.2	39.5	39.2	39.4	39.8	40.2	40.6
中位数年齢(歳)	39.7	40.4	41.1	41.6	41.8	41.7	41.2	40.5	39.7	39.5

	2010-2015	2015-2020	2020-2025	2025-2030	2030-2035	2035-2040	2040-2045	2045-2050	2050-2055	2055-2060
年平均人口増加数(千人)	7 167	8 261	8 450	8 188	7 199	6 634	6 682	7 346	8 124	8 651
年平均出生数(千人)	16 283	18 570	19 588	20 004	19 774	20 061	20 878	22 106	23 335	24 140
年平均死亡数(千人)	12 406	13 088	13 707	14 371	15 161	16 014	16 786	17 359	17 681	17 829
人口増加率(%)	0.52	0.58	0.58	0.54	0.47	0.42	0.42	0.45	0.48	0.50
粗出生率(人口千人あたり)	11.8	13.1	13.4	13.3	12.8	12.7	13.0	13.4	13.8	14.0
粗死亡率(人口千人あたり)	9.0	9.2	9.4	9.5	9.8	10.1	10.4	10.5	10.5	10.3
合計出生率（女子１人あたり）	1.75	2.01	2.17	2.29	2.30	2.31	2.31	2.32	2.33	2.33
純再生産率（女子１人あたり）	0.83	0.96	1.04	1.10	1.11	1.11	1.12	1.12	1.12	1.13

D. 低位予測値

	2015	2020	2025	2030	2035	2040	2045	2050	2055	2060
人口(千人)										
総数	1 401 479	1 419 646	1 425 862	1 423 142	1 416 015	1 404 522	1 388 270	1 366 456	1 338 566	1 306 110
男	691 583	700 790	703 724	702 025	698 147	692 355	684 503	674 062	660 591	644 921
女	709 896	718 856	722 138	721 117	717 868	712 167	703 767	692 394	677 975	661 189
性比(女100につき男)	97.4	97.5	97.5	97.4	97.3	97.2	97.3	97.4	97.4	97.5
年齢分布(%)										
0－4歳	5.8	4.9	4.3	4.0	3.9	4.0	3.9	3.8	3.6	3.4
5－14歳	11.5	11.6	10.8	9.4	8.5	8.2	8.2	8.3	8.2	7.8
15－24歳	12.2	11.6	11.7	12.0	11.2	10.0	9.1	8.8	8.9	9.1
60歳以上	22.1	24.3	26.7	28.7	30.6	32.2	33.8	35.4	36.8	37.8
65歳以上	16.3	18.1	20.2	22.4	24.2	25.8	27.1	28.6	30.0	31.3
80歳以上	4.3	4.9	5.4	6.4	7.5	8.6	9.8	10.6	11.5	12.2
15－49歳女子(%)	45.4	44.1	43.3	43.0	41.8	40.3	38.9	38.0	37.2	36.2
中位数年齢(歳)	39.7	41.0	42.5	44.2	45.7	46.9	48.0	48.8	49.8	50.9

	2010-2015	2015-2020	2020-2025	2025-2030	2030-2035	2035-2040	2040-2045	2045-2050	2050-2055	2055-2060
年平均人口増加数(千人)	7 167	3 633	1 243	－ 544	－1 425	－2 299	－3 250	－4 363	－5 578	－6 491
年平均出生数(千人)	16 283	13 918	12 343	11 226	11 102	11 071	10 874	10 305	9 518	8 857
年平均死亡数(千人)	12 406	13 063	13 668	14 325	15 112	15 958	16 714	17 267	17 566	17 688
人口増加率(%)	0.52	0.26	0.09	−0.04	−0.10	−0.16	−0.23	−0.32	−0.41	−0.49
粗出生率(人口千人あたり)	11.8	9.9	8.7	7.9	7.8	7.9	7.8	7.5	7.0	6.7
粗死亡率(人口千人あたり)	9.0	9.3	9.6	10.1	10.6	11.3	12.0	12.5	13.0	13.4
合計出生率（女子１人あたり）	1.75	1.51	1.37	1.29	1.30	1.31	1.32	1.33	1.33	1.34
純再生産率（女子１人あたり）	0.83	0.72	0.65	0.62	0.62	0.63	0.63	0.64	0.64	0.65

E. 出生力一定予測値

	2015	2020	2025	2030	2035	2040	2045	2050	2055	2060
人口(千人)										
総数	1 401 479	1 430 259	1 452 978	1 470 841	1 484 586	1 494 726	1 501 673	1 505 881	1 507 535	1 507 600
男	691 583	706 238	717 636	726 488	733 306	738 590	742 607	745 472	747 102	748 051
女	709 896	724 021	735 342	744 353	751 280	756 136	759 065	760 409	760 433	759 549
中位数年齢(歳)	39.7	40.7	41.9	42.9	43.9	44.5	44.8	44.9	45.1	45.4

	2010-2015	2015-2020	2020-2025	2025-2030	2030-2035	2035-2040	2040-2045	2045-2050	2050-2055	2055-2060
人口増加率(%)	0.52	0.41	0.32	0.24	0.19	0.14	0.09	0.06	0.02	0.00
粗出生率(人口千人あたり)	11.8	11.3	10.9	10.5	10.4	10.4	10.4	10.3	10.3	10.2
粗死亡率(人口千人あたり)	9.0	9.2	9.5	9.8	10.2	10.7	11.2	11.5	11.7	11.8

Middle-income countries

A. 推 計 値

指　標	1960	1965	1970	1975	1980	1985	1990	1995	2000	2005	2010
人口(千人)											
総数	1 948 061	2 175 595	2 463 090	2 767 395	3 072 828	3 409 109	3 781 822	4 116 838	4 417 643	4 709 628	5 002 954
男	989 485	1 104 851	1 250 898	1 405 847	1 561 105	1 731 322	1 921 307	2 091 505	2 244 091	2 393 433	2 542 648
女	958 576	1 070 744	1 212 192	1 361 549	1 511 723	1 677 787	1 860 514	2 025 332	2 173 552	2 316 195	2 460 306
性比(女100につき男)	103.2	103.2	103.2	103.3	103.3	103.2	103.3	103.3	103.2	103.3	103.3
年齢分布(%)											
0－4歳	15.9	16.2	16.1	15.0	13.5	13.2	13.2	11.6	10.3	9.7	9.4
5－14歳	24.4	25.4	25.2	25.7	25.3	23.5	22.2	22.4	21.6	19.4	17.9
15－24歳	17.3	17.0	18.5	19.3	19.6	20.4	20.1	19.0	18.6	19.2	18.6
60歳以上	6.0	5.9	6.1	6.3	6.5	6.7	7.1	7.5	8.0	8.5	9.2
65歳以上	3.7	3.6	3.8	4.0	4.2	4.4	4.5	4.9	5.3	5.8	6.2
80歳以上	0.3	0.4	0.4	0.4	0.5	0.5	0.6	0.7	0.7	0.8	1.0
15－49歳女子(%)	46.3	45.3	45.7	46.3	47.7	49.5	50.6	51.7	53.1	54.1	54.2
中位数年齢(歳)	20.5	19.5	19.1	19.6	20.3	21.2	22.1	23.4	24.8	26.1	27.5
人口密度(1km²あたり)	32	36	41	46	51	56	62	68	73	78	82

指　標	1960-1965	1965-1970	1970-1975	1975-1980	1980-1985	1985-1990	1990-1995	1995-2000	2000-2005	2005-2010	2010-2015
年平均人口増加数(千人)	45 507	57 499	60 861	61 086	67 256	74 543	67 003	60 161	58 397	58 665	60 666
年平均出生数(千人)	84 298	92 021	94 252	93 000	99 247	108 291	103 268	97 241	97 316	99 367	101 619
年平均死亡数(千人)	38 388	33 861	32 289	30 840	31 440	32 452	33 210	34 073	35 014	36 273	37 895
人口増加率(%)	2.21	2.48	2.33	2.09	2.08	2.08	1.70	1.41	1.28	1.21	1.18
粗出生率(人口千人あたり)	40.9	39.7	36.0	31.8	30.6	30.1	26.1	22.8	21.3	20.5	19.7
粗死亡率(人口千人あたり)	18.6	14.6	12.3	10.6	9.7	9.0	8.4	8.0	7.7	7.5	7.4
合計出生率(女子1人あたり)	5.94	5.88	5.24	4.39	3.96	3.72	3.16	2.75	2.59	2.48	2.42
純再生産率(女子1人あたり)	2.03	2.20	2.04	1.76	1.63	1.57	1.34	1.17	1.11	1.08	1.06
乳児死亡率(出生千人あたり)	137	115	103	91	80	69	64	58	49	42	35
出生時の平均余命(歳)											
男	45.8	51.3	54.7	57.4	59.0	60.9	62.0	63.2	64.8	66.3	67.7
女	47.8	53.8	57.2	60.2	62.3	64.1	65.6	66.8	68.2	69.9	71.5
男女計	46.8	52.5	55.9	58.7	60.6	62.4	63.7	64.9	66.4	68.0	69.5

B. 中 位 予 測 値

指　標	2015	2020	2025	2030	2035	2040	2045	2050	2055	2060
人口(千人)										
総数	5 306 283	5 597 099	5 861 087	6 098 849	6 313 888	6 507 385	6 677 875	6 822 476	6 940 394	7 031 941
男	2 696 424	2 843 214	2 975 273	3 093 208	3 199 322	3 294 498	3 378 639	3 450 517	3 510 119	3 557 194
女	2 609 859	2 753 884	2 885 814	3 005 641	3 114 566	3 212 887	3 299 236	3 371 960	3 430 274	3 474 747
性比(女100につき男)	103.3	103.2	103.1	102.9	102.7	102.5	102.4	102.3	102.3	102.4
年齢分布(%)										
0－4歳	9.2	8.7	8.1	7.6	7.4	7.2	7.0	6.8	6.6	6.4
5－14歳	17.2	16.9	16.4	15.6	14.7	14.2	13.8	13.5	13.3	12.9
15－24歳	16.8	15.7	15.3	15.3	15.0	14.4	13.7	13.3	13.1	13.0
60歳以上	10.5	11.8	13.5	15.4	17.1	18.5	20.0	21.9	23.2	24.1
65歳以上	6.7	7.9	9.1	10.5	12.1	13.6	14.7	16.0	17.6	18.8
80歳以上	1.2	1.3	1.5	1.7	2.3	2.7	3.3	4.1	4.7	5.1
6－11歳	10.4	10.2	9.9	9.3	8.8	8.5	8.3	8.1	8.0	7.8
12－14歳	5.0	4.9	4.9	4.7	4.5	4.2	4.1	4.0	4.0	3.9
15－17歳	5.0	4.8	4.7	4.7	4.5	4.3	4.1	4.0	4.0	3.9
18－23歳	10.1	9.3	9.1	9.1	9.0	8.7	8.3	8.0	7.9	7.8
15－24歳女子(%)	53.0	51.5	50.2	49.5	48.5	46.9	45.7	45.0	44.6	44.1
中位数年齢(歳)	28.9	30.4	31.9	33.2	34.2	35.2	36.2	37.1	38.1	38.9
人口密度(1km²あたり)	87	92	97	101	104	107	110	112	114	116

指　標	2010-2015	2015-2020	2020-2025	2025-2030	2030-2035	2035-2040	2040-2045	2045-2050	2050-2055	2055-2060
年平均人口増加数(千人)	60 666	58 163	52 798	47 552	43 008	38 699	34 098	28 920	23 583	18 309
年平均出生数(千人)	101 619	100 693	97 883	95 954	95 414	95 410	95 173	94 201	92 606	90 811
年平均死亡数(千人)	37 895	40 150	42 931	46 275	50 247	54 552	58 915	63 112	66 962	70 549
年平均純移動数(千人)	−3059	−2379	−2154	−2127	−2159	−2159	−2160	−2169	−2060	−1952
人口増加率(%)	1.18	1.07	0.92	0.80	0.69	0.60	0.52	0.43	0.34	0.26
粗出生率(人口千人あたり)	19.7	18.5	17.1	16.0	15.4	14.9	14.4	14.0	13.5	13.0
粗死亡率(人口千人あたり)	7.4	7.4	7.5	7.7	8.1	8.5	8.9	9.4	9.7	10.1
純移動率(人口千人あたり)	−0.6	−0.4	−0.4	−0.4	−0.3	−0.3	−0.3	−0.3	−0.3	−0.3
合計出生率（女子1人あたり）	2.42	2.36	2.31	2.26	2.22	2.18	2.15	2.13	2.11	2.08
純再生産率（女子1人あたり）	1.06	1.05	1.03	1.02	1.01	1.00	0.99	0.98	0.98	0.97
乳児死亡率（出生千人あたり）	35	31	28	25	22	20	18	16	15	13
5歳未満の死亡数(出生千人あた	48	42	38	34	31	27	25	22	20	18
出生時の平均余命(歳)										
男	67.7	68.9	69.9	70.9	71.8	72.8	73.7	74.6	75.6	76.4
女	71.5	72.7	73.8	74.8	75.8	76.7	77.6	78.3	79.1	79.8
男女計	69.5	70.7	71.8	72.8	73.8	74.7	75.6	76.5	77.3	78.1

C. 高位予測値

	2015	2020	2025	2030	2035	2040	2045	2050	2055	2060
人口(千人)										
総数	5 306 283	5 648 873	5 994 756	6 334 802	6 655 400	6 968 021	7 283 291	7 602 390	7 920 425	8 231 008
男	2 696 424	2 870 177	3 044 774	3 215 713	3 376 409	3 533 058	3 691 786	3 853 467	4 015 951	4 175 501
女	2 609 859	2 778 695	2 949 982	3 119 089	3 278 991	3 434 963	3 591 504	3 748 922	3 904 474	4 055 507
性比(女100につき男)	103.3	103.2	103.0	102.7	102.4	102.2	102.0	101.8	101.7	101.7
年齢分布(%)										
0－4歳	9.2	9.5	9.3	9.0	8.6	8.4	8.4	8.4	8.3	8.1
5－14歳	17.2	16.7	16.9	17.1	16.7	16.2	15.8	15.6	15.7	15.6
15－24歳	16.8	15.6	15.0	14.7	15.0	15.3	15.1	14.7	14.3	14.3
60歳以上	10.5	11.7	13.2	14.8	16.3	17.3	18.4	19.6	20.4	20.6
65歳以上	6.7	7.8	8.9	10.1	11.5	12.7	13.5	14.4	15.4	16.1
80歳以上	1.2	1.3	1.4	1.7	2.2	2.6	3.1	3.6	4.1	4.4
15－49歳女子(%)	53.0	51.0	49.1	47.7	46.8	45.7	45.1	44.8	44.8	44.9
中位数年齢(歳)	28.9	30.2	31.1	31.8	32.3	32.6	32.8	33.1	33.5	33.9

	2010-2015	2015-2020	2020-2025	2025-2030	2030-2035	2035-2040	2040-2045	2045-2050	2050-2055	2055-2060
年平均人口増加数(千人)	60 666	68 518	69 177	68 009	64 120	62 524	63 054	63 820	63 607	62 117
年平均出生数(千人)	101 619	111 358	114 765	117 026	117 158	119 929	124 939	130 048	133 705	135 817
年平均死亡数(千人)	37 895	40 460	43 434	46 890	50 880	55 246	59 725	64 060	68 038	71 749
人口増加率(%)	1.18	1.25	1.19	1.10	0.99	0.92	0.89	0.86	0.82	0.77
粗出生率(人口千人あたり)	19.7	20.3	19.7	19.0	18.0	17.6	17.5	17.5	17.2	16.8
粗死亡率(人口千人あたり)	7.4	7.4	7.5	7.6	7.8	8.1	8.4	8.6	8.8	8.9
合計出生率（女子１人あたり）	2.42	2.61	2.71	2.76	2.71	2.67	2.64	2.61	2.59	2.56
純再生産率（女子１人あたり）	1.06	1.16	1.22	1.25	1.24	1.23	1.22	1.21	1.21	1.20

D. 低位予測値

	2015	2020	2025	2030	2035	2040	2045	2050	2055	2060
人口(千人)										
総数	5 306 283	5 545 325	5 727 419	5 862 895	5 973 087	6 052 743	6 093 487	6 090 689	6 046 680	5 966 538
男	2 696 424	2 816 252	2 905 772	2 970 703	3 022 600	3 059 031	3 076 349	3 072 404	3 048 809	3 007 783
女	2 609 859	2 729 073	2 821 647	2 892 193	2 950 486	2 993 711	3 017 138	3 018 285	2 997 871	2 958 755
性比(女100につき男)	103.3	103.2	103.0	102.7	102.4	102.2	102.0	101.8	101.7	101.7
年齢分布(%)										
0－4歳	9.2	7.8	6.8	6.2	6.0	5.8	5.5	5.1	4.8	4.6
5－14歳	17.2	17.1	15.9	13.9	12.5	11.8	11.5	11.1	10.6	10.0
15－24歳	16.8	15.9	15.7	15.9	15.0	13.3	12.1	11.6	11.5	11.2
60歳以上	10.5	11.9	13.8	16.0	18.1	19.9	21.9	24.5	26.7	28.4
65歳以上	6.7	8.0	9.3	10.9	12.8	14.6	16.1	17.9	20.2	22.1
80歳以上	1.2	1.3	1.5	1.8	2.4	2.9	3.7	4.6	5.4	6.0
15－49歳女子(%)	53.0	51.9	51.4	51.5	50.4	48.2	46.2	44.9	43.7	42.3
中位数年齢(歳)	28.9	30.7	32.6	34.6	36.3	37.9	39.5	41.2	43.0	44.7

	2010-2015	2015-2020	2020-2025	2025-2030	2030-2035	2035-2040	2040-2045	2045-2050	2050-2055	2055-2060
年平均人口増加数(千人)	60 666	47 808	36 419	27 095	22 038	15 931	8 149	－ 560	－8 802	－16 028
年平均出生数(千人)	101 619	90 028	81 001	74 882	73 815	71 967	68 462	63 859	59 259	55 413
年平均死亡数(千人)	37 895	39 841	42 428	45 660	49 618	53 877	58 154	62 249	66 001	69 490
人口増加率(%)	1.18	0.88	0.65	0.47	0.37	0.27	0.13	−0.01	−0.15	−0.27
粗出生率(人口千人あたり)	19.7	16.6	14.4	12.9	12.5	12.0	11.3	10.5	9.8	9.2
粗死亡率(人口千人あたり)	7.4	7.3	7.5	7.9	8.4	9.0	9.6	10.2	10.9	11.6
合計出生率（女子１人あたり）	2.42	2.11	1.91	1.76	1.72	1.69	1.67	1.65	1.63	1.61
純再生産率（女子１人あたり）	1.06	0.93	0.85	0.79	0.78	0.77	0.76	0.75	0.75	0.74

E. 出生力一定予測値

	2015	2020	2025	2030	2035	2040	2045	2050	2055	2060
人口(千人)										
総数	5 306 283	5 618 984	5 927 513	6 232 399	6 539 013	6 854 014	7 182 283	7 527 646	7 897 363	8 300 983
男	2 696 424	2 854 748	3 010 252	3 163 536	3 317 842	3 476 848	3 643 638	3 820 217	4 010 694	4 219 540
女	2 609 859	2 764 236	2 917 261	3 068 863	3 221 171	3 377 166	3 538 645	3 707 428	3 886 669	4 081 444
中位数年齢(歳)	28.9	30.3	31.5	32.4	32.9	33.3	33.4	33.4	33.2	32.8

	2010-2015	2015-2020	2020-2025	2025-2030	2030-2035	2035-2040	2040-2045	2045-2050	2050-2055	2055-2060
人口増加率(%)	1.18	1.15	1.07	1.00	0.96	0.94	0.94	0.94	0.96	1.00
粗出生率(人口千人あたり)	19.7	19.3	18.6	18.1	17.9	18.0	18.3	18.5	18.8	19.2
粗死亡率(人口千人あたり)	7.4	7.4	7.5	7.7	8.0	8.3	8.6	8.8	8.9	9.0

Upper-middle-income countries

A. 推 計 値

指 標	1960	1965	1970	1975	1980	1985	1990	1995	2000	2005	2010
人口(千人)											
総数	1 006 125	1 118 524	1 275 035	1 431 534	1 566 864	1 710 717	1 880 875	2 012 903	2 112 612	2 204 280	2 294 244
男	511 836	568 226	647 249	726 771	795 436	867 684	954 068	1 020 875	1 070 886	1 117 639	1 162 785
女	494 289	550 299	627 786	704 763	771 429	843 033	926 808	992 028	1 041 726	1 086 641	1 131 459
性比(女100につき男)	103.5	103.3	103.1	103.1	103.1	102.9	102.9	102.9	102.8	102.9	102.8
年齢分布(%)											
0－4歳	15.4	16.1	16.3	14.4	11.8	11.3	11.9	9.8	7.9	7.3	7.2
5－14歳	25.0	25.6	24.8	26.0	25.6	22.4	19.8	20.5	19.7	16.3	14.1
15－24歳	16.7	16.9	19.0	19.6	19.8	21.4	21.0	18.6	17.2	18.4	17.9
60歳以上	6.2	6.1	6.3	6.6	6.9	7.3	7.8	8.5	9.2	10.0	11.3
65歳以上	3.8	3.6	3.9	4.1	4.5	4.8	5.1	5.6	6.2	7.0	7.6
80歳以上	0.3	0.3	0.4	0.4	0.5	0.6	0.7	0.8	0.9	1.1	1.3
15－49歳女子(%)	45.3	44.6	45.4	46.1	48.5	51.7	53.2	54.3	55.5	56.6	56.4
中位数年齢(歳)	20.6	19.4	19.1	19.8	21.0	22.4	23.7	25.6	27.8	30.1	31.8
人口密度(1k㎡あたり)	25	27	31	35	38	42	46	49	52	54	56

指 標	1960-1965	1965-1970	1970-1975	1975-1980	1980-1985	1985-1990	1990-1995	1995-2000	2000-2005	2005-2010	2010-2015
年平均人口増加数(千人)	22 480	31 302	31 300	27 066	28 770	34 032	26 406	19 942	18 334	17 993	19 176
年平均出生数(千人)	42 448	46 815	45 152	39 798	41 148	47 328	41 320	34 715	33 348	33 889	35 132
年平均死亡数(千人)	19 496	15 145	13 213	12 048	12 185	12 711	13 214	13 678	14 009	14 917	16 097
人口増加率(%)	2.12	2.62	2.32	1.81	1.76	1.90	1.36	0.97	0.85	0.80	0.82
粗出生率(人口千人あたり)	40.0	39.1	33.4	26.5	25.1	26.4	21.2	16.8	15.5	15.1	15.0
粗死亡率(人口千人あたり)	18.4	12.7	9.8	8.0	7.4	7.1	6.8	6.6	6.5	6.6	6.9
合計出生率(女子1人あたり)	6.00	5.98	4.93	3.58	3.08	3.03	2.38	1.93	1.84	1.82	1.85
純再生産率(女子1人あたり)	2.11	2.37	2.06	1.54	1.37	1.36	1.06	0.87	0.84	0.83	0.84
乳児死亡率(出生千人あたり)	127	96	79	65	54	46	42	36	29	23	19
出生時の平均余命(歳)											
男	45.9	53.8	58.8	61.9	63.4	65.3	66.3	67.4	69.3	70.6	71.8
女	49.1	57.8	62.5	65.6	68.0	69.7	70.8	72.0	73.5	74.9	76.0
男女計	47.4	55.8	60.6	63.7	65.6	67.4	68.5	69.6	71.3	72.6	73.8

B. 中 位 予 測 値

指 標	2015	2020	2025	2030	2035	2040	2045	2050	2055	2060
人口(千人)										
総数	2 390 125	2 468 631	2 525 476	2 566 850	2 596 525	2 615 749	2 624 357	2 621 635	2 607 310	2 582 143
男	1 211 217	1 250 613	1 278 620	1 298 607	1 312 843	1 322 226	1 326 964	1 326 675	1 321 275	1 310 764
女	1 178 907	1 218 019	1 246 856	1 268 243	1 283 682	1 293 524	1 297 393	1 294 959	1 286 034	1 271 379
性比(女100につき男)	102.7	102.7	102.5	102.4	102.3	102.2	102.3	102.4	102.7	103.1
年齢分布(%)										
0－4歳	7.2	6.7	6.1	5.6	5.5	5.5	5.4	5.3	5.2	5.1
5－14歳	13.6	13.6	13.3	12.4	11.4	10.9	10.8	10.8	10.8	10.6
15－24歳	14.8	13.0	12.7	12.9	12.8	12.0	11.2	10.8	10.8	10.9
60歳以上	13.4	15.3	17.9	21.2	24.1	25.9	27.7	30.5	32.2	32.7
65歳以上	8.6	10.5	12.3	14.6	17.5	20.0	21.4	23.1	25.6	27.0
80歳以上	1.6	1.8	2.1	2.6	3.6	4.4	5.5	7.0	8.1	8.7
6－11歳	8.2	8.3	8.0	7.3	6.7	6.5	6.5	6.5	6.4	6.3
12－14歳	4.0	3.9	4.1	3.9	3.6	3.3	3.2	3.2	3.3	3.2
15－17歳	4.0	3.9	3.9	4.0	3.7	3.4	3.3	3.2	3.3	3.3
18－23歳	9.1	7.7	7.5	7.7	7.8	7.3	6.7	6.5	6.5	6.5
15－24歳女子(%)	53.8	50.4	47.8	46.6	45.0	42.1	40.2	39.6	39.3	39.0
中位数年齢(歳)	33.5	35.2	37.5	39.7	41.5	42.7	43.5	44.1	44.8	45.6
人口密度(1k㎡あたり)	58	60	62	63	63	64	64	64	64	63

指 標	2010-2015	2015-2020	2020-2025	2025-2030	2030-2035	2035-2040	2040-2045	2045-2050	2050-2055	2055-2060
年平均人口増加数(千人)	19 176	15 701	11 369	8 275	5 935	3 845	1 722	－ 544	－ 2 865	－ 5 033
年平均出生数(千人)	35 132	33 812	31 133	29 387	28 876	28 868	28 730	28 210	27 344	26 342
年平均死亡数(千人)	16 097	17 343	18 761	20 396	22 387	24 471	26 456	28 203	29 685	30 880
年平均純移動数(千人)	141	−768	−1003	−716	−554	−553	−552	−551	−523	−496
人口増加率(%)	0.82	0.65	0.46	0.33	0.23	0.15	0.07	−0.02	−0.11	−0.19
粗出生率(人口千人あたり)	15.0	13.9	12.5	11.5	11.2	11.1	11.0	10.8	10.5	10.2
粗死亡率(人口千人あたり)	6.9	7.1	7.5	8.0	8.7	9.4	10.1	10.8	11.4	11.9
純移動率(人口千人あたり)	0.1	−0.3	−0.4	−0.3	−0.2	−0.2	−0.2	−0.2	−0.2	−0.2
合計出生率（女子1人あたり）	1.85	1.86	1.84	1.83	1.85	1.86	1.87	1.89	1.90	1.90
純再生産率（女子1人あたり）	0.84	0.84	0.85	0.85	0.86	0.87	0.87	0.88	0.89	0.89
乳児死亡率（出生千人あたり）	19	16	15	13	12	11	10	9	8	8
5歳未満の死亡数(出生千人あたり	24	21	19	17	16	14	13	12	11	10
出生時の平均余命(歳)										
男	71.8	72.8	73.9	74.9	76.0	77.1	78.2	79.2	80.3	81.2
女	76.0	77.0	77.9	78.8	79.6	80.5	81.3	82.1	82.8	83.5
男女計	73.8	74.8	75.8	76.8	77.8	78.7	79.7	80.7	81.5	82.3

C. 高位予測値

	2015	2020	2025	2030	2035	2040	2045	2050	2055	2060
人口(千人)										
総数	2 390 125	2 491 232	2 581 251	2 661 660	2 730 307	2 792 388	2 851 615	2 908 724	2 962 546	3 011 479
男	1 211 217	1 262 453	1 307 775	1 348 078	1 382 546	1 414 129	1 445 030	1 475 597	1 505 268	1 532 814
女	1 178 907	1 228 779	1 273 476	1 313 582	1 347 760	1 378 259	1 406 585	1 433 127	1 457 278	1 478 666
性比(女100につき男)	102.7	102.6	102.4	102.1	101.9	101.8	101.8	101.9	102.1	102.4
年齢分布(%)										
0－4歳	7.2	7.6	7.2	6.9	6.6	6.6	6.8	6.9	6.9	6.8
5－14歳	13.6	13.5	13.9	14.0	13.5	13.0	12.8	13.0	13.2	13.4
15－24歳	14.8	12.9	12.4	12.5	13.0	13.2	12.8	12.4	12.3	12.4
60歳以上	13.4	15.2	17.5	20.5	22.9	24.2	25.5	27.5	28.3	28.1
65歳以上	8.6	10.4	12.0	14.1	16.7	18.7	19.7	20.8	22.5	23.2
80歳以上	1.6	1.8	2.0	2.5	3.4	4.1	5.1	6.3	7.2	7.5
15－49歳女子(%)	53.8	50.0	46.8	45.0	43.7	41.5	40.3	40.2	40.5	40.9
中位数年齢(歳)	33.5	34.9	36.8	38.4	39.6	39.9	39.8	39.5	39.4	39.6

	2010-2015	2015-2020	2020-2025	2025-2030	2030-2035	2035-2040	2040-2045	2045-2050	2050-2055	2055-2060
年平均人口増加数(千人)	19 176	20 221	18 004	16 082	13 729	12 416	11 845	11 422	10 764	9 787
年平均出生数(千人)	35 132	38 400	37 869	37 310	36 788	37 568	39 004	40 353	41 178	41 397
年平均死亡数(千人)	16 097	17 411	18 862	20 512	22 504	24 599	26 606	28 381	29 890	31 114
人口増加率(%)	0.82	0.83	0.71	0.61	0.51	0.45	0.42	0.40	0.37	0.33
粗出生率(人口千人あたり)	15.0	15.7	14.9	14.2	13.6	13.6	13.8	14.0	14.0	13.9
粗死亡率(人口千人あたり)	6.9	7.1	7.4	7.8	8.3	8.9	9.4	9.9	10.2	10.4
合計出生率（女子１人あたり）	1.85	2.11	2.23	2.33	2.34	2.36	2.36	2.38	2.39	2.39
純再生産率（女子１人あたり）	0.84	0.96	1.03	1.09	1.09	1.10	1.11	1.12	1.12	1.13

D. 低位予測値

	2015	2020	2025	2030	2035	2040	2045	2050	2055	2060
人口(千人)										
総数	2 390 125	2 446 031	2 469 702	2 472 041	2 463 040	2 441 433	2 404 958	2 352 327	2 284 005	2 202 287
男	1 211 217	1 238 773	1 249 465	1 249 137	1 243 292	1 231 525	1 212 967	1 186 948	1 153 770	1 114 227
女	1 178 907	1 207 259	1 220 236	1 222 904	1 219 748	1 209 908	1 191 991	1 165 379	1 130 235	1 088 060
性比(女100につき男)	102.7	102.6	102.4	102.1	101.9	101.8	101.8	101.9	102.1	102.4
年齢分布(%)										
0－4歳	7.2	5.9	4.8	4.3	4.2	4.2	4.0	3.8	3.5	3.3
5－14歳	13.6	13.7	12.7	10.6	9.1	8.5	8.5	8.4	8.1	7.7
15－24歳	14.8	13.1	13.0	13.4	12.6	10.6	9.2	8.7	8.8	8.9
60歳以上	13.4	15.5	18.3	22.0	25.4	27.7	30.3	34.0	36.8	38.4
65歳以上	8.6	10.6	12.6	15.2	18.5	21.4	23.4	25.7	29.2	31.7
80歳以上	1.6	1.8	2.1	2.7	3.8	4.7	6.0	7.8	9.3	10.2
15－49歳女子(%)	53.8	50.9	48.9	48.3	46.5	42.9	40.0	38.5	37.3	36.0
中位数年齢(歳)	33.5	35.5	38.1	40.8	43.3	45.4	47.0	48.5	49.9	51.5

	2010-2015	2015-2020	2020-2025	2025-2030	2030-2035	2035-2040	2040-2045	2045-2050	2050-2055	2055-2060
年平均人口増加数(千人)	19 176	11 181	4 734	468	－1 800	－4 322	－7 295	－10 526	－13 664	－16 344
年平均出生数(千人)	35 132	29 224	24 398	21 464	21 025	20 577	19 572	18 067	16 361	14 825
年平均死亡数(千人)	16 097	17 274	18 661	20 280	22 271	24 346	26 315	28 042	29 502	30 672
人口増加率(%)	0.82	0.46	0.19	0.02	−0.07	−0.18	−0.30	−0.44	−0.59	−0.73
粗出生率(人口千人あたり)	15.0	12.1	9.9	8.7	8.5	8.4	8.1	7.6	7.1	6.6
粗死亡率(人口千人あたり)	6.9	7.1	7.6	8.2	9.0	9.9	10.9	11.8	12.7	13.7
合計出生率（女子１人あたり）	1.85	1.60	1.44	1.34	1.35	1.37	1.38	1.41	1.42	1.42
純再生産率（女子１人あたり）	0.84	0.73	0.66	0.62	0.62	0.63	0.64	0.65	0.65	0.66

E. 出生力一定予測値

	2015	2020	2025	2030	2035	2040	2045	2050	2055	2060
人口(千人)										
総数	2 390 125	2 470 860	2 532 281	2 580 712	2 620 874	2 654 334	2 679 821	2 696 826	2 708 165	2 718 496
男	1 211 217	1 251 860	1 282 393	1 306 258	1 326 248	1 343 423	1 357 356	1 367 716	1 376 017	1 384 295
女	1 178 907	1 218 999	1 249 888	1 274 455	1 294 626	1 310 911	1 322 465	1 329 109	1 332 147	1 334 201
中位数年齢(歳)	33.5	35.2	37.4	39.5	41.1	42.1	42.6	42.9	43.2	43.5

	2010-2015	2015-2020	2020-2025	2025-2030	2030-2035	2035-2040	2040-2045	2045-2050	2050-2055	2055-2060
人口増加率(%)	0.82	0.66	0.49	0.38	0.31	0.25	0.19	0.13	0.08	0.08
粗出生率(人口千人あたり)	15.0	14.1	12.8	12.1	11.9	12.1	12.1	12.0	12.1	12.4
粗死亡率(人口千人あたり)	6.9	7.1	7.5	8.0	8.6	9.3	10.0	10.6	11.1	11.5

Lower-middle-income countries

A. 推 計 値

指　標	1960	1965	1970	1975	1980	1985	1990	1995	2000	2005	2010
人口(千人)											
総数	941 936	1 057 071	1 188 054	1 335 861	1 505 963	1 698 392	1 900 946	2 103 934	2 305 031	2 505 348	2 708 711
男	477 649	536 626	603 649	679 076	765 669	863 638	967 240	1 070 631	1 173 205	1 275 794	1 379 864
女	464 287	520 446	584 405	656 786	740 294	834 754	933 706	1 033 304	1 131 825	1 229 554	1 328 847
性比(女100につき男)	102.9	103.1	103.3	103.4	103.4	103.5	103.6	103.6	103.7	103.8	103.8
年齢分布(%)											
０－４歳	16.4	16.4	16.0	15.7	15.4	15.2	14.4	13.4	12.5	11.8	11.3
５－14歳	23.8	25.2	25.6	25.4	25.0	24.7	24.6	24.3	23.3	22.1	21.1
15－24歳	17.9	17.2	18.0	19.1	19.5	19.4	19.3	19.4	19.8	19.8	19.2
60歳以上	5.8	5.8	6.0	6.1	6.1	6.2	6.4	6.6	6.9	7.1	7.4
65歳以上	3.5	3.6	3.7	3.8	3.9	3.9	4.0	4.2	4.5	4.8	4.9
80歳以上	0.4	0.4	0.4	0.4	0.4	0.5	0.5	0.6	0.6	0.7	0.8
15－49歳女子(%)	47.3	46.0	46.1	46.5	46.9	47.3	47.9	49.2	50.8	51.9	52.4
中位数年齢(歳)	20.3	19.6	19.2	19.3	19.6	19.9	20.4	21.1	22.0	23.0	24.2
人口密度(1km²あたり)	48	54	60	68	76	86	96	107	117	127	137

指　標	1960-1965	1965-1970	1970-1975	1975-1980	1980-1985	1985-1990	1990-1995	1995-2000	2000-2005	2005-2010	2010-2015
年平均人口増加数(千人)	23 027	26 197	29 561	34 020	38 486	40 511	40 598	40 219	40 063	40 673	41 490
年平均出生数(千人)	41 850	45 206	49 100	53 202	58 099	60 964	61 948	62 526	63 968	65 477	66 487
年平均死亡数(千人)	18 892	18 716	19 076	18 792	19 255	19 741	19 995	20 395	21 005	21 356	21 797
人口増加率(%)	2.31	2.34	2.35	2.40	2.41	2.25	2.03	1.83	1.67	1.56	1.48
粗出生率(人口千人あたり)	41.9	40.3	38.9	37.4	36.3	33.9	30.9	28.4	26.6	25.1	23.6
粗死亡率(人口千人あたり)	18.9	16.7	15.1	13.2	12.0	11.0	10.0	9.3	8.7	8.2	7.8
合計出生率(女子１人あたり)	5.89	5.79	5.58	5.25	4.93	4.49	4.01	3.61	3.31	3.08	2.90
純再生産率(女子１人あたり)	1.95	2.02	2.02	1.98	1.92	1.80	1.63	1.49	1.39	1.32	1.26
乳児死亡率(出生千人あたり)	147	134	126	111	98	88	79	70	60	52	44
出生時の平均余命(歳)											
男	45.8	48.7	50.8	53.6	55.5	57.2	58.6	60.0	61.4	63.1	64.6
女	46.7	49.8	52.3	55.6	57.8	59.5	61.3	62.9	64.4	66.2	68.1
男女計	46.3	49.2	51.5	54.5	56.6	58.3	59.9	61.4	62.9	64.6	66.3

B. 中 位 予 測 値

指　標	2015	2020	2025	2030	2035	2040	2045	2050	2055	2060
人口(千人)										
総数	2 916 158	3 128 467	3 335 611	3 531 999	3 717 363	3 891 635	4 053 518	4 200 842	4 333 084	4 449 798
男	1 485 207	1 592 602	1 696 653	1 794 601	1 886 479	1 972 272	2 051 675	2 123 841	2 188 844	2 246 430
女	1 430 952	1 535 866	1 638 958	1 737 398	1 830 884	1 919 363	2 001 843	2 077 000	2 144 240	2 203 368
性比(女100につき男)	103.8	103.7	103.5	103.3	103.0	102.8	102.5	102.3	102.1	102.0
年齢分布(%)										
０－４歳	10.8	10.2	9.6	9.1	8.7	8.3	8.0	7.7	7.4	7.1
５－14歳	20.2	19.5	18.7	17.9	17.0	16.3	15.7	15.2	14.8	14.3
15－24歳	18.5	17.9	17.4	17.0	16.6	16.0	15.4	14.9	14.5	14.2
60歳以上	8.1	9.1	10.1	11.2	12.3	13.6	15.0	16.5	17.8	19.1
65歳以上	5.2	5.8	6.6	7.5	8.4	9.3	10.4	11.6	12.8	14.0
80歳以上	0.8	0.9	1.0	1.1	1.4	1.6	1.9	2.3	2.6	3.0
６－11歳	12.2	11.8	11.3	10.8	10.2	9.8	9.5	9.2	8.9	8.6
12－14歳	5.9	5.7	5.5	5.3	5.1	4.9	4.7	4.5	4.4	4.3
15－17歳	5.7	5.5	5.4	5.3	5.1	4.8	4.7	4.5	4.4	4.3
18－23歳	11.0	10.6	10.3	10.1	9.9	9.6	9.2	8.9	8.7	8.5
15－24歳女子(%)	52.4	52.3	52.1	51.7	50.9	50.0	49.2	48.4	47.7	47.0
中位数年齢(歳)	25.3	26.5	27.7	28.8	30.0	31.1	32.3	33.4	34.4	35.4
人口密度(1km²あたり)	148	159	169	179	189	197	206	213	220	226

指　標	2010-2015	2015-2020	2020-2025	2025-2030	2030-2035	2035-2040	2040-2045	2045-2050	2050-2055	2055-2060
年平均人口増加数(千人)	41 490	42 462	41 429	39 277	37 073	34 854	32 377	29 465	26 448	23 343
年平均出生数(千人)	66 487	66 881	66 749	66 567	66 538	66 542	66 443	65 991	65 262	64 468
年平均死亡数(千人)	21 797	22 808	24 170	25 879	27 860	30 082	32 459	34 909	37 277	39 670
年平均純移動数(千人)	−3200	−1611	−1151	−1410	−1605	−1606	−1608	−1618	−1537	−1456
人口増加率(%)	1.48	1.41	1.28	1.14	1.02	0.92	0.82	0.71	0.62	0.53
粗出生率(人口千人あたり)	23.6	22.1	20.7	19.4	18.4	17.5	16.7	16.0	15.3	14.7
粗死亡率(人口千人あたり)	7.8	7.5	7.5	7.5	7.7	7.9	8.2	8.5	8.7	9.0
純移動率(人口千人あたり)	−1.1	−0.5	−0.4	−0.4	−0.4	−0.4	−0.4	−0.4	−0.4	−0.3
合計出生率（女子１人あたり）	2.90	2.75	2.62	2.52	2.43	2.35	2.29	2.24	2.19	2.15
純再生産率（女子１人あたり）	1.26	1.21	1.17	1.13	1.10	1.08	1.06	1.04	1.02	1.01
乳児死亡率（出生千人あたり）	44	39	34	30	27	24	22	19	18	16
５歳未満の死亡数(出生千人あた	60	53	47	41	37	33	30	27	24	22
出生時の平均余命(歳)										
男	64.6	65.8	66.9	67.9	68.8	69.7	70.6	71.5	72.4	73.3
女	68.1	69.5	70.7	71.8	72.8	73.8	74.7	75.6	76.4	77.2
男女計	66.3	67.6	68.7	69.8	70.8	71.7	72.6	73.5	74.4	75.2

C. 高 位 予 測 値

	2015	2020	2025	2030	2035	2040	2045	2050	2055	2060
人口(千人)										
総数	2 916 158	3 157 641	3 413 505	3 673 142	3 925 093	4 175 633	4 431 675	4 693 666	4 957 879	5 219 529
男	1 485 207	1 607 724	1 736 999	1 867 635	1 993 863	2 118 930	2 246 756	2 377 871	2 510 684	2 642 687
女	1 430 952	1 549 917	1 676 506	1 805 507	1 931 231	2 056 704	2 184 920	2 315 795	2 447 196	2 576 842
性比(女100につき男)	103.8	103.7	103.4	103.1	102.8	102.5	102.1	101.8	101.5	101.2
年齢分布(%)										
0－4歳	10.8	11.0	10.8	10.5	9.9	9.6	9.5	9.3	9.1	8.9
5－14歳	20.2	19.3	19.2	19.3	19.0	18.3	17.6	17.3	17.2	17.0
15－24歳	18.5	17.7	17.0	16.3	16.4	16.7	16.6	16.1	15.6	15.4
60歳以上	8.1	9.0	9.9	10.7	11.6	12.6	13.7	14.8	15.6	16.3
65歳以上	5.2	5.8	6.5	7.2	7.9	8.7	9.5	10.4	11.2	11.9
80歳以上	0.8	0.9	1.0	1.1	1.3	1.5	1.8	2.0	2.3	2.6
15－49歳女子(%)	52.4	51.8	50.9	49.7	49.0	48.5	48.1	47.7	47.4	47.3
中位数年齢(歳)	25.3	26.2	26.9	27.6	28.2	28.7	29.2	29.8	30.5	31.1

	2010-2015	2015-2020	2020-2025	2025-2030	2030-2035	2035-2040	2040-2045	2045-2050	2050-2055	2055-2060
年平均人口増加数(千人)	41 490	48 297	51 173	51 927	50 390	50 108	51 208	52 398	52 843	52 330
年平均出生数(千人)	66 487	72 957	76 896	79 715	80 370	82 361	85 935	89 695	92 527	94 421
年平均死亡数(千人)	21 797	23 050	24 572	26 378	28 376	30 647	33 119	35 679	38 148	40 635
人口増加率(%)	1.48	1.59	1.56	1.47	1.33	1.24	1.19	1.15	1.10	1.03
粗出生率(人口千人あたり)	23.6	24.0	23.4	22.5	21.2	20.3	20.0	19.7	19.2	18.6
粗死亡率(人口千人あたり)	7.8	7.6	7.5	7.4	7.5	7.6	7.7	7.8	7.9	8.0
合計出生率（女子１人あたり）	2.90	3.00	3.02	3.01	2.92	2.84	2.78	2.73	2.68	2.63
純再生産率（女子１人あたり）	1.26	1.32	1.35	1.36	1.33	1.31	1.29	1.27	1.25	1.23

D. 低 位 予 測 値

	2015	2020	2025	2030	2035	2040	2045	2050	2055	2060
人口(千人)										
総数	2 916 158	3 099 294	3 257 717	3 390 855	3 510 046	3 611 310	3 688 529	3 738 362	3 762 675	3 764 251
男	1 485 207	1 577 479	1 656 307	1 721 566	1 779 308	1 827 507	1 863 382	1 885 456	1 895 039	1 893 556
女	1 430 952	1 521 815	1 601 411	1 669 289	1 730 738	1 783 804	1 825 147	1 852 906	1 867 636	1 870 695
性比(女100につき男)	103.8	103.7	103.4	103.1	102.8	102.5	102.1	101.8	101.5	101.2
年齢分布(%)										
0－4歳	10.8	9.4	8.3	7.6	7.3	6.9	6.4	6.0	5.6	5.3
5－14歳	20.2	19.7	18.3	16.3	14.9	14.0	13.5	12.9	12.1	11.4
15－24歳	18.5	18.0	17.8	17.7	16.7	15.1	13.9	13.3	13.1	12.6
60歳以上	8.1	9.1	10.3	11.6	13.0	14.6	16.5	18.5	20.6	22.6
65歳以上	5.2	5.9	6.8	7.8	8.9	10.0	11.4	13.0	14.8	16.6
80歳以上	0.8	0.9	1.0	1.2	1.4	1.8	2.1	2.5	3.0	3.6
15－49歳女子(%)	52.4	52.8	53.3	53.8	53.1	51.8	50.3	48.9	47.6	46.1
中位数年齢(歳)	25.3	26.8	28.4	30.1	31.9	33.6	35.4	37.3	39.1	40.7

	2010-2015	2015-2020	2020-2025	2025-2030	2030-2035	2035-2040	2040-2045	2045-2050	2050-2055	2055-2060
年平均人口増加数(千人)	41 490	36 627	31 685	26 628	23 838	20 253	15 444	9 966	4 863	315
年平均出生数(千人)	66 487	60 804	56 603	53 418	52 790	51 390	48 890	45 792	42 898	40 589
年平均死亡数(千人)	21 797	22 566	23 768	25 380	27 347	29 531	31 839	34 207	36 499	38 818
人口増加率(%)	1.48	1.22	1.00	0.80	0.69	0.57	0.42	0.27	0.13	0.01
粗出生率(人口千人あたり)	23.6	20.2	17.8	16.1	15.3	14.4	13.4	12.3	11.4	10.8
粗死亡率(人口千人あたり)	7.8	7.5	7.5	7.6	7.9	8.3	8.7	9.2	9.7	10.3
合計出生率（女子１人あたり）	2.90	2.50	2.23	2.02	1.93	1.86	1.81	1.76	1.72	1.68
純再生産率（女子１人あたり）	1.26	1.10	0.99	0.91	0.88	0.85	0.83	0.81	0.79	0.78

E. 出生力一定予測値

	2015	2020	2025	2030	2035	2040	2045	2050	2055	2060
人口(千人)										
総数	2 916 158	3 148 125	3 395 231	3 651 686	3 918 139	4 199 680	4 502 462	4 830 820	5 189 199	5 582 487
男	1 485 207	1 602 888	1 727 859	1 857 279	1 991 594	2 133 425	2 286 282	2 452 501	2 634 677	2 835 245
女	1 430 952	1 545 237	1 667 373	1 794 408	1 926 545	2 066 255	2 216 181	2 378 319	2 554 522	2 747 243
中位数年齢(歳)	25.3	26.3	27.1	27.8	28.2	28.5	28.6	28.7	28.6	28.4

	2010-2015	2015-2020	2020-2025	2025-2030	2030-2035	2035-2040	2040-2045	2045-2050	2050-2055	2055-2060
人口増加率(%)	1.48	1.53	1.51	1.46	1.41	1.39	1.39	1.41	1.43	1.46
粗出生率(人口千人あたり)	23.6	23.4	23.0	22.5	22.1	21.9	22.0	22.2	22.4	22.6
粗死亡率(人口千人あたり)	7.8	7.6	7.5	7.5	7.6	7.6	7.7	7.8	7.8	7.8

Low-income countries

A. 推 計 値

指　標	1960	1965	1970	1975	1980	1985	1990	1995	2000	2005	2010
人口(千人)											
総数	157 188	175 683	198 589	224 588	251 638	283 235	323 227	372 372	425 993	488 164	558 333
男	77 348	86 510	97 898	110 851	124 166	139 913	159 714	184 503	211 207	242 419	277 375
女	79 840	89 173	100 690	113 736	127 472	143 322	163 513	187 869	214 785	245 745	280 958
性比(女100につき男)	96.9	97.0	97.2	97.5	97.4	97.6	97.7	98.2	98.3	98.6	98.7
年齢分布(%)											
０－４歳	17.6	17.6	17.9	17.9	17.7	18.1	18.0	17.6	17.5	17.1	16.6
５－14歳	25.1	25.6	26.1	26.3	26.6	26.6	26.8	27.2	27.2	27.2	27.0
15－24歳	19.2	18.9	18.5	18.7	18.8	18.9	19.2	19.1	19.4	19.8	19.7
60歳以上	4.7	4.7	4.8	4.8	4.9	4.9	4.9	5.0	5.0	5.1	5.1
65歳以上	2.8	2.8	2.8	2.9	3.0	3.0	3.1	3.1	3.2	3.2	3.3
80歳以上	0.2	0.2	0.2	0.2	0.3	0.3	0.3	0.3	0.3	0.4	0.4
15－49歳女子(%)	46.9	46.5	45.8	45.6	45.4	45.2	45.2	45.0	45.3	45.7	46.2
中位数年齢(歳)	18.6	18.4	18.0	17.8	17.8	17.6	17.5	17.5	17.5	17.7	18.0
人口密度(1k㎡あたり)	11	13	14	16	18	20	23	27	30	35	40

指　標	1960-1965	1965-1970	1970-1975	1975-1980	1980-1985	1985-1990	1990-1995	1995-2000	2000-2005	2005-2010	2010-2015
年平均人口増加数(千人)	3 699	4 581	5 200	5 410	6 319	7 999	9 829	10 724	12 434	14 034	16 080
年平均出生数(千人)	7 816	8 805	9 843	10 874	12 280	13 689	15 262	17 011	18 650	20 328	21 889
年平均死亡数(千人)	4 005	4 149	4 351	4 841	4 817	5 070	5 679	5 976	6 043	5 760	5 576
人口増加率(%)	2.23	2.45	2.46	2.28	2.37	2.64	2.83	2.69	2.73	2.69	2.69
粗出生率(人口千人あたり)	47.0	47.1	46.5	45.7	45.9	45.1	43.9	42.6	40.8	38.9	36.6
粗死亡率(人口千人あたり)	24.1	22.2	20.6	20.3	18.0	16.7	16.3	15.0	13.2	11.0	9.3
合計出生率(女子１人あたり)	6.47	6.56	6.57	6.47	6.53	6.44	6.23	6.00	5.67	5.31	4.89
純再生産率(女子１人あたり)	1.92	2.03	2.11	2.11	2.22	2.25	2.19	2.19	2.16	2.13	2.04
乳児死亡率(出生千人あたり)	165	151	141	138	126	116	113	99	84	70	60
出生時の平均余命(歳)											
男	38.2	40.4	42.3	42.2	45.7	47.4	47.6	49.2	51.8	55.6	58.7
女	41.0	43.2	45.2	45.7	48.7	50.4	50.6	52.1	54.3	58.3	61.9
男女計	39.6	41.8	43.7	43.9	47.2	48.9	49.1	50.7	53.1	56.9	60.3

B. 中 位 予 測 値

指　標	2015	2020	2025	2030	2035	2040	2045	2050	2055	2060
人口(千人)										
総数	638 735	726 696	821 812	923 887	1 032 448	1 146 566	1 264 956	1 386 201	1 509 078	1 632 223
男	317 747	361 964	409 750	460 980	515 378	572 467	631 621	692 126	753 392	814 709
女	320 988	364 732	412 062	462 907	517 070	574 099	633 335	694 074	755 686	817 514
性比(女100につき男)	99.0	99.2	99.4	99.6	99.7	99.7	99.7	99.7	99.7	99.7
年齢分布(%)										
０－４歳	15.9	15.2	14.5	13.8	13.2	12.6	11.9	11.3	10.8	10.2
５－14歳	26.6	25.9	25.1	24.3	23.5	22.6	21.8	21.0	20.2	19.4
15－24歳	20.0	20.2	20.1	19.9	19.6	19.2	18.8	18.5	18.1	17.6
60歳以上	5.2	5.3	5.5	5.8	6.3	6.8	7.5	8.3	9.2	10.3
65歳以上	3.4	3.5	3.6	3.8	4.1	4.4	4.9	5.5	6.1	6.9
80歳以上	0.4	0.5	0.5	0.5	0.6	0.6	0.7	0.8	1.0	1.1
６－11歳	16.3	15.9	15.4	14.8	14.3	13.8	13.3	12.7	12.2	11.7
12－14歳	7.3	7.2	7.0	6.9	6.7	6.5	6.3	6.1	5.9	5.7
15－17歳	6.7	6.7	6.6	6.4	6.3	6.1	6.0	5.8	5.7	5.5
18－23歳	11.6	11.7	11.8	11.7	11.5	11.3	11.1	10.9	10.7	10.5
15－24歳女子(%)	47.2	48.2	49.2	50.1	50.6	51.0	51.2	51.2	51.1	50.9
中位数年齢(歳)	18.5	19.1	19.8	20.7	21.6	22.6	23.6	24.6	25.6	26.7
人口密度(1k㎡あたり)	46	52	59	66	74	82	91	99	108	117

指　標	2010-2015	2015-2020	2020-2025	2025-2030	2030-2035	2035-2040	2040-2045	2045-2050	2050-2055	2055-2060
年平均人口増加数(千人)	16 080	17 592	19 023	20 415	21 712	22 824	23 678	24 249	24 576	24 629
年平均出生数(千人)	21 889	23 639	25 277	26 903	28 469	29 939	31 249	32 392	33 392	34 252
年平均死亡数(千人)	5 576	5 644	5 835	6 055	6 326	6 682	7 137	7 708	8 403	9 232
年平均純移動数(千人)	−233	−402	−418	−433	−431	−433	−434	−435	−413	−392
人口増加率(%)	2.69	2.58	2.46	2.34	2.22	2.10	1.97	1.83	1.70	1.57
粗出生率(人口千人あたり)	36.6	34.6	32.6	30.8	29.1	27.5	25.9	24.4	23.1	21.8
粗死亡率(人口千人あたり)	9.3	8.3	7.5	6.9	6.5	6.1	5.9	5.8	5.8	5.9
純移動率(人口千人あたり)	−0.4	−0.6	−0.5	−0.5	−0.4	−0.4	−0.4	−0.3	−0.3	−0.2
合計出生率（女子１人あたり）	4.89	4.52	4.17	3.88	3.63	3.42	3.24	3.07	2.92	2.79
純再生産率（女子１人あたり）	2.04	1.93	1.82	1.72	1.63	1.55	1.48	1.41	1.36	1.30
乳児死亡率（出生千人あたり）	60	52	46	41	36	32	29	26	24	21
５歳未満の死亡数(出生千人あたり	91	79	69	61	53	46	41	36	32	29
出生時の平均余命(歳)										
男	58.7	60.9	62.5	64.0	65.5	66.8	68.0	69.0	70.0	71.0
女	61.9	64.2	66.0	67.7	69.3	70.8	72.0	73.1	74.2	75.1
男女計	60.3	62.5	64.3	65.9	67.4	68.8	70.0	71.1	72.1	73.0

C. 高 位 予 測 値

	2015	2020	2025	2030	2035	2040	2045	2050	2055	2060
人口(千人)										
総数	638 735	732 777	839 196	957 462	1 084 833	1 222 079	1 370 142	1 529 045	1 697 735	1 874 408
男	317 747	365 046	418 559	477 992	541 915	610 714	684 889	764 458	848 912	937 321
女	320 988	367 731	420 637	479 471	542 917	611 365	685 253	764 587	848 822	937 087
性比(女100につき男)	99.0	99.2	99.4	99.5	99.5	99.5	99.5	99.4	99.3	99.2
年齢分布(%)										
0－4歳	15.9	15.9	15.6	15.1	14.3	13.7	13.2	12.8	12.3	11.8
5－14歳	26.6	25.7	25.3	25.3	24.9	24.1	23.2	22.5	21.9	21.4
15－24歳	20.0	20.0	19.7	19.2	19.2	19.4	19.4	19.0	18.5	18.2
60歳以上	5.2	5.3	5.4	5.6	6.0	6.3	6.9	7.5	8.2	8.9
65歳以上	3.4	3.4	3.5	3.7	3.9	4.2	4.5	5.0	5.5	6.0
80歳以上	0.4	0.5	0.5	0.5	0.5	0.6	0.7	0.7	0.8	1.0
15－49歳女子(%)	47.2	47.8	48.2	48.3	48.7	49.3	49.7	49.8	49.9	49.9
中位数年齢(歳)	18.5	18.9	19.3	19.8	20.3	21.0	21.8	22.6	23.4	24.2

	2010-2015	2015-2020	2020-2025	2025-2030	2030-2035	2035-2040	2040-2045	2045-2050	2050-2055	2055-2060
年平均人口増加数(千人)	16 080	18 808	21 284	23 653	25 474	27 449	29 613	31 781	33 738	35 335
年平均出生数(千人)	21 889	24 932	27 685	30 343	32 456	34 820	37 488	40 287	42 976	45 438
年平均死亡数(千人)	5 576	5 721	5 983	6 257	6 551	6 938	7 441	8 071	8 824	9 711
人口増加率(%)	2.69	2.75	2.71	2.64	2.50	2.38	2.29	2.20	2.09	1.98
粗出生率(人口千人あたり)	36.6	36.4	35.2	33.8	31.8	30.2	28.9	27.8	26.6	25.4
粗死亡率(人口千人あたり)	9.3	8.3	7.6	7.0	6.4	6.0	5.7	5.6	5.5	5.4
合計出生率 (女子1人あたり)	4.89	4.77	4.58	4.38	4.13	3.92	3.73	3.56	3.41	3.28
純再生産率 (女子1人あたり)	2.04	2.04	2.00	1.95	1.86	1.78	1.71	1.64	1.59	1.53

D. 低 位 予 測 値

	2015	2020	2025	2030	2035	2040	2045	2050	2055	2060
人口(千人)										
総数	638 735	720 503	804 287	890 130	979 916	1 071 482	1 162 045	1 249 321	1 332 141	1 409 681
男	317 747	358 825	400 869	443 875	488 764	534 437	579 506	622 822	663 819	702 065
女	320 988	361 678	403 418	446 255	491 152	537 045	582 539	626 500	668 322	707 615
性比(女100につき男)	99.0	99.2	99.4	99.5	99.5	99.5	99.5	99.4	99.3	99.2
年齢分布(%)										
0－4歳	15.9	14.5	13.4	12.5	11.9	11.3	10.5	9.8	9.1	8.5
5－14歳	26.6	26.1	24.9	23.3	21.9	21.0	20.2	19.2	18.2	17.1
15－24歳	20.0	20.3	20.6	20.7	20.0	19.0	18.2	17.7	17.4	16.8
60歳以上	5.2	5.4	5.7	6.1	6.6	7.2	8.2	9.2	10.4	11.9
65歳以上	3.4	3.5	3.7	3.9	4.3	4.8	5.3	6.1	6.9	8.0
80歳以上	0.4	0.5	0.5	0.6	0.6	0.7	0.8	0.9	1.1	1.3
15－49歳女子(%)	47.2	48.6	50.2	51.9	52.7	52.9	52.9	52.7	52.4	51.7
中位数年齢(歳)	18.5	19.3	20.4	21.7	23.0	24.3	25.6	27.0	28.4	29.7

	2010-2015	2015-2020	2020-2025	2025-2030	2030-2035	2035-2040	2040-2045	2045-2050	2050-2055	2055-2060
年平均人口増加数(千人)	16 080	16 354	16 757	17 169	17 957	18 313	18 113	17 455	16 564	15 508
年平均出生数(千人)	21 889	22 323	22 862	23 455	24 490	25 177	25 392	25 259	24 995	24 700
年平均死亡数(千人)	5 576	5 567	5 687	5 853	6 101	6 431	6 845	7 369	8 017	8 800
人口増加率(%)	2.69	2.41	2.20	2.03	1.92	1.79	1.62	1.45	1.28	1.13
粗出生率(人口千人あたり)	36.6	32.8	30.0	27.7	26.2	24.5	22.7	21.0	19.4	18.0
粗死亡率(人口千人あたり)	9.3	8.2	7.5	6.9	6.5	6.3	6.1	6.1	6.2	6.4
合計出生率 (女子1人あたり)	4.89	4.27	3.78	3.39	3.14	2.93	2.75	2.59	2.44	2.31
純再生産率 (女子1人あたり)	2.04	1.82	1.65	1.50	1.41	1.33	1.25	1.19	1.13	1.07

E. 出生力一定予測値

	2015	2020	2025	2030	2035	2040	2045	2050	2055	2060
人口(千人)										
総数	638 735	736 198	852 989	990 914	1 152 390	1 342 052	1 566 790	1 834 257	2 152 826	2 531 938
男	317 747	366 780	425 544	494 933	576 132	671 477	784 489	919 051	1 079 432	1 270 407
女	320 988	369 418	427 445	495 981	576 259	670 576	782 301	915 206	1 073 394	1 261 531
中位数年齢(歳)	18.5	18.8	18.9	18.9	18.8	18.7	18.8	18.7	18.6	18.5

	2010-2015	2015-2020	2020-2025	2025-2030	2030-2035	2035-2040	2040-2045	2045-2050	2050-2055	2055-2060
人口増加率(%)	2.69	2.84	2.95	3.00	3.02	3.05	3.10	3.15	3.20	3.24
粗出生率(人口千人あたり)	36.6	37.3	37.6	37.5	37.0	36.8	36.8	37.0	37.2	37.4
粗死亡率(人口千人あたり)	9.3	8.4	7.7	7.1	6.5	6.0	5.6	5.3	5.1	4.8

Sub-Saharan Africa

A. 推計値

指　標	1960	1965	1970	1975	1980	1985	1990	1995	2000	2005	2010
人口(千人)											
総数	221 190	249 199	282 743	322 877	371 058	427 049	491 498	562 978	642 172	733 322	840 390
男	109 599	123 530	140 331	160 440	184 588	212 534	244 591	280 184	319 999	365 726	419 507
女	111 592	125 669	142 413	162 437	186 469	214 515	246 907	282 794	322 174	367 595	420 883
性比(女100につき男)	98.2	98.3	98.5	98.8	99.0	99.1	99.1	99.1	99.3	99.5	99.7
年齢分布(%)											
０－４歳	17.6	17.8	18.0	18.3	18.4	18.3	18.0	17.4	17.3	17.2	16.9
５－14歳	25.3	25.7	26.1	26.4	26.6	27.2	27.4	27.4	27.1	26.9	26.8
15－24歳	18.7	18.6	18.6	18.7	18.7	18.8	19.1	19.6	19.9	20.1	19.9
60歳以上	4.9	4.9	4.8	4.8	4.8	4.8	4.8	4.8	4.8	4.8	4.8
65歳以上	2.9	2.9	2.9	2.9	2.9	2.9	3.0	3.0	3.0	3.0	3.1
80歳以上	0.2	0.2	0.2	0.2	0.3	0.3	0.3	0.3	0.3	0.3	0.4
15－49歳女子(%)	46.3	45.8	45.4	45.0	44.7	44.5	44.7	45.4	45.9	46.3	46.5
中位数年齢(歳)	18.6	18.2	17.9	17.6	17.4	17.2	17.2	17.4	17.6	17.7	18.0
人口密度(1km²あたり)	10	11	13	15	17	20	22	26	29	34	38

指　標	1960–1965	1965–1970	1970–1975	1975–1980	1980–1985	1985–1990	1990–1995	1995–2000	2000–2005	2005–2010	2010–2015
年平均人口増加数(千人)	5 602	6 709	8 027	9 636	11 198	12 890	14 296	15 839	18 230	21 414	24 379
年平均出生数(千人)	11 159	12 491	14 265	16 278	18 422	20 680	22 876	25 452	28 316	31 224	34 157
年平均死亡数(千人)	5 503	5 760	6 049	6 408	6 877	7 522	8 556	9 391	10 062	9 804	9 594
人口増加率(%)	2.39	2.53	2.66	2.78	2.81	2.81	2.72	2.63	2.66	2.73	2.71
粗出生率(人口千人あたり)	47.4	47.0	47.1	46.9	46.2	45.0	43.4	42.2	41.2	39.7	37.9
粗死亡率(人口千人あたり)	23.4	21.7	20.0	18.5	17.2	16.4	16.2	15.6	14.6	12.5	10.6
合計出生率(女子１人あたり)	6.65	6.66	6.75	6.77	6.69	6.51	6.18	5.91	5.68	5.40	5.10
純再生産率(女子１人あたり)	2.02	2.11	2.22	2.30	2.33	2.30	2.19	2.12	2.10	2.09	2.06
乳児死亡率(出生千人あたり)	156	144	133	123	116	112	111	101	88	75	64
出生時の平均余命(歳)											
男	39.3	41.2	43.2	45.2	46.7	47.6	47.4	48.1	49.4	52.9	55.9
女	42.0	44.0	46.2	48.2	49.8	50.8	50.4	50.5	51.2	54.8	58.4
男女計	40.6	42.6	44.7	46.7	48.2	49.2	48.9	49.3	50.3	53.8	57.2

B. 中位予測値

指　標	2015	2020	2025	2030	2035	2040	2045	2050	2055	2060
人口(千人)										
総数	962 287	1 095 658	1 240 321	1 396 853	1 565 052	1 743 673	1 930 497	2 123 232	2 319 938	2 518 616
男	481 052	548 374	621 358	700 222	784 804	874 475	968 092	1 064 486	1 162 706	1 261 710
女	481 234	547 284	618 963	696 632	780 248	869 198	962 405	1 058 747	1 157 232	1 256 906
性比(女100につき男)	100.0	100.2	100.4	100.5	100.6	100.6	100.6	100.5	100.5	100.4
年齢分布(%)										
０－４歳	16.4	15.6	14.9	14.3	13.7	13.1	12.4	11.8	11.2	10.7
５－14歳	26.7	26.3	25.7	24.8	24.0	23.2	22.5	21.7	20.9	20.0
15－24歳	19.8	19.9	20.1	20.1	19.9	19.5	19.1	18.8	18.4	18.1
60歳以上	4.8	4.9	5.1	5.3	5.7	6.2	6.9	7.6	8.4	9.2
65歳以上	3.1	3.2	3.3	3.4	3.6	3.9	4.4	4.9	5.5	6.1
80歳以上	0.4	0.4	0.4	0.4	0.5	0.5	0.6	0.7	0.8	0.9
６－11歳	16.4	16.2	15.7	15.2	14.6	14.2	13.7	13.2	12.6	12.1
12－14歳	7.2	7.2	7.2	7.0	6.8	6.6	6.4	6.2	6.0	5.8
15－17歳	6.6	6.6	6.6	6.6	6.4	6.2	6.1	6.0	5.8	5.7
18－23歳	11.5	11.6	11.7	11.8	11.7	11.5	11.3	11.1	10.9	10.7
15－24歳女子(%)	47.0	47.9	48.9	49.7	50.3	50.7	51.1	51.4	51.4	51.4
中位数年齢(歳)	18.3	18.7	19.4	20.1	21.0	21.9	22.8	23.7	24.7	25.8
人口密度(1km²あたり)	44	50	57	64	72	80	88	97	106	115

指　標	2010–2015	2015–2020	2020–2025	2025–2030	2030–2035	2035–2040	2040–2045	2045–2050	2050–2055	2055–2060
年平均人口増加数(千人)	24 379	26 674	28 933	31 306	33 640	35 724	37 365	38 547	39 341	39 736
年平均出生数(千人)	34 157	36 825	39 459	42 223	45 003	47 617	49 917	51 909	53 675	55 248
年平均死亡数(千人)	9 594	9 825	10 183	10 567	11 007	11 535	12 193	13 003	13 992	15 188
年平均純移動数(千人)	−184	−325	−343	−350	−356	−358	−359	−360	−342	−324
人口増加率(%)	2.71	2.60	2.48	2.38	2.27	2.16	2.04	1.90	1.77	1.64
粗出生率(人口千人あたり)	37.9	35.8	33.8	32.0	30.4	28.8	27.2	25.6	24.2	22.8
粗死亡率(人口千人あたり)	10.6	9.5	8.7	8.0	7.4	7.0	6.6	6.4	6.3	6.3
純移動率(人口千人あたり)	−0.2	−0.3	−0.3	−0.3	−0.2	−0.2	−0.2	−0.2	−0.2	−0.1
合計出生率（女子１人あたり）	5.10	4.75	4.42	4.13	3.86	3.63	3.42	3.23	3.06	2.91
純再生産率（女子１人あたり）	2.06	1.97	1.87	1.78	1.69	1.61	1.54	1.46	1.40	1.34
乳児死亡率（出生千人あたり）	64	56	50	45	40	36	32	29	26	23
５歳未満の死亡数(出生千人あた	99	87	77	68	60	53	47	42	37	33
出生時の平均余命(歳)										
男	55.9	57.9	59.5	61.1	62.7	64.2	65.5	66.7	67.9	68.9
女	58.4	60.6	62.3	64.2	65.9	67.6	69.1	70.4	71.7	72.8
男女計	57.2	59.2	60.9	62.6	64.3	65.8	67.3	68.6	69.8	70.9

C. 高位予測値

	2015	2020	2025	2030	2035	2040	2045	2050	2055	2060
人口(千人)										
総数	962 287	1 104 712	1 265 949	1 446 264	1 642 377	1 855 678	2 087 171	2 336 665	2 602 717	2 883 027
男	481 052	552 962	634 344	725 259	823 984	931 221	1 047 465	1 172 610	1 305 960	1 446 314
女	481 234	551 750	631 605	721 006	818 394	924 457	1 039 706	1 164 056	1 296 757	1 436 713
性比(女100につき男)	100.0	100.2	100.3	100.4	100.5	100.5	100.4	100.3	100.2	100.0
年齢分布(%)										
０－４歳	16.4	16.3	15.9	15.5	14.8	14.2	13.7	13.2	12.7	12.2
５－14歳	26.7	26.1	25.9	25.7	25.3	24.6	23.8	23.1	22.5	21.9
15－24歳	19.8	19.7	19.7	19.4	19.5	19.7	19.6	19.3	18.8	18.5
60歳以上	4.8	4.9	5.0	5.2	5.4	5.8	6.3	6.9	7.5	8.1
65歳以上	3.1	3.1	3.2	3.3	3.5	3.7	4.0	4.5	4.9	5.4
80歳以上	0.4	0.4	0.4	0.4	0.5	0.5	0.5	0.6	0.7	0.8
15－49歳女子(%)	47.0	47.5	47.9	48.0	48.5	49.0	49.6	49.9	50.1	50.2
中位数年齢(歳)	18.3	18.5	18.9	19.3	19.7	20.4	21.2	21.9	22.7	23.5

	2010-2015	2015-2020	2020-2025	2025-2030	2030-2035	2035-2040	2040-2045	2045-2050	2050-2055	2055-2060
年平均人口増加数(千人)	24 379	28 485	32 247	36 063	39 223	42 660	46 299	49 899	53 210	56 062
年平均出生数(千人)	34 157	38 764	43 023	47 327	50 983	55 013	59 404	63 923	68 314	72 449
年平均死亡数(千人)	9 594	9 953	10 432	10 914	11 405	11 995	12 746	13 664	14 761	16 063
人口増加率(%)	2.71	2.76	2.73	2.66	2.54	2.44	2.35	2.26	2.16	2.05
粗出生率(人口千人あたり)	37.9	37.5	36.3	34.9	33.0	31.5	30.1	28.9	27.7	26.4
粗死亡率(人口千人あたり)	10.6	9.6	8.8	8.0	7.4	6.9	6.5	6.2	6.0	5.9
合計出生率（女子１人あたり）	5.10	5.00	4.82	4.63	4.36	4.12	3.91	3.72	3.55	3.40
純再生産率（女子１人あたり）	2.06	2.07	2.04	2.00	1.91	1.83	1.76	1.69	1.63	1.57

D. 低位予測値

	2015	2020	2025	2030	2035	2040	2045	2050	2055	2060
人口(千人)										
総数	962 287	1 086 604	1 214 694	1 347 442	1 487 909	1 632 843	1 777 743	1 919 003	2 054 616	2 183 195
男	481 052	543 787	608 372	675 184	745 717	818 324	890 707	961 030	1 028 308	1 091 814
女	481 234	542 818	606 321	672 258	742 192	814 519	887 036	957 973	1 026 308	1 091 382
性比(女100につき男)	100.0	100.2	100.3	100.4	100.5	100.5	100.4	100.3	100.2	100.0
年齢分布(%)										
０－４歳	16.4	14.9	13.9	13.0	12.5	11.8	11.1	10.3	9.6	9.0
５－14歳	26.7	26.6	25.5	23.9	22.5	21.7	20.9	20.0	19.0	17.9
15－24歳	19.8	20.1	20.5	20.9	20.3	19.3	18.5	18.1	17.9	17.4
60歳以上	4.8	5.0	5.2	5.5	6.0	6.6	7.4	8.4	9.4	10.6
65歳以上	3.1	3.2	3.3	3.6	3.8	4.2	4.7	5.4	6.2	7.1
80歳以上	0.4	0.4	0.4	0.5	0.5	0.6	0.6	0.7	0.9	1.0
15－49歳女子(%)	47.0	48.3	49.9	51.5	52.3	52.6	52.7	52.9	52.8	52.4
中位数年齢(歳)	18.3	18.9	19.8	21.0	22.3	23.5	24.7	25.9	27.2	28.5

	2010-2015	2015-2020	2020-2025	2025-2030	2030-2035	2035-2040	2040-2045	2045-2050	2050-2055	2055-2060
年平均人口増加数(千人)	24 379	24 864	25 618	26 550	28 093	28 987	28 980	28 252	27 123	25 716
年平均出生数(千人)	34 157	34 886	35 896	37 119	39 061	40 427	41 002	40 995	40 749	40 435
年平均死亡数(千人)	9 594	9 697	9 935	10 219	10 611	11 083	11 663	12 383	13 284	14 396
人口増加率(%)	2.71	2.43	2.23	2.07	1.98	1.86	1.70	1.53	1.37	1.21
粗出生率(人口千人あたり)	37.9	34.1	31.2	29.0	27.6	25.9	24.0	22.2	20.5	19.1
粗死亡率(人口千人あたり)	10.6	9.5	8.6	8.0	7.5	7.1	6.8	6.7	6.7	6.8
合計出生率（女子１人あたり）	5.10	4.50	4.02	3.63	3.36	3.13	2.92	2.74	2.57	2.42
純再生産率（女子１人あたり）	2.06	1.86	1.70	1.56	1.47	1.39	1.31	1.24	1.17	1.12

E. 出生力一定予測値

	2015	2020	2025	2030	2035	2040	2045	2050	2055	2060
人口(千人)										
総数	962 287	1 108 362	1 282 140	1 487 542	1 729 184	2 014 166	2 351 942	2 753 402	3 230 888	3 798 655
男	481 052	554 811	642 548	746 176	867 979	1 011 553	1 181 683	1 383 887	1 624 468	1 910 621
女	481 234	553 551	639 592	741 366	861 206	1 002 613	1 170 259	1 369 514	1 606 420	1 888 034
中位数年齢(歳)	18.3	18.5	18.6	18.6	18.5	18.5	18.5	18.5	18.4	18.3

	2010-2015	2015-2020	2020-2025	2025-2030	2030-2035	2035-2040	2040-2045	2045-2050	2050-2055	2055-2060
人口増加率(%)	2.71	2.83	2.91	2.97	3.01	3.05	3.10	3.15	3.20	3.24
粗出生率(人口千人あたり)	37.9	38.2	38.2	38.1	37.7	37.5	37.5	37.6	37.6	37.7
粗死亡率(人口千人あたり)	10.6	9.7	8.9	8.1	7.5	6.9	6.4	6.0	5.6	5.3

AFRICA

A. 推 計 値

指　標	1960	1965	1970	1975	1980	1985	1990	1995	2000	2005	2010
人口(千人)											
総数	284 887	321 999	365 626	416 490	477 965	550 028	631 614	720 416	814 063	920 239	1 044 107
男	141 662	160 130	182 002	207 529	238 385	274 370	315 071	359 409	406 406	459 591	521 740
女	143 225	161 870	183 623	208 962	239 580	275 658	316 543	361 008	407 658	460 648	522 367
性比(女100につき男)	98.9	98.9	99.1	99.3	99.5	99.5	99.5	99.6	99.7	99.8	99.9
年齢分布(%)											
０－４歳	17.6	17.8	17.8	17.9	18.0	17.9	17.4	16.6	16.2	16.0	15.9
５－14歳	25.3	25.9	26.4	26.6	26.6	26.9	27.2	27.1	26.5	25.8	25.5
15－24歳	18.3	18.2	18.5	18.8	19.0	19.0	19.1	19.6	20.1	20.3	19.9
60歳以上	5.1	5.1	5.1	5.0	5.0	5.1	5.1	5.2	5.2	5.2	5.3
65歳以上	3.1	3.1	3.1	3.1	3.1	3.1	3.2	3.3	3.4	3.4	3.5
80歳以上	0.3	0.3	0.3	0.3	0.3	0.3	0.3	0.4	0.4	0.4	0.5
15－49歳女子(%)	46.0	45.4	45.0	44.8	44.8	44.7	45.1	46.0	47.0	47.7	47.9
中位数年齢(歳)	18.6	18.2	17.9	17.7	17.6	17.5	17.6	18.0	18.3	18.7	19.1
人口密度(1km²あたり)	10	11	12	14	16	19	21	24	27	31	35

指　標	1960-1965	1965-1970	1970-1975	1975-1980	1980-1985	1985-1990	1990-1995	1995-2000	2000-2005	2005-2010	2010-2015
年平均人口増加数(千人)	7 422	8 725	10 173	12 295	14 413	16 317	17 760	18 729	21 235	24 774	28 414
年平均出生数(千人)	14 370	15 951	17 968	20 381	22 928	25 364	27 405	29 783	32 818	36 207	39 925
年平均死亡数(千人)	6 761	7 030	7 342	7 681	8 096	8 677	9 712	10 546	11 267	11 071	10 931
人口増加率(%)	2.45	2.54	2.61	2.75	2.81	2.77	2.63	2.44	2.45	2.53	2.55
粗出生率(人口千人あたり)	47.4	46.4	45.9	45.6	44.6	42.9	40.5	38.8	37.8	36.9	35.8
粗死亡率(人口千人あたり)	22.3	20.4	18.8	17.2	15.8	14.7	14.4	13.7	13.0	11.3	9.8
合計出生率(女子１人あたり)	6.70	6.67	6.67	6.62	6.48	6.20	5.73	5.35	5.10	4.89	4.71
純再生産率(女子１人あたり)	2.09	2.17	2.25	2.32	2.33	2.27	2.11	1.99	1.94	1.94	1.94
乳児死亡率(出生千人あたり)	156	144	133	121	111	104	102	93	81	69	59
出生時の平均余命(歳)											
男	40.9	43.0	45.0	47.1	48.9	50.2	50.2	50.9	52.2	55.3	58.2
女	43.6	45.7	47.9	50.1	52.1	53.4	53.4	53.6	54.4	57.6	60.9
男女計	42.2	44.3	46.4	48.6	50.5	51.8	51.7	52.2	53.3	56.5	59.5

B. 中 位 予 測 値

指　標	2015	2020	2025	2030	2035	2040	2045	2050	2055	2060
人口(千人)										
総数	1 186 178	1 340 103	1 504 213	1 679 301	1 865 922	2 063 030	2 267 856	2 477 536	2 689 773	2 902 500
男	593 455	671 135	753 828	841 917	935 639	1 034 483	1 137 051	1 241 907	1 347 924	1 454 030
女	592 724	668 969	750 385	837 384	930 283	1 028 547	1 130 805	1 235 630	1 341 849	1 448 471
性比(女100につき男)	100.1	100.3	100.5	100.5	100.6	100.6	100.6	100.5	100.5	100.4
年齢分布(%)										
０－４歳	15.6	14.8	14.1	13.5	12.9	12.4	11.9	11.3	10.7	10.2
５－14歳	25.4	25.3	24.8	23.9	23.0	22.2	21.6	20.9	20.1	19.4
15－24歳	19.4	19.2	19.5	19.7	19.6	19.1	18.6	18.2	18.0	17.6
60歳以上	5.4	5.7	5.9	6.3	6.7	7.3	8.1	8.9	9.7	10.5
65歳以上	3.5	3.6	3.9	4.1	4.4	4.8	5.3	5.9	6.6	7.2
80歳以上	0.5	0.5	0.5	0.6	0.6	0.7	0.8	0.9	1.0	1.2
６－11歳	15.6	15.6	15.2	14.5	14.0	13.5	13.1	12.7	12.2	11.7
12－14歳	6.9	6.9	7.0	6.8	6.5	6.3	6.2	6.0	5.8	5.7
15－17歳	6.3	6.4	6.4	6.5	6.2	6.0	5.9	5.8	5.7	5.5
18－23歳	11.3	11.2	11.3	11.5	11.6	11.2	11.0	10.8	10.6	10.5
15－24歳女子(%)	48.0	48.4	49.1	49.9	50.3	50.5	50.7	50.9	51.0	50.9
中位数年齢(歳)	19.4	19.8	20.4	21.2	22.1	23.0	23.9	24.8	25.7	26.7
人口密度(1km²あたり)	40	45	51	57	63	70	76	84	91	98

指　標	2010-2015	2015-2020	2020-2025	2025-2030	2030-2035	2035-2040	2040-2045	2045-2050	2050-2055	2055-2060
年平均人口増加数(千人)	28 414	30 785	32 822	35 018	37 324	39 422	40 965	41 936	42 447	42 545
年平均出生数(千人)	39 925	42 485	44 978	47 696	50 613	53 432	55 843	57 838	59 539	61 048
年平均死亡数(千人)	10 931	11 238	11 696	12 211	12 815	13 535	14 402	15 425	16 639	18 073
年平均純移動数(千人)	−580	−462	−461	−468	−473	−475	−476	−477	−453	−429
人口増加率(%)	2.55	2.44	2.31	2.20	2.11	2.01	1.89	1.77	1.64	1.52
粗出生率(人口千人あたり)	35.8	33.6	31.6	30.0	28.6	27.2	25.8	24.4	23.0	21.8
粗死亡率(人口千人あたり)	9.8	8.9	8.2	7.7	7.2	6.9	6.7	6.5	6.4	6.5
純移動率(人口千人あたり)	−0.5	−0.4	−0.3	−0.3	−0.3	−0.2	−0.2	−0.2	−0.2	−0.2
合計出生率（女子１人あたり）	4.71	4.41	4.14	3.89	3.66	3.46	3.27	3.11	2.96	2.83
純再生産率（女子１人あたり）	1.94	1.86	1.77	1.69	1.61	1.54	1.48	1.42	1.36	1.31
乳児死亡率（出生千人あたり）	59	52	47	42	38	34	30	27	24	22
５歳未満の死亡数(出生千人あた	90	80	71	63	56	50	44	39	35	31
出生時の平均余命(歳)										
男	58.2	59.9	61.4	62.9	64.3	65.6	66.9	68.0	69.1	70.1
女	60.9	62.8	64.5	66.1	67.7	69.2	70.6	71.8	73.0	74.0
男女計	59.5	61.4	62.9	64.5	66.0	67.4	68.7	69.9	71.0	72.0

C. 高位予測値

	2015	2020	2025	2030	2035	2040	2045	2050	2055	2060
人口(千人)										
総数	1 186 178	1 351 427	1 535 858	1 739 608	1 959 462	2 197 531	2 454 783	2 730 670	3 023 309	3 330 116
男	593 455	676 884	769 895	872 530	983 117	1 102 742	1 231 906	1 370 347	1 517 150	1 670 973
女	592 724	674 542	765 964	867 077	976 345	1 094 789	1 222 877	1 360 324	1 506 159	1 659 143
性比(女100につき男)	100.1	100.3	100.4	100.4	100.4	100.4	100.3	100.2	100.1	100.0
年齢分布(%)										
0－4歳	15.6	15.5	15.1	14.7	14.1	13.6	13.1	12.7	12.3	11.8
5－14歳	25.4	25.1	25.0	24.8	24.4	23.7	23.0	22.4	21.9	21.3
15－24歳	19.4	19.1	19.1	19.1	19.2	19.3	19.1	18.8	18.4	18.2
60歳以上	5.4	5.6	5.8	6.1	6.4	6.9	7.5	8.1	8.6	9.1
65歳以上	3.5	3.6	3.8	4.0	4.2	4.5	4.9	5.4	5.9	6.3
80歳以上	0.5	0.5	0.5	0.5	0.6	0.7	0.7	0.8	0.9	1.1
15－49歳女子(%)	48.0	48.0	48.1	48.2	48.5	48.8	49.2	49.5	49.7	49.9
中位数年齢(歳)	19.4	19.6	19.8	20.2	20.7	21.4	22.1	22.8	23.5	24.2

	2010-2015	2015-2020	2020-2025	2025-2030	2030-2035	2035-2040	2040-2045	2045-2050	2050-2055	2055-2060
年平均人口増加数(千人)	28 414	33 050	36 886	40 750	43 971	47 614	51 450	55 177	58 528	61 361
年平均出生数(千人)	39 925	44 891	49 313	53 802	57 685	62 116	66 917	71 783	76 438	80 794
年平均死亡数(千人)	10 931	11 379	11 966	12 585	13 241	14 027	14 990	16 128	17 457	19 003
人口増加率(%)	2.55	2.61	2.56	2.49	2.38	2.29	2.21	2.13	2.04	1.93
粗出生率(人口千人あたり)	35.8	35.4	34.2	32.9	31.2	29.9	28.8	27.7	26.6	25.4
粗死亡率(人口千人あたり)	9.8	9.0	8.3	7.7	7.2	6.7	6.4	6.2	6.1	6.0
合計出生率 (女子1人あたり)	4.71	4.67	4.54	4.39	4.16	3.95	3.77	3.60	3.45	3.32
純再生産率 (女子1人あたり)	1.94	1.96	1.94	1.91	1.84	1.77	1.70	1.64	1.59	1.54

D. 低位予測値

	2015	2020	2025	2030	2035	2040	2045	2050	2055	2060
人口(千人)										
総数	1 186 178	1 328 780	1 472 568	1 618 995	1 772 593	1 929 941	2 085 695	2 235 611	2 377 449	2 509 952
男	593 455	665 385	737 762	811 303	888 269	966 941	1 044 618	1 119 163	1 189 479	1 254 910
女	592 724	663 395	734 806	807 692	884 324	962 999	1 041 077	1 116 448	1 187 970	1 255 042
性比(女100につき男)	100.1	100.3	100.4	100.4	100.4	100.4	100.3	100.2	100.1	100.0
年齢分布(%)										
0－4歳	15.6	14.1	13.0	12.2	11.7	11.2	10.5	9.8	9.1	8.6
5－14歳	25.4	25.5	24.6	22.8	21.4	20.6	20.0	19.2	18.2	17.2
15－24歳	19.4	19.4	19.9	20.5	20.0	18.8	17.9	17.5	17.3	16.8
60歳以上	5.4	5.7	6.1	6.5	7.1	7.8	8.8	9.9	10.9	12.1
65歳以上	3.5	3.7	3.9	4.3	4.6	5.1	5.7	6.5	7.4	8.3
80歳以上	0.5	0.5	0.5	0.6	0.7	0.8	0.9	1.0	1.2	1.4
15－49歳女子(%)	48.0	48.8	50.2	51.7	52.3	52.3	52.2	52.3	52.2	51.7
中位数年齢(歳)	19.4	20.0	21.0	22.1	23.4	24.7	26.0	27.2	28.5	29.7

	2010-2015	2015-2020	2020-2025	2025-2030	2030-2035	2035-2040	2040-2045	2045-2050	2050-2055	2055-2060
年平均人口増加数(千人)	28 414	28 520	28 758	29 285	30 720	31 470	31 151	29 983	28 368	26 501
年平均出生数(千人)	39 925	40 079	40 644	41 590	43 584	44 998	45 464	45 227	44 709	44 162
年平均死亡数(千人)	10 931	11 097	11 425	11 837	12 391	13 053	13 837	14 766	15 888	17 232
人口増加率(%)	2.55	2.27	2.06	1.90	1.81	1.70	1.55	1.39	1.23	1.09
粗出生率(人口千人あたり)	35.8	31.9	29.0	26.9	25.7	24.3	22.6	20.9	19.4	18.1
粗死亡率(人口千人あたり)	9.8	8.8	8.2	7.7	7.3	7.1	6.9	6.8	6.9	7.1
合計出生率 (女子1人あたり)	4.71	4.16	3.74	3.39	3.16	2.96	2.78	2.62	2.48	2.34
純再生産率 (女子1人あたり)	1.94	1.75	1.60	1.47	1.39	1.32	1.25	1.19	1.13	1.08

E. 出生力一定予測値

	2015	2020	2025	2030	2035	2040	2045	2050	2055	2060
人口(千人)										
総数	1 186 178	1 354 979	1 552 302	1 782 129	2 050 028	2 363 975	2 733 637	3 169 811	3 684 873	4 293 510
男	593 455	678 682	778 225	894 077	1 029 026	1 187 130	1 373 307	1 593 056	1 852 699	2 159 657
女	592 724	676 296	774 078	888 051	1 021 003	1 176 845	1 360 329	1 576 755	1 832 174	2 133 853
中位数年齢(歳)	19.4	19.5	19.6	19.6	19.5	19.5	19.4	19.4	19.2	19.1

	2010-2015	2015-2020	2020-2025	2025-2030	2030-2035	2035-2040	2040-2045	2045-2050	2050-2055	2055-2060
人口増加率(%)	2.55	2.66	2.72	2.76	2.80	2.85	2.91	2.96	3.01	3.06
粗出生率(人口千人あたり)	35.8	35.9	35.8	35.6	35.4	35.4	35.6	35.7	35.9	36.0
粗死亡率(人口千人あたり)	9.8	9.0	8.4	7.8	7.2	6.8	6.4	6.0	5.7	5.4

Eastern Africa

A. 推 計 値

指　標	1960	1965	1970	1975	1980	1985	1990	1995	2000	2005	2010
人口(千人)											
総数	84 305	96 105	110 428	127 356	147 512	170 739	198 232	225 310	259 373	297 636	342 743
男	41 767	47 608	54 709	63 108	73 099	84 635	98 209	111 579	128 612	147 724	170 257
女	42 539	48 496	55 719	64 248	74 412	86 104	100 023	113 730	130 760	149 912	172 485
性比(女100につき男)	98.2	98.2	98.2	98.2	98.2	98.3	98.2	98.1	98.4	98.5	98.7
年齢分布(%)											
0－4歳	18.3	18.6	18.7	18.9	19.1	18.9	18.7	17.9	17.8	17.6	17.0
5－14歳	26.0	26.5	26.9	27.2	27.2	27.8	28.0	28.2	27.9	27.7	27.6
15－24歳	18.5	18.5	18.7	18.8	18.8	18.9	19.2	19.7	20.2	20.5	20.3
60歳以上	4.6	4.6	4.6	4.6	4.7	4.6	4.6	4.6	4.6	4.6	4.7
65歳以上	2.8	2.8	2.8	2.9	2.9	2.9	2.9	2.9	3.0	3.0	3.0
80歳以上	0.2	0.2	0.3	0.3	0.3	0.3	0.3	0.3	0.4	0.4	0.4
15－49歳女子(%)	45.3	44.8	44.5	44.2	44.1	44.0	44.3	44.9	45.2	45.6	46.1
中位数年齢(歳)	17.8	17.4	17.2	16.9	16.8	16.6	16.6	16.8	16.9	17.1	17.5
人口密度(1km²あたり)	13	14	17	19	22	26	30	34	39	45	51

	1960-1965	1965-1970	1970-1975	1975-1980	1980-1985	1985-1990	1990-1995	1995-2000	2000-2005	2005-2010	2010-2015
年平均人口増加数(千人)	2 360	2 865	3 386	4 031	4 645	5 499	5 416	6 813	7 653	9 021	10 347
年平均出生数(千人)	4 421	5 017	5 774	6 657	7 587	8 606	9 442	10 460	11 555	12 680	13 732
年平均死亡数(千人)	2 016	2 127	2 277	2 480	2 771	3 062	3 613	3 723	3 799	3 487	3 276
人口増加率(%)	2.62	2.78	2.85	2.94	2.93	2.99	2.56	2.82	2.75	2.82	2.81
粗出生率(人口千人あたり)	49.0	48.6	48.6	48.4	47.7	46.6	44.6	43.2	41.5	39.6	37.3
粗死亡率(人口千人あたり)	22.4	20.6	19.2	18.0	17.4	16.6	17.1	15.4	13.6	10.9	8.9
合計出生率(女子1人あたり)	7.07	7.09	7.13	7.11	7.00	6.82	6.41	6.08	5.76	5.38	4.94
純再生産率(女子1人あたり)	2.20	2.30	2.39	2.45	2.43	2.40	2.23	2.21	2.18	2.17	2.08
乳児死亡率(出生千人あたり)	150	139	129	121	117	112	113	95	79	64	53
出生時の平均余命(歳)											
男	40.5	42.5	44.4	46.0	46.6	47.1	45.8	47.7	50.2	55.0	58.9
女	43.6	45.6	47.5	49.1	49.7	50.6	49.0	50.3	52.2	57.5	62.2
男女計	42.0	44.1	45.9	47.5	48.1	48.8	47.4	49.0	51.2	56.2	60.5

B. 中 位 予 測 値

	2015	2020	2025	2030	2035	2040	2045	2050	2055	2060
人口(千人)										
総数	394 477	451 393	512 821	578 804	649 067	723 008	799 709	878 236	957 666	1 037 041
男	196 135	224 607	255 331	288 306	323 368	360 204	398 355	437 350	476 756	516 088
女	198 343	226 786	257 489	290 498	325 699	362 804	401 354	440 886	480 910	520 954
性比(女100につき男)	98.9	99.0	99.2	99.2	99.3	99.3	99.3	99.2	99.1	99.1
年齢分布(%)										
0－4歳	16.3	15.5	14.7	13.9	13.2	12.6	11.9	11.3	10.7	10.2
5－14歳	27.2	26.4	25.6	24.6	23.6	22.7	21.8	21.0	20.1	19.3
15－24歳	20.3	20.4	20.4	20.2	19.9	19.4	18.9	18.5	18.1	17.6
60歳以上	4.8	4.9	5.1	5.3	5.8	6.4	7.3	8.2	9.3	10.4
65歳以上	3.1	3.2	3.4	3.5	3.8	4.1	4.7	5.4	6.2	7.1
80歳以上	0.4	0.5	0.5	0.5	0.6	0.6	0.7	0.8	1.0	1.2
6－11歳	16.7	16.2	15.6	15.0	14.4	13.8	13.3	12.7	12.2	11.7
12－14歳	7.4	7.3	7.2	6.9	6.7	6.5	6.3	6.1	5.8	5.6
15－17歳	6.8	6.8	6.7	6.6	6.4	6.2	6.0	5.8	5.7	5.5
18－23歳	11.7	11.9	11.9	11.9	11.7	11.4	11.2	10.9	10.7	10.4
15－24歳女子(%)	47.2	48.5	49.7	50.6	51.1	51.4	51.5	51.5	51.3	51.0
中位数年齢(歳)	18.0	18.7	19.5	20.4	21.4	22.5	23.5	24.6	25.7	26.9
人口密度(1km²あたり)	59	68	77	87	97	108	120	132	144	156

	2010-2015	2015-2020	2020-2025	2025-2030	2030-2035	2035-2040	2040-2045	2045-2050	2050-2055	2055-2060
年平均人口増加数(千人)	10 347	11 383	12 285	13 197	14 053	14 788	15 340	15 706	15 886	15 875
年平均出生数(千人)	13 732	14 803	15 815	16 849	17 862	18 812	19 651	20 378	21 011	21 560
年平均死亡数(千人)	3 276	3 238	3 351	3 479	3 636	3 851	4 138	4 500	4 961	5 530
年平均純移動数(千人)	−109	−181	−178	−173	−173	−173	−173	−173	−164	−155
人口増加率(%)	2.81	2.70	2.55	2.42	2.29	2.16	2.02	1.87	1.73	1.59
粗出生率(人口千人あたり)	37.3	35.0	32.8	30.9	29.1	27.4	25.8	24.3	22.9	21.6
粗死亡率(人口千人あたり)	8.9	7.7	7.0	6.4	5.9	5.6	5.4	5.4	5.4	5.5
純移動率(人口千人あたり)	−0.3	−0.4	−0.4	−0.3	−0.3	−0.3	−0.2	−0.2	−0.2	−0.2
合計出生率 (女子1人あたり)	4.94	4.52	4.16	3.85	3.59	3.37	3.19	3.02	2.88	2.75
純再生産率 (女子1人あたり)	2.08	1.96	1.84	1.73	1.63	1.55	1.47	1.40	1.34	1.29
乳児死亡率 (出生千人あたり)	53	47	42	37	33	30	27	25	23	21
5歳未満の死亡数(出生千人あた	79	68	60	52	45	40	36	32	29	27
出生時の平均余命(歳)										
男	58.9	61.6	63.3	64.9	66.3	67.6	68.8	69.9	70.9	71.8
女	62.2	65.1	67.0	68.8	70.5	71.9	73.2	74.3	75.3	76.2
男女計	60.5	63.4	65.1	66.8	68.4	69.8	71.0	72.1	73.1	74.0

C. 高 位 予 測 値

	2015	2020	2025	2030	2035	2040	2045	2050	2055	2060
人口(千人)										
総数	394 477	455 255	523 849	600 176	682 531	771 368	867 204	970 058	1 079 098	1 193 034
男	196 135	226 559	260 902	299 100	340 266	384 621	432 432	483 710	538 072	594 863
女	198 343	228 696	262 947	301 076	342 264	386 747	434 772	486 348	541 026	598 171
性比(女100につき男)	98.9	99.0	99.1	99.1	99.1	99.1	99.0	98.9	98.8	98.6
年齢分布(%)										
0－4歳	16.3	16.2	15.7	15.2	14.4	13.7	13.2	12.8	12.3	11.8
5－14歳	27.2	26.2	25.8	25.5	25.0	24.2	23.3	22.5	21.9	21.3
15－24歳	20.3	20.2	20.0	19.5	19.4	19.6	19.4	19.0	18.5	18.1
60歳以上	4.8	4.9	5.0	5.1	5.5	6.0	6.7	7.5	8.2	9.0
65歳以上	3.1	3.2	3.3	3.4	3.6	3.9	4.3	4.9	5.5	6.1
80歳以上	0.4	0.4	0.5	0.5	0.5	0.6	0.7	0.7	0.8	1.0
15－49歳女子(%)	47.2	48.1	48.6	48.8	49.2	49.6	50.0	50.1	50.0	49.9
中位数年齢(歳)	18.0	18.5	19.0	19.5	20.1	20.9	21.8	22.6	23.5	24.3

	2010-2015	2015-2020	2020-2025	2025-2030	2030-2035	2035-2040	2040-2045	2045-2050	2050-2055	2055-2060
年平均人口増加数(千人)	10 347	12 156	13 719	15 265	16 471	17 768	19 167	20 571	21 808	22 787
年平均出生数(千人)	13 732	15 620	17 332	19 032	20 407	21 937	23 653	25 457	27 187	28 766
年平均死亡数(千人)	3 276	3 283	3 435	3 594	3 763	3 996	4 314	4 714	5 215	5 823
人口増加率(%)	2.81	2.87	2.81	2.72	2.57	2.45	2.34	2.24	2.13	2.01
粗出生率(人口千人あたり)	37.3	36.8	35.4	33.9	31.8	30.2	28.9	27.7	26.5	25.3
粗死亡率(人口千人あたり)	8.9	7.7	7.0	6.4	5.9	5.5	5.3	5.1	5.1	5.1
合計出生率（女子１人あたり）	4.94	4.77	4.56	4.35	4.09	3.88	3.69	3.52	3.37	3.24
純再生産率（女子１人あたり）	2.08	2.07	2.02	1.96	1.86	1.78	1.70	1.64	1.58	1.52

D. 低 位 予 測 値

	2015	2020	2025	2030	2035	2040	2045	2050	2055	2060
人口(千人)										
総数	394 477	447 531	501 792	557 431	615 677	675 143	733 924	790 507	844 045	893 997
男	196 135	222 656	249 760	277 512	306 506	336 037	365 143	393 061	419 394	443 868
女	198 343	224 876	252 032	279 920	309 170	339 106	368 781	397 447	424 652	450 128
性比(女100につき男)	98.9	99.0	99.1	99.1	99.1	99.1	99.0	98.9	98.8	98.6
年齢分布(%)										
0－4歳	16.3	14.7	13.5	12.6	12.0	11.3	10.5	9.7	9.0	8.4
5－14歳	27.2	26.7	25.4	23.6	22.1	21.0	20.2	19.2	18.1	16.9
15－24歳	20.3	20.6	20.8	21.0	20.3	19.2	18.3	17.7	17.4	16.8
60歳以上	4.8	5.0	5.2	5.5	6.1	6.9	7.9	9.2	10.5	12.0
65歳以上	3.1	3.3	3.4	3.7	4.0	4.4	5.1	6.0	7.1	8.2
80歳以上	0.4	0.5	0.5	0.5	0.6	0.7	0.8	0.9	1.1	1.4
15－49歳女子(%)	47.2	48.9	50.7	52.5	53.2	53.4	53.3	53.0	52.6	51.9
中位数年齢(歳)	18.0	18.9	20.0	21.4	22.8	24.2	25.6	27.1	28.5	29.9

	2010-2015	2015-2020	2020-2025	2025-2030	2030-2035	2035-2040	2040-2045	2045-2050	2050-2055	2055-2060
年平均人口増加数(千人)	10 347	10 611	10 852	11 128	11 649	11 893	11 756	11 317	10 708	9 990
年平均出生数(千人)	13 732	13 986	14 297	14 665	15 332	15 775	15 899	15 790	15 602	15 411
年平均死亡数(千人)	3 276	3 194	3 267	3 365	3 510	3 709	3 970	4 301	4 730	5 266
人口増加率(%)	2.81	2.52	2.29	2.10	1.99	1.84	1.67	1.49	1.31	1.15
粗出生率(人口千人あたり)	37.3	33.2	30.1	27.7	26.1	24.4	22.6	20.7	19.1	17.7
粗死亡率(人口千人あたり)	8.9	7.6	6.9	6.4	6.0	5.7	5.6	5.6	5.8	6.1
合計出生率（女子１人あたり）	4.94	4.27	3.76	3.35	3.09	2.87	2.69	2.53	2.39	2.26
純再生産率（女子１人あたり）	2.08	1.86	1.66	1.50	1.41	1.32	1.24	1.17	1.11	1.06

E. 出生力一定予測値

	2015	2020	2025	2030	2035	2040	2045	2050	2055	2060
人口(千人)										
総数	394 477	457 399	532 386	620 528	723 124	842 711	983 013	1 148 143	1 342 280	1 569 977
男	196 135	227 644	265 218	309 388	360 785	420 681	490 968	573 736	671 139	785 482
女	198 343	229 755	267 167	311 140	362 339	422 030	492 045	574 407	671 141	784 495
中位数年齢(歳)	18.0	18.4	18.6	18.7	18.7	18.8	18.9	19.0	19.1	19.0

	2010-2015	2015-2020	2020-2025	2025-2030	2030-2035	2035-2040	2040-2045	2045-2050	2050-2055	2055-2060
人口増加率(%)	2.81	2.96	3.04	3.06	3.06	3.06	3.08	3.11	3.12	3.13
粗出生率(人口千人あたり)	37.3	37.7	37.8	37.3	36.7	36.2	36.1	36.0	36.0	35.9
粗死亡率(人口千人あたり)	8.9	7.8	7.1	6.5	5.9	5.5	5.1	4.9	4.7	4.6

Middle Africa

A. 推 計 値

指　標	1960	1965	1970	1975	1980	1985	1990	1995	2000	2005	2010
人口(千人)											
総数	32 216	36 107	40 846	46 383	53 135	61 164	70 886	83 875	96 113	111 913	130 598
男	15 613	17 565	19 941	22 725	26 119	30 163	35 035	41 532	47 685	55 638	65 043
女	16 603	18 542	20 905	23 658	27 016	31 001	35 851	42 343	48 428	56 275	65 555
性比(女100につき男)	94.0	94.7	95.4	96.1	96.7	97.3	97.7	98.1	98.5	98.9	99.2
年齢分布(%)											
０－４歳	17.3	17.6	17.9	18.2	18.4	18.7	18.9	18.8	18.6	18.6	18.3
５－14歳	24.8	25.2	25.6	26.1	26.4	26.7	27.1	27.5	27.7	27.7	27.7
15－24歳	18.6	18.4	18.4	18.4	18.5	18.6	18.7	18.8	19.1	19.5	19.6
60歳以上	5.3	5.2	5.2	5.1	5.1	5.0	4.9	4.8	4.7	4.6	4.6
65歳以上	3.2	3.2	3.2	3.2	3.2	3.2	3.1	3.1	3.0	3.0	2.9
80歳以上	0.3	0.3	0.3	0.3	0.3	0.3	0.3	0.3	0.3	0.3	0.3
15－49歳女子(%)	46.8	46.2	45.7	45.0	44.5	44.2	43.8	43.7	44.0	44.3	44.7
中位数年齢(歳)	18.9	18.6	18.3	17.9	17.6	17.3	17.0	16.8	16.7	16.8	16.9
人口密度(1km²あたり)	5	6	6	7	8	9	11	13	15	17	20

指　標	1960-1965	1965-1970	1970-1975	1975-1980	1980-1985	1985-1990	1990-1995	1995-2000	2000-2005	2005-2010	2010-2015
年平均人口増加数(千人)	778	948	1 107	1 350	1 606	1 945	2 598	2 448	3 160	3 737	4 271
年平均出生数(千人)	1 599	1 805	2 046	2 341	2 719	3 147	3 654	4 195	4 761	5 358	5 943
年平均死亡数(千人)	820	862	901	970	1 054	1 170	1 321	1 532	1 607	1 641	1 676
人口増加率(%)	2.28	2.47	2.54	2.72	2.81	2.95	3.37	2.72	3.04	3.09	3.03
粗出生率(人口千人あたり)	46.8	46.9	46.9	47.1	47.6	47.7	47.2	46.6	45.8	44.2	42.1
粗死亡率(人口千人あたり)	24.0	22.4	20.7	19.5	18.5	17.7	17.1	17.0	15.5	13.5	11.9
合計出生率(女子１人あたり)	6.20	6.31	6.45	6.60	6.77	6.87	6.83	6.73	6.54	6.24	5.82
純再生産率(女子１人あたり)	1.87	1.98	2.10	2.20	2.31	2.39	2.41	2.36	2.38	2.37	2.29
乳児死亡率(出生千人あたり)	161	150	138	130	123	118	113	112	101	89	79
出生時の平均余命(歳)											
男	38.6	40.4	42.6	44.2	45.6	46.5	47.2	47.1	49.1	51.8	54.3
女	41.6	43.3	45.5	47.1	48.6	49.6	50.3	49.9	51.6	54.3	57.0
男女計	40.1	41.9	44.1	45.6	47.1	48.1	48.8	48.5	50.4	53.1	55.6

B. 中 位 予 測 値

指　標	2015	2020	2025	2030	2035	2040	2045	2050	2055	2060
人口(千人)										
総数	151 952	175 950	202 533	231 643	263 181	296 859	332 295	369 090	406 959	445 483
男	75 776	87 822	101 149	115 716	131 465	148 250	165 878	184 141	202 895	221 927
女	76 176	88 128	101 384	115 928	131 716	148 608	166 417	184 949	204 065	223 556
性比(女100につき男)	99.5	99.7	99.8	99.8	99.8	99.8	99.7	99.6	99.4	99.3
年齢分布(%)										
０－４歳	17.7	16.9	16.2	15.5	14.7	14.0	13.2	12.5	11.8	11.2
５－14歳	27.8	27.4	26.8	26.1	25.3	24.5	23.6	22.7	21.8	20.8
15－24歳	19.7	20.0	20.3	20.3	20.2	19.9	19.7	19.4	19.0	18.6
60歳以上	4.5	4.6	4.7	4.9	5.1	5.5	6.0	6.6	7.3	8.1
65歳以上	2.9	3.0	3.0	3.1	3.3	3.5	3.8	4.3	4.8	5.4
80歳以上	0.4	0.4	0.4	0.4	0.4	0.5	0.5	0.6	0.7	0.8
６－11歳	17.2	16.9	16.5	16.0	15.5	15.0	14.4	13.8	13.2	12.6
12－14歳	7.4	7.4	7.4	7.2	7.0	6.9	6.7	6.5	6.3	6.0
15－17歳	6.6	6.8	6.8	6.7	6.6	6.5	6.3	6.2	6.0	5.8
18－23歳	11.4	11.5	11.8	11.8	11.8	11.7	11.6	11.4	11.2	11.0
15－24歳女子(%)	45.3	46.3	47.4	48.5	49.4	50.2	50.9	51.4	51.7	51.8
中位数年齢(歳)	17.1	17.6	18.2	18.9	19.6	20.5	21.5	22.5	23.6	24.7
人口密度(1km²あたり)	23	27	31	36	41	46	51	57	63	69

指　標	2010-2015	2015-2020	2020-2025	2025-2030	2030-2035	2035-2040	2040-2045	2045-2050	2050-2055	2055-2060
年平均人口増加数(千人)	4 271	4 800	5 317	5 822	6 308	6 736	7 087	7 359	7 574	7 705
年平均出生数(千人)	5 943	6 536	7 126	7 714	8 271	8 779	9 224	9 620	9 985	10 298
年平均死亡数(千人)	1 676	1 747	1 819	1 885	1 954	2 032	2 125	2 248	2 398	2 581
年平均純移動数(千人)	3	10	10	−7	−9	−11	−12	−14	−13	−12
人口増加率(%)	3.03	2.93	2.81	2.69	2.55	2.41	2.26	2.10	1.95	1.81
粗出生率(人口千人あたり)	42.1	39.9	37.7	35.5	33.4	31.4	29.3	27.4	25.7	24.2
粗死亡率(人口千人あたり)	11.9	10.7	9.6	8.7	7.9	7.3	6.8	6.4	6.2	6.1
純移動率(人口千人あたり)	0.0	0.1	0.1	0.0	0.0	0.0	0.0	0.0	0.0	0.0
合計出生率（女子１人あたり）	5.82	5.38	4.97	4.59	4.23	3.92	3.63	3.38	3.17	2.99
純再生産率（女子１人あたり）	2.29	2.18	2.06	1.94	1.83	1.72	1.62	1.53	1.45	1.38
乳児死亡率（出生千人あたり）	79	72	65	58	52	46	41	37	33	30
５歳未満の死亡数(出生千人あたり	126	113	100	88	78	68	59	52	46	40
出生時の平均余命(歳)										
男	54.3	56.1	57.9	59.7	61.3	62.9	64.4	65.7	66.9	68.0
女	57.0	59.0	60.9	62.9	64.8	66.5	68.2	69.7	71.0	72.3
男女計	55.6	57.6	59.4	61.2	63.0	64.7	66.3	67.6	68.9	70.1

C. 高 位 予 測 値

	2015	2020	2025	2030	2035	2040	2045	2050	2055	2060
人口(千人)										
総数	151 952	177 335	206 515	239 449	275 590	315 122	358 235	404 907	454 969	507 995
男	75 776	88 521	103 157	119 651	137 718	157 450	178 938	202 167	227 049	253 370
女	76 176	88 815	103 358	119 798	137 872	157 672	179 296	202 739	227 920	254 625
性比(女100につき男)	99.5	99.6	99.7	99.8	99.7	99.6	99.5	99.4	99.2	99.0
年齢分布(%)										
0－4歳	17.7	17.6	17.2	16.6	15.8	15.1	14.4	13.9	13.3	12.7
5－14歳	27.8	27.2	27.0	26.9	26.5	25.7	24.9	24.1	23.4	22.7
15－24歳	19.7	19.8	19.9	19.7	19.7	20.0	20.0	19.7	19.3	18.9
60歳以上	4.5	4.5	4.6	4.7	4.9	5.2	5.6	6.0	6.6	7.1
65歳以上	2.9	2.9	3.0	3.0	3.2	3.3	3.6	3.9	4.3	4.7
80歳以上	0.4	0.4	0.4	0.4	0.4	0.4	0.5	0.5	0.6	0.7
15－49歳女子(%)	45.3	45.9	46.5	46.9	47.7	48.5	49.3	49.9	50.2	50.4
中位数年齢(歳)	17.1	17.4	17.7	18.1	18.6	19.3	20.0	20.9	21.7	22.6

	2010-2015	2015-2020	2020-2025	2025-2030	2030-2035	2035-2040	2040-2045	2045-2050	2050-2055	2055-2060
年平均人口増加数(千人)	4 271	5 077	5 836	6 587	7 228	7 906	8 623	9 334	10 012	10 605
年平均出生数(千人)	5 943	6 840	7 699	8 555	9 280	10 051	10 880	11 738	12 586	13 380
年平均死亡数(千人)	1 676	1 773	1 873	1 961	2 042	2 133	2 245	2 390	2 561	2 763
人口増加率(%)	3.03	3.09	3.05	2.96	2.81	2.68	2.57	2.45	2.33	2.21
粗出生率(人口千人あたり)	42.1	41.5	40.1	38.4	36.0	34.0	32.3	30.8	29.3	27.8
粗死亡率(人口千人あたり)	11.9	10.8	9.8	8.8	7.9	7.2	6.7	6.3	6.0	5.7
合計出生率（女子１人あたり）	5.82	5.63	5.37	5.09	4.73	4.42	4.13	3.88	3.67	3.49
純再生産率（女子１人あたり）	2.29	2.28	2.23	2.16	2.05	1.94	1.85	1.76	1.68	1.61

D. 低 位 予 測 値

	2015	2020	2025	2030	2035	2040	2045	2050	2055	2060
人口(千人)										
総数	151 952	174 565	198 551	223 838	250 803	278 788	306 989	334 761	361 791	387 743
男	75 776	87 123	99 141	111 781	125 227	139 148	153 137	166 866	180 173	192 890
女	76 176	87 442	99 410	112 057	125 577	139 640	153 852	167 896	181 617	194 853
性比(女100につき男)	99.5	99.6	99.7	99.8	99.7	99.6	99.5	99.4	99.2	99.0
年齢分布(%)										
0－4歳	17.7	16.3	15.2	14.3	13.6	12.8	11.9	11.0	10.2	9.5
5－14歳	27.8	27.6	26.7	25.2	24.0	23.1	22.2	21.1	19.9	18.7
15－24歳	19.7	20.1	20.7	21.0	20.6	19.9	19.3	18.9	18.6	18.0
60歳以上	4.5	4.6	4.8	5.0	5.4	5.8	6.5	7.3	8.2	9.4
65歳以上	2.9	3.0	3.1	3.2	3.5	3.8	4.2	4.7	5.4	6.2
80歳以上	0.4	0.4	0.4	0.4	0.5	0.5	0.6	0.6	0.7	0.9
15－49歳女子(%)	45.3	46.6	48.4	50.2	51.3	52.0	52.6	53.1	53.3	53.1
中位数年齢(歳)	17.1	17.8	18.6	19.7	20.8	22.0	23.2	24.4	25.8	27.3

	2010-2015	2015-2020	2020-2025	2025-2030	2030-2035	2035-2040	2040-2045	2045-2050	2050-2055	2055-2060
年平均人口増加数(千人)	4 271	4 523	4 797	5 057	5 393	5 597	5 640	5 555	5 406	5 190
年平均出生数(千人)	5 943	6 233	6 553	6 873	7 269	7 540	7 662	7 682	7 668	7 620
年平均死亡数(千人)	1 676	1 720	1 765	1 809	1 867	1 932	2 009	2 114	2 249	2 417
人口増加率(%)	3.03	2.78	2.58	2.40	2.28	2.12	1.93	1.73	1.55	1.39
粗出生率(人口千人あたり)	42.1	38.2	35.1	32.5	30.6	28.5	26.2	23.9	22.0	20.3
粗死亡率(人口千人あたり)	11.9	10.5	9.5	8.6	7.9	7.3	6.9	6.6	6.5	6.4
合計出生率（女子１人あたり）	5.82	5.13	4.57	4.09	3.73	3.42	3.13	2.88	2.67	2.49
純再生産率（女子１人あたり）	2.29	2.08	1.90	1.73	1.61	1.50	1.40	1.30	1.22	1.15

E. 出生力一定予測値

	2015	2020	2025	2030	2035	2040	2045	2050	2055	2060
人口(千人)										
総数	151 952	178 172	210 034	248 333	294 151	349 105	415 430	495 697	592 910	710 586
男	75 776	88 943	104 932	124 132	147 078	174 581	207 761	247 908	296 529	355 408
女	76 176	89 229	105 102	124 201	147 073	174 524	207 668	247 788	296 381	355 178
中位数年齢(歳)	17.1	17.3	17.3	17.2	17.1	17.1	17.1	17.1	17.0	16.9

	2010-2015	2015-2020	2020-2025	2025-2030	2030-2035	2035-2040	2040-2045	2045-2050	2050-2055	2055-2060
人口増加率(%)	3.03	3.18	3.29	3.35	3.39	3.43	3.48	3.53	3.58	3.62
粗出生率(人口千人あたり)	42.1	42.6	42.7	42.4	42.0	41.6	41.5	41.5	41.5	41.4
粗死亡率(人口千人あたり)	11.9	10.8	9.9	9.0	8.1	7.4	6.7	6.2	5.7	5.3

Northern Africa

A. 推計値

指標	1960	1965	1970	1975	1980	1985	1990	1995	2000	2005	2010
人口(千人)											
総数	63 697	72 801	82 883	93 613	106 908	122 978	140 117	157 438	171 891	186 917	203 717
男	32 064	36 600	41 672	47 089	53 797	61 836	70 481	79 224	86 407	93 864	102 232
女	31 633	36 201	41 211	46 524	53 111	61 142	69 636	78 214	85 484	93 053	101 484
性比(女100につき男)	101.4	101.1	101.1	101.2	101.3	101.1	101.2	101.3	101.1	100.9	100.7
年齢分布(%)											
0－4歳	17.9	17.9	17.2	16.6	16.7	16.4	15.4	13.5	11.9	11.4	11.7
5－14歳	25.4	26.6	27.3	27.2	26.4	26.0	26.3	26.1	24.3	21.7	20.0
15－24歳	16.7	16.7	18.2	19.3	19.9	19.8	19.3	19.8	21.0	21.3	20.0
60歳以上	5.8	5.9	5.9	5.9	5.9	6.0	6.3	6.6	6.9	7.1	7.5
65歳以上	3.5	3.7	3.8	3.9	3.8	3.9	4.0	4.3	4.7	4.9	5.0
80歳以上	0.3	0.3	0.4	0.4	0.5	0.5	0.5	0.5	0.6	0.7	0.8
15－49歳女子(%)	44.9	43.9	43.9	44.4	44.9	45.3	46.2	48.3	51.0	53.2	53.5
中位数年齢(歳)	18.8	17.9	17.7	17.9	18.2	18.6	19.1	19.8	21.3	22.8	24.1
人口密度(1km²あたり)	8	9	11	12	14	16	18	20	22	24	26

指標	1960-1965	1965-1970	1970-1975	1975-1980	1980-1985	1985-1990	1990-1995	1995-2000	2000-2005	2005-2010	2010-2015
年平均人口増加数(千人)	1 821	2 016	2 146	2 659	3 214	3 428	3 464	2 891	3 005	3 360	4 035
年平均出生数(千人)	3 211	3 460	3 703	4 103	4 506	4 683	4 528	4 330	4 502	4 984	5 768
年平均死亡数(千人)	1 258	1 270	1 293	1 273	1 219	1 155	1 155	1 156	1 205	1 268	1 337
人口増加率(%)	2.67	2.59	2.44	2.66	2.80	2.61	2.33	1.76	1.68	1.72	1.89
粗出生率(人口千人あたり)	47.0	44.5	42.0	40.9	39.2	35.6	30.4	26.3	25.1	25.5	27.0
粗死亡率(人口千人あたり)	18.4	16.3	14.6	12.7	10.6	8.8	7.8	7.0	6.7	6.5	6.3
合計出生率(女子1人あたり)	6.90	6.73	6.40	6.14	5.74	5.10	4.20	3.47	3.13	3.09	3.27
純再生産率(女子1人あたり)	2.33	2.38	2.34	2.37	2.34	2.18	1.83	1.54	1.39	1.39	1.49
乳児死亡率(出生千人あたり)	158	144	133	112	90	69	59	47	41	35	30
出生時の平均余命(歳)											
男	47.4	49.8	51.8	54.7	57.9	61.0	62.6	64.2	65.5	67.0	68.6
女	49.8	52.5	54.7	57.9	61.7	64.8	66.6	68.3	69.7	71.1	72.4
男女計	48.6	51.2	53.2	56.3	59.8	62.9	64.6	66.2	67.6	69.0	70.5

B. 中位予測値

指標	2015	2020	2025	2030	2035	2040	2045	2050	2055	2060
人口(千人)										
総数	223 892	244 445	263 892	282 448	300 870	319 357	337 359	354 304	369 835	383 884
男	112 402	122 760	132 470	141 695	150 835	160 009	168 959	177 421	185 218	192 320
女	111 489	121 685	131 422	140 753	150 035	159 348	168 400	176 883	184 617	191 564
性比(女100につき男)	100.8	100.9	100.8	100.7	100.5	100.4	100.3	100.3	100.3	100.4
年齢分布(%)										
0－4歳	12.4	11.2	10.2	9.4	9.1	8.9	8.6	8.2	7.8	7.5
5－14歳	19.7	20.8	20.7	19.0	17.6	16.8	16.5	16.2	15.7	15.1
15－24歳	17.6	16.3	16.5	17.8	17.9	16.6	15.6	15.0	14.9	14.8
60歳以上	8.0	8.9	9.9	10.9	12.0	13.4	15.1	16.7	17.9	18.6
65歳以上	5.2	5.8	6.6	7.5	8.3	9.2	10.4	11.8	13.2	14.2
80歳以上	0.9	0.9	1.0	1.1	1.4	1.7	2.0	2.3	2.7	3.2
6－11歳	12.1	12.9	12.5	11.4	10.6	10.1	10.0	9.8	9.4	9.0
12－14歳	5.5	5.5	6.2	5.8	5.3	4.9	4.8	4.8	4.7	4.5
15－17歳	5.2	5.2	5.4	5.9	5.4	5.0	4.7	4.6	4.6	4.5
18－23歳	10.6	9.6	9.6	10.3	10.9	10.0	9.3	8.9	8.8	8.8
15－24歳女子(%)	52.0	50.8	50.5	50.8	50.3	49.2	48.3	48.1	48.1	47.8
中位数年齢(歳)	25.1	26.1	26.8	27.7	28.5	29.6	31.0	32.2	33.4	34.4
人口密度(1km²あたり)	29	31	34	36	39	41	43	46	48	49

指標	2010-2015	2015-2020	2020-2025	2025-2030	2030-2035	2035-2040	2040-2045	2045-2050	2050-2055	2055-2060
年平均人口増加数(千人)	4 035	4 111	3 889	3 711	3 684	3 697	3 600	3 389	3 106	2 810
年平均出生数(千人)	5 768	5 660	5 519	5 473	5 610	5 816	5 926	5 928	5 865	5 801
年平均死亡数(千人)	1 337	1 413	1 512	1 644	1 808	2 001	2 208	2 422	2 647	2 885
年平均純移動数(千人)	−396	−137	−117	−117	−117	−117	−117	−117	−112	−106
人口増加率(%)	1.89	1.76	1.53	1.36	1.26	1.19	1.10	0.98	0.86	0.75
粗出生率(人口千人あたり)	27.0	24.2	21.7	20.0	19.2	18.8	18.0	17.1	16.2	15.4
粗死亡率(人口千人あたり)	6.3	6.0	6.0	6.0	6.2	6.5	6.7	7.0	7.3	7.7
純移動率(人口千人あたり)	−1.9	−0.6	−0.5	−0.4	−0.4	−0.4	−0.4	−0.3	−0.3	−0.3
合計出生率（女子1人あたり）	3.27	3.05	2.89	2.75	2.63	2.51	2.41	2.34	2.29	2.24
純再生産率（女子1人あたり）	1.49	1.40	1.33	1.27	1.22	1.17	1.14	1.11	1.08	1.05
乳児死亡率（出生千人あたり）	30	26	23	21	18	16	14	13	12	11
5歳未満の死亡数(出生千人あたり	40	35	31	28	25	22	19	17	16	15
出生時の平均余命(歳)										
男	68.6	69.6	70.5	71.4	72.3	73.2	74.0	74.9	75.7	76.5
女	72.4	73.6	74.6	75.5	76.4	77.3	78.0	78.7	79.4	80.0
男女計	70.5	71.6	72.5	73.4	74.3	75.2	76.0	76.8	77.5	78.2

C. 高位予測値

	2015	2020	2025	2030	2035	2040	2045	2050	2055	2060
人口(千人)										
総数	223 892	246 714	269 910	293 344	317 084	341 853	367 613	394 005	420 592	447 089
男	112 402	123 922	135 550	147 272	159 133	171 521	184 441	197 737	211 190	224 659
女	111 489	122 792	134 359	146 072	157 951	170 332	183 171	196 268	209 402	222 430
性比(女100につき男)	100.8	100.8	100.7	100.5	100.3	100.1	99.9	99.8	99.7	99.7
年齢分布(%)										
0－4歳	12.4	12.0	11.3	10.8	10.3	10.2	10.0	9.8	9.5	9.2
5－14歳	19.7	20.6	21.1	20.4	19.5	18.7	18.3	18.1	17.9	17.5
15－24歳	17.6	16.2	16.1	17.1	17.7	17.3	16.6	16.1	15.8	15.8
60歳以上	8.0	8.8	9.7	10.5	11.4	12.6	13.9	15.0	15.7	15.9
65歳以上	5.2	5.7	6.4	7.2	7.9	8.6	9.5	10.6	11.6	12.2
80歳以上	0.9	0.9	1.0	1.1	1.3	1.6	1.9	2.1	2.4	2.8
15－49歳女子(%)	52.0	50.4	49.4	49.0	48.5	47.7	47.3	47.4	47.6	47.8
中位数年齢(歳)	25.1	25.8	26.0	26.3	26.7	27.5	28.3	29.0	29.6	30.2

	2010-2015	2015-2020	2020-2025	2025-2030	2030-2035	2035-2040	2040-2045	2045-2050	2050-2055	2055-2060
年平均人口増加数(千人)	4 035	4 565	4 639	4 687	4 748	4 954	5 152	5 278	5 317	5 299
年平均出生数(千人)	5 768	6 127	6 290	6 475	6 702	7 103	7 514	7 860	8 124	8 345
年平均死亡数(千人)	1 337	1 426	1 533	1 671	1 836	2 032	2 244	2 464	2 695	2 940
人口増加率(%)	1.89	1.94	1.80	1.67	1.56	1.50	1.45	1.39	1.31	1.22
粗出生率(人口千人あたり)	27.0	26.0	24.4	23.0	22.0	21.6	21.2	20.6	19.9	19.2
粗死亡率(人口千人あたり)	6.3	6.1	5.9	5.9	6.0	6.2	6.3	6.5	6.6	6.8
合計出生率（女子１人あたり）	3.27	3.30	3.29	3.26	3.13	3.01	2.91	2.84	2.78	2.73
純再生産率（女子１人あたり）	1.49	1.51	1.51	1.50	1.45	1.41	1.37	1.34	1.31	1.29

D. 低位予測値

	2015	2020	2025	2030	2035	2040	2045	2050	2055	2060
人口(千人)										
総数	223 892	242 175	257 875	271 552	284 684	297 098	307 952	316 608	322 833	326 757
男	112 402	121 599	129 390	136 119	142 551	148 617	153 911	158 133	161 171	163 096
女	111 489	120 577	128 485	135 434	142 132	148 480	154 041	158 475	161 662	163 661
性比(女100につき男)	100.8	100.8	100.7	100.5	100.3	100.1	99.9	99.8	99.7	99.7
年齢分布(%)										
0－4歳	12.4	10.4	9.0	8.0	7.8	7.5	7.1	6.6	6.0	5.6
5－14歳	19.7	21.0	20.3	17.6	15.6	14.7	14.3	13.9	13.2	12.3
15－24歳	17.6	16.5	16.9	18.5	18.2	15.9	14.3	13.6	13.5	13.3
60歳以上	8.0	9.0	10.1	11.4	12.7	14.4	16.5	18.7	20.5	21.8
65歳以上	5.2	5.8	6.7	7.8	8.8	9.9	11.4	13.2	15.2	16.7
80歳以上	0.9	0.9	1.0	1.2	1.5	1.8	2.2	2.6	3.1	3.8
15－49歳女子(%)	52.0	51.3	51.6	52.8	52.3	50.8	49.4	48.7	48.2	47.2
中位数年齢(歳)	25.1	26.3	27.6	29.0	30.4	32.0	33.8	35.8	37.7	39.4

	2010-2015	2015-2020	2020-2025	2025-2030	2030-2035	2035-2040	2040-2045	2045-2050	2050-2055	2055-2060
年平均人口増加数(千人)	4 035	3 657	3 140	2 736	2 626	2 483	2 171	1 731	1 245	785
年平均出生数(千人)	5 768	5 194	4 748	4 470	4 524	4 571	4 463	4 232	3 960	3 727
年平均死亡数(千人)	1 337	1 400	1 491	1 618	1 780	1 970	2 174	2 383	2 604	2 837
人口増加率(%)	1.89	1.57	1.26	1.03	0.94	0.85	0.72	0.55	0.39	0.24
粗出生率(人口千人あたり)	27.0	22.3	19.0	16.9	16.3	15.7	14.8	13.6	12.4	11.5
粗死亡率(人口千人あたり)	6.3	6.0	6.0	6.1	6.4	6.8	7.2	7.6	8.1	8.7
合計出生率（女子１人あたり）	3.27	2.80	2.48	2.25	2.12	2.01	1.92	1.85	1.80	1.74
純再生産率（女子１人あたり）	1.49	1.28	1.14	1.03	0.98	0.94	0.90	0.87	0.84	0.82

E. 出生力一定予測値

	2015	2020	2025	2030	2035	2040	2045	2050	2055	2060
人口(千人)										
総数	223 892	246 617	270 162	294 587	320 844	349 810	381 695	416 409	453 985	494 856
男	112 402	123 871	135 677	147 902	161 047	175 577	191 624	209 168	228 231	249 036
女	111 489	122 746	134 486	146 685	159 797	174 233	190 070	207 241	225 754	245 820
中位数年齢(歳)	25.1	25.8	26.0	26.1	26.3	26.7	27.0	27.1	27.0	26.9

	2010-2015	2015-2020	2020-2025	2025-2030	2030-2035	2035-2040	2040-2045	2045-2050	2050-2055	2055-2060
人口増加率(%)	1.89	1.93	1.82	1.73	1.71	1.73	1.75	1.74	1.73	1.72
粗出生率(人口千人あたり)	27.0	26.0	24.6	23.7	23.5	23.8	24.0	24.0	23.8	23.8
粗死亡率(人口千人あたり)	6.3	6.1	6.0	6.0	6.0	6.1	6.2	6.3	6.3	6.3

Southern Africa

A. 推計値

指標	1960	1965	1970	1975	1980	1985	1990	1995	2000	2005	2010
人口(千人)											
総数	19 724	22 417	25 454	29 093	32 997	37 489	42 049	47 375	51 451	55 274	59 067
男	9 812	11 088	12 610	14 429	16 346	18 565	20 760	23 324	25 314	27 143	28 983
女	9 912	11 330	12 844	14 663	16 651	18 924	21 289	24 051	26 137	28 132	30 084
性比(女100につき男)	99.0	97.9	98.2	98.4	98.2	98.1	97.5	97.0	96.9	96.5	96.3
年齢分布(%)											
０－４歳	16.5	16.2	16.4	16.4	15.8	15.2	14.2	12.6	12.3	11.0	11.0
５－14歳	24.8	26.0	26.0	25.9	26.3	25.9	25.4	24.2	23.3	22.3	20.6
15－24歳	18.0	18.0	18.8	19.6	19.6	19.8	20.2	20.4	19.6	20.8	20.7
60歳以上	6.0	6.0	5.5	5.2	5.1	5.0	5.1	5.5	6.1	6.7	7.1
65歳以上	3.9	3.9	3.5	3.3	3.1	3.1	3.2	3.4	3.9	4.5	4.9
80歳以上	0.4	0.5	0.4	0.4	0.4	0.4	0.4	0.4	0.5	0.6	0.9
15－49歳女子(%)	46.2	45.4	45.7	46.3	46.9	47.8	49.2	51.4	52.8	53.2	53.1
中位数年齢(歳)	19.5	19.0	18.6	18.6	18.8	19.1	19.8	21.3	22.1	22.9	23.9
人口密度(1km²あたり)	7	8	10	11	12	14	16	18	19	21	22

指標	1960-1965	1965-1970	1970-1975	1975-1980	1980-1985	1985-1990	1990-1995	1995-2000	2000-2005	2005-2010	2010-2015
年平均人口増加数(千人)	539	607	728	781	898	912	1 065	815	765	758	713
年平均出生数(千人)	872	931	1 051	1 142	1 230	1 276	1 271	1 277	1 314	1 310	1 338
年平均死亡数(千人)	346	356	363	366	352	345	358	489	742	819	743
人口増加率(%)	2.56	2.54	2.67	2.52	2.55	2.30	2.39	1.65	1.43	1.33	1.17
粗出生率(人口千人あたり)	41.4	38.9	38.5	36.8	34.9	32.1	28.4	25.9	24.6	22.9	22.0
粗死亡率(人口千人あたり)	16.4	14.9	13.3	11.8	10.0	8.7	8.0	9.9	13.9	14.3	12.2
合計出生率(女子１人あたり)	6.12	5.77	5.57	5.14	4.71	4.16	3.50	3.09	2.90	2.65	2.51
純再生産率(女子１人あたり)	2.31	2.25	2.24	2.13	2.03	1.84	1.56	1.34	1.19	1.09	1.09
乳児死亡率(出生千人あたり)	96	89	82	74	64	55	51	56	59	53	40
出生時の平均余命(歳)											
男	47.8	49.3	50.8	52.5	55.1	57.4	58.7	56.0	50.7	51.0	55.0
女	51.7	54.1	56.2	58.5	61.7	64.4	65.4	61.2	53.6	53.5	59.0
男女計	49.7	51.6	53.5	55.4	58.3	60.8	62.0	58.6	52.2	52.3	57.1

B. 中位予測値

指標	2015	2020	2025	2030	2035	2040	2045	2050	2055	2060
人口(千人)										
総数	62 634	65 484	67 897	70 116	72 246	74 308	76 260	78 029	79 510	80 662
男	30 818	32 328	33 635	34 835	35 967	37 044	38 041	38 914	39 610	40 114
女	31 816	33 156	34 262	35 282	36 279	37 264	38 218	39 115	39 900	40 548
性比(女100につき男)	96.9	97.5	98.2	98.7	99.1	99.4	99.5	99.5	99.3	98.9
年齢分布(%)										
０－４歳	10.3	9.7	9.1	8.6	8.2	7.9	7.6	7.2	6.9	6.6
５－14歳	19.8	19.5	18.6	17.7	16.7	16.0	15.4	14.8	14.3	13.7
15－24歳	19.6	18.3	17.8	17.9	17.4	16.6	15.8	15.1	14.7	14.3
60歳以上	7.5	8.2	9.1	9.9	10.6	11.3	12.8	14.7	16.4	18.0
65歳以上	4.9	5.3	5.9	6.7	7.4	7.9	8.5	9.7	11.4	12.8
80歳以上	0.9	0.9	0.9	1.0	1.2	1.5	1.7	1.9	2.1	2.3
６－11歳	12.0	11.7	11.2	10.6	10.0	9.5	9.2	8.9	8.5	8.2
12－14歳	5.6	5.8	5.6	5.4	5.1	4.8	4.6	4.5	4.3	4.2
15－17歳	5.9	5.4	5.6	5.4	5.2	4.9	4.7	4.5	4.4	4.3
18－23歳	11.8	11.1	10.5	10.8	10.4	10.1	9.5	9.1	8.8	8.6
15－24歳女子(%)	53.0	53.0	53.5	53.8	53.4	52.4	51.5	50.9	50.2	49.1
中位数年齢(歳)	25.2	26.3	27.5	28.6	29.5	30.7	32.0	33.2	34.5	35.7
人口密度(1km²あたり)	24	25	26	26	27	28	29	29	30	30

指標	2010-2015	2015-2020	2020-2025	2025-2030	2030-2035	2035-2040	2040-2045	2045-2050	2050-2055	2055-2060
年平均人口増加数(千人)	713	570	483	444	426	412	390	354	296	230
年平均出生数(千人)	1 338	1 324	1 275	1 237	1 216	1 201	1 178	1 146	1 109	1 078
年平均死亡数(千人)	743	791	809	810	807	805	805	809	829	862
年平均純移動数(千人)	119	37	17	17	17	17	17	17	16	15
人口増加率(%)	1.17	0.89	0.72	0.64	0.60	0.56	0.52	0.46	0.38	0.29
粗出生率(人口千人あたり)	22.0	20.7	19.1	17.9	17.1	16.4	15.6	14.8	14.1	13.5
粗死亡率(人口千人あたり)	12.2	12.3	12.1	11.7	11.3	11.0	10.7	10.5	10.5	10.8
純移動率(人口千人あたり)	1.9	0.6	0.2	0.2	0.2	0.2	0.2	0.2	0.2	0.2
合計出生率（女子１人あたり）	2.51	2.38	2.27	2.17	2.09	2.02	1.97	1.92	1.89	1.86
純再生産率（女子１人あたり）	1.09	1.04	1.00	0.98	0.95	0.93	0.91	0.90	0.89	0.88
乳児死亡率（出生千人あたり）	40	35	31	28	25	22	20	19	17	16
５歳未満の死亡数(出生千人あたり	52	44	39	34	31	28	25	23	21	19
出生時の平均余命(歳)										
男	55.0	55.8	57.4	59.3	61.1	62.9	64.7	66.2	67.4	68.4
女	59.0	59.2	60.4	62.3	64.3	66.3	68.3	70.2	71.6	72.6
男女計	57.1	57.7	59.1	61.0	62.9	64.7	66.5	68.2	69.5	70.5

C. 高 位 予 測 値

	2015	2020	2025	2030	2035	2040	2045	2050	2055	2060
人口(千人)										
総数	62 634	66 153	69 647	73 237	76 798	80 474	84 365	88 441	92 528	96 494
男	30 818	32 665	34 519	36 411	38 268	40 161	42 141	44 183	46 204	48 138
女	31 816	33 487	35 128	36 826	38 531	40 313	42 224	44 257	46 324	48 356
性比(女100につき男)	96.9	97.5	98.1	98.6	98.9	99.2	99.2	99.1	98.7	98.1
年齢分布(%)										
0－4歳	10.3	10.7	10.4	10.1	9.6	9.3	9.2	9.0	8.8	8.5
5－14歳	19.8	19.3	19.1	19.4	18.9	18.2	17.5	17.1	16.9	16.6
15－24歳	19.6	18.1	17.4	17.1	17.2	17.5	17.1	16.5	15.9	15.7
60歳以上	7.5	8.1	8.9	9.5	10.0	10.5	11.6	13.0	14.1	15.0
65歳以上	4.9	5.2	5.8	6.4	6.9	7.3	7.7	8.6	9.8	10.7
80歳以上	0.9	0.9	0.9	1.0	1.2	1.4	1.5	1.7	1.8	1.9
15－49歳女子(%)	53.0	52.5	52.2	51.6	51.1	50.6	50.2	50.0	49.7	49.2
中位数年齢(歳)	25.2	26.1	26.8	27.2	27.7	28.2	28.8	29.6	30.4	31.1

	2010-2015	2015-2020	2020-2025	2025-2030	2030-2035	2035-2040	2040-2045	2045-2050	2050-2055	2055-2060
年平均人口増加数(千人)	713	704	699	718	712	735	778	815	818	793
年平均出生数(千人)	1 338	1 463	1 500	1 521	1 513	1 535	1 580	1 625	1 654	1 670
年平均死亡数(千人)	743	796	817	820	818	817	819	827	853	892
人口増加率(%)	1.17	1.09	1.03	1.01	0.95	0.94	0.94	0.94	0.90	0.84
粗出生率(人口千人あたり)	22.0	22.7	22.1	21.3	20.2	19.5	19.2	18.8	18.3	17.7
粗死亡率(人口千人あたり)	12.2	12.4	12.0	11.5	10.9	10.4	9.9	9.6	9.4	9.4
合計出生率 (女子1人あたり)	2.51	2.63	2.67	2.67	2.59	2.52	2.47	2.42	2.38	2.36
純再生産率 (女子1人あたり)	1.09	1.15	1.18	1.21	1.18	1.16	1.15	1.13	1.12	1.11

D. 低 位 予 測 値

	2015	2020	2025	2030	2035	2040	2045	2050	2055	2060
人口(千人)										
総数	62 634	64 815	66 147	66 996	67 705	68 226	68 442	68 272	67 663	66 643
男	30 818	31 990	32 751	33 258	33 673	33 970	34 088	33 976	33 611	33 009
女	31 816	32 825	33 396	33 738	34 033	34 256	34 354	34 296	34 052	33 634
性比(女100につき男)	96.9	97.5	98.1	98.6	98.9	99.2	99.2	99.1	98.7	98.1
年齢分布(%)										
0－4歳	10.3	8.8	7.7	6.9	6.6	6.3	5.8	5.3	4.9	4.6
5－14歳	19.8	19.7	18.1	16.0	14.2	13.3	12.8	12.1	11.3	10.4
15－24歳	19.6	18.5	18.3	18.7	17.6	15.6	14.0	13.2	12.9	12.4
60歳以上	7.5	8.3	9.3	10.4	11.3	12.4	14.3	16.8	19.3	21.8
65歳以上	4.9	5.3	6.1	7.0	7.8	8.6	9.4	11.1	13.4	15.5
80歳以上	0.9	0.9	0.9	1.1	1.3	1.6	1.9	2.2	2.4	2.8
15－49歳女子(%)	53.0	53.5	54.9	56.3	56.0	54.5	52.8	51.6	50.1	48.0
中位数年齢(歳)	25.2	26.6	28.2	29.9	31.5	33.2	35.2	37.3	39.4	41.3

	2010-2015	2015-2020	2020-2025	2025-2030	2030-2035	2035-2040	2040-2045	2045-2050	2050-2055	2055-2060
年平均人口増加数(千人)	713	436	266	170	142	104	43	− 34	− 122	− 204
年平均出生数(千人)	1 338	1 185	1 050	952	921	881	818	741	671	616
年平均死亡数(千人)	743	785	800	799	797	794	791	792	809	836
人口増加率(%)	1.17	0.69	0.41	0.26	0.21	0.15	0.06	−0.05	−0.18	−0.30
粗出生率(人口千人あたり)	22.0	18.6	16.0	14.3	13.7	13.0	12.0	10.8	9.9	9.2
粗死亡率(人口千人あたり)	12.2	12.3	12.2	12.0	11.8	11.7	11.6	11.6	11.9	12.4
合計出生率 (女子1人あたり)	2.51	2.13	1.87	1.67	1.59	1.52	1.47	1.42	1.39	1.36
純再生産率 (女子1人あたり)	1.09	0.93	0.83	0.75	0.73	0.70	0.68	0.67	0.65	0.64

E. 出生力一定予測値

	2015	2020	2025	2030	2035	2040	2045	2050	2055	2060
人口(千人)										
総数	62 634	65 814	68 898	72 084	75 459	79 083	82 985	87 139	91 452	95 871
男	30 818	32 494	34 141	35 829	37 591	39 458	41 443	43 524	45 657	47 819
女	31 816	33 320	34 757	36 256	37 868	39 625	41 542	43 615	45 794	48 051
中位数年齢(歳)	25.2	26.2	27.1	27.7	28.2	28.8	29.3	29.8	30.3	30.6

	2010-2015	2015-2020	2020-2025	2025-2030	2030-2035	2035-2040	2040-2045	2045-2050	2050-2055	2055-2060
人口増加率(%)	1.17	0.99	0.92	0.90	0.92	0.94	0.96	0.98	0.97	0.94
粗出生率(人口千人あたり)	22.0	21.7	21.0	20.4	20.0	19.7	19.5	19.3	19.0	18.8
粗死亡率(人口千人あたり)	12.2	12.4	12.1	11.6	11.1	10.6	10.1	9.7	9.5	9.5

Western Africa

A. 推 計 値

指 標	1960	1965	1970	1975	1980	1985	1990	1995	2000	2005	2010
人口(千人)											
総数	84 946	94 570	106 015	120 045	137 414	157 658	180 331	206 419	235 235	268 498	307 982
男	42 407	47 269	53 071	60 178	69 023	79 171	90 586	103 749	118 387	135 222	155 224
女	42 538	47 300	52 944	59 868	68 391	78 487	89 744	102 670	116 848	133 276	152 759
性比(女100につき男)	99.7	99.9	100.2	100.5	100.9	100.9	100.9	101.1	101.3	101.5	101.6
年齢分布(%)											
0－4歳	17.1	17.4	17.6	18.1	18.3	18.3	17.8	17.4	17.3	17.4	17.3
5－14歳	24.8	25.0	25.5	25.8	26.2	27.0	27.4	27.1	26.7	26.5	26.7
15－24歳	19.1	18.9	18.5	18.4	18.5	18.5	18.9	19.6	19.9	19.7	19.4
60歳以上	4.8	4.7	4.7	4.8	4.8	4.8	4.8	4.8	4.7	4.6	4.6
65歳以上	2.7	2.7	2.7	2.8	2.8	2.9	2.9	2.9	2.9	2.8	2.8
80歳以上	0.1	0.1	0.2	0.2	0.2	0.2	0.2	0.2	0.2	0.2	0.2
15－49歳女子(%)	47.2	46.7	46.0	45.4	44.9	44.4	44.6	45.3	46.0	46.4	46.4
中位数年齢(歳)	18.9	18.7	18.4	18.1	17.7	17.4	17.3	17.5	17.8	17.9	17.9
人口密度(1km²あたり)	14	16	17	20	23	26	30	34	39	44	51

指 標	1960-1965	1965-1970	1970-1975	1975-1980	1980-1985	1985-1990	1990-1995	1995-2000	2000-2005	2005-2010	2010-2015
年平均人口増加数(千人)	1 925	2 289	2 806	3 474	4 049	4 535	5 218	5 763	6 653	7 897	9 048
年平均出生数(千人)	4 267	4 738	5 395	6 138	6 887	7 651	8 510	9 520	10 686	11 876	13 144
年平均死亡数(千人)	2 320	2 415	2 508	2 592	2 699	2 946	3 264	3 647	3 914	3 856	3 899
人口増加率(%)	2.15	2.29	2.49	2.70	2.75	2.69	2.70	2.61	2.65	2.74	2.74
粗出生率(人口千人あたり)	47.5	47.2	47.7	47.7	46.7	45.3	44.0	43.1	42.4	41.2	39.8
粗死亡率(人口千人あたり)	25.9	24.1	22.2	20.1	18.3	17.4	16.9	16.5	15.5	13.4	11.8
合計出生率(女子1人あたり)	6.54	6.60	6.79	6.90	6.84	6.67	6.41	6.14	5.95	5.74	5.54
純再生産率(女子1人あたり)	1.84	1.94	2.09	2.23	2.31	2.28	2.21	2.13	2.11	2.14	2.14
乳児死亡率(出生千人あたり)	172	159	146	132	123	120	116	108	95	82	71
出生時の平均余命(歳)											
男	36.7	38.6	40.9	43.5	45.8	46.8	47.3	47.8	49.0	52.1	54.4
女	38.8	40.7	43.1	45.7	48.0	49.0	49.4	49.2	50.2	53.2	55.6
男女計	37.8	39.6	42.0	44.6	46.9	47.9	48.3	48.5	49.6	52.6	55.0

B. 中 位 予 測 値

指 標	2015	2020	2025	2030	2035	2040	2045	2050	2055	2060
人口(千人)										
総数	353 224	402 831	457 071	516 290	580 558	649 499	722 233	797 877	875 803	955 430
男	178 324	203 617	231 243	261 365	294 004	328 976	365 818	404 081	443 446	483 582
女	174 900	199 214	225 828	254 925	286 553	320 522	356 415	393 796	432 358	471 848
性比(女100につき男)	102.0	102.2	102.4	102.5	102.6	102.6	102.6	102.6	102.6	102.5
年齢分布(%)										
0－4歳	17.0	16.2	15.5	14.9	14.4	13.8	13.2	12.5	11.9	11.3
5－14歳	26.9	26.9	26.3	25.5	24.7	24.1	23.4	22.7	21.9	21.0
15－24歳	19.3	19.6	20.0	20.3	20.1	19.7	19.4	19.2	18.9	18.6
60歳以上	4.5	4.6	4.7	4.9	5.2	5.7	6.1	6.6	7.1	7.7
65歳以上	2.8	2.8	2.9	3.0	3.2	3.5	3.8	4.2	4.6	5.0
80歳以上	0.2	0.2	0.3	0.3	0.3	0.3	0.4	0.4	0.5	0.6
6－11歳	16.6	16.6	16.1	15.6	15.1	14.7	14.3	13.8	13.3	12.8
12－14歳	7.2	7.3	7.3	7.1	6.9	6.8	6.6	6.5	6.3	6.1
15－17歳	6.5	6.6	6.7	6.7	6.5	6.4	6.3	6.2	6.0	5.9
18－23歳	11.1	11.3	11.6	11.8	11.8	11.6	11.4	11.3	11.2	11.0
15－24歳女子(%)	46.5	47.1	47.9	48.8	49.4	50.0	50.6	51.2	51.6	51.8
中位数年齢(歳)	18.0	18.2	18.8	19.4	20.1	20.9	21.7	22.6	23.5	24.4
人口密度(1km²あたり)	58	66	75	85	96	107	119	132	144	158

指 標	2010-2015	2015-2020	2020-2025	2025-2030	2030-2035	2035-2040	2040-2045	2045-2050	2050-2055	2055-2060
年平均人口増加数(千人)	9 048	9 921	10 848	11 844	12 854	13 788	14 547	15 129	15 585	15 925
年平均出生数(千人)	13 144	14 161	15 244	16 424	17 654	18 825	19 864	20 766	21 569	22 312
年平均死亡数(千人)	3 899	4 049	4 205	4 393	4 610	4 846	5 126	5 446	5 803	6 215
年平均純移動数(千人)	−196	−190	−192	−187	−191	−191	−191	−191	−181	−172
人口増加率(%)	2.74	2.63	2.53	2.44	2.35	2.24	2.12	1.99	1.86	1.74
粗出生率(人口千人あたり)	39.8	37.5	35.5	33.7	32.2	30.6	29.0	27.3	25.8	24.4
粗死亡率(人口千人あたり)	11.8	10.7	9.8	9.0	8.4	7.9	7.5	7.2	6.9	6.8
純移動率(人口千人あたり)	−0.6	−0.5	−0.4	−0.4	−0.3	−0.3	−0.3	−0.3	−0.2	−0.2
合計出生率（女子1人あたり）	5.54	5.21	4.88	4.57	4.27	4.00	3.75	3.53	3.32	3.14
純再生産率（女子1人あたり）	2.14	2.06	1.98	1.89	1.81	1.72	1.64	1.56	1.49	1.43
乳児死亡率（出生千人あたり）	71	62	54	48	43	38	33	30	26	23
5歳未満の死亡数(出生千人あたり	111	98	86	77	68	60	53	47	41	36
出生時の平均余命(歳)										
男	54.4	55.9	57.5	59.0	60.4	61.8	63.1	64.3	65.5	66.6
女	55.6	57.3	59.0	60.7	62.3	63.8	65.3	66.7	68.0	69.3
男女計	55.0	56.6	58.3	59.8	61.3	62.8	64.2	65.5	66.7	67.9

C. 高 位 予 測 値

	2015	2020	2025	2030	2035	2040	2045	2050	2055	2060
人口(千人)										
総数	353 224	405 969	465 938	533 403	607 458	688 713	777 367	873 260	976 122	1 085 504
男	178 324	205 217	235 766	270 097	307 731	348 988	393 954	442 549	494 636	549 944
女	174 900	200 753	230 172	263 307	299 727	339 725	383 413	430 711	481 487	535 560
性比(女100につき男)	102.0	102.2	102.4	102.5	102.5	102.5	102.5	102.5	102.4	102.2
年齢分布(%)										
0－4歳	17.0	16.9	16.5	16.0	15.4	14.9	14.3	13.8	13.3	12.8
5－14歳	26.9	26.6	26.5	26.3	25.9	25.3	24.6	24.0	23.4	22.8
15－24歳	19.3	19.4	19.6	19.6	19.7	19.8	19.8	19.6	19.2	19.0
60歳以上	4.5	4.6	4.6	4.8	5.0	5.4	5.7	6.0	6.4	6.8
65歳以上	2.8	2.8	2.8	2.9	3.1	3.3	3.5	3.8	4.1	4.4
80歳以上	0.2	0.2	0.2	0.3	0.3	0.3	0.3	0.4	0.4	0.5
15－49歳女子(%)	46.5	46.8	47.0	47.2	47.7	48.4	49.2	49.8	50.2	50.5
中位数年齢(歳)	18.0	18.1	18.3	18.6	19.1	19.6	20.3	21.0	21.7	22.5

	2010-2015	2015-2020	2020-2025	2025-2030	2030-2035	2035-2040	2040-2045	2045-2050	2050-2055	2055-2060
年平均人口増加数(千人)	9 048	10 549	11 994	13 493	14 811	16 251	17 731	19 179	20 572	21 876
年平均出生数(千人)	13 144	14 841	16 492	18 220	19 784	21 490	23 290	25 103	26 887	28 633
年平均死亡数(千人)	3 899	4 102	4 307	4 539	4 781	5 048	5 369	5 734	6 133	6 585
人口増加率(%)	2.74	2.78	2.76	2.71	2.60	2.51	2.42	2.33	2.23	2.12
粗出生率(人口千人あたり)	39.8	39.1	37.8	36.5	34.7	33.2	31.8	30.4	29.1	27.8
粗死亡率(人口千人あたり)	11.8	10.8	9.9	9.1	8.4	7.8	7.3	6.9	6.6	6.4
合計出生率 (女子1人あたり)	5.54	5.46	5.28	5.07	4.77	4.50	4.25	4.02	3.82	3.64
純再生産率 (女子1人あたり)	2.14	2.16	2.14	2.10	2.02	1.94	1.86	1.78	1.71	1.65

D. 低 位 予 測 値

	2015	2020	2025	2030	2035	2040	2045	2050	2055	2060
人口(千人)										
総数	353 224	399 693	448 204	499 177	553 724	610 686	668 388	725 463	781 118	834 813
男	178 324	202 018	226 720	252 634	280 312	309 169	338 339	367 127	395 130	422 047
女	174 900	197 675	221 484	246 543	273 413	301 517	330 049	358 335	385 987	412 766
性比(女100につき男)	102.0	102.2	102.4	102.5	102.5	102.5	102.5	102.5	102.4	102.2
年齢分布(%)										
0－4歳	17.0	15.6	14.5	13.8	13.3	12.7	11.9	11.1	10.4	9.8
5－14歳	26.9	27.1	26.2	24.6	23.4	22.7	22.0	21.2	20.2	19.1
15－24歳	19.3	19.7	20.4	21.0	20.6	19.6	19.0	18.7	18.5	18.1
60歳以上	4.5	4.6	4.8	5.1	5.5	6.0	6.6	7.3	8.0	8.9
65歳以上	2.8	2.8	3.0	3.1	3.4	3.7	4.1	4.6	5.1	5.7
80歳以上	0.2	0.2	0.3	0.3	0.3	0.3	0.4	0.4	0.5	0.6
15－49歳女子(%)	46.5	47.5	48.8	50.4	51.3	51.8	52.2	52.7	53.0	53.0
中位数年齢(歳)	18.0	18.4	19.2	20.2	21.4	22.4	23.4	24.5	25.6	26.8

	2010-2015	2015-2020	2020-2025	2025-2030	2030-2035	2035-2040	2040-2045	2045-2050	2050-2055	2055-2060
年平均人口増加数(千人)	9 048	9 294	9 702	10 195	10 909	11 392	11 540	11 415	11 131	10 739
年平均出生数(千人)	13 144	13 481	13 996	14 629	15 539	16 230	16 623	16 781	16 809	16 788
年平均死亡数(千人)	3 899	3 997	4 102	4 247	4 438	4 647	4 892	5 175	5 497	5 877
人口増加率(%)	2.74	2.47	2.29	2.15	2.07	1.96	1.81	1.64	1.48	1.33
粗出生率(人口千人あたり)	39.8	35.8	33.0	30.9	29.5	27.9	26.0	24.1	22.3	20.8
粗死亡率(人口千人あたり)	11.8	10.6	9.7	9.0	8.4	8.0	7.7	7.4	7.3	7.3
合計出生率 (女子1人あたり)	5.54	4.96	4.48	4.07	3.77	3.50	3.26	3.03	2.83	2.65
純再生産率 (女子1人あたり)	2.14	1.97	1.82	1.69	1.60	1.51	1.42	1.34	1.27	1.20

E. 出生力一定予測値

	2015	2020	2025	2030	2035	2040	2045	2050	2055	2060
人口(千人)										
総数	353 224	406 977	470 822	546 597	636 450	743 267	870 514	1 022 423	1 204 247	1 422 221
男	178 324	205 730	238 257	276 827	322 525	376 833	441 510	518 719	611 143	721 911
女	174 900	201 247	232 565	269 770	313 925	366 434	429 004	503 704	593 103	700 309
中位数年齢(歳)	18.0	18.0	18.1	18.0	18.0	17.9	17.9	17.8	17.8	17.7

	2010-2015	2015-2020	2020-2025	2025-2030	2030-2035	2035-2040	2040-2045	2045-2050	2050-2055	2055-2060
人口増加率(%)	2.74	2.83	2.91	2.99	3.04	3.10	3.16	3.22	3.27	3.33
粗出生率(人口千人あたり)	39.8	39.6	39.5	39.3	39.2	39.1	39.0	39.0	39.1	39.1
粗死亡率(人口千人あたり)	11.8	10.8	10.0	9.2	8.5	7.8	7.3	6.7	6.3	5.8

ASIA

A. 推 計 値

指　標	1960	1965	1970	1975	1980	1985	1990	1995	2000	2005	2010
人口(千人)											
総数	1 686 698	1 874 812	2 120 430	2 378 066	2 625 584	2 897 177	3 202 475	3 474 849	3 714 470	3 944 670	4 169 860
男	861 016	956 648	1 081 515	1 213 330	1 339 742	1 478 068	1 634 735	1 774 574	1 896 485	2 015 857	2 132 586
女	825 682	918 164	1 038 915	1 164 735	1 285 842	1 419 109	1 567 740	1 700 275	1 817 985	1 928 813	2 037 274
性比(女100につき男)	104.3	104.2	104.1	104.2	104.2	104.2	104.3	104.4	104.3	104.5	104.7
年齢分布(%)											
0－4歳	15.5	15.8	15.9	14.6	12.9	12.6	12.7	11.1	9.6	9.0	8.6
5－14歳	24.4	25.1	24.8	25.4	25.1	22.9	21.3	21.6	20.8	18.5	16.8
15－24歳	17.4	17.2	18.6	19.2	19.5	20.4	20.2	18.7	18.0	18.7	18.2
60歳以上	6.0	5.9	6.1	6.3	6.7	7.0	7.4	8.0	8.6	9.2	10.1
65歳以上	3.6	3.6	3.7	4.0	4.3	4.5	4.8	5.2	5.7	6.3	6.8
80歳以上	0.3	0.3	0.4	0.4	0.5	0.5	0.6	0.7	0.8	1.0	1.2
15－49歳女子(%)	46.7	45.9	46.2	46.8	48.4	50.3	51.4	52.2	53.4	54.4	54.6
中位数年齢(歳)	20.7	19.8	19.4	20.0	20.9	21.9	22.9	24.3	25.9	27.4	28.8
人口密度(1k㎡あたり)	54	60	68	77	85	93	103	112	120	127	134

指　標	1960-1965	1965-1970	1970-1975	1975-1980	1980-1985	1985-1990	1990-1995	1995-2000	2000-2005	2005-2010	2010-2015
年平均人口増加数(千人)	37 623	49 124	51 527	49 504	54 319	61 060	54 475	47 924	46 040	45 038	44 687
年平均出生数(千人)	71 079	77 808	78 796	75 295	79 948	87 836	82 738	76 087	74 835	75 712	75 997
年平均死亡数(千人)	33 537	28 757	26 981	25 537	25 595	26 303	26 572	26 907	27 212	28 400	30 054
人口増加率(%)	2.12	2.46	2.29	1.98	1.97	2.00	1.63	1.33	1.20	1.11	1.04
粗出生率(人口千人あたり)	39.9	39.0	35.0	30.1	29.0	28.8	24.8	21.2	19.5	18.7	17.8
粗死亡率(人口千人あたり)	18.8	14.4	12.0	10.2	9.3	8.6	8.0	7.5	7.1	7.0	7.0
合計出生率(女子1人あたり)	5.78	5.73	5.06	4.10	3.70	3.51	2.96	2.55	2.39	2.29	2.20
純再生産率(女子1人あたり)	1.95	2.15	1.97	1.64	1.53	1.48	1.26	1.10	1.04	1.00	0.97
乳児死亡率(出生千人あたり)	138	114	101	90	78	68	62	55	46	38	31
出生時の平均余命(歳)											
男	45.4	51.5	55.3	58.0	60.0	62.0	63.5	64.9	66.9	68.4	69.7
女	47.3	53.8	57.5	60.5	63.0	64.9	66.7	68.4	70.2	72.0	73.6
男女計	46.3	52.6	56.4	59.2	61.4	63.4	65.1	66.6	68.5	70.1	71.6

B. 中 位 予 測 値

指　標	2015	2020	2025	2030	2035	2040	2045	2050	2055	2060
人口(千人)										
総数	4 393 296	4 598 426	4 774 708	4 922 830	5 045 488	5 143 850	5 218 033	5 266 848	5 290 517	5 290 030
男	2 246 986	2 350 704	2 438 668	2 511 526	2 571 124	2 618 272	2 653 672	2 676 951	2 688 578	2 688 772
女	2 146 310	2 247 722	2 336 040	2 411 303	2 474 364	2 525 578	2 564 361	2 589 897	2 601 939	2 601 258
性比(女100につき男)	104.7	104.6	104.4	104.2	103.9	103.7	103.5	103.4	103.3	103.4
年齢分布(%)										
0－4歳	8.4	7.9	7.3	6.8	6.5	6.3	6.1	5.9	5.7	5.5
5－14歳	16.1	15.7	15.1	14.3	13.4	12.8	12.4	12.1	11.8	11.5
15－24歳	16.4	15.1	14.6	14.5	14.2	13.5	12.8	12.4	12.1	12.0
60歳以上	11.6	13.0	14.9	17.2	19.2	20.7	22.4	24.6	26.2	27.2
65歳以上	7.5	8.8	10.1	11.8	13.7	15.5	16.7	18.2	20.0	21.5
80歳以上	1.4	1.6	1.8	2.1	2.7	3.3	4.0	4.9	5.6	6.1
6－11歳	9.7	9.5	9.1	8.5	8.0	7.6	7.4	7.3	7.1	6.9
12－14歳	4.8	4.6	4.6	4.4	4.1	3.9	3.8	3.7	3.6	3.5
15－17歳	4.7	4.5	4.5	4.4	4.2	4.0	3.8	3.7	3.6	3.6
18－23歳	9.9	9.0	8.7	8.7	8.6	8.2	7.7	7.4	7.3	7.2
15－24歳女子(%)	53.3	51.4	49.9	49.1	47.9	46.0	44.6	43.7	43.2	42.6
中位数年齢(歳)	30.3	32.1	33.8	35.4	36.7	37.8	38.9	39.9	41.0	41.9
人口密度(1k㎡あたり)	142	148	154	159	163	166	168	170	170	170

指　標	2010-2015	2015-2020	2020-2025	2025-2030	2030-2035	2035-2040	2040-2045	2045-2050	2050-2055	2055-2060
年平均人口増加数(千人)	44 687	41 026	35 256	29 624	24 532	19 672	14 836	9 763	4 734	－ 97
年平均出生数(千人)	75 997	74 471	71 078	68 418	66 847	65 723	64 592	62 993	60 930	58 717
年平均死亡数(千人)	30 054	31 996	34 438	37 375	40 854	44 587	48 292	51 767	54 806	57 497
年平均純移動数(千人)	−1256	−1449	−1383	−1418	−1462	−1464	−1464	−1464	−1390	−1317
人口増加率(%)	1.04	0.91	0.75	0.61	0.49	0.39	0.29	0.19	0.09	0.00
粗出生率(人口千人あたり)	17.8	16.6	15.2	14.1	13.4	12.9	12.5	12.0	11.5	11.1
粗死亡率(人口千人あたり)	7.0	7.1	7.3	7.7	8.2	8.8	9.3	9.9	10.4	10.9
純移動率(人口千人あたり)	−0.3	−0.3	−0.3	−0.3	−0.3	−0.3	−0.3	−0.3	−0.3	−0.2
合計出生率（女子1人あたり）	2.20	2.15	2.09	2.05	2.01	1.96	1.94	1.92	1.90	1.87
純再生産率（女子1人あたり）	0.97	0.96	0.95	0.94	0.92	0.91	0.91	0.90	0.89	0.88
乳児死亡率（出生千人あたり）	31	27	23	20	18	15	13	12	11	9
5歳未満の死亡数(出生千人あたり	39	34	29	25	22	19	17	15	13	12
出生時の平均余命(歳)										
男	69.7	70.9	71.9	72.9	73.8	74.7	75.6	76.4	77.3	78.2
女	73.6	74.8	75.9	76.9	77.9	78.7	79.5	80.2	80.8	81.4
男女計	71.6	72.8	73.9	74.9	75.8	76.7	77.5	78.3	79.0	79.8

C. 高位予測値

	2015	2020	2025	2030	2035	2040	2045	2050	2055	2060
人口(千人)										
総数	4 393 296	4 640 835	4 883 252	5 112 816	5 317 953	5 507 736	5 692 144	5 873 168	6 047 189	6 209 069
男	2 246 986	2 372 897	2 495 368	2 610 608	2 713 025	2 807 531	2 899 915	2 991 461	3 080 626	3 164 445
女	2 146 310	2 267 938	2 387 884	2 502 208	2 604 928	2 700 205	2 792 229	2 881 708	2 966 563	3 044 624
性比(女100につき男)	104.7	104.5	104.3	104.0	103.6	103.3	103.1	102.8	102.7	102.7
年齢分布(%)										
０－４歳	8.4	8.7	8.4	8.1	7.7	7.5	7.5	7.6	7.5	7.3
５－14歳	16.1	15.5	15.7	15.9	15.5	14.9	14.4	14.3	14.4	14.4
15－24歳	16.4	14.9	14.3	14.0	14.3	14.6	14.3	13.9	13.5	13.4
60歳以上	11.6	12.9	14.6	16.5	18.2	19.4	20.6	22.0	22.9	23.2
65歳以上	7.5	8.8	9.9	11.3	13.0	14.4	15.3	16.3	17.5	18.3
80歳以上	1.4	1.6	1.7	2.0	2.6	3.0	3.6	4.4	4.9	5.2
15－49歳女子(%)	53.3	51.0	48.8	47.3	46.3	44.9	44.2	43.8	43.7	43.8
中位数年齢(歳)	30.3	31.8	33.0	34.0	34.7	35.1	35.4	35.6	36.0	36.4

	2010-2015	2015-2020	2020-2025	2025-2030	2030-2035	2035-2040	2040-2045	2045-2050	2050-2055	2055-2060
年平均人口増加数(千人)	44 687	49 508	48 483	45 913	41 027	37 957	36 882	36 205	34 804	32 376
年平均出生数(千人)	75 997	83 177	84 651	85 110	83 736	84 424	87 114	89 984	91 613	91 863
年平均死亡数(千人)	30 054	32 220	34 785	37 779	41 247	45 003	48 769	52 315	55 418	58 170
人口増加率(%)	1.04	1.10	1.02	0.92	0.79	0.70	0.66	0.63	0.58	0.53
粗出生率(人口千人あたり)	17.8	18.4	17.8	17.0	16.1	15.6	15.6	15.6	15.4	15.0
粗死亡率(人口千人あたり)	7.0	7.1	7.3	7.6	7.9	8.3	8.7	9.0	9.3	9.5
合計出生率（女子１人あたり）	2.20	2.40	2.49	2.55	2.50	2.46	2.43	2.41	2.40	2.37
純再生産率（女子１人あたり）	0.97	1.07	1.13	1.17	1.16	1.15	1.14	1.13	1.13	1.12

D. 低位予測値

	2015	2020	2025	2030	2035	2040	2045	2050	2055	2060
人口(千人)										
総数	4 393 296	4 555 907	4 666 024	4 732 662	4 773 201	4 784 055	4 759 867	4 698 178	4 602 000	4 476 473
男	2 246 986	2 328 455	2 381 897	2 412 352	2 429 316	2 431 136	2 415 690	2 381 930	2 331 779	2 267 609
女	2 146 310	2 227 451	2 284 128	2 320 310	2 343 885	2 352 919	2 344 176	2 316 247	2 270 221	2 208 864
性比(女100につき男)	104.7	104.5	104.3	104.0	103.6	103.3	103.1	102.8	102.7	102.7
年齢分布(%)										
０－４歳	8.4	7.0	6.0	5.3	5.1	4.9	4.6	4.2	3.9	3.7
５－14歳	16.1	15.8	14.6	12.6	11.1	10.3	10.0	9.6	9.0	8.4
15－24歳	16.4	15.2	15.0	15.1	14.1	12.3	11.0	10.4	10.3	10.0
60歳以上	11.6	13.2	15.3	17.8	20.3	22.3	24.6	27.5	30.1	32.2
65歳以上	7.5	8.9	10.4	12.2	14.5	16.6	18.3	20.4	23.0	25.4
80歳以上	1.4	1.6	1.8	2.2	2.9	3.5	4.3	5.4	6.5	7.2
15－49歳女子(%)	53.3	51.9	51.1	51.0	49.7	47.2	44.9	43.3	41.9	40.2
中位数年齢(歳)	30.3	32.3	34.5	36.7	38.7	40.5	42.3	44.1	45.9	47.8

	2010-2015	2015-2020	2020-2025	2025-2030	2030-2035	2035-2040	2040-2045	2045-2050	2050-2055	2055-2060
年平均人口増加数(千人)	44 687	32 522	22 023	13 328	8 108	2 171	－4 838	－12 338	－19 236	－25 106
年平均出生数(千人)	75 997	65 743	57 498	51 717	50 031	47 818	44 476	40 401	36 424	33 126
年平均死亡数(千人)	30 054	31 771	34 092	36 972	40 462	44 184	47 850	51 276	54 269	56 914
人口増加率(%)	1.04	0.73	0.48	0.28	0.17	0.05	−0.10	−0.26	−0.41	−0.55
粗出生率(人口千人あたり)	17.8	14.7	12.5	11.0	10.5	10.0	9.3	8.5	7.8	7.3
粗死亡率(人口千人あたり)	7.0	7.1	7.4	7.9	8.5	9.2	10.0	10.8	11.7	12.5
合計出生率（女子１人あたり）	2.20	1.90	1.69	1.55	1.51	1.47	1.44	1.43	1.41	1.38
純再生産率（女子１人あたり）	0.97	0.85	0.76	0.70	0.69	0.68	0.67	0.66	0.65	0.65

E. 出生力一定予測値

	2015	2020	2025	2030	2035	2040	2045	2050	2055	2060
人口(千人)										
総数	4 393 296	4 612 526	4 817 368	5 007 548	5 185 819	5 355 545	5 518 782	5 676 245	5 831 035	5 987 456
男	2 246 986	2 358 271	2 461 537	2 556 975	2 646 447	2 731 888	2 814 940	2 896 018	2 977 069	3 060 039
女	2 146 310	2 254 255	2 355 831	2 450 573	2 539 372	2 623 657	2 703 842	2 780 227	2 853 967	2 927 417
中位数年齢(歳)	30.3	32.0	33.5	34.8	35.6	36.3	36.7	37.0	37.2	37.2

	2010-2015	2015-2020	2020-2025	2025-2030	2030-2035	2035-2040	2040-2045	2045-2050	2050-2055	2055-2060
人口増加率(%)	1.04	0.97	0.87	0.77	0.70	0.64	0.60	0.56	0.54	0.53
粗出生率(人口千人あたり)	17.8	17.2	16.3	15.7	15.4	15.3	15.3	15.3	15.3	15.4
粗死亡率(人口千人あたり)	7.0	7.1	7.4	7.7	8.1	8.6	9.0	9.4	9.7	9.9

Eastern Asia

A. 推 計 値

指　標	1960	1965	1970	1975	1980	1985	1990	1995	2000	2005	2010
人口(千人)											
総数	788 145	862 443	978 113	1 089 536	1 173 372	1 258 750	1 368 592	1 448 738	1 496 284	1 536 540	1 575 320
男	402 525	439 907	498 429	555 510	598 466	641 919	698 498	739 843	764 089	785 068	805 215
女	385 620	422 535	479 684	534 026	574 906	616 830	670 094	708 895	732 195	751 472	770 106
性比(女100につき男)	104.4	104.1	103.9	104.0	104.1	104.1	104.2	104.4	104.4	104.5	104.6
年齢分布(%)											
０－４歳	14.1	14.9	15.6	13.4	9.9	9.4	10.7	8.4	6.2	5.7	5.7
５－14歳	24.8	24.6	23.4	25.0	24.9	20.5	17.0	18.1	17.8	13.9	11.4
15－24歳	16.8	17.3	19.2	19.1	19.2	21.4	21.1	17.7	15.4	17.0	16.8
60歳以上	6.4	6.2	6.5	7.0	7.7	8.3	9.0	10.0	11.1	12.2	14.0
65歳以上	3.9	3.7	4.0	4.3	4.9	5.5	5.9	6.6	7.6	8.6	9.6
80歳以上	0.3	0.3	0.3	0.4	0.5	0.6	0.8	1.0	1.2	1.4	1.8
15－49歳女子(%)	46.3	46.1	46.6	47.0	49.7	53.4	55.0	55.3	55.8	56.8	56.3
中位数年齢(歳)	21.5	20.5	20.1	21.1	22.7	24.3	25.6	27.9	30.6	33.3	35.9
人口密度(1k㎡あたり)	68	75	85	94	101	109	118	125	129	133	136

指　標	1960-1965	1965-1970	1970-1975	1975-1980	1980-1985	1985-1990	1990-1995	1995-2000	2000-2005	2005-2010	2010-2015
年平均人口増加数(千人)	14 860	23 134	22 285	16 767	17 075	21 968	16 029	9 509	8 051	7 756	7 393
年平均出生数(千人)	30 516	34 072	31 646	24 713	24 955	30 711	25 467	19 243	17 965	18 366	19 077
年平均死亡数(千人)	15 532	11 099	9 147	7 949	7 945	8 672	9 218	9 646	9 672	10 366	11 488
人口増加率(%)	1.80	2.52	2.16	1.48	1.41	1.67	1.14	0.65	0.53	0.50	0.46
粗出生率(人口千人あたり)	37.0	37.0	30.6	21.8	20.5	23.4	18.1	13.1	11.8	11.8	12.0
粗死亡率(人口千人あたり)	18.8	12.1	8.8	7.0	6.5	6.6	6.5	6.6	6.4	6.7	7.2
合計出生率(女子１人あたり)	5.48	5.56	4.43	2.86	2.45	2.62	1.96	1.48	1.48	1.52	1.55
純再生産率(女子１人あたり)	1.88	2.23	1.89	1.26	1.10	1.16	0.87	0.66	0.67	0.68	0.70
乳児死亡率(出生千人あたり)	125	88	66	50	41	39	37	32	23	16	11
出生時の平均余命(歳)											
男	45.1	54.6	60.8	64.6	66.7	67.8	68.5	69.6	72.1	73.6	74.7
女	48.2	58.9	64.3	68.0	70.3	71.6	72.7	74.0	76.0	77.7	78.6
男女計	46.6	56.7	62.6	66.3	68.5	69.7	70.6	71.7	74.0	75.6	76.6

B. 中 位 予 測 値

指　標	2015	2020	2025	2030	2035	2040	2045	2050	2055	2060
人口(千人)										
総数	1 612 287	1 639 673	1 651 108	1 650 198	1 640 321	1 622 927	1 598 308	1 566 759	1 528 656	1 484 794
男	824 700	838 857	844 476	843 630	838 321	829 468	817 475	802 449	784 590	764 024
女	787 587	800 816	806 632	806 568	801 999	793 459	780 833	764 310	744 066	720 771
性比(女100につき男)	104.7	104.8	104.7	104.6	104.5	104.5	104.7	105.0	105.4	106.0
年齢分布(%)										
０－４歳	5.8	5.5	4.8	4.4	4.4	4.4	4.4	4.4	4.3	4.2
５－14歳	10.9	11.2	11.1	10.2	9.3	8.9	8.9	9.0	9.1	9.0
15－24歳	13.2	10.9	10.6	11.1	11.1	10.3	9.5	9.2	9.3	9.5
60歳以上	16.7	19.0	22.1	26.4	30.0	31.8	33.6	36.9	38.8	39.0
65歳以上	11.0	13.5	15.5	18.4	22.2	25.4	26.9	28.4	31.4	33.1
80歳以上	2.2	2.6	3.0	3.7	5.0	6.0	7.4	9.5	11.2	11.7
６－11歳	6.6	6.8	6.6	6.0	5.4	5.3	5.3	5.4	5.4	5.4
12－14歳	3.2	3.2	3.4	3.3	3.0	2.7	2.7	2.7	2.8	2.8
15－17歳	3.3	3.2	3.3	3.4	3.2	2.8	2.7	2.7	2.8	2.8
18－23歳	8.2	6.5	6.3	6.6	6.8	6.3	5.7	5.5	5.6	5.7
15－24歳女子(%)	53.0	48.3	44.6	43.1	41.5	38.0	35.7	35.2	35.3	35.4
中位数年齢(歳)	37.9	39.6	41.5	43.7	46.1	48.0	49.5	49.9	50.0	50.3
人口密度(1k㎡あたり)	139	142	143	143	142	140	138	136	132	128

指　標	2010-2015	2015-2020	2020-2025	2025-2030	2030-2035	2035-2040	2040-2045	2045-2050	2050-2055	2055-2060
年平均人口増加数(千人)	7 393	5 477	2 287	－ 182	－ 1 975	－ 3 479	－ 4 924	－ 6 310	－ 7 621	－ 8 772
年平均出生数(千人)	19 077	18 070	15 972	14 720	14 380	14 316	14 153	13 770	13 169	12 441
年平均死亡数(千人)	11 488	12 415	13 507	14 724	16 177	17 617	18 898	19 902	20 620	21 053
年平均純移動数(千人)	−196	−178	−178	−178	−178	−178	−178	−178	−169	−160
人口増加率(%)	0.46	0.34	0.14	−0.01	−0.12	−0.21	−0.31	−0.40	−0.49	−0.58
粗出生率(人口千人あたり)	12.0	11.1	9.7	8.9	8.7	8.8	8.8	8.7	8.5	8.3
粗死亡率(人口千人あたり)	7.2	7.6	8.2	8.9	9.8	10.8	11.7	12.6	13.3	14.0
純移動率(人口千人あたり)	−0.1	−0.1	−0.1	−0.1	−0.1	−0.1	−0.1	−0.1	−0.1	−0.1
合計出生率 (女子１人あたり)	1.55	1.58	1.59	1.63	1.68	1.70	1.71	1.73	1.74	1.75
純再生産率 (女子１人あたり)	0.70	0.72	0.74	0.76	0.78	0.80	0.81	0.82	0.83	0.84
乳児死亡率 (出生千人あたり)	11	9	8	6	5	5	4	3	3	3
５歳未満の死亡数(出生千人あたり	13	11	9	7	6	5	5	4	4	3
出生時の平均余命(歳)										
男	74.7	75.7	76.8	77.8	78.8	79.8	80.8	81.9	83.0	84.0
女	78.6	79.6	80.5	81.3	82.0	82.8	83.5	84.2	85.0	85.6
男女計	76.6	77.6	78.6	79.5	80.4	81.3	82.2	83.1	84.0	84.8

C. 高 位 予 測 値

	2015	2020	2025	2030	2035	2040	2045	2050	2055	2060
人口(千人)										
総数	1 612 287	1 653 896	1 685 025	1 706 387	1 718 037	1 723 704	1 726 009	1 726 119	1 724 047	1 719 171
男	824 700	846 421	862 472	873 381	879 395	882 634	884 709	886 162	886 986	886 559
女	787 587	807 475	822 553	833 006	838 641	841 070	841 300	839 957	837 061	832 612
性比(女100につき男)	104.7	104.7	104.5	104.3	104.2	104.1	104.2	104.4	104.8	105.4
年齢分布(%)										
0－4歳	5.8	6.3	5.9	5.6	5.4	5.5	5.6	5.8	5.9	5.9
5－14歳	10.9	11.1	11.7	11.8	11.3	10.9	10.8	11.1	11.5	11.7
15－24歳	13.2	10.8	10.4	10.7	11.4	11.7	11.2	10.9	10.8	11.1
60歳以上	16.7	18.8	21.7	25.5	28.7	30.0	31.1	33.5	34.4	33.6
65歳以上	11.0	13.4	15.2	17.8	21.2	23.9	24.9	25.8	27.9	28.6
80歳以上	2.2	2.5	2.9	3.6	4.8	5.6	6.9	8.7	10.0	10.1
15－49歳女子(%)	53.0	47.9	43.7	41.8	40.5	37.7	36.3	36.4	37.1	37.9
中位数年齢(歳)	37.9	39.3	40.8	42.7	44.7	45.9	46.0	45.2	44.5	44.0

	2010-2015	2015-2020	2020-2025	2025-2030	2030-2035	2035-2040	2040-2045	2045-2050	2050-2055	2055-2060
年平均人口増加数(千人)	7 393	8 322	6 226	4 272	2 330	1 133	461	22	－ 414	－ 975
年平均出生数(千人)	19 077	20 942	19 946	19 211	18 720	18 965	19 579	20 149	20 428	20 297
年平均死亡数(千人)	11 488	12 442	13 543	14 761	16 212	17 653	18 940	19 949	20 673	21 112
人口増加率(%)	0.46	0.51	0.37	0.25	0.14	0.07	0.03	0.00	−0.02	−0.06
粗出生率(人口千人あたり)	12.0	12.8	11.9	11.3	10.9	11.0	11.4	11.7	11.8	11.8
粗死亡率(人口千人あたり)	7.2	7.6	8.1	8.7	9.5	10.3	11.0	11.6	12.0	12.3
合計出生率 (女子1人あたり)	1.55	1.83	1.99	2.13	2.18	2.21	2.21	2.22	2.24	2.25
純再生産率 (女子1人あたり)	0.70	0.84	0.93	1.00	1.02	1.03	1.05	1.06	1.07	1.08

D. 低 位 予 測 値

	2015	2020	2025	2030	2035	2040	2045	2050	2055	2060
人口(千人)										
総数	1 612 287	1 625 450	1 617 191	1 594 009	1 562 667	1 523 155	1 474 508	1 416 645	1 350 250	1 276 997
男	824 700	831 292	826 480	813 879	797 280	776 831	752 285	723 563	691 034	655 286
女	787 587	794 158	790 711	780 129	765 387	746 324	722 223	693 082	659 215	621 711
性比(女100につき男)	104.7	104.7	104.5	104.3	104.2	104.1	104.2	104.4	104.8	105.4
年齢分布(%)										
0－4歳	5.8	4.6	3.7	3.2	3.2	3.2	3.1	3.0	2.8	2.5
5－14歳	10.9	11.3	10.4	8.4	7.0	6.6	6.7	6.7	6.5	6.2
15－24歳	13.2	11.0	10.9	11.5	10.8	8.8	7.4	7.1	7.3	7.4
60歳以上	16.7	19.2	22.6	27.3	31.5	33.9	36.4	40.8	43.9	45.3
65歳以上	11.0	13.6	15.9	19.0	23.3	27.1	29.2	31.4	35.6	38.5
80歳以上	2.2	2.6	3.0	3.9	5.3	6.4	8.1	10.6	12.7	13.6
15－49歳女子(%)	53.0	48.7	45.5	44.6	42.6	38.2	35.0	33.6	32.7	31.6
中位数年齢(歳)	37.9	39.9	42.3	44.7	47.5	50.1	52.3	54.1	55.3	56.4

	2010-2015	2015-2020	2020-2025	2025-2030	2030-2035	2035-2040	2040-2045	2045-2050	2050-2055	2055-2060
年平均人口増加数(千人)	7 393	2 633	－ 1 652	－ 4 636	－ 6 268	－ 7 902	－ 9 729	－ 11 573	－ 13 279	－ 14 651
年平均出生数(千人)	19 077	15 198	11 998	10 228	10 052	9 857	9 309	8 465	7 464	6 510
年平均死亡数(千人)	11 488	12 387	13 472	14 686	16 142	17 582	18 860	19 860	20 574	21 001
人口増加率(%)	0.46	0.16	−0.10	−0.29	−0.40	−0.51	−0.65	−0.80	−0.96	−1.12
粗出生率(人口千人あたり)	12.0	9.4	7.4	6.4	6.4	6.4	6.2	5.9	5.4	5.0
粗死亡率(人口千人あたり)	7.2	7.7	8.3	9.1	10.2	11.4	12.6	13.7	14.9	16.0
合計出生率 (女子1人あたり)	1.55	1.33	1.20	1.13	1.17	1.20	1.21	1.23	1.24	1.26
純再生産率 (女子1人あたり)	0.70	0.61	0.56	0.53	0.55	0.56	0.57	0.58	0.59	0.60

E. 出生力一定予測値

	2015	2020	2025	2030	2035	2040	2045	2050	2055	2060
人口(千人)										
総数	1 612 287	1 636 699	1 643 057	1 635 787	1 619 371	1 595 017	1 560 768	1 515 823	1 462 465	1 404 252
男	824 700	837 442	840 652	836 829	828 578	816 696	800 372	779 107	754 098	726 931
女	787 587	799 257	802 404	798 958	790 793	778 321	760 396	736 717	708 367	677 320
中位数年齢(歳)	37.9	39.7	41.7	44.0	46.5	48.6	50.4	51.4	52.0	52.7

	2010-2015	2015-2020	2020-2025	2025-2030	2030-2035	2035-2040	2040-2045	2045-2050	2050-2055	2055-2060
人口増加率(%)	0.46	0.30	0.08	−0.09	−0.20	−0.30	−0.43	−0.58	−0.72	−0.81
粗出生率(人口千人あたり)	12.0	10.8	9.1	8.2	8.0	8.0	7.7	7.2	6.8	6.7
粗死亡率(人口千人あたり)	7.2	7.6	8.2	9.0	9.9	11.0	12.0	12.9	13.8	14.7

South-Central Asia

A. 推 計 値

指　標	1960	1965	1970	1975	1980	1985	1990	1995	2000	2005	2010
人口(千人)											
総数	618 559	690 968	774 758	869 960	980 320	1 105 478	1 239 666	1 372 574	1 507 050	1 639 167	1 765 129
男	319 125	356 618	399 874	449 007	505 610	569 724	638 484	707 128	776 228	844 602	908 324
女	299 434	334 351	374 885	420 952	474 710	535 754	601 181	665 446	730 822	794 565	856 805
性比(女100につき男)	106.6	106.7	106.7	106.7	106.5	106.3	106.2	106.3	106.2	106.3	106.0
年齢分布(%)											
０－４歳	16.4	16.4	16.0	15.6	15.3	15.3	14.5	13.4	12.3	11.4	10.7
５－14歳	24.0	25.3	25.5	25.3	24.8	24.5	24.6	24.5	23.4	21.9	20.7
15－24歳	18.0	17.3	18.3	19.2	19.5	19.4	19.1	19.2	19.8	20.1	19.5
60歳以上	5.5	5.5	5.6	5.7	5.8	5.9	6.1	6.4	6.7	7.1	7.5
65歳以上	3.3	3.3	3.4	3.5	3.6	3.7	3.8	4.0	4.3	4.7	5.0
80歳以上	0.4	0.3	0.4	0.4	0.4	0.4	0.5	0.5	0.5	0.6	0.7
15－49歳女子(%)	47.6	46.4	46.6	47.0	47.5	47.8	48.2	49.3	51.0	52.5	53.3
中位数年齢(歳)	20.2	19.5	19.2	19.4	19.7	20.0	20.4	21.1	22.0	23.2	24.5
人口密度(1k㎡あたり)	60	67	75	84	95	107	120	133	146	159	171

指　標	1960-1965	1965-1970	1970-1975	1975-1980	1980-1985	1985-1990	1990-1995	1995-2000	2000-2005	2005-2010	2010-2015
年平均人口増加数(千人)	14 482	16 758	19 040	22 072	25 032	26 837	26 582	26 895	26 423	25 192	25 032
年平均出生数(千人)	27 736	29 860	32 331	34 991	38 521	40 445	40 540	40 549	40 358	40 318	39 444
年平均死亡数(千人)	13 408	13 134	13 164	12 832	13 179	13 254	12 877	12 668	12 696	12 930	13 038
人口増加率(%)	2.21	2.29	2.32	2.39	2.40	2.29	2.04	1.87	1.68	1.48	1.37
粗出生率(人口千人あたり)	42.4	40.7	39.3	37.8	36.9	34.5	31.0	28.2	25.7	23.7	21.6
粗死亡率(人口千人あたり)	20.5	17.9	16.0	13.9	12.6	11.3	9.9	8.8	8.1	7.6	7.1
合計出生率(女子１人あたり)	6.03	5.89	5.63	5.26	4.98	4.54	4.01	3.58	3.17	2.84	2.57
純再生産率(女子１人あたり)	1.91	1.97	1.95	1.93	1.90	1.79	1.62	1.47	1.34	1.23	1.13
乳児死亡率(出生千人あたり)	159	147	139	121	106	94	83	72	61	52	44
出生時の平均余命(歳)											
男	44.3	47.4	50.0	52.9	54.5	56.8	59.2	61.1	63.0	64.7	66.3
女	43.6	46.9	49.7	53.4	56.0	58.1	60.7	63.1	65.1	67.1	69.3
男女計	43.9	47.1	49.8	53.2	55.2	57.4	59.9	62.1	64.1	65.8	67.8

B. 中 位 予 測 値

指　標	2015	2020	2025	2030	2035	2040	2045	2050	2055	2060
人口(千人)										
総数	1 890 288	2 012 032	2 124 700	2 226 204	2 316 048	2 393 790	2 459 650	2 512 459	2 552 024	2 577 995
男	971 969	1 033 864	1 090 732	1 141 485	1 185 972	1 223 892	1 255 633	1 280 791	1 299 619	1 311 932
女	918 319	978 168	1 033 968	1 084 719	1 130 076	1 169 898	1 204 016	1 231 668	1 252 405	1 266 063
性比(女100につき男)	105.8	105.7	105.5	105.2	104.9	104.6	104.3	104.0	103.8	103.6
年齢分布(%)										
０－４歳	9.9	9.3	8.7	8.0	7.5	7.1	6.8	6.4	6.1	5.9
５－14歳	19.6	18.5	17.5	16.5	15.5	14.6	13.9	13.3	12.8	12.3
15－24歳	18.6	17.8	17.2	16.5	15.8	15.2	14.5	13.8	13.2	12.8
60歳以上	8.4	9.4	10.7	11.9	13.3	14.9	16.9	18.9	20.8	22.6
65歳以上	5.4	6.1	7.0	8.0	9.1	10.3	11.7	13.3	15.1	16.8
80歳以上	0.8	1.0	1.1	1.2	1.5	1.9	2.3	2.7	3.2	3.8
６－11歳	11.8	11.1	10.5	9.9	9.3	8.7	8.3	7.9	7.6	7.3
12－14歳	5.8	5.6	5.2	5.0	4.7	4.5	4.2	4.0	3.9	3.8
15－17歳	5.7	5.5	5.2	5.0	4.8	4.5	4.3	4.1	3.9	3.8
18－23歳	11.1	10.6	10.3	9.9	9.5	9.1	8.7	8.3	8.0	7.7
15－24歳女子(%)	53.6	53.6	53.5	52.9	51.8	50.4	49.1	47.8	46.6	45.5
中位数年齢(歳)	26.1	27.6	29.1	30.6	32.2	33.7	35.2	36.6	38.0	39.3
人口密度(1k㎡あたり)	183	195	206	216	224	232	238	243	247	250

指　標	2010-2015	2015-2020	2020-2025	2025-2030	2030-2035	2035-2040	2040-2045	2045-2050	2050-2055	2055-2060
年平均人口増加数(千人)	25 032	24 349	22 534	20 301	17 969	15 548	13 172	10 562	7 913	5 194
年平均出生数(千人)	39 444	39 123	38 118	36 945	35 817	34 805	33 955	32 961	31 803	30 617
年平均死亡数(千人)	13 038	13 623	14 436	15 506	16 754	18 163	19 689	21 295	22 840	24 429
年平均純移動数(千人)	−1374	−1152	−1148	−1139	−1094	−1094	−1094	−1104	−1049	−994
人口増加率(%)	1.37	1.25	1.09	0.93	0.79	0.66	0.54	0.43	0.31	0.20
粗出生率(人口千人あたり)	21.6	20.1	18.4	17.0	15.8	14.8	14.0	13.3	12.6	11.9
粗死亡率(人口千人あたり)	7.1	7.0	7.0	7.1	7.4	7.7	8.1	8.6	9.0	9.5
純移動率(人口千人あたり)	−0.8	−0.6	−0.6	−0.5	−0.5	−0.5	−0.5	−0.4	−0.4	−0.4
合計出生率（女子１人あたり）	2.57	2.42	2.30	2.18	2.09	2.02	1.97	1.93	1.90	1.86
純再生産率（女子１人あたり）	1.13	1.08	1.03	0.99	0.96	0.94	0.92	0.90	0.89	0.88
乳児死亡率（出生千人あたり）	44	37	32	27	23	20	18	15	14	12
５歳未満の死亡数(出生千人あたり)	55	47	40	34	29	25	22	19	17	15
出生時の平均余命(歳)										
男	66.3	67.7	69.0	70.0	71.0	72.0	72.9	73.7	74.7	75.6
女	69.3	70.9	72.2	73.4	74.5	75.6	76.5	77.4	78.2	79.0
男女計	67.8	69.2	70.5	71.7	72.7	73.7	74.6	75.5	76.4	77.2

C. 高 位 予 測 値

	2015	2020	2025	2030	2035	2040	2045	2050	2055	2060
人口(千人)										
総数	1 890 288	2 031 483	2 176 223	2 318 585	2 450 213	2 574 909	2 698 775	2 821 859	2 940 565	3 050 787
男	971 969	1 044 014	1 117 602	1 189 622	1 255 810	1 318 063	1 379 808	1 441 303	1 501 036	1 556 869
女	918 319	987 469	1 058 621	1 128 963	1 194 403	1 256 846	1 318 967	1 380 556	1 439 529	1 493 918
性比(女100につき男)	105.8	105.7	105.4	105.1	104.7	104.3	103.9	103.5	103.2	102.9
年齢分布(%)										
0－4歳	9.9	10.2	9.9	9.5	8.8	8.4	8.3	8.3	8.0	7.7
5－14歳	19.6	18.3	17.9	18.1	17.7	16.8	16.0	15.6	15.5	15.3
15－24歳	18.6	17.6	16.8	15.8	15.7	16.1	15.9	15.2	14.5	14.3
60歳以上	8.4	9.4	10.4	11.5	12.6	13.9	15.4	16.9	18.1	19.1
65歳以上	5.4	6.1	6.8	7.7	8.6	9.6	10.6	11.9	13.1	14.2
80歳以上	0.8	1.0	1.1	1.2	1.4	1.7	2.1	2.4	2.7	3.2
15－49歳女子(%)	53.6	53.1	52.2	50.8	49.8	48.9	48.1	47.3	46.6	46.2
中位数年齢(歳)	26.1	27.3	28.3	29.3	30.3	31.2	31.8	32.5	33.3	34.1

	2010-2015	2015-2020	2020-2025	2025-2030	2030-2035	2035-2040	2040-2045	2045-2050	2050-2055	2055-2060
年平均人口増加数(千人)	25 032	28 239	28 948	28 472	26 326	24 939	24 773	24 617	23 741	22 044
年平均出生数(千人)	39 444	43 170	44 777	45 400	44 445	44 479	45 879	47 385	48 039	47 910
年平均死亡数(千人)	13 038	13 779	14 681	15 789	17 026	18 446	20 012	21 664	23 249	24 872
人口増加率(%)	1.37	1.44	1.38	1.27	1.10	0.99	0.94	0.89	0.82	0.74
粗出生率(人口千人あたり)	21.6	22.0	21.3	20.2	18.6	17.7	17.4	17.2	16.7	16.0
粗死亡率(人口千人あたり)	7.1	7.0	7.0	7.0	7.1	7.3	7.6	7.8	8.1	8.3
合計出生率（女子1人あたり）	2.57	2.67	2.70	2.68	2.59	2.51	2.47	2.43	2.39	2.36
純再生産率（女子1人あたり）	1.13	1.19	1.21	1.22	1.20	1.17	1.15	1.14	1.12	1.11

D. 低 位 予 測 値

	2015	2020	2025	2030	2035	2040	2045	2050	2055	2060
人口(千人)										
総数	1 890 288	1 992 581	2 073 176	2 133 823	2 182 093	2 215 075	2 229 641	2 224 225	2 200 961	2 162 089
男	971 969	1 023 714	1 063 861	1 093 348	1 116 242	1 130 966	1 136 179	1 131 238	1 117 606	1 096 443
女	918 319	968 868	1 009 316	1 040 475	1 065 851	1 084 108	1 093 462	1 092 987	1 083 354	1 065 646
性比(女100につき男)	105.8	105.7	105.4	105.1	104.7	104.3	103.9	103.5	103.2	102.9
年齢分布(%)										
0－4歳	9.9	8.4	7.3	6.5	6.1	5.6	5.1	4.6	4.2	3.9
5－14歳	19.6	18.7	17.0	14.8	13.1	12.1	11.4	10.7	9.8	9.0
15－24歳	18.6	18.0	17.6	17.2	15.9	14.1	12.7	11.9	11.4	10.8
60歳以上	8.4	9.5	10.9	12.4	14.1	16.1	18.6	21.4	24.2	27.0
65歳以上	5.4	6.2	7.2	8.4	9.7	11.1	12.9	15.1	17.6	20.0
80歳以上	0.8	1.0	1.1	1.3	1.6	2.0	2.5	3.0	3.7	4.5
15－49歳女子(%)	53.6	54.1	54.8	55.1	54.0	52.1	50.0	48.1	46.1	43.7
中位数年齢(歳)	26.1	27.9	29.8	32.0	34.1	36.2	38.4	40.7	43.0	45.2

	2010-2015	2015-2020	2020-2025	2025-2030	2030-2035	2035-2040	2040-2045	2045-2050	2050-2055	2055-2060
年平均人口増加数(千人)	25 032	20 459	16 119	12 129	9 654	6 596	2 913	－1 083	－4 653	－7 774
年平均出生数(千人)	39 444	35 077	31 459	28 490	27 231	25 579	23 398	20 988	18 882	17 267
年平均死亡数(千人)	13 038	13 467	14 192	15 222	16 483	17 888	19 391	20 967	22 486	24 048
人口増加率(%)	1.37	1.05	0.79	0.58	0.45	0.30	0.13	−0.05	−0.21	−0.36
粗出生率(人口千人あたり)	21.6	18.1	15.5	13.5	12.6	11.6	10.5	9.4	8.5	7.9
粗死亡率(人口千人あたり)	7.1	6.9	7.0	7.2	7.6	8.1	8.7	9.4	10.2	11.0
合計出生率（女子1人あたり）	2.57	2.17	1.90	1.68	1.59	1.52	1.47	1.43	1.40	1.37
純再生産率（女子1人あたり）	1.13	0.97	0.85	0.76	0.73	0.71	0.69	0.67	0.65	0.64

E. 出生力一定予測値

	2015	2020	2025	2030	2035	2040	2045	2050	2055	2060
人口(千人)										
総数	1 890 288	2 024 177	2 160 905	2 297 076	2 431 119	2 564 312	2 699 970	2 838 882	2 980 944	3 125 702
男	971 969	1 040 279	1 109 882	1 179 052	1 247 066	1 314 505	1 383 354	1 454 075	1 526 952	1 601 726
女	918 319	983 898	1 051 023	1 118 024	1 184 053	1 249 807	1 316 616	1 384 808	1 453 992	1 523 976
中位数年齢(歳)	26.1	27.4	28.6	29.6	30.5	31.3	31.8	32.2	32.6	32.8

	2010-2015	2015-2020	2020-2025	2025-2030	2030-2035	2035-2040	2040-2045	2045-2050	2050-2055	2055-2060
人口増加率(%)	1.37	1.37	1.31	1.22	1.13	1.07	1.03	1.00	0.98	0.95
粗出生率(人口千人あたり)	21.6	21.3	20.6	19.8	19.0	18.5	18.4	18.3	18.2	18.0
粗死亡率(人口千人あたり)	7.1	7.0	7.0	7.1	7.2	7.4	7.7	7.9	8.1	8.2

Central Asia

A. 推 計 値

指　標	1960	1965	1970	1975	1980	1985	1990	1995	2000	2005	2010
人口(千人)											
総数	24 616	29 096	33 156	37 349	41 277	45 738	50 405	53 178	55 117	58 043	62 139
男	11 869	14 082	16 076	18 199	20 132	22 373	24 732	26 171	27 082	28 496	30 503
女	12 747	15 013	17 079	19 150	21 145	23 365	25 673	27 007	28 035	29 547	31 636
性比(女100につき男)	93.1	93.8	94.1	95.0	95.2	95.8	96.3	96.9	96.6	96.4	96.4
年齢分布(%)											
０－４歳	15.7	16.9	14.3	14.1	13.7	14.2	14.5	12.6	10.5	9.7	10.6
５－14歳	20.4	25.0	27.6	25.8	24.0	23.2	23.3	24.6	24.3	21.1	18.1
15－24歳	17.5	13.4	15.9	19.9	21.2	20.0	18.3	18.4	19.5	21.4	21.3
60歳以上	8.7	8.4	8.3	8.0	7.2	7.1	7.6	7.6	8.1	7.4	7.2
65歳以上	5.8	5.4	5.6	5.5	5.4	4.8	4.7	5.3	5.2	5.6	5.0
80歳以上	0.8	0.8	0.8	0.9	0.9	1.0	1.0	0.9	0.7	0.8	1.0
15－49歳女子(%)	46.9	42.1	43.3	45.4	46.7	47.3	46.8	48.8	51.8	54.8	55.5
中位数年齢(歳)	23.3	20.6	19.2	19.5	20.5	21.3	21.5	21.8	22.6	23.9	25.0
人口密度(1k㎡あたり)	6	7	8	10	11	12	13	14	14	15	16

	1960-1965	1965-1970	1970-1975	1975-1980	1980-1985	1985-1990	1990-1995	1995-2000	2000-2005	2005-2010	2010-2015
年平均人口増加数(千人)	896	812	839	786	892	933	555	388	585	819	1 035
年平均出生数(千人)	984	982	1 082	1 186	1 390	1 575	1 479	1 257	1 196	1 399	1 569
年平均死亡数(千人)	334	330	340	359	378	394	439	463	453	475	476
人口増加率(%)	3.34	2.61	2.38	2.00	2.05	1.94	1.07	0.72	1.03	1.36	1.60
粗出生率(人口千人あたり)	36.6	31.6	30.7	30.2	32.0	32.8	28.6	23.2	21.1	23.3	24.2
粗死亡率(人口千人あたり)	12.4	10.6	9.7	9.1	8.7	8.2	8.5	8.5	8.0	7.9	7.4
合計出生率(女子１人あたり)	5.11	4.84	4.76	4.28	4.05	3.98	3.49	2.84	2.52	2.64	2.70
純再生産率(女子１人あたり)	2.08	2.02	2.03	1.85	1.78	1.76	1.54	1.26	1.14	1.20	1.24
乳児死亡率(出生千人あたり)	108	99	90	82	75	68	63	56	48	41	34
出生時の平均余命(歳)											
男	54.7	56.6	58.2	59.2	60.7	62.3	61.0	60.1	61.2	62.4	64.5
女	63.1	65.1	66.6	67.6	69.1	70.1	69.0	68.7	69.7	70.7	72.3
男女計	58.9	60.9	62.5	63.6	65.0	66.3	65.0	64.3	65.4	66.5	68.4

B. 中 位 予 測 値

	2015	2020	2025	2030	2035	2040	2045	2050	2055	2060
人口(千人)										
総数	67 314	71 872	75 692	78 827	81 616	84 263	86 690	88 664	90 064	90 944
男	33 088	35 321	37 163	38 645	39 949	41 194	42 344	43 280	43 933	44 331
女	34 226	36 551	38 529	40 182	41 668	43 070	44 346	45 384	46 131	46 612
性比(女100につき男)	96.7	96.6	96.5	96.2	95.9	95.6	95.5	95.4	95.2	95.1
年齢分布(%)										
０－４歳	11.3	10.2	8.9	8.1	7.8	7.8	7.7	7.4	6.9	6.5
５－14歳	17.7	19.5	19.5	17.7	15.9	14.9	14.7	14.8	14.6	13.9
15－24歳	18.0	15.2	15.4	17.4	17.8	16.2	14.7	13.9	13.9	14.2
60歳以上	7.9	9.2	10.8	11.9	13.0	14.1	15.5	17.7	19.3	19.8
65歳以上	4.9	5.6	6.8	8.2	9.0	9.8	10.6	11.8	13.7	15.0
80歳以上	1.0	1.1	0.9	0.9	1.3	1.7	2.1	2.3	2.5	2.8
６－11歳	10.9	12.2	11.7	10.4	9.4	8.9	8.9	8.9	8.7	8.3
12－14歳	4.8	5.2	5.9	5.6	5.0	4.5	4.3	4.3	4.4	4.3
15－17歳	4.9	4.6	5.3	5.8	5.2	4.7	4.3	4.2	4.3	4.3
18－23歳	11.1	9.0	8.8	10.2	10.9	9.9	8.9	8.3	8.3	8.5
15－24歳女子(%)	53.1	51.1	50.6	51.4	51.2	49.1	47.3	46.8	47.1	46.9
中位数年齢(歳)	26.5	27.9	29.3	30.2	30.8	31.8	33.0	34.4	35.7	36.7
人口密度(1k㎡あたり)	17	18	19	20	21	21	22	23	23	23

	2010-2015	2015-2020	2020-2025	2025-2030	2030-2035	2035-2040	2040-2045	2045-2050	2050-2055	2055-2060
年平均人口増加数(千人)	1 035	912	764	627	558	529	485	395	280	176
年平均出生数(千人)	1 569	1 520	1 405	1 313	1 306	1 349	1 373	1 340	1 272	1 211
年平均死亡数(千人)	476	513	546	591	653	724	793	851	902	950
年平均純移動数(千人)	−58	−95	−95	−95	−95	−95	−95	−95	−90	−86
人口増加率(%)	1.60	1.31	1.04	0.81	0.70	0.64	0.57	0.45	0.31	0.19
粗出生率(人口千人あたり)	24.2	21.8	19.0	17.0	16.3	16.3	16.1	15.3	14.2	13.4
粗死亡率(人口千人あたり)	7.4	7.4	7.4	7.7	8.1	8.7	9.3	9.7	10.1	10.5
純移動率(人口千人あたり)	−0.9	−1.4	−1.3	−1.2	−1.2	−1.1	−1.1	−1.1	−1.0	−0.9
合計出生率（女子１人あたり）	2.70	2.55	2.44	2.33	2.24	2.16	2.11	2.08	2.04	2.00
純再生産率（女子１人あたり）	1.24	1.18	1.13	1.08	1.05	1.02	1.00	0.98	0.96	0.95
乳児死亡率（出生千人あたり）	34	31	28	26	23	21	19	17	16	14
５歳未満の死亡数(出生千人あたり	42	38	35	32	29	26	24	22	20	18
出生時の平均余命(歳)										
男	64.5	65.1	65.7	66.3	66.9	67.5	68.1	68.7	69.3	70.0
女	72.3	73.0	73.6	74.3	74.9	75.5	76.1	76.7	77.3	77.8
男女計	68.4	69.0	69.7	70.3	70.9	71.5	72.1	72.7	73.3	73.9

C. 高 位 予 測 値

	2015	2020	2025	2030	2035	2040	2045	2050	2055	2060
人口(千人)										
総数	67 314	72 592	77 529	82 026	86 239	90 543	95 009	99 428	103 588	107 452
男	33 088	35 689	38 102	40 281	42 312	44 403	46 595	48 778	50 839	52 758
女	34 226	36 903	39 427	41 746	43 927	46 140	48 414	50 650	52 749	54 693
性比(女100につき男)	96.7	96.6	96.3	95.8	95.4	95.0	94.6	94.2	93.9	93.4
年齢分布(%)										
0－4歳	11.3	11.1	10.2	9.4	9.0	9.1	9.2	9.1	8.7	8.3
5－14歳	17.7	19.3	20.0	19.2	17.9	16.9	16.7	16.9	17.0	16.7
15－24歳	18.0	15.1	15.1	16.8	17.6	17.1	16.0	15.2	15.1	15.4
60歳以上	7.9	9.1	10.6	11.5	12.3	13.1	14.1	15.8	16.7	16.7
65歳以上	4.9	5.5	6.6	7.9	8.6	9.1	9.7	10.5	11.9	12.7
80歳以上	1.0	1.1	0.9	0.9	1.2	1.6	1.9	2.0	2.2	2.4
15－49歳女子(%)	53.1	50.6	49.5	49.5	49.3	47.7	46.5	46.4	47.0	47.3
中位数年齢(歳)	26.5	27.6	28.4	28.7	28.8	29.3	30.1	30.9	31.5	32.0

	2010-2015	2015-2020	2020-2025	2025-2030	2030-2035	2035-2040	2040-2045	2045-2050	2050-2055	2055-2060
年平均人口増加数(千人)	1 035	1 056	987	900	843	861	893	884	832	773
年平均出生数(千人)	1 569	1 669	1 636	1 596	1 601	1 691	1 794	1 845	1 842	1 829
年平均死亡数(千人)	476	518	554	601	663	735	806	866	920	970
人口増加率(%)	1.60	1.51	1.32	1.13	1.00	0.97	0.96	0.91	0.82	0.73
粗出生率(人口千人あたり)	24.2	23.9	21.8	20.0	19.0	19.1	19.3	19.0	18.1	17.3
粗死亡率(人口千人あたり)	7.4	7.4	7.4	7.5	7.9	8.3	8.7	8.9	9.1	9.2
合計出生率 (女子1人あたり)	2.70	2.81	2.84	2.84	2.74	2.66	2.61	2.58	2.54	2.50
純再生産率 (女子1人あたり)	1.24	1.29	1.31	1.32	1.28	1.26	1.23	1.21	1.20	1.18

D. 低 位 予 測 値

	2015	2020	2025	2030	2035	2040	2045	2050	2055	2060
人口(千人)										
総数	67 314	71 151	73 855	75 628	77 000	78 050	78 620	78 498	77 640	76 166
男	33 088	34 952	36 223	37 009	37 589	38 018	38 221	38 087	37 589	36 789
女	34 226	36 199	37 632	38 619	39 411	40 032	40 399	40 411	40 051	39 376
性比(女100につき男)	96.7	96.6	96.3	95.8	95.4	95.0	94.6	94.2	93.9	93.4
年齢分布(%)										
0－4歳	11.3	9.3	7.7	6.6	6.4	6.3	6.1	5.6	5.1	4.6
5－14歳	17.7	19.7	19.0	16.0	13.6	12.5	12.4	12.3	11.8	10.8
15－24歳	18.0	15.4	15.8	18.2	17.9	15.2	13.1	12.1	12.3	12.4
60歳以上	7.9	9.3	11.1	12.4	13.8	15.2	17.1	20.0	22.3	23.6
65歳以上	4.9	5.6	6.9	8.6	9.6	10.6	11.7	13.3	15.9	18.0
80歳以上	1.0	1.1	1.0	1.0	1.4	1.8	2.4	2.6	2.9	3.3
15－49歳女子(%)	53.1	51.6	51.8	53.5	53.2	50.6	48.1	47.0	46.7	45.5
中位数年齢(歳)	26.5	28.2	30.1	31.7	33.1	34.3	36.0	38.0	40.3	42.2

	2010-2015	2015-2020	2020-2025	2025-2030	2030-2035	2035-2040	2040-2045	2045-2050	2050-2055	2055-2060
年平均人口増加数(千人)	1 035	767	541	355	274	210	114	－ 25	－ 172	－ 295
年平均出生数(千人)	1 569	1 370	1 173	1 031	1 013	1 018	989	907	805	723
年平均死亡数(千人)	476	508	537	581	643	713	780	837	886	932
人口増加率(%)	1.60	1.11	0.75	0.48	0.36	0.27	0.15	−0.03	−0.22	−0.38
粗出生率(人口千人あたり)	24.2	19.8	16.2	13.8	13.3	13.1	12.6	11.5	10.3	9.4
粗死亡率(人口千人あたり)	7.4	7.3	7.4	7.8	8.4	9.2	10.0	10.6	11.3	12.1
合計出生率 (女子1人あたり)	2.70	2.30	2.04	1.83	1.74	1.67	1.62	1.58	1.54	1.51
純再生産率 (女子1人あたり)	1.24	1.06	0.94	0.85	0.82	0.79	0.76	0.74	0.72	0.71

E. 出生力一定予測値

	2015	2020	2025	2030	2035	2040	2045	2050	2055	2060
人口(千人)										
総数	67 314	72 295	76 838	81 023	85 301	89 917	94 738	99 520	104 237	109 092
男	33 088	35 537	37 749	39 769	41 834	44 086	46 460	48 831	51 179	53 608
女	34 226	36 757	39 088	41 255	43 467	45 831	48 277	50 689	53 058	55 484
中位数年齢(歳)	26.5	27.7	28.7	29.2	29.2	29.5	30.2	30.7	30.9	30.8

	2010-2015	2015-2020	2020-2025	2025-2030	2030-2035	2035-2040	2040-2045	2045-2050	2050-2055	2055-2060
人口増加率(%)	1.60	1.43	1.22	1.06	1.03	1.05	1.04	0.99	0.93	0.91
粗出生率(人口千人あたり)	24.2	23.0	20.9	19.4	19.4	20.0	20.2	19.8	19.2	19.0
粗死亡率(人口千人あたり)	7.4	7.4	7.4	7.6	8.0	8.4	8.7	8.9	9.0	9.1

Southern Asia

A. 推 計 値

指 標	1960	1965	1970	1975	1980	1985	1990	1995	2000	2005	2010
人口(千人)											
総数	593 943	661 873	741 603	832 611	939 043	1 059 740	1 189 261	1 319 396	1 451 933	1 581 124	1 702 991
男	307 256	342 535	383 798	430 808	485 478	547 351	613 752	680 956	749 146	816 106	877 821
女	286 687	319 337	357 805	401 803	453 565	512 389	575 508	638 440	702 786	765 018	825 170
性比(女100につき男)	107.2	107.3	107.3	107.2	107.0	106.8	106.6	106.7	106.6	106.7	106.4
年齢分布(%)											
０－４歳	16.4	16.3	16.0	15.6	15.4	15.3	14.5	13.4	12.4	11.5	10.8
５－14歳	24.1	25.3	25.5	25.3	24.9	24.6	24.7	24.5	23.3	21.9	20.8
15－24歳	18.1	17.5	18.4	19.1	19.4	19.4	19.2	19.2	19.8	20.0	19.4
60歳以上	5.3	5.3	5.5	5.6	5.7	5.9	6.0	6.3	6.7	7.1	7.5
65歳以上	3.2	3.2	3.3	3.5	3.6	3.6	3.8	4.0	4.3	4.7	5.0
80歳以上	0.4	0.3	0.3	0.3	0.4	0.4	0.4	0.5	0.5	0.6	0.7
15－49歳女子(%)	47.6	46.6	46.7	47.1	47.6	47.8	48.2	49.3	51.0	52.4	53.2
中位数年齢(歳)	20.1	19.5	19.2	19.4	19.7	19.9	20.3	21.0	22.0	23.2	24.5
人口密度(1km²あたり)	93	103	116	130	147	166	186	206	227	247	266

指 標	1960-1965	1965-1970	1970-1975	1975-1980	1980-1985	1985-1990	1990-1995	1995-2000	2000-2005	2005-2010	2010-2015
年平均人口増加数(千人)	13 586	15 946	18 202	21 286	24 139	25 904	26 027	26 507	25 838	24 373	23 997
年平均出生数(千人)	26 752	28 877	31 249	33 805	37 131	38 870	39 061	39 292	39 162	38 919	37 875
年平均死亡数(千人)	13 074	12 804	12 823	12 473	12 801	12 860	12 438	12 206	12 243	12 455	12 562
人口増加率(%)	2.17	2.28	2.32	2.41	2.42	2.31	2.08	1.91	1.71	1.49	1.36
粗出生率(人口千人あたり)	42.6	41.2	39.7	38.2	37.2	34.6	31.1	28.4	25.8	23.7	21.5
粗死亡率(人口千人あたり)	20.8	18.2	16.3	14.1	12.8	11.4	9.9	8.8	8.1	7.6	7.1
合計出生率(女子１人あたり)	6.07	5.94	5.67	5.31	5.03	4.57	4.04	3.61	3.19	2.85	2.56
純再生産率(女子１人あたり)	1.90	1.97	1.95	1.94	1.91	1.79	1.62	1.48	1.34	1.23	1.13
乳児死亡率(出生千人あたり)	161	149	141	123	108	95	83	72	61	52	44
出生時の平均余命(歳)											
男	43.9	47.1	49.7	52.7	54.3	56.6	59.1	61.2	63.1	64.8	66.4
女	42.9	46.2	49.1	52.9	55.5	57.6	60.3	62.9	65.0	66.9	69.2
男女計	43.4	46.6	49.4	52.8	54.9	57.0	59.7	62.0	64.0	65.8	67.7

B. 中 位 予 測 値

指 標	2015	2020	2025	2030	2035	2040	2045	2050	2055	2060
人口(千人)										
総数	1 822 974	1 940 160	2 049 008	2 147 377	2 234 432	2 309 527	2 372 960	2 423 795	2 461 960	2 487 052
男	938 881	998 543	1 053 569	1 102 840	1 146 023	1 182 699	1 213 289	1 237 512	1 255 687	1 267 601
女	884 093	941 617	995 439	1 044 537	1 088 409	1 126 828	1 159 671	1 186 283	1 206 274	1 219 451
性比(女100につき男)	106.2	106.0	105.8	105.6	105.3	105.0	104.6	104.3	104.1	103.9
年齢分布(%)										
０－４歳	9.9	9.3	8.6	8.0	7.5	7.1	6.7	6.4	6.1	5.8
５－14歳	19.7	18.5	17.4	16.5	15.5	14.6	13.9	13.2	12.7	12.2
15－24歳	18.6	17.9	17.2	16.5	15.7	15.1	14.4	13.8	13.2	12.8
60歳以上	8.4	9.5	10.6	11.9	13.3	14.9	16.9	19.0	20.9	22.7
65歳以上	5.4	6.1	7.0	8.0	9.1	10.3	11.7	13.4	15.2	16.9
80歳以上	0.8	1.0	1.1	1.2	1.5	1.9	2.3	2.7	3.2	3.8
６－11歳	11.9	11.1	10.4	9.9	9.3	8.7	8.3	7.9	7.6	7.3
12－14歳	5.8	5.6	5.2	5.0	4.7	4.5	4.2	4.0	3.9	3.7
15－17歳	5.7	5.5	5.2	4.9	4.8	4.5	4.3	4.1	3.9	3.8
18－23歳	11.1	10.7	10.3	9.9	9.4	9.1	8.7	8.3	8.0	7.7
15－24歳女子(%)	53.6	53.7	53.6	52.9	51.8	50.5	49.2	47.9	46.6	45.4
中位数年齢(歳)	26.1	27.6	29.1	30.6	32.2	33.8	35.3	36.7	38.1	39.4
人口密度(1km²あたり)	285	303	320	336	349	361	371	379	385	389

指 標	2010-2015	2015-2020	2020-2025	2025-2030	2030-2035	2035-2040	2040-2045	2045-2050	2050-2055	2055-2060
年平均人口増加数(千人)	23 997	23 437	21 769	19 674	17 411	15 019	12 687	10 167	7 633	5 018
年平均出生数(千人)	37 875	37 604	36 713	35 632	34 511	33 456	32 582	31 620	30 531	29 406
年平均死亡数(千人)	12 562	13 110	13 891	14 914	16 101	17 438	18 896	20 444	21 939	23 479
年平均純移動数(千人)	−1316	−1057	−1053	−1044	−999	−999	−999	−1009	−959	−908
人口増加率(%)	1.36	1.25	1.09	0.94	0.80	0.66	0.54	0.42	0.31	0.20
粗出生率(人口千人あたり)	21.5	20.0	18.4	17.0	15.8	14.7	13.9	13.2	12.5	11.9
粗死亡率(人口千人あたり)	7.1	7.0	7.0	7.1	7.3	7.7	8.1	8.5	9.0	9.5
純移動率(人口千人あたり)	−0.7	−0.6	−0.5	−0.5	−0.5	−0.4	−0.4	−0.4	−0.4	−0.4
合計出生率 (女子１人あたり)	2.56	2.42	2.29	2.18	2.08	2.01	1.97	1.93	1.89	1.86
純再生産率 (女子１人あたり)	1.13	1.07	1.03	0.99	0.96	0.94	0.92	0.90	0.88	0.87
乳児死亡率 (出生千人あたり)	44	37	32	27	23	20	18	15	14	12
５歳未満の死亡数(出生千人あた	56	47	40	34	29	25	22	19	17	15
出生時の平均余命(歳)										
男	66.4	67.8	69.1	70.2	71.2	72.1	73.0	73.9	74.9	75.8
女	69.2	70.8	72.2	73.4	74.5	75.6	76.5	77.4	78.2	79.0
男女計	67.7	69.2	70.6	71.7	72.8	73.8	74.7	75.6	76.5	77.4

C. 高 位 予 測 値

	2015	2020	2025	2030	2035	2040	2045	2050	2055	2060
人口(千人)										
総数	1 822 974	1 958 891	2 098 694	2 236 559	2 363 974	2 484 366	2 603 766	2 722 432	2 836 977	2 943 336
男	938 881	1 008 325	1 079 500	1 149 341	1 213 498	1 273 660	1 333 213	1 392 525	1 450 197	1 504 111
女	884 093	950 566	1 019 194	1 087 217	1 150 475	1 210 706	1 270 553	1 329 907	1 386 781	1 439 225
性比(女100につき男)	106.2	106.0	105.8	105.4	105.1	104.7	104.3	103.9	103.5	103.3
年齢分布(%)										
０－４歳	9.9	10.2	9.9	9.5	8.8	8.4	8.3	8.2	8.0	7.7
５－14歳	19.7	18.3	17.9	18.0	17.6	16.8	15.9	15.5	15.4	15.3
15－24歳	18.6	17.7	16.8	15.8	15.7	16.0	15.9	15.2	14.5	14.2
60歳以上	8.4	9.4	10.4	11.5	12.6	13.9	15.4	16.9	18.1	19.2
65歳以上	5.4	6.1	6.9	7.7	8.6	9.6	10.7	11.9	13.2	14.3
80歳以上	0.8	1.0	1.1	1.2	1.4	1.7	2.1	2.4	2.8	3.2
15－49歳女子(%)	53.6	53.2	52.3	50.8	49.8	48.9	48.2	47.3	46.6	46.1
中位数年齢(歳)	26.1	27.3	28.3	29.3	30.3	31.2	31.9	32.6	33.4	34.2

	2010-2015	2015-2020	2020-2025	2025-2030	2030-2035	2035-2040	2040-2045	2045-2050	2050-2055	2055-2060
年平均人口増加数(千人)	23 997	27 183	27 961	27 573	25 483	24 079	23 880	23 733	22 909	21 272
年平均出生数(千人)	37 875	41 501	43 140	43 805	42 845	42 788	44 085	45 540	46 197	46 082
年平均死亡数(千人)	12 562	13 261	14 127	15 188	16 363	17 710	19 206	20 798	22 329	23 902
人口増加率(%)	1.36	1.44	1.38	1.27	1.11	0.99	0.94	0.89	0.82	0.74
粗出生率(人口千人あたり)	21.5	21.9	21.3	20.2	18.6	17.7	17.3	17.1	16.6	15.9
粗死亡率(人口千人あたり)	7.1	7.0	7.0	7.0	7.1	7.3	7.5	7.8	8.0	8.3
合計出生率 (女子１人あたり)	2.56	2.67	2.69	2.68	2.58	2.51	2.46	2.42	2.39	2.35
純再生産率 (女子１人あたり)	1.13	1.19	1.21	1.22	1.19	1.17	1.15	1.13	1.12	1.11

D. 低 位 予 測 値

	2015	2020	2025	2030	2035	2040	2045	2050	2055	2060
人口(千人)										
総数	1 822 974	1 921 430	1 999 321	2 058 195	2 105 093	2 137 025	2 151 020	2 145 727	2 123 321	2 085 923
男	938 881	988 762	1 027 638	1 056 339	1 078 653	1 092 948	1 097 957	1 093 151	1 080 017	1 059 654
女	884 093	932 668	971 684	1 001 856	1 026 440	1 044 077	1 053 063	1 052 576	1 043 304	1 026 269
性比(女100につき男)	106.2	106.0	105.8	105.4	105.1	104.7	104.3	103.9	103.5	103.3
年齢分布(%)										
０－４歳	9.9	8.4	7.3	6.5	6.1	5.6	5.1	4.6	4.2	3.9
５－14歳	19.7	18.6	16.9	14.8	13.1	12.1	11.4	10.6	9.7	8.9
15－24歳	18.6	18.1	17.7	17.2	15.8	14.0	12.7	11.9	11.4	10.8
60歳以上	8.4	9.5	10.9	12.4	14.1	16.2	18.7	21.4	24.2	27.1
65歳以上	5.4	6.2	7.2	8.4	9.7	11.1	12.9	15.1	17.6	20.1
80歳以上	0.8	1.0	1.1	1.3	1.6	2.0	2.5	3.0	3.7	4.5
15－49歳女子(%)	53.6	54.2	54.9	55.2	54.1	52.2	50.1	48.1	46.0	43.7
中位数年齢(歳)	26.1	27.8	29.8	32.0	34.1	36.3	38.5	40.8	43.1	45.3

	2010-2015	2015-2020	2020-2025	2025-2030	2030-2035	2035-2040	2040-2045	2045-2050	2050-2055	2055-2060
年平均人口増加数(千人)	23 997	19 691	15 578	11 775	9 380	6 386	2 799	－1 059	－4 481	－7 480
年平均出生数(千人)	37 875	33 706	30 285	27 459	26 219	24 561	22 409	20 081	18 077	16 544
年平均死亡数(千人)	12 562	12 959	13 654	14 640	15 840	17 175	18 611	20 130	21 600	23 116
人口増加率(%)	1.36	1.05	0.80	0.58	0.45	0.30	0.13	−0.05	−0.21	−0.36
粗出生率(人口千人あたり)	21.5	18.0	15.4	13.5	12.6	11.6	10.5	9.3	8.5	7.9
粗死亡率(人口千人あたり)	7.1	6.9	7.0	7.2	7.6	8.1	8.7	9.4	10.1	11.0
合計出生率 (女子１人あたり)	2.56	2.17	1.89	1.68	1.59	1.52	1.47	1.43	1.39	1.36
純再生産率 (女子１人あたり)	1.13	0.96	0.85	0.76	0.73	0.70	0.68	0.67	0.65	0.64

E. 出生力一定予測値

	2015	2020	2025	2030	2035	2040	2045	2050	2055	2060
人口(千人)										
総数	1 822 974	1 951 882	2 084 068	2 216 052	2 345 818	2 474 395	2 605 233	2 739 362	2 876 707	3 016 610
男	938 881	1 004 742	1 072 133	1 139 283	1 205 232	1 270 419	1 336 894	1 405 243	1 475 773	1 548 118
女	884 093	947 141	1 011 935	1 076 769	1 140 586	1 203 976	1 268 339	1 334 118	1 400 934	1 468 492
中位数年齢(歳)	26.1	27.4	28.6	29.6	30.6	31.4	31.9	32.3	32.6	32.9

	2010-2015	2015-2020	2020-2025	2025-2030	2030-2035	2035-2040	2040-2045	2045-2050	2050-2055	2055-2060
人口増加率(%)	1.36	1.37	1.31	1.23	1.14	1.07	1.03	1.00	0.98	0.95
粗出生率(人口千人あたり)	21.5	21.2	20.6	19.8	19.0	18.5	18.3	18.3	18.1	18.0
粗死亡率(人口千人あたり)	7.1	7.0	7.0	7.1	7.2	7.4	7.6	7.8	8.0	8.2

South-Eastern Asia

A. 推 計 値

指　標	1960	1965	1970	1975	1980	1985	1990	1995	2000	2005	2010
人口(千人)											
総数	213 838	245 876	281 521	319 721	358 106	401 712	445 665	486 881	526 179	563 157	596 708
男	106 411	122 450	140 262	159 279	178 323	200 085	222 338	242 676	262 028	280 534	297 955
女	107 427	123 426	141 259	160 441	179 783	201 627	223 327	244 205	264 150	282 623	298 753
性比(女100につき男)	99.1	99.2	99.3	99.3	99.2	99.2	99.6	99.4	99.2	99.3	99.7
年齢分布(%)											
0－4歳	17.5	17.3	16.7	15.8	14.7	14.0	12.8	11.7	10.4	9.9	9.3
5－14歳	24.1	26.3	27.1	26.9	26.2	25.0	23.9	22.8	21.4	20.1	18.6
15－24歳	17.8	16.7	17.8	19.6	20.6	20.8	20.6	20.1	19.8	19.2	18.0
60歳以上	5.7	5.7	5.8	5.8	5.9	6.0	6.4	6.9	7.4	7.6	8.2
65歳以上	3.6	3.5	3.6	3.7	3.8	3.9	4.1	4.4	4.9	5.2	5.5
80歳以上	0.4	0.4	0.4	0.4	0.4	0.5	0.6	0.6	0.7	0.8	0.9
15－49歳女子(%)	46.2	44.5	44.6	45.8	47.3	48.8	50.5	52.2	54.2	54.6	54.8
中位数年齢(歳)	19.6	18.6	18.1	18.4	19.1	20.0	21.3	22.6	24.2	25.5	27.4
人口密度(1km²あたり)	49	57	65	74	82	93	103	112	121	130	137

指　標	1960-1965	1965-1970	1970-1975	1975-1980	1980-1985	1985-1990	1990-1995	1995-2000	2000-2005	2005-2010	2010-2015
年平均人口増加数(千人)	6 408	7 129	7 640	7 677	8 721	8 791	8 243	7 860	7 396	6 710	7 356
年平均出生数(千人)	9 799	10 599	11 177	11 587	12 077	12 081	11 997	11 456	11 595	11 753	11 878
年平均死亡数(千人)	3 388	3 361	3 524	3 629	3 339	3 288	3 378	3 506	3 745	3 930	4 233
人口増加率(%)	2.79	2.71	2.55	2.27	2.30	2.08	1.77	1.55	1.36	1.16	1.20
粗出生率(人口千人あたり)	42.6	40.2	37.2	34.2	31.8	28.5	25.7	22.6	21.3	20.3	19.3
粗死亡率(人口千人あたり)	14.7	12.7	11.7	10.7	8.8	7.8	7.2	6.9	6.9	6.8	6.9
合計出生率(女子1人あたり)	6.08	5.91	5.48	4.80	4.20	3.57	3.11	2.69	2.51	2.41	2.35
純再生産率(女子1人あたり)	2.29	2.33	2.23	1.99	1.79	1.56	1.38	1.22	1.15	1.11	1.09
乳児死亡率(出生千人あたり)	115	99	86	81	68	56	47	41	34	29	24
出生時の平均余命(歳)											
男	50.9	53.5	54.4	55.7	59.8	61.9	63.2	64.4	65.4	66.5	67.5
女	54.8	57.6	59.0	60.5	64.1	66.5	68.2	69.6	70.8	72.2	73.2
男女計	52.8	55.5	56.7	58.0	61.9	64.2	65.7	66.9	68.0	69.3	70.3

B. 中 位 予 測 値

指　標	2015	2020	2025	2030	2035	2040	2045	2050	2055	2060
人口(千人)										
総数	633 490	667 627	698 154	724 848	747 730	766 623	781 401	792 139	799 171	803 096
男	316 148	332 859	347 592	360 250	370 942	379 661	386 434	391 376	394 651	396 562
女	317 341	334 768	350 561	364 598	376 789	386 962	394 967	400 763	404 519	406 534
性比(女100につき男)	99.6	99.4	99.2	98.8	98.4	98.1	97.8	97.7	97.6	97.5
年齢分布(%)										
0－4歳	9.1	8.5	7.9	7.5	7.1	6.9	6.6	6.4	6.2	6.0
5－14歳	17.4	16.8	16.3	15.4	14.6	13.9	13.5	13.1	12.8	12.4
15－24歳	17.3	16.3	15.5	15.3	15.0	14.3	13.7	13.3	13.0	12.8
60歳以上	9.3	11.0	12.8	14.7	16.5	18.2	19.8	21.1	22.5	23.6
65歳以上	5.9	6.9	8.3	9.9	11.5	12.9	14.2	15.6	16.7	17.8
80歳以上	1.0	1.1	1.2	1.4	1.8	2.4	2.9	3.5	4.0	4.4
6－11歳	10.4	10.2	9.8	9.2	8.7	8.3	8.1	7.8	7.6	7.4
12－14歳	5.2	4.9	4.9	4.7	4.4	4.2	4.1	4.0	3.9	3.8
15－17歳	5.2	4.9	4.7	4.7	4.5	4.3	4.1	4.0	3.9	3.8
18－23歳	10.4	9.8	9.3	9.1	9.1	8.6	8.3	8.0	7.8	7.7
15－24歳女子(%)	53.7	52.4	51.1	50.0	48.7	47.7	46.5	45.6	44.9	44.4
中位数年齢(歳)	28.8	30.2	31.7	33.1	34.4	35.5	36.5	37.6	38.6	39.5
人口密度(1km²あたり)	146	154	161	167	172	177	180	182	184	185

指　標	2010-2015	2015-2020	2020-2025	2025-2030	2030-2035	2035-2040	2040-2045	2045-2050	2050-2055	2055-2060
年平均人口増加数(千人)	7 356	6 827	6 105	5 339	4 576	3 778	2 956	2 148	1 406	785
年平均出生数(千人)	11 878	11 623	11 303	11 028	10 840	10 680	10 485	10 249	9 977	9 714
年平均死亡数(千人)	4 233	4 560	4 972	5 463	6 037	6 675	7 303	7 875	8 356	8 726
年平均純移動数(千人)	−288	−236	−226	−226	−226	−226	−226	−226	−215	−204
人口増加率(%)	1.20	1.05	0.89	0.75	0.62	0.50	0.38	0.27	0.18	0.10
粗出生率(人口千人あたり)	19.3	17.9	16.6	15.5	14.7	14.1	13.5	13.0	12.5	12.1
粗死亡率(人口千人あたり)	6.9	7.0	7.3	7.7	8.2	8.8	9.4	10.0	10.5	10.9
純移動率(人口千人あたり)	−0.5	−0.4	−0.3	−0.3	−0.3	−0.3	−0.3	−0.3	−0.3	−0.3
合計出生率(女子1人あたり)	2.35	2.25	2.16	2.10	2.05	2.01	1.97	1.94	1.91	1.89
純再生産率(女子1人あたり)	1.09	1.05	1.01	0.99	0.97	0.95	0.93	0.92	0.91	0.90
乳児死亡率(出生千人あたり)	24	22	20	18	16	15	13	12	11	10
5歳未満の死亡数(出生千人あたり	30	27	24	22	20	18	16	14	13	12
出生時の平均余命(歳)										
男	67.5	68.4	69.3	70.1	70.8	71.6	72.3	73.0	73.8	74.6
女	73.2	74.2	75.0	75.9	76.7	77.4	78.1	78.7	79.3	80.0
男女計	70.3	71.2	72.1	72.9	73.7	74.4	75.2	75.8	76.5	77.2

C. 高 位 予 測 値

	2015	2020	2025	2030	2035	2040	2045	2050	2055	2060
人口(千人)										
総数	633 490	673 853	714 518	753 973	790 067	823 593	855 514	886 598	917 103	946 948
男	316 148	336 052	355 973	375 149	392 587	408 773	424 288	439 603	454 842	469 960
女	317 341	337 801	358 544	378 824	397 480	414 820	431 226	446 995	462 261	476 988
性比(女100につき男)	99.6	99.4	99.0	98.6	98.1	97.6	97.2	96.8	96.6	96.3
年齢分布(%)										
0－4歳	9.1	9.3	9.2	8.9	8.4	8.2	8.1	8.0	8.0	7.8
5－14歳	17.4	16.7	16.8	16.9	16.7	16.1	15.6	15.3	15.2	15.2
15－24歳	17.3	16.2	15.2	14.7	15.0	15.3	15.2	14.8	14.4	14.2
60歳以上	9.3	10.9	12.5	14.1	15.6	16.9	18.1	18.9	19.6	20.0
65歳以上	5.9	6.9	8.1	9.5	10.8	12.0	13.0	14.0	14.5	15.1
80歳以上	1.0	1.1	1.2	1.4	1.7	2.2	2.7	3.1	3.5	3.7
15－49歳女子(%)	53.7	52.0	49.9	48.2	47.0	46.4	45.9	45.5	45.3	45.4
中位数年齢(歳)	28.8	29.9	30.9	31.7	32.4	32.8	33.1	33.4	33.9	34.3

	2010-2015	2015-2020	2020-2025	2025-2030	2030-2035	2035-2040	2040-2045	2045-2050	2050-2055	2055-2060
年平均人口増加数(千人)	7 356	8 073	8 133	7 891	7 219	6 705	6 384	6 217	6 101	5 969
年平均出生数(千人)	11 878	12 898	13 379	13 640	13 544	13 675	13 993	14 411	14 778	15 016
年平均死亡数(千人)	4 233	4 590	5 021	5 523	6 099	6 744	7 383	7 968	8 462	8 844
人口増加率(%)	1.20	1.24	1.17	1.08	0.94	0.83	0.76	0.71	0.68	0.64
粗出生率(人口千人あたり)	19.3	19.7	19.3	18.6	17.5	16.9	16.7	16.5	16.4	16.1
粗死亡率(人口千人あたり)	6.9	7.0	7.2	7.5	7.9	8.4	8.8	9.1	9.4	9.5
合計出生率 (女子1人あたり)	2.35	2.50	2.56	2.60	2.55	2.51	2.47	2.43	2.41	2.38
純再生産率 (女子1人あたり)	1.09	1.16	1.20	1.23	1.20	1.19	1.17	1.16	1.15	1.14

D. 低 位 予 測 値

	2015	2020	2025	2030	2035	2040	2045	2050	2055	2060
人口(千人)										
総数	633 490	661 290	681 649	695 542	705 266	710 094	709 353	702 800	690 871	674 628
男	316 148	329 610	339 139	345 258	349 232	350 775	349 636	345 768	339 386	331 029
女	317 341	331 680	342 509	350 284	356 034	359 319	359 717	357 032	351 485	343 599
性比(女100につき男)	99.6	99.4	99.0	98.6	98.1	97.6	97.2	96.8	96.6	96.3
年齢分布(%)										
0－4歳	9.1	7.6	6.6	5.9	5.7	5.4	5.1	4.7	4.4	4.1
5－14歳	17.4	17.0	15.8	13.7	12.2	11.4	11.0	10.5	10.0	9.3
15－24歳	17.3	16.5	15.9	15.9	15.0	13.2	11.9	11.3	11.1	10.8
60歳以上	9.3	11.1	13.1	15.3	17.5	19.6	21.9	23.8	26.0	28.1
65歳以上	5.9	7.0	8.5	10.3	12.1	14.0	15.7	17.6	19.3	21.2
80歳以上	1.0	1.2	1.3	1.5	1.9	2.6	3.2	3.9	4.6	5.3
15－49歳女子(%)	53.7	52.9	52.3	52.1	50.7	49.1	47.1	45.4	43.9	42.3
中位数年齢(歳)	28.8	30.5	32.4	34.5	36.4	38.2	40.0	41.7	43.6	45.5

	2010-2015	2015-2020	2020-2025	2025-2030	2030-2035	2035-2040	2040-2045	2045-2050	2050-2055	2055-2060
年平均人口増加数(千人)	7 356	5 560	4 072	2 779	1 945	966	－ 148	－1 311	－2 386	－3 248
年平均出生数(千人)	11 878	10 326	9 221	8 408	8 146	7 800	7 307	6 707	6 092	5 577
年平均死亡数(千人)	4 233	4 530	4 923	5 404	5 975	6 608	7 229	7 791	8 263	8 622
人口増加率(%)	1.20	0.86	0.61	0.40	0.28	0.14	−0.02	−0.19	−0.34	−0.48
粗出生率(人口千人あたり)	19.3	16.0	13.7	12.2	11.6	11.0	10.3	9.5	8.7	8.2
粗死亡率(人口千人あたり)	6.9	7.0	7.3	7.8	8.5	9.3	10.2	11.0	11.9	12.6
合計出生率 (女子1人あたり)	2.35	2.00	1.77	1.60	1.55	1.51	1.47	1.44	1.41	1.39
純再生産率 (女子1人あたり)	1.09	0.93	0.83	0.75	0.73	0.71	0.70	0.68	0.67	0.66

E. 出生力一定予測値

	2015	2020	2025	2030	2035	2040	2045	2050	2055	2060
人口(千人)										
総数	633 490	670 543	706 547	740 871	773 460	804 405	834 009	862 681	891 024	919 757
男	316 148	334 390	351 994	368 653	384 404	399 377	413 815	428 002	442 239	456 890
女	317 341	336 154	354 553	372 218	389 057	405 028	420 194	434 678	448 785	462 866
中位数年齢(歳)	28.8	30.0	31.3	32.3	33.2	33.7	34.1	34.4	34.6	34.8

	2010-2015	2015-2020	2020-2025	2025-2030	2030-2035	2035-2040	2040-2045	2045-2050	2050-2055	2055-2060
人口増加率(%)	1.20	1.14	1.05	0.95	0.86	0.79	0.72	0.68	0.65	0.64
粗出生率(人口千人あたり)	19.3	18.7	18.0	17.4	16.9	16.7	16.5	16.4	16.3	16.3
粗死亡率(人口千人あたり)	6.9	7.0	7.3	7.6	8.0	8.5	9.0	9.4	9.6	9.8

Western Asia

A. 推計値

指　標	1960	1965	1970	1975	1980	1985	1990	1995	2000	2005	2010
人口(千人)											
総数	66 156	75 524	86 037	98 849	113 786	131 237	148 552	166 656	184 957	205 806	232 703
男	32 955	37 673	42 951	49 533	57 343	66 340	75 414	84 927	94 139	105 653	121 092
女	33 200	37 852	43 087	49 316	56 443	64 897	73 138	81 729	90 818	100 153	111 610
性比(女100につき男)	99.3	99.5	99.7	100.4	101.6	102.2	103.1	103.9	103.7	105.5	108.5
年齢分布(%)											
0－4歳	17.0	16.7	16.3	16.1	15.9	15.4	14.6	13.4	12.5	11.5	11.0
5－14歳	24.3	26.1	26.1	25.7	25.4	25.2	25.1	24.5	23.2	21.9	20.0
15－24歳	17.3	16.6	18.1	19.2	19.2	19.0	19.2	19.1	19.5	19.5	18.9
60歳以上	6.5	6.5	6.7	6.8	6.4	6.2	6.5	6.9	7.1	7.1	7.2
65歳以上	4.1	4.2	4.3	4.5	4.5	4.2	4.2	4.5	4.8	5.0	5.0
80歳以上	0.5	0.5	0.6	0.6	0.6	0.6	0.6	0.7	0.7	0.7	0.8
15－49歳女子(%)	44.8	43.5	44.7	45.3	45.5	46.3	47.1	48.9	50.9	52.0	52.9
中位数年齢(歳)	19.9	19.0	18.7	19.0	19.2	19.7	20.1	21.1	22.2	23.5	25.1
人口密度(1k㎡あたり)	14	16	18	21	24	27	31	35	38	43	48

指　標	1960-1965	1965-1970	1970-1975	1975-1980	1980-1985	1985-1990	1990-1995	1995-2000	2000-2005	2005-2010	2010-2015
年平均人口増加数(千人)	1 874	2 103	2 562	2 987	3 490	3 463	3 621	3 660	4 170	5 379	4 906
年平均出生数(千人)	3 028	3 278	3 642	4 004	4 395	4 599	4 734	4 839	4 916	5 276	5 597
年平均死亡数(千人)	1 209	1 164	1 147	1 128	1 132	1 088	1 098	1 087	1 100	1 174	1 294
人口増加率(%)	2.65	2.61	2.78	2.81	2.85	2.48	2.30	2.08	2.14	2.46	2.00
粗出生率(人口千人あたり)	42.7	40.6	39.4	37.7	35.9	32.9	30.0	27.5	25.2	24.1	22.8
粗死亡率(人口千人あたり)	17.1	14.4	12.4	10.6	9.2	7.8	7.0	6.2	5.6	5.4	5.3
合計出生率(女子1人あたり)	6.07	5.91	5.70	5.33	4.96	4.47	4.02	3.59	3.21	3.02	2.91
純再生産率(女子1人あたり)	2.17	2.23	2.24	2.18	2.12	1.98	1.82	1.65	1.48	1.40	1.35
乳児死亡率(出生千人あたり)	152	131	113	92	72	57	48	37	31	27	24
出生時の平均余命(歳)											
男	48.2	51.8	54.9	58.0	59.5	62.7	64.4	66.4	68.3	69.4	70.0
女	52.3	55.9	59.4	62.7	65.9	68.3	70.2	72.1	73.5	74.7	75.6
男女計	50.2	53.9	57.1	60.3	62.6	65.4	67.2	69.2	70.8	72.0	72.7

B. 中位予測値

指　標	2015	2020	2025	2030	2035	2040	2045	2050	2055	2060
人口(千人)										
総数	257 231	279 094	300 747	321 580	341 389	360 511	378 674	395 491	410 666	424 144
男	134 169	145 125	155 868	166 161	175 889	185 250	194 129	202 334	209 717	216 254
女	123 063	133 969	144 879	155 418	165 500	175 260	184 545	193 157	200 949	207 890
性比(女100につき男)	109.0	108.3	107.6	106.9	106.3	105.7	105.2	104.8	104.4	104.0
年齢分布(%)										
0－4歳	10.8	9.9	9.3	8.7	8.4	8.1	7.8	7.5	7.2	6.9
5－14歳	19.3	19.0	18.4	17.4	16.4	15.7	15.2	14.8	14.4	13.9
15－24歳	17.6	16.9	16.4	16.5	16.2	15.4	14.7	14.2	14.0	13.8
60歳以上	7.9	8.9	10.2	11.6	13.2	14.9	16.6	18.3	19.6	20.8
65歳以上	5.1	5.9	6.8	7.9	9.1	10.4	11.8	13.3	14.7	15.8
80歳以上	1.0	1.0	1.1	1.2	1.6	2.0	2.5	2.9	3.5	4.1
6－11歳	11.7	11.6	11.1	10.4	9.8	9.4	9.1	8.9	8.6	8.4
12－14歳	5.5	5.4	5.4	5.2	4.9	4.6	4.5	4.4	4.3	4.2
15－17歳	5.4	5.1	5.1	5.2	4.9	4.6	4.4	4.3	4.2	4.2
18－23歳	10.5	10.1	9.7	9.7	9.7	9.3	8.8	8.5	8.3	8.2
15－24歳女子(%)	52.4	52.1	51.7	51.2	50.4	49.3	48.3	47.5	47.0	46.4
中位数年齢(歳)	26.3	27.5	28.7	29.9	31.0	32.1	33.2	34.3	35.4	36.3
人口密度(1k㎡あたり)	54	58	63	67	71	75	79	82	85	88

指　標	2010-2015	2015-2020	2020-2025	2025-2030	2030-2035	2035-2040	2040-2045	2045-2050	2050-2055	2055-2060
年平均人口増加数(千人)	4 906	4 373	4 331	4 167	3 962	3 824	3 633	3 363	3 035	2 696
年平均出生数(千人)	5 597	5 655	5 685	5 725	5 811	5 922	5 999	6 013	5 981	5 945
年平均死亡数(千人)	1 294	1 398	1 523	1 683	1 886	2 132	2 402	2 695	2 988	3 290
年平均純移動数(千人)	603	116	168	125	36	35	35	45	43	40
人口増加率(%)	2.00	1.63	1.49	1.34	1.20	1.09	0.98	0.87	0.75	0.65
粗出生率(人口千人あたり)	22.8	21.1	19.6	18.4	17.5	16.9	16.2	15.5	14.8	14.2
粗死亡率(人口千人あたり)	5.3	5.2	5.3	5.4	5.7	6.1	6.5	7.0	7.4	7.9
純移動率(人口千人あたり)	2.5	0.4	0.6	0.4	0.1	0.1	0.1	0.1	0.1	0.1
合計出生率（女子1人あたり）	2.91	2.75	2.61	2.51	2.43	2.36	2.29	2.24	2.19	2.15
純再生産率（女子1人あたり）	1.35	1.28	1.22	1.17	1.13	1.10	1.07	1.05	1.03	1.01
乳児死亡率（出生千人あたり）	24	22	19	17	15	14	12	11	10	9
5歳未満の死亡数(出生千人あたり)	31	27	24	21	19	17	15	14	12	11
出生時の平均余命(歳)										
男	70.0	71.3	72.2	73.0	73.9	74.8	75.7	76.4	77.2	77.9
女	75.6	76.6	77.4	78.2	78.9	79.5	80.2	80.7	81.2	81.7
男女計	72.7	73.8	74.7	75.5	76.3	77.1	77.8	78.5	79.1	79.7

C. 高位予測値

	2015	2020	2025	2030	2035	2040	2045	2050	2055	2060
人口(千人)										
総数	257 231	281 603	307 486	333 871	359 637	385 531	411 847	438 591	465 474	492 162
男	134 169	146 410	159 320	172 456	185 233	198 061	211 110	224 392	237 762	251 056
女	123 063	135 193	148 166	161 415	174 404	187 470	200 736	214 199	227 712	241 106
性比(女100につき男)	109.0	108.4	107.6	107.0	106.4	105.8	105.2	104.7	104.3	103.9
年齢分布(%)										
0－4歳	10.8	10.7	10.5	10.1	9.6	9.3	9.2	9.1	8.9	8.7
5－14歳	19.3	18.9	18.8	18.7	18.3	17.6	17.1	16.8	16.6	16.4
15－24歳	17.6	16.7	16.1	15.9	16.1	16.2	15.9	15.5	15.1	14.9
60歳以上	7.9	8.9	10.0	11.2	12.6	13.9	15.3	16.5	17.3	18.0
65歳以上	5.1	5.8	6.6	7.6	8.6	9.8	10.9	12.0	12.9	13.6
80歳以上	1.0	1.0	1.1	1.2	1.5	1.9	2.3	2.6	3.1	3.5
15－49歳女子(%)	52.4	51.6	50.6	49.3	48.5	47.8	47.4	47.0	46.8	46.7
中位数年齢(歳)	26.3	27.2	28.0	28.6	29.2	29.7	30.3	30.9	31.5	32.1

	2010-2015	2015-2020	2020-2025	2025-2030	2030-2035	2035-2040	2040-2045	2045-2050	2050-2055	2055-2060
年平均人口増加数(千人)	4 906	4 874	5 177	5 277	5 153	5 179	5 263	5 349	5 376	5 338
年平均出生数(千人)	5 597	6 167	6 549	6 858	7 027	7 305	7 663	8 038	8 368	8 639
年平均死亡数(千人)	1 294	1 409	1 541	1 706	1 910	2 160	2 435	2 734	3 034	3 342
人口増加率(%)	2.00	1.81	1.76	1.65	1.49	1.39	1.32	1.26	1.19	1.12
粗出生率(人口千人あたり)	22.8	22.9	22.2	21.4	20.3	19.6	19.2	18.9	18.5	18.0
粗死亡率(人口千人あたり)	5.3	5.2	5.2	5.3	5.5	5.8	6.1	6.4	6.7	7.0
合計出生率 (女子1人あたり)	2.91	2.99	3.01	3.01	2.93	2.85	2.78	2.72	2.68	2.64
純再生産率 (女子1人あたり)	1.35	1.40	1.41	1.41	1.37	1.34	1.31	1.28	1.26	1.25

D. 低位予測値

	2015	2020	2025	2030	2035	2040	2045	2050	2055	2060
人口(千人)										
総数	257 231	276 585	294 008	309 289	323 175	335 732	346 366	354 508	359 919	362 758
男	134 169	143 840	152 417	159 867	166 562	172 564	177 591	181 362	183 753	184 851
女	123 063	132 746	141 591	149 422	156 614	163 168	168 774	173 147	176 167	177 907
性比(女100につき男)	109.0	108.4	107.6	107.0	106.4	105.8	105.2	104.7	104.3	103.9
年齢分布(%)										
0－4歳	10.8	9.1	8.1	7.3	7.0	6.7	6.3	5.9	5.5	5.1
5－14歳	19.3	19.2	17.9	15.9	14.3	13.4	13.0	12.5	11.9	11.2
15－24歳	17.6	17.0	16.8	17.1	16.4	14.6	13.3	12.7	12.5	12.2
60歳以上	7.9	9.0	10.4	12.1	14.0	16.0	18.2	20.4	22.4	24.4
65歳以上	5.1	5.9	6.9	8.2	9.6	11.2	12.9	14.8	16.7	18.5
80歳以上	1.0	1.1	1.1	1.3	1.7	2.1	2.7	3.3	4.0	4.7
15－49歳女子(%)	52.4	52.6	52.9	53.3	52.4	51.0	49.3	47.9	46.8	45.4
中位数年齢(歳)	26.3	27.8	29.4	31.1	32.8	34.4	36.1	38.0	39.8	41.4

	2010-2015	2015-2020	2020-2025	2025-2030	2030-2035	2035-2040	2040-2045	2045-2050	2050-2055	2055-2060
年平均人口増加数(千人)	4 906	3 871	3 485	3 056	2 777	2 511	2 127	1 629	1 082	568
年平均出生数(千人)	5 597	5 143	4 821	4 591	4 602	4 581	4 462	4 242	3 987	3 771
年平均死亡数(千人)	1 294	1 388	1 505	1 660	1 861	2 105	2 370	2 658	2 947	3 244
人口増加率(%)	2.00	1.45	1.22	1.01	0.88	0.76	0.62	0.47	0.30	0.16
粗出生率(人口千人あたり)	22.8	19.3	16.9	15.2	14.6	13.9	13.1	12.1	11.2	10.4
粗死亡率(人口千人あたり)	5.3	5.2	5.3	5.5	5.9	6.4	6.9	7.6	8.3	9.0
合計出生率 (女子1人あたり)	2.91	2.50	2.22	2.01	1.93	1.86	1.80	1.75	1.71	1.68
純再生産率 (女子1人あたり)	1.35	1.16	1.03	0.94	0.90	0.86	0.84	0.81	0.79	0.78

E. 出生力一定予測値

	2015	2020	2025	2030	2035	2040	2045	2050	2055	2060
人口(千人)										
総数	257 231	281 107	306 859	333 815	361 869	391 811	424 035	458 858	496 603	537 746
男	134 169	146 161	159 008	172 442	186 398	201 311	217 399	234 834	253 780	274 491
女	123 063	134 946	147 850	161 373	175 470	190 500	206 635	224 024	242 823	263 255
中位数年齢(歳)	26.3	27.3	28.0	28.6	29.0	29.2	29.3	29.3	29.1	28.8

	2010-2015	2015-2020	2020-2025	2025-2030	2030-2035	2035-2040	2040-2045	2045-2050	2050-2055	2055-2060
人口増加率(%)	2.00	1.78	1.75	1.68	1.61	1.59	1.58	1.58	1.58	1.59
粗出生率(人口千人あたり)	22.8	22.5	22.2	21.8	21.6	21.6	21.8	22.0	22.2	22.4
粗死亡率(人口千人あたり)	5.3	5.2	5.3	5.4	5.5	5.8	6.1	6.3	6.5	6.6

EUROPE

A. 推 計 値

指　標	1960	1965	1970	1975	1980	1985	1990	1995	2000	2005	2010
人口(千人)											
総数	605 619	635 118	657 221	677 318	693 859	707 899	721 086	727 778	726 407	729 007	735 395
男	286 215	301 958	313 667	324 112	332 758	340 051	347 356	350 901	350 268	351 438	354 425
女	319 404	333 161	343 555	353 206	361 101	367 848	373 730	376 878	376 140	377 569	380 970
性比(女100につき男)	89.6	90.6	91.3	91.8	92.2	92.4	92.9	93.1	93.1	93.1	93.0
年齢分布(%)											
０－４歳	9.4	8.9	8.1	7.6	7.2	7.0	6.7	5.7	5.1	5.0	5.3
５－14歳	17.5	17.6	17.2	16.1	15.0	14.2	13.8	13.6	12.4	10.9	10.1
15－24歳	15.1	14.5	15.9	16.4	16.3	15.4	14.5	14.0	13.9	13.8	12.7
60歳以上	13.1	14.2	15.5	16.5	16.0	16.9	18.2	19.0	20.3	20.6	22.0
65歳以上	8.8	9.5	10.5	11.5	12.4	11.9	12.7	13.9	14.7	15.9	16.4
80歳以上	1.3	1.4	1.6	1.8	2.0	2.4	2.8	3.2	2.9	3.5	4.2
15－49歳女子(%)	48.0	46.6	47.8	47.8	47.7	47.9	47.5	48.5	48.8	48.5	46.8
中位数年齢(歳)	30.3	30.9	31.7	32.1	32.6	33.5	34.7	36.1	37.7	39.2	40.4
人口密度(1k㎡あたり)	27	29	30	31	31	32	33	33	33	33	33

指　標	1960-1965	1965-1970	1970-1975	1975-1980	1980-1985	1985-1990	1990-1995	1995-2000	2000-2005	2005-2010	2010-2015
年平均人口増加数(千人)	5 900	4 421	4 019	3 308	2 808	2 637	1 338	－ 274	520	1 277	609
年平均出生数(千人)	11 855	10 876	10 405	10 103	10 041	9 736	8 340	7 460	7 356	7 871	7 949
年平均死亡数(千人)	6 035	6 401	6 802	7 212	7 560	7 613	8 141	8 406	8 490	8 293	8 164
人口増加率(%)	0.95	0.68	0.60	0.48	0.40	0.37	0.19	−0.04	0.07	0.17	0.08
粗出生率(人口千人あたり)	19.1	16.8	15.6	14.7	14.3	13.6	11.5	10.3	10.1	10.8	10.8
粗死亡率(人口千人あたり)	9.7	9.9	10.2	10.5	10.8	10.7	11.2	11.6	11.7	11.3	11.1
合計出生率(女子１人あたり)	2.57	2.37	2.17	1.97	1.88	1.81	1.57	1.43	1.43	1.55	1.60
純再生産率(女子１人あたり)	1.19	1.10	1.01	0.93	0.89	0.86	0.75	0.67	0.67	0.73	0.76
乳児死亡率(出生千人あたり)	37	30	25	22	18	15	13	10	8	7	5
出生時の平均余命(歳)											
男	66.0	66.5	66.9	67.0	67.5	68.9	68.4	68.9	69.6	71.3	73.4
女	72.0	73.2	74.1	74.8	75.6	76.5	76.8	77.3	78.0	79.3	80.6
男女計	69.2	70.0	70.6	71.0	71.6	72.8	72.6	73.1	73.8	75.3	77.0

B. 中 位 予 測 値

指　標	2015	2020	2025	2030	2035	2040	2045	2050	2055	2060
人口(千人)										
総数	738 442	739 725	738 090	733 929	728 037	721 355	714 355	706 793	698 296	689 029
男	356 167	357 252	356 779	354 975	352 324	349 453	346 634	343 634	340 177	336 423
女	382 275	382 473	381 311	378 954	375 712	371 902	367 722	363 158	358 120	352 606
性比(女100につき男)	93.2	93.4	93.6	93.7	93.8	94.0	94.3	94.6	95.0	95.4
年齢分布(%)										
０－４歳	5.4	5.3	5.0	4.8	4.7	4.8	5.0	5.1	5.0	5.0
５－14歳	10.3	10.8	10.7	10.4	10.0	9.7	9.8	10.1	10.3	10.4
15－24歳	11.0	10.2	10.5	11.0	11.1	10.8	10.4	10.1	10.2	10.5
60歳以上	23.9	25.9	28.0	29.6	31.0	32.2	33.3	34.2	34.3	33.8
65歳以上	17.6	19.3	21.1	23.1	24.6	25.7	26.7	27.6	28.4	28.4
80歳以上	4.7	5.3	5.5	6.3	7.3	8.3	9.3	10.1	10.6	11.0
６－11歳	6.3	6.5	6.4	6.2	5.9	5.8	5.9	6.1	6.2	6.2
12－14歳	3.0	3.2	3.3	3.2	3.1	3.0	2.9	3.0	3.1	3.2
15－17歳	3.0	3.0	3.3	3.3	3.2	3.1	3.0	3.0	3.1	3.2
18－23歳	6.7	6.1	6.2	6.7	6.7	6.6	6.3	6.1	6.1	6.3
15－24歳女子(%)	44.2	42.3	40.9	39.9	38.8	37.6	37.1	37.3	37.5	37.6
中位数年齢(歳)	41.7	42.7	43.9	45.1	46.2	46.7	46.6	46.2	46.1	46.3
人口密度(1k㎡あたり)	33	33	33	33	33	33	32	32	32	31

指　標	2010-2015	2015-2020	2020-2025	2025-2030	2030-2035	2035-2040	2040-2045	2045-2050	2050-2055	2055-2060
年平均人口増加数(千人)	609	257	－ 327	－ 832	－ 1 179	－ 1 336	－ 1 400	－ 1 512	－ 1 699	－ 1 853
年平均出生数(千人)	7 949	7 782	7 419	7 035	6 864	6 970	7 135	7 144	6 996	6 803
年平均死亡数(千人)	8 164	8 425	8 580	8 727	8 938	9 204	9 433	9 554	9 548	9 464
年平均純移動数(千人)	825	899	835	860	895	898	898	898	853	808
人口増加率(%)	0.08	0.04	−0.04	−0.11	−0.16	−0.18	−0.20	−0.21	−0.24	−0.27
粗出生率(人口千人あたり)	10.8	10.5	10.0	9.6	9.4	9.6	9.9	10.1	10.0	9.8
粗死亡率(人口千人あたり)	11.1	11.4	11.6	11.9	12.2	12.7	13.1	13.4	13.6	13.6
純移動率(人口千人あたり)	1.1	1.2	1.1	1.2	1.2	1.2	1.3	1.3	1.2	1.2
合計出生率 (女子１人あたり)	1.60	1.62	1.66	1.69	1.73	1.75	1.77	1.79	1.80	1.81
純再生産率 (女子１人あたり)	0.76	0.78	0.80	0.81	0.83	0.84	0.85	0.86	0.87	0.87
乳児死亡率 (出生千人あたり)	5	5	4	4	3	3	3	3	3	2
５歳未満の死亡数(出生千人あたり	6	6	5	4	4	4	4	3	3	3
出生時の平均余命(歳)										
男	73.4	74.3	75.3	76.2	77.0	77.8	78.6	79.3	80.1	80.8
女	80.6	81.2	81.9	82.6	83.2	83.8	84.4	85.0	85.6	86.1
男女計	77.0	77.8	78.6	79.4	80.1	80.8	81.5	82.2	82.8	83.5

C. 高位予測値

	2015	2020	2025	2030	2035	2040	2045	2050	2055	2060
人口(千人)										
総数	738 442	745 677	752 929	759 103	763 207	766 980	771 988	779 095	788 097	798 193
男	356 167	360 309	364 399	367 900	370 381	372 875	376 213	380 733	386 242	392 406
女	382 275	385 368	388 531	391 202	392 826	394 106	395 775	398 362	401 855	405 787
性比(女100につき男)	93.2	93.3	93.3	93.3	93.2	93.2	93.4	93.5	93.7	93.9
年齢分布(%)										
0－4歳	5.4	6.0	6.1	6.0	5.8	5.9	6.2	6.5	6.7	6.7
5－14歳	10.3	10.7	11.3	12.0	12.1	11.8	11.7	12.0	12.5	13.0
15－24歳	11.0	10.1	10.3	10.7	11.4	12.1	12.1	11.8	11.6	11.9
60歳以上	23.9	25.7	27.4	28.6	29.6	30.3	30.8	31.1	30.4	29.2
65歳以上	17.6	19.1	20.7	22.3	23.4	24.2	24.7	25.0	25.1	24.5
80歳以上	4.7	5.3	5.4	6.1	7.0	7.8	8.7	9.1	9.4	9.5
15－49歳女子(%)	44.2	41.9	40.1	38.6	37.8	37.3	37.6	38.2	39.0	39.6
中位数年齢(歳)	41.7	42.5	43.2	43.8	44.4	44.1	43.0	41.8	40.8	40.4

	2010-2015	2015-2020	2020-2025	2025-2030	2030-2035	2035-2040	2040-2045	2045-2050	2050-2055	2055-2060
年平均人口増加数(千人)	609	1 447	1 450	1 235	821	755	1 001	1 421	1 800	2 019
年平均出生数(千人)	7 949	8 979	9 205	9 112	8 874	9 075	9 555	10 102	10 527	10 716
年平均死亡数(千人)	8 164	8 431	8 589	8 738	8 948	9 217	9 451	9 578	9 580	9 505
人口増加率(%)	0.08	0.20	0.19	0.16	0.11	0.10	0.13	0.18	0.23	0.26
粗出生率(人口千人あたり)	10.8	12.1	12.3	12.1	11.7	11.9	12.4	13.0	13.4	13.5
粗死亡率(人口千人あたり)	11.1	11.4	11.5	11.6	11.8	12.0	12.3	12.4	12.2	12.0
合計出生率 (女子1人あたり)	1.60	1.87	2.05	2.19	2.23	2.26	2.28	2.29	2.30	2.31
純再生産率 (女子1人あたり)	0.76	0.90	0.99	1.06	1.07	1.08	1.09	1.10	1.11	1.11

D. 低位予測値

	2015	2020	2025	2030	2035	2040	2045	2050	2055	2060
人口(千人)										
総数	738 442	733 773	723 251	708 756	692 905	676 009	657 879	637 735	615 191	590 985
男	356 167	354 196	349 159	342 050	334 287	326 175	317 648	308 202	297 549	286 149
女	382 275	379 577	374 091	366 706	358 618	349 834	340 231	329 533	317 642	304 835
性比(女100につき男)	93.2	93.3	93.3	93.3	93.2	93.2	93.4	93.5	93.7	93.9
年齢分布(%)										
0－4歳	5.4	4.5	3.9	3.5	3.5	3.7	3.7	3.6	3.4	3.2
5－14歳	10.3	10.9	10.1	8.7	7.7	7.4	7.5	7.8	7.8	7.5
15－24歳	11.0	10.3	10.7	11.4	10.8	9.3	8.4	8.1	8.3	8.7
60歳以上	23.9	26.1	28.5	30.6	32.6	34.4	36.2	37.9	39.0	39.5
65歳以上	17.6	19.4	21.6	23.9	25.8	27.5	29.0	30.6	32.2	33.1
80歳以上	4.7	5.3	5.6	6.5	7.7	8.9	10.2	11.1	12.0	12.9
15－49歳女子(%)	44.2	42.6	41.7	41.2	39.8	37.9	36.5	35.9	35.4	34.5
中位数年齢(歳)	41.7	43.0	44.6	46.3	47.9	49.3	50.2	50.6	51.2	52.1

	2010-2015	2015-2020	2020-2025	2025-2030	2030-2035	2035-2040	2040-2045	2045-2050	2050-2055	2055-2060
年平均人口増加数(千人)	609	－ 934	－2 105	－2 899	－3 170	－3 379	－3 626	－4 029	－4 509	－4 841
年平均出生数(千人)	7 949	6 586	5 632	4 958	4 861	4 914	4 892	4 605	4 157	3 777
年平均死亡数(千人)	8 164	8 419	8 571	8 717	8 927	9 191	9 416	9 531	9 518	9 426
人口増加率(%)	0.08	−0.13	−0.29	−0.41	−0.45	−0.49	−0.54	−0.62	−0.72	−0.80
粗出生率(人口千人あたり)	10.8	8.9	7.7	6.9	6.9	7.2	7.3	7.1	6.6	6.3
粗死亡率(人口千人あたり)	11.1	11.4	11.8	12.2	12.7	13.4	14.1	14.7	15.2	15.6
合計出生率 (女子1人あたり)	1.60	1.37	1.26	1.19	1.23	1.25	1.27	1.29	1.30	1.32
純再生産率 (女子1人あたり)	0.76	0.66	0.61	0.57	0.59	0.60	0.61	0.62	0.63	0.63

E. 出生力一定予測値

	2015	2020	2025	2030	2035	2040	2045	2050	2055	2060
人口(千人)										
総数	738 442	738 151	734 000	727 345	719 274	709 974	699 200	686 795	672 937	658 289
男	356 167	356 454	354 699	351 624	347 864	343 659	338 913	333 440	327 243	320 742
女	382 275	381 697	379 301	375 722	371 410	366 316	360 287	353 355	345 694	337 546
中位数年齢(歳)	41.7	42.8	44.1	45.4	46.6	47.4	47.6	47.5	47.6	48.1

	2010-2015	2015-2020	2020-2025	2025-2030	2030-2035	2035-2040	2040-2045	2045-2050	2050-2055	2055-2060
人口増加率(%)	0.08	−0.01	−0.11	−0.18	−0.22	−0.26	−0.31	−0.36	−0.41	−0.44
粗出生率(人口千人あたり)	10.8	10.1	9.4	8.9	8.9	9.0	9.0	8.9	8.7	8.6
粗死亡率(人口千人あたり)	11.1	11.4	11.7	11.9	12.4	12.9	13.4	13.8	14.0	14.2

Eastern Europe

A. 推 計 値

指 標	1960	1965	1970	1975	1980	1985	1990	1995	2000	2005	2010
人口(千人)											
総数	253 630	267 164	276 396	285 657	295 042	303 699	310 027	309 569	303 789	297 482	294 591
男	116 739	123 959	128 926	133 712	138 717	143 303	146 931	146 777	143 759	140 238	138 533
女	136 891	143 205	147 471	151 945	156 325	160 396	163 096	162 792	160 030	157 244	156 059
性比(女100につき男)	85.3	86.6	87.4	88.0	88.7	89.3	90.1	90.2	89.8	89.2	88.8
年齢分布(%)											
0－4歳	10.6	8.8	7.6	7.9	8.0	8.0	7.4	5.7	4.6	4.7	5.4
5－14歳	19.0	19.8	18.2	15.4	14.5	15.1	15.4	15.4	13.5	10.7	9.4
15－24歳	15.7	14.2	17.1	18.1	16.7	14.4	13.8	14.8	15.8	16.2	14.2
60歳以上	10.2	11.5	13.1	14.5	14.0	14.8	16.5	17.2	18.7	18.2	19.3
65歳以上	6.6	7.4	8.5	9.7	10.8	10.1	10.8	12.4	12.9	14.3	14.1
80歳以上	0.9	1.1	1.2	1.3	1.5	1.8	2.1	2.4	2.0	2.4	3.2
15－49歳女子(%)	49.6	47.9	49.9	50.2	48.4	47.5	46.1	48.5	50.1	50.4	48.2
中位数年齢(歳)	28.0	29.1	30.9	31.1	31.5	32.4	33.6	35.1	36.6	37.7	38.6
人口密度(1k㎡あたり)	14	15	15	16	16	17	17	17	17	16	16

指 標	1960-1965	1965-1970	1970-1975	1975-1980	1980-1985	1985-1990	1990-1995	1995-2000	2000-2005	2005-2010	2010-2015
年平均人口増加数(千人)	2 707	1 846	1 852	1 877	1 731	1 266	－ 92	－1 156	－1 261	－ 578	－ 330
年平均出生数(千人)	5 069	4 311	4 558	4 798	4 931	4 726	3 559	2 857	2 839	3 204	3 380
年平均死亡数(千人)	2 167	2 365	2 660	3 016	3 364	3 429	3 930	4 193	4 326	4 144	3 894
人口増加率(%)	1.04	0.68	0.66	0.65	0.58	0.41	−0.03	−0.38	−0.42	−0.20	−0.11
粗出生率(人口千人あたり)	19.5	15.9	16.2	16.5	16.5	15.4	11.5	9.3	9.4	10.8	11.5
粗死亡率(人口千人あたり)	8.3	8.7	9.5	10.4	11.2	11.2	12.7	13.7	14.4	14.0	13.3
合計出生率(女子1人あたり)	2.44	2.15	2.14	2.07	2.09	2.08	1.63	1.29	1.26	1.42	1.55
純再生産率(女子1人あたり)	1.12	1.00	1.00	0.97	0.98	0.98	0.77	0.61	0.60	0.67	0.74
乳児死亡率(出生千人あたり)	40	32	27	27	23	21	19	17	14	10	8
出生時の平均余命(歳)											
男	64.7	64.9	64.7	63.9	63.7	65.2	63.1	62.5	62.4	64.1	66.9
女	71.4	72.5	73.1	73.2	73.4	74.1	73.6	73.4	73.8	75.1	76.8
男女計	68.4	69.0	69.2	68.8	68.7	69.8	68.3	67.8	67.9	69.5	71.9

B. 中 位 予 測 値

指 標	2015	2020	2025	2030	2035	2040	2045	2050	2055	2060
人口(千人)										
総数	292 943	289 796	284 929	278 596	271 397	264 321	257 838	251 756	245 675	239 381
男	137 872	136 373	133 979	130 843	127 341	124 093	121 332	118 827	116 284	113 641
女	155 071	153 423	150 950	147 753	144 056	140 228	136 506	132 929	129 392	125 740
性比(女100につき男)	88.9	88.9	88.8	88.6	88.4	88.5	88.9	89.4	89.9	90.4
年齢分布(%)										
0－4歳	5.8	5.6	5.2	4.8	4.6	4.9	5.3	5.4	5.3	5.1
5－14歳	10.1	11.3	11.6	11.1	10.3	9.8	9.9	10.6	11.2	11.2
15－24歳	10.9	9.5	10.4	11.8	12.2	11.7	10.9	10.3	10.5	11.2
60歳以上	21.5	23.6	25.2	25.7	26.9	28.5	30.1	31.9	31.9	30.6
65歳以上	14.7	16.7	18.7	20.1	20.5	21.4	22.6	24.1	25.7	25.7
80歳以上	3.4	4.0	3.7	4.1	5.3	6.2	6.5	6.3	6.7	7.6
6－11歳	6.2	6.9	7.0	6.5	6.0	5.8	6.0	6.4	6.7	6.7
12－14歳	2.8	3.2	3.6	3.5	3.3	3.1	2.9	3.1	3.3	3.5
15－17歳	2.7	2.9	3.4	3.7	3.5	3.3	3.0	3.0	3.2	3.5
18－23歳	6.7	5.5	6.0	7.0	7.5	7.2	6.6	6.2	6.2	6.7
15－24歳女子(%)	45.3	43.8	42.5	41.4	39.8	37.8	37.2	37.8	38.6	38.9
中位数年齢(歳)	39.6	40.8	42.2	43.8	45.4	45.8	44.8	43.9	43.8	44.2
人口密度(1k㎡あたり)	16	16	16	15	15	15	14	14	14	13

指 標	2010-2015	2015-2020	2020-2025	2025-2030	2030-2035	2035-2040	2040-2045	2045-2050	2050-2055	2055-2060
年平均人口増加数(千人)	－ 330	－ 629	－ 973	－1 267	－1 440	－1 415	－1 297	－1 216	－1 216	－1 259
年平均出生数(千人)	3 380	3 250	2 959	2 661	2 529	2 614	2 747	2 752	2 625	2 467
年平均死亡数(千人)	3 894	3 990	4 003	4 010	4 050	4 111	4 125	4 049	3 919	3 799
年平均純移動数(千人)	185	111	71	82	82	82	82	82	78	73
人口増加率(%)	−0.11	−0.22	−0.34	−0.45	−0.52	−0.53	−0.50	−0.48	−0.49	−0.52
粗出生率(人口千人あたり)	11.5	11.2	10.3	9.4	9.2	9.8	10.5	10.8	10.6	10.2
粗死亡率(人口千人あたり)	13.3	13.7	13.9	14.2	14.7	15.3	15.8	15.9	15.8	15.7
純移動率(人口千人あたり)	0.6	0.4	0.2	0.3	0.3	0.3	0.3	0.3	0.3	0.3
合計出生率 (女子1人あたり)	1.55	1.60	1.63	1.67	1.71	1.75	1.77	1.79	1.81	1.82
純再生産率 (女子1人あたり)	0.74	0.76	0.78	0.80	0.82	0.83	0.85	0.86	0.87	0.87
乳児死亡率 (出生千人あたり)	8	7	6	6	5	5	5	5	4	4
5歳未満の死亡数(出生千人あたり	9	8	8	7	7	6	6	6	5	5
出生時の平均余命(歳)										
男	66.9	67.5	68.2	68.9	69.7	70.4	71.1	71.9	72.6	73.4
女	76.8	77.4	77.9	78.4	78.9	79.4	79.9	80.3	80.8	81.3
男女計	71.9	72.4	73.1	73.7	74.3	74.9	75.5	76.1	76.7	77.3

C. 高位予測値

	2015	2020	2025	2030	2035	2040	2045	2050	2055	2060
人口(千人)										
総数	292 943	292 322	291 044	288 651	285 163	282 059	280 307	280 056	280 770	281 732
男	137 872	137 670	137 118	136 003	134 405	133 193	132 855	133 334	134 265	135 328
女	155 071	154 652	153 927	152 647	150 757	148 866	147 452	146 723	146 505	146 404
性比(女100につき男)	88.9	88.8	88.4	88.0	87.6	87.4	87.5	87.7	87.8	87.9
年齢分布(%)										
0－4歳	5.8	6.4	6.3	6.0	5.7	6.0	6.6	7.0	7.1	7.0
5－14歳	10.1	11.2	12.2	12.8	12.4	11.9	11.9	12.7	13.5	14.0
15－24歳	10.9	9.4	10.2	11.4	12.5	13.1	12.7	12.0	11.9	12.6
60歳以上	21.5	23.4	24.6	24.8	25.6	26.7	27.7	28.7	27.9	26.0
65歳以上	14.7	16.6	18.3	19.4	19.5	20.0	20.8	21.6	22.5	21.9
80歳以上	3.4	4.0	3.7	3.9	5.0	5.8	6.0	5.7	5.9	6.4
15－49歳女子(%)	45.3	43.5	41.7	40.0	38.9	37.6	37.8	38.8	39.9	40.8
中位数年齢(歳)	39.6	40.5	41.5	42.7	43.5	42.7	40.6	39.3	38.7	38.5

	2010-2015	2015-2020	2020-2025	2025-2030	2030-2035	2035-2040	2040-2045	2045-2050	2050-2055	2055-2060
年平均人口増加数(千人)	－ 330	－ 124	－ 256	－ 479	－ 698	－ 621	－ 350	－ 50	143	192
年平均出生数(千人)	3 380	3 759	3 683	3 456	3 278	3 417	3 705	3 934	4 006	3 947
年平均死亡数(千人)	3 894	3 993	4 009	4 016	4 057	4 119	4 137	4 066	3 941	3 828
人口増加率(%)	−0.11	−0.04	−0.09	−0.17	−0.24	−0.22	−0.13	−0.02	0.05	0.07
粗出生率(人口千人あたり)	11.5	12.8	12.6	11.9	11.4	12.0	13.2	14.0	14.3	14.0
粗死亡率(人口千人あたり)	13.3	13.6	13.7	13.9	14.1	14.5	14.7	14.5	14.1	13.6
合計出生率（女子1人あたり）	1.55	1.85	2.03	2.17	2.21	2.25	2.27	2.29	2.30	2.32
純再生産率（女子1人あたり）	0.74	0.88	0.97	1.04	1.06	1.07	1.09	1.10	1.11	1.11

D. 低位予測値

	2015	2020	2025	2030	2035	2040	2045	2050	2055	2060
人口(千人)										
総数	292 943	287 269	278 814	268 542	257 654	246 723	235 907	224 896	213 440	201 626
男	137 872	135 076	130 841	125 683	120 289	115 065	110 085	105 060	99 770	94 313
女	155 071	152 193	147 973	142 859	137 365	131 658	125 822	119 837	113 669	107 313
性比(女100につき男)	88.9	88.8	88.4	88.0	87.6	87.4	87.5	87.7	87.8	87.9
年齢分布(%)										
0－4歳	5.8	4.8	4.0	3.5	3.5	3.7	4.0	3.9	3.6	3.3
5－14歳	10.1	11.4	11.0	9.2	7.9	7.4	7.7	8.2	8.5	8.1
15－24歳	10.9	9.6	10.6	12.2	11.9	10.1	8.7	8.1	8.5	9.2
60歳以上	21.5	23.8	25.7	26.7	28.4	30.5	33.0	35.7	36.7	36.4
65歳以上	14.7	16.9	19.1	20.8	21.6	22.9	24.7	27.0	29.6	30.6
80歳以上	3.4	4.0	3.8	4.2	5.6	6.6	7.1	7.1	7.8	9.0
15－49歳女子(%)	45.3	44.2	43.4	42.8	40.9	38.0	36.5	36.4	36.4	35.7
中位数年齢(歳)	39.6	41.1	42.9	44.9	46.9	48.4	49.0	48.7	49.0	50.0

	2010-2015	2015-2020	2020-2025	2025-2030	2030-2035	2035-2040	2040-2045	2045-2050	2050-2055	2055-2060
年平均人口増加数(千人)	－ 330	－1 135	－1 691	－2 054	－2 178	－2 186	－2 163	－2 202	－2 291	－2 363
年平均出生数(千人)	3 380	2 740	2 236	1 867	1 784	1 835	1 869	1 750	1 530	1 336
年平均死亡数(千人)	3 894	3 986	3 998	4 003	4 043	4 102	4 114	4 034	3 898	3 772
人口増加率(%)	−0.11	−0.39	−0.60	−0.75	−0.83	−0.87	−0.90	−0.96	−1.05	−1.14
粗出生率(人口千人あたり)	11.5	9.4	7.9	6.8	6.8	7.3	7.7	7.6	7.0	6.4
粗死亡率(人口千人あたり)	13.3	13.7	14.1	14.6	15.4	16.3	17.0	17.5	17.8	18.2
合計出生率（女子1人あたり）	1.55	1.35	1.23	1.17	1.21	1.24	1.27	1.29	1.31	1.32
純再生産率（女子1人あたり）	0.74	0.64	0.59	0.56	0.58	0.59	0.61	0.62	0.63	0.63

E. 出生力一定予測値

	2015	2020	2025	2030	2035	2040	2045	2050	2055	2060
人口(千人)										
総数	292 943	288 728	282 201	274 418	266 211	257 866	249 216	240 206	230 982	221 751
男	137 872	135 835	132 597	128 724	124 713	120 822	116 959	112 961	108 817	104 681
女	155 071	152 893	149 604	145 694	141 498	137 044	132 258	127 244	122 165	117 071
中位数年齢(歳)	39.6	40.9	42.5	44.2	45.9	46.8	46.5	45.9	46.1	46.9

	2010-2015	2015-2020	2020-2025	2025-2030	2030-2035	2035-2040	2040-2045	2045-2050	2050-2055	2055-2060
人口増加率(%)	−0.11	−0.29	−0.46	−0.56	−0.61	−0.64	−0.68	−0.74	−0.78	−0.82
粗出生率(人口千人あたり)	11.5	10.4	9.2	8.5	8.6	9.0	9.1	8.8	8.4	8.2
粗死亡率(人口千人あたり)	13.3	13.7	14.0	14.4	15.0	15.7	16.2	16.5	16.6	16.7

Northern Europe

A. 推 計 値

指　標	1960	1965	1970	1975	1980	1985	1990	1995	2000	2005	2010
人口(千人)											
総数	81 790	84 839	87 305	88 957	89 833	90 644	92 040	93 153	94 397	96 239	99 682
男	39 590	41 224	42 475	43 333	43 742	44 091	44 778	45 323	46 015	47 089	48 939
女	42 199	43 614	44 830	45 624	46 091	46 553	47 263	47 831	48 383	49 149	50 743
性比(女100につき男)	93.8	94.5	94.7	95.0	94.9	94.7	94.7	94.8	95.1	95.8	96.4
年齢分布(%)											
0－4歳	8.0	8.7	8.2	7.2	6.3	6.5	6.7	6.6	5.9	5.7	6.2
5－14歳	16.1	15.1	15.9	16.2	15.0	13.3	12.7	13.0	13.1	12.3	11.3
15－24歳	13.8	15.0	15.0	14.5	15.6	16.0	14.7	13.0	12.5	13.0	13.2
60歳以上	16.2	17.2	18.2	19.1	19.4	20.1	20.2	20.2	20.4	21.1	22.4
65歳以上	11.2	11.8	12.6	13.6	14.5	14.7	15.2	15.4	15.5	15.8	16.2
80歳以上	1.8	2.0	2.2	2.4	2.6	3.1	3.5	3.8	3.9	4.3	4.5
15－49歳女子(%)	45.9	45.2	44.7	44.5	46.0	47.6	48.2	47.7	46.8	47.0	46.7
中位数年齢(歳)	34.4	34.1	33.5	33.4	34.0	35.1	35.6	36.4	37.6	38.7	39.5
人口密度(1km²あたり)	48	50	51	52	53	53	54	55	55	57	59

指　標	1960-1965	1965-1970	1970-1975	1975-1980	1980-1985	1985-1990	1990-1995	1995-2000	2000-2005	2005-2010	2010-2015
年平均人口増加数(千人)	610	493	331	175	162	279	223	249	368	689	535
年平均出生数(千人)	1 497	1 437	1 250	1 137	1 175	1 251	1 224	1 138	1 089	1 216	1 239
年平均死亡数(千人)	927	959	994	1 022	1 024	1 034	1 034	1 021	978	945	949
人口増加率(%)	0.73	0.57	0.38	0.20	0.18	0.31	0.24	0.27	0.39	0.70	0.53
粗出生率(人口千人あたり)	18.0	16.7	14.2	12.7	13.0	13.7	13.2	12.1	11.4	12.4	12.3
粗死亡率(人口千人あたり)	11.1	11.1	11.3	11.4	11.4	11.3	11.2	10.9	10.3	9.6	9.4
合計出生率(女子1人あたり)	2.71	2.48	2.05	1.80	1.80	1.85	1.80	1.70	1.66	1.86	1.87
純再生産率(女子1人あたり)	1.29	1.18	0.98	0.86	0.86	0.89	0.87	0.82	0.80	0.90	0.90
乳児死亡率(出生千人あたり)	23	19	16	14	11	9	7	6	5	4	4
出生時の平均余命(歳)											
男	68.2	68.7	69.1	69.7	70.7	71.7	72.5	73.6	75.2	76.6	77.8
女	74.0	74.9	75.5	76.2	77.2	77.9	78.7	79.4	80.5	81.6	82.3
男女計	71.1	71.8	72.3	73.0	74.0	74.8	75.6	76.6	77.9	79.1	80.1

B. 中 位 予 測 値

指　標	2015	2020	2025	2030	2035	2040	2045	2050	2055	2060
人口(千人)										
総数	102 358	105 207	107 840	110 126	112 110	113 973	115 809	117 563	119 102	120 416
男	50 432	51 954	53 354	54 572	55 646	56 673	57 697	58 680	59 553	60 314
女	51 926	53 253	54 487	55 554	56 464	57 300	58 112	58 883	59 550	60 102
性比(女100につき男)	97.1	97.6	97.9	98.2	98.6	98.9	99.3	99.7	100.0	100.4
年齢分布(%)										
0－4歳	6.1	6.0	5.9	5.6	5.5	5.5	5.6	5.6	5.5	5.4
5－14歳	11.5	12.0	11.9	11.7	11.3	11.0	10.9	11.0	11.1	11.1
15－24歳	12.3	11.2	11.4	11.9	11.9	11.8	11.4	11.1	11.0	11.2
60歳以上	23.4	24.6	26.3	28.0	28.9	29.4	30.0	30.7	31.3	31.3
65歳以上	18.0	18.8	20.0	21.6	23.1	23.9	24.2	24.7	25.3	25.9
80歳以上	4.6	4.9	5.5	6.7	7.2	7.8	8.7	9.5	9.8	10.0
6－11歳	7.0	7.2	7.1	7.0	6.7	6.5	6.5	6.6	6.7	6.6
12－14歳	3.2	3.5	3.6	3.5	3.5	3.3	3.2	3.3	3.3	3.3
15－17歳	3.4	3.3	3.6	3.5	3.5	3.4	3.3	3.2	3.3	3.3
18－23歳	7.6	6.7	6.7	7.2	7.2	7.1	6.9	6.7	6.6	6.7
15－24歳女子(%)	44.8	42.7	42.0	41.8	41.4	40.9	40.2	40.1	40.3	40.1
中位数年齢(歳)	40.3	40.7	41.3	42.1	42.8	43.3	43.3	43.3	43.6	43.9
人口密度(1km²あたり)	60	62	63	65	66	67	68	69	70	71

指　標	2010-2015	2015-2020	2020-2025	2025-2030	2030-2035	2035-2040	2040-2045	2045-2050	2050-2055	2055-2060
年平均人口増加数(千人)	535	570	527	457	397	373	367	351	308	263
年平均出生数(千人)	1 239	1 256	1 254	1 225	1 214	1 243	1 283	1 304	1 304	1 294
年平均死亡数(千人)	949	969	995	1 034	1 084	1 137	1 182	1 220	1 250	1 272
年平均純移動数(千人)	244	284	267	267	267	267	267	267	253	240
人口増加率(%)	0.53	0.55	0.49	0.42	0.36	0.33	0.32	0.30	0.26	0.22
粗出生率(人口千人あたり)	12.3	12.1	11.8	11.2	10.9	11.0	11.2	11.2	11.0	10.8
粗死亡率(人口千人あたり)	9.4	9.3	9.3	9.5	9.8	10.1	10.3	10.5	10.6	10.6
純移動率(人口千人あたり)	2.4	2.7	2.5	2.4	2.4	2.4	2.3	2.3	2.1	2.0
合計出生率（女子1人あたり）	1.87	1.88	1.88	1.88	1.88	1.88	1.89	1.89	1.89	1.89
純再生産率（女子1人あたり）	0.90	0.91	0.91	0.91	0.91	0.91	0.91	0.91	0.91	0.92
乳児死亡率（出生千人あたり）	4	3	3	3	2	2	2	2	2	2
5歳未満の死亡数(出生千人あた	5	4	4	3	3	3	2	2	2	2
出生時の平均余命(歳)										
男	77.8	78.9	79.9	80.9	81.8	82.7	83.4	84.1	84.7	85.4
女	82.3	83.0	83.7	84.3	84.9	85.5	86.1	86.7	87.3	87.8
男女計	80.1	80.9	81.8	82.6	83.4	84.1	84.8	85.4	86.0	86.6

C. 高 位 予 測 値

	2015	2020	2025	2030	2035	2040	2045	2050	2055	2060
人口(千人)										
総数	102 358	106 041	110 006	113 915	117 515	121 103	124 959	129 221	133 782	138 471
男	50 432	52 381	54 464	56 515	58 417	60 328	62 387	64 656	67 077	69 568
女	51 926	53 660	55 542	57 401	59 098	60 775	62 572	64 566	66 705	68 903
性比(女100につき男)	97.1	97.5	97.8	98.0	98.2	98.5	98.8	99.1	99.4	99.6
年齢分布(%)										
0－4歳	6.1	6.8	7.0	6.9	6.6	6.6	6.8	7.0	7.2	7.2
5－14歳	11.5	11.9	12.4	13.2	13.3	13.0	12.7	12.9	13.3	13.6
15－24歳	12.3	11.1	11.2	11.5	12.1	12.8	13.0	12.6	12.3	12.4
60歳以上	23.4	24.4	25.8	27.1	27.6	27.7	27.8	27.9	27.8	27.3
65歳以上	18.0	18.7	19.6	20.9	22.1	22.5	22.4	22.5	22.6	22.6
80歳以上	4.6	4.9	5.4	6.4	6.8	7.3	8.1	8.7	8.8	8.7
15－49歳女子(%)	44.8	42.4	41.2	40.4	40.2	40.3	40.3	40.7	41.2	41.4
中位数年齢(歳)	40.3	40.4	40.6	40.8	41.0	40.6	39.8	39.3	38.7	38.6

	2010-2015	2015-2020	2020-2025	2025-2030	2030-2035	2035-2040	2040-2045	2045-2050	2050-2055	2055-2060
年平均人口増加数(千人)	535	737	793	782	720	717	771	853	912	938
年平均出生数(千人)	1 239	1 423	1 521	1 551	1 538	1 589	1 689	1 808	1 912	1 973
年平均死亡数(千人)	949	970	995	1 035	1 085	1 139	1 184	1 222	1 253	1 276
人口増加率(%)	0.53	0.71	0.73	0.70	0.62	0.60	0.63	0.67	0.69	0.69
粗出生率(人口千人あたり)	12.3	13.7	14.1	13.9	13.3	13.3	13.7	14.2	14.5	14.5
粗死亡率(人口千人あたり)	9.4	9.3	9.2	9.2	9.4	9.5	9.6	9.6	9.5	9.4
合計出生率（女子1人あたり）	1.87	2.13	2.28	2.38	2.38	2.38	2.39	2.39	2.39	2.39
純再生産率（女子1人あたり）	0.90	1.03	1.10	1.15	1.15	1.15	1.16	1.16	1.16	1.16

D. 低 位 予 測 値

	2015	2020	2025	2030	2035	2040	2045	2050	2055	2060
人口(千人)										
総数	102 358	104 374	105 675	106 337	106 709	106 882	106 835	106 412	105 478	104 122
男	50 432	51 526	52 244	52 630	52 877	53 037	53 096	52 964	52 570	51 964
女	51 926	52 847	53 432	53 708	53 832	53 845	53 739	53 448	52 908	52 158
性比(女100につき男)	97.1	97.5	97.8	98.0	98.2	98.5	98.8	99.1	99.4	99.6
年齢分布(%)										
0－4歳	6.1	5.3	4.7	4.3	4.2	4.3	4.3	4.1	3.9	3.7
5－14歳	11.5	12.1	11.3	10.0	9.1	8.7	8.7	8.8	8.7	8.3
15－24歳	12.3	11.3	11.7	12.4	11.7	10.5	9.6	9.2	9.3	9.5
60歳以上	23.4	24.8	26.9	29.0	30.4	31.3	32.5	33.9	35.3	36.3
65歳以上	18.0	19.0	20.4	22.4	24.3	25.4	26.2	27.3	28.6	30.0
80歳以上	4.6	5.0	5.6	6.9	7.5	8.3	9.4	10.5	11.1	11.5
15－49歳女子(%)	44.8	43.1	42.8	43.2	42.7	41.5	40.1	39.3	38.8	37.8
中位数年齢(歳)	40.3	41.0	42.1	43.4	44.7	45.9	46.7	47.4	48.3	49.5

	2010-2015	2015-2020	2020-2025	2025-2030	2030-2035	2035-2040	2040-2045	2045-2050	2050-2055	2055-2060
年平均人口増加数(千人)	535	403	260	132	74	35	－ 9	－ 84	－ 187	－ 271
年平均出生数(千人)	1 239	1 088	987	899	890	904	904	866	807	757
年平均死亡数(千人)	949	969	994	1 033	1 082	1 136	1 181	1 218	1 247	1 268
人口増加率(%)	0.53	0.39	0.25	0.13	0.07	0.03	-0.01	-0.08	-0.18	-0.26
粗出生率(人口千人あたり)	12.3	10.5	9.4	8.5	8.4	8.5	8.5	8.1	7.6	7.2
粗死亡率(人口千人あたり)	9.4	9.4	9.5	9.7	10.2	10.6	11.0	11.4	11.8	12.1
合計出生率（女子1人あたり）	1.87	1.63	1.48	1.38	1.38	1.38	1.39	1.39	1.39	1.39
純再生産率（女子1人あたり）	0.90	0.79	0.71	0.67	0.67	0.67	0.67	0.67	0.67	0.67

E. 出生力一定予測値

	2015	2020	2025	2030	2035	2040	2045	2050	2055	2060
人口(千人)										
総数	102 358	105 179	107 752	110 010	111 996	113 842	115 627	117 310	118 774	120 024
男	50 432	51 940	53 310	54 515	55 591	56 610	57 609	58 557	59 392	60 122
女	51 926	53 239	54 442	55 495	56 405	57 232	58 018	58 754	59 382	59 902
中位数年齢(歳)	40.3	40.7	41.4	42.1	42.9	43.4	43.4	43.4	43.7	44.1

	2010-2015	2015-2020	2020-2025	2025-2030	2030-2035	2035-2040	2040-2045	2045-2050	2050-2055	2055-2060
人口増加率(%)	0.53	0.54	0.48	0.42	0.36	0.33	0.31	0.29	0.25	0.21
粗出生率(人口千人あたり)	12.3	12.0	11.7	11.2	10.9	11.0	11.1	11.1	10.9	10.7
粗死亡率(人口千人あたり)	9.4	9.3	9.3	9.5	9.8	10.1	10.3	10.5	10.6	10.7

Southern Europe

A. 推計値

指　標	1960	1965	1970	1975	1980	1985	1990	1995	2000	2005	2010
人口(千人)											
総数	117 879	123 015	127 617	133 259	138 495	141 762	143 404	144 147	145 058	149 735	153 360
男	57 357	59 935	62 279	65 144	67 732	69 392	70 153	70 377	70 868	73 302	75 041
女	60 522	63 079	65 338	68 114	70 764	72 370	73 250	73 770	74 190	76 433	78 319
性比(女100につき男)	94.8	95.0	95.3	95.6	95.7	95.9	95.8	95.4	95.5	95.9	95.8
年齢分布(%)											
0－4歳	9.4	9.5	9.0	8.5	7.6	6.5	5.7	5.2	5.0	5.0	5.0
5－14歳	17.9	17.4	17.6	17.3	16.6	15.4	13.7	11.9	10.8	10.1	9.8
15－24歳	15.7	15.5	15.7	15.6	16.1	16.3	16.0	15.1	13.5	11.9	10.7
60歳以上	12.3	13.3	14.7	15.5	15.5	16.8	18.6	20.4	21.9	22.5	24.1
65歳以上	8.3	8.9	10.0	10.8	11.7	11.7	13.1	14.8	16.4	17.4	18.3
80歳以上	1.2	1.4	1.6	1.7	1.9	2.3	2.8	3.4	3.4	4.1	5.0
15－49歳女子(%)	49.5	48.5	48.4	47.7	47.7	48.1	48.9	49.7	48.9	48.1	46.3
中位数年齢(歳)	29.3	30.2	30.9	31.1	31.9	33.1	34.6	36.5	38.4	40.0	41.8
人口密度(1km²あたり)	91	95	99	103	107	109	111	111	112	116	118

指　標	1960-1965	1965-1970	1970-1975	1975-1980	1980-1985	1985-1990	1990-1995	1995-2000	2000-2005	2005-2010	2010-2015
年平均人口増加数(千人)	1 027	920	1 128	1 047	653	328	149	182	935	725	－ 202
年平均出生数(千人)	2 460	2 412	2 340	2 160	1 873	1 667	1 541	1 467	1 479	1 525	1 396
年平均死亡数(千人)	1 165	1 197	1 226	1 259	1 277	1 297	1 347	1 384	1 412	1 442	1 485
人口増加率(%)	0.85	0.74	0.87	0.77	0.47	0.23	0.10	0.13	0.64	0.48	−0.13
粗出生率(人口千人あたり)	20.4	19.2	17.9	15.9	13.4	11.7	10.7	10.1	10.0	10.1	9.1
粗死亡率(人口千人あたり)	9.7	9.5	9.4	9.3	9.1	9.1	9.4	9.6	9.6	9.5	9.7
合計出生率(女子1人あたり)	2.69	2.67	2.54	2.23	1.83	1.56	1.41	1.35	1.37	1.44	1.41
純再生産率(女子1人あたり)	1.21	1.22	1.18	1.05	0.86	0.74	0.67	0.64	0.65	0.68	0.67
乳児死亡率(出生千人あたり)	52	41	31	23	18	13	10	8	6	5	4
出生時の平均余命(歳)											
男	65.6	66.9	68.3	69.4	70.7	71.9	72.7	74.0	75.5	77.0	78.4
女	70.6	72.4	74.1	75.7	77.2	78.5	79.5	80.6	81.7	82.8	83.9
男女計	68.1	69.7	71.2	72.6	74.0	75.2	76.1	77.3	78.6	79.9	81.2

B. 中位予測値

指　標	2015	2020	2025	2030	2035	2040	2045	2050	2055	2060
人口(千人)										
総数	152 348	151 798	150 771	149 455	148 048	146 395	144 394	141 941	139 004	135 727
男	74 282	74 075	73 644	73 056	72 405	71 628	70 680	69 517	68 127	66 598
女	78 066	77 723	77 127	76 399	75 642	74 768	73 714	72 424	70 878	69 129
性比(女100につき男)	95.2	95.3	95.5	95.6	95.7	95.8	95.9	96.0	96.1	96.3
年齢分布(%)										
0－4歳	4.6	4.3	4.1	4.1	4.1	4.2	4.2	4.2	4.2	4.2
5－14歳	9.9	9.6	9.0	8.6	8.4	8.4	8.5	8.7	8.8	8.8
15－24歳	10.2	10.0	10.2	9.9	9.4	9.0	8.8	8.9	9.1	9.3
60歳以上	26.2	28.4	31.1	33.9	36.7	38.8	39.8	40.0	40.0	39.7
65歳以上	20.1	21.8	23.8	26.4	29.0	31.5	33.4	34.1	34.2	33.9
80歳以上	5.9	6.7	7.2	8.2	9.2	10.5	12.2	13.8	15.3	16.2
6－11歳	6.0	5.7	5.3	5.1	5.0	5.0	5.1	5.2	5.3	5.2
12－14歳	3.0	3.0	2.8	2.7	2.6	2.5	2.5	2.6	2.7	2.7
15－17歳	2.9	3.0	3.0	2.8	2.7	2.6	2.6	2.6	2.7	2.7
18－23歳	6.1	6.0	6.1	6.1	5.7	5.5	5.3	5.3	5.5	5.6
15－24歳女子(%)	43.4	41.0	38.7	36.7	35.5	34.8	34.3	34.1	34.0	33.9
中位数年齢(歳)	43.9	45.9	47.7	49.3	50.4	51.0	51.3	51.3	51.3	51.4
人口密度(1km²あたり)	118	117	116	115	114	113	112	110	107	105

指　標	2010-2015	2015-2020	2020-2025	2025-2030	2030-2035	2035-2040	2040-2045	2045-2050	2050-2055	2055-2060
年平均人口増加数(千人)	－ 202	－ 110	－ 205	－ 263	－ 281	－ 330	－ 400	－ 491	－ 587	－ 655
年平均出生数(千人)	1 396	1 312	1 243	1 211	1 209	1 219	1 218	1 193	1 158	1 133
年平均死亡数(千人)	1 485	1 551	1 604	1 646	1 697	1 758	1 827	1 892	1 944	1 976
年平均純移動数(千人)	−113	129	156	172	206	209	209	209	198	188
人口増加率(%)	−0.13	−0.07	−0.14	−0.18	−0.19	−0.22	−0.28	−0.34	−0.42	−0.48
粗出生率(人口千人あたり)	9.1	8.6	8.2	8.1	8.1	8.3	8.4	8.3	8.2	8.2
粗死亡率(人口千人あたり)	9.7	10.2	10.6	11.0	11.4	11.9	12.6	13.2	13.8	14.4
純移動率(人口千人あたり)	−0.7	0.9	1.0	1.1	1.4	1.4	1.4	1.5	1.4	1.4
合計出生率（女子1人あたり）	1.41	1.45	1.49	1.52	1.55	1.59	1.63	1.66	1.68	1.70
純再生産率（女子1人あたり）	0.67	0.69	0.71	0.73	0.75	0.77	0.78	0.80	0.81	0.82
乳児死亡率（出生千人あたり）	4	3	3	3	2	2	2	2	2	2
5歳未満の死亡数(出生千人あた	4	4	3	3	3	2	2	2	2	2
出生時の平均余命(歳)										
男	78.4	79.5	80.4	81.3	82.1	82.8	83.6	84.3	84.9	85.6
女	83.9	84.6	85.4	86.1	86.9	87.6	88.2	88.9	89.5	90.1
男女計	81.2	82.1	83.0	83.8	84.5	85.2	85.9	86.6	87.2	87.8

C. 高 位 予 測 値

	2015	2020	2025	2030	2035	2040	2045	2050	2055	2060
人口(千人)										
総数	152 348	152 938	153 588	154 256	154 792	155 132	155 309	155 400	155 487	155 632
男	74 282	74 662	75 094	75 529	75 878	76 126	76 299	76 445	76 610	76 841
女	78 066	78 276	78 493	78 728	78 914	79 006	79 009	78 955	78 877	78 791
性比(女100につき男)	95.2	95.2	95.3	95.3	95.2	95.2	95.1	95.0	95.0	94.9
年齢分布(%)										
0－4歳	4.6	5.0	5.1	5.2	5.2	5.2	5.3	5.5	5.7	5.9
5－14歳	9.9	9.6	9.6	10.2	10.4	10.4	10.4	10.6	10.9	11.2
15－24歳	10.2	9.9	10.0	9.6	9.7	10.3	10.5	10.6	10.6	10.8
60歳以上	26.2	28.2	30.5	32.9	35.1	36.6	37.0	36.6	35.7	34.6
65歳以上	20.1	21.6	23.4	25.6	27.7	29.7	31.0	31.2	30.5	29.6
80歳以上	5.9	6.6	7.0	7.9	8.8	9.9	11.3	12.6	13.7	14.2
15－49歳女子(%)	43.4	40.7	38.0	35.6	34.7	34.6	35.0	35.4	35.9	36.4
中位数年齢(歳)	43.9	45.7	47.1	48.1	48.5	48.4	47.9	47.1	46.3	45.1

	2010-2015	2015-2020	2020-2025	2025-2030	2030-2035	2035-2040	2040-2045	2045-2050	2050-2055	2055-2060
年平均人口増加数(千人)	− 202	118	130	134	107	68	35	18	17	29
年平均出生数(千人)	1 396	1 541	1 579	1 610	1 599	1 619	1 655	1 704	1 766	1 821
年平均死亡数(千人)	1 485	1 552	1 605	1 648	1 698	1 760	1 829	1 895	1 947	1 980
人口増加率(%)	−0.13	0.08	0.09	0.09	0.07	0.04	0.02	0.01	0.01	0.02
粗出生率(人口千人あたり)	9.1	10.1	10.3	10.5	10.3	10.4	10.7	11.0	11.4	11.7
粗死亡率(人口千人あたり)	9.7	10.2	10.5	10.7	11.0	11.4	11.8	12.2	12.5	12.7
合計出生率 (女子1人あたり)	1.41	1.70	1.89	2.02	2.05	2.09	2.13	2.16	2.18	2.20
純再生産率 (女子1人あたり)	0.67	0.81	0.90	0.97	0.99	1.01	1.03	1.04	1.05	1.06

D. 低 位 予 測 値

	2015	2020	2025	2030	2035	2040	2045	2050	2055	2060
人口(千人)										
総数	152 348	150 659	147 955	144 654	141 310	137 707	133 674	129 025	123 666	117 774
男	74 282	73 488	72 194	70 584	68 936	67 154	65 162	62 869	60 233	57 359
女	78 066	77 171	75 761	74 070	72 374	70 553	68 512	66 156	63 433	60 414
性比(女100につき男)	95.2	95.2	95.3	95.3	95.2	95.2	95.1	95.0	95.0	94.9
年齢分布(%)										
0－4歳	4.6	3.6	3.1	2.8	2.9	3.0	3.1	2.9	2.7	2.6
5－14歳	9.9	9.7	8.4	6.9	6.2	6.0	6.3	6.5	6.4	6.2
15－24歳	10.2	10.1	10.4	10.3	9.1	7.5	6.8	6.7	7.1	7.4
60歳以上	26.2	28.6	31.7	35.1	38.5	41.3	43.0	44.1	44.9	45.7
65歳以上	20.1	21.9	24.3	27.3	30.4	33.5	36.0	37.6	38.4	39.1
80歳以上	5.9	6.7	7.3	8.5	9.7	11.2	13.1	15.1	17.2	18.7
15－49歳女子(%)	43.4	41.3	39.4	37.9	36.3	34.9	33.5	32.4	31.4	30.1
中位数年齢(歳)	43.9	46.1	48.4	50.5	52.2	53.5	54.5	55.3	56.1	56.9

	2010-2015	2015-2020	2020-2025	2025-2030	2030-2035	2035-2040	2040-2045	2045-2050	2050-2055	2055-2060
年平均人口増加数(千人)	− 202	− 338	− 541	− 660	− 669	− 721	− 807	− 930	− 1 072	− 1 178
年平均出生数(千人)	1 396	1 083	906	813	820	827	810	752	671	607
年平均死亡数(千人)	1 485	1 550	1 603	1 645	1 695	1 757	1 825	1 890	1 941	1 973
人口増加率(%)	−0.13	−0.22	−0.36	−0.45	−0.47	−0.52	−0.60	−0.71	−0.85	−0.98
粗出生率(人口千人あたり)	9.1	7.2	6.1	5.6	5.7	5.9	6.0	5.7	5.3	5.0
粗死亡率(人口千人あたり)	9.7	10.2	10.7	11.2	11.9	12.6	13.5	14.4	15.4	16.3
合計出生率 (女子1人あたり)	1.41	1.20	1.08	1.02	1.05	1.09	1.13	1.16	1.18	1.20
純再生産率 (女子1人あたり)	0.67	0.57	0.52	0.49	0.51	0.53	0.54	0.56	0.57	0.58

E. 出生力一定予測値

	2015	2020	2025	2030	2035	2040	2045	2050	2055	2060
人口(千人)										
総数	152 348	151 517	150 059	148 187	146 110	143 656	140 686	137 095	132 876	128 199
男	74 282	73 930	73 277	72 403	71 408	70 218	68 773	67 024	64 975	62 727
女	78 066	77 587	76 782	75 784	74 702	73 438	71 913	70 070	67 901	65 472
中位数年齢(歳)	43.9	46.0	47.9	49.7	50.9	51.8	52.4	52.8	53.2	53.7

	2010-2015	2015-2020	2020-2025	2025-2030	2030-2035	2035-2040	2040-2045	2045-2050	2050-2055	2055-2060
人口増加率(%)	−0.13	−0.11	−0.19	−0.25	−0.28	−0.34	−0.42	−0.52	−0.63	−0.72
粗出生率(人口千人あたり)	9.1	8.3	7.7	7.4	7.3	7.3	7.2	6.9	6.7	6.5
粗死亡率(人口千人あたり)	9.7	10.2	10.6	11.0	11.5	12.1	12.8	13.6	14.4	15.1

Western Europe

A. 推 計 値

指　標	1960	1965	1970	1975	1980	1985	1990	1995	2000	2005	2010
人口(千人)											
総数	152 320	160 100	165 903	169 445	170 489	171 794	175 615	180 909	183 163	185 552	187 762
男	72 528	76 838	79 987	81 922	82 568	83 265	85 494	88 424	89 626	90 808	91 912
女	79 791	83 262	85 916	87 523	87 921	88 529	90 121	92 485	93 537	94 743	95 849
性比(女100につき男)	90.9	92.3	93.1	93.6	93.9	94.1	94.9	95.6	95.8	95.8	95.9
年齢分布(%)											
０－４歳	8.3	8.6	8.0	6.6	5.8	5.9	6.0	5.6	5.4	5.3	5.1
５－14歳	15.5	15.6	16.2	16.2	14.5	12.3	11.6	12.0	11.6	11.1	10.7
15－24歳	14.3	14.2	14.6	15.1	16.1	16.2	14.4	12.3	11.8	12.1	11.8
60歳以上	16.8	17.9	18.7	19.2	18.1	19.0	19.7	20.2	21.6	22.7	24.3
65歳以上	11.4	12.1	13.0	13.9	14.6	13.6	14.4	15.1	15.9	17.3	18.5
80歳以上	1.7	1.9	2.0	2.2	2.6	3.1	3.6	3.9	3.5	4.3	5.1
15－49歳女子(%)	45.2	43.8	45.3	45.6	47.2	48.7	48.5	48.1	47.4	46.5	44.9
中位数年齢(歳)	33.7	33.4	33.2	33.7	34.4	35.3	36.3	37.4	39.0	40.7	42.4
人口密度(1km²あたり)	140	148	153	156	157	158	162	167	169	171	173

指　標	1960-1965	1965-1970	1970-1975	1975-1980	1980-1985	1985-1990	1990-1995	1995-2000	2000-2005	2005-2010	2010-2015
年平均人口増加数(千人)	1 556	1 161	708	209	261	764	1 059	451	478	442	606
年平均出生数(千人)	2 829	2 716	2 259	2 009	2 063	2 092	2 015	1 998	1 949	1 927	1 934
年平均死亡数(千人)	1 777	1 880	1 923	1 915	1 895	1 853	1 831	1 809	1 775	1 761	1 836
人口増加率(%)	1.00	0.71	0.42	0.12	0.15	0.44	0.59	0.25	0.26	0.24	0.32
粗出生率(人口千人あたり)	18.1	16.7	13.5	11.8	12.1	12.0	11.3	11.0	10.6	10.3	10.2
粗死亡率(人口千人あたり)	11.4	11.5	11.5	11.3	11.1	10.7	10.3	9.9	9.6	9.4	9.7
合計出生率(女子１人あたり)	2.65	2.47	1.96	1.65	1.62	1.57	1.49	1.52	1.59	1.64	1.66
純再生産率(女子１人あたり)	1.24	1.17	0.93	0.78	0.77	0.75	0.72	0.73	0.76	0.79	0.80
乳児死亡率(出生千人あたり)	27	21	18	13	10	8	7	5	4	4	3
出生時の平均余命(歳)											
男	67.4	67.9	68.4	69.4	70.6	71.9	72.9	74.3	75.8	77.3	78.5
女	73.4	74.2	75.0	76.3	77.6	78.8	79.9	80.9	81.9	83.0	83.7
男女計	70.5	71.1	71.8	73.0	74.2	75.5	76.5	77.7	78.9	80.2	81.2

B. 中 位 予 測 値

指　標	2015	2020	2025	2030	2035	2040	2045	2050	2055	2060
人口(千人)										
総数	190 794	192 924	194 549	195 751	196 482	196 666	196 314	195 533	194 514	193 506
男	93 581	94 851	95 802	96 503	96 931	97 060	96 925	96 611	96 213	95 870
女	97 212	98 073	98 747	99 248	99 550	99 606	99 390	98 922	98 301	97 635
性比(女100につき男)	96.3	96.7	97.0	97.2	97.4	97.4	97.5	97.7	97.9	98.2
年齢分布(%)										
０－４歳	5.1	5.1	5.1	5.0	4.9	4.8	4.8	4.9	4.9	5.0
５－14歳	10.4	10.2	10.2	10.2	10.1	9.9	9.8	9.8	9.9	10.0
15－24歳	11.1	10.8	10.5	10.3	10.4	10.4	10.4	10.3	10.2	10.2
60歳以上	26.0	28.0	30.5	32.7	33.7	34.1	34.7	35.2	35.2	35.2
65歳以上	19.8	21.4	23.3	25.6	27.6	28.4	28.6	29.0	29.4	29.4
80歳以上	5.6	6.4	6.9	7.7	8.7	10.0	11.4	12.5	12.5	12.3
６－11歳	6.2	6.1	6.1	6.1	6.0	5.9	5.9	5.9	5.9	6.0
12－14歳	3.2	3.1	3.0	3.1	3.1	3.0	3.0	3.0	3.0	3.0
15－17歳	3.2	3.1	3.1	3.0	3.1	3.1	3.0	3.0	3.0	3.0
18－23歳	6.7	6.5	6.3	6.2	6.2	6.3	6.3	6.2	6.2	6.1
15－24歳女子(%)	42.7	40.6	39.5	39.0	38.2	37.4	37.2	37.1	37.1	37.1
中位数年齢(歳)	43.7	44.5	45.1	45.8	46.6	47.1	47.3	47.4	47.3	47.1
人口密度(1km²あたり)	176	178	179	180	181	181	181	180	179	178

指　標	2010-2015	2015-2020	2020-2025	2025-2030	2030-2035	2035-2040	2040-2045	2045-2050	2050-2055	2055-2060
年平均人口増加数(千人)	606	426	325	241	146	37	－ 70	－ 156	－ 204	－ 202
年平均出生数(千人)	1 934	1 965	1 962	1 937	1 913	1 894	1 888	1 895	1 908	1 909
年平均死亡数(千人)	1 836	1 914	1 978	2 037	2 107	2 198	2 298	2 392	2 435	2 417
年平均純移動数(千人)	508	375	341	340	340	340	340	340	323	306
人口増加率(%)	0.32	0.22	0.17	0.12	0.07	0.02	−0.04	−0.08	−0.10	−0.10
粗出生率(人口千人あたり)	10.2	10.2	10.1	9.9	9.8	9.6	9.6	9.7	9.8	9.8
粗死亡率(人口千人あたり)	9.7	10.0	10.2	10.4	10.7	11.2	11.7	12.2	12.5	12.5
純移動率(人口千人あたり)	2.7	2.0	1.8	1.7	1.7	1.7	1.7	1.7	1.7	1.6
合計出生率（女子１人あたり）	1.66	1.69	1.72	1.75	1.77	1.79	1.79	1.80	1.81	1.82
純再生産率（女子１人あたり）	0.80	0.82	0.83	0.84	0.85	0.86	0.87	0.87	0.88	0.88
乳児死亡率（出生千人あたり）	3	3	2	2	2	2	2	1	1	1
５歳未満の死亡数(出生千人あた(	4	3	3	3	2	2	2	2	2	1
出生時の平均余命(歳)										
男	78.5	79.7	80.7	81.7	82.5	83.2	83.9	84.5	85.2	85.8
女	83.7	84.4	85.1	85.8	86.5	87.2	87.8	88.4	89.0	89.7
男女計	81.2	82.1	82.9	83.8	84.5	85.2	85.9	86.5	87.1	87.7

C. 高位予測値

	2015	2020	2025	2030	2035	2040	2045	2050	2055	2060
人口(千人)										
総数	190 794	194 376	198 291	202 280	205 737	208 687	211 414	214 417	218 058	222 358
男	93 581	95 596	97 723	99 854	101 681	103 228	104 672	106 299	108 290	110 670
女	97 212	98 780	100 569	102 427	104 056	105 459	106 742	108 118	109 767	111 689
性比(女100につき男)	96.3	96.7	96.9	97.0	97.0	97.0	96.9	96.9	97.0	97.1
年齢分布(%)										
0－4歳	5.1	5.8	6.1	6.2	6.0	5.9	5.9	6.2	6.5	6.7
5－14歳	10.4	10.1	10.7	11.7	12.1	12.0	11.7	11.7	12.0	12.5
15－24歳	11.1	10.7	10.3	10.0	10.6	11.6	12.0	11.9	11.6	11.5
60歳以上	26.0	27.8	29.9	31.7	32.1	32.1	32.2	32.1	31.4	30.7
65歳以上	19.8	21.2	22.8	24.8	26.4	26.8	26.6	26.5	26.2	25.6
80歳以上	5.6	6.4	6.8	7.5	8.3	9.4	10.6	11.4	11.2	10.7
15－49歳女子(%)	42.7	40.3	38.8	37.8	37.2	37.1	37.6	38.1	38.5	39.0
中位数年齢(歳)	43.7	44.2	44.3	44.5	44.7	44.5	44.0	43.1	41.9	41.2

	2010-2015	2015-2020	2020-2025	2025-2030	2030-2035	2035-2040	2040-2045	2045-2050	2050-2055	2055-2060
年平均人口増加数(千人)	606	717	783	798	691	590	545	601	728	860
年平均出生数(千人)	1 934	2 257	2 421	2 496	2 460	2 449	2 506	2 655	2 843	2 975
年平均死亡数(千人)	1 836	1 915	1 980	2 039	2 109	2 200	2 301	2 395	2 438	2 422
人口増加率(%)	0.32	0.37	0.40	0.40	0.34	0.29	0.26	0.28	0.34	0.39
粗出生率(人口千人あたり)	10.2	11.7	12.3	12.5	12.1	11.8	11.9	12.5	13.1	13.5
粗死亡率(人口千人あたり)	9.7	9.9	10.1	10.2	10.3	10.6	11.0	11.2	11.3	11.0
合計出生率(女子1人あたり)	1.66	1.94	2.12	2.25	2.28	2.29	2.29	2.29	2.31	2.32
純再生産率(女子1人あたり)	0.80	0.94	1.02	1.08	1.09	1.10	1.11	1.11	1.12	1.12

D. 低位予測値

	2015	2020	2025	2030	2035	2040	2045	2050	2055	2060
人口(千人)										
総数	190 794	191 472	190 806	189 222	187 232	184 697	181 463	177 401	172 608	167 463
男	93 581	94 105	93 881	93 153	92 185	90 919	89 305	87 310	84 977	82 513
女	97 212	97 366	96 925	96 070	95 047	93 779	92 158	90 092	87 631	84 950
性比(女100につき男)	96.3	96.7	96.9	97.0	97.0	97.0	96.9	96.9	97.0	97.1
年齢分布(%)										
0－4歳	5.1	4.4	4.0	3.7	3.7	3.7	3.6	3.5	3.4	3.2
5－14歳	10.4	10.3	9.6	8.5	7.8	7.6	7.6	7.7	7.5	7.3
15－24歳	11.1	10.9	10.7	10.7	10.1	9.1	8.4	8.2	8.4	8.4
60歳以上	26.0	28.2	31.1	33.8	35.3	36.3	37.5	38.8	39.7	40.7
65歳以上	19.8	21.5	23.7	26.5	29.0	30.2	31.0	32.0	33.1	34.0
80歳以上	5.6	6.5	7.0	8.0	9.2	10.6	12.3	13.8	14.1	14.2
15－49歳女子(%)	42.7	40.9	40.3	40.2	39.2	37.8	36.6	35.7	34.9	34.2
中位数年齢(歳)	43.7	44.8	45.9	47.2	48.4	49.6	50.5	51.4	52.2	53.0

	2010-2015	2015-2020	2020-2025	2025-2030	2030-2035	2035-2040	2040-2045	2045-2050	2050-2055	2055-2060
年平均人口増加数(千人)	606	136	－ 133	－ 317	－ 398	－ 507	－ 647	－ 812	－ 959	－1 029
年平均出生数(千人)	1 934	1 674	1 503	1 378	1 367	1 349	1 309	1 237	1 149	1 078
年平均死亡数(千人)	1 836	1 914	1 977	2 036	2 106	2 196	2 296	2 389	2 431	2 413
人口増加率(%)	0.32	0.07	−0.07	−0.17	−0.21	−0.27	−0.35	−0.45	−0.55	−0.61
粗出生率(人口千人あたり)	10.2	8.8	7.9	7.3	7.3	7.3	7.2	6.9	6.6	6.3
粗死亡率(人口千人あたり)	9.7	10.0	10.3	10.7	11.2	11.8	12.5	13.3	13.9	14.2
合計出生率(女子1人あたり)	1.66	1.44	1.32	1.25	1.27	1.28	1.29	1.30	1.32	1.33
純再生産率(女子1人あたり)	0.80	0.70	0.64	0.60	0.61	0.62	0.62	0.63	0.64	0.64

E. 出生力一定予測値

	2015	2020	2025	2030	2035	2040	2045	2050	2055	2060
人口(千人)										
総数	190 794	192 727	193 988	194 730	194 957	194 610	193 670	192 184	190 305	188 314
男	93 581	94 750	95 516	95 981	96 152	96 009	95 572	94 898	94 059	93 213
女	97 212	97 977	98 472	98 749	98 805	98 602	98 098	97 286	96 246	95 101
中位数年齢(歳)	43.7	44.6	45.2	46.0	46.9	47.5	47.9	48.1	48.2	48.3

	2010-2015	2015-2020	2020-2025	2025-2030	2030-2035	2035-2040	2040-2045	2045-2050	2050-2055	2055-2060
人口増加率(%)	0.32	0.20	0.13	0.08	0.02	−0.04	−0.10	−0.15	−0.20	−0.21
粗出生率(人口千人あたり)	10.2	10.0	9.8	9.5	9.3	9.2	9.1	9.1	9.1	9.0
粗死亡率(人口千人あたり)	9.7	10.0	10.2	10.5	10.8	11.3	11.8	12.4	12.7	12.8

LATIN AMERICA AND THE CARIBBEAN

A. 推 計 値

指　標	1960	1965	1970	1975	1980	1985	1990	1995	2000	2005	2010
人口(千人)											
総数	221 190	253 874	288 494	325 812	365 035	405 906	446 889	487 326	526 890	563 826	599 823
男	110 528	126 824	144 074	162 546	181 842	201 939	221 990	241 691	260 999	279 063	296 659
女	110 662	127 050	144 420	163 266	183 193	203 967	224 899	245 635	265 891	284 763	303 164
性比(女100につき男)	99.9	99.8	99.8	99.6	99.3	99.0	98.7	98.4	98.2	98.0	97.9
年齢分布(%)											
０－４歳	16.9	16.9	15.9	15.1	14.4	13.7	12.6	11.6	10.9	10.1	9.0
５－14歳	25.6	26.3	26.6	26.2	25.2	24.5	23.6	22.5	21.1	19.8	18.7
15－24歳	17.8	17.8	18.8	19.7	20.2	20.2	19.8	19.7	19.4	18.9	18.0
60歳以上	5.8	6.0	6.2	6.4	6.5	6.8	7.1	7.5	8.1	8.8	9.8
65歳以上	3.6	3.8	4.0	4.2	4.4	4.5	4.7	5.1	5.6	6.1	6.8
80歳以上	0.4	0.5	0.5	0.5	0.6	0.7	0.8	0.9	1.0	1.2	1.4
15－49歳女子(%)	45.5	44.7	45.3	46.3	47.6	48.9	50.3	51.9	52.9	53.3	53.3
中位数年齢(歳)	18.9	18.5	18.6	19.1	19.7	20.6	21.7	23.0	24.3	25.7	27.5
人口密度(1k㎡あたり)	11	13	14	16	18	20	22	24	26	28	30

	1960-1965	1965-1970	1970-1975	1975-1980	1980-1985	1985-1990	1990-1995	1995-2000	2000-2005	2005-2010	2010-2015
年平均人口増加数(千人)	6 537	6 924	7 464	7 844	8 174	8 197	8 087	7 913	7 387	7 199	6 913
年平均出生数(千人)	9 740	10 289	10 876	11 483	11 894	11 953	11 828	11 873	11 682	11 113	10 954
年平均死亡数(千人)	2 918	2 954	2 957	3 001	3 034	3 060	3 092	3 097	3 190	3 376	3 627
人口増加率(%)	2.76	2.56	2.43	2.27	2.12	1.92	1.73	1.56	1.36	1.24	1.12
粗出生率(人口千人あたり)	41.0	37.9	35.4	33.2	30.9	28.0	25.3	23.4	21.4	19.1	17.8
粗死亡率(人口千人あたり)	12.3	10.9	9.6	8.7	7.9	7.2	6.6	6.1	5.8	5.8	5.9
合計出生率(女子１人あたり)	5.94	5.53	5.03	4.48	3.95	3.43	3.01	2.75	2.52	2.27	2.15
純再生産率(女子１人あたり)	2.35	2.26	2.12	1.94	1.74	1.55	1.38	1.27	1.18	1.07	1.01
乳児死亡率(出生千人あたり)	101	91	80	71	60	48	39	32	25	22	20
出生時の平均余命(歳)											
男	54.8	56.7	58.6	60.2	61.8	63.4	65.1	67.1	68.8	70.1	71.2
女	58.9	61.3	63.9	66.0	68.1	70.0	71.9	73.9	75.6	76.8	77.9
男女計	56.8	58.9	61.2	63.0	64.9	66.6	68.4	70.4	72.1	73.4	74.5

B. 中 位 予 測 値

	2015	2020	2025	2030	2035	2040	2045	2050	2055	2060
人口(千人)										
総数	634 387	666 502	695 584	721 067	742 747	760 484	774 305	784 247	790 450	792 959
男	313 509	329 141	343 272	355 641	366 195	374 921	381 885	387 118	390 685	392 516
女	320 878	337 361	352 313	365 426	376 552	385 563	392 420	397 129	399 765	400 443
性比(女100につき男)	97.7	97.6	97.4	97.3	97.2	97.2	97.3	97.5	97.7	98.0
年齢分布(%)										
０－４歳	8.4	7.9	7.3	6.8	6.4	6.1	5.8	5.5	5.3	5.2
５－14歳	17.3	16.0	15.1	14.3	13.5	12.7	12.1	11.5	11.1	10.8
15－24歳	17.3	16.6	15.5	14.6	14.0	13.4	12.8	12.2	11.7	11.3
60歳以上	11.2	12.8	14.8	16.8	18.8	21.0	23.3	25.5	27.5	29.5
65歳以上	7.6	8.8	10.3	12.0	13.8	15.6	17.5	19.5	21.5	23.3
80歳以上	1.6	1.9	2.2	2.6	3.2	3.9	4.8	5.7	6.6	7.6
６－11歳	10.3	9.6	9.1	8.5	8.0	7.6	7.2	6.9	6.6	6.4
12－14歳	5.3	4.8	4.6	4.4	4.1	3.9	3.7	3.5	3.4	3.3
15－17歳	5.3	5.0	4.6	4.4	4.2	4.0	3.8	3.6	3.4	3.3
18－23歳	10.3	10.0	9.4	8.7	8.4	8.1	7.7	7.3	7.0	6.8
15－24歳女子(%)	52.9	52.2	51.1	49.7	48.1	46.5	45.0	43.4	41.9	40.8
中位数年齢(歳)	29.2	31.0	32.7	34.5	36.3	38.0	39.7	41.2	42.5	43.8
人口密度(1k㎡あたり)	31	33	35	36	37	38	38	39	39	39

	2010-2015	2015-2020	2020-2025	2025-2030	2030-2035	2035-2040	2040-2045	2045-2050	2050-2055	2055-2060
年平均人口増加数(千人)	6 913	6 423	5 816	5 096	4 336	3 547	2 764	1 988	1 241	502
年平均出生数(千人)	10 954	10 707	10 384	10 015	9 656	9 332	9 042	8 777	8 515	8 259
年平均死亡数(千人)	3 627	3 908	4 228	4 594	5 010	5 476	5 970	6 481	6 983	7 480
年平均純移動数(千人)	−415	−376	−339	−324	−310	−309	−308	−307	−292	−276
人口増加率(%)	1.12	0.99	0.85	0.72	0.59	0.47	0.36	0.26	0.16	0.06
粗出生率(人口千人あたり)	17.8	16.5	15.2	14.1	13.2	12.4	11.8	11.3	10.8	10.4
粗死亡率(人口千人あたり)	5.9	6.0	6.2	6.5	6.8	7.3	7.8	8.3	8.9	9.4
純移動率(人口千人あたり)	−0.7	−0.6	−0.5	−0.5	−0.4	−0.4	−0.4	−0.4	−0.4	−0.3
合計出生率（女子１人あたり）	2.15	2.05	1.96	1.90	1.85	1.81	1.79	1.78	1.77	1.77
純再生産率（女子１人あたり）	1.01	0.97	0.93	0.90	0.88	0.87	0.86	0.85	0.85	0.85
乳児死亡率（出生千人あたり）	20	17	14	12	11	9	8	7	7	6
５歳未満の死亡数(出生千人あたり	26	22	19	16	14	12	11	10	9	8
出生時の平均余命(歳)										
男	71.2	72.5	73.7	74.9	76.1	77.2	78.4	79.5	80.5	81.4
女	77.9	79.0	80.0	80.8	81.7	82.4	83.2	83.9	84.5	85.1
男女計	74.5	75.7	76.8	77.9	78.9	79.9	80.8	81.7	82.6	83.3

C. 高位予測値

	2015	2020	2025	2030	2035	2040	2045	2050	2055	2060
人口(千人)										
総数	634 387	672 904	712 371	750 821	785 793	818 179	849 043	878 924	907 769	934 967
男	313 509	332 410	351 847	370 843	388 191	404 400	420 066	435 476	450 599	465 032
女	320 878	340 494	360 525	379 978	397 603	413 779	428 977	443 447	457 170	469 935
性比(女100につき男)	97.7	97.5	97.3	97.0	96.8	96.7	96.6	96.6	96.7	96.9
年齢分布(%)										
0－4歳	8.4	8.8	8.6	8.3	7.8	7.4	7.3	7.2	7.2	7.1
5－14歳	17.3	15.9	15.7	15.9	15.7	15.0	14.3	13.9	13.8	13.7
15－24歳	17.3	16.5	15.2	14.0	14.0	14.5	14.4	13.8	13.3	13.0
60歳以上	11.2	12.7	14.4	16.1	17.8	19.5	21.3	22.8	24.0	25.0
65歳以上	7.6	8.8	10.0	11.5	13.0	14.5	16.0	17.4	18.7	19.7
80歳以上	1.6	1.9	2.1	2.5	3.0	3.7	4.4	5.1	5.7	6.4
15－49歳女子(%)	52.9	51.7	49.9	47.8	46.3	45.3	44.5	43.6	42.8	42.5
中位数年齢(歳)	29.2	30.6	31.9	33.1	34.3	35.3	36.0	36.5	37.1	37.7

	2010-2015	2015-2020	2020-2025	2025-2030	2030-2035	2035-2040	2040-2045	2045-2050	2050-2055	2055-2060
年平均人口増加数(千人)	6 913	7 704	7 893	7 690	6 994	6 477	6 173	5 976	5 769	5 440
年平均出生数(千人)	10 954	12 011	12 498	12 651	12 357	12 309	12 505	12 829	13 117	13 279
年平均死亡数(千人)	3 627	3 932	4 265	4 637	5 053	5 522	6 024	6 545	7 056	7 563
人口増加率(%)	1.12	1.18	1.14	1.05	0.91	0.81	0.74	0.69	0.65	0.59
粗出生率(人口千人あたり)	17.8	18.4	18.0	17.3	16.1	15.3	15.0	14.8	14.7	14.4
粗死亡率(人口千人あたり)	5.9	6.0	6.2	6.3	6.6	6.9	7.2	7.6	7.9	8.2
合計出生率（女子１人あたり）	2.15	2.30	2.36	2.39	2.35	2.31	2.29	2.28	2.27	2.27
純再生産率（女子１人あたり）	1.01	1.09	1.12	1.14	1.12	1.11	1.10	1.09	1.09	1.09

D. 低位予測値

	2015	2020	2025	2030	2035	2040	2045	2050	2055	2060
人口(千人)										
総数	634 387	660 100	678 797	691 312	699 903	703 879	702 716	696 204	684 637	668 510
男	313 509	325 871	334 696	340 438	344 303	345 999	345 315	342 154	336 657	328 985
女	320 878	334 229	344 101	350 874	355 600	357 880	357 401	354 050	347 980	339 526
性比(女100につき男)	97.7	97.5	97.3	97.0	96.8	96.7	96.6	96.6	96.7	96.9
年齢分布(%)										
0－4歳	8.4	7.0	6.0	5.3	4.9	4.6	4.2	3.9	3.5	3.3
5－14歳	17.3	16.2	14.6	12.5	10.9	10.0	9.5	8.9	8.2	7.6
15－24歳	17.3	16.8	15.9	15.2	14.0	12.1	10.7	10.0	9.6	9.1
60歳以上	11.2	12.9	15.1	17.5	20.0	22.7	25.7	28.7	31.8	35.0
65歳以上	7.6	8.9	10.5	12.5	14.6	16.8	19.3	22.0	24.8	27.6
80歳以上	1.6	1.9	2.2	2.7	3.4	4.3	5.3	6.4	7.6	9.0
15－49歳女子(%)	52.9	52.7	52.3	51.7	50.1	47.8	45.4	42.8	40.3	37.9
中位数年齢(歳)	29.2	31.3	33.5	35.9	38.3	40.7	43.1	45.5	47.8	50.0

	2010-2015	2015-2020	2020-2025	2025-2030	2030-2035	2035-2040	2040-2045	2045-2050	2050-2055	2055-2060
年平均人口増加数(千人)	6 913	5 143	3 739	2 503	1 718	795	− 233	− 1 302	− 2 313	− 3 225
年平均出生数(千人)	10 954	9 403	8 270	7 379	6 996	6 535	5 995	5 429	4 897	4 459
年平均死亡数(千人)	3 627	3 884	4 191	4 551	4 968	5 431	5 919	6 424	6 918	7 408
人口増加率(%)	1.12	0.80	0.56	0.37	0.25	0.11	−0.03	−0.19	−0.34	−0.48
粗出生率(人口千人あたり)	17.8	14.5	12.4	10.8	10.1	9.3	8.5	7.8	7.1	6.6
粗死亡率(人口千人あたり)	5.9	6.0	6.3	6.6	7.1	7.7	8.4	9.2	10.0	10.9
合計出生率（女子１人あたり）	2.15	1.80	1.56	1.40	1.35	1.32	1.30	1.28	1.28	1.27
純再生産率（女子１人あたり）	1.01	0.85	0.74	0.66	0.64	0.63	0.62	0.62	0.61	0.61

E. 出生力一定予測値

	2015	2020	2025	2030	2035	2040	2045	2050	2055	2060
人口(千人)										
総数	634 387	669 457	704 037	736 937	767 625	796 182	822 970	848 102	871 663	893 604
男	313 509	330 650	347 589	363 749	378 906	393 160	406 748	419 738	432 167	443 920
女	320 878	338 807	356 448	373 189	388 719	403 022	416 222	428 364	439 496	449 684
中位数年齢(歳)	29.2	30.8	32.3	33.8	35.1	36.4	37.3	38.0	38.6	39.1

	2010-2015	2015-2020	2020-2025	2025-2030	2030-2035	2035-2040	2040-2045	2045-2050	2050-2055	2055-2060
人口増加率(%)	1.12	1.08	1.01	0.91	0.82	0.73	0.66	0.60	0.55	0.50
粗出生率(人口千人あたり)	17.8	17.3	16.8	16.0	15.3	14.8	14.4	14.2	14.0	13.8
粗死亡率(人口千人あたり)	5.9	6.0	6.2	6.4	6.7	7.1	7.4	7.8	8.2	8.6

Caribbean

A. 推計値

指　標	1960	1965	1970	1975	1980	1985	1990	1995	2000	2005	2010
人口(千人)											
総数	20 724	23 088	25 306	27 629	29 748	31 920	34 198	36 375	38 314	40 028	41 621
男	10 348	11 502	12 634	13 775	14 827	15 901	17 012	18 078	19 015	19 850	20 636
女	10 376	11 586	12 672	13 854	14 922	16 019	17 185	18 297	19 299	20 178	20 985
性比(女100につき男)	99.7	99.3	99.7	99.4	99.4	99.3	99.0	98.8	98.5	98.4	98.3
年齢分布(%)											
0－4歳	15.6	16.4	15.0	13.6	12.0	12.0	11.7	10.9	10.0	9.4	8.8
5－14歳	24.8	24.9	26.2	26.3	24.5	22.2	20.9	20.8	20.2	18.9	17.7
15－24歳	18.1	17.4	18.0	19.1	20.4	21.1	19.8	18.2	17.3	17.8	17.4
60歳以上	6.4	6.9	7.5	7.9	8.6	8.9	9.3	9.8	10.4	11.1	12.0
65歳以上	4.1	4.3	4.8	5.3	5.9	6.3	6.6	6.9	7.4	7.9	8.6
80歳以上	0.5	0.6	0.7	0.7	0.9	1.1	1.3	1.5	1.6	1.7	2.0
15－49歳女子(%)	47.0	45.4	45.0	46.0	48.7	50.3	51.1	51.3	51.7	52.1	52.0
中位数年齢(歳)	19.9	19.6	19.3	19.8	21.1	22.4	23.8	25.1	26.5	27.7	28.9
人口密度(1km²あたり)	92	102	112	122	132	141	151	161	170	177	184

指　標	1960-1965	1965-1970	1970-1975	1975-1980	1980-1985	1985-1990	1990-1995	1995-2000	2000-2005	2005-2010	2010-2015
年平均人口増加数(千人)	473	443	465	424	434	456	435	388	343	319	316
年平均出生数(千人)	863	855	831	787	839	859	837	810	786	772	753
年平均死亡数(千人)	258	248	242	242	260	272	287	294	305	309	321
人口増加率(%)	2.16	1.83	1.76	1.48	1.41	1.38	1.23	1.04	0.88	0.78	0.74
粗出生率(人口千人あたり)	39.4	35.3	31.4	27.4	27.2	26.0	23.7	21.7	20.1	18.9	17.7
粗死亡率(人口千人あたり)	11.8	10.3	9.2	8.4	8.4	8.2	8.1	7.9	7.8	7.6	7.6
合計出生率(女子1人あたり)	5.48	5.01	4.37	3.62	3.41	3.13	2.83	2.64	2.50	2.40	2.29
純再生産率(女子1人あたり)	2.19	2.06	1.84	1.53	1.45	1.36	1.26	1.19	1.13	1.09	1.04
乳児死亡率(出生千人あたり)	94	83	73	70	66	54	46	39	33	30	27
出生時の平均余命(歳)											
男	56.8	59.4	61.3	62.6	63.6	64.7	65.4	66.4	67.4	68.7	69.7
女	60.0	62.7	64.9	66.4	67.5	69.1	70.2	71.6	72.6	74.0	75.2
男女計	58.4	61.0	63.0	64.5	65.5	66.8	67.7	68.9	70.0	71.3	72.4

B. 中位予測値

指　標	2015	2020	2025	2030	2035	2040	2045	2050	2055	2060
人口(千人)										
総数	43 199	44 552	45 729	46 700	47 441	47 923	48 146	48 100	47 818	47 334
男	21 406	22 053	22 614	23 074	23 423	23 648	23 748	23 720	23 580	23 347
女	21 794	22 499	23 115	23 626	24 017	24 275	24 398	24 380	24 238	23 988
性比(女100につき男)	98.2	98.0	97.8	97.7	97.5	97.4	97.3	97.3	97.3	97.3
年齢分布(%)										
0－4歳	8.3	7.9	7.4	7.0	6.6	6.3	6.1	5.8	5.6	5.5
5－14歳	16.8	15.9	15.2	14.5	13.8	13.2	12.6	12.2	11.8	11.5
15－24歳	16.6	15.7	15.1	14.5	14.1	13.6	13.1	12.6	12.2	11.9
60歳以上	13.3	14.8	17.0	19.2	21.0	22.2	23.7	25.4	26.9	28.2
65歳以上	9.4	10.5	11.8	13.9	15.8	17.3	18.3	19.5	21.0	22.3
80歳以上	2.2	2.5	2.8	3.2	3.8	4.5	5.6	6.6	7.3	7.5
6－11歳	10.1	9.6	9.1	8.7	8.2	7.9	7.5	7.3	7.1	6.8
12－14歳	5.0	4.8	4.6	4.4	4.2	4.0	3.9	3.7	3.6	3.5
15－17歳	5.0	4.8	4.6	4.4	4.3	4.1	3.9	3.8	3.6	3.6
18－23歳	9.9	9.4	9.0	8.7	8.4	8.2	7.8	7.6	7.3	7.2
15－24歳女子(%)	50.8	49.4	48.2	47.7	46.8	45.5	44.4	43.4	42.6	41.8
中位数年齢(歳)	30.2	31.8	33.4	34.9	36.4	37.8	39.0	40.2	41.3	42.3
人口密度(1km²あたり)	191	197	202	207	210	212	213	213	212	209

指　標	2010-2015	2015-2020	2020-2025	2025-2030	2030-2035	2035-2040	2040-2045	2045-2050	2050-2055	2055-2060
年平均人口増加数(千人)	316	271	235	194	148	96	44	－ 9	－ 56	－ 97
年平均出生数(千人)	753	728	699	671	643	619	595	571	547	524
年平均死亡数(千人)	321	338	357	379	404	432	461	492	520	541
年平均純移動数(千人)	−116	−120	−107	−98	−92	−90	−90	−89	−84	−80
人口増加率(%)	0.74	0.62	0.52	0.42	0.32	0.20	0.09	−0.02	−0.12	−0.20
粗出生率(人口千人あたり)	17.7	16.6	15.5	14.5	13.7	13.0	12.4	11.9	11.4	11.0
粗死亡率(人口千人あたり)	7.6	7.7	7.9	8.2	8.6	9.1	9.6	10.2	10.8	11.4
純移動率(人口千人あたり)	−2.7	−2.7	−2.4	−2.1	−1.9	−1.9	−1.9	−1.8	−1.8	−1.7
合計出生率 (女子1人あたり)	2.29	2.19	2.10	2.03	1.98	1.93	1.89	1.86	1.83	1.81
純再生産率 (女子1人あたり)	1.04	1.00	0.97	0.94	0.92	0.90	0.89	0.88	0.87	0.86
乳児死亡率 (出生千人あたり)	27	24	22	19	17	15	13	12	11	10
5歳未満の死亡数(出生千人あたり	39	35	32	28	25	22	19	17	15	14
出生時の平均余命(歳)										
男	69.7	70.8	71.8	72.9	73.8	74.8	75.6	76.4	77.1	77.7
女	75.2	76.2	77.1	78.0	78.8	79.6	80.3	80.9	81.5	82.0
男女計	72.4	73.5	74.5	75.4	76.3	77.2	78.0	78.6	79.3	79.8

C. 高位予測値

	2015	2020	2025	2030	2035	2040	2045	2050	2055	2060
人口(千人)										
総数	43 199	44 955	46 777	48 548	50 102	51 478	52 741	53 918	55 029	56 058
男	21 406	22 259	23 150	24 018	24 783	25 464	26 095	26 691	27 261	27 799
女	21 794	22 696	23 627	24 530	25 319	26 014	26 646	27 228	27 768	28 259
性比(女100につき男)	98.2	98.0	97.7	97.4	97.1	96.9	96.7	96.4	96.2	96.1
年齢分布(%)										
0－4歳	8.3	8.7	8.6	8.4	7.9	7.6	7.5	7.5	7.5	7.4
5－14歳	16.8	15.8	15.7	16.1	15.9	15.4	14.8	14.5	14.4	14.4
15－24歳	16.6	15.6	14.7	14.0	14.1	14.7	14.6	14.2	13.7	13.5
60歳以上	13.3	14.6	16.7	18.4	19.9	20.7	21.6	22.7	23.4	23.8
65歳以上	9.4	10.4	11.6	13.3	14.9	16.1	16.7	17.4	18.2	18.8
80歳以上	2.2	2.5	2.8	3.1	3.6	4.2	5.1	5.9	6.3	6.3
15－49歳女子(%)	50.8	48.9	47.2	45.9	45.1	44.4	44.0	43.6	43.4	43.4
中位数年齢(歳)	30.2	31.5	32.6	33.5	34.3	34.9	35.3	35.5	35.9	36.3

	2010-2015	2015-2020	2020-2025	2025-2030	2030-2035	2035-2040	2040-2045	2045-2050	2050-2055	2055-2060
年平均人口増加数(千人)	316	351	364	354	311	275	253	235	222	206
年平均出生数(千人)	753	811	832	835	811	802	809	823	833	835
年平均死亡数(千人)	321	340	360	383	408	437	467	499	527	550
人口増加率(%)	0.74	0.80	0.80	0.74	0.63	0.54	0.49	0.44	0.41	0.37
粗出生率(人口千人あたり)	17.7	18.4	18.1	17.5	16.4	15.8	15.5	15.4	15.3	15.0
粗死亡率(人口千人あたり)	7.6	7.7	7.9	8.0	8.3	8.6	9.0	9.3	9.7	9.9
合計出生率（女子１人あたり）	2.29	2.43	2.50	2.53	2.47	2.43	2.39	2.36	2.33	2.31
純再生産率（女子１人あたり）	1.04	1.12	1.16	1.18	1.16	1.14	1.13	1.11	1.11	1.10

D. 低位予測値

	2015	2020	2025	2030	2035	2040	2045	2050	2055	2060
人口(千人)										
総数	43 199	44 149	44 681	44 853	44 789	44 427	43 727	42 664	41 284	39 653
男	21 406	21 847	22 079	22 131	22 069	21 862	21 492	20 945	20 245	19 427
女	21 794	22 302	22 602	22 722	22 720	22 565	22 235	21 719	21 039	20 225
性比(女100につき男)	98.2	98.0	97.7	97.4	97.1	96.9	96.7	96.4	96.2	96.1
年齢分布(%)										
0－4歳	8.3	7.1	6.1	5.5	5.2	4.9	4.5	4.2	3.8	3.5
5－14歳	16.8	16.1	14.7	12.8	11.4	10.6	10.1	9.6	8.9	8.3
15－24歳	16.6	15.9	15.4	15.1	14.0	12.3	11.1	10.4	10.2	9.7
60歳以上	13.3	14.9	17.4	19.9	22.2	23.9	26.1	28.6	31.2	33.7
65歳以上	9.4	10.6	12.1	14.4	16.7	18.7	20.2	22.0	24.3	26.6
80歳以上	2.2	2.5	2.9	3.4	4.1	4.9	6.2	7.4	8.4	9.0
15－49歳女子(%)	50.8	49.8	49.3	49.6	48.6	46.7	44.7	42.8	41.0	39.0
中位数年齢(歳)	30.2	32.1	34.2	36.4	38.5	40.6	42.6	44.7	46.8	48.8

	2010-2015	2015-2020	2020-2025	2025-2030	2030-2035	2035-2040	2040-2045	2045-2050	2050-2055	2055-2060
年平均人口増加数(千人)	316	190	106	34	− 13	− 73	− 140	− 212	− 276	− 326
年平均出生数(千人)	753	646	567	506	478	445	405	362	321	287
年平均死亡数(千人)	321	336	353	374	399	427	456	486	513	533
人口増加率(%)	0.74	0.44	0.24	0.08	−0.03	−0.16	−0.32	−0.49	−0.66	−0.81
粗出生率(人口千人あたり)	17.7	14.8	12.8	11.3	10.7	10.0	9.2	8.4	7.6	7.1
粗死亡率(人口千人あたり)	7.6	7.7	8.0	8.4	8.9	9.6	10.3	11.2	12.2	13.2
合計出生率（女子１人あたり）	2.29	1.94	1.70	1.54	1.48	1.43	1.39	1.36	1.34	1.32
純再生産率（女子１人あたり）	1.04	0.88	0.78	0.71	0.69	0.67	0.65	0.64	0.63	0.62

E. 出生力一定予測値

	2015	2020	2025	2030	2035	2040	2045	2050	2055	2060
人口(千人)										
総数	43 199	44 774	46 358	47 881	49 310	50 639	51 899	53 101	54 285	55 484
男	21 406	22 166	22 935	23 676	24 376	25 033	25 662	26 270	26 876	27 501
女	21 794	22 607	23 423	24 205	24 934	25 606	26 237	26 832	27 408	27 984
中位数年齢(歳)	30.2	31.7	32.9	34.0	34.9	35.6	36.0	36.1	36.2	36.3

	2010-2015	2015-2020	2020-2025	2025-2030	2030-2035	2035-2040	2040-2045	2045-2050	2050-2055	2055-2060
人口増加率(%)	0.74	0.72	0.70	0.65	0.59	0.53	0.49	0.46	0.44	0.44
粗出生率(人口千人あたり)	17.7	17.6	17.2	16.7	16.2	15.9	15.8	15.8	15.8	15.9
粗死亡率(人口千人あたり)	7.6	7.7	7.9	8.1	8.4	8.8	9.1	9.5	9.9	10.1

Central America

A. 推 計 値

指　標	1960	1965	1970	1975	1980	1985	1990	1995	2000	2005	2010
人口(千人)											
総数	51 400	59 975	69 702	81 138	92 425	103 422	114 823	127 032	138 780	148 989	161 117
男	25 664	29 965	34 838	40 542	46 148	51 531	57 102	63 035	68 783	73 843	79 873
女	25 735	30 009	34 864	40 596	46 277	51 891	57 721	63 998	69 997	75 146	81 244
性比(女100につき男)	99.7	99.9	99.9	99.9	99.7	99.3	98.9	98.5	98.3	98.3	98.3
年齢分布(%)											
0－4歳	18.8	18.4	18.1	18.3	16.5	15.0	14.1	13.2	12.4	11.3	10.2
5－14歳	27.0	28.3	28.2	27.8	28.5	28.0	25.8	24.2	23.1	22.3	20.8
15－24歳	17.7	17.8	18.8	19.6	19.7	20.2	21.2	21.3	20.1	19.4	19.1
60歳以上	5.2	5.4	5.4	5.4	5.4	5.8	6.2	6.6	7.0	7.5	8.2
65歳以上	3.3	3.4	3.6	3.6	3.7	3.8	4.1	4.5	4.9	5.2	5.8
80歳以上	0.4	0.5	0.5	0.5	0.6	0.7	0.7	0.8	0.9	1.0	1.3
15－49歳女子(%)	43.8	42.9	43.4	43.5	44.3	45.9	48.7	50.8	52.0	52.5	53.3
中位数年齢(歳)	17.1	16.7	16.7	16.8	17.3	18.1	19.3	20.7	22.1	23.4	24.9
人口密度(1km²あたり)	21	24	28	33	38	42	47	52	57	61	66

	1960-1965	1965-1970	1970-1975	1975-1980	1980-1985	1985-1990	1990-1995	1995-2000	2000-2005	2005-2010	2010-2015
年平均人口増加数(千人)	1 715	1 945	2 287	2 257	2 199	2 280	2 442	2 350	2 042	2 426	2 325
年平均出生数(千人)	2 507	2 834	3 265	3 304	3 321	3 412	3 514	3 556	3 462	3 376	3 353
年平均死亡数(千人)	699	728	744	716	696	680	671	673	698	746	820
人口増加率(%)	3.09	3.01	3.04	2.61	2.25	2.09	2.02	1.77	1.42	1.57	1.39
粗出生率(人口千人あたり)	45.0	43.7	43.3	38.1	33.9	31.3	29.1	26.8	24.1	21.8	20.1
粗死亡率(人口千人あたり)	12.6	11.2	9.9	8.3	7.1	6.2	5.5	5.1	4.8	4.8	4.9
合計出生率(女子1人あたり)	6.73	6.65	6.52	5.47	4.60	3.98	3.49	3.11	2.79	2.54	2.37
純再生産率(女子1人あたり)	2.64	2.69	2.73	2.36	2.04	1.80	1.60	1.44	1.31	1.20	1.12
乳児死亡率(出生千人あたり)	96	86	75	63	53	44	36	30	23	22	19
出生時の平均余命(歳)											
男	54.5	56.6	58.7	60.7	62.7	65.2	67.7	69.9	71.2	72.2	73.1
女	58.3	60.6	63.5	66.7	69.3	71.5	73.5	75.1	76.5	77.5	78.4
男女計	56.4	58.6	61.1	63.6	65.9	68.3	70.5	72.5	73.9	74.8	75.7

B. 中 位 予 測 値

	2015	2020	2025	2030	2035	2040	2045	2050	2055	2060
人口(千人)										
総数	172 740	183 824	194 120	203 401	211 556	218 534	224 330	228 925	232 308	234 443
男	85 638	91 134	96 236	100 833	104 885	108 379	111 334	113 743	115 597	116 851
女	87 102	92 690	97 884	102 568	106 671	110 155	112 996	115 182	116 711	117 592
性比(女100につき男)	98.3	98.3	98.3	98.3	98.3	98.4	98.5	98.8	99.0	99.4
年齢分布(%)										
0－4歳	9.5	8.8	8.1	7.5	6.9	6.5	6.1	5.8	5.5	5.3
5－14歳	19.1	17.7	16.7	15.6	14.6	13.6	12.7	12.1	11.5	11.1
15－24歳	18.8	17.8	16.6	15.7	15.0	14.3	13.5	12.7	12.1	11.6
60歳以上	9.3	10.7	12.2	14.2	16.4	18.6	20.9	23.2	25.6	28.0
65歳以上	6.3	7.3	8.5	9.9	11.6	13.6	15.6	17.6	19.6	21.7
80歳以上	1.4	1.6	1.8	2.1	2.7	3.3	4.0	4.9	5.9	7.0
6－11歳	11.4	10.6	10.0	9.3	8.7	8.1	7.6	7.2	6.9	6.6
12－14歳	5.8	5.3	5.0	4.7	4.5	4.2	3.9	3.7	3.5	3.4
15－17歳	5.8	5.3	5.0	4.7	4.5	4.2	4.0	3.8	3.6	3.4
18－23歳	11.2	10.7	10.0	9.4	9.0	8.6	8.1	7.7	7.3	7.0
15－24歳女子(%)	53.8	53.5	52.4	51.3	50.1	48.7	47.1	45.2	43.6	42.2
中位数年齢(歳)	26.6	28.3	30.2	32.1	34.1	36.0	37.8	39.5	41.2	42.7
人口密度(1km²あたり)	70	75	79	83	86	89	91	93	95	96

	2010-2015	2015-2020	2020-2025	2025-2030	2030-2035	2035-2040	2040-2045	2045-2050	2050-2055	2055-2060
年平均人口増加数(千人)	2 325	2 217	2 059	1 856	1 631	1 396	1 159	919	677	427
年平均出生数(千人)	3 353	3 301	3 209	3 089	2 966	2 856	2 760	2 674	2 589	2 503
年平均死亡数(千人)	820	891	973	1 067	1 176	1 301	1 441	1 597	1 762	1 933
年平均純移動数(千人)	−209	−192	−177	−165	−159	−159	−159	−159	−151	−143
人口増加率(%)	1.39	1.24	1.09	0.93	0.79	0.65	0.52	0.41	0.29	0.18
粗出生率(人口千人あたり)	20.1	18.5	17.0	15.5	14.3	13.3	12.5	11.8	11.2	10.7
粗死亡率(人口千人あたり)	4.9	5.0	5.1	5.4	5.7	6.1	6.5	7.0	7.6	8.3
純移動率(人口千人あたり)	−1.3	−1.1	−0.9	−0.8	−0.8	−0.7	−0.7	−0.7	−0.7	−0.6
合計出生率（女子1人あたり）	2.37	2.21	2.08	1.98	1.90	1.85	1.81	1.79	1.78	1.77
純再生産率（女子1人あたり）	1.12	1.05	0.99	0.94	0.91	0.88	0.87	0.86	0.85	0.85
乳児死亡率（出生千人あたり）	19	17	14	13	11	10	9	8	7	6
5歳未満の死亡数(出生千人あたり	25	21	19	16	14	12	11	10	9	8
出生時の平均余命(歳)										
男	73.1	74.2	75.3	76.3	77.4	78.5	79.6	80.7	81.7	82.5
女	78.4	79.3	80.2	81.0	81.8	82.5	83.2	83.9	84.5	85.1
男女計	75.7	76.8	77.7	78.7	79.6	80.5	81.4	82.3	83.1	83.8

C. 高位予測値

	2015	2020	2025	2030	2035	2040	2045	2050	2055	2060
人口(千人)										
総数	172 740	185 649	198 964	212 076	224 196	235 577	246 543	257 212	267 472	277 076
男	85 638	92 067	98 711	105 266	111 346	117 090	122 687	128 198	133 565	138 633
女	87 102	93 582	100 253	106 810	112 850	118 487	123 856	129 014	133 907	138 442
性比(女100につき男)	98.3	98.3	98.2	98.0	97.9	97.9	97.9	98.0	98.2	98.4
年齢分布(%)										
0－4歳	9.5	9.7	9.5	9.0	8.3	7.9	7.7	7.5	7.4	7.2
5－14歳	19.1	17.5	17.2	17.3	16.8	15.9	15.0	14.5	14.2	14.1
15－24歳	18.8	17.7	16.2	15.1	15.0	15.3	15.1	14.4	13.6	13.3
60歳以上	9.3	10.6	11.9	13.6	15.4	17.3	19.0	20.6	22.2	23.7
65歳以上	6.3	7.3	8.3	9.5	11.0	12.6	14.2	15.7	17.0	18.4
80歳以上	1.4	1.6	1.8	2.1	2.5	3.0	3.6	4.4	5.2	5.9
15－49歳女子(%)	53.8	52.9	51.2	49.2	48.1	47.3	46.3	45.1	44.2	43.6
中位数年齢(歳)	26.6	28.0	29.4	30.8	32.1	33.2	34.2	34.9	35.9	36.9

	2010-2015	2015-2020	2020-2025	2025-2030	2030-2035	2035-2040	2040-2045	2045-2050	2050-2055	2055-2060
年平均人口増加数(千人)	2 325	2 582	2 663	2 622	2 424	2 276	2 193	2 134	2 052	1 921
年平均出生数(千人)	3 353	3 672	3 824	3 868	3 772	3 750	3 810	3 909	3 987	4 022
年平均死亡数(千人)	820	898	984	1 081	1 189	1 315	1 458	1 616	1 784	1 958
人口増加率(%)	1.39	1.44	1.39	1.28	1.11	0.99	0.91	0.85	0.78	0.71
粗出生率(人口千人あたり)	20.1	20.5	19.9	18.8	17.3	16.3	15.8	15.5	15.2	14.8
粗死亡率(人口千人あたり)	4.9	5.0	5.1	5.3	5.5	5.7	6.0	6.4	6.8	7.2
合計出生率 (女子1人あたり)	2.37	2.46	2.48	2.48	2.40	2.34	2.31	2.28	2.27	2.27
純再生産率 (女子1人あたり)	1.12	1.17	1.18	1.18	1.15	1.12	1.11	1.10	1.09	1.09

D. 低位予測値

	2015	2020	2025	2030	2035	2040	2045	2050	2055	2060
人口(千人)										
総数	172 740	181 999	189 275	194 725	198 971	201 804	203 052	202 634	200 618	197 117
男	85 638	90 202	93 760	96 399	98 453	99 828	100 460	100 309	99 407	97 784
女	87 102	91 797	95 515	98 326	100 518	101 976	102 592	102 325	101 211	99 333
性比(女100につき男)	98.3	98.3	98.2	98.0	97.9	97.9	97.9	98.0	98.2	98.4
年齢分布(%)										
0－4歳	9.5	7.9	6.7	5.9	5.4	4.9	4.5	4.0	3.7	3.4
5－14歳	19.1	17.9	16.1	13.8	12.0	10.9	10.1	9.3	8.5	7.8
15－24歳	18.8	18.0	17.1	16.4	15.1	13.1	11.6	10.6	10.0	9.4
60歳以上	9.3	10.8	12.5	14.8	17.4	20.2	23.1	26.2	29.6	33.3
65歳以上	6.3	7.4	8.7	10.3	12.4	14.7	17.2	19.9	22.7	25.9
80歳以上	1.4	1.6	1.9	2.2	2.8	3.6	4.4	5.5	6.9	8.3
15－49歳女子(%)	53.8	54.0	53.7	53.5	52.3	50.3	47.7	44.9	42.2	39.5
中位数年齢(歳)	26.6	28.6	31.0	33.5	36.1	38.7	41.3	43.8	46.4	48.9

	2010-2015	2015-2020	2020-2025	2025-2030	2030-2035	2035-2040	2040-2045	2045-2050	2050-2055	2055-2060
年平均人口増加数(千人)	2 325	1 852	1 455	1 090	849	567	250	－ 84	－ 403	－ 700
年平均出生数(千人)	3 353	2 929	2 594	2 310	2 171	2 013	1 835	1 655	1 490	1 354
年平均死亡数(千人)	820	884	962	1 054	1 163	1 288	1 426	1 579	1 742	1 911
人口増加率(%)	1.39	1.04	0.78	0.57	0.43	0.28	0.12	−0.04	−0.20	−0.35
粗出生率(人口千人あたり)	20.1	16.5	14.0	12.0	11.0	10.0	9.1	8.2	7.4	6.8
粗死亡率(人口千人あたり)	4.9	5.0	5.2	5.5	5.9	6.4	7.0	7.8	8.6	9.6
合計出生率 (女子1人あたり)	2.37	1.96	1.69	1.48	1.40	1.35	1.31	1.29	1.28	1.28
純再生産率 (女子1人あたり)	1.12	0.93	0.80	0.70	0.67	0.64	0.63	0.62	0.61	0.61

E. 出生力一定予測値

	2015	2020	2025	2030	2035	2040	2045	2050	2055	2060
人口(千人)										
総数	172 740	184 990	197 529	209 953	222 024	233 761	245 296	256 657	267 819	278 711
男	85 638	91 730	97 978	104 181	110 236	116 162	122 051	127 917	133 746	139 474
女	87 102	93 260	99 552	105 772	111 789	117 599	123 245	128 740	134 073	139 237
中位数年齢(歳)	26.6	28.2	29.6	31.1	32.4	33.5	34.4	35.0	35.7	36.3

	2010-2015	2015-2020	2020-2025	2025-2030	2030-2035	2035-2040	2040-2045	2045-2050	2050-2055	2055-2060
人口増加率(%)	1.39	1.37	1.31	1.22	1.12	1.03	0.96	0.91	0.85	0.80
粗出生率(人口千人あたり)	20.1	19.8	19.2	18.3	17.4	16.8	16.4	16.1	15.9	15.7
粗死亡率(人口千人あたり)	4.9	5.0	5.1	5.3	5.5	5.8	6.1	6.4	6.8	7.2

South America

A. 推計値

指　標	1960	1965	1970	1975	1980	1985	1990	1995	2000	2005	2010
人口(千人)											
総数	149 066	170 811	193 486	217 046	242 862	270 565	297 869	323 919	349 796	374 809	397 085
男	74 516	85 357	96 602	108 230	120 867	134 507	147 876	160 578	173 201	185 371	196 150
女	74 550	85 455	96 885	108 816	121 995	136 057	149 993	163 340	176 595	189 439	200 935
性比(女100につき男)	100.0	99.9	99.7	99.5	99.1	98.9	98.6	98.3	98.1	97.9	97.6
年齢分布(%)											
0－4歳	16.5	16.4	15.2	14.1	14.0	13.3	12.2	11.0	10.3	9.6	8.5
5－14歳	25.2	25.8	26.1	25.6	24.1	23.4	23.1	22.1	20.4	19.0	18.0
15－24歳	17.8	17.9	19.0	19.9	20.4	20.2	19.3	19.2	19.4	18.8	17.7
60歳以上	6.0	6.1	6.3	6.5	6.7	6.9	7.3	7.7	8.3	9.1	10.2
65歳以上	3.7	3.9	4.0	4.2	4.4	4.5	4.8	5.2	5.6	6.3	7.0
80歳以上	0.4	0.4	0.5	0.5	0.6	0.6	0.7	0.8	0.9	1.1	1.4
15－49歳女子(%)	45.9	45.3	46.0	47.4	48.8	49.9	50.8	52.4	53.5	53.7	53.5
中位数年齢(歳)	19.4	19.0	19.2	19.8	20.5	21.5	22.5	23.7	24.9	26.5	28.3
人口密度(1km²あたり)	9	10	11	12	14	15	17	19	20	21	23

指　標	1960-1965	1965-1970	1970-1975	1975-1980	1980-1985	1985-1990	1990-1995	1995-2000	2000-2005	2005-2010	2010-2015
年平均人口増加数(千人)	4 349	4 535	4 712	5 163	5 541	5 461	5 210	5 175	5 003	4 455	4 272
年平均出生数(千人)	6 370	6 600	6 781	7 392	7 735	7 681	7 477	7 508	7 434	6 964	6 848
年平均死亡数(千人)	1 960	1 978	1 971	2 043	2 077	2 108	2 135	2 129	2 187	2 321	2 486
人口増加率(%)	2.72	2.49	2.30	2.25	2.16	1.92	1.68	1.54	1.38	1.16	1.05
粗出生率(人口千人あたり)	39.8	36.2	33.0	32.1	30.1	27.0	24.1	22.3	20.5	18.0	16.8
粗死亡率(人口千人あたり)	12.3	10.9	9.6	8.9	8.1	7.4	6.9	6.3	6.0	6.0	6.1
合計出生率(女子1人あたり)	5.74	5.22	4.61	4.25	3.78	3.27	2.86	2.62	2.41	2.15	2.05
純再生産率(女子1人あたり)	2.28	2.14	1.95	1.84	1.67	1.48	1.31	1.22	1.13	1.01	0.97
乳児死亡率(出生千人あたり)	105	94	84	74	62	49	39	32	26	22	19
出生時の平均余命(歳)											
男	54.6	56.4	58.2	59.8	61.3	62.7	64.2	66.3	68.1	69.5	70.7
女	58.9	61.4	63.9	65.6	67.7	69.6	71.6	73.7	75.5	76.9	78.0
男女計	56.7	58.8	61.0	62.6	64.4	66.1	67.8	69.9	71.8	73.1	74.4

B. 中位予測値

指　標	2015	2020	2025	2030	2035	2040	2045	2050	2055	2060
人口(千人)										
総数	418 447	438 126	455 735	470 966	483 750	494 027	501 829	507 223	510 325	511 183
男	206 465	215 953	224 422	231 734	237 886	242 894	246 803	249 656	251 509	252 319
女	211 982	222 173	231 314	239 232	245 864	251 133	255 026	257 567	258 816	258 864
性比(女100につき男)	97.4	97.2	97.0	96.9	96.8	96.7	96.8	96.9	97.2	97.5
年齢分布(%)										
0－4歳	8.0	7.5	7.0	6.6	6.2	5.9	5.6	5.4	5.2	5.1
5－14歳	16.6	15.3	14.5	13.7	12.9	12.3	11.7	11.2	10.9	10.6
15－24歳	16.8	16.2	15.1	14.1	13.6	13.0	12.4	11.9	11.5	11.1
60歳以上	11.7	13.5	15.6	17.7	19.7	22.0	24.4	26.6	28.5	30.3
65歳以上	8.0	9.3	10.9	12.7	14.6	16.3	18.3	20.4	22.4	24.1
80歳以上	1.6	1.9	2.2	2.7	3.4	4.2	5.1	6.0	6.8	7.9
6－11歳	9.9	9.1	8.7	8.2	7.7	7.3	7.0	6.7	6.5	6.3
12－14歳	5.2	4.6	4.4	4.2	4.0	3.8	3.6	3.4	3.3	3.2
15－17歳	5.1	4.9	4.4	4.2	4.0	3.8	3.6	3.5	3.4	3.3
18－23歳	10.0	9.7	9.2	8.5	8.2	7.8	7.5	7.2	6.9	6.7
15－24歳女子(%)	52.8	52.0	50.8	49.2	47.4	45.7	44.1	42.6	41.2	40.1
中位数年齢(歳)	30.2	32.0	33.8	35.5	37.3	39.0	40.6	42.0	43.3	44.4
人口密度(1km²あたり)	24	25	26	27	28	28	29	29	29	29

指　標	2010-2015	2015-2020	2020-2025	2025-2030	2030-2035	2035-2040	2040-2045	2045-2050	2050-2055	2055-2060
年平均人口増加数(千人)	4 272	3 936	3 522	3 046	2 557	2 055	1 560	1 079	620	172
年平均出生数(千人)	6 848	6 678	6 475	6 255	6 047	5 858	5 687	5 531	5 379	5 232
年平均死亡数(千人)	2 486	2 679	2 898	3 148	3 430	3 743	4 067	4 393	4 702	5 006
年平均純移動数(千人)	−90	−64	−55	−62	−60	−60	−60	−60	−57	−54
人口増加率(%)	1.05	0.92	0.79	0.66	0.54	0.42	0.31	0.21	0.12	0.03
粗出生率(人口千人あたり)	16.8	15.6	14.5	13.5	12.7	12.0	11.4	11.0	10.6	10.2
粗死亡率(人口千人あたり)	6.1	6.3	6.5	6.8	7.2	7.7	8.2	8.7	9.2	9.8
純移動率(人口千人あたり)	−0.2	−0.1	−0.1	−0.1	−0.1	−0.1	−0.1	−0.1	−0.1	−0.1
合計出生率 (女子1人あたり)	2.05	1.96	1.89	1.84	1.81	1.79	1.78	1.77	1.77	1.77
純再生産率 (女子1人あたり)	0.97	0.93	0.90	0.88	0.87	0.86	0.85	0.85	0.85	0.85
乳児死亡率 (出生千人あたり)	19	16	13	11	10	8	7	7	6	6
5歳未満の死亡数(出生千人あたり	25	21	17	15	13	11	10	9	8	7
出生時の平均余命(歳)										
男	70.7	72.1	73.3	74.6	75.8	77.0	78.2	79.3	80.4	81.3
女	78.0	79.1	80.1	81.1	81.9	82.7	83.4	84.2	84.8	85.5
男女計	74.4	75.6	76.7	77.8	78.9	79.9	80.9	81.8	82.7	83.4

C. 高 位 予 測 値

	2015	2020	2025	2030	2035	2040	2045	2050	2055	2060
人口(千人)										
総数	418 447	442 300	466 630	490 197	511 495	531 124	549 759	567 794	585 268	601 833
男	206 465	218 085	229 986	241 559	252 062	261 847	271 285	280 588	289 774	298 599
女	211 982	224 216	236 644	248 638	259 433	269 277	278 474	287 206	295 494	303 234
性比(女100につき男)	97.4	97.1	96.8	96.6	96.3	96.1	96.0	96.0	96.1	96.3
年齢分布(%)										
0－4歳	8.0	8.4	8.3	8.0	7.5	7.2	7.1	7.1	7.0	7.0
5－14歳	16.6	15.2	15.0	15.4	15.2	14.6	13.9	13.6	13.5	13.5
15－24歳	16.8	16.0	14.8	13.6	13.6	14.1	14.0	13.6	13.0	12.8
60歳以上	11.7	13.4	15.2	17.0	18.6	20.4	22.2	23.7	24.8	25.7
65歳以上	8.0	9.2	10.6	12.2	13.8	15.2	16.7	18.2	19.5	20.4
80歳以上	1.6	1.9	2.2	2.6	3.2	3.9	4.7	5.4	6.0	6.7
15－49歳女子(%)	52.8	51.5	49.6	47.3	45.7	44.6	43.8	42.9	42.2	41.9
中位数年齢(歳)	30.2	31.7	33.0	34.2	35.3	36.3	37.0	37.3	37.7	38.2

	2010-2015	2015-2020	2020-2025	2025-2030	2030-2035	2035-2040	2040-2045	2045-2050	2050-2055	2055-2060
年平均人口増加数(千人)	4 272	4 771	4 866	4 713	4 259	3 926	3 727	3 607	3 495	3 313
年平均出生数(千人)	6 848	7 528	7 842	7 948	7 774	7 756	7 886	8 098	8 297	8 422
年平均死亡数(千人)	2 486	2 693	2 921	3 173	3 455	3 770	4 099	4 431	4 745	5 056
人口増加率(%)	1.05	1.11	1.07	0.99	0.85	0.75	0.69	0.65	0.61	0.56
粗出生率(人口千人あたり)	16.8	17.5	17.3	16.6	15.5	14.9	14.6	14.5	14.4	14.2
粗死亡率(人口千人あたり)	6.1	6.3	6.4	6.6	6.9	7.2	7.6	7.9	8.2	8.5
合計出生率 (女子1人あたり)	2.05	2.21	2.29	2.34	2.31	2.29	2.28	2.27	2.27	2.27
純再生産率 (女子1人あたり)	0.97	1.05	1.09	1.12	1.11	1.10	1.09	1.09	1.09	1.09

D. 低 位 予 測 値

	2015	2020	2025	2030	2035	2040	2045	2050	2055	2060
人口(千人)										
総数	418 447	433 952	444 841	451 734	456 143	457 648	455 938	450 906	442 735	431 740
男	206 465	213 822	218 857	221 909	223 781	224 309	223 364	220 900	217 005	211 773
女	211 982	220 130	225 984	229 825	232 362	233 339	232 574	230 006	225 729	219 967
性比(女100につき男)	97.4	97.1	96.8	96.6	96.3	96.1	96.0	96.0	96.1	96.3
年齢分布(%)										
0－4歳	8.0	6.6	5.7	5.0	4.7	4.4	4.1	3.8	3.5	3.2
5－14歳	16.6	15.5	13.9	11.9	10.4	9.6	9.1	8.6	8.0	7.4
15－24歳	16.8	16.3	15.5	14.7	13.5	11.6	10.4	9.7	9.3	8.9
60歳以上	11.7	13.6	16.0	18.4	20.9	23.7	26.8	29.9	32.8	35.9
65歳以上	8.0	9.4	11.1	13.3	15.4	17.6	20.1	23.0	25.8	28.5
80歳以上	1.6	1.9	2.3	2.8	3.6	4.5	5.6	6.7	7.9	9.3
15－49歳女子(%)	52.8	52.5	52.0	51.2	49.3	46.9	44.4	41.9	39.3	37.0
中位数年齢(歳)	30.2	32.3	34.6	37.0	39.3	41.6	44.0	46.3	48.5	50.6

	2010-2015	2015-2020	2020-2025	2025-2030	2030-2035	2035-2040	2040-2045	2045-2050	2050-2055	2055-2060
年平均人口増加数(千人)	4 272	3 101	2 178	1 379	882	301	− 342	− 1 006	− 1 634	− 2 199
年平均出生数(千人)	6 848	5 828	5 109	4 563	4 347	4 077	3 755	3 412	3 086	2 818
年平均死亡数(千人)	2 486	2 664	2 876	3 123	3 406	3 717	4 037	4 359	4 663	4 963
人口増加率(%)	1.05	0.73	0.50	0.31	0.19	0.07	−0.08	−0.22	−0.37	−0.50
粗出生率(人口千人あたり)	16.8	13.7	11.6	10.2	9.6	8.9	8.2	7.5	6.9	6.4
粗死亡率(人口千人あたり)	6.1	6.3	6.5	7.0	7.5	8.1	8.8	9.6	10.4	11.4
合計出生率 (女子1人あたり)	2.05	1.71	1.49	1.34	1.31	1.29	1.28	1.27	1.27	1.27
純再生産率 (女子1人あたり)	0.97	0.81	0.71	0.64	0.63	0.62	0.61	0.61	0.61	0.61

E. 出生力一定予測値

	2015	2020	2025	2030	2035	2040	2045	2050	2055	2060
人口(千人)										
総数	418 447	439 693	460 150	479 103	496 291	511 783	525 776	538 344	549 559	559 409
男	206 465	216 753	226 676	235 892	244 294	251 966	259 036	265 551	271 545	276 945
女	211 982	222 940	233 473	243 212	251 997	259 817	266 740	272 793	278 014	282 464
中位数年齢(歳)	30.2	31.9	33.5	34.9	36.4	37.7	38.8	39.6	40.2	40.8

	2010-2015	2015-2020	2020-2025	2025-2030	2030-2035	2035-2040	2040-2045	2045-2050	2050-2055	2055-2060
人口増加率(%)	1.05	0.99	0.91	0.81	0.71	0.62	0.54	0.47	0.41	0.36
粗出生率(人口千人あたり)	16.8	16.3	15.7	14.9	14.2	13.7	13.4	13.1	12.9	12.7
粗死亡率(人口千人あたり)	6.1	6.3	6.5	6.7	7.1	7.5	7.9	8.3	8.7	9.1

NORTHERN AMERICA

A. 推計値

指　標	1960	1965	1970	1975	1980	1985	1990	1995	2000	2005	2010
人口(千人)											
総数	204 167	219 189	231 029	242 215	254 217	266 658	280 633	295 700	313 724	328 524	344 129
男	101 419	108 544	113 945	119 278	124 782	130 876	137 758	145 528	154 828	162 427	170 282
女	102 748	110 646	117 084	122 937	129 436	135 782	142 875	150 171	158 896	166 098	173 847
性比(女100につき男)	98.7	98.1	97.3	97.0	96.4	96.4	96.4	96.9	97.4	97.8	97.9
年齢分布(%)											
０－４歳	11.3	10.1	8.5	7.5	7.3	7.4	7.4	7.3	6.7	6.6	6.4
５－14歳	19.8	20.4	19.9	17.6	15.5	14.2	14.1	14.4	14.3	13.6	13.0
15－24歳	13.6	15.7	17.4	18.8	18.8	17.0	14.9	13.9	14.0	14.3	14.0
60歳以上	13.0	13.1	13.8	14.6	15.6	16.4	16.6	16.3	16.2	16.8	18.6
65歳以上	9.0	9.3	9.6	10.3	11.2	11.8	12.4	12.5	12.3	12.4	13.1
80歳以上	1.4	1.6	1.8	2.1	2.2	2.4	2.7	3.0	3.2	3.4	3.7
15－49歳女子(%)	45.6	45.5	46.7	48.7	50.5	51.5	51.7	51.3	50.3	49.1	47.2
中位数年齢(歳)	29.3	28.2	28.1	28.8	29.9	31.4	32.8	34.1	35.4	36.5	37.4
人口密度(1km²あたり)	11	12	12	13	14	14	15	16	17	18	18

	1960-1965	1965-1970	1970-1975	1975-1980	1980-1985	1985-1990	1990-1995	1995-2000	2000-2005	2005-2010	2010-2015
年平均人口増加数(千人)	3 004	2 368	2 237	2 401	2 488	2 795	3 013	3 605	2 960	3 121	2 742
年平均出生数(千人)	4 746	4 055	3 692	3 682	3 992	4 262	4 429	4 298	4 422	4 579	4 365
年平均死亡数(千人)	1 969	2 108	2 178	2 143	2 234	2 379	2 468	2 584	2 696	2 717	2 859
人口増加率(%)	1.42	1.05	0.95	0.97	0.96	1.02	1.05	1.18	0.92	0.93	0.78
粗出生率(人口千人あたり)	22.4	18.0	15.6	14.8	15.3	15.6	15.4	14.1	13.8	13.6	12.4
粗死亡率(人口千人あたり)	9.3	9.4	9.2	8.6	8.6	8.7	8.6	8.5	8.4	8.1	8.1
合計出生率(女子１人あたり)	3.42	2.58	2.01	1.77	1.79	1.89	2.00	1.95	1.99	2.02	1.86
純再生産率(女子１人あたり)	1.61	1.22	0.95	0.84	0.85	0.90	0.96	0.94	0.96	0.97	0.90
乳児死亡率(出生千人あたり)	26	23	18	14	11	10	9	7	7	7	6
出生時の平均余命(歳)											
男	66.9	66.9	67.7	69.5	70.8	71.5	72.4	73.6	74.7	75.8	76.8
女	73.7	74.3	75.3	77.1	78.1	78.5	79.2	79.5	79.9	80.8	81.5
男女計	70.2	70.5	71.4	73.2	74.4	75.0	75.8	76.6	77.4	78.4	79.2

B. 中位予測値

	2015	2020	2025	2030	2035	2040	2045	2050	2055	2060
人口(千人)										
総数	357 838	371 269	384 274	396 278	406 905	416 364	424 930	433 114	441 089	449 146
男	177 383	184 101	190 559	196 507	201 809	206 647	211 151	215 556	219 878	224 236
女	180 455	187 167	193 715	199 771	205 096	209 717	213 779	217 557	221 211	224 910
性比(女100につき男)	98.3	98.4	98.4	98.4	98.4	98.5	98.8	99.1	99.4	99.7
年齢分布(%)										
０－４歳	6.1	6.1	6.1	5.9	5.8	5.7	5.7	5.7	5.7	5.7
５－14歳	12.6	12.2	12.0	12.0	11.9	11.7	11.5	11.5	11.5	11.5
15－24歳	13.6	12.6	12.5	12.2	12.0	12.2	12.1	11.9	11.8	11.7
60歳以上	20.8	23.3	25.4	26.4	27.1	27.3	27.9	28.3	29.1	29.4
65歳以上	14.9	16.9	19.1	21.0	21.7	22.2	22.2	22.7	23.1	23.9
80歳以上	3.8	4.0	4.5	5.6	6.6	7.7	8.5	8.6	8.6	8.6
６－11歳	7.6	7.3	7.2	7.2	7.1	7.0	6.9	6.9	6.9	6.9
12－14歳	3.8	3.8	3.6	3.6	3.6	3.6	3.5	3.5	3.5	3.5
15－17歳	3.7	3.8	3.7	3.5	3.6	3.6	3.6	3.5	3.5	3.5
18－23歳	8.4	7.5	7.5	7.4	7.2	7.3	7.3	7.2	7.1	7.0
15－24歳女子(%)	45.3	44.4	43.8	43.4	42.7	42.4	41.8	41.7	41.5	41.2
中位数年齢(歳)	38.3	38.9	39.6	40.4	41.2	41.6	41.9	42.1	42.2	42.4
人口密度(1km²あたり)	19	20	21	21	22	22	23	23	24	24

	2010-2015	2015-2020	2020-2025	2025-2030	2030-2035	2035-2040	2040-2045	2045-2050	2050-2055	2055-2060
年平均人口増加数(千人)	2 742	2 686	2 601	2 401	2 125	1 892	1 713	1 637	1 595	1 611
年平均出生数(千人)	4 365	4 510	4 632	4 666	4 682	4 738	4 814	4 910	5 009	5 077
年平均死亡数(千人)	2 859	3 043	3 231	3 465	3 756	4 046	4 300	4 474	4 554	4 545
年平均純移動数(千人)	1236	1220	1200	1200	1200	1200	1200	1200	1140	1080
人口増加率(%)	0.78	0.74	0.69	0.62	0.53	0.46	0.41	0.38	0.37	0.36
粗出生率(人口千人あたり)	12.4	12.4	12.3	12.0	11.7	11.5	11.4	11.4	11.5	11.4
粗死亡率(人口千人あたり)	8.1	8.3	8.6	8.9	9.4	9.8	10.2	10.4	10.4	10.2
純移動率(人口千人あたり)	3.5	3.3	3.2	3.1	3.0	2.9	2.9	2.8	2.6	2.4
合計出生率 (女子１人あたり)	1.86	1.86	1.87	1.88	1.88	1.89	1.89	1.90	1.90	1.90
純再生産率 (女子１人あたり)	0.90	0.90	0.90	0.91	0.91	0.91	0.92	0.92	0.92	0.92
乳児死亡率 (出生千人あたり)	6	5	5	4	4	3	3	3	3	2
５歳未満の死亡数(出生千人あた	7	6	6	5	4	4	4	3	3	3
出生時の平均余命(歳)										
男	76.8	77.6	78.5	79.4	80.3	81.2	82.1	82.9	83.6	84.2
女	81.5	82.1	82.7	83.3	83.9	84.5	85.1	85.6	86.2	86.7
男女計	79.2	79.9	80.6	81.4	82.1	82.9	83.6	84.3	84.9	85.5

C. 高位予測値

	2015	2020	2025	2030	2035	2040	2045	2050	2055	2060
人口(千人)										
総数	357 838	374 278	392 216	410 408	427 261	443 265	459 368	476 931	496 369	517 420
男	177 383	185 641	194 623	203 738	212 226	220 413	228 772	237 975	248 160	259 166
女	180 455	188 637	197 593	206 670	215 035	222 852	230 596	238 956	248 209	258 255
性比(女100につき男)	98.3	98.3	98.2	98.1	98.1	98.1	98.3	98.5	98.7	98.9
年齢分布(%)										
0－4歳	6.1	6.9	7.2	7.2	7.0	6.9	6.9	7.2	7.4	7.5
5－14歳	12.6	12.1	12.5	13.5	13.9	13.8	13.5	13.4	13.6	14.0
15－24歳	13.6	12.5	12.3	11.8	12.2	13.2	13.6	13.4	13.0	12.9
60歳以上	20.8	23.1	24.9	25.5	25.8	25.7	25.8	25.7	25.9	25.5
65歳以上	14.9	16.7	18.7	20.2	20.7	20.9	20.6	20.6	20.5	20.8
80歳以上	3.8	3.9	4.4	5.4	6.3	7.2	7.9	7.8	7.6	7.4
15－49歳女子(%)	45.3	44.1	42.9	41.9	41.4	41.6	41.7	42.1	42.3	42.4
中位数年齢(歳)	38.3	38.6	38.9	39.0	39.3	39.0	38.6	37.9	37.3	37.2

	2010-2015	2015-2020	2020-2025	2025-2030	2030-2035	2035-2040	2040-2045	2045-2050	2050-2055	2055-2060
年平均人口増加数(千人)	2 742	3 288	3 588	3 638	3 371	3 201	3 221	3 513	3 888	4 210
年平均出生数(千人)	4 365	5 115	5 624	5 910	5 933	6 055	6 331	6 799	7 318	7 695
年平均死亡数(千人)	2 859	3 046	3 236	3 471	3 763	4 054	4 310	4 487	4 571	4 565
人口増加率(%)	0.78	0.90	0.94	0.91	0.81	0.74	0.71	0.75	0.80	0.83
粗出生率(人口千人あたり)	12.4	14.0	14.7	14.7	14.2	13.9	14.0	14.5	15.0	15.2
粗死亡率(人口千人あたり)	8.1	8.3	8.4	8.6	9.0	9.3	9.6	9.6	9.4	9.0
合計出生率(女子1人あたり)	1.86	2.11	2.27	2.38	2.38	2.39	2.39	2.40	2.40	2.40
純再生産率(女子1人あたり)	0.90	1.02	1.09	1.15	1.15	1.15	1.16	1.16	1.16	1.16

D. 低位予測値

	2015	2020	2025	2030	2035	2040	2045	2050	2055	2060
人口(千人)										
総数	357 838	368 259	376 332	382 148	386 564	389 607	391 145	391 183	389 753	387 493
男	177 383	182 561	186 495	189 276	191 399	192 954	193 864	194 104	193 615	192 696
女	180 455	185 698	189 837	192 872	195 165	196 652	197 281	197 080	196 138	194 796
性比(女100につき男)	98.3	98.3	98.2	98.1	98.1	98.1	98.3	98.5	98.7	98.9
年齢分布(%)										
0－4歳	6.1	5.3	4.9	4.5	4.5	4.5	4.4	4.2	4.0	3.9
5－14歳	12.6	12.3	11.4	10.4	9.6	9.3	9.3	9.3	9.1	8.7
15－24歳	13.6	12.7	12.8	12.7	11.9	11.0	10.3	10.0	10.1	10.1
60歳以上	20.8	23.5	26.0	27.4	28.6	29.2	30.3	31.4	32.9	34.1
65歳以上	14.9	17.0	19.5	21.7	22.9	23.7	24.1	25.1	26.1	27.7
80歳以上	3.8	4.0	4.6	5.8	6.9	8.2	9.2	9.5	9.7	9.9
15－49歳女子(%)	45.3	44.8	44.6	44.9	44.2	43.2	41.8	41.0	40.2	39.1
中位数年齢(歳)	38.3	39.2	40.4	41.7	43.0	44.3	45.1	46.0	47.1	48.2

	2010-2015	2015-2020	2020-2025	2025-2030	2030-2035	2035-2040	2040-2045	2045-2050	2050-2055	2055-2060
年平均人口増加数(千人)	2 742	2 084	1 614	1 163	883	609	308	8	－ 286	－ 452
年平均出生数(千人)	4 365	3 904	3 640	3 421	3 433	3 447	3 398	3 269	3 113	2 995
年平均死亡数(千人)	2 859	3 040	3 225	3 458	3 749	4 038	4 291	4 461	4 539	4 527
人口増加率(%)	0.78	0.57	0.43	0.31	0.23	0.16	0.08	0.00	−0.07	−0.12
粗出生率(人口千人あたり)	12.4	10.8	9.8	9.0	8.9	8.9	8.7	8.4	8.0	7.7
粗死亡率(人口千人あたり)	8.1	8.4	8.7	9.1	9.8	10.4	11.0	11.4	11.6	11.6
合計出生率(女子1人あたり)	1.86	1.61	1.47	1.38	1.38	1.39	1.39	1.40	1.40	1.40
純再生産率(女子1人あたり)	0.90	0.78	0.71	0.66	0.67	0.67	0.67	0.68	0.68	0.68

E. 出生力一定予測値

	2015	2020	2025	2030	2035	2040	2045	2050	2055	2060
人口(千人)										
総数	357 838	371 206	383 903	395 549	405 806	414 827	422 902	430 449	437 580	444 632
男	177 383	184 069	190 368	196 133	201 245	205 858	210 110	214 190	218 079	221 922
女	180 455	187 137	193 535	199 416	204 561	208 969	212 791	216 259	219 502	222 710
中位数年齢(歳)	38.3	38.9	39.7	40.4	41.3	41.8	42.1	42.3	42.6	42.8

	2010-2015	2015-2020	2020-2025	2025-2030	2030-2035	2035-2040	2040-2045	2045-2050	2050-2055	2055-2060
人口増加率(%)	0.78	0.73	0.67	0.60	0.51	0.44	0.39	0.35	0.33	0.32
粗出生率(人口千人あたり)	12.4	12.3	12.1	11.8	11.5	11.3	11.3	11.2	11.2	11.1
粗死亡率(人口千人あたり)	8.1	8.3	8.6	8.9	9.4	9.9	10.3	10.5	10.5	10.3

OCEANIA

A. 推 計 値

指　標	1960	1965	1970	1975	1980	1985	1990	1995	2000	2005	2010
人口(千人)											
総数	15 784	17 502	19 688	21 498	22 972	24 873	26 971	29 054	31 068	33 369	36 411
男	8 012	8 856	9 943	10 833	11 538	12 485	13 514	14 533	15 553	16 707	18 265
女	7 771	8 646	9 745	10 665	11 434	12 388	13 457	14 520	15 514	16 663	18 146
性比(女100につき男)	103.1	102.4	102.0	101.6	100.9	100.8	100.4	100.1	100.2	100.3	100.7
年齢分布(%)											
0－4歳	12.2	11.8	11.2	11.0	9.7	9.5	9.3	9.2	8.9	8.4	8.4
5－14歳	21.1	21.2	21.2	20.3	19.9	18.7	17.5	17.1	16.9	16.5	15.6
15－24歳	15.0	16.7	17.9	17.9	18.1	17.7	17.3	16.4	15.2	15.4	15.4
60歳以上	10.8	10.6	10.5	11.0	11.6	12.3	12.8	13.0	13.4	14.1	15.3
65歳以上	7.4	7.3	7.1	7.4	8.0	8.5	9.1	9.6	9.8	10.2	10.7
80歳以上	1.1	1.2	1.2	1.3	1.4	1.5	1.7	2.0	2.2	2.6	2.8
15－49歳女子(%)	46.3	46.4	47.2	47.8	49.0	50.4	51.8	51.7	50.7	50.0	49.4
中位数年齢(歳)	26.4	25.2	24.8	25.5	26.4	27.5	28.6	29.7	30.8	31.9	32.2
人口密度(1km²あたり)	2	2	2	3	3	3	3	3	4	4	4

指　標	1960-1965	1965-1970	1970-1975	1975-1980	1980-1985	1985-1990	1990-1995	1995-2000	2000-2005	2005-2010	2010-2015
年平均人口増加数(千人)	344	437	362	295	380	419	417	403	460	608	584
年平均出生数(千人)	436	456	496	467	488	513	548	561	574	631	653
年平均死亡数(千人)	176	186	193	191	191	206	212	223	229	239	260
人口増加率(%)	2.07	2.35	1.76	1.33	1.59	1.62	1.49	1.34	1.43	1.74	1.54
粗出生率(人口千人あたり)	26.2	24.5	24.1	21.0	20.4	19.8	19.6	18.7	17.8	18.1	17.3
粗死亡率(人口千人あたり)	10.6	10.0	9.4	8.6	8.0	8.0	7.6	7.4	7.1	6.8	6.9
合計出生率(女子1人あたり)	3.95	3.55	3.23	2.72	2.58	2.49	2.49	2.45	2.43	2.51	2.42
純再生産率(女子1人あたり)	1.71	1.55	1.42	1.21	1.17	1.13	1.13	1.11	1.10	1.15	1.11
乳児死亡率(出生千人あたり)	49	45	42	38	33	31	28	27	25	22	20
出生時の平均余命(歳)											
男	61.2	62.3	63.5	65.1	66.9	67.8	69.5	70.9	72.6	74.3	75.3
女	66.8	68.1	69.5	71.4	73.7	74.2	75.7	76.5	77.7	79.0	79.7
男女計	63.9	65.0	66.4	68.2	70.2	70.9	72.5	73.6	75.1	76.6	77.5

B. 中 位 予 測 値

指　標	2015	2020	2025	2030	2035	2040	2045	2050	2055	2060
人口(千人)										
総数	39 331	42 131	44 791	47 361	49 809	52 150	54 413	56 609	58 684	60 626
男	19 707	21 101	22 423	23 695	24 902	26 058	27 182	28 280	29 340	30 334
女	19 624	21 030	22 368	23 667	24 907	26 092	27 230	28 329	29 344	30 292
性比(女100につき男)	100.4	100.3	100.2	100.1	100.0	99.9	99.8	99.8	100.0	100.1
年齢分布(%)										
0－4歳	8.1	8.0	7.7	7.3	7.1	6.9	6.8	6.7	6.6	6.4
5－14歳	15.3	15.4	15.1	14.8	14.3	13.8	13.5	13.3	13.1	12.9
15－24歳	15.0	14.3	14.2	14.3	14.3	14.1	13.7	13.3	13.1	12.9
60歳以上	16.5	17.8	19.2	20.2	21.3	21.8	22.6	23.3	24.1	24.6
65歳以上	11.9	13.0	14.2	15.5	16.3	17.2	17.6	18.2	18.9	19.6
80歳以上	2.9	3.1	3.5	4.3	4.9	5.5	6.1	6.4	6.8	6.9
6－11歳	9.3	9.3	9.1	8.9	8.6	8.3	8.1	8.0	7.9	7.8
12－14歳	4.4	4.5	4.5	4.4	4.3	4.2	4.0	4.0	3.9	3.9
15－17歳	4.4	4.3	4.4	4.4	4.3	4.2	4.1	4.0	3.9	3.9
18－23歳	9.0	8.5	8.4	8.6	8.5	8.5	8.2	8.0	7.8	7.7
15－24歳女子(%)	48.4	47.4	46.5	46.4	46.0	45.5	45.1	44.8	44.6	44.1
中位数年齢(歳)	32.9	33.6	34.3	35.1	35.7	36.2	36.8	37.4	38.0	38.7
人口密度(1km²あたり)	5	5	5	6	6	6	6	7	7	7

指　標	2010-2015	2015-2020	2020-2025	2025-2030	2030-2035	2035-2040	2040-2045	2045-2050	2050-2055	2055-2060
年平均人口増加数(千人)	584	560	532	514	490	468	453	439	415	388
年平均出生数(千人)	653	670	684	692	701	717	737	754	765	768
年平均死亡数(千人)	260	279	300	328	362	399	435	465	493	515
年平均純移動数(千人)	190	169	148	150	150	151	151	151	143	135
人口増加率(%)	1.54	1.38	1.23	1.12	1.01	0.92	0.85	0.79	0.72	0.65
粗出生率(人口千人あたり)	17.3	16.5	15.7	15.0	14.4	14.1	13.8	13.6	13.3	12.9
粗死亡率(人口千人あたり)	6.9	6.8	6.9	7.1	7.5	7.8	8.2	8.4	8.6	8.6
純移動率(人口千人あたり)	5.0	4.1	3.4	3.3	3.1	3.0	2.8	2.7	2.5	2.3
合計出生率（女子1人あたり）	2.42	2.35	2.29	2.24	2.18	2.13	2.09	2.06	2.04	2.01
純再生産率（女子1人あたり）	1.11	1.08	1.05	1.03	1.01	0.99	0.98	0.97	0.96	0.95
乳児死亡率（出生千人あたり）	20	19	18	17	16	15	14	13	12	11
5歳未満の死亡数(出生千人あたり	26	24	22	21	20	18	17	16	14	13
出生時の平均余命(歳)										
男	75.3	76.3	77.2	77.9	78.5	79.1	79.6	80.2	80.7	81.2
女	79.7	80.5	81.1	81.8	82.4	83.0	83.5	84.1	84.6	85.2
男女計	77.5	78.4	79.2	79.8	80.4	81.0	81.6	82.1	82.6	83.2

C. 高位予測値

	2015	2020	2025	2030	2035	2040	2045	2050	2055	2060
人口(千人)										
総数	39 331	42 486	45 742	49 081	52 332	55 558	58 858	62 317	65 906	69 578
男	19 707	21 283	22 912	24 579	26 201	27 811	29 470	31 217	33 055	34 939
女	19 624	21 203	22 830	24 501	26 132	27 747	29 389	31 100	32 851	34 639
性比(女100につき男)	100.4	100.3	100.1	99.9	99.7	99.5	99.3	99.2	99.2	99.3
年齢分布(%)										
０－４歳	8.1	8.8	8.8	8.7	8.3	8.1	8.1	8.1	8.2	8.1
５－14歳	15.3	15.2	15.6	16.2	16.2	15.8	15.3	15.2	15.2	15.3
15－24歳	15.0	14.2	13.9	13.8	14.3	14.9	15.0	14.6	14.2	14.0
60歳以上	16.5	17.6	18.8	19.5	20.3	20.4	20.9	21.2	21.4	21.5
65歳以上	11.9	12.9	13.9	15.0	15.5	16.2	16.2	16.6	16.9	17.1
80歳以上	2.9	3.1	3.4	4.1	4.6	5.1	5.6	5.8	6.0	6.0
15－49歳女子(%)	48.4	47.0	45.6	44.8	44.5	44.5	44.6	44.8	44.8	44.8
中位数年齢(歳)	32.9	33.3	33.6	33.8	33.8	33.7	33.7	33.7	34.0	34.3

	2010-2015	2015-2020	2020-2025	2025-2030	2030-2035	2035-2040	2040-2045	2045-2050	2050-2055	2055-2060
年平均人口増加数(千人)	584	631	651	668	650	645	660	692	718	734
年平均出生数(千人)	653	742	805	848	865	897	948	1 011	1 073	1 120
年平均死亡数(千人)	260	280	302	331	365	402	439	470	498	521
人口増加率(%)	1.54	1.54	1.48	1.41	1.28	1.20	1.15	1.14	1.12	1.08
粗出生率(人口千人あたり)	17.3	18.1	18.2	17.9	17.1	16.6	16.6	16.7	16.7	16.5
粗死亡率(人口千人あたり)	6.9	6.8	6.8	7.0	7.2	7.5	7.7	7.8	7.8	7.7
合計出生率（女子１人あたり）	2.42	2.60	2.70	2.74	2.68	2.63	2.59	2.56	2.53	2.51
純再生産率（女子１人あたり）	1.11	1.20	1.24	1.27	1.25	1.23	1.22	1.20	1.19	1.18

D. 低位予測値

	2015	2020	2025	2030	2035	2040	2045	2050	2055	2060
人口(千人)										
総数	39 331	41 776	43 841	45 642	47 289	48 766	50 056	51 132	51 928	52 464
男	19 707	20 918	21 934	22 810	23 606	24 317	24 941	25 462	25 864	26 135
女	19 624	20 858	21 907	22 832	23 683	24 449	25 115	25 670	26 064	26 328
性比(女100につき男)	100.4	100.3	100.1	99.9	99.7	99.5	99.3	99.2	99.2	99.3
年齢分布(%)										
０－４歳	8.1	7.2	6.5	5.9	5.8	5.6	5.5	5.2	4.9	4.7
５－14歳	15.3	15.5	14.6	13.3	12.2	11.6	11.3	11.1	10.8	10.4
15－24歳	15.0	14.4	14.5	14.9	14.3	13.1	12.2	11.7	11.6	11.4
60歳以上	16.5	17.9	19.6	20.9	22.4	23.3	24.5	25.8	27.2	28.5
65歳以上	11.9	13.1	14.6	16.1	17.2	18.4	19.1	20.2	21.4	22.7
80歳以上	2.9	3.1	3.6	4.4	5.1	5.9	6.6	7.0	7.7	8.0
15－49歳女子(%)	48.4	47.8	47.5	48.1	47.6	46.7	45.6	44.7	43.9	42.8
中位数年齢(歳)	32.9	33.9	35.1	36.5	37.7	38.8	39.9	41.1	42.5	43.8

	2010-2015	2015-2020	2020-2025	2025-2030	2030-2035	2035-2040	2040-2045	2045-2050	2050-2055	2055-2060
年平均人口増加数(千人)	584	489	413	360	330	295	258	215	159	107
年平均出生数(千人)	653	598	563	536	538	541	539	526	504	481
年平均死亡数(千人)	260	278	298	325	359	396	431	461	488	509
人口増加率(%)	1.54	1.21	0.97	0.81	0.71	0.62	0.52	0.43	0.31	0.21
粗出生率(人口千人あたり)	17.3	14.7	13.1	12.0	11.6	11.3	10.9	10.4	9.8	9.2
粗死亡率(人口千人あたり)	6.9	6.9	7.0	7.3	7.7	8.2	8.7	9.1	9.5	9.8
合計出生率（女子１人あたり）	2.42	2.10	1.89	1.73	1.68	1.63	1.60	1.57	1.54	1.52
純再生産率（女子１人あたり）	1.11	0.96	0.86	0.79	0.77	0.76	0.74	0.73	0.72	0.71

E. 出生力一定予測値

	2015	2020	2025	2030	2035	2040	2045	2050	2055	2060
人口(千人)										
総数	39 331	42 285	45 228	48 206	51 203	54 258	57 429	60 760	64 228	67 850
男	19 707	21 181	22 650	24 134	25 627	27 153	28 748	30 434	32 216	34 080
女	19 624	21 104	22 577	24 072	25 576	27 105	28 680	30 326	32 012	33 770
中位数年齢(歳)	32.9	33.4	34.0	34.5	34.6	34.7	34.7	34.6	34.7	34.7

	2010-2015	2015-2020	2020-2025	2025-2030	2030-2035	2035-2040	2040-2045	2045-2050	2050-2055	2055-2060
人口増加率(%)	1.54	1.45	1.35	1.28	1.21	1.16	1.14	1.13	1.11	1.10
粗出生率(人口千人あたり)	17.3	17.2	17.0	16.6	16.4	16.4	16.6	16.7	16.9	16.9
粗死亡率(人口千人あたり)	6.9	6.9	6.9	7.1	7.4	7.7	7.9	8.0	8.0	8.0

Australia/New Zealand

A. 推 計 値

指　標	1960	1965	1970	1975	1980	1985	1990	1995	2000	2005	2010
人口(千人)											
総数	12 664	13 996	15 724	16 976	17 855	19 059	20 494	21 800	22 965	24 409	26 532
男	6 392	7 044	7 899	8 505	8 908	9 503	10 198	10 829	11 425	12 142	13 231
女	6 272	6 952	7 826	8 471	8 947	9 556	10 296	10 971	11 541	12 267	13 301
性比(女100につき男)	101.9	101.3	100.9	100.4	99.6	99.5	99.0	98.7	99.0	99.0	99.5
年齢分布(%)											
0－4歳	10.9	10.5	9.8	9.3	7.8	7.6	7.5	7.3	6.8	6.4	6.7
5－14歳	19.8	19.7	19.7	18.6	17.8	16.1	14.7	14.4	14.3	13.7	12.6
15－24歳	14.0	16.2	17.4	17.4	17.7	17.1	16.3	15.0	13.5	13.9	14.1
60歳以上	12.4	12.3	12.2	12.9	13.7	14.7	15.4	15.7	16.4	17.3	18.9
65歳以上	8.6	8.5	8.3	8.8	9.6	10.3	11.1	11.8	12.3	12.8	13.4
80歳以上	1.3	1.4	1.4	1.5	1.7	1.9	2.2	2.6	2.8	3.4	3.7
15－49歳女子(%)	46.3	46.5	47.5	48.2	49.6	51.3	52.6	52.2	50.6	49.7	48.9
中位数年齢(歳)	29.2	27.9	27.2	27.8	29.1	30.6	32.0	33.5	35.2	36.4	36.9
人口密度(1k㎡あたり)	2	2	2	2	2	2	3	3	3	3	3

指　標	1960-1965	1965-1970	1970-1975	1975-1980	1980-1985	1985-1990	1990-1995	1995-2000	2000-2005	2005-2010	2010-2015
年平均人口増加数(千人)	266	346	250	176	241	287	261	233	289	425	393
年平均出生数(千人)	296	304	318	279	287	303	318	308	309	355	372
年平均死亡数(千人)	115	128	136	135	137	147	151	159	162	170	185
人口増加率(%)	2.00	2.33	1.53	1.01	1.31	1.45	1.24	1.04	1.22	1.67	1.43
粗出生率(人口千人あたり)	22.2	20.4	19.5	16.0	15.6	15.3	15.0	13.8	13.0	14.0	13.5
粗死亡率(人口千人あたり)	8.6	8.6	8.3	7.8	7.4	7.4	7.1	7.1	6.8	6.7	6.7
合計出生率(女子１人あたり)	3.41	2.96	2.59	2.02	1.92	1.89	1.90	1.82	1.80	1.99	1.94
純再生産率(女子１人あたり)	1.60	1.40	1.23	0.96	0.92	0.90	0.91	0.87	0.87	0.96	0.93
乳児死亡率(出生千人あたり)	20	18	17	13	10	9	7	6	5	5	4
出生時の平均余命(歳)											
男	68.0	67.9	68.4	70.0	71.6	72.7	74.4	75.7	77.5	78.9	79.9
女	74.3	74.5	75.2	76.9	78.3	79.0	80.3	81.3	82.5	83.5	84.1
男女計	71.0	71.0	71.7	73.3	74.9	75.8	77.4	78.5	80.0	81.2	82.0

B. 中 位 予 測 値

指　標	2015	2020	2025	2030	2035	2040	2045	2050	2055	2060
人口(千人)										
総数	28 497	30 327	32 007	33 585	35 046	36 427	37 774	39 104	40 363	41 542
男	14 189	15 092	15 920	16 691	17 402	18 076	18 740	19 404	20 056	20 671
女	14 308	15 235	16 087	16 894	17 644	18 352	19 033	19 699	20 307	20 872
性比(女100につき男)	99.2	99.1	99.0	98.8	98.6	98.5	98.5	98.5	98.8	99.0
年齢分布(%)										
0－4歳	6.5	6.6	6.3	5.9	5.7	5.7	5.7	5.7	5.7	5.5
5－14歳	12.4	12.7	12.8	12.6	12.1	11.6	11.4	11.4	11.4	11.4
15－24歳	13.3	12.3	12.3	12.6	12.7	12.6	12.2	11.8	11.6	11.5
60歳以上	20.4	22.0	23.9	25.0	26.3	26.7	27.6	28.5	29.2	29.6
65歳以上	15.0	16.4	18.0	19.7	20.6	21.7	22.0	22.7	23.6	24.3
80歳以上	3.8	4.1	4.6	5.7	6.6	7.4	8.2	8.6	9.1	9.2
6－11歳	7.5	7.7	7.7	7.5	7.2	6.9	6.8	6.8	6.9	6.8
12－14歳	3.6	3.8	3.8	3.8	3.7	3.6	3.5	3.4	3.4	3.4
15－17歳	3.7	3.6	3.8	3.8	3.8	3.7	3.5	3.4	3.4	3.5
18－23歳	8.2	7.4	7.3	7.6	7.6	7.7	7.4	7.1	7.0	6.9
15－24歳女子(%)	47.3	45.8	44.5	44.3	43.7	43.0	42.5	42.2	42.0	41.6
中位数年齢(歳)	37.6	38.0	38.9	39.9	40.7	41.1	41.3	41.6	42.0	42.6
人口密度(1k㎡あたり)	4	4	4	4	4	5	5	5	5	5

指　標	2010-2015	2015-2020	2020-2025	2025-2030	2030-2035	2035-2040	2040-2045	2045-2050	2050-2055	2055-2060
年平均人口増加数(千人)	393	366	336	316	292	276	269	266	252	236
年平均出生数(千人)	372	381	385	384	386	397	415	431	441	445
年平均死亡数(千人)	185	198	212	231	256	283	308	328	344	355
年平均純移動数(千人)	206	183	163	163	163	163	163	163	155	147
人口増加率(%)	1.43	1.25	1.08	0.96	0.85	0.77	0.73	0.69	0.63	0.58
粗出生率(人口千人あたり)	13.5	13.0	12.4	11.7	11.2	11.1	11.2	11.2	11.1	10.9
粗死亡率(人口千人あたり)	6.7	6.7	6.8	7.0	7.5	7.9	8.3	8.5	8.7	8.7
純移動率(人口千人あたり)	7.5	6.2	5.2	5.0	4.7	4.6	4.4	4.2	3.9	3.6
合計出生率（女子１人あたり）	1.94	1.88	1.85	1.82	1.80	1.79	1.79	1.79	1.79	1.79
純再生産率（女子１人あたり）	0.93	0.91	0.89	0.88	0.87	0.87	0.87	0.86	0.87	0.87
乳児死亡率（出生千人あたり）	4	3	3	3	2	2	2	2	2	1
５歳未満の死亡数(出生千人あたｌ	5	4	4	3	3	3	2	2	2	2
出生時の平均余命(歳)										
男	79.9	81.0	82.0	82.9	83.6	84.3	84.9	85.6	86.1	86.8
女	84.1	84.8	85.5	86.2	86.8	87.5	88.1	88.7	89.3	89.9
男女計	82.0	82.9	83.8	84.5	85.2	85.9	86.5	87.1	87.7	88.4

C. 高 位 予 測 値

	2015	2020	2025	2030	2035	2040	2045	2050	2055	2060
人口(千人)										
総数	28 497	30 580	32 676	34 779	36 777	38 736	40 747	42 885	45 120	47 415
男	14 189	15 222	16 263	17 304	18 291	19 260	20 266	21 345	22 497	23 684
女	14 308	15 358	16 413	17 475	18 486	19 475	20 480	21 540	22 623	23 731
性比(女100につき男)	99.2	99.0	98.8	98.6	98.3	98.0	97.9	97.8	98.0	98.1
年齢分布(%)										
0－4歳	6.5	7.3	7.4	7.3	6.9	6.8	6.9	7.1	7.2	7.2
5－14歳	12.4	12.6	13.3	14.1	14.1	13.7	13.3	13.3	13.5	13.8
15－24歳	13.3	12.2	12.1	12.2	12.8	13.6	13.6	13.2	12.8	12.7
60歳以上	20.4	21.8	23.4	24.1	25.0	25.1	25.6	26.0	26.1	25.9
65歳以上	15.0	16.2	17.6	19.0	19.7	20.4	20.4	20.7	21.1	21.3
80歳以上	3.8	4.0	4.5	5.5	6.2	7.0	7.6	7.8	8.1	8.0
15－49歳女子(%)	47.3	45.5	43.6	42.8	42.4	42.2	42.3	42.5	42.7	42.7
中位数年齢(歳)	37.6	37.7	38.2	38.5	38.7	38.5	38.1	37.8	37.6	37.8

	2010-2015	2015-2020	2020-2025	2025-2030	2030-2035	2035-2040	2040-2045	2045-2050	2050-2055	2055-2060
年平均人口増加数(千人)	393	416	419	421	400	392	402	428	447	459
年平均出生数(千人)	372	432	469	489	493	513	548	594	637	669
年平均死亡数(千人)	185	198	212	232	257	284	309	329	345	356
人口増加率(%)	1.43	1.41	1.33	1.25	1.12	1.04	1.01	1.02	1.02	0.99
粗出生率(人口千人あたり)	13.5	14.6	14.8	14.5	13.8	13.6	13.8	14.2	14.5	14.4
粗死亡率(人口千人あたり)	6.7	6.7	6.7	6.9	7.2	7.5	7.8	7.9	7.8	7.7
合計出生率（女子1人あたり）	1.94	2.13	2.25	2.32	2.30	2.29	2.29	2.29	2.29	2.29
純再生産率（女子1人あたり）	0.93	1.03	1.08	1.12	1.11	1.11	1.11	1.11	1.11	1.11

D. 低 位 予 測 値

	2015	2020	2025	2030	2035	2040	2045	2050	2055	2060
人口(千人)										
総数	28 497	30 075	31 338	32 390	33 316	34 132	34 852	35 465	35 906	36 189
男	14 189	14 963	15 576	16 078	16 514	16 898	17 241	17 537	17 769	17 924
女	14 308	15 112	15 762	16 312	16 802	17 234	17 611	17 928	18 137	18 265
性比(女100につき男)	99.2	99.0	98.8	98.6	98.3	98.0	97.9	97.8	98.0	98.1
年齢分布(%)										
0－4歳	6.5	5.8	5.1	4.5	4.4	4.4	4.4	4.3	4.1	3.9
5－14歳	12.4	12.9	12.2	11.0	9.9	9.3	9.2	9.2	9.1	8.8
15－24歳	13.3	12.4	12.6	13.1	12.6	11.5	10.5	10.0	9.9	10.0
60歳以上	20.4	22.2	24.4	25.9	27.6	28.5	29.9	31.4	32.8	34.0
65歳以上	15.0	16.5	18.4	20.4	21.7	23.2	23.8	25.1	26.5	27.9
80歳以上	3.8	4.1	4.7	5.9	6.9	7.9	8.9	9.4	10.2	10.5
15－49歳女子(%)	47.3	46.2	45.5	45.9	45.2	44.0	42.6	41.7	40.9	39.7
中位数年齢(歳)	37.6	38.3	39.7	41.2	42.6	43.7	44.6	45.4	46.5	47.7

	2010-2015	2015-2020	2020-2025	2025-2030	2030-2035	2035-2040	2040-2045	2045-2050	2050-2055	2055-2060
年平均人口増加数(千人)	393	315	253	210	185	163	144	123	88	57
年平均出生数(千人)	372	330	301	278	278	283	289	287	277	264
年平均死亡数(千人)	185	198	212	231	256	283	308	327	343	354
人口増加率(%)	1.43	1.08	0.82	0.66	0.56	0.48	0.42	0.35	0.25	0.16
粗出生率(人口千人あたり)	13.5	11.3	9.8	8.7	8.5	8.4	8.4	8.2	7.8	7.3
粗死亡率(人口千人あたり)	6.7	6.8	6.9	7.2	7.8	8.4	8.9	9.3	9.6	9.8
合計出生率（女子1人あたり）	1.94	1.63	1.45	1.32	1.30	1.29	1.29	1.29	1.29	1.29
純再生産率（女子1人あたり）	0.93	0.79	0.70	0.64	0.63	0.63	0.62	0.62	0.62	0.62

E. 出生力一定予測値

	2015	2020	2025	2030	2035	2040	2045	2050	2055	2060
人口(千人)										
総数	28 497	30 384	32 150	33 835	35 432	36 984	38 526	40 076	41 577	43 024
男	14 189	15 122	15 994	16 821	17 603	18 364	19 130	19 908	20 685	21 437
女	14 308	15 262	16 156	17 014	17 830	18 620	19 396	20 168	20 893	21 587
中位数年齢(歳)	37.6	38.0	38.8	39.6	40.3	40.5	40.5	40.6	40.8	41.3

	2010-2015	2015-2020	2020-2025	2025-2030	2030-2035	2035-2040	2040-2045	2045-2050	2050-2055	2055-2060
人口増加率(%)	1.43	1.28	1.13	1.02	0.92	0.86	0.82	0.79	0.74	0.68
粗出生率(人口千人あたり)	13.5	13.3	12.9	12.3	11.9	11.9	12.0	12.1	12.0	11.8
粗死亡率(人口千人あたり)	6.7	6.7	6.8	7.0	7.4	7.8	8.2	8.4	8.4	8.4

Melanesia

A. 推 計 値

指　標	1960	1965	1970	1975	1980	1985	1990	1995	2000	2005	2010
人口（千人）											
総数	2 620	2 927	3 306	3 808	4 339	4 944	5 514	6 208	6 993	7 816	8 716
男	1 361	1 513	1 706	1 961	2 231	2 533	2 818	3 167	3 565	3 984	4 444
女	1 259	1 414	1 600	1 847	2 108	2 412	2 696	3 041	3 428	3 832	4 273
性比（女100につき男）	108.2	107.0	106.6	106.2	105.9	105.0	104.5	104.2	104.0	104.0	104.0
年齢分布（%）											
０－４歳	17.0	16.9	16.8	17.9	16.8	16.0	15.1	14.9	15.0	14.2	13.6
５－14歳	26.2	26.8	26.6	26.2	27.4	27.7	26.6	25.2	24.4	24.4	24.1
15－24歳	19.1	19.2	19.8	19.8	19.5	19.5	20.7	21.2	20.4	19.3	18.9
60歳以上	4.1	3.9	4.0	4.0	4.0	4.1	4.2	4.4	4.5	4.9	5.3
65歳以上	2.4	2.3	2.3	2.3	2.4	2.5	2.5	2.6	2.8	2.9	3.2
80歳以上	0.3	0.2	0.2	0.2	0.2	0.2	0.3	0.3	0.3	0.3	0.4
15－49歳女子（%）	46.4	46.2	46.7	46.5	46.6	47.1	48.9	50.1	50.5	50.5	50.7
中位数年齢（歳）	18.3	18.0	18.0	17.8	17.8	18.0	18.6	19.4	20.0	20.8	21.3
人口密度（1k㎡あたり）	5	6	6	7	8	9	10	12	13	15	16

指　標	1960-1965	1965-1970	1970-1975	1975-1980	1980-1985	1985-1990	1990-1995	1995-2000	2000-2005	2005-2010	2010-2015
年平均人口増加数（千人）	61	76	100	106	121	114	139	157	165	180	181
年平均出生数（千人）	116	128	154	162	173	181	200	224	238	250	256
年平均死亡数（千人）	55	52	51	50	48	53	55	58	61	62	68
人口増加率（%）	2.22	2.43	2.83	2.61	2.61	2.18	2.37	2.38	2.23	2.18	1.98
粗出生率（人口千人あたり）	41.8	41.1	43.2	39.9	37.2	34.6	34.2	33.9	32.1	30.2	28.0
粗死亡率（人口千人あたり）	19.9	16.5	14.5	12.3	10.4	10.1	9.4	8.8	8.2	7.6	7.4
合計出生率（女子１人あたり）	6.24	6.01	5.80	5.55	5.18	4.73	4.49	4.40	4.15	3.93	3.67
純再生産率（女子１人あたり）	2.03	2.11	2.19	2.16	2.12	1.94	1.89	1.86	1.78	1.71	1.61
乳児死亡率（出生千人あたり）	118	103	91	80	68	68	62	57	52	46	44
出生時の平均余命（歳）											
男	41.9	45.9	49.2	51.9	53.9	54.4	55.9	57.6	59.3	61.1	61.9
女	44.2	48.2	51.4	54.7	59.2	59.3	61.1	62.1	63.6	65.4	66.3
男女計	43.0	47.0	50.2	53.2	56.3	56.7	58.3	59.8	61.4	63.1	64.0

B. 中 位 予 測 値

指　標	2015	2020	2025	2030	2035	2040	2045	2050	2055	2060
人口（千人）										
総数	9 623	10 542	11 476	12 419	13 358	14 275	15 157	15 996	16 789	17 534
男	4 904	5 369	5 842	6 318	6 791	7 252	7 695	8 114	8 511	8 881
女	4 719	5 173	5 634	6 101	6 567	7 023	7 462	7 881	8 279	8 653
性比（女100につき男）	103.9	103.8	103.7	103.6	103.4	103.3	103.1	103.0	102.8	102.6
年齢分布（%）										
０－４歳	12.7	12.0	11.5	11.0	10.5	10.0	9.5	9.1	8.7	8.4
５－14歳	23.4	22.5	21.4	20.5	19.8	19.2	18.5	17.8	17.2	16.5
15－24歳	19.4	19.6	19.3	18.8	18.1	17.6	17.3	16.9	16.5	16.1
60歳以上	5.8	6.3	7.0	7.7	8.7	9.5	10.4	11.1	11.9	13.0
65歳以上	3.5	3.9	4.4	4.9	5.4	6.2	6.9	7.5	8.1	8.8
80歳以上	0.4	0.5	0.5	0.6	0.7	0.8	1.0	1.1	1.4	1.6
６－11歳	14.3	13.6	12.9	12.4	12.0	11.6	11.2	10.7	10.3	9.9
12－14歳	6.7	6.5	6.2	6.0	5.8	5.6	5.5	5.3	5.1	4.9
15－17歳	6.4	6.2	6.1	5.8	5.6	5.5	5.3	5.2	5.1	4.9
18－23歳	11.3	11.6	11.4	11.2	10.8	10.5	10.3	10.1	9.9	9.6
15－24歳女子（%）	51.3	51.8	51.9	51.9	51.8	51.8	51.7	51.3	50.8	50.2
中位数年齢（歳）	22.0	22.9	23.8	24.8	25.9	26.9	27.9	28.9	29.8	30.8
人口密度（1k㎡あたり）	18	20	22	23	25	27	29	30	32	33

指　標	2010-2015	2015-2020	2020-2025	2025-2030	2030-2035	2035-2040	2040-2045	2045-2050	2050-2055	2055-2060
年平均人口増加数（千人）	181	184	187	189	188	183	176	168	159	149
年平均出生数（千人）	256	265	275	284	291	296	299	301	302	302
年平均死亡数（千人）	68	74	81	89	97	106	116	126	136	147
年平均純移動数（千人）	−7	−7	−7	−7	−7	−7	−7	−7	−7	−6
人口増加率（%）	1.98	1.82	1.70	1.58	1.46	1.33	1.20	1.08	0.97	0.87
粗出生率（人口千人あたり）	28.0	26.3	24.9	23.8	22.6	21.4	20.3	19.3	18.4	17.6
粗死亡率（人口千人あたり）	7.4	7.3	7.3	7.4	7.5	7.7	7.9	8.1	8.3	8.6
純移動率（人口千人あたり）	−0.7	−0.7	−0.6	−0.6	−0.5	−0.5	−0.5	−0.4	−0.4	−0.4
合計出生率（女子１人あたり）	3.67	3.44	3.25	3.07	2.92	2.79	2.68	2.57	2.48	2.40
純再生産率（女子１人あたり）	1.61	1.52	1.44	1.37	1.31	1.26	1.21	1.17	1.14	1.10
乳児死亡率（出生千人あたり）	44	41	38	36	34	32	30	28	27	25
５歳未満の死亡数（出生千人あたり	56	53	49	46	43	40	37	35	33	31
出生時の平均余命（歳）										
男	61.9	62.7	63.5	64.2	65.0	65.7	66.4	67.1	67.7	68.4
女	66.3	67.2	68.1	68.9	69.7	70.5	71.3	72.0	72.7	73.4
男女計	64.0	64.9	65.7	66.5	67.3	68.1	68.8	69.5	70.1	70.8

C. 高位予測値

	2015	2020	2025	2030	2035	2040	2045	2050	2055	2060
人口(千人)										
総数	9 623	10 634	11 729	12 892	14 074	15 273	16 497	17 754	19 042	20 351
男	4 904	5 417	5 973	6 563	7 162	7 769	8 388	9 024	9 676	10 338
女	4 719	5 217	5 756	6 329	6 912	7 504	8 109	8 730	9 366	10 013
性比(女100につき男)	103.9	103.8	103.6	103.4	103.2	103.0	102.7	102.5	102.2	101.9
年齢分布(%)										
0－4歳	12.7	12.8	12.6	12.3	11.7	11.2	10.9	10.6	10.3	10.0
5－14歳	23.4	22.3	21.7	21.7	21.5	21.0	20.2	19.6	19.2	18.8
15－24歳	19.4	19.4	18.9	18.1	17.8	18.1	18.2	17.8	17.3	16.9
60歳以上	5.8	6.3	6.8	7.4	8.2	8.9	9.5	10.0	10.5	11.2
65歳以上	3.5	3.9	4.3	4.7	5.1	5.8	6.3	6.8	7.1	7.6
80歳以上	0.4	0.5	0.5	0.6	0.7	0.8	0.9	1.0	1.2	1.4
15－49歳女子(%)	51.3	51.4	50.8	50.0	49.8	50.1	50.4	50.2	50.0	49.8
中位数年齢(歳)	22.0	22.6	23.3	23.8	24.4	24.8	25.5	26.2	27.0	27.7

	2010-2015	2015-2020	2020-2025	2025-2030	2030-2035	2035-2040	2040-2045	2045-2050	2050-2055	2055-2060
年平均人口増加数(千人)	181	202	219	233	236	240	245	251	258	262
年平均出生数(千人)	256	284	308	330	342	355	371	388	405	420
年平均死亡数(千人)	68	75	82	91	99	109	119	130	141	152
人口増加率(%)	1.98	2.00	1.96	1.89	1.75	1.64	1.54	1.47	1.40	1.33
粗出生率(人口千人あたり)	28.0	28.0	27.6	26.8	25.4	24.2	23.3	22.7	22.0	21.3
粗死亡率(人口千人あたり)	7.4	7.4	7.4	7.4	7.4	7.4	7.5	7.6	7.7	7.7
合計出生率(女子1人あたり)	3.67	3.69	3.65	3.57	3.42	3.29	3.17	3.07	2.98	2.90
純再生産率(女子1人あたり)	1.61	1.63	1.62	1.60	1.54	1.49	1.44	1.40	1.36	1.33

D. 低位予測値

	2015	2020	2025	2030	2035	2040	2045	2050	2055	2060
人口(千人)										
総数	9 623	10 450	11 223	11 946	12 643	13 288	13 851	14 318	14 688	14 963
男	4 904	5 322	5 711	6 073	6 421	6 741	7 019	7 247	7 423	7 551
女	4 719	5 129	5 512	5 873	6 222	6 546	6 832	7 072	7 264	7 412
性比(女100につき男)	103.9	103.8	103.6	103.4	103.2	103.0	102.7	102.5	102.2	101.9
年齢分布(%)										
0－4歳	12.7	11.2	10.3	9.6	9.2	8.7	8.1	7.5	7.0	6.6
5－14歳	23.4	22.7	21.0	19.2	17.9	17.1	16.5	15.8	14.9	14.0
15－24歳	19.4	19.7	19.7	19.5	18.4	17.1	16.2	15.7	15.4	14.9
60歳以上	5.8	6.4	7.1	8.0	9.1	10.3	11.3	12.4	13.6	15.3
65歳以上	3.5	4.0	4.5	5.1	5.7	6.6	7.5	8.4	9.2	10.3
80歳以上	0.4	0.5	0.5	0.6	0.8	0.9	1.1	1.3	1.6	1.8
15－49歳女子(%)	51.3	52.3	53.1	53.9	53.9	53.7	53.2	52.4	51.4	50.2
中位数年齢(歳)	22.0	23.1	24.4	26.0	27.5	29.1	30.6	32.1	33.5	34.8

	2010-2015	2015-2020	2020-2025	2025-2030	2030-2035	2035-2040	2040-2045	2045-2050	2050-2055	2055-2060
年平均人口増加数(千人)	181	165	155	145	139	129	113	94	74	55
年平均出生数(千人)	256	245	241	238	241	239	232	223	213	204
年平均死亡数(千人)	68	73	79	86	94	103	113	122	132	142
人口増加率(%)	1.98	1.65	1.43	1.25	1.14	0.99	0.83	0.66	0.51	0.37
粗出生率(人口千人あたり)	28.0	24.5	22.2	20.5	19.6	18.4	17.1	15.8	14.7	13.7
粗死亡率(人口千人あたり)	7.4	7.3	7.3	7.5	7.7	8.0	8.3	8.7	9.1	9.6
合計出生率(女子1人あたり)	3.67	3.19	2.85	2.58	2.42	2.29	2.18	2.08	1.99	1.90
純再生産率(女子1人あたり)	1.61	1.41	1.26	1.15	1.09	1.04	0.99	0.95	0.91	0.87

E. 出生力一定予測値

	2015	2020	2025	2030	2035	2040	2045	2050	2055	2060
人口(千人)										
総数	9 623	10 631	11 747	12 970	14 294	15 721	17 271	18 972	20 850	22 926
男	4 904	5 415	5 983	6 605	7 278	8 004	8 793	9 660	10 619	11 679
女	4 719	5 215	5 764	6 366	7 016	7 717	8 478	9 312	10 231	11 247
中位数年齢(歳)	22.0	22.6	23.2	23.6	23.9	24.0	24.1	24.2	24.4	24.4

	2010-2015	2015-2020	2020-2025	2025-2030	2030-2035	2035-2040	2040-2045	2045-2050	2050-2055	2055-2060
人口増加率(%)	1.98	1.99	2.00	1.98	1.94	1.90	1.88	1.88	1.89	1.90
粗出生率(人口千人あたり)	28.0	28.0	28.0	27.7	27.3	26.8	26.6	26.5	26.5	26.5
粗死亡率(人口千人あたり)	7.4	7.4	7.4	7.4	7.4	7.4	7.4	7.4	7.3	7.2

Micronesia

A. 推 計 値

指　標	1960	1965	1970	1975	1980	1985	1990	1995	2000	2005	2010
人口(千人)											
総数	191	218	248	272	304	357	415	467	497	503	502
男	102	116	130	141	155	184	215	238	249	253	254
女	89	103	118	131	148	173	200	228	248	250	248
性比(女100につき男)	114.8	112.4	110.3	107.9	104.8	106.3	107.3	104.3	100.4	101.1	102.3
年齢分布(%)											
０－４歳	17.5	16.8	15.7	15.2	15.0	14.7	13.9	13.5	12.0	11.0	10.6
５－14歳	25.7	27.0	27.5	26.5	25.6	23.9	22.9	22.9	21.8	21.4	20.9
15－24歳	17.5	18.3	20.1	20.7	20.4	20.4	19.3	17.4	17.8	18.1	18.0
60歳以上	4.7	4.5	4.5	5.1	5.2	5.4	5.6	5.7	5.9	6.5	7.9
65歳以上	3.1	2.9	2.8	3.3	3.3	3.4	3.5	3.7	3.8	4.4	4.9
80歳以上	0.4	0.4	0.4	0.4	0.5	0.4	0.4	0.4	0.6	0.7	0.8
15－49歳女子(%)	44.2	44.5	45.7	46.3	47.9	50.1	51.6	52.5	54.7	53.8	51.8
中位数年齢(歳)	18.9	18.3	18.2	18.8	19.3	20.4	21.9	22.7	24.0	24.7	25.4
人口密度(1km²あたり)	60	69	78	86	96	113	131	147	157	159	159

指　標	1960-1965	1965-1970	1970-1975	1975-1980	1980-1985	1985-1990	1990-1995	1995-2000	2000-2005	2005-2010	2010-2015
年平均人口増加数(千人)	5	6	5	6	11	12	10	6	1	0	5
年平均出生数(千人)	9	9	9	10	11	12	13	13	12	11	11
年平均死亡数(千人)	2	2	2	2	2	3	3	3	3	3	3
人口増加率(%)	2.66	2.54	1.83	2.22	3.22	3.01	2.36	1.26	0.26	−0.04	0.93
粗出生率(人口千人あたり)	41.6	37.8	35.7	35.0	34.2	32.3	29.9	27.5	24.7	22.4	21.0
粗死亡率(人口千人あたり)	11.0	9.5	8.4	7.9	7.4	6.7	6.1	5.6	5.3	5.4	5.5
合計出生率(女子１人あたり)	6.47	5.84	5.28	4.80	4.40	4.01	3.67	3.32	2.99	2.88	2.84
純再生産率(女子１人あたり)	2.60	2.42	2.27	2.11	1.94	1.79	1.68	1.54	1.42	1.36	1.31
乳児死亡率(出生千人あたり)	82	72	62	56	52	48	42	35	31	29	28
出生時の平均余命(歳)											
男	56.3	58.4	60.5	62.0	63.0	64.2	65.7	67.5	68.9	69.7	70.5
女	59.2	61.3	63.5	65.2	66.4	67.9	69.6	71.4	73.0	74.3	75.3
男女計	57.7	59.8	61.9	63.5	64.6	66.0	67.5	69.4	70.9	71.9	72.8

B. 中 位 予 測 値

指　標	2015	2020	2025	2030	2035	2040	2045	2050	2055	2060
人口(千人)										
総数	526	552	579	607	632	655	674	690	704	716
男	266	279	292	305	317	328	338	346	352	358
女	260	274	287	301	314	326	336	345	352	358
性比(女100につき男)	102.2	101.9	101.6	101.3	100.9	100.7	100.4	100.3	100.2	100.1
年齢分布(%)										
０－４歳	9.8	9.3	8.9	8.6	8.3	8.0	7.6	7.3	7.0	6.7
５－14歳	19.8	18.6	17.5	16.8	16.3	15.8	15.3	14.8	14.2	13.7
15－24歳	18.4	18.2	17.3	16.4	15.6	15.1	14.8	14.6	14.3	13.9
60歳以上	9.7	11.6	13.7	15.6	16.9	17.6	18.3	19.3	20.4	22.1
65歳以上	6.1	7.6	9.2	10.9	12.5	13.6	14.1	14.7	15.5	16.5
80歳以上	0.9	1.1	1.3	1.8	2.4	3.1	3.8	4.5	5.0	5.1
６－11歳	11.9	11.1	10.5	10.1	9.8	9.5	9.2	8.9	8.5	8.2
12－14歳	5.9	5.6	5.3	5.0	4.8	4.7	4.6	4.5	4.3	4.2
15－17歳	6.0	5.5	5.3	4.9	4.8	4.6	4.5	4.5	4.3	4.2
18－23歳	10.8	10.9	10.3	9.8	9.3	9.0	8.8	8.7	8.6	8.3
15－24歳女子(%)	51.0	50.1	49.2	48.7	48.3	47.9	47.3	46.3	45.5	44.8
中位数年齢(歳)	26.3	27.5	28.8	30.3	31.6	32.8	33.9	34.9	35.9	36.9
人口密度(1km²あたり)	166	174	183	191	199	206	213	218	222	226

指　標	2010-2015	2015-2020	2020-2025	2025-2030	2030-2035	2035-2040	2040-2045	2045-2050	2050-2055	2055-2060
年平均人口増加数(千人)	5	5	5	5	5	5	4	3	3	2
年平均出生数(千人)	11	11	11	11	11	11	11	10	10	10
年平均死亡数(千人)	3	3	3	4	4	5	5	5	6	6
年平均純移動数(千人)	−3	−2	−2	−2	−2	−2	−2	−2	−2	−1
人口増加率(%)	0.93	0.97	0.95	0.92	0.82	0.70	0.59	0.48	0.40	0.33
粗出生率(人口千人あたり)	21.0	19.8	18.9	18.1	17.4	16.6	15.8	15.0	14.4	13.9
粗死亡率(人口千人あたり)	5.5	5.6	5.9	6.3	6.7	7.1	7.5	7.9	8.2	8.5
純移動率(人口千人あたり)	−6.2	−4.5	−3.5	−2.7	−2.6	−2.5	−2.4	−2.3	−2.2	−2.0
合計出生率（女子１人あたり）	2.84	2.73	2.60	2.47	2.39	2.35	2.31	2.25	2.18	2.13
純再生産率（女子１人あたり）	1.31	1.25	1.21	1.19	1.15	1.12	1.09	1.07	1.04	1.03
乳児死亡率（出生千人あたり）	28	25	23	21	19	17	16	15	14	13
５歳未満の死亡数(出生千人あたり	34	31	28	25	23	21	19	18	17	15
出生時の平均余命(歳)										
男	70.5	71.6	72.7	73.8	74.7	75.6	76.3	76.9	77.6	78.2
女	75.3	76.5	77.6	78.6	79.5	80.3	81.1	81.8	82.4	83.0
男女計	72.8	74.0	75.1	76.1	77.1	77.9	78.7	79.3	80.0	80.6

C. 高位予測値

	2015	2020	2025	2030	2035	2040	2045	2050	2055	2060
人口(千人)										
総数	526	557	592	630	666	701	734	767	801	835
男	266	281	299	317	335	352	368	385	402	419
女	260	276	294	313	331	349	366	382	399	416
性比(女100につき男)	102.2	101.9	101.5	101.1	100.7	100.4	100.1	99.8	99.6	99.4
年齢分布(%)										
0－4歳	9.8	10.1	10.1	10.0	9.5	9.1	8.9	8.7	8.7	8.5
5－14歳	19.8	18.4	17.9	18.2	18.2	17.8	17.2	16.7	16.3	16.2
15－24歳	18.4	18.0	16.9	15.8	15.5	15.9	16.1	15.9	15.4	15.0
60歳以上	9.7	11.5	13.4	15.0	16.0	16.4	16.9	17.4	18.0	18.9
65歳以上	6.1	7.5	9.0	10.5	11.9	12.7	12.9	13.2	13.6	14.1
80歳以上	0.9	1.1	1.3	1.7	2.3	2.9	3.5	4.0	4.4	4.4
15－49歳女子(%)	51.0	49.6	48.1	46.9	46.5	46.5	46.6	46.1	45.8	45.5
中位数年齢(歳)	26.3	27.2	28.1	29.0	29.7	30.3	30.6	31.1	31.7	32.4

	2010-2015	2015-2020	2020-2025	2025-2030	2030-2035	2035-2040	2040-2045	2045-2050	2050-2055	2055-2060
年平均人口増加数(千人)	5	6	7	8	7	7	7	7	7	7
年平均出生数(千人)	11	12	12	13	13	13	13	14	14	15
年平均死亡数(千人)	3	3	3	4	4	5	5	5	6	6
人口増加率(%)	0.93	1.14	1.21	1.24	1.12	1.01	0.93	0.88	0.87	0.85
粗出生率(人口千人あたり)	21.0	21.5	21.5	21.1	20.1	19.2	18.6	18.2	18.0	17.7
粗死亡率(人口千人あたり)	5.5	5.7	5.9	6.2	6.5	6.8	7.1	7.3	7.4	7.5
合計出生率（女子１人あたり）	2.84	2.98	2.99	2.96	2.89	2.85	2.81	2.75	2.67	2.62
純再生産率（女子１人あたり）	1.31	1.37	1.40	1.42	1.39	1.36	1.33	1.30	1.28	1.26

D. 低位予測値

	2015	2020	2025	2030	2035	2040	2045	2050	2055	2060
人口(千人)										
総数	526	548	567	583	598	609	616	618	615	608
男	266	276	285	293	300	305	308	308	307	303
女	260	271	281	290	298	304	308	309	308	305
性比(女100につき男)	102.2	101.9	101.5	101.1	100.7	100.4	100.1	99.8	99.6	99.4
年齢分布(%)										
0－4歳	9.8	8.5	7.7	7.2	7.0	6.7	6.3	5.7	5.2	4.9
5－14歳	19.8	18.8	17.1	15.3	14.1	13.5	13.2	12.6	11.9	11.0
15－24歳	18.4	18.3	17.7	17.0	15.7	14.1	13.2	12.8	12.7	12.4
60歳以上	9.7	11.7	14.0	16.2	17.9	18.9	20.1	21.6	23.4	26.0
65歳以上	6.1	7.7	9.4	11.3	13.2	14.6	15.4	16.4	17.7	19.4
80歳以上	0.9	1.1	1.3	1.9	2.6	3.3	4.1	5.0	5.7	6.0
15－49歳女子(%)	51.0	50.5	50.3	50.6	50.2	49.3	48.0	46.3	44.8	43.3
中位数年齢(歳)	26.3	27.8	29.5	31.5	33.4	35.2	37.1	39.0	41.0	42.7

	2010-2015	2015-2020	2020-2025	2025-2030	2030-2035	2035-2040	2040-2045	2045-2050	2050-2055	2055-2060
年平均人口増加数(千人)	5	4	4	3	3	2	1	0	－1	－1
年平均出生数(千人)	11	10	9	9	9	8	8	7	7	6
年平均死亡数(千人)	3	3	3	4	4	5	5	5	6	6
人口増加率(%)	0.93	0.80	0.68	0.58	0.49	0.37	0.23	0.06	−0.09	−0.21
粗出生率(人口千人あたり)	21.0	18.1	16.2	15.0	14.5	13.8	12.9	11.8	10.7	10.0
粗死亡率(人口千人あたり)	5.5	5.6	5.9	6.4	6.9	7.5	8.1	8.6	9.2	9.8
合計出生率（女子１人あたり）	2.84	2.48	2.20	1.98	1.90	1.85	1.81	1.76	1.70	1.65
純再生産率（女子１人あたり）	1.31	1.14	1.03	0.95	0.92	0.88	0.85	0.83	0.81	0.79

E. 出生力一定予測値

	2015	2020	2025	2030	2035	2040	2045	2050	2055	2060
人口(千人)										
総数	526	556	590	627	665	703	743	784	830	879
男	266	281	297	316	335	354	374	395	418	443
女	260	275	292	311	330	349	369	389	412	436
中位数年齢(歳)	26.3	27.3	28.3	29.2	29.8	30.2	30.2	30.1	30.1	30.1

	2010-2015	2015-2020	2020-2025	2025-2030	2030-2035	2035-2040	2040-2045	2045-2050	2050-2055	2055-2060
人口増加率(%)	0.93	1.10	1.17	1.22	1.18	1.13	1.09	1.09	1.12	1.17
粗出生率(人口千人あたり)	21.0	21.0	21.1	21.0	20.8	20.4	20.2	20.2	20.4	20.7
粗死亡率(人口千人あたり)	5.5	5.7	5.9	6.2	6.5	6.8	7.1	7.2	7.3	7.3

Polynesia

A. 推計値

指標	1960	1965	1970	1975	1980	1985	1990	1995	2000	2005	2010
人口(千人)											
総数	308	360	410	443	475	513	548	579	612	641	660
男	157	183	209	226	243	265	283	299	315	328	337
女	151	177	201	217	231	248	265	281	298	313	324
性比(女100につき男)	103.5	103.2	103.8	104.3	105.4	106.8	106.8	106.4	105.9	104.6	104.0
年齢分布(%)											
0－4歳	18.9	19.4	18.1	15.7	14.5	14.1	14.1	13.2	12.2	11.5	10.2
5－14歳	27.8	29.1	30.3	30.5	28.0	25.3	24.0	24.4	24.0	22.4	21.0
15－24歳	18.4	17.3	17.8	19.9	21.5	22.7	21.6	19.0	18.1	18.5	18.4
60歳以上	4.4	4.3	4.3	4.7	5.1	5.5	6.0	6.5	7.0	7.7	8.6
65歳以上	2.7	2.7	2.7	2.9	3.2	3.3	3.9	4.2	4.6	5.2	6.0
80歳以上	0.3	0.3	0.3	0.3	0.4	0.4	0.5	0.6	0.6	0.8	1.0
15－49歳女子(%)	44.3	42.6	42.6	44.3	47.1	49.2	49.9	49.4	50.3	51.2	51.4
中位数年齢(歳)	16.6	15.8	15.7	16.7	18.0	19.2	20.4	21.3	22.3	23.6	25.2
人口密度(1k㎡あたり)	38	45	51	55	59	63	68	72	76	79	82

指標	1960-1965	1965-1970	1970-1975	1975-1980	1980-1985	1985-1990	1990-1995	1995-2000	2000-2005	2005-2010	2010-2015
年平均人口増加数(千人)	10	10	7	6	8	7	6	7	6	4	5
年平均出生数(千人)	15	16	15	16	17	17	17	16	15	15	14
年平均死亡数(千人)	4	4	4	4	3	3	3	3	3	4	4
人口増加率(%)	3.15	2.56	1.57	1.38	1.55	1.32	1.12	1.11	0.91	0.59	0.73
粗出生率(人口千人あたり)	44.5	40.4	36.1	34.3	33.5	32.3	29.6	26.7	24.5	23.1	21.3
粗死亡率(人口千人あたり)	11.2	9.7	8.6	7.9	7.0	6.4	6.1	5.7	5.5	5.4	5.6
合計出生率(女子1人あたり)	6.82	6.39	5.74	5.23	4.79	4.37	3.96	3.55	3.32	3.17	2.95
純再生産率(女子1人あたり)	2.80	2.70	2.48	2.31	2.18	2.02	1.85	1.68	1.57	1.50	1.41
乳児死亡率(出生千人あたり)	75	67	60	52	40	31	27	22	20	18	16
出生時の平均余命(歳)											
男	54.1	56.2	58.1	60.0	62.4	64.1	66.1	67.5	68.9	70.5	71.7
女	58.4	60.8	62.8	64.8	67.7	69.7	71.2	73.1	74.6	75.9	77.1
男女計	56.1	58.3	60.3	62.3	64.8	66.7	68.5	70.1	71.6	73.1	74.3

B. 中位予測値

指標	2015	2020	2025	2030	2035	2040	2045	2050	2055	2060
人口(千人)										
総数	684	710	729	751	774	793	808	819	827	833
男	348	361	370	380	392	402	410	416	420	424
女	336	349	359	370	382	392	399	404	407	409
性比(女100につき男)	103.6	103.3	103.0	102.7	102.6	102.5	102.8	103.0	103.3	103.7
年齢分布(%)										
0－4歳	10.2	9.4	9.0	8.7	8.4	8.0	7.6	7.2	6.9	6.7
5－14歳	19.6	18.7	18.2	17.2	16.6	16.1	15.6	15.0	14.3	13.7
15－24歳	18.5	17.9	16.8	16.3	16.0	15.2	14.8	14.6	14.3	13.8
60歳以上	9.8	11.5	13.4	15.6	17.3	18.5	19.4	20.4	22.1	23.6
65歳以上	6.5	7.5	9.1	10.7	12.6	14.1	15.1	15.8	16.7	18.2
80歳以上	1.2	1.4	1.7	1.9	2.4	3.2	4.0	4.9	5.6	5.9
6－11歳	11.7	11.3	10.9	10.3	10.0	9.7	9.3	8.9	8.5	8.2
12－14歳	6.0	5.5	5.5	5.2	4.9	4.8	4.7	4.5	4.4	4.2
15－17歳	5.8	5.6	5.1	5.3	4.9	4.7	4.6	4.5	4.4	4.2
18－23歳	11.0	10.6	10.0	9.5	9.6	9.0	8.8	8.7	8.5	8.3
15－24歳女子(%)	50.5	49.5	48.0	47.6	47.2	46.8	45.8	45.1	44.4	44.0
中位数年齢(歳)	26.2	27.5	28.9	30.2	31.5	32.6	33.8	35.1	36.3	37.4
人口密度(1k㎡あたり)	85	88	90	93	96	98	100	101	102	103

指標	2010-2015	2015-2020	2020-2025	2025-2030	2030-2035	2035-2040	2040-2045	2045-2050	2050-2055	2055-2060
年平均人口増加数(千人)	5	5	4	4	5	4	3	2	2	1
年平均出生数(千人)	14	14	14	13	13	13	13	12	12	11
年平均死亡数(千人)	4	4	4	5	5	5	6	6	6	7
年平均純移動数(千人)	−6	−5	−6	−4	−4	−4	−4	−4	−4	−3
人口増加率(%)	0.73	0.72	0.53	0.60	0.60	0.50	0.38	0.27	0.19	0.15
粗出生率(人口千人あたり)	21.3	19.8	18.9	18.1	17.4	16.6	15.7	14.9	14.2	13.7
粗死亡率(人口千人あたり)	5.6	5.7	5.9	6.1	6.4	6.8	7.2	7.5	7.9	8.1
純移動率(人口千人あたり)	−8.4	−6.8	−7.7	−6.1	−5.0	−4.9	−4.7	−4.7	−4.4	−4.1
合計出生率 (女子1人あたり)	2.95	2.78	2.65	2.57	2.52	2.46	2.38	2.31	2.25	2.20
純再生産率 (女子1人あたり)	1.41	1.34	1.29	1.24	1.20	1.16	1.13	1.11	1.08	1.06
乳児死亡率 (出生千人あたり)	16	14	13	12	11	10	9	9	8	7
5歳未満の死亡数(出生千人あたり	18	16	15	14	13	12	11	10	9	9
出生時の平均余命(歳)										
男	71.7	72.9	74.1	75.3	76.4	77.5	78.7	79.8	80.8	81.8
女	77.1	78.2	79.1	80.0	80.8	81.6	82.4	83.1	83.8	84.5
男女計	74.3	75.4	76.5	77.6	78.6	79.6	80.5	81.5	82.4	83.1

C. 高位予測値

	2015	2020	2025	2030	2035	2040	2045	2050	2055	2060
人口(千人)										
総数	684	716	745	780	815	849	881	911	943	977
男	348	364	378	395	413	430	447	463	480	498
女	336	352	367	384	402	419	434	448	463	479
性比(女100につき男)	103.6	103.2	102.9	102.6	102.4	102.3	102.5	102.7	102.9	103.3
年齢分布(%)										
0－4歳	10.2	10.2	10.2	10.0	9.6	9.1	8.8	8.7	8.6	8.5
5－14歳	19.6	18.6	18.6	18.6	18.5	18.0	17.4	16.8	16.4	16.2
15－24歳	18.5	17.8	16.4	15.7	15.9	16.1	16.2	15.9	15.4	14.9
60歳以上	9.8	11.4	13.1	15.0	16.4	17.2	17.8	18.3	19.3	20.1
65歳以上	6.5	7.5	8.9	10.3	12.0	13.2	13.8	14.2	14.7	15.6
80歳以上	1.2	1.4	1.6	1.8	2.3	3.0	3.6	4.4	4.9	5.1
15－49歳女子(%)	50.5	49.1	47.0	45.9	45.6	45.6	45.3	45.1	44.8	44.9
中位数年齢(歳)	26.2	27.2	28.2	28.9	29.6	29.9	30.5	31.2	31.9	32.6

	2010-2015	2015-2020	2020-2025	2025-2030	2030-2035	2035-2040	2040-2045	2045-2050	2050-2055	2055-2060
年平均人口増加数(千人)	5	6	6	7	7	7	6	6	6	7
年平均出生数(千人)	14	15	16	16	16	16	16	16	17	17
年平均死亡数(千人)	4	4	4	5	5	5	6	6	7	7
人口増加率(%)	0.73	0.89	0.80	0.91	0.90	0.81	0.73	0.69	0.69	0.69
粗出生率(人口千人あたり)	21.3	21.4	21.4	21.0	20.0	19.1	18.4	18.0	17.8	17.6
粗死亡率(人口千人あたり)	5.6	5.7	5.8	6.0	6.2	6.4	6.7	6.9	7.1	7.1
合計出生率（女子１人あたり）	2.95	3.03	3.05	3.07	3.02	2.96	2.88	2.80	2.74	2.69
純再生産率（女子１人あたり）	1.41	1.46	1.48	1.48	1.44	1.40	1.37	1.34	1.32	1.30

D. 低位予測値

	2015	2020	2025	2030	2035	2040	2045	2050	2055	2060
人口(千人)										
総数	684	704	713	722	732	738	738	731	720	704
男	348	357	361	366	370	373	373	371	365	358
女	336	346	351	356	362	365	364	361	355	346
性比(女100につき男)	103.6	103.2	102.9	102.6	102.4	102.3	102.5	102.7	102.9	103.3
年齢分布(%)										
0－4歳	10.2	8.6	7.8	7.3	7.1	6.8	6.3	5.7	5.2	4.8
5－14歳	19.6	18.9	17.8	15.7	14.4	13.8	13.4	12.8	11.9	10.9
15－24歳	18.5	18.1	17.2	16.9	16.1	14.2	13.2	12.8	12.7	12.3
60歳以上	9.8	11.6	13.7	16.2	18.3	19.8	21.2	22.8	25.4	27.9
65歳以上	6.5	7.6	9.3	11.2	13.3	15.1	16.5	17.7	19.2	21.6
80歳以上	1.2	1.4	1.7	2.0	2.6	3.4	4.3	5.5	6.4	7.0
15－49歳女子(%)	50.5	49.9	49.1	49.5	49.1	48.1	46.3	44.8	43.3	42.1
中位数年齢(歳)	26.2	27.7	29.6	31.6	33.4	35.3	37.2	39.2	41.5	43.7

	2010-2015	2015-2020	2020-2025	2025-2030	2030-2035	2035-2040	2040-2045	2045-2050	2050-2055	2055-2060
年平均人口増加数(千人)	5	4	2	2	2	1	0	－1	－2	－3
年平均出生数(千人)	14	13	12	11	11	10	10	9	8	7
年平均死亡数(千人)	4	4	4	4	5	5	6	6	6	7
人口増加率(%)	0.73	0.55	0.26	0.26	0.27	0.16	0.01	-0.18	-0.33	-0.44
粗出生率(人口千人あたり)	21.3	18.1	16.3	15.1	14.7	14.0	12.9	11.7	10.6	9.8
粗死亡率(人口千人あたり)	5.6	5.7	5.9	6.3	6.7	7.2	7.7	8.3	8.9	9.4
合計出生率（女子１人あたり）	2.95	2.53	2.26	2.08	2.03	1.97	1.89	1.82	1.76	1.72
純再生産率（女子１人あたり）	1.41	1.22	1.10	1.00	0.96	0.92	0.90	0.87	0.85	0.83

E. 出生力一定予測値

	2015	2020	2025	2030	2035	2040	2045	2050	2055	2060
人口(千人)										
総数	684	714	741	774	812	850	888	928	971	1 020
男	348	363	376	393	411	431	451	472	495	521
女	336	351	365	382	400	419	437	456	477	500
中位数年齢(歳)	26.2	27.3	28.3	29.2	29.7	29.9	30.1	30.3	30.5	30.5

	2010-2015	2015-2020	2020-2025	2025-2030	2030-2035	2035-2040	2040-2045	2045-2050	2050-2055	2055-2060
人口増加率(%)	0.73	0.84	0.74	0.88	0.94	0.92	0.89	0.87	0.92	0.99
粗出生率(人口千人あたり)	21.3	21.0	20.9	20.7	20.5	20.2	19.9	19.8	19.9	20.2
粗死亡率(人口千人あたり)	5.6	5.7	5.9	6.0	6.2	6.4	6.7	6.8	6.9	6.9

Afghanistan

A. 推計値

指標	1960	1965	1970	1975	1980	1985	1990	1995	2000	2005	2010
人口(千人)											
総数	8 995	9 935	11 121	12 583	13 211	11 630	12 068	16 773	19 702	24 400	27 962
男	4 650	5 096	5 674	6 398	6 721	5 945	6 180	8 682	10 147	12 616	14 368
女	4 345	4 839	5 447	6 185	6 490	5 686	5 888	8 090	9 555	11 784	13 595
性比(女100につき男)	107.0	105.3	104.2	103.4	103.6	104.6	105.0	107.3	106.2	107.1	105.7
年齢分布(%)											
0－4歳	17.1	17.7	18.2	18.5	18.7	19.3	19.4	19.4	20.0	19.1	17.9
5－14歳	25.1	25.2	26.0	26.7	27.2	28.0	28.7	28.4	28.6	28.5	29.7
15－24歳	19.1	19.2	18.8	18.5	18.9	18.9	19.0	19.3	19.1	19.8	19.2
60歳以上	4.7	4.6	4.4	4.3	4.1	3.8	3.6	3.7	3.6	3.6	3.8
65歳以上	2.8	2.7	2.6	2.5	2.4	2.2	2.2	2.3	2.2	2.2	2.3
80歳以上	0.2	0.2	0.2	0.2	0.2	0.2	0.2	0.2	0.2	0.2	0.2
15－49歳女子(%)	46.4	46.7	45.9	45.3	45.0	44.5	44.1	43.8	42.7	43.6	43.7
中位数年齢(歳)	18.8	18.4	17.9	17.4	17.0	16.3	15.9	16.0	15.7	16.1	16.1
人口密度(1km²あたり)	14	15	17	19	20	18	18	26	30	37	43

指標	1960-1965	1965-1970	1970-1975	1975-1980	1980-1985	1985-1990	1990-1995	1995-2000	2000-2005	2005-2010	2010-2015
年平均人口増加数(千人)	188	237	292	126	－ 316	87	941	586	940	712	913
年平均出生数(千人)	487	545	609	655	625	588	701	896	1 032	1 108	1 077
年平均死亡数(千人)	295	303	313	306	257	203	206	234	253	260	259
人口増加率(%)	1.99	2.26	2.47	0.98	−2.55	0.74	6.58	3.22	4.28	2.73	3.02
粗出生率(人口千人あたり)	51.5	51.7	51.4	50.8	50.3	49.6	48.6	49.1	46.8	42.3	35.6
粗死亡率(人口千人あたり)	31.2	28.8	26.4	23.7	20.7	17.2	14.3	12.8	11.5	9.9	8.6
合計出生率(女子1人あたり)	7.45	7.45	7.45	7.45	7.45	7.47	7.48	7.65	7.18	6.35	5.13
純再生産率(女子1人あたり)	1.88	1.98	2.09	2.21	2.36	2.55	2.74	2.91	2.81	2.55	2.12
乳児死亡率(出生千人あたり)	234	216	199	180	159	134	111	99	90	80	71
出生時の平均余命(歳)											
男	32.7	34.9	37.1	39.6	42.8	46.8	50.7	53.1	54.9	57.0	58.7
女	34.2	36.4	38.7	41.2	44.4	48.7	52.8	55.3	57.1	59.2	61.1
男女計	33.4	35.6	37.8	40.4	43.6	47.7	51.8	54.2	56.0	58.0	59.8

B. 中位予測値

指標	2015	2020	2025	2030	2035	2040	2045	2050	2055	2060
人口(千人)										
総数	32 527	36 443	40 197	43 852	47 362	50 602	53 487	55 955	57 998	59 619
男	16 774	18 762	20 662	22 508	24 273	25 890	27 318	28 522	29 501	30 256
女	15 753	17 681	19 535	21 344	23 089	24 712	26 170	27 433	28 497	29 363
性比(女100につき男)	106.5	106.1	105.8	105.5	105.1	104.8	104.4	104.0	103.5	103.0
年齢分布(%)										
0－4歳	15.2	13.8	12.5	11.5	10.6	9.6	8.8	8.0	7.4	6.9
5－14歳	28.8	26.6	24.3	22.5	20.9	19.5	18.2	16.9	15.6	14.5
15－24歳	21.2	22.3	22.5	21.4	19.9	18.9	17.9	17.2	16.3	15.4
60歳以上	4.0	4.3	4.6	5.1	5.7	6.6	7.7	9.0	10.6	12.7
65歳以上	2.5	2.7	2.9	3.2	3.5	4.1	4.8	5.7	6.7	8.0
80歳以上	0.2	0.3	0.3	0.4	0.4	0.5	0.5	0.6	0.7	0.9
6－11歳	17.7	16.0	14.6	13.5	12.5	11.7	10.9	10.1	9.3	8.6
12－14歳	8.0	8.0	7.2	6.7	6.2	5.8	5.5	5.2	4.8	4.5
15－17歳	7.4	7.4	7.2	6.5	6.2	5.8	5.5	5.2	4.9	4.6
18－23歳	12.1	13.0	13.3	12.8	11.8	11.3	10.7	10.3	9.8	9.3
15－24歳女子(%)	46.9	50.0	53.0	54.7	55.8	56.5	56.5	55.7	54.4	52.6
中位数年齢(歳)	17.5	18.9	20.6	22.5	24.3	26.1	27.9	29.8	31.7	33.5
人口密度(1km²あたり)	50	56	62	67	73	78	82	86	89	91

指標	2010-2015	2015-2020	2020-2025	2025-2030	2030-2035	2035-2040	2040-2045	2045-2050	2050-2055	2055-2060
年平均人口増加数(千人)	913	783	751	731	702	648	577	494	409	324
年平均出生数(千人)	1 077	1 086	1 075	1 067	1 055	1 023	979	930	886	848
年平均死亡数(千人)	259	263	270	282	299	321	348	383	426	475
年平均純移動数(千人)	95	−40	−54	−54	−54	−54	−54	−54	−52	−49
人口増加率(%)	3.02	2.27	1.96	1.74	1.54	1.32	1.11	0.90	0.72	0.55
粗出生率(人口千人あたり)	35.6	31.5	28.1	25.4	23.1	20.9	18.8	17.0	15.6	14.4
粗死亡率(人口千人あたり)	8.6	7.6	7.1	6.7	6.6	6.6	6.7	7.0	7.5	8.1
純移動率(人口千人あたり)	3.1	−1.2	−1.4	−1.3	−1.2	−1.1	−1.0	−1.0	−0.9	−0.8
合計出生率 (女子1人あたり)	5.13	4.25	3.53	3.02	2.67	2.42	2.23	2.09	1.97	1.88
純再生産率 (女子1人あたり)	2.12	1.79	1.51	1.32	1.18	1.08	1.01	0.95	0.90	0.87
乳児死亡率 (出生千人あたり)	71	64	57	51	47	43	39	35	33	30
5歳未満の死亡数(出生千人あたり	99	86	76	68	60	54	48	44	40	36
出生時の平均余命(歳)										
男	58.7	60.3	61.8	63.0	64.1	65.0	65.9	66.7	67.4	68.1
女	61.1	62.8	64.4	65.7	66.9	68.0	69.0	69.9	70.7	71.5
男女計	59.8	61.5	63.0	64.3	65.5	66.4	67.4	68.2	69.0	69.7

C. 高 位 予 測 値

	2015	2020	2025	2030	2035	2040	2045	2050	2055	2060
人口(千人)										
総数	32 527	36 739	41 059	45 538	49 982	54 286	58 418	62 358	66 105	69 630
男	16 774	18 914	21 104	23 372	25 616	27 778	29 845	31 802	33 652	35 381
女	15 753	17 826	19 955	22 166	24 366	26 508	28 574	30 556	32 453	34 249
性比(女100につき男)	106.5	106.1	105.8	105.5	105.1	104.7	104.3	103.8	103.3	102.7
年齢分布(%)										
0－4歳	15.2	14.5	13.6	12.9	11.9	11.0	10.2	9.6	9.1	8.7
5－14歳	28.8	26.4	24.5	23.5	22.5	21.4	20.1	18.9	17.9	17.1
15－24歳	21.2	22.1	22.0	20.6	19.5	19.2	18.8	18.2	17.4	16.5
60歳以上	4.0	4.2	4.5	4.9	5.4	6.2	7.1	8.1	9.3	10.9
65歳以上	2.5	2.6	2.8	3.1	3.4	3.8	4.4	5.1	5.9	6.8
80歳以上	0.2	0.3	0.3	0.3	0.4	0.4	0.5	0.6	0.7	0.8
15－49歳女子(%)	46.9	49.6	51.9	52.7	53.5	54.2	54.5	54.1	53.2	52.0
中位数年齢(歳)	17.5	18.8	20.1	21.6	22.9	24.1	25.5	27.0	28.4	29.8

	2010-2015	2015-2020	2020-2025	2025-2030	2030-2035	2035-2040	2040-2045	2045-2050	2050-2055	2055-2060
年平均人口増加数(千人)	913	843	864	896	889	861	827	788	749	705
年平均出生数(千人)	1 077	1 150	1 197	1 244	1 255	1 251	1 245	1 243	1 247	1 250
年平均死亡数(千人)	259	268	279	294	312	336	364	401	446	497
人口増加率(%)	3.02	2.44	2.22	2.07	1.86	1.65	1.47	1.31	1.17	1.04
粗出生率(人口千人あたり)	35.6	33.2	30.8	28.7	26.3	24.0	22.1	20.6	19.4	18.4
粗死亡率(人口千人あたり)	8.6	7.7	7.2	6.8	6.5	6.4	6.5	6.6	6.9	7.3
合計出生率（女子１人あたり）	5.13	4.50	3.93	3.52	3.17	2.92	2.73	2.59	2.47	2.38
純再生産率（女子１人あたり）	2.12	1.90	1.69	1.53	1.40	1.30	1.23	1.18	1.13	1.10

D. 低 位 予 測 値

	2015	2020	2025	2030	2035	2040	2045	2050	2055	2060
人口(千人)										
総数	32 527	36 146	39 334	42 165	44 746	46 947	48 667	49 828	50 432	50 512
男	16 774	18 610	20 220	21 643	22 932	24 017	24 848	25 384	25 627	25 595
女	15 753	17 536	19 114	20 522	21 814	22 931	23 819	24 444	24 805	24 917
性比(女100につき男)	106.5	106.1	105.8	105.5	105.1	104.7	104.3	103.8	103.3	102.7
年齢分布(%)										
0－4歳	15.2	13.1	11.3	9.9	9.1	8.1	7.2	6.3	5.5	5.0
5－14歳	28.8	26.9	24.1	21.4	19.0	17.3	16.0	14.5	13.0	11.6
15－24歳	21.2	22.5	23.0	22.3	20.5	18.6	16.9	15.8	14.9	13.9
60歳以上	4.0	4.3	4.7	5.3	6.1	7.1	8.5	10.1	12.2	15.0
65歳以上	2.5	2.7	3.0	3.3	3.8	4.4	5.3	6.4	7.7	9.4
80歳以上	0.2	0.3	0.3	0.4	0.4	0.5	0.6	0.7	0.9	1.1
15－49歳女子(%)	46.9	50.4	54.2	56.9	58.5	59.1	58.7	57.4	55.4	52.7
中位数年齢(歳)	17.5	19.1	21.1	23.4	25.7	28.1	30.6	33.1	35.5	37.9

	2010-2015	2015-2020	2020-2025	2025-2030	2030-2035	2035-2040	2040-2045	2045-2050	2050-2055	2055-2060
年平均人口増加数(千人)	913	724	638	566	516	440	344	232	121	16
年平均出生数(千人)	1 077	1 022	954	890	856	802	731	653	580	520
年平均死亡数(千人)	259	259	262	270	286	307	333	366	408	456
人口増加率(%)	3.02	2.11	1.69	1.39	1.19	0.96	0.72	0.47	0.24	0.03
粗出生率(人口千人あたり)	35.6	29.8	25.3	21.9	19.7	17.5	15.3	13.3	11.6	10.3
粗死亡率(人口千人あたり)	8.6	7.5	6.9	6.6	6.6	6.7	7.0	7.4	8.1	9.0
合計出生率（女子１人あたり）	5.13	4.00	3.13	2.52	2.17	1.92	1.73	1.59	1.47	1.38
純再生産率（女子１人あたり）	2.12	1.69	1.34	1.10	0.96	0.86	0.78	0.72	0.67	0.64

E. 出生力一定予測値

	2015	2020	2025	2030	2035	2040	2045	2050	2055	2060
人口(千人)										
総数	32 527	37 488	43 493	50 582	58 646	67 777	78 345	90 759	105 384	122 534
男	16 774	19 297	22 353	25 959	30 058	34 694	40 057	46 353	53 772	62 475
女	15 753	18 190	21 141	24 623	28 588	33 083	38 288	44 406	51 612	60 059
中位数年齢(歳)	17.5	18.4	18.8	18.9	18.6	18.7	18.9	19.1	19.2	19.1

	2010-2015	2015-2020	2020-2025	2025-2030	2030-2035	2035-2040	2040-2045	2045-2050	2050-2055	2055-2060
人口増加率(%)	3.02	2.84	2.97	3.02	2.96	2.89	2.90	2.94	2.99	3.02
粗出生率(人口千人あたり)	35.6	37.5	38.5	38.4	37.1	36.0	35.7	35.8	36.0	36.0
粗死亡率(人口千人あたり)	8.6	8.0	7.5	7.1	6.6	6.3	6.0	5.8	5.7	5.5

Albania

A. 推 計 値

指　標	1960	1965	1970	1975	1980	1985	1990	1995	2000	2005	2010
人口(千人)											
総数	1 636	1 896	2 151	2 411	2 681	2 967	3 281	3 107	3 122	3 082	2 902
男	842	976	1 107	1 240	1 379	1 523	1 681	1 529	1 578	1 549	1 463
女	794	920	1 043	1 171	1 302	1 444	1 601	1 577	1 544	1 533	1 439
性比(女100につき男)	106.1	106.1	106.1	105.9	105.9	105.5	105.0	96.9	102.2	101.0	101.6
年齢分布(%)											
０－４歳	16.7	16.3	14.5	13.5	12.5	12.0	11.8	10.8	8.9	6.9	5.5
５－14歳	23.5	25.2	26.4	25.3	23.4	22.0	20.9	21.9	21.3	19.4	16.0
15－24歳	18.3	17.1	17.7	19.6	21.0	20.4	19.0	17.9	16.9	18.5	18.6
60歳以上	8.0	7.7	7.7	7.7	7.7	7.8	8.2	9.5	10.6	12.4	15.3
65歳以上	5.4	5.5	5.2	5.2	5.3	5.4	5.5	6.4	7.1	8.6	11.0
80歳以上	0.9	1.0	1.0	0.8	0.8	0.8	0.9	1.0	1.1	1.3	1.9
15－49歳女子(%)	44.2	43.1	44.2	46.7	49.4	51.1	51.6	50.8	51.7	52.5	51.0
中位数年齢(歳)	20.2	19.7	19.6	20.2	21.4	22.8	24.1	24.7	27.1	29.3	33.1
人口密度(1k㎡あたり)	60	69	78	88	98	108	120	113	114	112	106

指　標	1960-1965	1965-1970	1970-1975	1975-1980	1980-1985	1985-1990	1990-1995	1995-2000	2000-2005	2005-2010	2010-2015
年平均人口増加数(千人)	52	51	52	54	57	63	－ 35	3	－ 8	－ 36	－ 1
年平均出生数(千人)	69	68	69	71	75	81	74	58	45	34	38
年平均死亡数(千人)	17	17	17	17	17	18	20	19	17	19	21
人口増加率(%)	2.95	2.52	2.29	2.12	2.02	2.02	−1.09	0.10	−0.26	−1.21	−0.04
粗出生率(人口千人あたり)	39.3	33.7	30.4	27.7	26.4	25.9	23.1	18.7	14.4	11.3	13.1
粗死亡率(人口千人あたり)	9.8	8.5	7.5	6.5	6.2	5.8	6.3	6.2	5.6	6.5	7.2
合計出生率(女子１人あたり)	6.23	5.26	4.60	3.90	3.41	3.15	2.79	2.38	1.95	1.60	1.78
純再生産率(女子１人あたり)	2.56	2.23	2.02	1.74	1.54	1.44	1.28	1.10	0.91	0.75	0.84
乳児死亡率(出生千人あたり)	99	77	58	47	43	38	31	26	20	16	14
出生時の平均余命(歳)											
男	63.7	65.1	66.0	68.3	68.5	69.3	68.9	70.2	72.4	73.4	75.0
女	66.0	67.4	69.5	71.2	73.0	75.0	74.9	76.1	78.7	79.7	80.2
男女計	64.8	66.2	67.7	69.7	70.6	72.0	71.7	73.0	75.3	76.3	77.5

B. 中 位 予 測 値

指　標	2015	2020	2025	2030	2035	2040	2045	2050	2055	2060
人口(千人)										
総数	2 897	2 935	2 960	2 954	2 915	2 855	2 785	2 710	2 634	2 554
男	1 437	1 453	1 463	1 459	1 440	1 411	1 380	1 348	1 317	1 284
女	1 460	1 482	1 496	1 495	1 476	1 444	1 405	1 362	1 317	1 270
性比(女100につき男)	98.4	98.0	97.8	97.6	97.6	97.7	98.2	99.0	100.0	101.1
年齢分布(%)										
０－４歳	6.4	6.7	6.5	5.7	5.0	4.6	4.7	4.9	4.9	4.7
５－14歳	12.1	11.5	12.7	12.9	12.2	10.8	9.8	9.5	9.8	10.0
15－24歳	18.3	15.1	11.3	10.9	12.4	12.8	12.2	10.8	9.8	9.5
60歳以上	17.8	20.6	23.5	25.5	26.9	27.5	28.4	30.9	34.7	38.0
65歳以上	12.4	14.3	16.9	19.6	21.5	22.7	23.0	23.7	26.1	29.9
80歳以上	2.4	3.0	3.5	4.1	5.2	6.8	8.3	9.0	9.3	9.2
６－11歳	6.8	7.0	7.8	7.8	7.2	6.3	5.7	5.7	5.9	6.0
12－14歳	4.3	3.1	3.6	3.9	3.9	3.6	3.1	2.9	2.9	3.0
15－17歳	5.2	3.7	3.0	3.8	3.9	3.8	3.4	3.0	2.9	2.9
18－23歳	11.3	9.6	6.9	6.1	7.4	7.8	7.5	6.6	5.9	5.6
15－24歳女子(%)	50.1	47.7	44.6	43.7	43.4	42.2	39.4	36.4	35.4	35.9
中位数年齢(歳)	34.3	35.2	37.0	39.0	41.5	43.9	46.2	47.6	48.1	48.2
人口密度(1k㎡あたり)	106	107	108	108	106	104	102	99	96	93

指　標	2010-2015	2015-2020	2020-2025	2025-2030	2030-2035	2035-2040	2040-2045	2045-2050	2050-2055	2055-2060
年平均人口増加数(千人)	－ 1	8	5	－ 1	－ 8	－ 12	－ 14	－ 15	－ 15	－ 16
年平均出生数(千人)	38	40	39	35	30	27	27	27	26	24
年平均死亡数(千人)	21	23	24	26	27	29	31	32	32	31
年平均純移動数(千人)	−18	−10	−10	−10	−10	−10	−10	−10	−9	−9
人口増加率(%)	−0.04	0.26	0.17	−0.04	−0.26	−0.42	−0.50	−0.54	−0.57	−0.62
粗出生率(人口千人あたり)	13.1	13.8	13.2	11.7	10.1	9.4	9.4	9.8	9.8	9.3
粗死亡率(人口千人あたり)	7.2	7.7	8.2	8.7	9.3	10.1	10.9	11.6	11.9	12.1
純移動率(人口千人あたり)	−6.3	−3.4	−3.4	−3.4	−3.4	−3.5	−3.5	−3.6	−3.6	−3.5
合計出生率 (女子１人あたり)	1.78	1.78	1.77	1.76	1.76	1.76	1.77	1.77	1.78	1.78
純再生産率 (女子１人あたり)	0.84	0.84	0.84	0.84	0.84	0.85	0.85	0.86	0.86	0.86
乳児死亡率 (出生千人あたり)	14	13	11	10	9	8	7	6	5	5
５歳未満の死亡数(出生千人あた	16	14	12	11	9	8	8	7	6	5
出生時の平均余命(歳)										
男	75.0	76.1	77.1	78.1	79.2	80.2	81.3	82.3	83.1	83.9
女	80.2	81.0	81.7	82.4	83.1	83.7	84.3	85.0	85.6	86.2
男女計	77.5	78.4	79.4	80.3	81.2	82.1	82.9	83.7	84.4	85.1

C. 高 位 予 測 値

	2015	2020	2025	2030	2035	2040	2045	2050	2055	2060
人口(千人)										
総数	2 897	2 963	3 031	3 073	3 078	3 061	3 042	3 031	3 031	3 030
男	1 437	1 468	1 500	1 521	1 523	1 517	1 512	1 513	1 521	1 529
女	1 460	1 496	1 531	1 553	1 554	1 543	1 530	1 518	1 510	1 502
性比(女100につき男)	98.4	98.0	97.5	97.2	97.0	97.1	97.5	98.1	99.1	100.3
年齢分布(%)										
0－4歳	6.4	7.6	7.8	7.1	6.1	5.7	6.0	6.5	6.7	6.6
5－14歳	12.1	11.4	13.3	14.8	14.5	13.1	11.8	11.6	12.3	13.1
15－24歳	18.3	14.9	11.1	10.4	12.6	14.3	14.2	12.7	11.3	11.1
60歳以上	17.8	20.4	22.9	24.5	25.5	25.6	26.0	27.6	30.1	32.0
65歳以上	12.4	14.2	16.5	18.8	20.3	21.2	21.1	21.2	22.7	25.2
80歳以上	2.4	3.0	3.4	3.9	4.9	6.3	7.6	8.1	8.1	7.8
15－49歳女子(%)	50.1	47.2	43.6	42.0	42.1	41.8	40.0	37.8	37.4	38.6
中位数年齢(歳)	34.3	34.9	36.1	37.8	39.8	41.6	42.5	41.5	40.5	40.9

	2010-2015	2015-2020	2020-2025	2025-2030	2030-2035	2035-2040	2040-2045	2045-2050	2050-2055	2055-2060
年平均人口増加数(千人)	− 1	13	14	8	1	− 3	− 4	− 2	0	0
年平均出生数(千人)	38	46	48	44	38	36	37	40	41	40
年平均死亡数(千人)	21	23	24	26	28	29	31	32	32	31
人口増加率(%)	−0.04	0.45	0.45	0.28	0.03	−0.11	−0.12	−0.07	0.00	0.00
粗出生率(人口千人あたり)	13.1	15.7	16.0	14.5	12.5	11.7	12.1	13.1	13.7	13.3
粗死亡率(人口千人あたり)	7.2	7.7	8.1	8.5	8.9	9.5	10.1	10.5	10.6	10.4
合計出生率 (女子1人あたり)	1.78	2.03	2.17	2.26	2.26	2.26	2.27	2.27	2.28	2.28
純再生産率 (女子1人あたり)	0.84	0.96	1.03	1.08	1.08	1.09	1.09	1.10	1.10	1.10

D. 低 位 予 測 値

	2015	2020	2025	2030	2035	2040	2045	2050	2055	2060
人口(千人)										
総数	2 897	2 907	2 888	2 834	2 753	2 652	2 537	2 410	2 275	2 135
男	1 437	1 439	1 426	1 397	1 356	1 307	1 252	1 194	1 133	1 069
女	1 460	1 469	1 462	1 437	1 397	1 346	1 285	1 216	1 143	1 066
性比(女100につき男)	98.4	98.0	97.5	97.2	97.0	97.1	97.5	98.1	99.1	100.3
年齢分布(%)										
0－4歳	6.4	5.8	5.1	4.3	3.8	3.5	3.4	3.3	3.1	2.8
5－14歳	12.1	11.6	12.1	11.0	9.5	8.2	7.5	7.1	7.0	6.8
15－24歳	18.3	15.2	11.6	11.3	12.1	11.1	9.7	8.4	7.7	7.4
60歳以上	17.8	20.8	24.0	26.5	28.5	29.6	31.2	34.8	40.1	45.4
65歳以上	12.4	14.5	17.3	20.4	22.7	24.4	25.3	26.6	30.2	35.7
80歳以上	2.4	3.0	3.6	4.2	5.5	7.3	9.1	10.2	10.8	11.0
15－49歳女子(%)	50.1	48.1	45.7	45.4	44.9	42.8	38.6	34.3	32.2	31.5
中位数年齢(歳)	34.3	35.6	37.8	40.3	43.2	46.2	49.0	51.8	54.5	56.7

	2010-2015	2015-2020	2020-2025	2025-2030	2030-2035	2035-2040	2040-2045	2045-2050	2050-2055	2055-2060
年平均人口増加数(千人)	− 1	2	− 4	− 11	− 16	− 20	− 23	− 25	− 27	− 28
年平均出生数(千人)	38	35	30	25	21	19	18	16	14	12
年平均死亡数(千人)	21	22	24	26	27	29	31	32	32	31
人口増加率(%)	−0.04	0.07	−0.13	−0.38	−0.58	−0.75	−0.89	−1.03	−1.15	−1.27
粗出生率(人口千人あたり)	13.1	11.9	10.4	8.7	7.6	7.0	6.7	6.6	6.2	5.5
粗死亡率(人口千人あたり)	7.2	7.7	8.3	9.0	9.8	10.7	11.8	12.8	13.6	14.1
合計出生率 (女子1人あたり)	1.78	1.53	1.37	1.26	1.26	1.26	1.27	1.27	1.28	1.28
純再生産率 (女子1人あたり)	0.84	0.72	0.65	0.60	0.61	0.61	0.61	0.61	0.62	0.62

E. 出生力一定予測値

	2015	2020	2025	2030	2035	2040	2045	2050	2055	2060
人口(千人)										
総数	2 897	2 937	2 963	2 956	2 916	2 859	2 796	2 725	2 647	2 561
男	1 437	1 454	1 465	1 461	1 441	1 415	1 388	1 359	1 328	1 293
女	1 460	1 483	1 498	1 495	1 475	1 444	1 408	1 366	1 319	1 268
中位数年齢(歳)	34.3	35.2	36.9	39.0	41.5	43.9	46.1	47.4	47.8	48.1

	2010-2015	2015-2020	2020-2025	2025-2030	2030-2035	2035-2040	2040-2045	2045-2050	2050-2055	2055-2060
人口増加率(%)	−0.04	0.27	0.18	−0.05	−0.27	−0.40	−0.45	−0.51	−0.58	−0.66
粗出生率(人口千人あたり)	13.1	13.9	13.4	11.6	10.0	9.6	9.9	10.0	9.6	8.9
粗死亡率(人口千人あたり)	7.2	7.7	8.2	8.7	9.3	10.1	10.9	11.5	11.9	12.0

Algeria

A. 推 計 値

指 標	1960	1965	1970	1975	1980	1985	1990	1995	2000	2005	2010
人口(千人)											
総数	11 125	12 627	14 550	16 709	19 338	22 566	25 912	28 904	31 184	33 268	36 036
男	5 598	6 341	7 315	8 411	9 745	11 389	13 117	14 639	15 803	16 809	18 151
女	5 527	6 286	7 235	8 298	9 592	11 177	12 795	14 265	15 381	16 459	17 885
性比(女100につき男)	101.3	100.9	101.1	101.4	101.6	101.9	102.5	102.6	102.7	102.1	101.5
年齢分布(%)											
０－４歳	18.7	19.0	18.5	18.5	18.2	17.3	15.4	12.9	9.9	8.9	10.7
５－14歳	25.8	28.1	28.4	28.3	28.0	28.1	27.9	26.8	24.4	20.2	16.5
15－24歳	17.9	16.6	18.5	20.1	20.2	20.3	20.6	21.5	22.7	23.0	20.7
60歳以上	5.7	5.7	5.7	5.5	5.3	5.0	5.2	5.6	6.4	7.1	7.9
65歳以上	3.2	3.6	3.5	3.6	3.4	3.4	3.4	3.7	4.3	5.0	5.6
80歳以上	0.3	0.3	0.3	0.3	0.4	0.4	0.4	0.5	0.6	0.7	1.0
15－49歳女子(%)	43.9	41.7	42.3	42.9	43.6	44.5	46.4	49.9	54.2	57.4	57.4
中位数年齢(歳)	17.9	16.6	16.4	16.5	16.7	17.1	18.0	19.4	21.7	24.1	26.0
人口密度(1k㎡あたり)	5	5	6	7	8	9	11	12	13	14	15

指 標	1960-1965	1965-1970	1970-1975	1975-1980	1980-1985	1985-1990	1990-1995	1995-2000	2000-2005	2005-2010	2010-2015
年平均人口増加数(千人)	300	385	432	526	646	669	598	456	417	554	726
年平均出生数(千人)	587	645	728	811	854	853	790	649	619	800	949
年平均死亡数(千人)	230	236	247	240	193	165	166	160	161	175	195
人口増加率(%)	2.53	2.84	2.77	2.92	3.09	2.77	2.19	1.52	1.29	1.60	1.92
粗出生率(人口千人あたり)	49.5	47.5	46.6	45.0	40.8	35.2	28.8	21.6	19.2	23.1	25.1
粗死亡率(人口千人あたり)	19.4	17.4	15.8	13.3	9.2	6.8	6.1	5.3	5.0	5.1	5.1
合計出生率(女子１人あたり)	7.65	7.65	7.57	7.18	6.32	5.30	4.12	2.89	2.38	2.72	2.93
純再生産率(女子１人あたり)	2.55	2.65	2.71	2.72	2.63	2.32	1.84	1.30	1.09	1.26	1.37
乳児死亡率(出生千人あたり)	143	132	122	105	75	55	48	42	37	34	30
出生時の平均余命(歳)											
男	46.6	48.7	50.6	54.0	60.1	64.4	65.6	67.7	69.2	71.0	72.1
女	48.0	50.3	52.4	55.9	63.0	67.3	68.8	70.6	73.3	75.2	76.8
男女計	47.3	49.5	51.5	54.9	61.6	65.9	67.2	69.2	71.2	73.1	74.4

B. 中 位 予 測 値

指 標	2015	2020	2025	2030	2035	2040	2045	2050	2055	2060
人口(千人)										
総数	39 667	43 008	45 865	48 274	50 424	52 496	54 546	56 461	58 041	59 183
男	19 958	21 615	23 024	24 205	25 253	26 266	27 277	28 236	29 046	29 653
女	19 709	21 393	22 841	24 069	25 171	26 231	27 268	28 225	28 995	29 530
性比(女100につき男)	101.3	101.0	100.8	100.6	100.3	100.1	100.0	100.0	100.2	100.4
年齢分布(%)										
０－４歳	11.6	10.0	8.6	7.5	7.0	6.9	6.9	6.8	6.4	5.9
５－14歳	17.0	19.5	19.3	17.0	15.0	13.5	13.0	13.0	13.1	12.7
15－24歳	16.6	13.7	14.6	17.2	17.4	15.6	13.7	12.5	12.2	12.4
60歳以上	9.0	10.1	11.6	13.3	15.2	17.7	20.5	23.0	24.8	25.4
65歳以上	5.9	6.9	8.0	9.3	10.8	12.4	14.5	16.9	19.2	20.8
80歳以上	1.2	1.4	1.5	1.7	2.2	2.7	3.3	3.9	4.7	5.8
６－11歳	10.6	12.3	11.6	10.0	8.8	8.0	7.8	7.9	7.9	7.6
12－14歳	4.2	5.0	5.9	5.4	4.8	4.2	3.8	3.8	3.9	3.9
15－17歳	4.4	4.2	5.2	5.7	5.0	4.4	3.9	3.7	3.7	3.8
18－23歳	10.3	8.1	8.1	10.1	10.7	9.5	8.4	7.5	7.2	7.4
15－24歳女子(%)	54.3	51.5	50.8	51.0	50.0	48.2	46.3	45.6	45.5	44.6
中位数年齢(歳)	27.6	29.1	30.7	31.9	32.8	33.8	35.3	37.1	38.8	40.4
人口密度(1k㎡あたり)	17	18	19	20	21	22	23	24	24	25

指 標	2010-2015	2015-2020	2020-2025	2025-2030	2030-2035	2035-2040	2040-2045	2045-2050	2050-2055	2055-2060
年平均人口増加数(千人)	726	668	571	482	430	415	410	383	316	228
年平均出生数(千人)	949	888	808	739	714	731	764	777	749	703
年平均死亡数(千人)	195	210	227	247	274	307	344	383	424	465
年平均純移動数(千人)	−29	−10	−10	−10	−10	−10	−10	−10	−9	−9
人口増加率(%)	1.92	1.62	1.29	1.02	0.87	0.81	0.77	0.69	0.55	0.39
粗出生率(人口千人あたり)	25.1	21.5	18.2	15.7	14.5	14.2	14.3	14.0	13.1	12.0
粗死亡率(人口千人あたり)	5.1	5.1	5.1	5.2	5.5	6.0	6.4	6.9	7.4	7.9
純移動率(人口千人あたり)	−0.8	−0.2	−0.2	−0.2	−0.2	−0.2	−0.2	−0.2	−0.2	−0.2
合計出生率 (女子１人あたり)	2.93	2.62	2.41	2.26	2.15	2.06	2.00	1.96	1.93	1.91
純再生産率 (女子１人あたり)	1.37	1.23	1.14	1.07	1.02	0.99	0.96	0.94	0.93	0.92
乳児死亡率 (出生千人あたり)	30	25	21	17	15	12	11	9	8	7
５歳未満の死亡数(出生千人あた	36	30	25	20	17	15	13	11	9	8
出生時の平均余命(歳)										
男	72.1	73.4	74.5	75.7	76.7	77.8	78.9	79.9	81.1	82.1
女	76.8	78.0	79.0	79.9	80.8	81.5	82.2	82.9	83.6	84.2
男女計	74.4	75.6	76.7	77.7	78.7	79.6	80.5	81.4	82.3	83.2

C. 高 位 予 測 値

	2015	2020	2025	2030	2035	2040	2045	2050	2055	2060
人口(千人)										
総数	39 667	43 420	46 932	50 142	53 110	56 104	59 273	62 541	65 681	68 536
男	19 958	21 825	23 568	25 156	26 621	28 104	29 687	31 336	32 944	34 427
女	19 709	21 595	23 365	24 986	26 489	28 000	29 586	31 205	32 737	34 109
性比(女100につき男)	101.3	101.0	100.7	100.4	100.1	99.9	99.7	99.6	99.6	99.8
年齢分布(%)										
0－4歳	11.6	10.9	9.8	8.8	8.2	8.1	8.3	8.3	8.0	7.6
5－14歳	17.0	19.3	19.7	18.5	16.9	15.6	14.9	15.0	15.3	15.3
15－24歳	16.6	13.6	14.2	16.6	17.3	16.5	15.1	13.9	13.4	13.7
60歳以上	9.0	10.0	11.3	12.8	14.5	16.6	18.9	20.8	21.9	22.0
65歳以上	5.9	6.8	7.8	8.9	10.2	11.6	13.4	15.3	17.0	18.0
80歳以上	1.2	1.4	1.5	1.7	2.1	2.5	3.0	3.5	4.1	5.0
15－49歳女子(%)	54.3	51.0	49.6	49.1	48.3	47.0	45.8	45.5	45.7	45.4
中位数年齢(歳)	27.6	28.8	29.9	30.3	30.5	31.4	32.6	33.7	34.8	35.7

	2010-2015	2015-2020	2020-2025	2025-2030	2030-2035	2035-2040	2040-2045	2045-2050	2050-2055	2055-2060
年平均人口増加数(千人)	726	751	702	642	594	599	634	654	628	571
年平均出生数(千人)	949	973	942	903	881	919	992	1 051	1 066	1 050
年平均死亡数(千人)	195	212	230	251	277	310	348	388	428	470
人口増加率(%)	1.92	1.81	1.56	1.32	1.15	1.10	1.10	1.07	0.98	0.85
粗出生率(人口千人あたり)	25.1	23.4	20.9	18.6	17.1	16.8	17.2	17.3	16.6	15.7
粗死亡率(人口千人あたり)	5.1	5.1	5.1	5.2	5.4	5.7	6.0	6.4	6.7	7.0
合計出生率（女子１人あたり）	2.93	2.87	2.81	2.76	2.65	2.56	2.50	2.46	2.43	2.41
純再生産率（女子１人あたり）	1.37	1.35	1.33	1.31	1.26	1.23	1.20	1.18	1.17	1.16

D. 低 位 予 測 値

	2015	2020	2025	2030	2035	2040	2045	2050	2055	2060
人口(千人)										
総数	39 667	42 595	44 797	46 407	47 739	48 911	49 914	50 631	50 900	50 667
男	19 958	21 405	22 481	23 254	23 886	24 439	24 916	25 263	25 403	25 307
女	19 709	21 190	22 317	23 153	23 853	24 472	24 997	25 368	25 497	25 360
性比(女100につき男)	101.3	101.0	100.7	100.4	100.1	99.9	99.7	99.6	99.6	99.8
年齢分布(%)										
0－4歳	11.6	9.2	7.4	6.1	5.6	5.5	5.5	5.2	4.7	4.1
5－14歳	17.0	19.7	18.8	15.4	12.7	11.2	10.8	10.7	10.5	9.9
15－24歳	16.6	13.8	14.9	17.9	17.6	14.5	12.1	10.8	10.5	10.6
60歳以上	9.0	10.2	11.9	13.8	16.1	19.0	22.4	25.7	28.3	29.7
65歳以上	5.9	7.0	8.1	9.7	11.4	13.3	15.9	18.9	21.9	24.3
80歳以上	1.2	1.4	1.6	1.8	2.4	2.9	3.6	4.4	5.3	6.7
15－49歳女子(%)	54.3	52.0	52.0	53.0	51.9	49.5	46.9	45.6	44.9	43.0
中位数年齢(歳)	27.6	29.4	31.4	33.5	35.2	36.6	38.4	40.4	42.9	45.5

	2010-2015	2015-2020	2020-2025	2025-2030	2030-2035	2035-2040	2040-2045	2045-2050	2050-2055	2055-2060
年平均人口増加数(千人)	726	586	440	322	266	234	201	143	54	－ 47
年平均出生数(千人)	949	803	674	575	547	548	551	533	483	423
年平均死亡数(千人)	195	207	223	243	270	303	341	380	419	461
人口増加率(%)	1.92	1.43	1.01	0.71	0.57	0.49	0.41	0.29	0.11	-0.09
粗出生率(人口千人あたり)	25.1	19.5	15.4	12.6	11.6	11.3	11.2	10.6	9.5	8.3
粗死亡率(人口千人あたり)	5.1	5.0	5.1	5.3	5.7	6.3	6.9	7.5	8.3	9.1
合計出生率（女子１人あたり）	2.93	2.37	2.01	1.76	1.65	1.56	1.50	1.46	1.43	1.41
純再生産率（女子１人あたり）	1.37	1.11	0.95	0.84	0.79	0.75	0.72	0.70	0.69	0.68

E. 出生力一定予測値

	2015	2020	2025	2030	2035	2040	2045	2050	2055	2060
人口(千人)										
総数	39 667	43 516	47 217	50 687	54 119	57 790	61 841	66 190	70 619	74 995
男	19 958	21 874	23 712	25 433	27 135	28 963	30 997	33 199	35 466	37 727
女	19 709	21 643	23 504	25 253	26 984	28 826	30 844	32 991	35 153	37 268
中位数年齢(歳)	27.6	28.8	29.7	29.8	29.7	30.3	31.1	31.8	32.3	32.4

	2010-2015	2015-2020	2020-2025	2025-2030	2030-2035	2035-2040	2040-2045	2045-2050	2050-2055	2055-2060
人口増加率(%)	1.92	1.85	1.63	1.42	1.31	1.31	1.36	1.36	1.30	1.20
粗出生率(人口千人あたり)	25.1	23.9	21.6	19.5	18.6	18.9	19.6	19.8	19.4	18.7
粗死亡率(人口千人あたり)	5.1	5.1	5.1	5.1	5.3	5.6	5.9	6.1	6.3	6.5

Angola

A. 推 計 値

指　標	1960	1965	1970	1975	1980	1985	1990	1995	2000	2005	2010
人口(千人)											
総数	5 271	5 765	6 301	7 107	8 212	9 745	11 128	13 043	15 059	17 913	21 220
男	2 583	2 827	3 092	3 492	4 040	4 801	5 479	6 420	7 427	8 857	10 513
女	2 687	2 938	3 209	3 616	4 172	4 944	5 649	6 622	7 631	9 056	10 707
性比(女100につき男)	96.1	96.2	96.4	96.6	96.8	97.1	97.0	97.0	97.3	97.8	98.2
年齢分布(%)											
０－４歳	19.2	19.1	19.2	19.5	19.9	19.9	19.9	19.8	19.8	19.9	19.6
５－14歳	25.1	26.7	26.8	26.9	27.0	27.6	27.9	28.0	28.0	28.2	28.5
15－24歳	17.9	17.3	18.2	19.2	19.0	18.8	18.9	19.2	19.4	19.3	19.2
60歳以上	4.5	4.5	4.5	4.5	4.4	4.3	4.2	4.0	3.9	3.8	3.7
65歳以上	2.6	2.6	2.6	2.7	2.6	2.6	2.5	2.5	2.4	2.4	2.4
80歳以上	0.2	0.2	0.2	0.2	0.2	0.2	0.2	0.2	0.2	0.2	0.2
15－49歳女子(%)	45.3	43.9	44.0	43.9	43.6	43.4	43.4	43.8	44.1	43.9	43.7
中位数年齢(歳)	18.0	17.2	16.9	16.7	16.5	16.2	16.1	16.1	16.0	15.9	15.9
人口密度(1km²あたり)	4	5	5	6	7	8	9	10	12	14	17

	1960-1965	1965-1970	1970-1975	1975-1980	1980-1985	1985-1990	1990-1995	1995-2000	2000-2005	2005-2010	2010-2015
年平均人口増加数(千人)	99	107	161	221	307	277	383	403	571	661	760
年平均出生数(千人)	297	320	355	409	478	552	633	725	829	954	1 068
年平均死亡数(千人)	171	172	178	191	218	246	279	297	292	309	328
人口増加率(%)	1.79	1.78	2.41	2.89	3.42	2.65	3.18	2.88	3.47	3.39	3.30
粗出生率(人口千人あたり)	53.8	53.0	53.0	53.5	53.2	52.9	52.4	51.6	50.3	48.7	46.2
粗死亡率(人口千人あたり)	31.0	28.6	26.5	24.9	24.3	23.5	23.1	21.1	17.7	15.8	14.2
合計出生率(女子１人あたり)	7.40	7.40	7.35	7.35	7.30	7.25	7.15	7.00	6.80	6.60	6.20
純再生産率(女子１人あたり)	1.97	2.06	2.14	2.22	2.23	2.26	2.24	2.27	2.37	2.40	2.33
乳児死亡率(出生千人あたり)	200	186	173	161	157	153	151	138	116	104	96
出生時の平均余命(歳)											
男	32.5	34.5	36.5	38.3	39.0	39.2	39.5	41.9	45.9	48.2	50.2
女	35.5	37.6	39.6	41.3	41.9	43.1	43.4	44.8	48.6	51.0	53.2
男女計	34.0	36.0	38.0	39.8	40.4	41.1	41.4	43.3	47.2	49.6	51.7

B. 中 位 予 測 値

	2015	2020	2025	2030	2035	2040	2045	2050	2055	2060
人口(千人)										
総数	25 022	29 245	34 016	39 351	45 230	51 581	58 349	65 473	72 905	80 565
男	12 416	14 530	16 915	19 581	22 515	25 680	29 049	32 588	36 275	40 069
女	12 606	14 716	17 100	19 770	22 715	25 901	29 301	32 886	36 630	40 496
性比(女100につき男)	98.5	98.7	98.9	99.0	99.1	99.1	99.1	99.1	99.0	98.9
年齢分布(%)										
０－４歳	18.9	18.2	17.5	16.8	16.0	15.2	14.3	13.5	12.8	12.1
５－14歳	28.8	28.5	27.8	27.2	26.6	25.9	25.1	24.1	23.1	22.2
15－24歳	19.5	20.0	20.4	20.5	20.3	20.3	20.2	20.0	19.7	19.3
60歳以上	3.8	4.0	4.1	4.2	4.4	4.7	5.1	5.5	6.1	6.7
65歳以上	2.3	2.4	2.6	2.7	2.8	3.0	3.2	3.5	3.9	4.3
80歳以上	0.3	0.3	0.3	0.3	0.3	0.4	0.4	0.5	0.5	0.6
６－11歳	17.9	17.6	17.1	16.7	16.3	15.9	15.3	14.7	14.1	13.5
12－14歳	7.5	7.7	7.5	7.4	7.3	7.2	7.0	6.8	6.6	6.4
15－17歳	6.7	6.9	6.9	6.8	6.7	6.7	6.6	6.5	6.3	6.1
18－23歳	11.2	11.5	11.8	11.9	11.8	11.8	11.8	11.8	11.6	11.4
15－24歳女子(%)	44.2	45.1	46.2	47.2	48.1	49.1	50.1	50.9	51.5	51.8
中位数年齢(歳)	16.1	16.5	17.1	17.7	18.4	19.1	19.9	21.0	22.0	23.1
人口密度(1km²あたり)	20	23	27	32	36	41	47	53	58	65

	2010-2015	2015-2020	2020-2025	2025-2030	2030-2035	2035-2040	2040-2045	2045-2050	2050-2055	2055-2060
年平均人口増加数(千人)	760	845	954	1 067	1 176	1 270	1 354	1 425	1 486	1 532
年平均出生数(千人)	1 068	1 190	1 317	1 447	1 570	1 679	1 778	1 868	1 952	2 027
年平均死亡数(千人)	328	345	363	379	394	408	424	442	465	494
年平均純移動数(千人)	20	0	0	−1	−1	−1	−1	−1	−1	−1
人口増加率(%)	3.30	3.12	3.02	2.91	2.78	2.63	2.47	2.30	2.15	2.00
粗出生率(人口千人あたり)	46.2	43.8	41.6	39.4	37.1	34.7	32.4	30.2	28.2	26.4
粗死亡率(人口千人あたり)	14.2	12.7	11.5	10.3	9.3	8.4	7.7	7.1	6.7	6.4
純移動率(人口千人あたり)	0.9	0.0	0.0	0.0	0.0	0.0	0.0	0.0	0.0	0.0
合計出生率（女子１人あたり）	6.20	5.79	5.38	4.98	4.60	4.24	3.92	3.64	3.38	3.17
純再生産率（女子１人あたり）	2.33	2.24	2.14	2.04	1.93	1.82	1.71	1.62	1.53	1.45
乳児死亡率（出生千人あたり）	96	88	79	71	64	57	51	45	40	36
５歳未満の死亡数(出生千人あたり	156	140	125	111	98	86	75	65	56	49
出生時の平均余命(歳)										
男	50.2	52.2	54.0	55.8	57.7	59.5	61.1	62.7	64.2	65.5
女	53.2	55.2	57.2	59.2	61.2	63.2	65.0	66.8	68.3	69.8
男女計	51.7	53.7	55.6	57.5	59.4	61.3	63.1	64.7	66.2	67.6

C. 高 位 予 測 値

	2015	2020	2025	2030	2035	2040	2045	2050	2055	2060
人口(千人)										
総数	25 022	29 475	34 677	40 656	47 321	54 694	62 833	71 750	81 416	91 749
男	12 416	14 645	17 248	20 238	23 567	27 246	31 302	35 741	40 549	45 685
女	12 606	14 830	17 429	20 418	23 754	27 449	31 531	36 009	40 866	46 064
性比(女100につき男)	98.5	98.7	98.9	99.0	99.0	99.0	99.0	98.9	98.8	98.7
年齢分布(%)										
0－4歳	18.9	18.8	18.4	17.9	17.0	16.2	15.6	14.9	14.3	13.6
5－14歳	28.8	28.2	27.9	27.9	27.7	27.0	26.2	25.4	24.6	23.9
15－24歳	19.5	19.8	20.1	19.8	19.9	20.2	20.4	20.2	19.9	19.5
60歳以上	3.8	3.9	4.0	4.1	4.2	4.4	4.7	5.0	5.4	5.9
65歳以上	2.3	2.4	2.5	2.6	2.7	2.8	3.0	3.2	3.5	3.8
80歳以上	0.3	0.3	0.3	0.3	0.3	0.4	0.4	0.4	0.5	0.5
15－49歳女子(%)	44.2	44.8	45.4	45.7	46.5	47.5	48.5	49.3	49.8	50.3
中位数年齢(歳)	16.1	16.4	16.7	17.0	17.4	18.1	18.8	19.5	20.3	21.2

	2010-2015	2015-2020	2020-2025	2025-2030	2030-2035	2035-2040	2040-2045	2045-2050	2050-2055	2055-2060
年平均人口増加数(千人)	760	891	1 040	1 196	1 333	1 475	1 628	1 783	1 933	2 067
年平均出生数(千人)	1 068	1 241	1 415	1 592	1 747	1 907	2 080	2 259	2 436	2 603
年平均死亡数(千人)	328	351	374	395	413	431	451	475	502	536
人口増加率(%)	3.30	3.28	3.25	3.18	3.04	2.90	2.77	2.65	2.53	2.39
粗出生率(人口千人あたり)	46.2	45.5	44.1	42.3	39.7	37.4	35.4	33.6	31.8	30.1
粗死亡率(人口千人あたり)	14.2	12.9	11.7	10.5	9.4	8.5	7.7	7.1	6.6	6.2
合計出生率 (女子1人あたり)	6.20	6.04	5.78	5.48	5.10	4.74	4.42	4.14	3.88	3.67
純再生産率 (女子1人あたり)	2.33	2.34	2.30	2.24	2.14	2.03	1.93	1.84	1.75	1.68

D. 低 位 予 測 値

	2015	2020	2025	2030	2035	2040	2045	2050	2055	2060
人口(千人)										
総数	25 022	29 016	33 354	38 047	43 144	48 502	53 979	59 462	64 899	70 229
男	12 416	14 414	16 583	18 925	21 466	24 132	26 852	29 568	32 254	34 881
女	12 606	14 602	16 772	19 122	21 678	24 370	27 127	29 894	32 645	35 349
性比(女100につき男)	98.5	98.7	98.9	99.0	99.0	99.0	99.0	98.9	98.8	98.7
年齢分布(%)										
0－4歳	18.9	17.5	16.5	15.6	14.9	14.0	13.0	12.0	11.2	10.4
5－14歳	28.8	28.7	27.7	26.5	25.4	24.6	23.8	22.7	21.4	20.1
15－24歳	19.5	20.2	20.9	21.2	20.8	20.2	19.9	19.7	19.4	18.9
60歳以上	3.8	4.0	4.2	4.3	4.6	5.0	5.5	6.1	6.8	7.7
65歳以上	2.3	2.5	2.6	2.8	2.9	3.2	3.5	3.9	4.4	5.0
80歳以上	0.3	0.3	0.3	0.3	0.4	0.4	0.4	0.5	0.6	0.7
15－49歳女子(%)	44.2	45.5	47.1	48.8	50.0	50.9	51.8	52.7	53.2	53.4
中位数年齢(歳)	16.1	16.7	17.5	18.5	19.4	20.4	21.5	22.7	23.9	25.3

	2010-2015	2015-2020	2020-2025	2025-2030	2030-2035	2035-2040	2040-2045	2045-2050	2050-2055	2055-2060
年平均人口増加数(千人)	760	799	868	938	1 019	1 072	1 095	1 097	1 087	1 066
年平均出生数(千人)	1 068	1 138	1 219	1 302	1 395	1 458	1 494	1 509	1 519	1 524
年平均死亡数(千人)	328	340	351	362	374	386	397	412	431	457
人口増加率(%)	3.30	2.96	2.79	2.63	2.51	2.34	2.14	1.94	1.75	1.58
粗出生率(人口千人あたり)	46.2	42.1	39.1	36.5	34.4	31.8	29.2	26.6	24.4	22.6
粗死亡率(人口千人あたり)	14.2	12.6	11.3	10.1	9.2	8.4	7.8	7.3	6.9	6.8
合計出生率 (女子1人あたり)	6.20	5.54	4.98	4.48	4.10	3.74	3.42	3.14	2.88	2.67
純再生産率 (女子1人あたり)	2.33	2.15	1.98	1.83	1.72	1.60	1.50	1.39	1.30	1.22

E. 出生力一定予測値

	2015	2020	2025	2030	2035	2040	2045	2050	2055	2060
人口(千人)										
総数	25 022	29 606	35 248	42 133	50 488	60 656	73 127	88 481	107 379	130 609
男	12 416	14 711	17 535	20 981	25 160	30 245	36 481	44 157	53 606	65 225
女	12 606	14 895	17 712	21 152	25 327	30 411	36 646	44 324	53 773	65 384
中位数年齢(歳)	16.1	16.3	16.3	16.1	16.0	16.0	15.9	15.9	15.8	15.7

	2010-2015	2015-2020	2020-2025	2025-2030	2030-2035	2035-2040	2040-2045	2045-2050	2050-2055	2055-2060
人口増加率(%)	3.30	3.37	3.49	3.57	3.62	3.67	3.74	3.81	3.87	3.92
粗出生率(人口千人あたり)	46.2	46.5	46.7	46.4	45.8	45.4	45.2	45.1	45.1	44.9
粗死亡率(人口千人あたり)	14.2	13.0	11.9	10.8	9.7	8.7	7.9	7.1	6.5	5.9

Argentina

A. 推 計 値

指　標	1960	1965	1970	1975	1980	1985	1990	1995	2000	2005	2010
人口(千人)											
総数	20 619	22 283	23 973	26 067	28 106	30 389	32 730	34 995	37 057	39 145	41 223
男	10 471	11 244	12 022	13 004	13 861	14 939	16 047	17 143	18 131	19 149	20 163
女	10 148	11 039	11 951	13 063	14 245	15 449	16 683	17 852	18 926	19 997	21 060
性比(女100につき男)	103.2	101.9	100.6	99.5	97.3	96.7	96.2	96.0	95.8	95.8	95.7
年齢分布(%)											
０－４歳	10.9	10.5	10.2	10.7	11.8	10.8	10.4	10.1	9.4	9.2	8.8
５－14歳	19.8	19.6	19.0	18.4	18.5	20.1	20.2	19.1	18.6	17.7	17.0
15－24歳	16.3	16.7	17.2	17.1	16.2	15.8	16.2	17.5	17.7	16.9	16.5
60歳以上	8.9	9.8	10.8	11.5	12.0	12.6	13.0	13.3	13.5	13.8	14.4
65歳以上	5.6	6.3	7.0	7.7	8.2	8.6	9.1	9.5	9.9	10.1	10.4
80歳以上	0.6	0.7	0.9	1.0	1.2	1.3	1.5	1.8	2.0	2.3	2.6
15－49歳女子(%)	51.2	50.3	49.9	49.1	47.4	46.6	46.9	48.1	48.6	48.7	48.9
中位数年齢(歳)	26.9	27.2	27.4	27.4	27.3	27.3	27.2	27.4	27.9	28.7	29.9
人口密度(1k㎡あたり)	8	8	9	10	10	11	12	13	14	14	15

指　標	1960-1965	1965-1970	1970-1975	1975-1980	1980-1985	1985-1990	1990-1995	1995-2000	2000-2005	2005-2010	2010-2015
年平均人口増加数(千人)	333	338	419	408	457	468	453	413	418	415	439
年平均出生数(千人)	497	521	585	695	676	701	722	711	732	741	754
年平均死亡数(千人)	189	209	224	241	248	265	275	283	296	309	321
人口増加率(%)	1.55	1.46	1.68	1.51	1.56	1.48	1.34	1.15	1.10	1.03	1.04
粗出生率(人口千人あたり)	23.2	22.5	23.4	25.7	23.1	22.2	21.3	19.7	19.2	18.5	17.8
粗死亡率(人口千人あたり)	8.8	9.1	9.0	8.9	8.5	8.4	8.1	7.8	7.8	7.7	7.6
合計出生率(女子１人あたり)	3.09	3.05	3.15	3.44	3.15	3.05	2.90	2.63	2.52	2.40	2.35
純再生産率(女子１人あたり)	1.38	1.37	1.43	1.59	1.47	1.43	1.37	1.25	1.20	1.15	1.12
乳児死亡率(出生千人あたり)	60	57	48	39	32	27	24	22	15	15	14
出生時の平均余命(歳)											
男	62.5	62.8	64.1	65.4	66.8	67.6	68.6	69.7	70.6	71.3	72.2
女	68.6	69.3	70.8	72.2	73.7	74.6	75.8	77.0	78.1	79.0	79.8
男女計	65.3	65.8	67.2	68.7	70.2	71.0	72.1	73.3	74.3	75.2	76.0

B. 中 位 予 測 値

指　標	2015	2020	2025	2030	2035	2040	2045	2050	2055	2060
人口(千人)										
総数	43 417	45 517	47 500	49 365	51 099	52 699	54 153	55 445	56 556	57 470
男	21 245	22 287	23 277	24 212	25 086	25 902	26 657	27 338	27 931	28 425
女	22 172	23 229	24 223	25 153	26 013	26 797	27 496	28 107	28 624	29 046
性比(女100につき男)	95.8	95.9	96.1	96.3	96.4	96.7	96.9	97.3	97.6	97.9
年齢分布(%)										
０－４歳	8.6	8.1	7.7	7.4	7.0	6.8	6.5	6.3	6.0	5.8
５－14歳	16.6	16.2	15.6	14.9	14.3	13.7	13.2	12.8	12.3	11.9
15－24歳	15.9	15.4	15.2	14.9	14.5	13.9	13.5	13.0	12.6	12.3
60歳以上	15.1	15.9	16.7	17.5	18.7	20.5	22.1	23.6	25.1	26.4
65歳以上	10.9	11.6	12.4	13.1	13.9	15.0	16.7	18.1	19.5	20.9
80歳以上	2.7	2.8	3.1	3.4	3.8	4.2	4.7	5.1	5.7	6.8
６－11歳	10.0	9.7	9.4	8.9	8.5	8.2	7.9	7.6	7.4	7.1
12－14歳	4.9	4.8	4.7	4.5	4.3	4.1	4.0	3.9	3.7	3.6
15－17歳	4.8	4.8	4.6	4.5	4.3	4.2	4.0	3.9	3.8	3.7
18－23歳	9.5	9.1	9.1	8.9	8.7	8.4	8.1	7.8	7.6	7.4
15－24歳女子(%)	48.7	48.8	48.4	47.4	46.7	45.9	45.0	44.3	43.5	42.6
中位数年齢(歳)	30.8	31.9	33.0	34.1	35.1	36.3	37.4	38.6	39.8	40.9
人口密度(1k㎡あたり)	16	17	17	18	19	19	20	20	21	21

指　標	2010-2015	2015-2020	2020-2025	2025-2030	2030-2035	2035-2040	2040-2045	2045-2050	2050-2055	2055-2060
年平均人口増加数(千人)	439	420	397	373	347	320	291	258	222	183
年平均出生数(千人)	754	750	741	734	725	718	708	697	684	672
年平均死亡数(千人)	321	334	349	364	381	400	420	441	464	491
年平均純移動数(千人)	6	5	4	3	2	2	2	2	2	2
人口増加率(%)	1.04	0.95	0.85	0.77	0.69	0.62	0.54	0.47	0.40	0.32
粗出生率(人口千人あたり)	17.8	16.9	15.9	15.1	14.4	13.8	13.3	12.7	12.2	11.8
粗死亡率(人口千人あたり)	7.6	7.5	7.5	7.5	7.6	7.7	7.9	8.1	8.3	8.6
純移動率(人口千人あたり)	0.1	0.1	0.1	0.1	0.0	0.0	0.0	0.0	0.0	0.0
合計出生率（女子１人あたり）	2.35	2.27	2.20	2.13	2.07	2.02	1.98	1.94	1.92	1.89
純再生産率（女子１人あたり）	1.12	1.09	1.06	1.03	1.00	0.98	0.96	0.94	0.93	0.92
乳児死亡率（出生千人あたり）	14	12	10	9	8	7	6	6	5	5
５歳未満の死亡数(出生千人あたり	16	14	12	10	9	8	7	7	6	6
出生時の平均余命(歳)										
男	72.2	73.2	74.2	75.2	76.3	77.4	78.5	79.6	80.5	81.4
女	79.8	80.6	81.3	82.0	82.7	83.3	84.0	84.6	85.2	85.8
男女計	76.0	76.9	77.8	78.7	79.5	80.4	81.3	82.2	82.9	83.7

C. 高 位 予 測 値

	2015	2020	2025	2030	2035	2040	2045	2050	2055	2060
人口(千人)										
総数	43 417	45 925	48 575	51 291	53 926	56 539	59 168	61 833	64 532	67 228
男	21 245	22 495	23 825	25 193	26 526	27 858	29 212	30 592	31 994	33 395
女	22 172	23 430	24 750	26 098	27 400	28 680	29 956	31 241	32 538	33 833
性比(女100につき男)	95.8	95.9	95.9	96.0	96.0	96.1	96.3	96.5	96.7	96.8
年齢分布(%)										
0－4歳	8.6	8.9	8.9	8.7	8.3	8.1	7.9	7.8	7.7	7.6
5－14歳	16.6	16.0	16.1	16.4	16.3	15.9	15.3	15.0	14.8	14.6
15－24歳	15.9	15.3	14.8	14.3	14.5	14.9	14.9	14.5	14.0	13.8
60歳以上	15.1	15.7	16.3	16.8	17.7	19.1	20.2	21.2	22.0	22.6
65歳以上	10.9	11.5	12.1	12.6	13.2	14.0	15.3	16.2	17.1	17.9
80歳以上	2.7	2.8	3.0	3.3	3.6	4.0	4.3	4.6	5.0	5.8
15－49歳女子(%)	48.7	48.4	47.4	45.7	45.1	44.7	44.5	44.3	44.0	43.8
中位数年齢(歳)	30.8	31.6	32.2	32.7	33.1	33.6	34.0	34.3	34.9	35.5

	2010-2015	2015-2020	2020-2025	2025-2030	2030-2035	2035-2040	2040-2045	2045-2050	2050-2055	2055-2060
年平均人口増加数(千人)	439	502	530	543	527	522	526	533	540	539
年平均出生数(千人)	754	832	876	906	907	922	945	975	1 005	1 032
年平均死亡数(千人)	321	335	350	366	383	402	422	444	468	495
人口増加率(%)	1.04	1.12	1.12	1.09	1.00	0.95	0.91	0.88	0.86	0.82
粗出生率(人口千人あたり)	17.8	18.6	18.5	18.1	17.2	16.7	16.3	16.1	15.9	15.7
粗死亡率(人口千人あたり)	7.6	7.5	7.4	7.3	7.3	7.3	7.3	7.3	7.4	7.5
合計出生率（女子１人あたり）	2.35	2.52	2.60	2.63	2.57	2.52	2.48	2.44	2.42	2.39
純再生産率（女子１人あたり）	1.12	1.21	1.25	1.27	1.24	1.22	1.20	1.18	1.17	1.16

D. 低 位 予 測 値

	2015	2020	2025	2030	2035	2040	2045	2050	2055	2060
人口(千人)										
総数	43 417	45 109	46 425	47 438	48 286	48 926	49 321	49 441	49 260	48 784
男	21 245	22 080	22 730	23 231	23 653	23 980	24 195	24 280	24 216	24 001
女	22 172	23 029	23 695	24 208	24 633	24 946	25 126	25 161	25 044	24 783
性比(女100につき男)	95.8	95.9	95.9	96.0	96.0	96.1	96.3	96.5	96.7	96.8
年齢分布(%)										
0－4歳	8.6	7.3	6.5	5.9	5.6	5.3	5.0	4.6	4.3	4.0
5－14歳	16.6	16.3	15.1	13.3	12.0	11.2	10.8	10.2	9.6	9.0
15－24歳	15.9	15.5	15.5	15.5	14.5	12.8	11.7	11.1	10.8	10.4
60歳以上	15.1	16.0	17.0	18.2	19.8	22.1	24.2	26.5	28.8	31.1
65歳以上	10.9	11.7	12.7	13.7	14.7	16.2	18.4	20.3	22.4	24.6
80歳以上	2.7	2.9	3.1	3.5	4.0	4.6	5.1	5.7	6.6	8.0
15－49歳女子(%)	48.7	49.2	49.5	49.3	48.5	47.2	45.5	44.0	42.3	40.4
中位数年齢(歳)	30.8	32.2	33.8	35.5	37.2	39.0	40.8	42.8	44.8	46.8

	2010-2015	2015-2020	2020-2025	2025-2030	2030-2035	2035-2040	2040-2045	2045-2050	2050-2055	2055-2060
年平均人口増加数(千人)	439	338	263	203	170	128	79	24	－ 36	－ 95
年平均出生数(千人)	754	667	606	561	546	524	494	460	423	390
年平均死亡数(千人)	321	333	347	362	379	398	417	438	461	487
人口増加率(%)	1.04	0.77	0.58	0.43	0.35	0.26	0.16	0.05	−0.07	−0.19
粗出生率(人口千人あたり)	17.8	15.1	13.2	12.0	11.4	10.8	10.1	9.3	8.6	8.0
粗死亡率(人口千人あたり)	7.6	7.5	7.6	7.7	7.9	8.2	8.5	8.9	9.3	9.9
合計出生率（女子１人あたり）	2.35	2.02	1.80	1.63	1.57	1.52	1.48	1.44	1.42	1.39
純再生産率（女子１人あたり）	1.12	0.97	0.86	0.79	0.76	0.74	0.72	0.70	0.69	0.68

E. 出生力一定予測値

	2015	2020	2025	2030	2035	2040	2045	2050	2055	2060
人口(千人)										
総数	43 417	45 647	47 885	50 124	52 355	54 584	56 814	59 037	61 245	63 425
男	21 245	22 354	23 473	24 598	25 726	26 862	28 013	29 168	30 321	31 458
女	22 172	23 293	24 412	25 525	26 629	27 721	28 801	29 869	30 924	31 967
中位数年齢(歳)	30.8	31.8	32.7	33.5	34.2	35.0	35.6	36.2	36.7	37.1

	2010-2015	2015-2020	2020-2025	2025-2030	2030-2035	2035-2040	2040-2045	2045-2050	2050-2055	2055-2060
人口増加率(%)	1.04	1.00	0.96	0.91	0.87	0.83	0.80	0.77	0.73	0.70
粗出生率(人口千人あたり)	17.8	17.4	17.0	16.5	16.1	15.8	15.5	15.3	15.1	14.9
粗死亡率(人口千人あたり)	7.6	7.5	7.5	7.4	7.5	7.5	7.6	7.6	7.8	7.9

Armenia

A. 推 計 値

指　標	1960	1965	1970	1975	1980	1985	1990	1995	2000	2005	2010
人口(千人)											
総数	1 867	2 205	2 518	2 826	3 096	3 339	3 545	3 223	3 076	3 015	2 963
男	901	1 072	1 230	1 379	1 509	1 633	1 719	1 528	1 445	1 479	1 523
女	966	1 133	1 288	1 447	1 587	1 706	1 825	1 695	1 631	1 536	1 440
性比(女100につき男)	93.2	94.6	95.5	95.3	95.1	95.7	94.2	90.2	88.6	96.2	105.8
年齢分布(%)											
０－４歳	17.0	15.7	11.6	10.7	10.7	11.3	11.0	9.0	6.4	6.6	7.3
５－14歳	21.5	26.0	27.6	23.7	19.7	18.8	19.4	20.5	19.5	15.3	13.2
15－24歳	17.0	13.0	17.1	21.6	23.1	19.4	15.8	14.8	17.5	19.5	18.6
60歳以上	8.6	8.2	8.3	8.3	7.7	8.1	10.0	12.5	15.1	14.2	13.7
65歳以上	6.4	5.4	5.6	5.8	6.0	5.4	5.6	8.4	10.0	11.6	10.5
80歳以上	1.1	1.1	1.2	1.0	1.0	1.2	1.1	1.3	1.2	1.7	2.3
15－49歳女子(%)	46.1	43.8	47.2	51.5	52.7	51.6	49.3	49.8	52.8	54.6	53.1
中位数年齢(歳)	22.5	20.8	20.4	21.9	23.5	25.2	27.0	29.2	30.3	30.9	31.6
人口密度(1km²あたり)	66	77	88	99	109	117	125	113	108	106	104

指　標	1960-1965	1965-1970	1970-1975	1975-1980	1980-1985	1985-1990	1990-1995	1995-2000	2000-2005	2005-2010	2010-2015
年平均人口増加数(千人)	67	63	61	54	49	41	－ 64	－ 29	－ 12	－ 10	11
年平均出生数(千人)	71	58	60	65	74	80	65	42	42	43	40
年平均死亡数(千人)	18	16	16	18	21	27	30	27	26	26	27
人口増加率(%)	3.32	2.66	2.30	1.83	1.51	1.20	−1.90	−0.93	−0.40	−0.34	0.36
粗出生率(人口千人あたり)	34.9	24.6	22.5	22.1	22.9	23.2	19.1	13.5	13.8	14.2	13.3
粗死亡率(人口千人あたり)	8.7	6.8	6.0	6.2	6.4	7.9	8.8	8.6	8.4	8.6	9.0
合計出生率(女子１人あたり)	4.45	3.45	3.04	2.50	2.38	2.58	2.38	1.75	1.72	1.74	1.55
純再生産率(女子１人あたり)	1.98	1.55	1.38	1.14	1.09	1.18	1.08	0.78	0.77	0.79	0.71
乳児死亡率(出生千人あたり)	73	68	63	58	53	48	44	35	27	21	13
出生時の平均余命(歳)											
男	63.9	66.0	67.5	67.3	67.7	65.8	64.5	66.8	69.1	70.6	70.7
女	70.1	72.2	73.6	73.6	73.8	70.8	71.5	73.4	76.0	77.3	78.4
男女計	67.0	69.2	70.8	70.6	70.9	68.4	68.1	70.2	72.7	74.0	74.4

B. 中 位 予 測 値

指　標	2015	2020	2025	2030	2035	2040	2045	2050	2055	2060
人口(千人)										
総数	3 018	3 038	3 029	2 993	2 940	2 879	2 809	2 729	2 638	2 542
男	1 400	1 409	1 403	1 385	1 359	1 331	1 301	1 267	1 230	1 190
女	1 618	1 629	1 625	1 607	1 581	1 548	1 509	1 462	1 408	1 352
性比(女100につき男)	86.5	86.4	86.4	86.2	86.0	86.0	86.2	86.7	87.4	88.1
年齢分布(%)										
０－４歳	6.9	6.2	5.3	4.6	4.4	4.6	4.8	4.7	4.4	4.2
５－14歳	11.5	13.0	13.0	11.6	10.1	9.3	9.3	9.7	9.9	9.5
15－24歳	14.4	10.8	11.1	12.8	12.9	11.6	10.2	9.4	9.4	10.0
60歳以上	16.3	19.4	22.6	23.8	24.7	26.3	29.2	33.1	36.1	36.6
65歳以上	10.8	12.6	15.6	18.7	19.6	20.2	21.4	24.1	27.9	30.9
80歳以上	2.9	3.5	2.7	2.8	4.1	5.9	7.2	7.1	7.0	7.9
６－11歳	7.1	8.0	7.7	6.7	5.9	5.5	5.6	5.9	5.9	5.6
12－14歳	3.1	3.6	4.1	3.8	3.4	2.9	2.7	2.9	3.0	3.0
15－17歳	3.3	3.1	3.8	4.1	3.6	3.2	2.8	2.8	3.0	3.1
18－23歳	9.3	6.4	6.3	7.6	8.0	7.1	6.2	5.6	5.6	6.0
15－24歳女子(%)	49.7	47.6	47.2	46.7	44.3	40.1	36.3	35.5	36.0	35.6
中位数年齢(歳)	34.6	36.6	38.8	41.4	43.8	46.0	46.9	46.9	47.4	48.5
人口密度(1km²あたり)	106	107	106	105	103	101	99	96	93	89

指　標	2010-2015	2015-2020	2020-2025	2025-2030	2030-2035	2035-2040	2040-2045	2045-2050	2050-2055	2055-2060
年平均人口増加数(千人)	11	4	－ 2	－ 7	－ 11	－ 12	－ 14	－ 16	－ 18	－ 19
年平均出生数(千人)	40	38	33	28	26	27	27	26	24	21
年平均死亡数(千人)	27	29	30	30	32	34	36	37	37	36
年平均純移動数(千人)	−2	−5	−5	−5	−5	−5	−5	−5	−5	−4
人口増加率(%)	0.36	0.14	−0.06	−0.24	−0.36	−0.42	−0.49	−0.58	−0.67	−0.75
粗出生率(人口千人あたり)	13.3	12.6	10.8	9.4	8.9	9.3	9.6	9.4	8.8	8.3
粗死亡率(人口千人あたり)	9.0	9.6	9.8	10.1	10.8	11.7	12.7	13.4	13.8	14.0
純移動率(人口千人あたり)	−0.7	−1.7	−1.6	−1.7	−1.7	−1.7	−1.8	−1.8	−1.8	−1.7
合計出生率（女子１人あたり）	1.55	1.51	1.50	1.52	1.55	1.58	1.61	1.63	1.66	1.68
純再生産率（女子１人あたり）	0.71	0.70	0.70	0.71	0.73	0.75	0.76	0.78	0.79	0.81
乳児死亡率（出生千人あたり）	13	12	10	9	8	8	7	6	6	6
５歳未満の死亡数(出生千人あたり	16	14	13	11	10	9	9	8	7	7
出生時の平均余命(歳)										
男	70.7	71.5	72.2	73.0	73.9	74.7	75.6	76.4	77.4	78.3
女	78.4	79.0	79.6	80.1	80.7	81.3	81.8	82.4	82.9	83.5
男女計	74.4	75.4	76.1	76.8	77.5	78.3	79.0	79.7	80.4	81.1

C. 高位予測値

	2015	2020	2025	2030	2035	2040	2045	2050	2055	2060
人口(千人)										
総数	3 018	3 069	3 103	3 113	3 103	3 089	3 075	3 061	3 043	3 022
男	1 400	1 425	1 443	1 449	1 445	1 441	1 440	1 440	1 441	1 440
女	1 618	1 644	1 660	1 664	1 658	1 648	1 635	1 620	1 602	1 582
性比(女100につき男)	86.5	86.2	85.8	85.3	84.7	84.3	84.2	84.2	84.4	84.5
年齢分布(%)										
0－4歳	6.9	7.1	6.6	5.9	5.6	5.8	6.2	6.4	6.2	6.0
5－14歳	11.5	12.9	13.7	13.5	12.5	11.5	11.4	12.0	12.6	12.7
15－24歳	14.4	10.7	10.8	12.3	13.3	13.2	12.2	11.2	11.1	11.8
60歳以上	16.3	19.2	22.1	22.9	23.4	24.5	26.7	29.5	31.3	30.7
65歳以上	10.8	12.5	15.2	18.0	18.6	18.8	19.6	21.5	24.1	26.0
80歳以上	2.9	3.5	2.6	2.7	3.9	5.5	6.6	6.3	6.1	6.6
15－49歳女子(%)	49.7	47.2	46.2	45.1	43.1	39.8	36.9	36.8	37.9	38.4
中位数年齢(歳)	34.6	36.2	38.1	40.3	42.2	43.1	42.3	41.5	41.5	42.1

	2010-2015	2015-2020	2020-2025	2025-2030	2030-2035	2035-2040	2040-2045	2045-2050	2050-2055	2055-2060
年平均人口増加数(千人)	11	10	7	2	－ 2	－ 3	－ 3	－ 3	－ 3	－ 4
年平均出生数(千人)	40	45	42	38	35	36	39	39	38	37
年平均死亡数(千人)	27	29	30	31	32	34	36	37	37	37
人口増加率(%)	0.36	0.34	0.22	0.06	−0.06	−0.09	−0.09	−0.10	−0.11	−0.14
粗出生率(人口千人あたり)	13.3	14.6	13.5	12.1	11.3	11.8	12.6	12.8	12.6	12.1
粗死亡率(人口千人あたり)	9.0	9.6	9.7	9.8	10.3	11.1	11.8	12.2	12.2	12.0
合計出生率（女子1人あたり）	1.55	1.76	1.90	2.02	2.05	2.08	2.11	2.13	2.16	2.18
純再生産率（女子1人あたり）	0.71	0.81	0.88	0.95	0.96	0.98	1.00	1.02	1.03	1.04

D. 低位予測値

	2015	2020	2025	2030	2035	2040	2045	2050	2055	2060
人口(千人)										
総数	3 018	3 007	2 954	2 872	2 777	2 672	2 553	2 419	2 273	2 121
男	1 400	1 392	1 364	1 322	1 274	1 222	1 167	1 105	1 040	972
女	1 618	1 615	1 590	1 550	1 503	1 449	1 386	1 313	1 233	1 150
性比(女100につき男)	86.5	86.2	85.8	85.3	84.7	84.3	84.2	84.2	84.4	84.5
年齢分布(%)										
0－4歳	6.9	5.2	4.0	3.2	3.1	3.3	3.3	3.1	2.7	2.4
5－14歳	11.5	13.1	12.2	9.5	7.5	6.7	6.8	7.1	6.9	6.3
15－24歳	14.4	10.9	11.4	13.3	12.6	9.7	7.7	6.9	7.1	7.6
60歳以上	16.3	19.6	23.2	24.8	26.2	28.4	32.2	37.3	42.0	43.8
65歳以上	10.8	12.7	16.0	19.5	20.8	21.8	23.6	27.2	32.3	37.0
80歳以上	2.9	3.5	2.8	3.0	4.4	6.3	8.0	8.0	8.1	9.4
15－49歳女子(%)	49.7	48.1	48.2	48.4	45.6	40.4	35.4	33.7	33.2	31.2
中位数年齢(歳)	34.6	36.9	39.5	42.5	45.5	48.2	50.7	52.4	53.7	54.9

	2010-2015	2015-2020	2020-2025	2025-2030	2030-2035	2035-2040	2040-2045	2045-2050	2050-2055	2055-2060
年平均人口増加数(千人)	11	－ 2	－ 11	－ 16	－ 19	－ 21	－ 24	－ 27	－ 29	－ 30
年平均出生数(千人)	40	32	24	19	18	18	17	15	12	10
年平均死亡数(千人)	27	29	30	30	32	34	36	37	37	36
人口増加率(%)	0.36	−0.07	−0.35	−0.56	−0.67	−0.78	−0.91	−1.08	−1.24	−1.38
粗出生率(人口千人あたり)	13.3	10.6	8.1	6.5	6.3	6.6	6.6	6.1	5.3	4.7
粗死亡率(人口千人あたり)	9.0	9.6	9.9	10.4	11.3	12.5	13.8	14.9	15.7	16.4
合計出生率（女子1人あたり）	1.55	1.26	1.10	1.02	1.05	1.08	1.11	1.13	1.16	1.18
純再生産率（女子1人あたり）	0.71	0.58	0.51	0.48	0.49	0.51	0.53	0.54	0.55	0.57

E. 出生力一定予測値

	2015	2020	2025	2030	2035	2040	2045	2050	2055	2060
人口(千人)										
総数	3 018	3 040	3 026	2 987	2 937	2 877	2 798	2 701	2 594	2 484
男	1 400	1 410	1 403	1 384	1 361	1 334	1 301	1 261	1 217	1 172
女	1 618	1 630	1 623	1 603	1 576	1 542	1 497	1 440	1 377	1 312
中位数年齢(歳)	34.6	36.5	38.8	41.4	43.9	46.0	47.1	47.4	48.0	49.3

	2010-2015	2015-2020	2020-2025	2025-2030	2030-2035	2035-2040	2040-2045	2045-2050	2050-2055	2055-2060
人口増加率(%)	0.36	0.14	−0.09	−0.26	−0.33	−0.42	−0.55	−0.71	−0.81	−0.87
粗出生率(人口千人あたり)	13.3	12.7	10.5	9.2	9.1	9.3	9.0	8.3	7.6	7.4
粗死亡率(人口千人あたり)	9.0	9.6	9.8	10.1	10.8	11.8	12.8	13.5	13.9	14.3

Aruba

A. 推計値

指標	1960	1965	1970	1975	1980	1985	1990	1995	2000	2005	2010
人口(千人)											
総数	54	57	59	61	60	63	62	80	91	100	102
男	27	28	29	30	29	31	31	40	44	48	48
女	28	29	30	31	31	32	31	41	47	52	53
性比(女100につき男)	96.2	96.0	95.7	94.7	95.1	95.1	97.3	97.3	93.3	90.7	91.1
年齢分布(%)											
０－４歳	16.2	14.7	11.9	10.0	8.8	10.2	8.7	8.4	7.7	6.3	6.5
５－14歳	27.7	26.6	25.4	21.6	17.8	14.3	15.9	15.0	15.5	15.2	14.3
15－24歳	17.8	19.0	20.3	20.6	21.7	19.6	14.2	12.9	12.3	13.4	12.3
60歳以上	4.2	5.4	7.0	8.7	9.8	10.0	10.6	10.4	11.5	12.6	15.5
65歳以上	2.5	3.1	4.0	5.9	6.8	7.3	7.7	6.9	7.6	8.6	10.3
80歳以上	0.3	0.3	0.4	0.7	1.0	1.2	1.7	1.5	1.6	1.4	1.7
15－49歳女子(%)	45.4	46.8	49.8	53.8	57.2	57.5	55.1	55.8	54.9	53.8	48.8
中位数年齢(歳)	18.1	19.1	20.8	23.9	26.0	28.0	31.2	32.5	34.4	36.2	38.5
人口密度(1km²あたり)	301	319	328	337	334	350	345	446	505	556	564

指標	1960-1965	1965-1970	1970-1975	1975-1980	1980-1985	1985-1990	1990-1995	1995-2000	2000-2005	2005-2010	2010-2015
年平均人口増加数(千人)	1	0	0	0	1	0	4	2	2	0	0
年平均出生数(千人)	2	2	1	1	1	1	1	1	1	1	1
年平均死亡数(千人)	0	0	0	0	0	0	1	1	1	1	1
人口増加率(%)	1.13	0.59	0.53	−0.19	0.95	−0.28	5.13	2.46	1.92	0.31	0.45
粗出生率(人口千人あたり)	32.9	26.3	22.9	22.5	22.3	20.8	18.1	15.3	13.2	11.5	10.3
粗死亡率(人口千人あたり)	6.1	5.7	5.8	6.2	6.5	7.0	7.0	6.9	7.1	7.6	8.3
合計出生率(女子１人あたり)	4.40	3.30	2.65	2.45	2.36	2.30	2.17	1.95	1.82	1.74	1.68
純再生産率(女子１人あたり)	1.99	1.51	1.24	1.16	1.12	1.09	1.03	0.93	0.86	0.83	0.80
乳児死亡率(出生千人あたり)	43	36	29	25	20	19	19	18	18	16	15
出生時の平均余命(歳)											
男	64.8	66.4	67.5	68.8	70.5	70.8	71.1	71.2	71.5	72.3	72.9
女	68.3	70.0	72.6	74.3	75.2	75.8	76.0	76.2	76.4	77.1	77.8
男女計	66.6	68.2	70.0	71.5	72.9	73.3	73.6	73.7	74.0	74.7	75.4

B. 中位予測値

指標	2015	2020	2025	2030	2035	2040	2045	2050	2055	2060
人口(千人)										
総数	104	105	106	107	107	106	104	102	99	98
男	49	50	50	51	51	50	49	48	48	47
女	55	55	56	57	56	56	55	53	52	50
性比(女100につき男)	90.6	90.1	89.7	89.5	89.5	89.8	90.4	91.4	92.7	94.1
年齢分布(%)										
０－４歳	5.0	4.9	5.2	5.4	5.3	5.0	4.7	4.6	4.8	4.9
５－14歳	13.3	11.4	9.9	10.1	10.6	10.9	10.7	10.1	9.7	9.7
15－24歳	14.3	14.0	13.1	11.3	10.0	10.3	11.0	11.4	11.2	10.5
60歳以上	18.5	22.1	26.1	28.4	29.7	30.1	29.6	28.8	30.0	31.7
65歳以上	12.2	14.8	17.9	21.3	23.2	24.2	24.3	23.7	22.8	24.2
80歳以上	2.0	2.5	2.9	3.6	4.7	6.1	7.5	8.1	8.2	8.1
６－11歳	7.9	6.5	5.8	6.1	6.5	6.6	6.3	5.9	5.7	5.8
12－14歳	4.2	4.0	3.1	2.9	3.1	3.3	3.4	3.2	3.0	2.9
15－17歳	4.3	4.1	3.7	2.9	3.0	3.2	3.4	3.4	3.2	3.0
18－23歳	8.7	8.5	8.0	7.1	5.9	6.1	6.6	6.9	6.8	6.4
15－24歳女子(%)	46.0	44.2	42.8	41.0	40.3	40.9	40.4	39.6	38.7	37.8
中位数年齢(歳)	40.2	41.5	42.2	42.0	42.5	43.6	44.7	45.6	46.4	46.5
人口密度(1km²あたり)	577	586	592	595	594	588	577	564	552	542

指標	2010-2015	2015-2020	2020-2025	2025-2030	2030-2035	2035-2040	2040-2045	2045-2050	2050-2055	2055-2060
年平均人口増加数(千人)	0	0	0	0	0	0	0	0	0	0
年平均出生数(千人)	1	1	1	1	1	1	1	1	1	1
年平均死亡数(千人)	1	1	1	1	1	1	1	1	1	1
年平均純移動数(千人)	0	0	0	0	0	0	0	0	0	0
人口増加率(%)	0.45	0.29	0.21	0.12	−0.03	−0.21	−0.38	−0.46	−0.43	−0.36
粗出生率(人口千人あたり)	10.3	10.0	10.5	11.0	10.8	10.1	9.4	9.2	9.5	9.9
粗死亡率(人口千人あたり)	8.3	9.1	10.0	11.0	12.0	13.0	13.8	14.3	14.3	13.8
純移動率(人口千人あたり)	2.4	1.9	1.5	1.2	1.0	0.8	0.6	0.5	0.4	0.4
合計出生率（女子１人あたり）	1.68	1.62	1.61	1.63	1.65	1.66	1.68	1.70	1.72	1.73
純再生産率（女子１人あたり）	0.80	0.78	0.77	0.78	0.79	0.80	0.81	0.82	0.83	0.83
乳児死亡率（出生千人あたり）	15	14	13	12	11	10	9	8	8	7
５歳未満の死亡数(出生千人あたり)	17	16	15	14	13	12	11	10	10	9
出生時の平均余命(歳)										
男	72.9	73.5	74.2	74.8	75.6	76.3	77.1	77.8	78.6	79.4
女	77.8	78.4	79.0	79.6	80.2	80.7	81.3	81.8	82.3	82.9
男女計	75.4	76.0	76.7	77.3	78.0	78.7	79.3	80.0	80.6	81.2

C. 高 位 予 測 値

	2015	2020	2025	2030	2035	2040	2045	2050	2055	2060
人口(千人)										
総数	104	106	109	111	113	113	113	113	113	115
男	49	50	51	53	53	54	54	54	55	56
女	55	56	57	58	59	59	59	59	58	59
性比(女100につき男)	90.6	90.0	89.4	89.0	88.7	88.8	89.2	89.9	91.0	92.3
年齢分布(%)										
0－4歳	5.0	5.6	6.3	6.8	6.6	6.2	5.9	6.1	6.6	6.9
5－14歳	13.3	11.3	10.5	11.7	12.9	13.3	12.8	12.2	12.0	12.5
15－24歳	14.3	13.9	12.9	10.9	10.2	11.5	12.9	13.4	12.8	12.0
60歳以上	18.5	21.9	25.6	27.4	28.2	28.2	27.2	25.9	26.3	27.0
65歳以上	12.2	14.7	17.6	20.5	22.0	22.6	22.3	21.3	20.0	20.6
80歳以上	2.0	2.4	2.8	3.5	4.5	5.7	6.9	7.3	7.2	6.9
15－49歳女子(%)	46.0	43.9	42.1	39.7	39.1	40.2	40.6	40.5	40.3	40.0
中位数年齢(歳)	40.2	41.2	41.2	40.3	40.7	41.2	41.6	41.5	40.3	39.4

	2010-2015	2015-2020	2020-2025	2025-2030	2030-2035	2035-2040	2040-2045	2045-2050	2050-2055	2055-2060
年平均人口増加数(千人)	0	0	0	0	0	0	0	0	0	0
年平均出生数(千人)	1	1	1	2	2	1	1	1	2	2
年平均死亡数(千人)	1	1	1	1	1	1	1	1	1	1
人口増加率(%)	0.45	0.44	0.46	0.44	0.29	0.10	−0.03	−0.03	0.09	0.23
粗出生率(人口千人あたり)	10.3	11.5	12.9	13.9	13.4	12.5	12.0	12.3	13.3	14.0
粗死亡率(人口千人あたり)	8.3	9.0	9.9	10.7	11.5	12.3	12.9	13.1	12.7	12.0
合計出生率（女子1人あたり）	1.68	1.87	2.01	2.13	2.15	2.16	2.18	2.20	2.22	2.23
純再生産率（女子1人あたり）	0.80	0.89	0.96	1.02	1.03	1.04	1.05	1.06	1.07	1.07

D. 低 位 予 測 値

	2015	2020	2025	2030	2035	2040	2045	2050	2055	2060
人口(千人)										
総数	104	105	104	103	101	99	95	91	87	82
男	49	50	49	49	48	46	45	43	41	40
女	55	55	55	55	54	52	50	48	45	43
性比(女100につき男)	90.6	90.0	89.4	89.0	88.7	88.8	89.2	89.9	91.0	92.3
年齢分布(%)										
0－4歳	5.0	4.2	4.0	3.9	3.9	3.7	3.4	3.2	3.0	3.0
5－14歳	13.3	11.5	9.4	8.4	8.1	8.2	8.1	7.7	7.1	6.7
15－24歳	14.3	14.1	13.4	11.8	9.8	8.9	8.8	8.9	8.9	8.5
60歳以上	18.5	22.3	26.6	29.5	31.4	32.4	32.4	32.2	34.5	37.5
65歳以上	12.2	14.9	18.3	22.1	24.5	26.0	26.6	26.5	26.2	28.6
80歳以上	2.0	2.5	2.9	3.8	5.0	6.5	8.2	9.0	9.4	9.6
15－49歳女子(%)	46.0	44.5	43.7	42.5	41.7	41.7	40.1	38.2	36.3	34.1
中位数年齢(歳)	40.2	41.8	43.1	43.8	44.4	45.9	47.6	49.3	51.0	52.7

	2010-2015	2015-2020	2020-2025	2025-2030	2030-2035	2035-2040	2040-2045	2045-2050	2050-2055	2055-2060
年平均人口増加数(千人)	0	0	0	0	0	－1	－1	－1	－1	－1
年平均出生数(千人)	1	1	1	1	1	1	1	1	1	1
年平均死亡数(千人)	1	1	1	1	1	1	1	1	1	1
人口増加率(%)	0.45	0.14	−0.05	−0.22	−0.37	−0.55	−0.75	−0.90	−0.96	−0.96
粗出生率(人口千人あたり)	10.3	8.5	8.0	7.8	7.8	7.4	6.8	6.2	6.0	6.0
粗死亡率(人口千人あたり)	8.3	9.1	10.1	11.3	12.5	13.8	14.9	15.7	16.1	16.0
合計出生率（女子1人あたり）	1.68	1.37	1.21	1.13	1.15	1.16	1.18	1.20	1.22	1.23
純再生産率（女子1人あたり）	0.80	0.66	0.58	0.54	0.55	0.56	0.57	0.58	0.59	0.59

E. 出生力一定予測値

	2015	2020	2025	2030	2035	2040	2045	2050	2055	2060
人口(千人)										
総数	104	106	107	108	107	106	104	102	100	98
男	49	50	51	51	51	50	50	49	48	48
女	55	56	56	57	57	56	55	53	52	50
中位数年齢(歳)	40.2	41.5	42.0	41.8	42.4	43.4	44.5	45.4	46.2	46.3

	2010-2015	2015-2020	2020-2025	2025-2030	2030-2035	2035-2040	2040-2045	2045-2050	2050-2055	2055-2060
人口増加率(%)	0.45	0.33	0.25	0.14	−0.04	−0.23	−0.37	−0.44	−0.43	−0.39
粗出生率(人口千人あたり)	10.3	10.5	10.9	11.1	10.6	9.9	9.4	9.3	9.5	9.5
粗死亡率(人口千人あたり)	8.3	9.1	9.9	10.9	11.9	12.9	13.8	14.2	14.2	13.8

Australia

A. 推計値

指　標	1960	1965	1970	1975	1980	1985	1990	1995	2000	2005	2010
人口(千人)											
総数	10 292	11 368	12 905	13 893	14 708	15 791	17 097	18 125	19 107	20 274	22 163
男	5 200	5 726	6 490	6 967	7 344	7 885	8 526	9 018	9 531	10 117	11 086
女	5 092	5 642	6 415	6 926	7 365	7 906	8 571	9 107	9 576	10 157	11 077
性比(女100につき男)	102.1	101.5	101.2	100.6	99.7	99.7	99.5	99.0	99.5	99.6	100.1
年齢分布(％)											
０－４歳	10.6	10.2	9.7	9.2	7.7	7.6	7.4	7.2	6.7	6.3	6.6
５－14歳	19.6	19.4	19.4	18.3	17.5	16.0	14.6	14.3	14.1	13.5	12.4
15－24歳	14.0	16.1	17.4	17.3	17.5	16.8	16.2	14.9	13.5	13.9	14.1
60歳以上	12.4	12.4	12.1	12.9	13.7	14.7	15.4	15.8	16.5	17.5	19.0
65歳以上	8.6	8.6	8.2	8.8	9.6	10.3	11.1	11.9	12.4	12.9	13.5
80歳以上	1.3	1.4	1.4	1.6	1.7	1.9	2.1	2.6	2.8	3.4	3.7
15－49歳女子(％)	46.7	46.9	47.9	48.5	49.8	51.3	52.7	52.2	50.7	49.6	48.9
中位数年齢(歳)	29.6	28.4	27.5	28.2	29.4	30.8	32.1	33.7	35.4	36.6	37.0
人口密度(1k㎡あたり)	1	1	2	2	2	2	2	2	2	3	3

指　標	1960-1965	1965-1970	1970-1975	1975-1980	1980-1985	1985-1990	1990-1995	1995-2000	2000-2005	2005-2010	2010-2015
年平均人口増加数(千人)	215	307	198	163	217	261	206	196	233	378	361
年平均出生数(千人)	232	242	256	226	236	248	260	252	252	292	311
年平均死亡数(千人)	93	105	111	110	111	120	124	131	133	141	155
人口増加率(％)	1.99	2.54	1.48	1.14	1.42	1.59	1.17	1.06	1.19	1.78	1.57
粗出生率(人口千人あたり)	21.4	19.9	19.1	15.8	15.5	15.1	14.7	13.5	12.8	13.8	13.5
粗死亡率(人口千人あたり)	8.6	8.7	8.3	7.7	7.3	7.3	7.1	7.0	6.8	6.6	6.7
合計出生率(女子１人あたり)	3.27	2.87	2.54	1.99	1.91	1.86	1.86	1.79	1.77	1.95	1.92
純再生産率(女子１人あたり)	1.54	1.36	1.20	0.95	0.91	0.89	0.89	0.86	0.85	0.94	0.92
乳児死亡率(出生千人あたり)	20	18	17	13	10	9	7	6	5	4	4
出生時の平均余命(歳)											
男	67.9	67.8	68.4	70.1	71.8	73.0	74.6	75.9	77.7	79.1	79.9
女	74.3	74.5	75.2	77.1	78.7	79.3	80.6	81.6	82.7	83.7	84.3
男女計	71.0	71.0	71.7	73.5	75.2	76.1	77.6	78.7	80.2	81.4	82.1

B. 中位予測値

指　標	2015	2020	2025	2030	2035	2040	2045	2050	2055	2060
人口(千人)										
総数	23 969	25 598	27 084	28 482	29 785	31 032	32 264	33 496	34 673	35 780
男	11 976	12 780	13 512	14 194	14 827	15 433	16 040	16 652	17 255	17 823
女	11 993	12 818	13 572	14 287	14 958	15 599	16 225	16 844	17 419	17 957
性比(女100につき男)	99.9	99.7	99.6	99.3	99.1	98.9	98.9	98.9	99.1	99.3
年齢分布(％)										
０－４歳	6.4	6.6	6.3	5.9	5.7	5.7	5.7	5.8	5.7	5.6
５－14歳	12.2	12.6	12.8	12.7	12.1	11.6	11.4	11.4	11.5	11.5
15－24歳	13.2	12.2	12.2	12.6	12.8	12.8	12.3	11.8	11.6	11.6
60歳以上	20.4	21.9	23.6	24.6	25.9	26.3	27.3	28.3	29.0	29.3
65歳以上	15.0	16.3	17.8	19.4	20.3	21.3	21.6	22.5	23.4	24.1
80歳以上	3.9	4.1	4.6	5.7	6.5	7.3	8.0	8.3	8.9	9.0
６－11歳	7.4	7.6	7.7	7.6	7.2	6.9	6.8	6.8	6.9	6.9
12－14歳	3.5	3.7	3.8	3.9	3.8	3.6	3.5	3.4	3.4	3.5
15－17歳	3.6	3.6	3.8	3.8	3.9	3.7	3.5	3.4	3.4	3.5
18－23歳	8.1	7.3	7.2	7.6	7.7	7.8	7.4	7.2	7.0	7.0
15－24歳女子(％)	47.6	46.1	44.8	44.6	44.0	43.2	42.7	42.4	42.2	41.8
中位数年齢(歳)	37.5	37.9	38.9	39.8	40.6	41.0	41.1	41.4	41.8	42.3
人口密度(1k㎡あたり)	3	3	4	4	4	4	4	4	5	5

指　標	2010-2015	2015-2020	2020-2025	2025-2030	2030-2035	2035-2040	2040-2045	2045-2050	2050-2055	2055-2060
年平均人口増加数(千人)	361	326	297	279	261	250	246	246	235	221
年平均出生数(千人)	311	321	325	323	325	336	354	370	381	384
年平均死亡数(千人)	155	166	178	194	215	237	258	274	288	298
年平均純移動数(千人)	205	170	150	150	150	150	150	150	143	135
人口増加率(％)	1.57	1.32	1.13	1.01	0.90	0.82	0.78	0.75	0.69	0.63
粗出生率(人口千人あたり)	13.5	13.0	12.3	11.6	11.2	11.1	11.2	11.3	11.2	10.9
粗死亡率(人口千人あたり)	6.7	6.7	6.7	7.0	7.4	7.8	8.2	8.3	8.5	8.5
純移動率(人口千人あたり)	8.9	6.9	5.7	5.4	5.2	4.9	4.8	4.6	4.2	3.8
合計出生率（女子１人あたり）	1.92	1.86	1.83	1.81	1.79	1.78	1.78	1.78	1.78	1.78
純再生産率（女子１人あたり）	0.92	0.90	0.88	0.87	0.87	0.86	0.86	0.86	0.86	0.87
乳児死亡率（出生千人あたり）	4	3	3	3	2	2	2	2	2	1
５歳未満の死亡数(出生千人あたり	5	4	3	3	3	2	2	2	2	2
出生時の平均余命(歳)										
男	79.9	81.1	82.1	82.9	83.6	84.2	84.9	85.5	86.1	86.7
女	84.3	85.0	85.7	86.3	87.0	87.6	88.2	88.9	89.4	90.1
男女計	82.1	83.0	83.9	84.6	85.3	85.9	86.6	87.2	87.8	88.4

C. 高 位 予 測 値

	2015	2020	2025	2030	2035	2040	2045	2050	2055	2060
人口(千人)										
総数	23 969	25 813	27 654	29 497	31 255	32 992	34 790	36 713	38 725	40 788
男	11 976	12 890	13 804	14 715	15 582	16 439	17 336	18 303	19 334	20 393
女	11 993	12 923	13 850	14 782	15 673	16 553	17 454	18 410	19 391	20 395
性比(女100につき男)	99.9	99.7	99.4	99.1	98.8	98.5	98.3	98.2	98.3	98.4
年齢分布(%)										
0－4歳	6.4	7.4	7.4	7.2	6.9	6.8	6.9	7.1	7.3	7.2
5－14歳	12.2	12.5	13.3	14.2	14.1	13.7	13.3	13.3	13.5	13.8
15－24歳	13.2	12.1	12.0	12.2	12.9	13.7	13.7	13.3	12.8	12.8
60歳以上	20.4	21.7	23.1	23.8	24.7	24.8	25.4	25.8	26.0	25.7
65歳以上	15.0	16.2	17.5	18.7	19.3	20.1	20.0	20.5	21.0	21.2
80歳以上	3.9	4.1	4.5	5.5	6.2	6.9	7.5	7.6	8.0	7.9
15－49歳女子(%)	47.6	45.8	43.9	43.1	42.6	42.4	42.5	42.7	42.9	42.8
中位数年齢(歳)	37.5	37.6	38.1	38.5	38.7	38.4	37.9	37.6	37.5	37.7
	2010-2015	2015-2020	2020-2025	2025-2030	2030-2035	2035-2040	2040-2045	2045-2050	2050-2055	2055-2060
年平均人口増加数(千人)	361	369	368	369	352	348	360	385	403	413
年平均出生数(千人)	311	365	396	412	416	434	467	509	549	576
年平均死亡数(千人)	155	166	178	194	215	237	258	275	289	299
人口増加率(%)	1.57	1.48	1.38	1.29	1.16	1.08	1.06	1.08	1.07	1.04
粗出生率(人口千人あたり)	13.5	14.6	14.8	14.4	13.7	13.5	13.8	14.2	14.5	14.5
粗死亡率(人口千人あたり)	6.7	6.7	6.7	6.8	7.1	7.4	7.6	7.7	7.7	7.5
合計出生率 (女子1人あたり)	1.92	2.11	2.23	2.31	2.29	2.28	2.28	2.28	2.28	2.28
純再生産率 (女子1人あたり)	0.92	1.02	1.08	1.11	1.11	1.10	1.10	1.10	1.11	1.11

D. 低 位 予 測 値

	2015	2020	2025	2030	2035	2040	2045	2050	2055	2060
人口(千人)										
総数	23 969	25 382	26 515	27 466	28 316	29 083	29 780	30 398	30 872	31 208
男	11 976	12 669	13 219	13 673	14 073	14 433	14 765	15 062	15 304	15 477
女	11 993	12 713	13 295	13 793	14 243	14 650	15 015	15 336	15 568	15 731
性比(女100につき男)	99.9	99.7	99.4	99.1	98.8	98.5	98.3	98.2	98.3	98.4
年齢分布(%)										
0－4歳	6.4	5.8	5.1	4.5	4.4	4.4	4.4	4.3	4.1	3.9
5－14歳	12.2	12.7	12.3	11.1	9.9	9.3	9.2	9.2	9.2	8.9
15－24歳	13.2	12.3	12.5	13.1	12.7	11.7	10.6	10.1	10.0	10.0
60歳以上	20.4	22.1	24.1	25.5	27.2	28.1	29.6	31.2	32.6	33.6
65歳以上	15.0	16.5	18.2	20.1	21.3	22.8	23.4	24.8	26.3	27.7
80歳以上	3.9	4.1	4.7	5.9	6.8	7.8	8.7	9.2	10.0	10.3
15－49歳女子(%)	47.6	46.5	45.8	46.2	45.5	44.1	42.8	42.0	41.2	40.1
中位数年齢(歳)	37.5	38.2	39.6	41.1	42.5	43.6	44.4	45.1	46.2	47.4
	2010-2015	2015-2020	2020-2025	2025-2030	2030-2035	2035-2040	2040-2045	2045-2050	2050-2055	2055-2060
年平均人口増加数(千人)	361	283	226	190	170	153	139	123	95	67
年平均出生数(千人)	311	278	254	234	234	240	247	247	240	229
年平均死亡数(千人)	155	166	177	194	214	237	257	274	288	298
人口増加率(%)	1.57	1.15	0.87	0.71	0.61	0.54	0.47	0.41	0.31	0.22
粗出生率(人口千人あたり)	13.5	11.3	9.8	8.7	8.4	8.3	8.4	8.2	7.8	7.4
粗死亡率(人口千人あたり)	6.7	6.7	6.8	7.2	7.7	8.2	8.7	9.1	9.4	9.6
合計出生率 (女子1人あたり)	1.92	1.61	1.43	1.31	1.29	1.28	1.28	1.28	1.28	1.28
純再生産率 (女子1人あたり)	0.92	0.78	0.69	0.63	0.63	0.62	0.62	0.62	0.62	0.62

E. 出生力一定予測値

	2015	2020	2025	2030	2035	2040	2045	2050	2055	2060
人口(千人)										
総数	23 969	25 645	27 199	28 680	30 091	31 475	32 863	34 267	35 632	36 945
男	11 976	12 805	13 572	14 298	14 987	15 664	16 352	17 053	17 753	18 428
女	11 993	12 840	13 627	14 382	15 104	15 810	16 511	17 214	17 879	18 516
中位数年齢(歳)	37.5	37.9	38.7	39.6	40.2	40.4	40.3	40.4	40.7	41.1
	2010-2015	2015-2020	2020-2025	2025-2030	2030-2035	2035-2040	2040-2045	2045-2050	2050-2055	2055-2060
人口増加率(%)	1.57	1.35	1.18	1.06	0.96	0.90	0.86	0.84	0.78	0.72
粗出生率(人口千人あたり)	13.5	13.3	12.8	12.2	11.8	11.8	12.0	12.1	12.0	11.7
粗死亡率(人口千人あたり)	6.7	6.7	6.7	6.9	7.3	7.7	8.0	8.2	8.3	8.2

Austria

A. 推計値

指　標	1960	1965	1970	1975	1980	1985	1990	1995	2000	2005	2010
人口(千人)											
総数	7 066	7 299	7 510	7 628	7 597	7 601	7 707	7 973	8 051	8 235	8 392
男	3 292	3 414	3 528	3 598	3 595	3 613	3 686	3 848	3 907	4 002	4 089
女	3 774	3 885	3 982	4 031	4 002	3 987	4 020	4 125	4 144	4 233	4 303
性比(女100につき男)	87.2	87.9	88.6	89.3	89.8	90.6	91.7	93.3	94.3	94.6	95.0
年齢分布(%)											
０－４歳	8.2	8.8	8.3	6.7	5.7	5.8	5.6	5.9	5.2	4.8	4.7
５－14歳	14.0	14.5	16.3	16.6	14.9	12.3	11.4	11.8	11.7	11.2	10.1
15－24歳	14.7	14.5	13.3	14.1	16.1	16.7	14.9	12.7	11.8	12.3	12.2
60歳以上	18.1	19.3	19.9	20.1	18.9	19.7	20.0	19.6	20.4	22.0	23.2
65歳以上	12.1	13.1	14.0	14.7	15.1	14.1	14.8	15.1	15.3	16.1	17.7
80歳以上	1.7	1.9	2.1	2.3	2.6	3.1	3.5	3.8	3.4	4.3	4.9
15－49歳女子(%)	44.9	43.1	43.6	43.8	46.0	48.4	49.1	48.3	48.1	48.3	47.4
中位数年齢(歳)	35.4	34.7	33.6	33.9	35.0	35.8	36.4	36.3	38.2	40.0	41.9
人口密度(1km²あたり)	86	89	91	93	92	92	94	97	98	100	102

指　標	1960-1965	1965-1970	1970-1975	1975-1980	1980-1985	1985-1990	1990-1995	1995-2000	2000-2005	2005-2010	2010-2015
年平均人口増加数(千人)	47	42	24	－6	1	21	53	16	37	31	31
年平均出生数(千人)	134	128	104	87	89	86	91	83	78	77	80
年平均死亡数(千人)	90	96	96	95	92	87	84	81	77	77	79
人口増加率(%)	0.65	0.57	0.31	−0.08	0.01	0.28	0.68	0.20	0.45	0.38	0.36
粗出生率(人口千人あたり)	18.6	17.2	13.7	11.5	11.8	11.2	11.6	10.4	9.6	9.3	9.5
粗死亡率(人口千人あたり)	12.6	12.9	12.7	12.4	12.1	11.3	10.7	10.1	9.5	9.2	9.4
合計出生率(女子１人あたり)	2.78	2.57	2.04	1.65	1.60	1.45	1.48	1.39	1.38	1.40	1.47
純再生産率(女子１人あたり)	1.29	1.20	0.96	0.78	0.76	0.69	0.71	0.67	0.66	0.68	0.71
乳児死亡率(出生千人あたり)	33	26	24	17	13	9	7	5	5	4	3
出生時の平均余命(歳)											
男	66.3	66.7	67.0	68.3	69.4	71.3	72.6	74.0	75.8	77.2	78.5
女	72.6	73.3	74.1	75.4	76.5	78.0	79.2	80.5	81.6	82.7	83.6
男女計	69.5	70.1	70.7	72.0	73.1	74.8	76.0	77.4	78.8	80.1	81.1

B. 中位予測値

指　標	2015	2020	2025	2030	2035	2040	2045	2050	2055	2060
人口(千人)										
総数	8 545	8 656	8 763	8 844	8 886	8 894	8 880	8 846	8 788	8 716
男	4 196	4 262	4 323	4 369	4 393	4 399	4 392	4 374	4 347	4 316
女	4 348	4 393	4 440	4 475	4 493	4 496	4 488	4 471	4 441	4 400
性比(女100につき男)	96.5	97.0	97.4	97.6	97.8	97.9	97.9	97.8	97.9	98.1
年齢分布(%)										
０－４歳	4.7	4.9	4.9	4.7	4.5	4.4	4.4	4.5	4.7	4.7
５－14歳	9.5	9.3	9.5	9.7	9.6	9.4	9.1	9.0	9.1	9.4
15－24歳	11.7	10.3	9.6	9.5	9.7	10.0	10.0	9.8	9.5	9.4
60歳以上	24.2	26.4	29.4	32.4	34.1	35.0	36.2	37.1	37.8	37.8
65歳以上	18.8	19.8	21.8	24.7	27.5	29.0	29.7	30.6	31.2	31.8
80歳以上	5.1	5.6	6.7	7.4	7.9	9.3	11.2	12.9	13.4	13.2
６－11歳	5.6	5.6	5.8	5.8	5.8	5.6	5.4	5.4	5.5	5.7
12－14歳	2.9	2.8	2.8	2.9	2.9	2.9	2.8	2.7	2.7	2.8
15－17歳	3.1	2.9	2.8	2.8	2.9	2.9	2.9	2.8	2.7	2.8
18－23歳	7.3	6.3	5.8	5.7	5.8	6.0	6.1	5.9	5.7	5.7
15－24歳女子(%)	45.5	42.5	40.2	39.0	37.9	37.0	36.1	35.7	35.7	35.9
中位数年齢(歳)	43.2	44.5	45.4	46.5	47.6	48.6	49.5	49.7	49.4	49.0
人口密度(1km²あたり)	104	105	106	107	108	108	108	107	107	106

指　標	2010-2015	2015-2020	2020-2025	2025-2030	2030-2035	2035-2040	2040-2045	2045-2050	2050-2055	2055-2060
年平均人口増加数(千人)	31	22	21	16	8	2	－3	－7	－12	－14
年平均出生数(千人)	80	84	85	83	80	78	78	80	81	82
年平均死亡数(千人)	79	81	83	87	92	96	101	107	112	114
年平均純移動数(千人)	29	20	20	20	20	20	20	20	19	18
人口増加率(%)	0.36	0.26	0.25	0.19	0.10	0.02	−0.03	−0.08	−0.13	−0.16
粗出生率(人口千人あたり)	9.5	9.7	9.7	9.5	9.0	8.7	8.8	9.0	9.2	9.3
粗死亡率(人口千人あたり)	9.4	9.5	9.6	9.9	10.3	10.8	11.3	12.0	12.7	13.0
純移動率(人口千人あたり)	3.5	2.3	2.3	2.3	2.3	2.3	2.3	2.3	2.2	2.1
合計出生率（女子１人あたり）	1.47	1.53	1.58	1.62	1.66	1.68	1.71	1.73	1.75	1.76
純再生産率（女子１人あたり）	0.71	0.74	0.76	0.78	0.80	0.82	0.83	0.84	0.85	0.86
乳児死亡率（出生千人あたり）	3	3	2	2	2	2	1	1	1	1
５歳未満の死亡数(出生千人あたり	4	3	3	2	2	2	2	2	1	1
出生時の平均余命(歳)										
男	78.5	79.7	80.9	81.9	82.7	83.4	84.1	84.8	85.4	86.1
女	83.6	84.4	85.1	85.8	86.5	87.2	87.8	88.5	89.1	89.7
男女計	81.1	82.1	83.0	83.9	84.6	85.3	86.0	86.6	87.3	87.9

C. 高位予測値

	2015	2020	2025	2030	2035	2040	2045	2050	2055	2060
人口(千人)										
総数	8 545	8 724	8 939	9 148	9 311	9 439	9 556	9 686	9 833	9 995
男	4 196	4 297	4 413	4 525	4 611	4 678	4 739	4 805	4 883	4 972
女	4 348	4 427	4 525	4 623	4 700	4 760	4 817	4 880	4 950	5 023
性比(女100につき男)	96.5	97.0	97.2	97.4	97.4	97.4	97.3	97.1	97.0	97.0
年齢分布(%)										
0－4歳	4.7	5.6	6.0	6.0	5.6	5.4	5.5	5.8	6.3	6.5
5－14歳	9.5	9.2	10.1	11.3	11.7	11.5	10.9	10.8	11.2	11.9
15－24歳	11.7	10.3	9.4	9.1	10.0	11.3	11.7	11.5	10.9	10.7
60歳以上	24.2	26.1	28.8	31.3	32.5	32.9	33.6	33.9	33.8	33.0
65歳以上	18.8	19.6	21.4	23.9	26.2	27.3	27.6	28.0	27.9	27.8
80歳以上	5.1	5.6	6.6	7.1	7.5	8.7	10.4	11.8	11.9	11.5
15－49歳女子(%)	45.5	42.1	39.5	37.8	36.9	36.7	36.7	37.0	37.4	38.0
中位数年齢(歳)	43.2	44.2	44.6	45.2	45.8	46.3	46.3	45.4	43.9	42.7

	2010-2015	2015-2020	2020-2025	2025-2030	2030-2035	2035-2040	2040-2045	2045-2050	2050-2055	2055-2060
年平均人口増加数(千人)	31	36	43	42	33	25	24	26	29	33
年平均出生数(千人)	80	97	106	109	104	102	104	113	123	129
年平均死亡数(千人)	79	81	83	87	92	96	101	107	112	114
人口増加率(%)	0.36	0.42	0.49	0.46	0.35	0.27	0.25	0.27	0.30	0.33
粗出生率(人口千人あたり)	9.5	11.3	12.0	12.1	11.3	10.8	11.0	11.7	12.6	13.0
粗死亡率(人口千人あたり)	9.4	9.4	9.4	9.6	9.9	10.3	10.6	11.1	11.5	11.5
合計出生率(女子1人あたり)	1.47	1.78	1.98	2.12	2.16	2.18	2.21	2.23	2.25	2.26
純再生産率(女子1人あたり)	0.71	0.86	0.96	1.03	1.04	1.06	1.07	1.08	1.09	1.10

D. 低位予測値

	2015	2020	2025	2030	2035	2040	2045	2050	2055	2060
人口(千人)										
総数	8 545	8 587	8 587	8 540	8 462	8 352	8 215	8 038	7 815	7 562
男	4 196	4 227	4 233	4 213	4 175	4 121	4 050	3 960	3 847	3 724
女	4 348	4 360	4 354	4 327	4 287	4 232	4 164	4 078	3 967	3 838
性比(女100につき男)	96.5	97.0	97.2	97.4	97.4	97.4	97.3	97.1	97.0	97.0
年齢分布(%)										
0－4歳	4.7	4.1	3.7	3.4	3.3	3.3	3.3	3.2	3.1	3.0
5－14歳	9.5	9.4	8.9	8.0	7.3	7.0	6.9	6.9	6.9	6.8
15－24歳	11.7	10.4	9.8	9.8	9.4	8.5	7.9	7.6	7.6	7.7
60歳以上	24.2	26.6	30.0	33.5	35.8	37.2	39.1	40.8	42.6	43.6
65歳以上	18.8	19.9	22.3	25.6	28.8	30.9	32.1	33.7	35.1	36.7
80歳以上	5.1	5.7	6.9	7.6	8.3	9.9	12.1	14.2	15.0	15.2
15－49歳女子(%)	45.5	42.8	41.0	40.4	38.9	37.3	35.3	34.1	33.3	32.8
中位数年齢(歳)	43.2	44.8	46.2	47.8	49.4	50.9	52.4	53.6	54.4	55.0

	2010-2015	2015-2020	2020-2025	2025-2030	2030-2035	2035-2040	2040-2045	2045-2050	2050-2055	2055-2060
年平均人口増加数(千人)	31	9	0	－ 9	－ 16	－ 22	－ 28	－ 35	－ 45	－ 51
年平均出生数(千人)	80	70	63	58	56	54	53	51	48	45
年平均死亡数(千人)	79	81	83	87	92	96	101	107	112	114
人口増加率(%)	0.36	0.10	0.00	−0.11	−0.19	−0.26	−0.33	−0.44	−0.56	−0.66
粗出生率(人口千人あたり)	9.5	8.2	7.4	6.7	6.6	6.4	6.4	6.3	6.1	5.9
粗死亡率(人口千人あたり)	9.4	9.5	9.7	10.2	10.8	11.4	12.1	13.1	14.1	14.8
合計出生率(女子1人あたり)	1.47	1.28	1.18	1.12	1.16	1.18	1.21	1.23	1.25	1.26
純再生産率(女子1人あたり)	0.71	0.62	0.57	0.54	0.56	0.57	0.59	0.60	0.61	0.61

E. 出生力一定予測値

	2015	2020	2025	2030	2035	2040	2045	2050	2055	2060
人口(千人)										
総数	8 545	8 635	8 704	8 734	8 720	8 671	8 593	8 481	8 329	8 150
男	4 196	4 252	4 293	4 312	4 308	4 284	4 244	4 187	4 111	4 026
女	4 348	4 383	4 411	4 422	4 412	4 387	4 348	4 294	4 218	4 125
中位数年齢(歳)	43.2	44.6	45.7	47.0	48.3	49.6	50.8	51.5	51.8	51.9

	2010-2015	2015-2020	2020-2025	2025-2030	2030-2035	2035-2040	2040-2045	2045-2050	2050-2055	2055-2060
人口増加率(%)	0.36	0.21	0.16	0.07	−0.03	−0.11	−0.18	−0.26	−0.36	−0.43
粗出生率(人口千人あたり)	9.5	9.3	8.9	8.4	7.9	7.6	7.5	7.5	7.5	7.3
粗死亡率(人口千人あたり)	9.4	9.5	9.6	10.0	10.5	11.1	11.7	12.5	13.3	13.8

Azerbaijan

A. 推 計 値

指　標	1960	1965	1970	1975	1980	1985	1990	1995	2000	2005	2010
人口(千人)											
総数	3 898	4 580	5 178	5 694	6 164	6 674	7 217	7 771	8 118	8 563	9 100
男	1 865	2 212	2 516	2 780	3 005	3 254	3 535	3 803	3 966	4 218	4 510
女	2 032	2 367	2 662	2 914	3 159	3 420	3 681	3 967	4 151	4 345	4 590
性比(女100につき男)	91.8	93.5	94.5	95.4	95.1	95.1	96.0	95.9	95.5	97.1	98.3
年齢分布(%)											
０－４歳	18.6	18.3	14.6	12.3	11.4	12.1	13.0	11.5	8.6	7.2	7.8
５－14歳	19.9	26.0	29.7	27.8	23.1	20.6	21.1	22.4	22.5	18.9	14.9
15－24歳	16.7	11.7	14.9	20.4	24.2	22.2	19.2	17.5	18.0	20.7	20.6
60歳以上	8.9	8.3	8.1	7.8	7.0	7.1	7.3	7.9	8.8	8.4	7.9
65歳以上	6.4	5.7	5.5	5.5	5.4	4.8	4.2	4.7	5.6	6.4	5.9
80歳以上	1.1	1.2	1.3	1.2	1.2	1.2	0.5	0.6	0.5	0.6	0.9
15－49歳女子(%)	45.7	40.9	42.0	46.1	50.2	51.1	50.1	51.3	55.5	59.1	59.4
中位数年齢(歳)	22.5	19.4	18.1	19.1	21.1	22.8	23.2	24.2	25.6	27.1	28.6
人口密度(1k㎡あたり)	47	55	63	69	75	81	87	94	98	104	110

指　標	1960-1965	1965-1970	1970-1975	1975-1980	1980-1985	1985-1990	1990-1995	1995-2000	2000-2005	2005-2010	2010-2015
年平均人口増加数(千人)	136	120	103	94	102	108	111	69	89	107	131
年平均出生数(千人)	175	158	146	149	165	189	196	150	145	186	200
年平均死亡数(千人)	52	48	46	50	54	57	64	57	58	59	66
人口増加率(%)	3.22	2.46	1.90	1.59	1.59	1.56	1.48	0.87	1.07	1.22	1.39
粗出生率(人口千人あたり)	41.3	32.4	26.8	25.2	25.6	27.3	26.1	18.9	17.3	21.1	21.2
粗死亡率(人口千人あたり)	12.2	9.9	8.4	8.4	8.5	8.2	8.5	7.2	6.9	6.7	7.0
合計出生率(女子１人あたり)	5.64	4.94	4.29	3.62	3.04	2.95	2.90	2.20	2.00	2.29	2.30
純再生産率(女子１人あたり)	2.31	2.06	1.81	1.53	1.29	1.27	1.26	0.94	0.86	1.00	1.01
乳児死亡率(出生千人あたり)	110	105	100	95	90	85	82	61	52	41	40
出生時の平均余命(歳)											
男	58.3	60.3	61.8	61.2	61.0	62.2	59.4	62.5	65.0	67.1	67.5
女	65.5	67.5	69.0	68.7	68.6	69.8	68.5	69.6	70.4	73.1	73.8
男女計	62.1	64.1	65.6	65.1	65.0	66.1	63.8	66.0	67.8	70.1	70.6

B. 中 位 予 測 値

指　標	2015	2020	2025	2030	2035	2040	2045	2050	2055	2060
人口(千人)										
総数	9 754	10 241	10 547	10 727	10 860	10 961	11 001	10 963	10 872	10 749
男	4 856	5 098	5 244	5 322	5 374	5 412	5 424	5 403	5 357	5 297
女	4 898	5 143	5 303	5 405	5 486	5 550	5 577	5 560	5 514	5 451
性比(女100につき男)	99.1	99.1	98.9	98.5	98.0	97.5	97.3	97.2	97.2	97.2
年齢分布(%)										
０－４歳	9.5	8.4	6.9	6.0	6.1	6.4	6.3	5.9	5.7	5.6
５－14歳	12.4	15.0	16.9	14.7	12.6	11.9	12.3	12.6	12.3	11.7
15－24歳	16.6	12.5	11.3	14.2	16.2	14.2	12.2	11.7	12.3	12.7
60歳以上	10.0	12.2	15.8	17.6	18.9	19.6	21.8	24.4	26.4	26.5
65歳以上	5.6	7.4	9.4	12.5	13.8	14.6	15.0	16.9	19.3	21.1
80歳以上	1.3	1.5	1.3	1.0	1.9	2.6	3.7	3.8	3.9	4.0
６－11歳	7.3	9.8	10.3	8.5	7.3	7.1	7.5	7.6	7.3	6.9
12－14歳	3.7	3.3	5.1	4.9	4.1	3.5	3.6	3.8	3.8	3.7
15－17歳	4.1	3.4	3.7	5.3	4.6	3.8	3.5	3.6	3.8	3.8
18－23歳	10.5	7.6	6.4	7.8	10.2	8.8	7.4	6.9	7.3	7.7
15－24歳女子(%)	54.8	50.8	48.3	48.9	47.5	44.1	41.4	41.2	42.6	43.9
中位数年齢(歳)	30.9	32.8	35.0	37.1	38.6	38.9	38.3	38.6	40.1	41.3
人口密度(1k㎡あたり)	118	124	128	130	131	133	133	133	132	130

指　標	2010-2015	2015-2020	2020-2025	2025-2030	2030-2035	2035-2040	2040-2045	2045-2050	2050-2055	2055-2060
年平均人口増加数(千人)	131	97	61	36	27	20	8	－ 8	－ 18	－ 25
年平均出生数(千人)	200	180	151	134	137	144	142	133	126	122
年平均死亡数(千人)	66	76	82	92	104	117	127	134	137	140
年平均純移動数(千人)	−3	−7	−7	−7	−7	−7	−7	−7	−6	−6
人口増加率(%)	1.39	0.97	0.59	0.34	0.25	0.19	0.07	−0.07	−0.17	−0.23
粗出生率(人口千人あたり)	21.2	18.0	14.5	12.6	12.7	13.2	12.9	12.1	11.5	11.3
粗死亡率(人口千人あたり)	7.0	7.6	7.9	8.6	9.6	10.7	11.6	12.2	12.6	13.0
純移動率(人口千人あたり)	−0.3	−0.7	−0.7	−0.6	−0.6	−0.6	−0.6	−0.6	−0.6	−0.6
合計出生率 (女子１人あたり)	2.30	2.22	2.15	2.09	2.04	2.00	1.96	1.94	1.92	1.90
純再生産率 (女子１人あたり)	1.01	1.00	0.97	0.96	0.94	0.93	0.92	0.91	0.91	0.90
乳児死亡率 (出生千人あたり)	40	36	33	30	27	24	21	19	17	16
５歳未満の死亡数(出生千人あたり	47	43	39	36	32	29	26	23	21	19
出生時の平均余命(歳)										
男	67.5	68.0	68.4	68.9	69.3	69.9	70.5	71.1	71.7	72.4
女	73.8	74.4	75.0	75.6	76.2	76.7	77.3	77.9	78.5	79.0
男女計	70.6	71.1	71.7	72.2	72.7	73.3	73.9	74.5	75.1	75.6

C. 高位予測値

	2015	2020	2025	2030	2035	2040	2045	2050	2055	2060
人口(千人)										
総数	9 754	10 338	10 780	11 114	11 419	11 738	12 041	12 300	12 532	12 762
男	4 856	5 149	5 367	5 526	5 667	5 818	5 967	6 097	6 218	6 339
女	4 898	5 189	5 413	5 588	5 752	5 920	6 075	6 203	6 314	6 423
性比(女100につき男)	99.1	99.0	98.6	98.1	97.4	96.7	96.2	95.9	95.6	95.3
年齢分布(%)										
0－4歳	9.5	9.3	8.0	7.2	7.3	7.8	7.9	7.7	7.5	7.5
5－14歳	12.4	14.9	17.4	16.3	14.5	13.9	14.5	15.2	15.2	14.8
15－24歳	16.6	12.4	11.0	13.7	16.3	15.2	13.6	13.1	13.8	14.5
60歳以上	10.0	12.1	15.4	17.0	18.0	18.3	19.9	21.7	22.9	22.3
65歳以上	5.6	7.3	9.2	12.1	13.1	13.7	13.7	15.1	16.8	17.7
80歳以上	1.3	1.5	1.2	1.0	1.8	2.5	3.4	3.4	3.4	3.4
15－49歳女子(%)	54.8	50.4	47.3	47.3	46.1	43.2	41.0	41.2	43.1	45.0
中位数年齢(歳)	30.9	32.5	34.4	36.0	36.5	35.4	34.2	34.8	35.5	35.7

	2010-2015	2015-2020	2020-2025	2025-2030	2030-2035	2035-2040	2040-2045	2045-2050	2050-2055	2055-2060
年平均人口増加数(千人)	131	117	88	67	61	64	61	52	46	46
年平均出生数(千人)	200	200	179	166	173	189	196	194	192	194
年平均死亡数(千人)	66	77	84	93	105	118	129	136	139	142
人口増加率(%)	1.39	1.16	0.84	0.61	0.54	0.55	0.51	0.43	0.37	0.36
粗出生率(人口千人あたり)	21.2	20.0	16.9	15.2	15.3	16.3	16.5	16.0	15.5	15.4
粗死亡率(人口千人あたり)	7.0	7.6	7.9	8.5	9.3	10.2	10.8	11.2	11.2	11.3
合計出生率 (女子1人あたり)	2.30	2.47	2.55	2.59	2.54	2.50	2.46	2.44	2.42	2.40
純再生産率 (女子1人あたり)	1.01	1.11	1.15	1.18	1.17	1.16	1.15	1.15	1.14	1.14

D. 低位予測値

	2015	2020	2025	2030	2035	2040	2045	2050	2055	2060
人口(千人)										
総数	9 754	10 143	10 315	10 340	10 305	10 206	10 018	9 737	9 392	9 005
男	4 856	5 046	5 122	5 119	5 083	5 017	4 912	4 765	4 590	4 394
女	4 898	5 097	5 193	5 221	5 222	5 189	5 106	4 972	4 802	4 610
性比(女100につき男)	99.1	99.0	98.6	98.1	97.4	96.7	96.2	95.9	95.6	95.3
年齢分布(%)										
0－4歳	9.5	7.6	5.7	4.8	4.8	4.9	4.6	4.2	3.8	3.6
5－14歳	12.4	15.2	16.3	13.0	10.4	9.6	9.9	9.8	9.2	8.4
15－24歳	16.6	12.6	11.5	14.7	16.1	13.0	10.5	9.9	10.3	10.4
60歳以上	10.0	12.3	16.1	18.2	19.9	21.1	23.9	27.5	30.5	31.6
65歳以上	5.6	7.4	9.6	13.0	14.6	15.7	16.5	19.1	22.4	25.1
80歳以上	1.3	1.5	1.3	1.1	2.0	2.8	4.0	4.3	4.5	4.8
15－49歳女子(%)	54.8	51.3	49.3	50.7	49.0	45.1	41.6	40.8	41.5	41.7
中位数年齢(歳)	30.9	33.1	35.6	38.2	40.5	41.9	42.7	43.2	44.3	46.6

	2010-2015	2015-2020	2020-2025	2025-2030	2030-2035	2035-2040	2040-2045	2045-2050	2050-2055	2055-2060
年平均人口増加数(千人)	131	78	34	5	－ 7	－ 20	－ 38	－ 56	－ 69	－ 78
年平均出生数(千人)	200	160	123	102	102	103	95	83	73	67
年平均死亡数(千人)	66	75	81	90	103	116	126	133	136	138
人口増加率(%)	1.39	0.78	0.34	0.05	−0.07	−0.19	−0.37	−0.57	−0.72	−0.84
粗出生率(人口千人あたり)	21.2	16.1	12.0	9.9	9.9	10.0	9.4	8.4	7.7	7.3
粗死亡率(人口千人あたり)	7.0	7.6	8.0	8.7	9.9	11.3	12.4	13.4	14.2	15.1
合計出生率 (女子1人あたり)	2.30	1.97	1.75	1.59	1.54	1.50	1.46	1.44	1.42	1.40
純再生産率 (女子1人あたり)	1.01	0.89	0.79	0.73	0.71	0.70	0.68	0.68	0.67	0.66

E. 出生力一定予測値

	2015	2020	2025	2030	2035	2040	2045	2050	2055	2060
人口(千人)										
総数	9 754	10 280	10 647	10 889	11 099	11 319	11 509	11 631	11 707	11 778
男	4 856	5 125	5 310	5 428	5 530	5 642	5 748	5 824	5 881	5 936
女	4 898	5 155	5 337	5 461	5 569	5 677	5 762	5 807	5 826	5 842
中位数年齢(歳)	30.9	32.7	34.7	36.6	37.7	37.3	36.1	36.7	37.6	38.2

	2010-2015	2015-2020	2020-2025	2025-2030	2030-2035	2035-2040	2040-2045	2045-2050	2050-2055	2055-2060
人口増加率(%)	1.39	1.05	0.70	0.45	0.38	0.39	0.33	0.21	0.13	0.12
粗出生率(人口千人あたり)	21.2	18.8	15.6	13.7	13.9	15.0	15.1	14.4	13.7	13.8
粗死亡率(人口千人あたり)	7.0	7.6	7.9	8.5	9.5	10.5	11.2	11.7	11.9	12.0

Bahamas

A. 推 計 値

指　標	1960	1965	1970	1975	1980	1985	1990	1995	2000	2005	2010
人口(千人)											
総数	110	140	169	189	211	235	256	280	298	329	361
男	52	68	84	93	105	116	127	138	145	161	176
女	57	72	85	96	106	118	129	142	153	169	184
性比(女100につき男)	91.7	95.6	98.2	96.3	98.6	98.5	98.4	97.6	95.0	95.4	95.6
年齢分布(%)											
０－４歳	16.0	16.2	13.7	13.4	12.0	12.6	11.1	10.9	9.4	8.3	7.5
５－14歳	26.4	27.1	28.4	27.0	25.0	22.4	21.3	20.5	19.9	17.3	15.1
15－24歳	17.0	16.8	17.4	19.0	22.8	22.1	20.4	18.7	17.2	17.5	17.7
60歳以上	5.7	5.3	5.4	5.8	6.1	6.2	6.5	7.1	8.1	9.4	10.5
65歳以上	3.8	3.4	3.4	3.7	4.2	4.2	4.3	4.6	5.4	6.2	7.0
80歳以上	0.5	0.5	0.5	0.5	0.5	0.6	0.7	0.8	1.0	1.1	1.2
15－49歳女子(%)	46.5	45.2	46.3	48.2	51.6	52.9	54.2	54.2	54.8	55.1	55.3
中位数年齢(歳)	19.3	18.7	19.1	19.7	20.2	21.8	23.6	25.0	27.0	29.1	30.9
人口密度(1k㎡あたり)	11	14	17	19	21	23	26	28	30	33	36

指　標	1960-1965	1965-1970	1970-1975	1975-1980	1980-1985	1985-1990	1990-1995	1995-2000	2000-2005	2005-2010	2010-2015
年平均人口増加数(千人)	6	6	4	4	5	4	5	4	6	6	5
年平均出生数(千人)	4	4	5	5	6	6	6	6	5	5	6
年平均死亡数(千人)	1	1	1	1	1	1	1	2	2	2	2
人口増加率(%)	4.92	3.80	2.18	2.18	2.16	1.77	1.78	1.23	2.00	1.83	1.45
粗出生率(人口千人あたり)	33.6	26.3	27.1	24.9	27.1	24.1	23.6	20.1	15.7	15.8	15.4
粗死亡率(人口千人あたり)	7.7	6.6	6.3	5.9	5.7	5.5	5.5	5.7	5.5	5.8	6.0
合計出生率(女子１人あたり)	4.50	3.58	3.54	2.95	3.05	2.65	2.64	2.33	1.87	1.91	1.89
純再生産率(女子１人あたり)	1.97	1.60	1.60	1.36	1.42	1.24	1.24	1.09	0.88	0.90	0.89
乳児死亡率(出生千人あたり)	48	40	33	27	22	18	16	14	12	10	9
出生時の平均余命(歳)											
男	61.5	62.8	63.9	65.0	65.9	66.8	67.7	68.4	70.0	71.2	72.0
女	65.8	67.6	69.3	70.9	72.3	73.6	74.5	74.9	76.2	77.3	78.1
男女計	63.7	65.2	66.6	67.9	69.1	70.2	71.1	71.7	73.2	74.3	75.1

B. 中 位 予 測 値

指　標	2015	2020	2025	2030	2035	2040	2045	2050	2055	2060
人口(千人)										
総数	388	410	429	446	460	471	480	489	495	500
男	190	201	210	219	225	231	236	240	244	247
女	198	209	219	227	234	240	244	248	251	253
性比(女100につき男)	95.9	96.1	96.1	96.2	96.2	96.3	96.5	96.8	97.3	97.8
年齢分布(%)										
０－４歳	7.5	7.1	6.7	6.2	5.8	5.5	5.5	5.5	5.4	5.3
５－14歳	13.4	13.8	13.6	13.1	12.4	11.7	11.1	10.8	10.8	10.8
15－24歳	16.7	13.9	12.6	13.1	13.2	12.8	12.3	11.7	11.1	11.0
60歳以上	12.5	15.1	17.9	20.1	22.2	23.5	25.4	27.1	29.1	30.3
65歳以上	8.3	10.1	12.3	14.8	16.6	18.4	19.4	20.9	22.4	24.2
80歳以上	1.5	2.0	2.4	3.0	3.8	4.8	6.0	6.7	7.4	7.7
６－11歳	8.1	8.4	8.2	7.8	7.4	6.9	6.6	6.5	6.5	6.5
12－14歳	3.9	3.9	4.1	4.0	3.8	3.6	3.4	3.2	3.2	3.3
15－17歳	4.5	3.6	3.9	4.0	3.9	3.7	3.5	3.3	3.2	3.2
18－23歳	10.4	8.6	7.3	7.8	8.0	7.7	7.5	7.1	6.7	6.6
15－24歳女子(%)	53.4	50.7	48.6	47.8	46.3	44.8	42.9	41.7	41.4	41.0
中位数年齢(歳)	32.4	34.1	35.8	37.6	39.4	40.7	41.4	42.0	42.7	43.5
人口密度(1k㎡あたり)	39	41	43	45	46	47	48	49	49	50

指　標	2010-2015	2015-2020	2020-2025	2025-2030	2030-2035	2035-2040	2040-2045	2045-2050	2050-2055	2055-2060
年平均人口増加数(千人)	5	4	4	3	3	2	2	2	1	1
年平均出生数(千人)	6	6	6	6	5	5	5	5	5	5
年平均死亡数(千人)	2	3	3	3	4	4	4	5	5	5
年平均純移動数(千人)	2	1	1	1	1	1	1	1	1	1
人口増加率(%)	1.45	1.08	0.93	0.77	0.61	0.48	0.40	0.34	0.26	0.19
粗出生率(人口千人あたり)	15.4	14.6	13.7	12.7	11.8	11.2	11.0	11.0	10.9	10.5
粗死亡率(人口千人あたり)	6.0	6.5	6.9	7.5	8.0	8.7	9.3	9.9	10.3	10.5
純移動率(人口千人あたり)	5.2	2.7	2.6	2.5	2.4	2.3	2.3	2.2	2.1	1.9
合計出生率（女子１人あたり）	1.89	1.83	1.79	1.77	1.76	1.75	1.75	1.75	1.75	1.76
純再生産率（女子１人あたり）	0.89	0.87	0.85	0.84	0.84	0.83	0.84	0.84	0.84	0.84
乳児死亡率（出生千人あたり）	9	8	7	6	6	5	5	4	4	4
５歳未満の死亡数(出生千人あたり	13	11	10	9	8	8	7	6	6	5
出生時の平均余命(歳)										
男	72.0	72.9	73.8	74.7	75.6	76.6	77.6	78.6	79.6	80.6
女	78.1	78.9	79.6	80.3	81.0	81.7	82.3	83.0	83.6	84.2
男女計	75.1	76.0	76.8	77.6	78.4	79.2	80.0	80.8	81.6	82.4

C. 高 位 予 測 値

	2015	2020	2025	2030	2035	2040	2045	2050	2055	2060
人口(千人)										
総数	388	414	439	464	485	504	523	542	562	581
男	190	203	216	228	239	248	258	268	278	289
女	198	211	224	236	247	256	265	274	284	292
性比(女100につき男)	95.9	96.0	95.9	95.8	95.7	95.6	95.7	95.9	96.2	96.6
年齢分布(%)										
0－4歳	7.5	8.0	8.0	7.7	7.1	6.8	6.8	7.0	7.2	7.1
5－14歳	13.4	13.6	14.2	14.8	14.6	13.9	13.1	12.9	13.2	13.5
15－24歳	16.7	13.8	12.3	12.6	13.3	14.0	14.0	13.3	12.6	12.4
60歳以上	12.5	14.9	17.5	19.3	21.0	22.0	23.3	24.5	25.6	26.1
65歳以上	8.3	10.0	12.0	14.2	15.7	17.2	17.8	18.8	19.8	20.8
80歳以上	1.5	1.9	2.3	2.9	3.6	4.5	5.5	6.0	6.5	6.6
15－49歳女子(%)	53.4	50.3	47.5	46.0	44.7	43.9	42.9	42.2	42.4	42.4
中位数年齢(歳)	32.4	33.8	35.1	36.4	37.4	37.9	37.8	37.7	37.8	38.1

	2010-2015	2015-2020	2020-2025	2025-2030	2030-2035	2035-2040	2040-2045	2045-2050	2050-2055	2055-2060
年平均人口増加数(千人)	5	5	5	5	4	4	4	4	4	4
年平均出生数(千人)	6	7	7	7	7	7	7	8	8	8
年平均死亡数(千人)	2	3	3	3	4	4	4	5	5	5
人口増加率(%)	1.45	1.28	1.21	1.09	0.90	0.77	0.72	0.72	0.71	0.68
粗出生率(人口千人あたり)	15.4	16.5	16.5	15.7	14.4	13.7	13.8	14.3	14.5	14.4
粗死亡率(人口千人あたり)	6.0	6.4	6.8	7.3	7.7	8.2	8.7	9.0	9.2	9.3
合計出生率（女子1人あたり）	1.89	2.08	2.19	2.27	2.26	2.25	2.25	2.25	2.25	2.26
純再生産率（女子1人あたり）	0.89	0.99	1.04	1.08	1.08	1.07	1.07	1.08	1.08	1.08

D. 低 位 予 測 値

	2015	2020	2025	2030	2035	2040	2045	2050	2055	2060
人口(千人)										
総数	388	406	419	428	434	438	439	438	433	427
男	190	199	205	209	212	214	215	214	212	210
女	198	207	214	219	222	224	224	223	221	217
性比(女100につき男)	95.9	96.0	95.9	95.8	95.7	95.6	95.7	95.9	96.2	96.6
年齢分布(%)										
0－4歳	7.5	6.2	5.4	4.7	4.4	4.2	4.1	4.0	3.7	3.5
5－14歳	13.4	13.9	13.0	11.2	9.9	9.0	8.6	8.4	8.2	7.9
15－24歳	16.7	14.0	12.9	13.7	13.0	11.4	10.2	9.5	9.2	9.1
60歳以上	12.5	15.2	18.4	20.9	23.5	25.3	27.8	30.3	33.2	35.5
65歳以上	8.3	10.2	12.6	15.4	17.6	19.8	21.2	23.4	25.6	28.3
80歳以上	1.5	2.0	2.4	3.1	4.0	5.2	6.6	7.5	8.4	9.0
15－49歳女子(%)	53.4	51.2	49.7	49.7	48.0	45.8	42.9	40.8	39.8	38.4
中位数年齢(歳)	32.4	34.4	36.6	38.9	41.2	43.3	45.1	46.3	47.7	49.2

	2010-2015	2015-2020	2020-2025	2025-2030	2030-2035	2035-2040	2040-2045	2045-2050	2050-2055	2055-2060
年平均人口増加数(千人)	5	4	3	2	1	1	0	0	－1	－1
年平均出生数(千人)	6	5	4	4	4	4	4	3	3	3
年平均死亡数(千人)	2	3	3	3	4	4	4	5	5	5
人口増加率(%)	1.45	0.89	0.64	0.43	0.29	0.16	0.05	−0.06	−0.19	−0.31
粗出生率(人口千人あたり)	15.4	12.7	10.8	9.4	8.8	8.4	8.1	7.8	7.3	6.8
粗死亡率(人口千人あたり)	6.0	6.5	7.0	7.7	8.4	9.2	10.1	10.8	11.5	12.1
合計出生率（女子1人あたり）	1.89	1.58	1.39	1.27	1.26	1.25	1.25	1.25	1.25	1.26
純再生産率（女子1人あたり）	0.89	0.75	0.66	0.61	0.60	0.60	0.60	0.60	0.60	0.60

E. 出生力一定予測値

	2015	2020	2025	2030	2035	2040	2045	2050	2055	2060
人口(千人)										
総数	388	411	431	449	465	478	490	501	510	517
男	190	201	211	220	228	235	241	247	252	256
女	198	209	220	229	237	243	249	254	258	261
中位数年齢(歳)	32.4	34.1	35.7	37.4	39.0	40.2	40.5	41.0	41.6	42.2

	2010-2015	2015-2020	2020-2025	2025-2030	2030-2035	2035-2040	2040-2045	2045-2050	2050-2055	2055-2060
人口増加率(%)	1.45	1.13	0.98	0.82	0.68	0.57	0.49	0.43	0.36	0.29
粗出生率(人口千人あたり)	15.4	15.0	14.2	13.2	12.4	12.0	11.9	11.8	11.6	11.3
粗死亡率(人口千人あたり)	6.0	6.5	6.9	7.4	8.0	8.6	9.2	9.7	10.0	10.2

Bahrain

A. 推 計 値

指　標	1960	1965	1970	1975	1980	1985	1990	1995	2000	2005	2010
人口（千人）											
総数	163	187	213	267	360	419	496	564	667	867	1 261
男	87	102	115	149	210	240	286	325	381	521	787
女	75	85	98	118	150	180	210	239	286	346	474
性比（女100につき男）	115.3	120.7	117.5	126.7	140.7	133.4	136.4	135.8	133.6	150.5	165.9
年齢分布（%）											
０－４歳	17.0	16.9	16.7	15.0	13.9	14.0	13.3	10.9	10.9	9.3	7.1
５－14歳	24.2	30.1	28.0	24.5	20.7	19.6	19.4	19.4	19.8	17.5	12.6
15－24歳	17.6	18.3	17.8	23.1	22.1	16.1	16.4	16.5	16.2	17.0	15.1
60歳以上	4.7	2.7	4.3	3.8	3.7	4.0	3.7	3.9	3.8	3.5	3.5
65歳以上	3.0	1.7	2.7	2.5	2.1	2.6	2.2	2.4	2.4	2.3	2.0
80歳以上	0.2	0.3	0.4	0.3	0.2	0.3	0.3	0.3	0.4	0.3	0.3
15－49歳女子（%）	45.9	42.5	42.6	46.7	50.4	52.9	53.8	56.2	56.6	57.5	63.2
中位数年齢（歳）	19.6	16.8	17.5	19.3	22.3	25.1	25.4	26.4	26.5	27.7	30.4
人口密度（1k㎡あたり）	214	247	280	351	474	552	653	742	877	1 141	1 660

指　標	1960-1965	1965-1970	1970-1975	1975-1980	1980-1985	1985-1990	1990-1995	1995-2000	2000-2005	2005-2010	2010-2015
年平均人口増加数（千人）	5	5	11	19	12	15	14	21	40	79	23
年平均出生数（千人）	8	8	8	10	13	14	14	14	15	18	20
年平均死亡数（千人）	2	2	2	1	2	2	2	2	2	3	3
人口増加率（%）	2.85	2.58	4.49	6.00	3.06	3.35	2.56	3.36	5.25	7.50	1.76
粗出生率（人口千人あたり）	45.6	41.5	35.2	33.0	33.0	31.4	26.7	22.5	20.0	17.0	15.4
粗死亡率（人口千人あたり）	12.2	8.6	6.4	4.8	4.1	3.6	3.2	3.0	2.7	2.4	2.3
合計出生率（女子１人あたり）	7.18	6.97	5.95	5.23	4.63	4.08	3.40	2.87	2.67	2.23	2.10
純再生産率（女子１人あたり）	2.85	2.99	2.67	2.42	2.18	1.93	1.63	1.37	1.29	1.08	1.01
乳児死亡率（出生千人あたり）	105	71	47	32	23	19	15	12	10	8	7
出生時の平均余命（歳）											
男	52.7	59.0	63.6	67.0	69.4	70.8	72.0	73.2	74.2	74.9	75.6
女	58.5	63.8	67.7	70.3	72.1	73.2	74.1	75.1	75.9	76.7	77.4
男女計	55.3	61.1	65.4	68.4	70.5	71.8	72.9	74.0	75.0	75.7	76.4

B. 中 位 予 測 値

指　標	2015	2020	2025	2030	2035	2040	2045	2050	2055	2060
人口（千人）										
総数	1 377	1 486	1 571	1 642	1 705	1 759	1 797	1 822	1 834	1 834
男	854	921	968	1 005	1 038	1 065	1 081	1 091	1 093	1 089
女	524	565	603	637	667	694	715	731	741	745
性比（女100につき男）	163.0	162.8	160.5	157.8	155.5	153.6	151.2	149.3	147.6	146.2
年齢分布（%）										
０－４歳	7.9	6.2	5.6	5.1	4.9	4.7	4.6	4.4	4.3	4.2
５－14歳	13.6	14.0	12.8	10.9	10.0	9.5	9.3	9.1	8.8	8.6
15－24歳	15.2	14.0	13.3	14.0	12.9	11.0	10.3	10.0	9.8	9.7
60歳以上	3.9	5.8	8.2	10.8	14.0	16.9	20.5	23.7	26.8	29.3
65歳以上	2.4	2.9	4.6	6.7	8.9	11.7	14.1	17.2	19.9	22.6
80歳以上	0.3	0.4	0.5	0.6	0.8	1.6	2.4	3.3	4.4	5.4
６－11歳	8.3	8.7	7.5	6.4	6.0	5.7	5.6	5.4	5.3	5.2
12－14歳	3.7	3.9	4.2	3.5	3.1	2.9	2.8	2.7	2.7	2.6
15－17歳	3.7	3.5	3.9	3.9	3.1	2.9	2.8	2.7	2.7	2.6
18－23歳	9.4	8.6	7.9	8.6	8.2	6.7	6.3	6.1	6.0	5.9
15－24歳女子（%）	59.1	56.9	55.4	54.3	51.0	47.9	46.4	45.6	44.6	43.2
中位数年齢（歳）	30.3	31.5	33.5	35.6	37.4	39.3	40.7	42.2	43.7	45.1
人口密度（1k㎡あたり）	1 812	1 955	2 067	2 160	2 243	2 314	2 364	2 397	2 413	2 414

指　標	2010-2015	2015-2020	2020-2025	2025-2030	2030-2035	2035-2040	2040-2045	2045-2050	2050-2055	2055-2060
年平均人口増加数（千人）	23	22	17	14	13	11	8	5	2	0
年平均出生数（千人）	20	19	18	17	17	17	17	16	16	15
年平均死亡数（千人）	3	4	4	5	7	9	11	13	15	17
年平均純移動数（千人）	6	7	4	3	3	3	2	2	2	1
人口増加率（%）	1.76	1.52	1.11	0.89	0.76	0.62	0.42	0.28	0.13	0.00
粗出生率（人口千人あたり）	15.4	13.1	11.5	10.6	10.1	9.7	9.3	8.9	8.6	8.3
粗死亡率（人口千人あたり）	2.3	2.5	2.8	3.3	4.0	4.9	5.9	7.0	8.1	9.1
純移動率（人口千人あたり）	4.5	4.6	2.4	1.6	1.6	1.5	0.9	0.9	0.8	0.8
合計出生率（女子１人あたり）	2.10	1.98	1.88	1.79	1.73	1.70	1.68	1.67	1.67	1.68
純再生産率（女子１人あたり）	1.01	0.96	0.91	0.87	0.84	0.82	0.82	0.81	0.81	0.82
乳児死亡率（出生千人あたり）	7	6	5	5	4	4	3	3	3	3
５歳未満の死亡数（出生千人あた	9	8	7	6	6	5	5	4	4	4
出生時の平均余命（歳）										
男	75.6	76.2	76.9	77.6	78.3	79.1	79.8	80.6	81.3	82.2
女	77.4	78.1	78.8	79.5	80.1	80.7	81.3	81.9	82.4	82.9
男女計	76.4	77.1	77.7	78.4	79.1	79.8	80.5	81.2	81.8	82.5

C. 高位予測値

	2015	2020	2025	2030	2035	2040	2045	2050	2055	2060
人口(千人)										
総数	1 377	1 498	1 601	1 695	1 783	1 863	1 931	1 991	2 043	2 086
男	854	927	983	1 032	1 077	1 118	1 150	1 177	1 200	1 218
女	524	571	618	663	706	745	781	814	843	869
性比(女100につき男)	163.0	163.4	161.9	160.2	158.7	157.5	155.9	154.8	154.1	153.7
年齢分布(%)										
0－4歳	7.9	7.0	6.6	6.4	6.1	5.9	5.8	5.8	5.8	5.7
5－14歳	13.6	13.9	13.3	12.4	12.0	11.6	11.2	11.1	11.1	11.2
15－24歳	15.2	13.8	13.1	13.5	13.0	12.0	11.8	11.5	11.3	11.2
60歳以上	3.9	5.8	8.0	10.5	13.4	15.9	19.1	21.7	24.0	25.8
65歳以上	2.4	2.8	4.5	6.5	8.5	11.0	13.1	15.7	17.9	19.9
80歳以上	0.3	0.4	0.5	0.6	0.8	1.5	2.3	3.0	4.0	4.8
15－49歳女子(%)	59.1	56.3	54.1	52.1	49.0	46.6	45.9	45.6	45.3	44.6
中位数年齢(歳)	30.3	31.3	33.1	34.8	36.2	37.5	38.5	39.4	40.2	40.6

	2010-2015	2015-2020	2020-2025	2025-2030	2030-2035	2035-2040	2040-2045	2045-2050	2050-2055	2055-2060
年平均人口増加数(千人)	23	24	21	19	18	16	14	12	10	9
年平均出生数(千人)	20	21	21	22	22	22	23	23	24	24
年平均死亡数(千人)	3	4	4	5	7	9	11	13	15	17
人口増加率(%)	1.76	1.68	1.33	1.15	1.01	0.88	0.71	0.61	0.51	0.42
粗出生率(人口千人あたり)	15.4	14.7	13.8	13.2	12.5	12.1	11.9	11.8	11.7	11.7
粗死亡率(人口千人あたり)	2.3	2.5	2.8	3.3	3.9	4.7	5.6	6.5	7.4	8.1
合計出生率（女子1人あたり）	2.10	2.23	2.28	2.29	2.23	2.20	2.18	2.17	2.17	2.18
純再生産率（女子1人あたり）	1.01	1.08	1.10	1.11	1.08	1.07	1.06	1.06	1.06	1.06

D. 低位予測値

	2015	2020	2025	2030	2035	2040	2045	2050	2055	2060
人口(千人)										
総数	1 377	1 474	1 540	1 588	1 627	1 655	1 666	1 661	1 641	1 608
男	854	915	952	978	998	1 013	1 015	1 009	995	974
女	524	560	588	610	629	643	651	652	646	634
性比(女100につき男)	163.0	163.4	161.9	160.2	158.7	157.5	155.9	154.8	154.1	153.7
年齢分布(%)										
0－4歳	7.9	5.5	4.5	3.8	3.7	3.5	3.3	3.0	2.8	2.6
5－14歳	13.6	14.1	12.3	9.4	7.9	7.2	7.0	6.7	6.4	6.0
15－24歳	15.2	14.1	13.6	14.5	12.8	9.9	8.6	8.1	7.9	7.7
60歳以上	3.9	5.8	8.4	11.2	14.7	17.9	22.1	26.0	29.9	33.5
65歳以上	2.4	2.9	4.7	6.9	9.4	12.4	15.2	18.8	22.2	25.8
80歳以上	0.3	0.4	0.5	0.6	0.8	1.7	2.6	3.6	5.0	6.2
15－49歳女子(%)	59.1	57.5	56.8	56.7	53.2	49.4	47.0	45.2	43.3	40.7
中位数年齢(歳)	30.3	31.6	34.0	36.4	38.5	40.9	43.0	44.9	47.1	49.2

	2010-2015	2015-2020	2020-2025	2025-2030	2030-2035	2035-2040	2040-2045	2045-2050	2050-2055	2055-2060
年平均人口増加数(千人)	23	19	13	10	8	6	2	－1	－4	－7
年平均出生数(千人)	20	16	14	12	12	12	11	10	9	8
年平均死亡数(千人)	3	4	4	5	7	8	11	13	15	17
人口増加率(%)	1.76	1.36	0.87	0.61	0.49	0.35	0.12	-0.05	-0.24	-0.41
粗出生率(人口千人あたり)	15.4	11.5	9.2	7.8	7.4	7.1	6.6	6.1	5.6	5.2
粗死亡率(人口千人あたり)	2.3	2.5	2.8	3.4	4.2	5.2	6.3	7.6	8.9	10.2
合計出生率（女子1人あたり）	2.10	1.73	1.48	1.29	1.23	1.20	1.18	1.17	1.17	1.18
純再生産率（女子1人あたり）	1.01	0.84	0.71	0.63	0.60	0.58	0.57	0.57	0.57	0.57

E. 出生力一定予測値

	2015	2020	2025	2030	2035	2040	2045	2050	2055	2060
人口(千人)										
総数	1 377	1 493	1 588	1 672	1 753	1 828	1 890	1 942	1 984	2 016
男	854	924	976	1 021	1 062	1 100	1 129	1 152	1 170	1 182
女	524	569	611	652	691	727	761	790	814	834
中位数年齢(歳)	30.3	31.4	33.3	35.1	36.7	38.1	39.1	40.2	41.2	41.8

	2010-2015	2015-2020	2020-2025	2025-2030	2030-2035	2035-2040	2040-2045	2045-2050	2050-2055	2055-2060
人口増加率(%)	1.76	1.61	1.24	1.04	0.94	0.84	0.67	0.55	0.42	0.32
粗出生率(人口千人あたり)	15.4	14.0	12.8	12.1	11.8	11.7	11.5	11.3	11.0	10.9
粗死亡率(人口千人あたり)	2.3	2.5	2.8	3.3	4.0	4.8	5.7	6.7	7.6	8.4

Bangladesh

A. 推 計 値

指　標	1960	1965	1970	1975	1980	1985	1990	1995	2000	2005	2010
人口(千人)											
総数	48 201	55 835	65 049	71 247	81 364	93 015	105 983	118 428	131 281	142 930	151 617
男	24 912	28 716	33 345	36 382	41 493	47 572	54 175	60 475	67 000	72 793	76 666
女	23 288	27 119	31 704	34 865	39 872	45 443	51 808	57 953	64 280	70 137	74 951
性比(女100につき男)	107.0	105.9	105.2	104.4	104.1	104.7	104.6	104.4	104.2	103.8	102.3
年齢分布(％)											
０－４歳	17.6	18.3	18.4	17.4	17.5	16.9	15.5	14.0	12.8	11.7	10.4
５－14歳	24.3	24.9	26.5	27.8	27.3	27.0	26.8	25.9	24.3	22.8	21.7
15－24歳	18.8	18.1	17.3	16.0	19.0	20.8	20.6	20.5	21.0	20.8	20.1
60歳以上	4.7	4.7	4.8	5.2	5.1	5.0	5.1	5.4	6.0	6.6	6.9
65歳以上	2.7	2.7	2.7	3.0	3.1	3.0	3.1	3.4	3.8	4.3	4.7
80歳以上	0.2	0.2	0.2	0.2	0.2	0.2	0.2	0.3	0.4	0.6	0.8
15－49歳女子(％)	47.2	46.0	44.6	43.9	44.4	45.6	46.8	48.6	51.0	53.7	55.6
中位数年齢(歳)	19.1	18.5	17.8	17.6	17.3	17.7	18.6	19.5	20.9	22.4	23.9
人口密度(1k㎡あたり)	370	429	500	547	625	715	814	910	1 009	1 098	1 165

指　標	1960-1965	1965-1970	1970-1975	1975-1980	1980-1985	1985-1990	1990-1995	1995-2000	2000-2005	2005-2010	2010-2015
年平均人口増加数(千人)	1 527	1 843	1 240	2 023	2 330	2 594	2 489	2 571	2 330	1 737	1 876
年平均出生数(千人)	2 553	2 934	3 192	3 407	3 676	3 765	3 704	3 661	3 562	3 315	3 181
年平均死亡数(千人)	998	1 059	1 347	1 163	1 178	1 128	1 045	939	892	864	860
人口増加率(％)	2.94	3.06	1.82	2.66	2.68	2.61	2.22	2.06	1.70	1.18	1.20
粗出生率(人口千人あたり)	49.1	48.5	46.8	44.6	42.2	37.8	33.0	29.3	26.0	22.5	20.4
粗死亡率(人口千人あたり)	19.2	17.5	19.8	15.2	13.5	11.3	9.3	7.5	6.5	5.9	5.5
合計出生率(女子１人あたり)	6.80	6.92	6.91	6.63	5.98	4.98	4.06	3.43	2.93	2.48	2.23
純再生産率(女子１人あたり)	2.31	2.43	2.23	2.42	2.25	1.96	1.67	1.46	1.29	1.12	1.03
乳児死亡率(出生千人あたり)	166	152	183	140	126	109	90	73	56	43	33
出生時の平均余命(歳)											
男	46.9	49.1	46.3	52.0	54.1	56.7	59.6	63.6	66.2	68.2	69.9
女	47.5	49.6	46.3	52.4	54.5	57.3	60.4	64.0	67.3	70.0	72.3
男女計	47.2	49.3	46.3	52.2	54.3	57.0	60.0	63.8	66.7	69.0	71.0

B. 中 位 予 測 値

指　標	2015	2020	2025	2030	2035	2040	2045	2050	2055	2060
人口(千人)										
総数	160 996	170 467	179 063	186 460	192 500	197 134	200 381	202 209	202 703	201 942
男	81 277	85 939	90 134	93 712	96 603	98 793	100 304	101 133	101 330	100 947
女	79 719	84 527	88 930	92 748	95 897	98 341	100 076	101 076	101 373	100 995
性比(女100につき男)	102.0	101.7	101.4	101.0	100.7	100.5	100.2	100.1	100.0	100.0
年齢分布(％)										
０－４歳	9.5	8.8	8.0	7.3	6.7	6.2	5.8	5.5	5.2	5.0
５－14歳	19.9	18.1	16.8	15.7	14.5	13.4	12.4	11.7	11.1	10.7
15－24歳	19.5	18.8	17.5	16.1	15.3	14.5	13.6	12.7	12.0	11.4
60歳以上	7.0	7.8	9.5	11.5	13.6	16.1	18.8	21.5	24.1	26.7
65歳以上	5.0	5.1	5.9	7.4	9.2	11.0	13.2	15.5	17.9	20.1
80歳以上	0.9	1.1	1.3	1.4	1.5	2.0	2.7	3.6	4.5	5.5
６－11歳	11.9	10.8	10.1	9.4	8.6	7.9	7.4	7.0	6.6	6.4
12－14歳	6.1	5.5	5.1	4.8	4.5	4.2	3.9	3.6	3.4	3.3
15－17歳	6.1	5.7	5.1	4.8	4.6	4.3	4.0	3.7	3.5	3.4
18－23歳	11.6	11.3	10.6	9.7	9.2	8.7	8.2	7.7	7.2	6.9
15－24歳女子(％)	56.5	56.6	56.1	54.8	53.1	51.2	49.3	47.1	45.0	43.3
中位数年齢(歳)	25.6	27.5	29.4	31.5	33.6	35.8	37.8	39.6	41.3	42.9
人口密度(1k㎡あたり)	1 237	1 310	1 376	1 432	1 479	1 514	1 539	1 553	1 557	1 551

指　標	2010-2015	2015-2020	2020-2025	2025-2030	2030-2035	2035-2040	2040-2045	2045-2050	2050-2055	2055-2060
年平均人口増加数(千人)	1 876	1 894	1 719	1 479	1 208	927	649	366	99	－ 152
年平均出生数(千人)	3 181	3 088	2 948	2 780	2 611	2 470	2 352	2 248	2 146	2 051
年平均死亡数(千人)	860	871	912	991	1 106	1 247	1 406	1 585	1 766	1 936
年平均純移動数(千人)	−445	−323	−317	−310	−297	−297	−297	−297	−282	−267
人口増加率(％)	1.20	1.14	0.98	0.81	0.64	0.48	0.33	0.18	0.05	−0.08
粗出生率(人口千人あたり)	20.4	18.6	16.9	15.2	13.8	12.7	11.8	11.2	10.6	10.1
粗死亡率(人口千人あたり)	5.5	5.3	5.2	5.4	5.8	6.4	7.1	7.9	8.7	9.6
純移動率(人口千人あたり)	−2.8	−1.9	−1.8	−1.7	−1.6	−1.5	−1.5	−1.5	−1.4	−1.3
合計出生率（女子１人あたり）	2.23	2.08	1.95	1.84	1.76	1.71	1.68	1.67	1.67	1.68
純再生産率（女子１人あたり）	1.03	0.97	0.92	0.87	0.84	0.82	0.80	0.80	0.80	0.80
乳児死亡率（出生千人あたり）	33	26	20	17	15	13	12	11	10	9
５歳未満の死亡数(出生千人あたり	41	32	26	21	19	17	15	13	12	11
出生時の平均余命(歳)										
男	69.9	71.6	73.0	74.2	75.1	75.9	76.7	77.4	78.2	79.0
女	72.3	74.3	75.8	77.0	77.9	78.7	79.4	80.0	80.6	81.2
男女計	71.0	72.9	74.4	75.5	76.5	77.3	78.0	78.7	79.4	80.1

C. 高位予測値

	2015	2020	2025	2030	2035	2040	2045	2050	2055	2060
人口(千人)										
総数	160 996	172 274	183 826	194 910	204 741	213 675	222 049	229 813	236 815	242 951
男	81 277	86 862	92 566	98 027	102 853	107 238	111 367	115 226	118 746	121 885
女	79 719	85 412	91 260	96 883	101 888	106 437	110 682	114 587	118 069	121 066
性比(女100につき男)	102.0	101.6	101.3	100.9	100.5	100.1	99.8	99.5	99.2	99.1
年齢分布(%)										
0－4歳	9.5	9.8	9.5	8.9	8.1	7.7	7.6	7.4	7.3	7.1
5－14歳	19.9	17.9	17.4	17.4	16.9	15.8	14.9	14.4	14.2	14.1
15－24歳	19.5	18.6	17.0	15.4	15.2	15.6	15.2	14.4	13.7	13.4
60歳以上	7.0	7.7	9.2	11.0	12.8	14.8	17.0	18.9	20.6	22.2
65歳以上	5.0	5.0	5.7	7.1	8.7	10.1	11.9	13.7	15.3	16.7
80歳以上	0.9	1.1	1.2	1.4	1.4	1.8	2.5	3.2	3.8	4.6
15－49歳女子(%)	56.5	56.0	54.7	52.5	50.8	49.5	48.3	46.8	45.5	44.8
中位数年齢(歳)	25.6	27.2	28.6	30.1	31.7	33.0	34.0	34.8	35.7	36.7

	2010-2015	2015-2020	2020-2025	2025-2030	2030-2035	2035-2040	2040-2045	2045-2050	2050-2055	2055-2060
年平均人口増加数(千人)	1 876	2 256	2 310	2 217	1 966	1 787	1 675	1 553	1 400	1 227
年平均出生数(千人)	3 181	3 460	3 555	3 535	3 386	3 349	3 399	3 459	3 475	3 460
年平均死亡数(千人)	860	881	928	1 008	1 123	1 265	1 427	1 609	1 793	1 966
人口増加率(%)	1.20	1.35	1.30	1.17	0.98	0.85	0.77	0.69	0.60	0.51
粗出生率(人口千人あたり)	20.4	20.8	20.0	18.7	16.9	16.0	15.6	15.3	14.9	14.4
粗死亡率(人口千人あたり)	5.5	5.3	5.2	5.3	5.6	6.0	6.6	7.1	7.7	8.2
合計出生率（女子１人あたり）	2.23	2.33	2.35	2.34	2.26	2.21	2.18	2.17	2.17	2.18
純再生産率（女子１人あたり）	1.03	1.09	1.11	1.11	1.08	1.06	1.04	1.04	1.04	1.04

D. 低位予測値

	2015	2020	2025	2030	2035	2040	2045	2050	2055	2060
人口(千人)										
総数	160 996	168 659	174 301	178 010	180 336	181 021	179 924	177 042	172 608	166 841
男	81 277	85 016	87 702	89 397	90 392	90 566	89 861	88 285	85 967	83 028
女	79 719	83 643	86 599	88 613	89 944	90 455	90 063	88 757	86 642	83 813
性比(女100につき男)	102.0	101.6	101.3	100.9	100.5	100.1	99.8	99.5	99.2	99.1
年齢分布(%)										
0－4歳	9.5	7.8	6.6	5.6	5.0	4.5	4.0	3.6	3.3	3.0
5－14歳	19.9	18.3	16.3	13.8	11.8	10.5	9.6	8.7	7.8	7.1
15－24歳	19.5	19.0	17.9	16.9	15.3	13.1	11.4	10.3	9.6	8.9
60歳以上	7.0	7.9	9.7	12.1	14.5	17.5	21.0	24.6	28.3	32.3
65歳以上	5.0	5.2	6.0	7.7	9.8	12.0	14.7	17.7	21.0	24.4
80歳以上	0.9	1.1	1.3	1.5	1.6	2.1	3.0	4.1	5.2	6.7
15－49歳女子(%)	56.5	57.2	57.6	57.3	55.6	53.2	50.2	47.0	43.6	40.3
中位数年齢(歳)	25.6	27.8	30.2	32.9	35.6	38.4	41.3	44.1	46.7	49.4

	2010-2015	2015-2020	2020-2025	2025-2030	2030-2035	2035-2040	2040-2045	2045-2050	2050-2055	2055-2060
年平均人口増加数(千人)	1 876	1 533	1 128	742	465	137	－ 219	－ 576	－ 887	－1 153
年平均出生数(千人)	3 181	2 716	2 342	2 026	1 851	1 663	1 464	1 285	1 139	1 025
年平均死亡数(千人)	860	860	897	974	1 089	1 229	1 387	1 565	1 743	1 912
人口増加率(%)	1.20	0.93	0.66	0.42	0.26	0.08	−0.12	−0.32	−0.51	−0.68
粗出生率(人口千人あたり)	20.4	16.5	13.7	11.5	10.3	9.2	8.1	7.2	6.5	6.0
粗死亡率(人口千人あたり)	5.5	5.2	5.2	5.5	6.1	6.8	7.7	8.8	10.0	11.3
合計出生率（女子１人あたり）	2.23	1.83	1.55	1.34	1.26	1.21	1.18	1.17	1.17	1.18
純再生産率（女子１人あたり）	1.03	0.86	0.73	0.64	0.60	0.58	0.56	0.56	0.56	0.56

E. 出生力一定予測値

	2015	2020	2025	2030	2035	2040	2045	2050	2055	2060
人口(千人)										
総数	160 996	171 530	182 193	192 435	201 969	210 798	219 034	226 581	233 413	239 538
男	81 277	86 482	91 732	96 764	101 438	105 770	109 829	113 577	117 011	120 145
女	79 719	85 048	90 461	95 672	100 531	105 028	109 205	113 004	116 402	119 392
中位数年齢(歳)	25.6	27.3	28.9	30.5	32.1	33.5	34.5	35.3	36.1	36.8

	2010-2015	2015-2020	2020-2025	2025-2030	2030-2035	2035-2040	2040-2045	2045-2050	2050-2055	2055-2060
人口増加率(%)	1.20	1.27	1.21	1.09	0.97	0.86	0.77	0.68	0.59	0.52
粗出生率(人口千人あたり)	20.4	19.9	19.1	18.0	16.9	16.1	15.7	15.3	15.0	14.6
粗死亡率(人口千人あたり)	5.5	5.3	5.2	5.4	5.7	6.1	6.6	7.2	7.8	8.3

Barbados

A. 推 計 値

指　標	1960	1965	1970	1975	1980	1985	1990	1995	2000	2005	2010
人口(千人)											
総数	231	235	239	246	252	256	260	265	270	274	280
男	103	108	112	118	120	122	125	127	130	132	134
女	127	127	127	128	133	134	135	137	140	142	145
性比(女100につき男)	81.2	85.2	88.7	91.6	90.3	91.5	92.8	92.7	92.5	92.3	92.2
年齢分布(%)											
０－４歳	14.0	13.8	11.0	8.9	8.7	8.3	7.9	7.4	6.9	6.6	6.3
５－14歳	24.1	25.2	26.1	22.6	21.1	18.5	16.2	15.4	15.0	14.1	13.6
15－24歳	15.5	16.3	19.2	21.0	21.6	20.7	19.3	16.5	14.7	14.2	13.4
60歳以上	10.1	11.1	12.2	13.7	14.1	13.5	13.5	13.9	15.1	15.5	17.3
65歳以上	6.8	7.2	8.3	9.9	10.5	10.3	10.1	10.7	11.5	11.7	12.5
80歳以上	1.1	1.1	1.2	1.2	1.8	2.0	2.2	2.7	2.9	3.0	3.2
15－49歳女子(%)	43.1	41.1	41.8	47.0	48.0	51.4	54.1	54.4	52.8	51.5	48.8
中位数年齢(歳)	22.4	20.7	21.2	23.7	24.3	26.3	28.3	31.1	33.5	35.2	37.0
人口密度(1k㎡あたり)	537	547	555	572	587	595	606	616	628	637	650

指　標	1960-1965	1965-1970	1970-1975	1975-1980	1980-1985	1985-1990	1990-1995	1995-2000	2000-2005	2005-2010	2010-2015
年平均人口増加数(千人)	1	1	1	1	1	1	1	1	1	1	1
年平均出生数(千人)	7	6	5	4	4	4	4	4	4	4	3
年平均死亡数(千人)	3	3	2	3	3	3	3	3	3	3	3
人口増加率(%)	0.38	0.29	0.59	0.50	0.29	0.34	0.35	0.37	0.31	0.40	0.33
粗出生率(人口千人あたり)	29.1	23.5	20.5	18.0	17.6	16.5	15.5	14.4	13.3	12.7	12.2
粗死亡率(人口千人あたり)	11.7	10.5	10.1	10.2	10.3	9.9	9.6	9.8	10.2	10.2	10.5
合計出生率(女子１人あたり)	4.27	3.53	2.72	2.16	1.92	1.77	1.73	1.74	1.75	1.77	1.79
純再生産率(女子１人あたり)	1.86	1.58	1.24	1.00	0.90	0.84	0.82	0.83	0.84	0.85	0.86
乳児死亡率(出生千人あたり)	60	45	37	30	25	20	17	14	12	11	10
出生時の平均余命(歳)											
男	59.7	62.2	64.0	65.7	67.1	68.4	69.5	70.5	71.4	72.1	72.9
女	64.2	66.6	68.5	70.1	71.6	72.9	74.1	75.2	76.0	76.9	77.7
男女計	62.2	64.6	66.4	68.0	69.5	70.8	71.9	73.0	73.8	74.6	75.4

B. 中 位 予 測 値

指　標	2015	2020	2025	2030	2035	2040	2045	2050	2055	2060
人口(千人)										
総数	284	288	290	290	290	288	285	282	278	275
男	136	138	138	138	138	137	135	134	133	132
女	148	150	152	152	152	151	150	148	145	143
性比(女100につき男)	92.0	91.6	91.2	90.8	90.5	90.4	90.5	90.9	91.4	92.1
年齢分布(%)										
０－４歳	6.1	5.9	5.7	5.6	5.5	5.5	5.5	5.5	5.4	5.4
５－14歳	13.3	12.8	12.5	12.2	11.9	11.8	11.7	11.7	11.6	11.6
15－24歳	12.9	12.5	12.4	12.1	11.9	11.7	11.6	11.5	11.5	11.5
60歳以上	19.8	22.9	25.8	27.7	29.4	30.2	30.9	31.1	31.3	31.5
65歳以上	14.2	16.4	19.1	21.6	23.2	24.5	25.0	25.6	25.7	26.0
80歳以上	3.4	3.7	4.1	4.9	5.9	7.2	8.3	8.8	9.3	9.6
６－11歳	8.0	7.7	7.5	7.3	7.2	7.1	7.0	7.0	7.0	6.9
12－14歳	4.0	3.9	3.8	3.7	3.6	3.6	3.5	3.5	3.5	3.5
15－17歳	3.9	3.9	3.8	3.7	3.6	3.6	3.5	3.5	3.5	3.5
18－23歳	7.7	7.4	7.4	7.2	7.1	7.0	6.9	6.9	6.9	6.9
15－24歳女子(%)	45.9	44.0	42.1	41.1	40.1	39.6	39.2	39.1	39.0	38.9
中位数年齢(歳)	38.5	39.8	41.0	41.9	42.5	42.9	43.2	43.4	43.6	43.8
人口密度(1k㎡あたり)	661	669	674	675	674	669	663	655	647	641

指　標	2010-2015	2015-2020	2020-2025	2025-2030	2030-2035	2035-2040	2040-2045	2045-2050	2050-2055	2055-2060
年平均人口増加数(千人)	1	1	0	0	0	0	－1	－1	－1	－1
年平均出生数(千人)	3	3	3	3	3	3	3	3	3	3
年平均死亡数(千人)	3	3	3	3	4	4	4	4	4	4
年平均純移動数(千人)	0	0	0	0	0	0	0	0	0	0
人口増加率(%)	0.33	0.24	0.14	0.05	−0.05	−0.13	−0.19	−0.23	−0.23	−0.22
粗出生率(人口千人あたり)	12.2	11.8	11.4	11.2	11.0	10.9	10.8	10.8	10.7	10.7
粗死亡率(人口千人あたり)	10.5	10.9	11.4	12.0	12.7	13.4	13.9	14.2	14.1	13.8
純移動率(人口千人あたり)	1.5	1.4	1.4	1.3	1.2	1.2	1.1	1.1	1.0	1.0
合計出生率（女子１人あたり）	1.79	1.80	1.81	1.82	1.83	1.83	1.84	1.84	1.85	1.85
純再生産率（女子１人あたり）	0.86	0.87	0.88	0.88	0.89	0.89	0.89	0.90	0.90	0.90
乳児死亡率（出生千人あたり）	10	8	7	6	5	5	4	4	4	3
５歳未満の死亡数(出生千人あた	11	9	8	7	6	6	5	5	4	4
出生時の平均余命(歳)										
男	72.9	73.7	74.6	75.5	76.4	77.3	78.2	79.1	80.1	81.1
女	77.7	78.5	79.3	80.0	80.7	81.4	82.0	82.6	83.2	83.9
男女計	75.4	76.2	77.0	77.8	78.6	79.4	80.2	81.0	81.7	82.5

C. 高位予測値

	2015	2020	2025	2030	2035	2040	2045	2050	2055	2060
人口(千人)										
総数	284	290	296	301	304	307	309	312	317	322
男	136	139	141	143	145	146	148	150	152	156
女	148	151	154	157	159	161	161	163	164	166
性比(女100につき男)	92.0	91.5	91.0	90.4	89.9	89.5	89.4	89.5	89.8	90.2
年齢分布(%)										
0－4歳	6.1	6.7	6.9	6.9	6.7	6.6	6.7	7.0	7.2	7.3
5－14歳	13.3	12.7	13.0	13.7	14.0	13.9	13.6	13.6	13.8	14.2
15－24歳	12.9	12.4	12.1	11.7	12.1	12.9	13.3	13.2	12.9	12.8
60歳以上	19.8	22.7	25.3	26.8	28.0	28.3	28.5	28.0	27.5	26.9
65歳以上	14.2	16.2	18.7	20.8	22.1	23.0	23.1	23.0	22.6	22.2
80歳以上	3.4	3.6	4.0	4.7	5.6	6.7	7.6	7.9	8.2	8.2
15－49歳女子(%)	45.9	43.6	41.3	39.8	39.0	39.1	39.5	39.9	40.3	40.7
中位数年齢(歳)	38.5	39.5	40.2	40.4	40.4	40.0	39.5	38.7	38.0	37.7

	2010-2015	2015-2020	2020-2025	2025-2030	2030-2035	2035-2040	2040-2045	2045-2050	2050-2055	2055-2060
年平均人口増加数(千人)	1	1	1	1	1	1	0	1	1	1
年平均出生数(千人)	3	4	4	4	4	4	4	4	5	5
年平均死亡数(千人)	3	3	3	3	4	4	4	4	4	4
人口増加率(%)	0.33	0.40	0.39	0.34	0.24	0.17	0.15	0.19	0.28	0.34
粗出生率(人口千人あたり)	12.2	13.4	13.8	13.8	13.4	13.2	13.4	13.9	14.4	14.6
粗死亡率(人口千人あたり)	10.5	10.8	11.2	11.7	12.2	12.7	12.9	13.0	12.6	12.0
合計出生率(女子1人あたり)	1.79	2.05	2.21	2.32	2.33	2.33	2.34	2.34	2.35	2.35
純再生産率(女子1人あたり)	0.86	0.99	1.07	1.12	1.13	1.13	1.14	1.14	1.14	1.15

D. 低位予測値

	2015	2020	2025	2030	2035	2040	2045	2050	2055	2060
人口(千人)										
総数	284	285	284	280	275	269	261	253	243	234
男	136	136	135	133	130	127	123	119	115	111
女	148	149	149	147	145	142	138	133	128	123
性比(女100につき男)	92.0	91.5	91.0	90.4	89.9	89.5	89.4	89.5	89.8	90.2
年齢分布(%)										
0－4歳	6.1	5.1	4.6	4.3	4.3	4.3	4.2	4.0	3.7	3.6
5－14歳	13.3	12.9	11.9	10.5	9.7	9.4	9.4	9.4	9.2	8.7
15－24歳	12.9	12.6	12.6	12.5	11.7	10.4	9.6	9.4	9.6	9.6
60歳以上	19.8	23.1	26.3	28.8	31.0	32.4	33.7	34.7	35.8	37.1
65歳以上	14.2	16.5	19.5	22.4	24.4	26.2	27.3	28.5	29.4	30.6
80歳以上	3.4	3.7	4.1	5.1	6.2	7.7	9.0	9.8	10.7	11.3
15－49歳女子(%)	45.9	44.3	42.9	42.5	41.3	40.2	38.8	37.9	37.0	36.0
中位数年齢(歳)	38.5	40.1	41.8	43.4	44.7	45.8	46.8	47.8	49.1	50.4

	2010-2015	2015-2020	2020-2025	2025-2030	2030-2035	2035-2040	2040-2045	2045-2050	2050-2055	2055-2060
年平均人口増加数(千人)	1	0	0	－1	－1	－1	－1	－2	－2	－2
年平均出生数(千人)	3	3	3	2	2	2	2	2	2	2
年平均死亡数(千人)	3	3	3	3	4	4	4	4	4	4
人口増加率(%)	0.33	0.08	−0.11	−0.27	−0.37	−0.47	−0.56	−0.67	−0.75	−0.80
粗出生率(人口千人あたり)	12.2	10.2	9.0	8.3	8.3	8.3	8.1	7.7	7.2	6.9
粗死亡率(人口千人あたり)	10.5	10.9	11.5	12.3	13.2	14.2	15.0	15.6	15.9	16.0
合計出生率(女子1人あたり)	1.79	1.55	1.41	1.32	1.33	1.33	1.34	1.34	1.35	1.35
純再生産率(女子1人あたり)	0.86	0.75	0.68	0.64	0.64	0.65	0.65	0.65	0.66	0.66

E. 出生力一定予測値

	2015	2020	2025	2030	2035	2040	2045	2050	2055	2060
人口(千人)										
総数	284	287	289	290	288	286	283	279	275	271
男	136	137	138	138	137	136	134	133	131	130
女	148	150	151	152	151	150	148	146	144	141
中位数年齢(歳)	38.5	39.8	41.1	42.0	42.7	43.2	43.5	43.8	44.2	44.5

	2010-2015	2015-2020	2020-2025	2025-2030	2030-2035	2035-2040	2040-2045	2045-2050	2050-2055	2055-2060
人口増加率(%)	0.33	0.23	0.12	0.02	−0.08	−0.17	−0.24	−0.28	−0.29	−0.28
粗出生率(人口千人あたり)	12.2	11.7	11.3	11.0	10.7	10.6	10.5	10.4	10.3	10.2
粗死亡率(人口千人あたり)	10.5	10.9	11.4	12.0	12.7	13.4	14.0	14.3	14.3	14.0

Belarus

A. 推 計 値

指　標	1960	1965	1970	1975	1980	1985	1990	1995	2000	2005	2010
人口(千人)											
総数	8 190	8 607	9 039	9 366	9 654	9 991	10 232	10 160	9 952	9 641	9 492
男	3 703	3 931	4 157	4 333	4 489	4 664	4 800	4 765	4 673	4 502	4 414
女	4 487	4 676	4 882	5 033	5 165	5 327	5 432	5 395	5 279	5 139	5 078
性比(女100につき男)	82.5	84.1	85.1	86.1	86.9	87.5	88.4	88.3	88.5	87.6	86.9
年齢分布(%)											
0－4歳	11.8	10.6	8.3	8.0	7.7	8.1	7.7	5.9	4.6	4.7	5.4
5－14歳	17.0	20.1	20.7	17.6	15.2	14.7	15.2	15.7	13.8	11.0	9.5
15－24歳	15.6	12.8	15.2	17.5	17.7	15.6	13.8	14.2	15.2	15.9	14.5
60歳以上	11.7	12.3	13.2	14.2	13.7	14.6	16.6	17.7	19.2	18.5	19.0
65歳以上	8.4	8.2	9.0	10.0	10.8	10.0	10.7	12.4	13.5	14.7	14.0
80歳以上	1.4	1.5	1.6	1.8	1.9	2.1	2.3	2.3	1.9	2.4	3.3
15－49歳女子(%)	49.5	46.5	48.4	49.3	48.3	47.0	45.6	47.7	49.8	50.5	48.4
中位数年齢(歳)	28.2	28.8	30.1	30.5	31.3	32.0	33.1	34.7	36.5	38.1	38.9
人口密度(1k㎡あたり)	40	42	45	46	48	49	50	50	49	48	47

指　標	1960-1965	1965-1970	1970-1975	1975-1980	1980-1985	1985-1990	1990-1995	1995-2000	2000-2005	2005-2010	2010-2015
年平均人口増加数(千人)	83	86	65	58	67	48	－ 14	－ 42	－ 62	－ 30	1
年平均出生数(千人)	188	154	145	149	163	155	123	94	90	102	111
年平均死亡数(千人)	80	79	84	93	105	105	125	147	151	145	134
人口増加率(%)	0.99	0.98	0.71	0.61	0.69	0.48	−0.14	−0.41	−0.64	−0.31	0.01
粗出生率(人口千人あたり)	22.4	17.4	15.8	15.6	16.6	15.3	12.1	9.4	9.2	10.7	11.7
粗死亡率(人口千人あたり)	9.5	8.9	9.2	9.8	10.7	10.4	12.3	14.6	15.4	15.1	14.2
合計出生率(女子1人あたり)	2.69	2.38	2.25	2.09	2.09	2.00	1.68	1.31	1.26	1.43	1.58
純再生産率(女子1人あたり)	1.24	1.11	1.06	0.99	0.99	0.95	0.79	0.62	0.60	0.68	0.76
乳児死亡率(出生千人あたり)	38	26	21	22	20	16	15	15	10	6	4
出生時の平均余命(歳)											
男	66.0	66.7	66.4	66.0	65.4	66.5	64.0	62.0	62.3	63.6	65.3
女	71.6	73.3	73.9	74.2	74.4	75.7	74.8	73.1	73.7	75.2	77.0
男女計	69.1	70.4	70.5	70.4	70.1	71.4	69.5	67.4	67.8	69.3	71.1

B. 中 位 予 測 値

指　標	2015	2020	2025	2030	2035	2040	2045	2050	2055	2060
人口(千人)										
総数	9 496	9 365	9 194	8 977	8 740	8 513	8 311	8 125	7 942	7 757
男	4 414	4 348	4 263	4 152	4 033	3 929	3 846	3 778	3 712	3 645
女	5 082	5 016	4 931	4 826	4 707	4 584	4 464	4 347	4 230	4 112
性比(女100につき男)	86.8	86.7	86.4	86.0	85.7	85.7	86.1	86.9	87.8	88.6
年齢分布(%)										
0－4歳	6.2	5.8	5.4	4.9	4.8	5.1	5.6	5.8	5.6	5.3
5－14歳	9.9	11.6	12.3	11.6	10.7	10.1	10.3	11.1	11.8	11.8
15－24歳	11.3	9.4	10.2	12.1	12.9	12.3	11.3	10.6	10.8	11.7
60歳以上	20.3	22.5	24.5	25.2	26.0	26.7	27.9	29.7	30.0	28.6
65歳以上	14.0	15.3	17.4	19.4	19.9	20.4	20.8	21.8	23.5	23.9
80歳以上	3.6	3.9	3.4	3.4	4.4	5.5	6.2	6.0	6.0	6.3
6－11歳	6.0	7.2	7.4	6.8	6.3	5.9	6.2	6.8	7.1	7.0
12－14歳	2.7	3.1	3.8	3.7	3.5	3.2	3.0	3.2	3.5	3.6
15－17歳	2.6	2.9	3.4	4.0	3.7	3.4	3.1	3.1	3.3	3.6
18－23歳	7.2	5.4	6.0	7.1	8.0	7.5	6.9	6.4	6.4	6.9
15－24歳女子(%)	44.8	43.0	41.7	41.5	40.4	38.4	37.5	38.3	39.3	40.0
中位数年齢(歳)	39.6	40.2	41.3	42.8	44.2	44.7	43.2	42.2	42.2	42.7
人口密度(1k㎡あたり)	47	46	45	44	43	42	41	40	39	38

指　標	2010-2015	2015-2020	2020-2025	2025-2030	2030-2035	2035-2040	2040-2045	2045-2050	2050-2055	2055-2060
年平均人口増加数(千人)	1	－ 26	－ 34	－ 43	－ 48	－ 45	－ 41	－ 37	－ 37	－ 37
年平均出生数(千人)	111	109	100	88	84	88	93	94	89	83
年平均死亡数(千人)	134	138	136	134	133	135	136	133	128	122
年平均純移動数(千人)	24	2	2	2	2	2	2	2	2	2
人口増加率(%)	0.01	−0.28	−0.37	−0.48	−0.54	−0.53	−0.48	−0.45	−0.46	−0.47
粗出生率(人口千人あたり)	11.7	11.6	10.7	9.7	9.5	10.1	11.1	11.4	11.1	10.6
粗死亡率(人口千人あたり)	14.2	14.6	14.6	14.7	15.0	15.6	16.1	16.2	15.9	15.5
純移動率(人口千人あたり)	2.5	0.2	0.2	0.2	0.2	0.2	0.2	0.2	0.2	0.2
合計出生率（女子1人あたり）	1.58	1.64	1.69	1.73	1.76	1.78	1.80	1.82	1.83	1.84
純再生産率（女子1人あたり）	0.76	0.79	0.81	0.83	0.84	0.86	0.87	0.87	0.88	0.89
乳児死亡率（出生千人あたり）	4	4	3	3	3	2	2	2	2	2
5歳未満の死亡数(出生千人あたり)	5	5	4	4	3	3	3	3	2	2
出生時の平均余命(歳)										
男	65.3	65.9	66.6	67.2	67.9	68.7	69.4	70.1	70.9	71.7
女	77.0	77.4	77.9	78.3	78.8	79.2	79.6	80.0	80.4	80.8
男女計	71.1	71.7	72.2	72.8	73.4	74.0	74.5	75.1	75.7	76.2

C. 高 位 予 測 値

	2015	2020	2025	2030	2035	2040	2045	2050	2055	2060
人口(千人)										
総数	9 496	9 447	9 394	9 305	9 187	9 090	9 047	9 060	9 106	9 162
男	4 414	4 391	4 366	4 320	4 263	4 226	4 225	4 259	4 310	4 366
女	5 082	5 057	5 028	4 985	4 924	4 865	4 822	4 801	4 796	4 796
性比(女100につき男)	86.8	86.5	86.1	85.4	84.7	84.4	84.5	84.8	85.3	85.7
年齢分布(%)										
0－4歳	6.2	6.7	6.5	6.1	5.9	6.2	6.9	7.4	7.4	7.2
5－14歳	9.9	11.5	12.9	13.3	12.9	12.2	12.2	13.2	14.2	14.7
15－24歳	11.3	9.3	10.0	11.6	13.2	13.7	13.1	12.2	12.2	13.0
60歳以上	20.3	22.3	24.0	24.3	24.7	25.0	25.7	26.6	26.2	24.2
65歳以上	14.0	15.2	17.0	18.7	19.0	19.1	19.1	19.6	20.5	20.3
80歳以上	3.6	3.9	3.4	3.3	4.2	5.1	5.7	5.3	5.2	5.4
15－49歳女子(%)	44.8	42.6	40.9	40.2	39.4	38.2	38.0	39.2	40.4	41.7
中位数年齢(歳)	39.6	39.9	40.6	41.7	42.4	41.3	39.0	37.8	37.4	37.3

	2010-2015	2015-2020	2020-2025	2025-2030	2030-2035	2035-2040	2040-2045	2045-2050	2050-2055	2055-2060
年平均人口増加数(千人)	1	－ 10	－ 11	－ 18	－ 24	－ 19	－ 9	3	9	11
年平均出生数(千人)	111	126	123	114	108	114	125	134	135	132
年平均死亡数(千人)	134	138	136	134	133	135	136	133	128	123
人口増加率(%)	0.01	−0.10	−0.11	−0.19	−0.26	−0.21	−0.10	0.03	0.10	0.12
粗出生率(人口千人あたり)	11.7	13.3	13.1	12.2	11.7	12.4	13.8	14.8	14.9	14.5
粗死亡率(人口千人あたり)	14.2	14.5	14.4	14.3	14.4	14.8	15.0	14.7	14.1	13.4
合計出生率（女子1人あたり）	1.58	1.89	2.09	2.23	2.26	2.28	2.30	2.32	2.33	2.34
純再生産率（女子1人あたり）	0.76	0.91	1.00	1.07	1.08	1.10	1.11	1.11	1.12	1.13

D. 低 位 予 測 値

	2015	2020	2025	2030	2035	2040	2045	2050	2055	2060
人口(千人)										
総数	9 496	9 282	8 994	8 650	8 293	7 940	7 592	7 238	6 873	6 504
男	4 414	4 306	4 160	3 984	3 803	3 634	3 476	3 322	3 164	3 002
女	5 082	4 976	4 834	4 666	4 490	4 306	4 115	3 916	3 710	3 502
性比(女100につき男)	86.8	86.5	86.1	85.4	84.7	84.4	84.5	84.8	85.3	85.7
年齢分布(%)										
0－4歳	6.2	5.0	4.2	3.6	3.6	3.9	4.2	4.1	3.8	3.5
5－14歳	9.9	11.7	11.7	9.7	8.4	7.7	8.0	8.7	9.0	8.6
15－24歳	11.3	9.5	10.5	12.5	12.6	10.6	9.2	8.5	8.9	9.7
60歳以上	20.3	22.7	25.1	26.1	27.4	28.6	30.6	33.3	34.7	34.1
65歳以上	14.0	15.5	17.8	20.2	21.0	21.8	22.7	24.5	27.2	28.5
80歳以上	3.6	4.0	3.5	3.5	4.6	5.9	6.8	6.7	6.9	7.5
15－49歳女子(%)	44.8	43.3	42.6	42.9	41.5	38.7	36.8	37.0	37.3	37.0
中位数年齢(歳)	39.6	40.5	42.0	43.9	45.9	47.2	47.4	47.0	47.3	48.4

	2010-2015	2015-2020	2020-2025	2025-2030	2030-2035	2035-2040	2040-2045	2045-2050	2050-2055	2055-2060
年平均人口増加数(千人)	1	－ 43	－ 58	－ 69	－ 71	－ 71	－ 70	－ 71	－ 73	－ 74
年平均出生数(千人)	111	93	76	63	60	62	64	60	52	45
年平均死亡数(千人)	134	138	136	134	133	135	135	133	127	121
人口増加率(%)	0.01	−0.46	−0.63	−0.78	−0.84	−0.87	−0.90	−0.95	−1.03	−1.11
粗出生率(人口千人あたり)	11.7	9.9	8.3	7.1	7.1	7.6	8.2	8.1	7.4	6.8
粗死亡率(人口千人あたり)	14.2	14.7	14.8	15.1	15.7	16.6	17.4	17.9	18.0	18.1
合計出生率（女子1人あたり）	1.58	1.39	1.29	1.23	1.26	1.28	1.30	1.32	1.33	1.34
純再生産率（女子1人あたり）	0.76	0.67	0.62	0.59	0.60	0.62	0.63	0.63	0.64	0.64

E. 出生力一定予測値

	2015	2020	2025	2030	2035	2040	2045	2050	2055	2060
人口(千人)										
総数	9 496	9 324	9 090	8 819	8 547	8 279	8 001	7 709	7 412	7 124
男	4 414	4 328	4 209	4 071	3 934	3 809	3 688	3 565	3 441	3 321
女	5 082	4 997	4 880	4 748	4 613	4 470	4 314	4 144	3 971	3 803
中位数年齢(歳)	39.6	40.3	41.7	43.3	45.0	45.8	45.0	44.3	44.6	45.7

	2010-2015	2015-2020	2020-2025	2025-2030	2030-2035	2035-2040	2040-2045	2045-2050	2050-2055	2055-2060
人口増加率(%)	0.01	−0.37	−0.51	−0.61	−0.63	−0.64	−0.68	−0.74	−0.79	−0.79
粗出生率(人口千人あたり)	11.7	10.8	9.4	8.7	8.8	9.4	9.6	9.2	8.7	8.5
粗死亡率(人口千人あたり)	14.2	14.6	14.7	14.9	15.3	16.0	16.7	16.9	16.8	16.7

Belgium

A. 推 計 値

指　標	1960	1965	1970	1975	1980	1985	1990	1995	2000	2005	2010
人口(千人)											
総数	9 141	9 440	9 664	9 769	9 856	9 893	9 978	10 162	10 268	10 561	10 930
男	4 477	4 621	4 729	4 775	4 815	4 832	4 879	4 971	5 020	5 170	5 356
女	4 664	4 820	4 935	4 994	5 041	5 062	5 100	5 191	5 248	5 392	5 574
性比(女100につき男)	96.0	95.9	95.8	95.6	95.5	95.4	95.7	95.7	95.7	95.9	96.1
年齢分布(%)											
０－４歳	8.2	8.2	7.4	6.6	6.1	6.0	5.9	6.0	5.6	5.5	5.8
５－14歳	15.6	15.7	16.2	15.5	13.9	12.7	12.1	12.0	12.0	11.5	11.0
15－24歳	12.2	13.5	15.0	15.6	16.2	15.4	13.8	12.5	12.1	12.1	12.1
60歳以上	17.6	18.5	19.0	19.3	18.3	19.7	20.6	21.5	22.0	21.9	23.1
65歳以上	12.0	12.8	13.4	14.0	14.5	13.7	15.1	16.0	16.9	17.2	17.2
80歳以上	1.9	2.0	2.1	2.3	2.7	3.1	3.5	3.8	3.5	4.5	5.1
15－49歳女子(%)	44.2	44.1	46.0	46.1	47.2	47.6	48.0	48.1	47.0	46.4	45.3
中位数年齢(歳)	35.0	34.7	34.5	34.2	34.2	35.3	36.5	37.6	39.1	40.3	41.0
人口密度(1km²あたり)	302	312	319	323	325	327	330	336	339	349	361

指　標	1960-1965	1965-1970	1970-1975	1975-1980	1980-1985	1985-1990	1990-1995	1995-2000	2000-2005	2005-2010	2010-2015
年平均人口増加数(千人)	60	45	21	17	8	17	37	21	59	74	74
年平均出生数(千人)	159	146	133	121	119	118	120	115	116	126	129
年平均死亡数(千人)	114	119	120	118	115	110	106	107	107	106	109
人口増加率(%)	0.65	0.47	0.22	0.18	0.08	0.17	0.37	0.21	0.56	0.69	0.66
粗出生率(人口千人あたり)	17.2	15.3	13.6	12.3	12.1	11.9	11.9	11.2	11.2	11.8	11.6
粗死亡率(人口千人あたり)	12.3	12.4	12.3	12.0	11.6	11.1	10.6	10.4	10.3	9.9	9.8
合計出生率(女子１人あたり)	2.65	2.39	2.01	1.70	1.60	1.56	1.61	1.60	1.68	1.82	1.82
純再生産率(女子１人あたり)	1.24	1.12	0.95	0.81	0.76	0.75	0.77	0.78	0.81	0.88	0.88
乳児死亡率(出生千人あたり)	28	23	19	14	11	9	8	5	4	4	3
出生時の平均余命(歳)											
男	67.3	67.6	68.2	69.3	70.5	71.8	73.0	74.0	75.2	76.7	78.0
女	73.2	73.8	74.7	75.9	77.2	78.5	79.6	80.5	81.3	82.2	83.0
男女計	70.2	70.7	71.4	72.5	73.8	75.1	76.3	77.3	78.3	79.5	80.5

B. 中 位 予 測 値

指　標	2015	2020	2025	2030	2035	2040	2045	2050	2055	2060
人口(千人)										
総数	11 299	11 634	11 837	12 019	12 177	12 315	12 432	12 527	12 597	12 652
男	5 559	5 771	5 882	5 979	6 062	6 132	6 192	6 241	6 279	6 309
女	5 740	5 863	5 955	6 039	6 115	6 183	6 240	6 286	6 319	6 343
性比(女100につき男)	96.8	98.4	98.8	99.0	99.1	99.2	99.2	99.3	99.4	99.5
年齢分布(%)										
０－４歳	5.8	5.7	5.5	5.3	5.2	5.3	5.4	5.4	5.3	5.3
５－14歳	11.2	11.6	11.5	11.2	10.9	10.6	10.6	10.8	10.9	10.9
15－24歳	11.6	11.0	11.2	11.6	11.5	11.3	11.0	10.8	10.8	11.0
60歳以上	24.1	25.6	27.7	29.5	30.7	31.5	32.2	32.6	32.8	32.7
65歳以上	18.2	19.3	21.0	23.0	24.7	25.7	26.3	26.7	27.0	27.3
80歳以上	5.5	5.6	5.7	6.7	7.6	8.7	9.8	10.6	10.9	11.1
６－11歳	6.8	7.0	6.9	6.7	6.5	6.3	6.4	6.5	6.6	6.5
12－14歳	3.2	3.4	3.5	3.4	3.3	3.2	3.2	3.2	3.3	3.3
15－17歳	3.2	3.3	3.5	3.5	3.4	3.3	3.2	3.2	3.2	3.3
18－23歳	7.1	6.6	6.6	7.0	7.0	6.8	6.6	6.5	6.5	6.6
15－24歳女子(%)	43.7	42.0	41.1	40.5	39.9	39.4	38.9	38.9	39.1	39.1
中位数年齢(歳)	41.5	42.0	42.8	43.6	44.3	44.9	44.8	44.6	44.7	44.9
人口密度(1km²あたり)	373	384	391	397	402	407	411	414	416	418

指　標	2010-2015	2015-2020	2020-2025	2025-2030	2030-2035	2035-2040	2040-2045	2045-2050	2050-2055	2055-2060
年平均人口増加数(千人)	74	67	40	36	32	28	23	19	14	11
年平均出生数(千人)	129	131	129	126	126	129	132	134	134	132
年平均死亡数(千人)	109	112	113	114	118	125	133	139	142	143
年平均純移動数(千人)	54	48	24	24	24	24	24	24	23	22
人口増加率(%)	0.66	0.59	0.35	0.31	0.26	0.23	0.19	0.15	0.11	0.09
粗出生率(人口千人あたり)	11.6	11.4	11.0	10.6	10.4	10.5	10.7	10.7	10.6	10.5
粗死亡率(人口千人あたり)	9.8	9.7	9.6	9.6	9.8	10.2	10.7	11.1	11.3	11.3
純移動率(人口千人あたり)	4.9	4.2	2.0	2.0	2.0	2.0	1.9	1.9	1.8	1.7
合計出生率（女子１人あたり）	1.82	1.83	1.84	1.85	1.86	1.87	1.87	1.88	1.88	1.89
純再生産率（女子１人あたり）	0.88	0.89	0.89	0.90	0.90	0.91	0.91	0.91	0.92	0.92
乳児死亡率（出生千人あたり）	3	3	2	2	2	2	2	1	1	1
５歳未満の死亡数(出生千人あたり	4	3	3	3	2	2	2	2	2	2
出生時の平均余命(歳)										
男	78.0	79.1	80.2	81.3	82.2	83.0	83.7	84.3	85.0	85.6
女	83.0	83.7	84.4	85.1	85.8	86.4	87.1	87.7	88.3	88.9
男女計	80.5	81.4	82.3	83.2	84.0	84.7	85.4	86.0	86.6	87.2

C. 高位予測値

	2015	2020	2025	2030	2035	2040	2045	2050	2055	2060
人口(千人)										
総数	11 299	11 723	12 065	12 418	12 746	13 065	13 392	13 749	14 134	14 540
男	5 559	5 817	5 999	6 184	6 353	6 516	6 684	6 867	7 065	7 276
女	5 740	5 907	6 067	6 234	6 393	6 549	6 709	6 882	7 069	7 264
性比(女100につき男)	96.8	98.4	98.7	98.8	98.9	98.8	98.8	98.7	98.7	98.6
年齢分布(%)										
0－4歳	5.8	6.4	6.6	6.5	6.3	6.4	6.6	6.8	7.0	7.0
5－14歳	11.2	11.5	12.0	12.7	12.8	12.6	12.5	12.7	13.1	13.5
15－24歳	11.6	10.9	11.0	11.2	11.7	12.4	12.5	12.3	12.1	12.3
60歳以上	24.1	25.5	27.2	28.5	29.4	29.7	29.9	29.7	29.3	28.4
65歳以上	18.2	19.2	20.6	22.3	23.6	24.2	24.4	24.3	24.1	23.8
80歳以上	5.5	5.6	5.5	6.5	7.3	8.2	9.1	9.6	9.7	9.6
15－49歳女子(%)	43.7	41.7	40.3	39.2	38.9	38.9	39.1	39.6	40.1	40.6
中位数年齢(歳)	41.5	41.7	42.0	42.3	42.4	42.2	41.3	40.5	39.7	39.4

	2010-2015	2015-2020	2020-2025	2025-2030	2030-2035	2035-2040	2040-2045	2045-2050	2050-2055	2055-2060
年平均人口増加数(千人)	74	85	68	70	66	64	66	71	77	81
年平均出生数(千人)	129	149	157	161	160	165	175	186	197	203
年平均死亡数(千人)	109	112	113	114	118	125	133	139	142	143
人口増加率(%)	0.66	0.74	0.58	0.58	0.52	0.49	0.50	0.53	0.55	0.57
粗出生率(人口千人あたり)	11.6	12.9	13.2	13.1	12.7	12.8	13.2	13.7	14.1	14.2
粗死亡率(人口千人あたり)	9.8	9.7	9.5	9.3	9.4	9.7	10.1	10.2	10.2	10.0
合計出生率 (女子1人あたり)	1.82	2.08	2.24	2.35	2.36	2.37	2.37	2.38	2.38	2.39
純再生産率 (女子1人あたり)	0.88	1.01	1.09	1.14	1.15	1.15	1.15	1.16	1.16	1.16

D. 低位予測値

	2015	2020	2025	2030	2035	2040	2045	2050	2055	2060
人口(千人)										
総数	11 299	11 545	11 608	11 620	11 609	11 570	11 490	11 359	11 173	10 951
男	5 559	5 726	5 765	5 775	5 771	5 751	5 710	5 643	5 549	5 438
女	5 740	5 820	5 843	5 845	5 838	5 819	5 781	5 716	5 624	5 513
性比(女100につき男)	96.8	98.4	98.7	98.8	98.9	98.8	98.8	98.7	98.7	98.6
年齢分布(%)										
0－4歳	5.8	5.0	4.4	4.0	4.0	4.1	4.1	3.9	3.7	3.6
5－14歳	11.2	11.7	11.0	9.6	8.7	8.4	8.5	8.6	8.5	8.2
15－24歳	11.6	11.1	11.4	12.0	11.3	10.1	9.2	8.9	9.1	9.3
60歳以上	24.1	25.8	28.2	30.5	32.2	33.6	34.8	35.9	37.0	37.8
65歳以上	18.2	19.5	21.4	23.8	25.9	27.4	28.4	29.4	30.5	31.6
80歳以上	5.5	5.6	5.8	6.9	8.0	9.3	10.6	11.7	12.3	12.8
15－49歳女子(%)	43.7	42.3	41.9	41.8	41.1	39.9	38.6	38.0	37.5	36.7
中位数年齢(歳)	41.5	42.3	43.6	44.9	46.2	47.3	48.2	48.8	49.5	50.6

	2010-2015	2015-2020	2020-2025	2025-2030	2030-2035	2035-2040	2040-2045	2045-2050	2050-2055	2055-2060
年平均人口増加数(千人)	74	49	12	2	－2	－8	－16	－26	－37	－44
年平均出生数(千人)	129	113	101	92	92	93	93	88	82	77
年平均死亡数(千人)	109	112	113	114	118	125	133	139	142	143
人口増加率(%)	0.66	0.43	0.11	0.02	−0.02	−0.07	−0.14	−0.23	−0.33	−0.40
粗出生率(人口千人あたり)	11.6	9.9	8.7	7.9	7.9	8.1	8.1	7.7	7.3	6.9
粗死亡率(人口千人あたり)	9.8	9.8	9.7	9.8	10.2	10.8	11.5	12.1	12.6	12.9
合計出生率 (女子1人あたり)	1.82	1.58	1.44	1.35	1.36	1.37	1.37	1.38	1.38	1.39
純再生産率 (女子1人あたり)	0.88	0.77	0.70	0.66	0.66	0.66	0.67	0.67	0.67	0.67

E. 出生力一定予測値

	2015	2020	2025	2030	2035	2040	2045	2050	2055	2060
人口(千人)										
総数	11 299	11 626	11 814	11 979	12 122	12 242	12 336	12 400	12 433	12 447
男	5 559	5 767	5 870	5 959	6 034	6 095	6 143	6 176	6 194	6 204
女	5 740	5 859	5 944	6 020	6 088	6 147	6 193	6 223	6 238	6 243
中位数年齢(歳)	41.5	42.1	42.9	43.7	44.5	45.1	45.2	45.1	45.3	45.6

	2010-2015	2015-2020	2020-2025	2025-2030	2030-2035	2035-2040	2040-2045	2045-2050	2050-2055	2055-2060
人口増加率(%)	0.66	0.57	0.32	0.28	0.24	0.20	0.15	0.10	0.05	0.02
粗出生率(人口千人あたり)	11.6	11.3	10.8	10.3	10.2	10.3	10.4	10.3	10.1	10.0
粗死亡率(人口千人あたり)	9.8	9.8	9.6	9.6	9.8	10.3	10.8	11.2	11.5	11.5

Belize

A. 推 計 値

指 標	1960	1965	1970	1975	1980	1985	1990	1995	2000	2005	2010
人口(千人)											
総数	92	106	122	133	144	165	188	207	247	283	322
男	45	53	61	66	73	83	95	104	125	142	161
女	47	54	61	67	71	82	93	103	123	141	161
性比(女100につき男)	97.5	98.2	98.7	99.5	101.8	101.5	101.7	101.5	101.4	101.0	100.1
年齢分布(%)											
０－４歳	19.4	18.2	17.7	18.0	17.0	17.4	16.2	15.2	15.0	13.5	11.8
５－14歳	25.9	28.9	29.4	29.6	29.6	27.4	27.3	27.4	25.7	25.5	23.9
15－24歳	16.0	16.4	18.6	20.8	21.0	22.3	20.8	19.4	20.4	20.3	20.2
60歳以上	6.4	6.4	6.5	6.9	6.4	5.9	6.1	6.2	5.6	4.7	5.7
65歳以上	4.2	4.2	4.3	4.6	4.5	4.2	4.1	4.5	3.9	3.3	3.8
80歳以上	0.5	0.5	0.6	0.7	0.9	0.8	0.9	1.0	0.7	0.5	0.7
15－49歳女子(%)	42.8	40.7	41.0	40.5	41.7	44.1	45.8	46.7	49.4	51.9	53.1
中位数年齢(歳)	17.8	16.5	16.3	16.0	16.4	17.2	17.9	18.4	19.2	20.2	21.9
人口密度(1km²あたり)	4	5	5	6	6	7	8	9	11	12	14

指 標	1960-1965	1965-1970	1970-1975	1975-1980	1980-1985	1985-1990	1990-1995	1995-2000	2000-2005	2005-2010	2010-2015
年平均人口増加数(千人)	3	3	2	2	4	5	4	8	7	8	8
年平均出生数(千人)	4	5	5	6	6	7	7	7	8	7	8
年平均死亡数(千人)	1	1	1	1	1	1	1	1	2	1	2
人口増加率(%)	2.84	2.82	1.74	1.57	2.69	2.57	1.97	3.56	2.72	2.54	2.22
粗出生率(人口千人あたり)	43.7	42.2	42.0	42.4	39.9	37.2	34.4	31.2	28.5	24.5	23.3
粗死亡率(人口千人あたり)	10.4	8.9	7.9	7.2	6.1	5.4	5.6	6.1	5.7	4.9	5.6
合計出生率(女子１人あたり)	6.45	6.35	6.25	6.20	5.40	4.70	4.35	3.85	3.35	2.84	2.64
純再生産率(女子１人あたり)	2.74	2.77	2.78	2.81	2.50	2.19	2.03	1.81	1.58	1.35	1.26
乳児死亡率(出生千人あたり)	78	69	60	50	40	35	30	23	20	17	14
出生時の平均余命(歳)											
男	60.1	63.1	65.5	66.9	68.5	69.5	68.2	66.0	65.7	67.0	67.2
女	62.7	65.4	68.0	70.4	72.3	73.6	73.1	71.5	71.6	72.4	72.7
男女計	61.3	64.3	66.7	68.7	70.4	71.5	70.6	68.6	68.5	69.6	69.8

B. 中 位 予 測 値

指 標	2015	2020	2025	2030	2035	2040	2045	2050	2055	2060
人口(千人)										
総数	359	398	436	472	505	535	563	588	610	629
男	179	198	216	233	249	263	276	288	298	307
女	180	200	220	239	256	272	287	300	312	322
性比(女100につき男)	99.4	98.8	98.2	97.6	97.1	96.5	96.1	95.7	95.4	95.2
年齢分布(%)										
０－４歳	11.0	10.5	9.9	9.1	8.4	7.8	7.4	7.0	6.7	6.4
５－14歳	21.5	19.5	18.7	18.1	17.1	16.0	15.0	14.2	13.6	13.2
15－24歳	20.6	19.9	18.2	16.8	16.5	16.3	15.7	14.9	14.1	13.5
60歳以上	5.9	6.6	7.7	8.9	10.2	11.4	12.9	14.7	16.7	18.8
65歳以上	3.8	4.1	4.7	5.6	6.6	7.6	8.6	9.8	11.3	13.0
80歳以上	0.6	0.6	0.5	0.6	0.7	0.9	1.2	1.5	1.9	2.2
６－11歳	12.8	11.7	11.4	10.9	10.3	9.6	8.9	8.5	8.2	7.9
12－14歳	6.6	5.7	5.4	5.3	5.1	4.9	4.5	4.3	4.1	4.0
15－17歳	6.5	6.0	5.3	5.1	5.1	4.9	4.6	4.3	4.1	4.0
18－23歳	12.2	12.0	11.0	10.0	9.8	9.8	9.5	9.0	8.5	8.2
15－24歳女子(%)	55.0	55.8	55.2	54.7	54.1	53.3	52.0	50.3	48.7	47.7
中位数年齢(歳)	23.5	25.0	26.7	28.4	30.0	31.4	32.7	34.0	35.4	36.7
人口密度(1km²あたり)	16	17	19	21	22	23	25	26	27	28

指 標	2010-2015	2015-2020	2020-2025	2025-2030	2030-2035	2035-2040	2040-2045	2045-2050	2050-2055	2055-2060
年平均人口増加数(千人)	8	8	8	7	7	6	6	5	4	4
年平均出生数(千人)	8	8	9	9	8	8	8	8	8	8
年平均死亡数(千人)	2	2	2	3	3	3	4	4	5	5
年平均純移動数(千人)	2	1	1	1	1	1	1	1	1	1
人口増加率(%)	2.22	2.04	1.83	1.58	1.36	1.16	1.01	0.88	0.74	0.61
粗出生率(人口千人あたり)	23.3	22.2	20.8	19.1	17.4	16.0	15.1	14.4	13.7	13.0
粗死亡率(人口千人あたり)	5.6	5.5	5.5	5.7	6.1	6.6	7.0	7.6	8.1	8.6
純移動率(人口千人あたり)	4.5	3.6	3.0	2.4	2.3	2.1	2.0	1.9	1.8	1.6
合計出生率（女子１人あたり）	2.64	2.46	2.31	2.19	2.10	2.01	1.95	1.89	1.85	1.82
純再生産率（女子１人あたり）	1.26	1.18	1.11	1.06	1.01	0.97	0.94	0.92	0.90	0.88
乳児死亡率（出生千人あたり）	14	12	11	10	9	8	7	7	6	5
５歳未満の死亡数(出生千人あた	17	14	13	12	10	9	8	8	7	6
出生時の平均余命(歳)										
男	67.2	67.8	68.3	68.8	69.3	69.8	70.5	71.1	71.8	72.5
女	72.7	73.5	74.2	74.9	75.6	76.2	76.8	77.5	78.1	78.7
男女計	69.8	70.5	71.1	71.7	72.4	73.0	73.6	74.3	75.0	75.6

C. 高位予測値

	2015	2020	2025	2030	2035	2040	2045	2050	2055	2060
人口(千人)										
総数	359	402	448	493	536	578	620	662	704	744
男	179	200	222	244	265	285	305	325	345	365
女	180	202	226	249	272	294	315	337	359	379
性比(女100につき男)	99.4	98.7	98.1	97.4	96.7	96.1	95.5	94.9	94.4	93.9
年齢分布(%)										
0－4歳	11.0	11.5	11.3	10.7	9.8	9.2	9.0	8.8	8.6	8.4
5－14歳	21.5	19.3	19.2	19.6	19.3	18.3	17.1	16.5	16.2	16.1
15－24歳	20.6	19.7	17.7	16.1	16.3	17.1	17.0	16.2	15.3	14.9
60歳以上	5.9	6.6	7.5	8.5	9.6	10.6	11.7	13.0	14.5	15.9
65歳以上	3.8	4.0	4.6	5.4	6.2	7.1	7.8	8.7	9.8	11.0
80歳以上	0.6	0.6	0.5	0.6	0.7	0.9	1.1	1.3	1.6	1.8
15－49歳女子(%)	55.0	55.3	53.8	52.4	51.8	51.3	50.6	49.4	48.3	48.0
中位数年齢(歳)	23.5	24.8	26.0	27.1	28.0	28.8	29.4	30.3	31.3	32.2

	2010-2015	2015-2020	2020-2025	2025-2030	2030-2035	2035-2040	2040-2045	2045-2050	2050-2055	2055-2060
年平均人口増加数(千人)	8	9	9	9	9	8	8	8	8	8
年平均出生数(千人)	8	9	10	11	11	11	11	12	12	12
年平均死亡数(千人)	2	2	2	3	3	3	4	4	5	5
人口増加率(%)	2.22	2.25	2.14	1.94	1.69	1.50	1.39	1.32	1.22	1.11
粗出生率(人口千人あたり)	23.3	24.4	23.9	22.6	20.5	19.2	18.6	18.3	17.8	17.2
粗死亡率(人口千人あたり)	5.6	5.5	5.4	5.6	5.8	6.2	6.5	6.9	7.2	7.5
合計出生率（女子１人あたり）	2.64	2.71	2.71	2.69	2.60	2.51	2.45	2.39	2.35	2.32
純再生産率（女子１人あたり）	1.26	1.30	1.30	1.30	1.25	1.22	1.18	1.16	1.14	1.13

D. 低位予測値

	2015	2020	2025	2030	2035	2040	2045	2050	2055	2060
人口(千人)										
総数	359	394	424	450	473	493	508	519	525	527
男	179	196	210	222	233	241	248	252	255	255
女	180	198	214	228	241	251	260	266	270	272
性比(女100につき男)	99.4	98.7	98.1	97.4	96.7	96.1	95.5	94.9	94.4	93.9
年齢分布(%)										
0－4歳	11.0	9.6	8.4	7.4	6.8	6.2	5.7	5.2	4.8	4.4
5－14歳	21.5	19.7	18.2	16.4	14.7	13.3	12.4	11.5	10.7	9.9
15－24歳	20.6	20.2	18.7	17.6	16.7	15.4	14.1	13.1	12.4	11.7
60歳以上	5.9	6.7	7.9	9.3	10.9	12.4	14.3	16.7	19.4	22.4
65歳以上	3.8	4.1	4.8	5.9	7.0	8.3	9.5	11.1	13.1	15.5
80歳以上	0.6	0.6	0.6	0.6	0.8	1.0	1.4	1.7	2.2	2.6
15－49歳女子(%)	55.0	56.4	56.7	57.3	56.7	55.4	53.4	51.0	48.6	46.6
中位数年齢(歳)	23.5	25.3	27.4	29.7	31.9	34.0	36.0	38.1	40.1	42.0

	2010-2015	2015-2020	2020-2025	2025-2030	2030-2035	2035-2040	2040-2045	2045-2050	2050-2055	2055-2060
年平均人口増加数(千人)	8	7	6	5	5	4	3	2	1	0
年平均出生数(千人)	8	8	7	7	6	6	6	5	5	5
年平均死亡数(千人)	2	2	2	3	3	3	4	4	5	5
人口増加率(%)	2.22	1.83	1.50	1.19	0.99	0.79	0.61	0.42	0.25	0.08
粗出生率(人口千人あたり)	23.3	20.1	17.5	15.3	13.9	12.6	11.5	10.4	9.6	8.8
粗死亡率(人口千人あたり)	5.6	5.5	5.6	5.9	6.4	7.0	7.6	8.4	9.1	10.0
合計出生率（女子１人あたり）	2.64	2.21	1.91	1.69	1.60	1.51	1.45	1.39	1.35	1.32
純再生産率（女子１人あたり）	1.26	1.06	0.92	0.82	0.77	0.73	0.70	0.68	0.66	0.64

E. 出生力一定予測値

	2015	2020	2025	2030	2035	2040	2045	2050	2055	2060
人口(千人)										
総数	359	401	445	489	533	578	623	671	719	769
男	179	199	221	242	263	284	306	330	353	377
女	180	202	224	247	270	293	317	341	366	391
中位数年齢(歳)	23.5	24.8	26.2	27.3	28.2	28.8	29.2	29.8	30.3	30.8

	2010-2015	2015-2020	2020-2025	2025-2030	2030-2035	2035-2040	2040-2045	2045-2050	2050-2055	2055-2060
人口増加率(%)	2.22	2.19	2.08	1.90	1.73	1.60	1.52	1.47	1.40	1.32
粗出生率(人口千人あたり)	23.3	23.7	23.3	22.2	21.0	20.2	19.9	19.8	19.5	19.2
粗死亡率(人口千人あたり)	5.6	5.5	5.5	5.6	5.9	6.2	6.5	6.8	7.1	7.3

Benin

A. 推計値

指標	1960	1965	1970	1975	1980	1985	1990	1995	2000	2005	2010
人口(千人)											
総数	2 432	2 632	2 908	3 263	3 718	4 287	5 001	5 986	6 949	8 182	9 510
男	1 157	1 260	1 397	1 567	1 786	2 063	2 417	2 928	3 408	4 048	4 731
女	1 275	1 372	1 510	1 696	1 932	2 224	2 584	3 058	3 541	4 134	4 778
性比(女100につき男)	90.7	91.8	92.5	92.4	92.4	92.8	93.6	95.7	96.2	97.9	99.0
年齢分布(%)											
０－４歳	15.8	16.8	17.5	17.9	18.3	18.5	18.6	18.2	17.9	17.3	16.5
５－14歳	22.8	23.8	25.0	26.1	26.6	27.1	27.4	27.2	27.5	27.2	26.9
15－24歳	18.1	18.1	17.6	18.0	18.5	18.9	19.0	19.2	19.2	19.5	19.8
60歳以上	8.1	7.4	7.0	6.5	6.1	5.5	5.1	4.8	4.6	4.6	4.5
65歳以上	5.0	4.6	4.4	4.2	3.9	3.6	3.3	3.1	2.9	2.8	2.9
80歳以上	0.5	0.3	0.3	0.3	0.3	0.3	0.3	0.3	0.3	0.3	0.3
15－49歳女子(%)	46.3	45.8	44.8	44.0	43.8	43.8	43.9	44.4	44.7	45.8	46.9
中位数年齢(歳)	20.9	20.0	18.9	18.1	17.5	17.1	16.9	17.2	17.2	17.6	18.1
人口密度(1k㎡あたり)	22	23	26	29	33	38	44	53	62	73	84

指標	1960-1965	1965-1970	1970-1975	1975-1980	1980-1985	1985-1990	1990-1995	1995-2000	2000-2005	2005-2010	2010-2015
年平均人口増加数(千人)	40	55	71	91	114	143	197	193	247	265	274
年平均出生数(千人)	115	129	145	165	189	217	250	282	316	346	374
年平均死亡数(千人)	70	69	69	70	73	73	74	83	89	91	98
人口増加率(%)	1.59	1.99	2.31	2.61	2.85	3.08	3.59	2.99	3.27	3.01	2.69
粗出生率(人口千人あたり)	45.3	46.5	46.9	47.2	47.2	46.8	45.6	43.6	41.7	39.1	36.6
粗死亡率(人口千人あたり)	27.6	24.9	22.2	20.0	18.2	15.7	13.5	12.9	11.7	10.3	9.6
合計出生率(女子１人あたり)	6.42	6.65	6.83	7.00	7.01	6.88	6.56	6.16	5.78	5.31	4.89
純再生産率(女子１人あたり)	1.80	1.99	2.22	2.40	2.50	2.56	2.53	2.40	2.29	2.16	2.01
乳児死亡率(出生千人あたり)	177	163	148	134	122	113	103	92	82	74	69
出生時の平均余命(歳)											
男	37.8	39.8	41.3	43.3	45.2	49.0	52.4	52.6	54.3	56.8	57.8
女	39.0	42.2	46.3	49.5	51.6	54.6	57.0	56.9	57.7	59.6	60.6
男女計	38.4	41.0	43.8	46.3	48.4	51.8	54.8	54.8	56.0	58.2	59.2

B. 中位予測値

指標	2015	2020	2025	2030	2035	2040	2045	2050	2055	2060
人口(千人)										
総数	10 880	12 361	13 937	15 593	17 306	19 050	20 803	22 549	24 270	25 946
男	5 426	6 175	6 971	7 804	8 663	9 536	10 411	11 281	12 138	12 969
女	5 454	6 186	6 966	7 789	8 643	9 514	10 392	11 268	12 133	12 977
性比(女100につき男)	99.5	99.8	100.1	100.2	100.2	100.2	100.2	100.1	100.0	99.9
年齢分布(%)										
０－４歳	15.7	15.0	14.3	13.5	12.8	12.2	11.5	10.9	10.4	9.9
５－14歳	26.5	25.6	24.7	23.9	23.0	22.2	21.3	20.4	19.6	18.9
15－24歳	20.0	20.2	20.2	19.9	19.5	19.2	18.9	18.5	18.0	17.5
60歳以上	4.6	4.8	5.2	5.6	6.1	6.6	7.2	7.9	8.7	9.6
65歳以上	2.9	3.0	3.1	3.4	3.8	4.2	4.6	5.0	5.6	6.2
80歳以上	0.3	0.3	0.3	0.3	0.3	0.4	0.5	0.5	0.6	0.7
６－11歳	16.3	15.7	15.1	14.6	14.0	13.5	12.9	12.4	11.8	11.4
12－14歳	7.3	7.2	6.9	6.8	6.6	6.4	6.2	6.0	5.7	5.5
15－17歳	6.7	6.7	6.6	6.4	6.3	6.1	6.0	5.8	5.6	5.4
18－23歳	11.6	11.8	11.9	11.7	11.5	11.3	11.2	10.9	10.7	10.4
15－24歳女子(%)	47.9	48.9	49.9	50.6	51.3	51.8	52.1	52.2	52.2	51.9
中位数年齢(歳)	18.6	19.3	20.2	21.1	22.1	23.1	24.1	25.1	26.2	27.3
人口密度(1k㎡あたり)	96	110	124	138	153	169	184	200	215	230

指標	2010-2015	2015-2020	2020-2025	2025-2030	2030-2035	2035-2040	2040-2045	2045-2050	2050-2055	2055-2060
年平均人口増加数(千人)	274	296	315	331	343	349	351	349	344	335
年平均出生数(千人)	374	402	429	453	474	492	506	518	528	536
年平均死亡数(千人)	98	104	112	120	130	141	153	167	182	199
年平均純移動数(千人)	−2	−2	−2	−2	−2	−2	−2	−2	−2	−2
人口増加率(%)	2.69	2.55	2.40	2.25	2.09	1.92	1.76	1.61	1.47	1.34
粗出生率(人口千人あたり)	36.6	34.6	32.6	30.7	28.8	27.0	25.4	23.9	22.6	21.4
粗死亡率(人口千人あたり)	9.6	9.0	8.5	8.1	7.9	7.7	7.7	7.7	7.8	7.9
純移動率(人口千人あたり)	−0.2	−0.2	−0.2	−0.1	−0.1	−0.1	−0.1	−0.1	−0.1	−0.1
合計出生率（女子１人あたり）	4.89	4.50	4.15	3.84	3.57	3.34	3.14	2.96	2.82	2.69
純再生産率（女子１人あたり）	2.01	1.88	1.76	1.65	1.55	1.46	1.39	1.32	1.27	1.22
乳児死亡率（出生千人あたり）	69	63	58	54	50	47	43	40	37	34
５歳未満の死亡数(出生千人あたり	108	100	92	85	79	73	67	63	58	53
出生時の平均余命(歳)										
男	57.8	58.8	59.8	60.7	61.5	62.3	63.1	63.8	64.5	65.2
女	60.6	61.8	62.9	63.9	64.8	65.7	66.6	67.4	68.2	69.0
男女計	59.2	60.3	61.3	62.3	63.2	64.0	64.8	65.6	66.3	67.1

C. 高 位 予 測 値

	2015	2020	2025	2030	2035	2040	2045	2050	2055	2060
人口(千人)										
総数	10 880	12 464	14 229	16 154	18 177	20 294	22 524	24 874	27 329	29 854
男	5 426	6 227	7 118	8 088	9 104	10 165	11 281	12 456	13 684	14 944
女	5 454	6 236	7 110	8 066	9 073	10 130	11 243	12 418	13 645	14 910
性比(女100につき男)	99.5	99.8	100.0	100.1	100.1	100.1	100.0	99.9	99.8	99.6
年齢分布(%)										
0－4歳	15.7	15.7	15.3	14.8	14.0	13.3	12.8	12.4	12.0	11.5
5－14歳	26.5	25.4	24.9	24.8	24.4	23.7	22.7	22.0	21.4	20.9
15－24歳	20.0	20.0	19.8	19.2	19.1	19.4	19.4	19.0	18.5	18.1
60歳以上	4.6	4.8	5.0	5.4	5.8	6.2	6.7	7.2	7.8	8.4
65歳以上	2.9	2.9	3.1	3.3	3.6	3.9	4.2	4.6	5.0	5.4
80歳以上	0.3	0.3	0.3	0.3	0.3	0.4	0.4	0.5	0.5	0.6
15－49歳女子(%)	47.9	48.5	48.9	48.9	49.4	50.0	50.6	50.8	50.8	50.8
中位数年齢(歳)	18.6	19.1	19.7	20.2	20.7	21.5	22.3	23.1	23.9	24.7

	2010-2015	2015-2020	2020-2025	2025-2030	2030-2035	2035-2040	2040-2045	2045-2050	2050-2055	2055-2060
年平均人口増加数(千人)	274	317	353	385	405	424	446	470	491	505
年平均出生数(千人)	374	425	470	512	542	573	609	649	687	719
年平均死亡数(千人)	98	106	115	125	136	148	161	177	194	213
人口増加率(%)	2.69	2.72	2.65	2.54	2.36	2.20	2.09	1.99	1.88	1.77
粗出生率(人口千人あたり)	36.6	36.4	35.2	33.7	31.6	29.8	28.5	27.4	26.3	25.2
粗死亡率(人口千人あたり)	9.6	9.1	8.6	8.2	7.9	7.7	7.5	7.5	7.4	7.4
合計出生率 (女子1人あたり)	4.89	4.75	4.55	4.34	4.07	3.84	3.64	3.46	3.32	3.19
純再生産率 (女子1人あたり)	2.01	1.99	1.93	1.86	1.77	1.68	1.61	1.55	1.49	1.44

D. 低 位 予 測 値

	2015	2020	2025	2030	2035	2040	2045	2050	2055	2060
人口(千人)										
総数	10 880	12 258	13 645	15 032	16 437	17 817	19 124	20 325	21 405	22 359
男	5 426	6 123	6 823	7 520	8 224	8 912	9 562	10 156	10 690	11 157
女	5 454	6 135	6 822	7 512	8 213	8 905	9 562	10 169	10 716	11 202
性比(女100につき男)	99.5	99.8	100.0	100.1	100.1	100.1	100.0	99.9	99.8	99.6
年齢分布(%)										
0－4歳	15.7	14.3	13.2	12.2	11.6	10.9	10.1	9.3	8.7	8.1
5－14歳	26.5	25.8	24.5	22.9	21.5	20.5	19.6	18.6	17.5	16.5
15－24歳	20.0	20.4	20.6	20.6	20.0	19.0	18.2	17.7	17.3	16.7
60歳以上	4.6	4.8	5.3	5.8	6.4	7.1	7.9	8.8	9.9	11.2
65歳以上	2.9	3.0	3.2	3.6	4.0	4.5	5.0	5.6	6.3	7.2
80歳以上	0.3	0.3	0.3	0.3	0.4	0.4	0.5	0.6	0.7	0.8
15－49歳女子(%)	47.9	49.3	50.9	52.5	53.3	53.7	53.8	53.8	53.5	52.9
中位数年齢(歳)	18.6	19.5	20.7	22.1	23.4	24.8	26.2	27.6	29.0	30.4

	2010-2015	2015-2020	2020-2025	2025-2030	2030-2035	2035-2040	2040-2045	2045-2050	2050-2055	2055-2060
年平均人口増加数(千人)	274	276	277	277	281	276	261	240	216	191
年平均出生数(千人)	374	380	388	394	407	412	408	400	389	380
年平均死亡数(千人)	98	102	108	115	124	134	145	158	171	187
人口増加率(%)	2.69	2.39	2.15	1.94	1.79	1.61	1.42	1.22	1.04	0.87
粗出生率(人口千人あたり)	36.6	32.8	29.9	27.5	25.9	24.1	22.1	20.3	18.7	17.3
粗死亡率(人口千人あたり)	9.6	8.8	8.3	8.0	7.9	7.8	7.8	8.0	8.2	8.5
合計出生率 (女子1人あたり)	4.89	4.25	3.75	3.34	3.07	2.84	2.64	2.46	2.32	2.19
純再生産率 (女子1人あたり)	2.01	1.78	1.59	1.43	1.33	1.24	1.17	1.10	1.04	0.99

E. 出生力一定予測値

	2015	2020	2025	2030	2035	2040	2045	2050	2055	2060
人口(千人)										
総数	10 880	12 506	14 408	16 599	19 090	21 924	25 185	28 961	33 341	38 413
男	5 426	6 249	7 209	8 313	9 566	10 989	12 628	14 524	16 725	19 273
女	5 454	6 257	7 199	8 286	9 524	10 935	12 558	14 437	16 616	19 140
中位数年齢(歳)	18.6	19.1	19.4	19.5	19.4	19.5	19.6	19.7	19.7	19.6

	2010-2015	2015-2020	2020-2025	2025-2030	2030-2035	2035-2040	2040-2045	2045-2050	2050-2055	2055-2060
人口増加率(%)	2.69	2.79	2.83	2.83	2.80	2.77	2.77	2.79	2.82	2.83
粗出生率(人口千人あたり)	36.6	37.1	37.2	36.8	36.1	35.5	35.3	35.3	35.3	35.2
粗死亡率(人口千人あたり)	9.6	9.1	8.7	8.4	8.0	7.8	7.5	7.3	7.1	6.9

Bhutan

A. 推計値

指　標	1960	1965	1970	1975	1980	1985	1990	1995	2000	2005	2010
人口(千人)											
総数	224	253	291	349	413	469	536	509	564	651	720
男	114	128	148	180	215	243	277	262	290	347	386
女	110	124	143	169	198	226	258	247	274	304	334
性比(女100につき男)	103.4	103.2	103.2	106.8	108.6	107.8	107.3	106.3	105.8	114.0	115.7
年齢分布(%)											
０－４歳	17.0	17.5	17.6	17.6	17.7	17.2	16.8	15.6	13.3	11.0	10.0
５－14歳	24.4	24.0	24.8	24.5	25.0	26.4	26.8	28.3	27.3	23.1	20.1
15－24歳	19.5	19.4	18.1	17.5	17.6	17.6	18.4	19.2	21.2	23.1	21.6
60歳以上	4.0	4.0	4.0	4.1	4.3	4.6	4.9	5.5	5.9	6.1	6.7
65歳以上	2.3	2.3	2.4	2.4	2.5	2.7	3.0	3.4	3.8	4.1	4.5
80歳以上	0.2	0.2	0.2	0.2	0.2	0.3	0.3	0.4	0.5	0.6	0.7
15－49歳女子(%)	48.8	48.5	47.4	46.9	45.9	44.8	44.8	44.8	48.2	52.8	55.7
中位数年齢(歳)	19.1	19.1	19.2	19.2	18.9	18.3	18.1	17.8	19.1	21.8	24.2
人口密度(1km²あたり)	6	7	8	9	11	12	14	13	15	17	19

指　標	1960-1965	1965-1970	1970-1975	1975-1980	1980-1985	1985-1990	1990-1995	1995-2000	2000-2005	2005-2010	2010-2015
年平均人口増加数(千人)	6	8	12	13	11	13	－ 5	11	17	14	11
年平均出生数(千人)	12	13	15	18	19	20	18	16	15	15	14
年平均死亡数(千人)	7	8	8	8	8	7	6	5	5	5	5
人口増加率(%)	2.40	2.86	3.61	3.34	2.57	2.65	−1.02	2.06	2.87	2.02	1.46
粗出生率(人口千人あたり)	49.9	49.2	47.8	46.0	42.6	40.6	34.8	30.4	25.0	21.9	18.2
粗死亡率(人口千人あたり)	30.2	28.0	24.3	20.5	17.4	14.8	12.1	9.9	7.8	6.7	6.3
合計出生率(女子１人あたり)	6.67	6.67	6.67	6.67	6.39	6.11	5.07	4.13	3.14	2.62	2.10
純再生産率(女子１人あたり)	1.69	1.77	1.93	2.11	2.18	2.22	1.97	1.69	1.36	1.17	0.95
乳児死亡率(出生千人あたり)	212	189	159	131	110	92	76	62	52	40	30
出生時の平均余命(歳)											
男	33.1	35.3	39.0	43.2	47.0	50.6	54.5	58.4	62.7	66.3	68.6
女	33.6	35.4	38.8	42.9	46.6	50.3	54.4	58.4	63.0	66.9	69.1
男女計	33.4	35.3	38.9	43.1	46.8	50.5	54.5	58.4	62.9	66.7	68.9

B. 中位予測値

指　標	2015	2020	2025	2030	2035	2040	2045	2050	2055	2060
人口(千人)										
総数	775	817	855	886	911	929	942	950	952	948
男	416	437	454	469	479	487	492	494	492	488
女	359	381	400	417	431	442	451	456	460	460
性比(女100につき男)	116.1	114.8	113.5	112.3	111.2	110.1	109.1	108.1	107.1	106.2
年齢分布(%)										
０－４歳	8.5	8.0	7.3	6.6	6.0	5.6	5.3	5.1	5.0	4.8
５－14歳	18.4	16.7	15.2	14.3	13.2	12.2	11.3	10.7	10.3	10.1
15－24歳	19.5	17.6	16.5	15.3	14.2	13.6	12.7	11.8	11.1	10.7
60歳以上	7.4	8.6	9.7	11.6	13.6	16.7	20.7	24.5	27.7	30.1
65歳以上	5.1	5.7	6.7	7.7	9.4	11.2	14.0	17.5	20.9	23.6
80歳以上	1.0	1.2	1.4	1.6	1.9	2.4	2.9	3.8	4.7	6.2
６－11歳	11.0	9.9	9.1	8.6	7.8	7.2	6.7	6.4	6.2	6.0
12－14歳	5.5	5.3	4.6	4.4	4.1	3.8	3.5	3.3	3.2	3.1
15－17歳	5.6	5.1	4.9	4.3	4.2	3.9	3.6	3.4	3.2	3.1
18－23歳	11.8	10.6	9.9	9.3	8.5	8.2	7.7	7.2	6.7	6.4
15－24歳女子(%)	57.8	58.4	58.6	57.4	55.4	52.4	49.5	46.9	44.7	42.5
中位数年齢(歳)	26.7	29.1	31.4	33.7	35.9	38.0	39.9	41.9	43.5	44.9
人口密度(1km²あたり)	20	21	22	23	24	24	25	25	25	25

指　標	2010-2015	2015-2020	2020-2025	2025-2030	2030-2035	2035-2040	2040-2045	2045-2050	2050-2055	2055-2060
年平均人口増加数(千人)	11	9	8	6	5	4	3	2	0	－ 1
年平均出生数(千人)	14	13	13	12	11	11	10	10	10	9
年平均死亡数(千人)	5	5	5	6	6	7	8	8	9	10
年平均純移動数(千人)	2	0	0	0	0	0	0	0	0	0
人口増加率(%)	1.46	1.07	0.90	0.72	0.55	0.41	0.28	0.16	0.04	−0.09
粗出生率(人口千人あたり)	18.2	16.9	15.3	13.7	12.5	11.5	10.8	10.4	10.0	9.7
粗死亡率(人口千人あたり)	6.3	6.2	6.3	6.6	6.9	7.4	8.0	8.8	9.6	10.5
純移動率(人口千人あたり)	2.7	0.0	0.0	0.0	0.0	0.0	0.0	0.0	0.0	0.0
合計出生率（女子１人あたり）	2.10	1.93	1.79	1.69	1.62	1.59	1.58	1.59	1.60	1.63
純再生産率（女子１人あたり）	0.95	0.89	0.83	0.79	0.77	0.75	0.75	0.76	0.77	0.78
乳児死亡率（出生千人あたり）	30	24	20	17	14	12	11	10	9	8
５歳未満の死亡数(出生千人あたり	37	30	25	21	18	15	14	12	11	10
出生時の平均余命(歳)										
男	68.6	70.4	71.7	72.8	73.8	74.7	75.6	76.5	77.3	78.2
女	69.1	71.0	72.7	74.0	75.2	76.2	77.2	78.0	78.8	79.5
男女計	68.9	70.7	72.2	73.4	74.5	75.5	76.4	77.2	78.0	78.8

C. 高 位 予 測 値

	2015	2020	2025	2030	2035	2040	2045	2050	2055	2060
人口(千人)										
総数	775	826	877	926	967	1 003	1 036	1 067	1 096	1 120
男	416	441	466	489	508	525	539	553	565	576
女	359	385	411	437	459	479	497	514	530	545
性比(女100につき男)	116.1	114.9	113.8	112.8	111.7	110.7	109.8	108.8	107.8	106.8
年齢分布(%)										
0－4歳	8.5	9.0	8.7	8.2	7.5	6.9	6.7	6.8	6.8	6.7
5－14歳	18.4	16.5	15.8	16.1	15.7	14.7	13.6	13.0	12.9	13.1
15－24歳	19.5	17.4	16.0	14.6	14.2	14.8	14.5	13.7	12.8	12.3
60歳以上	7.4	8.5	9.5	11.1	12.8	15.5	18.9	21.9	24.1	25.5
65歳以上	5.1	5.6	6.5	7.4	8.8	10.4	12.7	15.6	18.2	20.0
80歳以上	1.0	1.1	1.3	1.5	1.8	2.2	2.7	3.3	4.1	5.2
15－49歳女子(%)	57.8	57.8	57.1	54.8	53.0	50.7	48.8	47.0	45.5	44.2
中位数年齢(歳)	26.7	28.8	30.7	32.3	33.8	35.2	36.5	37.4	38.0	38.8

	2010-2015	2015-2020	2020-2025	2025-2030	2030-2035	2035-2040	2040-2045	2045-2050	2050-2055	2055-2060
年平均人口増加数(千人)	11	10	10	10	8	7	7	6	6	5
年平均出生数(千人)	14	15	16	15	15	14	14	15	15	15
年平均死亡数(千人)	5	5	5	6	6	7	8	8	9	10
人口増加率(%)	1.46	1.28	1.21	1.07	0.88	0.73	0.64	0.59	0.54	0.45
粗出生率(人口千人あたり)	18.2	19.0	18.4	17.2	15.5	14.3	13.9	13.9	13.9	13.7
粗死亡率(人口千人あたり)	6.3	6.3	6.3	6.4	6.7	7.0	7.5	8.0	8.6	9.2
合計出生率 (女子1人あたり)	2.10	2.18	2.19	2.19	2.12	2.09	2.08	2.09	2.10	2.13
純再生産率 (女子1人あたり)	0.95	1.00	1.02	1.03	1.00	0.99	0.99	0.99	1.01	1.02

D. 低 位 予 測 値

	2015	2020	2025	2030	2035	2040	2045	2050	2055	2060
人口(千人)										
総数	775	809	832	846	854	856	852	840	821	795
男	416	432	443	449	451	450	446	438	426	411
女	359	376	389	398	403	406	406	402	395	384
性比(女100につき男)	116.1	114.9	113.8	112.8	111.7	110.7	109.8	108.8	107.8	106.8
年齢分布(%)										
0－4歳	8.5	7.0	5.8	4.9	4.5	4.1	3.8	3.4	3.1	2.9
5－14歳	18.4	16.9	14.6	12.4	10.4	9.2	8.5	8.0	7.4	6.8
15－24歳	19.5	17.7	16.9	16.0	14.1	12.1	10.4	9.3	8.8	8.4
60歳以上	7.4	8.6	10.0	12.1	14.5	18.2	23.0	27.8	32.1	35.9
65歳以上	5.1	5.7	6.9	8.1	10.0	12.1	15.5	19.8	24.2	28.2
80歳以上	1.0	1.2	1.4	1.7	2.0	2.6	3.2	4.3	5.4	7.4
15－49歳女子(%)	57.8	59.1	60.3	60.2	58.2	54.4	50.2	46.4	42.9	39.3
中位数年齢(歳)	26.7	29.4	32.1	35.0	37.9	40.6	43.3	46.0	48.6	51.1

	2010-2015	2015-2020	2020-2025	2025-2030	2030-2035	2035-2040	2040-2045	2045-2050	2050-2055	2055-2060
年平均人口増加数(千人)	11	7	5	3	2	0	－1	－2	－4	－5
年平均出生数(千人)	14	12	10	8	8	7	7	6	5	5
年平均死亡数(千人)	5	5	5	6	6	7	7	8	9	10
人口増加率(%)	1.46	0.86	0.58	0.33	0.19	0.04	−0.11	−0.28	−0.46	−0.64
粗出生率(人口千人あたり)	18.2	14.8	12.1	10.0	9.1	8.3	7.6	6.9	6.3	5.8
粗死亡率(人口千人あたり)	6.3	6.2	6.4	6.7	7.2	7.9	8.7	9.7	10.8	12.2
合計出生率 (女子1人あたり)	2.10	1.68	1.39	1.19	1.12	1.09	1.08	1.09	1.10	1.13
純再生産率 (女子1人あたり)	0.95	0.77	0.65	0.56	0.53	0.52	0.51	0.52	0.53	0.54

E. 出生力一定予測値

	2015	2020	2025	2030	2035	2040	2045	2050	2055	2060
人口(千人)										
総数	775	823	871	915	956	992	1 025	1 055	1 080	1 102
男	416	440	462	484	502	519	534	547	558	566
女	359	383	408	432	454	473	491	508	523	535
中位数年齢(歳)	26.7	28.9	30.9	32.6	34.2	35.6	36.9	37.8	38.5	39.2

	2010-2015	2015-2020	2020-2025	2025-2030	2030-2035	2035-2040	2040-2045	2045-2050	2050-2055	2055-2060
人口増加率(%)	1.46	1.20	1.13	1.00	0.87	0.74	0.65	0.57	0.48	0.39
粗出生率(人口千人あたり)	18.2	18.3	17.6	16.5	15.4	14.5	14.1	13.8	13.5	13.2
粗死亡率(人口千人あたり)	6.3	6.2	6.3	6.5	6.7	7.1	7.6	8.1	8.7	9.3

Bolivia (Plurinational State of)

A. 推 計 値

指　標	1960	1965	1970	1975	1980	1985	1990	1995	2000	2005	2010
人口(千人)											
総数	3 693	4 071	4 506	5 009	5 590	6 212	6 856	7 567	8 340	9 125	9 918
男	1 830	2 022	2 243	2 500	2 795	3 111	3 437	3 794	4 181	4 575	4 970
女	1 864	2 049	2 262	2 509	2 795	3 101	3 419	3 773	4 158	4 550	4 948
性比(女100につき男)	98.2	98.7	99.2	99.6	100.0	100.3	100.5	100.6	100.6	100.5	100.5
年齢分布(%)											
０－４歳	16.9	16.7	16.5	16.5	16.5	16.0	15.2	14.6	13.9	13.0	12.0
５－14歳	25.4	26.3	26.0	25.9	25.8	26.0	26.0	25.3	24.4	23.7	22.7
15－24歳	18.2	18.6	19.3	19.8	19.4	19.2	19.3	19.8	20.1	19.8	19.5
60歳以上	6.9	6.3	6.0	5.9	5.8	6.1	6.7	7.0	7.2	7.8	8.3
65歳以上	4.6	4.1	3.8	3.7	3.8	4.0	4.4	4.8	5.1	5.4	6.0
80歳以上	0.5	0.4	0.4	0.3	0.3	0.4	0.5	0.6	0.8	1.0	1.2
15－49歳女子(%)	44.5	44.1	45.1	45.7	45.8	45.9	46.4	47.4	48.7	49.3	50.2
中位数年齢(歳)	18.8	18.6	18.5	18.6	18.7	18.8	19.1	19.7	20.5	21.6	22.8
人口密度(1k㎡あたり)	3	4	4	5	5	6	6	7	8	8	9

指　標	1960-1965	1965-1970	1970-1975	1975-1980	1980-1985	1985-1990	1990-1995	1995-2000	2000-2005	2005-2010	2010-2015
年平均人口増加数(千人)	75	87	101	116	124	129	142	155	157	159	161
年平均出生数(千人)	170	183	199	218	231	239	247	256	258	255	252
年平均死亡数(千人)	88	89	90	90	90	89	87	85	82	80	78
人口増加率(%)	1.95	2.03	2.12	2.19	2.11	1.98	1.97	1.95	1.80	1.67	1.56
粗出生率(人口千人あたり)	43.9	42.8	41.8	41.2	39.2	36.6	34.3	32.2	29.5	26.8	24.4
粗死亡率(人口千人あたり)	22.7	20.7	18.8	17.0	15.2	13.6	12.1	10.7	9.4	8.4	7.6
合計出生率(女子１人あたり)	6.61	6.41	6.15	5.89	5.51	5.09	4.70	4.29	3.82	3.39	3.04
純再生産率(女子１人あたり)	2.08	2.09	2.10	2.09	2.03	1.94	1.86	1.75	1.60	1.46	1.33
乳児死亡率(出生千人あたり)	157	147	135	123	111	98	85	73	61	51	43
出生時の平均余命(歳)											
男	41.7	43.4	45.4	47.5	49.8	52.2	54.8	57.4	60.1	62.7	65.3
女	44.3	46.0	48.0	50.3	52.7	55.4	58.3	61.3	64.3	67.3	70.2
男女計	43.0	44.7	46.7	48.9	51.2	53.8	56.5	59.3	62.1	64.9	67.7

B. 中 位 予 測 値

指　標	2015	2020	2025	2030	2035	2040	2045	2050	2055	2060
人口(千人)										
総数	10 725	11 548	12 370	13 177	13 952	14 679	15 352	15 963	16 507	16 978
男	5 371	5 779	6 185	6 583	6 965	7 322	7 653	7 954	8 222	8 455
女	5 354	5 769	6 185	6 594	6 987	7 357	7 699	8 009	8 285	8 523
性比(女100につき男)	100.3	100.2	100.0	99.8	99.7	99.5	99.4	99.3	99.2	99.2
年齢分布(%)										
０－４歳	11.1	10.5	10.0	9.4	8.8	8.3	7.8	7.4	7.0	6.7
５－14歳	21.4	20.0	19.0	18.3	17.5	16.6	15.8	15.0	14.3	13.7
15－24歳	19.3	18.8	18.0	17.1	16.5	16.1	15.6	15.1	14.5	13.9
60歳以上	9.2	9.9	10.6	11.4	12.4	13.8	15.4	17.0	18.7	20.5
65歳以上	6.5	7.1	7.6	8.2	8.9	9.8	11.0	12.4	13.8	15.3
80歳以上	1.5	1.7	1.8	2.0	2.2	2.4	2.7	3.0	3.4	4.0
６－11歳	12.9	12.0	11.5	11.0	10.5	10.0	9.5	9.0	8.6	8.2
12－14歳	6.3	5.9	5.5	5.4	5.2	5.0	4.7	4.5	4.3	4.1
15－17歳	6.1	5.8	5.5	5.2	5.1	4.9	4.7	4.5	4.3	4.2
18－23歳	11.4	11.2	10.8	10.2	9.8	9.6	9.4	9.0	8.7	8.4
15－24歳女子(%)	51.3	52.0	52.2	51.8	51.2	50.5	49.7	48.6	47.5	46.4
中位数年齢(歳)	24.1	25.4	26.8	28.2	29.5	30.9	32.3	33.6	35.0	36.3
人口密度(1k㎡あたり)	10	11	11	12	13	14	14	15	15	16

指　標	2010-2015	2015-2020	2020-2025	2025-2030	2030-2035	2035-2040	2040-2045	2045-2050	2050-2055	2055-2060
年平均人口増加数(千人)	161	165	164	161	155	145	135	122	109	94
年平均出生数(千人)	252	256	257	256	253	249	245	241	236	231
年平均死亡数(千人)	78	81	85	88	93	99	106	114	123	132
年平均純移動数(千人)	−12	−10	−8	−6	−5	−5	−5	−5	−5	−4
人口増加率(%)	1.56	1.48	1.38	1.26	1.14	1.02	0.90	0.78	0.67	0.56
粗出生率(人口千人あたり)	24.4	23.0	21.5	20.0	18.7	17.4	16.3	15.4	14.5	13.8
粗死亡率(人口千人あたり)	7.6	7.3	7.1	6.9	6.9	6.9	7.1	7.3	7.6	7.9
純移動率(人口千人あたり)	−1.2	−0.9	−0.7	−0.5	−0.4	−0.3	−0.3	−0.3	−0.3	−0.3
合計出生率（女子１人あたり）	3.04	2.83	2.66	2.51	2.39	2.29	2.20	2.13	2.06	2.00
純再生産率（女子１人あたり）	1.33	1.26	1.21	1.15	1.11	1.07	1.03	1.00	0.97	0.95
乳児死亡率（出生千人あたり）	43	35	29	24	21	18	15	13	12	11
５歳未満の死亡数(出生千人あたり	72	59	48	40	34	29	25	21	19	17
出生時の平均余命(歳)										
男	65.3	67.1	68.7	70.0	71.2	72.3	73.4	74.4	75.4	76.3
女	70.2	72.2	73.8	75.3	76.5	77.5	78.5	79.3	80.1	80.7
男女計	67.7	69.6	71.2	72.6	73.8	74.9	75.9	76.8	77.7	78.5

C. 高 位 予 測 値

	2015	2020	2025	2030	2035	2040	2045	2050	2055	2060
人口(千人)										
総数	10 725	11 656	12 663	13 713	14 751	15 779	16 814	17 861	18 906	19 934
男	5 371	5 834	6 335	6 857	7 373	7 884	8 400	8 923	9 446	9 964
女	5 354	5 822	6 328	6 856	7 378	7 895	8 414	8 938	9 459	9 970
性比(女100につき男)	100.3	100.1	99.9	99.7	99.4	99.2	98.9	98.7	98.5	98.3
年齢分布(%)										
0－4歳	11.1	11.4	11.2	10.8	10.2	9.7	9.3	9.1	8.8	8.6
5－14歳	21.4	19.8	19.4	19.7	19.4	18.7	17.8	17.2	16.8	16.4
15－24歳	19.3	18.7	17.6	16.4	16.3	16.8	16.8	16.3	15.6	15.2
60歳以上	9.2	9.8	10.3	10.9	11.8	12.8	14.0	15.2	16.3	17.5
65歳以上	6.5	7.0	7.4	7.8	8.4	9.1	10.0	11.1	12.0	13.0
80歳以上	1.5	1.6	1.8	1.9	2.1	2.3	2.4	2.7	3.0	3.4
15－49歳女子(%)	51.3	51.6	51.0	49.8	49.2	48.9	48.5	47.9	47.2	46.8
中位数年齢(歳)	24.1	25.1	26.1	26.9	27.7	28.4	29.1	29.9	30.9	31.8

	2010-2015	2015-2020	2020-2025	2025-2030	2030-2035	2035-2040	2040-2045	2045-2050	2050-2055	2055-2060
年平均人口増加数(千人)	161	186	201	210	208	206	207	209	209	206
年平均出生数(千人)	252	278	296	307	308	312	320	331	340	346
年平均死亡数(千人)	78	82	86	91	95	101	108	117	126	136
人口増加率(%)	1.56	1.67	1.66	1.59	1.46	1.35	1.27	1.21	1.14	1.06
粗出生率(人口千人あたり)	24.4	24.9	24.3	23.3	21.6	20.4	19.7	19.1	18.5	17.8
粗死亡率(人口千人あたり)	7.6	7.3	7.1	6.9	6.7	6.6	6.7	6.7	6.8	7.0
合計出生率（女子１人あたり）	3.04	3.08	3.06	3.01	2.89	2.79	2.70	2.63	2.56	2.50
純再生産率（女子１人あたり）	1.33	1.38	1.39	1.38	1.34	1.30	1.27	1.24	1.21	1.19

D. 低 位 予 測 値

	2015	2020	2025	2030	2035	2040	2045	2050	2055	2060
人口(千人)										
総数	10 725	11 441	12 078	12 640	13 157	13 596	13 941	14 180	14 312	14 341
男	5 371	5 724	6 036	6 309	6 558	6 769	6 933	7 043	7 101	7 110
女	5 354	5 717	6 042	6 331	6 598	6 827	7 009	7 137	7 211	7 232
性比(女100につき男)	100.3	100.1	99.9	99.7	99.4	99.2	98.9	98.7	98.5	98.3
年齢分布(%)										
0－4歳	11.1	9.7	8.7	7.9	7.4	6.8	6.2	5.7	5.2	4.8
5－14歳	21.4	20.2	18.6	16.8	15.3	14.2	13.4	12.5	11.6	10.7
15－24歳	19.3	19.0	18.5	17.8	16.7	15.3	14.2	13.4	12.9	12.2
60歳以上	9.2	10.0	10.8	11.9	13.2	14.9	16.9	19.1	21.6	24.3
65歳以上	6.5	7.2	7.8	8.5	9.4	10.6	12.1	13.9	15.9	18.1
80歳以上	1.5	1.7	1.9	2.0	2.3	2.6	2.9	3.4	4.0	4.8
15－49歳女子(%)	51.3	52.5	53.5	53.9	53.4	52.4	50.9	49.1	47.3	45.3
中位数年齢(歳)	24.1	25.7	27.5	29.4	31.4	33.4	35.5	37.7	39.8	41.8

	2010-2015	2015-2020	2020-2025	2025-2030	2030-2035	2035-2040	2040-2045	2045-2050	2050-2055	2055-2060
年平均人口増加数(千人)	161	143	127	112	103	88	69	48	26	6
年平均出生数(千人)	252	233	218	205	199	190	177	164	151	139
年平均死亡数(千人)	78	80	83	86	91	97	103	111	120	129
人口増加率(%)	1.56	1.29	1.08	0.91	0.80	0.66	0.50	0.34	0.19	0.04
粗出生率(人口千人あたり)	24.4	21.0	18.6	16.6	15.4	14.2	12.9	11.6	10.6	9.7
粗死亡率(人口千人あたり)	7.6	7.2	7.0	7.0	7.1	7.2	7.5	7.9	8.4	9.0
合計出生率（女子１人あたり）	3.04	2.58	2.26	2.01	1.89	1.79	1.70	1.63	1.56	1.50
純再生産率（女子１人あたり）	1.33	1.15	1.02	0.92	0.88	0.84	0.80	0.77	0.74	0.71

E. 出生力一定予測値

	2015	2020	2025	2030	2035	2040	2045	2050	2055	2060
人口(千人)										
総数	10 725	11 634	12 627	13 685	14 792	15 945	17 160	18 450	19 819	21 269
男	5 371	5 823	6 317	6 843	7 394	7 969	8 577	9 224	9 914	10 648
女	5 354	5 811	6 311	6 842	7 398	7 976	8 583	9 226	9 905	10 621
中位数年齢(歳)	24.1	25.2	26.2	27.0	27.6	28.1	28.4	28.7	29.1	29.4

	2010-2015	2015-2020	2020-2025	2025-2030	2030-2035	2035-2040	2040-2045	2045-2050	2050-2055	2055-2060
人口増加率(%)	1.56	1.63	1.64	1.61	1.56	1.50	1.47	1.45	1.43	1.41
粗出生率(人口千人あたり)	24.4	24.5	24.2	23.5	22.6	22.0	21.6	21.4	21.2	21.0
粗死亡率(人口千人あたり)	7.6	7.3	7.1	6.9	6.7	6.6	6.6	6.6	6.7	6.7

Bosnia and Herzegovina

A. 推 計 値

指 標	1960	1965	1970	1975	1980	1985	1990	1995	2000	2005	2010
人口(千人)											
総数	3 215	3 525	3 746	3 972	4 145	4 370	4 527	3 879	3 793	3 833	3 835
男	1 577	1 737	1 851	1 967	2 055	2 170	2 262	1 933	1 891	1 910	1 910
女	1 638	1 788	1 894	2 004	2 089	2 200	2 265	1 946	1 902	1 924	1 926
性比(女100につき男)	96.3	97.2	97.7	98.2	98.4	98.6	99.9	99.3	99.4	99.3	99.2
年齢分布(%)											
0－4歳	13.4	13.0	11.3	10.3	8.7	8.8	7.9	6.2	5.7	4.3	4.6
5－14歳	24.4	23.7	23.2	21.8	19.7	17.4	16.4	15.8	13.4	11.7	10.1
15－24歳	18.7	17.8	20.1	20.2	20.3	19.4	17.2	15.4	15.1	15.5	13.4
60歳以上	6.1	6.8	7.8	8.1	7.9	8.5	10.7	13.8	16.4	17.1	19.4
65歳以上	3.5	4.0	4.8	5.6	5.9	5.5	6.4	8.7	11.0	13.1	13.5
80歳以上	0.5	0.4	0.4	0.5	0.7	1.0	1.2	1.3	1.2	1.7	2.6
15－49歳女子(%)	49.5	50.1	52.2	53.1	54.0	53.6	52.1	52.3	51.9	51.3	49.2
中位数年齢(歳)	21.9	22.0	22.6	23.9	25.7	27.5	29.7	33.1	35.8	37.9	39.7
人口密度(1km²あたり)	63	69	73	78	81	86	89	76	74	75	75

指 標	1960-1965	1965-1970	1970-1975	1975-1980	1980-1985	1985-1990	1990-1995	1995-2000	2000-2005	2005-2010	2010-2015
年平均人口増加数(千人)	62	44	45	35	45	31	－ 130	－ 17	8	0	－ 5
年平均出生数(千人)	102	92	86	75	79	73	55	46	33	36	35
年平均死亡数(千人)	30	28	26	26	28	30	35	31	32	36	39
人口増加率(%)	1.84	1.22	1.17	0.85	1.06	0.71	−3.09	−0.45	0.21	0.01	−0.13
粗出生率(人口千人あたり)	30.3	25.2	22.4	18.5	18.6	16.4	13.1	11.9	8.7	9.3	9.1
粗死亡率(人口千人あたり)	8.9	7.6	6.8	6.3	6.6	6.8	8.3	8.1	8.4	9.4	10.3
合計出生率(女子1人あたり)	3.68	3.14	2.73	2.19	2.12	1.91	1.65	1.63	1.22	1.28	1.28
純再生産率(女子1人あたり)	1.57	1.38	1.24	1.01	0.99	0.90	0.78	0.77	0.58	0.61	0.61
乳児死亡率(出生千人あたり)	98	73	49	34	26	18	18	11	10	9	8
出生時の平均余命(歳)											
男	60.2	62.7	65.3	67.2	67.8	69.2	66.2	70.9	72.0	72.9	73.7
女	63.6	66.7	69.6	72.3	73.4	74.5	74.2	76.1	77.5	78.1	78.8
男女計	61.9	64.7	67.5	69.9	70.7	71.9	70.1	73.6	74.8	75.5	76.3

B. 中 位 予 測 値

指 標	2015	2020	2025	2030	2035	2040	2045	2050	2055	2060
人口(千人)										
総数	3 810	3 758	3 681	3 584	3 469	3 340	3 206	3 069	2 931	2 793
男	1 896	1 870	1 830	1 780	1 721	1 656	1 590	1 523	1 457	1 392
女	1 914	1 889	1 851	1 804	1 748	1 684	1 616	1 545	1 473	1 401
性比(女100につき男)	99.1	99.0	98.8	98.7	98.5	98.3	98.4	98.6	98.9	99.4
年齢分布(%)										
0－4歳	4.5	4.2	3.9	3.7	3.5	3.5	3.7	3.8	3.7	3.7
5－14歳	9.0	9.3	9.0	8.4	7.9	7.6	7.5	7.7	7.9	8.0
15－24歳	11.7	10.2	9.2	9.7	9.5	9.0	8.5	8.2	8.1	8.4
60歳以上	22.4	25.4	28.6	30.6	32.9	34.9	38.0	40.5	41.6	42.8
65歳以上	15.4	18.1	20.9	23.9	25.6	27.6	29.2	32.0	34.5	35.5
80歳以上	3.4	4.1	4.0	5.1	6.6	8.1	9.6	10.1	11.1	12.1
6－11歳	5.3	5.6	5.3	4.9	4.6	4.5	4.4	4.6	4.7	4.8
12－14歳	2.7	2.8	2.8	2.7	2.5	2.4	2.3	2.3	2.4	2.5
15－17歳	3.4	2.5	2.9	2.8	2.7	2.5	2.4	2.3	2.4	2.5
18－23歳	7.1	6.5	5.4	5.9	5.8	5.5	5.2	5.0	4.9	5.0
15－24歳女子(%)	47.0	44.9	43.0	41.3	38.5	35.9	34.5	33.1	33.1	32.9
中位数年齢(歳)	41.5	43.3	45.0	47.2	49.2	51.1	52.3	53.2	53.8	53.7
人口密度(1km²あたり)	75	74	72	70	68	65	63	60	57	55

指 標	2010-2015	2015-2020	2020-2025	2025-2030	2030-2035	2035-2040	2040-2045	2045-2050	2050-2055	2055-2060
年平均人口増加数(千人)	－ 5	－ 10	－ 16	－ 19	－ 23	－ 26	－ 27	－ 27	－ 28	－ 28
年平均出生数(千人)	35	32	29	26	25	24	24	23	22	21
年平均死亡数(千人)	39	42	44	45	47	49	50	50	49	48
年平均純移動数(千人)	−1	−1	−1	−1	−1	−1	−1	−1	0	0
人口増加率(%)	−0.13	−0.28	−0.42	−0.53	−0.65	−0.75	−0.82	−0.88	−0.92	−0.97
粗出生率(人口千人あたり)	9.1	8.4	7.7	7.3	7.0	7.0	7.2	7.4	7.3	7.2
粗死亡率(人口千人あたり)	10.3	11.1	11.8	12.5	13.3	14.4	15.3	16.0	16.4	16.7
純移動率(人口千人あたり)	−0.1	−0.1	−0.1	−0.1	−0.1	−0.1	−0.2	−0.2	−0.2	−0.2
合計出生率 (女子1人あたり)	1.28	1.23	1.23	1.29	1.35	1.41	1.46	1.51	1.56	1.59
純再生産率 (女子1人あたり)	0.61	0.59	0.59	0.62	0.65	0.68	0.71	0.73	0.75	0.77
乳児死亡率 (出生千人あたり)	8	6	6	5	5	4	4	4	3	3
5歳未満の死亡数(出生千人あたり)	9	8	7	6	6	5	5	4	4	4
出生時の平均余命(歳)										
男	73.7	74.6	75.4	76.3	77.3	78.2	79.2	80.1	81.1	82.0
女	78.8	79.5	80.2	80.9	81.5	82.2	82.8	83.4	83.9	84.5
男女計	76.3	77.0	77.8	78.6	79.4	80.1	80.9	81.7	82.5	83.2

C. 高位予測値

	2015	2020	2025	2030	2035	2040	2045	2050	2055	2060
人口(千人)										
総数	3 810	3 790	3 759	3 713	3 643	3 558	3 472	3 396	3 331	3 271
男	1 896	1 886	1 870	1 846	1 810	1 768	1 726	1 691	1 662	1 637
女	1 914	1 904	1 889	1 867	1 833	1 791	1 746	1 705	1 669	1 634
性比(女100につき男)	99.1	98.9	98.7	98.4	98.1	97.9	97.8	97.9	98.1	98.4
年齢分布(%)										
０－４歳	4.5	5.0	5.0	4.9	4.6	4.5	4.8	5.2	5.5	5.6
５－14歳	9.0	9.2	9.6	10.2	10.2	9.8	9.4	9.6	10.3	11.0
15－24歳	11.7	10.2	9.1	9.3	9.9	10.6	10.6	10.2	9.8	10.0
60歳以上	22.4	25.2	28.0	29.5	31.3	32.8	35.0	36.6	36.6	36.5
65歳以上	15.4	18.0	20.5	23.0	24.4	25.9	27.0	29.0	30.4	30.3
80歳以上	3.4	4.1	3.9	4.9	6.3	7.6	8.8	9.1	9.7	10.3
15－49歳女子(%)	47.0	44.5	42.1	39.9	37.5	35.9	35.6	35.0	35.6	36.1
中位数年齢(歳)	41.5	43.0	44.4	46.1	47.6	48.9	49.2	49.1	47.7	46.6

	2010-2015	2015-2020	2020-2025	2025-2030	2030-2035	2035-2040	2040-2045	2045-2050	2050-2055	2055-2060
年平均人口増加数(千人)	－ 5	－ 4	－ 6	－ 9	－ 14	－ 17	－ 17	－ 15	－ 13	－ 12
年平均出生数(千人)	35	38	38	37	34	32	33	35	37	36
年平均死亡数(千人)	39	42	44	45	47	49	50	50	49	48
人口増加率(%)	−0.13	−0.11	−0.17	−0.25	−0.38	−0.47	−0.49	−0.45	−0.39	−0.36
粗出生率(人口千人あたり)	9.1	10.1	10.1	9.8	9.1	9.0	9.5	10.3	10.9	11.1
粗死亡率(人口千人あたり)	10.3	11.0	11.6	12.1	12.8	13.6	14.3	14.6	14.6	14.5
合計出生率（女子１人あたり）	1.28	1.48	1.63	1.79	1.85	1.91	1.96	2.01	2.06	2.09
純再生産率（女子１人あたり）	0.61	0.71	0.79	0.86	0.90	0.92	0.95	0.97	1.00	1.01

D. 低位予測値

	2015	2020	2025	2030	2035	2040	2045	2050	2055	2060
人口(千人)										
総数	3 810	3 726	3 602	3 454	3 294	3 123	2 945	2 758	2 566	2 372
男	1 896	1 853	1 789	1 713	1 631	1 545	1 456	1 364	1 271	1 176
女	1 914	1 873	1 813	1 741	1 663	1 578	1 489	1 394	1 295	1 195
性比(女100につき男)	99.1	98.9	98.7	98.4	98.1	97.9	97.8	97.9	98.1	98.4
年齢分布(%)										
０－４歳	4.5	3.4	2.7	2.3	2.3	2.4	2.5	2.4	2.1	2.0
５－14歳	9.0	9.3	8.3	6.4	5.4	5.0	5.2	5.4	5.4	5.0
15－24歳	11.7	10.3	9.4	10.0	9.0	7.1	5.9	5.6	5.9	6.2
60歳以上	22.4	25.6	29.3	31.8	34.7	37.3	41.3	45.1	47.6	50.4
65歳以上	15.4	18.3	21.4	24.8	27.0	29.5	31.8	35.7	39.4	41.9
80歳以上	3.4	4.2	4.1	5.3	7.0	8.7	10.4	11.2	12.6	14.3
15－49歳女子(%)	47.0	45.3	43.9	42.8	39.5	35.8	33.2	30.6	29.6	27.9
中位数年齢(歳)	41.5	43.6	45.7	48.2	50.8	53.1	55.2	56.8	58.5	60.2

	2010-2015	2015-2020	2020-2025	2025-2030	2030-2035	2035-2040	2040-2045	2045-2050	2050-2055	2055-2060
年平均人口増加数(千人)	－ 5	－ 17	－ 25	－ 30	－ 32	－ 34	－ 36	－ 37	－ 38	－ 39
年平均出生数(千人)	35	25	19	16	15	15	15	13	11	9
年平均死亡数(千人)	39	42	44	45	47	49	50	50	49	48
人口増加率(%)	−0.13	−0.45	−0.68	−0.84	−0.95	−1.06	−1.18	−1.31	−1.45	−1.57
粗出生率(人口千人あたり)	9.1	6.8	5.3	4.6	4.6	4.7	4.9	4.6	4.1	3.8
粗死亡率(人口千人あたり)	10.3	11.1	11.9	12.8	13.9	15.2	16.5	17.5	18.4	19.3
合計出生率（女子１人あたり）	1.28	0.98	0.83	0.79	0.85	0.91	0.96	1.01	1.06	1.09
純再生産率（女子１人あたり）	0.61	0.47	0.40	0.38	0.41	0.44	0.47	0.49	0.51	0.53

E. 出生力一定予測値

	2015	2020	2025	2030	2035	2040	2045	2050	2055	2060
人口(千人)										
総数	3 810	3 760	3 682	3 578	3 453	3 313	3 161	3 002	2 839	2 674
男	1 896	1 870	1 830	1 777	1 713	1 642	1 567	1 489	1 410	1 331
女	1 914	1 889	1 852	1 801	1 740	1 671	1 594	1 513	1 429	1 343
中位数年齢(歳)	41.5	43.2	45.0	47.2	49.4	51.3	52.8	54.0	55.2	55.5

	2010-2015	2015-2020	2020-2025	2025-2030	2030-2035	2035-2040	2040-2045	2045-2050	2050-2055	2055-2060
人口増加率(%)	−0.13	−0.27	−0.42	−0.57	−0.71	−0.83	−0.94	−1.03	−1.11	−1.20
粗出生率(人口千人あたり)	9.1	8.5	7.7	6.9	6.4	6.3	6.2	6.1	5.8	5.5
粗死亡率(人口千人あたり)	10.3	11.1	11.8	12.5	13.4	14.5	15.5	16.2	16.8	17.3

Botswana

A. 推計値

指標	1960	1965	1970	1975	1980	1985	1990	1995	2000	2005	2010
人口(千人)											
総数	524	596	693	822	996	1 183	1 380	1 576	1 737	1 864	2 048
男	251	284	333	398	487	582	681	781	864	930	1 023
女	273	312	360	424	509	601	699	795	872	934	1 025
性比(女100につき男)	91.8	91.2	92.3	94.1	95.8	96.7	97.5	98.3	99.0	99.6	99.8
年齢分布(%)											
0－4歳	19.1	18.9	18.8	18.8	18.8	18.2	16.2	14.1	12.8	11.9	11.6
5－14歳	26.5	29.4	29.1	28.3	27.7	28.2	28.6	27.4	25.4	23.6	21.5
15－24歳	18.6	17.3	19.1	20.7	20.1	19.4	19.8	21.1	22.7	23.2	21.5
60歳以上	5.8	5.4	4.7	4.1	3.9	4.1	4.1	4.3	4.7	5.0	5.2
65歳以上	4.0	3.5	3.2	2.8	2.5	2.4	2.6	2.7	2.9	3.2	3.4
80歳以上	0.4	0.4	0.4	0.4	0.3	0.3	0.3	0.3	0.3	0.4	0.4
15－49歳女子(%)	43.8	42.7	43.8	44.4	45.0	45.0	46.1	48.9	51.9	53.7	55.1
中位数年齢(歳)	17.2	15.9	15.9	16.3	16.6	16.7	17.4	18.7	19.9	21.2	22.9
人口密度(1k㎡あたり)	1	1	1	1	2	2	2	3	3	3	4

指標	1960-1965	1965-1970	1970-1975	1975-1980	1980-1985	1985-1990	1990-1995	1995-2000	2000-2005	2005-2010	2010-2015
年平均人口増加数(千人)	14	19	26	35	37	39	39	32	25	37	43
年平均出生数(千人)	26	30	34	41	46	48	47	48	48	50	55
年平均死亡数(千人)	9	9	9	9	9	10	12	21	26	16	16
人口増加率(%)	2.57	3.03	3.41	3.85	3.43	3.08	2.66	1.94	1.42	1.88	1.99
粗出生率(人口千人あたり)	46.6	46.1	45.5	45.0	42.5	37.3	32.1	28.9	26.4	25.3	25.6
粗死亡率(人口千人あたり)	15.6	14.0	12.0	9.9	8.4	7.4	7.9	12.5	14.6	8.4	7.5
合計出生率(女子１人あたり)	6.65	6.70	6.55	6.37	5.97	5.11	4.32	3.70	3.18	2.90	2.90
純再生産率(女子１人あたり)	2.49	2.57	2.62	2.66	2.57	2.23	1.86	1.47	1.24	1.28	1.32
乳児死亡率(出生千人あたり)	113	104	90	75	64	58	57	65	58	39	32
出生時の平均余命(歳)											
男	49.7	51.5	54.1	57.2	59.6	60.7	59.1	50.5	48.1	59.0	61.8
女	53.3	55.0	57.8	61.2	63.7	64.8	62.7	52.8	49.9	63.2	66.5
男女計	51.6	53.4	56.1	59.3	61.7	62.8	61.0	51.7	49.0	61.1	64.1

B. 中位予測値

指標	2015	2020	2025	2030	2035	2040	2045	2050	2055	2060
人口(千人)										
総数	2 262	2 460	2 646	2 817	2 976	3 126	3 265	3 389	3 492	3 573
男	1 130	1 229	1 321	1 406	1 485	1 559	1 627	1 688	1 738	1 777
女	1 132	1 231	1 325	1 411	1 492	1 567	1 638	1 701	1 754	1 796
性比(女100につき男)	99.9	99.8	99.7	99.6	99.5	99.4	99.4	99.2	99.1	98.9
年齢分布(%)										
0－4歳	11.8	10.8	9.8	8.9	8.4	8.0	7.6	7.2	6.8	6.5
5－14歳	20.2	20.4	20.0	18.6	17.1	16.0	15.2	14.7	14.1	13.6
15－24歳	19.5	18.0	17.3	17.8	17.8	16.8	15.7	14.8	14.3	14.0
60歳以上	5.9	6.5	7.1	8.0	9.2	11.1	13.4	15.7	17.5	18.9
65歳以上	3.6	4.1	4.7	5.2	5.9	6.9	8.4	10.5	12.3	13.8
80歳以上	0.5	0.5	0.6	0.7	0.8	1.0	1.2	1.4	1.7	2.3
6－11歳	12.2	12.5	12.1	11.1	10.2	9.5	9.1	8.8	8.5	8.1
12－14歳	5.8	5.6	5.9	5.7	5.2	4.8	4.6	4.4	4.3	4.1
15－17歳	5.8	5.4	5.5	5.7	5.3	4.9	4.6	4.4	4.3	4.2
18－23歳	11.7	10.7	10.2	10.5	10.8	10.1	9.5	8.9	8.6	8.4
15－24歳女子(%)	55.5	55.3	55.1	54.9	53.8	52.5	51.2	50.1	49.4	48.6
中位数年齢(歳)	24.2	25.5	26.7	28.0	29.2	30.5	32.0	33.6	35.0	36.3
人口密度(1k㎡あたり)	4	4	5	5	5	6	6	6	6	6

指標	2010-2015	2015-2020	2020-2025	2025-2030	2030-2035	2035-2040	2040-2045	2045-2050	2050-2055	2055-2060
年平均人口増加数(千人)	43	40	37	34	32	30	28	25	21	16
年平均出生数(千人)	55	55	53	51	51	51	51	50	48	47
年平均死亡数(千人)	16	18	19	20	22	24	26	28	31	34
年平均純移動数(千人)	4	3	3	3	3	3	3	3	3	3
人口増加率(%)	1.99	1.68	1.46	1.25	1.10	0.98	0.87	0.74	0.60	0.46
粗出生率(人口千人あたり)	25.6	23.2	20.8	18.8	17.5	16.6	15.8	15.0	14.1	13.3
粗死亡率(人口千人あたり)	7.5	7.7	7.4	7.4	7.6	7.8	8.1	8.4	8.9	9.5
純移動率(人口千人あたり)	1.9	1.3	1.2	1.1	1.0	1.0	0.9	0.9	0.8	0.8
合計出生率（女子１人あたり）	2.90	2.67	2.49	2.35	2.22	2.12	2.03	1.97	1.91	1.87
純再生産率（女子１人あたり）	1.32	1.22	1.15	1.09	1.04	0.99	0.96	0.93	0.91	0.89
乳児死亡率（出生千人あたり）	32	29	25	22	20	18	17	15	14	13
５歳未満の死亡数(出生千人あたり	40	36	30	26	24	22	20	18	17	15
出生時の平均余命(歳)										
男	61.8	62.4	64.2	65.5	66.6	67.7	68.7	69.7	70.7	71.6
女	66.5	66.9	68.4	69.6	70.6	71.5	72.4	73.3	74.1	75.0
男女計	64.1	64.6	66.3	67.5	68.6	69.6	70.5	71.5	72.4	73.3

C. 高位予測値

	2015	2020	2025	2030	2035	2040	2045	2050	2055	2060
人口(千人)										
総数	2 262	2 485	2 712	2 936	3 152	3 365	3 579	3 793	3 999	4 194
男	1 130	1 241	1 355	1 466	1 573	1 679	1 786	1 892	1 995	2 091
女	1 132	1 244	1 358	1 470	1 578	1 685	1 793	1 900	2 005	2 103
性比(女100につき男)	99.9	99.8	99.7	99.5	99.4	99.2	99.1	98.8	98.6	98.2
年齢分布(%)										
0－4歳	11.8	11.7	11.1	10.4	9.7	9.3	9.1	8.9	8.6	8.3
5－14歳	20.2	20.2	20.4	20.1	19.2	18.1	17.2	16.8	16.5	16.2
15－24歳	19.5	17.8	16.9	17.1	17.6	17.6	16.9	16.1	15.5	15.2
60歳以上	5.9	6.4	7.0	7.6	8.7	10.3	12.3	14.0	15.3	16.1
65歳以上	3.6	4.1	4.6	5.0	5.5	6.4	7.7	9.3	10.8	11.7
80歳以上	0.5	0.5	0.6	0.6	0.8	0.9	1.1	1.2	1.5	2.0
15－49歳女子(%)	55.5	54.7	53.7	52.7	51.7	50.7	50.0	49.4	49.0	48.8
中位数年齢(歳)	24.2	25.2	26.0	26.6	27.3	28.2	29.2	30.2	31.2	32.0

	2010-2015	2015-2020	2020-2025	2025-2030	2030-2035	2035-2040	2040-2045	2045-2050	2050-2055	2055-2060
年平均人口増加数(千人)	43	45	45	45	43	43	43	43	41	39
年平均出生数(千人)	55	60	62	62	62	64	66	68	70	71
年平均死亡数(千人)	16	18	19	21	22	24	26	29	31	34
人口増加率(%)	1.99	1.88	1.75	1.59	1.41	1.31	1.24	1.16	1.06	0.95
粗出生率(人口千人あたり)	25.6	25.2	23.7	22.1	20.4	19.5	19.0	18.5	17.9	17.2
粗死亡率(人口千人あたり)	7.5	7.7	7.4	7.3	7.3	7.4	7.5	7.8	8.1	8.4
合計出生率(女子1人あたり)	2.90	2.92	2.89	2.85	2.72	2.62	2.53	2.47	2.41	2.37
純再生産率(女子1人あたり)	1.32	1.34	1.34	1.32	1.27	1.23	1.19	1.16	1.14	1.13

D. 低位予測値

	2015	2020	2025	2030	2035	2040	2045	2050	2055	2060
人口(千人)										
総数	2 262	2 435	2 580	2 697	2 801	2 890	2 959	3 005	3 022	3 013
男	1 130	1 216	1 288	1 345	1 396	1 439	1 473	1 494	1 500	1 493
女	1 132	1 219	1 292	1 352	1 405	1 451	1 487	1 511	1 522	1 520
性比(女100につき男)	99.9	99.8	99.7	99.5	99.4	99.2	99.1	98.8	98.6	98.2
年齢分布(%)										
0－4歳	11.8	9.9	8.4	7.3	6.9	6.5	6.0	5.5	5.0	4.6
5－14歳	20.2	20.6	19.6	17.0	14.8	13.5	12.8	12.2	11.4	10.5
15－24歳	19.5	18.1	17.8	18.6	18.1	15.9	14.1	13.1	12.7	12.2
60歳以上	5.9	6.6	7.3	8.3	9.7	12.0	14.8	17.7	20.2	22.4
65歳以上	3.6	4.2	4.8	5.4	6.2	7.4	9.3	11.8	14.3	16.4
80歳以上	0.5	0.5	0.6	0.7	0.9	1.1	1.3	1.5	2.0	2.8
15－49歳女子(%)	55.5	55.8	56.5	57.3	56.3	54.5	52.4	50.7	49.3	47.7
中位数年齢(歳)	24.2	25.8	27.5	29.3	31.1	33.0	34.9	37.2	39.4	41.4

	2010-2015	2015-2020	2020-2025	2025-2030	2030-2035	2035-2040	2040-2045	2045-2050	2050-2055	2055-2060
年平均人口増加数(千人)	43	35	29	24	21	18	14	9	4	－2
年平均出生数(千人)	55	50	45	40	39	38	36	34	31	28
年平均死亡数(千人)	16	18	19	20	22	23	25	28	30	33
人口増加率(%)	1.99	1.47	1.15	0.89	0.75	0.63	0.48	0.31	0.12	-0.06
粗出生率(人口千人あたり)	25.6	21.1	17.8	15.3	14.3	13.4	12.4	11.3	10.2	9.3
粗死亡率(人口千人あたり)	7.5	7.7	7.5	7.6	7.8	8.2	8.7	9.2	10.0	10.8
合計出生率(女子1人あたり)	2.90	2.42	2.09	1.85	1.72	1.62	1.53	1.47	1.41	1.37
純再生産率(女子1人あたり)	1.32	1.11	0.97	0.86	0.81	0.76	0.72	0.69	0.67	0.65

E. 出生力一定予測値

	2015	2020	2025	2030	2035	2040	2045	2050	2055	2060
人口(千人)										
総数	2 262	2 482	2 709	2 940	3 177	3 424	3 684	3 957	4 237	4 525
男	1 130	1 240	1 353	1 468	1 586	1 709	1 839	1 975	2 115	2 259
女	1 132	1 242	1 356	1 472	1 591	1 715	1 845	1 981	2 122	2 266
中位数年齢(歳)	24.2	25.2	26.0	26.6	27.1	27.6	28.2	28.8	29.2	29.4

	2010-2015	2015-2020	2020-2025	2025-2030	2030-2035	2035-2040	2040-2045	2045-2050	2050-2055	2055-2060
人口増加率(%)	1.99	1.85	1.75	1.64	1.55	1.50	1.47	1.43	1.37	1.31
粗出生率(人口千人あたり)	25.6	25.0	23.8	22.6	21.8	21.4	21.2	21.0	20.7	20.5
粗死亡率(人口千人あたり)	7.5	7.7	7.4	7.3	7.3	7.3	7.4	7.6	7.7	7.9

Brazil

A. 推計値

指　標	1960	1965	1970	1975	1980	1985	1990	1995	2000	2005	2010
人口(千人)											
総数	72 494	84 130	95 982	108 431	122 200	136 836	150 393	162 755	175 786	188 479	198 614
男	36 096	41 931	47 823	53 968	60 765	67 974	74 585	80 546	86 860	93 001	97 830
女	36 398	42 199	48 160	54 463	61 435	68 862	75 808	82 209	88 926	95 479	100 785
性比(女100につき男)	99.2	99.4	99.3	99.1	98.9	98.7	98.4	98.0	97.7	97.4	97.1
年齢分布(%)											
０－４歳	17.3	17.2	15.4	14.3	14.1	13.5	11.9	10.4	10.0	9.3	7.8
５－14歳	26.0	26.6	27.1	26.1	24.2	23.6	23.5	22.2	19.7	18.2	17.6
15－24歳	18.2	18.1	19.3	20.4	21.0	20.5	19.5	19.6	19.9	19.0	17.3
60歳以上	5.2	5.2	5.4	5.7	5.8	5.9	6.4	6.8	7.7	8.6	9.9
65歳以上	3.1	3.3	3.4	3.6	3.7	3.8	4.0	4.5	5.1	5.9	6.7
80歳以上	0.3	0.3	0.4	0.4	0.4	0.4	0.5	0.6	0.7	0.9	1.2
15－49歳女子(%)	45.6	45.0	46.2	47.9	49.6	50.7	51.8	53.8	55.1	55.1	54.6
中位数年齢(歳)	18.5	18.1	18.5	19.3	20.2	21.2	22.4	23.8	25.2	27.0	29.1
人口密度(1km²あたり)	9	10	11	13	15	16	18	19	21	23	24

指　標	1960-1965	1965-1970	1970-1975	1975-1980	1980-1985	1985-1990	1990-1995	1995-2000	2000-2005	2005-2010	2010-2015
年平均人口増加数(千人)	2 327	2 370	2 490	2 754	2 927	2 711	2 472	2 606	2 539	2 027	1 847
年平均出生数(千人)	3 316	3 346	3 463	3 789	4 006	3 791	3 547	3 659	3 613	3 173	3 074
年平均死亡数(千人)	988	975	973	1 035	1 079	1 079	1 075	1 053	1 074	1 146	1 230
人口増加率(%)	2.98	2.64	2.44	2.39	2.26	1.89	1.58	1.54	1.39	1.05	0.91
粗出生率(人口千人あたり)	42.3	37.2	33.9	32.9	30.9	26.4	22.7	21.6	19.8	16.4	15.1
粗死亡率(人口千人あたり)	12.6	10.8	9.5	9.0	8.3	7.5	6.9	6.2	5.9	5.9	6.1
合計出生率(女子１人あたり)	6.15	5.38	4.72	4.31	3.80	3.10	2.60	2.45	2.25	1.90	1.82
純再生産率(女子１人あたり)	2.42	2.20	1.99	1.85	1.67	1.39	1.19	1.14	1.05	0.90	0.86
乳児死亡率(出生千人あたり)	112	101	92	84	72	56	43	34	28	24	20
出生時の平均余命(歳)											
男	53.5	55.5	57.2	58.3	59.6	60.9	62.6	65.1	67.3	68.8	70.3
女	57.6	60.6	63.2	64.5	66.1	68.1	70.3	72.8	75.0	76.4	77.9
男女計	55.5	58.0	60.1	61.3	62.7	64.4	66.3	68.9	71.1	72.6	74.1

B. 中位予測値

指　標	2015	2020	2025	2030	2035	2040	2045	2050	2055	2060
人口(千人)										
総数	207 848	215 997	222 976	228 663	233 006	236 015	237 744	238 270	237 686	236 014
男	102 201	106 037	109 298	111 937	113 952	115 376	116 251	116 618	116 519	115 910
女	105 647	109 960	113 679	116 726	119 054	120 639	121 494	121 652	121 167	120 103
性比(女100につき男)	96.7	96.4	96.1	95.9	95.7	95.6	95.7	95.9	96.2	96.5
年齢分布(%)										
０－４歳	7.2	6.7	6.3	5.9	5.5	5.2	5.0	4.8	4.7	4.6
５－14歳	15.8	14.1	13.2	12.4	11.7	11.1	10.6	10.1	9.8	9.6
15－24歳	16.4	16.1	14.7	13.2	12.6	12.0	11.5	11.0	10.5	10.2
60歳以上	11.7	13.9	16.4	18.8	21.1	23.9	26.8	29.3	31.3	33.4
65歳以上	7.8	9.4	11.3	13.5	15.6	17.7	20.1	22.8	25.0	26.7
80歳以上	1.5	1.9	2.2	2.8	3.6	4.5	5.7	6.7	7.7	9.0
６－11歳	9.3	8.3	7.9	7.4	7.0	6.6	6.3	6.0	5.9	5.7
12－14歳	5.1	4.3	4.0	3.8	3.6	3.4	3.3	3.1	3.0	2.9
15－17歳	5.1	4.8	4.1	3.9	3.7	3.5	3.3	3.2	3.1	3.0
18－23歳	9.7	9.7	9.0	7.9	7.6	7.3	6.9	6.6	6.4	6.2
15－24歳女子(%)	53.7	52.9	51.3	49.1	46.6	44.5	42.8	40.9	39.0	37.9
中位数年齢(歳)	31.3	33.4	35.5	37.4	39.3	41.2	43.1	44.8	46.1	47.2
人口密度(1km²あたり)	25	26	27	27	28	28	28	29	28	28

指　標	2010-2015	2015-2020	2020-2025	2025-2030	2030-2035	2035-2040	2040-2045	2045-2050	2050-2055	2055-2060
年平均人口増加数(千人)	1 847	1 630	1 396	1 137	869	602	346	105	－ 117	－ 334
年平均出生数(千人)	3 074	2 957	2 839	2 711	2 592	2 485	2 395	2 320	2 254	2 192
年平均死亡数(千人)	1 230	1 335	1 449	1 579	1 725	1 884	2 050	2 216	2 371	2 527
年平均純移動数(千人)	3	7	6	5	1	1	1	1	1	1
人口増加率(%)	0.91	0.77	0.64	0.50	0.38	0.26	0.15	0.04	−0.05	−0.14
粗出生率(人口千人あたり)	15.1	14.0	12.9	12.0	11.2	10.6	10.1	9.7	9.5	9.3
粗死亡率(人口千人あたり)	6.1	6.3	6.6	7.0	7.5	8.0	8.7	9.3	10.0	10.7
純移動率(人口千人あたり)	0.0	0.0	0.0	0.0	0.0	0.0	0.0	0.0	0.0	0.0
合計出生率（女子１人あたり）	1.82	1.74	1.69	1.66	1.65	1.65	1.66	1.67	1.68	1.70
純再生産率（女子１人あたり）	0.86	0.83	0.81	0.80	0.79	0.79	0.80	0.81	0.81	0.82
乳児死亡率（出生千人あたり）	20	16	13	11	9	8	7	6	6	5
５歳未満の死亡数(出生千人あたり	24	19	16	13	11	9	8	7	7	6
出生時の平均余命(歳)										
男	70.3	71.8	73.2	74.5	75.8	77.2	78.5	79.7	80.8	81.7
女	77.9	79.1	80.2	81.2	82.2	83.0	83.8	84.5	85.2	85.9
男女計	74.1	75.4	76.7	77.9	79.0	80.1	81.2	82.2	83.1	83.9

C. 高 位 予 測 値

	2015	2020	2025	2030	2035	2040	2045	2050	2055	2060
人口(千人)										
総数	207 848	218 080	228 365	238 075	246 460	253 867	260 654	267 034	273 048	278 519
男	102 201	107 101	112 051	116 748	120 831	124 503	127 962	131 319	134 589	137 629
女	105 647	110 979	116 314	121 327	125 629	129 364	132 692	135 715	138 458	140 890
性比(女100につき男)	96.7	96.4	95.9	95.5	95.2	95.0	94.8	94.8	94.9	95.1
年齢分布(%)										
0－4歳	7.2	7.6	7.6	7.3	6.9	6.6	6.5	6.5	6.5	6.5
5－14歳	15.8	13.9	13.8	14.2	14.1	13.5	12.9	12.6	12.6	12.6
15－24歳	16.4	15.9	14.3	12.7	12.8	13.3	13.3	12.8	12.3	12.1
60歳以上	11.7	13.7	16.0	18.0	20.0	22.2	24.5	26.2	27.3	28.3
65歳以上	7.8	9.3	11.0	13.0	14.8	16.5	18.4	20.3	21.7	22.6
80歳以上	1.5	1.8	2.2	2.7	3.4	4.2	5.2	6.0	6.7	7.6
15－49歳女子(%)	53.7	52.4	50.1	47.2	44.9	43.5	42.6	41.5	40.4	40.2
中位数年齢(歳)	31.3	33.1	34.7	36.0	37.3	38.6	39.6	40.0	40.0	40.4

	2010-2015	2015-2020	2020-2025	2025-2030	2030-2035	2035-2040	2040-2045	2045-2050	2050-2055	2055-2060
年平均人口増加数(千人)	1 847	2 046	2 057	1 942	1 677	1 482	1 357	1 276	1 203	1 094
年平均出生数(千人)	3 074	3 381	3 511	3 527	3 411	3 376	3 419	3 506	3 591	3 641
年平均死亡数(千人)	1 230	1 342	1 460	1 590	1 735	1 896	2 063	2 231	2 389	2 547
人口増加率(%)	0.91	0.96	0.92	0.83	0.69	0.59	0.53	0.48	0.45	0.40
粗出生率(人口千人あたり)	15.1	15.9	15.7	15.1	14.1	13.5	13.3	13.3	13.3	13.2
粗死亡率(人口千人あたり)	6.1	6.3	6.5	6.8	7.2	7.6	8.0	8.5	8.8	9.2
合計出生率 (女子1人あたり)	1.82	1.99	2.09	2.16	2.15	2.15	2.16	2.17	2.18	2.20
純再生産率 (女子1人あたり)	0.86	0.95	1.00	1.04	1.03	1.04	1.04	1.05	1.05	1.06

D. 低 位 予 測 値

	2015	2020	2025	2030	2035	2040	2045	2050	2055	2060
人口(千人)										
総数	207 848	213 914	217 588	219 251	219 632	218 562	215 930	211 728	206 078	199 125
男	102 201	104 974	106 544	107 125	107 114	106 452	105 100	103 054	100 370	97 067
女	105 647	108 941	111 044	112 126	112 518	112 109	110 830	108 674	105 709	102 058
性比(女100につき男)	96.7	96.4	95.9	95.5	95.2	95.0	94.8	94.8	94.9	95.1
年齢分布(%)										
0－4歳	7.2	5.8	4.9	4.3	4.0	3.8	3.5	3.2	3.0	2.8
5－14歳	15.8	14.2	12.6	10.5	9.1	8.3	7.9	7.4	6.9	6.4
15－24歳	16.4	16.3	15.0	13.8	12.4	10.5	9.2	8.6	8.3	7.9
60歳以上	11.7	14.0	16.8	19.6	22.4	25.8	29.5	33.0	36.1	39.6
65歳以上	7.8	9.5	11.6	14.1	16.6	19.1	22.2	25.6	28.8	31.6
80歳以上	1.5	1.9	2.3	2.9	3.8	4.9	6.2	7.5	8.9	10.7
15－49歳女子(%)	53.7	53.4	52.5	51.1	48.4	45.5	42.8	39.7	36.6	34.2
中位数年齢(歳)	31.3	33.7	36.3	38.8	41.3	43.8	46.3	48.8	51.2	53.5

	2010-2015	2015-2020	2020-2025	2025-2030	2030-2035	2035-2040	2040-2045	2045-2050	2050-2055	2055-2060
年平均人口増加数(千人)	1 847	1 213	735	333	76	－ 214	－ 526	－ 840	－1 130	－1 391
年平均出生数(千人)	3 074	2 533	2 168	1 896	1 789	1 659	1 510	1 361	1 225	1 118
年平均死亡数(千人)	1 230	1 328	1 439	1 568	1 714	1 873	2 038	2 202	2 356	2 510
人口増加率(%)	0.91	0.58	0.34	0.15	0.04	−0.10	−0.24	−0.39	−0.54	−0.69
粗出生率(人口千人あたり)	15.1	12.0	10.0	8.7	8.2	7.6	7.0	6.4	5.9	5.5
粗死亡率(人口千人あたり)	6.1	6.3	6.7	7.2	7.8	8.6	9.4	10.3	11.3	12.4
合計出生率 (女子1人あたり)	1.82	1.49	1.29	1.16	1.15	1.15	1.16	1.17	1.18	1.20
純再生産率 (女子1人あたり)	0.86	0.71	0.62	0.56	0.55	0.55	0.56	0.56	0.57	0.58

E. 出生力一定予測値

	2015	2020	2025	2030	2035	2040	2045	2050	2055	2060
人口(千人)										
総数	207 848	216 614	224 642	231 553	237 153	241 517	244 740	246 851	247 872	247 780
男	102 201	106 352	110 149	113 414	116 072	118 189	119 827	121 003	121 723	121 921
女	105 647	110 262	114 494	118 139	121 081	123 328	124 913	125 847	126 149	125 859
中位数年齢(歳)	31.3	33.3	35.2	37.0	38.7	40.4	42.0	43.4	44.3	45.1

	2010-2015	2015-2020	2020-2025	2025-2030	2030-2035	2035-2040	2040-2045	2045-2050	2050-2055	2055-2060
人口増加率(%)	0.91	0.83	0.73	0.61	0.48	0.37	0.27	0.17	0.08	−0.01
粗出生率(人口千人あたり)	15.1	14.5	13.8	13.0	12.1	11.5	11.1	10.7	10.4	10.1
粗死亡率(人口千人あたり)	6.1	6.3	6.6	6.9	7.4	7.9	8.4	9.0	9.6	10.2

Brunei Darussalam

A. 推計値

指　標	1960	1965	1970	1975	1980	1985	1990	1995	2000	2005	2010
人口(千人)											
総数	82	103	130	161	193	223	257	295	331	362	393
男	42	53	67	83	103	118	136	155	168	186	203
女	40	50	63	78	90	105	121	140	162	176	190
性比(女100につき男)	106.6	106.6	106.9	106.7	114.0	112.2	112.3	110.3	103.4	105.3	106.8
年齢分布(%)											
0－4歳	19.8	18.2	16.1	15.4	14.9	13.9	13.1	12.6	10.4	8.9	7.7
5－14歳	23.7	28.1	26.9	24.7	23.7	23.8	21.4	20.4	20.1	18.7	17.6
15－24歳	14.7	13.5	16.8	19.5	22.3	19.0	18.8	18.6	18.3	18.5	18.6
60歳以上	6.1	5.8	5.6	5.6	4.3	4.4	4.0	4.2	3.9	4.9	5.7
65歳以上	3.9	3.7	3.6	3.5	2.9	2.8	2.7	2.7	2.4	3.0	3.5
80歳以上	0.4	0.4	0.4	0.4	0.4	0.4	0.5	0.4	0.4	0.5	0.6
15－49歳女子(%)	43.7	41.3	45.1	47.7	51.4	52.0	55.8	58.3	61.1	60.6	60.1
中位数年齢(歳)	19.4	17.6	18.4	19.8	20.4	21.4	23.4	24.2	25.6	26.9	28.1
人口密度(1km²あたり)	16	19	25	31	37	42	49	56	63	69	75

	1960-1965	1965-1970	1970-1975	1975-1980	1980-1985	1985-1990	1990-1995	1995-2000	2000-2005	2005-2010	2010-2015
年平均人口増加数(千人)	4	5	6	6	6	7	8	7	6	6	6
年平均出生数(千人)	4	4	5	6	7	8	8	8	7	7	7
年平均死亡数(千人)	1	1	1	1	1	1	1	1	1	1	1
人口増加率(%)	4.51	4.71	4.29	3.66	2.89	2.83	2.76	2.28	1.81	1.67	1.47
粗出生率(人口千人あたり)	41.9	35.1	37.8	35.6	31.4	32.0	30.1	24.7	19.6	18.4	16.6
粗死亡率(人口千人あたり)	8.3	6.7	6.0	5.5	4.3	4.0	3.5	3.2	2.8	3.0	3.0
合計出生率(女子1人あたり)	6.55	5.59	5.87	4.71	3.92	3.72	3.28	2.60	2.05	2.00	1.90
純再生産率(女子1人あたり)	2.86	2.50	2.65	2.16	1.82	1.74	1.55	1.23	0.98	0.96	0.92
乳児死亡率(出生千人あたり)	49	39	31	25	20	16	13	10	8	6	4
出生時の平均余命(歳)											
男	62.5	64.6	66.5	68.1	69.6	70.9	72.1	73.2	74.2	75.1	76.6
女	65.3	67.4	69.4	71.1	72.6	74.0	75.3	76.4	77.5	78.4	80.4
男女計	63.8	65.9	67.8	69.5	70.9	72.3	73.5	74.7	75.7	76.7	78.4

B. 中位予測値

	2015	2020	2025	2030	2035	2040	2045	2050	2055	2060
人口(千人)										
総数	423	450	475	496	513	528	539	546	549	549
男	218	232	244	254	263	270	275	279	280	280
女	205	219	231	242	251	258	264	268	269	269
性比(女100につき男)	106.3	105.8	105.4	105.1	104.8	104.5	104.4	104.2	104.1	104.0
年齢分布(%)										
0－4歳	8.0	7.2	6.5	5.9	5.4	5.2	5.0	4.9	4.7	4.6
5－14歳	15.1	14.2	14.0	12.7	11.7	10.8	10.2	10.0	9.8	9.6
15－24歳	16.8	15.5	13.6	13.1	13.0	12.1	11.2	10.6	10.2	10.1
60歳以上	7.6	10.3	13.5	17.1	20.8	24.5	28.1	30.9	32.9	34.7
65歳以上	4.4	6.2	8.6	11.3	14.5	17.8	21.0	24.0	26.5	28.1
80歳以上	0.7	0.8	1.0	1.4	2.3	3.5	4.7	6.2	7.8	9.3
6－11歳	8.8	8.7	8.4	7.6	6.9	6.4	6.1	6.0	5.9	5.7
12－14歳	4.9	4.0	4.2	4.0	3.6	3.4	3.1	3.0	3.0	2.9
15－17歳	5.1	4.4	3.8	4.2	3.8	3.5	3.2	3.1	3.0	3.0
18－23歳	10.0	9.5	8.3	7.6	8.0	7.3	6.8	6.4	6.1	6.1
15－24歳女子(%)	58.6	55.8	52.4	49.8	47.2	44.7	42.7	40.8	39.4	38.9
中位数年齢(歳)	30.6	33.0	35.5	37.8	40.0	42.1	43.9	45.4	46.4	47.4
人口密度(1km²あたり)	80	85	90	94	97	100	102	104	104	104

	2010-2015	2015-2020	2020-2025	2025-2030	2030-2035	2035-2040	2040-2045	2045-2050	2050-2055	2055-2060
年平均人口増加数(千人)	6	5	5	4	4	3	2	1	1	0
年平均出生数(千人)	7	6	6	6	6	5	5	5	5	5
年平均死亡数(千人)	1	1	2	2	2	3	4	4	5	5
年平均純移動数(千人)	0	0	0	0	0	0	0	0	0	0
人口増加率(%)	1.47	1.25	1.05	0.87	0.70	0.55	0.42	0.27	0.12	−0.03
粗出生率(人口千人あたり)	16.6	14.9	13.3	12.0	11.0	10.5	10.2	9.8	9.4	9.1
粗死亡率(人口千人あたり)	3.0	3.2	3.5	4.1	4.8	5.6	6.7	7.8	8.9	10.0
純移動率(人口千人あたり)	1.0	0.8	0.8	0.7	0.7	0.7	0.7	0.6	0.6	0.6
合計出生率(女子1人あたり)	1.90	1.82	1.76	1.72	1.69	1.68	1.68	1.69	1.70	1.71
純再生産率(女子1人あたり)	0.92	0.88	0.85	0.83	0.82	0.82	0.82	0.82	0.82	0.83
乳児死亡率(出生千人あたり)	4	4	4	4	4	4	3	3	3	2
5歳未満の死亡数(出生千人あた	5	5	4	4	4	4	3	3	3	2
出生時の平均余命(歳)										
男	76.6	77.8	78.9	80.0	81.1	82.3	83.3	84.2	85.0	85.7
女	80.4	81.3	82.2	83.0	83.7	84.5	85.2	85.9	86.6	87.2
男女計	78.4	79.5	80.5	81.5	82.4	83.4	84.2	85.0	85.7	86.4

C. 高位予測値

	2015	2020	2025	2030	2035	2040	2045	2050	2055	2060
人口(千人)										
総数	423	455	486	516	542	565	586	606	624	639
男	218	234	250	264	277	289	300	310	319	326
女	205	221	237	251	264	276	287	297	306	313
性比(女100につき男)	106.3	105.8	105.4	105.1	104.8	104.5	104.3	104.1	103.9	103.8
年齢分布(%)										
0－4歳	8.0	8.1	7.7	7.3	6.7	6.4	6.4	6.5	6.5	6.4
5－14歳	15.1	14.1	14.5	14.5	13.9	13.1	12.3	12.2	12.4	12.5
15－24歳	16.8	15.3	13.3	12.6	13.2	13.3	13.0	12.3	11.7	11.7
60歳以上	7.6	10.2	13.1	16.4	19.7	22.9	25.8	27.9	29.0	29.8
65歳以上	4.4	6.1	8.4	10.9	13.8	16.6	19.3	21.7	23.4	24.2
80歳以上	0.7	0.8	1.0	1.4	2.2	3.2	4.4	5.6	6.9	8.0
15－49歳女子(%)	58.6	55.3	51.1	47.9	45.5	43.8	42.6	41.4	40.6	40.8
中位数年齢(歳)	30.6	32.7	34.7	36.4	38.0	39.5	40.5	40.6	40.9	41.3

	2010-2015	2015-2020	2020-2025	2025-2030	2030-2035	2035-2040	2040-2045	2045-2050	2050-2055	2055-2060
年平均人口増加数(千人)	6	6	6	6	5	5	4	4	4	3
年平均出生数(千人)	7	7	8	8	7	7	8	8	8	8
年平均死亡数(千人)	1	1	2	2	2	3	4	4	5	5
人口増加率(%)	1.47	1.45	1.33	1.18	0.98	0.84	0.75	0.67	0.58	0.47
粗出生率(人口千人あたり)	16.6	16.8	16.0	15.0	13.7	13.1	13.1	13.2	13.2	12.9
粗死亡率(人口千人あたり)	3.0	3.2	3.5	3.9	4.6	5.3	6.2	7.1	7.9	8.7
合計出生率（女子1人あたり）	1.90	2.07	2.16	2.22	2.19	2.18	2.18	2.19	2.20	2.21
純再生産率（女子1人あたり）	0.92	1.00	1.04	1.07	1.06	1.06	1.06	1.06	1.07	1.07

D. 低位予測値

	2015	2020	2025	2030	2035	2040	2045	2050	2055	2060
人口(千人)										
総数	423	446	463	476	485	491	493	490	482	469
男	218	229	238	244	248	251	252	250	245	239
女	205	217	226	232	237	240	241	240	236	230
性比(女100につき男)	106.3	105.8	105.4	105.1	104.8	104.5	104.3	104.1	103.9	103.8
年齢分布(%)										
0－4歳	8.0	6.3	5.1	4.3	4.0	3.8	3.6	3.3	3.0	2.8
5－14歳	15.1	14.4	13.3	10.9	9.2	8.2	7.8	7.5	7.1	6.6
15－24歳	16.8	15.6	14.0	13.6	12.9	10.7	9.2	8.4	8.1	8.0
60歳以上	7.6	10.4	13.8	17.8	22.0	26.3	30.7	34.5	37.5	40.6
65歳以上	4.4	6.2	8.8	11.8	15.4	19.1	22.9	26.8	30.3	32.9
80歳以上	0.7	0.8	1.0	1.5	2.4	3.7	5.2	7.0	8.9	10.9
15－49歳女子(%)	58.6	56.4	53.7	51.9	49.0	45.7	42.6	39.8	37.4	35.8
中位数年齢(歳)	30.6	33.3	36.2	39.2	41.9	44.6	47.1	49.4	51.6	53.5

	2010-2015	2015-2020	2020-2025	2025-2030	2030-2035	2035-2040	2040-2045	2045-2050	2050-2055	2055-2060
年平均人口増加数(千人)	6	5	3	3	2	1	0	－1	－2	－3
年平均出生数(千人)	7	6	5	4	4	4	4	3	3	3
年平均死亡数(千人)	1	1	2	2	2	3	4	4	5	5
人口増加率(%)	1.47	1.05	0.76	0.54	0.39	0.24	0.07	−0.13	−0.34	−0.53
粗出生率(人口千人あたり)	16.6	12.9	10.4	8.8	8.1	7.7	7.2	6.6	5.9	5.5
粗死亡率(人口千人あたり)	3.0	3.2	3.6	4.2	5.0	6.0	7.2	8.6	10.0	11.5
合計出生率（女子1人あたり）	1.90	1.57	1.36	1.22	1.19	1.18	1.18	1.19	1.20	1.21
純再生産率（女子1人あたり）	0.92	0.76	0.66	0.59	0.58	0.57	0.57	0.58	0.58	0.59

E. 出生力一定予測値

	2015	2020	2025	2030	2035	2040	2045	2050	2055	2060
人口(千人)										
総数	423	452	479	503	524	543	558	570	579	583
男	218	232	246	258	268	277	285	291	295	298
女	205	220	233	245	256	265	273	279	283	286
中位数年齢(歳)	30.6	32.9	35.2	37.3	39.2	41.0	42.5	43.5	44.2	44.9

	2010-2015	2015-2020	2020-2025	2025-2030	2030-2035	2035-2040	2040-2045	2045-2050	2050-2055	2055-2060
人口増加率(%)	1.47	1.31	1.16	0.99	0.83	0.69	0.56	0.43	0.30	0.17
粗出生率(人口千人あたり)	16.6	15.5	14.3	13.2	12.3	11.7	11.4	11.1	10.9	10.6
粗死亡率(人口千人あたり)	3.0	3.2	3.5	4.0	4.7	5.5	6.5	7.5	8.5	9.4

Bulgaria

A. 推計値

指　標	1960	1965	1970	1975	1980	1985	1990	1995	2000	2005	2010
人口(千人)											
総数	7 866	8 207	8 495	8 727	8 865	8 960	8 821	8 358	8 001	7 683	7 407
男	3 929	4 103	4 248	4 359	4 418	4 446	4 349	4 093	3 898	3 740	3 606
女	3 937	4 103	4 247	4 368	4 447	4 514	4 472	4 265	4 102	3 942	3 801
性比(女100につき男)	99.8	100.0	100.0	99.8	99.4	98.5	97.3	96.0	95.0	94.9	94.9
年齢分布(%)											
０－４歳	8.4	7.8	7.6	7.8	7.6	6.8	6.3	5.0	4.1	4.1	4.8
５－14歳	17.7	16.4	15.2	14.5	14.5	14.9	14.0	12.9	11.6	9.5	8.7
15－24歳	14.9	15.6	16.1	15.1	14.1	13.7	13.9	14.5	14.2	13.5	11.9
60歳以上	11.4	13.0	14.8	16.0	15.7	17.5	19.3	21.4	22.2	23.3	25.4
65歳以上	7.5	8.4	9.6	10.9	11.9	11.4	13.2	15.1	16.6	17.4	18.3
80歳以上	1.0	1.3	1.5	1.4	1.6	1.9	2.2	2.6	2.3	3.2	3.9
15－49歳女子(%)	51.0	50.8	52.0	50.0	48.1	46.9	47.1	47.7	47.2	46.4	44.3
中位数年齢(歳)	30.4	32.0	33.2	33.7	34.2	35.3	36.6	38.3	39.7	41.1	42.4
人口密度(1k㎡あたり)	72	76	78	80	82	83	81	77	74	71	68

指　標	1960-1965	1965-1970	1970-1975	1975-1980	1980-1985	1985-1990	1990-1995	1995-2000	2000-2005	2005-2010	2010-2015
年平均人口増加数(千人)	68	58	47	28	19	− 28	− 93	− 72	− 64	− 55	− 52
年平均出生数(千人)	134	132	138	139	124	117	91	68	67	75	69
年平均死亡数(千人)	66	73	83	93	101	108	112	118	114	113	110
人口増加率(%)	0.85	0.69	0.54	0.31	0.21	−0.31	−1.08	−0.88	−0.81	−0.73	−0.71
粗出生率(人口千人あたり)	16.7	15.8	16.1	15.9	13.9	13.1	10.5	8.3	8.5	9.9	9.4
粗死亡率(人口千人あたり)	8.2	8.8	9.7	10.6	11.3	12.1	13.0	14.4	14.5	15.0	15.1
合計出生率(女子１人あたり)	2.22	2.13	2.16	2.19	2.01	1.95	1.55	1.20	1.24	1.50	1.52
純再生産率(女子１人あたり)	1.02	0.99	1.01	1.03	0.95	0.92	0.74	0.57	0.59	0.72	0.73
乳児死亡率(出生千人あたり)	37	31	26	22	18	14	15	15	13	10	9
出生時の平均余命(歳)											
男	68.4	69.0	69.0	68.7	68.6	68.3	67.7	67.4	68.7	69.4	70.6
女	71.9	73.0	73.4	73.7	74.2	74.7	74.8	74.6	75.6	76.7	77.6
男女計	70.1	71.0	71.1	71.1	71.3	71.4	71.1	70.9	72.1	73.0	74.0

B. 中位予測値

指　標	2015	2020	2025	2030	2035	2040	2045	2050	2055	2060
人口(千人)										
総数	7 150	6 884	6 603	6 300	5 989	5 691	5 415	5 154	4 898	4 645
男	3 473	3 340	3 202	3 054	2 904	2 762	2 630	2 505	2 384	2 266
女	3 676	3 544	3 402	3 247	3 085	2 929	2 785	2 648	2 513	2 379
性比(女100につき男)	94.5	94.3	94.1	94.1	94.1	94.3	94.4	94.6	94.9	95.3
年齢分布(%)										
０－４歳	4.7	4.7	4.6	4.3	4.3	4.5	4.8	4.8	4.8	4.7
５－14歳	9.4	10.0	10.0	9.9	9.5	9.2	9.4	9.9	10.3	10.3
15－24歳	9.7	9.0	9.8	10.6	10.6	10.5	10.1	9.7	9.9	10.5
60歳以上	26.9	28.1	28.9	30.1	31.9	33.6	35.0	36.4	36.1	34.8
65歳以上	20.0	21.3	22.4	23.1	24.2	25.7	27.3	28.6	29.9	29.5
80歳以上	4.5	4.6	5.0	5.9	6.5	6.9	7.1	7.6	8.7	9.5
６－11歳	5.8	6.0	5.9	5.9	5.6	5.5	5.6	6.0	6.2	6.2
12－14歳	2.6	3.1	3.1	3.1	3.0	2.9	2.8	2.9	3.1	3.2
15－17歳	2.6	2.8	3.2	3.1	3.2	3.0	2.9	2.9	3.1	3.2
18－23歳	5.9	5.3	5.7	6.5	6.3	6.4	6.1	5.8	5.9	6.3
15－24歳女子(%)	42.7	40.9	39.3	37.8	36.7	35.2	34.9	35.5	36.2	36.3
中位数年齢(歳)	43.5	44.7	45.9	47.1	48.3	49.2	48.9	47.8	47.3	47.2
人口密度(1k㎡あたり)	66	63	61	58	55	52	50	47	45	43

指　標	2010-2015	2015-2020	2020-2025	2025-2030	2030-2035	2035-2040	2040-2045	2045-2050	2050-2055	2055-2060
年平均人口増加数(千人)	− 52	− 53	− 56	− 61	− 62	− 60	− 55	− 52	− 51	− 51
年平均出生数(千人)	69	67	61	56	52	52	52	51	48	45
年平均死亡数(千人)	110	110	108	106	105	102	98	93	90	86
年平均純移動数(千人)	−10	−10	−10	−10	−10	−10	−10	−10	−10	−9
人口増加率(%)	−0.71	−0.76	−0.83	−0.94	−1.01	−1.02	−0.99	−0.99	−1.02	−1.06
粗出生率(人口千人あたり)	9.4	9.5	9.1	8.6	8.5	9.0	9.4	9.6	9.5	9.4
粗死亡率(人口千人あたり)	15.1	15.6	16.0	16.5	17.0	17.5	17.6	17.6	17.8	18.1
純移動率(人口千人あたり)	−1.4	−1.4	−1.5	−1.6	−1.6	−1.7	−1.8	−1.9	−1.9	−1.9
合計出生率（女子１人あたり）	1.52	1.60	1.66	1.71	1.74	1.77	1.79	1.81	1.83	1.84
純再生産率（女子１人あたり）	0.73	0.76	0.79	0.82	0.84	0.85	0.86	0.87	0.88	0.88
乳児死亡率（出生千人あたり）	9	8	7	7	6	6	5	5	5	4
５歳未満の死亡数(出生千人あたり	11	10	9	8	7	7	6	6	6	5
出生時の平均余命(歳)										
男	70.6	71.1	71.7	72.3	72.9	73.5	74.2	74.9	75.6	76.4
女	77.6	78.0	78.5	79.0	79.4	79.9	80.4	80.8	81.3	81.7
男女計	74.0	74.5	75.1	75.6	76.1	76.6	77.2	77.8	78.4	79.0

C. 高位予測値

	2015	2020	2025	2030	2035	2040	2045	2050	2055	2060
人口(千人)										
総数	7 150	6 936	6 728	6 506	6 271	6 052	5 867	5 718	5 593	5 482
男	3 473	3 367	3 266	3 159	3 049	2 947	2 863	2 795	2 742	2 696
女	3 676	3 569	3 462	3 347	3 222	3 105	3 005	2 923	2 852	2 786
性比(女100につき男)	94.5	94.2	93.9	93.7	93.6	93.6	93.5	93.4	93.4	93.4
年齢分布(%)										
0－4歳	4.7	5.5	5.6	5.4	5.3	5.6	6.0	6.3	6.6	6.6
5－14歳	9.4	10.0	10.6	11.5	11.6	11.3	11.3	11.9	12.6	13.2
15－24歳	9.7	8.9	9.7	10.3	10.9	12.0	11.9	11.5	11.5	12.0
60歳以上	26.9	27.9	28.4	29.2	30.5	31.6	32.3	32.8	31.6	29.5
65歳以上	20.0	21.2	22.0	22.4	23.1	24.2	25.2	25.8	26.2	25.0
80歳以上	4.5	4.6	4.9	5.7	6.2	6.5	6.5	6.9	7.6	8.1
15－49歳女子(%)	42.7	40.6	38.6	36.7	35.9	35.2	35.7	36.8	38.1	38.9
中位数年齢(歳)	43.5	44.4	45.3	46.0	46.7	46.5	44.7	42.9	41.4	40.6

	2010-2015	2015-2020	2020-2025	2025-2030	2030-2035	2035-2040	2040-2045	2045-2050	2050-2055	2055-2060
年平均人口増加数(千人)	− 52	− 43	− 42	− 44	− 47	− 44	− 37	− 30	− 25	− 22
年平均出生数(千人)	69	77	76	72	68	68	71	73	74	73
年平均死亡数(千人)	110	110	108	106	105	102	98	93	90	87
人口増加率(%)	−0.71	−0.61	−0.61	−0.67	−0.74	−0.71	−0.62	−0.52	−0.44	−0.40
粗出生率(人口千人あたり)	9.4	10.9	11.2	10.9	10.6	11.1	11.9	12.7	13.2	13.3
粗死亡率(人口千人あたり)	15.1	15.6	15.8	16.1	16.4	16.6	16.4	16.1	15.9	15.6
合計出生率 (女子1人あたり)	1.52	1.85	2.06	2.21	2.24	2.27	2.29	2.31	2.33	2.34
純再生産率 (女子1人あたり)	0.73	0.88	0.98	1.06	1.07	1.09	1.10	1.11	1.12	1.12

D. 低位予測値

	2015	2020	2025	2030	2035	2040	2045	2050	2055	2060
人口(千人)										
総数	7 150	6 833	6 478	6 094	5 708	5 333	4 975	4 620	4 262	3 903
男	3 473	3 314	3 137	2 948	2 759	2 578	2 404	2 231	2 058	1 885
女	3 676	3 519	3 341	3 147	2 949	2 755	2 571	2 389	2 204	2 018
性比(女100につき男)	94.5	94.2	93.9	93.7	93.6	93.6	93.5	93.4	93.4	93.4
年齢分布(%)										
0－4歳	4.7	4.0	3.5	3.2	3.2	3.4	3.5	3.4	3.1	2.9
5－14歳	9.4	10.1	9.4	8.2	7.3	6.9	7.2	7.6	7.6	7.3
15－24歳	9.7	9.1	10.0	10.9	10.2	8.9	7.9	7.5	7.9	8.4
60歳以上	26.9	28.3	29.5	31.1	33.5	35.8	38.1	40.6	41.5	41.4
65歳以上	20.0	21.5	22.9	23.9	25.4	27.5	29.7	31.9	34.4	35.1
80歳以上	4.5	4.7	5.1	6.1	6.8	7.3	7.7	8.5	9.9	11.3
15－49歳女子(%)	42.7	41.2	40.0	39.0	37.5	35.2	34.0	33.6	33.5	32.2
中位数年齢(歳)	43.5	44.9	46.5	48.2	49.8	51.4	52.4	52.8	53.0	53.6

	2010-2015	2015-2020	2020-2025	2025-2030	2030-2035	2035-2040	2040-2045	2045-2050	2050-2055	2055-2060
年平均人口増加数(千人)	− 52	− 63	− 71	− 77	− 77	− 75	− 72	− 71	− 72	− 72
年平均出生数(千人)	69	56	47	39	37	37	36	32	27	23
年平均死亡数(千人)	110	110	108	106	104	102	97	93	89	86
人口増加率(%)	−0.71	−0.91	−1.07	−1.22	−1.31	−1.36	−1.39	−1.48	−1.62	−1.76
粗出生率(人口千人あたり)	9.4	8.0	7.0	6.3	6.3	6.7	6.9	6.7	6.1	5.6
粗死亡率(人口千人あたり)	15.1	15.7	16.2	16.9	17.7	18.4	18.9	19.4	20.1	21.0
合計出生率 (女子1人あたり)	1.52	1.35	1.26	1.21	1.24	1.27	1.29	1.31	1.33	1.34
純再生産率 (女子1人あたり)	0.73	0.64	0.60	0.58	0.60	0.61	0.62	0.63	0.64	0.64

E. 出生力一定予測値

	2015	2020	2025	2030	2035	2040	2045	2050	2055	2060
人口(千人)										
総数	7 150	6 854	6 530	6 190	5 846	5 508	5 176	4 848	4 520	4 199
男	3 473	3 325	3 164	2 997	2 830	2 667	2 507	2 348	2 190	2 036
女	3 676	3 529	3 366	3 193	3 016	2 841	2 669	2 500	2 330	2 162
中位数年齢(歳)	43.5	44.8	46.3	47.7	49.1	50.4	50.9	50.7	50.5	51.1

	2010-2015	2015-2020	2020-2025	2025-2030	2030-2035	2035-2040	2040-2045	2045-2050	2050-2055	2055-2060
人口増加率(%)	−0.71	−0.84	−0.97	−1.07	−1.14	−1.19	−1.24	−1.31	−1.40	−1.48
粗出生率(人口千人あたり)	9.4	8.6	7.9	7.6	7.6	7.8	7.7	7.4	7.1	7.0
粗死亡率(人口千人あたり)	15.1	15.7	16.1	16.7	17.4	17.9	18.3	18.5	19.1	19.7

Burkina Faso

A. 推計値

指　標	1960	1965	1970	1975	1980	1985	1990	1995	2000	2005	2010
人口(千人)											
総数	4 829	5 175	5 625	6 155	6 823	7 728	8 811	10 090	11 608	13 422	15 632
男	2 458	2 600	2 800	3 039	3 345	3 776	4 306	4 943	5 702	6 622	7 737
女	2 371	2 574	2 825	3 116	3 478	3 952	4 505	5 147	5 906	6 800	7 895
性比(女100につき男)	103.7	101.0	99.1	97.5	96.2	95.5	95.6	96.0	96.5	97.4	98.0
年齢分布(%)											
０－４歳	16.7	17.0	17.5	17.9	18.7	19.1	18.9	18.7	18.7	18.5	18.3
５－14歳	24.6	25.2	25.8	26.4	26.8	27.6	28.4	28.4	28.1	28.0	28.0
15－24歳	19.3	19.2	18.9	19.1	19.2	19.3	19.4	19.9	20.4	20.3	19.9
60歳以上	4.3	4.6	4.9	5.2	5.3	5.3	5.1	4.7	4.3	4.1	3.9
65歳以上	2.3	2.5	2.8	3.0	3.2	3.3	3.3	3.1	2.8	2.6	2.5
80歳以上	0.1	0.1	0.1	0.1	0.2	0.2	0.3	0.3	0.3	0.3	0.2
15－49歳女子(%)	48.4	47.1	46.0	45.2	44.3	43.6	43.5	44.0	44.7	45.2	45.3
中位数年齢(歳)	19.1	18.8	18.3	17.8	17.1	16.6	16.3	16.3	16.4	16.6	16.7
人口密度(1k㎡あたり)	18	19	21	22	25	28	32	37	42	49	57

	1960-1965	1965-1970	1970-1975	1975-1980	1980-1985	1985-1990	1990-1995	1995-2000	2000-2005	2005-2010	2010-2015
年平均人口増加数(千人)	69	90	106	134	181	217	256	304	363	442	495
年平均出生数(千人)	236	257	280	317	356	395	445	506	571	635	688
年平均死亡数(千人)	138	138	140	140	132	142	160	175	183	168	168
人口増加率(%)	1.38	1.67	1.80	2.06	2.49	2.62	2.71	2.80	2.90	3.05	2.94
粗出生率(人口千人あたり)	47.2	47.5	47.5	48.8	49.0	47.8	47.1	46.7	45.6	43.7	40.8
粗死亡率(人口千人あたり)	27.5	25.5	23.7	21.5	18.1	17.2	16.9	16.2	14.6	11.5	10.0
合計出生率(女子１人あたり)	6.35	6.56	6.70	7.02	7.17	7.07	6.93	6.73	6.43	6.08	5.65
純再生産率(女子１人あたり)	1.71	1.86	1.99	2.20	2.44	2.45	2.41	2.38	2.34	2.39	2.30
乳児死亡率(出生千人あたり)	192	172	154	133	119	110	104	100	90	78	67
出生時の平均余命(歳)											
男	34.6	37.0	39.1	42.2	47.2	48.3	48.1	48.3	50.5	54.5	56.7
女	36.7	39.2	41.5	44.6	49.5	50.5	50.4	51.3	52.6	57.0	59.3
男女計	35.6	38.0	40.3	43.4	48.4	49.5	49.3	49.9	51.6	55.8	58.1

B. 中位予測値

	2015	2020	2025	2030	2035	2040	2045	2050	2055	2060
人口(千人)										
総数	18 106	20 861	23 903	27 244	30 859	34 695	38 689	42 789	46 978	51 221
男	8 984	10 374	11 908	13 593	15 414	17 345	19 350	21 404	23 498	25 613
女	9 121	10 487	11 995	13 652	15 445	17 350	19 338	21 385	23 481	25 608
性比(女100につき男)	98.5	98.9	99.3	99.6	99.8	100.0	100.1	100.1	100.1	100.0
年齢分布(%)										
０－４歳	17.4	16.6	15.9	15.2	14.5	13.8	13.0	12.3	11.7	11.1
５－14歳	28.2	27.7	26.7	25.8	25.1	24.3	23.5	22.6	21.6	20.7
15－24歳	19.9	20.3	20.7	20.6	20.2	19.9	19.6	19.4	19.1	18.6
60歳以上	3.8	3.9	4.1	4.4	4.8	5.3	5.8	6.4	7.0	7.8
65歳以上	2.4	2.4	2.5	2.7	2.9	3.2	3.6	4.0	4.5	5.0
80歳以上	0.2	0.2	0.2	0.2	0.3	0.3	0.3	0.4	0.4	0.5
６－11歳	17.5	17.0	16.4	15.8	15.3	14.8	14.3	13.7	13.1	12.6
12－14歳	7.5	7.6	7.4	7.2	7.0	6.8	6.7	6.5	6.3	6.0
15－17歳	6.8	6.9	6.9	6.7	6.6	6.4	6.3	6.2	6.0	5.8
18－23歳	11.5	11.7	12.0	12.1	11.8	11.7	11.5	11.4	11.3	11.0
15－24歳女子(%)	45.8	46.8	48.0	49.0	49.7	50.4	51.2	51.8	52.1	52.1
中位数年齢(歳)	17.0	17.6	18.3	19.1	19.9	20.7	21.7	22.7	23.7	24.7
人口密度(1k㎡あたり)	66	76	87	100	113	127	141	156	172	187

	2010-2015	2015-2020	2020-2025	2025-2030	2030-2035	2035-2040	2040-2045	2045-2050	2050-2055	2055-2060
年平均人口増加数(千人)	495	551	609	668	723	767	799	820	838	849
年平均出生数(千人)	688	748	812	880	945	1 002	1 051	1 093	1 133	1 169
年平均死亡数(千人)	168	172	178	186	197	210	227	248	271	298
年平均純移動数(千人)	−25	−25	−25	−25	−25	−25	−25	−25	−24	−23
人口増加率(%)	2.94	2.83	2.72	2.62	2.49	2.34	2.18	2.02	1.87	1.73
粗出生率(人口千人あたり)	40.8	38.4	36.3	34.4	32.5	30.6	28.6	26.8	25.2	23.8
粗死亡率(人口千人あたり)	10.0	8.9	8.0	7.3	6.8	6.4	6.2	6.1	6.0	6.1
純移動率(人口千人あたり)	−1.5	−1.3	−1.1	−1.0	−0.9	−0.8	−0.7	−0.6	−0.5	−0.5
合計出生率 (女子１人あたり)	5.65	5.23	4.84	4.48	4.15	3.84	3.58	3.34	3.14	2.97
純再生産率 (女子１人あたり)	2.30	2.18	2.06	1.94	1.83	1.72	1.62	1.53	1.45	1.38
乳児死亡率 (出生千人あたり)	67	58	51	45	40	35	31	27	24	21
５歳未満の死亡数(出生千人あたり	108	96	84	73	65	57	49	43	38	33
出生時の平均余命(歳)										
男	56.7	58.5	60.0	61.5	62.8	64.1	65.1	66.0	66.9	67.8
女	59.3	61.1	62.9	64.5	65.9	67.2	68.4	69.4	70.4	71.4
男女計	58.1	59.8	61.5	63.0	64.4	65.7	66.7	67.7	68.6	69.6

C. 高位予測値

	2015	2020	2025	2030	2035	2040	2045	2050	2055	2060
人口(千人)										
総数	18 106	21 026	24 377	28 173	32 332	36 852	41 734	46 975	52 577	58 498
男	8 984	10 458	12 148	14 062	16 159	18 436	20 892	23 525	26 335	29 302
女	9 121	10 568	12 229	14 111	16 173	18 416	20 842	23 451	26 242	29 196
性比(女100につき男)	98.5	98.9	99.2	99.5	99.7	99.8	99.9	99.8	99.7	99.6
年齢分布(%)										
0－4歳	17.4	17.2	16.8	16.3	15.6	14.9	14.3	13.7	13.2	12.7
5－14歳	28.2	27.4	26.8	26.6	26.3	25.6	24.7	23.9	23.2	22.6
15－24歳	19.9	20.2	20.3	20.0	19.8	20.0	20.0	19.8	19.4	19.0
60歳以上	3.8	3.9	4.0	4.3	4.5	4.9	5.4	5.8	6.3	6.8
65歳以上	2.4	2.4	2.4	2.6	2.8	3.0	3.3	3.7	4.0	4.3
80歳以上	0.2	0.2	0.2	0.2	0.2	0.3	0.3	0.4	0.4	0.5
15－49歳女子(%)	45.8	46.4	47.1	47.4	47.9	48.7	49.6	50.3	50.6	50.8
中位数年齢(歳)	17.0	17.4	17.9	18.3	18.8	19.4	20.2	21.0	21.9	22.7

	2010-2015	2015-2020	2020-2025	2025-2030	2030-2035	2035-2040	2040-2045	2045-2050	2050-2055	2055-2060
年平均人口増加数(千人)	495	584	670	759	832	904	976	1 048	1 120	1 184
年平均出生数(千人)	688	784	879	978	1 062	1 149	1 240	1 334	1 431	1 522
年平均死亡数(千人)	168	175	184	194	206	220	238	261	287	315
人口増加率(%)	2.94	2.99	2.96	2.89	2.75	2.62	2.49	2.37	2.25	2.13
粗出生率(人口千人あたり)	40.8	40.1	38.7	37.2	35.1	33.2	31.6	30.1	28.7	27.4
粗死亡率(人口千人あたり)	10.0	9.0	8.1	7.4	6.8	6.3	6.1	5.9	5.8	5.7
合計出生率(女子1人あたり)	5.65	5.48	5.24	4.98	4.65	4.34	4.08	3.84	3.64	3.47
純再生産率(女子1人あたり)	2.30	2.29	2.23	2.16	2.05	1.94	1.84	1.76	1.68	1.61

D. 低位予測値

	2015	2020	2025	2030	2035	2040	2045	2050	2055	2060
人口(千人)										
総数	18 106	20 695	23 429	26 316	29 389	32 559	35 714	38 770	41 704	44 491
男	8 984	10 290	11 669	13 123	14 671	16 264	17 844	19 369	20 826	22 202
女	9 121	10 405	11 760	13 192	14 718	16 295	17 869	19 401	20 878	22 289
性比(女100につき男)	98.5	98.9	99.2	99.5	99.7	99.8	99.9	99.8	99.7	99.6
年齢分布(%)										
0－4歳	17.4	15.9	14.8	14.0	13.4	12.6	11.7	10.8	10.1	9.4
5－14歳	28.2	27.9	26.6	25.0	23.7	22.9	22.1	21.0	19.8	18.7
15－24歳	19.9	20.5	21.2	21.4	20.7	19.8	19.2	18.9	18.6	18.1
60歳以上	3.8	3.9	4.2	4.6	5.0	5.6	6.3	7.1	7.9	8.9
65歳以上	2.4	2.4	2.5	2.8	3.1	3.4	3.9	4.4	5.0	5.7
80歳以上	0.2	0.2	0.2	0.2	0.3	0.3	0.4	0.4	0.5	0.6
15－49歳女子(%)	45.8	47.1	49.0	50.7	51.6	52.3	52.9	53.4	53.6	53.4
中位数年齢(歳)	17.0	17.8	18.7	19.9	21.1	22.3	23.4	24.6	25.9	27.3

	2010-2015	2015-2020	2020-2025	2025-2030	2030-2035	2035-2040	2040-2045	2045-2050	2050-2055	2055-2060
年平均人口増加数(千人)	495	518	547	577	615	634	631	611	587	557
年平均出生数(千人)	688	713	745	781	829	859	872	871	868	862
年平均死亡数(千人)	168	170	173	179	189	200	216	235	257	283
人口増加率(%)	2.94	2.67	2.48	2.32	2.21	2.05	1.85	1.64	1.46	1.29
粗出生率(人口千人あたり)	40.8	36.7	33.8	31.4	29.8	27.7	25.5	23.4	21.6	20.0
粗死亡率(人口千人あたり)	10.0	8.8	7.9	7.2	6.8	6.5	6.3	6.3	6.4	6.6
合計出生率(女子1人あたり)	5.65	4.98	4.44	3.98	3.65	3.34	3.08	2.84	2.64	2.47
純再生産率(女子1人あたり)	2.30	2.08	1.89	1.73	1.61	1.49	1.39	1.30	1.22	1.15

E. 出生力一定予測値

	2015	2020	2025	2030	2035	2040	2045	2050	2055	2060
人口(千人)										
総数	18 106	21 106	24 730	29 077	34 235	40 351	47 620	56 286	66 647	79 039
男	8 984	10 498	12 326	14 519	17 122	20 208	23 874	28 245	33 473	39 729
女	9 121	10 608	12 403	14 557	17 113	20 143	23 746	28 041	33 174	39 310
中位数年齢(歳)	17.0	17.3	17.5	17.6	17.5	17.5	17.5	17.6	17.5	17.5

	2010-2015	2015-2020	2020-2025	2025-2030	2030-2035	2035-2040	2040-2045	2045-2050	2050-2055	2055-2060
人口増加率(%)	2.94	3.07	3.17	3.24	3.27	3.29	3.31	3.34	3.38	3.41
粗出生率(人口千人あたり)	40.8	40.9	40.9	40.7	40.3	39.9	39.6	39.5	39.5	39.4
粗死亡率(人口千人あたり)	10.0	9.0	8.2	7.5	6.9	6.4	6.0	5.7	5.4	5.1

Burundi

A. 推計値

指　標	1960	1965	1970	1975	1980	1985	1990	1995	2000	2005	2010
人口(千人)											
総数	2 787	3 079	3 457	3 677	4 127	4 774	5 613	6 239	6 767	7 934	9 461
男	1 345	1 492	1 680	1 783	2 001	2 322	2 755	3 054	3 336	3 920	4 667
女	1 442	1 587	1 777	1 894	2 126	2 452	2 858	3 185	3 431	4 014	4 794
性比(女100につき男)	93.3	94.0	94.5	94.2	94.1	94.7	96.4	95.9	97.3	97.7	97.4
年齢分布(%)											
０－４歳	18.2	18.4	18.3	18.1	19.0	20.1	20.3	19.1	18.0	17.4	18.2
５－14歳	25.3	26.6	27.0	27.2	25.4	25.7	27.6	30.2	30.8	28.0	25.8
15－24歳	17.9	17.4	18.5	20.3	20.6	18.8	17.3	17.6	19.9	22.0	21.3
60歳以上	4.9	5.0	4.9	5.2	5.1	4.9	4.6	4.4	4.3	4.1	4.0
65歳以上	2.9	3.0	3.0	3.3	3.3	3.1	3.0	2.8	2.9	2.7	2.6
80歳以上	0.3	0.3	0.3	0.3	0.4	0.3	0.3	0.3	0.3	0.4	0.4
15－49歳女子(%)	46.0	44.6	44.4	44.6	45.8	44.8	43.2	42.4	42.9	46.0	47.1
中位数年齢(歳)	18.4	17.7	17.2	17.1	17.6	17.1	16.2	15.3	15.5	16.9	17.7
人口密度(1km²あたり)	109	120	135	143	161	186	219	243	264	309	368

指　標	1960-1965	1965-1970	1970-1975	1975-1980	1980-1985	1985-1990	1990-1995	1995-2000	2000-2005	2005-2010	2010-2015
年平均人口増加数(千人)	58	76	44	90	130	168	125	106	233	305	344
年平均出生数(千人)	141	156	169	195	228	267	283	283	312	385	456
年平均死亡数(千人)	66	69	73	75	81	91	108	97	101	113	121
人口増加率(%)	2.00	2.32	1.23	2.31	2.92	3.24	2.11	1.63	3.18	3.52	3.34
粗出生率(人口千人あたり)	48.2	47.8	47.4	49.9	51.2	51.4	47.7	43.6	42.5	44.3	44.2
粗死亡率(人口千人あたり)	22.5	21.1	20.5	19.2	18.2	17.4	18.2	14.9	13.8	12.9	11.7
合計出生率(女子１人あたり)	7.07	7.27	7.34	7.48	7.43	7.59	7.43	7.18	6.91	6.52	6.08
純再生産率(女子１人あたり)	2.17	2.30	2.36	2.50	2.56	2.67	2.52	2.59	2.54	2.48	2.40
乳児死亡率(出生千人あたり)	149	141	137	125	117	112	121	103	95	86	78
出生時の平均余命(歳)											
男	40.4	41.9	42.6	44.8	46.3	47.4	45.7	49.2	50.3	52.0	54.2
女	43.6	45.1	45.8	48.0	49.8	50.9	48.9	52.5	53.7	55.4	58.0
男女計	42.0	43.5	44.2	46.4	48.0	49.2	47.3	50.9	52.0	53.7	56.1

B. 中位予測値

指　標	2015	2020	2025	2030	2035	2040	2045	2050	2055	2060
人口(千人)										
総数	11 179	13 126	15 177	17 357	19 777	22 505	25 505	28 668	31 911	35 235
男	5 524	6 492	7 507	8 586	9 782	11 132	12 617	14 182	15 788	17 435
女	5 655	6 635	7 669	8 771	9 995	11 373	12 888	14 486	16 123	17 801
性比(女100につき男)	97.7	97.8	97.9	97.9	97.9	97.9	97.9	97.9	97.9	97.9
年齢分布(%)										
０－４歳	18.4	17.8	16.4	15.3	14.8	14.6	14.1	13.3	12.5	11.8
５－14歳	26.4	27.5	27.8	26.8	25.2	24.2	23.8	23.6	22.9	21.9
15－24歳	19.2	18.0	18.9	20.3	20.9	20.3	19.2	18.7	18.8	19.0
60歳以上	4.2	4.5	4.7	4.9	4.9	5.3	5.9	6.8	7.5	7.9
65歳以上	2.5	2.7	3.0	3.2	3.3	3.3	3.6	4.2	4.9	5.4
80歳以上	0.3	0.3	0.3	0.3	0.4	0.5	0.5	0.6	0.6	0.7
６－11歳	16.5	17.2	17.2	16.4	15.3	14.8	14.6	14.5	14.0	13.3
12－14歳	6.6	7.1	7.5	7.6	7.2	6.7	6.5	6.6	6.5	6.3
15－17歳	6.1	6.1	6.6	6.9	6.9	6.4	6.1	6.1	6.1	6.1
18－23歳	11.4	10.4	10.7	11.7	12.2	12.0	11.3	10.9	11.0	11.2
15－24歳女子(%)	46.4	45.9	46.9	48.5	49.6	49.6	49.4	49.8	50.6	51.2
中位数年齢(歳)	17.6	17.4	17.7	18.5	19.4	20.3	21.1	21.8	22.6	23.5
人口密度(1km²あたり)	435	511	591	676	770	876	993	1 116	1 243	1 372

指　標	2010-2015	2015-2020	2020-2025	2025-2030	2030-2035	2035-2040	2040-2045	2045-2050	2050-2055	2055-2060
年平均人口増加数(千人)	344	389	410	436	484	546	600	633	649	665
年平均出生数(千人)	456	513	541	571	625	694	757	799	828	859
年平均死亡数(千人)	121	127	133	137	143	150	159	168	181	196
年平均純移動数(千人)	8	4	2	2	2	2	2	2	2	2
人口増加率(%)	3.34	3.21	2.90	2.69	2.61	2.59	2.50	2.34	2.14	1.98
粗出生率(人口千人あたり)	44.2	42.2	38.2	35.1	33.6	32.8	31.5	29.5	27.3	25.6
粗死亡率(人口千人あたり)	11.7	10.5	9.4	8.4	7.7	7.1	6.6	6.2	6.0	5.9
純移動率(人口千人あたり)	0.8	0.3	0.1	0.1	0.1	0.1	0.1	0.1	0.1	0.1
合計出生率（女子１人あたり）	6.08	5.66	5.26	4.89	4.55	4.23	3.95	3.69	3.48	3.28
純再生産率（女子１人あたり）	2.40	2.30	2.19	2.08	1.98	1.88	1.78	1.69	1.60	1.52
乳児死亡率（出生千人あたり）	78	71	65	59	53	47	42	37	33	30
５歳未満の死亡数(出生千人あたり	123	111	101	90	78	68	59	51	46	40
出生時の平均余命(歳)										
男	54.2	56.0	57.6	59.3	61.2	62.8	64.4	65.7	67.0	68.1
女	58.0	60.2	62.0	63.9	65.9	67.7	69.3	70.6	71.7	72.8
男女計	56.1	58.1	59.7	61.6	63.5	65.2	66.8	68.2	69.3	70.4

C. 高 位 予 測 値

	2015	2020	2025	2030	2035	2040	2045	2050	2055	2060
人口(千人)										
総数	11 179	13 230	15 466	17 911	20 646	23 780	27 334	31 234	35 395	39 809
男	5 524	6 544	7 653	8 864	10 218	11 772	13 534	15 469	17 535	19 728
女	5 655	6 686	7 813	9 047	10 428	12 009	13 800	15 765	17 860	20 081
性比(女100につき男)	97.7	97.8	97.8	97.8	97.8	97.7	97.7	97.7	97.6	97.6
年齢分布(%)										
0－4歳	18.4	18.5	17.3	16.3	15.8	15.5	15.3	14.7	13.9	13.2
5－14歳	26.4	27.3	28.0	27.6	26.3	25.3	24.9	24.8	24.4	23.6
15－24歳	19.2	17.9	18.5	19.7	20.5	20.4	19.6	19.0	19.0	19.2
60歳以上	4.2	4.5	4.6	4.7	4.7	5.0	5.5	6.2	6.7	7.0
65歳以上	2.5	2.7	3.0	3.1	3.2	3.2	3.4	3.9	4.4	4.8
80歳以上	0.3	0.3	0.3	0.3	0.4	0.5	0.5	0.5	0.5	0.6
15－49歳女子(%)	46.4	45.5	46.1	47.1	48.0	48.1	48.1	48.4	49.2	49.8
中位数年齢(歳)	17.6	17.2	17.3	17.8	18.5	19.2	19.8	20.3	20.9	21.6

	2010-2015	2015-2020	2020-2025	2025-2030	2030-2035	2035-2040	2040-2045	2045-2050	2050-2055	2055-2060
年平均人口増加数(千人)	344	410	447	489	547	627	711	780	832	883
年平均出生数(千人)	456	535	582	630	694	782	876	957	1 023	1 091
年平均死亡数(千人)	121	129	137	143	149	158	167	179	193	210
人口増加率(%)	3.34	3.37	3.12	2.94	2.84	2.83	2.79	2.67	2.50	2.35
粗出生率(人口千人あたり)	44.2	43.9	40.6	37.7	36.0	35.2	34.3	32.7	30.7	29.0
粗死亡率(人口千人あたり)	11.7	10.6	9.5	8.5	7.7	7.1	6.6	6.1	5.8	5.6
合計出生率 (女子1人あたり)	6.08	5.91	5.66	5.39	5.05	4.73	4.45	4.19	3.98	3.78
純再生産率 (女子1人あたり)	2.40	2.41	2.36	2.30	2.20	2.10	2.01	1.92	1.83	1.76

D. 低 位 予 測 値

	2015	2020	2025	2030	2035	2040	2045	2050	2055	2060
人口(千人)										
総数	11 179	13 023	14 887	16 803	18 908	21 237	23 707	26 190	28 608	30 970
男	5 524	6 440	7 362	8 308	9 347	10 496	11 716	12 940	14 132	15 296
女	5 655	6 583	7 525	8 495	9 562	10 741	11 992	13 250	14 475	15 674
性比(女100につき男)	97.7	97.8	97.8	97.8	97.8	97.7	97.7	97.7	97.6	97.6
年齢分布(%)										
0－4歳	18.4	17.2	15.5	14.2	13.8	13.5	12.9	11.9	10.9	10.2
5－14歳	26.4	27.7	27.7	26.1	24.0	22.9	22.6	22.3	21.3	20.0
15－24歳	19.2	18.2	19.2	21.0	21.4	20.2	18.8	18.3	18.5	18.6
60歳以上	4.2	4.6	4.8	5.0	5.1	5.6	6.4	7.4	8.3	9.0
65歳以上	2.5	2.7	3.1	3.3	3.5	3.5	3.9	4.6	5.5	6.2
80歳以上	0.3	0.3	0.3	0.3	0.4	0.5	0.6	0.6	0.6	0.8
15－49歳女子(%)	46.4	46.2	47.8	50.1	51.3	51.2	50.9	51.3	52.1	52.5
中位数年齢(歳)	17.6	17.6	18.2	19.2	20.5	21.6	22.6	23.6	24.6	25.8

	2010-2015	2015-2020	2020-2025	2025-2030	2030-2035	2035-2040	2040-2045	2045-2050	2050-2055	2055-2060
年平均人口増加数(千人)	344	369	373	383	421	466	494	496	484	472
年平均出生数(千人)	456	490	500	513	556	607	643	653	651	655
年平均死亡数(千人)	121	125	129	132	137	143	151	159	170	184
人口増加率(%)	3.34	3.05	2.68	2.42	2.36	2.32	2.20	1.99	1.77	1.59
粗出生率(人口千人あたり)	44.2	40.5	35.8	32.4	31.1	30.3	28.6	26.2	23.8	22.0
粗死亡率(人口千人あたり)	11.7	10.4	9.2	8.3	7.6	7.1	6.7	6.4	6.2	6.2
合計出生率 (女子1人あたり)	6.08	5.41	4.86	4.39	4.05	3.73	3.45	3.19	2.98	2.78
純再生産率 (女子1人あたり)	2.40	2.20	2.03	1.87	1.76	1.66	1.55	1.46	1.37	1.29

E. 出生力一定予測値

	2015	2020	2025	2030	2035	2040	2045	2050	2055	2060
人口(千人)										
総数	11 179	13 238	15 602	18 339	21 600	25 560	30 376	36 165	43 045	51 229
男	5 524	6 548	7 721	9 079	10 698	12 665	15 061	17 945	21 378	25 467
女	5 655	6 690	7 881	9 260	10 903	12 894	15 315	18 220	21 668	25 762
中位数年齢(歳)	17.6	17.2	17.1	17.3	17.5	17.6	17.6	17.4	17.3	17.4

	2010-2015	2015-2020	2020-2025	2025-2030	2030-2035	2035-2040	2040-2045	2045-2050	2050-2055	2055-2060
人口増加率(%)	3.34	3.38	3.29	3.23	3.27	3.37	3.45	3.49	3.48	3.48
粗出生率(人口千人あたり)	44.2	44.0	42.3	40.9	40.5	40.7	41.0	40.8	40.3	39.9
粗死亡率(人口千人あたり)	11.7	10.6	9.7	8.7	7.9	7.2	6.6	6.1	5.6	5.3

Cambodia

A. 推 計 値

指　標	1960	1965	1970	1975	1980	1985	1990	1995	2000	2005	2010
人口(千人)											
総数	5 722	6 467	7 022	7 552	6 718	7 743	9 009	10 694	12 198	13 320	14 364
男	2 856	3 223	3 494	3 736	3 161	3 699	4 351	5 192	5 928	6 465	6 997
女	2 866	3 244	3 528	3 816	3 558	4 044	4 658	5 503	6 270	6 855	7 366
性比(女100につき男)	99.6	99.4	99.0	97.9	88.8	91.5	93.4	94.4	94.6	94.3	95.0
年齢分布(%)											
0－4歳	18.7	18.2	17.3	16.6	13.3	19.4	19.2	16.6	13.0	11.5	11.7
5－14歳	27.1	28.6	28.3	27.5	27.7	23.0	25.0	29.9	28.6	25.5	21.6
15－24歳	18.0	17.7	19.4	20.8	20.4	19.8	18.9	16.3	19.7	24.0	20.9
60歳以上	4.2	4.2	4.3	4.4	4.7	4.7	4.8	4.9	4.9	5.3	5.9
65歳以上	2.5	2.5	2.6	2.6	2.7	2.8	2.9	3.0	3.1	3.4	3.7
80歳以上	0.2	0.2	0.2	0.2	0.2	0.2	0.3	0.3	0.3	0.3	0.4
15－49歳女子(%)	44.2	43.3	44.5	46.0	49.3	48.6	46.9	44.8	49.3	51.9	53.7
中位数年齢(歳)	17.2	16.7	17.0	17.6	19.1	18.5	17.9	17.3	18.1	20.4	22.7
人口密度(1km²あたり)	32	37	40	43	38	44	51	61	69	75	81

指　標	1960-1965	1965-1970	1970-1975	1975-1980	1980-1985	1985-1990	1990-1995	1995-2000	2000-2005	2005-2010	2010-2015
年平均人口増加数(千人)	149	111	106	− 167	205	253	337	301	224	209	243
年平均出生数(千人)	280	297	306	290	366	387	375	352	337	363	367
年平均死亡数(千人)	131	141	176	440	143	118	119	121	106	96	94
人口増加率(%)	2.45	1.65	1.46	−2.34	2.84	3.03	3.43	2.63	1.76	1.51	1.62
粗出生率(人口千人あたり)	46.0	44.1	42.1	40.6	50.6	46.2	38.0	30.8	26.5	26.3	24.5
粗死亡率(人口千人あたり)	21.5	21.0	24.1	61.6	19.8	14.1	12.1	10.6	8.3	6.9	6.3
合計出生率(女子1人あたり)	6.95	6.70	6.16	5.42	6.37	5.99	5.13	4.25	3.44	3.08	2.70
純再生産率(女子1人あたり)	2.15	2.10	1.78	0.65	2.11	2.27	2.00	1.70	1.47	1.36	1.24
乳児死亡率(出生千人あたり)	134	132	139	320	154	86	86	86	66	45	30
出生時の平均余命(歳)											
男	39.7	40.1	35.3	11.9	42.8	49.6	51.9	54.2	58.5	62.7	65.5
女	43.2	44.0	40.7	18.1	47.3	54.4	56.6	58.6	63.0	67.4	69.6
男女計	41.4	42.0	37.8	14.5	45.1	52.0	54.3	56.4	60.8	65.1	67.6

B. 中 位 予 測 値

指　標	2015	2020	2025	2030	2035	2040	2045	2050	2055	2060
人口(千人)										
総数	15 578	16 809	17 944	18 991	19 988	20 939	21 806	22 545	23 158	23 656
男	7 598	8 208	8 769	9 286	9 779	10 253	10 686	11 056	11 365	11 621
女	7 980	8 602	9 174	9 705	10 208	10 686	11 119	11 489	11 793	12 035
性比(女100につき男)	95.2	95.4	95.6	95.7	95.8	96.0	96.1	96.2	96.4	96.6
年齢分布(%)										
0－4歳	11.4	10.7	9.7	8.8	8.3	8.0	7.6	7.0	6.6	6.2
5－14歳	20.2	20.3	19.7	18.5	16.9	15.9	15.2	14.7	13.9	13.1
15－24歳	20.6	17.9	17.0	17.4	17.3	16.4	15.2	14.4	14.0	13.7
60歳以上	6.8	7.6	9.0	10.4	11.6	11.8	15.8	17.6	20.3	22.4
65歳以上	4.1	4.9	5.6	6.9	8.1	9.1	9.2	12.8	14.4	16.9
80歳以上	0.5	0.6	0.7	0.9	1.2	1.5	2.1	2.6	3.0	2.9
6－11歳	12.3	12.4	12.0	11.1	10.1	9.5	9.2	8.8	8.3	7.8
12－14歳	5.7	5.8	5.8	5.7	5.2	4.8	4.5	4.4	4.3	4.0
15－17歳	6.0	5.3	5.6	5.5	5.3	4.8	4.5	4.4	4.3	4.1
18－23歳	12.7	10.7	9.9	10.3	10.3	9.9	9.1	8.6	8.4	8.2
15－24歳女子(%)	53.5	52.6	52.7	54.5	51.6	50.7	48.8	47.5	47.0	46.0
中位数年齢(歳)	23.9	25.6	27.1	28.6	29.8	31.3	32.9	34.5	36.3	37.9
人口密度(1km²あたり)	88	95	102	108	113	119	124	128	131	134

指　標	2010-2015	2015-2020	2020-2025	2025-2030	2030-2035	2035-2040	2040-2045	2045-2050	2050-2055	2055-2060
年平均人口増加数(千人)	243	246	227	209	199	190	173	148	123	100
年平均出生数(千人)	367	371	353	340	337	338	332	320	306	297
年平均死亡数(千人)	94	94	96	100	108	118	129	142	155	170
年平均純移動数(千人)	−30	−30	−30	−30	−30	−30	−30	−30	−28	−27
人口増加率(%)	1.62	1.52	1.31	1.13	1.02	0.93	0.81	0.67	0.54	0.43
粗出生率(人口千人あたり)	24.5	22.9	20.3	18.4	17.3	16.5	15.6	14.4	13.4	12.7
粗死亡率(人口千人あたり)	6.3	5.8	5.5	5.4	5.5	5.7	6.0	6.4	6.8	7.3
純移動率(人口千人あたり)	−2.0	−1.9	−1.7	−1.6	−1.5	−1.5	−1.4	−1.4	−1.2	−1.2
合計出生率(女子1人あたり)	2.70	2.53	2.39	2.27	2.17	2.10	2.03	1.97	1.92	1.88
純再生産率(女子1人あたり)	1.24	1.18	1.13	1.08	1.04	1.01	0.98	0.95	0.93	0.91
乳児死亡率(出生千人あたり)	30	20	13	10	7	5	4	4	3	3
5歳未満の死亡数(出生千人あたり)	35	24	16	11	8	6	5	4	4	3
出生時の平均余命(歳)										
男	65.5	67.7	69.7	71.4	73.0	74.3	75.6	76.8	77.9	79.0
女	69.6	71.9	74.1	76.0	77.4	78.6	79.7	80.6	81.5	82.2
男女計	67.6	69.9	72.0	73.8	75.3	76.6	77.7	78.8	79.8	80.7

C. 高位予測値

	2015	2020	2025	2030	2035	2040	2045	2050	2055	2060
人口(千人)										
総数	15 578	16 927	18 336	19 727	21 057	22 378	23 720	25 069	26 387	27 640
男	7 598	8 268	8 970	9 663	10 327	10 990	11 666	12 348	13 017	13 659
女	7 980	8 659	9 366	10 064	10 730	11 388	12 054	12 721	13 370	13 981
性比(女100につき男)	95.2	95.3	95.3	95.2	95.2	95.2	95.1	95.1	95.0	94.9
年齢分布(%)										
0－4歳	11.4	11.4	11.0	10.2	9.5	9.1	9.0	8.8	8.5	8.1
5－14歳	20.2	20.1	20.0	19.8	19.0	17.9	17.0	16.6	16.3	16.0
15－24歳	20.6	17.7	16.7	16.8	17.0	17.1	16.5	15.6	15.0	14.8
60歳以上	6.8	7.5	8.8	10.0	11.1	11.0	14.5	15.8	17.9	19.1
65歳以上	4.1	4.8	5.5	6.6	7.7	8.5	8.4	11.5	12.7	14.5
80歳以上	0.5	0.6	0.7	0.8	1.1	1.4	1.9	2.3	2.6	2.5
15－49歳女子(%)	53.5	52.3	51.6	52.6	49.6	49.3	48.0	47.0	46.6	46.3
中位数年齢(歳)	23.9	25.4	26.5	27.2	28.1	29.0	29.9	31.0	32.1	33.1

	2010-2015	2015-2020	2020-2025	2025-2030	2030-2035	2035-2040	2040-2045	2045-2050	2050-2055	2055-2060
年平均人口増加数(千人)	243	270	282	278	266	264	268	270	264	251
年平均出生数(千人)	367	395	409	410	405	413	428	443	449	449
年平均死亡数(千人)	94	95	97	101	109	118	130	143	157	172
人口増加率(%)	1.62	1.66	1.60	1.46	1.31	1.22	1.16	1.11	1.03	0.93
粗出生率(人口千人あたり)	24.5	24.3	23.2	21.5	19.8	19.0	18.6	18.2	17.4	16.6
粗死亡率(人口千人あたり)	6.3	5.8	5.5	5.3	5.3	5.5	5.6	5.9	6.1	6.4
合計出生率 (女子1人あたり)	2.70	2.78	2.79	2.77	2.67	2.60	2.53	2.47	2.42	2.38
純再生産率 (女子1人あたり)	1.24	1.29	1.31	1.32	1.28	1.24	1.21	1.19	1.17	1.15

D. 低位予測値

	2015	2020	2025	2030	2035	2040	2045	2050	2055	2060
人口(千人)										
総数	15 578	16 580	17 411	18 074	18 650	19 138	19 495	19 677	19 686	19 542
男	7 598	8 090	8 497	8 816	9 095	9 332	9 504	9 589	9 589	9 517
女	7 980	8 489	8 914	9 257	9 555	9 807	9 991	10 088	10 097	10 025
性比(女100につき男)	95.2	95.3	95.3	95.2	95.2	95.2	95.1	95.1	95.0	94.9
年齢分布(%)										
0－4歳	11.4	9.5	8.2	7.1	6.7	6.3	5.8	5.2	4.6	4.2
5－14歳	20.2	20.5	19.0	16.5	14.5	13.1	12.5	11.8	10.9	9.8
15－24歳	20.6	18.1	17.5	18.3	17.3	15.2	13.4	12.4	12.0	11.6
60歳以上	6.8	7.7	9.3	10.9	12.5	12.9	17.7	20.2	23.9	27.1
65歳以上	4.1	4.9	5.7	7.2	8.6	10.0	10.3	14.7	17.0	20.5
80歳以上	0.5	0.6	0.7	0.9	1.3	1.7	2.3	2.9	3.5	3.5
15－49歳女子(%)	53.5	53.3	54.2	57.2	54.0	52.7	49.8	47.7	46.2	44.1
中位数年齢(歳)	23.9	26.0	28.0	30.2	32.2	34.3	36.6	39.0	41.6	44.1

	2010-2015	2015-2020	2020-2025	2025-2030	2030-2035	2035-2040	2040-2045	2045-2050	2050-2055	2055-2060
年平均人口増加数(千人)	243	200	166	133	115	98	71	36	2	－ 29
年平均出生数(千人)	367	324	291	262	252	244	229	207	184	166
年平均死亡数(千人)	94	93	95	99	107	116	128	141	153	168
人口増加率(%)	1.62	1.25	0.98	0.75	0.63	0.52	0.37	0.19	0.01	-0.15
粗出生率(人口千人あたり)	24.5	20.1	17.2	14.8	13.7	12.9	11.9	10.6	9.3	8.5
粗死亡率(人口千人あたり)	6.3	5.8	5.6	5.6	5.8	6.2	6.6	7.2	7.8	8.6
合計出生率 (女子1人あたり)	2.70	2.28	1.99	1.77	1.67	1.60	1.53	1.47	1.42	1.38
純再生産率 (女子1人あたり)	1.24	1.06	0.94	0.84	0.80	0.76	0.73	0.71	0.68	0.67

E. 出生力一定予測値

	2015	2020	2025	2030	2035	2040	2045	2050	2055	2060
人口(千人)										
総数	15 578	16 903	18 251	19 603	20 982	22 416	23 909	25 438	26 998	28 588
男	7 598	8 255	8 925	9 596	10 285	11 004	11 756	12 529	13 321	14 134
女	7 980	8 647	9 327	10 007	10 698	11 412	12 153	12 909	13 677	14 454
中位数年齢(歳)	23.9	25.5	26.6	27.5	28.2	29.0	29.7	30.4	31.1	31.6

	2010-2015	2015-2020	2020-2025	2025-2030	2030-2035	2035-2040	2040-2045	2045-2050	2050-2055	2055-2060
人口増加率(%)	1.62	1.63	1.54	1.43	1.36	1.32	1.29	1.24	1.19	1.15
粗出生率(人口千人あたり)	24.5	24.0	22.6	21.2	20.4	20.1	19.8	19.4	19.0	18.6
粗死亡率(人口千人あたり)	6.3	5.8	5.5	5.3	5.4	5.5	5.6	5.8	6.0	6.2

Cameroon

A. 推計値

指　標	1960	1965	1970	1975	1980	1985	1990	1995	2000	2005	2010
人口(千人)											
総数	5 361	5 988	6 771	7 740	8 932	10 381	12 070	13 930	15 928	18 127	20 591
男	2 636	2 949	3 342	3 826	4 422	5 148	5 995	6 928	7 934	9 045	10 288
女	2 726	3 039	3 429	3 915	4 510	5 233	6 075	7 002	7 994	9 082	10 302
性比(女100につき男)	96.7	97.0	97.4	97.7	98.0	98.4	98.7	99.0	99.2	99.6	99.9
年齢分布(%)											
０－４歳	16.1	16.9	17.5	18.0	18.3	18.9	18.7	18.0	17.3	17.1	16.7
５－14歳	23.9	24.0	24.6	25.6	26.4	26.8	27.6	28.2	28.0	27.2	26.7
15－24歳	18.5	18.2	17.9	17.6	17.8	18.2	18.6	19.0	19.9	20.7	20.7
60歳以上	5.9	5.9	5.9	5.9	5.8	5.6	5.5	5.3	5.2	5.1	4.9
65歳以上	3.6	3.6	3.7	3.7	3.7	3.6	3.5	3.5	3.4	3.3	3.2
80歳以上	0.3	0.3	0.3	0.4	0.4	0.4	0.4	0.4	0.4	0.4	0.4
15－49歳女子(%)	47.6	46.8	45.7	44.5	43.7	43.1	42.9	43.4	44.6	45.9	47.0
中位数年齢(歳)	20.1	19.7	19.1	18.4	17.7	17.1	16.8	16.8	17.1	17.5	18.0
人口密度(1k㎡あたり)	11	13	14	16	19	22	26	29	34	38	44

	1960-1965	1965-1970	1970-1975	1975-1980	1980-1985	1985-1990	1990-1995	1995-2000	2000-2005	2005-2010	2010-2015
年平均人口増加数(千人)	125	157	194	238	290	338	372	400	440	493	551
年平均出生数(千人)	248	286	328	378	448	512	566	621	697	767	823
年平均死亡数(千人)	123	129	133	138	147	161	178	205	239	256	261
人口増加率(%)	2.21	2.46	2.68	2.87	3.01	3.02	2.87	2.68	2.59	2.55	2.51
粗出生率(人口千人あたり)	43.7	44.8	45.2	45.3	46.4	45.6	43.6	41.6	40.9	39.6	37.5
粗死亡率(人口千人あたり)	21.6	20.2	18.4	16.6	15.2	14.4	13.7	13.7	14.0	13.2	11.9
合計出生率(女子１人あたり)	5.81	6.09	6.31	6.47	6.70	6.60	6.22	5.77	5.49	5.21	4.81
純再生産率(女子１人あたり)	1.84	2.01	2.18	2.34	2.50	2.51	2.38	2.21	2.09	2.01	1.91
乳児死亡率(出生千人あたり)	145	133	120	108	98	93	90	88	87	82	74
出生時の平均余命(歳)											
男	41.4	43.5	45.9	48.5	50.7	51.8	52.2	51.5	50.7	51.8	53.7
女	44.0	46.2	49.0	51.6	53.7	54.8	55.1	53.9	52.5	53.7	56.0
男女計	42.7	44.9	47.4	50.1	52.2	53.3	53.6	52.7	51.6	52.7	54.9

B. 中位予測値

	2015	2020	2025	2030	2035	2040	2045	2050	2055	2060
人口(千人)										
総数	23 344	26 333	29 530	32 947	36 577	40 398	44 346	48 362	52 405	56 430
男	11 672	13 173	14 776	16 483	18 290	20 186	22 139	24 120	26 110	28 084
女	11 672	13 160	14 754	16 464	18 287	20 212	22 207	24 242	26 295	28 346
性比(女100につき男)	100.0	100.1	100.2	100.1	100.0	99.9	99.7	99.5	99.3	99.1
年齢分布(%)										
０－４歳	16.0	15.2	14.4	13.6	13.0	12.3	11.7	11.1	10.5	10.0
５－14歳	26.5	26.0	25.2	24.2	23.3	22.4	21.5	20.7	19.9	19.0
15－24歳	20.3	20.2	20.4	20.3	19.9	19.4	18.9	18.4	18.0	17.5
60歳以上	4.8	4.8	5.0	5.2	5.7	6.3	7.1	8.1	9.2	10.2
65歳以上	3.2	3.2	3.2	3.4	3.6	4.0	4.5	5.2	6.0	6.9
80歳以上	0.4	0.4	0.5	0.5	0.5	0.5	0.6	0.7	0.8	1.0
６－11歳	16.3	16.0	15.4	14.7	14.2	13.6	13.1	12.6	12.0	11.5
12－14歳	7.2	7.2	7.1	6.9	6.6	6.4	6.2	6.0	5.8	5.6
15－17歳	6.6	6.7	6.7	6.5	6.3	6.1	6.0	5.8	5.6	5.4
18－23歳	11.8	11.7	11.9	11.9	11.7	11.4	11.2	10.9	10.7	10.4
15－24歳女子(%)	47.9	49.0	50.2	51.2	51.8	52.0	52.1	52.1	52.0	51.6
中位数年齢(歳)	18.5	19.1	19.8	20.8	21.8	22.8	23.8	24.9	26.0	27.1
人口密度(1k㎡あたり)	49	56	62	70	77	85	94	102	111	119

	2010-2015	2015-2020	2020-2025	2025-2030	2030-2035	2035-2040	2040-2045	2045-2050	2050-2055	2055-2060
年平均人口増加数(千人)	551	598	639	683	726	764	790	803	809	805
年平均出生数(千人)	823	869	914	959	1 004	1 048	1 084	1 114	1 140	1 163
年平均死亡数(千人)	261	263	267	267	270	275	286	303	324	351
年平均純移動数(千人)	−12	−8	−8	−8	−8	−8	−8	−8	−8	−7
人口増加率(%)	2.51	2.41	2.29	2.19	2.09	1.99	1.87	1.73	1.61	1.48
粗出生率(人口千人あたり)	37.5	35.0	32.7	30.7	28.9	27.2	25.6	24.0	22.6	21.4
粗死亡率(人口千人あたり)	11.9	10.6	9.5	8.6	7.8	7.2	6.7	6.5	6.4	6.5
純移動率(人口千人あたり)	−0.5	−0.3	−0.3	−0.3	−0.2	−0.2	−0.2	−0.2	−0.2	−0.1
合計出生率 (女子１人あたり)	4.81	4.46	4.13	3.84	3.58	3.37	3.17	3.01	2.86	2.74
純再生産率 (女子１人あたり)	1.91	1.82	1.73	1.65	1.57	1.50	1.44	1.38	1.32	1.27
乳児死亡率 (出生千人あたり)	74	65	58	52	46	41	37	33	30	27
５歳未満の死亡数(出生千人あたり	115	101	89	77	67	58	51	45	40	35
出生時の平均余命(歳)										
男	53.7	55.9	57.8	59.9	61.9	63.7	65.3	66.6	68.0	69.1
女	56.0	58.2	60.4	62.9	65.2	67.3	69.1	70.6	72.0	73.2
男女計	54.9	57.0	59.1	61.4	63.5	65.5	67.2	68.6	69.9	71.1

C. 高位予測値

	2015	2020	2025	2030	2035	2040	2045	2050	2055	2060
人口(千人)										
総数	23 344	26 557	30 159	34 150	38 444	43 069	48 033	53 331	58 938	64 793
男	11 672	13 286	15 094	17 089	19 230	21 530	23 994	26 620	29 395	32 290
女	11 672	13 271	15 066	17 061	19 214	21 539	24 040	26 712	29 543	32 503
性比(女100につき男)	100.0	100.1	100.1	100.1	99.9	99.8	99.6	99.3	99.1	98.8
年齢分布(%)										
0－4歳	16.0	15.9	15.4	14.9	14.1	13.5	13.0	12.5	12.1	11.6
5－14歳	26.5	25.8	25.4	25.2	24.7	23.9	23.0	22.2	21.6	21.0
15－24歳	20.3	20.0	20.0	19.6	19.5	19.6	19.4	19.0	18.5	18.1
60歳以上	4.8	4.8	4.9	5.1	5.4	5.9	6.6	7.4	8.1	8.9
65歳以上	3.2	3.2	3.2	3.3	3.5	3.8	4.2	4.7	5.4	6.0
80歳以上	0.4	0.4	0.5	0.5	0.5	0.5	0.6	0.6	0.7	0.8
15－49歳女子(%)	47.9	48.6	49.2	49.4	49.9	50.2	50.6	50.7	50.7	50.5
中位数年齢(歳)	18.5	18.9	19.3	19.8	20.4	21.2	22.1	23.0	23.8	24.6

	2010-2015	2015-2020	2020-2025	2025-2030	2030-2035	2035-2040	2040-2045	2045-2050	2050-2055	2055-2060
年平均人口増加数(千人)	551	643	720	798	859	925	993	1 060	1 121	1 171
年平均出生数(千人)	823	917	1 002	1 083	1 148	1 221	1 301	1 387	1 471	1 550
年平均死亡数(千人)	261	267	274	277	281	288	300	320	343	372
人口増加率(%)	2.51	2.58	2.54	2.49	2.37	2.27	2.18	2.09	2.00	1.89
粗出生率(人口千人あたり)	37.5	36.8	35.4	33.7	31.6	30.0	28.6	27.4	26.2	25.1
粗死亡率(人口千人あたり)	11.9	10.7	9.7	8.6	7.7	7.1	6.6	6.3	6.1	6.0
合計出生率(女子1人あたり)	4.81	4.71	4.53	4.34	4.08	3.87	3.67	3.51	3.36	3.24
純再生産率(女子1人あたり)	1.91	1.93	1.90	1.87	1.79	1.73	1.66	1.61	1.55	1.51

D. 低位予測値

	2015	2020	2025	2030	2035	2040	2045	2050	2055	2060
人口(千人)										
総数	23 344	26 109	28 901	31 744	34 714	37 753	40 745	43 598	46 268	48 729
男	11 672	13 060	14 459	15 877	17 352	18 855	20 328	21 725	23 024	24 212
女	11 672	13 048	14 441	15 867	17 362	18 898	20 417	21 873	23 244	24 517
性比(女100につき男)	100.0	100.1	100.1	100.1	99.9	99.8	99.6	99.3	99.1	98.8
年齢分布(%)										
0－4歳	16.0	14.4	13.3	12.3	11.7	11.1	10.3	9.6	8.8	8.3
5－14歳	26.5	26.3	25.0	23.2	21.7	20.7	19.9	18.9	17.9	16.8
15－24歳	20.3	20.4	20.8	21.1	20.3	19.1	18.2	17.6	17.3	16.7
60歳以上	4.8	4.9	5.1	5.4	6.0	6.7	7.7	9.0	10.4	11.8
65歳以上	3.2	3.2	3.3	3.5	3.8	4.3	4.9	5.8	6.8	7.9
80歳以上	0.4	0.4	0.5	0.5	0.5	0.6	0.7	0.8	0.9	1.1
15－49歳女子(%)	47.9	49.4	51.3	53.2	53.9	54.0	53.8	53.6	53.2	52.5
中位数年齢(歳)	18.5	19.3	20.3	21.7	23.1	24.5	25.9	27.4	28.8	30.2

	2010-2015	2015-2020	2020-2025	2025-2030	2030-2035	2035-2040	2040-2045	2045-2050	2050-2055	2055-2060
年平均人口増加数(千人)	551	553	558	569	594	608	598	571	534	492
年平均出生数(千人)	823	820	826	834	861	879	879	866	848	831
年平均死亡数(千人)	261	259	259	257	259	264	272	287	306	332
人口増加率(%)	2.51	2.24	2.03	1.88	1.79	1.68	1.53	1.35	1.19	1.04
粗出生率(人口千人あたり)	37.5	33.2	30.0	27.5	25.9	24.3	22.4	20.5	18.9	17.5
粗死亡率(人口千人あたり)	11.9	10.5	9.4	8.5	7.8	7.3	6.9	6.8	6.8	7.0
合計出生率(女子1人あたり)	4.81	4.21	3.73	3.34	3.08	2.87	2.67	2.51	2.36	2.24
純再生産率(女子1人あたり)	1.91	1.72	1.57	1.44	1.35	1.28	1.21	1.15	1.09	1.04

E. 出生力一定予測値

	2015	2020	2025	2030	2035	2040	2045	2050	2055	2060
人口(千人)										
総数	23 344	26 686	30 627	35 239	40 600	46 850	54 157	62 696	72 674	84 303
男	11 672	13 351	15 329	17 638	20 317	23 434	27 077	31 335	36 312	42 117
女	11 672	13 335	15 298	17 601	20 284	23 416	27 080	31 361	36 362	42 186
中位数年齢(歳)	18.5	18.7	18.9	19.0	19.1	19.2	19.3	19.4	19.4	19.4

	2010-2015	2015-2020	2020-2025	2025-2030	2030-2035	2035-2040	2040-2045	2045-2050	2050-2055	2055-2060
人口増加率(%)	2.51	2.68	2.76	2.81	2.83	2.86	2.90	2.93	2.95	2.97
粗出生率(人口千人あたり)	37.5	37.8	37.6	37.0	36.3	35.8	35.6	35.5	35.3	35.2
粗死亡率(人口千人あたり)	11.9	10.8	9.8	8.7	7.8	7.1	6.5	6.1	5.7	5.4

Canada

A. 推計値

指標	1960	1965	1970	1975	1980	1985	1990	1995	2000	2005	2010
人口(千人)											
総数	17 909	19 694	21 439	23 141	24 516	25 848	27 662	29 299	30 702	32 256	34 126
男	9 058	9 902	10 751	11 582	12 210	12 835	13 716	14 503	15 204	15 986	16 927
女	8 851	9 791	10 688	11 559	12 306	13 013	13 947	14 797	15 498	16 270	17 200
性比(女100につき男)	102.3	101.1	100.6	100.2	99.2	98.6	98.3	98.0	98.1	98.3	98.4
年齢分布(%)											
0－4歳	12.4	11.4	8.8	7.6	7.3	7.1	7.0	6.8	5.8	5.3	5.5
5－14歳	21.3	21.9	21.4	18.5	15.5	14.1	13.7	13.6	13.3	12.4	11.0
15－24歳	14.3	16.1	18.4	19.6	19.7	17.5	14.7	13.6	13.6	13.6	13.5
60歳以上	10.9	11.0	11.5	12.3	13.3	14.6	15.5	16.1	16.6	17.9	19.9
65歳以上	7.7	7.7	8.0	8.5	9.4	10.2	11.2	11.9	12.5	13.1	14.2
80歳以上	1.3	1.4	1.6	1.6	1.8	2.0	2.3	2.6	2.9	3.5	3.9
15－49歳女子(%)	47.0	46.9	48.7	51.1	53.1	53.5	53.6	52.7	51.4	50.0	48.3
中位数年齢(歳)	26.5	25.5	26.1	27.5	29.2	31.0	32.9	34.8	36.8	38.6	39.7
人口密度(1km²あたり)	2	2	2	3	3	3	3	3	3	4	4

指標	1960-1965	1965-1970	1970-1975	1975-1980	1980-1985	1985-1990	1990-1995	1995-2000	2000-2005	2005-2010	2010-2015
年平均人口増加数(千人)	357	349	340	275	266	363	327	280	311	374	363
年平均出生数(千人)	466	379	348	357	367	377	390	347	332	369	384
年平均死亡数(千人)	145	152	162	170	176	189	202	219	227	241	256
人口増加率(%)	1.90	1.70	1.53	1.16	1.06	1.36	1.15	0.94	0.99	1.13	1.04
粗出生率(人口千人あたり)	24.8	18.5	15.6	15.0	14.6	14.1	13.7	11.6	10.6	11.1	10.9
粗死亡率(人口千人あたり)	7.7	7.4	7.3	7.1	7.0	7.1	7.1	7.3	7.2	7.3	7.3
合計出生率(女子1人あたり)	3.68	2.61	1.98	1.73	1.63	1.62	1.69	1.56	1.52	1.64	1.61
純再生産率(女子1人あたり)	1.72	1.23	0.93	0.82	0.78	0.78	0.81	0.75	0.73	0.79	0.78
乳児死亡率(出生千人あたり)	27	21	17	13	9	8	6	5	5	5	5
出生時の平均余命(歳)											
男	68.4	68.9	69.6	70.7	72.3	73.5	74.6	75.6	77.2	78.3	79.7
女	74.5	75.6	76.6	78.0	79.3	80.1	80.8	81.3	82.1	82.9	83.8
男女計	71.3	72.1	72.9	74.2	75.7	76.7	77.7	78.5	79.7	80.7	81.8

B. 中位予測値

指標	2015	2020	2025	2030	2035	2040	2045	2050	2055	2060
人口(千人)										
総数	35 940	37 600	39 066	40 390	41 518	42 479	43 340	44 136	44 853	45 534
男	17 826	18 668	19 411	20 078	20 638	21 115	21 543	21 944	22 315	22 678
女	18 114	18 932	19 655	20 312	20 879	21 364	21 797	22 192	22 538	22 857
性比(女100につき男)	98.4	98.6	98.8	98.8	98.8	98.8	98.8	98.9	99.0	99.2
年齢分布(%)										
0－4歳	5.4	5.4	5.2	5.0	4.8	4.8	4.9	5.0	5.0	5.0
5－14歳	10.6	10.9	10.8	10.6	10.3	10.1	9.9	10.0	10.2	10.2
15－24歳	12.8	11.3	10.9	11.3	11.3	11.2	11.0	10.7	10.6	10.6
60歳以上	22.3	25.1	27.9	29.4	30.3	31.0	31.9	32.4	33.2	33.4
65歳以上	16.1	18.3	20.9	23.5	24.6	25.3	25.7	26.4	26.9	27.7
80歳以上	4.2	4.5	5.2	6.5	7.8	9.2	10.5	10.6	10.6	10.8
6－11歳	6.4	6.5	6.5	6.3	6.1	6.0	5.9	6.0	6.1	6.1
12－14歳	3.1	3.3	3.3	3.3	3.2	3.1	3.0	3.0	3.1	3.1
15－17歳	3.4	3.1	3.4	3.3	3.3	3.2	3.2	3.1	3.1	3.1
18－23歳	8.0	6.8	6.5	6.8	6.8	6.8	6.7	6.5	6.4	6.4
15－24歳女子(%)	45.9	44.1	43.2	42.3	41.4	40.6	39.7	39.4	39.5	39.3
中位数年齢(歳)	40.6	41.4	42.5	43.5	44.4	45.4	45.7	45.5	45.5	45.7
人口密度(1km²あたり)	4	4	4	4	5	5	5	5	5	5

指標	2010-2015	2015-2020	2020-2025	2025-2030	2030-2035	2035-2040	2040-2045	2045-2050	2050-2055	2055-2060
年平均人口増加数(千人)	363	332	293	265	225	192	172	159	144	136
年平均出生数(千人)	384	388	390	389	385	392	408	424	434	439
年平均死亡数(千人)	256	276	297	324	360	400	436	465	480	483
年平均純移動数(千人)	235	220	200	200	200	200	200	200	190	180
人口増加率(%)	1.04	0.90	0.77	0.67	0.55	0.46	0.40	0.36	0.32	0.30
粗出生率(人口千人あたり)	10.9	10.5	10.2	9.8	9.4	9.3	9.5	9.7	9.8	9.7
粗死亡率(人口千人あたり)	7.3	7.5	7.7	8.2	8.8	9.5	10.2	10.6	10.8	10.7
純移動率(人口千人あたり)	6.7	6.0	5.2	5.0	4.9	4.8	4.7	4.6	4.3	4.0
合計出生率(女子1人あたり)	1.61	1.56	1.56	1.58	1.60	1.62	1.64	1.67	1.69	1.70
純再生産率(女子1人あたり)	0.78	0.75	0.75	0.76	0.77	0.78	0.80	0.81	0.82	0.83
乳児死亡率(出生千人あたり)	5	4	4	3	3	3	2	2	2	2
5歳未満の死亡数(出生千人あたり	5	5	4	4	3	3	3	2	2	2
出生時の平均余命(歳)										
男	79.7	80.8	81.8	82.7	83.5	84.2	84.8	85.4	86.0	86.5
女	83.8	84.4	85.1	85.7	86.4	86.9	87.6	88.2	88.7	89.3
男女計	81.8	82.6	83.5	84.2	84.9	85.6	86.2	86.8	87.3	87.9

C. 高 位 予 測 値

	2015	2020	2025	2030	2035	2040	2045	2050	2055	2060
人口(千人)										
総数	35 940	37 908	39 874	41 813	43 544	45 129	46 699	48 362	50 133	52 012
男	17 826	18 826	19 826	20 809	21 679	22 475	23 268	24 113	25 026	26 003
女	18 114	19 082	20 048	21 004	21 865	22 654	23 431	24 248	25 107	26 009
性比(女100につき男)	98.4	98.5	98.6	98.6	98.5	98.4	98.3	98.2	98.2	98.3
年齢分布(%)										
０－４歳	5.4	6.1	6.3	6.3	6.0	5.9	6.0	6.3	6.6	6.6
５－14歳	10.6	10.8	11.4	12.2	12.4	12.2	11.8	11.9	12.2	12.7
15－24歳	12.8	11.2	10.7	10.9	11.5	12.3	12.6	12.3	11.9	11.8
60歳以上	22.3	24.9	27.4	28.4	28.9	29.2	29.6	29.6	29.7	29.3
65歳以上	16.1	18.1	20.5	22.7	23.5	23.8	23.9	24.1	24.0	24.3
80歳以上	4.2	4.5	5.1	6.3	7.4	8.7	9.7	9.7	9.5	9.4
15－49歳女子(%)	45.9	43.8	42.3	41.0	40.2	40.0	39.9	40.1	40.5	40.8
中位数年齢(歳)	40.6	41.1	41.7	42.2	42.7	42.8	42.3	41.5	40.6	40.3

	2010-2015	2015-2020	2020-2025	2025-2030	2030-2035	2035-2040	2040-2045	2045-2050	2050-2055	2055-2060
年平均人口増加数(千人)	363	394	393	388	346	317	314	333	354	376
年平均出生数(千人)	384	450	490	512	506	517	551	598	646	680
年平均死亡数(千人)	256	276	297	324	360	400	437	466	481	484
人口増加率(%)	1.04	1.07	1.01	0.95	0.81	0.72	0.68	0.70	0.72	0.74
粗出生率(人口千人あたり)	10.9	12.2	12.6	12.5	11.9	11.7	12.0	12.6	13.1	13.3
粗死亡率(人口千人あたり)	7.3	7.5	7.6	7.9	8.4	9.0	9.5	9.8	9.8	9.5
合計出生率 (女子１人あたり)	1.61	1.81	1.96	2.08	2.10	2.12	2.14	2.17	2.19	2.20
純再生産率 (女子１人あたり)	0.78	0.87	0.94	1.00	1.01	1.03	1.04	1.05	1.06	1.07

D. 低 位 予 測 値

	2015	2020	2025	2030	2035	2040	2045	2050	2055	2060
人口(千人)										
総数	35 940	37 291	38 257	38 968	39 493	39 840	40 035	40 072	39 926	39 663
男	17 826	18 509	18 996	19 348	19 599	19 760	19 846	19 858	19 786	19 664
女	18 114	18 782	19 261	19 620	19 894	20 080	20 189	20 214	20 140	19 999
性比(女100につき男)	98.4	98.5	98.6	98.6	98.5	98.4	98.3	98.2	98.2	98.3
年齢分布(%)										
０－４歳	5.4	4.6	4.0	3.6	3.5	3.5	3.6	3.6	3.4	3.3
５－14歳	10.6	11.0	10.2	8.9	8.0	7.7	7.7	7.8	7.8	7.7
15－24歳	12.8	11.3	11.2	11.7	11.1	9.9	9.1	8.8	8.8	8.9
60歳以上	22.3	25.3	28.5	30.4	31.8	33.1	34.5	35.7	37.3	38.4
65歳以上	16.1	18.4	21.4	24.3	25.9	27.0	27.9	29.0	30.2	31.8
80歳以上	4.2	4.5	5.3	6.7	8.2	9.8	11.3	11.7	11.9	12.4
15－49歳女子(%)	45.9	44.5	44.1	43.8	42.7	41.3	39.4	38.4	37.8	36.8
中位数年齢(歳)	40.6	41.7	43.2	44.8	46.3	47.7	48.8	49.6	50.1	51.1

	2010-2015	2015-2020	2020-2025	2025-2030	2030-2035	2035-2040	2040-2045	2045-2050	2050-2055	2055-2060
年平均人口増加数(千人)	363	270	193	142	105	69	39	7	－ 29	－ 53
年平均出生数(千人)	384	326	290	266	264	269	274	271	260	249
年平均死亡数(千人)	256	276	296	323	359	399	435	464	479	481
人口増加率(%)	1.04	0.74	0.51	0.37	0.27	0.18	0.10	0.02	−0.07	−0.13
粗出生率(人口千人あたり)	10.9	8.9	7.7	6.9	6.7	6.8	6.9	6.8	6.5	6.3
粗死亡率(人口千人あたり)	7.3	7.5	7.8	8.4	9.2	10.1	10.9	11.6	12.0	12.1
合計出生率 (女子１人あたり)	1.61	1.31	1.16	1.08	1.10	1.12	1.14	1.17	1.19	1.20
純再生産率 (女子１人あたり)	0.78	0.63	0.56	0.52	0.53	0.54	0.55	0.56	0.57	0.58

E. 出生力一定予測値

	2015	2020	2025	2030	2035	2040	2045	2050	2055	2060
人口(千人)										
総数	35 940	37 650	39 162	40 494	41 614	42 558	43 382	44 115	44 737	45 287
男	17 826	18 693	19 460	20 131	20 688	21 155	21 564	21 933	22 255	22 551
女	18 114	18 957	19 701	20 363	20 926	21 403	21 817	22 182	22 481	22 737
中位数年齢(歳)	40.6	41.4	42.4	43.4	44.4	45.3	45.6	45.5	45.6	45.9

	2010-2015	2015-2020	2020-2025	2025-2030	2030-2035	2035-2040	2040-2045	2045-2050	2050-2055	2055-2060
人口増加率(%)	1.04	0.93	0.79	0.67	0.55	0.45	0.38	0.34	0.28	0.24
粗出生率(人口千人あたり)	10.9	10.8	10.4	9.8	9.3	9.2	9.3	9.4	9.3	9.2
粗死亡率(人口千人あたり)	7.3	7.5	7.7	8.1	8.8	9.5	10.1	10.6	10.8	10.7

Cabo Verde

A. 推 計 値

指　標	1960	1965	1970	1975	1980	1985	1990	1995	2000	2005	2010
人口(千人)											
総数	202	231	270	273	286	314	341	389	439	474	490
男	95	110	129	128	132	147	162	187	212	232	241
女	107	122	141	144	153	167	179	202	227	242	249
性比(女100につき男)	88.4	90.1	91.0	88.9	86.2	88.2	90.3	92.6	93.3	95.7	96.9
年齢分布(%)											
０－４歳	18.4	19.0	18.2	17.1	17.2	18.1	18.5	16.4	14.2	11.7	10.6
５－14歳	23.7	28.6	30.3	31.2	30.0	26.9	27.5	29.1	29.3	26.1	21.4
15－24歳	15.3	12.7	16.7	20.0	22.6	23.9	19.9	18.8	20.0	23.4	23.6
60歳以上	7.6	6.8	7.0	7.3	6.8	6.2	6.8	6.9	7.4	7.2	6.8
65歳以上	5.0	4.4	4.0	4.9	5.0	4.7	4.3	4.6	5.1	5.7	5.6
80歳以上	0.9	0.7	0.6	0.4	0.5	0.6	0.8	0.7	0.7	0.6	1.0
15－49歳女子(%)	43.4	39.1	39.6	41.2	43.7	44.6	43.1	44.1	46.5	50.6	54.7
中位数年齢(歳)	20.5	16.7	15.7	15.8	16.0	17.0	16.9	17.2	17.8	19.7	22.6
人口密度(1km²あたり)	50	57	67	68	71	78	85	97	109	118	122

	1960-1965	1965-1970	1970-1975	1975-1980	1980-1985	1985-1990	1990-1995	1995-2000	2000-2005	2005-2010	2010-2015
年平均人口増加数(千人)	6	8	0	3	6	5	10	10	7	3	6
年平均出生数(千人)	10	11	11	11	13	14	14	13	12	11	11
年平均死亡数(千人)	4	4	4	3	3	3	3	3	3	3	3
人口増加率(%)	2.69	3.10	0.18	0.93	1.90	1.67	2.63	2.40	1.56	0.67	1.19
粗出生率(人口千人あたり)	47.0	43.2	40.6	40.6	42.1	42.2	37.2	31.4	25.5	22.8	21.8
粗死亡率(人口千人あたり)	19.1	15.6	13.2	11.2	9.6	8.6	7.5	6.2	5.6	5.4	5.5
合計出生率(女子１人あたり)	6.97	6.97	6.86	6.62	6.10	5.63	4.93	4.14	3.22	2.62	2.37
純再生産率(女子１人あたり)	2.49	2.62	2.70	2.73	2.63	2.50	2.24	1.92	1.51	1.25	1.13
乳児死亡率(出生千人あたり)	125	108	93	76	61	50	42	33	27	21	20
出生時の平均余命(歳)											
男	48.2	51.0	53.9	57.3	60.7	63.0	65.0	67.3	68.9	70.6	71.1
女	50.6	53.7	56.8	60.3	63.9	66.2	68.2	70.4	72.3	74.1	74.7
男女計	49.5	52.4	55.4	58.9	62.4	64.7	66.7	69.0	70.7	72.5	73.0

B. 中 位 予 測 値

指　標	2015	2020	2025	2030	2035	2040	2045	2050	2055	2060
人口(千人)										
総数	521	553	585	614	642	667	689	707	721	730
男	257	273	290	305	320	332	344	353	360	365
女	264	279	295	309	323	335	345	354	360	365
性比(女100につき男)	97.4	97.9	98.4	98.7	99.1	99.3	99.6	99.8	100.0	100.0
年齢分布(%)										
０－４歳	10.3	9.6	8.6	7.7	7.0	6.6	6.2	5.9	5.6	5.3
５－14歳	19.4	18.8	18.1	16.7	15.1	13.8	12.9	12.2	11.7	11.2
15－24歳	21.5	18.4	16.8	16.6	16.2	15.2	13.9	12.9	12.2	11.8
60歳以上	6.7	7.2	8.8	10.4	11.9	13.9	16.9	20.5	24.0	26.6
65歳以上	4.6	4.6	5.3	6.9	8.3	9.6	11.2	13.8	17.1	20.3
80歳以上	1.2	1.3	1.0	0.8	1.1	1.6	2.3	2.8	3.3	4.0
６－11歳	11.6	11.4	10.9	9.9	9.0	8.2	7.7	7.3	7.0	6.6
12－14歳	5.7	5.5	5.4	5.2	4.7	4.3	3.9	3.7	3.6	3.4
15－17歳	6.1	5.3	5.3	5.2	4.9	4.4	4.0	3.8	3.6	3.5
18－23歳	13.2	11.1	9.9	9.9	9.8	9.2	8.5	7.8	7.4	7.1
15－24歳女子(%)	55.0	54.5	54.9	55.1	54.1	51.7	48.7	46.6	45.3	43.8
中位数年齢(歳)	24.5	26.6	28.7	30.8	32.8	34.6	36.5	38.4	40.2	42.0
人口密度(1km²あたり)	129	137	145	152	159	166	171	175	179	181

	2010-2015	2015-2020	2020-2025	2025-2030	2030-2035	2035-2040	2040-2045	2045-2050	2050-2055	2055-2060
年平均人口増加数(千人)	6	6	6	6	6	5	4	4	3	2
年平均出生数(千人)	11	11	10	10	9	9	9	8	8	8
年平均死亡数(千人)	3	3	3	3	3	3	4	5	5	6
年平均純移動数(千人)	−2	−2	−1	−1	−1	−1	0	0	0	0
人口増加率(%)	1.19	1.21	1.12	1.00	0.88	0.77	0.64	0.51	0.38	0.26
粗出生率(人口千人あたり)	21.8	20.2	18.1	16.1	14.6	13.6	12.8	12.0	11.3	10.7
粗死亡率(人口千人あたり)	5.5	5.1	4.7	4.5	4.7	5.2	5.8	6.5	7.1	7.8
純移動率(人口千人あたり)	−4.4	−3.1	−2.2	−1.6	−1.1	−0.8	−0.6	−0.4	−0.4	−0.4
合計出生率 (女子１人あたり)	2.37	2.19	2.05	1.94	1.86	1.80	1.77	1.74	1.73	1.73
純再生産率 (女子１人あたり)	1.13	1.05	0.99	0.94	0.90	0.87	0.86	0.84	0.84	0.84
乳児死亡率 (出生千人あたり)	20	17	15	13	12	10	9	8	8	7
５歳未満の死亡数(出生千人あた	24	20	17	15	13	12	11	10	9	8
出生時の平均余命(歳)										
男	71.1	72.2	73.2	74.3	75.3	76.3	77.3	78.3	79.4	80.4
女	74.7	75.9	77.1	78.1	79.0	79.9	80.7	81.4	82.2	82.9
男女計	73.0	74.2	75.3	76.4	77.3	78.2	79.1	79.9	80.8	81.7

C. 高位予測値

	2015	2020	2025	2030	2035	2040	2045	2050	2055	2060
人口(千人)										
総数	521	559	601	643	683	722	761	799	835	868
男	257	277	298	320	340	360	380	400	418	435
女	264	282	303	323	343	362	381	399	417	433
性比(女100につき男)	97.4	97.8	98.2	98.6	98.8	99.0	99.2	99.4	99.5	99.4
年齢分布(%)										
0－4歳	10.3	10.6	10.0	9.3	8.5	8.1	7.9	7.7	7.5	7.2
5－14歳	19.4	18.6	18.6	18.4	17.4	16.2	15.2	14.8	14.5	14.3
15－24歳	21.5	18.2	16.4	15.9	16.1	16.2	15.5	14.5	13.8	13.5
60歳以上	6.7	7.2	8.6	9.9	11.2	12.8	15.3	18.1	20.7	22.4
65歳以上	4.6	4.6	5.2	6.6	7.8	8.9	10.2	12.2	14.8	17.0
80歳以上	1.2	1.2	1.0	0.7	1.0	1.4	2.1	2.5	2.8	3.4
15－49歳女子(%)	55.0	54.0	53.5	52.8	51.8	50.0	47.7	46.3	45.7	45.1
中位数年齢(歳)	24.5	26.3	27.9	29.4	30.6	31.8	32.9	33.9	35.2	36.3

	2010-2015	2015-2020	2020-2025	2025-2030	2030-2035	2035-2040	2040-2045	2045-2050	2050-2055	2055-2060
年平均人口増加数(千人)	6	8	8	8	8	8	8	8	7	7
年平均出生数(千人)	11	12	12	12	12	12	12	12	13	13
年平均死亡数(千人)	3	3	3	3	3	3	4	5	5	6
人口増加率(%)	1.19	1.43	1.44	1.35	1.22	1.12	1.05	0.97	0.88	0.78
粗出生率(人口千人あたり)	21.8	22.4	21.2	19.5	17.8	16.8	16.4	16.0	15.4	14.9
粗死亡率(人口千人あたり)	5.5	5.1	4.7	4.4	4.5	4.9	5.3	5.9	6.3	6.7
合計出生率 (女子1人あたり)	2.37	2.44	2.45	2.44	2.36	2.30	2.27	2.24	2.23	2.23
純再生産率 (女子1人あたり)	1.13	1.17	1.18	1.18	1.14	1.11	1.10	1.09	1.08	1.08

D. 低位予測値

	2015	2020	2025	2030	2035	2040	2045	2050	2055	2060
人口(千人)										
総数	521	547	569	586	602	613	620	622	618	609
男	257	270	282	291	299	305	309	310	308	304
女	264	276	287	295	303	308	311	312	310	306
性比(女100につき男)	97.4	97.8	98.2	98.6	98.8	99.0	99.2	99.4	99.5	99.4
年齢分布(%)										
0－4歳	10.3	8.6	7.1	6.0	5.4	5.0	4.5	4.0	3.7	3.4
5－14歳	19.4	19.0	17.5	14.8	12.5	11.0	10.1	9.4	8.6	7.8
15－24歳	21.5	18.6	17.3	17.4	16.3	13.9	12.0	10.7	10.1	9.5
60歳以上	6.7	7.3	9.1	10.9	12.7	15.1	18.7	23.3	28.0	31.9
65歳以上	4.6	4.7	5.5	7.2	8.9	10.4	12.5	15.7	19.9	24.3
80歳以上	1.2	1.3	1.0	0.8	1.1	1.7	2.6	3.2	3.8	4.8
15－49歳女子(%)	55.0	55.1	56.4	57.7	56.7	53.6	49.5	46.4	44.2	41.3
中位数年齢(歳)	24.5	26.9	29.5	32.2	35.0	37.6	40.1	42.8	45.4	48.0

	2010-2015	2015-2020	2020-2025	2025-2030	2030-2035	2035-2040	2040-2045	2045-2050	2050-2055	2055-2060
年平均人口増加数(千人)	6	5	4	4	3	2	1	0	－1	－2
年平均出生数(千人)	11	10	8	7	7	6	6	5	5	4
年平均死亡数(千人)	3	3	3	3	3	3	4	4	5	6
人口増加率(%)	1.19	0.98	0.79	0.61	0.51	0.38	0.23	0.05	-0.12	-0.28
粗出生率(人口千人あたり)	21.8	18.0	14.8	12.4	11.2	10.2	9.2	8.2	7.4	6.7
粗死亡率(人口千人あたり)	5.5	5.1	4.7	4.6	4.9	5.5	6.3	7.2	8.1	9.1
合計出生率 (女子1人あたり)	2.37	1.94	1.65	1.44	1.36	1.30	1.27	1.24	1.23	1.23
純再生産率 (女子1人あたり)	1.13	0.93	0.79	0.70	0.66	0.63	0.61	0.60	0.60	0.60

E. 出生力一定予測値

	2015	2020	2025	2030	2035	2040	2045	2050	2055	2060
人口(千人)										
総数	521	557	596	636	677	717	757	797	835	871
男	257	275	296	316	337	358	378	399	418	437
女	264	281	300	320	340	359	379	398	417	435
中位数年齢(歳)	24.5	26.4	28.2	29.7	30.9	32.1	33.1	34.0	35.0	35.8

	2010-2015	2015-2020	2020-2025	2025-2030	2030-2035	2035-2040	2040-2045	2045-2050	2050-2055	2055-2060
人口増加率(%)	1.19	1.35	1.36	1.31	1.24	1.16	1.09	1.01	0.93	0.86
粗出生率(人口千人あたり)	21.8	21.6	20.5	19.1	18.0	17.3	16.8	16.4	16.0	15.6
粗死亡率(人口千人あたり)	5.5	5.1	4.7	4.5	4.6	4.9	5.4	5.9	6.3	6.7

Central African Republic

A. 推 計 値

指 標	1960	1965	1970	1975	1980	1985	1990	1995	2000	2005	2010
人口(千人)											
総数	1 504	1 649	1 829	2 017	2 274	2 627	2 938	3 336	3 726	4 056	4 445
男	739	810	899	991	1 117	1 291	1 443	1 638	1 831	1 995	2 189
女	764	838	930	1 026	1 157	1 337	1 495	1 698	1 895	2 060	2 256
性比(女100につき男)	96.8	96.7	96.6	96.6	96.6	96.6	96.5	96.5	96.6	96.8	97.0
年齢分布(%)											
0－4歳	15.9	16.3	16.5	16.8	16.9	17.1	17.1	16.3	16.2	15.8	14.8
5－14歳	22.3	23.3	24.1	24.9	25.3	25.3	26.1	26.3	25.9	26.0	25.8
15－24歳	17.7	17.3	17.3	17.7	18.3	18.6	18.5	19.2	19.8	20.4	20.6
60歳以上	7.0	6.7	6.6	6.5	6.4	6.3	6.3	6.1	6.0	6.0	5.9
65歳以上	4.3	4.2	4.1	4.1	4.1	4.0	4.0	4.0	3.9	3.9	3.9
80歳以上	0.4	0.4	0.4	0.4	0.4	0.5	0.5	0.5	0.5	0.5	0.5
15－49歳女子(%)	47.3	46.5	46.1	45.2	44.8	45.1	44.6	45.5	46.3	46.7	47.8
中位数年齢(歳)	21.4	20.8	20.0	19.3	18.9	18.8	18.4	18.6	18.7	18.8	19.4
人口密度(1km²あたり)	2	3	3	3	4	4	5	5	6	7	7

指 標	1960-1965	1965-1970	1970-1975	1975-1980	1980-1985	1985-1990	1990-1995	1995-2000	2000-2005	2005-2010	2010-2015
年平均人口増加数(千人)	29	36	38	51	71	62	80	78	66	78	91
年平均出生数(千人)	69	76	82	91	104	117	126	141	149	151	160
年平均死亡数(千人)	42	42	40	39	41	46	54	65	74	74	71
人口増加率(%)	1.85	2.07	1.96	2.40	2.89	2.23	2.54	2.21	1.70	1.83	1.95
粗出生率(人口千人あたり)	43.8	43.5	42.7	42.2	42.4	41.9	40.2	39.9	38.4	35.6	34.3
粗死亡率(人口千人あたり)	26.9	24.3	21.0	18.2	16.8	16.7	17.2	18.5	19.1	17.5	15.2
合計出生率(女子1人あたり)	5.90	5.95	5.95	5.95	5.95	5.90	5.65	5.54	5.30	4.85	4.41
純再生産率(女子1人あたり)	1.70	1.81	1.95	2.08	2.16	2.14	2.00	1.88	1.76	1.66	1.62
乳児死亡率(出生千人あたり)	176	160	138	119	110	109	112	114	113	106	93
出生時の平均余命(歳)											
男	36.0	38.5	42.0	45.6	47.3	47.3	45.9	43.9	42.8	44.6	47.8
女	39.2	41.9	45.9	49.8	52.0	52.1	50.3	47.5	45.6	47.6	51.3
男女計	37.6	40.2	43.9	47.6	49.6	49.6	48.1	45.7	44.2	46.1	49.5

B. 中 位 予 測 値

指 標	2015	2020	2025	2030	2035	2040	2045	2050	2055	2060
人口(千人)										
総数	4 900	5 409	5 942	6 490	7 051	7 623	8 204	8 782	9 343	9 874
男	2 415	2 666	2 929	3 198	3 472	3 751	4 033	4 313	4 583	4 837
女	2 485	2 743	3 013	3 293	3 579	3 872	4 171	4 469	4 760	5 036
性比(女100につき男)	97.2	97.2	97.2	97.1	97.0	96.9	96.7	96.5	96.3	96.0
年齢分布(%)										
0－4歳	14.5	13.9	13.1	12.2	11.4	10.7	10.2	9.6	9.1	8.6
5－14歳	24.6	23.7	23.3	22.5	21.4	20.3	19.3	18.5	17.7	17.0
15－24歳	20.5	20.3	19.6	19.2	19.2	18.8	18.1	17.4	16.8	16.3
60歳以上	5.9	5.9	6.0	6.2	6.7	7.4	8.6	10.0	11.4	12.9
65歳以上	3.9	3.9	4.0	4.1	4.3	4.7	5.4	6.4	7.6	8.7
80歳以上	0.5	0.5	0.5	0.6	0.6	0.7	0.8	0.8	1.0	1.2
6－11歳	14.9	14.5	14.2	13.7	13.0	12.3	11.7	11.2	10.7	10.2
12－14歳	7.1	6.6	6.6	6.5	6.3	6.0	5.7	5.4	5.2	5.0
15－17歳	6.7	6.5	6.1	6.2	6.1	5.8	5.6	5.3	5.1	5.0
18－23歳	12.0	12.0	11.6	11.3	11.3	11.2	10.8	10.4	10.0	9.7
15－24歳女子(%)	49.3	50.8	51.9	52.8	53.2	53.2	52.9	52.3	51.7	51.1
中位数年齢(歳)	20.0	20.9	21.9	22.9	23.9	25.1	26.4	27.7	29.0	30.3
人口密度(1km²あたり)	8	9	10	10	11	12	13	14	15	16

指 標	2010-2015	2015-2020	2020-2025	2025-2030	2030-2035	2035-2040	2040-2045	2045-2050	2050-2055	2055-2060
年平均人口増加数(千人)	91	102	107	110	112	115	116	116	112	106
年平均出生数(千人)	160	167	171	172	172	174	175	176	176	175
年平均死亡数(千人)	71	67	66	64	62	61	60	62	65	70
年平均純移動数(千人)	2	2	2	2	2	2	1	1	1	1
人口増加率(%)	1.95	1.98	1.88	1.77	1.66	1.56	1.47	1.36	1.24	1.11
粗出生率(人口千人あたり)	34.3	32.4	30.1	27.6	25.4	23.7	22.1	20.7	19.4	18.2
粗死亡率(人口千人あたり)	15.2	13.1	11.6	10.3	9.1	8.3	7.6	7.3	7.2	7.2
純移動率(人口千人あたり)	0.4	0.4	0.3	0.3	0.2	0.2	0.2	0.2	0.1	0.1
合計出生率(女子1人あたり)	4.41	4.02	3.66	3.35	3.08	2.87	2.70	2.55	2.43	2.33
純再生産率(女子1人あたり)	1.62	1.55	1.47	1.39	1.32	1.26	1.22	1.17	1.13	1.09
乳児死亡率(出生千人あたり)	93	84	75	66	57	49	42	36	31	27
5歳未満の死亡数(出生千人あたり)	151	133	118	102	86	72	59	50	42	36
出生時の平均余命(歳)										
男	47.8	51.1	53.6	56.2	58.8	61.3	63.5	65.5	67.2	68.6
女	51.3	55.5	58.3	61.2	64.0	66.7	69.1	71.1	72.7	74.2
男女計	49.5	53.3	55.9	58.6	61.4	63.9	66.3	68.3	69.9	71.4

C. 高位予測値

	2015	2020	2025	2030	2035	2040	2045	2050	2055	2060
人口(千人)										
総数	4 900	5 455	6 071	6 734	7 424	8 151	8 924	9 741	10 586	11 441
男	2 415	2 689	2 993	3 320	3 658	4 014	4 393	4 792	5 204	5 620
女	2 485	2 766	3 078	3 415	3 766	4 136	4 532	4 949	5 382	5 820
性比(女100につき男)	97.2	97.2	97.1	97.0	96.8	96.7	96.4	96.1	95.8	95.4
年齢分布(%)										
0－4歳	14.5	14.6	14.2	13.5	12.6	12.0	11.6	11.2	10.8	10.3
5－14歳	24.6	23.5	23.5	23.6	23.0	22.0	21.0	20.3	19.8	19.3
15－24歳	20.5	20.1	19.2	18.5	18.8	19.1	18.8	18.2	17.5	17.1
60歳以上	5.9	5.9	5.9	6.0	6.3	7.0	7.9	9.0	10.1	11.1
65歳以上	3.9	3.9	3.9	4.0	4.1	4.4	5.0	5.8	6.7	7.5
80歳以上	0.5	0.5	0.5	0.5	0.6	0.6	0.7	0.8	0.9	1.1
15－49歳女子(%)	49.3	50.4	50.8	50.9	51.2	51.3	51.3	50.9	50.5	50.3
中位数年齢(歳)	20.0	20.7	21.3	21.8	22.5	23.3	24.3	25.2	26.2	27.1

	2010-2015	2015-2020	2020-2025	2025-2030	2030-2035	2035-2040	2040-2045	2045-2050	2050-2055	2055-2060
年平均人口増加数(千人)	91	111	123	133	138	145	155	163	169	171
年平均出生数(千人)	160	178	189	198	201	207	217	227	236	243
年平均死亡数(千人)	71	68	68	67	65	64	64	65	69	74
人口増加率(%)	1.95	2.15	2.14	2.07	1.95	1.87	1.81	1.75	1.66	1.55
粗出生率(人口千人あたり)	34.3	34.3	32.9	30.8	28.4	26.6	25.4	24.4	23.3	22.1
粗死亡率(人口千人あたり)	15.2	13.2	11.8	10.4	9.1	8.2	7.5	7.0	6.8	6.7
合計出生率(女子1人あたり)	4.41	4.27	4.06	3.85	3.58	3.37	3.20	3.05	2.93	2.83
純再生産率(女子1人あたり)	1.62	1.65	1.63	1.60	1.53	1.48	1.44	1.40	1.36	1.32

D. 低位予測値

	2015	2020	2025	2030	2035	2040	2045	2050	2055	2060
人口(千人)										
総数	4 900	5 362	5 812	6 246	6 678	7 102	7 503	7 868	8 186	8 447
男	2 415	2 643	2 864	3 075	3 286	3 490	3 683	3 857	4 005	4 125
女	2 485	2 719	2 949	3 171	3 393	3 611	3 820	4 012	4 180	4 322
性比(女100につき男)	97.2	97.2	97.1	97.0	96.8	96.7	96.4	96.1	95.8	95.4
年齢分布(%)										
0－4歳	14.5	13.1	11.9	10.8	10.0	9.3	8.6	7.9	7.3	6.7
5－14歳	24.6	23.9	23.1	21.4	19.7	18.4	17.4	16.4	15.4	14.3
15－24歳	20.5	20.5	20.0	20.0	19.6	18.4	17.2	16.4	15.8	15.1
60歳以上	5.9	6.0	6.2	6.5	7.0	8.0	9.4	11.2	13.0	15.0
65歳以上	3.9	3.9	4.1	4.3	4.6	5.1	5.9	7.1	8.6	10.2
80歳以上	0.5	0.5	0.6	0.6	0.7	0.7	0.8	0.9	1.1	1.5
15－49歳女子(%)	49.3	51.3	53.0	54.8	55.5	55.3	54.7	53.8	52.7	51.6
中位数年齢(歳)	20.0	21.1	22.4	23.9	25.4	27.1	28.9	30.7	32.5	34.2

	2010-2015	2015-2020	2020-2025	2025-2030	2030-2035	2035-2040	2040-2045	2045-2050	2050-2055	2055-2060
年平均人口増加数(千人)	91	92	90	87	86	85	80	73	63	52
年平均出生数(千人)	160	157	152	146	144	141	136	130	124	117
年平均死亡数(千人)	71	66	64	61	59	58	57	59	62	66
人口増加率(%)	1.95	1.80	1.61	1.44	1.34	1.23	1.10	0.95	0.79	0.63
粗出生率(人口千人あたり)	34.3	30.6	27.2	24.2	22.3	20.4	18.7	17.0	15.4	14.1
粗死亡率(人口千人あたり)	15.2	12.9	11.4	10.1	9.1	8.4	7.9	7.6	7.7	8.0
合計出生率(女子1人あたり)	4.41	3.77	3.26	2.85	2.58	2.37	2.20	2.05	1.93	1.83
純再生産率(女子1人あたり)	1.62	1.46	1.31	1.18	1.11	1.04	0.99	0.94	0.90	0.86

E. 出生力一定予測値

	2015	2020	2025	2030	2035	2040	2045	2050	2055	2060
人口(千人)										
総数	4 900	5 473	6 149	6 927	7 816	8 834	10 012	11 371	12 930	14 711
男	2 415	2 698	3 032	3 416	3 854	4 356	4 937	5 608	6 378	7 259
女	2 485	2 775	3 117	3 511	3 961	4 478	5 075	5 764	6 552	7 452
中位数年齢(歳)	20.0	20.6	21.0	21.0	21.0	21.1	21.3	21.4	21.4	21.4

	2010-2015	2015-2020	2020-2025	2025-2030	2030-2035	2035-2040	2040-2045	2045-2050	2050-2055	2055-2060
人口増加率(%)	1.95	2.21	2.33	2.38	2.41	2.45	2.50	2.55	2.57	2.58
粗出生率(人口千人あたり)	34.3	35.0	34.9	34.1	33.2	32.5	32.2	32.0	31.9	31.7
粗死亡率(人口千人あたり)	15.2	13.3	11.9	10.6	9.3	8.2	7.4	6.8	6.3	6.0

Chad

A. 推 計 値

指　標	1960	1965	1970	1975	1980	1985	1990	1995	2000	2005	2010
人口(千人)											
総数	3 003	3 311	3 645	4 089	4 513	5 093	5 958	7 002	8 343	10 068	11 896
男	1 467	1 618	1 786	2 010	2 227	2 521	2 958	3 482	4 156	5 025	5 950
女	1 535	1 693	1 859	2 079	2 286	2 572	3 000	3 520	4 188	5 042	5 947
性比(女100につき男)	95.6	95.6	96.1	96.7	97.4	98.0	98.6	98.9	99.2	99.7	100.0
年齢分布(%)											
０－４歳	17.1	17.1	17.4	18.4	19.0	19.4	19.8	20.1	20.2	20.0	19.5
５－14歳	23.9	25.3	25.3	25.3	26.0	27.0	27.7	28.1	28.6	29.1	29.2
15－24歳	17.6	17.2	18.1	18.7	18.2	17.9	18.2	18.7	19.0	19.3	19.7
60歳以上	6.3	6.1	6.0	5.8	5.6	5.3	5.0	4.7	4.5	4.2	4.0
65歳以上	3.8	3.8	3.7	3.6	3.5	3.4	3.2	3.0	2.9	2.7	2.6
80歳以上	0.4	0.3	0.3	0.3	0.3	0.3	0.3	0.3	0.3	0.3	0.3
15－49歳女子(%)	45.7	44.6	44.9	44.5	43.8	43.0	42.6	42.4	42.4	42.3	42.9
中位数年齢(歳)	19.9	19.2	18.6	18.2	17.5	16.8	16.3	15.8	15.6	15.4	15.6
人口密度(1k㎡あたり)	2	3	3	3	4	4	5	6	7	8	9

指　標	1960-1965	1965-1970	1970-1975	1975-1980	1980-1985	1985-1990	1990-1995	1995-2000	2000-2005	2005-2010	2010-2015
年平均人口増加数(千人)	62	67	89	85	116	173	209	268	345	366	428
年平均出生数(千人)	144	160	186	212	240	279	332	393	463	532	596
年平均死亡数(千人)	81	85	87	93	98	107	122	138	161	180	187
人口増加率(%)	1.96	1.92	2.30	1.97	2.42	3.14	3.23	3.51	3.76	3.34	3.31
粗出生率(人口千人あたり)	45.6	45.9	48.1	49.4	50.0	50.6	51.3	51.2	50.2	48.5	45.9
粗死亡率(人口千人あたり)	25.8	24.3	22.6	21.5	20.4	19.3	18.8	18.0	17.5	16.4	14.5
合計出生率(女子１人あたり)	6.30	6.40	6.67	6.87	7.04	7.21	7.39	7.41	7.24	6.85	6.31
純再生産率(女子１人あたり)	1.87	1.94	2.11	2.23	2.34	2.45	2.55	2.59	2.53	2.44	2.34
乳児死亡率(出生千人あたり)	169	160	146	138	130	123	119	114	111	106	96
出生時の平均余命(歳)											
男	36.9	38.8	41.2	43.0	44.3	45.6	45.9	46.5	46.8	47.9	50.1
女	40.6	41.6	43.8	45.0	46.5	47.7	48.4	48.9	48.5	49.5	52.2
男女計	38.7	40.1	42.5	44.0	45.4	46.6	47.1	47.6	47.7	48.7	51.1

B. 中 位 予 測 値

指　標	2015	2020	2025	2030	2035	2040	2045	2050	2055	2060
人口(千人)										
総数	14 037	16 431	19 075	21 946	25 010	28 247	31 631	35 131	38 718	42 355
男	7 028	8 232	9 562	11 004	12 540	14 159	15 847	17 592	19 374	21 177
女	7 010	8 199	9 513	10 942	12 470	14 088	15 783	17 539	19 344	21 179
性比(女100につき男)	100.3	100.4	100.5	100.6	100.6	100.5	100.4	100.3	100.2	100.0
年齢分布(%)										
０－４歳	18.8	18.0	17.3	16.4	15.5	14.6	13.8	13.0	12.2	11.6
５－14歳	29.0	28.5	27.9	27.2	26.4	25.5	24.4	23.4	22.4	21.4
15－24歳	20.2	20.6	20.7	20.7	20.7	20.6	20.4	20.0	19.6	19.1
60歳以上	4.0	3.9	3.9	4.0	4.1	4.4	4.8	5.4	6.1	6.9
65歳以上	2.5	2.5	2.5	2.5	2.6	2.7	3.0	3.3	3.8	4.3
80歳以上	0.3	0.3	0.3	0.3	0.3	0.3	0.3	0.4	0.4	0.5
６－11歳	17.9	17.6	17.2	16.7	16.2	15.5	14.9	14.2	13.6	13.0
12－14歳	7.7	7.7	7.6	7.5	7.3	7.2	6.9	6.7	6.4	6.2
15－17歳	6.9	7.0	6.9	6.9	6.8	6.7	6.6	6.4	6.2	6.0
18－23歳	11.6	11.9	12.0	12.0	12.1	12.0	12.0	11.8	11.6	11.3
15－24歳女子(%)	44.1	45.4	46.7	48.0	49.2	50.3	51.2	51.9	52.3	52.6
中位数年齢(歳)	16.0	16.5	17.2	17.9	18.7	19.5	20.5	21.7	22.8	23.9
人口密度(1k㎡あたり)	11	13	15	17	20	22	25	28	31	34

指　標	2010-2015	2015-2020	2020-2025	2025-2030	2030-2035	2035-2040	2040-2045	2045-2050	2050-2055	2055-2060
年平均人口増加数(千人)	428	479	529	574	613	647	677	700	717	727
年平均出生数(千人)	596	665	731	791	844	892	934	971	1 001	1 027
年平均死亡数(千人)	187	202	216	229	242	253	264	276	290	305
年平均純移動数(千人)	20	16	14	12	10	8	7	6	6	5
人口増加率(%)	3.31	3.15	2.98	2.81	2.61	2.43	2.26	2.10	1.95	1.80
粗出生率(人口千人あたり)	45.9	43.6	41.2	38.6	36.0	33.5	31.2	29.1	27.1	25.3
粗死亡率(人口千人あたり)	14.5	13.3	12.2	11.1	10.3	9.5	8.8	8.3	7.8	7.5
純移動率(人口千人あたり)	1.5	1.1	0.8	0.6	0.4	0.3	0.2	0.2	0.2	0.1
合計出生率（女子１人あたり）	6.31	5.79	5.30	4.85	4.43	4.06	3.74	3.46	3.22	3.03
純再生産率（女子１人あたり）	2.34	2.20	2.06	1.93	1.80	1.69	1.58	1.49	1.41	1.35
乳児死亡率（出生千人あたり）	96	87	78	70	64	58	53	47	42	37
５歳未満の死亡数(出生千人あたり	155	141	129	116	106	96	87	77	69	60
出生時の平均余命(歳)										
男	50.1	51.4	52.8	54.3	55.7	57.1	58.6	60.1	61.5	63.0
女	52.2	53.6	55.1	56.7	58.3	59.9	61.5	63.1	64.8	66.3
男女計	51.1	52.5	54.0	55.5	57.0	58.5	60.0	61.6	63.1	64.6

C. 高位予測値

	2015	2020	2025	2030	2035	2040	2045	2050	2055	2060
人口(千人)										
総数	14 037	16 559	19 445	22 675	26 167	29 948	34 056	38 499	43 246	48 251
男	7 028	8 297	9 749	11 373	13 124	15 017	17 071	19 290	21 656	24 148
女	7 010	8 262	9 696	11 303	13 043	14 931	16 985	19 208	21 590	24 104
性比(女100につき男)	100.3	100.4	100.5	100.5	100.5	100.4	100.3	100.2	100.0	99.8
年齢分布(%)										
0－4歳	18.8	18.7	18.2	17.5	16.5	15.7	15.0	14.4	13.8	13.1
5－14歳	29.0	28.3	28.0	27.9	27.5	26.6	25.6	24.7	24.0	23.3
15－24歳	20.2	20.4	20.3	20.0	20.2	20.6	20.6	20.2	19.7	19.3
60歳以上	4.0	3.9	3.9	3.8	3.9	4.2	4.5	4.9	5.4	6.0
65歳以上	2.5	2.5	2.5	2.5	2.5	2.6	2.8	3.0	3.4	3.8
80歳以上	0.3	0.3	0.3	0.3	0.3	0.3	0.3	0.3	0.4	0.4
15－49歳女子(%)	44.1	45.1	45.9	46.5	47.5	48.7	49.6	50.2	50.6	51.0
中位数年齢(歳)	16.0	16.4	16.7	17.1	17.7	18.5	19.3	20.1	21.0	21.9

	2010-2015	2015-2020	2020-2025	2025-2030	2030-2035	2035-2040	2040-2045	2045-2050	2050-2055	2055-2060
年平均人口増加数(千人)	428	504	577	646	698	756	822	889	950	1 001
年平均出生数(千人)	596	694	786	872	942	1 015	1 096	1 180	1 258	1 328
年平均死亡数(千人)	187	205	223	238	253	267	282	298	314	332
人口増加率(%)	3.31	3.30	3.21	3.07	2.87	2.70	2.57	2.45	2.33	2.19
粗出生率(人口千人あたり)	45.9	45.3	43.7	41.4	38.6	36.2	34.3	32.5	30.8	29.0
粗死亡率(人口千人あたり)	14.5	13.4	12.4	11.3	10.4	9.5	8.8	8.2	7.7	7.3
合計出生率 (女子1人あたり)	6.31	6.04	5.70	5.35	4.93	4.56	4.24	3.96	3.72	3.53
純再生産率 (女子1人あたり)	2.34	2.30	2.22	2.13	2.00	1.89	1.79	1.70	1.63	1.57

D. 低位予測値

	2015	2020	2025	2030	2035	2040	2045	2050	2055	2060
人口(千人)										
総数	14 037	16 304	18 705	21 217	23 856	26 561	29 261	31 900	34 454	36 901
男	7 028	8 168	9 375	10 636	11 956	13 307	14 652	15 963	17 225	18 429
女	7 010	8 136	9 330	10 582	11 899	13 254	14 609	15 937	17 229	18 472
性比(女100につき男)	100.3	100.4	100.5	100.5	100.5	100.4	100.3	100.2	100.0	99.8
年齢分布(%)										
0－4歳	18.8	17.4	16.3	15.2	14.4	13.5	12.4	11.5	10.6	9.9
5－14歳	29.0	28.7	27.8	26.5	25.2	24.1	23.1	21.9	20.6	19.3
15－24歳	20.2	20.7	21.1	21.4	21.2	20.6	20.0	19.6	19.2	18.6
60歳以上	4.0	4.0	4.0	4.1	4.3	4.7	5.2	5.9	6.8	7.9
65歳以上	2.5	2.5	2.6	2.6	2.7	2.9	3.2	3.7	4.2	4.9
80歳以上	0.3	0.3	0.3	0.3	0.3	0.4	0.4	0.4	0.5	0.6
15－49歳女子(%)	44.1	45.8	47.7	49.6	51.1	52.2	53.0	53.7	54.1	54.2
中位数年齢(歳)	16.0	16.7	17.6	18.6	19.7	20.8	22.1	23.4	24.8	26.3

	2010-2015	2015-2020	2020-2025	2025-2030	2030-2035	2035-2040	2040-2045	2045-2050	2050-2055	2055-2060
年平均人口増加数(千人)	428	453	480	503	528	541	540	528	511	489
年平均出生数(千人)	596	636	676	709	747	772	781	778	772	765
年平均死亡数(千人)	187	199	209	219	230	239	248	257	267	281
人口増加率(%)	3.31	2.99	2.75	2.52	2.34	2.15	1.94	1.73	1.54	1.37
粗出生率(人口千人あたり)	45.9	41.9	38.6	35.5	33.2	30.6	28.0	25.5	23.3	21.4
粗死亡率(人口千人あたり)	14.5	13.1	12.0	11.0	10.2	9.5	8.9	8.4	8.1	7.9
合計出生率 (女子1人あたり)	6.31	5.54	4.90	4.35	3.93	3.56	3.24	2.96	2.72	2.53
純再生産率 (女子1人あたり)	2.34	2.11	1.91	1.73	1.60	1.48	1.37	1.27	1.19	1.12

E. 出生力一定予測値

	2015	2020	2025	2030	2035	2040	2045	2050	2055	2060
人口(千人)										
総数	14 037	16 681	19 909	23 798	28 440	34 036	40 863	49 233	59 496	72 068
男	7 028	8 358	9 983	11 940	14 273	17 082	20 507	24 706	29 852	36 156
女	7 010	8 323	9 926	11 857	14 167	16 954	20 357	24 527	29 644	35 912
中位数年齢(歳)	16.0	16.2	16.2	16.0	15.9	15.9	16.0	16.0	15.9	15.8

	2010-2015	2015-2020	2020-2025	2025-2030	2030-2035	2035-2040	2040-2045	2045-2050	2050-2055	2055-2060
人口増加率(%)	3.31	3.45	3.54	3.57	3.56	3.59	3.66	3.73	3.79	3.83
粗出生率(人口千人あたり)	45.9	46.9	47.2	46.7	45.9	45.4	45.3	45.3	45.2	45.0
粗死亡率(人口千人あたり)	14.5	13.6	12.7	11.7	10.8	9.9	9.1	8.3	7.6	6.9

Channel Islands

A. 推計値

指　標	1960	1965	1970	1975	1980	1985	1990	1995	2000	2005	2010
人口(千人)											
総数	109	115	121	126	128	134	141	144	149	154	160
男	53	56	59	61	62	65	68	70	73	76	79
女	56	59	62	65	66	69	72	74	76	78	81
性比(女100につき男)	93.8	94.3	94.8	94.6	93.9	94.6	94.6	94.6	95.3	96.6	98.1
年齢分布(%)											
０－４歳	7.5	7.3	7.2	5.8	5.3	5.4	5.7	5.7	5.5	5.3	5.0
５－14歳	14.0	14.3	14.5	14.4	13.0	11.1	10.4	11.1	11.7	10.9	10.3
15－24歳	13.0	13.7	14.6	15.3	16.0	16.2	15.2	12.5	11.5	11.8	11.7
60歳以上	18.7	19.3	19.8	20.1	20.1	19.9	19.4	19.3	19.3	20.5	21.7
65歳以上	13.2	13.6	13.9	14.4	15.0	14.8	14.6	14.5	14.3	14.9	15.8
80歳以上	2.3	2.4	2.6	2.6	2.8	3.1	3.5	3.7	3.6	3.8	4.2
15－49歳女子(%)	44.9	44.7	44.7	47.1	49.0	51.2	52.4	52.1	50.2	49.4	47.8
中位数年齢(歳)	36.6	36.1	35.2	34.5	34.9	35.8	36.0	36.9	38.1	39.6	41.2
人口密度(1km²あたり)	576	605	638	665	675	704	740	758	783	812	840

指　標	1960-1965	1965-1970	1970-1975	1975-1980	1980-1985	1985-1990	1990-1995	1995-2000	2000-2005	2005-2010	2010-2015
年平均人口増加数(千人)	1	1	1	0	1	1	1	1	1	1	1
年平均出生数(千人)	2	2	2	2	2	2	2	2	2	2	2
年平均死亡数(千人)	1	1	1	1	1	2	2	1	1	1	1
人口増加率(%)	0.99	1.05	0.84	0.28	0.85	1.00	0.48	0.64	0.74	0.67	0.51
粗出生率(人口千人あたり)	17.0	16.0	13.5	11.8	11.6	12.1	12.3	11.3	10.7	10.0	9.6
粗死亡率(人口千人あたり)	12.3	12.0	11.9	11.7	11.3	11.0	10.5	10.1	9.4	8.9	9.0
合計出生率(女子１人あたり)	2.56	2.36	1.86	1.52	1.44	1.45	1.46	1.40	1.41	1.42	1.46
純再生産率(女子１人あたり)	1.20	1.11	0.88	0.72	0.68	0.69	0.70	0.67	0.68	0.68	0.70
乳児死亡率(出生千人あたり)	27	25	23	21	18	16	14	12	10	9	8
出生時の平均余命(歳)											
男	67.9	68.5	68.9	69.8	71.0	72.1	73.3	74.5	76.0	77.5	78.5
女	73.9	74.7	75.2	75.9	77.0	77.8	78.8	79.5	80.5	81.7	82.4
男女計	70.9	71.6	72.1	72.9	74.0	74.9	76.1	77.0	78.3	79.6	80.4

B. 中位予測値

指　標	2015	2020	2025	2030	2035	2040	2045	2050	2055	2060
人口(千人)										
総数	164	167	171	174	177	179	180	181	181	181
男	81	83	85	86	88	89	90	90	91	91
女	83	84	86	88	89	90	90	90	90	90
性比(女100につき男)	98.3	98.4	98.5	98.7	99.0	99.3	99.7	100.1	100.4	100.7
年齢分布(%)										
０－４歳	4.8	4.7	4.6	4.6	4.6	4.5	4.5	4.5	4.5	4.6
５－14歳	9.9	9.6	9.4	9.2	9.1	9.1	9.1	9.1	9.1	9.2
15－24歳	11.3	10.7	10.3	10.1	9.9	9.8	9.8	9.8	9.9	9.9
60歳以上	23.6	25.9	28.6	31.0	32.6	33.7	34.5	34.9	35.3	35.4
65歳以上	17.3	19.1	21.2	23.7	25.9	27.2	28.1	28.7	28.9	29.2
80歳以上	4.5	4.7	5.3	6.2	7.3	8.5	9.9	10.9	11.4	11.7
６－11歳	5.9	5.7	5.6	5.5	5.5	5.5	5.4	5.4	5.5	5.5
12－14歳	3.0	2.9	2.8	2.8	2.8	2.7	2.7	2.7	2.7	2.8
15－17歳	3.1	3.0	3.0	2.9	2.8	2.8	2.8	2.8	2.8	2.8
18－23歳	7.0	6.5	6.3	6.2	6.0	6.0	6.0	6.0	6.0	6.0
15－24歳女子(%)	45.5	43.6	41.6	40.2	39.2	38.8	38.3	38.2	38.1	38.0
中位数年齢(歳)	42.6	43.9	45.1	46.1	46.8	47.4	47.8	48.0	48.0	47.9
人口密度(1km²あたり)	862	882	900	916	930	940	947	952	953	954

指　標	2010-2015	2015-2020	2020-2025	2025-2030	2030-2035	2035-2040	2040-2045	2045-2050	2050-2055	2055-2060
年平均人口増加数(千人)	1	1	1	1	1	0	0	0	0	0
年平均出生数(千人)	2	2	2	2	2	2	2	2	2	2
年平均死亡数(千人)	1	2	2	2	2	2	2	2	2	2
年平均純移動数(千人)	1	1	1	1	1	1	1	1	1	1
人口増加率(%)	0.51	0.46	0.41	0.36	0.30	0.22	0.15	0.09	0.04	0.02
粗出生率(人口千人あたり)	9.6	9.3	9.2	9.1	9.0	8.9	8.8	8.8	8.9	9.0
粗死亡率(人口千人あたり)	9.0	9.1	9.3	9.7	10.2	10.8	11.4	12.0	12.4	12.5
純移動率(人口千人あたり)	4.5	4.4	4.3	4.2	4.2	4.1	4.1	4.1	3.8	3.6
合計出生率（女子１人あたり）	1.46	1.49	1.52	1.54	1.57	1.59	1.61	1.62	1.64	1.65
純再生産率（女子１人あたり）	0.70	0.71	0.73	0.74	0.75	0.76	0.77	0.78	0.79	0.80
乳児死亡率（出生千人あたり）	8	7	7	6	6	5	5	4	4	4
５歳未満の死亡数(出生千人あたり	9	9	8	7	7	6	6	5	5	5
出生時の平均余命(歳)										
男	78.5	79.3	80.3	81.2	82.1	83.0	83.8	84.4	85.0	85.6
女	82.4	83.0	83.6	84.2	84.8	85.4	86.0	86.5	87.1	87.7
男女計	80.4	81.2	82.0	82.7	83.5	84.2	84.9	85.5	86.1	86.6

C. 高 位 予 測 値

	2015	2020	2025	2030	2035	2040	2045	2050	2055	2060
人口(千人)										
総数	164	169	174	180	185	190	194	198	203	207
男	81	84	87	89	92	95	97	99	102	104
女	83	85	88	90	93	95	97	99	101	103
性比(女100につき男)	98.3	98.3	98.4	98.5	98.7	99.0	99.3	99.5	99.8	100.0
年齢分布(%)										
0－4歳	4.8	5.4	5.7	5.8	5.7	5.6	5.7	5.9	6.1	6.3
5－14歳	9.9	9.6	9.9	10.8	11.2	11.2	11.1	11.0	11.3	11.7
15－24歳	11.3	10.6	10.1	9.8	10.2	11.0	11.5	11.5	11.3	11.2
60歳以上	23.6	25.7	28.1	30.0	31.1	31.8	32.1	31.9	31.5	30.9
65歳以上	17.3	19.0	20.8	23.0	24.7	25.7	26.1	26.2	25.9	25.6
80歳以上	4.5	4.7	5.2	6.0	7.0	8.0	9.2	10.0	10.2	10.2
15－49歳女子(%)	45.5	43.2	40.8	38.9	38.2	38.3	38.6	39.1	39.4	39.8
中位数年齢(歳)	42.6	43.7	44.4	44.8	45.0	45.1	44.8	44.0	43.1	42.2

	2010-2015	2015-2020	2020-2025	2025-2030	2030-2035	2035-2040	2040-2045	2045-2050	2050-2055	2055-2060
年平均人口増加数(千人)	1	1	1	1	1	1	1	1	1	1
年平均出生数(千人)	2	2	2	2	2	2	2	2	2	3
年平均死亡数(千人)	1	2	2	2	2	2	2	2	2	2
人口増加率(%)	0.51	0.61	0.65	0.64	0.56	0.48	0.44	0.44	0.46	0.48
粗出生率(人口千人あたり)	9.6	10.8	11.4	11.7	11.4	11.2	11.3	11.7	12.3	12.6
粗死亡率(人口千人あたり)	9.0	9.1	9.2	9.5	9.8	10.3	10.7	11.1	11.2	11.0
合計出生率 (女子1人あたり)	1.46	1.74	1.92	2.04	2.07	2.09	2.11	2.12	2.14	2.15
純再生産率 (女子1人あたり)	0.70	0.83	0.92	0.98	0.99	1.00	1.01	1.02	1.03	1.04

D. 低 位 予 測 値

	2015	2020	2025	2030	2035	2040	2045	2050	2055	2060
人口(千人)										
総数	164	166	168	168	168	168	166	164	161	158
男	81	82	83	84	84	83	83	82	81	79
女	83	84	85	85	85	84	84	82	81	79
性比(女100につき男)	98.3	98.3	98.4	98.5	98.7	99.0	99.3	99.5	99.8	100.0
年齢分布(%)										
0－4歳	4.8	4.0	3.5	3.3	3.3	3.3	3.3	3.1	3.0	2.9
5－14歳	9.9	9.7	8.8	7.6	6.9	6.7	6.8	6.9	6.7	6.5
15－24歳	11.3	10.8	10.5	10.5	9.6	8.5	7.9	7.8	8.0	8.1
60歳以上	23.6	26.1	29.2	32.1	34.2	35.9	37.3	38.4	39.6	40.7
65歳以上	17.3	19.3	21.7	24.6	27.2	29.0	30.4	31.6	32.5	33.6
80歳以上	4.5	4.8	5.4	6.4	7.7	9.1	10.7	12.0	12.8	13.5
15－49歳女子(%)	45.5	43.9	42.4	41.5	40.4	39.3	37.9	37.0	36.1	35.3
中位数年齢(歳)	42.6	44.2	45.8	47.3	48.7	49.8	50.8	51.7	52.5	53.3

	2010-2015	2015-2020	2020-2025	2025-2030	2030-2035	2035-2040	2040-2045	2045-2050	2050-2055	2055-2060
年平均人口増加数(千人)	1	1	0	0	0	0	0	0	－1	－1
年平均出生数(千人)	2	1	1	1	1	1	1	1	1	1
年平均死亡数(千人)	1	2	2	2	2	2	2	2	2	2
人口増加率(%)	0.51	0.31	0.18	0.07	0.01	−0.07	−0.16	−0.26	−0.37	−0.44
粗出生率(人口千人あたり)	9.6	7.8	6.8	6.3	6.4	6.4	6.3	6.0	5.7	5.6
粗死亡率(人口千人あたり)	9.0	9.2	9.4	9.9	10.6	11.4	12.3	13.1	13.7	14.1
合計出生率 (女子1人あたり)	1.46	1.24	1.12	1.04	1.07	1.09	1.11	1.12	1.14	1.15
純再生産率 (女子1人あたり)	0.70	0.59	0.54	0.50	0.51	0.52	0.53	0.54	0.55	0.56

E. 出生力一定予測値

	2015	2020	2025	2030	2035	2040	2045	2050	2055	2060
人口(千人)										
総数	164	167	170	173	175	176	177	177	176	175
男	81	83	85	86	87	88	88	88	88	88
女	83	84	86	87	88	88	89	88	88	87
中位数年齢(歳)	42.6	44.0	45.2	46.3	47.2	47.9	48.5	48.9	49.2	49.5

	2010-2015	2015-2020	2020-2025	2025-2030	2030-2035	2035-2040	2040-2045	2045-2050	2050-2055	2055-2060
人口増加率(%)	0.51	0.43	0.37	0.31	0.23	0.14	0.06	−0.02	−0.09	−0.13
粗出生率(人口千人あたり)	9.6	9.1	8.8	8.5	8.3	8.2	8.0	7.9	7.8	7.8
粗死亡率(人口千人あたり)	9.0	9.1	9.4	9.7	10.3	10.9	11.6	12.2	12.7	12.9

Chile

A. 推計値

指　標	1960	1965	1970	1975	1980	1985	1990	1995	2000	2005	2010
人口(千人)											
総数	7 696	8 612	9 562	10 421	11 234	12 109	13 141	14 194	15 170	16 097	17 015
男	3 801	4 250	4 715	5 136	5 537	5 969	6 479	7 000	7 483	7 940	8 392
女	3 894	4 362	4 847	5 284	5 697	6 139	6 663	7 194	7 687	8 157	8 623
性比(女100につき男)	97.6	97.4	97.3	97.2	97.2	97.2	97.2	97.3	97.3	97.3	97.3
年齢分布(%)											
０－４歳	15.1	14.6	13.8	12.0	10.8	10.5	10.6	9.6	8.5	7.6	7.0
５－14歳	23.8	24.5	24.5	24.1	22.5	20.1	18.7	18.6	18.1	16.5	14.8
15－24歳	17.4	17.9	18.7	19.8	20.4	20.5	19.1	17.1	16.3	16.6	16.4
60歳以上	7.7	7.9	8.2	8.3	8.6	8.9	9.4	10.1	10.9	12.2	13.7
65歳以上	4.9	5.2	5.4	5.7	5.9	6.2	6.5	7.1	7.8	8.5	9.7
80歳以上	0.6	0.7	0.8	0.9	1.0	1.1	1.3	1.4	1.6	1.9	2.3
15－49歳女子(%)	46.1	45.7	46.5	48.4	50.5	52.5	53.2	53.0	53.0	52.9	52.1
中位数年齢(歳)	21.0	20.8	20.9	21.8	23.1	24.5	25.9	27.6	29.4	31.2	32.8
人口密度(1km²あたり)	10	12	13	14	15	16	18	19	20	22	23

指　標	1960-1965	1965-1970	1970-1975	1975-1980	1980-1985	1985-1990	1990-1995	1995-2000	2000-2005	2005-2010	2010-2015
年平均人口増加数(千人)	183	190	172	163	175	207	211	195	185	184	187
年平均出生数(千人)	285	291	271	257	265	286	278	261	248	241	236
年平均死亡数(千人)	95	93	88	85	83	81	80	80	82	85	89
人口増加率(%)	2.25	2.09	1.72	1.50	1.50	1.64	1.54	1.33	1.19	1.11	1.07
粗出生率(人口千人あたり)	35.0	32.1	27.1	23.8	22.7	22.7	20.4	17.8	15.9	14.5	13.5
粗死亡率(人口千人あたり)	11.6	10.2	8.8	7.8	7.1	6.4	5.9	5.5	5.2	5.1	5.1
合計出生率(女子１人あたり)	4.96	4.46	3.57	2.93	2.66	2.60	2.38	2.16	2.00	1.88	1.78
純再生産率(女子１人あたり)	2.03	1.90	1.58	1.33	1.24	1.23	1.13	1.03	0.96	0.90	0.86
乳児死亡率(出生千人あたり)	107	87	69	53	39	28	20	13	9	8	7
出生時の平均余命(歳)											
男	56.0	58.5	61.0	63.5	65.9	68.3	70.5	72.6	74.6	76.4	78.1
女	61.7	64.5	67.3	70.0	72.6	75.0	77.2	79.2	81.0	82.7	84.1
男女計	58.8	61.5	64.1	66.7	69.2	71.6	73.8	75.9	77.9	79.6	81.2

B. 中位予測値

指　標	2015	2020	2025	2030	2035	2040	2045	2050	2055	2060
人口(千人)										
総数	17 948	18 842	19 639	20 250	20 751	21 142	21 423	21 601	21 677	21 662
男	8 855	9 305	9 709	10 021	10 276	10 476	10 620	10 712	10 754	10 752
女	9 093	9 537	9 930	10 229	10 475	10 665	10 803	10 889	10 923	10 910
性比(女100につき男)	97.4	97.6	97.8	98.0	98.1	98.2	98.3	98.4	98.5	98.5
年齢分布(%)										
０－４歳	6.5	6.2	5.8	5.5	5.2	4.9	4.8	4.7	4.6	4.5
５－14歳	13.6	12.7	12.0	11.4	10.9	10.4	9.9	9.6	9.4	9.3
15－24歳	15.2	14.0	13.0	12.1	11.6	11.2	10.8	10.4	10.0	9.8
60歳以上	15.7	18.1	20.7	23.7	26.2	28.3	30.4	32.9	35.0	36.6
65歳以上	11.0	12.8	15.0	17.6	20.3	22.5	24.3	26.2	28.4	30.3
80歳以上	2.7	3.2	3.9	4.7	5.9	7.3	8.8	10.3	11.4	12.3
６－11歳	8.1	7.6	7.2	6.8	6.5	6.2	5.9	5.7	5.6	5.6
12－14歳	4.2	3.9	3.7	3.5	3.3	3.2	3.1	2.9	2.9	2.8
15－17歳	4.4	4.0	3.8	3.5	3.4	3.3	3.1	3.0	2.9	2.9
18－23歳	9.3	8.5	7.8	7.3	7.0	6.7	6.5	6.3	6.1	5.9
15－24歳女子(%)	50.5	48.5	46.8	45.2	43.4	41.3	39.4	38.0	36.9	36.1
中位数年齢(歳)	34.4	36.1	38.0	40.1	42.1	44.0	45.6	46.9	48.0	48.8
人口密度(1km²あたり)	24	25	26	27	28	28	29	29	29	29

指　標	2010-2015	2015-2020	2020-2025	2025-2030	2030-2035	2035-2040	2040-2045	2045-2050	2050-2055	2055-2060
年平均人口増加数(千人)	187	179	159	122	100	78	56	36	15	－3
年平均出生数(千人)	236	233	229	223	215	210	205	202	200	197
年平均死亡数(千人)	89	96	106	117	132	148	166	183	200	214
年平均純移動数(千人)	40	42	36	17	17	17	17	17	16	15
人口増加率(%)	1.07	0.97	0.83	0.61	0.49	0.37	0.26	0.17	0.07	-0.01
粗出生率(人口千人あたり)	13.5	12.7	11.9	11.2	10.5	10.0	9.7	9.4	9.2	9.1
粗死亡率(人口千人あたり)	5.1	5.2	5.5	5.9	6.4	7.1	7.8	8.5	9.3	9.9
純移動率(人口千人あたり)	2.3	2.3	1.8	0.8	0.8	0.8	0.8	0.8	0.7	0.7
合計出生率（女子１人あたり）	1.78	1.73	1.70	1.70	1.70	1.71	1.72	1.73	1.74	1.75
純再生産率（女子１人あたり）	0.86	0.84	0.83	0.83	0.83	0.83	0.84	0.84	0.85	0.85
乳児死亡率（出生千人あたり）	7	6	5	4	4	3	3	3	2	2
５歳未満の死亡数(出生千人あたり	12	10	8	7	6	5	5	4	4	3
出生時の平均余命(歳)										
男	78.1	79.8	81.0	82.0	82.9	83.7	84.5	85.2	85.9	86.5
女	84.1	85.3	86.3	87.2	88.1	88.8	89.6	90.3	91.0	91.7
男女計	81.2	82.7	83.8	84.7	85.6	86.4	87.1	87.8	88.5	89.1

C. 高位予測値

	2015	2020	2025	2030	2035	2040	2045	2050	2055	2060
人口(千人)										
総数	17 948	19 010	20 073	21 010	21 835	22 571	23 249	23 899	24 525	25 113
男	8 855	9 391	9 930	10 408	10 828	11 204	11 550	11 882	12 204	12 509
女	9 093	9 619	10 143	10 602	11 006	11 366	11 698	12 016	12 320	12 604
性比(女100につき男)	97.4	97.5	97.6	97.7	97.8	97.8	97.8	97.8	97.8	97.7
年齢分布(%)										
0－4歳	6.5	7.0	7.0	6.8	6.4	6.2	6.1	6.2	6.3	6.3
5－14歳	13.6	12.6	12.6	13.1	13.1	12.6	12.0	11.8	11.9	12.1
15－24歳	15.2	13.9	12.7	11.7	11.8	12.4	12.5	12.1	11.6	11.4
60歳以上	15.7	17.9	20.3	22.8	24.9	26.5	28.0	29.7	30.9	31.6
65歳以上	11.0	12.7	14.7	17.0	19.3	21.1	22.4	23.7	25.1	26.1
80歳以上	2.7	3.2	3.8	4.5	5.6	6.8	8.1	9.3	10.1	10.6
15－49歳女子(%)	50.5	48.1	45.8	43.6	42.1	40.6	39.6	38.9	38.4	38.3
中位数年齢(歳)	34.4	35.8	37.3	38.8	40.3	41.4	42.2	42.5	42.4	42.3

	2010-2015	2015-2020	2020-2025	2025-2030	2030-2035	2035-2040	2040-2045	2045-2050	2050-2055	2055-2060
年平均人口増加数(千人)	187	212	213	187	165	147	136	130	125	118
年平均出生数(千人)	236	267	283	289	281	279	285	298	311	318
年平均死亡数(千人)	89	96	106	118	132	148	166	184	201	215
人口増加率(%)	1.07	1.15	1.09	0.91	0.77	0.66	0.59	0.55	0.52	0.47
粗出生率(人口千人あたり)	13.5	14.4	14.5	14.1	13.1	12.6	12.5	12.6	12.8	12.8
粗死亡率(人口千人あたり)	5.1	5.2	5.4	5.7	6.2	6.7	7.3	7.8	8.3	8.7
合計出生率 (女子1人あたり)	1.78	1.98	2.10	2.20	2.20	2.21	2.22	2.23	2.24	2.25
純再生産率 (女子1人あたり)	0.86	0.96	1.02	1.07	1.07	1.07	1.08	1.08	1.09	1.10

D. 低位予測値

	2015	2020	2025	2030	2035	2040	2045	2050	2055	2060
人口(千人)										
総数	17 948	18 675	19 204	19 490	19 671	19 735	19 665	19 452	19 098	18 626
男	8 855	9 220	9 488	9 633	9 726	9 760	9 725	9 618	9 441	9 206
女	9 093	9 455	9 717	9 856	9 945	9 975	9 940	9 834	9 657	9 420
性比(女100につき男)	97.4	97.5	97.6	97.7	97.8	97.8	97.8	97.8	97.8	97.7
年齢分布(%)										
0－4歳	6.5	5.3	4.6	4.0	3.8	3.6	3.4	3.2	3.0	2.8
5－14歳	13.6	12.8	11.4	9.7	8.5	7.9	7.5	7.2	6.8	6.4
15－24歳	15.2	14.1	13.3	12.6	11.4	9.8	8.7	8.2	8.0	7.8
60歳以上	15.7	18.2	21.2	24.6	27.6	30.3	33.1	36.5	39.7	42.5
65歳以上	11.0	13.0	15.4	18.3	21.4	24.1	26.5	29.1	32.2	35.2
80歳以上	2.7	3.2	3.9	4.9	6.2	7.8	9.6	11.4	12.9	14.3
15－49歳女子(%)	50.5	48.9	47.8	46.9	44.9	42.0	39.1	36.7	34.6	32.7
中位数年齢(歳)	34.4	36.4	38.7	41.4	43.9	46.4	48.7	50.9	52.9	54.8

	2010-2015	2015-2020	2020-2025	2025-2030	2030-2035	2035-2040	2040-2045	2045-2050	2050-2055	2055-2060
年平均人口増加数(千人)	187	145	106	57	36	13	－ 14	－ 43	－ 71	－ 94
年平均出生数(千人)	236	199	175	157	151	144	135	124	113	104
年平均死亡数(千人)	89	96	105	117	131	147	165	183	200	214
人口増加率(%)	1.07	0.79	0.56	0.30	0.19	0.07	−0.07	−0.22	−0.37	−0.50
粗出生率(人口千人あたり)	13.5	10.9	9.3	8.1	7.7	7.3	6.8	6.3	5.9	5.5
粗死亡率(人口千人あたり)	5.1	5.2	5.6	6.0	6.7	7.5	8.4	9.4	10.4	11.3
合計出生率 (女子1人あたり)	1.78	1.48	1.30	1.20	1.20	1.21	1.22	1.23	1.24	1.25
純再生産率 (女子1人あたり)	0.86	0.71	0.63	0.58	0.58	0.59	0.59	0.60	0.60	0.61

E. 出生力一定予測値

	2015	2020	2025	2030	2035	2040	2045	2050	2055	2060
人口(千人)										
総数	17 948	18 877	19 724	20 386	20 937	21 378	21 712	21 944	22 070	22 099
男	8 855	9 323	9 752	10 090	10 371	10 597	10 768	10 887	10 954	10 974
女	9 093	9 554	9 971	10 296	10 566	10 781	10 945	11 057	11 115	11 125
中位数年齢(歳)	34.4	36.0	37.9	39.9	41.8	43.6	45.1	46.3	47.2	48.0

	2010-2015	2015-2020	2020-2025	2025-2030	2030-2035	2035-2040	2040-2045	2045-2050	2050-2055	2055-2060
人口増加率(%)	1.07	1.01	0.88	0.66	0.53	0.42	0.31	0.21	0.12	0.03
粗出生率(人口千人あたり)	13.5	13.0	12.4	11.6	10.9	10.4	10.0	9.8	9.5	9.3
粗死亡率(人口千人あたり)	5.1	5.2	5.5	5.9	6.4	7.0	7.7	8.4	9.1	9.7

China

A. 推計値

指標	1960	1965	1970	1975	1980	1985	1990	1995	2000	2005	2010
人口(千人)											
総数	644 450	706 591	808 511	905 580	977 837	1 052 622	1 154 606	1 227 841	1 269 975	1 305 601	1 340 969
男	331 786	362 987	414 619	464 366	501 509	539 755	592 506	630 561	652 374	671 410	690 256
女	312 664	343 604	393 892	441 214	476 328	512 867	562 099	597 281	617 600	634 191	650 712
性比(女100につき男)	106.1	105.6	105.3	105.2	105.3	105.2	105.4	105.6	105.6	105.9	106.1
年齢分布(%)											
0－4歳	14.8	15.8	16.6	14.0	10.2	9.8	11.5	8.8	6.3	5.8	5.9
5－14歳	25.2	25.5	24.1	26.2	26.0	21.1	17.4	19.0	18.8	14.3	11.5
15－24歳	16.3	16.8	19.3	19.5	19.7	22.3	21.8	18.0	15.7	17.7	17.6
60歳以上	6.1	5.9	6.1	6.5	7.2	7.7	8.2	9.0	9.9	10.8	12.4
65歳以上	3.7	3.4	3.7	4.0	4.5	5.1	5.3	5.9	6.7	7.5	8.2
80歳以上	0.2	0.2	0.3	0.3	0.4	0.5	0.6	0.8	0.9	1.1	1.3
15－49歳女子(%)	45.2	44.6	45.3	45.9	49.2	53.7	55.5	55.9	56.9	58.3	58.0
中位数年齢(歳)	21.1	19.6	19.2	20.1	21.7	23.4	24.7	27.0	29.8	32.6	35.2
人口密度(1km²あたり)	69	75	86	96	104	112	123	131	135	139	143

指標	1960-1965	1965-1970	1970-1975	1975-1980	1980-1985	1985-1990	1990-1995	1995-2000	2000-2005	2005-2010	2010-2015
年平均人口増加数(千人)	12 428	20 384	19 414	14 451	14 957	20 397	14 647	8 427	7 125	7 074	7 016
年平均出生数(千人)	26 844	30 230	27 573	21 291	21 714	27 808	22 637	16 595	15 595	16 083	16 868
年平均死亡数(千人)	14 204	9 844	7 936	6 754	6 706	7 380	7 826	8 067	8 041	8 569	9 492
人口増加率(%)	1.84	2.70	2.27	1.54	1.47	1.85	1.23	0.68	0.55	0.54	0.52
粗出生率(人口千人あたり)	39.7	39.9	32.2	22.6	21.4	25.2	19.0	13.3	12.1	12.2	12.4
粗死亡率(人口千人あたり)	21.0	13.0	9.3	7.2	6.6	6.7	6.6	6.5	6.2	6.5	7.0
合計出生率(女子１人あたり)	6.15	6.30	4.85	3.01	2.52	2.75	2.00	1.48	1.50	1.53	1.55
純再生産率(女子１人あたり)	2.04	2.48	2.04	1.32	1.13	1.23	0.89	0.66	0.67	0.69	0.70
乳児死亡率(出生千人あたり)	135	94	72	55	45	42	40	34	25	17	12
出生時の平均余命(歳)											
男	42.9	53.1	59.8	63.8	65.9	67.1	67.7	68.9	71.4	72.9	74.0
女	45.5	57.1	62.8	66.6	69.0	70.3	71.2	72.5	74.4	76.1	77.0
男女計	44.1	55.1	61.3	65.2	67.4	68.6	69.4	70.6	72.9	74.4	75.4

B. 中位予測値

指標	2015	2020	2025	2030	2035	2040	2045	2050	2055	2060
人口(千人)										
総数	1 376 049	1 402 848	1 414 872	1 415 545	1 408 316	1 394 715	1 374 657	1 348 056	1 315 148	1 276 757
男	708 977	722 988	729 025	729 078	725 178	718 273	708 535	695 893	680 526	662 561
女	667 072	679 860	685 847	686 468	683 138	676 442	666 122	652 163	634 622	614 196
性比(女100につき男)	106.3	106.3	106.3	106.2	106.2	106.2	106.4	106.7	107.2	107.9
年齢分布(%)										
0－4歳	6.0	5.6	4.9	4.4	4.4	4.4	4.5	4.4	4.3	4.2
5－14歳	11.2	11.5	11.4	10.4	9.3	8.9	8.9	9.1	9.2	9.1
15－24歳	13.4	10.9	10.8	11.3	11.4	10.5	9.5	9.1	9.3	9.6
60歳以上	15.2	17.5	20.8	25.3	29.1	30.9	32.7	36.5	38.5	38.6
65歳以上	9.6	12.1	14.2	17.2	21.3	24.6	26.0	27.6	31.0	32.9
80歳以上	1.6	1.9	2.2	2.9	4.3	5.2	6.7	8.9	10.7	11.1
6－11歳	6.7	7.0	6.8	6.1	5.5	5.3	5.4	5.5	5.5	5.4
12－14歳	3.3	3.3	3.5	3.4	3.0	2.7	2.7	2.7	2.8	2.8
15－17歳	3.3	3.2	3.4	3.5	3.3	2.9	2.7	2.7	2.8	2.9
18－23歳	8.4	6.5	6.4	6.8	7.0	6.5	5.7	5.5	5.6	5.7
15－24歳女子(%)	54.4	49.3	45.5	44.1	42.5	38.5	36.0	35.6	35.7	35.7
中位数年齢(歳)	37.0	38.7	40.7	43.2	45.7	47.7	49.2	49.6	49.7	50.1
人口密度(1km²あたり)	147	149	151	151	150	149	146	144	140	136

指標	2010-2015	2015-2020	2020-2025	2025-2030	2030-2035	2035-2040	2040-2045	2045-2050	2050-2055	2055-2060
年平均人口増加数(千人)	7 016	5 360	2 405	135	− 1 446	− 2 720	− 4 012	− 5 320	− 6 582	− 7 678
年平均出生数(千人)	16 868	15 908	13 876	12 669	12 401	12 432	12 318	11 947	11 360	10 658
年平均死亡数(千人)	9 492	10 248	11 171	12 235	13 547	14 852	16 030	16 967	17 656	18 066
年平均純移動数(千人)	−360	−300	−300	−300	−300	−300	−300	−300	−285	−270
人口増加率(%)	0.52	0.39	0.17	0.01	−0.10	−0.19	−0.29	−0.39	−0.49	−0.59
粗出生率(人口千人あたり)	12.4	11.4	9.8	9.0	8.8	8.9	8.9	8.8	8.5	8.2
粗死亡率(人口千人あたり)	7.0	7.4	7.9	8.6	9.6	10.6	11.6	12.5	13.3	13.9
純移動率(人口千人あたり)	−0.3	−0.2	−0.2	−0.2	−0.2	−0.2	−0.2	−0.2	−0.2	−0.2
合計出生率 (女子１人あたり)	1.55	1.59	1.63	1.66	1.68	1.70	1.72	1.74	1.75	1.76
純再生産率 (女子１人あたり)	0.70	0.73	0.75	0.77	0.78	0.80	0.81	0.82	0.83	0.84
乳児死亡率 (出生千人あたり)	12	10	8	7	6	5	4	4	3	3
５歳未満の死亡数(出生千人あたり	14	11	9	8	7	6	5	4	4	3
出生時の平均余命(歳)										
男	74.0	75.0	76.1	77.2	78.3	79.4	80.5	81.7	82.8	83.9
女	77.0	78.1	79.1	80.0	80.9	81.8	82.6	83.4	84.1	84.8
男女計	75.4	76.5	77.5	78.6	79.6	80.5	81.5	82.5	83.5	84.4

C. 高 位 予 測 値

	2015	2020	2025	2030	2035	2040	2045	2050	2055	2060
人口(千人)										
総数	1 376 049	1 415 221	1 444 158	1 463 798	1 474 983	1 481 463	1 485 150	1 486 323	1 484 602	1 479 643
男	708 977	729 600	744 639	754 747	760 572	764 228	766 926	768 769	769 598	768 922
女	667 072	685 621	699 519	709 051	714 412	717 236	718 225	717 555	715 004	710 721
性比(女100につき男)	106.3	106.3	106.1	106.0	105.8	105.8	105.9	106.2	106.7	107.5
年齢分布(%)										
0－4歳	6.0	6.4	5.9	5.6	5.4	5.5	5.7	5.9	5.9	5.9
5－14歳	11.2	11.4	12.0	12.0	11.3	10.9	10.9	11.2	11.6	11.8
15－24歳	13.4	10.8	10.6	11.0	11.7	11.8	11.2	10.8	10.8	11.2
60歳以上	15.2	17.3	20.4	24.5	27.8	29.1	30.3	33.1	34.1	33.3
65歳以上	9.6	12.0	13.9	16.6	20.3	23.1	24.1	25.0	27.5	28.4
80歳以上	1.6	1.9	2.2	2.8	4.1	4.9	6.2	8.1	9.4	9.5
15－49歳女子(%)	54.4	48.9	44.6	42.7	41.5	38.2	36.5	36.7	37.3	38.2
中位数年齢(歳)	37.0	38.4	40.0	42.3	44.3	45.6	45.6	44.8	44.2	43.9

	2010-2015	2015-2020	2020-2025	2025-2030	2030-2035	2035-2040	2040-2045	2045-2050	2050-2055	2055-2060
年平均人口増加数(千人)	7 016	7 834	5 787	3 928	2 237	1 296	737	235	－ 344	－ 992
年平均出生数(千人)	16 868	18 408	17 291	16 497	16 116	16 481	17 105	17 544	17 644	17 397
年平均死亡数(千人)	9 492	10 274	11 204	12 269	13 579	14 885	16 067	17 009	17 703	18 119
人口増加率(%)	0.52	0.56	0.41	0.27	0.15	0.09	0.05	0.02	−0.02	−0.07
粗出生率(人口千人あたり)	12.4	13.2	12.1	11.3	11.0	11.1	11.5	11.8	11.9	11.7
粗死亡率(人口千人あたり)	7.0	7.4	7.8	8.4	9.2	10.1	10.8	11.4	11.9	12.2
合計出生率 (女子1人あたり)	1.55	1.84	2.03	2.16	2.18	2.20	2.22	2.24	2.25	2.26
純再生産率 (女子1人あたり)	0.70	0.84	0.93	1.00	1.02	1.03	1.05	1.06	1.07	1.08

D. 低 位 予 測 値

	2015	2020	2025	2030	2035	2040	2045	2050	2055	2060
人口(千人)										
総数	1 376 049	1 390 475	1 385 587	1 367 292	1 341 708	1 308 925	1 267 824	1 218 251	1 160 889	1 097 309
男	708 977	716 375	713 412	703 408	689 816	672 823	652 065	627 442	599 375	568 384
女	667 072	674 100	672 175	663 884	651 892	636 102	615 760	590 809	561 514	528 925
性比(女100につき男)	106.3	106.3	106.1	106.0	105.8	105.8	105.9	106.2	106.7	107.5
年齢分布(%)										
0－4歳	6.0	4.8	3.7	3.2	3.2	3.2	3.2	3.0	2.8	2.5
5－14歳	11.2	11.6	10.8	8.6	7.1	6.6	6.7	6.8	6.6	6.2
15－24歳	13.4	11.0	11.0	11.7	11.0	8.9	7.5	7.1	7.3	7.4
60歳以上	15.2	17.6	21.2	26.2	30.5	32.9	35.5	40.3	43.7	45.0
65歳以上	9.6	12.2	14.5	17.8	22.3	26.2	28.2	30.5	35.1	38.3
80歳以上	1.6	1.9	2.3	3.0	4.5	5.6	7.3	9.9	12.1	12.9
15－49歳女子(%)	54.4	49.7	46.4	45.6	43.7	38.8	35.3	34.0	33.1	32.0
中位数年齢(歳)	37.0	39.0	41.4	44.2	47.1	49.8	52.0	53.9	55.1	56.1

	2010-2015	2015-2020	2020-2025	2025-2030	2030-2035	2035-2040	2040-2045	2045-2050	2050-2055	2055-2060
年平均人口増加数(千人)	7 016	2 885	－ 978	－ 3 659	－ 5 117	－ 6 557	－ 8 220	－ 9 915	－ 11 472	－ 12 716
年平均出生数(千人)	16 868	13 408	10 461	8 842	8 698	8 563	8 075	7 314	6 427	5 574
年平均死亡数(千人)	9 492	10 223	11 138	12 201	13 515	14 820	15 995	16 929	17 614	18 020
人口増加率(%)	0.52	0.21	−0.07	−0.27	−0.38	−0.50	−0.64	−0.80	−0.97	−1.13
粗出生率(人口千人あたり)	12.4	9.7	7.5	6.4	6.4	6.5	6.3	5.9	5.4	4.9
粗死亡率(人口千人あたり)	7.0	7.4	8.0	8.9	10.0	11.2	12.4	13.6	14.8	16.0
合計出生率 (女子1人あたり)	1.55	1.34	1.23	1.16	1.18	1.20	1.22	1.24	1.25	1.26
純再生産率 (女子1人あたり)	0.70	0.61	0.56	0.54	0.55	0.56	0.58	0.59	0.60	0.61

E. 出生力一定予測値

	2015	2020	2025	2030	2035	2040	2045	2050	2055	2060
人口(千人)										
総数	1 376 049	1 400 315	1 407 947	1 403 240	1 390 678	1 371 334	1 342 895	1 304 344	1 257 875	1 207 048
男	708 977	721 798	725 776	723 351	717 126	707 815	694 386	676 245	654 598	631 017
女	667 072	678 517	682 171	679 889	673 551	663 519	648 509	628 098	603 276	576 031
中位数年齢(歳)	37.0	38.8	40.9	43.4	46.1	48.3	50.2	51.0	51.7	52.4

	2010-2015	2015-2020	2020-2025	2025-2030	2030-2035	2035-2040	2040-2045	2045-2050	2050-2055	2055-2060
人口増加率(%)	0.52	0.35	0.11	−0.07	−0.18	−0.28	−0.42	−0.58	−0.73	−0.83
粗出生率(人口千人あたり)	12.4	11.1	9.3	8.2	8.1	8.2	7.8	7.2	6.7	6.6
粗死亡率(人口千人あたり)	7.0	7.4	8.0	8.7	9.7	10.7	11.8	12.8	13.8	14.6

China, Hong Kong SAR

A. 推 計 値

指 標	1960	1965	1970	1975	1980	1985	1990	1995	2000	2005	2010
人口(千人)											
総数	3 076	3 802	3 958	4 355	5 054	5 415	5 794	6 144	6 784	6 842	6 994
男	1 578	1 949	2 013	2 248	2 640	2 804	2 962	3 074	3 304	3 270	3 281
女	1 498	1 853	1 945	2 107	2 414	2 611	2 832	3 070	3 479	3 572	3 713
性比(女100につき男)	105.4	105.2	103.5	106.7	109.4	107.4	104.6	100.1	95.0	91.5	88.4
年齢分布(%)											
０－４歳	16.0	14.4	10.9	9.2	8.1	7.8	6.6	6.1	4.7	3.0	3.5
５－14歳	24.9	25.2	26.2	22.2	17.3	15.4	14.9	13.3	12.5	11.1	8.6
15－24歳	11.6	14.4	19.7	22.1	24.5	19.2	16.0	14.2	13.3	13.4	12.6
60歳以上	4.9	5.4	6.4	8.4	9.3	11.3	12.8	13.8	14.8	15.4	18.2
65歳以上	2.8	3.1	3.9	5.2	5.9	7.6	8.7	9.6	11.0	12.2	12.9
80歳以上	0.3	0.2	0.2	0.4	0.7	1.0	1.4	1.6	2.0	2.5	3.4
15－49歳女子(%)	45.5	45.5	46.7	49.0	53.4	54.8	56.2	59.0	59.1	58.3	56.0
中位数年齢(歳)	23.1	21.2	21.2	23.2	25.1	28.4	30.9	33.6	36.5	39.2	41.1
人口密度(1k㎡あたり)	2 929	3 621	3 770	4 148	4 813	5 157	5 518	5 852	6 460	6 517	6 661

	1960–1965	1965–1970	1970–1975	1975–1980	1980–1985	1985–1990	1990–1995	1995–2000	2000–2005	2005–2010	2010–2015
年平均人口増加数(千人)	145	31	79	140	72	76	70	128	12	30	59
年平均出生数(千人)	119	86	85	81	81	73	71	52	57	62	72
年平均死亡数(千人)	19	19	19	22	25	29	32	34	37	40	43
人口増加率(%)	4.24	0.81	1.91	2.97	1.38	1.35	1.18	1.98	0.17	0.44	0.83
粗出生率(人口千人あたり)	34.6	22.1	20.4	17.3	15.4	13.1	12.0	8.0	8.4	8.9	10.1
粗死亡率(人口千人あたり)	5.4	4.9	4.5	4.7	4.8	5.3	5.4	5.3	5.5	5.9	6.0
合計出生率(女子１人あたり)	5.31	3.65	3.29	2.31	1.72	1.36	1.24	0.87	0.96	1.03	1.20
純再生産率(女子１人あたり)	2.43	1.69	1.54	1.09	0.81	0.65	0.59	0.42	0.46	0.49	0.58
乳児死亡率(出生千人あたり)	34	25	18	13	10	7	5	4	2	2	2
出生時の平均余命(歳)											
男	64.9	67.0	69.0	70.8	72.4	73.9	75.3	76.6	78.5	79.4	80.9
女	72.2	74.1	75.9	77.4	78.8	80.1	81.2	82.3	84.3	85.4	86.6
男女計	68.8	70.9	72.8	74.2	75.7	76.9	78.2	79.4	81.3	82.4	83.7

B. 中 位 予 測 値

	2015	2020	2025	2030	2035	2040	2045	2050	2055	2060
人口(千人)										
総数	7 288	7 557	7 781	7 951	8 058	8 107	8 131	8 148	8 142	8 109
男	3 422	3 549	3 652	3 727	3 770	3 786	3 794	3 809	3 826	3 838
女	3 866	4 008	4 129	4 224	4 288	4 322	4 337	4 338	4 317	4 271
性比(女100につき男)	88.5	88.5	88.4	88.2	87.9	87.6	87.5	87.8	88.6	89.9
年齢分布(%)										
０－４歳	5.0	4.9	4.6	4.2	3.9	3.7	3.9	4.4	4.6	4.6
５－14歳	6.9	8.2	9.6	9.3	8.7	8.1	7.6	7.7	8.4	9.1
15－24歳	11.2	8.8	7.3	8.6	10.1	9.9	9.4	8.8	8.3	8.4
60歳以上	21.7	26.1	30.4	33.6	36.2	38.5	40.2	40.9	41.3	40.8
65歳以上	15.1	18.2	22.3	26.3	29.2	31.5	33.3	34.5	34.9	35.1
80歳以上	4.3	4.9	5.2	6.5	8.5	11.2	13.7	15.0	15.8	16.4
６－11歳	3.9	5.3	5.9	5.5	5.2	4.8	4.5	4.6	5.1	5.6
12－14歳	2.2	1.8	2.8	2.9	2.7	2.6	2.4	2.2	2.3	2.7
15－17歳	2.8	2.0	2.1	3.0	2.9	2.7	2.6	2.4	2.3	2.5
18－23歳	7.1	5.6	4.3	4.8	6.3	6.1	5.8	5.5	5.1	5.0
15－24歳女子(%)	50.5	44.8	39.7	36.6	34.2	33.1	32.3	31.9	32.5	33.6
中位数年齢(歳)	43.2	45.1	46.9	48.6	50.3	51.6	52.5	52.7	51.7	50.0
人口密度(1k㎡あたり)	6 941	7 197	7 411	7 572	7 674	7 721	7 744	7 760	7 755	7 723

	2010–2015	2015–2020	2020–2025	2025–2030	2030–2035	2035–2040	2040–2045	2045–2050	2050–2055	2055–2060
年平均人口増加数(千人)	59	54	45	34	21	10	5	3	－1	－7
年平均出生数(千人)	72	73	70	66	60	58	62	70	73	72
年平均死亡数(千人)	43	49	55	62	69	78	87	96	103	106
年平均純移動数(千人)	30	30	30	30	30	30	30	30	29	27
人口増加率(%)	0.83	0.73	0.58	0.43	0.27	0.12	0.06	0.04	-0.01	-0.08
粗出生率(人口千人あたり)	10.1	9.8	9.1	8.3	7.6	7.1	7.6	8.5	9.0	8.9
粗死亡率(人口千人あたり)	6.0	6.6	7.2	7.8	8.6	9.6	10.7	11.8	12.6	13.1
純移動率(人口千人あたり)	4.2	4.0	3.9	3.8	3.7	3.7	3.7	3.7	3.5	3.3
合計出生率 (女子１人あたり)	1.20	1.30	1.38	1.44	1.50	1.55	1.59	1.63	1.66	1.68
純再生産率 (女子１人あたり)	0.58	0.62	0.66	0.70	0.72	0.75	0.77	0.79	0.80	0.81
乳児死亡率 (出生千人あたり)	2	2	1	1	1	1	1	1	1	1
５歳未満の死亡数(出生千人あた	3	2	2	2	2	1	1	1	1	1
出生時の平均余命(歳)										
男	80.9	81.7	82.4	83.1	83.8	84.5	85.1	85.6	86.2	86.8
女	86.6	87.4	88.1	88.8	89.5	90.1	90.7	91.4	91.9	92.5
男女計	83.7	84.5	85.3	86.0	86.7	87.4	88.1	88.7	89.3	89.9

C. 高 位 予 測 値

	2015	2020	2025	2030	2035	2040	2045	2050	2055	2060
人口(千人)										
総数	7 288	7 627	7 952	8 235	8 443	8 587	8 719	8 880	9 059	9 234
男	3 422	3 585	3 740	3 873	3 969	4 033	4 098	4 187	4 298	4 419
女	3 866	4 042	4 212	4 362	4 474	4 554	4 622	4 693	4 760	4 815
性比(女100につき男)	88.5	88.4	88.1	87.6	87.1	86.5	86.2	86.2	86.7	87.7
年齢分布(%)										
0－4歳	5.0	5.8	5.8	5.5	4.9	4.6	4.9	5.6	6.2	6.3
5－14歳	6.9	8.1	10.3	11.1	10.9	10.2	9.3	9.3	10.3	11.6
15－24歳	11.2	8.7	7.1	8.3	10.4	11.3	11.2	10.5	9.7	9.6
60歳以上	21.7	25.9	29.8	32.4	34.6	36.3	37.5	37.5	37.1	35.8
65歳以上	15.1	18.0	21.8	25.4	27.9	29.7	31.1	31.7	31.3	30.8
80歳以上	4.3	4.9	5.1	6.2	8.1	10.6	12.7	13.7	14.2	14.4
15－49歳女子(%)	50.5	44.4	38.9	35.4	33.5	33.3	33.2	33.5	34.4	35.7
中位数年齢(歳)	43.2	44.8	46.1	47.4	48.5	49.3	49.6	48.5	45.6	44.4

	2010-2015	2015-2020	2020-2025	2025-2030	2030-2035	2035-2040	2040-2045	2045-2050	2050-2055	2055-2060
年平均人口増加数(千人)	59	68	65	57	42	29	26	32	36	35
年平均出生数(千人)	72	87	90	88	81	77	83	98	110	114
年平均死亡数(千人)	43	49	55	62	69	78	87	96	103	106
人口増加率(%)	0.83	0.91	0.83	0.70	0.50	0.34	0.31	0.36	0.40	0.38
粗出生率(人口千人あたり)	10.1	11.6	11.5	10.9	9.7	9.0	9.6	11.2	12.3	12.5
粗死亡率(人口千人あたり)	6.0	6.6	7.0	7.6	8.3	9.1	10.1	10.9	11.5	11.6
合計出生率（女子1人あたり）	1.20	1.55	1.78	1.94	2.00	2.05	2.09	2.13	2.16	2.18
純再生産率（女子1人あたり）	0.58	0.74	0.86	0.94	0.96	0.99	1.01	1.03	1.04	1.05

D. 低 位 予 測 値

	2015	2020	2025	2030	2035	2040	2045	2050	2055	2060
人口(千人)										
総数	7 288	7 487	7 610	7 667	7 673	7 628	7 549	7 440	7 285	7 090
男	3 422	3 513	3 564	3 580	3 571	3 538	3 494	3 444	3 383	3 312
女	3 866	3 975	4 047	4 087	4 102	4 090	4 055	3 996	3 902	3 777
性比(女100につき男)	88.5	88.4	88.1	87.6	87.1	86.5	86.2	86.2	86.7	87.7
年齢分布(%)										
0－4歳	5.0	4.0	3.4	2.9	2.7	2.7	2.8	3.1	3.1	2.9
5－14歳	6.9	8.3	8.9	7.4	6.4	5.8	5.6	5.8	6.3	6.6
15－24歳	11.2	8.9	7.4	8.9	9.7	8.3	7.3	6.8	6.6	6.8
60歳以上	21.7	26.3	31.1	34.8	38.0	40.9	43.3	44.8	46.1	46.6
65歳以上	15.1	18.4	22.8	27.3	30.7	33.5	35.9	37.8	39.0	40.1
80歳以上	4.3	5.0	5.3	6.7	8.9	11.9	14.7	16.4	17.6	18.7
15－49歳女子(%)	50.5	45.2	40.5	37.8	34.9	33.0	31.1	30.0	30.1	30.6
中位数年齢(歳)	43.2	45.4	47.6	49.9	52.0	53.8	55.2	56.3	57.0	56.9

	2010-2015	2015-2020	2020-2025	2025-2030	2030-2035	2035-2040	2040-2045	2045-2050	2050-2055	2055-2060
年平均人口増加数(千人)	59	40	25	11	1	－ 9	－ 16	－ 22	－ 31	－ 39
年平均出生数(千人)	72	59	49	43	40	39	41	44	43	40
年平均死亡数(千人)	43	49	55	62	69	78	87	96	103	106
人口増加率(%)	0.83	0.54	0.33	0.15	0.02	−0.12	−0.21	−0.29	−0.42	−0.54
粗出生率(人口千人あたり)	10.1	7.9	6.5	5.6	5.3	5.1	5.4	5.9	5.9	5.5
粗死亡率(人口千人あたり)	6.0	6.6	7.3	8.1	9.0	10.1	11.5	12.8	13.9	14.7
合計出生率（女子1人あたり）	1.20	1.05	0.98	0.94	1.00	1.05	1.09	1.13	1.16	1.18
純再生産率（女子1人あたり）	0.58	0.50	0.47	0.45	0.48	0.51	0.53	0.54	0.56	0.57

E. 出生力一定予測値

	2015	2020	2025	2030	2035	2040	2045	2050	2055	2060
人口(千人)										
総数	7 288	7 523	7 693	7 797	7 835	7 819	7 766	7 678	7 543	7 367
男	3 422	3 531	3 607	3 647	3 655	3 637	3 606	3 567	3 517	3 456
女	3 866	3 992	4 087	4 150	4 180	4 182	4 160	4 111	4 027	3 912
中位数年齢(歳)	43.2	45.2	47.3	49.3	51.3	52.9	54.2	55.2	55.6	55.0

	2010-2015	2015-2020	2020-2025	2025-2030	2030-2035	2035-2040	2040-2045	2045-2050	2050-2055	2055-2060
人口増加率(%)	0.83	0.64	0.45	0.27	0.10	−0.04	−0.14	−0.23	−0.35	−0.47
粗出生率(人口千人あたり)	10.1	8.9	7.7	6.7	6.0	5.7	6.0	6.3	6.2	5.9
粗死亡率(人口千人あたり)	6.0	6.6	7.2	7.9	8.8	9.9	11.2	12.4	13.5	14.2

China, Macao SAR

A. 推計値

指　標	1960	1965	1970	1975	1980	1985	1990	1995	2000	2005	2010
人口(千人)											
総数	171	207	251	248	246	296	360	398	432	468	535
男	83	102	127	126	125	147	175	193	209	224	257
女	89	105	124	122	121	149	185	205	223	244	278
性比(女100につき男)	92.8	97.8	103.0	102.9	103.3	99.1	94.8	93.9	93.4	92.0	92.2
年齢分布(%)											
０－４歳	13.0	13.9	9.7	9.3	8.3	11.1	10.5	8.3	5.6	4.5	4.1
５－14歳	24.9	26.3	28.9	20.4	16.5	13.9	14.8	17.4	17.2	12.8	8.6
15－24歳	11.7	16.0	22.6	26.1	24.3	20.1	16.0	13.2	14.5	16.0	17.0
60歳以上	11.4	10.0	9.4	10.1	12.4	10.5	10.0	9.8	9.5	10.4	11.6
65歳以上	6.5	7.2	6.4	7.5	8.6	7.5	6.7	7.3	7.4	7.3	7.2
80歳以上	0.6	0.6	0.5	1.0	1.9	1.4	1.4	1.2	1.4	1.6	1.8
15－49歳女子(%)	39.5	40.4	44.4	49.7	50.5	55.3	59.7	60.3	61.5	62.7	62.4
中位数年齢(歳)	25.3	19.5	19.2	22.5	25.5	26.9	28.9	31.0	33.1	35.1	36.5
人口密度(1k㎡あたり)	5 734	6 920	8 395	8 301	8 235	9 907	12 031	13 326	14 445	15 657	17 880

指　標	1960-1965	1965-1970	1970-1975	1975-1980	1980-1985	1985-1990	1990-1995	1995-2000	2000-2005	2005-2010	2010-2015
年平均人口増加数(千人)	7	9	－1	0	10	13	8	7	7	13	11
年平均出生数(千人)	5	3	2	3	5	7	6	5	3	4	6
年平均死亡数(千人)	2	2	2	2	2	2	2	2	2	2	3
人口増加率(%)	3.76	3.86	−0.22	−0.16	3.70	3.89	2.05	1.61	1.61	2.66	1.89
粗出生率(人口千人あたり)	25.1	13.8	10.0	10.2	19.9	21.9	15.7	11.3	7.7	8.8	11.2
粗死亡率(人口千人あたり)	8.5	6.8	6.6	6.9	7.2	6.0	5.2	4.9	4.9	4.7	4.8
合計出生率(女子１人あたり)	4.41	2.74	1.79	1.41	1.98	1.94	1.41	1.12	0.83	0.94	1.19
純再生産率(女子１人あたり)	1.96	1.24	0.82	0.66	0.93	0.92	0.67	0.54	0.40	0.45	0.58
乳児死亡率(出生千人あたり)	44	35	28	22	17	13	11	8	6	5	4
出生時の平均余命(歳)											
男	64.1	66.1	67.9	69.6	71.1	72.4	73.6	74.8	75.8	76.8	78.1
女	67.7	70.0	72.0	73.9	75.5	77.0	78.3	79.5	80.6	81.6	82.5
男女計	66.1	68.3	70.1	71.8	73.3	74.7	76.0	77.1	78.1	79.2	80.3

B. 中位予測値

指　標	2015	2020	2025	2030	2035	2040	2045	2050	2055	2060
人口(千人)										
総数	588	634	679	720	754	784	811	838	863	886
男	283	306	328	348	365	380	394	408	422	436
女	305	328	350	371	389	404	418	430	441	450
性比(女100につき男)	92.9	93.3	93.6	93.7	93.8	94.0	94.3	95.0	95.9	96.9
年齢分布(%)										
０－４歳	5.7	5.9	5.6	5.1	4.7	4.6	4.8	5.1	5.3	5.3
５－14歳	7.3	9.1	10.7	10.7	10.2	9.5	9.0	9.1	9.6	10.1
15－24歳	12.8	9.1	7.9	9.4	11.0	11.2	10.8	10.1	9.6	9.7
60歳以上	14.8	18.9	22.9	25.7	28.0	29.4	32.1	34.5	35.5	35.1
65歳以上	9.0	12.0	15.7	19.3	21.7	23.5	24.4	26.6	28.8	29.7
80歳以上	1.8	1.8	2.1	3.2	4.8	6.7	8.3	9.0	9.5	9.8
６－11歳	4.3	5.8	6.6	6.5	6.1	5.6	5.3	5.5	5.9	6.2
12－14歳	2.1	2.1	2.9	3.2	3.2	3.0	2.7	2.6	2.7	2.9
15－17歳	2.8	2.0	2.4	3.2	3.2	3.1	2.9	2.7	2.7	2.9
18－23歳	8.2	5.8	4.6	5.4	6.7	6.8	6.7	6.2	5.8	5.8
15－24歳女子(%)	56.7	50.7	46.1	44.2	41.1	38.3	37.1	37.1	37.9	38.7
中位数年齢(歳)	37.9	39.4	41.5	43.7	45.8	47.2	47.8	47.0	45.8	45.6
人口密度(1k㎡あたり)	19 652	21 188	22 696	24 064	25 225	26 224	27 137	28 024	28 864	29 631

指　標	2010-2015	2015-2020	2020-2025	2025-2030	2030-2035	2035-2040	2040-2045	2045-2050	2050-2055	2055-2060
年平均人口増加数(千人)	11	9	9	8	7	6	5	5	5	5
年平均出生数(千人)	6	7	7	7	7	7	7	8	9	9
年平均死亡数(千人)	3	3	3	4	5	6	7	8	9	9
年平均純移動数(千人)	7	5	5	5	5	5	5	5	5	5
人口増加率(%)	1.89	1.51	1.38	1.17	0.94	0.78	0.68	0.64	0.59	0.52
粗出生率(人口千人あたり)	11.2	11.7	11.2	10.2	9.2	8.9	9.4	10.0	10.4	10.4
粗死亡率(人口千人あたり)	4.8	4.9	5.1	5.6	6.5	7.7	8.8	9.6	10.1	10.3
純移動率(人口千人あたり)	12.5	8.2	7.6	7.2	6.8	6.5	6.3	6.1	5.6	5.1
合計出生率(女子１人あたり)	1.19	1.34	1.45	1.54	1.61	1.67	1.71	1.74	1.77	1.79
純再生産率(女子１人あたり)	0.58	0.65	0.71	0.75	0.78	0.81	0.83	0.85	0.86	0.87
乳児死亡率(出生千人あたり)	4	3	2	2	2	1	1	1	1	1
５歳未満の死亡数(出生千人あたり)	5	4	3	3	2	2	2	1	1	1
出生時の平均余命(歳)										
男	78.1	79.3	80.6	81.8	82.8	83.6	84.4	85.1	85.8	86.4
女	82.5	83.4	84.2	85.0	85.7	86.4	87.1	87.8	88.4	89.1
男女計	80.3	81.3	82.4	83.4	84.3	85.1	85.8	86.5	87.2	87.8

C. 高位予測値

	2015	2020	2025	2030	2035	2040	2045	2050	2055	2060
人口(千人)										
総数	588	640	695	748	793	834	874	918	963	1 009
男	283	309	337	363	385	405	426	449	474	499
女	305	331	359	385	408	428	448	469	490	510
性比(女100につき男)	92.9	93.2	93.3	93.3	93.2	93.3	93.5	94.1	94.9	95.8
年齢分布(%)										
0－4歳	5.7	6.8	6.9	6.5	5.8	5.6	6.0	6.5	6.9	6.9
5－14歳	7.3	9.0	11.4	12.6	12.4	11.5	10.8	11.0	11.8	12.6
15－24歳	12.8	9.0	7.7	9.1	11.3	12.5	12.5	11.6	10.8	10.9
60歳以上	14.8	18.7	22.4	24.7	26.6	27.7	29.8	31.5	31.8	30.8
65歳以上	9.0	11.8	15.3	18.6	20.6	22.1	22.7	24.3	25.8	26.0
80歳以上	1.8	1.7	2.0	3.1	4.6	6.3	7.7	8.3	8.5	8.6
15－49歳女子(%)	56.7	50.2	45.1	42.6	40.0	38.0	37.6	38.0	39.1	40.2
中位数年齢(歳)	37.9	39.1	40.9	42.6	44.2	45.1	44.4	42.2	40.9	40.7

	2010-2015	2015-2020	2020-2025	2025-2030	2030-2035	2035-2040	2040-2045	2045-2050	2050-2055	2055-2060
年平均人口増加数(千人)	11	11	11	10	9	8	8	9	9	9
年平均出生数(千人)	6	8	9	9	9	9	10	12	13	14
年平均死亡数(千人)	3	3	3	4	5	6	7	8	9	9
人口増加率(%)	1.89	1.71	1.65	1.45	1.17	1.00	0.95	0.97	0.97	0.93
粗出生率(人口千人あたり)	11.2	13.8	14.1	13.1	11.5	11.1	11.9	13.0	13.8	13.9
粗死亡率(人口千人あたり)	4.8	4.9	5.0	5.5	6.3	7.3	8.2	8.8	9.1	9.1
合計出生率（女子１人あたり）	1.19	1.59	1.85	2.04	2.11	2.17	2.21	2.24	2.27	2.29
純再生産率（女子１人あたり）	0.58	0.77	0.90	0.99	1.03	1.05	1.08	1.09	1.11	1.12

D. 低位予測値

	2015	2020	2025	2030	2035	2040	2045	2050	2055	2060
人口(千人)										
総数	588	627	662	691	716	735	750	762	770	774
男	283	302	320	334	345	355	362	369	375	379
女	305	324	342	358	370	380	387	393	395	396
性比(女100につき男)	92.9	93.2	93.3	93.3	93.2	93.3	93.5	94.1	94.9	95.8
年齢分布(%)										
0－4歳	5.7	4.9	4.3	3.7	3.5	3.4	3.5	3.7	3.7	3.6
5－14歳	7.3	9.2	9.9	8.7	7.8	7.1	6.9	7.0	7.3	7.5
15－24歳	12.8	9.2	8.1	9.8	10.6	9.6	8.8	8.2	8.0	8.2
60歳以上	14.8	19.1	23.5	26.7	29.5	31.4	34.7	38.0	39.7	40.1
65歳以上	9.0	12.1	16.1	20.1	22.8	25.0	26.4	29.3	32.3	33.9
80歳以上	1.8	1.8	2.1	3.3	5.1	7.2	9.0	9.9	10.7	11.2
15－49歳女子(%)	56.7	51.2	47.2	45.9	42.4	38.5	36.4	35.8	36.2	36.5
中位数年齢(歳)	37.9	39.7	42.2	44.7	47.2	49.4	50.9	51.5	51.2	50.9

	2010-2015	2015-2020	2020-2025	2025-2030	2030-2035	2035-2040	2040-2045	2045-2050	2050-2055	2055-2060
年平均人口増加数(千人)	11	8	7	6	5	4	3	2	2	1
年平均出生数(千人)	6	6	5	5	5	5	5	5	5	5
年平均死亡数(千人)	3	3	3	4	5	6	7	8	9	9
人口増加率(%)	1.89	1.29	1.09	0.87	0.69	0.53	0.41	0.32	0.21	0.12
粗出生率(人口千人あたり)	11.2	9.6	8.3	7.1	6.6	6.5	6.8	7.0	7.1	6.9
粗死亡率(人口千人あたり)	4.8	4.9	5.2	5.8	6.8	8.1	9.4	10.5	11.2	11.6
合計出生率（女子１人あたり）	1.19	1.09	1.05	1.04	1.11	1.17	1.21	1.24	1.27	1.29
純再生産率（女子１人あたり）	0.58	0.53	0.51	0.51	0.54	0.57	0.59	0.61	0.62	0.63

E. 出生力一定予測値

	2015	2020	2025	2030	2035	2040	2045	2050	2055	2060
人口(千人)										
総数	588	630	668	699	723	742	758	769	776	779
男	283	304	322	337	349	358	366	373	378	381
女	305	326	345	361	374	384	391	396	398	398
中位数年齢(歳)	37.9	39.6	42.0	44.5	46.9	49.0	50.5	51.1	50.8	50.7

	2010-2015	2015-2020	2020-2025	2025-2030	2030-2035	2035-2040	2040-2045	2045-2050	2050-2055	2055-2060
人口増加率(%)	1.89	1.39	1.17	0.91	0.69	0.53	0.41	0.31	0.18	0.06
粗出生率(人口千人あたり)	11.2	10.5	9.1	7.5	6.6	6.5	6.8	6.9	6.7	6.4
粗死亡率(人口千人あたり)	4.8	4.9	5.1	5.7	6.8	8.0	9.3	10.4	11.1	11.5

Colombia

A. 推計値

指　標	1960	1965	1970	1975	1980	1985	1990	1995	2000	2005	2010
人口(千人)											
総数	16 480	19 144	22 061	24 757	27 738	31 012	34 272	37 442	40 404	43 286	45 918
男	8 186	9 518	10 979	12 322	13 811	15 424	17 021	18 547	19 981	21 376	22 641
女	8 294	9 626	11 082	12 435	13 927	15 587	17 251	18 894	20 423	21 910	23 277
性比(女100につき男)	98.7	98.9	99.1	99.1	99.2	99.0	98.7	98.2	97.8	97.6	97.3
年齢分布(%)											
０－４歳	18.5	18.4	17.4	14.8	14.4	13.8	12.7	11.6	10.3	9.5	8.6
５－14歳	27.9	28.5	28.6	28.7	26.2	24.1	23.7	22.7	21.3	19.4	17.8
15－24歳	17.4	18.3	19.9	21.2	21.9	22.2	20.6	19.4	19.6	19.2	18.4
60歳以上	5.1	5.2	5.3	5.5	5.6	5.9	6.1	6.4	6.9	7.6	9.0
65歳以上	3.2	3.2	3.4	3.6	3.7	3.9	4.1	4.4	4.7	5.2	5.9
80歳以上	0.4	0.4	0.4	0.5	0.5	0.6	0.7	0.7	0.8	1.0	1.1
15－49歳女子(%)	43.0	42.7	43.8	46.0	48.7	51.1	52.3	53.6	54.9	55.2	55.0
中位数年齢(歳)	16.9	16.5	16.8	17.8	18.9	20.2	21.6	23.0	24.4	26.1	28.0
人口密度(1k㎡あたり)	15	17	20	22	25	28	31	34	36	39	41

指　標	1960-1965	1965-1970	1970-1975	1975-1980	1980-1985	1985-1990	1990-1995	1995-2000	2000-2005	2005-2010	2010-2015
年平均人口増加数(千人)	533	583	539	596	655	652	634	592	576	526	462
年平均出生数(千人)	787	846	800	853	901	905	899	854	843	804	764
年平均死亡数(千人)	204	206	203	200	191	202	220	223	234	249	273
人口増加率(%)	3.00	2.84	2.31	2.27	2.23	2.00	1.77	1.52	1.38	1.18	0.98
粗出生率(人口千人あたり)	44.2	41.1	34.2	32.5	30.7	27.7	25.1	21.9	20.1	18.0	16.2
粗死亡率(人口千人あたり)	11.4	10.0	8.7	7.6	6.5	6.2	6.1	5.7	5.6	5.6	5.8
合計出生率(女子１人あたり)	6.76	6.18	4.90	4.25	3.70	3.18	2.84	2.50	2.30	2.10	1.93
純再生産率(女子１人あたり)	2.72	2.56	2.08	1.86	1.67	1.46	1.32	1.17	1.08	0.99	0.91
乳児死亡率(出生千人あたり)	92	82	73	57	43	35	28	24	20	19	18
出生時の平均余命(歳)											
男	56.2	58.3	59.7	61.8	63.6	64.5	64.5	66.5	68.0	69.2	70.2
女	59.7	61.8	63.9	66.3	70.2	71.7	73.0	74.2	75.4	76.6	77.4
男女計	57.9	60.1	61.8	64.0	66.9	68.0	68.7	70.3	71.7	72.9	73.7

B. 中位予測値

指　標	2015	2020	2025	2030	2035	2040	2045	2050	2055	2060
人口(千人)										
総数	48 229	50 229	51 878	53 175	54 125	54 723	54 983	54 927	54 615	54 073
男	23 744	24 690	25 461	26 061	26 492	26 758	26 873	26 850	26 723	26 500
女	24 485	25 539	26 416	27 114	27 633	27 965	28 110	28 077	27 892	27 573
性比(女100につき男)	97.0	96.7	96.4	96.1	95.9	95.7	95.6	95.6	95.8	96.1
年齢分布(%)										
０－４歳	7.8	7.1	6.6	6.1	5.7	5.5	5.2	5.0	4.9	4.8
５－14歳	16.5	15.1	14.0	13.0	12.2	11.5	11.0	10.6	10.3	10.0
15－24歳	17.1	16.0	15.1	14.1	13.2	12.5	11.8	11.3	10.9	10.6
60歳以上	10.8	13.0	15.6	18.3	20.4	22.7	25.2	27.6	29.9	31.7
65歳以上	7.0	8.7	10.6	12.8	15.2	16.9	18.9	21.1	23.2	25.2
80歳以上	1.3	1.6	1.9	2.4	3.2	4.1	5.1	6.2	6.9	7.8
６－11歳	9.9	9.0	8.3	7.8	7.3	6.9	6.6	6.3	6.1	6.0
12－14歳	5.1	4.7	4.3	4.0	3.8	3.6	3.4	3.3	3.2	3.1
15－17歳	5.0	4.8	4.4	4.1	3.9	3.6	3.5	3.3	3.2	3.1
18－23歳	10.4	9.6	9.2	8.5	8.0	7.5	7.1	6.8	6.6	6.4
15－24歳女子(%)	53.9	52.5	51.4	49.8	47.8	45.7	43.6	41.9	40.3	39.0
中位数年齢(歳)	30.0	32.2	34.3	36.4	38.4	40.2	41.9	43.4	44.8	46.0
人口密度(1k㎡あたり)	43	45	47	48	49	49	50	50	49	49

指　標	2010-2015	2015-2020	2020-2025	2025-2030	2030-2035	2035-2040	2040-2045	2045-2050	2050-2055	2055-2060
年平均人口増加数(千人)	462	400	330	260	190	119	52	− 11	− 62	− 108
年平均出生数(千人)	764	729	691	658	629	604	581	558	538	519
年平均死亡数(千人)	273	300	332	369	410	456	500	541	573	602
年平均純移動数(千人)	−29	−29	−29	−29	−29	−29	−29	−29	−28	−26
人口増加率(%)	0.98	0.81	0.65	0.49	0.35	0.22	0.10	−0.02	−0.11	−0.20
粗出生率(人口千人あたり)	16.2	14.8	13.5	12.5	11.7	11.1	10.6	10.2	9.8	9.6
粗死亡率(人口千人あたり)	5.8	6.1	6.5	7.0	7.7	8.4	9.1	9.8	10.5	11.1
純移動率(人口千人あたり)	−0.6	−0.6	−0.6	−0.6	−0.5	−0.5	−0.5	−0.5	−0.5	−0.5
合計出生率（女子１人あたり）	1.93	1.83	1.74	1.69	1.67	1.66	1.66	1.67	1.69	1.70
純再生産率（女子１人あたり）	0.91	0.87	0.83	0.81	0.80	0.79	0.80	0.80	0.81	0.82
乳児死亡率（出生千人あたり）	18	15	13	11	10	9	8	7	6	6
５歳未満の死亡数(出生千人あたり	25	22	19	16	14	12	11	10	9	8
出生時の平均余命(歳)										
男	70.2	71.2	72.3	73.4	74.5	75.5	76.6	77.7	78.8	79.9
女	77.4	78.3	79.2	79.9	80.7	81.4	82.1	82.8	83.5	84.1
男女計	73.7	74.7	75.7	76.6	77.6	78.5	79.4	80.2	81.2	82.0

C. 高 位 予 測 値

	2015	2020	2025	2030	2035	2040	2045	2050	2055	2060
人口(千人)										
総数	48 229	50 718	53 146	55 401	57 300	58 908	60 328	61 618	62 830	63 944
男	23 744	24 940	26 109	27 198	28 115	28 897	29 602	30 265	30 913	31 534
女	24 485	25 778	27 037	28 202	29 185	30 012	30 725	31 353	31 916	32 410
性比(女100につき男)	97.0	96.6	96.2	95.8	95.4	95.0	94.7	94.6	94.6	94.7
年齢分布(%)										
0－4歳	7.8	8.0	7.9	7.6	7.1	6.8	6.7	6.7	6.7	6.7
5－14歳	16.5	15.0	14.6	14.8	14.6	14.0	13.3	13.0	13.0	13.0
15－24歳	17.1	15.9	14.8	13.5	13.3	13.7	13.6	13.2	12.6	12.4
60歳以上	10.8	12.9	15.2	17.5	19.3	21.1	23.0	24.6	26.0	26.8
65歳以上	7.0	8.6	10.3	12.3	14.3	15.7	17.2	18.8	20.2	21.3
80歳以上	1.3	1.5	1.8	2.3	3.0	3.8	4.7	5.5	6.0	6.6
15－49歳女子(%)	53.9	52.0	50.3	47.9	46.0	44.6	43.4	42.5	41.6	41.2
中位数年齢(歳)	30.0	31.9	33.5	35.0	36.3	37.4	38.3	38.8	39.0	39.4

	2010-2015	2015-2020	2020-2025	2025-2030	2030-2035	2035-2040	2040-2045	2045-2050	2050-2055	2055-2060
年平均人口増加数(千人)	462	498	486	451	380	322	284	258	242	223
年平均出生数(千人)	764	829	850	853	823	810	817	833	849	857
年平均死亡数(千人)	273	302	335	372	414	459	504	546	579	609
人口増加率(%)	0.98	1.01	0.94	0.83	0.67	0.55	0.48	0.42	0.39	0.35
粗出生率(人口千人あたり)	16.2	16.8	16.4	15.7	14.6	13.9	13.7	13.7	13.6	13.5
粗死亡率(人口千人あたり)	5.8	6.1	6.4	6.9	7.3	7.9	8.5	9.0	9.3	9.6
合計出生率（女子1人あたり）	1.93	2.08	2.14	2.19	2.17	2.16	2.16	2.17	2.19	2.20
純再生産率（女子1人あたり）	0.91	0.98	1.02	1.04	1.03	1.03	1.04	1.04	1.05	1.06

D. 低 位 予 測 値

	2015	2020	2025	2030	2035	2040	2045	2050	2055	2060
人口(千人)										
総数	48 229	49 740	50 609	50 950	50 959	50 600	49 843	48 687	47 195	45 422
男	23 744	24 440	24 813	24 924	24 874	24 652	24 249	23 666	22 939	22 091
女	24 485	25 299	25 796	26 026	26 085	25 948	25 594	25 021	24 255	23 331
性比(女100につき男)	97.0	96.6	96.2	95.8	95.4	95.0	94.7	94.6	94.6	94.7
年齢分布(%)										
0－4歳	7.8	6.2	5.2	4.5	4.3	4.0	3.7	3.4	3.1	2.9
5－14歳	16.5	15.3	13.4	11.1	9.6	8.7	8.3	7.9	7.4	6.8
15－24歳	17.1	16.2	15.5	14.7	13.1	11.0	9.6	8.9	8.6	8.3
60歳以上	10.8	13.1	16.0	19.1	21.7	24.6	27.8	31.2	34.6	37.7
65歳以上	7.0	8.8	10.8	13.4	16.1	18.3	20.9	23.8	26.9	30.0
80歳以上	1.3	1.6	1.9	2.5	3.4	4.4	5.6	7.0	8.0	9.3
15－49歳女子(%)	53.9	53.0	52.7	51.9	49.7	46.8	43.6	40.9	38.1	35.4
中位数年齢(歳)	30.0	32.5	35.1	37.8	40.4	42.9	45.3	47.7	50.0	52.2

	2010-2015	2015-2020	2020-2025	2025-2030	2030-2035	2035-2040	2040-2045	2045-2050	2050-2055	2055-2060
年平均人口増加数(千人)	462	302	174	68	2	－ 72	－ 151	－ 231	－ 298	－ 355
年平均出生数(千人)	764	630	532	463	438	409	373	333	297	267
年平均死亡数(千人)	273	298	329	366	407	452	496	536	568	596
人口増加率(%)	0.98	0.62	0.35	0.13	0.00	−0.14	−0.30	−0.47	−0.62	−0.77
粗出生率(人口千人あたり)	16.2	12.9	10.6	9.1	8.6	8.1	7.4	6.8	6.2	5.8
粗死亡率(人口千人あたり)	5.8	6.1	6.6	7.2	8.0	8.9	9.9	10.9	11.8	12.9
合計出生率（女子1人あたり）	1.93	1.58	1.34	1.19	1.17	1.16	1.16	1.17	1.19	1.20
純再生産率（女子1人あたり）	0.91	0.75	0.64	0.57	0.56	0.55	0.56	0.56	0.57	0.58

E. 出生力一定予測値

	2015	2020	2025	2030	2035	2040	2045	2050	2055	2060
人口(千人)										
総数	48 229	50 437	52 455	54 206	55 645	56 771	57 614	58 201	58 578	58 758
男	23 744	24 796	25 756	26 588	27 269	27 805	28 217	28 521	28 745	28 889
女	24 485	25 641	26 699	27 618	28 376	28 966	29 397	29 680	29 833	29 869
中位数年齢(歳)	30.0	32.1	33.9	35.8	37.4	38.8	40.1	41.2	42.0	42.6

	2010-2015	2015-2020	2020-2025	2025-2030	2030-2035	2035-2040	2040-2045	2045-2050	2050-2055	2055-2060
人口増加率(%)	0.98	0.90	0.79	0.66	0.52	0.40	0.30	0.20	0.13	0.06
粗出生率(人口千人あたり)	16.2	15.6	14.9	14.1	13.3	12.7	12.2	11.9	11.6	11.4
粗死亡率(人口千人あたり)	5.8	6.1	6.5	7.0	7.5	8.1	8.8	9.4	9.9	10.3

Comoros

A. 推計値

指　標	1960	1965	1970	1975	1980	1985	1990	1995	2000	2005	2010
人口(千人)											
総数	189	205	228	256	309	358	415	480	548	619	699
男	94	102	114	128	154	179	208	241	276	312	352
女	95	103	115	128	154	179	207	239	272	307	346
性比(女100につき男)	99.0	99.2	99.4	99.6	99.9	100.2	100.6	101.0	101.3	101.5	101.7
年齢分布(%)											
０－４歳	18.0	18.1	17.9	17.9	18.5	18.9	18.3	17.2	16.4	15.9	15.6
５－14歳	23.8	26.3	27.2	27.2	26.9	27.2	28.2	28.6	27.6	26.4	25.6
15－24歳	17.7	16.6	17.4	19.2	19.6	19.2	18.9	19.4	20.5	21.1	20.6
60歳以上	5.1	5.0	5.1	5.1	5.1	5.0	4.8	4.7	4.6	4.5	4.3
65歳以上	3.2	3.0	3.0	3.1	3.1	3.1	3.1	3.0	2.9	2.9	2.9
80歳以上	0.3	0.3	0.3	0.3	0.3	0.3	0.3	0.3	0.3	0.3	0.3
15－49歳女子(%)	46.9	44.1	43.4	43.7	43.8	43.6	43.7	44.9	47.0	48.5	49.1
中位数年齢(歳)	19.4	18.2	17.4	17.3	17.2	16.9	16.7	17.0	17.6	18.4	19.1
人口密度(1km²あたり)	101	110	123	138	166	192	223	258	294	332	375

指　標	1960-1965	1965-1970	1970-1975	1975-1980	1980-1985	1985-1990	1990-1995	1995-2000	2000-2005	2005-2010	2010-2015
年平均人口増加数(千人)	3	5	6	10	10	11	13	14	14	16	18
年平均出生数(千人)	9	10	11	13	16	17	18	20	22	24	26
年平均死亡数(千人)	4	4	4	5	5	5	5	5	5	6	6
人口増加率(%)	1.69	2.13	2.30	3.71	2.96	2.98	2.89	2.66	2.44	2.43	2.42
粗出生率(人口千人あたり)	48.0	46.7	45.9	46.7	46.9	44.5	40.7	38.4	37.1	36.0	34.6
粗死亡率(人口千人あたり)	22.5	20.4	18.3	16.8	14.6	12.4	10.6	9.6	9.3	8.6	7.7
合計出生率(女子１人あたり)	6.91	7.05	7.05	7.05	7.05	6.70	6.10	5.60	5.20	4.90	4.60
純再生産率(女子１人あたり)	2.19	2.32	2.42	2.51	2.63	2.61	2.46	2.30	2.15	2.06	1.98
乳児死亡率(出生千人あたり)	167	154	139	127	109	93	81	74	73	67	58
出生時の平均余命(歳)											
男	41.0	43.0	45.2	47.4	50.7	53.7	56.3	57.8	58.0	59.3	61.2
女	44.0	46.0	48.6	50.8	53.9	56.9	59.4	60.9	61.2	62.5	64.5
男女計	42.5	44.5	46.8	49.1	52.3	55.3	57.8	59.3	59.6	60.9	62.8

B. 中位予測値

指　標	2015	2020	2025	2030	2035	2040	2045	2050	2055	2060
人口(千人)										
総数	788	883	981	1 081	1 184	1 290	1 397	1 502	1 605	1 705
男	398	446	495	545	597	650	703	756	807	856
女	391	438	486	536	587	640	693	746	799	849
性比(女100につき男)	101.8	101.8	101.8	101.8	101.7	101.6	101.4	101.3	101.0	100.8
年齢分布(%)										
０－４歳	15.1	14.2	13.3	12.6	12.0	11.5	11.0	10.4	9.9	9.4
５－14歳	25.1	24.9	24.2	23.1	22.0	21.1	20.4	19.7	19.0	18.2
15－24歳	19.8	19.4	19.5	19.7	19.5	18.8	18.2	17.7	17.4	17.0
60歳以上	4.6	5.0	5.5	6.0	6.6	7.3	8.2	9.2	10.1	11.1
65歳以上	2.8	3.0	3.4	3.8	4.2	4.6	5.1	5.9	6.7	7.4
80歳以上	0.3	0.4	0.4	0.4	0.5	0.5	0.6	0.7	0.8	1.0
６－11歳	15.4	15.3	14.8	14.0	13.3	12.8	12.3	11.9	11.5	11.0
12－14歳	6.9	6.9	6.9	6.6	6.4	6.1	5.9	5.7	5.6	5.4
15－17歳	6.4	6.3	6.4	6.4	6.1	5.9	5.7	5.5	5.4	5.3
18－23歳	11.6	11.4	11.4	11.5	11.5	11.2	10.8	10.5	10.3	10.1
15－24歳女子(%)	49.4	49.9	50.7	51.5	51.8	51.8	51.8	51.7	51.6	51.3
中位数年齢(歳)	19.7	20.3	21.1	22.1	23.2	24.2	25.3	26.3	27.4	28.4
人口密度(1km²あたり)	424	475	527	581	636	693	750	807	863	916

指　標	2010-2015	2015-2020	2020-2025	2025-2030	2030-2035	2035-2040	2040-2045	2045-2050	2050-2055	2055-2060
年平均人口増加数(千人)	18	19	20	20	21	21	21	21	21	20
年平均出生数(千人)	26	27	28	29	30	31	32	32	33	33
年平均死亡数(千人)	6	6	6	7	7	8	8	9	10	11
年平均純移動数(千人)	−2	−2	−2	−2	−2	−2	−2	−2	−2	−2
人口増加率(%)	2.42	2.27	2.10	1.95	1.82	1.71	1.59	1.46	1.33	1.20
粗出生率(人口千人あたり)	34.6	32.2	29.8	27.8	26.3	24.9	23.6	22.3	21.0	19.9
粗死亡率(人口千人あたり)	7.7	7.1	6.7	6.4	6.3	6.3	6.3	6.4	6.5	6.7
純移動率(人口千人あたり)	−2.7	−2.4	−2.1	−1.9	−1.8	−1.6	−1.5	−1.4	−1.2	−1.1
合計出生率（女子１人あたり）	4.60	4.23	3.91	3.63	3.39	3.19	3.01	2.86	2.73	2.61
純再生産率（女子１人あたり）	1.98	1.85	1.74	1.63	1.54	1.46	1.40	1.33	1.28	1.23
乳児死亡率（出生千人あたり）	58	52	47	42	38	34	31	28	25	23
５歳未満の死亡数(出生千人あた	78	69	61	53	47	42	37	33	30	27
出生時の平均余命(歳)										
男	61.2	62.5	63.7	64.8	65.7	66.6	67.5	68.3	69.1	69.8
女	64.5	66.0	67.3	68.5	69.6	70.6	71.7	72.6	73.5	74.3
男女計	62.8	64.2	65.4	66.6	67.6	68.6	69.5	70.4	71.2	72.0

C. 高位予測値

	2015	2020	2025	2030	2035	2040	2045	2050	2055	2060
人口(千人)										
総数	788	891	1 002	1 121	1 245	1 376	1 515	1 660	1 812	1 967
男	398	449	505	565	628	694	763	836	912	989
女	391	441	496	555	617	682	751	824	900	978
性比(女100につき男)	101.8	101.8	101.8	101.7	101.6	101.4	101.2	101.0	100.7	100.4
年齢分布(%)										
0－4歳	15.1	15.0	14.4	13.8	13.1	12.6	12.2	11.9	11.5	11.0
5－14歳	25.1	24.7	24.4	24.1	23.5	22.7	21.9	21.3	20.8	20.3
15－24歳	19.8	19.3	19.1	19.0	19.1	19.2	18.9	18.4	18.0	17.7
60歳以上	4.6	5.0	5.4	5.8	6.2	6.8	7.6	8.4	9.0	9.6
65歳以上	2.8	3.0	3.3	3.7	4.0	4.3	4.7	5.3	5.9	6.4
80歳以上	0.3	0.4	0.4	0.4	0.4	0.5	0.6	0.6	0.7	0.8
15－49歳女子(%)	49.4	49.5	49.7	49.7	49.9	50.1	50.3	50.4	50.5	50.4
中位数年齢(歳)	19.7	20.1	20.6	21.1	21.8	22.6	23.3	24.1	24.9	25.6

	2010-2015	2015-2020	2020-2025	2025-2030	2030-2035	2035-2040	2040-2045	2045-2050	2050-2055	2055-2060
年平均人口増加数(千人)	18	20	22	24	25	26	28	29	30	31
年平均出生数(千人)	26	28	31	33	34	36	38	41	43	45
年平均死亡数(千人)	6	6	6	7	7	8	9	10	11	12
人口増加率(%)	2.42	2.44	2.35	2.25	2.10	2.00	1.92	1.83	1.75	1.65
粗出生率(人口千人あたり)	34.6	33.9	32.3	30.7	28.9	27.6	26.6	25.6	24.6	23.6
粗死亡率(人口千人あたり)	7.7	7.2	6.7	6.4	6.2	6.1	6.1	6.0	6.1	6.1
合計出生率 (女子1人あたり)	4.60	4.48	4.31	4.13	3.89	3.69	3.51	3.36	3.23	3.11
純再生産率 (女子1人あたり)	1.98	1.96	1.92	1.86	1.77	1.69	1.63	1.57	1.51	1.46

D. 低位予測値

	2015	2020	2025	2030	2035	2040	2045	2050	2055	2060
人口(千人)										
総数	788	876	960	1 042	1 124	1 205	1 281	1 351	1 412	1 464
男	398	442	484	525	566	607	645	679	708	733
女	391	434	476	517	558	598	637	672	703	731
性比(女100につき男)	101.8	101.8	101.8	101.7	101.6	101.4	101.2	101.0	100.7	100.4
年齢分布(%)										
0－4歳	15.1	13.5	12.2	11.3	10.7	10.2	9.6	8.9	8.2	7.6
5－14歳	25.1	25.1	24.0	22.0	20.3	19.3	18.6	17.8	16.9	15.8
15－24歳	19.8	19.6	19.9	20.4	19.9	18.5	17.4	16.8	16.5	16.1
60歳以上	4.6	5.1	5.6	6.2	6.9	7.8	9.0	10.3	11.5	12.9
65歳以上	2.8	3.1	3.5	3.9	4.4	4.9	5.6	6.6	7.6	8.7
80歳以上	0.3	0.4	0.4	0.4	0.5	0.6	0.7	0.8	0.9	1.1
15－49歳女子(%)	49.4	50.3	51.8	53.4	53.9	53.8	53.4	53.1	52.7	52.0
中位数年齢(歳)	19.7	20.5	21.7	23.1	24.5	26.1	27.6	29.1	30.5	31.8

	2010-2015	2015-2020	2020-2025	2025-2030	2030-2035	2035-2040	2040-2045	2045-2050	2050-2055	2055-2060
年平均人口増加数(千人)	18	17	17	16	16	16	15	14	12	10
年平均出生数(千人)	26	25	25	25	25	26	25	25	24	23
年平均死亡数(千人)	6	6	6	6	7	7	8	9	10	11
人口増加率(%)	2.42	2.10	1.84	1.63	1.52	1.39	1.23	1.06	0.88	0.73
粗出生率(人口千人あたり)	34.6	30.4	27.2	24.7	23.4	22.0	20.5	18.8	17.3	16.0
粗死亡率(人口千人あたり)	7.7	7.0	6.6	6.4	6.4	6.4	6.6	6.8	7.1	7.5
合計出生率 (女子1人あたり)	4.60	3.98	3.51	3.13	2.89	2.69	2.51	2.36	2.23	2.11
純再生産率 (女子1人あたり)	1.98	1.74	1.56	1.41	1.32	1.23	1.16	1.10	1.04	0.99

E. 出生力一定予測値

	2015	2020	2025	2030	2035	2040	2045	2050	2055	2060
人口(千人)										
総数	788	893	1 013	1 149	1 301	1 475	1 673	1 900	2 161	2 460
男	398	451	511	580	657	744	844	958	1 090	1 240
女	391	443	502	569	645	731	829	942	1 071	1 220
中位数年齢(歳)	19.7	20.0	20.2	20.4	20.5	20.7	20.8	20.9	20.9	20.9

	2010-2015	2015-2020	2020-2025	2025-2030	2030-2035	2035-2040	2040-2045	2045-2050	2050-2055	2055-2060
人口増加率(%)	2.42	2.50	2.52	2.51	2.50	2.50	2.52	2.55	2.57	2.59
粗出生率(人口千人あたり)	34.6	34.5	34.0	33.4	32.8	32.5	32.3	32.3	32.2	32.1
粗死亡率(人口千人あたり)	7.7	7.2	6.8	6.5	6.2	6.1	5.9	5.7	5.6	5.4

Congo

A. 推計値

指　標	1960	1965	1970	1975	1980	1985	1990	1995	2000	2005	2010
人口(千人)											
総数	1 014	1 158	1 335	1 556	1 802	2 084	2 386	2 721	3 109	3 503	4 066
男	501	573	662	773	896	1 038	1 190	1 357	1 552	1 750	2 033
女	513	585	673	783	905	1 046	1 197	1 364	1 557	1 753	2 033
性比(女100につき男)	97.7	98.1	98.4	98.7	99.0	99.3	99.4	99.5	99.7	99.8	100.0
年齢分布(%)											
０－４歳	16.8	17.4	17.7	18.0	18.0	17.2	16.5	16.1	16.3	16.5	16.6
５－14歳	24.5	25.1	25.8	26.3	27.0	27.4	27.2	26.3	25.4	25.5	25.5
15－24歳	18.1	17.8	17.8	18.1	18.4	19.0	19.8	20.5	20.5	19.7	19.0
60歳以上	5.9	5.9	5.9	5.9	5.8	5.7	5.7	5.6	5.6	5.5	5.4
65歳以上	3.7	3.8	3.8	3.8	3.7	3.7	3.7	3.7	3.7	3.6	3.6
80歳以上	0.4	0.4	0.4	0.4	0.4	0.5	0.5	0.5	0.5	0.5	0.5
15－49歳女子(%)	46.5	45.5	44.6	44.0	43.7	44.2	45.2	46.6	47.4	47.1	47.1
中位数年齢(歳)	19.5	18.9	18.3	17.9	17.5	17.6	17.9	18.4	18.9	18.9	18.9
人口密度(1km²あたり)	3	3	4	5	5	6	7	8	9	10	12

	1960-1965	1965-1970	1970-1975	1975-1980	1980-1985	1985-1990	1990-1995	1995-2000	2000-2005	2005-2010	2010-2015
年平均人口増加数(千人)	29	35	44	49	56	61	67	78	79	113	111
年平均出生数(千人)	46	54	63	72	79	87	97	113	129	146	162
年平均死亡数(千人)	18	18	20	22	23	27	33	42	47	43	39
人口増加率(%)	2.66	2.85	3.07	2.93	2.91	2.71	2.63	2.67	2.39	2.98	2.56
粗出生率(人口千人あたり)	42.8	43.1	43.5	43.1	40.9	38.9	37.9	38.7	38.9	38.5	37.3
粗死亡率(人口千人あたり)	16.2	14.8	13.8	13.0	12.1	12.0	12.9	14.5	14.3	11.4	9.0
合計出生率(女子１人あたり)	5.99	6.19	6.35	6.35	6.00	5.55	5.21	5.13	5.10	5.05	4.95
純再生産率(女子１人あたり)	2.15	2.31	2.43	2.47	2.37	2.19	2.00	1.91	1.92	2.03	2.11
乳児死亡率(出生千人あたり)	107	97	90	84	79	78	80	85	82	64	51
出生時の平均余命(歳)											
男	48.8	51.0	52.7	54.0	55.1	54.5	52.3	49.9	50.3	55.4	60.0
女	51.5	54.0	55.6	56.9	57.9	57.5	55.2	52.2	52.4	57.7	62.9
男女計	50.2	52.5	54.1	55.4	56.5	56.0	53.8	51.1	51.4	56.5	61.4

B. 中位予測値

	2015	2020	2025	2030	2035	2040	2045	2050	2055	2060
人口(千人)										
総数	4 620	5 263	5 983	6 790	7 681	8 647	9 668	10 732	11 837	12 979
男	2 311	2 634	2 994	3 397	3 843	4 324	4 832	5 360	5 909	6 475
女	2 309	2 630	2 989	3 392	3 838	4 323	4 835	5 371	5 928	6 503
性比(女100につき男)	100.1	100.1	100.2	100.1	100.1	100.0	99.9	99.8	99.7	99.6
年齢分布(%)										
０－４歳	16.4	15.4	14.8	14.4	14.0	13.4	12.8	12.1	11.6	11.1
５－14歳	26.2	26.5	25.7	24.6	23.9	23.4	22.9	22.2	21.3	20.5
15－24歳	18.6	19.1	19.8	20.2	19.7	19.0	18.8	18.7	18.5	18.2
60歳以上	5.5	5.6	5.8	6.1	6.6	7.2	7.8	8.3	8.8	9.4
65歳以上	3.7	3.8	3.9	4.0	4.3	4.7	5.2	5.7	6.1	6.5
80歳以上	0.5	0.6	0.6	0.6	0.7	0.7	0.8	0.9	1.0	1.2
６－11歳	16.2	16.4	15.7	15.0	14.6	14.3	14.0	13.5	12.9	12.4
12－14歳	6.9	7.2	7.3	6.9	6.7	6.5	6.5	6.3	6.1	5.9
15－17歳	6.3	6.5	6.7	6.6	6.3	6.1	6.1	6.0	5.9	5.7
18－23歳	10.7	11.0	11.4	11.8	11.7	11.2	11.0	11.0	10.9	10.8
15－24歳女子(%)	46.5	46.9	47.8	48.6	49.0	49.4	49.9	50.4	50.7	50.6
中位数年齢(歳)	18.7	18.9	19.4	20.1	21.0	21.7	22.5	23.3	24.2	25.1
人口密度(1km²あたり)	14	15	18	20	22	25	28	31	35	38

	2010-2015	2015-2020	2020-2025	2025-2030	2030-2035	2035-2040	2040-2045	2045-2050	2050-2055	2055-2060
年平均人口増加数(千人)	111	129	144	161	178	193	204	213	221	228
年平均出生数(千人)	162	171	185	203	222	240	254	268	282	296
年平均死亡数(千人)	39	39	39	41	43	46	49	54	60	66
年平均純移動数(千人)	−12	−4	−2	−1	−1	−1	−1	−1	−1	−1
人口増加率(%)	2.56	2.61	2.56	2.53	2.47	2.37	2.23	2.09	1.96	1.84
粗出生率(人口千人あたり)	37.3	34.7	32.9	31.8	30.7	29.4	27.8	26.2	25.0	23.8
粗死亡率(人口千人あたり)	9.0	7.8	7.0	6.4	6.0	5.6	5.4	5.3	5.3	5.4
純移動率(人口千人あたり)	−2.8	−0.8	−0.4	−0.2	−0.1	−0.1	−0.1	−0.1	−0.1	−0.1
合計出生率（女子１人あたり）	4.95	4.64	4.36	4.10	3.86	3.65	3.46	3.29	3.14	3.00
純再生産率（女子１人あたり）	2.11	2.03	1.95	1.86	1.77	1.69	1.62	1.55	1.48	1.42
乳児死亡率（出生千人あたり）	51	44	38	35	31	28	25	23	22	20
５歳未満の死亡数(出生千人あたり	75	63	54	47	42	37	32	30	28	26
出生時の平均余命(歳)										
男	60.0	62.4	64.4	66.1	67.5	68.8	69.9	70.8	71.5	72.3
女	62.9	65.5	67.7	69.6	71.1	72.6	73.9	75.0	75.8	76.5
男女計	61.4	63.9	66.1	67.8	69.3	70.6	71.9	72.8	73.7	74.4

C. 高 位 予 測 値

	2015	2020	2025	2030	2035	2040	2045	2050	2055	2060
人口(千人)										
総数	4 620	5 307	6 107	7 032	8 065	9 212	10 470	11 841	13 325	14 917
男	2 311	2 656	3 057	3 519	4 036	4 609	5 237	5 920	6 660	7 453
女	2 309	2 651	3 051	3 512	4 029	4 602	5 233	5 921	6 666	7 464
性比(女100につき男)	100.1	100.1	100.1	100.1	100.0	99.9	99.8	99.6	99.4	99.2
年齢分布(%)										
０－４歳	16.4	16.1	15.8	15.6	15.1	14.6	14.1	13.6	13.2	12.8
５－14歳	26.2	26.3	25.9	25.5	25.2	24.8	24.2	23.6	23.0	22.5
15－24歳	18.6	18.9	19.4	19.5	19.3	19.2	19.2	19.1	18.9	18.6
60歳以上	5.5	5.6	5.7	5.9	6.3	6.7	7.2	7.5	7.8	8.2
65歳以上	3.7	3.7	3.8	3.9	4.1	4.4	4.8	5.2	5.4	5.6
80歳以上	0.5	0.5	0.6	0.6	0.6	0.7	0.7	0.8	0.9	1.1
15－49歳女子(%)	46.5	46.5	46.8	47.0	47.2	47.7	48.4	48.9	49.3	49.4
中位数年齢(歳)	18.7	18.7	18.9	19.3	19.7	20.2	20.8	21.4	22.1	22.8

	2010-2015	2015-2020	2020-2025	2025-2030	2030-2035	2035-2040	2040-2045	2045-2050	2050-2055	2055-2060
年平均人口増加数(千人)	111	137	160	185	207	229	252	274	297	318
年平均出生数(千人)	162	181	202	228	252	278	304	332	360	389
年平均死亡数(千人)	39	39	40	42	45	48	51	56	63	70
人口増加率(%)	2.56	2.77	2.81	2.82	2.74	2.66	2.56	2.46	2.36	2.26
粗出生率(人口千人あたり)	37.3	36.4	35.4	34.7	33.4	32.2	30.9	29.7	28.6	27.6
粗死亡率(人口千人あたり)	9.0	7.9	7.0	6.4	5.9	5.5	5.2	5.0	5.0	5.0
合計出生率 (女子１人あたり)	4.95	4.89	4.76	4.60	4.36	4.15	3.96	3.79	3.64	3.50
純再生産率 (女子１人あたり)	2.11	2.14	2.13	2.09	2.00	1.93	1.85	1.78	1.72	1.66

D. 低 位 予 測 値

	2015	2020	2025	2030	2035	2040	2045	2050	2055	2060
人口(千人)										
総数	4 620	5 220	5 859	6 547	7 298	8 089	8 887	9 674	10 446	11 202
男	2 311	2 611	2 931	3 275	3 650	4 043	4 439	4 827	5 208	5 580
女	2 309	2 608	2 928	3 272	3 649	4 046	4 449	4 847	5 239	5 623
性比(女100につき男)	100.1	100.1	100.1	100.1	100.0	99.9	99.8	99.6	99.4	99.2
年齢分布(%)										
０－４歳	16.4	14.7	13.7	13.1	12.7	12.2	11.4	10.6	9.9	9.4
５－14歳	26.2	26.7	25.5	23.6	22.4	21.8	21.3	20.5	19.3	18.2
15－24歳	18.6	19.2	20.2	20.9	20.2	18.9	18.2	18.1	18.0	17.5
60歳以上	5.5	5.7	5.9	6.3	6.9	7.7	8.5	9.2	9.9	10.9
65歳以上	3.7	3.8	3.9	4.2	4.5	5.0	5.7	6.3	6.9	7.5
80歳以上	0.5	0.6	0.6	0.6	0.7	0.7	0.8	1.0	1.2	1.4
15－49歳女子(%)	46.5	47.3	48.8	50.4	51.0	51.3	51.6	52.0	52.2	51.8
中位数年齢(歳)	18.7	19.1	19.9	21.1	22.3	23.4	24.5	25.6	26.8	28.0

	2010-2015	2015-2020	2020-2025	2025-2030	2030-2035	2035-2040	2040-2045	2045-2050	2050-2055	2055-2060
年平均人口増加数(千人)	111	120	128	138	150	158	160	157	154	151
年平均出生数(千人)	162	162	168	178	193	203	208	210	212	215
年平均死亡数(千人)	39	38	38	40	42	44	47	51	57	63
人口増加率(%)	2.56	2.44	2.31	2.22	2.17	2.06	1.88	1.70	1.54	1.40
粗出生率(人口千人あたり)	37.3	33.0	30.4	28.7	27.9	26.4	24.5	22.6	21.1	19.9
粗死亡率(人口千人あたり)	9.0	7.8	6.9	6.4	6.0	5.7	5.6	5.5	5.6	5.8
合計出生率 (女子１人あたり)	4.95	4.39	3.96	3.60	3.36	3.15	2.96	2.79	2.64	2.50
純再生産率 (女子１人あたり)	2.11	1.93	1.77	1.63	1.54	1.46	1.38	1.31	1.25	1.19

E. 出生力一定予測値

	2015	2020	2025	2030	2035	2040	2045	2050	2055	2060
人口(千人)										
総数	4 620	5 311	6 139	7 130	8 303	9 683	11 299	13 192	15 411	18 013
男	2 311	2 657	3 073	3 569	4 157	4 847	5 656	6 602	7 713	9 017
女	2 309	2 653	3 067	3 561	4 147	4 836	5 644	6 590	7 698	8 996
中位数年齢(歳)	18.7	18.7	18.8	19.0	19.0	19.0	19.0	19.0	19.0	19.1

	2010-2015	2015-2020	2020-2025	2025-2030	2030-2035	2035-2040	2040-2045	2045-2050	2050-2055	2055-2060
人口増加率(%)	2.56	2.79	2.90	2.99	3.05	3.07	3.09	3.10	3.11	3.12
粗出生率(人口千人あたり)	37.3	36.5	36.4	36.5	36.5	36.3	36.0	35.9	35.8	35.8
粗死亡率(人口千人あたり)	9.0	7.9	7.1	6.4	5.9	5.5	5.1	4.9	4.7	4.6

Costa Rica

A. 推 計 値

指　標	1960	1965	1970	1975	1980	1985	1990	1995	2000	2005	2010
人口(千人)											
総数	1 333	1 590	1 849	2 097	2 389	2 730	3 096	3 511	3 925	4 248	4 545
男	678	808	938	1 063	1 208	1 378	1 560	1 766	1 970	2 130	2 277
女	655	782	911	1 035	1 181	1 352	1 536	1 745	1 955	2 118	2 268
性比(女100につき男)	103.5	103.3	103.0	102.7	102.3	101.9	101.6	101.2	100.8	100.6	100.4
年齢分布(%)											
0－4歳	18.3	18.0	15.7	13.2	13.4	13.5	12.9	11.6	10.0	8.5	7.9
5－14歳	26.4	26.6	28.0	27.0	23.5	21.8	22.2	22.0	20.7	18.9	16.6
15－24歳	18.2	18.8	19.1	20.2	21.8	21.0	18.4	17.5	18.4	18.8	18.1
60歳以上	4.8	5.0	5.3	5.8	6.1	6.5	7.1	7.6	8.3	9.4	11.1
65歳以上	3.0	3.1	3.4	3.7	4.1	4.3	4.7	5.2	5.7	6.5	7.5
80歳以上	0.3	0.4	0.4	0.5	0.6	0.7	0.8	0.9	1.1	1.3	1.5
15－49歳女子(%)	44.9	44.9	45.5	48.3	50.9	51.9	51.3	51.9	53.2	54.4	54.4
中位数年齢(歳)	17.7	17.6	18.2	19.3	20.6	22.0	23.1	24.3	25.6	27.4	29.2
人口密度(1km²あたり)	26	31	36	41	47	53	61	69	77	83	89

指　標	1960-1965	1965-1970	1970-1975	1975-1980	1980-1985	1985-1990	1990-1995	1995-2000	2000-2005	2005-2010	2010-2015
年平均人口増加数(千人)	51	52	50	58	68	73	83	83	64	59	53
年平均出生数(千人)	63	63	59	66	76	82	82	80	73	73	71
年平均死亡数(千人)	13	13	12	12	11	12	13	15	17	19	22
人口増加率(%)	3.52	3.02	2.52	2.61	2.67	2.51	2.52	2.23	1.58	1.35	1.12
粗出生率(人口千人あたり)	43.1	36.6	29.9	29.6	29.5	28.0	24.9	21.5	17.9	16.6	15.1
粗死亡率(人口千人あたり)	9.1	7.4	6.0	5.1	4.4	4.1	4.0	4.0	4.1	4.4	4.7
合計出生率(女子1人あたり)	6.28	5.26	4.06	3.70	3.50	3.31	3.01	2.61	2.17	2.01	1.85
純再生産率(女子1人あたり)	2.65	2.29	1.82	1.71	1.65	1.57	1.43	1.25	1.04	0.96	0.89
乳児死亡率(出生千人あたり)	82	70	56	35	23	17	15	12	11	10	9
出生時の平均余命(歳)											
男	61.0	63.6	65.7	68.2	70.9	72.5	73.6	74.7	75.5	76.1	76.7
女	63.8	66.9	69.8	73.0	76.3	77.9	78.7	79.5	80.2	80.8	81.7
男女計	62.4	65.2	67.7	70.5	73.4	75.1	76.1	77.0	77.8	78.4	79.2

B. 中 位 予 測 値

指　標	2015	2020	2025	2030	2035	2040	2045	2050	2055	2060
人口(千人)										
総数	4 808	5 044	5 246	5 413	5 548	5 650	5 721	5 759	5 766	5 746
男	2 406	2 521	2 621	2 703	2 770	2 822	2 859	2 881	2 887	2 880
女	2 402	2 522	2 625	2 710	2 777	2 828	2 861	2 878	2 879	2 866
性比(女100につき男)	100.1	100.0	99.8	99.7	99.7	99.8	99.9	100.1	100.3	100.5
年齢分布(%)										
0－4歳	7.3	6.8	6.2	5.8	5.4	5.2	5.0	4.8	4.7	4.6
5－14歳	15.0	14.1	13.2	12.3	11.5	10.9	10.4	10.0	9.7	9.5
15－24歳	16.8	15.1	13.8	13.2	12.5	11.8	11.2	10.7	10.3	10.1
60歳以上	12.8	15.2	18.0	20.5	22.6	24.9	27.6	30.4	32.8	34.8
65歳以上	8.9	10.4	12.6	15.1	17.4	19.1	21.2	23.5	26.0	28.2
80歳以上	1.9	2.3	2.8	3.5	4.3	5.5	6.9	8.0	8.7	9.7
6－11歳	9.0	8.4	7.9	7.3	6.8	6.5	6.2	6.0	5.8	5.7
12－14歳	4.6	4.3	4.0	3.8	3.6	3.3	3.2	3.1	3.0	2.9
15－17歳	4.9	4.3	4.1	3.9	3.7	3.4	3.3	3.1	3.0	3.0
18－23歳	10.2	9.2	8.3	8.0	7.5	7.2	6.8	6.5	6.2	6.1
15－24歳女子(%)	53.2	51.5	50.5	48.9	46.8	44.4	42.1	40.3	39.0	37.9
中位数年齢(歳)	31.4	33.6	35.8	38.0	40.2	42.2	43.9	45.3	46.6	47.8
人口密度(1km²あたり)	94	99	103	106	109	111	112	113	113	113

指　標	2010-2015	2015-2020	2020-2025	2025-2030	2030-2035	2035-2040	2040-2045	2045-2050	2050-2055	2055-2060
年平均人口増加数(千人)	53	47	40	34	27	20	14	8	1	－4
年平均出生数(千人)	71	69	66	63	61	59	57	56	54	53
年平均死亡数(千人)	22	25	28	32	36	40	45	50	55	59
年平均純移動数(千人)	4	3	3	2	2	2	2	2	2	2
人口増加率(%)	1.12	0.96	0.79	0.63	0.49	0.37	0.25	0.14	0.03	-0.07
粗出生率(人口千人あたり)	15.1	14.0	12.8	11.8	11.1	10.5	10.0	9.7	9.4	9.2
粗死亡率(人口千人あたり)	4.7	5.0	5.4	5.9	6.5	7.1	7.9	8.7	9.5	10.2
純移動率(人口千人あたり)	0.8	0.7	0.5	0.4	0.3	0.3	0.3	0.3	0.3	0.3
合計出生率（女子1人あたり）	1.85	1.76	1.70	1.67	1.66	1.67	1.68	1.69	1.70	1.72
純再生産率（女子1人あたり）	0.89	0.85	0.82	0.81	0.80	0.80	0.81	0.82	0.82	0.83
乳児死亡率（出生千人あたり）	9	8	7	6	5	5	4	4	4	3
5歳未満の死亡数(出生千人あたり	11	11	10	9	7	7	6	6	5	5
出生時の平均余命(歳)										
男	76.7	77.8	78.9	80.0	81.1	82.1	82.9	83.7	84.3	84.9
女	81.7	82.4	83.1	83.8	84.4	85.0	85.6	86.2	86.7	87.3
男女計	79.2	80.1	81.0	81.9	82.8	83.6	84.3	84.9	85.5	86.1

C. 高 位 予 測 値

	2015	2020	2025	2030	2035	2040	2045	2050	2055	2060
人口(千人)										
総数	4 808	5 092	5 371	5 631	5 859	6 062	6 247	6 419	6 578	6 725
男	2 406	2 546	2 685	2 815	2 930	3 033	3 129	3 219	3 303	3 380
女	2 402	2 546	2 686	2 817	2 930	3 029	3 119	3 200	3 276	3 344
性比(女100につき男)	100.1	99.9	99.7	99.5	99.4	99.4	99.5	99.6	99.6	99.7
年齢分布(%)										
0－4歳	7.3	7.6	7.5	7.2	6.7	6.5	6.4	6.4	6.4	6.4
5－14歳	15.0	14.0	13.8	14.0	13.8	13.2	12.6	12.3	12.3	12.4
15－24歳	16.8	14.9	13.5	12.7	12.6	13.1	13.0	12.5	12.0	11.8
60歳以上	12.8	15.0	17.6	19.7	21.4	23.2	25.3	27.2	28.8	29.8
65歳以上	8.9	10.3	12.3	14.5	16.5	17.8	19.4	21.1	22.8	24.1
80歳以上	1.9	2.2	2.7	3.4	4.1	5.1	6.3	7.2	7.6	8.3
15－49歳女子(%)	53.2	51.1	49.3	47.0	45.1	43.4	42.1	40.9	40.4	40.2
中位数年齢(歳)	31.4	33.3	35.1	36.7	38.2	39.5	40.3	40.8	40.9	41.2

	2010-2015	2015-2020	2020-2025	2025-2030	2030-2035	2035-2040	2040-2045	2045-2050	2050-2055	2055-2060
年平均人口増加数(千人)	53	57	56	52	46	41	37	34	32	29
年平均出生数(千人)	71	78	81	82	79	79	80	83	85	87
年平均死亡数(千人)	22	25	28	32	36	40	45	50	55	59
人口増加率(%)	1.12	1.15	1.07	0.95	0.79	0.68	0.60	0.54	0.49	0.44
粗出生率(人口千人あたり)	15.1	15.9	15.5	14.9	13.8	13.2	13.0	13.0	13.1	13.0
粗死亡率(人口千人あたり)	4.7	5.0	5.4	5.8	6.2	6.7	7.3	7.9	8.4	8.9
合計出生率 (女子１人あたり)	1.85	2.01	2.10	2.17	2.16	2.17	2.18	2.19	2.20	2.22
純再生産率 (女子１人あたり)	0.89	0.97	1.01	1.05	1.04	1.05	1.05	1.06	1.07	1.07

D. 低 位 予 測 値

	2015	2020	2025	2030	2035	2040	2045	2050	2055	2060
人口(千人)										
総数	4 808	4 995	5 121	5 195	5 238	5 246	5 216	5 145	5 033	4 888
男	2 406	2 497	2 557	2 592	2 612	2 615	2 601	2 567	2 512	2 441
女	2 402	2 499	2 564	2 604	2 626	2 630	2 615	2 578	2 521	2 447
性比(女100につき男)	100.1	99.9	99.7	99.5	99.4	99.4	99.5	99.6	99.6	99.7
年齢分布(%)										
0－4歳	7.3	5.9	4.9	4.2	4.0	3.7	3.5	3.3	3.0	2.8
5－14歳	15.0	14.2	12.6	10.4	8.9	8.2	7.8	7.4	7.0	6.5
15－24歳	16.8	15.2	14.2	13.7	12.3	10.4	9.0	8.4	8.1	7.8
60歳以上	12.8	15.3	18.4	21.4	23.9	26.8	30.3	34.0	37.6	40.9
65歳以上	8.9	10.5	12.9	15.7	18.4	20.6	23.2	26.4	29.8	33.1
80歳以上	1.9	2.3	2.8	3.7	4.6	5.9	7.5	8.9	10.0	11.4
15－49歳女子(%)	53.2	52.0	51.7	50.9	48.6	45.4	42.0	39.1	36.8	34.3
中位数年齢(歳)	31.4	33.9	36.6	39.4	42.1	44.7	47.2	49.6	51.7	53.8

	2010-2015	2015-2020	2020-2025	2025-2030	2030-2035	2035-2040	2040-2045	2045-2050	2050-2055	2055-2060
年平均人口増加数(千人)	53	38	25	15	8	2	－ 6	－ 14	－ 22	－ 29
年平均出生数(千人)	71	59	50	44	42	40	37	34	30	28
年平均死亡数(千人)	22	25	28	31	35	40	45	50	54	58
人口増加率(%)	1.12	0.77	0.50	0.29	0.16	0.03	−0.11	−0.27	−0.44	−0.59
粗出生率(人口千人あたり)	15.1	12.0	9.9	8.6	8.1	7.5	7.0	6.5	6.0	5.6
粗死亡率(人口千人あたり)	4.7	5.1	5.5	6.1	6.8	7.6	8.5	9.6	10.7	11.7
合計出生率 (女子１人あたり)	1.85	1.51	1.30	1.17	1.16	1.17	1.18	1.19	1.20	1.22
純再生産率 (女子１人あたり)	0.89	0.73	0.63	0.56	0.56	0.56	0.57	0.57	0.58	0.59

E. 出生力一定予測値

	2015	2020	2025	2030	2035	2040	2045	2050	2055	2060
人口(千人)										
総数	4 808	5 061	5 290	5 489	5 656	5 793	5 902	5 980	6 029	6 052
男	2 406	2 530	2 644	2 742	2 826	2 896	2 952	2 994	3 022	3 036
女	2 402	2 531	2 647	2 747	2 830	2 898	2 950	2 986	3 008	3 016
中位数年齢(歳)	31.4	33.5	35.6	37.6	39.5	41.3	42.7	43.8	44.8	45.6

	2010-2015	2015-2020	2020-2025	2025-2030	2030-2035	2035-2040	2040-2045	2045-2050	2050-2055	2055-2060
人口増加率(%)	1.12	1.03	0.89	0.74	0.60	0.48	0.37	0.27	0.16	0.07
粗出生率(人口千人あたり)	15.1	14.6	13.8	12.9	12.1	11.5	11.1	10.8	10.5	10.2
粗死亡率(人口千人あたり)	4.7	5.0	5.4	5.9	6.4	7.0	7.7	8.4	9.1	9.7

Côte d'Ivoire

A. 推計値

指　標	1960	1965	1970	1975	1980	1985	1990	1995	2000	2005	2010
人口(千人)											
総数	3 475	4 220	5 242	6 606	8 266	10 158	12 166	14 404	16 518	18 133	20 132
男	1 775	2 172	2 720	3 446	4 319	5 306	6 329	7 468	8 533	9 306	10 279
女	1 700	2 047	2 522	3 160	3 946	4 852	5 837	6 936	7 984	8 827	9 853
性比(女100につき男)	104.4	106.1	107.9	109.0	109.5	109.3	108.4	107.7	106.9	105.4	104.3
年齢分布(%)											
０－４歳	18.1	19.1	19.5	19.5	19.4	18.4	17.7	17.3	17.2	17.0	16.4
５－14歳	23.5	23.5	24.6	25.4	26.1	26.8	27.0	26.4	26.2	27.1	27.3
15－24歳	19.2	18.0	16.8	16.6	17.0	17.6	18.3	19.2	19.4	19.1	19.5
60歳以上	4.3	4.2	4.2	4.2	4.2	4.3	4.5	4.7	4.7	4.8	4.9
65歳以上	2.5	2.5	2.5	2.5	2.5	2.6	2.7	2.8	2.8	2.9	3.0
80歳以上	0.2	0.2	0.2	0.2	0.2	0.3	0.3	0.3	0.3	0.2	0.2
15－49歳女子(%)	47.7	46.3	44.7	43.8	43.2	43.3	43.9	45.1	45.8	45.7	46.3
中位数年齢(歳)	19.2	19.0	18.5	17.9	17.5	17.5	17.6	18.0	18.1	17.9	18.0
人口密度(1km²あたり)	11	13	16	21	26	32	38	45	52	57	63

指　標	1960-1965	1965-1970	1970-1975	1975-1980	1980-1985	1985-1990	1990-1995	1995-2000	2000-2005	2005-2010	2010-2015
年平均人口増加数(千人)	149	204	273	332	378	402	448	423	323	400	514
年平均出生数(千人)	209	253	307	371	427	489	562	642	694	734	802
年平均死亡数(千人)	100	109	114	123	135	153	189	255	297	290	298
人口増加率(%)	3.89	4.34	4.63	4.48	4.12	3.61	3.38	2.74	1.87	2.09	2.40
粗出生率(人口千人あたり)	54.3	53.5	51.9	49.9	46.4	43.9	42.3	41.5	40.0	38.4	37.4
粗死亡率(人口千人あたり)	26.0	23.0	19.3	16.6	14.6	13.7	14.2	16.5	17.1	15.2	13.9
合計出生率(女子１人あたり)	7.53	7.83	7.93	7.81	7.31	6.85	6.41	6.05	5.68	5.36	5.10
純再生産率(女子１人あたり)	2.17	2.41	2.66	2.79	2.72	2.59	2.39	2.11	1.99	1.95	1.91
乳児死亡率(出生千人あたり)	200	169	144	125	113	107	103	99	92	85	73
出生時の平均余命(歳)											
男	37.6	40.5	44.1	47.5	49.8	50.9	49.7	47.2	45.9	48.5	50.2
女	39.8	42.9	47.7	51.3	53.8	55.0	53.5	48.1	47.6	50.0	51.9
男女計	38.7	41.6	45.8	49.2	51.6	52.8	51.4	47.6	46.7	49.2	51.0

B. 中位予測値

指　標	2015	2020	2025	2030	2035	2040	2045	2050	2055	2060
人口(千人)										
総数	22 702	25 566	28 717	32 143	35 857	39 882	44 204	48 797	53 643	58 717
男	11 546	12 958	14 517	16 214	18 059	20 061	22 214	24 503	26 917	29 439
女	11 155	12 607	14 200	15 928	17 798	19 821	21 990	24 294	26 726	29 278
性比(女100につき男)	103.5	102.8	102.2	101.8	101.5	101.2	101.0	100.9	100.7	100.6
年齢分布(%)										
０－４歳	16.2	15.8	15.3	14.7	14.1	13.6	13.0	12.5	12.0	11.5
５－14歳	26.3	25.8	25.6	25.2	24.5	23.8	23.1	22.4	21.7	21.1
15－24歳	20.3	20.3	19.8	19.6	19.8	19.7	19.4	19.0	18.7	18.4
60歳以上	4.8	4.9	5.0	5.1	5.4	5.7	6.1	6.5	7.2	8.0
65歳以上	3.0	3.0	3.1	3.2	3.3	3.5	3.8	4.1	4.5	5.0
80歳以上	0.3	0.3	0.3	0.3	0.3	0.4	0.4	0.4	0.5	0.6
６－11歳	16.1	15.9	15.8	15.5	15.0	14.5	14.1	13.7	13.2	12.8
12－14歳	7.3	7.0	7.0	7.0	6.9	6.7	6.5	6.4	6.2	6.0
15－17歳	6.8	6.6	6.4	6.5	6.5	6.3	6.2	6.1	5.9	5.8
18－23歳	11.7	11.9	11.6	11.4	11.6	11.6	11.4	11.2	11.0	10.9
15－24歳女子(%)	47.6	48.4	48.9	49.5	50.2	50.8	51.1	51.1	51.2	51.3
中位数年齢(歳)	18.4	18.9	19.4	19.8	20.5	21.2	22.0	22.8	23.6	24.4
人口密度(1km²あたり)	71	80	90	101	113	125	139	153	169	185

指　標	2010-2015	2015-2020	2020-2025	2025-2030	2030-2035	2035-2040	2040-2045	2045-2050	2050-2055	2055-2060
年平均人口増加数(千人)	514	573	630	685	743	805	864	918	969	1 015
年平均出生数(千人)	802	875	939	1 000	1 062	1 129	1 195	1 257	1 319	1 380
年平均死亡数(千人)	298	308	315	320	325	330	336	344	355	370
年平均純移動数(千人)	10	6	6	6	6	6	6	6	6	5
人口増加率(%)	2.40	2.38	2.33	2.25	2.19	2.13	2.06	1.98	1.89	1.81
粗出生率(人口千人あたり)	37.4	36.2	34.6	32.9	31.2	29.8	28.4	27.0	25.8	24.6
粗死亡率(人口千人あたり)	13.9	12.8	11.6	10.5	9.6	8.7	8.0	7.4	6.9	6.6
純移動率(人口千人あたり)	0.5	0.2	0.2	0.2	0.2	0.2	0.1	0.1	0.1	0.1
合計出生率（女子１人あたり）	5.10	4.77	4.47	4.20	3.96	3.75	3.56	3.39	3.24	3.10
純再生産率（女子１人あたり）	1.91	1.84	1.78	1.72	1.67	1.62	1.57	1.52	1.48	1.44
乳児死亡率（出生千人あたり）	73	63	54	47	41	35	30	25	20	16
５歳未満の死亡数(出生千人あたり	105	91	78	69	61	52	44	37	29	23
出生時の平均余命(歳)										
男	50.2	52.0	54.0	56.0	58.0	60.0	62.0	63.8	65.5	67.1
女	51.9	53.8	55.8	57.9	60.0	62.2	64.3	66.4	68.3	70.2
男女計	51.0	52.8	54.9	56.9	59.0	61.1	63.1	65.1	66.9	68.6

C. 高位予測値

	2015	2020	2025	2030	2035	2040	2045	2050	2055	2060
人口(千人)										
総数	22 702	25 778	29 316	33 287	37 646	42 496	47 899	53 859	60 379	67 461
男	11 546	13 065	14 819	16 792	18 962	21 382	24 080	27 060	30 319	33 856
女	11 155	12 713	14 497	16 495	18 683	21 114	23 818	26 800	30 061	33 605
性比(女100につき男)	103.5	102.8	102.2	101.8	101.4	101.2	100.9	100.7	100.5	100.3
年齢分布(%)										
0－4歳	16.2	16.5	16.3	15.9	15.2	14.7	14.4	13.9	13.5	13.1
5－14歳	26.3	25.6	25.8	26.1	25.8	25.1	24.4	23.9	23.4	22.9
15－24歳	20.3	20.2	19.4	19.0	19.3	19.8	19.8	19.4	19.0	18.8
60歳以上	4.8	4.8	4.9	4.9	5.1	5.3	5.6	5.9	6.4	7.0
65歳以上	3.0	3.0	3.0	3.1	3.2	3.3	3.5	3.7	4.0	4.4
80歳以上	0.3	0.3	0.3	0.3	0.3	0.3	0.4	0.4	0.4	0.5
15－49歳女子(%)	47.6	48.0	47.9	47.8	48.4	49.0	49.4	49.5	49.7	50.0
中位数年齢(歳)	18.4	18.7	18.9	19.0	19.3	19.8	20.4	21.1	21.7	22.3

	2010-2015	2015-2020	2020-2025	2025-2030	2030-2035	2035-2040	2040-2045	2045-2050	2050-2055	2055-2060
年平均人口増加数(千人)	514	615	708	794	872	970	1 080	1 192	1 304	1 416
年平均出生数(千人)	802	921	1 023	1 119	1 203	1 308	1 427	1 548	1 672	1 801
年平均死亡数(千人)	298	311	322	330	337	344	352	362	374	390
人口増加率(%)	2.40	2.54	2.57	2.54	2.46	2.42	2.39	2.35	2.29	2.22
粗出生率(人口千人あたり)	37.4	38.0	37.1	35.7	33.9	32.6	31.6	30.4	29.3	28.2
粗死亡率(人口千人あたり)	13.9	12.8	11.7	10.6	9.5	8.6	7.8	7.1	6.6	6.1
合計出生率 (女子1人あたり)	5.10	5.02	4.87	4.70	4.46	4.25	4.06	3.89	3.74	3.60
純再生産率 (女子1人あたり)	1.91	1.93	1.94	1.93	1.88	1.83	1.79	1.75	1.71	1.67

D. 低位予測値

	2015	2020	2025	2030	2035	2040	2045	2050	2055	2060
人口(千人)										
総数	22 702	25 353	28 118	30 999	34 075	37 307	40 624	43 980	47 351	50 701
男	11 546	12 851	14 214	15 637	17 159	18 760	20 406	22 070	23 739	25 391
女	11 155	12 502	13 904	15 362	16 916	18 546	20 219	21 910	23 612	25 310
性比(女100につき男)	103.5	102.8	102.2	101.8	101.4	101.2	100.9	100.7	100.5	100.3
年齢分布(%)										
0－4歳	16.2	15.1	14.2	13.4	12.9	12.3	11.6	10.9	10.4	9.8
5－14歳	26.3	26.0	25.4	24.3	23.1	22.2	21.5	20.7	19.8	18.9
15－24歳	20.3	20.5	20.2	20.4	20.2	19.5	18.9	18.5	18.2	17.7
60歳以上	4.8	4.9	5.1	5.3	5.6	6.1	6.6	7.3	8.2	9.3
65歳以上	3.0	3.1	3.1	3.3	3.5	3.8	4.2	4.6	5.1	5.8
80歳以上	0.3	0.3	0.3	0.3	0.4	0.4	0.4	0.5	0.6	0.7
15－49歳女子(%)	47.6	48.9	50.0	51.3	52.3	52.8	52.9	52.8	52.8	52.6
中位数年齢(歳)	18.4	19.1	19.8	20.8	21.8	22.9	23.9	24.9	26.0	27.1

	2010-2015	2015-2020	2020-2025	2025-2030	2030-2035	2035-2040	2040-2045	2045-2050	2050-2055	2055-2060
年平均人口増加数(千人)	514	530	553	576	615	646	663	671	674	670
年平均出生数(千人)	802	829	855	881	923	957	978	993	1 006	1 017
年平均死亡数(千人)	298	305	308	311	313	317	321	327	338	352
人口増加率(%)	2.40	2.21	2.07	1.95	1.89	1.81	1.70	1.59	1.48	1.37
粗出生率(人口千人あたり)	37.4	34.5	32.0	29.8	28.4	26.8	25.1	23.5	22.0	20.7
粗死亡率(人口千人あたり)	13.9	12.7	11.5	10.5	9.6	8.9	8.2	7.7	7.4	7.2
合計出生率 (女子1人あたり)	5.10	4.52	4.07	3.70	3.46	3.25	3.06	2.89	2.74	2.60
純再生産率 (女子1人あたり)	1.91	1.74	1.62	1.52	1.46	1.40	1.35	1.30	1.25	1.21

E. 出生力一定予測値

	2015	2020	2025	2030	2035	2040	2045	2050	2055	2060
人口(千人)										
総数	22 702	25 812	29 527	33 882	38 976	44 985	52 120	60 603	70 688	82 658
男	11 546	13 082	14 926	17 092	19 634	22 639	26 213	30 468	35 529	41 541
女	11 155	12 729	14 601	16 789	19 342	22 346	25 907	30 136	35 158	41 118
中位数年齢(歳)	18.4	18.7	18.7	18.5	18.4	18.5	18.6	18.6	18.6	18.5

	2010-2015	2015-2020	2020-2025	2025-2030	2030-2035	2035-2040	2040-2045	2045-2050	2050-2055	2055-2060
人口増加率(%)	2.40	2.57	2.69	2.75	2.80	2.87	2.94	3.02	3.08	3.13
粗出生率(人口千人あたり)	37.4	38.3	38.4	37.9	37.3	37.0	36.9	36.9	36.8	36.7
粗死亡率(人口千人あたり)	13.9	12.9	11.7	10.6	9.5	8.6	7.7	6.9	6.2	5.5

Croatia

A. 推 計 値

指　標	1960	1965	1970	1975	1980	1985	1990	1995	2000	2005	2010
人口(千人)											
総数	4 193	4 329	4 423	4 501	4 598	4 716	4 776	4 617	4 428	4 378	4 316
男	2 013	2 090	2 140	2 182	2 227	2 282	2 316	2 233	2 132	2 108	2 081
女	2 179	2 239	2 283	2 319	2 371	2 434	2 461	2 384	2 296	2 270	2 236
性比(女100につき男)	92.4	93.3	93.8	94.1	93.9	93.8	94.1	93.7	92.8	92.9	93.1
年齢分布(%)											
０－４歳	8.9	8.0	7.1	7.2	7.0	6.8	6.1	5.3	5.5	4.7	5.1
５－14歳	18.6	17.7	16.2	14.6	14.0	14.0	13.7	13.2	11.8	11.0	10.4
15－24歳	15.2	15.3	17.3	16.7	15.5	14.2	13.8	13.5	13.5	13.3	11.8
60歳以上	11.2	12.7	14.6	15.6	15.0	15.7	17.4	20.1	21.8	21.9	23.8
65歳以上	6.9	7.9	9.3	10.9	11.6	10.7	11.6	13.7	15.6	17.2	17.5
80歳以上	1.0	0.9	1.0	1.2	1.5	1.9	2.3	2.5	2.2	2.9	3.8
15－49歳女子(%)	49.3	49.6	51.6	50.6	49.3	47.7	47.3	47.5	47.3	46.4	44.0
中位数年齢(歳)	29.2	30.7	32.1	33.1	33.5	34.3	35.8	37.9	38.9	40.5	41.7
人口密度(1km²あたり)	75	77	79	80	82	84	85	83	79	78	77

指　標	1960-1965	1965-1970	1970-1975	1975-1980	1980-1985	1985-1990	1990-1995	1995-2000	2000-2005	2005-2010	2010-2015
年平均人口増加数(千人)	27	19	16	19	24	12	− 32	− 38	− 10	− 12	− 15
年平均出生数(千人)	73	65	67	66	66	59	49	49	42	44	42
年平均死亡数(千人)	46	46	48	50	53	52	53	49	51	52	53
人口増加率(%)	0.64	0.43	0.35	0.43	0.51	0.25	−0.68	−0.84	−0.23	−0.28	−0.36
粗出生率(人口千人あたり)	17.1	14.9	15.0	14.5	14.1	12.5	10.5	10.8	9.4	10.1	9.8
粗死亡率(人口千人あたり)	10.8	10.6	10.7	11.0	11.4	11.1	11.2	10.9	11.6	11.8	12.4
合計出生率(女子１人あたり)	2.22	2.00	1.98	1.90	1.87	1.72	1.52	1.62	1.41	1.52	1.52
純再生産率(女子１人あたり)	1.01	0.93	0.93	0.89	0.88	0.82	0.73	0.78	0.68	0.73	0.73
乳児死亡率(出生千人あたり)	50	35	25	22	18	14	10	7	7	6	4
出生時の平均余命(歳)											
男	62.8	64.0	65.2	65.8	66.6	68.2	69.0	70.9	71.4	72.6	73.6
女	68.5	70.9	72.8	74.1	74.6	75.5	76.5	78.1	78.4	79.5	80.4
男女計	65.7	67.5	69.1	69.9	70.6	71.9	72.8	74.6	74.9	76.1	77.0

B. 中 位 予 測 値

指　標	2015	2020	2025	2030	2035	2040	2045	2050	2055	2060
人口(千人)										
総数	4 240	4 162	4 072	3 977	3 876	3 771	3 664	3 554	3 444	3 333
男	2 045	2 011	1 971	1 928	1 883	1 836	1 790	1 743	1 696	1 647
女	2 195	2 152	2 102	2 049	1 993	1 935	1 874	1 811	1 748	1 686
性比(女100につき男)	93.2	93.5	93.8	94.1	94.5	94.9	95.5	96.3	97.0	97.7
年齢分布(%)										
０－４歳	4.9	4.6	4.4	4.3	4.3	4.3	4.3	4.3	4.3	4.2
５－14歳	10.0	10.2	9.8	9.3	9.0	8.9	8.9	9.0	9.1	9.0
15－24歳	11.2	10.7	10.4	10.6	10.2	9.8	9.5	9.4	9.5	9.6
60歳以上	25.9	28.0	29.8	31.0	32.5	34.1	35.7	36.8	37.2	38.1
65歳以上	18.9	20.9	22.8	24.6	25.6	27.0	28.4	29.9	31.0	31.3
80歳以上	4.8	5.5	5.4	6.3	7.5	8.7	9.6	10.1	10.9	11.9
６－11歳	6.0	6.1	5.8	5.5	5.4	5.3	5.3	5.4	5.4	5.4
12－14歳	2.9	3.1	3.1	2.9	2.8	2.7	2.7	2.7	2.8	2.8
15－17歳	3.4	2.9	3.2	3.1	2.9	2.8	2.8	2.8	2.8	2.8
18－23歳	6.7	6.7	6.1	6.5	6.2	5.9	5.7	5.7	5.7	5.8
15－24歳女子(%)	42.5	41.4	40.4	39.3	37.9	36.7	36.2	35.5	35.5	35.1
中位数年齢(歳)	42.8	44.0	45.3	46.5	47.7	48.5	49.0	49.6	49.7	50.2
人口密度(1km²あたり)	76	74	73	71	69	67	65	64	62	60

指　標	2010-2015	2015-2020	2020-2025	2025-2030	2030-2035	2035-2040	2040-2045	2045-2050	2050-2055	2055-2060
年平均人口増加数(千人)	− 15	− 16	− 18	− 19	− 20	− 21	− 22	− 22	− 22	− 22
年平均出生数(千人)	42	39	36	34	33	32	32	31	30	28
年平均死亡数(千人)	53	54	53	53	53	53	53	52	51	50
年平均純移動数(千人)	−4	−1	−1	−1	−1	−1	−1	−1	0	0
人口増加率(%)	−0.36	−0.37	−0.44	−0.48	−0.51	−0.55	−0.58	−0.61	−0.63	−0.65
粗出生率(人口千人あたり)	9.8	9.2	8.7	8.5	8.5	8.5	8.6	8.5	8.4	8.4
粗死亡率(人口千人あたり)	12.4	12.8	13.0	13.2	13.4	13.8	14.2	14.5	14.6	14.7
純移動率(人口千人あたり)	−0.9	−0.1	−0.1	−0.1	−0.1	−0.1	−0.1	−0.1	−0.1	−0.1
合計出生率（女子１人あたり）	1.52	1.48	1.48	1.51	1.54	1.57	1.61	1.63	1.66	1.68
純再生産率（女子１人あたり）	0.73	0.71	0.71	0.73	0.74	0.76	0.78	0.79	0.80	0.81
乳児死亡率（出生千人あたり）	4	3	3	3	2	2	2	2	2	2
５歳未満の死亡数(出生千人あた	5	4	4	3	3	3	3	2	2	2
出生時の平均余命(歳)										
男	73.6	74.7	75.7	76.7	77.8	78.8	79.9	80.9	81.7	82.5
女	80.4	81.1	81.8	82.5	83.2	83.8	84.4	85.0	85.6	86.2
男女計	77.0	77.9	78.8	79.7	80.5	81.4	82.2	83.0	83.7	84.3

C. 高 位 予 測 値

	2015	2020	2025	2030	2035	2040	2045	2050	2055	2060
人口(千人)										
総数	4 240	4 195	4 153	4 114	4 068	4 016	3 966	3 927	3 900	3 883
男	2 045	2 028	2 013	1 999	1 981	1 962	1 945	1 935	1 930	1 929
女	2 195	2 167	2 141	2 116	2 086	2 054	2 021	1 992	1 970	1 953
性比(女100につき男)	93.2	93.4	93.6	93.7	93.9	94.2	94.7	95.3	95.9	96.4
年齢分布(%)										
0－4歳	4.9	5.4	5.5	5.5	5.4	5.4	5.5	5.7	5.9	6.1
5－14歳	10.0	10.1	10.4	11.0	11.2	11.1	10.9	11.0	11.3	11.7
15－24歳	11.2	10.6	10.2	10.3	10.6	11.2	11.4	11.3	11.1	11.1
60歳以上	25.9	27.8	29.2	30.0	31.0	32.0	33.0	33.3	32.9	32.7
65歳以上	18.9	20.7	22.4	23.7	24.4	25.3	26.2	27.0	27.3	26.9
80歳以上	4.8	5.5	5.3	6.1	7.2	8.2	8.9	9.1	9.6	10.2
15－49歳女子(%)	42.5	41.1	39.7	38.0	36.9	36.5	36.9	36.9	37.5	37.8
中位数年齢(歳)	42.8	43.7	44.5	45.3	45.8	45.8	45.8	45.0	44.3	43.5

	2010-2015	2015-2020	2020-2025	2025-2030	2030-2035	2035-2040	2040-2045	2045-2050	2050-2055	2055-2060
年平均人口増加数(千人)	− 15	− 9	− 8	− 8	− 9	− 10	− 10	− 8	− 5	− 3
年平均出生数(千人)	42	45	46	46	44	43	44	45	46	47
年平均死亡数(千人)	53	54	54	53	53	53	53	52	51	50
人口増加率(%)	−0.36	−0.22	−0.20	−0.19	−0.23	−0.26	−0.25	−0.20	−0.14	−0.09
粗出生率(人口千人あたり)	9.8	10.7	11.0	11.1	10.8	10.7	10.9	11.4	11.9	12.1
粗死亡率(人口千人あたり)	12.4	12.7	12.8	12.8	12.9	13.1	13.3	13.2	13.1	12.9
合計出生率（女子1人あたり）	1.52	1.73	1.88	2.01	2.04	2.07	2.11	2.13	2.16	2.18
純再生産率（女子1人あたり）	0.73	0.83	0.91	0.97	0.99	1.00	1.02	1.03	1.04	1.05

D. 低 位 予 測 値

	2015	2020	2025	2030	2035	2040	2045	2050	2055	2060
人口(千人)										
総数	4 240	4 130	3 991	3 839	3 685	3 527	3 366	3 198	3 022	2 841
男	2 045	1 994	1 929	1 857	1 784	1 711	1 637	1 560	1 479	1 394
女	2 195	2 136	2 062	1 982	1 900	1 817	1 729	1 638	1 543	1 447
性比(女100につき男)	93.2	93.4	93.6	93.7	93.9	94.2	94.7	95.3	95.9	96.4
年齢分布(%)										
0－4歳	4.9	3.9	3.3	3.0	3.0	3.1	3.1	3.0	2.7	2.5
5－14歳	10.0	10.3	9.2	7.5	6.6	6.4	6.6	6.7	6.6	6.2
15－24歳	11.2	10.8	10.6	11.0	9.9	8.2	7.2	7.0	7.3	7.5
60歳以上	25.9	28.2	30.4	32.1	34.2	36.5	38.8	40.9	42.4	44.6
65歳以上	18.9	21.0	23.3	25.4	27.0	28.9	30.9	33.2	35.3	36.8
80歳以上	4.8	5.6	5.5	6.5	7.9	9.3	10.5	11.2	12.4	13.9
15－49歳女子(%)	42.5	41.7	41.2	40.6	38.9	36.9	35.4	33.5	32.5	31.0
中位数年齢(歳)	42.8	44.3	46.0	47.8	49.5	51.1	52.3	53.5	55.0	56.1

	2010-2015	2015-2020	2020-2025	2025-2030	2030-2035	2035-2040	2040-2045	2045-2050	2050-2055	2055-2060
年平均人口増加数(千人)	− 15	− 22	− 28	− 31	− 31	− 31	− 32	− 34	− 35	− 36
年平均出生数(千人)	42	32	26	23	22	22	21	19	16	14
年平均死亡数(千人)	53	54	53	53	53	53	53	52	51	50
人口増加率(%)	−0.36	−0.53	−0.68	−0.78	−0.82	−0.87	−0.94	−1.03	−1.13	−1.23
粗出生率(人口千人あたり)	9.8	7.7	6.5	5.9	6.0	6.1	6.1	5.8	5.3	4.9
粗死亡率(人口千人あたり)	12.4	12.8	13.2	13.5	14.0	14.7	15.3	15.9	16.4	17.0
合計出生率（女子1人あたり）	1.52	1.23	1.08	1.01	1.04	1.07	1.11	1.13	1.16	1.18
純再生産率（女子1人あたり）	0.73	0.59	0.52	0.49	0.50	0.52	0.53	0.55	0.56	0.57

E. 出生力一定予測値

	2015	2020	2025	2030	2035	2040	2045	2050	2055	2060
人口(千人)										
総数	4 240	4 165	4 076	3 977	3 872	3 760	3 641	3 518	3 391	3 263
男	2 045	2 012	1 973	1 928	1 881	1 830	1 778	1 725	1 669	1 611
女	2 195	2 153	2 103	2 049	1 991	1 929	1 863	1 793	1 722	1 652
中位数年齢(歳)	42.8	44.0	45.2	46.5	47.7	48.6	49.3	50.1	50.4	51.0

	2010-2015	2015-2020	2020-2025	2025-2030	2030-2035	2035-2040	2040-2045	2045-2050	2050-2055	2055-2060
人口増加率(%)	−0.36	−0.36	−0.43	−0.49	−0.54	−0.59	−0.64	−0.69	−0.73	−0.77
粗出生率(人口千人あたり)	9.8	9.3	8.8	8.4	8.2	8.1	8.0	7.8	7.6	7.5
粗死亡率(人口千人あたり)	12.4	12.8	13.0	13.2	13.4	13.9	14.3	14.6	14.8	15.0

Cuba

A. 推計値

指標	1960	1965	1970	1975	1980	1985	1990	1995	2000	2005	2010
人口(千人)											
総数	7 141	7 952	8 715	9 438	9 835	10 083	10 582	10 906	11 117	11 261	11 308
男	3 648	4 047	4 431	4 785	4 977	5 082	5 332	5 490	5 584	5 662	5 686
女	3 493	3 905	4 284	4 653	4 858	5 001	5 251	5 416	5 533	5 599	5 622
性比(女100につき男)	104.5	103.7	103.4	102.8	102.4	101.6	101.5	101.4	100.9	101.1	101.1
年齢分布(%)											
0－4歳	12.5	15.5	14.0	12.0	8.2	7.8	8.5	7.4	6.7	6.1	5.5
5－14歳	22.6	21.6	23.6	25.4	23.5	18.7	14.7	15.1	15.1	13.4	12.2
15－24歳	18.7	17.4	17.3	17.2	20.1	22.8	21.2	16.8	13.2	13.9	13.8
60歳以上	7.2	8.1	9.1	9.9	10.8	11.7	12.1	12.7	13.8	15.2	17.0
65歳以上	4.7	5.0	5.8	6.7	7.8	8.5	8.8	9.2	9.9	11.0	12.5
80歳以上	0.5	0.6	0.7	0.8	1.2	1.6	2.0	2.2	2.4	2.5	3.0
15－49歳女子(%)	50.2	47.2	46.1	45.6	50.1	53.9	56.0	55.2	54.4	54.0	52.8
中位数年齢(歳)	22.9	22.3	21.9	22.3	23.9	25.5	27.7	30.2	32.8	35.6	38.6
人口密度(1k㎡あたり)	67	75	82	89	92	95	99	102	104	106	106

指標	1960-1965	1965-1970	1970-1975	1975-1980	1980-1985	1985-1990	1990-1995	1995-2000	2000-2005	2005-2010	2010-2015
年平均人口増加数(千人)	162	153	145	79	50	100	65	42	29	9	16
年平均出生数(千人)	267	263	240	167	165	183	166	153	139	127	119
年平均死亡数(千人)	64	60	57	56	61	69	77	78	80	79	87
人口増加率(%)	2.15	1.83	1.60	0.82	0.50	0.97	0.60	0.38	0.26	0.08	0.14
粗出生率(人口千人あたり)	35.4	31.5	26.5	17.4	16.5	17.7	15.4	13.9	12.4	11.3	10.5
粗死亡率(人口千人あたり)	8.5	7.2	6.3	5.8	6.1	6.7	7.2	7.1	7.2	7.0	7.7
合計出生率(女子1人あたり)	4.68	4.30	3.60	2.15	1.85	1.85	1.65	1.64	1.64	1.63	1.63
純再生産率(女子1人あたり)	2.05	1.94	1.65	1.01	0.87	0.88	0.78	0.79	0.79	0.78	0.78
乳児死亡率(出生千人あたり)	59	50	38	22	18	13	10	8	6	6	5
出生時の平均余命(歳)											
男	63.8	67.0	69.4	71.5	72.6	72.8	72.9	74.2	75.3	76.7	77.1
女	67.1	70.2	72.7	74.9	76.0	76.6	76.7	78.2	79.1	80.7	81.3
男女計	65.3	68.5	71.0	73.1	74.2	74.6	74.8	76.2	77.2	78.7	79.2

B. 中位予測値

指標	2015	2020	2025	2030	2035	2040	2045	2050	2055	2060
人口(千人)										
総数	11 390	11 366	11 319	11 237	11 103	10 909	10 654	10 339	9 972	9 573
男	5 722	5 705	5 678	5 635	5 569	5 475	5 352	5 200	5 021	4 827
女	5 668	5 661	5 641	5 602	5 534	5 433	5 302	5 139	4 951	4 746
性比(女100につき男)	101.0	100.8	100.7	100.6	100.6	100.8	101.0	101.2	101.4	101.7
年齢分布(%)										
0－4歳	5.2	4.8	4.5	4.3	4.2	4.1	4.0	4.0	4.0	4.0
5－14歳	11.1	10.3	9.8	9.3	8.9	8.7	8.5	8.4	8.4	8.4
15－24歳	12.5	11.6	10.7	10.2	9.8	9.4	9.1	9.0	8.9	8.9
60歳以上	19.4	21.9	26.8	31.6	35.6	36.8	37.8	39.7	40.7	41.3
65歳以上	14.0	16.2	18.4	23.0	27.4	31.1	32.0	32.6	34.2	34.9
80歳以上	3.5	4.3	5.0	5.8	7.1	8.4	11.5	14.3	16.3	15.8
6－11歳	6.6	6.2	5.8	5.5	5.3	5.2	5.1	5.0	5.0	5.0
12－14歳	3.5	3.2	3.0	2.9	2.7	2.7	2.6	2.6	2.6	2.6
15－17歳	3.6	3.3	3.1	3.0	2.8	2.7	2.7	2.6	2.6	2.6
18－23歳	7.5	7.0	6.5	6.1	5.9	5.7	5.5	5.4	5.4	5.4
15－24歳女子(%)	48.6	44.3	40.5	39.5	38.5	36.5	35.3	34.4	33.9	33.7
中位数年齢(歳)	41.2	43.5	45.0	46.4	48.0	49.7	51.0	51.9	52.5	52.8
人口密度(1k㎡あたり)	107	107	106	106	104	102	100	97	94	90

指標	2010-2015	2015-2020	2020-2025	2025-2030	2030-2035	2035-2040	2040-2045	2045-2050	2050-2055	2055-2060
年平均人口増加数(千人)	16	－ 5	－ 9	－ 16	－ 27	－ 39	－ 51	－ 63	－ 73	－ 80
年平均出生数(千人)	119	110	104	99	94	90	86	83	80	78
年平均死亡数(千人)	87	93	100	107	115	123	131	140	148	152
年平均純移動数(千人)	−16	−22	−13	−8	−6	−6	−6	−6	−6	−5
人口増加率(%)	0.14	−0.04	−0.08	−0.15	−0.24	−0.35	−0.47	−0.60	−0.72	−0.82
粗出生率(人口千人あたり)	10.5	9.7	9.1	8.7	8.4	8.2	8.0	7.9	7.9	7.9
粗死亡率(人口千人あたり)	7.7	8.2	8.8	9.5	10.3	11.2	12.2	13.4	14.6	15.5
純移動率(人口千人あたり)	−1.4	−1.9	−1.1	−0.7	−0.5	−0.5	−0.6	−0.6	−0.6	−0.6
合計出生率 (女子1人あたり)	1.63	1.58	1.57	1.59	1.60	1.62	1.65	1.67	1.69	1.70
純再生産率 (女子1人あたり)	0.78	0.76	0.76	0.76	0.77	0.78	0.79	0.80	0.82	0.82
乳児死亡率 (出生千人あたり)	5	5	4	4	3	3	3	2	2	2
5歳未満の死亡数(出生千人あたり)	7	6	5	5	4	4	3	3	3	3
出生時の平均余命(歳)										
男	77.1	78.1	79.1	80.2	81.2	82.2	83.1	83.9	84.6	85.2
女	81.3	82.0	82.7	83.4	84.1	84.7	85.3	85.9	86.5	87.1
男女計	79.2	80.0	80.9	81.8	82.7	83.5	84.2	84.9	85.5	86.1

C. 高 位 予 測 値

	2015	2020	2025	2030	2035	2040	2045	2050	2055	2060
人口(千人)										
総数	11 390	11 452	11 537	11 610	11 626	11 590	11 515	11 411	11 285	11 149
男	5 722	5 749	5 790	5 827	5 838	5 825	5 795	5 750	5 695	5 636
女	5 668	5 703	5 747	5 783	5 788	5 765	5 721	5 661	5 590	5 513
性比(女100につき男)	101.0	100.7	100.6	100.4	100.4	100.5	100.6	100.7	100.9	101.1
年齢分布(%)										
0－4歳	5.2	5.5	5.6	5.5	5.3	5.2	5.3	5.5	5.7	5.8
5－14歳	11.1	10.3	10.4	10.8	11.0	10.8	10.5	10.6	10.9	11.3
15－24歳	12.5	11.5	10.5	9.8	10.1	10.7	10.9	10.8	10.6	10.7
60歳以上	19.4	21.7	26.3	30.6	34.0	34.7	35.0	36.0	36.0	35.4
65歳以上	14.0	16.1	18.0	22.2	26.2	29.3	29.6	29.6	30.2	29.9
80歳以上	3.5	4.2	4.9	5.6	6.8	7.9	10.6	12.9	14.4	13.6
15－49歳女子(%)	48.6	43.9	39.7	38.3	37.6	36.3	35.9	35.7	35.9	36.6
中位数年齢(歳)	41.2	43.1	44.2	45.0	46.3	47.3	47.7	47.6	46.8	45.5

	2010-2015	2015-2020	2020-2025	2025-2030	2030-2035	2035-2040	2040-2045	2045-2050	2050-2055	2055-2060
年平均人口増加数(千人)	16	13	17	14	3	－ 7	－ 15	－ 21	－ 25	－ 27
年平均出生数(千人)	119	128	130	130	124	122	123	126	129	130
年平均死亡数(千人)	87	93	100	107	115	123	132	141	149	152
人口増加率(%)	0.14	0.11	0.15	0.13	0.03	−0.06	−0.13	−0.18	−0.22	−0.24
粗出生率(人口千人あたり)	10.5	11.2	11.3	11.2	10.7	10.5	10.6	11.0	11.4	11.6
粗死亡率(人口千人あたり)	7.7	8.2	8.7	9.3	9.9	10.6	11.4	12.3	13.1	13.6
合計出生率（女子１人あたり）	1.63	1.83	1.97	2.09	2.10	2.12	2.15	2.17	2.19	2.20
純再生産率（女子１人あたり）	0.78	0.88	0.95	1.01	1.01	1.02	1.04	1.05	1.06	1.06

D. 低 位 予 測 値

	2015	2020	2025	2030	2035	2040	2045	2050	2055	2060
人口(千人)										
総数	11 390	11 279	11 101	10 864	10 583	10 240	9 828	9 342	8 790	8 199
男	5 722	5 660	5 566	5 444	5 302	5 132	4 928	4 688	4 414	4 122
女	5 668	5 619	5 535	5 420	5 281	5 108	4 900	4 654	4 376	4 078
性比(女100につき男)	101.0	100.7	100.6	100.4	100.4	100.5	100.6	100.7	100.9	101.1
年齢分布(%)										
0－4歳	5.2	4.0	3.4	3.1	3.0	2.9	2.8	2.6	2.4	2.3
5－14歳	11.1	10.4	9.2	7.6	6.7	6.3	6.2	6.0	5.8	5.5
15－24歳	12.5	11.7	10.9	10.5	9.4	7.9	7.0	6.7	6.7	6.6
60歳以上	19.4	22.0	27.3	32.7	37.4	39.2	41.0	43.9	46.2	48.2
65歳以上	14.0	16.4	18.7	23.8	28.8	33.2	34.7	36.1	38.7	40.7
80歳以上	3.5	4.3	5.1	6.0	7.5	8.9	12.4	15.8	18.5	18.5
15－49歳女子(%)	48.6	44.6	41.2	40.8	39.6	36.8	34.5	32.6	30.9	29.4
中位数年齢(歳)	41.2	43.8	45.8	47.8	49.7	51.9	54.0	55.8	57.3	58.7

	2010-2015	2015-2020	2020-2025	2025-2030	2030-2035	2035-2040	2040-2045	2045-2050	2050-2055	2055-2060
年平均人口増加数(千人)	16	－ 22	－ 36	－ 47	－ 56	－ 69	－ 82	－ 97	－ 110	－ 118
年平均出生数(千人)	119	93	77	68	64	60	55	49	43	39
年平均死亡数(千人)	87	93	100	107	114	123	131	140	148	151
人口増加率(%)	0.14	−0.20	−0.32	−0.43	−0.52	−0.66	−0.82	−1.02	−1.22	−1.39
粗出生率(人口千人あたり)	10.5	8.2	6.9	6.1	6.0	5.8	5.5	5.1	4.8	4.6
粗死亡率(人口千人あたり)	7.7	8.2	8.9	9.7	10.7	11.8	13.1	14.6	16.3	17.8
合計出生率（女子１人あたり）	1.63	1.33	1.17	1.09	1.10	1.12	1.15	1.17	1.19	1.20
純再生産率（女子１人あたり）	0.78	0.64	0.56	0.52	0.53	0.54	0.55	0.56	0.57	0.58

E. 出生力一定予測値

	2015	2020	2025	2030	2035	2040	2045	2050	2055	2060
人口(千人)										
総数	11 390	11 381	11 351	11 277	11 145	10 949	10 688	10 362	9 978	9 556
男	5 722	5 713	5 694	5 656	5 591	5 496	5 370	5 212	5 024	4 818
女	5 668	5 668	5 657	5 621	5 555	5 453	5 319	5 151	4 954	4 738
中位数年齢(歳)	41.2	43.4	44.9	46.2	47.9	49.6	50.9	51.8	52.5	52.8

	2010-2015	2015-2020	2020-2025	2025-2030	2030-2035	2035-2040	2040-2045	2045-2050	2050-2055	2055-2060
人口増加率(%)	0.14	−0.02	−0.05	−0.13	−0.24	−0.36	−0.48	−0.62	−0.76	−0.86
粗出生率(人口千人あたり)	10.5	10.0	9.4	8.9	8.4	8.1	7.9	7.7	7.6	7.5
粗死亡率(人口千人あたり)	7.7	8.2	8.8	9.5	10.2	11.1	12.1	13.3	14.6	15.6

Cyprus

A. 推 計 値

指　標	1960	1965	1970	1975	1980	1985	1990	1995	2000	2005	2010
人口(千人)											
総数	573	581	614	650	685	704	767	855	943	1 033	1 104
男	282	285	303	324	345	355	389	432	475	522	563
女	291	296	310	325	340	348	378	424	468	510	540
性比(女100につき男)	96.7	96.4	97.7	99.6	101.4	102.1	102.8	101.9	101.6	102.3	104.3
年齢分布(%)											
０－４歳	13.1	11.9	9.6	9.1	8.7	9.2	9.2	8.4	7.2	6.0	5.8
５－14歳	23.6	22.4	21.4	18.6	16.3	15.8	16.3	16.0	15.2	14.0	12.0
15－24歳	16.5	18.3	17.7	18.5	19.1	17.9	16.4	16.0	17.0	17.0	16.1
60歳以上	9.5	10.1	14.1	13.6	13.1	13.5	13.6	13.9	14.1	14.9	16.3
65歳以上	5.9	6.5	10.1	9.7	9.4	9.8	9.9	10.1	10.2	10.7	11.6
80歳以上	0.7	0.8	1.8	1.8	1.7	1.8	2.1	2.4	2.4	2.3	2.6
15－49歳女子(%)	46.5	47.4	46.8	49.8	52.3	51.7	50.8	51.2	52.1	52.8	52.5
中位数年齢(歳)	23.0	23.4	26.0	27.4	28.3	29.1	29.9	31.0	31.8	32.9	34.2
人口密度(1km²あたり)	62	63	66	70	74	76	83	93	102	112	119

指　標	1960-1965	1965-1970	1970-1975	1975-1980	1980-1985	1985-1990	1990-1995	1995-2000	2000-2005	2005-2010	2010-2015
年平均人口増加数(千人)	2	7	7	7	4	13	18	18	18	14	12
年平均出生数(千人)	14	12	12	13	14	14	15	13	12	13	13
年平均死亡数(千人)	4	4	5	5	5	5	6	6	7	7	8
人口増加率(%)	0.28	1.09	1.14	1.07	0.53	1.71	2.19	1.96	1.81	1.33	1.09
粗出生率(人口千人あたり)	24.8	20.1	18.8	18.9	20.6	19.6	18.1	14.6	12.3	11.9	11.5
粗死亡率(人口千人あたり)	7.1	6.6	8.3	7.9	7.4	7.1	6.9	6.9	6.8	6.8	6.8
合計出生率(女子１人あたり)	3.44	2.80	2.49	2.29	2.45	2.43	2.33	1.89	1.59	1.51	1.46
純再生産率(女子１人あたり)	1.56	1.29	1.16	1.07	1.16	1.15	1.11	0.90	0.76	0.72	0.70
乳児死亡率(出生千人あたり)	40	32	25	19	15	12	9	7	6	4	4
出生時の平均余命(歳)											
男	68.4	69.9	71.2	72.3	73.2	74.1	74.9	75.6	76.3	76.9	77.7
女	72.5	73.9	75.2	76.3	77.3	78.2	79.0	79.8	80.5	81.1	82.2
男女計	70.4	71.9	73.2	74.3	75.3	76.1	76.9	77.7	78.3	79.0	79.9

B. 中 位 予 測 値

指　標	2015	2020	2025	2030	2035	2040	2045	2050	2055	2060
人口(千人)										
総数	1 165	1 218	1 262	1 300	1 332	1 359	1 383	1 402	1 416	1 425
男	594	621	644	664	681	695	708	718	725	728
女	571	597	618	637	652	664	675	684	691	696
性比(女100につき男)	104.1	104.1	104.2	104.3	104.5	104.7	104.8	104.9	104.8	104.6
年齢分布(%)										
０－４歳	5.6	5.3	5.1	4.8	4.6	4.5	4.5	4.5	4.5	4.5
５－14歳	10.9	10.7	10.5	10.0	9.6	9.2	8.9	8.8	8.9	9.0
15－24歳	14.9	12.8	11.7	11.5	11.3	11.0	10.6	10.3	10.0	9.9
60歳以上	18.0	20.0	22.0	23.7	25.7	28.1	31.1	33.2	35.2	36.4
65歳以上	12.8	14.4	16.3	18.1	19.7	21.4	23.5	26.2	28.1	29.9
80歳以上	2.8	3.2	3.7	4.5	5.3	6.4	7.2	8.0	8.9	10.2
６－11歳	6.5	6.5	6.2	6.0	5.7	5.5	5.3	5.3	5.3	5.4
12－14歳	3.3	3.2	3.2	3.1	3.0	2.8	2.7	2.6	2.7	2.7
15－17歳	3.7	3.2	3.2	3.2	3.1	3.0	2.9	2.7	2.7	2.8
18－23歳	9.5	8.1	7.1	7.1	7.0	6.8	6.6	6.4	6.2	6.1
15－24歳女子(%)	51.7	50.2	48.5	46.7	44.3	42.6	40.6	39.2	38.6	38.2
中位数年齢(歳)	35.9	38.0	40.1	41.9	43.7	45.5	46.8	47.5	48.0	48.4
人口密度(1km²あたり)	126	132	137	141	144	147	150	152	153	154

指　標	2010-2015	2015-2020	2020-2025	2025-2030	2030-2035	2035-2040	2040-2045	2045-2050	2050-2055	2055-2060
年平均人口増加数(千人)	12	11	9	8	6	5	5	4	3	2
年平均出生数(千人)	13	13	13	13	12	12	12	13	13	13
年平均死亡数(千人)	8	8	9	10	11	12	13	14	15	15
年平均純移動数(千人)	7	6	5	5	5	5	5	5	5	5
人口増加率(%)	1.09	0.89	0.70	0.60	0.49	0.40	0.34	0.28	0.20	0.12
粗出生率(人口千人あたり)	11.5	10.9	10.3	9.8	9.2	9.0	9.0	9.0	9.0	8.9
粗死亡率(人口千人あたり)	6.8	7.0	7.3	7.7	8.1	8.7	9.3	9.8	10.4	10.9
純移動率(人口千人あたり)	6.2	5.0	4.0	3.9	3.8	3.7	3.6	3.6	3.4	3.2
合計出生率（女子１人あたり）	1.46	1.42	1.42	1.46	1.50	1.54	1.57	1.60	1.63	1.66
純再生産率（女子１人あたり）	0.70	0.68	0.68	0.70	0.72	0.74	0.76	0.77	0.79	0.80
乳児死亡率（出生千人あたり）	4	4	3	3	2	2	2	2	2	2
５歳未満の死亡数(出生千人あた	5	4	4	3	3	3	2	2	2	2
出生時の平均余命(歳)										
男	77.7	78.7	79.7	80.7	81.7	82.7	83.4	84.1	84.7	85.3
女	82.2	82.9	83.5	84.2	84.8	85.4	86.0	86.6	87.1	87.7
男女計	79.9	80.8	81.6	82.4	83.3	84.0	84.7	85.3	85.9	86.5

C. 高位予測値

	2015	2020	2025	2030	2035	2040	2045	2050	2055	2060
人口(千人)										
総数	1 165	1 230	1 291	1 351	1 403	1 451	1 497	1 546	1 595	1 643
男	594	627	659	690	717	742	767	792	817	841
女	571	602	632	661	686	708	730	754	778	802
性比(女100につき男)	104.1	104.1	104.1	104.2	104.3	104.5	104.6	104.7	104.5	104.2
年齢分布(%)										
0－4歳	5.6	6.2	6.4	6.2	5.8	5.6	5.7	6.0	6.2	6.3
5－14歳	10.9	10.6	11.1	11.8	11.9	11.5	10.9	10.8	11.2	11.7
15－24歳	14.9	12.7	11.4	11.1	11.6	12.3	12.4	12.0	11.4	11.3
60歳以上	18.0	19.8	21.5	22.9	24.4	26.4	28.7	30.1	31.3	31.5
65歳以上	12.8	14.3	15.9	17.4	18.7	20.1	21.7	23.8	24.9	26.0
80歳以上	2.8	3.2	3.6	4.3	5.1	6.0	6.7	7.2	7.9	8.8
15－49歳女子(%)	51.7	49.7	47.4	45.0	42.9	42.0	40.9	40.1	40.0	40.1
中位数年齢(歳)	35.9	37.7	39.4	40.6	42.0	43.1	43.5	43.2	42.7	42.3

	2010-2015	2015-2020	2020-2025	2025-2030	2030-2035	2035-2040	2040-2045	2045-2050	2050-2055	2055-2060
年平均人口増加数(千人)	12	13	12	12	10	9	9	10	10	9
年平均出生数(千人)	13	15	16	17	16	16	17	18	20	20
年平均死亡数(千人)	8	8	9	10	11	12	13	14	15	16
人口増加率(%)	1.09	1.07	0.98	0.91	0.76	0.67	0.63	0.64	0.63	0.59
粗出生率(人口千人あたり)	11.5	12.7	13.0	12.7	11.8	11.3	11.5	12.1	12.6	12.7
粗死亡率(人口千人あたり)	6.8	7.0	7.2	7.5	7.8	8.2	8.6	9.0	9.3	9.6
合計出生率（女子１人あたり）	1.46	1.67	1.82	1.96	2.00	2.04	2.07	2.10	2.13	2.16
純再生産率（女子１人あたり）	0.70	0.80	0.88	0.94	0.96	0.98	1.00	1.01	1.03	1.04

D. 低位予測値

	2015	2020	2025	2030	2035	2040	2045	2050	2055	2060
人口(千人)										
総数	1 165	1 207	1 233	1 250	1 262	1 268	1 270	1 265	1 251	1 230
男	594	616	629	638	644	648	649	647	640	628
女	571	591	604	612	617	620	621	618	612	602
性比(女100につき男)	104.1	104.1	104.1	104.2	104.3	104.5	104.6	104.7	104.5	104.2
年齢分布(%)										
0－4歳	5.6	4.5	3.8	3.3	3.2	3.2	3.2	3.1	2.9	2.8
5－14歳	10.9	10.8	9.8	8.1	7.0	6.6	6.5	6.5	6.4	6.1
15－24歳	14.9	12.9	11.9	12.0	11.1	9.5	8.5	8.1	8.1	8.1
60歳以上	18.0	20.2	22.5	24.7	27.2	30.2	33.9	36.8	39.9	42.1
65歳以上	12.8	14.5	16.7	18.8	20.8	22.9	25.6	29.1	31.8	34.7
80歳以上	2.8	3.3	3.8	4.6	5.6	6.8	7.9	8.9	10.1	11.8
15－49歳女子(%)	51.7	50.6	49.7	48.6	45.9	43.4	40.2	37.9	36.5	35.1
中位数年齢(歳)	35.9	38.2	40.8	43.2	45.5	47.7	49.8	51.5	52.9	54.2

	2010-2015	2015-2020	2020-2025	2025-2030	2030-2035	2035-2040	2040-2045	2045-2050	2050-2055	2055-2060
年平均人口増加数(千人)	12	8	5	3	2	1	0	－1	－3	－4
年平均出生数(千人)	13	11	9	8	8	8	8	8	7	7
年平均死亡数(千人)	8	8	9	10	11	12	13	14	15	15
人口増加率(%)	1.09	0.70	0.42	0.27	0.19	0.11	0.03	−0.08	−0.21	−0.34
粗出生率(人口千人あたり)	11.5	9.0	7.5	6.6	6.4	6.4	6.3	6.0	5.7	5.4
粗死亡率(人口千人あたり)	6.8	7.0	7.4	7.9	8.5	9.2	10.0	10.8	11.6	12.5
合計出生率（女子１人あたり）	1.46	1.17	1.02	0.96	1.00	1.04	1.07	1.10	1.13	1.16
純再生産率（女子１人あたり）	0.70	0.56	0.49	0.46	0.48	0.50	0.52	0.53	0.55	0.56

E. 出生力一定予測値

	2015	2020	2025	2030	2035	2040	2045	2050	2055	2060
人口(千人)										
総数	1 165	1 220	1 265	1 303	1 333	1 358	1 377	1 391	1 399	1 399
男	594	622	645	665	681	694	705	712	716	715
女	571	598	620	638	652	663	672	679	683	684
中位数年齢(歳)	35.9	37.9	40.0	41.9	43.7	45.5	46.9	47.9	48.5	49.2

	2010-2015	2015-2020	2020-2025	2025-2030	2030-2035	2035-2040	2040-2045	2045-2050	2050-2055	2055-2060
人口増加率(%)	1.09	0.92	0.73	0.59	0.46	0.36	0.28	0.21	0.11	0.01
粗出生率(人口千人あたり)	11.5	11.2	10.5	9.7	8.9	8.6	8.4	8.4	8.2	7.9
粗死亡率(人口千人あたり)	6.8	7.0	7.3	7.7	8.1	8.7	9.3	9.9	10.5	11.1

Czech Republic

A. 推 計 値

指　標	1960	1965	1970	1975	1980	1985	1990	1995	2000	2005	2010
人口(千人)											
総数	9 579	9 801	9 811	10 058	10 338	10 316	10 324	10 336	10 263	10 231	10 507
男	4 658	4 772	4 749	4 870	5 012	5 006	5 012	5 022	4 992	4 982	5 155
女	4 920	5 029	5 063	5 189	5 325	5 309	5 312	5 314	5 271	5 249	5 351
性比(女100につき男)	94.7	94.9	93.8	93.9	94.1	94.3	94.4	94.5	94.7	94.9	96.3
年齢分布(%)											
0－4歳	7.6	7.0	7.0	8.4	8.6	6.7	6.3	5.7	4.4	4.6	5.4
5－14歳	18.1	16.1	14.3	13.5	14.7	16.8	15.3	12.9	12.1	10.2	8.9
15－24歳	13.3	16.4	17.5	15.5	13.5	13.1	14.7	16.8	15.4	13.2	12.3
60歳以上	14.5	16.5	18.2	18.9	16.7	17.6	17.8	18.0	18.1	19.8	22.3
65歳以上	9.3	10.6	12.1	13.1	13.6	11.7	12.7	13.2	13.7	14.0	15.4
80歳以上	1.2	1.3	1.5	1.6	1.9	2.1	2.4	2.7	2.2	3.1	3.6
15－49歳女子(%)	45.2	45.6	48.8	47.0	45.8	46.0	48.6	50.3	49.4	48.2	47.4
中位数年齢(歳)	33.2	33.9	33.6	32.7	33.0	34.1	35.3	36.1	37.4	38.7	39.6
人口密度(1km²あたり)	124	127	127	130	134	134	134	134	133	132	136

	1960-1965	1965-1970	1970-1975	1975-1980	1980-1985	1985-1990	1990-1995	1995-2000	2000-2005	2005-2010	2010-2015
年平均人口増加数(千人)	44	2	49	56	− 4	2	2	− 15	− 6	55	7
年平均出生数(千人)	141	141	173	182	141	131	120	90	94	112	108
年平均死亡数(千人)	101	113	125	128	134	131	123	113	109	107	106
人口増加率(%)	0.46	0.02	0.50	0.55	−0.04	0.02	0.02	−0.14	−0.06	0.53	0.07
粗出生率(人口千人あたり)	14.5	14.3	17.4	17.8	13.6	12.7	11.6	8.7	9.1	10.8	10.2
粗死亡率(人口千人あたり)	10.5	11.5	12.6	12.6	13.0	12.6	11.9	11.0	10.7	10.3	10.1
合計出生率(女子1人あたり)	2.21	1.96	2.21	2.36	1.97	1.90	1.65	1.17	1.19	1.43	1.45
純再生産率(女子1人あたり)	1.04	0.92	1.05	1.12	0.94	0.91	0.79	0.56	0.57	0.69	0.70
乳児死亡率(出生千人あたり)	20	22	20	18	15	12	9	6	4	3	2
出生時の平均余命(歳)											
男	67.3	66.7	66.5	67.1	67.1	67.8	68.6	70.6	72.1	73.6	75.4
女	73.4	73.4	73.5	74.2	74.3	75.1	76.1	77.5	78.7	80.0	81.3
男女計	70.4	70.0	69.9	70.6	70.7	71.4	72.3	74.0	75.4	76.9	78.3

B. 中 位 予 測 値

	2015	2020	2025	2030	2035	2040	2045	2050	2055	2060
人口(千人)										
総数	10 543	10 573	10 550	10 461	10 328	10 194	10 077	9 965	9 835	9 672
男	5 180	5 201	5 193	5 154	5 096	5 042	4 998	4 953	4 894	4 817
女	5 363	5 372	5 356	5 307	5 232	5 152	5 079	5 012	4 941	4 855
性比(女100につき男)	96.6	96.8	97.0	97.1	97.4	97.9	98.4	98.8	99.1	99.2
年齢分布(%)										
0－4歳	5.1	5.0	4.7	4.4	4.3	4.6	4.8	4.9	4.8	4.7
5－14歳	9.9	10.5	10.2	9.9	9.4	9.0	9.1	9.6	10.0	10.0
15－24歳	10.1	8.9	10.1	10.8	10.6	10.3	9.8	9.3	9.5	10.1
60歳以上	24.9	26.4	27.6	28.9	31.6	34.6	36.0	37.0	37.3	36.1
65歳以上	18.1	20.3	21.7	22.7	23.8	26.2	28.9	30.2	31.1	31.2
80歳以上	4.1	4.3	5.2	6.7	7.9	8.3	8.5	9.1	10.8	12.7
6－11歳	6.2	6.3	6.1	5.9	5.5	5.3	5.5	5.8	6.0	6.0
12－14歳	2.6	3.2	3.1	3.1	3.0	2.8	2.7	2.8	3.0	3.1
15－17歳	2.5	2.8	3.3	3.1	3.1	2.9	2.7	2.7	2.9	3.1
18－23歳	6.4	5.1	5.9	6.6	6.4	6.3	6.0	5.6	5.6	6.0
15－24歳女子(%)	45.3	43.5	41.3	38.6	37.6	36.6	35.9	36.4	36.8	36.6
中位数年齢(歳)	41.5	43.4	45.4	46.9	48.1	48.9	49.1	48.1	47.9	48.1
人口密度(1km²あたり)	136	137	137	135	134	132	130	129	127	125

	2010-2015	2015-2020	2020-2025	2025-2030	2030-2035	2035-2040	2040-2045	2045-2050	2050-2055	2055-2060
年平均人口増加数(千人)	7	6	− 5	− 18	− 27	− 27	− 23	− 22	− 26	− 33
年平均出生数(千人)	108	106	100	92	89	93	97	97	95	91
年平均死亡数(千人)	106	112	116	122	127	132	133	132	132	134
年平均純移動数(千人)	6	12	12	12	12	12	12	12	11	11
人口増加率(%)	0.07	0.06	−0.05	−0.17	−0.26	−0.26	−0.23	−0.22	−0.26	−0.33
粗出生率(人口千人あたり)	10.2	10.0	9.4	8.8	8.5	9.1	9.6	9.7	9.6	9.3
粗死亡率(人口千人あたり)	10.1	10.6	11.0	11.6	12.3	12.8	13.1	13.2	13.4	13.8
純移動率(人口千人あたり)	0.6	1.1	1.1	1.1	1.2	1.2	1.2	1.2	1.2	1.1
合計出生率（女子1人あたり）	1.45	1.54	1.60	1.65	1.70	1.73	1.76	1.78	1.80	1.81
純再生産率（女子1人あたり）	0.70	0.74	0.77	0.80	0.82	0.84	0.85	0.86	0.87	0.88
乳児死亡率（出生千人あたり）	2	2	2	2	2	1	1	1	1	1
5歳未満の死亡数(出生千人あたり	3	3	2	2	2	2	2	2	1	1
出生時の平均余命(歳)										
男	75.4	76.3	77.2	78.2	79.2	80.1	81.1	81.9	82.6	83.3
女	81.3	81.9	82.5	83.1	83.8	84.3	84.9	85.4	86.0	86.5
男女計	78.3	79.1	79.9	80.6	81.4	82.2	82.9	83.6	84.2	84.9

C. 高 位 予 測 値

	2015	2020	2025	2030	2035	2040	2045	2050	2055	2060
人口(千人)										
総数	10 543	10 659	10 760	10 810	10 808	10 813	10 856	10 940	11 048	11 148
男	5 180	5 245	5 301	5 334	5 343	5 360	5 398	5 454	5 517	5 575
女	5 363	5 414	5 458	5 477	5 465	5 453	5 458	5 486	5 531	5 573
性比(女100につき男)	96.6	96.7	96.8	96.8	97.0	97.4	97.8	98.1	98.2	98.2
年齢分布(%)										
0－4歳	5.1	5.8	5.8	5.6	5.3	5.6	6.0	6.3	6.5	6.5
5－14歳	9.9	10.4	10.8	11.5	11.4	10.9	10.9	11.5	12.1	12.6
15－24歳	10.1	8.9	9.9	10.4	10.9	11.7	11.5	11.0	10.9	11.4
60歳以上	24.9	26.2	27.1	28.0	30.2	32.7	33.4	33.7	33.2	31.3
65歳以上	18.1	20.2	21.2	22.0	22.7	24.7	26.9	27.5	27.7	27.1
80歳以上	4.1	4.2	5.1	6.5	7.5	7.8	7.9	8.3	9.6	11.0
15－49歳女子(%)	45.3	43.2	40.6	37.4	36.7	36.5	36.5	37.5	38.3	38.7
中位数年齢(歳)	41.5	43.2	44.8	45.7	46.4	46.5	45.1	43.7	42.8	42.1

	2010-2015	2015-2020	2020-2025	2025-2030	2030-2035	2035-2040	2040-2045	2045-2050	2050-2055	2055-2060
年平均人口増加数(千人)	7	23	20	10	0	1	9	17	22	20
年平均出生数(千人)	108	123	125	120	115	121	129	137	143	144
年平均死亡数(千人)	106	112	117	122	128	132	133	132	132	135
人口増加率(%)	0.07	0.22	0.19	0.09	0.00	0.01	0.08	0.15	0.20	0.18
粗出生率(人口千人あたり)	10.2	11.6	11.6	11.1	10.6	11.2	11.9	12.5	13.0	13.0
粗死亡率(人口千人あたり)	10.1	10.6	10.9	11.3	11.8	12.2	12.2	12.1	12.0	12.1
合計出生率 (女子1人あたり)	1.45	1.79	2.00	2.15	2.20	2.23	2.26	2.28	2.30	2.31
純再生産率 (女子1人あたり)	0.70	0.86	0.97	1.04	1.06	1.08	1.09	1.10	1.11	1.12

D. 低 位 予 測 値

	2015	2020	2025	2030	2035	2040	2045	2050	2055	2060
人口(千人)										
総数	10 543	10 487	10 340	10 112	9 848	9 577	9 311	9 029	8 707	8 342
男	5 180	5 157	5 085	4 975	4 849	4 725	4 604	4 472	4 315	4 134
女	5 363	5 330	5 254	5 137	4 998	4 852	4 707	4 557	4 393	4 208
性比(女100につき男)	96.6	96.7	96.8	96.8	97.0	97.4	97.8	98.1	98.2	98.2
年齢分布(%)										
0－4歳	5.1	4.2	3.6	3.2	3.2	3.4	3.6	3.5	3.3	3.0
5－14歳	9.9	10.6	9.6	8.2	7.2	6.7	7.0	7.4	7.6	7.3
15－24歳	10.1	9.0	10.3	11.1	10.2	8.8	7.8	7.3	7.6	8.3
60歳以上	24.9	26.6	28.2	29.9	33.2	36.9	38.9	40.8	42.1	41.9
65歳以上	18.1	20.5	22.1	23.5	25.0	27.8	31.3	33.3	35.1	36.2
80歳以上	4.1	4.3	5.3	6.9	8.3	8.8	9.2	10.0	12.2	14.8
15－49歳女子(%)	45.3	43.8	42.1	39.9	38.5	36.8	35.1	34.9	34.5	33.4
中位数年齢(歳)	41.5	43.7	46.0	48.1	49.8	51.2	52.3	52.8	53.0	53.6

	2010-2015	2015-2020	2020-2025	2025-2030	2030-2035	2035-2040	2040-2045	2045-2050	2050-2055	2055-2060
年平均人口増加数(千人)	7	− 11	− 30	− 45	− 53	− 54	− 53	− 56	− 64	− 73
年平均出生数(千人)	108	89	75	64	62	65	67	63	56	50
年平均死亡数(千人)	106	112	116	122	127	132	132	132	132	134
人口増加率(%)	0.07	−0.11	−0.28	−0.45	−0.53	−0.56	−0.56	−0.62	−0.73	−0.86
粗出生率(人口千人あたり)	10.2	8.4	7.2	6.3	6.3	6.7	7.1	6.9	6.4	5.9
粗死亡率(人口千人あたり)	10.1	10.6	11.2	11.9	12.8	13.5	14.0	14.4	14.9	15.7
合計出生率 (女子1人あたり)	1.45	1.29	1.20	1.15	1.20	1.23	1.26	1.28	1.30	1.31
純再生産率 (女子1人あたり)	0.70	0.62	0.58	0.56	0.58	0.60	0.61	0.62	0.63	0.63

E. 出生力一定予測値

	2015	2020	2025	2030	2035	2040	2045	2050	2055	2060
人口(千人)										
総数	10 543	10 526	10 433	10 274	10 077	9 868	9 650	9 412	9 140	8 831
男	5 180	5 177	5 134	5 058	4 967	4 874	4 778	4 668	4 537	4 385
女	5 363	5 349	5 300	5 216	5 110	4 993	4 871	4 743	4 603	4 446
中位数年齢(歳)	41.5	43.6	45.8	47.5	49.0	50.2	51.0	50.9	50.9	51.6

	2010-2015	2015-2020	2020-2025	2025-2030	2030-2035	2035-2040	2040-2045	2045-2050	2050-2055	2055-2060
人口増加率(%)	0.07	−0.03	−0.18	−0.31	−0.39	−0.42	−0.45	−0.50	−0.59	−0.69
粗出生率(人口千人あたり)	10.2	9.2	8.2	7.5	7.5	7.8	7.9	7.6	7.1	6.9
粗死亡率(人口千人あたり)	10.1	10.6	11.1	11.8	12.5	13.2	13.6	13.8	14.2	14.9

Dem. People's Republic of Korea

A. 推 計 値

指　標	1960	1965	1970	1975	1980	1985	1990	1995	2000	2005	2010
人口(千人)											
総数	11 424	12 548	14 410	16 275	17 372	18 778	20 194	21 764	22 840	23 813	24 501
男	5 279	5 856	6 813	7 773	8 343	9 073	9 809	10 608	11 132	11 624	11 970
女	6 145	6 692	7 597	8 502	9 029	9 705	10 385	11 156	11 708	12 189	12 531
性比(女100につき男)	85.9	87.5	89.7	91.4	92.4	93.5	94.4	95.1	95.1	95.4	95.5
年齢分布(%)											
0－4歳	17.0	14.1	16.8	14.6	9.1	10.1	9.7	9.5	8.7	7.9	7.0
5－14歳	20.7	22.7	24.8	25.1	27.1	20.8	17.1	17.5	17.3	16.8	15.6
15－24歳	24.2	21.8	15.8	17.0	20.2	21.5	23.1	17.8	15.0	15.8	16.0
60歳以上	5.3	5.2	5.1	5.2	5.7	6.2	7.0	8.4	10.2	11.9	13.0
65歳以上	3.2	3.2	3.2	3.2	3.6	3.9	4.4	5.1	5.9	7.4	8.8
80歳以上	0.2	0.3	0.3	0.3	0.4	0.4	0.5	0.6	0.7	0.8	0.9
15－49歳女子(%)	52.0	53.1	48.6	49.6	51.2	54.2	55.4	52.4	51.9	53.3	52.5
中位数年齢(歳)	19.9	21.1	21.0	19.6	21.9	23.6	25.1	27.4	29.5	31.6	33.1
人口密度(1k㎡あたり)	95	104	120	135	144	156	168	181	190	198	203

指　標	1960-1965	1965-1970	1970-1975	1975-1980	1980-1985	1985-1990	1990-1995	1995-2000	2000-2005	2005-2010	2010-2015
年平均人口増加数(千人)	225	373	373	219	281	283	314	215	195	137	131
年平均出生数(千人)	390	520	501	331	394	402	436	425	390	355	358
年平均死亡数(千人)	165	147	128	111	113	119	122	210	195	217	227
人口増加率(%)	1.88	2.77	2.43	1.31	1.56	1.45	1.50	0.97	0.83	0.57	0.53
粗出生率(人口千人あたり)	32.5	38.6	32.6	19.7	21.8	20.6	20.8	19.1	16.7	14.7	14.4
粗死亡率(人口千人あたり)	13.8	10.9	8.3	6.6	6.3	6.1	5.8	9.4	8.4	9.0	9.2
合計出生率(女子1人あたり)	3.85	4.39	4.00	2.68	2.80	2.36	2.25	2.01	2.01	2.00	2.00
純再生産率(女子1人あたり)	1.44	1.78	1.72	1.19	1.27	1.08	1.03	0.88	0.92	0.92	0.93
乳児死亡率(出生千人あたり)	80	58	45	36	31	27	42	58	28	27	22
出生時の平均余命(歳)											
男	48.4	53.9	58.2	61.5	63.5	65.0	65.8	59.3	64.2	64.8	66.3
女	54.6	60.1	64.6	67.9	69.8	71.3	73.3	67.4	71.5	71.8	73.3
男女計	51.6	57.2	61.7	65.0	67.1	68.6	70.0	63.5	68.1	68.4	69.9

B. 中 位 予 測 値

指　標	2015	2020	2025	2030	2035	2040	2045	2050	2055	2060
人口(千人)										
総数	25 155	25 763	26 292	26 701	26 943	27 030	27 007	26 907	26 756	26 582
男	12 300	12 608	12 875	13 073	13 172	13 186	13 158	13 115	13 068	13 022
女	12 856	13 155	13 417	13 628	13 771	13 844	13 849	13 792	13 688	13 560
性比(女100につき男)	95.7	95.8	96.0	95.9	95.6	95.3	95.0	95.1	95.5	96.0
年齢分布(%)										
0－4歳	6.9	6.9	6.7	6.4	6.0	5.7	5.7	5.7	5.7	5.6
5－14歳	14.2	13.4	13.3	13.2	12.9	12.3	11.7	11.4	11.4	11.5
15－24歳	15.7	14.8	13.5	12.8	12.9	13.0	12.8	12.3	11.8	11.5
60歳以上	12.5	14.7	16.1	19.4	22.3	22.5	23.5	24.4	25.6	26.7
65歳以上	9.5	9.0	10.9	12.1	15.1	17.6	17.5	18.1	18.8	20.0
80歳以上	1.2	1.6	1.9	2.0	1.8	2.6	3.1	4.2	5.0	4.5
6－11歳	8.4	8.0	8.0	7.9	7.7	7.3	6.9	6.8	6.9	6.9
12－14歳	4.5	4.0	3.9	3.9	3.9	3.8	3.6	3.5	3.4	3.5
15－17歳	4.6	4.3	3.8	3.9	3.9	3.9	3.7	3.6	3.4	3.4
18－23歳	9.6	9.0	8.2	7.6	7.7	7.8	7.7	7.5	7.1	6.9
15－24歳女子(%)	52.1	49.2	46.1	46.1	45.3	44.7	43.6	42.7	41.9	41.7
中位数年齢(歳)	33.9	35.0	36.1	37.3	38.6	39.7	40.6	41.0	41.4	41.9
人口密度(1k㎡あたり)	209	214	218	222	224	224	224	223	222	221

指　標	2010-2015	2015-2020	2020-2025	2025-2030	2030-2035	2035-2040	2040-2045	2045-2050	2050-2055	2055-2060
年平均人口増加数(千人)	131	121	106	82	48	17	－ 5	－ 20	－ 30	－ 35
年平均出生数(千人)	358	362	360	347	328	313	309	309	306	297
年平均死亡数(千人)	227	240	254	266	280	296	313	329	336	332
年平均純移動数(千人)	0	0	0	0	0	0	0	0	0	0
人口増加率(%)	0.53	0.48	0.41	0.31	0.18	0.07	−0.02	−0.07	−0.11	−0.13
粗出生率(人口千人あたり)	14.4	14.2	13.8	13.1	12.2	11.6	11.4	11.5	11.4	11.1
粗死亡率(人口千人あたり)	9.2	9.4	9.8	10.0	10.4	11.0	11.6	12.2	12.5	12.4
純移動率(人口千人あたり)	0.0	0.0	0.0	0.0	0.0	0.0	0.0	0.0	0.0	0.0
合計出生率（女子1人あたり）	2.00	1.94	1.90	1.87	1.85	1.83	1.82	1.82	1.81	1.81
純再生産率（女子1人あたり）	0.93	0.91	0.90	0.89	0.88	0.88	0.87	0.87	0.87	0.88
乳児死亡率（出生千人あたり）	22	19	17	15	13	11	10	8	7	6
5歳未満の死亡数(出生千人あたり	28	24	21	18	16	13	11	10	8	7
出生時の平均余命(歳)										
男	66.3	67.5	68.6	69.7	70.8	71.9	72.9	74.0	75.0	76.1
女	73.3	74.5	75.7	76.7	77.7	78.5	79.3	80.1	80.9	81.6
男女計	69.9	71.1	72.2	73.3	74.3	75.2	76.1	77.1	78.0	78.9

C. 高位予測値

	2015	2020	2025	2030	2035	2040	2045	2050	2055	2060
人口(千人)										
総数	25 155	25 991	26 892	27 757	28 434	28 959	29 454	30 022	30 674	31 369
男	12 300	12 725	13 182	13 613	13 934	14 172	14 408	14 707	15 071	15 470
女	12 856	13 267	13 710	14 144	14 500	14 787	15 046	15 315	15 603	15 900
性比(女100につき男)	95.7	95.8	95.8	95.6	95.2	94.6	94.1	94.0	94.1	94.5
年齢分布(%)										
0－4歳	6.9	7.7	8.0	7.8	7.2	6.9	7.0	7.3	7.6	7.5
5－14歳	14.2	13.3	13.9	14.8	15.1	14.5	13.7	13.4	13.8	14.4
15－24歳	15.7	14.6	13.2	12.3	13.1	14.2	14.5	14.0	13.1	12.8
60歳以上	12.5	14.6	15.7	18.7	21.1	21.0	21.5	21.8	22.3	22.6
65歳以上	9.5	8.9	10.6	11.7	14.3	16.4	16.0	16.2	16.4	17.0
80歳以上	1.2	1.5	1.8	1.9	1.7	2.5	2.8	3.8	4.4	3.8
15－49歳女子(%)	52.1	48.8	45.2	44.4	43.8	43.8	43.6	43.2	42.8	43.1
中位数年齢(歳)	33.9	34.7	35.3	36.0	36.7	37.1	37.0	36.4	36.2	36.4

	2010-2015	2015-2020	2020-2025	2025-2030	2030-2035	2035-2040	2040-2045	2045-2050	2050-2055	2055-2060
年平均人口増加数(千人)	131	167	180	173	136	105	99	114	130	139
年平均出生数(千人)	358	409	436	440	417	402	414	444	468	473
年平均死亡数(千人)	227	241	256	268	281	297	315	331	338	334
人口増加率(%)	0.53	0.65	0.68	0.63	0.48	0.37	0.34	0.38	0.43	0.45
粗出生率(人口千人あたり)	14.4	16.0	16.5	16.1	14.8	14.0	14.2	14.9	15.4	15.2
粗死亡率(人口千人あたり)	9.2	9.4	9.7	9.8	10.0	10.4	10.8	11.1	11.1	10.8
合計出生率（女子１人あたり）	2.00	2.19	2.30	2.37	2.35	2.33	2.32	2.32	2.31	2.31
純再生産率（女子１人あたり）	0.93	1.03	1.08	1.13	1.12	1.12	1.11	1.11	1.12	1.12

D. 低位予測値

	2015	2020	2025	2030	2035	2040	2045	2050	2055	2060
人口(千人)										
総数	25 155	25 534	25 692	25 645	25 452	25 109	24 612	23 952	23 165	22 323
男	12 300	12 491	12 569	12 534	12 410	12 205	11 933	11 604	11 232	10 845
女	12 856	13 043	13 123	13 112	13 042	12 905	12 678	12 347	11 932	11 478
性比(女100につき男)	95.7	95.8	95.8	95.6	95.2	94.6	94.1	94.0	94.1	94.5
年齢分布(%)										
0－4歳	6.9	6.0	5.4	4.9	4.6	4.4	4.3	4.0	3.8	3.6
5－14歳	14.2	13.5	12.7	11.4	10.4	9.7	9.3	9.0	8.7	8.3
15－24歳	15.7	14.9	13.8	13.4	12.8	11.6	10.7	10.1	9.9	9.7
60歳以上	12.5	14.8	16.5	20.2	23.6	24.2	25.7	27.4	29.6	31.8
65歳以上	9.5	9.1	11.1	12.6	16.0	18.9	19.2	20.4	21.8	23.9
80歳以上	1.2	1.6	1.9	2.1	1.9	2.8	3.4	4.8	5.8	5.4
15－49歳女子(%)	52.1	49.6	47.2	47.9	47.0	45.6	43.6	41.8	40.2	39.1
中位数年齢(歳)	33.9	35.3	36.9	38.7	40.5	42.3	43.9	45.4	46.7	48.1

	2010-2015	2015-2020	2020-2025	2025-2030	2030-2035	2035-2040	2040-2045	2045-2050	2050-2055	2055-2060
年平均人口増加数(千人)	131	76	32	－ 9	－ 39	－ 69	－ 99	－ 132	－ 157	－ 168
年平均出生数(千人)	358	315	284	255	239	226	212	195	177	162
年平均死亡数(千人)	227	239	253	264	278	294	312	327	334	330
人口増加率(%)	0.53	0.30	0.12	−0.04	−0.15	−0.27	−0.40	−0.54	−0.67	−0.74
粗出生率(人口千人あたり)	14.4	12.4	11.1	9.9	9.4	8.9	8.5	8.0	7.5	7.1
粗死亡率(人口千人あたり)	9.2	9.4	9.9	10.3	10.9	11.6	12.5	13.5	14.2	14.5
合計出生率（女子１人あたり）	2.00	1.69	1.50	1.37	1.35	1.33	1.32	1.32	1.31	1.31
純再生産率（女子１人あたり）	0.93	0.79	0.71	0.65	0.64	0.64	0.63	0.63	0.63	0.63

E. 出生力一定予測値

	2015	2020	2025	2030	2035	2040	2045	2050	2055	2060
人口(千人)										
総数	25 155	25 820	26 442	26 960	27 320	27 541	27 689	27 800	27 885	27 954
男	12 300	12 637	12 952	13 205	13 365	13 447	13 506	13 571	13 645	13 724
女	12 856	13 183	13 490	13 754	13 955	14 094	14 183	14 229	14 240	14 230
中位数年齢(歳)	33.9	34.9	35.9	37.0	38.1	39.0	39.6	39.7	39.7	40.1

	2010-2015	2015-2020	2020-2025	2025-2030	2030-2035	2035-2040	2040-2045	2045-2050	2050-2055	2055-2060
人口増加率(%)	0.53	0.52	0.48	0.39	0.27	0.16	0.11	0.08	0.06	0.05
粗出生率(人口千人あたり)	14.4	14.7	14.5	13.9	13.0	12.4	12.4	12.7	12.7	12.4
粗死亡率(人口千人あたり)	9.2	9.4	9.7	10.0	10.3	10.8	11.4	11.9	12.1	11.9

Democratic Republic of the Congo

A. 推 計 値

指　標	1960	1965	1970	1975	1980	1985	1990	1995	2000	2005	2010
人口(千人)											
総数	15 248	17 370	20 010	22 902	26 357	29 986	34 963	42 184	48 049	56 090	65 939
男	7 284	8 362	9 698	11 164	12 909	14 748	17 255	20 880	23 834	27 878	32 833
女	7 965	9 008	10 312	11 739	13 448	15 238	17 707	21 304	24 215	28 212	33 106
性比(女100につき男)	91.4	92.8	94.0	95.1	96.0	96.8	97.4	98.0	98.4	98.8	99.2
年齢分布(%)											
0－4歳	17.6	17.8	18.0	18.1	18.1	18.6	18.9	19.1	18.9	18.9	18.6
5－14歳	25.8	25.5	25.9	26.2	26.5	26.5	26.8	27.3	27.7	27.8	27.9
15－24歳	19.4	19.4	18.8	18.5	18.7	18.8	18.7	18.6	18.8	19.1	19.3
60歳以上	4.7	4.7	4.6	4.7	4.7	4.7	4.7	4.7	4.6	4.6	4.6
65歳以上	2.9	2.9	2.8	2.9	2.9	2.9	2.9	2.9	2.9	2.9	2.9
80歳以上	0.3	0.3	0.3	0.3	0.3	0.3	0.3	0.3	0.3	0.3	0.3
15－49歳女子(%)	47.1	47.0	46.3	45.8	45.4	44.9	44.3	43.7	43.6	43.8	44.2
中位数年齢(歳)	18.2	18.2	18.1	17.8	17.7	17.4	17.1	16.8	16.7	16.6	16.7
人口密度(1k㎡あたり)	7	8	9	10	12	13	15	19	21	25	29

指　標	1960-1965	1965-1970	1970-1975	1975-1980	1980-1985	1985-1990	1990-1995	1995-2000	2000-2005	2005-2010	2010-2015
年平均人口増加数(千人)	424	528	578	691	726	995	1 444	1 173	1 608	1 970	2 266
年平均出生数(千人)	764	875	996	1 141	1 325	1 546	1 839	2 137	2 425	2 731	3 050
年平均死亡数(千人)	364	396	423	470	510	565	636	763	769	752	765
人口増加率(%)	2.61	2.83	2.70	2.81	2.58	3.07	3.76	2.60	3.10	3.24	3.17
粗出生率(人口千人あたり)	46.8	46.8	46.4	46.3	47.0	47.6	47.7	47.4	46.6	44.8	42.6
粗死亡率(人口千人あたり)	22.3	21.2	19.7	19.1	18.1	17.4	16.5	16.9	14.8	12.3	10.7
合計出生率(女子1人あたり)	6.04	6.15	6.29	6.46	6.72	6.98	7.10	7.10	6.95	6.60	6.15
純再生産率(女子1人あたり)	1.87	1.96	2.06	2.15	2.29	2.42	2.52	2.49	2.56	2.56	2.48
乳児死亡率(出生千人あたり)	151	144	134	129	122	116	110	113	100	84	73
出生時の平均余命(歳)											
男	40.2	41.5	43.3	44.2	45.7	46.8	48.1	47.5	50.4	54.0	56.7
女	43.0	44.4	46.2	47.0	48.5	49.7	51.0	50.3	53.3	56.9	59.5
男女計	41.6	43.0	44.8	45.6	47.1	48.2	49.6	48.9	51.8	55.5	58.1

B. 中 位 予 測 値

指　標	2015	2020	2025	2030	2035	2040	2045	2050	2055	2060
人口(千人)										
総数	77 267	90 169	104 536	120 304	137 444	155 794	175 145	195 277	216 046	237 217
男	38 533	45 015	52 222	60 119	68 686	77 842	87 480	97 483	107 777	118 243
女	38 734	45 154	52 314	60 185	68 759	77 952	87 665	97 794	108 269	118 974
性比(女100につき男)	99.5	99.7	99.8	99.9	99.9	99.9	99.8	99.7	99.5	99.4
年齢分布(%)										
0－4歳	18.0	17.3	16.5	15.7	15.0	14.2	13.4	12.6	11.9	11.2
5－14歳	28.0	27.7	27.1	26.4	25.6	24.8	23.9	22.9	21.9	21.0
15－24歳	19.5	19.8	20.2	20.3	20.2	20.0	19.8	19.5	19.1	18.7
60歳以上	4.6	4.6	4.7	4.9	5.1	5.5	5.9	6.5	7.2	8.0
65歳以上	3.0	3.0	3.0	3.2	3.3	3.6	3.8	4.2	4.7	5.2
80歳以上	0.3	0.4	0.4	0.4	0.4	0.5	0.5	0.6	0.7	0.8
6－11歳	17.4	17.1	16.7	16.2	15.7	15.2	14.6	13.9	13.3	12.7
12－14歳	7.4	7.5	7.4	7.3	7.1	6.9	6.8	6.6	6.3	6.1
15－17歳	6.6	6.8	6.8	6.7	6.6	6.5	6.4	6.2	6.1	5.9
18－23歳	11.2	11.4	11.7	11.8	11.8	11.7	11.6	11.5	11.3	11.1
15－24歳女子(%)	44.7	45.6	46.8	47.9	49.0	49.9	50.7	51.3	51.7	51.9
中位数年齢(歳)	16.9	17.3	17.9	18.6	19.4	20.2	21.2	22.3	23.4	24.5
人口密度(1k㎡あたり)	34	40	46	53	61	69	77	86	95	105

指　標	2010-2015	2015-2020	2020-2025	2025-2030	2030-2035	2035-2040	2040-2045	2045-2050	2050-2055	2055-2060
年平均人口増加数(千人)	2 266	2 581	2 873	3 154	3 428	3 670	3 870	4 026	4 154	4 234
年平均出生数(千人)	3 050	3 386	3 716	4 047	4 359	4 644	4 895	5 118	5 327	5 503
年平均死亡数(千人)	765	805	843	879	916	959	1 009	1 077	1 159	1 256
年平均純移動数(千人)	−19	0	0	−15	−15	−15	−15	−15	−14	−14
人口増加率(%)	3.17	3.09	2.96	2.81	2.66	2.51	2.34	2.18	2.02	1.87
粗出生率(人口千人あたり)	42.6	40.4	38.2	36.0	33.8	31.7	29.6	27.6	25.9	24.3
粗死亡率(人口千人あたり)	10.7	9.6	8.7	7.8	7.1	6.5	6.1	5.8	5.6	5.5
純移動率(人口千人あたり)	−0.3	0.0	0.0	−0.1	−0.1	−0.1	−0.1	−0.1	−0.1	−0.1
合計出生率(女子1人あたり)	6.15	5.66	5.20	4.77	4.37	4.02	3.70	3.43	3.21	3.01
純再生産率(女子1人あたり)	2.48	2.34	2.20	2.06	1.92	1.80	1.68	1.58	1.49	1.41
乳児死亡率(出生千人あたり)	73	66	60	53	48	42	38	34	30	27
5歳未満の死亡数(出生千人あたり	115	103	91	80	70	61	52	46	40	35
出生時の平均余命(歳)										
男	56.7	58.4	60.1	61.7	63.3	64.7	66.0	67.2	68.2	69.3
女	59.5	61.4	63.2	65.0	66.8	68.3	69.8	71.2	72.4	73.6
男女計	58.1	59.9	61.6	63.4	65.0	66.5	67.9	69.2	70.3	71.4

C. 高 位 予 測 値

	2015	2020	2025	2030	2035	2040	2045	2050	2055	2060
人口(千人)										
総数	77 267	90 857	106 530	124 246	143 764	165 171	188 545	213 850	241 025	269 862
男	38 533	45 362	53 229	62 108	71 874	82 569	94 231	106 836	120 350	134 670
女	38 734	45 495	53 301	62 138	71 891	82 602	94 313	107 014	120 674	135 192
性比(女100につき男)	99.5	99.7	99.8	99.8	99.8	99.7	99.6	99.5	99.3	99.1
年齢分布(%)										
０－４歳	18.0	17.9	17.4	16.8	16.0	15.3	14.6	14.0	13.4	12.8
５－14歳	28.0	27.5	27.3	27.1	26.7	26.0	25.1	24.3	23.5	22.8
15－24歳	19.5	19.7	19.8	19.7	19.8	20.0	20.1	19.8	19.4	19.0
60歳以上	4.6	4.6	4.6	4.7	4.9	5.2	5.5	5.9	6.4	7.0
65歳以上	3.0	3.0	3.0	3.1	3.2	3.3	3.5	3.8	4.2	4.6
80歳以上	0.3	0.4	0.4	0.4	0.4	0.5	0.5	0.5	0.6	0.7
15－49歳女子(%)	44.7	45.3	45.9	46.4	47.3	48.2	49.1	49.8	50.2	50.5
中位数年齢(歳)	16.9	17.1	17.5	17.8	18.4	19.1	19.8	20.7	21.6	22.4

	2010-2015	2015-2020	2020-2025	2025-2030	2030-2035	2035-2040	2040-2045	2045-2050	2050-2055	2055-2060
年平均人口増加数(千人)	2 266	2 718	3 135	3 543	3 904	4 281	4 675	5 061	5 435	5 767
年平均出生数(千人)	3 050	3 535	4 002	4 472	4 875	5 302	5 754	6 217	6 682	7 119
年平均死亡数(千人)	765	817	868	914	956	1 006	1 065	1 141	1 233	1 339
人口増加率(%)	3.17	3.24	3.18	3.08	2.92	2.78	2.65	2.52	2.39	2.26
粗出生率(人口千人あたり)	42.6	42.1	40.6	38.8	36.4	34.3	32.5	30.9	29.4	27.9
粗死亡率(人口千人あたり)	10.7	9.7	8.8	7.9	7.1	6.5	6.0	5.7	5.4	5.2
合計出生率（女子１人あたり）	6.15	5.91	5.60	5.27	4.87	4.52	4.20	3.93	3.71	3.51
純再生産率（女子１人あたり）	2.48	2.44	2.37	2.27	2.14	2.02	1.91	1.81	1.72	1.64

D. 低 位 予 測 値

	2015	2020	2025	2030	2035	2040	2045	2050	2055	2060
人口(千人)										
総数	77 267	89 482	102 542	116 362	131 141	146 518	162 072	177 461	192 512	207 013
男	38 533	44 668	51 216	58 130	65 506	73 165	80 892	88 511	95 933	103 047
女	38 734	44 814	51 326	58 232	65 635	73 353	81 179	88 950	96 579	103 966
性比(女100につき男)	99.5	99.7	99.8	99.8	99.8	99.7	99.6	99.5	99.3	99.1
年齢分布(%)										
０－４歳	18.0	16.6	15.5	14.6	13.8	13.0	12.0	11.1	10.3	9.6
５－14歳	28.0	27.9	27.0	25.6	24.4	23.4	22.5	21.4	20.1	18.9
15－24歳	19.5	20.0	20.6	21.0	20.7	20.0	19.4	19.1	18.7	18.1
60歳以上	4.6	4.6	4.8	5.1	5.4	5.8	6.4	7.1	8.0	9.1
65歳以上	3.0	3.0	3.1	3.3	3.5	3.8	4.1	4.6	5.2	6.0
80歳以上	0.3	0.4	0.4	0.4	0.5	0.5	0.6	0.7	0.7	0.9
15－49歳女子(%)	44.7	46.0	47.7	49.5	50.8	51.7	52.4	53.0	53.3	53.2
中位数年齢(歳)	16.9	17.5	18.3	19.3	20.5	21.7	22.9	24.1	25.5	27.0

	2010-2015	2015-2020	2020-2025	2025-2030	2030-2035	2035-2040	2040-2045	2045-2050	2050-2055	2055-2060
年平均人口増加数(千人)	2 266	2 443	2 612	2 764	2 956	3 075	3 111	3 078	3 010	2 900
年平均出生数(千人)	3 050	3 237	3 430	3 623	3 847	4 004	4 082	4 109	4 116	4 094
年平均死亡数(千人)	765	793	818	844	876	913	957	1 016	1 091	1 180
人口増加率(%)	3.17	2.94	2.73	2.53	2.39	2.22	2.02	1.81	1.63	1.45
粗出生率(人口千人あたり)	42.6	38.8	35.7	33.1	31.1	28.8	26.5	24.2	22.2	20.5
粗死亡率(人口千人あたり)	10.7	9.5	8.5	7.7	7.1	6.6	6.2	6.0	5.9	5.9
合計出生率（女子１人あたり）	6.15	5.41	4.80	4.27	3.87	3.52	3.20	2.93	2.71	2.51
純再生産率（女子１人あたり）	2.48	2.24	2.03	1.84	1.70	1.57	1.45	1.35	1.26	1.17

E. 出生力一定予測値

	2015	2020	2025	2030	2035	2040	2045	2050	2055	2060
人口(千人)										
総数	77 267	91 277	108 389	129 037	153 872	183 772	219 962	263 866	317 192	381 943
男	38 533	45 574	54 167	64 527	76 974	91 952	110 073	132 047	158 730	191 142
女	38 734	45 703	54 222	64 511	76 899	91 820	109 888	131 819	158 461	190 801
中位数年齢(歳)	16.9	17.0	17.1	16.9	16.8	16.8	16.8	16.8	16.8	16.7

	2010-2015	2015-2020	2020-2025	2025-2030	2030-2035	2035-2040	2040-2045	2045-2050	2050-2055	2055-2060
人口増加率(%)	3.17	3.33	3.44	3.49	3.52	3.55	3.60	3.64	3.68	3.72
粗出生率(人口千人あたり)	42.6	43.0	43.2	43.0	42.5	42.1	42.0	41.9	41.9	41.8
粗死亡率(人口千人あたり)	10.7	9.8	8.9	8.1	7.3	6.6	6.0	5.6	5.1	4.8

Denmark

A. 推 計 値

指 標	1960	1965	1970	1975	1980	1985	1990	1995	2000	2005	2010
人口(千人)											
総数	4 581	4 760	4 930	5 061	5 123	5 113	5 140	5 233	5 338	5 418	5 551
男	2 273	2 361	2 449	2 508	2 531	2 520	2 535	2 584	2 640	2 682	2 753
女	2 308	2 399	2 481	2 553	2 593	2 593	2 606	2 649	2 698	2 735	2 798
性比(女100につき男)	98.5	98.4	98.7	98.2	97.6	97.2	97.3	97.6	97.9	98.1	98.4
年齢分布(%)											
0－4歳	8.0	8.2	7.9	7.1	6.1	5.2	5.7	6.5	6.3	6.0	5.9
5－14歳	17.2	15.5	15.4	15.4	14.7	13.2	11.4	10.9	12.1	12.7	12.1
15－24歳	14.9	16.6	16.0	14.7	15.0	15.4	14.8	13.3	11.5	11.1	12.3
60歳以上	15.5	16.5	17.7	18.7	19.5	20.4	20.4	19.9	19.8	21.2	23.3
65歳以上	10.6	11.4	12.3	13.4	14.4	15.1	15.6	15.3	14.9	15.1	16.7
80歳以上	1.6	1.8	2.1	2.4	2.8	3.3	3.7	4.0	4.0	4.1	4.2
15－49歳女子(%)	47.0	47.0	46.4	46.0	47.2	49.1	50.1	48.9	46.5	45.2	44.9
中位数年齢(歳)	33.0	32.8	32.5	33.0	34.3	36.0	37.2	37.7	38.4	39.5	40.6
人口密度(1km²あたり)	108	112	116	119	121	121	121	123	126	128	131

指 標	1960-1965	1965-1970	1970-1975	1975-1980	1980-1985	1985-1990	1990-1995	1995-2000	2000-2005	2005-2010	2010-2015
年平均人口増加数(千人)	36	34	26	12	－2	5	18	21	16	27	24
年平均出生数(千人)	81	78	72	63	53	58	66	67	65	65	59
年平均死亡数(千人)	46	49	51	53	57	59	61	61	58	55	54
人口増加率(%)	0.77	0.70	0.53	0.24	−0.04	0.11	0.36	0.40	0.30	0.49	0.42
粗出生率(人口千人あたり)	17.3	16.1	14.4	12.3	10.4	11.3	12.8	12.6	12.0	11.8	10.4
粗死亡率(人口千人あたり)	9.8	10.0	10.1	10.4	11.1	11.5	11.8	11.4	10.8	10.1	9.7
合計出生率(女子1人あたり)	2.58	2.27	1.96	1.68	1.43	1.54	1.75	1.76	1.76	1.85	1.73
純再生産率(女子1人あたり)	1.22	1.08	0.94	0.80	0.69	0.74	0.84	0.84	0.85	0.89	0.84
乳児死亡率(出生千人あたり)	20	16	12	9	8	8	6	5	5	4	3
出生時の平均余命(歳)											
男	70.4	70.6	70.9	71.3	71.4	71.8	72.5	73.5	74.9	76.3	78.0
女	74.5	75.3	76.4	77.3	77.5	77.7	78.0	78.5	79.6	80.8	81.9
男女計	72.4	72.9	73.6	74.3	74.4	74.7	75.2	76.0	77.3	78.6	80.0

B. 中 位 予 測 値

指 標	2015	2020	2025	2030	2035	2040	2045	2050	2055	2060
人口(千人)										
総数	5 669	5 776	5 892	6 003	6 097	6 173	6 237	6 299	6 363	6 430
男	2 814	2 868	2 925	2 980	3 027	3 068	3 104	3 139	3 176	3 215
女	2 855	2 908	2 967	3 023	3 069	3 105	3 133	3 161	3 187	3 215
性比(女100につき男)	98.6	98.6	98.6	98.6	98.6	98.8	99.1	99.3	99.6	100.0
年齢分布(%)										
0－4歳	5.2	5.3	5.6	5.7	5.6	5.5	5.3	5.3	5.4	5.5
5－14歳	11.7	11.0	10.4	10.8	11.2	11.3	11.1	10.8	10.6	10.6
15－24歳	13.1	12.3	11.8	11.1	10.6	11.1	11.5	11.6	11.4	11.1
60歳以上	24.7	26.1	27.7	29.4	30.0	30.2	29.8	29.9	30.8	31.5
65歳以上	19.0	20.1	21.3	22.6	24.1	24.6	24.8	24.3	24.5	25.4
80歳以上	4.2	4.6	5.6	7.2	7.6	8.0	8.6	9.6	9.9	9.9
6－11歳	7.0	6.4	6.2	6.5	6.8	6.8	6.6	6.4	6.3	6.4
12－14歳	3.5	3.6	3.1	3.1	3.3	3.4	3.4	3.3	3.2	3.2
15－17歳	3.7	3.5	3.5	3.0	3.2	3.4	3.4	3.4	3.3	3.2
18－23歳	8.1	7.5	7.1	6.9	6.3	6.6	6.9	7.0	6.9	6.7
15－24歳女子(%)	44.4	42.9	42.2	41.3	41.4	41.5	40.9	40.6	40.3	39.8
中位数年齢(歳)	41.6	42.3	42.4	42.3	42.7	43.4	43.8	44.1	44.3	44.1
人口密度(1km²あたり)	134	136	139	141	144	145	147	148	150	152

指 標	2010-2015	2015-2020	2020-2025	2025-2030	2030-2035	2035-2040	2040-2045	2045-2050	2050-2055	2055-2060
年平均人口増加数(千人)	24	21	23	22	19	15	13	12	13	13
年平均出生数(千人)	59	61	66	68	68	67	66	66	68	70
年平均死亡数(千人)	54	55	58	61	65	67	68	69	70	70
年平均純移動数(千人)	19	15	15	15	15	15	15	15	14	14
人口増加率(%)	0.42	0.37	0.40	0.38	0.31	0.25	0.21	0.20	0.20	0.21
粗出生率(人口千人あたり)	10.4	10.7	11.3	11.5	11.3	10.9	10.6	10.6	10.7	10.9
粗死亡率(人口千人あたり)	9.7	9.6	9.9	10.3	10.7	10.9	11.0	11.0	11.0	11.0
純移動率(人口千人あたり)	3.5	2.7	2.6	2.6	2.5	2.5	2.5	2.4	2.3	2.1
合計出生率(女子1人あたり)	1.73	1.76	1.78	1.80	1.82	1.83	1.84	1.85	1.85	1.86
純再生産率(女子1人あたり)	0.84	0.85	0.86	0.87	0.88	0.89	0.89	0.89	0.90	0.90
乳児死亡率(出生千人あたり)	3	4	3	3	3	3	2	2	2	2
5歳未満の死亡数(出生千人あた	4	4	4	4	3	3	3	3	2	2
出生時の平均余命(歳)										
男	78.0	78.9	79.8	80.7	81.6	82.6	83.4	84.1	84.7	85.3
女	81.9	82.6	83.2	83.8	84.4	85.0	85.6	86.2	86.8	87.3
男女計	80.0	80.7	81.5	82.3	83.0	83.8	84.5	85.1	85.7	86.3

C. 高位予測値

	2015	2020	2025	2030	2035	2040	2045	2050	2055	2060
人口(千人)										
総数	5 669	5 819	6 008	6 214	6 402	6 572	6 739	6 930	7 154	7 406
男	2 814	2 890	2 985	3 088	3 184	3 273	3 362	3 462	3 582	3 716
女	2 855	2 929	3 023	3 126	3 218	3 299	3 377	3 468	3 572	3 690
性比(女100につき男)	98.6	98.6	98.5	98.3	98.3	98.4	98.5	98.7	98.9	99.1
年齢分布(%)										
0－4歳	5.2	6.0	6.7	7.1	6.8	6.6	6.5	6.7	7.0	7.3
5－14歳	11.7	10.9	10.9	12.3	13.3	13.5	13.0	12.6	12.7	13.1
15－24歳	13.1	12.2	11.6	10.8	10.8	12.2	13.1	13.3	12.8	12.3
60歳以上	24.7	25.9	27.1	28.4	28.6	28.4	27.5	27.2	27.4	27.3
65歳以上	19.0	20.0	20.9	21.8	22.9	23.1	22.9	22.1	21.8	22.0
80歳以上	4.2	4.6	5.5	7.0	7.2	7.5	8.0	8.8	8.8	8.6
15－49歳女子(%)	44.4	42.6	41.4	39.9	40.2	40.7	41.0	41.3	41.4	41.3
中位数年齢(歳)	41.6	42.0	41.5	40.9	40.9	40.9	40.6	40.1	38.9	38.4

	2010-2015	2015-2020	2020-2025	2025-2030	2030-2035	2035-2040	2040-2045	2045-2050	2050-2055	2055-2060
年平均人口増加数(千人)	24	30	38	41	37	34	34	38	45	50
年平均出生数(千人)	59	70	80	87	87	86	87	92	100	107
年平均死亡数(千人)	54	55	58	61	65	67	68	69	70	70
人口増加率(%)	0.42	0.52	0.64	0.67	0.59	0.52	0.50	0.56	0.64	0.69
粗出生率(人口千人あたり)	10.4	12.2	13.6	14.3	13.8	13.3	13.0	13.4	14.2	14.7
粗死亡率(人口千人あたり)	9.7	9.6	9.8	10.0	10.3	10.4	10.3	10.1	9.9	9.7
合計出生率(女子1人あたり)	1.73	2.01	2.18	2.30	2.32	2.33	2.34	2.35	2.35	2.36
純再生産率(女子1人あたり)	0.84	0.97	1.06	1.11	1.12	1.13	1.13	1.14	1.14	1.14

D. 低位予測値

	2015	2020	2025	2030	2035	2040	2045	2050	2055	2060
人口(千人)										
総数	5 669	5 732	5 775	5 792	5 792	5 775	5 742	5 693	5 626	5 546
男	2 814	2 846	2 865	2 872	2 871	2 864	2 850	2 827	2 797	2 761
女	2 855	2 887	2 910	2 921	2 921	2 911	2 892	2 865	2 828	2 785
性比(女100につき男)	98.6	98.6	98.5	98.3	98.3	98.4	98.5	98.7	98.9	99.1
年齢分布(%)										
0－4歳	5.2	4.6	4.5	4.3	4.3	4.2	4.1	3.9	3.8	3.7
5－14歳	11.7	11.1	9.8	9.2	8.9	8.8	8.8	8.6	8.3	8.0
15－24歳	13.1	12.4	12.1	11.5	10.4	9.8	9.6	9.6	9.6	9.4
60歳以上	24.7	26.3	28.2	30.5	31.6	32.3	32.3	33.1	34.9	36.5
65歳以上	19.0	20.3	21.8	23.4	25.3	26.3	26.9	26.9	27.7	29.4
80歳以上	4.2	4.7	5.7	7.5	8.0	8.5	9.4	10.7	11.2	11.5
15－49歳女子(%)	44.4	43.2	43.0	42.7	42.8	42.3	40.8	39.6	38.6	37.4
中位数年齢(歳)	41.6	42.6	43.3	43.8	44.6	45.8	46.9	48.0	49.1	50.3

	2010-2015	2015-2020	2020-2025	2025-2030	2030-2035	2035-2040	2040-2045	2045-2050	2050-2055	2055-2060
年平均人口増加数(千人)	24	13	9	3	0	－3	－7	－10	－13	－16
年平均出生数(千人)	59	52	51	49	49	48	46	44	42	40
年平均死亡数(千人)	54	55	58	61	65	67	68	69	70	70
人口増加率(%)	0.42	0.22	0.15	0.06	0.00	−0.06	−0.12	−0.17	−0.24	−0.29
粗出生率(人口千人あたり)	10.4	9.2	8.9	8.5	8.5	8.4	8.0	7.7	7.4	7.2
粗死亡率(人口千人あたり)	9.7	9.6	10.0	10.6	11.2	11.6	11.8	12.0	12.3	12.6
合計出生率(女子1人あたり)	1.73	1.51	1.38	1.30	1.32	1.33	1.34	1.35	1.35	1.36
純再生産率(女子1人あたり)	0.84	0.73	0.67	0.63	0.64	0.64	0.65	0.65	0.66	0.66

E. 出生力一定予測値

	2015	2020	2025	2030	2035	2040	2045	2050	2055	2060
人口(千人)										
総数	5 669	5 771	5 878	5 975	6 051	6 107	6 148	6 186	6 220	6 252
男	2 814	2 866	2 918	2 966	3 004	3 034	3 059	3 080	3 103	3 123
女	2 855	2 906	2 960	3 010	3 047	3 073	3 090	3 105	3 118	3 128
中位数年齢(歳)	41.6	42.4	42.5	42.5	43.0	43.8	44.4	44.8	45.3	45.3

	2010-2015	2015-2020	2020-2025	2025-2030	2030-2035	2035-2040	2040-2045	2045-2050	2050-2055	2055-2060
人口増加率(%)	0.42	0.36	0.37	0.33	0.25	0.18	0.14	0.12	0.11	0.10
粗出生率(人口千人あたり)	10.4	10.5	11.0	11.0	10.8	10.4	10.0	9.9	10.0	10.1
粗死亡率(人口千人あたり)	9.7	9.6	9.9	10.3	10.8	11.0	11.1	11.2	11.2	11.3

Djibouti

A. 推 計 値

指　標	1960	1965	1970	1975	1980	1985	1990	1995	2000	2005	2010
人口(千人)											
総数	84	115	160	224	359	423	588	661	723	778	831
男	42	57	79	112	181	213	296	332	363	391	417
女	42	58	80	112	178	210	292	329	359	387	413
性比(女100につき男)	98.8	99.0	99.1	99.3	101.8	101.6	101.2	101.2	101.1	101.0	101.0
年齢分布(%)											
0－4歳	17.1	18.8	19.3	19.5	18.9	16.8	18.2	16.3	14.0	12.8	11.9
5－14歳	26.3	24.5	26.1	27.4	27.6	28.0	26.6	27.0	27.5	24.8	22.3
15－24歳	20.3	20.6	18.8	17.4	20.4	20.8	19.7	20.1	20.1	21.3	22.3
60歳以上	3.9	4.0	4.0	4.1	3.9	4.1	4.2	4.5	4.8	5.3	5.8
65歳以上	2.3	2.4	2.4	2.4	2.4	2.5	2.6	2.8	3.0	3.3	3.7
80歳以上	0.2	0.2	0.2	0.2	0.2	0.2	0.3	0.3	0.3	0.4	0.5
15－49歳女子(%)	47.7	47.7	45.6	44.1	44.7	45.8	45.9	47.1	48.2	51.5	53.9
中位数年齢(歳)	18.0	18.0	17.5	16.6	16.5	17.3	17.5	18.0	19.1	20.2	22.0
人口密度(1k㎡あたり)	4	5	7	10	15	18	25	29	31	34	36

指　標	1960-1965	1965-1970	1970-1975	1975-1980	1980-1985	1985-1990	1990-1995	1995-2000	2000-2005	2005-2010	2010-2015
年平均人口増加数(千人)	6	9	13	27	13	33	15	12	11	10	11
年平均出生数(千人)	4	6	9	12	16	20	24	23	22	22	22
年平均死亡数(千人)	2	2	3	4	5	5	7	7	8	8	7
人口増加率(%)	6.36	6.57	6.79	9.42	3.31	6.58	2.33	1.78	1.49	1.30	1.33
粗出生率(人口千人あたり)	44.2	44.9	44.8	42.0	39.7	40.1	38.9	32.9	30.0	27.6	25.7
粗死亡率(人口千人あたり)	17.4	16.2	14.0	12.1	11.8	10.5	10.8	10.4	10.2	9.6	8.7
合計出生率(女子1人あたり)	6.55	6.71	6.85	6.64	6.26	6.18	5.85	4.81	4.21	3.70	3.30
純再生産率(女子1人あたり)	2.11	2.25	2.45	2.44	2.38	2.40	2.30	1.90	1.67	1.50	1.38
乳児死亡率(出生千人あたり)	131	120	104	96	87	81	76	72	68	63	55
出生時の平均余命(歳)											
男	43.9	46.0	49.4	51.0	53.2	54.6	55.4	55.4	55.9	57.6	60.0
女	46.5	48.7	52.4	54.1	56.2	57.7	58.7	58.7	58.8	60.5	63.2
男女計	45.2	47.3	50.9	52.6	54.7	56.1	57.0	57.0	57.3	59.1	61.6

B. 中 位 予 測 値

指　標	2015	2020	2025	2030	2035	2040	2045	2050	2055	2060
人口(千人)										
総数	888	947	1 003	1 054	1 097	1 133	1 163	1 186	1 203	1 212
男	446	475	503	528	549	566	580	590	597	601
女	442	472	500	526	548	567	583	596	605	611
性比(女100につき男)	100.9	100.7	100.6	100.3	100.1	99.8	99.5	99.1	98.7	98.3
年齢分布(%)										
0－4歳	11.5	10.7	10.0	9.2	8.5	8.0	7.6	7.3	7.0	6.7
5－14歳	21.2	20.5	19.7	18.6	17.6	16.4	15.5	14.8	14.3	13.9
15－24歳	20.1	18.6	18.0	17.7	17.3	16.7	16.0	15.2	14.5	14.0
60歳以上	6.3	7.0	8.1	9.2	10.4	12.0	13.3	15.5	17.3	18.5
65歳以上	4.2	4.5	5.1	6.0	6.9	7.8	9.0	10.1	11.9	13.4
80歳以上	0.5	0.6	0.7	0.8	0.9	1.1	1.3	1.5	1.8	2.2
6－11歳	12.8	12.4	11.9	11.2	10.5	9.8	9.2	8.9	8.6	8.3
12－14歳	6.2	5.9	5.8	5.6	5.3	5.0	4.7	4.5	4.3	4.2
15－17歳	6.0	5.8	5.6	5.6	5.3	5.1	4.8	4.5	4.3	4.2
18－23歳	12.1	11.0	10.7	10.5	10.4	10.0	9.6	9.1	8.7	8.4
15－24歳女子(%)	54.0	54.0	54.0	53.6	53.5	52.2	51.0	50.2	49.3	48.4
中位数年齢(歳)	23.6	25.1	26.4	27.7	29.1	30.5	32.0	33.4	34.7	35.9
人口密度(1k㎡あたり)	38	41	43	45	47	49	50	51	52	52

指　標	2010-2015	2015-2020	2020-2025	2025-2030	2030-2035	2035-2040	2040-2045	2045-2050	2050-2055	2055-2060
年平均人口増加数(千人)	11	12	11	10	9	7	6	5	3	2
年平均出生数(千人)	22	22	21	21	20	19	19	18	18	17
年平均死亡数(千人)	7	8	8	9	9	10	11	12	13	13
年平均純移動数(千人)	−3	−2	−2	−2	−2	−2	−2	−2	−2	−2
人口増加率(%)	1.33	1.28	1.16	0.98	0.80	0.65	0.52	0.40	0.28	0.16
粗出生率(人口千人あたり)	25.7	23.7	21.9	20.1	18.4	17.1	16.2	15.4	14.7	13.9
粗死亡率(人口千人あたり)	8.7	8.5	8.5	8.5	8.7	9.0	9.4	9.9	10.5	11.0
純移動率(人口千人あたり)	−3.7	−2.4	−1.8	−1.8	−1.7	−1.6	−1.6	−1.5	−1.4	−1.3
合計出生率（女子1人あたり）	3.30	2.99	2.74	2.55	2.40	2.28	2.18	2.09	2.02	1.96
純再生産率（女子1人あたり）	1.38	1.27	1.18	1.11	1.06	1.02	0.98	0.95	0.92	0.90
乳児死亡率（出生千人あたり）	55	50	46	43	39	36	33	30	27	25
5歳未満の死亡数(出生千人あたり	83	76	70	64	59	54	49	44	40	36
出生時の平均余命(歳)										
男	60.0	61.1	62.1	63.0	63.8	64.7	65.4	66.1	66.8	67.6
女	63.2	64.4	65.6	66.6	67.6	68.5	69.5	70.4	71.2	72.1
男女計	61.6	62.7	63.8	64.7	65.6	66.6	67.4	68.2	69.0	69.8

C. 高位予測値

	2015	2020	2025	2030	2035	2040	2045	2050	2055	2060
人口(千人)										
総数	888	955	1 026	1 096	1 158	1 214	1 267	1 318	1 367	1 413
男	446	479	515	549	579	607	633	657	680	702
女	442	476	512	547	578	607	635	661	687	711
性比(女100につき男)	100.9	100.7	100.5	100.2	99.9	99.6	99.2	98.7	98.2	97.7
年齢分布(%)										
0－4歳	11.5	11.5	11.2	10.6	9.8	9.2	8.9	8.7	8.6	8.4
5－14歳	21.2	20.3	20.1	20.0	19.5	18.5	17.4	16.7	16.4	16.2
15－24歳	20.1	18.4	17.6	17.0	17.1	17.4	17.3	16.5	15.6	15.1
60歳以上	6.3	7.0	8.0	8.9	9.8	11.2	12.2	13.9	15.2	15.9
65歳以上	4.2	4.5	5.0	5.8	6.5	7.3	8.3	9.1	10.5	11.5
80歳以上	0.5	0.6	0.7	0.8	0.8	1.0	1.2	1.4	1.6	1.9
15－49歳女子(%)	54.0	53.5	52.8	51.6	51.4	50.6	50.1	49.7	49.2	48.7
中位数年齢(歳)	23.6	24.9	25.7	26.5	27.4	28.3	29.2	30.1	31.1	31.9

	2010-2015	2015-2020	2020-2025	2025-2030	2030-2035	2035-2040	2040-2045	2045-2050	2050-2055	2055-2060
年平均人口増加数(千人)	11	13	14	14	12	11	11	10	10	9
年平均出生数(千人)	22	24	24	25	24	23	24	24	24	25
年平均死亡数(千人)	7	8	8	9	10	10	11	12	13	14
人口増加率(%)	1.33	1.46	1.44	1.31	1.10	0.95	0.85	0.78	0.73	0.66
粗出生率(人口千人あたり)	25.7	25.6	24.7	23.3	21.2	19.8	19.0	18.5	18.2	17.8
粗死亡率(人口千人あたり)	8.7	8.6	8.5	8.5	8.6	8.7	9.0	9.3	9.7	10.0
合計出生率（女子1人あたり）	3.30	3.24	3.14	3.05	2.90	2.78	2.68	2.59	2.52	2.46
純再生産率（女子1人あたり）	1.38	1.37	1.35	1.33	1.28	1.24	1.20	1.17	1.15	1.13

D. 低位予測値

	2015	2020	2025	2030	2035	2040	2045	2050	2055	2060
人口(千人)										
総数	888	938	980	1 012	1 036	1 052	1 060	1 059	1 048	1 028
男	446	471	491	507	518	525	528	526	519	508
女	442	467	489	505	518	527	532	533	529	520
性比(女100につき男)	100.9	100.7	100.5	100.2	99.9	99.6	99.2	98.7	98.2	97.7
年齢分布(%)										
0－4歳	11.5	9.9	8.7	7.7	7.1	6.7	6.3	5.8	5.3	4.9
5－14歳	21.2	20.7	19.3	17.2	15.4	14.1	13.3	12.6	12.0	11.2
15－24歳	20.1	18.7	18.4	18.4	17.6	15.9	14.5	13.4	12.9	12.5
60歳以上	6.3	7.1	8.3	9.6	11.0	12.9	14.6	17.3	19.8	21.8
65歳以上	4.2	4.5	5.2	6.3	7.3	8.4	9.9	11.3	13.6	15.8
80歳以上	0.5	0.6	0.7	0.8	0.9	1.1	1.4	1.7	2.0	2.5
15－49歳女子(%)	54.0	54.5	55.2	55.8	55.8	54.1	52.1	50.6	49.0	47.3
中位数年齢(歳)	23.6	25.4	27.1	29.0	30.9	32.9	34.9	37.0	39.1	40.9

	2010-2015	2015-2020	2020-2025	2025-2030	2030-2035	2035-2040	2040-2045	2045-2050	2050-2055	2055-2060
年平均人口増加数(千人)	11	10	8	6	5	3	2	0	－2	－4
年平均出生数(千人)	22	20	18	17	16	15	14	13	12	10
年平均死亡数(千人)	7	8	8	8	9	10	10	11	12	13
人口増加率(%)	1.33	1.10	0.88	0.63	0.46	0.31	0.16	−0.02	−0.20	−0.39
粗出生率(人口千人あたり)	25.7	21.9	19.0	16.7	15.3	14.1	13.2	12.2	11.1	10.0
粗死亡率(人口千人あたり)	8.7	8.4	8.4	8.5	8.9	9.3	9.9	10.7	11.5	12.4
合計出生率（女子1人あたり）	3.30	2.74	2.34	2.05	1.90	1.78	1.68	1.59	1.52	1.46
純再生産率（女子1人あたり）	1.38	1.16	1.01	0.90	0.84	0.79	0.75	0.72	0.69	0.67

E. 出生力一定予測値

	2015	2020	2025	2030	2035	2040	2045	2050	2055	2060
人口(千人)										
総数	888	958	1 035	1 113	1 191	1 270	1 351	1 437	1 530	1 630
男	446	481	519	558	596	635	675	717	763	812
女	442	477	516	555	595	635	676	720	767	818
中位数年齢(歳)	23.6	24.8	25.4	26.0	26.4	26.7	27.1	27.5	27.8	27.8

	2010-2015	2015-2020	2020-2025	2025-2030	2030-2035	2035-2040	2040-2045	2045-2050	2050-2055	2055-2060
人口増加率(%)	1.33	1.52	1.55	1.46	1.35	1.27	1.24	1.24	1.26	1.26
粗出生率(人口千人あたり)	25.7	26.2	25.9	24.8	23.6	22.8	22.5	22.6	22.8	22.8
粗死亡率(人口千人あたり)	8.7	8.6	8.6	8.5	8.6	8.6	8.8	9.0	9.1	9.1

Dominican Republic

A. 推計値

指　標	1960	1965	1970	1975	1980	1985	1990	1995	2000	2005	2010
人口(千人)											
総数	3 294	3 879	4 503	5 150	5 809	6 489	7 184	7 892	8 563	9 238	9 898
男	1 668	1 961	2 274	2 598	2 928	3 268	3 614	3 964	4 291	4 620	4 941
女	1 626	1 918	2 229	2 552	2 881	3 220	3 569	3 929	4 271	4 618	4 957
性比(女100につき男)	102.6	102.3	102.1	101.8	101.6	101.5	101.3	100.9	100.5	100.0	99.7
年齢分布(%)											
0－4歳	20.4	19.4	17.9	16.4	15.2	14.6	13.8	13.0	11.9	11.4	10.8
5－14歳	27.8	29.5	29.8	28.9	27.5	26.0	24.9	24.1	23.1	21.8	20.7
15－24歳	17.5	17.0	18.6	20.4	21.3	21.2	20.6	19.9	19.7	19.5	19.0
60歳以上	4.2	4.2	4.3	4.5	4.9	5.4	6.1	6.8	7.5	8.0	8.7
65歳以上	2.6	2.6	2.7	2.8	3.1	3.4	3.9	4.5	5.1	5.7	6.1
80歳以上	0.3	0.3	0.3	0.3	0.4	0.4	0.6	0.8	0.9	1.1	1.3
15－49歳女子(%)	43.4	42.6	43.6	45.5	47.5	48.8	49.8	50.8	51.9	52.3	52.4
中位数年齢(歳)	16.0	15.5	16.0	17.0	18.1	19.2	20.2	21.3	22.4	23.6	24.8
人口密度(1k㎡あたり)	68	80	93	107	120	134	149	163	177	191	205

	1960-1965	1965-1970	1970-1975	1975-1980	1980-1985	1985-1990	1990-1995	1995-2000	2000-2005	2005-2010	2010-2015
年平均人口増加数(千人)	117	125	129	132	136	139	142	134	135	132	126
年平均出生数(千人)	178	186	190	195	205	211	216	213	219	220	218
年平均死亡数(千人)	52	50	47	45	46	45	46	49	53	57	62
人口増加率(%)	3.27	2.98	2.68	2.41	2.21	2.03	1.88	1.63	1.52	1.38	1.24
粗出生率(人口千人あたり)	49.6	44.3	39.4	35.5	33.4	30.9	28.7	25.9	24.6	23.0	21.4
粗死亡率(人口千人あたり)	14.5	11.8	9.7	8.3	7.5	6.6	6.0	6.0	6.0	6.0	6.0
合計出生率(女子1人あたり)	7.35	6.65	5.68	4.76	4.15	3.65	3.31	2.98	2.83	2.67	2.53
純再生産率(女子1人あたり)	2.75	2.61	2.33	2.03	1.81	1.63	1.51	1.37	1.31	1.25	1.19
乳児死亡率(出生千人あたり)	124	109	96	86	75	63	48	41	35	30	25
出生時の平均余命(歳)											
男	52.1	55.4	58.1	60.3	62.1	64.3	66.5	67.3	68.1	69.2	70.2
女	55.2	58.7	61.8	64.0	66.1	69.0	71.9	73.1	74.4	75.5	76.5
男女計	53.6	56.9	59.8	62.0	64.0	66.5	69.0	70.0	71.1	72.2	73.2

B. 中位予測値

	2015	2020	2025	2030	2035	2040	2045	2050	2055	2060
人口(千人)										
総数	10 528	11 107	11 626	12 087	12 491	12 819	13 069	13 238	13 339	13 377
男	5 246	5 525	5 775	5 996	6 189	6 345	6 465	6 547	6 598	6 622
女	5 282	5 581	5 851	6 091	6 302	6 474	6 604	6 691	6 741	6 755
性比(女100につき男)	99.3	99.0	98.7	98.4	98.2	98.0	97.9	97.8	97.9	98.0
年齢分布(%)										
0－4歳	10.1	9.3	8.7	8.1	7.6	7.1	6.7	6.3	6.0	5.7
5－14歳	19.9	18.9	17.8	16.7	15.7	14.8	14.0	13.3	12.6	12.0
15－24歳	18.2	17.5	17.2	16.6	15.9	15.1	14.4	13.8	13.2	12.6
60歳以上	9.7	11.1	12.7	14.2	15.8	17.4	19.2	21.1	23.0	24.7
65歳以上	6.7	7.6	8.8	10.1	11.5	12.9	14.2	15.8	17.4	19.1
80歳以上	1.6	1.8	1.9	2.2	2.6	3.2	3.9	4.5	5.1	5.7
6－11歳	12.0	11.4	10.7	10.0	9.4	8.9	8.4	7.9	7.5	7.2
12－14歳	5.8	5.6	5.4	5.1	4.8	4.5	4.3	4.1	3.9	3.7
15－17歳	5.6	5.5	5.3	5.1	4.8	4.5	4.3	4.1	3.9	3.7
18－23歳	10.9	10.4	10.2	9.9	9.6	9.1	8.6	8.3	7.9	7.6
15－24歳女子(%)	51.8	51.4	51.1	50.6	49.8	48.9	47.7	46.7	45.5	44.1
中位数年齢(歳)	26.1	27.6	29.1	30.6	32.2	33.8	35.4	37.1	38.7	40.3
人口密度(1k㎡あたり)	218	230	241	250	259	265	270	274	276	277

	2010-2015	2015-2020	2020-2025	2025-2030	2030-2035	2035-2040	2040-2045	2045-2050	2050-2055	2055-2060
年平均人口増加数(千人)	126	116	104	92	81	66	50	34	20	8
年平均出生数(千人)	218	213	206	199	192	184	176	168	161	154
年平均死亡数(千人)	62	67	72	79	86	93	101	109	116	123
年平均純移動数(千人)	−31	−30	−30	−28	−26	−26	−26	−26	−24	−23
人口増加率(%)	1.24	1.07	0.92	0.78	0.66	0.52	0.39	0.26	0.15	0.06
粗出生率(人口千人あたり)	21.4	19.6	18.1	16.8	15.6	14.6	13.6	12.8	12.1	11.5
粗死亡率(人口千人あたり)	6.0	6.2	6.4	6.6	7.0	7.3	7.8	8.3	8.7	9.2
純移動率(人口千人あたり)	−3.0	−2.8	−2.6	−2.4	−2.1	−2.0	−2.0	−1.9	−1.8	−1.7
合計出生率 (女子1人あたり)	2.53	2.38	2.24	2.13	2.03	1.95	1.89	1.84	1.81	1.79
純再生産率 (女子1人あたり)	1.19	1.12	1.06	1.01	0.96	0.93	0.90	0.88	0.87	0.86
乳児死亡率 (出生千人あたり)	25	23	20	17	15	13	12	11	10	9
5歳未満の死亡数(出生千人あたり	28	25	22	19	17	15	14	13	12	11
出生時の平均余命(歳)										
男	70.2	71.1	71.9	72.8	73.7	74.7	75.6	76.4	77.4	78.3
女	76.5	77.3	78.1	78.8	79.5	80.1	80.7	81.3	81.9	82.4
男女計	73.2	74.1	74.9	75.8	76.5	77.3	78.1	78.9	79.6	80.4

C. 高位予測値

	2015	2020	2025	2030	2035	2040	2045	2050	2055	2060
人口(千人)										
総数	10 528	11 216	11 915	12 605	13 253	13 860	14 438	14 987	15 512	16 010
男	5 246	5 581	5 922	6 260	6 578	6 877	7 164	7 440	7 707	7 966
女	5 282	5 635	5 992	6 345	6 675	6 983	7 274	7 547	7 804	8 044
性比(女100につき男)	99.3	98.9	98.6	98.2	97.8	97.5	97.2	97.0	96.8	96.8
年齢分布(%)										
0－4歳	10.1	10.2	10.0	9.6	9.0	8.6	8.3	8.1	7.9	7.7
5－14歳	19.9	18.7	18.3	18.3	17.9	17.1	16.3	15.8	15.4	15.1
15－24歳	18.2	17.4	16.8	16.0	15.8	16.1	15.9	15.3	14.7	14.3
60歳以上	9.7	11.0	12.4	13.7	14.9	16.1	17.4	18.6	19.7	20.6
65歳以上	6.7	7.5	8.6	9.7	10.8	11.9	12.9	14.0	15.0	16.0
80歳以上	1.6	1.8	1.9	2.1	2.5	3.0	3.5	4.0	4.4	4.8
15－49歳女子(%)	51.8	51.0	49.9	48.6	47.9	47.3	46.8	46.3	45.7	45.3
中位数年齢(歳)	26.1	27.3	28.3	29.1	30.1	31.0	31.8	32.6	33.5	34.4

	2010-2015	2015-2020	2020-2025	2025-2030	2030-2035	2035-2040	2040-2045	2045-2050	2050-2055	2055-2060
年平均人口増加数(千人)	126	137	140	138	130	121	116	110	105	100
年平均出生数(千人)	218	235	242	246	242	241	243	246	248	248
年平均死亡数(千人)	62	67	73	80	86	94	102	111	118	125
人口増加率(%)	1.24	1.27	1.21	1.13	1.00	0.90	0.82	0.75	0.69	0.63
粗出生率(人口千人あたり)	21.4	21.6	21.0	20.0	18.7	17.8	17.2	16.7	16.2	15.7
粗死亡率(人口千人あたり)	6.0	6.2	6.3	6.5	6.7	6.9	7.2	7.5	7.7	8.0
合計出生率 (女子1人あたり)	2.53	2.63	2.64	2.63	2.53	2.45	2.39	2.34	2.31	2.29
純再生産率 (女子1人あたり)	1.19	1.24	1.25	1.25	1.20	1.17	1.14	1.12	1.10	1.10

D. 低位予測値

	2015	2020	2025	2030	2035	2040	2045	2050	2055	2060
人口(千人)										
総数	10 528	10 997	11 338	11 569	11 734	11 803	11 767	11 623	11 392	11 086
男	5 246	5 470	5 628	5 731	5 802	5 826	5 800	5 722	5 604	5 453
女	5 282	5 528	5 710	5 838	5 932	5 977	5 967	5 901	5 787	5 633
性比(女100につき男)	99.3	98.9	98.6	98.2	97.8	97.5	97.2	97.0	96.8	96.8
年齢分布(%)										
0－4歳	10.1	8.4	7.3	6.4	6.0	5.5	4.9	4.4	4.0	3.7
5－14歳	19.9	19.1	17.3	15.0	13.2	12.1	11.3	10.4	9.5	8.6
15－24歳	18.2	17.7	17.6	17.4	16.0	14.0	12.5	11.7	11.1	10.3
60歳以上	9.7	11.2	13.0	14.9	16.8	18.9	21.3	24.0	26.9	29.8
65歳以上	6.7	7.6	9.0	10.6	12.2	14.0	15.8	18.0	20.4	23.0
80歳以上	1.6	1.8	2.0	2.3	2.8	3.5	4.3	5.1	6.0	6.9
15－49歳女子(%)	51.8	51.9	52.3	52.8	52.1	50.6	48.6	46.7	44.4	41.7
中位数年齢(歳)	26.1	27.9	29.9	32.0	34.2	36.6	39.0	41.6	44.2	46.8

	2010-2015	2015-2020	2020-2025	2025-2030	2030-2035	2035-2040	2040-2045	2045-2050	2050-2055	2055-2060
年平均人口増加数(千人)	126	94	68	46	33	14	－ 7	－ 29	－ 46	－ 61
年平均出生数(千人)	218	190	169	152	143	131	118	104	92	83
年平均死亡数(千人)	62	66	71	78	85	92	99	107	114	121
人口増加率(%)	1.24	0.87	0.61	0.41	0.28	0.12	−0.06	−0.25	−0.40	−0.55
粗出生率(人口千人あたり)	21.4	17.7	15.1	13.3	12.3	11.2	10.0	8.9	8.0	7.4
粗死亡率(人口千人あたり)	6.0	6.1	6.4	6.8	7.3	7.8	8.4	9.2	9.9	10.8
合計出生率 (女子1人あたり)	2.53	2.13	1.84	1.63	1.53	1.45	1.39	1.34	1.31	1.29
純再生産率 (女子1人あたり)	1.19	1.00	0.87	0.77	0.73	0.69	0.66	0.64	0.63	0.62

E. 出生力一定予測値

	2015	2020	2025	2030	2035	2040	2045	2050	2055	2060
人口(千人)										
総数	10 528	11 173	11 822	12 470	13 116	13 752	14 382	15 003	15 629	16 262
男	5 246	5 559	5 875	6 191	6 508	6 822	7 135	7 449	7 768	8 096
女	5 282	5 614	5 947	6 279	6 608	6 930	7 246	7 555	7 861	8 166
中位数年齢(歳)	26.1	27.4	28.5	29.5	30.4	31.3	31.9	32.5	32.9	33.4

	2010-2015	2015-2020	2020-2025	2025-2030	2030-2035	2035-2040	2040-2045	2045-2050	2050-2055	2055-2060
人口増加率(%)	1.24	1.19	1.13	1.07	1.01	0.95	0.90	0.85	0.82	0.79
粗出生率(人口千人あたり)	21.4	20.8	20.2	19.5	18.9	18.4	18.0	17.7	17.5	17.3
粗死亡率(人口千人あたり)	6.0	6.2	6.3	6.5	6.8	7.0	7.3	7.5	7.7	7.9

Ecuador

A. 推 計 値

指　標	1960	1965	1970	1975	1980	1985	1990	1995	2000	2005	2010
人口(千人)											
総数	4 546	5 250	6 073	6 987	7 976	9 046	10 218	11 441	12 629	13 735	14 935
男	2 272	2 631	3 048	3 511	4 010	4 547	5 134	5 743	6 331	6 879	7 472
女	2 273	2 619	3 024	3 476	3 966	4 499	5 084	5 697	6 297	6 857	7 462
性比(女100につき男)	100.0	100.4	100.8	101.0	101.1	101.1	101.0	100.8	100.5	100.3	100.1
年齢分布(%)											
０－４歳	17.8	17.5	17.2	16.4	15.3	14.5	13.9	12.9	12.0	11.0	10.5
５－14歳	25.6	27.2	27.0	26.9	26.5	25.5	24.3	23.6	22.7	21.6	20.2
15－24歳	17.7	17.6	18.8	20.0	20.2	20.4	20.4	19.9	19.4	19.3	19.0
60歳以上	7.0	6.7	6.4	6.2	6.0	6.1	6.3	6.6	7.2	8.0	8.7
65歳以上	4.7	4.5	4.3	4.1	4.1	4.1	4.2	4.5	5.0	5.5	6.1
80歳以上	0.5	0.6	0.6	0.6	0.6	0.7	0.7	0.9	1.0	1.2	1.3
15－49歳女子(%)	43.4	42.7	43.8	45.2	46.7	48.4	49.9	50.9	51.8	52.2	52.5
中位数年齢(歳)	18.4	17.8	17.7	18.1	18.8	19.6	20.5	21.6	22.8	23.9	25.2
人口密度(1k㎡あたり)	18	21	24	28	32	36	41	46	51	55	60

	1960-1965	1965-1970	1970-1975	1975-1980	1980-1985	1985-1990	1990-1995	1995-2000	2000-2005	2005-2010	2010-2015
年平均人口増加数(千人)	141	164	183	198	214	234	244	238	221	240	242
年平均出生数(千人)	214	239	258	271	285	302	311	316	313	323	330
年平均死亡数(千人)	71	74	74	71	68	64	63	64	68	74	80
人口増加率(%)	2.88	2.91	2.81	2.65	2.52	2.44	2.26	1.98	1.68	1.67	1.56
粗出生率(人口千人あたり)	43.6	42.2	39.6	36.2	33.5	31.4	28.7	26.3	23.8	22.5	21.2
粗死亡率(人口千人あたり)	14.5	13.0	11.4	9.5	8.0	6.7	5.8	5.4	5.2	5.2	5.2
合計出生率(女子１人あたり)	6.65	6.40	5.80	5.05	4.45	4.00	3.55	3.20	2.88	2.73	2.59
純再生産率(女子１人あたり)	2.51	2.49	2.33	2.10	1.91	1.78	1.61	1.47	1.34	1.28	1.21
乳児死亡率(出生千人あたり)	119	107	95	81	68	55	43	34	27	23	21
出生時の平均余命(歳)											
男	53.4	55.4	57.4	59.9	62.5	65.4	67.6	69.2	70.7	71.7	72.8
女	56.1	58.2	60.5	63.6	66.7	70.0	72.9	75.2	76.8	77.5	78.4
男女計	54.7	56.8	58.9	61.7	64.6	67.6	70.2	72.1	73.6	74.6	75.5

B. 中 位 予 測 値

	2015	2020	2025	2030	2035	2040	2045	2050	2055	2060
人口(千人)										
総数	16 144	17 338	18 483	19 563	20 568	21 484	22 300	23 013	23 614	24 108
男	8 071	8 662	9 229	9 764	10 263	10 720	11 132	11 498	11 813	12 077
女	8 073	8 676	9 254	9 799	10 305	10 763	11 168	11 514	11 801	12 031
性比(女100につき男)	100.0	99.8	99.7	99.6	99.6	99.6	99.7	99.9	100.1	100.4
年齢分布(%)										
０－４歳	10.0	9.3	8.7	8.1	7.6	7.1	6.7	6.4	6.0	5.8
５－14歳	19.0	18.3	17.4	16.4	15.4	14.6	13.8	13.1	12.5	12.0
15－24歳	18.2	17.2	16.5	16.1	15.5	14.9	14.2	13.6	13.0	12.5
60歳以上	9.9	11.3	12.8	14.5	16.3	18.0	19.9	21.8	23.8	25.7
65歳以上	6.7	7.8	9.1	10.4	11.9	13.4	14.9	16.5	18.3	20.1
80歳以上	1.4	1.7	1.9	2.3	2.8	3.4	4.1	4.8	5.6	6.3
６－11歳	11.5	11.0	10.5	9.8	9.2	8.7	8.3	7.9	7.5	7.2
12－14歳	5.6	5.4	5.2	4.9	4.7	4.4	4.2	4.0	3.8	3.7
15－17歳	5.6	5.2	5.1	4.9	4.7	4.4	4.2	4.0	3.9	3.7
18－23歳	10.9	10.3	9.8	9.6	9.3	8.9	8.5	8.2	7.8	7.5
15－24歳女子(%)	52.4	51.7	51.0	50.4	49.6	48.4	47.2	46.1	45.1	43.9
中位数年齢(歳)	26.6	28.1	29.7	31.2	32.8	34.3	35.8	37.4	38.9	40.3
人口密度(1k㎡あたり)	65	70	74	79	83	87	90	93	95	97

	2010-2015	2015-2020	2020-2025	2025-2030	2030-2035	2035-2040	2040-2045	2045-2050	2050-2055	2055-2060
年平均人口増加数(千人)	242	239	229	216	201	183	163	143	120	99
年平均出生数(千人)	330	330	326	321	316	310	303	296	288	280
年平均死亡数(千人)	80	85	93	102	112	124	137	151	165	179
年平均純移動数(千人)	−8	−6	−5	−4	−3	−3	−3	−3	−3	−2
人口増加率(%)	1.56	1.43	1.28	1.14	1.00	0.87	0.75	0.63	0.52	0.41
粗出生率(人口千人あたり)	21.2	19.7	18.2	16.9	15.7	14.7	13.8	13.1	12.3	11.7
粗死亡率(人口千人あたり)	5.2	5.1	5.2	5.4	5.6	5.9	6.3	6.6	7.1	7.5
純移動率(人口千人あたり)	−0.5	−0.4	−0.3	−0.2	−0.1	−0.1	−0.1	−0.1	−0.1	−0.1
合計出生率（女子１人あたり）	2.59	2.44	2.32	2.21	2.12	2.04	1.97	1.92	1.88	1.85
純再生産率（女子１人あたり）	1.21	1.15	1.10	1.05	1.01	0.98	0.95	0.92	0.90	0.89
乳児死亡率（出生千人あたり）	21	19	16	14	12	10	9	8	7	7
５歳未満の死亡数(出生千人あたり)	25	23	19	17	14	13	11	10	9	8
出生時の平均余命(歳)										
男	72.8	74.1	75.3	76.5	77.7	78.8	80.0	81.1	82.1	83.1
女	78.4	79.5	80.4	81.3	82.1	82.9	83.6	84.3	84.9	85.5
男女計	75.5	76.7	77.8	78.9	79.9	80.8	81.8	82.7	83.5	84.3

C. 高 位 予 測 値

	2015	2020	2025	2030	2035	2040	2045	2050	2055	2060
人口(千人)										
総数	16 144	17 504	18 925	20 362	21 748	23 101	24 439	25 765	27 063	28 323
男	8 071	8 747	9 455	10 172	10 866	11 548	12 226	12 905	13 576	14 231
女	8 073	8 757	9 470	10 190	10 882	11 554	12 213	12 860	13 487	14 092
性比(女100につき男)	100.0	99.8	99.6	99.4	99.3	99.2	99.2	99.3	99.5	99.7
年齢分布(%)										
0－4歳	10.0	10.2	9.9	9.5	8.9	8.5	8.3	8.1	7.9	7.6
5－14歳	19.0	18.1	17.9	17.9	17.5	16.8	16.0	15.5	15.1	14.8
15－24歳	18.2	17.1	16.1	15.5	15.5	15.7	15.5	15.0	14.4	14.0
60歳以上	9.9	11.2	12.5	13.9	15.4	16.8	18.1	19.5	20.8	21.8
65歳以上	6.7	7.8	8.9	10.0	11.2	12.5	13.6	14.8	16.0	17.1
80歳以上	1.4	1.6	1.9	2.2	2.7	3.2	3.7	4.3	4.8	5.4
15－49歳女子(%)	52.4	51.2	49.9	48.5	47.7	47.0	46.4	45.7	45.3	44.9
中位数年齢(歳)	26.6	27.8	28.9	29.9	30.8	31.6	32.4	33.2	34.1	35.0

	2010-2015	2015-2020	2020-2025	2025-2030	2030-2035	2035-2040	2040-2045	2045-2050	2050-2055	2055-2060
年平均人口増加数(千人)	242	272	284	287	277	271	268	265	260	252
年平均出生数(千人)	330	364	383	394	393	399	409	420	429	436
年平均死亡数(千人)	80	86	94	103	113	125	139	152	167	181
人口増加率(%)	1.56	1.62	1.56	1.46	1.32	1.21	1.13	1.06	0.98	0.91
粗出生率(人口千人あたり)	21.2	21.6	21.0	20.1	18.7	17.8	17.2	16.7	16.3	15.7
粗死亡率(人口千人あたり)	5.2	5.1	5.1	5.2	5.4	5.6	5.8	6.1	6.3	6.6
合計出生率（女子1人あたり）	2.59	2.69	2.72	2.71	2.62	2.54	2.47	2.42	2.38	2.35
純再生産率（女子1人あたり）	1.21	1.27	1.29	1.29	1.25	1.21	1.18	1.16	1.14	1.13

D. 低 位 予 測 値

	2015	2020	2025	2030	2035	2040	2045	2050	2055	2060
人口(千人)										
総数	16 144	17 173	18 041	18 764	19 393	19 897	20 250	20 447	20 489	20 391
男	8 071	8 578	9 003	9 355	9 662	9 909	10 085	10 187	10 216	10 178
女	8 073	8 595	9 038	9 409	9 731	9 988	10 166	10 260	10 273	10 213
性比(女100につき男)	100.0	99.8	99.6	99.4	99.3	99.2	99.2	99.3	99.5	99.7
年齢分布(%)										
0－4歳	10.0	8.5	7.4	6.5	6.1	5.6	5.1	4.6	4.2	3.9
5－14歳	19.0	18.5	16.9	14.8	13.1	12.1	11.3	10.5	9.6	8.8
15－24歳	18.2	17.4	16.9	16.8	15.6	13.8	12.5	11.7	11.1	10.5
60歳以上	9.9	11.4	13.2	15.1	17.3	19.5	21.9	24.6	27.4	30.3
65歳以上	6.7	7.9	9.3	10.8	12.6	14.5	16.4	18.6	21.1	23.7
80歳以上	1.4	1.7	2.0	2.4	3.0	3.7	4.5	5.4	6.4	7.5
15－49歳女子(%)	52.4	52.2	52.3	52.5	51.7	50.1	48.1	46.1	44.2	42.0
中位数年齢(歳)	26.6	28.4	30.4	32.6	34.8	37.0	39.2	41.5	43.9	46.3

	2010-2015	2015-2020	2020-2025	2025-2030	2030-2035	2035-2040	2040-2045	2045-2050	2050-2055	2055-2060
年平均人口増加数(千人)	242	206	174	145	126	101	71	39	8	－ 20
年平均出生数(千人)	330	297	270	249	239	226	209	191	174	160
年平均死亡数(千人)	80	85	92	101	111	123	135	149	163	177
人口増加率(%)	1.56	1.24	0.99	0.79	0.66	0.51	0.35	0.19	0.04	-0.10
粗出生率(人口千人あたり)	21.2	17.8	15.3	13.5	12.5	11.5	10.4	9.4	8.5	7.8
粗死亡率(人口千人あたり)	5.2	5.1	5.2	5.5	5.8	6.2	6.7	7.3	8.0	8.7
合計出生率（女子1人あたり）	2.59	2.19	1.92	1.71	1.62	1.54	1.47	1.42	1.38	1.35
純再生産率（女子1人あたり）	1.21	1.04	0.91	0.81	0.77	0.74	0.71	0.68	0.66	0.65

E. 出生力一定予測値

	2015	2020	2025	2030	2035	2040	2045	2050	2055	2060
人口(千人)										
総数	16 144	17 428	18 754	20 098	21 453	22 817	24 197	25 594	27 006	28 436
男	8 071	8 708	9 368	10 037	10 716	11 403	12 102	12 818	13 548	14 290
女	8 073	8 720	9 387	10 061	10 738	11 415	12 094	12 776	13 458	14 146
中位数年齢(歳)	26.6	28.0	29.2	30.3	31.3	32.1	32.8	33.3	33.9	34.4

	2010-2015	2015-2020	2020-2025	2025-2030	2030-2035	2035-2040	2040-2045	2045-2050	2050-2055	2055-2060
人口増加率(%)	1.56	1.53	1.47	1.38	1.31	1.23	1.17	1.12	1.07	1.03
粗出生率(人口千人あたり)	21.2	20.8	20.1	19.3	18.6	18.1	17.7	17.5	17.2	17.0
粗死亡率(人口千人あたり)	5.2	5.1	5.2	5.3	5.4	5.7	5.9	6.1	6.4	6.5

Egypt

A. 推 計 値

指　標	1960	1965	1970	1975	1980	1985	1990	1995	2000	2005	2010
人口(千人)											
総数	27 072	30 873	34 809	38 624	43 370	49 374	56 397	62 435	68 335	74 942	82 041
男	13 710	15 649	17 621	19 517	21 877	24 789	28 295	31 396	34 354	37 762	41 405
女	13 362	15 224	17 187	19 108	21 493	24 585	28 102	31 038	33 981	37 180	40 636
性比(女100につき男)	102.6	102.8	102.5	102.1	101.8	100.8	100.7	101.2	101.1	101.6	101.9
年齢分布(%)											
０－４歳	16.9	16.4	15.7	14.9	15.6	16.1	15.7	13.2	11.7	11.7	11.7
５－14歳	24.8	25.0	25.6	25.4	24.4	24.3	25.3	26.3	24.7	21.4	20.2
15－24歳	15.6	17.1	18.8	18.8	19.2	18.8	17.6	18.4	20.5	21.7	20.3
60歳以上	6.3	6.6	6.8	7.0	7.1	7.2	7.2	7.4	7.4	7.3	7.7
65歳以上	4.0	4.2	4.4	4.5	4.6	4.7	4.7	4.9	5.1	5.0	4.9
80歳以上	0.3	0.4	0.5	0.6	0.6	0.6	0.6	0.6	0.7	0.7	0.8
15－49歳女子(%)	45.4	45.3	45.0	45.5	45.6	45.5	45.4	46.9	49.4	52.2	52.7
中位数年齢(歳)	20.2	19.2	19.4	19.6	19.8	19.8	19.8	20.1	21.3	22.6	23.9
人口密度(1k㎡あたり)	27	31	35	39	44	50	57	63	69	75	82

指　標	1960-1965	1965-1970	1970-1975	1975-1980	1980-1985	1985-1990	1990-1995	1995-2000	2000-2005	2005-2010	2010-2015
年平均人口増加数(千人)	760	787	763	949	1 201	1 405	1 207	1 180	1 321	1 420	1 893
年平均出生数(千人)	1 302	1 373	1 429	1 597	1 809	1 937	1 770	1 667	1 807	1 980	2 477
年平均死亡数(千人)	532	538	557	536	530	491	472	446	472	504	541
人口増加率(%)	2.63	2.40	2.08	2.32	2.59	2.66	2.03	1.81	1.85	1.81	2.18
粗出生率(人口千人あたり)	44.9	41.8	38.9	39.0	39.0	36.6	29.8	25.5	25.2	25.2	28.5
粗死亡率(人口千人あたり)	18.4	16.4	15.2	13.1	11.4	9.3	7.9	6.8	6.6	6.4	6.2
合計出生率(女子１人あたり)	6.55	6.20	5.70	5.60	5.49	5.15	4.12	3.41	3.15	2.98	3.38
純再生産率(女子１人あたり)	2.17	2.15	2.03	2.14	2.21	2.20	1.81	1.55	1.45	1.38	1.58
乳児死亡率(出生千人あたり)	184	170	165	133	107	74	60	37	29	23	19
出生時の平均余命(歳)											
男	47.9	49.9	51.1	54.7	57.7	61.2	63.1	65.6	66.7	67.6	68.7
女	50.7	53.3	54.8	58.9	62.2	65.9	67.9	70.4	71.4	72.2	73.1
男女計	49.3	51.6	53.0	56.8	59.9	63.5	65.4	68.0	69.0	69.9	70.8

B. 中 位 予 測 値

指　標	2015	2020	2025	2030	2035	2040	2045	2050	2055	2060
人口(千人)										
総数	91 508	100 518	108 939	117 102	125 589	134 428	143 064	151 111	158 493	165 322
男	46 240	50 799	55 033	59 117	63 357	67 772	72 086	76 115	79 816	83 253
女	45 268	49 719	53 906	57 985	62 232	66 656	70 978	74 996	78 677	82 069
性比(女100につき男)	102.1	102.2	102.1	102.0	101.8	101.7	101.6	101.5	101.4	101.4
年齢分布(%)										
０－４歳	13.2	11.8	10.5	9.8	9.7	9.6	9.2	8.5	8.0	7.7
５－14歳	19.9	21.5	21.9	19.8	18.2	17.5	17.5	17.1	16.4	15.4
15－24歳	17.3	16.3	16.5	18.3	18.8	17.1	15.9	15.5	15.6	15.6
60歳以上	7.9	8.5	9.2	9.9	10.7	11.9	13.5	15.3	16.3	16.9
65歳以上	5.2	5.5	6.1	6.7	7.3	7.9	9.0	10.4	11.9	12.8
80歳以上	0.8	0.8	0.8	1.0	1.1	1.3	1.6	1.8	2.0	2.5
６－11歳	12.1	13.5	13.2	11.8	10.9	10.6	10.6	10.4	9.8	9.2
12－14歳	5.6	5.4	6.5	6.1	5.5	5.1	5.0	5.1	4.9	4.7
15－17歳	5.2	5.3	5.4	6.3	5.6	5.1	4.8	4.9	4.9	4.7
18－23歳	10.3	9.5	9.6	10.5	11.5	10.3	9.5	9.1	9.3	9.3
15－24歳女子(%)	51.0	50.2	50.0	51.1	50.7	49.4	48.6	48.7	49.0	49.1
中位数年齢(歳)	24.7	25.3	25.7	26.5	27.2	28.3	29.7	31.0	32.1	33.1
人口密度(1k㎡あたり)	92	101	109	118	126	135	144	152	159	166

指　標	2010-2015	2015-2020	2020-2025	2025-2030	2030-2035	2035-2040	2040-2045	2045-2050	2050-2055	2055-2060
年平均人口増加数(千人)	1 893	1 802	1 684	1 633	1 697	1 768	1 727	1 609	1 476	1 366
年平均出生数(千人)	2 477	2 413	2 331	2 333	2 463	2 609	2 644	2 606	2 561	2 550
年平均死亡数(千人)	541	567	604	658	723	798	874	954	1 044	1 145
年平均純移動数(千人)	−43	−43	−43	−43	−43	−43	−43	−43	−41	−39
人口増加率(%)	2.18	1.88	1.61	1.45	1.40	1.36	1.25	1.10	0.95	0.84
粗出生率(人口千人あたり)	28.5	25.1	22.3	20.6	20.3	20.1	19.1	17.7	16.5	15.7
粗死亡率(人口千人あたり)	6.2	5.9	5.8	5.8	6.0	6.1	6.3	6.5	6.7	7.1
純移動率(人口千人あたり)	−0.5	−0.4	−0.4	−0.4	−0.4	−0.3	−0.3	−0.3	−0.3	−0.2
合計出生率（女子１人あたり）	3.38	3.16	2.98	2.82	2.69	2.58	2.47	2.38	2.30	2.22
純再生産率（女子１人あたり）	1.58	1.49	1.41	1.34	1.28	1.23	1.18	1.14	1.10	1.06
乳児死亡率（出生千人あたり）	19	16	13	12	10	9	8	7	7	7
５歳未満の死亡数(出生千人あた	24	20	17	15	13	12	10	9	9	8
出生時の平均余命(歳)										
男	68.7	69.6	70.4	71.2	72.1	72.8	73.7	74.6	75.4	76.3
女	73.1	74.1	75.1	75.9	76.7	77.5	78.3	79.0	79.6	80.3
男女計	70.8	71.8	72.7	73.5	74.4	75.1	75.9	76.7	77.5	78.2

C. 高位予測値

	2015	2020	2025	2030	2035	2040	2045	2050	2055	2060
人口(千人)										
総数	91 508	101 455	111 417	121 616	132 410	144 120	156 370	168 768	181 168	193 648
男	46 240	51 281	56 307	61 438	66 863	72 754	78 925	85 190	91 468	97 808
女	45 268	50 174	55 110	60 178	65 547	71 366	77 445	83 579	89 700	95 840
性比(女100につき男)	102.1	102.1	102.0	101.8	101.6	101.4	101.2	101.0	100.8	100.7
年齢分布(%)										
0－4歳	13.2	12.6	11.7	11.1	10.9	11.0	10.7	10.2	9.8	9.5
5－14歳	19.9	21.3	22.2	21.1	20.0	19.4	19.3	19.2	18.7	18.0
15－24歳	17.3	16.1	16.2	17.6	18.5	17.7	16.8	16.4	16.5	16.6
60歳以上	7.9	8.4	9.0	9.5	10.1	11.1	12.4	13.7	14.3	14.4
65歳以上	5.2	5.4	5.9	6.5	6.9	7.4	8.2	9.3	10.4	10.9
80歳以上	0.8	0.8	0.8	1.0	1.1	1.2	1.4	1.6	1.8	2.1
15－49歳女子(%)	51.0	49.7	48.9	49.2	48.9	47.8	47.4	47.7	48.2	48.8
中位数年齢(歳)	24.7	25.0	24.9	25.1	25.4	26.2	27.0	27.8	28.4	29.0

	2010-2015	2015-2020	2020-2025	2025-2030	2030-2035	2035-2040	2040-2045	2045-2050	2050-2055	2055-2060
年平均人口増加数(千人)	1 893	1 989	1 992	2 040	2 159	2 342	2 450	2 480	2 480	2 496
年平均出生数(千人)	2 477	2 603	2 645	2 747	2 932	3 191	3 377	3 488	3 579	3 697
年平均死亡数(千人)	541	571	609	664	730	806	884	966	1 058	1 162
人口増加率(%)	2.18	2.06	1.87	1.75	1.70	1.70	1.63	1.53	1.42	1.33
粗出生率(人口千人あたり)	28.5	27.0	24.8	23.6	23.1	23.1	22.5	21.5	20.5	19.7
粗死亡率(人口千人あたり)	6.2	5.9	5.7	5.7	5.7	5.8	5.9	5.9	6.0	6.2
合計出生率（女子１人あたり）	3.38	3.41	3.38	3.32	3.19	3.08	2.97	2.88	2.80	2.72
純再生産率（女子１人あたり）	1.58	1.61	1.60	1.58	1.52	1.47	1.42	1.38	1.34	1.30

D. 低位予測値

	2015	2020	2025	2030	2035	2040	2045	2050	2055	2060
人口(千人)										
総数	91 508	99 581	106 461	112 588	118 783	124 875	130 226	134 498	137 683	139 936
男	46 240	50 317	53 759	56 797	59 858	62 862	65 488	67 578	69 123	70 210
女	45 268	49 264	52 702	55 791	58 925	62 013	64 738	66 920	68 560	69 726
性比(女100につき男)	102.1	102.1	102.0	101.8	101.6	101.4	101.2	101.0	100.8	100.7
年齢分布(%)										
0－4歳	13.2	11.0	9.3	8.4	8.3	8.1	7.5	6.8	6.2	5.7
5－14歳	19.9	21.7	21.5	18.4	16.3	15.4	15.3	14.8	13.7	12.5
15－24歳	17.3	16.4	16.9	19.0	19.1	16.4	14.7	14.2	14.4	14.1
60歳以上	7.9	8.5	9.4	10.3	11.3	12.8	14.8	17.1	18.8	20.0
65歳以上	5.2	5.5	6.2	7.0	7.7	8.5	9.9	11.7	13.7	15.1
80歳以上	0.8	0.8	0.8	1.0	1.2	1.4	1.7	2.0	2.3	3.0
15－49歳女子(%)	51.0	50.6	51.2	53.1	52.8	51.1	49.9	49.7	49.5	48.9
中位数年齢(歳)	24.7	25.6	26.6	27.8	29.1	30.4	32.5	34.6	36.5	38.2

	2010-2015	2015-2020	2020-2025	2025-2030	2030-2035	2035-2040	2040-2045	2045-2050	2050-2055	2055-2060
年平均人口増加数(千人)	1 893	1 614	1 376	1 225	1 239	1 218	1 070	854	637	451
年平均出生数(千人)	2 477	2 222	2 018	1 920	1 998	2 051	1 978	1 840	1 710	1 620
年平均死亡数(千人)	541	564	599	651	716	790	865	943	1 032	1 131
人口増加率(%)	2.18	1.69	1.34	1.12	1.07	1.00	0.84	0.65	0.47	0.33
粗出生率(人口千人あたり)	28.5	23.3	19.6	17.5	17.3	16.8	15.5	13.9	12.6	11.7
粗死亡率(人口千人あたり)	6.2	5.9	5.8	5.9	6.2	6.5	6.8	7.1	7.6	8.1
合計出生率（女子１人あたり）	3.38	2.91	2.58	2.32	2.19	2.08	1.97	1.88	1.80	1.72
純再生産率（女子１人あたり）	1.58	1.38	1.22	1.10	1.04	0.99	0.94	0.90	0.86	0.82

E. 出生力一定予測値

	2015	2020	2025	2030	2035	2040	2045	2050	2055	2060
人口(千人)										
総数	91 508	101 329	111 297	121 705	133 249	146 318	160 697	176 102	192 566	210 463
男	46 240	51 216	56 245	61 484	67 295	73 884	81 150	88 961	97 329	106 455
女	45 268	50 113	55 052	60 221	65 954	72 434	79 547	87 141	95 236	104 008
中位数年齢(歳)	24.7	25.0	25.0	25.1	25.2	25.8	26.1	26.3	26.2	26.3

	2010-2015	2015-2020	2020-2025	2025-2030	2030-2035	2035-2040	2040-2045	2045-2050	2050-2055	2055-2060
人口増加率(%)	2.18	2.04	1.88	1.79	1.81	1.87	1.88	1.83	1.79	1.78
粗出生率(人口千人あたり)	28.5	26.7	24.9	23.9	24.2	24.8	24.8	24.3	23.9	23.8
粗死亡率(人口千人あたり)	6.2	5.9	5.7	5.7	5.7	5.8	5.8	5.8	5.8	5.8

El Salvador

A. 推 計 値

指　標	1960	1965	1970	1975	1980	1985	1990	1995	2000	2005	2010
人口(千人)											
総数	2 763	3 198	3 669	4 148	4 578	4 921	5 252	5 589	5 812	5 947	6 038
男	1 362	1 585	1 825	2 057	2 257	2 412	2 563	2 713	2 799	2 837	2 854
女	1 401	1 613	1 844	2 090	2 320	2 509	2 689	2 875	3 013	3 111	3 184
性比(女100につき男)	97.2	98.3	99.0	98.4	97.3	96.1	95.3	94.4	92.9	91.2	89.6
年齢分布(%)											
0－4歳	18.5	18.4	17.7	17.1	16.5	15.2	14.2	13.5	12.3	10.5	9.3
5－14歳	26.4	27.5	27.9	27.6	27.3	27.1	25.7	24.1	23.7	23.4	21.3
15－24歳	18.3	18.0	18.7	19.4	19.4	19.4	19.7	19.5	18.8	18.9	19.8
60歳以上	5.2	5.1	5.0	5.1	5.4	6.0	6.6	7.3	8.3	9.3	10.2
65歳以上	3.3	3.3	3.2	3.3	3.5	3.9	4.4	4.8	5.5	6.4	7.3
80歳以上	0.4	0.4	0.4	0.4	0.4	0.5	0.6	0.7	0.8	1.1	1.4
15－49歳女子(%)	45.0	44.1	44.4	45.0	45.9	46.7	48.1	49.5	50.0	50.8	52.4
中位数年齢(歳)	17.6	17.1	17.1	17.5	17.9	18.6	19.7	21.1	22.2	23.4	24.8
人口密度(1km²あたり)	133	154	177	200	221	237	253	270	280	287	291

	1960-1965	1965-1970	1970-1975	1975-1980	1980-1985	1985-1990	1990-1995	1995-2000	2000-2005	2005-2010	2010-2015
年平均人口増加数(千人)	87	94	96	86	69	66	67	45	27	18	18
年平均出生数(千人)	139	151	163	171	168	164	160	150	129	115	107
年平均死亡数(千人)	47	48	49	52	53	46	40	40	40	40	41
人口増加率(%)	2.92	2.75	2.45	1.97	1.45	1.30	1.24	0.78	0.46	0.30	0.29
粗出生率(人口千人あたり)	46.7	44.0	41.7	39.2	35.4	32.2	29.6	26.3	22.0	19.2	17.5
粗死亡率(人口千人あたり)	15.9	14.0	12.5	12.0	11.2	9.1	7.4	7.0	6.8	6.7	6.7
合計出生率(女子1人あたり)	6.67	6.36	5.95	5.42	4.75	4.17	3.69	3.20	2.62	2.23	1.97
純再生産率(女子1人あたり)	2.46	2.44	2.35	2.19	1.97	1.81	1.67	1.48	1.22	1.05	0.93
乳児死亡率(出生千人あたり)	122	111	102	93	80	61	41	29	24	21	17
出生時の平均余命(歳)											
男	49.3	51.3	52.6	51.8	51.8	56.5	61.6	63.6	65.0	66.4	67.9
女	53.9	56.7	59.2	61.1	63.1	66.9	70.7	72.5	74.1	75.6	77.1
男女計	51.6	53.9	55.8	56.2	57.1	61.6	66.1	68.0	69.6	71.1	72.6

B. 中 位 予 測 値

	2015	2020	2025	2030	2035	2040	2045	2050	2055	2060
人口(千人)										
総数	6 127	6 231	6 329	6 408	6 464	6 476	6 450	6 390	6 302	6 183
男	2 875	2 910	2 947	2 980	3 007	3 015	3 008	2 987	2 955	2 912
女	3 251	3 321	3 382	3 428	3 457	3 461	3 443	3 403	3 346	3 271
性比(女100につき男)	88.4	87.6	87.1	86.9	87.0	87.1	87.4	87.8	88.3	89.0
年齢分布(%)										
0－4歳	8.5	8.2	7.7	7.0	6.4	5.9	5.5	5.3	5.1	4.8
5－14歳	18.5	16.7	15.7	15.1	14.1	12.9	11.9	11.2	10.7	10.3
15－24歳	20.3	18.6	16.3	14.8	14.3	13.9	13.1	12.1	11.2	10.6
60歳以上	11.5	12.7	14.2	15.8	17.5	19.5	21.5	24.1	27.5	31.1
65歳以上	8.2	9.2	10.2	11.5	12.9	14.6	16.3	18.1	20.5	23.7
80歳以上	1.8	2.2	2.5	2.8	3.2	3.8	4.5	5.2	6.0	7.0
6－11歳	10.9	9.9	9.5	9.0	8.4	7.7	7.1	6.7	6.4	6.2
12－14歳	5.9	5.2	4.7	4.6	4.4	4.1	3.7	3.5	3.3	3.2
15－17歳	6.3	5.3	4.8	4.5	4.4	4.2	3.8	3.5	3.3	3.2
18－23歳	12.2	11.4	9.8	8.9	8.5	8.4	7.9	7.3	6.8	6.4
15－24歳女子(%)	53.6	53.5	52.4	51.1	49.9	48.1	45.3	42.3	40.0	38.4
中位数年齢(歳)	26.7	28.6	30.8	33.1	35.5	37.7	39.9	41.8	43.6	45.3
人口密度(1km²あたり)	296	301	305	309	312	313	311	308	304	298

	2010-2015	2015-2020	2020-2025	2025-2030	2030-2035	2035-2040	2040-2045	2045-2050	2050-2055	2055-2060
年平均人口増加数(千人)	18	21	20	16	11	2	－5	－12	－18	－24
年平均出生数(千人)	107	104	99	91	83	77	72	69	65	60
年平均死亡数(千人)	41	43	45	47	49	51	54	57	60	63
年平均純移動数(千人)	−48	−41	−34	−28	−23	−23	−23	−23	−22	−21
人口増加率(%)	0.29	0.34	0.31	0.25	0.17	0.04	−0.08	−0.19	−0.28	−0.38
粗出生率(人口千人あたり)	17.5	16.9	15.7	14.3	13.0	11.9	11.2	10.7	10.2	9.7
粗死亡率(人口千人あたり)	6.7	7.0	7.2	7.4	7.6	7.9	8.4	8.9	9.5	10.1
純移動率(人口千人あたり)	−7.9	−6.6	−5.4	−4.4	−3.6	−3.6	−3.6	−3.6	−3.5	−3.4
合計出生率（女子1人あたり）	1.97	1.87	1.79	1.73	1.69	1.67	1.66	1.66	1.67	1.68
純再生産率（女子1人あたり）	0.93	0.89	0.85	0.83	0.81	0.80	0.80	0.80	0.80	0.81
乳児死亡率（出生千人あたり）	17	14	12	10	9	8	7	7	6	6
5歳未満の死亡数(出生千人あたり	20	17	14	12	11	10	9	8	7	7
出生時の平均余命(歳)										
男	67.9	69.2	70.5	71.7	72.9	74.1	75.2	76.4	77.6	78.7
女	77.1	78.2	79.1	80.0	80.8	81.5	82.2	82.8	83.5	84.1
男女計	72.6	73.9	75.0	76.0	77.0	78.0	78.9	79.8	80.7	81.6

C. 高位予測値

	2015	2020	2025	2030	2035	2040	2045	2050	2055	2060
人口(千人)										
総数	6 127	6 299	6 506	6 715	6 898	7 046	7 176	7 295	7 407	7 503
男	2 875	2 945	3 038	3 137	3 229	3 307	3 378	3 449	3 519	3 585
女	3 251	3 354	3 469	3 578	3 669	3 740	3 797	3 846	3 888	3 918
性比(女100につき男)	88.4	87.5	86.7	86.1	85.8	85.6	85.5	85.5	85.7	86.0
年齢分布(%)										
０－４歳	8.5	9.2	9.1	8.6	7.8	7.3	7.2	7.1	7.1	6.9
５－14歳	18.5	16.5	16.4	17.0	16.6	15.5	14.4	13.8	13.7	13.6
15－24歳	20.3	18.4	15.8	14.2	14.4	15.3	15.1	14.1	13.1	12.6
60歳以上	11.5	12.6	13.8	15.0	16.4	17.9	19.3	21.1	23.4	25.6
65歳以上	8.2	9.1	10.0	11.0	12.1	13.4	14.7	15.9	17.4	19.5
80歳以上	1.8	2.1	2.4	2.6	3.0	3.5	4.0	4.6	5.1	5.7
15－49歳女子(%)	53.6	52.9	51.1	48.9	47.9	46.8	45.0	42.9	41.6	41.0
中位数年齢(歳)	26.7	28.3	30.0	31.7	33.3	34.6	35.6	36.2	37.1	38.2

	2010-2015	2015-2020	2020-2025	2025-2030	2030-2035	2035-2040	2040-2045	2045-2050	2050-2055	2055-2060
年平均人口増加数(千人)	18	35	41	42	37	30	26	24	22	19
年平均出生数(千人)	107	118	121	117	109	105	104	105	106	104
年平均死亡数(千人)	41	43	45	47	49	52	55	58	61	64
人口増加率(%)	0.29	0.56	0.65	0.63	0.54	0.43	0.36	0.33	0.31	0.26
粗出生率(人口千人あたり)	17.5	19.0	18.9	17.8	16.1	15.0	14.6	14.5	14.4	14.0
粗死亡率(人口千人あたり)	6.7	7.0	7.1	7.2	7.3	7.4	7.7	8.0	8.3	8.6
合計出生率（女子１人あたり）	1.97	2.12	2.19	2.23	2.19	2.17	2.16	2.16	2.17	2.18
純再生産率（女子１人あたり）	0.93	1.01	1.04	1.07	1.05	1.04	1.04	1.04	1.04	1.05

D. 低位予測値

	2015	2020	2025	2030	2035	2040	2045	2050	2055	2060
人口(千人)										
総数	6 127	6 162	6 152	6 101	6 032	5 919	5 761	5 558	5 318	5 046
男	2 875	2 875	2 856	2 823	2 786	2 730	2 656	2 562	2 454	2 333
女	3 251	3 287	3 295	3 278	3 246	3 188	3 105	2 995	2 864	2 713
性比(女100につき男)	88.4	87.5	86.7	86.1	85.8	85.6	85.5	85.5	85.7	86.0
年齢分布(%)										
０－４歳	8.5	7.2	6.1	5.2	4.7	4.3	3.9	3.5	3.1	2.8
５－14歳	18.5	16.9	15.1	12.9	11.1	9.8	9.0	8.2	7.4	6.7
15－24歳	20.3	18.8	16.7	15.6	14.2	12.2	10.5	9.3	8.6	7.8
60歳以上	11.5	12.9	14.6	16.6	18.8	21.3	24.1	27.7	32.6	38.1
65歳以上	8.2	9.3	10.5	12.1	13.9	15.9	18.3	20.8	24.2	29.0
80歳以上	1.8	2.2	2.6	2.9	3.5	4.1	5.0	6.0	7.2	8.5
15－49歳女子(%)	53.6	54.0	53.8	53.4	52.1	49.5	45.4	41.0	37.3	33.9
中位数年齢(歳)	26.7	28.9	31.7	34.6	37.6	40.7	43.7	46.7	49.8	52.7

	2010-2015	2015-2020	2020-2025	2025-2030	2030-2035	2035-2040	2040-2045	2045-2050	2050-2055	2055-2060
年平均人口増加数(千人)	18	7	－ 2	－ 10	－ 14	－ 23	－ 32	－ 41	－ 48	－ 54
年平均出生数(千人)	107	90	77	65	58	52	45	39	34	29
年平均死亡数(千人)	41	43	45	47	49	51	54	57	60	62
人口増加率(%)	0.29	0.12	−0.04	−0.17	−0.23	−0.38	−0.54	−0.72	−0.88	−1.05
粗出生率(人口千人あたり)	17.5	14.7	12.5	10.6	9.6	8.6	7.7	6.9	6.2	5.6
粗死亡率(人口千人あたり)	6.7	7.0	7.3	7.6	8.0	8.5	9.2	10.0	10.9	12.0
合計出生率（女子１人あたり）	1.97	1.62	1.39	1.23	1.19	1.17	1.16	1.16	1.17	1.18
純再生産率（女子１人あたり）	0.93	0.77	0.66	0.59	0.57	0.56	0.56	0.56	0.56	0.57

E. 出生力一定予測値

	2015	2020	2025	2030	2035	2040	2045	2050	2055	2060
人口(千人)										
総数	6 127	6 257	6 403	6 543	6 668	6 760	6 823	6 860	6 874	6 863
男	2 875	2 923	2 985	3 049	3 112	3 160	3 198	3 227	3 247	3 259
女	3 251	3 334	3 418	3 494	3 556	3 599	3 625	3 633	3 626	3 604
中位数年齢(歳)	26.7	28.5	30.5	32.5	34.5	36.2	37.7	38.9	40.0	41.2

	2010-2015	2015-2020	2020-2025	2025-2030	2030-2035	2035-2040	2040-2045	2045-2050	2050-2055	2055-2060
人口増加率(%)	0.29	0.42	0.46	0.43	0.38	0.27	0.19	0.11	0.04	−0.03
粗出生率(人口千人あたり)	17.5	17.7	17.1	16.0	14.8	13.9	13.3	12.9	12.5	12.0
粗死亡率(人口千人あたり)	6.7	7.0	7.1	7.3	7.4	7.7	8.0	8.4	8.8	9.3

Equatorial Guinea

A. 推 計 値

指　標	1960	1965	1970	1975	1980	1985	1990	1995	2000	2005	2010
人口(千人)											
総数	252	269	291	238	221	314	377	448	531	626	729
男	123	132	142	116	107	160	193	229	272	321	374
女	129	138	148	122	113	154	185	219	259	305	355
性比(女100につき男)	96.0	95.9	96.0	95.0	94.8	103.8	104.3	104.6	105.0	105.5	105.4
年齢分布(%)											
0－4歳	15.0	15.1	15.5	15.4	13.5	15.3	18.4	17.8	16.6	15.7	15.5
5－14歳	22.0	23.2	23.2	29.4	30.3	19.5	19.5	24.3	26.3	25.5	24.5
15－24歳	17.2	16.9	17.7	18.2	23.0	24.6	19.1	14.0	14.3	17.9	19.4
60歳以上	7.9	7.5	7.2	8.5	9.3	7.6	6.8	6.0	5.3	4.8	4.5
65歳以上	5.0	4.8	4.6	5.4	6.0	5.0	4.5	4.1	3.7	3.3	3.0
80歳以上	0.5	0.5	0.4	0.5	0.6	0.6	0.5	0.5	0.5	0.5	0.5
15－49歳女子(%)	47.5	46.8	46.8	38.7	38.8	49.6	48.7	46.3	46.8	48.3	48.0
中位数年齢(歳)	22.4	21.8	20.9	17.4	17.3	21.2	21.7	20.9	19.2	19.3	19.9
人口密度(1km²あたり)	9	10	10	8	8	11	13	16	19	22	26

	1960-1965	1965-1970	1970-1975	1975-1980	1980-1985	1985-1990	1990-1995	1995-2000	2000-2005	2005-2010	2010-2015
年平均人口増加数(千人)	3	4	－ 11	－ 4	19	13	14	17	19	21	23
年平均出生数(千人)	10	11	10	8	11	16	18	20	22	25	28
年平均死亡数(千人)	7	7	6	5	5	7	7	8	8	8	9
人口増加率(%)	1.33	1.53	-3.99	-1.54	7.09	3.65	3.45	3.38	3.29	3.04	2.96
粗出生率(人口千人あたり)	40.1	40.7	36.8	32.9	41.6	47.2	44.7	40.9	38.1	36.9	35.5
粗死亡率(人口千人あたり)	26.9	25.3	23.7	22.1	20.1	19.4	17.6	15.4	13.9	12.5	11.0
合計出生率(女子1人あたり)	5.53	5.66	5.68	5.68	5.79	5.89	5.89	5.87	5.64	5.36	4.97
純再生産率(女子1人あたり)	1.57	1.66	1.72	1.77	1.93	2.02	2.09	2.15	2.11	2.07	1.99
乳児死亡率(出生千人あたり)	176	167	158	149	130	121	111	100	91	80	70
出生時の平均余命(歳)											
男	36.0	37.5	39.0	40.5	43.9	45.7	47.7	49.9	51.6	53.5	55.9
女	39.0	40.6	42.1	43.6	47.2	48.8	50.9	52.9	54.1	55.9	58.6
男女計	37.5	39.0	40.5	42.1	45.6	47.2	49.2	51.3	52.8	54.6	57.1

B. 中 位 予 測 値

	2015	2020	2025	2030	2035	2040	2045	2050	2055	2060
人口(千人)										
総数	845	971	1 102	1 238	1 378	1 521	1 667	1 816	1 966	2 113
男	433	497	563	631	700	772	844	918	992	1 064
女	412	474	539	607	677	749	823	898	974	1 049
性比(女100につき男)	105.1	104.8	104.4	103.9	103.5	103.0	102.6	102.2	101.8	101.4
年齢分布(%)										
0－4歳	15.2	14.6	13.7	12.8	12.1	11.4	10.8	10.2	9.6	9.1
5－14歳	24.1	24.1	23.8	23.1	22.1	21.1	20.2	19.4	18.6	17.7
15－24歳	19.0	18.5	18.5	18.9	19.1	18.9	18.4	17.8	17.3	16.8
60歳以上	5.1	6.4	7.7	8.5	8.5	8.2	8.4	9.2	10.3	11.4
65歳以上	2.9	3.4	4.5	5.5	6.1	6.0	5.8	6.0	6.8	7.8
80歳以上	0.5	0.4	0.4	0.4	0.6	0.9	1.1	1.2	1.2	1.2
6－11歳	14.9	14.8	14.6	14.1	13.4	12.8	12.3	11.7	11.2	10.7
12－14歳	6.5	6.5	6.6	6.5	6.4	6.1	5.9	5.6	5.4	5.2
15－17歳	6.1	5.9	6.1	6.1	6.1	5.9	5.7	5.5	5.3	5.1
18－23歳	11.2	10.8	10.8	11.1	11.3	11.2	10.9	10.6	10.3	10.0
15－24歳女子(%)	47.2	46.7	47.8	49.8	51.2	51.9	52.3	52.5	52.5	52.2
中位数年齢(歳)	20.5	21.0	21.5	22.3	23.2	24.2	25.3	26.5	27.8	29.0
人口密度(1km²あたり)	30	35	39	44	49	54	59	65	70	75

	2010-2015	2015-2020	2020-2025	2025-2030	2030-2035	2035-2040	2040-2045	2045-2050	2050-2055	2055-2060
年平均人口増加数(千人)	23	25	26	27	28	29	29	30	30	29
年平均出生数(千人)	28	30	32	34	35	36	37	38	39	39
年平均死亡数(千人)	9	9	10	10	11	12	12	13	13	13
年平均純移動数(千人)	4	4	4	4	4	4	4	4	4	4
人口増加率(%)	2.96	2.78	2.54	2.32	2.14	1.98	1.84	1.71	1.58	1.44
粗出生率(人口千人あたり)	35.5	33.6	31.1	28.7	26.7	25.0	23.5	22.0	20.6	19.2
粗死亡率(人口千人あたり)	11.0	10.3	9.6	8.9	8.4	8.0	7.6	7.2	6.8	6.6
純移動率(人口千人あたり)	5.1	4.4	3.9	3.4	3.1	2.8	2.5	2.3	2.0	1.8
合計出生率 (女子1人あたり)	4.97	4.52	4.10	3.72	3.39	3.11	2.89	2.70	2.55	2.43
純再生産率 (女子1人あたり)	1.99	1.86	1.73	1.61	1.50	1.41	1.32	1.25	1.20	1.14
乳児死亡率 (出生千人あたり)	70	62	54	48	43	38	33	29	25	23
5歳未満の死亡数(出生千人あたい	109	95	82	71	61	52	45	38	32	29
出生時の平均余命(歳)										
男	55.9	57.3	58.9	60.7	62.6	64.3	66.0	67.5	68.9	70.1
女	58.6	60.0	61.8	63.9	66.1	68.2	70.1	72.0	73.7	75.0
男女計	57.1	58.6	60.3	62.2	64.2	66.2	67.9	69.6	71.2	72.4

C. 高 位 予 測 値

	2015	2020	2025	2030	2035	2040	2045	2050	2055	2060
人口(千人)										
総数	845	979	1 125	1 281	1 445	1 619	1 805	2 004	2 213	2 429
男	433	501	574	653	735	821	914	1 013	1 116	1 222
女	412	478	550	629	711	798	892	992	1 097	1 206
性比(女100につき男)	105.1	104.8	104.4	104.0	103.6	103.1	102.7	102.3	101.9	101.4
年齢分布(%)										
０－４歳	15.2	15.2	14.7	14.0	13.3	12.7	12.2	11.8	11.3	10.8
５－14歳	24.1	23.9	24.0	24.0	23.5	22.7	21.8	21.1	20.6	20.0
15－24歳	19.0	18.3	18.1	18.3	18.7	19.1	18.9	18.4	17.8	17.5
60歳以上	5.1	6.3	7.5	8.2	8.1	7.7	7.7	8.4	9.1	9.9
65歳以上	2.9	3.4	4.4	5.3	5.8	5.7	5.3	5.4	6.0	6.8
80歳以上	0.5	0.4	0.4	0.4	0.6	0.9	1.1	1.1	1.1	1.0
15－49歳女子(%)	47.2	46.4	46.8	48.1	49.3	50.1	50.6	50.9	51.0	51.0
中位数年齢(歳)	20.5	20.7	20.9	21.3	21.8	22.6	23.4	24.3	25.2	26.1

	2010-2015	2015-2020	2020-2025	2025-2030	2030-2035	2035-2040	2040-2045	2045-2050	2050-2055	2055-2060
年平均人口増加数(千人)	23	27	29	31	33	35	37	40	42	43
年平均出生数(千人)	28	32	35	38	40	43	46	49	51	54
年平均死亡数(千人)	9	9	10	11	11	12	13	13	13	14
人口増加率(%)	2.96	2.94	2.78	2.61	2.41	2.27	2.18	2.09	1.98	1.86
粗出生率(人口千人あたり)	35.5	35.3	33.6	31.7	29.5	27.9	26.8	25.6	24.4	23.1
粗死亡率(人口千人あたり)	11.0	10.4	9.7	9.0	8.4	7.8	7.4	6.9	6.4	6.1
合計出生率（女子１人あたり）	4.97	4.77	4.50	4.22	3.89	3.61	3.39	3.20	3.05	2.93
純再生産率（女子１人あたり）	1.99	1.96	1.90	1.83	1.72	1.63	1.55	1.49	1.43	1.38

D. 低 位 予 測 値

	2015	2020	2025	2030	2035	2040	2045	2050	2055	2060
人口(千人)										
総数	845	963	1 080	1 195	1 310	1 423	1 533	1 638	1 735	1 824
男	433	493	552	609	666	723	777	828	876	919
女	412	470	528	586	643	701	756	809	859	906
性比(女100につき男)	105.1	104.8	104.4	104.0	103.6	103.1	102.7	102.3	101.9	101.4
年齢分布(%)										
０－４歳	15.2	13.9	12.6	11.5	10.8	10.1	9.3	8.6	7.9	7.2
５－14歳	24.1	24.3	23.6	22.1	20.6	19.4	18.4	17.4	16.3	15.2
15－24歳	19.0	18.6	18.9	19.6	19.5	18.7	17.7	17.0	16.5	15.8
60歳以上	5.1	6.4	7.8	8.8	8.9	8.7	9.1	10.2	11.6	13.2
65歳以上	2.9	3.5	4.6	5.7	6.4	6.5	6.3	6.6	7.7	9.0
80歳以上	0.5	0.4	0.4	0.5	0.7	1.0	1.2	1.4	1.4	1.4
15－49歳女子(%)	47.2	47.1	48.8	51.6	53.3	54.0	54.1	54.2	54.0	53.2
中位数年齢(歳)	20.5	21.2	22.1	23.3	24.5	26.0	27.6	29.2	30.8	32.5

	2010-2015	2015-2020	2020-2025	2025-2030	2030-2035	2035-2040	2040-2045	2045-2050	2050-2055	2055-2060
年平均人口増加数(千人)	23	24	23	23	23	23	22	21	20	18
年平均出生数(千人)	28	29	29	29	30	30	30	29	28	27
年平均死亡数(千人)	9	9	10	10	11	11	12	12	12	13
人口増加率(%)	2.96	2.61	2.30	2.02	1.84	1.66	1.49	1.32	1.16	1.00
粗出生率(人口千人あたり)	35.5	31.8	28.5	25.6	23.7	21.9	20.0	18.2	16.6	15.2
粗死亡率(人口千人あたり)	11.0	10.2	9.5	8.9	8.5	8.2	7.9	7.6	7.3	7.2
合計出生率（女子１人あたり）	4.97	4.27	3.70	3.22	2.89	2.61	2.39	2.20	2.05	1.93
純再生産率（女子１人あたり）	1.99	1.76	1.57	1.40	1.28	1.18	1.09	1.02	0.96	0.91

E. 出生力一定予測値

	2015	2020	2025	2030	2035	2040	2045	2050	2055	2060
人口(千人)										
総数	845	982	1 141	1 325	1 537	1 784	2 075	2 420	2 826	3 304
男	433	502	583	675	781	904	1 050	1 222	1 425	1 663
女	412	480	559	650	756	880	1 025	1 198	1 402	1 641
中位数年齢(歳)	20.5	20.6	20.5	20.3	20.0	19.9	19.8	19.7	19.6	19.5

	2010-2015	2015-2020	2020-2025	2025-2030	2030-2035	2035-2040	2040-2045	2045-2050	2050-2055	2055-2060
人口増加率(%)	2.96	3.01	3.00	2.98	2.97	2.98	3.02	3.07	3.11	3.12
粗出生率(人口千人あたり)	35.5	36.0	35.9	35.6	35.3	35.1	35.2	35.3	35.3	35.2
粗死亡率(人口千人あたり)	11.0	10.4	9.7	9.1	8.4	7.8	7.1	6.4	5.7	5.3

Eritrea

A. 推計値

指標	1960	1965	1970	1975	1980	1985	1990	1995	2000	2005	2010
人口(千人)											
総数	1 408	1 589	1 805	2 070	2 384	2 756	3 139	3 164	3 535	4 191	4 690
男	696	786	892	1 023	1 180	1 367	1 558	1 571	1 758	2 090	2 344
女	712	803	913	1 047	1 204	1 390	1 581	1 593	1 777	2 101	2 346
性比(女100につき男)	97.8	97.9	97.7	97.7	98.0	98.4	98.6	98.6	99.0	99.5	99.9
年齢分布(%)											
０－４歳	17.6	17.8	18.1	18.3	18.5	18.6	18.4	17.4	15.8	16.1	16.6
５－14歳	27.5	26.5	26.9	27.2	27.6	27.8	28.6	32.2	30.4	25.9	25.7
15－24歳	20.3	21.1	20.3	19.4	19.5	19.5	19.6	19.3	22.6	24.4	21.8
60歳以上	3.8	3.3	3.1	2.9	2.9	2.8	2.9	3.1	3.4	3.7	4.0
65歳以上	2.3	2.0	1.8	1.7	1.6	1.6	1.6	1.7	1.9	2.1	2.3
80歳以上	0.2	0.2	0.2	0.2	0.1	0.1	0.1	0.1	0.1	0.2	0.2
15－49歳女子(%)	46.3	47.4	47.0	46.6	46.3	46.1	45.7	42.7	45.5	49.7	49.3
中位数年齢(歳)	17.2	17.4	17.4	17.1	16.9	16.6	16.4	15.2	16.5	18.1	18.5
人口密度(1km²あたり)	14	16	18	20	24	27	31	31	35	41	46

指標	1960-1965	1965-1970	1970-1975	1975-1980	1980-1985	1985-1990	1990-1995	1995-2000	2000-2005	2005-2010	2010-2015
年平均人口増加数(千人)	36	43	53	63	75	77	5	74	131	100	108
年平均出生数(千人)	72	81	91	103	119	132	128	123	144	168	174
年平均死亡数(千人)	37	39	40	43	47	48	43	35	35	37	34
人口増加率(%)	2.43	2.55	2.74	2.82	2.91	2.60	0.16	2.22	3.41	2.25	2.17
粗出生率(人口千人あたり)	47.8	47.6	46.9	46.5	46.4	44.8	40.8	36.8	37.2	37.9	35.0
粗死亡率(人口千人あたり)	24.5	22.7	20.7	19.2	18.2	16.2	13.8	10.4	8.9	8.2	6.9
合計出生率(女子１人あたり)	6.82	6.70	6.62	6.62	6.70	6.51	6.20	5.60	5.10	4.80	4.40
純再生産率(女子１人あたり)	2.03	2.09	2.16	2.21	2.28	2.33	2.36	2.26	2.13	2.06	1.94
乳児死亡率(出生千人あたり)	179	161	140	125	116	105	90	73	62	54	46
出生時の平均余命(歳)											
男	35.9	37.2	39.1	40.9	42.0	44.4	48.1	52.2	55.2	57.6	60.9
女	40.2	42.1	43.9	45.0	46.0	48.7	52.5	56.8	59.6	62.2	65.2
男女計	38.0	39.6	41.4	42.9	44.0	46.5	50.3	54.5	57.4	59.9	63.1

B. 中位予測値

指標	2015	2020	2025	2030	2035	2040	2045	2050	2055	2060
人口(千人)										
総数	5 228	5 892	6 585	7 311	8 077	8 870	9 660	10 421	11 150	11 845
男	2 619	2 957	3 310	3 679	4 067	4 469	4 866	5 246	5 609	5 954
女	2 609	2 935	3 275	3 632	4 009	4 402	4 795	5 175	5 541	5 891
性比(女100につき男)	100.4	100.8	101.1	101.3	101.4	101.5	101.5	101.4	101.2	101.1
年齢分布(%)										
０－４歳	15.6	14.3	13.2	12.5	12.0	11.4	10.8	10.0	9.4	8.9
５－14歳	27.2	26.7	24.9	23.2	21.9	21.0	20.4	19.6	18.6	17.6
15－24歳	19.1	19.6	21.2	21.1	20.0	18.9	18.1	17.7	17.5	17.1
60歳以上	4.2	4.3	4.4	4.6	5.1	6.2	7.7	9.2	10.2	11.1
65歳以上	2.6	2.7	2.9	3.0	3.2	3.6	4.4	5.7	6.9	7.7
80歳以上	0.2	0.3	0.3	0.4	0.4	0.5	0.5	0.6	0.8	1.1
６－11歳	16.9	16.2	15.1	14.0	13.2	12.8	12.4	11.9	11.2	10.6
12－14歳	7.2	7.6	7.3	6.8	6.3	6.0	5.9	5.8	5.5	5.3
15－17歳	6.2	6.9	7.1	6.6	6.2	5.8	5.7	5.6	5.5	5.2
18－23歳	11.1	11.1	12.3	12.6	11.9	11.2	10.7	10.5	10.4	10.2
15－24歳女子(%)	48.7	50.2	52.4	53.3	53.0	52.3	52.2	52.4	52.1	51.3
中位数年齢(歳)	18.6	19.1	20.2	21.7	23.0	24.3	25.5	26.7	27.9	29.1
人口密度(1km²あたり)	52	58	65	72	80	88	96	103	110	117

指標	2010-2015	2015-2020	2020-2025	2025-2030	2030-2035	2035-2040	2040-2045	2045-2050	2050-2055	2055-2060
年平均人口増加数(千人)	108	133	139	145	153	159	158	152	146	139
年平均出生数(千人)	174	176	180	188	198	207	211	212	212	213
年平均死亡数(千人)	34	34	34	35	38	41	46	52	60	68
年平均純移動数(千人)	−32	−10	−7	−7	−7	−7	−7	−7	−7	−6
人口増加率(%)	2.17	2.39	2.23	2.09	1.99	1.88	1.71	1.52	1.35	1.21
粗出生率(人口千人あたり)	35.0	31.7	28.8	27.0	25.8	24.5	22.8	21.1	19.7	18.5
粗死亡率(人口千人あたり)	6.9	6.0	5.5	5.1	4.9	4.9	5.0	5.2	5.5	5.9
純移動率(人口千人あたり)	−6.5	−1.8	−1.1	−1.0	−0.9	−0.8	−0.8	−0.7	−0.6	−0.5
合計出生率 (女子１人あたり)	4.40	4.02	3.70	3.41	3.18	2.98	2.81	2.67	2.55	2.44
純再生産率 (女子１人あたり)	1.94	1.82	1.70	1.59	1.49	1.41	1.33	1.27	1.22	1.17
乳児死亡率 (出生千人あたり)	46	37	30	23	19	16	13	12	10	9
５歳未満の死亡数(出生千人あた	60	48	38	30	25	20	17	15	13	12
出生時の平均余命(歳)										
男	60.9	62.9	64.6	66.1	67.4	68.5	69.4	70.3	71.1	72.0
女	65.2	67.3	69.1	70.7	72.1	73.3	74.4	75.3	76.2	77.0
男女計	63.1	65.1	66.9	68.5	69.8	70.9	71.9	72.8	73.7	74.5

C. 高 位 予 測 値

	2015	2020	2025	2030	2035	2040	2045	2050	2055	2060
人口(千人)										
総数	5 228	5 944	6 732	7 590	8 510	9 489	10 508	11 555	12 626	13 718
男	2 619	2 984	3 385	3 822	4 289	4 785	5 300	5 826	6 364	6 912
女	2 609	2 960	3 347	3 768	4 221	4 704	5 209	5 729	6 262	6 805
性比(女100につき男)	100.4	100.7	101.0	101.1	101.3	101.3	101.2	101.0	100.7	100.5
年齢分布(%)										
0－4歳	15.6	15.1	14.3	13.8	13.2	12.7	12.1	11.5	11.0	10.6
5－14歳	27.2	26.4	25.1	24.3	23.4	22.7	22.0	21.3	20.5	19.8
15－24歳	19.1	19.5	20.7	20.4	19.6	19.2	18.7	18.4	18.1	17.8
60歳以上	4.2	4.3	4.3	4.5	4.9	5.8	7.1	8.3	9.0	9.6
65歳以上	2.6	2.7	2.8	2.9	3.0	3.3	4.1	5.2	6.1	6.7
80歳以上	0.2	0.3	0.3	0.4	0.4	0.5	0.5	0.6	0.7	0.9
15－49歳女子(%)	48.7	49.8	51.3	51.4	51.0	50.5	50.7	51.1	50.9	50.5
中位数年齢(歳)	18.6	18.9	19.7	20.7	21.7	22.5	23.4	24.3	25.2	26.2

	2010-2015	2015-2020	2020-2025	2025-2030	2030-2035	2035-2040	2040-2045	2045-2050	2050-2055	2055-2060
年平均人口増加数(千人)	108	143	158	172	184	196	204	209	214	218
年平均出生数(千人)	174	187	199	215	230	245	258	270	282	294
年平均死亡数(千人)	34	34	35	36	39	42	47	54	61	69
人口増加率(%)	2.17	2.57	2.49	2.40	2.29	2.18	2.04	1.90	1.77	1.66
粗出生率(人口千人あたり)	35.0	33.5	31.5	30.0	28.5	27.2	25.8	24.5	23.3	22.3
粗死亡率(人口千人あたり)	6.9	6.1	5.5	5.1	4.8	4.7	4.7	4.9	5.1	5.3
合計出生率（女子１人あたり）	4.40	4.27	4.10	3.91	3.68	3.48	3.31	3.17	3.05	2.94
純再生産率（女子１人あたり）	1.94	1.93	1.88	1.82	1.72	1.64	1.57	1.51	1.46	1.41

D. 低 位 予 測 値

	2015	2020	2025	2030	2035	2040	2045	2050	2055	2060
人口(千人)										
総数	5 228	5 839	6 439	7 031	7 644	8 257	8 831	9 336	9 767	10 130
男	2 619	2 930	3 235	3 536	3 846	4 155	4 441	4 691	4 901	5 076
女	2 609	2 909	3 204	3 496	3 798	4 102	4 390	4 645	4 866	5 053
性比(女100につき男)	100.4	100.7	101.0	101.1	101.3	101.3	101.2	101.0	100.7	100.5
年齢分布(%)										
0－4歳	15.6	13.5	12.0	11.1	10.6	10.1	9.3	8.4	7.6	7.1
5－14歳	27.2	26.9	24.6	22.0	20.1	19.1	18.6	17.6	16.4	15.0
15－24歳	19.1	19.8	21.6	22.0	20.4	18.5	17.2	16.7	16.6	16.1
60歳以上	4.2	4.4	4.5	4.8	5.4	6.6	8.4	10.3	11.6	13.0
65歳以上	2.6	2.8	2.9	3.1	3.3	3.8	4.9	6.4	7.9	9.0
80歳以上	0.2	0.3	0.4	0.4	0.5	0.5	0.6	0.7	0.9	1.3
15－49歳女子(%)	48.7	50.6	53.5	55.4	55.3	54.4	54.0	53.9	53.3	51.9
中位数年齢(歳)	18.6	19.3	20.8	22.6	24.4	26.2	27.9	29.6	31.2	32.8

	2010-2015	2015-2020	2020-2025	2025-2030	2030-2035	2035-2040	2040-2045	2045-2050	2050-2055	2055-2060
年平均人口増加数(千人)	108	122	120	118	123	123	115	101	86	73
年平均出生数(千人)	174	165	160	160	167	170	167	159	151	145
年平均死亡数(千人)	34	33	33	35	37	41	45	51	59	66
人口増加率(%)	2.17	2.21	1.96	1.76	1.67	1.54	1.34	1.11	0.90	0.73
粗出生率(人口千人あたり)	35.0	29.9	26.1	23.8	22.7	21.4	19.6	17.5	15.8	14.6
粗死亡率(人口千人あたり)	6.9	6.0	5.4	5.1	5.1	5.1	5.3	5.7	6.1	6.7
合計出生率（女子１人あたり）	4.40	3.77	3.30	2.91	2.68	2.48	2.31	2.17	2.05	1.94
純再生産率（女子１人あたり）	1.94	1.70	1.51	1.35	1.25	1.17	1.10	1.03	0.98	0.93

E. 出生力一定予測値

	2015	2020	2025	2030	2035	2040	2045	2050	2055	2060
人口(千人)										
総数	5 228	5 963	6 818	7 801	8 929	10 214	11 667	13 308	15 166	17 280
男	2 619	2 993	3 429	3 929	4 503	5 156	5 893	6 724	7 665	8 736
女	2 609	2 969	3 389	3 871	4 425	5 057	5 774	6 584	7 501	8 544
中位数年齢(歳)	18.6	18.8	19.4	20.0	20.3	20.5	20.7	20.9	21.1	21.2

	2010-2015	2015-2020	2020-2025	2025-2030	2030-2035	2035-2040	2040-2045	2045-2050	2050-2055	2055-2060
人口増加率(%)	2.17	2.63	2.68	2.70	2.70	2.69	2.66	2.63	2.61	2.61
粗出生率(人口千人あたり)	35.0	34.2	33.4	32.9	32.6	32.1	31.7	31.3	31.0	30.9
粗死亡率(人口千人あたり)	6.9	6.1	5.5	5.1	4.8	4.6	4.5	4.5	4.5	4.5

Estonia

A. 推計値

指標	1960	1965	1970	1975	1980	1985	1990	1995	2000	2005	2010
人口(千人)											
総数	1 217	1 290	1 360	1 422	1 474	1 522	1 565	1 433	1 399	1 356	1 332
男	537	581	622	655	683	708	732	663	653	630	620
女	680	709	738	767	792	814	833	770	747	726	712
性比(女100につき男)	79.0	82.0	84.3	85.4	86.2	86.9	87.8	86.2	87.4	86.8	87.2
年齢分布(%)											
0－4歳	7.8	7.6	7.2	7.5	7.4	7.6	7.6	5.6	4.4	4.9	5.8
5－14歳	15.3	15.1	14.9	14.1	14.3	14.5	14.6	15.1	13.2	10.3	9.3
15－24歳	15.0	14.3	15.0	15.3	14.7	14.1	13.7	13.8	14.3	14.9	13.4
60歳以上	15.3	16.2	16.9	17.2	16.0	16.2	17.2	19.2	21.1	21.9	23.2
65歳以上	10.5	11.0	11.8	12.4	12.5	11.5	11.7	13.6	15.0	16.8	17.5
80歳以上	1.6	1.8	1.9	2.1	2.2	2.4	2.6	2.9	2.6	3.2	4.2
15－49歳女子(%)	48.4	47.5	48.6	48.1	47.0	46.3	45.5	45.7	46.6	46.6	44.4
中位数年齢(歳)	32.2	33.0	33.8	34.3	33.9	34.0	34.4	36.4	38.0	39.4	40.2
人口密度(1km²あたり)	29	30	32	34	35	36	37	34	33	32	31
	1960-1965	1965-1970	1970-1975	1975-1980	1980-1985	1985-1990	1990-1995	1995-2000	2000-2005	2005-2010	2010-2015
年平均人口増加数(千人)	15	14	12	10	10	9	－ 26	－ 7	－ 9	－ 5	－ 4
年平均出生数(千人)	19	20	22	22	23	24	17	13	13	16	14
年平均死亡数(千人)	13	14	16	18	18	19	21	20	18	17	16
人口増加率(%)	1.18	1.05	0.89	0.72	0.64	0.56	−1.77	−0.48	−0.63	−0.35	−0.30
粗出生率(人口千人あたり)	15.5	15.1	15.7	15.1	15.3	15.6	11.2	9.1	9.7	11.5	10.7
粗死亡率(人口千人あたり)	10.7	10.7	11.2	12.1	12.3	12.1	13.9	13.8	13.3	12.8	11.9
合計出生率(女子1人あたり)	1.94	2.02	2.15	2.06	2.09	2.20	1.63	1.33	1.39	1.66	1.59
純再生産率(女子1人あたり)	0.89	0.95	1.01	0.97	0.99	1.04	0.77	0.63	0.67	0.79	0.77
乳児死亡率(出生千人あたり)	33	23	21	22	20	18	16	12	7	5	3
出生時の平均余命(歳)											
男	64.9	65.7	65.4	64.2	64.1	65.6	62.9	63.6	66.0	68.3	71.6
女	73.0	74.1	74.5	74.2	74.2	74.7	74.1	75.3	77.1	79.0	81.1
男女計	69.4	70.3	70.3	69.4	69.3	70.3	68.5	69.4	71.6	73.8	76.5

B. 中位予測値

指標	2015	2020	2025	2030	2035	2040	2045	2050	2055	2060
人口(千人)										
総数	1 313	1 295	1 272	1 243	1 212	1 183	1 156	1 129	1 101	1 072
男	614	609	602	592	580	569	559	550	538	526
女	698	686	670	651	632	614	596	579	563	546
性比(女100につき男)	88.0	88.9	89.9	90.9	91.8	92.8	93.8	94.9	95.7	96.3
年齢分布(%)										
0－4歳	5.5	5.4	5.1	4.7	4.6	4.8	5.1	5.2	5.1	4.9
5－14歳	10.6	11.4	11.0	10.8	10.1	9.5	9.7	10.2	10.6	10.6
15－24歳	10.3	9.0	10.8	11.8	11.4	11.2	10.5	9.8	10.0	10.6
60歳以上	25.2	26.8	28.3	29.1	30.8	32.0	33.3	35.1	35.6	34.1
65歳以上	18.8	20.3	21.8	23.2	23.9	25.4	26.3	27.5	29.3	29.7
80歳以上	5.2	5.9	6.2	6.4	7.4	8.3	9.0	9.1	9.9	10.5
6－11歳	6.7	6.9	6.6	6.4	5.9	5.6	5.8	6.2	6.4	6.3
12－14歳	2.7	3.5	3.4	3.4	3.3	3.0	2.8	3.0	3.2	3.3
15－17歳	2.4	3.0	3.7	3.4	3.4	3.2	2.9	2.9	3.1	3.3
18－23歳	6.5	5.1	6.3	7.3	6.9	6.8	6.4	5.9	5.9	6.3
15－24歳女子(%)	41.3	40.1	39.3	38.9	38.1	36.6	35.8	36.8	37.4	37.1
中位数年齢(歳)	41.7	42.7	43.7	44.9	46.4	47.4	46.9	45.9	46.2	46.6
人口密度(1km²あたり)	31	31	30	29	29	28	27	27	26	25
	2010-2015	2015-2020	2020-2025	2025-2030	2030-2035	2035-2040	2040-2045	2045-2050	2050-2055	2055-2060
年平均人口増加数(千人)	－ 4	－ 3	－ 5	－ 6	－ 6	－ 6	－ 5	－ 5	－ 6	－ 6
年平均出生数(千人)	14	14	13	12	11	12	12	12	11	11
年平均死亡数(千人)	16	17	17	17	16	16	16	16	16	15
年平均純移動数(千人)	−2	−1	−1	−1	−1	−1	−1	−1	−1	−1
人口増加率(%)	−0.30	−0.27	−0.36	−0.46	−0.51	−0.49	−0.46	−0.47	−0.50	−0.54
粗出生率(人口千人あたり)	10.7	10.8	10.2	9.4	9.1	9.6	10.2	10.3	10.1	9.7
粗死亡率(人口千人あたり)	11.9	12.7	13.0	13.2	13.4	13.7	14.0	14.1	14.2	14.2
純移動率(人口千人あたり)	−1.8	−0.8	−0.8	−0.8	−0.8	−0.8	−0.9	−0.9	−0.9	−0.8
合計出生率 (女子1人あたり)	1.59	1.66	1.71	1.74	1.77	1.79	1.81	1.82	1.83	1.84
純再生産率 (女子1人あたり)	0.77	0.80	0.82	0.84	0.85	0.86	0.87	0.88	0.88	0.89
乳児死亡率 (出生千人あたり)	3	3	3	3	2	2	2	2	2	2
5歳未満の死亡数(出生千人あた	4	4	4	3	3	3	3	3	3	3
出生時の平均余命(歳)										
男	71.6	72.5	73.5	74.5	75.5	76.5	77.6	78.6	79.5	80.2
女	81.1	81.6	82.1	82.7	83.2	83.7	84.2	84.8	85.3	85.8
男女計	76.5	77.2	77.9	78.7	79.4	80.2	80.9	81.7	82.3	83.0

C. 高位予測値

	2015	2020	2025	2030	2035	2040	2045	2050	2055	2060
人口(千人)										
総数	1 313	1 306	1 298	1 286	1 271	1 258	1 251	1 248	1 249	1 251
男	614	615	616	614	610	608	608	611	614	618
女	698	691	683	672	660	650	643	637	635	633
性比(女100につき男)	88.0	88.7	89.6	90.4	91.2	91.9	92.8	93.7	94.3	94.7
年齢分布(%)										
0－4歳	5.5	6.2	6.2	5.9	5.6	5.9	6.3	6.6	6.8	6.7
5－14歳	10.6	11.3	11.6	12.4	12.2	11.6	11.5	12.2	12.9	13.3
15－24歳	10.3	8.9	10.6	11.4	11.7	12.5	12.2	11.5	11.4	12.0
60歳以上	25.2	26.6	27.7	28.1	29.4	30.0	30.7	31.8	31.4	29.3
65歳以上	18.8	20.1	21.3	22.4	22.8	23.9	24.3	24.9	25.8	25.5
80歳以上	5.2	5.9	6.0	6.2	7.0	7.8	8.3	8.2	8.8	9.0
15－49歳女子(%)	41.3	39.8	38.5	37.7	37.3	36.4	36.5	37.9	38.9	39.3
中位数年齢(歳)	41.7	42.4	42.9	43.8	44.8	44.8	42.6	41.6	40.7	40.5

	2010-2015	2015-2020	2020-2025	2025-2030	2030-2035	2035-2040	2040-2045	2045-2050	2050-2055	2055-2060
年平均人口増加数(千人)	−4	−1	−2	−2	−3	−2	−1	−1	0	0
年平均出生数(千人)	14	16	16	15	14	15	16	17	17	17
年平均死亡数(千人)	16	17	17	17	16	16	16	16	16	16
人口増加率(%)	−0.30	−0.11	−0.12	−0.19	−0.24	−0.20	−0.12	−0.04	0.01	0.03
粗出生率(人口千人あたり)	10.7	12.3	12.4	11.7	11.2	11.8	12.7	13.3	13.6	13.4
粗死亡率(人口千人あたり)	11.9	12.6	12.8	12.8	12.9	13.0	13.0	13.0	12.7	12.4
合計出生率(女子1人あたり)	1.59	1.91	2.11	2.24	2.27	2.29	2.31	2.32	2.33	2.34
純再生産率(女子1人あたり)	0.77	0.92	1.01	1.08	1.09	1.10	1.11	1.12	1.13	1.13

D. 低位予測値

	2015	2020	2025	2030	2035	2040	2045	2050	2055	2060
人口(千人)										
総数	1 313	1 285	1 246	1 201	1 154	1 108	1 063	1 015	965	912
男	614	604	589	570	550	531	512	491	468	443
女	698	681	657	631	603	577	551	524	496	468
性比(女100につき男)	88.0	88.7	89.6	90.4	91.2	91.9	92.8	93.7	94.3	94.7
年齢分布(%)										
0－4歳	5.5	4.6	4.0	3.5	3.4	3.7	3.9	3.7	3.4	3.1
5－14歳	10.6	11.5	10.4	9.0	7.8	7.2	7.5	7.9	8.1	7.6
15－24歳	10.3	9.1	11.0	12.2	11.1	9.6	8.4	7.7	8.1	8.7
60歳以上	25.2	27.1	28.9	30.1	32.3	34.1	36.2	39.0	40.6	40.1
65歳以上	18.8	20.5	22.2	24.0	25.1	27.1	28.6	30.6	33.4	35.0
80歳以上	5.2	6.0	6.3	6.6	7.8	8.9	9.8	10.1	11.3	12.4
15－49歳女子(%)	41.3	40.4	40.0	40.1	39.1	36.7	35.0	35.3	35.1	33.7
中位数年齢(歳)	41.7	43.0	44.4	46.1	48.0	49.9	51.0	51.0	51.3	52.5

	2010-2015	2015-2020	2020-2025	2025-2030	2030-2035	2035-2040	2040-2045	2045-2050	2050-2055	2055-2060
年平均人口増加数(千人)	−4	−6	−8	−9	−9	−9	−9	−9	−10	−11
年平均出生数(千人)	14	12	10	8	8	8	8	8	7	6
年平均死亡数(千人)	16	17	17	17	16	16	16	16	16	15
人口増加率(%)	−0.30	−0.43	−0.61	−0.75	−0.80	−0.81	−0.83	−0.91	−1.02	−1.13
粗出生率(人口千人あたり)	10.7	9.2	7.9	6.9	6.8	7.3	7.6	7.3	6.7	6.1
粗死亡率(人口千人あたり)	11.9	12.7	13.2	13.5	13.9	14.5	15.0	15.5	16.0	16.4
合計出生率(女子1人あたり)	1.59	1.41	1.31	1.24	1.27	1.29	1.31	1.32	1.33	1.34
純再生産率(女子1人あたり)	0.77	0.68	0.63	0.60	0.61	0.62	0.63	0.64	0.64	0.65

E. 出生力一定予測値

	2015	2020	2025	2030	2035	2040	2045	2050	2055	2060
人口(千人)										
総数	1 313	1 291	1 260	1 225	1 189	1 154	1 118	1 080	1 039	998
男	614	607	596	582	568	554	539	524	506	487
女	698	684	664	643	621	600	578	556	533	511
中位数年齢(歳)	41.7	42.8	44.0	45.4	47.1	48.4	48.8	48.0	48.4	49.4

	2010-2015	2015-2020	2020-2025	2025-2030	2030-2035	2035-2040	2040-2045	2045-2050	2050-2055	2055-2060
人口増加率(%)	−0.30	−0.34	−0.47	−0.57	−0.60	−0.60	−0.63	−0.70	−0.76	−0.81
粗出生率(人口千人あたり)	10.7	10.1	9.1	8.4	8.4	8.8	8.9	8.6	8.2	7.9
粗死亡率(人口千人あたり)	11.9	12.7	13.1	13.3	13.6	14.0	14.4	14.7	14.9	15.2

Ethiopia

A. 推 計 値

指　標	1960	1965	1970	1975	1980	1985	1990	1995	2000	2005	2010
人口(千人)											
総数	22 151	25 014	28 415	32 569	35 240	40 776	48 057	57 237	66 444	76 608	87 562
男	11 011	12 440	14 139	16 214	17 541	20 298	23 966	28 536	33 129	38 217	43 697
女	11 140	12 574	14 276	16 354	17 699	20 478	24 091	28 701	33 314	38 392	43 865
性比(女100につき男)	98.8	98.9	99.0	99.1	99.1	99.1	99.5	99.4	99.4	99.5	99.6
年齢分布(%)											
0－4歳	17.5	18.0	18.2	18.6	19.0	19.0	19.0	18.5	18.7	17.6	15.9
5－14歳	26.0	25.4	25.8	26.2	26.1	27.2	27.3	28.1	27.8	28.6	28.6
15－24歳	19.4	19.4	18.9	18.3	17.6	17.8	18.4	18.6	19.4	19.7	20.2
60歳以上	4.3	4.4	4.5	4.6	5.0	4.9	4.9	4.9	4.8	4.9	5.1
65歳以上	2.6	2.6	2.7	2.8	3.2	3.0	3.1	3.1	3.1	3.1	3.3
80歳以上	0.2	0.2	0.2	0.2	0.3	0.3	0.3	0.4	0.4	0.4	0.4
15－49歳女子(%)	46.4	46.4	45.9	45.2	44.9	43.9	44.0	43.9	44.0	44.4	45.7
中位数年齢(歳)	18.1	18.1	18.0	17.6	17.6	17.0	16.8	16.7	16.6	16.8	17.5
人口密度(1km²あたり)	22	25	28	33	35	41	48	57	66	77	88

指　標	1960-1965	1965-1970	1970-1975	1975-1980	1980-1985	1985-1990	1990-1995	1995-2000	2000-2005	2005-2010	2010-2015
年平均人口増加数(千人)	572	680	831	534	1 107	1 456	1 836	1 841	2 033	2 191	2 366
年平均出生数(千人)	1 132	1 272	1 481	1 645	1 873	2 145	2 457	2 812	2 957	2 985	3 107
年平均死亡数(千人)	555	583	639	706	816	844	910	939	908	784	730
人口増加率(%)	2.43	2.55	2.73	1.58	2.92	3.29	3.50	2.98	2.85	2.67	2.53
粗出生率(人口千人あたり)	48.0	47.6	48.6	48.5	49.3	48.3	46.7	45.5	41.3	36.4	33.2
粗死亡率(人口千人あたり)	23.5	21.8	20.9	20.8	21.5	19.0	17.3	15.2	12.7	9.6	7.8
合計出生率(女子1人あたり)	6.90	6.87	7.10	7.18	7.42	7.37	7.09	6.83	6.13	5.26	4.59
純再生産率(女子1人あたり)	2.04	2.11	2.24	2.30	2.34	2.44	2.45	2.50	2.36	2.17	1.97
乳児死亡率(出生千人あたり)	160	148	141	137	140	126	114	97	78	60	50
出生時の平均余命(歳)											
男	38.6	40.6	42.0	42.8	42.1	44.7	46.6	49.3	52.3	57.6	61.3
女	41.6	43.7	45.1	45.8	45.0	47.7	49.6	52.2	55.0	60.6	65.0
男女計	40.1	42.1	43.5	44.3	43.5	46.2	48.1	50.7	53.6	59.1	63.1

B. 中 位 予 測 値

指　標	2015	2020	2025	2030	2035	2040	2045	2050	2055	2060
人口(千人)										
総数	99 391	111 971	125 044	138 297	151 431	164 270	176 663	188 455	199 466	209 459
男	49 608	55 886	62 411	69 029	75 575	81 955	88 094	93 910	99 314	104 187
女	49 783	56 085	62 632	69 268	75 856	82 315	88 569	94 545	100 151	105 272
性比(女100につき男)	99.6	99.6	99.6	99.7	99.6	99.6	99.5	99.3	99.2	99.0
年齢分布(%)										
0－4歳	14.7	13.8	12.8	11.8	10.9	10.0	9.3	8.6	8.1	7.5
5－14歳	26.7	24.9	23.6	22.4	21.2	19.8	18.5	17.3	16.3	15.4
15－24歳	21.6	21.8	20.9	19.9	19.2	18.7	18.0	17.1	16.2	15.5
60歳以上	5.2	5.4	5.7	6.1	6.8	7.7	8.9	10.4	12.3	14.5
65歳以上	3.5	3.6	3.8	4.1	4.5	5.1	5.8	6.9	8.1	9.8
80歳以上	0.5	0.5	0.6	0.6	0.7	0.8	0.9	1.1	1.4	1.7
6－11歳	16.2	15.1	14.3	13.6	12.8	11.9	11.1	10.4	9.8	9.2
12－14歳	7.7	7.2	6.8	6.5	6.2	5.9	5.5	5.2	4.9	4.6
15－17歳	7.3	7.0	6.5	6.2	6.0	5.8	5.5	5.2	4.9	4.6
18－23歳	12.5	12.9	12.4	11.7	11.4	11.1	10.7	10.3	9.7	9.3
15－24歳女子(%)	48.4	50.7	52.3	53.4	54.1	54.5	54.2	53.2	51.9	50.7
中位数年齢(歳)	18.6	19.9	21.4	22.9	24.3	25.9	27.5	29.2	30.9	32.7
人口密度(1km²あたり)	99	112	125	138	151	164	177	188	199	209

指　標	2010-2015	2015-2020	2020-2025	2025-2030	2030-2035	2035-2040	2040-2045	2045-2050	2050-2055	2055-2060
年平均人口増加数(千人)	2 366	2 516	2 615	2 651	2 627	2 568	2 479	2 358	2 202	1 999
年平均出生数(千人)	3 107	3 243	3 346	3 397	3 397	3 381	3 361	3 330	3 281	3 206
年平均死亡数(千人)	730	715	719	734	758	801	870	960	1 067	1 197
年平均純移動数(千人)	−12	−12	−12	−12	−12	−12	−12	−12	−11	−11
人口増加率(%)	2.53	2.38	2.21	2.02	1.82	1.63	1.46	1.29	1.14	0.98
粗出生率(人口千人あたり)	33.2	30.7	28.2	25.8	23.4	21.4	19.7	18.2	16.9	15.7
粗死亡率(人口千人あたり)	7.8	6.8	6.1	5.6	5.2	5.1	5.1	5.3	5.5	5.9
純移動率(人口千人あたり)	−0.1	−0.1	−0.1	−0.1	−0.1	−0.1	−0.1	−0.1	−0.1	−0.1
合計出生率（女子1人あたり）	4.59	3.99	3.49	3.11	2.82	2.60	2.43	2.28	2.17	2.07
純再生産率（女子1人あたり）	1.97	1.77	1.58	1.42	1.31	1.22	1.14	1.08	1.02	0.98
乳児死亡率（出生千人あたり）	50	43	37	32	28	24	22	20	18	17
5歳未満の死亡数(出生千人あたり	74	61	51	43	36	31	28	26	23	21
出生時の平均余命(歳)										
男	61.3	63.7	65.7	67.5	69.0	70.2	71.2	72.2	73.1	74.0
女	65.0	67.8	69.9	71.7	73.4	74.8	75.9	76.9	77.8	78.7
男女計	63.1	65.7	67.8	69.6	71.2	72.5	73.6	74.5	75.5	76.3

C. 高 位 予 測 値

	2015	2020	2025	2030	2035	2040	2045	2050	2055	2060
人口(千人)										
総数	99 391	112 936	127 830	143 690	159 746	175 965	192 456	209 259	226 179	242 816
男	49 608	56 376	63 823	71 761	79 787	87 879	96 094	104 448	112 848	121 089
女	49 783	56 560	64 007	71 929	79 959	88 086	96 362	104 811	113 331	121 727
性比(女100につき男)	99.6	99.6	99.6	99.5	99.5	99.3	99.2	98.9	98.7	98.4
年齢分布(%)										
0－4歳	14.7	14.5	14.0	13.2	12.1	11.3	10.7	10.2	9.8	9.3
5－14歳	26.7	24.7	23.8	23.5	22.8	21.6	20.3	19.2	18.4	17.8
15－24歳	21.6	21.6	20.4	19.1	18.8	19.0	18.8	18.0	17.1	16.4
60歳以上	5.2	5.4	5.6	5.9	6.5	7.2	8.2	9.3	10.8	12.5
65歳以上	3.5	3.6	3.7	3.9	4.2	4.7	5.4	6.2	7.2	8.4
80歳以上	0.5	0.5	0.6	0.6	0.7	0.8	0.8	1.0	1.2	1.5
15－49歳女子(%)	48.4	50.3	51.1	51.4	51.9	52.5	52.5	51.8	50.9	50.2
中位数年齢(歳)	18.6	19.8	20.9	21.8	22.8	23.9	25.2	26.6	27.9	29.2

	2010-2015	2015-2020	2020-2025	2025-2030	2030-2035	2035-2040	2040-2045	2045-2050	2050-2055	2055-2060
年平均人口増加数(千人)	2 366	2 709	2 979	3 172	3 211	3 244	3 298	3 361	3 384	3 327
年平均出生数(千人)	3 107	3 446	3 729	3 943	4 006	4 084	4 212	4 370	4 506	4 584
年平均死亡数(千人)	730	725	738	759	783	828	902	997	1 111	1 246
人口増加率(%)	2.53	2.56	2.48	2.34	2.12	1.93	1.79	1.67	1.56	1.42
粗出生率(人口千人あたり)	33.2	32.5	31.0	29.0	26.4	24.3	22.9	21.8	20.7	19.5
粗死亡率(人口千人あたり)	7.8	6.8	6.1	5.6	5.2	4.9	4.9	5.0	5.1	5.3
合計出生率（女子１人あたり）	4.59	4.24	3.89	3.61	3.32	3.10	2.93	2.78	2.67	2.57
純再生産率（女子１人あたり）	1.97	1.88	1.76	1.65	1.54	1.45	1.37	1.31	1.26	1.22

D. 低 位 予 測 値

	2015	2020	2025	2030	2035	2040	2045	2050	2055	2060
人口(千人)										
総数	99 391	111 006	122 257	132 904	143 127	152 670	161 229	168 555	174 515	179 023
男	49 608	55 397	61 000	66 297	71 368	76 080	80 277	83 830	86 676	88 769
女	49 783	55 609	61 257	66 607	71 759	76 591	80 952	84 725	87 839	90 254
性比(女100につき男)	99.6	99.6	99.6	99.5	99.5	99.3	99.2	98.9	98.7	98.4
年齢分布(%)										
0－4歳	14.7	13.0	11.6	10.3	9.4	8.6	7.8	7.0	6.3	5.7
5－14歳	26.7	25.1	23.3	21.2	19.3	17.7	16.4	15.1	13.8	12.6
15－24歳	21.6	22.0	21.4	20.7	19.7	18.3	17.0	15.9	15.0	14.1
60歳以上	5.2	5.5	5.8	6.4	7.2	8.3	9.8	11.6	14.0	17.0
65歳以上	3.5	3.6	3.9	4.2	4.7	5.5	6.4	7.7	9.3	11.4
80歳以上	0.5	0.5	0.6	0.7	0.7	0.9	1.0	1.2	1.6	2.0
15－49歳女子(%)	48.4	51.2	53.4	55.6	56.5	56.8	56.0	54.5	52.7	50.8
中位数年齢(歳)	18.6	20.2	22.0	23.9	25.9	28.0	30.2	32.4	34.7	36.9

	2010-2015	2015-2020	2020-2025	2025-2030	2030-2035	2035-2040	2040-2045	2045-2050	2050-2055	2055-2060
年平均人口増加数(千人)	2 366	2 323	2 250	2 129	2 045	1 909	1 712	1 465	1 192	902
年平均出生数(千人)	3 107	3 040	2 963	2 851	2 789	2 695	2 564	2 402	2 231	2 066
年平均死亡数(千人)	730	705	700	710	733	775	840	925	1 028	1 154
人口増加率(%)	2.53	2.21	1.93	1.67	1.48	1.29	1.09	0.89	0.70	0.51
粗出生率(人口千人あたり)	33.2	28.9	25.4	22.3	20.2	18.2	16.3	14.6	13.0	11.7
粗死亡率(人口千人あたり)	7.8	6.7	6.0	5.6	5.3	5.2	5.4	5.6	6.0	6.5
合計出生率（女子１人あたり）	4.59	3.74	3.09	2.61	2.32	2.10	1.93	1.78	1.67	1.57
純再生産率（女子１人あたり）	1.97	1.65	1.40	1.20	1.07	0.98	0.90	0.84	0.79	0.74

E. 出生力一定予測値

	2015	2020	2025	2030	2035	2040	2045	2050	2055	2060
人口(千人)										
総数	99 391	114 262	132 248	153 082	176 530	202 898	233 004	267 755	307 850	353 777
男	49 608	57 048	66 061	76 519	88 292	101 529	116 648	134 107	154 269	177 382
女	49 783	57 214	66 187	76 563	88 238	101 369	116 356	133 648	153 581	176 395
中位数年齢(歳)	18.6	19.5	20.0	20.1	19.9	20.1	20.5	20.8	21.0	21.1

	2010-2015	2015-2020	2020-2025	2025-2030	2030-2035	2035-2040	2040-2045	2045-2050	2050-2055	2055-2060
人口増加率(%)	2.53	2.79	2.92	2.93	2.85	2.78	2.77	2.78	2.79	2.78
粗出生率(人口千人あたり)	33.2	34.9	35.5	34.9	33.6	32.6	32.2	32.3	32.3	32.1
粗死亡率(人口千人あたり)	7.8	6.9	6.2	5.6	5.1	4.8	4.6	4.5	4.4	4.3

Fiji

A. 推計値

指標	1960	1965	1970	1975	1980	1985	1990	1995	2000	2005	2010
人口(千人)											
総数	393	464	521	577	635	712	729	775	811	822	860
男	203	237	265	292	322	361	370	394	412	419	439
女	191	227	256	285	314	351	359	381	399	403	421
性比(女100につき男)	106.2	104.1	103.5	102.3	102.5	102.7	103.2	103.3	103.2	104.0	104.3
年齢分布(%)											
0－4歳	19.7	17.7	15.1	14.1	14.5	14.7	13.7	12.8	12.1	10.9	10.4
5－14歳	28.7	29.2	28.6	26.1	24.7	24.3	24.7	23.8	22.9	19.7	18.6
15－24歳	19.0	19.7	20.9	22.5	22.2	20.7	19.1	19.5	20.5	18.9	18.4
60歳以上	3.5	3.5	3.8	4.2	4.4	4.5	4.7	5.0	5.7	6.9	7.9
65歳以上	2.1	2.1	2.2	2.5	2.6	2.8	2.9	3.0	3.4	4.1	4.8
80歳以上	0.3	0.2	0.2	0.2	0.3	0.2	0.3	0.3	0.4	0.4	0.5
15－49歳女子(%)	44.6	45.4	47.6	50.7	51.4	51.6	51.3	52.2	52.2	54.3	53.6
中位数年齢(歳)	15.8	16.4	17.7	18.9	19.5	20.3	20.9	21.6	22.1	25.3	26.5
人口密度(1km²あたり)	22	25	28	32	35	39	40	42	44	45	47

	1960-1965	1965-1970	1970-1975	1975-1980	1980-1985	1985-1990	1990-1995	1995-2000	2000-2005	2005-2010	2010-2015
年平均人口増加数(千人)	14	11	11	12	15	3	9	7	2	8	6
年平均出生数(千人)	18	18	18	20	22	21	21	20	20	19	18
年平均死亡数(千人)	5	4	4	5	5	5	5	5	5	5	6
人口増加率(%)	3.30	2.30	2.05	1.94	2.27	0.47	1.25	0.90	0.26	0.91	0.74
粗出生率(人口千人あたり)	42.3	35.8	33.0	33.7	33.1	29.8	28.1	25.6	24.0	22.4	20.7
粗死亡率(人口千人あたり)	10.5	8.9	8.1	7.5	6.9	6.5	6.2	6.0	6.2	6.5	6.8
合計出生率(女子1人あたり)	5.95	5.00	4.20	4.00	3.80	3.47	3.35	3.19	2.98	2.75	2.61
純再生産率(女子1人あたり)	2.46	2.11	1.81	1.76	1.70	1.57	1.54	1.48	1.39	1.29	1.22
乳児死亡率(出生千人あたり)	52	47	42	38	33	29	25	22	19	18	16
出生時の平均余命(歳)											
男	55.1	57.2	59.1	60.7	62.0	63.1	64.0	64.8	65.5	66.1	66.9
女	59.0	60.9	62.5	63.9	65.5	67.0	68.3	69.6	70.7	71.9	72.9
男女計	56.9	58.9	60.7	62.2	63.7	64.9	66.1	67.1	68.0	68.8	69.7

B. 中位予測値

	2015	2020	2025	2030	2035	2040	2045	2050	2055	2060
人口(千人)										
総数	892	915	931	940	944	943	936	924	908	890
男	454	464	470	473	473	471	467	461	453	443
女	439	452	461	467	471	471	469	463	456	447
性比(女100につき男)	103.4	102.7	101.9	101.2	100.5	100.0	99.7	99.5	99.3	99.3
年齢分布(%)										
0－4歳	9.9	9.0	8.4	8.0	7.7	7.4	7.1	6.7	6.4	6.1
5－14歳	18.9	19.0	17.9	16.7	15.8	15.3	14.8	14.3	13.7	13.2
15－24歳	17.2	16.4	17.1	17.5	16.7	15.7	15.0	14.6	14.3	13.9
60歳以上	9.3	11.1	13.0	14.3	15.3	16.8	18.6	19.9	21.2	22.1
65歳以上	5.8	6.9	8.4	10.0	11.0	11.8	13.1	14.7	15.9	17.1
80歳以上	0.6	0.8	1.1	1.4	1.7	2.3	2.9	3.2	3.5	4.1
6－11歳	11.5	11.5	10.7	9.9	9.4	9.1	8.9	8.5	8.2	7.8
12－14歳	5.3	5.7	5.6	5.2	4.8	4.7	4.5	4.4	4.3	4.1
15－17歳	5.2	5.2	5.6	5.3	5.0	4.7	4.6	4.5	4.3	4.2
18－23歳	10.4	9.6	10.0	10.5	10.1	9.4	9.0	8.7	8.6	8.4
15－24歳女子(%)	51.2	49.9	50.0	49.5	48.3	47.6	46.8	46.6	46.2	44.9
中位数年齢(歳)	27.6	28.6	29.6	30.5	31.4	32.6	34.0	35.4	36.7	37.9
人口密度(1km²あたり)	49	50	51	51	52	52	51	51	50	49

	2010-2015	2015-2020	2020-2025	2025-2030	2030-2035	2035-2040	2040-2045	2045-2050	2050-2055	2055-2060
年平均人口増加数(千人)	6	5	3	2	1	0	－1	－2	－3	－4
年平均出生数(千人)	18	17	16	15	15	14	13	13	12	11
年平均死亡数(千人)	6	7	7	8	8	9	9	9	10	10
年平均純移動数(千人)	−6	−6	−6	−6	−6	−6	−6	−6	−5	−5
人口増加率(%)	0.74	0.52	0.33	0.20	0.09	−0.03	−0.15	−0.26	−0.33	−0.41
粗出生率(人口千人あたり)	20.7	18.8	17.3	16.4	15.8	15.1	14.4	13.7	13.0	12.4
粗死亡率(人口千人あたり)	6.8	7.2	7.8	8.3	8.8	9.3	9.7	10.1	10.4	10.7
純移動率(人口千人あたり)	−6.6	−6.4	−6.2	−6.1	−6.1	−6.1	−6.1	−6.2	−6.0	−5.7
合計出生率(女子1人あたり)	2.61	2.48	2.37	2.27	2.18	2.10	2.04	1.98	1.94	1.91
純再生産率(女子1人あたり)	1.22	1.17	1.12	1.08	1.04	1.00	0.97	0.95	0.93	0.91
乳児死亡率(出生千人あたり)	16	13	11	10	8	7	6	6	5	5
5歳未満の死亡数(出生千人あたり	20	17	14	12	10	9	8	7	7	6
出生時の平均余命(歳)										
男	66.9	67.7	68.4	69.1	69.9	70.7	71.5	72.2	73.1	74.0
女	72.9	73.8	74.7	75.5	76.3	77.1	77.8	78.5	79.2	79.9
男女計	69.7	70.6	71.4	72.2	73.0	73.8	74.6	75.3	76.1	76.9

C. 高位予測値

	2015	2020	2025	2030	2035	2040	2045	2050	2055	2060
人口(千人)										
総数	892	924	953	978	1 000	1 018	1 034	1 047	1 061	1 074
男	454	468	481	493	502	510	517	524	531	538
女	439	456	472	486	498	508	516	523	530	536
性比(女100につき男)	103.4	102.6	101.8	101.0	100.2	99.5	99.0	98.6	98.2	97.9
年齢分布(%)										
0－4歳	9.9	9.9	9.6	9.4	9.0	8.8	8.6	8.4	8.2	8.1
5－14歳	18.9	18.8	18.4	18.2	17.9	17.5	17.0	16.6	16.4	16.1
15－24歳	17.2	16.3	16.7	16.8	16.6	16.6	16.5	16.2	15.7	15.4
60歳以上	9.3	11.0	12.7	13.7	14.4	15.5	16.8	17.5	18.2	18.3
65歳以上	5.8	6.8	8.2	9.6	10.4	11.0	11.9	13.0	13.6	14.2
80歳以上	0.6	0.8	1.1	1.3	1.6	2.1	2.6	2.8	3.0	3.4
15－49歳女子(%)	51.2	49.4	48.8	47.6	46.5	46.2	46.1	46.4	46.6	46.2
中位数年齢(歳)	27.6	28.3	28.8	29.0	29.3	29.9	30.4	31.1	31.7	32.4

	2010-2015	2015-2020	2020-2025	2025-2030	2030-2035	2035-2040	2040-2045	2045-2050	2050-2055	2055-2060
年平均人口増加数(千人)	6	6	6	5	4	4	3	3	3	3
年平均出生数(千人)	18	19	19	19	18	18	18	18	18	18
年平均死亡数(千人)	6	7	7	8	8	9	9	9	10	10
人口増加率(%)	0.74	0.70	0.61	0.54	0.43	0.36	0.31	0.26	0.26	0.25
粗出生率(人口千人あたり)	20.7	20.5	19.9	19.4	18.6	18.0	17.6	17.2	16.9	16.4
粗死亡率(人口千人あたり)	6.8	7.2	7.7	8.1	8.4	8.7	8.9	9.1	9.1	9.1
合計出生率(女子1人あたり)	2.61	2.73	2.77	2.77	2.68	2.60	2.54	2.48	2.44	2.41
純再生産率(女子1人あたり)	1.22	1.29	1.31	1.31	1.27	1.24	1.21	1.18	1.17	1.15

D. 低位予測値

	2015	2020	2025	2030	2035	2040	2045	2050	2055	2060
人口(千人)										
総数	892	907	909	902	888	869	842	808	770	727
男	454	459	459	453	445	433	419	401	381	360
女	439	448	450	449	444	435	423	407	388	368
性比(女100につき男)	103.4	102.6	101.8	101.0	100.2	99.5	99.0	98.6	98.2	97.9
年齢分布(%)										
0－4歳	9.9	8.2	7.1	6.5	6.2	5.9	5.4	5.0	4.5	4.2
5－14歳	18.9	19.2	17.4	15.0	13.4	12.7	12.3	11.6	10.8	9.9
15－24歳	17.2	16.6	17.5	18.2	16.8	14.5	13.1	12.5	12.3	11.8
60歳以上	9.3	11.2	13.3	14.9	16.2	18.2	20.7	22.7	25.0	27.0
65歳以上	5.8	7.0	8.6	10.4	11.7	12.8	14.6	16.9	18.8	20.9
80歳以上	0.6	0.8	1.1	1.4	1.8	2.5	3.2	3.6	4.1	5.1
15－49歳女子(%)	51.2	50.3	51.1	51.6	50.4	49.1	47.4	46.4	45.0	42.2
中位数年齢(歳)	27.6	28.9	30.5	32.0	33.6	35.3	37.5	39.9	42.4	45.1

	2010-2015	2015-2020	2020-2025	2025-2030	2030-2035	2035-2040	2040-2045	2045-2050	2050-2055	2055-2060
年平均人口増加数(千人)	6	3	0	－1	－3	－4	－5	－7	－8	－8
年平均出生数(千人)	18	15	13	12	11	11	9	8	7	6
年平均死亡数(千人)	6	7	7	8	8	9	9	9	9	10
人口増加率(%)	0.74	0.33	0.05	−0.16	−0.29	−0.45	−0.63	−0.82	−0.97	−1.13
粗出生率(人口千人あたり)	20.7	16.9	14.6	13.2	12.7	12.0	11.0	10.0	9.1	8.3
粗死亡率(人口千人あたり)	6.8	7.2	7.8	8.5	9.2	9.9	10.6	11.3	11.9	12.7
合計出生率(女子1人あたり)	2.61	2.23	1.97	1.77	1.68	1.60	1.54	1.48	1.44	1.41
純再生産率(女子1人あたり)	1.22	1.05	0.93	0.84	0.80	0.76	0.73	0.71	0.69	0.67

E. 出生力一定予測値

	2015	2020	2025	2030	2035	2040	2045	2050	2055	2060
人口(千人)										
総数	892	920	943	964	984	1 003	1 020	1 036	1 053	1 072
男	454	466	476	485	494	502	510	518	527	537
女	439	454	467	479	490	500	509	517	526	535
中位数年齢(歳)	27.6	28.4	29.2	29.5	29.8	30.4	30.9	31.3	31.5	31.6

	2010-2015	2015-2020	2020-2025	2025-2030	2030-2035	2035-2040	2040-2045	2045-2050	2050-2055	2055-2060
人口増加率(%)	0.74	0.62	0.50	0.44	0.41	0.38	0.34	0.31	0.33	0.36
粗出生率(人口千人あたり)	20.7	19.7	18.9	18.6	18.5	18.4	18.1	17.9	17.7	17.6
粗死亡率(人口千人あたり)	6.8	7.2	7.7	8.2	8.6	8.9	9.1	9.2	9.2	9.2

Finland

A. 推 計 値

指　標	1960	1965	1970	1975	1980	1985	1990	1995	2000	2005	2010
人口(千人)											
総数	4 430	4 565	4 607	4 711	4 779	4 902	4 987	5 108	5 176	5 246	5 368
男	2 134	2 204	2 225	2 278	2 311	2 374	2 420	2 487	2 526	2 567	2 634
女	2 297	2 361	2 382	2 434	2 469	2 529	2 567	2 621	2 650	2 679	2 734
性比(女100につき男)	92.9	93.4	93.4	93.6	93.6	93.9	94.3	94.9	95.3	95.8	96.3
年齢分布(%)											
0－4歳	9.3	8.6	7.5	6.4	6.7	6.6	6.2	6.4	5.7	5.4	5.6
5－14歳	21.1	18.5	17.1	15.6	13.6	12.8	13.1	12.6	12.5	11.9	10.9
15－24歳	15.2	18.0	19.0	17.4	16.0	14.9	13.1	12.4	12.7	12.5	12.3
60歳以上	11.3	12.5	14.2	15.5	16.4	17.4	18.5	19.0	19.9	21.4	24.8
65歳以上	7.3	8.0	9.2	10.6	12.0	12.5	13.4	14.2	14.9	15.9	17.1
80歳以上	0.9	1.0	1.1	1.3	1.8	2.3	2.8	3.2	3.4	4.0	4.7
15－49歳女子(%)	46.5	47.7	48.7	49.4	49.4	49.6	49.0	48.5	46.0	44.0	42.8
中位数年齢(歳)	28.4	28.7	29.6	30.7	32.8	34.7	36.4	37.8	39.4	40.9	42.0
人口密度(1km²あたり)	15	15	15	16	16	16	16	17	17	17	18

指　標	1960-1965	1965-1970	1970-1975	1975-1980	1980-1985	1985-1990	1990-1995	1995-2000	2000-2005	2005-2010	2010-2015
年平均人口増加数(千人)	27	8	21	14	25	17	24	14	14	24	27
年平均出生数(千人)	82	73	60	64	65	62	65	59	57	60	58
年平均死亡数(千人)	42	45	45	45	45	49	50	50	50	50	52
人口増加率(%)	0.60	0.18	0.45	0.29	0.51	0.34	0.48	0.27	0.27	0.46	0.50
粗出生率(人口千人あたり)	18.2	15.9	12.9	13.5	13.3	12.6	12.9	11.5	11.0	11.2	10.7
粗死亡率(人口千人あたり)	9.4	9.8	9.7	9.4	9.4	9.9	9.9	9.7	9.5	9.3	9.6
合計出生率(女子1人あたり)	2.66	2.19	1.62	1.66	1.69	1.66	1.82	1.74	1.75	1.84	1.75
純再生産率(女子1人あたり)	1.26	1.04	0.77	0.80	0.81	0.80	0.88	0.84	0.85	0.89	0.85
乳児死亡率(出生千人あたり)	20	15	12	9	7	6	5	4	3	3	2
出生時の平均余命(歳)											
男	65.5	65.7	66.5	68.1	70.0	70.6	71.8	73.3	74.8	76.0	77.6
女	72.5	73.4	75.0	76.9	78.3	78.7	79.5	80.6	81.6	82.8	83.4
男女計	69.1	69.6	70.8	72.5	74.3	74.7	75.7	77.0	78.3	79.5	80.5

B. 中 位 予 測 値

指　標	2015	2020	2025	2030	2035	2040	2045	2050	2055	2060
人口(千人)										
総数	5 503	5 585	5 656	5 706	5 732	5 739	5 742	5 752	5 766	5 783
男	2 709	2 756	2 797	2 827	2 843	2 852	2 860	2 872	2 883	2 894
女	2 794	2 829	2 858	2 879	2 888	2 887	2 882	2 880	2 883	2 889
性比(女100につき男)	96.9	97.4	97.9	98.2	98.5	98.8	99.3	99.7	100.0	100.2
年齢分布(%)										
0－4歳	5.5	5.4	5.3	5.1	5.0	5.1	5.1	5.2	5.1	5.1
5－14歳	10.8	11.1	10.9	10.7	10.5	10.3	10.3	10.4	10.5	10.4
15－24歳	11.9	10.8	10.9	11.3	11.2	11.1	10.9	10.7	10.7	10.7
60歳以上	27.2	28.9	30.4	31.5	31.3	31.7	32.2	32.4	33.1	33.3
65歳以上	20.5	22.5	24.1	25.4	26.2	25.7	26.1	26.5	26.8	27.6
80歳以上	5.1	5.6	6.2	8.5	9.5	10.1	10.5	10.7	10.2	10.7
6－11歳	6.6	6.7	6.5	6.4	6.3	6.2	6.2	6.2	6.3	6.2
12－14歳	3.1	3.3	3.3	3.3	3.2	3.2	3.1	3.1	3.2	3.2
15－17歳	3.2	3.2	3.4	3.3	3.3	3.3	3.2	3.1	3.2	3.2
18－23歳	7.4	6.5	6.5	6.8	6.8	6.7	6.6	6.5	6.4	6.4
15－24歳女子(%)	41.3	39.9	40.2	39.7	39.2	39.0	38.5	38.5	38.7	38.5
中位数年齢(歳)	42.5	42.9	43.7	44.4	44.8	45.4	45.3	45.1	45.3	45.7
人口密度(1km²あたり)	18	18	19	19	19	19	19	19	19	19

指　標	2010-2015	2015-2020	2020-2025	2025-2030	2030-2035	2035-2040	2040-2045	2045-2050	2050-2055	2055-2060
年平均人口増加数(千人)	27	16	14	10	5	1	1	2	3	3
年平均出生数(千人)	58	59	59	58	57	57	58	59	58	58
年平均死亡数(千人)	52	55	57	59	63	67	69	68	67	65
年平均純移動数(千人)	21	12	12	12	12	12	12	12	11	10
人口増加率(%)	0.50	0.29	0.25	0.18	0.09	0.03	0.01	0.03	0.05	0.06
粗出生率(人口千人あたり)	10.7	10.7	10.5	10.2	10.0	10.0	10.1	10.2	10.1	10.0
粗死亡率(人口千人あたり)	9.6	9.9	10.1	10.5	11.1	11.8	12.0	11.9	11.6	11.2
純移動率(人口千人あたり)	4.0	2.1	2.1	2.0	2.0	2.0	2.0	2.0	1.9	1.8
合計出生率（女子1人あたり）	1.75	1.77	1.78	1.79	1.80	1.81	1.82	1.82	1.83	1.83
純再生産率（女子1人あたり）	0.85	0.86	0.86	0.87	0.88	0.88	0.88	0.89	0.89	0.89
乳児死亡率（出生千人あたり）	2	2	2	1	1	1	1	1	1	1
5歳未満の死亡数(出生千人あたり	3	2	2	2	2	2	1	1	1	1
出生時の平均余命(歳)										
男	77.6	78.8	80.0	81.0	81.9	82.6	83.2	83.9	84.5	85.1
女	83.4	84.1	84.8	85.5	86.2	86.8	87.4	88.0	88.7	89.2
男女計	80.5	81.5	82.4	83.3	84.0	84.7	85.3	86.0	86.6	87.1

C. 高位予測値

	2015	2020	2025	2030	2035	2040	2045	2050	2055	2060
人口(千人)										
総数	5 503	5 627	5 764	5 895	5 999	6 090	6 189	6 317	6 473	6 650
男	2 709	2 778	2 853	2 923	2 981	3 032	3 089	3 161	3 244	3 337
女	2 794	2 849	2 911	2 971	3 019	3 058	3 100	3 156	3 229	3 312
性比(女100につき男)	96.9	97.4	97.7	98.0	98.2	98.4	98.8	99.3	99.4	99.5
年齢分布(%)										
0－4歳	5.5	6.1	6.3	6.3	6.1	6.1	6.3	6.6	6.8	6.8
5－14歳	10.8	11.0	11.4	12.2	12.5	12.4	12.2	12.3	12.6	13.0
15－24歳	11.9	10.7	10.7	10.9	11.4	12.2	12.5	12.3	12.0	12.0
60歳以上	27.2	28.7	29.9	30.5	29.9	29.9	29.8	29.5	29.5	28.9
65歳以上	20.5	22.3	23.7	24.6	25.1	24.3	24.2	24.1	23.9	24.0
80歳以上	5.1	5.6	6.1	8.2	9.1	9.5	9.7	9.7	9.1	9.3
15－49歳女子(%)	41.3	39.7	39.5	38.4	38.2	38.6	38.8	39.3	39.9	40.1
中位数年齢(歳)	42.5	42.6	42.9	43.0	43.0	42.8	41.9	41.0	40.3	40.0

	2010-2015	2015-2020	2020-2025	2025-2030	2030-2035	2035-2040	2040-2045	2045-2050	2050-2055	2055-2060
年平均人口増加数(千人)	27	25	27	26	21	18	20	25	31	35
年平均出生数(千人)	58	68	72	74	73	74	77	82	87	90
年平均死亡数(千人)	52	55	57	59	63	68	69	68	67	65
人口増加率(%)	0.50	0.44	0.48	0.45	0.35	0.30	0.32	0.41	0.49	0.54
粗出生率(人口千人あたり)	10.7	12.2	12.7	12.7	12.2	12.2	12.6	13.2	13.6	13.7
粗死亡率(人口千人あたり)	9.6	9.8	9.9	10.2	10.7	11.2	11.3	10.9	10.4	9.9
合計出生率（女子1人あたり）	1.75	2.02	2.18	2.29	2.30	2.31	2.32	2.32	2.33	2.33
純再生産率（女子1人あたり）	0.85	0.98	1.06	1.11	1.12	1.12	1.13	1.13	1.13	1.14

D. 低位予測値

	2015	2020	2025	2030	2035	2040	2045	2050	2055	2060
人口(千人)										
総数	5 503	5 543	5 547	5 517	5 464	5 390	5 305	5 212	5 111	5 004
男	2 709	2 735	2 742	2 730	2 707	2 674	2 636	2 596	2 548	2 496
女	2 794	2 808	2 806	2 787	2 757	2 716	2 668	2 616	2 563	2 508
性比(女100につき男)	96.9	97.4	97.7	98.0	98.2	98.4	98.8	99.3	99.4	99.5
年齢分布(%)										
0－4歳	5.5	4.7	4.2	3.8	3.8	3.9	3.9	3.7	3.5	3.4
5－14歳	10.8	11.2	10.4	9.1	8.4	8.1	8.1	8.2	8.1	7.7
15－24歳	11.9	10.9	11.1	11.7	11.0	9.8	9.1	8.8	8.9	9.0
60歳以上	27.2	29.2	31.0	32.6	32.8	33.8	34.8	35.8	37.3	38.4
65歳以上	20.5	22.7	24.6	26.3	27.5	27.4	28.2	29.2	30.3	31.9
80歳以上	5.1	5.6	6.3	8.8	10.0	10.7	11.3	11.8	11.5	12.4
15－49歳女子(%)	41.3	40.2	41.0	41.0	40.3	39.5	38.1	37.4	36.9	35.8
中位数年齢(歳)	42.5	43.2	44.4	45.7	46.7	47.7	48.6	49.3	50.1	51.3

	2010-2015	2015-2020	2020-2025	2025-2030	2030-2035	2035-2040	2040-2045	2045-2050	2050-2055	2055-2060
年平均人口増加数(千人)	27	8	1	－ 6	－ 11	－ 15	－ 17	－ 18	－ 20	－ 21
年平均出生数(千人)	58	51	46	42	41	41	40	38	35	33
年平均死亡数(千人)	52	55	57	59	63	67	69	68	66	65
人口増加率(%)	0.50	0.14	0.02	−0.11	−0.19	−0.27	−0.32	−0.35	−0.39	−0.42
粗出生率(人口千人あたり)	10.7	9.2	8.3	7.5	7.5	7.6	7.5	7.3	6.8	6.5
粗死亡率(人口千人あたり)	9.6	9.9	10.2	10.7	11.5	12.4	12.9	13.0	12.9	12.8
合計出生率（女子1人あたり）	1.75	1.52	1.38	1.29	1.30	1.31	1.32	1.32	1.33	1.33
純再生産率（女子1人あたり）	0.85	0.74	0.67	0.63	0.63	0.64	0.64	0.64	0.65	0.65

E. 出生力一定予測値

	2015	2020	2025	2030	2035	2040	2045	2050	2055	2060
人口(千人)										
総数	5 503	5 582	5 646	5 688	5 705	5 703	5 694	5 688	5 685	5 682
男	2 709	2 755	2 792	2 818	2 830	2 834	2 836	2 840	2 841	2 843
女	2 794	2 827	2 854	2 871	2 875	2 869	2 858	2 849	2 843	2 840
中位数年齢(歳)	42.5	43.0	43.7	44.5	45.0	45.6	45.7	45.6	45.9	46.4

	2010-2015	2015-2020	2020-2025	2025-2030	2030-2035	2035-2040	2040-2045	2045-2050	2050-2055	2055-2060
人口増加率(%)	0.50	0.28	0.23	0.15	0.06	−0.01	−0.03	−0.02	−0.01	−0.01
粗出生率(人口千人あたり)	10.7	10.6	10.3	9.9	9.7	9.7	9.8	9.8	9.6	9.5
粗死亡率(人口千人あたり)	9.6	9.9	10.1	10.5	11.1	11.8	12.1	12.0	11.7	11.4

France

A. 推計値

指標	1960	1965	1970	1975	1980	1985	1990	1995	2000	2005	2010
人口(千人)											
総数	45 866	48 952	50 844	53 011	54 053	55 380	56 943	58 224	59 387	61 242	62 961
男	22 309	23 947	24 986	26 139	26 644	27 233	27 960	28 533	29 048	29 885	30 676
女	23 557	25 006	25 858	26 871	27 409	28 147	28 983	29 691	30 339	31 357	32 285
性比(女100につき男)	94.7	95.8	96.6	97.3	97.2	96.8	96.5	96.1	95.7	95.3	95.0
年齢分布(%)											
0－4歳	8.6	8.7	8.2	7.8	6.7	6.9	6.6	6.2	6.2	6.3	6.2
5－14歳	17.6	16.8	16.6	16.0	15.4	14.1	13.2	13.2	12.6	12.2	12.2
15－24歳	12.3	14.5	16.4	16.0	15.7	15.5	15.0	13.6	12.8	12.8	12.3
60歳以上	16.7	17.5	18.0	18.3	16.9	18.2	19.1	20.2	20.7	21.1	23.3
65歳以上	11.6	12.1	12.8	13.4	13.9	12.7	14.0	15.1	16.1	16.6	17.0
80歳以上	2.0	2.1	2.3	2.4	2.8	3.2	3.7	4.1	3.5	4.6	5.4
15－49歳女子(%)	42.7	43.4	46.2	46.1	46.9	47.6	48.7	49.1	47.5	45.9	44.1
中位数年齢(歳)	33.1	32.8	32.5	31.8	32.6	33.8	35.0	36.4	37.8	39.0	40.1
人口密度(1km²あたり)	84	89	93	97	99	101	104	106	108	112	115

指標	1960-1965	1965-1970	1970-1975	1975-1980	1980-1985	1985-1990	1990-1995	1995-2000	2000-2005	2005-2010	2010-2015
年平均人口増加数(千人)	617	378	433	208	265	313	256	233	371	344	287
年平均出生数(千人)	860	850	832	737	769	762	729	738	766	787	787
年平均死亡数(千人)	536	555	559	558	558	546	534	543	543	540	567
人口増加率(%)	1.30	0.76	0.84	0.39	0.49	0.56	0.45	0.40	0.62	0.55	0.45
粗出生率(人口千人あたり)	18.1	17.0	16.0	13.8	14.1	13.6	12.7	12.5	12.7	12.7	12.4
粗死亡率(人口千人あたり)	11.3	11.1	10.8	10.4	10.2	9.7	9.3	9.2	9.0	8.7	8.9
合計出生率(女子1人あたり)	2.83	2.64	2.30	1.86	1.87	1.81	1.71	1.76	1.88	1.97	2.00
純再生産率(女子1人あたり)	1.33	1.25	1.09	0.89	0.89	0.87	0.82	0.85	0.91	0.95	0.97
乳児死亡率(出生千人あたり)	25	21	16	12	9	8	7	5	4	4	3
出生時の平均余命(歳)											
男	67.2	67.6	68.6	69.5	70.6	71.9	73.1	74.4	75.8	77.4	78.8
女	74.1	75.1	76.2	77.6	78.8	80.1	81.4	82.2	83.1	84.3	84.9
男女計	70.7	71.3	72.3	73.5	74.6	75.9	77.2	78.3	79.4	80.8	81.8

B. 中位予測値

指標	2015	2020	2025	2030	2035	2040	2045	2050	2055	2060
人口(千人)										
総数	64 395	65 720	66 896	68 007	69 049	69 931	70 613	71 137	71 602	72 061
男	31 342	32 044	32 661	33 222	33 731	34 163	34 523	34 830	35 120	35 415
女	33 054	33 676	34 234	34 785	35 318	35 768	36 091	36 307	36 481	36 646
性比(女100につき男)	94.8	95.2	95.4	95.5	95.5	95.5	95.7	95.9	96.3	96.6
年齢分布(%)										
0－4歳	6.1	5.9	5.7	5.7	5.7	5.7	5.6	5.5	5.5	5.5
5－14歳	12.4	12.1	11.7	11.4	11.2	11.2	11.3	11.3	11.1	11.0
15－24歳	11.6	12.0	12.1	11.8	11.5	11.3	11.1	11.2	11.3	11.3
60歳以上	25.2	26.9	28.5	29.9	31.0	31.3	31.6	31.8	31.7	31.8
65歳以上	19.1	20.8	22.4	23.9	25.1	26.0	26.1	26.3	26.5	26.4
80歳以上	6.1	6.3	6.4	7.9	9.0	9.8	10.6	11.1	11.5	11.5
6－11歳	7.5	7.2	7.0	6.8	6.7	6.8	6.8	6.8	6.7	6.6
12－14歳	3.7	3.7	3.6	3.5	3.4	3.3	3.4	3.4	3.4	3.3
15－17歳	3.6	3.7	3.6	3.5	3.4	3.3	3.3	3.4	3.4	3.3
18－23歳	6.8	7.1	7.3	7.1	6.9	6.8	6.7	6.7	6.8	6.8
15－24歳女子(%)	42.2	41.2	40.2	39.9	39.3	38.9	38.9	38.9	38.7	38.5
中位数年齢(歳)	41.2	41.9	42.5	43.0	43.3	43.4	43.6	43.9	44.2	44.5
人口密度(1km²あたり)	118	120	122	124	126	128	129	130	131	132

指標	2010-2015	2015-2020	2020-2025	2025-2030	2030-2035	2035-2040	2040-2045	2045-2050	2050-2055	2055-2060
年平均人口増加数(千人)	287	265	235	222	208	176	136	105	93	92
年平均出生数(千人)	787	776	768	773	788	798	795	788	785	786
年平均死亡数(千人)	567	591	613	631	660	701	739	764	768	766
年平均純移動数(千人)	66	80	80	80	80	80	80	80	76	72
人口増加率(%)	0.45	0.41	0.36	0.33	0.30	0.25	0.19	0.15	0.13	0.13
粗出生率(人口千人あたり)	12.4	11.9	11.6	11.5	11.5	11.5	11.3	11.1	11.0	10.9
粗死亡率(人口千人あたり)	8.9	9.1	9.2	9.4	9.6	10.1	10.5	10.8	10.8	10.7
純移動率(人口千人あたり)	1.0	1.2	1.2	1.2	1.2	1.2	1.1	1.1	1.1	1.0
合計出生率(女子1人あたり)	2.00	1.99	1.98	1.98	1.97	1.97	1.97	1.96	1.96	1.96
純再生産率(女子1人あたり)	0.97	0.96	0.96	0.96	0.96	0.96	0.95	0.95	0.95	0.95
乳児死亡率(出生千人あたり)	3	3	2	2	2	2	2	2	1	1
5歳未満の死亡数(出生千人あたり)	4	3	3	3	2	2	2	2	2	2
出生時の平均余命(歳)										
男	78.8	80.0	80.8	81.6	82.3	83.0	83.7	84.3	84.9	85.5
女	84.9	85.6	86.4	87.1	87.8	88.4	89.1	89.7	90.3	90.9
男女計	81.8	82.8	83.6	84.4	85.1	85.7	86.4	87.0	87.6	88.3

C. 高位予測値

	2015	2020	2025	2030	2035	2040	2045	2050	2055	2060
人口(千人)										
総数	64 395	66 206	68 155	70 242	72 286	74 229	76 123	78 136	80 405	82 907
男	31 342	32 293	33 307	34 368	35 390	36 366	37 346	38 416	39 631	40 972
女	33 054	33 913	34 848	35 874	36 896	37 863	38 777	39 719	40 774	41 935
性比(女100につき男)	94.8	95.1	95.2	95.2	95.1	94.9	94.9	95.0	95.2	95.4
年齢分布(%)										
0－4歳	6.1	6.6	6.8	6.9	6.8	6.8	6.8	7.0	7.1	7.2
5－14歳	12.4	12.0	12.2	12.8	13.1	13.2	13.2	13.2	13.3	13.5
15－24歳	11.6	11.9	11.9	11.5	11.7	12.3	12.6	12.7	12.6	12.5
60歳以上	25.2	26.7	28.0	28.9	29.6	29.5	29.3	28.9	28.2	27.7
65歳以上	19.1	20.7	22.0	23.1	24.0	24.5	24.2	24.0	23.6	23.0
80歳以上	6.1	6.2	6.3	7.6	8.6	9.3	9.8	10.1	10.3	10.0
15－49歳女子(%)	42.2	40.9	39.5	38.7	38.3	38.3	39.0	39.5	39.8	40.0
中位数年齢(歳)	41.2	41.6	41.7	41.6	41.2	40.7	40.3	39.8	39.1	38.8

	2010-2015	2015-2020	2020-2025	2025-2030	2030-2035	2035-2040	2040-2045	2045-2050	2050-2055	2055-2060
年平均人口増加数(千人)	287	362	390	417	409	389	379	403	454	500
年平均出生数(千人)	787	874	923	969	989	1 010	1 039	1 087	1 147	1 196
年平均死亡数(千人)	567	591	613	632	661	702	740	765	769	768
人口増加率(%)	0.45	0.56	0.58	0.60	0.57	0.53	0.50	0.52	0.57	0.61
粗出生率(人口千人あたり)	12.4	13.4	13.7	14.0	13.9	13.8	13.8	14.1	14.5	14.7
粗死亡率(人口千人あたり)	8.9	9.1	9.1	9.1	9.3	9.6	9.8	9.9	9.7	9.4
合計出生率（女子１人あたり）	2.00	2.24	2.38	2.48	2.47	2.47	2.47	2.46	2.46	2.46
純再生産率（女子１人あたり）	0.97	1.08	1.15	1.20	1.20	1.20	1.20	1.20	1.20	1.20

D. 低位予測値

	2015	2020	2025	2030	2035	2040	2045	2050	2055	2060
人口(千人)										
総数	64 395	65 234	65 637	65 773	65 814	65 657	65 210	64 443	63 434	62 279
男	31 342	31 795	32 016	32 077	32 073	31 972	31 753	31 400	30 935	30 403
女	33 054	33 439	33 621	33 696	33 742	33 685	33 457	33 044	32 498	31 875
性比(女100につき男)	94.8	95.1	95.2	95.2	95.1	94.9	94.9	95.0	95.2	95.4
年齢分布(%)										
0－4歳	6.1	5.2	4.7	4.4	4.5	4.5	4.4	4.1	3.9	3.7
5－14歳	12.4	12.2	11.2	9.9	9.1	9.0	9.1	9.1	8.7	8.3
15－24歳	11.6	12.1	12.3	12.2	11.4	10.1	9.4	9.3	9.5	9.6
60歳以上	25.2	27.1	29.1	30.9	32.6	33.4	34.2	35.1	35.7	36.9
65歳以上	19.1	21.0	22.8	24.7	26.3	27.7	28.3	29.1	29.9	30.6
80歳以上	6.1	6.3	6.5	8.1	9.4	10.5	11.4	12.2	13.0	13.3
15－49歳女子(%)	42.2	41.5	41.0	41.2	40.5	39.4	38.7	38.0	37.1	36.0
中位数年齢(歳)	41.2	42.2	43.2	44.4	45.4	46.1	46.8	47.8	49.0	50.3

	2010-2015	2015-2020	2020-2025	2025-2030	2030-2035	2035-2040	2040-2045	2045-2050	2050-2055	2055-2060
年平均人口増加数(千人)	287	168	81	27	8	－32	－89	－153	－202	－231
年平均出生数(千人)	787	679	613	578	588	589	569	529	488	461
年平均死亡数(千人)	567	591	612	630	659	700	738	763	766	764
人口増加率(%)	0.45	0.26	0.12	0.04	0.01	−0.05	−0.14	−0.24	−0.32	−0.37
粗出生率(人口千人あたり)	12.4	10.5	9.4	8.8	8.9	9.0	8.7	8.2	7.6	7.3
粗死亡率(人口千人あたり)	8.9	9.1	9.4	9.6	10.0	10.7	11.3	11.8	12.0	12.2
合計出生率（女子１人あたり）	2.00	1.74	1.58	1.48	1.47	1.47	1.47	1.46	1.46	1.46
純再生産率（女子１人あたり）	0.97	0.84	0.77	0.72	0.71	0.71	0.71	0.71	0.71	0.71

E. 出生力一定予測値

	2015	2020	2025	2030	2035	2040	2045	2050	2055	2060
人口(千人)										
総数	64 395	65 728	66 933	68 094	69 189	70 123	70 864	71 461	72 017	72 586
男	31 342	32 048	32 681	33 267	33 802	34 261	34 651	34 996	35 333	35 684
女	33 054	33 680	34 253	34 827	35 387	35 862	36 213	36 465	36 684	36 902
中位数年齢(歳)	41.2	41.9	42.4	42.9	43.2	43.2	43.4	43.7	44.0	44.2

	2010-2015	2015-2020	2020-2025	2025-2030	2030-2035	2035-2040	2040-2045	2045-2050	2050-2055	2055-2060
人口増加率(%)	0.45	0.41	0.36	0.34	0.32	0.27	0.21	0.17	0.16	0.16
粗出生率(人口千人あたり)	12.4	12.0	11.7	11.6	11.6	11.6	11.4	11.3	11.2	11.2
粗死亡率(人口千人あたり)	8.9	9.1	9.2	9.3	9.6	10.1	10.5	10.7	10.7	10.6

French Guiana

A. 推 計 値

指　標	1960	1965	1970	1975	1980	1985	1990	1995	2000	2005	2010
人口(千人)											
総数	32	39	48	56	67	86	116	137	163	203	234
男	16	20	25	28	35	45	60	71	84	101	117
女	16	19	23	28	32	41	55	66	79	103	117
性比(女100につき男)	101.6	107.6	108.0	102.1	109.4	110.8	108.8	107.6	106.7	98.1	99.9
年齢分布(%)											
０－４歳	14.2	14.6	14.4	13.7	11.3	10.8	13.2	14.3	13.3	13.1	13.1
５－14歳	23.4	23.8	24.0	24.7	22.9	22.2	21.6	21.0	22.5	22.8	22.0
15－24歳	12.6	15.0	17.1	17.6	19.3	19.4	16.6	16.3	15.8	16.4	15.6
60歳以上	9.9	8.6	7.6	7.1	6.9	6.2	5.7	5.6	6.1	5.7	6.5
65歳以上	6.6	6.0	5.3	4.9	4.9	4.4	3.6	3.8	3.7	3.5	4.2
80歳以上	0.8	0.9	0.8	0.7	0.7	0.7	0.6	0.6	0.6	0.7	0.9
15－49歳女子(%)	44.0	43.9	45.5	47.3	50.9	53.2	52.0	51.7	51.2	51.8	50.8
中位数年齢(歳)	24.8	22.5	21.7	21.0	23.1	23.8	24.0	23.9	23.9	23.4	24.4
人口密度(1km²あたり)	0	0	1	1	1	1	1	2	2	2	3

指　標	1960-1965	1965-1970	1970-1975	1975-1980	1980-1985	1985-1990	1990-1995	1995-2000	2000-2005	2005-2010	2010-2015
年平均人口増加数(千人)	1	2	2	2	4	6	4	5	8	6	7
年平均出生数(千人)	1	1	2	2	2	3	4	4	5	6	7
年平均死亡数(千人)	0	0	0	0	0	1	1	1	1	1	1
人口増加率(%)	3.88	4.18	3.19	3.50	5.10	5.85	3.42	3.44	4.42	2.78	2.78
粗出生率(人口千人あたり)	31.6	32.4	30.4	25.8	28.9	30.1	31.6	29.5	28.2	28.2	26.1
粗死亡率(人口千人あたり)	12.4	9.4	8.2	7.5	6.2	5.2	4.5	4.0	3.5	3.2	3.2
合計出生率(女子１人あたり)	5.02	5.00	4.18	3.30	3.58	3.73	4.05	3.93	3.68	3.63	3.48
純再生産率(女子１人あたり)	2.14	2.25	1.91	1.52	1.68	1.76	1.92	1.87	1.76	1.74	1.68
乳児死亡率(出生千人あたり)	73	51	46	43	32	26	21	17	14	11	10
出生時の平均余命(歳)											
男	56.4	61.4	62.5	63.1	66.0	68.2	70.0	71.5	72.8	75.0	75.8
女	63.2	68.0	69.5	70.5	73.0	74.5	76.0	77.5	80.1	81.4	82.6
男女計	59.5	64.4	65.7	66.5	69.2	71.1	72.8	74.2	76.1	78.0	79.0

B. 中 位 予 測 値

指　標	2015	2020	2025	2030	2035	2040	2045	2050	2055	2060
人口(千人)										
総数	269	304	341	381	422	463	505	546	586	626
男	134	152	171	190	211	232	253	273	293	313
女	134	152	171	190	211	232	252	273	293	312
性比(女100につき男)	99.9	99.9	100.0	100.0	100.1	100.1	100.1	100.1	100.2	100.3
年齢分布(%)										
０－４歳	12.1	11.1	10.5	10.2	9.9	9.5	9.0	8.6	8.2	7.8
５－14歳	21.8	21.0	19.6	18.5	17.9	17.5	17.1	16.5	15.8	15.2
15－24歳	16.9	17.5	17.7	17.3	16.3	15.6	15.3	15.2	15.0	14.6
60歳以上	7.8	9.4	10.9	12.7	14.4	15.8	16.6	17.0	17.9	19.1
65歳以上	4.8	6.0	7.4	8.7	10.2	11.6	12.8	13.4	13.8	14.6
80歳以上	0.9	0.8	1.2	1.5	2.1	2.7	3.3	4.0	4.7	5.2
６－11歳	13.4	12.8	11.8	11.2	10.9	10.7	10.4	10.0	9.5	9.1
12－14歳	6.0	6.0	5.8	5.3	5.1	5.0	4.9	4.8	4.7	4.5
15－17歳	5.6	5.6	5.6	5.3	4.9	4.8	4.8	4.7	4.6	4.4
18－23歳	9.8	10.3	10.4	10.3	9.8	9.2	9.1	9.0	8.9	8.8
15－24歳女子(%)	50.2	49.6	49.0	48.4	47.9	48.0	47.8	47.4	46.9	46.2
中位数年齢(歳)	24.5	25.3	26.4	27.6	28.7	29.9	31.0	32.0	32.9	33.9
人口密度(1km²あたり)	3	4	4	5	5	6	6	7	7	8

指　標	2010-2015	2015-2020	2020-2025	2025-2030	2030-2035	2035-2040	2040-2045	2045-2050	2050-2055	2055-2060
年平均人口増加数(千人)	7	7	7	8	8	8	8	8	8	8
年平均出生数(千人)	7	7	7	8	8	9	9	9	10	10
年平均死亡数(千人)	1	1	1	1	1	2	2	2	3	3
年平均純移動数(千人)	1	1	1	1	1	1	1	1	1	1
人口増加率(%)	2.78	2.49	2.31	2.18	2.04	1.89	1.73	1.57	1.42	1.30
粗出生率(人口千人あたり)	26.1	23.7	22.4	21.6	20.8	19.9	18.8	17.8	16.9	16.2
粗死亡率(人口千人あたり)	3.2	3.0	3.0	3.2	3.4	3.7	4.1	4.4	4.7	4.9
純移動率(人口千人あたり)	4.8	4.2	3.7	3.3	3.0	2.7	2.5	2.3	2.0	1.8
合計出生率（女子１人あたり）	3.48	3.28	3.11	2.97	2.84	2.74	2.64	2.56	2.48	2.41
純再生産率（女子１人あたり）	1.68	1.58	1.50	1.43	1.37	1.32	1.28	1.24	1.20	1.17
乳児死亡率（出生千人あたり）	10	9	8	7	6	5	5	4	4	3
５歳未満の死亡数(出生千人あたり	11	11	9	8	7	6	6	5	5	4
出生時の平均余命(歳)										
男	75.8	77.3	78.8	80.1	81.2	82.1	82.9	83.7	84.4	85.1
女	82.6	83.6	84.5	85.4	86.2	87.0	87.8	88.5	89.2	89.9
男女計	79.0	80.3	81.6	82.8	83.7	84.6	85.4	86.1	86.8	87.6

C. 高 位 予 測 値

	2015	2020	2025	2030	2035	2040	2045	2050	2055	2060
人口(千人)										
総数	269	307	349	394	443	493	545	599	655	713
男	134	153	174	197	222	247	273	300	329	358
女	134	153	174	197	221	246	272	299	326	355
性比(女100につき男)	99.9	99.9	99.9	99.9	99.8	99.8	99.7	99.7	99.6	99.7
年齢分布(%)										
0－4歳	12.1	11.8	11.6	11.5	11.1	10.7	10.3	9.9	9.7	9.5
5－14歳	21.8	20.8	19.9	19.7	19.5	19.3	18.8	18.2	17.7	17.3
15－24歳	16.9	17.4	17.3	16.7	16.1	16.1	16.2	16.2	15.9	15.5
60歳以上	7.8	9.3	10.7	12.3	13.7	14.8	15.3	15.5	16.0	16.8
65歳以上	4.8	6.0	7.2	8.4	9.7	10.9	11.8	12.3	12.4	12.8
80歳以上	0.9	0.8	1.1	1.4	2.0	2.5	3.0	3.6	4.2	4.6
15－49歳女子(%)	50.2	49.2	48.0	46.8	46.3	46.6	46.8	46.7	46.5	46.2
中位数年齢(歳)	24.5	25.0	25.7	26.4	27.1	27.8	28.3	28.9	29.6	30.3

	2010-2015	2015-2020	2020-2025	2025-2030	2030-2035	2035-2040	2040-2045	2045-2050	2050-2055	2055-2060
年平均人口増加数(千人)	7	8	8	9	10	10	10	11	11	12
年平均出生数(千人)	7	7	8	9	10	11	11	12	13	13
年平均死亡数(千人)	1	1	1	1	1	2	2	2	3	3
人口増加率(%)	2.78	2.66	2.56	2.47	2.31	2.16	2.01	1.89	1.78	1.69
粗出生率(人口千人あたり)	26.1	25.4	24.9	24.5	23.5	22.6	21.6	20.8	20.3	19.7
粗死亡率(人口千人あたり)	3.2	3.0	3.0	3.1	3.3	3.6	3.8	4.1	4.3	4.4
合計出生率 (女子1人あたり)	3.48	3.53	3.51	3.47	3.34	3.24	3.14	3.06	2.98	2.91
純再生産率 (女子1人あたり)	1.68	1.70	1.70	1.67	1.62	1.57	1.52	1.48	1.44	1.41

D. 低 位 予 測 値

	2015	2020	2025	2030	2035	2040	2045	2050	2055	2060
人口(千人)										
総数	269	302	334	367	400	434	466	495	522	546
男	134	151	167	183	200	217	232	247	260	273
女	134	151	167	184	200	217	233	248	261	273
性比(女100につき男)	99.9	99.9	99.9	99.9	99.8	99.8	99.7	99.7	99.6	99.7
年齢分布(%)										
0－4歳	12.1	10.4	9.4	8.8	8.6	8.2	7.7	7.1	6.6	6.1
5－14歳	21.8	21.2	19.3	17.2	16.1	15.5	15.1	14.5	13.7	12.8
15－24歳	16.9	17.7	18.0	17.9	16.5	15.0	14.2	13.9	13.8	13.4
60歳以上	7.8	9.4	11.2	13.2	15.2	16.9	18.0	18.8	20.1	21.9
65歳以上	4.8	6.1	7.5	9.0	10.7	12.4	13.9	14.8	15.5	16.7
80歳以上	0.9	0.9	1.2	1.5	2.2	2.9	3.5	4.4	5.2	6.0
15－49歳女子(%)	50.2	50.0	50.1	50.2	49.8	49.6	48.9	48.0	47.0	45.8
中位数年齢(歳)	24.5	25.5	27.1	28.7	30.3	32.0	33.7	35.4	36.9	38.3

	2010-2015	2015-2020	2020-2025	2025-2030	2030-2035	2035-2040	2040-2045	2045-2050	2050-2055	2055-2060
年平均人口増加数(千人)	7	7	7	7	7	7	6	6	5	5
年平均出生数(千人)	7	6	6	6	7	7	7	7	7	7
年平均死亡数(千人)	1	1	1	1	1	2	2	2	3	3
人口増加率(%)	2.78	2.32	2.05	1.87	1.75	1.60	1.42	1.23	1.05	0.90
粗出生率(人口千人あたり)	26.1	22.0	19.8	18.5	17.9	17.0	15.9	14.6	13.4	12.6
粗死亡率(人口千人あたり)	3.2	3.0	3.1	3.2	3.6	3.9	4.4	4.8	5.2	5.6
合計出生率 (女子1人あたり)	3.48	3.03	2.71	2.47	2.34	2.24	2.14	2.06	1.98	1.91
純再生産率 (女子1人あたり)	1.68	1.46	1.31	1.19	1.13	1.08	1.04	1.00	0.96	0.92

E. 出生力一定予測値

	2015	2020	2025	2030	2035	2040	2045	2050	2055	2060
人口(千人)										
総数	269	307	349	396	448	503	563	629	700	778
男	134	153	175	198	224	252	283	316	352	391
女	134	153	174	198	223	251	281	313	348	387
中位数年齢(歳)	24.5	25.0	25.7	26.3	26.8	27.0	27.2	27.2	27.4	27.5

	2010-2015	2015-2020	2020-2025	2025-2030	2030-2035	2035-2040	2040-2045	2045-2050	2050-2055	2055-2060
人口増加率(%)	2.78	2.65	2.59	2.53	2.45	2.35	2.26	2.19	2.15	2.11
粗出生率(人口千人あたり)	26.1	25.3	25.2	25.2	24.9	24.4	24.0	23.8	23.8	23.7
粗死亡率(人口千人あたり)	3.2	3.0	3.0	3.1	3.3	3.5	3.7	3.9	4.1	4.1

French Polynesia

A. 推 計 値

指　標	1960	1965	1970	1975	1980	1985	1990	1995	2000	2005	2010
人口(千人)											
総数	78	93	110	131	152	175	198	215	237	255	268
男	40	48	57	67	79	92	103	112	122	131	137
女	38	46	54	63	73	84	95	103	115	124	131
性比(女100につき男)	105.8	105.3	104.9	106.8	108.3	109.7	108.2	108.1	106.1	105.3	105.0
年齢分布(%)											
0－4歳	17.2	17.5	17.5	14.9	13.7	12.8	13.8	11.2	9.7	8.8	6.5
5－14歳	25.9	28.5	28.2	28.0	26.2	23.5	21.8	23.1	22.0	18.9	17.3
15－24歳	18.3	16.6	16.8	20.0	21.0	21.5	20.7	18.3	17.0	19.0	18.4
60歳以上	4.6	4.5	4.7	5.0	4.9	5.0	5.3	5.9	6.8	8.0	9.8
65歳以上	2.8	2.7	2.7	3.0	3.3	3.0	3.4	3.6	4.3	5.0	6.8
80歳以上	0.2	0.2	0.3	0.3	0.3	0.4	0.4	0.5	0.5	0.7	1.0
15－49歳女子(%)	46.7	43.4	44.4	46.8	49.4	51.8	52.3	52.5	54.5	56.1	56.0
中位数年齢(歳)	18.3	17.4	17.2	18.1	19.5	20.9	22.0	23.6	25.7	27.1	30.0
人口密度(1k㎡あたり)	21	26	30	36	41	48	54	59	65	70	73

指　標	1960-1965	1965-1970	1970-1975	1975-1980	1980-1985	1985-1990	1990-1995	1995-2000	2000-2005	2005-2010	2010-2015
年平均人口増加数(千人)	3	3	4	4	5	5	3	4	4	3	3
年平均出生数(千人)	3	4	4	4	5	6	5	5	5	5	5
年平均死亡数(千人)	1	1	1	1	1	1	1	1	1	1	2
人口増加率(%)	3.59	3.35	3.35	2.99	2.88	2.48	1.63	1.95	1.43	1.01	1.07
粗出生率(人口千人あたり)	38.9	36.1	34.3	31.8	30.4	30.2	25.8	21.3	19.1	17.5	16.5
粗死亡率(人口千人あたり)	10.5	9.2	8.2	7.4	6.1	5.6	5.4	4.9	4.8	4.8	5.5
合計出生率(女子1人あたり)	5.44	5.20	4.86	4.23	3.82	3.64	3.11	2.61	2.36	2.17	2.07
純再生産率(女子1人あたり)	2.29	2.24	2.12	1.88	1.76	1.71	1.46	1.25	1.13	1.04	1.00
乳児死亡率(出生千人あたり)	89	79	71	59	35	20	18	10	9	9	7
出生時の平均余命(歳)											
男	55.7	57.6	59.4	61.1	64.0	65.6	67.7	69.0	70.7	72.8	74.0
女	58.8	61.3	63.0	64.9	69.0	70.8	71.6	74.3	76.1	77.5	78.6
男女計	57.1	59.3	61.0	62.8	66.3	68.0	69.5	71.4	73.2	75.0	76.1

B. 中 位 予 測 値

指　標	2015	2020	2025	2030	2035	2040	2045	2050	2055	2060
人口(千人)										
総数	283	296	303	313	320	325	328	330	331	331
男	144	151	154	158	161	164	165	166	167	167
女	138	146	150	154	158	161	163	164	164	164
性比(女100につき男)	104.2	103.5	102.9	102.4	102.0	101.7	101.5	101.5	101.6	101.7
年齢分布(%)										
0－4歳	8.0	7.5	6.9	6.3	5.8	5.5	5.3	5.3	5.2	5.0
5－14歳	14.2	13.4	14.7	13.7	12.7	11.8	11.1	10.7	10.6	10.5
15－24歳	17.2	15.5	12.7	12.5	13.8	13.1	12.3	11.5	10.9	10.6
60歳以上	11.6	13.8	16.6	19.7	22.2	24.2	26.1	28.4	30.6	32.2
65歳以上	7.6	9.1	11.2	13.6	16.4	18.6	20.3	21.8	23.9	25.9
80歳以上	1.3	1.6	2.0	2.4	3.2	4.3	5.5	7.0	7.9	8.7
6－11歳	8.0	8.3	8.9	8.2	7.5	7.0	6.6	6.4	6.3	6.3
12－14歳	5.0	3.5	4.3	4.3	4.0	3.7	3.4	3.2	3.2	3.2
15－17歳	4.9	4.5	3.3	4.5	4.1	3.8	3.6	3.3	3.2	3.2
18－23歳	10.5	9.4	7.9	6.9	8.5	8.0	7.5	7.0	6.6	6.3
15－24歳女子(%)	54.7	52.5	48.6	47.7	46.6	44.9	43.1	41.6	40.2	40.5
中位数年齢(歳)	31.5	33.2	35.3	37.3	39.2	40.9	42.3	43.2	43.6	44.9
人口密度(1k㎡あたり)	77	81	83	85	87	89	90	90	91	90

指　標	2010-2015	2015-2020	2020-2025	2025-2030	2030-2035	2035-2040	2040-2045	2045-2050	2050-2055	2055-2060
年平均人口増加数(千人)	3	3	1	2	1	1	1	0	0	0
年平均出生数(千人)	5	4	4	4	4	4	4	4	3	3
年平均死亡数(千人)	2	2	2	2	2	2	3	3	3	3
年平均純移動数(千人)	0	0	−1	0	0	0	0	0	0	0
人口増加率(%)	1.07	0.93	0.48	0.60	0.44	0.31	0.21	0.14	0.06	−0.04
粗出生率(人口千人あたり)	16.5	15.5	14.2	12.9	11.8	11.1	10.8	10.7	10.5	10.1
粗死亡率(人口千人あたり)	5.5	5.8	6.2	6.6	7.1	7.7	8.4	9.0	9.7	10.2
純移動率(人口千人あたり)	−0.4	−0.3	−3.3	−0.3	−0.3	−0.3	−0.3	−0.3	−0.3	−0.3
合計出生率（女子1人あたり）	2.07	1.99	1.92	1.86	1.82	1.79	1.77	1.76	1.75	1.75
純再生産率（女子1人あたり）	1.00	0.96	0.93	0.90	0.88	0.87	0.86	0.85	0.85	0.85
乳児死亡率（出生千人あたり）	7	6	5	4	4	3	3	3	3	2
5歳未満の死亡数(出生千人あたり)	8	6	5	5	4	4	3	3	3	3
出生時の平均余命(歳)										
男	74.0	75.1	76.3	77.5	78.7	79.9	81.1	82.2	83.3	84.2
女	78.6	79.6	80.5	81.4	82.3	83.1	83.8	84.5	85.3	86.0
男女計	76.1	77.2	78.3	79.4	80.4	81.5	82.4	83.4	84.3	85.1

C. 高 位 予 測 値

	2015	2020	2025	2030	2035	2040	2045	2050	2055	2060
人口(千人)										
総数	283	299	311	325	337	348	358	367	377	386
男	144	152	158	165	171	176	180	185	190	195
女	138	147	153	161	167	172	177	182	187	191
性比(女100につき男)	104.2	103.5	102.9	102.3	101.8	101.4	101.2	101.1	101.1	101.2
年齢分布(%)										
0－4歳	8.0	8.4	8.2	7.7	7.1	6.7	6.7	6.8	7.0	6.9
5－14歳	14.2	13.3	15.2	15.4	14.9	14.1	13.1	12.8	13.0	13.3
15－24歳	17.2	15.4	12.4	12.0	13.9	14.3	14.0	13.2	12.4	12.1
60歳以上	11.6	13.7	16.2	19.0	21.0	22.6	23.9	25.5	26.9	27.6
65歳以上	7.6	9.0	11.0	13.1	15.5	17.3	18.6	19.6	21.0	22.2
80歳以上	1.3	1.6	2.0	2.3	3.1	4.0	5.0	6.3	7.0	7.4
15－49歳女子(%)	54.7	52.1	47.5	45.8	45.0	44.0	43.0	42.2	41.4	42.3
中位数年齢(歳)	31.5	32.9	34.6	36.0	37.2	38.2	38.5	38.1	38.5	39.1

	2010-2015	2015-2020	2020-2025	2025-2030	2030-2035	2035-2040	2040-2045	2045-2050	2050-2055	2055-2060
年平均人口増加数(千人)	3	3	2	3	2	2	2	2	2	2
年平均出生数(千人)	5	5	5	5	5	5	5	5	5	5
年平均死亡数(千人)	2	2	2	2	2	2	3	3	3	3
人口増加率(%)	1.07	1.12	0.76	0.92	0.74	0.61	0.55	0.54	0.53	0.48
粗出生率(人口千人あたり)	16.5	17.3	16.9	15.9	14.5	13.6	13.5	13.9	14.2	13.9
粗死亡率(人口千人あたり)	5.5	5.8	6.1	6.4	6.8	7.2	7.8	8.2	8.6	8.9
合計出生率(女子1人あたり)	2.07	2.24	2.32	2.36	2.32	2.29	2.27	2.26	2.25	2.25
純再生産率(女子1人あたり)	1.00	1.08	1.12	1.14	1.12	1.11	1.10	1.09	1.09	1.09

D. 低 位 予 測 値

	2015	2020	2025	2030	2035	2040	2045	2050	2055	2060
人口(千人)										
総数	283	293	296	300	302	302	299	295	289	281
男	144	149	150	152	152	152	151	148	145	141
女	138	144	146	148	150	150	149	147	144	140
性比(女100につき男)	104.2	103.5	102.9	102.3	101.8	101.4	101.2	101.1	101.1	101.2
年齢分布(%)										
0－4歳	8.0	6.6	5.6	4.8	4.4	4.1	3.9	3.8	3.5	3.2
5－14歳	14.2	13.6	14.1	11.9	10.2	9.2	8.6	8.2	7.9	7.6
15－24歳	17.2	15.7	13.0	13.0	13.7	11.8	10.2	9.3	8.9	8.6
60歳以上	11.6	14.0	17.0	20.6	23.5	26.0	28.6	31.7	35.1	37.9
65歳以上	7.6	9.2	11.5	14.1	17.4	20.0	22.2	24.4	27.3	30.5
80歳以上	1.3	1.6	2.1	2.5	3.4	4.6	6.0	7.8	9.1	10.2
15－49歳女子(%)	54.7	53.0	49.8	49.6	48.3	45.9	43.0	40.5	38.2	37.6
中位数年齢(歳)	31.5	33.5	36.1	38.6	41.1	43.5	45.7	47.8	49.7	50.8

	2010-2015	2015-2020	2020-2025	2025-2030	2030-2035	2035-2040	2040-2045	2045-2050	2050-2055	2055-2060
年平均人口増加数(千人)	3	2	1	1	0	0	0	－1	－1	－2
年平均出生数(千人)	5	4	3	3	3	3	2	2	2	2
年平均死亡数(千人)	2	2	2	2	2	2	3	3	3	3
人口増加率(%)	1.07	0.74	0.18	0.27	0.12	−0.02	−0.15	−0.28	−0.42	−0.57
粗出生率(人口千人あたり)	16.5	13.6	11.5	9.8	9.0	8.3	7.9	7.5	7.0	6.4
粗死亡率(人口千人あたり)	5.5	5.8	6.2	6.8	7.4	8.2	9.1	10.0	10.9	11.8
合計出生率(女子1人あたり)	2.07	1.74	1.52	1.36	1.32	1.29	1.27	1.26	1.25	1.25
純再生産率(女子1人あたり)	1.00	0.84	0.73	0.66	0.64	0.63	0.62	0.61	0.61	0.61

E. 出生力一定予測値

	2015	2020	2025	2030	2035	2040	2045	2050	2055	2060
人口(千人)										
総数	283	297	306	317	327	335	342	348	354	358
男	144	151	155	161	165	169	172	176	178	181
女	138	146	151	157	162	166	170	173	175	177
中位数年齢(歳)	31.5	33.1	35.0	36.8	38.4	39.7	40.7	40.4	41.1	41.8

	2010-2015	2015-2020	2020-2025	2025-2030	2030-2035	2035-2040	2040-2045	2045-2050	2050-2055	2055-2060
人口増加率(%)	1.07	1.00	0.58	0.72	0.58	0.49	0.43	0.37	0.31	0.24
粗出生率(人口千人あたり)	16.5	16.1	15.3	14.0	13.1	12.7	12.6	12.6	12.4	12.1
粗死亡率(人口千人あたり)	5.5	5.8	6.1	6.5	7.0	7.5	8.1	8.6	9.1	9.5

Gabon

A. 推 計 値

指　標	1960	1965	1970	1975	1980	1985	1990	1995	2000	2005	2010
人口(千人)											
総数	499	533	590	650	729	830	952	1 086	1 232	1 378	1 542
男	244	258	283	313	353	404	466	535	611	690	778
女	256	274	307	337	376	426	486	552	620	688	764
性比(女100につき男)	95.3	94.2	91.9	92.9	94.0	95.0	96.0	96.9	98.6	100.2	101.8
年齢分布(%)											
０－４歳	12.3	13.3	14.5	15.2	15.8	16.3	16.3	15.8	15.0	14.2	14.0
５－14歳	18.9	19.2	19.9	21.9	23.5	24.4	25.3	25.9	25.7	25.0	23.9
15－24歳	15.8	15.8	15.2	15.1	15.6	16.7	17.6	18.3	19.2	20.0	20.1
60歳以上	10.7	10.3	9.8	9.5	9.3	9.1	9.0	8.8	8.4	8.0	7.6
65歳以上	6.9	6.7	6.4	6.3	6.1	6.1	6.0	6.0	5.9	5.6	5.4
80歳以上	0.7	0.7	0.7	0.8	0.8	0.8	0.8	0.9	0.9	0.9	0.9
15－49歳女子(%)	48.2	48.0	47.7	45.1	43.1	42.1	42.0	42.8	44.5	46.5	48.1
中位数年齢(歳)	27.0	26.1	25.3	23.5	21.6	20.0	19.4	19.2	19.5	20.0	20.8
人口密度(1k㎡あたり)	2	2	2	3	3	3	4	4	5	5	6

指　標	1960-1965	1965-1970	1970-1975	1975-1980	1980-1985	1985-1990	1990-1995	1995-2000	2000-2005	2005-2010	2010-2015
年平均人口増加数(千人)	7	12	12	16	20	24	27	29	29	33	37
年平均出生数(千人)	18	21	23	26	30	34	37	40	42	46	50
年平均死亡数(千人)	13	12	12	11	11	10	11	13	15	15	15
人口増加率(%)	1.29	2.05	1.92	2.31	2.59	2.75	2.64	2.51	2.24	2.25	2.25
粗出生率(人口千人あたり)	34.3	36.7	37.2	37.8	38.3	37.7	36.3	34.3	32.3	31.5	30.8
粗死亡率(人口千人あたり)	25.1	21.9	18.9	16.2	13.7	11.4	10.9	11.0	11.3	10.3	9.0
合計出生率(女子１人あたり)	4.59	4.93	5.23	5.57	5.72	5.58	5.22	4.77	4.35	4.15	4.00
純再生産率(女子１人あたり)	1.41	1.64	1.86	2.11	2.29	2.34	2.20	1.99	1.78	1.73	1.74
乳児死亡率(出生千人あたり)	158	134	114	95	78	63	60	60	60	53	43
出生時の平均余命(歳)											
男	38.9	43.1	47.2	51.3	55.4	59.2	59.8	59.5	58.9	61.1	63.2
女	42.1	46.2	50.4	54.5	58.6	62.2	62.5	61.1	58.8	60.3	64.1
男女計	40.5	44.6	48.8	52.9	57.0	60.7	61.2	60.3	58.9	60.8	63.7

B. 中 位 予 測 値

指　標	2015	2020	2025	2030	2035	2040	2045	2050	2055	2060
人口(千人)										
総数	1 725	1 917	2 116	2 321	2 531	2 743	2 955	3 164	3 364	3 551
男	872	970	1 072	1 175	1 280	1 385	1 490	1 592	1 689	1 780
女	853	947	1 045	1 146	1 251	1 358	1 466	1 572	1 675	1 771
性比(女100につき男)	102.3	102.5	102.6	102.5	102.3	102.0	101.6	101.2	100.8	100.5
年齢分布(%)										
０－４歳	13.9	12.9	12.1	11.4	10.7	10.2	9.7	9.2	8.7	8.2
５－14歳	23.3	23.3	22.7	21.5	20.4	19.4	18.5	17.8	17.1	16.4
15－24歳	19.6	19.0	18.7	19.0	18.8	18.0	17.3	16.7	16.2	15.8
60歳以上	7.3	7.2	7.4	7.8	8.5	9.3	10.5	11.8	13.2	14.6
65歳以上	5.1	5.0	5.0	5.2	5.7	6.2	7.0	8.0	9.1	10.3
80歳以上	1.0	0.9	0.9	0.9	0.9	1.0	1.2	1.3	1.6	1.8
６－11歳	14.2	14.3	13.8	13.0	12.3	11.7	11.2	10.7	10.3	9.9
12－14歳	6.5	6.4	6.6	6.3	6.0	5.7	5.4	5.2	5.0	4.9
15－17歳	6.2	6.0	6.1	6.1	5.8	5.6	5.3	5.1	5.0	4.8
18－23歳	11.6	11.2	10.9	11.2	11.2	10.7	10.3	10.0	9.7	9.4
15－24歳女子(%)	49.1	49.9	50.9	52.1	52.5	52.4	51.9	51.4	50.9	50.2
中位数年齢(歳)	21.4	22.2	23.0	24.0	25.1	26.4	27.7	29.0	30.2	31.4
人口密度(1k㎡あたり)	7	7	8	9	10	11	11	12	13	14

指　標	2010-2015	2015-2020	2020-2025	2025-2030	2030-2035	2035-2040	2040-2045	2045-2050	2050-2055	2055-2060
年平均人口増加数(千人)	37	38	40	41	42	43	42	42	40	37
年平均出生数(千人)	50	52	53	55	56	57	59	60	60	60
年平均死亡数(千人)	15	14	14	15	15	16	17	19	21	23
年平均純移動数(千人)	1	1	1	1	1	1	1	1	1	1
人口増加率(%)	2.25	2.11	1.97	1.85	1.73	1.61	1.49	1.36	1.23	1.08
粗出生率(人口千人あたり)	30.8	28.4	26.4	24.6	23.1	21.8	20.6	19.5	18.4	17.3
粗死亡率(人口千人あたり)	9.0	7.9	7.2	6.6	6.2	6.1	6.1	6.2	6.4	6.7
純移動率(人口千人あたり)	0.6	0.5	0.5	0.5	0.4	0.4	0.4	0.3	0.3	0.3
合計出生率（女子１人あたり）	4.00	3.68	3.40	3.16	2.97	2.80	2.66	2.54	2.44	2.35
純再生産率（女子１人あたり）	1.74	1.64	1.54	1.45	1.37	1.31	1.25	1.20	1.15	1.11
乳児死亡率（出生千人あたり）	43	37	33	30	27	25	23	21	20	18
５歳未満の死亡数(出生千人あたり	62	52	45	40	35	31	29	27	25	23
出生時の平均余命(歳)										
男	63.2	65.1	66.6	68.0	69.3	70.3	71.1	71.9	72.6	73.3
女	64.1	67.0	68.9	70.7	72.4	73.7	74.9	75.8	76.5	77.2
男女計	63.7	66.0	67.7	69.3	70.7	71.9	72.9	73.7	74.5	75.2

C. 高位予測値

	2015	2020	2025	2030	2035	2040	2045	2050	2055	2060
人口(千人)										
総数	1 725	1 934	2 163	2 409	2 665	2 933	3 211	3 501	3 797	4 095
男	872	979	1 095	1 219	1 348	1 481	1 619	1 762	1 908	2 054
女	853	955	1 068	1 190	1 318	1 452	1 592	1 739	1 889	2 041
性比(女100につき男)	102.3	102.5	102.6	102.5	102.3	102.0	101.6	101.2	100.7	100.2
年齢分布(%)										
0－4歳	13.9	13.7	13.2	12.7	12.0	11.4	11.0	10.7	10.3	9.9
5－14歳	23.3	23.1	23.0	22.6	22.0	21.1	20.2	19.6	19.0	18.6
15－24歳	19.6	18.8	18.3	18.4	18.5	18.4	18.1	17.6	17.0	16.6
60歳以上	7.3	7.1	7.2	7.5	8.0	8.7	9.6	10.7	11.7	12.6
65歳以上	5.1	4.9	4.9	5.0	5.4	5.8	6.4	7.2	8.1	8.9
80歳以上	1.0	0.9	0.9	0.9	0.9	1.0	1.1	1.2	1.4	1.6
15－49歳女子(%)	49.1	49.4	49.8	50.2	50.5	50.6	50.5	50.3	50.1	49.7
中位数年齢(歳)	21.4	21.9	22.4	22.9	23.6	24.4	25.4	26.4	27.3	28.2

	2010-2015	2015-2020	2020-2025	2025-2030	2030-2035	2035-2040	2040-2045	2045-2050	2050-2055	2055-2060
年平均人口増加数(千人)	37	42	46	49	51	53	56	58	59	60
年平均出生数(千人)	50	55	59	63	66	69	73	76	80	83
年平均死亡数(千人)	15	15	15	15	15	16	18	20	22	24
人口増加率(%)	2.25	2.28	2.24	2.16	2.02	1.91	1.82	1.73	1.63	1.51
粗出生率(人口千人あたり)	30.8	30.2	29.0	27.7	25.9	24.6	23.6	22.8	21.9	21.0
粗死亡率(人口千人あたり)	9.0	7.9	7.2	6.6	6.1	5.9	5.8	5.8	5.9	6.1
合計出生率（女子１人あたり）	4.00	3.93	3.80	3.66	3.47	3.30	3.16	3.04	2.94	2.85
純再生産率（女子１人あたり）	1.74	1.75	1.72	1.68	1.60	1.54	1.48	1.43	1.39	1.35

D. 低位予測値

	2015	2020	2025	2030	2035	2040	2045	2050	2055	2060
人口(千人)										
総数	1 725	1 900	2 069	2 233	2 396	2 556	2 706	2 841	2 958	3 053
男	872	962	1 048	1 130	1 212	1 290	1 364	1 429	1 484	1 528
女	853	938	1 021	1 103	1 184	1 265	1 342	1 412	1 474	1 525
性比(女100につき男)	102.3	102.5	102.6	102.5	102.3	102.0	101.6	101.2	100.7	100.2
年齢分布(%)										
0－4歳	13.9	12.1	10.9	9.9	9.4	8.8	8.2	7.6	7.0	6.5
5－14歳	23.3	23.5	22.4	20.2	18.5	17.4	16.6	15.7	14.8	13.9
15－24歳	19.6	19.1	19.2	19.8	19.2	17.6	16.3	15.6	15.1	14.6
60歳以上	7.3	7.2	7.5	8.1	8.9	10.0	11.4	13.2	15.1	17.0
65歳以上	5.1	5.0	5.1	5.4	6.0	6.7	7.6	8.9	10.4	12.0
80歳以上	1.0	0.9	0.9	0.9	1.0	1.1	1.3	1.5	1.8	2.1
15－49歳女子(%)	49.1	50.3	52.1	54.2	54.8	54.4	53.5	52.6	51.7	50.4
中位数年齢(歳)	21.4	22.4	23.6	25.0	26.7	28.4	30.3	32.1	33.8	35.5

	2010-2015	2015-2020	2020-2025	2025-2030	2030-2035	2035-2040	2040-2045	2045-2050	2050-2055	2055-2060
年平均人口増加数(千人)	37	35	34	33	33	32	30	27	23	19
年平均出生数(千人)	50	48	47	46	46	46	46	44	43	40
年平均死亡数(千人)	15	14	14	14	15	16	17	18	20	22
人口増加率(%)	2.25	1.93	1.70	1.52	1.41	1.29	1.14	0.98	0.81	0.63
粗出生率(人口千人あたり)	30.8	26.6	23.7	21.4	20.0	18.8	17.4	16.0	14.7	13.5
粗死亡率(人口千人あたり)	9.0	7.8	7.1	6.6	6.4	6.3	6.4	6.6	7.0	7.4
合計出生率（女子１人あたり）	4.00	3.43	3.00	2.66	2.47	2.30	2.16	2.04	1.94	1.85
純再生産率（女子１人あたり）	1.74	1.53	1.36	1.22	1.14	1.07	1.01	0.96	0.92	0.87

E. 出生力一定予測値

	2015	2020	2025	2030	2035	2040	2045	2050	2055	2060
人口(千人)										
総数	1 725	1 942	2 191	2 471	2 786	3 140	3 539	3 988	4 492	5 055
男	872	983	1 109	1 251	1 409	1 586	1 785	2 008	2 259	2 540
女	853	959	1 081	1 220	1 377	1 554	1 755	1 980	2 233	2 516
中位数年齢(歳)	21.4	21.8	22.0	22.2	22.3	22.5	22.7	22.9	23.0	23.0

	2010-2015	2015-2020	2020-2025	2025-2030	2030-2035	2035-2040	2040-2045	2045-2050	2050-2055	2055-2060
人口増加率(%)	2.25	2.37	2.41	2.41	2.40	2.39	2.39	2.39	2.38	2.36
粗出生率(人口千人あたり)	30.8	31.1	30.8	30.2	29.6	29.3	29.2	29.1	29.0	28.8
粗死亡率(人口千人あたり)	9.0	8.0	7.2	6.6	6.1	5.7	5.6	5.5	5.4	5.4

Gambia

A. 推 計 値

指 標	1960	1965	1970	1975	1980	1985	1990	1995	2000	2005	2010
人口(千人)											
総数	368	401	447	521	604	732	917	1 066	1 229	1 441	1 693
男	181	201	229	263	300	365	462	533	610	714	838
女	187	200	218	258	305	367	455	533	619	726	855
性比(女100につき男)	96.8	100.1	104.8	101.7	98.4	99.4	101.4	100.1	98.6	98.3	98.1
年齢分布(%)											
０－４歳	17.9	17.2	19.1	19.0	19.5	19.7	19.1	18.9	18.8	18.8	18.6
５－14歳	21.1	22.6	21.6	23.9	25.5	26.6	27.0	27.7	27.1	27.3	27.7
15－24歳	19.8	19.3	19.0	19.0	19.1	18.6	20.0	19.1	20.7	20.1	19.5
60歳以上	4.1	4.4	4.8	4.9	5.0	4.6	4.2	4.2	4.1	4.0	3.7
65歳以上	2.1	2.3	2.5	2.8	3.0	2.9	2.7	2.8	2.7	2.5	2.5
80歳以上	0.1	0.1	0.1	0.1	0.1	0.2	0.2	0.2	0.3	0.3	0.3
15－49歳女子(%)	51.8	50.0	48.4	47.7	46.9	45.8	46.4	46.0	47.4	47.3	46.9
中位数年齢(歳)	20.8	20.2	20.3	18.7	17.8	16.8	17.0	16.6	16.9	16.8	16.7
人口密度(1k㎡あたり)	36	40	44	51	60	72	91	105	121	142	167

指 標	1960-1965	1965-1970	1970-1975	1975-1980	1980-1985	1985-1990	1990-1995	1995-2000	2000-2005	2005-2010	2010-2015
年平均人口増加数(千人)	7	9	15	17	26	37	30	33	42	50	60
年平均出生数(千人)	19	21	25	29	33	40	46	53	60	68	79
年平均死亡数(千人)	12	12	12	12	12	12	14	15	15	15	17
人口増加率(%)	1.72	2.19	3.05	2.97	3.83	4.50	3.01	2.85	3.18	3.23	3.24
粗出生率(人口千人あたり)	49.7	49.8	50.9	51.6	50.0	48.2	46.9	45.8	44.8	43.7	42.8
粗死亡率(人口千人あたり)	30.9	28.0	24.3	20.8	17.6	15.1	13.9	12.7	11.0	9.7	9.0
合計出生率(女子１人あたり)	5.70	5.96	6.20	6.34	6.29	6.14	6.08	5.99	5.85	5.79	5.78
純再生産率(女子１人あたり)	1.47	1.66	1.89	2.09	2.22	2.27	2.30	2.32	2.35	2.39	2.42
乳児死亡率(出生千人あたり)	144	127	113	101	90	82	75	70	60	51	47
出生時の平均余命(歳)											
男	31.6	34.6	38.9	43.0	47.0	50.1	51.5	53.1	55.8	57.5	58.5
女	34.1	37.1	41.4	45.6	49.6	52.7	54.1	55.7	57.9	60.0	61.2
男女計	32.8	35.8	40.0	44.2	48.2	51.3	52.7	54.3	56.8	58.7	59.8

B. 中 位 予 測 値

指 標	2015	2020	2025	2030	2035	2040	2045	2050	2055	2060
人口(千人)										
総数	1 991	2 326	2 698	3 105	3 544	4 010	4 492	4 981	5 471	5 954
男	986	1 151	1 336	1 538	1 757	1 988	2 229	2 473	2 716	2 956
女	1 005	1 174	1 362	1 567	1 788	2 021	2 263	2 509	2 755	2 998
性比(女100につき男)	98.0	98.0	98.1	98.1	98.3	98.4	98.5	98.6	98.6	98.6
年齢分布(%)										
０－４歳	18.4	17.6	16.8	16.0	15.2	14.3	13.5	12.6	11.8	11.0
５－14歳	27.8	27.9	27.4	26.6	25.8	24.9	24.0	23.0	21.9	20.8
15－24歳	19.6	19.9	20.2	20.6	20.6	20.4	20.1	19.9	19.5	19.1
60歳以上	3.7	3.9	4.1	4.4	4.6	5.0	5.4	5.9	6.4	7.1
65歳以上	2.3	2.4	2.5	2.7	2.9	3.1	3.4	3.7	4.1	4.5
80歳以上	0.2	0.2	0.2	0.2	0.3	0.3	0.3	0.4	0.4	0.5
６－11歳	17.2	17.3	16.9	16.3	15.8	15.2	14.6	14.0	13.3	12.6
12－14歳	7.3	7.4	7.5	7.3	7.2	7.0	6.8	6.6	6.4	6.1
15－17歳	6.6	6.7	6.8	6.9	6.7	6.6	6.5	6.3	6.2	5.9
18－23歳	11.3	11.5	11.7	12.0	12.1	12.0	11.8	11.7	11.6	11.3
15－24歳女子(%)	46.6	46.8	47.5	48.4	49.2	50.2	51.2	52.1	52.8	53.3
中位数年齢(歳)	16.8	17.1	17.7	18.3	19.1	20.0	21.0	22.1	23.3	24.5
人口密度(1k㎡あたり)	197	230	267	307	350	396	444	492	541	588

指 標	2010-2015	2015-2020	2020-2025	2025-2030	2030-2035	2035-2040	2040-2045	2045-2050	2050-2055	2055-2060
年平均人口増加数(千人)	60	67	74	81	88	93	96	98	98	97
年平均出生数(千人)	79	87	96	105	113	121	127	131	134	136
年平均死亡数(千人)	17	18	19	21	23	25	27	30	33	37
年平均純移動数(千人)	−3	−3	−3	−3	−3	−3	−3	−3	−2	−2
人口増加率(%)	3.24	3.11	2.97	2.81	2.65	2.47	2.27	2.07	1.88	1.69
粗出生率(人口千人あたり)	42.8	40.4	38.2	36.1	34.0	31.9	29.8	27.6	25.6	23.8
粗死亡率(人口千人あたり)	9.0	8.2	7.6	7.1	6.8	6.6	6.5	6.4	6.4	6.5
純移動率(人口千人あたり)	−1.5	−1.2	−1.0	−0.9	−0.8	−0.7	−0.6	−0.5	−0.5	−0.4
合計出生率（女子１人あたり）	5.78	5.53	5.22	4.87	4.51	4.15	3.81	3.48	3.20	2.96
純再生産率（女子１人あたり）	2.42	2.35	2.25	2.12	1.99	1.85	1.71	1.58	1.46	1.36
乳児死亡率（出生千人あたり）	47	43	39	36	33	31	29	27	25	24
５歳未満の死亡数(出生千人あたり	83	75	68	63	58	54	50	46	42	39
出生時の平均余命(歳)										
男	58.5	59.7	60.9	61.8	62.7	63.4	64.1	64.7	65.4	66.0
女	61.2	62.5	63.7	64.7	65.7	66.6	67.4	68.1	68.9	69.6
男女計	59.8	61.1	62.3	63.3	64.2	65.0	65.8	66.4	67.1	67.8

C. 高位予測値

	2015	2020	2025	2030	2035	2040	2045	2050	2055	2060
人口(千人)										
総数	1 991	2 344	2 751	3 208	3 708	4 250	4 832	5 447	6 090	6 755
男	986	1 160	1 362	1 590	1 839	2 110	2 401	2 708	3 029	3 360
女	1 005	1 184	1 388	1 618	1 869	2 140	2 431	2 739	3 061	3 395
性比(女100につき男)	98.0	98.0	98.0	98.0	98.1	98.2	98.2	98.3	98.2	98.2
年齢分布(%)										
0－4歳	18.4	18.2	17.7	17.1	16.2	15.4	14.6	13.9	13.2	12.5
5－14歳	27.8	27.6	27.6	27.4	26.9	26.1	25.2	24.3	23.4	22.6
15－24歳	19.6	19.8	19.9	19.9	20.2	20.4	20.4	20.2	19.8	19.4
60歳以上	3.7	3.8	4.0	4.2	4.4	4.7	5.1	5.4	5.8	6.3
65歳以上	2.3	2.3	2.4	2.6	2.8	2.9	3.1	3.4	3.7	4.0
80歳以上	0.2	0.2	0.2	0.2	0.2	0.3	0.3	0.3	0.4	0.4
15－49歳女子(%)	46.6	46.4	46.6	46.8	47.5	48.6	49.7	50.6	51.3	51.9
中位数年齢(歳)	16.8	16.9	17.2	17.6	18.2	18.9	19.7	20.6	21.6	22.6

	2010-2015	2015-2020	2020-2025	2025-2030	2030-2035	2035-2040	2040-2045	2045-2050	2050-2055	2055-2060
年平均人口増加数(千人)	60	71	81	92	100	108	116	123	129	133
年平均出生数(千人)	79	91	103	116	126	137	148	157	166	175
年平均死亡数(千人)	17	18	20	21	24	26	29	32	35	39
人口増加率(%)	3.24	3.27	3.20	3.08	2.90	2.73	2.57	2.40	2.23	2.07
粗出生率(人口千人あたり)	42.8	42.1	40.6	38.8	36.5	34.4	32.5	30.6	28.9	27.2
粗死亡率(人口千人あたり)	9.0	8.3	7.7	7.2	6.8	6.5	6.3	6.2	6.1	6.1
合計出生率（女子1人あたり）	5.78	5.78	5.62	5.37	5.01	4.65	4.31	3.98	3.70	3.46
純再生産率（女子1人あたり）	2.42	2.46	2.42	2.34	2.21	2.07	1.93	1.80	1.69	1.59

D. 低位予測値

	2015	2020	2025	2030	2035	2040	2045	2050	2055	2060
人口(千人)										
総数	1 991	2 307	2 645	3 002	3 381	3 771	4 159	4 533	4 885	5 208
男	986	1 142	1 309	1 486	1 674	1 868	2 061	2 247	2 421	2 580
女	1 005	1 165	1 336	1 516	1 707	1 903	2 098	2 286	2 464	2 628
性比(女100につき男)	98.0	98.0	98.0	98.0	98.1	98.2	98.2	98.3	98.2	98.2
年齢分布(%)										
0－4歳	18.4	16.9	15.8	14.8	14.1	13.2	12.2	11.2	10.3	9.4
5－14歳	27.8	28.1	27.3	25.8	24.5	23.6	22.7	21.5	20.2	18.9
15－24歳	19.6	20.1	20.7	21.3	21.1	20.3	19.8	19.4	19.1	18.6
60歳以上	3.7	3.9	4.1	4.5	4.8	5.3	5.9	6.5	7.2	8.1
65歳以上	2.3	2.4	2.5	2.8	3.1	3.2	3.7	4.1	4.6	5.1
80歳以上	0.2	0.2	0.2	0.2	0.3	0.3	0.4	0.4	0.5	0.6
15－49歳女子(%)	46.6	47.2	48.5	50.0	51.0	52.0	52.8	53.7	54.4	54.7
中位数年齢(歳)	16.8	17.3	18.1	19.1	20.2	21.4	22.6	23.8	25.2	26.8

	2010-2015	2015-2020	2020-2025	2025-2030	2030-2035	2035-2040	2040-2045	2045-2050	2050-2055	2055-2060
年平均人口増加数(千人)	60	63	68	71	76	78	78	75	70	65
年平均出生数(千人)	79	83	89	94	100	105	106	106	104	102
年平均死亡数(千人)	17	17	19	20	22	24	26	29	32	35
人口増加率(%)	3.24	2.95	2.73	2.53	2.38	2.19	1.96	1.72	1.49	1.28
粗出生率(人口千人あたり)	42.8	38.7	35.8	33.3	31.4	29.2	26.8	24.4	22.2	20.2
粗死亡率(人口千人あたり)	9.0	8.1	7.5	7.1	6.8	6.7	6.6	6.6	6.7	6.9
合計出生率（女子1人あたり）	5.78	5.28	4.82	4.37	4.01	3.65	3.31	2.98	2.70	2.46
純再生産率（女子1人あたり）	2.42	2.25	2.08	1.91	1.77	1.62	1.48	1.35	1.23	1.13

E. 出生力一定予測値

	2015	2020	2025	2030	2035	2040	2045	2050	2055	2060
人口(千人)										
総数	1 991	2 347	2 771	3 277	3 880	4 597	5 450	6 466	7 679	9 128
男	986	1 162	1 373	1 625	1 926	2 285	2 713	3 222	3 831	4 558
女	1 005	1 185	1 399	1 652	1 954	2 312	2 737	3 244	3 848	4 570
中位数年齢(歳)	16.8	16.9	17.0	17.1	17.1	17.2	17.2	17.2	17.2	17.2

	2010-2015	2015-2020	2020-2025	2025-2030	2030-2035	2035-2040	2040-2045	2045-2050	2050-2055	2055-2060
人口増加率(%)	3.24	3.29	3.33	3.36	3.38	3.39	3.41	3.42	3.44	3.46
粗出生率(人口千人あたり)	42.8	42.3	41.9	41.6	41.3	41.0	40.8	40.6	40.5	40.4
粗死亡率(人口千人あたり)	9.0	8.3	7.7	7.3	6.9	6.6	6.3	6.1	5.8	5.6

Georgia

A. 推 計 値

指　標	1960	1965	1970	1975	1980	1985	1990	1995	2000	2005	2010
人口(千人)											
総数	4 160	4 477	4 707	4 908	5 073	5 287	5 460	5 067	4 744	4 475	4 250
男	1 937	2 096	2 211	2 306	2 381	2 497	2 595	2 406	2 245	2 111	2 018
女	2 223	2 381	2 496	2 603	2 692	2 790	2 865	2 661	2 499	2 364	2 232
性比(女100につき男)	87.1	88.0	88.6	88.6	88.4	89.5	90.6	90.4	89.8	89.3	90.4
年齢分布(%)											
０－４歳	11.8	11.6	9.2	9.0	8.6	8.7	8.4	7.6	5.8	5.2	6.2
５－14歳	16.8	19.9	21.4	19.4	17.2	16.5	16.2	16.5	16.1	13.1	10.7
15－24歳	16.5	13.1	15.0	17.7	18.0	16.6	14.9	14.7	15.2	16.6	16.1
60歳以上	12.2	11.8	11.9	12.4	12.2	12.9	15.0	16.2	18.4	18.3	18.7
65歳以上	9.1	8.1	8.3	8.5	9.1	8.7	9.3	11.3	12.5	14.6	14.3
80歳以上	1.5	1.6	1.7	1.7	1.5	1.7	1.8	2.0	1.8	2.2	3.4
15－49歳女子(%)	50.3	47.0	48.5	49.6	49.2	48.6	47.1	48.1	49.5	51.2	50.3
中位数年齢(歳)	27.8	28.0	28.8	28.3	29.1	29.9	31.2	32.6	34.4	35.8	36.7
人口密度(1km²あたり)	60	64	68	71	73	76	79	73	68	64	61

指　標	1960-1965	1965-1970	1970-1975	1975-1980	1980-1985	1985-1990	1990-1995	1995-2000	2000-2005	2005-2010	2010-2015
年平均人口増加数(千人)	64	46	40	33	43	35	－ 79	－ 65	－ 54	－ 45	－ 50
年平均出生数(千人)	106	89	93	94	95	97	82	62	55	61	56
年平均死亡数(千人)	53	48	47	45	49	50	51	49	47	48	47
人口増加率(%)	1.47	1.00	0.84	0.66	0.83	0.64	−1.50	−1.32	−1.17	−1.03	−1.21
粗出生率(人口千人あたり)	24.6	19.4	19.4	18.8	18.4	18.0	15.5	12.7	11.9	13.9	13.7
粗死亡率(人口千人あたり)	12.2	10.5	9.7	9.1	9.4	9.3	9.8	10.0	10.1	10.9	11.5
合計出生率(女子１人あたり)	2.98	2.61	2.60	2.39	2.27	2.26	2.05	1.72	1.58	1.80	1.81
純再生産率(女子１人あたり)	1.32	1.17	1.18	1.09	1.04	1.04	0.94	0.78	0.72	0.83	0.84
乳児死亡率(出生千人あたり)	66	59	52	49	47	44	45	38	29	19	14
出生時の平均余命(歳)											
男	60.7	62.6	64.1	65.6	65.6	66.5	66.1	67.2	68.9	70.0	70.9
女	68.4	70.3	71.8	73.3	73.2	74.0	73.8	74.7	76.1	77.2	78.1
男女計	64.7	66.7	68.2	69.6	69.6	70.5	70.1	71.1	72.6	73.7	74.6

B. 中 位 予 測 値

指　標	2015	2020	2025	2030	2035	2040	2045	2050	2055	2060
人口(千人)										
総数	4 000	3 977	3 934	3 868	3 779	3 680	3 584	3 483	3 371	3 247
男	1 908	1 903	1 887	1 860	1 819	1 774	1 733	1 691	1 644	1 591
女	2 092	2 074	2 047	2 009	1 960	1 906	1 851	1 793	1 727	1 656
性比(女100につき男)	91.2	91.7	92.2	92.6	92.8	93.1	93.6	94.3	95.2	96.1
年齢分布(%)										
０－４歳	6.9	6.3	5.8	5.2	4.7	4.8	5.3	5.4	5.2	4.8
５－14歳	10.5	12.6	13.2	12.2	11.1	10.1	9.8	10.4	11.0	11.0
15－24歳	13.7	10.6	10.2	12.5	13.3	12.4	11.3	10.3	10.0	10.7
60歳以上	19.3	21.0	23.3	25.1	26.9	28.8	30.7	33.0	34.7	34.8
65歳以上	14.0	14.7	16.5	18.9	20.6	22.1	23.7	25.3	27.5	29.1
80歳以上	3.6	4.1	3.7	3.7	4.5	5.7	7.0	7.5	8.1	8.9
６－11歳	6.3	7.9	7.9	7.2	6.5	5.9	5.8	6.3	6.7	6.5
12－14歳	2.8	3.3	4.1	3.9	3.6	3.3	3.0	3.0	3.3	3.5
15－17歳	3.5	2.8	3.6	4.2	3.8	3.5	3.2	2.9	3.1	3.4
18－23歳	8.6	6.5	5.7	7.3	8.2	7.5	6.9	6.2	5.9	6.3
15－24歳女子(%)	47.7	44.5	42.6	41.9	40.8	38.6	36.5	35.8	36.9	37.5
中位数年齢(歳)	37.5	38.6	40.1	42.0	44.0	45.6	46.1	45.0	44.9	46.0
人口密度(1km²あたり)	58	57	57	56	54	53	52	50	49	47

指　標	2010-2015	2015-2020	2020-2025	2025-2030	2030-2035	2035-2040	2040-2045	2045-2050	2050-2055	2055-2060
年平均人口増加数(千人)	－ 50	－ 5	－ 9	－ 13	－ 18	－ 20	－ 19	－ 20	－ 22	－ 25
年平均出生数(千人)	56	51	46	41	36	36	38	38	35	32
年平均死亡数(千人)	47	46	45	44	44	46	48	48	48	47
年平均純移動数(千人)	−59	−10	−10	−10	−10	−10	−10	−10	−9	−9
人口増加率(%)	−1.21	−0.11	−0.22	−0.34	−0.47	−0.53	−0.53	−0.57	−0.66	−0.75
粗出生率(人口千人あたり)	13.7	12.9	11.7	10.4	9.5	9.7	10.5	10.8	10.3	9.6
粗死亡率(人口千人あたり)	11.5	11.5	11.3	11.2	11.6	12.3	13.1	13.7	14.1	14.3
純移動率(人口千人あたり)	−14.4	−2.5	−2.5	−2.6	−2.6	−2.7	−2.8	−2.8	−2.8	−2.7
合計出生率（女子１人あたり）	1.81	1.82	1.83	1.83	1.84	1.85	1.85	1.86	1.86	1.86
純再生産率（女子１人あたり）	0.84	0.85	0.86	0.86	0.87	0.87	0.88	0.88	0.89	0.89
乳児死亡率（出生千人あたり）	14	12	10	9	8	8	7	6	6	5
５歳未満の死亡数(出生千人あたり	16	14	12	11	10	9	8	8	7	6
出生時の平均余命(歳)										
男	70.9	71.7	72.5	73.4	74.2	75.1	76.0	77.0	77.9	78.9
女	78.1	78.8	79.5	80.1	80.8	81.3	81.9	82.5	83.1	83.7
男女計	74.6	75.4	76.1	76.9	77.6	78.3	79.1	79.8	80.6	81.4

C. 高位予測値

	2015	2020	2025	2030	2035	2040	2045	2050	2055	2060
人口(千人)										
総数	4 000	4 012	4 019	4 008	3 967	3 920	3 888	3 868	3 849	3 822
男	1 908	1 921	1 932	1 933	1 918	1 900	1 891	1 891	1 892	1 890
女	2 092	2 091	2 087	2 075	2 050	2 021	1 997	1 977	1 957	1 933
性比(女100につき男)	91.2	91.6	91.9	92.0	92.0	92.1	92.3	92.8	93.4	94.0
年齢分布(%)										
0－4歳	6.9	7.1	6.9	6.4	5.8	5.9	6.5	7.0	7.0	6.7
5－14歳	10.5	12.4	13.8	13.9	13.2	12.2	11.6	12.3	13.4	13.9
15－24歳	13.7	10.5	10.0	12.0	13.6	13.8	13.1	11.9	11.3	12.1
60歳以上	19.3	20.8	22.8	24.2	25.6	27.0	28.3	29.8	30.4	29.6
65歳以上	14.0	14.6	16.2	18.3	19.6	20.8	21.8	22.7	24.1	24.8
80歳以上	3.6	4.1	3.7	3.5	4.2	5.4	6.4	6.8	7.1	7.6
15－49歳女子(%)	47.7	44.2	41.8	40.6	39.8	38.3	37.2	37.0	38.4	39.7
中位数年齢(歳)	37.5	38.3	39.4	40.8	42.2	42.8	41.3	39.8	39.7	40.0

	2010-2015	2015-2020	2020-2025	2025-2030	2030-2035	2035-2040	2040-2045	2045-2050	2050-2055	2055-2060
年平均人口増加数(千人)	－ 50	2	1	－ 2	－ 8	－ 9	－ 6	－ 4	－ 4	－ 5
年平均出生数(千人)	56	58	56	52	46	47	51	55	54	51
年平均死亡数(千人)	47	46	45	44	44	46	48	49	49	48
人口増加率(%)	−1.21	0.06	0.04	−0.06	−0.20	−0.24	−0.17	−0.10	−0.10	−0.14
粗出生率(人口千人あたり)	13.7	14.6	14.0	12.9	11.6	11.8	13.1	14.1	14.1	13.4
粗死亡率(人口千人あたり)	11.5	11.5	11.2	11.0	11.1	11.7	12.2	12.5	12.6	12.4
合計出生率 (女子1人あたり)	1.81	2.07	2.23	2.33	2.34	2.35	2.35	2.36	2.36	2.36
純再生産率 (女子1人あたり)	0.84	0.97	1.04	1.10	1.10	1.11	1.12	1.12	1.12	1.13

D. 低位予測値

	2015	2020	2025	2030	2035	2040	2045	2050	2055	2060
人口(千人)										
総数	4 000	3 942	3 850	3 729	3 590	3 441	3 287	3 118	2 932	2 735
男	1 908	1 885	1 843	1 787	1 721	1 650	1 578	1 501	1 416	1 325
女	2 092	2 058	2 006	1 942	1 870	1 791	1 709	1 617	1 516	1 410
性比(女100につき男)	91.2	91.6	91.9	92.0	92.0	92.1	92.3	92.8	93.4	94.0
年齢分布(%)										
0－4歳	6.9	5.5	4.6	3.9	3.6	3.7	3.9	3.9	3.4	3.0
5－14歳	10.5	12.7	12.6	10.4	8.8	7.8	7.7	8.1	8.3	7.9
15－24歳	13.7	10.7	10.4	12.9	13.1	10.8	9.1	8.1	8.1	8.7
60歳以上	19.3	21.1	23.8	26.0	28.3	30.8	33.4	36.9	39.9	41.4
65歳以上	14.0	14.8	16.9	19.6	21.7	23.7	25.8	28.2	31.6	34.6
80歳以上	3.6	4.2	3.8	3.8	4.7	6.1	7.6	8.4	9.3	10.6
15－49歳女子(%)	47.7	44.9	43.5	43.3	41.8	38.8	35.7	34.1	34.5	34.0
中位数年齢(歳)	37.5	38.9	40.8	43.2	45.6	47.9	49.8	51.0	51.2	52.2

	2010-2015	2015-2020	2020-2025	2025-2030	2030-2035	2035-2040	2040-2045	2045-2050	2050-2055	2055-2060
年平均人口増加数(千人)	－ 50	－ 12	－ 19	－ 24	－ 28	－ 30	－ 31	－ 34	－ 37	－ 39
年平均出生数(千人)	56	44	36	30	26	26	26	24	20	17
年平均死亡数(千人)	47	46	45	44	44	46	47	48	48	47
人口増加率(%)	−1.21	−0.29	−0.48	−0.64	−0.76	−0.85	−0.92	−1.05	−1.23	−1.39
粗出生率(人口千人あたり)	13.7	11.1	9.2	7.8	7.2	7.4	7.9	7.7	6.8	5.9
粗死亡率(人口千人あたり)	11.5	11.5	11.4	11.5	12.1	13.0	14.1	15.1	15.9	16.7
合計出生率 (女子1人あたり)	1.81	1.57	1.43	1.33	1.34	1.35	1.35	1.36	1.36	1.36
純再生産率 (女子1人あたり)	0.84	0.73	0.67	0.63	0.63	0.64	0.64	0.65	0.65	0.65

E. 出生力一定予測値

	2015	2020	2025	2030	2035	2040	2045	2050	2055	2060
人口(千人)										
総数	4 000	3 971	3 913	3 834	3 751	3 663	3 560	3 439	3 306	3 171
男	1 908	1 900	1 877	1 843	1 806	1 768	1 724	1 673	1 616	1 559
女	2 092	2 071	2 036	1 991	1 944	1 894	1 836	1 766	1 690	1 613
中位数年齢(歳)	37.5	38.7	40.3	42.3	44.2	45.8	46.4	45.7	45.8	46.9

	2010-2015	2015-2020	2020-2025	2025-2030	2030-2035	2035-2040	2040-2045	2045-2050	2050-2055	2055-2060
人口増加率(%)	−1.21	−0.15	−0.29	−0.40	−0.44	−0.48	−0.57	−0.69	−0.79	−0.83
粗出生率(人口千人あたり)	13.7	12.5	10.9	9.9	9.9	10.3	10.2	9.7	9.3	9.1
粗死亡率(人口千人あたり)	11.5	11.5	11.3	11.3	11.7	12.4	13.2	13.8	14.3	14.6

Germany

A. 推 計 値

指　標	1960	1965	1970	1975	1980	1985	1990	1995	2000	2005	2010
人口(千人)											
総数	73 180	75 991	78 367	78 667	78 160	77 570	78 958	81 613	81 896	81 247	80 435
男	34 025	35 744	37 074	37 335	37 244	37 077	38 125	39 772	40 040	39 785	39 412
女	39 154	40 246	41 293	41 332	40 916	40 493	40 833	41 840	41 856	41 462	41 023
性比(女100につき男)	86.9	88.8	89.8	90.3	91.0	91.6	93.4	95.1	95.7	96.0	96.1
年齢分布(%)											
0－4歳	7.9	8.4	7.8	5.6	5.1	5.3	5.5	5.0	4.8	4.4	4.2
5－14歳	13.5	14.5	15.6	16.0	13.6	10.7	10.4	11.1	10.6	9.9	9.4
15－24歳	15.7	13.4	12.9	14.3	16.2	16.6	13.8	11.2	11.0	11.7	11.3
60歳以上	17.3	18.8	19.8	20.5	19.2	19.8	20.4	20.6	23.1	25.0	26.0
65歳以上	11.5	12.5	13.6	14.9	15.7	14.5	14.9	15.4	16.2	18.8	20.6
80歳以上	1.6	1.8	1.9	2.2	2.6	3.2	3.7	4.0	3.5	4.3	5.1
15－49歳女子(%)	46.6	43.3	44.3	44.9	46.8	49.0	47.5	46.7	46.8	46.3	44.7
中位数年齢(歳)	34.7	34.3	34.1	35.3	36.4	37.1	37.6	38.4	40.1	42.3	44.3
人口密度(1㎢あたり)	210	218	225	226	224	223	227	234	235	233	231

指　標	1960-1965	1965-1970	1970-1975	1975-1980	1980-1985	1985-1990	1990-1995	1995-2000	2000-2005	2005-2010	2010-2015
年平均人口増加数(千人)	562	475	60	－ 102	－ 118	278	531	57	－ 130	－ 162	51
年平均出生数(千人)	1 316	1 238	893	810	831	856	792	781	711	668	671
年平均死亡数(千人)	887	947	975	969	949	921	908	874	841	836	871
人口増加率(%)	0.75	0.62	0.08	−0.13	−0.15	0.36	0.66	0.07	−0.16	−0.20	0.06
粗出生率(人口千人あたり)	17.6	16.0	11.4	10.3	10.7	10.9	9.9	9.6	8.7	8.3	8.3
粗死亡率(人口千人あたり)	11.9	12.3	12.4	12.4	12.2	11.8	11.3	10.7	10.3	10.3	10.8
合計出生率(女子１人あたり)	2.47	2.36	1.71	1.51	1.46	1.43	1.30	1.35	1.35	1.36	1.39
純再生産率(女子１人あたり)	1.15	1.11	0.80	0.71	0.70	0.68	0.62	0.65	0.65	0.66	0.67
乳児死亡率(出生千人あたり)	30	23	21	16	11	8	6	5	4	4	3
出生時の平均余命(歳)											
男	67.1	67.6	67.9	68.9	70.2	71.6	72.5	73.9	75.6	77.1	78.2
女	72.6	73.4	74.1	75.3	76.7	78.0	79.0	80.2	81.4	82.3	83.1
男女計	70.0	70.7	71.2	72.3	73.7	75.0	75.9	77.2	78.6	79.8	80.6

B. 中 位 予 測 値

指　標	2015	2020	2025	2030	2035	2040	2045	2050	2055	2060
人口(千人)										
総数	80 689	80 392	79 960	79 294	78 403	77 300	75 999	74 513	72 923	71 391
男	39 653	39 590	39 451	39 190	38 805	38 291	37 655	36 934	36 179	35 484
女	41 036	40 802	40 510	40 105	39 597	39 009	38 344	37 579	36 744	35 907
性比(女100につき男)	96.6	97.0	97.4	97.7	98.0	98.2	98.2	98.3	98.5	98.8
年齢分布(%)										
0－4歳	4.2	4.4	4.4	4.2	4.1	4.0	4.0	4.1	4.3	4.3
5－14歳	8.7	8.5	8.7	8.9	8.9	8.6	8.4	8.3	8.5	8.8
15－24歳	10.4	9.7	9.0	8.9	9.2	9.5	9.4	9.2	9.0	9.0
60歳以上	27.6	30.1	33.2	36.1	36.8	37.3	38.3	39.3	39.4	39.3
65歳以上	21.2	22.7	25.0	28.0	30.8	31.3	31.6	32.3	33.0	33.1
80歳以上	5.7	7.2	7.9	8.0	9.0	10.6	12.8	14.4	14.0	13.6
6－11歳	5.1	5.1	5.3	5.4	5.3	5.1	5.0	5.0	5.1	5.3
12－14歳	2.7	2.6	2.6	2.7	2.7	2.7	2.6	2.5	2.5	2.6
15－17歳	2.9	2.7	2.6	2.6	2.8	2.8	2.7	2.6	2.6	2.6
18－23歳	6.3	6.0	5.5	5.3	5.5	5.7	5.7	5.6	5.5	5.4
15－24歳女子(%)	42.2	39.2	38.2	37.5	36.5	35.4	34.9	34.7	34.8	35.1
中位数年齢(歳)	46.2	47.4	47.9	48.6	49.6	50.6	51.2	51.4	51.1	50.6
人口密度(1㎢あたり)	231	231	229	227	225	222	218	214	209	205

指　標	2010-2015	2015-2020	2020-2025	2025-2030	2030-2035	2035-2040	2040-2045	2045-2050	2050-2055	2055-2060
年平均人口増加数(千人)	51	－ 59	－ 86	－ 133	－ 178	－ 220	－ 260	－ 297	－ 318	－ 307
年平均出生数(千人)	671	698	697	669	636	612	604	611	619	616
年平均死亡数(千人)	871	908	934	953	964	982	1 014	1 058	1 080	1 058
年平均純移動数(千人)	250	150	150	150	150	150	150	150	143	135
人口増加率(%)	0.06	−0.07	−0.11	−0.17	−0.23	−0.28	−0.34	−0.40	−0.43	−0.43
粗出生率(人口千人あたり)	8.3	8.7	8.7	8.4	8.1	7.9	7.9	8.1	8.4	8.5
粗死亡率(人口千人あたり)	10.8	11.3	11.6	12.0	12.2	12.6	13.2	14.1	14.6	14.7
純移動率(人口千人あたり)	3.1	1.9	1.9	1.9	1.9	1.9	2.0	2.0	1.9	1.9
合計出生率（女子１人あたり）	1.39	1.44	1.47	1.51	1.54	1.57	1.59	1.62	1.64	1.65
純再生産率（女子１人あたり）	0.67	0.69	0.71	0.73	0.75	0.76	0.77	0.78	0.79	0.80
乳児死亡率（出生千人あたり）	3	3	2	2	2	2	1	1	1	1
５歳未満の死亡数(出生千人あたり	4	3	3	2	2	2	2	2	1	1
出生時の平均余命(歳)										
男	78.2	79.3	80.4	81.5	82.4	83.1	83.9	84.5	85.1	85.8
女	83.1	83.8	84.5	85.1	85.8	86.4	87.1	87.7	88.3	88.9
男女計	80.6	81.5	82.4	83.3	84.1	84.8	85.5	86.1	86.7	87.3

C. 高位予測値

	2015	2020	2025	2030	2035	2040	2045	2050	2055	2060
人口(千人)										
総数	80 689	80 998	81 509	81 949	82 090	81 989	81 765	81 595	81 650	82 006
男	39 653	39 902	40 247	40 554	40 701	40 702	40 619	40 574	40 665	40 940
女	41 036	41 096	41 262	41 395	41 389	41 288	41 147	41 021	40 986	41 067
性比(女100につき男)	96.6	97.0	97.2	97.4	97.6	97.7	97.6	97.6	97.6	97.8
年齢分布(%)										
0－4歳	4.2	5.1	5.5	5.5	5.2	5.0	5.0	5.4	5.8	6.1
5－14歳	8.7	8.4	9.3	10.5	11.0	10.7	10.3	10.1	10.5	11.3
15－24歳	10.4	9.6	8.9	8.6	9.5	10.8	11.3	11.0	10.5	10.3
60歳以上	27.6	29.8	32.6	35.0	35.1	35.2	35.6	35.9	35.2	34.2
65歳以上	21.2	22.6	24.5	27.1	29.4	29.5	29.4	29.5	29.5	28.8
80歳以上	5.7	7.1	7.7	7.8	8.6	10.0	11.9	13.2	12.5	11.8
15－49歳女子(%)	42.2	38.9	37.5	36.4	35.6	35.2	35.7	36.1	36.7	37.5
中位数年齢(歳)	46.2	47.1	47.1	47.4	47.9	48.3	48.1	47.3	45.7	44.1

	2010-2015	2015-2020	2020-2025	2025-2030	2030-2035	2035-2040	2040-2045	2045-2050	2050-2055	2055-2060
年平均人口増加数(千人)	51	62	102	88	28	− 20	− 45	− 34	11	71
年平均出生数(千人)	671	820	886	891	843	813	820	875	950	996
年平均死亡数(千人)	871	908	934	953	965	983	1 015	1 059	1 081	1 059
人口増加率(%)	0.06	0.08	0.13	0.11	0.03	−0.02	−0.06	−0.04	0.01	0.09
粗出生率(人口千人あたり)	8.3	10.1	10.9	10.9	10.3	9.9	10.0	10.7	11.6	12.2
粗死亡率(人口千人あたり)	10.8	11.2	11.5	11.7	11.8	12.0	12.4	13.0	13.2	12.9
合計出生率(女子1人あたり)	1.39	1.69	1.87	2.01	2.04	2.07	2.09	2.12	2.14	2.15
純再生産率(女子1人あたり)	0.67	0.81	0.91	0.97	0.99	1.00	1.01	1.02	1.03	1.04

D. 低位予測値

	2015	2020	2025	2030	2035	2040	2045	2050	2055	2060
人口(千人)										
総数	80 689	79 786	78 411	76 639	74 717	72 628	70 314	67 689	64 784	61 811
男	39 653	39 279	38 654	37 825	36 911	35 889	34 732	33 426	31 996	30 560
女	41 036	40 507	39 757	38 815	37 807	36 739	35 581	34 263	32 788	31 250
性比(女100につき男)	96.6	97.0	97.2	97.4	97.6	97.7	97.6	97.6	97.6	97.8
年齢分布(%)										
0－4歳	4.2	3.6	3.3	2.9	2.9	2.9	2.9	2.9	2.8	2.7
5－14歳	8.7	8.6	8.1	7.2	6.6	6.2	6.2	6.2	6.2	6.2
15－24歳	10.4	9.8	9.2	9.2	8.8	7.9	7.3	7.0	7.0	7.1
60歳以上	27.6	30.3	33.9	37.4	38.6	39.7	41.4	43.2	44.4	45.4
65歳以上	21.2	22.9	25.5	29.0	32.3	33.3	34.2	35.6	37.2	38.2
80歳以上	5.7	7.2	8.1	8.3	9.4	11.3	13.8	15.9	15.7	15.7
15－49歳女子(%)	42.2	39.5	39.0	38.8	37.4	35.5	34.0	32.8	32.0	31.5
中位数年齢(歳)	46.2	47.7	48.7	49.9	51.4	52.8	54.2	55.2	55.9	56.6

	2010-2015	2015-2020	2020-2025	2025-2030	2030-2035	2035-2040	2040-2045	2045-2050	2050-2055	2055-2060
年平均人口増加数(千人)	51	− 181	− 275	− 354	− 384	− 418	− 463	− 525	− 581	− 595
年平均出生数(千人)	671	577	508	448	429	413	401	382	355	327
年平均死亡数(千人)	871	907	933	952	964	981	1 014	1 057	1 079	1 056
人口増加率(%)	0.06	−0.23	−0.35	−0.46	−0.51	−0.57	−0.65	−0.76	−0.88	−0.94
粗出生率(人口千人あたり)	8.3	7.2	6.4	5.8	5.7	5.6	5.6	5.5	5.4	5.2
粗死亡率(人口千人あたり)	10.8	11.3	11.8	12.3	12.7	13.3	14.2	15.3	16.3	16.7
合計出生率(女子1人あたり)	1.39	1.19	1.07	1.01	1.04	1.07	1.09	1.12	1.14	1.15
純再生産率(女子1人あたり)	0.67	0.57	0.52	0.49	0.50	0.52	0.53	0.54	0.55	0.56

E. 出生力一定予測値

	2015	2020	2025	2030	2035	2040	2045	2050	2055	2060
人口(千人)										
総数	80 689	80 245	79 525	78 489	77 195	75 677	73 921	71 891	69 636	67 338
男	39 653	39 514	39 227	38 775	38 184	37 457	36 587	35 586	34 489	33 401
女	41 036	40 730	40 298	39 713	39 010	38 220	37 335	36 305	35 146	33 937
中位数年齢(歳)	46.2	47.4	48.2	49.0	50.2	51.4	52.3	52.8	53.1	53.2

	2010-2015	2015-2020	2020-2025	2025-2030	2030-2035	2035-2040	2040-2045	2045-2050	2050-2055	2055-2060
人口増加率(%)	0.06	−0.11	−0.18	−0.26	−0.33	−0.40	−0.47	−0.56	−0.64	−0.67
粗出生率(人口千人あたり)	8.3	8.3	8.0	7.5	7.1	6.9	6.9	6.9	6.9	6.8
粗死亡率(人口千人あたり)	10.8	11.3	11.7	12.1	12.4	12.8	13.6	14.5	15.3	15.4

Ghana

A. 推計値

指標	1960	1965	1970	1975	1980	1985	1990	1995	2000	2005	2010
人口(千人)											
総数	6 652	7 711	8 597	9 831	10 802	12 716	14 628	16 761	18 825	21 390	24 318
男	3 380	3 924	4 378	5 001	5 490	6 460	7 434	8 474	9 507	10 686	12 035
女	3 272	3 787	4 219	4 831	5 312	6 256	7 195	8 287	9 318	10 704	12 283
性比(女100につき男)	103.3	103.6	103.8	103.5	103.4	103.3	103.3	102.3	102.0	99.8	98.0
年齢分布(%)											
０－４歳	17.9	18.5	18.7	18.4	17.9	17.4	16.8	16.1	15.2	15.0	14.7
５－14歳	26.5	25.9	26.9	27.7	27.8	27.5	27.0	26.6	26.2	25.2	24.4
15－24歳	19.5	19.6	18.7	18.2	19.1	19.9	20.2	20.2	20.3	20.4	20.2
60歳以上	4.1	4.1	4.2	4.3	4.3	4.4	4.5	4.7	4.8	5.2	5.4
65歳以上	2.4	2.4	2.5	2.5	2.6	2.7	2.8	3.0	3.0	3.4	3.5
80歳以上	0.2	0.2	0.2	0.2	0.2	0.2	0.2	0.3	0.3	0.4	0.5
15－49歳女子(%)	46.3	46.1	44.8	44.2	44.5	45.3	46.2	47.4	48.4	49.7	50.6
中位数年齢(歳)	17.7	17.6	17.3	16.9	17.0	17.4	17.8	18.4	18.9	19.5	20.1
人口密度(1km²あたり)	29	34	38	43	47	56	64	74	83	94	107

指標	1960-1965	1965-1970	1970-1975	1975-1980	1980-1985	1985-1990	1990-1995	1995-2000	2000-2005	2005-2010	2010-2015
年平均人口増加数(千人)	212	177	247	194	383	382	427	413	513	586	618
年平均出生数(千人)	339	385	423	454	497	549	592	624	691	767	865
年平均死亡数(千人)	128	136	143	147	155	160	162	189	212	219	237
人口増加率(%)	2.95	2.18	2.68	1.88	3.26	2.80	2.72	2.32	2.55	2.57	2.39
粗出生率(人口千人あたり)	47.3	47.3	45.9	44.0	42.3	40.1	37.7	35.1	34.4	33.5	33.5
粗死亡率(人口千人あたり)	17.8	16.6	15.5	14.3	13.2	11.7	10.3	10.6	10.5	9.6	9.2
合計出生率(女子１人あたり)	6.84	6.95	6.90	6.69	6.35	5.88	5.34	4.81	4.57	4.29	4.25
純再生産率(女子１人あたり)	2.27	2.38	2.45	2.44	2.37	2.26	2.13	1.91	1.83	1.77	1.78
乳児死亡率(出生千人あたり)	122	113	107	99	93	83	73	67	61	55	51
出生時の平均余命(歳)											
男	46.5	48.1	48.8	50.4	51.9	54.3	56.6	56.2	56.7	59.2	60.1
女	47.3	49.2	51.3	52.9	54.3	56.3	58.9	57.8	58.3	60.9	62.0
男女計	46.9	48.6	50.0	51.6	53.0	55.3	57.8	57.0	57.5	60.0	61.0

B. 中位予測値

指標	2015	2020	2025	2030	2035	2040	2045	2050	2055	2060
人口(千人)										
総数	27 410	30 530	33 678	36 865	40 123	43 454	46 799	50 071	53 203	56 175
男	13 635	15 231	16 832	18 447	20 098	21 783	23 475	25 129	26 709	28 202
女	13 774	15 300	16 847	18 418	20 026	21 670	23 324	24 942	26 494	27 973
性比(女100につき男)	99.0	99.5	99.9	100.2	100.4	100.5	100.6	100.7	100.8	100.8
年齢分布(%)										
０－４歳	14.8	13.7	12.7	12.0	11.5	11.2	10.7	10.3	9.8	9.3
５－14歳	24.0	24.3	23.9	22.5	21.3	20.4	19.9	19.4	18.8	18.1
15－24歳	19.5	18.9	19.1	19.7	19.6	18.7	17.9	17.4	17.2	17.0
60歳以上	5.3	5.5	5.9	6.5	7.2	8.0	8.9	9.7	10.5	11.1
65歳以上	3.4	3.4	3.7	4.0	4.5	5.0	5.6	6.3	6.9	7.5
80歳以上	0.4	0.4	0.3	0.4	0.4	0.5	0.6	0.7	0.8	0.9
６－11歳	14.7	15.0	14.5	13.6	12.8	12.4	12.1	11.7	11.4	10.9
12－14歳	6.6	6.6	6.9	6.6	6.2	5.9	5.7	5.6	5.5	5.4
15－17歳	6.2	6.1	6.3	6.5	6.1	5.8	5.6	5.4	5.4	5.3
18－23歳	11.5	11.0	11.1	11.5	11.7	11.1	10.6	10.3	10.2	10.1
15－24歳女子(%)	50.5	50.4	50.6	51.3	51.5	51.5	51.3	51.4	51.5	51.4
中位数年齢(歳)	20.6	21.1	21.8	22.7	23.7	24.9	25.9	26.8	27.7	28.6
人口密度(1km²あたり)	120	134	148	162	176	191	206	220	234	247

指標	2010-2015	2015-2020	2020-2025	2025-2030	2030-2035	2035-2040	2040-2045	2045-2050	2050-2055	2055-2060
年平均人口増加数(千人)	618	624	630	637	652	666	669	654	627	594
年平均出生数(千人)	865	890	907	933	971	1 013	1 048	1 067	1 074	1 078
年平均死亡数(千人)	237	246	257	275	299	327	359	393	428	466
年平均純移動数(千人)	−10	−20	−20	−20	−20	−20	−20	−20	−19	−18
人口増加率(%)	2.39	2.16	1.96	1.81	1.69	1.60	1.48	1.35	1.21	1.09
粗出生率(人口千人あたり)	33.5	30.7	28.2	26.4	25.2	24.3	23.2	22.0	20.8	19.7
粗死亡率(人口千人あたり)	9.2	8.5	8.0	7.8	7.8	7.8	8.0	8.1	8.3	8.5
純移動率(人口千人あたり)	−0.4	−0.7	−0.6	−0.6	−0.5	−0.5	−0.4	−0.4	−0.4	−0.3
合計出生率（女子１人あたり）	4.25	3.95	3.69	3.47	3.27	3.10	2.96	2.83	2.71	2.61
純再生産率（女子１人あたり）	1.78	1.68	1.58	1.50	1.43	1.37	1.32	1.27	1.23	1.19
乳児死亡率（出生千人あたり）	51	47	43	40	38	35	33	30	28	25
５歳未満の死亡数(出生千人あたり	78	71	66	61	57	53	49	45	41	38
出生時の平均余命(歳)										
男	60.1	61.0	61.8	62.5	63.2	63.9	64.6	65.2	65.8	66.4
女	62.0	63.0	64.0	65.0	65.9	66.8	67.6	68.4	69.2	70.0
男女計	61.0	62.0	62.9	63.8	64.6	65.4	66.1	66.8	67.5	68.1

C. 高位予測値

	2015	2020	2025	2030	2035	2040	2045	2050	2055	2060
人口(千人)										
総数	27 410	30 796	34 403	38 219	42 186	46 362	50 757	55 332	60 030	64 805
男	13 635	15 366	17 202	19 138	21 150	23 267	25 494	27 812	30 189	32 599
女	13 774	15 430	17 202	19 081	21 035	23 095	25 263	27 520	29 841	32 206
性比(女100につき男)	99.0	99.5	99.8	100.0	100.2	100.3	100.3	100.4	100.4	100.3
年齢分布(%)										
0－4歳	14.8	14.5	13.8	13.3	12.7	12.3	12.0	11.7	11.3	10.9
5－14歳	24.0	24.1	24.1	23.5	22.8	22.0	21.4	21.0	20.6	20.2
15－24歳	19.5	18.7	18.7	19.0	19.2	19.0	18.6	18.1	17.8	17.7
60歳以上	5.3	5.4	5.8	6.3	6.9	7.5	8.2	8.7	9.3	9.6
65歳以上	3.4	3.4	3.6	3.9	4.3	4.7	5.2	5.7	6.1	6.5
80歳以上	0.4	0.4	0.3	0.4	0.4	0.5	0.5	0.6	0.7	0.8
15－49歳女子(%)	50.5	49.9	49.6	49.5	49.6	49.8	49.9	50.1	50.4	50.5
中位数年齢(歳)	20.6	20.9	21.2	21.7	22.4	23.1	23.9	24.5	25.1	25.8

	2010-2015	2015-2020	2020-2025	2025-2030	2030-2035	2035-2040	2040-2045	2045-2050	2050-2055	2055-2060
年平均人口増加数(千人)	618	677	722	763	793	835	879	915	940	955
年平均出生数(千人)	865	946	1 005	1 067	1 123	1 195	1 273	1 345	1 407	1 463
年平均死亡数(千人)	237	249	264	284	310	339	374	410	449	490
人口増加率(%)	2.39	2.33	2.22	2.10	1.98	1.89	1.81	1.73	1.63	1.53
粗出生率(人口千人あたり)	33.5	32.5	30.8	29.4	27.9	27.0	26.2	25.4	24.4	23.4
粗死亡率(人口千人あたり)	9.2	8.5	8.1	7.8	7.7	7.7	7.7	7.7	7.8	7.8
合計出生率（女子１人あたり）	4.25	4.20	4.09	3.97	3.77	3.60	3.46	3.33	3.21	3.11
純再生産率（女子１人あたり）	1.78	1.78	1.76	1.72	1.65	1.59	1.54	1.50	1.46	1.42

D. 低位予測値

	2015	2020	2025	2030	2035	2040	2045	2050	2055	2060
人口(千人)										
総数	27 410	30 265	32 953	35 511	38 066	40 574	42 934	45 032	46 803	48 250
男	13 635	15 095	16 461	17 756	19 047	20 314	21 504	22 559	23 446	24 164
女	13 774	15 170	16 492	17 755	19 018	20 260	21 430	22 472	23 356	24 086
性比(女100につき男)	99.0	99.5	99.8	100.0	100.2	100.3	100.3	100.4	100.4	100.3
年齢分布(%)										
0－4歳	14.8	13.0	11.6	10.7	10.3	9.9	9.4	8.7	8.1	7.6
5－14歳	24.0	24.5	23.6	21.3	19.6	18.6	18.1	17.5	16.7	15.7
15－24歳	19.5	19.1	19.5	20.4	20.0	18.3	17.0	16.5	16.3	16.1
60歳以上	5.3	5.5	6.0	6.8	7.6	8.6	9.7	10.7	11.9	12.9
65歳以上	3.4	3.4	3.7	4.2	4.7	5.4	6.1	7.0	7.8	8.7
80歳以上	0.4	0.4	0.4	0.4	0.4	0.5	0.6	0.7	0.9	1.0
15－49歳女子(%)	50.5	50.8	51.7	53.2	53.6	53.3	52.8	52.7	52.5	52.0
中位数年齢(歳)	20.6	21.3	22.4	23.7	25.1	26.8	28.3	29.6	30.9	32.0

	2010-2015	2015-2020	2020-2025	2025-2030	2030-2035	2035-2040	2040-2045	2045-2050	2050-2055	2055-2060
年平均人口増加数(千人)	618	571	538	512	511	502	472	419	354	289
年平均出生数(千人)	865	833	809	798	820	837	837	816	783	752
年平均死亡数(千人)	237	242	251	266	289	315	345	376	410	445
人口増加率(%)	2.39	1.98	1.70	1.50	1.39	1.28	1.13	0.95	0.77	0.61
粗出生率(人口千人あたり)	33.5	28.9	25.6	23.3	22.3	21.3	20.0	18.6	17.0	15.8
粗死亡率(人口千人あたり)	9.2	8.4	7.9	7.8	7.9	8.0	8.3	8.6	8.9	9.4
合計出生率（女子１人あたり）	4.25	3.70	3.29	2.97	2.77	2.60	2.46	2.33	2.21	2.11
純再生産率（女子１人あたり）	1.78	1.57	1.41	1.29	1.22	1.15	1.10	1.05	1.00	0.96

E. 出生力一定予測値

	2015	2020	2025	2030	2035	2040	2045	2050	2055	2060
人口(千人)										
総数	27 410	30 827	34 598	38 753	43 373	48 552	54 362	60 868	68 154	76 331
男	13 635	15 382	17 301	19 411	21 756	24 385	27 333	30 636	34 333	38 478
女	13 774	15 445	17 297	19 342	21 617	24 167	27 029	30 232	33 821	37 853
中位数年齢(歳)	20.6	20.8	21.1	21.3	21.6	21.9	22.0	22.0	22.0	22.0

	2010-2015	2015-2020	2020-2025	2025-2030	2030-2035	2035-2040	2040-2045	2045-2050	2050-2055	2055-2060
人口増加率(%)	2.39	2.35	2.31	2.27	2.25	2.26	2.26	2.26	2.26	2.27
粗出生率(人口千人あたり)	33.5	32.7	31.8	31.1	30.7	30.6	30.6	30.4	30.3	30.1
粗死亡率(人口千人あたり)	9.2	8.6	8.1	7.9	7.7	7.6	7.6	7.5	7.4	7.3

Greece

A. 推 計 値

指　標	1960	1965	1970	1975	1980	1985	1990	1995	2000	2005	2010
人口(千人)											
総数	8 311	8 534	8 779	9 030	9 620	9 908	10 132	10 641	10 954	11 070	11 178
男	4 061	4 155	4 290	4 430	4 729	4 882	5 001	5 260	5 415	5 449	5 484
女	4 251	4 380	4 488	4 601	4 891	5 026	5 131	5 381	5 539	5 620	5 694
性比(女100につき男)	95.5	94.9	95.6	96.3	96.7	97.1	97.5	97.7	97.8	97.0	96.3
年齢分布(%)											
0－4歳	9.1	8.4	8.8	7.6	7.4	6.9	5.4	4.9	4.8	4.8	5.0
5－14歳	17.4	17.0	16.1	16.3	15.4	14.3	13.7	11.8	10.4	10.0	9.6
15－24歳	16.4	15.4	14.6	14.8	14.8	15.1	15.2	15.2	14.4	12.7	11.0
60歳以上	12.0	13.2	16.3	17.4	17.5	17.9	20.0	21.4	22.8	23.4	24.8
65歳以上	8.2	8.8	11.1	12.2	13.2	13.3	13.7	15.3	16.9	18.5	19.0
80歳以上	1.3	1.5	2.0	2.1	2.3	2.4	3.0	3.3	3.3	3.8	5.0
15－49歳女子(%)	51.5	51.0	47.9	48.1	47.5	47.1	47.0	49.1	49.2	48.4	46.6
中位数年齢(歳)	29.1	30.7	33.4	34.0	34.3	35.1	36.1	37.1	38.4	39.7	41.3
人口密度(1km²あたり)	64	66	68	70	75	77	79	83	85	86	87

	1960-1965	1965-1970	1970-1975	1975-1980	1980-1985	1985-1990	1990-1995	1995-2000	2000-2005	2005-2010	2010-2015
年平均人口増加数(千人)	45	49	50	118	58	45	102	63	23	22	－45
年平均出生数(千人)	153	152	139	147	132	109	104	104	104	116	99
年平均死亡数(千人)	79	83	91	95	97	96	95	101	104	110	116
人口増加率(%)	0.53	0.57	0.57	1.27	0.59	0.45	0.98	0.58	0.21	0.19	−0.40
粗出生率(人口千人あたり)	18.2	17.5	15.7	15.8	13.5	10.8	10.0	9.6	9.5	10.4	8.9
粗死亡率(人口千人あたり)	9.4	9.6	10.3	10.2	10.0	9.5	9.2	9.3	9.4	9.9	10.5
合計出生率(女子1人あたり)	2.20	2.38	2.32	2.32	1.96	1.53	1.37	1.30	1.28	1.46	1.34
純再生産率(女子1人あたり)	1.01	1.10	1.08	1.09	0.92	0.73	0.65	0.62	0.61	0.70	0.65
乳児死亡率(出生千人あたり)	38	34	25	21	15	12	8	7	5	4	3
出生時の平均余命(歳)											
男	66.9	67.6	69.2	70.0	71.4	72.5	74.8	75.2	76.3	77.3	77.6
女	71.6	72.7	74.5	75.8	77.8	78.9	80.1	80.8	81.9	82.3	83.6
男女計	69.2	70.1	71.8	72.8	74.5	75.7	77.4	78.0	79.1	79.8	80.6

B. 中 位 予 測 値

	2015	2020	2025	2030	2035	2040	2045	2050	2055	2060
人口(千人)										
総数	10 955	10 825	10 657	10 480	10 302	10 124	9 931	9 705	9 435	9 135
男	5 345	5 273	5 190	5 110	5 030	4 950	4 864	4 763	4 638	4 498
女	5 609	5 552	5 467	5 370	5 272	5 173	5 067	4 943	4 797	4 637
性比(女100につき男)	95.3	95.0	94.9	95.1	95.4	95.7	96.0	96.4	96.7	97.0
年齢分布(%)										
0－4歳	4.9	4.0	3.8	3.7	3.8	4.0	4.1	4.0	3.9	3.8
5－14歳	9.7	9.9	9.1	8.0	7.7	7.8	8.0	8.3	8.5	8.3
15－24歳	10.2	9.7	10.2	10.4	9.6	8.5	8.2	8.3	8.7	9.1
60歳以上	27.0	28.7	30.7	33.2	35.9	38.3	40.4	40.8	41.3	41.1
65歳以上	21.4	22.3	23.9	25.8	28.2	30.8	32.9	34.8	35.0	35.4
80歳以上	6.4	7.3	7.3	8.4	9.0	10.1	11.4	13.0	14.6	15.8
6－11歳	5.9	6.0	5.3	4.7	4.6	4.7	4.8	5.0	5.0	4.9
12－14歳	2.9	3.0	3.1	2.6	2.4	2.3	2.4	2.5	2.6	2.6
15－17歳	2.7	3.0	3.1	3.0	2.5	2.4	2.4	2.5	2.6	2.7
18－23歳	6.3	5.7	6.1	6.3	6.1	5.1	5.0	5.0	5.2	5.5
15－24歳女子(%)	43.4	41.3	39.4	38.0	35.8	35.0	33.9	33.6	33.3	33.1
中位数年齢(歳)	43.6	45.4	47.2	48.9	50.6	51.4	52.0	52.3	52.4	52.7
人口密度(1km²あたり)	85	84	83	81	80	79	77	75	73	71

	2010-2015	2015-2020	2020-2025	2025-2030	2030-2035	2035-2040	2040-2045	2045-2050	2050-2055	2055-2060
年平均人口増加数(千人)	－45	－26	－34	－35	－36	－36	－38	－45	－54	－60
年平均出生数(千人)	99	87	80	78	78	80	80	78	73	70
年平均死亡数(千人)	116	123	124	123	124	126	129	133	136	139
年平均純移動数(千人)	−27	10	10	10	10	10	10	10	10	9
人口増加率(%)	−0.40	−0.24	−0.31	−0.34	−0.34	−0.35	−0.38	−0.46	−0.56	−0.65
粗出生率(人口千人あたり)	8.9	8.0	7.4	7.4	7.5	7.8	8.0	7.9	7.6	7.5
粗死亡率(人口千人あたり)	10.5	11.3	11.5	11.7	11.9	12.3	12.9	13.5	14.3	15.0
純移動率(人口千人あたり)	−2.5	0.9	0.9	0.9	1.0	1.0	1.0	1.0	1.0	1.0
合計出生率(女子1人あたり)	1.34	1.30	1.31	1.37	1.42	1.47	1.52	1.56	1.59	1.63
純再生産率(女子1人あたり)	0.65	0.63	0.63	0.66	0.68	0.71	0.73	0.75	0.77	0.78
乳児死亡率(出生千人あたり)	3	2	2	2	2	2	1	1	1	1
5歳未満の死亡数(出生千人あたり	4	3	3	2	2	2	2	2	1	1
出生時の平均余命(歳)										
男	77.6	78.8	80.0	81.0	81.8	82.5	83.2	83.8	84.4	85.0
女	83.6	84.3	85.0	85.7	86.3	87.0	87.6	88.2	88.8	89.4
男女計	80.6	81.6	82.5	83.4	84.1	84.8	85.4	86.0	86.6	87.2

C. 高位予測値

	2015	2020	2025	2030	2035	2040	2045	2050	2055	2060
人口(千人)										
総数	10 955	10 909	10 861	10 826	10 786	10 747	10 703	10 648	10 579	10 506
男	5 345	5 316	5 296	5 288	5 280	5 272	5 263	5 248	5 228	5 204
女	5 609	5 592	5 566	5 538	5 507	5 475	5 441	5 399	5 352	5 302
性比(女100につき男)	95.3	94.9	94.7	94.8	94.9	95.0	95.2	95.4	95.5	95.6
年齢分布(%)										
0－4歳	4.9	4.8	4.8	4.9	4.9	5.0	5.2	5.3	5.4	5.5
5－14歳	9.7	9.8	9.7	9.7	9.8	9.9	10.0	10.3	10.6	10.8
15－24歳	10.2	9.7	10.0	10.1	10.0	9.9	10.1	10.2	10.3	10.6
60歳以上	27.0	28.5	30.1	32.1	34.3	36.0	37.5	37.2	36.9	35.7
65歳以上	21.4	22.1	23.4	25.0	27.0	29.0	30.5	31.8	31.2	30.7
80歳以上	6.4	7.2	7.1	8.1	8.6	9.5	10.6	11.8	13.0	13.7
15－49歳女子(%)	43.4	41.0	38.7	36.8	35.0	34.9	34.6	35.1	35.5	36.0
中位数年齢(歳)	43.6	45.2	46.5	47.8	48.8	48.8	48.7	48.0	47.4	46.7

	2010-2015	2015-2020	2020-2025	2025-2030	2030-2035	2035-2040	2040-2045	2045-2050	2050-2055	2055-2060
年平均人口増加数(千人)	－ 45	－ 9	－ 9	－ 7	－ 8	－ 8	－ 9	－ 11	－ 14	－ 15
年平均出生数(千人)	99	104	104	107	106	108	110	112	113	115
年平均死亡数(千人)	116	123	124	123	124	126	129	133	137	139
人口増加率(%)	−0.40	−0.08	−0.09	−0.06	−0.07	−0.07	−0.08	−0.10	−0.13	−0.14
粗出生率(人口千人あたり)	8.9	9.5	9.6	9.8	9.8	10.0	10.3	10.5	10.7	11.0
粗死亡率(人口千人あたり)	10.5	11.2	11.4	11.4	11.5	11.7	12.0	12.5	12.9	13.2
合計出生率（女子１人あたり）	1.34	1.55	1.71	1.87	1.92	1.97	2.02	2.06	2.09	2.13
純再生産率（女子１人あたり）	0.65	0.75	0.83	0.90	0.93	0.95	0.97	0.99	1.01	1.03

D. 低位予測値

	2015	2020	2025	2030	2035	2040	2045	2050	2055	2060
人口(千人)										
総数	10 955	10 742	10 452	10 133	9 818	9 502	9 170	8 796	8 367	7 896
男	5 345	5 230	5 085	4 931	4 780	4 630	4 472	4 294	4 087	3 859
女	5 609	5 512	5 368	5 202	5 038	4 872	4 698	4 502	4 280	4 037
性比(女100につき男)	95.3	94.9	94.7	94.8	94.9	95.0	95.2	95.4	95.5	95.6
年齢分布(%)										
0－4歳	4.9	3.3	2.7	2.5	2.6	2.8	2.9	2.8	2.5	2.3
5－14歳	9.7	10.0	8.5	6.3	5.4	5.4	5.7	6.0	6.1	5.7
15－24歳	10.2	9.8	10.4	10.8	9.3	6.9	6.1	6.0	6.5	7.0
60歳以上	27.0	28.9	31.3	34.3	37.7	40.8	43.8	45.0	46.6	47.5
65歳以上	21.4	22.5	24.4	26.7	29.6	32.8	35.6	38.4	39.5	40.9
80歳以上	6.4	7.3	7.4	8.7	9.4	10.8	12.3	14.3	16.4	18.2
15－49歳女子(%)	43.4	41.6	40.1	39.2	36.7	35.1	33.0	31.7	30.4	28.9
中位数年齢(歳)	43.6	45.7	47.8	50.0	52.2	54.0	55.1	56.4	57.3	58.2

	2010-2015	2015-2020	2020-2025	2025-2030	2030-2035	2035-2040	2040-2045	2045-2050	2050-2055	2055-2060
年平均人口増加数(千人)	－ 45	－ 42	－ 58	－ 64	－ 63	－ 63	－ 67	－ 75	－ 86	－ 94
年平均出生数(千人)	99	70	56	50	51	52	52	48	41	35
年平均死亡数(千人)	116	123	124	123	124	125	129	133	136	139
人口増加率(%)	−0.40	−0.39	−0.55	−0.62	−0.63	−0.65	−0.71	−0.83	−1.00	−1.16
粗出生率(人口千人あたり)	8.9	6.5	5.3	4.8	5.1	5.4	5.6	5.3	4.8	4.4
粗死亡率(人口千人あたり)	10.5	11.3	11.7	12.0	12.4	13.0	13.8	14.8	15.9	17.0
合計出生率（女子１人あたり）	1.34	1.05	0.91	0.87	0.92	0.97	1.02	1.06	1.09	1.13
純再生産率（女子１人あたり）	0.65	0.51	0.44	0.42	0.44	0.47	0.49	0.51	0.53	0.54

E. 出生力一定予測値

	2015	2020	2025	2030	2035	2040	2045	2050	2055	2060
人口(千人)										
総数	10 955	10 828	10 657	10 465	10 262	10 045	9 798	9 505	9 164	8 789
男	5 345	5 274	5 190	5 101	5 008	4 909	4 794	4 657	4 496	4 317
女	5 609	5 554	5 467	5 364	5 254	5 136	5 004	4 847	4 668	4 472
中位数年齢(歳)	43.6	45.4	47.2	49.0	50.8	51.8	52.6	53.3	53.7	54.2

	2010-2015	2015-2020	2020-2025	2025-2030	2030-2035	2035-2040	2040-2045	2045-2050	2050-2055	2055-2060
人口増加率(%)	−0.40	−0.23	−0.32	−0.36	−0.39	−0.43	−0.50	−0.61	−0.73	−0.84
粗出生率(人口千人あたり)	8.9	8.0	7.4	7.1	7.1	7.1	7.0	6.7	6.3	6.1
粗死亡率(人口千人あたり)	10.5	11.3	11.5	11.7	11.9	12.4	13.0	13.8	14.6	15.5

Grenada

A. 推 計 値

指　標	1960	1965	1970	1975	1980	1985	1990	1995	2000	2005	2010
人口(千人)											
総数	90	95	94	92	89	100	96	100	102	103	105
男	42	44	45	44	43	49	48	50	50	51	52
女	48	50	50	48	46	51	49	51	51	52	52
性比(女100につき男)	86.6	88.5	89.8	91.4	93.5	95.1	97.4	97.9	97.8	98.8	99.8
年齢分布(%)											
０－４歳	20.3	18.7	13.6	13.7	13.2	14.5	15.4	11.8	10.3	9.0	9.3
５－14歳	28.8	31.0	35.7	28.8	26.8	23.6	23.5	26.3	24.7	21.0	18.2
15－24歳	15.6	15.7	17.4	21.8	22.5	23.4	18.2	19.2	20.9	23.6	22.5
60歳以上	7.6	7.5	8.0	8.8	9.7	8.2	11.2	10.2	10.4	9.9	9.6
65歳以上	4.9	4.9	5.2	6.2	7.1	6.2	7.9	8.0	7.8	7.7	7.2
80歳以上	0.8	0.7	0.8	0.8	1.1	1.0	1.2	1.2	1.7	1.7	1.9
15－49歳女子(%)	39.1	38.0	37.7	42.9	43.7	47.3	43.0	45.4	48.0	52.8	54.2
中位数年齢(歳)	15.6	15.2	15.3	17.8	18.8	20.0	20.4	20.9	21.8	23.3	25.0
人口密度(1k㎡あたり)	264	278	278	272	262	294	283	295	299	303	308

指　標	1960-1965	1965-1970	1970-1975	1975-1980	1980-1985	1985-1990	1990-1995	1995-2000	2000-2005	2005-2010	2010-2015
年平均人口増加数(千人)	1	0	0	－1	2	－1	1	0	0	0	0
年平均出生数(千人)	4	3	3	3	3	3	2	2	2	2	2
年平均死亡数(千人)	1	1	1	1	1	1	1	1	1	1	1
人口増加率(%)	1.02	−0.03	−0.42	−0.76	2.31	−0.74	0.81	0.27	0.26	0.33	0.41
粗出生率(人口千人あたり)	41.0	28.9	29.1	29.8	32.5	31.6	24.8	20.7	18.8	19.3	19.4
粗死亡率(人口千人あたり)	11.3	9.5	8.9	9.1	8.8	8.4	8.7	8.3	8.1	7.7	7.2
合計出生率(女子１人あたり)	6.40	4.80	4.60	4.30	4.23	4.14	3.46	2.81	2.43	2.30	2.18
純再生産率(女子１人あたり)	2.71	2.09	2.05	1.95	1.94	1.92	1.62	1.33	1.15	1.10	1.04
乳児死亡率(出生千人あたり)	69	55	44	35	28	22	18	14	12	10	10
出生時の平均余命(歳)											
男	59.0	60.8	62.4	63.7	64.8	65.8	66.7	67.5	68.5	69.6	70.8
女	62.8	64.8	66.5	67.9	69.2	70.3	71.3	72.1	73.2	74.4	75.6
男女計	61.1	63.0	64.6	66.0	67.1	68.2	69.0	69.8	70.9	72.0	73.2

B. 中 位 予 測 値

指　標	2015	2020	2025	2030	2035	2040	2045	2050	2055	2060
人口(千人)										
総数	107	109	111	112	112	112	112	110	108	105
男	54	55	56	57	57	57	56	55	54	53
女	53	54	55	56	56	56	55	55	54	52
性比(女100につき男)	100.6	101.2	101.5	101.6	101.5	101.4	101.3	101.2	101.1	101.0
年齢分布(%)										
０－４歳	9.3	8.8	7.7	6.7	6.2	6.1	6.0	5.7	5.2	4.8
５－14歳	17.2	17.4	17.2	15.9	14.0	12.6	12.1	12.0	11.7	11.0
15－24歳	18.8	16.2	15.4	16.0	16.1	15.0	13.3	12.0	11.7	11.7
60歳以上	10.2	11.3	13.4	14.3	15.6	17.5	20.8	25.1	28.1	30.1
65歳以上	7.2	7.7	8.8	10.8	11.5	12.6	14.2	17.2	21.4	24.0
80歳以上	1.8	1.8	1.8	1.9	2.2	2.8	3.7	3.9	4.3	5.2
６－11歳	10.4	10.6	10.3	9.4	8.2	7.4	7.2	7.2	7.0	6.5
12－14歳	5.0	5.1	5.2	5.1	4.6	4.0	3.7	3.6	3.6	3.5
15－17歳	5.4	4.7	5.0	5.1	4.9	4.3	3.8	3.6	3.6	3.6
18－23歳	11.3	9.8	9.0	9.5	9.7	9.2	8.1	7.2	6.9	7.0
15－24歳女子(%)	52.9	52.4	52.6	52.5	51.1	47.6	44.8	42.9	42.1	40.9
中位数年齢(歳)	27.2	29.3	31.3	33.4	35.3	36.8	38.3	40.0	42.0	44.0
人口密度(1k㎡あたり)	314	322	327	330	331	330	328	324	318	309

指　標	2010-2015	2015-2020	2020-2025	2025-2030	2030-2035	2035-2040	2040-2045	2045-2050	2050-2055	2055-2060
年平均人口増加数(千人)	0	1	0	0	0	0	0	0	0	－1
年平均出生数(千人)	2	2	2	2	1	1	1	1	1	1
年平均死亡数(千人)	1	1	1	1	1	1	1	1	1	1
年平均純移動数(千人)	−1	−1	−1	−1	0	−1	0	−1	0	0
人口増加率(%)	0.41	0.47	0.35	0.16	0.05	−0.03	−0.12	−0.26	−0.41	−0.56
粗出生率(人口千人あたり)	19.4	18.3	16.0	13.9	12.7	12.4	12.2	11.6	10.6	9.7
粗死亡率(人口千人あたり)	7.2	7.1	7.1	7.3	7.7	8.3	9.0	9.6	10.3	11.1
純移動率(人口千人あたり)	−8.1	−6.5	−5.4	−5.0	−4.4	−4.5	−4.5	−4.5	−4.4	−4.2
合計出生率（女子１人あたり）	2.18	2.08	1.98	1.90	1.85	1.81	1.78	1.76	1.75	1.75
純再生産率（女子１人あたり）	1.04	0.99	0.95	0.92	0.89	0.87	0.86	0.85	0.85	0.85
乳児死亡率（出生千人あたり）	10	9	8	7	6	5	5	4	4	4
５歳未満の死亡数(出生千人あたり	13	12	10	9	8	7	6	6	5	5
出生時の平均余命(歳)										
男	70.8	71.4	72.2	72.9	73.6	74.4	75.2	76.0	76.9	77.8
女	75.6	76.4	77.2	77.9	78.6	79.3	79.9	80.6	81.2	81.9
男女計	73.2	73.9	74.6	75.3	76.0	76.8	77.5	78.3	79.0	79.8

C. 高位予測値

	2015	2020	2025	2030	2035	2040	2045	2050	2055	2060
人口(千人)										
総数	107	111	114	117	119	121	123	125	126	127
男	54	56	58	59	60	61	62	63	64	64
女	53	55	57	58	59	60	61	62	63	63
性比(女100につき男)	100.6	101.1	101.4	101.4	101.3	101.1	100.9	100.7	100.4	100.2
年齢分布(%)										
0－4歳	9.3	9.8	9.1	8.2	7.5	7.4	7.5	7.5	7.2	6.8
5－14歳	17.2	17.3	17.8	17.7	16.4	15.0	14.2	14.3	14.5	14.3
15－24歳	18.8	16.0	15.0	15.4	16.2	16.3	15.1	13.8	13.2	13.4
60歳以上	10.2	11.2	13.1	13.7	14.7	16.2	18.8	22.2	24.0	25.0
65歳以上	7.2	7.6	8.6	10.3	10.8	11.6	12.9	15.2	18.3	19.9
80歳以上	1.8	1.8	1.7	1.8	2.1	2.6	3.4	3.4	3.7	4.4
15－49歳女子(%)	52.9	51.8	51.3	50.3	49.1	46.5	44.6	43.4	43.1	43.0
中位数年齢(歳)	27.2	29.0	30.5	31.8	32.8	33.5	34.3	35.2	36.4	37.6

	2010-2015	2015-2020	2020-2025	2025-2030	2030-2035	2035-2040	2040-2045	2045-2050	2050-2055	2055-2060
年平均人口増加数(千人)	0	1	1	1	0	0	0	0	0	0
年平均出生数(千人)	2	2	2	2	2	2	2	2	2	2
年平均死亡数(千人)	1	1	1	1	1	1	1	1	1	1
人口増加率(%)	0.41	0.69	0.66	0.50	0.38	0.32	0.31	0.27	0.19	0.09
粗出生率(人口千人あたり)	19.4	20.4	18.9	16.9	15.4	15.2	15.4	15.4	14.7	13.9
粗死亡率(人口千人あたり)	7.2	7.1	7.0	7.1	7.4	7.8	8.2	8.7	9.0	9.4
合計出生率（女子1人あたり）	2.18	2.33	2.38	2.40	2.35	2.31	2.28	2.26	2.25	2.25
純再生産率（女子1人あたり）	1.04	1.11	1.14	1.16	1.13	1.11	1.10	1.09	1.09	1.09

D. 低位予測値

	2015	2020	2025	2030	2035	2040	2045	2050	2055	2060
人口(千人)										
総数	107	108	108	107	106	103	100	97	92	86
男	54	54	55	54	53	52	50	48	46	43
女	53	54	54	53	52	51	50	48	46	43
性比(女100につき男)	100.6	101.1	101.4	101.4	101.3	101.1	100.9	100.7	100.4	100.2
年齢分布(%)										
0－4歳	9.3	7.8	6.3	5.2	4.8	4.6	4.4	3.9	3.3	2.8
5－14歳	17.2	17.6	16.5	13.9	11.4	9.9	9.5	9.2	8.5	7.5
15－24歳	18.8	16.4	15.8	16.8	16.1	13.5	11.1	9.7	9.4	9.3
60歳以上	10.2	11.5	13.8	15.0	16.6	19.0	23.1	28.7	33.1	36.7
65歳以上	7.2	7.8	9.1	11.3	12.3	13.6	15.8	19.7	25.2	29.3
80歳以上	1.8	1.8	1.8	1.9	2.4	3.1	4.2	4.4	5.1	6.4
15－49歳女子(%)	52.9	52.9	54.0	54.9	53.3	48.8	44.9	41.9	39.9	37.1
中位数年齢(歳)	27.2	29.7	32.2	34.9	37.6	40.1	42.5	45.0	47.8	50.7

	2010-2015	2015-2020	2020-2025	2025-2030	2030-2035	2035-2040	2040-2045	2045-2050	2050-2055	2055-2060
年平均人口増加数(千人)	0	0	0	0	0	0	－1	－1	－1	－1
年平均出生数(千人)	2	2	1	1	1	1	1	1	1	1
年平均死亡数(千人)	1	1	1	1	1	1	1	1	1	1
人口増加率(%)	0.41	0.26	0.03	−0.21	−0.31	−0.42	−0.58	−0.80	−1.03	−1.25
粗出生率(人口千人あたり)	19.4	16.2	13.0	10.6	9.8	9.5	8.9	7.8	6.6	5.8
粗死亡率(人口千人あたり)	7.2	7.1	7.2	7.5	8.1	8.9	9.8	10.8	11.8	13.2
合計出生率（女子1人あたり）	2.18	1.83	1.58	1.40	1.35	1.31	1.28	1.26	1.25	1.25
純再生産率（女子1人あたり）	1.04	0.87	0.76	0.68	0.65	0.63	0.62	0.61	0.61	0.61

E. 出生力一定予測値

	2015	2020	2025	2030	2035	2040	2045	2050	2055	2060
人口(千人)										
総数	107	110	113	115	116	118	119	119	120	119
男	54	55	57	58	59	59	60	60	60	60
女	53	55	56	57	58	58	59	59	59	59
中位数年齢(歳)	27.2	29.2	31.0	32.6	33.9	34.7	35.8	37.0	38.2	39.3

	2010-2015	2015-2020	2020-2025	2025-2030	2030-2035	2035-2040	2040-2045	2045-2050	2050-2055	2055-2060
人口増加率(%)	0.41	0.54	0.50	0.37	0.30	0.23	0.18	0.10	0.02	−0.06
粗出生率(人口千人あたり)	19.4	19.0	17.5	15.8	14.9	14.6	14.5	14.2	13.7	13.1
粗死亡率(人口千人あたり)	7.2	7.1	7.0	7.2	7.5	8.0	8.5	9.0	9.4	9.9

Guadeloupe

A. 推計値

指　標	1960	1965	1970	1975	1980	1985	1990	1995	2000	2005	2010
人口(千人)											
総数	275	300	319	328	331	359	390	408	431	451	457
男	135	147	157	160	162	175	190	198	207	213	213
女	140	153	163	167	169	183	199	210	224	237	243
性比(女100につき男)	96.6	96.2	96.2	95.7	96.0	95.7	95.5	93.9	92.1	90.0	87.7
年齢分布(%)											
０－４歳	16.5	16.4	15.5	13.6	10.5	8.9	8.7	8.3	8.0	7.6	7.5
５－14歳	26.5	27.9	27.4	28.3	23.7	21.9	18.8	17.1	16.6	16.5	15.3
15－24歳	15.3	18.5	19.7	18.4	21.1	20.4	19.5	17.4	15.0	12.8	12.5
60歳以上	7.4	6.6	7.2	8.7	10.0	10.6	11.2	12.4	13.7	15.2	17.5
65歳以上	5.2	4.3	4.8	5.8	6.9	7.5	8.0	9.0	10.0	11.2	12.7
80歳以上	0.6	0.8	0.9	1.1	1.2	1.5	1.6	2.0	2.4	2.9	3.4
15－49歳女子(%)	43.6	42.8	43.7	42.4	48.1	50.8	53.3	53.6	52.4	50.2	47.8
中位数年齢(歳)	19.2	17.6	18.2	18.5	22.0	24.3	26.7	29.2	31.9	34.5	37.3
人口密度(1km²あたり)	163	178	189	194	196	212	231	242	255	267	270

指　標	1960-1965	1965-1970	1970-1975	1975-1980	1980-1985	1985-1990	1990-1995	1995-2000	2000-2005	2005-2010	2010-2015
年平均人口増加数(千人)	5	4	2	1	6	6	4	5	4	1	2
年平均出生数(千人)	10	10	9	8	7	8	7	7	7	7	6
年平均死亡数(千人)	3	3	3	2	2	2	3	3	3	3	3
人口増加率(%)	1.74	1.24	0.51	0.20	1.62	1.67	0.92	1.10	0.89	0.27	0.50
粗出生率(人口千人あたり)	35.7	32.8	28.2	23.8	19.6	20.2	17.7	17.2	15.9	15.1	13.7
粗死亡率(人口千人あたり)	10.7	8.7	7.8	7.4	7.0	6.7	6.4	6.4	6.5	6.7	7.1
合計出生率(女子１人あたり)	5.61	5.22	4.49	3.52	2.55	2.45	2.10	2.10	2.06	2.14	2.17
純再生産率(女子１人あたり)	2.42	2.32	2.04	1.63	1.19	1.16	1.00	1.01	0.99	1.03	1.05
乳児死亡率(出生千人あたり)	52	42	33	27	21	17	14	11	9	7	6
出生時の平均余命(歳)											
男	58.0	60.8	63.2	65.4	67.5	69.3	71.1	72.7	74.3	75.7	76.8
女	63.0	66.4	69.3	71.9	74.2	76.2	78.1	79.8	81.4	82.9	84.0
男女計	60.5	63.6	66.2	68.6	70.8	72.8	74.6	76.3	77.9	79.4	80.5

B. 中位予測値

指　標	2015	2020	2025	2030	2035	2040	2045	2050	2055	2060
人口(千人)										
総数	468	478	485	491	496	500	501	498	492	485
男	217	219	222	224	226	227	227	226	224	221
女	252	258	263	267	270	273	273	272	268	264
性比(女100につき男)	86.0	85.0	84.3	84.0	83.6	83.4	83.3	83.2	83.4	83.9
年齢分布(%)										
０－４歳	6.7	6.0	5.7	5.6	5.7	5.7	5.5	5.2	4.9	4.9
５－14歳	15.3	14.3	12.8	11.7	11.4	11.5	11.7	11.6	11.1	10.6
15－24歳	12.4	12.7	13.4	12.9	11.5	10.6	10.3	10.6	10.9	10.9
60歳以上	20.2	23.4	27.2	30.5	32.8	34.1	34.0	34.0	34.1	34.4
65歳以上	14.6	17.1	19.9	23.4	26.4	28.3	29.3	29.1	28.9	28.9
80歳以上	3.9	4.6	5.4	6.5	8.0	9.6	11.7	13.4	14.4	14.7
６－11歳	9.2	8.4	7.5	6.9	6.8	6.9	7.0	6.9	6.6	6.2
12－14歳	4.6	4.6	4.1	3.7	3.4	3.4	3.5	3.6	3.5	3.3
15－17歳	4.3	4.5	4.4	3.8	3.5	3.3	3.4	3.5	3.5	3.4
18－23歳	7.0	7.2	7.9	7.8	6.8	6.2	6.0	6.1	6.4	6.5
15－24歳女子(%)	44.1	41.2	39.6	37.9	37.1	36.4	36.1	36.0	35.7	34.9
中位数年齢(歳)	39.4	41.3	42.5	43.0	43.5	43.9	44.5	45.5	46.7	47.6
人口密度(1km²あたり)	277	283	287	291	294	296	296	294	291	287

指　標	2010-2015	2015-2020	2020-2025	2025-2030	2030-2035	2035-2040	2040-2045	2045-2050	2050-2055	2055-2060
年平均人口増加数(千人)	2	2	1	1	1	1	0	－1	－1	－1
年平均出生数(千人)	6	6	6	6	6	6	6	5	5	5
年平均死亡数(千人)	3	3	4	4	4	5	5	5	6	6
年平均純移動数(千人)	−1	−1	0	0	0	0	0	0	0	0
人口増加率(%)	0.50	0.38	0.30	0.26	0.22	0.15	0.03	−0.12	−0.24	−0.28
粗出生率(人口千人あたり)	13.7	12.3	11.5	11.4	11.6	11.6	11.1	10.3	9.8	9.7
粗死亡率(人口千人あたり)	7.1	7.2	7.6	8.2	8.8	9.5	10.2	10.9	11.6	12.0
純移動率(人口千人あたり)	−1.6	−1.2	−0.9	−0.6	−0.6	−0.6	−0.6	−0.6	−0.6	−0.6
合計出生率（女子１人あたり）	2.17	2.10	2.05	2.00	1.97	1.94	1.92	1.91	1.90	1.89
純再生産率（女子１人あたり）	1.05	1.02	0.99	0.97	0.96	0.95	0.94	0.93	0.93	0.92
乳児死亡率（出生千人あたり）	6	5	4	3	3	3	2	2	2	2
５歳未満の死亡数(出生千人あたり	6	5	4	4	3	3	3	2	2	2
出生時の平均余命(歳)										
男	76.8	78.5	79.8	80.8	81.7	82.5	83.3	84.1	84.8	85.5
女	84.0	85.0	86.0	86.8	87.7	88.5	89.3	90.1	90.8	91.4
男女計	80.5	81.9	83.1	84.0	85.0	85.8	86.6	87.4	88.1	88.8

C. 高位予測値

	2015	2020	2025	2030	2035	2040	2045	2050	2055	2060
人口(千人)										
総数	468	481	494	507	519	531	540	547	553	559
男	217	221	226	232	238	243	247	251	255	259
女	252	260	267	275	282	288	292	296	298	300
性比(女100につき男)	86.0	84.9	84.0	83.4	82.8	82.2	81.7	81.3	81.0	81.1
年齢分布(%)										
０－４歳	6.7	6.7	6.7	6.8	6.9	6.9	6.7	6.5	6.5	6.6
５－14歳	15.3	14.2	13.3	13.1	13.2	13.5	13.6	13.5	13.2	13.0
15－24歳	12.4	12.6	13.1	12.5	11.6	11.6	11.8	12.2	12.4	12.4
60歳以上	20.2	23.2	26.7	29.6	31.4	32.1	31.5	30.9	30.3	29.8
65歳以上	14.6	17.0	19.6	22.7	25.2	26.6	27.2	26.5	25.7	25.1
80歳以上	3.9	4.5	5.3	6.3	7.7	9.1	10.9	12.2	12.8	12.7
15－49歳女子(%)	44.1	41.0	38.9	36.9	36.2	36.0	36.3	36.9	37.2	37.0
中位数年齢(歳)	39.4	41.0	41.5	41.4	41.3	41.1	41.2	41.6	41.5	41.2

	2010-2015	2015-2020	2020-2025	2025-2030	2030-2035	2035-2040	2040-2045	2045-2050	2050-2055	2055-2060
年平均人口増加数(千人)	2	2	3	3	3	2	2	1	1	1
年平均出生数(千人)	6	6	7	7	7	7	7	7	7	7
年平均死亡数(千人)	3	3	4	4	4	5	5	5	6	6
人口増加率(%)	0.50	0.53	0.52	0.53	0.49	0.43	0.34	0.26	0.22	0.23
粗出生率(人口千人あたり)	13.7	13.7	13.6	13.9	14.0	14.0	13.6	13.2	13.1	13.4
粗死亡率(人口千人あたり)	7.1	7.2	7.6	8.0	8.5	9.0	9.6	10.0	10.4	10.6
合計出生率（女子１人あたり）	2.17	2.35	2.45	2.50	2.47	2.44	2.42	2.41	2.40	2.39
純再生産率（女子１人あたり）	1.05	1.14	1.19	1.22	1.20	1.19	1.18	1.17	1.17	1.17

D. 低位予測値

	2015	2020	2025	2030	2035	2040	2045	2050	2055	2060
人口(千人)										
総数	468	474	476	475	473	469	462	450	435	418
男	217	218	217	216	214	212	208	202	195	187
女	252	256	259	259	259	258	254	248	240	231
性比(女100につき男)	86.0	84.9	84.0	83.4	82.8	82.2	81.7	81.3	81.0	81.1
年齢分布(%)										
０－４歳	6.7	5.3	4.6	4.4	4.5	4.5	4.2	3.8	3.4	3.1
５－14歳	15.3	14.4	12.3	10.3	9.3	9.2	9.4	9.3	8.7	7.9
15－24歳	12.4	12.8	13.6	13.3	11.3	9.4	8.5	8.5	8.9	8.9
60歳以上	20.2	23.5	27.7	31.5	34.4	36.3	36.9	37.5	38.6	39.9
65歳以上	14.6	17.2	20.3	24.2	27.6	30.1	31.8	32.2	32.7	33.6
80歳以上	3.9	4.6	5.5	6.8	8.4	10.3	12.7	14.8	16.2	17.0
15－49歳女子(%)	44.1	41.5	40.2	39.1	38.0	36.8	35.7	34.9	33.6	31.6
中位数年齢(歳)	39.4	41.6	43.4	44.6	45.8	46.9	48.0	49.4	51.2	53.1

	2010-2015	2015-2020	2020-2025	2025-2030	2030-2035	2035-2040	2040-2045	2045-2050	2050-2055	2055-2060
年平均人口増加数(千人)	2	1	0	0	0	－1	－1	－2	－3	－3
年平均出生数(千人)	6	5	4	4	4	4	4	3	3	3
年平均死亡数(千人)	3	3	4	4	4	5	5	5	6	6
人口増加率(%)	0.50	0.24	0.08	−0.03	−0.08	−0.17	−0.32	−0.51	−0.69	−0.81
粗出生率(人口千人あたり)	13.7	10.8	9.4	8.8	9.0	9.0	8.5	7.5	6.7	6.2
粗死亡率(人口千人あたり)	7.1	7.3	7.7	8.4	9.1	10.0	10.9	11.9	12.9	13.7
合計出生率（女子１人あたり）	2.17	1.85	1.65	1.50	1.47	1.44	1.42	1.41	1.40	1.39
純再生産率（女子１人あたり）	1.05	0.90	0.80	0.73	0.72	0.70	0.69	0.69	0.68	0.68

E. 出生力一定予測値

	2015	2020	2025	2030	2035	2040	2045	2050	2055	2060
人口(千人)										
総数	468	478	487	496	504	511	515	517	516	515
男	217	220	223	227	230	233	235	236	236	237
女	252	259	264	269	274	278	280	281	280	278
中位数年齢(歳)	39.4	41.2	42.2	42.5	42.7	42.9	43.3	44.0	44.7	45.0

	2010-2015	2015-2020	2020-2025	2025-2030	2030-2035	2035-2040	2040-2045	2045-2050	2050-2055	2055-2060
人口増加率(%)	0.50	0.42	0.37	0.36	0.33	0.27	0.16	0.05	−0.03	−0.04
粗出生率(人口千人あたり)	13.7	12.6	12.2	12.3	12.6	12.6	12.2	11.7	11.4	11.5
粗死亡率(人口千人あたり)	7.1	7.2	7.6	8.1	8.7	9.3	10.0	10.6	11.1	11.4

Guam

A. 推 計 値

指　標	1960	1965	1970	1975	1980	1985	1990	1995	2000	2005	2010
人口(千人)											
総数	67	75	84	93	104	117	130	146	155	158	159
男	39	43	47	50	54	62	70	76	79	81	81
女	28	32	37	43	50	55	61	70	76	78	78
性比(女100につき男)	141.0	133.3	125.9	117.1	109.0	111.7	114.4	108.8	104.6	104.0	103.3
年齢分布(%)											
0－4歳	15.9	14.6	13.3	12.8	12.2	11.7	11.4	12.0	10.9	10.0	8.9
5－14歳	24.2	24.7	25.6	23.9	22.2	20.4	18.4	18.9	19.6	19.5	18.6
15－24歳	17.7	19.8	21.5	20.9	20.7	20.2	19.8	16.6	15.7	15.8	16.7
60歳以上	2.7	2.9	3.1	3.9	4.7	5.7	6.7	7.3	8.3	9.2	11.1
65歳以上	1.6	1.7	1.8	2.3	2.9	3.4	4.0	4.7	5.4	6.4	7.3
80歳以上	0.2	0.2	0.2	0.3	0.3	0.4	0.5	0.5	0.8	1.0	1.3
15－49歳女子(%)	44.8	47.2	49.1	51.4	53.7	54.2	54.6	53.9	52.8	51.4	50.7
中位数年齢(歳)	21.2	20.9	20.7	21.6	22.6	23.9	25.2	26.3	27.3	28.3	29.2
人口密度(1km²あたり)	124	139	155	173	193	216	242	270	288	293	295

指　標	1960-1965	1965-1970	1970-1975	1975-1980	1980-1985	1985-1990	1990-1995	1995-2000	2000-2005	2005-2010	2010-2015
年平均人口増加数(千人)	2	2	2	2	2	3	3	2	1	0	2
年平均出生数(千人)	3	3	3	3	3	3	3	3	3	3	3
年平均死亡数(千人)	1	0	0	0	1	1	1	1	1	1	1
人口増加率(%)	2.29	2.28	2.14	2.19	2.26	2.25	2.19	1.30	0.39	0.13	1.27
粗出生率(人口千人あたり)	38.6	32.6	31.5	29.9	27.2	27.1	24.0	23.0	20.7	18.3	17.5
粗死亡率(人口千人あたり)	7.5	6.2	5.3	5.0	4.8	4.7	4.7	4.5	4.6	4.7	4.8
合計出生率(女子1人あたり)	6.03	4.72	4.12	3.52	3.08	3.14	2.88	2.88	2.74	2.54	2.42
純再生産率(女子1人あたり)	2.61	2.10	1.87	1.62	1.43	1.47	1.36	1.36	1.30	1.21	1.16
乳児死亡率(出生千人あたり)	60	50	41	34	29	24	21	17	14	11	10
出生時の平均余命(歳)											
男	60.4	62.6	64.6	66.4	67.9	69.2	70.4	71.9	73.6	74.7	76.1
女	64.7	67.1	69.2	71.0	72.5	73.8	75.0	76.6	78.5	80.3	81.5
男女計	62.2	64.6	66.7	68.4	70.0	71.3	72.5	74.1	75.9	77.4	78.7

B. 中 位 予 測 値

指　標	2015	2020	2025	2030	2035	2040	2045	2050	2055	2060
人口(千人)										
総数	170	180	191	200	209	216	222	228	232	236
男	86	91	96	101	106	109	112	115	117	119
女	84	89	94	99	103	107	110	113	115	117
性比(女100につき男)	102.9	102.6	102.4	102.3	102.3	102.3	102.3	102.2	102.2	102.3
年齢分布(%)										
0－4歳	8.4	8.1	7.8	7.4	6.9	6.5	6.2	6.0	5.8	5.6
5－14歳	17.1	15.8	15.2	14.7	14.2	13.5	12.8	12.2	11.8	11.4
15－24歳	17.0	16.4	15.2	14.2	13.8	13.6	13.3	12.8	12.2	11.7
60歳以上	13.0	15.1	17.7	19.9	21.7	22.7	23.6	24.9	26.6	28.4
65歳以上	8.7	10.4	12.3	14.6	16.6	18.1	18.9	19.6	20.7	22.4
80歳以上	1.6	2.0	2.3	3.1	4.0	5.0	6.2	7.1	7.8	8.1
6－11歳	10.2	9.4	9.1	8.9	8.5	8.0	7.6	7.3	7.1	6.9
12－14歳	5.3	4.7	4.5	4.4	4.3	4.1	3.9	3.7	3.6	3.5
15－17歳	5.2	4.9	4.4	4.3	4.2	4.1	4.0	3.8	3.6	3.5
18－23歳	10.2	9.9	9.2	8.5	8.2	8.2	8.0	7.7	7.4	7.1
15－24歳女子(%)	49.5	48.5	47.3	46.8	46.5	45.9	44.9	43.8	42.6	41.8
中位数年齢(歳)	30.1	31.4	32.8	34.3	35.9	37.4	38.8	39.9	41.0	42.1
人口密度(1km²あたり)	315	334	353	371	387	400	412	422	430	437

指　標	2010-2015	2015-2020	2020-2025	2025-2030	2030-2035	2035-2040	2040-2045	2045-2050	2050-2055	2055-2060
年平均人口増加数(千人)	2	2	2	2	2	1	1	1	1	1
年平均出生数(千人)	3	3	3	3	3	3	3	3	3	3
年平均死亡数(千人)	1	1	1	1	1	1	2	2	2	2
年平均純移動数(千人)	0	0	0	0	0	0	0	0	0	0
人口増加率(%)	1.27	1.20	1.11	0.98	0.84	0.69	0.57	0.47	0.39	0.32
粗出生率(人口千人あたり)	17.5	16.9	16.2	15.2	14.2	13.3	12.6	12.1	11.7	11.3
粗死亡率(人口千人あたり)	4.8	4.9	5.1	5.4	5.8	6.3	6.9	7.4	7.8	8.1
純移動率(人口千人あたり)	0.0	0.0	0.0	0.0	0.0	0.0	0.0	0.0	0.0	0.0
合計出生率（女子1人あたり）	2.42	2.32	2.22	2.14	2.07	2.01	1.97	1.93	1.90	1.88
純再生産率（女子1人あたり）	1.16	1.11	1.07	1.03	1.00	0.97	0.95	0.93	0.92	0.91
乳児死亡率（出生千人あたり）	10	8	7	6	6	5	5	4	4	3
5歳未満の死亡数(出生千人あたり	11	10	8	7	7	6	5	5	4	4
出生時の平均余命(歳)										
男	76.1	77.6	79.0	80.5	81.7	82.8	83.6	84.5	85.2	86.0
女	81.5	82.6	83.6	84.5	85.4	86.2	87.0	87.8	88.5	89.2
男女計	78.7	80.0	81.3	82.5	83.6	84.5	85.3	86.1	86.8	87.6

C. 高位予測値

	2015	2020	2025	2030	2035	2040	2045	2050	2055	2060
人口(千人)										
総数	170	182	195	208	220	231	242	253	264	276
男	86	92	99	105	111	117	123	128	134	140
女	84	90	96	103	109	114	120	125	131	136
性比(女100につき男)	102.9	102.6	102.3	102.2	102.1	102.0	101.9	101.8	101.7	101.7
年齢分布(%)										
０－４歳	8.4	8.9	9.0	8.7	8.2	7.8	7.6	7.6	7.6	7.4
５－14歳	17.1	15.6	15.6	16.2	16.2	15.6	14.8	14.4	14.3	14.3
15－24歳	17.0	16.2	14.9	13.6	13.8	14.6	14.7	14.2	13.6	13.2
60歳以上	13.0	15.0	17.4	19.2	20.5	21.2	21.6	22.4	23.4	24.3
65歳以上	8.7	10.3	12.0	14.1	15.7	16.9	17.3	17.6	18.2	19.2
80歳以上	1.6	2.0	2.2	2.9	3.8	4.6	5.7	6.4	6.9	6.9
15－49歳女子(%)	49.5	48.1	46.3	45.1	44.9	44.7	44.4	43.8	43.1	43.0
中位数年齢(歳)	30.1	31.1	32.0	33.0	34.0	34.8	35.3	35.4	35.9	36.6

	2010-2015	2015-2020	2020-2025	2025-2030	2030-2035	2035-2040	2040-2045	2045-2050	2050-2055	2055-2060
年平均人口増加数(千人)	2	2	3	3	2	2	2	2	2	2
年平均出生数(千人)	3	3	4	4	4	4	4	4	4	4
年平均死亡数(千人)	1	1	1	1	1	1	2	2	2	2
人口増加率(%)	1.27	1.37	1.37	1.29	1.13	1.00	0.93	0.89	0.86	0.82
粗出生率(人口千人あたり)	17.5	18.7	18.8	18.2	16.9	16.0	15.7	15.7	15.5	15.2
粗死亡率(人口千人あたり)	4.8	4.9	5.1	5.3	5.6	6.0	6.4	6.8	7.0	7.0
合計出生率（女子１人あたり）	2.42	2.57	2.62	2.64	2.57	2.51	2.47	2.43	2.40	2.38
純再生産率（女子１人あたり）	1.16	1.23	1.26	1.27	1.24	1.21	1.19	1.17	1.16	1.15

D. 低位予測値

	2015	2020	2025	2030	2035	2040	2045	2050	2055	2060
人口(千人)										
総数	170	179	186	193	198	201	203	204	203	201
男	86	91	94	97	100	102	103	103	102	101
女	84	88	92	95	98	100	101	101	101	100
性比(女100につき男)	102.9	102.6	102.3	102.2	102.1	102.0	101.9	101.8	101.7	101.7
年齢分布(%)										
０－４歳	8.4	7.3	6.6	5.9	5.5	5.1	4.7	4.3	4.0	3.7
５－14歳	17.1	15.9	14.6	13.1	11.9	11.0	10.4	9.7	9.0	8.4
15－24歳	17.0	16.5	15.5	14.7	13.8	12.5	11.5	10.9	10.4	9.8
60歳以上	13.0	15.3	18.1	20.7	22.9	24.4	25.8	27.8	30.5	33.4
65歳以上	8.7	10.5	12.6	15.2	17.5	19.4	20.7	21.9	23.7	26.3
80歳以上	1.6	2.0	2.3	3.2	4.2	5.3	6.8	8.0	8.9	9.5
15－49歳女子(%)	49.5	48.9	48.4	48.6	48.3	47.2	45.3	43.5	41.4	39.5
中位数年齢(歳)	30.1	31.7	33.5	35.7	37.8	40.0	42.1	44.2	46.2	48.2

	2010-2015	2015-2020	2020-2025	2025-2030	2030-2035	2035-2040	2040-2045	2045-2050	2050-2055	2055-2060
年平均人口増加数(千人)	2	2	2	1	1	1	0	0	0	0
年平均出生数(千人)	3	3	2	2	2	2	2	2	2	2
年平均死亡数(千人)	1	1	1	1	1	1	2	2	2	2
人口増加率(%)	1.27	1.02	0.83	0.65	0.52	0.36	0.20	0.05	−0.08	−0.19
粗出生率(人口千人あたり)	17.5	15.2	13.5	12.0	11.2	10.3	9.5	8.7	8.0	7.5
粗死亡率(人口千人あたり)	4.8	4.9	5.2	5.5	6.0	6.7	7.4	8.2	8.8	9.3
合計出生率（女子１人あたり）	2.42	2.07	1.82	1.64	1.57	1.51	1.47	1.43	1.40	1.38
純再生産率（女子１人あたり）	1.16	0.99	0.88	0.79	0.76	0.73	0.71	0.69	0.68	0.67

E. 出生力一定予測値

	2015	2020	2025	2030	2035	2040	2045	2050	2055	2060
人口(千人)										
総数	170	181	193	204	215	225	235	245	255	265
男	86	92	97	103	109	114	119	124	129	134
女	84	89	95	101	106	111	116	121	126	131
中位数年齢(歳)	30.1	31.2	32.4	33.7	34.9	35.9	36.5	36.8	37.1	37.6

	2010-2015	2015-2020	2020-2025	2025-2030	2030-2035	2035-2040	2040-2045	2045-2050	2050-2055	2055-2060
人口増加率(%)	1.27	1.27	1.24	1.16	1.05	0.95	0.87	0.83	0.79	0.77
粗出生率(人口千人あたり)	17.5	17.6	17.5	16.9	16.1	15.6	15.3	15.2	15.1	15.0
粗死亡率(人口千人あたり)	4.8	4.9	5.1	5.3	5.7	6.1	6.6	7.0	7.2	7.3

Guatemala

A. 推 計 値

指　標	1960	1965	1970	1975	1980	1985	1990	1995	2000	2005	2010
人口(千人)											
総数	4 128	4 728	5 423	6 238	7 119	8 117	9 159	10 357	11 689	13 184	14 732
男	2 090	2 393	2 741	3 146	3 578	4 060	4 544	5 100	5 714	6 434	7 197
女	2 038	2 335	2 682	3 092	3 541	4 057	4 615	5 258	5 975	6 750	7 535
性比(女100につき男)	102.6	102.5	102.2	101.8	101.0	100.1	98.5	97.0	95.6	95.3	95.5
年齢分布(％)											
０－４歳	18.1	18.0	17.8	18.0	18.2	18.1	16.9	16.6	16.0	14.9	13.5
５－14歳	27.7	27.2	26.8	26.9	27.3	27.9	28.5	27.8	26.9	26.5	25.5
15－24歳	18.3	19.0	19.9	19.4	18.8	18.8	19.4	20.1	20.7	20.6	20.5
60歳以上	4.4	4.5	4.5	4.5	4.6	4.9	5.3	5.6	5.8	6.1	6.6
65歳以上	2.7	2.8	2.9	2.9	3.0	3.1	3.3	3.6	4.0	4.2	4.5
80歳以上	0.3	0.3	0.4	0.4	0.4	0.5	0.5	0.5	0.5	0.7	0.8
15－49歳女子(％)	44.8	45.5	46.1	45.7	44.9	44.3	44.9	46.1	47.2	48.1	49.7
中位数年齢(歳)	17.1	17.2	17.5	17.5	17.2	16.9	17.1	17.5	18.1	18.9	19.9
人口密度(1k㎡あたり)	39	44	51	58	66	76	85	97	109	123	137

指　標	1960-1965	1965-1970	1970-1975	1975-1980	1980-1985	1985-1990	1990-1995	1995-2000	2000-2005	2005-2010	2010-2015
年平均人口増加数(千人)	120	139	163	176	200	208	240	266	299	310	322
年平均出生数(千人)	204	227	258	294	327	338	369	397	413	415	430
年平均死亡数(千人)	80	80	79	81	83	80	78	75	74	78	84
人口増加率(％)	2.72	2.74	2.80	2.64	2.63	2.41	2.46	2.42	2.41	2.22	2.08
粗出生率(人口千人あたり)	46.0	44.8	44.3	44.0	42.9	39.2	37.8	36.0	33.2	29.7	27.7
粗死亡率(人口千人あたり)	18.0	15.8	13.5	12.2	10.9	9.3	7.9	6.8	5.9	5.6	5.4
合計出生率(女子１人あたり)	6.50	6.30	6.20	6.20	6.10	5.50	5.15	4.70	4.16	3.61	3.30
純再生産率(女子１人あたり)	2.18	2.24	2.34	2.43	2.47	2.32	2.25	2.10	1.89	1.66	1.53
乳児死亡率(出生千人あたり)	127	116	102	91	79	67	55	46	39	30	23
出生時の平均余命(歳)											
男	46.2	49.0	52.4	54.4	56.1	58.3	60.5	62.9	65.5	66.7	67.9
女	47.9	51.3	55.4	58.0	60.6	63.7	66.8	70.0	72.5	73.8	75.0
男女計	47.0	50.1	53.8	56.1	58.3	60.9	63.6	66.4	69.0	70.3	71.5

B. 中 位 予 測 値

指　標	2015	2020	2025	2030	2035	2040	2045	2050	2055	2060
人口(千人)										
総数	16 343	18 015	19 720	21 424	23 103	24 730	26 287	27 754	29 112	30 337
男	7 993	8 822	9 668	10 515	11 352	12 165	12 949	13 691	14 382	15 012
女	8 350	9 193	10 052	10 909	11 752	12 564	13 338	14 063	14 730	15 324
性比(女100につき男)	95.7	96.0	96.2	96.4	96.6	96.8	97.1	97.4	97.6	98.0
年齢分布(％)										
０－４歳	12.8	12.0	11.2	10.5	9.8	9.1	8.6	8.0	7.6	7.1
５－14歳	23.8	22.4	21.3	20.3	19.2	18.1	17.0	16.1	15.3	14.5
15－24歳	20.7	20.3	19.3	18.5	18.0	17.4	16.7	15.9	15.2	14.6
60歳以上	7.0	7.4	7.9	8.6	9.6	10.9	12.6	14.2	16.2	18.2
65歳以上	4.8	5.2	5.5	6.0	6.6	7.5	8.7	10.1	11.6	13.2
80歳以上	1.0	1.1	1.1	1.3	1.5	1.6	1.8	2.1	2.6	3.1
６－11歳	14.4	13.5	12.9	12.2	11.5	10.9	10.2	9.7	9.2	8.7
12－14歳	7.0	6.5	6.2	5.9	5.7	5.4	5.1	4.8	4.6	4.4
15－17歳	6.7	6.4	6.0	5.8	5.6	5.3	5.1	4.8	4.6	4.4
18－23歳	12.2	12.1	11.5	10.9	10.7	10.4	10.0	9.5	9.1	8.8
15－24歳女子(％)	51.3	52.3	52.6	52.6	52.2	51.8	51.0	49.9	48.7	47.8
中位数年齢(歳)	21.2	22.6	24.0	25.5	26.9	28.4	29.9	31.5	33.0	34.5
人口密度(1k㎡あたり)	153	168	184	200	216	231	245	259	272	283

指　標	2010-2015	2015-2020	2020-2025	2025-2030	2030-2035	2035-2040	2040-2045	2045-2050	2050-2055	2055-2060
年平均人口増加数(千人)	322	334	341	341	336	325	311	294	272	245
年平均出生数(千人)	430	444	453	456	457	457	455	451	445	437
年平均死亡数(千人)	84	91	97	105	114	125	136	150	166	185
年平均純移動数(千人)	−24	−19	−14	−10	−7	−7	−7	−7	−7	−7
人口増加率(％)	2.08	1.95	1.81	1.66	1.51	1.36	1.22	1.09	0.96	0.82
粗出生率(人口千人あたり)	27.7	25.8	24.0	22.2	20.5	19.1	17.8	16.7	15.6	14.7
粗死亡率(人口千人あたり)	5.4	5.3	5.2	5.1	5.1	5.2	5.3	5.6	5.9	6.2
純移動率(人口千人あたり)	−1.5	−1.1	−0.8	−0.5	−0.3	−0.3	−0.3	−0.3	−0.2	−0.2
合計出生率（女子１人あたり）	3.30	3.03	2.82	2.64	2.50	2.38	2.28	2.19	2.12	2.05
純再生産率（女子１人あたり）	1.53	1.42	1.32	1.25	1.18	1.13	1.09	1.05	1.01	0.98
乳児死亡率（出生千人あたり）	23	19	16	14	12	10	9	8	7	7
５歳未満の死亡数(出生千人あたり	32	27	23	19	17	15	13	12	11	10
出生時の平均余命(歳)										
男	67.9	69.1	70.2	71.3	72.3	73.4	74.4	75.3	76.4	77.4
女	75.0	76.1	77.2	78.1	78.9	79.6	80.3	81.0	81.6	82.2
男女計	71.5	72.6	73.7	74.7	75.7	76.6	77.4	78.2	79.1	79.9

C. 高位予測値

	2015	2020	2025	2030	2035	2040	2045	2050	2055	2060
人口(千人)										
総数	16 343	18 194	20 213	22 340	24 484	26 653	28 871	31 133	33 411	35 664
男	7 993	8 913	9 920	10 983	12 056	13 147	14 268	15 415	16 575	17 730
女	8 350	9 281	10 293	11 358	12 428	13 506	14 603	15 718	16 836	17 935
性比(女100につき男)	95.7	95.9	96.0	96.1	96.1	96.2	96.4	96.5	96.7	96.9
年齢分布(%)										
0－4歳	12.8	12.9	12.5	11.9	11.1	10.5	10.1	9.8	9.4	9.0
5－14歳	23.8	22.1	21.7	21.6	21.1	20.1	19.0	18.3	17.7	17.2
15－24歳	20.7	20.1	18.9	17.7	17.7	17.9	17.7	17.0	16.3	15.8
60歳以上	7.0	7.3	7.7	8.2	9.0	10.1	11.5	12.7	14.1	15.5
65歳以上	4.8	5.2	5.4	5.7	6.2	6.9	7.9	9.0	10.1	11.3
80歳以上	1.0	1.1	1.1	1.3	1.4	1.5	1.7	1.9	2.2	2.7
15－49歳女子(%)	51.3	51.8	51.4	50.5	50.1	50.0	49.6	48.9	48.2	47.8
中位数年齢(歳)	21.2	22.3	23.3	24.2	25.1	26.0	27.0	28.1	29.2	30.4

	2010-2015	2015-2020	2020-2025	2025-2030	2030-2035	2035-2040	2040-2045	2045-2050	2050-2055	2055-2060
年平均人口増加数(千人)	322	370	404	425	429	434	444	452	456	451
年平均出生数(千人)	430	480	517	543	552	568	590	614	633	647
年平均死亡数(千人)	84	91	99	107	116	127	139	154	171	190
人口増加率(%)	2.08	2.15	2.11	2.00	1.83	1.70	1.60	1.51	1.41	1.31
粗出生率(人口千人あたり)	27.7	27.8	26.9	25.5	23.6	22.2	21.2	20.5	19.6	18.7
粗死亡率(人口千人あたり)	5.4	5.3	5.1	5.0	5.0	5.0	5.0	5.1	5.3	5.5
合計出生率 (女子1人あたり)	3.30	3.28	3.22	3.14	3.00	2.88	2.78	2.69	2.62	2.55
純再生産率 (女子1人あたり)	1.53	1.53	1.51	1.48	1.42	1.37	1.32	1.28	1.25	1.22

D. 低位予測値

	2015	2020	2025	2030	2035	2040	2045	2050	2055	2060
人口(千人)										
総数	16 343	17 836	19 227	20 508	21 728	22 836	23 795	24 578	25 174	25 579
男	7 993	8 731	9 417	10 047	10 650	11 199	11 677	12 070	12 374	12 587
女	8 350	9 106	9 810	10 460	11 078	11 637	12 118	12 507	12 800	12 992
性比(女100につき男)	95.7	95.9	96.0	96.1	96.1	96.2	96.4	96.5	96.7	96.9
年齢分布(%)										
0－4歳	12.8	11.1	9.9	8.9	8.2	7.6	6.9	6.3	5.7	5.2
5－14歳	23.8	22.6	21.0	18.8	17.0	15.7	14.7	13.7	12.6	11.5
15－24歳	20.7	20.5	19.8	19.3	18.3	16.7	15.3	14.4	13.8	13.0
60歳以上	7.0	7.4	8.1	8.9	10.2	11.8	13.9	16.1	18.7	21.6
65歳以上	4.8	5.3	5.7	6.3	7.0	8.1	9.6	11.5	13.4	15.7
80歳以上	1.0	1.1	1.2	1.4	1.6	1.8	2.0	2.4	3.0	3.7
15－49歳女子(%)	51.3	52.8	53.9	54.8	54.6	53.9	52.4	50.7	48.9	47.0
中位数年齢(歳)	21.2	22.8	24.7	26.7	28.7	30.8	33.0	35.3	37.6	39.7

	2010-2015	2015-2020	2020-2025	2025-2030	2030-2035	2035-2040	2040-2045	2045-2050	2050-2055	2055-2060
年平均人口増加数(千人)	322	299	278	256	244	222	192	156	119	81
年平均出生数(千人)	430	407	388	370	364	351	333	311	289	269
年平均死亡数(千人)	84	90	96	103	112	122	133	147	163	181
人口増加率(%)	2.08	1.75	1.50	1.29	1.16	1.00	0.82	0.65	0.48	0.32
粗出生率(人口千人あたり)	27.7	23.8	21.0	18.6	17.2	15.8	14.3	12.9	11.6	10.6
粗死亡率(人口千人あたり)	5.4	5.3	5.2	5.2	5.3	5.5	5.7	6.1	6.5	7.1
合計出生率 (女子1人あたり)	3.30	2.78	2.42	2.14	2.00	1.88	1.78	1.69	1.62	1.55
純再生産率 (女子1人あたり)	1.53	1.30	1.14	1.01	0.95	0.89	0.85	0.81	0.77	0.74

E. 出生力一定予測値

	2015	2020	2025	2030	2035	2040	2045	2050	2055	2060
人口(千人)										
総数	16 343	18 200	20 276	22 530	24 941	27 525	30 322	33 355	36 639	40 175
男	7 993	8 916	9 952	11 079	12 290	13 592	15 009	16 550	18 225	20 035
女	8 350	9 284	10 324	11 451	12 651	13 932	15 313	16 805	18 414	20 140
中位数年齢(歳)	21.2	22.3	23.3	24.0	24.5	24.9	25.4	26.0	26.4	26.8

	2010-2015	2015-2020	2020-2025	2025-2030	2030-2035	2035-2040	2040-2045	2045-2050	2050-2055	2055-2060
人口増加率(%)	2.08	2.15	2.16	2.11	2.03	1.97	1.94	1.91	1.88	1.84
粗出生率(人口千人あたり)	27.7	27.9	27.5	26.6	25.6	24.9	24.5	24.2	23.9	23.6
粗死亡率(人口千人あたり)	5.4	5.3	5.1	5.0	4.9	4.9	4.9	4.9	5.0	5.1

Guinea

A. 推計値

指標	1960	1965	1970	1975	1980	1985	1990	1995	2000	2005	2010
人口(千人)											
総数	3 577	3 878	4 215	4 360	4 507	5 079	6 034	7 863	8 799	9 669	11 012
男	1 770	1 914	2 079	2 149	2 222	2 507	2 984	3 900	4 382	4 833	5 513
女	1 808	1 963	2 136	2 211	2 285	2 572	3 050	3 963	4 418	4 836	5 500
性比(女100につき男)	97.9	97.5	97.3	97.2	97.2	97.4	97.8	98.4	99.2	99.9	100.2
年齢分布(%)											
0－4歳	16.6	16.4	16.2	16.6	17.3	17.7	17.9	17.8	17.5	17.1	16.6
5－14歳	23.8	25.2	24.9	24.5	24.5	25.2	25.9	26.4	26.8	26.9	26.7
15－24歳	17.9	17.5	18.6	19.5	18.9	18.2	17.9	18.3	18.8	19.3	19.7
60歳以上	5.7	5.4	5.3	5.4	5.5	5.5	5.6	5.6	5.4	5.1	4.9
65歳以上	3.4	3.2	3.1	3.1	3.2	3.3	3.5	3.5	3.4	3.2	3.1
80歳以上	0.3	0.2	0.2	0.2	0.2	0.2	0.2	0.3	0.3	0.3	0.3
15－49歳女子(%)	47.5	46.4	46.8	46.8	46.3	45.4	44.7	44.6	45.0	45.3	45.9
中位数年齢(歳)	20.1	19.6	19.2	19.3	19.1	18.7	18.2	17.9	17.8	17.8	18.1
人口密度(1km²あたり)	15	16	17	18	18	21	25	32	36	39	45

指標	1960-1965	1965-1970	1970-1975	1975-1980	1980-1985	1985-1990	1990-1995	1995-2000	2000-2005	2005-2010	2010-2015
年平均人口増加数(千人)	60	68	29	29	114	191	366	187	174	269	319
年平均出生数(千人)	170	182	196	208	227	261	318	365	386	411	444
年平均死亡数(千人)	107	111	113	108	105	103	112	128	138	131	123
人口増加率(%)	1.61	1.67	0.67	0.66	2.39	3.45	5.30	2.25	1.89	2.60	2.71
粗出生率(人口千人あたり)	45.6	45.0	45.8	46.9	47.4	47.0	45.8	43.8	41.8	39.7	37.6
粗死亡率(人口千人あたり)	28.7	27.5	26.3	24.3	21.9	18.5	16.1	15.4	15.0	12.7	10.4
合計出生率(女子1人あたり)	6.15	6.18	6.29	6.45	6.59	6.63	6.51	6.24	5.91	5.54	5.13
純再生産率(女子1人あたり)	1.67	1.70	1.78	1.92	2.08	2.26	2.34	2.26	2.16	2.13	2.09
乳児死亡率(出生千人あたり)	195	192	186	171	157	142	128	112	95	81	59
出生時の平均余命(歳)											
男	34.3	35.1	36.2	38.7	41.9	46.8	50.5	51.4	51.3	53.8	57.6
女	36.5	37.3	38.7	41.1	44.3	49.0	52.0	51.8	51.3	55.2	58.5
男女計	35.4	36.1	37.4	39.9	43.1	47.9	51.3	51.6	51.3	54.5	58.0

B. 中位予測値

指標	2015	2020	2025	2030	2035	2040	2045	2050	2055	2060
人口(千人)										
総数	12 609	14 355	16 246	18 276	20 433	22 700	25 060	27 486	29 947	32 411
男	6 322	7 206	8 162	9 185	10 271	11 411	12 594	13 805	15 031	16 256
女	6 286	7 149	8 085	9 091	10 161	11 289	12 466	13 681	14 916	16 155
性比(女100につき男)	100.6	100.8	101.0	101.0	101.1	101.1	101.0	100.9	100.8	100.6
年齢分布(%)										
0－4歳	16.2	15.4	14.7	13.9	13.3	12.6	11.9	11.3	10.7	10.1
5－14歳	26.3	26.0	25.4	24.5	23.6	22.8	21.9	21.0	20.2	19.3
15－24歳	19.9	19.9	19.9	20.0	19.9	19.5	19.0	18.6	18.2	17.7
60歳以上	5.1	5.3	5.4	5.6	5.8	6.2	6.8	7.6	8.5	9.5
65歳以上	3.1	3.3	3.4	3.6	3.7	3.9	4.3	4.8	5.4	6.2
80歳以上	0.3	0.3	0.3	0.3	0.4	0.4	0.5	0.5	0.6	0.8
6－11歳	16.2	16.0	15.5	15.0	14.4	13.8	13.3	12.8	12.2	11.7
12－14歳	7.2	7.1	7.1	6.9	6.7	6.5	6.3	6.1	5.9	5.7
15－17歳	6.6	6.6	6.6	6.5	6.4	6.2	6.0	5.9	5.7	5.5
18－23歳	11.5	11.6	11.6	11.7	11.7	11.5	11.2	11.0	10.8	10.5
15－24歳女子(%)	46.6	47.6	48.8	49.9	50.8	51.5	51.9	52.1	52.1	51.9
中位数年齢(歳)	18.5	19.0	19.7	20.5	21.4	22.4	23.4	24.5	25.6	26.7
人口密度(1km²あたり)	51	58	66	74	83	92	102	112	122	132

指標	2010-2015	2015-2020	2020-2025	2025-2030	2030-2035	2035-2040	2040-2045	2045-2050	2050-2055	2055-2060
年平均人口増加数(千人)	319	349	378	406	431	454	472	485	492	493
年平均出生数(千人)	444	475	506	535	563	589	612	634	651	666
年平均死亡数(千人)	123	124	125	127	129	133	138	146	157	171
年平均純移動数(千人)	−2	−2	−2	−2	−2	−2	−2	−2	−2	−2
人口増加率(%)	2.71	2.59	2.48	2.35	2.23	2.11	1.98	1.85	1.72	1.58
粗出生率(人口千人あたり)	37.6	35.2	33.0	31.0	29.1	27.3	25.6	24.1	22.7	21.4
粗死亡率(人口千人あたり)	10.4	9.2	8.2	7.4	6.7	6.2	5.8	5.6	5.5	5.5
純移動率(人口千人あたり)	−0.2	−0.1	−0.1	−0.1	−0.1	−0.1	−0.1	−0.1	−0.1	−0.1
合計出生率(女子1人あたり)	5.13	4.73	4.36	4.02	3.72	3.46	3.23	3.04	2.88	2.74
純再生産率(女子1人あたり)	2.09	1.98	1.88	1.77	1.67	1.59	1.50	1.43	1.37	1.31
乳児死亡率(出生千人あたり)	59	50	43	36	29	23	18	14	12	10
5歳未満の死亡数(出生千人あたり	101	86	73	61	48	38	30	23	19	16
出生時の平均余命(歳)										
男	57.6	59.6	61.5	63.4	65.2	66.7	68.2	69.5	70.7	71.8
女	58.5	60.7	62.8	64.9	66.8	68.7	70.3	71.9	73.2	74.4
男女計	58.0	60.2	62.2	64.1	66.0	67.7	69.3	70.7	71.9	73.1

C. 高位予測値

	2015	2020	2025	2030	2035	2040	2045	2050	2055	2060
人口(千人)										
総数	12 609	14 472	16 580	18 921	21 450	24 184	27 136	30 306	33 670	37 201
男	6 322	7 265	8 330	9 510	10 785	12 160	13 643	15 231	16 914	18 677
女	6 286	7 207	8 250	9 410	10 665	12 024	13 493	15 075	16 756	18 524
性比(女100につき男)	100.6	100.8	100.9	101.0	101.0	101.0	100.9	100.8	100.6	100.4
年齢分布(%)										
0－4歳	16.2	16.1	15.7	15.1	14.4	13.8	13.2	12.7	12.2	11.7
5－14歳	26.3	25.8	25.6	25.4	25.0	24.2	23.3	22.6	22.0	21.3
15－24歳	19.9	19.8	19.5	19.3	19.4	19.6	19.5	19.1	18.7	18.3
60歳以上	5.1	5.2	5.3	5.4	5.5	5.8	6.3	6.9	7.6	8.3
65歳以上	3.1	3.2	3.4	3.4	3.5	3.7	4.0	4.3	4.8	5.4
80歳以上	0.3	0.3	0.3	0.3	0.4	0.4	0.4	0.5	0.5	0.7
15－49歳女子(%)	46.6	47.3	47.8	48.2	48.9	49.6	50.2	50.5	50.7	50.7
中位数年齢(歳)	18.5	18.8	19.2	19.6	20.1	20.9	21.7	22.6	23.4	24.2

	2010-2015	2015-2020	2020-2025	2025-2030	2030-2035	2035-2040	2040-2045	2045-2050	2050-2055	2055-2060
年平均人口増加数(千人)	319	373	422	468	506	547	590	634	673	706
年平均出生数(千人)	444	500	552	601	642	687	736	787	837	885
年平均死亡数(千人)	123	125	128	131	134	138	143	151	162	177
人口増加率(%)	2.71	2.76	2.72	2.64	2.51	2.40	2.30	2.21	2.11	1.99
粗出生率(人口千人あたり)	37.6	36.9	35.5	33.9	31.8	30.1	28.7	27.4	26.2	25.0
粗死亡率(人口千人あたり)	10.4	9.3	8.3	7.4	6.6	6.0	5.6	5.3	5.1	5.0
合計出生率（女子1人あたり）	5.13	4.98	4.76	4.52	4.22	3.96	3.73	3.54	3.38	3.24
純再生産率（女子1人あたり）	2.09	2.09	2.05	1.99	1.90	1.81	1.74	1.67	1.60	1.55

D. 低位予測値

	2015	2020	2025	2030	2035	2040	2045	2050	2055	2060
人口(千人)										
総数	12 609	14 238	15 913	17 631	19 419	21 236	23 040	24 792	26 457	28 010
男	6 322	7 147	7 994	8 860	9 760	10 671	11 573	12 443	13 267	14 031
女	6 286	7 091	7 920	8 771	9 659	10 564	11 467	12 349	13 190	13 978
性比(女100につき男)	100.6	100.8	100.9	101.0	101.0	101.0	100.9	100.8	100.6	100.4
年齢分布(%)										
0－4歳	16.2	14.7	13.6	12.7	12.0	11.3	10.5	9.8	9.1	8.4
5－14歳	26.3	26.2	25.2	23.6	22.2	21.1	20.2	19.2	18.2	17.1
15－24歳	19.9	20.1	20.4	20.7	20.3	19.3	18.5	17.9	17.5	16.9
60歳以上	5.1	5.3	5.5	5.8	6.1	6.6	7.4	8.4	9.6	11.0
65歳以上	3.1	3.3	3.5	3.7	3.9	4.2	4.7	5.3	6.2	7.2
80歳以上	0.3	0.3	0.3	0.3	0.4	0.5	0.5	0.6	0.7	0.9
15－49歳女子(%)	46.6	48.0	49.8	51.7	52.9	53.5	53.7	53.7	53.5	52.9
中位数年齢(歳)	18.5	19.2	20.2	21.4	22.7	24.1	25.4	26.8	28.3	29.7

	2010-2015	2015-2020	2020-2025	2025-2030	2030-2035	2035-2040	2040-2045	2045-2050	2050-2055	2055-2060
年平均人口増加数(千人)	319	326	335	344	358	363	361	351	333	310
年平均出生数(千人)	444	450	459	469	485	494	497	494	487	478
年平均死亡数(千人)	123	122	122	123	125	129	134	141	152	165
人口増加率(%)	2.71	2.43	2.23	2.05	1.93	1.79	1.63	1.47	1.30	1.14
粗出生率(人口千人あたり)	37.6	33.5	30.5	27.9	26.2	24.3	22.4	20.7	19.0	17.5
粗死亡率(人口千人あたり)	10.4	9.1	8.1	7.3	6.8	6.3	6.0	5.9	5.9	6.1
合計出生率（女子1人あたり）	5.13	4.48	3.96	3.52	3.22	2.96	2.73	2.54	2.38	2.24
純再生産率（女子1人あたり）	2.09	1.88	1.70	1.55	1.45	1.36	1.27	1.20	1.13	1.07

E. 出生力一定予測値

	2015	2020	2025	2030	2035	2040	2045	2050	2055	2060
人口(千人)										
総数	12 609	14 546	16 862	19 596	22 814	26 615	31 123	36 474	42 814	50 310
男	6 322	7 303	8 472	9 851	11 473	13 389	15 660	18 352	21 540	25 310
女	6 286	7 243	8 390	9 745	11 340	13 226	15 464	18 122	21 273	25 001
中位数年齢(歳)	18.5	18.7	18.8	18.7	18.6	18.6	18.6	18.6	18.6	18.6

	2010-2015	2015-2020	2020-2025	2025-2030	2030-2035	2035-2040	2040-2045	2045-2050	2050-2055	2055-2060
人口増加率(%)	2.71	2.86	2.96	3.01	3.04	3.08	3.13	3.17	3.21	3.23
粗出生率(人口千人あたり)	37.6	38.0	38.0	37.6	37.1	36.8	36.6	36.6	36.5	36.4
粗死亡率(人口千人あたり)	10.4	9.3	8.4	7.5	6.6	5.9	5.3	4.8	4.5	4.2

Guinea-Bissau

A. 推計値

指　標	1960	1965	1970	1975	1980	1985	1990	1995	2000	2005	2010
人口(千人)											
総数	616	653	712	778	850	945	1 056	1 181	1 315	1 463	1 634
男	304	322	351	384	420	466	521	583	650	725	811
女	312	331	361	395	430	479	535	598	665	737	823
性比(女100につき男)	97.4	97.3	97.3	97.3	97.5	97.5	97.4	97.4	97.7	98.4	98.6
年齢分布(%)											
０－４歳	15.9	15.7	15.9	16.6	17.3	18.3	18.0	17.5	16.7	16.2	15.9
５－14歳	24.4	25.0	24.2	24.1	24.6	25.3	26.6	27.3	27.0	26.3	25.6
15－24歳	17.2	17.9	19.0	19.2	18.2	17.7	17.8	18.4	19.6	20.4	20.3
60歳以上	5.1	5.1	5.6	6.1	6.4	6.3	6.0	5.5	5.1	5.0	5.0
65歳以上	2.9	3.0	3.1	3.5	3.8	3.9	3.9	3.6	3.4	3.1	3.1
80歳以上	0.2	0.2	0.2	0.2	0.2	0.2	0.3	0.3	0.3	0.3	0.3
15－49歳女子(%)	47.5	46.3	46.3	45.7	45.0	44.2	44.0	44.3	45.7	46.6	47.6
中位数年齢(歳)	20.1	19.9	19.7	19.7	19.2	18.4	17.8	17.6	17.9	18.4	18.9
人口密度(1k㎡あたり)	22	23	25	28	30	34	38	42	47	52	58

指　標	1960-1965	1965-1970	1970-1975	1975-1980	1980-1985	1985-1990	1990-1995	1995-2000	2000-2005	2005-2010	2010-2015
年平均人口増加数(千人)	7	12	13	14	19	22	25	27	29	34	42
年平均出生数(千人)	27	29	33	37	43	46	50	52	56	60	66
年平均死亡数(千人)	15	16	16	17	18	18	19	19	20	21	22
人口増加率(%)	1.14	1.74	1.79	1.76	2.12	2.23	2.23	2.16	2.12	2.22	2.42
粗出生率(人口千人あたり)	42.0	42.3	43.6	45.1	47.5	46.2	44.4	41.9	40.1	39.0	37.7
粗死亡率(人口千人あたり)	24.3	22.8	21.7	20.7	19.6	18.4	16.8	15.5	14.6	13.6	12.4
合計出生率(女子１人あたり)	5.95	6.00	6.10	6.25	6.70	6.68	6.50	6.05	5.60	5.23	4.95
純再生産率(女子１人あたり)	1.74	1.83	1.93	2.05	2.29	2.35	2.35	2.21	2.06	1.98	1.93
乳児死亡率(出生千人あたり)	168	159	152	143	135	129	122	115	108	102	92
出生時の平均余命(歳)											
男	37.1	39.1	41.0	43.0	44.7	46.1	47.8	49.4	51.2	51.6	53.0
女	40.2	42.2	44.0	46.0	48.5	50.3	52.2	52.8	52.5	54.5	56.5
男女計	38.6	40.6	42.5	44.5	46.6	48.2	49.9	51.1	51.9	53.0	54.7

B. 中位予測値

指　標	2015	2020	2025	2030	2035	2040	2045	2050	2055	2060
人口(千人)										
総数	1 844	2 068	2 301	2 541	2 789	3 045	3 305	3 564	3 817	4 061
男	916	1 027	1 142	1 261	1 384	1 510	1 638	1 766	1 890	2 009
女	929	1 042	1 159	1 280	1 405	1 535	1 667	1 798	1 927	2 052
性比(女100につき男)	98.6	98.6	98.5	98.5	98.5	98.4	98.3	98.2	98.1	97.9
年齢分布(%)										
０－４歳	15.7	14.9	14.0	13.2	12.6	12.1	11.5	10.9	10.4	9.9
５－14歳	25.1	25.0	24.6	23.7	22.6	21.7	21.0	20.3	19.6	18.8
15－24歳	19.8	19.4	19.4	19.7	19.7	19.2	18.6	18.1	17.8	17.5
60歳以上	5.3	5.4	5.5	5.7	6.1	6.6	7.4	8.3	9.1	9.9
65歳以上	3.2	3.4	3.5	3.6	3.8	4.1	4.5	5.2	5.8	6.5
80歳以上	0.3	0.3	0.3	0.3	0.4	0.4	0.4	0.5	0.6	0.7
６－11歳	15.4	15.4	15.0	14.4	13.7	13.2	12.7	12.3	11.9	11.4
12－14歳	6.9	6.8	6.9	6.8	6.5	6.2	6.0	5.9	5.7	5.5
15－17歳	6.4	6.3	6.4	6.4	6.3	6.0	5.8	5.7	5.6	5.4
18－23歳	11.6	11.3	11.3	11.5	11.6	11.4	11.0	10.7	10.6	10.4
15－24歳女子(%)	48.2	49.0	49.9	50.9	51.5	51.8	51.9	52.0	52.0	51.9
中位数年齢(歳)	19.4	19.9	20.6	21.4	22.4	23.4	24.4	25.4	26.4	27.4
人口密度(1k㎡あたり)	66	74	82	90	99	108	118	127	136	144

指　標	2010-2015	2015-2020	2020-2025	2025-2030	2030-2035	2035-2040	2040-2045	2045-2050	2050-2055	2055-2060
年平均人口増加数(千人)	42	45	47	48	50	51	52	52	51	49
年平均出生数(千人)	66	69	72	74	77	79	82	83	84	85
年平均死亡数(千人)	22	22	23	24	25	26	28	29	31	34
年平均純移動数(千人)	−2	−2	−2	−2	−2	−2	−2	−2	−2	−2
人口増加率(%)	2.42	2.29	2.13	1.98	1.87	1.75	1.64	1.51	1.37	1.24
粗出生率(人口千人あたり)	37.7	35.4	32.8	30.6	28.8	27.2	25.7	24.2	22.8	21.5
粗死亡率(人口千人あたり)	12.4	11.4	10.6	10.0	9.4	9.0	8.7	8.6	8.5	8.6
純移動率(人口千人あたり)	−1.2	−1.0	−0.9	−0.8	−0.8	−0.7	−0.6	−0.6	−0.5	−0.5
合計出生率 (女子１人あたり)	4.95	4.56	4.20	3.89	3.62	3.38	3.18	3.00	2.85	2.71
純再生産率 (女子１人あたり)	1.93	1.82	1.71	1.61	1.53	1.45	1.38	1.32	1.27	1.22
乳児死亡率 (出生千人あたり)	92	82	75	69	62	57	52	47	43	40
５歳未満の死亡数(出生千人あた	152	137	125	115	104	95	86	78	71	65
出生時の平均余命(歳)										
男	53.0	54.4	55.8	57.0	58.3	59.5	60.6	61.6	62.6	63.5
女	56.5	58.0	59.5	60.7	62.1	63.4	64.6	65.7	66.7	67.8
男女計	54.7	56.2	57.6	58.8	60.2	61.4	62.5	63.6	64.6	65.6

C. 高位予測値

	2015	2020	2025	2030	2035	2040	2045	2050	2055	2060
人口(千人)										
総数	1 844	2 085	2 348	2 630	2 926	3 240	3 574	3 926	4 291	4 665
男	916	1 035	1 166	1 305	1 452	1 608	1 773	1 947	2 127	2 311
女	929	1 050	1 183	1 324	1 474	1 632	1 801	1 979	2 164	2 353
性比(女100につき男)	98.6	98.5	98.5	98.4	98.4	98.3	98.1	98.0	97.8	97.6
年齢分布(%)										
0－4歳	15.7	15.6	15.1	14.4	13.7	13.2	12.8	12.4	11.9	11.5
5－14歳	25.1	24.8	24.8	24.6	24.0	23.2	22.4	21.8	21.4	20.9
15－24歳	19.8	19.3	19.1	19.0	19.3	19.4	19.2	18.7	18.3	18.0
60歳以上	5.3	5.4	5.4	5.5	5.8	6.2	6.9	7.5	8.1	8.6
65歳以上	3.2	3.4	3.5	3.5	3.6	3.9	4.2	4.7	5.2	5.6
80歳以上	0.3	0.3	0.3	0.3	0.4	0.4	0.4	0.4	0.5	0.6
15－49歳女子(%)	48.2	48.6	48.9	49.2	49.7	50.1	50.4	50.6	50.7	50.8
中位数年齢(歳)	19.4	19.7	20.0	20.5	21.1	21.8	22.6	23.4	24.1	24.8

	2010-2015	2015-2020	2020-2025	2025-2030	2030-2035	2035-2040	2040-2045	2045-2050	2050-2055	2055-2060
年平均人口増加数(千人)	42	48	53	56	59	63	67	70	73	75
年平均出生数(千人)	66	73	78	84	88	92	98	104	109	113
年平均死亡数(千人)	22	23	24	25	26	28	29	31	34	36
人口増加率(%)	2.42	2.46	2.37	2.27	2.14	2.04	1.96	1.88	1.78	1.67
粗出生率(人口千人あたり)	37.7	37.1	35.4	33.6	31.5	30.0	28.8	27.7	26.4	25.2
粗死亡率(人口千人あたり)	12.4	11.6	10.8	10.1	9.4	9.0	8.6	8.4	8.2	8.1
合計出生率 (女子1人あたり)	4.95	4.81	4.60	4.39	4.12	3.88	3.68	3.50	3.35	3.21
純再生産率 (女子1人あたり)	1.93	1.92	1.88	1.82	1.74	1.66	1.60	1.54	1.49	1.45

D. 低位予測値

	2015	2020	2025	2030	2035	2040	2045	2050	2055	2060
人口(千人)										
総数	1 844	2 051	2 254	2 451	2 652	2 851	3 042	3 217	3 372	3 505
男	916	1 018	1 118	1 216	1 315	1 413	1 507	1 592	1 667	1 731
女	929	1 033	1 136	1 235	1 337	1 438	1 535	1 625	1 705	1 774
性比(女100につき男)	98.6	98.5	98.5	98.4	98.4	98.3	98.1	98.0	97.8	97.6
年齢分布(%)										
0－4歳	15.7	14.2	13.0	12.0	11.4	10.8	10.1	9.4	8.7	8.1
5－14歳	25.1	25.2	24.4	22.7	21.1	20.0	19.3	18.5	17.6	16.5
15－24歳	19.8	19.6	19.9	20.4	20.1	18.9	17.9	17.3	17.1	16.7
60歳以上	5.3	5.5	5.7	5.9	6.4	7.1	8.1	9.2	10.3	11.5
65歳以上	3.2	3.4	3.6	3.8	4.0	4.4	4.9	5.7	6.6	7.5
80歳以上	0.3	0.3	0.3	0.3	0.4	0.4	0.5	0.5	0.6	0.8
15－49歳女子(%)	48.2	49.4	50.9	52.8	53.5	53.7	53.5	53.4	53.3	52.9
中位数年齢(歳)	19.4	20.1	21.1	22.4	23.7	25.1	26.5	27.9	29.2	30.5

	2010-2015	2015-2020	2020-2025	2025-2030	2030-2035	2035-2040	2040-2045	2045-2050	2050-2055	2055-2060
年平均人口増加数(千人)	42	41	40	40	40	40	38	35	31	27
年平均出生数(千人)	66	65	65	64	66	67	66	65	62	60
年平均死亡数(千人)	22	22	22	23	24	25	26	28	29	32
人口増加率(%)	2.42	2.13	1.88	1.68	1.57	1.45	1.30	1.12	0.94	0.78
粗出生率(人口千人あたり)	37.7	33.6	30.1	27.4	25.8	24.2	22.5	20.6	18.9	17.5
粗死亡率(人口千人あたり)	12.4	11.3	10.4	9.8	9.3	9.0	8.8	8.8	8.9	9.2
合計出生率 (女子1人あたり)	4.95	4.31	3.80	3.39	3.12	2.88	2.68	2.50	2.35	2.21
純再生産率 (女子1人あたり)	1.93	1.72	1.55	1.41	1.31	1.23	1.16	1.10	1.04	1.00

E. 出生力一定予測値

	2015	2020	2025	2030	2035	2040	2045	2050	2055	2060
人口(千人)										
総数	1 844	2 093	2 380	2 707	3 082	3 514	4 015	4 597	5 273	6 057
男	916	1 039	1 181	1 344	1 530	1 745	1 994	2 283	2 619	3 009
女	929	1 054	1 198	1 363	1 552	1 769	2 021	2 314	2 654	3 048
中位数年齢(歳)	19.4	19.6	19.7	19.7	19.6	19.7	19.8	19.7	19.7	19.6

	2010-2015	2015-2020	2020-2025	2025-2030	2030-2035	2035-2040	2040-2045	2045-2050	2050-2055	2055-2060
人口増加率(%)	2.42	2.53	2.57	2.58	2.59	2.62	2.67	2.71	2.74	2.77
粗出生率(人口千人あたり)	37.7	37.9	37.5	36.8	36.3	35.9	35.8	35.8	35.7	35.6
粗死亡率(人口千人あたり)	12.4	11.7	11.0	10.3	9.7	9.1	8.7	8.3	7.9	7.6

Guyana

A. 推 計 値

指　標	1960	1965	1970	1975	1980	1985	1990	1995	2000	2005	2010
人口(千人)											
総数	564	650	696	740	787	765	720	727	742	742	753
男	281	324	346	371	389	377	352	357	371	367	376
女	283	326	350	369	398	388	368	369	371	375	377
性比(女100につき男)	99.3	99.4	98.7	100.4	97.8	97.2	95.8	96.7	100.1	97.8	99.7
年齢分布(%)											
０－４歳	17.4	18.3	15.8	16.6	15.5	13.4	12.1	11.7	13.0	11.4	8.7
５－14歳	28.6	29.4	31.0	28.1	27.5	25.9	23.0	23.3	22.8	25.6	25.2
15－24歳	16.8	17.9	19.4	20.7	21.9	21.7	21.7	21.0	18.5	15.1	16.8
60歳以上	5.5	5.4	5.4	5.4	5.4	6.0	6.0	6.6	6.2	6.2	7.0
65歳以上	3.5	3.5	3.6	3.7	3.7	4.2	4.2	4.8	4.2	4.3	4.3
80歳以上	0.5	0.5	0.4	0.5	0.5	0.7	0.9	0.4	0.8	0.7	0.7
15－49歳女子(%)	42.6	41.4	42.6	45.2	46.4	49.7	53.5	52.7	52.5	49.4	49.0
中位数年齢(歳)	17.1	16.1	16.4	17.2	17.9	19.5	21.7	22.0	22.7	23.6	24.5
人口密度(1k㎡あたり)	3	3	4	4	4	4	4	4	4	4	4

指　標	1960-1965	1965-1970	1970-1975	1975-1980	1980-1985	1985-1990	1990-1995	1995-2000	2000-2005	2005-2010	2010-2015
年平均人口増加数(千人)	17	9	9	9	－4	－9	1	3	0	2	3
年平均出生数(千人)	22	24	26	27	27	25	23	20	18	15	14
年平均死亡数(千人)	6	6	6	7	7	7	6	6	6	6	6
人口増加率(%)	2.84	1.34	1.24	1.22	−0.56	−1.21	0.18	0.42	0.01	0.29	0.36
粗出生率(人口千人あたり)	37.0	35.2	35.6	34.9	34.4	33.4	31.6	27.6	23.7	19.8	18.8
粗死亡率(人口千人あたり)	9.3	8.9	8.7	8.6	8.7	9.1	8.6	8.4	7.8	7.7	8.0
合計出生率(女子１人あたり)	5.56	5.28	5.00	4.52	4.11	3.77	3.44	3.12	2.95	2.77	2.60
純再生産率(女子１人あたり)	2.38	2.29	2.19	2.00	1.84	1.69	1.55	1.42	1.35	1.27	1.20
乳児死亡率(出生千人あたり)	62	57	56	54	53	50	45	40	37	34	33
出生時の平均余命(歳)											
男	58.2	59.2	59.5	59.6	59.7	59.7	60.5	61.6	62.6	63.4	64.0
女	63.3	64.1	64.6	65.4	66.1	67.0	67.4	67.8	68.2	68.4	68.6
男女計	60.7	61.6	62.0	62.4	62.8	63.2	63.8	64.6	65.3	65.8	66.3

B. 中 位 予 測 値

指　標	2015	2020	2025	2030	2035	2040	2045	2050	2055	2060
人口(千人)										
総数	767	787	807	821	826	824	816	806	796	783
男	385	397	409	417	420	418	414	409	404	397
女	382	389	398	404	407	406	402	397	392	386
性比(女100につき男)	101.0	102.0	102.8	103.2	103.2	103.1	103.1	103.1	103.0	102.7
年齢分布(%)										
０－４歳	8.8	9.3	9.3	8.6	7.9	7.3	7.0	6.9	6.6	6.3
５－14歳	20.1	16.4	17.0	17.7	17.4	16.2	15.1	14.3	13.9	13.5
15－24歳	21.8	22.4	17.6	14.4	15.4	16.5	16.4	15.4	14.3	13.6
60歳以上	8.3	10.5	12.8	14.9	15.8	15.5	14.7	13.8	15.7	19.7
65歳以上	5.0	6.0	7.8	9.6	11.2	11.8	11.3	10.5	9.8	11.8
80歳以上	0.5	0.7	0.7	0.9	1.1	1.6	2.1	2.4	2.4	2.2
６－11歳	11.2	9.7	10.5	10.8	10.4	9.6	8.9	8.5	8.3	8.1
12－14歳	7.4	5.0	4.7	5.1	5.3	5.1	4.7	4.4	4.2	4.1
15－17歳	7.6	6.3	4.3	4.7	5.1	5.2	4.9	4.5	4.3	4.1
18－23歳	12.7	13.9	11.1	8.2	9.0	9.8	9.9	9.3	8.6	8.1
15－24歳女子(%)	50.8	50.9	48.5	47.9	49.8	52.9	52.3	49.1	46.3	46.4
中位数年齢(歳)	24.7	26.1	27.9	29.9	31.7	32.9	33.3	34.0	35.2	36.8
人口密度(1k㎡あたり)	4	4	4	4	4	4	4	4	4	4

指　標	2010-2015	2015-2020	2020-2025	2025-2030	2030-2035	2035-2040	2040-2045	2045-2050	2050-2055	2055-2060
年平均人口増加数(千人)	3	4	4	3	1	0	－1	－2	－2	－2
年平均出生数(千人)	14	15	16	15	14	13	12	12	11	10
年平均死亡数(千人)	6	7	7	8	9	9	10	10	9	9
年平均純移動数(千人)	−5	−5	−4	−4	−4	−4	−4	−4	−4	−4
人口増加率(%)	0.36	0.51	0.51	0.34	0.13	−0.06	−0.18	−0.25	−0.27	−0.32
粗出生率(人口千人あたり)	18.8	19.9	19.8	18.3	16.6	15.3	14.6	14.2	13.7	13.1
粗死亡率(人口千人あたり)	8.0	8.5	9.2	9.8	10.5	11.2	11.7	11.9	11.8	11.8
純移動率(人口千人あたり)	−7.2	−6.3	−5.5	−5.1	−4.7	−4.7	−4.8	−4.8	−4.6	−4.5
合計出生率（女子１人あたり）	2.60	2.47	2.37	2.27	2.19	2.12	2.05	2.00	1.96	1.92
純再生産率（女子１人あたり）	1.20	1.14	1.10	1.06	1.02	0.99	0.97	0.94	0.93	0.91
乳児死亡率（出生千人あたり）	33	31	29	27	25	24	22	20	19	17
５歳未満の死亡数(出生千人あた	41	38	36	34	32	29	28	26	24	22
出生時の平均余命(歳)										
男	64.0	64.4	64.9	65.2	65.7	66.1	66.5	67.0	67.4	67.9
女	68.6	69.2	69.9	70.5	71.2	71.8	72.5	73.0	73.7	74.3
男女計	66.3	66.8	67.3	67.8	68.3	68.8	69.3	69.8	70.3	70.9

C. 高 位 予 測 値

	2015	2020	2025	2030	2035	2040	2045	2050	2055	2060
人口(千人)										
総数	767	794	828	857	878	893	907	922	939	956
男	385	401	420	435	446	454	460	468	476	484
女	382	393	408	422	432	440	447	454	462	472
性比(女100につき男)	101.0	102.0	102.8	103.2	103.2	103.1	103.2	103.2	103.1	102.9
年齢分布(%)										
0－4歳	8.8	10.2	10.6	10.1	9.2	8.8	8.7	8.7	8.6	8.4
5－14歳	20.1	16.3	17.5	19.4	19.6	18.5	17.3	16.7	16.7	16.7
15－24歳	21.8	22.2	17.2	13.8	15.3	17.4	17.8	16.8	15.7	15.2
60歳以上	8.3	10.4	12.5	14.3	14.8	14.3	13.2	12.1	13.3	16.1
65歳以上	5.0	5.9	7.6	9.2	10.5	10.8	10.2	9.2	8.3	9.6
80歳以上	0.5	0.6	0.7	0.8	1.1	1.5	1.9	2.1	2.0	1.8
15－49歳女子(%)	50.8	50.4	47.3	45.8	47.7	51.0	51.0	48.5	46.6	47.4
中位数年齢(歳)	24.7	25.8	27.3	28.7	29.9	29.4	29.2	29.7	30.7	31.7

	2010-2015	2015-2020	2020-2025	2025-2030	2030-2035	2035-2040	2040-2045	2045-2050	2050-2055	2055-2060
年平均人口増加数(千人)	3	5	7	6	4	3	3	3	3	3
年平均出生数(千人)	14	17	18	18	17	16	16	17	17	17
年平均死亡数(千人)	6	7	7	8	9	9	10	10	10	10
人口増加率(%)	0.36	0.70	0.82	0.70	0.49	0.34	0.30	0.32	0.36	0.36
粗出生率(人口千人あたり)	18.8	21.8	22.8	21.6	19.5	18.4	18.2	18.3	18.1	17.5
粗死亡率(人口千人あたり)	8.0	8.6	9.1	9.6	10.1	10.6	10.8	10.8	10.5	10.1
合計出生率（女子１人あたり）	2.60	2.72	2.77	2.77	2.69	2.62	2.55	2.50	2.46	2.42
純再生産率（女子１人あたり）	1.20	1.26	1.29	1.29	1.26	1.23	1.20	1.18	1.16	1.15

D. 低 位 予 測 値

	2015	2020	2025	2030	2035	2040	2045	2050	2055	2060
人口(千人)										
総数	767	779	787	785	775	756	730	700	667	633
男	385	394	399	398	393	384	371	355	339	321
女	382	386	388	386	381	372	359	344	329	312
性比(女100につき男)	101.0	102.0	102.8	103.2	103.2	103.1	103.2	103.2	103.1	102.9
年齢分布(%)										
0－4歳	8.8	8.4	7.9	7.0	6.4	5.8	5.3	4.9	4.6	4.2
5－14歳	20.1	16.6	16.5	16.0	14.8	13.5	12.5	11.5	10.7	10.0
15－24歳	21.8	22.6	18.0	15.1	15.5	15.3	14.4	13.3	12.3	11.4
60歳以上	8.3	10.6	13.1	15.6	16.8	16.9	16.4	15.9	18.7	24.4
65歳以上	5.0	6.1	8.0	10.0	12.0	12.8	12.7	12.1	11.7	14.6
80歳以上	0.5	0.7	0.7	0.9	1.2	1.8	2.3	2.8	2.9	2.7
15－49歳女子(%)	50.8	51.4	49.7	50.1	52.2	55.0	53.6	49.3	45.1	43.9
中位数年齢(歳)	24.7	26.4	28.5	31.0	33.5	36.0	37.8	39.3	41.3	43.4

	2010-2015	2015-2020	2020-2025	2025-2030	2030-2035	2035-2040	2040-2045	2045-2050	2050-2055	2055-2060
年平均人口増加数(千人)	3	2	2	0	－2	－4	－5	－6	－7	－7
年平均出生数(千人)	14	14	13	12	10	9	8	7	6	6
年平均死亡数(千人)	6	7	7	8	9	9	9	9	9	9
人口増加率(%)	0.36	0.31	0.19	−0.05	−0.26	−0.49	−0.69	−0.85	−0.95	−1.07
粗出生率(人口千人あたり)	18.8	18.0	16.8	14.8	13.4	12.1	11.0	10.2	9.4	8.7
粗死亡率(人口千人あたり)	8.0	8.5	9.2	10.0	10.9	11.9	12.7	13.2	13.5	13.9
合計出生率（女子１人あたり）	2.60	2.22	1.97	1.77	1.69	1.62	1.55	1.50	1.46	1.42
純再生産率（女子１人あたり）	1.20	1.03	0.91	0.83	0.79	0.76	0.73	0.71	0.69	0.67

E. 出生力一定予測値

	2015	2020	2025	2030	2035	2040	2045	2050	2055	2060
人口(千人)										
総数	767	791	819	843	861	875	889	904	922	942
男	385	399	415	428	437	444	451	459	468	477
女	382	391	404	415	424	431	437	445	454	465
中位数年齢(歳)	24.7	26.0	27.5	29.2	30.5	30.3	29.8	30.1	30.8	31.4

	2010-2015	2015-2020	2020-2025	2025-2030	2030-2035	2035-2040	2040-2045	2045-2050	2050-2055	2055-2060
人口増加率(%)	0.36	0.61	0.71	0.58	0.42	0.32	0.30	0.34	0.40	0.43
粗出生率(人口千人あたり)	18.8	20.9	21.7	20.5	19.1	18.5	18.5	18.7	18.7	18.4
粗死亡率(人口千人あたり)	8.0	8.6	9.1	9.7	10.3	10.8	11.0	11.0	10.6	10.2

Haiti

A. 推 計 値

指　標	1960	1965	1970	1975	1980	1985	1990	1995	2000	2005	2010
人口(千人)											
総数	3 866	4 271	4 709	5 140	5 689	6 384	7 100	7 820	8 549	9 263	10 000
男	1 897	2 101	2 318	2 527	2 797	3 142	3 500	3 858	4 221	4 577	4 943
女	1 969	2 170	2 391	2 613	2 892	3 242	3 600	3 962	4 328	4 686	5 056
性比(女100につき男)	96.4	96.8	96.9	96.7	96.7	96.9	97.2	97.4	97.5	97.7	97.8
年齢分布(%)											
0－4歳	16.3	16.5	15.9	15.3	16.1	17.3	16.3	15.2	14.3	13.2	12.5
5－14歳	23.9	25.3	26.0	26.0	25.0	24.9	26.8	27.4	26.1	24.8	23.4
15－24歳	19.0	17.9	18.2	19.4	19.7	19.3	18.4	18.8	20.7	21.7	21.0
60歳以上	5.4	5.7	6.0	6.3	6.3	6.2	6.1	6.1	6.3	6.4	6.5
65歳以上	3.2	3.4	3.7	3.9	4.1	4.1	4.0	4.0	4.1	4.2	4.5
80歳以上	0.4	0.3	0.3	0.3	0.4	0.5	0.5	0.5	0.6	0.6	0.6
15－49歳女子(%)	47.9	46.2	46.0	46.8	47.3	46.4	45.6	46.1	48.4	50.3	51.7
中位数年齢(歳)	19.8	19.4	19.0	19.1	19.1	18.8	18.5	18.5	19.1	20.3	21.6
人口密度(1km²あたり)	140	155	171	187	206	232	258	284	310	336	363

指　標	1960-1965	1965-1970	1970-1975	1975-1980	1980-1985	1985-1990	1990-1995	1995-2000	2000-2005	2005-2010	2010-2015
年平均人口増加数(千人)	81	88	86	110	139	143	144	146	143	147	142
年平均出生数(千人)	177	183	188	217	258	263	265	267	265	268	264
年平均死亡数(千人)	86	84	84	87	94	93	93	92	94	93	92
人口増加率(%)	1.99	1.95	1.75	2.03	2.31	2.13	1.93	1.78	1.61	1.53	1.38
粗出生率(人口千人あたり)	43.6	40.7	38.2	40.0	42.8	39.1	35.5	32.7	29.7	27.8	25.5
粗死亡率(人口千人あたり)	21.1	18.7	17.1	16.1	15.6	13.8	12.4	11.3	10.6	9.7	8.9
合計出生率(女子1人あたり)	6.30	6.00	5.60	5.80	6.21	5.70	5.15	4.62	4.00	3.55	3.13
純再生産率(女子1人あたり)	1.98	2.00	1.94	2.07	2.26	2.15	1.99	1.84	1.62	1.47	1.32
乳児死亡率(出生千人あたり)	172	151	136	132	123	101	86	70	56	52	47
出生時の平均余命(歳)											
男	42.2	44.9	46.8	48.6	50.3	52.3	53.8	55.4	56.5	58.2	60.2
女	44.9	47.6	49.4	51.6	53.0	55.2	57.0	58.9	60.1	62.3	64.4
男女計	43.5	46.2	48.1	50.1	51.6	53.7	55.4	57.1	58.3	60.2	62.3

B. 中 位 予 測 値

指　標	2015	2020	2025	2030	2035	2040	2045	2050	2055	2060
人口(千人)										
総数	10 711	11 378	12 005	12 578	13 090	13 534	13 903	14 189	14 395	14 523
男	5 297	5 624	5 929	6 207	6 453	6 662	6 833	6 960	7 047	7 095
女	5 414	5 754	6 076	6 371	6 637	6 872	7 070	7 229	7 348	7 428
性比(女100につき男)	97.9	97.7	97.6	97.4	97.2	97.0	96.6	96.3	95.9	95.5
年齢分布(%)										
0－4歳	11.6	10.9	10.1	9.4	8.8	8.3	7.8	7.4	7.0	6.7
5－14歳	22.2	21.0	19.9	18.9	17.9	16.9	16.0	15.3	14.6	13.9
15－24歳	20.2	19.4	18.7	18.0	17.4	16.7	16.0	15.3	14.8	14.2
60歳以上	7.1	7.7	8.5	9.3	10.1	11.3	13.3	15.3	17.1	18.9
65歳以上	4.6	5.1	5.6	6.3	6.9	7.6	8.6	10.3	12.0	13.5
80歳以上	0.7	0.8	0.9	1.0	1.1	1.3	1.5	1.7	1.9	2.3
6－11歳	13.4	12.7	12.0	11.4	10.7	10.1	9.6	9.1	8.7	8.3
12－14歳	6.5	6.2	5.9	5.7	5.4	5.1	4.8	4.6	4.4	4.2
15－17歳	6.3	6.0	5.8	5.5	5.3	5.1	4.8	4.6	4.4	4.3
18－23歳	12.0	11.5	11.1	10.8	10.3	10.0	9.6	9.2	8.8	8.5
15－24歳女子(%)	52.7	53.4	54.1	54.1	53.3	52.3	51.3	50.1	49.1	47.9
中位数年齢(歳)	23.0	24.3	25.7	27.2	28.7	30.1	31.6	33.1	34.5	35.8
人口密度(1km²あたり)	389	413	436	456	475	491	504	515	522	527

指　標	2010-2015	2015-2020	2020-2025	2025-2030	2030-2035	2035-2040	2040-2045	2045-2050	2050-2055	2055-2060
年平均人口増加数(千人)	142	133	125	115	102	89	74	57	41	26
年平均出生数(千人)	264	262	256	249	240	233	224	216	207	199
年平均死亡数(千人)	92	94	96	99	103	109	116	124	133	142
年平均純移動数(千人)	−30	−35	−35	−35	−35	−35	−35	−35	−33	−32
人口増加率(%)	1.38	1.21	1.07	0.93	0.80	0.67	0.54	0.41	0.29	0.18
粗出生率(人口千人あたり)	25.5	23.7	21.9	20.2	18.7	17.5	16.4	15.4	14.5	13.7
粗死亡率(人口千人あたり)	8.9	8.5	8.2	8.0	8.0	8.2	8.4	8.8	9.3	9.8
純移動率(人口千人あたり)	−2.9	−3.2	−3.0	−2.8	−2.7	−2.6	−2.6	−2.5	−2.3	−2.2
合計出生率（女子1人あたり）	3.13	2.85	2.63	2.46	2.32	2.21	2.11	2.03	1.97	1.91
純再生産率（女子1人あたり）	1.32	1.22	1.15	1.09	1.04	1.00	0.97	0.94	0.91	0.89
乳児死亡率（出生千人あたり）	47	42	37	33	28	25	22	19	17	15
5歳未満の死亡数(出生千人あたり)	77	68	60	53	46	40	35	30	26	24
出生時の平均余命(歳)										
男	60.2	61.7	63.1	64.3	65.5	66.6	67.5	68.4	69.2	70.0
女	64.4	66.0	67.6	68.9	70.1	71.3	72.4	73.3	74.3	75.2
男女計	62.3	63.9	65.3	66.6	67.8	68.9	69.9	70.8	71.7	72.6

C. 高 位 予 測 値

	2015	2020	2025	2030	2035	2040	2045	2050	2055	2060
人口(千人)										
総数	10 711	11 487	12 297	13 109	13 869	14 588	15 279	15 947	16 595	17 209
男	5 297	5 679	6 078	6 477	6 849	7 199	7 533	7 854	8 166	8 460
女	5 414	5 808	6 219	6 632	7 020	7 390	7 746	8 093	8 429	8 749
性比(女100につき男)	97.9	97.7	97.4	97.2	96.8	96.4	95.9	95.4	94.7	94.0
年齢分布(%)										
0－4歳	11.6	11.7	11.4	10.9	10.2	9.6	9.3	9.0	8.8	8.6
5－14歳	22.2	20.8	20.3	20.3	19.9	19.0	18.0	17.4	16.9	16.6
15－24歳	20.2	19.2	18.2	17.3	17.1	17.5	17.3	16.7	15.9	15.5
60歳以上	7.1	7.6	8.3	8.9	9.5	10.5	12.1	13.6	14.9	15.9
65歳以上	4.6	5.0	5.5	6.0	6.5	7.0	7.8	9.2	10.4	11.4
80歳以上	0.7	0.8	0.9	0.9	1.0	1.2	1.4	1.5	1.7	2.0
15－49歳女子(%)	52.7	52.9	52.9	52.0	51.1	50.5	50.1	49.4	48.8	48.3
中位数年齢(歳)	23.0	24.1	25.0	25.9	26.8	27.7	28.5	29.5	30.4	31.4

	2010-2015	2015-2020	2020-2025	2025-2030	2030-2035	2035-2040	2040-2045	2045-2050	2050-2055	2055-2060
年平均人口増加数(千人)	142	155	162	162	152	144	138	134	130	123
年平均出生数(千人)	264	285	295	299	293	291	292	296	300	301
年平均死亡数(千人)	92	95	98	102	106	112	119	128	137	147
人口増加率(%)	1.38	1.40	1.36	1.28	1.13	1.01	0.93	0.86	0.80	0.73
粗出生率(人口千人あたり)	25.5	25.7	24.8	23.5	21.7	20.4	19.6	19.0	18.4	17.8
粗死亡率(人口千人あたり)	8.9	8.5	8.2	8.0	7.9	7.9	8.0	8.2	8.4	8.7
合計出生率（女子１人あたり）	3.13	3.10	3.03	2.96	2.82	2.71	2.61	2.53	2.47	2.41
純再生産率（女子１人あたり）	1.32	1.33	1.33	1.31	1.27	1.23	1.20	1.17	1.15	1.13

D. 低 位 予 測 値

	2015	2020	2025	2030	2035	2040	2045	2050	2055	2060
人口(千人)										
総数	10 711	11 269	11 712	12 048	12 312	12 491	12 565	12 521	12 365	12 110
男	5 297	5 569	5 780	5 937	6 057	6 132	6 152	6 112	6 015	5 869
女	5 414	5 701	5 932	6 110	6 255	6 359	6 413	6 409	6 350	6 241
性比(女100につき男)	97.9	97.7	97.4	97.2	96.8	96.4	95.9	95.4	94.7	94.0
年齢分布(%)										
0－4歳	11.6	10.0	8.8	7.8	7.3	6.8	6.2	5.7	5.2	4.7
5－14歳	22.2	21.2	19.5	17.4	15.6	14.4	13.6	12.7	11.8	10.9
15－24歳	20.2	19.6	19.2	18.8	17.6	15.8	14.4	13.5	13.0	12.4
60歳以上	7.1	7.7	8.7	9.7	10.7	12.3	14.7	17.4	19.9	22.6
65歳以上	4.6	5.1	5.7	6.5	7.4	8.2	9.5	11.7	14.0	16.2
80歳以上	0.7	0.8	0.9	1.0	1.2	1.4	1.7	1.9	2.2	2.8
15－49歳女子(%)	52.7	53.9	55.4	56.4	55.7	54.3	52.5	50.7	48.8	46.6
中位数年齢(歳)	23.0	24.6	26.4	28.5	30.5	32.7	34.9	37.2	39.5	41.6

	2010-2015	2015-2020	2020-2025	2025-2030	2030-2035	2035-2040	2040-2045	2045-2050	2050-2055	2055-2060
年平均人口増加数(千人)	142	112	89	67	53	36	15	－ 9	－ 31	－ 51
年平均出生数(千人)	264	239	217	198	188	177	162	146	131	118
年平均死亡数(千人)	92	92	93	96	100	106	112	120	129	137
人口増加率(%)	1.38	1.02	0.77	0.57	0.43	0.29	0.12	−0.07	−0.25	−0.42
粗出生率(人口千人あたり)	25.5	21.8	18.9	16.7	15.4	14.2	12.9	11.7	10.5	9.6
粗死亡率(人口千人あたり)	8.9	8.4	8.1	8.1	8.2	8.5	9.0	9.6	10.3	11.2
合計出生率（女子１人あたり）	3.13	2.60	2.23	1.96	1.82	1.71	1.61	1.53	1.47	1.41
純再生産率（女子１人あたり）	1.32	1.12	0.98	0.87	0.82	0.78	0.74	0.71	0.68	0.66

E. 出生力一定予測値

	2015	2020	2025	2030	2035	2040	2045	2050	2055	2060
人口(千人)										
総数	10 711	11 493	12 340	13 226	14 132	15 063	16 036	17 063	18 158	19 326
男	5 297	5 682	6 100	6 537	6 983	7 441	7 918	8 423	8 963	9 539
女	5 414	5 811	6 240	6 689	7 149	7 623	8 117	8 640	9 196	9 787
中位数年齢(歳)	23.0	24.0	24.9	25.6	26.2	26.6	26.9	27.3	27.6	27.8

	2010-2015	2015-2020	2020-2025	2025-2030	2030-2035	2035-2040	2040-2045	2045-2050	2050-2055	2055-2060
人口増加率(%)	1.38	1.41	1.42	1.39	1.33	1.28	1.25	1.24	1.25	1.25
粗出生率(人口千人あたり)	25.5	25.8	25.4	24.6	23.7	23.0	22.6	22.4	22.3	22.2
粗死亡率(人口千人あたり)	8.9	8.5	8.3	8.0	7.9	7.8	7.8	7.9	8.0	8.0

Honduras

A. 推 計 値

指　標	1960	1965	1970	1975	1980	1985	1990	1995	2000	2005	2010
人口(千人)											
総数	2 002	2 353	2 691	3 108	3 636	4 237	4 903	5 591	6 243	6 880	7 504
男	1 007	1 183	1 352	1 561	1 826	2 126	2 459	2 800	3 122	3 440	3 751
女	995	1 170	1 339	1 547	1 810	2 111	2 445	2 791	3 121	3 441	3 753
性比(女100につき男)	101.3	101.1	101.0	100.9	100.9	100.7	100.6	100.3	100.1	100.0	100.0
年齢分布(%)											
０－４歳	19.4	19.2	19.3	18.6	18.5	18.0	17.2	16.5	15.2	13.4	11.6
５－14歳	26.7	27.9	28.4	28.9	28.5	28.2	28.2	27.8	27.2	26.3	24.2
15－24歳	17.7	17.7	18.6	19.5	19.9	20.2	20.1	20.1	20.6	21.1	21.6
60歳以上	5.1	4.9	4.9	4.9	4.8	5.0	5.1	5.4	5.6	5.9	6.3
65歳以上	3.2	3.1	3.1	3.2	3.2	3.2	3.4	3.6	3.9	4.2	4.4
80歳以上	0.4	0.3	0.4	0.4	0.5	0.5	0.5	0.6	0.7	0.8	1.0
15－49歳女子(%)	43.5	42.8	42.5	42.7	43.4	44.3	45.2	46.4	47.8	49.7	52.3
中位数年齢(歳)	17.1	16.5	16.1	16.2	16.4	16.7	17.1	17.6	18.4	19.6	21.3
人口密度(1k㎡あたり)	18	21	24	28	32	38	44	50	56	61	67

指　標	1960-1965	1965-1970	1970-1975	1975-1980	1980-1985	1985-1990	1990-1995	1995-2000	2000-2005	2005-2010	2010-2015
年平均人口増加数(千人)	70	68	83	106	120	133	138	130	127	125	114
年平均出生数(千人)	108	122	133	150	166	180	195	199	192	181	169
年平均死亡数(千人)	40	40	40	38	36	33	33	33	34	36	39
人口増加率(%)	3.22	2.69	2.88	3.14	3.06	2.92	2.63	2.21	1.94	1.74	1.47
粗出生率(人口千人あたり)	49.5	48.4	45.9	44.5	42.3	39.5	37.1	33.7	29.2	25.2	21.7
粗死亡率(人口千人あたり)	18.3	16.0	13.7	11.4	9.2	7.3	6.3	5.6	5.3	5.1	5.0
合計出生率(女子１人あたり)	7.42	7.42	7.05	6.60	6.00	5.37	4.92	4.34	3.63	2.99	2.47
純再生産率(女子１人あたり)	2.59	2.71	2.69	2.64	2.52	2.34	2.19	1.96	1.65	1.37	1.14
乳児死亡率(出生千人あたり)	136	119	104	81	65	53	43	35	31	29	28
出生時の平均余命(歳)											
男	46.3	49.2	52.1	55.6	59.4	63.2	65.4	67.5	68.6	69.6	70.4
女	49.8	53.0	56.2	59.9	63.8	67.7	70.1	72.3	73.4	74.5	75.4
男女計	48.0	51.0	54.1	57.7	61.6	65.4	67.7	69.8	71.0	72.0	72.8

B. 中 位 予 測 値

指　標	2015	2020	2025	2030	2035	2040	2045	2050	2055	2060
人口(千人)										
総数	8 075	8 651	9 212	9 737	10 206	10 607	10 943	11 217	11 429	11 576
男	4 036	4 322	4 600	4 859	5 089	5 286	5 450	5 584	5 689	5 765
女	4 039	4 328	4 612	4 877	5 116	5 321	5 493	5 633	5 740	5 812
性比(女100につき男)	99.9	99.9	99.8	99.6	99.5	99.3	99.2	99.1	99.1	99.2
年齢分布(%)										
０－４歳	10.1	9.5	8.9	8.1	7.4	6.8	6.3	5.9	5.6	5.4
５－14歳	21.7	19.1	17.5	16.6	15.6	14.4	13.3	12.4	11.7	11.2
15－24歳	21.6	20.4	18.5	16.6	15.5	15.0	14.3	13.4	12.6	11.9
60歳以上	7.2	8.2	9.3	10.7	12.3	14.2	16.7	19.5	22.6	25.8
65歳以上	4.9	5.6	6.4	7.4	8.6	10.0	11.7	13.9	16.3	19.1
80歳以上	1.1	1.2	1.3	1.5	1.8	2.2	2.7	3.2	3.9	4.7
６－11歳	12.9	11.3	10.5	10.0	9.3	8.6	7.9	7.4	7.0	6.7
12－14歳	6.7	5.9	5.2	5.0	4.7	4.4	4.1	3.8	3.6	3.4
15－17歳	6.7	6.1	5.4	4.8	4.7	4.5	4.2	3.9	3.7	3.5
18－23歳	12.9	12.3	11.2	10.0	9.2	9.0	8.6	8.1	7.6	7.2
15－24歳女子(%)	54.8	56.0	56.3	55.3	54.0	52.3	50.0	47.5	45.2	43.4
中位数年齢(歳)	23.4	25.5	27.7	29.9	32.1	34.3	36.3	38.2	39.9	41.6
人口密度(1k㎡あたり)	72	77	82	87	91	95	98	100	102	103

指　標	2010-2015	2015-2020	2020-2025	2025-2030	2030-2035	2035-2040	2040-2045	2045-2050	2050-2055	2055-2060
年平均人口増加数(千人)	114	115	112	105	94	80	67	55	42	29
年平均出生数(千人)	169	170	168	162	154	146	140	135	130	126
年平均死亡数(千人)	39	42	46	50	55	61	67	75	83	92
年平均純移動数(千人)	−16	−13	−10	−7	−5	−5	−5	−5	−5	−5
人口増加率(%)	1.47	1.38	1.26	1.11	0.94	0.77	0.62	0.50	0.38	0.26
粗出生率(人口千人あたり)	21.7	20.3	18.8	17.1	15.4	14.0	13.0	12.2	11.5	10.9
粗死亡率(人口千人あたり)	5.0	5.0	5.1	5.3	5.5	5.8	6.3	6.8	7.3	8.0
純移動率(人口千人あたり)	−2.1	−1.5	−1.1	−0.8	−0.5	−0.5	−0.5	−0.5	−0.4	−0.4
合計出生率（女子１人あたり）	2.47	2.25	2.10	1.99	1.90	1.84	1.79	1.76	1.74	1.73
純再生産率（女子１人あたり）	1.14	1.04	0.98	0.93	0.89	0.87	0.85	0.84	0.83	0.82
乳児死亡率（出生千人あたり）	28	24	21	19	17	15	13	12	11	10
５歳未満の死亡数(出生千人あた	40	35	31	27	23	21	19	17	15	14
出生時の平均余命(歳)										
男	70.4	71.4	72.3	73.3	74.2	75.1	76.0	77.0	77.9	79.0
女	75.4	76.4	77.3	78.2	78.9	79.7	80.3	81.0	81.7	82.3
男女計	72.8	73.8	74.8	75.7	76.5	77.4	78.2	79.0	79.8	80.6

C. 高 位 予 測 値

	2015	2020	2025	2030	2035	2040	2045	2050	2055	2060
人口(千人)										
総数	8 075	8 742	9 459	10 182	10 854	11 478	12 072	12 648	13 201	13 719
男	4 036	4 369	4 726	5 086	5 420	5 730	6 026	6 314	6 593	6 858
女	4 039	4 373	4 733	5 095	5 433	5 748	6 046	6 333	6 607	6 861
性比(女100につき男)	99.9	99.8	99.6	99.4	99.2	98.9	98.7	98.5	98.3	98.2
年齢分布(%)										
0－4歳	10.1	10.5	10.3	9.7	8.8	8.2	7.9	7.7	7.5	7.3
5－14歳	21.7	18.9	18.0	18.3	17.9	16.8	15.6	14.8	14.4	14.2
15－24歳	21.6	20.2	18.0	15.9	15.4	16.0	15.9	15.1	14.1	13.5
60歳以上	7.2	8.1	9.1	10.2	11.5	13.2	15.1	17.3	19.6	21.8
65歳以上	4.9	5.5	6.3	7.1	8.1	9.2	10.6	12.3	14.2	16.2
80歳以上	1.1	1.2	1.3	1.4	1.7	2.1	2.4	2.9	3.3	4.0
15－49歳女子(%)	54.8	55.5	54.8	52.9	51.7	50.5	49.0	47.2	45.7	44.7
中位数年齢(歳)	23.4	25.2	27.0	28.6	30.2	31.6	32.7	33.7	34.8	36.0

	2010-2015	2015-2020	2020-2025	2025-2030	2030-2035	2035-2040	2040-2045	2045-2050	2050-2055	2055-2060
年平均人口増加数(千人)	114	133	143	144	134	125	119	115	111	104
年平均出生数(千人)	169	189	200	203	196	192	193	197	200	202
年平均死亡数(千人)	39	43	47	51	56	62	69	77	85	94
人口増加率(%)	1.47	1.59	1.58	1.47	1.28	1.12	1.01	0.93	0.86	0.77
粗出生率(人口千人あたり)	21.7	22.5	22.0	20.7	18.6	17.2	16.4	15.9	15.5	15.0
粗死亡率(人口千人あたり)	5.0	5.1	5.1	5.2	5.3	5.5	5.9	6.2	6.6	7.0
合計出生率 (女子1人あたり)	2.47	2.50	2.50	2.49	2.40	2.34	2.29	2.26	2.24	2.23
純再生産率 (女子1人あたり)	1.14	1.16	1.16	1.16	1.13	1.10	1.08	1.07	1.07	1.06

D. 低 位 予 測 値

	2015	2020	2025	2030	2035	2040	2045	2050	2055	2060
人口(千人)										
総数	8 075	8 559	8 966	9 292	9 560	9 751	9 859	9 883	9 826	9 693
男	4 036	4 275	4 475	4 632	4 760	4 849	4 897	4 904	4 871	4 803
女	4 039	4 284	4 491	4 660	4 800	4 902	4 962	4 979	4 955	4 890
性比(女100につき男)	99.9	99.8	99.6	99.4	99.2	98.9	98.7	98.5	98.3	98.2
年齢分布(%)										
0－4歳	10.1	8.5	7.4	6.4	5.8	5.2	4.6	4.2	3.8	3.5
5－14歳	21.7	19.3	17.0	14.8	12.9	11.6	10.6	9.6	8.7	8.0
15－24歳	21.6	20.6	19.0	17.4	15.6	13.8	12.3	11.2	10.4	9.6
60歳以上	7.2	8.3	9.6	11.2	13.1	15.5	18.5	22.1	26.3	30.8
65歳以上	4.9	5.6	6.6	7.8	9.2	10.8	13.0	15.7	19.0	22.9
80歳以上	1.1	1.2	1.3	1.6	2.0	2.4	3.0	3.7	4.5	5.6
15－49歳女子(%)	54.8	56.6	57.8	57.9	56.6	54.3	51.0	47.5	44.0	40.8
中位数年齢(歳)	23.4	25.8	28.4	31.2	34.0	36.9	39.7	42.5	45.3	47.9

	2010-2015	2015-2020	2020-2025	2025-2030	2030-2035	2035-2040	2040-2045	2045-2050	2050-2055	2055-2060
年平均人口増加数(千人)	114	97	81	65	54	38	22	5	− 11	− 27
年平均出生数(千人)	169	151	136	121	113	103	93	83	75	68
年平均死亡数(千人)	39	42	45	49	54	60	66	73	81	90
人口増加率(%)	1.47	1.16	0.93	0.72	0.57	0.40	0.22	0.05	−0.12	−0.27
粗出生率(人口千人あたり)	21.7	18.2	15.5	13.3	11.9	10.7	9.5	8.5	7.6	7.0
粗死亡率(人口千人あたり)	5.0	5.0	5.1	5.3	5.7	6.2	6.8	7.4	8.3	9.2
合計出生率 (女子1人あたり)	2.47	2.00	1.70	1.49	1.40	1.34	1.29	1.26	1.24	1.23
純再生産率 (女子1人あたり)	1.14	0.93	0.79	0.70	0.66	0.63	0.61	0.60	0.59	0.59

E. 出生力一定予測値

	2015	2020	2025	2030	2035	2040	2045	2050	2055	2060
人口(千人)										
総数	8 075	8 728	9 431	10 143	10 840	11 516	12 184	12 847	13 502	14 143
男	4 036	4 362	4 712	5 066	5 413	5 750	6 083	6 416	6 747	7 075
女	4 039	4 367	4 719	5 076	5 427	5 766	6 101	6 431	6 754	7 068
中位数年齢(歳)	23.4	25.3	27.1	28.7	30.2	31.5	32.3	33.1	33.9	34.7

	2010-2015	2015-2020	2020-2025	2025-2030	2030-2035	2035-2040	2040-2045	2045-2050	2050-2055	2055-2060
人口増加率(%)	1.47	1.56	1.55	1.46	1.33	1.21	1.13	1.06	0.99	0.93
粗出生率(人口千人あたり)	21.7	22.1	21.7	20.5	19.1	18.1	17.5	17.1	16.8	16.4
粗死亡率(人口千人あたり)	5.0	5.1	5.1	5.2	5.4	5.6	5.8	6.1	6.5	6.8

Hungary

A. 推 計 値

指　標	1960	1965	1970	1975	1980	1985	1990	1995	2000	2005	2010
人口(千人)											
総数	10 001	10 170	10 346	10 541	10 759	10 573	10 385	10 352	10 224	10 096	10 015
男	4 822	4 919	5 014	5 113	5 217	5 101	4 988	4 946	4 865	4 792	4 757
女	5 179	5 251	5 331	5 429	5 542	5 472	5 397	5 406	5 359	5 304	5 258
性比(女100につき男)	93.1	93.7	94.0	94.2	94.1	93.2	92.4	91.5	90.8	90.4	90.5
年齢分布(%)											
０－４歳	8.2	6.3	6.9	7.3	8.2	6.1	5.9	5.8	4.8	4.7	4.9
５－14歳	17.2	17.1	14.0	12.8	13.8	15.6	14.5	12.3	12.0	10.8	9.7
15－24歳	14.3	15.1	16.5	16.4	13.4	12.5	14.1	15.7	14.9	12.9	12.5
60歳以上	13.9	15.7	17.2	18.6	17.0	18.3	19.1	19.7	20.3	21.4	22.6
65歳以上	9.0	10.3	11.6	12.7	13.6	12.1	13.5	14.3	15.1	15.7	16.7
80歳以上	1.1	1.3	1.5	1.7	2.0	2.2	2.6	3.0	2.5	3.5	4.0
15－49歳女子(%)	48.2	47.3	50.5	49.0	46.5	46.1	46.9	48.1	47.8	46.2	45.3
中位数年齢(歳)	32.2	33.5	34.2	34.4	34.4	35.1	36.4	37.5	38.6	39.1	39.9
人口密度(1k㎡あたり)	110	112	114	116	119	117	115	114	113	112	111

指　標	1960-1965	1965-1970	1970-1975	1975-1980	1980-1985	1985-1990	1990-1995	1995-2000	2000-2005	2005-2010	2010-2015
年平均人口増加数(千人)	34	35	39	44	− 37	− 38	− 7	− 26	− 26	− 16	− 32
年平均出生数(千人)	136	149	162	170	135	128	121	100	95	97	93
年平均死亡数(千人)	103	112	122	137	148	146	147	141	134	132	131
人口増加率(%)	0.34	0.34	0.38	0.41	−0.35	−0.36	−0.06	−0.25	−0.25	−0.16	−0.32
粗出生率(人口千人あたり)	13.5	14.5	15.5	16.0	12.7	12.3	11.7	9.7	9.4	9.6	9.3
粗死亡率(人口千人あたり)	10.2	10.9	11.7	12.8	13.9	13.9	14.2	13.7	13.2	13.2	13.2
合計出生率(女子１人あたり)	1.86	1.99	2.06	2.13	1.82	1.86	1.74	1.38	1.30	1.33	1.34
純再生産率(女子１人あたり)	0.86	0.92	0.96	1.00	0.86	0.88	0.83	0.66	0.62	0.64	0.64
乳児死亡率(出生千人あたり)	43	37	36	26	20	17	13	10	7	6	5
出生時の平均余命(歳)											
男	66.5	66.8	66.8	66.3	65.3	65.4	65.0	66.5	68.4	69.7	71.2
女	71.0	72.0	72.4	72.9	73.0	73.6	74.1	75.4	76.8	77.9	78.5
男女計	68.8	69.5	69.6	69.6	69.1	69.4	69.4	70.9	72.6	73.8	75.0

B. 中 位 予 測 値

指　標	2015	2020	2025	2030	2035	2040	2045	2050	2055	2060
人口(千人)										
総数	9 855	9 685	9 492	9 275	9 032	8 784	8 546	8 318	8 095	7 865
男	4 691	4 622	4 540	4 446	4 339	4 231	4 128	4 030	3 932	3 830
女	5 164	5 063	4 952	4 829	4 693	4 553	4 417	4 288	4 163	4 035
性比(女100につき男)	90.8	91.3	91.7	92.1	92.5	92.9	93.5	94.0	94.4	94.9
年齢分布(%)										
０－４歳	4.7	4.7	4.6	4.5	4.4	4.4	4.5	4.6	4.6	4.6
５－14歳	9.9	9.9	9.7	9.7	9.4	9.2	9.1	9.3	9.4	9.6
15－24歳	11.2	10.2	10.3	10.4	10.3	10.3	10.1	9.9	9.8	9.9
60歳以上	24.9	26.3	26.6	27.6	29.4	32.3	33.5	34.6	35.3	35.1
65歳以上	17.8	19.9	21.2	21.3	22.1	23.7	26.4	27.6	28.5	29.1
80歳以上	4.4	4.6	5.1	5.6	6.7	7.2	7.0	7.4	8.5	10.2
６－11歳	5.9	5.9	5.8	5.8	5.6	5.5	5.4	5.5	5.6	5.7
12－14歳	2.9	3.1	3.0	3.0	2.9	2.9	2.8	2.8	2.9	2.9
15－17歳	2.9	3.0	3.1	3.0	3.0	3.0	2.9	2.8	2.9	2.9
18－23歳	7.0	6.1	6.2	6.3	6.2	6.3	6.1	6.0	5.9	6.0
15－24歳女子(%)	45.0	44.0	42.4	39.7	38.6	37.6	36.8	36.7	36.7	36.6
中位数年齢(歳)	41.3	42.9	44.7	45.7	46.7	47.5	47.9	47.8	47.8	47.8
人口密度(1k㎡あたり)	109	107	105	102	100	97	94	92	89	87

指　標	2010-2015	2015-2020	2020-2025	2025-2030	2030-2035	2035-2040	2040-2045	2045-2050	2050-2055	2055-2060
年平均人口増加数(千人)	− 32	− 34	− 39	− 44	− 49	− 50	− 48	− 45	− 45	− 46
年平均出生数(千人)	93	91	87	83	79	77	77	76	74	72
年平均死亡数(千人)	131	131	132	132	133	133	130	127	125	124
年平均純移動数(千人)	6	6	6	6	6	6	6	6	6	5
人口増加率(%)	−0.32	−0.35	−0.40	−0.46	−0.53	−0.56	−0.55	−0.54	−0.54	−0.58
粗出生率(人口千人あたり)	9.3	9.4	9.1	8.8	8.6	8.7	8.8	9.0	9.0	9.0
粗死亡率(人口千人あたり)	13.2	13.5	13.8	14.1	14.6	14.9	15.1	15.1	15.2	15.5
純移動率(人口千人あたり)	0.6	0.6	0.6	0.6	0.7	0.7	0.7	0.7	0.7	0.7
合計出生率（女子１人あたり）	1.34	1.40	1.46	1.50	1.55	1.58	1.61	1.64	1.66	1.68
純再生産率（女子１人あたり）	0.64	0.67	0.70	0.72	0.74	0.76	0.78	0.79	0.80	0.81
乳児死亡率（出生千人あたり）	5	4	4	4	4	4	4	4	4	4
５歳未満の死亡数(出生千人あたり	6	5	5	5	5	5	4	4	4	4
出生時の平均余命(歳)										
男	71.2	71.9	72.7	73.5	74.2	75.0	75.8	76.7	77.6	78.5
女	78.5	79.1	79.7	80.2	80.7	81.3	81.8	82.3	82.8	83.4
男女計	75.0	75.6	76.2	76.9	77.5	78.2	78.8	79.5	80.2	80.9

C. 高位予測値

	2015	2020	2025	2030	2035	2040	2045	2050	2055	2060
人口(千人)										
総数	9 855	9 766	9 693	9 613	9 498	9 379	9 278	9 216	9 196	9 194
男	4 691	4 663	4 643	4 620	4 579	4 537	4 505	4 492	4 497	4 513
女	5 164	5 103	5 049	4 993	4 919	4 842	4 773	4 725	4 698	4 681
性比(女100につき男)	90.8	91.2	91.4	91.6	91.8	92.1	92.4	92.7	92.9	93.1
年齢分布(%)										
０－４歳	4.7	5.5	5.7	5.7	5.5	5.5	5.6	5.9	6.3	6.4
５－14歳	9.9	9.8	10.3	11.4	11.7	11.5	11.2	11.3	11.6	12.2
15－24歳	11.2	10.1	10.1	10.0	10.7	11.8	12.1	11.8	11.4	11.4
60歳以上	24.9	26.1	26.0	26.6	27.9	30.2	30.9	31.2	31.1	30.0
65歳以上	17.8	19.7	20.7	20.5	21.1	22.2	24.3	24.9	25.1	24.9
80歳以上	4.4	4.5	5.0	5.4	6.4	6.8	6.4	6.7	7.5	8.8
15－49歳女子(%)	45.0	43.6	41.6	38.4	37.6	37.4	37.5	38.1	38.7	39.1
中位数年齢(歳)	41.3	42.7	43.9	44.5	44.9	45.0	44.2	43.3	42.2	41.4

	2010-2015	2015-2020	2020-2025	2025-2030	2030-2035	2035-2040	2040-2045	2045-2050	2050-2055	2055-2060
年平均人口増加数(千人)	－ 32	－ 18	－ 15	－ 16	－ 23	－ 24	－ 20	－ 12	－ 4	0
年平均出生数(千人)	93	108	111	110	105	103	105	109	115	118
年平均死亡数(千人)	131	132	132	133	134	133	131	127	125	124
人口増加率(%)	−0.32	−0.18	−0.15	−0.17	−0.24	−0.25	−0.22	−0.13	−0.05	0.00
粗出生率(人口千人あたり)	9.3	11.0	11.5	11.4	11.0	10.9	11.2	11.8	12.5	12.9
粗死亡率(人口千人あたり)	13.2	13.4	13.6	13.7	14.0	14.1	14.0	13.8	13.6	13.5
合計出生率（女子１人あたり）	1.34	1.65	1.86	2.00	2.05	2.08	2.11	2.14	2.16	2.18
純再生産率（女子１人あたり）	0.64	0.79	0.89	0.96	0.98	1.00	1.02	1.03	1.04	1.05

D. 低位予測値

	2015	2020	2025	2030	2035	2040	2045	2050	2055	2060
人口(千人)										
総数	9 855	9 604	9 292	8 937	8 567	8 194	7 827	7 458	7 075	6 674
男	4 691	4 580	4 437	4 272	4 100	3 928	3 759	3 587	3 408	3 218
女	5 164	5 024	4 855	4 665	4 467	4 266	4 068	3 870	3 668	3 456
性比(女100につき男)	90.8	91.2	91.4	91.6	91.8	92.1	92.4	92.7	92.9	93.1
年齢分布(%)										
０－４歳	4.7	3.9	3.4	3.1	3.1	3.2	3.2	3.2	3.0	2.8
５－14歳	9.9	9.9	9.0	7.8	7.0	6.7	6.8	6.9	7.0	6.7
15－24歳	11.2	10.3	10.6	10.8	9.9	8.6	7.8	7.5	7.6	7.9
60歳以上	24.9	26.6	27.1	28.6	31.0	34.6	36.6	38.6	40.4	41.3
65歳以上	17.8	20.1	21.6	22.1	23.3	25.5	28.9	30.7	32.6	34.3
80歳以上	4.4	4.6	5.2	5.9	7.1	7.7	7.6	8.3	9.7	12.1
15－49歳女子(%)	45.0	44.3	43.3	41.1	39.7	37.9	35.9	34.9	33.9	32.7
中位数年齢(歳)	41.3	43.1	45.3	47.0	48.5	50.0	51.2	52.2	53.0	53.9

	2010-2015	2015-2020	2020-2025	2025-2030	2030-2035	2035-2040	2040-2045	2045-2050	2050-2055	2055-2060
年平均人口増加数(千人)	－ 32	－ 50	－ 62	－ 71	－ 74	－ 74	－ 74	－ 74	－ 77	－ 80
年平均出生数(千人)	93	75	63	55	53	52	51	47	42	37
年平均死亡数(千人)	131	131	132	132	133	132	130	127	124	123
人口増加率(%)	−0.32	−0.52	−0.66	−0.78	−0.85	−0.89	−0.92	−0.97	−1.05	−1.17
粗出生率(人口千人あたり)	9.3	7.7	6.7	6.1	6.1	6.2	6.3	6.2	5.8	5.4
粗死亡率(人口千人あたり)	13.2	13.5	14.0	14.5	15.2	15.8	16.3	16.6	17.1	17.9
合計出生率（女子１人あたり）	1.34	1.15	1.06	1.00	1.05	1.08	1.11	1.14	1.16	1.18
純再生産率（女子１人あたり）	0.64	0.55	0.51	0.48	0.50	0.52	0.54	0.55	0.56	0.57

E. 出生力一定予測値

	2015	2020	2025	2030	2035	2040	2045	2050	2055	2060
人口(千人)										
総数	9 855	9 652	9 408	9 131	8 826	8 511	8 191	7 869	7 538	7 191
男	4 691	4 605	4 497	4 372	4 233	4 090	3 946	3 799	3 645	3 484
女	5 164	5 047	4 911	4 759	4 592	4 420	4 245	4 070	3 892	3 707
中位数年齢(歳)	41.3	43.0	45.0	46.3	47.5	48.6	49.6	50.1	50.6	51.3

	2010-2015	2015-2020	2020-2025	2025-2030	2030-2035	2035-2040	2040-2045	2045-2050	2050-2055	2055-2060
人口増加率(%)	−0.32	−0.42	−0.51	−0.60	−0.68	−0.73	−0.76	−0.80	−0.86	−0.94
粗出生率(人口千人あたり)	9.3	8.7	8.1	7.6	7.4	7.3	7.2	7.0	6.8	6.6
粗死亡率(人口千人あたり)	13.2	13.5	13.8	14.3	14.9	15.3	15.6	15.8	16.1	16.7

Iceland

A. 推 計 値

指 標	1960	1965	1970	1975	1980	1985	1990	1995	2000	2005	2010
人口(千人)											
総数	176	192	204	218	228	241	255	267	281	297	318
男	89	97	103	110	115	121	128	134	141	149	160
女	87	95	101	108	113	120	127	133	140	148	158
性比(女100につき男)	102.1	102.2	102.3	102.2	101.7	101.1	100.8	100.6	100.2	101.1	101.2
年齢分布(%)											
0－4歳	13.1	12.1	10.4	9.8	9.1	8.8	8.4	8.5	7.6	7.1	7.4
5－14歳	21.8	22.4	22.2	20.2	18.4	17.4	16.5	15.9	15.7	15.0	13.6
15－24歳	14.5	16.6	18.2	19.3	19.3	17.9	16.5	15.7	15.2	14.6	14.7
60歳以上	11.6	11.9	12.3	12.7	13.5	14.0	14.6	15.1	15.0	15.8	17.0
65歳以上	8.0	8.4	8.8	9.2	9.9	10.2	10.6	11.2	11.6	11.7	12.1
80歳以上	1.4	1.4	1.5	1.8	2.2	2.4	2.5	2.6	2.7	3.1	3.4
15－49歳女子(%)	44.6	44.7	45.9	47.8	49.1	50.0	51.3	51.3	51.0	49.9	49.0
中位数年齢(歳)	25.4	24.2	24.5	25.4	26.9	28.4	30.0	31.5	32.8	34.3	34.9
人口密度(1km²あたり)	2	2	2	2	2	2	3	3	3	3	3

指 標	1960-1965	1965-1970	1970-1975	1975-1980	1980-1985	1985-1990	1990-1995	1995-2000	2000-2005	2005-2010	2010-2015
年平均人口増加数(千人)	3	2	3	2	3	3	3	3	3	4	2
年平均出生数(千人)	5	4	4	4	4	4	4	4	4	5	4
年平均死亡数(千人)	1	1	2	1	2	2	2	2	2	2	2
人口増加率(%)	1.82	1.23	1.29	0.91	1.13	1.08	0.97	1.00	1.08	1.39	0.70
粗出生率(人口千人あたり)	25.9	22.1	21.0	19.1	18.0	17.2	17.2	15.5	14.4	15.0	13.6
粗死亡率(人口千人あたり)	6.9	7.1	7.1	6.5	6.9	6.9	6.8	6.9	6.3	6.4	6.3
合計出生率(女子1人あたり)	3.94	3.24	2.87	2.45	2.23	2.12	2.19	2.06	1.99	2.13	1.96
純再生産率(女子1人あたり)	1.87	1.54	1.36	1.17	1.07	1.02	1.06	1.00	0.97	1.03	0.96
乳児死亡率(出生千人あたり)	17	13	12	9	6	6	5	4	3	2	2
出生時の平均余命(歳)											
男	71.1	71.1	71.2	73.4	73.8	75.1	76.2	76.8	78.6	79.6	80.7
女	76.1	76.4	77.2	79.3	79.9	80.1	80.9	81.1	82.4	83.2	83.8
男女計	73.5	73.7	74.1	76.2	76.8	77.6	78.5	78.9	80.5	81.4	82.3

B. 中 位 予 測 値

指 標	2015	2020	2025	2030	2035	2040	2045	2050	2055	2060
人口(千人)										
総数	329	342	354	364	373	380	385	389	391	393
男	165	172	178	183	187	191	193	195	197	198
女	164	171	176	181	186	189	192	193	195	195
性比(女100につき男)	100.4	100.6	100.8	100.9	101.0	100.9	100.9	100.9	101.0	101.2
年齢分布(%)										
0－4歳	7.0	6.4	6.1	5.8	5.5	5.4	5.3	5.3	5.1	5.0
5－14歳	13.3	13.5	12.7	12.0	11.5	11.0	10.7	10.6	10.5	10.3
15－24歳	14.4	12.7	12.6	12.9	12.3	11.7	11.3	10.9	10.7	10.7
60歳以上	19.2	21.6	24.0	25.8	27.3	28.4	29.9	30.9	32.5	33.3
65歳以上	13.7	15.7	18.0	20.2	21.8	23.0	23.8	25.1	26.0	27.6
80歳以上	3.7	3.8	4.2	5.3	6.6	7.9	9.0	9.6	10.0	10.4
6－11歳	8.1	8.2	7.5	7.1	6.9	6.6	6.4	6.4	6.3	6.2
12－14歳	3.8	4.0	4.0	3.6	3.5	3.4	3.2	3.2	3.2	3.2
15－17歳	3.9	3.7	4.0	3.8	3.5	3.5	3.3	3.2	3.2	3.2
18－23歳	9.0	7.6	7.4	7.8	7.5	7.0	6.9	6.6	6.4	6.4
15－24歳女子(%)	47.1	45.5	44.7	44.3	43.1	42.3	40.9	40.3	39.9	39.2
中位数年齢(歳)	36.0	37.4	38.9	40.1	41.7	43.0	43.7	44.3	45.1	46.0
人口密度(1km²あたり)	3	3	4	4	4	4	4	4	4	4

指 標	2010-2015	2015-2020	2020-2025	2025-2030	2030-2035	2035-2040	2040-2045	2045-2050	2050-2055	2055-2060
年平均人口増加数(千人)	2	3	2	2	2	1	1	1	1	0
年平均出生数(千人)	4	4	4	4	4	4	4	4	4	4
年平均死亡数(千人)	2	2	2	2	3	3	3	4	4	4
年平均純移動数(千人)	0	0	0	0	0	0	0	0	0	0
人口増加率(%)	0.70	0.76	0.68	0.58	0.46	0.36	0.28	0.20	0.13	0.08
粗出生率(人口千人あたり)	13.6	12.9	12.3	11.7	11.1	10.8	10.7	10.5	10.2	9.9
粗死亡率(人口千人あたり)	6.3	6.5	6.6	6.9	7.5	8.2	9.0	9.5	9.8	10.0
純移動率(人口千人あたり)	−0.2	1.1	1.1	1.1	1.0	1.0	1.0	1.0	0.9	0.9
合計出生率 (女子1人あたり)	1.96	1.90	1.86	1.83	1.81	1.79	1.78	1.78	1.78	1.78
純再生産率 (女子1人あたり)	0.96	0.93	0.91	0.89	0.88	0.88	0.87	0.87	0.87	0.87
乳児死亡率 (出生千人あたり)	2	2	2	2	1	1	1	1	1	1
5歳未満の死亡数(出生千人あたI	3	2	2	2	2	2	1	1	1	1
出生時の平均余命(歳)										
男	80.7	81.7	82.7	83.6	84.3	84.9	85.6	86.2	86.8	87.3
女	83.8	84.5	85.1	85.8	86.4	87.0	87.6	88.2	88.8	89.4
男女計	82.3	83.1	83.9	84.7	85.3	86.0	86.6	87.2	87.8	88.3

C. 高位予測値

	2015	2020	2025	2030	2035	2040	2045	2050	2055	2060
人口(千人)										
総数	329	345	361	378	392	404	416	428	440	452
男	165	173	182	190	197	203	209	215	221	228
女	164	172	180	188	195	201	207	213	218	224
性比(女100につき男)	100.4	100.6	100.8	100.8	100.8	100.7	100.7	100.7	100.7	100.8
年齢分布(%)										
0－4歳	7.0	7.1	7.2	7.1	6.7	6.5	6.5	6.6	6.7	6.7
5－14歳	13.3	13.4	13.2	13.5	13.6	13.2	12.6	12.5	12.6	12.8
15－24歳	14.4	12.6	12.3	12.4	12.4	12.8	13.0	12.6	12.1	12.0
60歳以上	19.2	21.5	23.5	24.9	26.0	26.7	27.7	28.1	28.9	29.0
65歳以上	13.7	15.5	17.6	19.5	20.7	21.6	22.0	22.8	23.1	24.0
80歳以上	3.7	3.7	4.1	5.1	6.3	7.4	8.3	8.7	8.9	9.1
15－49歳女子(%)	47.1	45.1	43.8	42.8	41.7	41.6	41.0	41.0	41.0	40.9
中位数年齢(歳)	36.0	37.1	38.0	38.8	39.9	40.3	40.2	40.3	40.2	40.2

	2010-2015	2015-2020	2020-2025	2025-2030	2030-2035	2035-2040	2040-2045	2045-2050	2050-2055	2055-2060
年平均人口増加数(千人)	2	3	3	3	3	3	2	2	2	2
年平均出生数(千人)	4	5	5	5	5	5	5	6	6	6
年平均死亡数(千人)	2	2	2	2	3	3	3	4	4	4
人口増加率(%)	0.70	0.92	0.93	0.87	0.73	0.63	0.57	0.55	0.56	0.56
粗出生率(人口千人あたり)	13.6	14.5	14.8	14.5	13.5	13.1	13.2	13.4	13.6	13.6
粗死亡率(人口千人あたり)	6.3	6.4	6.5	6.7	7.2	7.8	8.4	8.7	8.8	8.8
合計出生率(女子1人あたり)	1.96	2.15	2.26	2.33	2.31	2.29	2.28	2.28	2.28	2.28
純再生産率(女子1人あたり)	0.96	1.05	1.10	1.14	1.13	1.12	1.12	1.12	1.12	1.12

D. 低位予測値

	2015	2020	2025	2030	2035	2040	2045	2050	2055	2060
人口(千人)										
総数	329	339	347	351	354	355	354	351	346	339
男	165	170	174	176	178	178	178	176	174	170
女	164	169	173	175	176	177	177	175	172	169
性比(女100につき男)	100.4	100.6	100.8	100.8	100.8	100.7	100.7	100.7	100.7	100.8
年齢分布(%)										
0－4歳	7.0	5.6	4.9	4.4	4.2	4.1	4.1	3.8	3.5	3.3
5－14歳	13.3	13.6	12.2	10.3	9.2	8.6	8.4	8.4	8.1	7.6
15－24歳	14.4	12.8	12.9	13.3	12.1	10.4	9.4	8.9	8.8	8.9
60歳以上	19.2	21.8	24.5	26.8	28.7	30.4	32.5	34.2	36.8	38.6
65歳以上	13.7	15.8	18.4	20.9	22.9	24.5	25.9	27.8	29.4	32.0
80歳以上	3.7	3.8	4.3	5.5	6.9	8.5	9.8	10.6	11.3	12.1
15－49歳女子(%)	47.1	45.9	45.7	45.9	44.5	43.1	40.7	39.2	38.0	36.4
中位数年齢(歳)	36.0	37.7	39.7	41.6	43.5	45.6	47.1	48.5	49.8	51.6

	2010-2015	2015-2020	2020-2025	2025-2030	2030-2035	2035-2040	2040-2045	2045-2050	2050-2055	2055-2060
年平均人口増加数(千人)	2	2	1	1	1	0	0	－1	－1	－1
年平均出生数(千人)	4	4	3	3	3	3	3	3	2	2
年平均死亡数(千人)	2	2	2	2	3	3	3	4	4	4
人口増加率(%)	0.70	0.59	0.42	0.27	0.16	0.06	−0.05	−0.18	−0.30	−0.40
粗出生率(人口千人あたり)	13.6	11.3	9.8	8.7	8.4	8.2	8.1	7.6	6.9	6.4
粗死亡率(人口千人あたり)	6.3	6.5	6.7	7.1	7.8	8.7	9.6	10.4	11.0	11.4
合計出生率(女子1人あたり)	1.96	1.65	1.46	1.33	1.31	1.29	1.28	1.28	1.28	1.28
純再生産率(女子1人あたり)	0.96	0.81	0.71	0.65	0.64	0.63	0.63	0.63	0.63	0.63

E. 出生力一定予測値

	2015	2020	2025	2030	2035	2040	2045	2050	2055	2060
人口(千人)										
総数	329	343	356	368	378	387	394	400	406	411
男	165	172	179	185	190	194	198	201	204	207
女	164	171	177	183	188	192	196	199	202	204
中位数年齢(歳)	36.0	37.3	38.7	39.8	41.2	42.2	42.7	43.1	43.7	44.2

	2010-2015	2015-2020	2020-2025	2025-2030	2030-2035	2035-2040	2040-2045	2045-2050	2050-2055	2055-2060
人口増加率(%)	0.70	0.80	0.74	0.65	0.55	0.46	0.38	0.32	0.27	0.23
粗出生率(人口千人あたり)	13.6	13.3	12.9	12.4	11.9	11.7	11.6	11.5	11.3	11.1
粗死亡率(人口千人あたり)	6.3	6.5	6.6	6.9	7.4	8.1	8.8	9.3	9.5	9.6

India

A. 推 計 値

指 標	1960	1965	1970	1975	1980	1985	1990	1995	2000	2005	2010
人口（千人）											
総数	449 662	497 920	553 943	621 704	697 230	782 085	870 602	960 875	1 053 481	1 144 326	1 230 985
男	232 026	257 474	286 815	322 146	361 087	404 816	450 560	497 499	545 691	593 104	638 355
女	217 636	240 446	267 128	299 558	336 143	377 269	420 042	463 376	507 790	551 223	592 630
性比（女100につき男）	106.6	107.1	107.4	107.5	107.4	107.3	107.3	107.4	107.5	107.6	107.7
年齢分布（％）											
０－４歳	16.2	16.0	15.6	15.2	14.8	14.7	14.0	13.0	12.1	11.3	10.4
５－14歳	24.1	25.4	25.3	24.8	24.4	24.0	24.0	23.7	22.6	21.5	20.5
15－24歳	17.9	17.4	18.6	19.6	19.5	19.3	19.1	19.1	19.4	19.5	19.0
60歳以上	5.3	5.3	5.5	5.7	5.9	6.0	6.1	6.5	6.9	7.3	7.8
65歳以上	3.1	3.2	3.3	3.5	3.6	3.7	3.8	4.1	4.4	4.8	5.1
80歳以上	0.3	0.3	0.3	0.3	0.4	0.4	0.4	0.5	0.6	0.6	0.7
15－49歳女子（％）	47.9	46.8	47.2	47.8	48.3	48.5	49.0	50.0	51.4	52.3	52.8
中位数年齢（歳）	20.3	19.6	19.4	19.8	20.2	20.6	21.1	21.8	22.7	23.8	25.1
人口密度（1k㎡あたり）	151	167	186	209	235	263	293	323	354	385	414

指 標	1960-1965	1965-1970	1970-1975	1975-1980	1980-1985	1985-1990	1990-1995	1995-2000	2000-2005	2005-2010	2010-2015
年平均人口増加数（千人）	9 652	11 205	13 552	15 105	16 971	17 703	18 055	18 521	18 169	17 332	16 013
年平均出生数（千人）	19 657	20 959	22 585	24 136	26 247	27 248	27 497	27 801	27 827	27 244	25 946
年平均死亡数（千人）	9 989	9 706	9 457	9 258	9 373	9 554	9 307	9 137	9 217	9 346	9 413
人口増加率（％）	2.04	2.13	2.31	2.29	2.30	2.14	1.97	1.84	1.65	1.46	1.26
粗出生率（人口千人あたり）	41.5	39.9	38.4	36.6	35.5	33.0	30.0	27.6	25.3	22.9	20.4
粗死亡率（人口千人あたり）	21.1	18.5	16.1	14.0	12.7	11.6	10.2	9.1	8.4	7.9	7.4
合計出生率（女子１人あたり）	5.89	5.72	5.41	4.97	4.68	4.27	3.83	3.48	3.14	2.80	2.48
純再生産率（女子１人あたり）	1.82	1.87	1.86	1.81	1.77	1.66	1.52	1.42	1.31	1.19	1.08
乳児死亡率（出生千人あたり）	158	147	136	121	106	93	82	71	60	50	41
出生時の平均余命（歳）											
男	43.4	46.6	49.8	52.6	54.8	56.6	58.7	60.8	62.7	64.5	66.1
女	42.0	45.4	49.0	52.6	55.1	57.0	59.7	62.4	64.5	66.5	68.9
男女計	42.7	46.0	49.4	52.6	54.9	56.7	59.2	61.6	63.6	65.5	67.5

B. 中 位 予 測 値

指 標	2015	2020	2025	2030	2035	2040	2045	2050	2055	2060
人口（千人）										
総数	1 311 051	1 388 859	1 461 625	1 527 658	1 585 350	1 633 728	1 673 619	1 705 333	1 729 354	1 745 182
男	679 548	719 387	756 313	789 429	817 977	841 352	860 257	875 017	886 166	893 441
女	631 502	669 472	705 312	738 229	767 373	792 376	813 362	830 316	843 188	851 741
性比（女100につき男）	107.6	107.5	107.2	106.9	106.6	106.2	105.8	105.4	105.1	104.9
年齢分布（％）										
０－４歳	9.4	8.9	8.4	7.9	7.4	6.9	6.5	6.2	6.0	5.7
５－14歳	19.4	17.9	16.8	16.0	15.2	14.4	13.6	12.9	12.4	11.9
15－24歳	18.4	17.9	17.2	16.1	15.3	14.8	14.3	13.7	13.1	12.5
60歳以上	8.9	10.0	11.2	12.5	13.9	15.5	17.4	19.4	21.3	23.2
65歳以上	5.6	6.5	7.5	8.5	9.5	10.7	12.1	13.7	15.5	17.2
80歳以上	0.9	1.0	1.1	1.3	1.6	2.0	2.4	2.8	3.3	3.9
６－11歳	11.6	10.7	10.1	9.6	9.1	8.6	8.1	7.7	7.4	7.1
12－14歳	5.8	5.5	5.0	4.8	4.6	4.4	4.2	4.0	3.8	3.6
15－17歳	5.7	5.5	5.1	4.8	4.6	4.4	4.3	4.0	3.8	3.7
18－23歳	11.0	10.7	10.3	9.7	9.1	8.9	8.6	8.3	7.9	7.6
15－24歳女子（％）	53.3	53.5	53.3	52.5	51.4	50.2	49.0	47.7	46.3	45.0
中位数年齢（歳）	26.6	28.1	29.6	31.2	32.8	34.3	35.9	37.3	38.6	39.9
人口密度（1k㎡あたり）	441	467	492	514	533	549	563	574	582	587

指 標	2010-2015	2015-2020	2020-2025	2025-2030	2030-2035	2035-2040	2040-2045	2045-2050	2050-2055	2055-2060
年平均人口増加数（千人）	16 013	15 562	14 553	13 207	11 538	9 676	7 978	6 343	4 804	3 166
年平均出生数（千人）	25 946	25 771	25 353	24 753	23 884	22 900	22 154	21 517	20 875	20 158
年平均死亡数（千人）	9 413	9 832	10 428	11 177	11 993	12 872	13 824	14 812	15 727	16 667
年平均純移動数（千人）	−520	−377	−372	−370	−352	−352	−352	−362	−344	−326
人口増加率（％）	1.26	1.15	1.02	0.88	0.74	0.60	0.48	0.38	0.28	0.18
粗出生率（人口千人あたり）	20.4	19.1	17.8	16.6	15.3	14.2	13.4	12.7	12.2	11.6
粗死亡率（人口千人あたり）	7.4	7.3	7.3	7.5	7.7	8.0	8.4	8.8	9.2	9.6
純移動率（人口千人あたり）	−0.4	−0.3	−0.3	−0.2	−0.2	−0.2	−0.2	−0.2	−0.2	−0.2
合計出生率（女子１人あたり）	2.48	2.34	2.23	2.14	2.06	1.99	1.94	1.89	1.86	1.83
純再生産率（女子１人あたり）	1.08	1.04	1.00	0.97	0.95	0.92	0.91	0.89	0.87	0.86
乳児死亡率（出生千人あたり）	41	34	28	23	19	16	13	12	10	9
５歳未満の死亡数（出生千人あたり	53	43	36	29	24	20	17	15	13	11
出生時の平均余命（歳）										
男	66.1	67.7	69.0	70.1	71.2	72.2	73.2	74.1	75.2	76.2
女	68.9	70.6	72.2	73.5	74.7	75.8	76.8	77.8	78.6	79.5
男女計	67.5	69.1	70.5	71.7	72.9	73.9	74.9	75.9	76.9	77.8

C. 高位予測値

	2015	2020	2025	2030	2035	2040	2045	2050	2055	2060
人口(千人)										
総数	1 311 051	1 402 091	1 496 797	1 590 921	1 677 016	1 757 001	1 836 286	1 916 062	1 994 092	2 066 986
男	679 548	726 342	774 781	822 604	865 979	905 803	945 156	984 852	1 024 009	1 060 862
女	631 502	675 749	722 016	768 317	811 037	851 198	891 129	931 211	970 083	1 006 124
性比(女100につき男)	107.6	107.4	107.2	106.8	106.4	105.9	105.4	104.9	104.5	104.2
年齢分布(%)										
0－4歳	9.4	9.8	9.7	9.4	8.7	8.2	8.1	8.1	7.9	7.6
5－14歳	19.4	17.8	17.2	17.6	17.4	16.6	15.7	15.2	15.1	15.1
15－24歳	18.4	17.7	16.8	15.5	15.3	15.8	15.7	15.1	14.3	14.0
60歳以上	8.9	9.9	11.0	12.0	13.1	14.4	15.8	17.2	18.5	19.6
65歳以上	5.6	6.5	7.3	8.1	9.0	10.0	11.0	12.2	13.4	14.5
80歳以上	0.9	1.0	1.1	1.3	1.6	1.9	2.2	2.5	2.9	3.3
15－49歳女子(%)	53.3	53.0	52.1	50.5	49.4	48.7	48.1	47.2	46.3	45.8
中位数年齢(歳)	26.6	27.9	28.9	29.9	30.9	31.8	32.5	33.0	33.8	34.6

	2010-2015	2015-2020	2020-2025	2025-2030	2030-2035	2035-2040	2040-2045	2045-2050	2050-2055	2055-2060
年平均人口増加数(千人)	16 013	18 208	18 941	18 825	17 219	15 997	15 857	15 955	15 606	14 579
年平均出生数(千人)	25 946	28 521	29 899	30 549	29 728	29 386	30 221	31 345	31 915	31 830
年平均死亡数(千人)	9 413	9 936	10 586	11 355	12 156	13 037	14 012	15 027	15 965	16 925
人口増加率(%)	1.26	1.34	1.31	1.22	1.05	0.93	0.88	0.85	0.80	0.72
粗出生率(人口千人あたり)	20.4	21.0	20.6	19.8	18.2	17.1	16.8	16.7	16.3	15.7
粗死亡率(人口千人あたり)	7.4	7.3	7.3	7.4	7.4	7.6	7.8	8.0	8.2	8.3
合計出生率（女子1人あたり）	2.48	2.59	2.63	2.64	2.56	2.49	2.44	2.39	2.36	2.33
純再生産率（女子1人あたり）	1.08	1.15	1.18	1.20	1.18	1.16	1.14	1.12	1.11	1.10

D. 低位予測値

	2015	2020	2025	2030	2035	2040	2045	2050	2055	2060
人口(千人)										
総数	1 311 051	1 375 627	1 426 454	1 464 395	1 493 755	1 511 966	1 517 202	1 509 385	1 490 757	1 462 788
男	679 548	712 432	737 845	756 254	770 012	777 688	778 606	772 862	761 904	746 493
女	631 502	663 195	688 609	708 142	723 743	734 278	738 596	736 523	728 853	716 295
性比(女100につき男)	107.6	107.4	107.2	106.8	106.4	105.9	105.4	104.9	104.5	104.2
年齢分布(%)										
0－4歳	9.4	8.0	7.1	6.3	5.9	5.4	4.9	4.4	4.0	3.8
5－14歳	19.4	18.1	16.3	14.3	12.8	11.9	11.1	10.3	9.3	8.6
15－24歳	18.4	18.0	17.6	16.8	15.4	13.7	12.5	11.8	11.2	10.5
60歳以上	8.9	10.1	11.5	13.0	14.7	16.7	19.2	21.9	24.7	27.7
65歳以上	5.6	6.6	7.6	8.8	10.1	11.6	13.3	15.5	18.0	20.5
80歳以上	0.9	1.0	1.2	1.4	1.7	2.2	2.6	3.2	3.8	4.7
15－49歳女子(%)	53.3	54.0	54.6	54.8	53.7	51.9	49.9	47.9	45.6	43.2
中位数年齢(歳)	26.6	28.4	30.4	32.5	34.6	36.8	39.1	41.4	43.7	45.9

	2010-2015	2015-2020	2020-2025	2025-2030	2030-2035	2035-2040	2040-2045	2045-2050	2050-2055	2055-2060
年平均人口増加数(千人)	16 013	12 915	10 165	7 588	5 872	3 642	1 047	－ 1 563	－ 3 726	－ 5 594
年平均出生数(千人)	25 946	23 021	20 808	18 957	18 055	16 707	15 051	13 420	12 139	11 175
年平均死亡数(千人)	9 413	9 729	10 271	10 999	11 831	12 713	13 651	14 621	15 520	16 443
人口増加率(%)	1.26	0.96	0.73	0.53	0.40	0.24	0.07	−0.10	−0.25	−0.38
粗出生率(人口千人あたり)	20.4	17.1	14.9	13.1	12.2	11.1	9.9	8.9	8.1	7.6
粗死亡率(人口千人あたり)	7.4	7.2	7.3	7.6	8.0	8.5	9.0	9.7	10.3	11.1
合計出生率（女子1人あたり）	2.48	2.09	1.83	1.64	1.56	1.49	1.44	1.39	1.36	1.33
純再生産率（女子1人あたり）	1.08	0.93	0.82	0.75	0.72	0.69	0.67	0.65	0.64	0.63

E. 出生力一定予測値

	2015	2020	2025	2030	2035	2040	2045	2050	2055	2060
人口(千人)										
総数	1 311 051	1 395 565	1 481 469	1 566 312	1 647 701	1 725 680	1 802 663	1 879 559	1 956 076	2 031 004
男	679 548	723 003	767 040	810 385	851 878	891 434	930 551	969 748	1 009 149	1 048 111
女	631 502	672 562	714 429	755 928	795 823	834 246	872 111	909 810	946 927	982 893
中位数年齢(歳)	26.6	28.0	29.2	30.4	31.5	32.5	33.2	33.7	34.2	34.7

	2010-2015	2015-2020	2020-2025	2025-2030	2030-2035	2035-2040	2040-2045	2045-2050	2050-2055	2055-2060
人口増加率(%)	1.26	1.25	1.20	1.11	1.01	0.93	0.87	0.84	0.80	0.75
粗出生率(人口千人あたり)	20.4	20.1	19.5	18.8	17.9	17.2	16.9	16.7	16.5	16.2
粗死亡率(人口千人あたり)	7.4	7.3	7.3	7.4	7.5	7.7	7.9	8.1	8.3	8.5

Indonesia

A. 推 計 値

指　標	1960	1965	1970	1975	1980	1985	1990	1995	2000	2005	2010
人口(千人)											
総数	87 793	100 309	114 835	130 724	147 490	165 012	181 437	196 958	211 540	226 255	241 613
男	43 637	49 940	57 246	65 241	73 681	82 501	91 116	98 526	105 868	113 587	121 773
女	44 156	50 369	57 589	65 484	73 810	82 511	90 321	98 432	105 672	112 667	119 840
性比(女100につき男)	98.8	99.1	99.4	99.6	99.8	100.0	100.9	100.1	100.2	100.8	101.6
年齢分布(%)											
0－4歳	17.0	17.1	16.8	15.9	14.9	13.8	12.3	11.1	10.1	9.8	9.5
5－14歳	22.9	25.1	26.5	26.7	26.2	25.2	24.2	22.5	20.6	20.1	19.3
15－24歳	19.0	17.2	17.1	18.8	20.2	20.7	20.9	20.7	20.4	19.0	17.2
60歳以上	5.6	5.4	5.5	5.6	5.6	5.7	6.1	6.7	7.4	7.4	7.5
65歳以上	3.6	3.3	3.3	3.5	3.6	3.6	3.8	4.2	4.7	4.8	4.9
80歳以上	0.4	0.4	0.4	0.3	0.3	0.4	0.4	0.5	0.5	0.6	0.7
15－49歳女子(%)	48.3	46.5	45.7	46.4	47.5	48.9	50.7	52.7	54.9	55.1	55.3
中位数年齢(歳)	20.2	19.4	18.6	18.5	19.1	19.9	21.3	22.8	24.4	25.6	27.2
人口密度(1km²あたり)	48	55	63	72	81	91	100	109	117	125	133

指　標	1960-1965	1965-1970	1970-1975	1975-1980	1980-1985	1985-1990	1990-1995	1995-2000	2000-2005	2005-2010	2010-2015
年平均人口増加数(千人)	2 503	2 905	3 178	3 353	3 504	3 285	3 104	2 917	2 943	3 072	3 190
年平均出生数(千人)	4 100	4 464	4 696	4 859	4 959	4 756	4 623	4 456	4 723	4 983	5 119
年平均死亡数(千人)	1 575	1 551	1 500	1 465	1 444	1 438	1 442	1 471	1 610	1 688	1 789
人口増加率(%)	2.67	2.71	2.59	2.41	2.25	1.90	1.64	1.43	1.35	1.31	1.28
粗出生率(人口千人あたり)	43.6	41.5	38.3	34.9	31.7	27.5	24.4	21.8	21.6	21.3	20.5
粗死亡率(人口千人あたり)	16.8	14.4	12.2	10.5	9.2	8.3	7.6	7.2	7.4	7.2	7.2
合計出生率(女子1人あたり)	5.62	5.57	5.30	4.73	4.11	3.40	2.90	2.55	2.48	2.50	2.50
純再生産率(女子1人あたり)	2.04	2.12	2.10	1.94	1.73	1.47	1.28	1.14	1.13	1.15	1.16
乳児死亡率(出生千人あたり)	144	124	105	92	80	68	56	45	36	30	25
出生時の平均余命(歳)											
男	48.9	51.9	54.8	57.3	59.5	61.0	62.7	64.2	64.9	65.6	66.6
女	51.6	54.3	57.1	59.6	61.8	63.8	65.7	67.4	68.5	69.8	70.7
男女計	50.2	53.1	55.9	58.5	60.7	62.4	64.2	65.8	66.7	67.7	68.6

B. 中 位 予 測 値

指　標	2015	2020	2025	2030	2035	2040	2045	2050	2055	2060
人口(千人)										
総数	257 564	271 857	284 505	295 482	304 847	312 439	318 216	322 237	324 727	326 038
男	129 688	136 695	142 793	147 976	152 294	155 717	158 264	160 014	161 075	161 658
女	127 876	135 163	141 712	147 506	152 553	156 723	159 952	162 223	163 652	164 379
性比(女100につき男)	101.4	101.1	100.8	100.3	99.8	99.4	98.9	98.6	98.4	98.3
年齢分布(%)										
0－4歳	9.7	8.8	8.1	7.7	7.3	7.0	6.8	6.5	6.3	6.1
5－14歳	18.0	17.5	17.0	15.8	14.9	14.3	13.9	13.5	13.1	12.7
15－24歳	17.1	16.9	16.1	15.9	15.7	14.8	14.2	13.7	13.5	13.2
60歳以上	8.2	9.6	11.3	13.2	15.1	16.8	18.4	19.2	20.0	21.1
65歳以上	5.2	5.9	7.0	8.4	9.9	11.4	12.8	14.0	14.6	15.3
80歳以上	0.7	0.7	0.8	0.9	1.1	1.5	1.9	2.3	2.7	3.1
6－11歳	10.7	10.7	10.2	9.4	8.9	8.6	8.3	8.1	7.8	7.6
12－14歳	5.5	5.0	5.2	4.9	4.6	4.3	4.2	4.1	4.0	3.9
15－17歳	5.4	5.2	4.8	5.0	4.6	4.4	4.2	4.1	4.0	3.9
18－23歳	10.1	10.2	9.7	9.4	9.5	8.9	8.5	8.2	8.1	7.9
15－24歳女子(%)	54.4	53.2	51.6	50.8	49.5	48.8	48.2	47.4	46.6	46.2
中位数年齢(歳)	28.4	29.4	30.6	31.9	33.2	34.4	35.3	36.5	37.5	38.4
人口密度(1km²あたり)	142	150	157	163	168	172	176	178	179	180

指　標	2010-2015	2015-2020	2020-2025	2025-2030	2030-2035	2035-2040	2040-2045	2045-2050	2050-2055	2055-2060
年平均人口増加数(千人)	3 190	2 859	2 530	2 195	1 873	1 518	1 155	804	498	262
年平均出生数(千人)	5 119	4 908	4 746	4 625	4 553	4 483	4 387	4 274	4 149	4 028
年平均死亡数(千人)	1 789	1 909	2 077	2 290	2 540	2 824	3 091	3 330	3 518	3 640
年平均純移動数(千人)	−140	−140	−140	−140	−140	−140	−140	−140	−133	−126
人口増加率(%)	1.28	1.08	0.91	0.76	0.62	0.49	0.37	0.25	0.15	0.08
粗出生率(人口千人あたり)	20.5	18.5	17.1	15.9	15.2	14.5	13.9	13.3	12.8	12.4
粗死亡率(人口千人あたり)	7.2	7.2	7.5	7.9	8.5	9.2	9.8	10.4	10.9	11.2
純移動率(人口千人あたり)	−0.6	−0.5	−0.5	−0.5	−0.5	−0.5	−0.4	−0.4	−0.4	−0.4
合計出生率（女子1人あたり）	2.50	2.36	2.24	2.14	2.07	2.00	1.95	1.91	1.89	1.87
純再生産率（女子1人あたり）	1.16	1.10	1.05	1.01	0.98	0.95	0.93	0.92	0.91	0.90
乳児死亡率（出生千人あたり）	25	22	20	18	17	15	14	12	11	9
5歳未満の死亡数(出生千人あたり	30	27	24	22	19	18	16	14	12	11
出生時の平均余命(歳)										
男	66.6	67.4	68.2	68.9	69.5	70.1	70.8	71.5	72.1	73.0
女	70.7	71.7	72.6	73.5	74.3	75.0	75.8	76.5	77.2	77.9
男女計	68.6	69.5	70.3	71.1	71.9	72.5	73.3	73.9	74.6	75.4

C. 高位予測値

	2015	2020	2025	2030	2035	2040	2045	2050	2055	2060
人口(千人)										
総数	257 564	274 398	291 181	307 427	322 318	336 097	349 161	361 796	374 158	386 341
男	129 688	137 991	146 201	154 072	161 207	167 784	174 043	180 180	186 268	192 389
女	127 876	136 406	144 980	153 355	161 110	168 314	175 118	181 616	187 890	193 952
性比(女100につき男)	101.4	101.1	100.7	100.2	99.6	99.0	98.4	98.0	97.6	97.3
年齢分布(%)										
０－４歳	9.7	9.6	9.4	9.1	8.6	8.4	8.3	8.2	8.1	8.0
５－14歳	18.0	17.3	17.5	17.4	17.1	16.5	16.0	15.7	15.6	15.5
15－24歳	17.1	16.8	15.7	15.3	15.6	15.7	15.6	15.2	14.8	14.6
60歳以上	8.2	9.5	11.0	12.7	14.3	15.6	16.8	17.1	17.4	17.8
65歳以上	5.2	5.8	6.9	8.1	9.4	10.6	11.6	12.5	12.7	12.9
80歳以上	0.7	0.7	0.8	0.9	1.1	1.4	1.7	2.1	2.4	2.6
15－49歳女子(%)	54.4	52.7	50.5	48.8	47.6	47.4	47.3	47.0	46.7	46.9
中位数年齢(歳)	28.4	29.1	29.8	30.6	31.3	31.7	32.1	32.5	33.0	33.4

	2010–2015	2015–2020	2020–2025	2025–2030	2030–2035	2035–2040	2040–2045	2045–2050	2050–2055	2055–2060
年平均人口増加数(千人)	3 190	3 367	3 357	3 249	2 978	2 756	2 613	2 527	2 472	2 437
年平均出生数(千人)	5 119	5 428	5 594	5 704	5 684	5 749	5 878	6 036	6 166	6 249
年平均死亡数(千人)	1 789	1 922	2 097	2 315	2 566	2 853	3 125	3 369	3 561	3 687
人口増加率(%)	1.28	1.27	1.19	1.09	0.95	0.84	0.76	0.71	0.67	0.64
粗出生率(人口千人あたり)	20.5	20.4	19.8	19.1	18.1	17.5	17.2	17.0	16.8	16.4
粗死亡率(人口千人あたり)	7.2	7.2	7.4	7.7	8.1	8.7	9.1	9.5	9.7	9.7
合計出生率（女子１人あたり）	2.50	2.61	2.64	2.64	2.57	2.50	2.45	2.41	2.39	2.37
純再生産率（女子１人あたり）	1.16	1.22	1.24	1.25	1.22	1.19	1.17	1.15	1.14	1.14

D. 低位予測値

	2015	2020	2025	2030	2035	2040	2045	2050	2055	2060
人口(千人)										
総数	257 564	269 317	277 829	283 537	287 433	289 127	288 353	285 079	279 607	272 479
男	129 688	135 398	139 386	141 880	143 409	143 826	143 038	141 073	138 082	134 370
女	127 876	133 919	138 443	141 657	144 024	145 301	145 316	144 006	141 525	138 108
性比(女100につき男)	101.4	101.1	100.7	100.2	99.6	99.0	98.4	98.0	97.6	97.3
年齢分布(%)										
０－４歳	9.7	7.9	6.8	6.1	5.9	5.6	5.2	4.8	4.4	4.2
５－14歳	18.0	17.7	16.5	14.2	12.6	11.8	11.4	10.8	10.2	9.5
15－24歳	17.1	17.1	16.5	16.6	15.8	13.7	12.4	11.8	11.6	11.2
60歳以上	8.2	9.7	11.6	13.7	16.0	18.1	20.3	21.7	23.2	25.3
65歳以上	5.2	5.9	7.2	8.8	10.5	12.4	14.1	15.9	17.0	18.3
80歳以上	0.7	0.8	0.8	1.0	1.2	1.6	2.1	2.6	3.1	3.7
15－49歳女子(%)	54.4	53.7	52.9	52.9	51.5	50.4	49.0	47.5	45.9	44.4
中位数年齢(歳)	28.4	29.7	31.4	33.3	35.1	37.0	38.8	40.5	42.4	44.3

	2010–2015	2015–2020	2020–2025	2025–2030	2030–2035	2035–2040	2040–2045	2045–2050	2050–2055	2055–2060
年平均人口増加数(千人)	3 190	2 351	1 702	1 142	779	339	− 155	− 655	− 1 095	− 1 426
年平均出生数(千人)	5 119	4 387	3 899	3 546	3 433	3 275	3 045	2 781	2 518	2 300
年平均死亡数(千人)	1 789	1 896	2 057	2 265	2 514	2 796	3 060	3 295	3 480	3 600
人口増加率(%)	1.28	0.89	0.62	0.41	0.27	0.12	−0.05	−0.23	−0.39	−0.52
粗出生率(人口千人あたり)	20.5	16.7	14.3	12.6	12.0	11.4	10.5	9.7	8.9	8.3
粗死亡率(人口千人あたり)	7.2	7.2	7.5	8.1	8.8	9.7	10.6	11.5	12.3	13.0
合計出生率（女子１人あたり）	2.50	2.11	1.84	1.64	1.57	1.50	1.45	1.41	1.39	1.37
純再生産率（女子１人あたり）	1.16	0.98	0.86	0.78	0.74	0.71	0.69	0.68	0.67	0.66

E. 出生力一定予測値

	2015	2020	2025	2030	2035	2040	2045	2050	2055	2060
人口(千人)										
総数	257 564	273 319	288 671	303 430	317 597	331 160	344 238	356 974	369 643	382 610
男	129 688	137 441	144 920	152 032	158 799	165 266	171 535	177 726	183 974	190 498
女	127 876	135 878	143 752	151 398	158 798	165 893	172 703	179 248	185 669	192 113
中位数年齢(歳)	28.4	29.3	30.1	31.0	31.8	32.2	32.6	32.9	33.1	33.2

	2010–2015	2015–2020	2020–2025	2025–2030	2030–2035	2035–2040	2040–2045	2045–2050	2050–2055	2055–2060
人口増加率(%)	1.28	1.19	1.09	1.00	0.91	0.84	0.78	0.73	0.70	0.69
粗出生率(人口千人あたり)	20.5	19.6	18.9	18.2	17.8	17.6	17.4	17.3	17.1	17.0
粗死亡率(人口千人あたり)	7.2	7.2	7.4	7.8	8.2	8.8	9.2	9.6	9.8	9.8

Iran (Islamic Republic of)

A. 推 計 値

指　標	1960	1965	1970	1975	1980	1985	1990	1995	2000	2005	2010
人口(千人)											
総数	21 907	24 955	28 514	32 731	38 668	47 291	56 169	60 319	65 850	70 122	74 253
男	11 243	12 824	14 652	16 818	19 925	24 147	28 617	30 591	33 373	35 797	37 543
女	10 664	12 131	13 862	15 912	18 743	23 144	27 552	29 728	32 477	34 326	36 711
性比(女100につき男)	105.4	105.7	105.7	105.7	106.3	104.3	103.9	102.9	102.8	104.3	102.3
年齢分布(%)											
０－４歳	17.9	17.5	16.9	16.7	17.7	19.0	16.6	12.6	9.7	7.8	8.6
５－14歳	24.8	27.2	27.2	26.6	25.8	26.4	28.7	29.6	25.3	18.2	14.8
15－24歳	15.9	15.6	18.4	20.2	19.9	18.7	18.6	19.9	23.8	26.3	21.9
60歳以上	6.1	5.6	5.3	5.0	4.8	5.1	5.4	5.9	6.2	6.8	7.1
65歳以上	4.0	3.5	3.3	3.2	3.0	2.9	3.3	3.8	4.2	4.9	4.9
80歳以上	0.5	0.4	0.4	0.3	0.3	0.3	0.4	0.4	0.4	0.7	0.9
15－49歳女子(%)	44.8	44.1	45.2	45.6	45.3	43.8	44.3	47.6	54.0	60.8	61.9
中位数年齢(歳)	19.6	18.0	17.7	18.1	18.1	17.3	17.2	18.5	20.8	24.1	26.9
人口密度(1k㎡あたり)	13	15	18	20	24	29	34	37	40	43	46

	1960-1965	1965-1970	1970-1975	1975-1980	1980-1985	1985-1990	1990-1995	1995-2000	2000-2005	2005-2010	2010-2015
年平均人口増加数(千人)	610	712	843	1 188	1 725	1 776	830	1 106	854	826	971
年平均出生数(千人)	1 087	1 163	1 266	1 523	1 916	1 978	1 634	1 316	1 214	1 308	1 391
年平均死亡数(千人)	475	462	438	419	586	472	349	333	346	372	359
人口増加率(%)	2.61	2.67	2.76	3.33	4.03	3.44	1.43	1.76	1.26	1.15	1.27
粗出生率(人口千人あたり)	46.4	43.5	41.3	42.7	44.6	38.2	28.1	20.9	17.9	18.1	18.1
粗死亡率(人口千人あたり)	20.3	17.3	14.3	11.7	13.6	9.1	6.0	5.3	5.1	5.2	4.7
合計出生率(女子１人あたり)	6.91	6.68	6.24	6.28	6.53	5.62	3.95	2.63	1.97	1.79	1.75
純再生産率(女子１人あたり)	2.27	2.33	2.31	2.50	2.74	2.45	1.77	1.21	0.92	0.84	0.83
乳児死亡率(出生千人あたり)	175	154	124	95	71	50	40	32	25	19	15
出生時の平均余命(歳)											
男	46.9	49.2	52.5	56.2	45.2	55.8	66.2	68.2	70.0	71.0	74.0
女	45.8	49.2	52.9	57.2	61.3	64.8	67.5	69.9	72.3	74.6	76.2
男女計	46.4	49.2	52.7	56.7	52.1	60.0	66.9	69.0	71.1	72.7	75.1

B. 中 位 予 測 値

	2015	2020	2025	2030	2035	2040	2045	2050	2055	2060
人口(千人)										
総数	79 109	83 403	86 497	88 529	89 996	91 205	92 060	92 219	91 405	89 617
男	39 835	41 940	43 439	44 407	45 097	45 665	46 060	46 122	45 716	44 862
女	39 274	41 463	43 057	44 122	44 899	45 540	45 999	46 096	45 689	44 755
性比(女100につき男)	101.4	101.2	100.9	100.6	100.4	100.3	100.1	100.1	100.1	100.2
年齢分布(%)										
０－４歳	8.7	7.5	6.0	5.0	4.8	5.0	5.1	4.9	4.5	4.2
５－14歳	14.9	15.9	15.1	12.9	10.7	9.6	9.6	10.0	10.1	9.7
15－24歳	15.9	13.0	13.6	14.8	14.4	12.4	10.4	9.4	9.6	10.2
60歳以上	8.2	9.9	12.0	14.4	16.9	20.7	26.2	31.2	33.7	34.2
65歳以上	5.1	6.3	7.8	9.7	11.8	13.9	17.1	22.0	26.6	28.7
80歳以上	0.9	1.0	1.0	1.2	1.8	2.4	3.1	3.8	4.7	6.3
６－11歳	9.2	9.8	9.0	7.4	6.2	5.6	5.8	6.1	6.1	5.7
12－14歳	4.0	4.5	4.8	4.3	3.6	3.0	2.8	2.9	3.1	3.1
15－17歳	4.0	4.0	4.6	4.6	4.0	3.3	2.8	2.8	3.0	3.1
18－23歳	9.8	7.6	7.8	8.9	8.9	7.7	6.4	5.6	5.7	6.1
15－24歳女子(%)	59.8	57.6	57.0	55.2	50.3	44.8	41.5	40.3	39.7	38.7
中位数年齢(歳)	29.5	32.4	35.5	38.3	40.9	42.6	43.8	44.7	46.2	47.7
人口密度(1k㎡あたり)	49	51	53	54	55	56	57	57	56	55

	2010-2015	2015-2020	2020-2025	2025-2030	2030-2035	2035-2040	2040-2045	2045-2050	2050-2055	2055-2060
年平均人口増加数(千人)	971	859	619	406	293	242	171	32	－ 163	－ 358
年平均出生数(千人)	1 391	1 264	1 053	901	869	915	949	916	835	759
年平均死亡数(千人)	359	376	410	471	552	650	755	861	975	1 096
年平均純移動数(千人)	−60	−29	−23	−23	−23	−23	−23	−23	−22	−21
人口増加率(%)	1.27	1.06	0.73	0.46	0.33	0.27	0.19	0.04	−0.18	−0.40
粗出生率(人口千人あたり)	18.1	15.6	12.4	10.3	9.7	10.1	10.4	9.9	9.1	8.4
粗死亡率(人口千人あたり)	4.7	4.6	4.8	5.4	6.2	7.2	8.2	9.3	10.6	12.1
純移動率(人口千人あたり)	−0.8	−0.4	−0.3	−0.3	−0.3	−0.3	−0.3	−0.3	−0.2	−0.2
合計出生率（女子１人あたり）	1.75	1.62	1.52	1.49	1.51	1.54	1.58	1.61	1.64	1.66
純再生産率（女子１人あたり）	0.83	0.77	0.73	0.71	0.72	0.74	0.76	0.78	0.79	0.80
乳児死亡率（出生千人あたり）	15	13	11	10	9	8	7	6	6	6
５歳未満の死亡数(出生千人あたい	17	15	13	11	10	9	8	8	7	7
出生時の平均余命(歳)										
男	74.0	74.7	75.5	76.1	76.8	77.5	78.2	78.9	79.6	80.4
女	76.2	77.1	77.8	78.4	79.1	79.7	80.2	80.7	81.2	81.7
男女計	75.1	75.9	76.6	77.3	77.9	78.6	79.2	79.8	80.4	81.0

C. 高 位 予 測 値

	2015	2020	2025	2030	2035	2040	2045	2050	2055	2060
人口(千人)										
総数	79 109	84 366	88 822	92 346	95 267	98 086	100 827	103 205	104 867	105 668
男	39 835	42 433	44 630	46 361	47 795	49 187	50 548	51 744	52 605	53 075
女	39 274	41 933	44 192	45 985	47 472	48 899	50 279	51 460	52 262	52 593
性比(女100につき男)	101.4	101.1	100.8	100.5	100.2	99.9	99.7	99.5	99.4	99.4
年齢分布(%)										
０－４歳	8.7	8.5	7.4	6.4	6.0	6.3	6.6	6.6	6.3	6.0
５－14歳	14.9	15.7	15.8	14.8	13.1	11.9	11.8	12.3	12.7	12.7
15－24歳	15.9	12.9	13.2	14.2	14.6	13.9	12.3	11.2	11.3	12.0
60歳以上	8.2	9.8	11.7	13.8	16.0	19.2	23.9	27.9	29.4	29.0
65歳以上	5.1	6.2	7.6	9.3	11.1	12.9	15.6	19.7	23.2	24.3
80歳以上	0.9	1.0	0.9	1.1	1.7	2.2	2.8	3.4	4.1	5.4
15－49歳女子(%)	59.8	57.0	55.6	53.0	48.6	44.0	41.6	41.1	41.2	41.0
中位数年齢(歳)	29.5	32.1	34.8	36.9	38.7	39.4	39.6	40.3	41.0	41.8

	2010-2015	2015-2020	2020-2025	2025-2030	2030-2035	2035-2040	2040-2045	2045-2050	2050-2055	2055-2060
年平均人口増加数(千人)	971	1 051	891	705	584	564	548	475	332	160
年平均出生数(千人)	1 391	1 459	1 329	1 203	1 163	1 242	1 332	1 365	1 337	1 285
年平均死亡数(千人)	359	379	414	474	556	654	760	867	982	1 103
人口増加率(%)	1.27	1.29	1.03	0.78	0.62	0.58	0.55	0.47	0.32	0.15
粗出生率(人口千人あたり)	18.1	17.8	15.3	13.3	12.4	12.8	13.4	13.4	12.8	12.2
粗死亡率(人口千人あたり)	4.7	4.6	4.8	5.2	5.9	6.8	7.6	8.5	9.4	10.5
合計出生率 (女子１人あたり)	1.75	1.87	1.92	1.99	2.01	2.04	2.08	2.11	2.14	2.16
純再生産率 (女子１人あたり)	0.83	0.89	0.92	0.95	0.96	0.98	1.00	1.02	1.03	1.04

D. 低 位 予 測 値

	2015	2020	2025	2030	2035	2040	2045	2050	2055	2060
人口(千人)										
総数	79 109	82 441	84 171	84 711	84 740	84 411	83 573	81 903	79 188	75 500
男	39 835	41 447	42 249	42 452	42 406	42 187	41 717	40 843	39 465	37 639
女	39 274	40 993	41 923	42 259	42 334	42 224	41 856	41 060	39 723	37 860
性比(女100につき男)	101.4	101.1	100.8	100.5	100.2	99.9	99.7	99.5	99.4	99.4
年齢分布(%)										
０－４歳	8.7	6.4	4.6	3.5	3.4	3.5	3.6	3.3	2.8	2.5
５－14歳	14.9	16.0	14.4	10.7	8.0	6.9	7.0	7.3	7.2	6.5
15－24歳	15.9	13.2	13.9	15.5	14.2	10.7	8.0	7.0	7.3	7.9
60歳以上	8.2	10.0	12.3	15.0	18.0	22.4	28.8	35.1	38.9	40.6
65歳以上	5.1	6.3	8.0	10.2	12.5	15.0	18.8	24.8	30.7	34.0
80歳以上	0.9	1.0	1.0	1.2	1.9	2.6	3.4	4.3	5.4	7.5
15－49歳女子(%)	59.8	58.3	58.6	57.7	52.3	45.7	41.2	39.0	37.4	34.8
中位数年齢(歳)	29.5	32.7	36.1	39.7	42.8	45.7	47.8	49.7	51.4	53.3

	2010-2015	2015-2020	2020-2025	2025-2030	2030-2035	2035-2040	2040-2045	2045-2050	2050-2055	2055-2060
年平均人口増加数(千人)	971	666	346	108	6	－ 66	－ 168	－ 334	－ 543	－ 738
年平均出生数(千人)	1 391	1 069	776	598	578	604	606	545	449	373
年平均死亡数(千人)	359	373	407	467	548	646	750	855	969	1 090
人口増加率(%)	1.27	0.83	0.42	0.13	0.01	−0.08	−0.20	−0.40	−0.67	−0.95
粗出生率(人口千人あたり)	18.1	13.2	9.3	7.1	6.8	7.1	7.2	6.6	5.6	4.8
粗死亡率(人口千人あたり)	4.7	4.6	4.9	5.5	6.5	7.6	8.9	10.3	12.0	14.1
合計出生率 (女子１人あたり)	1.75	1.37	1.12	0.99	1.01	1.04	1.08	1.11	1.14	1.16
純再生産率 (女子１人あたり)	0.83	0.65	0.54	0.47	0.48	0.50	0.52	0.53	0.55	0.56

E. 出生力一定予測値

	2015	2020	2025	2030	2035	2040	2045	2050	2055	2060
人口(千人)										
総数	79 109	83 776	87 500	90 311	92 587	94 508	95 947	96 657	96 476	95 430
男	39 835	42 131	43 953	45 319	46 423	47 356	48 050	48 393	48 310	47 835
女	39 274	41 645	43 547	44 992	46 164	47 152	47 897	48 263	48 165	47 595
中位数年齢(歳)	29.5	32.3	35.2	37.7	39.9	41.1	41.9	42.9	44.2	45.5

	2010-2015	2015-2020	2020-2025	2025-2030	2030-2035	2035-2040	2040-2045	2045-2050	2050-2055	2055-2060
人口増加率(%)	1.27	1.15	0.87	0.63	0.50	0.41	0.30	0.15	−0.04	−0.22
粗出生率(人口千人あたり)	18.1	16.4	13.8	11.9	11.3	11.3	11.2	10.7	10.0	9.5
粗死亡率(人口千人あたり)	4.7	4.6	4.8	5.3	6.1	7.0	7.9	9.0	10.1	11.4

Iraq

A. 推 計 値

指 標	1960	1965	1970	1975	1980	1985	1990	1995	2000	2005	2010
人口(千人)											
総数	7 290	8 376	9 918	11 685	13 653	15 576	17 478	20 218	23 575	27 018	30 868
男	3 667	4 240	5 045	5 961	6 972	7 878	8 824	10 200	11 899	13 660	15 608
女	3 623	4 136	4 873	5 724	6 681	7 699	8 655	10 018	11 676	13 358	15 260
性比(女100につき男)	101.2	102.5	103.5	104.1	104.4	102.3	102.0	101.8	101.9	102.3	102.3
年齢分布(%)											
0－4歳	16.2	17.4	19.2	18.5	17.8	17.3	17.2	16.6	16.3	15.7	16.0
5－14歳	25.2	26.6	25.4	27.8	29.0	28.8	28.7	27.7	26.7	26.3	25.8
15－24歳	17.2	16.4	18.0	18.6	18.0	19.8	21.1	21.4	20.9	20.3	19.8
60歳以上	5.7	6.3	6.5	6.5	6.2	5.8	5.5	5.3	5.2	5.1	4.7
65歳以上	3.1	3.6	4.0	4.2	4.1	4.0	3.8	3.6	3.5	3.4	3.3
80歳以上	0.3	0.3	0.3	0.4	0.4	0.5	0.5	0.6	0.6	0.5	0.5
15－49歳女子(%)	45.1	42.2	42.1	41.4	41.8	43.5	44.3	46.2	48.0	48.3	48.6
中位数年齢(歳)	19.6	18.6	17.5	17.0	16.6	16.7	16.8	17.5	18.2	18.7	18.9
人口密度(1km²あたり)	17	19	23	27	31	36	40	47	54	62	71

指 標	1960-1965	1965-1970	1970-1975	1975-1980	1980-1985	1985-1990	1990-1995	1995-2000	2000-2005	2005-2010	2010-2015
年平均人口増加数(千人)	217	308	353	394	385	380	548	671	689	770	1 111
年平均出生数(千人)	342	427	472	522	570	633	700	800	882	1 029	1 180
年平均死亡数(千人)	124	118	117	119	145	126	121	125	141	167	178
人口増加率(%)	2.78	3.38	3.28	3.11	2.64	2.30	2.91	3.07	2.73	2.67	3.31
粗出生率(人口千人あたり)	43.7	46.7	43.7	41.2	39.0	38.3	37.1	36.6	34.9	35.5	35.1
粗死亡率(人口千人あたり)	15.9	12.9	10.8	9.4	9.9	7.6	6.4	5.7	5.6	5.8	5.3
合計出生率(女子1人あたり)	6.60	7.40	7.15	6.80	6.35	6.09	5.65	5.19	4.66	4.64	4.64
純再生産率(女子1人あたり)	2.34	2.85	2.89	2.84	2.77	2.70	2.55	2.36	2.11	2.12	2.12
乳児死亡率(出生千人あたり)	129	91	73	57	43	38	37	36	35	33	32
出生時の平均余命(歳)											
男	51.5	56.8	59.5	61.3	53.0	60.9	64.3	66.5	66.9	65.1	67.0
女	50.3	55.9	59.5	62.1	66.3	68.4	70.6	71.9	71.0	71.2	71.4
男女計	50.9	56.4	59.5	61.7	59.0	64.5	67.4	69.1	68.9	68.0	69.2

B. 中 位 予 測 値

指 標	2015	2020	2025	2030	2035	2040	2045	2050	2055	2060
人口(千人)										
総数	36 423	41 972	47 797	54 071	60 873	68 127	75 758	83 652	91 728	99 958
男	18 437	21 265	24 232	27 423	30 874	34 551	38 414	42 404	46 480	50 637
女	17 986	20 707	23 566	26 647	29 999	33 576	37 344	41 248	45 247	49 321
性比(女100につき男)	102.5	102.7	102.8	102.9	102.9	102.9	102.9	102.8	102.7	102.7
年齢分布(%)										
0－4歳	15.7	15.0	14.2	13.6	13.1	12.7	12.2	11.7	11.2	10.7
5－14歳	25.3	25.4	25.0	24.1	23.1	22.4	21.9	21.3	20.6	19.9
15－24歳	19.6	19.1	19.0	19.5	19.4	19.0	18.5	18.2	18.0	17.7
60歳以上	5.0	4.9	5.1	5.8	6.7	7.4	8.2	8.8	9.5	10.2
65歳以上	3.1	3.3	3.3	3.5	4.1	4.8	5.4	5.9	6.5	7.0
80歳以上	0.5	0.5	0.5	0.4	0.5	0.6	0.6	0.8	1.0	1.2
6－11歳	15.6	15.7	15.3	14.7	14.1	13.7	13.3	13.0	12.5	12.1
12－14歳	6.8	6.9	6.9	6.8	6.5	6.3	6.2	6.1	5.9	5.8
15－17歳	6.4	6.2	6.4	6.4	6.2	6.0	5.9	5.8	5.7	5.6
18－23歳	11.4	11.2	11.0	11.4	11.4	11.2	10.9	10.7	10.6	10.5
15－24歳女子(%)	49.2	48.7	48.8	49.2	49.7	49.8	49.9	50.0	50.2	50.3
中位数年齢(歳)	19.3	19.8	20.3	21.1	21.9	22.7	23.6	24.3	25.1	26.0
人口密度(1km²あたり)	84	97	110	124	140	157	174	193	211	230

指 標	2010-2015	2015-2020	2020-2025	2025-2030	2030-2035	2035-2040	2040-2045	2045-2050	2050-2055	2055-2060
年平均人口増加数(千人)	1 111	1 110	1 165	1 255	1 360	1 451	1 526	1 579	1 615	1 646
年平均出生数(千人)	1 180	1 300	1 398	1 506	1 632	1 759	1 878	1 982	2 074	2 162
年平均死亡数(千人)	178	194	212	235	265	302	346	397	453	511
年平均純移動数(千人)	110	4	−21	−17	−6	−6	−6	−6	−6	−5
人口増加率(%)	3.31	2.84	2.60	2.47	2.37	2.25	2.12	1.98	1.84	1.72
粗出生率(人口千人あたり)	35.1	33.2	31.1	29.6	28.4	27.3	26.1	24.9	23.7	22.6
粗死亡率(人口千人あたり)	5.3	5.0	4.7	4.6	4.6	4.7	4.8	5.0	5.2	5.3
純移動率(人口千人あたり)	3.3	0.1	−0.5	−0.3	−0.1	−0.1	−0.1	−0.1	−0.1	−0.1
合計出生率(女子1人あたり)	4.64	4.35	4.09	3.86	3.65	3.47	3.31	3.17	3.04	2.92
純再生産率(女子1人あたり)	2.12	2.01	1.90	1.80	1.71	1.63	1.56	1.50	1.44	1.39
乳児死亡率(出生千人あたり)	32	28	24	21	19	17	15	14	12	11
5歳未満の死亡数(出生千人あたり	38	33	29	25	22	20	18	16	14	13
出生時の平均余命(歳)										
男	67.0	67.7	68.4	69.1	69.6	70.3	70.9	71.5	72.1	72.8
女	71.4	72.3	73.2	73.9	74.6	75.3	76.0	76.6	77.2	77.8
男女計	69.2	70.0	70.8	71.5	72.1	72.7	73.4	74.0	74.6	75.3

C. 高位予測値

	2015	2020	2025	2030	2035	2040	2045	2050	2055	2060
人口(千人)										
総数	36 423	42 335	48 824	56 049	63 983	72 684	82 214	92 540	103 601	115 371
男	18 437	21 452	24 760	28 441	32 475	36 896	41 735	46 976	52 587	58 563
女	17 986	20 883	24 064	27 608	31 508	35 788	40 479	45 565	51 015	56 808
性比(女100につき男)	102.5	102.7	102.8	102.8	102.8	102.7	102.6	102.5	102.3	102.2
年齢分布(%)										
0－4歳	15.7	15.8	15.3	14.8	14.3	13.9	13.6	13.2	12.8	12.4
5－14歳	25.3	25.2	25.2	25.0	24.5	23.9	23.3	22.9	22.5	22.0
15－24歳	19.6	18.9	18.6	18.8	19.1	19.2	19.0	18.7	18.4	18.3
60歳以上	5.0	4.9	5.0	5.6	6.3	7.0	7.5	8.0	8.4	8.9
65歳以上	3.1	3.3	3.2	3.4	3.9	4.5	5.0	5.4	5.7	6.1
80歳以上	0.5	0.4	0.5	0.4	0.5	0.5	0.6	0.7	0.9	1.0
15－49歳女子(%)	49.2	48.3	47.8	47.5	47.8	48.1	48.4	48.5	48.9	49.1
中位数年齢(歳)	19.3	19.6	19.7	20.0	20.5	21.1	21.7	22.3	22.9	23.5

	2010-2015	2015-2020	2020-2025	2025-2030	2030-2035	2035-2040	2040-2045	2045-2050	2050-2055	2055-2060
年平均人口増加数(千人)	1 111	1 182	1 298	1 445	1 587	1 740	1 906	2 065	2 212	2 354
年平均出生数(千人)	1 180	1 375	1 535	1 702	1 864	2 055	2 266	2 479	2 684	2 885
年平均死亡数(千人)	178	196	216	240	271	309	354	408	466	526
人口増加率(%)	3.31	3.01	2.85	2.76	2.65	2.55	2.46	2.37	2.26	2.15
粗出生率(人口千人あたり)	35.1	34.9	33.7	32.5	31.1	30.1	29.3	28.4	27.4	26.4
粗死亡率(人口千人あたり)	5.3	5.0	4.7	4.6	4.5	4.5	4.6	4.7	4.8	4.8
合計出生率(女子1人あたり)	4.64	4.60	4.49	4.36	4.15	3.97	3.81	3.67	3.54	3.42
純再生産率(女子1人あたり)	2.12	2.12	2.08	2.03	1.95	1.87	1.80	1.73	1.68	1.62

D. 低位予測値

	2015	2020	2025	2030	2035	2040	2045	2050	2055	2060
人口(千人)										
総数	36 423	41 610	46 770	52 092	57 773	63 634	69 501	75 210	80 681	85 905
男	18 437	21 079	23 703	26 405	29 279	32 239	35 195	38 062	40 800	43 412
女	17 986	20 531	23 067	25 687	28 494	31 394	34 305	37 148	39 881	42 493
性比(女100につき男)	102.5	102.7	102.8	102.8	102.8	102.7	102.6	102.5	102.3	102.2
年齢分布(%)										
0－4歳	15.7	14.3	13.1	12.3	11.9	11.4	10.7	10.1	9.4	8.9
5－14歳	25.3	25.6	24.7	23.0	21.6	20.8	20.2	19.5	18.6	17.6
15－24歳	19.6	19.2	19.5	20.2	19.9	18.7	17.8	17.5	17.3	17.0
60歳以上	5.0	5.0	5.2	6.1	7.0	8.0	8.9	9.8	10.8	11.9
65歳以上	3.1	3.3	3.4	3.6	4.3	5.1	5.9	6.6	7.4	8.2
80歳以上	0.5	0.5	0.5	0.5	0.6	0.6	0.7	0.9	1.2	1.4
15－49歳女子(%)	49.2	49.1	49.9	51.1	51.7	51.7	51.5	51.5	51.6	51.2
中位数年齢(歳)	19.3	20.0	20.9	22.1	23.3	24.5	25.7	26.9	28.0	29.2

	2010-2015	2015-2020	2020-2025	2025-2030	2030-2035	2035-2040	2040-2045	2045-2050	2050-2055	2055-2060
年平均人口増加数(千人)	1 111	1 037	1 032	1 064	1 136	1 172	1 173	1 142	1 094	1 045
年平均出生数(千人)	1 180	1 225	1 261	1 311	1 402	1 474	1 517	1 535	1 541	1 547
年平均死亡数(千人)	178	192	208	230	260	296	337	387	441	497
人口増加率(%)	3.31	2.66	2.34	2.16	2.07	1.93	1.76	1.58	1.40	1.26
粗出生率(人口千人あたり)	35.1	31.4	28.5	26.5	25.5	24.3	22.8	21.2	19.8	18.6
粗死亡率(人口千人あたり)	5.3	4.9	4.7	4.6	4.7	4.9	5.1	5.3	5.7	6.0
合計出生率(女子1人あたり)	4.64	4.10	3.69	3.36	3.15	2.97	2.81	2.67	2.54	2.42
純再生産率(女子1人あたり)	2.12	1.89	1.71	1.57	1.48	1.40	1.32	1.26	1.20	1.15

E. 出生力一定予測値

	2015	2020	2025	2030	2035	2040	2045	2050	2055	2060
人口(千人)										
総数	36 423	42 277	48 840	56 350	64 999	74 927	86 344	99 451	114 492	131 787
男	18 437	21 422	24 768	28 596	32 998	38 051	43 862	50 534	58 193	67 013
女	17 986	20 855	24 072	27 754	32 001	36 876	42 483	48 918	56 299	64 774
中位数年齢(歳)	19.3	19.6	19.7	19.9	20.1	20.2	20.3	20.4	20.4	20.4

	2010-2015	2015-2020	2020-2025	2025-2030	2030-2035	2035-2040	2040-2045	2045-2050	2050-2055	2055-2060
人口増加率(%)	3.31	2.98	2.89	2.86	2.86	2.84	2.84	2.83	2.82	2.81
粗出生率(人口千人あたり)	35.1	34.6	34.0	33.5	33.1	33.0	32.9	32.8	32.7	32.5
粗死亡率(人口千人あたり)	5.3	5.0	4.7	4.6	4.5	4.5	4.5	4.5	4.5	4.4

Ireland

A. 推計値

指　標	1960	1965	1970	1975	1980	1985	1990	1995	2000	2005	2010
人口(千人)											
総数	2 819	2 857	2 947	3 181	3 431	3 560	3 563	3 645	3 842	4 204	4 617
男	1 418	1 435	1 480	1 598	1 724	1 781	1 774	1 811	1 910	2 099	2 301
女	1 401	1 422	1 467	1 583	1 707	1 779	1 789	1 834	1 931	2 104	2 316
性比(女100につき男)	101.2	101.0	100.8	101.0	100.9	100.1	99.1	98.7	98.9	99.8	99.3
年齢分布(%)											
０－４歳	10.2	10.6	10.4	11.1	10.5	9.6	7.8	6.8	7.0	7.3	7.8
５－14歳	20.7	20.2	20.4	19.9	19.9	20.4	19.7	17.4	14.4	12.9	12.9
15－24歳	14.9	16.5	17.7	17.5	17.8	17.4	17.6	18.7	18.0	15.6	12.9
60歳以上	15.6	15.5	15.4	15.2	14.6	14.5	14.4	14.4	14.5	14.8	16.0
65歳以上	11.1	11.1	11.0	10.6	10.6	10.6	11.1	10.8	10.5	10.6	11.1
80歳以上	2.1	2.1	2.0	1.9	1.9	2.0	2.1	2.5	2.5	2.6	2.6
15－49歳女子(%)	43.1	42.6	42.9	43.6	46.0	47.4	49.3	51.6	52.9	52.9	51.6
中位数年齢(歳)	29.1	27.4	26.4	26.0	26.2	26.8	28.3	30.1	31.8	33.3	34.6
人口密度(1k㎡あたり)	41	41	43	46	50	52	52	53	56	61	67

指　標	1960-1965	1965-1970	1970-1975	1975-1980	1980-1985	1985-1990	1990-1995	1995-2000	2000-2005	2005-2010	2010-2015
年平均人口増加数(千人)	8	18	47	50	26	1	16	39	72	83	14
年平均出生数(千人)	63	61	73	73	68	56	49	54	62	71	72
年平均死亡数(千人)	33	33	33	33	32	32	31	32	30	28	30
人口増加率(%)	0.27	0.62	1.53	1.52	0.74	0.02	0.46	1.05	1.80	1.88	0.31
粗出生率(人口千人あたり)	22.2	21.1	23.7	22.0	19.5	15.6	13.7	14.4	15.4	16.1	15.4
粗死亡率(人口千人あたり)	11.8	11.4	10.9	10.1	9.3	9.0	8.6	8.4	7.4	6.4	6.4
合計出生率(女子１人あたり)	4.07	3.77	3.82	3.25	2.76	2.18	1.91	1.94	1.97	2.00	2.01
純再生産率(女子１人あたり)	1.88	1.75	1.79	1.53	1.31	1.04	0.91	0.92	0.94	0.96	0.96
乳児死亡率(出生千人あたり)	28	23	18	15	10	8	7	6	6	4	3
出生時の平均余命(歳)											
男	68.2	68.6	68.8	69.4	70.4	71.4	72.6	73.2	75.1	77.2	78.4
女	72.1	73.1	73.8	74.8	76.0	77.1	78.2	78.8	80.2	81.9	82.7
男女計	70.1	70.8	71.2	71.9	73.1	74.1	75.3	75.9	77.6	79.6	80.6

B. 中位予測値

指　標	2015	2020	2025	2030	2035	2040	2045	2050	2055	2060
人口(千人)										
総数	4 688	4 874	5 048	5 204	5 360	5 519	5 667	5 789	5 879	5 943
男	2 340	2 435	2 522	2 600	2 680	2 761	2 837	2 900	2 946	2 980
女	2 348	2 440	2 527	2 604	2 681	2 758	2 830	2 889	2 933	2 963
性比(女100につき男)	99.6	99.8	99.8	99.9	100.0	100.1	100.2	100.4	100.5	100.6
年齢分布(%)										
０－４歳	7.5	6.5	5.8	5.6	5.8	6.1	6.1	5.8	5.5	5.3
５－14歳	14.2	14.6	13.4	11.9	11.0	11.0	11.5	11.8	11.7	11.2
15－24歳	11.2	12.0	13.5	13.9	12.9	11.5	10.7	10.7	11.3	11.7
60歳以上	18.4	20.2	22.4	24.4	26.9	29.1	30.7	31.0	30.5	30.4
65歳以上	13.1	15.0	16.6	18.6	20.3	22.4	24.4	25.8	26.0	25.5
80歳以上	2.9	3.3	3.9	5.0	6.0	6.7	7.7	8.5	9.8	11.0
６－11歳	8.8	8.8	7.9	7.0	6.5	6.7	7.0	7.1	7.0	6.7
12－14歳	3.9	4.3	4.3	3.8	3.4	3.2	3.3	3.5	3.5	3.5
15－17歳	3.5	4.0	4.3	4.1	3.5	3.2	3.2	3.3	3.5	3.5
18－23歳	6.5	7.0	7.9	8.5	7.9	7.0	6.4	6.4	6.7	7.0
15－24歳女子(%)	47.6	46.0	44.7	43.2	41.5	40.7	40.7	40.7	40.6	40.0
中位数年齢(歳)	36.9	38.7	40.4	41.3	41.5	41.5	41.8	42.6	43.6	44.4
人口密度(1k㎡あたり)	68	71	73	76	78	80	82	84	85	86

指　標	2010-2015	2015-2020	2020-2025	2025-2030	2030-2035	2035-2040	2040-2045	2045-2050	2050-2055	2055-2060
年平均人口増加数(千人)	14	37	35	31	31	32	30	24	18	13
年平均出生数(千人)	72	64	59	58	62	67	69	67	64	63
年平均死亡数(千人)	30	31	34	37	41	45	49	53	56	59
年平均純移動数(千人)	−28	5	10	10	10	10	10	10	9	9
人口増加率(%)	0.31	0.78	0.70	0.61	0.59	0.58	0.53	0.43	0.31	0.22
粗出生率(人口千人あたり)	15.4	13.3	11.8	11.3	11.7	12.3	12.3	11.7	11.0	10.7
粗死亡率(人口千人あたり)	6.4	6.6	6.8	7.2	7.7	8.3	8.7	9.2	9.6	10.0
純移動率(人口千人あたり)	−6.0	1.0	2.0	2.0	1.9	1.8	1.8	1.7	1.6	1.5
合計出生率（女子１人あたり）	2.01	2.00	1.99	1.98	1.97	1.96	1.96	1.95	1.95	1.95
純再生産率（女子１人あたり）	0.96	0.96	0.96	0.96	0.95	0.95	0.95	0.95	0.95	0.95
乳児死亡率（出生千人あたり）	3	2	2	2	2	2	1	1	1	1
５歳未満の死亡数(出生千人あたり	4	3	3	2	2	2	2	2	2	2
出生時の平均余命(歳)										
男	78.4	79.5	80.7	81.8	82.7	83.5	84.2	84.8	85.4	86.0
女	82.7	83.5	84.3	84.9	85.6	86.2	86.9	87.5	88.1	88.6
男女計	80.6	81.5	82.5	83.4	84.2	84.9	85.5	86.1	86.7	87.3

C. 高 位 予 測 値

	2015	2020	2025	2030	2035	2040	2045	2050	2055	2060
人口(千人)										
総数	4 688	4 914	5 147	5 376	5 611	5 859	6 109	6 351	6 581	6 804
男	2 340	2 455	2 572	2 688	2 808	2 935	3 063	3 188	3 306	3 421
女	2 348	2 459	2 575	2 688	2 803	2 924	3 046	3 164	3 275	3 383
性比(女100につき男)	99.6	99.7	99.7	99.7	99.7	99.8	99.8	99.9	99.9	99.9
年齢分布(%)										
0－4歳	7.5	7.3	6.8	6.8	7.0	7.2	7.3	7.2	7.0	7.0
5－14歳	14.2	14.4	13.9	13.3	12.9	13.0	13.4	13.8	13.8	13.6
15－24歳	11.2	11.9	13.2	13.5	13.0	12.5	12.1	12.2	12.6	13.0
60歳以上	18.4	20.0	22.0	23.6	25.7	27.5	28.5	28.2	27.3	26.6
65歳以上	13.1	14.8	16.3	18.0	19.4	21.1	22.6	23.5	23.2	22.3
80歳以上	2.9	3.3	3.9	4.8	5.7	6.3	7.1	7.7	8.7	9.6
15－49歳女子(%)	47.6	45.6	43.8	41.9	40.4	40.1	40.5	41.1	41.4	41.4
中位数年齢(歳)	36.9	38.4	39.6	39.9	39.3	38.8	38.8	39.0	39.1	39.0

	2010-2015	2015-2020	2020-2025	2025-2030	2030-2035	2035-2040	2040-2045	2045-2050	2050-2055	2055-2060
年平均人口増加数(千人)	14	45	47	46	47	50	50	48	46	44
年平均出生数(千人)	72	72	70	73	78	84	89	91	93	95
年平均死亡数(千人)	30	31	34	37	41	45	49	53	56	60
人口増加率(%)	0.31	0.94	0.93	0.87	0.86	0.86	0.84	0.78	0.71	0.67
粗出生率(人口千人あたり)	15.4	15.0	14.0	13.8	14.2	14.7	14.9	14.6	14.3	14.2
粗死亡率(人口千人あたり)	6.4	6.5	6.7	7.0	7.4	7.8	8.2	8.5	8.7	8.9
合計出生率（女子1人あたり）	2.01	2.25	2.39	2.48	2.47	2.46	2.46	2.45	2.45	2.45
純再生産率（女子1人あたり）	0.96	1.08	1.16	1.20	1.20	1.19	1.19	1.19	1.19	1.19

D. 低 位 予 測 値

	2015	2020	2025	2030	2035	2040	2045	2050	2055	2060
人口(千人)										
総数	4 688	4 834	4 950	5 032	5 110	5 181	5 233	5 249	5 223	5 161
男	2 340	2 414	2 471	2 512	2 551	2 588	2 615	2 623	2 610	2 579
女	2 348	2 420	2 479	2 520	2 559	2 593	2 619	2 626	2 613	2 581
性比(女100につき男)	99.6	99.7	99.7	99.7	99.7	99.8	99.8	99.9	99.9	99.9
年齢分布(%)										
0－4歳	7.5	5.8	4.7	4.3	4.5	4.8	4.7	4.4	4.0	3.7
5－14歳	14.2	14.7	12.9	10.3	9.0	8.8	9.3	9.5	9.2	8.6
15－24歳	11.2	12.1	13.7	14.4	12.7	10.3	9.0	9.0	9.5	9.9
60歳以上	18.4	20.3	22.8	25.2	28.2	31.0	33.3	34.1	34.4	35.0
65歳以上	13.1	15.1	16.9	19.3	21.3	23.9	26.4	28.4	29.2	29.3
80歳以上	2.9	3.3	4.0	5.2	6.3	7.2	8.3	9.3	11.0	12.7
15－49歳女子(%)	47.6	46.4	45.5	44.7	42.8	41.5	40.8	40.2	39.2	37.7
中位数年齢(歳)	36.9	38.9	41.0	42.7	43.8	44.3	45.0	46.2	47.8	49.5

	2010-2015	2015-2020	2020-2025	2025-2030	2030-2035	2035-2040	2040-2045	2045-2050	2050-2055	2055-2060
年平均人口増加数(千人)	14	29	23	16	15	14	10	3	－5	－12
年平均出生数(千人)	72	56	47	43	46	49	49	46	41	38
年平均死亡数(千人)	30	31	34	37	41	45	49	53	56	59
人口増加率(%)	0.31	0.61	0.47	0.33	0.31	0.28	0.20	0.06	−0.10	−0.24
粗出生率(人口千人あたり)	15.4	11.7	9.6	8.7	9.1	9.6	9.5	8.7	7.8	7.3
粗死亡率(人口千人あたり)	6.4	6.6	6.9	7.4	8.0	8.7	9.4	10.0	10.7	11.4
合計出生率（女子1人あたり）	2.01	1.75	1.59	1.48	1.47	1.46	1.46	1.45	1.45	1.45
純再生産率（女子1人あたり）	0.96	0.84	0.77	0.72	0.71	0.71	0.71	0.71	0.70	0.70

E. 出生力一定予測値

	2015	2020	2025	2030	2035	2040	2045	2050	2055	2060
人口(千人)										
総数	4 688	4 880	5 061	5 223	5 385	5 550	5 708	5 843	5 948	6 028
男	2 340	2 438	2 531	2 614	2 697	2 783	2 866	2 937	2 993	3 036
女	2 348	2 442	2 531	2 610	2 688	2 767	2 842	2 906	2 955	2 991
中位数年齢(歳)	36.9	38.6	40.3	41.2	41.3	41.2	41.5	42.2	43.1	43.8

	2010-2015	2015-2020	2020-2025	2025-2030	2030-2035	2035-2040	2040-2045	2045-2050	2050-2055	2055-2060
人口増加率(%)	0.31	0.80	0.73	0.63	0.61	0.60	0.56	0.47	0.36	0.27
粗出生率(人口千人あたり)	15.4	13.6	12.1	11.5	11.9	12.4	12.5	12.1	11.5	11.1
粗死亡率(人口千人あたり)	6.4	6.5	6.8	7.2	7.7	8.2	8.7	9.1	9.5	9.9

Israel

A. 推計値

指　標	1960	1965	1970	1975	1980	1985	1990	1995	2000	2005	2010
人口(千人)											
総数	2 090	2 523	2 850	3 337	3 745	4 083	4 499	5 332	6 014	6 604	7 420
男	1 060	1 274	1 437	1 673	1 869	2 040	2 245	2 633	2 964	3 258	3 665
女	1 030	1 249	1 412	1 664	1 875	2 042	2 254	2 698	3 050	3 346	3 755
性比(女100につき男)	102.9	102.0	101.8	100.5	99.7	99.9	99.6	97.6	97.2	97.4	97.6
年齢分布(%)											
０－４歳	12.6	11.9	11.8	12.6	12.2	11.2	10.7	9.9	10.2	10.1	9.9
５－14歳	23.9	23.4	21.1	20.0	20.8	21.6	20.5	19.1	17.9	17.8	17.3
15－24歳	14.9	16.8	19.9	19.1	17.0	16.6	17.4	17.7	17.3	16.3	15.1
60歳以上	7.7	9.0	10.4	11.7	11.9	12.1	12.2	13.1	13.3	13.3	14.9
65歳以上	4.7	5.6	6.5	7.7	8.7	8.6	8.9	9.7	10.0	10.0	10.4
80歳以上	0.6	0.7	0.9	1.0	1.2	1.4	1.7	2.1	2.2	2.5	2.9
15－49歳女子(%)	46.9	46.1	47.9	47.5	46.6	46.9	48.7	50.0	49.3	47.9	47.0
中位数年齢(歳)	24.1	23.4	23.5	24.1	25.0	25.4	25.9	27.3	28.0	28.7	30.1
人口密度(1k㎡あたり)	97	117	132	154	173	189	208	246	278	305	343

指　標	1960-1965	1965-1970	1970-1975	1975-1980	1980-1985	1985-1990	1990-1995	1995-2000	2000-2005	2005-2010	2010-2015
年平均人口増加数(千人)	87	65	97	82	68	83	166	136	118	163	129
年平均出生数(千人)	59	68	85	93	93	97	105	121	134	148	166
年平均死亡数(千人)	14	17	21	24	26	27	30	34	36	39	41
人口増加率(%)	3.76	2.44	3.16	2.31	1.73	1.94	3.40	2.41	1.87	2.33	1.66
粗出生率(人口千人あたり)	25.5	25.3	27.4	26.2	23.7	22.7	21.4	21.4	21.2	21.1	21.5
粗死亡率(人口千人あたり)	6.1	6.4	6.7	6.7	6.6	6.3	6.1	6.0	5.7	5.6	5.3
合計出生率(女子１人あたり)	3.85	3.78	3.81	3.47	3.13	3.07	2.93	2.93	2.91	2.91	3.05
純再生産率(女子１人あたり)	1.78	1.77	1.79	1.64	1.49	1.47	1.41	1.41	1.40	1.41	1.47
乳児死亡率(出生千人あたり)	28	24	21	17	14	11	8	6	5	4	3
出生時の平均余命(歳)											
男	69.6	70.3	71.0	71.9	72.9	74.0	75.2	76.3	77.5	78.7	80.2
女	72.5	73.4	74.2	75.2	76.4	77.6	79.0	80.3	81.5	82.7	83.8
男女計	71.0	71.8	72.6	73.5	74.6	75.8	77.1	78.3	79.6	80.8	82.1

B. 中位予測値

指　標	2015	2020	2025	2030	2035	2040	2045	2050	2055	2060
人口(千人)										
総数	8 064	8 718	9 359	9 998	10 646	11 301	11 962	12 610	13 228	13 808
男	3 999	4 339	4 672	5 005	5 340	5 680	6 023	6 360	6 681	6 981
女	4 065	4 380	4 687	4 994	5 306	5 622	5 939	6 250	6 547	6 828
性比(女100につき男)	98.4	99.1	99.7	100.2	100.6	101.0	101.4	101.8	102.0	102.2
年齢分布(%)										
０－４歳	10.3	9.4	8.8	8.4	8.2	8.1	8.0	7.7	7.3	6.9
５－14歳	17.5	18.1	17.7	16.5	15.7	15.2	15.0	14.9	14.5	14.0
15－24歳	14.8	15.0	15.2	15.9	15.7	14.7	14.1	13.8	13.7	13.7
60歳以上	15.8	16.6	17.3	18.1	19.2	20.3	21.2	21.9	22.5	23.4
65歳以上	11.2	12.5	13.3	14.0	14.7	15.6	16.6	17.4	18.1	18.7
80歳以上	3.0	3.1	3.2	4.0	4.9	5.2	5.5	5.8	6.4	7.2
６－11歳	10.7	11.1	10.7	9.9	9.4	9.2	9.1	9.0	8.8	8.4
12－14歳	4.9	5.0	5.3	5.0	4.6	4.5	4.4	4.3	4.3	4.2
15－17歳	4.7	4.7	4.9	5.1	4.6	4.4	4.3	4.2	4.2	4.2
18－23歳	8.7	8.9	8.9	9.4	9.5	8.8	8.4	8.2	8.2	8.2
15－24歳女子(%)	46.3	45.9	45.6	45.7	45.6	45.5	45.3	45.1	44.9	44.6
中位数年齢(歳)	30.3	30.7	31.1	31.8	32.5	33.2	34.1	35.2	36.2	37.2
人口密度(1k㎡あたり)	373	403	432	462	492	522	553	583	611	638

指　標	2010-2015	2015-2020	2020-2025	2025-2030	2030-2035	2035-2040	2040-2045	2045-2050	2050-2055	2055-2060
年平均人口増加数(千人)	129	131	128	128	129	131	132	130	124	116
年平均出生数(千人)	166	165	165	168	175	184	190	193	192	190
年平均死亡数(千人)	41	44	47	50	56	62	68	74	78	83
年平均純移動数(千人)	4	10	10	10	10	10	10	10	9	9
人口増加率(%)	1.66	1.56	1.42	1.32	1.26	1.20	1.14	1.06	0.96	0.86
粗出生率(人口千人あたり)	21.5	19.6	18.2	17.4	17.0	16.7	16.4	15.7	14.9	14.1
粗死亡率(人口千人あたり)	5.3	5.2	5.2	5.2	5.4	5.7	5.9	6.0	6.0	6.1
純移動率(人口千人あたり)	0.5	1.2	1.1	1.0	1.0	0.9	0.9	0.8	0.7	0.7
合計出生率（女子１人あたり）	3.05	2.93	2.81	2.71	2.62	2.53	2.45	2.38	2.31	2.24
純再生産率（女子１人あたり）	1.47	1.42	1.36	1.31	1.27	1.23	1.19	1.15	1.12	1.09
乳児死亡率（出生千人あたり）	3	3	3	2	2	2	2	1	1	1
５歳未満の死亡数(出生千人あたり	4	4	3	3	2	2	2	2	2	2
出生時の平均余命(歳)										
男	80.2	81.3	82.5	83.4	84.1	84.8	85.6	86.2	86.9	87.5
女	83.8	84.6	85.3	86.0	86.7	87.4	88.1	88.7	89.4	90.0
男女計	82.1	83.0	83.9	84.7	85.5	86.1	86.8	87.5	88.1	88.7

C. 高位予測値

	2015	2020	2025	2030	2035	2040	2045	2050	2055	2060
人口(千人)										
総数	8 064	8 788	9 546	10 340	11 155	12 000	12 884	13 805	14 753	15 714
男	3 999	4 375	4 768	5 180	5 601	6 038	6 496	6 973	7 463	7 958
女	4 065	4 414	4 778	5 160	5 554	5 962	6 388	6 832	7 290	7 756
性比(女100につき男)	98.4	99.0	99.6	100.0	100.4	100.8	101.1	101.4	101.7	101.8
年齢分布(%)										
0－4歳	10.3	10.2	9.9	9.6	9.4	9.2	9.1	9.0	8.7	8.5
5－14歳	17.5	17.9	18.1	17.8	17.4	17.0	16.7	16.6	16.4	16.1
15－24歳	14.8	14.9	14.9	15.4	15.6	15.4	15.2	14.9	14.7	14.6
60歳以上	15.8	16.5	17.0	17.5	18.3	19.1	19.7	20.0	20.2	20.5
65歳以上	11.2	12.4	13.0	13.5	14.0	14.7	15.4	15.9	16.2	16.5
80歳以上	3.0	3.1	3.2	3.9	4.6	4.9	5.1	5.3	5.8	6.3
15－49歳女子(%)	46.3	45.6	44.7	44.3	44.2	44.4	44.8	44.9	45.0	45.0
中位数年齢(歳)	30.3	30.4	30.3	30.4	30.7	31.0	31.4	31.9	32.5	33.1

	2010-2015	2015-2020	2020-2025	2025-2030	2030-2035	2035-2040	2040-2045	2045-2050	2050-2055	2055-2060
年平均人口増加数(千人)	129	145	152	159	163	169	177	184	189	192
年平均出生数(千人)	166	179	188	199	209	221	235	248	258	267
年平均死亡数(千人)	41	44	47	51	56	62	68	74	78	83
人口増加率(%)	1.66	1.72	1.65	1.60	1.52	1.46	1.42	1.38	1.33	1.26
粗出生率(人口千人あたり)	21.5	21.2	20.5	20.0	19.4	19.1	18.9	18.6	18.1	17.5
粗死亡率(人口千人あたり)	5.3	5.2	5.1	5.1	5.2	5.4	5.5	5.5	5.5	5.5
合計出生率 (女子1人あたり)	3.05	3.18	3.21	3.21	3.12	3.03	2.95	2.88	2.81	2.74
純再生産率 (女子1人あたり)	1.47	1.54	1.55	1.55	1.51	1.47	1.43	1.40	1.36	1.33

D. 低位予測値

	2015	2020	2025	2030	2035	2040	2045	2050	2055	2060
人口(千人)										
総数	8 064	8 648	9 172	9 656	10 137	10 606	11 053	11 453	11 784	12 046
男	3 999	4 303	4 576	4 829	5 079	5 323	5 557	5 767	5 941	6 077
女	4 065	4 345	4 596	4 827	5 058	5 283	5 496	5 686	5 843	5 969
性比(女100につき男)	98.4	99.0	99.6	100.0	100.4	100.8	101.1	101.4	101.7	101.8
年齢分布(%)										
0－4歳	10.3	8.7	7.7	7.1	7.0	6.9	6.7	6.3	5.7	5.2
5－14歳	17.5	18.2	17.3	15.2	13.8	13.2	13.1	12.9	12.4	11.6
15－24歳	14.8	15.1	15.5	16.4	15.8	13.9	12.8	12.3	12.4	12.3
60歳以上	15.8	16.7	17.7	18.7	20.2	21.7	22.9	24.1	25.2	26.8
65歳以上	11.2	12.6	13.6	14.5	15.4	16.6	18.0	19.2	20.3	21.5
80歳以上	3.0	3.1	3.3	4.2	5.1	5.6	5.9	6.4	7.2	8.2
15－49歳女子(%)	46.3	46.3	46.5	47.3	47.2	46.6	46.0	45.2	44.5	43.6
中位数年齢(歳)	30.3	31.0	31.9	33.1	34.3	35.5	36.9	38.5	40.4	42.1

	2010-2015	2015-2020	2020-2025	2025-2030	2030-2035	2035-2040	2040-2045	2045-2050	2050-2055	2055-2060
年平均人口増加数(千人)	129	117	105	97	96	94	89	80	66	52
年平均出生数(千人)	166	151	141	137	142	146	148	143	135	126
年平均死亡数(千人)	41	44	47	50	56	62	68	73	78	83
人口増加率(%)	1.66	1.40	1.18	1.03	0.97	0.91	0.83	0.71	0.57	0.44
粗出生率(人口千人あたり)	21.5	18.0	15.9	14.6	14.3	14.1	13.6	12.7	11.6	10.6
粗死亡率(人口千人あたり)	5.3	5.2	5.2	5.3	5.6	6.0	6.3	6.5	6.7	7.0
合計出生率 (女子1人あたり)	3.05	2.68	2.41	2.21	2.12	2.03	1.95	1.88	1.81	1.74
純再生産率 (女子1人あたり)	1.47	1.29	1.17	1.07	1.03	0.98	0.95	0.91	0.88	0.84

E. 出生力一定予測値

	2015	2020	2025	2030	2035	2040	2045	2050	2055	2060
人口(千人)										
総数	8 064	8 755	9 472	10 229	11 042	11 916	12 852	13 843	14 888	15 996
男	3 999	4 358	4 730	5 123	5 543	5 995	6 479	6 992	7 532	8 102
女	4 065	4 398	4 742	5 106	5 499	5 921	6 373	6 851	7 356	7 893
中位数年齢(歳)	30.3	30.5	30.6	30.9	31.1	31.2	31.5	31.7	31.8	31.9

	2010-2015	2015-2020	2020-2025	2025-2030	2030-2035	2035-2040	2040-2045	2045-2050	2050-2055	2055-2060
人口増加率(%)	1.66	1.65	1.57	1.54	1.53	1.52	1.51	1.49	1.46	1.44
粗出生率(人口千人あたり)	21.5	20.5	19.8	19.5	19.6	19.8	19.8	19.6	19.3	19.2
粗死亡率(人口千人あたり)	5.3	5.2	5.1	5.1	5.3	5.4	5.5	5.5	5.4	5.4

Italy

A. 推 計 値

指 標	1960	1965	1970	1975	1980	1985	1990	1995	2000	2005	2010
人口(千人)											
総数	49 715	51 693	53 523	55 269	56 336	56 911	57 008	57 120	57 147	58 657	59 588
男	24 186	25 165	26 092	26 935	27 400	27 708	27 724	27 733	27 717	28 527	28 937
女	25 529	26 528	27 430	28 333	28 936	29 203	29 284	29 387	29 430	30 130	30 651
性比(女100につき男)	94.7	94.9	95.1	95.1	94.7	94.9	94.7	94.4	94.2	94.7	94.4
年齢分布(%)											
０－４歳	8.3	8.8	8.5	7.7	6.3	5.3	4.9	4.8	4.6	4.7	4.7
５－14歳	16.8	15.7	16.2	16.4	15.6	13.8	11.5	10.2	9.7	9.4	9.3
15－24歳	15.4	15.1	14.9	14.4	15.4	16.1	15.6	13.8	11.7	10.4	9.9
60歳以上	13.9	14.9	16.3	17.5	17.2	18.7	20.5	22.2	24.1	25.0	26.8
65歳以上	9.5	10.2	11.1	12.1	13.3	13.1	14.8	16.5	18.1	19.5	20.4
80歳以上	1.4	1.6	1.8	2.0	2.2	2.6	3.3	4.1	4.0	5.0	5.8
15－49歳女子(%)	49.3	47.9	48.0	46.8	47.3	48.5	49.0	48.9	47.2	46.1	44.2
中位数年齢(歳)	31.4	32.1	32.8	33.3	34.1	35.5	37.0	38.6	40.4	42.0	43.8
人口密度(1㎢あたり)	169	176	182	188	192	193	194	194	194	199	203

指 標	1960-1965	1965-1970	1970-1975	1975-1980	1980-1985	1985-1990	1990-1995	1995-2000	2000-2005	2005-2010	2010-2015
年平均人口増加数(千人)	396	366	349	214	115	19	23	5	302	186	42
年平均出生数(千人)	943	939	881	734	619	570	551	528	543	559	513
年平均死亡数(千人)	501	527	536	554	557	549	559	568	566	575	577
人口増加率(%)	0.78	0.70	0.64	0.38	0.20	0.03	0.04	0.01	0.52	0.32	0.07
粗出生率(人口千人あたり)	18.6	17.8	16.2	13.2	10.9	10.0	9.7	9.2	9.4	9.5	8.6
粗死亡率(人口千人あたり)	9.9	10.0	9.9	9.9	9.8	9.6	9.8	9.9	9.8	9.7	9.7
合計出生率(女子１人あたり)	2.50	2.50	2.32	1.89	1.52	1.35	1.27	1.22	1.30	1.42	1.43
純再生産率(女子１人あたり)	1.14	1.16	1.09	0.89	0.72	0.64	0.61	0.59	0.62	0.68	0.69
乳児死亡率(出生千人あたり)	41	33	27	18	13	10	8	6	4	3	2
出生時の平均余命(歳)											
男	66.9	67.9	69.1	70.1	71.4	72.9	74.0	75.4	77.2	78.7	80.3
女	72.3	73.7	75.1	76.7	78.0	79.5	80.6	81.7	83.0	84.0	85.2
男女計	69.6	70.8	72.1	73.4	74.7	76.2	77.3	78.6	80.2	81.5	82.8

B. 中 位 予 測 値

指 標	2015	2020	2025	2030	2035	2040	2045	2050	2055	2060
人口(千人)										
総数	59 798	59 741	59 486	59 100	58 635	58 078	57 380	56 513	55 494	54 387
男	29 070	29 097	29 020	28 866	28 663	28 409	28 081	27 670	27 187	26 675
女	30 728	30 644	30 467	30 234	29 972	29 669	29 299	28 843	28 308	27 712
性比(女100につき男)	94.6	95.0	95.2	95.5	95.6	95.8	95.8	95.9	96.0	96.3
年齢分布(%)										
０－４歳	4.3	4.2	4.1	4.1	4.2	4.2	4.3	4.2	4.2	4.3
５－14歳	9.4	9.1	8.6	8.4	8.4	8.5	8.7	8.8	8.8	8.8
15－24歳	9.6	9.6	9.7	9.4	9.0	8.8	8.8	9.0	9.2	9.4
60歳以上	28.6	30.7	33.6	36.6	39.1	40.5	40.8	40.7	40.4	40.0
65歳以上	22.4	24.0	25.9	28.6	31.4	33.8	34.9	35.1	34.8	34.3
80歳以上	6.8	7.9	8.5	9.7	10.7	11.9	13.8	15.6	17.1	17.4
６－11歳	5.7	5.4	5.1	5.0	5.0	5.1	5.2	5.3	5.3	5.3
12－14歳	2.8	2.9	2.7	2.6	2.5	2.5	2.6	2.7	2.7	2.7
15－17歳	2.8	2.9	2.9	2.6	2.6	2.6	2.6	2.7	2.7	2.7
18－23歳	5.8	5.7	5.9	5.8	5.4	5.3	5.3	5.4	5.5	5.7
15－24歳女子(%)	41.4	38.7	36.4	34.9	34.2	33.9	33.7	33.7	33.7	33.8
中位数年齢(歳)	45.9	47.8	49.6	50.8	51.5	51.8	51.8	51.7	51.6	51.5
人口密度(1㎢あたり)	203	203	202	201	199	197	195	192	189	185

指 標	2010-2015	2015-2020	2020-2025	2025-2030	2030-2035	2035-2040	2040-2045	2045-2050	2050-2055	2055-2060
年平均人口増加数(千人)	42	－ 11	－ 51	－ 77	－ 93	－ 111	－ 140	－ 173	－ 204	－ 221
年平均出生数(千人)	513	494	482	482	487	490	486	477	469	466
年平均死亡数(千人)	577	611	639	659	680	701	725	750	768	778
年平均純移動数(千人)	106	106	106	100	100	100	100	100	95	90
人口増加率(%)	0.07	−0.02	−0.09	−0.13	−0.16	−0.19	−0.24	−0.31	−0.36	−0.40
粗出生率(人口千人あたり)	8.6	8.3	8.1	8.1	8.3	8.4	8.4	8.4	8.4	8.5
粗死亡率(人口千人あたり)	9.7	10.2	10.7	11.1	11.5	12.0	12.6	13.2	13.7	14.2
純移動率(人口千人あたり)	1.8	1.8	1.8	1.7	1.7	1.7	1.7	1.8	1.7	1.6
合計出生率（女子１人あたり）	1.43	1.49	1.54	1.59	1.62	1.66	1.68	1.71	1.73	1.74
純再生産率（女子１人あたり）	0.69	0.72	0.74	0.77	0.78	0.80	0.81	0.82	0.83	0.84
乳児死亡率（出生千人あたり）	2	2	2	2	1	1	1	1	1	1
５歳未満の死亡数(出生千人あたり	3	2	2	2	2	2	1	1	1	1
出生時の平均余命(歳)										
男	80.3	81.3	82.2	83.0	83.7	84.4	85.1	85.7	86.4	87.1
女	85.2	86.0	86.8	87.6	88.3	89.0	89.7	90.3	91.0	91.6
男女計	82.8	83.8	84.6	85.3	86.0	86.7	87.4	88.0	88.7	89.4

C. 高位予測値

	2015	2020	2025	2030	2035	2040	2045	2050	2055	2060
人口(千人)										
総数	59 798	60 155	60 524	60 896	61 182	61 393	61 531	61 643	61 797	62 033
男	29 070	29 310	29 554	29 791	29 975	30 117	30 220	30 312	30 432	30 613
女	30 728	30 844	30 970	31 105	31 207	31 276	31 312	31 330	31 364	31 420
性比(女100につき男)	94.6	94.9	95.1	95.2	95.2	95.2	95.1	95.0	94.9	94.9
年齢分布(%)										
０－４歳	4.3	4.8	5.0	5.2	5.2	5.3	5.3	5.5	5.7	6.0
５－14歳	9.4	9.0	9.1	9.9	10.3	10.5	10.5	10.7	10.9	11.2
15－24歳	9.6	9.5	9.6	9.2	9.3	10.0	10.5	10.7	10.7	10.8
60歳以上	28.6	30.5	33.0	35.5	37.5	38.3	38.1	37.3	36.3	35.1
65歳以上	22.4	23.8	25.5	27.8	30.1	32.0	32.6	32.2	31.2	30.1
80歳以上	6.8	7.8	8.4	9.4	10.2	11.3	12.8	14.3	15.3	15.3
15－49歳女子(%)	41.4	38.4	35.8	34.0	33.5	33.7	34.3	35.0	35.6	36.2
中位数年齢(歳)	45.9	47.6	48.9	49.7	49.7	49.2	48.6	47.7	46.6	45.2

	2010-2015	2015-2020	2020-2025	2025-2030	2030-2035	2035-2040	2040-2045	2045-2050	2050-2055	2055-2060
年平均人口増加数(千人)	42	71	74	74	57	42	28	22	31	47
年平均出生数(千人)	513	577	607	634	637	644	654	673	705	736
年平均死亡数(千人)	577	611	639	660	680	702	726	751	769	779
人口増加率(%)	0.07	0.12	0.12	0.12	0.09	0.07	0.05	0.04	0.05	0.08
粗出生率(人口千人あたり)	8.6	9.6	10.1	10.4	10.4	10.5	10.6	10.9	11.4	11.9
粗死亡率(人口千人あたり)	9.7	10.2	10.6	10.9	11.1	11.5	11.8	12.2	12.5	12.6
合計出生率（女子１人あたり）	1.43	1.74	1.94	2.09	2.12	2.16	2.18	2.21	2.23	2.24
純再生産率（女子１人あたり）	0.69	0.84	0.94	1.01	1.03	1.04	1.05	1.07	1.08	1.08

D. 低位予測値

	2015	2020	2025	2030	2035	2040	2045	2050	2055	2060
人口(千人)										
総数	59 798	59 328	58 449	57 305	56 090	54 778	53 298	51 581	49 613	47 466
男	29 070	28 884	28 485	27 941	27 351	26 709	25 978	25 130	24 158	23 112
女	30 728	30 444	29 964	29 364	28 739	28 069	27 319	26 451	25 455	24 354
性比(女100につき男)	94.6	94.9	95.1	95.2	95.2	95.2	95.1	95.0	94.9	94.9
年齢分布(%)										
０－４歳	4.3	3.5	3.1	2.9	3.0	3.1	3.1	3.0	2.8	2.7
５－14歳	9.4	9.1	8.0	6.9	6.3	6.2	6.5	6.6	6.6	6.3
15－24歳	9.6	9.6	9.9	9.7	8.6	7.4	6.9	6.9	7.3	7.5
60歳以上	28.6	30.9	34.2	37.7	40.9	42.9	44.0	44.6	45.2	45.9
65歳以上	22.4	24.2	26.4	29.5	32.8	35.8	37.6	38.4	38.9	39.3
80歳以上	6.8	7.9	8.7	10.0	11.1	12.6	14.8	17.1	19.1	20.0
15－49歳女子(%)	41.4	38.9	37.0	36.0	35.0	34.0	32.9	32.1	31.2	30.3
中位数年齢(歳)	45.9	48.0	50.2	51.9	53.4	54.3	55.0	55.6	56.2	56.9

	2010-2015	2015-2020	2020-2025	2025-2030	2030-2035	2035-2040	2040-2045	2045-2050	2050-2055	2055-2060
年平均人口増加数(千人)	42	－ 94	－ 176	－ 229	－ 243	－ 262	－ 296	－ 343	－ 394	－ 429
年平均出生数(千人)	513	411	357	330	336	339	329	306	278	257
年平均死亡数(千人)	577	611	639	659	680	701	725	749	767	777
人口増加率(%)	0.07	−0.16	−0.30	−0.40	−0.43	−0.47	−0.55	−0.66	−0.78	−0.89
粗出生率(人口千人あたり)	8.6	6.9	6.1	5.7	5.9	6.1	6.1	5.8	5.5	5.3
粗死亡率(人口千人あたり)	9.7	10.3	10.8	11.4	12.0	12.6	13.4	14.3	15.2	16.0
合計出生率（女子１人あたり）	1.43	1.24	1.14	1.09	1.12	1.16	1.18	1.21	1.23	1.24
純再生産率（女子１人あたり）	0.69	0.60	0.55	0.52	0.54	0.56	0.57	0.58	0.59	0.60

E. 出生力一定予測値

	2015	2020	2025	2030	2035	2040	2045	2050	2055	2060
人口(千人)										
総数	59 798	59 604	59 142	58 499	57 728	56 810	55 696	54 352	52 795	51 094
男	29 070	29 027	28 842	28 556	28 195	27 756	27 214	26 557	25 796	24 980
女	30 728	30 578	30 300	29 943	29 533	29 055	28 482	27 795	26 999	26 114
中位数年齢(歳)	45.9	47.9	49.8	51.2	52.2	52.8	53.2	53.4	53.7	54.0

	2010-2015	2015-2020	2020-2025	2025-2030	2030-2035	2035-2040	2040-2045	2045-2050	2050-2055	2055-2060
人口増加率(%)	0.07	−0.07	−0.16	−0.22	−0.27	−0.32	−0.40	−0.49	−0.58	−0.66
粗出生率(人口千人あたり)	8.6	7.8	7.4	7.3	7.3	7.3	7.2	6.9	6.7	6.7
粗死亡率(人口千人あたり)	9.7	10.2	10.8	11.2	11.7	12.2	12.9	13.6	14.3	15.0

Jamaica

A. 推 計 値

指 標	1960	1965	1970	1975	1980	1985	1990	1995	2000	2005	2010
人口(千人)											
総数	1 631	1 763	1 873	2 018	2 142	2 312	2 386	2 490	2 600	2 678	2 741
男	785	844	916	989	1 060	1 150	1 177	1 231	1 293	1 326	1 362
女	846	919	957	1 028	1 083	1 162	1 209	1 258	1 307	1 352	1 379
性比(女100につき男)	92.8	91.8	95.7	96.2	97.9	99.0	97.3	97.9	98.9	98.1	98.8
年齢分布(%)											
0－4歳	17.4	18.1	17.2	14.8	13.3	13.1	12.2	11.6	11.0	9.4	8.2
5－14歳	24.4	25.4	29.8	30.5	27.0	24.2	22.8	22.2	21.5	21.0	18.9
15－24歳	16.6	16.9	15.6	18.7	20.9	22.3	20.9	19.4	18.0	18.2	19.1
60歳以上	6.6	8.1	8.5	8.5	9.3	9.5	10.0	9.9	10.4	10.7	11.4
65歳以上	4.3	5.4	5.6	5.8	6.8	7.1	7.4	7.5	7.9	8.1	8.4
80歳以上	0.5	0.8	0.8	0.8	1.5	1.6	1.8	1.9	2.0	2.1	2.3
15－49歳女子(%)	45.8	42.2	38.4	40.4	44.7	47.6	49.2	50.6	51.2	52.0	53.0
中位数年齢(歳)	19.6	18.4	16.7	17.0	19.2	20.3	22.0	23.3	24.7	26.0	27.3
人口密度(1km²あたり)	151	163	173	186	198	214	220	230	240	247	253

指 標	1960-1965	1965-1970	1970-1975	1975-1980	1980-1985	1985-1990	1990-1995	1995-2000	2000-2005	2005-2010	2010-2015
年平均人口増加数(千人)	27	22	29	25	34	15	21	22	16	13	10
年平均出生数(千人)	70	70	64	61	64	63	60	58	53	51	49
年平均死亡数(千人)	14	15	14	13	14	16	17	18	19	19	19
人口増加率(%)	1.56	1.21	1.49	1.20	1.53	0.63	0.85	0.87	0.59	0.47	0.38
粗出生率(人口千人あたり)	41.5	38.7	32.7	29.2	28.9	26.6	24.7	23.0	20.1	18.7	17.6
粗死亡率(人口千人あたり)	8.5	8.1	7.2	6.4	6.5	6.8	7.1	7.2	7.2	7.0	6.8
合計出生率(女子1人あたり)	5.64	5.78	5.00	4.00	3.55	3.10	2.84	2.70	2.45	2.28	2.08
純再生産率(女子1人あたり)	2.47	2.58	2.26	1.84	1.64	1.44	1.32	1.26	1.15	1.07	0.98
乳児死亡率(出生千人あたり)	59	49	42	33	30	26	23	22	20	18	15
出生時の平均余命(歳)											
男	64.0	66.0	67.5	69.2	70.4	70.2	69.6	69.4	70.1	71.7	73.1
女	67.3	69.1	70.4	72.2	73.7	74.1	74.5	74.8	75.6	76.8	77.9
男女計	65.7	67.6	69.0	70.7	72.0	72.1	72.0	72.1	72.8	74.2	75.4

B. 中 位 予 測 値

指 標	2015	2020	2025	2030	2035	2040	2045	2050	2055	2060
人口(千人)										
総数	2 793	2 840	2 867	2 867	2 846	2 811	2 765	2 710	2 641	2 558
男	1 391	1 413	1 425	1 422	1 410	1 391	1 367	1 339	1 306	1 268
女	1 402	1 427	1 442	1 445	1 436	1 421	1 399	1 371	1 334	1 290
性比(女100につき男)	99.2	99.1	98.9	98.4	98.2	97.9	97.7	97.7	97.9	98.3
年齢分布(%)										
0－4歳	7.3	8.0	7.2	6.4	5.8	5.4	5.3	5.2	5.0	4.7
5－14歳	16.3	14.7	14.8	14.9	13.5	12.2	11.3	10.9	10.7	10.4
15－24歳	19.3	16.9	14.5	13.2	13.6	14.0	12.8	11.6	10.8	10.5
60歳以上	12.8	14.4	16.5	18.7	20.9	22.8	25.1	28.0	31.2	34.1
65歳以上	9.1	10.1	11.6	13.6	15.7	17.6	19.2	21.2	23.8	26.8
80歳以上	2.5	2.6	2.7	3.0	3.6	4.5	5.5	6.5	7.3	8.0
6－11歳	9.5	8.6	9.1	8.9	7.9	7.1	6.7	6.5	6.4	6.2
12－14歳	5.2	4.6	4.1	4.6	4.4	3.9	3.5	3.3	3.3	3.2
15－17歳	5.8	4.7	4.3	4.0	4.6	4.1	3.7	3.4	3.3	3.3
18－23歳	11.6	10.4	8.7	7.8	7.8	8.6	7.8	7.0	6.5	6.3
15－24歳女子(%)	53.8	52.3	50.5	48.4	47.0	45.1	42.4	39.7	38.3	37.5
中位数年齢(歳)	29.1	31.1	33.2	35.6	38.1	40.5	42.3	43.8	45.0	46.0
人口密度(1km²あたり)	258	262	265	265	263	260	255	250	244	236

指 標	2010-2015	2015-2020	2020-2025	2025-2030	2030-2035	2035-2040	2040-2045	2045-2050	2050-2055	2055-2060
年平均人口増加数(千人)	10	9	5	0	－ 4	－ 7	－ 9	－ 11	－ 14	－ 16
年平均出生数(千人)	49	47	43	38	34	32	30	29	27	25
年平均死亡数(千人)	19	20	21	22	23	25	27	28	30	31
年平均純移動数(千人)	−19	−18	−17	−17	−15	−14	−13	−12	−11	−11
人口増加率(%)	0.38	0.33	0.19	0.00	−0.14	−0.25	−0.33	−0.41	−0.52	−0.63
粗出生率(人口千人あたり)	17.6	16.8	15.1	13.4	11.9	11.2	10.9	10.6	10.2	9.6
粗死亡率(人口千人あたり)	6.8	7.1	7.3	7.6	8.1	8.8	9.5	10.3	11.1	11.7
純移動率(人口千人あたり)	−7.0	−6.4	−6.0	−5.8	−5.3	−4.9	−4.7	−4.4	−4.3	−4.2
合計出生率 (女子1人あたり)	2.08	1.99	1.92	1.86	1.82	1.80	1.78	1.77	1.77	1.77
純再生産率 (女子1人あたり)	0.98	0.94	0.91	0.89	0.87	0.86	0.85	0.85	0.85	0.85
乳児死亡率 (出生千人あたり)	15	13	12	11	10	9	8	7	7	6
5歳未満の死亡数(出生千人あた	18	16	14	13	12	11	10	9	8	8
出生時の平均余命(歳)										
男	73.1	73.8	74.5	75.2	76.0	76.8	77.6	78.4	79.3	80.2
女	77.9	78.5	79.2	79.8	80.4	81.0	81.6	82.2	82.8	83.3
男女計	75.4	76.1	76.8	77.5	78.2	78.9	79.6	80.3	81.1	81.8

C. 高位予測値

	2015	2020	2025	2030	2035	2040	2045	2050	2055	2060
人口(千人)										
総数	2 793	2 869	2 941	2 991	3 019	3 036	3 054	3 073	3 087	3 090
男	1 391	1 428	1 463	1 486	1 498	1 506	1 514	1 525	1 535	1 540
女	1 402	1 441	1 478	1 505	1 521	1 530	1 540	1 548	1 552	1 550
性比(女100につき男)	99.2	99.0	98.7	98.2	97.7	97.3	97.0	96.8	96.8	97.0
年齢分布(%)										
0－4歳	7.3	8.9	8.6	7.9	7.0	6.8	6.9	7.0	7.0	6.7
5－14歳	16.3	14.5	15.4	16.8	15.9	14.5	13.5	13.4	13.7	13.8
15－24歳	19.3	16.8	14.1	12.6	13.8	15.4	14.7	13.4	12.5	12.5
60歳以上	12.8	14.2	16.1	18.0	19.7	21.1	22.8	24.7	26.6	28.2
65歳以上	9.1	10.0	11.4	13.1	14.8	16.3	17.4	18.7	20.4	22.2
80歳以上	2.5	2.5	2.6	2.9	3.4	4.2	5.0	5.7	6.2	6.6
15－49歳女子(%)	53.8	51.8	49.3	46.4	45.4	44.2	42.4	40.5	40.0	40.3
中位数年齢(歳)	29.1	30.7	32.4	34.2	36.0	37.3	37.8	37.6	37.9	38.9

	2010-2015	2015-2020	2020-2025	2025-2030	2030-2035	2035-2040	2040-2045	2045-2050	2050-2055	2055-2060
年平均人口増加数(千人)	10	15	14	10	6	3	4	4	3	1
年平均出生数(千人)	49	53	52	49	44	42	43	44	44	42
年平均死亡数(千人)	19	20	21	22	23	25	27	29	30	31
人口増加率(%)	0.38	0.54	0.49	0.34	0.19	0.11	0.12	0.13	0.09	0.02
粗出生率(人口千人あたり)	17.6	18.8	18.0	16.4	14.6	14.0	14.3	14.5	14.3	13.7
粗死亡率(人口千人あたり)	6.8	7.1	7.2	7.4	7.7	8.2	8.8	9.3	9.7	10.0
合計出生率（女子１人あたり）	2.08	2.24	2.32	2.36	2.32	2.30	2.28	2.27	2.27	2.27
純再生産率（女子１人あたり）	0.98	1.06	1.10	1.13	1.11	1.10	1.09	1.09	1.09	1.09

D. 低位予測値

	2015	2020	2025	2030	2035	2040	2045	2050	2055	2060
人口(千人)										
総数	2 793	2 811	2 793	2 742	2 675	2 591	2 491	2 376	2 244	2 100
男	1 391	1 398	1 388	1 358	1 322	1 278	1 226	1 168	1 104	1 034
女	1 402	1 413	1 406	1 384	1 353	1 313	1 265	1 207	1 141	1 066
性比(女100につき男)	99.2	99.0	98.7	98.2	97.7	97.3	97.0	96.8	96.8	97.0
年齢分布(%)										
0－4歳	7.3	7.0	5.8	4.9	4.4	4.0	3.7	3.4	3.0	2.7
5－14歳	16.3	14.8	14.1	12.9	10.8	9.4	8.6	8.1	7.5	6.8
15－24歳	19.3	17.1	14.9	13.8	13.4	12.4	10.4	9.1	8.4	7.9
60歳以上	12.8	14.5	16.9	19.6	22.2	24.7	27.9	32.0	36.7	41.5
65歳以上	9.1	10.2	12.0	14.2	16.7	19.1	21.3	24.2	28.1	32.6
80歳以上	2.5	2.6	2.8	3.2	3.9	4.9	6.1	7.4	8.6	9.7
15－49歳女子(%)	53.8	52.9	51.8	50.5	48.9	46.0	42.1	38.2	35.5	33.0
中位数年齢(歳)	29.1	31.4	34.0	37.0	40.1	43.1	46.2	49.0	51.6	54.2

	2010-2015	2015-2020	2020-2025	2025-2030	2030-2035	2035-2040	2040-2045	2045-2050	2050-2055	2055-2060
年平均人口増加数(千人)	10	4	− 4	− 10	− 13	− 17	− 20	− 23	− 26	− 29
年平均出生数(千人)	49	41	34	28	25	22	19	17	14	12
年平均死亡数(千人)	19	20	21	22	23	25	26	28	29	30
人口増加率(%)	0.38	0.13	−0.13	−0.37	−0.50	−0.64	−0.79	−0.95	−1.14	−1.33
粗出生率(人口千人あたり)	17.6	14.7	12.2	10.1	9.1	8.3	7.7	7.0	6.2	5.6
粗死亡率(人口千人あたり)	6.8	7.1	7.4	7.9	8.5	9.4	10.4	11.5	12.7	13.9
合計出生率（女子１人あたり）	2.08	1.74	1.52	1.36	1.32	1.30	1.28	1.27	1.27	1.27
純再生産率（女子１人あたり）	0.98	0.83	0.72	0.65	0.63	0.62	0.62	0.61	0.61	0.61

E. 出生力一定予測値

	2015	2020	2025	2030	2035	2040	2045	2050	2055	2060
人口(千人)										
総数	2 793	2 850	2 894	2 915	2 921	2 916	2 905	2 887	2 858	2 820
男	1 391	1 418	1 439	1 447	1 448	1 444	1 438	1 430	1 418	1 402
女	1 402	1 432	1 455	1 468	1 473	1 472	1 467	1 457	1 441	1 418
中位数年齢(歳)	29.1	31.0	32.9	35.1	37.2	39.1	40.2	40.9	41.1	42.0

	2010-2015	2015-2020	2020-2025	2025-2030	2030-2035	2035-2040	2040-2045	2045-2050	2050-2055	2055-2060
人口増加率(%)	0.38	0.40	0.31	0.15	0.04	−0.04	−0.07	−0.12	−0.20	−0.27
粗出生率(人口千人あたり)	17.6	17.5	16.2	14.7	13.5	13.0	12.9	12.7	12.3	11.9
粗死亡率(人口千人あたり)	6.8	7.1	7.3	7.6	8.0	8.5	9.2	9.8	10.3	10.8

Japan

A. 推計値

指　標	1960	1965	1970	1975	1980	1985	1990	1995	2000	2005	2010
人口(千人)											
総数	92 501	97 342	103 708	110 805	115 912	119 989	122 249	124 483	125 715	126 979	127 320
男	45 380	47 744	50 852	54 485	56 980	58 944	59 943	61 010	61 490	61 956	62 018
女	47 120	49 598	52 856	56 319	58 932	61 044	62 306	63 473	64 224	65 023	65 302
性比(女100につき男)	96.3	96.3	96.2	96.7	96.7	96.6	96.2	96.1	95.7	95.3	95.0
年齢分布(%)											
０－４歳	8.4	8.3	8.6	8.9	7.3	6.2	5.3	4.8	4.7	4.4	4.2
５－14歳	21.8	17.4	15.5	15.4	16.3	15.5	13.1	11.2	10.0	9.4	9.1
15－24歳	18.9	20.3	19.1	15.3	13.8	14.2	15.3	14.8	12.6	11.1	10.1
60歳以上	8.9	9.7	10.6	11.7	12.8	14.6	17.4	20.3	23.3	26.5	30.7
65歳以上	5.7	6.3	7.0	7.9	9.0	10.2	11.9	14.4	17.2	19.8	22.9
80歳以上	0.7	0.8	0.9	1.1	1.4	1.8	2.3	3.0	3.7	4.8	6.3
15－49歳女子(%)	53.1	55.8	56.0	53.6	51.6	50.2	50.1	48.6	45.4	43.1	41.4
中位数年齢(歳)	25.5	27.3	28.9	30.4	32.6	35.1	37.4	39.6	41.3	43.0	44.9
人口密度(1k㎡あたり)	254	267	284	304	318	329	335	341	345	348	349

指　標	1960-1965	1965-1970	1970-1975	1975-1980	1980-1985	1985-1990	1990-1995	1995-2000	2000-2005	2005-2010	2010-2015
年平均人口増加数(千人)	968	1 273	1 419	1 022	815	452	447	246	253	68	－ 149
年平均出生数(千人)	1 628	1 792	2 038	1 721	1 512	1 359	1 220	1 183	1 129	1 105	1 052
年平均死亡数(千人)	702	695	710	708	739	781	864	940	1 001	1 126	1 271
人口増加率(%)	1.02	1.27	1.32	0.90	0.69	0.37	0.36	0.20	0.20	0.05	−0.12
粗出生率(人口千人あたり)	17.2	17.8	19.0	15.2	12.8	11.2	9.9	9.5	8.9	8.7	8.3
粗死亡率(人口千人あたり)	7.4	6.9	6.6	6.2	6.3	6.4	7.0	7.5	7.9	8.9	10.0
合計出生率(女子１人あたり)	1.99	2.02	2.13	1.83	1.75	1.66	1.48	1.37	1.30	1.34	1.40
純再生産率(女子１人あたり)	0.92	0.95	1.01	0.88	0.84	0.80	0.71	0.66	0.63	0.65	0.67
乳児死亡率(出生千人あたり)	26	16	12	9	7	5	4	4	3	3	2
出生時の平均余命(歳)											
男	66.5	68.7	70.5	72.6	74.1	75.5	76.3	77.1	78.3	79.1	80.0
女	71.5	73.9	75.8	77.9	79.6	81.3	82.4	83.7	85.2	86.0	86.5
男女計	69.0	71.3	73.1	75.3	76.9	78.5	79.4	80.5	81.8	82.6	83.3

B. 中位予測値

指　標	2015	2020	2025	2030	2035	2040	2045	2050	2055	2060
人口(千人)										
総数	126 573	125 039	122 840	120 127	117 063	113 788	110 521	107 411	104 453	101 440
男	61 559	60 717	59 565	58 183	56 665	55 092	53 573	52 133	50 709	49 223
女	65 015	64 322	63 275	61 945	60 399	58 696	56 948	55 279	53 744	52 217
性比(女100につき男)	94.7	94.4	94.1	93.9	93.8	93.9	94.1	94.3	94.4	94.3
年齢分布(%)										
０－４歳	4.2	4.1	4.0	3.9	3.9	4.0	4.0	4.1	4.1	4.1
５－14歳	8.7	8.5	8.4	8.3	8.2	8.2	8.3	8.4	8.5	8.5
15－24歳	9.5	9.3	9.0	9.0	8.9	8.8	8.8	8.8	8.8	8.9
60歳以上	33.1	34.3	35.6	37.3	39.8	41.2	42.0	42.5	42.5	42.5
65歳以上	26.3	28.5	29.4	30.4	31.9	34.2	35.5	36.3	36.8	36.7
80歳以上	7.8	9.1	10.6	12.7	13.6	13.7	14.0	15.1	17.2	18.3
６－11歳	5.2	5.1	5.0	4.9	4.9	4.9	4.9	5.0	5.1	5.1
12－14歳	2.7	2.6	2.6	2.6	2.5	2.5	2.5	2.5	2.6	2.6
15－17歳	2.8	2.7	2.6	2.6	2.6	2.6	2.6	2.6	2.6	2.6
18－23歳	5.7	5.7	5.5	5.4	5.4	5.4	5.3	5.3	5.3	5.4
15－24歳女子(%)	40.1	38.2	35.5	33.9	33.0	32.4	32.3	32.1	32.0	32.1
中位数年齢(歳)	46.5	48.3	50.2	51.5	52.4	53.0	53.3	53.3	53.4	53.2
人口密度(1k㎡あたり)	347	343	337	330	321	312	303	295	287	278

指　標	2010-2015	2015-2020	2020-2025	2025-2030	2030-2035	2035-2040	2040-2045	2045-2050	2050-2055	2055-2060
年平均人口増加数(千人)	－ 149	－ 307	－ 440	－ 542	－ 613	－ 655	－ 653	－ 622	－ 592	－ 603
年平均出生数(千人)	1 052	1 016	973	942	920	903	888	871	852	834
年平均死亡数(千人)	1 271	1 373	1 463	1 534	1 583	1 608	1 591	1 543	1 491	1 481
年平均純移動数(千人)	70	50	50	50	50	50	50	50	48	45
人口増加率(%)	−0.12	−0.24	−0.36	−0.45	−0.52	−0.57	−0.58	−0.57	−0.56	−0.59
粗出生率(人口千人あたり)	8.3	8.1	7.9	7.8	7.8	7.8	7.9	8.0	8.0	8.1
粗死亡率(人口千人あたり)	10.0	10.9	11.8	12.6	13.3	13.9	14.2	14.2	14.1	14.4
純移動率(人口千人あたり)	0.6	0.4	0.4	0.4	0.4	0.4	0.4	0.5	0.4	0.4
合計出生率（女子１人あたり）	1.40	1.46	1.52	1.57	1.61	1.64	1.67	1.69	1.71	1.73
純再生産率（女子１人あたり）	0.67	0.71	0.74	0.76	0.78	0.79	0.81	0.82	0.83	0.84
乳児死亡率（出生千人あたり）	2	2	2	1	1	1	1	1	1	1
５歳未満の死亡数(出生千人あたり	3	3	2	2	2	2	1	1	1	1
出生時の平均余命(歳)										
男	80.0	80.8	81.5	82.3	83.0	83.6	84.2	84.9	85.5	86.0
女	86.5	87.3	88.0	88.7	89.4	90.1	90.7	91.3	91.9	92.5
男女計	83.3	84.1	84.8	85.5	86.2	86.8	87.5	88.1	88.7	89.3

C. 高位予測値

	2015	2020	2025	2030	2035	2040	2045	2050	2055	2060
人口(千人)										
総数	126 573	125 905	124 984	123 772	122 142	120 292	118 584	117 353	116 675	116 238
男	61 559	61 162	60 666	60 054	59 273	58 432	57 712	57 236	56 982	56 817
女	65 015	64 743	64 318	63 718	62 869	61 860	60 871	60 117	59 693	59 421
性比(女100につき男)	94.7	94.3	93.9	93.6	93.3	93.2	93.2	93.3	93.1	92.7
年齢分布(%)										
0－4歳	4.2	4.7	4.9	5.0	4.9	4.9	5.1	5.3	5.6	5.8
5－14歳	8.7	8.5	9.0	9.8	10.1	10.2	10.1	10.2	10.5	11.0
15－24歳	9.5	9.2	8.9	8.7	9.3	10.1	10.5	10.5	10.4	10.4
60歳以上	33.1	34.1	35.0	36.2	38.2	39.0	39.2	38.9	38.1	37.1
65歳以上	26.3	28.3	28.9	29.5	30.6	32.4	33.1	33.2	32.9	32.0
80歳以上	7.8	9.0	10.4	12.3	13.1	13.0	13.1	13.8	15.4	15.9
15－49歳女子(%)	40.1	37.9	35.0	33.0	32.4	32.4	33.1	33.6	34.1	34.8
中位数年齢(歳)	46.5	48.1	49.5	50.4	50.7	50.6	50.0	49.2	48.0	46.4

	2010-2015	2015-2020	2020-2025	2025-2030	2030-2035	2035-2040	2040-2045	2045-2050	2050-2055	2055-2060
年平均人口増加数(千人)	− 149	− 134	− 184	− 242	− 326	− 370	− 342	− 246	− 136	− 87
年平均出生数(千人)	1 052	1 189	1 230	1 242	1 208	1 189	1 201	1 248	1 310	1 351
年平均死亡数(千人)	1 271	1 373	1 464	1 535	1 584	1 609	1 592	1 544	1 493	1 484
人口増加率(%)	−0.12	−0.11	−0.15	−0.20	−0.27	−0.31	−0.29	−0.21	−0.12	−0.08
粗出生率(人口千人あたり)	8.3	9.4	9.8	10.0	9.8	9.8	10.1	10.6	11.2	11.6
粗死亡率(人口千人あたり)	10.0	10.9	11.7	12.3	12.9	13.3	13.3	13.1	12.8	12.7
合計出生率（女子１人あたり）	1.40	1.71	1.92	2.07	2.11	2.14	2.17	2.19	2.21	2.23
純再生産率（女子１人あたり）	0.67	0.83	0.93	1.00	1.02	1.04	1.05	1.06	1.07	1.08

D. 低位予測値

	2015	2020	2025	2030	2035	2040	2045	2050	2055	2060
人口(千人)										
総数	126 573	124 173	120 695	116 483	111 987	107 311	102 594	97 879	93 113	88 144
男	61 559	60 272	58 464	56 311	54 058	51 766	49 503	47 239	44 889	42 400
女	65 015	63 900	62 231	60 172	57 929	55 544	53 090	50 639	48 224	45 743
性比(女100につき男)	94.7	94.3	93.9	93.6	93.3	93.2	93.2	93.3	93.1	92.7
年齢分布(%)										
0－4歳	4.2	3.4	3.0	2.8	2.8	2.9	2.9	2.8	2.6	2.5
5－14歳	8.7	8.6	7.9	6.7	6.1	6.0	6.2	6.3	6.2	5.9
15－24歳	9.5	9.4	9.2	9.2	8.6	7.4	6.7	6.6	6.9	7.1
60歳以上	33.1	34.6	36.2	38.5	41.6	43.7	45.3	46.6	47.7	48.9
65歳以上	26.3	28.7	30.0	31.4	33.3	36.3	38.3	39.9	41.3	42.2
80歳以上	7.8	9.1	10.8	13.0	14.3	14.5	15.1	16.6	19.3	21.0
15－49歳女子(%)	40.1	38.4	36.1	34.9	33.7	32.4	31.3	30.2	29.2	28.2
中位数年齢(歳)	46.5	48.5	50.7	52.6	54.1	55.4	56.4	57.3	58.2	59.1

	2010-2015	2015-2020	2020-2025	2025-2030	2030-2035	2035-2040	2040-2045	2045-2050	2050-2055	2055-2060
年平均人口増加数(千人)	− 149	− 480	− 696	− 843	− 899	− 935	− 943	− 943	− 953	− 994
年平均出生数(千人)	1 052	842	717	641	633	622	597	549	489	440
年平均死亡数(千人)	1 271	1 372	1 463	1 533	1 582	1 607	1 590	1 542	1 490	1 479
人口増加率(%)	−0.12	−0.38	−0.57	−0.71	−0.79	−0.85	−0.90	−0.94	−1.00	−1.10
粗出生率(人口千人あたり)	8.3	6.7	5.9	5.4	5.5	5.7	5.7	5.5	5.1	4.9
粗死亡率(人口千人あたり)	10.0	10.9	11.9	12.9	13.9	14.7	15.2	15.4	15.6	16.3
合計出生率（女子１人あたり）	1.40	1.21	1.12	1.07	1.11	1.14	1.17	1.19	1.21	1.23
純再生産率（女子１人あたり）	0.67	0.59	0.54	0.52	0.54	0.55	0.57	0.58	0.59	0.60

E. 出生力一定予測値

	2015	2020	2025	2030	2035	2040	2045	2050	2055	2060
人口(千人)										
総数	126 573	124 728	122 056	118 771	115 055	111 049	106 948	102 869	98 808	94 591
男	61 559	60 557	59 162	57 486	55 633	53 686	51 738	49 801	47 812	45 708
女	65 015	64 170	62 893	61 285	59 421	57 363	55 209	53 068	50 997	48 883
中位数年齢(歳)	46.5	48.4	50.4	51.9	53.1	54.0	54.8	55.2	55.8	56.3

	2010-2015	2015-2020	2020-2025	2025-2030	2030-2035	2035-2040	2040-2045	2045-2050	2050-2055	2055-2060
人口増加率(%)	−0.12	−0.29	−0.43	−0.55	−0.64	−0.71	−0.75	−0.78	−0.81	−0.87
粗出生率(人口千人あたり)	8.3	7.6	7.1	6.9	6.8	6.7	6.6	6.4	6.3	6.1
粗死亡率(人口千人あたり)	10.0	10.9	11.9	12.7	13.5	14.2	14.6	14.7	14.8	15.3

Jordan

A. 推 計 値

指　標	1960	1965	1970	1975	1980	1985	1990	1995	2000	2005	2010
人口(千人)											
総数	889	1 120	1 655	1 985	2 281	2 783	3 358	4 320	4 767	5 333	6 518
男	465	584	858	1 027	1 192	1 466	1 764	2 270	2 483	2 763	3 360
女	424	536	796	959	1 088	1 316	1 594	2 051	2 284	2 570	3 158
性比(女100につき男)	109.6	109.0	107.8	107.1	109.6	111.4	110.7	110.7	108.7	107.5	106.4
年齢分布(%)											
０－４歳	18.3	20.5	19.6	20.0	18.5	17.6	16.7	14.7	14.6	13.7	13.3
５－14歳	25.1	24.5	26.2	27.2	30.5	29.6	29.6	26.0	24.8	24.0	23.4
15－24歳	20.1	19.1	18.0	17.3	19.6	20.4	21.9	22.3	21.9	21.1	19.5
60歳以上	6.3	5.5	4.9	4.6	4.8	5.2	4.9	4.8	5.0	5.3	5.4
65歳以上	4.3	3.7	3.3	3.1	3.2	3.6	3.3	3.0	3.1	3.4	3.7
80歳以上	0.4	0.5	0.4	0.4	0.5	0.6	0.6	0.5	0.4	0.4	0.5
15－49歳女子(%)	46.2	45.0	44.1	42.7	41.3	42.4	43.0	48.3	50.1	52.0	52.4
中位数年齢(歳)	18.0	17.5	17.2	16.4	15.5	16.3	16.5	19.1	19.5	20.8	21.7
人口密度(1k㎡あたり)	10	13	19	22	26	31	38	49	54	60	73

指　標	1960-1965	1965-1970	1970-1975	1975-1980	1980-1985	1985-1990	1990-1995	1995-2000	2000-2005	2005-2010	2010-2015
年平均人口増加数(千人)	46	107	66	59	100	115	192	89	113	237	215
年平均出生数(千人)	54	72	89	91	100	108	130	147	152	170	197
年平均死亡数(千人)	15	16	17	16	16	17	18	20	20	23	27
人口増加率(%)	4.62	7.81	3.64	2.78	3.98	3.76	5.04	1.97	2.24	4.01	3.06
粗出生率(人口千人あたり)	53.5	52.1	48.9	42.7	39.7	35.3	34.0	32.3	30.2	28.7	27.9
粗死亡率(人口千人あたり)	14.6	11.7	9.3	7.4	6.5	5.5	4.8	4.3	4.0	3.9	3.9
合計出生率(女子１人あたり)	8.00	8.00	7.79	7.38	7.05	6.02	5.09	4.34	3.85	3.59	3.51
純再生産率(女子１人あたり)	3.02	3.21	3.27	3.22	3.16	2.75	2.35	2.02	1.80	1.69	1.66
乳児死亡率(出生千人あたり)	96	77	66	54	43	34	29	26	22	20	17
出生時の平均余命(歳)											
男	54.2	57.6	60.8	63.7	65.9	67.9	69.1	70.0	70.8	71.5	72.2
女	55.1	59.3	63.0	66.4	68.8	70.6	71.9	72.8	73.8	74.6	75.5
男女計	54.6	58.4	61.9	65.0	67.3	69.1	70.4	71.3	72.2	73.0	73.8

B. 中 位 予 測 値

指　標	2015	2020	2025	2030	2035	2040	2045	2050	2055	2060
人口(千人)										
総数	7 595	8 167	8 547	9 109	9 808	10 492	11 137	11 717	12 217	12 644
男	3 889	4 181	4 379	4 664	5 014	5 355	5 675	5 961	6 207	6 418
女	3 706	3 986	4 168	4 445	4 794	5 136	5 462	5 756	6 010	6 226
性比(女100につき男)	105.0	104.9	105.1	104.9	104.6	104.3	103.9	103.6	103.3	103.1
年齢分布(%)										
０－４歳	12.9	11.6	10.6	9.8	9.3	8.9	8.4	7.8	7.2	6.8
５－14歳	22.6	22.2	21.2	19.5	18.1	17.1	16.5	15.8	15.1	14.2
15－24歳	19.0	18.6	18.4	18.6	18.1	16.9	15.8	15.2	14.9	14.6
60歳以上	5.4	5.9	7.0	8.6	10.5	12.4	14.3	15.8	17.2	18.6
65歳以上	3.8	3.9	4.3	5.3	6.6	8.3	9.8	11.4	12.7	13.8
80歳以上	0.5	0.6	0.7	0.8	0.8	1.1	1.5	2.0	2.6	3.2
６－11歳	13.8	13.6	12.8	11.7	10.9	10.3	9.9	9.5	9.0	8.5
12－14歳	6.4	6.2	6.3	5.9	5.4	5.1	4.9	4.7	4.6	4.4
15－17歳	6.1	5.9	5.9	5.9	5.4	5.1	4.8	4.7	4.6	4.4
18－23歳	11.2	11.0	10.8	10.9	10.9	10.1	9.5	9.1	8.9	8.8
15－24歳女子(%)	52.6	52.6	52.4	52.6	52.0	51.4	50.6	49.9	49.3	48.5
中位数年齢(歳)	22.5	23.6	24.9	26.3	27.8	29.3	30.9	32.4	33.9	35.3
人口密度(1k㎡あたり)	86	92	96	103	110	118	125	132	138	142

指　標	2010-2015	2015-2020	2020-2025	2025-2030	2030-2035	2035-2040	2040-2045	2045-2050	2050-2055	2055-2060
年平均人口増加数(千人)	215	114	76	112	140	137	129	116	100	85
年平均出生数(千人)	197	196	187	182	184	188	188	184	178	173
年平均死亡数(千人)	27	30	33	36	40	47	55	65	74	84
年平均純移動数(千人)	46	−52	−79	−34	−4	−4	−4	−4	−4	−4
人口増加率(%)	3.06	1.45	0.91	1.27	1.48	1.35	1.19	1.01	0.84	0.69
粗出生率(人口千人あたり)	27.9	24.9	22.4	20.6	19.5	18.5	17.4	16.1	14.9	13.9
粗死亡率(人口千人あたり)	3.9	3.8	3.9	4.0	4.3	4.6	5.1	5.7	6.2	6.7
純移動率(人口千人あたり)	6.5	−6.6	−9.4	−3.9	−0.4	−0.4	−0.4	−0.4	−0.3	−0.3
合計出生率（女子１人あたり）	3.51	3.20	2.94	2.74	2.57	2.42	2.29	2.18	2.09	2.01
純再生産率（女子１人あたり）	1.66	1.51	1.40	1.30	1.23	1.16	1.10	1.05	1.00	0.97
乳児死亡率（出生千人あたり）	17	15	13	11	10	9	8	7	6	5
５歳未満の死亡数(出生千人あたり)	20	17	15	13	11	10	9	8	7	6
出生時の平均余命(歳)										
男	72.2	72.9	73.6	74.3	75.1	75.9	76.6	77.4	78.3	79.1
女	75.5	76.3	77.1	77.9	78.6	79.3	79.9	80.5	81.1	81.7
男女計	73.8	74.6	75.3	76.0	76.8	77.5	78.2	78.9	79.6	80.4

C. 高 位 予 測 値

	2015	2020	2025	2030	2035	2040	2045	2050	2055	2060
人口(千人)										
総数	7 595	8 242	8 748	9 474	10 352	11 239	12 130	13 010	13 865	14 689
男	3 889	4 220	4 483	4 851	5 293	5 738	6 184	6 624	7 052	7 466
女	3 706	4 023	4 266	4 623	5 059	5 501	5 946	6 386	6 813	7 223
性比(女100につき男)	105.0	104.9	105.1	104.9	104.6	104.2	103.8	103.4	103.0	102.7
年齢分布(%)										
０－４歳	12.9	12.5	11.8	11.2	10.5	10.1	9.7	9.4	9.0	8.6
５－14歳	22.6	22.0	21.6	20.9	20.0	19.0	18.3	17.7	17.2	16.7
15－24歳	19.0	18.4	17.9	17.8	17.9	17.5	16.9	16.4	15.9	15.6
60歳以上	5.4	5.9	6.8	8.3	10.0	11.6	13.1	14.2	15.1	16.0
65歳以上	3.8	3.8	4.2	5.1	6.3	7.7	9.0	10.3	11.2	11.9
80歳以上	0.5	0.6	0.7	0.7	0.8	1.0	1.4	1.8	2.3	2.8
15－49歳女子(%)	52.6	52.1	51.2	50.6	50.0	49.7	49.5	49.1	48.8	48.5
中位数年齢(歳)	22.5	23.4	24.2	25.1	26.1	27.2	28.2	29.3	30.3	31.3

	2010-2015	2015-2020	2020-2025	2025-2030	2030-2035	2035-2040	2040-2045	2045-2050	2050-2055	2055-2060
年平均人口増加数(千人)	215	130	101	145	175	177	178	176	171	165
年平均出生数(千人)	197	212	213	216	220	229	238	245	250	253
年平均死亡数(千人)	27	30	33	36	41	47	56	65	75	85
人口増加率(%)	3.06	1.64	1.19	1.59	1.77	1.65	1.53	1.40	1.27	1.15
粗出生率(人口千人あたり)	27.9	26.7	25.1	23.7	22.2	21.2	20.4	19.5	18.6	17.7
粗死亡率(人口千人あたり)	3.9	3.9	3.9	4.0	4.1	4.4	4.8	5.2	5.6	5.9
合計出生率（女子１人あたり）	3.51	3.45	3.34	3.24	3.07	2.92	2.79	2.68	2.59	2.51
純再生産率（女子１人あたり）	1.66	1.63	1.59	1.54	1.46	1.40	1.34	1.29	1.24	1.21

D. 低 位 予 測 値

	2015	2020	2025	2030	2035	2040	2045	2050	2055	2060
人口(千人)										
総数	7 595	8 091	8 346	8 744	9 265	9 749	10 165	10 478	10 679	10 784
男	3 889	4 142	4 276	4 477	4 736	4 975	5 177	5 326	5 419	5 464
女	3 706	3 949	4 070	4 267	4 529	4 774	4 988	5 152	5 260	5 319
性比(女100につき男)	105.0	104.9	105.1	104.9	104.6	104.2	103.8	103.4	103.0	102.7
年齢分布(%)										
０－４歳	12.9	10.8	9.3	8.3	7.9	7.5	6.9	6.2	5.5	4.9
５－14歳	22.6	22.4	20.9	18.1	16.0	14.9	14.3	13.6	12.6	11.4
15－24歳	19.0	18.7	18.8	19.3	18.3	16.1	14.5	13.8	13.5	13.1
60歳以上	5.4	6.0	7.2	8.9	11.1	13.3	15.7	17.7	19.6	21.8
65歳以上	3.8	3.9	4.4	5.5	7.0	8.9	10.8	12.8	14.5	16.2
80歳以上	0.5	0.7	0.7	0.8	0.9	1.1	1.6	2.3	3.0	3.8
15－49歳女子(%)	52.6	53.1	53.7	54.8	54.3	53.2	51.9	50.7	49.5	47.9
中位数年齢(歳)	22.5	23.9	25.6	27.6	29.5	31.6	33.7	36.0	38.2	40.3

	2010-2015	2015-2020	2020-2025	2025-2030	2030-2035	2035-2040	2040-2045	2045-2050	2050-2055	2055-2060
年平均人口増加数(千人)	215	99	51	80	104	97	83	63	40	21
年平均出生数(千人)	197	181	162	149	148	147	142	130	118	107
年平均死亡数(千人)	27	30	32	35	40	46	55	64	74	83
人口増加率(%)	3.06	1.27	0.62	0.93	1.16	1.02	0.84	0.61	0.38	0.20
粗出生率(人口千人あたり)	27.9	23.1	19.7	17.4	16.4	15.5	14.2	12.6	11.1	10.0
粗死亡率(人口千人あたり)	3.9	3.8	3.9	4.1	4.4	4.9	5.5	6.2	7.0	7.7
合計出生率（女子１人あたり）	3.51	2.95	2.54	2.24	2.07	1.92	1.79	1.68	1.59	1.51
純再生産率（女子１人あたり）	1.66	1.40	1.21	1.07	0.99	0.92	0.86	0.81	0.76	0.73

E. 出生力一定予測値

	2015	2020	2025	2030	2035	2040	2045	2050	2055	2060
人口(千人)										
総数	7 595	8 261	8 821	9 639	10 678	11 803	13 019	14 327	15 732	17 247
男	3 889	4 229	4 520	4 936	5 460	6 027	6 640	7 299	8 009	8 778
女	3 706	4 032	4 302	4 704	5 218	5 776	6 380	7 028	7 723	8 469
中位数年齢(歳)	22.5	23.3	24.0	24.5	25.1	25.5	26.0	26.3	26.4	26.6

	2010-2015	2015-2020	2020-2025	2025-2030	2030-2035	2035-2040	2040-2045	2045-2050	2050-2055	2055-2060
人口増加率(%)	3.06	1.68	1.31	1.77	2.05	2.00	1.96	1.92	1.87	1.84
粗出生率(人口千人あたり)	27.9	27.2	26.2	25.4	24.9	24.6	24.5	24.3	24.0	23.8
粗死亡率(人口千人あたり)	3.9	3.9	3.9	3.9	4.1	4.3	4.6	4.8	5.1	5.2

Kazakhstan

A. 推 計 値

指　標	1960	1965	1970	1975	1980	1985	1990	1995	2000	2005	2010
人口(千人)											
総数	9 996	11 909	13 110	14 136	14 919	15 780	16 530	15 926	14 957	15 452	16 311
男	4 813	5 736	6 315	6 816	7 186	7 612	8 002	7 693	7 171	7 421	7 862
女	5 183	6 173	6 795	7 320	7 733	8 168	8 528	8 233	7 786	8 031	8 449
性比(女100につき男)	92.9	92.9	92.9	93.1	92.9	93.2	93.8	93.4	92.1	92.4	93.1
年齢分布(％)											
０－４歳	15.2	14.7	11.9	11.6	11.5	11.5	11.4	9.2	7.5	8.1	9.8
５－14歳	21.0	24.2	25.7	23.0	20.9	20.5	20.1	20.6	20.2	16.6	14.4
15－24歳	18.6	14.5	17.1	20.5	20.5	18.8	16.7	17.2	18.0	19.6	19.3
60歳以上	8.3	8.1	8.2	8.5	8.2	8.3	9.6	10.0	11.2	10.1	9.8
65歳以上	5.7	5.2	5.4	5.7	6.1	5.7	5.9	7.2	6.8	7.7	6.8
80歳以上	0.8	0.8	0.9	0.9	1.0	1.1	1.1	1.3	1.0	1.0	1.2
15－49歳女子(％)	47.8	44.9	46.7	49.0	49.4	50.0	48.5	50.8	53.1	54.9	54.7
中位数年齢(歳)	22.9	22.4	21.8	22.3	23.5	24.6	26.0	27.0	27.7	28.5	28.8
人口密度(1k㎡あたり)	4	4	5	5	6	6	6	6	6	6	6

指　標	1960-1965	1965-1970	1970-1975	1975-1980	1980-1985	1985-1990	1990-1995	1995-2000	2000-2005	2005-2010	2010-2015
年平均人口増加数(千人)	383	240	205	157	172	150	－ 121	－ 194	99	172	263
年平均出生数(千人)	371	328	340	347	383	413	336	251	254	345	381
年平均死亡数(千人)	126	123	123	128	132	132	154	180	164	166	150
人口増加率(％)	3.50	1.92	1.51	1.08	1.12	0.93	−0.75	−1.26	0.65	1.08	1.55
粗出生率(人口千人あたり)	33.9	26.2	24.9	23.9	25.0	25.6	20.7	16.3	16.7	21.7	22.5
粗死亡率(人口千人あたり)	11.6	9.8	9.0	8.8	8.6	8.2	9.5	11.7	10.8	10.5	8.9
合計出生率(女子１人あたり)	4.43	3.67	3.46	3.06	2.96	3.03	2.55	2.00	2.01	2.54	2.64
純再生産率(女子１人あたり)	1.84	1.56	1.49	1.34	1.31	1.37	1.15	0.91	0.93	1.18	1.25
乳児死亡率(出生千人あたり)	93	85	77	69	60	52	51	43	32	27	14
出生時の平均余命(歳)											
男	54.3	56.3	57.8	58.9	60.5	62.4	60.5	57.5	59.1	60.2	64.3
女	64.8	66.8	68.4	69.4	71.0	72.3	70.3	69.0	70.4	71.5	73.9
男女計	59.5	61.7	63.3	64.3	65.9	67.5	65.5	63.0	64.6	65.7	69.1

B. 中 位 予 測 値

指　標	2015	2020	2025	2030	2035	2040	2045	2050	2055	2060
人口(千人)										
総数	17 625	18 616	19 420	20 072	20 665	21 265	21 875	22 447	22 921	23 282
男	8 512	8 992	9 372	9 674	9 948	10 233	10 532	10 819	11 061	11 251
女	9 113	9 624	10 047	10 398	10 717	11 032	11 343	11 628	11 861	12 031
性比(女100につき男)	93.4	93.4	93.3	93.0	92.8	92.8	92.9	93.0	93.3	93.5
年齢分布(％)										
０－４歳	11.1	9.6	8.4	7.6	7.5	7.7	7.8	7.6	7.2	6.7
５－14歳	15.7	19.1	19.1	17.0	15.3	14.4	14.5	14.8	14.9	14.4
15－24歳	15.0	12.2	14.1	17.6	17.9	15.9	14.4	13.6	13.8	14.3
60歳以上	10.7	11.8	13.6	14.4	15.3	16.0	16.9	18.6	19.5	19.0
65歳以上	6.7	7.5	8.6	10.2	10.8	11.4	11.9	12.6	14.2	15.0
80歳以上	1.1	1.4	1.2	1.2	1.6	2.0	2.4	2.5	2.7	2.9
６－11歳	9.9	12.1	11.4	10.0	9.0	8.6	8.8	9.0	9.0	8.6
12－14歳	3.7	4.9	6.0	5.4	4.8	4.3	4.2	4.3	4.4	4.4
15－17歳	3.7	3.8	5.3	5.9	5.0	4.5	4.2	4.1	4.3	4.4
18－23歳	9.4	7.0	7.8	10.4	11.1	9.7	8.7	8.1	8.2	8.5
15－24歳女子(％)	50.2	47.5	47.3	48.7	48.8	46.9	45.6	46.1	47.1	46.8
中位数年齢(歳)	29.3	30.6	31.7	31.9	31.5	32.0	33.1	34.3	35.3	36.1
人口密度(1k㎡あたり)	7	7	7	7	8	8	8	8	8	9

指　標	2010-2015	2015-2020	2020-2025	2025-2030	2030-2035	2035-2040	2040-2045	2045-2050	2050-2055	2055-2060
年平均人口増加数(千人)	263	198	161	130	119	120	122	114	95	72
年平均出生数(千人)	381	361	331	310	312	329	344	346	333	315
年平均死亡数(千人)	150	163	170	180	194	209	222	232	238	243
年平均純移動数(千人)	32	0	0	0	0	0	0	0	0	0
人口増加率(％)	1.55	1.09	0.85	0.66	0.58	0.57	0.57	0.52	0.42	0.31
粗出生率(人口千人あたり)	22.5	19.9	17.4	15.7	15.3	15.7	16.0	15.6	14.7	13.6
粗死亡率(人口千人あたり)	8.9	9.0	8.9	9.1	9.5	10.0	10.3	10.5	10.5	10.5
純移動率(人口千人あたり)	1.9	0.0	0.0	0.0	0.0	0.0	0.0	0.0	0.0	0.0
合計出生率（女子１人あたり）	2.64	2.53	2.44	2.35	2.28	2.21	2.15	2.10	2.06	2.02
純再生産率（女子１人あたり）	1.25	1.20	1.15	1.11	1.08	1.05	1.03	1.00	0.98	0.97
乳児死亡率（出生千人あたり）	14	12	11	10	9	8	8	7	6	6
５歳未満の死亡数(出生千人あた	17	15	14	13	11	10	9	9	8	7
出生時の平均余命(歳)										
男	64.3	64.9	65.5	66.1	66.7	67.4	68.0	68.7	69.4	70.2
女	73.9	74.5	75.2	75.8	76.4	76.9	77.5	78.0	78.6	79.1
男女計	69.1	69.7	70.3	70.9	71.5	72.2	72.8	73.4	74.1	74.7

C. 高位予測値

	2015	2020	2025	2030	2035	2040	2045	2050	2055	2060
人口(千人)										
総数	17 625	18 792	19 864	20 842	21 776	22 772	23 865	25 015	26 150	27 234
男	8 512	9 082	9 600	10 069	10 519	11 007	11 554	12 137	12 717	13 277
女	9 113	9 710	10 263	10 772	11 258	11 765	12 311	12 878	13 433	13 957
性比(女100につき男)	93.4	93.3	93.0	92.6	92.1	91.9	91.7	91.6	91.6	91.5
年齢分布(%)										
0－4歳	11.1	10.4	9.6	8.9	8.7	8.9	9.2	9.2	8.9	8.4
5－14歳	15.7	18.9	19.6	18.5	17.2	16.4	16.4	16.8	17.1	16.9
15－24歳	15.0	12.1	13.8	17.0	17.8	16.8	15.7	14.9	14.9	15.4
60歳以上	10.7	11.7	13.3	13.9	14.5	14.9	15.5	16.7	17.1	16.2
65歳以上	6.7	7.4	8.4	9.8	10.3	10.7	10.9	11.3	12.5	12.8
80歳以上	1.1	1.4	1.2	1.1	1.5	1.9	2.2	2.2	2.3	2.5
15－49歳女子(%)	50.2	47.1	46.3	47.0	47.2	45.8	45.0	45.8	47.0	47.3
中位数年齢(歳)	29.3	30.3	30.9	30.2	29.3	29.7	30.4	31.0	31.4	31.8

	2010-2015	2015-2020	2020-2025	2025-2030	2030-2035	2035-2040	2040-2045	2045-2050	2050-2055	2055-2060
年平均人口増加数(千人)	263	233	214	196	187	199	219	230	227	217
年平均出生数(千人)	381	397	385	376	381	409	442	464	467	463
年平均死亡数(千人)	150	164	171	181	195	210	224	234	240	246
人口増加率(%)	1.55	1.28	1.11	0.96	0.88	0.89	0.94	0.94	0.89	0.81
粗出生率(人口千人あたり)	22.5	21.8	19.9	18.5	17.9	18.4	19.0	19.0	18.3	17.3
粗死亡率(人口千人あたり)	8.9	9.0	8.8	8.9	9.1	9.4	9.6	9.6	9.4	9.2
合計出生率 (女子1人あたり)	2.64	2.78	2.84	2.85	2.78	2.71	2.65	2.60	2.56	2.52
純再生産率 (女子1人あたり)	1.25	1.32	1.34	1.35	1.32	1.29	1.26	1.24	1.22	1.21

D. 低位予測値

	2015	2020	2025	2030	2035	2040	2045	2050	2055	2060
人口(千人)										
総数	17 625	18 440	18 976	19 303	19 555	19 770	19 931	19 993	19 911	19 686
男	8 512	8 901	9 145	9 279	9 378	9 465	9 534	9 560	9 516	9 407
女	9 113	9 539	9 832	10 024	10 177	10 304	10 397	10 433	10 394	10 279
性比(女100につき男)	93.4	93.3	93.0	92.6	92.1	91.9	91.7	91.6	91.6	91.5
年齢分布(%)										
0－4歳	11.1	8.7	7.2	6.3	6.1	6.3	6.3	6.0	5.5	4.9
5－14歳	15.7	19.3	18.7	15.3	13.1	12.2	12.2	12.5	12.3	11.6
15－24歳	15.0	12.3	14.5	18.4	18.0	14.9	12.8	12.0	12.2	12.6
60歳以上	10.7	11.9	13.9	15.0	16.2	17.2	18.5	20.9	22.4	22.4
65歳以上	6.7	7.6	8.8	10.6	11.4	12.3	13.0	14.2	16.4	17.8
80歳以上	1.1	1.4	1.2	1.2	1.7	2.1	2.7	2.8	3.1	3.4
15－49歳女子(%)	50.2	48.0	48.3	50.5	50.5	48.1	46.1	46.2	46.8	45.7
中位数年齢(歳)	29.3	30.9	32.4	33.7	34.0	34.3	35.7	37.6	39.7	41.3

	2010-2015	2015-2020	2020-2025	2025-2030	2030-2035	2035-2040	2040-2045	2045-2050	2050-2055	2055-2060
年平均人口増加数(千人)	263	163	107	65	50	43	32	12	－ 16	－ 45
年平均出生数(千人)	381	326	276	244	243	251	253	242	219	195
年平均死亡数(千人)	150	163	169	179	193	208	221	230	236	240
人口増加率(%)	1.55	0.90	0.57	0.34	0.26	0.22	0.16	0.06	−0.08	−0.23
粗出生率(人口千人あたり)	22.5	18.1	14.8	12.8	12.5	12.8	12.8	12.1	11.0	9.9
粗死亡率(人口千人あたり)	8.9	9.0	9.0	9.4	9.9	10.6	11.1	11.5	11.8	12.1
合計出生率 (女子1人あたり)	2.64	2.28	2.04	1.85	1.78	1.71	1.65	1.60	1.56	1.52
純再生産率 (女子1人あたり)	1.25	1.08	0.96	0.88	0.84	0.81	0.79	0.77	0.75	0.73

E. 出生力一定予測値

	2015	2020	2025	2030	2035	2040	2045	2050	2055	2060
人口(千人)										
総数	17 625	18 687	19 593	20 426	21 340	22 383	23 490	24 588	25 670	26 800
男	8 512	9 028	9 462	9 857	10 296	10 810	11 364	11 922	12 475	13 060
女	9 113	9 658	10 131	10 569	11 044	11 573	12 126	12 666	13 195	13 739
中位数年齢(歳)	29.3	30.5	31.4	31.1	30.0	30.2	30.9	31.4	31.5	31.3

	2010-2015	2015-2020	2020-2025	2025-2030	2030-2035	2035-2040	2040-2045	2045-2050	2050-2055	2055-2060
人口増加率(%)	1.55	1.17	0.95	0.83	0.88	0.95	0.97	0.91	0.86	0.86
粗出生率(人口千人あたり)	22.5	20.7	18.4	17.3	18.1	19.1	19.4	18.8	18.2	18.0
粗死亡率(人口千人あたり)	8.9	9.0	8.9	9.0	9.3	9.6	9.7	9.7	9.5	9.4

Kenya

A. 推計値

指標	1960	1965	1970	1975	1980	1985	1990	1995	2000	2005	2010
人口(千人)											
総数	8 105	9 505	11 252	13 486	16 268	19 661	23 446	27 373	31 066	35 349	40 328
男	4 065	4 752	5 613	6 718	8 101	9 793	11 678	13 633	15 488	17 665	20 159
女	4 040	4 753	5 640	6 768	8 167	9 868	11 768	13 740	15 578	17 684	20 169
性比(女100につき男)	100.6	100.0	99.5	99.3	99.2	99.2	99.2	99.2	99.4	99.9	100.0
年齢分布(%)											
0－4歳	19.9	20.1	20.3	20.7	20.6	20.2	19.0	16.8	16.3	16.7	16.5
5－14歳	26.6	28.3	28.8	29.0	29.4	29.8	30.0	29.6	28.0	26.2	26.1
15－24歳	15.8	16.2	18.2	19.1	19.2	19.3	19.9	21.0	22.0	22.4	20.8
60歳以上	5.9	5.6	5.3	5.0	4.6	4.3	4.2	4.2	4.1	4.0	4.2
65歳以上	3.7	3.6	3.4	3.3	3.0	2.8	2.7	2.7	2.8	2.8	2.7
80歳以上	0.4	0.4	0.4	0.4	0.4	0.4	0.4	0.4	0.4	0.4	0.4
15－49歳女子(%)	41.0	40.2	40.6	41.0	41.3	41.7	43.2	46.0	47.7	48.4	48.2
中位数年齢(歳)	17.2	15.8	15.5	15.2	15.0	15.0	15.5	16.5	17.4	18.0	18.5
人口密度(1km²あたり)	14	17	20	24	29	35	41	48	55	62	71

指標	1960-1965	1965-1970	1970-1975	1975-1980	1980-1985	1985-1990	1990-1995	1995-2000	2000-2005	2005-2010	2010-2015
年平均人口増加数(千人)	280	350	447	556	679	757	785	739	857	996	1 144
年平均出生数(千人)	449	525	628	743	869	972	1 005	1 114	1 285	1 433	1 530
年平均死亡数(千人)	165	172	178	186	191	216	264	371	433	399	376
人口増加率(%)	3.19	3.38	3.62	3.75	3.79	3.52	3.10	2.53	2.58	2.64	2.65
粗出生率(人口千人あたり)	51.0	50.6	50.8	49.9	48.4	45.1	39.5	38.1	38.7	37.9	35.4
粗死亡率(人口千人あたり)	18.8	16.5	14.4	12.5	10.7	10.0	10.4	12.7	13.0	10.6	8.7
合計出生率(女子1人あたり)	8.07	8.11	7.99	7.64	7.22	6.54	5.57	5.07	5.00	4.80	4.44
純再生産率(女子1人あたり)	2.84	2.98	3.07	3.04	2.96	2.70	2.24	1.91	1.88	1.93	1.87
乳児死亡率(出生千人あたり)	117	104	92	80	70	68	72	74	68	59	52
出生時の平均余命(歳)											
男	46.0	48.7	51.6	54.4	57.2	57.6	55.5	50.8	50.8	55.6	59.1
女	50.2	52.9	55.8	58.3	60.9	61.4	59.2	53.0	51.8	57.4	62.2
男女計	48.0	50.7	53.7	56.3	59.0	59.4	57.3	51.9	51.3	56.5	60.6

B. 中位予測値

指標	2015	2020	2025	2030	2035	2040	2045	2050	2055	2060
人口(千人)										
総数	46 050	52 187	58 610	65 412	72 600	80 091	87 770	95 505	103 198	110 757
男	23 017	26 055	29 231	32 593	36 147	39 847	43 632	47 434	51 207	54 910
女	23 033	26 132	29 379	32 819	36 452	40 244	44 139	48 071	51 991	55 847
性比(女100につき男)	99.9	99.7	99.5	99.3	99.2	99.0	98.9	98.7	98.5	98.3
年齢分布(%)										
0－4歳	15.6	14.5	13.7	13.0	12.5	11.9	11.3	10.7	10.1	9.6
5－14歳	26.3	25.8	24.6	23.4	22.4	21.7	21.0	20.2	19.3	18.5
15－24歳	19.5	19.6	20.2	20.2	19.5	18.8	18.3	18.0	17.7	17.3
60歳以上	4.5	4.9	5.2	5.5	6.1	7.1	8.3	9.6	10.5	11.4
65歳以上	2.8	3.1	3.4	3.7	3.9	4.4	5.2	6.3	7.3	8.1
80歳以上	0.4	0.4	0.4	0.5	0.6	0.7	0.8	0.8	1.0	1.3
6－11歳	16.3	15.8	15.0	14.2	13.6	13.2	12.7	12.2	11.7	11.2
12－14歳	7.1	7.2	7.0	6.7	6.4	6.2	6.0	5.9	5.7	5.4
15－17歳	6.4	6.6	6.7	6.4	6.2	5.9	5.8	5.7	5.5	5.3
18－23歳	11.3	11.3	11.8	11.9	11.6	11.1	10.8	10.6	10.5	10.3
15－24歳女子(%)	48.5	49.8	51.2	51.8	51.6	51.3	51.3	51.5	51.3	50.8
中位数年齢(歳)	18.9	19.5	20.5	21.6	22.6	23.7	24.7	25.7	26.8	27.9
人口密度(1km²あたり)	81	92	103	115	128	141	154	168	181	195

指標	2010-2015	2015-2020	2020-2025	2025-2030	2030-2035	2035-2040	2040-2045	2045-2050	2050-2055	2055-2060
年平均人口増加数(千人)	1 144	1 227	1 285	1 360	1 438	1 498	1 536	1 547	1 539	1 512
年平均出生数(千人)	1 530	1 609	1 688	1 786	1 888	1 975	2 043	2 093	2 138	2 175
年平均死亡数(千人)	376	371	393	416	440	467	497	536	590	655
年平均純移動数(千人)	−10	−10	−10	−10	−10	−10	−10	−10	−10	−9
人口増加率(%)	2.65	2.50	2.32	2.20	2.09	1.96	1.83	1.69	1.55	1.41
粗出生率(人口千人あたり)	35.4	32.8	30.5	28.8	27.4	25.9	24.3	22.8	21.5	20.3
粗死亡率(人口千人あたり)	8.7	7.6	7.1	6.7	6.4	6.1	5.9	5.9	5.9	6.1
純移動率(人口千人あたり)	−0.2	−0.2	−0.2	−0.2	−0.1	−0.1	−0.1	−0.1	−0.1	−0.1
合計出生率 (女子1人あたり)	4.44	4.10	3.81	3.56	3.34	3.16	3.00	2.85	2.72	2.60
純再生産率 (女子1人あたり)	1.87	1.79	1.69	1.60	1.52	1.46	1.40	1.34	1.28	1.23
乳児死亡率 (出生千人あたり)	52	48	44	39	34	30	26	24	22	20
5歳未満の死亡数(出生千人あたり	78	70	62	54	47	40	34	30	28	26
出生時の平均余命(歳)										
男	59.1	61.1	62.3	63.7	65.3	66.7	68.1	69.4	70.4	71.3
女	62.2	65.5	66.8	68.2	69.7	71.3	72.8	74.0	75.1	76.0
男女計	60.6	63.3	64.5	66.0	67.5	69.0	70.4	71.7	72.7	73.6

C. 高位予測値

	2015	2020	2025	2030	2035	2040	2045	2050	2055	2060
人口(千人)										
総数	46 050	52 649	59 906	67 891	76 456	85 644	95 487	105 933	116 890	128 230
男	23 017	26 288	29 883	33 840	38 086	42 640	47 513	52 680	58 098	63 706
女	23 033	26 361	30 023	34 051	38 370	43 004	47 974	53 253	58 792	64 524
性比(女100につき男)	99.9	99.7	99.5	99.2	99.1	98.9	98.6	98.4	98.1	97.8
年齢分布(%)										
０－４歳	15.6	15.3	14.8	14.3	13.7	13.1	12.7	12.2	11.8	11.3
５－14歳	26.3	25.5	24.8	24.4	23.9	23.3	22.5	21.9	21.3	20.7
15－24歳	19.5	19.5	19.8	19.4	19.1	19.1	18.9	18.6	18.2	17.9
60歳以上	4.5	4.9	5.1	5.3	5.8	6.6	7.7	8.6	9.3	9.9
65歳以上	2.8	3.1	3.4	3.5	3.7	4.1	4.8	5.7	6.5	7.0
80歳以上	0.4	0.4	0.4	0.5	0.6	0.6	0.7	0.8	0.9	1.2
15－49歳女子(%)	48.5	49.4	50.1	49.9	49.6	49.5	49.8	50.0	50.0	49.8
中位数年齢(歳)	18.9	19.3	19.9	20.6	21.2	21.9	22.7	23.5	24.3	25.1

	2010-2015	2015-2020	2020-2025	2025-2030	2030-2035	2035-2040	2040-2045	2045-2050	2050-2055	2055-2060
年平均人口増加数(千人)	1 144	1 320	1 451	1 597	1 713	1 838	1 969	2 089	2 191	2 268
年平均出生数(千人)	1 530	1 707	1 865	2 037	2 179	2 332	2 495	2 660	2 820	2 965
年平均死亡数(千人)	376	377	404	430	456	484	517	561	619	688
人口増加率(%)	2.65	2.68	2.58	2.50	2.38	2.27	2.18	2.08	1.97	1.85
粗出生率(人口千人あたり)	35.4	34.6	33.1	31.9	30.2	28.8	27.6	26.4	25.3	24.2
粗死亡率(人口千人あたり)	8.7	7.6	7.2	6.7	6.3	6.0	5.7	5.6	5.6	5.6
合計出生率（女子１人あたり）	4.44	4.35	4.21	4.06	3.84	3.66	3.50	3.35	3.22	3.10
純再生産率（女子１人あたり）	1.87	1.90	1.87	1.83	1.75	1.69	1.63	1.57	1.52	1.47

D. 低位予測値

	2015	2020	2025	2030	2035	2040	2045	2050	2055	2060
人口(千人)										
総数	46 050	51 724	57 315	62 933	68 754	74 607	80 279	85 590	90 461	94 840
男	23 017	25 822	28 579	31 347	34 214	37 090	39 864	42 446	44 799	46 900
女	23 033	25 903	28 735	31 587	34 541	37 517	40 415	43 144	45 662	47 940
性比(女100につき男)	99.9	99.7	99.5	99.2	99.1	98.9	98.6	98.4	98.1	97.8
年齢分布(%)										
０－４歳	15.6	13.8	12.5	11.6	11.2	10.5	9.8	9.0	8.3	7.8
５－14歳	26.3	26.0	24.4	22.3	20.8	19.9	19.2	18.2	17.1	16.0
15－24歳	19.5	19.8	20.7	21.0	20.0	18.5	17.6	17.1	16.8	16.3
60歳以上	4.5	4.9	5.3	5.8	6.5	7.6	9.1	10.7	12.0	13.4
65歳以上	2.8	3.1	3.5	3.8	4.2	4.8	5.7	7.0	8.3	9.4
80歳以上	0.4	0.4	0.4	0.5	0.6	0.7	0.8	0.9	1.2	1.6
15－49歳女子(%)	48.5	50.3	52.3	53.8	53.8	53.3	53.1	53.0	52.5	51.5
中位数年齢(歳)	18.9	19.7	21.1	22.6	24.0	25.6	27.1	28.5	30.0	31.4

	2010-2015	2015-2020	2020-2025	2025-2030	2030-2035	2035-2040	2040-2045	2045-2050	2050-2055	2055-2060
年平均人口増加数(千人)	1 144	1 135	1 118	1 124	1 164	1 171	1 134	1 062	974	876
年平均出生数(千人)	1 530	1 511	1 511	1 535	1 599	1 630	1 622	1 586	1 547	1 509
年平均死亡数(千人)	376	366	383	402	425	450	477	514	564	625
人口増加率(%)	2.65	2.32	2.05	1.87	1.77	1.63	1.47	1.28	1.11	0.95
粗出生率(人口千人あたり)	35.4	30.9	27.7	25.5	24.3	22.7	20.9	19.1	17.6	16.3
粗死亡率(人口千人あたり)	8.7	7.5	7.0	6.7	6.5	6.3	6.2	6.2	6.4	6.7
合計出生率（女子１人あたり）	4.44	3.85	3.41	3.06	2.84	2.66	2.50	2.35	2.22	2.10
純再生産率（女子１人あたり）	1.87	1.68	1.51	1.38	1.30	1.23	1.16	1.10	1.05	0.99

E. 出生力一定予測値

	2015	2020	2025	2030	2035	2040	2045	2050	2055	2060
人口(千人)										
総数	46 050	52 744	60 399	69 178	79 212	90 679	103 834	118 934	136 230	156 012
男	23 017	26 335	30 131	34 488	39 474	45 175	51 718	59 231	67 847	77 717
女	23 033	26 408	30 268	34 690	39 739	45 504	52 117	59 702	68 383	78 295
中位数年齢(歳)	18.9	19.3	19.7	20.1	20.2	20.4	20.5	20.6	20.7	20.8

	2010-2015	2015-2020	2020-2025	2025-2030	2030-2035	2035-2040	2040-2045	2045-2050	2050-2055	2055-2060
人口増加率(%)	2.65	2.71	2.71	2.71	2.71	2.70	2.71	2.72	2.72	2.71
粗出生率(人口千人あたり)	35.4	35.0	34.5	34.0	33.5	33.1	32.7	32.5	32.4	32.2
粗死亡率(人口千人あたり)	8.7	7.7	7.2	6.8	6.3	5.9	5.6	5.3	5.2	5.1

Kiribati

A. 推 計 値

指　標	1960	1965	1970	1975	1980	1985	1990	1995	2000	2005	2010
人口(千人)											
総数	41	46	51	55	59	64	72	78	84	92	103
男	20	23	25	27	29	32	36	39	42	45	51
女	21	24	26	28	30	32	37	39	43	47	52
性比(女100につき男)	97.4	97.6	97.7	97.6	97.1	98.1	97.9	98.3	97.2	97.1	97.0
年齢分布(%)											
０－４歳	18.6	18.1	15.7	13.6	15.0	15.6	16.0	15.2	14.2	11.7	13.6
５－14歳	26.5	28.0	29.1	27.7	24.5	23.6	24.3	25.9	25.8	25.2	22.5
15－24歳	17.1	17.1	19.3	21.3	22.0	21.7	19.1	17.0	18.6	21.0	20.7
60歳以上	5.6	5.3	5.3	5.4	5.4	5.8	5.6	5.4	5.3	5.4	5.4
65歳以上	3.8	3.7	3.5	3.7	3.3	3.6	3.4	3.5	3.3	3.6	3.5
80歳以上	0.4	0.4	0.5	0.5	0.5	0.4	0.4	0.4	0.4	0.4	0.4
15－49歳女子(%)	44.6	44.1	45.2	46.6	47.8	49.6	49.0	48.6	49.8	51.9	52.1
中位数年齢(歳)	17.7	16.9	17.4	18.6	19.4	19.5	20.4	19.6	19.7	20.8	21.6
人口密度(1k㎡あたり)	51	57	63	68	73	79	89	96	104	114	127

指　標	1960-1965	1965-1970	1970-1975	1975-1980	1980-1985	1985-1990	1990-1995	1995-2000	2000-2005	2005-2010	2010-2015
年平均人口増加数(千人)	1	1	1	1	1	2	1	1	2	2	2
年平均出生数(千人)	2	2	2	2	2	3	3	3	3	3	3
年平均死亡数(千人)	1	1	1	1	1	1	1	1	1	1	1
人口増加率(%)	2.38	1.94	1.50	1.46	1.51	2.47	1.42	1.65	1.79	2.12	1.82
粗出生率(人口千人あたり)	45.5	38.3	32.4	35.3	36.8	37.3	35.5	31.8	29.8	29.5	29.2
粗死亡率(人口千人あたり)	16.1	13.7	11.8	11.7	11.6	10.4	9.1	8.0	7.3	7.2	7.1
合計出生率(女子１人あたり)	6.78	6.04	5.00	5.10	5.00	4.80	4.55	4.20	3.96	3.88	3.79
純再生産率(女子１人あたり)	2.49	2.30	1.97	2.05	2.01	1.98	1.94	1.83	1.75	1.72	1.69
乳児死亡率(出生千人あたり)	118	106	93	87	84	75	64	57	52	49	47
出生時の平均余命(歳)											
男	48.5	50.9	53.4	54.5	55.1	56.6	58.7	60.4	61.6	62.0	62.6
女	52.8	55.3	57.7	58.9	59.6	61.8	64.6	66.3	67.5	68.1	68.9
男女計	50.6	53.0	55.5	56.6	57.3	59.1	61.6	63.3	64.5	65.1	65.7

B. 中 位 予 測 値

指　標	2015	2020	2025	2030	2035	2040	2045	2050	2055	2060
人口(千人)										
総数	112	122	132	142	150	159	169	178	187	195
男	55	60	65	70	74	78	83	88	92	96
女	57	62	67	72	76	81	86	91	95	99
性比(女100につき男)	97.2	97.3	97.2	97.1	96.9	96.8	96.7	96.6	96.5	96.4
年齢分布(%)										
０－４歳	13.1	12.5	11.7	10.9	10.2	10.1	10.1	9.8	9.3	8.8
５－14歳	21.8	23.0	22.3	21.4	20.3	19.0	18.4	18.4	18.3	17.8
15－24歳	19.8	17.9	17.7	19.1	18.9	18.3	17.4	16.4	16.0	16.3
60歳以上	6.1	6.9	8.1	9.3	9.6	10.1	10.9	12.0	12.8	13.9
65歳以上	3.7	4.2	4.9	5.9	6.8	7.0	7.2	7.9	8.8	9.6
80歳以上	0.4	0.5	0.5	0.6	0.7	0.9	1.2	1.4	1.3	1.4
６－11歳	13.6	14.1	13.5	12.9	12.2	11.4	11.1	11.2	11.1	10.7
12－14歳	5.6	6.5	6.5	6.3	6.1	5.7	5.3	5.3	5.3	5.3
15－17歳	6.4	5.2	6.3	6.1	5.9	5.7	5.3	5.1	5.1	5.2
18－23歳	11.7	10.9	9.8	11.4	11.2	10.9	10.4	9.8	9.4	9.6
15－24歳女子(%)	51.4	48.9	49.6	50.3	50.7	50.5	50.1	49.2	49.6	49.2
中位数年齢(歳)	22.4	23.2	23.8	24.2	25.4	26.5	27.5	28.4	29.2	30.0
人口密度(1k㎡あたり)	139	151	163	175	186	197	208	220	231	241

指　標	2010-2015	2015-2020	2020-2025	2025-2030	2030-2035	2035-2040	2040-2045	2045-2050	2050-2055	2055-2060
年平均人口増加数(千人)	2	2	2	2	2	2	2	2	2	2
年平均出生数(千人)	3	3	3	3	3	3	4	4	4	4
年平均死亡数(千人)	1	1	1	1	1	1	1	1	1	1
年平均純移動数(千人)	0	0	0	0	0	0	0	0	0	0
人口増加率(%)	1.82	1.71	1.55	1.36	1.20	1.16	1.15	1.08	0.98	0.86
粗出生率(人口千人あたり)	29.2	27.6	25.6	23.5	22.0	21.6	21.6	20.9	19.8	18.5
粗死亡率(人口千人あたり)	7.1	6.9	6.8	6.9	7.0	7.3	7.5	7.7	7.7	7.8
純移動率(人口千人あたり)	-4.0	-3.6	-3.3	-3.1	-2.9	-2.8	-2.6	-2.5	-2.2	-2.0
合計出生率（女子１人あたり）	3.79	3.58	3.39	3.23	3.09	2.96	2.84	2.74	2.65	2.56
純再生産率（女子１人あたり）	1.69	1.62	1.56	1.50	1.44	1.38	1.34	1.29	1.25	1.21
乳児死亡率（出生千人あたり）	47	42	39	36	33	30	28	26	24	22
５歳未満の死亡数(出生千人あた	60	54	48	44	40	36	34	31	28	26
出生時の平均余命(歳)										
男	62.6	63.5	64.4	65.2	66.0	66.7	67.3	67.9	68.6	69.3
女	68.9	70.0	71.0	71.9	72.7	73.5	74.2	74.9	75.7	76.3
男女計	65.7	66.8	67.7	68.5	69.3	70.1	70.7	71.4	72.1	72.8

C. 高 位 予 測 値

	2015	2020	2025	2030	2035	2040	2045	2050	2055	2060
人口(千人)										
総数	112	124	135	147	158	170	183	197	211	226
男	55	61	67	72	78	84	90	97	104	111
女	57	63	69	74	80	86	93	100	107	114
性比(女100につき男)	97.2	97.3	97.1	96.9	96.6	96.4	96.2	96.0	95.8	95.5
年齢分布(%)										
0－4歳	13.1	13.3	12.8	12.1	11.3	11.1	11.3	11.2	10.9	10.5
5－14歳	21.8	22.8	22.7	22.6	21.9	20.7	19.9	19.9	20.0	19.8
15－24歳	19.8	17.7	17.3	18.4	18.6	18.9	18.3	17.3	16.7	16.9
60歳以上	6.1	6.8	7.9	8.9	9.2	9.5	10.0	10.8	11.4	12.0
65歳以上	3.7	4.2	4.8	5.7	6.4	6.5	6.7	7.1	7.8	8.3
80歳以上	0.4	0.5	0.5	0.6	0.7	0.9	1.1	1.2	1.2	1.2
15－49歳女子(%)	51.4	48.5	48.5	48.6	48.9	49.1	49.1	48.5	49.0	48.8
中位数年齢(歳)	22.4	22.9	23.1	23.2	23.9	24.6	25.3	26.0	26.5	27.0

	2010-2015	2015-2020	2020-2025	2025-2030	2030-2035	2035-2040	2040-2045	2045-2050	2050-2055	2055-2060
年平均人口増加数(千人)	2	2	2	2	2	2	3	3	3	3
年平均出生数(千人)	3	3	4	4	4	4	4	5	5	5
年平均死亡数(千人)	1	1	1	1	1	1	1	1	1	2
人口増加率(%)	1.82	1.88	1.81	1.66	1.48	1.43	1.46	1.46	1.43	1.34
粗出生率(人口千人あたり)	29.2	29.4	28.2	26.4	24.5	24.0	24.2	24.1	23.4	22.2
粗死亡率(人口千人あたり)	7.1	7.0	6.9	6.8	6.9	7.0	7.2	7.2	7.1	7.1
合計出生率 (女子1人あたり)	3.79	3.83	3.79	3.73	3.59	3.46	3.34	3.24	3.15	3.06
純再生産率 (女子1人あたり)	1.69	1.74	1.74	1.73	1.67	1.62	1.57	1.53	1.49	1.45

D. 低 位 予 測 値

	2015	2020	2025	2030	2035	2040	2045	2050	2055	2060
人口(千人)										
総数	112	121	129	136	143	149	155	160	164	167
男	55	60	64	67	70	73	76	78	80	82
女	57	62	66	69	73	76	79	82	84	86
性比(女100につき男)	97.2	97.3	97.1	96.9	96.6	96.4	96.2	96.0	95.8	95.5
年齢分布(%)										
0－4歳	13.1	11.7	10.6	9.5	9.0	8.9	8.9	8.4	7.6	7.0
5－14歳	21.8	23.2	22.0	20.1	18.4	17.1	16.6	16.6	16.3	15.4
15－24歳	19.8	18.0	18.1	19.8	19.2	17.7	16.3	15.2	15.1	15.4
60歳以上	6.1	6.9	8.3	9.6	10.2	10.8	11.8	13.3	14.6	16.2
65歳以上	3.7	4.2	5.0	6.1	7.1	7.5	7.9	8.7	10.1	11.2
80歳以上	0.4	0.5	0.6	0.6	0.8	1.0	1.3	1.5	1.5	1.7
15－49歳女子(%)	51.4	49.4	50.7	52.2	52.7	52.1	51.1	49.8	50.1	49.3
中位数年齢(歳)	22.4	23.4	24.6	25.4	27.0	28.5	30.0	31.4	32.7	34.0

	2010-2015	2015-2020	2020-2025	2025-2030	2030-2035	2035-2040	2040-2045	2045-2050	2050-2055	2055-2060
年平均人口増加数(千人)	2	2	2	1	1	1	1	1	1	1
年平均出生数(千人)	3	3	3	3	3	3	3	3	3	2
年平均死亡数(千人)	1	1	1	1	1	1	1	1	1	1
人口増加率(%)	1.82	1.53	1.28	1.04	0.90	0.85	0.80	0.68	0.51	0.35
粗出生率(人口千人あたり)	29.2	25.8	23.0	20.5	19.3	19.0	18.8	17.7	16.0	14.6
粗死亡率(人口千人あたり)	7.1	6.8	6.8	6.9	7.2	7.6	8.0	8.2	8.4	8.8
合計出生率 (女子1人あたり)	3.79	3.33	2.99	2.73	2.59	2.46	2.34	2.24	2.15	2.06
純再生産率 (女子1人あたり)	1.69	1.51	1.38	1.26	1.21	1.15	1.10	1.06	1.01	0.98

E. 出生力一定予測値

	2015	2020	2025	2030	2035	2040	2045	2050	2055	2060
人口(千人)										
総数	112	123	135	147	160	174	190	207	227	248
男	55	61	67	73	79	86	94	103	113	124
女	57	62	68	74	81	88	96	104	114	125
中位数年齢(歳)	22.4	23.0	23.2	23.2	23.6	23.9	24.2	24.3	24.3	24.2

	2010-2015	2015-2020	2020-2025	2025-2030	2030-2035	2035-2040	2040-2045	2045-2050	2050-2055	2055-2060
人口増加率(%)	1.82	1.86	1.81	1.71	1.66	1.69	1.74	1.78	1.79	1.79
粗出生率(人口千人あたり)	29.2	29.1	28.2	27.0	26.3	26.4	26.9	27.0	26.7	26.2
粗死亡率(人口千人あたり)	7.1	7.0	6.9	6.9	6.9	7.0	7.1	7.0	6.9	6.7

Kuwait

A. 推 計 値

指　標	1960	1965	1970	1975	1980	1985	1990	1995	2000	2005	2010
人口(千人)											
総数	262	482	750	1 051	1 384	1 735	2 059	1 637	1 929	2 264	3 059
男	166	297	425	572	793	983	1 098	957	1 133	1 328	1 724
女	96	185	325	479	591	752	961	680	797	935	1 335
性比(女100につき男)	173.0	160.9	131.0	119.5	134.2	130.8	114.3	140.7	142.2	142.0	129.1
年齢分布(%)											
０－４歳	15.6	17.1	18.6	19.7	15.8	14.1	11.6	10.7	10.5	9.8	9.8
５－14歳	20.1	20.5	25.3	25.6	24.7	22.5	23.3	19.3	17.0	16.5	13.8
15－24歳	16.5	20.8	18.0	17.2	17.7	17.6	19.0	15.1	15.8	16.3	16.4
60歳以上	3.6	2.8	2.8	2.8	2.5	2.4	2.8	3.2	3.2	3.6	3.2
65歳以上	2.0	1.5	1.8	1.6	1.6	1.4	1.5	1.8	2.1	2.3	1.9
80歳以上	0.2	0.1	0.1	0.2	0.2	0.2	0.2	0.2	0.2	0.2	0.2
15－49歳女子(%)	43.3	45.5	44.2	45.1	47.4	52.8	57.1	57.4	60.3	60.4	65.2
中位数年齢(歳)	24.0	21.7	19.2	17.6	20.6	22.7	22.8	26.9	27.6	28.1	28.8
人口密度(1k㎡あたり)	15	27	42	59	78	97	116	92	108	127	172

指　標	1960-1965	1965-1970	1970-1975	1975-1980	1980-1985	1985-1990	1990-1995	1995-2000	2000-2005	2005-2010	2010-2015
年平均人口増加数(千人)	44	54	60	67	70	65	－ 84	58	67	159	167
年平均出生数(千人)	16	30	43	50	57	48	37	44	45	62	72
年平均死亡数(千人)	3	4	5	5	6	5	5	5	6	7	9
人口増加率(%)	12.20	8.84	6.75	5.51	4.52	3.42	-4.59	3.29	3.19	6.03	4.81
粗出生率(人口千人あたり)	43.7	48.9	48.1	40.7	36.3	25.3	19.9	24.5	21.3	23.2	20.7
粗死亡率(人口千人あたり)	7.9	6.5	5.5	4.4	3.6	2.8	2.6	2.7	2.7	2.7	2.5
合計出生率(女子１人あたり)	7.30	7.40	6.95	5.90	5.00	3.15	2.40	3.00	2.60	2.55	2.15
純再生産率(女子１人あたり)	3.13	3.30	3.18	2.75	2.36	1.50	1.15	1.44	1.25	1.23	1.04
乳児死亡率(出生千人あたり)	71	54	42	33	24	16	13	11	10	10	9
出生時の平均余命(歳)											
男	61.0	63.7	65.8	67.6	69.4	70.9	71.7	72.2	72.6	72.9	73.3
女	63.4	66.4	68.6	70.2	71.7	72.9	73.6	74.1	74.5	74.9	75.6
男女計	61.9	64.7	66.9	68.7	70.3	71.6	72.4	72.9	73.3	73.7	74.3

B. 中 位 予 測 値

指　標	2015	2020	2025	2030	2035	2040	2045	2050	2055	2060
人口(千人)										
総数	3 892	4 317	4 672	4 987	5 252	5 499	5 725	5 924	6 081	6 193
男	2 186	2 425	2 613	2 780	2 910	3 031	3 144	3 243	3 322	3 379
女	1 706	1 892	2 059	2 207	2 342	2 468	2 581	2 681	2 759	2 814
性比(女100につき男)	128.2	128.2	126.9	125.9	124.3	122.8	121.8	121.0	120.4	120.1
年齢分布(%)										
０－４歳	8.9	8.7	7.4	6.5	6.0	6.0	6.0	5.9	5.7	5.4
５－14歳	13.4	14.9	15.3	14.3	12.7	11.6	11.2	11.3	11.4	11.2
15－24歳	13.4	12.1	12.8	14.0	14.4	13.8	12.3	11.5	11.2	11.4
60歳以上	3.4	4.9	6.5	8.9	11.4	13.8	17.2	20.1	22.0	23.2
65歳以上	2.0	2.4	3.7	5.0	7.0	9.1	11.0	13.8	16.2	17.7
80歳以上	0.2	0.2	0.2	0.4	0.5	0.9	1.3	1.9	2.6	3.2
６－11歳	8.4	9.3	9.4	8.5	7.5	6.9	6.8	6.8	6.9	6.7
12－14歳	3.3	3.9	4.3	4.5	4.0	3.5	3.3	3.3	3.4	3.4
15－17歳	3.3	3.2	4.0	4.2	4.2	3.7	3.3	3.2	3.2	3.3
18－23歳	8.3	7.3	7.4	8.3	8.7	8.5	7.5	6.9	6.7	6.8
15－24歳女子(%)	64.9	59.7	57.2	55.8	53.4	50.3	47.7	46.3	46.0	45.5
中位数年齢(歳)	31.0	31.6	32.6	33.9	35.3	36.2	37.0	37.8	38.8	39.8
人口密度(1k㎡あたり)	218	242	262	280	295	309	321	332	341	348

指　標	2010-2015	2015-2020	2020-2025	2025-2030	2030-2035	2035-2040	2040-2045	2045-2050	2050-2055	2055-2060
年平均人口増加数(千人)	167	85	71	63	53	49	45	40	31	22
年平均出生数(千人)	72	76	70	65	64	66	69	71	70	67
年平均死亡数(千人)	9	11	13	16	21	27	33	40	47	53
年平均純移動数(千人)	104	20	14	14	10	10	9	9	9	8
人口増加率(%)	4.81	2.07	1.58	1.30	1.04	0.92	0.81	0.68	0.52	0.36
粗出生率(人口千人あたり)	20.7	18.4	15.6	13.5	12.5	12.3	12.3	12.2	11.6	11.0
粗死亡率(人口千人あたり)	2.5	2.6	2.9	3.4	4.1	4.9	5.9	6.9	7.8	8.7
純移動率(人口千人あたり)	29.8	4.9	3.1	2.9	2.0	1.9	1.6	1.5	1.4	1.3
合計出生率（女子１人あたり）	2.15	2.04	1.97	1.92	1.90	1.88	1.87	1.86	1.86	1.86
純再生産率（女子１人あたり）	1.04	0.99	0.95	0.93	0.92	0.91	0.91	0.91	0.90	0.90
乳児死亡率（出生千人あたり）	9	8	7	6	5	5	5	4	4	3
５歳未満の死亡数(出生千人あたり	11	10	9	8	7	6	6	5	5	4
出生時の平均余命(歳)										
男	73.3	73.8	74.2	74.7	75.3	75.8	76.4	77.0	77.7	78.4
女	75.6	76.2	76.9	77.5	78.1	78.7	79.2	79.8	80.4	80.9
男女計	74.3	74.8	75.4	76.0	76.5	77.1	77.7	78.3	78.9	79.6

C. 高位予測値

	2015	2020	2025	2030	2035	2040	2045	2050	2055	2060
人口(千人)										
総数	3 892	4 362	4 789	5 188	5 536	5 877	6 216	6 555	6 874	7 162
男	2 186	2 448	2 672	2 882	3 055	3 223	3 394	3 564	3 726	3 873
女	1 706	1 914	2 116	2 306	2 481	2 653	2 822	2 990	3 148	3 290
性比(女100につき男)	128.2	128.5	127.6	126.9	125.6	124.3	123.6	123.1	122.9	123.0
年齢分布(%)										
0－4歳	8.9	9.6	8.7	7.9	7.3	7.2	7.4	7.5	7.4	7.2
5－14歳	13.4	14.7	15.9	16.0	14.8	13.7	13.2	13.4	13.8	13.9
15－24歳	13.4	11.9	12.5	13.4	14.5	14.9	13.9	12.9	12.5	12.7
60歳以上	3.4	4.8	6.3	8.5	10.8	13.0	15.8	18.1	19.4	20.1
65歳以上	2.0	2.4	3.6	4.8	6.7	8.5	10.1	12.5	14.3	15.3
80歳以上	0.2	0.2	0.2	0.4	0.5	0.9	1.2	1.7	2.3	2.8
15－49歳女子(%)	64.9	59.0	55.6	53.5	51.3	49.0	47.1	46.2	46.2	46.2
中位数年齢(歳)	31.0	31.4	32.0	32.8	33.7	34.1	34.4	34.7	35.4	35.9

	2010-2015	2015-2020	2020-2025	2025-2030	2030-2035	2035-2040	2040-2045	2045-2050	2050-2055	2055-2060
年平均人口増加数(千人)	167	94	85	80	70	68	68	68	64	58
年平均出生数(千人)	72	85	84	82	81	85	92	99	102	103
年平均死亡数(千人)	9	11	13	16	21	27	33	40	47	54
人口増加率(%)	4.81	2.28	1.87	1.60	1.30	1.19	1.12	1.06	0.95	0.82
粗出生率(人口千人あたり)	20.7	20.6	18.4	16.5	15.1	14.9	15.3	15.5	15.3	14.7
粗死亡率(人口千人あたり)	2.5	2.6	2.9	3.3	3.9	4.7	5.5	6.3	7.0	7.6
合計出生率（女子1人あたり）	2.15	2.29	2.37	2.42	2.40	2.38	2.37	2.36	2.36	2.36
純再生産率（女子1人あたり）	1.04	1.11	1.14	1.17	1.16	1.16	1.15	1.15	1.15	1.15

D. 低位予測値

	2015	2020	2025	2030	2035	2040	2045	2050	2055	2060
人口(千人)										
総数	3 892	4 271	4 556	4 786	4 968	5 124	5 246	5 325	5 349	5 321
男	2 186	2 402	2 554	2 677	2 765	2 840	2 900	2 938	2 950	2 935
女	1 706	1 869	2 002	2 109	2 202	2 284	2 346	2 387	2 400	2 386
性比(女100につき男)	128.2	128.5	127.6	126.9	125.6	124.3	123.6	123.1	122.9	123.0
年齢分布(%)										
0－4歳	8.9	7.7	6.1	5.0	4.7	4.6	4.6	4.3	4.0	3.7
5－14歳	13.4	15.0	14.7	12.5	10.3	9.2	8.9	8.9	8.7	8.3
15－24歳	13.4	12.2	13.1	14.6	14.3	12.5	10.5	9.6	9.5	9.6
60歳以上	3.4	4.9	6.6	9.2	12.1	14.9	18.8	22.3	25.0	27.0
65歳以上	2.0	2.5	3.8	5.2	7.4	9.8	12.0	15.3	18.4	20.6
80歳以上	0.2	0.2	0.2	0.4	0.5	1.0	1.4	2.2	2.9	3.7
15－49歳女子(%)	64.9	60.4	58.8	58.4	55.7	51.9	48.3	46.2	45.3	43.9
中位数年齢(歳)	31.0	31.8	33.2	34.9	36.8	38.3	39.5	40.9	42.5	44.1

	2010-2015	2015-2020	2020-2025	2025-2030	2030-2035	2035-2040	2040-2045	2045-2050	2050-2055	2055-2060
年平均人口増加数(千人)	167	76	57	46	36	31	24	16	5	－6
年平均出生数(千人)	72	66	56	48	47	48	48	47	43	39
年平均死亡数(千人)	9	11	13	16	21	26	33	40	47	53
人口増加率(%)	4.81	1.86	1.29	0.99	0.75	0.62	0.47	0.30	0.09	-0.11
粗出生率(人口千人あたり)	20.7	16.2	12.7	10.3	9.7	9.5	9.3	8.8	8.0	7.4
粗死亡率(人口千人あたり)	2.5	2.6	2.9	3.5	4.3	5.2	6.3	7.5	8.7	9.9
合計出生率（女子1人あたり）	2.15	1.79	1.57	1.42	1.40	1.38	1.37	1.36	1.36	1.36
純再生産率（女子1人あたり）	1.04	0.87	0.76	0.69	0.68	0.67	0.67	0.66	0.66	0.66

E. 出生力一定予測値

	2015	2020	2025	2030	2035	2040	2045	2050	2055	2060
人口(千人)										
総数	3 892	4 333	4 717	5 068	5 376	5 673	5 957	6 223	6 456	6 654
男	2 186	2 433	2 636	2 821	2 974	3 120	3 262	3 396	3 513	3 614
女	1 706	1 900	2 081	2 247	2 403	2 554	2 695	2 827	2 943	3 040
中位数年齢(歳)	31.0	31.6	32.3	33.4	34.6	35.2	35.7	36.3	37.1	37.8

	2010-2015	2015-2020	2020-2025	2025-2030	2030-2035	2035-2040	2040-2045	2045-2050	2050-2055	2055-2060
人口増加率(%)	4.81	2.15	1.70	1.44	1.18	1.08	0.98	0.87	0.74	0.60
粗出生率(人口千人あたり)	20.7	19.2	16.8	14.8	13.9	13.8	13.9	13.8	13.4	13.0
粗死亡率(人口千人あたり)	2.5	2.6	2.9	3.4	4.0	4.8	5.7	6.6	7.4	8.1

Kyrgyzstan

A. 推 計 値

指　標	1960	1965	1970	1975	1980	1985	1990	1995	2000	2005	2010
人口(千人)											
総数	2 173	2 573	2 964	3 299	3 627	4 013	4 395	4 592	4 955	5 115	5 465
男	1 031	1 226	1 417	1 594	1 759	1 951	2 149	2 260	2 444	2 530	2 695
女	1 142	1 347	1 548	1 705	1 868	2 063	2 245	2 333	2 511	2 585	2 770
性比(女100につき男)	90.3	91.0	91.6	93.5	94.1	94.6	95.7	96.9	97.4	97.9	97.3
年齢分布(%)											
0－4歳	16.6	16.6	14.1	14.2	13.4	14.1	14.3	13.0	11.0	9.6	11.1
5－14歳	19.7	24.9	27.6	25.6	23.7	22.9	23.2	24.6	24.0	21.5	18.8
15－24歳	15.6	12.2	15.5	19.6	21.0	19.6	18.1	18.7	19.6	21.2	22.3
60歳以上	10.1	9.5	9.0	8.5	7.7	7.7	8.3	8.0	8.2	7.0	6.4
65歳以上	7.1	6.3	6.2	5.9	5.8	5.2	5.0	5.4	5.5	5.6	4.5
80歳以上	1.0	1.0	1.0	1.1	1.1	1.1	1.0	0.9	0.6	0.9	0.9
15－49歳女子(%)	45.1	41.4	43.0	44.5	45.9	46.3	45.9	48.6	51.7	55.1	55.2
中位数年齢(歳)	24.0	21.6	19.4	19.5	20.8	21.7	21.6	21.5	22.5	23.8	24.0
人口密度(1km²あたり)	11	13	15	17	19	21	23	24	26	27	28

指　標	1960-1965	1965-1970	1970-1975	1975-1980	1980-1985	1985-1990	1990-1995	1995-2000	2000-2005	2005-2010	2010-2015
年平均人口増加数(千人)	80	78	67	66	77	76	40	73	32	70	95
年平均出生数(千人)	91	89	93	96	121	136	131	117	105	127	155
年平均死亡数(千人)	34	33	33	34	36	36	37	38	38	42	37
人口増加率(%)	3.39	2.83	2.14	1.90	2.02	1.81	0.88	1.52	0.64	1.32	1.67
粗出生率(人口千人あたり)	38.2	32.1	29.7	27.8	31.7	32.4	29.1	24.4	20.8	24.0	27.1
粗死亡率(人口千人あたり)	14.2	11.8	10.5	9.8	9.4	8.6	8.3	7.9	7.6	7.9	6.4
合計出生率(女子1人あたり)	5.39	5.01	4.73	4.05	4.10	4.02	3.61	2.99	2.50	2.78	3.12
純再生産率(女子1人あたり)	2.18	2.07	1.99	1.73	1.79	1.78	1.62	1.35	1.15	1.28	1.47
乳児死亡率(出生千人あたり)	120	110	100	90	80	70	60	48	40	36	20
出生時の平均余命(歳)											
男	53.1	55.2	56.9	58.0	59.7	62.1	62.1	62.0	62.7	62.7	66.4
女	61.5	63.7	65.3	66.5	68.1	69.8	70.3	70.0	70.6	71.1	74.3
男女計	57.3	59.6	61.3	62.4	64.0	66.1	66.3	65.9	66.6	66.7	70.3

B. 中 位 予 測 値

指　標	2015	2020	2025	2030	2035	2040	2045	2050	2055	2060
人口(千人)										
総数	5 940	6 384	6 766	7 097	7 408	7 713	7 998	8 248	8 454	8 618
男	2 940	3 158	3 345	3 503	3 651	3 798	3 937	4 061	4 164	4 246
女	3 000	3 225	3 422	3 594	3 757	3 916	4 061	4 187	4 290	4 372
性比(女100につき男)	98.0	97.9	97.7	97.5	97.2	97.0	96.9	97.0	97.1	97.1
年齢分布(%)										
0－4歳	13.1	11.3	9.9	9.0	8.7	8.7	8.6	8.2	7.6	7.2
5－14歳	18.3	21.5	22.0	19.4	17.5	16.5	16.4	16.4	16.0	15.2
15－24歳	18.3	15.2	15.3	18.7	19.4	17.2	15.6	14.9	15.0	15.2
60歳以上	7.1	8.3	10.1	11.3	12.3	13.0	14.0	16.1	17.5	18.0
65歳以上	4.2	4.9	6.1	7.7	8.6	9.3	9.7	10.6	12.5	13.7
80歳以上	0.9	0.9	0.7	0.7	1.1	1.5	1.9	2.0	2.2	2.4
6－11歳	11.2	13.7	13.2	11.4	10.4	9.9	9.9	9.9	9.6	9.1
12－14歳	4.8	5.3	6.8	6.1	5.4	4.9	4.8	4.8	4.8	4.7
15－17歳	5.1	4.5	5.5	6.6	5.6	5.0	4.6	4.6	4.7	4.7
18－23歳	11.2	9.1	8.5	10.7	12.0	10.4	9.4	8.8	8.8	9.0
15－24歳女子(%)	51.8	49.2	48.6	50.5	50.8	48.8	47.4	47.2	48.1	48.1
中位数年齢(歳)	25.1	26.2	27.0	27.5	28.0	29.1	30.7	32.1	33.3	34.3
人口密度(1km²あたり)	31	33	35	37	39	40	42	43	44	45

指　標	2010-2015	2015-2020	2020-2025	2025-2030	2030-2035	2035-2040	2040-2045	2045-2050	2050-2055	2055-2060
年平均人口増加数(千人)	95	89	77	66	62	61	57	50	41	33
年平均出生数(千人)	155	148	137	131	132	138	140	137	131	126
年平均死亡数(千人)	37	39	41	44	50	57	63	67	71	75
年平均純移動数(千人)	−23	−20	−20	−20	−20	−20	−20	−20	−19	−18
人口増加率(%)	1.67	1.44	1.16	0.95	0.86	0.81	0.73	0.62	0.49	0.38
粗出生率(人口千人あたり)	27.1	24.0	20.9	18.8	18.2	18.2	17.8	16.9	15.7	14.7
粗死亡率(人口千人あたり)	6.4	6.3	6.2	6.4	6.9	7.5	8.0	8.3	8.5	8.8
純移動率(人口千人あたり)	−4.0	−3.2	−3.0	−2.9	−2.8	−2.6	−2.5	−2.5	−2.3	−2.1
合計出生率（女子1人あたり）	3.12	2.93	2.77	2.64	2.53	2.44	2.35	2.28	2.21	2.15
純再生産率（女子1人あたり）	1.47	1.38	1.31	1.25	1.20	1.16	1.12	1.09	1.06	1.03
乳児死亡率（出生千人あたり）	20	17	15	14	12	11	10	9	8	8
5歳未満の死亡数(出生千人あたり	23	20	18	16	14	13	12	11	10	9
出生時の平均余命(歳)										
男	66.4	66.9	67.5	68.0	68.7	69.3	69.9	70.6	71.3	72.0
女	74.3	74.9	75.6	76.2	76.8	77.3	77.8	78.4	78.9	79.4
男女計	70.3	70.9	71.5	72.1	72.7	73.3	73.9	74.5	75.1	75.7

C. 高 位 予 測 値

	2015	2020	2025	2030	2035	2040	2045	2050	2055	2060
人口(千人)										
総数	5 940	6 445	6 926	7 377	7 820	8 281	8 758	9 236	9 703	10 154
男	2 940	3 190	3 426	3 647	3 862	4 089	4 326	4 568	4 804	5 033
女	3 000	3 255	3 499	3 730	3 958	4 192	4 431	4 669	4 899	5 121
性比(女100につき男)	98.0	97.9	97.6	97.2	96.7	96.4	96.1	96.0	95.8	95.6
年齢分布(%)										
0－4歳	13.1	12.1	11.1	10.3	10.0	10.0	10.0	9.8	9.4	8.9
5－14歳	18.3	21.3	22.3	20.8	19.4	18.4	18.2	18.4	18.3	17.8
15－24歳	18.3	15.0	15.0	18.0	19.2	17.9	16.7	16.0	16.0	16.3
60歳以上	7.1	8.2	9.9	10.8	11.6	12.1	12.8	14.4	15.3	15.3
65歳以上	4.2	4.9	6.0	7.4	8.1	8.6	8.9	9.4	10.9	11.7
80歳以上	0.9	0.9	0.6	0.7	1.0	1.4	1.8	1.8	1.9	2.0
15－49歳女子(%)	51.8	48.7	47.5	48.7	49.0	47.5	46.5	46.6	47.7	48.3
中位数年齢(歳)	25.1	25.9	26.2	25.8	26.1	27.1	28.0	28.8	29.4	30.0

	2010-2015	2015-2020	2020-2025	2025-2030	2030-2035	2035-2040	2040-2045	2045-2050	2050-2055	2055-2060
年平均人口増加数(千人)	95	101	96	90	89	92	95	96	93	90
年平均出生数(千人)	155	160	157	155	159	169	179	184	185	184
年平均死亡数(千人)	37	39	41	45	50	57	64	68	72	76
人口増加率(%)	1.67	1.63	1.44	1.26	1.17	1.15	1.12	1.06	0.99	0.91
粗出生率(人口千人あたり)	27.1	25.9	23.5	21.7	20.9	21.0	21.0	20.4	19.5	18.5
粗死亡率(人口千人あたり)	6.4	6.3	6.2	6.3	6.6	7.1	7.5	7.6	7.6	7.7
合計出生率（女子1人あたり）	3.12	3.18	3.17	3.14	3.03	2.94	2.85	2.78	2.71	2.65
純再生産率（女子1人あたり）	1.47	1.50	1.50	1.49	1.44	1.40	1.36	1.33	1.29	1.27

D. 低 位 予 測 値

	2015	2020	2025	2030	2035	2040	2045	2050	2055	2060
人口(千人)										
総数	5 940	6 322	6 607	6 816	6 997	7 152	7 261	7 311	7 300	7 232
男	2 940	3 127	3 263	3 359	3 440	3 510	3 559	3 580	3 572	3 535
女	3 000	3 195	3 344	3 457	3 557	3 642	3 702	3 731	3 728	3 697
性比(女100につき男)	98.0	97.9	97.6	97.2	96.7	96.4	96.1	96.0	95.8	95.6
年齢分布(%)										
0－4歳	13.1	10.4	8.7	7.6	7.4	7.3	7.0	6.5	5.8	5.3
5－14歳	18.3	21.7	21.6	17.9	15.4	14.3	14.2	14.0	13.3	12.3
15－24歳	18.3	15.3	15.7	19.4	19.6	16.3	14.2	13.3	13.5	13.5
60歳以上	7.1	8.4	10.3	11.7	13.0	14.0	15.4	18.2	20.3	21.5
65歳以上	4.2	5.0	6.3	8.0	9.1	10.0	10.7	11.9	14.5	16.4
80歳以上	0.9	0.9	0.7	0.7	1.2	1.6	2.1	2.3	2.6	2.9
15－49歳女子(%)	51.8	49.7	49.7	52.5	52.9	50.4	48.3	47.6	48.0	47.2
中位数年齢(歳)	25.1	26.5	27.8	29.1	29.9	31.4	33.3	35.7	37.8	39.8

	2010-2015	2015-2020	2020-2025	2025-2030	2030-2035	2035-2040	2040-2045	2045-2050	2050-2055	2055-2060
年平均人口増加数(千人)	95	76	57	42	36	31	22	10	－ 2	－ 14
年平均出生数(千人)	155	135	118	106	106	107	104	97	87	78
年平均死亡数(千人)	37	39	40	44	50	56	62	67	70	74
人口増加率(%)	1.67	1.25	0.88	0.62	0.53	0.44	0.30	0.14	-0.03	-0.19
粗出生率(人口千人あたり)	27.1	22.0	18.2	15.8	15.3	15.1	14.5	13.3	11.9	10.8
粗死亡率(人口千人あたり)	6.4	6.3	6.3	6.6	7.2	7.9	8.7	9.2	9.6	10.2
合計出生率（女子1人あたり）	3.12	2.68	2.37	2.14	2.03	1.94	1.85	1.78	1.71	1.65
純再生産率（女子1人あたり）	1.47	1.26	1.12	1.02	0.97	0.92	0.88	0.85	0.82	0.79

E. 出生力一定予測値

	2015	2020	2025	2030	2035	2040	2045	2050	2055	2060
人口(千人)										
総数	5 940	6 435	6 901	7 348	7 828	8 367	8 945	9 543	10 163	10 828
男	2 940	3 185	3 414	3 632	3 866	4 133	4 423	4 725	5 040	5 379
女	3 000	3 250	3 487	3 716	3 962	4 234	4 522	4 818	5 123	5 449
中位数年齢(歳)	25.1	25.9	26.3	26.0	26.1	26.8	27.4	27.6	27.6	27.5

	2010-2015	2015-2020	2020-2025	2025-2030	2030-2035	2035-2040	2040-2045	2045-2050	2050-2055	2055-2060
人口増加率(%)	1.67	1.60	1.40	1.25	1.27	1.33	1.34	1.29	1.26	1.27
粗出生率(人口千人あたり)	27.1	25.6	23.2	21.6	22.0	22.9	23.0	22.5	21.9	21.7
粗死亡率(人口千人あたり)	6.4	6.3	6.2	6.3	6.7	7.1	7.4	7.4	7.4	7.3

Lao People's Democratic Republic

A. 推 計 値

指　標	1960	1965	1970	1975	1980	1985	1990	1995	2000	2005	2010
人口(千人)											
総数	2 120	2 381	2 686	3 048	3 253	3 680	4 248	4 858	5 343	5 745	6 261
男	1 042	1 172	1 326	1 509	1 615	1 834	2 124	2 421	2 661	2 841	3 106
女	1 078	1 209	1 360	1 539	1 637	1 846	2 123	2 437	2 682	2 904	3 154
性比(女100につき男)	96.6	96.9	97.4	98.1	98.7	99.4	100.1	99.4	99.2	97.8	98.5
年齢分布(%)											
0－4歳	16.6	16.5	16.6	16.9	17.3	17.2	17.6	17.3	15.0	13.2	12.9
5－14歳	25.5	25.8	25.5	25.6	27.1	27.2	26.6	27.1	28.3	27.3	24.0
15－24歳	18.1	18.5	19.2	19.3	18.9	19.6	19.9	19.8	20.0	21.5	23.0
60歳以上	4.6	4.9	5.1	5.3	5.7	5.7	5.6	5.4	5.4	5.5	5.6
65歳以上	2.6	2.8	3.1	3.2	3.5	3.6	3.5	3.5	3.6	3.7	3.7
80歳以上	0.2	0.2	0.2	0.3	0.3	0.3	0.4	0.4	0.4	0.5	0.5
15－49歳女子(%)	47.1	46.8	46.6	46.3	43.7	44.0	44.8	45.5	46.5	49.1	51.8
中位数年齢(歳)	19.1	18.8	18.7	18.7	17.7	17.6	17.7	17.7	18.1	19.0	20.3
人口密度(1km²あたり)	9	10	12	13	14	16	18	21	23	25	27

指　標	1960-1965	1965-1970	1970-1975	1975-1980	1980-1985	1985-1990	1990-1995	1995-2000	2000-2005	2005-2010	2010-2015
年平均人口増加数(千人)	52	61	72	41	85	114	122	97	80	103	108
年平均出生数(千人)	97	109	123	134	148	171	189	178	165	174	178
年平均死亡数(千人)	44	48	51	54	56	58	58	55	50	47	46
人口増加率(%)	2.32	2.41	2.53	1.30	2.47	2.87	2.68	1.90	1.45	1.72	1.66
粗出生率(人口千人あたり)	42.9	42.8	43.1	42.6	42.8	43.1	41.6	34.9	29.8	29.0	27.2
粗死亡率(人口千人あたり)	19.7	18.8	17.8	17.0	16.1	14.5	12.8	10.7	9.0	7.9	7.0
合計出生率(女子1人あたり)	5.97	5.98	5.99	6.15	6.36	6.27	5.88	4.81	3.90	3.50	3.10
純再生産率(女子1人あたり)	1.95	2.00	2.05	2.15	2.28	2.34	2.28	1.94	1.63	1.52	1.38
乳児死亡率(出生千人あたり)	157	148	138	130	122	108	96	82	69	57	47
出生時の平均余命(歳)											
男	42.4	44.0	45.6	47.1	48.6	51.2	53.5	56.1	59.0	61.8	64.1
女	45.7	47.0	48.5	49.7	51.1	53.6	56.2	58.9	61.7	64.5	66.8
男女計	44.0	45.5	47.0	48.4	49.9	52.4	54.8	57.5	60.3	63.2	65.5

B. 中 位 予 測 値

指　標	2015	2020	2025	2030	2035	2040	2045	2050	2055	2060
人口(千人)										
総数	6 802	7 398	7 966	8 489	8 973	9 421	9 826	10 172	10 456	10 673
男	3 385	3 691	3 982	4 249	4 495	4 722	4 927	5 102	5 245	5 355
女	3 417	3 707	3 984	4 240	4 478	4 699	4 899	5 070	5 211	5 318
性比(女100につき男)	99.1	99.6	99.9	100.2	100.4	100.5	100.6	100.6	100.7	100.7
年齢分布(%)										
0－4歳	12.3	11.6	10.5	9.4	8.6	8.1	7.5	7.0	6.5	6.1
5－14歳	22.4	21.9	21.0	19.7	18.0	16.6	15.5	14.6	13.8	12.9
15－24歳	22.2	19.7	18.7	18.6	18.2	17.4	16.2	15.0	14.3	13.7
60歳以上	6.0	6.5	7.2	8.1	9.1	10.4	12.1	14.7	17.8	20.3
65歳以上	3.8	4.2	4.6	5.3	6.0	6.9	8.0	9.6	11.8	14.6
80歳以上	0.5	0.5	0.6	0.6	0.8	1.0	1.3	1.6	1.9	2.4
6－11歳	13.6	13.3	12.7	11.8	10.7	9.9	9.2	8.7	8.2	7.7
12－14歳	6.4	6.3	6.1	5.9	5.5	5.1	4.7	4.4	4.2	4.0
15－17歳	6.6	5.9	6.0	5.8	5.6	5.2	4.8	4.5	4.3	4.1
18－23歳	13.5	11.8	10.9	11.1	10.9	10.5	9.7	9.0	8.6	8.2
15－24歳女子(%)	53.0	53.3	53.8	54.5	54.8	53.8	51.8	50.2	49.0	47.6
中位数年齢(歳)	21.9	23.4	24.9	26.4	28.1	29.8	31.7	33.7	35.6	37.5
人口密度(1km²あたり)	29	32	35	37	39	41	43	44	45	46

指　標	2010-2015	2015-2020	2020-2025	2025-2030	2030-2035	2035-2040	2040-2045	2045-2050	2050-2055	2055-2060
年平均人口増加数(千人)	108	119	114	105	97	90	81	69	57	43
年平均出生数(千人)	178	179	173	165	159	155	151	144	138	131
年平均死亡数(千人)	46	45	44	45	47	50	55	60	67	74
年平均純移動数(千人)	−24	−15	−15	−15	−15	−15	−15	−15	−14	−14
人口増加率(%)	1.66	1.68	1.48	1.27	1.11	0.98	0.84	0.69	0.55	0.41
粗出生率(人口千人あたり)	27.2	25.2	22.5	20.0	18.2	16.8	15.7	14.4	13.3	12.4
粗死亡率(人口千人あたり)	7.0	6.3	5.8	5.5	5.4	5.5	5.7	6.0	6.5	7.0
純移動率(人口千人あたり)	−3.6	−2.1	−2.0	−1.8	−1.7	−1.6	−1.6	−1.5	−1.4	−1.3
合計出生率（女子1人あたり）	3.10	2.77	2.53	2.34	2.19	2.07	1.97	1.89	1.84	1.80
純再生産率（女子1人あたり）	1.38	1.26	1.17	1.10	1.03	0.98	0.94	0.90	0.88	0.86
乳児死亡率（出生千人あたり）	47	38	30	24	20	16	14	12	11	10
5歳未満の死亡数(出生千人あた	60	47	37	29	23	19	16	14	13	11
出生時の平均余命(歳)										
男	64.1	66.1	68.0	69.7	71.1	72.5	73.7	74.8	75.9	76.9
女	66.8	69.1	71.1	73.0	74.7	76.1	77.4	78.4	79.4	80.2
男女計	65.5	67.6	69.6	71.4	72.9	74.4	75.6	76.6	77.7	78.6

C. 高位予測値

	2015	2020	2025	2030	2035	2040	2045	2050	2055	2060
人口(千人)										
総数	6 802	7 475	8 175	8 869	9 535	10 193	10 854	11 505	12 131	12 718
男	3 385	3 731	4 089	4 443	4 782	5 116	5 452	5 783	6 102	6 401
女	3 417	3 745	4 087	4 426	4 753	5 077	5 402	5 722	6 029	6 317
性比(女100につき男)	99.1	99.5	99.8	100.0	100.1	100.1	100.1	100.1	100.0	99.9
年齢分布(%)										
0－4歳	12.3	12.5	11.8	11.0	10.1	9.5	9.2	8.8	8.4	8.0
5－14歳	22.4	21.6	21.4	21.2	20.1	18.8	17.6	17.0	16.5	15.9
15－24歳	22.2	19.5	18.2	17.8	18.0	18.1	17.4	16.4	15.5	15.1
60歳以上	6.0	6.4	7.1	7.7	8.6	9.6	11.0	13.0	15.3	17.0
65歳以上	3.8	4.1	4.5	5.1	5.7	6.4	7.3	8.5	10.2	12.2
80歳以上	0.5	0.5	0.6	0.6	0.8	0.9	1.1	1.4	1.7	2.0
15－49歳女子(%)	53.0	52.7	52.5	52.2	52.4	51.8	50.4	49.2	48.6	48.0
中位数年齢(歳)	21.9	23.2	24.2	25.0	26.2	27.3	28.6	29.9	31.3	32.6

	2010-2015	2015-2020	2020-2025	2025-2030	2030-2035	2035-2040	2040-2045	2045-2050	2050-2055	2055-2060
年平均人口増加数(千人)	108	135	140	139	133	132	132	130	125	117
年平均出生数(千人)	178	195	200	200	196	198	203	207	207	207
年平均死亡数(千人)	46	46	45	46	48	51	56	61	68	76
人口増加率(%)	1.66	1.89	1.79	1.63	1.45	1.34	1.26	1.17	1.06	0.94
粗出生率(人口千人あたり)	27.2	27.3	25.6	23.5	21.3	20.1	19.3	18.5	17.5	16.6
粗死亡率(人口千人あたり)	7.0	6.4	5.8	5.4	5.2	5.2	5.3	5.5	5.7	6.1
合計出生率（女子１人あたり）	3.10	3.02	2.93	2.84	2.69	2.57	2.47	2.39	2.34	2.30
純再生産率（女子１人あたり）	1.38	1.37	1.36	1.33	1.27	1.22	1.18	1.14	1.12	1.10

D. 低位予測値

	2015	2020	2025	2030	2035	2040	2045	2050	2055	2060
人口(千人)										
総数	6 802	7 321	7 757	8 109	8 413	8 662	8 839	8 930	8 940	8 873
男	3 385	3 651	3 875	4 055	4 209	4 334	4 423	4 467	4 470	4 434
女	3 417	3 669	3 882	4 055	4 204	4 328	4 416	4 463	4 470	4 439
性比(女100につき男)	99.1	99.5	99.8	100.0	100.1	100.1	100.1	100.1	100.0	99.9
年齢分布(%)										
0－4歳	12.3	10.6	9.1	7.8	7.1	6.4	5.8	5.1	4.5	4.1
5－14歳	22.4	22.1	20.5	18.0	15.6	14.0	12.9	11.8	10.7	9.5
15－24歳	22.2	19.9	19.2	19.5	18.5	16.5	14.5	13.2	12.4	11.6
60歳以上	6.0	6.6	7.4	8.5	9.7	11.3	13.5	16.7	20.8	24.4
65歳以上	3.8	4.2	4.8	5.5	6.4	7.6	8.9	10.9	13.8	17.5
80歳以上	0.5	0.5	0.6	0.7	0.9	1.1	1.4	1.8	2.3	2.9
15－49歳女子(%)	53.0	53.8	55.3	57.0	57.5	56.1	53.3	50.9	48.9	46.2
中位数年齢(歳)	21.9	23.7	25.7	27.8	29.9	32.4	35.0	37.7	40.6	43.3

	2010-2015	2015-2020	2020-2025	2025-2030	2030-2035	2035-2040	2040-2045	2045-2050	2050-2055	2055-2060
年平均人口増加数(千人)	108	104	87	71	61	50	35	18	2	－ 13
年平均出生数(千人)	178	163	146	130	122	114	104	92	82	73
年平均死亡数(千人)	46	44	43	44	46	49	54	59	65	73
人口増加率(%)	1.66	1.47	1.16	0.89	0.74	0.58	0.41	0.21	0.02	-0.15
粗出生率(人口千人あたり)	27.2	23.1	19.3	16.3	14.7	13.4	11.9	10.4	9.1	8.2
粗死亡率(人口千人あたり)	7.0	6.3	5.8	5.5	5.6	5.8	6.1	6.7	7.3	8.2
合計出生率（女子１人あたり）	3.10	2.52	2.13	1.84	1.69	1.57	1.47	1.39	1.34	1.30
純再生産率（女子１人あたり）	1.38	1.15	0.99	0.86	0.80	0.74	0.70	0.66	0.64	0.62

E. 出生力一定予測値

	2015	2020	2025	2030	2035	2040	2045	2050	2055	2060
人口(千人)										
総数	6 802	7 481	8 220	8 991	9 796	10 650	11 570	12 556	13 604	14 708
男	3 385	3 734	4 111	4 505	4 915	5 350	5 818	6 321	6 856	7 419
女	3 417	3 748	4 108	4 486	4 881	5 300	5 751	6 235	6 748	7 288
中位数年齢(歳)	21.9	23.1	24.0	24.6	25.3	25.9	26.6	27.2	27.7	28.1

	2010-2015	2015-2020	2020-2025	2025-2030	2030-2035	2035-2040	2040-2045	2045-2050	2050-2055	2055-2060
人口増加率(%)	1.66	1.90	1.88	1.79	1.71	1.67	1.66	1.64	1.60	1.56
粗出生率(人口千人あたり)	27.2	27.5	26.5	25.1	23.9	23.3	23.0	22.8	22.4	22.0
粗死亡率(人口千人あたり)	7.0	6.4	5.8	5.4	5.2	5.1	5.1	5.2	5.3	5.5

Latvia

A. 推計値

指標	1960	1965	1970	1975	1980	1985	1990	1995	2000	2005	2010
人口(千人)											
総数	2 132	2 261	2 366	2 457	2 513	2 582	2 664	2 488	2 371	2 228	2 091
男	942	1 019	1 081	1 129	1 156	1 192	1 238	1 147	1 091	1 021	955
女	1 190	1 242	1 285	1 328	1 357	1 390	1 426	1 341	1 280	1 207	1 135
性比(女100につき男)	79.2	82.1	84.1	85.1	85.2	85.8	86.9	85.6	85.2	84.6	84.1
年齢分布(%)											
0－4歳	7.8	7.5	6.9	7.2	6.9	7.5	7.8	5.7	4.1	4.5	5.2
5－14歳	14.4	14.7	14.7	13.8	13.6	13.7	13.6	15.0	13.7	10.3	9.0
15－24歳	15.8	14.4	14.1	15.1	15.3	14.2	13.9	13.5	14.2	15.0	13.6
60歳以上	15.1	16.2	17.4	17.7	16.5	16.7	17.4	19.3	21.2	22.8	24.0
65歳以上	10.6	11.0	12.0	12.8	13.0	11.8	11.8	13.7	15.0	17.2	18.4
80歳以上	1.8	1.9	2.1	2.2	2.3	2.6	2.8	2.9	2.7	3.3	4.2
15－49歳女子(%)	49.7	48.3	49.0	48.4	47.6	46.5	45.7	44.8	46.1	46.6	44.6
中位数年齢(歳)	32.3	33.2	34.2	34.9	35.0	34.7	34.6	36.3	37.9	39.9	41.2
人口密度(1km²あたり)	34	36	38	40	40	42	43	40	38	36	34

指標	1960-1965	1965-1970	1970-1975	1975-1980	1980-1985	1985-1990	1990-1995	1995-2000	2000-2005	2005-2010	2010-2015
年平均人口増加数(千人)	26	21	18	11	14	16	－ 35	－ 23	－ 29	－ 27	－ 24
年平均出生数(千人)	33	32	35	34	38	41	29	20	20	22	20
年平均死亡数(千人)	23	25	28	31	33	33	37	35	33	32	30
人口増加率(%)	1.17	0.90	0.76	0.45	0.54	0.63	−1.37	−0.96	−1.25	−1.27	−1.18
粗出生率(人口千人あたり)	15.1	13.6	14.5	13.7	15.0	15.5	11.4	8.0	8.9	10.3	10.0
粗死亡率(人口千人あたり)	10.3	10.6	11.4	12.5	12.8	12.4	14.5	14.4	14.2	15.0	14.5
合計出生率(女子1人あたり)	1.85	1.81	2.00	1.87	2.03	2.13	1.63	1.17	1.29	1.49	1.48
純再生産率(女子1人あたり)	0.86	0.85	0.94	0.88	0.96	1.01	0.77	0.55	0.61	0.72	0.71
乳児死亡率(出生千人あたり)	30	22	20	23	19	15	18	16	10	8	6
出生時の平均余命(歳)											
男	65.9	66.0	65.1	63.6	63.6	65.6	61.7	62.9	65.2	66.0	68.9
女	73.4	74.3	74.4	73.8	74.2	74.8	73.7	74.5	76.2	77.0	78.7
男女計	70.1	70.5	70.0	68.9	69.1	70.4	67.7	68.7	70.7	71.5	73.9

B. 中位予測値

指標	2015	2020	2025	2030	2035	2040	2045	2050	2055	2060
人口(千人)										
総数	1 971	1 919	1 865	1 806	1 747	1 692	1 642	1 593	1 548	1 504
男	904	884	864	840	816	794	774	755	738	721
女	1 067	1 035	1 001	966	931	898	868	838	810	783
性比(女100につき男)	84.8	85.5	86.2	87.0	87.7	88.4	89.2	90.2	91.1	92.0
年齢分布(%)										
0－4歳	4.8	5.1	5.0	4.7	4.5	4.7	5.0	5.1	5.1	5.0
5－14歳	10.1	10.5	10.3	10.5	10.1	9.7	9.7	10.2	10.5	10.7
15－24歳	10.4	8.9	10.6	11.1	11.0	11.2	10.8	10.2	10.3	10.7
60歳以上	25.7	27.0	28.5	29.0	30.0	30.6	31.4	33.1	33.8	32.2
65歳以上	19.4	20.1	21.3	22.8	23.3	24.2	24.5	25.3	26.9	27.6
80歳以上	5.0	5.6	6.0	5.7	6.2	7.1	7.8	7.8	8.2	8.4
6－11歳	6.3	6.2	6.2	6.3	6.0	5.7	5.8	6.1	6.3	6.4
12－14歳	2.7	3.4	3.1	3.2	3.2	3.0	2.9	3.0	3.2	3.3
15－17歳	2.3	3.0	3.5	3.1	3.4	3.2	3.0	3.0	3.1	3.3
18－23歳	6.7	4.9	6.3	6.9	6.5	6.9	6.6	6.2	6.1	6.4
15－24歳女子(%)	40.9	39.8	39.3	38.8	38.4	36.9	36.0	37.2	37.8	37.6
中位数年齢(歳)	42.9	43.4	43.9	44.7	46.1	46.9	46.3	45.3	45.5	45.4
人口密度(1km²あたり)	32	31	30	29	28	27	26	26	25	24

指標	2010-2015	2015-2020	2020-2025	2025-2030	2030-2035	2035-2040	2040-2045	2045-2050	2050-2055	2055-2060
年平均人口増加数(千人)	－ 24	－ 10	－ 11	－ 12	－ 12	－ 11	－ 10	－ 10	－ 9	－ 9
年平均出生数(千人)	20	20	19	17	16	16	16	16	16	15
年平均死亡数(千人)	30	30	29	29	28	27	27	26	25	24
年平均純移動数(千人)	−15	0	0	0	0	0	0	0	0	0
人口増加率(%)	−1.18	−0.53	−0.57	−0.64	−0.67	−0.64	−0.61	−0.60	−0.58	−0.57
粗出生率(人口千人あたり)	10.0	10.1	9.9	9.2	9.0	9.4	9.9	10.1	10.1	10.0
粗死亡率(人口千人あたり)	14.5	15.4	15.6	15.6	15.6	15.7	15.9	16.0	15.9	15.6
純移動率(人口千人あたり)	−7.2	0.0	0.0	0.0	0.0	0.0	0.0	0.0	0.0	0.0
合計出生率(女子1人あたり)	1.48	1.55	1.61	1.65	1.69	1.72	1.74	1.77	1.78	1.80
純再生産率(女子1人あたり)	0.71	0.75	0.77	0.80	0.81	0.83	0.84	0.85	0.86	0.87
乳児死亡率(出生千人あたり)	6	6	5	5	5	4	4	4	4	4
5歳未満の死亡数(出生千人あたり	8	7	6	6	6	5	5	5	5	4
出生時の平均余命(歳)										
男	68.9	69.5	70.3	71.0	71.8	72.6	73.3	74.2	75.1	75.9
女	78.7	79.1	79.6	80.0	80.5	81.0	81.4	81.9	82.3	82.8
男女計	73.9	74.5	75.1	75.6	76.2	76.8	77.4	78.0	78.7	79.4

C. 高位予測値

	2015	2020	2025	2030	2035	2040	2045	2050	2055	2060
人口(千人)										
総数	1 971	1 935	1 904	1 871	1 835	1 805	1 782	1 769	1 765	1 767
男	904	892	883	873	861	852	846	845	849	855
女	1 067	1 042	1 020	997	974	953	936	924	916	911
性比(女100につき男)	84.8	85.3	85.9	86.4	86.8	87.3	87.9	88.6	89.2	89.9
年齢分布(%)										
0－4歳	4.8	5.9	6.1	5.9	5.6	5.8	6.2	6.6	6.9	6.9
5－14歳	10.1	10.4	10.9	12.3	12.3	11.8	11.6	12.1	12.8	13.4
15－24歳	10.4	8.8	10.4	10.8	11.3	12.7	12.6	12.0	11.7	12.1
60歳以上	25.7	26.8	27.9	28.0	28.6	28.7	29.0	29.8	29.7	27.4
65歳以上	19.4	19.9	20.9	22.0	22.2	22.7	22.6	22.7	23.6	23.5
80歳以上	5.0	5.6	5.9	5.5	5.9	6.6	7.2	7.1	7.2	7.1
15－49歳女子(%)	40.9	39.5	38.5	37.6	37.5	36.8	36.7	38.4	39.4	39.8
中位数年齢(歳)	42.9	43.1	43.1	43.6	44.4	44.4	42.1	41.0	39.7	39.4

	2010-2015	2015-2020	2020-2025	2025-2030	2030-2035	2035-2040	2040-2045	2045-2050	2050-2055	2055-2060
年平均人口増加数(千人)	－ 24	－ 7	－ 6	－ 7	－ 7	－ 6	－ 5	－ 3	－ 1	0
年平均出生数(千人)	20	23	23	22	21	21	22	23	24	24
年平均死亡数(千人)	30	30	29	29	28	27	27	26	25	24
人口増加率(%)	−1.18	−0.37	−0.32	−0.35	−0.38	−0.33	−0.25	−0.15	−0.05	0.02
粗出生率(人口千人あたり)	10.0	11.7	12.2	11.7	11.2	11.6	12.4	13.2	13.8	13.8
粗死亡率(人口千人あたり)	14.5	15.3	15.4	15.2	14.9	14.9	14.8	14.6	14.2	13.6
合計出生率（女子1人あたり）	1.48	1.80	2.01	2.15	2.19	2.22	2.24	2.27	2.28	2.30
純再生産率（女子1人あたり）	0.71	0.87	0.97	1.04	1.05	1.07	1.08	1.09	1.10	1.11

D. 低位予測値

	2015	2020	2025	2030	2035	2040	2045	2050	2055	2060
人口(千人)										
総数	1 971	1 903	1 826	1 742	1 659	1 581	1 504	1 426	1 348	1 269
男	904	876	844	807	771	737	703	670	636	601
女	1 067	1 027	982	935	888	844	800	756	712	669
性比(女100につき男)	84.8	85.3	85.9	86.4	86.8	87.3	87.9	88.6	89.2	89.9
年齢分布(%)										
0－4歳	4.8	4.3	3.8	3.4	3.4	3.6	3.7	3.6	3.4	3.2
5－14歳	10.1	10.6	9.7	8.7	7.8	7.2	7.4	7.8	8.0	7.7
15－24歳	10.4	9.0	10.9	11.6	10.6	9.6	8.5	8.0	8.3	8.8
60歳以上	25.7	27.3	29.1	30.1	31.6	32.7	34.3	37.0	38.8	38.1
65歳以上	19.4	20.3	21.8	23.6	24.5	25.9	26.8	28.2	30.9	32.7
80歳以上	5.0	5.7	6.1	5.9	6.6	7.6	8.6	8.8	9.4	9.9
15－49歳女子(%)	40.9	40.1	40.0	40.1	39.4	37.0	35.1	35.6	35.4	34.0
中位数年齢(歳)	42.9	43.8	44.6	45.9	47.6	49.3	50.5	50.1	50.4	51.6

	2010-2015	2015-2020	2020-2025	2025-2030	2030-2035	2035-2040	2040-2045	2045-2050	2050-2055	2055-2060
年平均人口増加数(千人)	－ 24	－ 13	－ 15	－ 17	－ 17	－ 16	－ 15	－ 16	－ 16	－ 16
年平均出生数(千人)	20	16	14	12	11	11	11	10	9	8
年平均死亡数(千人)	30	30	29	29	28	27	27	26	25	24
人口増加率(%)	−1.18	−0.70	−0.83	−0.94	−0.97	−0.97	−1.00	−1.06	−1.13	−1.20
粗出生率(人口千人あたり)	10.0	8.5	7.5	6.6	6.6	7.0	7.3	7.1	6.6	6.2
粗死亡率(人口千人あたり)	14.5	15.4	15.8	16.0	16.2	16.6	17.2	17.6	17.9	18.1
合計出生率（女子1人あたり）	1.48	1.30	1.21	1.15	1.19	1.22	1.24	1.27	1.28	1.30
純再生産率（女子1人あたり）	0.71	0.63	0.58	0.56	0.57	0.59	0.60	0.61	0.62	0.63

E. 出生力一定予測値

	2015	2020	2025	2030	2035	2040	2045	2050	2055	2060
人口(千人)										
総数	1 971	1 912	1 846	1 776	1 707	1 641	1 575	1 508	1 441	1 375
男	904	881	854	825	796	768	740	712	683	655
女	1 067	1 031	992	951	911	873	835	796	757	720
中位数年齢(歳)	42.9	43.6	44.2	45.3	46.8	48.0	48.5	47.7	48.1	48.9

	2010-2015	2015-2020	2020-2025	2025-2030	2030-2035	2035-2040	2040-2045	2045-2050	2050-2055	2055-2060
人口増加率(%)	−1.18	−0.60	−0.70	−0.77	−0.79	−0.79	−0.82	−0.87	−0.91	−0.93
粗出生率(人口千人あたり)	10.0	9.4	8.7	8.1	8.0	8.2	8.3	8.1	7.8	7.6
粗死亡率(人口千人あたり)	14.5	15.4	15.7	15.8	15.9	16.1	16.5	16.8	16.9	16.9

Lebanon

A. 推 計 値

指　標	1960	1965	1970	1975	1980	1985	1990	1995	2000	2005	2010
人口(千人)											
総数	1 805	2 092	2 297	2 576	2 605	2 677	2 703	3 033	3 235	3 987	4 337
男	908	1 054	1 160	1 300	1 292	1 323	1 333	1 504	1 605	2 026	2 212
女	897	1 038	1 137	1 275	1 314	1 353	1 370	1 529	1 630	1 961	2 125
性比(女100につき男)	101.1	101.6	102.0	102.0	98.3	97.8	97.3	98.3	98.5	103.3	104.1
年齢分布(%)											
0－4歳	17.0	16.4	14.9	14.1	14.0	13.1	11.5	10.8	9.4	8.1	6.3
5－14歳	24.6	27.3	26.9	25.7	25.0	23.6	22.6	20.6	19.2	19.8	17.4
15－24歳	15.4	15.3	18.4	21.0	20.6	19.9	19.2	19.6	19.1	19.6	20.0
60歳以上	8.4	7.8	7.5	7.4	7.3	7.9	9.2	9.5	10.4	10.7	11.9
65歳以上	6.0	5.3	5.0	4.9	5.4	5.2	5.9	6.4	7.1	7.5	8.4
80歳以上	0.9	0.8	0.8	0.7	0.7	0.8	0.9	0.9	0.9	1.0	1.3
15－49歳女子(%)	43.1	41.7	44.8	47.1	47.7	49.0	50.2	52.1	54.3	52.5	54.9
中位数年齢(歳)	20.4	18.7	18.7	19.5	19.9	21.5	23.2	24.5	26.3	26.5	28.5
人口密度(1k㎡あたり)	176	205	225	252	255	262	264	297	316	390	424

指　標	1960-1965	1965-1970	1970-1975	1975-1980	1980-1985	1985-1990	1990-1995	1995-2000	2000-2005	2005-2010	2010-2015
年平均人口増加数(千人)	57	41	56	6	14	5	66	40	150	70	303
年平均出生数(千人)	73	74	76	79	76	70	67	65	59	53	76
年平均死亡数(千人)	19	19	19	19	19	19	19	18	19	20	24
人口増加率(%)	2.96	1.87	2.29	0.23	0.54	0.20	2.31	1.29	4.18	1.68	5.99
粗出生率(人口千人あたり)	37.2	33.7	31.4	30.4	28.8	25.9	23.3	20.6	16.3	12.7	15.0
粗死亡率(人口千人あたり)	9.8	8.6	7.7	7.3	7.2	7.0	6.6	5.9	5.2	4.7	4.6
合計出生率(女子1人あたり)	5.69	5.23	4.67	4.23	3.75	3.23	2.80	2.43	2.01	1.58	1.72
純再生産率(女子1人あたり)	2.49	2.32	2.10	1.92	1.72	1.49	1.31	1.15	0.96	0.75	0.82
乳児死亡率(出生千人あたり)	53	47	42	38	35	30	25	19	14	11	9
出生時の平均余命(歳)											
男	62.3	63.7	65.0	65.9	66.7	67.9	69.6	71.7	73.9	76.0	77.1
女	65.8	67.2	68.6	69.4	70.1	71.3	72.5	74.8	77.4	79.7	80.9
男女計	64.0	65.4	66.7	67.6	68.4	69.6	71.0	73.2	75.6	77.7	78.9

B. 中 位 予 測 値

指　標	2015	2020	2025	2030	2035	2040	2045	2050	2055	2060
人口(千人)										
総数	5 851	5 891	5 408	5 292	5 429	5 517	5 573	5 610	5 631	5 629
男	2 939	2 960	2 726	2 669	2 735	2 774	2 795	2 804	2 805	2 794
女	2 912	2 931	2 682	2 622	2 695	2 743	2 778	2 806	2 827	2 835
性比(女100につき男)	100.9	101.0	101.6	101.8	101.5	101.1	100.6	99.9	99.2	98.5
年齢分布(%)										
0－4歳	7.9	7.4	7.1	6.5	5.7	5.0	4.7	4.8	4.9	4.8
5－14歳	16.1	14.2	13.0	12.8	12.8	11.8	10.4	9.5	9.4	9.6
15－24歳	19.5	17.0	13.2	11.4	11.7	12.1	12.4	11.5	10.2	9.4
60歳以上	11.5	13.3	16.5	19.2	21.1	23.6	27.0	30.8	34.5	37.3
65歳以上	8.1	9.4	11.5	14.1	16.2	17.9	20.2	23.3	26.7	30.1
80歳以上	1.5	2.1	2.7	3.2	3.9	4.9	6.3	7.5	8.3	9.5
6－11歳	9.3	8.5	7.9	7.8	7.7	7.0	6.1	5.6	5.6	5.8
12－14歳	5.3	4.2	3.8	3.6	3.9	3.8	3.4	3.0	2.8	2.8
15－17歳	5.6	4.7	3.5	3.7	3.6	3.8	3.6	3.2	2.9	2.8
18－23歳	11.9	10.4	8.2	6.6	7.0	7.2	7.5	7.1	6.2	5.6
15－24歳女子(%)	56.0	56.5	54.7	52.1	48.7	45.4	42.1	39.1	37.0	36.3
中位数年齢(歳)	28.5	31.2	34.6	37.6	40.2	42.6	45.0	46.8	47.8	48.4
人口密度(1k㎡あたり)	572	576	529	517	531	539	545	548	550	550

指　標	2010-2015	2015-2020	2020-2025	2025-2030	2030-2035	2035-2040	2040-2045	2045-2050	2050-2055	2055-2060
年平均人口増加数(千人)	303	8	－ 97	－ 23	28	18	11	7	4	0
年平均出生数(千人)	76	91	85	73	62	55	53	54	55	54
年平均死亡数(千人)	24	27	28	29	31	34	38	42	47	51
年平均純移動数(千人)	250	−56	−154	−67	−4	−4	−4	−4	−4	−4
人口増加率(%)	5.99	0.14	−1.71	−0.44	0.51	0.32	0.20	0.13	0.08	−0.01
粗出生率(人口千人あたり)	15.0	15.4	15.1	13.6	11.6	10.1	9.5	9.6	9.8	9.7
粗死亡率(人口千人あたり)	4.6	4.5	4.9	5.4	5.7	6.2	6.8	7.6	8.4	9.1
純移動率(人口千人あたり)	49.1	−9.5	−27.3	−12.5	−0.7	−0.7	−0.7	−0.7	−0.7	−0.6
合計出生率 (女子1人あたり)	1.72	1.71	1.70	1.70	1.71	1.71	1.72	1.72	1.73	1.74
純再生産率 (女子1人あたり)	0.82	0.82	0.82	0.82	0.82	0.83	0.83	0.83	0.84	0.84
乳児死亡率 (出生千人あたり)	9	8	7	6	5	5	4	4	4	3
5歳未満の死亡数(出生千人あたｌ	11	9	8	7	6	6	5	5	4	4
出生時の平均余命(歳)										
男	77.1	78.6	80.1	81.6	82.9	83.9	84.8	85.6	86.2	86.9
女	80.9	82.1	83.3	84.3	85.3	86.1	86.9	87.6	88.3	88.9
男女計	78.9	80.3	81.6	82.9	84.0	85.0	85.8	86.5	87.2	87.9

C. 高 位 予 測 値

	2015	2020	2025	2030	2035	2040	2045	2050	2055	2060
人口(千人)										
総数	5 851	5 957	5 573	5 562	5 791	5 967	6 125	6 298	6 485	6 663
男	2 939	2 994	2 810	2 808	2 920	3 004	3 078	3 157	3 242	3 323
女	2 912	2 964	2 762	2 754	2 871	2 963	3 047	3 141	3 243	3 339
性比(女100につき男)	100.9	100.9	101.5	101.6	101.2	100.8	100.1	99.3	98.3	97.3
年齢分布(%)										
0－4歳	7.9	8.4	8.7	8.1	6.9	6.1	6.0	6.4	6.8	6.8
5－14歳	16.1	14.0	13.8	15.1	15.5	14.2	12.4	11.5	11.8	12.6
15－24歳	19.5	16.8	12.8	10.9	12.1	14.0	14.6	13.4	11.6	10.8
60歳以上	11.5	13.1	16.0	18.2	19.7	21.8	24.6	27.4	29.9	31.5
65歳以上	8.1	9.3	11.2	13.4	15.2	16.6	18.4	20.8	23.2	25.4
80歳以上	1.5	2.0	2.6	3.1	3.7	4.5	5.7	6.7	7.2	8.1
15－49歳女子(%)	56.0	55.9	53.2	49.6	46.8	44.8	42.7	40.6	39.0	38.9
中位数年齢(歳)	28.5	30.9	33.8	36.1	38.0	39.9	41.1	41.1	40.5	40.8

	2010-2015	2015-2020	2020-2025	2025-2030	2030-2035	2035-2040	2040-2045	2045-2050	2050-2055	2055-2060
年平均人口増加数(千人)	303	21	－ 77	－ 2	46	35	32	34	37	36
年平均出生数(千人)	76	104	105	94	81	73	74	81	88	91
年平均死亡数(千人)	24	27	28	29	31	34	38	42	47	51
人口増加率(%)	5.99	0.36	−1.33	−0.04	0.81	0.60	0.52	0.56	0.59	0.54
粗出生率(人口千人あたり)	15.0	17.6	18.2	16.9	14.2	12.4	12.2	13.0	13.8	13.8
粗死亡率(人口千人あたり)	4.6	4.5	4.8	5.2	5.4	5.8	6.3	6.8	7.4	7.8
合計出生率（女子1人あたり）	1.72	1.96	2.10	2.20	2.21	2.21	2.22	2.22	2.23	2.24
純再生産率（女子1人あたり）	0.82	0.94	1.01	1.06	1.07	1.07	1.07	1.08	1.08	1.09

D. 低 位 予 測 値

	2015	2020	2025	2030	2035	2040	2045	2050	2055	2060
人口(千人)										
総数	5 851	5 826	5 243	5 021	5 068	5 071	5 036	4 964	4 858	4 723
男	2 939	2 926	2 642	2 531	2 550	2 545	2 520	2 473	2 408	2 329
女	2 912	2 899	2 602	2 490	2 518	2 526	2 516	2 491	2 450	2 393
性比(女100につき男)	100.9	100.9	101.5	101.6	101.2	100.8	100.1	99.3	98.3	97.3
年齢分布(%)										
0－4歳	7.9	6.3	5.4	4.8	4.3	3.8	3.4	3.2	3.0	2.9
5－14歳	16.1	14.3	12.2	10.2	9.7	9.0	8.1	7.3	6.7	6.4
15－24歳	19.5	17.1	13.6	12.1	11.3	10.0	9.6	9.0	8.2	7.5
60歳以上	11.5	13.4	17.0	20.2	22.6	25.6	29.9	34.8	39.9	44.5
65歳以上	8.1	9.5	11.9	14.8	17.3	19.5	22.4	26.4	30.9	35.9
80歳以上	1.5	2.1	2.8	3.4	4.2	5.3	7.0	8.5	9.6	11.4
15－49歳女子(%)	56.0	57.1	56.4	54.9	50.8	46.2	41.3	37.0	33.8	32.1
中位数年齢(歳)	28.5	31.5	35.5	39.1	42.2	45.3	48.3	51.2	53.9	56.2

	2010-2015	2015-2020	2020-2025	2025-2030	2030-2035	2035-2040	2040-2045	2045-2050	2050-2055	2055-2060
年平均人口増加数(千人)	303	－ 5	－ 117	－ 44	9	1	－ 7	－ 14	－ 21	－ 27
年平均出生数(千人)	76	77	65	51	44	38	35	32	29	27
年平均死亡数(千人)	24	27	28	29	31	34	38	42	47	51
人口増加率(%)	5.99	−0.09	−2.11	−0.87	0.19	0.01	−0.14	−0.29	−0.43	−0.57
粗出生率(人口千人あたり)	15.0	13.3	11.8	10.0	8.7	7.6	6.8	6.4	6.0	5.7
粗死亡率(人口千人あたり)	4.6	4.5	5.0	5.6	6.1	6.7	7.5	8.4	9.5	10.6
合計出生率（女子1人あたり）	1.72	1.46	1.30	1.20	1.21	1.21	1.22	1.22	1.23	1.24
純再生産率（女子1人あたり）	0.82	0.70	0.63	0.58	0.58	0.59	0.59	0.59	0.60	0.60

E. 出生力一定予測値

	2015	2020	2025	2030	2035	2040	2045	2050	2055	2060
人口(千人)										
総数	5 851	5 893	5 410	5 292	5 428	5 519	5 578	5 618	5 636	5 625
男	2 939	2 961	2 727	2 670	2 734	2 775	2 798	2 808	2 807	2 792
女	2 912	2 932	2 683	2 623	2 694	2 744	2 781	2 810	2 829	2 834
中位数年齢(歳)	28.5	31.2	34.6	37.6	40.2	42.6	45.0	46.7	47.8	48.4

	2010-2015	2015-2020	2020-2025	2025-2030	2030-2035	2035-2040	2040-2045	2045-2050	2050-2055	2055-2060
人口増加率(%)	5.99	0.15	−1.71	−0.44	0.51	0.33	0.22	0.14	0.06	−0.04
粗出生率(人口千人あたり)	15.0	15.5	15.1	13.5	11.6	10.2	9.7	9.7	9.7	9.4
粗死亡率(人口千人あたり)	4.6	4.5	4.9	5.4	5.7	6.2	6.8	7.6	8.4	9.1

Lesotho

A. 推 計 値

指　標	1960	1965	1970	1975	1980	1985	1990	1995	2000	2005	2010
人口(千人)											
総数	851	933	1 032	1 149	1 307	1 468	1 598	1 754	1 856	1 926	2 011
男	397	432	479	533	615	696	776	859	899	939	988
女	454	502	553	616	693	771	821	894	957	987	1 023
性比(女100につき男)	87.5	86.0	86.7	86.5	88.7	90.3	94.5	96.1	94.0	95.2	96.5
年齢分布(%)											
０－４歳	16.6	16.9	17.1	17.3	17.1	16.7	15.8	14.9	14.5	13.2	12.7
５－14歳	26.4	26.6	27.0	27.2	27.2	27.8	28.1	27.2	26.7	26.5	25.0
15－24歳	18.6	19.1	19.6	19.6	19.9	19.8	20.3	21.0	21.6	22.7	23.4
60歳以上	6.6	6.6	6.6	6.5	6.3	6.3	6.4	6.6	6.5	6.4	6.3
65歳以上	4.3	4.2	4.2	4.2	4.1	4.1	4.2	4.3	4.5	4.6	4.3
80歳以上	0.5	0.5	0.5	0.5	0.5	0.5	0.5	0.5	0.6	0.7	0.8
15－49歳女子(%)	45.3	45.8	45.4	45.4	45.5	44.6	44.4	46.6	47.5	48.0	49.4
中位数年齢(歳)	18.3	18.0	17.8	17.5	17.6	17.5	17.7	18.5	18.7	19.3	20.1
人口密度(1k㎡あたり)	28	31	34	38	43	48	53	58	61	63	66

指　標	1960-1965	1965-1970	1970-1975	1975-1980	1980-1985	1985-1990	1990-1995	1995-2000	2000-2005	2005-2010	2010-2015
年平均人口増加数(千人)	16	20	23	32	32	26	31	20	14	17	25
年平均出生数(千人)	38	42	47	51	55	56	57	60	56	56	60
年平均死亡数(千人)	16	17	18	19	18	18	17	24	36	34	31
人口増加率(%)	1.84	2.02	2.15	2.58	2.32	1.69	1.87	1.14	0.74	0.86	1.20
粗出生率(人口千人あたり)	42.3	42.5	42.7	41.9	39.8	36.7	34.1	33.1	29.8	28.4	28.9
粗死亡率(人口千人あたり)	18.3	17.8	16.8	15.1	13.0	11.6	9.9	13.5	18.8	17.3	14.9
合計出生率(女子１人あたり)	5.81	5.80	5.80	5.69	5.46	5.14	4.70	4.37	3.79	3.37	3.26
純再生産率(女子１人あたり)	2.02	2.04	2.09	2.13	2.14	2.07	1.98	1.73	1.38	1.27	1.29
乳児死亡率(出生千人あたり)	134	130	123	110	94	84	69	79	84	76	60
出生時の平均余命(歳)											
男	46.4	47.2	48.5	50.9	53.9	56.0	58.5	51.2	43.6	45.3	49.2
女	49.0	49.7	51.0	53.4	56.5	58.5	61.4	53.1	43.7	45.8	49.6
男女計	47.8	48.5	49.8	52.2	55.3	57.3	60.0	52.2	43.7	45.6	49.5

B. 中 位 予 測 値

指　標	2015	2020	2025	2030	2035	2040	2045	2050	2055	2060
人口(千人)										
総数	2 135	2 258	2 373	2 486	2 603	2 728	2 858	2 987	3 107	3 210
男	1 057	1 124	1 188	1 249	1 311	1 377	1 442	1 506	1 563	1 610
女	1 078	1 133	1 186	1 237	1 292	1 352	1 415	1 481	1 544	1 600
性比(女100につき男)	98.0	99.2	100.2	101.0	101.5	101.9	101.9	101.6	101.2	100.6
年齢分布(%)										
０－４歳	13.0	12.7	11.8	11.1	10.5	10.1	9.6	9.0	8.5	8.0
５－14歳	23.0	23.0	23.2	22.3	21.0	19.8	18.9	18.1	17.3	16.4
15－24歳	22.8	21.3	19.9	20.1	20.5	19.8	18.7	17.7	17.1	16.6
60歳以上	6.2	6.0	5.6	5.3	5.3	6.0	7.3	9.0	10.8	12.6
65歳以上	4.1	4.2	4.1	3.9	3.6	3.7	4.3	5.5	6.9	8.4
80歳以上	0.7	0.7	0.6	0.6	0.7	0.7	0.7	0.6	0.7	1.0
６－11歳	13.8	14.1	14.1	13.4	12.6	11.9	11.4	10.9	10.4	9.8
12－14歳	6.8	6.4	6.7	6.7	6.3	5.9	5.6	5.4	5.2	5.0
15－17歳	7.0	6.3	6.2	6.5	6.4	6.0	5.6	5.4	5.2	5.0
18－23歳	13.6	12.9	11.7	11.8	12.2	11.9	11.2	10.6	10.2	9.9
15－24歳女子(%)	51.4	52.7	53.8	55.2	55.8	55.7	55.1	54.2	53.7	53.0
中位数年齢(歳)	21.0	21.8	22.5	23.1	24.0	25.2	26.6	28.0	29.4	30.7
人口密度(1k㎡あたり)	70	74	78	82	86	90	94	98	102	106

指　標	2010-2015	2015-2020	2020-2025	2025-2030	2030-2035	2035-2040	2040-2045	2045-2050	2050-2055	2055-2060
年平均人口増加数(千人)	25	25	23	23	23	25	26	26	24	21
年平均出生数(千人)	60	61	59	57	57	57	56	55	54	53
年平均死亡数(千人)	31	32	32	31	29	28	26	25	26	28
年平均純移動数(千人)	−4	−4	−4	−4	−4	−4	−4	−4	−4	−4
人口増加率(%)	1.20	1.12	1.00	0.93	0.92	0.94	0.93	0.89	0.79	0.66
粗出生率(人口千人あたり)	28.9	27.7	25.5	23.6	22.3	21.3	20.1	18.9	17.7	16.6
粗死亡率(人口千人あたり)	14.9	14.7	13.8	12.7	11.6	10.4	9.4	8.7	8.6	8.9
純移動率(人口千人あたり)	−1.9	−1.8	−1.7	−1.6	−1.6	−1.5	−1.4	−1.4	−1.2	−1.1
合計出生率（女子１人あたり）	3.26	3.01	2.81	2.64	2.51	2.40	2.30	2.21	2.14	2.07
純再生産率（女子１人あたり）	1.29	1.23	1.18	1.14	1.10	1.08	1.05	1.02	1.00	0.97
乳児死亡率（出生千人あたり）	60	50	42	37	32	28	25	22	20	18
５歳未満の死亡数(出生千人あたり	82	67	55	47	41	35	30	27	24	22
出生時の平均余命(歳)										
男	49.2	50.3	52.2	54.4	56.8	59.2	61.6	63.8	65.3	66.3
女	49.6	50.2	52.3	54.8	57.6	60.5	63.4	66.3	68.0	69.0
男女計	49.5	50.4	52.4	54.7	57.3	59.9	62.5	65.0	66.6	67.6

C. 高 位 予 測 値

	2015	2020	2025	2030	2035	2040	2045	2050	2055	2060
人口(千人)										
総数	2 135	2 281	2 437	2 601	2 775	2 968	3 181	3 409	3 641	3 868
男	1 057	1 136	1 220	1 307	1 398	1 497	1 605	1 719	1 832	1 942
女	1 078	1 145	1 217	1 294	1 377	1 471	1 576	1 691	1 809	1 926
性比(女100につき男)	98.0	99.2	100.2	100.9	101.5	101.9	101.9	101.6	101.1	100.3
年齢分布(%)										
０－４歳	13.0	13.6	13.2	12.6	11.9	11.6	11.3	10.9	10.4	10.0
５－14歳	23.0	22.7	23.6	23.8	23.0	21.9	21.0	20.4	19.8	19.2
15－24歳	22.8	21.1	19.4	19.2	20.1	20.3	19.6	18.6	18.0	17.7
60歳以上	6.2	6.0	5.5	5.1	5.0	5.5	6.6	7.9	9.2	10.4
65歳以上	4.1	4.1	4.0	3.7	3.4	3.4	3.8	4.8	5.9	6.9
80歳以上	0.7	0.7	0.6	0.6	0.7	0.7	0.6	0.5	0.6	0.8
15－49歳女子(%)	51.4	52.1	52.4	52.7	53.2	53.3	53.0	52.4	52.2	52.1
中位数年齢(歳)	21.0	21.5	21.8	21.9	22.3	23.1	24.1	25.1	26.1	26.9

	2010-2015	2015-2020	2020-2025	2025-2030	2030-2035	2035-2040	2040-2045	2045-2050	2050-2055	2055-2060
年平均人口増加数(千人)	25	29	31	33	35	39	43	46	46	45
年平均出生数(千人)	60	66	67	68	69	71	74	76	77	79
年平均死亡数(千人)	31	32	32	31	30	28	27	26	27	30
人口増加率(%)	1.20	1.33	1.32	1.30	1.29	1.35	1.39	1.39	1.31	1.21
粗出生率(人口千人あたり)	28.9	29.8	28.6	27.1	25.6	24.8	24.0	23.0	22.0	21.0
粗死亡率(人口千人あたり)	14.9	14.7	13.7	12.5	11.2	9.9	8.8	8.0	7.8	7.9
合計出生率（女子１人あたり）	3.26	3.26	3.21	3.14	3.01	2.90	2.80	2.71	2.64	2.57
純再生産率（女子１人あたり）	1.29	1.33	1.35	1.35	1.32	1.30	1.28	1.25	1.23	1.20

D. 低 位 予 測 値

	2015	2020	2025	2030	2035	2040	2045	2050	2055	2060
人口(千人)										
総数	2 135	2 234	2 310	2 371	2 433	2 493	2 549	2 594	2 623	2 630
男	1 057	1 112	1 156	1 191	1 226	1 258	1 286	1 307	1 318	1 317
女	1 078	1 121	1 154	1 180	1 207	1 235	1 262	1 287	1 304	1 313
性比(女100につき男)	98.0	99.2	100.2	100.9	101.5	101.9	101.9	101.6	101.1	100.3
年齢分布(%)										
０－４歳	13.0	11.7	10.4	9.4	8.9	8.4	7.7	7.0	6.4	5.9
５－14歳	23.0	23.2	22.8	20.8	18.7	17.4	16.5	15.5	14.3	13.2
15－24歳	22.8	21.5	20.4	21.1	21.0	19.2	17.4	16.3	15.7	14.9
60歳以上	6.2	6.1	5.8	5.6	5.7	6.5	8.2	10.4	12.8	15.3
65歳以上	4.1	4.2	4.2	4.0	3.9	4.0	4.8	6.3	8.2	10.2
80歳以上	0.7	0.7	0.6	0.7	0.8	0.8	0.7	0.7	0.8	1.2
15－49歳女子(%)	51.4	53.2	55.3	57.8	58.7	58.5	57.4	56.0	54.9	53.3
中位数年齢(歳)	21.0	22.0	23.2	24.4	25.7	27.5	29.5	31.5	33.6	35.5

	2010-2015	2015-2020	2020-2025	2025-2030	2030-2035	2035-2040	2040-2045	2045-2050	2050-2055	2055-2060
年平均人口増加数(千人)	25	20	15	12	12	12	11	9	6	1
年平均出生数(千人)	60	56	51	47	45	43	41	38	35	32
年平均死亡数(千人)	31	32	31	30	29	27	26	24	25	27
人口増加率(%)	1.20	0.91	0.67	0.52	0.51	0.49	0.44	0.35	0.22	0.06
粗出生率(人口千人あたり)	28.9	25.5	22.3	19.9	18.8	17.6	16.1	14.6	13.3	12.1
粗死亡率(人口千人あたり)	14.9	14.6	13.8	13.0	12.0	11.0	10.1	9.5	9.6	10.2
合計出生率（女子１人あたり）	3.26	2.76	2.41	2.14	2.01	1.90	1.80	1.71	1.64	1.57
純再生産率（女子１人あたり）	1.29	1.13	1.01	0.92	0.88	0.85	0.82	0.79	0.76	0.74

E. 出生力一定予測値

	2015	2020	2025	2030	2035	2040	2045	2050	2055	2060
人口(千人)										
総数	2 135	2 277	2 433	2 604	2 798	3 024	3 285	3 582	3 907	4 254
男	1 057	1 134	1 218	1 308	1 409	1 525	1 658	1 806	1 966	2 137
女	1 078	1 143	1 215	1 296	1 388	1 498	1 627	1 776	1 940	2 117
中位数年齢(歳)	21.0	21.6	21.8	21.9	22.1	22.6	23.1	23.6	24.0	24.3

	2010-2015	2015-2020	2020-2025	2025-2030	2030-2035	2035-2040	2040-2045	2045-2050	2050-2055	2055-2060
人口増加率(%)	1.20	1.29	1.33	1.36	1.44	1.55	1.66	1.73	1.74	1.70
粗出生率(人口千人あたり)	28.9	29.4	28.7	27.7	27.0	26.8	26.6	26.2	25.8	25.4
粗死亡率(人口千人あたり)	14.9	14.7	13.7	12.5	11.2	9.9	8.7	7.8	7.4	7.5

Liberia

A. 推 計 値

指 標	1960	1965	1970	1975	1980	1985	1990	1995	2000	2005	2010
人口(千人)											
総数	1 120	1 253	1 420	1 629	1 893	2 197	2 103	2 080	2 892	3 270	3 958
男	568	630	710	813	943	1 095	1 047	1 035	1 445	1 639	1 990
女	552	623	709	816	949	1 103	1 056	1 045	1 447	1 630	1 968
性比(女100につき男)	102.9	101.1	100.2	99.6	99.3	99.3	99.1	99.1	99.9	100.6	101.2
年齢分布(%)											
0－4歳	17.2	17.5	17.8	18.2	18.4	18.4	17.7	16.8	17.2	17.3	16.6
5－14歳	24.3	25.2	25.8	26.1	26.5	27.0	27.4	27.2	26.1	26.1	26.8
15－24歳	19.8	18.6	18.0	18.4	18.6	18.6	19.1	19.8	20.1	19.7	19.0
60歳以上	4.2	4.2	4.2	4.4	4.6	4.7	4.9	4.9	5.0	4.9	4.8
65歳以上	2.4	2.3	2.4	2.5	2.6	2.8	2.9	3.0	3.1	3.0	3.1
80歳以上	0.1	0.1	0.1	0.1	0.1	0.2	0.2	0.2	0.3	0.3	0.3
15－49歳女子(%)	48.0	47.0	46.5	45.7	45.1	44.6	44.8	45.7	46.7	46.8	46.7
中位数年齢(歳)	19.0	18.8	18.3	17.8	17.5	17.3	17.4	17.8	18.1	18.2	18.3
人口密度(1km²あたり)	12	13	15	17	20	23	22	22	30	34	41

指 標	1960-1965	1965-1970	1970-1975	1975-1980	1980-1985	1985-1990	1990-1995	1995-2000	2000-2005	2005-2010	2010-2015
年平均人口増加数(千人)	27	33	42	53	61	－ 19	－ 5	162	76	138	109
年平均出生数(千人)	58	65	75	86	99	100	92	108	128	140	151
年平均死亡数(千人)	33	34	35	36	38	39	37	36	43	37	38
人口増加率(%)	2.24	2.50	2.75	3.00	2.99	−0.88	−0.22	6.59	2.46	3.82	2.58
粗出生率(人口千人あたり)	49.2	49.0	49.2	49.0	48.5	46.7	44.1	43.5	41.6	38.6	35.7
粗死亡率(人口千人あたり)	28.2	25.7	23.2	20.3	18.6	18.3	17.6	14.4	13.9	10.3	9.0
合計出生率(女子1人あたり)	6.47	6.59	6.80	6.93	6.96	6.72	6.27	6.05	5.68	5.23	4.83
純再生産率(女子1人あたり)	1.81	1.92	2.08	2.26	2.35	2.28	2.14	2.19	2.11	2.11	2.01
乳児死亡率(出生千人あたり)	212	195	178	164	154	158	155	129	97	72	61
出生時の平均余命(歳)											
男	33.2	36.1	39.1	42.7	45.2	45.4	45.7	51.9	51.6	57.2	59.3
女	37.8	39.9	42.7	46.5	48.9	49.5	49.8	53.3	53.2	59.0	61.2
男女計	35.4	37.9	40.8	44.5	47.0	47.3	47.7	52.6	52.4	58.1	60.3

B. 中 位 予 測 値

指 標	2015	2020	2025	2030	2035	2040	2045	2050	2055	2060
人口(千人)										
総数	4 503	5 091	5 728	6 414	7 140	7 892	8 661	9 436	10 215	10 992
男	2 270	2 570	2 896	3 247	3 617	4 000	4 390	4 782	5 175	5 565
女	2 234	2 520	2 832	3 167	3 523	3 893	4 271	4 654	5 041	5 427
性比(女100につき男)	101.6	102.0	102.3	102.5	102.7	102.8	102.8	102.7	102.7	102.5
年齢分布(%)										
0－4歳	15.6	14.9	14.2	13.7	13.1	12.4	11.7	11.1	10.6	10.2
5－14歳	26.7	25.8	24.7	23.9	23.2	22.5	21.7	20.8	20.0	19.2
15－24歳	19.3	20.2	20.4	19.9	19.4	19.0	18.8	18.5	18.1	17.7
60歳以上	4.8	5.0	5.3	5.6	6.1	6.7	7.4	8.0	8.6	9.5
65歳以上	3.0	3.1	3.3	3.5	3.8	4.2	4.6	5.2	5.7	6.2
80歳以上	0.3	0.3	0.3	0.3	0.4	0.4	0.5	0.5	0.6	0.8
6－11歳	16.5	15.7	15.1	14.6	14.1	13.7	13.2	12.6	12.1	11.6
12－14歳	7.3	7.3	6.9	6.7	6.5	6.4	6.2	6.0	5.8	5.6
15－17歳	6.6	6.8	6.6	6.4	6.2	6.1	6.0	5.8	5.7	5.5
18－23歳	11.0	11.7	12.0	11.8	11.4	11.2	11.1	11.0	10.8	10.5
15－24歳女子(%)	47.4	48.6	49.6	50.2	50.6	51.1	51.7	51.9	51.8	51.5
中位数年齢(歳)	18.6	19.3	20.1	21.1	21.9	22.8	23.8	24.7	25.7	26.8
人口密度(1km²あたり)	47	53	59	67	74	82	90	98	106	114

指 標	2010-2015	2015-2020	2020-2025	2025-2030	2030-2035	2035-2040	2040-2045	2045-2050	2050-2055	2055-2060
年平均人口増加数(千人)	109	117	127	137	145	150	154	155	156	155
年平均出生数(千人)	151	161	172	184	194	202	210	216	222	228
年平均死亡数(千人)	38	39	40	42	44	47	51	56	62	68
年平均純移動数(千人)	−4	−5	−5	−5	−5	−5	−5	−5	−5	−5
人口増加率(%)	2.58	2.45	2.36	2.26	2.15	2.00	1.86	1.71	1.59	1.47
粗出生率(人口千人あたり)	35.7	33.7	31.9	30.3	28.7	26.9	25.3	23.9	22.6	21.5
粗死亡率(人口千人あたり)	9.0	8.1	7.4	6.9	6.5	6.3	6.2	6.2	6.3	6.4
純移動率(人口千人あたり)	−0.9	−1.0	−0.9	−0.8	−0.7	−0.7	−0.6	−0.6	−0.5	−0.4
合計出生率(女子1人あたり)	4.83	4.47	4.15	3.86	3.60	3.38	3.19	3.02	2.88	2.75
純再生産率(女子1人あたり)	2.01	1.90	1.80	1.71	1.62	1.53	1.46	1.39	1.34	1.28
乳児死亡率(出生千人あたり)	61	52	45	39	32	27	24	21	18	16
5歳未満の死亡数(出生千人あたり	85	73	63	54	46	39	33	29	26	23
出生時の平均余命(歳)										
男	59.3	61.0	62.6	64.0	65.3	66.4	67.4	68.1	68.9	69.5
女	61.2	63.1	64.9	66.4	67.8	69.1	70.2	71.2	72.1	72.9
男女計	60.3	62.0	63.7	65.2	66.6	67.7	68.8	69.6	70.4	71.2

C. 高位予測値

	2015	2020	2025	2030	2035	2040	2045	2050	2055	2060
人口(千人)										
総数	4 503	5 133	5 848	6 647	7 505	8 417	9 390	10 426	11 524	12 674
男	2 270	2 592	2 958	3 366	3 803	4 268	4 763	5 288	5 845	6 426
女	2 234	2 541	2 891	3 281	3 701	4 149	4 627	5 137	5 680	6 248
性比(女100につき男)	101.6	102.0	102.2	102.4	102.6	102.6	102.6	102.5	102.4	102.2
年齢分布(%)										
0－4歳	15.6	15.6	15.3	14.9	14.2	13.6	13.1	12.6	12.2	11.8
5－14歳	26.7	25.6	24.9	24.8	24.6	24.0	23.1	22.4	21.8	21.3
15－24歳	19.3	20.0	20.0	19.2	19.0	19.3	19.3	19.1	18.6	18.2
60歳以上	4.8	5.0	5.2	5.4	5.8	6.3	6.8	7.2	7.6	8.2
65歳以上	3.0	3.1	3.2	3.4	3.6	3.9	4.3	4.7	5.0	5.3
80歳以上	0.3	0.3	0.3	0.3	0.3	0.4	0.4	0.5	0.6	0.7
15－49歳女子(%)	47.4	48.3	48.6	48.5	48.7	49.3	50.1	50.5	50.4	50.4
中位数年齢(歳)	18.6	19.1	19.6	20.1	20.6	21.2	22.0	22.7	23.5	24.2

	2010-2015	2015-2020	2020-2025	2025-2030	2030-2035	2035-2040	2040-2045	2045-2050	2050-2055	2055-2060
年平均人口増加数(千人)	109	126	143	160	172	182	195	207	220	230
年平均出生数(千人)	151	170	189	208	222	236	252	270	289	305
年平均死亡数(千人)	38	39	41	43	45	49	53	58	64	71
人口増加率(%)	2.58	2.62	2.61	2.56	2.43	2.30	2.19	2.09	2.00	1.90
粗出生率(人口千人あたり)	35.7	35.4	34.4	33.3	31.4	29.7	28.3	27.3	26.3	25.2
粗死亡率(人口千人あたり)	9.0	8.2	7.5	6.9	6.4	6.1	5.9	5.9	5.8	5.9
合計出生率(女子1人あたり)	4.83	4.72	4.55	4.36	4.10	3.88	3.69	3.52	3.38	3.25
純再生産率(女子1人あたり)	2.01	2.01	1.98	1.93	1.84	1.76	1.69	1.63	1.57	1.52

D. 低位予測値

	2015	2020	2025	2030	2035	2040	2045	2050	2055	2060
人口(千人)										
総数	4 503	5 048	5 608	6 181	6 777	7 373	7 950	8 490	8 991	9 450
男	2 270	2 549	2 835	3 128	3 431	3 734	4 026	4 298	4 548	4 776
女	2 234	2 500	2 773	3 054	3 346	3 639	3 924	4 192	4 443	4 675
性比(女100につき男)	101.6	102.0	102.2	102.4	102.6	102.6	102.6	102.5	102.4	102.2
年齢分布(%)										
0－4歳	15.6	14.1	13.1	12.3	11.8	11.1	10.3	9.6	8.9	8.4
5－14歳	26.7	26.0	24.5	22.9	21.6	20.8	20.0	19.0	17.9	16.9
15－24歳	19.3	20.3	20.9	20.7	19.8	18.8	18.1	17.8	17.4	16.9
60歳以上	4.8	5.0	5.4	5.8	6.4	7.2	8.0	8.9	9.8	11.0
65歳以上	3.0	3.1	3.3	3.6	4.0	4.5	5.1	5.8	6.5	7.2
80歳以上	0.3	0.3	0.3	0.3	0.4	0.4	0.5	0.6	0.7	0.9
15－49歳女子(%)	47.4	49.1	50.7	52.1	52.7	53.1	53.4	53.5	53.2	52.5
中位数年齢(歳)	18.6	19.5	20.7	22.0	23.3	24.6	25.9	27.2	28.5	29.9

	2010-2015	2015-2020	2020-2025	2025-2030	2030-2035	2035-2040	2040-2045	2045-2050	2050-2055	2055-2060
年平均人口増加数(千人)	109	109	112	115	119	119	115	108	100	92
年平均出生数(千人)	151	152	156	160	167	170	170	167	164	162
年平均死亡数(千人)	38	38	39	40	43	45	49	54	59	65
人口増加率(%)	2.58	2.29	2.10	1.95	1.84	1.69	1.51	1.32	1.15	1.00
粗出生率(人口千人あたり)	35.7	31.9	29.2	27.2	25.7	24.0	22.1	20.3	18.8	17.6
粗死亡率(人口千人あたり)	9.0	8.0	7.3	6.8	6.6	6.4	6.4	6.6	6.8	7.1
合計出生率(女子1人あたり)	4.83	4.22	3.75	3.36	3.10	2.88	2.69	2.52	2.38	2.25
純再生産率(女子1人あたり)	2.01	1.80	1.63	1.48	1.39	1.31	1.23	1.16	1.10	1.05

E. 出生力一定予測値

	2015	2020	2025	2030	2035	2040	2045	2050	2055	2060
人口(千人)										
総数	4 503	5 146	5 910	6 802	7 832	9 019	10 392	11 988	13 845	16 007
男	2 270	2 599	2 989	3 445	3 971	4 576	5 276	6 088	7 034	8 134
女	2 234	2 548	2 921	3 357	3 861	4 443	5 116	5 899	6 811	7 873
中位数年齢(歳)	18.6	19.0	19.4	19.5	19.4	19.4	19.5	19.6	19.6	19.6

	2010-2015	2015-2020	2020-2025	2025-2030	2030-2035	2035-2040	2040-2045	2045-2050	2050-2055	2055-2060
人口増加率(%)	2.58	2.67	2.77	2.81	2.82	2.82	2.84	2.86	2.88	2.90
粗出生率(人口千人あたり)	35.7	35.9	36.0	35.8	35.3	34.8	34.6	34.5	34.5	34.4
粗死亡率(人口千人あたり)	9.0	8.2	7.5	6.9	6.4	6.1	5.8	5.6	5.4	5.2

Libya

A. 推計値

指標	1960	1965	1970	1975	1980	1985	1990	1995	2000	2005	2010
人口(千人)											
総数	1 435	1 717	2 114	2 622	3 191	3 841	4 398	4 878	5 337	5 802	6 266
男	736	883	1 091	1 363	1 671	2 043	2 320	2 556	2 784	2 999	3 207
女	698	835	1 024	1 259	1 520	1 797	2 079	2 322	2 553	2 802	3 058
性比(女100につき男)	105.4	105.8	106.6	108.3	110.0	113.7	111.6	110.1	109.1	107.0	104.9
年齢分布(%)											
0－4歳	17.5	18.7	20.3	20.1	18.5	16.0	14.5	11.7	10.4	10.2	10.7
5－14歳	24.2	25.1	25.9	27.9	29.4	28.7	27.2	25.6	22.6	19.2	18.1
15－24歳	17.9	17.1	16.6	16.7	17.5	19.7	21.4	22.6	22.5	21.7	19.0
60歳以上	6.0	5.3	4.8	4.6	4.5	4.7	5.0	5.4	5.8	6.0	6.2
65歳以上	3.9	3.4	3.0	2.9	2.8	2.8	3.1	3.5	3.8	4.0	4.2
80歳以上	0.4	0.3	0.3	0.3	0.3	0.3	0.3	0.4	0.4	0.5	0.6
15－49歳女子(%)	46.4	44.6	42.7	40.9	40.8	43.1	46.5	51.0	55.1	58.4	58.3
中位数年齢(歳)	19.3	18.5	17.1	16.1	16.1	17.4	18.5	20.4	22.5	24.5	26.1
人口密度(1k㎡あたり)	1	1	1	1	2	2	2	3	3	3	4

指標	1960-1965	1965-1970	1970-1975	1975-1980	1980-1985	1985-1990	1990-1995	1995-2000	2000-2005	2005-2010	2010-2015
年平均人口増加数(千人)	57	79	101	114	130	112	96	92	93	93	3
年平均出生数(千人)	79	99	117	127	130	133	118	114	122	138	136
年平均死亡数(千人)	32	29	27	25	23	23	22	24	27	29	33
人口増加率(%)	3.60	4.16	4.30	3.93	3.70	2.71	2.07	1.80	1.67	1.54	0.04
粗出生率(人口千人あたり)	50.1	51.6	49.3	43.7	37.0	32.4	25.4	22.4	21.9	22.9	21.7
粗死亡率(人口千人あたり)	20.0	15.2	11.4	8.5	6.5	5.6	4.8	4.8	4.8	4.8	5.3
合計出生率(女子1人あたり)	7.30	7.99	8.10	7.67	6.68	5.71	4.22	3.25	2.75	2.66	2.53
純再生産率(女子1人あたり)	2.49	3.03	3.31	3.28	2.96	2.57	1.92	1.49	1.27	1.24	1.18
乳児死亡率(出生千人あたり)	166	121	90	67	51	41	33	30	27	24	24
出生時の平均余命(歳)											
男	45.7	52.0	56.6	60.7	63.9	65.9	67.8	68.7	69.1	69.5	68.8
女	48.3	54.8	60.4	64.5	67.5	69.4	71.2	72.0	72.8	74.4	74.4
男女計	46.9	53.3	58.4	62.5	65.6	67.5	69.3	70.2	70.8	71.8	71.5

B. 中位予測値

指標	2015	2020	2025	2030	2035	2040	2045	2050	2055	2060
人口(千人)										
総数	6 278	6 700	7 086	7 418	7 713	7 980	8 207	8 375	8 474	8 516
男	3 157	3 361	3 551	3 712	3 853	3 978	4 085	4 163	4 210	4 233
女	3 122	3 339	3 535	3 706	3 861	4 001	4 122	4 212	4 264	4 283
性比(女100につき男)	101.1	100.7	100.5	100.2	99.8	99.4	99.1	98.8	98.7	98.8
年齢分布(%)										
0－4歳	10.3	8.9	7.7	7.0	6.7	6.6	6.4	6.1	5.8	5.4
5－14歳	19.5	19.3	17.5	15.4	13.8	13.0	12.7	12.6	12.3	11.8
15－24歳	15.9	16.1	17.2	17.4	16.0	14.3	13.0	12.4	12.3	12.4
60歳以上	7.0	8.0	9.6	12.0	15.0	17.9	20.1	21.8	22.6	23.4
65歳以上	4.5	5.1	6.0	7.4	9.5	11.9	14.3	16.1	17.4	18.0
80歳以上	0.7	0.8	0.9	0.9	1.2	1.5	2.0	2.8	3.7	4.6
6－11歳	12.0	11.7	10.3	9.0	8.2	7.7	7.6	7.6	7.4	7.0
12－14歳	5.3	5.7	5.5	4.9	4.3	3.9	3.8	3.7	3.8	3.7
15－17歳	5.0	5.3	5.6	5.2	4.5	4.1	3.8	3.7	3.7	3.7
18－23歳	9.3	9.4	10.1	10.6	9.8	8.7	7.9	7.4	7.3	7.5
15－24歳女子(%)	55.6	54.3	53.6	52.5	50.9	49.0	47.8	46.8	45.7	44.1
中位数年齢(歳)	27.5	29.0	30.3	31.8	33.4	35.0	36.7	38.4	40.0	41.2
人口密度(1k㎡あたり)	4	4	4	4	4	5	5	5	5	5

指標	2010-2015	2015-2020	2020-2025	2025-2030	2030-2035	2035-2040	2040-2045	2045-2050	2050-2055	2055-2060
年平均人口増加数(千人)	3	84	77	66	59	53	45	34	20	8
年平均出生数(千人)	136	121	112	106	105	106	107	104	98	93
年平均死亡数(千人)	33	35	39	43	50	57	66	74	82	88
年平均純移動数(千人)	−100	−2	4	4	4	4	4	4	4	4
人口増加率(%)	0.04	1.30	1.12	0.92	0.78	0.68	0.56	0.41	0.23	0.10
粗出生率(人口千人あたり)	21.7	18.7	16.2	14.6	13.8	13.6	13.2	12.5	11.7	11.0
粗死亡率(人口千人あたり)	5.3	5.4	5.6	6.0	6.6	7.3	8.1	9.0	9.8	10.4
純移動率(人口千人あたり)	−16.0	−0.3	0.6	0.6	0.5	0.5	0.5	0.5	0.5	0.4
合計出生率（女子1人あたり）	2.53	2.32	2.14	2.01	1.91	1.84	1.79	1.77	1.76	1.76
純再生産率（女子1人あたり）	1.18	1.08	1.01	0.95	0.90	0.87	0.85	0.84	0.84	0.84
乳児死亡率（出生千人あたり）	24	21	18	16	14	13	11	10	9	8
5歳未満の死亡数(出生千人あたり	29	25	22	19	17	15	13	12	11	10
出生時の平均余命(歳)										
男	68.8	69.5	70.3	71.0	71.8	72.6	73.4	74.2	75.1	76.1
女	74.4	75.2	76.0	76.7	77.4	78.0	78.7	79.3	79.9	80.5
男女計	71.5	72.2	73.0	73.8	74.5	75.2	76.0	76.7	77.5	78.3

C. 高 位 予 測 値

	2015	2020	2025	2030	2035	2040	2045	2050	2055	2060
人口(千人)										
総数	6 278	6 764	7 252	7 713	8 143	8 556	8 949	9 309	9 628	9 917
男	3 157	3 394	3 637	3 863	4 073	4 274	4 465	4 642	4 802	4 951
女	3 122	3 370	3 616	3 850	4 070	4 282	4 484	4 667	4 826	4 966
性比(女100につき男)	101.1	100.6	100.3	99.9	99.5	99.0	98.5	98.1	97.8	97.7
年齢分布(%)										
0－4歳	10.3	9.7	9.0	8.4	8.0	7.9	7.8	7.6	7.4	7.2
5－14歳	19.5	19.1	17.9	16.9	15.9	15.2	14.8	14.7	14.6	14.3
15－24歳	15.9	16.0	16.8	16.8	16.0	15.2	14.5	14.0	13.7	13.8
60歳以上	7.0	7.9	9.3	11.6	14.2	16.7	18.4	19.6	19.8	20.1
65歳以上	4.5	5.0	5.8	7.1	9.0	11.1	13.2	14.5	15.3	15.4
80歳以上	0.7	0.8	0.8	0.9	1.1	1.4	1.9	2.5	3.3	3.9
15－49歳女子(%)	55.6	53.8	52.4	50.5	49.0	47.6	47.1	46.7	46.1	45.3
中位数年齢(歳)	27.5	28.6	29.4	30.4	31.5	32.7	33.9	34.8	35.6	36.2

	2010-2015	2015-2020	2020-2025	2025-2030	2030-2035	2035-2040	2040-2045	2045-2050	2050-2055	2055-2060
年平均人口増加数(千人)	3	97	98	92	86	83	79	72	64	58
年平均出生数(千人)	136	135	133	132	132	136	141	143	143	144
年平均死亡数(千人)	33	35	39	44	50	58	66	75	83	89
人口増加率(%)	0.04	1.49	1.39	1.23	1.09	0.99	0.90	0.79	0.68	0.59
粗出生率(人口千人あたり)	21.7	20.6	18.9	17.6	16.7	16.3	16.1	15.7	15.1	14.7
粗死亡率(人口千人あたり)	5.3	5.4	5.6	5.9	6.3	6.9	7.6	8.2	8.8	9.2
合計出生率(女子1人あたり)	2.53	2.57	2.54	2.51	2.41	2.34	2.29	2.27	2.26	2.26
純再生産率(女子1人あたり)	1.18	1.20	1.20	1.18	1.14	1.11	1.09	1.08	1.08	1.08

D. 低 位 予 測 値

	2015	2020	2025	2030	2035	2040	2045	2050	2055	2060
人口(千人)										
総数	6 278	6 636	6 920	7 123	7 284	7 406	7 476	7 473	7 388	7 236
男	3 157	3 329	3 466	3 561	3 632	3 684	3 710	3 701	3 653	3 577
女	3 122	3 307	3 454	3 562	3 651	3 722	3 766	3 772	3 735	3 659
性比(女100につき男)	101.1	100.6	100.3	99.9	99.5	99.0	98.5	98.1	97.8	97.7
年齢分布(%)										
0－4歳	10.3	8.0	6.4	5.5	5.2	5.1	5.0	4.6	4.1	3.7
5－14歳	19.5	19.5	17.0	13.7	11.5	10.4	10.2	10.0	9.6	8.9
15－24歳	15.9	16.3	17.6	18.2	16.1	13.2	11.2	10.4	10.3	10.4
60歳以上	7.0	8.1	9.8	12.5	15.9	19.3	22.1	24.4	25.9	27.6
65歳以上	4.5	5.1	6.1	7.7	10.0	12.9	15.7	18.1	20.0	21.1
80歳以上	0.7	0.8	0.9	1.0	1.3	1.6	2.2	3.2	4.3	5.4
15－49歳女子(%)	55.6	54.8	54.8	54.6	52.9	50.5	48.5	46.7	44.7	42.0
中位数年齢(歳)	27.5	29.3	31.1	33.2	35.3	37.5	39.6	41.9	44.2	46.5

	2010-2015	2015-2020	2020-2025	2025-2030	2030-2035	2035-2040	2040-2045	2045-2050	2050-2055	2055-2060
年平均人口増加数(千人)	3	72	57	41	32	24	14	0	－ 17	－ 30
年平均出生数(千人)	136	108	91	79	77	77	75	69	61	54
年平均死亡数(千人)	33	35	38	43	49	57	65	74	82	88
人口増加率(%)	0.04	1.11	0.84	0.58	0.45	0.33	0.19	−0.01	−0.23	−0.42
粗出生率(人口千人あたり)	21.7	16.8	13.4	11.3	10.7	10.5	10.1	9.2	8.2	7.3
粗死亡率(人口千人あたり)	5.3	5.4	5.6	6.1	6.8	7.7	8.7	9.8	11.0	12.0
合計出生率(女子1人あたり)	2.53	2.07	1.74	1.51	1.41	1.34	1.29	1.27	1.26	1.26
純再生産率(女子1人あたり)	1.18	0.97	0.82	0.71	0.67	0.64	0.61	0.60	0.60	0.60

E. 出生力一定予測値

	2015	2020	2025	2030	2035	2040	2045	2050	2055	2060
人口(千人)										
総数	6 278	6 755	7 240	7 705	8 165	8 629	9 087	9 523	9 926	10 309
男	3 157	3 390	3 630	3 859	4 084	4 311	4 536	4 752	4 955	5 153
女	3 122	3 365	3 610	3 846	4 081	4 317	4 551	4 771	4 972	5 156
中位数年齢(歳)	27.5	28.7	29.5	30.4	31.4	32.5	33.3	34.0	34.4	34.6

	2010-2015	2015-2020	2020-2025	2025-2030	2030-2035	2035-2040	2040-2045	2045-2050	2050-2055	2055-2060
人口増加率(%)	0.04	1.46	1.39	1.25	1.16	1.10	1.04	0.94	0.83	0.76
粗出生率(人口千人あたり)	21.7	20.4	18.9	17.8	17.4	17.5	17.4	17.0	16.5	16.1
粗死亡率(人口千人あたり)	5.3	5.4	5.6	5.9	6.3	6.9	7.5	8.1	8.6	8.9

Lithuania

A. 推計値

指　標	1960	1965	1970	1975	1980	1985	1990	1995	2000	2005	2010
人口(千人)											
総数	2 771	2 967	3 137	3 300	3 432	3 564	3 697	3 628	3 486	3 343	3 123
男	1 277	1 382	1 472	1 553	1 618	1 683	1 750	1 710	1 632	1 556	1 440
女	1 493	1 585	1 666	1 747	1 814	1 881	1 948	1 919	1 855	1 788	1 683
性比(女100につき男)	85.5	87.2	88.4	88.9	89.2	89.5	89.8	89.1	88.0	87.0	85.6
年齢分布(%)											
0－4歳	10.0	9.7	8.5	8.1	7.5	7.7	7.8	6.7	5.3	4.4	4.7
5－14歳	17.2	17.7	18.5	17.0	15.8	15.0	14.7	15.1	14.2	12.4	10.0
15－24歳	16.8	15.3	14.6	16.1	16.8	16.1	15.0	14.4	14.5	14.8	14.6
60歳以上	12.0	13.5	15.1	15.3	14.4	14.9	16.1	17.5	19.2	21.2	22.6
65歳以上	7.9	9.0	10.1	11.4	11.4	10.4	10.9	12.3	13.9	16.1	17.5
80歳以上	1.2	1.4	1.7	2.0	2.2	2.4	2.6	2.6	2.5	3.1	4.2
15－49歳女子(%)	50.3	48.9	49.2	49.3	48.9	48.2	47.4	47.1	47.7	47.8	46.3
中位数年齢(歳)	28.5	29.7	30.8	31.5	31.9	32.1	32.7	34.0	36.0	38.5	40.6
人口密度(1k㎡あたり)	44	47	50	53	55	57	59	58	56	53	50

指　標	1960-1965	1965-1970	1970-1975	1975-1980	1980-1985	1985-1990	1990-1995	1995-2000	2000-2005	2005-2010	2010-2015
年平均人口増加数(千人)	39	34	32	26	26	27	－ 14	－ 28	－ 29	－ 44	－ 49
年平均出生数(千人)	58	54	54	52	54	57	50	38	31	31	31
年平均死亡数(千人)	24	26	29	34	37	38	43	44	42	47	46
人口増加率(%)	1.37	1.12	1.01	0.79	0.75	0.74	−0.38	−0.80	−0.84	−1.36	−1.63
粗出生率(人口千人あたり)	20.3	17.8	16.8	15.5	15.6	15.8	13.5	10.6	9.0	9.7	10.2
粗死亡率(人口千人あたり)	8.3	8.4	9.1	10.0	10.5	10.5	11.8	12.3	12.4	14.6	15.2
合計出生率(女子１人あたり)	2.43	2.30	2.30	2.10	2.04	2.06	1.82	1.47	1.28	1.42	1.57
純再生産率(女子１人あたり)	1.11	1.08	1.09	0.99	0.96	0.97	0.86	0.70	0.61	0.68	0.76
乳児死亡率(出生千人あたり)	43	27	22	22	18	15	16	11	8	6	4
出生時の平均余命(歳)											
男	66.3	67.4	66.8	65.8	65.4	66.9	64.2	64.5	65.7	65.2	67.4
女	73.0	74.8	75.3	75.4	75.5	75.9	75.3	76.1	77.5	77.6	78.8
男女計	69.9	71.3	71.2	70.7	70.5	71.6	69.7	70.3	71.6	71.3	73.1

B. 中位予測値

指　標	2015	2020	2025	2030	2035	2040	2045	2050	2055	2060
人口(千人)										
総数	2 878	2 795	2 725	2 655	2 580	2 505	2 437	2 375	2 321	2 272
男	1 325	1 284	1 253	1 224	1 192	1 161	1 135	1 114	1 097	1 081
女	1 553	1 511	1 471	1 431	1 388	1 344	1 302	1 262	1 224	1 190
性比(女100につき男)	85.3	85.0	85.2	85.5	85.9	86.4	87.2	88.3	89.6	90.8
年齢分布(%)										
0－4歳	5.3	5.2	5.4	5.2	4.8	4.8	5.1	5.4	5.5	5.4
5－14歳	9.2	10.2	10.9	11.1	11.1	10.5	10.1	10.3	10.9	11.2
15－24歳	12.7	10.4	9.7	10.7	11.5	11.7	11.7	11.1	10.6	10.8
60歳以上	25.0	26.1	28.0	28.7	29.6	29.6	29.3	29.9	31.3	31.2
65歳以上	18.8	19.1	20.2	22.2	23.0	23.8	23.5	23.1	23.7	25.2
80歳以上	5.3	5.5	5.4	5.0	5.5	6.4	7.5	7.6	7.7	7.4
6－11歳	5.5	6.3	6.6	6.7	6.6	6.2	6.0	6.2	6.6	6.7
12－14歳	2.8	2.8	3.3	3.3	3.5	3.4	3.1	3.0	3.2	3.4
15－17歳	3.1	2.8	3.0	3.5	3.4	3.5	3.3	3.1	3.1	3.3
18－23歳	8.2	6.4	5.7	6.3	7.0	7.0	7.2	6.7	6.3	6.4
15－24歳女子(%)	41.7	40.0	38.3	38.4	38.8	38.6	37.4	37.3	38.0	38.8
中位数年齢(歳)	43.1	43.4	43.1	43.3	44.1	45.2	45.3	44.3	43.7	43.8
人口密度(1k㎡あたり)	46	45	43	42	41	40	39	38	37	36

指　標	2010-2015	2015-2020	2020-2025	2025-2030	2030-2035	2035-2040	2040-2045	2045-2050	2050-2055	2055-2060
年平均人口増加数(千人)	－ 49	－ 17	－ 14	－ 14	－ 15	－ 15	－ 14	－ 12	－ 11	－ 10
年平均出生数(千人)	31	29	30	28	25	24	25	26	26	25
年平均死亡数(千人)	46	46	44	42	40	39	39	38	36	34
年平均純移動数(千人)	−34	0	0	0	0	0	0	0	0	0
人口増加率(%)	−1.63	−0.59	−0.51	−0.52	−0.57	−0.59	−0.56	−0.51	−0.46	−0.43
粗出生率(人口千人あたり)	10.2	10.4	10.8	10.3	9.6	9.5	10.1	10.7	10.9	10.7
粗死亡率(人口千人あたり)	15.2	16.2	15.9	15.5	15.3	15.4	15.7	15.8	15.5	15.0
純移動率(人口千人あたり)	−11.3	0.0	0.0	0.0	0.0	0.0	0.0	0.0	0.0	0.0
合計出生率（女子１人あたり）	1.57	1.63	1.68	1.72	1.75	1.78	1.79	1.81	1.82	1.83
純再生産率（女子１人あたり）	0.76	0.79	0.81	0.83	0.84	0.86	0.87	0.87	0.88	0.89
乳児死亡率（出生千人あたり）	4	3	3	3	3	3	3	3	2	2
５歳未満の死亡数(出生千人あたり)	5	4	4	4	4	3	3	3	3	3
出生時の平均余命(歳)										
男	67.4	68.2	69.0	69.8	70.6	71.5	72.3	73.2	74.1	75.0
女	78.8	79.3	79.7	80.2	80.6	81.1	81.5	82.0	82.4	82.9
男女計	73.1	73.7	74.4	75.1	75.7	76.4	77.0	77.7	78.3	79.0

C. 高位予測値

	2015	2020	2025	2030	2035	2040	2045	2050	2055	2060
人口(千人)										
総数	2 878	2 817	2 782	2 753	2 714	2 675	2 647	2 641	2 653	2 676
男	1 325	1 295	1 283	1 274	1 261	1 248	1 243	1 249	1 266	1 288
女	1 553	1 522	1 499	1 479	1 453	1 427	1 405	1 391	1 387	1 388
性比(女100につき男)	85.3	84.8	84.8	84.9	85.0	85.2	85.7	86.5	87.5	88.4
年齢分布(%)										
0－4歳	5.3	6.0	6.6	6.5	5.9	5.8	6.3	6.9	7.3	7.3
5－14歳	9.2	10.1	11.5	12.8	13.3	12.7	12.0	12.2	13.1	14.1
15－24歳	12.7	10.3	9.5	10.3	11.8	13.1	13.6	12.8	11.9	12.0
60歳以上	25.0	25.9	27.4	27.7	28.1	27.7	27.0	26.9	27.4	26.5
65歳以上	18.8	19.0	19.8	21.4	21.8	22.3	21.6	20.8	20.7	21.4
80歳以上	5.3	5.5	5.2	4.8	5.2	6.0	6.9	6.8	6.8	6.3
15－49歳女子(%)	41.7	39.7	37.6	37.2	37.8	38.3	38.1	38.5	39.5	40.6
中位数年齢(歳)	43.1	43.1	42.2	41.9	42.4	42.6	41.2	39.3	38.3	38.0

	2010-2015	2015-2020	2020-2025	2025-2030	2030-2035	2035-2040	2040-2045	2045-2050	2050-2055	2055-2060
年平均人口増加数(千人)	− 49	− 12	− 7	− 6	− 8	− 8	− 5	− 1	3	5
年平均出生数(千人)	31	34	37	36	32	31	33	37	39	39
年平均死亡数(千人)	46	46	44	42	40	39	39	38	37	35
人口増加率(%)	−1.63	−0.43	−0.25	−0.21	−0.29	−0.29	−0.20	−0.05	0.10	0.18
粗出生率(人口千人あたり)	10.2	11.9	13.2	13.0	11.8	11.6	12.6	13.9	14.8	14.8
粗死亡率(人口千人あたり)	15.2	16.2	15.7	15.1	14.7	14.6	14.6	14.4	13.8	13.0
合計出生率 (女子1人あたり)	1.57	1.88	2.08	2.22	2.25	2.28	2.29	2.31	2.32	2.33
純再生産率 (女子1人あたり)	0.76	0.91	1.00	1.07	1.09	1.10	1.11	1.12	1.12	1.13

D. 低位予測値

	2015	2020	2025	2030	2035	2040	2045	2050	2055	2060
人口(千人)										
総数	2 878	2 772	2 667	2 557	2 447	2 337	2 230	2 123	2 015	1 910
男	1 325	1 272	1 224	1 174	1 124	1 075	1 029	984	940	897
女	1 553	1 500	1 443	1 383	1 323	1 262	1 201	1 138	1 075	1 014
性比(女100につき男)	85.3	84.8	84.8	84.9	85.0	85.2	85.7	86.5	87.5	88.4
年齢分布(%)										
0－4歳	5.3	4.5	4.2	3.8	3.6	3.7	3.8	3.8	3.7	3.5
5－14歳	9.2	10.3	10.3	9.3	8.6	8.0	7.9	8.1	8.3	8.1
15－24歳	12.7	10.5	9.9	11.1	11.2	10.1	9.4	8.8	8.7	9.0
60歳以上	25.0	26.3	28.6	29.8	31.2	31.7	32.0	33.5	36.1	37.1
65歳以上	18.8	19.3	20.7	23.0	24.2	25.5	25.7	25.9	27.3	29.9
80歳以上	5.3	5.5	5.5	5.1	5.8	6.8	8.2	8.5	8.9	8.8
15－49歳女子(%)	41.7	40.3	39.1	39.7	39.9	38.9	36.6	35.7	35.7	35.6
中位数年齢(歳)	43.1	43.7	44.0	44.6	45.8	47.4	48.7	49.3	49.5	50.0

	2010-2015	2015-2020	2020-2025	2025-2030	2030-2035	2035-2040	2040-2045	2045-2050	2050-2055	2055-2060
年平均人口増加数(千人)	− 49	− 21	− 21	− 22	− 22	− 22	− 21	− 21	− 21	− 21
年平均出生数(千人)	31	25	23	20	18	17	17	16	15	13
年平均死亡数(千人)	46	46	44	42	40	39	39	38	36	34
人口増加率(%)	−1.63	−0.75	−0.78	−0.84	−0.89	−0.92	−0.94	−0.99	−1.04	−1.07
粗出生率(人口千人あたり)	10.2	8.8	8.3	7.5	7.2	7.2	7.5	7.5	7.2	6.8
粗死亡率(人口千人あたり)	15.2	16.3	16.1	15.9	16.0	16.4	16.9	17.4	17.5	17.5
合計出生率 (女子1人あたり)	1.57	1.38	1.28	1.22	1.25	1.28	1.29	1.31	1.32	1.33
純再生産率 (女子1人あたり)	0.76	0.67	0.62	0.59	0.60	0.62	0.63	0.63	0.64	0.65

E. 出生力一定予測値

	2015	2020	2025	2030	2035	2040	2045	2050	2055	2060
人口(千人)										
総数	2 878	2 789	2 705	2 618	2 528	2 440	2 354	2 269	2 186	2 106
男	1 325	1 281	1 243	1 205	1 166	1 128	1 092	1 059	1 027	996
女	1 553	1 508	1 462	1 413	1 362	1 312	1 261	1 210	1 158	1 109
中位数年齢(歳)	43.1	43.5	43.4	43.8	44.7	46.1	46.7	46.4	46.1	46.6

	2010-2015	2015-2020	2020-2025	2025-2030	2030-2035	2035-2040	2040-2045	2045-2050	2050-2055	2055-2060
人口増加率(%)	−1.63	−0.63	−0.62	−0.65	−0.70	−0.71	−0.72	−0.73	−0.75	−0.75
粗出生率(人口千人あたり)	10.2	9.9	9.8	9.1	8.6	8.7	9.0	9.1	8.9	8.5
粗死亡率(人口千人あたり)	15.2	16.3	16.0	15.7	15.6	15.8	16.2	16.4	16.3	16.0

Luxembourg

A. 推計値

指　標	1960	1965	1970	1975	1980	1985	1990	1995	2000	2005	2010
人口(千人)											
総数	315	330	340	354	364	367	382	408	436	458	508
男	155	162	166	174	178	178	187	200	215	226	252
女	159	168	173	180	186	189	195	208	221	232	256
性比(女100につき男)	97.6	96.9	96.1	96.5	95.4	94.5	95.8	96.4	97.0	97.4	98.7
年齢分布(%)											
０－４歳	7.7	7.8	7.0	5.9	5.7	5.8	6.1	6.7	6.5	6.0	5.7
５－14歳	13.4	14.5	15.2	14.6	13.1	11.4	11.2	11.7	12.4	12.6	12.0
15－24歳	13.3	13.1	13.8	15.3	15.7	15.2	13.3	11.8	11.4	11.6	11.9
60歳以上	16.3	17.4	18.5	18.6	17.8	18.2	19.0	19.0	18.8	19.0	19.0
65歳以上	10.8	11.5	12.6	13.2	13.6	13.3	13.4	13.9	14.1	14.4	14.0
80歳以上	1.6	1.7	1.8	2.0	2.2	2.7	3.1	3.3	3.0	3.4	3.8
15－49歳女子(%)	47.7	45.9	46.7	48.0	49.1	49.9	49.5	49.4	49.3	48.9	49.5
中位数年齢(歳)	35.2	35.3	35.4	35.0	35.0	35.8	36.4	36.7	37.3	38.5	38.9
人口密度(1k㎡あたり)	121	127	131	137	141	142	147	158	168	177	196

指　標	1960-1965	1965-1970	1970-1975	1975-1980	1980-1985	1985-1990	1990-1995	1995-2000	2000-2005	2005-2010	2010-2015
年平均人口増加数(千人)	3	2	3	2	1	3	5	6	4	10	12
年平均出生数(千人)	5	5	4	4	4	4	5	6	5	6	6
年平均死亡数(千人)	4	4	4	4	4	4	4	4	4	4	4
人口増加率(%)	0.97	0.57	0.83	0.56	0.16	0.80	1.34	1.33	0.97	2.08	2.21
粗出生率(人口千人あたり)	16.4	14.5	11.8	11.0	11.5	11.8	13.1	13.1	11.8	11.4	11.3
粗死亡率(人口千人あたり)	12.0	12.4	12.4	12.0	11.4	10.7	9.9	9.3	8.6	8.2	7.4
合計出生率(女子１人あたり)	2.40	2.19	1.72	1.49	1.47	1.47	1.66	1.72	1.65	1.62	1.57
純再生産率(女子１人あたり)	1.13	1.04	0.82	0.71	0.70	0.70	0.80	0.83	0.80	0.78	0.76
乳児死亡率(出生千人あたり)	29	21	18	13	12	9	7	5	5	2	2
出生時の平均余命(歳)											
男	66.0	66.6	66.8	67.8	69.3	70.7	72.2	73.6	75.1	76.7	78.9
女	72.5	73.2	73.9	75.2	76.4	78.2	79.1	80.2	81.4	82.2	83.7
男女計	69.1	69.8	70.2	71.4	72.9	74.5	75.8	77.0	78.3	79.5	81.3

B. 中位予測値

指　標	2015	2020	2025	2030	2035	2040	2045	2050	2055	2060
人口(千人)										
総数	567	605	644	678	711	743	774	803	831	858
男	285	304	324	341	358	374	389	404	417	430
女	282	301	320	336	353	369	385	400	414	427
性比(女100につき男)	100.8	101.1	101.4	101.5	101.4	101.3	101.1	100.9	100.7	100.7
年齢分布(%)										
０－４歳	5.6	5.9	5.8	5.6	5.5	5.4	5.4	5.5	5.5	5.5
５－14歳	10.8	10.8	11.2	11.3	11.1	10.9	10.8	10.7	10.7	10.8
15－24歳	12.3	12.1	11.6	11.3	11.6	11.7	11.6	11.4	11.3	11.1
60歳以上	19.1	20.6	22.5	24.7	26.2	27.1	28.3	29.0	29.4	29.9
65歳以上	14.0	14.9	16.3	18.3	20.4	21.7	22.4	23.4	23.9	24.3
80歳以上	4.0	4.1	4.3	4.8	5.5	6.5	7.6	8.8	9.3	9.5
６－11歳	6.4	6.5	6.8	6.8	6.6	6.5	6.4	6.4	6.4	6.5
12－14歳	3.4	3.2	3.2	3.4	3.4	3.3	3.3	3.2	3.2	3.2
15－17歳	3.5	3.3	3.2	3.3	3.4	3.4	3.3	3.3	3.2	3.2
18－23歳	7.5	7.5	7.1	6.8	7.0	7.1	7.0	6.9	6.8	6.7
15－24歳女子(%)	49.7	47.8	46.4	45.2	43.9	43.2	42.7	42.1	41.8	41.6
中位数年齢(歳)	39.2	39.6	40.3	41.0	41.6	42.2	42.6	42.7	42.8	42.9
人口密度(1k㎡あたり)	219	234	249	262	275	287	299	310	321	331

指　標	2010-2015	2015-2020	2020-2025	2025-2030	2030-2035	2035-2040	2040-2045	2045-2050	2050-2055	2055-2060
年平均人口増加数(千人)	12	8	8	7	7	6	6	6	6	5
年平均出生数(千人)	6	7	7	7	8	8	8	9	9	9
年平均死亡数(千人)	4	4	4	5	5	5	6	7	7	8
年平均純移動数(千人)	10	5	5	4	4	4	4	4	4	4
人口増加率(%)	2.21	1.30	1.24	1.03	0.96	0.88	0.81	0.76	0.68	0.62
粗出生率(人口千人あたり)	11.3	11.6	11.4	11.2	11.0	10.8	10.7	10.8	10.9	10.9
粗死亡率(人口千人あたり)	7.4	7.1	7.0	7.0	7.2	7.5	7.9	8.3	8.7	8.9
純移動率(人口千人あたり)	18.1	8.5	8.0	6.1	5.8	5.5	5.3	5.1	4.6	4.3
合計出生率（女子１人あたり）	1.57	1.61	1.65	1.68	1.70	1.72	1.74	1.75	1.77	1.78
純再生産率（女子１人あたり）	0.76	0.78	0.80	0.82	0.83	0.84	0.85	0.85	0.86	0.87
乳児死亡率（出生千人あたり）	2	1	1	1	1	1	1	1	1	1
５歳未満の死亡数(出生千人あたり)	2	2	2	1	1	1	1	1	1	1
出生時の平均余命(歳)										
男	78.9	80.2	81.4	82.3	83.1	83.9	84.6	85.3	85.9	86.6
女	83.7	84.4	85.2	85.9	86.6	87.3	88.0	88.7	89.3	89.9
男女計	81.3	82.3	83.3	84.1	84.9	85.6	86.3	87.0	87.6	88.2

C. 高位予測値

	2015	2020	2025	2030	2035	2040	2045	2050	2055	2060
人口(千人)										
総数	567	610	658	703	747	791	835	880	928	978
男	285	307	331	354	377	398	420	443	467	492
女	282	303	327	349	371	393	415	438	462	486
性比(女100につき男)	100.8	101.1	101.3	101.4	101.3	101.1	100.8	100.5	100.3	100.1
年齢分布(%)										
０－４歳	5.6	6.7	7.0	7.0	6.8	6.6	6.6	6.8	7.1	7.2
５－14歳	10.8	10.7	11.7	12.9	13.2	13.1	12.7	12.6	12.8	13.2
15－24歳	12.3	12.0	11.3	10.9	11.7	12.8	13.1	12.9	12.6	12.3
60歳以上	19.1	20.4	22.0	23.8	24.9	25.5	26.3	26.4	26.4	26.2
65歳以上	14.0	14.8	16.0	17.7	19.4	20.3	20.8	21.3	21.4	21.3
80歳以上	4.0	4.0	4.2	4.6	5.2	6.1	7.1	8.0	8.3	8.3
15－49歳女子(%)	49.7	47.4	45.4	43.6	42.5	42.3	42.5	42.5	42.5	42.7
中位数年齢(歳)	39.2	39.3	39.6	39.7	39.8	39.8	39.5	38.9	38.3	38.2

	2010-2015	2015-2020	2020-2025	2025-2030	2030-2035	2035-2040	2040-2045	2045-2050	2050-2055	2055-2060
年平均人口増加数(千人)	12	9	9	9	9	9	9	9	10	10
年平均出生数(千人)	6	8	9	10	10	10	11	12	13	14
年平均死亡数(千人)	4	4	4	5	5	5	6	7	7	8
人口増加率(%)	2.21	1.47	1.50	1.32	1.23	1.14	1.08	1.07	1.06	1.04
粗出生率(人口千人あたり)	11.3	13.3	14.0	14.1	13.6	13.2	13.2	13.7	14.3	14.5
粗死亡率(人口千人あたり)	7.4	7.1	6.9	6.8	6.9	7.1	7.4	7.7	7.9	7.9
合計出生率（女子１人あたり）	1.57	1.86	2.05	2.18	2.20	2.22	2.24	2.25	2.27	2.28
純再生産率（女子１人あたり）	0.76	0.91	1.00	1.06	1.07	1.08	1.09	1.10	1.10	1.11

D. 低位予測値

	2015	2020	2025	2030	2035	2040	2045	2050	2055	2060
人口(千人)										
総数	567	600	630	653	675	695	714	729	740	748
男	285	302	317	329	340	350	358	366	371	374
女	282	298	313	324	335	346	355	364	370	374
性比(女100につき男)	100.8	101.1	101.3	101.4	101.3	101.1	100.8	100.5	100.3	100.1
年齢分布(%)										
０－４歳	5.6	5.0	4.5	4.2	4.2	4.1	4.1	4.0	3.9	3.8
５－14歳	10.8	10.9	10.6	9.6	8.8	8.5	8.5	8.5	8.4	8.3
15－24歳	12.3	12.2	11.8	11.7	11.4	10.5	9.8	9.5	9.6	9.6
60歳以上	19.1	20.7	23.0	25.7	27.6	29.0	30.7	31.9	33.0	34.3
65歳以上	14.0	15.0	16.7	19.0	21.5	23.1	24.3	25.8	26.8	27.8
80歳以上	4.0	4.1	4.4	4.9	5.8	6.9	8.3	9.6	10.4	10.9
15－49歳女子(%)	49.7	48.2	47.4	46.9	45.4	44.1	42.8	41.5	40.5	39.7
中位数年齢(歳)	39.2	39.9	41.0	42.3	43.5	44.6	45.6	46.5	47.3	48.1

	2010-2015	2015-2020	2020-2025	2025-2030	2030-2035	2035-2040	2040-2045	2045-2050	2050-2055	2055-2060
年平均人口増加数(千人)	12	7	6	5	4	4	4	3	2	2
年平均出生数(千人)	6	6	5	5	5	6	6	6	6	5
年平均死亡数(千人)	4	4	4	5	5	5	6	7	7	8
人口増加率(%)	2.21	1.12	0.98	0.72	0.67	0.60	0.52	0.43	0.31	0.21
粗出生率(人口千人あたり)	11.3	9.8	8.8	8.1	8.1	8.1	8.0	7.8	7.6	7.4
粗死亡率(人口千人あたり)	7.4	7.2	7.1	7.2	7.5	7.9	8.5	9.1	9.7	10.1
合計出生率（女子１人あたり）	1.57	1.36	1.25	1.18	1.20	1.22	1.24	1.25	1.27	1.28
純再生産率（女子１人あたり）	0.76	0.66	0.61	0.57	0.59	0.60	0.60	0.61	0.62	0.62

E. 出生力一定予測値

	2015	2020	2025	2030	2035	2040	2045	2050	2055	2060
人口(千人)										
総数	567	604	640	672	701	729	755	780	801	819
男	285	304	322	338	353	367	380	391	402	411
女	282	300	318	333	348	362	376	388	399	409
中位数年齢(歳)	39.2	39.7	40.5	41.3	42.1	42.9	43.5	43.9	44.2	44.7

	2010-2015	2015-2020	2020-2025	2025-2030	2030-2035	2035-2040	2040-2045	2045-2050	2050-2055	2055-2060
人口増加率(%)	2.21	1.25	1.18	0.95	0.87	0.78	0.70	0.63	0.54	0.46
粗出生率(人口千人あたり)	11.3	11.1	10.8	10.4	10.1	9.8	9.7	9.7	9.6	9.4
粗死亡率(人口千人あたり)	7.4	7.1	7.0	7.0	7.2	7.6	8.1	8.6	9.0	9.3

Madagascar

A. 推計値

指　標	1960	1965	1970	1975	1980	1985	1990	1995	2000	2005	2010
人口(千人)											
総数	5 099	5 769	6 576	7 576	8 747	9 981	11 546	13 453	15 745	18 290	21 080
男	2 593	2 921	3 317	3 809	4 386	4 993	5 765	6 704	7 839	9 107	10 500
女	2 507	2 849	3 259	3 767	4 361	4 988	5 781	6 748	7 905	9 183	10 580
性比(女100につき男)	103.4	102.5	101.8	101.1	100.6	100.1	99.7	99.3	99.2	99.2	99.2
年齢分布(%)											
０－４歳	18.4	18.5	18.6	19.0	18.8	17.3	18.3	18.3	18.0	17.0	16.0
５－14歳	24.3	26.4	26.8	27.0	27.5	28.2	26.8	26.5	27.5	27.8	27.4
15－24歳	16.8	16.2	17.7	19.0	19.2	19.5	19.9	20.0	19.0	18.9	20.0
60歳以上	5.5	5.7	5.9	5.6	5.1	5.0	4.8	4.8	4.6	4.4	4.4
65歳以上	3.3	3.3	3.5	3.6	3.4	3.1	3.0	3.0	3.0	2.9	2.8
80歳以上	0.2	0.3	0.3	0.3	0.3	0.4	0.4	0.4	0.3	0.4	0.4
15－49歳女子(%)	43.1	42.3	43.3	43.6	43.9	44.8	45.4	46.0	45.7	46.0	47.0
中位数年齢(歳)	19.2	17.9	17.2	16.9	16.8	17.1	17.2	17.4	17.3	17.5	18.0
人口密度(1k㎡あたり)	9	10	11	13	15	17	20	23	27	31	36

指　標	1960-1965	1965-1970	1970-1975	1975-1980	1980-1985	1985-1990	1990-1995	1995-2000	2000-2005	2005-2010	2010-2015
年平均人口増加数(千人)	134	161	200	234	247	313	381	458	509	558	631
年平均出生数(千人)	263	297	344	387	398	486	560	626	667	715	789
年平均死亡数(千人)	129	134	140	147	150	172	177	167	157	156	157
人口増加率(%)	2.47	2.62	2.83	2.87	2.64	2.91	3.06	3.15	3.00	2.84	2.79
粗出生率(人口千人あたり)	48.4	48.1	48.5	47.4	42.5	45.2	44.8	42.9	39.2	36.3	34.8
粗死亡率(人口千人あたり)	23.8	21.7	19.8	18.0	16.0	15.9	14.1	11.4	9.2	7.9	6.9
合計出生率(女子１人あたり)	7.30	7.30	7.30	7.00	6.10	6.30	6.14	5.80	5.28	4.83	4.50
純再生産率(女子１人あたり)	2.26	2.37	2.48	2.46	2.18	2.27	2.31	2.35	2.23	2.09	2.00
乳児死亡率(出生千人あたり)	157	145	134	122	109	108	100	78	58	46	37
出生時の平均余命(歳)											
男	40.3	42.7	45.1	47.2	48.7	48.9	51.4	55.5	58.8	60.8	63.0
女	42.2	44.5	46.9	49.1	50.7	51.0	54.0	57.9	61.3	63.7	66.0
男女計	41.2	43.5	46.0	48.1	49.7	49.9	52.7	56.7	60.0	62.2	64.5

B. 中位予測値

指　標	2015	2020	2025	2030	2035	2040	2045	2050	2055	2060
人口(千人)										
総数	24 235	27 799	31 728	35 960	40 450	45 177	50 139	55 294	60 597	65 972
男	12 082	13 870	15 840	17 961	20 208	22 569	25 045	27 614	30 256	32 934
女	12 153	13 929	15 887	17 999	20 243	22 608	25 094	27 680	30 341	33 038
性比(女100につき男)	99.4	99.6	99.7	99.8	99.8	99.8	99.8	99.8	99.7	99.7
年齢分布(%)										
０－４歳	15.6	15.2	14.6	13.9	13.2	12.6	12.0	11.5	11.0	10.5
５－14歳	26.2	25.3	24.8	24.3	23.6	22.7	21.8	21.0	20.3	19.6
15－24歳	20.5	20.4	19.7	19.3	19.3	19.2	18.9	18.4	18.0	17.5
60歳以上	4.7	5.0	5.4	5.8	6.4	7.0	7.5	8.2	9.2	10.3
65歳以上	2.8	3.1	3.4	3.7	4.1	4.5	5.0	5.4	6.1	6.9
80歳以上	0.4	0.4	0.4	0.4	0.5	0.6	0.7	0.8	1.0	1.2
６－11歳	16.0	15.5	15.2	14.9	14.4	13.8	13.3	12.8	12.3	11.9
12－14歳	7.3	7.0	6.8	6.8	6.7	6.5	6.3	6.0	5.9	5.7
15－17歳	6.9	6.6	6.3	6.3	6.3	6.2	6.0	5.8	5.6	5.5
18－23歳	11.9	12.0	11.5	11.3	11.3	11.3	11.2	10.9	10.6	10.4
15－24歳女子(%)	48.3	49.0	49.3	49.7	50.5	51.0	51.1	50.9	50.7	50.5
中位数年齢(歳)	18.7	19.5	20.1	20.9	21.7	22.5	23.5	24.5	25.4	26.5
人口密度(1k㎡あたり)	42	48	55	62	70	78	86	95	104	113

指　標	2010-2015	2015-2020	2020-2025	2025-2030	2030-2035	2035-2040	2040-2045	2045-2050	2050-2055	2055-2060
年平均人口増加数(千人)	631	713	786	847	898	945	992	1 031	1 061	1 075
年平均出生数(千人)	789	874	953	1 023	1 087	1 153	1 221	1 286	1 343	1 391
年平均死亡数(千人)	157	161	166	175	188	206	227	254	282	315
年平均純移動数(千人)	−1	−1	−1	−1	−1	−1	−1	−1	−1	−1
人口増加率(%)	2.79	2.74	2.64	2.51	2.35	2.21	2.08	1.96	1.83	1.70
粗出生率(人口千人あたり)	34.8	33.6	32.0	30.2	28.5	26.9	25.6	24.4	23.2	22.0
粗死亡率(人口千人あたり)	6.9	6.2	5.6	5.2	4.9	4.8	4.8	4.8	4.9	5.0
純移動率(人口千人あたり)	0.0	0.0	0.0	0.0	0.0	0.0	0.0	0.0	0.0	0.0
合計出生率（女子１人あたり）	4.50	4.21	3.94	3.71	3.51	3.33	3.17	3.03	2.90	2.79
純再生産率（女子１人あたり）	2.00	1.91	1.82	1.74	1.66	1.59	1.52	1.45	1.40	1.35
乳児死亡率（出生千人あたり）	37	30	24	19	16	13	11	9	8	7
５歳未満の死亡数(出生千人あたい	55	44	35	28	23	19	16	13	11	10
出生時の平均余命(歳)										
男	63.0	64.9	66.5	68.0	69.2	70.3	71.2	72.1	73.0	73.9
女	66.0	68.0	69.8	71.5	72.9	74.1	75.2	76.1	77.1	77.8
男女計	64.5	66.4	68.2	69.7	71.0	72.2	73.2	74.1	75.0	75.9

C. 高 位 予 測 値

	2015	2020	2025	2030	2035	2040	2045	2050	2055	2060
人口(千人)										
総数	24 235	28 049	32 445	37 346	42 617	48 322	54 565	61 371	68 691	76 428
男	12 082	13 997	16 203	18 663	21 305	24 161	27 285	30 690	34 352	38 225
女	12 153	14 052	16 242	18 683	21 313	24 161	27 280	30 681	34 339	38 203
性比(女100につき男)	99.4	99.6	99.6	99.7	99.7	99.6	99.6	99.5	99.3	99.2
年齢分布(%)										
０－４歳	15.6	15.9	15.7	15.2	14.4	13.8	13.4	13.1	12.7	12.1
５－14歳	26.2	25.0	25.0	25.3	25.0	24.2	23.3	22.7	22.2	21.8
15－24歳	20.5	20.2	19.2	18.6	18.9	19.4	19.4	19.0	18.4	18.1
60歳以上	4.7	5.0	5.3	5.6	6.1	6.5	6.9	7.4	8.1	8.9
65歳以上	2.8	3.1	3.3	3.6	3.9	4.2	4.6	4.9	5.4	5.9
80歳以上	0.4	0.4	0.4	0.4	0.5	0.6	0.7	0.7	0.9	1.0
15－49歳女子(%)	48.3	48.6	48.2	47.9	48.5	49.2	49.5	49.4	49.3	49.4
中位数年齢(歳)	18.7	19.2	19.6	19.8	20.2	20.9	21.7	22.4	23.1	23.8

	2010-2015	2015-2020	2020-2025	2025-2030	2030-2035	2035-2040	2040-2045	2045-2050	2050-2055	2055-2060
年平均人口増加数(千人)	631	763	879	980	1 054	1 141	1 249	1 361	1 464	1 547
年平均出生数(千人)	789	926	1 050	1 161	1 248	1 353	1 483	1 623	1 755	1 873
年平均死亡数(千人)	157	163	170	179	193	211	233	261	290	324
人口増加率(%)	2.79	2.92	2.91	2.81	2.64	2.51	2.43	2.35	2.25	2.14
粗出生率(人口千人あたり)	34.8	35.4	34.7	33.3	31.2	29.8	28.8	28.0	27.0	25.8
粗死亡率(人口千人あたり)	6.9	6.2	5.6	5.1	4.8	4.6	4.5	4.5	4.5	4.5
合計出生率（女子１人あたり）	4.50	4.46	4.34	4.21	4.01	3.83	3.67	3.53	3.40	3.29
純再生産率（女子１人あたり）	2.00	2.03	2.01	1.97	1.90	1.82	1.76	1.69	1.64	1.59

D. 低 位 予 測 値

	2015	2020	2025	2030	2035	2040	2045	2050	2055	2060
人口(千人)										
総数	24 235	27 549	31 010	34 575	38 291	42 075	45 848	49 527	53 078	56 454
男	12 082	13 744	15 477	17 260	19 114	20 999	22 873	24 696	26 451	28 118
女	12 153	13 805	15 533	17 315	19 176	21 076	22 975	24 831	26 627	28 337
性比(女100につき男)	99.4	99.6	99.6	99.7	99.7	99.6	99.6	99.5	99.3	99.2
年齢分布(%)										
０－４歳	15.6	14.4	13.4	12.5	11.9	11.2	10.5	9.8	9.2	8.6
５－14歳	26.2	25.5	24.6	23.2	22.0	20.9	20.1	19.2	18.2	17.2
15－24歳	20.5	20.6	20.1	20.1	19.7	18.9	18.2	17.7	17.3	16.7
60歳以上	4.7	5.0	5.5	6.0	6.7	7.5	8.2	9.2	10.5	12.1
65歳以上	2.8	3.1	3.5	3.8	4.3	4.9	5.5	6.1	6.9	8.0
80歳以上	0.4	0.4	0.4	0.4	0.5	0.7	0.8	0.9	1.1	1.4
15－49歳女子(%)	48.3	49.5	50.4	51.6	52.7	53.0	52.9	52.5	52.0	51.5
中位数年齢(歳)	18.7	19.7	20.7	21.9	23.1	24.4	25.7	27.0	28.4	29.7

	2010-2015	2015-2020	2020-2025	2025-2030	2030-2035	2035-2040	2040-2045	2045-2050	2050-2055	2055-2060
年平均人口増加数(千人)	631	663	692	713	743	757	755	736	710	675
年平均出生数(千人)	789	823	857	885	928	959	978	984	986	983
年平均死亡数(千人)	157	159	163	171	184	201	222	247	274	306
人口増加率(%)	2.79	2.56	2.37	2.18	2.04	1.89	1.72	1.54	1.39	1.23
粗出生率(人口千人あたり)	34.8	31.8	29.3	27.0	25.5	23.9	22.2	20.6	19.2	17.9
粗死亡率(人口千人あたり)	6.9	6.1	5.6	5.2	5.1	5.0	5.0	5.2	5.3	5.6
合計出生率（女子１人あたり）	4.50	3.96	3.54	3.21	3.01	2.83	2.67	2.53	2.40	2.29
純再生産率（女子１人あたり）	2.00	1.80	1.64	1.50	1.42	1.35	1.28	1.21	1.16	1.10

E. 出生力一定予測値

	2015	2020	2025	2030	2035	2040	2045	2050	2055	2060
人口(千人)										
総数	24 235	28 059	32 578	37 790	43 740	50 572	58 489	67 672	78 307	90 590
男	12 082	14 002	16 271	18 887	21 873	25 301	29 273	33 882	39 224	45 400
女	12 153	14 057	16 307	18 902	21 867	25 271	29 216	33 790	39 083	45 190
中位数年齢(歳)	18.7	19.2	19.5	19.5	19.5	19.7	19.9	20.0	20.1	20.1

	2010-2015	2015-2020	2020-2025	2025-2030	2030-2035	2035-2040	2040-2045	2045-2050	2050-2055	2055-2060
人口増加率(%)	2.79	2.93	2.99	2.97	2.92	2.90	2.91	2.92	2.92	2.91
粗出生率(人口千人あたり)	34.8	35.5	35.5	34.8	34.0	33.6	33.4	33.4	33.3	33.1
粗死亡率(人口千人あたり)	6.9	6.2	5.6	5.1	4.8	4.6	4.4	4.3	4.1	4.0

Malawi

A. 推計値

指　標	1960	1965	1970	1975	1980	1985	1990	1995	2000	2005	2010
人口(千人)											
総数	3 619	4 059	4 604	5 293	6 163	7 206	9 409	9 823	11 193	12 748	14 770
男	1 752	1 969	2 239	2 582	3 018	3 541	4 623	4 860	5 551	6 342	7 356
女	1 867	2 090	2 365	2 711	3 145	3 665	4 786	4 963	5 643	6 406	7 413
性比(女100につき男)	93.8	94.2	94.7	95.2	96.0	96.6	96.6	97.9	98.4	99.0	99.2
年齢分布(%)											
0－4歳	17.9	18.6	19.1	19.4	19.6	19.5	18.6	18.5	18.2	18.0	18.0
5－14歳	26.8	25.8	26.5	27.2	27.6	28.0	27.2	27.9	28.7	28.7	28.2
15－24歳	19.9	20.6	19.5	18.4	18.7	19.0	19.4	19.8	20.1	20.7	21.0
60歳以上	4.4	4.3	4.0	4.0	4.2	4.1	4.2	4.7	4.6	4.8	5.0
65歳以上	2.7	2.6	2.5	2.4	2.4	2.5	2.7	3.1	3.0	3.0	3.2
80歳以上	0.2	0.2	0.2	0.2	0.2	0.2	0.2	0.3	0.4	0.4	0.4
15－49歳女子(%)	46.8	47.4	45.8	44.7	44.1	43.8	45.9	44.1	43.3	43.7	44.5
中位数年齢(歳)	17.4	17.5	17.2	16.7	16.3	16.2	17.0	16.7	16.4	16.5	16.7
人口密度(1km²あたり)	38	43	49	56	65	76	100	104	119	135	157

	1960-1965	1965-1970	1970-1975	1975-1980	1980-1985	1985-1990	1990-1995	1995-2000	2000-2005	2005-2010	2010-2015
年平均人口増加数(千人)	88	109	138	174	208	441	83	274	311	404	489
年平均出生数(千人)	202	233	265	306	350	428	456	478	522	584	633
年平均死亡数(千人)	101	111	117	125	136	170	194	196	204	172	138
人口増加率(%)	2.30	2.52	2.79	3.05	3.13	5.34	0.86	2.61	2.60	2.94	3.06
粗出生率(人口千人あたり)	52.6	53.7	53.6	53.4	52.4	51.5	47.5	45.5	43.6	42.5	39.6
粗死亡率(人口千人あたり)	26.4	25.7	23.7	21.9	20.3	20.5	20.1	18.7	17.0	12.5	8.6
合計出生率(女子１人あたり)	7.00	7.20	7.40	7.60	7.60	7.30	6.70	6.40	6.10	5.80	5.25
純再生産率(女子１人あたり)	1.97	2.08	2.24	2.40	2.48	2.37	2.17	2.15	2.12	2.24	2.20
乳児死亡率(出生千人あたり)	186	180	169	159	153	151	139	121	105	80	60
出生時の平均余命(歳)											
男	37.8	38.8	41.0	42.9	44.3	43.1	42.4	43.6	45.3	51.7	59.9
女	39.0	40.2	42.5	44.6	46.4	45.7	44.4	44.4	45.2	53.2	62.0
男女計	38.4	39.5	41.8	43.8	45.4	44.5	43.4	44.0	45.2	52.5	61.0

B. 中位予測値

	2015	2020	2025	2030	2035	2040	2045	2050	2055	2060
人口(千人)										
総数	17 215	20 022	23 134	26 584	30 331	34 360	38 651	43 155	47 810	52 546
男	8 593	10 016	11 589	13 331	15 221	17 249	19 403	21 657	23 982	26 342
女	8 622	10 007	11 545	13 253	15 110	17 111	19 248	21 497	23 828	26 204
性比(女100につき男)	99.7	100.1	100.4	100.6	100.7	100.8	100.8	100.7	100.6	100.5
年齢分布(%)										
0－4歳	17.2	16.5	15.7	14.9	14.1	13.4	12.7	12.0	11.4	10.8
5－14歳	28.0	27.5	26.7	25.8	24.8	23.8	22.8	21.9	21.0	20.1
15－24歳	20.6	20.3	20.4	20.4	20.2	19.9	19.4	18.9	18.4	17.9
60歳以上	4.9	4.8	4.6	4.6	4.9	5.6	6.5	7.6	8.7	9.8
65歳以上	3.4	3.4	3.3	3.1	3.2	3.5	4.1	4.9	5.8	6.7
80歳以上	0.4	0.5	0.5	0.6	0.6	0.6	0.6	0.6	0.8	1.0
6－11歳	17.3	16.9	16.4	15.8	15.2	14.5	13.9	13.3	12.7	12.2
12－14歳	7.4	7.6	7.4	7.2	7.0	6.7	6.5	6.3	6.0	5.8
15－17歳	6.8	6.7	6.9	6.7	6.6	6.4	6.2	6.0	5.8	5.6
18－23歳	12.0	11.8	11.8	12.0	11.8	11.7	11.4	11.1	10.9	10.6
15－24歳女子(%)	45.9	47.3	48.7	49.7	50.4	50.7	50.9	51.0	50.9	50.7
中位数年齢(歳)	17.2	17.8	18.4	19.3	20.2	21.3	22.4	23.5	24.6	25.7
人口密度(1km²あたり)	183	212	245	282	322	364	410	458	507	557

	2010-2015	2015-2020	2020-2025	2025-2030	2030-2035	2035-2040	2040-2045	2045-2050	2050-2055	2055-2060
年平均人口増加数(千人)	489	561	622	690	749	806	858	901	931	947
年平均出生数(千人)	633	700	765	830	894	956	1 018	1 075	1 126	1 171
年平均死亡数(千人)	138	127	130	134	138	145	154	168	190	218
年平均純移動数(千人)	−6	−12	−12	−6	−6	−6	−6	−6	−6	−5
人口増加率(%)	3.06	3.02	2.89	2.78	2.64	2.49	2.35	2.20	2.05	1.89
粗出生率(人口千人あたり)	39.6	37.6	35.4	33.4	31.4	29.6	27.9	26.3	24.8	23.3
粗死亡率(人口千人あたり)	8.6	6.8	6.0	5.4	4.9	4.5	4.2	4.1	4.2	4.3
純移動率(人口千人あたり)	−0.4	−0.6	−0.6	−0.2	−0.2	−0.2	−0.2	−0.1	−0.1	−0.1
合計出生率（女子１人あたり）	5.25	4.88	4.54	4.23	3.96	3.72	3.51	3.32	3.16	3.01
純再生産率（女子１人あたり）	2.20	2.13	2.02	1.92	1.82	1.72	1.63	1.55	1.48	1.42
乳児死亡率（出生千人あたり）	60	52	47	43	40	38	35	33	31	29
５歳未満の死亡数(出生千人あたい	77	64	56	51	48	45	42	39	36	34
出生時の平均余命(歳)										
男	59.9	64.9	66.5	68.1	69.5	70.7	71.8	72.8	73.7	74.4
女	62.0	66.6	69.1	71.5	73.2	74.6	75.8	76.8	77.6	78.3
男女計	61.0	65.8	67.8	69.8	71.3	72.7	73.8	74.8	75.6	76.3

C. 高位予測値

	2015	2020	2025	2030	2035	2040	2045	2050	2055	2060
人口(千人)										
総数	17 215	20 192	23 622	27 537	31 843	36 587	41 806	47 483	53 583	60 042
男	8 593	10 101	11 836	13 813	15 986	18 376	20 999	23 848	26 905	30 138
女	8 622	10 090	11 786	13 723	15 857	18 212	20 806	23 635	26 678	29 904
性比(女100につき男)	99.7	100.1	100.3	100.5	100.6	100.7	100.7	100.6	100.4	100.2
年齢分布(%)										
0－4歳	17.2	17.2	16.7	16.1	15.2	14.5	13.9	13.4	12.9	12.3
5－14歳	28.0	27.3	26.9	26.7	26.1	25.2	24.1	23.3	22.7	22.0
15－24歳	20.6	20.1	20.0	19.7	19.7	20.0	19.8	19.3	18.8	18.4
60歳以上	4.9	4.7	4.5	4.4	4.7	5.2	6.0	6.9	7.8	8.6
65歳以上	3.4	3.4	3.2	3.0	3.0	3.3	3.8	4.4	5.2	5.9
80歳以上	0.4	0.5	0.5	0.6	0.6	0.5	0.5	0.6	0.7	0.9
15－49歳女子(%)	45.9	46.9	47.7	48.0	48.6	49.0	49.3	49.5	49.6	49.6
中位数年齢(歳)	17.2	17.6	18.0	18.4	19.1	19.8	20.8	21.7	22.6	23.4

	2010-2015	2015-2020	2020-2025	2025-2030	2030-2035	2035-2040	2040-2045	2045-2050	2050-2055	2055-2060
年平均人口増加数(千人)	489	595	686	783	861	949	1 044	1 136	1 220	1 292
年平均出生数(千人)	633	736	832	928	1 011	1 106	1 212	1 320	1 428	1 530
年平均死亡数(千人)	138	129	134	139	144	152	163	179	202	233
人口増加率(%)	3.06	3.19	3.14	3.07	2.91	2.78	2.67	2.55	2.42	2.28
粗出生率(人口千人あたり)	39.6	39.3	38.0	36.3	34.1	32.3	30.9	29.6	28.3	26.9
粗死亡率(人口千人あたり)	8.6	6.9	6.1	5.4	4.9	4.4	4.2	4.0	4.0	4.1
合計出生率 (女子1人あたり)	5.25	5.13	4.94	4.73	4.46	4.22	4.01	3.82	3.66	3.51
純再生産率 (女子1人あたり)	2.20	2.24	2.20	2.15	2.05	1.95	1.87	1.79	1.72	1.65

D. 低位予測値

	2015	2020	2025	2030	2035	2040	2045	2050	2055	2060
人口(千人)										
総数	17 215	19 853	22 646	25 631	28 823	32 161	35 585	39 019	42 396	45 645
男	8 593	9 930	11 342	12 849	14 458	16 136	17 852	19 564	21 241	22 847
女	8 622	9 923	11 304	12 782	14 365	16 025	17 733	19 455	21 155	22 798
性比(女100につき男)	99.7	100.1	100.3	100.5	100.6	100.7	100.7	100.6	100.4	100.2
年齢分布(%)										
0－4歳	17.2	15.8	14.6	13.6	12.9	12.1	11.3	10.5	9.8	9.1
5－14歳	28.0	27.8	26.5	24.9	23.4	22.3	21.3	20.2	19.1	18.0
15－24歳	20.6	20.4	20.8	21.2	20.7	19.7	18.9	18.3	17.8	17.2
60歳以上	4.9	4.8	4.7	4.8	5.2	6.0	7.0	8.4	9.8	11.3
65歳以上	3.4	3.4	3.3	3.3	3.4	3.7	4.5	5.4	6.5	7.7
80歳以上	0.4	0.5	0.5	0.6	0.6	0.6	0.6	0.7	0.9	1.2
15－49歳女子(%)	45.9	47.7	49.8	51.5	52.5	52.7	52.6	52.5	52.3	51.6
中位数年齢(歳)	17.2	17.9	18.9	20.1	21.5	22.9	24.2	25.6	27.1	28.5

	2010-2015	2015-2020	2020-2025	2025-2030	2030-2035	2035-2040	2040-2045	2045-2050	2050-2055	2055-2060
年平均人口増加数(千人)	489	528	559	597	638	668	685	687	675	650
年平均出生数(千人)	633	664	697	732	777	811	837	852	859	860
年平均死亡数(千人)	138	124	127	129	133	138	146	159	178	205
人口増加率(%)	3.06	2.85	2.63	2.48	2.35	2.19	2.02	1.84	1.66	1.48
粗出生率(人口千人あたり)	39.6	35.8	32.8	30.3	28.5	26.6	24.7	22.8	21.1	19.5
粗死亡率(人口千人あたり)	8.6	6.7	6.0	5.3	4.9	4.5	4.3	4.3	4.4	4.7
合計出生率 (女子1人あたり)	5.25	4.63	4.14	3.73	3.46	3.22	3.01	2.82	2.66	2.51
純再生産率 (女子1人あたり)	2.20	2.02	1.85	1.69	1.59	1.49	1.40	1.32	1.25	1.18

E. 出生力一定予測値

	2015	2020	2025	2030	2035	2040	2045	2050	2055	2060
人口(千人)										
総数	17 215	20 259	23 916	28 290	33 444	39 538	46 769	55 331	65 430	77 310
男	8 593	10 136	11 984	14 194	16 796	19 869	23 512	27 822	32 905	38 886
女	8 622	10 124	11 931	14 096	16 649	19 670	23 257	27 509	32 525	38 424
中位数年齢(歳)	17.2	17.5	17.7	17.8	17.9	18.1	18.4	18.5	18.6	18.7

	2010-2015	2015-2020	2020-2025	2025-2030	2030-2035	2035-2040	2040-2045	2045-2050	2050-2055	2055-2060
人口増加率(%)	3.06	3.26	3.32	3.36	3.35	3.35	3.36	3.36	3.35	3.34
粗出生率(人口千人あたり)	39.6	40.0	39.8	39.2	38.5	38.1	37.8	37.6	37.4	37.2
粗死亡率(人口千人あたり)	8.6	6.9	6.2	5.5	4.9	4.5	4.2	4.0	3.9	3.8

Malaysia

A. 推 計 値

指　標	1960	1965	1970	1975	1980	1985	1990	1995	2000	2005	2010
人口(千人)											
総数	8 161	9 570	10 909	12 312	13 834	15 764	18 211	20 725	23 421	25 796	28 120
男	4 150	4 857	5 511	6 202	6 970	7 949	9 244	10 530	11 909	12 995	13 956
女	4 011	4 713	5 397	6 110	6 864	7 816	8 967	10 195	11 511	12 801	14 163
性比(女100につき男)	103.5	103.1	102.1	101.5	101.6	101.7	103.1	103.3	103.5	101.5	98.5
年齢分布(%)											
0－4歳	18.2	18.0	15.7	14.7	13.5	14.4	13.4	12.8	11.6	9.8	8.3
5－14歳	27.3	28.5	29.1	27.7	25.5	23.9	23.7	22.9	21.7	20.3	19.0
15－24歳	17.3	17.4	19.5	20.5	21.9	21.2	19.2	18.8	18.8	19.6	20.2
60歳以上	5.3	4.9	5.4	5.4	5.6	5.6	5.6	5.8	6.2	7.0	7.8
65歳以上	3.4	3.2	3.3	3.5	3.6	3.6	3.6	3.7	3.8	4.4	4.9
80歳以上	0.6	0.5	0.4	0.4	0.4	0.4	0.5	0.5	0.5	0.6	0.6
15－49歳女子(%)	43.4	43.4	44.7	47.2	50.4	51.0	51.5	52.7	54.0	54.7	55.7
中位数年齢(歳)	17.6	16.8	17.4	18.4	19.6	20.4	21.6	22.5	23.8	25.2	26.3
人口密度(1km²あたり)	25	29	33	37	42	48	55	63	71	79	86

指　標	1960-1965	1965-1970	1970-1975	1975-1980	1980-1985	1985-1990	1990-1995	1995-2000	2000-2005	2005-2010	2010-2015
年平均人口増加数(千人)	282	268	281	304	386	489	503	539	475	465	442
年平均出生数(千人)	350	351	365	385	436	488	535	559	485	459	493
年平均死亡数(千人)	84	79	78	79	82	85	92	99	108	125	141
人口増加率(%)	3.19	2.62	2.42	2.33	2.61	2.89	2.59	2.45	1.93	1.73	1.51
粗出生率(人口千人あたり)	39.5	34.2	31.4	29.4	29.5	28.7	27.5	25.3	19.7	17.0	16.9
粗死亡率(人口千人あたり)	9.5	7.7	6.7	6.0	5.5	5.0	4.7	4.5	4.4	4.6	4.8
合計出生率(女子1人あたり)	6.03	5.21	4.56	3.93	3.73	3.59	3.42	3.18	2.45	2.07	1.97
純再生産率(女子1人あたり)	2.55	2.28	2.04	1.79	1.72	1.68	1.61	1.50	1.17	0.99	0.94
乳児死亡率(出生千人あたり)	64	48	37	28	21	16	12	9	7	7	7
出生時の平均余命(歳)											
男	60.1	62.3	64.2	65.8	67.2	68.4	69.5	70.4	71.3	71.7	72.2
女	61.7	64.4	66.8	68.7	70.5	72.0	73.3	74.4	75.4	76.1	76.9
男女計	60.9	63.3	65.4	67.2	68.8	70.1	71.3	72.3	73.3	73.8	74.5

B. 中 位 予 測 値

指　標	2015	2020	2025	2030	2035	2040	2045	2050	2055	2060
人口(千人)										
総数	30 331	32 374	34 334	36 107	37 618	38 853	39 862	40 725	41 448	41 995
男	15 026	16 010	16 955	17 811	18 545	19 149	19 649	20 084	20 458	20 754
女	15 305	16 364	17 379	18 295	19 073	19 704	20 213	20 641	20 990	21 242
性比(女100につき男)	98.2	97.8	97.6	97.4	97.2	97.2	97.2	97.3	97.5	97.7
年齢分布(%)										
0－4歳	8.2	8.0	7.7	7.1	6.5	6.0	5.7	5.6	5.5	5.4
5－14歳	16.3	14.9	14.8	14.5	13.9	13.0	12.0	11.3	11.0	10.8
15－24歳	18.7	16.9	14.7	13.6	13.8	13.7	13.3	12.6	11.8	11.2
60歳以上	9.2	10.9	12.7	14.4	16.0	17.8	20.7	23.6	26.1	28.1
65歳以上	5.9	7.0	8.4	9.9	11.4	12.8	14.3	16.8	19.3	21.6
80歳以上	0.8	1.0	1.2	1.5	1.9	2.5	3.0	3.6	4.1	4.8
6－11歳	9.5	8.9	9.0	8.8	8.3	7.7	7.1	6.7	6.6	6.5
12－14歳	5.3	4.3	4.3	4.3	4.2	4.0	3.8	3.5	3.3	3.2
15－17歳	5.4	4.8	4.1	4.2	4.2	4.1	3.9	3.6	3.4	3.3
18－23歳	11.4	10.3	9.0	8.0	8.2	8.3	8.1	7.7	7.2	6.8
15－24歳女子(%)	56.3	55.9	54.5	53.0	50.7	48.6	46.5	44.6	42.8	41.9
中位数年齢(歳)	28.5	30.6	32.6	34.5	36.3	38.0	39.5	40.5	41.5	42.5
人口密度(1km²あたり)	92	99	105	110	114	118	121	124	126	128

指　標	2010-2015	2015-2020	2020-2025	2025-2030	2030-2035	2035-2040	2040-2045	2045-2050	2050-2055	2055-2060
年平均人口増加数(千人)	442	409	392	355	302	247	202	173	145	109
年平均出生数(千人)	493	521	527	515	491	466	452	452	455	452
年平均死亡数(千人)	141	162	185	210	239	269	300	330	358	387
年平均純移動数(千人)	90	50	50	50	50	50	50	50	48	45
人口増加率(%)	1.51	1.30	1.18	1.01	0.82	0.65	0.51	0.43	0.35	0.26
粗出生率(人口千人あたり)	16.9	16.6	15.8	14.6	13.3	12.2	11.5	11.2	11.1	10.8
粗死亡率(人口千人あたり)	4.8	5.2	5.5	6.0	6.5	7.0	7.6	8.2	8.7	9.3
純移動率(人口千人あたり)	3.1	1.6	1.5	1.4	1.4	1.3	1.3	1.2	1.2	1.1
合計出生率（女子1人あたり）	1.97	1.90	1.83	1.79	1.76	1.74	1.73	1.72	1.73	1.73
純再生産率（女子1人あたり）	0.94	0.91	0.88	0.86	0.84	0.84	0.83	0.83	0.83	0.84
乳児死亡率（出生千人あたり）	7	7	7	7	6	6	6	6	6	5
5歳未満の死亡数(出生千人あたい	8	8	8	8	7	7	7	7	6	6
出生時の平均余命(歳)										
男	72.2	73.0	73.8	74.7	75.5	76.4	77.3	78.3	79.2	80.1
女	76.9	77.7	78.5	79.3	80.0	80.7	81.3	82.0	82.6	83.2
男女計	74.5	75.3	76.1	77.0	77.7	78.5	79.3	80.1	80.9	81.7

C. 高位予測値

	2015	2020	2025	2030	2035	2040	2045	2050	2055	2060
人口(千人)										
総数	30 331	32 715	35 245	37 732	39 944	41 885	43 672	45 482	47 358	49 210
男	15 026	16 185	17 423	18 647	19 741	20 707	21 606	22 527	23 492	24 458
女	15 305	16 530	17 822	19 085	20 204	21 178	22 066	22 954	23 865	24 752
性比(女100につき男)	98.2	97.8	97.3	97.0	96.7	96.5	96.4	96.3	96.3	96.3
年齢分布(%)										
0－4歳	8.2	9.0	9.1	8.7	7.9	7.3	7.0	7.1	7.3	7.3
5－14歳	16.3	14.7	15.4	16.3	16.3	15.4	14.2	13.4	13.2	13.5
15－24歳	18.7	16.7	14.3	13.0	13.8	14.9	15.1	14.4	13.3	12.6
60歳以上	9.2	10.8	12.4	13.8	15.1	16.6	18.9	21.1	22.8	24.0
65歳以上	5.9	6.9	8.2	9.5	10.7	11.8	13.0	15.0	16.9	18.4
80歳以上	0.8	1.0	1.1	1.4	1.8	2.3	2.8	3.2	3.6	4.1
15－49歳女子(%)	56.3	55.4	53.2	50.8	48.6	47.3	46.2	45.0	43.8	43.4
中位数年齢(歳)	28.5	30.3	31.9	33.1	34.3	35.3	35.6	35.9	36.5	37.2

	2010-2015	2015-2020	2020-2025	2025-2030	2030-2035	2035-2040	2040-2045	2045-2050	2050-2055	2055-2060
年平均人口増加数(千人)	442	477	506	497	442	388	357	362	375	370
年平均出生数(千人)	493	589	642	659	633	609	609	643	688	715
年平均死亡数(千人)	141	162	186	211	240	271	302	331	360	389
人口増加率(%)	1.51	1.51	1.49	1.36	1.14	0.95	0.84	0.81	0.81	0.77
粗出生率(人口千人あたり)	16.9	18.7	18.9	18.1	16.3	14.9	14.2	14.4	14.8	14.8
粗死亡率(人口千人あたり)	4.8	5.2	5.5	5.8	6.2	6.6	7.1	7.4	7.8	8.1
合計出生率(女子1人あたり)	1.97	2.15	2.23	2.29	2.26	2.24	2.23	2.22	2.23	2.23
純再生産率(女子1人あたり)	0.94	1.03	1.07	1.10	1.08	1.08	1.07	1.07	1.07	1.08

D. 低位予測値

	2015	2020	2025	2030	2035	2040	2045	2050	2055	2060
人口(千人)										
総数	30 331	32 034	33 422	34 481	35 294	35 842	36 131	36 181	35 977	35 518
男	15 026	15 835	16 486	16 976	17 351	17 602	17 732	17 751	17 648	17 428
女	15 305	16 199	16 936	17 505	17 943	18 240	18 399	18 431	18 329	18 090
性比(女100につき男)	98.2	97.8	97.3	97.0	96.7	96.5	96.4	96.3	96.3	96.3
年齢分布(%)										
0－4歳	8.2	7.1	6.2	5.4	5.0	4.6	4.3	4.0	3.7	3.5
5－14歳	16.3	15.0	14.2	12.6	11.1	10.1	9.4	8.8	8.3	7.9
15－24歳	18.7	17.0	15.1	14.2	13.7	12.3	11.1	10.3	9.8	9.3
60歳以上	9.2	11.0	13.0	15.1	17.1	19.3	22.8	26.5	30.1	33.2
65歳以上	5.9	7.1	8.7	10.4	12.1	13.8	15.8	18.9	22.3	25.5
80歳以上	0.8	1.0	1.2	1.6	2.1	2.7	3.4	4.0	4.7	5.7
15－49歳女子(%)	56.3	56.5	56.0	55.4	52.9	50.1	46.8	43.8	41.0	39.1
中位数年齢(歳)	28.5	30.9	33.4	35.9	38.3	40.7	42.9	45.0	46.8	48.5

	2010-2015	2015-2020	2020-2025	2025-2030	2030-2035	2035-2040	2040-2045	2045-2050	2050-2055	2055-2060
年平均人口増加数(千人)	442	341	278	212	163	110	58	10	－ 41	－ 92
年平均出生数(千人)	493	452	412	371	350	328	307	288	268	248
年平均死亡数(千人)	141	161	184	209	238	268	299	328	356	385
人口増加率(%)	1.51	1.09	0.85	0.62	0.47	0.31	0.16	0.03	−0.11	−0.26
粗出生率(人口千人あたり)	16.9	14.5	12.6	10.9	10.0	9.2	8.5	8.0	7.4	6.9
粗死亡率(人口千人あたり)	4.8	5.2	5.6	6.2	6.8	7.5	8.3	9.1	9.9	10.8
合計出生率(女子1人あたり)	1.97	1.65	1.43	1.29	1.26	1.24	1.23	1.22	1.23	1.23
純再生産率(女子1人あたり)	0.94	0.79	0.69	0.62	0.60	0.60	0.59	0.59	0.59	0.59

E. 出生力一定予測値

	2015	2020	2025	2030	2035	2040	2045	2050	2055	2060
人口(千人)										
総数	30 331	32 488	34 650	36 682	38 483	40 037	41 415	42 706	43 915	44 991
男	15 026	16 068	17 117	18 107	18 990	19 757	20 446	21 102	21 725	22 292
女	15 305	16 419	17 533	18 575	19 493	20 279	20 968	21 604	22 190	22 699
中位数年齢(歳)	28.5	30.5	32.4	34.0	35.6	36.9	37.9	38.5	39.2	40.0

	2010-2015	2015-2020	2020-2025	2025-2030	2030-2035	2035-2040	2040-2045	2045-2050	2050-2055	2055-2060
人口増加率(%)	1.51	1.37	1.29	1.14	0.96	0.79	0.68	0.61	0.56	0.48
粗出生率(人口千人あたり)	16.9	17.3	16.9	15.9	14.6	13.5	12.9	12.8	12.8	12.6
粗死亡率(人口千人あたり)	4.8	5.2	5.5	5.9	6.4	6.9	7.4	7.9	8.3	8.7

Maldives

A. 推 計 値

指　標	1960	1965	1970	1975	1980	1985	1990	1995	2000	2005	2010
人口(千人)											
総数	90	103	116	136	158	190	223	254	280	305	333
男	49	55	60	72	83	99	114	129	142	153	167
女	41	48	56	65	76	91	109	125	138	152	166
性比(女100につき男)	119.5	114.6	106.9	110.8	109.6	108.5	105.2	102.6	102.5	101.1	100.6
年齢分布(%)											
０－４歳	17.6	18.8	19.1	18.1	17.8	19.7	19.1	15.7	11.8	9.8	9.9
５－14歳	20.8	23.3	27.2	27.7	27.6	26.5	28.5	30.8	29.0	23.7	18.8
15－24歳	21.7	17.4	14.1	16.6	19.4	19.6	18.9	18.9	21.6	24.8	23.9
60歳以上	4.2	4.0	4.1	4.1	4.4	4.5	4.7	5.3	6.1	6.6	6.6
65歳以上	2.6	2.4	2.3	2.4	2.5	2.6	2.8	3.0	3.7	4.5	4.9
80歳以上	0.2	0.2	0.2	0.2	0.2	0.2	0.2	0.2	0.3	0.5	0.6
15－49歳女子(%)	51.3	47.9	45.2	44.3	44.8	43.8	42.8	44.3	50.0	56.7	59.5
中位数年齢(歳)	20.3	19.8	17.3	17.1	17.1	16.8	16.2	16.7	18.6	21.4	23.9
人口密度(1k㎡あたり)	300	342	386	455	528	632	744	847	935	1 017	1 109

指　標	1960-1965	1965-1970	1970-1975	1975-1980	1980-1985	1985-1990	1990-1995	1995-2000	2000-2005	2005-2010	2010-2015
年平均人口増加数(千人)	3	3	4	4	6	7	6	5	5	6	6
年平均出生数(千人)	5	6	6	7	8	9	9	7	6	7	8
年平均死亡数(千人)	3	3	2	2	2	2	2	1	1	1	1
人口増加率(%)	2.67	2.38	3.30	2.97	3.61	3.27	2.59	1.97	1.68	1.73	1.79
粗出生率(人口千人あたり)	54.7	52.4	48.2	44.8	48.4	45.2	35.9	26.0	21.1	20.9	21.7
粗死亡率(人口千人あたり)	26.8	23.3	19.1	15.1	12.4	10.1	7.5	5.5	4.2	3.6	3.8
合計出生率(女子１人あたり)	7.12	7.22	7.17	6.85	7.26	6.66	5.16	3.52	2.57	2.26	2.18
純再生産率(女子１人あたり)	2.07	2.26	2.42	2.49	2.85	2.75	2.22	1.59	1.20	1.07	1.02
乳児死亡率(出生千人あたり)	222	191	157	122	95	76	61	44	27	15	9
出生時の平均余命(歳)											
男	38.8	42.5	46.6	51.4	56.4	60.2	63.5	67.2	71.1	74.6	75.4
女	38.9	42.1	45.7	49.7	54.4	58.4	63.7	68.1	73.7	76.8	77.4
男女計	38.9	42.4	46.1	50.6	55.4	59.3	63.6	67.6	72.1	75.7	76.4

B. 中 位 予 測 値

指　標	2015	2020	2025	2030	2035	2040	2045	2050	2055	2060
人口(千人)										
総数	364	393	417	437	453	469	483	494	501	503
男	182	197	209	219	227	235	242	248	252	253
女	181	196	208	218	226	234	241	246	249	250
性比(女100につき男)	100.6	100.5	100.4	100.3	100.2	100.3	100.5	100.7	101.0	101.5
年齢分布(%)										
０－４歳	10.3	9.2	7.6	6.4	5.8	5.7	5.7	5.5	5.0	4.6
５－14歳	17.2	17.8	17.6	15.6	13.1	11.5	11.0	11.0	10.9	10.3
15－24歳	19.5	15.6	14.7	15.7	15.9	14.2	12.1	10.7	10.4	10.6
60歳以上	6.8	8.0	9.7	11.7	14.0	16.7	20.7	25.3	29.1	31.2
65歳以上	4.7	5.0	6.2	7.7	9.6	11.5	13.8	17.5	21.7	25.0
80歳以上	0.8	1.1	1.2	1.2	1.4	2.1	2.9	3.7	4.6	5.8
６－11歳	10.4	11.0	10.6	9.1	7.6	6.8	6.6	6.7	6.6	6.1
12－14歳	4.9	4.8	5.3	5.1	4.3	3.6	3.2	3.2	3.3	3.3
15－17歳	5.2	4.5	4.8	5.2	4.7	3.9	3.3	3.1	3.2	3.3
18－23歳	12.1	9.3	8.5	9.2	9.7	8.8	7.4	6.4	6.1	6.3
15－24歳女子(%)	58.9	57.0	56.1	55.7	53.4	49.6	45.9	43.5	42.4	41.3
中位数年齢(歳)	26.4	28.8	31.3	33.9	36.2	38.1	39.7	41.4	43.4	45.4
人口密度(1k㎡あたり)	1 212	1 310	1 392	1 456	1 511	1 562	1 610	1 647	1 670	1 676

指　標	2010-2015	2015-2020	2020-2025	2025-2030	2030-2035	2035-2040	2040-2045	2045-2050	2050-2055	2055-2060
年平均人口増加数(千人)	6	6	5	4	3	3	3	2	1	0
年平均出生数(千人)	8	7	6	6	5	5	6	5	5	5
年平均死亡数(千人)	1	1	2	2	2	2	3	3	4	4
年平均純移動数(千人)	0	0	0	0	0	0	0	0	0	0
人口増加率(%)	1.79	1.56	1.20	0.91	0.74	0.67	0.60	0.46	0.27	0.08
粗出生率(人口千人あたり)	21.7	19.3	15.8	13.1	11.8	11.7	11.7	11.1	10.1	9.3
粗死亡率(人口千人あたり)	3.8	3.7	3.8	4.0	4.4	5.0	5.7	6.5	7.4	8.5
純移動率(人口千人あたり)	0.0	0.0	0.0	0.0	0.0	0.0	0.0	0.0	0.0	0.0
合計出生率（女子１人あたり）	2.18	1.98	1.83	1.72	1.66	1.64	1.65	1.67	1.69	1.70
純再生産率（女子１人あたり）	1.02	0.94	0.87	0.82	0.80	0.79	0.79	0.80	0.81	0.82
乳児死亡率（出生千人あたり）	9	7	6	5	4	4	4	3	3	3
５歳未満の死亡数(出生千人あたり	11	8	7	6	5	5	4	4	4	3
出生時の平均余命(歳)										
男	75.4	76.7	77.7	78.7	79.7	80.6	81.5	82.4	83.3	84.0
女	77.4	78.6	79.5	80.4	81.1	81.7	82.4	83.0	83.6	84.1
男女計	76.4	77.6	78.6	79.5	80.4	81.2	82.0	82.7	83.4	84.0

C. 高位予測値

	2015	2020	2025	2030	2035	2040	2045	2050	2055	2060
人口(千人)										
総数	364	398	429	456	481	505	530	554	575	592
男	182	199	215	229	241	253	266	279	290	299
女	181	198	214	228	240	252	264	275	285	293
性比(女100につき男)	100.6	100.4	100.2	99.9	99.8	99.7	99.8	99.9	100.2	100.5
年齢分布(%)										
0－4歳	10.3	10.3	9.1	7.9	7.1	7.1	7.3	7.2	6.9	6.4
5－14歳	17.2	17.6	18.2	17.4	15.5	13.8	13.1	13.4	13.6	13.4
15－24歳	19.5	15.4	14.3	15.1	16.0	15.5	13.8	12.4	11.9	12.3
60歳以上	6.8	7.9	9.4	11.2	13.2	15.5	18.9	22.6	25.3	26.5
65歳以上	4.7	4.9	6.0	7.4	9.0	10.7	12.6	15.6	18.9	21.3
80歳以上	0.8	1.1	1.2	1.1	1.3	1.9	2.6	3.3	4.0	4.9
15－49歳女子(%)	58.9	56.4	54.6	53.3	51.4	48.4	45.5	43.7	43.2	43.0
中位数年齢(歳)	26.4	28.5	30.6	32.3	33.9	35.0	36.1	37.2	38.5	39.8

	2010-2015	2015-2020	2020-2025	2025-2030	2030-2035	2035-2040	2040-2045	2045-2050	2050-2055	2055-2060
年平均人口増加数(千人)	6	7	6	5	5	5	5	5	4	3
年平均出生数(千人)	8	8	8	7	7	7	8	8	8	8
年平均死亡数(千人)	1	1	2	2	2	2	3	3	4	4
人口増加率(%)	1.79	1.79	1.52	1.24	1.04	0.98	0.97	0.89	0.75	0.58
粗出生率(人口千人あたり)	21.7	21.6	18.9	16.3	14.6	14.5	14.9	14.8	14.0	13.1
粗死亡率(人口千人あたり)	3.8	3.7	3.7	3.9	4.2	4.7	5.2	5.9	6.5	7.3
合計出生率 (女子1人あたり)	2.18	2.23	2.23	2.22	2.16	2.14	2.15	2.17	2.19	2.20
純再生産率 (女子1人あたり)	1.02	1.06	1.06	1.06	1.04	1.03	1.03	1.04	1.05	1.06

D. 低位予測値

	2015	2020	2025	2030	2035	2040	2045	2050	2055	2060
人口(千人)										
総数	364	389	406	417	426	433	437	438	433	424
男	182	195	203	209	213	216	218	219	217	213
女	181	194	203	209	213	217	219	219	217	212
性比(女100につき男)	100.6	100.4	100.2	99.9	99.8	99.7	99.8	99.9	100.2	100.5
年齢分布(%)										
0－4歳	10.3	8.1	6.1	4.7	4.3	4.2	4.1	3.7	3.2	2.8
5－14歳	17.2	18.0	17.0	13.5	10.5	8.8	8.4	8.3	7.9	7.1
15－24歳	19.5	15.8	15.1	16.5	15.9	12.8	9.9	8.4	8.2	8.3
60歳以上	6.8	8.1	9.9	12.3	14.9	18.0	22.9	28.5	33.6	37.0
65歳以上	4.7	5.0	6.3	8.1	10.2	12.5	15.3	19.7	25.0	29.7
80歳以上	0.8	1.1	1.2	1.2	1.5	2.3	3.2	4.2	5.4	6.9
15－49歳女子(%)	58.9	57.7	57.6	58.2	55.7	51.0	46.2	42.9	40.8	38.3
中位数年齢(歳)	26.4	29.1	32.1	35.3	38.3	41.1	43.6	45.9	48.4	50.9

	2010-2015	2015-2020	2020-2025	2025-2030	2030-2035	2035-2040	2040-2045	2045-2050	2050-2055	2055-2060
年平均人口増加数(千人)	6	5	3	2	2	1	1	0	－1	－2
年平均出生数(千人)	8	6	5	4	4	4	4	3	3	2
年平均死亡数(千人)	1	1	2	2	2	2	3	3	4	4
人口増加率(%)	1.79	1.32	0.88	0.55	0.41	0.32	0.21	0.02	−0.21	−0.43
粗出生率(人口千人あたり)	21.7	17.0	12.6	9.6	8.7	8.6	8.3	7.5	6.4	5.6
粗死亡率(人口千人あたり)	3.8	3.7	3.8	4.1	4.6	5.3	6.2	7.2	8.4	9.9
合計出生率 (女子1人あたり)	2.18	1.73	1.43	1.22	1.16	1.14	1.15	1.17	1.19	1.20
純再生産率 (女子1人あたり)	1.02	0.82	0.68	0.59	0.56	0.55	0.55	0.56	0.57	0.58

E. 出生力一定予測値

	2015	2020	2025	2030	2035	2040	2045	2050	2055	2060
人口(千人)										
総数	364	396	427	454	479	504	528	551	571	587
男	182	199	214	228	241	254	267	279	290	299
女	181	197	212	226	238	250	261	272	281	288
中位数年齢(歳)	26.4	28.6	30.7	32.6	34.1	35.1	36.2	37.4	38.7	40.0

	2010-2015	2015-2020	2020-2025	2025-2030	2030-2035	2035-2040	2040-2045	2045-2050	2050-2055	2055-2060
人口増加率(%)	1.79	1.71	1.48	1.23	1.08	1.01	0.95	0.85	0.70	0.56
粗出生率(人口千人あたり)	21.7	20.9	18.5	16.3	15.1	14.8	14.8	14.4	13.6	13.0
粗死亡率(人口千人あたり)	3.8	3.7	3.7	3.9	4.2	4.7	5.3	5.9	6.6	7.4

Mali

A. 推 計 値

指　標	1960	1965	1970	1975	1980	1985	1990	1995	2000	2005	2010
人口(千人)											
総数	5 264	5 568	5 949	6 482	7 090	7 832	8 482	9 641	11 047	12 881	15 167
男	2 661	2 799	2 978	3 238	3 531	3 893	4 197	4 791	5 517	6 465	7 644
女	2 603	2 769	2 971	3 245	3 559	3 939	4 285	4 850	5 530	6 417	7 523
性比(女100につき男)	102.2	101.1	100.2	99.8	99.2	98.8	97.9	98.8	99.8	100.8	101.6
年齢分布(％)											
０－４歳	16.9	17.0	17.4	17.8	18.2	18.4	18.6	18.7	18.9	19.0	19.2
５－14歳	23.9	24.7	24.7	25.0	25.9	26.8	28.0	27.8	27.6	27.6	27.9
15－24歳	18.4	18.5	18.8	19.1	18.7	18.7	19.2	20.1	20.3	19.9	19.3
60歳以上	4.2	4.5	4.9	5.3	5.6	5.8	5.9	5.5	4.9	4.6	4.2
65歳以上	2.3	2.3	2.6	2.9	3.2	3.6	3.8	3.6	3.3	2.9	2.7
80歳以上	0.1	0.1	0.1	0.1	0.1	0.2	0.3	0.3	0.3	0.3	0.3
15－49歳女子(％)	47.9	46.7	46.0	45.4	44.5	43.9	43.0	43.4	44.0	44.3	44.2
中位数年齢(歳)	19.5	19.3	18.8	18.5	17.9	17.4	16.5	16.5	16.6	16.6	16.4
人口密度(1km²あたり)	4	5	5	5	6	6	7	8	9	11	12

指　標	1960-1965	1965-1970	1970-1975	1975-1980	1980-1985	1985-1990	1990-1995	1995-2000	2000-2005	2005-2010	2010-2015
年平均人口増加数(千人)	61	76	107	122	148	130	232	281	367	457	486
年平均出生数(千人)	271	289	313	339	368	397	442	501	579	660	728
年平均死亡数(千人)	196	194	187	182	176	171	176	191	198	183	181
人口増加率(％)	1.13	1.32	1.72	1.79	1.99	1.60	2.56	2.72	3.07	3.27	2.98
粗出生率(人口千人あたり)	50.1	50.3	50.4	49.9	49.4	48.7	48.8	48.4	48.4	47.1	44.4
粗死亡率(人口千人あたり)	36.3	33.6	30.1	26.9	23.6	20.9	19.4	18.5	16.6	13.1	11.0
合計出生率(女子１人あたり)	7.00	7.10	7.15	7.15	7.15	7.15	7.15	6.95	6.85	6.70	6.35
純再生産率(女子１人あたり)	1.53	1.65	1.82	1.97	2.13	2.26	2.35	2.33	2.38	2.52	2.49
乳児死亡率(出生千人あたり)	207	192	176	163	151	139	128	118	109	89	84
出生時の平均余命(歳)											
男	27.8	29.9	33.3	36.8	40.7	45.1	47.5	48.3	50.7	55.1	57.4
女	29.5	31.7	35.1	38.6	42.4	45.2	47.2	47.8	50.0	54.6	57.0
男女計	28.6	30.8	34.2	37.7	41.6	45.2	47.3	48.0	50.3	54.9	57.2

B. 中 位 予 測 値

指　標	2015	2020	2025	2030	2035	2040	2045	2050	2055	2060
人口(千人)										
総数	17 600	20 457	23 702	27 370	31 441	35 854	40 535	45 404	50 427	55 560
男	8 885	10 350	12 013	13 891	15 975	18 231	20 621	23 099	25 651	28 252
女	8 715	10 107	11 689	13 479	15 467	17 623	19 914	22 305	24 776	27 308
性比(女100につき男)	101.9	102.4	102.8	103.1	103.3	103.4	103.5	103.6	103.5	103.5
年齢分布(％)										
０－４歳	18.6	17.6	16.9	16.3	15.6	14.8	13.9	13.0	12.2	11.5
５－14歳	28.9	29.0	28.1	27.1	26.4	25.7	24.8	23.8	22.7	21.5
15－24歳	19.2	19.8	20.8	21.1	20.7	20.3	20.1	20.0	19.7	19.2
60歳以上	4.0	3.9	3.8	4.0	4.4	4.9	5.3	5.8	6.3	7.0
65歳以上	2.5	2.5	2.4	2.5	2.6	3.0	3.3	3.7	4.1	4.6
80歳以上	0.3	0.2	0.3	0.2	0.3	0.3	0.3	0.4	0.5	0.6
６－11歳	18.0	17.9	17.2	16.6	16.2	15.7	15.2	14.5	13.7	13.0
12－14歳	7.5	7.9	7.8	7.5	7.3	7.1	7.0	6.8	6.5	6.3
15－17歳	6.6	6.9	7.2	7.0	6.8	6.6	6.6	6.5	6.3	6.1
18－23歳	11.0	11.3	11.9	12.3	12.1	11.9	11.8	11.7	11.6	11.4
15－24歳女子(％)	44.1	44.9	46.1	47.2	48.2	49.3	50.4	51.4	52.2	52.4
中位数年齢(歳)	16.2	16.5	17.2	17.9	18.6	19.4	20.3	21.4	22.6	23.8
人口密度(1km²あたり)	14	17	19	22	26	29	33	37	41	46

指　標	2010-2015	2015-2020	2020-2025	2025-2030	2030-2035	2035-2040	2040-2045	2045-2050	2050-2055	2055-2060
年平均人口増加数(千人)	486	571	649	734	814	883	936	974	1 005	1 027
年平均出生数(千人)	728	788	862	946	1 026	1 098	1 157	1 207	1 253	1 294
年平均死亡数(千人)	181	177	173	172	172	175	181	193	210	231
年平均純移動数(千人)	−60	−40	−40	−40	−40	−40	−40	−40	−38	−36
人口増加率(％)	2.98	3.01	2.95	2.88	2.77	2.63	2.45	2.27	2.10	1.94
粗出生率(人口千人あたり)	44.4	41.4	39.1	37.0	34.9	32.6	30.3	28.1	26.1	24.4
粗死亡率(人口千人あたり)	11.0	9.3	7.9	6.7	5.9	5.2	4.7	4.5	4.4	4.4
純移動率(人口千人あたり)	−3.7	−2.1	−1.8	−1.6	−1.4	−1.2	−1.0	−0.9	−0.8	−0.7
合計出生率（女子１人あたり）	6.35	5.92	5.47	5.03	4.62	4.23	3.88	3.57	3.30	3.07
純再生産率（女子１人あたり）	2.49	2.41	2.30	2.17	2.04	1.91	1.78	1.65	1.54	1.45
乳児死亡率（出生千人あたり）	84	70	57	46	36	28	22	18	15	13
５歳未満の死亡数(出生千人あた	122	102	84	68	54	42	32	26	22	18
出生時の平均余命(歳)										
男	57.4	59.8	62.1	64.2	66.1	67.8	69.3	70.6	71.7	72.7
女	57.0	59.6	62.1	64.5	66.6	68.5	70.3	71.8	73.1	74.3
男女計	57.2	59.7	62.1	64.4	66.4	68.1	69.8	71.2	72.4	73.5

C. 高位予測値

	2015	2020	2025	2030	2035	2040	2045	2050	2055	2060
人口(千人)										
総数	17 600	20 610	24 145	28 250	32 870	37 998	43 623	49 703	56 228	63 160
男	8 885	10 427	12 238	14 339	16 704	19 327	22 201	25 300	28 621	32 143
女	8 715	10 182	11 907	13 911	16 166	18 671	21 422	24 403	27 606	31 017
性比(女100につき男)	101.9	102.4	102.8	103.0	103.2	103.4	103.4	103.4	103.4	103.2
年齢分布(%)										
0－4歳	18.6	18.3	17.8	17.4	16.6	15.8	15.1	14.3	13.6	13.0
5－14歳	28.9	28.8	28.2	27.8	27.4	26.8	26.0	25.1	24.2	23.3
15－24歳	19.2	19.7	20.4	20.5	20.3	20.3	20.3	20.2	19.9	19.6
60歳以上	4.0	3.8	3.8	3.9	4.2	4.6	4.9	5.3	5.7	6.2
65歳以上	2.5	2.5	2.4	2.4	2.5	2.8	3.1	3.4	3.7	4.0
80歳以上	0.3	0.2	0.2	0.2	0.3	0.3	0.3	0.3	0.4	0.5
15－49歳女子(%)	44.1	44.6	45.3	45.8	46.6	47.6	48.8	49.8	50.6	50.9
中位数年齢(歳)	16.2	16.3	16.7	17.2	17.7	18.3	19.1	19.9	20.9	21.9

	2010-2015	2015-2020	2020-2025	2025-2030	2030-2035	2035-2040	2040-2045	2045-2050	2050-2055	2055-2060
年平均人口増加数(千人)	486	602	707	821	924	1 026	1 125	1 216	1 305	1 386
年平均出生数(千人)	728	822	925	1 040	1 143	1 248	1 354	1 458	1 562	1 664
年平均死亡数(千人)	181	180	178	179	179	182	189	202	219	242
人口増加率(%)	2.98	3.16	3.17	3.14	3.03	2.90	2.76	2.61	2.47	2.33
粗出生率(人口千人あたり)	44.4	43.0	41.4	39.7	37.4	35.2	33.2	31.2	29.5	27.9
粗死亡率(人口千人あたり)	11.0	9.4	8.0	6.8	5.9	5.1	4.6	4.3	4.1	4.0
合計出生率（女子1人あたり）	6.35	6.17	5.87	5.53	5.12	4.73	4.38	4.07	3.80	3.57
純再生産率（女子1人あたり）	2.49	2.51	2.47	2.39	2.26	2.13	2.01	1.89	1.78	1.68

D. 低位予測値

	2015	2020	2025	2030	2035	2040	2045	2050	2055	2060
人口(千人)										
総数	17 600	20 304	23 259	26 490	30 018	33 735	37 526	41 281	44 961	48 523
男	8 885	10 272	11 788	13 442	15 248	17 148	19 081	20 988	22 852	24 649
女	8 715	10 032	11 472	13 047	14 770	16 588	18 445	20 293	22 109	23 874
性比(女100につき男)	101.9	102.4	102.8	103.0	103.2	103.4	103.4	103.4	103.4	103.2
年齢分布(%)										
0－4歳	18.6	17.0	16.0	15.2	14.5	13.6	12.6	11.6	10.6	9.8
5－14歳	28.9	29.3	28.0	26.4	25.2	24.4	23.5	22.3	20.9	19.5
15－24歳	19.2	20.0	21.2	21.8	21.2	20.3	19.8	19.6	19.4	18.8
60歳以上	4.0	3.9	3.9	4.2	4.6	5.2	5.7	6.3	7.1	8.0
65歳以上	2.5	2.5	2.5	2.5	2.8	3.1	3.6	4.1	4.6	5.2
80歳以上	0.3	0.2	0.3	0.3	0.3	0.3	0.3	0.4	0.5	0.7
15－49歳女子(%)	44.1	45.2	47.0	48.8	50.0	51.1	52.1	53.2	53.8	53.9
中位数年齢(歳)	16.2	16.7	17.6	18.6	19.7	20.7	21.9	23.1	24.5	26.1

	2010-2015	2015-2020	2020-2025	2025-2030	2030-2035	2035-2040	2040-2045	2045-2050	2050-2055	2055-2060
年平均人口増加数(千人)	486	541	591	646	706	743	758	751	736	712
年平均出生数(千人)	728	755	799	852	911	952	972	976	975	970
年平均死亡数(千人)	181	174	168	166	165	168	174	185	201	222
人口増加率(%)	2.98	2.86	2.72	2.60	2.50	2.34	2.13	1.91	1.71	1.53
粗出生率(人口千人あたり)	44.4	39.8	36.7	34.2	32.2	29.9	27.3	24.8	22.6	20.8
粗死亡率(人口千人あたり)	11.0	9.2	7.7	6.7	5.9	5.3	4.9	4.7	4.7	4.8
合計出生率（女子1人あたり）	6.35	5.67	5.07	4.53	4.12	3.73	3.38	3.07	2.80	2.57
純再生産率（女子1人あたり）	2.49	2.31	2.13	1.96	1.82	1.68	1.55	1.42	1.31	1.21

E. 出生力一定予測値

	2015	2020	2025	2030	2035	2040	2045	2050	2055	2060
人口(千人)										
総数	17 600	20 710	24 580	29 383	35 301	42 567	51 490	62 433	75 877	92 388
男	8 885	10 478	12 460	14 916	17 945	21 663	26 229	31 821	38 687	47 113
女	8 715	10 232	12 120	14 466	17 356	20 904	25 261	30 612	37 190	45 275
中位数年齢(歳)	16.2	16.2	16.4	16.3	16.1	16.0	16.0	16.0	16.0	16.0

	2010-2015	2015-2020	2020-2025	2025-2030	2030-2035	2035-2040	2040-2045	2045-2050	2050-2055	2055-2060
人口増加率(%)	2.98	3.26	3.43	3.57	3.67	3.74	3.81	3.85	3.90	3.94
粗出生率(人口千人あたり)	44.4	44.0	44.1	44.1	43.8	43.5	43.3	43.2	43.1	43.1
粗死亡率(人口千人あたり)	11.0	9.5	8.1	7.0	6.0	5.2	4.5	4.1	3.7	3.4

Malta

A. 推 計 値

指　標	1960	1965	1970	1975	1980	1985	1990	1995	2000	2005	2010
人口(千人)											
総数	313	306	304	308	320	338	356	372	387	397	412
男	151	148	147	149	155	166	175	184	192	196	205
女	161	158	157	159	165	173	181	189	196	201	207
性比(女100につき男)	93.7	93.3	93.7	94.0	94.4	95.8	96.6	97.3	97.9	97.8	98.7
年齢分布(%)											
０－４歳	12.7	10.5	7.6	8.1	9.1	8.2	8.1	7.2	6.3	4.9	4.7
５－14歳	27.6	25.0	21.7	17.4	14.9	16.1	16.0	15.3	14.6	13.0	11.6
15－24歳	14.7	19.2	23.1	20.8	19.0	15.8	13.8	14.9	14.9	13.9	12.7
60歳以上	10.2	10.7	12.8	13.0	12.9	13.5	14.0	15.0	16.6	18.7	23.4
65歳以上	7.0	7.3	8.5	9.1	9.3	9.4	10.0	10.8	11.6	14.3	16.1
80歳以上	0.8	1.0	1.2	1.3	1.4	1.5	1.9	2.1	2.3	2.9	3.6
15－49歳女子(%)	41.6	47.0	51.5	53.4	54.1	52.6	51.3	52.1	49.7	47.0	44.7
中位数年齢(歳)	21.8	21.4	24.0	26.8	28.9	30.4	32.1	34.0	35.9	38.3	40.1
人口密度(1k㎡あたり)	977	957	951	961	1 000	1 057	1 112	1 164	1 210	1 241	1 288

指　標	1960-1965	1965-1970	1970-1975	1975-1980	1980-1985	1985-1990	1990-1995	1995-2000	2000-2005	2005-2010	2010-2015
年平均人口増加数(千人)	－1	0	1	2	4	3	3	3	2	3	1
年平均出生数(千人)	7	5	5	6	6	6	5	5	4	4	4
年平均死亡数(千人)	3	3	3	3	3	3	3	3	3	3	4
人口増加率(%)	-0.43	-0.12	0.21	0.78	1.12	1.00	0.92	0.78	0.51	0.74	0.32
粗出生率(人口千人あたり)	21.4	15.5	16.7	18.9	17.1	16.8	14.9	12.9	9.8	9.0	8.9
粗死亡率(人口千人あたり)	8.6	8.4	8.3	8.0	7.6	7.4	7.3	7.4	7.7	8.3	8.8
合計出生率(女子１人あたり)	3.15	2.12	2.01	2.12	1.93	2.01	1.99	1.87	1.47	1.39	1.43
純再生産率(女子１人あたり)	1.47	0.99	0.95	1.00	0.92	0.96	0.95	0.90	0.70	0.67	0.69
乳児死亡率(出生千人あたり)	28	23	20	17	14	12	10	8	7	6	5
出生時の平均余命(歳)											
男	67.5	69.0	70.3	71.5	72.7	73.8	74.8	75.8	76.8	77.7	78.6
女	71.2	72.5	73.7	74.9	76.1	77.1	78.2	79.2	80.2	81.1	82.0
男女計	69.3	70.7	72.0	73.2	74.4	75.5	76.5	77.5	78.5	79.5	80.3

B. 中 位 予 測 値

指　標	2015	2020	2025	2030	2035	2040	2045	2050	2055	2060
人口(千人)										
総数	419	423	426	428	427	423	417	411	405	400
男	208	211	213	214	214	213	210	208	205	202
女	210	212	213	214	213	210	207	203	200	197
性比(女100につき男)	99.2	99.6	99.9	100.3	100.8	101.3	101.8	102.1	102.4	102.6
年齢分布(%)										
０－４歳	4.5	4.5	4.7	5.0	4.9	4.5	4.2	4.2	4.3	4.6
５－14歳	10.0	9.1	8.9	9.2	9.8	10.1	9.6	8.9	8.6	8.7
15－24歳	13.0	11.7	10.1	9.3	9.1	9.5	10.2	10.5	10.1	9.3
60歳以上	25.6	27.7	29.5	30.4	31.6	34.0	35.1	36.2	38.0	39.3
65歳以上	19.2	21.2	23.0	24.5	25.2	26.4	28.7	29.7	30.7	32.4
80歳以上	3.5	4.7	5.8	7.6	8.4	9.2	10.0	10.4	11.3	13.1
６－11歳	5.8	5.4	5.4	5.6	6.0	6.1	5.7	5.2	5.1	5.2
12－14歳	3.3	2.9	2.7	2.7	2.8	3.1	3.1	2.9	2.6	2.6
15－17歳	3.7	3.1	2.8	2.7	2.7	2.9	3.1	3.1	2.8	2.6
18－23歳	8.0	7.3	6.2	5.6	5.4	5.6	6.1	6.4	6.2	5.7
15－24歳女子(%)	45.0	44.7	42.8	39.7	39.1	39.2	37.7	36.4	35.7	35.6
中位数年齢(歳)	41.5	43.2	44.9	45.8	46.6	47.8	49.1	50.2	50.7	50.6
人口密度(1k㎡あたり)	1 308	1 322	1 332	1 338	1 334	1 322	1 304	1 285	1 266	1 249

指　標	2010-2015	2015-2020	2020-2025	2025-2030	2030-2035	2035-2040	2040-2045	2045-2050	2050-2055	2055-2060
年平均人口増加数(千人)	1	1	1	0	0	－1	－1	－1	－1	－1
年平均出生数(千人)	4	4	4	4	4	4	3	3	4	4
年平均死亡数(千人)	4	4	4	5	5	5	5	5	5	5
年平均純移動数(千人)	1	1	1	1	0	0	0	0	0	0
人口増加率(%)	0.32	0.20	0.15	0.09	-0.05	-0.18	-0.28	-0.30	-0.29	-0.27
粗出生率(人口千人あたり)	8.9	9.0	9.5	10.1	9.8	8.9	8.3	8.2	8.6	9.0
粗死亡率(人口千人あたり)	8.8	9.3	9.9	10.6	11.2	11.7	12.0	12.2	12.4	12.7
純移動率(人口千人あたり)	3.0	2.3	1.9	1.4	0.9	0.9	1.0	1.0	0.9	0.9
合計出生率（女子１人あたり）	1.43	1.49	1.53	1.57	1.61	1.64	1.67	1.69	1.72	1.73
純再生産率（女子１人あたり）	0.69	0.72	0.74	0.76	0.78	0.79	0.81	0.82	0.83	0.84
乳児死亡率（出生千人あたり）	5	4	4	3	3	2	2	2	2	2
５歳未満の死亡数(出生千人あたり	6	5	4	4	3	3	3	2	2	2
出生時の平均余命(歳)										
男	78.6	79.6	80.6	81.6	82.6	83.5	84.3	85.0	85.6	86.2
女	82.0	82.7	83.4	84.1	84.8	85.4	86.0	86.6	87.2	87.8
男女計	80.3	81.2	82.0	82.9	83.7	84.5	85.2	85.8	86.4	87.0

C. 高位予測値

	2015	2020	2025	2030	2035	2040	2045	2050	2055	2060
人口(千人)										
総数	419	426	434	443	449	451	451	452	456	461
男	208	213	217	222	226	227	228	229	231	234
女	210	213	217	221	223	224	223	223	225	227
性比(女100につき男)	99.2	99.5	99.8	100.1	100.5	101.0	101.4	101.7	101.9	102.0
年齢分布(%)										
0－4歳	4.5	5.2	5.8	6.4	6.1	5.6	5.2	5.4	5.9	6.4
5－14歳	10.0	9.1	9.5	10.8	12.0	12.4	11.7	10.8	10.6	11.2
15－24歳	13.0	11.6	9.9	8.9	9.3	10.7	12.1	12.5	11.7	10.7
60歳以上	25.6	27.5	28.9	29.3	30.1	31.9	32.5	32.9	33.8	34.0
65歳以上	19.2	21.0	22.6	23.6	24.0	24.8	26.5	27.0	27.3	28.0
80歳以上	3.5	4.6	5.7	7.3	8.0	8.6	9.2	9.5	10.1	11.3
15－49歳女子(%)	45.0	44.3	42.0	38.4	38.0	38.6	38.2	37.9	37.8	38.1
中位数年齢(歳)	41.5	43.0	44.2	44.4	44.7	45.4	46.1	46.0	44.9	43.3

	2010-2015	2015-2020	2020-2025	2025-2030	2030-2035	2035-2040	2040-2045	2045-2050	2050-2055	2055-2060
年平均人口増加数(千人)	1	1	2	2	1	0	0	0	1	1
年平均出生数(千人)	4	4	5	6	6	5	5	5	5	6
年平均死亡数(千人)	4	4	4	5	5	5	5	5	5	5
人口増加率(%)	0.32	0.35	0.39	0.40	0.25	0.10	0.01	0.05	0.15	0.25
粗出生率(人口千人あたり)	8.9	10.5	11.8	12.9	12.4	11.1	10.5	10.8	11.9	12.8
粗死亡率(人口千人あたり)	8.8	9.2	9.7	10.3	10.8	11.1	11.2	11.2	11.2	11.1
合計出生率（女子1人あたり）	1.43	1.74	1.93	2.07	2.11	2.14	2.17	2.19	2.22	2.23
純再生産率（女子1人あたり）	0.69	0.84	0.93	1.00	1.02	1.04	1.05	1.06	1.07	1.08

D. 低位予測値

	2015	2020	2025	2030	2035	2040	2045	2050	2055	2060
人口(千人)										
総数	419	420	418	413	405	396	384	372	358	344
男	208	209	209	207	203	199	193	187	181	174
女	210	210	209	206	202	197	191	184	177	170
性比(女100につき男)	99.2	99.5	99.8	100.1	100.5	101.0	101.4	101.7	101.9	102.0
年齢分布(%)										
0－4歳	4.5	3.8	3.6	3.6	3.6	3.3	3.1	2.9	2.8	2.8
5－14歳	10.0	9.2	8.4	7.5	7.4	7.4	7.2	6.8	6.4	6.1
15－24歳	13.0	11.7	10.3	9.6	8.8	8.0	7.9	8.1	7.9	7.5
60歳以上	25.6	27.9	30.0	31.5	33.3	36.3	38.1	40.1	43.0	45.6
65歳以上	19.2	21.4	23.5	25.4	26.5	28.2	31.2	32.9	34.8	37.6
80歳以上	3.5	4.7	5.9	7.9	8.9	9.8	10.9	11.5	12.8	15.2
15－49歳女子(%)	45.0	45.0	43.7	41.1	40.4	39.8	37.0	34.5	32.8	31.8
中位数年齢(歳)	41.5	43.5	45.6	47.2	48.6	50.1	51.9	53.7	55.5	56.9

	2010-2015	2015-2020	2020-2025	2025-2030	2030-2035	2035-2040	2040-2045	2045-2050	2050-2055	2055-2060
年平均人口増加数(千人)	1	0	0	－1	－2	－2	－2	－3	－3	－3
年平均出生数(千人)	4	3	3	3	3	3	2	2	2	2
年平均死亡数(千人)	4	4	4	5	5	5	5	5	5	5
人口増加率(%)	0.32	0.05	−0.10	−0.24	−0.37	−0.49	−0.59	−0.66	−0.73	−0.80
粗出生率(人口千人あたり)	8.9	7.5	7.1	7.1	7.1	6.5	6.0	5.7	5.5	5.5
粗死亡率(人口千人あたり)	8.8	9.3	10.0	10.9	11.7	12.4	13.0	13.4	13.9	14.5
合計出生率（女子1人あたり）	1.43	1.24	1.13	1.07	1.11	1.14	1.17	1.19	1.22	1.23
純再生産率（女子1人あたり）	0.69	0.60	0.55	0.52	0.54	0.55	0.57	0.58	0.59	0.60

E. 出生力一定予測値

	2015	2020	2025	2030	2035	2040	2045	2050	2055	2060
人口(千人)										
総数	419	422	425	424	420	412	404	394	385	374
男	208	211	212	212	211	207	203	199	194	189
女	210	212	212	212	209	205	200	195	190	185
中位数年齢(歳)	41.5	43.3	45.1	46.2	47.3	48.6	50.3	51.7	52.8	53.5

	2010-2015	2015-2020	2020-2025	2025-2030	2030-2035	2035-2040	2040-2045	2045-2050	2050-2055	2055-2060
人口増加率(%)	0.32	0.18	0.10	−0.02	−0.21	−0.35	−0.43	−0.47	−0.49	−0.54
粗出生率(人口千人あたり)	8.9	8.7	9.0	9.0	8.3	7.5	7.1	7.0	7.1	7.1
粗死亡率(人口千人あたり)	8.8	9.3	9.9	10.6	11.4	12.0	12.4	12.7	13.0	13.4

Martinique

A. 推計値

指　標	1960	1965	1970	1975	1980	1985	1990	1995	2000	2005	2010
人口(千人)											
総数	282	311	325	328	325	340	358	369	387	397	395
男	138	150	159	159	158	164	173	176	182	185	182
女	144	161	166	169	168	175	185	193	205	212	212
性比(女100につき男)	96.1	93.1	96.1	93.9	94.1	93.7	93.3	91.4	88.6	87.3	85.8
年齢分布(%)											
0－4歳	16.1	16.3	15.0	12.2	8.1	8.4	8.4	7.6	7.1	6.3	6.0
5－14歳	26.2	28.0	26.4	28.0	22.4	19.1	16.1	16.3	15.9	14.8	13.5
15－24歳	17.5	15.8	18.3	19.4	22.5	20.9	19.4	15.6	13.4	13.5	13.1
60歳以上	6.9	7.1	7.9	9.3	11.3	12.4	13.5	15.0	16.3	18.0	20.6
65歳以上	4.5	4.8	5.2	6.2	8.0	8.8	9.6	10.9	12.1	13.5	15.1
80歳以上	0.7	0.7	0.7	1.1	1.6	1.9	2.1	2.5	3.0	3.5	4.2
15－49歳女子(%)	44.2	42.1	44.5	43.5	49.7	51.3	52.9	51.7	51.1	49.5	47.1
中位数年齢(歳)	19.2	17.9	19.1	19.0	23.5	26.0	28.3	31.4	34.1	37.4	40.5
人口密度(1k㎡あたり)	266	294	307	309	307	321	338	348	365	375	372

指　標	1960-1965	1965-1970	1970-1975	1975-1980	1980-1985	1985-1990	1990-1995	1995-2000	2000-2005	2005-2010	2010-2015
年平均人口増加数(千人)	6	3	1	0	3	4	2	4	2	0	0
年平均出生数(千人)	10	10	8	6	6	6	6	6	6	5	5
年平均死亡数(千人)	3	3	2	2	2	3	3	3	3	3	3
人口増加率(%)	1.99	0.87	0.17	−0.15	0.87	1.06	0.57	0.97	0.51	−0.12	0.09
粗出生率(人口千人あたり)	35.3	32.0	25.9	18.4	17.1	18.0	16.5	15.4	14.3	13.5	11.7
粗死亡率(人口千人あたり)	9.9	8.7	7.6	7.2	7.4	7.3	7.1	7.1	7.1	7.5	8.0
合計出生率(女子1人あたり)	5.45	5.00	4.08	2.65	2.14	2.14	1.96	1.90	1.92	2.04	1.95
純再生産率(女子1人あたり)	2.39	2.24	1.87	1.23	1.01	1.02	0.94	0.91	0.93	0.98	0.94
乳児死亡率(出生千人あたり)	55	45	35	28	22	17	14	11	9	8	6
出生時の平均余命(歳)											
男	60.6	63.4	65.6	67.6	69.4	71.1	72.7	74.1	75.5	76.7	77.8
女	63.0	65.8	68.9	71.7	74.2	76.4	78.5	80.4	82.2	83.2	84.4
男女計	61.9	64.7	67.3	69.7	71.9	73.9	75.7	77.4	78.9	80.1	81.2

B. 中位予測値

指　標	2015	2020	2025	2030	2035	2040	2045	2050	2055	2060
人口(千人)										
総数	396	395	393	391	387	380	370	358	346	336
男	182	180	178	176	173	169	164	158	153	150
女	215	215	215	215	213	210	206	200	193	186
性比(女100につき男)	84.5	83.4	82.6	81.9	81.1	80.3	79.6	79.3	79.5	80.6
年齢分布(%)										
0－4歳	5.1	5.2	5.2	5.3	5.2	4.9	4.7	4.7	4.8	4.9
5－14歳	12.1	10.7	10.4	10.5	10.6	10.6	10.4	10.0	9.8	9.9
15－24歳	12.1	12.2	11.7	10.5	10.2	10.4	10.7	10.9	10.7	10.3
60歳以上	26.2	30.2	35.1	38.5	39.6	38.2	36.2	35.9	36.0	36.1
65歳以上	19.1	22.4	26.0	30.5	33.7	34.6	32.9	30.5	30.0	30.0
80歳以上	5.4	6.6	7.0	8.5	10.6	13.1	16.2	18.0	17.6	15.3
6－11歳	7.1	6.3	6.2	6.3	6.4	6.4	6.2	5.9	5.8	5.9
12－14歳	3.9	3.5	3.1	3.1	3.2	3.2	3.2	3.1	3.0	3.0
15－17歳	3.7	3.8	3.2	3.0	3.2	3.2	3.3	3.2	3.1	3.0
18－23歳	7.2	7.2	7.3	6.3	6.0	6.2	6.4	6.5	6.5	6.2
15－24歳女子(%)	41.9	38.4	36.0	34.7	35.3	34.8	34.3	34.1	33.4	33.6
中位数年齢(歳)	46.1	48.1	48.8	47.0	46.6	47.0	47.5	48.0	48.4	48.3
人口密度(1k㎡あたり)	374	372	371	369	365	358	349	338	327	317

指　標	2010-2015	2015-2020	2020-2025	2025-2030	2030-2035	2035-2040	2040-2045	2045-2050	2050-2055	2055-2060
年平均人口増加数(千人)	0	0	0	0	−1	−1	−2	−2	−2	−2
年平均出生数(千人)	5	4	4	4	4	4	4	3	3	3
年平均死亡数(千人)	3	4	4	4	4	5	5	5	5	5
年平均純移動数(千人)	−1	−1	−1	−1	−1	−1	−1	−1	−1	−1
人口増加率(%)	0.09	−0.08	−0.07	−0.13	−0.23	−0.37	−0.52	−0.64	−0.66	−0.61
粗出生率(人口千人あたり)	11.7	10.6	10.6	10.6	10.3	9.8	9.4	9.3	9.5	9.8
粗死亡率(人口千人あたり)	8.0	9.0	9.6	10.2	11.0	11.9	12.9	13.9	14.4	14.2
純移動率(人口千人あたり)	−2.9	−2.4	−1.6	−1.6	−1.6	−1.7	−1.7	−1.8	−1.7	−1.6
合計出生率(女子1人あたり)	1.95	1.88	1.83	1.81	1.80	1.80	1.80	1.80	1.80	1.81
純再生産率(女子1人あたり)	0.94	0.91	0.89	0.88	0.88	0.88	0.88	0.88	0.88	0.88
乳児死亡率(出生千人あたり)	6	5	4	4	3	3	2	2	2	2
5歳未満の死亡数(出生千人あた	7	6	5	4	4	3	3	3	2	2
出生時の平均余命(歳)										
男	77.8	79.5	80.6	81.6	82.4	83.3	84.1	84.8	85.5	86.2
女	84.4	85.5	86.5	87.4	88.2	89.1	89.8	90.6	91.3	92.0
男女計	81.2	82.6	83.6	84.6	85.6	86.4	87.3	88.1	88.9	89.7

C. 高位予測値

	2015	2020	2025	2030	2035	2040	2045	2050	2055	2060
人口(千人)										
総数	396	398	401	404	405	404	400	395	393	392
男	182	181	182	183	183	181	179	177	177	179
女	215	217	219	221	223	222	221	218	216	214
性比(女100につき男)	84.5	83.3	82.3	81.2	80.1	78.9	77.8	76.9	76.6	77.1
年齢分布(%)										
0－4歳	5.1	5.9	6.3	6.5	6.3	6.0	5.8	6.0	6.5	6.8
5－14歳	12.1	10.7	10.9	12.0	12.7	12.8	12.4	12.0	12.0	12.5
15－24歳	12.1	12.1	11.5	10.1	10.4	11.6	12.5	12.7	12.3	11.7
60歳以上	26.2	30.0	34.4	37.3	37.8	35.9	33.5	32.5	31.7	30.9
65歳以上	19.1	22.2	25.5	29.5	32.2	32.5	30.4	27.7	26.5	25.7
80歳以上	5.4	6.5	6.9	8.3	10.1	12.3	14.9	16.3	15.6	13.1
15－49歳女子(%)	41.9	38.2	35.4	33.7	34.5	34.5	34.9	35.4	35.4	36.2
中位数年齢(歳)	46.1	47.8	47.5	44.7	44.3	44.2	44.0	43.7	42.1	40.9

	2010-2015	2015-2020	2020-2025	2025-2030	2030-2035	2035-2040	2040-2045	2045-2050	2050-2055	2055-2060
年平均人口増加数(千人)	0	0	1	1	0	0	－1	－1	－1	0
年平均出生数(千人)	5	5	5	5	5	5	5	5	5	5
年平均死亡数(千人)	3	4	4	4	4	5	5	5	5	5
人口増加率(%)	0.09	0.06	0.16	0.16	0.06	−0.08	−0.19	−0.22	−0.14	−0.02
粗出生率(人口千人あたり)	11.7	12.0	12.7	13.2	12.7	12.1	11.7	12.1	13.0	13.7
粗死亡率(人口千人あたり)	8.0	9.0	9.5	10.0	10.6	11.3	12.1	12.8	12.9	12.4
合計出生率（女子1人あたり）	1.95	2.13	2.23	2.31	2.30	2.30	2.30	2.30	2.30	2.31
純再生産率（女子1人あたり）	0.94	1.03	1.08	1.12	1.12	1.12	1.12	1.12	1.12	1.13

D. 低位予測値

	2015	2020	2025	2030	2035	2040	2045	2050	2055	2060
人口(千人)										
総数	396	392	386	378	368	355	340	322	304	286
男	182	178	174	169	164	157	149	140	132	124
女	215	214	212	209	204	199	191	182	172	161
性比(女100につき男)	84.5	83.3	82.3	81.2	80.1	78.9	77.8	76.9	76.6	77.1
年齢分布(%)										
0－4歳	5.1	4.6	4.2	3.9	3.9	3.7	3.5	3.3	3.2	3.1
5－14歳	12.1	10.8	9.8	8.9	8.4	8.2	8.0	7.7	7.3	7.0
15－24歳	12.1	12.3	11.9	10.8	9.9	9.1	8.6	8.6	8.6	8.3
60歳以上	26.2	30.5	35.7	39.9	41.6	40.8	39.3	39.9	41.0	42.4
65歳以上	19.1	22.5	26.5	31.6	35.4	36.9	35.7	33.9	34.2	35.3
80歳以上	5.4	6.6	7.1	8.8	11.2	14.0	17.6	19.9	20.1	18.0
15－49歳女子(%)	41.9	38.7	36.6	35.8	36.2	35.0	33.5	32.3	30.7	29.8
中位数年齢(歳)	46.1	48.4	50.1	49.6	48.9	49.9	51.0	52.2	53.5	55.0

	2010-2015	2015-2020	2020-2025	2025-2030	2030-2035	2035-2040	2040-2045	2045-2050	2050-2055	2055-2060
年平均人口増加数(千人)	0	－1	－1	－2	－2	－2	－3	－4	－4	－4
年平均出生数(千人)	5	4	3	3	3	3	2	2	2	2
年平均死亡数(千人)	3	4	4	4	4	5	5	5	5	5
人口増加率(%)	0.09	−0.23	−0.30	−0.43	−0.54	−0.69	−0.88	−1.07	−1.19	−1.23
粗出生率(人口千人あたり)	11.7	9.2	8.4	7.9	7.8	7.4	6.9	6.5	6.2	6.1
粗死亡率(人口千人あたり)	8.0	9.0	9.7	10.5	11.4	12.5	13.9	15.3	16.2	16.5
合計出生率（女子1人あたり）	1.95	1.63	1.43	1.31	1.30	1.30	1.30	1.30	1.30	1.31
純再生産率（女子1人あたり）	0.94	0.79	0.69	0.64	0.63	0.63	0.63	0.63	0.64	0.64

E. 出生力一定予測値

	2015	2020	2025	2030	2035	2040	2045	2050	2055	2060
人口(千人)										
総数	396	396	396	395	392	386	379	369	360	352
男	182	180	179	178	176	173	168	164	160	158
女	215	216	217	217	216	214	210	205	200	194
中位数年齢(歳)	46.1	48.0	48.4	46.2	45.9	46.2	46.5	46.8	46.6	45.9

	2010-2015	2015-2020	2020-2025	2025-2030	2030-2035	2035-2040	2040-2045	2045-2050	2050-2055	2055-2060
人口増加率(%)	0.09	−0.03	0.01	−0.05	−0.15	−0.29	−0.41	−0.50	−0.50	−0.44
粗出生率(人口千人あたり)	11.7	11.1	11.3	11.3	11.0	10.5	10.2	10.3	10.6	10.8
粗死亡率(人口千人あたり)	8.0	9.0	9.6	10.2	10.9	11.7	12.6	13.5	13.9	13.7

Mauritania

A. 推計値

指　標	1960	1965	1970	1975	1980	1985	1990	1995	2000	2005	2010
人口(千人)											
総数	858	992	1 149	1 329	1 534	1 767	2 024	2 334	2 711	3 154	3 591
男	425	493	572	662	764	881	1 009	1 165	1 358	1 584	1 805
女	433	499	577	667	770	886	1 015	1 169	1 354	1 570	1 786
性比(女100につき男)	98.1	98.8	99.1	99.2	99.3	99.3	99.4	99.7	100.3	100.9	101.1
年齢分布(%)											
０－４歳	18.8	18.7	18.4	18.2	17.8	17.4	17.3	16.9	16.4	15.9	15.4
５－14歳	25.8	26.8	27.6	27.6	27.5	27.4	27.3	27.0	26.4	25.8	25.6
15－24歳	18.8	18.2	18.3	19.1	19.8	19.9	20.0	20.1	20.0	19.8	19.6
60歳以上	3.6	4.0	4.3	4.5	4.7	4.9	5.0	5.0	4.9	4.9	4.9
65歳以上	1.9	2.2	2.5	2.7	2.9	3.0	3.1	3.2	3.2	3.1	3.2
80歳以上	0.1	0.1	0.1	0.2	0.2	0.2	0.3	0.3	0.3	0.3	0.3
15－49歳女子(%)	47.1	45.9	44.9	44.7	44.9	45.2	45.4	46.1	47.0	48.0	48.3
中位数年齢(歳)	17.7	17.2	17.0	17.0	17.1	17.4	17.5	17.8	18.3	18.9	19.3
人口密度(1k㎡あたり)	1	1	1	1	1	2	2	2	3	3	3

指　標	1960-1965	1965-1970	1970-1975	1975-1980	1980-1985	1985-1990	1990-1995	1995-2000	2000-2005	2005-2010	2010-2015
年平均人口増加数(千人)	27	31	36	41	47	51	62	75	89	87	95
年平均出生数(千人)	45	50	56	63	70	78	87	98	110	121	130
年平均死亡数(千人)	18	18	19	20	20	21	22	24	28	30	31
人口増加率(%)	2.91	2.93	2.91	2.88	2.83	2.71	2.85	3.00	3.03	2.60	2.49
粗出生率(人口千人あたり)	48.4	46.8	45.4	43.9	42.2	41.2	40.1	38.8	37.6	36.0	34.0
粗死亡率(人口千人あたり)	19.0	17.0	15.5	13.9	12.0	10.9	10.3	9.7	9.4	8.9	8.1
合計出生率(女子１人あたり)	6.79	6.79	6.75	6.57	6.28	6.09	5.85	5.55	5.26	4.97	4.69
純再生産率(女子１人あたり)	2.19	2.31	2.39	2.43	2.42	2.41	2.35	2.27	2.16	2.07	1.99
乳児死亡率(出生千人あたり)	123	114	106	99	89	83	80	76	76	73	67
出生時の平均余命(歳)											
男	44.6	47.0	49.1	51.3	54.4	56.5	57.5	58.3	58.6	59.7	61.3
女	45.8	48.9	51.5	54.2	57.1	59.0	60.2	61.4	61.9	62.9	64.3
男女計	45.2	47.9	50.3	52.7	55.8	57.8	58.9	59.9	60.3	61.3	62.8

B. 中位予測値

指　標	2015	2020	2025	2030	2035	2040	2045	2050	2055	2060
人口(千人)										
総数	4 068	4 573	5 107	5 666	6 248	6 844	7 446	8 049	8 649	9 242
男	2 047	2 303	2 572	2 854	3 146	3 444	3 744	4 044	4 341	4 634
女	2 021	2 270	2 534	2 812	3 102	3 400	3 702	4 005	4 308	4 608
性比(女100につき男)	101.3	101.4	101.5	101.5	101.4	101.3	101.1	101.0	100.8	100.6
年齢分布(%)										
０－４歳	14.8	14.1	13.4	12.9	12.4	11.9	11.3	10.8	10.4	10.0
５－14歳	25.2	24.7	23.8	23.0	22.2	21.5	20.9	20.2	19.6	18.9
15－24歳	19.5	19.6	19.7	19.5	19.1	18.7	18.3	18.0	17.7	17.4
60歳以上	5.1	5.5	6.0	6.5	7.2	7.8	8.4	9.0	9.6	10.4
65歳以上	3.2	3.4	3.7	4.1	4.5	5.0	5.5	5.9	6.4	6.9
80歳以上	0.4	0.4	0.4	0.4	0.4	0.5	0.6	0.7	0.8	0.9
６－11歳	15.5	15.1	14.5	14.0	13.5	13.1	12.7	12.3	11.8	11.4
12－14歳	7.0	6.9	6.8	6.5	6.3	6.2	6.0	5.9	5.7	5.5
15－17歳	6.4	6.5	6.4	6.3	6.1	5.9	5.8	5.7	5.5	5.4
18－23歳	11.4	11.4	11.5	11.5	11.3	11.0	10.8	10.7	10.5	10.3
15－24歳女子(%)	48.7	49.3	49.9	50.4	50.7	51.0	51.3	51.4	51.3	51.1
中位数年齢(歳)	19.8	20.4	21.2	22.1	23.0	23.8	24.7	25.5	26.4	27.3
人口密度(1k㎡あたり)	4	4	5	5	6	7	7	8	8	9

指　標	2010-2015	2015-2020	2020-2025	2025-2030	2030-2035	2035-2040	2040-2045	2045-2050	2050-2055	2055-2060
年平均人口増加数(千人)	95	101	107	112	116	119	121	121	120	119
年平均出生数(千人)	130	138	147	156	164	172	178	183	188	192
年平均死亡数(千人)	31	33	36	40	44	48	53	59	64	70
年平均純移動数(千人)	−4	−4	−4	−4	−4	−4	−4	−4	−4	−4
人口増加率(%)	2.49	2.34	2.21	2.08	1.95	1.82	1.69	1.56	1.44	1.33
粗出生率(人口千人あたり)	34.0	32.0	30.4	28.9	27.5	26.2	24.9	23.7	22.5	21.5
粗死亡率(人口千人あたり)	8.1	7.7	7.5	7.4	7.4	7.4	7.5	7.6	7.7	7.9
純移動率(人口千人あたり)	−1.0	−0.9	−0.8	−0.7	−0.7	−0.6	−0.6	−0.5	−0.5	−0.4
合計出生率 (女子１人あたり)	4.69	4.39	4.11	3.86	3.63	3.43	3.25	3.10	2.96	2.84
純再生産率 (女子１人あたり)	1.99	1.89	1.78	1.69	1.60	1.53	1.46	1.40	1.34	1.30
乳児死亡率 (出生千人あたり)	67	63	58	54	51	47	44	40	38	35
５歳未満の死亡数(出生千人あた	90	84	78	73	68	64	59	55	51	47
出生時の平均余命(歳)										
男	61.3	62.1	62.7	63.3	63.9	64.4	65.0	65.5	66.0	66.6
女	64.3	65.2	66.0	66.8	67.4	68.1	68.8	69.5	70.1	70.8
男女計	62.8	63.6	64.3	65.0	65.6	66.2	66.9	67.5	68.0	68.6

C. 高位予測値

	2015	2020	2025	2030	2035	2040	2045	2050	2055	2060
人口(千人)										
総数	4 068	4 610	5 210	5 863	6 551	7 276	8 039	8 843	9 688	10 569
男	2 047	2 321	2 625	2 954	3 300	3 663	4 045	4 447	4 868	5 308
女	2 021	2 288	2 585	2 909	3 251	3 613	3 994	4 396	4 820	5 262
性比(女100につき男)	101.3	101.4	101.5	101.4	101.3	101.2	101.0	100.7	100.5	100.2
年齢分布(%)										
０－４歳	14.8	14.7	14.4	14.1	13.5	13.0	12.5	12.2	11.9	11.5
５－14歳	25.2	24.5	24.0	23.9	23.6	23.0	22.3	21.7	21.2	20.8
15－24歳	19.5	19.5	19.3	18.9	18.8	19.0	18.9	18.7	18.3	17.9
60歳以上	5.1	5.4	5.9	6.3	6.8	7.4	7.8	8.2	8.6	9.1
65歳以上	3.2	3.4	3.6	4.0	4.3	4.7	5.1	5.4	5.7	6.0
80歳以上	0.4	0.4	0.4	0.4	0.4	0.5	0.6	0.6	0.7	0.8
15－49歳女子(%)	48.7	48.9	48.9	48.7	49.0	49.4	49.9	50.1	50.2	50.2
中位数年齢(歳)	19.8	20.2	20.7	21.2	21.7	22.2	22.9	23.6	24.2	24.8

	2010-2015	2015-2020	2020-2025	2025-2030	2030-2035	2035-2040	2040-2045	2045-2050	2050-2055	2055-2060
年平均人口増加数(千人)	95	108	120	131	138	145	153	161	169	176
年平均出生数(千人)	130	146	161	176	187	199	212	226	241	254
年平均死亡数(千人)	31	34	37	41	46	50	56	62	68	74
人口増加率(%)	2.49	2.50	2.45	2.36	2.22	2.10	2.00	1.91	1.83	1.74
粗出生率(人口千人あたり)	34.0	33.7	32.8	31.7	30.2	28.8	27.7	26.8	26.0	25.1
粗死亡率(人口千人あたり)	8.1	7.8	7.6	7.4	7.3	7.3	7.3	7.3	7.3	7.3
合計出生率（女子１人あたり）	4.69	4.64	4.51	4.36	4.13	3.93	3.75	3.60	3.46	3.34
純再生産率（女子１人あたり）	1.99	1.99	1.96	1.91	1.82	1.75	1.68	1.62	1.57	1.52

D. 低位予測値

	2015	2020	2025	2030	2035	2040	2045	2050	2055	2060
人口(千人)										
総数	4 068	4 537	5 004	5 470	5 945	6 416	6 867	7 287	7 670	8 015
男	2 047	2 284	2 520	2 755	2 992	3 227	3 450	3 657	3 844	4 012
女	2 021	2 252	2 484	2 716	2 953	3 189	3 417	3 630	3 826	4 004
性比(女100につき男)	101.3	101.4	101.5	101.4	101.3	101.2	101.0	100.7	100.5	100.2
年齢分布(%)										
０－４歳	14.8	13.4	12.4	11.6	11.2	10.6	10.0	9.4	8.8	8.3
５－14歳	25.2	24.9	23.6	21.9	20.7	19.9	19.3	18.5	17.7	16.8
15－24歳	19.5	19.8	20.1	20.2	19.5	18.4	17.6	17.2	17.0	16.6
60歳以上	5.1	5.5	6.1	6.8	7.5	8.3	9.1	9.9	10.9	12.0
65歳以上	3.2	3.4	3.8	4.2	4.8	5.3	5.9	6.5	7.2	7.9
80歳以上	0.4	0.4	0.4	0.4	0.5	0.6	0.7	0.8	0.9	1.0
15－49歳女子(%)	48.7	49.7	50.9	52.2	52.7	52.9	52.8	52.7	52.4	51.8
中位数年齢(歳)	19.8	20.7	21.8	23.0	24.3	25.6	26.9	28.0	29.2	30.3

	2010-2015	2015-2020	2020-2025	2025-2030	2030-2035	2035-2040	2040-2045	2045-2050	2050-2055	2055-2060
年平均人口増加数(千人)	95	94	94	93	95	94	90	84	77	69
年平均出生数(千人)	130	131	133	135	141	145	145	144	142	139
年平均死亡数(千人)	31	33	35	38	42	46	51	56	61	67
人口増加率(%)	2.49	2.18	1.96	1.78	1.67	1.52	1.36	1.19	1.03	0.88
粗出生率(人口千人あたり)	34.0	30.4	27.8	25.9	24.7	23.4	21.9	20.3	18.9	17.8
粗死亡率(人口千人あたり)	8.1	7.6	7.4	7.3	7.4	7.5	7.7	7.9	8.2	8.5
合計出生率（女子１人あたり）	4.69	4.14	3.71	3.36	3.13	2.93	2.75	2.60	2.46	2.34
純再生産率（女子１人あたり）	1.99	1.78	1.61	1.47	1.38	1.30	1.23	1.17	1.12	1.07

E. 出生力一定予測値

	2015	2020	2025	2030	2035	2040	2045	2050	2055	2060
人口(千人)										
総数	4 068	4 615	5 242	5 953	6 754	7 656	8 677	9 837	11 161	12 678
男	2 047	2 324	2 641	3 000	3 403	3 857	4 369	4 952	5 617	6 379
女	2 021	2 291	2 601	2 953	3 351	3 800	4 308	4 885	5 545	6 300
中位数年齢(歳)	19.8	20.2	20.5	20.7	20.8	20.8	20.9	20.9	20.9	20.9

	2010-2015	2015-2020	2020-2025	2025-2030	2030-2035	2035-2040	2040-2045	2045-2050	2050-2055	2055-2060
人口増加率(%)	2.49	2.53	2.55	2.55	2.53	2.51	2.50	2.51	2.53	2.55
粗出生率(人口千人あたり)	34.0	34.0	33.9	33.6	33.3	32.9	32.7	32.6	32.6	32.6
粗死亡率(人口千人あたり)	8.1	7.8	7.6	7.5	7.4	7.3	7.2	7.1	7.0	6.9

Mauritius

A. 推 計 値

指　標	1960	1965	1970	1975	1980	1985	1990	1995	2000	2005	2010
人口(千人)											
総数	660	753	826	892	966	1 016	1 056	1 129	1 185	1 222	1 248
男	329	377	413	440	476	504	527	563	588	606	619
女	331	377	413	452	490	512	529	566	597	616	629
性比(女100につき男)	99.5	100.0	100.1	97.4	97.3	98.5	99.5	99.4	98.4	98.3	98.3
年齢分布(%)											
０－４歳	18.6	17.9	14.0	11.5	11.3	10.3	9.3	9.8	8.3	7.8	6.5
５－14歳	28.0	28.6	29.8	28.2	24.3	21.7	19.7	17.6	17.4	17.0	15.5
15－24歳	18.7	18.9	19.9	20.8	21.3	21.9	21.3	19.0	18.0	15.8	16.0
60歳以上	4.1	4.1	4.2	4.6	5.8	6.6	7.2	7.9	8.9	9.6	12.1
65歳以上	2.5	2.5	2.6	2.8	3.6	4.1	4.7	5.2	6.1	6.6	7.6
80歳以上	0.2	0.3	0.3	0.3	0.4	0.5	0.5	0.7	0.9	1.2	1.4
15－49歳女子(%)	44.7	44.7	46.7	50.0	52.0	54.4	55.8	55.8	56.3	54.2	52.8
中位数年齢(歳)	16.7	16.7	17.8	19.5	21.5	23.1	24.9	26.8	29.0	30.5	32.9
人口密度(1km²あたり)	325	371	407	440	476	500	520	556	584	602	615

指　標	1960-1965	1965-1970	1970-1975	1975-1980	1980-1985	1985-1990	1990-1995	1995-2000	2000-2005	2005-2010	2010-2015
年平均人口増加数(千人)	19	15	13	15	10	8	15	11	7	5	5
年平均出生数(千人)	31	26	23	25	20	22	22	21	19	16	14
年平均死亡数(千人)	6	6	6	6	6	7	7	8	8	9	9
人口増加率(%)	2.64	1.85	1.53	1.59	1.00	0.77	1.33	0.98	0.61	0.42	0.40
粗出生率(人口千人あたり)	43.8	33.2	26.8	26.5	20.3	21.0	20.4	17.9	16.0	13.3	11.4
粗死亡率(人口千人あたり)	8.6	7.3	6.8	6.2	5.9	6.3	6.1	6.6	6.7	7.1	7.3
合計出生率(女子１人あたり)	6.20	4.61	3.47	3.11	2.30	2.31	2.25	2.03	1.93	1.70	1.50
純再生産率(女子１人あたり)	2.65	2.00	1.51	1.43	1.08	1.09	1.07	0.97	0.92	0.81	0.72
乳児死亡率(出生千人あたり)	61	67	61	38	26	23	18	20	13	13	12
出生時の平均余命(歳)											
男	59.4	60.8	60.7	61.5	64.5	64.7	66.6	66.8	68.9	69.4	70.7
女	63.0	65.0	66.3	70.0	71.8	72.5	74.1	74.2	75.5	76.3	77.7
男女計	61.2	63.0	63.5	65.7	68.1	68.5	70.3	70.4	72.1	72.8	74.1

B. 中 位 予 測 値

指　標	2015	2020	2025	2030	2035	2040	2045	2050	2055	2060
人口(千人)										
総数	1 273	1 291	1 304	1 310	1 307	1 295	1 274	1 249	1 222	1 194
男	629	636	639	640	637	630	619	607	594	582
女	644	656	664	669	670	665	655	642	628	612
性比(女100につき男)	97.6	96.9	96.3	95.7	95.2	94.8	94.6	94.5	94.7	95.1
年齢分布(%)										
０－４歳	5.5	5.3	5.2	5.2	5.0	4.7	4.5	4.4	4.4	4.5
５－14歳	13.8	11.7	10.7	10.4	10.4	10.2	9.8	9.4	9.1	9.1
15－24歳	15.9	14.9	13.4	11.5	10.6	10.5	10.6	10.6	10.2	9.8
60歳以上	14.7	17.7	21.1	23.3	25.1	27.6	29.1	30.6	33.0	34.9
65歳以上	9.6	11.9	14.5	17.3	19.2	20.7	22.8	24.0	25.4	27.6
80歳以上	1.7	2.0	2.4	3.3	4.4	5.5	6.8	7.4	7.9	9.1
６－11歳	8.0	6.8	6.3	6.2	6.2	6.1	5.8	5.6	5.4	5.4
12－14歳	4.6	3.9	3.3	3.1	3.1	3.1	3.1	3.0	2.8	2.8
15－17歳	4.6	4.3	3.6	3.2	3.1	3.1	3.2	3.1	2.9	2.8
18－23歳	9.8	9.0	8.4	7.0	6.3	6.3	6.4	6.4	6.2	6.0
15－24歳女子(%)	51.3	50.6	49.2	46.3	44.5	42.8	40.6	38.9	37.2	36.2
中位数年齢(歳)	35.2	37.0	38.7	40.4	42.2	44.0	45.6	47.1	48.2	48.8
人口密度(1km²あたり)	627	636	642	645	644	638	628	615	602	588

指　標	2010-2015	2015-2020	2020-2025	2025-2030	2030-2035	2035-2040	2040-2045	2045-2050	2050-2055	2055-2060
年平均人口増加数(千人)	5	4	2	1	0	－2	－4	－5	－5	－6
年平均出生数(千人)	14	14	14	14	13	12	11	11	11	11
年平均死亡数(千人)	9	10	11	12	14	15	16	16	16	16
年平均純移動数(千人)	0	0	0	0	0	0	0	0	0	0
人口増加率(%)	0.40	0.28	0.19	0.09	−0.04	−0.19	−0.32	−0.40	−0.44	−0.46
粗出生率(人口千人あたり)	11.4	10.8	10.6	10.4	10.0	9.4	8.9	8.7	8.8	8.9
粗死亡率(人口千人あたり)	7.3	8.0	8.7	9.5	10.4	11.3	12.1	12.8	13.2	13.5
純移動率(人口千人あたり)	0.0	0.0	0.0	0.0	0.0	0.0	0.0	0.0	0.0	0.0
合計出生率（女子１人あたり）	1.50	1.44	1.43	1.47	1.51	1.55	1.58	1.61	1.64	1.67
純再生産率（女子１人あたり）	0.72	0.69	0.69	0.71	0.73	0.75	0.76	0.78	0.80	0.81
乳児死亡率（出生千人あたり）	12	10	9	8	7	6	5	5	4	4
５歳未満の死亡数(出生千人あたり)	14	12	11	9	8	7	7	6	5	5
出生時の平均余命(歳)										
男	70.7	71.6	72.5	73.4	74.4	75.3	76.3	77.3	78.4	79.4
女	77.7	78.5	79.2	79.9	80.5	81.2	81.8	82.4	83.0	83.6
男女計	74.1	75.0	75.8	76.6	77.4	78.2	79.1	79.9	80.7	81.5

C. 高位予測値

	2015	2020	2025	2030	2035	2040	2045	2050	2055	2060
人口(千人)										
総数	1 273	1 303	1 334	1 363	1 383	1 392	1 395	1 398	1 404	1 414
男	629	642	655	668	676	680	681	683	687	694
女	644	662	679	695	707	712	714	715	717	720
性比(女100につき男)	97.6	96.9	96.1	95.4	94.7	94.1	93.7	93.4	93.3	93.4
年齢分布(%)										
0－4歳	5.5	6.2	6.5	6.6	6.3	5.9	5.8	5.9	6.3	6.5
5－14歳	13.8	11.6	11.3	12.3	12.8	12.7	12.1	11.6	11.6	12.1
15－24歳	15.9	14.8	13.1	11.0	10.9	12.0	12.7	12.6	12.0	11.5
60歳以上	14.7	17.6	20.6	22.4	23.7	25.7	26.5	27.4	28.7	29.5
65歳以上	9.6	11.8	14.2	16.7	18.1	19.2	20.8	21.5	22.1	23.3
80歳以上	1.7	2.0	2.4	3.2	4.1	5.1	6.2	6.6	6.9	7.7
15－49歳女子(%)	51.3	50.2	48.1	44.5	43.0	42.0	40.9	40.1	39.2	39.0
中位数年齢(歳)	35.2	36.7	37.9	39.0	40.4	41.4	42.3	42.6	42.0	41.3

	2010-2015	2015-2020	2020-2025	2025-2030	2030-2035	2035-2040	2040-2045	2045-2050	2050-2055	2055-2060
年平均人口増加数(千人)	5	6	6	6	4	2	1	1	1	2
年平均出生数(千人)	14	16	18	18	17	17	16	17	18	18
年平均死亡数(千人)	9	10	11	12	14	15	16	16	16	16
人口増加率(%)	0.40	0.47	0.47	0.43	0.28	0.14	0.04	0.04	0.09	0.14
粗出生率(人口千人あたり)	11.4	12.6	13.3	13.5	12.7	12.0	11.6	11.9	12.6	13.0
粗死亡率(人口千人あたり)	7.3	8.0	8.6	9.2	9.9	10.6	11.2	11.6	11.7	11.6
合計出生率(女子1人あたり)	1.50	1.69	1.83	1.97	2.01	2.05	2.08	2.11	2.14	2.17
純再生産率(女子1人あたり)	0.72	0.81	0.88	0.95	0.97	0.99	1.01	1.02	1.04	1.05

D. 低位予測値

	2015	2020	2025	2030	2035	2040	2045	2050	2055	2060
人口(千人)										
総数	1 273	1 279	1 273	1 256	1 231	1 199	1 158	1 109	1 057	1 002
男	629	630	624	613	599	581	560	536	510	484
女	644	650	649	643	633	618	598	574	547	518
性比(女100につき男)	97.6	96.9	96.1	95.4	94.7	94.1	93.7	93.4	93.3	93.4
年齢分布(%)										
0－4歳	5.5	4.4	3.9	3.5	3.5	3.3	3.1	2.9	2.7	2.6
5－14歳	13.8	11.8	10.0	8.4	7.6	7.3	7.2	6.8	6.4	6.0
15－24歳	15.9	15.0	13.7	12.0	10.3	8.8	8.1	7.9	7.8	7.6
60歳以上	14.7	17.9	21.6	24.3	26.7	29.8	32.0	34.5	38.1	41.6
65歳以上	9.6	12.0	14.8	18.1	20.4	22.3	25.1	27.0	29.4	32.9
80歳以上	1.7	2.0	2.5	3.5	4.6	5.9	7.5	8.3	9.2	10.8
15－49歳女子(%)	51.3	51.1	50.3	48.2	46.2	43.6	40.1	37.1	34.1	31.8
中位数年齢(歳)	35.2	37.4	39.6	41.9	44.1	46.5	48.7	50.9	53.0	55.2

	2010-2015	2015-2020	2020-2025	2025-2030	2030-2035	2035-2040	2040-2045	2045-2050	2050-2055	2055-2060
年平均人口増加数(千人)	5	1	－1	－3	－5	－7	－8	－10	－11	－11
年平均出生数(千人)	14	11	10	9	9	8	7	6	6	5
年平均死亡数(千人)	9	10	11	12	14	15	15	16	16	16
人口増加率(%)	0.40	0.10	-0.11	-0.27	-0.39	-0.54	-0.70	-0.85	-0.97	-1.06
粗出生率(人口千人あたり)	11.4	9.0	7.8	7.1	7.0	6.6	6.1	5.6	5.3	5.1
粗死亡率(人口千人あたり)	7.3	8.0	8.8	9.8	10.9	12.0	13.1	14.1	15.0	15.7
合計出生率(女子1人あたり)	1.50	1.19	1.03	0.97	1.01	1.05	1.08	1.11	1.14	1.17
純再生産率(女子1人あたり)	0.72	0.57	0.50	0.47	0.49	0.51	0.52	0.54	0.55	0.57

E. 出生力一定予測値

	2015	2020	2025	2030	2035	2040	2045	2050	2055	2060
人口(千人)										
総数	1 273	1 294	1 309	1 316	1 311	1 296	1 272	1 243	1 211	1 177
男	629	637	642	644	639	631	618	604	589	573
女	644	657	667	672	671	665	654	639	622	604
中位数年齢(歳)	35.2	36.9	38.6	40.2	42.1	44.0	45.7	47.2	48.5	49.5

	2010-2015	2015-2020	2020-2025	2025-2030	2030-2035	2035-2040	2040-2045	2045-2050	2050-2055	2055-2060
人口増加率(%)	0.40	0.33	0.23	0.10	-0.07	-0.24	-0.37	-0.46	-0.52	-0.58
粗出生率(人口千人あたり)	11.4	11.3	11.0	10.4	9.6	8.9	8.4	8.2	8.1	7.9
粗死亡率(人口千人あたり)	7.3	8.0	8.7	9.5	10.3	11.2	12.1	12.8	13.3	13.6

Mayotte

A. 推 計 値

指　標	1960	1965	1970	1975	1980	1985	1990	1995	2000	2005	2010
人口(千人)											
総数	24	31	37	45	55	72	95	123	150	178	209
男	13	16	19	24	28	37	48	63	76	88	102
女	11	14	18	22	27	35	46	61	74	90	107
性比(女100につき男)	115.3	113.6	110.5	108.0	106.1	106.5	104.6	103.2	102.4	97.2	95.6
年齢分布(%)											
０－４歳	17.3	18.5	19.8	20.6	20.4	20.1	19.2	16.3	16.6	16.7	16.8
５－14歳	24.5	26.0	26.9	28.3	28.8	28.6	28.8	29.3	27.3	25.8	26.2
15－24歳	16.7	17.6	17.8	17.7	18.2	19.4	19.8	20.4	20.8	20.7	19.2
60歳以上	9.4	8.4	7.5	6.7	5.6	4.9	4.4	4.4	4.5	4.8	5.1
65歳以上	6.1	5.5	5.1	4.5	4.1	3.4	3.0	3.0	3.0	3.2	3.4
80歳以上	0.8	0.6	0.6	0.7	0.7	0.6	0.6	0.6	0.6	0.6	0.7
15－49歳女子(%)	38.8	38.7	39.1	39.0	40.4	41.9	43.3	45.6	47.1	49.5	48.8
中位数年齢(歳)	19.4	17.9	16.7	15.6	15.4	15.6	15.9	17.0	17.7	18.3	18.5
人口密度(1k㎡あたり)	64	81	99	121	147	192	253	328	401	475	557

指　標	1960-1965	1965-1970	1970-1975	1975-1980	1980-1985	1985-1990	1990-1995	1995-2000	2000-2005	2005-2010	2010-2015
年平均人口増加数(千人)	1	1	2	2	3	5	6	5	6	6	6
年平均出生数(千人)	1	2	2	2	3	4	4	5	6	7	7
年平均死亡数(千人)	0	0	0	0	0	0	0	0	0	1	1
人口増加率(%)	4.79	3.83	4.15	3.85	5.37	5.47	5.24	3.98	3.39	3.17	2.79
粗出生率(人口千人あたり)	44.9	46.6	47.8	49.4	47.1	44.4	36.1	36.1	36.5	36.4	31.7
粗死亡率(人口千人あたり)	14.1	11.1	8.9	7.1	5.6	4.5	3.7	3.2	2.9	2.7	2.5
合計出生率(女子１人あたり)	7.91	7.91	7.91	7.91	7.35	6.73	5.25	5.08	4.80	4.60	4.10
純再生産率(女子１人あたり)	3.32	3.47	3.57	3.65	3.45	3.19	2.52	2.45	2.33	2.24	2.00
乳児死亡率(出生千人あたり)	82	61	46	34	25	19	14	10	8	6	4
出生時の平均余命(歳)											
男	54.0	57.5	60.5	63.2	65.6	67.7	69.6	71.4	73.0	74.5	76.0
女	61.5	65.4	68.6	71.3	73.7	75.7	77.5	79.1	80.6	81.9	82.9
男女計	57.1	60.7	63.9	66.6	69.0	71.1	73.1	74.9	76.5	78.0	79.3

B. 中 位 予 測 値

指　標	2015	2020	2025	2030	2035	2040	2045	2050	2055	2060
人口(千人)										
総数	240	273	308	344	382	421	460	497	533	567
男	118	134	152	170	189	208	228	246	264	281
女	122	139	156	174	193	213	232	251	269	286
性比(女100につき男)	96.5	96.9	97.2	97.4	97.7	97.9	98.1	98.2	98.3	98.4
年齢分布(%)										
０－４歳	14.8	13.2	12.3	11.7	11.1	10.5	9.7	9.0	8.3	7.8
５－14歳	26.9	25.7	23.2	21.5	20.4	19.7	18.9	17.9	16.8	15.7
15－24歳	18.2	20.0	21.0	20.4	18.7	17.5	17.0	16.7	16.3	15.7
60歳以上	5.6	6.2	7.0	8.0	9.4	10.9	12.2	13.3	14.4	16.1
65歳以上	3.8	4.2	4.8	5.5	6.4	7.6	8.9	10.1	11.1	12.0
80歳以上	0.7	0.9	1.0	1.2	1.4	1.7	2.1	2.6	3.2	4.0
６－11歳	16.8	15.6	14.0	13.0	12.4	12.0	11.4	10.8	10.1	9.4
12－14歳	7.1	7.6	6.9	6.2	5.9	5.7	5.5	5.3	5.0	4.7
15－17歳	6.5	6.7	6.9	6.2	5.7	5.5	5.3	5.2	5.0	4.7
18－23歳	10.2	11.6	12.2	12.3	11.1	10.4	10.1	9.9	9.7	9.4
15－24歳女子(%)	48.7	49.9	51.4	51.5	50.9	50.5	50.6	50.3	49.6	48.3
中位数年齢(歳)	19.0	20.1	21.6	23.2	24.9	26.4	27.8	29.3	30.8	32.4
人口密度(1k㎡あたり)	640	728	821	918	1 019	1 123	1 226	1 325	1 420	1 512

指　標	2010-2015	2015-2020	2020-2025	2025-2030	2030-2035	2035-2040	2040-2045	2045-2050	2050-2055	2055-2060
年平均人口増加数(千人)	6	7	7	7	8	8	8	7	7	7
年平均出生数(千人)	7	7	8	8	9	9	9	9	9	9
年平均死亡数(千人)	1	1	1	1	1	1	1	1	2	2
年平均純移動数(千人)	0	0	0	0	0	0	0	0	0	0
人口増加率(%)	2.79	2.59	2.38	2.24	2.10	1.94	1.75	1.56	1.39	1.24
粗出生率(人口千人あたり)	31.7	28.3	26.2	24.8	23.5	22.0	20.3	18.7	17.3	16.1
粗死亡率(人口千人あたり)	2.5	2.4	2.4	2.4	2.5	2.7	2.9	3.1	3.4	3.7
純移動率(人口千人あたり)	−1.3	0.0	0.0	0.0	0.0	0.0	0.0	0.0	0.0	0.0
合計出生率（女子１人あたり）	4.10	3.73	3.43	3.18	2.96	2.78	2.62	2.48	2.36	2.24
純再生産率（女子１人あたり）	2.00	1.82	1.68	1.55	1.45	1.36	1.29	1.22	1.16	1.10
乳児死亡率（出生千人あたり）	4	3	3	2	2	2	2	2	2	1
５歳未満の死亡数(出生千人あた	5	4	3	3	3	2	2	2	2	2
出生時の平均余命(歳)										
男	76.0	77.6	79.1	80.4	81.4	82.2	83.0	83.7	84.4	85.1
女	82.9	83.9	84.8	85.6	86.4	87.2	87.9	88.6	89.3	90.0
男女計	79.3	80.6	81.9	83.0	83.9	84.7	85.5	86.2	86.9	87.6

C. 高 位 予 測 値

	2015	2020	2025	2030	2035	2040	2045	2050	2055	2060
人口(千人)										
総数	240	276	315	357	403	450	499	550	601	653
男	118	136	155	177	199	223	248	273	299	325
女	122	140	159	181	203	227	252	277	302	328
性比(女100につき男)	96.5	96.8	97.0	97.2	97.4	97.5	97.6	97.7	97.7	97.7
年齢分布(%)										
0－4歳	14.8	14.0	13.5	13.1	12.4	11.7	11.1	10.5	10.0	9.5
5－14歳	26.9	25.5	23.5	22.6	22.1	21.4	20.6	19.7	18.8	18.0
15－24歳	18.2	19.8	20.5	19.6	18.3	17.9	17.8	17.5	17.1	16.6
60歳以上	5.6	6.1	6.8	7.7	8.9	10.2	11.2	12.0	12.7	14.0
65歳以上	3.8	4.2	4.7	5.3	6.0	7.1	8.2	9.1	9.8	10.4
80歳以上	0.7	0.9	1.0	1.2	1.4	1.6	1.9	2.3	2.9	3.5
15－49歳女子(%)	48.7	49.5	50.3	49.6	49.0	48.8	49.2	49.2	48.8	48.0
中位数年齢(歳)	19.0	19.9	21.0	22.3	23.4	24.4	25.4	26.5	27.7	28.9

	2010-2015	2015-2020	2020-2025	2025-2030	2030-2035	2035-2040	2040-2045	2045-2050	2050-2055	2055-2060
年平均人口増加数(千人)	6	7	8	9	9	10	10	10	10	10
年平均出生数(千人)	7	8	8	9	10	11	11	12	12	12
年平均死亡数(千人)	1	1	1	1	1	1	1	1	2	2
人口増加率(%)	2.79	2.77	2.64	2.55	2.39	2.23	2.07	1.92	1.78	1.66
粗出生率(人口千人あたり)	31.7	30.0	28.8	27.9	26.4	24.8	23.4	22.0	20.8	19.8
粗死亡率(人口千人あたり)	2.5	2.4	2.4	2.4	2.4	2.5	2.7	2.9	3.1	3.3
合計出生率（女子１人あたり）	4.10	3.98	3.83	3.68	3.46	3.28	3.12	2.98	2.86	2.74
純再生産率（女子１人あたり）	2.00	1.94	1.87	1.80	1.70	1.61	1.53	1.46	1.40	1.35

D. 低 位 予 測 値

	2015	2020	2025	2030	2035	2040	2045	2050	2055	2060
人口(千人)										
総数	240	271	301	331	362	392	421	446	469	488
男	118	133	148	163	179	194	208	221	232	241
女	122	138	153	168	183	199	213	226	237	247
性比(女100につき男)	96.5	96.8	97.0	97.2	97.4	97.5	97.6	97.7	97.7	97.7
年齢分布(%)										
0－4歳	14.8	12.4	11.1	10.3	9.8	9.1	8.3	7.4	6.6	6.0
5－14歳	26.9	26.0	23.0	20.3	18.6	17.7	16.9	15.8	14.4	13.1
15－24歳	18.2	20.1	21.4	21.2	19.1	17.1	16.0	15.5	15.1	14.4
60歳以上	5.6	6.2	7.1	8.3	9.9	11.7	13.3	14.8	16.3	18.7
65歳以上	3.8	4.3	4.9	5.7	6.7	8.2	9.8	11.2	12.6	13.9
80歳以上	0.7	0.9	1.0	1.3	1.5	1.8	2.3	2.9	3.7	4.6
15－49歳女子(%)	48.7	50.4	52.5	53.5	53.1	52.4	52.1	51.4	50.1	48.1
中位数年齢(歳)	19.0	20.3	22.2	24.2	26.3	28.4	30.5	32.6	34.6	36.7

	2010-2015	2015-2020	2020-2025	2025-2030	2030-2035	2035-2040	2040-2045	2045-2050	2050-2055	2055-2060
年平均人口増加数(千人)	6	6	6	6	6	6	6	5	5	4
年平均出生数(千人)	7	7	7	7	7	7	7	7	6	6
年平均死亡数(千人)	1	1	1	1	1	1	1	1	2	2
人口増加率(%)	2.79	2.41	2.11	1.91	1.78	1.61	1.41	1.19	0.98	0.81
粗出生率(人口千人あたり)	31.7	26.5	23.5	21.6	20.4	18.9	17.1	15.3	13.6	12.3
粗死亡率(人口千人あたり)	2.5	2.4	2.4	2.5	2.7	2.8	3.1	3.4	3.8	4.2
合計出生率（女子１人あたり）	4.10	3.48	3.03	2.68	2.46	2.28	2.12	1.98	1.86	1.74
純再生産率（女子１人あたり）	2.00	1.70	1.48	1.31	1.21	1.12	1.04	0.97	0.91	0.85

E. 出生力一定予測値

	2015	2020	2025	2030	2035	2040	2045	2050	2055	2060
人口(千人)										
総数	240	277	319	367	422	483	551	628	713	809
男	118	136	157	181	209	240	274	312	356	404
女	122	141	162	186	213	243	277	315	357	405
中位数年齢(歳)	19.0	19.8	20.7	21.6	22.1	22.3	22.6	22.9	23.2	23.4

	2010-2015	2015-2020	2020-2025	2025-2030	2030-2035	2035-2040	2040-2045	2045-2050	2050-2055	2055-2060
人口増加率(%)	2.79	2.85	2.83	2.82	2.78	2.71	2.65	2.59	2.56	2.54
粗出生率(人口千人あたり)	31.7	30.8	30.6	30.5	30.1	29.5	28.9	28.4	28.2	28.1
粗死亡率(人口千人あたり)	2.5	2.4	2.4	2.3	2.4	2.4	2.5	2.6	2.6	2.7

Mexico

A. 推計値

指　標	1960	1965	1970	1975	1980	1985	1990	1995	2000	2005	2010
人口(千人)											
総数	38 174	44 623	52 030	60 872	69 331	77 323	85 609	94 427	102 809	109 748	118 618
男	19 018	22 244	25 949	30 361	34 577	38 498	42 577	46 886	51 040	54 535	58 988
女	19 157	22 379	26 081	30 512	34 754	38 825	43 033	47 541	51 769	55 213	59 629
性比(女100につき男)	99.3	99.4	99.5	99.5	99.5	99.2	98.9	98.6	98.6	98.8	98.9
年齢分布(%)											
０－４歳	18.8	18.4	18.3	18.6	16.3	14.5	13.5	12.7	11.9	10.9	9.8
５－14歳	27.1	28.5	28.3	27.9	29.0	28.3	25.5	23.5	22.4	21.5	20.1
15－24歳	17.5	17.7	18.7	19.6	19.7	20.4	21.7	21.8	20.1	19.1	18.7
60歳以上	5.4	5.6	5.6	5.6	5.5	5.9	6.3	6.7	7.1	7.7	8.4
65歳以上	3.4	3.6	3.7	3.7	3.8	3.9	4.3	4.6	5.0	5.3	5.9
80歳以上	0.4	0.5	0.5	0.6	0.7	0.7	0.8	0.9	0.9	1.1	1.3
15－49歳女子(%)	43.6	42.4	43.0	43.0	43.9	45.9	49.4	51.7	52.9	53.2	53.8
中位数年齢(歳)	17.1	16.6	16.6	16.6	17.2	18.2	19.5	21.2	22.7	24.2	25.8
人口密度(1km²あたり)	20	23	27	31	36	40	44	49	53	56	61

指　標	1960-1965	1965-1970	1970-1975	1975-1980	1980-1985	1985-1990	1990-1995	1995-2000	2000-2005	2005-2010	2010-2015
年平均人口増加数(千人)	1 290	1 481	1 769	1 692	1 598	1 657	1 764	1 676	1 388	1 774	1 680
年平均出生数(千人)	1 846	2 107	2 468	2 421	2 367	2 427	2 489	2 513	2 446	2 382	2 369
年平均死亡数(千人)	474	502	519	486	465	463	465	468	490	526	585
人口増加率(%)	3.12	3.07	3.14	2.60	2.18	2.04	1.96	1.70	1.31	1.55	1.37
粗出生率(人口千人あたり)	44.6	43.6	43.7	37.2	32.3	29.8	27.6	25.5	23.0	20.9	19.3
粗死亡率(人口千人あたり)	11.5	10.4	9.2	7.5	6.3	5.7	5.2	4.7	4.6	4.6	4.8
合計出生率(女子１人あたり)	6.75	6.75	6.71	5.40	4.37	3.75	3.25	2.89	2.63	2.43	2.29
純再生産率(女子１人あたり)	2.72	2.78	2.86	2.39	1.98	1.72	1.51	1.35	1.24	1.15	1.09
乳児死亡率(出生千人あたり)	88	80	69	57	47	40	33	28	21	20	19
出生時の平均余命(歳)											
男	56.4	58.2	60.1	62.2	64.4	66.8	69.0	71.3	72.4	73.3	74.0
女	60.6	62.5	65.2	68.6	71.2	73.0	74.6	76.1	77.4	78.1	78.9
男女計	58.5	60.3	62.6	65.3	67.7	69.8	71.8	73.7	74.9	75.7	76.5

B. 中位予測値

指　標	2015	2020	2025	2030	2035	2040	2045	2050	2055	2060
人口(千人)										
総数	127 017	134 837	141 924	148 133	153 404	157 762	161 213	163 754	165 390	166 111
男	63 181	67 078	70 601	73 682	76 302	78 486	80 257	81 614	82 556	83 053
女	63 836	67 759	71 322	74 451	77 102	79 276	80 956	82 140	82 834	83 058
性比(女100につき男)	99.0	99.0	99.0	99.0	99.0	99.0	99.1	99.4	99.7	100.0
年齢分布(%)										
０－４歳	9.1	8.4	7.7	7.1	6.5	6.1	5.7	5.4	5.2	5.0
５－14歳	18.5	17.2	16.1	15.0	13.9	12.9	12.1	11.4	10.9	10.5
15－24歳	18.3	17.4	16.3	15.4	14.6	13.9	13.0	12.2	11.6	11.1
60歳以上	9.6	11.0	12.7	14.9	17.4	19.9	22.3	24.7	27.1	29.6
65歳以上	6.5	7.6	8.8	10.4	12.3	14.6	16.8	18.9	21.0	23.2
80歳以上	1.5	1.7	1.9	2.2	2.8	3.5	4.3	5.4	6.6	7.8
６－11歳	11.0	10.3	9.6	9.0	8.3	7.7	7.2	6.8	6.5	6.3
12－14歳	5.6	5.1	4.9	4.6	4.3	4.0	3.7	3.5	3.3	3.2
15－17歳	5.7	5.2	4.8	4.6	4.4	4.1	3.8	3.6	3.4	3.3
18－23歳	10.9	10.5	9.8	9.2	8.8	8.4	7.9	7.4	7.0	6.7
15－24歳女子(%)	54.1	53.5	52.2	50.9	49.6	48.2	46.5	44.6	42.8	41.3
中位数年齢(歳)	27.4	29.2	31.1	33.1	35.1	37.1	39.0	40.9	42.6	44.2
人口密度(1km²あたり)	65	69	73	76	79	81	83	84	85	85

指　標	2010-2015	2015-2020	2020-2025	2025-2030	2030-2035	2035-2040	2040-2045	2045-2050	2050-2055	2055-2060
年平均人口増加数(千人)	1 680	1 564	1 417	1 242	1 054	872	690	508	327	144
年平均出生数(千人)	2 369	2 312	2 229	2 128	2 028	1 940	1 863	1 798	1 734	1 670
年平均死亡数(千人)	585	638	699	771	852	947	1 052	1 168	1 291	1 417
年平均純移動数(千人)	−105	−110	−113	−116	−121	−121	−121	−121	−115	−109
人口増加率(%)	1.37	1.20	1.02	0.86	0.70	0.56	0.43	0.31	0.20	0.09
粗出生率(人口千人あたり)	19.3	17.7	16.1	14.7	13.5	12.5	11.7	11.1	10.5	10.1
粗死亡率(人口千人あたり)	4.8	4.9	5.1	5.3	5.7	6.1	6.6	7.2	7.8	8.5
純移動率(人口千人あたり)	−0.9	−0.8	−0.8	−0.8	−0.8	−0.8	−0.8	−0.7	−0.7	−0.7
合計出生率（女子１人あたり）	2.29	2.14	2.01	1.90	1.82	1.76	1.73	1.72	1.71	1.72
純再生産率（女子１人あたり）	1.09	1.02	0.96	0.91	0.87	0.85	0.83	0.83	0.83	0.83
乳児死亡率（出生千人あたり）	19	16	14	12	11	9	8	8	7	6
５歳未満の死亡数(出生千人あたり	23	20	18	15	13	12	10	9	8	8
出生時の平均余命(歳)										
男	74.0	75.2	76.2	77.3	78.4	79.5	80.7	81.8	82.8	83.6
女	78.9	79.9	80.7	81.5	82.3	83.0	83.7	84.4	85.0	85.7
男女計	76.5	77.5	78.5	79.4	80.3	81.3	82.2	83.1	83.9	84.7

C. 高位予測値

	2015	2020	2025	2030	2035	2040	2045	2050	2055	2060
人口(千人)										
総数	127 017	136 164	145 434	154 400	162 508	169 994	177 105	183 937	190 413	196 362
男	63 181	67 757	72 396	76 886	80 957	84 740	88 381	91 932	95 348	98 517
女	63 836	68 408	73 039	77 514	81 551	85 254	88 724	92 005	95 065	97 845
性比(女100につき男)	99.0	98.9	98.9	98.7	98.6	98.6	98.6	98.7	98.9	99.2
年齢分布(%)										
０－４歳	9.1	9.3	9.1	8.6	7.9	7.5	7.3	7.2	7.1	6.9
５－14歳	18.5	17.0	16.6	16.7	16.2	15.3	14.4	13.9	13.7	13.5
15－24歳	18.3	17.3	15.9	14.7	14.6	14.9	14.6	13.9	13.2	12.8
60歳以上	9.6	10.9	12.4	14.3	16.4	18.5	20.3	22.0	23.6	25.0
65歳以上	6.5	7.5	8.6	10.0	11.7	13.5	15.3	16.8	18.2	19.6
80歳以上	1.5	1.6	1.9	2.1	2.7	3.3	3.9	4.8	5.7	6.6
15－49歳女子(%)	54.1	53.0	51.0	48.9	47.7	46.8	45.9	44.6	43.6	43.0
中位数年齢(歳)	27.4	28.9	30.3	31.7	33.1	34.4	35.4	36.2	37.1	38.1

	2010-2015	2015-2020	2020-2025	2025-2030	2030-2035	2035-2040	2040-2045	2045-2050	2050-2055	2055-2060
年平均人口増加数(千人)	1 680	1 829	1 854	1 793	1 622	1 497	1 422	1 366	1 295	1 190
年平均出生数(千人)	2 369	2 582	2 673	2 688	2 604	2 574	2 606	2 668	2 715	2 731
年平均死亡数(千人)	585	643	707	780	861	956	1 063	1 180	1 305	1 432
人口増加率(%)	1.37	1.39	1.32	1.20	1.02	0.90	0.82	0.76	0.69	0.62
粗出生率(人口千人あたり)	19.3	19.6	19.0	17.9	16.4	15.5	15.0	14.8	14.5	14.1
粗死亡率(人口千人あたり)	4.8	4.9	5.0	5.2	5.4	5.7	6.1	6.5	7.0	7.4
合計出生率（女子１人あたり）	2.29	2.39	2.41	2.40	2.32	2.26	2.23	2.22	2.21	2.22
純再生産率（女子１人あたり）	1.09	1.14	1.15	1.15	1.11	1.09	1.07	1.07	1.07	1.07

D. 低位予測値

	2015	2020	2025	2030	2035	2040	2045	2050	2055	2060
人口(千人)										
総数	127 017	133 510	138 413	141 865	144 340	145 756	145 999	145 024	142 895	139 708
男	63 181	66 400	68 807	70 478	71 668	72 348	72 479	72 040	71 058	69 558
女	63 836	67 110	69 606	71 387	72 671	73 408	73 520	72 985	71 837	70 150
性比(女100につき男)	99.0	98.9	98.9	98.7	98.6	98.6	98.6	98.7	98.9	99.2
年齢分布(%)										
０－４歳	9.1	7.5	6.4	5.5	5.0	4.6	4.1	3.7	3.4	3.1
５－14歳	18.5	17.3	15.6	13.2	11.4	10.2	9.4	8.7	7.9	7.2
15－24歳	18.3	17.6	16.7	16.0	14.7	12.6	11.0	10.0	9.4	8.8
60歳以上	9.6	11.1	13.1	15.6	18.5	21.5	24.6	27.9	31.4	35.2
65歳以上	6.5	7.6	9.1	10.8	13.1	15.8	18.5	21.3	24.3	27.6
80歳以上	1.5	1.7	2.0	2.3	3.0	3.8	4.8	6.1	7.6	9.2
15－49歳女子(%)	54.1	54.0	53.5	53.1	51.8	49.7	47.0	44.1	41.2	38.4
中位数年齢(歳)	27.4	29.5	31.9	34.5	37.1	39.8	42.5	45.2	47.8	50.3

	2010-2015	2015-2020	2020-2025	2025-2030	2030-2035	2035-2040	2040-2045	2045-2050	2050-2055	2055-2060
年平均人口増加数(千人)	1 680	1 299	981	690	495	283	49	－ 195	－ 426	－ 637
年平均出生数(千人)	2 369	2 042	1 785	1 568	1 460	1 342	1 212	1 084	969	876
年平均死亡数(千人)	585	633	691	762	844	938	1 042	1 157	1 279	1 404
人口増加率(%)	1.37	1.00	0.72	0.49	0.35	0.20	0.03	−0.13	−0.30	−0.45
粗出生率(人口千人あたり)	19.3	15.7	13.1	11.2	10.2	9.3	8.3	7.4	6.7	6.2
粗死亡率(人口千人あたり)	4.8	4.9	5.1	5.4	5.9	6.5	7.1	8.0	8.9	9.9
合計出生率（女子１人あたり）	2.29	1.89	1.61	1.40	1.32	1.26	1.23	1.22	1.21	1.22
純再生産率（女子１人あたり）	1.09	0.90	0.77	0.67	0.63	0.61	0.59	0.59	0.59	0.59

E. 出生力一定予測値

	2015	2020	2025	2030	2035	2040	2045	2050	2055	2060
人口(千人)										
総数	127 017	135 634	144 256	152 611	160 525	168 033	175 206	182 048	188 521	194 560
男	63 181	67 485	71 794	75 971	79 943	83 738	87 412	90 968	94 384	97 599
女	63 836	68 148	72 463	76 640	80 581	84 295	87 794	91 080	94 137	96 961
中位数年齢(歳)	27.4	29.0	30.6	32.1	33.6	34.8	35.9	36.7	37.4	38.1

	2010-2015	2015-2020	2020-2025	2025-2030	2030-2035	2035-2040	2040-2045	2045-2050	2050-2055	2055-2060
人口増加率(%)	1.37	1.31	1.23	1.13	1.01	0.91	0.84	0.77	0.70	0.63
粗出生率(人口千人あたり)	19.3	18.8	18.2	17.3	16.4	15.7	15.3	14.9	14.6	14.3
粗死亡率(人口千人あたり)	4.8	4.9	5.0	5.2	5.5	5.8	6.2	6.6	7.0	7.5

Micronesia (Fed. States of)

A. 推計値

指　標	1960	1965	1970	1975	1980	1985	1990	1995	2000	2005	2010
人口(千人)											
総数	45	52	61	63	73	86	96	108	107	106	104
男	23	27	32	33	37	44	49	55	54	54	53
女	22	25	30	31	36	42	47	53	53	52	51
性比(女100につき男)	106.2	106.3	106.4	107.0	104.5	104.9	104.7	104.6	102.5	103.3	104.3
年齢分布(%)											
0－4歳	18.6	18.0	17.9	18.2	17.4	17.2	15.9	15.1	14.0	12.6	11.6
5－14歳	26.7	29.1	28.0	29.2	29.9	28.3	28.2	28.5	26.4	26.2	25.3
15－24歳	17.4	16.8	19.0	20.3	19.5	20.6	20.7	19.9	21.4	23.3	23.6
60歳以上	5.5	5.3	5.2	6.5	5.6	5.4	5.3	5.6	5.2	5.5	6.2
65歳以上	3.6	3.4	3.3	4.2	3.6	3.6	3.6	3.5	3.7	4.0	3.8
80歳以上	0.4	0.4	0.4	0.5	0.5	0.4	0.4	0.4	0.6	0.9	0.7
15－49歳女子(%)	43.3	41.9	43.4	40.4	42.7	44.8	46.5	47.0	50.0	49.1	49.0
中位数年齢(歳)	17.5	16.6	16.8	16.1	16.3	16.9	17.6	17.8	18.9	19.5	20.2
人口密度(1km²あたり)	64	75	88	90	104	122	138	154	153	152	148

指　標	1960-1965	1965-1970	1970-1975	1975-1980	1980-1985	1985-1990	1990-1995	1995-2000	2000-2005	2005-2010	2010-2015
年平均人口増加数(千人)	2	2	0	2	3	2	2	0	0	－1	0
年平均出生数(千人)	2	2	2	3	3	3	3	3	3	3	2
年平均死亡数(千人)	1	1	1	1	1	1	1	1	1	1	1
人口増加率(%)	3.19	3.24	0.55	2.89	3.21	2.34	2.20	−0.02	−0.23	−0.49	0.16
粗出生率(人口千人あたり)	42.7	42.0	39.9	38.2	39.3	35.5	32.8	31.4	28.1	24.5	23.6
粗死亡率(人口千人あたり)	10.9	9.6	8.8	7.7	7.2	6.7	6.4	6.3	6.4	6.3	6.2
合計出生率(女子1人あたり)	6.90	6.90	6.90	6.40	6.00	5.20	4.79	4.53	4.05	3.62	3.33
純再生産率(女子1人あたり)	2.75	2.82	2.90	2.76	2.60	2.27	2.10	2.00	1.80	1.62	1.50
乳児死亡率(出生千人あたり)	77	68	58	49	47	45	42	40	38	35	33
出生時の平均余命(歳)											
男	58.1	60.1	62.2	64.3	64.8	65.4	65.9	66.5	66.9	67.6	68.0
女	59.2	61.2	63.3	65.4	65.9	66.5	67.0	67.6	68.2	69.1	69.9
男女計	58.6	60.6	62.7	64.8	65.3	65.9	66.5	67.1	67.6	68.3	68.9

B. 中位予測値

指　標	2015	2020	2025	2030	2035	2040	2045	2050	2055	2060
人口(千人)										
総数	104	108	112	118	122	125	127	129	131	132
男	54	55	58	60	63	64	65	66	67	67
女	51	52	55	57	59	61	62	63	64	65
性比(女100につき男)	105.0	105.4	105.5	105.5	105.5	105.5	105.4	105.2	104.8	104.1
年齢分布(%)										
0－4歳	11.1	11.1	11.1	10.6	9.6	8.6	7.9	7.6	7.5	7.3
5－14歳	23.0	21.0	20.3	20.2	20.0	18.9	17.3	15.7	14.8	14.5
15－24歳	23.8	22.3	19.8	18.0	17.6	18.0	18.1	17.3	15.8	14.5
60歳以上	7.5	8.6	9.2	9.1	8.3	8.1	9.8	12.2	15.2	18.1
65歳以上	4.4	5.5	6.4	6.7	6.6	5.9	5.8	7.4	9.6	12.2
80歳以上	0.7	0.6	0.6	0.8	1.1	1.3	1.4	1.3	1.1	1.2
6－11歳	13.6	12.5	12.3	12.3	12.1	11.3	10.2	9.3	8.8	8.7
12－14歳	7.3	6.4	5.9	5.8	5.9	5.8	5.5	4.9	4.5	4.3
15－17歳	7.5	6.7	5.9	5.6	5.7	5.8	5.6	5.1	4.6	4.3
18－23歳	14.2	13.5	11.9	10.7	10.3	10.6	10.8	10.5	9.6	8.7
15－24歳女子(%)	50.7	51.9	53.1	54.1	53.7	53.8	53.0	51.3	49.5	48.1
中位数年齢(歳)	21.5	23.0	24.4	25.6	26.8	28.0	29.3	30.9	32.6	34.2
人口密度(1km²あたり)	149	154	161	168	174	179	182	184	187	189

指　標	2010-2015	2015-2020	2020-2025	2025-2030	2030-2035	2035-2040	2040-2045	2045-2050	2050-2055	2055-2060
年平均人口増加数(千人)	0	1	1	1	1	1	0	0	0	0
年平均出生数(千人)	2	3	3	3	2	2	2	2	2	2
年平均死亡数(千人)	1	1	1	1	1	1	1	1	1	1
年平均純移動数(千人)	−2	−1	−1	−1	−1	−1	−1	−1	−1	−1
人口増加率(%)	0.16	0.63	0.83	0.92	0.72	0.50	0.35	0.29	0.27	0.20
粗出生率(人口千人あたり)	23.6	23.7	23.6	22.5	20.4	18.0	16.5	15.9	15.6	15.1
粗死亡率(人口千人あたり)	6.2	6.1	6.2	6.4	6.5	6.6	6.6	6.7	7.0	7.6
純移動率(人口千人あたり)	−15.7	−11.3	−9.1	−7.0	−6.7	−6.5	−6.3	−6.2	−5.8	−5.5
合計出生率(女子1人あたり)	3.33	3.08	2.87	2.70	2.56	2.44	2.33	2.24	2.15	2.08
純再生産率(女子1人あたり)	1.50	1.41	1.33	1.26	1.19	1.14	1.10	1.06	1.02	0.99
乳児死亡率(出生千人あたり)	33	30	28	26	24	22	20	19	17	16
5歳未満の死亡数(出生千人あたり)	40	37	33	31	28	26	24	22	20	18
出生時の平均余命(歳)										
男	68.0	68.5	69.0	69.5	70.0	70.5	71.0	71.5	72.1	72.7
女	69.9	70.7	71.5	72.3	73.1	73.9	74.7	75.4	76.1	76.8
男女計	68.9	69.6	70.3	70.9	71.5	72.2	72.8	73.4	74.0	74.6

C. 高位予測値

	2015	2020	2025	2030	2035	2040	2045	2050	2055	2060
人口(千人)										
総数	104	109	115	123	129	135	139	144	150	156
男	54	56	59	63	66	69	72	74	77	80
女	51	53	56	60	63	66	68	70	73	77
性比(女100につき男)	105.0	105.4	105.5	105.5	105.5	105.6	105.5	105.3	104.8	104.0
年齢分布(%)										
0－4歳	11.1	11.9	12.4	12.0	10.9	9.7	9.0	9.1	9.3	9.2
5－14歳	23.0	20.8	20.7	21.6	22.0	21.0	19.1	17.4	16.7	17.0
15－24歳	23.8	22.1	19.4	17.3	17.4	18.7	19.4	18.7	16.8	15.3
60歳以上	7.5	8.5	9.0	8.7	7.8	7.5	9.0	10.9	13.2	15.3
65歳以上	4.4	5.5	6.2	6.4	6.2	5.4	5.3	6.6	8.4	10.3
80歳以上	0.7	0.6	0.6	0.8	1.1	1.2	1.2	1.2	0.9	1.0
15－49歳女子(%)	50.7	51.4	51.8	51.8	51.4	52.0	52.0	50.9	49.5	48.4
中位数年齢(歳)	21.5	22.8	23.8	24.4	24.9	25.4	26.6	27.9	29.2	30.4

	2010-2015	2015-2020	2020-2025	2025-2030	2030-2035	2035-2040	2040-2045	2045-2050	2050-2055	2055-2060
年平均人口増加数(千人)	0	1	1	2	1	1	1	1	1	1
年平均出生数(千人)	2	3	3	3	3	3	3	3	3	3
年平均死亡数(千人)	1	1	1	1	1	1	1	1	1	1
人口増加率(%)	0.16	0.81	1.13	1.28	1.05	0.81	0.69	0.72	0.80	0.79
粗出生率(人口千人あたり)	23.6	25.5	26.5	25.8	23.2	20.5	19.0	19.0	19.5	19.3
粗死亡率(人口千人あたり)	6.2	6.2	6.2	6.3	6.3	6.3	6.2	6.2	6.4	6.7
合計出生率（女子1人あたり）	3.33	3.33	3.27	3.20	3.06	2.94	2.83	2.74	2.65	2.58
純再生産率（女子1人あたり）	1.50	1.52	1.51	1.49	1.43	1.38	1.33	1.29	1.26	1.23

D. 低位予測値

	2015	2020	2025	2030	2035	2040	2045	2050	2055	2060
人口(千人)										
総数	104	107	110	113	115	115	115	114	113	110
男	54	55	56	58	59	59	59	59	58	56
女	51	52	53	55	56	56	56	56	55	54
性比(女100につき男)	105.0	105.4	105.5	105.5	105.5	105.6	105.5	105.3	104.8	104.0
年齢分布(%)										
0－4歳	11.1	10.3	9.8	9.0	8.2	7.3	6.6	6.1	5.7	5.3
5－14歳	23.0	21.2	19.9	18.7	17.7	16.5	15.1	13.6	12.5	11.7
15－24歳	23.8	22.5	20.3	18.8	17.9	17.2	16.5	15.5	14.4	13.1
60歳以上	7.5	8.7	9.4	9.5	8.8	8.8	10.9	13.8	17.7	21.8
65歳以上	4.4	5.6	6.5	7.0	7.0	6.4	6.4	8.4	11.2	14.6
80歳以上	0.7	0.6	0.6	0.8	1.2	1.4	1.5	1.5	1.3	1.5
15－49歳女子(%)	50.7	52.4	54.4	56.5	56.3	56.0	54.2	51.6	49.1	46.9
中位数年齢(歳)	21.5	23.2	25.0	26.9	28.7	30.6	32.7	34.9	37.2	39.5

	2010-2015	2015-2020	2020-2025	2025-2030	2030-2035	2035-2040	2040-2045	2045-2050	2050-2055	2055-2060
年平均人口増加数(千人)	0	0	1	1	0	0	0	0	0	0
年平均出生数(千人)	2	2	2	2	2	2	2	1	1	1
年平均死亡数(千人)	1	1	1	1	1	1	1	1	1	1
人口増加率(%)	0.16	0.44	0.52	0.53	0.35	0.14	-0.03	-0.17	-0.29	-0.45
粗出生率(人口千人あたり)	23.6	21.9	20.7	19.0	17.3	15.3	13.7	12.6	11.7	10.8
粗死亡率(人口千人あたり)	6.2	6.1	6.2	6.5	6.7	7.0	7.1	7.4	7.9	8.8
合計出生率（女子1人あたり）	3.33	2.83	2.47	2.20	2.06	1.94	1.83	1.74	1.65	1.58
純再生産率（女子1人あたり）	1.50	1.29	1.14	1.02	0.96	0.91	0.86	0.82	0.78	0.75

E. 出生力一定予測値

	2015	2020	2025	2030	2035	2040	2045	2050	2055	2060
人口(千人)										
総数	104	109	116	124	131	139	146	155	165	176
男	54	56	59	64	68	71	75	80	85	90
女	51	53	56	60	64	67	71	75	80	85
中位数年齢(歳)	21.5	22.8	23.7	24.2	24.3	24.5	25.0	25.9	26.6	27.1

	2010-2015	2015-2020	2020-2025	2025-2030	2030-2035	2035-2040	2040-2045	2045-2050	2050-2055	2055-2060
人口増加率(%)	0.16	0.83	1.18	1.35	1.22	1.09	1.06	1.14	1.25	1.28
粗出生率(人口千人あたり)	23.6	25.8	26.9	26.5	24.8	23.1	22.3	22.6	23.2	23.3
粗死亡率(人口千人あたり)	6.2	6.2	6.2	6.3	6.3	6.2	6.1	6.0	6.0	6.2

Mongolia

A. 推計値

指　標	1960	1965	1970	1975	1980	1985	1990	1995	2000	2005	2010
人口(千人)											
総数	956	1 107	1 279	1 480	1 690	1 922	2 184	2 298	2 397	2 526	2 713
男	470	545	630	729	833	948	1 078	1 138	1 196	1 257	1 346
女	486	562	649	750	856	974	1 106	1 160	1 202	1 270	1 367
性比(女100につき男)	96.7	96.9	97.1	97.2	97.3	97.4	97.5	98.2	99.5	99.0	98.5
年齢分布(%)											
0－4歳	16.1	18.7	17.9	17.5	16.2	15.7	15.2	12.3	9.8	8.8	10.3
5－14歳	20.9	23.2	26.4	27.8	27.4	26.4	25.3	26.3	25.0	20.2	16.6
15－24歳	16.1	14.6	15.3	17.1	19.7	21.1	21.0	20.9	21.2	23.1	21.7
60歳以上	8.1	7.8	7.8	7.2	7.0	6.5	6.3	5.8	5.6	5.6	5.7
65歳以上	4.8	4.9	4.8	4.9	4.5	4.3	4.1	3.8	3.7	3.7	3.8
80歳以上	0.3	0.4	0.4	0.5	0.5	0.5	0.5	0.4	0.5	0.4	0.5
15－49歳女子(%)	45.1	42.0	40.5	40.7	43.2	45.5	47.7	50.6	54.6	59.7	59.8
中位数年齢(歳)	23.0	20.4	18.3	17.5	17.8	18.5	19.3	20.3	22.0	24.0	25.7
人口密度(1km²あたり)	1	1	1	1	1	1	1	1	2	2	2

指　標	1960-1965	1965-1970	1970-1975	1975-1980	1980-1985	1985-1990	1990-1995	1995-2000	2000-2005	2005-2010	2010-2015
年平均人口増加数(千人)	30	34	40	42	46	52	23	20	26	37	49
年平均出生数(千人)	49	54	59	63	69	75	62	50	47	58	70
年平均死亡数(千人)	19	19	19	21	22	22	21	19	18	18	17
人口増加率(%)	2.95	2.88	2.92	2.65	2.58	2.56	1.02	0.85	1.05	1.42	1.74
粗出生率(人口千人あたり)	48.0	44.9	43.1	39.6	38.2	36.3	27.5	21.2	18.9	22.2	24.6
粗死亡率(人口千人あたり)	18.6	16.1	14.0	13.1	12.4	10.8	9.4	8.3	7.2	6.9	6.2
合計出生率(女子1人あたり)	7.50	7.50	7.50	6.65	5.75	4.84	3.27	2.40	2.08	2.37	2.68
純再生産率(女子1人あたり)	2.75	2.89	2.99	2.68	2.33	2.02	1.44	1.08	0.96	1.11	1.26
乳児死亡率(出生千人あたり)	135	119	107	105	102	92	68	54	41	31	26
出生時の平均余命(歳)											
男	48.7	51.7	54.2	54.5	55.0	57.3	58.2	59.5	60.8	62.4	64.8
女	52.9	56.1	58.8	59.3	59.7	62.0	63.5	64.3	67.7	70.3	73.3
男女計	50.7	53.9	56.4	56.8	57.3	59.6	60.8	61.8	64.1	66.1	68.9

B. 中位予測値

指　標	2015	2020	2025	2030	2035	2040	2045	2050	2055	2060
人口(千人)										
総数	2 959	3 179	3 364	3 519	3 657	3 785	3 909	4 028	4 135	4 218
男	1 465	1 570	1 657	1 729	1 792	1 852	1 911	1 970	2 024	2 069
女	1 494	1 609	1 707	1 790	1 864	1 933	1 998	2 058	2 111	2 150
性比(女100につき男)	98.0	97.5	97.0	96.5	96.1	95.8	95.7	95.7	95.9	96.2
年齢分布(%)										
0－4歳	11.4	10.1	8.8	7.9	7.5	7.4	7.3	7.3	7.0	6.6
5－14歳	16.8	19.3	19.5	17.5	15.7	14.5	14.1	14.0	14.0	13.8
15－24歳	16.9	13.9	14.5	17.2	17.7	16.0	14.5	13.5	13.1	13.2
60歳以上	6.4	7.8	9.9	11.9	14.1	16.1	18.3	21.1	22.6	23.0
65歳以上	4.0	4.7	6.0	7.9	9.6	11.5	13.2	15.1	17.6	18.9
80歳以上	0.7	0.8	1.0	1.2	1.6	2.3	3.3	4.3	5.2	6.2
6－11歳	10.4	12.2	11.7	10.3	9.3	8.7	8.5	8.4	8.4	8.3
12－14歳	4.3	5.0	5.9	5.5	4.9	4.4	4.2	4.1	4.1	4.1
15－17歳	4.5	4.2	5.2	5.8	5.1	4.6	4.2	4.0	4.0	4.1
18－23歳	10.4	8.2	8.1	10.0	10.9	9.7	8.7	8.1	7.8	7.8
15－24歳女子(%)	55.8	52.1	50.4	50.5	49.8	47.4	45.9	45.5	45.7	45.1
中位数年齢(歳)	27.3	29.0	30.4	31.2	31.6	32.5	33.8	35.4	36.7	37.9
人口密度(1km²あたり)	2	2	2	2	2	2	3	3	3	3

指　標	2010-2015	2015-2020	2020-2025	2025-2030	2030-2035	2035-2040	2040-2045	2045-2050	2050-2055	2055-2060
年平均人口増加数(千人)	49	44	37	31	28	26	25	24	21	17
年平均出生数(千人)	70	66	60	57	55	56	58	59	59	56
年平均死亡数(千人)	17	19	20	23	25	28	30	32	34	37
年平均純移動数(千人)	−3	−3	−3	−3	−3	−3	−3	−3	−3	−3
人口増加率(%)	1.74	1.43	1.13	0.90	0.77	0.69	0.65	0.60	0.52	0.40
粗出生率(人口千人あたり)	24.6	21.4	18.5	16.5	15.5	15.1	15.0	14.9	14.3	13.4
粗死亡率(人口千人あたり)	6.2	6.1	6.3	6.6	7.0	7.4	7.8	8.1	8.4	8.8
純移動率(人口千人あたり)	−1.1	−1.0	−0.9	−0.9	−0.8	−0.8	−0.8	−0.8	−0.7	−0.6
合計出生率（女子1人あたり）	2.68	2.54	2.43	2.33	2.26	2.19	2.14	2.10	2.06	2.03
純再生産率（女子1人あたり）	1.26	1.21	1.16	1.13	1.09	1.06	1.04	1.02	1.01	0.99
乳児死亡率（出生千人あたり）	26	19	14	10	8	6	5	3	3	2
5歳未満の死亡数(出生千人あたり	32	23	17	12	9	7	5	4	3	2
出生時の平均余命(歳)										
男	64.8	66.4	68.0	69.4	70.8	72.0	73.3	74.6	75.9	77.0
女	73.3	74.9	76.4	77.6	78.7	79.7	80.6	81.4	82.2	82.8
男女計	68.9	70.5	72.1	73.5	74.7	75.8	76.9	78.0	79.0	79.9

C. 高 位 予 測 値

	2015	2020	2025	2030	2035	2040	2045	2050	2055	2060
人口(千人)										
総数	2 959	3 211	3 445	3 660	3 858	4 055	4 259	4 475	4 696	4 907
男	1 465	1 586	1 697	1 800	1 894	1 989	2 089	2 196	2 308	2 417
女	1 494	1 625	1 747	1 860	1 964	2 066	2 171	2 279	2 388	2 489
性比(女100につき男)	98.0	97.5	96.9	96.3	95.8	95.3	95.0	94.9	94.9	95.2
年齢分布(%)										
0－4歳	11.4	11.0	10.0	9.3	8.7	8.5	8.6	8.7	8.6	8.3
5－14歳	16.8	19.1	19.9	19.0	17.7	16.6	15.9	15.9	16.1	16.2
15－24歳	16.9	13.8	14.2	16.5	17.6	16.9	15.8	14.8	14.3	14.4
60歳以上	6.4	7.7	9.7	11.5	13.4	15.1	16.8	19.0	19.9	19.8
65歳以上	4.0	4.7	5.8	7.6	9.1	10.7	12.2	13.6	15.5	16.2
80歳以上	0.7	0.8	1.0	1.2	1.5	2.1	3.0	3.8	4.6	5.3
15－49歳女子(%)	55.8	51.6	49.3	48.6	48.1	46.3	45.5	45.5	46.0	45.8
中位数年齢(歳)	27.3	28.7	29.5	29.5	29.4	29.9	31.1	32.0	32.8	33.4

	2010-2015	2015-2020	2020-2025	2025-2030	2030-2035	2035-2040	2040-2045	2045-2050	2050-2055	2055-2060
年平均人口増加数(千人)	49	50	47	43	40	39	41	43	44	42
年平均出生数(千人)	70	72	70	69	68	70	74	79	82	82
年平均死亡数(千人)	17	19	21	23	25	28	30	32	35	37
人口増加率(%)	1.74	1.63	1.41	1.21	1.06	0.99	0.99	0.99	0.96	0.88
粗出生率(人口千人あたり)	24.6	23.4	21.2	19.4	18.0	17.7	17.8	18.0	17.8	17.0
粗死亡率(人口千人あたり)	6.2	6.1	6.2	6.4	6.7	7.0	7.2	7.4	7.5	7.7
合計出生率 (女子1人あたり)	2.68	2.79	2.83	2.83	2.76	2.69	2.64	2.60	2.56	2.53
純再生産率 (女子1人あたり)	1.26	1.33	1.36	1.37	1.33	1.31	1.28	1.26	1.25	1.24

D. 低 位 予 測 値

	2015	2020	2025	2030	2035	2040	2045	2050	2055	2060
人口(千人)										
総数	2 959	3 147	3 283	3 378	3 455	3 518	3 566	3 598	3 608	3 588
男	1 465	1 554	1 616	1 657	1 690	1 717	1 737	1 752	1 757	1 750
女	1 494	1 594	1 667	1 721	1 765	1 801	1 829	1 846	1 851	1 839
性比(女100につき男)	98.0	97.5	96.9	96.3	95.8	95.3	95.0	94.9	94.9	95.2
年齢分布(%)										
0－4歳	11.4	9.2	7.5	6.5	6.2	6.0	5.9	5.7	5.4	4.8
5－14歳	16.8	19.5	19.0	15.8	13.4	12.2	11.9	11.7	11.5	11.1
15－24歳	16.9	14.0	14.9	17.9	17.8	15.0	12.8	11.7	11.5	11.5
60歳以上	6.4	7.8	10.2	12.4	14.9	17.4	20.1	23.6	25.9	27.0
65歳以上	4.0	4.8	6.1	8.2	10.2	12.4	14.5	16.9	20.1	22.2
80歳以上	0.7	0.8	1.0	1.2	1.7	2.5	3.6	4.8	6.0	7.3
15－49歳女子(%)	55.8	52.6	51.6	52.6	51.8	48.7	46.4	45.4	45.0	43.6
中位数年齢(歳)	27.3	29.3	31.2	32.8	34.1	35.0	36.8	38.7	41.0	43.1

	2010-2015	2015-2020	2020-2025	2025-2030	2030-2035	2035-2040	2040-2045	2045-2050	2050-2055	2055-2060
年平均人口増加数(千人)	49	38	27	19	15	13	10	6	2	－ 4
年平均出生数(千人)	70	59	50	44	43	43	43	41	39	35
年平均死亡数(千人)	17	19	20	22	25	27	30	32	34	36
人口増加率(%)	1.74	1.23	0.85	0.57	0.45	0.36	0.28	0.18	0.06	-0.11
粗出生率(人口千人あたり)	24.6	19.4	15.7	13.4	12.6	12.3	12.0	11.6	10.8	9.7
粗死亡率(人口千人あたり)	6.2	6.1	6.3	6.7	7.3	7.9	8.4	9.0	9.5	10.1
合計出生率 (女子1人あたり)	2.68	2.29	2.03	1.83	1.76	1.69	1.64	1.60	1.56	1.53
純再生産率 (女子1人あたり)	1.26	1.09	0.97	0.88	0.85	0.82	0.80	0.78	0.76	0.75

E. 出生力一定予測値

	2015	2020	2025	2030	2035	2040	2045	2050	2055	2060
人口(千人)										
総数	2 959	3 198	3 409	3 601	3 796	4 011	4 240	4 470	4 695	4 919
男	1 465	1 579	1 680	1 770	1 863	1 967	2 079	2 193	2 308	2 424
女	1 494	1 619	1 730	1 831	1 933	2 044	2 161	2 276	2 387	2 495
中位数年齢(歳)	27.3	28.8	29.9	30.2	29.9	30.3	31.2	32.0	32.5	32.6

	2010-2015	2015-2020	2020-2025	2025-2030	2030-2035	2035-2040	2040-2045	2045-2050	2050-2055	2055-2060
人口増加率(%)	1.74	1.55	1.28	1.09	1.06	1.10	1.11	1.06	0.98	0.93
粗出生率(人口千人あたり)	24.6	22.6	19.9	18.2	18.2	18.8	19.1	18.7	18.0	17.6
粗死亡率(人口千人あたり)	6.2	6.1	6.2	6.5	6.8	7.1	7.3	7.4	7.5	7.7

Montenegro

A. 推 計 値

指　標	1960	1965	1970	1975	1980	1985	1990	1995	2000	2005	2010
人口(千人)											
総数	487	534	520	554	581	614	615	620	614	616	622
男	237	262	254	271	285	303	306	308	303	303	307
女	250	272	266	283	296	311	309	312	311	314	315
性比(女100につき男)	94.9	96.5	95.4	96.0	96.4	97.2	99.2	98.6	97.6	96.6	97.4
年齢分布(%)											
０－４歳	13.1	12.4	10.5	9.6	8.9	8.8	8.4	7.5	6.8	6.5	6.4
５－14歳	21.7	22.7	22.5	20.4	18.4	17.0	17.1	16.0	14.7	13.6	13.4
15－24歳	19.3	17.5	18.6	20.1	19.7	18.3	16.6	15.7	15.4	15.6	13.8
60歳以上	8.9	8.8	10.7	10.8	10.5	10.8	12.5	14.8	16.7	17.0	17.7
65歳以上	6.2	6.0	7.2	7.8	8.1	7.7	8.2	9.8	11.6	13.1	12.8
80歳以上	1.0	0.9	1.1	1.2	1.4	1.7	2.0	2.1	1.7	1.9	2.4
15－49歳女子(%)	49.3	49.2	49.7	51.8	52.4	51.8	50.0	50.5	50.7	49.0	47.8
中位数年齢(歳)	22.9	23.5	24.0	24.9	26.7	28.3	29.8	32.2	34.4	35.0	36.3
人口密度(1km²あたり)	36	40	39	41	43	46	46	46	46	46	46

指　標	1960-1965	1965-1970	1970-1975	1975-1980	1980-1985	1985-1990	1990-1995	1995-2000	2000-2005	2005-2010	2010-2015
年平均人口増加数(千人)	9	－3	7	5	7	0	1	－1	1	1	1
年平均出生数(千人)	14	12	11	11	11	11	10	9	8	8	7
年平均死亡数(千人)	5	4	4	4	4	4	5	6	6	6	6
人口増加率(%)	1.82	−0.54	1.29	0.93	1.11	0.03	0.18	−0.22	0.09	0.18	0.12
粗出生率(人口千人あたり)	27.9	22.9	20.6	18.7	18.6	17.2	15.8	14.1	13.5	13.1	11.9
粗死亡率(人口千人あたり)	8.9	7.8	7.0	6.8	6.8	7.1	7.4	9.3	10.0	10.3	9.9
合計出生率(女子１人あたり)	3.42	2.89	2.62	2.31	2.21	2.11	2.05	1.91	1.85	1.82	1.71
純再生産率(女子１人あたり)	1.48	1.29	1.20	1.06	1.03	0.98	0.96	0.90	0.88	0.86	0.82
乳児死亡率(出生千人あたり)	72	50	33	29	26	21	18	12	12	11	4
出生時の平均余命(歳)											
男	64.2	66.3	68.0	68.7	70.4	71.0	71.4	70.6	70.6	71.9	73.8
女	66.8	70.2	74.3	76.1	76.4	77.2	78.0	76.2	76.2	76.5	78.2
男女計	65.6	68.3	71.3	72.5	73.6	74.2	74.7	73.4	73.4	74.2	76.0

B. 中 位 予 測 値

指　標	2015	2020	2025	2030	2035	2040	2045	2050	2055	2060
人口(千人)										
総数	626	626	623	618	610	600	588	574	561	547
男	309	309	308	306	302	297	292	286	279	273
女	317	316	315	312	308	303	296	289	281	273
性比(女100につき男)	97.7	97.8	97.9	98.0	98.1	98.2	98.5	98.9	99.4	99.9
年齢分布(%)										
０－４歳	5.9	5.5	5.3	5.2	5.1	5.0	4.9	4.8	4.7	4.7
５－14歳	12.8	12.2	11.4	10.9	10.6	10.4	10.3	10.1	9.9	9.8
15－24歳	13.7	13.1	12.7	12.2	11.5	11.0	10.8	10.8	10.7	10.5
60歳以上	20.3	22.1	24.1	25.2	26.5	27.8	29.6	30.5	31.8	33.1
65歳以上	13.6	16.0	17.7	19.4	20.3	21.3	22.5	24.1	25.0	26.2
80歳以上	2.8	3.4	3.3	3.7	5.0	5.7	6.4	6.6	7.1	7.9
６－11歳	7.6	7.2	6.7	6.5	6.3	6.2	6.1	6.0	5.9	5.8
12－14歳	3.9	3.8	3.6	3.4	3.2	3.2	3.2	3.1	3.1	3.0
15－17歳	4.1	3.8	3.8	3.5	3.3	3.2	3.2	3.2	3.1	3.1
18－23歳	8.3	8.0	7.6	7.5	6.9	6.7	6.5	6.5	6.4	6.3
15－24歳女子(%)	46.7	46.0	45.2	43.9	42.2	41.3	40.4	39.5	38.9	38.1
中位数年齢(歳)	37.6	38.9	40.5	41.6	42.7	43.7	44.7	45.5	46.4	47.1
人口密度(1km²あたり)	47	47	46	46	45	45	44	43	42	41

指　標	2010-2015	2015-2020	2020-2025	2025-2030	2030-2035	2035-2040	2040-2045	2045-2050	2050-2055	2055-2060
年平均人口増加数(千人)	1	0	－1	－1	－1	－2	－2	－3	－3	－3
年平均出生数(千人)	7	7	7	6	6	6	6	5	5	5
年平均死亡数(千人)	6	6	7	7	7	8	8	8	8	7
年平均純移動数(千人)	0	0	0	0	0	0	0	0	0	0
人口増加率(%)	0.12	0.00	−0.09	−0.17	−0.24	−0.34	−0.41	−0.47	−0.49	−0.50
粗出生率(人口千人あたり)	11.9	11.1	10.6	10.4	10.2	9.9	9.7	9.5	9.3	9.3
粗死亡率(人口千人あたり)	9.9	10.3	10.8	11.2	11.8	12.5	13.0	13.3	13.4	13.5
純移動率(人口千人あたり)	−0.8	−0.8	−0.8	−0.8	−0.8	−0.8	−0.8	−0.8	−0.8	−0.8
合計出生率（女子１人あたり）	1.71	1.65	1.63	1.63	1.65	1.66	1.67	1.69	1.71	1.72
純再生産率（女子１人あたり）	0.82	0.79	0.79	0.79	0.80	0.80	0.81	0.82	0.83	0.83
乳児死亡率（出生千人あたり）	4	4	4	3	3	3	3	3	3	3
５歳未満の死亡数(出生千人あたり	8	7	6	6	5	5	5	5	5	5
出生時の平均余命(歳)										
男	73.8	74.4	75.0	75.7	76.3	77.0	77.7	78.4	79.2	80.0
女	78.2	78.8	79.3	79.8	80.4	80.9	81.4	81.9	82.4	82.9
男女計	76.0	76.6	77.2	77.7	78.4	79.0	79.6	80.2	80.8	81.4

C. 高位予測値

	2015	2020	2025	2030	2035	2040	2045	2050	2055	2060
人口(千人)										
総数	626	631	636	641	643	642	640	639	641	643
男	309	312	315	318	319	319	319	319	320	323
女	317	319	321	323	324	323	322	321	320	321
性比(女100につき男)	97.7	97.8	97.8	97.7	97.7	97.8	97.9	98.2	98.6	99.0
年齢分布(%)										
0－4歳	5.9	6.3	6.5	6.5	6.3	6.1	6.1	6.2	6.5	6.6
5－14歳	12.8	12.1	12.0	12.6	12.8	12.8	12.4	12.2	12.3	12.6
15－24歳	13.7	13.0	12.4	11.8	11.7	12.4	12.7	12.7	12.3	12.0
60歳以上	20.3	22.0	23.6	24.3	25.1	26.0	27.1	27.4	27.8	28.1
65歳以上	13.6	15.9	17.3	18.7	19.3	19.9	20.6	21.7	21.9	22.3
80歳以上	2.8	3.4	3.2	3.6	4.8	5.3	5.9	5.9	6.2	6.7
15－49歳女子(%)	46.7	45.7	44.3	42.4	40.9	40.7	40.7	40.5	40.5	40.5
中位数年齢(歳)	37.6	38.7	39.7	40.2	40.7	41.1	41.2	41.1	40.6	40.4

	2010-2015	2015-2020	2020-2025	2025-2030	2030-2035	2035-2040	2040-2045	2045-2050	2050-2055	2055-2060
年平均人口増加数(千人)	1	1	1	1	0	0	0	0	0	1
年平均出生数(千人)	7	8	8	8	8	8	8	8	8	8
年平均死亡数(千人)	6	6	7	7	7	8	8	8	8	8
人口増加率(%)	0.12	0.17	0.16	0.14	0.07	−0.02	−0.06	−0.03	0.04	0.08
粗出生率(人口千人あたり)	11.9	12.7	13.0	13.1	12.7	12.3	12.2	12.5	13.0	13.2
粗死亡率(人口千人あたり)	9.9	10.3	10.6	10.9	11.3	11.8	12.1	12.1	11.9	11.7
合計出生率（女子1人あたり）	1.71	1.90	2.03	2.13	2.15	2.16	2.17	2.19	2.21	2.22
純再生産率（女子1人あたり）	0.82	0.91	0.98	1.03	1.04	1.04	1.05	1.06	1.07	1.07

D. 低位予測値

	2015	2020	2025	2030	2035	2040	2045	2050	2055	2060
人口(千人)										
総数	626	621	610	595	578	558	537	513	487	461
男	309	307	301	294	286	276	266	254	242	229
女	317	314	308	301	292	282	271	259	245	232
性比(女100につき男)	97.7	97.8	97.8	97.7	97.7	97.8	97.9	98.2	98.6	99.0
年齢分布(%)										
0－4歳	5.9	4.7	4.1	3.7	3.7	3.7	3.5	3.3	3.0	2.8
5－14歳	12.8	12.3	10.8	9.1	8.1	7.8	7.8	7.7	7.3	6.8
15－24歳	13.7	13.2	13.0	12.7	11.2	9.5	8.6	8.3	8.4	8.4
60歳以上	20.3	22.3	24.6	26.2	28.0	29.9	32.4	34.2	36.6	39.2
65歳以上	13.6	16.1	18.1	20.1	21.5	22.9	24.6	27.0	28.8	31.1
80歳以上	2.8	3.4	3.4	3.9	5.3	6.2	7.0	7.4	8.2	9.4
15－49歳女子(%)	46.7	46.4	46.2	45.6	43.6	42.0	40.0	38.0	36.3	34.3
中位数年齢(歳)	37.6	39.2	41.2	43.0	44.7	46.3	47.9	49.6	51.4	53.2

	2010-2015	2015-2020	2020-2025	2025-2030	2030-2035	2035-2040	2040-2045	2045-2050	2050-2055	2055-2060
年平均人口増加数(千人)	1	－1	－2	－3	－3	－4	－4	－5	－5	－5
年平均出生数(千人)	7	6	5	4	4	4	4	3	3	3
年平均死亡数(千人)	6	6	7	7	7	8	8	8	8	7
人口増加率(%)	0.12	−0.17	−0.36	−0.50	−0.57	−0.68	−0.80	−0.92	−1.02	−1.12
粗出生率(人口千人あたり)	11.9	9.5	8.1	7.4	7.4	7.3	7.0	6.4	5.9	5.5
粗死亡率(人口千人あたり)	9.9	10.4	10.9	11.6	12.3	13.3	14.1	14.7	15.2	15.8
合計出生率（女子1人あたり）	1.71	1.40	1.23	1.13	1.15	1.16	1.17	1.19	1.21	1.22
純再生産率（女子1人あたり）	0.82	0.67	0.59	0.55	0.55	0.56	0.57	0.58	0.58	0.59

E. 出生力一定予測値

	2015	2020	2025	2030	2035	2040	2045	2050	2055	2060
人口(千人)										
総数	626	627	625	622	615	606	594	581	568	554
男	309	310	310	308	305	301	296	290	284	278
女	317	317	316	313	310	305	298	291	284	276
中位数年齢(歳)	37.6	38.9	40.3	41.4	42.4	43.4	44.3	45.1	45.9	46.5

	2010-2015	2015-2020	2020-2025	2025-2030	2030-2035	2035-2040	2040-2045	2045-2050	2050-2055	2055-2060
人口増加率(%)	0.12	0.04	−0.05	−0.12	−0.21	−0.31	−0.39	−0.44	−0.46	−0.49
粗出生率(人口千人あたり)	11.9	11.4	11.1	10.7	10.4	10.1	9.8	9.6	9.4	9.3
粗死亡率(人口千人あたり)	9.9	10.3	10.7	11.2	11.7	12.4	12.9	13.1	13.3	13.4

Morocco

A. 推計値

指標	1960	1965	1970	1975	1980	1985	1990	1995	2000	2005	2010
人口(千人)											
総数	12 329	14 248	16 040	17 855	20 072	22 596	24 950	27 162	28 951	30 385	32 108
男	6 143	7 034	7 932	8 855	9 984	11 260	12 449	13 513	14 345	14 986	15 803
女	6 186	7 215	8 108	8 999	10 088	11 336	12 501	13 649	14 605	15 400	16 305
性比(女100につき男)	99.3	97.5	97.8	98.4	99.0	99.3	99.6	99.0	98.2	97.3	96.9
年齢分布(%)											
0－4歳	19.5	19.4	18.1	16.6	15.9	15.6	13.7	12.3	10.7	9.6	9.7
5－14歳	25.2	28.5	29.7	29.3	27.4	26.0	25.9	24.8	22.9	20.8	18.4
15－24歳	16.9	15.3	16.6	20.1	21.8	21.7	20.6	20.2	20.9	20.5	19.4
60歳以上	5.1	5.3	5.3	5.1	5.1	5.7	6.5	7.2	7.7	8.2	8.5
65歳以上	3.0	3.2	3.4	3.5	3.3	3.4	3.9	4.7	5.2	5.8	6.0
80歳以上	0.2	0.2	0.3	0.3	0.4	0.4	0.4	0.4	0.5	0.7	1.0
15－49歳女子(%)	44.8	43.0	43.2	44.1	45.5	46.5	47.8	50.0	53.4	55.0	55.2
中位数年齢(歳)	18.1	16.3	16.1	16.7	17.7	18.7	19.8	21.1	22.7	24.5	26.4
人口密度(1km²あたり)	28	32	36	40	45	51	56	61	65	68	72

指標	1960-1965	1965-1970	1970-1975	1975-1980	1980-1985	1985-1990	1990-1995	1995-2000	2000-2005	2005-2010	2010-2015
年平均人口増加数(千人)	384	358	363	443	505	471	442	358	287	344	454
年平均出生数(千人)	665	687	694	732	783	746	716	652	611	650	707
年平均死亡数(千人)	233	233	231	230	214	192	180	182	185	190	191
人口増加率(%)	2.90	2.37	2.14	2.34	2.37	1.98	1.70	1.28	0.97	1.10	1.37
粗出生率(人口千人あたり)	50.0	45.4	40.9	38.6	36.7	31.4	27.5	23.2	20.6	20.8	21.3
粗死亡率(人口千人あたり)	17.5	15.4	13.6	12.1	10.0	8.1	6.9	6.5	6.2	6.1	5.7
合計出生率(女子1人あたり)	7.15	6.90	6.43	5.90	5.40	4.45	3.70	2.97	2.52	2.49	2.56
純再生産率(女子1人あたり)	2.49	2.49	2.39	2.27	2.20	1.89	1.62	1.33	1.14	1.15	1.20
乳児死亡率(出生千人あたり)	133	123	113	102	84	67	53	44	38	32	26
出生時の平均余命(歳)											
男	48.6	50.6	52.5	54.7	58.1	61.7	64.3	66.0	68.0	70.2	72.6
女	50.5	52.6	54.6	56.8	61.1	64.7	67.7	69.3	71.0	72.7	74.6
男女計	49.5	51.6	53.5	55.7	59.6	63.2	66.0	67.6	69.5	71.5	73.6

B. 中位予測値

指標	2015	2020	2025	2030	2035	2040	2045	2050	2055	2060
人口(千人)										
総数	34 378	36 444	38 255	39 787	41 073	42 148	43 027	43 696	44 144	44 364
男	16 989	18 063	18 950	19 693	20 311	20 828	21 258	21 601	21 854	22 011
女	17 388	18 381	19 304	20 094	20 763	21 321	21 768	22 095	22 290	22 352
性比(女100につき男)	97.7	98.3	98.2	98.0	97.8	97.7	97.7	97.8	98.0	98.5
年齢分布(%)										
0－4歳	10.0	9.0	8.2	7.4	6.9	6.6	6.4	6.2	5.9	5.6
5－14歳	17.3	17.7	17.4	16.0	14.7	13.6	13.0	12.6	12.3	11.9
15－24歳	17.7	15.6	15.0	15.7	15.7	14.6	13.5	12.7	12.2	12.0
60歳以上	9.6	11.4	13.4	15.1	16.8	18.7	21.1	23.4	25.6	27.2
65歳以上	6.2	7.3	8.9	10.6	12.1	13.5	15.2	17.3	19.4	21.4
80歳以上	1.1	1.2	1.4	1.5	2.1	2.8	3.5	4.1	4.7	5.5
6－11歳	10.4	10.9	10.4	9.5	8.7	8.1	7.8	7.6	7.4	7.1
12－14歳	5.0	4.9	5.3	5.0	4.6	4.2	3.9	3.8	3.7	3.6
15－17歳	5.1	4.6	4.9	5.1	4.7	4.3	4.0	3.8	3.7	3.6
18－23歳	10.8	9.3	8.7	9.2	9.5	8.8	8.1	7.6	7.3	7.2
15－24歳女子(%)	53.8	52.0	50.8	50.2	48.7	47.2	45.6	44.5	44.0	43.2
中位数年齢(歳)	28.0	29.6	31.4	33.1	34.6	35.9	37.2	38.6	40.3	41.8
人口密度(1km²あたり)	77	82	86	89	92	94	96	98	99	99

指標	2010-2015	2015-2020	2020-2025	2025-2030	2030-2035	2035-2040	2040-2045	2045-2050	2050-2055	2055-2060
年平均人口増加数(千人)	454	413	362	306	257	215	176	134	90	44
年平均出生数(千人)	707	677	637	601	578	567	560	547	526	501
年平均死亡数(千人)	191	201	215	235	260	292	324	353	379	403
年平均純移動数(千人)	−62	−62	−60	−60	−60	−60	−60	−60	−57	−54
人口増加率(%)	1.37	1.17	0.97	0.79	0.64	0.52	0.41	0.31	0.20	0.10
粗出生率(人口千人あたり)	21.3	19.1	17.1	15.4	14.3	13.6	13.1	12.6	12.0	11.3
粗死亡率(人口千人あたり)	5.7	5.7	5.8	6.0	6.4	7.0	7.6	8.1	8.6	9.1
純移動率(人口千人あたり)	−1.9	−1.8	−1.6	−1.5	−1.5	−1.4	−1.4	−1.4	−1.3	−1.2
合計出生率（女子1人あたり）	2.56	2.38	2.24	2.13	2.04	1.97	1.92	1.88	1.85	1.83
純再生産率（女子1人あたり）	1.20	1.12	1.06	1.01	0.97	0.94	0.92	0.90	0.89	0.88
乳児死亡率（出生千人あたり）	26	21	16	14	11	10	9	8	7	7
5歳未満の死亡数(出生千人あたり	32	25	20	17	14	12	10	9	9	8
出生時の平均余命(歳)										
男	72.6	73.8	74.8	75.8	76.8	77.7	78.6	79.5	80.5	81.4
女	74.6	76.0	77.2	78.2	79.1	80.0	80.7	81.5	82.1	82.7
男女計	73.6	74.9	76.0	77.0	78.0	78.9	79.7	80.5	81.3	82.1

C. 高位予測値

	2015	2020	2025	2030	2035	2040	2045	2050	2055	2060
人口(千人)										
総数	34 378	36 792	39 159	41 384	43 379	45 230	47 015	48 760	50 443	52 021
男	16 989	18 241	19 415	20 513	21 495	22 411	23 308	24 202	25 091	25 947
女	17 388	18 550	19 744	20 871	21 884	22 819	23 708	24 557	25 352	26 074
性比(女100につき男)	97.7	98.2	98.0	97.7	97.4	97.1	96.9	96.8	96.9	97.2
年齢分布(%)										
0－4歳	10.0	9.9	9.4	8.8	8.2	7.9	7.8	7.8	7.6	7.4
5－14歳	17.3	17.6	17.9	17.5	16.8	15.8	15.0	14.8	14.7	14.6
15－24歳	17.7	15.4	14.6	15.1	15.6	15.6	15.0	14.2	13.6	13.5
60歳以上	9.6	11.3	13.1	14.5	15.9	17.4	19.3	21.0	22.4	23.2
65歳以上	6.2	7.2	8.7	10.2	11.5	12.6	13.9	15.5	17.0	18.2
80歳以上	1.1	1.2	1.3	1.4	1.9	2.6	3.2	3.7	4.1	4.7
15－49歳女子(%)	53.8	51.5	49.7	48.3	47.0	46.0	45.1	44.6	44.6	44.5
中位数年齢(歳)	28.0	29.3	30.7	31.7	32.4	33.0	33.7	34.6	35.5	36.4

	2010-2015	2015-2020	2020-2025	2025-2030	2030-2035	2035-2040	2040-2045	2045-2050	2050-2055	2055-2060
年平均人口増加数(千人)	454	483	473	445	399	370	357	349	337	315
年平均出生数(千人)	707	748	751	742	721	724	744	765	776	776
年平均死亡数(千人)	191	203	217	237	262	294	327	356	382	407
人口増加率(%)	1.37	1.36	1.25	1.11	0.94	0.84	0.77	0.73	0.68	0.62
粗出生率(人口千人あたり)	21.3	21.0	19.8	18.4	17.0	16.3	16.1	16.0	15.6	15.2
粗死亡率(人口千人あたり)	5.7	5.7	5.7	5.9	6.2	6.6	7.1	7.4	7.7	7.9
合計出生率（女子１人あたり）	2.56	2.63	2.64	2.63	2.54	2.47	2.42	2.38	2.35	2.33
純再生産率（女子１人あたり）	1.20	1.24	1.25	1.25	1.21	1.18	1.16	1.14	1.13	1.12

D. 低位予測値

	2015	2020	2025	2030	2035	2040	2045	2050	2055	2060
人口(千人)										
総数	34 378	36 097	37 350	38 190	38 773	39 099	39 148	38 894	38 335	37 494
男	16 989	17 885	18 486	18 872	19 129	19 261	19 266	19 133	18 869	18 481
女	17 388	18 212	18 864	19 317	19 644	19 838	19 882	19 760	19 466	19 013
性比(女100につき男)	97.7	98.2	98.0	97.7	97.4	97.1	96.9	96.8	96.9	97.2
年齢分布(%)										
0－4歳	10.0	8.2	6.9	5.9	5.5	5.2	4.9	4.6	4.1	3.8
5－14歳	17.3	17.9	16.9	14.3	12.3	11.1	10.6	10.1	9.6	8.9
15－24歳	17.7	15.7	15.3	16.4	15.7	13.4	11.7	10.7	10.3	10.0
60歳以上	9.6	11.5	13.7	15.7	17.8	20.2	23.2	26.3	29.5	32.1
65歳以上	6.2	7.3	9.1	11.1	12.9	14.6	16.7	19.4	22.3	25.3
80歳以上	1.1	1.3	1.4	1.5	2.2	3.0	3.9	4.6	5.4	6.6
15－49歳女子(%)	53.8	52.5	52.0	52.2	50.7	48.5	46.0	44.2	42.8	40.9
中位数年齢(歳)	28.0	29.9	32.2	34.6	36.8	38.8	40.7	42.8	45.0	47.5

	2010-2015	2015-2020	2020-2025	2025-2030	2030-2035	2035-2040	2040-2045	2045-2050	2050-2055	2055-2060
年平均人口増加数(千人)	454	344	251	168	117	65	10	− 51	− 112	− 168
年平均出生数(千人)	707	606	524	460	435	415	392	360	322	286
年平均死亡数(千人)	191	200	213	232	258	289	322	350	376	400
人口増加率(%)	1.37	0.98	0.68	0.45	0.30	0.17	0.03	−0.13	−0.29	−0.44
粗出生率(人口千人あたり)	21.3	17.2	14.3	12.2	11.3	10.7	10.0	9.2	8.3	7.5
粗死亡率(人口千人あたり)	5.7	5.7	5.8	6.1	6.7	7.4	8.2	9.0	9.7	10.6
合計出生率（女子１人あたり）	2.56	2.13	1.84	1.63	1.54	1.47	1.42	1.38	1.35	1.33
純再生産率（女子１人あたり）	1.20	1.00	0.87	0.77	0.74	0.70	0.68	0.66	0.65	0.64

E. 出生力一定予測値

	2015	2020	2025	2030	2035	2040	2045	2050	2055	2060
人口(千人)										
総数	34 378	36 691	38 941	41 069	43 093	45 062	47 014	48 960	50 894	52 800
男	16 989	18 190	19 303	20 351	21 348	22 324	23 307	24 306	25 323	26 348
女	17 388	18 501	19 638	20 718	21 745	22 737	23 707	24 654	25 571	26 453
中位数年齢(歳)	28.0	29.4	30.8	31.9	32.7	33.2	33.7	34.4	35.0	35.5

	2010-2015	2015-2020	2020-2025	2025-2030	2030-2035	2035-2040	2040-2045	2045-2050	2050-2055	2055-2060
人口増加率(%)	1.37	1.30	1.19	1.06	0.96	0.89	0.85	0.81	0.78	0.74
粗出生率(人口千人あたり)	21.3	20.5	19.2	18.1	17.3	17.0	16.9	16.8	16.6	16.3
粗死亡率(人口千人あたり)	5.7	5.7	5.7	5.9	6.2	6.7	7.1	7.4	7.7	7.9

Mozambique

A. 推 計 値

指　標	1960	1965	1970	1975	1980	1985	1990	1995	2000	2005	2010
人口(千人)											
総数	7 493	8 303	9 262	10 405	11 936	13 103	13 372	15 913	18 265	21 127	24 321
男	3 661	4 058	4 529	5 091	5 837	6 387	6 390	7 596	8 766	10 213	11 821
女	3 832	4 245	4 733	5 314	6 099	6 716	6 982	8 317	9 498	10 914	12 500
性比(女100につき男)	95.5	95.6	95.7	95.8	95.7	95.1	91.5	91.3	92.3	93.6	94.6
年齢分布(%)											
0－4歳	17.5	17.7	17.8	17.8	18.2	18.1	18.0	18.0	18.2	18.3	17.9
5－14歳	24.7	25.2	25.7	26.0	25.8	27.0	29.4	26.8	26.7	27.3	28.0
15－24歳	18.8	18.6	18.5	18.6	18.8	18.8	19.3	19.2	19.6	19.3	19.3
60歳以上	4.7	4.8	4.9	4.9	4.9	4.9	5.1	4.9	5.0	5.0	5.1
65歳以上	2.8	2.8	2.9	3.0	3.0	3.0	3.2	3.1	3.1	3.2	3.3
80歳以上	0.2	0.2	0.2	0.2	0.3	0.3	0.3	0.3	0.3	0.3	0.4
15－49歳女子(%)	47.2	46.6	46.0	45.7	45.7	44.9	43.3	46.0	45.9	45.1	44.7
中位数年齢(歳)	18.8	18.6	18.3	18.1	17.9	17.4	16.2	17.4	17.4	17.1	16.9
人口密度(1k㎡あたり)	10	11	12	13	15	17	17	20	23	27	31

指　標	1960-1965	1965-1970	1970-1975	1975-1980	1980-1985	1985-1990	1990-1995	1995-2000	2000-2005	2005-2010	2010-2015
年平均人口増加数(千人)	162	192	229	306	233	54	508	470	572	639	731
年平均出生数(千人)	384	422	465	536	592	599	673	775	867	955	1 045
年平均死亡数(千人)	218	225	231	247	284	285	295	295	302	306	308
人口増加率(%)	2.05	2.19	2.33	2.75	1.87	0.41	3.48	2.76	2.91	2.82	2.80
粗出生率(人口千人あたり)	48.6	48.0	47.3	47.9	47.3	45.2	46.0	45.4	44.0	42.0	40.0
粗死亡率(人口千人あたり)	27.5	25.6	23.5	22.1	22.7	21.5	20.1	17.2	15.3	13.5	11.8
合計出生率(女子1人あたり)	6.60	6.60	6.58	6.53	6.44	6.33	6.12	5.85	5.80	5.65	5.45
純再生産率(女子1人あたり)	1.81	1.90	1.99	2.06	2.00	2.00	2.01	2.06	2.13	2.16	2.17
乳児死亡率(出生千人あたり)	185	172	159	148	152	146	135	111	89	74	64
出生時の平均余命(歳)											
男	34.8	36.7	38.8	40.7	40.0	41.0	42.6	45.9	47.9	50.4	52.9
女	37.6	39.7	42.0	43.8	43.0	44.0	45.8	49.5	51.3	53.4	56.2
男女計	36.2	38.1	40.4	42.2	41.5	42.5	44.3	47.7	49.6	51.9	54.6

B. 中 位 予 測 値

指　標	2015	2020	2025	2030	2035	2040	2045	2050	2055	2060
人口(千人)										
総数	27 978	31 993	36 462	41 437	46 896	52 777	59 009	65 544	72 293	79 139
男	13 666	15 704	17 967	20 479	23 228	26 184	29 313	32 586	35 957	39 366
女	14 312	16 289	18 495	20 958	23 668	26 593	29 696	32 958	36 336	39 774
性比(女100につき男)	95.5	96.4	97.1	97.7	98.1	98.5	98.7	98.9	99.0	99.0
年齢分布(%)										
0－4歳	17.2	16.5	15.9	15.3	14.7	13.9	13.2	12.4	11.7	11.1
5－14歳	28.1	27.6	26.9	26.1	25.4	24.7	23.8	22.8	21.8	20.8
15－24歳	20.0	20.7	21.1	20.9	20.5	20.2	19.9	19.6	19.2	18.7
60歳以上	5.1	5.2	5.2	5.2	5.2	5.4	5.7	6.2	6.9	7.9
65歳以上	3.3	3.4	3.5	3.5	3.5	3.6	3.8	4.1	4.5	5.1
80歳以上	0.4	0.5	0.5	0.5	0.6	0.6	0.6	0.6	0.7	0.8
6－11歳	17.3	17.0	16.4	16.0	15.5	15.1	14.5	13.9	13.2	12.6
12－14歳	7.6	7.6	7.5	7.2	7.1	6.9	6.8	6.5	6.3	6.1
15－17歳	6.8	7.0	7.0	6.8	6.6	6.5	6.4	6.3	6.1	5.9
18－23歳	11.5	12.0	12.3	12.2	12.0	11.8	11.7	11.6	11.4	11.1
15－24歳女子(%)	45.1	46.0	47.2	48.4	49.4	50.5	51.3	51.9	52.1	52.0
中位数年齢(歳)	17.1	17.6	18.2	18.9	19.6	20.4	21.4	22.4	23.5	24.6
人口密度(1k㎡あたり)	36	41	46	53	60	67	75	83	92	101

指　標	2010-2015	2015-2020	2020-2025	2025-2030	2030-2035	2035-2040	2040-2045	2045-2050	2050-2055	2055-2060
年平均人口増加数(千人)	731	803	894	995	1 092	1 176	1 246	1 307	1 350	1 369
年平均出生数(千人)	1 045	1 131	1 234	1 341	1 443	1 533	1 612	1 684	1 749	1 806
年平均死亡数(千人)	308	323	336	341	346	352	361	372	394	432
年平均純移動数(千人)	−5	−5	−5	−5	−5	−5	−5	−5	−5	−5
人口増加率(%)	2.80	2.68	2.62	2.56	2.48	2.36	2.23	2.10	1.96	1.81
粗出生率(人口千人あたり)	40.0	37.7	36.1	34.4	32.7	30.8	28.8	27.0	25.4	23.9
粗死亡率(人口千人あたり)	11.8	10.8	9.8	8.8	7.8	7.1	6.5	6.0	5.7	5.7
純移動率(人口千人あたり)	−0.2	−0.2	−0.1	−0.1	−0.1	−0.1	−0.1	−0.1	−0.1	−0.1
合計出生率 (女子1人あたり)	5.45	5.12	4.79	4.47	4.16	3.88	3.62	3.39	3.19	3.01
純再生産率 (女子1人あたり)	2.17	2.08	2.00	1.91	1.82	1.73	1.64	1.55	1.47	1.40
乳児死亡率 (出生千人あたり)	64	57	50	45	40	36	32	29	26	24
5歳未満の死亡数(出生千人あた	99	86	75	65	56	49	43	38	34	30
出生時の平均余命(歳)										
男	52.9	55.0	56.9	59.1	61.3	63.3	65.1	66.7	68.0	68.9
女	56.2	57.3	59.4	62.0	64.7	67.0	68.9	70.8	72.2	73.1
男女計	54.6	56.2	58.2	60.6	63.0	65.2	67.1	68.8	70.1	71.0

C. 高位予測値

	2015	2020	2025	2030	2035	2040	2045	2050	2055	2060
人口(千人)										
総数	27 978	32 250	37 198	42 873	49 171	56 106	63 693	71 948	80 817	90 185
男	13 666	15 834	18 337	21 202	24 372	27 858	31 669	35 807	40 246	44 925
女	14 312	16 417	18 860	21 671	24 799	28 247	32 024	36 141	40 571	45 260
性比(女100につき男)	95.5	96.4	97.1	97.6	98.0	98.3	98.5	98.6	98.7	98.6
年齢分布(%)										
0－4歳	17.2	17.1	16.9	16.5	15.7	15.0	14.4	13.8	13.2	12.6
5－14歳	28.1	27.4	27.0	26.9	26.6	26.0	25.0	24.1	23.3	22.6
15－24歳	20.0	20.6	20.6	20.2	20.1	20.2	20.3	20.0	19.5	19.1
60歳以上	5.1	5.1	5.1	5.0	4.9	5.1	5.3	5.7	6.2	6.9
65歳以上	3.3	3.4	3.4	3.4	3.4	3.4	3.5	3.7	4.0	4.5
80歳以上	0.4	0.5	0.5	0.5	0.5	0.5	0.6	0.6	0.6	0.7
15－49歳女子(%)	45.1	45.6	46.3	46.8	47.7	48.8	49.8	50.4	50.6	50.7
中位数年齢(歳)	17.1	17.4	17.7	18.1	18.5	19.2	19.9	20.8	21.7	22.6

	2010-2015	2015-2020	2020-2025	2025-2030	2030-2035	2035-2040	2040-2045	2045-2050	2050-2055	2055-2060
年平均人口増加数(千人)	731	855	989	1 135	1 260	1 387	1 517	1 651	1 774	1 874
年平均出生数(千人)	1 045	1 187	1 337	1 491	1 622	1 757	1 899	2 047	2 196	2 337
年平均死亡数(千人)	308	327	343	351	357	365	377	391	417	459
人口増加率(%)	2.80	2.84	2.85	2.84	2.74	2.64	2.54	2.44	2.33	2.19
粗出生率(人口千人あたり)	40.0	39.4	38.5	37.3	35.2	33.4	31.7	30.2	28.7	27.3
粗死亡率(人口千人あたり)	11.8	10.9	9.9	8.8	7.8	6.9	6.3	5.8	5.5	5.4
合計出生率（女子1人あたり）	5.45	5.37	5.19	4.97	4.66	4.38	4.12	3.89	3.69	3.51
純再生産率（女子1人あたり）	2.17	2.19	2.17	2.13	2.04	1.95	1.87	1.78	1.70	1.63

D. 低位予測値

	2015	2020	2025	2030	2035	2040	2045	2050	2055	2060
人口(千人)										
総数	27 978	31 736	35 725	40 000	44 627	49 482	54 435	59 393	64 249	68 901
男	13 666	15 574	17 596	19 756	22 087	24 527	27 013	29 492	31 910	34 214
女	14 312	16 161	18 129	20 244	22 540	24 955	27 422	29 901	32 339	34 687
性比(女100につき男)	95.5	96.4	97.1	97.6	98.0	98.3	98.5	98.6	98.7	98.6
年齢分布(%)										
0－4歳	17.2	15.8	14.9	14.1	13.5	12.7	11.9	11.0	10.2	9.5
5－14歳	28.1	27.9	26.7	25.2	24.1	23.2	22.4	21.2	20.0	18.8
15－24歳	20.0	20.9	21.5	21.7	21.0	20.1	19.5	19.1	18.7	18.1
60歳以上	5.1	5.2	5.3	5.3	5.4	5.7	6.2	6.9	7.8	9.1
65歳以上	3.3	3.4	3.5	3.6	3.7	3.8	4.1	4.5	5.1	5.9
80歳以上	0.4	0.5	0.5	0.5	0.6	0.6	0.7	0.7	0.8	0.9
15－49歳女子(%)	45.1	46.3	48.1	50.1	51.3	52.4	53.1	53.5	53.6	53.2
中位数年齢(歳)	17.1	17.8	18.6	19.6	20.8	21.9	23.0	24.3	25.6	27.1

	2010-2015	2015-2020	2020-2025	2025-2030	2030-2035	2035-2040	2040-2045	2045-2050	2050-2055	2055-2060
年平均人口増加数(千人)	731	752	798	855	925	971	990	992	971	931
年平均出生数(千人)	1 045	1 076	1 131	1 191	1 265	1 315	1 341	1 350	1 349	1 343
年平均死亡数(千人)	308	320	328	331	334	339	345	353	373	407
人口増加率(%)	2.80	2.52	2.37	2.26	2.19	2.07	1.91	1.74	1.57	1.40
粗出生率(人口千人あたり)	40.0	36.0	33.5	31.5	29.9	27.9	25.8	23.7	21.8	20.2
粗死亡率(人口千人あたり)	11.8	10.7	9.7	8.7	7.9	7.2	6.6	6.2	6.0	6.1
合計出生率（女子1人あたり）	5.45	4.87	4.39	3.97	3.66	3.38	3.12	2.89	2.69	2.51
純再生産率（女子1人あたり）	2.17	1.98	1.83	1.70	1.61	1.51	1.41	1.32	1.24	1.17

E. 出生力一定予測値

	2015	2020	2025	2030	2035	2040	2045	2050	2055	2060
人口(千人)										
総数	27 978	32 393	37 751	44 232	52 010	61 329	72 510	85 934	101 987	121 095
男	13 666	15 905	18 616	21 886	25 801	30 488	36 108	42 852	50 913	60 504
女	14 312	16 487	19 135	22 346	26 208	30 842	36 402	43 082	51 074	60 591
中位数年齢(歳)	17.1	17.3	17.4	17.3	17.3	17.3	17.4	17.5	17.5	17.6

	2010-2015	2015-2020	2020-2025	2025-2030	2030-2035	2035-2040	2040-2045	2045-2050	2050-2055	2055-2060
人口増加率(%)	2.80	2.93	3.06	3.17	3.24	3.30	3.35	3.40	3.43	3.44
粗出生率(人口千人あたり)	40.0	40.3	40.6	40.6	40.2	39.9	39.7	39.5	39.3	39.1
粗死亡率(人口千人あたり)	11.8	10.9	9.9	8.8	7.8	6.9	6.2	5.5	5.1	4.8

Myanmar

A. 推計値

指　標	1960	1965	1970	1975	1980	1985	1990	1995	2000	2005	2010
人口(千人)											
総数	21 486	24 024	27 166	30 641	34 471	38 509	42 007	44 711	47 670	49 985	51 733
男	10 513	11 720	13 254	14 959	16 848	18 837	20 571	21 911	23 301	24 420	25 252
女	10 974	12 304	13 912	15 682	17 623	19 671	21 437	22 800	24 369	25 564	26 481
性比(女100につき男)	95.8	95.3	95.3	95.4	95.6	95.8	96.0	96.1	95.6	95.5	95.4
年齢分布(%)											
０－４歳	16.8	16.5	16.4	15.9	15.3	14.6	12.6	11.2	10.9	10.8	9.8
５－14歳	23.7	26.2	26.0	26.0	25.8	25.3	25.0	23.6	21.0	19.9	20.0
15－24歳	16.4	15.9	17.9	19.8	19.8	20.0	20.4	20.7	21.1	19.7	17.7
60歳以上	5.6	5.8	5.9	6.0	6.2	6.3	6.7	7.0	7.1	7.2	7.6
65歳以上	3.4	3.5	3.7	3.8	3.9	4.0	4.2	4.6	4.8	4.9	5.0
80歳以上	0.3	0.3	0.3	0.4	0.4	0.4	0.5	0.5	0.6	0.6	0.7
15－49歳女子(%)	46.4	44.3	44.7	45.5	46.1	47.5	49.7	52.4	55.1	54.6	53.6
中位数年齢(歳)	20.7	19.3	18.6	18.8	19.2	19.7	20.8	22.1	23.5	24.8	26.5
人口密度(1k㎡あたり)	33	37	42	47	53	59	64	68	73	77	79

指　標	1960-1965	1965-1970	1970-1975	1975-1980	1980-1985	1985-1990	1990-1995	1995-2000	2000-2005	2005-2010	2010-2015
年平均人口増加数(千人)	507	628	695	766	808	700	541	592	463	350	433
年平均出生数(千人)	973	1 046	1 119	1 198	1 257	1 171	1 106	1 127	1 171	1 078	963
年平均死亡数(千人)	466	417	424	432	439	432	426	428	434	435	436
人口増加率(%)	2.23	2.46	2.41	2.36	2.22	1.74	1.25	1.28	0.95	0.69	0.82
粗出生率(人口千人あたり)	42.8	40.8	38.7	36.8	34.5	29.1	25.5	24.4	24.0	21.2	18.2
粗死亡率(人口千人あたり)	20.5	16.3	14.7	13.3	12.0	10.7	9.8	9.3	8.9	8.6	8.3
合計出生率(女子１人あたり)	6.10	6.10	5.74	5.21	4.70	3.80	3.20	2.95	2.85	2.55	2.25
純再生産率(女子１人あたり)	2.07	2.25	2.19	2.05	1.89	1.57	1.35	1.27	1.25	1.13	1.01
乳児死亡率(出生千人あたり)	156	124	112	101	91	81	73	65	58	52	46
出生時の平均余命(歳)											
男	41.4	47.1	49.4	51.6	53.6	55.6	57.4	59.2	60.9	62.2	63.6
女	47.2	52.3	54.4	56.4	58.3	60.1	61.8	63.4	65.0	66.3	67.7
男女計	44.2	49.6	51.9	54.0	55.9	57.8	59.6	61.3	62.9	64.3	65.6

B. 中位予測値

指　標	2015	2020	2025	2030	2035	2040	2045	2050	2055	2060
人口(千人)										
総数	53 897	56 242	58 373	60 242	61 752	62 804	63 387	63 575	63 483	63 171
男	26 335	27 497	28 545	29 459	30 194	30 699	30 968	31 031	30 951	30 756
女	27 562	28 745	29 828	30 783	31 558	32 104	32 419	32 544	32 532	32 415
性比(女100につき男)	95.5	95.7	95.7	95.7	95.7	95.6	95.5	95.3	95.1	94.9
年齢分布(%)										
０－４歳	8.5	8.0	7.7	7.4	7.1	6.7	6.3	6.0	5.9	5.8
５－14歳	19.1	16.9	15.3	14.7	14.3	13.9	13.4	12.8	12.2	11.9
15－24歳	17.8	18.1	17.4	15.5	14.3	13.9	13.8	13.6	13.3	12.8
60歳以上	8.9	10.3	11.7	13.2	14.8	16.3	17.7	18.8	20.1	21.6
65歳以上	5.4	6.4	7.5	8.7	9.9	11.0	12.2	13.3	14.2	15.3
80歳以上	0.8	0.8	0.8	0.9	1.3	1.5	1.8	2.1	2.4	2.7
６－11歳	11.4	9.9	9.1	8.8	8.6	8.4	8.0	7.6	7.3	7.1
12－14歳	5.9	5.4	4.7	4.4	4.3	4.2	4.1	4.0	3.8	3.6
15－17歳	5.6	5.6	5.0	4.4	4.3	4.2	4.2	4.1	3.9	3.7
18－23歳	10.5	10.8	10.6	9.5	8.5	8.3	8.3	8.2	8.0	7.7
15－24歳女子(%)	53.6	54.0	53.5	52.2	50.9	50.0	49.1	48.0	46.4	45.2
中位数年齢(歳)	27.9	29.3	30.8	32.4	33.9	35.5	36.9	38.0	38.8	39.5
人口密度(1k㎡あたり)	83	86	89	92	95	96	97	97	97	97

指　標	2010-2015	2015-2020	2020-2025	2025-2030	2030-2035	2035-2040	2040-2045	2045-2050	2050-2055	2055-2060
年平均人口増加数(千人)	433	469	426	374	302	210	117	38	－18	－62
年平均出生数(千人)	963	940	934	928	909	870	825	788	768	755
年平均死亡数(千人)	436	461	498	544	597	650	698	740	776	808
年平均純移動数(千人)	−95	−10	−10	−10	−10	−10	−10	−10	−10	−9
人口増加率(%)	0.82	0.85	0.74	0.63	0.50	0.34	0.19	0.06	−0.03	−0.10
粗出生率(人口千人あたり)	18.2	17.1	16.3	15.7	14.9	14.0	13.1	12.4	12.1	11.9
粗死亡率(人口千人あたり)	8.3	8.4	8.7	9.2	9.8	10.4	11.1	11.7	12.2	12.8
純移動率(人口千人あたり)	−1.8	−0.2	−0.2	−0.2	−0.2	−0.2	−0.2	−0.2	−0.2	−0.1
合計出生率（女子１人あたり）	2.25	2.13	2.04	1.95	1.89	1.84	1.81	1.79	1.78	1.77
純再生産率（女子１人あたり）	1.01	0.97	0.93	0.90	0.88	0.86	0.85	0.84	0.84	0.84
乳児死亡率（出生千人あたり）	46	43	40	37	34	32	29	27	25	24
５歳未満の死亡数(出生千人あたり	60	54	50	45	42	38	35	33	30	28
出生時の平均余命(歳)										
男	63.6	64.4	65.1	65.8	66.4	67.0	67.6	68.1	68.7	69.3
女	67.7	68.6	69.5	70.3	71.0	71.7	72.5	73.2	73.8	74.5
男女計	65.6	66.5	67.3	68.0	68.7	69.4	70.0	70.6	71.2	71.8

C. 高位予測値

	2015	2020	2025	2030	2035	2040	2045	2050	2055	2060
人口(千人)										
総数	53 897	56 767	59 772	62 771	65 434	67 682	69 585	71 316	73 048	74 792
男	26 335	27 761	29 249	30 733	32 048	33 154	34 085	34 922	35 758	36 596
女	27 562	29 006	30 522	32 039	33 387	34 528	35 500	36 394	37 290	38 196
性比(女100につき男)	95.5	95.6	95.6	95.5	95.3	95.2	94.9	94.6	94.2	93.7
年齢分布(%)										
0－4歳	8.5	8.8	8.9	8.9	8.5	8.0	7.7	7.6	7.7	7.7
5－14歳	19.1	16.7	15.8	16.3	16.6	16.3	15.6	15.0	14.6	14.6
15－24歳	17.8	18.0	17.0	14.9	14.3	15.0	15.4	15.3	14.8	14.2
60歳以上	8.9	10.2	11.4	12.7	13.9	15.1	16.1	16.8	17.5	18.3
65歳以上	5.4	6.4	7.4	8.3	9.3	10.2	11.1	11.9	12.4	12.9
80歳以上	0.8	0.8	0.8	0.9	1.2	1.4	1.6	1.8	2.1	2.3
15－49歳女子(%)	53.6	53.5	52.3	50.1	48.9	48.5	48.4	47.9	47.0	46.3
中位数年齢(歳)	27.9	29.1	30.1	31.1	32.1	33.0	33.5	33.6	34.0	34.4

	2010-2015	2015-2020	2020-2025	2025-2030	2030-2035	2035-2040	2040-2045	2045-2050	2050-2055	2055-2060
年平均人口増加数(千人)	433	574	601	600	533	449	381	346	346	349
年平均出生数(千人)	963	1 050	1 118	1 166	1 151	1 121	1 102	1 112	1 150	1 185
年平均死亡数(千人)	436	466	507	556	608	662	711	756	794	828
人口増加率(%)	0.82	1.04	1.03	0.98	0.83	0.68	0.55	0.49	0.48	0.47
粗出生率(人口千人あたり)	18.2	19.0	19.2	19.0	18.0	16.8	16.1	15.8	15.9	16.0
粗死亡率(人口千人あたり)	8.3	8.4	8.7	9.1	9.5	9.9	10.4	10.7	11.0	11.2
合計出生率（女子1人あたり）	2.25	2.38	2.44	2.45	2.39	2.34	2.31	2.29	2.28	2.27
純再生産率（女子1人あたり）	1.01	1.08	1.12	1.13	1.11	1.09	1.09	1.08	1.08	1.08

D. 低位予測値

	2015	2020	2025	2030	2035	2040	2045	2050	2055	2060
人口(千人)										
総数	53 897	55 718	56 975	57 713	58 073	57 960	57 327	56 190	54 629	52 729
男	26 335	27 232	27 841	28 185	28 342	28 262	27 920	27 319	26 502	25 511
女	27 562	28 485	29 135	29 528	29 731	29 698	29 407	28 872	28 127	27 218
性比(女100につき男)	95.5	95.6	95.6	95.5	95.3	95.2	94.9	94.6	94.2	93.7
年齢分布(%)										
0－4歳	8.5	7.1	6.3	5.7	5.5	5.2	4.8	4.4	4.1	3.9
5－14歳	19.1	17.0	14.8	12.9	11.8	11.2	10.8	10.2	9.5	8.9
15－24歳	17.8	18.3	17.8	16.2	14.3	12.7	11.8	11.4	11.2	10.8
60歳以上	8.9	10.4	12.0	13.8	15.7	17.6	19.5	21.3	23.4	25.9
65歳以上	5.4	6.5	7.7	9.0	10.5	12.0	13.5	15.1	16.5	18.3
80歳以上	0.8	0.8	0.9	1.0	1.3	1.7	2.0	2.3	2.8	3.2
15－49歳女子(%)	53.6	54.5	54.8	54.4	53.2	51.8	49.9	47.9	45.3	42.9
中位数年齢(歳)	27.9	29.6	31.6	33.7	35.8	37.9	40.1	42.1	44.0	45.7

	2010-2015	2015-2020	2020-2025	2025-2030	2030-2035	2035-2040	2040-2045	2045-2050	2050-2055	2055-2060
年平均人口増加数(千人)	433	364	252	147	72	－ 23	－ 127	－ 227	－ 312	－ 380
年平均出生数(千人)	963	830	751	691	667	625	569	509	459	420
年平均死亡数(千人)	436	456	489	533	585	638	686	727	761	791
人口増加率(%)	0.82	0.66	0.45	0.26	0.13	−0.04	−0.22	−0.40	−0.56	−0.71
粗出生率(人口千人あたり)	18.2	15.1	13.3	12.0	11.5	10.8	9.9	9.0	8.3	7.8
粗死亡率(人口千人あたり)	8.3	8.3	8.7	9.3	10.1	11.0	11.9	12.8	13.7	14.7
合計出生率（女子1人あたり）	2.25	1.88	1.64	1.45	1.39	1.34	1.31	1.29	1.28	1.27
純再生産率（女子1人あたり）	1.01	0.86	0.75	0.67	0.65	0.63	0.62	0.61	0.61	0.60

E. 出生力一定予測値

	2015	2020	2025	2030	2035	2040	2045	2050	2055	2060
人口(千人)										
総数	53 897	56 490	59 096	61 634	63 957	65 948	67 613	69 056	70 404	71 715
男	26 335	27 622	28 909	30 160	31 304	32 282	33 094	33 787	34 431	35 052
女	27 562	28 868	30 187	31 474	32 653	33 666	34 519	35 269	35 974	36 664
中位数年齢(歳)	27.9	29.2	30.4	31.7	32.8	33.9	34.6	34.8	35.0	35.2

	2010-2015	2015-2020	2020-2025	2025-2030	2030-2035	2035-2040	2040-2045	2045-2050	2050-2055	2055-2060
人口増加率(%)	0.82	0.94	0.90	0.84	0.74	0.61	0.50	0.42	0.39	0.37
粗出生率(人口千人あたり)	18.2	18.0	17.9	17.7	17.2	16.4	15.7	15.4	15.3	15.4
粗死亡率(人口千人あたり)	8.3	8.4	8.7	9.1	9.6	10.1	10.6	11.0	11.3	11.6

Namibia

A. 推計値

指　標	1960	1965	1970	1975	1980	1985	1990	1995	2000	2005	2010
人口(千人)											
総数	603	683	780	906	1 013	1 149	1 415	1 654	1 898	2 027	2 194
男	297	337	385	448	495	559	692	811	933	990	1 064
女	305	346	395	458	518	590	724	843	965	1 037	1 129
性比(女100につき男)	97.5	97.5	97.6	97.7	95.6	94.7	95.6	96.2	96.6	95.4	94.2
年齢分布(%)											
０－４歳	16.6	16.8	17.2	18.2	18.5	17.6	16.5	15.9	14.5	13.7	13.4
５－14歳	25.0	25.7	25.9	26.1	28.1	29.4	27.1	26.1	25.9	26.1	24.7
15－24歳	17.7	18.1	18.6	18.6	18.5	19.2	20.7	20.8	20.4	20.6	21.4
60歳以上	5.9	5.8	5.6	5.5	5.5	5.5	5.3	5.1	5.0	5.1	5.2
65歳以上	3.7	3.6	3.6	3.5	3.5	3.5	3.4	3.4	3.3	3.3	3.4
80歳以上	0.4	0.4	0.4	0.4	0.4	0.4	0.4	0.4	0.4	0.5	0.5
15－49歳女子(%)	45.6	44.8	44.6	44.0	42.6	42.9	46.7	48.4	49.8	50.2	51.4
中位数年齢(歳)	19.3	18.8	18.4	17.8	16.7	16.4	17.8	18.6	19.5	19.6	20.2
人口密度(1k㎡あたり)	1	1	1	1	1	1	2	2	2	2	3

指　標	1960-1965	1965-1970	1970-1975	1975-1980	1980-1985	1985-1990	1990-1995	1995-2000	2000-2005	2005-2010	2010-2015
年平均人口増加数(千人)	16	20	25	21	27	53	48	49	26	33	53
年平均出生数(千人)	27	31	37	42	45	50	56	59	60	62	70
年平均死亡数(千人)	11	11	12	12	11	12	13	17	24	19	17
人口増加率(%)	2.49	2.68	2.98	2.24	2.53	4.16	3.12	2.75	1.32	1.58	2.28
粗出生率(人口千人あたり)	42.3	42.4	44.2	43.8	41.2	39.1	36.8	33.1	30.4	29.5	30.2
粗死亡率(人口千人あたり)	17.4	15.4	13.8	12.1	10.5	9.3	8.7	9.7	12.1	8.9	7.3
合計出生率(女子１人あたり)	6.20	6.30	6.60	6.60	6.20	5.55	4.91	4.29	3.81	3.60	3.60
純再生産率(女子１人あたり)	2.21	2.35	2.56	2.64	2.58	2.37	2.12	1.82	1.57	1.58	1.64
乳児死亡率(出生千人あたり)	131	115	101	87	76	67	60	58	57	43	34
出生時の平均余命(歳)											
男	46.3	49.2	52.0	54.9	56.6	58.1	58.8	56.2	51.4	57.2	61.6
女	50.6	53.2	55.9	58.0	61.1	63.2	63.6	60.5	55.4	62.9	67.0
男女計	48.4	51.2	53.9	56.5	58.9	60.7	61.2	58.4	53.4	60.1	64.3

B. 中位予測値

指　標	2015	2020	2025	2030	2035	2040	2045	2050	2055	2060
人口(千人)										
総数	2 459	2 731	3 002	3 272	3 539	3 805	4 068	4 322	4 560	4 780
男	1 197	1 334	1 470	1 606	1 742	1 877	2 010	2 139	2 259	2 370
女	1 262	1 398	1 532	1 666	1 798	1 928	2 058	2 183	2 301	2 411
性比(女100につき男)	94.8	95.4	95.9	96.4	96.9	97.3	97.7	98.0	98.2	98.3
年齢分布(%)										
０－４歳	13.8	13.0	12.0	11.2	10.5	10.0	9.5	9.0	8.5	8.0
５－14歳	22.9	23.0	22.9	21.7	20.4	19.3	18.4	17.7	17.0	16.2
15－24歳	21.1	19.5	18.6	19.0	19.3	18.6	17.7	16.9	16.4	16.0
60歳以上	5.5	5.9	6.4	7.1	7.9	8.8	9.7	11.0	12.7	14.1
65歳以上	3.5	3.8	4.1	4.6	5.2	5.8	6.5	7.3	8.4	9.8
80歳以上	0.5	0.5	0.5	0.6	0.7	0.8	1.0	1.2	1.4	1.6
６－11歳	13.9	14.2	14.0	13.1	12.3	11.6	11.1	10.7	10.2	9.7
12－14歳	6.6	6.2	6.6	6.4	6.1	5.7	5.4	5.2	5.1	4.9
15－17歳	6.5	6.0	5.9	6.3	6.0	5.7	5.4	5.2	5.0	4.9
18－23歳	12.6	11.7	10.9	11.0	11.5	11.1	10.6	10.1	9.8	9.5
15－24歳女子(%)	51.8	51.6	51.5	52.2	52.8	52.7	52.0	51.4	51.1	50.8
中位数年齢(歳)	21.2	22.2	23.1	23.9	24.9	26.2	27.5	28.8	30.1	31.4
人口密度(1k㎡あたり)	3	3	4	4	4	5	5	5	6	6

指　標	2010-2015	2015-2020	2020-2025	2025-2030	2030-2035	2035-2040	2040-2045	2045-2050	2050-2055	2055-2060
年平均人口増加数(千人)	53	54	54	54	53	53	53	51	48	44
年平均出生数(千人)	70	73	74	75	76	78	79	79	79	77
年平均死亡数(千人)	17	18	20	21	23	25	26	29	31	33
年平均純移動数(千人)	0	0	0	0	0	0	0	0	0	0
人口増加率(%)	2.28	2.10	1.89	1.72	1.57	1.45	1.34	1.21	1.08	0.94
粗出生率(人口千人あたり)	30.2	28.2	25.9	23.9	22.3	21.1	20.1	18.9	17.7	16.6
粗死亡率(人口千人あたり)	7.3	7.0	6.8	6.7	6.7	6.7	6.7	6.8	7.0	7.2
純移動率(人口千人あたり)	−0.1	−0.2	−0.2	0.0	0.0	0.0	0.0	0.0	0.0	0.0
合計出生率（女子１人あたり）	3.60	3.31	3.07	2.88	2.71	2.57	2.45	2.34	2.24	2.16
純再生産率（女子１人あたり）	1.64	1.53	1.43	1.35	1.28	1.22	1.16	1.11	1.07	1.04
乳児死亡率（出生千人あたり）	34	29	25	22	20	19	17	16	14	13
５歳未満の死亡数(出生千人あたり	42	36	31	26	24	22	20	18	17	15
出生時の平均余命(歳)										
男	61.6	62.8	64.0	65.2	66.4	67.6	68.7	69.8	70.9	71.9
女	67.0	67.6	68.5	69.6	70.6	71.7	72.7	73.8	74.9	75.9
男女計	64.3	65.3	66.3	67.5	68.6	69.7	70.8	71.9	72.9	73.9

C. 高位予測値

	2015	2020	2025	2030	2035	2040	2045	2050	2055	2060
人口(千人)										
総数	2 459	2 758	3 076	3 409	3 747	4 096	4 463	4 845	5 233	5 620
男	1 197	1 347	1 507	1 676	1 846	2 024	2 210	2 403	2 599	2 794
女	1 262	1 411	1 569	1 734	1 900	2 073	2 254	2 442	2 634	2 826
性比(女100につき男)	94.8	95.3	95.8	96.2	96.6	97.0	97.2	97.5	97.6	97.6
年齢分布(%)										
0－4歳	13.8	13.8	13.3	12.6	11.8	11.4	11.0	10.7	10.3	9.8
5－14歳	22.9	22.7	23.2	23.0	22.3	21.2	20.3	19.7	19.3	18.8
15－24歳	21.1	19.4	18.1	18.2	18.9	19.1	18.6	17.9	17.2	16.9
60歳以上	5.5	5.8	6.3	6.8	7.5	8.1	8.9	9.9	11.0	12.0
65歳以上	3.5	3.7	4.0	4.4	4.9	5.4	5.9	6.5	7.3	8.3
80歳以上	0.5	0.5	0.5	0.6	0.7	0.8	0.9	1.0	1.2	1.4
15－49歳女子(%)	51.8	51.2	50.3	50.2	50.6	50.8	50.5	50.1	50.0	50.1
中位数年齢(歳)	21.2	21.9	22.4	22.7	23.3	24.1	25.1	26.0	27.0	27.9

	2010-2015	2015-2020	2020-2025	2025-2030	2030-2035	2035-2040	2040-2045	2045-2050	2050-2055	2055-2060
年平均人口増加数(千人)	53	60	64	67	68	70	73	76	78	77
年平均出生数(千人)	70	79	84	88	91	95	100	106	109	112
年平均死亡数(千人)	17	18	20	21	23	25	27	29	32	35
人口増加率(%)	2.28	2.30	2.18	2.06	1.89	1.79	1.72	1.64	1.54	1.43
粗出生率(人口千人あたり)	30.2	30.2	28.8	27.1	25.3	24.2	23.5	22.7	21.7	20.6
粗死亡率(人口千人あたり)	7.3	7.1	6.8	6.6	6.4	6.4	6.3	6.3	6.3	6.4
合計出生率（女子1人あたり）	3.60	3.56	3.47	3.38	3.21	3.07	2.95	2.84	2.74	2.66
純再生産率（女子1人あたり）	1.64	1.64	1.62	1.58	1.51	1.45	1.40	1.35	1.31	1.27

D. 低位予測値

	2015	2020	2025	2030	2035	2040	2045	2050	2055	2060
人口(千人)										
総数	2 459	2 704	2 929	3 135	3 333	3 518	3 685	3 827	3 941	4 025
男	1 197	1 320	1 433	1 537	1 637	1 732	1 817	1 889	1 946	1 988
女	1 262	1 384	1 496	1 598	1 695	1 786	1 868	1 938	1 995	2 037
性比(女100につき男)	94.8	95.3	95.8	96.2	96.6	97.0	97.2	97.5	97.6	97.6
年齢分布(%)										
0－4歳	13.8	12.1	10.7	9.6	9.1	8.5	7.9	7.3	6.6	6.0
5－14歳	22.9	23.2	22.6	20.3	18.4	17.1	16.3	15.4	14.4	13.3
15－24歳	21.1	19.7	19.0	19.8	19.7	18.0	16.6	15.7	15.1	14.6
60歳以上	5.5	5.9	6.6	7.4	8.4	9.5	10.7	12.5	14.7	16.8
65歳以上	3.5	3.8	4.2	4.8	5.5	6.3	7.2	8.2	9.8	11.7
80歳以上	0.5	0.5	0.6	0.6	0.8	0.9	1.1	1.3	1.6	1.9
15－49歳女子(%)	51.8	52.1	52.7	54.4	55.2	54.9	53.7	52.6	51.9	50.9
中位数年齢(歳)	21.2	22.4	23.7	25.1	26.7	28.4	30.3	32.2	34.1	35.9

	2010-2015	2015-2020	2020-2025	2025-2030	2030-2035	2035-2040	2040-2045	2045-2050	2050-2055	2055-2060
年平均人口増加数(千人)	53	49	45	41	39	37	33	29	23	17
年平均出生数(千人)	70	68	65	62	62	61	59	56	53	49
年平均死亡数(千人)	17	18	19	21	22	24	26	28	30	32
人口増加率(%)	2.28	1.90	1.59	1.36	1.22	1.08	0.93	0.76	0.58	0.42
粗出生率(人口千人あたり)	30.2	26.2	22.9	20.4	19.1	17.8	16.5	15.0	13.6	12.4
粗死亡率(人口千人あたり)	7.3	7.0	6.9	6.8	6.9	7.0	7.2	7.4	7.7	8.2
合計出生率（女子1人あたり）	3.60	3.06	2.67	2.38	2.21	2.07	1.95	1.84	1.74	1.66
純再生産率（女子1人あたり）	1.64	1.41	1.24	1.11	1.04	0.98	0.92	0.88	0.83	0.80

E. 出生力一定予測値

	2015	2020	2025	2030	2035	2040	2045	2050	2055	2060
人口(千人)										
総数	2 459	2 757	3 084	3 440	3 825	4 249	4 720	5 243	5 820	6 455
男	1 197	1 347	1 511	1 691	1 886	2 101	2 339	2 604	2 896	3 217
女	1 262	1 411	1 573	1 749	1 939	2 148	2 381	2 639	2 924	3 239
中位数年齢(歳)	21.2	21.9	22.3	22.5	22.7	23.1	23.5	23.8	24.0	24.2

	2010-2015	2015-2020	2020-2025	2025-2030	2030-2035	2035-2040	2040-2045	2045-2050	2050-2055	2055-2060
人口増加率(%)	2.28	2.29	2.24	2.18	2.13	2.10	2.10	2.10	2.09	2.07
粗出生率(人口千人あたり)	30.2	30.1	29.4	28.4	27.6	27.3	27.1	27.0	26.8	26.5
粗死亡率(人口千人あたり)	7.3	7.1	6.8	6.6	6.4	6.3	6.1	6.0	5.9	5.8

Nepal

A. 推 計 値

指　標	1960	1965	1970	1975	1980	1985	1990	1995	2000	2005	2010
人口(千人)											
総数	10 057	10 905	11 987	13 313	14 890	16 714	18 742	21 391	23 740	25 507	26 876
男	5 009	5 428	5 959	6 641	7 447	8 347	9 299	10 796	11 806	12 641	13 091
女	5 048	5 477	6 028	6 672	7 444	8 367	9 443	10 595	11 935	12 866	13 785
性比(女100につき男)	99.2	99.1	98.8	99.5	100.0	99.8	98.5	101.9	98.9	98.2	95.0
年齢分布(%)											
０－４歳	16.2	15.8	15.9	16.1	16.4	16.5	16.3	15.7	15.0	13.5	11.8
５－14歳	24.1	25.6	25.0	24.7	25.0	25.5	26.1	25.9	26.0	26.3	25.4
15－24歳	18.7	17.9	18.8	19.7	19.0	18.7	18.8	19.6	19.5	18.5	19.6
60歳以上	4.5	4.8	5.1	5.3	5.4	5.6	5.7	5.7	5.9	6.8	7.5
65歳以上	2.5	2.7	2.9	3.1	3.3	3.4	3.5	3.6	3.8	4.4	5.0
80歳以上	0.1	0.2	0.2	0.2	0.3	0.3	0.3	0.4	0.4	0.5	0.6
15－49歳女子(%)	49.2	47.5	47.8	47.3	46.6	46.2	46.1	46.3	47.8	48.4	50.6
中位数年齢(歳)	19.9	19.6	19.2	19.4	19.3	19.0	18.7	19.0	19.3	20.0	21.2
人口密度(1k㎡あたり)	70	76	84	93	104	117	131	149	166	178	187

指　標	1960-1965	1965-1970	1970-1975	1975-1980	1980-1985	1985-1990	1990-1995	1995-2000	2000-2005	2005-2010	2010-2015
年平均人口増加数(千人)	170	216	265	315	365	405	530	470	353	274	328
年平均出生数(千人)	462	494	538	596	652	702	748	775	731	662	582
年平均死亡数(千人)	278	273	272	273	267	253	233	212	193	183	180
人口増加率(%)	1.62	1.89	2.10	2.24	2.31	2.29	2.64	2.08	1.44	1.05	1.18
粗出生率(人口千人あたり)	44.1	43.1	42.5	42.3	41.2	39.6	37.3	34.3	29.7	25.3	21.0
粗死亡率(人口千人あたり)	26.5	23.9	21.5	19.3	16.9	14.3	11.6	9.4	7.8	7.0	6.5
合計出生率(女子１人あたり)	5.96	5.96	5.87	5.80	5.62	5.33	4.97	4.41	3.64	2.96	2.32
純再生産率(女子１人あたり)	1.60	1.72	1.80	1.89	1.96	1.98	1.97	1.83	1.58	1.34	1.06
乳児死亡率(出生千人あたり)	211	190	169	151	131	110	88	68	53	41	32
出生時の平均余命(歳)											
男	36.0	38.9	41.7	44.6	47.9	51.6	55.6	59.5	62.9	65.5	67.6
女	36.3	39.3	42.2	45.2	48.7	52.6	57.1	61.5	65.2	68.1	70.5
男女計	36.2	39.1	42.0	44.9	48.3	52.1	56.4	60.5	64.1	66.8	69.0

B. 中 位 予 測 値

指　標	2015	2020	2025	2030	2035	2040	2045	2050	2055	2060
人口(千人)										
総数	28 514	30 184	31 754	33 104	34 187	35 027	35 688	36 159	36 416	36 439
男	13 816	14 667	15 467	16 158	16 719	17 162	17 524	17 803	17 989	18 076
女	14 697	15 517	16 287	16 947	17 469	17 865	18 164	18 356	18 427	18 362
性比(女100につき男)	94.0	94.5	95.0	95.3	95.7	96.1	96.5	97.0	97.6	98.4
年齢分布(%)										
０－４歳	9.8	9.4	8.7	7.9	7.0	6.3	5.9	5.6	5.2	4.9
５－14歳	22.8	19.6	17.6	16.8	15.6	14.2	12.8	11.9	11.2	10.7
15－24歳	20.9	21.4	19.7	17.1	15.7	15.3	14.4	13.1	12.0	11.2
60歳以上	8.6	9.1	9.8	10.8	12.1	13.7	15.6	17.9	21.0	25.0
65歳以上	5.5	6.3	6.7	7.4	8.2	9.4	10.9	12.6	14.7	17.5
80歳以上	0.7	0.8	0.9	1.2	1.4	1.6	1.9	2.4	2.9	3.7
６－11歳	13.6	11.5	10.5	10.1	9.3	8.4	7.6	7.0	6.7	6.3
12－14歳	7.1	6.3	5.3	5.1	4.9	4.5	4.0	3.7	3.5	3.3
15－17歳	7.0	6.5	5.7	4.9	4.9	4.6	4.2	3.8	3.5	3.3
18－23歳	12.1	12.8	12.0	10.4	9.3	9.2	8.7	8.0	7.2	6.7
15－24歳女子(%)	53.4	55.5	56.2	55.2	54.3	52.7	50.4	47.2	44.1	41.7
中位数年齢(歳)	23.1	24.8	27.0	29.3	31.8	34.3	36.7	38.9	40.9	42.9
人口密度(1k㎡あたり)	199	211	222	231	238	244	249	252	254	254

指　標	2010-2015	2015-2020	2020-2025	2025-2030	2030-2035	2035-2040	2040-2045	2045-2050	2050-2055	2055-2060
年平均人口増加数(千人)	328	334	314	270	217	168	132	94	51	4
年平均出生数(千人)	582	582	568	532	485	449	427	408	384	361
年平均死亡数(千人)	180	183	189	197	207	220	234	252	275	302
年平均純移動数(千人)	−74	−65	−65	−65	−61	−61	−61	−61	−58	−55
人口増加率(%)	1.18	1.14	1.01	0.83	0.64	0.49	0.37	0.26	0.14	0.01
粗出生率(人口千人あたり)	21.0	19.8	18.3	16.4	14.4	13.0	12.1	11.4	10.6	9.9
粗死亡率(人口千人あたり)	6.5	6.2	6.1	6.1	6.2	6.4	6.6	7.0	7.6	8.3
純移動率(人口千人あたり)	−2.7	−2.2	−2.1	−2.0	−1.8	−1.8	−1.7	−1.7	−1.6	−1.5
合計出生率（女子１人あたり）	2.32	2.09	1.95	1.85	1.77	1.73	1.70	1.69	1.69	1.70
純再生産率（女子１人あたり）	1.06	0.97	0.91	0.87	0.84	0.82	0.81	0.80	0.80	0.81
乳児死亡率（出生千人あたり）	32	26	21	18	15	13	12	11	10	10
５歳未満の死亡数(出生千人あたり	40	31	25	21	18	16	14	13	12	11
出生時の平均余命(歳)										
男	67.6	69.4	70.8	72.1	73.2	74.2	75.3	76.3	77.3	78.3
女	70.5	72.3	74.0	75.4	76.5	77.5	78.5	79.3	80.1	80.9
男女計	69.0	70.9	72.4	73.7	74.9	76.0	77.0	78.0	78.9	79.7

C. 高位予測値

	2015	2020	2025	2030	2035	2040	2045	2050	2055	2060
人口(千人)										
総数	28 514	30 523	32 661	34 716	36 496	38 118	39 733	41 308	42 754	44 018
男	13 816	14 841	15 934	16 988	17 908	18 755	19 608	20 456	21 255	21 982
女	14 697	15 681	16 727	17 728	18 588	19 364	20 125	20 852	21 498	22 035
性比(女100につき男)	94.0	94.4	94.7	94.8	95.0	95.2	95.4	95.7	96.1	96.8
年齢分布(%)										
０－４歳	9.8	10.4	10.2	9.5	8.4	7.9	7.7	7.6	7.2	6.9
５－14歳	22.8	19.4	18.1	18.6	18.1	16.7	15.2	14.6	14.4	14.1
15－24歳	20.9	21.1	19.2	16.3	15.6	16.4	16.1	14.9	13.7	13.3
60歳以上	8.6	9.0	9.5	10.3	11.3	12.6	14.0	15.7	17.9	20.7
65歳以上	5.5	6.2	6.5	7.0	7.7	8.7	9.8	11.0	12.5	14.5
80歳以上	0.7	0.8	0.9	1.1	1.3	1.5	1.7	2.1	2.5	3.0
15－49歳女子(%)	53.4	54.9	54.7	52.8	51.9	50.9	49.4	46.9	44.7	43.6
中位数年齢(歳)	23.1	24.6	26.3	28.0	29.9	31.6	32.8	33.9	35.2	36.7

	2010-2015	2015-2020	2020-2025	2025-2030	2030-2035	2035-2040	2040-2045	2045-2050	2050-2055	2055-2060
年平均人口増加数(千人)	328	402	428	411	356	324	323	315	289	253
年平均出生数(千人)	582	652	684	676	627	609	621	633	627	614
年平均死亡数(千人)	180	185	192	200	210	223	237	257	279	306
人口増加率(%)	1.18	1.36	1.35	1.22	1.00	0.87	0.83	0.78	0.69	0.58
粗出生率(人口千人あたり)	21.0	22.1	21.7	20.1	17.6	16.3	16.0	15.6	14.9	14.2
粗死亡率(人口千人あたり)	6.5	6.3	6.1	5.9	5.9	6.0	6.1	6.3	6.6	7.1
合計出生率（女子１人あたり）	2.32	2.34	2.35	2.35	2.27	2.23	2.20	2.19	2.19	2.20
純再生産率（女子１人あたり）	1.06	1.09	1.10	1.10	1.07	1.06	1.04	1.04	1.04	1.05

D. 低位予測値

	2015	2020	2025	2030	2035	2040	2045	2050	2055	2060
人口(千人)										
総数	28 514	29 846	30 847	31 492	31 891	32 013	31 875	31 478	30 839	29 964
男	13 816	14 493	15 000	15 328	15 536	15 610	15 560	15 391	15 115	14 740
女	14 697	15 353	15 847	16 165	16 355	16 404	16 315	16 087	15 724	15 225
性比(女100につき男)	94.0	94.4	94.7	94.8	95.0	95.2	95.4	95.7	96.1	96.8
年齢分布(%)										
０－４歳	9.8	8.3	7.1	6.0	5.3	4.7	4.1	3.6	3.2	2.9
５－14歳	22.8	19.8	17.0	14.8	12.8	11.1	9.9	8.8	7.8	7.1
15－24歳	20.9	21.6	20.3	18.0	15.8	13.9	12.1	10.7	9.6	8.6
60歳以上	8.6	9.2	10.1	11.3	13.0	15.0	17.4	20.6	24.8	30.4
65歳以上	5.5	6.3	6.9	7.7	8.8	10.3	12.2	14.4	17.4	21.3
80歳以上	0.7	0.8	1.0	1.2	1.5	1.7	2.1	2.7	3.5	4.4
15－49歳女子(%)	53.4	56.1	57.7	57.9	57.0	54.8	51.4	47.0	42.4	38.2
中位数年齢(歳)	23.1	25.1	27.8	30.6	33.7	36.8	40.0	43.2	46.4	49.5

	2010-2015	2015-2020	2020-2025	2025-2030	2030-2035	2035-2040	2040-2045	2045-2050	2050-2055	2055-2060
年平均人口増加数(千人)	328	266	200	129	80	25	− 28	− 79	− 128	− 175
年平均出生数(千人)	582	513	451	388	345	303	264	231	202	178
年平均死亡数(千人)	180	181	186	194	204	217	231	249	271	298
人口増加率(%)	1.18	0.91	0.66	0.41	0.25	0.08	−0.09	−0.25	−0.41	−0.58
粗出生率(人口千人あたり)	21.0	17.6	14.9	12.4	10.9	9.5	8.3	7.3	6.5	5.8
粗死亡率(人口千人あたり)	6.5	6.2	6.1	6.2	6.4	6.8	7.2	7.9	8.7	9.8
合計出生率（女子１人あたり）	2.32	1.84	1.55	1.35	1.27	1.23	1.20	1.19	1.19	1.20
純再生産率（女子１人あたり）	1.06	0.86	0.72	0.63	0.60	0.58	0.57	0.57	0.57	0.57

E. 出生力一定予測値

	2015	2020	2025	2030	2035	2040	2045	2050	2055	2060
人口(千人)										
総数	28 514	30 450	32 510	34 508	36 356	38 094	39 825	41 520	43 120	44 590
男	13 816	14 804	15 856	16 881	17 836	18 742	19 656	20 565	21 444	22 278
女	14 697	15 646	16 654	17 628	18 520	19 352	20 169	20 954	21 676	22 313
中位数年齢(歳)	23.1	24.6	26.4	28.2	30.0	31.6	32.7	33.7	34.8	36.0

	2010-2015	2015-2020	2020-2025	2025-2030	2030-2035	2035-2040	2040-2045	2045-2050	2050-2055	2055-2060
人口増加率(%)	1.18	1.31	1.31	1.19	1.04	0.93	0.89	0.83	0.76	0.67
粗出生率(人口千人あたり)	21.0	21.6	21.2	19.8	18.1	17.0	16.6	16.1	15.5	15.0
粗死亡率(人口千人あたり)	6.5	6.3	6.1	6.0	5.9	6.0	6.1	6.3	6.6	7.0

Netherlands

A. 推計値

指標	1960	1965	1970	1975	1980	1985	1990	1995	2000	2005	2010
人口(千人)											
総数	11 419	12 216	12 965	13 611	14 103	14 472	14 915	15 451	15 894	16 332	16 632
男	5 687	6 092	6 469	6 778	7 001	7 160	7 372	7 643	7 864	8 081	8 235
女	5 732	6 124	6 496	6 833	7 102	7 312	7 544	7 808	8 030	8 251	8 396
性比(女100につき男)	99.2	99.5	99.6	99.2	98.6	97.9	97.7	97.9	97.9	97.9	98.1
年齢分布(%)											
0－4歳	10.1	10.0	9.2	7.6	6.2	6.0	6.2	6.3	6.2	6.1	5.5
5－14歳	19.9	18.4	18.2	18.1	16.3	13.4	11.9	12.0	12.3	12.2	11.9
15－24歳	14.9	17.0	17.6	16.7	17.3	17.4	15.8	13.1	11.7	11.8	12.0
60歳以上	13.1	13.8	14.5	15.1	15.5	16.6	17.2	17.7	18.1	19.1	22.2
65歳以上	8.9	9.5	10.1	10.7	11.4	11.9	12.7	13.1	13.6	14.1	15.6
80歳以上	1.4	1.5	1.7	1.9	2.2	2.5	2.9	3.1	3.1	3.5	3.9
15－49歳女子(%)	46.4	47.0	47.3	48.0	50.1	52.0	52.7	51.7	49.3	47.7	45.7
中位数年齢(歳)	28.6	28.5	28.6	29.4	31.2	33.0	34.5	35.9	37.5	39.1	41.2
人口密度(1k㎡あたり)	339	362	384	404	418	429	442	458	471	484	493

指標	1960-1965	1965-1970	1970-1975	1975-1980	1980-1985	1985-1990	1990-1995	1995-2000	2000-2005	2005-2010	2010-2015
年平均人口増加数(千人)	159	150	129	98	74	89	107	89	88	60	59
年平均出生数(千人)	249	241	204	175	175	186	195	195	198	185	177
年平均死亡数(千人)	92	102	110	113	117	124	132	137	140	136	140
人口増加率(%)	1.35	1.19	0.97	0.71	0.52	0.60	0.71	0.57	0.54	0.36	0.35
粗出生率(人口千人あたり)	21.1	19.2	15.3	12.6	12.2	12.7	12.8	12.5	12.3	11.2	10.6
粗死亡率(人口千人あたり)	7.8	8.1	8.3	8.1	8.2	8.5	8.7	8.8	8.7	8.3	8.4
合計出生率(女子1人あたり)	3.17	2.79	2.06	1.60	1.51	1.55	1.58	1.60	1.73	1.75	1.75
純再生産率(女子1人あたり)	1.50	1.33	0.98	0.76	0.73	0.75	0.76	0.77	0.83	0.84	0.85
乳児死亡率(出生千人あたり)	16	13	11	9	8	7	6	5	5	4	3
出生時の平均余命(歳)											
男	71.2	71.0	71.2	72.0	72.8	73.5	74.2	75.1	76.2	78.0	79.4
女	75.8	76.4	77.1	78.4	79.5	79.9	80.2	80.5	81.0	82.2	83.1
男女計	73.5	73.6	74.1	75.2	76.1	76.7	77.3	77.8	78.7	80.2	81.3

B. 中位予測値

指標	2015	2020	2025	2030	2035	2040	2045	2050	2055	2060
人口(千人)										
総数	16 925	17 185	17 418	17 605	17 715	17 738	17 686	17 602	17 513	17 435
男	8 401	8 545	8 673	8 775	8 839	8 859	8 843	8 813	8 782	8 759
女	8 524	8 640	8 746	8 829	8 876	8 879	8 843	8 789	8 731	8 675
性比(女100につき男)	98.5	98.9	99.2	99.4	99.6	99.8	100.0	100.3	100.6	101.0
年齢分布(%)										
0－4歳	5.2	5.2	5.3	5.3	5.2	5.1	5.0	5.0	5.1	5.1
5－14歳	11.3	10.6	10.3	10.4	10.5	10.5	10.3	10.2	10.1	10.2
15－24歳	11.9	11.7	11.2	10.5	10.4	10.5	10.7	10.8	10.7	10.5
60歳以上	24.5	27.0	29.6	32.0	33.1	33.1	33.1	33.2	33.5	33.7
65歳以上	18.2	20.3	22.5	24.9	27.0	27.8	27.7	27.5	27.5	27.7
80歳以上	4.4	4.9	5.7	7.3	8.4	9.5	10.7	11.8	11.9	11.5
6－11歳	6.7	6.3	6.2	6.3	6.3	6.3	6.2	6.1	6.0	6.1
12－14歳	3.5	3.3	3.1	3.1	3.1	3.2	3.2	3.1	3.0	3.0
15－17歳	3.5	3.5	3.2	3.1	3.1	3.2	3.2	3.2	3.1	3.1
18－23歳	7.2	7.1	6.9	6.3	6.2	6.3	6.5	6.5	6.5	6.3
15－24歳女子(%)	43.6	41.5	40.1	39.5	39.1	38.8	38.6	38.5	38.3	38.3
中位数年齢(歳)	42.7	43.7	44.2	44.7	45.1	45.6	45.9	46.2	46.2	46.0
人口密度(1k㎡あたり)	502	510	517	522	525	526	525	522	519	517

指標	2010-2015	2015-2020	2020-2025	2025-2030	2030-2035	2035-2040	2040-2045	2045-2050	2050-2055	2055-2060
年平均人口増加数(千人)	59	52	47	37	22	4	－10	－17	－18	－16
年平均出生数(千人)	177	180	183	185	184	179	175	175	177	179
年平均死亡数(千人)	140	150	159	170	184	197	208	214	216	214
年平均純移動数(千人)	22	22	22	22	22	22	22	22	21	20
人口増加率(%)	0.35	0.31	0.27	0.21	0.13	0.03	−0.06	−0.10	−0.10	−0.09
粗出生率(人口千人あたり)	10.6	10.5	10.6	10.6	10.4	10.1	9.9	9.9	10.1	10.2
粗死亡率(人口千人あたり)	8.4	8.8	9.2	9.7	10.4	11.1	11.7	12.1	12.3	12.2
純移動率(人口千人あたり)	1.3	1.3	1.3	1.3	1.2	1.2	1.2	1.2	1.2	1.1
合計出生率（女子1人あたり）	1.75	1.77	1.78	1.80	1.81	1.82	1.82	1.83	1.84	1.84
純再生産率（女子1人あたり）	0.85	0.86	0.86	0.87	0.88	0.88	0.89	0.89	0.89	0.90
乳児死亡率（出生千人あたり）	3	3	3	2	2	2	2	1	1	1
5歳未満の死亡数(出生千人あた	4	4	3	3	3	2	2	2	2	1
出生時の平均余命(歳)										
男	79.4	80.3	81.3	82.2	83.1	83.8	84.4	85.0	85.7	86.2
女	83.1	83.8	84.4	85.0	85.5	86.2	86.7	87.3	87.9	88.4
男女計	81.3	82.1	82.8	83.6	84.3	85.0	85.6	86.2	86.8	87.3

C. 高位予測値

	2015	2020	2025	2030	2035	2040	2045	2050	2055	2060
人口(千人)										
総数	16 925	17 312	17 750	18 193	18 558	18 835	19 065	19 331	19 678	20 097
男	8 401	8 610	8 843	9 077	9 271	9 421	9 549	9 698	9 890	10 122
女	8 524	8 702	8 907	9 116	9 287	9 414	9 516	9 632	9 787	9 974
性比(女100につき男)	98.5	98.9	99.1	99.2	99.3	99.4	99.6	99.8	100.0	100.4
年齢分布(%)										
０－４歳	5.2	5.9	6.3	6.5	6.3	6.1	6.1	6.4	6.7	6.9
５－14歳	11.3	10.5	10.8	11.9	12.5	12.6	12.3	12.0	12.2	12.8
15－24歳	11.9	11.6	11.0	10.2	10.6	11.7	12.4	12.5	12.1	11.8
60歳以上	24.5	26.8	29.1	31.0	31.6	31.2	30.7	30.3	29.8	29.2
65歳以上	18.2	20.2	22.1	24.1	25.7	26.2	25.7	25.0	24.5	24.0
80歳以上	4.4	4.8	5.6	7.1	8.0	8.9	10.0	10.7	10.6	10.0
15－49歳女子(%)	43.6	41.2	39.4	38.3	38.1	38.3	38.9	39.4	39.6	40.0
中位数年齢(歳)	42.7	43.4	43.4	43.3	43.2	43.0	42.7	42.0	40.7	40.0

	2010-2015	2015-2020	2020-2025	2025-2030	2030-2035	2035-2040	2040-2045	2045-2050	2050-2055	2055-2060
年平均人口増加数(千人)	59	77	88	89	73	55	46	53	69	84
年平均出生数(千人)	177	205	225	237	235	230	232	245	265	278
年平均死亡数(千人)	140	150	159	170	184	197	208	214	216	214
人口増加率(%)	0.35	0.45	0.50	0.49	0.40	0.30	0.24	0.28	0.36	0.42
粗出生率(人口千人あたり)	10.6	12.0	12.8	13.2	12.8	12.3	12.2	12.8	13.6	14.0
粗死亡率(人口千人あたり)	8.4	8.7	9.1	9.5	10.0	10.5	11.0	11.2	11.1	10.8
合計出生率（女子１人あたり）	1.75	2.02	2.18	2.30	2.31	2.32	2.32	2.33	2.34	2.34
純再生産率（女子１人あたり）	0.85	0.98	1.06	1.11	1.12	1.12	1.13	1.13	1.14	1.14

D. 低位予測値

	2015	2020	2025	2030	2035	2040	2045	2050	2055	2060
人口(千人)										
総数	16 925	17 059	17 087	17 016	16 873	16 645	16 330	15 943	15 502	15 037
男	8 401	8 480	8 503	8 474	8 408	8 299	8 148	7 963	7 752	7 532
女	8 524	8 578	8 584	8 542	8 465	8 346	8 181	7 979	7 750	7 505
性比(女100につき男)	98.5	98.9	99.1	99.2	99.3	99.4	99.6	99.8	100.0	100.4
年齢分布(%)										
０－４歳	5.2	4.5	4.2	3.9	3.9	3.9	3.8	3.6	3.4	3.4
５－14歳	11.3	10.6	9.8	8.8	8.3	8.1	8.1	8.0	7.7	7.4
15－24歳	11.9	11.8	11.4	10.9	10.1	9.2	8.8	8.7	8.8	8.7
60歳以上	24.5	27.2	30.2	33.1	34.7	35.3	35.9	36.7	37.8	39.0
65歳以上	18.2	20.5	23.0	25.8	28.3	29.6	29.9	30.3	31.1	32.1
80歳以上	4.4	4.9	5.8	7.6	8.8	10.1	11.6	13.0	13.5	13.3
15－49歳女子(%)	43.6	41.8	40.9	40.9	40.3	39.4	38.2	37.3	36.3	35.4
中位数年齢(歳)	42.7	44.1	45.1	46.1	47.1	48.1	49.1	50.0	51.1	52.1

	2010-2015	2015-2020	2020-2025	2025-2030	2030-2035	2035-2040	2040-2045	2045-2050	2050-2055	2055-2060
年平均人口増加数(千人)	59	27	6	－ 14	－ 29	－ 46	－ 63	－ 77	－ 88	－ 93
年平均出生数(千人)	177	154	142	134	133	129	123	114	106	101
年平均死亡数(千人)	140	149	159	170	183	197	208	214	215	214
人口増加率(%)	0.35	0.16	0.03	−0.08	−0.17	−0.27	−0.38	−0.48	−0.56	−0.61
粗出生率(人口千人あたり)	10.6	9.1	8.3	7.8	7.8	7.7	7.4	7.1	6.8	6.6
粗死亡率(人口千人あたり)	8.4	8.8	9.3	10.0	10.8	11.7	12.6	13.2	13.7	14.0
合計出生率（女子１人あたり）	1.75	1.52	1.38	1.30	1.31	1.32	1.32	1.33	1.34	1.34
純再生産率（女子１人あたり）	0.85	0.74	0.67	0.63	0.63	0.64	0.64	0.65	0.65	0.65

E. 出生力一定予測値

	2015	2020	2025	2030	2035	2040	2045	2050	2055	2060
人口(千人)										
総数	16 925	17 176	17 392	17 555	17 636	17 625	17 534	17 404	17 259	17 116
男	8 401	8 541	8 661	8 752	8 802	8 806	8 772	8 719	8 660	8 605
女	8 524	8 635	8 731	8 802	8 833	8 819	8 763	8 685	8 599	8 511
中位数年齢(歳)	42.7	43.8	44.3	44.8	45.3	45.8	46.3	46.6	46.8	46.8

	2010-2015	2015-2020	2020-2025	2025-2030	2030-2035	2035-2040	2040-2045	2045-2050	2050-2055	2055-2060
人口増加率(%)	0.35	0.29	0.25	0.19	0.09	−0.01	−0.10	−0.15	−0.17	−0.17
粗出生率(人口千人あたり)	10.6	10.4	10.4	10.3	10.1	9.8	9.5	9.5	9.6	9.6
粗死亡率(人口千人あたり)	8.4	8.8	9.2	9.7	10.4	11.2	11.8	12.2	12.4	12.4

New Caledonia

A. 推計値

指　標	1960	1965	1970	1975	1980	1985	1990	1995	2000	2005	2010
人口(千人)											
総数	78	91	105	128	142	154	169	189	210	229	246
男	41	48	55	67	73	79	86	97	106	115	125
女	37	43	50	62	69	75	83	93	104	114	121
性比(女100につき男)	111.5	110.9	109.4	108.4	105.9	104.2	104.1	104.5	102.6	101.1	102.9
年齢分布(%)											
０－４歳	14.2	14.6	14.9	14.8	12.8	11.5	10.8	10.6	9.9	8.6	7.8
５－14歳	23.1	23.3	22.7	22.3	23.4	23.5	21.1	19.5	18.8	18.2	15.7
15－24歳	17.5	17.9	18.3	18.4	18.5	18.5	19.7	19.1	17.6	16.7	16.1
60歳以上	5.9	5.9	6.5	6.5	6.7	7.1	7.6	8.1	9.1	10.5	13.6
65歳以上	3.6	3.5	3.6	4.1	4.4	4.7	5.0	5.2	5.9	6.9	9.5
80歳以上	0.3	0.3	0.4	0.4	0.5	0.5	0.8	0.8	1.0	1.2	1.8
15－49歳女子(%)	47.3	46.8	47.3	48.6	49.7	50.5	52.9	53.9	53.8	53.5	52.4
中位数年齢(歳)	22.0	21.6	21.6	21.8	22.2	23.0	24.1	25.5	27.2	29.1	32.4
人口密度(1km²あたり)	4	5	6	7	8	8	9	10	11	13	13

指　標	1960-1965	1965-1970	1970-1975	1975-1980	1980-1985	1985-1990	1990-1995	1995-2000	2000-2005	2005-2010	2010-2015
年平均人口増加数(千人)	3	3	5	3	2	3	4	4	4	4	3
年平均出生数(千人)	3	3	4	4	4	4	4	4	4	4	4
年平均死亡数(千人)	1	1	1	1	1	1	1	1	1	1	2
人口増加率(%)	3.11	2.82	3.99	2.02	1.63	1.81	2.31	2.09	1.71	1.49	1.32
粗出生率(人口千人あたり)	34.1	35.5	37.0	29.3	25.7	23.6	23.6	20.8	18.3	17.2	15.7
粗死亡率(人口千人あたり)	10.9	9.6	8.3	7.2	6.6	6.1	5.8	5.5	5.6	5.9	6.9
合計出生率(女子１人あたり)	5.22	5.21	5.20	3.91	3.34	3.03	2.94	2.58	2.26	2.24	2.13
純再生産率(女子１人あたり)	2.12	2.22	2.29	1.77	1.54	1.42	1.39	1.22	1.08	1.07	1.02
乳児死亡率(出生千人あたり)	80	66	54	44	36	29	24	20	17	15	13
出生時の平均余命(歳)											
男	56.4	59.1	61.5	63.7	65.6	67.3	68.8	70.1	71.3	72.4	73.6
女	59.9	63.3	66.3	68.8	71.0	72.9	74.6	76.0	77.2	78.3	79.3
男女計	58.0	61.0	63.7	66.0	68.1	69.9	71.5	72.8	74.1	75.2	76.2

B. 中位予測値

指　標	2015	2020	2025	2030	2035	2040	2045	2050	2055	2060
人口(千人)										
総数	263	280	296	311	326	339	352	363	374	383
男	133	140	148	155	162	169	176	182	187	192
女	130	139	148	156	163	170	176	182	187	191
性比(女100につき男)	101.8	100.9	100.3	99.8	99.6	99.5	99.6	99.8	100.1	100.5
年齢分布(%)										
０－４歳	7.6	7.3	6.9	6.6	6.4	6.1	5.9	5.7	5.6	5.5
５－14歳	14.6	14.2	13.8	13.2	12.7	12.3	11.9	11.5	11.2	11.0
15－24歳	16.0	14.6	13.8	13.5	13.2	12.8	12.4	12.1	11.8	11.4
60歳以上	14.5	15.9	17.8	19.6	21.5	22.7	23.6	24.9	26.8	28.2
65歳以上	10.2	11.0	12.4	14.1	15.7	17.4	18.4	19.2	20.4	22.1
80歳以上	1.9	2.1	2.4	2.8	3.3	4.1	5.0	5.8	6.6	7.1
６－11歳	8.8	8.5	8.3	7.9	7.6	7.4	7.1	6.9	6.7	6.6
12－14歳	4.4	4.2	4.1	4.0	3.8	3.7	3.6	3.5	3.4	3.3
15－17歳	4.5	4.2	4.1	4.0	3.9	3.7	3.6	3.5	3.4	3.3
18－23歳	9.8	8.9	8.3	8.1	8.0	7.7	7.5	7.3	7.1	6.9
15－24歳女子(%)	51.4	49.9	48.2	47.5	47.0	46.1	44.7	43.6	43.0	42.3
中位数年齢(歳)	33.1	33.9	35.0	36.5	37.8	39.0	40.0	40.8	41.7	42.5
人口密度(1km²あたり)	14	15	16	17	18	19	19	20	20	21

指　標	2010-2015	2015-2020	2020-2025	2025-2030	2030-2035	2035-2040	2040-2045	2045-2050	2050-2055	2055-2060
年平均人口増加数(千人)	3	3	3	3	3	3	3	2	2	2
年平均出生数(千人)	4	4	4	4	4	4	4	4	4	4
年平均死亡数(千人)	2	2	2	2	2	2	3	3	3	3
年平均純移動数(千人)	1	1	1	1	1	1	1	1	1	1
人口増加率(%)	1.32	1.21	1.11	1.02	0.92	0.82	0.73	0.65	0.57	0.49
粗出生率(人口千人あたり)	15.7	14.9	14.2	13.5	12.9	12.3	11.8	11.5	11.3	11.1
粗死亡率(人口千人あたり)	6.9	6.9	6.9	7.1	7.2	7.5	7.8	8.2	8.5	8.8
純移動率(人口千人あたり)	4.4	4.2	3.9	3.7	3.6	3.4	3.3	3.2	2.9	2.7
合計出生率（女子１人あたり）	2.13	2.04	1.97	1.91	1.87	1.84	1.82	1.81	1.80	1.80
純再生産率（女子１人あたり）	1.02	0.98	0.94	0.92	0.90	0.89	0.88	0.87	0.87	0.87
乳児死亡率（出生千人あたり）	13	11	10	9	8	7	6	6	5	5
５歳未満の死亡数(出生千人あたり	15	13	12	10	9	8	7	7	6	6
出生時の平均余命(歳)										
男	73.6	74.7	75.9	77.0	78.2	79.4	80.5	81.6	82.6	83.4
女	79.3	80.2	81.1	81.9	82.7	83.4	84.1	84.8	85.4	86.1
男女計	76.2	77.3	78.4	79.4	80.4	81.4	82.4	83.2	84.1	84.8

C. 高位予測値

	2015	2020	2025	2030	2035	2040	2045	2050	2055	2060
人口(千人)										
総数	263	282	302	323	343	363	382	401	421	441
男	133	142	151	161	171	181	191	201	211	222
女	130	140	151	161	172	181	191	200	210	219
性比(女100につき男)	101.8	100.9	100.2	99.6	99.3	99.1	99.1	99.3	99.5	99.8
年齢分布(%)										
0－4歳	7.6	8.1	8.1	8.0	7.6	7.3	7.2	7.2	7.2	7.2
5－14歳	14.6	14.0	14.3	14.8	14.8	14.5	13.9	13.5	13.4	13.5
15－24歳	16.0	14.5	13.5	13.0	13.2	13.8	13.9	13.6	13.1	12.8
60歳以上	14.5	15.8	17.4	18.9	20.4	21.2	21.8	22.6	23.8	24.5
65歳以上	10.2	10.9	12.1	13.6	14.9	16.3	17.0	17.4	18.1	19.2
80歳以上	1.9	2.1	2.4	2.7	3.2	3.8	4.6	5.2	5.9	6.1
15－49歳女子(%)	51.4	49.5	47.2	45.8	45.4	45.0	44.3	43.8	43.7	43.5
中位数年齢(歳)	33.1	33.6	34.3	35.3	36.0	36.5	36.8	36.9	37.2	37.6

	2010-2015	2015-2020	2020-2025	2025-2030	2030-2035	2035-2040	2040-2045	2045-2050	2050-2055	2055-2060
年平均人口増加数(千人)	3	4	4	4	4	4	4	4	4	4
年平均出生数(千人)	4	5	5	5	5	5	5	6	6	6
年平均死亡数(千人)	2	2	2	2	2	3	3	3	3	3
人口増加率(%)	1.32	1.39	1.38	1.33	1.21	1.11	1.03	0.99	0.96	0.92
粗出生率(人口千人あたり)	15.7	16.7	16.8	16.5	15.7	15.0	14.6	14.6	14.7	14.7
粗死亡率(人口千人あたり)	6.9	6.9	6.9	6.9	7.0	7.1	7.3	7.6	7.7	7.8
合計出生率（女子1人あたり）	2.13	2.29	2.37	2.41	2.37	2.34	2.32	2.31	2.30	2.30
純再生産率（女子1人あたり）	1.02	1.10	1.13	1.16	1.14	1.13	1.12	1.11	1.11	1.11

D. 低位予測値

	2015	2020	2025	2030	2035	2040	2045	2050	2055	2060
人口(千人)										
総数	263	277	289	299	308	316	323	327	330	331
男	133	139	145	149	154	157	161	163	165	165
女	130	138	144	150	155	159	162	164	165	166
性比(女100につき男)	101.8	100.9	100.2	99.6	99.3	99.1	99.1	99.3	99.5	99.8
年齢分布(%)										
0－4歳	7.6	6.5	5.7	5.1	4.9	4.7	4.5	4.3	4.0	3.8
5－14歳	14.6	14.3	13.2	11.6	10.4	9.8	9.5	9.1	8.7	8.3
15－24歳	16.0	14.8	14.1	14.0	13.1	11.7	10.6	10.1	9.9	9.6
60歳以上	14.5	16.1	18.2	20.4	22.7	24.3	25.7	27.7	30.3	32.6
65歳以上	10.2	11.1	12.6	14.6	16.6	18.7	20.1	21.3	23.1	25.5
80歳以上	1.9	2.2	2.5	2.9	3.5	4.4	5.4	6.4	7.5	8.2
15－49歳女子(%)	51.4	50.3	49.3	49.3	48.8	47.3	45.0	43.2	41.7	40.2
中位数年齢(歳)	33.1	34.2	35.8	37.7	39.7	41.4	43.1	44.7	46.2	47.8

	2010-2015	2015-2020	2020-2025	2025-2030	2030-2035	2035-2040	2040-2045	2045-2050	2050-2055	2055-2060
年平均人口増加数(千人)	3	3	2	2	2	2	1	1	1	0
年平均出生数(千人)	4	4	3	3	3	3	3	3	3	2
年平均死亡数(千人)	2	2	2	2	2	2	3	3	3	3
人口増加率(%)	1.32	1.04	0.84	0.69	0.61	0.51	0.40	0.29	0.17	0.05
粗出生率(人口千人あたり)	15.7	13.1	11.5	10.3	9.9	9.4	8.9	8.4	7.9	7.5
粗死亡率(人口千人あたり)	6.9	7.0	7.0	7.2	7.5	8.0	8.4	9.0	9.5	10.1
合計出生率（女子1人あたり）	2.13	1.79	1.57	1.41	1.37	1.34	1.32	1.31	1.30	1.30
純再生産率（女子1人あたり）	1.02	0.86	0.75	0.68	0.66	0.65	0.64	0.63	0.63	0.63

E. 出生力一定予測値

	2015	2020	2025	2030	2035	2040	2045	2050	2055	2060
人口(千人)										
総数	263	281	299	316	334	351	367	383	399	414
男	133	141	149	158	167	175	183	192	200	208
女	130	140	149	158	167	176	184	192	199	206
中位数年齢(歳)	33.1	33.8	34.7	36.0	37.0	37.8	38.3	38.8	39.1	39.6

	2010-2015	2015-2020	2020-2025	2025-2030	2030-2035	2035-2040	2040-2045	2045-2050	2050-2055	2055-2060
人口増加率(%)	1.32	1.29	1.24	1.16	1.07	0.99	0.92	0.87	0.81	0.75
粗出生率(人口千人あたり)	15.7	15.6	15.4	14.9	14.3	13.9	13.6	13.5	13.4	13.2
粗死亡率(人口千人あたり)	6.9	6.9	6.9	7.0	7.1	7.3	7.6	7.9	8.1	8.2

New Zealand

A. 推 計 値

指　標	1960	1965	1970	1975	1980	1985	1990	1995	2000	2005	2010
人口(千人)											
総数	2 372	2 628	2 820	3 083	3 147	3 268	3 398	3 675	3 858	4 135	4 369
男	1 192	1 318	1 409	1 538	1 564	1 619	1 672	1 811	1 893	2 025	2 145
女	1 180	1 310	1 410	1 545	1 583	1 650	1 725	1 864	1 965	2 110	2 224
性比(女100につき男)	101.1	100.7	99.9	99.5	98.8	98.1	96.9	97.2	96.4	96.0	96.4
年齢分布(%)											
0－4歳	12.2	11.5	10.5	9.8	8.1	7.7	8.1	8.1	7.4	6.9	7.1
5－14歳	20.7	21.1	21.2	20.2	19.0	16.9	15.1	15.0	15.4	14.7	13.4
15－24歳	14.1	16.4	17.4	18.0	18.5	18.2	16.7	15.1	13.7	14.4	14.6
60歳以上	12.2	11.8	12.5	12.7	13.7	14.5	15.2	15.3	15.7	16.4	18.3
65歳以上	8.6	8.1	8.5	8.7	9.8	10.3	11.1	11.5	11.8	12.0	13.0
80歳以上	1.5	1.4	1.5	1.4	1.7	1.9	2.2	2.5	2.8	3.1	3.5
15－49歳女子(%)	44.8	45.1	45.3	47.0	48.8	51.1	52.2	52.0	50.5	50.2	48.8
中位数年齢(歳)	27.4	25.8	25.6	26.3	27.9	29.5	31.1	32.6	34.3	35.5	36.5
人口密度(1km²あたり)	9	10	11	12	12	12	13	14	15	16	17

指　標	1960-1965	1965-1970	1970-1975	1975-1980	1980-1985	1985-1990	1990-1995	1995-2000	2000-2005	2005-2010	2010-2015
年平均人口増加数(千人)	51	38	53	13	24	26	55	37	55	47	32
年平均出生数(千人)	64	62	62	53	51	55	59	56	57	64	61
年平均死亡数(千人)	22	23	25	25	26	28	27	28	28	29	30
人口増加率(%)	2.05	1.41	1.79	0.41	0.76	0.78	1.57	0.97	1.38	1.10	0.72
粗出生率(人口千人あたり)	25.8	22.7	21.0	17.0	15.9	16.6	16.6	14.9	14.2	14.9	13.7
粗死亡率(人口千人あたり)	8.7	8.4	8.3	8.1	8.1	8.3	7.6	7.5	7.1	6.9	6.8
合計出生率(女子1人あたり)	4.02	3.35	2.84	2.18	1.97	2.03	2.07	1.95	1.95	2.14	2.05
純再生産率(女子1人あたり)	1.89	1.59	1.35	1.04	0.94	0.97	0.99	0.93	0.94	1.03	0.99
乳児死亡率(出生千人あたり)	21	18	16	14	12	11	8	6	5	5	4
出生時の平均余命(歳)											
男	68.5	68.3	68.6	69.4	70.7	71.3	73.4	74.8	76.7	78.2	79.7
女	74.1	74.5	74.9	75.9	76.8	77.4	79.1	80.0	81.3	82.2	83.4
男女計	71.2	71.3	71.7	72.6	73.7	74.3	76.3	77.4	79.0	80.2	81.6

B. 中 位 予 測 値

指　標	2015	2020	2025	2030	2035	2040	2045	2050	2055	2060
人口(千人)										
総数	4 529	4 730	4 923	5 103	5 261	5 395	5 509	5 607	5 690	5 762
男	2 213	2 312	2 408	2 497	2 575	2 642	2 701	2 752	2 801	2 847
女	2 315	2 417	2 515	2 606	2 686	2 753	2 809	2 855	2 888	2 915
性比(女100につき男)	95.6	95.7	95.7	95.8	95.9	96.0	96.2	96.4	97.0	97.7
年齢分布(%)										
0－4歳	6.8	6.4	6.2	6.0	5.8	5.7	5.6	5.5	5.4	5.3
5－14歳	13.4	13.3	12.7	12.1	11.9	11.6	11.4	11.2	11.0	10.9
15－24歳	13.9	13.0	12.7	12.7	12.2	11.8	11.7	11.6	11.4	11.2
60歳以上	20.3	22.6	25.3	27.0	28.5	28.8	29.1	29.4	30.4	31.1
65歳以上	14.9	16.7	18.8	21.2	22.6	23.9	23.9	24.1	24.4	25.3
80歳以上	3.6	3.9	4.7	6.0	7.0	8.1	9.3	9.8	10.4	10.2
6－11歳	8.1	8.0	7.5	7.3	7.1	7.0	6.8	6.7	6.6	6.5
12－14歳	3.9	4.0	3.9	3.7	3.6	3.5	3.5	3.4	3.3	3.3
15－17歳	4.0	3.8	3.9	3.8	3.6	3.5	3.5	3.4	3.4	3.3
18－23歳	8.5	7.8	7.5	7.7	7.4	7.1	7.0	7.0	6.8	6.7
15－24歳女子(%)	45.9	44.3	42.9	42.8	42.4	42.0	41.2	40.8	40.6	40.1
中位数年齢(歳)	38.0	38.6	39.3	40.0	41.0	41.9	42.5	43.0	43.6	44.2
人口密度(1km²あたり)	17	18	19	19	20	20	21	21	22	22

指　標	2010-2015	2015-2020	2020-2025	2025-2030	2030-2035	2035-2040	2040-2045	2045-2050	2050-2055	2055-2060
年平均人口増加数(千人)	32	40	39	36	32	27	23	20	16	14
年平均出生数(千人)	61	60	60	61	61	61	61	61	61	60
年平均死亡数(千人)	30	32	34	37	42	46	50	54	56	57
年平均純移動数(千人)	1	12	12	12	12	12	12	12	12	11
人口増加率(%)	0.72	0.87	0.80	0.72	0.61	0.50	0.42	0.35	0.29	0.25
粗出生率(人口千人あたり)	13.7	12.9	12.5	12.1	11.7	11.4	11.2	10.9	10.7	10.5
粗死亡率(人口千人あたり)	6.8	6.9	7.1	7.4	8.0	8.7	9.2	9.6	9.9	9.9
純移動率(人口千人あたり)	0.3	2.7	2.6	2.5	2.4	2.3	2.3	2.2	2.1	1.9
合計出生率(女子1人あたり)	2.05	1.99	1.94	1.90	1.87	1.85	1.83	1.82	1.81	1.81
純再生産率(女子1人あたり)	0.99	0.96	0.94	0.92	0.90	0.89	0.89	0.88	0.88	0.88
乳児死亡率(出生千人あたり)	4	4	3	3	3	3	2	2	2	2
5歳未満の死亡数(出生千人あた	5	5	4	4	3	3	3	3	2	2
出生時の平均余命(歳)										
男	79.7	80.8	81.8	82.8	83.6	84.4	85.0	85.7	86.3	86.9
女	83.4	84.0	84.7	85.4	86.0	86.7	87.3	87.9	88.5	89.1
男女計	81.6	82.4	83.3	84.1	84.9	85.5	86.2	86.8	87.4	88.0

C. 高 位 予 測 値

	2015	2020	2025	2030	2035	2040	2045	2050	2055	2060
人口(千人)										
総数	4 529	4 767	5 022	5 282	5 522	5 743	5 957	6 173	6 395	6 627
男	2 213	2 332	2 459	2 589	2 709	2 821	2 930	3 042	3 163	3 291
女	2 315	2 435	2 563	2 694	2 813	2 922	3 027	3 130	3 232	3 336
性比(女100につき男)	95.6	95.6	95.6	95.5	95.4	95.4	95.4	95.5	96.0	96.5
年齢分布(%)										
０－４歳	6.8	7.1	7.3	7.3	7.0	6.8	6.8	6.9	7.0	7.0
５－14歳	13.4	13.2	13.2	13.6	13.9	13.7	13.4	13.2	13.2	13.3
15－24歳	13.9	12.9	12.5	12.3	12.3	12.9	13.2	13.1	12.8	12.6
60歳以上	20.3	22.5	24.8	26.1	27.2	27.0	26.9	26.7	27.0	27.1
65歳以上	14.9	16.6	18.4	20.5	21.6	22.4	22.1	21.9	21.7	22.0
80歳以上	3.6	3.9	4.6	5.8	6.6	7.6	8.6	8.9	9.2	8.8
15－49歳女子(%)	45.9	43.9	42.1	41.4	41.1	41.2	41.1	41.3	41.5	41.5
中位数年齢(歳)	38.0	38.2	38.4	38.6	39.1	39.3	39.1	38.9	38.7	38.7

	2010-2015	2015-2020	2020-2025	2025-2030	2030-2035	2035-2040	2040-2045	2045-2050	2050-2055	2055-2060
年平均人口増加数(千人)	32	48	51	52	48	44	43	43	44	46
年平均出生数(千人)	61	67	73	77	77	78	81	84	89	92
年平均死亡数(千人)	30	32	34	37	42	46	50	54	56	57
人口増加率(%)	0.72	1.03	1.04	1.01	0.89	0.79	0.73	0.71	0.71	0.71
粗出生率(人口千人あたり)	13.7	14.4	14.9	14.9	14.3	13.9	13.8	13.9	14.1	14.2
粗死亡率(人口千人あたり)	6.8	6.8	7.0	7.2	7.7	8.2	8.6	8.9	8.9	8.8
合計出生率（女子１人あたり）	2.05	2.24	2.34	2.40	2.37	2.35	2.33	2.32	2.31	2.31
純再生産率（女子１人あたり）	0.99	1.08	1.13	1.16	1.15	1.13	1.13	1.12	1.12	1.12

D. 低 位 予 測 値

	2015	2020	2025	2030	2035	2040	2045	2050	2055	2060
人口(千人)										
総数	4 529	4 692	4 824	4 924	5 000	5 049	5 071	5 067	5 034	4 980
男	2 213	2 293	2 357	2 405	2 441	2 465	2 476	2 475	2 465	2 446
女	2 315	2 399	2 467	2 519	2 559	2 584	2 595	2 592	2 569	2 534
性比(女100につき男)	95.6	95.6	95.6	95.5	95.4	95.4	95.4	95.5	96.0	96.5
年齢分布(%)										
０－４歳	6.8	5.6	5.0	4.6	4.5	4.4	4.2	4.0	3.8	3.6
５－14歳	13.4	13.4	12.1	10.5	9.7	9.2	9.1	8.9	8.6	8.2
15－24歳	13.9	13.1	13.0	13.2	12.1	10.7	9.9	9.6	9.5	9.4
60歳以上	20.3	22.8	25.8	28.0	30.0	30.7	31.6	32.6	34.3	36.0
65歳以上	14.9	16.8	19.2	22.0	23.8	25.5	26.0	26.7	27.6	29.3
80歳以上	3.6	3.9	4.8	6.2	7.3	8.6	10.1	10.9	11.7	11.7
15－49歳女子(%)	45.9	44.6	43.7	44.3	43.7	42.9	41.3	40.1	39.1	37.7
中位数年齢(歳)	38.0	38.9	40.1	41.4	42.9	44.4	45.8	47.0	48.3	49.8

	2010-2015	2015-2020	2020-2025	2025-2030	2030-2035	2035-2040	2040-2045	2045-2050	2050-2055	2055-2060
年平均人口増加数(千人)	32	33	26	20	15	10	4	－ 1	－ 7	－ 11
年平均出生数(千人)	61	52	48	45	44	44	42	40	37	35
年平均死亡数(千人)	30	32	34	37	42	46	50	53	56	57
人口増加率(%)	0.72	0.71	0.55	0.41	0.31	0.19	0.09	-0.02	-0.13	-0.21
粗出生率(人口千人あたり)	13.7	11.3	10.1	9.2	8.9	8.7	8.4	7.9	7.4	7.0
粗死亡率(人口千人あたり)	6.8	6.9	7.2	7.6	8.4	9.2	9.9	10.5	11.0	11.3
合計出生率（女子１人あたり）	2.05	1.74	1.54	1.40	1.37	1.35	1.33	1.32	1.31	1.31
純再生産率（女子１人あたり）	0.99	0.84	0.74	0.68	0.66	0.65	0.64	0.64	0.64	0.63

E. 出生力一定予測値

	2015	2020	2025	2030	2035	2040	2045	2050	2055	2060
人口(千人)										
総数	4 529	4 740	4 951	5 155	5 341	5 509	5 664	5 809	5 945	6 080
男	2 213	2 317	2 422	2 523	2 616	2 700	2 779	2 854	2 931	3 008
女	2 315	2 422	2 529	2 632	2 726	2 809	2 885	2 954	3 014	3 071
中位数年齢(歳)	38.0	38.5	39.0	39.6	40.5	41.0	41.3	41.5	41.8	42.0

	2010-2015	2015-2020	2020-2025	2025-2030	2030-2035	2035-2040	2040-2045	2045-2050	2050-2055	2055-2060
人口増加率(%)	0.72	0.91	0.87	0.81	0.71	0.62	0.55	0.51	0.46	0.45
粗出生率(人口千人あたり)	13.7	13.3	13.2	13.0	12.7	12.4	12.3	12.2	12.2	12.1
粗死亡率(人口千人あたり)	6.8	6.9	7.0	7.4	7.9	8.5	9.0	9.3	9.5	9.5

Nicaragua

A. 推 計 値

指 標	1960	1965	1970	1975	1980	1985	1990	1995	2000	2005	2010
人口(千人)											
総数	1 775	2 063	2 398	2 797	3 250	3 709	4 145	4 612	5 027	5 379	5 738
男	886	1 031	1 199	1 402	1 627	1 849	2 055	2 285	2 487	2 655	2 827
女	889	1 032	1 199	1 395	1 623	1 860	2 089	2 328	2 540	2 724	2 911
性比(女100につき男)	99.6	100.0	100.0	100.5	100.2	99.4	98.4	98.1	97.9	97.5	97.1
年齢分布(%)											
0－4歳	20.5	19.0	18.5	18.9	18.7	18.2	16.7	14.9	13.3	11.8	11.0
5－14歳	26.8	30.2	29.5	28.1	28.2	28.8	29.0	28.2	26.4	24.1	21.8
15－24歳	18.2	17.0	18.7	20.9	20.3	19.4	19.8	20.9	21.8	22.0	21.1
60歳以上	4.1	4.0	4.1	4.2	4.4	4.7	5.0	5.2	5.6	6.1	6.5
65歳以上	2.5	2.5	2.5	2.6	2.8	2.9	3.2	3.5	3.8	4.3	4.7
80歳以上	0.2	0.3	0.3	0.3	0.3	0.4	0.4	0.5	0.6	0.8	1.0
15－49歳女子(%)	44.3	42.2	43.2	43.9	43.7	43.8	45.1	47.6	50.8	52.9	54.0
中位数年齢(歳)	16.4	15.5	15.9	16.3	16.4	16.5	16.9	18.0	19.4	21.2	23.1
人口密度(1k㎡あたり)	15	17	20	23	27	31	34	38	42	45	48

指 標	1960-1965	1965-1970	1970-1975	1975-1980	1980-1985	1985-1990	1990-1995	1995-2000	2000-2005	2005-2010	2010-2015
年平均人口増加数(千人)	58	67	80	91	92	87	94	83	71	72	69
年平均出生数(千人)	93	103	120	137	149	150	146	139	132	130	124
年平均死亡数(千人)	33	32	33	34	35	33	28	27	26	27	28
人口増加率(%)	3.01	3.01	3.08	3.00	2.64	2.22	2.14	1.72	1.36	1.29	1.17
粗出生率(人口千人あたり)	48.5	46.2	46.2	45.2	42.9	38.3	33.3	28.8	25.3	23.3	21.0
粗死亡率(人口千人あたり)	17.0	14.4	12.6	11.3	10.2	8.5	6.5	5.6	5.1	4.9	4.8
合計出生率(女子1人あたり)	7.10	6.95	6.79	6.35	5.85	5.00	4.20	3.40	2.84	2.56	2.32
純再生産率(女子1人あたり)	2.49	2.56	2.62	2.54	2.43	2.15	1.88	1.56	1.32	1.20	1.09
乳児死亡率(出生千人あたり)	131	114	98	90	80	65	48	34	26	24	20
出生時の平均余命(歳)											
男	47.3	50.5	53.7	55.3	56.5	59.0	63.5	65.9	68.0	69.8	71.4
女	50.0	53.4	56.8	60.0	62.6	65.5	68.7	71.1	73.8	75.9	77.5
男女計	48.7	52.0	55.3	57.6	59.5	62.2	66.1	68.5	70.9	72.8	74.5

B. 中 位 予 測 値

指 標	2015	2020	2025	2030	2035	2040	2045	2050	2055	2060
人口(千人)										
総数	6 082	6 418	6 736	7 033	7 306	7 537	7 723	7 863	7 958	8 006
男	2 998	3 165	3 323	3 472	3 610	3 728	3 826	3 903	3 961	3 995
女	3 084	3 253	3 413	3 561	3 696	3 809	3 897	3 960	3 998	4 011
性比(女100につき男)	97.2	97.3	97.4	97.5	97.7	97.9	98.2	98.6	99.1	99.6
年齢分布(%)										
0－4歳	10.0	9.0	8.2	7.4	6.8	6.3	5.9	5.6	5.3	5.0
5－14歳	20.1	18.7	17.2	15.7	14.4	13.3	12.4	11.7	11.1	10.5
15－24歳	19.6	18.2	17.1	16.3	15.3	14.3	13.3	12.4	11.7	11.2
60歳以上	7.8	9.3	10.8	12.5	14.6	17.1	20.2	23.4	26.4	29.0
65歳以上	5.1	6.2	7.6	8.9	10.3	12.2	14.5	17.2	20.1	22.8
80歳以上	1.2	1.4	1.6	1.8	2.4	3.1	3.7	4.4	5.4	6.7
6－11歳	12.1	11.2	10.3	9.4	8.6	7.9	7.4	7.0	6.6	6.3
12－14歳	5.9	5.6	5.2	4.8	4.5	4.1	3.8	3.6	3.4	3.2
15－17歳	6.0	5.5	5.3	4.9	4.5	4.2	3.9	3.6	3.5	3.3
18－23歳	11.8	10.9	10.2	9.8	9.2	8.6	8.0	7.5	7.1	6.7
15－24歳女子(%)	54.7	54.7	54.1	52.9	51.0	48.8	46.7	44.7	43.0	41.3
中位数年齢(歳)	25.2	27.3	29.5	31.7	33.8	35.9	38.0	40.1	42.1	44.0
人口密度(1k㎡あたり)	51	53	56	58	61	63	64	65	66	67

指 標	2010-2015	2015-2020	2020-2025	2025-2030	2030-2035	2035-2040	2040-2045	2045-2050	2050-2055	2055-2060
年平均人口増加数(千人)	69	67	64	59	55	46	37	28	19	10
年平均出生数(千人)	124	118	112	106	101	96	92	88	84	81
年平均死亡数(千人)	28	30	32	35	38	42	47	52	58	64
年平均純移動数(千人)	−27	−21	−16	−12	−8	−8	−8	−8	−8	−7
人口増加率(%)	1.17	1.08	0.97	0.86	0.76	0.62	0.49	0.36	0.24	0.12
粗出生率(人口千人あたり)	21.0	18.9	17.0	15.4	14.1	13.0	12.1	11.3	10.7	10.1
粗死亡率(人口千人あたり)	4.8	4.8	4.9	5.0	5.3	5.7	6.1	6.7	7.3	8.0
純移動率(人口千人あたり)	−4.6	−3.4	−2.4	−1.7	−1.1	−1.1	−1.1	−1.0	−1.0	−0.9
合計出生率 (女子1人あたり)	2.32	2.16	2.03	1.93	1.85	1.80	1.76	1.74	1.73	1.72
純再生産率 (女子1人あたり)	1.09	1.02	0.97	0.92	0.89	0.86	0.84	0.83	0.83	0.83
乳児死亡率 (出生千人あたり)	20	16	13	11	10	9	8	7	6	6
5歳未満の死亡数(出生千人あたり	24	19	16	13	12	10	9	8	8	7
出生時の平均余命(歳)										
男	71.4	72.9	74.3	75.7	76.9	78.2	79.4	80.6	81.7	82.6
女	77.5	78.8	79.9	80.9	81.8	82.6	83.4	84.0	84.7	85.3
男女計	74.5	75.9	77.2	78.3	79.4	80.4	81.5	82.4	83.3	84.0

C. 高 位 予 測 値

	2015	2020	2025	2030	2035	2040	2045	2050	2055	2060
人口(千人)										
総数	6 082	6 485	6 912	7 344	7 757	8 145	8 513	8 862	9 191	9 493
男	2 998	3 199	3 413	3 631	3 841	4 039	4 230	4 414	4 591	4 755
女	3 084	3 286	3 498	3 713	3 917	4 106	4 283	4 448	4 600	4 738
性比(女100につき男)	97.2	97.2	97.2	97.2	97.2	97.3	97.5	97.8	98.2	98.7
年齢分布(%)										
0－4歳	10.0	10.0	9.5	8.9	8.2	7.8	7.5	7.3	7.1	6.9
5－14歳	20.1	18.5	17.7	17.5	16.7	15.7	14.8	14.2	13.9	13.6
15－24歳	19.6	18.0	16.7	15.6	15.3	15.4	14.9	14.1	13.4	13.0
60歳以上	7.8	9.2	10.6	12.0	13.7	15.9	18.3	20.7	22.8	24.5
65歳以上	5.1	6.1	7.4	8.5	9.7	11.3	13.1	15.3	17.4	19.2
80歳以上	1.2	1.4	1.6	1.7	2.2	2.9	3.4	3.9	4.7	5.7
15－49歳女子(%)	54.7	54.1	52.8	50.7	49.0	47.4	46.0	44.8	43.8	43.0
中位数年齢(歳)	25.2	27.0	28.7	30.3	31.7	33.2	34.4	35.5	36.7	37.8

	2010-2015	2015-2020	2020-2025	2025-2030	2030-2035	2035-2040	2040-2045	2045-2050	2050-2055	2055-2060
年平均人口増加数(千人)	69	81	85	86	83	77	74	70	66	60
年平均出生数(千人)	124	132	134	133	129	128	129	131	132	132
年平均死亡数(千人)	28	30	32	35	38	43	47	53	58	65
人口増加率(%)	1.17	1.28	1.27	1.21	1.10	0.98	0.88	0.80	0.73	0.65
粗出生率(人口千人あたり)	21.0	21.0	20.0	18.7	17.1	16.1	15.5	15.0	14.6	14.2
粗死亡率(人口千人あたり)	4.8	4.8	4.8	4.9	5.1	5.4	5.7	6.1	6.5	6.9
合計出生率 (女子1人あたり)	2.32	2.41	2.43	2.43	2.35	2.30	2.26	2.24	2.23	2.22
純再生産率 (女子1人あたり)	1.09	1.14	1.16	1.16	1.13	1.10	1.08	1.07	1.07	1.07

D. 低 位 予 測 値

	2015	2020	2025	2030	2035	2040	2045	2050	2055	2060
人口(千人)										
総数	6 082	6 351	6 561	6 723	6 858	6 942	6 970	6 939	6 852	6 712
男	2 998	3 131	3 234	3 313	3 381	3 424	3 441	3 431	3 395	3 334
女	3 084	3 220	3 327	3 409	3 477	3 518	3 529	3 508	3 457	3 378
性比(女100につき男)	97.2	97.2	97.2	97.2	97.2	97.3	97.5	97.8	98.2	98.7
年齢分布(%)										
0－4歳	10.0	8.1	6.7	5.7	5.2	4.8	4.3	3.8	3.4	3.1
5－14歳	20.1	18.9	16.6	13.9	11.8	10.5	9.7	8.9	8.0	7.3
15－24歳	19.6	18.3	17.6	17.1	15.3	13.0	11.2	10.1	9.5	8.8
60歳以上	7.8	9.4	11.1	13.1	15.5	18.6	22.4	26.5	30.6	34.6
65歳以上	5.1	6.3	7.8	9.3	11.0	13.2	16.0	19.5	23.3	27.2
80歳以上	1.2	1.4	1.6	1.8	2.5	3.3	4.1	5.0	6.3	8.0
15－49歳女子(%)	54.7	55.2	55.5	55.3	53.3	50.4	47.3	44.3	41.4	38.2
中位数年齢(歳)	25.2	27.6	30.3	33.1	35.9	38.7	41.5	44.4	47.3	50.1

	2010-2015	2015-2020	2020-2025	2025-2030	2030-2035	2035-2040	2040-2045	2045-2050	2050-2055	2055-2060
年平均人口増加数(千人)	69	54	42	32	27	17	6	－6	－17	－28
年平均出生数(千人)	124	105	90	78	73	67	60	53	47	42
年平均死亡数(千人)	28	30	32	34	38	42	46	51	57	63
人口増加率(%)	1.17	0.87	0.65	0.49	0.40	0.24	0.08	-0.09	-0.25	-0.42
粗出生率(人口千人あたり)	21.0	16.8	13.9	11.8	10.7	9.7	8.6	7.7	6.9	6.2
粗死亡率(人口千人あたり)	4.8	4.8	4.9	5.2	5.5	6.0	6.7	7.4	8.3	9.3
合計出生率 (女子1人あたり)	2.32	1.91	1.63	1.43	1.35	1.30	1.26	1.24	1.23	1.22
純再生産率 (女子1人あたり)	1.09	0.91	0.78	0.68	0.65	0.62	0.60	0.59	0.59	0.59

E. 出生力一定予測値

	2015	2020	2025	2030	2035	2040	2045	2050	2055	2060
人口(千人)										
総数	6 082	6 460	6 856	7 259	7 661	8 049	8 421	8 776	9 113	9 426
男	2 998	3 187	3 385	3 587	3 791	3 990	4 183	4 370	4 551	4 721
女	3 084	3 274	3 471	3 671	3 870	4 059	4 238	4 406	4 562	4 705
中位数年齢(歳)	25.2	27.2	29.0	30.7	32.2	33.6	34.9	35.9	36.9	37.8

	2010-2015	2015-2020	2020-2025	2025-2030	2030-2035	2035-2040	2040-2045	2045-2050	2050-2055	2055-2060
人口増加率(%)	1.17	1.21	1.19	1.14	1.08	0.99	0.91	0.83	0.75	0.68
粗出生率(人口千人あたり)	21.0	20.2	19.1	18.0	17.0	16.3	15.8	15.3	14.9	14.5
粗死亡率(人口千人あたり)	4.8	4.8	4.8	5.0	5.1	5.4	5.8	6.1	6.5	7.0

Niger

A. 推計値

指　標	1960	1965	1970	1975	1980	1985	1990	1995	2000	2005	2010
人口(千人)											
総数	3 395	3 922	4 497	5 171	5 963	6 838	7 912	9 362	11 225	13 485	16 292
男	1 606	1 885	2 190	2 542	2 953	3 372	3 890	4 636	5 612	6 768	8 202
女	1 789	2 037	2 308	2 629	3 010	3 466	4 021	4 726	5 613	6 717	8 090
性比(女100につき男)	89.8	92.6	94.9	96.7	98.1	97.3	96.7	98.1	100.0	100.8	101.4
年齢分布(%)											
0－4歳	20.5	20.6	20.0	20.0	20.0	19.9	19.9	20.1	20.6	20.8	20.8
5－14歳	27.7	27.9	28.2	27.9	27.4	27.8	27.8	27.3	27.4	28.3	29.2
15－24歳	20.2	19.6	19.3	18.6	17.1	18.4	17.2	17.9	17.2	16.9	17.3
60歳以上	2.4	2.8	3.1	3.3	3.4	3.7	4.0	4.1	4.1	4.1	4.2
65歳以上	1.1	1.4	1.6	1.8	1.9	2.1	2.3	2.5	2.5	2.5	2.5
80歳以上	0.0	0.0	0.0	0.1	0.1	0.1	0.1	0.2	0.2	0.2	0.2
15－49歳女子(%)	46.4	46.4	45.8	45.4	45.4	45.0	44.8	44.4	43.4	42.5	41.8
中位数年齢(歳)	15.8	15.7	15.8	16.0	16.3	16.1	16.2	16.2	16.1	15.5	15.0
人口密度(1km²あたり)	3	3	4	4	5	5	6	7	9	11	13

指　標	1960-1965	1965-1970	1970-1975	1975-1980	1980-1985	1985-1990	1990-1995	1995-2000	2000-2005	2005-2010	2010-2015
年平均人口増加数(千人)	105	115	135	158	175	215	290	373	452	561	721
年平均出生数(千人)	211	235	270	309	349	406	475	556	647	757	901
年平均死亡数(千人)	103	117	133	147	156	173	185	188	189	190	174
人口増加率(%)	2.88	2.74	2.79	2.85	2.74	2.92	3.37	3.63	3.67	3.78	4.00
粗出生率(人口千人あたり)	57.7	55.8	55.9	55.5	54.6	55.0	55.0	54.0	52.4	50.8	49.8
粗死亡率(人口千人あたり)	28.3	27.9	27.4	26.4	24.3	23.4	21.4	18.3	15.3	12.7	9.6
合計出生率(女子1人あたり)	7.44	7.32	7.52	7.63	7.59	7.69	7.74	7.75	7.72	7.68	7.63
純再生産率(女子1人あたり)	1.95	1.93	2.01	2.09	2.19	2.28	2.42	2.60	2.78	2.93	3.15
乳児死亡率(出生千人あたり)	159	156	151	139	133	139	130	103	82	64	60
出生時の平均余命(歳)											
男	35.7	36.0	36.6	37.9	40.7	42.5	45.2	48.9	52.5	55.6	59.9
女	35.7	36.1	36.8	38.3	40.9	42.9	45.7	49.0	52.4	55.8	61.6
男女計	35.7	36.0	36.8	38.2	40.8	42.7	45.5	48.9	52.4	55.6	60.7

B. 中位予測値

指　標	2015	2020	2025	2030	2035	2040	2045	2050	2055	2060
人口(千人)										
総数	19 899	24 315	29 645	35 966	43 358	51 878	61 523	72 238	83 917	96 461
男	10 029	12 267	14 968	18 171	21 917	26 236	31 128	36 567	42 494	48 851
女	9 870	12 048	14 677	17 795	21 441	25 642	30 395	35 671	41 423	47 610
性比(女100につき男)	101.6	101.8	102.0	102.1	102.2	102.3	102.4	102.5	102.6	102.6
年齢分布(%)										
0－4歳	20.8	20.6	20.2	19.6	18.9	18.1	17.3	16.4	15.4	14.5
5－14歳	29.6	30.0	30.0	29.9	29.5	28.9	28.3	27.5	26.5	25.5
15－24歳	17.9	18.5	19.0	19.5	19.9	20.2	20.3	20.4	20.4	20.3
60歳以上	4.2	4.3	4.4	4.2	4.0	4.0	4.0	4.1	4.3	4.7
65歳以上	2.6	2.6	2.7	2.8	2.6	2.6	2.6	2.6	2.7	3.0
80歳以上	0.2	0.2	0.2	0.3	0.3	0.3	0.3	0.3	0.3	0.4
6－11歳	18.5	18.7	18.7	18.6	18.3	17.9	17.4	16.9	16.3	15.6
12－14歳	7.5	7.7	7.8	7.8	7.8	7.7	7.6	7.5	7.3	7.1
15－17歳	6.5	6.6	6.8	6.9	6.9	6.9	6.9	6.9	6.8	6.7
18－23歳	10.0	10.4	10.7	11.1	11.4	11.6	11.7	11.8	11.8	11.8
15－24歳女子(%)	41.4	41.5	41.9	42.8	44.0	45.3	46.5	47.8	48.9	50.0
中位数年齢(歳)	14.8	14.8	14.9	15.2	15.7	16.3	17.0	17.8	18.7	19.6
人口密度(1km²あたり)	16	19	23	28	34	41	49	57	66	76

指　標	2010-2015	2015-2020	2020-2025	2025-2030	2030-2035	2035-2040	2040-2045	2045-2050	2050-2055	2055-2060
年平均人口増加数(千人)	721	883	1 066	1 264	1 478	1 704	1 929	2 143	2 336	2 509
年平均出生数(千人)	901	1 073	1 267	1 476	1 704	1 945	2 188	2 425	2 646	2 855
年平均死亡数(千人)	174	185	195	206	220	235	253	276	305	341
年平均純移動数(千人)	−6	−6	−6	−6	−6	−6	−6	−6	−5	−5
人口増加率(%)	4.00	4.01	3.96	3.87	3.74	3.59	3.41	3.21	3.00	2.79
粗出生率(人口千人あたり)	49.8	48.6	47.0	45.0	43.0	40.8	38.6	36.3	33.9	31.7
粗死亡率(人口千人あたり)	9.6	8.3	7.2	6.3	5.5	4.9	4.5	4.1	3.9	3.8
純移動率(人口千人あたり)	−0.3	−0.3	−0.2	−0.2	−0.1	−0.1	−0.1	−0.1	−0.1	−0.1
合計出生率（女子1人あたり）	7.63	7.46	7.13	6.68	6.21	5.75	5.30	4.87	4.47	4.11
純再生産率（女子1人あたり）	3.15	3.16	3.10	2.96	2.80	2.62	2.44	2.26	2.09	1.93
乳児死亡率（出生千人あたり）	60	50	42	34	29	24	21	18	16	15
5歳未満の死亡数(出生千人あたり	104	88	73	60	50	41	35	30	27	24
出生時の平均余命(歳)										
男	59.9	61.9	63.7	65.3	66.6	67.7	68.7	69.5	70.2	70.8
女	61.6	63.8	65.8	67.5	69.0	70.3	71.5	72.4	73.3	74.1
男女計	60.7	62.8	64.7	66.4	67.7	69.0	70.1	70.9	71.7	72.4

C. 高位予測値

	2015	2020	2025	2030	2035	2040	2045	2050	2055	2060
人口(千人)										
総数	19 899	24 483	30 144	36 986	45 058	54 525	65 494	77 998	92 001	107 459
男	10 029	12 353	15 223	18 692	22 786	27 590	33 159	39 514	46 629	54 476
女	9 870	12 130	14 921	18 294	22 272	26 936	32 335	38 484	45 371	52 983
性比(女100につき男)	101.6	101.8	101.9	102.0	102.1	102.2	102.3	102.3	102.4	102.4
年齢分布(%)										
0－4歳	20.8	21.1	21.0	20.5	19.7	19.0	18.3	17.5	16.6	15.8
5－14歳	29.6	29.8	30.1	30.4	30.3	29.7	29.0	28.4	27.6	26.7
15－24歳	17.9	18.3	18.7	19.0	19.5	20.1	20.4	20.4	20.3	20.3
60歳以上	4.2	4.3	4.3	4.1	3.9	3.8	3.7	3.8	3.9	4.2
65歳以上	2.6	2.6	2.6	2.7	2.5	2.5	2.4	2.4	2.5	2.7
80歳以上	0.2	0.2	0.2	0.3	0.3	0.3	0.3	0.3	0.3	0.3
15－49歳女子(%)	41.4	41.2	41.3	41.6	42.7	44.0	45.3	46.4	47.5	48.5
中位数年齢(歳)	14.8	14.7	14.6	14.7	15.0	15.6	16.2	16.9	17.6	18.4

	2010-2015	2015-2020	2020-2025	2025-2030	2030-2035	2035-2040	2040-2045	2045-2050	2050-2055	2055-2060
年平均人口増加数(千人)	721	917	1 132	1 368	1 614	1 893	2 194	2 501	2 800	3 092
年平均出生数(千人)	901	1 109	1 338	1 587	1 848	2 143	2 463	2 796	3 127	3 458
年平均死亡数(千人)	174	187	200	213	227	244	264	289	321	361
人口増加率(%)	4.00	4.15	4.16	4.09	3.95	3.81	3.67	3.50	3.30	3.11
粗出生率(人口千人あたり)	49.8	50.0	49.0	47.3	45.0	43.0	41.0	39.0	36.8	34.7
粗死亡率(人口千人あたり)	9.6	8.4	7.3	6.3	5.5	4.9	4.4	4.0	3.8	3.6
合計出生率（女子１人あたり）	7.63	7.71	7.53	7.18	6.71	6.25	5.80	5.37	4.97	4.61
純再生産率（女子１人あたり）	3.15	3.27	3.27	3.19	3.02	2.85	2.67	2.49	2.32	2.16

D. 低位予測値

	2015	2020	2025	2030	2035	2040	2045	2050	2055	2060
人口(千人)										
総数	19 899	24 147	29 145	34 946	41 662	49 259	57 637	66 673	76 214	86 126
男	10 029	12 182	14 713	17 650	21 050	24 897	29 140	33 720	38 553	43 565
女	9 870	11 965	14 432	17 296	20 612	24 362	28 497	32 953	37 661	42 561
性比(女100につき男)	101.6	101.8	101.9	102.0	102.1	102.2	102.3	102.3	102.4	102.4
年齢分布(%)										
0－4歳	20.8	20.0	19.4	18.6	18.0	17.2	16.2	15.2	14.2	13.2
5－14歳	29.6	30.2	30.0	29.3	28.7	28.0	27.4	26.5	25.3	24.1
15－24歳	17.9	18.6	19.3	20.1	20.3	20.3	20.2	20.3	20.3	20.2
60歳以上	4.2	4.3	4.5	4.3	4.2	4.2	4.3	4.4	4.7	5.3
65歳以上	2.6	2.6	2.7	2.8	2.7	2.7	2.8	2.8	3.0	3.3
80歳以上	0.2	0.2	0.3	0.3	0.3	0.3	0.4	0.3	0.4	0.4
15－49歳女子(%)	41.4	41.8	42.7	44.0	45.3	46.7	47.9	49.2	50.5	51.5
中位数年齢(歳)	14.8	14.9	15.3	15.9	16.5	17.1	17.9	18.8	19.8	21.1

	2010-2015	2015-2020	2020-2025	2025-2030	2030-2035	2035-2040	2040-2045	2045-2050	2050-2055	2055-2060
年平均人口増加数(千人)	721	850	1 000	1 160	1 343	1 519	1 676	1 807	1 908	1 982
年平均出生数(千人)	901	1 037	1 196	1 366	1 561	1 752	1 924	2 076	2 203	2 311
年平均死亡数(千人)	174	182	191	200	212	226	243	264	290	324
人口増加率(%)	4.00	3.87	3.76	3.63	3.52	3.35	3.14	2.91	2.68	2.45
粗出生率(人口千人あたり)	49.8	47.1	44.9	42.6	40.8	38.5	36.0	33.4	30.8	28.5
粗死亡率(人口千人あたり)	9.6	8.3	7.2	6.2	5.5	5.0	4.5	4.2	4.1	4.0
合計出生率（女子１人あたり）	7.63	7.21	6.73	6.18	5.71	5.25	4.80	4.37	3.97	3.61
純再生産率（女子１人あたり）	3.15	3.06	2.92	2.74	2.57	2.39	2.21	2.03	1.85	1.69

E. 出生力一定予測値

	2015	2020	2025	2030	2035	2040	2045	2050	2055	2060
人口(千人)										
総数	19 899	24 437	30 195	37 523	46 826	58 620	73 573	92 529	116 559	147 010
男	10 029	12 329	15 249	18 966	23 690	29 685	37 294	46 954	59 203	74 721
女	9 870	12 107	14 946	18 557	23 136	28 935	36 279	45 575	57 356	72 289
中位数年齢(歳)	14.8	14.7	14.6	14.4	14.3	14.2	14.1	14.1	14.1	14.1

	2010-2015	2015-2020	2020-2025	2025-2030	2030-2035	2035-2040	2040-2045	2045-2050	2050-2055	2055-2060
人口増加率(%)	4.00	4.11	4.23	4.35	4.43	4.49	4.54	4.59	4.62	4.64
粗出生率(人口千人あたり)	49.8	49.6	49.7	49.9	49.9	49.8	49.8	49.7	49.6	49.6
粗死亡率(人口千人あたり)	9.6	8.4	7.4	6.4	5.7	5.0	4.4	4.0	3.6	3.4

Nigeria

A. 推計値

指　標	1960	1965	1970	1975	1980	1985	1990	1995	2000	2005	2010
人口(千人)											
総数	45 212	50 239	56 132	63 566	73 698	83 902	95 617	108 425	122 877	139 611	159 425
男	22 604	25 154	28 144	31 925	37 166	42 310	48 276	54 793	62 210	70 832	81 051
女	22 608	25 085	27 988	31 640	36 532	41 592	47 341	53 632	60 667	68 780	78 374
性比(女100につき男)	100.0	100.3	100.6	100.9	101.7	101.7	102.0	102.2	102.5	103.0	103.4
年齢分布(%)											
０－４歳	16.8	17.1	17.2	17.8	18.1	18.1	17.6	17.1	17.2	17.4	17.4
５－14歳	24.8	24.9	25.4	25.5	25.8	26.8	27.3	27.0	26.3	26.1	26.5
15－24歳	19.3	19.1	18.7	18.4	18.5	18.3	18.8	19.7	20.1	19.8	19.2
60歳以上	4.9	4.8	4.8	4.8	4.7	4.8	4.8	4.7	4.7	4.6	4.5
65歳以上	2.8	2.9	2.8	2.8	2.8	2.8	2.9	2.9	2.8	2.7	2.7
80歳以上	0.1	0.1	0.2	0.2	0.2	0.2	0.2	0.2	0.2	0.2	0.2
15－49歳女子(%)	47.3	47.0	46.5	45.8	45.3	44.6	44.7	45.5	46.3	46.5	46.3
中位数年齢(歳)	19.0	18.9	18.7	18.3	18.0	17.5	17.5	17.7	18.0	18.0	18.0
人口密度(1km²あたり)	50	55	62	70	81	92	105	119	135	153	175

指　標	1960-1965	1965-1970	1970-1975	1975-1980	1980-1985	1985-1990	1990-1995	1995-2000	2000-2005	2005-2010	2010-2015
年平均人口増加数(千人)	1 005	1 179	1 487	2 026	2 041	2 343	2 561	2 890	3 347	3 963	4 555
年平均出生数(千人)	2 202	2 431	2 801	3 232	3 642	4 018	4 446	4 984	5 612	6 239	6 885
年平均死亡数(千人)	1 197	1 244	1 306	1 377	1 467	1 657	1 866	2 075	2 231	2 217	2 269
人口増加率(%)	2.11	2.22	2.49	2.96	2.59	2.61	2.51	2.50	2.55	2.65	2.67
粗出生率(人口千人あたり)	46.1	45.7	46.8	47.1	46.2	44.8	43.6	43.1	42.8	41.7	40.3
粗死亡率(人口千人あたり)	25.1	23.4	21.8	20.1	18.6	18.5	18.3	17.9	17.0	14.8	13.3
合計出生率(女子１人あたり)	6.35	6.35	6.61	6.76	6.76	6.60	6.37	6.17	6.05	5.91	5.74
純再生産率(女子１人あたり)	1.81	1.88	2.04	2.18	2.24	2.19	2.11	2.05	2.05	2.10	2.12
乳児死亡率(出生千人あたり)	173	160	147	134	125	126	126	119	104	90	76
出生時の平均余命(歳)											
男	37.2	39.1	41.2	43.5	45.2	45.2	45.1	45.7	46.9	49.9	52.0
女	39.6	41.4	43.4	45.6	47.3	47.2	47.2	47.0	47.8	50.5	52.6
男女計	38.3	40.2	42.2	44.5	46.2	46.2	46.1	46.3	47.3	50.2	52.3

B. 中位予測値

指　標	2015	2020	2025	2030	2035	2040	2045	2050	2055	2060
人口(千人)										
総数	182 202	206 831	233 558	262 599	293 965	327 406	362 396	398 508	435 496	473 123
男	92 789	105 463	119 199	134 094	150 135	167 206	185 029	203 388	222 162	241 210
女	89 413	101 368	114 359	128 505	143 831	160 199	177 367	195 120	213 333	231 913
性比(女100につき男)	103.8	104.0	104.2	104.3	104.4	104.4	104.3	104.2	104.1	104.0
年齢分布(%)										
０－４歳	17.1	16.3	15.6	15.0	14.4	13.8	13.2	12.5	11.9	11.3
５－14歳	26.9	27.0	26.4	25.6	24.8	24.1	23.5	22.7	21.9	21.0
15－24歳	19.0	19.5	20.1	20.4	20.3	19.9	19.6	19.3	19.1	18.8
60歳以上	4.5	4.5	4.6	4.8	5.1	5.5	5.9	6.3	6.8	7.3
65歳以上	2.7	2.7	2.8	2.9	3.0	3.3	3.6	4.0	4.3	4.6
80歳以上	0.2	0.2	0.2	0.2	0.2	0.3	0.3	0.3	0.4	0.4
６－11歳	16.6	16.7	16.2	15.6	15.2	14.7	14.3	13.8	13.3	12.7
12－14歳	7.2	7.3	7.4	7.1	6.9	6.8	6.6	6.5	6.3	6.1
15－17歳	6.4	6.6	6.7	6.8	6.5	6.4	6.3	6.2	6.1	5.9
18－23歳	11.0	11.2	11.7	11.9	11.9	11.7	11.5	11.4	11.3	11.1
15－24歳女子(%)	46.3	46.9	47.8	48.7	49.4	50.1	50.8	51.5	52.0	52.2
中位数年齢(歳)	17.9	18.2	18.7	19.3	20.0	20.8	21.6	22.5	23.4	24.4
人口密度(1km²あたり)	200	227	256	288	323	359	398	438	478	519

指　標	2010-2015	2015-2020	2020-2025	2025-2030	2030-2035	2035-2040	2040-2045	2045-2050	2050-2055	2055-2060
年平均人口増加数(千人)	4 555	4 926	5 345	5 808	6 273	6 688	6 998	7 222	7 398	7 526
年平均出生数(千人)	6 885	7 363	7 888	8 471	9 071	9 616	10 077	10 460	10 798	11 110
年平均死亡数(千人)	2 269	2 377	2 483	2 607	2 738	2 868	3 019	3 178	3 344	3 531
年平均純移動数(千人)	−60	−60	−60	−56	−60	−60	−60	−60	−57	−54
人口増加率(%)	2.67	2.54	2.43	2.34	2.26	2.16	2.03	1.90	1.78	1.66
粗出生率(人口千人あたり)	40.3	37.9	35.8	34.1	32.6	31.0	29.2	27.5	25.9	24.5
粗死亡率(人口千人あたり)	13.3	12.2	11.3	10.5	9.8	9.2	8.8	8.4	8.0	7.8
純移動率(人口千人あたり)	−0.4	−0.3	−0.3	−0.2	−0.2	−0.2	−0.2	−0.2	−0.1	−0.1
合計出生率 (女子１人あたり)	5.74	5.41	5.07	4.74	4.42	4.12	3.84	3.59	3.37	3.18
純再生産率 (女子１人あたり)	2.12	2.04	1.96	1.87	1.79	1.70	1.61	1.53	1.46	1.40
乳児死亡率 (出生千人あたり)	76	68	60	55	50	45	41	37	33	29
５歳未満の死亡数(出生千人あたり)	122	109	98	90	81	74	66	59	53	46
出生時の平均余命(歳)										
男	52.0	53.3	54.8	56.1	57.4	58.9	60.1	61.4	62.8	64.0
女	52.6	54.1	55.7	57.2	58.8	60.4	61.8	63.3	64.7	66.2
男女計	52.3	53.7	55.2	56.7	58.1	59.6	61.0	62.3	63.7	65.1

C. 高位予測値

	2015	2020	2025	2030	2035	2040	2045	2050	2055	2060
人口(千人)										
総数	182 202	208 387	237 932	271 014	307 146	346 548	389 197	434 989	483 862	535 670
男	92 789	106 260	121 443	138 413	156 898	177 028	198 777	222 097	246 963	273 273
女	89 413	102 126	116 489	132 602	150 248	169 520	190 421	212 891	236 899	262 397
性比(女100につき男)	103.8	104.0	104.2	104.3	104.3	104.3	104.2	104.1	104.0	103.8
年齢分布(%)										
0－4歳	17.1	16.9	16.5	16.1	15.4	14.9	14.3	13.8	13.3	12.7
5－14歳	26.9	26.8	26.6	26.3	25.9	25.4	24.6	24.0	23.3	22.7
15－24歳	19.0	19.4	19.7	19.8	19.9	20.0	19.9	19.7	19.4	19.1
60歳以上	4.5	4.5	4.5	4.6	4.8	5.2	5.5	5.8	6.1	6.5
65歳以上	2.7	2.7	2.7	2.8	2.9	3.1	3.4	3.6	3.9	4.1
80歳以上	0.2	0.2	0.2	0.2	0.2	0.2	0.3	0.3	0.3	0.4
15－49歳女子(%)	46.3	46.5	46.9	47.2	47.8	48.5	49.4	50.1	50.6	50.9
中位数年齢(歳)	17.9	18.0	18.2	18.6	19.0	19.6	20.2	21.0	21.7	22.5

	2010-2015	2015-2020	2020-2025	2025-2030	2030-2035	2035-2040	2040-2045	2045-2050	2050-2055	2055-2060
年平均人口増加数(千人)	4 555	5 237	5 909	6 616	7 226	7 880	8 530	9 158	9 775	10 362
年平均出生数(千人)	6 885	7 703	8 511	9 365	10 128	10 932	11 760	12 577	13 383	14 179
年平均死亡数(千人)	2 269	2 406	2 542	2 693	2 841	2 992	3 170	3 358	3 551	3 763
人口増加率(%)	2.67	2.69	2.65	2.60	2.50	2.41	2.32	2.23	2.13	2.03
粗出生率(人口千人あたり)	40.3	39.4	38.1	36.8	35.0	33.4	32.0	30.5	29.1	27.8
粗死亡率(人口千人あたり)	13.3	12.3	11.4	10.6	9.8	9.2	8.6	8.2	7.7	7.4
合計出生率(女子1人あたり)	5.74	5.66	5.47	5.24	4.92	4.62	4.34	4.09	3.87	3.68
純再生産率(女子1人あたり)	2.12	2.14	2.12	2.07	1.99	1.91	1.82	1.75	1.68	1.62

D. 低位予測値

	2015	2020	2025	2030	2035	2040	2045	2050	2055	2060
人口(千人)										
総数	182 202	205 275	229 183	254 184	280 813	308 444	336 177	363 370	389 684	414 883
男	92 789	104 665	116 954	129 775	143 385	157 477	171 579	185 368	198 671	211 355
女	89 413	100 610	112 229	124 409	137 428	150 967	164 598	178 003	191 013	203 528
性比(女100につき男)	103.8	104.0	104.2	104.3	104.3	104.3	104.2	104.1	104.0	103.8
年齢分布(%)										
0－4歳	17.1	15.6	14.6	13.9	13.4	12.7	12.0	11.2	10.4	9.8
5－14歳	26.9	27.2	26.3	24.7	23.6	22.8	22.1	21.3	20.2	19.1
15－24歳	19.0	19.7	20.5	21.1	20.7	19.7	19.1	18.9	18.7	18.3
60歳以上	4.5	4.5	4.7	4.9	5.3	5.8	6.4	7.0	7.6	8.3
65歳以上	2.7	2.8	2.8	3.0	3.2	3.5	3.9	4.3	4.8	5.3
80歳以上	0.2	0.2	0.2	0.2	0.3	0.3	0.3	0.4	0.4	0.5
15－49歳女子(%)	46.3	47.2	48.7	50.3	51.2	51.8	52.4	53.0	53.4	53.4
中位数年齢(歳)	17.9	18.3	19.1	20.0	21.2	22.2	23.3	24.3	25.4	26.7

	2010-2015	2015-2020	2020-2025	2025-2030	2030-2035	2035-2040	2040-2045	2045-2050	2050-2055	2055-2060
年平均人口増加数(千人)	4 555	4 615	4 782	5 000	5 326	5 526	5 547	5 439	5 263	5 040
年平均出生数(千人)	6 885	7 022	7 266	7 577	8 021	8 332	8 480	8 506	8 470	8 412
年平均死亡数(千人)	2 269	2 348	2 424	2 521	2 635	2 746	2 873	3 007	3 150	3 318
人口増加率(%)	2.67	2.39	2.20	2.07	1.99	1.88	1.72	1.56	1.40	1.25
粗出生率(人口千人あたり)	40.3	36.2	33.4	31.4	30.0	28.3	26.3	24.3	22.5	20.9
粗死亡率(人口千人あたり)	13.3	12.1	11.2	10.4	9.9	9.3	8.9	8.6	8.4	8.2
合計出生率(女子1人あたり)	5.74	5.16	4.67	4.24	3.92	3.62	3.34	3.09	2.87	2.68
純再生産率(女子1人あたり)	2.12	1.95	1.81	1.68	1.59	1.49	1.40	1.32	1.25	1.18

E. 出生力一定予測値

	2015	2020	2025	2030	2035	2040	2045	2050	2055	2060
人口(千人)										
総数	182 202	208 924	240 451	277 735	321 815	374 028	435 880	509 315	596 789	701 191
男	92 789	106 536	122 736	141 861	164 421	191 118	222 711	260 204	304 861	358 124
女	89 413	102 388	117 715	135 874	157 393	182 910	213 169	249 111	291 928	343 067
中位数年齢(歳)	17.9	17.9	18.0	18.0	17.9	17.9	17.9	17.8	17.8	17.8

	2010-2015	2015-2020	2020-2025	2025-2030	2030-2035	2035-2040	2040-2045	2045-2050	2050-2055	2055-2060
人口増加率(%)	2.67	2.74	2.81	2.88	2.95	3.01	3.06	3.11	3.17	3.22
粗出生率(人口千人あたり)	40.3	40.0	39.8	39.7	39.6	39.4	39.3	39.2	39.1	39.1
粗死亡率(人口千人あたり)	13.3	12.4	11.5	10.7	10.0	9.2	8.6	8.0	7.4	6.8

Norway

A. 推 計 値

指　標	1960	1965	1970	1975	1980	1985	1990	1995	2000	2005	2010
人口(千人)											
総数	3 582	3 724	3 876	4 006	4 083	4 148	4 240	4 360	4 492	4 624	4 891
男	1 784	1 855	1 928	1 990	2 023	2 051	2 096	2 155	2 224	2 293	2 444
女	1 798	1 869	1 948	2 016	2 059	2 098	2 145	2 205	2 268	2 332	2 447
性比(女100につき男)	99.3	99.2	99.0	98.7	98.2	97.8	97.7	97.7	98.0	98.3	99.9
年齢分布(％)											
０－４歳	8.6	8.4	8.5	7.7	6.4	6.1	6.6	7.0	6.7	6.2	6.3
５－14歳	17.3	16.4	16.0	16.1	15.8	13.9	12.3	12.5	13.3	13.4	12.5
15－24歳	13.0	15.4	15.9	15.2	15.3	15.7	15.4	13.5	12.1	12.3	13.0
60歳以上	16.1	17.2	18.1	19.1	20.2	21.2	20.9	20.0	19.3	19.7	21.0
65歳以上	11.0	12.0	12.9	13.7	14.7	15.6	16.3	15.9	15.2	14.7	15.0
80歳以上	2.0	2.0	2.2	2.5	2.8	3.3	3.7	4.0	4.3	4.7	4.5
15－49歳女子(％)	45.3	45.0	44.0	43.6	44.9	47.4	49.2	48.7	47.1	46.5	46.5
中位数年齢(歳)	34.3	34.1	32.9	32.4	33.3	34.6	35.4	36.1	36.9	37.9	38.7
人口密度(1k㎡あたり)	10	10	11	11	11	11	12	12	12	13	13

	1960-1965	1965-1970	1970-1975	1975-1980	1980-1985	1985-1990	1990-1995	1995-2000	2000-2005	2005-2010	2010-2015
年平均人口増加数(千人)	28	30	26	15	13	18	24	26	27	53	64
年平均出生数(千人)	64	65	60	52	51	56	60	59	57	60	59
年平均死亡数(千人)	35	37	40	41	42	45	45	45	44	42	42
人口増加率(％)	0.78	0.80	0.66	0.38	0.32	0.44	0.56	0.60	0.58	1.12	1.27
粗出生率(人口千人あたり)	17.4	17.0	15.2	12.9	12.3	13.3	13.9	13.4	12.4	12.6	11.7
粗死亡率(人口千人あたり)	9.5	9.8	10.1	10.1	10.3	10.8	10.6	10.1	9.6	8.7	8.4
合計出生率(女子１人あたり)	2.90	2.72	2.25	1.81	1.69	1.80	1.89	1.86	1.81	1.92	1.80
純再生産率(女子１人あたり)	1.37	1.29	1.07	0.87	0.81	0.86	0.90	0.90	0.87	0.93	0.87
乳児死亡率(出生千人あたり)	17	14	11	9	7	8	6	4	4	3	3
出生時の平均余命(歳)											
男	71.1	71.2	71.3	72.1	72.6	72.6	74.0	75.3	76.6	78.3	79.2
女	75.9	76.8	77.6	78.5	79.4	79.4	80.2	81.1	81.8	82.9	83.4
男女計	73.5	73.9	74.4	75.2	75.9	76.0	77.1	78.2	79.2	80.6	81.3

B. 中 位 予 測 値

	2015	2020	2025	2030	2035	2040	2045	2050	2055	2060
人口(千人)										
総数	5 211	5 494	5 725	5 945	6 142	6 321	6 491	6 658	6 816	6 961
男	2 625	2 770	2 888	2 999	3 098	3 186	3 271	3 354	3 432	3 503
女	2 586	2 723	2 836	2 946	3 045	3 135	3 220	3 304	3 384	3 458
性比(女100につき男)	101.5	101.7	101.8	101.8	101.7	101.7	101.6	101.5	101.4	101.3
年齢分布(％)										
０－４歳	6.0	6.2	6.1	5.9	5.7	5.6	5.6	5.6	5.6	5.6
５－14歳	11.9	12.0	12.0	12.0	11.8	11.5	11.2	11.2	11.2	11.3
15－24歳	13.1	12.2	11.8	11.8	11.8	11.9	11.8	11.5	11.3	11.3
60歳以上	21.8	23.0	24.4	26.2	27.7	28.2	28.8	29.5	30.3	30.7
65歳以上	16.3	17.3	18.7	20.0	21.6	22.8	23.2	23.7	24.3	25.1
80歳以上	4.2	4.1	4.6	6.1	6.7	7.4	7.9	8.8	9.4	9.5
６－11歳	7.2	7.2	7.2	7.2	7.0	6.8	6.7	6.7	6.7	6.8
12－14歳	3.5	3.6	3.5	3.6	3.6	3.5	3.4	3.3	3.4	3.4
15－17歳	3.7	3.5	3.6	3.5	3.6	3.5	3.5	3.4	3.3	3.4
18－23歳	8.0	7.4	7.0	7.1	7.1	7.2	7.1	6.9	6.8	6.8
15－24歳女子(％)	46.6	45.2	43.8	43.3	42.9	42.3	41.6	41.2	41.0	40.7
中位数年齢(歳)	39.1	39.4	40.1	40.9	41.8	42.4	42.7	42.8	43.0	43.2
人口密度(1k㎡あたり)	14	15	16	16	17	17	18	18	19	19

	2010-2015	2015-2020	2020-2025	2025-2030	2030-2035	2035-2040	2040-2045	2045-2050	2050-2055	2055-2060
年平均人口増加数(千人)	64	57	46	44	40	36	34	33	32	29
年平均出生数(千人)	59	64	67	67	67	68	70	73	74	75
年平均死亡数(千人)	42	42	44	46	51	56	59	62	65	67
年平均純移動数(千人)	47	35	23	23	23	23	23	23	22	21
人口増加率(％)	1.27	1.06	0.82	0.75	0.66	0.57	0.53	0.51	0.47	0.42
粗出生率(人口千人あたり)	11.7	11.9	11.9	11.5	11.1	11.0	11.0	11.0	11.0	10.9
粗死亡率(人口千人あたり)	8.4	7.9	7.8	7.9	8.4	8.9	9.3	9.5	9.6	9.7
純移動率(人口千人あたり)	9.3	6.6	4.1	3.9	3.8	3.7	3.6	3.5	3.2	3.0
合計出生率 (女子１人あたり)	1.80	1.81	1.82	1.83	1.84	1.84	1.85	1.85	1.86	1.86
純再生産率 (女子１人あたり)	0.87	0.87	0.88	0.89	0.89	0.89	0.89	0.90	0.90	0.90
乳児死亡率 (出生千人あたり)	3	2	2	2	2	1	1	1	1	1
５歳未満の死亡数(出生千人あた	3	3	2	2	2	2	2	1	1	1
出生時の平均余命(歳)										
男	79.2	80.2	81.2	82.2	83.0	83.6	84.3	84.9	85.5	86.0
女	83.4	84.0	84.6	85.2	85.8	86.4	87.0	87.5	88.1	88.7
男女計	81.3	82.1	82.9	83.7	84.4	85.0	85.6	86.2	86.7	87.3

C. 高 位 予 測 値

	2015	2020	2025	2030	2035	2040	2045	2050	2055	2060
人口(千人)										
総数	5 211	5 538	5 842	6 153	6 443	6 718	6 999	7 306	7 635	7 973
男	2 625	2 793	2 949	3 106	3 252	3 390	3 532	3 687	3 853	4 023
女	2 586	2 745	2 893	3 047	3 191	3 327	3 467	3 619	3 782	3 950
性比(女100につき男)	101.5	101.7	101.8	101.7	101.5	101.4	101.2	101.1	100.9	100.7
年齢分布(%)										
0－4歳	6.0	6.9	7.2	7.2	6.8	6.7	6.8	7.1	7.3	7.3
5－14歳	11.9	11.9	12.5	13.5	13.8	13.5	13.1	13.0	13.3	13.7
15－24歳	13.1	12.1	11.5	11.4	12.0	13.0	13.3	13.0	12.6	12.4
60歳以上	21.8	22.8	23.9	25.3	26.4	26.5	26.7	26.9	27.0	26.8
65歳以上	16.3	17.2	18.3	19.3	20.6	21.5	21.5	21.6	21.7	21.9
80歳以上	4.2	4.1	4.5	5.8	6.4	6.9	7.3	8.0	8.4	8.3
15－49歳女子(%)	46.6	44.8	43.0	41.9	41.6	41.6	41.5	41.6	41.8	41.9
中位数年齢(歳)	39.1	39.1	39.3	39.6	40.0	39.9	39.3	38.7	38.2	38.1

	2010-2015	2015-2020	2020-2025	2025-2030	2030-2035	2035-2040	2040-2045	2045-2050	2050-2055	2055-2060
年平均人口増加数(千人)	64	65	61	62	58	55	56	61	66	68
年平均出生数(千人)	59	73	81	86	86	88	93	101	109	114
年平均死亡数(千人)	42	42	44	46	51	56	59	62	65	67
人口増加率(%)	1.27	1.22	1.07	1.04	0.92	0.84	0.82	0.86	0.88	0.87
粗出生率(人口千人あたり)	11.7	13.5	14.3	14.3	13.6	13.3	13.5	14.1	14.5	14.6
粗死亡率(人口千人あたり)	8.4	7.9	7.7	7.7	8.1	8.5	8.7	8.7	8.7	8.6
合計出生率（女子１人あたり）	1.80	2.06	2.22	2.33	2.34	2.34	2.35	2.35	2.36	2.36
純再生産率（女子１人あたり）	0.87	1.00	1.07	1.13	1.13	1.13	1.14	1.14	1.14	1.14

D. 低 位 予 測 値

	2015	2020	2025	2030	2035	2040	2045	2050	2055	2060
人口(千人)										
総数	5 211	5 450	5 607	5 736	5 842	5 926	5 991	6 036	6 054	6 045
男	2 625	2 748	2 828	2 892	2 943	2 983	3 014	3 035	3 040	3 033
女	2 586	2 702	2 779	2 844	2 899	2 943	2 977	3 002	3 013	3 012
性比(女100につき男)	101.5	101.7	101.8	101.7	101.5	101.4	101.2	101.1	100.9	100.7
年齢分布(%)										
0－4歳	6.0	5.4	4.9	4.5	4.4	4.4	4.3	4.2	4.0	3.9
5－14歳	11.9	12.1	11.4	10.4	9.5	9.1	9.1	9.0	8.9	8.6
15－24歳	13.1	12.3	12.0	12.2	11.7	10.7	10.0	9.7	9.7	9.7
60歳以上	21.8	23.2	24.9	27.2	29.1	30.0	31.2	32.5	34.1	35.3
65歳以上	16.3	17.4	19.1	20.8	22.7	24.3	25.1	26.1	27.4	28.9
80歳以上	4.2	4.1	4.7	6.3	7.1	7.9	8.6	9.7	10.6	10.9
15－49歳女子(%)	46.6	45.5	44.7	44.9	44.3	43.1	41.6	40.5	39.7	38.7
中位数年齢(歳)	39.1	39.7	40.9	42.3	43.6	44.9	45.9	46.7	47.7	48.7

	2010-2015	2015-2020	2020-2025	2025-2030	2030-2035	2035-2040	2040-2045	2045-2050	2050-2055	2055-2060
年平均人口増加数(千人)	64	48	32	26	21	17	13	9	3	－2
年平均出生数(千人)	59	55	52	49	49	49	49	48	46	44
年平均死亡数(千人)	42	42	44	46	51	56	59	62	65	67
人口増加率(%)	1.27	0.90	0.57	0.45	0.37	0.29	0.22	0.15	0.06	-0.03
粗出生率(人口千人あたり)	11.7	10.3	9.4	8.6	8.5	8.4	8.3	8.0	7.6	7.3
粗死亡率(人口千人あたり)	8.4	8.0	7.9	8.2	8.8	9.4	10.0	10.3	10.7	11.0
合計出生率（女子１人あたり）	1.80	1.56	1.42	1.33	1.34	1.34	1.35	1.35	1.36	1.36
純再生産率（女子１人あたり）	0.87	0.75	0.69	0.64	0.65	0.65	0.65	0.66	0.66	0.66

E. 出生力一定予測値

	2015	2020	2025	2030	2035	2040	2045	2050	2055	2060
人口(千人)										
総数	5 211	5 492	5 718	5 931	6 121	6 291	6 451	6 606	6 749	6 876
男	2 625	2 769	2 884	2 991	3 085	3 169	3 248	3 324	3 394	3 456
女	2 586	2 723	2 834	2 940	3 036	3 122	3 203	3 281	3 354	3 420
中位数年齢(歳)	39.1	39.4	40.1	41.0	41.9	42.6	42.9	43.1	43.4	43.7

	2010-2015	2015-2020	2020-2025	2025-2030	2030-2035	2035-2040	2040-2045	2045-2050	2050-2055	2055-2060
人口増加率(%)	1.27	1.05	0.81	0.73	0.63	0.55	0.50	0.48	0.43	0.38
粗出生率(人口千人あたり)	11.7	11.9	11.7	11.3	10.9	10.7	10.7	10.7	10.7	10.5
粗死亡率(人口千人あたり)	8.4	7.9	7.8	7.9	8.4	9.0	9.3	9.5	9.7	9.8

Oman

A. 推計値

指標	1960	1965	1970	1975	1980	1985	1990	1995	2000	2005	2010
人口(千人)											
総数	552	625	724	882	1 154	1 498	1 812	2 192	2 239	2 507	2 944
男	273	307	356	445	608	810	1 009	1 300	1 255	1 401	1 756
女	278	318	368	437	546	689	803	892	985	1 106	1 188
性比(女100につき男)	98.1	96.6	96.6	101.6	111.4	117.6	125.5	145.6	127.4	126.7	147.9
年齢分布(%)											
0－4歳	18.0	18.6	18.9	18.9	19.9	19.9	17.8	14.0	12.5	10.6	10.3
5－14歳	25.6	26.4	27.3	26.9	25.2	25.7	27.4	25.7	24.7	23.4	16.2
15－24歳	19.4	19.1	18.6	18.4	17.6	16.4	15.9	16.2	21.3	21.3	20.8
60歳以上	5.1	5.2	5.2	4.9	4.3	3.7	3.5	3.3	4.0	4.1	4.2
65歳以上	3.0	3.1	3.2	3.1	2.7	2.4	2.3	2.1	2.5	2.6	2.8
80歳以上	0.2	0.2	0.2	0.2	0.2	0.3	0.3	0.3	0.4	0.4	0.4
15－49歳女子(%)	46.5	45.4	44.3	44.0	43.3	42.0	40.8	43.7	50.0	53.8	58.0
中位数年齢(歳)	18.0	17.4	16.9	17.1	17.6	17.5	17.9	20.7	21.0	22.4	26.0
人口密度(1k㎡あたり)	2	2	2	3	4	5	6	7	7	8	10

指標	1960-1965	1965-1970	1970-1975	1975-1980	1980-1985	1985-1990	1990-1995	1995-2000	2000-2005	2005-2010	2010-2015
年平均人口増加数(千人)	15	20	32	54	69	63	76	10	53	87	309
年平均出生数(千人)	29	33	39	51	64	71	67	60	53	58	77
年平均死亡数(千人)	12	12	12	12	11	11	10	9	8	8	10
人口増加率(%)	2.49	2.94	3.95	5.38	5.22	3.80	3.81	0.43	2.26	3.21	8.45
粗出生率(人口千人あたり)	49.1	48.6	48.0	50.1	48.2	42.9	33.4	26.9	22.4	21.4	20.8
粗死亡率(人口千人あたり)	20.8	17.8	14.9	11.6	8.6	6.4	4.8	3.9	3.3	3.0	2.7
合計出生率(女子1人あたり)	7.25	7.31	7.41	8.10	8.32	7.85	6.27	4.46	3.21	2.90	2.88
純再生産率(女子1人あたり)	2.29	2.49	2.70	3.22	3.52	3.48	2.86	2.08	1.52	1.39	1.38
乳児死亡率(出生千人あたり)	154	131	109	83	59	42	31	22	15	10	7
出生時の平均余命(歳)											
男	43.8	47.4	51.0	55.8	60.2	63.9	66.7	69.2	71.4	73.2	74.7
女	45.6	49.7	53.5	58.9	63.7	67.6	70.7	73.3	75.5	77.5	78.9
男女計	44.7	48.6	52.3	57.4	61.9	65.6	68.5	70.9	73.2	75.1	76.4

B. 中位予測値

指標	2015	2020	2025	2030	2035	2040	2045	2050	2055	2060
人口(千人)										
総数	4 491	4 816	5 058	5 238	5 376	5 507	5 659	5 844	5 986	6 070
男	2 979	3 125	3 212	3 266	3 296	3 320	3 361	3 435	3 482	3 494
女	1 512	1 691	1 846	1 972	2 080	2 187	2 298	2 409	2 504	2 575
性比(女100につき男)	197.0	184.8	174.0	165.6	158.4	151.8	146.2	142.6	139.1	135.7
年齢分布(%)										
0－4歳	8.6	8.4	7.1	5.9	5.3	5.3	5.6	5.6	5.2	4.8
5－14歳	11.9	14.4	15.7	14.7	12.5	10.8	10.2	10.5	10.7	10.5
15－24歳	16.3	12.3	12.8	14.7	15.9	14.4	12.3	10.5	10.0	10.4
60歳以上	4.4	5.5	7.0	9.4	12.5	16.4	20.9	24.5	27.1	28.9
65歳以上	2.6	3.4	4.4	5.7	8.0	10.7	14.0	17.9	21.1	23.4
80歳以上	0.4	0.5	0.7	0.9	1.3	1.8	2.4	3.5	4.9	6.6
6－11歳	7.5	9.1	9.6	8.7	7.3	6.3	6.1	6.4	6.5	6.3
12－14歳	2.9	3.6	4.5	4.7	4.2	3.5	3.0	3.0	3.1	3.2
15－17歳	2.9	3.1	3.9	4.6	4.5	3.8	3.2	2.9	3.0	3.2
18－23歳	10.7	7.4	7.5	8.6	9.7	8.9	7.6	6.4	5.9	6.2
15－24歳女子(%)	59.4	56.5	56.1	55.8	55.5	53.4	50.2	49.1	48.2	46.7
中位数年齢(歳)	29.0	31.1	32.6	34.2	35.4	37.0	38.4	40.1	42.0	44.0
人口密度(1k㎡あたり)	15	16	16	17	17	18	18	19	19	20

指標	2010-2015	2015-2020	2020-2025	2025-2030	2030-2035	2035-2040	2040-2045	2045-2050	2050-2055	2055-2060
年平均人口増加数(千人)	309	65	48	36	28	26	30	37	28	17
年平均出生数(千人)	77	81	73	62	57	59	63	65	63	58
年平均死亡数(千人)	10	12	14	16	19	23	27	32	38	45
年平均純移動数(千人)	242	−4	−10	−10	−10	−10	−6	4	4	4
人口増加率(%)	8.45	1.40	0.98	0.70	0.52	0.48	0.54	0.64	0.48	0.28
粗出生率(人口千人あたり)	20.8	17.5	14.7	12.1	10.7	10.8	11.3	11.3	10.6	9.6
粗死亡率(人口千人あたり)	2.7	2.7	2.8	3.2	3.6	4.2	4.8	5.6	6.4	7.4
純移動率(人口千人あたり)	65.2	−0.9	−2.0	−1.9	−1.9	−1.8	−1.1	0.7	0.6	0.6
合計出生率 (女子1人あたり)	2.88	2.51	2.26	2.06	1.91	1.80	1.73	1.69	1.68	1.69
純再生産率 (女子1人あたり)	1.38	1.21	1.09	0.99	0.92	0.87	0.84	0.82	0.81	0.82
乳児死亡率 (出生千人あたり)	7	6	5	5	4	4	3	3	3	3
5歳未満の死亡数(出生千人あたり	9	7	6	6	5	5	4	4	4	3
出生時の平均余命(歳)										
男	74.7	76.0	77.2	78.5	79.7	80.9	82.1	83.2	84.1	84.9
女	78.9	79.9	80.9	81.8	82.5	83.3	84.0	84.6	85.3	85.9
男女計	76.4	77.5	78.6	79.8	80.8	81.8	82.8	83.7	84.5	85.2

C. 高位予測値

	2015	2020	2025	2030	2035	2040	2045	2050	2055	2060
人口(千人)										
総数	4 491	4 856	5 162	5 417	5 629	5 844	6 099	6 413	6 702	6 942
男	2 979	3 145	3 266	3 358	3 425	3 492	3 586	3 726	3 849	3 941
女	1 512	1 711	1 897	2 059	2 204	2 352	2 513	2 687	2 854	3 001
性比(女100につき男)	197.0	185.7	176.0	168.4	161.8	155.6	150.4	147.3	144.2	141.1
年齢分布(%)										
0－4歳	8.6	9.2	8.2	7.1	6.4	6.5	6.9	7.1	6.9	6.4
5－14歳	11.9	14.3	16.1	16.1	14.4	12.7	12.1	12.5	13.1	13.2
15－24歳	16.3	12.2	12.6	14.2	15.9	15.3	13.7	11.9	11.3	11.8
60歳以上	4.4	5.5	6.8	9.1	11.9	15.4	19.4	22.4	24.2	25.3
65歳以上	2.6	3.4	4.4	5.5	7.6	10.0	13.0	16.3	18.9	20.4
80歳以上	0.4	0.4	0.6	0.8	1.2	1.7	2.2	3.2	4.3	5.8
15－49歳女子(%)	59.4	55.8	54.6	53.4	53.3	51.8	49.4	48.6	48.0	47.2
中位数年齢(歳)	29.0	30.9	32.1	33.2	33.9	34.9	35.9	37.1	38.4	39.7

	2010-2015	2015-2020	2020-2025	2025-2030	2030-2035	2035-2040	2040-2045	2045-2050	2050-2055	2055-2060
年平均人口増加数(千人)	309	73	61	51	42	43	51	63	58	48
年平均出生数(千人)	77	90	85	77	72	76	84	91	92	89
年平均死亡数(千人)	10	12	14	16	19	23	27	32	38	45
人口増加率(%)	8.45	1.57	1.22	0.96	0.77	0.75	0.86	1.00	0.88	0.70
粗出生率(人口千人あたり)	20.8	19.2	17.0	14.6	13.0	13.2	14.1	14.5	14.1	13.1
粗死亡率(人口千人あたり)	2.7	2.7	2.8	3.1	3.5	4.0	4.5	5.2	5.8	6.6
合計出生率(女子1人あたり)	2.88	2.76	2.66	2.56	2.41	2.30	2.23	2.19	2.18	2.19
純再生産率(女子1人あたり)	1.38	1.33	1.28	1.24	1.16	1.11	1.08	1.06	1.06	1.06

D. 低位予測値

	2015	2020	2025	2030	2035	2040	2045	2050	2055	2060
人口(千人)										
総数	4 491	4 776	4 954	5 059	5 123	5 171	5 225	5 297	5 317	5 278
男	2 979	3 104	3 159	3 174	3 166	3 148	3 139	3 155	3 139	3 089
女	1 512	1 672	1 795	1 885	1 957	2 024	2 086	2 142	2 177	2 189
性比(女100につき男)	197.0	185.7	176.0	168.4	161.8	155.6	150.4	147.3	144.2	141.1
年齢分布(%)										
0－4歳	8.6	7.6	6.0	4.6	4.1	4.1	4.2	4.0	3.6	3.1
5－14歳	11.9	14.5	15.2	13.1	10.4	8.6	8.1	8.1	8.1	7.6
15－24歳	16.3	12.4	13.1	15.2	15.9	13.3	10.7	8.8	8.3	8.5
60歳以上	4.4	5.6	7.1	9.8	13.1	17.4	22.6	27.1	30.6	33.3
65歳以上	2.6	3.4	4.5	5.9	8.4	11.3	15.2	19.8	23.8	26.9
80歳以上	0.4	0.5	0.7	0.9	1.3	1.9	2.6	3.9	5.5	7.6
15－49歳女子(%)	59.4	57.1	57.7	58.3	58.0	55.2	51.1	49.4	47.9	45.3
中位数年齢(歳)	29.0	31.2	33.0	35.2	37.0	39.2	41.1	43.3	45.7	48.3

	2010-2015	2015-2020	2020-2025	2025-2030	2030-2035	2035-2040	2040-2045	2045-2050	2050-2055	2055-2060
年平均人口増加数(千人)	309	57	36	21	13	10	11	14	4	－ 8
年平均出生数(千人)	77	73	60	47	42	42	44	42	38	33
年平均死亡数(千人)	10	12	14	16	19	23	27	32	38	44
人口増加率(%)	8.45	1.23	0.73	0.42	0.25	0.19	0.21	0.27	0.08	-0.15
粗出生率(人口千人あたり)	20.8	15.8	12.3	9.4	8.2	8.2	8.4	8.0	7.2	6.2
粗死亡率(人口千人あたり)	2.7	2.7	2.9	3.2	3.8	4.4	5.2	6.1	7.1	8.4
合計出生率(女子1人あたり)	2.88	2.26	1.86	1.56	1.41	1.30	1.23	1.19	1.18	1.19
純再生産率(女子1人あたり)	1.38	1.09	0.89	0.75	0.68	0.63	0.59	0.58	0.57	0.58

E. 出生力一定予測値

	2015	2020	2025	2030	2035	2040	2045	2050	2055	2060
人口(千人)										
総数	4 491	4 868	5 200	5 501	5 792	6 111	6 493	6 954	7 414	7 855
男	2 979	3 151	3 285	3 400	3 509	3 629	3 788	4 003	4 213	4 408
女	1 512	1 717	1 915	2 100	2 283	2 482	2 705	2 951	3 201	3 447
中位数年齢(歳)	29.0	30.9	31.9	32.7	32.9	33.3	33.8	34.4	35.0	35.3

	2010-2015	2015-2020	2020-2025	2025-2030	2030-2035	2035-2040	2040-2045	2045-2050	2050-2055	2055-2060
人口増加率(%)	8.45	1.62	1.32	1.13	1.03	1.07	1.21	1.37	1.28	1.16
粗出生率(人口千人あたり)	20.8	19.7	18.0	16.2	15.5	16.3	17.4	17.9	17.6	17.0
粗死亡率(人口千人あたり)	2.7	2.7	2.8	3.1	3.4	3.9	4.3	4.8	5.3	5.9

Pakistan

A. 推計値

指　標	1960	1965	1970	1975	1980	1985	1990	1995	2000	2005	2010
人口(千人)											
総数	44 912	50 849	58 094	66 791	78 072	92 165	107 608	122 600	138 250	153 356	170 044
男	24 058	27 046	30 714	35 132	40 841	47 965	55 779	63 357	71 330	79 029	87 415
女	20 854	23 803	27 380	31 660	37 231	44 201	51 829	59 243	66 921	74 327	82 629
性比(女100につき男)	115.4	113.6	112.2	111.0	109.7	108.5	107.6	106.9	106.6	106.3	105.8
年齢分布(%)											
0－4歳	16.0	16.8	17.1	16.9	16.9	17.0	17.1	15.9	14.5	13.1	13.2
5－14歳	23.2	23.6	25.3	26.2	26.0	25.7	25.9	26.8	26.6	25.1	23.0
15－24歳	19.5	18.6	17.1	17.2	18.6	19.1	18.7	18.7	19.6	20.9	21.0
60歳以上	6.4	6.0	5.9	5.9	6.0	6.0	6.0	6.1	6.2	6.5	6.6
65歳以上	4.3	4.0	3.8	3.8	3.8	3.9	3.9	4.0	4.1	4.3	4.4
80歳以上	0.8	0.6	0.6	0.5	0.5	0.5	0.5	0.5	0.6	0.6	0.6
15－49歳女子(%)	47.4	46.7	45.2	44.7	45.2	45.7	45.4	45.6	47.2	50.0	51.6
中位数年齢(歳)	20.2	20.0	19.3	18.6	18.5	18.6	18.5	18.6	19.2	20.2	21.4
人口密度(1km²あたり)	58	66	75	87	101	120	140	159	179	199	221

指　標	1960-1965	1965-1970	1970-1975	1975-1980	1980-1985	1985-1990	1990-1995	1995-2000	2000-2005	2005-2010	2010-2015
年平均人口増加数(千人)	1 187	1 449	1 739	2 256	2 819	3 089	2 998	3 130	3 021	3 338	3 776
年平均出生数(千人)	2 119	2 379	2 659	3 064	3 585	4 192	4 398	4 476	4 418	4 895	5 342
年平均死亡数(千人)	913	888	892	948	1 035	1 131	1 174	1 200	1 218	1 298	1 349
人口増加率(%)	2.48	2.66	2.79	3.12	3.32	3.10	2.61	2.40	2.07	2.07	2.11
粗出生率(人口千人あたり)	44.3	43.7	42.6	42.3	42.1	42.0	38.2	34.3	30.3	30.3	29.8
粗死亡率(人口千人あたり)	19.1	16.3	14.3	13.1	12.2	11.3	10.2	9.2	8.4	8.0	7.5
合計出生率(女子1人あたり)	6.60	6.60	6.60	6.60	6.44	6.30	5.67	4.99	4.23	3.98	3.72
純再生産率(女子1人あたり)	2.14	2.29	2.39	2.47	2.48	2.48	2.28	2.03	1.74	1.68	1.59
乳児死亡率(出生千人あたり)	171	149	135	126	119	110	102	93	84	77	70
出生時の平均余命(歳)											
男	47.4	51.2	54.1	55.9	57.3	58.7	60.1	61.4	62.5	63.5	65.0
女	47.7	51.4	54.2	56.5	58.4	60.1	61.5	62.9	64.3	65.4	66.8
男女計	47.5	51.3	54.2	56.1	57.8	59.3	60.8	62.1	63.4	64.4	65.9

B. 中位予測値

指　標	2015	2020	2025	2030	2035	2040	2045	2050	2055	2060
人口(千人)										
総数	188 925	208 437	227 182	244 916	262 127	278 987	295 089	309 640	322 270	332 978
男	97 052	107 063	116 657	125 688	134 425	142 963	151 069	158 342	164 614	169 877
女	91 873	101 374	110 525	119 228	127 702	136 024	144 020	151 298	157 656	163 100
性比(女100につき男)	105.6	105.6	105.5	105.4	105.3	105.1	104.9	104.7	104.4	104.2
年齢分布(%)										
0－4歳	13.1	12.2	11.2	10.2	9.6	9.3	8.9	8.3	7.8	7.3
5－14歳	22.0	22.1	21.7	20.4	18.9	17.8	17.1	16.6	16.0	15.1
15－24歳	19.9	18.4	18.0	18.6	18.6	17.7	16.6	15.8	15.5	15.3
60歳以上	6.6	7.0	7.7	8.4	9.2	10.2	11.4	12.9	14.4	15.7
65歳以上	4.5	4.5	4.9	5.5	6.1	6.7	7.5	8.4	9.8	11.0
80歳以上	0.6	0.7	0.7	0.8	0.8	0.9	1.1	1.3	1.4	1.7
6－11歳	13.4	13.6	13.2	12.3	11.3	10.7	10.3	10.0	9.6	9.0
12－14歳	6.1	6.1	6.3	6.1	5.7	5.3	5.0	4.9	4.8	4.6
15－17歳	6.2	5.6	5.9	6.0	5.7	5.3	5.0	4.8	4.8	4.7
18－23歳	11.9	11.0	10.4	10.9	11.1	10.6	10.0	9.5	9.2	9.2
15－24歳女子(%)	51.9	51.6	52.1	52.9	53.2	52.5	51.6	50.9	50.7	50.3
中位数年齢(歳)	22.5	23.5	24.5	25.5	26.8	28.1	29.5	30.9	32.2	33.4
人口密度(1km²あたり)	245	270	295	318	340	362	383	402	418	432

指　標	2010-2015	2015-2020	2020-2025	2025-2030	2030-2035	2035-2040	2040-2045	2045-2050	2050-2055	2055-2060
年平均人口増加数(千人)	3 776	3 902	3 749	3 547	3 442	3 372	3 220	2 910	2 526	2 141
年平均出生数(千人)	5 342	5 480	5 406	5 303	5 318	5 416	5 454	5 355	5 175	5 014
年平均死亡数(千人)	1 349	1 430	1 510	1 610	1 739	1 908	2 097	2 308	2 520	2 749
年平均純移動数(千人)	−216	−148	−146	−146	−136	−136	−136	−136	−130	−123
人口増加率(%)	2.11	1.97	1.72	1.50	1.36	1.25	1.12	0.96	0.80	0.65
粗出生率(人口千人あたり)	29.8	27.6	24.8	22.5	21.0	20.0	19.0	17.7	16.4	15.3
粗死亡率(人口千人あたり)	7.5	7.2	6.9	6.8	6.9	7.1	7.3	7.6	8.0	8.4
純移動率(人口千人あたり)	−1.2	−0.7	−0.7	−0.6	−0.5	−0.5	−0.5	−0.5	−0.4	−0.4
合計出生率（女子1人あたり）	3.72	3.38	3.10	2.88	2.70	2.55	2.42	2.31	2.21	2.13
純再生産率（女子1人あたり）	1.59	1.46	1.36	1.28	1.21	1.15	1.10	1.06	1.02	0.99
乳児死亡率（出生千人あたり）	70	63	57	51	45	41	36	32	29	25
5歳未満の死亡数(出生千人あた	87	79	71	63	57	51	45	40	35	31
出生時の平均余命(歳)										
男	65.0	65.8	66.5	67.2	67.9	68.5	69.2	69.8	70.4	71.0
女	66.8	67.8	68.8	69.6	70.5	71.3	72.2	73.0	73.8	74.6
男女計	65.9	66.8	67.6	68.4	69.2	69.9	70.7	71.3	72.1	72.8

C. 高位予測値

	2015	2020	2025	2030	2035	2040	2045	2050	2055	2060
人口(千人)										
総数	188 925	210 326	232 321	254 362	276 264	298 659	321 681	344 749	367 261	388 863
男	97 052	108 043	119 324	130 587	141 754	153 160	164 844	176 518	187 892	198 775
女	91 873	102 283	112 997	123 775	134 510	145 500	156 838	168 231	179 368	190 088
性比(女100につき男)	105.6	105.6	105.5	105.3	105.1	104.9	104.7	104.3	104.0	103.6
年齢分布(%)										
0－4歳	13.1	13.0	12.3	11.5	10.9	10.5	10.3	10.0	9.5	9.1
5－14歳	22.0	21.9	22.0	21.7	20.7	19.6	18.9	18.6	18.3	17.7
15－24歳	19.9	18.3	17.6	17.9	18.3	18.2	17.6	16.8	16.4	16.3
60歳以上	6.6	7.0	7.5	8.1	8.7	9.5	10.4	11.6	12.6	13.5
65歳以上	4.5	4.5	4.8	5.3	5.8	6.3	6.8	7.6	8.6	9.4
80歳以上	0.6	0.7	0.7	0.7	0.8	0.9	1.0	1.1	1.2	1.4
15－49歳女子(%)	51.9	51.1	50.9	51.0	51.2	50.8	50.2	49.8	49.8	49.8
中位数年齢(歳)	22.5	23.2	23.8	24.3	25.1	26.0	27.0	27.9	28.8	29.6

	2010-2015	2015-2020	2020-2025	2025-2030	2030-2035	2035-2040	2040-2045	2045-2050	2050-2055	2055-2060
年平均人口増加数(千人)	3 776	4 280	4 399	4 408	4 380	4 479	4 604	4 614	4 502	4 320
年平均出生数(千人)	5 342	5 885	6 103	6 224	6 317	6 589	6 912	7 143	7 244	7 291
年平均死亡数(千人)	1 349	1 458	1 558	1 669	1 800	1 974	2 171	2 393	2 612	2 848
人口増加率(%)	2.11	2.15	1.99	1.81	1.65	1.56	1.49	1.39	1.27	1.14
粗出生率(人口千人あたり)	29.8	29.5	27.6	25.6	23.8	22.9	22.3	21.4	20.3	19.3
粗死亡率(人口千人あたり)	7.5	7.3	7.0	6.9	6.8	6.9	7.0	7.2	7.3	7.5
合計出生率 (女子1人あたり)	3.72	3.63	3.50	3.38	3.20	3.05	2.92	2.81	2.71	2.63
純再生産率 (女子1人あたり)	1.59	1.57	1.53	1.50	1.43	1.37	1.33	1.29	1.25	1.22

D. 低位予測値

	2015	2020	2025	2030	2035	2040	2045	2050	2055	2060
人口(千人)										
総数	188 925	206 547	222 044	235 470	248 011	259 511	269 238	276 349	280 702	282 571
男	97 052	106 083	113 990	120 789	127 107	132 869	137 679	141 107	143 107	143 815
女	91 873	100 465	108 054	114 680	120 904	126 642	131 559	135 242	137 595	138 756
性比(女100につき男)	105.6	105.6	105.5	105.3	105.1	104.9	104.7	104.3	104.0	103.6
年齢分布(%)										
0－4歳	13.1	11.4	9.9	8.8	8.3	7.9	7.3	6.6	5.9	5.4
5－14歳	22.0	22.3	21.4	19.1	17.0	15.7	15.0	14.4	13.4	12.2
15－24歳	19.9	18.6	18.4	19.3	18.9	17.1	15.4	14.5	14.2	13.9
60歳以上	6.6	7.1	7.9	8.8	9.7	10.9	12.5	14.5	16.5	18.5
65歳以上	4.5	4.6	5.1	5.7	6.5	7.2	8.2	9.5	11.2	12.9
80歳以上	0.6	0.7	0.8	0.8	0.8	1.0	1.2	1.4	1.6	1.9
15－49歳女子(%)	51.9	52.1	53.3	55.0	55.4	54.5	53.1	51.9	51.4	50.2
中位数年齢(歳)	22.5	23.7	25.2	26.8	28.4	30.2	32.2	34.2	36.2	38.1

	2010-2015	2015-2020	2020-2025	2025-2030	2030-2035	2035-2040	2040-2045	2045-2050	2050-2055	2055-2060
年平均人口増加数(千人)	3 776	3 524	3 099	2 685	2 508	2 300	1 945	1 422	871	374
年平均出生数(千人)	5 342	5 074	4 708	4 382	4 323	4 280	4 109	3 791	3 439	3 161
年平均死亡数(千人)	1 349	1 402	1 463	1 551	1 679	1 844	2 027	2 232	2 439	2 665
人口増加率(%)	2.11	1.78	1.45	1.17	1.04	0.91	0.74	0.52	0.31	0.13
粗出生率(人口千人あたり)	29.8	25.7	22.0	19.2	17.9	16.9	15.5	13.9	12.3	11.2
粗死亡率(人口千人あたり)	7.5	7.1	6.8	6.8	6.9	7.3	7.7	8.2	8.8	9.5
合計出生率 (女子1人あたり)	3.72	3.13	2.70	2.38	2.20	2.05	1.92	1.81	1.71	1.63
純再生産率 (女子1人あたり)	1.59	1.35	1.18	1.05	0.98	0.92	0.87	0.83	0.79	0.75

E. 出生力一定予測値

	2015	2020	2025	2030	2035	2040	2045	2050	2055	2060
人口(千人)										
総数	188 925	210 630	233 997	258 638	285 024	313 836	345 667	380 590	418 659	460 089
男	97 052	108 201	120 193	132 831	146 352	161 115	177 429	195 315	214 819	236 041
女	91 873	102 429	113 803	125 806	138 673	152 721	168 239	185 276	203 840	224 048
中位数年齢(歳)	22.5	23.2	23.6	23.8	24.2	24.5	24.8	24.9	25.0	24.9

	2010-2015	2015-2020	2020-2025	2025-2030	2030-2035	2035-2040	2040-2045	2045-2050	2050-2055	2055-2060
人口増加率(%)	2.11	2.18	2.10	2.00	1.94	1.93	1.93	1.93	1.91	1.89
粗出生率(人口千人あたり)	29.8	29.8	28.8	27.5	26.7	26.5	26.6	26.5	26.2	26.0
粗死亡率(人口千人あたり)	7.5	7.3	7.1	6.9	6.8	6.8	6.8	6.9	6.9	6.8

Panama

A. 推計値

指　標	1960	1965	1970	1975	1980	1985	1990	1995	2000	2005	2010
人口(千人)											
総数	1 133	1 315	1 519	1 745	1 979	2 219	2 471	2 738	3 029	3 319	3 621
男	578	670	773	886	1 002	1 124	1 249	1 381	1 526	1 670	1 819
女	555	645	747	859	976	1 095	1 222	1 357	1 503	1 649	1 802
性比(女100につき男)	104.2	103.8	103.5	103.2	102.7	102.7	102.2	101.8	101.6	101.3	100.9
年齢分布(%)											
0－4歳	17.5	17.5	16.8	15.9	14.6	13.4	12.5	11.7	11.3	10.3	9.9
5－14歳	26.3	26.9	27.3	27.0	26.3	25.1	23.3	22.0	20.7	19.9	18.9
15－24歳	18.7	18.7	19.0	19.7	20.4	20.7	20.7	20.1	19.0	18.2	17.4
60歳以上	5.6	5.7	5.7	5.9	6.2	6.5	6.9	7.4	8.0	8.8	9.8
65歳以上	3.6	3.7	3.8	3.9	4.2	4.5	4.8	5.1	5.5	6.1	6.8
80歳以上	0.5	0.5	0.5	0.6	0.7	0.8	0.9	1.0	1.1	1.3	1.5
15－49歳女子(%)	44.9	44.5	44.8	45.9	47.7	49.6	51.3	52.6	53.1	53.3	52.8
中位数年齢(歳)	18.0	17.8	17.8	18.3	19.1	20.3	21.7	23.1	24.5	26.0	27.4
人口密度(1km²あたり)	15	18	20	23	27	30	33	37	41	45	49

指　標	1960-1965	1965-1970	1970-1975	1975-1980	1980-1985	1985-1990	1990-1995	1995-2000	2000-2005	2005-2010	2010-2015
年平均人口増加数(千人)	36	41	45	47	48	50	53	58	58	60	62
年平均出生数(千人)	50	55	59	61	62	64	66	70	70	73	75
年平均死亡数(千人)	11	11	11	11	11	12	13	14	15	17	19
人口増加率(%)	2.98	2.89	2.77	2.51	2.30	2.15	2.05	2.02	1.83	1.74	1.64
粗出生率(人口千人あたり)	40.9	38.8	36.2	32.5	29.5	27.3	25.2	24.3	22.1	21.0	19.8
粗死亡率(人口千人あたり)	9.2	8.1	7.0	5.9	5.4	5.1	4.9	4.8	4.8	4.9	5.0
合計出生率(女子１人あたり)	5.79	5.41	4.88	4.19	3.63	3.24	2.92	2.81	2.61	2.54	2.48
純再生産率(女子１人あたり)	2.44	2.34	2.16	1.90	1.67	1.51	1.37	1.32	1.23	1.20	1.18
乳児死亡率(出生千人あたり)	62	52	43	36	34	30	26	23	20	17	15
出生時の平均余命(歳)											
男	61.1	63.2	65.1	67.2	68.6	69.6	70.8	72.2	73.0	73.5	74.3
女	63.3	65.7	68.5	71.5	73.7	75.4	76.5	77.2	78.2	79.4	80.5
男女計	62.1	64.4	66.7	69.2	71.0	72.4	73.5	74.6	75.5	76.4	77.3

B. 中位予測値

指　標	2015	2020	2025	2030	2035	2040	2045	2050	2055	2060
人口(千人)										
総数	3 929	4 231	4 517	4 781	5 020	5 238	5 431	5 599	5 740	5 854
男	1 970	2 118	2 258	2 388	2 506	2 613	2 710	2 795	2 868	2 927
女	1 959	2 113	2 259	2 393	2 514	2 624	2 721	2 804	2 872	2 927
性比(女100につき男)	100.5	100.2	100.0	99.8	99.7	99.6	99.6	99.7	99.8	100.0
年齢分布(%)										
0－4歳	9.4	8.7	8.2	7.7	7.2	6.9	6.5	6.2	6.0	5.7
5－14歳	17.8	17.1	16.3	15.4	14.6	13.9	13.3	12.7	12.2	11.8
15－24歳	16.9	16.3	15.6	15.3	14.8	14.2	13.6	13.1	12.7	12.3
60歳以上	10.9	12.4	14.2	16.2	18.2	20.1	21.9	23.5	25.0	26.6
65歳以上	7.6	8.7	10.0	11.5	13.3	15.1	16.7	18.2	19.7	20.9
80歳以上	1.8	2.1	2.4	2.8	3.3	4.0	4.8	5.6	6.5	7.3
6－11歳	10.7	10.3	9.8	9.3	8.8	8.3	8.0	7.6	7.3	7.0
12－14歳	5.2	5.0	4.9	4.6	4.4	4.2	4.0	3.9	3.7	3.6
15－17歳	5.3	4.9	4.8	4.7	4.4	4.2	4.1	3.9	3.8	3.6
18－23歳	10.0	9.8	9.3	9.1	8.9	8.5	8.2	7.9	7.6	7.4
15－24歳女子(%)	52.2	51.2	50.0	49.1	48.1	47.1	46.2	45.1	44.2	43.3
中位数年齢(歳)	28.7	30.1	31.5	33.0	34.4	35.8	37.1	38.5	39.8	41.0
人口密度(1km²あたり)	53	57	61	64	68	70	73	75	77	79

指　標	2010-2015	2015-2020	2020-2025	2025-2030	2030-2035	2035-2040	2040-2045	2045-2050	2050-2055	2055-2060
年平均人口増加数(千人)	62	60	57	53	48	44	39	34	28	23
年平均出生数(千人)	75	75	75	74	74	73	71	70	69	68
年平均死亡数(千人)	19	21	23	26	29	32	36	40	44	48
年平均純移動数(千人)	6	6	6	5	3	3	3	3	3	3
人口増加率(%)	1.64	1.48	1.31	1.13	0.98	0.85	0.73	0.61	0.50	0.39
粗出生率(人口千人あたり)	19.8	18.4	17.1	16.0	15.0	14.2	13.4	12.7	12.1	11.7
粗死亡率(人口千人あたり)	5.0	5.1	5.3	5.6	5.9	6.3	6.8	7.2	7.7	8.3
純移動率(人口千人あたり)	1.5	1.5	1.3	1.0	0.7	0.7	0.6	0.6	0.6	0.5
合計出生率（女子１人あたり）	2.48	2.36	2.25	2.16	2.08	2.02	1.97	1.92	1.89	1.87
純再生産率（女子１人あたり）	1.18	1.12	1.07	1.03	1.00	0.97	0.94	0.92	0.91	0.90
乳児死亡率（出生千人あたり）	15	14	12	11	10	9	8	7	7	6
５歳未満の死亡数(出生千人あたり)	20	18	16	14	13	12	10	10	9	8
出生時の平均余命(歳)										
男	74.3	75.3	76.4	77.3	78.4	79.4	80.3	81.3	82.2	82.9
女	80.5	81.2	81.8	82.5	83.1	83.7	84.2	84.7	85.2	85.8
男女計	77.3	78.2	79.0	79.9	80.7	81.5	82.3	83.0	83.7	84.3

C. 高 位 予 測 値

	2015	2020	2025	2030	2035	2040	2045	2050	2055	2060
人口(千人)										
総数	3 929	4 270	4 622	4 970	5 299	5 620	5 939	6 256	6 566	6 866
男	1 970	2 138	2 312	2 484	2 648	2 809	2 970	3 131	3 290	3 444
女	1 959	2 132	2 310	2 485	2 651	2 811	2 969	3 125	3 276	3 422
性比(女100につき男)	100.5	100.2	99.9	99.6	99.4	99.2	99.1	99.1	99.2	99.2
年齢分布(%)										
0－4歳	9.4	9.6	9.4	9.1	8.6	8.2	8.1	8.0	7.8	7.6
5－14歳	17.8	17.0	16.8	16.9	16.7	16.1	15.4	15.1	14.9	14.7
15－24歳	16.9	16.2	15.3	14.7	14.7	15.0	15.0	14.5	14.0	13.8
60歳以上	10.9	12.3	13.9	15.5	17.3	18.8	20.0	21.1	21.9	22.7
65歳以上	7.6	8.6	9.8	11.1	12.6	14.0	15.3	16.3	17.2	17.9
80歳以上	1.8	2.0	2.3	2.7	3.1	3.7	4.3	5.0	5.7	6.2
15－49歳女子(%)	52.2	50.7	48.9	47.2	46.3	45.8	45.4	44.8	44.4	44.2
中位数年齢(歳)	28.7	29.8	30.7	31.6	32.4	33.1	33.7	34.2	34.8	35.5

	2010-2015	2015-2020	2020-2025	2025-2030	2030-2035	2035-2040	2040-2045	2045-2050	2050-2055	2055-2060
年平均人口増加数(千人)	62	68	70	70	66	64	64	63	62	60
年平均出生数(千人)	75	83	88	92	92	94	97	100	103	105
年平均死亡数(千人)	19	21	24	26	29	33	36	40	44	49
人口増加率(%)	1.64	1.66	1.58	1.45	1.28	1.18	1.10	1.04	0.97	0.89
粗出生率(人口千人あたり)	19.8	20.2	19.8	19.1	17.9	17.1	16.7	16.5	16.1	15.7
粗死亡率(人口千人あたり)	5.0	5.1	5.3	5.5	5.7	6.0	6.3	6.6	6.9	7.2
合計出生率（女子１人あたり）	2.48	2.61	2.65	2.66	2.58	2.52	2.47	2.42	2.39	2.37
純再生産率（女子１人あたり）	1.18	1.24	1.26	1.27	1.24	1.21	1.18	1.17	1.15	1.14

D. 低 位 予 測 値

	2015	2020	2025	2030	2035	2040	2045	2050	2055	2060
人口(千人)										
総数	3 929	4 192	4 412	4 591	4 742	4 862	4 945	4 989	4 994	4 965
男	1 970	2 098	2 205	2 291	2 363	2 421	2 462	2 484	2 487	2 473
女	1 959	2 094	2 208	2 300	2 378	2 441	2 483	2 506	2 508	2 492
性比(女100につき男)	100.5	100.2	99.9	99.6	99.4	99.2	99.1	99.1	99.2	99.2
年齢分布(%)										
0－4歳	9.4	7.9	6.9	6.1	5.8	5.4	4.9	4.5	4.1	3.8
5－14歳	17.8	17.3	15.8	13.8	12.3	11.4	10.8	10.1	9.3	8.6
15－24歳	16.9	16.5	16.0	15.9	14.8	13.1	11.9	11.3	10.8	10.3
60歳以上	10.9	12.6	14.6	16.8	19.3	21.7	24.0	26.4	28.8	31.3
65歳以上	7.6	8.8	10.2	12.0	14.0	16.2	18.4	20.5	22.6	24.7
80歳以上	1.8	2.1	2.4	2.9	3.5	4.3	5.2	6.3	7.5	8.6
15－49歳女子(%)	52.2	51.6	51.2	51.0	50.1	48.6	46.9	45.0	43.3	41.3
中位数年齢(歳)	28.7	30.4	32.3	34.3	36.4	38.5	40.5	42.6	44.8	46.9

	2010-2015	2015-2020	2020-2025	2025-2030	2030-2035	2035-2040	2040-2045	2045-2050	2050-2055	2055-2060
年平均人口増加数(千人)	62	53	44	36	30	24	17	9	1	－ 6
年平均出生数(千人)	75	67	62	57	55	53	49	45	41	38
年平均死亡数(千人)	19	21	23	26	29	32	36	39	43	47
人口増加率(%)	1.64	1.29	1.03	0.80	0.64	0.50	0.34	0.18	0.02	-0.12
粗出生率(人口千人あたり)	19.8	16.5	14.3	12.7	11.9	11.0	10.0	9.0	8.3	7.7
粗死亡率(人口千人あたり)	5.0	5.1	5.4	5.7	6.2	6.7	7.3	7.9	8.7	9.5
合計出生率（女子１人あたり）	2.48	2.11	1.85	1.66	1.58	1.52	1.47	1.42	1.39	1.37
純再生産率（女子１人あたり）	1.18	1.00	0.88	0.79	0.76	0.73	0.70	0.68	0.67	0.66

E. 出生力一定予測値

	2015	2020	2025	2030	2035	2040	2045	2050	2055	2060
人口(千人)										
総数	3 929	4 250	4 573	4 890	5 200	5 507	5 814	6 120	6 423	6 723
男	1 970	2 127	2 287	2 444	2 598	2 751	2 906	3 061	3 217	3 371
女	1 959	2 122	2 286	2 446	2 602	2 756	2 908	3 058	3 206	3 352
中位数年齢(歳)	28.7	30.0	31.1	32.2	33.1	33.9	34.5	35.0	35.4	35.8

	2010-2015	2015-2020	2020-2025	2025-2030	2030-2035	2035-2040	2040-2045	2045-2050	2050-2055	2055-2060
人口増加率(%)	1.64	1.57	1.47	1.34	1.23	1.15	1.08	1.03	0.97	0.91
粗出生率(人口千人あたり)	19.8	19.3	18.7	18.0	17.4	17.0	16.7	16.4	16.2	16.0
粗死亡率(人口千人あたり)	5.0	5.1	5.3	5.6	5.8	6.1	6.4	6.8	7.1	7.4

Papua New Guinea

A. 推 計 値

指　標	1960	1965	1970	1975	1980	1985	1990	1995	2000	2005	2010
人口(千人)											
総数	1 967	2 161	2 435	2 810	3 215	3 678	4 158	4 716	5 374	6 087	6 848
男	1 021	1 118	1 257	1 449	1 657	1 886	2 126	2 406	2 740	3 104	3 493
女	946	1 043	1 178	1 360	1 559	1 791	2 032	2 310	2 634	2 983	3 355
性比(女100につき男)	108.0	107.2	106.7	106.5	106.3	105.3	104.7	104.1	104.0	104.0	104.1
年齢分布(%)											
０－４歳	16.6	16.7	17.2	18.7	17.3	16.3	15.3	15.3	15.5	14.8	14.0
５－14歳	25.7	26.5	26.3	26.2	28.0	28.3	27.0	25.5	24.7	25.1	24.9
15－24歳	19.1	19.1	19.6	19.4	19.1	19.4	21.1	21.6	20.4	19.4	19.1
60歳以上	4.1	3.9	3.8	3.7	3.7	3.9	4.0	4.1	4.2	4.4	4.6
65歳以上	2.4	2.2	2.1	2.1	2.2	2.2	2.3	2.4	2.5	2.6	2.8
80歳以上	0.3	0.3	0.2	0.2	0.2	0.2	0.2	0.2	0.2	0.3	0.3
15－49歳女子(%)	46.8	46.4	46.6	45.8	45.7	46.3	48.6	49.9	50.3	50.0	50.3
中位数年齢(歳)	18.8	18.3	18.0	17.5	17.3	17.5	18.3	19.1	19.6	20.0	20.5
人口密度(1km²あたり)	4	5	5	6	7	8	9	10	12	13	15

指　標	1960-1965	1965-1970	1970-1975	1975-1980	1980-1985	1985-1990	1990-1995	1995-2000	2000-2005	2005-2010	2010-2015
年平均人口増加数(千人)	39	55	75	81	92	96	112	132	143	152	154
年平均出生数(千人)	86	97	119	124	131	139	156	180	193	203	210
年平均死亡数(千人)	47	43	43	41	39	43	45	48	50	51	56
人口増加率(%)	1.88	2.39	2.87	2.70	2.69	2.45	2.52	2.61	2.49	2.36	2.14
粗出生率(人口千人あたり)	41.8	42.3	45.4	41.1	38.0	35.4	35.2	35.6	33.6	31.5	29.1
粗死亡率(人口千人あたり)	22.6	18.7	16.2	13.6	11.2	10.9	10.1	9.5	8.7	7.9	7.7
合計出生率(女子１人あたり)	6.28	6.21	6.09	5.87	5.47	4.97	4.70	4.64	4.39	4.13	3.84
純再生産率(女子１人あたり)	1.91	2.08	2.23	2.23	2.21	2.00	1.94	1.93	1.85	1.78	1.66
乳児死亡率(出生千人あたり)	133	114	99	87	74	73	67	62	56	50	48
出生時の平均余命(歳)											
男	39.0	43.3	46.8	49.5	51.7	52.3	53.9	55.8	57.6	59.5	60.3
女	41.0	45.2	48.7	52.2	57.5	57.6	59.5	60.4	61.8	63.7	64.5
男女計	39.9	44.2	47.7	50.8	54.3	54.8	56.5	58.0	59.6	61.5	62.3

B. 中 位 予 測 値

指　標	2015	2020	2025	2030	2035	2040	2045	2050	2055	2060
人口(千人)										
総数	7 619	8 413	9 228	10 057	10 885	11 699	12 486	13 240	13 958	14 634
男	3 887	4 291	4 706	5 127	5 547	5 958	6 353	6 732	7 089	7 425
女	3 733	4 121	4 522	4 929	5 338	5 741	6 132	6 509	6 868	7 209
性比(女100につき男)	104.1	104.1	104.1	104.0	103.9	103.8	103.6	103.4	103.2	103.0
年齢分布(%)										
０－４歳	13.1	12.4	11.9	11.4	10.8	10.3	9.8	9.3	8.9	8.6
５－14歳	24.1	22.9	21.8	21.0	20.3	19.7	18.9	18.2	17.5	16.9
15－24歳	19.8	20.0	19.7	19.0	18.3	17.9	17.6	17.2	16.8	16.4
60歳以上	5.1	5.5	6.0	6.7	7.7	8.5	9.3	10.0	10.8	12.0
65歳以上	3.0	3.4	3.7	4.1	4.6	5.4	6.0	6.6	7.1	7.8
80歳以上	0.3	0.4	0.4	0.5	0.6	0.6	0.7	0.9	1.1	1.2
６－11歳	14.7	13.9	13.2	12.7	12.3	11.9	11.4	11.0	10.5	10.2
12－14歳	6.9	6.7	6.3	6.1	5.9	5.7	5.6	5.4	5.2	5.0
15－17歳	6.6	6.4	6.2	5.9	5.7	5.6	5.5	5.3	5.1	5.0
18－23歳	11.5	11.9	11.6	11.3	10.9	10.6	10.5	10.3	10.0	9.8
15－24歳女子(%)	51.4	52.2	52.3	52.3	52.3	52.4	52.4	52.0	51.4	50.8
中位数年齢(歳)	21.2	22.2	23.2	24.3	25.3	26.3	27.3	28.2	29.2	30.2
人口密度(1km²あたり)	17	19	20	22	24	26	28	29	31	32

指　標	2010-2015	2015-2020	2020-2025	2025-2030	2030-2035	2035-2040	2040-2045	2045-2050	2050-2055	2055-2060
年平均人口増加数(千人)	154	159	163	166	166	163	157	151	143	135
年平均出生数(千人)	210	220	230	239	246	251	254	256	258	259
年平均死亡数(千人)	56	61	67	73	80	88	96	105	115	124
年平均純移動数(千人)	0	0	0	0	0	0	0	0	0	0
人口増加率(%)	2.14	1.98	1.85	1.72	1.58	1.44	1.30	1.17	1.06	0.95
粗出生率(人口千人あたり)	29.1	27.4	26.0	24.8	23.5	22.2	21.0	19.9	19.0	18.1
粗死亡率(人口千人あたり)	7.7	7.6	7.6	7.6	7.7	7.8	8.0	8.2	8.4	8.7
純移動率(人口千人あたり)	0.0	0.0	0.0	0.0	0.0	0.0	0.0	0.0	0.0	0.0
合計出生率 (女子１人あたり)	3.84	3.58	3.36	3.17	3.01	2.86	2.74	2.63	2.53	2.44
純再生産率 (女子１人あたり)	1.66	1.56	1.48	1.40	1.34	1.28	1.23	1.19	1.15	1.11
乳児死亡率 (出生千人あたり)	48	45	42	40	37	35	33	31	29	28
５歳未満の死亡数(出生千人あたり	62	58	54	51	47	44	41	39	36	34
出生時の平均余命(歳)										
男	60.3	61.1	62.0	62.7	63.5	64.2	64.9	65.6	66.2	66.9
女	64.5	65.5	66.4	67.2	68.1	68.9	69.7	70.4	71.2	72.0
男女計	62.3	63.2	64.1	64.9	65.7	66.5	67.2	67.9	68.6	69.4

C. 高位予測値

	2015	2020	2025	2030	2035	2040	2045	2050	2055	2060
人口(千人)										
総数	7 619	8 485	9 430	10 438	11 464	12 509	13 578	14 679	15 807	16 954
男	3 887	4 329	4 811	5 325	5 848	6 378	6 920	7 477	8 048	8 628
女	3 733	4 156	4 619	5 113	5 616	6 130	6 658	7 201	7 759	8 326
性比(女100につき男)	104.1	104.1	104.0	103.9	103.7	103.5	103.2	102.9	102.6	102.2
年齢分布(%)										
0－4歳	13.1	13.1	13.0	12.7	12.0	11.5	11.1	10.8	10.5	10.2
5－14歳	24.1	22.7	22.1	22.2	22.0	21.4	20.6	19.9	19.5	19.1
15－24歳	19.8	19.9	19.2	18.3	18.0	18.3	18.4	18.1	17.6	17.2
60歳以上	5.1	5.5	5.9	6.4	7.3	8.0	8.6	9.0	9.6	10.3
65歳以上	3.0	3.3	3.6	3.9	4.3	5.0	5.5	6.0	6.3	6.7
80歳以上	0.3	0.4	0.4	0.4	0.5	0.6	0.7	0.8	0.9	1.1
15－49歳女子(%)	51.4	51.7	51.2	50.4	50.3	50.7	51.0	50.8	50.5	50.3
中位数年齢(歳)	21.2	22.0	22.7	23.2	23.8	24.3	24.9	25.7	26.5	27.2

	2010-2015	2015-2020	2020-2025	2025-2030	2030-2035	2035-2040	2040-2045	2045-2050	2050-2055	2055-2060
年平均人口増加数(千人)	154	173	189	201	205	209	214	220	226	229
年平均出生数(千人)	210	235	257	277	288	299	313	329	344	358
年平均死亡数(千人)	56	62	68	75	82	91	99	109	119	129
人口増加率(%)	2.14	2.15	2.11	2.03	1.88	1.74	1.64	1.56	1.48	1.40
粗出生率(人口千人あたり)	29.1	29.2	28.7	27.8	26.3	25.0	24.0	23.3	22.6	21.9
粗死亡率(人口千人あたり)	7.7	7.7	7.6	7.6	7.5	7.6	7.6	7.7	7.8	7.9
合計出生率 (女子1人あたり)	3.84	3.83	3.76	3.67	3.51	3.36	3.24	3.13	3.03	2.94
純再生産率 (女子1人あたり)	1.66	1.67	1.65	1.63	1.56	1.51	1.46	1.42	1.38	1.34

D. 低位予測値

	2015	2020	2025	2030	2035	2040	2045	2050	2055	2060
人口(千人)										
総数	7 619	8 340	9 026	9 676	10 308	10 897	11 421	11 867	12 230	12 513
男	3 887	4 253	4 602	4 930	5 248	5 542	5 801	6 019	6 194	6 325
女	3 733	4 086	4 425	4 746	5 060	5 355	5 620	5 848	6 036	6 187
性比(女100につき男)	104.1	104.1	104.0	103.9	103.7	103.5	103.2	102.9	102.6	102.2
年齢分布(%)										
0－4歳	13.1	11.6	10.7	9.9	9.5	9.0	8.4	7.8	7.3	6.8
5－14歳	24.1	23.1	21.5	19.8	18.5	17.7	17.0	16.2	15.3	14.4
15－24歳	19.8	20.2	20.1	19.7	18.7	17.4	16.6	16.1	15.8	15.2
60歳以上	5.1	5.6	6.2	6.9	8.1	9.2	10.2	11.1	12.4	14.0
65歳以上	3.0	3.4	3.8	4.2	4.8	5.8	6.6	7.4	8.1	9.1
80歳以上	0.3	0.4	0.4	0.5	0.6	0.7	0.8	1.0	1.2	1.4
15－49歳女子(%)	51.4	52.6	53.4	54.3	54.5	54.4	53.9	53.1	52.2	51.1
中位数年齢(歳)	21.2	22.4	23.8	25.3	26.9	28.4	29.9	31.3	32.7	34.0

	2010-2015	2015-2020	2020-2025	2025-2030	2030-2035	2035-2040	2040-2045	2045-2050	2050-2055	2055-2060
年平均人口増加数(千人)	154	144	137	130	126	118	105	89	73	57
年平均出生数(千人)	210	204	202	201	204	204	198	191	183	176
年平均死亡数(千人)	56	60	65	71	78	86	94	102	111	120
人口増加率(%)	2.14	1.81	1.58	1.39	1.27	1.11	0.94	0.77	0.60	0.46
粗出生率(人口千人あたり)	29.1	25.6	23.3	21.5	20.5	19.2	17.8	16.4	15.2	14.3
粗死亡率(人口千人あたり)	7.7	7.5	7.5	7.6	7.8	8.1	8.4	8.8	9.2	9.7
合計出生率 (女子1人あたり)	3.84	3.33	2.96	2.67	2.51	2.36	2.24	2.13	2.03	1.94
純再生産率 (女子1人あたり)	1.66	1.46	1.30	1.18	1.12	1.06	1.01	0.96	0.92	0.89

E. 出生力一定予測値

	2015	2020	2025	2030	2035	2040	2045	2050	2055	2060
人口(千人)										
総数	7 619	8 487	9 456	10 522	11 677	12 924	14 284	15 779	17 430	19 257
男	3 887	4 330	4 825	5 369	5 958	6 594	7 286	8 048	8 891	9 823
女	3 733	4 157	4 631	5 153	5 719	6 330	6 997	7 730	8 540	9 434
中位数年齢(歳)	21.2	22.0	22.6	23.0	23.2	23.3	23.5	23.7	23.8	23.9

	2010-2015	2015-2020	2020-2025	2025-2030	2030-2035	2035-2040	2040-2045	2045-2050	2050-2055	2055-2060
人口増加率(%)	2.14	2.16	2.16	2.14	2.08	2.03	2.00	1.99	1.99	1.99
粗出生率(人口千人あたり)	29.1	29.2	29.2	28.9	28.3	27.8	27.5	27.4	27.3	27.2
粗死亡率(人口千人あたり)	7.7	7.7	7.6	7.6	7.5	7.5	7.5	7.5	7.4	7.3

Paraguay

A. 推計値

指標	1960	1965	1970	1975	1980	1985	1990	1995	2000	2005	2010
人口(千人)											
総数	1 903	2 171	2 474	2 791	3 181	3 672	4 214	4 761	5 303	5 795	6 210
男	937	1 075	1 234	1 401	1 604	1 856	2 130	2 407	2 683	2 935	3 150
女	966	1 096	1 240	1 390	1 576	1 816	2 084	2 354	2 619	2 861	3 059
性比(女100につき男)	97.0	98.1	99.5	100.8	101.8	102.2	102.2	102.3	102.5	102.6	103.0
年齢分布(%)											
０－４歳	18.4	17.9	17.2	15.8	16.0	16.2	15.5	14.4	13.3	11.5	10.9
５－14歳	29.5	29.6	28.9	28.3	26.5	25.3	25.7	25.9	24.9	23.7	21.8
15－24歳	18.0	18.3	19.6	20.4	20.3	20.1	19.2	18.9	20.0	20.8	20.7
60歳以上	5.0	5.2	5.4	5.6	5.9	6.0	6.2	6.2	6.5	7.1	7.9
65歳以上	3.2	3.4	3.5	3.7	3.8	4.0	4.1	4.3	4.4	4.8	5.3
80歳以上	0.4	0.4	0.4	0.5	0.5	0.5	0.6	0.7	0.8	0.9	1.1
15－49歳女子(%)	42.7	42.5	43.3	44.6	45.6	46.8	47.0	47.8	49.1	50.7	51.9
中位数年齢(歳)	16.0	16.2	16.7	17.6	18.4	18.9	19.4	19.7	20.5	21.9	23.3
人口密度(1km²あたり)	5	5	6	7	8	9	11	12	13	15	16

指標	1960-1965	1965-1970	1970-1975	1975-1980	1980-1985	1985-1990	1990-1995	1995-2000	2000-2005	2005-2010	2010-2015
年平均人口増加数(千人)	54	61	63	78	98	108	109	108	99	83	86
年平均出生数(千人)	84	91	94	108	126	138	144	147	139	140	139
年平均死亡数(千人)	16	18	19	21	23	26	28	30	31	34	36
人口増加率(%)	2.64	2.62	2.41	2.61	2.87	2.75	2.44	2.16	1.78	1.38	1.34
粗出生率(人口千人あたり)	41.2	39.4	35.6	36.1	36.7	35.0	32.0	29.3	25.1	23.3	21.7
粗死亡率(人口千人あたり)	7.9	7.6	7.0	6.9	6.8	6.6	6.2	6.0	5.6	5.6	5.6
合計出生率(女子１人あたり)	6.45	6.15	5.35	5.20	5.12	4.77	4.31	3.88	3.24	2.89	2.60
純再生産率(女子１人あたり)	2.80	2.69	2.37	2.31	2.29	2.14	1.95	1.77	1.49	1.33	1.20
乳児死亡率(出生千人あたり)	62	59	53	51	49	47	43	39	36	32	29
出生時の平均余命(歳)											
男	62.5	63.1	63.8	64.4	64.9	65.4	66.3	67.2	68.7	69.7	70.7
女	66.4	67.0	68.1	68.7	69.3	69.9	70.8	71.7	72.9	73.9	74.9
男女計	64.5	65.0	65.9	66.5	67.1	67.6	68.5	69.4	70.8	71.8	72.7

B. 中位予測値

指標	2015	2020	2025	2030	2035	2040	2045	2050	2055	2060
人口(千人)										
総数	6 639	7 067	7 474	7 845	8 175	8 458	8 697	8 895	9 052	9 162
男	3 369	3 581	3 780	3 960	4 119	4 253	4 365	4 455	4 526	4 572
女	3 270	3 486	3 693	3 884	4 056	4 205	4 333	4 440	4 526	4 590
性比(女100につき男)	103.0	102.7	102.4	102.0	101.5	101.1	100.7	100.4	100.0	99.6
年齢分布(%)										
０－４歳	10.1	9.7	9.2	8.5	7.9	7.4	7.0	6.7	6.4	6.1
５－14歳	20.0	18.9	18.0	17.3	16.4	15.4	14.5	13.8	13.2	12.7
15－24歳	20.1	18.7	17.3	16.6	16.2	15.8	15.1	14.3	13.7	13.1
60歳以上	9.0	10.1	11.1	12.0	12.8	14.1	16.1	18.3	20.6	22.7
65歳以上	6.0	6.9	7.8	8.6	9.4	10.1	11.2	12.9	14.9	16.9
80歳以上	1.1	1.3	1.5	1.7	2.1	2.4	2.7	3.0	3.2	3.7
６－11歳	12.0	11.3	10.9	10.4	9.8	9.2	8.6	8.2	7.9	7.6
12－14歳	6.0	5.6	5.3	5.2	5.0	4.7	4.4	4.2	4.0	3.9
15－17歳	6.2	5.5	5.3	5.1	5.0	4.7	4.5	4.2	4.1	3.9
18－23歳	12.0	11.3	10.3	9.9	9.6	9.5	9.1	8.6	8.2	7.9
15－24歳女子(%)	53.0	53.3	53.6	53.3	52.4	51.2	49.7	48.1	46.8	45.7
中位数年齢(歳)	24.9	26.5	28.1	29.8	31.2	32.7	34.1	35.5	37.0	38.3
人口密度(1km²あたり)	17	18	19	20	21	21	22	22	23	23

指標	2010-2015	2015-2020	2020-2025	2025-2030	2030-2035	2035-2040	2040-2045	2045-2050	2050-2055	2055-2060
年平均人口増加数(千人)	86	86	81	74	66	57	48	40	31	22
年平均出生数(千人)	139	142	141	137	132	128	125	121	118	114
年平均死亡数(千人)	36	40	44	49	54	59	64	69	75	80
年平均純移動数(千人)	−17	−16	−15	−14	−13	−13	−13	−13	−12	−11
人口増加率(%)	1.34	1.25	1.12	0.97	0.82	0.68	0.56	0.45	0.35	0.24
粗出生率(人口千人あたり)	21.7	20.7	19.4	17.9	16.5	15.4	14.5	13.8	13.1	12.5
粗死亡率(人口千人あたり)	5.6	5.8	6.1	6.4	6.7	7.1	7.5	7.9	8.3	8.8
純移動率(人口千人あたり)	−2.7	−2.4	−2.1	−1.8	−1.6	−1.5	−1.5	−1.4	−1.3	−1.2
合計出生率（女子１人あたり）	2.60	2.45	2.32	2.22	2.13	2.05	1.99	1.94	1.89	1.86
純再生産率（女子１人あたり）	1.20	1.14	1.08	1.04	1.00	0.97	0.94	0.92	0.90	0.89
乳児死亡率（出生千人あたり）	29	28	26	24	22	20	18	16	15	13
５歳未満の死亡数(出生千人あたり	35	33	31	29	26	24	22	20	18	16
出生時の平均余命(歳)										
男	70.7	71.0	71.4	71.9	72.4	72.9	73.5	74.1	74.8	75.4
女	74.9	75.5	76.1	76.7	77.3	77.9	78.5	79.1	79.6	80.2
男女計	72.7	73.2	73.7	74.2	74.7	75.3	75.9	76.5	77.1	77.8

C. 高 位 予 測 値

	2015	2020	2025	2030	2035	2040	2045	2050	2055	2060
人口(千人)										
総数	6 639	7 138	7 662	8 182	8 667	9 123	9 567	10 009	10 444	10 859
男	3 369	3 617	3 876	4 132	4 369	4 591	4 807	5 022	5 234	5 436
女	3 270	3 521	3 786	4 050	4 298	4 532	4 760	4 987	5 210	5 424
性比(女100につき男)	103.0	102.7	102.3	101.9	101.4	100.9	100.4	99.9	99.4	98.9
年齢分布(%)										
0－4歳	10.1	10.6	10.5	10.0	9.2	8.8	8.5	8.4	8.3	8.0
5－14歳	20.0	18.7	18.5	18.9	18.5	17.6	16.6	16.0	15.8	15.6
15－24歳	20.1	18.5	16.9	15.9	16.0	16.7	16.5	15.8	15.0	14.6
60歳以上	9.0	10.0	10.8	11.5	12.1	13.1	14.6	16.3	17.8	19.2
65歳以上	6.0	6.9	7.6	8.3	8.9	9.3	10.2	11.5	12.9	14.2
80歳以上	1.1	1.3	1.5	1.7	2.0	2.2	2.4	2.6	2.8	3.2
15－49歳女子(%)	53.0	52.8	52.3	51.1	50.3	49.5	48.7	47.6	46.9	46.5
中位数年齢(歳)	24.9	26.2	27.4	28.4	29.2	30.0	30.6	31.5	32.4	33.4

	2010-2015	2015-2020	2020-2025	2025-2030	2030-2035	2035-2040	2040-2045	2045-2050	2050-2055	2055-2060
年平均人口増加数(千人)	86	100	105	104	97	91	89	88	87	83
年平均出生数(千人)	139	157	165	168	164	164	167	172	175	176
年平均死亡数(千人)	36	40	45	50	55	60	65	71	76	82
人口増加率(%)	1.34	1.45	1.42	1.32	1.15	1.02	0.95	0.90	0.85	0.78
粗出生率(人口千人あたり)	21.7	22.7	22.3	21.2	19.5	18.4	17.8	17.5	17.1	16.6
粗死亡率(人口千人あたり)	5.6	5.9	6.1	6.3	6.5	6.7	7.0	7.2	7.5	7.7
合計出生率（女子1人あたり）	2.60	2.70	2.72	2.72	2.63	2.55	2.49	2.44	2.39	2.36
純再生産率（女子1人あたり）	1.20	1.25	1.27	1.27	1.24	1.20	1.18	1.16	1.14	1.12

D. 低 位 予 測 値

	2015	2020	2025	2030	2035	2040	2045	2050	2055	2060
人口(千人)										
総数	6 639	6 997	7 286	7 507	7 684	7 802	7 859	7 851	7 784	7 658
男	3 369	3 545	3 685	3 788	3 869	3 919	3 938	3 924	3 880	3 807
女	3 270	3 452	3 601	3 719	3 815	3 883	3 921	3 927	3 903	3 851
性比(女100につき男)	103.0	102.7	102.3	101.9	101.4	100.9	100.4	99.9	99.4	98.9
年齢分布(%)										
0－4歳	10.1	8.8	7.8	6.9	6.4	5.9	5.4	4.9	4.5	4.2
5－14歳	20.0	19.1	17.5	15.6	13.9	12.8	12.0	11.2	10.3	9.5
15－24歳	20.1	18.9	17.8	17.4	16.3	14.7	13.3	12.4	11.8	11.2
60歳以上	9.0	10.2	11.4	12.5	13.6	15.3	17.8	20.7	23.9	27.2
65歳以上	6.0	7.0	8.0	9.0	10.0	10.9	12.4	14.6	17.3	20.2
80歳以上	1.1	1.3	1.5	1.8	2.2	2.6	3.0	3.3	3.7	4.5
15－49歳女子(%)	53.0	53.8	55.0	55.7	54.9	53.1	50.7	48.2	46.2	43.9
中位数年齢(歳)	24.9	26.8	28.8	31.1	33.2	35.4	37.6	39.8	42.1	44.4

	2010-2015	2015-2020	2020-2025	2025-2030	2030-2035	2035-2040	2040-2045	2045-2050	2050-2055	2055-2060
年平均人口増加数(千人)	86	72	58	44	35	24	11	－ 2	－ 14	－ 25
年平均出生数(千人)	139	127	117	106	101	94	87	79	71	65
年平均死亡数(千人)	36	40	43	48	53	58	63	68	73	78
人口増加率(%)	1.34	1.05	0.81	0.60	0.47	0.31	0.14	−0.02	−0.17	−0.33
粗出生率(人口千人あたり)	21.7	18.7	16.3	14.3	13.2	12.2	11.1	10.1	9.1	8.4
粗死亡率(人口千人あたり)	5.6	5.8	6.1	6.5	6.9	7.5	8.0	8.7	9.3	10.2
合計出生率（女子1人あたり）	2.60	2.20	1.92	1.72	1.63	1.55	1.49	1.44	1.39	1.36
純再生産率（女子1人あたり）	1.20	1.02	0.90	0.80	0.77	0.73	0.70	0.68	0.66	0.65

E. 出生力一定予測値

	2015	2020	2025	2030	2035	2040	2045	2050	2055	2060
人口(千人)										
総数	6 639	7 107	7 592	8 076	8 550	9 014	9 479	9 948	10 426	10 906
男	3 369	3 601	3 841	4 078	4 310	4 536	4 762	4 991	5 225	5 460
女	3 270	3 506	3 752	3 998	4 240	4 478	4 716	4 957	5 201	5 446
中位数年齢(歳)	24.9	26.3	27.7	28.8	29.7	30.5	31.0	31.6	32.2	32.7

	2010-2015	2015-2020	2020-2025	2025-2030	2030-2035	2035-2040	2040-2045	2045-2050	2050-2055	2055-2060
人口増加率(%)	1.34	1.36	1.32	1.23	1.14	1.06	1.01	0.97	0.94	0.90
粗出生率(人口千人あたり)	21.7	21.9	21.4	20.4	19.5	18.8	18.5	18.3	18.0	17.8
粗死亡率(人口千人あたり)	5.6	5.8	6.1	6.3	6.6	6.8	7.1	7.3	7.5	7.7

Peru

A. 推計値

指標	1960	1965	1970	1975	1980	1985	1990	1995	2000	2005	2010
人口(千人)											
総数	10 062	11 608	13 341	15 230	17 359	19 545	21 827	24 039	25 915	27 610	29 374
男	5 057	5 833	6 700	7 636	8 690	9 772	10 906	12 013	12 951	13 796	14 676
女	5 005	5 774	6 641	7 594	8 670	9 773	10 921	12 026	12 964	13 814	14 698
性比(女100につき男)	101.0	101.0	100.9	100.6	100.2	100.0	99.9	99.9	99.9	99.9	99.8
年齢分布(%)											
0－4歳	17.9	18.0	17.4	16.4	15.9	14.5	13.8	12.8	11.6	10.7	10.0
5－14歳	25.8	26.5	27.0	27.1	26.4	25.8	24.7	23.6	22.7	21.0	19.3
15－24歳	18.2	18.0	18.7	19.3	20.0	20.6	20.5	20.3	19.9	19.6	19.1
60歳以上	5.6	5.5	5.5	5.6	5.6	5.7	6.1	6.6	7.3	8.1	8.9
65歳以上	3.4	3.5	3.5	3.6	3.6	3.8	4.0	4.4	4.9	5.7	6.2
80歳以上	0.3	0.3	0.3	0.3	0.4	0.5	0.6	0.7	0.8	1.0	1.2
15－49歳女子(%)	44.6	44.0	44.4	45.4	46.8	48.4	49.6	51.2	52.1	53.1	53.6
中位数年齢(歳)	18.3	17.8	17.7	18.1	18.5	19.4	20.4	21.5	22.8	24.3	25.9
人口密度(1km²あたり)	8	9	10	12	14	15	17	19	20	22	23

指標	1960-1965	1965-1970	1970-1975	1975-1980	1980-1985	1985-1990	1990-1995	1995-2000	2000-2005	2005-2010	2010-2015
年平均人口増加数(千人)	309	347	378	426	437	456	442	375	339	353	401
年平均出生数(千人)	506	552	577	623	628	655	659	635	616	608	620
年平均死亡数(千人)	191	196	182	178	167	161	157	152	150	158	171
人口増加率(%)	2.86	2.78	2.65	2.62	2.37	2.21	1.93	1.50	1.27	1.24	1.32
粗出生率(人口千人あたり)	46.7	44.3	40.4	38.3	34.0	31.6	28.7	25.4	23.0	21.4	20.4
粗死亡率(人口千人あたり)	17.6	15.7	12.7	10.9	9.1	7.8	6.9	6.1	5.6	5.5	5.6
合計出生率(女子1人あたり)	6.95	6.70	6.00	5.40	4.65	4.10	3.57	3.10	2.80	2.60	2.50
純再生産率(女子1人あたり)	2.40	2.41	2.30	2.16	1.94	1.77	1.58	1.40	1.29	1.21	1.17
乳児死亡率(出生千人あたり)	136	126	110	99	82	68	55	41	27	21	19
出生時の平均余命(歳)											
男	47.8	50.1	53.9	56.7	59.5	62.0	64.4	66.8	69.0	70.5	71.5
女	50.5	53.0	57.2	60.5	63.7	66.7	69.2	71.9	74.3	75.9	76.8
男女計	49.1	51.5	55.5	58.5	61.5	64.3	66.8	69.3	71.6	73.1	74.2

B. 中位予測値

指標	2015	2020	2025	2030	2035	2040	2045	2050	2055	2060
人口(千人)										
総数	31 377	33 317	35 152	36 855	38 391	39 754	40 928	41 899	42 656	43 196
男	15 673	16 638	17 549	18 396	19 162	19 849	20 449	20 957	21 367	21 677
女	15 704	16 679	17 603	18 460	19 229	19 905	20 479	20 942	21 289	21 519
性比(女100につき男)	99.8	99.7	99.7	99.7	99.7	99.7	99.9	100.1	100.4	100.7
年齢分布(%)										
0－4歳	9.6	8.9	8.2	7.6	7.1	6.7	6.3	6.0	5.7	5.5
5－14歳	18.3	17.6	16.8	15.7	14.7	13.8	13.1	12.5	11.9	11.4
15－24歳	17.8	16.6	16.0	15.7	15.2	14.4	13.6	12.9	12.4	12.0
60歳以上	10.0	11.2	12.8	14.7	16.6	18.7	20.9	23.2	25.3	27.1
65歳以上	6.8	7.7	8.9	10.3	11.9	13.6	15.5	17.4	19.5	21.4
80歳以上	1.4	1.6	1.8	2.1	2.6	3.2	4.0	4.8	5.6	6.7
6－11歳	11.0	10.7	10.1	9.4	8.8	8.2	7.8	7.4	7.1	6.8
12－14歳	5.4	5.1	5.1	4.8	4.5	4.2	4.0	3.8	3.6	3.5
15－17歳	5.3	5.1	4.9	4.8	4.5	4.3	4.0	3.8	3.7	3.5
18－23歳	10.7	9.9	9.5	9.4	9.2	8.7	8.2	7.8	7.5	7.2
15－24歳女子(%)	52.9	52.0	51.2	50.3	49.3	47.9	46.4	45.3	44.2	43.1
中位数年齢(歳)	27.5	29.1	30.8	32.4	34.0	35.6	37.2	38.7	40.3	41.8
人口密度(1km²あたり)	25	26	27	29	30	31	32	33	33	34

指標	2010-2015	2015-2020	2020-2025	2025-2030	2030-2035	2035-2040	2040-2045	2045-2050	2050-2055	2055-2060
年平均人口増加数(千人)	401	388	367	341	307	273	235	194	151	108
年平均出生数(千人)	620	605	587	567	551	538	524	509	491	474
年平均死亡数(千人)	171	181	194	208	226	247	271	297	323	350
年平均純移動数(千人)	−48	−36	−26	−18	−18	−18	−18	−18	−17	−16
人口増加率(%)	1.32	1.20	1.07	0.95	0.82	0.70	0.58	0.47	0.36	0.25
粗出生率(人口千人あたり)	20.4	18.7	17.1	15.7	14.6	13.8	13.0	12.3	11.6	11.0
粗死亡率(人口千人あたり)	5.6	5.6	5.7	5.8	6.0	6.3	6.7	7.2	7.6	8.2
純移動率(人口千人あたり)	−1.6	−1.1	−0.8	−0.5	−0.5	−0.5	−0.4	−0.4	−0.4	−0.4
合計出生率(女子1人あたり)	2.50	2.35	2.23	2.12	2.02	1.95	1.89	1.84	1.81	1.79
純再生産率(女子1人あたり)	1.17	1.11	1.05	1.01	0.97	0.93	0.90	0.89	0.87	0.86
乳児死亡率(出生千人あたり)	19	15	12	11	9	8	7	6	5	5
5歳未満の死亡数(出生千人あた	29	24	20	17	14	12	11	9	8	8
出生時の平均余命(歳)										
男	71.5	72.9	74.2	75.6	76.8	78.1	79.3	80.5	81.7	82.8
女	76.8	78.1	79.3	80.3	81.3	82.1	83.0	83.7	84.4	85.1
男女計	74.2	75.5	76.7	77.9	79.1	80.1	81.2	82.1	83.1	83.9

C. 高位予測値

	2015	2020	2025	2030	2035	2040	2045	2050	2055	2060
人口(千人)										
総数	31 377	33 633	35 985	38 346	40 567	42 685	44 740	46 750	48 700	50 554
男	15 673	16 799	17 974	19 157	20 274	21 347	22 397	23 436	24 457	25 439
女	15 704	16 834	18 011	19 189	20 293	21 339	22 343	23 313	24 243	25 115
性比(女100につき男)	99.8	99.7	99.6	99.5	99.4	99.4	99.4	99.5	99.8	100.1
年齢分布(%)										
0－4歳	9.6	9.8	9.5	9.0	8.4	8.0	7.8	7.6	7.5	7.3
5－14歳	18.3	17.5	17.3	17.3	16.8	16.0	15.2	14.7	14.4	14.2
15－24歳	17.8	16.5	15.6	15.1	15.2	15.4	15.1	14.5	13.8	13.5
60歳以上	10.0	11.1	12.5	14.1	15.7	17.5	19.1	20.8	22.2	23.2
65歳以上	6.8	7.7	8.7	9.9	11.3	12.7	14.2	15.6	17.1	18.3
80歳以上	1.4	1.6	1.8	2.1	2.5	3.0	3.6	4.3	4.9	5.7
15－49歳女子(%)	52.9	51.5	50.0	48.4	47.5	46.6	45.8	45.2	44.7	44.3
中位数年齢(歳)	27.5	28.8	30.0	31.0	32.0	32.9	33.8	34.5	35.5	36.4

	2010-2015	2015-2020	2020-2025	2025-2030	2030-2035	2035-2040	2040-2045	2045-2050	2050-2055	2055-2060
年平均人口増加数(千人)	401	451	470	472	444	424	411	402	390	371
年平均出生数(千人)	620	670	692	701	690	691	703	720	734	741
年平均死亡数(千人)	171	183	196	211	228	250	274	300	327	354
人口増加率(%)	1.32	1.39	1.35	1.27	1.13	1.02	0.94	0.88	0.82	0.75
粗出生率(人口千人あたり)	20.4	20.6	19.9	18.9	17.5	16.6	16.1	15.7	15.4	14.9
粗死亡率(人口千人あたり)	5.6	5.6	5.6	5.7	5.8	6.0	6.3	6.6	6.8	7.1
合計出生率（女子1人あたり）	2.50	2.60	2.63	2.62	2.52	2.45	2.39	2.34	2.31	2.29
純再生産率（女子1人あたり）	1.17	1.23	1.24	1.24	1.20	1.17	1.14	1.13	1.11	1.10

D. 低位予測値

	2015	2020	2025	2030	2035	2040	2045	2050	2055	2060
人口(千人)										
総数	31 377	33 001	34 319	35 364	36 221	36 860	37 238	37 324	37 116	36 638
男	15 673	16 476	17 123	17 634	18 053	18 370	18 563	18 619	18 536	18 325
女	15 704	16 525	17 196	17 730	18 168	18 490	18 675	18 705	18 580	18 313
性比(女100につき男)	99.8	99.7	99.6	99.5	99.4	99.4	99.4	99.5	99.8	100.1
年齢分布(%)										
0－4歳	9.6	8.0	6.9	6.0	5.6	5.2	4.8	4.4	3.9	3.6
5－14歳	18.3	17.8	16.3	14.0	12.3	11.2	10.6	9.9	9.2	8.4
15－24歳	17.8	16.8	16.4	16.4	15.3	13.3	11.8	10.9	10.5	10.0
60歳以上	10.0	11.3	13.2	15.3	17.6	20.2	22.9	26.0	29.1	32.0
65歳以上	6.8	7.8	9.1	10.7	12.7	14.7	17.1	19.6	22.4	25.3
80歳以上	1.4	1.6	1.9	2.2	2.8	3.5	4.3	5.4	6.5	7.9
15－49歳女子(%)	52.9	52.5	52.4	52.4	51.4	49.3	47.0	45.0	43.0	40.8
中位数年齢(歳)	27.5	29.4	31.6	33.8	36.0	38.3	40.5	42.8	45.2	47.6

	2010-2015	2015-2020	2020-2025	2025-2030	2030-2035	2035-2040	2040-2045	2045-2050	2050-2055	2055-2060
年平均人口増加数(千人)	401	325	263	209	171	128	76	17	− 42	− 96
年平均出生数(千人)	620	541	481	433	413	391	362	329	296	267
年平均死亡数(千人)	171	180	192	206	224	245	269	294	320	347
人口増加率(%)	1.32	1.01	0.78	0.60	0.48	0.35	0.20	0.05	−0.11	−0.26
粗出生率(人口千人あたり)	20.4	16.8	14.3	12.4	11.5	10.7	9.8	8.8	7.9	7.2
粗死亡率(人口千人あたり)	5.6	5.6	5.7	5.9	6.2	6.7	7.2	7.9	8.6	9.4
合計出生率（女子1人あたり）	2.50	2.10	1.83	1.62	1.52	1.45	1.39	1.34	1.31	1.29
純再生産率（女子1人あたり）	1.17	0.99	0.86	0.77	0.73	0.69	0.67	0.65	0.63	0.62

E. 出生力一定予測値

	2015	2020	2025	2030	2035	2040	2045	2050	2055	2060
人口(千人)										
総数	31 377	33 507	35 697	37 912	40 104	42 278	44 444	46 596	48 732	50 846
男	15 673	16 734	17 827	18 935	20 037	21 139	22 246	23 358	24 474	25 589
女	15 704	16 772	17 870	18 976	20 067	21 139	22 198	23 238	24 258	25 256
中位数年齢(歳)	27.5	29.0	30.3	31.4	32.4	33.3	34.0	34.7	35.3	35.8

	2010-2015	2015-2020	2020-2025	2025-2030	2030-2035	2035-2040	2040-2045	2045-2050	2050-2055	2055-2060
人口増加率(%)	1.32	1.31	1.27	1.20	1.12	1.06	1.00	0.95	0.90	0.85
粗出生率(人口千人あたり)	20.4	19.8	19.1	18.2	17.5	17.1	16.7	16.4	16.2	15.9
粗死亡率(人口千人あたり)	5.6	5.6	5.6	5.7	5.8	6.1	6.3	6.6	6.9	7.1

Philippines

A. 推計値

指標	1960	1965	1970	1975	1980	1985	1990	1995	2000	2005	2010
人口(千人)											
総数	26 273	30 914	35 805	41 295	47 397	54 324	61 947	69 836	77 932	86 141	93 039
男	13 222	15 617	18 114	20 901	23 976	27 462	31 293	35 227	39 249	43 293	47 060
女	13 051	15 297	17 691	20 394	23 421	26 861	30 655	34 609	38 683	42 848	45 979
性比(女100につき男)	101.3	102.1	102.4	102.5	102.4	102.2	102.1	101.8	101.5	101.0	102.3
年齢分布(%)											
0－4歳	18.9	18.1	17.3	16.6	16.2	15.7	15.3	14.4	13.8	13.2	11.5
5－14歳	28.1	29.4	28.7	27.9	26.9	26.2	25.7	25.3	24.7	23.9	22.1
15－24歳	17.9	18.1	19.9	21.3	21.0	20.7	20.1	19.9	19.8	19.8	19.5
60歳以上	4.9	4.8	4.9	5.0	4.9	4.9	4.7	4.9	5.1	5.4	6.6
65歳以上	3.1	3.0	3.0	3.1	3.2	3.2	3.1	3.1	3.2	3.4	4.2
80歳以上	0.4	0.4	0.3	0.3	0.3	0.4	0.4	0.4	0.4	0.4	0.5
15－49歳女子(%)	42.9	42.3	43.9	45.4	47.0	48.2	49.0	49.9	50.8	50.9	52.2
中位数年齢(歳)	16.5	16.3	16.7	17.4	18.1	18.7	19.2	19.8	20.5	21.2	23.3
人口密度(1km²あたり)	88	104	120	138	159	182	208	234	261	289	312

指標	1960-1965	1965-1970	1970-1975	1975-1980	1980-1985	1985-1990	1990-1995	1995-2000	2000-2005	2005-2010	2010-2015
年平均人口増加数(千人)	928	978	1 098	1 220	1 385	1 525	1 578	1 619	1 642	1 380	1 532
年平均出生数(千人)	1 230	1 347	1 475	1 657	1 815	1 983	2 103	2 233	2 365	2 295	2 320
年平均死亡数(千人)	302	315	330	374	395	398	424	461	504	549	648
人口増加率(%)	3.25	2.94	2.85	2.76	2.73	2.63	2.40	2.19	2.00	1.54	1.58
粗出生率(人口千人あたり)	43.0	40.4	38.3	37.4	35.7	34.1	31.9	30.2	28.8	25.6	24.0
粗死亡率(人口千人あたり)	10.6	9.4	8.5	8.4	7.8	6.9	6.4	6.2	6.1	6.1	6.7
合計出生率(女子１人あたり)	6.98	6.54	5.98	5.46	4.92	4.53	4.14	3.90	3.70	3.27	3.04
純再生産率(女子１人あたり)	2.82	2.71	2.53	2.33	2.14	2.02	1.87	1.77	1.70	1.51	1.41
乳児死亡率(出生千人あたり)	77	68	59	62	55	40	36	32	29	26	23
出生時の平均余命(歳)											
男	57.4	58.5	59.6	59.5	60.5	62.1	63.0	63.5	63.9	64.4	64.7
女	59.9	61.7	63.3	63.9	65.4	67.4	68.6	69.4	70.2	70.9	71.6
男女計	58.6	60.1	61.4	61.7	62.9	64.7	65.7	66.4	67.0	67.5	68.0

B. 中位予測値

指標	2015	2020	2025	2030	2035	2040	2045	2050	2055	2060
人口(千人)										
総数	100 699	108 436	116 151	123 575	130 556	137 020	142 921	148 260	152 971	157 074
男	50 813	54 579	58 308	61 866	65 189	68 244	71 022	73 531	75 730	77 635
女	49 887	53 857	57 843	61 709	65 366	68 776	71 899	74 730	77 241	79 439
性比(女100につき男)	101.9	101.3	100.8	100.3	99.7	99.2	98.8	98.4	98.0	97.7
年齢分布(%)										
0－4歳	11.2	10.7	10.1	9.6	9.1	8.6	8.2	7.9	7.5	7.2
5－14歳	20.8	20.1	19.5	18.7	18.0	17.2	16.5	15.8	15.3	14.7
15－24歳	19.6	18.6	17.7	17.4	17.1	16.7	16.2	15.7	15.2	14.8
60歳以上	7.3	8.2	9.2	10.3	11.2	12.1	13.0	14.0	15.5	16.8
65歳以上	4.6	5.1	5.9	6.7	7.5	8.2	9.0	9.7	10.5	11.8
80歳以上	0.6	0.7	0.7	0.8	1.0	1.2	1.4	1.6	1.8	2.1
6－11歳	12.5	12.2	11.8	11.3	10.8	10.3	9.9	9.5	9.1	8.8
12－14歳	6.1	5.8	5.7	5.5	5.3	5.1	4.9	4.8	4.6	4.4
15－17歳	6.1	5.7	5.5	5.4	5.3	5.1	4.9	4.7	4.6	4.4
18－23歳	11.7	11.1	10.5	10.3	10.2	10.0	9.7	9.4	9.1	8.9
15－24歳女子(%)	52.3	51.8	51.6	51.5	51.5	51.2	50.3	49.6	49.1	48.5
中位数年齢(歳)	24.2	25.4	26.6	27.7	28.7	29.7	30.8	32.0	33.1	34.2
人口密度(1km²あたり)	338	364	390	414	438	460	479	497	513	527

指標	2010-2015	2015-2020	2020-2025	2025-2030	2030-2035	2035-2040	2040-2045	2045-2050	2050-2055	2055-2060
年平均人口増加数(千人)	1 532	1 547	1 543	1 485	1 396	1 293	1 180	1 068	942	821
年平均出生数(千人)	2 320	2 378	2 405	2 424	2 421	2 412	2 395	2 371	2 330	2 287
年平均死亡数(千人)	648	711	781	859	945	1 039	1 135	1 223	1 312	1 394
年平均純移動数(千人)	−140	−120	−80	−80	−80	−80	−80	−80	−76	−72
人口増加率(%)	1.58	1.48	1.38	1.24	1.10	0.97	0.84	0.73	0.63	0.53
粗出生率(人口千人あたり)	24.0	22.7	21.4	20.2	19.1	18.0	17.1	16.3	15.5	14.8
粗死亡率(人口千人あたり)	6.7	6.8	7.0	7.2	7.4	7.8	8.1	8.4	8.7	9.0
純移動率(人口千人あたり)	−1.4	−1.1	−0.7	−0.7	−0.6	−0.6	−0.6	−0.5	−0.5	−0.5
合計出生率（女子１人あたり）	3.04	2.87	2.72	2.59	2.47	2.37	2.28	2.20	2.12	2.06
純再生産率（女子１人あたり）	1.41	1.34	1.27	1.22	1.17	1.12	1.08	1.05	1.01	0.98
乳児死亡率（出生千人あたり）	23	21	20	18	17	15	14	13	12	10
５歳未満の死亡数(出生千人あたり)	30	28	25	23	21	19	18	16	14	13
出生時の平均余命(歳)										
男	64.7	65.4	66.0	66.6	67.2	67.8	68.4	69.1	69.7	70.5
女	71.6	72.4	73.1	73.9	74.6	75.3	75.9	76.6	77.2	77.8
男女計	68.0	68.7	69.4	70.1	70.8	71.4	72.0	72.7	73.4	74.1

C. 高位予測値

	2015	2020	2025	2030	2035	2040	2045	2050	2055	2060
人口(千人)										
総数	100 699	109 448	118 889	128 597	138 066	147 432	156 789	166 210	175 641	185 057
男	50 813	55 098	59 712	64 440	69 037	73 576	78 120	82 713	87 321	91 934
女	49 887	54 350	59 178	64 157	69 029	73 856	78 669	83 497	88 320	93 123
性比(女100につき男)	101.9	101.3	100.7	100.1	99.4	98.8	98.2	97.6	97.1	96.5
年齢分布(%)										
0－4歳	11.2	11.5	11.3	11.0	10.4	10.0	9.7	9.5	9.3	9.0
5－14歳	20.8	19.9	19.9	20.1	19.9	19.2	18.5	18.0	17.6	17.3
15－24歳	19.6	18.4	17.3	16.7	16.9	17.3	17.3	16.9	16.3	16.0
60歳以上	7.3	8.1	9.0	9.9	10.6	11.3	11.8	12.5	13.5	14.3
65歳以上	4.6	5.1	5.7	6.4	7.1	7.7	8.2	8.6	9.2	10.0
80歳以上	0.6	0.7	0.7	0.8	0.9	1.1	1.3	1.5	1.6	1.7
15－49歳女子(%)	52.3	51.4	50.5	49.6	49.4	49.4	49.1	48.7	48.7	48.6
中位数年齢(歳)	24.2	25.1	25.9	26.4	26.9	27.3	27.9	28.6	29.4	30.1

	2010-2015	2015-2020	2020-2025	2025-2030	2030-2035	2035-2040	2040-2045	2045-2050	2050-2055	2055-2060
年平均人口増加数(千人)	1 532	1 750	1 888	1 941	1 894	1 873	1 871	1 884	1 886	1 883
年平均出生数(千人)	2 320	2 585	2 759	2 892	2 932	3 007	3 103	3 207	3 297	3 376
年平均死亡数(千人)	648	716	790	870	958	1 054	1 152	1 243	1 335	1 421
人口増加率(%)	1.58	1.67	1.66	1.57	1.42	1.31	1.23	1.17	1.10	1.04
粗出生率(人口千人あたり)	24.0	24.6	24.2	23.4	22.0	21.1	20.4	19.9	19.3	18.7
粗死亡率(人口千人あたり)	6.7	6.8	6.9	7.0	7.2	7.4	7.6	7.7	7.8	7.9
合計出生率(女子1人あたり)	3.04	3.12	3.12	3.09	2.97	2.87	2.78	2.70	2.62	2.56
純再生産率(女子1人あたり)	1.41	1.45	1.46	1.45	1.40	1.36	1.32	1.28	1.25	1.22

D. 低位予測値

	2015	2020	2025	2030	2035	2040	2045	2050	2055	2060
人口(千人)										
総数	100 699	107 424	113 413	118 554	123 078	126 789	129 556	131 357	132 145	132 003
男	50 813	54 060	56 904	59 293	61 359	63 004	64 181	64 884	65 084	64 828
女	49 887	53 364	56 509	59 261	61 720	63 785	65 375	66 472	67 061	67 175
性比(女100につき男)	101.9	101.3	100.7	100.1	99.4	98.8	98.2	97.6	97.1	96.5
年齢分布(%)										
0－4歳	11.2	9.8	8.8	8.1	7.6	7.1	6.6	6.2	5.7	5.3
5－14歳	20.8	20.3	19.1	17.2	15.8	14.9	14.2	13.4	12.6	11.8
15－24歳	19.6	18.7	18.2	18.1	17.4	15.9	14.8	14.1	13.7	13.1
60歳以上	7.3	8.3	9.4	10.7	11.9	13.1	14.3	15.8	17.9	20.0
65歳以上	4.6	5.2	6.0	7.0	8.0	8.9	9.9	10.9	12.2	14.0
80歳以上	0.6	0.7	0.7	0.9	1.0	1.3	1.6	1.9	2.1	2.4
15－49歳女子(%)	52.3	52.3	52.9	53.7	53.7	53.1	51.6	50.3	49.2	47.7
中位数年齢(歳)	24.2	25.7	27.3	28.9	30.6	32.2	34.0	35.8	37.6	39.2

	2010-2015	2015-2020	2020-2025	2025-2030	2030-2035	2035-2040	2040-2045	2045-2050	2050-2055	2055-2060
年平均人口増加数(千人)	1 532	1 345	1 198	1 028	905	742	553	360	158	− 28
年平均出生数(千人)	2 320	2 171	2 051	1 956	1 918	1 848	1 753	1 646	1 525	1 415
年平均死亡数(千人)	648	706	773	848	933	1 026	1 119	1 205	1 292	1 371
人口増加率(%)	1.58	1.29	1.09	0.89	0.75	0.59	0.43	0.28	0.12	−0.02
粗出生率(人口千人あたり)	24.0	20.9	18.6	16.9	15.9	14.8	13.7	12.6	11.6	10.7
粗死亡率(人口千人あたり)	6.7	6.8	7.0	7.3	7.7	8.2	8.7	9.2	9.8	10.4
合計出生率(女子1人あたり)	3.04	2.62	2.32	2.09	1.97	1.87	1.78	1.70	1.62	1.56
純再生産率(女子1人あたり)	1.41	1.22	1.08	0.98	0.93	0.89	0.84	0.81	0.77	0.74

E. 出生力一定予測値

	2015	2020	2025	2030	2035	2040	2045	2050	2055	2060
人口(千人)										
総数	100 699	109 131	118 250	127 711	137 433	147 481	158 022	169 225	181 163	193 901
男	50 813	54 936	59 384	63 986	68 713	73 602	78 753	84 260	90 154	96 470
女	49 887	54 196	58 866	63 725	68 720	73 879	79 269	84 964	91 009	97 431
中位数年齢(歳)	24.2	25.2	26.0	26.6	27.0	27.3	27.6	27.9	28.1	28.3

	2010-2015	2015-2020	2020-2025	2025-2030	2030-2035	2035-2040	2040-2045	2045-2050	2050-2055	2055-2060
人口増加率(%)	1.58	1.61	1.61	1.54	1.47	1.41	1.38	1.37	1.36	1.36
粗出生率(人口千人あたり)	24.0	24.0	23.7	23.1	22.5	22.1	21.9	21.8	21.7	21.6
粗死亡率(人口千人あたり)	6.7	6.8	6.9	7.1	7.2	7.4	7.6	7.6	7.7	7.6

Poland

A. 推計値

指標	1960	1965	1970	1975	1980	1985	1990	1995	2000	2005	2010
人口(千人)											
総数	29 716	31 540	32 817	34 168	35 783	37 486	38 195	38 592	38 486	38 464	38 575
男	14 373	15 302	15 940	16 625	17 420	18 265	18 572	18 728	18 681	18 643	18 671
女	15 343	16 237	16 877	17 543	18 363	19 221	19 623	19 864	19 805	19 820	19 904
性比(女100につき男)	93.7	94.2	94.4	94.8	94.9	95.0	94.6	94.3	94.3	94.1	93.8
年齢分布(%)											
０－４歳	12.3	9.1	7.8	8.3	9.1	9.3	7.8	6.6	5.2	4.6	5.2
５－14歳	21.4	22.6	19.7	15.7	15.0	16.2	17.4	16.5	14.3	11.7	9.7
15－24歳	14.1	15.1	19.1	20.5	17.8	14.2	13.8	15.4	16.9	16.4	14.1
60歳以上	9.3	11.0	12.8	13.7	13.1	13.8	14.9	15.8	16.8	17.2	19.3
65歳以上	5.7	6.8	8.2	9.5	10.1	9.3	10.1	11.1	12.2	13.2	13.5
80歳以上	0.7	0.8	1.0	1.1	1.4	1.7	2.0	2.1	1.9	2.6	3.3
15－49歳女子(%)	46.3	46.5	50.3	51.8	50.2	48.3	48.0	50.1	51.1	50.2	48.0
中位数年齢(歳)	26.4	27.2	27.9	28.4	29.3	30.6	32.3	33.8	35.4	36.8	38.1
人口密度(1km²あたり)	97	103	107	112	117	122	125	126	126	126	126

指標	1960-1965	1965-1970	1970-1975	1975-1980	1980-1985	1985-1990	1990-1995	1995-2000	2000-2005	2005-2010	2010-2015
年平均人口増加数(千人)	365	255	270	323	341	142	79	－ 21	－ 5	22	7
年平均出生数(千人)	601	533	585	664	707	615	523	411	357	406	401
年平均死亡数(千人)	234	249	280	320	350	381	395	383	369	384	379
人口増加率(%)	1.19	0.79	0.81	0.92	0.93	0.38	0.21	−0.06	−0.01	0.06	0.02
粗出生率(人口千人あたり)	19.6	16.6	17.5	19.0	19.3	16.2	13.6	10.7	9.3	10.5	10.4
粗死亡率(人口千人あたり)	7.7	7.7	8.4	9.1	9.6	10.1	10.3	9.9	9.6	10.0	9.8
合計出生率(女子１人あたり)	2.75	2.33	2.23	2.23	2.31	2.16	1.95	1.51	1.26	1.37	1.37
純再生産率(女子１人あたり)	1.25	1.08	1.05	1.05	1.09	1.03	0.93	0.72	0.60	0.66	0.66
乳児死亡率(出生千人あたり)	50	36	28	23	20	17	16	10	7	6	5
出生時の平均余命(歳)											
男	65.1	66.5	67.0	66.7	66.9	66.8	66.8	68.5	70.3	71.2	73.1
女	71.2	72.9	74.0	74.6	75.1	75.3	75.7	77.1	78.7	79.8	81.1
男女計	68.3	69.8	70.6	70.7	71.0	71.0	71.2	72.8	74.5	75.5	77.1

B. 中位予測値

指標	2015	2020	2025	2030	2035	2040	2045	2050	2055	2060
人口(千人)										
総数	38 612	38 407	37 924	37 207	36 297	35 286	34 228	33 136	32 010	30 827
男	18 674	18 561	18 319	17 965	17 527	17 058	16 585	16 104	15 596	15 042
女	19 938	19 846	19 605	19 242	18 771	18 228	17 643	17 032	16 413	15 785
性比(女100につき男)	93.7	93.5	93.4	93.4	93.4	93.6	94.0	94.6	95.0	95.3
年齢分布(%)										
０－４歳	5.2	4.7	4.3	3.9	3.8	3.9	4.1	4.1	4.0	3.9
５－14歳	9.8	10.4	10.0	9.3	8.5	8.0	8.0	8.3	8.6	8.6
15－24歳	11.6	9.7	9.9	10.7	10.4	9.7	9.0	8.5	8.5	8.9
60歳以上	22.7	25.9	27.5	28.6	30.6	33.5	36.9	39.3	40.8	41.0
65歳以上	15.5	18.6	21.7	23.1	24.0	25.6	28.1	31.4	33.8	35.2
80歳以上	4.0	4.5	4.6	5.9	7.8	9.4	9.7	9.7	10.6	12.6
６－11歳	6.0	6.3	5.9	5.4	5.0	4.7	4.8	5.0	5.2	5.1
12－14歳	2.7	3.1	3.2	3.0	2.7	2.5	2.4	2.5	2.6	2.7
15－17歳	3.0	2.8	3.2	3.2	2.9	2.7	2.5	2.4	2.6	2.7
18－23歳	7.2	5.8	5.7	6.5	6.4	5.9	5.5	5.1	5.1	5.3
15－24歳女子(%)	46.3	44.9	43.6	41.4	38.5	36.0	34.3	33.8	33.9	33.3
中位数年齢(歳)	39.6	41.6	43.8	46.1	48.2	50.1	51.3	51.8	51.7	52.1
人口密度(1km²あたり)	126	125	124	121	119	115	112	108	105	101

指標	2010-2015	2015-2020	2020-2025	2025-2030	2030-2035	2035-2040	2040-2045	2045-2050	2050-2055	2055-2060
年平均人口増加数(千人)	7	－ 41	－ 97	－ 143	－ 182	－ 202	－ 212	－ 218	－ 225	－ 237
年平均出生数(千人)	401	366	326	294	274	274	279	274	257	240
年平均死亡数(千人)	379	400	415	430	449	469	483	485	476	469
年平均純移動数(千人)	−15	−8	−8	−8	−8	−8	−8	−8	−7	−7
人口増加率(%)	0.02	−0.11	−0.25	−0.38	−0.50	−0.57	−0.61	−0.65	−0.69	−0.75
粗出生率(人口千人あたり)	10.4	9.5	8.6	7.8	7.5	7.7	8.0	8.1	7.9	7.6
粗死亡率(人口千人あたり)	9.8	10.4	10.9	11.4	12.2	13.1	13.9	14.4	14.6	14.9
純移動率(人口千人あたり)	−0.4	−0.2	−0.2	−0.2	−0.2	−0.2	−0.2	−0.2	−0.2	−0.2
合計出生率（女子１人あたり）	1.37	1.33	1.33	1.38	1.43	1.48	1.52	1.56	1.60	1.63
純再生産率（女子１人あたり）	0.66	0.64	0.64	0.67	0.69	0.72	0.74	0.76	0.77	0.79
乳児死亡率（出生千人あたり）	5	4	4	3	3	3	3	3	2	2
５歳未満の死亡数(出生千人あたｌ	5	5	4	4	4	3	3	3	3	3
出生時の平均余命(歳)										
男	73.1	74.1	75.1	76.2	77.3	78.4	79.4	80.2	81.0	81.7
女	81.1	81.8	82.4	83.0	83.6	84.2	84.8	85.3	85.9	86.4
男女計	77.1	78.0	78.8	79.6	80.5	81.3	82.1	82.8	83.5	84.1

C. 高位予測値

	2015	2020	2025	2030	2035	2040	2045	2050	2055	2060
人口(千人)										
総数	38 612	38 751	38 754	38 566	38 139	37 615	37 109	36 689	36 354	36 023
男	18 674	18 738	18 746	18 663	18 472	18 253	18 064	17 927	17 825	17 707
女	19 938	20 013	20 009	19 904	19 667	19 362	19 045	18 762	18 529	18 316
性比(女100につき男)	93.7	93.4	93.2	92.9	92.8	92.8	93.0	93.4	93.6	93.6
年齢分布(%)										
0－4歳	5.2	5.6	5.4	5.2	4.8	4.9	5.2	5.6	5.7	5.7
5－14歳	9.8	10.3	10.7	11.1	10.8	10.2	10.0	10.3	10.9	11.4
15－24歳	11.6	9.6	9.7	10.3	10.8	11.3	11.0	10.4	10.1	10.5
60歳以上	22.7	25.7	26.9	27.6	29.1	31.4	34.0	35.5	35.9	35.1
65歳以上	15.5	18.5	21.2	22.3	22.9	24.0	26.0	28.3	29.7	30.1
80歳以上	4.0	4.5	4.5	5.6	7.4	8.9	9.0	8.8	9.3	10.7
15－49歳女子(%)	46.3	44.5	42.7	40.1	37.6	36.0	35.3	35.4	36.1	36.4
中位数年齢(歳)	39.6	41.3	43.1	45.1	46.6	47.7	47.8	46.7	45.9	45.3

	2010-2015	2015-2020	2020-2025	2025-2030	2030-2035	2035-2040	2040-2045	2045-2050	2050-2055	2055-2060
年平均人口増加数(千人)	7	28	1	－ 38	－ 86	－ 105	－ 101	－ 84	－ 67	－ 66
年平均出生数(千人)	401	435	424	400	371	372	390	409	417	411
年平均死亡数(千人)	379	400	416	430	449	469	484	485	477	471
人口増加率(%)	0.02	0.07	0.00	−0.10	−0.22	−0.28	−0.27	−0.23	−0.18	−0.18
粗出生率(人口千人あたり)	10.4	11.3	10.9	10.4	9.7	9.8	10.4	11.1	11.4	11.4
粗死亡率(人口千人あたり)	9.8	10.3	10.7	11.1	11.7	12.4	12.9	13.2	13.1	13.0
合計出生率（女子１人あたり）	1.37	1.58	1.73	1.88	1.93	1.98	2.02	2.06	2.10	2.13
純再生産率（女子１人あたり）	0.66	0.76	0.84	0.91	0.93	0.96	0.98	1.00	1.02	1.03

D. 低位予測値

	2015	2020	2025	2030	2035	2040	2045	2050	2055	2060
人口(千人)										
総数	38 612	38 064	37 093	35 847	34 459	32 975	31 413	29 764	28 033	26 230
男	18 674	18 385	17 893	17 267	16 583	15 871	15 140	14 374	13 557	12 685
女	19 938	19 679	19 201	18 581	17 876	17 103	16 272	15 390	14 477	13 546
性比(女100につき男)	93.7	93.4	93.2	92.9	92.8	92.8	93.0	93.4	93.6	93.6
年齢分布(%)										
0－4歳	5.2	3.9	3.1	2.6	2.6	2.7	2.8	2.7	2.4	2.2
5－14歳	9.8	10.5	9.3	7.3	6.0	5.5	5.6	6.0	6.0	5.6
15－24歳	11.6	9.8	10.1	11.1	10.0	7.9	6.5	6.1	6.3	6.7
60歳以上	22.7	26.2	28.1	29.7	32.2	35.8	40.2	43.8	46.6	48.2
65歳以上	15.5	18.8	22.2	24.0	25.3	27.4	30.7	34.9	38.6	41.4
80歳以上	4.0	4.5	4.7	6.1	8.2	10.1	10.6	10.8	12.1	14.8
15－49歳女子(%)	46.3	45.3	44.5	42.9	39.4	36.0	33.2	31.6	30.7	28.8
中位数年齢(歳)	39.6	41.9	44.4	47.2	49.9	52.2	54.3	56.0	57.4	58.6

	2010-2015	2015-2020	2020-2025	2025-2030	2030-2035	2035-2040	2040-2045	2045-2050	2050-2055	2055-2060
年平均人口増加数(千人)	7	－ 110	－ 194	－ 249	－ 278	－ 297	－ 312	－ 330	－ 346	－ 361
年平均出生数(千人)	401	297	228	188	178	179	178	162	136	114
年平均死亡数(千人)	379	399	415	429	448	468	482	484	474	468
人口増加率(%)	0.02	−0.29	−0.52	−0.68	−0.79	−0.88	−0.97	−1.08	−1.20	−1.33
粗出生率(人口千人あたり)	10.4	7.8	6.1	5.2	5.1	5.3	5.5	5.3	4.7	4.2
粗死亡率(人口千人あたり)	9.8	10.4	11.0	11.8	12.7	13.9	15.0	15.8	16.4	17.2
合計出生率（女子１人あたり）	1.37	1.08	0.93	0.88	0.93	0.98	1.02	1.06	1.10	1.13
純再生産率（女子１人あたり）	0.66	0.52	0.45	0.43	0.45	0.47	0.49	0.51	0.53	0.55

E. 出生力一定予測値

	2015	2020	2025	2030	2035	2040	2045	2050	2055	2060
人口(千人)										
総数	38 612	38 418	37 905	37 117	36 137	35 027	33 806	32 491	31 112	29 667
男	18 674	18 567	18 310	17 919	17 444	16 925	16 368	15 773	15 135	14 446
女	19 938	19 851	19 596	19 199	18 693	18 102	17 437	16 718	15 976	15 220
中位数年齢(歳)	39.6	41.6	43.8	46.2	48.4	50.3	51.7	52.6	53.1	53.6

	2010-2015	2015-2020	2020-2025	2025-2030	2030-2035	2035-2040	2040-2045	2045-2050	2050-2055	2055-2060
人口増加率(%)	0.02	−0.10	−0.27	−0.42	−0.54	−0.62	−0.71	−0.79	−0.87	−0.95
粗出生率(人口千人あたり)	10.4	9.6	8.4	7.5	7.1	7.1	7.2	6.9	6.5	6.1
粗死亡率(人口千人あたり)	9.8	10.4	10.9	11.5	12.2	13.2	14.0	14.6	14.9	15.4

Portugal

A. 推計値

指　標	1960	1965	1970	1975	1980	1985	1990	1995	2000	2005	2010
人口(千人)											
総数	8 875	8 889	8 670	9 186	9 756	9 929	9 890	10 078	10 279	10 480	10 585
男	4 245	4 242	4 115	4 390	4 693	4 784	4 762	4 856	4 959	5 069	5 065
女	4 630	4 646	4 555	4 796	5 062	5 145	5 128	5 222	5 320	5 411	5 520
性比(女100につき男)	91.7	91.3	90.3	91.5	92.7	93.0	92.9	93.0	93.2	93.7	91.8
年齢分布(%)											
０－４歳	10.2	10.7	9.5	9.1	8.2	7.1	5.7	5.4	5.2	5.2	4.6
５－14歳	18.9	18.4	19.2	18.2	17.5	16.5	14.8	12.4	10.9	10.2	10.3
15－24歳	16.3	15.4	15.6	16.1	16.5	16.2	16.1	16.0	14.5	12.5	11.0
60歳以上	11.6	12.9	14.3	15.3	15.8	17.2	19.0	20.5	21.7	22.4	24.7
65歳以上	8.0	8.6	9.7	10.6	11.5	12.2	13.7	15.0	16.3	17.2	18.8
80歳以上	1.2	1.4	1.6	1.7	1.9	2.3	2.8	3.3	3.4	3.9	4.9
15－49歳女子(%)	48.9	47.4	46.8	46.6	46.6	46.9	48.0	49.3	49.2	48.1	45.9
中位数年齢(歳)	27.9	28.9	29.7	29.9	30.7	32.2	34.3	36.0	37.9	39.4	41.7
人口密度(1k㎡あたり)	97	97	95	100	107	108	108	110	112	114	116

指　標	1960-1965	1965-1970	1970-1975	1975-1980	1980-1985	1985-1990	1990-1995	1995-2000	2000-2005	2005-2010	2010-2015
年平均人口増加数(千人)	3	− 44	103	114	35	− 8	38	40	40	21	− 47
年平均出生数(千人)	211	195	176	171	144	119	111	112	112	103	89
年平均死亡数(千人)	99	99	95	97	96	97	103	107	107	107	108
人口増加率(%)	0.03	−0.50	1.16	1.20	0.35	−0.08	0.38	0.39	0.39	0.20	−0.45
粗出生率(人口千人あたり)	23.8	22.2	19.7	18.0	14.6	12.0	11.1	11.0	10.8	9.7	8.5
粗死亡率(人口千人あたり)	11.2	11.2	10.6	10.2	9.8	9.8	10.3	10.5	10.3	10.2	10.3
合計出生率(女子１人あたり)	3.19	3.12	2.83	2.55	2.01	1.62	1.48	1.46	1.45	1.37	1.28
純再生産率(女子１人あたり)	1.36	1.38	1.28	1.18	0.94	0.77	0.70	0.70	0.70	0.66	0.62
乳児死亡率(出生千人あたり)	79	61	47	31	20	14	10	6	5	3	3
出生時の平均余命(歳)											
男	61.1	62.9	64.9	66.5	68.8	70.3	71.1	72.2	73.9	75.5	77.4
女	66.9	69.3	71.3	73.6	75.8	77.3	78.3	79.5	80.7	81.9	83.5
男女計	64.1	66.2	68.1	70.1	72.3	73.8	74.7	75.8	77.3	78.7	80.5

B. 中位予測値

指　標	2015	2020	2025	2030	2035	2040	2045	2050	2055	2060
人口(千人)										
総数	10 350	10 161	9 991	9 845	9 713	9 576	9 411	9 216	8 990	8 752
男	4 901	4 804	4 734	4 680	4 635	4 589	4 530	4 456	4 368	4 275
女	5 449	5 357	5 257	5 165	5 078	4 987	4 882	4 760	4 622	4 477
性比(女100につき男)	89.9	89.7	90.1	90.6	91.3	92.0	92.8	93.6	94.5	95.5
年齢分布(%)										
０－４歳	4.2	3.8	3.6	3.7	3.8	3.8	3.8	3.8	3.7	3.8
５－14歳	9.8	9.1	8.3	7.6	7.5	7.7	7.9	8.0	7.9	7.8
15－24歳	10.5	10.4	10.2	9.6	8.9	8.3	8.1	8.4	8.7	8.8
60歳以上	27.1	29.4	32.2	34.7	37.5	39.8	40.9	41.2	41.2	41.4
65歳以上	20.8	22.8	25.0	27.4	29.6	32.2	34.3	35.2	35.3	35.1
80歳以上	5.9	6.7	7.5	8.6	9.8	11.1	12.5	13.8	15.5	16.8
６－11歳	5.8	5.4	4.8	4.5	4.5	4.6	4.7	4.8	4.7	4.6
12－14歳	3.1	2.9	2.7	2.4	2.3	2.3	2.4	2.4	2.5	2.4
15－17歳	3.2	3.1	2.9	2.6	2.4	2.3	2.4	2.5	2.5	2.5
18－23歳	6.3	6.3	6.2	5.9	5.5	5.0	4.9	5.1	5.3	5.4
15－24歳女子(%)	43.7	41.8	39.2	36.8	35.0	34.0	33.3	32.7	32.3	32.0
中位数年齢(歳)	44.0	46.2	48.3	50.2	51.3	52.0	52.3	52.5	52.9	53.2
人口密度(1k㎡あたり)	113	111	109	107	106	105	103	101	98	96

指　標	2010-2015	2015-2020	2020-2025	2025-2030	2030-2035	2035-2040	2040-2045	2045-2050	2050-2055	2055-2060
年平均人口増加数(千人)	− 47	− 38	− 34	− 29	− 26	− 27	− 33	− 39	− 45	− 48
年平均出生数(千人)	89	78	72	72	73	73	71	68	66	65
年平均死亡数(千人)	108	110	111	113	116	120	124	127	129	130
年平均純移動数(千人)	−28	−6	5	12	17	19	19	19	19	18
人口増加率(%)	−0.45	−0.37	−0.34	−0.30	−0.27	−0.28	−0.35	−0.42	−0.49	−0.54
粗出生率(人口千人あたり)	8.5	7.6	7.1	7.2	7.4	7.6	7.5	7.3	7.2	7.3
粗死亡率(人口千人あたり)	10.3	10.7	11.0	11.4	11.9	12.4	13.0	13.6	14.2	14.7
純移動率(人口千人あたり)	−2.7	−0.6	0.5	1.2	1.7	2.0	2.1	2.1	2.0	2.0
合計出生率（女子１人あたり）	1.28	1.24	1.25	1.31	1.37	1.42	1.48	1.52	1.56	1.60
純再生産率（女子１人あたり）	0.62	0.60	0.60	0.63	0.66	0.69	0.71	0.74	0.76	0.77
乳児死亡率（出生千人あたり）	3	3	2	2	2	2	1	1	1	1
５歳未満の死亡数(出生千人あたり	4	3	3	2	2	2	2	2	1	1
出生時の平均余命(歳)										
男	77.4	78.8	80.2	81.3	82.1	82.9	83.6	84.3	85.0	85.7
女	83.5	84.4	85.2	86.0	86.8	87.6	88.3	89.0	89.6	90.3
男女計	80.5	81.7	82.8	83.8	84.6	85.3	86.0	86.7	87.4	88.1

C. 高 位 予 測 値

	2015	2020	2025	2030	2035	2040	2045	2050	2055	2060
人口(千人)										
総数	10 350	10 239	10 185	10 175	10 176	10 171	10 145	10 108	10 074	10 054
男	4 901	4 844	4 834	4 850	4 874	4 895	4 907	4 915	4 926	4 945
女	5 449	5 395	5 351	5 325	5 303	5 276	5 238	5 193	5 148	5 109
性比(女100につき男)	89.9	89.6	89.8	90.1	90.6	91.2	91.8	92.4	93.2	94.0
年齢分布(%)										
0－4歳	4.2	4.6	4.7	4.9	4.9	4.9	4.9	5.0	5.2	5.5
5－14歳	9.8	9.0	8.9	9.3	9.6	9.9	9.9	9.9	10.0	10.3
15－24歳	10.5	10.4	10.0	9.3	9.2	9.7	10.0	10.3	10.4	10.4
60歳以上	27.1	29.2	31.6	33.5	35.8	37.5	38.0	37.5	36.8	36.0
65歳以上	20.8	22.6	24.5	26.5	28.3	30.3	31.8	32.1	31.5	30.6
80歳以上	5.9	6.7	7.4	8.3	9.4	10.4	11.6	12.6	13.9	14.6
15－49歳女子(%)	43.7	41.5	38.5	35.7	34.2	33.9	34.1	34.3	34.6	35.0
中位数年齢(歳)	44.0	46.0	47.7	48.9	49.5	49.3	48.9	48.6	48.0	47.0

	2010-2015	2015-2020	2020-2025	2025-2030	2030-2035	2035-2040	2040-2045	2045-2050	2050-2055	2055-2060
年平均人口増加数(千人)	− 47	− 22	− 11	− 2	0	− 1	− 5	− 7	− 7	− 4
年平均出生数(千人)	89	94	95	99	99	99	99	100	104	109
年平均死亡数(千人)	108	110	111	113	116	120	124	127	130	130
人口増加率(%)	−0.45	−0.22	−0.11	−0.02	0.00	−0.01	−0.05	−0.07	−0.07	−0.04
粗出生率(人口千人あたり)	8.5	9.1	9.3	9.7	9.8	9.8	9.7	9.9	10.3	10.8
粗死亡率(人口千人あたり)	10.3	10.7	10.9	11.1	11.4	11.8	12.2	12.6	12.8	13.0
合計出生率（女子１人あたり）	1.28	1.49	1.65	1.81	1.87	1.92	1.98	2.02	2.06	2.10
純再生産率（女子１人あたり）	0.62	0.72	0.79	0.87	0.90	0.93	0.96	0.98	1.00	1.02

D. 低 位 予 測 値

	2015	2020	2025	2030	2035	2040	2045	2050	2055	2060
人口(千人)										
総数	10 350	10 082	9 798	9 515	9 250	8 984	8 690	8 358	7 984	7 583
男	4 901	4 764	4 635	4 511	4 397	4 284	4 158	4 015	3 851	3 674
女	5 449	5 319	5 163	5 004	4 853	4 700	4 531	4 344	4 134	3 909
性比(女100につき男)	89.9	89.6	89.8	90.1	90.6	91.2	91.8	92.4	93.2	94.0
年齢分布(%)										
0－4歳	4.2	3.1	2.5	2.4	2.5	2.7	2.7	2.5	2.3	2.2
5－14歳	9.8	9.2	7.6	5.9	5.1	5.2	5.5	5.7	5.6	5.3
15－24歳	10.5	10.5	10.4	10.0	8.5	6.7	5.9	6.1	6.5	6.8
60歳以上	27.1	29.7	32.8	35.9	39.4	42.4	44.3	45.4	46.4	47.8
65歳以上	20.8	23.0	25.4	28.4	31.1	34.3	37.1	38.8	39.7	40.5
80歳以上	5.9	6.8	7.7	8.9	10.3	11.8	13.6	15.2	17.5	19.4
15－49歳女子(%)	43.7	42.1	39.9	37.9	35.8	34.1	32.3	30.6	29.2	27.8
中位数年齢(歳)	44.0	46.5	48.9	51.3	53.1	54.6	55.6	56.4	57.4	58.5

	2010-2015	2015-2020	2020-2025	2025-2030	2030-2035	2035-2040	2040-2045	2045-2050	2050-2055	2055-2060
年平均人口増加数(千人)	− 47	− 53	− 57	− 57	− 53	− 53	− 59	− 66	− 75	− 80
年平均出生数(千人)	89	62	49	44	46	47	45	41	36	32
年平均死亡数(千人)	108	110	111	113	116	120	124	127	129	130
人口増加率(%)	−0.45	−0.52	−0.57	−0.59	−0.56	−0.59	−0.67	−0.78	−0.92	−1.03
粗出生率(人口千人あたり)	8.5	6.1	4.9	4.6	4.9	5.1	5.1	4.8	4.4	4.2
粗死亡率(人口千人あたり)	10.3	10.8	11.2	11.7	12.4	13.1	14.0	14.9	15.8	16.7
合計出生率（女子１人あたり）	1.28	0.99	0.85	0.81	0.87	0.92	0.98	1.02	1.06	1.10
純再生産率（女子１人あたり）	0.62	0.48	0.41	0.39	0.42	0.45	0.47	0.49	0.51	0.53

E. 出生力一定予測値

	2015	2020	2025	2030	2035	2040	2045	2050	2055	2060
人口(千人)										
総数	10 350	10 166	10 000	9 841	9 680	9 497	9 275	9 016	8 723	8 408
男	4 901	4 807	4 739	4 679	4 618	4 548	4 459	4 353	4 231	4 098
女	5 449	5 359	5 261	5 163	5 062	4 949	4 816	4 663	4 492	4 310
中位数年齢(歳)	44.0	46.2	48.3	50.2	51.5	52.3	52.9	53.4	54.1	54.8

	2010-2015	2015-2020	2020-2025	2025-2030	2030-2035	2035-2040	2040-2045	2045-2050	2050-2055	2055-2060
人口増加率(%)	−0.45	−0.36	−0.33	−0.32	−0.33	−0.38	−0.47	−0.57	−0.66	−0.74
粗出生率(人口千人あたり)	8.5	7.7	7.2	7.0	6.8	6.6	6.4	6.1	5.9	5.8
粗死亡率(人口千人あたり)	10.3	10.7	11.0	11.4	11.9	12.5	13.2	13.9	14.6	15.2

Puerto Rico

A. 推計値

指　標	1960	1965	1970	1975	1980	1985	1990	1995	2000	2005	2010
人口(千人)											
総数	2 356	2 578	2 710	2 932	3 188	3 370	3 518	3 690	3 797	3 761	3 710
男	1 164	1 262	1 328	1 433	1 552	1 646	1 704	1 780	1 828	1 806	1 783
女	1 191	1 316	1 382	1 499	1 636	1 723	1 814	1 909	1 969	1 956	1 927
性比(女100につき男)	97.7	95.9	96.1	95.6	94.9	95.5	93.9	93.2	92.8	92.3	92.5
年齢分布(%)											
0－4歳	15.1	13.9	11.7	11.2	10.6	9.7	8.6	8.5	7.5	6.8	6.3
5－14歳	27.5	24.8	24.8	22.4	20.9	19.9	18.6	16.8	16.1	15.4	14.2
15－24歳	17.9	17.5	19.3	21.0	19.1	18.4	17.4	17.2	16.1	15.8	15.6
60歳以上	7.7	8.1	9.5	9.3	11.2	12.1	13.3	14.3	15.6	16.8	18.2
65歳以上	5.2	5.6	6.5	6.3	7.9	8.7	9.7	10.5	11.3	12.2	13.0
80歳以上	0.9	1.1	1.4	1.1	1.5	1.7	2.1	2.5	2.8	3.1	3.4
15－49歳女子(%)	45.0	47.6	47.8	50.7	50.4	50.8	51.3	50.8	49.7	49.2	49.1
中位数年齢(歳)	18.5	21.1	21.6	22.7	24.6	26.3	28.5	30.4	32.3	33.4	34.7
人口密度(1km²あたり)	266	291	306	331	359	380	397	416	428	424	418

指　標	1960-1965	1965-1970	1970-1975	1975-1980	1980-1985	1985-1990	1990-1995	1995-2000	2000-2005	2005-2010	2010-2015
年平均人口増加数(千人)	44	26	44	51	36	30	34	21	－ 7	－ 10	－ 5
年平均出生数(千人)	80	71	70	73	67	64	63	58	52	47	45
年平均死亡数(千人)	17	17	18	18	21	23	29	30	30	30	29
人口増加率(%)	1.80	1.00	1.58	1.67	1.11	0.86	0.95	0.57	−0.19	−0.28	−0.14
粗出生率(人口千人あたり)	32.3	26.7	25.0	23.7	20.5	18.6	17.5	15.4	13.8	12.7	12.1
粗死亡率(人口千人あたり)	6.8	6.5	6.3	5.7	6.5	6.8	7.9	8.0	8.0	8.1	7.9
合計出生率(女子1人あたり)	4.37	3.41	2.99	2.76	2.46	2.26	2.18	1.99	1.82	1.70	1.64
純再生産率(女子1人あたり)	1.99	1.58	1.40	1.30	1.17	1.08	1.04	0.95	0.87	0.82	0.79
乳児死亡率(出生千人あたり)	45	33	25	20	17	14	12	11	8	7	6
出生時の平均余命(歳)											
男	66.3	67.7	69.0	70.2	70.5	70.6	69.3	70.3	72.7	73.8	75.2
女	72.1	73.9	75.8	76.9	77.4	78.8	78.5	79.6	80.9	81.8	83.2
男女計	69.1	70.7	72.4	73.5	73.9	74.6	73.8	74.9	76.8	77.9	79.2

B. 中位予測値

指　標	2015	2020	2025	2030	2035	2040	2045	2050	2055	2060
人口(千人)										
総数	3 683	3 675	3 660	3 638	3 597	3 536	3 459	3 367	3 265	3 155
男	1 771	1 768	1 764	1 756	1 741	1 716	1 684	1 644	1 600	1 550
女	1 913	1 907	1 897	1 882	1 856	1 820	1 775	1 723	1 666	1 605
性比(女100につき男)	92.6	92.7	93.0	93.3	93.8	94.3	94.8	95.4	96.0	96.6
年齢分布(%)										
0－4歳	6.0	5.6	5.3	5.0	4.8	4.6	4.4	4.4	4.3	4.2
5－14歳	12.9	12.1	11.5	10.8	10.3	9.9	9.5	9.2	9.0	8.9
15－24歳	15.1	13.9	12.6	11.9	11.4	10.9	10.5	10.1	9.7	9.5
60歳以上	19.6	21.4	23.4	25.5	27.4	29.6	31.7	33.8	36.0	38.0
65歳以上	14.5	16.0	17.7	19.6	21.4	23.2	25.2	27.0	28.9	31.0
80歳以上	3.7	4.2	4.8	5.8	6.7	7.7	8.7	9.8	10.7	11.9
6－11歳	7.6	7.2	6.8	6.4	6.1	5.8	5.6	5.5	5.4	5.3
12－14歳	4.1	3.7	3.6	3.4	3.2	3.1	3.0	2.8	2.8	2.7
15－17歳	4.4	3.9	3.7	3.5	3.3	3.2	3.1	3.0	2.9	2.8
18－23歳	9.2	8.5	7.6	7.2	6.9	6.6	6.3	6.1	5.9	5.7
15－24歳女子(%)	48.4	47.0	45.5	43.8	42.1	40.4	38.4	36.7	35.5	34.7
中位数年齢(歳)	36.3	38.0	39.7	41.4	43.2	45.1	46.8	48.3	49.5	50.5
人口密度(1km²あたり)	415	414	413	410	406	399	390	380	368	356

指　標	2010-2015	2015-2020	2020-2025	2025-2030	2030-2035	2035-2040	2040-2045	2045-2050	2050-2055	2055-2060
年平均人口増加数(千人)	－ 5	－ 2	－ 3	－ 4	－ 8	－ 12	－ 15	－ 18	－ 20	－ 22
年平均出生数(千人)	45	42	39	37	35	33	31	30	28	27
年平均死亡数(千人)	29	29	30	31	33	35	36	38	39	40
年平均純移動数(千人)	−21	−14	−12	−10	−10	−10	−10	−10	−10	−9
人口増加率(%)	−0.14	−0.05	−0.08	−0.12	−0.23	−0.34	−0.44	−0.54	−0.61	−0.69
粗出生率(人口千人あたり)	12.1	11.4	10.7	10.1	9.6	9.1	8.9	8.7	8.5	8.3
粗死亡率(人口千人あたり)	7.9	8.0	8.2	8.6	9.1	9.8	10.4	11.1	11.8	12.4
純移動率(人口千人あたり)	−5.6	−3.8	−3.3	−2.7	−2.8	−2.8	−2.9	−2.9	−2.9	−2.8
合計出生率（女子1人あたり）	1.64	1.59	1.56	1.57	1.59	1.61	1.63	1.65	1.67	1.69
純再生産率（女子1人あたり）	0.79	0.77	0.76	0.76	0.77	0.78	0.79	0.80	0.81	0.82
乳児死亡率（出生千人あたり）	6	5	5	4	4	4	3	3	3	3
5歳未満の死亡数(出生千人あたり	7	6	6	5	5	4	4	4	3	3
出生時の平均余命(歳)										
男	75.2	76.4	77.6	78.7	79.7	80.5	81.2	81.8	82.4	83.0
女	83.2	83.8	84.5	85.1	85.7	86.3	86.9	87.5	88.0	88.6
男女計	79.2	80.2	81.1	82.0	82.8	83.5	84.1	84.7	85.3	85.8

C. 高位予測値

	2015	2020	2025	2030	2035	2040	2045	2050	2055	2060
人口(千人)										
総数	3 683	3 708	3 743	3 780	3 794	3 789	3 776	3 761	3 748	3 733
男	1 771	1 785	1 806	1 829	1 841	1 846	1 846	1 846	1 847	1 846
女	1 913	1 923	1 937	1 951	1 952	1 944	1 930	1 915	1 901	1 887
性比(女100につき男)	92.6	92.6	92.7	92.9	93.1	93.5	93.9	94.3	94.7	95.1
年齢分布(%)										
0－4歳	6.0	6.5	6.5	6.4	6.0	5.8	5.8	5.9	6.1	6.1
5－14歳	12.9	12.0	12.1	12.6	12.7	12.2	11.6	11.4	11.6	12.0
15－24歳	15.1	13.8	12.3	11.4	11.6	12.3	12.4	12.0	11.5	11.3
60歳以上	19.6	21.3	22.9	24.5	26.0	27.6	29.0	30.2	31.4	32.1
65歳以上	14.5	15.8	17.3	18.8	20.3	21.7	23.0	24.2	25.2	26.2
80歳以上	3.7	4.1	4.7	5.6	6.4	7.2	8.0	8.7	9.3	10.0
15－49歳女子(%)	48.4	46.6	44.5	42.3	40.8	39.9	38.8	38.0	37.6	37.7
中位数年齢(歳)	36.3	37.6	38.9	40.0	41.3	42.5	43.3	43.6	43.3	43.0

	2010-2015	2015-2020	2020-2025	2025-2030	2030-2035	2035-2040	2040-2045	2045-2050	2050-2055	2055-2060
年平均人口増加数(千人)	− 5	5	7	7	3	− 1	− 3	− 3	− 3	− 3
年平均出生数(千人)	45	48	49	49	46	44	44	45	46	46
年平均死亡数(千人)	29	29	30	31	33	35	37	38	39	40
人口増加率(%)	−0.14	0.13	0.19	0.20	0.07	−0.02	−0.07	−0.08	−0.07	−0.08
粗出生率(人口千人あたり)	12.1	13.1	13.2	13.0	12.1	11.6	11.6	11.9	12.2	12.3
粗死亡率(人口千人あたり)	7.9	8.0	8.1	8.4	8.7	9.2	9.7	10.1	10.4	10.7
合計出生率（女子1人あたり）	1.64	1.84	1.96	2.07	2.09	2.11	2.13	2.15	2.17	2.19
純再生産率（女子1人あたり）	0.79	0.89	0.95	1.00	1.01	1.02	1.03	1.04	1.05	1.06

D. 低位予測値

	2015	2020	2025	2030	2035	2040	2045	2050	2055	2060
人口(千人)										
総数	3 683	3 642	3 578	3 497	3 401	3 286	3 153	3 000	2 831	2 652
男	1 771	1 751	1 721	1 684	1 640	1 588	1 527	1 456	1 377	1 293
女	1 913	1 891	1 857	1 813	1 761	1 699	1 626	1 544	1 454	1 360
性比(女100につき男)	92.6	92.6	92.7	92.9	93.1	93.5	93.9	94.3	94.7	95.1
年齢分布(%)										
0－4歳	6.0	4.8	4.0	3.6	3.4	3.3	3.1	2.8	2.6	2.4
5－14歳	12.9	12.2	10.8	8.9	7.7	7.2	6.9	6.6	6.2	5.7
15－24歳	15.1	14.0	12.9	12.4	11.1	9.2	8.0	7.5	7.4	7.2
60歳以上	19.6	21.6	24.0	26.5	29.0	31.9	34.8	37.9	41.5	45.2
65歳以上	14.5	16.1	18.1	20.3	22.7	25.0	27.6	30.3	33.3	36.9
80歳以上	3.7	4.2	4.9	6.0	7.1	8.3	9.6	11.0	12.4	14.1
15－49歳女子(%)	48.4	47.4	46.5	45.5	43.5	40.9	37.6	34.7	32.3	30.0
中位数年齢(歳)	36.3	38.3	40.5	42.8	45.2	47.6	50.0	52.3	54.7	56.9

	2010-2015	2015-2020	2020-2025	2025-2030	2030-2035	2035-2040	2040-2045	2045-2050	2050-2055	2055-2060
年平均人口増加数(千人)	− 5	− 8	− 13	− 16	− 19	− 23	− 27	− 31	− 34	− 36
年平均出生数(千人)	45	35	29	25	24	22	20	17	15	13
年平均死亡数(千人)	29	29	30	31	33	35	36	38	39	40
人口増加率(%)	−0.14	−0.22	−0.36	−0.46	−0.56	−0.69	−0.83	−1.00	−1.16	−1.31
粗出生率(人口千人あたり)	12.1	9.6	8.1	7.1	6.9	6.5	6.1	5.6	5.0	4.7
粗死亡率(人口千人あたり)	7.9	8.0	8.4	8.9	9.5	10.4	11.3	12.3	13.3	14.4
合計出生率（女子1人あたり）	1.64	1.34	1.16	1.07	1.09	1.11	1.13	1.15	1.17	1.19
純再生産率（女子1人あたり）	0.79	0.65	0.56	0.52	0.53	0.54	0.55	0.56	0.57	0.58

E. 出生力一定予測値

	2015	2020	2025	2030	2035	2040	2045	2050	2055	2060
人口(千人)										
総数	3 683	3 682	3 675	3 659	3 621	3 563	3 487	3 397	3 294	3 181
男	1 771	1 772	1 771	1 767	1 753	1 729	1 698	1 660	1 614	1 563
女	1 913	1 910	1 904	1 892	1 868	1 833	1 789	1 737	1 680	1 617
中位数年齢(歳)	36.3	37.9	39.5	41.2	43.0	44.8	46.5	47.9	49.1	50.1

	2010-2015	2015-2020	2020-2025	2025-2030	2030-2035	2035-2040	2040-2045	2045-2050	2050-2055	2055-2060
人口増加率(%)	−0.14	−0.01	−0.04	−0.09	−0.21	−0.32	−0.43	−0.53	−0.61	−0.70
粗出生率(人口千人あたり)	12.1	11.7	11.1	10.4	9.7	9.2	8.9	8.6	8.4	8.1
粗死亡率(人口千人あたり)	7.9	8.0	8.2	8.6	9.1	9.7	10.3	11.0	11.7	12.3

Qatar

A. 推計値

指　標	1960	1965	1970	1975	1980	1985	1990	1995	2000	2005	2010
人口(千人)											
総数	47	74	109	164	224	371	476	501	593	837	1 766
男	27	45	70	109	141	248	319	330	386	558	1 330
女	21	29	39	55	83	123	157	171	208	279	435
性比(女100につき男)	129.9	155.6	177.1	198.6	170.5	201.8	202.6	193.2	185.9	200.1	305.7
年齢分布(%)											
0－4歳	17.5	16.2	15.5	14.0	15.1	13.1	10.9	9.7	9.4	8.6	5.0
5－14歳	23.9	22.8	20.6	19.2	18.6	15.8	17.5	16.8	16.6	14.9	8.4
15－24歳	19.4	20.8	20.8	21.0	20.1	15.6	13.9	13.3	14.4	13.3	14.4
60歳以上	4.5	3.7	3.1	3.3	2.5	2.0	2.3	2.5	2.9	2.5	1.8
65歳以上	2.8	2.3	2.0	2.1	1.5	1.2	1.3	1.4	1.7	1.3	1.1
80歳以上	0.3	0.2	0.2	0.2	0.2	0.3	0.2	0.2	0.2	0.2	0.1
15－49歳女子(%)	43.4	43.4	44.1	44.3	49.9	52.1	52.2	56.0	57.4	58.5	64.3
中位数年齢(歳)	19.4	20.4	21.9	23.2	23.3	26.9	28.7	29.5	30.3	30.6	31.6
人口密度(1km²あたり)	4	6	9	14	19	32	41	43	51	72	152

指　標	1960-1965	1965-1970	1970-1975	1975-1980	1980-1985	1985-1990	1990-1995	1995-2000	2000-2005	2005-2010	2010-2015
年平均人口増加数(千人)	5	7	11	12	29	21	5	18	49	186	94
年平均出生数(千人)	2	4	5	7	10	11	10	11	13	17	24
年平均死亡数(千人)	0	1	1	1	1	1	1	1	1	2	3
人口増加率(%)	8.82	7.93	8.15	6.17	10.12	5.00	1.00	3.39	6.88	14.93	4.72
粗出生率(人口千人あたり)	40.8	38.4	34.6	35.6	33.3	24.9	21.4	20.2	18.3	13.0	12.1
粗死亡率(人口千人あたり)	8.0	5.9	4.4	3.6	2.8	2.3	2.1	2.1	2.0	1.7	1.5
合計出生率(女子1人あたり)	6.97	6.97	6.77	6.11	5.45	4.41	3.74	3.46	2.95	2.23	2.08
純再生産率(女子1人あたり)	2.97	3.09	3.08	2.83	2.56	2.08	1.77	1.67	1.42	1.07	1.00
乳児死亡率(出生千人あたり)	69	51	37	29	23	18	15	12	9	8	6
出生時の平均余命(歳)											
男	61.2	65.3	68.7	70.9	72.5	73.7	74.5	75.1	75.6	76.0	77.1
女	65.0	68.4	71.2	73.0	74.5	75.7	76.6	77.4	78.1	78.7	79.7
男女計	62.9	66.6	69.7	71.7	73.3	74.4	75.2	75.9	76.4	76.9	77.9

B. 中位予測値

指　標	2015	2020	2025	2030	2035	2040	2045	2050	2055	2060
人口(千人)										
総数	2 235	2 452	2 640	2 781	2 902	3 013	3 115	3 205	3 278	3 332
男	1 624	1 744	1 851	1 926	1 985	2 037	2 082	2 118	2 144	2 158
女	612	708	789	855	917	977	1 033	1 086	1 134	1 175
性比(女100につき男)	265.5	246.2	234.6	225.3	216.3	208.5	201.5	195.0	189.1	183.7
年齢分布(%)										
0－4歳	5.9	5.5	5.1	4.7	4.3	4.2	4.1	4.1	4.1	4.0
5－14歳	9.6	10.1	10.3	9.8	9.2	8.6	8.2	8.1	8.1	8.1
15－24歳	14.6	13.6	12.0	11.5	11.4	11.0	10.4	9.7	9.3	9.1
60歳以上	2.3	3.4	5.0	7.9	10.7	12.7	16.2	19.8	23.9	28.4
65歳以上	1.2	1.7	2.7	4.1	6.7	9.1	10.8	13.8	16.9	20.6
80歳以上	0.1	0.2	0.3	0.4	0.6	1.1	1.8	3.1	4.2	4.7
6－11歳	5.8	6.3	6.3	5.9	5.5	5.1	4.9	4.9	4.9	4.9
12－14歳	2.7	2.6	3.0	2.9	2.8	2.6	2.5	2.4	2.4	2.4
15－17歳	2.6	2.3	2.5	2.9	2.7	2.6	2.4	2.3	2.3	2.3
18－23歳	9.4	8.8	7.4	7.0	7.1	6.8	6.5	6.0	5.7	5.6
15－24歳女子(%)	65.7	63.4	62.1	61.1	57.1	53.7	51.3	49.0	47.8	46.8
中位数年齢(歳)	30.7	31.3	32.4	34.0	36.2	38.1	39.6	41.0	42.4	43.7
人口密度(1km²あたり)	193	211	227	240	250	260	268	276	282	287

指　標	2010-2015	2015-2020	2020-2025	2025-2030	2030-2035	2035-2040	2040-2045	2045-2050	2050-2055	2055-2060
年平均人口増加数(千人)	94	43	37	28	24	22	20	18	15	11
年平均出生数(千人)	24	27	27	26	25	25	26	27	27	27
年平均死亡数(千人)	3	4	4	6	7	9	12	15	18	21
年平均純移動数(千人)	73	20	15	8	6	6	6	6	6	5
人口増加率(%)	4.72	1.85	1.47	1.05	0.85	0.75	0.66	0.57	0.45	0.33
粗出生率(人口千人あたり)	12.1	11.5	10.6	9.6	8.9	8.5	8.4	8.4	8.3	8.1
粗死亡率(人口千人あたり)	1.5	1.5	1.7	2.1	2.5	3.0	3.8	4.6	5.5	6.5
純移動率(人口千人あたり)	36.3	8.5	5.9	3.0	2.1	2.0	2.0	1.9	1.8	1.6
合計出生率 (女子1人あたり)	2.08	1.95	1.84	1.76	1.71	1.67	1.65	1.65	1.66	1.67
純再生産率 (女子1人あたり)	1.00	0.94	0.89	0.85	0.83	0.81	0.80	0.80	0.80	0.81
乳児死亡率 (出生千人あたり)	6	6	5	5	4	4	4	3	3	3
5歳未満の死亡数(出生千人あたり	8	7	6	6	5	5	4	4	4	4
出生時の平均余命(歳)										
男	77.1	77.9	78.8	79.6	80.5	81.4	82.3	83.2	84.0	84.8
女	79.7	80.4	81.1	81.8	82.4	83.1	83.7	84.2	84.8	85.4
男女計	77.9	78.7	79.5	80.3	81.1	81.9	82.7	83.5	84.2	85.0

C. 高 位 予 測 値

	2015	2020	2025	2030	2035	2040	2045	2050	2055	2060
人口(千人)										
総数	2 235	2 469	2 686	2 864	3 022	3 174	3 323	3 471	3 610	3 738
男	1 624	1 753	1 874	1 969	2 046	2 119	2 188	2 254	2 314	2 365
女	612	717	811	896	976	1 055	1 135	1 216	1 297	1 373
性比(女100につき男)	265.5	247.9	238.5	231.3	224.0	217.5	211.7	206.6	201.9	197.9
年齢分布(%)										
0－4歳	5.9	6.2	6.1	5.8	5.4	5.3	5.3	5.5	5.6	5.6
5－14歳	9.6	10.0	10.7	11.1	11.0	10.5	10.0	10.0	10.2	10.5
15－24歳	14.6	13.5	11.8	11.2	11.5	11.9	11.8	11.0	10.6	10.5
60歳以上	2.3	3.4	4.9	7.7	10.3	12.1	15.2	18.2	21.7	25.3
65歳以上	1.2	1.7	2.6	4.0	6.5	8.7	10.1	12.7	15.3	18.4
80歳以上	0.1	0.2	0.3	0.4	0.6	1.0	1.7	2.9	3.8	4.2
15－49歳女子(%)	65.7	62.6	60.3	58.3	54.6	51.9	50.3	48.6	47.9	47.4
中位数年齢(歳)	30.7	31.2	32.1	33.5	35.4	36.9	37.7	38.5	39.3	40.0

	2010-2015	2015-2020	2020-2025	2025-2030	2030-2035	2035-2040	2040-2045	2045-2050	2050-2055	2055-2060
年平均人口増加数(千人)	94	47	43	36	32	30	30	29	28	26
年平均出生数(千人)	24	30	33	33	33	33	35	38	40	42
年平均死亡数(千人)	3	4	4	6	7	9	12	15	18	21
人口増加率(%)	4.72	1.99	1.68	1.29	1.07	0.98	0.92	0.87	0.79	0.70
粗出生率(人口千人あたり)	12.1	12.9	12.7	12.0	11.1	10.8	10.9	11.2	11.4	11.3
粗死亡率(人口千人あたり)	1.5	1.5	1.7	2.0	2.4	2.9	3.6	4.3	5.1	5.8
合計出生率（女子１人あたり）	2.08	2.20	2.24	2.26	2.21	2.17	2.15	2.15	2.16	2.17
純再生産率（女子１人あたり）	1.00	1.06	1.09	1.10	1.07	1.05	1.05	1.04	1.05	1.05

D. 低 位 予 測 値

	2015	2020	2025	2030	2035	2040	2045	2050	2055	2060
人口(千人)										
総数	2 235	2 435	2 593	2 699	2 782	2 855	2 912	2 953	2 972	2 968
男	1 624	1 735	1 827	1 884	1 924	1 956	1 978	1 990	1 988	1 972
女	612	700	766	815	859	899	934	963	984	996
性比(女100につき男)	265.5	247.9	238.5	231.3	224.0	217.5	211.7	206.6	201.9	197.9
年齢分布(%)										
0－4歳	5.9	4.8	4.1	3.4	3.2	3.1	2.9	2.8	2.7	2.5
5－14歳	9.6	10.2	9.8	8.4	7.2	6.5	6.1	5.9	5.8	5.6
15－24歳	14.6	13.6	12.3	11.9	11.3	10.0	8.9	8.0	7.7	7.5
60歳以上	2.3	3.4	5.1	8.2	11.1	13.4	17.3	21.4	26.4	31.8
65歳以上	1.2	1.7	2.7	4.3	7.0	9.6	11.6	15.0	18.6	23.1
80歳以上	0.1	0.2	0.3	0.4	0.6	1.2	1.9	3.4	4.6	5.3
15－49歳女子(%)	65.7	64.1	63.9	64.1	60.1	55.9	52.4	49.2	47.2	45.2
中位数年齢(歳)	30.7	31.4	32.7	34.5	37.0	39.3	41.4	43.5	45.5	47.6

	2010-2015	2015-2020	2020-2025	2025-2030	2030-2035	2035-2040	2040-2045	2045-2050	2050-2055	2055-2060
年平均人口増加数(千人)	94	40	32	21	17	14	12	8	4	－1
年平均出生数(千人)	24	24	21	19	18	17	17	17	16	15
年平均死亡数(千人)	3	4	4	6	7	9	11	14	18	21
人口増加率(%)	4.72	1.71	1.26	0.80	0.61	0.51	0.40	0.28	0.13	-0.03
粗出生率(人口千人あたり)	12.1	10.1	8.4	7.0	6.5	6.2	5.9	5.7	5.4	5.1
粗死亡率(人口千人あたり)	1.5	1.5	1.8	2.1	2.6	3.2	4.0	4.9	6.0	7.2
合計出生率（女子１人あたり）	2.08	1.70	1.44	1.26	1.21	1.17	1.15	1.15	1.16	1.17
純再生産率（女子１人あたり）	1.00	0.82	0.70	0.61	0.59	0.57	0.56	0.56	0.56	0.57

E. 出生力一定予測値

	2015	2020	2025	2030	2035	2040	2045	2050	2055	2060
人口(千人)										
総数	2 235	2 462	2 666	2 831	2 979	3 122	3 262	3 396	3 518	3 625
男	1 624	1 749	1 864	1 952	2 024	2 092	2 157	2 216	2 267	2 307
女	612	713	802	880	955	1 030	1 105	1 180	1 251	1 318
中位数年齢(歳)	30.7	31.3	32.2	33.7	35.7	37.3	38.3	39.2	40.0	40.9

	2010-2015	2015-2020	2020-2025	2025-2030	2030-2035	2035-2040	2040-2045	2045-2050	2050-2055	2055-2060
人口増加率(%)	4.72	1.93	1.60	1.20	1.02	0.94	0.88	0.81	0.71	0.60
粗出生率(人口千人あたり)	12.1	12.3	11.9	11.1	10.5	10.4	10.5	10.6	10.6	10.5
粗死亡率(人口千人あたり)	1.5	1.5	1.7	2.0	2.4	3.0	3.6	4.4	5.2	6.0

Republic of Korea

A. 推 計 値

指　標	1960	1965	1970	1975	1980	1985	1990	1995	2000	2005	2010
人口(千人)											
総数	25 074	28 393	31 437	34 713	37 451	40 502	42 972	44 653	46 206	47 606	49 090
男	12 565	14 265	15 756	17 439	18 750	20 248	21 523	22 361	23 179	23 790	24 422
女	12 509	14 128	15 681	17 274	18 701	20 254	21 449	22 292	23 027	23 816	24 668
性比(女100につき男)	100.5	101.0	100.5	101.0	100.3	100.0	100.3	100.3	100.7	99.9	99.0
年齢分布(%)											
０－４歳	14.5	15.1	13.7	12.3	10.2	9.3	7.5	7.6	6.8	5.7	4.6
５－14歳	26.4	27.9	28.4	25.9	23.7	20.8	18.1	15.3	14.2	12.9	11.6
15－24歳	18.6	17.4	17.9	20.9	22.1	21.1	20.5	18.5	16.4	15.0	13.6
60歳以上	6.0	5.3	5.4	5.6	6.1	6.8	7.7	9.3	11.2	13.4	15.6
65歳以上	3.7	3.4	3.3	3.5	3.9	4.3	5.0	5.9	7.3	9.2	11.1
80歳以上	0.4	0.3	0.4	0.4	0.5	0.5	0.7	0.9	1.0	1.4	2.0
15－49歳女子(%)	47.1	45.7	46.7	49.9	52.9	54.9	57.3	57.8	57.4	55.3	53.2
中位数年齢(歳)	19.8	18.7	19.0	20.0	22.2	24.4	27.0	29.5	32.1	34.9	37.8
人口密度(1k㎡あたり)	258	292	323	357	385	417	442	459	475	490	505

指　標	1960-1965	1965-1970	1970-1975	1975-1980	1980-1985	1985-1990	1990-1995	1995-2000	2000-2005	2005-2010	2010-2015
年平均人口増加数(千人)	664	609	655	548	610	494	336	311	280	297	241
年平均出生数(千人)	1 067	984	1 004	833	795	647	702	617	480	465	455
年平均死亡数(千人)	347	298	259	253	248	239	239	247	246	249	275
人口増加率(%)	2.49	2.04	1.98	1.52	1.57	1.18	0.77	0.68	0.60	0.61	0.48
粗出生率(人口千人あたり)	39.9	32.9	30.3	23.1	20.4	15.5	16.0	13.6	10.2	9.6	9.2
粗死亡率(人口千人あたり)	13.0	9.9	7.8	7.0	6.4	5.7	5.5	5.4	5.2	5.2	5.5
合計出生率(女子１人あたり)	5.63	4.71	4.28	2.92	2.23	1.60	1.70	1.51	1.22	1.23	1.26
純再生産率(女子１人あたり)	2.19	1.94	1.87	1.30	1.02	0.72	0.78	0.71	0.57	0.59	0.60
乳児死亡率(出生千人あたり)	90	64	38	33	25	15	10	7	5	5	3
出生時の平均余命(歳)											
男	52.3	55.8	59.5	60.9	63.2	66.2	68.7	71.1	73.8	76.5	78.0
女	57.6	62.1	67.1	69.2	71.8	74.6	77.0	78.7	80.8	83.2	84.6
男女計	54.9	58.8	63.2	64.9	67.4	70.4	72.9	74.9	77.4	80.0	81.4

B. 中 位 予 測 値

指　標	2015	2020	2025	2030	2035	2040	2045	2050	2055	2060
人口(千人)										
総数	50 293	51 251	51 982	52 519	52 715	52 398	51 649	50 593	49 321	47 926
男	24 995	25 458	25 803	26 039	26 090	25 865	25 422	24 844	24 191	23 512
女	25 298	25 793	26 180	26 480	26 624	26 533	26 228	25 749	25 130	24 415
性比(女100につき男)	98.8	98.7	98.6	98.3	98.0	97.5	96.9	96.5	96.3	96.3
年齢分布(%)										
０－４歳	4.5	4.5	4.4	4.4	4.2	3.8	3.6	3.7	3.9	4.1
５－14歳	9.4	8.9	8.9	8.8	8.8	8.7	8.2	7.7	7.7	8.0
15－24歳	13.5	11.3	9.3	8.8	8.9	9.0	9.1	9.2	8.7	8.3
60歳以上	18.5	22.9	27.4	31.4	35.1	37.9	40.3	41.5	43.0	44.0
65歳以上	13.1	15.8	19.7	23.7	27.4	30.8	33.3	35.1	35.9	37.1
80歳以上	2.8	3.8	4.6	5.6	7.0	9.4	11.9	13.9	15.6	16.5
６－11歳	5.5	5.3	5.3	5.3	5.3	5.2	4.8	4.5	4.6	4.8
12－14歳	3.1	2.7	2.6	2.6	2.6	2.7	2.6	2.4	2.3	2.4
15－17歳	3.8	2.8	2.6	2.6	2.7	2.7	2.7	2.6	2.4	2.4
18－23歳	8.4	7.2	5.6	5.3	5.3	5.4	5.5	5.6	5.4	5.0
15－24歳女子(%)	50.1	45.8	41.6	38.4	35.8	34.5	33.0	31.8	31.8	31.9
中位数年齢(歳)	40.6	43.1	45.4	47.5	49.4	51.0	52.5	53.9	54.8	54.4
人口密度(1k㎡あたり)	517	527	535	540	542	539	531	520	507	493

指　標	2010-2015	2015-2020	2020-2025	2025-2030	2030-2035	2035-2040	2040-2045	2045-2050	2050-2055	2055-2060
年平均人口増加数(千人)	241	192	146	107	39	− 63	− 150	− 211	− 254	− 279
年平均出生数(千人)	455	460	457	463	443	398	374	376	383	388
年平均死亡数(千人)	275	308	351	396	444	501	564	628	676	702
年平均純移動数(千人)	60	40	40	40	40	40	40	40	38	36
人口増加率(%)	0.48	0.38	0.28	0.21	0.08	−0.12	−0.29	−0.41	−0.51	−0.57
粗出生率(人口千人あたり)	9.2	9.1	8.9	8.9	8.4	7.6	7.2	7.4	7.7	8.0
粗死亡率(人口千人あたり)	5.5	6.1	6.8	7.6	8.4	9.5	10.8	12.3	13.5	14.4
純移動率(人口千人あたり)	1.2	0.8	0.8	0.8	0.8	0.8	0.8	0.8	0.8	0.7
合計出生率 (女子１人あたり)	1.26	1.33	1.39	1.45	1.50	1.54	1.57	1.60	1.63	1.65
純再生産率 (女子１人あたり)	0.60	0.64	0.67	0.70	0.72	0.74	0.76	0.77	0.79	0.80
乳児死亡率 (出生千人あたり)	3	2	2	1	1	1	1	1	1	1
５歳未満の死亡数(出生千人あた	4	3	2	2	1	1	1	1	1	1
出生時の平均余命(歳)										
男	78.0	79.5	80.6	81.5	82.4	83.2	84.0	84.7	85.4	86.0
女	84.6	85.7	86.7	87.7	88.5	89.3	90.0	90.7	91.4	92.1
男女計	81.4	82.8	83.7	84.6	85.5	86.3	87.0	87.7	88.4	89.0

C. 高 位 予 測 値

	2015	2020	2025	2030	2035	2040	2045	2050	2055	2060
人口(千人)										
総数	50 293	51 683	53 069	54 403	55 340	55 677	55 563	55 276	55 035	54 897
男	24 995	25 681	26 364	27 013	27 447	27 560	27 444	27 263	27 143	27 112
女	25 298	26 002	26 705	27 390	27 893	28 118	28 119	28 013	27 893	27 785
性比(女100につき男)	98.8	98.6	98.4	98.0	97.5	96.9	96.2	95.5	95.0	94.8
年齢分布(%)										
０－４歳	4.5	5.3	5.6	5.7	5.4	4.8	4.5	4.8	5.4	5.8
５－14歳	9.4	8.8	9.5	10.5	11.0	11.0	10.1	9.4	9.4	10.3
15－24歳	13.5	11.2	9.1	8.5	9.2	10.4	11.1	11.2	10.4	9.6
60歳以上	18.5	22.7	26.8	30.3	33.5	35.7	37.5	38.0	38.6	38.4
65歳以上	13.1	15.6	19.3	22.9	26.1	29.0	30.9	32.2	32.2	32.4
80歳以上	2.8	3.8	4.5	5.4	6.6	8.9	11.0	12.8	14.0	14.4
15－49歳女子(%)	50.1	45.5	40.8	37.1	34.9	34.4	34.0	33.8	34.3	34.8
中位数年齢(歳)	40.6	42.8	44.7	46.3	47.4	48.6	49.8	50.4	49.3	47.2

	2010-2015	2015-2020	2020-2025	2025-2030	2030-2035	2035-2040	2040-2045	2045-2050	2050-2055	2055-2060
年平均人口増加数(千人)	241	278	277	267	187	68	－ 23	－ 57	－ 48	－ 28
年平均出生数(千人)	455	546	589	623	591	529	502	531	590	639
年平均死亡数(千人)	275	309	351	396	444	501	564	628	676	703
人口増加率(%)	0.48	0.55	0.53	0.50	0.34	0.12	−0.04	−0.10	−0.09	−0.05
粗出生率(人口千人あたり)	9.2	10.7	11.2	11.6	10.8	9.5	9.0	9.6	10.7	11.6
粗死亡率(人口千人あたり)	5.5	6.1	6.7	7.4	8.1	9.0	10.1	11.3	12.3	12.8
合計出生率（女子１人あたり）	1.26	1.58	1.79	1.95	2.00	2.04	2.07	2.10	2.13	2.15
純再生産率（女子１人あたり）	0.60	0.76	0.86	0.94	0.96	0.98	1.00	1.01	1.03	1.04

D. 低 位 予 測 値

	2015	2020	2025	2030	2035	2040	2045	2050	2055	2060
人口(千人)										
総数	50 293	50 820	50 896	50 634	50 090	49 124	47 761	46 023	43 929	41 591
男	24 995	25 235	25 241	25 065	24 734	24 173	23 412	22 483	21 406	20 240
女	25 298	25 585	25 655	25 569	25 356	24 950	24 348	23 540	22 523	21 352
性比(女100につき男)	98.8	98.6	98.4	98.0	97.5	96.9	96.2	95.5	95.0	94.8
年齢分布(%)										
０－４歳	4.5	3.7	3.2	3.0	3.0	2.7	2.7	2.6	2.5	2.4
５－14歳	9.4	9.0	8.2	7.0	6.3	6.2	6.0	5.7	5.7	5.6
15－24歳	13.5	11.4	9.5	9.2	8.5	7.3	6.8	6.7	6.7	6.5
60歳以上	18.5	23.1	27.9	32.6	37.0	40.5	43.6	45.6	48.3	50.7
65歳以上	13.1	15.9	20.1	24.6	28.9	32.9	36.0	38.6	40.3	42.8
80歳以上	2.8	3.8	4.7	5.8	7.3	10.1	12.9	15.3	17.5	19.0
15－49歳女子(%)	50.1	46.2	42.5	39.8	36.8	34.6	31.8	29.5	28.4	27.7
中位数年齢(歳)	40.6	43.4	46.1	48.8	51.3	53.5	55.3	57.2	58.9	60.4

	2010-2015	2015-2020	2020-2025	2025-2030	2030-2035	2035-2040	2040-2045	2045-2050	2050-2055	2055-2060
年平均人口増加数(千人)	241	105	15	－ 52	－ 109	－ 193	－ 273	－ 348	－ 419	－ 468
年平均出生数(千人)	455	373	326	303	295	267	251	240	218	198
年平均死亡数(千人)	275	308	351	395	443	501	564	627	675	702
人口増加率(%)	0.48	0.21	0.03	−0.10	−0.22	−0.39	−0.56	−0.74	−0.93	−1.09
粗出生率(人口千人あたり)	9.2	7.4	6.4	6.0	5.9	5.4	5.2	5.1	4.9	4.6
粗死亡率(人口千人あたり)	5.5	6.1	6.9	7.8	8.8	10.1	11.6	13.4	15.0	16.4
合計出生率（女子１人あたり）	1.26	1.08	0.99	0.95	1.00	1.04	1.07	1.10	1.13	1.15
純再生産率（女子１人あたり）	0.60	0.52	0.48	0.46	0.48	0.50	0.52	0.53	0.55	0.56

E. 出生力一定予測値

	2015	2020	2025	2030	2035	2040	2045	2050	2055	2060
人口(千人)										
総数	50 293	51 079	51 561	51 719	51 435	50 675	49 507	47 964	46 107	44 030
男	24 995	25 369	25 585	25 626	25 429	24 975	24 315	23 486	22 530	21 499
女	25 298	25 710	25 976	26 093	26 006	25 700	25 192	24 478	23 576	22 531
中位数年齢(歳)	40.6	43.2	45.7	48.1	50.4	52.3	54.0	55.8	57.3	58.2

	2010-2015	2015-2020	2020-2025	2025-2030	2030-2035	2035-2040	2040-2045	2045-2050	2050-2055	2055-2060
人口増加率(%)	0.48	0.31	0.19	0.06	−0.11	−0.30	−0.47	−0.63	−0.79	−0.92
粗出生率(人口千人あたり)	9.2	8.4	7.9	7.5	6.7	6.1	5.8	5.7	5.7	5.6
粗死亡率(人口千人あたり)	5.5	6.1	6.8	7.7	8.6	9.8	11.3	12.9	14.4	15.6

Republic of Moldova

A. 推計値

指標	1960	1965	1970	1975	1980	1985	1990	1995	2000	2005	2010
人口(千人)											
総数	3 004	3 336	3 595	3 839	4 010	4 215	4 364	4 339	4 201	4 158	4 084
男	1 405	1 561	1 681	1 804	1 896	2 002	2 080	2 073	2 011	1 991	1 964
女	1 598	1 774	1 914	2 035	2 114	2 213	2 284	2 267	2 190	2 166	2 121
性比(女100につき男)	87.9	88.0	87.8	88.6	89.7	90.4	91.1	91.4	91.8	91.9	92.6
年齢分布(%)											
0－4歳	13.3	11.8	9.5	9.7	9.4	9.9	9.8	7.6	5.7	4.9	5.4
5－14歳	18.5	22.5	22.6	19.2	17.3	17.3	18.1	19.0	17.7	13.6	11.1
15－24歳	16.5	13.8	16.2	19.6	18.6	16.3	14.5	15.8	18.0	19.6	18.2
60歳以上	9.0	9.3	9.7	10.8	10.8	11.8	12.8	13.1	13.7	13.6	14.1
65歳以上	6.2	5.8	6.3	6.8	7.7	7.5	8.3	9.0	9.4	9.9	10.1
80歳以上	1.0	0.9	0.9	1.0	1.0	1.1	1.2	1.3	1.1	1.5	2.0
15－49歳女子(%)	50.8	47.8	50.3	51.1	50.8	49.7	48.2	50.0	52.8	54.7	53.4
中位数年齢(歳)	26.1	26.2	26.3	26.2	27.7	28.7	29.9	30.8	31.3	32.4	34.2
人口密度(1k㎡あたり)	91	102	109	117	122	128	133	132	128	127	124

指標	1960-1965	1965-1970	1970-1975	1975-1980	1980-1985	1985-1990	1990-1995	1995-2000	2000-2005	2005-2010	2010-2015
年平均人口増加数(千人)	66	52	49	34	41	30	－ 5	－ 28	－ 9	－ 15	－ 3
年平均出生数(千人)	81	71	73	80	89	91	68	55	42	45	44
年平均死亡数(千人)	35	34	36	40	46	44	47	50	49	50	46
人口増加率(%)	2.10	1.50	1.32	0.87	1.00	0.70	−0.12	−0.65	−0.21	−0.36	−0.08
粗出生率(人口千人あたり)	25.6	20.3	19.8	20.3	21.6	21.1	15.7	13.0	10.2	11.0	10.9
粗死亡率(人口千人あたり)	11.0	9.7	9.6	10.2	11.2	10.2	10.8	11.7	11.7	12.2	11.2
合計出生率(女子1人あたり)	3.15	2.66	2.56	2.44	2.55	2.64	2.11	1.70	1.24	1.27	1.27
純再生産率(女子1人あたり)	1.41	1.21	1.17	1.11	1.17	1.23	0.99	0.80	0.58	0.60	0.61
乳児死亡率(出生千人あたり)	59	49	46	46	36	31	29	24	19	16	11
出生時の平均余命(歳)											
男	59.0	61.0	61.6	61.6	61.7	64.1	63.6	62.7	63.6	64.4	67.2
女	66.5	68.0	68.4	68.4	68.3	70.7	70.9	70.5	71.6	72.1	75.4
男女計	62.9	64.6	65.2	65.2	65.1	67.5	67.3	66.6	67.6	68.3	71.3

B. 中位予測値

指標	2015	2020	2025	2030	2035	2040	2045	2050	2055	2060
人口(千人)										
総数	4 069	4 021	3 945	3 839	3 707	3 557	3 402	3 243	3 079	2 909
男	1 956	1 927	1 883	1 826	1 757	1 682	1 607	1 532	1 453	1 370
女	2 113	2 094	2 061	2 013	1 950	1 875	1 795	1 712	1 627	1 539
性比(女100につき男)	92.6	92.0	91.4	90.7	90.1	89.7	89.6	89.5	89.3	89.0
年齢分布(%)										
0－4歳	5.5	5.0	4.5	4.1	3.9	4.0	4.1	4.2	4.1	4.0
5－14歳	10.3	10.9	10.6	9.7	9.0	8.4	8.3	8.5	8.8	8.9
15－24歳	14.1	10.9	10.3	11.1	11.1	10.3	9.5	9.0	8.9	9.2
60歳以上	16.6	18.9	21.5	22.4	23.5	25.4	28.5	33.6	36.4	36.9
65歳以上	10.0	12.6	14.8	17.1	17.6	18.4	19.9	22.9	27.6	30.1
80歳以上	2.2	2.2	2.2	2.1	3.5	4.3	5.0	4.8	5.1	6.0
6－11歳	6.2	6.6	6.3	5.7	5.2	5.0	4.9	5.1	5.3	5.3
12－14歳	3.0	3.1	3.4	3.2	2.9	2.7	2.5	2.6	2.7	2.8
15－17歳	3.4	2.9	3.3	3.4	3.1	2.8	2.7	2.6	2.7	2.8
18－23歳	8.9	6.6	6.0	6.7	6.8	6.3	5.8	5.4	5.3	5.5
15－24歳女子(%)	51.1	49.7	48.6	47.2	44.5	39.5	36.4	35.3	35.3	34.9
中位数年齢(歳)	35.6	37.6	39.9	42.6	45.2	47.2	48.8	49.3	49.2	49.5
人口密度(1k㎡あたり)	124	122	120	117	113	108	104	99	94	89

指標	2010-2015	2015-2020	2020-2025	2025-2030	2030-2035	2035-2040	2040-2045	2045-2050	2050-2055	2055-2060
年平均人口増加数(千人)	－ 3	－ 10	－ 15	－ 21	－ 26	－ 30	－ 31	－ 32	－ 33	－ 34
年平均出生数(千人)	44	41	36	32	29	29	28	27	26	24
年平均死亡数(千人)	46	47	48	50	53	56	57	56	56	55
年平均純移動数(千人)	−2	−3	−3	−3	−3	−3	−3	−3	−3	−3
人口増加率(%)	−0.08	−0.24	−0.38	−0.54	−0.70	−0.82	−0.89	−0.96	−1.04	−1.14
粗出生率(人口千人あたり)	10.9	10.1	9.0	8.3	7.8	7.9	8.1	8.2	8.1	7.9
粗死亡率(人口千人あたり)	11.2	11.7	12.1	13.0	14.1	15.3	16.2	16.9	17.6	18.5
純移動率(人口千人あたり)	−0.5	−0.7	−0.7	−0.7	−0.8	−0.8	−0.8	−0.9	−0.9	−0.9
合計出生率 (女子1人あたり)	1.27	1.23	1.24	1.31	1.37	1.42	1.47	1.52	1.56	1.60
純再生産率 (女子1人あたり)	0.61	0.59	0.59	0.62	0.65	0.68	0.71	0.73	0.75	0.77
乳児死亡率 (出生千人あたり)	11	10	9	9	8	7	7	6	6	6
5歳未満の死亡数(出生千人あたｌ	13	12	11	11	10	9	8	8	7	7
出生時の平均余命(歳)										
男	67.2	67.6	68.1	68.5	69.0	69.6	70.1	70.7	71.3	71.9
女	75.4	75.9	76.4	76.8	77.3	77.7	78.2	78.6	79.1	79.5
男女計	71.3	71.8	72.2	72.7	73.2	73.7	74.2	74.7	75.2	75.7

C. 高位予測値

	2015	2020	2025	2030	2035	2040	2045	2050	2055	2060
人口(千人)										
総数	4 069	4 062	4 043	3 998	3 920	3 826	3 734	3 653	3 576	3 497
男	1 956	1 948	1 934	1 908	1 867	1 820	1 778	1 742	1 707	1 671
女	2 113	2 114	2 109	2 090	2 054	2 006	1 956	1 911	1 869	1 826
性比(女100につき男)	92.6	91.9	91.0	90.1	89.3	88.6	88.1	87.5	86.8	85.9
年齢分布(%)										
0－4歳	5.5	5.9	5.8	5.5	5.1	5.1	5.5	5.8	6.0	6.0
5－14歳	10.3	10.7	11.4	11.8	11.5	10.9	10.5	10.9	11.5	12.1
15－24歳	14.1	10.8	10.1	10.7	11.5	12.1	11.8	11.1	10.7	11.1
60歳以上	16.6	18.7	21.0	21.5	22.2	23.6	26.0	29.8	31.4	30.7
65歳以上	10.0	12.4	14.4	16.4	16.6	17.1	18.2	20.3	23.8	25.1
80歳以上	2.2	2.2	2.1	2.1	3.3	4.0	4.6	4.3	4.4	5.0
15－49歳女子(%)	51.1	49.3	47.5	45.5	43.2	39.3	37.3	37.0	37.7	38.3
中位数年齢(歳)	35.6	37.3	39.3	41.6	43.6	45.1	45.0	43.8	42.9	42.5

	2010-2015	2015-2020	2020-2025	2025-2030	2030-2035	2035-2040	2040-2045	2045-2050	2050-2055	2055-2060
年平均人口増加数(千人)	− 3	− 1	− 4	− 9	− 16	− 19	− 18	− 16	− 15	− 16
年平均出生数(千人)	44	49	48	44	40	40	41	43	43	42
年平均死亡数(千人)	46	48	49	51	53	56	57	57	56	56
人口増加率(%)	−0.08	−0.03	−0.09	−0.22	−0.39	−0.49	−0.48	−0.44	−0.42	−0.45
粗出生率(人口千人あたり)	10.9	12.1	11.7	11.1	10.2	10.3	10.9	11.6	12.0	12.0
粗死亡率(人口千人あたり)	11.2	11.7	12.0	12.6	13.4	14.4	15.0	15.3	15.5	15.8
合計出生率（女子１人あたり）	1.27	1.48	1.64	1.81	1.87	1.92	1.97	2.02	2.06	2.10
純再生産率（女子１人あたり）	0.61	0.71	0.79	0.86	0.89	0.92	0.95	0.97	0.99	1.01

D. 低位予測値

	2015	2020	2025	2030	2035	2040	2045	2050	2055	2060
人口(千人)										
総数	4 069	3 980	3 846	3 680	3 494	3 292	3 081	2 862	2 634	2 399
男	1 956	1 906	1 833	1 744	1 648	1 546	1 443	1 336	1 224	1 108
女	2 113	2 075	2 013	1 935	1 846	1 746	1 638	1 526	1 410	1 291
性比(女100につき男)	92.6	91.9	91.0	90.1	89.3	88.6	88.1	87.5	86.8	85.9
年齢分布(%)										
0－4歳	5.5	4.0	3.1	2.6	2.6	2.7	2.7	2.6	2.3	2.1
5－14歳	10.3	11.0	9.8	7.5	6.1	5.6	5.7	5.9	5.9	5.5
15－24歳	14.1	11.0	10.6	11.6	10.6	8.1	6.7	6.2	6.4	6.7
60歳以上	16.6	19.1	22.1	23.3	24.9	27.4	31.5	38.1	42.6	44.7
65歳以上	10.0	12.7	15.2	17.8	18.7	19.8	22.0	25.9	32.3	36.6
80歳以上	2.2	2.2	2.2	2.2	3.7	4.7	5.5	5.5	6.0	7.3
15－49歳女子(%)	51.1	50.2	49.8	49.1	45.9	39.7	35.2	32.8	31.6	29.6
中位数年齢(歳)	35.6	37.9	40.5	43.5	46.6	49.4	51.7	53.8	55.3	56.3

	2010-2015	2015-2020	2020-2025	2025-2030	2030-2035	2035-2040	2040-2045	2045-2050	2050-2055	2055-2060
年平均人口増加数(千人)	− 3	− 18	− 27	− 33	− 37	− 40	− 42	− 44	− 46	− 47
年平均出生数(千人)	44	32	24	20	19	18	17	15	13	11
年平均死亡数(千人)	46	47	48	50	53	55	56	56	55	55
人口増加率(%)	−0.08	−0.44	−0.68	−0.89	−1.04	−1.19	−1.33	−1.48	−1.66	−1.87
粗出生率(人口千人あたり)	10.9	8.1	6.2	5.3	5.2	5.3	5.3	5.1	4.6	4.2
粗死亡率(人口千人あたり)	11.2	11.8	12.3	13.4	14.7	16.3	17.7	18.9	20.2	21.8
合計出生率（女子１人あたり）	1.27	0.98	0.84	0.81	0.87	0.92	0.97	1.02	1.06	1.10
純再生産率（女子１人あたり）	0.61	0.47	0.40	0.39	0.42	0.44	0.47	0.49	0.51	0.53

E. 出生力一定予測値

	2015	2020	2025	2030	2035	2040	2045	2050	2055	2060
人口(千人)										
総数	4 069	4 023	3 941	3 822	3 676	3 510	3 331	3 141	2 942	2 735
男	1 956	1 928	1 882	1 817	1 741	1 658	1 571	1 479	1 382	1 280
女	2 113	2 095	2 059	2 004	1 935	1 852	1 760	1 662	1 560	1 454
中位数年齢(歳)	35.6	37.6	39.9	42.7	45.4	47.6	49.6	50.6	51.0	51.7

	2010-2015	2015-2020	2020-2025	2025-2030	2030-2035	2035-2040	2040-2045	2045-2050	2050-2055	2055-2060
人口増加率(%)	−0.08	−0.23	−0.41	−0.61	−0.78	−0.92	−1.05	−1.17	−1.31	−1.46
粗出生率(人口千人あたり)	10.9	10.2	8.7	7.6	7.1	7.0	6.9	6.5	6.1	5.8
粗死亡率(人口千人あたり)	11.2	11.7	12.1	13.0	14.1	15.5	16.5	17.4	18.3	19.5

Réunion

A. 推 計 値

指　標	1960	1965	1970	1975	1980	1985	1990	1995	2000	2005	2010
人口(千人)											
総数	336	391	462	485	509	559	611	674	737	792	831
男	163	190	223	235	249	273	299	329	360	388	402
女	172	201	239	250	261	286	312	345	377	403	428
性比(女100につき男)	94.6	94.9	93.0	94.2	95.4	95.4	95.7	95.5	95.3	96.4	93.9
年齢分布(%)											
０－４歳	17.7	17.4	16.1	12.6	11.3	11.1	11.1	10.3	9.6	9.4	8.5
５－14歳	27.2	28.3	29.2	29.3	26.3	22.2	19.8	19.4	19.0	17.4	16.9
15－24歳	16.5	17.8	18.4	21.1	22.8	22.3	21.3	18.2	16.7	17.5	16.3
60歳以上	5.4	5.4	5.4	6.1	6.7	7.8	8.2	8.9	9.5	10.3	12.2
65歳以上	3.5	3.4	3.4	3.9	4.4	5.1	5.6	6.1	6.7	7.3	8.6
80歳以上	0.5	0.5	0.5	0.6	0.7	1.0	1.0	1.1	1.3	1.6	1.8
15－49歳女子(%)	43.9	43.0	43.4	45.9	49.0	51.9	53.5	54.1	54.2	53.7	51.6
中位数年齢(歳)	17.8	17.1	17.1	18.4	19.8	22.3	24.0	26.1	28.0	29.0	31.6
人口密度(1km²あたり)	134	156	185	194	204	223	244	269	295	317	332

指　標	1960-1965	1965-1970	1970-1975	1975-1980	1980-1985	1985-1990	1990-1995	1995-2000	2000-2005	2005-2010	2010-2015
年平均人口増加数(千人)	11	14	5	5	10	10	13	13	11	8	6
年平均出生数(千人)	16	16	13	12	12	14	14	14	15	14	13
年平均死亡数(千人)	4	4	3	3	3	3	3	4	4	4	5
人口増加率(%)	3.04	3.35	0.96	0.99	1.85	1.78	1.96	1.79	1.44	0.96	0.73
粗出生率(人口千人あたり)	43.0	36.5	26.8	23.5	23.4	24.2	22.0	20.3	19.7	17.9	15.7
粗死亡率(人口千人あたり)	11.4	8.9	7.1	6.4	6.0	5.7	5.4	5.1	5.1	5.2	5.5
合計出生率(女子１人あたり)	6.56	5.67	3.88	3.12	2.78	2.71	2.41	2.33	2.45	2.40	2.24
純再生産率(女子１人あたり)	2.74	2.48	1.75	1.44	1.31	1.29	1.16	1.12	1.19	1.17	1.10
乳児死亡率(出生千人あたり)	82	61	46	34	25	19	14	10	8	6	4
出生時の平均余命(歳)											
男	54.0	57.5	60.5	63.2	65.6	67.7	69.6	71.4	73.0	74.5	76.0
女	61.5	65.4	68.6	71.3	73.7	75.7	77.5	79.1	80.6	81.9	82.9
男女計	57.7	61.4	64.6	67.3	69.6	71.7	73.6	75.3	76.8	78.2	79.5

B. 中 位 予 測 値

指　標	2015	2020	2025	2030	2035	2040	2045	2050	2055	2060
人口(千人)										
総数	861	892	921	947	967	981	988	989	984	976
男	417	431	446	458	468	474	478	478	476	473
女	444	460	476	489	499	507	511	511	508	503
性比(女100につき男)	93.8	93.7	93.7	93.7	93.7	93.6	93.5	93.6	93.7	93.9
年齢分布(%)										
０－４歳	7.6	6.9	6.5	6.3	6.0	5.7	5.4	5.2	5.0	4.9
５－14歳	16.1	14.7	13.5	12.7	12.2	11.8	11.3	10.9	10.5	10.2
15－24歳	15.0	14.8	14.6	13.5	12.5	11.9	11.6	11.4	11.1	10.7
60歳以上	15.1	18.2	21.9	25.5	27.7	29.1	29.9	30.9	31.9	33.1
65歳以上	10.2	12.7	15.4	18.6	21.9	23.8	24.9	25.5	26.1	27.0
80歳以上	2.3	2.8	3.5	4.3	5.6	7.1	9.0	10.8	11.5	11.8
６－11歳	9.6	8.7	8.0	7.6	7.3	7.0	6.8	6.5	6.2	6.1
12－14歳	4.9	4.6	4.2	3.9	3.7	3.6	3.5	3.3	3.2	3.1
15－17歳	4.7	4.7	4.3	3.9	3.7	3.6	3.5	3.4	3.3	3.2
18－23歳	8.9	8.8	8.9	8.2	7.5	7.2	6.9	6.8	6.7	6.5
15－24歳女子(%)	48.3	45.6	44.1	42.9	42.1	41.1	40.4	39.6	38.4	37.4
中位数年齢(歳)	34.3	35.9	37.3	38.7	40.0	41.5	43.0	44.4	45.7	46.7
人口密度(1km²あたり)	344	357	369	379	387	392	395	395	393	390

指　標	2010-2015	2015-2020	2020-2025	2025-2030	2030-2035	2035-2040	2040-2045	2045-2050	2050-2055	2055-2060
年平均人口増加数(千人)	6	6	6	5	4	3	1	0	－1	－2
年平均出生数(千人)	13	13	12	12	12	11	11	10	10	10
年平均死亡数(千人)	5	5	6	6	7	8	9	10	10	11
年平均純移動数(千人)	−3	−1	−1	−1	−1	−1	−1	−1	−1	−1
人口増加率(%)	0.73	0.70	0.65	0.55	0.42	0.29	0.14	0.01	−0.10	−0.17
粗出生率(人口千人あたり)	15.7	14.3	13.4	12.8	12.2	11.6	10.9	10.5	10.1	9.9
粗死亡率(人口千人あたり)	5.5	5.8	6.2	6.7	7.3	8.0	8.9	9.7	10.5	11.0
純移動率(人口千人あたり)	−3.0	−1.4	−0.7	−0.7	−0.7	−0.6	−0.6	−0.6	−0.6	−0.6
合計出生率（女子１人あたり）	2.24	2.12	2.02	1.95	1.90	1.87	1.85	1.84	1.83	1.82
純再生産率（女子１人あたり）	1.10	1.04	0.99	0.96	0.93	0.92	0.91	0.90	0.90	0.90
乳児死亡率（出生千人あたり）	4	3	3	2	2	2	2	2	2	1
５歳未満の死亡数(出生千人あたり	5	4	3	3	3	2	2	2	2	2
出生時の平均余命(歳)										
男	76.0	77.6	79.1	80.3	81.3	82.2	83.0	83.7	84.4	85.0
女	82.9	83.8	84.7	85.6	86.4	87.1	87.9	88.6	89.2	89.9
男女計	79.5	80.8	82.0	83.0	83.9	84.7	85.5	86.2	86.9	87.6

C. 高位予測値

	2015	2020	2025	2030	2035	2040	2045	2050	2055	2060
人口(千人)										
総数	861	899	941	981	1 018	1 049	1 076	1 100	1 122	1 144
男	417	435	456	476	493	509	522	534	546	558
女	444	464	485	506	524	540	554	566	576	586
性比(女100につき男)	93.8	93.6	93.5	93.4	93.2	93.0	92.7	92.5	92.4	92.4
年齢分布(%)										
0－4歳	7.6	7.7	7.7	7.6	7.2	7.0	6.8	6.8	6.8	6.8
5－14歳	16.1	14.6	14.0	14.2	14.2	14.0	13.5	13.2	13.1	13.1
15－24歳	15.0	14.7	14.3	13.0	12.6	13.0	13.2	13.0	12.7	12.4
60歳以上	15.1	18.1	21.4	24.6	26.3	27.2	27.5	27.7	27.9	28.2
65歳以上	10.2	12.6	15.0	18.0	20.8	22.3	22.9	22.9	22.9	23.0
80歳以上	2.3	2.8	3.4	4.1	5.3	6.7	8.3	9.7	10.1	10.0
15－49歳女子(%)	48.3	45.3	43.3	41.4	40.8	40.4	40.3	40.1	39.7	39.5
中位数年齢(歳)	34.3	35.5	36.4	37.1	37.9	38.8	39.6	40.0	39.9	40.0

	2010-2015	2015-2020	2020-2025	2025-2030	2030-2035	2035-2040	2040-2045	2045-2050	2050-2055	2055-2060
年平均人口増加数(千人)	6	8	8	8	7	6	5	5	4	4
年平均出生数(千人)	13	14	15	15	15	15	15	15	15	16
年平均死亡数(千人)	5	5	6	6	7	8	9	10	10	11
人口増加率(%)	0.73	0.87	0.90	0.85	0.72	0.61	0.51	0.44	0.40	0.38
粗出生率(人口千人あたり)	15.7	15.9	15.8	15.6	14.8	14.3	13.9	13.8	13.9	13.8
粗死亡率(人口千人あたり)	5.5	5.8	6.1	6.5	7.0	7.6	8.2	8.9	9.3	9.5
合計出生率（女子1人あたり）	2.24	2.37	2.42	2.45	2.40	2.37	2.35	2.34	2.33	2.32
純再生産率（女子1人あたり）	1.10	1.16	1.18	1.20	1.18	1.16	1.15	1.15	1.14	1.14

D. 低位予測値

	2015	2020	2025	2030	2035	2040	2045	2050	2055	2060
人口(千人)										
総数	861	885	902	912	917	915	904	885	859	828
男	417	428	436	441	442	441	435	425	412	398
女	444	457	466	472	475	474	469	460	446	430
性比(女100につき男)	93.8	93.6	93.5	93.4	93.2	93.0	92.7	92.5	92.4	92.4
年齢分布(%)										
0－4歳	7.6	6.2	5.3	4.8	4.6	4.3	4.0	3.6	3.3	3.1
5－14歳	16.1	14.8	13.0	11.0	9.9	9.2	8.8	8.3	7.7	7.1
15－24歳	15.0	15.0	14.9	14.0	12.4	10.7	9.7	9.2	9.0	8.5
60歳以上	15.1	18.4	22.3	26.4	29.2	31.2	32.7	34.5	36.5	38.9
65歳以上	10.2	12.8	15.7	19.4	23.1	25.5	27.3	28.4	29.9	31.8
80歳以上	2.3	2.9	3.5	4.4	5.9	7.6	9.8	12.0	13.2	13.8
15－49歳女子(%)	48.3	46.0	45.0	44.4	43.5	42.0	40.3	38.6	36.4	34.1
中位数年齢(歳)	34.3	36.3	38.1	40.2	42.2	44.2	46.3	48.4	50.7	52.8

	2010-2015	2015-2020	2020-2025	2025-2030	2030-2035	2035-2040	2040-2045	2045-2050	2050-2055	2055-2060
年平均人口増加数(千人)	6	5	4	2	1	0	－2	－4	－5	－6
年平均出生数(千人)	13	11	10	9	9	8	7	6	6	5
年平均死亡数(千人)	5	5	6	6	7	8	9	10	10	11
人口増加率(%)	0.73	0.54	0.39	0.23	0.10	−0.05	−0.23	−0.43	−0.60	−0.72
粗出生率(人口千人あたり)	15.7	12.6	10.9	9.8	9.3	8.7	7.9	7.2	6.6	6.2
粗死亡率(人口千人あたり)	5.5	5.8	6.3	6.8	7.6	8.5	9.6	10.7	11.9	12.7
合計出生率（女子1人あたり）	2.24	1.87	1.62	1.45	1.40	1.37	1.35	1.34	1.33	1.32
純再生産率（女子1人あたり）	1.10	0.92	0.79	0.71	0.69	0.67	0.66	0.66	0.65	0.65

E. 出生力一定予測値

	2015	2020	2025	2030	2035	2040	2045	2050	2055	2060
人口(千人)										
総数	861	895	931	965	996	1 023	1 044	1 060	1 074	1 087
男	417	433	451	467	483	495	506	514	522	529
女	444	462	480	498	514	527	538	546	553	558
中位数年齢(歳)	34.3	35.7	36.8	37.8	38.8	39.8	40.8	41.6	41.9	42.0

	2010-2015	2015-2020	2020-2025	2025-2030	2030-2035	2035-2040	2040-2045	2045-2050	2050-2055	2055-2060
人口増加率(%)	0.73	0.78	0.79	0.72	0.63	0.52	0.41	0.32	0.26	0.24
粗出生率(人口千人あたり)	15.7	15.0	14.7	14.4	14.1	13.6	13.2	12.9	12.9	12.9
粗死亡率(人口千人あたり)	5.5	5.8	6.1	6.6	7.1	7.8	8.5	9.2	9.7	10.0

Romania

A. 推 計 値

指　標	1960	1965	1970	1975	1980	1985	1990	1995	2000	2005	2010
人口(千人)											
総数	18 614	19 380	20 549	21 666	22 612	23 104	23 489	22 965	22 128	21 408	20 299
男	9 090	9 492	10 094	10 669	11 152	11 394	11 580	11 284	10 825	10 439	9 860
女	9 524	9 887	10 455	10 997	11 460	11 710	11 910	11 681	11 303	10 969	10 439
性比(女100につき男)	95.4	96.0	96.5	97.0	97.3	97.3	97.2	96.6	95.8	95.2	94.5
年齢分布(%)											
０－４歳	10.0	7.6	9.9	9.3	9.1	7.8	7.6	5.5	5.1	5.0	5.2
５－14歳	18.9	19.4	16.1	16.0	17.7	17.4	16.1	15.3	13.5	10.9	10.6
15－24歳	15.6	14.8	17.0	17.2	14.4	14.7	16.7	16.8	16.2	15.4	12.6
60歳以上	10.7	12.0	13.1	14.1	13.2	14.3	15.7	17.5	19.2	19.6	21.6
65歳以上	6.8	7.9	8.5	9.4	10.2	9.5	10.4	12.1	13.6	15.2	15.8
80歳以上	0.7	1.0	1.0	1.1	1.3	1.5	1.8	2.1	1.8	2.6	3.4
15－49歳女子(%)	50.0	49.5	51.3	50.4	47.4	47.4	47.2	49.4	49.8	49.2	46.0
中位数年齢(歳)	28.3	29.9	30.6	30.2	30.4	31.6	32.6	33.9	34.9	37.0	39.9
人口密度(1k㎡あたり)	81	84	89	94	98	100	102	100	96	93	88

指　標	1960-1965	1965-1970	1970-1975	1975-1980	1980-1985	1985-1990	1990-1995	1995-2000	2000-2005	2005-2010	2010-2015
年平均人口増加数(千人)	153	234	223	189	98	77	－ 105	－ 167	－ 144	－ 222	－ 158
年平均出生数(千人)	313	429	422	425	371	369	263	232	217	214	187
年平均死亡数(千人)	159	195	198	216	233	252	264	277	263	261	257
人口増加率(%)	0.81	1.17	1.06	0.86	0.43	0.33	−0.45	−0.74	−0.66	−1.06	−0.79
粗出生率(人口千人あたり)	16.5	21.5	20.0	19.2	16.2	15.8	11.3	10.3	10.0	10.3	9.4
粗死亡率(人口千人あたり)	8.4	9.8	9.4	9.7	10.2	10.8	11.4	12.3	12.1	12.5	12.9
合計出生率(女子１人あたり)	2.10	2.87	2.65	2.55	2.26	2.22	1.51	1.34	1.32	1.45	1.48
純再生産率(女子１人あたり)	0.95	1.30	1.22	1.18	1.05	1.04	0.71	0.63	0.63	0.69	0.71
乳児死亡率(出生千人あたり)	54	51	39	31	26	26	23	20	17	12	10
出生時の平均余命(歳)											
男	65.8	65.1	66.8	67.1	66.9	66.5	66.1	66.1	67.9	69.5	70.9
女	69.7	69.6	71.2	72.0	72.6	72.6	73.3	73.6	75.2	76.7	78.1
男女計	67.8	67.3	69.0	69.6	69.7	69.5	69.6	69.7	71.5	73.1	74.5

B. 中 位 予 測 値

指　標	2015	2020	2025	2030	2035	2040	2045	2050	2055	2060
人口(千人)										
総数	19 511	18 848	18 229	17 639	17 046	16 449	15 835	15 207	14 567	13 932
男	9 451	9 113	8 802	8 509	8 218	7 931	7 644	7 353	7 060	6 777
女	10 060	9 734	9 427	9 131	8 829	8 518	8 191	7 854	7 507	7 155
性比(女100につき男)	93.9	93.6	93.4	93.2	93.1	93.1	93.3	93.6	94.0	94.7
年齢分布(%)										
０－４歳	4.7	4.5	4.4	4.3	4.4	4.6	4.6	4.5	4.4	4.5
５－14歳	10.8	10.4	9.7	9.3	9.1	9.2	9.6	9.8	9.7	9.5
15－24歳	10.5	10.7	11.1	10.9	10.2	9.8	9.6	9.7	10.2	10.5
60歳以上	24.4	26.6	27.0	29.8	32.3	34.6	35.3	36.4	35.6	35.2
65歳以上	17.3	19.6	21.5	21.7	24.3	26.5	28.6	29.2	30.1	29.2
80歳以上	4.1	4.8	4.6	5.3	6.6	7.4	7.2	8.7	10.0	11.2
６－11歳	6.5	6.1	5.7	5.5	5.4	5.5	5.7	5.8	5.8	5.6
12－14歳	3.2	3.4	3.1	2.9	2.8	2.8	2.9	3.0	3.0	3.0
15－17歳	3.3	3.3	3.4	3.0	2.9	2.8	2.8	3.0	3.1	3.1
18－23歳	6.1	6.4	6.7	6.7	6.2	5.9	5.8	5.8	6.1	6.3
15－24歳女子(%)	45.1	42.4	40.5	38.1	37.0	35.6	35.9	36.0	36.0	35.7
中位数年齢(歳)	42.1	44.1	45.9	47.0	48.0	48.5	48.1	48.1	48.4	48.7
人口密度(1k㎡あたり)	85	82	79	77	74	71	69	66	63	61

指　標	2010-2015	2015-2020	2020-2025	2025-2030	2030-2035	2035-2040	2040-2045	2045-2050	2050-2055	2055-2060
年平均人口増加数(千人)	－ 158	－ 133	－ 124	－ 118	－ 119	－ 120	－ 123	－ 126	－ 128	－ 127
年平均出生数(千人)	187	173	160	153	153	153	147	138	130	125
年平均死亡数(千人)	257	262	262	260	260	261	259	253	247	242
年平均純移動数(千人)	−87	−44	−22	−11	−11	−11	−11	−11	−10	−10
人口増加率(%)	−0.79	−0.69	−0.67	−0.66	−0.68	−0.71	−0.76	−0.81	−0.86	−0.89
粗出生率(人口千人あたり)	9.4	9.0	8.7	8.5	8.8	9.1	9.1	8.9	8.7	8.8
粗死亡率(人口千人あたり)	12.9	13.7	14.1	14.5	15.0	15.6	16.0	16.3	16.6	17.0
純移動率(人口千人あたり)	−4.4	−2.3	−1.2	−0.6	−0.6	−0.7	−0.7	−0.7	−0.7	−0.7
合計出生率 (女子１人あたり)	1.48	1.53	1.58	1.62	1.65	1.68	1.70	1.72	1.74	1.76
純再生産率 (女子１人あたり)	0.71	0.73	0.76	0.78	0.79	0.81	0.82	0.83	0.84	0.85
乳児死亡率 (出生千人あたり)	10	8	7	7	6	5	5	4	4	4
５歳未満の死亡数(出生千人あた	13	11	10	9	8	7	6	6	5	5
出生時の平均余命(歳)										
男	70.9	71.6	72.4	73.2	74.0	74.8	75.6	76.5	77.4	78.3
女	78.1	78.7	79.3	79.9	80.4	81.0	81.6	82.1	82.7	83.2
男女計	74.5	75.1	75.8	76.5	77.2	77.9	78.6	79.3	80.0	80.8

C. 高位予測値

	2015	2020	2025	2030	2035	2040	2045	2050	2055	2060
人口(千人)										
総数	19 511	18 987	18 569	18 214	17 855	17 500	17 152	16 836	16 565	16 337
男	9 451	9 185	8 977	8 804	8 633	8 471	8 320	8 190	8 086	8 012
女	10 060	9 802	9 592	9 410	9 222	9 029	8 832	8 646	8 479	8 326
性比(女100につき男)	93.9	93.5	93.2	92.8	92.5	92.3	92.3	92.4	92.5	92.9
年齢分布(%)										
0－4歳	4.7	5.2	5.4	5.5	5.6	5.7	5.8	5.9	6.1	6.3
5－14歳	10.8	10.4	10.3	10.9	11.1	11.3	11.6	11.9	12.0	12.3
15－24歳	10.5	10.6	10.9	10.6	10.5	11.1	11.4	11.6	11.8	12.0
60歳以上	24.4	26.4	26.5	28.9	30.8	32.5	32.6	32.9	31.3	30.0
65歳以上	17.3	19.5	21.1	21.1	23.2	24.9	26.4	26.4	26.5	24.9
80歳以上	4.1	4.7	4.5	5.1	6.3	7.0	6.6	7.9	8.8	9.5
15－49歳女子(%)	45.1	42.1	39.8	37.0	36.2	35.4	36.4	37.3	37.9	38.4
中位数年齢(歳)	42.1	43.8	45.3	45.8	46.3	45.5	44.5	43.8	42.9	41.8

	2010-2015	2015-2020	2020-2025	2025-2030	2030-2035	2035-2040	2040-2045	2045-2050	2050-2055	2055-2060
年平均人口増加数(千人)	− 158	− 105	− 84	− 71	− 72	− 71	− 70	− 63	− 54	− 46
年平均出生数(千人)	187	201	201	201	200	202	201	201	204	207
年平均死亡数(千人)	257	262	263	261	261	262	259	253	248	243
人口増加率(%)	−0.79	−0.55	−0.45	−0.39	−0.40	−0.40	−0.40	−0.37	−0.32	−0.28
粗出生率(人口千人あたり)	9.4	10.4	10.7	10.9	11.1	11.4	11.6	11.8	12.2	12.6
粗死亡率(人口千人あたり)	12.9	13.6	14.0	14.2	14.5	14.8	15.0	14.9	14.9	14.8
合計出生率（女子1人あたり）	1.48	1.78	1.98	2.12	2.15	2.18	2.20	2.22	2.24	2.26
純再生産率（女子1人あたり）	0.71	0.85	0.95	1.02	1.03	1.05	1.06	1.07	1.08	1.09

D. 低位予測値

	2015	2020	2025	2030	2035	2040	2045	2050	2055	2060
人口(千人)										
総数	19 511	18 708	17 889	17 064	16 240	15 407	14 552	13 663	12 737	11 800
男	9 451	9 041	8 628	8 213	7 803	7 396	6 985	6 560	6 120	5 682
女	10 060	9 667	9 261	8 851	8 436	8 011	7 567	7 103	6 617	6 118
性比(女100につき男)	93.9	93.5	93.2	92.8	92.5	92.3	92.3	92.4	92.5	92.9
年齢分布(%)										
0－4歳	4.7	3.8	3.3	3.1	3.2	3.4	3.4	3.1	2.8	2.7
5－14歳	10.8	10.5	9.1	7.7	6.9	6.8	7.2	7.4	7.1	6.6
15－24歳	10.5	10.7	11.3	11.3	9.8	8.3	7.4	7.4	8.0	8.3
60歳以上	24.4	26.8	27.5	30.8	33.9	36.9	38.4	40.5	40.7	41.5
65歳以上	17.3	19.8	21.9	22.5	25.6	28.3	31.1	32.5	34.5	34.4
80歳以上	4.1	4.8	4.7	5.5	6.9	7.9	7.8	9.7	11.4	13.2
15－49歳女子(%)	45.1	42.7	41.2	39.3	37.9	35.8	35.2	34.3	33.2	31.6
中位数年齢(歳)	42.1	44.3	46.4	48.3	49.7	51.1	51.8	52.3	53.3	54.5

	2010-2015	2015-2020	2020-2025	2025-2030	2030-2035	2035-2040	2040-2045	2045-2050	2050-2055	2055-2060
年平均人口増加数(千人)	− 158	− 161	− 164	− 165	− 165	− 167	− 171	− 178	− 185	− 188
年平均出生数(千人)	187	145	120	106	106	105	98	85	72	64
年平均死亡数(千人)	257	262	262	260	260	261	258	252	247	241
人口増加率(%)	−0.79	−0.84	−0.90	−0.94	−0.99	−1.05	−1.14	−1.26	−1.40	−1.53
粗出生率(人口千人あたり)	9.4	7.6	6.5	6.1	6.4	6.6	6.6	6.0	5.4	5.2
粗死亡率(人口千人あたり)	12.9	13.7	14.3	14.9	15.6	16.5	17.2	17.9	18.7	19.7
合計出生率（女子1人あたり）	1.48	1.28	1.18	1.12	1.15	1.18	1.20	1.22	1.24	1.26
純再生産率（女子1人あたり）	0.71	0.61	0.57	0.54	0.55	0.57	0.58	0.59	0.60	0.60

E. 出生力一定予測値

	2015	2020	2025	2030	2035	2040	2045	2050	2055	2060
人口(千人)										
総数	19 511	18 795	18 109	17 456	16 782	16 069	15 314	14 535	13 744	12 953
男	9 451	9 086	8 741	8 414	8 082	7 736	7 376	7 008	6 637	6 274
女	10 060	9 709	9 368	9 041	8 700	8 333	7 938	7 527	7 107	6 679
中位数年齢(歳)	42.1	44.2	46.1	47.4	48.6	49.6	49.6	49.9	50.5	51.4

	2010-2015	2015-2020	2020-2025	2025-2030	2030-2035	2035-2040	2040-2045	2045-2050	2050-2055	2055-2060
人口増加率(%)	−0.79	−0.75	−0.74	−0.74	−0.79	−0.87	−0.96	−1.04	−1.12	−1.19
粗出生率(人口千人あたり)	9.4	8.5	8.0	7.9	8.0	7.9	7.6	7.2	7.0	7.0
粗死亡率(人口千人あたり)	12.9	13.7	14.2	14.6	15.2	15.9	16.5	16.9	17.5	18.1

Russian Federation

A. 推計値

指標	1960	1965	1970	1975	1980	1985	1990	1995	2000	2005	2010
人口(千人)											
総数	119 860	126 484	130 126	133 788	138 063	142 976	147 569	148 293	146 401	143 623	143 158
男	53 682	57 317	59 395	61 317	63 710	66 387	69 087	69 571	68 511	66 836	66 390
女	66 178	69 167	70 731	72 471	74 353	76 589	78 481	78 723	77 890	76 786	76 768
性比(女100につき男)	81.1	82.9	84.0	84.6	85.7	86.7	88.0	88.4	88.0	87.0	86.5
年齢分布(%)											
０－４歳	11.1	9.2	7.2	7.5	7.6	8.1	7.8	5.4	4.4	4.8	5.6
５－14歳	19.3	20.2	19.0	15.5	13.9	14.4	15.1	16.0	13.8	10.3	9.3
15－24歳	16.0	13.6	17.3	18.6	17.8	14.8	13.3	14.2	15.7	17.0	14.9
60歳以上	9.2	10.4	12.0	13.7	13.6	14.1	16.2	16.8	18.4	17.2	18.0
65歳以上	6.1	6.7	7.7	9.0	10.3	9.9	10.3	12.1	12.4	13.8	13.1
80歳以上	0.8	1.0	1.2	1.3	1.4	1.7	2.1	2.4	2.0	2.1	2.9
15－49歳女子(%)	50.2	48.0	49.7	50.5	48.9	47.7	45.5	48.4	50.7	51.6	49.0
中位数年齢(歳)	27.2	28.6	30.8	30.8	31.4	32.2	33.4	35.0	36.5	37.3	38.0
人口密度(1km²あたり)	7	8	8	8	8	9	9	9	9	9	9

指標	1960-1965	1965-1970	1970-1975	1975-1980	1980-1985	1985-1990	1990-1995	1995-2000	2000-2005	2005-2010	2010-2015
年平均人口増加数(千人)	1 325	729	732	855	983	919	145	− 378	− 556	− 93	60
年平均出生数(千人)	2 602	1 921	2 028	2 144	2 352	2 350	1 605	1 313	1 422	1 618	1 822
年平均死亡数(千人)	998	1 082	1 238	1 417	1 591	1 613	1 964	2 153	2 325	2 143	1 986
人口増加率(%)	1.08	0.57	0.56	0.63	0.70	0.63	0.10	−0.26	−0.38	−0.07	0.04
粗出生率(人口千人あたり)	21.1	15.0	15.4	15.8	16.7	16.2	10.9	8.9	9.8	11.3	12.7
粗死亡率(人口千人あたり)	8.1	8.4	9.4	10.4	11.3	11.1	13.3	14.6	16.0	14.9	13.9
合計出生率(女子１人あたり)	2.55	2.02	2.03	1.94	2.04	2.12	1.55	1.25	1.30	1.44	1.66
純再生産率(女子１人あたり)	1.17	0.94	0.95	0.91	0.96	1.00	0.73	0.58	0.61	0.68	0.79
乳児死亡率(出生千人あたり)	40	31	26	29	26	24	22	21	16	11	8
出生時の平均余命(歳)											
男	63.1	63.2	62.8	61.6	61.5	63.9	60.6	59.6	58.6	61.0	64.2
女	71.4	72.6	72.9	72.8	73.0	73.9	72.8	72.3	72.0	73.7	75.6
男女計	67.9	68.5	68.3	67.6	67.5	69.1	66.6	65.7	64.9	67.1	69.8

B. 中位予測値

指標	2015	2020	2025	2030	2035	2040	2045	2050	2055	2060
人口(千人)										
総数	143 457	142 898	141 205	138 652	135 674	132 892	130 588	128 599	126 655	124 604
男	66 644	66 373	65 498	64 182	62 692	61 427	60 529	59 825	59 118	58 376
女	76 813	76 525	75 707	74 470	72 982	71 465	70 060	68 775	67 537	66 228
性比(女100につき男)	86.8	86.7	86.5	86.2	85.9	86.0	86.4	87.0	87.5	88.1
年齢分布(%)										
０－４歳	6.4	6.2	5.7	5.2	5.0	5.4	5.9	6.1	5.9	5.7
５－14歳	10.4	12.0	12.7	12.1	11.2	10.5	10.7	11.6	12.3	12.3
15－24歳	10.6	9.4	10.7	12.4	13.3	12.8	11.7	11.0	11.2	12.1
60歳以上	20.0	22.1	23.9	24.0	24.7	25.6	27.0	28.8	28.4	26.6
65歳以上	13.4	15.2	17.2	18.8	18.7	19.2	19.7	20.9	22.6	22.3
80歳以上	3.1	3.7	3.2	3.3	4.4	5.2	5.6	5.1	5.2	5.6
６－11歳	6.4	7.4	7.7	7.2	6.5	6.2	6.5	7.1	7.4	7.3
12－14歳	2.8	3.2	3.9	3.9	3.6	3.3	3.1	3.3	3.6	3.8
15－17歳	2.5	3.0	3.5	4.0	3.9	3.5	3.2	3.2	3.5	3.8
18－23歳	6.6	5.4	6.2	7.3	8.2	7.8	7.2	6.6	6.6	7.2
15－24歳女子(%)	45.1	43.8	42.7	42.1	40.9	38.8	38.5	39.5	40.4	41.0
中位数年齢(歳)	38.7	39.5	40.8	42.4	43.6	43.2	41.5	40.8	41.0	41.4
人口密度(1km²あたり)	9	9	9	8	8	8	8	8	8	8

指標	2010-2015	2015-2020	2020-2025	2025-2030	2030-2035	2035-2040	2040-2045	2045-2050	2050-2055	2055-2060
年平均人口増加数(千人)	60	− 112	− 339	− 511	− 596	− 556	− 461	− 398	− 389	− 410
年平均出生数(千人)	1 822	1 768	1 607	1 433	1 366	1 440	1 546	1 568	1 502	1 410
年平均死亡数(千人)	1 986	2 041	2 045	2 043	2 062	2 097	2 107	2 066	1 986	1 910
年平均純移動数(千人)	224	162	100	100	100	100	100	100	95	90
人口増加率(%)	0.04	−0.08	−0.24	−0.37	−0.43	−0.41	−0.35	−0.31	−0.31	−0.33
粗出生率(人口千人あたり)	12.7	12.3	11.3	10.2	10.0	10.7	11.7	12.1	11.8	11.2
粗死亡率(人口千人あたり)	13.9	14.3	14.4	14.6	15.0	15.6	16.0	15.9	15.6	15.2
純移動率(人口千人あたり)	1.6	1.1	0.7	0.7	0.7	0.7	0.8	0.8	0.7	0.7
合計出生率（女子１人あたり）	1.66	1.72	1.76	1.79	1.82	1.84	1.85	1.87	1.88	1.88
純再生産率（女子１人あたり）	0.79	0.82	0.84	0.86	0.87	0.88	0.89	0.89	0.90	0.90
乳児死亡率（出生千人あたり）	8	7	7	6	6	6	5	5	5	4
５歳未満の死亡数(出生千人あたり	10	9	8	8	7	7	6	6	6	5
出生時の平均余命(歳)										
男	64.2	64.7	65.4	66.1	66.7	67.4	68.1	68.8	69.6	70.4
女	75.6	76.1	76.6	77.1	77.6	78.1	78.5	79.0	79.5	79.9
男女計	69.8	70.4	71.0	71.6	72.1	72.7	73.3	73.9	74.6	75.2

C. 高 位 予 測 値

	2015	2020	2025	2030	2035	2040	2045	2050	2055	2060
人口(千人)										
総数	143 457	144 175	144 292	143 720	142 625	141 916	142 154	143 326	145 038	146 865
男	66 644	67 027	67 081	66 780	66 255	66 050	66 452	67 362	68 521	69 754
女	76 813	77 147	77 211	76 940	76 370	75 866	75 702	75 964	76 516	77 110
性比(女100につき男)	86.8	86.6	86.1	85.5	85.0	84.7	84.8	85.0	85.1	85.3
年齢分布(%)										
0－4歳	6.4	7.0	6.8	6.4	6.1	6.5	7.2	7.7	7.7	7.5
5－14歳	10.4	11.9	13.3	13.9	13.3	12.6	12.7	13.6	14.7	15.1
15－24歳	10.6	9.3	10.4	12.0	13.6	14.1	13.4	12.5	12.5	13.4
60歳以上	20.0	21.9	23.4	23.1	23.5	24.0	24.8	25.8	24.8	22.6
65歳以上	13.4	15.1	16.8	18.2	17.8	17.9	18.1	18.8	19.7	18.9
80歳以上	3.1	3.6	3.1	3.1	4.1	4.9	5.2	4.5	4.5	4.8
15－49歳女子(%)	45.1	43.5	41.8	40.8	39.9	38.5	38.9	40.2	41.4	42.5
中位数年齢(歳)	38.7	39.2	40.2	41.4	41.6	39.7	37.7	36.6	36.3	36.2

	2010-2015	2015-2020	2020-2025	2025-2030	2030-2035	2035-2040	2040-2045	2045-2050	2050-2055	2055-2060
年平均人口増加数(千人)	60	144	23	− 114	− 219	− 142	48	234	342	365
年平均出生数(千人)	1 822	2 025	1 972	1 832	1 747	1 860	2 062	2 211	2 247	2 204
年平均死亡数(千人)	1 986	2 043	2 049	2 047	2 066	2 102	2 114	2 077	2 000	1 929
人口増加率(%)	0.04	0.10	0.02	−0.08	−0.15	−0.10	0.03	0.16	0.24	0.25
粗出生率(人口千人あたり)	12.7	14.1	13.7	12.7	12.2	13.1	14.5	15.5	15.6	15.1
粗死亡率(人口千人あたり)	13.9	14.2	14.2	14.2	14.4	14.8	14.9	14.5	13.9	13.2
合計出生率(女子1人あたり)	1.66	1.97	2.16	2.29	2.32	2.34	2.35	2.37	2.38	2.38
純再生産率(女子1人あたり)	0.79	0.94	1.03	1.09	1.11	1.12	1.13	1.13	1.14	1.14

D. 低 位 予 測 値

	2015	2020	2025	2030	2035	2040	2045	2050	2055	2060
人口(千人)										
総数	143 457	141 622	138 118	133 585	128 734	123 938	119 301	114 618	109 741	104 693
男	66 644	65 718	63 916	61 585	59 135	56 839	54 748	52 670	50 469	48 203
女	76 813	75 903	74 203	72 000	69 599	67 099	64 553	61 949	59 272	56 490
性比(女100につき男)	86.8	86.6	86.1	85.5	85.0	84.7	84.8	85.0	85.1	85.3
年齢分布(%)										
0－4歳	6.4	5.3	4.5	3.9	3.8	4.2	4.5	4.5	4.1	3.8
5－14歳	10.4	12.1	12.1	10.3	8.8	8.2	8.5	9.2	9.6	9.2
15－24歳	10.6	9.5	10.9	12.9	13.1	11.2	9.7	9.0	9.4	10.2
60歳以上	20.0	22.3	24.4	24.9	26.1	27.5	29.6	32.3	32.8	31.7
65歳以上	13.4	15.4	17.6	19.6	19.8	20.5	21.6	23.5	26.1	26.6
80歳以上	3.1	3.7	3.2	3.4	4.6	5.6	6.1	5.7	6.0	6.7
15－49歳女子(%)	45.1	44.2	43.5	43.6	42.0	39.1	37.9	38.5	38.7	38.5
中位数年齢(歳)	38.7	39.8	41.5	43.5	45.5	46.3	45.7	45.2	45.8	47.0

	2010-2015	2015-2020	2020-2025	2025-2030	2030-2035	2035-2040	2040-2045	2045-2050	2050-2055	2055-2060
年平均人口増加数(千人)	60	− 367	− 701	− 907	− 970	− 959	− 927	− 937	− 975	− 1 010
年平均出生数(千人)	1 822	1 510	1 242	1 033	988	1 033	1 072	1 020	902	793
年平均死亡数(千人)	1 986	2 039	2 042	2 040	2 058	2 092	2 100	2 056	1 972	1 893
人口増加率(%)	0.04	−0.26	−0.50	−0.67	−0.74	−0.76	−0.76	−0.80	−0.87	−0.94
粗出生率(人口千人あたり)	12.7	10.6	8.9	7.6	7.5	8.2	8.8	8.7	8.0	7.4
粗死亡率(人口千人あたり)	13.9	14.3	14.6	15.0	15.7	16.6	17.3	17.6	17.6	17.7
合計出生率(女子1人あたり)	1.66	1.47	1.36	1.29	1.32	1.34	1.35	1.37	1.38	1.38
純再生産率(女子1人あたり)	0.79	0.70	0.65	0.62	0.63	0.64	0.65	0.65	0.66	0.66

E. 出生力一定予測値

	2015	2020	2025	2030	2035	2040	2045	2050	2055	2060
人口(千人)										
総数	143 457	142 247	139 571	136 253	132 847	129 514	126 114	122 564	118 956	115 425
男	66 644	66 046	64 674	62 972	61 269	59 728	58 276	56 780	55 230	53 739
女	76 813	76 201	74 897	73 281	71 578	69 786	67 838	65 784	63 726	61 686
中位数年齢(歳)	38.7	39.6	41.2	42.9	44.4	44.5	43.1	42.7	43.1	44.0

	2010-2015	2015-2020	2020-2025	2025-2030	2030-2035	2035-2040	2040-2045	2045-2050	2050-2055	2055-2060
人口増加率(%)	0.04	−0.17	−0.38	−0.48	−0.51	−0.51	−0.53	−0.57	−0.60	−0.60
粗出生率(人口千人あたり)	12.7	11.5	10.0	9.3	9.5	10.1	10.4	10.1	9.6	9.4
粗死亡率(人口千人あたり)	13.9	14.3	14.5	14.8	15.3	16.0	16.5	16.6	16.4	16.2

Rwanda

A. 推 計 値

指　標	1960	1965	1970	1975	1980	1985	1990	1995	2000	2005	2010
人口(千人)											
総数	2 933	3 233	3 755	4 359	5 141	6 118	7 260	5 913	8 022	9 008	10 294
男	1 440	1 586	1 843	2 141	2 527	3 011	3 565	2 839	3 847	4 297	4 915
女	1 494	1 647	1 912	2 218	2 613	3 107	3 695	3 074	4 175	4 711	5 379
性比(女100につき男)	96.4	96.2	96.4	96.5	96.7	96.9	96.5	92.4	92.2	91.2	91.4
年齢分布(%)											
０－４歳	20.1	19.5	19.0	19.7	20.6	21.1	20.1	12.6	16.6	16.5	16.3
５－14歳	27.6	29.7	28.8	27.5	27.4	28.5	29.7	31.2	28.4	25.8	26.1
15－24歳	16.7	17.3	20.0	20.7	19.8	18.3	18.5	21.6	21.6	23.7	21.1
60歳以上	4.8	4.6	4.3	4.0	3.6	3.6	3.9	3.8	4.3	4.1	4.1
65歳以上	3.0	3.0	2.8	2.6	2.4	2.2	2.2	2.2	3.2	2.7	2.7
80歳以上	0.2	0.3	0.3	0.3	0.3	0.3	0.2	0.1	0.4	0.6	0.4
15－49歳女子(%)	42.4	41.1	43.2	44.1	43.3	41.9	42.6	48.7	47.4	49.8	49.2
中位数年齢(歳)	16.3	15.4	16.0	16.2	16.0	15.2	15.1	17.5	17.0	18.0	18.7
人口密度(1km²あたり)	119	131	152	177	208	248	294	240	325	365	417

指　標	1960-1965	1965-1970	1970-1975	1975-1980	1980-1985	1985-1990	1990-1995	1995-2000	2000-2005	2005-2010	2010-2015
年平均人口増加数(千人)	60	104	121	156	195	228	- 269	422	197	257	263
年平均出生数(千人)	156	172	207	254	299	340	296	294	335	363	361
年平均死亡数(千人)	68	72	82	93	94	118	296	115	123	91	82
人口増加率(%)	1.94	2.99	2.99	3.30	3.48	3.42	−4.11	6.10	2.32	2.67	2.41
粗出生率(人口千人あたり)	50.7	49.3	51.1	53.4	53.1	50.9	44.9	42.2	39.3	37.6	32.9
粗死亡率(人口千人あたり)	22.2	20.5	20.3	19.6	16.6	17.6	44.9	16.4	14.4	9.4	7.5
合計出生率(女子１人あたり)	8.20	8.20	8.28	8.43	8.38	7.99	6.55	5.90	5.40	4.85	4.05
純再生産率(女子１人あたり)	2.59	2.65	2.70	2.80	2.98	2.81	1.24	2.05	2.07	2.06	1.78
乳児死亡率(出生千人あたり)	143	137	135	128	109	114	289	116	90	59	49
出生時の平均余命(歳)											
男	41.4	42.5	43.0	44.3	47.9	44.5	20.8	39.8	44.9	54.8	59.7
女	44.6	45.7	46.2	47.3	51.3	50.3	25.6	49.7	55.6	63.4	66.3
男女計	43.0	44.1	44.6	45.8	49.6	47.3	23.1	44.5	50.1	59.2	63.1

B. 中 位 予 測 値

指　標	2015	2020	2025	2030	2035	2040	2045	2050	2055	2060
人口(千人)										
総数	11 610	12 997	14 377	15 785	17 223	18 644	19 977	21 187	22 267	23 222
男	5 560	6 247	6 933	7 634	8 353	9 062	9 727	10 331	10 868	11 342
女	6 050	6 750	7 444	8 150	8 871	9 582	10 250	10 856	11 399	11 880
性比(女100につき男)	91.9	92.5	93.1	93.7	94.2	94.6	94.9	95.2	95.3	95.5
年齢分布(%)										
０－４歳	14.6	13.3	12.1	11.4	10.8	10.1	9.2	8.4	7.7	7.2
５－14歳	26.5	25.4	23.4	21.7	20.3	19.4	18.6	17.4	16.1	14.9
15－24歳	19.3	20.1	20.9	20.5	19.2	18.1	17.3	16.9	16.5	15.7
60歳以上	4.5	5.1	5.9	6.3	6.9	8.0	9.9	12.0	13.4	15.1
65歳以上	2.8	3.2	3.7	4.4	4.6	5.2	6.1	7.8	9.6	10.7
80歳以上	0.5	0.4	0.4	0.5	0.7	0.8	1.1	1.2	1.4	1.8
６－11歳	16.4	15.4	14.1	13.0	12.2	11.7	11.2	10.5	9.6	8.9
12－14歳	7.1	7.4	6.9	6.4	5.9	5.7	5.5	5.3	4.9	4.6
15－17歳	6.6	6.7	6.9	6.3	5.9	5.5	5.3	5.2	5.0	4.7
18－23歳	10.9	11.7	12.2	12.3	11.4	10.8	10.2	10.0	9.9	9.5
15－24歳女子(%)	49.3	51.0	53.1	54.0	53.4	52.4	52.4	52.2	51.6	50.3
中位数年齢(歳)	19.2	20.2	21.7	23.2	24.9	26.4	28.0	29.7	31.3	33.0
人口密度(1km²あたり)	471	527	583	640	698	756	810	859	903	941

指　標	2010-2015	2015-2020	2020-2025	2025-2030	2030-2035	2035-2040	2040-2045	2045-2050	2050-2055	2055-2060
年平均人口増加数(千人)	263	277	276	281	288	284	267	242	216	191
年平均出生数(千人)	361	365	364	373	384	387	378	364	350	340
年平均死亡数(千人)	82	78	79	82	87	94	102	113	126	141
年平均純移動数(千人)	−15	−9	−9	−9	−9	−9	−9	−9	−9	−8
人口増加率(%)	2.41	2.26	2.02	1.87	1.75	1.59	1.38	1.18	0.99	0.84
粗出生率(人口千人あたり)	32.9	29.6	26.6	24.7	23.3	21.6	19.6	17.7	16.1	15.0
粗死亡率(人口千人あたり)	7.5	6.4	5.8	5.4	5.3	5.2	5.3	5.5	5.8	6.2
純移動率(人口千人あたり)	−1.4	−0.7	−0.7	−0.6	−0.5	−0.5	−0.5	−0.4	−0.4	−0.4
合計出生率（女子１人あたり）	4.05	3.62	3.27	2.98	2.75	2.54	2.37	2.21	2.08	1.97
純再生産率（女子１人あたり）	1.78	1.62	1.49	1.38	1.28	1.20	1.12	1.05	0.99	0.94
乳児死亡率（出生千人あたり）	49	43	36	32	28	24	22	20	18	17
５歳未満の死亡数(出生千人あたり	73	61	50	43	36	31	28	25	23	21
出生時の平均余命(歳)										
男	59.7	63.4	65.3	67.0	68.6	69.9	71.0	72.0	72.9	73.8
女	66.3	68.3	70.3	71.9	73.5	74.9	76.0	77.0	77.8	78.7
男女計	63.1	66.0	67.9	69.6	71.2	72.5	73.6	74.6	75.5	76.3

C. 高 位 予 測 値

	2015	2020	2025	2030	2035	2040	2045	2050	2055	2060
人口(千人)										
総数	11 610	13 116	14 709	16 415	18 191	20 000	21 800	23 580	25 329	27 035
男	5 560	6 307	7 100	7 952	8 841	9 746	10 647	11 537	12 412	13 265
女	6 050	6 809	7 609	8 463	9 350	10 254	11 153	12 042	12 916	13 770
性比(女100につき男)	91.9	92.5	92.9	93.3	93.7	94.0	94.3	94.4	94.5	94.4
年齢分布(%)										
0－4歳	14.6	14.1	13.3	12.8	12.1	11.4	10.6	10.0	9.5	9.0
5－14歳	26.5	25.1	23.7	22.9	22.0	21.3	20.4	19.3	18.3	17.5
15－24歳	19.3	19.9	20.4	19.7	18.8	18.5	18.1	17.8	17.3	16.7
60歳以上	4.5	5.0	5.8	6.0	6.5	7.5	9.1	10.8	11.8	13.0
65歳以上	2.8	3.2	3.6	4.2	4.4	4.8	5.6	7.0	8.5	9.2
80歳以上	0.5	0.4	0.4	0.5	0.6	0.8	1.0	1.0	1.2	1.6
15－49歳女子(%)	49.3	50.6	51.9	52.0	51.3	50.5	50.9	51.0	50.7	49.9
中位数年齢(歳)	19.2	20.0	21.1	22.3	23.4	24.4	25.6	26.8	28.1	29.4

	2010-2015	2015-2020	2020-2025	2025-2030	2030-2035	2035-2040	2040-2045	2045-2050	2050-2055	2055-2060
年平均人口増加数(千人)	263	301	319	341	355	362	360	356	350	341
年平均出生数(千人)	361	390	408	435	454	467	475	482	489	496
年平均死亡数(千人)	82	79	81	85	90	97	106	117	131	147
人口増加率(%)	2.41	2.44	2.29	2.19	2.06	1.90	1.72	1.57	1.43	1.30
粗出生率(人口千人あたり)	32.9	31.5	29.4	28.0	26.2	24.5	22.7	21.2	20.0	19.0
粗死亡率(人口千人あたり)	7.5	6.4	5.8	5.5	5.2	5.1	5.1	5.2	5.3	5.6
合計出生率（女子１人あたり）	4.05	3.87	3.67	3.48	3.25	3.04	2.87	2.71	2.58	2.47
純再生産率（女子１人あたり）	1.78	1.73	1.67	1.61	1.51	1.43	1.35	1.28	1.22	1.17

D. 低 位 予 測 値

	2015	2020	2025	2030	2035	2040	2045	2050	2055	2060
人口(千人)										
総数	11 610	12 877	14 046	15 154	16 257	17 297	18 192	18 897	19 411	19 752
男	5 560	6 186	6 766	7 317	7 865	8 383	8 827	9 176	9 428	9 593
女	6 050	6 690	7 280	7 838	8 392	8 914	9 365	9 721	9 982	10 159
性比(女100につき男)	91.9	92.5	92.9	93.3	93.7	94.0	94.3	94.4	94.5	94.4
年齢分布(%)										
0－4歳	14.6	12.5	10.9	9.8	9.3	8.6	7.7	6.7	5.9	5.3
5－14歳	26.5	25.6	23.1	20.4	18.4	17.2	16.4	15.2	13.6	12.1
15－24歳	19.3	20.3	21.4	21.4	19.6	17.6	16.2	15.6	15.2	14.3
60歳以上	4.5	5.1	6.1	6.5	7.3	8.6	10.8	13.5	15.3	17.7
65歳以上	2.8	3.2	3.7	4.5	4.9	5.6	6.7	8.7	11.1	12.6
80歳以上	0.5	0.4	0.5	0.5	0.7	0.9	1.2	1.3	1.6	2.2
15－49歳女子(%)	49.3	51.5	54.3	56.1	55.7	54.5	54.1	53.4	52.3	50.2
中位数年齢(歳)	19.2	20.5	22.3	24.2	26.4	28.5	30.8	33.0	35.4	37.6

	2010-2015	2015-2020	2020-2025	2025-2030	2030-2035	2035-2040	2040-2045	2045-2050	2050-2055	2055-2060
年平均人口増加数(千人)	263	253	234	222	220	208	179	141	103	68
年平均出生数(千人)	361	339	319	310	314	308	287	259	232	213
年平均死亡数(千人)	82	77	77	79	84	91	99	109	121	136
人口増加率(%)	2.41	2.07	1.74	1.52	1.40	1.24	1.01	0.76	0.54	0.35
粗出生率(人口千人あたり)	32.9	27.7	23.7	21.2	20.0	18.3	16.2	14.0	12.1	10.9
粗死亡率(人口千人あたり)	7.5	6.3	5.7	5.4	5.4	5.4	5.6	5.9	6.3	7.0
合計出生率（女子１人あたり）	4.05	3.37	2.87	2.48	2.25	2.04	1.87	1.71	1.58	1.47
純再生産率（女子１人あたり）	1.78	1.51	1.30	1.14	1.05	0.96	0.88	0.81	0.75	0.70

E. 出生力一定予測値

	2015	2020	2025	2030	2035	2040	2045	2050	2055	2060
人口(千人)										
総数	11 610	13 178	14 955	16 971	19 234	21 742	24 519	27 608	31 056	34 912
男	5 560	6 338	7 224	8 233	9 367	10 625	12 019	13 571	15 305	17 244
女	6 050	6 840	7 731	8 738	9 867	11 117	12 500	14 037	15 752	17 668
中位数年齢(歳)	19.2	19.9	20.6	21.4	21.7	22.0	22.3	22.7	22.9	23.2

	2010-2015	2015-2020	2020-2025	2025-2030	2030-2035	2035-2040	2040-2045	2045-2050	2050-2055	2055-2060
人口増加率(%)	2.41	2.53	2.53	2.53	2.50	2.45	2.40	2.37	2.35	2.34
粗出生率(人口千人あたり)	32.9	32.5	31.8	31.3	30.7	29.9	29.3	28.9	28.6	28.5
粗死亡率(人口千人あたり)	7.5	6.5	5.9	5.5	5.2	5.0	4.9	4.8	4.8	4.8

Saint Lucia

A. 推 計 値

指　標	1960	1965	1970	1975	1980	1985	1990	1995	2000	2005	2010
人口(千人)											
総数	90	96	104	110	118	126	138	147	157	165	177
男	43	46	50	53	58	62	68	72	77	81	87
女	47	50	54	57	60	64	70	75	80	84	90
性比(女100につき男)	92.5	92.5	92.7	93.9	95.7	96.2	96.5	96.1	96.0	95.9	96.5
年齢分布(%)											
0－4歳	17.8	18.2	18.5	15.8	14.1	13.1	12.8	12.0	10.1	8.6	8.0
5－14歳	26.8	29.1	31.6	30.9	29.7	27.6	23.8	23.0	22.2	19.9	17.2
15－24歳	17.6	17.2	16.6	18.9	21.2	21.2	20.1	18.4	19.0	20.2	17.6
60歳以上	6.7	6.9	7.0	7.4	7.7	7.9	10.0	10.3	10.1	9.7	11.7
65歳以上	4.3	4.5	4.6	4.9	5.1	5.5	7.5	7.7	7.6	7.2	8.5
80歳以上	0.6	0.6	0.6	0.6	0.6	0.6	1.1	1.6	2.0	2.1	2.2
15－49歳女子(%)	43.8	41.4	38.8	41.3	43.5	46.2	47.2	48.7	51.6	55.0	53.9
中位数年齢(歳)	17.7	16.4	15.0	16.5	17.5	18.9	21.4	23.1	24.3	25.8	29.5
人口密度(1km²あたり)	147	158	171	180	193	207	227	241	257	271	291

指　標	1960-1965	1965-1970	1970-1975	1975-1980	1980-1985	1985-1990	1990-1995	1995-2000	2000-2005	2005-2010	2010-2015
年平均人口増加数(千人)	1	2	1	2	2	2	2	2	2	2	2
年平均出生数(千人)	4	4	4	4	4	4	4	3	3	3	3
年平均死亡数(千人)	1	1	1	1	1	1	1	1	1	1	1
人口増加率(%)	1.38	1.57	1.05	1.44	1.38	1.78	1.24	1.30	1.05	1.40	0.84
粗出生率(人口千人あたり)	45.9	41.2	37.1	37.4	33.3	30.2	26.1	21.7	18.0	17.2	15.5
粗死亡率(人口千人あたり)	12.0	10.1	8.5	7.3	6.2	6.0	7.0	7.4	7.2	6.5	7.2
合計出生率(女子1人あたり)	6.79	6.48	5.69	5.20	4.20	3.65	3.15	2.60	2.10	2.04	1.92
純再生産率(女子1人あたり)	2.81	2.81	2.55	2.39	1.97	1.72	1.49	1.23	0.99	0.97	0.92
乳児死亡率(出生千人あたり)	90	57	46	33	24	20	17	15	14	12	11
出生時の平均余命(歳)											
男	55.7	58.3	61.1	64.0	66.5	68.0	69.2	69.3	70.1	71.4	72.2
女	63.0	64.7	67.8	70.8	73.5	73.4	73.5	73.1	74.0	76.6	77.6
男女計	59.4	61.6	64.5	67.4	70.0	70.7	71.3	71.2	72.1	74.0	74.8

B. 中 位 予 測 値

指　標	2015	2020	2025	2030	2035	2040	2045	2050	2055	2060
人口(千人)										
総数	185	192	197	202	205	207	208	207	206	203
男	91	94	97	99	100	101	101	101	100	99
女	94	98	101	103	105	106	106	106	105	104
性比(女100につき男)	96.3	96.1	95.9	95.7	95.5	95.3	95.2	95.2	95.4	95.8
年齢分布(%)										
0－4歳	7.4	7.0	6.5	6.0	5.6	5.3	5.1	4.9	4.8	4.6
5－14歳	15.7	14.5	13.7	12.9	12.1	11.4	10.8	10.3	10.0	9.8
15－24歳	17.5	16.0	14.7	13.8	13.2	12.6	12.0	11.4	10.9	10.6
60歳以上	12.5	14.2	16.6	19.1	21.3	23.3	25.5	27.3	29.9	32.0
65歳以上	9.0	9.8	11.3	13.4	15.7	17.6	19.4	21.2	22.8	25.1
80歳以上	2.3	2.5	2.6	2.9	3.4	4.2	5.3	6.4	7.2	8.0
6－11歳	9.3	8.6	8.1	7.6	7.2	6.7	6.4	6.1	5.9	5.8
12－14歳	4.9	4.5	4.2	4.0	3.8	3.6	3.4	3.2	3.1	3.0
15－17歳	5.1	4.7	4.3	4.1	4.0	3.7	3.6	3.4	3.2	3.2
18－23歳	10.7	9.6	8.9	8.3	7.9	7.6	7.2	6.9	6.6	6.4
15－24歳女子(%)	53.2	51.8	50.3	48.9	47.2	45.7	43.5	41.6	40.1	39.0
中位数年齢(歳)	31.2	33.0	34.7	36.8	38.9	40.7	42.4	43.9	45.2	46.3
人口密度(1km²あたり)	303	314	324	331	336	339	340	340	337	333

指　標	2010-2015	2015-2020	2020-2025	2025-2030	2030-2035	2035-2040	2040-2045	2045-2050	2050-2055	2055-2060
年平均人口増加数(千人)	2	1	1	1	1	0	0	0	0	0
年平均出生数(千人)	3	3	3	2	2	2	2	2	2	2
年平均死亡数(千人)	1	1	1	2	2	2	2	2	2	2
年平均純移動数(千人)	0	0	0	0	0	0	0	0	0	0
人口増加率(%)	0.84	0.72	0.59	0.45	0.31	0.18	0.06	−0.05	−0.14	−0.23
粗出生率(人口千人あたり)	15.5	14.4	13.4	12.4	11.5	10.8	10.3	10.0	9.7	9.4
粗死亡率(人口千人あたり)	7.2	7.3	7.6	7.9	8.4	9.0	9.7	10.4	11.1	11.7
純移動率(人口千人あたり)	0.0	0.0	0.0	0.0	0.0	0.0	0.0	0.0	0.0	0.0
合計出生率（女子1人あたり）	1.92	1.82	1.74	1.69	1.66	1.65	1.65	1.66	1.67	1.68
純再生産率（女子1人あたり）	0.92	0.87	0.84	0.82	0.80	0.80	0.80	0.80	0.81	0.82
乳児死亡率（出生千人あたり）	11	10	8	8	7	6	6	6	5	5
5歳未満の死亡数(出生千人あたり	15	13	12	10	9	9	8	8	7	7
出生時の平均余命(歳)										
男	72.2	72.9	73.7	74.5	75.3	76.2	77.0	77.9	78.8	79.8
女	77.6	78.3	79.0	79.6	80.2	80.9	81.4	82.0	82.6	83.2
男女計	74.8	75.6	76.3	77.0	77.8	78.5	79.3	80.0	80.8	81.5

C. 高位予測値

	2015	2020	2025	2030	2035	2040	2045	2050	2055	2060
人口(千人)										
総数	185	194	202	210	217	223	228	232	237	241
男	91	95	99	103	106	109	111	114	116	118
女	94	99	103	107	111	114	116	119	121	122
性比(女100につき男)	96.3	96.0	95.7	95.4	95.0	94.7	94.5	94.3	94.3	94.5
年齢分布(%)										
0－4歳	7.4	7.8	7.8	7.5	7.0	6.6	6.5	6.6	6.6	6.6
5－14歳	15.7	14.4	14.3	14.7	14.5	13.8	13.1	12.7	12.7	12.8
15－24歳	17.5	15.8	14.4	13.3	13.3	13.9	13.8	13.3	12.6	12.3
60歳以上	12.5	14.0	16.2	18.3	20.1	21.7	23.3	24.4	26.0	27.0
65歳以上	9.0	9.7	11.0	12.9	14.8	16.4	17.7	18.9	19.8	21.2
80歳以上	2.3	2.4	2.6	2.8	3.2	3.9	4.8	5.7	6.3	6.7
15－49歳女子(%)	53.2	51.4	49.1	47.0	45.5	44.7	43.3	42.2	41.5	41.2
中位数年齢(歳)	31.2	32.6	33.9	35.5	36.9	38.0	38.8	39.2	39.3	39.7

	2010-2015	2015-2020	2020-2025	2025-2030	2030-2035	2035-2040	2040-2045	2045-2050	2050-2055	2055-2060
年平均人口増加数(千人)	2	2	2	2	1	1	1	1	1	1
年平均出生数(千人)	3	3	3	3	3	3	3	3	3	3
年平均死亡数(千人)	1	1	1	2	2	2	2	2	2	2
人口増加率(%)	0.84	0.91	0.87	0.78	0.63	0.52	0.45	0.40	0.37	0.33
粗出生率(人口千人あたり)	15.5	16.3	16.2	15.5	14.3	13.6	13.4	13.5	13.5	13.4
粗死亡率(人口千人あたり)	7.2	7.3	7.5	7.7	8.1	8.5	9.0	9.5	9.9	10.1
合計出生率（女子１人あたり）	1.92	2.07	2.14	2.19	2.16	2.15	2.15	2.16	2.17	2.18
純再生産率（女子１人あたり）	0.92	0.99	1.03	1.06	1.04	1.04	1.04	1.05	1.05	1.06

D. 低位予測値

	2015	2020	2025	2030	2035	2040	2045	2050	2055	2060
人口(千人)										
総数	185	190	193	194	193	191	188	184	178	171
男	91	93	94	94	94	93	91	89	86	83
女	94	97	98	99	99	98	97	94	91	88
性比(女100につき男)	96.3	96.0	95.7	95.4	95.0	94.7	94.5	94.3	94.3	94.5
年齢分布(%)										
0－4歳	7.4	6.1	5.1	4.4	4.1	3.8	3.5	3.2	3.0	2.8
5－14歳	15.7	14.7	13.1	11.0	9.5	8.6	8.1	7.6	7.1	6.6
15－24歳	17.5	16.1	15.1	14.4	13.1	11.2	9.8	9.0	8.6	8.3
60歳以上	12.5	14.3	17.0	19.9	22.6	25.2	28.2	30.9	34.6	38.1
65歳以上	9.0	9.9	11.5	14.0	16.6	19.0	21.4	24.0	26.4	29.9
80歳以上	2.3	2.5	2.7	3.1	3.6	4.5	5.9	7.2	8.4	9.5
15－49歳女子(%)	53.2	52.3	51.5	50.9	49.1	46.9	43.5	40.5	37.9	35.4
中位数年齢(歳)	31.2	33.3	35.5	38.1	40.8	43.3	45.8	48.1	50.4	52.5

	2010-2015	2015-2020	2020-2025	2025-2030	2030-2035	2035-2040	2040-2045	2045-2050	2050-2055	2055-2060
年平均人口増加数(千人)	2	1	1	0	0	0	－1	－1	－1	－1
年平均出生数(千人)	3	2	2	2	2	1	1	1	1	1
年平均死亡数(千人)	1	1	1	2	2	2	2	2	2	2
人口増加率(%)	0.84	0.53	0.29	0.09	-0.04	-0.18	-0.33	-0.50	-0.66	-0.81
粗出生率(人口千人あたり)	15.5	12.5	10.5	9.0	8.4	7.8	7.2	6.6	6.0	5.6
粗死亡率(人口千人あたり)	7.2	7.3	7.7	8.2	8.8	9.6	10.5	11.6	12.6	13.7
合計出生率（女子１人あたり）	1.92	1.57	1.34	1.19	1.16	1.15	1.15	1.16	1.17	1.18
純再生産率（女子１人あたり）	0.92	0.75	0.65	0.57	0.56	0.55	0.56	0.56	0.57	0.58

E. 出生力一定予測値

	2015	2020	2025	2030	2035	2040	2045	2050	2055	2060
人口(千人)										
総数	185	192	199	206	211	215	218	220	221	221
男	91	94	98	101	103	105	106	107	108	108
女	94	98	102	105	108	110	111	112	113	113
中位数年齢(歳)	31.2	32.8	34.4	36.2	37.9	39.4	40.7	41.6	42.3	42.9

	2010-2015	2015-2020	2020-2025	2025-2030	2030-2035	2035-2040	2040-2045	2045-2050	2050-2055	2055-2060
人口増加率(%)	0.84	0.79	0.71	0.60	0.49	0.37	0.27	0.18	0.11	0.04
粗出生率(人口千人あたり)	15.5	15.2	14.6	13.8	13.1	12.4	12.0	11.7	11.5	11.3
粗死亡率(人口千人あたり)	7.2	7.3	7.5	7.8	8.2	8.8	9.3	9.9	10.5	10.9

Saint Vincent and the Grenadines

A. 推 計 値

指　標	1960	1965	1970	1975	1980	1985	1990	1995	2000	2005	2010
人口(千人)											
総数	81	86	90	96	101	104	108	108	108	109	109
男	38	40	43	46	49	51	53	54	54	55	55
女	43	46	48	50	52	53	54	54	54	54	54
性比(女100につき男)	88.3	88.1	89.7	91.2	93.9	96.0	98.9	100.3	101.4	102.0	102.0
年齢分布(%)											
０－４歳	19.9	19.6	18.3	16.7	14.7	13.3	12.4	11.2	10.1	8.9	8.5
５－14歳	29.7	30.9	31.4	30.7	29.0	26.6	25.5	23.2	21.3	19.7	18.0
15－24歳	16.5	17.3	19.5	21.1	22.8	23.2	21.0	20.8	20.1	19.2	18.7
60歳以上	6.2	6.7	7.6	8.2	8.2	7.8	8.6	9.0	9.7	9.4	9.5
65歳以上	4.0	4.2	4.8	5.4	5.8	5.7	6.2	6.7	6.9	7.2	6.7
80歳以上	0.8	0.6	0.6	0.6	0.8	1.0	1.2	1.3	1.5	1.5	1.4
15－49歳女子(%)	39.8	38.1	38.1	40.2	43.5	46.8	47.1	50.2	52.3	54.0	54.1
中位数年齢(歳)	15.2	14.8	15.1	16.0	17.4	19.1	20.4	22.3	24.2	26.3	27.9
人口密度(1k㎡あたり)	208	220	232	245	258	268	276	277	277	279	280

指　標	1960-1965	1965-1970	1970-1975	1975-1980	1980-1985	1985-1990	1990-1995	1995-2000	2000-2005	2005-2010	2010-2015
年平均人口増加数(千人)	1	1	1	1	1	1	0	0	0	0	0
年平均出生数(千人)	4	4	4	3	3	3	3	2	2	2	2
年平均死亡数(千人)	1	1	1	1	1	1	1	1	1	1	1
人口増加率(%)	1.20	1.02	1.11	1.00	0.78	0.57	0.11	−0.04	0.16	0.10	0.03
粗出生率(人口千人あたり)	46.3	42.3	38.3	32.8	29.2	25.8	24.0	21.4	18.6	17.7	16.4
粗死亡率(人口千人あたり)	11.9	9.4	8.3	8.0	7.1	6.7	6.7	7.1	7.5	7.3	7.0
合計出生率(女子１人あたり)	7.02	6.41	5.54	4.42	3.64	3.10	2.85	2.55	2.24	2.13	2.01
純再生産率(女子１人あたり)	2.89	2.80	2.51	2.05	1.70	1.46	1.35	1.21	1.06	1.02	0.96
乳児死亡率(出生千人あたり)	112	77	54	41	36	28	22	21	21	19	17
出生時の平均余命(歳)											
男	58.5	61.7	63.6	64.2	66.2	67.3	68.4	68.4	68.3	69.8	70.7
女	62.5	65.8	67.8	68.9	70.5	71.9	72.6	72.9	73.3	74.0	74.9
男女計	60.8	64.0	65.9	66.7	68.4	69.6	70.5	70.6	70.7	71.9	72.7

B. 中 位 予 測 値

指　標	2015	2020	2025	2030	2035	2040	2045	2050	2055	2060
人口(千人)										
総数	109	111	112	112	112	112	111	109	107	104
男	55	56	56	56	56	56	55	54	53	51
女	54	55	56	56	56	56	56	55	54	53
性比(女100につき男)	101.8	101.5	101.1	100.5	99.8	99.0	98.3	97.7	97.2	96.8
年齢分布(%)										
０－４歳	7.8	7.2	6.7	6.2	5.9	5.6	5.4	5.2	5.0	4.8
５－14歳	16.8	15.7	14.6	13.6	12.7	12.0	11.5	11.1	10.8	10.5
15－24歳	17.6	16.3	15.3	14.6	13.7	13.0	12.3	11.6	11.2	10.9
60歳以上	10.9	13.2	16.3	18.3	20.1	21.9	23.8	25.6	27.6	29.5
65歳以上	7.3	8.5	10.5	13.2	14.9	16.2	17.7	19.3	20.9	22.6
80歳以上	1.6	1.9	1.9	2.1	2.7	3.5	4.7	5.1	5.5	6.1
６－11歳	10.0	9.3	8.6	8.1	7.5	7.1	6.8	6.6	6.4	6.2
12－14歳	5.1	4.9	4.5	4.2	4.0	3.7	3.5	3.4	3.3	3.2
15－17歳	5.3	4.8	4.7	4.3	4.1	3.8	3.6	3.5	3.4	3.3
18－23歳	10.6	9.8	9.1	8.9	8.3	7.9	7.4	7.0	6.7	6.6
15－24歳女子(%)	52.6	51.8	51.1	50.0	48.4	46.9	45.1	43.4	42.1	40.5
中位数年齢(歳)	29.8	31.8	33.7	35.7	37.6	39.2	40.7	42.1	43.6	44.9
人口密度(1k㎡あたり)	281	284	286	287	287	287	284	280	274	267

指　標	2010-2015	2015-2020	2020-2025	2025-2030	2030-2035	2035-2040	2040-2045	2045-2050	2050-2055	2055-2060
年平均人口増加数(千人)	0	0	0	0	0	0	0	0	0	－1
年平均出生数(千人)	2	2	2	1	1	1	1	1	1	1
年平均死亡数(千人)	1	1	1	1	1	1	1	1	1	1
年平均純移動数(千人)	−1	−1	−1	0	0	0	0	0	0	0
人口増加率(%)	0.03	0.23	0.16	0.08	0.01	−0.05	−0.18	−0.31	−0.41	−0.49
粗出生率(人口千人あたり)	16.4	15.1	13.9	12.9	12.1	11.5	11.0	10.5	10.1	9.7
粗死亡率(人口千人あたり)	7.0	7.4	7.8	8.5	9.3	10.2	11.0	11.8	12.4	13.0
純移動率(人口千人あたり)	−9.1	−5.5	−4.5	−3.6	−2.7	−1.8	−1.8	−1.8	−1.8	−1.7
合計出生率　(女子１人あたり)	2.01	1.90	1.81	1.75	1.71	1.69	1.69	1.69	1.70	1.71
純再生産率　(女子１人あたり)	0.96	0.91	0.87	0.84	0.83	0.82	0.82	0.82	0.82	0.83
乳児死亡率　(出生千人あたり)	17	15	14	13	12	11	10	9	8	8
５歳未満の死亡数(出生千人あたり	21	19	18	16	15	13	12	11	10	9
出生時の平均余命(歳)										
男	70.7	71.2	71.7	72.2	72.8	73.3	73.9	74.5	75.2	75.9
女	74.9	75.5	76.2	76.8	77.4	77.9	78.5	79.0	79.6	80.1
男女計	72.7	73.3	73.8	74.4	75.0	75.5	76.1	76.7	77.4	78.0

C. 高 位 予 測 値

	2015	2020	2025	2030	2035	2040	2045	2050	2055	2060
人口(千人)										
総数	109	112	114	117	119	121	122	123	125	125
男	55	56	57	59	59	60	61	61	62	62
女	54	55	57	58	59	61	62	62	63	63
性比(女100につき男)	101.8	101.5	101.0	100.4	99.6	98.7	97.9	97.1	96.4	95.7
年齢分布(%)										
0－4歳	7.8	8.1	8.0	7.7	7.2	7.0	7.0	7.0	7.0	6.8
5－14歳	16.8	15.6	15.1	15.4	15.1	14.4	13.8	13.6	13.7	13.7
15－24歳	17.6	16.1	15.0	14.0	13.9	14.3	14.1	13.5	13.0	12.8
60歳以上	10.9	13.1	15.9	17.6	19.0	20.3	21.6	22.6	23.7	24.5
65歳以上	7.3	8.4	10.3	12.6	14.0	15.0	16.1	17.1	17.9	18.8
80歳以上	1.6	1.9	1.8	2.0	2.5	3.3	4.2	4.5	4.7	5.1
15－49歳女子(%)	52.6	51.3	49.9	47.9	46.6	45.7	44.8	43.8	43.2	42.7
中位数年齢(歳)	29.8	31.5	32.9	34.3	35.5	36.3	36.9	37.3	37.6	38.2

	2010-2015	2015-2020	2020-2025	2025-2030	2030-2035	2035-2040	2040-2045	2045-2050	2050-2055	2055-2060
年平均人口増加数(千人)	0	0	1	0	0	0	0	0	0	0
年平均出生数(千人)	2	2	2	2	2	2	2	2	2	2
年平均死亡数(千人)	1	1	1	1	1	1	1	1	1	1
人口増加率(%)	0.03	0.43	0.45	0.42	0.35	0.31	0.25	0.20	0.17	0.14
粗出生率(人口千人あたり)	16.4	17.0	16.7	16.0	14.9	14.4	14.3	14.3	14.2	13.9
粗死亡率(人口千人あたり)	7.0	7.3	7.8	8.3	8.9	9.6	10.2	10.7	11.0	11.1
合計出生率(女子1人あたり)	2.01	2.15	2.21	2.25	2.21	2.19	2.19	2.19	2.20	2.21
純再生産率(女子1人あたり)	0.96	1.03	1.06	1.08	1.07	1.06	1.06	1.06	1.07	1.07

D. 低 位 予 測 値

	2015	2020	2025	2030	2035	2040	2045	2050	2055	2060
人口(千人)										
総数	109	110	109	107	105	103	100	96	91	86
男	55	55	55	54	53	51	49	47	45	42
女	54	54	54	54	53	52	50	49	46	44
性比(女100につき男)	101.8	101.5	101.0	100.4	99.6	98.7	97.9	97.1	96.4	95.7
年齢分布(%)										
0－4歳	7.8	6.3	5.3	4.6	4.4	4.1	3.8	3.4	3.1	2.8
5－14歳	16.8	15.9	13.9	11.6	10.0	9.1	8.7	8.3	7.7	7.0
15－24歳	17.6	16.5	15.7	15.3	13.6	11.5	9.9	9.1	8.8	8.4
60歳以上	10.9	13.3	16.7	19.1	21.4	23.8	26.4	29.2	32.3	35.8
65歳以上	7.3	8.6	10.8	13.8	15.8	17.6	19.6	22.0	24.5	27.5
80歳以上	1.6	1.9	1.9	2.2	2.8	3.8	5.2	5.8	6.5	7.4
15－49歳女子(%)	52.6	52.3	52.4	52.2	50.5	48.2	45.3	42.4	39.9	36.7
中位数年齢(歳)	29.8	32.1	34.5	37.1	39.7	42.0	44.4	46.6	49.0	51.4

	2010-2015	2015-2020	2020-2025	2025-2030	2030-2035	2035-2040	2040-2045	2045-2050	2050-2055	2055-2060
年平均人口増加数(千人)	0	0	0	0	0	0	－1	－1	－1	－1
年平均出生数(千人)	2	1	1	1	1	1	1	1	1	1
年平均死亡数(千人)	1	1	1	1	1	1	1	1	1	1
人口増加率(%)	0.03	0.04	−0.15	−0.29	−0.36	−0.44	−0.63	−0.83	−1.01	−1.16
粗出生率(人口千人あたり)	16.4	13.2	11.0	9.5	8.9	8.4	7.7	6.9	6.2	5.7
粗死亡率(人口千人あたり)	7.0	7.4	7.9	8.7	9.7	10.8	12.0	13.2	14.3	15.3
合計出生率(女子1人あたり)	2.01	1.65	1.41	1.25	1.21	1.19	1.19	1.19	1.20	1.21
純再生産率(女子1人あたり)	0.96	0.79	0.68	0.60	0.58	0.58	0.58	0.58	0.58	0.59

E. 出生力一定予測値

	2015	2020	2025	2030	2035	2040	2045	2050	2055	2060
人口(千人)										
総数	109	111	113	114	116	117	117	117	117	116
男	55	56	57	57	58	58	58	58	58	57
女	54	55	56	57	58	59	59	59	59	59
中位数年齢(歳)	29.8	31.6	33.4	35.0	36.5	37.6	38.6	39.5	40.2	40.9

	2010-2015	2015-2020	2020-2025	2025-2030	2030-2035	2035-2040	2040-2045	2045-2050	2050-2055	2055-2060
人口増加率(%)	0.03	0.31	0.30	0.26	0.22	0.18	0.08	−0.02	−0.08	−0.12
粗出生率(人口千人あたり)	16.4	15.9	15.3	14.5	13.8	13.4	13.0	12.7	12.5	12.2
粗死亡率(人口千人あたり)	7.0	7.3	7.8	8.4	9.1	9.8	10.5	11.2	11.6	11.9

Samoa

A. 推 計 値

指　標	1960	1965	1970	1975	1980	1985	1990	1995	2000	2005	2010
人口(千人)											
総数	109	127	143	151	156	160	163	170	175	180	186
男	55	64	73	77	80	83	85	88	91	93	96
女	53	63	70	75	76	77	78	82	84	87	90
性比(女100につき男)	103.1	102.9	103.9	103.0	104.7	108.2	109.2	108.3	108.7	107.4	106.5
年齢分布(%)											
０－４歳	19.8	20.3	19.1	17.3	15.6	14.7	14.2	14.8	14.7	14.0	13.9
５－14歳	29.8	31.1	31.9	32.7	30.6	28.2	26.2	25.9	26.1	25.6	24.4
15－24歳	18.8	17.4	18.3	20.2	22.3	23.7	22.9	20.4	18.5	17.8	18.3
60歳以上	3.7	3.6	3.8	4.2	4.6	5.1	5.9	6.4	6.6	6.9	7.2
65歳以上	2.0	2.2	2.3	2.5	2.8	3.0	3.9	4.2	4.5	4.8	5.1
80歳以上	0.2	0.1	0.2	0.2	0.3	0.3	0.4	0.5	0.6	0.8	1.0
15－49歳女子(%)	42.9	41.0	41.0	41.6	44.9	46.9	48.3	46.8	46.6	46.7	46.9
中位数年齢(歳)	15.2	14.5	14.7	15.0	16.4	17.6	18.7	19.1	19.5	20.3	20.8
人口密度(1km²あたり)	38	45	51	53	55	57	58	60	62	64	66

	1960-1965	1965-1970	1970-1975	1975-1980	1980-1985	1985-1990	1990-1995	1995-2000	2000-2005	2005-2010	2010-2015
年平均人口増加数(千人)	4	3	2	1	1	1	1	1	1	1	1
年平均出生数(千人)	6	6	6	6	6	6	5	5	5	5	5
年平均死亡数(千人)	2	2	2	1	1	1	1	1	1	1	1
人口増加率(%)	3.13	2.39	1.12	0.54	0.57	0.35	0.88	0.52	0.60	0.67	0.76
粗出生率(人口千人あたり)	47.3	43.1	39.7	37.7	36.2	34.3	32.2	31.6	29.6	29.2	26.4
粗死亡率(人口千人あたり)	13.6	11.8	10.5	9.4	8.5	7.7	6.9	6.3	5.9	5.7	5.4
合計出生率(女子１人あたり)	7.63	7.35	7.00	6.49	5.91	5.35	4.92	4.62	4.44	4.47	4.16
純再生産率(女子１人あたり)	2.96	2.94	2.88	2.74	2.55	2.36	2.21	2.11	2.04	2.07	1.94
乳児死亡率(出生千人あたり)	87	78	69	60	52	44	36	30	26	22	20
出生時の平均余命(歳)											
男	48.0	50.5	53.0	55.5	58.0	60.5	63.1	65.4	67.2	68.6	70.0
女	54.6	57.1	59.6	62.1	64.6	67.1	69.7	71.9	73.6	74.9	76.4
男女計	51.0	53.5	56.0	58.5	61.0	63.5	66.2	68.5	70.1	71.5	73.0

B. 中 位 予 測 値

	2015	2020	2025	2030	2035	2040	2045	2050	2055	2060
人口(千人)										
総数	193	199	205	210	219	228	235	241	245	249
男	100	103	106	109	113	118	122	125	127	130
女	94	96	99	102	106	110	113	116	118	120
性比(女100につき男)	106.5	106.5	106.6	106.7	106.8	107.0	107.2	107.6	108.0	108.5
年齢分布(%)										
０－４歳	12.5	11.3	10.9	10.8	10.8	10.5	9.8	9.0	8.4	8.0
５－14歳	24.8	24.4	22.2	20.7	20.0	20.0	19.8	19.1	17.9	16.6
15－24歳	19.4	19.8	20.7	20.5	18.6	17.2	16.8	17.1	17.3	16.9
60歳以上	7.9	9.1	10.5	12.1	13.1	13.7	14.0	14.1	15.0	16.5
65歳以上	5.2	5.9	7.0	8.3	9.5	10.4	11.0	11.2	11.3	12.2
80歳以上	1.1	1.2	1.3	1.5	1.8	2.3	2.9	3.5	3.9	4.1
６－11歳	15.2	14.7	13.1	12.4	12.1	12.1	12.0	11.5	10.6	9.8
12－14歳	6.9	7.5	7.0	6.2	5.9	5.8	5.8	5.8	5.5	5.1
15－17歳	6.6	6.6	7.1	6.3	5.7	5.5	5.5	5.6	5.5	5.2
18－23歳	11.3	11.5	11.9	12.4	11.1	10.1	9.8	10.0	10.2	10.1
15－24歳女子(%)	46.1	45.9	46.9	47.2	47.4	47.8	47.8	48.0	48.1	47.0
中位数年齢(歳)	21.2	22.0	23.0	24.0	25.3	26.5	27.5	28.5	29.6	30.9
人口密度(1km²あたり)	68	70	72	74	77	80	83	85	87	88

	2010-2015	2015-2020	2020-2025	2025-2030	2030-2035	2035-2040	2040-2045	2045-2050	2050-2055	2055-2060
年平均人口増加数(千人)	1	1	1	1	2	2	1	1	1	1
年平均出生数(千人)	5	5	5	5	5	5	5	4	4	4
年平均死亡数(千人)	1	1	1	1	1	1	1	1	1	2
年平均純移動数(千人)	−3	−3	−3	−3	−2	−2	−2	−2	−2	−2
人口増加率(%)	0.76	0.60	0.55	0.56	0.81	0.77	0.63	0.46	0.37	0.35
粗出生率(人口千人あたり)	26.4	24.1	23.1	22.9	22.9	22.2	20.7	18.9	17.5	16.8
粗死亡率(人口千人あたり)	5.4	5.3	5.3	5.4	5.5	5.6	5.7	5.9	6.0	6.1
純移動率(人口千人あたり)	−13.4	−12.7	−12.4	−12.0	−9.3	−8.9	−8.6	−8.4	−7.8	−7.3
合計出生率（女子１人あたり）	4.16	3.90	3.67	3.46	3.29	3.13	2.99	2.86	2.75	2.64
純再生産率（女子１人あたり）	1.94	1.82	1.72	1.63	1.55	1.47	1.41	1.35	1.30	1.25
乳児死亡率（出生千人あたり）	20	18	16	15	14	12	12	11	10	9
５歳未満の死亡数(出生千人あたり	23	21	19	17	16	15	14	13	12	11
出生時の平均余命(歳)										
男	70.0	71.3	72.6	73.8	75.0	76.2	77.4	78.5	79.7	80.7
女	76.4	77.6	78.7	79.7	80.6	81.4	82.2	83.0	83.6	84.3
男女計	73.0	74.3	75.5	76.7	77.7	78.8	79.8	80.7	81.6	82.5

C. 高位予測値

	2015	2020	2025	2030	2035	2040	2045	2050	2055	2060
人口(千人)										
総数	193	201	209	218	230	243	255	267	278	291
男	100	103	108	112	119	126	132	138	145	151
女	94	97	101	105	111	117	123	128	134	140
性比(女100につき男)	106.5	106.5	106.6	106.7	106.8	106.9	107.2	107.5	108.0	108.6
年齢分布(%)										
0－4歳	12.5	11.9	11.8	12.0	11.9	11.5	10.9	10.3	10.0	9.8
5－14歳	24.8	24.3	22.5	21.8	21.6	21.6	21.4	20.7	19.6	18.7
15－24歳	19.4	19.7	20.3	19.8	18.3	17.7	17.8	18.1	18.1	17.6
60歳以上	7.9	9.0	10.3	11.7	12.5	12.9	12.9	12.7	13.2	14.1
65歳以上	5.2	5.9	6.9	8.0	9.0	9.8	10.1	10.1	9.9	10.4
80歳以上	1.1	1.2	1.3	1.4	1.7	2.2	2.6	3.1	3.4	3.5
15－49歳女子(%)	46.1	45.6	46.0	45.6	45.8	46.5	46.9	47.4	47.8	47.2
中位数年齢(歳)	21.2	21.8	22.4	23.1	23.9	24.5	24.9	25.6	26.6	27.6

	2010-2015	2015-2020	2020-2025	2025-2030	2030-2035	2035-2040	2040-2045	2045-2050	2050-2055	2055-2060
年平均人口増加数(千人)	1	1	2	2	2	3	2	2	2	3
年平均出生数(千人)	5	5	5	5	6	6	6	6	6	6
年平均死亡数(千人)	1	1	1	1	1	1	1	1	1	2
人口増加率(%)	0.76	0.75	0.79	0.86	1.11	1.08	0.98	0.88	0.86	0.89
粗出生率(人口千人あたり)	26.4	25.5	25.3	25.6	25.3	24.5	23.2	21.9	21.0	20.6
粗死亡率(人口千人あたり)	5.4	5.3	5.2	5.3	5.3	5.3	5.4	5.4	5.4	5.4
合計出生率(女子1人あたり)	4.16	4.15	4.07	3.96	3.79	3.63	3.49	3.36	3.25	3.14
純再生産率(女子1人あたり)	1.94	1.94	1.91	1.86	1.78	1.71	1.65	1.59	1.54	1.49

D. 低位予測値

	2015	2020	2025	2030	2035	2040	2045	2050	2055	2060
人口(千人)										
総数	193	198	201	203	208	213	215	216	214	211
男	100	102	104	105	107	110	111	112	111	110
女	94	96	97	98	101	103	104	104	103	101
性比(女100につき男)	106.5	106.5	106.6	106.7	106.8	106.9	107.2	107.5	108.0	108.6
年齢分布(%)										
0－4歳	12.5	10.6	9.8	9.5	9.6	9.3	8.6	7.6	6.7	6.2
5－14歳	24.8	24.6	21.9	19.5	18.3	18.0	18.0	17.3	15.8	14.1
15－24歳	19.4	20.0	21.1	21.3	18.9	16.5	15.6	15.8	16.2	15.8
60歳以上	7.9	9.2	10.7	12.5	13.8	14.7	15.3	15.7	17.2	19.4
65歳以上	5.2	6.0	7.2	8.6	10.0	11.2	12.0	12.5	12.9	14.4
80歳以上	1.1	1.2	1.4	1.5	1.9	2.5	3.1	3.9	4.5	4.9
15－49歳女子(%)	46.1	46.2	47.8	48.9	49.2	49.4	48.7	48.4	48.0	46.2
中位数年齢(歳)	21.2	22.2	23.5	24.9	26.8	28.6	30.4	32.1	34.0	35.8

	2010-2015	2015-2020	2020-2025	2025-2030	2030-2035	2035-2040	2040-2045	2045-2050	2050-2055	2055-2060
年平均人口増加数(千人)	1	1	1	0	1	1	1	0	0	－1
年平均出生数(千人)	5	4	4	4	4	4	4	3	3	3
年平均死亡数(千人)	1	1	1	1	1	1	1	1	1	1
人口増加率(%)	0.76	0.45	0.31	0.24	0.49	0.43	0.26	0.02	−0.15	−0.25
粗出生率(人口千人あたり)	26.4	22.6	20.9	20.2	20.3	19.6	18.0	15.9	14.0	13.0
粗死亡率(人口千人あたり)	5.4	5.3	5.3	5.4	5.7	5.9	6.1	6.4	6.7	7.0
合計出生率(女子1人あたり)	4.16	3.65	3.27	2.96	2.79	2.63	2.49	2.36	2.25	2.14
純再生産率(女子1人あたり)	1.94	1.71	1.53	1.39	1.31	1.24	1.17	1.12	1.06	1.01

E. 出生力一定予測値

	2015	2020	2025	2030	2035	2040	2045	2050	2055	2060
人口(千人)										
総数	193	201	210	221	237	254	273	293	316	343
男	100	104	108	114	122	131	141	152	164	178
女	94	97	102	107	114	123	132	141	152	165
中位数年齢(歳)	21.2	21.7	22.2	22.8	23.1	23.1	23.0	23.1	23.4	23.7

	2010-2015	2015-2020	2020-2025	2025-2030	2030-2035	2035-2040	2040-2045	2045-2050	2050-2055	2055-2060
人口増加率(%)	0.76	0.79	0.88	1.02	1.37	1.42	1.41	1.41	1.51	1.65
粗出生率(人口千人あたり)	26.4	25.9	26.2	27.1	27.7	27.5	26.9	26.3	26.2	26.7
粗死亡率(人口千人あたり)	5.4	5.3	5.2	5.2	5.2	5.2	5.1	5.1	5.0	4.8

Sao Tome and Principe

A. 推 計 値

指　標	1960	1965	1970	1975	1980	1985	1990	1995	2000	2005	2010
人口(千人)											
総数	64	65	74	83	95	104	114	126	137	153	171
男	36	34	37	41	47	51	56	62	68	76	85
女	29	31	37	42	48	52	57	63	69	77	86
性比(女100につき男)	125.4	111.6	100.5	99.0	97.4	97.8	98.1	98.4	98.6	98.8	99.0
年齢分布(%)											
０－４歳	16.2	18.6	20.1	19.7	20.1	17.6	17.4	17.2	16.4	16.9	16.2
５－14歳	16.6	22.5	27.0	27.8	27.1	30.0	30.3	28.3	28.1	26.5	27.1
15－24歳	18.3	19.1	18.8	19.0	18.7	19.4	19.5	21.8	21.9	20.9	20.4
60歳以上	5.8	3.8	6.9	6.1	7.0	7.0	7.0	6.9	6.7	5.7	4.8
65歳以上	4.0	2.6	4.9	3.9	4.8	4.7	4.7	4.7	4.7	4.4	3.7
80歳以上	0.7	0.5	0.8	0.4	0.9	0.8	0.7	0.7	0.7	0.7	0.7
15－49歳女子(%)	49.9	46.3	39.7	40.5	40.2	40.0	40.3	43.7	45.6	47.4	47.4
中位数年齢(歳)	24.6	20.2	16.3	16.1	16.3	16.1	16.1	16.7	17.5	17.8	18.2
人口密度(1k㎡あたり)	67	67	77	86	99	108	118	131	143	160	178

指　標	1960-1965	1965-1970	1970-1975	1975-1980	1980-1985	1985-1990	1990-1995	1995-2000	2000-2005	2005-2010	2010-2015
年平均人口増加数(千人)	0	2	2	2	2	2	2	2	3	4	4
年平均出生数(千人)	3	3	3	4	4	4	5	5	6	6	6
年平均死亡数(千人)	1	1	1	1	1	1	1	1	1	1	1
人口増加率(%)	0.17	2.72	2.13	2.79	1.74	1.85	2.03	1.75	2.20	2.19	2.16
粗出生率(人口千人あたり)	46.9	42.4	40.4	40.9	40.5	39.9	39.4	39.3	38.4	36.5	34.9
粗死亡率(人口千人あたり)	16.9	13.1	12.7	10.4	11.1	10.4	9.7	9.3	8.7	7.7	7.1
合計出生率(女子１人あたり)	6.30	6.40	6.52	6.50	6.24	5.96	5.68	5.41	5.15	4.90	4.67
純再生産率(女子１人あたり)	2.35	2.48	2.61	2.70	2.62	2.52	2.43	2.33	2.23	2.16	2.08
乳児死亡率(出生千人あたり)	99	88	76	65	64	61	58	55	52	46	44
出生時の平均余命(歳)											
男	50.5	53.0	56.2	58.9	58.8	59.6	60.4	61.2	62.0	63.6	64.2
女	53.5	56.0	58.5	61.5	62.4	63.2	64.0	64.8	65.6	67.4	68.2
男女計	51.8	54.4	57.4	60.2	60.6	61.4	62.2	63.0	63.8	65.5	66.2

B. 中 位 予 測 値

指　標	2015	2020	2025	2030	2035	2040	2045	2050	2055	2060
人口(千人)										
総数	190	211	233	256	280	305	329	353	376	399
男	95	105	116	128	140	152	164	175	187	198
女	96	106	117	129	141	153	166	178	190	201
性比(女100につき男)	99.1	99.2	99.3	99.3	99.2	99.1	98.9	98.7	98.4	98.1
年齢分布(%)										
０－４歳	15.5	14.4	13.6	13.0	12.4	11.9	11.3	10.7	10.2	9.7
５－14歳	27.1	26.4	25.1	23.7	22.7	21.9	21.1	20.4	19.6	18.8
15－24歳	19.4	20.3	20.9	20.7	19.9	19.0	18.5	18.1	17.8	17.4
60歳以上	4.4	4.6	5.2	5.8	6.5	7.9	8.6	9.6	10.2	11.0
65歳以上	3.1	2.9	3.2	3.7	4.2	4.7	5.9	6.4	7.2	7.6
80歳以上	0.7	0.7	0.5	0.4	0.5	0.6	0.8	0.9	1.0	1.4
６－11歳	16.6	16.1	15.2	14.4	13.8	13.3	12.8	12.4	11.9	11.4
12－14歳	7.5	7.5	7.3	6.9	6.5	6.3	6.1	6.0	5.8	5.6
15－17歳	6.6	7.0	6.9	6.7	6.3	6.0	5.9	5.7	5.6	5.5
18－23歳	11.1	11.6	12.2	12.1	11.8	11.2	10.9	10.7	10.5	10.4
15－24歳女子(%)	47.6	48.9	50.2	50.3	51.0	50.8	51.2	51.4	51.1	50.6
中位数年齢(歳)	18.5	19.1	20.0	21.2	22.4	23.5	24.5	25.5	26.5	27.6
人口密度(1k㎡あたり)	198	220	243	267	292	317	343	368	392	416

指　標	2010-2015	2015-2020	2020-2025	2025-2030	2030-2035	2035-2040	2040-2045	2045-2050	2050-2055	2055-2060
年平均人口増加数(千人)	4	4	4	5	5	5	5	5	5	5
年平均出生数(千人)	6	6	7	7	7	8	8	8	8	8
年平均死亡数(千人)	1	1	1	1	2	2	2	2	2	3
年平均純移動数(千人)	−1	−1	−1	−1	−1	−1	−1	−1	−1	−1
人口増加率(%)	2.16	2.06	1.98	1.90	1.80	1.68	1.54	1.40	1.28	1.16
粗出生率(人口千人あたり)	34.9	32.2	30.2	28.6	27.2	25.9	24.5	23.2	21.9	20.7
粗死亡率(人口千人あたり)	7.1	6.5	6.1	5.9	5.9	6.0	6.3	6.5	6.8	7.0
純移動率(人口千人あたり)	−6.2	−5.0	−4.3	−3.7	−3.4	−3.1	−2.8	−2.6	−2.3	−2.1
合計出生率（女子１人あたり）	4.67	4.36	4.07	3.81	3.58	3.38	3.19	3.04	2.90	2.78
純再生産率（女子１人あたり）	2.08	1.95	1.84	1.73	1.63	1.55	1.48	1.41	1.35	1.30
乳児死亡率（出生千人あたり）	44	41	39	37	35	34	32	30	29	27
５歳未満の死亡数(出生千人あたり	63	59	55	51	48	45	43	40	38	36
出生時の平均余命(歳)										
男	64.2	64.8	65.4	65.9	66.4	66.9	67.4	67.8	68.3	68.8
女	68.2	69.0	69.7	70.4	71.1	71.8	72.4	73.0	73.6	74.2
男女計	66.2	66.9	67.6	68.2	68.8	69.3	69.8	70.4	70.9	71.4

C. 高位予測値

	2015	2020	2025	2030	2035	2040	2045	2050	2055	2060
人口(千人)										
総数	190	213	238	265	294	325	357	390	424	459
男	95	106	119	132	147	162	178	194	210	227
女	96	107	119	133	148	163	179	196	213	231
性比(女100につき男)	99.1	99.2	99.2	99.2	99.1	99.0	98.8	98.5	98.1	97.7
年齢分布(%)										
0－4歳	15.5	15.1	14.6	14.2	13.5	13.0	12.5	12.1	11.6	11.3
5－14歳	27.1	26.2	25.3	24.7	24.1	23.4	22.6	22.0	21.3	20.7
15－24歳	19.4	20.1	20.5	19.9	19.5	19.3	19.1	18.8	18.4	18.1
60歳以上	4.4	4.6	5.0	5.6	6.2	7.4	7.9	8.7	9.1	9.5
65歳以上	3.1	2.9	3.1	3.5	4.0	4.5	5.4	5.8	6.4	6.6
80歳以上	0.7	0.7	0.5	0.4	0.5	0.6	0.7	0.8	0.9	1.2
15－49歳女子(%)	47.6	48.5	49.2	48.6	49.1	49.2	49.8	50.2	50.1	49.9
中位数年齢(歳)	18.5	18.9	19.6	20.3	21.1	21.9	22.6	23.4	24.2	25.0

	2010-2015	2015-2020	2020-2025	2025-2030	2030-2035	2035-2040	2040-2045	2045-2050	2050-2055	2055-2060
年平均人口増加数(千人)	4	4	5	6	6	6	6	7	7	7
年平均出生数(千人)	6	7	7	8	8	9	9	10	10	11
年平均死亡数(千人)	1	1	1	1	2	2	2	2	3	3
人口増加率(%)	2.16	2.23	2.23	2.19	2.08	1.97	1.87	1.76	1.67	1.59
粗出生率(人口千人あたり)	34.9	33.8	32.7	31.4	29.8	28.5	27.4	26.2	25.2	24.2
粗死亡率(人口千人あたり)	7.1	6.6	6.2	5.9	5.9	5.9	6.1	6.2	6.4	6.5
合計出生率（女子１人あたり）	4.67	4.61	4.47	4.31	4.08	3.88	3.69	3.54	3.40	3.28
純再生産率（女子１人あたり）	2.08	2.07	2.02	1.96	1.86	1.78	1.71	1.64	1.58	1.53

D. 低位予測値

	2015	2020	2025	2030	2035	2040	2045	2050	2055	2060
人口(千人)										
総数	190	209	228	247	266	285	302	318	332	344
男	95	104	114	123	132	142	150	158	164	170
女	96	105	114	124	134	143	152	160	168	174
性比(女100につき男)	99.1	99.2	99.2	99.2	99.1	99.0	98.8	98.5	98.1	97.7
年齢分布(%)										
0－4歳	15.5	13.7	12.5	11.7	11.2	10.6	10.0	9.3	8.6	8.1
5－14歳	27.1	26.6	24.9	22.6	21.1	20.1	19.5	18.6	17.7	16.7
15－24歳	19.4	20.5	21.3	21.4	20.3	18.7	17.7	17.2	17.0	16.6
60歳以上	4.4	4.6	5.3	6.0	6.8	8.5	9.3	10.7	11.6	12.7
65歳以上	3.1	2.9	3.2	3.8	4.4	5.1	6.4	7.1	8.1	8.8
80歳以上	0.7	0.7	0.5	0.5	0.5	0.7	0.8	1.0	1.2	1.6
15－49歳女子(%)	47.6	49.3	51.3	52.2	53.0	52.7	52.7	52.6	52.0	51.1
中位数年齢(歳)	18.5	19.3	20.6	22.2	23.7	25.3	26.7	28.1	29.4	30.7

	2010-2015	2015-2020	2020-2025	2025-2030	2030-2035	2035-2040	2040-2045	2045-2050	2050-2055	2055-2060
年平均人口増加数(千人)	4	4	4	4	4	4	4	3	3	2
年平均出生数(千人)	6	6	6	6	6	6	6	6	6	6
年平均死亡数(千人)	1	1	1	1	2	2	2	2	2	3
人口増加率(%)	2.16	1.90	1.72	1.59	1.49	1.36	1.20	1.02	0.85	0.70
粗出生率(人口千人あたり)	34.9	30.4	27.6	25.6	24.4	23.0	21.5	19.9	18.4	17.1
粗死亡率(人口千人あたり)	7.1	6.5	6.1	5.9	5.9	6.2	6.5	6.8	7.2	7.7
合計出生率（女子１人あたり）	4.67	4.11	3.67	3.31	3.08	2.88	2.69	2.54	2.40	2.28
純再生産率（女子１人あたり）	2.08	1.84	1.66	1.50	1.41	1.32	1.24	1.18	1.12	1.07

E. 出生力一定予測値

	2015	2020	2025	2030	2035	2040	2045	2050	2055	2060
人口(千人)										
総数	190	214	241	272	308	349	396	449	509	579
男	95	106	120	136	154	174	197	223	253	288
女	96	107	121	137	155	175	199	225	256	291
中位数年齢(歳)	18.5	18.8	19.3	19.7	19.8	19.9	20.0	20.1	20.2	20.3

	2010-2015	2015-2020	2020-2025	2025-2030	2030-2035	2035-2040	2040-2045	2045-2050	2050-2055	2055-2060
人口増加率(%)	2.16	2.30	2.39	2.47	2.49	2.50	2.50	2.51	2.53	2.57
粗出生率(人口千人あたり)	34.9	34.6	34.3	34.1	33.8	33.6	33.3	33.1	33.0	33.1
粗死亡率(人口千人あたり)	7.1	6.6	6.2	6.0	5.9	5.9	5.9	6.0	6.0	5.9

Saudi Arabia

A. 推計値

指　標	1960	1965	1970	1975	1980	1985	1990	1995	2000	2005	2010
人口(千人)											
総数	4 087	4 844	5 836	7 429	9 913	13 361	16 361	18 854	21 392	24 745	28 091
男	2 052	2 444	2 972	3 865	5 304	7 320	9 155	10 504	11 782	13 810	15 820
女	2 034	2 399	2 865	3 564	4 609	6 041	7 207	8 350	9 610	10 935	12 271
性比(女100につき男)	100.9	101.9	103.7	108.4	115.1	121.2	127.0	125.8	122.6	126.3	128.9
年齢分布(%)											
0－4歳	17.5	18.0	18.2	18.4	18.5	17.5	16.7	14.6	13.1	11.2	10.6
5－14歳	25.7	25.7	26.0	25.8	26.0	25.4	25.4	26.9	24.2	22.3	19.8
15－24歳	18.3	18.4	18.4	18.2	17.5	17.8	18.4	16.8	17.5	17.9	17.7
60歳以上	5.8	5.7	5.4	5.1	4.6	4.0	4.3	4.3	4.3	4.2	4.2
65歳以上	3.6	3.6	3.4	3.3	3.0	2.6	2.8	2.9	2.9	2.8	2.8
80歳以上	0.3	0.3	0.3	0.3	0.3	0.3	0.3	0.3	0.4	0.5	0.5
15－49歳女子(%)	44.5	44.2	43.9	43.7	42.3	44.6	44.2	45.3	50.0	53.0	55.5
中位数年齢(歳)	18.5	18.2	18.0	18.0	18.0	18.9	19.5	19.6	22.2	24.2	26.0
人口密度(1k㎡あたり)	2	2	3	3	5	6	8	9	10	12	13

	1960-1965	1965-1970	1970-1975	1975-1980	1980-1985	1985-1990	1990-1995	1995-2000	2000-2005	2005-2010	2010-2015
年平均人口増加数(千人)	151	199	318	497	690	600	498	508	671	669	690
年平均出生数(千人)	212	251	307	382	495	563	583	574	564	598	621
年平均死亡数(千人)	86	90	87	84	84	81	80	79	82	92	101
人口増加率(%)	3.40	3.73	4.83	5.77	5.97	4.05	2.84	2.53	2.91	2.54	2.32
粗出生率(人口千人あたり)	47.6	47.0	46.4	44.0	42.5	37.9	33.1	28.5	24.4	22.6	20.8
粗死亡率(人口千人あたり)	19.3	16.8	13.2	9.7	7.2	5.5	4.5	3.9	3.6	3.5	3.4
合計出生率(女子1人あたり)	7.26	7.26	7.30	7.28	7.02	6.22	5.55	4.50	3.55	3.15	2.85
純再生産率(女子1人あたり)	2.48	2.62	2.86	3.06	3.10	2.83	2.58	2.12	1.68	1.50	1.36
乳児死亡率(出生千人あたり)	161	137	105	77	56	41	30	23	19	16	15
出生時の平均余命(歳)											
男	45.0	48.3	53.6	59.0	63.3	66.4	68.3	70.1	71.6	72.1	72.8
女	49.1	52.3	57.5	62.8	66.8	69.6	72.1	73.8	74.4	74.7	75.5
男女計	47.0	50.2	55.5	60.8	64.9	67.9	70.0	71.7	72.9	73.3	74.1

B. 中位予測値

	2015	2020	2025	2030	2035	2040	2045	2050	2055	2060
人口(千人)										
総数	31 540	34 366	36 847	39 132	41 235	43 136	44 763	46 059	47 021	47 686
男	17 836	19 295	20 524	21 625	22 600	23 439	24 116	24 609	24 939	25 136
女	13 704	15 071	16 323	17 507	18 635	19 696	20 647	21 450	22 082	22 550
性比(女100につき男)	130.1	128.0	125.7	123.5	121.3	119.0	116.8	114.7	112.9	111.5
年齢分布(%)										
0－4歳	10.0	8.8	8.0	7.4	7.0	6.8	6.5	6.1	5.8	5.5
5－14歳	18.6	18.2	16.8	15.2	14.1	13.4	13.0	12.6	12.1	11.6
15－24歳	15.6	15.6	16.1	16.1	15.0	13.7	12.9	12.5	12.3	12.2
60歳以上	5.0	6.5	8.6	11.1	14.1	16.8	19.0	20.9	22.0	23.5
65歳以上	2.9	3.7	5.0	6.7	8.7	11.3	13.5	15.3	16.8	17.7
80歳以上	0.5	0.5	0.5	0.6	1.0	1.4	2.0	2.7	3.7	4.6
6－11歳	11.4	11.1	10.0	9.0	8.4	8.1	7.8	7.6	7.2	6.9
12－14歳	5.1	5.3	5.2	4.7	4.3	4.0	3.9	3.8	3.7	3.6
15－17歳	4.9	4.9	5.1	4.8	4.3	4.0	3.9	3.8	3.7	3.6
18－23歳	9.1	9.2	9.5	9.7	9.1	8.2	7.8	7.5	7.4	7.3
15－24歳女子(%)	55.9	56.0	55.3	53.8	52.7	51.3	50.1	48.8	47.8	46.4
中位数年齢(歳)	28.3	29.8	30.9	32.3	33.7	35.2	36.7	38.2	39.6	40.7
人口密度(1k㎡あたり)	15	16	17	18	19	20	21	21	22	22

	2010-2015	2015-2020	2020-2025	2025-2030	2030-2035	2035-2040	2040-2045	2045-2050	2050-2055	2055-2060
年平均人口増加数(千人)	690	565	496	457	421	380	325	259	192	133
年平均出生数(千人)	621	611	593	584	586	590	583	566	544	528
年平均死亡数(千人)	101	116	137	167	205	250	298	346	390	431
年平均純移動数(千人)	170	70	40	40	40	40	40	40	38	36
人口増加率(%)	2.32	1.72	1.39	1.20	1.05	0.90	0.74	0.57	0.41	0.28
粗出生率(人口千人あたり)	20.8	18.5	16.7	15.4	14.6	14.0	13.3	12.5	11.7	11.1
粗死亡率(人口千人あたり)	3.4	3.5	3.9	4.4	5.1	5.9	6.8	7.6	8.4	9.1
純移動率(人口千人あたり)	5.7	2.1	1.1	1.1	1.0	0.9	0.9	0.9	0.8	0.8
合計出生率（女子1人あたり）	2.85	2.59	2.39	2.23	2.10	1.99	1.91	1.84	1.80	1.77
純再生産率（女子1人あたり）	1.36	1.24	1.15	1.07	1.01	0.96	0.92	0.89	0.87	0.86
乳児死亡率（出生千人あたり）	15	13	11	10	9	8	7	6	6	6
5歳未満の死亡数(出生千人あたり)	17	15	13	11	10	9	8	7	7	6
出生時の平均余命(歳)										
男	72.8	73.5	74.2	74.9	75.6	76.3	77.0	77.7	78.5	79.2
女	75.5	76.3	77.1	77.8	78.4	79.0	79.6	80.2	80.8	81.3
男女計	74.1	74.8	75.4	76.1	76.7	77.4	78.1	78.7	79.5	80.1

C. 高位予測値

	2015	2020	2025	2030	2035	2040	2045	2050	2055	2060
人口(千人)										
総数	31 540	34 657	37 627	40 558	43 351	45 997	48 472	50 773	52 913	54 908
男	17 836	19 442	20 919	22 348	23 673	24 890	25 996	26 998	27 925	28 797
女	13 704	15 214	16 708	18 210	19 678	21 107	22 476	23 775	24 988	26 111
性比(女100につき男)	130.1	128.3	126.3	124.4	122.4	120.2	118.1	116.1	114.4	112.9
年齢分布(%)										
０－４歳	10.0	9.6	9.1	8.7	8.3	8.0	7.7	7.5	7.4	7.2
５－14歳	18.6	18.1	17.2	16.6	16.0	15.5	15.0	14.6	14.3	14.0
15－24歳	15.6	15.5	15.8	15.5	15.0	14.6	14.3	14.0	13.7	13.5
60歳以上	5.0	6.4	8.4	10.7	13.4	15.7	17.6	18.9	19.6	20.4
65歳以上	2.9	3.7	4.9	6.5	8.3	10.6	12.4	13.9	14.9	15.4
80歳以上	0.5	0.5	0.5	0.6	0.9	1.3	1.9	2.5	3.3	4.0
15－49歳女子(%)	55.9	55.5	54.0	51.8	50.6	49.7	49.1	48.4	47.8	47.0
中位数年齢(歳)	28.3	29.6	30.3	31.2	32.1	33.1	34.1	34.9	35.6	36.2

	2010-2015	2015-2020	2020-2025	2025-2030	2030-2035	2035-2040	2040-2045	2045-2050	2050-2055	2055-2060
年平均人口増加数(千人)	690	623	594	586	558	529	495	460	428	399
年平均出生数(千人)	621	670	692	715	726	741	755	769	783	798
年平均死亡数(千人)	101	116	138	168	207	252	300	349	393	435
人口増加率(%)	2.32	1.88	1.64	1.50	1.33	1.19	1.05	0.93	0.83	0.74
粗出生率(人口千人あたり)	20.8	20.2	19.2	18.3	17.3	16.6	16.0	15.5	15.1	14.8
粗死亡率(人口千人あたり)	3.4	3.5	3.8	4.3	4.9	5.6	6.4	7.0	7.6	8.1
合計出生率（女子１人あたり）	2.85	2.84	2.79	2.73	2.60	2.49	2.41	2.34	2.30	2.27
純再生産率（女子１人あたり）	1.36	1.36	1.34	1.32	1.26	1.21	1.17	1.14	1.11	1.10

D. 低位予測値

	2015	2020	2025	2030	2035	2040	2045	2050	2055	2060
人口(千人)										
総数	31 540	34 076	36 067	37 706	39 121	40 282	41 100	41 499	41 471	41 068
男	17 836	19 148	20 128	20 902	21 528	21 993	22 259	22 298	22 126	21 782
女	13 704	14 928	15 939	16 805	17 593	18 289	18 841	19 201	19 345	19 286
性比(女100につき男)	130.1	128.3	126.3	124.4	122.4	120.2	118.1	116.1	114.4	112.9
年齢分布(%)										
０－４歳	10.0	8.0	6.8	5.9	5.7	5.4	5.1	4.6	4.1	3.8
５－14歳	18.6	18.4	16.3	13.7	12.0	11.1	10.7	10.3	9.6	8.8
15－24歳	15.6	15.7	16.5	16.7	15.1	12.8	11.3	10.7	10.6	10.3
60歳以上	5.0	6.6	8.8	11.5	14.9	18.0	20.7	23.2	25.0	27.3
65歳以上	2.9	3.7	5.1	7.0	9.2	12.1	14.7	17.0	19.1	20.6
80歳以上	0.5	0.5	0.6	0.7	1.0	1.5	2.2	3.0	4.2	5.3
15－49歳女子(%)	55.9	56.5	56.6	56.1	55.0	53.2	51.2	49.1	47.3	44.9
中位数年齢(歳)	28.3	30.1	31.6	33.5	35.4	37.3	39.3	41.4	43.5	45.7

	2010-2015	2015-2020	2020-2025	2025-2030	2030-2035	2035-2040	2040-2045	2045-2050	2050-2055	2055-2060
年平均人口増加数(千人)	690	507	398	328	283	232	164	80	－ 6	－ 81
年平均出生数(千人)	621	552	494	453	446	440	419	384	344	311
年平均死亡数(千人)	101	115	136	165	204	248	295	344	387	428
人口増加率(%)	2.32	1.55	1.14	0.89	0.74	0.59	0.40	0.19	-0.01	-0.20
粗出生率(人口千人あたり)	20.8	16.8	14.1	12.3	11.6	11.1	10.3	9.3	8.3	7.5
粗死亡率(人口千人あたり)	3.4	3.5	3.9	4.5	5.3	6.2	7.3	8.3	9.3	10.4
合計出生率（女子１人あたり）	2.85	2.34	1.99	1.73	1.60	1.49	1.41	1.34	1.30	1.27
純再生産率（女子１人あたり）	1.36	1.12	0.96	0.83	0.77	0.72	0.68	0.65	0.63	0.62

E. 出生力一定予測値

	2015	2020	2025	2030	2035	2040	2045	2050	2055	2060
人口(千人)										
総数	31 540	34 666	37 713	40 812	43 954	47 123	50 285	53 441	56 617	59 849
男	17 836	19 447	20 963	22 477	23 979	25 461	26 915	28 351	29 803	31 302
女	13 704	15 219	16 750	18 335	19 975	21 662	23 370	25 090	26 813	28 547
中位数年齢(歳)	28.3	29.5	30.2	31.0	31.6	32.3	32.8	33.1	33.1	33.1

	2010-2015	2015-2020	2020-2025	2025-2030	2030-2035	2035-2040	2040-2045	2045-2050	2050-2055	2055-2060
人口増加率(%)	2.32	1.89	1.69	1.58	1.48	1.39	1.30	1.22	1.16	1.11
粗出生率(人口千人あたり)	20.8	20.3	19.6	19.1	18.8	18.6	18.4	18.2	18.0	18.0
粗死亡率(人口千人あたり)	3.4	3.5	3.8	4.3	4.9	5.6	6.2	6.8	7.2	7.5

Senegal

A. 推 計 値

指　標	1960	1965	1970	1975	1980	1985	1990	1995	2000	2005	2010
人口(千人)											
総数	3 178	3 649	4 218	4 900	5 569	6 438	7 514	8 711	9 861	11 269	12 957
男	1 579	1 824	2 123	2 475	2 789	3 212	3 740	4 325	4 853	5 527	6 344
女	1 599	1 825	2 095	2 426	2 780	3 226	3 774	4 386	5 008	5 742	6 613
性比(女100につき男)	98.7	100.0	101.3	102.0	100.3	99.6	99.1	98.6	96.9	96.3	95.9
年齢分布(%)											
0－4歳	18.7	18.8	18.6	19.0	19.5	19.0	18.5	17.7	17.1	17.0	17.0
5－14歳	24.6	25.8	25.9	25.8	27.2	28.5	28.6	28.3	28.0	27.1	26.7
15－24歳	18.2	17.5	17.9	18.5	18.2	18.4	19.3	20.3	20.8	21.0	20.5
60歳以上	4.5	4.4	4.4	4.4	4.5	4.7	4.9	5.0	5.0	4.9	4.6
65歳以上	2.6	2.6	2.5	2.5	2.7	2.8	3.0	3.1	3.2	3.2	3.1
80歳以上	0.2	0.2	0.1	0.1	0.2	0.2	0.2	0.3	0.3	0.3	0.3
15－49歳女子(%)	46.2	45.1	45.0	44.6	43.1	42.5	43.1	44.4	45.9	47.2	47.7
中位数年齢(歳)	18.4	17.9	17.7	17.6	16.6	16.2	16.3	16.8	17.2	17.6	17.9
人口密度(1km²あたり)	17	19	22	25	29	33	39	45	51	59	67

	1960-1965	1965-1970	1970-1975	1975-1980	1980-1985	1985-1990	1990-1995	1995-2000	2000-2005	2005-2010	2010-2015
年平均人口増加数(千人)	94	114	137	134	174	215	239	230	282	338	434
年平均出生数(千人)	172	197	230	259	283	312	344	376	418	471	547
年平均死亡数(千人)	87	101	106	99	92	85	90	104	107	100	92
人口増加率(%)	2.77	2.90	3.00	2.56	2.90	3.09	2.96	2.48	2.67	2.79	3.10
粗出生率(人口千人あたり)	50.3	50.1	50.4	49.5	47.1	44.8	42.4	40.5	39.6	38.9	38.9
粗死亡率(人口千人あたり)	25.6	25.6	23.3	18.8	15.3	12.2	11.1	11.2	10.1	8.3	6.6
合計出生率(女子1人あたり)	7.06	7.24	7.41	7.45	7.25	6.88	6.35	5.78	5.38	5.15	5.18
純再生産率(女子1人あたり)	2.02	2.06	2.23	2.50	2.63	2.68	2.53	2.29	2.20	2.20	2.32
乳児死亡率(出生千人あたり)	118	113	108	97	85	75	72	68	61	54	44
出生時の平均余命(歳)											
男	37.8	37.6	40.0	45.4	49.9	54.5	56.0	55.7	57.3	60.8	63.9
女	39.4	39.3	41.9	47.7	52.7	57.6	59.2	58.8	60.6	63.6	67.6
男女計	38.6	38.4	40.9	46.5	51.3	56.0	57.6	57.2	58.9	62.2	65.8

B. 中 位 予 測 値

	2015	2020	2025	2030	2035	2040	2045	2050	2055	2060
人口(千人)										
総数	15 129	17 487	20 037	22 802	25 816	29 086	32 571	36 223	39 986	43 835
男	7 429	8 609	9 886	11 273	12 786	14 427	16 177	18 011	19 904	21 843
女	7 701	8 879	10 150	11 528	13 030	14 658	16 394	18 211	20 082	21 992
性比(女100につき男)	96.5	97.0	97.4	97.8	98.1	98.4	98.7	98.9	99.1	99.3
年齢分布(%)										
0－4歳	17.2	16.0	15.1	14.3	13.7	13.3	12.7	12.1	11.4	10.9
5－14歳	26.6	27.1	26.7	25.3	24.2	23.3	22.6	22.0	21.2	20.4
15－24歳	19.6	19.4	19.7	20.5	20.5	19.6	19.0	18.5	18.3	18.0
60歳以上	4.5	4.5	4.7	5.1	5.6	6.4	7.2	8.1	9.0	9.8
65歳以上	2.9	2.9	3.0	3.2	3.5	4.0	4.7	5.4	6.1	6.8
80歳以上	0.3	0.4	0.4	0.4	0.4	0.5	0.6	0.7	0.9	1.2
6－11歳	16.4	16.8	16.4	15.4	14.7	14.2	13.8	13.4	12.9	12.3
12－14歳	7.1	7.1	7.5	7.2	6.8	6.6	6.4	6.3	6.1	5.9
15－17歳	6.4	6.5	6.7	6.9	6.5	6.2	6.0	5.9	5.8	5.7
18－23歳	11.4	11.2	11.4	11.8	12.1	11.6	11.2	10.9	10.8	10.7
15－24歳女子(%)	47.4	47.7	48.2	49.3	49.9	50.0	50.1	50.3	50.4	50.4
中位数年齢(歳)	18.0	18.3	18.8	19.6	20.7	21.7	22.6	23.5	24.5	25.5
人口密度(1km²あたり)	79	91	104	118	134	151	169	188	208	228

	2010-2015	2015-2020	2020-2025	2025-2030	2030-2035	2035-2040	2040-2045	2045-2050	2050-2055	2055-2060
年平均人口増加数(千人)	434	472	510	553	603	654	697	730	753	770
年平均出生数(千人)	547	583	621	666	722	782	837	884	923	959
年平均死亡数(千人)	92	91	91	93	99	109	120	134	151	172
年平均純移動数(千人)	−20	−20	−20	−20	−20	−20	−20	−20	−19	−18
人口増加率(%)	3.10	2.90	2.72	2.59	2.48	2.39	2.26	2.13	1.98	1.84
粗出生率(人口千人あたり)	38.9	35.7	33.1	31.1	29.7	28.5	27.1	25.7	24.2	22.9
粗死亡率(人口千人あたり)	6.6	5.6	4.9	4.4	4.1	4.0	3.9	3.9	4.0	4.1
純移動率(人口千人あたり)	−1.4	−1.2	−1.1	−0.9	−0.8	−0.7	−0.6	−0.6	−0.5	−0.4
合計出生率（女子1人あたり）	5.18	4.83	4.51	4.22	3.97	3.74	3.54	3.36	3.20	3.06
純再生産率（女子1人あたり）	2.32	2.20	2.09	1.98	1.88	1.78	1.69	1.61	1.54	1.48
乳児死亡率（出生千人あたり）	44	33	25	19	15	12	10	8	7	6
5歳未満の死亡数(出生千人あたり	54	41	31	23	19	15	13	10	9	8
出生時の平均余命(歳)										
男	63.9	65.8	67.4	68.9	70.2	71.4	72.5	73.7	74.8	75.9
女	67.6	69.6	71.4	73.1	74.5	75.7	76.9	77.9	78.9	79.7
男女計	65.8	67.8	69.5	71.1	72.4	73.6	74.8	75.9	76.9	77.9

C. 高 位 予 測 値

	2015	2020	2025	2030	2035	2040	2045	2050	2055	2060
人口(千人)										
総数	15 129	17 633	20 449	23 599	27 068	30 903	35 117	39 701	44 622	49 855
男	7 429	8 682	10 096	11 679	13 423	15 351	17 471	19 779	22 260	24 902
女	7 701	8 950	10 353	11 920	13 645	15 552	17 646	19 922	22 362	24 953
性比(女100につき男)	96.5	96.9	97.3	97.6	97.9	98.1	98.3	98.5	98.6	98.8
年齢分布(%)										
0－4歳	17.2	16.7	16.1	15.5	14.8	14.3	13.9	13.4	12.9	12.4
5－14歳	26.6	26.9	26.9	26.2	25.4	24.6	23.9	23.3	22.8	22.1
15－24歳	19.6	19.2	19.3	19.8	20.1	19.8	19.4	19.0	18.7	18.4
60歳以上	4.5	4.5	4.6	4.9	5.4	6.0	6.7	7.4	8.0	8.6
65歳以上	2.9	2.9	3.0	3.1	3.4	3.8	4.3	4.9	5.5	6.0
80歳以上	0.3	0.3	0.4	0.4	0.4	0.5	0.5	0.7	0.8	1.0
15－49歳女子(%)	47.4	47.3	47.3	47.7	48.1	48.5	48.8	49.0	49.3	49.4
中位数年齢(歳)	18.0	18.1	18.4	18.9	19.5	20.3	21.1	21.8	22.6	23.3

	2010-2015	2015-2020	2020-2025	2025-2030	2030-2035	2035-2040	2040-2045	2045-2050	2050-2055	2055-2060
年平均人口増加数(千人)	434	501	563	630	694	767	843	917	984	1 047
年平均出生数(千人)	547	613	676	745	815	898	985	1 074	1 158	1 241
年平均死亡数(千人)	92	92	93	95	101	111	122	137	155	176
人口増加率(%)	3.10	3.06	2.96	2.87	2.74	2.65	2.56	2.45	2.34	2.22
粗出生率(人口千人あたり)	38.9	37.4	35.5	33.8	32.2	31.0	29.8	28.7	27.5	26.3
粗死亡率(人口千人あたり)	6.6	5.6	4.9	4.3	4.0	3.8	3.7	3.7	3.7	3.7
合計出生率（女子1人あたり）	5.18	5.08	4.91	4.72	4.47	4.24	4.04	3.86	3.70	3.56
純再生産率（女子1人あたり）	2.32	2.32	2.28	2.22	2.12	2.02	1.93	1.85	1.78	1.72

D. 低 位 予 測 値

	2015	2020	2025	2030	2035	2040	2045	2050	2055	2060
人口(千人)										
総数	15 129	17 342	19 624	22 004	24 566	27 283	30 077	32 870	35 598	38 239
男	7 429	8 535	9 677	10 868	12 151	13 511	14 909	16 307	17 674	19 000
女	7 701	8 807	9 948	11 136	12 416	13 773	15 168	16 563	17 924	19 239
性比(女100につき男)	96.5	96.9	97.3	97.6	97.9	98.1	98.3	98.5	98.6	98.8
年齢分布(%)										
0－4歳	17.2	15.3	14.0	13.1	12.6	12.1	11.4	10.7	9.9	9.3
5－14歳	26.6	27.3	26.5	24.4	22.7	21.7	21.2	20.4	19.5	18.4
15－24歳	19.6	19.5	20.1	21.2	20.9	19.4	18.4	17.9	17.7	17.4
60歳以上	4.5	4.6	4.8	5.2	5.9	6.8	7.8	8.9	10.1	11.2
65歳以上	2.9	2.9	3.1	3.3	3.7	4.3	5.0	5.9	6.9	7.8
80歳以上	0.3	0.4	0.4	0.4	0.4	0.5	0.6	0.8	1.0	1.3
15－49歳女子(%)	47.4	48.0	49.2	51.0	51.8	51.8	51.6	51.6	51.6	51.3
中位数年齢(歳)	18.0	18.5	19.3	20.5	22.0	23.3	24.5	25.6	26.9	28.2

	2010-2015	2015-2020	2020-2025	2025-2030	2030-2035	2035-2040	2040-2045	2045-2050	2050-2055	2055-2060
年平均人口増加数(千人)	434	443	456	476	512	543	559	559	546	528
年平均出生数(千人)	547	552	566	587	630	670	696	710	712	714
年平均死亡数(千人)	92	90	89	91	97	106	117	131	148	168
人口増加率(%)	3.10	2.73	2.47	2.29	2.20	2.10	1.95	1.78	1.60	1.43
粗出生率(人口千人あたり)	38.9	34.0	30.6	28.2	27.0	25.8	24.3	22.5	20.8	19.3
粗死亡率(人口千人あたり)	6.6	5.5	4.8	4.4	4.2	4.1	4.1	4.2	4.3	4.5
合計出生率（女子1人あたり）	5.18	4.58	4.11	3.72	3.47	3.24	3.04	2.86	2.70	2.56
純再生産率（女子1人あたり）	2.32	2.09	1.91	1.75	1.64	1.54	1.45	1.37	1.30	1.23

E. 出生力一定予測値

	2015	2020	2025	2030	2035	2040	2045	2050	2055	2060
人口(千人)										
総数	15 129	17 705	20 725	24 267	28 437	33 360	39 169	45 996	54 008	63 404
男	7 429	8 719	10 236	12 019	14 120	16 601	19 532	22 981	27 034	31 792
女	7 701	8 986	10 489	12 248	14 317	16 759	19 637	23 015	26 974	31 612
中位数年齢(歳)	18.0	18.0	18.0	18.2	18.4	18.6	18.7	18.7	18.8	18.9

	2010-2015	2015-2020	2020-2025	2025-2030	2030-2035	2035-2040	2040-2045	2045-2050	2050-2055	2055-2060
人口増加率(%)	3.10	3.14	3.15	3.16	3.17	3.19	3.21	3.21	3.21	3.21
粗出生率(人口千人あたり)	38.9	38.2	37.4	36.7	36.4	36.2	36.1	35.9	35.7	35.5
粗死亡率(人口千人あたり)	6.6	5.6	4.9	4.3	4.0	3.7	3.5	3.4	3.3	3.2

Serbia

A. 推計値

指　標	1960	1965	1970	1975	1980	1985	1990	1995	2000	2005	2010
人口(千人)											
総数	7 557	7 835	8 120	8 497	8 908	9 253	9 518	9 884	9 463	9 187	9 059
男	3 718	3 868	4 014	4 203	4 404	4 574	4 698	4 871	4 644	4 491	4 428
女	3 839	3 967	4 106	4 294	4 504	4 680	4 820	5 014	4 819	4 696	4 631
性比(女100につき男)	96.8	97.5	97.8	97.9	97.8	97.7	97.5	97.1	96.4	95.6	95.6
年齢分布(%)											
０－４歳	9.4	8.7	8.5	8.7	8.8	8.2	7.7	6.8	6.6	5.8	5.2
５－14歳	20.5	19.2	16.7	15.9	15.9	16.3	16.1	15.3	14.2	13.1	12.0
15－24歳	15.0	15.7	18.6	17.3	15.1	14.5	14.8	15.4	14.4	14.3	13.2
60歳以上	10.4	11.5	12.7	12.8	12.1	13.3	15.2	17.0	18.9	19.1	21.8
65歳以上	6.6	7.3	8.3	9.3	9.2	8.5	9.6	11.4	13.7	14.8	15.1
80歳以上	1.1	1.0	1.1	1.1	1.4	1.6	1.8	1.7	1.6	2.3	3.0
15－49歳女子(%)	49.3	50.8	53.9	52.5	50.0	48.2	48.0	49.5	47.7	46.5	45.5
中位数年齢(歳)	27.9	29.2	30.1	29.9	30.9	32.1	33.2	34.1	35.9	37.0	39.3
人口密度(1km²あたり)	86	90	93	97	102	106	109	113	108	105	104

指　標	1960-1965	1965-1970	1970-1975	1975-1980	1980-1985	1985-1990	1990-1995	1995-2000	2000-2005	2005-2010	2010-2015
年平均人口増加数(千人)	56	57	75	82	69	53	73	− 84	− 55	− 26	− 42
年平均出生数(千人)	150	149	156	163	158	150	135	130	111	97	92
年平均死亡数(千人)	77	74	76	82	87	92	97	105	111	115	113
人口増加率(%)	0.72	0.71	0.91	0.95	0.76	0.56	0.76	−0.87	−0.59	−0.28	−0.47
粗出生率(人口千人あたり)	19.5	18.7	18.8	18.7	17.4	16.0	13.9	13.4	11.9	10.6	10.2
粗死亡率(人口千人あたり)	10.0	9.3	9.2	9.4	9.6	9.8	10.0	10.8	11.9	12.6	12.7
合計出生率(女子１人あたり)	2.51	2.43	2.36	2.37	2.32	2.23	1.96	1.92	1.71	1.56	1.56
純再生産率(女子１人あたり)	1.10	1.09	1.08	1.10	1.08	1.05	0.93	0.91	0.82	0.74	0.75
乳児死亡率(出生千人あたり)	88	69	51	40	35	22	17	16	14	12	10
出生時の平均余命(歳)											
男	62.6	64.7	66.3	66.9	67.6	68.4	68.8	69.1	69.4	70.6	71.8
女	65.9	68.8	70.8	72.3	72.9	73.9	74.7	74.8	75.4	76.1	77.5
男女計	64.3	66.7	68.5	69.5	70.2	71.1	71.7	71.9	72.4	73.3	74.6

B. 中位予測値

指　標	2015	2020	2025	2030	2035	2040	2045	2050	2055	2060
人口(千人)										
総数	8 851	8 674	8 485	8 281	8 058	7 817	7 570	7 331	7 099	6 870
男	4 320	4 231	4 138	4 038	3 931	3 819	3 707	3 599	3 494	3 392
女	4 531	4 443	4 347	4 243	4 126	3 997	3 864	3 732	3 605	3 478
性比(女100につき男)	95.3	95.2	95.2	95.2	95.3	95.5	95.9	96.4	96.9	97.5
年齢分布(%)										
０－４歳	5.1	5.1	5.1	5.0	4.9	4.8	4.7	4.7	4.7	4.8
５－14歳	11.2	10.6	10.4	10.5	10.4	10.3	10.1	9.9	9.8	9.8
15－24歳	12.6	12.3	11.5	10.8	10.8	10.9	10.9	10.8	10.6	10.3
60歳以上	24.4	25.4	26.2	27.2	28.6	30.0	30.9	32.3	33.3	34.3
65歳以上	17.1	19.3	20.1	20.8	21.7	23.0	24.3	25.2	26.6	27.5
80歳以上	3.7	4.0	3.9	5.0	6.1	6.3	6.5	7.1	8.0	8.8
６－11歳	6.6	6.2	6.2	6.3	6.2	6.1	6.0	5.9	5.8	5.9
12－14歳	3.6	3.3	3.2	3.2	3.2	3.2	3.1	3.1	3.0	3.0
15－17歳	3.7	3.5	3.2	3.2	3.2	3.2	3.2	3.2	3.1	3.0
18－23歳	7.6	7.5	7.0	6.5	6.5	6.5	6.6	6.5	6.4	6.2
15－24歳女子(%)	45.0	44.2	42.7	41.1	40.3	39.3	38.7	38.0	37.3	37.1
中位数年齢(歳)	40.6	41.7	42.7	43.5	44.5	45.2	46.0	46.8	47.2	47.3
人口密度(1km²あたり)	101	99	97	95	92	89	87	84	81	79

指　標	2010-2015	2015-2020	2020-2025	2025-2030	2030-2035	2035-2040	2040-2045	2045-2050	2050-2055	2055-2060
年平均人口増加数(千人)	− 42	− 35	− 38	− 41	− 45	− 48	− 49	− 48	− 46	− 46
年平均出生数(千人)	92	89	87	84	80	76	72	70	68	66
年平均死亡数(千人)	113	115	115	115	115	114	111	108	105	103
年平均純移動数(千人)	−20	−10	−10	−10	−10	−10	−10	−10	−10	−9
人口増加率(%)	−0.47	−0.41	−0.44	−0.49	−0.55	−0.61	−0.64	−0.64	−0.64	−0.66
粗出生率(人口千人あたり)	10.2	10.2	10.2	10.0	9.8	9.6	9.4	9.3	9.4	9.5
粗死亡率(人口千人あたり)	12.7	13.1	13.4	13.7	14.1	14.4	14.5	14.4	14.5	14.7
純移動率(人口千人あたり)	−2.2	−1.1	−1.2	−1.2	−1.2	−1.3	−1.3	−1.3	−1.3	−1.3
合計出生率 (女子１人あたり)	1.56	1.59	1.62	1.65	1.67	1.69	1.71	1.73	1.74	1.76
純再生産率 (女子１人あたり)	0.75	0.77	0.78	0.79	0.81	0.82	0.83	0.83	0.84	0.85
乳児死亡率 (出生千人あたり)	10	8	7	7	6	6	6	5	5	5
５歳未満の死亡数(出生千人あた	12	10	9	8	7	7	7	6	6	6
出生時の平均余命(歳)										
男	71.8	72.6	73.3	74.0	74.8	75.6	76.4	77.3	78.2	79.0
女	77.5	78.2	78.8	79.5	80.1	80.7	81.3	81.9	82.4	83.0
男女計	74.6	75.4	76.0	76.8	77.4	78.2	78.9	79.6	80.3	81.0

C. 高位予測値

	2015	2020	2025	2030	2035	2040	2045	2050	2055	2060
人口(千人)										
総数	8 851	8 743	8 661	8 583	8 481	8 358	8 239	8 156	8 116	8 100
男	4 320	4 266	4 228	4 193	4 148	4 096	4 049	4 021	4 015	4 021
女	4 531	4 477	4 433	4 391	4 333	4 261	4 190	4 135	4 101	4 079
性比(女100につき男)	95.3	95.1	95.0	94.8	94.8	94.9	95.1	95.5	95.8	96.2
年齢分布(%)										
0－4歳	5.1	5.8	6.2	6.3	6.1	5.9	5.9	6.2	6.5	6.7
5－14歳	11.2	10.5	11.0	12.1	12.7	12.6	12.2	11.9	12.1	12.6
15－24歳	12.6	12.2	11.2	10.5	11.1	12.3	12.8	12.7	12.2	11.8
60歳以上	24.4	25.2	25.6	26.3	27.2	28.0	28.4	29.0	29.1	29.1
65歳以上	17.1	19.2	19.7	20.1	20.6	21.5	22.3	22.7	23.2	23.3
80歳以上	3.7	4.0	3.8	4.8	5.8	5.9	6.0	6.4	7.0	7.5
15－49歳女子(%)	45.0	43.9	41.8	39.8	39.2	38.9	39.2	39.2	39.2	39.6
中位数年齢(歳)	40.6	41.4	41.9	42.2	42.5	42.6	42.6	42.1	40.9	40.3

	2010-2015	2015-2020	2020-2025	2025-2030	2030-2035	2035-2040	2040-2045	2045-2050	2050-2055	2055-2060
年平均人口増加数(千人)	− 42	− 22	− 16	− 15	− 21	− 25	− 24	− 17	− 8	− 3
年平均出生数(千人)	92	104	109	110	105	100	98	101	107	109
年平均死亡数(千人)	113	115	115	115	115	114	112	108	105	103
人口増加率(%)	−0.47	−0.25	−0.19	−0.18	−0.24	−0.29	−0.29	−0.20	−0.10	−0.04
粗出生率(人口千人あたり)	10.2	11.8	12.5	12.7	12.3	11.8	11.8	12.4	13.1	13.5
粗死亡率(人口千人あたり)	12.7	13.1	13.2	13.3	13.5	13.6	13.4	13.2	12.9	12.8
合計出生率(女子1人あたり)	1.56	1.84	2.02	2.15	2.17	2.19	2.21	2.23	2.24	2.26
純再生産率(女子1人あたり)	0.75	0.89	0.97	1.04	1.05	1.06	1.07	1.08	1.08	1.09

D. 低位予測値

	2015	2020	2025	2030	2035	2040	2045	2050	2055	2060
人口(千人)										
総数	8 851	8 604	8 309	7 979	7 636	7 280	6 917	6 546	6 165	5 777
男	4 320	4 195	4 047	3 883	3 715	3 545	3 372	3 197	3 017	2 832
女	4 531	4 409	4 261	4 095	3 920	3 735	3 545	3 349	3 149	2 945
性比(女100につき男)	95.3	95.1	95.0	94.8	94.8	94.9	95.1	95.5	95.8	96.2
年齢分布(%)										
0－4歳	5.1	4.3	3.9	3.6	3.6	3.6	3.4	3.2	3.0	2.9
5－14歳	11.2	10.6	9.8	8.6	8.0	7.7	7.7	7.5	7.2	6.8
15－24歳	12.6	12.4	11.7	11.3	10.5	9.2	8.5	8.3	8.4	8.3
60歳以上	24.4	25.6	26.7	28.3	30.2	32.2	33.8	36.2	38.4	40.8
65歳以上	17.1	19.5	20.6	21.6	22.9	24.7	26.6	28.3	30.6	32.7
80歳以上	3.7	4.0	4.0	5.1	6.5	6.8	7.1	7.9	9.2	10.5
15－49歳女子(%)	45.0	44.5	43.5	42.6	41.6	39.8	38.0	36.2	34.4	33.0
中位数年齢(歳)	40.6	42.0	43.4	44.8	46.4	47.8	49.3	50.9	52.5	54.0

	2010-2015	2015-2020	2020-2025	2025-2030	2030-2035	2035-2040	2040-2045	2045-2050	2050-2055	2055-2060
年平均人口増加数(千人)	− 42	− 49	− 59	− 66	− 69	− 71	− 73	− 74	− 76	− 78
年平均出生数(千人)	92	75	66	59	56	53	48	43	38	34
年平均死亡数(千人)	113	115	115	115	115	114	111	107	104	102
人口増加率(%)	−0.47	−0.57	−0.70	−0.81	−0.88	−0.95	−1.02	−1.10	−1.20	−1.30
粗出生率(人口千人あたり)	10.2	8.6	7.8	7.2	7.2	7.1	6.8	6.4	5.9	5.6
粗死亡率(人口千人あたり)	12.7	13.2	13.6	14.1	14.7	15.3	15.6	15.9	16.4	17.2
合計出生率(女子1人あたり)	1.56	1.34	1.22	1.15	1.17	1.19	1.21	1.23	1.24	1.26
純再生産率(女子1人あたり)	0.75	0.65	0.59	0.55	0.57	0.58	0.59	0.59	0.60	0.61

E. 出生力一定予測値

	2015	2020	2025	2030	2035	2040	2045	2050	2055	2060
人口(千人)										
総数	8 851	8 662	8 453	8 220	7 962	7 684	7 398	7 113	6 828	6 538
男	4 320	4 225	4 121	4 007	3 882	3 751	3 618	3 487	3 356	3 222
女	4 531	4 437	4 331	4 213	4 080	3 932	3 779	3 626	3 472	3 316
中位数年齢(歳)	40.6	41.8	42.8	43.8	44.9	45.9	46.9	47.9	48.8	49.4

	2010-2015	2015-2020	2020-2025	2025-2030	2030-2035	2035-2040	2040-2045	2045-2050	2050-2055	2055-2060
人口増加率(%)	−0.47	−0.43	−0.49	−0.56	−0.64	−0.71	−0.76	−0.79	−0.82	−0.87
粗出生率(人口千人あたり)	10.2	10.0	9.7	9.4	9.1	8.7	8.5	8.3	8.2	8.0
粗死亡率(人口千人あたり)	12.7	13.1	13.4	13.8	14.2	14.6	14.7	14.8	15.0	15.4

Sierra Leone

A. 推計値

指　標	1960	1965	1970	1975	1980	1985	1990	1995	2000	2005	2010
人口(千人)											
総数	2 182	2 333	2 514	2 766	3 086	3 466	3 931	3 838	4 061	5 071	5 776
男	1 064	1 136	1 225	1 355	1 516	1 708	1 942	1 895	2 005	2 501	2 852
女	1 118	1 197	1 290	1 411	1 570	1 758	1 990	1 943	2 056	2 570	2 924
性比(女100につき男)	95.1	94.9	95.0	96.0	96.6	97.1	97.6	97.5	97.5	97.3	97.6
年齢分布(%)											
0－4歳	15.5	15.7	15.9	16.7	17.3	17.8	17.8	17.4	17.4	17.3	16.7
5－14歳	23.2	22.9	23.2	23.5	24.4	25.5	26.5	27.0	26.8	26.6	26.8
15－24歳	19.0	19.0	18.5	17.9	17.6	17.5	18.1	19.2	20.0	20.2	20.0
60歳以上	5.1	5.2	5.4	5.5	5.5	5.5	5.2	4.8	4.4	4.4	4.4
65歳以上	2.8	2.9	3.0	3.1	3.2	3.2	3.0	2.7	2.5	2.5	2.6
80歳以上	0.1	0.1	0.1	0.1	0.2	0.2	0.2	0.1	0.1	0.1	0.1
15－49歳女子(%)	48.4	48.2	47.9	47.0	45.9	44.9	44.6	45.2	45.9	46.5	47.2
中位数年齢(歳)	20.6	20.7	20.7	20.1	19.4	18.5	17.9	17.6	17.6	17.8	18.1
人口密度(1km²あたり)	30	32	35	38	43	48	54	53	56	70	80

指　標	1960-1965	1965-1970	1970-1975	1975-1980	1980-1985	1985-1990	1990-1995	1995-2000	2000-2005	2005-2010	2010-2015
年平均人口増加数(千人)	30	36	50	64	76	93	－ 19	45	202	141	135
年平均出生数(千人)	104	111	121	136	153	173	179	178	200	224	226
年平均死亡数(千人)	74	75	71	72	77	92	107	104	98	95	86
人口増加率(%)	1.34	1.50	1.91	2.19	2.32	2.52	−0.48	1.13	4.45	2.60	2.22
粗出生率(人口千人あたり)	46.0	45.9	46.0	46.4	46.7	46.7	46.0	45.1	43.8	41.3	36.9
粗死亡率(人口千人あたり)	32.6	30.9	26.9	24.5	23.5	25.0	27.6	26.3	21.5	17.5	14.1
合計出生率(女子1人あたり)	5.97	5.97	6.06	6.25	6.46	6.66	6.62	6.41	6.05	5.51	4.79
純再生産率(女子1人あたり)	1.47	1.52	1.68	1.87	1.98	1.97	1.83	1.81	1.94	1.92	1.80
乳児死亡率(出生千人あたり)	221	211	181	162	151	152	161	149	135	117	94
出生時の平均余命(歳)											
男	29.5	31.4	36.7	39.4	40.7	38.9	35.2	35.9	40.1	45.1	49.7
女	32.5	33.9	36.9	40.0	41.1	39.4	36.7	37.5	42.6	46.7	50.7
男女計	31.0	32.6	36.8	39.7	40.9	39.1	36.0	36.7	41.3	45.9	50.2

B. 中位予測値

指　標	2015	2020	2025	2030	2035	2040	2045	2050	2055	2060
人口(千人)										
総数	6 453	7 160	7 874	8 598	9 325	10 041	10 734	11 392	12 004	12 562
男	3 193	3 549	3 907	4 270	4 635	4 993	5 337	5 664	5 966	6 241
女	3 260	3 612	3 967	4 328	4 690	5 048	5 396	5 728	6 038	6 321
性比(女100につき男)	98.0	98.3	98.5	98.7	98.8	98.9	98.9	98.9	98.8	98.7
年齢分布(%)										
0－4歳	15.6	14.7	13.7	12.9	12.1	11.3	10.6	9.9	9.3	8.8
5－14歳	26.8	26.0	24.8	23.7	22.6	21.5	20.4	19.4	18.4	17.5
15－24歳	20.0	20.5	20.9	20.7	20.2	19.6	19.0	18.4	17.8	17.2
60歳以上	4.4	4.4	4.6	4.8	5.3	5.9	6.8	7.7	8.6	9.7
65歳以上	2.7	2.7	2.8	2.9	3.1	3.5	4.0	4.7	5.3	6.0
80歳以上	0.2	0.2	0.2	0.2	0.2	0.3	0.3	0.4	0.4	0.5
6－11歳	16.5	15.9	15.1	14.4	13.7	13.0	12.3	11.7	11.1	10.5
12－14歳	7.3	7.4	7.1	6.8	6.6	6.3	6.0	5.7	5.5	5.2
15－17歳	6.7	6.8	6.8	6.5	6.4	6.1	5.9	5.7	5.4	5.2
18－23歳	11.6	11.9	12.2	12.3	11.9	11.7	11.3	10.9	10.6	10.3
15－24歳女子(%)	48.4	49.8	51.4	52.5	53.4	54.0	54.4	54.5	54.2	53.6
中位数年齢(歳)	18.5	19.2	20.1	21.3	22.5	23.8	25.0	26.4	27.7	29.0
人口密度(1km²あたり)	89	99	109	119	129	139	149	158	166	174

指　標	2010-2015	2015-2020	2020-2025	2025-2030	2030-2035	2035-2040	2040-2045	2045-2050	2050-2055	2055-2060
年平均人口増加数(千人)	135	141	143	145	145	143	139	132	122	112
年平均出生数(千人)	226	233	236	239	241	241	240	237	234	230
年平均死亡数(千人)	86	87	88	88	90	92	95	100	106	113
年平均純移動数(千人)	−4	−4	−6	−6	−6	−6	−6	−6	−6	−5
人口増加率(%)	2.22	2.08	1.90	1.76	1.62	1.48	1.34	1.19	1.05	0.91
粗出生率(人口千人あたり)	36.9	34.2	31.4	29.0	26.9	24.9	23.1	21.5	20.0	18.7
粗死亡率(人口千人あたり)	14.1	12.8	11.7	10.7	10.0	9.5	9.1	9.0	9.0	9.2
純移動率(人口千人あたり)	−0.7	−0.6	−0.8	−0.7	−0.7	−0.6	−0.6	−0.5	−0.5	−0.4
合計出生率(女子1人あたり)	4.79	4.28	3.82	3.44	3.13	2.88	2.68	2.53	2.39	2.28
純再生産率(女子1人あたり)	1.80	1.66	1.53	1.41	1.32	1.24	1.17	1.12	1.07	1.03
乳児死亡率(出生千人あたり)	94	81	70	62	54	49	44	39	35	32
5歳未満の死亡数(出生千人あたり)	134	117	101	90	80	72	64	58	52	47
出生時の平均余命(歳)										
男	49.7	51.5	53.3	55.1	56.9	58.4	59.8	61.1	62.2	63.3
女	50.7	52.7	54.7	56.5	58.4	60.1	61.7	63.1	64.4	65.6
男女計	50.2	52.1	54.0	55.8	57.6	59.2	60.7	62.1	63.3	64.4

C. 高位予測値

	2015	2020	2025	2030	2035	2040	2045	2050	2055	2060
人口(千人)										
総数	6 453	7 222	8 047	8 928	9 834	10 766	11 725	12 707	13 699	14 687
男	3 193	3 580	3 994	4 436	4 890	5 356	5 834	6 323	6 815	7 305
女	3 260	3 642	4 053	4 492	4 944	5 410	5 891	6 384	6 884	7 382
性比(女100につき男)	98.0	98.2	98.4	98.6	98.7	98.8	98.8	98.7	98.6	98.5
年齢分布(%)										
0－4歳	15.6	15.4	14.9	14.2	13.3	12.6	12.0	11.5	11.1	10.6
5－14歳	26.8	25.8	25.1	24.8	24.1	23.1	22.1	21.2	20.5	19.9
15－24歳	20.0	20.3	20.5	20.0	19.7	19.8	19.6	19.1	18.4	17.9
60歳以上	4.4	4.4	4.5	4.6	5.0	5.5	6.2	6.9	7.5	8.3
65歳以上	2.7	2.7	2.7	2.8	2.9	3.3	3.7	4.2	4.7	5.2
80歳以上	0.2	0.2	0.2	0.2	0.2	0.2	0.3	0.3	0.4	0.5
15－49歳女子(%)	48.4	49.4	50.3	50.6	51.2	51.9	52.5	52.7	52.6	52.4
中位数年齢(歳)	18.5	19.0	19.6	20.4	21.1	22.0	23.0	24.0	25.0	26.0

	2010-2015	2015-2020	2020-2025	2025-2030	2030-2035	2035-2040	2040-2045	2045-2050	2050-2055	2055-2060
年平均人口増加数(千人)	135	154	165	176	181	186	192	196	198	198
年平均出生数(千人)	226	246	261	274	281	289	298	308	317	324
年平均死亡数(千人)	86	88	90	92	93	96	100	106	113	121
人口増加率(%)	2.22	2.25	2.16	2.08	1.93	1.81	1.71	1.61	1.50	1.39
粗出生率(人口千人あたり)	36.9	36.0	34.2	32.3	29.9	28.0	26.5	25.2	24.0	22.8
粗死亡率(人口千人あたり)	14.1	12.9	11.8	10.8	10.0	9.3	8.9	8.7	8.5	8.5
合計出生率（女子1人あたり）	4.79	4.53	4.22	3.94	3.63	3.38	3.18	3.03	2.89	2.78
純再生産率（女子1人あたり）	1.80	1.76	1.69	1.62	1.53	1.45	1.39	1.34	1.30	1.26

D. 低位予測値

	2015	2020	2025	2030	2035	2040	2045	2050	2055	2060
人口(千人)										
総数	6 453	7 099	7 701	8 268	8 817	9 325	9 772	10 144	10 432	10 637
男	3 193	3 518	3 820	4 104	4 380	4 634	4 856	5 039	5 179	5 277
女	3 260	3 581	3 881	4 163	4 437	4 691	4 917	5 105	5 253	5 359
性比(女100につき男)	98.0	98.2	98.4	98.6	98.7	98.8	98.8	98.7	98.6	98.5
年齢分布(%)										
0－4歳	15.6	13.9	12.6	11.4	10.7	9.8	9.0	8.2	7.5	6.9
5－14歳	26.8	26.3	24.6	22.6	20.9	19.5	18.4	17.2	15.9	14.8
15－24歳	20.0	20.7	21.4	21.5	20.7	19.4	18.2	17.4	16.8	16.0
60歳以上	4.4	4.5	4.7	5.0	5.6	6.4	7.4	8.6	9.9	11.4
65歳以上	2.7	2.7	2.8	3.0	3.3	3.8	4.4	5.2	6.1	7.1
80歳以上	0.2	0.2	0.2	0.2	0.3	0.3	0.3	0.4	0.5	0.6
15－49歳女子(%)	48.4	50.3	52.6	54.6	55.8	56.4	56.5	56.4	55.8	54.6
中位数年齢(歳)	18.5	19.4	20.7	22.3	23.9	25.7	27.5	29.2	31.0	32.7

	2010-2015	2015-2020	2020-2025	2025-2030	2030-2035	2035-2040	2040-2045	2045-2050	2050-2055	2055-2060
年平均人口増加数(千人)	135	129	120	113	110	102	89	74	58	41
年平均出生数(千人)	226	219	212	204	201	195	185	174	163	152
年平均死亡数(千人)	86	86	85	85	86	87	90	94	99	106
人口増加率(%)	2.22	1.91	1.63	1.42	1.29	1.12	0.94	0.75	0.56	0.39
粗出生率(人口千人あたり)	36.9	32.3	28.6	25.6	23.6	21.5	19.4	17.5	15.8	14.5
粗死亡率(人口千人あたり)	14.1	12.7	11.5	10.7	10.0	9.6	9.4	9.4	9.7	10.1
合計出生率（女子1人あたり）	4.79	4.03	3.42	2.94	2.63	2.38	2.18	2.03	1.89	1.78
純再生産率（女子1人あたり）	1.80	1.57	1.37	1.21	1.11	1.02	0.95	0.90	0.85	0.81

E. 出生力一定予測値

	2015	2020	2025	2030	2035	2040	2045	2050	2055	2060
人口(千人)										
総数	6 453	7 268	8 225	9 338	10 618	12 089	13 795	15 777	18 080	20 755
男	3 193	3 603	4 083	4 642	5 283	6 020	6 871	7 861	9 010	10 345
女	3 260	3 665	4 142	4 697	5 335	6 070	6 923	7 916	9 070	10 410
中位数年齢(歳)	18.5	18.9	19.1	19.2	19.1	19.2	19.3	19.4	19.4	19.4

	2010-2015	2015-2020	2020-2025	2025-2030	2030-2035	2035-2040	2040-2045	2045-2050	2050-2055	2055-2060
人口増加率(%)	2.22	2.38	2.47	2.54	2.57	2.60	2.64	2.69	2.73	2.76
粗出生率(人口千人あたり)	36.9	37.4	37.5	37.0	36.3	35.8	35.5	35.4	35.4	35.3
粗死亡率(人口千人あたり)	14.1	13.0	12.0	11.0	10.1	9.3	8.7	8.2	7.8	7.5

Singapore

A. 推計値

指　標	1960	1965	1970	1975	1980	1985	1990	1995	2000	2005	2010
人口(千人)											
総数	1 634	1 880	2 074	2 262	2 415	2 709	3 016	3 483	3 918	4 496	5 079
男	861	969	1 062	1 156	1 232	1 379	1 518	1 753	1 957	2 231	2 506
女	773	910	1 012	1 107	1 183	1 329	1 499	1 730	1 961	2 264	2 573
性比(女100につき男)	111.3	106.5	104.9	104.4	104.1	103.8	101.3	101.4	99.8	98.5	97.4
年齢分布(%)											
０－４歳	18.5	15.1	11.3	9.9	8.0	8.0	7.6	8.6	6.5	5.8	5.2
５－14歳	24.8	28.6	27.4	22.9	19.0	16.3	13.9	13.7	14.9	13.4	12.2
15－24歳	17.4	17.5	21.7	23.9	24.2	20.4	18.7	14.3	13.0	13.3	13.5
60歳以上	3.7	4.7	5.7	6.7	7.2	7.9	8.4	9.4	10.7	12.6	14.1
65歳以上	2.0	2.6	3.3	4.1	4.7	5.3	5.6	6.3	7.3	8.2	9.0
80歳以上	0.3	0.3	0.3	0.4	0.5	0.6	0.9	1.2	1.3	1.6	1.9
15－49歳女子(%)	45.4	44.6	48.8	54.0	58.8	60.0	62.5	60.3	57.6	55.6	53.9
中位数年齢(歳)	18.8	18.1	19.7	21.9	24.5	27.3	29.3	31.8	34.1	35.8	37.3
人口密度(1km²あたり)	2 334	2 685	2 963	3 232	3 449	3 869	4 309	4 975	5 597	6 422	7 256

指　標	1960-1965	1965-1970	1970-1975	1975-1980	1980-1985	1985-1990	1990-1995	1995-2000	2000-2005	2005-2010	2010-2015
年平均人口増加数(千人)	49	39	38	30	59	62	93	87	115	117	105
年平均出生数(千人)	59	50	48	40	44	51	57	53	47	48	50
年平均死亡数(千人)	10	11	12	12	12	13	14	17	19	21	24
人口増加率(%)	2.80	1.97	1.74	1.30	2.30	2.15	2.88	2.36	2.75	2.44	1.97
粗出生率(人口千人あたり)	33.6	25.2	22.1	16.9	17.0	17.8	17.6	14.3	11.3	10.1	9.3
粗死亡率(人口千人あたり)	5.6	5.5	5.3	5.1	4.8	4.6	4.2	4.6	4.5	4.5	4.5
合計出生率(女子１人あたり)	5.12	3.65	2.82	1.84	1.69	1.70	1.73	1.57	1.35	1.26	1.23
純再生産率(女子１人あたり)	2.35	1.68	1.31	0.87	0.80	0.81	0.83	0.75	0.65	0.60	0.59
乳児死亡率(出生千人あたり)	29	24	19	13	9	5	5	4	3	2	2
出生時の平均余命(歳)											
男	63.4	64.3	66.0	68.2	70.3	72.9	74.8	75.3	76.7	78.7	79.6
女	70.0	70.8	72.8	74.3	75.7	77.1	79.2	80.1	81.8	83.7	85.6
男女計	66.4	67.2	69.1	71.0	72.9	74.9	77.0	77.7	79.2	81.2	82.6

B. 中位予測値

指　標	2015	2020	2025	2030	2035	2040	2045	2050	2055	2060
人口(千人)										
総数	5 604	6 007	6 231	6 418	6 558	6 647	6 686	6 681	6 636	6 561
男	2 765	2 962	3 068	3 153	3 214	3 247	3 256	3 246	3 220	3 182
女	2 839	3 045	3 164	3 265	3 345	3 400	3 429	3 435	3 416	3 379
性比(女100につき男)	97.4	97.3	97.0	96.6	96.1	95.5	95.0	94.5	94.2	94.2
年齢分布(%)										
０－４歳	4.8	4.5	4.2	4.0	3.8	3.7	3.5	3.4	3.4	3.4
５－14歳	10.7	9.8	9.2	8.7	8.4	8.1	7.8	7.6	7.4	7.4
15－24歳	13.2	11.9	10.7	9.9	9.4	9.0	8.8	8.7	8.5	8.3
60歳以上	17.9	22.3	26.9	30.7	34.3	37.1	39.1	40.4	41.9	43.1
65歳以上	11.7	15.1	19.3	23.3	26.7	29.8	32.2	33.9	35.0	36.3
80歳以上	2.4	3.0	3.7	5.3	7.3	9.7	12.0	13.8	15.5	16.7
６－11歳	6.3	5.8	5.4	5.1	5.0	4.8	4.6	4.5	4.4	4.4
12－14歳	3.5	3.1	2.9	2.7	2.6	2.5	2.5	2.4	2.3	2.3
15－17歳	3.7	3.3	3.0	2.8	2.7	2.6	2.6	2.5	2.4	2.4
18－23歳	8.1	7.3	6.5	6.0	5.7	5.4	5.3	5.3	5.2	5.0
15－24歳女子(%)	50.6	47.4	43.7	40.5	38.0	36.4	34.7	33.4	32.5	31.9
中位数年齢(歳)	40.0	42.5	44.9	47.0	48.8	50.3	51.7	53.0	53.9	54.6
人口密度(1km²あたり)	8 005	8 581	8 902	9 169	9 369	9 496	9 551	9 544	9 480	9 373

指　標	2010-2015	2015-2020	2020-2025	2025-2030	2030-2035	2035-2040	2040-2045	2045-2050	2050-2055	2055-2060
年平均人口増加数(千人)	105	81	45	37	28	18	8	－ 1	－ 9	－ 15
年平均出生数(千人)	50	50	51	50	49	47	46	45	44	43
年平均死亡数(千人)	24	29	36	43	51	59	68	75	81	85
年平均純移動数(千人)	80	60	30	30	30	30	30	30	28	27
人口増加率(%)	1.97	1.39	0.73	0.59	0.43	0.27	0.12	−0.01	−0.14	−0.23
粗出生率(人口千人あたり)	9.3	8.7	8.3	8.0	7.5	7.1	6.8	6.7	6.6	6.6
粗死亡率(人口千人あたり)	4.5	5.1	5.8	6.7	7.8	9.0	10.1	11.3	12.2	12.9
純移動率(人口千人あたり)	14.9	10.3	4.9	4.7	4.6	4.5	4.5	4.5	4.3	4.1
合計出生率（女子１人あたり）	1.23	1.26	1.29	1.31	1.33	1.35	1.37	1.38	1.40	1.41
純再生産率（女子１人あたり）	0.59	0.60	0.62	0.63	0.64	0.65	0.66	0.67	0.67	0.68
乳児死亡率（出生千人あたり）	2	1	1	1	1	1	1	1	1	1
５歳未満の死亡数(出生千人あたり	2	2	2	1	1	1	1	1	1	1
出生時の平均余命(歳)										
男	79.6	80.6	81.5	82.4	83.1	83.9	84.6	85.3	85.9	86.5
女	85.6	86.7	87.5	88.3	89.1	89.9	90.6	91.2	91.8	92.5
男女計	82.6	83.7	84.6	85.4	86.2	86.9	87.6	88.3	88.9	89.5

C. 高 位 予 測 値

	2015	2020	2025	2030	2035	2040	2045	2050	2055	2060
人口(千人)										
総数	5 604	6 057	6 360	6 643	6 875	7 053	7 187	7 296	7 388	7 466
男	2 765	2 987	3 134	3 270	3 377	3 457	3 516	3 565	3 609	3 650
女	2 839	3 069	3 226	3 373	3 498	3 596	3 671	3 732	3 779	3 816
性比(女100につき男)	97.4	97.2	96.8	96.2	95.5	94.8	94.0	93.4	92.8	92.5
年齢分布(%)										
０－４歳	4.8	5.2	5.3	5.3	5.0	4.7	4.6	4.7	4.9	5.1
５－14歳	10.7	9.8	9.8	10.3	10.5	10.3	9.8	9.5	9.5	9.8
15－24歳	13.2	11.8	10.4	9.5	9.6	10.3	10.6	10.5	10.1	9.8
60歳以上	17.9	22.1	26.3	29.6	32.7	34.9	36.4	37.0	37.7	37.9
65歳以上	11.7	15.0	18.9	22.5	25.5	28.1	30.0	31.1	31.4	31.9
80歳以上	2.4	3.0	3.7	5.1	7.0	9.2	11.2	12.6	13.9	14.7
15－49歳女子(%)	50.6	47.0	42.9	39.2	37.0	36.1	35.3	34.8	34.6	34.6
中位数年齢(歳)	40.0	42.2	44.2	45.7	46.9	48.0	48.9	49.4	49.3	48.7

	2010-2015	2015-2020	2020-2025	2025-2030	2030-2035	2035-2040	2040-2045	2045-2050	2050-2055	2055-2060
年平均人口増加数(千人)	105	91	61	57	46	36	27	22	18	16
年平均出生数(千人)	50	60	66	70	67	65	65	67	71	74
年平均死亡数(千人)	24	30	36	43	51	59	68	75	81	85
人口増加率(%)	1.97	1.55	0.98	0.87	0.69	0.51	0.38	0.30	0.25	0.21
粗出生率(人口千人あたり)	9.3	10.4	10.7	10.7	10.0	9.3	9.1	9.3	9.7	10.0
粗死亡率(人口千人あたり)	4.5	5.1	5.8	6.6	7.5	8.5	9.5	10.4	11.1	11.5
合計出生率（女子１人あたり）	1.23	1.51	1.69	1.81	1.83	1.85	1.87	1.88	1.90	1.91
純再生産率（女子１人あたり）	0.59	0.72	0.81	0.87	0.88	0.89	0.90	0.91	0.91	0.92

D. 低 位 予 測 値

	2015	2020	2025	2030	2035	2040	2045	2050	2055	2060
人口(千人)										
総数	5 604	5 957	6 103	6 194	6 242	6 242	6 192	6 092	5 941	5 754
男	2 765	2 936	3 001	3 037	3 050	3 038	3 001	2 942	2 860	2 764
女	2 839	3 021	3 101	3 157	3 192	3 204	3 191	3 150	3 081	2 990
性比(女100につき男)	97.4	97.2	96.8	96.2	95.5	94.8	94.0	93.4	92.8	92.5
年齢分布(%)										
０－４歳	4.8	3.7	3.0	2.6	2.6	2.5	2.4	2.2	2.0	1.9
５－14歳	10.7	9.9	8.6	6.9	6.0	5.6	5.5	5.4	5.2	4.9
15－24歳	13.2	12.0	10.9	10.2	9.0	7.5	6.7	6.4	6.4	6.4
60歳以上	17.9	22.5	27.4	31.8	36.0	39.5	42.2	44.3	46.8	49.2
65歳以上	11.7	15.2	19.7	24.2	28.0	31.8	34.8	37.2	39.0	41.4
80歳以上	2.4	3.1	3.8	5.5	7.7	10.4	13.0	15.1	17.3	19.1
15－49歳女子(%)	50.6	47.8	44.6	41.9	39.0	36.6	33.8	31.5	29.7	28.2
中位数年齢(歳)	40.0	42.7	45.6	48.3	50.7	52.7	54.5	56.2	57.9	59.4

	2010-2015	2015-2020	2020-2025	2025-2030	2030-2035	2035-2040	2040-2045	2045-2050	2050-2055	2055-2060
年平均人口増加数(千人)	105	71	29	18	10	0	－ 10	－ 20	－ 30	－ 38
年平均出生数(千人)	50	40	35	31	31	29	28	25	23	21
年平均死亡数(千人)	24	29	36	43	51	59	68	75	81	85
人口増加率(%)	1.97	1.22	0.48	0.30	0.16	0.00	-0.16	-0.33	-0.50	-0.64
粗出生率(人口千人あたり)	9.3	7.0	5.8	5.1	4.9	4.7	4.5	4.1	3.8	3.6
粗死亡率(人口千人あたり)	4.5	5.1	5.9	6.9	8.2	9.5	10.9	12.2	13.5	14.6
合計出生率（女子１人あたり）	1.23	1.01	0.89	0.81	0.83	0.85	0.87	0.88	0.90	0.91
純再生産率（女子１人あたり）	0.59	0.49	0.43	0.39	0.40	0.41	0.42	0.43	0.43	0.44

E. 出生力一定予測値

	2015	2020	2025	2030	2035	2040	2045	2050	2055	2060
人口(千人)										
総数	5 604	6 001	6 214	6 387	6 509	6 577	6 592	6 560	6 483	6 373
男	2 765	2 959	3 059	3 137	3 188	3 211	3 208	3 184	3 141	3 084
女	2 839	3 042	3 156	3 250	3 321	3 366	3 384	3 376	3 343	3 288
中位数年齢(歳)	40.0	42.5	45.0	47.2	49.1	50.7	52.3	53.7	54.9	55.7

	2010-2015	2015-2020	2020-2025	2025-2030	2030-2035	2035-2040	2040-2045	2045-2050	2050-2055	2055-2060
人口増加率(%)	1.97	1.37	0.70	0.55	0.38	0.21	0.05	-0.10	-0.24	-0.34
粗出生率(人口千人あたり)	9.3	8.5	8.0	7.5	7.0	6.6	6.2	5.9	5.8	5.6
粗死亡率(人口千人あたり)	4.5	5.1	5.8	6.8	7.9	9.1	10.3	11.4	12.5	13.3

Slovakia

A. 推計値

指　標	1960	1965	1970	1975	1980	1985	1990	1995	2000	2005	2010
人口(千人)											
総数	4 137	4 379	4 532	4 744	4 989	5 158	5 278	5 363	5 386	5 385	5 407
男	2 044	2 166	2 237	2 337	2 453	2 528	2 578	2 611	2 616	2 612	2 621
女	2 094	2 213	2 295	2 407	2 536	2 630	2 700	2 752	2 770	2 774	2 786
性比(女100につき男)	97.6	97.9	97.5	97.1	96.7	96.1	95.5	94.9	94.5	94.2	94.1
年齢分布(%)											
0－4歳	11.0	9.6	8.5	9.2	9.7	8.8	7.8	6.8	5.3	4.8	5.2
5－14歳	20.5	20.9	19.0	16.6	16.4	17.8	17.5	16.0	14.4	12.0	10.1
15－24歳	14.7	15.7	18.1	19.0	17.0	15.0	15.2	16.9	17.2	16.0	14.3
60歳以上	11.0	12.3	13.9	14.6	13.2	14.3	14.8	15.1	15.3	16.1	17.6
65歳以上	6.7	8.0	9.1	10.1	10.5	9.2	10.3	10.8	11.4	11.7	12.4
80歳以上	0.9	1.0	1.1	1.2	1.5	1.7	1.9	2.1	1.8	2.5	2.8
15－49歳女子(%)	46.4	45.9	49.8	49.3	48.5	47.9	49.0	51.0	52.3	51.8	50.5
中位数年齢(歳)	27.7	28.0	28.4	28.5	28.8	30.1	31.2	32.5	33.9	35.4	37.2
人口密度(1km²あたり)	86	91	94	99	104	107	110	112	112	112	112

指　標	1960-1965	1965-1970	1970-1975	1975-1980	1980-1985	1985-1990	1990-1995	1995-2000	2000-2005	2005-2010	2010-2015
年平均人口増加数(千人)	48	31	43	49	34	24	17	5	0	4	4
年平均出生数(千人)	87	80	89	98	92	84	74	58	52	56	57
年平均死亡数(千人)	33	38	44	48	52	53	54	53	52	54	53
人口増加率(%)	1.13	0.69	0.92	1.00	0.67	0.46	0.32	0.09	0.00	0.08	0.07
粗出生率(人口千人あたり)	20.4	18.0	19.3	20.2	18.2	16.2	13.9	10.8	9.7	10.4	10.5
粗死亡率(人口千人あたり)	7.8	8.6	9.4	9.8	10.2	10.2	10.1	9.8	9.7	10.0	9.8
合計出生率(女子1人あたり)	2.91	2.54	2.51	2.46	2.27	2.15	1.87	1.40	1.22	1.31	1.37
純再生産率(女子1人あたり)	1.37	1.19	1.18	1.17	1.08	1.03	0.90	0.67	0.59	0.63	0.66
乳児死亡率(出生千人あたり)	27	25	25	22	18	14	12	9	7	6	5
出生時の平均余命(歳)											
男	68.3	67.5	66.8	66.9	66.8	67.0	67.4	68.7	69.8	70.7	72.2
女	73.0	73.3	73.5	74.2	74.7	75.2	75.9	76.9	77.8	78.6	79.7
男女計	70.6	70.3	70.1	70.5	70.6	71.0	71.6	72.8	73.8	74.7	76.0

B. 中位予測値

指　標	2015	2020	2025	2030	2035	2040	2045	2050	2055	2060
人口(千人)										
総数	5 426	5 435	5 414	5 353	5 255	5 136	5 013	4 892	4 766	4 628
男	2 630	2 634	2 622	2 591	2 542	2 485	2 428	2 374	2 317	2 256
女	2 796	2 801	2 792	2 762	2 713	2 652	2 585	2 518	2 449	2 372
性比(女100につき男)	94.1	94.0	93.9	93.8	93.7	93.7	93.9	94.3	94.6	95.1
年齢分布(%)										
0－4歳	5.2	5.2	4.9	4.5	4.2	4.3	4.5	4.6	4.6	4.5
5－14歳	9.9	10.3	10.4	10.2	9.6	9.0	8.8	9.1	9.4	9.7
15－24歳	11.9	10.0	9.9	10.5	10.7	10.6	10.1	9.5	9.3	9.6
60歳以上	20.5	23.1	25.0	26.4	28.6	31.8	34.3	36.2	37.3	36.9
65歳以上	13.8	16.5	18.8	20.5	21.6	23.5	26.3	28.6	30.3	31.2
80歳以上	3.0	3.2	3.6	4.4	5.8	6.8	7.3	7.6	8.7	10.5
6－11歳	6.0	6.3	6.3	6.1	5.7	5.3	5.2	5.4	5.7	5.8
12－14歳	2.8	3.1	3.1	3.2	3.1	2.9	2.7	2.7	2.8	2.9
15－17歳	3.0	2.8	3.1	3.2	3.2	3.0	2.8	2.7	2.8	2.9
18－23歳	7.5	6.0	5.8	6.3	6.5	6.5	6.2	5.8	5.6	5.7
15－24歳女子(%)	48.4	46.4	44.1	41.2	38.9	37.1	35.9	35.6	35.9	35.9
中位数年齢(歳)	39.1	41.2	43.2	45.2	46.9	48.3	49.1	49.0	48.6	48.6
人口密度(1km²あたり)	113	113	113	111	109	107	104	102	99	96

指　標	2010-2015	2015-2020	2020-2025	2025-2030	2030-2035	2035-2040	2040-2045	2045-2050	2050-2055	2055-2060
年平均人口増加数(千人)	4	2	－4	－12	－20	－24	－25	－24	－25	－28
年平均出生数(千人)	57	56	53	48	45	44	45	45	44	42
年平均死亡数(千人)	53	56	58	62	65	69	70	71	70	71
年平均純移動数(千人)	0	1	1	1	1	1	1	1	1	1
人口増加率(%)	0.07	0.03	−0.08	−0.23	−0.37	−0.46	−0.48	−0.49	−0.52	−0.59
粗出生率(人口千人あたり)	10.5	10.4	9.8	9.0	8.4	8.5	8.9	9.2	9.2	9.0
粗死亡率(人口千人あたり)	9.8	10.2	10.8	11.4	12.3	13.2	13.9	14.3	14.6	15.0
純移動率(人口千人あたり)	0.0	0.2	0.2	0.2	0.2	0.2	0.2	0.2	0.2	0.2
合計出生率（女子1人あたり）	1.37	1.44	1.50	1.55	1.59	1.62	1.65	1.68	1.70	1.72
純再生産率（女子1人あたり）	0.66	0.70	0.72	0.75	0.77	0.79	0.80	0.81	0.82	0.83
乳児死亡率（出生千人あたり）	5	4	4	4	4	4	4	4	4	4
5歳未満の死亡数(出生千人あたり	6	5	5	5	5	5	5	5	4	4
出生時の平均余命(歳)										
男	72.2	73.0	73.8	74.6	75.4	76.2	77.1	78.0	78.9	79.8
女	79.7	80.3	80.8	81.3	81.8	82.3	82.8	83.4	83.9	84.3
男女計	76.0	76.7	77.3	78.0	78.6	79.3	80.0	80.7	81.4	82.1

C. 高位予測値

	2015	2020	2025	2030	2035	2040	2045	2050	2055	2060
人口(千人)										
総数	5 426	5 484	5 533	5 550	5 523	5 476	5 435	5 415	5 413	5 409
男	2 630	2 659	2 684	2 692	2 679	2 659	2 644	2 641	2 648	2 655
女	2 796	2 825	2 850	2 858	2 844	2 818	2 791	2 774	2 765	2 754
性比(女100につき男)	94.1	93.9	93.7	93.4	93.1	93.0	93.0	93.1	93.3	93.5
年齢分布(%)										
0－4歳	5.2	6.0	6.1	5.7	5.3	5.3	5.6	6.1	6.4	6.4
5－14歳	9.9	10.3	11.1	12.0	11.8	11.2	10.8	11.0	11.7	12.4
15－24歳	11.9	9.9	9.7	10.1	11.1	12.1	12.0	11.3	10.8	11.0
60歳以上	20.5	22.9	24.5	25.4	27.3	29.8	31.7	32.7	32.8	31.6
65歳以上	13.8	16.3	18.4	19.7	20.5	22.0	24.2	25.8	26.7	26.7
80歳以上	3.0	3.1	3.5	4.3	5.5	6.4	6.8	6.8	7.6	8.9
15－49歳女子(%)	48.4	46.1	43.2	39.8	38.0	37.0	36.7	37.1	37.8	38.4
中位数年齢(歳)	39.1	40.9	42.5	44.0	45.2	45.9	45.4	43.9	42.8	42.1

	2010-2015	2015-2020	2020-2025	2025-2030	2030-2035	2035-2040	2040-2045	2045-2050	2050-2055	2055-2060
年平均人口増加数(千人)	4	12	10	3	− 5	− 9	− 8	− 4	− 1	− 1
年平均出生数(千人)	57	66	67	64	59	58	61	66	69	69
年平均死亡数(千人)	53	56	58	62	65	69	71	71	71	71
人口増加率(%)	0.07	0.21	0.18	0.06	−0.10	−0.17	−0.15	−0.07	−0.01	−0.01
粗出生率(人口千人あたり)	10.5	12.2	12.2	11.6	10.7	10.6	11.3	12.1	12.8	12.8
粗死亡率(人口千人あたり)	9.8	10.2	10.6	11.1	11.8	12.5	12.9	13.1	13.0	13.1
合計出生率 (女子1人あたり)	1.37	1.69	1.90	2.05	2.09	2.12	2.15	2.18	2.20	2.22
純再生産率 (女子1人あたり)	0.66	0.82	0.92	0.99	1.01	1.03	1.04	1.06	1.07	1.08

D. 低位予測値

	2015	2020	2025	2030	2035	2040	2045	2050	2055	2060
人口(千人)										
総数	5 426	5 386	5 295	5 156	4 987	4 799	4 601	4 394	4 172	3 932
男	2 630	2 609	2 561	2 490	2 404	2 312	2 217	2 119	2 013	1 900
女	2 796	2 777	2 733	2 666	2 582	2 487	2 384	2 275	2 158	2 033
性比(女100につき男)	94.1	93.9	93.7	93.4	93.1	93.0	93.0	93.1	93.3	93.5
年齢分布(%)										
0－4歳	5.2	4.3	3.7	3.2	3.0	3.1	3.2	3.2	3.0	2.8
5－14歳	9.9	10.4	9.7	8.3	7.2	6.6	6.6	6.8	6.9	6.7
15－24歳	11.9	10.1	10.2	10.9	10.3	8.9	7.8	7.2	7.2	7.6
60歳以上	20.5	23.3	25.6	27.4	30.2	34.0	37.4	40.4	42.6	43.5
65歳以上	13.8	16.6	19.2	21.3	22.7	25.1	28.6	31.8	34.7	36.7
80歳以上	3.0	3.2	3.7	4.6	6.1	7.3	8.0	8.4	9.9	12.3
15－49歳女子(%)	48.4	46.8	45.0	42.6	40.0	37.2	34.9	33.7	33.1	32.0
中位数年齢(歳)	39.1	41.5	43.9	46.3	48.6	50.6	52.2	53.5	54.3	54.9

	2010-2015	2015-2020	2020-2025	2025-2030	2030-2035	2035-2040	2040-2045	2045-2050	2050-2055	2055-2060
年平均人口増加数(千人)	4	− 8	− 18	− 28	− 34	− 38	− 40	− 41	− 44	− 48
年平均出生数(千人)	57	47	39	33	31	30	30	28	25	22
年平均死亡数(千人)	53	56	58	62	65	69	70	71	70	70
人口増加率(%)	0.07	−0.15	−0.34	−0.53	−0.67	−0.77	−0.84	−0.92	−1.04	−1.18
粗出生率(人口千人あたり)	10.5	8.6	7.3	6.3	6.0	6.1	6.3	6.2	5.8	5.4
粗死亡率(人口千人あたり)	9.8	10.3	10.9	11.8	12.9	14.0	15.0	15.7	16.4	17.4
合計出生率 (女子1人あたり)	1.37	1.19	1.10	1.05	1.09	1.12	1.15	1.18	1.20	1.22
純再生産率 (女子1人あたり)	0.66	0.57	0.53	0.51	0.53	0.54	0.56	0.57	0.58	0.59

E. 出生力一定予測値

	2015	2020	2025	2030	2035	2040	2045	2050	2055	2060
人口(千人)										
総数	5 426	5 413	5 356	5 256	5 123	4 968	4 799	4 617	4 422	4 212
男	2 630	2 623	2 593	2 542	2 474	2 399	2 318	2 233	2 141	2 043
女	2 796	2 790	2 763	2 715	2 649	2 570	2 481	2 384	2 281	2 169
中位数年齢(歳)	39.1	41.3	43.5	45.7	47.7	49.5	50.8	51.5	51.8	52.3

	2010-2015	2015-2020	2020-2025	2025-2030	2030-2035	2035-2040	2040-2045	2045-2050	2050-2055	2055-2060
人口増加率(%)	0.07	−0.05	−0.21	−0.38	−0.51	−0.62	−0.69	−0.77	−0.86	−0.97
粗出生率(人口千人あたり)	10.5	9.6	8.5	7.7	7.3	7.3	7.3	7.1	6.7	6.4
粗死亡率(人口千人あたり)	9.8	10.3	10.8	11.6	12.6	13.6	14.4	15.0	15.6	16.3

Slovenia

A. 推 計 値

指　標	1960	1965	1970	1975	1980	1985	1990	1995	2000	2005	2010
人口(千人)											
総数	1 587	1 629	1 670	1 743	1 836	1 945	2 007	1 991	1 989	1 997	2 052
男	760	780	808	844	885	945	974	965	971	975	1 017
女	827	849	861	899	951	1 000	1 033	1 026	1 018	1 022	1 036
性比(女100につき男)	92.0	91.9	93.8	93.8	93.1	94.5	94.3	94.0	95.4	95.4	98.2
年齢分布(%)											
0－4歳	8.9	8.5	8.0	8.1	8.1	7.3	6.1	5.0	4.5	4.4	5.0
5－14歳	18.8	17.5	16.1	15.6	15.2	15.2	14.6	13.2	11.3	9.6	9.0
15－24歳	15.5	16.1	17.4	16.2	15.7	15.1	14.7	14.7	14.7	13.4	11.5
60歳以上	12.3	13.8	14.9	15.3	14.5	14.5	15.7	17.8	19.3	20.8	22.1
65歳以上	7.8	9.0	9.9	11.0	11.4	9.9	10.6	12.3	14.1	15.5	16.7
80歳以上	1.0	1.1	1.2	1.3	1.8	1.9	2.2	2.7	2.3	3.1	4.0
15－49歳女子(%)	48.2	48.6	50.8	49.4	48.4	48.9	49.7	50.2	50.7	49.2	46.5
中位数年齢(歳)	29.2	30.3	31.0	31.4	31.6	32.5	34.2	36.2	38.1	40.0	41.5
人口密度(1㎢あたり)	79	81	83	87	91	97	100	99	99	99	102

指　標	1960-1965	1965-1970	1970-1975	1975-1980	1980-1985	1985-1990	1990-1995	1995-2000	2000-2005	2005-2010	2010-2015
年平均人口増加数(千人)	9	8	15	19	22	12	－3	－1	2	11	3
年平均出生数(千人)	29	28	29	30	28	25	20	18	18	20	22
年平均死亡数(千人)	16	17	18	18	20	19	20	19	19	19	19
人口増加率(%)	0.53	0.49	0.86	1.04	1.16	0.62	−0.15	−0.03	0.08	0.55	0.15
粗出生率(人口千人あたり)	17.8	17.0	16.8	16.8	15.0	12.7	10.0	9.2	8.8	9.8	10.5
粗死亡率(人口千人あたり)	9.8	10.3	10.3	10.2	10.7	9.8	9.8	9.6	9.5	9.2	9.4
合計出生率(女子1人あたり)	2.34	2.27	2.20	2.16	1.93	1.65	1.33	1.25	1.21	1.38	1.58
純再生産率(女子1人あたり)	1.10	1.07	1.04	1.03	0.92	0.79	0.64	0.60	0.58	0.67	0.76
乳児死亡率(出生千人あたり)	17	17	16	14	13	10	7	5	4	3	3
出生時の平均余命(歳)											
男	66.1	65.6	66.0	67.0	67.1	68.6	69.7	71.3	72.8	75.1	76.9
女	72.0	72.6	73.5	74.8	75.2	76.6	77.6	79.1	80.4	82.0	83.1
男女計	69.2	69.2	69.8	71.0	71.2	72.7	73.7	75.3	76.7	78.6	80.1

B. 中 位 予 測 値

指　標	2015	2020	2025	2030	2035	2040	2045	2050	2055	2060
人口(千人)										
総数	2 068	2 075	2 070	2 054	2 030	2 003	1 974	1 942	1 905	1 865
男	1 025	1 031	1 030	1 023	1 011	998	983	966	948	928
女	1 043	1 044	1 040	1 031	1 019	1 006	992	976	957	937
性比(女100につき男)	98.3	98.7	99.0	99.3	99.3	99.2	99.1	99.0	99.0	99.0
年齢分布(%)										
0－4歳	5.4	5.0	4.7	4.3	4.3	4.5	4.8	4.9	4.9	4.7
5－14歳	9.4	10.4	10.4	9.8	9.2	8.8	9.0	9.6	10.0	10.1
15－24歳	9.6	9.0	9.5	10.6	10.8	10.2	9.5	9.2	9.4	10.1
60歳以上	25.2	27.8	30.3	32.7	34.6	36.9	38.4	39.0	38.3	37.2
65歳以上	18.0	20.8	23.3	25.7	27.9	29.4	31.2	32.5	32.9	32.2
80歳以上	4.9	5.5	6.2	6.8	8.7	10.2	11.3	12.2	12.8	13.9
6－11歳	5.8	6.4	6.2	5.8	5.4	5.2	5.4	5.8	6.1	6.0
12－14歳	2.6	2.9	3.2	3.1	2.9	2.7	2.6	2.8	3.0	3.1
15－17歳	2.7	2.7	3.1	3.3	3.1	2.9	2.7	2.7	2.9	3.1
18－23歳	5.8	5.4	5.5	6.3	6.6	6.2	5.8	5.5	5.6	6.0
15－24歳女子(%)	43.3	40.3	38.9	37.3	36.0	35.1	34.9	35.2	35.8	36.2
中位数年齢(歳)	43.1	44.6	46.3	48.1	49.6	50.5	50.3	49.3	48.4	48.3
人口密度(1㎢あたり)	103	103	103	102	101	99	98	96	95	93

指　標	2010-2015	2015-2020	2020-2025	2025-2030	2030-2035	2035-2040	2040-2045	2045-2050	2050-2055	2055-2060
年平均人口増加数(千人)	3	1	－1	－3	－5	－5	－6	－6	－7	－8
年平均出生数(千人)	22	21	19	18	17	18	19	19	18	17
年平均死亡数(千人)	19	21	22	22	23	25	26	27	27	27
年平均純移動数(千人)	1	1	1	1	1	1	1	1	1	1
人口増加率(%)	0.15	0.07	−0.05	−0.16	−0.23	−0.27	−0.29	−0.33	−0.38	−0.43
粗出生率(人口千人あたり)	10.5	10.1	9.3	8.6	8.5	8.9	9.5	9.8	9.6	9.3
粗死亡率(人口千人あたり)	9.4	10.0	10.4	10.8	11.4	12.2	13.0	13.7	14.0	14.1
純移動率(人口千人あたり)	0.4	0.6	0.6	0.6	0.6	0.6	0.6	0.6	0.6	0.6
合計出生率 (女子1人あたり)	1.58	1.65	1.70	1.74	1.77	1.80	1.81	1.83	1.84	1.85
純再生産率 (女子1人あたり)	0.76	0.80	0.82	0.84	0.86	0.87	0.88	0.89	0.89	0.90
乳児死亡率 (出生千人あたり)	3	3	2	2	2	2	2	2	1	1
5歳未満の死亡数(出生千人あたり	3	3	3	3	2	2	2	2	2	2
出生時の平均余命(歳)										
男	76.9	78.1	79.2	80.4	81.2	82.0	82.7	83.3	84.0	84.6
女	83.1	83.9	84.5	85.2	85.8	86.5	87.1	87.7	88.3	88.9
男女計	80.1	81.0	81.9	82.8	83.5	84.2	84.8	85.5	86.1	86.7

C. 高 位 予 測 値

	2015	2020	2025	2030	2035	2040	2045	2050	2055	2060
人口(千人)										
総数	2 068	2 091	2 108	2 118	2 118	2 117	2 119	2 124	2 133	2 142
男	1 025	1 039	1 050	1 056	1 057	1 056	1 057	1 060	1 065	1 070
女	1 043	1 052	1 059	1 062	1 062	1 061	1 062	1 065	1 068	1 072
性比(女100につき男)	98.3	98.7	98.9	99.1	99.0	98.8	98.6	98.4	98.3	98.1
年齢分布(%)										
0－4歳	5.4	5.8	5.7	5.4	5.2	5.5	5.9	6.3	6.5	6.4
5－14歳	9.4	10.3	11.0	11.3	11.0	10.7	10.7	11.4	12.2	12.7
15－24歳	9.6	8.9	9.3	10.3	11.1	11.5	11.1	10.7	10.8	11.4
60歳以上	25.2	27.6	29.7	31.7	33.2	34.9	35.8	35.6	34.2	32.4
65歳以上	18.0	20.6	22.9	24.9	26.7	27.8	29.1	29.7	29.4	28.1
80歳以上	4.9	5.5	6.1	6.6	8.4	9.7	10.6	11.2	11.4	12.1
15－49歳女子(%)	43.3	40.1	38.2	36.3	35.3	35.0	35.5	36.3	37.3	38.2
中位数年齢(歳)	43.1	44.3	45.7	47.0	47.9	47.9	46.6	44.5	43.2	42.5

	2010-2015	2015-2020	2020-2025	2025-2030	2030-2035	2035-2040	2040-2045	2045-2050	2050-2055	2055-2060
年平均人口増加数(千人)	3	5	3	2	0	0	0	1	2	2
年平均出生数(千人)	22	24	24	23	22	23	25	27	28	27
年平均死亡数(千人)	19	21	22	22	23	25	26	27	27	27
人口増加率(%)	0.15	0.23	0.17	0.09	0.01	−0.01	0.02	0.05	0.08	0.09
粗出生率(人口千人あたり)	10.5	11.6	11.4	10.8	10.5	11.0	11.8	12.6	12.9	12.8
粗死亡率(人口千人あたり)	9.4	9.9	10.3	10.5	11.0	11.6	12.3	12.6	12.7	12.5
合計出生率 (女子1人あたり)	1.58	1.90	2.10	2.24	2.27	2.30	2.31	2.33	2.34	2.35
純再生産率 (女子1人あたり)	0.76	0.92	1.02	1.08	1.10	1.11	1.12	1.13	1.14	1.14

D. 低 位 予 測 値

	2015	2020	2025	2030	2035	2040	2045	2050	2055	2060
人口(千人)										
総数	2 068	2 059	2 031	1 990	1 942	1 889	1 832	1 767	1 694	1 615
男	1 025	1 023	1 010	990	966	939	910	876	839	800
女	1 043	1 037	1 021	999	976	950	922	890	854	815
性比(女100につき男)	98.3	98.7	98.9	99.1	99.0	98.8	98.6	98.4	98.3	98.1
年齢分布(%)										
0－4歳	5.4	4.3	3.6	3.2	3.2	3.4	3.6	3.6	3.3	3.0
5－14歳	9.4	10.4	9.9	8.2	7.1	6.7	7.0	7.4	7.7	7.4
15－24歳	9.6	9.0	9.7	10.9	10.4	8.8	7.7	7.3	7.7	8.3
60歳以上	25.2	28.0	30.9	33.8	36.2	39.1	41.4	42.8	43.1	43.0
65歳以上	18.0	21.0	23.7	26.5	29.1	31.2	33.7	35.7	37.0	37.2
80歳以上	4.9	5.5	6.3	7.0	9.1	10.8	12.2	13.5	14.4	16.1
15－49歳女子(%)	43.3	40.6	39.6	38.5	36.8	35.2	34.1	33.7	33.7	33.1
中位数年齢(歳)	43.1	44.8	47.0	49.1	51.1	52.7	53.6	53.9	53.8	54.1

	2010-2015	2015-2020	2020-2025	2025-2030	2030-2035	2035-2040	2040-2045	2045-2050	2050-2055	2055-2060
年平均人口増加数(千人)	3	− 2	− 6	− 8	− 10	− 10	− 11	− 13	− 15	− 16
年平均出生数(千人)	22	18	15	13	12	13	13	13	11	10
年平均死亡数(千人)	19	21	22	22	23	25	26	27	27	27
人口増加率(%)	0.15	−0.08	−0.27	−0.41	−0.49	−0.55	−0.62	−0.72	−0.85	−0.95
粗出生率(人口千人あたり)	10.5	8.6	7.2	6.3	6.3	6.7	7.1	7.0	6.4	5.9
粗死亡率(人口千人あたり)	9.4	10.0	10.5	11.0	11.8	12.8	13.9	14.9	15.6	16.1
合計出生率 (女子1人あたり)	1.58	1.40	1.30	1.24	1.27	1.30	1.31	1.33	1.34	1.35
純再生産率 (女子1人あたり)	0.76	0.68	0.63	0.60	0.62	0.63	0.64	0.65	0.65	0.66

E. 出生力一定予測値

	2015	2020	2025	2030	2035	2040	2045	2050	2055	2060
人口(千人)										
総数	2 068	2 068	2 052	2 026	1 993	1 956	1 913	1 862	1 804	1 742
男	1 025	1 027	1 021	1 009	993	973	951	925	896	865
女	1 043	1 041	1 031	1 017	1 001	983	962	937	908	878
中位数年齢(歳)	43.1	44.7	46.6	48.5	50.2	51.4	51.7	51.4	50.9	51.1

	2010-2015	2015-2020	2020-2025	2025-2030	2030-2035	2035-2040	2040-2045	2045-2050	2050-2055	2055-2060
人口増加率(%)	0.15	0.00	−0.15	−0.26	−0.33	−0.38	−0.44	−0.54	−0.64	−0.70
粗出生率(人口千人あたり)	10.5	9.4	8.4	7.7	7.7	8.1	8.4	8.2	7.7	7.4
粗死亡率(人口千人あたり)	9.4	10.0	10.5	10.9	11.6	12.4	13.4	14.2	14.7	15.0

Solomon Islands

A. 推計値

指　標	1960	1965	1970	1975	1980	1985	1990	1995	2000	2005	2010
人口(千人)											
総数	118	137	160	193	231	271	312	359	412	469	526
男	63	72	84	100	119	140	160	185	212	239	267
女	55	65	76	93	111	131	152	175	201	230	259
性比(女100につき男)	115.8	112.0	110.8	108.0	107.0	106.3	105.7	105.6	105.6	104.2	103.1
年齢分布(%)											
0－4歳	16.5	16.9	17.2	19.9	19.3	17.9	17.0	16.4	15.7	15.4	15.1
5－14歳	26.1	26.4	26.0	27.5	28.1	29.7	28.4	26.9	26.2	25.9	25.7
15－24歳	19.5	19.5	19.4	17.8	18.3	18.5	20.2	21.7	21.0	19.8	19.0
60歳以上	5.5	5.3	5.3	4.9	4.8	4.5	4.3	4.4	4.4	4.8	5.1
65歳以上	2.7	3.6	3.5	3.2	3.1	2.9	2.8	2.7	2.8	3.0	3.3
80歳以上	0.2	0.2	0.2	0.3	0.4	0.4	0.3	0.3	0.3	0.4	0.4
15－49歳女子(%)	47.7	47.2	46.9	43.7	44.1	43.8	46.1	47.6	48.4	49.3	50.0
中位数年齢(歳)	18.3	18.3	18.2	16.3	16.3	16.2	16.9	17.9	18.7	19.1	19.5
人口密度(1k㎡あたり)	4	5	6	7	8	10	11	13	15	17	19

指　標	1960-1965	1965-1970	1970-1975	1975-1980	1980-1985	1985-1990	1990-1995	1995-2000	2000-2005	2005-2010	2010-2015
年平均人口増加数(千人)	4	5	7	7	8	8	9	11	11	11	11
年平均出生数(千人)	5	6	8	10	11	12	13	14	15	17	17
年平均死亡数(千人)	2	2	2	2	3	3	3	3	3	3	3
人口増加率(%)	2.99	3.16	3.76	3.52	3.21	2.82	2.83	2.76	2.59	2.29	2.07
粗出生率(人口千人あたり)	41.1	42.4	47.9	46.0	42.4	41.0	38.8	36.3	35.1	34.0	30.9
粗死亡率(人口千人あたり)	15.0	13.8	12.8	11.1	10.3	11.6	10.0	8.4	7.0	6.3	5.9
合計出生率(女子1人あたり)	6.40	6.54	7.24	7.04	6.43	6.13	5.53	4.91	4.60	4.40	4.06
純再生産率(女子1人あたり)	2.25	2.40	2.78	2.80	2.58	2.36	2.21	2.04	2.00	1.95	1.82
乳児死亡率(出生千人あたり)	118	104	91	79	76	90	78	65	51	43	38
出生時の平均余命(歳)											
男	49.9	52.4	54.9	57.4	58.2	55.5	57.9	60.4	62.9	65.1	66.2
女	51.4	53.9	56.4	58.9	59.5	56.3	58.8	62.0	66.0	67.8	69.0
男女計	50.4	53.0	55.5	58.0	58.7	55.8	58.3	61.1	64.4	66.4	67.5

B. 中位予測値

指　標	2015	2020	2025	2030	2035	2040	2045	2050	2055	2060
人口(千人)										
総数	584	640	698	757	818	878	937	992	1 045	1 095
男	296	325	354	384	414	445	474	502	528	553
女	287	315	343	373	403	434	463	491	517	542
性比(女100につき男)	103.2	103.2	103.1	103.0	102.8	102.6	102.4	102.3	102.1	102.1
年齢分布(%)										
0－4歳	14.0	12.8	12.1	11.6	11.1	10.6	10.0	9.5	9.0	8.6
5－14歳	25.5	24.7	23.1	21.6	20.7	20.1	19.5	18.7	17.8	17.0
15－24歳	19.7	20.4	20.6	20.3	19.1	18.1	17.6	17.4	17.1	16.6
60歳以上	5.2	5.5	6.1	6.9	8.1	9.3	10.2	10.8	11.6	12.9
65歳以上	3.4	3.5	3.9	4.3	5.0	6.0	6.9	7.6	8.1	8.8
80歳以上	0.4	0.4	0.5	0.5	0.6	0.7	0.8	1.0	1.3	1.6
6－11歳	15.6	15.0	13.9	13.0	12.6	12.2	11.8	11.3	10.7	10.2
12－14歳	7.1	7.2	6.9	6.3	6.0	5.8	5.7	5.5	5.3	5.1
15－17歳	6.7	6.7	6.7	6.3	5.9	5.7	5.5	5.4	5.3	5.1
18－23歳	11.4	11.9	12.1	12.1	11.4	10.7	10.4	10.3	10.2	9.9
15－24歳女子(%)	50.3	51.1	51.6	51.5	51.3	51.4	51.4	51.3	50.8	50.1
中位数年齢(歳)	19.9	20.9	22.0	23.2	24.5	25.7	26.8	27.9	29.0	30.1
人口密度(1k㎡あたり)	21	23	25	27	29	31	33	35	37	39

指　標	2010-2015	2015-2020	2020-2025	2025-2030	2030-2035	2035-2040	2040-2045	2045-2050	2050-2055	2055-2060
年平均人口増加数(千人)	11	11	11	12	12	12	12	11	11	10
年平均出生数(千人)	17	17	17	18	19	19	19	19	19	19
年平均死亡数(千人)	3	3	4	4	4	5	5	6	6	7
年平均純移動数(千人)	−2	−2	−2	−2	−2	−2	−2	−2	−2	−2
人口増加率(%)	2.07	1.85	1.72	1.63	1.55	1.43	1.29	1.15	1.03	0.94
粗出生率(人口千人あたり)	30.9	27.9	26.1	24.9	23.9	22.6	21.3	20.0	18.8	17.9
粗死亡率(人口千人あたり)	5.9	5.5	5.4	5.3	5.4	5.5	5.7	6.0	6.3	6.5
純移動率(人口千人あたり)	−4.3	−3.9	−3.6	−3.3	−3.0	−2.8	−2.6	−2.5	−2.2	−2.0
合計出生率（女子1人あたり）	4.06	3.76	3.51	3.29	3.11	2.95	2.80	2.68	2.57	2.46
純再生産率（女子1人あたり）	1.82	1.71	1.61	1.53	1.45	1.38	1.32	1.27	1.22	1.17
乳児死亡率（出生千人あたり）	38	34	30	27	24	22	20	18	16	15
5歳未満の死亡数(出生千人あたり	47	41	36	32	29	26	23	21	19	17
出生時の平均余命(歳)										
男	66.2	67.2	68.1	69.0	69.7	70.4	71.1	71.7	72.5	73.3
女	69.0	70.2	71.4	72.4	73.4	74.3	75.1	75.9	76.6	77.4
男女計	67.5	68.7	69.7	70.6	71.5	72.3	73.1	73.8	74.5	75.3

C. 高位予測値

	2015	2020	2025	2030	2035	2040	2045	2050	2055	2060
人口(千人)										
総数	584	646	713	785	861	939	1 018	1 099	1 182	1 268
男	296	328	362	399	437	476	516	556	598	641
女	287	318	351	387	424	463	503	543	584	626
性比(女100につき男)	103.2	103.1	103.0	102.9	102.7	102.4	102.2	102.0	101.8	101.7
年齢分布(%)										
0－4歳	14.0	13.5	13.2	12.9	12.3	11.8	11.3	10.9	10.5	10.2
5－14歳	25.5	24.5	23.4	22.8	22.4	21.8	21.1	20.4	19.7	19.1
15－24歳	19.7	20.2	20.2	19.5	18.8	18.5	18.5	18.2	17.8	17.3
60歳以上	5.2	5.5	6.0	6.6	7.7	8.7	9.3	9.7	10.3	11.1
65歳以上	3.4	3.5	3.8	4.2	4.7	5.6	6.4	6.8	7.1	7.6
80歳以上	0.4	0.4	0.5	0.5	0.6	0.6	0.8	0.9	1.2	1.4
15－49歳女子(%)	50.3	50.7	50.5	49.7	49.4	49.7	50.1	50.2	50.0	49.7
中位数年齢(歳)	19.9	20.6	21.4	22.3	23.1	23.8	24.5	25.3	26.2	27.1

	2010-2015	2015-2020	2020-2025	2025-2030	2030-2035	2035-2040	2040-2045	2045-2050	2050-2055	2055-2060
年平均人口増加数(千人)	11	12	13	15	15	16	16	16	17	17
年平均出生数(千人)	17	18	19	21	22	23	24	25	25	26
年平均死亡数(千人)	3	3	4	4	4	5	5	6	7	7
人口増加率(%)	2.07	2.02	1.98	1.94	1.84	1.73	1.63	1.53	1.46	1.39
粗出生率(人口千人あたり)	30.9	29.6	28.7	27.9	26.6	25.3	24.1	23.1	22.3	21.5
粗死亡率(人口千人あたり)	5.9	5.6	5.4	5.3	5.2	5.3	5.4	5.6	5.7	5.8
合計出生率 (女子1人あたり)	4.06	4.01	3.91	3.79	3.61	3.45	3.30	3.18	3.07	2.96
純再生産率 (女子1人あたり)	1.82	1.82	1.80	1.76	1.69	1.62	1.56	1.50	1.45	1.41

D. 低位予測値

	2015	2020	2025	2030	2035	2040	2045	2050	2055	2060
人口(千人)										
総数	584	635	682	728	775	818	858	890	916	936
男	296	322	346	369	392	414	433	449	462	472
女	287	312	336	359	382	404	424	441	454	464
性比(女100につき男)	103.2	103.1	103.0	102.9	102.7	102.4	102.2	102.0	101.8	101.7
年齢分布(%)										
0－4歳	14.0	12.0	10.9	10.2	9.8	9.3	8.7	8.0	7.3	6.8
5－14歳	25.5	24.9	22.8	20.4	18.9	18.1	17.6	16.7	15.7	14.6
15－24歳	19.7	20.5	21.1	21.1	19.5	17.6	16.6	16.2	16.0	15.5
60歳以上	5.2	5.6	6.3	7.2	8.6	10.0	11.1	12.0	13.3	15.1
65歳以上	3.4	3.6	3.9	4.5	5.2	6.4	7.6	8.5	9.2	10.3
80歳以上	0.4	0.4	0.5	0.6	0.6	0.7	0.9	1.1	1.5	1.9
15－49歳女子(%)	50.3	51.6	52.7	53.5	53.5	53.3	52.9	52.4	51.5	50.2
中位数年齢(歳)	19.9	21.1	22.6	24.2	25.9	27.7	29.4	31.0	32.5	34.0

	2010-2015	2015-2020	2020-2025	2025-2030	2030-2035	2035-2040	2040-2045	2045-2050	2050-2055	2055-2060
年平均人口増加数(千人)	11	10	10	9	9	9	8	6	5	4
年平均出生数(千人)	17	16	15	15	16	16	15	15	14	13
年平均死亡数(千人)	3	3	4	4	4	5	5	6	6	7
人口増加率(%)	2.07	1.68	1.45	1.31	1.23	1.10	0.93	0.74	0.58	0.44
粗出生率(人口千人あたり)	30.9	26.2	23.5	21.8	20.9	19.8	18.2	16.6	15.2	14.1
粗死亡率(人口千人あたり)	5.9	5.5	5.3	5.3	5.5	5.7	6.0	6.5	6.9	7.4
合計出生率 (女子1人あたり)	4.06	3.51	3.11	2.79	2.61	2.45	2.30	2.18	2.07	1.96
純再生産率 (女子1人あたり)	1.82	1.60	1.43	1.30	1.22	1.15	1.09	1.03	0.98	0.93

E. 出生力一定予測値

	2015	2020	2025	2030	2035	2040	2045	2050	2055	2060
人口(千人)										
総数	584	647	719	801	893	994	1 105	1 229	1 368	1 525
男	296	329	366	407	454	506	563	626	697	778
女	287	318	354	394	439	488	543	603	671	747
中位数年齢(歳)	19.9	20.6	21.2	21.7	22.0	22.2	22.3	22.5	22.7	22.9

	2010-2015	2015-2020	2020-2025	2025-2030	2030-2035	2035-2040	2040-2045	2045-2050	2050-2055	2055-2060
人口増加率(%)	2.07	2.07	2.11	2.16	2.17	2.15	2.12	2.12	2.14	2.18
粗出生率(人口千人あたり)	30.9	30.2	30.0	30.0	29.7	29.2	28.7	28.5	28.4	28.4
粗死亡率(人口千人あたり)	5.9	5.6	5.4	5.3	5.2	5.2	5.2	5.3	5.2	5.2

Somalia

A. 推 計 値

指　標	1960	1965	1970	1975	1980	1985	1990	1995	2000	2005	2010
人口(千人)											
総数	2 756	3 070	3 445	3 881	6 090	6 068	6 322	6 346	7 385	8 467	9 582
男	1 364	1 518	1 703	1 918	3 011	3 003	3 130	3 144	3 663	4 205	4 764
女	1 392	1 552	1 742	1 962	3 078	3 066	3 191	3 202	3 722	4 262	4 818
性比(女100につき男)	97.9	97.8	97.8	97.8	97.8	97.9	98.1	98.2	98.4	98.7	98.9
年齢分布(%)											
０－４歳	17.5	17.6	17.7	17.6	17.7	18.1	18.7	19.1	19.9	19.2	19.0
５－14歳	25.1	25.4	25.6	25.9	26.1	26.0	26.2	26.7	27.3	28.5	28.7
15－24歳	18.2	18.2	18.7	18.8	18.9	18.9	18.7	18.4	18.2	18.4	18.9
60歳以上	5.1	5.2	5.3	5.3	5.3	5.2	5.1	4.8	4.7	4.5	4.5
65歳以上	3.0	3.1	3.2	3.2	3.3	3.3	3.2	3.1	2.9	2.9	2.8
80歳以上	0.2	0.2	0.2	0.3	0.3	0.3	0.3	0.3	0.3	0.3	0.3
15－49歳女子(%)	45.8	45.4	45.3	45.3	45.5	45.5	44.9	44.4	43.4	43.0	43.1
中位数年齢(歳)	18.9	18.5	18.3	18.2	18.1	17.9	17.5	17.1	16.4	16.1	16.1
人口密度(1k㎡あたり)	4	5	5	6	10	10	10	10	12	13	15

指　標	1960-1965	1965-1970	1970-1975	1975-1980	1980-1985	1985-1990	1990-1995	1995-2000	2000-2005	2005-2010	2010-2015
年平均人口増加数(千人)	63	75	87	442	－ 4	51	5	208	216	223	241
年平均出生数(千人)	138	153	169	227	280	295	312	341	375	417	447
年平均死亡数(千人)	75	78	81	103	118	117	128	113	119	124	126
人口増加率(%)	2.15	2.31	2.38	9.01	−0.07	0.82	0.08	3.03	2.73	2.47	2.37
粗出生率(人口千人あたり)	47.4	47.0	46.0	45.6	46.1	47.5	49.2	49.7	47.4	46.2	43.9
粗死亡率(人口千人あたり)	25.8	24.0	22.2	20.7	19.4	19.0	20.2	16.5	15.0	13.7	12.4
合計出生率(女子１人あたり)	7.25	7.25	7.10	7.00	7.07	7.26	7.53	7.70	7.44	7.10	6.61
純再生産率(女子１人あたり)	2.03	2.12	2.16	2.21	2.30	2.41	2.44	2.73	2.72	2.68	2.56
乳児死亡率(出生千人あたり)	173	161	148	137	128	123	130	105	97	90	79
出生時の平均余命(歳)											
男	36.5	38.5	40.4	42.3	44.0	44.9	43.5	48.3	50.0	51.7	53.3
女	39.5	41.6	43.5	45.4	47.1	48.0	46.5	51.4	53.1	54.8	56.5
男女計	38.0	40.0	41.9	43.8	45.5	46.4	45.0	49.8	51.5	53.2	54.9

B. 中 位 予 測 値

指　標	2015	2020	2025	2030	2035	2040	2045	2050	2055	2060
人口(千人)										
総数	10 787	12 423	14 344	16 493	18 844	21 388	24 119	27 030	30 101	33 285
男	5 368	6 187	7 148	8 224	9 399	10 670	12 032	13 483	15 010	16 591
女	5 419	6 235	7 195	8 270	9 445	10 718	12 086	13 547	15 091	16 694
性比(女100につき男)	99.1	99.2	99.3	99.4	99.5	99.5	99.6	99.5	99.5	99.4
年齢分布(%)										
０－４歳	18.3	18.1	17.6	16.9	16.0	15.2	14.5	13.8	13.1	12.4
５－14歳	28.4	28.0	27.6	27.4	26.8	26.1	25.1	24.2	23.4	22.5
15－24歳	19.9	20.2	20.1	20.1	20.1	20.4	20.3	20.0	19.6	19.2
60歳以上	4.5	4.4	4.4	4.5	4.5	4.6	4.9	5.2	5.7	6.4
65歳以上	2.8	2.8	2.8	2.9	2.9	3.0	3.1	3.3	3.5	3.9
80歳以上	0.3	0.3	0.3	0.3	0.4	0.4	0.4	0.4	0.4	0.5
６－11歳	17.6	17.2	17.1	16.9	16.5	16.0	15.4	14.8	14.2	13.7
12－14歳	7.5	7.6	7.3	7.4	7.4	7.2	7.0	6.8	6.6	6.4
15－17歳	6.9	6.7	6.8	6.7	6.8	6.7	6.6	6.5	6.3	6.1
18－23歳	11.4	11.8	11.6	11.7	11.6	11.9	11.9	11.8	11.6	11.3
15－24歳女子(%)	44.2	45.0	45.9	46.7	47.9	49.0	50.0	50.7	51.2	51.6
中位数年齢(歳)	16.5	16.8	17.2	17.7	18.3	19.0	19.8	20.8	21.7	22.7
人口密度(1k㎡あたり)	17	20	23	26	30	34	38	43	48	53

指　標	2010-2015	2015-2020	2020-2025	2025-2030	2030-2035	2035-2040	2040-2045	2045-2050	2050-2055	2055-2060
年平均人口増加数(千人)	241	327	384	430	470	509	546	582	614	637
年平均出生数(千人)	447	498	552	603	650	695	740	784	825	860
年平均死亡数(千人)	126	131	137	144	149	156	163	172	183	196
年平均純移動数(千人)	−80	−40	−30	−30	−30	−30	−30	−30	−29	−27
人口増加率(%)	2.37	2.82	2.88	2.79	2.67	2.53	2.40	2.28	2.15	2.01
粗出生率(人口千人あたり)	43.9	42.9	41.2	39.1	36.8	34.5	32.5	30.7	28.9	27.1
粗死亡率(人口千人あたり)	12.4	11.3	10.3	9.3	8.5	7.7	7.2	6.7	6.4	6.2
純移動率(人口千人あたり)	−7.9	−3.4	−2.2	−1.9	−1.7	−1.5	−1.3	−1.2	−1.0	−0.9
合計出生率（女子１人あたり）	6.61	6.12	5.65	5.22	4.80	4.43	4.09	3.79	3.54	3.31
純再生産率（女子１人あたり）	2.56	2.45	2.32	2.19	2.05	1.93	1.81	1.71	1.61	1.53
乳児死亡率（出生千人あたり）	79	70	64	59	53	48	44	40	36	32
５歳未満の死亡数(出生千人あた	131	116	105	94	84	75	67	59	52	45
出生時の平均余命(歳)										
男	53.3	54.9	56.5	58.1	59.6	61.0	62.2	63.4	64.5	65.5
女	56.5	58.2	59.9	61.5	63.1	64.6	66.0	67.3	68.6	69.7
男女計	54.9	56.5	58.2	59.8	61.3	62.8	64.1	65.4	66.5	67.6

C. 高位予測値

	2015	2020	2025	2030	2035	2040	2045	2050	2055	2060
人口(千人)										
総数	10 787	12 515	14 612	17 023	19 687	22 631	25 902	29 534	33 514	37 789
男	5 368	6 234	7 284	8 491	9 824	11 296	12 930	14 744	16 727	18 857
女	5 419	6 281	7 328	8 532	9 863	11 336	12 972	14 791	16 787	18 933
性比(女100につき男)	99.1	99.2	99.3	99.4	99.4	99.4	99.4	99.4	99.3	99.1
年齢分布(%)										
0－4歳	18.3	18.7	18.5	17.9	17.0	16.2	15.6	15.1	14.5	13.9
5－14歳	28.4	27.8	27.7	28.1	27.9	27.2	26.2	25.4	24.8	24.2
15－24歳	19.9	20.1	19.8	19.4	19.7	20.4	20.5	20.2	19.7	19.4
60歳以上	4.5	4.4	4.3	4.3	4.3	4.4	4.5	4.7	5.1	5.6
65歳以上	2.8	2.8	2.8	2.8	2.8	2.8	2.9	3.0	3.2	3.4
80歳以上	0.3	0.3	0.3	0.3	0.3	0.4	0.4	0.4	0.4	0.4
15－49歳女子(%)	44.2	44.6	45.0	45.3	46.3	47.5	48.6	49.1	49.6	50.0
中位数年齢(歳)	16.5	16.6	16.8	16.9	17.4	18.0	18.7	19.4	20.1	20.9

	2010-2015	2015-2020	2020-2025	2025-2030	2030-2035	2035-2040	2040-2045	2045-2050	2050-2055	2055-2060
年平均人口増加数(千人)	241	346	419	482	533	589	654	727	796	855
年平均出生数(千人)	447	518	591	661	719	782	857	940	1 020	1 093
年平均死亡数(千人)	126	133	141	149	156	163	173	183	196	211
人口増加率(%)	2.37	2.97	3.10	3.05	2.91	2.79	2.70	2.63	2.53	2.40
粗出生率(人口千人あたり)	43.9	44.5	43.5	41.8	39.2	37.0	35.3	33.9	32.4	30.7
粗死亡率(人口千人あたり)	12.4	11.4	10.4	9.4	8.5	7.7	7.1	6.6	6.2	5.9
合計出生率（女子1人あたり）	6.61	6.37	6.05	5.72	5.30	4.93	4.59	4.29	4.04	3.81
純再生産率（女子1人あたり）	2.56	2.55	2.48	2.40	2.27	2.15	2.03	1.93	1.84	1.76

D. 低位予測値

	2015	2020	2025	2030	2035	2040	2045	2050	2055	2060
人口(千人)										
総数	10 787	12 330	14 075	15 963	18 002	20 155	22 374	24 622	26 875	29 101
男	5 368	6 141	7 013	7 957	8 975	10 049	11 154	12 271	13 387	14 487
女	5 419	6 190	7 062	8 007	9 027	10 106	11 220	12 350	13 488	14 614
性比(女100につき男)	99.1	99.2	99.3	99.4	99.4	99.4	99.4	99.4	99.3	99.1
年齢分布(%)										
0－4歳	18.3	17.5	16.6	15.7	15.0	14.1	13.2	12.3	11.5	10.8
5－14歳	28.4	28.2	27.5	26.7	25.7	24.8	23.9	22.9	21.7	20.6
15－24歳	19.9	20.4	20.5	20.7	20.6	20.3	20.0	19.7	19.4	18.9
60歳以上	4.5	4.5	4.5	4.6	4.7	4.9	5.2	5.7	6.3	7.3
65歳以上	2.8	2.9	2.9	2.9	3.0	3.2	3.3	3.6	4.0	4.5
80歳以上	0.3	0.3	0.3	0.4	0.4	0.4	0.4	0.4	0.5	0.5
15－49歳女子(%)	44.2	45.3	46.7	48.2	49.6	50.7	51.6	52.3	52.9	53.1
中位数年齢(歳)	16.5	17.0	17.6	18.4	19.3	20.2	21.2	22.4	23.6	24.8

	2010-2015	2015-2020	2020-2025	2025-2030	2030-2035	2035-2040	2040-2045	2045-2050	2050-2055	2055-2060
年平均人口増加数(千人)	241	309	349	378	408	431	444	450	451	445
年平均出生数(千人)	447	478	513	546	581	609	628	641	650	655
年平均死亡数(千人)	126	129	134	138	143	148	154	161	171	183
人口増加率(%)	2.37	2.67	2.65	2.52	2.40	2.26	2.09	1.92	1.75	1.59
粗出生率(人口千人あたり)	43.9	41.3	38.8	36.3	34.2	31.9	29.5	27.3	25.2	23.4
粗死亡率(人口千人あたり)	12.4	11.2	10.1	9.2	8.4	7.8	7.3	6.9	6.6	6.5
合計出生率（女子1人あたり）	6.61	5.87	5.25	4.72	4.30	3.93	3.59	3.29	3.04	2.81
純再生産率（女子1人あたり）	2.56	2.35	2.16	1.98	1.84	1.71	1.59	1.48	1.38	1.30

E. 出生力一定予測値

	2015	2020	2025	2030	2035	2040	2045	2050	2055	2060
人口(千人)										
総数	10 787	12 540	14 773	17 499	20 790	24 769	29 626	35 592	42 920	51 902
男	5 368	6 246	7 365	8 731	10 379	12 373	14 807	17 795	21 464	25 963
女	5 419	6 293	7 408	8 769	10 410	12 396	14 820	17 797	21 456	25 939
中位数年齢(歳)	16.5	16.6	16.5	16.3	16.1	16.1	16.1	16.1	16.1	16.0

	2010-2015	2015-2020	2020-2025	2025-2030	2030-2035	2035-2040	2040-2045	2045-2050	2050-2055	2055-2060
人口増加率(%)	2.37	3.01	3.28	3.39	3.45	3.50	3.58	3.67	3.74	3.80
粗出生率(人口千人あたり)	43.9	44.9	45.4	45.3	44.7	44.2	44.1	44.1	44.1	44.0
粗死亡率(人口千人あたり)	12.4	11.4	10.5	9.6	8.7	7.9	7.2	6.6	6.1	5.6

South Africa

A. 推 計 値

指 標	1960	1965	1970	1975	1980	1985	1990	1995	2000	2005	2010
人口(千人)											
総数	17 396	19 814	22 503	25 699	29 077	32 983	36 793	41 427	44 897	48 353	51 622
男	8 697	9 848	11 201	12 805	14 463	16 395	18 204	20 409	22 103	23 744	25 322
女	8 699	9 966	11 302	12 894	14 615	16 588	18 589	21 018	22 794	24 609	26 300
性比(女100につき男)	100.0	98.8	99.1	99.3	99.0	98.8	97.9	97.1	97.0	96.5	96.3
年齢分布(%)											
0－4歳	16.3	16.0	16.2	16.1	15.5	14.9	13.9	12.2	12.1	10.7	10.8
5－14歳	24.6	25.8	25.8	25.8	26.1	25.6	25.0	23.8	22.8	21.8	20.1
15－24歳	17.9	17.9	18.8	19.6	19.6	19.8	20.2	20.4	19.4	20.6	20.4
60歳以上	6.1	6.0	5.5	5.2	5.1	5.0	5.1	5.5	6.2	6.9	7.4
65歳以上	3.9	3.9	3.4	3.2	3.1	3.1	3.2	3.4	4.0	4.6	5.1
80歳以上	0.4	0.5	0.4	0.4	0.4	0.4	0.4	0.4	0.5	0.6	1.0
15－49歳女子(%)	46.4	45.5	45.8	46.5	47.2	48.3	49.7	52.0	53.3	53.7	53.2
中位数年齢(歳)	19.7	19.2	18.8	18.9	19.1	19.5	20.1	21.7	22.7	23.4	24.3
人口密度(1km²あたり)	14	16	19	21	24	27	30	34	37	40	43

指 標	1960-1965	1965-1970	1970-1975	1975-1980	1980-1985	1985-1990	1990-1995	1995-2000	2000-2005	2005-2010	2010-2015
年平均人口増加数(千人)	484	538	639	676	781	762	927	694	691	654	574
年平均出生数(千人)	763	808	909	980	1 052	1 086	1 074	1 076	1 116	1 106	1 115
年平均死亡数(千人)	303	311	316	319	306	297	308	414	639	733	662
人口増加率(%)	2.60	2.55	2.66	2.47	2.52	2.19	2.37	1.61	1.48	1.31	1.08
粗出生率(人口千人あたり)	41.0	38.2	37.7	35.8	33.9	31.1	27.5	24.9	23.9	22.1	21.0
粗死亡率(人口千人あたり)	16.3	14.7	13.1	11.7	9.9	8.5	7.9	9.6	13.7	14.7	12.5
合計出生率(女子1人あたり)	6.10	5.70	5.47	5.00	4.56	4.00	3.34	2.95	2.80	2.55	2.40
純再生産率(女子1人あたり)	2.32	2.25	2.22	2.09	1.98	1.78	1.50	1.29	1.16	1.05	1.04
乳児死亡率(出生千人あたり)	91	84	77	71	61	52	48	53	57	52	38
出生時の平均余命(歳)											
男	48.0	49.5	51.0	52.5	55.1	57.5	58.8	56.6	51.2	50.8	54.9
女	52.0	54.5	56.6	58.8	62.0	64.9	66.0	62.2	54.4	53.4	59.1
男女計	50.0	51.9	53.7	55.5	58.4	61.0	62.3	59.3	52.8	52.2	57.1

B. 中 位 予 測 値

指 標	2015	2020	2025	2030	2035	2040	2045	2050	2055	2060
人口(千人)										
総数	54 490	56 669	58 436	60 034	61 551	63 001	64 348	65 540	66 493	67 183
男	26 797	27 962	28 938	29 820	30 640	31 407	32 101	32 688	33 127	33 409
女	27 693	28 707	29 498	30 215	30 911	31 594	32 247	32 852	33 366	33 774
性比(女100につき男)	96.8	97.4	98.1	98.7	99.1	99.4	99.5	99.5	99.3	98.9
年齢分布(%)										
0－4歳	9.9	9.3	8.7	8.2	7.9	7.6	7.3	6.9	6.6	6.4
5－14歳	19.4	19.0	18.1	17.2	16.2	15.5	14.9	14.4	13.9	13.3
15－24歳	19.3	18.1	17.7	17.7	17.0	16.3	15.5	14.9	14.4	14.1
60歳以上	7.7	8.5	9.6	10.5	11.2	11.9	13.4	15.4	17.1	18.6
65歳以上	5.0	5.5	6.2	7.1	7.8	8.4	8.9	10.2	11.9	13.3
80歳以上	1.0	1.0	1.0	1.1	1.3	1.6	1.9	2.0	2.2	2.5
6－11歳	11.8	11.4	10.8	10.2	9.7	9.3	8.9	8.6	8.3	7.9
12－14歳	5.5	5.7	5.4	5.3	5.0	4.7	4.5	4.4	4.2	4.1
15－17歳	5.8	5.3	5.6	5.2	5.1	4.8	4.6	4.4	4.3	4.2
18－23歳	11.6	10.9	10.4	10.7	10.2	9.9	9.3	8.9	8.7	8.5
15－24歳女子(%)	53.0	53.0	53.5	53.8	53.2	52.1	51.2	50.6	49.9	48.7
中位数年齢(歳)	25.7	26.9	28.1	29.3	30.2	31.5	32.7	33.9	35.2	36.4
人口密度(1km²あたり)	45	47	48	49	51	52	53	54	55	55

指 標	2010-2015	2015-2020	2020-2025	2025-2030	2030-2035	2035-2040	2040-2045	2045-2050	2050-2055	2055-2060
年平均人口増加数(千人)	574	436	354	320	303	290	269	238	191	138
年平均出生数(千人)	1 115	1 098	1 052	1 017	998	981	958	928	896	870
年平均死亡数(千人)	662	702	718	718	714	711	708	709	725	749
年平均純移動数(千人)	120	40	20	20	20	20	20	20	19	18
人口増加率(%)	1.08	0.78	0.61	0.54	0.50	0.47	0.42	0.37	0.29	0.21
粗出生率(人口千人あたり)	21.0	19.8	18.3	17.2	16.4	15.8	15.0	14.3	13.6	13.0
粗死亡率(人口千人あたり)	12.5	12.6	12.5	12.1	11.7	11.4	11.1	10.9	11.0	11.2
純移動率(人口千人あたり)	2.3	0.7	0.3	0.3	0.3	0.3	0.3	0.3	0.3	0.3
合計出生率（女子1人あたり）	2.40	2.28	2.18	2.09	2.02	1.96	1.91	1.87	1.84	1.82
純再生産率（女子1人あたり）	1.04	1.00	0.97	0.95	0.92	0.90	0.89	0.88	0.87	0.86
乳児死亡率（出生千人あたり）	38	34	30	27	24	22	20	19	17	16
5歳未満の死亡数(出生千人あたり	51	43	38	34	30	27	25	23	21	19
出生時の平均余命(歳)										
男	54.9	55.7	57.3	59.2	61.1	62.9	64.6	66.1	67.3	68.3
女	59.1	59.3	60.4	62.2	64.2	66.2	68.2	70.1	71.5	72.6
男女計	57.1	57.7	59.1	60.9	62.8	64.7	66.5	68.2	69.4	70.4

C. 高 位 予 測 値

	2015	2020	2025	2030	2035	2040	2045	2050	2055	2060
人口(千人)										
総数	54 490	57 248	59 944	62 714	65 446	68 254	71 228	74 352	77 482	80 511
男	26 797	28 254	29 700	31 174	32 609	34 063	35 582	37 150	38 695	40 167
女	27 693	28 993	30 244	31 540	32 837	34 190	35 646	37 202	38 787	40 344
性比(女100につき男)	96.8	97.4	98.0	98.5	98.9	99.2	99.2	99.1	98.7	98.1
年齢分布(%)										
0－4歳	9.9	10.3	10.0	9.8	9.3	9.0	8.9	8.8	8.6	8.3
5－14歳	19.4	18.8	18.6	18.8	18.4	17.8	17.1	16.8	16.5	16.3
15－24歳	19.3	17.9	17.2	16.9	16.9	17.2	16.9	16.3	15.7	15.5
60歳以上	7.7	8.4	9.3	10.0	10.5	11.0	12.1	13.5	14.6	15.6
65歳以上	5.0	5.4	6.0	6.8	7.3	7.7	8.1	9.0	10.2	11.1
80歳以上	1.0	1.0	0.9	1.0	1.2	1.5	1.7	1.8	1.9	2.1
15－49歳女子(%)	53.0	52.5	52.2	51.5	50.9	50.3	50.0	49.8	49.5	49.0
中位数年齢(歳)	25.7	26.7	27.4	27.9	28.3	28.9	29.4	30.2	30.9	31.7

	2010-2015	2015-2020	2020-2025	2025-2030	2030-2035	2035-2040	2040-2045	2045-2050	2050-2055	2055-2060
年平均人口増加数(千人)	574	551	539	554	546	562	595	625	626	606
年平均出生数(千人)	1 115	1 218	1 245	1 260	1 250	1 262	1 295	1 329	1 351	1 362
年平均死亡数(千人)	662	707	725	727	723	721	720	725	744	775
人口増加率(%)	1.08	0.99	0.92	0.90	0.85	0.84	0.85	0.86	0.83	0.77
粗出生率(人口千人あたり)	21.0	21.8	21.2	20.6	19.5	18.9	18.6	18.3	17.8	17.2
粗死亡率(人口千人あたり)	12.5	12.7	12.4	11.8	11.3	10.8	10.3	10.0	9.8	9.8
合計出生率（女子１人あたり）	2.40	2.53	2.58	2.59	2.52	2.46	2.41	2.37	2.34	2.32
純再生産率（女子１人あたり）	1.04	1.11	1.14	1.17	1.15	1.13	1.12	1.11	1.10	1.09

D. 低 位 予 測 値

	2015	2020	2025	2030	2035	2040	2045	2050	2055	2060
人口(千人)										
総数	54 490	56 090	56 928	57 355	57 666	57 818	57 712	57 289	56 509	55 406
男	26 797	27 669	28 176	28 466	28 676	28 786	28 744	28 510	28 068	27 437
女	27 693	28 420	28 752	28 890	28 990	29 032	28 969	28 778	28 440	27 969
性比(女100につき男)	96.8	97.4	98.0	98.5	98.9	99.2	99.2	99.1	98.7	98.1
年齢分布(%)										
0－4歳	9.9	8.4	7.3	6.6	6.3	6.0	5.6	5.1	4.6	4.3
5－14歳	19.4	19.2	17.5	15.4	13.6	12.7	12.3	11.6	10.8	9.9
15－24歳	19.3	18.3	18.2	18.5	17.2	15.2	13.6	12.9	12.6	12.1
60歳以上	7.7	8.6	9.8	11.0	12.0	13.0	14.9	17.6	20.1	22.6
65歳以上	5.0	5.5	6.4	7.4	8.3	9.1	9.9	11.7	14.0	16.2
80歳以上	1.0	1.0	1.0	1.1	1.4	1.7	2.1	2.3	2.6	3.0
15－49歳女子(%)	53.0	53.5	54.9	56.2	55.7	54.2	52.5	51.2	49.7	47.3
中位数年齢(歳)	25.7	27.2	28.9	30.6	32.2	34.0	36.0	38.1	40.2	42.2

	2010-2015	2015-2020	2020-2025	2025-2030	2030-2035	2035-2040	2040-2045	2045-2050	2050-2055	2055-2060
年平均人口増加数(千人)	574	320	168	85	62	30	－ 21	－ 85	－ 156	－ 221
年平均出生数(千人)	1 115	978	859	774	748	712	656	591	532	488
年平均死亡数(千人)	662	698	711	709	705	702	697	696	707	727
人口増加率(%)	1.08	0.58	0.30	0.15	0.11	0.05	−0.04	−0.15	−0.27	−0.39
粗出生率(人口千人あたり)	21.0	17.7	15.2	13.6	13.0	12.3	11.4	10.3	9.4	8.7
粗死亡率(人口千人あたり)	12.5	12.6	12.6	12.4	12.3	12.1	12.1	12.1	12.4	13.0
合計出生率（女子１人あたり）	2.40	2.03	1.78	1.59	1.52	1.46	1.41	1.37	1.34	1.32
純再生産率（女子１人あたり）	1.04	0.89	0.79	0.72	0.69	0.67	0.65	0.64	0.63	0.62

E. 出生力一定予測値

	2015	2020	2025	2030	2035	2040	2045	2050	2055	2060
人口(千人)										
総数	54 490	56 916	59 187	61 504	63 934	66 512	69 249	72 116	75 027	77 937
男	26 797	28 087	29 318	30 562	31 845	33 183	34 582	36 018	37 452	38 862
女	27 693	28 829	29 869	30 941	32 089	33 329	34 667	36 097	37 575	39 075
中位数年齢(歳)	25.7	26.8	27.8	28.5	29.0	29.8	30.3	30.9	31.5	31.9

	2010-2015	2015-2020	2020-2025	2025-2030	2030-2035	2035-2040	2040-2045	2045-2050	2050-2055	2055-2060
人口増加率(%)	1.08	0.87	0.78	0.77	0.78	0.79	0.81	0.81	0.79	0.76
粗出生率(人口千人あたり)	21.0	20.6	19.9	19.3	18.9	18.6	18.3	18.0	17.7	17.4
粗死亡率(人口千人あたり)	12.5	12.6	12.4	12.0	11.5	11.0	10.6	10.2	10.0	10.0

South Sudan

A. 推 計 値

指　標	1960	1965	1970	1975	1980	1985	1990	1995	2000	2005	2010
人口(千人)											
総数	2 955	3 264	3 647	4 117	4 701	5 445	5 762	5 453	6 693	8 100	10 056
男	1 484	1 632	1 819	2 050	2 338	2 706	2 864	2 713	3 334	4 041	5 027
女	1 471	1 631	1 828	2 068	2 363	2 739	2 898	2 740	3 359	4 059	5 030
性比(女100につき男)	100.9	100.0	99.5	99.1	98.9	98.8	98.8	99.0	99.2	99.6	99.9
年齢分布(%)											
0－4歳	17.3	18.0	18.4	18.1	18.0	17.7	18.2	18.1	17.8	17.0	16.5
5－14歳	24.3	23.8	25.1	26.2	26.6	26.5	26.1	26.3	27.0	27.3	26.9
15－24歳	20.4	19.9	18.0	17.5	18.4	19.2	19.4	19.1	18.7	19.2	20.0
60歳以上	4.5	4.3	4.2	4.3	4.4	4.5	4.6	4.8	5.0	5.2	5.3
65歳以上	2.7	2.5	2.5	2.5	2.6	2.7	2.7	2.9	3.0	3.2	3.4
80歳以上	0.2	0.2	0.2	0.2	0.2	0.2	0.2	0.2	0.3	0.3	0.4
15－49歳女子(%)	48.4	48.2	46.7	46.0	45.6	45.8	45.6	45.2	44.8	45.7	46.6
中位数年齢(歳)	18.9	18.9	18.6	17.9	17.7	17.8	17.8	17.7	17.6	17.7	18.1
人口密度(1km²あたり)	5	5	6	7	8	9	9	9	11	13	16

指　標	1960-1965	1965-1970	1970-1975	1975-1980	1980-1985	1985-1990	1990-1995	1995-2000	2000-2005	2005-2010	2010-2015
年平均人口増加数(千人)	62	77	94	117	149	63	－ 62	248	281	391	457
年平均出生数(千人)	160	178	194	215	241	269	261	271	307	358	418
年平均死亡数(千人)	98	101	105	110	122	124	108	103	112	124	134
人口増加率(%)	1.99	2.22	2.43	2.65	2.94	1.13	−1.10	4.10	3.82	4.33	4.09
粗出生率(人口千人あたり)	51.4	51.4	50.1	48.8	47.5	47.9	46.6	44.6	41.5	39.4	37.3
粗死亡率(人口千人あたり)	31.5	29.3	27.1	25.0	24.1	22.2	19.3	17.0	15.2	13.6	12.0
合計出生率(女子1人あたり)	6.75	6.85	6.90	6.92	6.78	6.83	6.65	6.42	6.00	5.60	5.15
純再生産率(女子1人あたり)	1.70	1.82	1.92	2.00	1.99	2.10	2.18	2.22	2.15	2.09	2.00
乳児死亡率(出生千人あたり)	210	194	181	169	164	150	130	114	101	89	78
出生時の平均余命(歳)											
男	31.4	33.5	35.3	37.3	38.1	40.4	44.0	46.9	49.1	51.3	54.1
女	34.1	36.3	38.2	40.2	40.9	43.3	46.7	49.5	51.3	53.3	56.0
男女計	32.7	34.8	36.7	38.7	39.5	41.8	45.3	48.2	50.2	52.3	55.1

B. 中 位 予 測 値

指　標	2015	2020	2025	2030	2035	2040	2045	2050	2055	2060
人口(千人)										
総数	12 340	14 122	15 951	17 810	19 747	21 744	23 786	25 855	27 920	29 941
男	6 179	7 082	8 008	8 949	9 929	10 937	11 966	13 007	14 043	15 053
女	6 161	7 041	7 943	8 861	9 818	10 807	11 820	12 848	13 877	14 888
性比(女100につき男)	100.3	100.6	100.8	101.0	101.1	101.2	101.2	101.2	101.2	101.1
年齢分布(%)										
0－4歳	15.8	15.3	14.6	13.9	13.1	12.4	11.7	11.2	10.6	10.1
5－14歳	26.2	25.6	25.1	24.4	23.6	22.6	21.7	20.8	20.0	19.3
15－24歳	20.4	20.3	20.0	19.9	19.8	19.6	19.2	18.7	18.2	17.7
60歳以上	5.1	5.2	5.4	5.7	6.0	6.4	6.8	7.5	8.3	9.3
65歳以上	3.5	3.4	3.4	3.6	3.9	4.1	4.4	4.8	5.3	6.0
80歳以上	0.4	0.4	0.5	0.5	0.5	0.5	0.6	0.6	0.7	0.7
6－11歳	16.1	15.7	15.3	14.9	14.4	13.7	13.1	12.6	12.1	11.6
12－14歳	7.2	7.1	7.0	6.9	6.7	6.5	6.3	6.0	5.8	5.6
15－17歳	6.8	6.6	6.5	6.4	6.4	6.2	6.1	5.8	5.7	5.5
18－23歳	11.9	11.9	11.7	11.7	11.6	11.6	11.4	11.1	10.8	10.5
15－24歳女子(%)	47.6	48.4	49.3	50.2	51.1	51.9	52.3	52.4	52.4	52.3
中位数年齢(歳)	18.6	19.2	19.8	20.6	21.6	22.6	23.6	24.6	25.7	26.8
人口密度(1km²あたり)	20	23	26	29	32	36	39	42	46	49

指　標	2010-2015	2015-2020	2020-2025	2025-2030	2030-2035	2035-2040	2040-2045	2045-2050	2050-2055	2055-2060
年平均人口増加数(千人)	457	356	366	372	387	399	408	414	413	404
年平均出生数(千人)	418	470	504	529	549	568	586	604	617	624
年平均死亡数(千人)	134	144	148	153	157	164	173	185	199	215
年平均純移動数(千人)	173	30	10	−5	−5	−5	−5	−5	−5	−5
人口増加率(%)	4.09	2.70	2.44	2.21	2.07	1.93	1.80	1.67	1.54	1.40
粗出生率(人口千人あたり)	37.3	35.5	33.5	31.4	29.3	27.4	25.8	24.3	22.9	21.6
粗死亡率(人口千人あたり)	12.0	10.9	9.9	9.0	8.4	7.9	7.6	7.4	7.4	7.4
純移動率(人口千人あたり)	15.4	2.3	0.7	−0.3	−0.3	−0.2	−0.2	−0.2	−0.2	−0.2
合計出生率（女子1人あたり）	5.15	4.73	4.35	4.00	3.70	3.43	3.20	3.01	2.85	2.71
純再生産率（女子1人あたり）	2.00	1.90	1.79	1.69	1.59	1.50	1.42	1.35	1.29	1.24
乳児死亡率（出生千人あたり）	78	68	60	54	48	44	40	36	33	30
5歳未満の死亡数(出生千人あたり)	122	107	95	84	74	66	59	52	47	42
出生時の平均余命(歳)										
男	54.1	56.1	58.0	59.6	61.2	62.6	63.7	64.8	65.7	66.6
女	56.0	58.1	60.1	61.9	63.6	65.0	66.4	67.5	68.5	69.5
男女計	55.1	57.1	59.0	60.8	62.4	63.8	65.0	66.1	67.1	68.0

C. 高位予測値

	2015	2020	2025	2030	2035	2040	2045	2050	2055	2060
人口(千人)										
総数	12 340	14 236	16 275	18 436	20 717	23 125	25 693	28 446	31 352	34 345
男	6 179	7 139	8 172	9 266	10 420	11 637	12 933	14 320	15 783	17 286
女	6 161	7 097	8 103	9 170	10 297	11 488	12 761	14 126	15 569	17 059
性比(女100につき男)	100.3	100.6	100.8	100.9	101.0	101.1	101.1	101.1	101.0	100.8
年齢分布(%)										
0－4歳	15.8	16.0	15.7	15.1	14.2	13.4	13.0	12.6	12.2	11.7
5－14歳	26.2	25.4	25.2	25.3	24.9	24.1	23.0	22.2	21.7	21.3
15－24歳	20.4	20.1	19.6	19.2	19.4	19.8	19.7	19.3	18.6	18.2
60歳以上	5.1	5.1	5.2	5.5	5.7	6.0	6.3	6.8	7.4	8.1
65歳以上	3.5	3.4	3.4	3.5	3.7	3.9	4.1	4.4	4.7	5.2
80歳以上	0.4	0.4	0.5	0.5	0.5	0.5	0.5	0.6	0.6	0.7
15－49歳女子(%)	47.6	48.0	48.3	48.5	49.3	50.1	50.8	51.0	51.0	51.0
中位数年齢(歳)	18.6	19.0	19.4	19.7	20.2	21.1	21.9	22.8	23.6	24.3

	2010-2015	2015-2020	2020-2025	2025-2030	2030-2035	2035-2040	2040-2045	2045-2050	2050-2055	2055-2060
年平均人口増加数(千人)	457	379	408	432	456	482	514	551	581	599
年平均出生数(千人)	418	495	550	596	625	657	700	750	796	831
年平均死亡数(千人)	134	146	152	158	163	171	181	195	210	228
人口増加率(%)	4.09	2.86	2.68	2.49	2.33	2.20	2.11	2.04	1.95	1.82
粗出生率(人口千人あたり)	37.3	37.2	36.1	34.3	31.9	30.0	28.7	27.7	26.6	25.3
粗死亡率(人口千人あたり)	12.0	11.0	10.0	9.1	8.3	7.8	7.4	7.2	7.0	6.9
合計出生率（女子1人あたり）	5.15	4.98	4.75	4.50	4.20	3.93	3.70	3.51	3.35	3.21
純再生産率（女子1人あたり）	2.00	2.00	1.96	1.90	1.80	1.72	1.64	1.58	1.52	1.47

D. 低位予測値

	2015	2020	2025	2030	2035	2040	2045	2050	2055	2060
人口(千人)										
総数	12 340	14 009	15 626	17 183	18 778	20 372	21 916	23 364	24 689	25 876
男	6 179	7 024	7 843	8 631	9 437	10 242	11 018	11 744	12 405	12 992
女	6 161	6 985	7 783	8 552	9 340	10 131	10 898	11 620	12 284	12 884
性比(女100につき男)	100.3	100.6	100.8	100.9	101.0	101.1	101.1	101.1	101.0	100.8
年齢分布(%)										
0－4歳	15.8	14.6	13.6	12.6	11.9	11.2	10.4	9.6	8.9	8.3
5－14歳	26.2	25.9	24.9	23.5	22.1	21.0	20.1	19.1	18.0	16.9
15－24歳	20.4	20.4	20.5	20.6	20.2	19.4	18.6	18.0	17.6	17.0
60歳以上	5.1	5.2	5.5	5.9	6.3	6.8	7.4	8.3	9.4	10.7
65歳以上	3.5	3.4	3.5	3.7	4.1	4.4	4.8	5.3	6.0	6.9
80歳以上	0.4	0.4	0.5	0.5	0.5	0.5	0.6	0.7	0.8	0.9
15－49歳女子(%)	47.6	48.8	50.3	52.0	53.2	53.8	54.0	53.9	53.8	53.4
中位数年齢(歳)	18.6	19.4	20.4	21.6	22.9	24.2	25.5	26.9	28.3	29.7

	2010-2015	2015-2020	2020-2025	2025-2030	2030-2035	2035-2040	2040-2045	2045-2050	2050-2055	2055-2060
年平均人口増加数(千人)	457	334	324	311	319	319	309	289	265	237
年平均出生数(千人)	418	445	458	463	474	481	479	470	458	446
年平均死亡数(千人)	134	141	144	147	151	157	165	176	188	204
人口増加率(%)	4.09	2.54	2.19	1.90	1.77	1.63	1.46	1.28	1.10	0.94
粗出生率(人口千人あたり)	37.3	33.8	30.9	28.2	26.4	24.6	22.6	20.8	19.1	17.6
粗死亡率(人口千人あたり)	12.0	10.7	9.7	8.9	8.4	8.0	7.8	7.8	7.8	8.1
合計出生率（女子1人あたり）	5.15	4.48	3.95	3.50	3.20	2.93	2.70	2.51	2.35	2.21
純再生産率（女子1人あたり）	2.00	1.80	1.63	1.48	1.37	1.28	1.20	1.13	1.07	1.01

E. 出生力一定予測値

	2015	2020	2025	2030	2035	2040	2045	2050	2055	2060
人口(千人)										
総数	12 340	14 287	16 493	18 986	21 865	25 193	29 084	33 656	39 020	45 289
男	6 179	7 165	8 283	9 545	11 002	12 686	14 653	16 963	19 674	22 840
女	6 161	7 122	8 211	9 441	10 862	12 507	14 431	16 693	19 347	22 450
中位数年齢(歳)	18.6	18.9	19.0	19.0	18.9	19.0	19.1	19.1	19.1	19.0

	2010-2015	2015-2020	2020-2025	2025-2030	2030-2035	2035-2040	2040-2045	2045-2050	2050-2055	2055-2060
人口増加率(%)	4.09	2.93	2.87	2.82	2.82	2.83	2.87	2.92	2.96	2.98
粗出生率(人口千人あたり)	37.3	38.0	38.1	37.6	36.9	36.4	36.2	36.3	36.2	36.1
粗死亡率(人口千人あたり)	12.0	11.0	10.1	9.3	8.5	7.8	7.4	7.0	6.6	6.3

Spain

A. 推 計 値

指　標	1960	1965	1970	1975	1980	1985	1990	1995	2000	2005	2010
人口(千人)											
総数	30 451	32 192	33 923	35 909	37 705	38 734	39 192	39 764	40 750	43 855	46 601
男	14 788	15 674	16 551	17 578	18 498	19 005	19 195	19 466	20 000	21 634	23 044
女	15 663	16 518	17 373	18 331	19 207	19 729	19 997	20 298	20 749	22 221	23 557
性比(女100につき男)	94.4	94.9	95.3	95.9	96.3	96.3	96.0	95.9	96.4	97.4	97.8
年齢分布(%)											
0－4歳	9.9	10.0	9.5	9.2	8.4	6.6	5.4	4.9	4.6	5.0	5.3
5－14歳	17.4	17.7	18.6	18.2	17.5	16.8	14.6	11.8	10.1	9.3	9.3
15－24歳	15.6	15.4	15.4	15.8	16.7	16.8	16.8	16.5	14.5	11.8	10.1
60歳以上	12.0	13.1	14.0	14.6	15.1	16.7	18.7	20.6	21.4	21.5	22.4
65歳以上	8.2	8.7	9.6	10.2	11.0	11.8	13.4	15.1	16.6	16.6	17.2
80歳以上	1.2	1.3	1.5	1.6	1.9	2.4	2.9	3.5	3.7	4.2	5.0
15－49歳女子(%)	49.9	48.3	47.3	46.9	46.8	47.0	49.0	50.7	51.0	50.6	48.5
中位数年齢(歳)	29.2	30.0	29.8	29.9	30.4	31.6	33.4	35.5	37.6	39.0	40.6
人口密度(1km²あたり)	61	65	68	72	76	78	79	80	82	88	93

指　標	1960-1965	1965-1970	1970-1975	1975-1980	1980-1985	1985-1990	1990-1995	1995-2000	2000-2005	2005-2010	2010-2015
年平均人口増加数(千人)	348	346	397	359	206	92	114	197	621	549	－ 96
年平均出生数(千人)	663	661	677	645	513	426	392	379	433	481	431
年平均死亡数(千人)	276	285	299	301	299	321	342	361	378	382	408
人口増加率(%)	1.11	1.05	1.14	0.98	0.54	0.24	0.29	0.49	1.47	1.22	−0.21
粗出生率(人口千人あたり)	21.2	20.0	19.4	17.5	13.4	10.9	9.9	9.4	10.2	10.6	9.3
粗死亡率(人口千人あたり)	8.8	8.6	8.6	8.2	7.8	8.2	8.7	9.0	8.9	8.4	8.8
合計出生率(女子1人あたり)	2.81	2.84	2.85	2.55	1.88	1.46	1.28	1.19	1.29	1.39	1.32
純再生産率(女子1人あたり)	1.28	1.31	1.33	1.20	0.89	0.70	0.61	0.57	0.62	0.67	0.64
乳児死亡率(出生千人あたり)	41	32	22	15	10	8	7	5	4	4	3
出生時の平均余命(歳)											
男	67.1	68.5	69.6	71.1	72.8	73.3	73.8	74.9	76.2	78.0	79.4
女	72.3	73.9	75.3	77.1	79.0	80.1	81.1	82.1	83.0	84.4	85.1
男女計	69.7	71.2	72.5	74.1	75.9	76.7	77.4	78.5	79.6	81.2	82.3

B. 中 位 予 測 値

指　標	2015	2020	2025	2030	2035	2040	2045	2050	2055	2060
人口(千人)										
総数	46 122	46 194	46 095	45 920	45 819	45 647	45 347	44 840	44 076	43 114
男	22 624	22 679	22 641	22 552	22 486	22 377	22 202	21 925	21 528	21 047
女	23 498	23 515	23 454	23 368	23 333	23 271	23 145	22 915	22 548	22 067
性比(女100につき男)	96.3	96.4	96.5	96.5	96.4	96.2	95.9	95.7	95.5	95.4
年齢分布(%)										
0－4歳	4.6	4.3	4.0	3.8	3.9	4.1	4.2	4.2	4.1	4.1
5－14歳	10.2	9.9	9.0	8.4	7.9	7.9	8.2	8.5	8.7	8.7
15－24歳	9.4	9.6	10.4	10.2	9.4	8.8	8.3	8.4	8.7	9.2
60歳以上	24.4	26.9	30.1	33.5	37.0	40.2	41.5	41.4	40.8	39.9
65歳以上	18.8	20.3	22.7	25.7	28.8	32.0	34.8	35.8	35.4	34.6
80歳以上	5.9	6.3	6.8	7.8	8.7	10.3	12.2	14.0	15.9	17.5
6－11歳	6.3	5.9	5.3	4.9	4.7	4.7	4.9	5.1	5.2	5.1
12－14歳	2.9	3.2	2.9	2.7	2.5	2.4	2.4	2.5	2.6	2.7
15－17歳	2.7	3.0	3.2	2.8	2.6	2.4	2.4	2.5	2.6	2.7
18－23歳	5.7	5.6	6.2	6.4	5.7	5.4	5.0	5.0	5.2	5.5
15－24歳女子(%)	44.9	42.0	39.4	36.4	34.9	34.2	33.9	34.0	33.9	33.5
中位数年齢(歳)	43.2	45.5	47.9	50.1	51.5	52.2	52.2	51.8	51.6	51.8
人口密度(1km²あたり)	92	93	92	92	92	92	91	90	88	86

指　標	2010-2015	2015-2020	2020-2025	2025-2030	2030-2035	2035-2040	2040-2045	2045-2050	2050-2055	2055-2060
年平均人口増加数(千人)	－ 96	14	－ 20	－ 35	－ 20	－ 34	－ 60	－ 101	－ 153	－ 192
年平均出生数(千人)	431	397	364	349	354	369	378	372	358	348
年平均死亡数(千人)	408	422	439	454	474	503	539	574	606	630
年平均純移動数(千人)	−119	40	55	70	100	100	100	100	95	90
人口増加率(%)	−0.21	0.03	−0.04	−0.08	−0.04	−0.08	−0.13	−0.23	−0.34	−0.44
粗出生率(人口千人あたり)	9.3	8.6	7.9	7.6	7.7	8.1	8.3	8.3	8.1	8.0
粗死亡率(人口千人あたり)	8.8	9.1	9.5	9.9	10.3	11.0	11.8	12.7	13.6	14.5
純移動率(人口千人あたり)	−2.6	0.9	1.2	1.5	2.2	2.2	2.2	2.2	2.1	2.1
合計出生率 (女子1人あたり)	1.32	1.38	1.43	1.48	1.52	1.55	1.58	1.61	1.63	1.65
純再生産率 (女子1人あたり)	0.64	0.67	0.69	0.71	0.73	0.75	0.76	0.78	0.79	0.80
乳児死亡率 (出生千人あたり)	3	3	2	2	2	2	1	1	1	1
5歳未満の死亡数(出生千人あたり	4	3	3	2	2	2	2	2	2	1
出生時の平均余命(歳)										
男	79.4	80.5	81.4	82.1	82.8	83.5	84.1	84.8	85.4	86.0
女	85.1	85.8	86.5	87.2	87.9	88.5	89.1	89.8	90.4	91.0
男女計	82.3	83.2	84.0	84.7	85.4	86.0	86.6	87.3	87.9	88.5

C. 高位予測値

	2015	2020	2025	2030	2035	2040	2045	2050	2055	2060
人口(千人)										
総数	46 122	46 552	46 959	47 373	47 858	48 308	48 695	48 972	49 119	49 188
男	22 624	22 863	23 087	23 301	23 537	23 748	23 928	24 054	24 127	24 177
女	23 498	23 688	23 872	24 072	24 321	24 560	24 767	24 917	24 992	25 012
性比(女100につき男)	96.3	96.4	96.4	96.2	95.9	95.6	95.2	94.7	94.3	93.9
年齢分布(%)										
0－4歳	4.6	5.0	5.0	4.9	5.0	5.1	5.3	5.4	5.5	5.7
5－14歳	10.2	9.9	9.6	9.9	9.9	9.9	10.1	10.5	10.8	11.0
15－24歳	9.4	9.5	10.2	9.9	9.7	10.1	10.0	10.0	10.3	10.7
60歳以上	24.4	26.7	29.5	32.4	35.5	38.0	38.6	37.9	36.6	35.0
65歳以上	18.8	20.2	22.3	24.9	27.6	30.3	32.5	32.8	31.8	30.3
80歳以上	5.9	6.2	6.7	7.5	8.4	9.7	11.3	12.8	14.3	15.3
15－49歳女子(%)	44.9	41.7	38.7	35.3	34.2	34.1	34.5	35.2	35.7	36.0
中位数年齢(歳)	43.2	45.3	47.3	49.0	49.8	49.6	48.7	47.6	46.9	46.0

	2010-2015	2015-2020	2020-2025	2025-2030	2030-2035	2035-2040	2040-2045	2045-2050	2050-2055	2055-2060
年平均人口増加数(千人)	－ 96	86	81	83	97	90	77	55	30	14
年平均出生数(千人)	431	469	466	467	472	494	516	530	541	555
年平均死亡数(千人)	408	422	439	455	475	504	539	574	607	631
人口増加率(%)	−0.21	0.19	0.17	0.18	0.20	0.19	0.16	0.11	0.06	0.03
粗出生率(人口千人あたり)	9.3	10.1	10.0	9.9	9.9	10.3	10.6	10.8	11.0	11.3
粗死亡率(人口千人あたり)	8.8	9.1	9.4	9.6	10.0	10.5	11.1	11.8	12.4	12.8
合計出生率 (女子1人あたり)	1.32	1.63	1.83	1.98	2.02	2.05	2.08	2.11	2.13	2.15
純再生産率 (女子1人あたり)	0.64	0.79	0.88	0.95	0.97	0.99	1.01	1.02	1.03	1.04

D. 低位予測値

	2015	2020	2025	2030	2035	2040	2045	2050	2055	2060
人口(千人)										
総数	46 122	45 835	45 230	44 466	43 782	43 003	42 059	40 868	39 364	37 608
男	22 624	22 494	22 195	21 803	21 436	21 014	20 508	19 878	19 100	18 209
女	23 498	23 341	23 035	22 664	22 346	21 989	21 551	20 990	20 264	19 398
性比(女100につき男)	96.3	96.4	96.4	96.2	95.9	95.6	95.2	94.7	94.3	93.9
年齢分布(%)										
0－4歳	4.6	3.5	2.9	2.6	2.7	2.9	3.0	2.9	2.7	2.5
5－14歳	10.2	10.0	8.4	6.7	5.8	5.6	6.0	6.3	6.4	6.1
15－24歳	9.4	9.6	10.6	10.5	9.0	7.3	6.4	6.3	6.7	7.2
60歳以上	24.4	27.1	30.7	34.5	38.8	42.7	44.7	45.4	45.7	45.8
65歳以上	18.8	20.5	23.2	26.6	30.1	34.0	37.6	39.3	39.7	39.7
80歳以上	5.9	6.3	7.0	8.0	9.2	10.9	13.1	15.3	17.8	20.0
15－49歳女子(%)	44.9	42.3	40.1	37.5	35.6	34.3	33.1	32.4	31.3	29.9
中位数年齢(歳)	43.2	45.7	48.4	51.1	53.2	54.8	55.6	56.0	56.3	56.9

	2010-2015	2015-2020	2020-2025	2025-2030	2030-2035	2035-2040	2040-2045	2045-2050	2050-2055	2055-2060
年平均人口増加数(千人)	－ 96	－ 57	－ 121	－ 153	－ 137	－ 156	－ 189	－ 238	－ 301	－ 351
年平均出生数(千人)	431	325	263	231	237	247	249	235	210	188
年平均死亡数(千人)	408	422	438	454	474	503	538	573	605	629
人口増加率(%)	−0.21	−0.13	−0.27	−0.34	−0.31	−0.36	−0.44	−0.58	−0.75	−0.91
粗出生率(人口千人あたり)	9.3	7.1	5.8	5.2	5.4	5.7	5.9	5.7	5.2	4.9
粗死亡率(人口千人あたり)	8.8	9.2	9.6	10.1	10.7	11.6	12.7	13.8	15.1	16.3
合計出生率 (女子1人あたり)	1.32	1.13	1.03	0.98	1.02	1.05	1.08	1.11	1.13	1.15
純再生産率 (女子1人あたり)	0.64	0.55	0.50	0.47	0.49	0.51	0.52	0.54	0.55	0.56

E. 出生力一定予測値

	2015	2020	2025	2030	2035	2040	2045	2050	2055	2060
人口(千人)										
総数	46 122	46 059	45 770	45 384	45 048	44 599	43 949	43 024	41 795	40 336
男	22 624	22 609	22 474	22 276	22 089	21 836	21 482	20 989	20 353	19 615
女	23 498	23 450	23 296	23 108	22 959	22 763	22 467	22 035	21 442	20 721
中位数年齢(歳)	43.2	45.6	48.1	50.5	52.1	53.2	53.7	53.7	53.8	54.3

	2010-2015	2015-2020	2020-2025	2025-2030	2030-2035	2035-2040	2040-2045	2045-2050	2050-2055	2055-2060
人口増加率(%)	−0.21	−0.03	−0.13	−0.17	−0.15	−0.20	−0.29	−0.43	−0.58	−0.71
粗出生率(人口千人あたり)	9.3	8.0	7.1	6.7	6.8	7.0	7.0	6.6	6.2	6.0
粗死亡率(人口千人あたり)	8.8	9.2	9.6	10.0	10.5	11.2	12.2	13.2	14.3	15.3

Sri Lanka

A. 推計値

指標	1960	1965	1970	1975	1980	1985	1990	1995	2000	2005	2010
人口(千人)											
総数	9 896	11 118	12 487	13 756	15 037	16 181	17 331	18 248	18 784	19 526	20 201
男	5 196	5 768	6 430	7 040	7 667	8 217	8 750	9 166	9 369	9 626	9 830
女	4 700	5 349	6 057	6 716	7 370	7 963	8 580	9 083	9 415	9 900	10 371
性比(女100につき男)	110.5	107.8	106.2	104.8	104.0	103.2	102.0	100.9	99.5	97.2	94.8
年齢分布(%)											
0－4歳	16.4	15.3	14.4	13.0	12.7	12.0	10.3	9.4	8.7	8.9	8.8
5－14歳	25.5	26.1	25.9	24.7	23.2	22.2	21.8	20.1	18.0	16.7	16.6
15－24歳	17.8	18.9	19.7	20.6	20.7	20.1	19.4	19.1	19.1	17.7	15.9
60歳以上	6.7	5.9	5.8	6.2	6.8	7.5	8.2	8.9	9.3	10.4	11.8
65歳以上	4.7	3.9	3.7	4.0	4.4	4.9	5.5	6.1	6.2	6.9	7.3
80歳以上	1.3	0.8	0.5	0.5	0.5	0.6	0.8	1.0	1.0	1.3	1.4
15－49歳女子(%)	45.0	46.3	47.6	49.8	50.9	51.7	52.9	54.2	55.0	53.9	51.5
中位数年齢(歳)	19.2	19.1	19.6	20.6	21.7	22.8	24.2	25.8	27.6	29.0	30.4
人口密度(1km²あたり)	158	177	199	219	240	258	276	291	300	311	322

指標	1960-1965	1965-1970	1970-1975	1975-1980	1980-1985	1985-1990	1990-1995	1995-2000	2000-2005	2005-2010	2010-2015
年平均人口増加数(千人)	244	274	254	256	229	230	184	107	149	135	103
年平均出生数(千人)	369	385	378	400	403	366	352	343	356	366	336
年平均死亡数(千人)	115	103	96	96	95	109	117	143	118	127	136
人口増加率(%)	2.33	2.32	1.94	1.78	1.47	1.37	1.03	0.58	0.78	0.68	0.50
粗出生率(人口千人あたり)	35.1	32.6	28.8	27.8	25.8	21.9	19.8	18.5	18.6	18.4	16.4
粗死亡率(人口千人あたり)	11.0	8.7	7.3	6.7	6.1	6.5	6.6	7.7	6.1	6.4	6.7
合計出生率(女子1人あたり)	5.20	4.70	4.00	3.61	3.19	2.64	2.38	2.24	2.26	2.28	2.11
純再生産率(女子1人あたり)	2.20	2.04	1.76	1.62	1.46	1.22	1.12	1.06	1.07	1.09	1.01
乳児死亡率(出生千人あたり)	62	53	44	36	29	24	20	16	13	10	8
出生時の平均余命(歳)											
男	58.2	61.2	63.5	65.3	66.9	65.7	66.9	65.7	69.6	70.6	71.2
女	63.1	65.2	67.2	68.9	71.8	72.7	73.5	72.9	77.2	77.8	78.0
男女計	60.3	62.9	65.2	67.0	69.1	68.9	70.0	69.1	73.2	74.1	74.6

B. 中位予測値

指標	2015	2020	2025	2030	2035	2040	2045	2050	2055	2060
人口(千人)										
総数	20 715	21 157	21 417	21 536	21 546	21 446	21 211	20 836	20 362	19 824
男	9 979	10 151	10 234	10 251	10 224	10 152	10 022	9 831	9 626	9 400
女	10 736	11 007	11 183	11 284	11 322	11 295	11 189	11 004	10 735	10 425
性比(女100につき男)	93.0	92.2	91.5	90.8	90.3	89.9	89.6	89.3	89.7	90.2
年齢分布(%)										
0－4歳	7.9	7.2	6.7	6.3	6.2	6.1	5.8	5.5	5.2	5.0
5－14歳	16.6	15.8	14.4	13.4	12.6	12.3	12.1	11.8	11.3	10.7
15－24歳	15.1	15.0	15.4	14.8	13.7	12.7	12.1	11.9	12.0	11.8
60歳以上	13.9	16.4	18.8	21.0	23.0	25.4	27.3	28.6	29.8	30.9
65歳以上	9.3	11.2	13.3	15.4	17.3	18.9	21.0	22.8	23.9	24.9
80歳以上	1.5	1.7	2.2	3.2	4.0	4.9	5.8	6.6	7.4	8.7
6－11歳	10.1	9.4	8.5	7.9	7.5	7.3	7.3	7.1	6.7	6.3
12－14歳	4.9	4.9	4.5	4.2	3.9	3.7	3.7	3.6	3.5	3.4
15－17歳	4.6	4.8	4.8	4.3	4.0	3.7	3.7	3.7	3.6	3.5
18－23歳	9.0	8.8	9.2	9.0	8.2	7.7	7.2	7.1	7.2	7.1
15－24歳女子(%)	49.7	48.6	48.0	46.2	44.4	43.0	41.8	41.0	39.9	38.4
中位数年齢(歳)	32.3	34.0	35.6	37.0	38.3	39.5	41.0	42.5	44.1	45.4
人口密度(1km²あたり)	330	337	342	343	344	342	338	332	325	316

指標	2010-2015	2015-2020	2020-2025	2025-2030	2030-2035	2035-2040	2040-2045	2045-2050	2050-2055	2055-2060
年平均人口増加数(千人)	103	88	52	24	2	－ 20	－ 47	－ 75	－ 95	－ 107
年平均出生数(千人)	336	312	290	278	273	266	251	232	214	201
年平均死亡数(千人)	136	148	163	179	196	211	223	232	237	241
年平均純移動数(千人)	−97	−75	−75	−75	−75	−75	−75	−75	−71	−68
人口増加率(%)	0.50	0.42	0.24	0.11	0.01	−0.09	−0.22	−0.36	−0.46	−0.54
粗出生率(人口千人あたり)	16.4	14.9	13.6	12.9	12.7	12.4	11.8	11.0	10.4	10.0
粗死亡率(人口千人あたり)	6.7	7.1	7.7	8.3	9.1	9.8	10.5	11.0	11.5	12.0
純移動率(人口千人あたり)	−4.7	−3.6	−3.5	−3.5	−3.5	−3.5	−3.5	−3.6	−3.5	−3.4
合計出生率（女子1人あたり）	2.11	2.03	1.96	1.90	1.86	1.83	1.82	1.80	1.80	1.79
純再生産率（女子1人あたり）	1.01	0.97	0.94	0.92	0.90	0.89	0.88	0.87	0.87	0.87
乳児死亡率（出生千人あたり）	8	7	6	5	5	4	4	3	3	3
5歳未満の死亡数(出生千人あたり)	10	8	7	6	6	5	5	4	4	3
出生時の平均余命(歳)										
男	71.2	72.2	73.1	74.1	75.1	76.1	77.2	78.1	79.2	80.2
女	78.0	78.8	79.6	80.3	81.0	81.7	82.4	83.0	83.6	84.2
男女計	74.6	75.5	76.4	77.3	78.2	79.0	79.8	80.7	81.5	82.3

C. 高位予測値

	2015	2020	2025	2030	2035	2040	2045	2050	2055	2060
人口(千人)										
総数	20 715	21 348	21 903	22 384	22 760	23 033	23 205	23 315	23 413	23 508
男	9 979	10 248	10 481	10 684	10 844	10 961	11 039	11 095	11 181	11 276
女	10 736	11 100	11 421	11 700	11 916	12 072	12 166	12 220	12 232	12 232
性比(女100につき男)	93.0	92.1	91.2	90.3	89.5	88.8	88.2	87.6	87.6	87.7
年齢分布(%)										
0－4歳	7.9	8.1	7.9	7.7	7.5	7.3	7.1	7.0	7.0	6.9
5－14歳	16.6	15.6	15.0	15.0	14.8	14.6	14.3	13.9	13.6	13.5
15－24歳	15.1	14.9	15.0	14.2	13.8	13.9	13.9	13.8	13.5	13.2
60歳以上	13.9	16.2	18.3	20.2	21.8	23.6	25.0	25.5	25.9	26.1
65歳以上	9.3	11.1	13.0	14.8	16.3	17.6	19.2	20.4	20.8	21.0
80歳以上	1.5	1.7	2.2	3.1	3.8	4.6	5.3	5.9	6.5	7.3
15－49歳女子(%)	49.7	48.2	47.0	44.6	43.0	42.2	41.8	41.8	41.3	40.7
中位数年齢(歳)	32.3	33.7	34.7	35.4	36.0	36.6	37.3	37.8	38.1	38.5

	2010-2015	2015-2020	2020-2025	2025-2030	2030-2035	2035-2040	2040-2045	2045-2050	2050-2055	2055-2060
年平均人口増加数(千人)	103	127	111	96	75	55	34	22	20	19
年平均出生数(千人)	336	350	350	351	347	341	333	330	330	329
年平均死亡数(千人)	136	149	164	180	197	212	224	233	239	242
人口増加率(%)	0.50	0.60	0.51	0.43	0.33	0.24	0.15	0.10	0.08	0.08
粗出生率(人口千人あたり)	16.4	16.7	16.2	15.8	15.4	14.9	14.4	14.2	14.1	14.0
粗死亡率(人口千人あたり)	6.7	7.1	7.6	8.1	8.7	9.2	9.7	10.0	10.2	10.3
合計出生率（女子1人あたり）	2.11	2.28	2.36	2.40	2.36	2.33	2.32	2.30	2.30	2.29
純再生産率（女子1人あたり）	1.01	1.09	1.13	1.16	1.14	1.13	1.12	1.12	1.11	1.11

D. 低位予測値

	2015	2020	2025	2030	2035	2040	2045	2050	2055	2060
人口(千人)										
総数	20 715	20 966	20 932	20 688	20 333	19 866	19 252	18 465	17 540	16 528
男	9 979	10 053	9 986	9 819	9 605	9 346	9 024	8 623	8 189	7 721
女	10 736	10 913	10 946	10 869	10 727	10 520	10 229	9 842	9 351	8 807
性比(女100につき男)	93.0	92.1	91.2	90.3	89.5	88.8	88.2	87.6	87.6	87.7
年齢分布(%)										
0－4歳	7.9	6.4	5.4	4.8	4.8	4.7	4.4	3.9	3.4	3.1
5－14歳	16.6	15.9	13.9	11.6	10.1	9.6	9.6	9.3	8.6	7.5
15－24歳	15.1	15.2	15.7	15.4	13.5	11.3	9.9	9.5	9.7	9.6
60歳以上	13.9	16.5	19.2	21.9	24.4	27.4	30.1	32.2	34.5	37.1
65歳以上	9.3	11.3	13.6	16.0	18.3	20.4	23.2	25.7	27.7	29.9
80歳以上	1.5	1.7	2.3	3.3	4.3	5.3	6.4	7.5	8.6	10.4
15－49歳女子(%)	49.7	49.0	49.0	48.0	46.0	43.9	41.7	39.9	37.5	34.6
中位数年齢(歳)	32.3	34.4	36.5	38.7	40.7	42.6	44.6	46.9	49.3	51.9

	2010-2015	2015-2020	2020-2025	2025-2030	2030-2035	2035-2040	2040-2045	2045-2050	2050-2055	2055-2060
年平均人口増加数(千人)	103	50	－ 7	－ 49	－ 71	－ 93	－ 123	－ 158	－ 185	－ 202
年平均出生数(千人)	336	273	231	205	200	192	175	148	123	104
年平均死亡数(千人)	136	148	163	179	195	210	222	231	236	239
人口増加率(%)	0.50	0.24	−0.03	−0.24	−0.35	−0.46	−0.63	−0.84	−1.03	−1.19
粗出生率(人口千人あたり)	16.4	13.1	11.0	9.8	9.7	9.6	8.9	7.9	6.8	6.1
粗死亡率(人口千人あたり)	6.7	7.1	7.8	8.6	9.5	10.5	11.4	12.2	13.1	14.0
合計出生率（女子1人あたり）	2.11	1.78	1.56	1.40	1.36	1.33	1.32	1.30	1.30	1.29
純再生産率（女子1人あたり）	1.01	0.85	0.75	0.68	0.66	0.64	0.64	0.63	0.63	0.63

E. 出生力一定予測値

	2015	2020	2025	2030	2035	2040	2045	2050	2055	2060
人口(千人)										
総数	20 715	21 224	21 609	21 896	22 100	22 206	22 198	22 090	21 927	21 737
男	9 979	10 184	10 330	10 433	10 504	10 535	10 521	10 466	10 418	10 368
女	10 736	11 040	11 279	11 463	11 596	11 671	11 677	11 625	11 509	11 369
中位数年齢(歳)	32.3	33.9	35.2	36.3	37.3	38.1	39.1	40.2	40.9	41.5

	2010-2015	2015-2020	2020-2025	2025-2030	2030-2035	2035-2040	2040-2045	2045-2050	2050-2055	2055-2060
人口増加率(%)	0.50	0.49	0.36	0.26	0.19	0.10	−0.01	−0.10	−0.15	−0.17
粗出生率(人口千人あたり)	16.4	15.5	14.7	14.3	14.2	13.9	13.4	12.9	12.6	12.4
粗死亡率(人口千人あたり)	6.7	7.1	7.6	8.2	8.9	9.5	10.1	10.5	10.8	11.1

State of Palestine

A. 推計値

指　標	1960	1965	1970	1975	1980	1985	1990	1995	2000	2005	2010
人口(千人)											
総数	1 069	1 192	1 125	1 322	1 509	1 759	2 101	2 618	3 224	3 579	4 069
男	545	604	569	668	763	889	1 063	1 327	1 634	1 815	2 063
女	524	587	556	654	747	870	1 038	1 292	1 589	1 764	2 006
性比(女100につき男)	103.9	102.9	102.4	102.2	102.1	102.3	102.5	102.7	102.8	102.9	102.9
年齢分布(%)											
０－４歳	18.7	20.7	20.8	20.1	19.9	19.3	19.6	20.0	18.1	16.1	15.4
５－14歳	27.5	26.9	28.6	30.3	30.0	29.6	28.9	28.6	29.7	29.4	27.0
15－24歳	19.7	19.4	18.5	17.9	19.2	20.4	20.1	19.6	19.5	20.1	21.6
60歳以上	5.9	5.0	4.3	3.8	3.5	3.4	3.4	3.5	3.7	4.0	4.3
65歳以上	4.0	3.4	2.9	2.5	2.3	2.1	2.1	2.1	2.3	2.5	2.7
80歳以上	0.5	0.4	0.4	0.4	0.3	0.3	0.3	0.2	0.2	0.3	0.3
15－49歳女子(%)	43.5	42.8	42.1	41.5	42.4	43.5	43.7	43.7	44.3	46.2	48.9
中位数年齢(歳)	16.8	16.1	15.3	14.8	15.1	15.5	15.7	15.7	16.0	17.0	18.1
人口密度(1km²あたり)	178	198	187	220	251	292	349	435	536	595	676

指　標	1960-1965	1965-1970	1970-1975	1975-1980	1980-1985	1985-1990	1990-1995	1995-2000	2000-2005	2005-2010	2010-2015
年平均人口増加数(千人)	24	－ 13	39	38	50	68	103	121	71	98	120
年平均出生数(千人)	59	60	60	67	73	87	108	119	122	130	145
年平均死亡数(千人)	19	16	14	13	11	11	11	12	13	14	16
人口増加率(%)	2.16	−1.15	3.23	2.66	3.06	3.56	4.40	4.16	2.09	2.56	2.75
粗出生率(人口千人あたり)	52.1	51.4	48.7	47.2	44.9	45.1	45.7	40.8	35.9	34.0	33.1
粗死亡率(人口千人あたり)	16.7	14.0	11.2	8.8	6.8	5.5	4.8	4.1	3.8	3.7	3.6
合計出生率(女子１人あたり)	8.00	8.00	7.69	7.50	7.05	6.76	6.61	5.80	5.03	4.60	4.28
純再生産率(女子１人あたり)	2.94	3.09	3.11	3.17	3.09	3.05	3.03	2.70	2.35	2.16	2.02
乳児死亡率(出生千人あたり)	117	99	83	66	51	40	33	28	25	23	21
出生時の平均余命(歳)											
男	48.9	52.3	55.7	59.3	62.8	65.5	67.3	68.7	69.5	69.9	70.7
女	52.8	56.1	59.3	62.8	66.1	68.7	70.4	71.9	72.9	73.8	74.7
男女計	50.8	54.1	57.4	61.0	64.4	67.1	68.9	70.3	71.1	71.8	72.6

B. 中位予測値

指　標	2015	2020	2025	2030	2035	2040	2045	2050	2055	2060
人口(千人)										
総数	4 668	5 333	6 040	6 765	7 504	8 259	9 025	9 791	10 544	11 273
男	2 367	2 703	3 060	3 427	3 800	4 181	4 568	4 955	5 335	5 704
女	2 302	2 630	2 979	3 338	3 704	4 078	4 457	4 836	5 209	5 569
性比(女100につき男)	102.8	102.8	102.7	102.7	102.6	102.5	102.5	102.5	102.4	102.4
年齢分布(%)										
０－４歳	15.1	14.4	13.5	12.5	11.7	11.0	10.5	9.9	9.4	8.8
５－14歳	25.2	24.6	24.1	23.2	22.0	20.7	19.7	18.9	18.1	17.3
15－24歳	21.7	20.2	19.1	19.1	19.2	18.8	18.1	17.3	16.7	16.3
60歳以上	4.5	4.8	5.4	6.2	7.0	8.0	9.0	10.4	12.1	13.7
65歳以上	3.0	3.1	3.4	3.9	4.6	5.3	6.1	6.9	8.0	9.5
80歳以上	0.4	0.4	0.5	0.6	0.6	0.7	0.9	1.2	1.4	1.7
６－11歳	15.3	15.1	14.8	14.1	13.3	12.5	11.9	11.4	10.9	10.4
12－14歳	7.0	6.7	6.7	6.6	6.4	6.0	5.7	5.5	5.3	5.1
15－17歳	6.9	6.3	6.2	6.3	6.1	5.9	5.6	5.4	5.2	5.0
18－23歳	12.9	12.0	11.2	11.2	11.3	11.2	10.8	10.3	9.9	9.7
15－24歳女子(%)	50.2	50.4	50.7	51.3	52.0	52.1	51.5	50.9	50.5	50.1
中位数年齢(歳)	19.3	20.4	21.3	22.3	23.4	24.7	26.1	27.4	28.7	30.0
人口密度(1km²あたり)	775	886	1 003	1 124	1 247	1 372	1 499	1 626	1 751	1 873

指　標	2010-2015	2015-2020	2020-2025	2025-2030	2030-2035	2035-2040	2040-2045	2045-2050	2050-2055	2055-2060
年平均人口増加数(千人)	120	133	141	145	148	151	153	153	151	146
年平均出生数(千人)	145	157	166	172	178	185	192	197	200	202
年平均死亡数(千人)	16	18	20	22	25	29	34	39	45	51
年平均純移動数(千人)	−9	−7	−5	−5	−5	−5	−5	−5	−5	−5
人口増加率(%)	2.75	2.66	2.49	2.27	2.08	1.92	1.77	1.63	1.48	1.34
粗出生率(人口千人あたり)	33.1	31.4	29.2	26.9	25.0	23.5	22.2	20.9	19.7	18.5
粗死亡率(人口千人あたり)	3.6	3.5	3.5	3.5	3.6	3.7	3.9	4.1	4.4	4.7
純移動率(人口千人あたり)	−2.0	−1.3	−0.9	−0.8	−0.7	−0.6	−0.6	−0.5	−0.5	−0.4
合計出生率（女子１人あたり）	4.28	3.95	3.65	3.40	3.18	3.01	2.85	2.71	2.59	2.49
純再生産率（女子１人あたり）	2.02	1.87	1.73	1.62	1.52	1.43	1.36	1.30	1.24	1.19
乳児死亡率（出生千人あたり）	21	18	17	15	14	12	11	10	9	9
５歳未満の死亡数(出生千人あたり)	24	22	19	17	16	14	13	12	11	10
出生時の平均余命(歳)										
男	70.7	71.5	72.2	73.0	73.8	74.5	75.4	76.2	77.0	77.8
女	74.7	75.6	76.5	77.2	78.0	78.7	79.4	80.1	80.7	81.3
男女計	72.6	73.5	74.3	75.1	75.8	76.6	77.4	78.1	78.8	79.6

C. 高位予測値

	2015	2020	2025	2030	2035	2040	2045	2050	2055	2060
人口(千人)										
総数	4 668	5 382	6 178	7 027	7 907	8 831	9 811	10 845	11 921	13 023
男	2 367	2 728	3 131	3 561	4 006	4 474	4 970	5 494	6 040	6 599
女	2 302	2 654	3 047	3 466	3 901	4 357	4 841	5 351	5 881	6 423
性比(女100につき男)	102.8	102.8	102.7	102.6	102.5	102.4	102.3	102.2	102.1	102.0
年齢分布(%)										
0－4歳	15.1	15.2	14.6	13.8	12.9	12.2	11.8	11.5	11.0	10.5
5－14歳	25.2	24.4	24.4	24.3	23.5	22.4	21.3	20.6	20.1	19.5
15－24歳	21.7	20.0	18.7	18.4	18.8	19.1	18.8	18.1	17.4	17.0
60歳以上	4.5	4.8	5.3	6.0	6.7	7.5	8.3	9.3	10.7	11.8
65歳以上	3.0	3.1	3.3	3.8	4.4	4.9	5.6	6.2	7.1	8.2
80歳以上	0.4	0.4	0.5	0.5	0.6	0.7	0.9	1.1	1.2	1.5
15－49歳女子(%)	50.2	49.9	49.6	49.4	50.0	50.3	50.1	49.6	49.4	49.4
中位数年齢(歳)	19.3	20.1	20.6	21.2	22.0	22.9	23.9	24.9	26.0	26.9

	2010-2015	2015-2020	2020-2025	2025-2030	2030-2035	2035-2040	2040-2045	2045-2050	2050-2055	2055-2060
年平均人口増加数(千人)	120	143	159	170	176	185	196	207	215	220
年平均出生数(千人)	145	167	184	198	207	219	235	251	266	277
年平均死亡数(千人)	16	18	20	23	26	30	34	40	46	52
人口増加率(%)	2.75	2.85	2.76	2.58	2.36	2.21	2.11	2.01	1.89	1.77
粗出生率(人口千人あたり)	33.1	33.3	31.9	29.9	27.7	26.2	25.2	24.3	23.3	22.2
粗死亡率(人口千人あたり)	3.6	3.6	3.5	3.5	3.5	3.5	3.7	3.8	4.0	4.2
合計出生率（女子１人あたり）	4.28	4.20	4.05	3.90	3.68	3.51	3.35	3.21	3.09	2.99
純再生産率（女子１人あたり）	2.02	1.99	1.92	1.85	1.76	1.67	1.60	1.54	1.48	1.43

D. 低位予測値

	2015	2020	2025	2030	2035	2040	2045	2050	2055	2060
人口(千人)										
総数	4 668	5 285	5 902	6 502	7 102	7 693	8 259	8 785	9 258	9 675
男	2 367	2 678	2 990	3 292	3 595	3 892	4 176	4 440	4 677	4 886
女	2 302	2 606	2 912	3 210	3 507	3 801	4 083	4 345	4 581	4 789
性比(女100につき男)	102.8	102.8	102.7	102.6	102.5	102.4	102.3	102.2	102.1	102.0
年齢分布(%)										
0－4歳	15.1	13.6	12.3	11.1	10.4	9.7	9.0	8.3	7.6	7.1
5－14歳	25.2	24.8	23.8	22.0	20.2	18.8	17.8	16.9	15.8	14.8
15－24歳	21.7	20.4	19.6	19.9	19.6	18.4	17.2	16.3	15.8	15.2
60歳以上	4.5	4.8	5.6	6.5	7.4	8.6	9.9	11.5	13.7	15.9
65歳以上	3.0	3.1	3.5	4.1	4.8	5.7	6.6	7.7	9.1	11.1
80歳以上	0.4	0.4	0.5	0.6	0.6	0.8	1.0	1.3	1.6	2.0
15－49歳女子(%)	50.2	50.9	51.9	53.4	54.3	54.2	53.1	52.1	51.4	50.4
中位数年齢(歳)	19.3	20.6	21.9	23.4	24.9	26.7	28.5	30.3	32.1	33.8

	2010-2015	2015-2020	2020-2025	2025-2030	2030-2035	2035-2040	2040-2045	2045-2050	2050-2055	2055-2060
年平均人口増加数(千人)	120	123	123	120	120	118	113	105	95	83
年平均出生数(千人)	145	147	148	147	150	152	151	148	143	138
年平均死亡数(千人)	16	18	20	22	25	28	33	38	44	50
人口増加率(%)	2.75	2.48	2.21	1.94	1.77	1.60	1.42	1.23	1.05	0.88
粗出生率(人口千人あたり)	33.1	29.6	26.5	23.7	22.0	20.5	19.0	17.4	15.9	14.6
粗死亡率(人口千人あたり)	3.6	3.5	3.5	3.5	3.7	3.9	4.1	4.5	4.9	5.3
合計出生率（女子１人あたり）	4.28	3.70	3.25	2.90	2.68	2.51	2.35	2.21	2.09	1.99
純再生産率（女子１人あたり）	2.02	1.75	1.54	1.38	1.28	1.20	1.12	1.06	1.00	0.95

E. 出生力一定予測値

	2015	2020	2025	2030	2035	2040	2045	2050	2055	2060
人口(千人)										
総数	4 668	5 399	6 245	7 190	8 238	9 413	10 753	12 285	14 026	15 993
男	2 367	2 737	3 165	3 644	4 175	4 772	5 452	6 231	7 117	8 120
女	2 302	2 662	3 080	3 546	4 062	4 642	5 301	6 054	6 908	7 873
中位数年齢(歳)	19.3	20.0	20.3	20.5	20.8	21.2	21.6	21.8	22.0	22.0

	2010-2015	2015-2020	2020-2025	2025-2030	2030-2035	2035-2040	2040-2045	2045-2050	2050-2055	2055-2060
人口増加率(%)	2.75	2.91	2.91	2.82	2.72	2.67	2.66	2.66	2.65	2.63
粗出生率(人口千人あたり)	33.1	33.9	33.5	32.3	31.2	30.7	30.6	30.6	30.4	30.1
粗死亡率(人口千人あたり)	3.6	3.6	3.5	3.5	3.4	3.4	3.5	3.6	3.6	3.6

Sudan

A. 推計値

指　標	1960	1965	1970	1975	1980	1985	1990	1995	2000	2005	2010
人口(千人)											
総数	7 527	8 739	10 233	12 076	14 418	17 098	20 009	24 692	28 080	31 990	36 115
男	3 777	4 383	5 134	6 060	7 237	8 584	10 047	12 398	14 094	16 050	18 120
女	3 751	4 355	5 099	6 016	7 181	8 514	9 962	12 294	13 986	15 940	17 995
性比(女100につき男)	100.7	100.6	100.7	100.7	100.8	100.8	100.8	100.8	100.8	100.7	100.7
年齢分布(%)											
0－4歳	18.3	18.6	19.0	19.1	18.9	18.2	17.5	17.4	17.1	16.6	15.7
5－14歳	26.5	26.8	27.1	27.6	28.0	28.3	27.9	27.1	26.7	26.6	26.4
15－24歳	18.6	18.6	18.7	18.6	18.8	19.3	19.9	20.2	20.1	19.6	19.6
60歳以上	5.0	4.9	4.8	4.7	4.6	4.6	4.6	4.6	4.6	4.7	4.9
65歳以上	3.2	3.1	3.0	3.0	2.9	2.9	2.9	3.0	3.0	3.0	3.1
80歳以上	0.3	0.3	0.4	0.4	0.3	0.3	0.4	0.4	0.4	0.4	0.4
15－49歳女子(%)	44.7	44.3	43.9	43.6	43.5	44.1	45.2	46.2	46.9	47.2	48.0
中位数年齢(歳)	17.6	17.2	16.9	16.6	16.5	16.6	17.1	17.5	17.9	18.2	18.7
人口密度(1km²あたり)	4	5	6	7	8	10	11	14	16	18	20

指　標	1960-1965	1965-1970	1970-1975	1975-1980	1980-1985	1985-1990	1990-1995	1995-2000	2000-2005	2005-2010	2010-2015
年平均人口増加数(千人)	242	299	369	468	536	582	937	678	782	825	824
年平均出生数(千人)	379	445	523	611	696	780	929	1 065	1 169	1 229	1 287
年平均死亡数(千人)	137	146	158	178	204	228	262	289	301	304	303
人口増加率(%)	2.98	3.16	3.31	3.55	3.41	3.15	4.21	2.57	2.61	2.43	2.16
粗出生率(人口千人あたり)	46.6	46.9	46.9	46.1	44.2	42.1	41.6	40.3	38.9	36.1	33.7
粗死亡率(人口千人あたり)	16.8	15.4	14.2	13.4	12.9	12.3	11.7	11.0	10.0	8.9	7.9
合計出生率(女子1人あたり)	6.75	6.86	6.90	6.92	6.63	6.30	6.00	5.63	5.25	4.83	4.46
純再生産率(女子1人あたり)	2.38	2.50	2.58	2.62	2.53	2.42	2.34	2.24	2.14	2.02	1.90
乳児死亡率(出生千人あたり)	111	102	93	89	87	84	80	74	67	60	53
出生時の平均余命(歳)											
男	47.8	49.8	51.6	52.6	53.0	53.7	54.5	55.5	57.0	59.2	61.6
女	50.7	52.7	54.5	55.5	56.0	56.6	57.6	59.0	60.8	62.7	64.6
男女計	49.2	51.2	53.1	54.0	54.5	55.1	56.0	57.2	58.9	60.9	63.1

B. 中位予測値

指　標	2015	2020	2025	2030	2035	2040	2045	2050	2055	2060
人口(千人)										
総数	40 235	45 308	50 740	56 443	62 331	68 311	74 307	80 284	86 212	92 015
男	20 197	22 747	25 471	28 325	31 266	34 244	37 222	40 182	43 106	45 957
女	20 038	22 561	25 269	28 118	31 065	34 066	37 085	40 102	43 106	46 059
性比(女100につき男)	100.8	100.8	100.8	100.7	100.6	100.5	100.4	100.2	100.0	99.8
年齢分布(%)										
0－4歳	14.8	14.1	13.4	12.8	12.2	11.5	10.9	10.4	10.0	9.5
5－14歳	25.7	24.6	23.7	22.8	22.1	21.3	20.5	19.7	18.9	18.2
15－24歳	19.9	20.1	20.0	19.4	19.0	18.6	18.3	18.0	17.5	17.0
60歳以上	5.2	5.5	5.9	6.4	7.1	7.8	8.5	9.2	10.1	11.0
65歳以上	3.3	3.5	3.8	4.1	4.5	5.0	5.6	6.1	6.7	7.4
80歳以上	0.4	0.5	0.5	0.6	0.6	0.7	0.7	0.9	1.0	1.1
6－11歳	15.7	15.0	14.4	13.9	13.4	13.0	12.4	11.9	11.4	11.0
12－14歳	7.2	7.0	6.7	6.5	6.3	6.1	6.0	5.8	5.5	5.4
15－17歳	6.6	6.6	6.4	6.2	6.0	5.9	5.8	5.6	5.4	5.2
18－23歳	11.6	11.8	11.8	11.5	11.2	11.0	10.8	10.7	10.4	10.1
15－24歳女子(%)	48.9	50.0	50.6	51.0	51.3	51.6	51.8	51.8	51.4	51.1
中位数年齢(歳)	19.4	20.3	21.3	22.3	23.2	24.2	25.2	26.2	27.2	28.3
人口密度(1km²あたり)	23	26	29	32	35	39	42	45	49	52

指　標	2010-2015	2015-2020	2020-2025	2025-2030	2030-2035	2035-2040	2040-2045	2045-2050	2050-2055	2055-2060
年平均人口増加数(千人)	824	1 015	1 086	1 141	1 178	1 196	1 199	1 195	1 186	1 161
年平均出生数(千人)	1 287	1 355	1 439	1 519	1 586	1 637	1 682	1 724	1 764	1 797
年平均死亡数(千人)	303	321	343	369	399	432	473	519	570	628
年平均純移動数(千人)	−160	−20	−9	−9	−9	−9	−9	−9	−9	−8
人口増加率(%)	2.16	2.38	2.27	2.13	1.98	1.83	1.68	1.55	1.43	1.30
粗出生率(人口千人あたり)	33.7	31.7	30.0	28.3	26.7	25.1	23.6	22.3	21.2	20.2
粗死亡率(人口千人あたり)	7.9	7.5	7.1	6.9	6.7	6.6	6.6	6.7	6.8	7.0
純移動率(人口千人あたり)	−4.2	−0.5	−0.2	−0.2	−0.2	−0.1	−0.1	−0.1	−0.1	−0.1
合計出生率（女子1人あたり）	4.46	4.13	3.83	3.57	3.35	3.16	2.99	2.85	2.72	2.61
純再生産率（女子1人あたり）	1.90	1.79	1.69	1.59	1.51	1.44	1.38	1.32	1.27	1.23
乳児死亡率（出生千人あたり）	53	48	44	40	36	32	29	26	24	22
5歳未満の死亡数(出生千人あたり	82	74	66	59	52	46	41	36	32	29
出生時の平均余命(歳)										
男	61.6	62.6	63.7	64.6	65.5	66.4	67.2	67.9	68.6	69.2
女	64.6	65.8	67.1	68.2	69.3	70.3	71.2	72.1	73.0	73.8
男女計	63.1	64.2	65.3	66.4	67.4	68.3	69.2	70.0	70.8	71.5

C. 高 位 予 測 値

	2015	2020	2025	2030	2035	2040	2045	2050	2055	2060
人口(千人)										
総数	40 235	45 694	51 830	58 529	65 549	72 864	80 535	88 653	97 208	106 059
男	20 197	22 943	26 025	29 385	32 900	36 555	40 382	44 426	48 681	53 074
女	20 038	22 751	25 805	29 145	32 650	36 309	40 153	44 226	48 528	52 986
性比(女100につき男)	100.8	100.8	100.7	100.6	100.5	100.3	100.1	99.9	99.6	99.3
年齢分布(%)										
0－4歳	14.8	14.8	14.5	14.1	13.3	12.7	12.2	11.9	11.6	11.2
5－14歳	25.7	24.4	23.9	23.9	23.6	22.9	22.0	21.2	20.7	20.4
15－24歳	19.9	20.0	19.5	18.7	18.6	18.9	19.0	18.6	18.1	17.6
60歳以上	5.2	5.5	5.8	6.2	6.7	7.3	7.9	8.4	8.9	9.6
65歳以上	3.3	3.5	3.7	4.0	4.3	4.7	5.2	5.6	5.9	6.4
80歳以上	0.4	0.5	0.5	0.5	0.6	0.6	0.7	0.8	0.9	1.0
15－49歳女子(%)	48.9	49.6	49.6	49.2	49.4	49.9	50.4	50.5	50.2	50.1
中位数年齢(歳)	19.4	20.1	20.7	21.3	21.8	22.5	23.2	24.0	24.8	25.5

	2010-2015	2015-2020	2020-2025	2025-2030	2030-2035	2035-2040	2040-2045	2045-2050	2050-2055	2055-2060
年平均人口増加数(千人)	824	1 092	1 227	1 340	1 404	1 463	1 534	1 624	1 711	1 770
年平均出生数(千人)	1 287	1 437	1 589	1 731	1 827	1 920	2 035	2 173	2 314	2 434
年平均死亡数(千人)	303	326	353	383	414	448	491	541	595	656
人口増加率(%)	2.16	2.55	2.52	2.43	2.27	2.12	2.00	1.92	1.84	1.74
粗出生率(人口千人あたり)	33.7	33.5	32.6	31.4	29.4	27.7	26.5	25.7	24.9	23.9
粗死亡率(人口千人あたり)	7.9	7.6	7.2	6.9	6.7	6.5	6.4	6.4	6.4	6.5
合計出生率(女子1人あたり)	4.46	4.38	4.23	4.07	3.85	3.66	3.49	3.35	3.22	3.11
純再生産率(女子1人あたり)	1.90	1.90	1.86	1.82	1.74	1.67	1.61	1.55	1.51	1.46

D. 低 位 予 測 値

	2015	2020	2025	2030	2035	2040	2045	2050	2055	2060
人口(千人)										
総数	40 235	44 922	49 651	54 357	59 117	63 793	68 215	72 262	75 902	79 121
男	20 197	22 551	24 918	27 266	29 634	31 952	34 132	36 114	37 881	39 424
女	20 038	22 372	24 733	27 091	29 483	31 842	34 083	36 147	38 022	39 697
性比(女100につき男)	100.8	100.8	100.7	100.6	100.5	100.3	100.1	99.9	99.6	99.3
年齢分布(%)										
0－4歳	14.8	13.3	12.3	11.4	10.9	10.3	9.5	8.8	8.2	7.7
5－14歳	25.7	24.8	23.4	21.7	20.4	19.5	18.8	17.9	16.8	15.8
15－24歳	19.9	20.3	20.4	20.2	19.4	18.3	17.5	17.0	16.7	16.2
60歳以上	5.2	5.6	6.0	6.7	7.5	8.3	9.3	10.2	11.5	12.8
65歳以上	3.3	3.6	3.9	4.3	4.8	5.4	6.1	6.8	7.6	8.6
80歳以上	0.4	0.5	0.5	0.6	0.6	0.7	0.8	0.9	1.1	1.3
15－49歳女子(%)	48.9	50.4	51.7	52.9	53.4	53.6	53.4	53.1	52.5	51.8
中位数年齢(歳)	19.4	20.5	21.9	23.3	24.6	26.1	27.5	28.9	30.3	31.6

	2010-2015	2015-2020	2020-2025	2025-2030	2030-2035	2035-2040	2040-2045	2045-2050	2050-2055	2055-2060
年平均人口増加数(千人)	824	938	946	941	952	935	884	809	728	644
年平均出生数(千人)	1 287	1 273	1 289	1 307	1 346	1 361	1 349	1 318	1 285	1 255
年平均死亡数(千人)	303	316	334	356	385	417	456	499	548	603
人口増加率(%)	2.16	2.20	2.00	1.81	1.68	1.52	1.34	1.15	0.98	0.83
粗出生率(人口千人あたり)	33.7	29.9	27.3	25.1	23.7	22.1	20.4	18.8	17.3	16.2
粗死亡率(人口千人あたり)	7.9	7.4	7.1	6.9	6.8	6.8	6.9	7.1	7.4	7.8
合計出生率(女子1人あたり)	4.46	3.88	3.43	3.07	2.85	2.66	2.49	2.35	2.22	2.11
純再生産率(女子1人あたり)	1.90	1.68	1.51	1.37	1.29	1.21	1.15	1.09	1.04	0.99

E. 出生力一定予測値

	2015	2020	2025	2030	2035	2040	2045	2050	2055	2060
人口(千人)										
総数	40 235	45 813	52 331	59 762	68 119	77 515	88 172	100 382	114 403	130 447
男	20 197	23 003	26 279	30 011	34 204	38 916	44 259	50 380	57 407	65 448
女	20 038	22 809	26 051	29 751	33 915	38 599	43 913	50 002	56 997	65 000
中位数年齢(歳)	19.4	20.0	20.5	20.7	20.7	20.7	20.9	21.0	21.0	21.0

	2010-2015	2015-2020	2020-2025	2025-2030	2030-2035	2035-2040	2040-2045	2045-2050	2050-2055	2055-2060
人口増加率(%)	2.16	2.60	2.66	2.66	2.62	2.58	2.58	2.59	2.62	2.63
粗出生率(人口千人あたり)	33.7	34.0	34.0	33.7	33.0	32.4	32.1	32.1	32.1	32.1
粗死亡率(人口千人あたり)	7.9	7.6	7.3	7.0	6.7	6.4	6.3	6.1	5.9	5.8

Suriname

A. 推計値

指　標	1960	1965	1970	1975	1980	1985	1990	1995	2000	2005	2010
人口(千人)											
総数	290	332	371	363	363	371	408	446	481	492	518
男	145	165	185	182	183	189	207	226	243	247	260
女	145	166	186	181	180	183	201	220	238	245	258
性比(女100につき男)	100.0	99.3	99.6	100.6	102.0	103.5	103.2	102.7	102.4	100.8	100.6
年齢分布(%)											
０－４歳	20.4	19.2	17.0	15.4	12.4	12.9	13.0	12.3	11.1	10.3	9.5
５－14歳	27.2	29.0	31.2	32.1	27.2	22.3	21.0	22.1	22.4	19.4	19.0
15－24歳	15.5	16.2	18.0	19.0	22.9	22.5	20.4	17.9	17.1	18.5	17.4
60歳以上	6.2	6.0	5.8	5.8	6.2	6.9	7.3	7.8	8.3	8.9	9.4
65歳以上	4.1	4.0	3.9	3.9	4.4	4.5	4.7	5.1	5.6	6.2	6.5
80歳以上	0.7	0.6	0.5	0.4	0.8	0.9	0.9	0.8	0.8	0.9	1.1
15－49歳女子(%)	41.4	41.2	41.6	42.4	48.2	50.7	51.3	50.5	50.9	53.0	52.5
中位数年齢(歳)	16.5	16.0	15.8	16.1	18.9	21.5	22.8	23.8	24.6	26.3	27.5
人口密度(1k㎡あたり)	2	2	2	2	2	2	3	3	3	3	3

指　標	1960-1965	1965-1970	1970-1975	1975-1980	1980-1985	1985-1990	1990-1995	1995-2000	2000-2005	2005-2010	2010-2015
年平均人口増加数(千人)	8	8	－2	0	2	7	8	7	2	5	5
年平均出生数(千人)	14	14	13	11	11	11	11	11	10	10	10
年平均死亡数(千人)	3	3	3	3	3	3	3	3	4	4	4
人口増加率(%)	2.70	2.25	−0.47	0.01	0.47	1.89	1.76	1.51	0.46	1.04	0.94
粗出生率(人口千人あたり)	44.6	39.4	34.6	29.7	29.4	28.7	26.3	23.3	21.3	19.9	18.6
粗死亡率(人口千人あたり)	10.6	9.0	8.3	7.4	7.3	7.3	7.2	7.2	7.6	7.3	7.3
合計出生率(女子１人あたり)	6.56	5.95	5.29	4.20	3.70	3.42	3.16	2.92	2.71	2.54	2.40
純再生産率(女子１人あたり)	2.76	2.55	2.31	1.85	1.66	1.54	1.43	1.33	1.24	1.17	1.11
乳児死亡率(出生千人あたり)	56	49	44	40	41	40	35	29	24	22	17
出生時の平均余命(歳)											
男	58.7	60.5	61.7	62.8	63.6	64.0	64.4	64.6	64.8	66.4	67.8
女	62.5	64.5	66.5	67.7	69.8	70.7	71.1	71.4	71.7	73.1	74.2
男女計	60.5	62.4	64.0	65.1	66.5	67.1	67.6	67.8	68.1	69.6	70.9

B. 中位予測値

指　標	2015	2020	2025	2030	2035	2040	2045	2050	2055	2060
人口(千人)										
総数	543	565	584	599	611	619	624	624	623	620
男	272	283	291	298	303	306	308	308	306	305
女	271	282	292	301	308	313	316	317	316	315
性比(女100につき男)	100.4	100.1	99.7	99.1	98.5	97.9	97.4	97.0	96.8	96.8
年齢分布(%)										
０－４歳	8.9	8.3	7.8	7.4	7.0	6.7	6.4	6.1	5.9	5.7
５－14歳	17.9	17.0	16.1	15.3	14.6	14.0	13.4	12.9	12.4	12.0
15－24歳	16.6	16.7	16.2	15.6	15.0	14.4	13.9	13.5	13.0	12.6
60歳以上	10.2	11.7	13.9	15.7	17.4	18.3	19.8	21.4	22.3	23.8
65歳以上	6.9	7.6	8.8	10.8	12.3	13.7	14.4	15.6	17.0	17.8
80歳以上	1.3	1.4	1.5	1.7	2.0	2.5	3.3	3.8	4.3	4.4
６－11歳	10.8	10.2	9.6	9.2	8.7	8.4	8.0	7.7	7.4	7.2
12－14歳	5.4	5.1	4.9	4.7	4.5	4.3	4.1	4.0	3.8	3.7
15－17歳	5.4	5.1	4.9	4.7	4.5	4.3	4.2	4.0	3.9	3.7
18－23歳	9.7	10.0	9.7	9.4	9.0	8.7	8.4	8.1	7.8	7.6
15－24歳女子(%)	51.5	51.0	50.0	49.7	48.7	47.4	46.8	45.8	44.6	43.7
中位数年齢(歳)	29.0	30.4	31.5	32.7	34.1	35.4	36.7	37.9	39.0	40.1
人口密度(1k㎡あたり)	3	4	4	4	4	4	4	4	4	4

指　標	2010-2015	2015-2020	2020-2025	2025-2030	2030-2035	2035-2040	2040-2045	2045-2050	2050-2055	2055-2060
年平均人口増加数(千人)	5	4	4	3	2	2	1	0	0	－1
年平均出生数(千人)	10	10	9	9	9	8	8	8	7	7
年平均死亡数(千人)	4	4	5	5	5	6	6	7	7	7
年平均純移動数(千人)	−1	−1	−1	−1	−1	−1	−1	−1	−1	−1
人口増加率(%)	0.94	0.79	0.66	0.52	0.39	0.26	0.14	0.03	−0.05	−0.11
粗出生率(人口千人あたり)	18.6	17.4	16.3	15.3	14.5	13.7	13.0	12.5	12.0	11.6
粗死亡率(人口千人あたり)	7.3	7.6	8.0	8.4	8.9	9.4	10.0	10.6	11.0	11.2
純移動率(人口千人あたり)	−1.9	−1.8	−1.7	−1.7	−1.7	−1.6	−1.6	−1.6	−1.5	−1.4
合計出生率（女子１人あたり）	2.40	2.28	2.17	2.08	2.00	1.94	1.89	1.86	1.84	1.82
純再生産率（女子１人あたり）	1.11	1.06	1.02	0.99	0.95	0.92	0.90	0.89	0.88	0.87
乳児死亡率（出生千人あたり）	17	15	14	12	11	10	9	8	7	7
５歳未満の死亡数(出生千人あたり	23	20	18	16	14	13	12	11	10	9
出生時の平均余命(歳)										
男	67.8	68.4	69.0	69.6	70.3	71.0	71.7	72.4	73.2	74.0
女	74.2	74.9	75.6	76.3	77.0	77.7	78.3	78.9	79.5	80.1
男女計	70.9	71.6	72.2	72.9	73.6	74.2	74.9	75.6	76.3	77.0

C. 高 位 予 測 値

	2015	2020	2025	2030	2035	2040	2045	2050	2055	2060
人口(千人)										
総数	543	570	597	624	647	667	685	701	718	735
男	272	285	298	311	321	331	339	347	355	364
女	271	285	299	313	325	336	346	355	363	372
性比(女100につき男)	100.4	100.0	99.5	98.8	98.1	97.3	96.7	96.1	95.6	95.3
年齢分布(%)										
0－4歳	8.9	9.1	9.1	8.8	8.4	8.0	7.8	7.8	7.7	7.6
5－14歳	17.9	16.9	16.6	16.9	16.8	16.3	15.6	15.1	14.9	14.9
15－24歳	16.6	16.6	15.8	15.0	15.0	15.4	15.5	15.1	14.5	14.1
60歳以上	10.2	11.6	13.6	15.1	16.5	17.0	18.0	19.0	19.4	20.1
65歳以上	6.9	7.5	8.6	10.3	11.6	12.7	13.1	13.9	14.7	15.0
80歳以上	1.3	1.4	1.5	1.6	1.9	2.3	3.0	3.4	3.7	3.7
15－49歳女子(%)	51.5	50.5	48.9	47.8	46.9	46.1	46.2	45.8	45.2	45.0
中位数年齢(歳)	29.0	30.1	30.6	31.4	32.1	32.7	33.2	33.5	34.1	34.7

	2010-2015	2015-2020	2020-2025	2025-2030	2030-2035	2035-2040	2040-2045	2045-2050	2050-2055	2055-2060
年平均人口増加数(千人)	5	5	5	5	5	4	4	3	3	3
年平均出生数(千人)	10	11	11	11	11	11	11	11	11	11
年平均死亡数(千人)	4	4	5	5	5	6	6	7	7	7
人口増加率(%)	0.94	0.97	0.94	0.86	0.72	0.61	0.53	0.49	0.48	0.47
粗出生率(人口千人あたり)	18.6	19.2	19.0	18.4	17.3	16.5	16.1	15.9	15.8	15.6
粗死亡率(人口千人あたり)	7.3	7.6	7.9	8.2	8.5	8.9	9.3	9.6	9.7	9.7
合計出生率 (女子1人あたり)	2.40	2.53	2.57	2.58	2.50	2.44	2.39	2.36	2.34	2.32
純再生産率 (女子1人あたり)	1.11	1.18	1.21	1.22	1.19	1.16	1.14	1.13	1.12	1.11

D. 低 位 予 測 値

	2015	2020	2025	2030	2035	2040	2045	2050	2055	2060
人口(千人)										
総数	543	560	570	575	576	573	565	552	536	517
男	272	280	284	286	285	282	277	270	262	252
女	271	280	286	289	291	290	287	281	274	265
性比(女100につき男)	100.4	100.0	99.5	98.8	98.1	97.3	96.7	96.1	95.6	95.3
年齢分布(%)										
0－4歳	8.9	7.5	6.5	5.9	5.6	5.2	4.8	4.4	4.1	3.8
5－14歳	17.9	17.2	15.6	13.6	12.2	11.4	10.8	10.2	9.6	8.9
15－24歳	16.6	16.9	16.6	16.3	15.0	13.2	12.0	11.3	11.0	10.5
60歳以上	10.2	11.8	14.3	16.4	18.5	19.8	21.9	24.2	26.0	28.5
65歳以上	6.9	7.7	9.1	11.2	13.0	14.8	15.9	17.6	19.7	21.4
80歳以上	1.3	1.5	1.6	1.7	2.1	2.7	3.6	4.3	5.0	5.3
15－49歳女子(%)	51.5	51.4	51.2	51.8	50.7	48.8	47.4	45.5	43.3	41.2
中位数年齢(歳)	29.0	30.7	32.3	34.1	36.1	38.1	40.0	42.1	44.2	46.3

	2010-2015	2015-2020	2020-2025	2025-2030	2030-2035	2035-2040	2040-2045	2045-2050	2050-2055	2055-2060
年平均人口増加数(千人)	5	3	2	1	0	－1	－2	－3	－3	－4
年平均出生数(千人)	10	9	8	7	7	6	6	5	4	4
年平均死亡数(千人)	4	4	5	5	5	6	6	7	7	7
人口増加率(%)	0.94	0.61	0.37	0.17	0.04	−0.12	−0.28	−0.45	−0.60	−0.72
粗出生率(人口千人あたり)	18.6	15.5	13.5	12.0	11.4	10.6	9.8	9.0	8.2	7.6
粗死亡率(人口千人あたり)	7.3	7.6	8.0	8.6	9.3	10.0	10.9	11.7	12.4	13.1
合計出生率 (女子1人あたり)	2.40	2.03	1.77	1.58	1.50	1.44	1.39	1.36	1.34	1.32
純再生産率 (女子1人あたり)	1.11	0.95	0.83	0.75	0.71	0.69	0.67	0.65	0.64	0.63

E. 出生力一定予測値

	2015	2020	2025	2030	2035	2040	2045	2050	2055	2060
人口(千人)										
総数	543	568	591	614	635	653	670	687	703	719
男	272	284	295	306	315	324	332	339	347	355
女	271	284	296	308	319	330	339	347	355	363
中位数年齢(歳)	29.0	30.2	31.0	31.9	32.7	33.4	34.0	34.3	34.6	34.9

	2010-2015	2015-2020	2020-2025	2025-2030	2030-2035	2035-2040	2040-2045	2045-2050	2050-2055	2055-2060
人口増加率(%)	0.94	0.89	0.83	0.75	0.66	0.58	0.52	0.47	0.46	0.46
粗出生率(人口千人あたり)	18.6	18.3	17.9	17.4	16.9	16.4	16.1	16.0	15.9	15.8
粗死亡率(人口千人あたり)	7.3	7.6	7.9	8.3	8.7	9.1	9.5	9.8	9.9	9.9

Swaziland

A. 推計値

指　標	1960	1965	1970	1975	1980	1985	1990	1995	2000	2005	2010
人口(千人)											
総数	349	392	446	517	603	705	863	963	1 064	1 105	1 193
男	169	187	212	246	287	333	407	463	515	540	587
女	180	205	234	271	317	372	456	500	549	565	607
性比(女100につき男)	93.8	91.4	90.4	90.5	90.4	89.4	89.3	92.6	93.8	95.6	96.7
年齢分布(%)											
0－4歳	18.2	18.6	19.2	19.6	19.7	19.8	19.2	17.2	14.8	14.0	13.8
5－14歳	27.0	27.7	28.1	28.4	29.1	29.1	28.8	30.4	29.9	27.8	25.1
15－24歳	18.5	18.6	19.1	18.8	19.1	19.1	19.6	19.5	21.6	23.5	24.7
60歳以上	4.5	4.5	4.5	4.5	4.5	4.4	4.3	4.4	4.7	4.9	5.2
65歳以上	2.7	2.7	2.7	2.7	2.7	2.8	2.7	2.8	2.9	3.2	3.3
80歳以上	0.2	0.3	0.3	0.3	0.3	0.3	0.3	0.3	0.3	0.4	0.4
15－49歳女子(%)	45.3	44.9	44.5	44.0	43.6	44.2	45.5	45.1	47.2	48.7	50.6
中位数年齢(歳)	17.4	16.7	16.3	15.9	15.6	15.5	15.9	16.1	17.2	18.1	19.3
人口密度(1km²あたり)	20	23	26	30	35	41	50	56	62	64	69

指　標	1960-1965	1965-1970	1970-1975	1975-1980	1980-1985	1985-1990	1990-1995	1995-2000	2000-2005	2005-2010	2010-2015
年平均人口増加数(千人)	8	11	14	17	20	31	20	20	8	18	19
年平均出生数(千人)	18	20	24	27	31	36	36	35	34	36	38
年平均死亡数(千人)	7	8	8	8	8	8	9	12	17	17	18
人口増加率(%)	2.29	2.59	2.97	3.09	3.13	4.02	2.21	1.98	0.76	1.54	1.51
粗出生率(人口千人あたり)	47.9	48.9	49.3	48.4	47.7	46.1	39.9	34.1	31.8	31.4	30.2
粗死亡率(人口千人あたり)	19.6	18.5	16.4	14.3	12.0	10.4	9.5	12.0	15.7	15.0	14.1
合計出生率(女子1人あたり)	6.75	6.85	6.87	6.73	6.54	6.13	5.30	4.49	4.01	3.75	3.36
純再生産率(女子1人あたり)	2.27	2.37	2.50	2.57	2.62	2.53	2.19	1.71	1.39	1.37	1.30
乳児死亡率(出生千人あたり)	151	141	124	108	90	77	69	80	87	76	65
出生時の平均余命(歳)											
男	43.1	44.7	47.6	50.7	54.0	56.8	57.5	51.8	45.6	47.6	49.7
女	47.0	48.6	51.5	54.5	57.9	60.1	60.4	53.8	45.9	47.1	48.5
男女計	45.0	46.7	49.6	52.6	56.0	58.5	59.0	52.8	45.8	47.4	49.2

B. 中位予測値

指　標	2015	2020	2025	2030	2035	2040	2045	2050	2055	2060
人口(千人)										
総数	1 287	1 366	1 438	1 507	1 576	1 648	1 722	1 792	1 857	1 915
男	636	679	718	754	789	825	861	894	924	948
女	651	687	721	753	787	823	861	898	934	967
性比(女100につき男)	97.8	98.8	99.6	100.1	100.3	100.3	100.1	99.6	98.9	98.1
年齢分布(%)										
0－4歳	13.5	12.8	11.9	11.1	10.6	10.2	9.6	9.0	8.4	7.9
5－14歳	23.9	24.0	23.7	22.6	21.2	20.0	19.2	18.4	17.5	16.5
15－24歳	23.1	21.1	20.6	21.1	21.0	20.2	19.0	18.1	17.5	17.0
60歳以上	5.5	5.8	5.9	5.7	5.4	5.3	6.0	7.7	9.7	11.5
65歳以上	3.6	3.9	4.1	4.1	3.9	3.6	3.6	4.3	5.8	7.6
80歳以上	0.4	0.5	0.5	0.6	0.7	0.7	0.7	0.7	0.6	0.7
6－11歳	14.5	14.6	14.3	13.5	12.7	12.0	11.5	11.1	10.5	9.8
12－14歳	6.8	6.8	7.0	6.8	6.4	6.0	5.7	5.5	5.3	5.0
15－17歳	6.8	6.4	6.6	6.7	6.5	6.0	5.7	5.5	5.3	5.1
18－23歳	14.0	12.6	12.1	12.5	12.6	12.1	11.4	10.8	10.5	10.2
15－24歳女子(%)	51.4	51.8	53.4	55.7	57.4	57.5	56.7	55.9	55.2	54.2
中位数年齢(歳)	20.5	21.2	21.8	22.6	23.6	24.8	26.2	27.5	28.9	30.3
人口密度(1km²あたり)	75	79	84	88	92	96	100	104	108	111

指　標	2010-2015	2015-2020	2020-2025	2025-2030	2030-2035	2035-2040	2040-2045	2045-2050	2050-2055	2055-2060
年平均人口増加数(千人)	19	16	14	14	14	14	15	14	13	12
年平均出生数(千人)	38	38	36	35	35	35	34	33	32	31
年平均死亡数(千人)	18	20	20	20	19	18	18	17	17	18
年平均純移動数(千人)	−1	−2	−2	−2	−2	−2	−2	−2	−2	−2
人口増加率(%)	1.51	1.20	1.03	0.93	0.90	0.89	0.87	0.80	0.71	0.61
粗出生率(人口千人あたり)	30.2	28.3	26.0	24.0	22.7	21.6	20.4	19.0	17.6	16.4
粗死亡率(人口千人あたり)	14.1	14.9	14.3	13.4	12.3	11.4	10.5	9.8	9.4	9.4
純移動率(人口千人あたり)	−1.0	−1.5	−1.4	−1.4	−1.3	−1.2	−1.2	−1.1	−1.0	−1.0
合計出生率（女子1人あたり）	3.36	3.06	2.82	2.63	2.48	2.35	2.23	2.13	2.05	1.98
純再生産率（女子1人あたり）	1.30	1.22	1.16	1.12	1.08	1.05	1.01	0.97	0.94	0.92
乳児死亡率（出生千人あたり）	65	58	52	45	39	34	30	26	24	21
5歳未満の死亡数(出生千人あた	92	81	70	61	52	44	38	34	30	27
出生時の平均余命(歳)										
男	49.7	49.5	51.1	53.2	55.4	57.5	59.5	61.4	63.0	64.4
女	48.5	47.7	49.4	52.1	55.1	58.0	60.8	63.3	65.3	67.0
男女計	49.2	48.7	50.4	52.7	55.4	57.8	60.2	62.3	64.1	65.7

C. 高位予測値

	2015	2020	2025	2030	2035	2040	2045	2050	2055	2060
人口(千人)										
総数	1 287	1 381	1 477	1 577	1 680	1 791	1 913	2 042	2 173	2 302
男	636	686	737	789	841	897	957	1 020	1 083	1 144
女	651	694	740	788	838	894	956	1 022	1 090	1 158
性比(女100につき男)	97.8	98.7	99.5	100.0	100.2	100.2	99.9	99.3	98.4	97.3
年齢分布(%)										
0－4歳	13.5	13.7	13.3	12.6	12.0	11.6	11.3	10.8	10.3	9.8
5－14歳	23.9	23.7	24.0	24.0	23.2	22.1	21.1	20.5	20.0	19.2
15－24歳	23.1	20.9	20.1	20.2	20.6	20.6	19.9	19.0	18.3	18.0
60歳以上	5.5	5.8	5.8	5.5	5.0	4.8	5.4	6.8	8.3	9.6
65歳以上	3.6	3.8	4.0	3.9	3.7	3.4	3.3	3.8	5.0	6.3
80歳以上	0.4	0.5	0.5	0.6	0.6	0.7	0.7	0.6	0.5	0.6
15－49歳女子(%)	51.4	51.3	52.1	53.3	54.7	55.0	54.6	54.1	53.6	53.1
中位数年齢(歳)	20.5	21.0	21.2	21.5	22.1	22.9	23.8	24.8	25.8	26.8

	2010-2015	2015-2020	2020-2025	2025-2030	2030-2035	2035-2040	2040-2045	2045-2050	2050-2055	2055-2060
年平均人口増加数(千人)	19	19	19	20	21	22	24	26	26	26
年平均出生数(千人)	38	41	42	42	42	43	45	46	46	46
年平均死亡数(千人)	18	20	20	20	19	19	18	18	18	19
人口増加率(%)	1.51	1.40	1.35	1.31	1.27	1.29	1.32	1.30	1.24	1.16
粗出生率(人口千人あたり)	30.2	30.5	29.1	27.6	25.9	24.9	24.1	23.1	21.9	20.7
粗死亡率(人口千人あたり)	14.1	14.9	14.3	13.2	12.0	10.9	9.9	9.1	8.6	8.4
合計出生率（女子1人あたり）	3.36	3.31	3.22	3.13	2.98	2.85	2.73	2.63	2.55	2.48
純再生産率（女子1人あたり）	1.30	1.31	1.33	1.33	1.30	1.27	1.24	1.20	1.18	1.15

D. 低位予測値

	2015	2020	2025	2030	2035	2040	2045	2050	2055	2060
人口(千人)										
総数	1 287	1 352	1 400	1 437	1 473	1 507	1 536	1 557	1 568	1 569
男	636	672	698	718	737	754	768	776	778	774
女	651	680	702	718	736	753	769	781	790	796
性比(女100につき男)	97.8	98.7	99.5	100.0	100.2	100.2	99.9	99.3	98.4	97.3
年齢分布(%)										
0－4歳	13.5	11.9	10.5	9.4	9.0	8.6	7.9	7.1	6.4	5.8
5－14歳	23.9	24.2	23.3	21.0	18.9	17.6	16.8	15.9	14.6	13.3
15－24歳	23.1	21.3	21.2	22.1	21.6	19.6	17.7	16.6	16.2	15.5
60歳以上	5.5	5.9	6.1	6.0	5.7	5.8	6.7	8.9	11.5	14.0
65歳以上	3.6	3.9	4.2	4.3	4.2	4.0	4.1	5.0	6.9	9.2
80歳以上	0.4	0.5	0.5	0.6	0.7	0.8	0.8	0.8	0.8	0.9
15－49歳女子(%)	51.4	52.4	54.9	58.4	60.4	60.4	59.1	57.9	56.7	54.7
中位数年齢(歳)	20.5	21.5	22.5	23.8	25.3	27.1	29.0	31.0	33.0	34.9

	2010-2015	2015-2020	2020-2025	2025-2030	2030-2035	2035-2040	2040-2045	2045-2050	2050-2055	2055-2060
年平均人口増加数(千人)	19	13	10	7	7	7	6	4	2	0
年平均出生数(千人)	38	35	31	29	28	27	25	23	21	19
年平均死亡数(千人)	18	20	20	19	19	18	17	17	16	17
人口増加率(%)	1.51	0.99	0.70	0.52	0.49	0.46	0.39	0.27	0.14	0.02
粗出生率(人口千人あたり)	30.2	26.2	22.7	20.2	19.1	18.0	16.5	14.7	13.1	12.0
粗死亡率(人口千人あたり)	14.1	14.8	14.3	13.6	12.8	12.1	11.3	10.7	10.5	10.6
合計出生率（女子1人あたり）	3.36	2.81	2.42	2.13	1.98	1.85	1.73	1.63	1.55	1.48
純再生産率（女子1人あたり）	1.30	1.12	1.00	0.91	0.86	0.82	0.78	0.75	0.71	0.69

E. 出生力一定予測値

	2015	2020	2025	2030	2035	2040	2045	2050	2055	2060
人口(千人)										
総数	1 287	1 381	1 484	1 597	1 725	1 874	2 046	2 242	2 460	2 700
男	636	687	740	799	864	939	1 025	1 121	1 228	1 345
女	651	695	743	798	861	935	1 022	1 121	1 232	1 355
中位数年齢(歳)	20.5	21.0	21.0	21.1	21.4	21.7	22.1	22.5	22.9	23.2

	2010-2015	2015-2020	2020-2025	2025-2030	2030-2035	2035-2040	2040-2045	2045-2050	2050-2055	2055-2060
人口増加率(%)	1.51	1.42	1.43	1.47	1.55	1.65	1.76	1.83	1.86	1.86
粗出生率(人口千人あたり)	30.2	30.6	30.0	29.1	28.6	28.3	28.1	27.8	27.3	26.9
粗死亡率(人口千人あたり)	14.1	14.9	14.3	13.2	11.9	10.7	9.5	8.6	8.0	7.6

Sweden

A. 推計値

指標	1960	1965	1970	1975	1980	1985	1990	1995	2000	2005	2010
人口(千人)											
総数	7 480	7 741	8 049	8 193	8 311	8 351	8 559	8 827	8 872	9 030	9 382
男	3 731	3 866	4 020	4 075	4 118	4 124	4 228	4 361	4 387	4 477	4 672
女	3 748	3 875	4 029	4 118	4 193	4 227	4 331	4 466	4 486	4 554	4 711
性比(女100につき男)	99.5	99.8	99.8	98.9	98.2	97.6	97.6	97.7	97.8	98.3	99.2
年齢分布(%)											
０－４歳	7.0	7.2	7.2	6.7	5.9	5.7	6.5	6.7	5.2	5.4	5.9
５－14歳	15.5	13.8	13.6	14.0	13.7	12.5	11.5	12.1	13.2	12.0	10.6
15－24歳	13.9	15.8	15.1	13.4	13.5	13.9	13.7	12.4	11.6	12.3	13.4
60歳以上	17.0	18.3	19.6	21.0	21.9	23.0	22.8	22.0	22.2	23.4	25.0
65歳以上	11.7	12.7	13.7	15.1	16.3	17.2	17.8	17.5	17.3	17.3	18.2
80歳以上	1.9	2.1	2.3	2.7	3.1	3.7	4.3	4.7	5.0	5.4	5.3
15－49歳女子(%)	46.9	46.7	45.9	44.6	45.4	46.7	47.3	45.8	44.2	44.4	45.1
中位数年齢(歳)	36.0	36.1	35.4	35.3	36.2	37.6	38.3	38.5	39.4	40.2	40.7
人口密度(1km²あたり)	18	19	20	20	20	20	21	22	22	22	23

指標	1960-1965	1965-1970	1970-1975	1975-1980	1980-1985	1985-1990	1990-1995	1995-2000	2000-2005	2005-2010	2010-2015
年平均人口増加数(千人)	52	62	29	24	8	42	54	9	32	70	79
年平均出生数(千人)	113	117	110	97	94	110	118	92	97	109	115
年平均死亡数(千人)	77	81	85	91	92	95	96	94	94	91	90
人口増加率(%)	0.69	0.78	0.35	0.29	0.10	0.49	0.62	0.10	0.35	0.77	0.83
粗出生率(人口千人あたり)	14.9	14.8	13.5	11.7	11.3	13.0	13.6	10.4	10.8	11.9	12.0
粗死亡率(人口千人あたり)	10.1	10.3	10.4	11.0	11.1	11.2	11.0	10.7	10.4	9.9	9.4
合計出生率(女子１人あたり)	2.31	2.17	1.91	1.66	1.64	1.91	2.01	1.56	1.67	1.89	1.92
純再生産率(女子１人あたり)	1.09	1.03	0.91	0.80	0.79	0.92	0.97	0.75	0.80	0.91	0.93
乳児死亡率(出生千人あたり)	16	13	11	8	7	6	5	4	3	2	3
出生時の平均余命(歳)											
男	71.5	71.8	72.1	72.3	73.4	74.2	75.3	76.7	77.8	79.0	80.1
女	75.4	76.4	77.6	78.4	79.4	80.1	80.8	81.7	82.3	83.1	83.7
男女計	73.4	74.1	74.8	75.3	76.3	77.1	78.1	79.2	80.1	81.1	81.9

B. 中位予測値

指標	2015	2020	2025	2030	2035	2040	2045	2050	2055	2060
人口(千人)										
総数	9 779	10 120	10 463	10 766	11 030	11 290	11 574	11 881	12 182	12 463
男	4 887	5 066	5 243	5 396	5 528	5 659	5 803	5 958	6 113	6 259
女	4 893	5 054	5 220	5 370	5 502	5 631	5 772	5 923	6 068	6 203
性比(女100につき男)	99.9	100.2	100.4	100.5	100.5	100.5	100.5	100.6	100.7	100.9
年齢分布(%)										
０－４歳	6.0	6.1	6.0	5.7	5.6	5.7	5.9	5.9	5.9	5.7
５－14歳	11.3	11.9	12.0	12.0	11.7	11.3	11.3	11.5	11.7	11.7
15－24歳	12.3	10.6	11.4	12.0	12.2	12.3	12.0	11.5	11.4	11.6
60歳以上	25.5	26.3	27.1	28.6	29.0	29.0	29.1	29.6	30.5	30.1
65歳以上	19.9	20.7	21.5	22.2	23.5	23.8	23.7	23.8	24.4	25.3
80歳以上	5.1	5.3	6.3	7.8	8.2	8.4	8.6	9.5	9.7	9.7
６－11歳	6.9	7.2	7.2	7.2	7.0	6.7	6.7	6.9	7.0	7.0
12－14歳	3.1	3.5	3.6	3.6	3.6	3.5	3.4	3.4	3.5	3.5
15－17歳	2.9	3.3	3.6	3.6	3.7	3.6	3.4	3.4	3.4	3.5
18－23歳	7.9	6.1	6.7	7.3	7.3	7.4	7.3	7.0	6.8	7.0
15－24歳女子(%)	44.1	42.0	41.5	41.6	41.9	41.6	40.7	41.1	41.2	41.1
中位数年齢(歳)	41.0	41.2	41.3	41.8	42.5	42.6	42.1	42.0	42.1	42.4
人口密度(1km²あたり)	24	25	25	26	27	28	28	29	30	30

指標	2010-2015	2015-2020	2020-2025	2025-2030	2030-2035	2035-2040	2040-2045	2045-2050	2050-2055	2055-2060
年平均人口増加数(千人)	79	68	69	61	53	52	57	61	60	56
年平均出生数(千人)	115	122	124	121	120	126	133	138	141	141
年平均死亡数(千人)	90	90	92	97	104	110	113	114	115	118
年平均純移動数(千人)	55	37	37	37	37	37	37	37	35	33
人口増加率(%)	0.83	0.69	0.67	0.57	0.48	0.47	0.50	0.52	0.50	0.46
粗出生率(人口千人あたり)	12.0	12.2	12.0	11.4	11.1	11.3	11.6	11.8	11.7	11.4
粗死亡率(人口千人あたり)	9.4	9.0	8.9	9.1	9.6	9.9	9.9	9.7	9.6	9.6
純移動率(人口千人あたり)	5.7	3.7	3.6	3.4	3.4	3.3	3.2	3.1	2.9	2.7
合計出生率（女子１人あたり）	1.92	1.93	1.93	1.93	1.93	1.94	1.94	1.94	1.94	1.94
純再生産率（女子１人あたり）	0.93	0.93	0.93	0.93	0.93	0.94	0.94	0.94	0.94	0.94
乳児死亡率（出生千人あたり）	3	2	2	2	2	2	2	1	1	1
５歳未満の死亡数(出生千人あた	3	3	3	2	2	2	2	2	2	2
出生時の平均余命(歳)										
男	80.1	81.1	82.2	83.1	83.8	84.5	85.1	85.7	86.3	86.8
女	83.7	84.4	85.0	85.7	86.3	86.9	87.5	88.1	88.6	89.2
男女計	81.9	82.8	83.6	84.4	85.0	85.7	86.3	86.9	87.4	88.0

C. 高 位 予 測 値

	2015	2020	2025	2030	2035	2040	2045	2050	2055	2060
人口(千人)										
総数	9 779	10 199	10 670	11 129	11 549	11 979	12 464	13 023	13 631	14 255
男	4 887	5 106	5 349	5 583	5 795	6 013	6 260	6 545	6 859	7 181
女	4 893	5 093	5 321	5 546	5 754	5 966	6 204	6 478	6 772	7 074
性比(女100につき男)	99.9	100.2	100.3	100.3	100.2	100.1	100.1	100.1	100.1	100.2
年齢分布(%)										
0－4歳	6.0	6.9	7.1	7.0	6.7	6.8	7.1	7.3	7.5	7.4
5－14歳	11.3	11.8	12.5	13.5	13.7	13.3	13.1	13.3	13.8	14.2
15－24歳	12.3	10.5	11.2	11.6	12.3	13.3	13.4	12.9	12.6	12.8
60歳以上	25.5	26.1	26.6	27.6	27.7	27.4	27.0	27.0	27.3	26.3
65歳以上	19.9	20.5	21.0	21.5	22.4	22.4	22.0	21.7	21.8	22.1
80歳以上	5.1	5.3	6.2	7.6	7.8	7.9	8.0	8.7	8.7	8.5
15－49歳女子(%)	44.1	41.7	40.7	40.3	40.7	41.0	40.7	41.4	41.9	42.1
中位数年齢(歳)	41.0	40.8	40.5	40.5	40.8	39.8	38.8	38.0	37.6	37.5

	2010-2015	2015-2020	2020-2025	2025-2030	2030-2035	2035-2040	2040-2045	2045-2050	2050-2055	2055-2060
年平均人口増加数(千人)	79	84	94	92	84	86	97	112	122	125
年平均出生数(千人)	115	137	149	152	152	160	173	189	202	210
年平均死亡数(千人)	90	90	92	97	104	110	113	114	115	118
人口増加率(%)	0.83	0.84	0.90	0.84	0.74	0.73	0.80	0.88	0.91	0.90
粗出生率(人口千人あたり)	12.0	13.8	14.3	14.0	13.4	13.6	14.2	14.8	15.2	15.1
粗死亡率(人口千人あたり)	9.4	9.0	8.8	8.9	9.2	9.4	9.2	8.9	8.7	8.5
合計出生率 (女子1人あたり)	1.92	2.18	2.33	2.43	2.43	2.44	2.44	2.44	2.44	2.44
純再生産率 (女子1人あたり)	0.93	1.05	1.12	1.17	1.18	1.18	1.18	1.18	1.18	1.18

D. 低 位 予 測 値

	2015	2020	2025	2030	2035	2040	2045	2050	2055	2060
人口(千人)										
総数	9 779	10 042	10 256	10 403	10 511	10 605	10 700	10 785	10 831	10 835
男	4 887	5 025	5 136	5 210	5 261	5 307	5 353	5 394	5 419	5 422
女	4 893	5 016	5 120	5 194	5 250	5 299	5 347	5 390	5 413	5 413
性比(女100につき男)	99.9	100.2	100.3	100.3	100.2	100.1	100.1	100.1	100.1	100.2
年齢分布(%)										
0－4歳	6.0	5.4	4.9	4.4	4.4	4.5	4.6	4.5	4.3	4.0
5－14歳	11.3	12.0	11.5	10.5	9.6	9.1	9.2	9.4	9.4	9.1
15－24歳	12.3	10.7	11.6	12.4	12.1	11.1	10.3	9.8	9.9	10.1
60歳以上	25.5	26.5	27.6	29.6	30.5	30.9	31.5	32.6	34.3	34.6
65歳以上	19.9	20.9	21.9	23.0	24.6	25.3	25.7	26.2	27.4	29.1
80歳以上	5.1	5.3	6.4	8.1	8.6	8.9	9.3	10.5	10.9	11.2
15－49歳女子(%)	44.1	42.4	42.3	43.0	43.1	42.4	40.6	40.5	40.1	39.2
中位数年齢(歳)	41.0	41.5	42.1	43.1	44.2	45.4	45.6	45.9	46.8	47.8

	2010-2015	2015-2020	2020-2025	2025-2030	2030-2035	2035-2040	2040-2045	2045-2050	2050-2055	2055-2060
年平均人口増加数(千人)	79	52	43	29	22	19	19	17	9	1
年平均出生数(千人)	115	106	98	90	89	92	95	94	90	85
年平均死亡数(千人)	90	90	92	97	104	110	113	113	115	118
人口増加率(%)	0.83	0.53	0.42	0.28	0.21	0.18	0.18	0.16	0.09	0.01
粗出生率(人口千人あたり)	12.0	10.7	9.7	8.7	8.5	8.8	8.9	8.7	8.3	7.9
粗死亡率(人口千人あたり)	9.4	9.1	9.0	9.4	10.0	10.4	10.6	10.6	10.6	10.9
合計出生率 (女子1人あたり)	1.92	1.68	1.53	1.43	1.43	1.44	1.44	1.44	1.44	1.44
純再生産率 (女子1人あたり)	0.93	0.81	0.74	0.69	0.69	0.69	0.70	0.70	0.70	0.70

E. 出生力一定予測値

	2015	2020	2025	2030	2035	2040	2045	2050	2055	2060
人口(千人)										
総数	9 779	10 119	10 458	10 757	11 016	11 272	11 549	11 847	12 137	12 405
男	4 887	5 065	5 240	5 391	5 521	5 649	5 790	5 940	6 090	6 230
女	4 893	5 054	5 218	5 365	5 495	5 622	5 759	5 906	6 047	6 176
中位数年齢(歳)	41.0	41.2	41.3	41.8	42.5	42.7	42.2	42.1	42.3	42.6

	2010-2015	2015-2020	2020-2025	2025-2030	2030-2035	2035-2040	2040-2045	2045-2050	2050-2055	2055-2060
人口増加率(%)	0.83	0.68	0.66	0.56	0.48	0.46	0.49	0.51	0.48	0.44
粗出生率(人口千人あたり)	12.0	12.2	12.0	11.3	11.0	11.2	11.5	11.7	11.6	11.3
粗死亡率(人口千人あたり)	9.4	9.0	8.9	9.2	9.6	9.9	9.9	9.7	9.6	9.6

Switzerland

A. 推 計 値

指　標	1960	1965	1970	1975	1980	1985	1990	1995	2000	2005	2010
人口(千人)											
総数	5 296	5 830	6 169	6 356	6 304	6 456	6 674	7 017	7 166	7 409	7 831
男	2 565	2 839	3 014	3 100	3 066	3 145	3 258	3 427	3 501	3 626	3 855
女	2 731	2 991	3 155	3 257	3 237	3 310	3 416	3 590	3 665	3 782	3 975
性比(女100につき男)	93.9	94.9	95.5	95.2	94.7	95.0	95.4	95.4	95.5	95.9	97.0
年齢分布(%)											
０－４歳	8.3	8.7	8.2	6.9	5.6	5.7	5.8	6.1	5.6	4.9	4.9
５－14歳	15.8	15.4	15.5	15.8	14.4	12.1	11.3	11.6	11.8	11.3	10.1
15－24歳	14.8	16.6	15.7	14.7	15.2	15.6	14.2	12.2	11.5	11.8	11.9
60歳以上	15.1	15.4	16.3	17.3	18.2	19.0	19.5	19.5	20.2	21.3	22.8
65歳以上	10.2	10.4	11.2	12.4	13.8	14.0	14.6	14.7	15.3	15.8	16.9
80歳以上	1.5	1.6	1.7	2.0	2.6	3.1	3.6	4.0	4.0	4.4	4.8
15－49歳女子(%)	47.8	47.8	48.4	48.4	49.0	50.1	50.3	49.5	48.2	48.2	47.7
中位数年齢(歳)	32.7	31.5	31.8	32.9	34.6	36.0	36.9	37.2	38.6	40.1	41.6
人口密度(1km²あたり)	134	148	156	161	160	163	169	178	181	187	198

指　標	1960-1965	1965-1970	1970-1975	1975-1980	1980-1985	1985-1990	1990-1995	1995-2000	2000-2005	2005-2010	2010-2015
年平均人口増加数(千人)	107	68	37	− 11	30	44	69	30	49	84	94
年平均出生数(千人)	105	106	90	74	74	78	82	80	73	77	83
年平均死亡数(千人)	54	56	57	57	60	61	63	63	62	61	65
人口増加率(%)	1.92	1.13	0.60	−0.17	0.48	0.67	1.00	0.42	0.67	1.11	1.16
粗出生率(人口千人あたり)	18.9	17.6	14.3	11.7	11.6	11.9	12.0	11.3	10.1	10.1	10.2
粗死亡率(人口千人あたり)	9.7	9.4	9.2	9.1	9.4	9.2	9.2	8.9	8.5	8.1	8.1
合計出生率(女子１人あたり)	2.60	2.36	1.87	1.54	1.54	1.55	1.54	1.48	1.41	1.47	1.52
純再生産率(女子１人あたり)	1.23	1.12	0.89	0.74	0.74	0.74	0.74	0.71	0.68	0.71	0.74
乳児死亡率(出生千人あたり)	21	17	14	10	8	7	6	5	5	4	4
出生時の平均余命(歳)											
男	68.7	69.6	70.6	71.9	72.7	73.8	74.5	76.1	77.7	79.3	80.4
女	74.4	75.4	76.8	78.5	79.4	80.6	81.3	82.2	83.1	84.1	84.7
男女計	71.6	72.6	73.7	75.2	76.1	77.2	77.9	79.2	80.5	81.8	82.7

B. 中 位 予 測 値

指　標	2015	2020	2025	2030	2035	2040	2045	2050	2055	2060
人口(千人)										
総数	8 299	8 654	8 952	9 223	9 457	9 660	9 845	10 019	10 172	10 304
男	4 109	4 295	4 449	4 586	4 702	4 801	4 890	4 973	5 047	5 113
女	4 189	4 359	4 503	4 637	4 755	4 859	4 955	5 046	5 126	5 191
性比(女100につき男)	98.1	98.5	98.8	98.9	98.9	98.8	98.7	98.6	98.5	98.5
年齢分布(%)										
０－４歳	5.1	5.3	5.2	5.1	4.9	4.8	4.9	5.0	5.1	5.1
５－14歳	9.7	9.7	10.0	10.2	10.1	9.8	9.6	9.6	9.8	10.0
15－24歳	11.4	10.5	10.0	10.0	10.4	10.6	10.5	10.3	10.1	10.1
60歳以上	23.6	25.4	28.1	30.6	32.0	32.8	33.9	34.5	34.9	34.7
65歳以上	18.0	19.2	21.0	23.5	25.8	26.9	27.6	28.4	28.9	29.1
80歳以上	5.0	5.4	6.1	7.1	7.8	8.9	10.4	11.7	12.1	12.1
６－11歳	5.8	5.9	6.1	6.2	6.0	5.8	5.7	5.8	5.9	6.1
12－14歳	2.9	2.8	2.9	3.0	3.0	3.0	2.9	2.8	2.9	3.0
15－17歳	3.1	2.9	2.9	3.0	3.1	3.1	3.0	2.9	2.9	2.9
18－23歳	7.0	6.4	6.1	6.0	6.3	6.5	6.4	6.3	6.1	6.1
15－24歳女子(%)	46.1	43.4	41.7	40.6	39.6	38.9	38.4	38.2	38.2	38.3
中位数年齢(歳)	42.3	43.2	44.0	45.1	46.0	46.7	47.0	46.9	46.5	46.3
人口密度(1km²あたり)	210	219	227	233	239	244	249	254	257	261

指　標	2010-2015	2015-2020	2020-2025	2025-2030	2030-2035	2035-2040	2040-2045	2045-2050	2050-2055	2055-2060
年平均人口増加数(千人)	94	71	60	54	47	41	37	35	31	26
年平均出生数(千人)	83	89	92	91	90	91	94	98	102	104
年平均死亡数(千人)	65	68	72	77	83	90	97	103	109	113
年平均純移動数(千人)	76	50	40	40	40	40	40	40	38	36
人口増加率(%)	1.16	0.84	0.68	0.60	0.50	0.43	0.38	0.35	0.30	0.26
粗出生率(人口千人あたり)	10.2	10.5	10.4	10.1	9.7	9.5	9.6	9.9	10.1	10.1
粗死亡率(人口千人あたり)	8.1	8.0	8.2	8.5	8.9	9.4	9.9	10.4	10.8	11.1
純移動率(人口千人あたり)	9.5	5.9	4.5	4.4	4.3	4.2	4.1	4.0	3.8	3.5
合計出生率（女子１人あたり）	1.52	1.57	1.62	1.65	1.68	1.71	1.73	1.75	1.76	1.77
純再生産率（女子１人あたり）	0.74	0.76	0.78	0.80	0.82	0.83	0.84	0.85	0.86	0.86
乳児死亡率（出生千人あたり）	4	3	3	2	2	2	2	2	1	1
５歳未満の死亡数(出生千人あた	4	4	3	3	2	2	2	2	2	2
出生時の平均余命(歳)										
男	80.4	81.6	82.4	83.2	83.9	84.6	85.2	85.9	86.5	87.1
女	84.7	85.5	86.2	86.9	87.5	88.2	88.8	89.4	90.0	90.6
男女計	82.7	83.6	84.3	85.0	85.7	86.4	87.0	87.6	88.2	88.8

C. 高 位 予 測 値

	2015	2020	2025	2030	2035	2040	2045	2050	2055	2060
人口(千人)										
総数	8 299	8 725	9 135	9 544	9 912	10 251	10 586	10 946	11 332	11 734
男	4 109	4 331	4 543	4 751	4 935	5 103	5 270	5 448	5 641	5 845
女	4 189	4 393	4 592	4 793	4 977	5 147	5 316	5 498	5 691	5 889
性比(女100につき男)	98.1	98.5	98.7	98.7	98.6	98.4	98.2	97.9	97.7	97.6
年齢分布(%)										
0－4歳	5.1	6.1	6.4	6.3	6.0	5.9	6.0	6.3	6.6	6.8
5－14歳	9.7	9.6	10.6	11.8	12.1	11.9	11.5	11.4	11.8	12.4
15－24歳	11.4	10.4	9.8	9.7	10.6	11.8	12.2	11.9	11.4	11.3
60歳以上	23.6	25.2	27.5	29.6	30.5	30.9	31.5	31.6	31.3	30.5
65歳以上	18.0	19.0	20.6	22.7	24.6	25.4	25.6	26.0	25.9	25.6
80歳以上	5.0	5.3	6.0	6.9	7.5	8.4	9.7	10.8	10.9	10.6
15－49歳女子(%)	46.1	43.1	40.9	39.3	38.5	38.5	38.7	39.1	39.5	39.9
中位数年齢(歳)	42.3	42.9	43.3	43.8	44.1	44.2	43.8	42.8	41.6	40.9

	2010-2015	2015-2020	2020-2025	2025-2030	2030-2035	2035-2040	2040-2045	2045-2050	2050-2055	2055-2060
年平均人口増加数(千人)	94	85	82	82	74	68	67	72	77	80
年平均出生数(千人)	83	103	114	119	117	118	124	135	149	158
年平均死亡数(千人)	65	68	72	77	84	90	97	103	109	114
人口増加率(%)	1.16	1.00	0.92	0.88	0.76	0.67	0.64	0.67	0.69	0.70
粗出生率(人口千人あたり)	10.2	12.1	12.8	12.7	12.0	11.7	11.9	12.6	13.3	13.7
粗死亡率(人口千人あたり)	8.1	8.0	8.1	8.3	8.6	9.0	9.3	9.6	9.8	9.8
合計出生率（女子１人あたり）	1.52	1.82	2.02	2.15	2.18	2.21	2.23	2.25	2.26	2.27
純再生産率（女子１人あたり）	0.74	0.88	0.98	1.04	1.06	1.07	1.08	1.09	1.10	1.11

D. 低 位 予 測 値

	2015	2020	2025	2030	2035	2040	2045	2050	2055	2060
人口(千人)										
総数	8 299	8 584	8 768	8 902	9 002	9 071	9 112	9 121	9 081	8 998
男	4 109	4 259	4 355	4 422	4 469	4 499	4 514	4 513	4 487	4 443
女	4 189	4 325	4 413	4 480	4 533	4 572	4 598	4 608	4 594	4 555
性比(女100につき男)	98.1	98.5	98.7	98.7	98.6	98.4	98.2	97.9	97.7	97.6
年齢分布(%)										
0－4歳	5.1	4.5	4.1	3.7	3.7	3.7	3.7	3.7	3.6	3.5
5－14歳	9.7	9.8	9.4	8.5	7.8	7.4	7.4	7.5	7.6	7.5
15－24歳	11.4	10.6	10.2	10.4	10.2	9.3	8.6	8.3	8.4	8.5
60歳以上	23.6	25.6	28.7	31.7	33.6	34.9	36.6	37.9	39.1	39.8
65歳以上	18.0	19.3	21.4	24.3	27.1	28.7	29.8	31.2	32.4	33.4
80歳以上	5.0	5.4	6.2	7.4	8.2	9.5	11.2	12.9	13.6	13.9
15－49歳女子(%)	46.1	43.8	42.6	42.1	40.8	39.4	37.9	37.0	36.4	35.8
中位数年齢(歳)	42.3	43.5	44.8	46.4	47.8	49.1	50.1	50.8	51.4	51.9

	2010-2015	2015-2020	2020-2025	2025-2030	2030-2035	2035-2040	2040-2045	2045-2050	2050-2055	2055-2060
年平均人口増加数(千人)	94	57	37	27	20	14	8	2	－ 8	－ 17
年平均出生数(千人)	83	75	69	64	63	64	65	65	63	60
年平均死亡数(千人)	65	68	72	77	83	90	97	103	109	113
人口増加率(%)	1.16	0.68	0.43	0.30	0.22	0.15	0.09	0.02	−0.09	−0.19
粗出生率(人口千人あたり)	10.2	8.9	7.9	7.2	7.1	7.1	7.1	7.1	6.9	6.7
粗死亡率(人口千人あたり)	8.1	8.0	8.3	8.7	9.3	10.0	10.6	11.3	12.0	12.5
合計出生率（女子１人あたり）	1.52	1.32	1.22	1.15	1.18	1.21	1.23	1.25	1.26	1.27
純再生産率（女子１人あたり）	0.74	0.64	0.59	0.56	0.57	0.59	0.60	0.61	0.61	0.62

E. 出生力一定予測値

	2015	2020	2025	2030	2035	2040	2045	2050	2055	2060
人口(千人)										
総数	8 299	8 636	8 900	9 127	9 311	9 460	9 582	9 682	9 743	9 768
男	4 109	4 286	4 423	4 537	4 627	4 698	4 755	4 800	4 826	4 838
女	4 189	4 350	4 478	4 590	4 684	4 762	4 827	4 881	4 916	4 930
中位数年齢(歳)	42.3	43.2	44.3	45.5	46.6	47.5	48.1	48.4	48.4	48.6

	2010-2015	2015-2020	2020-2025	2025-2030	2030-2035	2035-2040	2040-2045	2045-2050	2050-2055	2055-2060
人口増加率(%)	1.16	0.80	0.60	0.50	0.40	0.32	0.26	0.21	0.13	0.05
粗出生率(人口千人あたり)	10.2	10.1	9.7	9.1	8.7	8.5	8.5	8.6	8.6	8.4
粗死亡率(人口千人あたり)	8.1	8.0	8.2	8.6	9.1	9.6	10.2	10.7	11.2	11.6

Syrian Arab Republic

A. 推 計 値

指 標	1960	1965	1970	1975	1980	1985	1990	1995	2000	2005	2010
人口(千人)											
総数	4 593	5 398	6 379	7 564	8 956	10 667	12 452	14 332	16 354	18 133	20 721
男	2 360	2 763	3 255	3 853	4 550	5 419	6 326	7 281	8 303	9 277	10 479
女	2 233	2 636	3 124	3 711	4 407	5 248	6 125	7 051	8 051	8 856	10 242
性比(女100につき男)	105.7	104.8	104.2	103.8	103.2	103.3	103.3	103.3	103.1	104.8	102.3
年齢分布(%)											
0－4歳	19.4	19.1	18.9	19.4	19.6	18.7	17.2	15.2	14.7	13.4	12.2
5－14歳	26.9	29.2	28.9	28.6	29.1	29.7	29.8	28.6	26.2	25.3	23.4
15－24歳	16.2	16.4	18.8	20.2	19.8	19.8	20.4	21.7	22.3	22.4	21.1
60歳以上	6.0	5.5	5.0	4.7	4.6	4.6	4.7	4.9	4.8	5.0	5.2
65歳以上	4.0	3.6	3.3	3.1	2.9	2.9	3.0	3.2	3.4	3.4	3.5
80歳以上	0.5	0.4	0.4	0.4	0.4	0.4	0.4	0.4	0.4	0.5	0.5
15－49歳女子(%)	42.1	40.6	41.9	42.2	41.9	42.4	44.2	47.6	50.5	51.7	53.8
中位数年齢(歳)	17.1	15.9	16.0	15.9	15.6	15.7	16.4	17.6	18.8	19.8	21.8
人口密度(1k㎡あたり)	25	29	35	41	49	58	68	78	89	99	113

指 標	1960-1965	1965-1970	1970-1975	1975-1980	1980-1985	1985-1990	1990-1995	1995-2000	2000-2005	2005-2010	2010-2015
年平均人口増加数(千人)	161	196	237	278	342	357	376	404	356	518	－ 444
年平均出生数(千人)	236	270	320	375	420	444	448	491	496	512	472
年平均死亡数(千人)	72	71	67	64	61	58	58	61	64	68	110
人口増加率(%)	3.23	3.34	3.41	3.38	3.50	3.09	2.81	2.64	2.07	2.67	-2.27
粗出生率(人口千人あたり)	47.3	45.8	46.0	45.4	42.8	38.4	33.5	32.0	28.8	26.3	24.1
粗死亡率(人口千人あたり)	14.4	12.0	9.6	7.7	6.2	5.0	4.4	4.0	3.7	3.5	5.6
合計出生率(女子1人あたり)	7.54	7.56	7.54	7.32	6.77	5.87	4.80	4.26	3.67	3.19	3.03
純再生産率(女子1人あたり)	2.86	3.01	3.15	3.18	3.03	2.69	2.23	2.00	1.74	1.52	1.43
乳児死亡率(出生千人あたり)	108	90	71	55	43	33	26	21	18	15	18
出生時の平均余命(歳)											
男	53.8	56.8	60.4	63.5	66.3	68.4	69.5	70.3	70.9	72.0	64.0
女	54.5	57.9	61.8	65.2	68.0	70.3	72.1	74.0	75.7	77.3	76.3
男女計	54.2	57.3	61.1	64.3	67.1	69.3	70.8	72.1	73.2	74.4	69.5

B. 中 位 予 測 値

指 標	2015	2020	2025	2030	2035	2040	2045	2050	2055	2060
人口(千人)										
総数	18 502	20 994	25 559	28 647	30 424	32 070	33 571	34 902	36 039	36 958
男	9 367	10 527	12 710	14 163	14 965	15 706	16 382	16 984	17 501	17 924
女	9 136	10 467	12 849	14 485	15 459	16 365	17 189	17 919	18 538	19 034
性比(女100につき男)	102.5	100.6	98.9	97.8	96.8	96.0	95.3	94.8	94.4	94.2
年齢分布(%)										
0－4歳	11.8	10.3	10.2	9.3	8.6	8.0	7.6	7.1	6.7	6.3
5－14歳	25.3	22.3	20.2	19.3	17.8	16.4	15.4	14.6	13.9	13.3
15－24歳	20.0	21.4	18.8	17.9	17.7	17.1	16.0	14.9	14.2	13.7
60歳以上	6.4	7.2	7.9	8.9	10.2	12.1	14.3	16.4	18.2	20.1
65歳以上	4.1	4.6	5.1	5.9	6.8	7.9	9.5	11.5	13.3	14.8
80歳以上	0.7	0.7	0.7	0.8	1.0	1.3	1.6	2.0	2.4	3.1
6－11歳	15.3	13.3	12.2	11.6	10.6	9.8	9.2	8.8	8.3	7.9
12－14歳	7.5	6.8	6.0	5.8	5.5	5.0	4.7	4.4	4.2	4.1
15－17歳	7.2	6.7	5.8	5.7	5.4	5.1	4.7	4.4	4.3	4.1
18－23歳	11.2	12.8	11.2	10.5	10.6	10.3	9.7	9.0	8.5	8.3
15－24歳女子(%)	49.4	53.0	54.1	53.5	52.5	51.6	50.6	49.2	47.9	46.8
中位数年齢(歳)	20.8	23.1	25.5	27.2	28.7	30.2	32.0	33.7	35.4	37.0
人口密度(1k㎡あたり)	101	114	139	156	166	175	183	190	196	201

指 標	2010-2015	2015-2020	2020-2025	2025-2030	2030-2035	2035-2040	2040-2045	2045-2050	2050-2055	2055-2060
年平均人口増加数(千人)	－ 444	498	913	618	355	329	300	266	227	184
年平均出生数(千人)	472	419	482	523	526	520	513	502	486	468
年平均死亡数(千人)	110	108	125	146	164	182	203	225	249	275
年平均純移動数(千人)	-806	188	556	240	-7	-8	-10	-10	-9	-9
人口増加率(%)	-2.27	2.53	3.94	2.28	1.20	1.05	0.92	0.78	0.64	0.50
粗出生率(人口千人あたり)	24.1	21.2	20.7	19.3	17.8	16.6	15.6	14.7	13.7	12.8
粗死亡率(人口千人あたり)	5.6	5.5	5.4	5.4	5.5	5.8	6.2	6.6	7.0	7.5
純移動率(人口千人あたり)	-41.1	9.5	23.9	8.9	-0.2	-0.3	-0.3	-0.3	-0.3	-0.2
合計出生率 (女子1人あたり)	3.03	2.77	2.56	2.39	2.25	2.12	2.02	1.94	1.87	1.82
純再生産率 (女子1人あたり)	1.43	1.32	1.22	1.14	1.08	1.02	0.97	0.93	0.90	0.88
乳児死亡率 (出生千人あたり)	18	15	12	10	8	7	6	5	5	4
5歳未満の死亡数(出生千人あたり	21	17	15	12	10	8	7	7	6	5
出生時の平均余命(歳)										
男	64.0	65.2	66.4	67.5	68.7	69.9	71.0	72.1	73.3	74.5
女	76.3	77.2	78.0	78.8	79.6	80.3	81.0	81.6	82.2	82.8
男女計	69.5	70.7	71.8	72.8	73.9	74.9	75.9	76.9	77.8	78.7

C. 高位予測値

	2015	2020	2025	2030	2035	2040	2045	2050	2055	2060
人口(千人)										
総数	18 502	21 179	26 116	29 745	32 107	34 401	36 654	38 881	41 061	43 148
男	9 367	10 622	12 995	14 724	15 826	16 898	17 958	19 016	20 064	21 080
女	9 136	10 557	13 121	15 020	16 281	17 503	18 696	19 866	20 998	22 068
性比(女100につき男)	102.5	100.5	98.8	97.5	96.4	95.3	94.4	93.7	93.0	92.5
年齢分布(%)										
0－4歳	11.8	11.0	11.4	10.8	9.9	9.4	9.0	8.7	8.5	8.1
5－14歳	25.3	22.1	20.5	20.5	19.8	18.6	17.5	16.8	16.3	15.9
15－24歳	20.0	21.2	18.4	17.2	17.4	17.5	17.2	16.3	15.5	15.0
60歳以上	6.4	7.1	7.7	8.6	9.7	11.3	13.1	14.8	16.0	17.2
65歳以上	4.1	4.5	5.0	5.7	6.5	7.4	8.7	10.3	11.7	12.6
80歳以上	0.7	0.7	0.7	0.7	1.0	1.2	1.5	1.8	2.1	2.7
15－49歳女子(%)	49.4	52.5	52.9	51.6	50.4	49.8	49.4	48.5	47.7	47.2
中位数年齢(歳)	20.8	22.9	24.8	26.0	27.0	28.0	29.1	30.2	31.4	32.6

	2010-2015	2015-2020	2020-2025	2025-2030	2030-2035	2035-2040	2040-2045	2045-2050	2050-2055	2055-2060
年平均人口増加数(千人)	－ 444	535	987	726	472	459	451	445	436	417
年平均出生数(千人)	472	456	558	633	644	651	666	684	699	705
年平均死亡数(千人)	110	109	126	147	165	184	205	229	253	279
人口増加率(%)	-2.27	2.70	4.19	2.60	1.53	1.38	1.27	1.18	1.09	0.99
粗出生率(人口千人あたり)	24.1	23.0	23.6	22.7	20.8	19.6	18.7	18.1	17.5	16.8
粗死亡率(人口千人あたり)	5.6	5.5	5.3	5.3	5.3	5.5	5.8	6.1	6.3	6.6
合計出生率（女子１人あたり）	3.03	3.02	2.96	2.89	2.75	2.62	2.52	2.44	2.37	2.32
純再生産率（女子１人あたり）	1.43	1.43	1.41	1.38	1.31	1.26	1.21	1.17	1.14	1.12

D. 低位予測値

	2015	2020	2025	2030	2035	2040	2045	2050	2055	2060
人口(千人)										
総数	18 502	20 808	25 002	27 550	28 744	29 759	30 558	31 102	31 368	31 357
男	9 367	10 432	12 425	13 601	14 105	14 523	14 842	15 043	15 118	15 069
女	9 136	10 376	12 577	13 949	14 639	15 236	15 716	16 059	16 249	16 288
性比(女100につき男)	102.5	100.5	98.8	97.5	96.4	95.3	94.4	93.7	93.0	92.5
年齢分布(%)										
0－4歳	11.8	9.5	8.9	7.7	7.0	6.5	6.0	5.4	4.9	4.4
5－14歳	25.3	22.5	20.0	18.0	15.7	13.9	12.9	12.1	11.2	10.3
15－24歳	20.0	21.6	19.2	18.6	18.1	16.5	14.6	13.2	12.5	11.9
60歳以上	6.4	7.2	8.1	9.3	10.8	13.0	15.8	18.5	20.9	23.7
65歳以上	4.1	4.6	5.2	6.1	7.2	8.6	10.5	12.9	15.3	17.4
80歳以上	0.7	0.7	0.7	0.8	1.1	1.4	1.8	2.2	2.8	3.7
15－49歳女子(%)	49.4	53.5	55.2	55.5	54.9	53.6	52.0	49.8	47.8	45.7
中位数年齢(歳)	20.8	23.3	26.1	28.3	30.5	32.7	34.9	37.3	39.8	42.2

	2010-2015	2015-2020	2020-2025	2025-2030	2030-2035	2035-2040	2040-2045	2045-2050	2050-2055	2055-2060
年平均人口増加数(千人)	－ 444	461	839	510	239	203	160	109	53	－ 2
年平均出生数(千人)	472	381	407	414	408	392	370	341	308	278
年平均死亡数(千人)	110	108	124	144	162	181	200	222	246	271
人口増加率(%)	-2.27	2.35	3.67	1.94	0.85	0.69	0.53	0.35	0.17	-0.01
粗出生率(人口千人あたり)	24.1	19.4	17.8	15.8	14.5	13.4	12.3	11.1	9.9	8.8
粗死亡率(人口千人あたり)	5.6	5.5	5.4	5.5	5.8	6.2	6.6	7.2	7.9	8.6
合計出生率（女子１人あたり）	3.03	2.52	2.16	1.89	1.75	1.62	1.52	1.44	1.37	1.32
純再生産率（女子１人あたり）	1.43	1.20	1.03	0.90	0.84	0.78	0.73	0.69	0.66	0.64

E. 出生力一定予測値

	2015	2020	2025	2030	2035	2040	2045	2050	2055	2060
人口(千人)										
総数	18 502	21 187	26 187	29 965	32 660	35 469	38 426	41 557	44 861	48 329
男	9 367	10 626	13 031	14 837	16 109	17 445	18 866	20 386	22 009	23 731
女	9 136	10 561	13 156	15 128	16 551	18 024	19 561	21 171	22 852	24 598
中位数年齢(歳)	20.8	22.9	24.8	25.7	26.4	27.0	27.5	28.1	28.5	28.9

	2010-2015	2015-2020	2020-2025	2025-2030	2030-2035	2035-2040	2040-2045	2045-2050	2050-2055	2055-2060
人口増加率(%)	-2.27	2.71	4.24	2.70	1.72	1.65	1.60	1.57	1.53	1.49
粗出生率(人口千人あたり)	24.1	23.1	24.1	23.6	22.7	22.2	21.9	21.7	21.4	21.1
粗死亡率(人口千人あたり)	5.6	5.5	5.3	5.3	5.3	5.4	5.6	5.8	5.9	6.1

Tajikistan

A. 推計値

指　標	1960	1965	1970	1975	1980	1985	1990	1995	2000	2005	2010
人口(千人)											
総数	2 064	2 490	2 920	3 413	3 918	4 541	5 297	5 784	6 186	6 806	7 582
男	1 007	1 222	1 437	1 685	1 937	2 255	2 631	2 893	3 100	3 421	3 812
女	1 057	1 268	1 482	1 728	1 980	2 286	2 666	2 891	3 086	3 385	3 769
性比(女100につき男)	95.2	96.3	97.0	97.5	97.8	98.7	98.7	100.1	100.5	101.1	101.1
年齢分布(%)											
０－４歳	18.5	19.8	17.2	16.9	16.0	17.1	18.0	16.1	14.3	12.7	12.9
５－14歳	20.5	25.3	29.3	28.5	27.0	25.6	25.6	28.2	28.5	25.7	22.6
15－24歳	16.8	12.7	14.6	18.3	20.9	20.8	19.0	18.6	19.8	22.3	22.6
60歳以上	7.6	7.7	7.5	6.8	6.2	6.0	6.2	5.9	5.5	5.0	4.8
65歳以上	4.8	4.9	5.1	4.7	4.6	4.0	3.8	3.8	3.5	3.7	3.3
80歳以上	0.6	0.7	0.8	0.8	0.8	0.9	0.8	0.6	0.4	0.5	0.6
15－49歳女子(%)	45.8	40.9	40.9	41.9	44.0	44.5	44.1	45.5	48.3	52.5	53.9
中位数年齢(歳)	21.9	18.6	17.0	17.2	18.0	18.4	18.1	17.9	18.2	19.6	21.4
人口密度(1k㎡あたり)	15	18	21	24	28	32	38	41	44	49	54

指　標	1960-1965	1965-1970	1970-1975	1975-1980	1980-1985	1985-1990	1990-1995	1995-2000	2000-2005	2005-2010	2010-2015
年平均人口増加数(千人)	85	86	99	101	125	151	97	80	124	155	180
年平均出生数(千人)	102	113	129	140	172	207	209	196	189	212	249
年平均死亡数(千人)	32	34	36	38	43	48	54	51	46	44	46
人口増加率(%)	3.75	3.19	3.12	2.76	2.95	3.08	1.76	1.34	1.91	2.16	2.24
粗出生率(人口千人あたり)	44.7	41.9	40.8	38.3	40.7	42.1	37.7	32.8	29.2	29.5	31.0
粗死亡率(人口千人あたり)	14.2	12.7	11.5	10.5	10.2	9.8	9.7	8.5	7.1	6.1	5.7
合計出生率(女子１人あたり)	6.30	6.72	6.83	5.90	5.54	5.41	4.88	4.29	3.71	3.48	3.55
純再生産率(女子１人あたり)	2.43	2.66	2.75	2.41	2.30	2.27	2.06	1.84	1.63	1.57	1.62
乳児死亡率(出生千人あたり)	142	134	125	116	107	98	88	80	63	45	40
出生時の平均余命(歳)											
男	54.8	56.9	58.4	59.5	60.2	61.0	58.6	59.3	60.9	64.3	65.9
女	59.6	61.6	63.1	64.1	65.3	66.2	66.0	67.0	68.6	71.0	72.8
男女計	57.2	59.3	60.8	61.9	62.8	63.7	62.2	62.9	64.4	67.3	69.1

B. 中位予測値

指　標	2015	2020	2025	2030	2035	2040	2045	2050	2055	2060
人口(千人)										
総数	8 482	9 419	10 300	11 102	11 878	12 685	13 511	14 288	14 973	15 577
男	4 296	4 746	5 167	5 547	5 914	6 296	6 691	7 063	7 391	7 679
女	4 186	4 673	5 133	5 555	5 964	6 389	6 820	7 225	7 582	7 898
性比(女100につき男)	102.6	101.6	100.7	99.9	99.1	98.6	98.1	97.8	97.5	97.2
年齢分布(%)										
０－４歳	13.9	13.0	11.6	10.4	9.8	9.8	9.7	9.2	8.5	7.9
５－14歳	21.0	22.3	23.0	21.6	19.6	18.1	17.7	17.8	17.5	16.5
15－24歳	20.2	17.7	16.8	18.4	19.5	18.4	16.8	15.7	15.6	16.0
60歳以上	5.0	6.0	7.5	8.6	9.5	10.2	11.3	13.2	14.6	15.7
65歳以上	3.0	3.5	4.4	5.7	6.5	7.1	7.6	8.5	10.2	11.4
80歳以上	0.6	0.6	0.6	0.6	0.8	1.2	1.6	1.8	1.9	2.1
６－11歳	12.7	14.0	14.1	12.9	11.6	10.9	10.8	10.8	10.5	9.9
12－14歳	5.9	5.7	6.6	6.5	6.0	5.4	5.1	5.1	5.2	5.0
15－17歳	6.1	5.3	5.6	6.4	6.1	5.5	5.0	4.9	5.0	5.0
18－23歳	12.1	10.7	9.6	10.5	11.7	11.1	10.1	9.3	9.2	9.5
15－24歳女子(%)	53.0	51.0	50.1	51.4	52.2	50.8	49.5	48.6	48.9	49.3
中位数年齢(歳)	22.5	23.3	24.1	24.8	25.7	27.1	28.4	29.6	30.8	31.8
人口密度(1k㎡あたり)	61	67	74	79	85	91	97	102	107	111

指　標	2010-2015	2015-2020	2020-2025	2025-2030	2030-2035	2035-2040	2040-2045	2045-2050	2050-2055	2055-2060
年平均人口増加数(千人)	180	187	176	161	155	161	165	155	137	121
年平均出生数(千人)	249	257	249	239	242	257	271	270	260	252
年平均死亡数(千人)	46	49	53	59	66	76	85	95	104	113
年平均純移動数(千人)	−23	−20	−20	−20	−20	−20	−20	−20	−19	−18
人口増加率(%)	2.24	2.10	1.79	1.50	1.35	1.31	1.26	1.12	0.94	0.79
粗出生率(人口千人あたり)	31.0	28.7	25.3	22.3	21.0	20.9	20.7	19.4	17.8	16.5
粗死亡率(人口千人あたり)	5.7	5.5	5.4	5.5	5.8	6.1	6.5	6.8	7.1	7.4
純移動率(人口千人あたり)	−2.9	−2.2	−2.0	−1.9	−1.7	−1.6	−1.5	−1.4	−1.3	−1.2
合計出生率（女子１人あたり）	3.55	3.32	3.12	2.95	2.80	2.68	2.57	2.46	2.37	2.29
純再生産率（女子１人あたり）	1.62	1.53	1.45	1.37	1.31	1.26	1.21	1.17	1.13	1.09
乳児死亡率（出生千人あたり）	40	36	32	28	25	23	21	18	17	15
５歳未満の死亡数(出生千人あたり)	51	46	41	36	33	29	26	24	22	20
出生時の平均余命(歳)										
男	65.9	66.6	67.3	67.9	68.5	69.2	69.9	70.5	71.2	71.9
女	72.8	73.7	74.5	75.2	75.9	76.5	77.2	77.8	78.3	78.9
男女計	69.1	69.9	70.7	71.4	72.1	72.8	73.5	74.2	74.8	75.4

C. 高 位 予 測 値

	2015	2020	2025	2030	2035	2040	2045	2050	2055	2060
人口(千人)										
総数	8 482	9 512	10 546	11 544	12 531	13 597	14 762	15 960	17 131	18 267
男	4 296	4 794	5 293	5 772	6 247	6 762	7 329	7 916	8 492	9 051
女	4 186	4 718	5 253	5 771	6 284	6 835	7 433	8 044	8 640	9 216
性比(女100につき男)	102.6	101.5	100.6	99.7	98.9	98.1	97.5	97.0	96.5	96.0
年齢分布(%)										
0－4歳	13.9	13.9	12.8	11.7	11.0	11.1	11.2	10.9	10.3	9.7
5－14歳	21.0	22.1	23.4	22.9	21.3	19.9	19.4	19.7	19.7	19.1
15－24歳	20.2	17.6	16.4	17.7	19.2	19.0	17.7	16.6	16.4	16.9
60歳以上	5.0	6.0	7.4	8.3	9.0	9.5	10.3	11.8	12.8	13.4
65歳以上	3.0	3.5	4.3	5.5	6.2	6.7	7.0	7.6	8.9	9.7
80歳以上	0.6	0.6	0.6	0.6	0.8	1.1	1.4	1.6	1.7	1.8
15－49歳女子(%)	53.0	50.5	48.9	49.5	50.2	49.3	48.3	47.6	48.0	48.9
中位数年齢(歳)	22.5	23.0	23.3	23.6	24.1	25.0	26.0	26.7	27.4	28.0

	2010-2015	2015-2020	2020-2025	2025-2030	2030-2035	2035-2040	2040-2045	2045-2050	2050-2055	2055-2060
年平均人口増加数(千人)	180	206	207	200	197	213	233	240	234	227
年平均出生数(千人)	249	276	281	280	285	311	340	357	360	362
年平均死亡数(千人)	46	50	55	60	68	77	87	97	107	116
人口増加率(%)	2.24	2.29	2.06	1.81	1.64	1.63	1.64	1.56	1.42	1.28
粗出生率(人口千人あたり)	31.0	30.7	28.1	25.3	23.7	23.8	24.0	23.2	21.8	20.4
粗死亡率(人口千人あたり)	5.7	5.5	5.4	5.5	5.7	5.9	6.2	6.3	6.5	6.6
合計出生率（女子1人あたり）	3.55	3.57	3.52	3.45	3.30	3.18	3.07	2.96	2.87	2.79
純再生産率（女子1人あたり）	1.62	1.64	1.63	1.61	1.55	1.49	1.45	1.40	1.36	1.33

D. 低 位 予 測 値

	2015	2020	2025	2030	2035	2040	2045	2050	2055	2060
人口(千人)										
総数	8 482	9 326	10 053	10 661	11 226	11 783	12 298	12 705	12 983	13 153
男	4 296	4 699	5 041	5 322	5 581	5 836	6 072	6 255	6 375	6 442
女	4 186	4 627	5 012	5 338	5 645	5 947	6 226	6 450	6 607	6 710
性比(女100につき男)	102.6	101.5	100.6	99.7	98.9	98.1	97.5	97.0	96.5	96.0
年齢分布(%)										
0－4歳	13.9	12.2	10.4	9.0	8.5	8.4	8.2	7.4	6.6	6.0
5－14歳	21.0	22.5	22.7	20.2	17.6	16.1	15.7	15.6	14.9	13.6
15－24歳	20.2	17.9	17.2	19.2	19.8	17.8	15.6	14.5	14.5	14.7
60歳以上	5.0	6.1	7.7	9.0	10.1	11.0	12.4	14.8	16.8	18.5
65歳以上	3.0	3.5	4.5	5.9	6.9	7.7	8.4	9.6	11.7	13.5
80歳以上	0.6	0.7	0.6	0.6	0.9	1.2	1.7	2.0	2.2	2.4
15－49歳女子(%)	53.0	51.5	51.3	53.5	54.3	52.6	50.7	49.5	49.4	49.3
中位数年齢(歳)	22.5	23.6	24.9	26.2	27.6	29.1	31.1	33.0	34.9	36.6

	2010-2015	2015-2020	2020-2025	2025-2030	2030-2035	2035-2040	2040-2045	2045-2050	2050-2055	2055-2060
年平均人口増加数(千人)	180	169	145	121	113	111	103	81	56	34
年平均出生数(千人)	249	237	217	199	198	205	206	194	176	162
年平均死亡数(千人)	46	48	52	57	65	74	83	92	101	110
人口増加率(%)	2.24	1.90	1.50	1.17	1.04	0.97	0.86	0.65	0.43	0.26
粗出生率(人口千人あたり)	31.0	26.6	22.4	19.2	18.1	17.8	17.1	15.5	13.7	12.4
粗死亡率(人口千人あたり)	5.7	5.4	5.4	5.5	5.9	6.4	6.9	7.4	7.9	8.4
合計出生率（女子1人あたり）	3.55	3.07	2.72	2.45	2.30	2.18	2.07	1.96	1.87	1.79
純再生産率（女子1人あたり）	1.62	1.41	1.26	1.14	1.08	1.02	0.97	0.93	0.89	0.85

E. 出生力一定予測値

	2015	2020	2025	2030	2035	2040	2045	2050	2055	2060
人口(千人)										
総数	8 482	9 493	10 530	11 570	12 673	13 920	15 326	16 855	18 488	20 256
男	4 296	4 784	5 285	5 786	6 319	6 927	7 617	8 373	9 185	10 067
女	4 186	4 709	5 246	5 784	6 354	6 994	7 709	8 482	9 303	10 189
中位数年齢(歳)	22.5	23.1	23.4	23.5	23.8	24.4	24.8	24.9	24.9	24.8

	2010-2015	2015-2020	2020-2025	2025-2030	2030-2035	2035-2040	2040-2045	2045-2050	2050-2055	2055-2060
人口増加率(%)	2.24	2.25	2.07	1.88	1.82	1.88	1.92	1.90	1.85	1.83
粗出生率(人口千人あたり)	31.0	30.3	28.2	26.1	25.5	26.2	26.7	26.4	25.7	25.3
粗死亡率(人口千人あたり)	5.7	5.5	5.4	5.5	5.7	5.9	6.1	6.2	6.2	6.2

TFYR Macedonia

A. 推計値

指　標	1960	1965	1970	1975	1980	1985	1990	1995	2000	2005	2010
人口(千人)											
総数	1 489	1 592	1 721	1 803	1 924	1 982	1 996	1 954	2 012	2 043	2 062
男	753	806	873	915	975	1 001	1 004	979	1 006	1 019	1 028
女	735	786	848	888	949	981	992	975	1 006	1 024	1 035
性比(女100につき男)	102.5	102.6	103.0	103.0	102.7	102.0	101.2	100.4	100.0	99.5	99.3
年齢分布(%)											
０－４歳	13.4	12.3	11.8	10.5	9.8	9.5	8.7	7.9	6.9	6.1	5.5
５－14歳	24.6	24.7	22.2	21.1	20.0	18.1	17.5	17.0	15.7	14.2	12.7
15－24歳	18.4	18.6	20.5	20.5	18.5	18.1	17.1	16.4	16.5	16.0	15.0
60歳以上	6.9	6.9	7.6	8.7	8.6	9.6	11.3	12.3	13.6	14.7	16.0
65歳以上	4.7	4.4	4.7	5.6	6.3	6.1	7.2	8.0	9.2	10.5	11.3
80歳以上	0.9	0.8	0.7	0.7	0.7	0.9	1.1	1.2	1.0	1.4	1.8
15－49歳女子(%)	48.3	48.9	52.2	52.9	52.5	52.7	51.9	52.2	52.8	51.8	51.2
中位数年齢(歳)	21.5	21.7	22.5	24.0	25.9	27.6	29.2	30.4	32.1	34.0	35.8
人口密度(1km²あたり)	59	63	68	71	76	79	79	77	80	81	82

指　標	1960-1965	1965-1970	1970-1975	1975-1980	1980-1985	1985-1990	1990-1995	1995-2000	2000-2005	2005-2010	2010-2015
年平均人口増加数(千人)	21	26	16	24	11	3	－９	12	6	4	3
年平均出生数(千人)	44	45	41	40	41	37	33	28	26	23	23
年平均死亡数(千人)	15	13	13	13	14	14	15	15	16	18	19
人口増加率(%)	1.35	1.55	0.93	1.30	0.59	0.15	−0.43	0.59	0.30	0.19	0.16
粗出生率(人口千人あたり)	28.4	27.0	23.4	21.6	20.7	18.7	16.9	14.2	12.6	11.1	11.3
粗死亡率(人口千人あたり)	9.6	8.0	7.1	7.0	7.4	7.3	7.7	7.8	8.0	8.7	9.2
合計出生率(女子１人あたり)	3.65	3.44	2.86	2.54	2.45	2.27	2.12	1.83	1.64	1.46	1.51
純再生産率(女子１人あたり)	1.54	1.49	1.27	1.15	1.12	1.05	1.00	0.87	0.79	0.70	0.73
乳児死亡率(出生千人あたり)	95	82	69	62	52	40	27	18	13	12	10
出生時の平均余命(歳)											
男	61.6	64.2	66.0	66.8	67.2	68.9	69.5	70.4	71.3	72.1	72.9
女	62.7	65.8	68.7	70.2	70.8	72.5	73.7	75.0	76.4	76.7	77.5
男女計	62.1	65.0	67.3	68.5	68.9	70.7	71.5	72.7	73.8	74.4	75.2

B. 中位予測値

指　標	2015	2020	2025	2030	2035	2040	2045	2050	2055	2060
人口(千人)										
総数	2 078	2 088	2 089	2 078	2 055	2 021	1 981	1 938	1 893	1 846
男	1 035	1 039	1 039	1 033	1 020	1 003	984	963	942	920
女	1 044	1 049	1 051	1 046	1 035	1 018	997	975	951	925
性比(女100につき男)	99.1	99.0	98.9	98.7	98.6	98.6	98.6	98.8	99.1	99.5
年齢分布(%)										
０－４歳	5.5	5.5	5.3	5.1	4.8	4.7	4.6	4.7	4.7	4.7
５－14歳	11.4	10.9	11.0	10.9	10.5	10.1	9.7	9.6	9.6	9.8
15－24歳	13.8	12.4	11.2	10.8	11.1	11.1	10.8	10.5	10.1	9.9
60歳以上	18.5	20.7	22.7	24.8	26.6	28.6	31.0	32.8	34.3	35.2
65歳以上	12.3	14.5	16.5	18.2	20.1	21.7	23.4	25.5	27.2	28.6
80歳以上	2.3	2.6	2.9	3.4	4.5	5.4	6.1	6.9	7.7	8.7
６－11歳	6.7	6.5	6.6	6.5	6.3	6.0	5.8	5.7	5.8	5.9
12－14歳	3.7	3.2	3.3	3.3	3.3	3.2	3.0	2.9	2.9	3.0
15－17歳	3.9	3.5	3.2	3.3	3.3	3.3	3.1	3.0	2.9	3.0
18－23歳	8.5	7.6	6.9	6.4	6.7	6.7	6.6	6.3	6.1	6.0
15－24歳女子(%)	50.0	48.1	46.0	44.0	41.9	40.4	39.0	38.0	37.4	37.3
中位数年齢(歳)	37.5	39.2	41.0	42.6	44.1	45.5	46.6	47.2	47.5	47.6
人口密度(1km²あたり)	82	83	83	82	81	80	79	77	75	73

指　標	2010-2015	2015-2020	2020-2025	2025-2030	2030-2035	2035-2040	2040-2045	2045-2050	2050-2055	2055-2060
年平均人口増加数(千人)	3	2	0	－２	－５	－７	－８	－９	－９	－10
年平均出生数(千人)	23	23	23	21	20	19	18	18	18	17
年平均死亡数(千人)	19	20	21	23	24	25	26	26	26	26
年平均純移動数(千人)	−1	−1	−1	−1	−1	−1	−1	−1	−1	−1
人口増加率(%)	0.16	0.10	0.01	−0.11	−0.23	−0.33	−0.40	−0.44	−0.47	−0.51
粗出生率(人口千人あたり)	11.3	11.2	10.8	10.2	9.7	9.3	9.2	9.4	9.4	9.4
粗死亡率(人口千人あたり)	9.2	9.7	10.2	10.8	11.4	12.1	12.8	13.3	13.6	14.0
純移動率(人口千人あたり)	−0.5	−0.5	−0.5	−0.5	−0.5	−0.5	−0.5	−0.5	−0.5	−0.5
合計出生率（女子１人あたり）	1.51	1.55	1.59	1.62	1.65	1.67	1.69	1.71	1.73	1.74
純再生産率（女子１人あたり）	0.73	0.75	0.77	0.78	0.79	0.81	0.82	0.83	0.84	0.84
乳児死亡率（出生千人あたり）	10	9	7	6	6	5	5	4	4	4
５歳未満の死亡数(出生千人あたり	11	9	8	7	6	5	5	5	4	4
出生時の平均余命(歳)										
男	72.9	73.6	74.5	75.2	76.1	77.0	77.9	78.7	79.7	80.6
女	77.5	78.2	79.0	79.6	80.3	81.0	81.6	82.2	82.8	83.4
男女計	75.2	75.9	76.7	77.4	78.2	79.0	79.7	80.5	81.2	82.0

C. 高 位 予 測 値

	2015	2020	2025	2030	2035	2040	2045	2050	2055	2060
人口(千人)										
総数	2 078	2 107	2 136	2 158	2 165	2 161	2 154	2 153	2 159	2 168
男	1 035	1 048	1 063	1 073	1 077	1 075	1 072	1 073	1 079	1 086
女	1 044	1 059	1 073	1 085	1 088	1 086	1 082	1 080	1 081	1 082
性比(女100につき男)	99.1	98.9	98.7	98.5	98.2	98.1	98.0	98.1	98.2	98.5
年齢分布(%)										
0－4歳	5.5	6.3	6.5	6.4	6.0	5.7	5.8	6.2	6.5	6.6
5－14歳	11.4	10.8	11.6	12.6	12.8	12.4	11.8	11.6	11.9	12.6
15－24歳	13.8	12.3	11.0	10.4	11.4	12.5	12.8	12.3	11.6	11.4
60歳以上	18.5	20.5	22.2	23.9	25.3	26.8	28.5	29.5	30.1	30.0
65歳以上	12.3	14.4	16.1	17.6	19.1	20.3	21.6	23.0	23.8	24.3
80歳以上	2.3	2.6	2.8	3.3	4.3	5.0	5.6	6.3	6.8	7.4
15－49歳女子(%)	50.0	47.7	45.0	42.4	40.7	39.9	39.5	39.2	39.2	39.7
中位数年齢(歳)	37.5	38.9	40.3	41.3	42.3	42.9	43.1	42.4	41.3	40.9

	2010-2015	2015-2020	2020-2025	2025-2030	2030-2035	2035-2040	2040-2045	2045-2050	2050-2055	2055-2060
年平均人口増加数(千人)	3	6	6	4	1	－1	－1	0	1	2
年平均出生数(千人)	23	27	28	28	26	25	25	27	28	29
年平均死亡数(千人)	19	20	21	23	24	25	26	26	26	26
人口増加率(%)	0.16	0.27	0.28	0.20	0.07	−0.04	−0.06	−0.01	0.06	0.08
粗出生率(人口千人あたり)	11.3	12.9	13.3	13.0	12.1	11.6	11.7	12.4	13.2	13.3
粗死亡率(人口千人あたり)	9.2	9.7	10.1	10.5	11.0	11.4	11.9	12.1	12.1	12.1
合計出生率 (女子1人あたり)	1.51	1.80	1.99	2.12	2.15	2.17	2.19	2.21	2.23	2.24
純再生産率 (女子1人あたり)	0.73	0.87	0.96	1.02	1.04	1.05	1.06	1.07	1.08	1.09

D. 低 位 予 測 値

	2015	2020	2025	2030	2035	2040	2045	2050	2055	2060
人口(千人)										
総数	2 078	2 070	2 043	1 999	1 945	1 882	1 811	1 733	1 649	1 559
男	1 035	1 029	1 015	992	964	932	897	858	817	774
女	1 044	1 040	1 028	1 007	981	950	915	875	832	786
性比(女100につき男)	99.1	98.9	98.7	98.5	98.2	98.1	98.0	98.1	98.2	98.5
年齢分布(%)										
0－4歳	5.5	4.7	4.1	3.7	3.5	3.4	3.4	3.2	3.0	2.9
5－14歳	11.4	11.0	10.3	9.0	8.0	7.5	7.3	7.2	7.1	6.8
15－24歳	13.8	12.6	11.5	11.3	10.8	9.4	8.5	8.0	8.0	7.9
60歳以上	18.5	20.9	23.2	25.8	28.1	30.8	33.9	36.7	39.4	41.7
65歳以上	12.3	14.7	16.9	18.9	21.2	23.3	25.6	28.5	31.2	33.9
80歳以上	2.3	2.7	3.0	3.5	4.7	5.8	6.7	7.8	8.8	10.3
15－49歳女子(%)	50.0	48.5	47.0	45.7	43.3	40.9	38.2	36.2	34.6	33.5
中位数年齢(歳)	37.5	39.5	41.7	43.9	46.0	47.9	49.8	51.4	52.9	54.3

	2010-2015	2015-2020	2020-2025	2025-2030	2030-2035	2035-2040	2040-2045	2045-2050	2050-2055	2055-2060
年平均人口増加数(千人)	3	－2	－5	－9	－11	－13	－14	－16	－17	－18
年平均出生数(千人)	23	20	17	15	14	13	12	11	10	9
年平均死亡数(千人)	19	20	21	22	24	25	25	26	26	26
人口増加率(%)	0.16	−0.08	−0.26	−0.43	−0.55	−0.66	−0.77	−0.88	−1.00	−1.12
粗出生率(人口千人あたり)	11.3	9.4	8.2	7.3	7.0	6.8	6.7	6.4	6.0	5.6
粗死亡率(人口千人あたり)	9.2	9.8	10.3	11.1	12.0	12.9	13.8	14.6	15.4	16.2
合計出生率 (女子1人あたり)	1.51	1.30	1.19	1.12	1.15	1.17	1.19	1.21	1.23	1.24
純再生産率 (女子1人あたり)	0.73	0.63	0.57	0.54	0.55	0.57	0.58	0.59	0.59	0.60

E. 出生力一定予測値

	2015	2020	2025	2030	2035	2040	2045	2050	2055	2060
人口(千人)										
総数	2 078	2 084	2 077	2 056	2 022	1 977	1 925	1 867	1 804	1 736
男	1 035	1 037	1 033	1 021	1 003	981	955	927	897	865
女	1 044	1 047	1 045	1 035	1 019	997	970	940	908	872
中位数年齢(歳)	37.5	39.3	41.2	43.0	44.7	46.3	47.6	48.7	49.6	50.1

	2010-2015	2015-2020	2020-2025	2025-2030	2030-2035	2035-2040	2040-2045	2045-2050	2050-2055	2055-2060
人口増加率(%)	0.16	0.06	−0.07	−0.21	−0.34	−0.45	−0.53	−0.61	−0.69	−0.77
粗出生率(人口千人あたり)	11.3	10.8	10.1	9.3	8.7	8.4	8.2	8.1	7.8	7.6
粗死亡率(人口千人あたり)	9.2	9.7	10.2	10.9	11.6	12.3	13.1	13.7	14.2	14.7

Thailand

A. 推計値

指　標	1960	1965	1970	1975	1980	1985	1990	1995	2000	2005	2010
人口(千人)											
総数	27 397	31 823	36 885	42 335	47 385	52 041	56 583	59 266	62 693	65 864	66 692
男	13 719	15 939	18 486	21 218	23 729	25 945	28 027	29 476	31 005	32 544	32 938
女	13 678	15 883	18 399	21 117	23 656	26 097	28 556	29 790	31 688	33 320	33 754
性比(女100につき男)	100.3	100.4	100.5	100.5	100.3	99.4	98.2	98.9	97.8	97.7	97.6
年齢分布(%)											
０－４歳	17.4	17.5	17.1	15.1	13.0	11.0	9.5	8.6	7.4	6.8	6.0
５－14歳	25.3	26.1	26.9	27.3	26.4	23.8	20.7	18.5	16.6	15.4	13.2
15－24歳	18.7	17.8	18.2	19.6	20.9	21.6	21.2	19.8	17.2	16.1	14.2
60歳以上	5.3	5.4	5.4	5.4	5.6	6.1	7.2	8.5	9.9	11.0	13.0
65歳以上	3.3	3.4	3.5	3.6	3.7	4.0	4.5	5.5	6.6	7.7	8.9
80歳以上	0.5	0.5	0.5	0.5	0.6	0.6	0.7	0.8	1.0	1.2	1.6
15－49歳女子(%)	46.1	45.3	45.3	46.9	49.3	52.6	55.2	56.3	57.6	56.3	54.5
中位数年齢(歳)	18.8	18.3	18.0	18.5	19.7	21.8	24.3	26.6	30.2	32.2	35.5
人口密度(1k㎡あたり)	54	62	72	83	93	102	111	116	123	129	131

指　標	1960-1965	1965-1970	1970-1975	1975-1980	1980-1985	1985-1990	1990-1995	1995-2000	2000-2005	2005-2010	2010-2015
年平均人口増加数(千人)	885	1 012	1 090	1 010	931	908	537	685	634	166	253
年平均出生数(千人)	1 251	1 388	1 375	1 302	1 203	1 111	1 049	952	865	811	754
年平均死亡数(千人)	365	375	365	349	340	306	351	406	451	474	521
人口増加率(%)	3.00	2.95	2.76	2.25	1.88	1.67	0.93	1.12	0.99	0.25	0.38
粗出生率(人口千人あたり)	42.2	40.4	34.7	29.0	24.2	20.5	18.1	15.6	13.5	12.2	11.2
粗死亡率(人口千人あたり)	12.3	10.9	9.2	7.8	6.8	5.6	6.1	6.7	7.0	7.2	7.7
合計出生率(女子１人あたり)	6.13	5.99	5.05	3.92	2.95	2.30	1.99	1.77	1.60	1.56	1.53
純再生産率(女子１人あたり)	2.39	2.41	2.12	1.70	1.32	1.06	0.93	0.82	0.75	0.73	0.73
乳児死亡率(出生千人あたり)	93	78	63	51	42	33	26	21	17	13	11
出生時の平均余命(歳)											
男	53.7	55.9	58.2	60.5	62.8	66.9	66.8	66.5	67.7	69.8	70.8
女	58.5	60.6	63.3	66.2	68.9	72.7	73.7	74.3	74.9	76.6	77.6
男女計	56.0	58.2	60.7	63.3	65.7	69.8	70.2	70.3	71.2	73.1	74.1

B. 中位予測値

指　標	2015	2020	2025	2030	2035	2040	2045	2050	2055	2060
人口(千人)										
総数	67 959	68 581	68 637	68 250	67 442	66 190	64 507	62 452	60 133	57 698
男	33 495	33 729	33 684	33 424	32 966	32 310	31 473	30 488	29 414	28 307
女	34 465	34 852	34 952	34 827	34 475	33 879	33 035	31 964	30 719	29 391
性比(女100につき男)	97.2	96.8	96.4	96.0	95.6	95.4	95.3	95.4	95.8	96.3
年齢分布(%)										
０－４歳	5.6	5.0	4.6	4.4	4.3	4.2	4.1	4.0	4.0	4.0
５－14歳	12.1	11.4	10.5	9.6	9.1	8.9	8.8	8.7	8.6	8.5
15－24歳	13.2	12.1	11.3	10.8	10.0	9.2	8.8	8.7	8.7	8.7
60歳以上	15.8	19.3	23.1	26.9	30.4	33.4	35.5	37.1	38.4	39.4
65歳以上	10.5	13.0	16.1	19.5	22.8	25.8	28.4	30.1	31.3	32.4
80歳以上	2.1	2.6	3.1	3.8	5.1	6.7	8.3	9.9	11.2	12.3
６－11歳	7.2	6.8	6.2	5.7	5.4	5.3	5.2	5.2	5.1	5.1
12－14歳	3.7	3.5	3.3	3.0	2.8	2.7	2.7	2.6	2.6	2.6
15－17歳	3.9	3.5	3.4	3.2	2.9	2.7	2.7	2.6	2.6	2.6
18－23歳	8.0	7.3	6.8	6.5	6.1	5.6	5.3	5.2	5.2	5.2
15－24歳女子(%)	51.5	48.3	45.2	42.6	40.3	38.2	36.4	35.1	34.3	33.7
中位数年齢(歳)	38.0	40.5	42.7	44.8	46.6	48.2	49.6	50.6	51.4	52.0
人口密度(1k㎡あたり)	133	134	134	134	132	130	126	122	118	113

指　標	2010-2015	2015-2020	2020-2025	2025-2030	2030-2035	2035-2040	2040-2045	2045-2050	2050-2055	2055-2060
年平均人口増加数(千人)	253	124	11	－ 77	－ 162	－ 250	－ 336	－ 411	－ 464	－ 487
年平均出生数(千人)	754	675	616	586	564	540	516	491	466	447
年平均死亡数(千人)	521	570	625	682	744	809	871	921	948	951
年平均純移動数(千人)	20	19	19	19	19	19	19	19	18	17
人口増加率(%)	0.38	0.18	0.02	−0.11	−0.24	−0.38	−0.52	−0.65	−0.76	−0.83
粗出生率(人口千人あたり)	11.2	9.9	9.0	8.6	8.3	8.1	7.9	7.7	7.6	7.6
粗死亡率(人口千人あたり)	7.7	8.4	9.1	10.0	11.0	12.1	13.3	14.5	15.5	16.1
純移動率(人口千人あたり)	0.3	0.3	0.3	0.3	0.3	0.3	0.3	0.3	0.3	0.3
合計出生率（女子１人あたり）	1.53	1.46	1.42	1.43	1.47	1.51	1.55	1.58	1.62	1.64
純再生産率（女子１人あたり）	0.73	0.69	0.67	0.68	0.70	0.72	0.74	0.76	0.77	0.79
乳児死亡率（出生千人あたり）	11	10	8	7	6	6	5	5	4	4
５歳未満の死亡数(出生千人あた	13	11	10	8	7	7	6	5	5	4
出生時の平均余命(歳)										
男	70.8	71.8	72.8	73.8	74.8	75.9	76.9	77.9	79.0	80.0
女	77.6	78.5	79.3	80.0	80.8	81.5	82.1	82.8	83.3	83.9
男女計	74.1	75.1	76.0	76.9	77.8	78.6	79.5	80.3	81.1	82.0

C. 高位予測値

	2015	2020	2025	2030	2035	2040	2045	2050	2055	2060
人口(千人)										
総数	67 959	69 154	70 072	70 697	70 870	70 638	70 084	69 330	68 496	67 667
男	33 495	34 024	34 422	34 682	34 729	34 597	34 338	34 021	33 709	33 426
女	34 465	35 131	35 649	36 015	36 141	36 041	35 745	35 309	34 787	34 241
性比(女100につき男)	97.2	96.7	96.2	95.6	95.1	94.7	94.4	94.3	94.4	94.8
年齢分布(%)										
0－4歳	5.6	5.8	5.7	5.6	5.4	5.4	5.4	5.5	5.7	5.8
5－14歳	12.1	11.3	11.1	11.3	11.3	11.1	10.9	10.9	11.1	11.4
15－24歳	13.2	12.0	11.1	10.4	10.4	10.7	10.8	10.7	10.6	10.6
60歳以上	15.8	19.1	22.6	26.0	28.9	31.3	32.7	33.4	33.7	33.6
65歳以上	10.5	12.9	15.8	18.8	21.7	24.2	26.1	27.1	27.5	27.7
80歳以上	2.1	2.6	3.0	3.7	4.8	6.3	7.6	8.9	9.8	10.5
15－49歳女子(%)	51.5	47.9	44.3	41.1	39.2	37.9	37.0	36.5	36.5	36.8
中位数年齢(歳)	38.0	40.2	42.0	43.6	44.8	45.8	46.3	46.4	46.0	45.2

	2010-2015	2015-2020	2020-2025	2025-2030	2030-2035	2035-2040	2040-2045	2045-2050	2050-2055	2055-2060
年平均人口増加数(千人)	253	239	183	125	35	− 46	− 111	− 151	− 167	− 166
年平均出生数(千人)	754	791	791	790	763	747	745	755	768	774
年平均死亡数(千人)	521	571	626	684	747	812	875	925	953	957
人口増加率(%)	0.38	0.35	0.26	0.18	0.05	−0.07	−0.16	−0.22	−0.24	−0.24
粗出生率(人口千人あたり)	11.2	11.5	11.4	11.2	10.8	10.6	10.6	10.8	11.1	11.4
粗死亡率(人口千人あたり)	7.7	8.3	9.0	9.7	10.5	11.5	12.4	13.3	13.8	14.1
合計出生率(女子1人あたり)	1.53	1.71	1.82	1.93	1.97	2.01	2.05	2.08	2.12	2.14
純再生産率(女子1人あたり)	0.73	0.81	0.86	0.92	0.94	0.96	0.98	1.00	1.01	1.03

D. 低位予測値

	2015	2020	2025	2030	2035	2040	2045	2050	2055	2060
人口(千人)										
総数	67 959	68 008	67 202	65 804	64 031	61 828	59 169	56 074	52 644	49 054
男	33 495	33 434	32 946	32 165	31 213	30 068	28 730	27 212	25 569	23 870
女	34 465	34 574	34 255	33 638	32 819	31 760	30 439	28 862	27 075	25 184
性比(女100につき男)	97.2	96.7	96.2	95.6	95.1	94.7	94.4	94.3	94.4	94.8
年齢分布(%)										
0－4歳	5.6	4.2	3.4	3.0	3.0	2.9	2.8	2.6	2.4	2.3
5－14歳	12.1	11.5	9.9	7.8	6.6	6.3	6.3	6.2	6.0	5.6
15－24歳	13.2	12.2	11.5	11.2	9.7	7.6	6.5	6.2	6.3	6.3
60歳以上	15.8	19.5	23.5	27.9	32.0	35.7	38.7	41.3	43.9	46.3
65歳以上	10.5	13.1	16.5	20.2	24.0	27.7	30.9	33.5	35.8	38.2
80歳以上	2.1	2.7	3.1	3.9	5.4	7.2	9.1	11.0	12.8	14.5
15－49歳女子(%)	51.5	48.7	46.1	44.1	41.5	38.6	35.6	33.2	31.1	29.1
中位数年齢(歳)	38.0	40.7	43.5	46.1	48.5	50.6	52.6	54.4	56.1	57.7

	2010-2015	2015-2020	2020-2025	2025-2030	2030-2035	2035-2040	2040-2045	2045-2050	2050-2055	2055-2060
年平均人口増加数(千人)	253	10	− 161	− 280	− 354	− 441	− 532	− 619	− 686	− 718
年平均出生数(千人)	754	559	442	382	369	348	318	279	239	211
年平均死亡数(千人)	521	569	623	680	742	807	868	917	943	945
人口増加率(%)	0.38	0.01	−0.24	−0.42	−0.55	−0.70	−0.88	−1.08	−1.26	−1.41
粗出生率(人口千人あたり)	11.2	8.2	6.5	5.7	5.7	5.5	5.3	4.8	4.4	4.1
粗死亡率(人口千人あたり)	7.7	8.4	9.2	10.2	11.4	12.8	14.4	15.9	17.4	18.6
合計出生率(女子1人あたり)	1.53	1.21	1.02	0.93	0.97	1.01	1.05	1.08	1.12	1.14
純再生産率(女子1人あたり)	0.73	0.57	0.48	0.44	0.46	0.48	0.50	0.52	0.53	0.55

E. 出生力一定予測値

	2015	2020	2025	2030	2035	2040	2045	2050	2055	2060
人口(千人)										
総数	67 959	68 751	69 046	68 839	68 124	66 908	65 219	63 129	60 748	58 207
男	33 495	33 816	33 895	33 727	33 317	32 679	31 838	30 834	29 728	28 566
女	34 465	34 935	35 151	35 113	34 807	34 229	33 381	32 294	31 020	29 641
中位数年齢(歳)	38.0	40.4	42.5	44.5	46.3	47.8	49.2	50.2	51.0	51.7

	2010-2015	2015-2020	2020-2025	2025-2030	2030-2035	2035-2040	2040-2045	2045-2050	2050-2055	2055-2060
人口増加率(%)	0.38	0.23	0.09	−0.06	−0.21	−0.36	−0.51	−0.65	−0.77	−0.85
粗出生率(人口千人あたり)	11.2	10.4	9.7	9.0	8.5	8.1	7.8	7.5	7.3	7.2
粗死亡率(人口千人あたり)	7.7	8.3	9.1	9.9	10.9	12.0	13.2	14.4	15.3	16.0

Timor-Leste

A. 推 計 値

指　標	1960	1965	1970	1975	1980	1985	1990	1995	2000	2005	2010
人口(千人)											
総数	500	547	603	662	578	657	740	856	847	989	1 057
男	253	278	306	336	293	333	374	433	430	502	537
女	246	269	297	326	285	324	366	424	418	488	520
性比(女100につき男)	103.0	103.1	103.2	103.1	102.7	102.7	102.4	102.2	102.9	102.8	103.2
年齢分布(%)											
0－4歳	16.2	16.4	16.2	15.2	12.6	17.0	16.6	17.7	20.6	16.9	14.4
5－14歳	25.7	25.4	25.7	26.0	26.3	22.6	22.9	24.9	29.5	31.4	26.9
15－24歳	19.2	19.7	19.8	19.7	23.9	21.6	21.6	17.7	16.4	19.8	20.1
60歳以上	4.4	4.4	4.3	4.4	3.4	3.2	3.2	3.4	4.0	4.4	8.0
65歳以上	2.6	2.5	2.6	2.7	2.2	2.0	1.7	2.0	2.3	2.6	4.3
80歳以上	0.2	0.2	0.2	0.2	0.2	0.2	0.1	0.1	0.2	0.2	0.4
15－49歳女子(%)	47.5	48.1	47.9	48.4	53.0	52.3	52.2	48.5	40.2	41.7	45.8
中位数年齢(歳)	19.0	18.8	18.9	19.2	19.3	19.8	19.6	19.6	15.0	15.8	18.9
人口密度(1km²あたり)	34	37	41	44	39	44	50	58	57	67	71

指　標	1960-1965	1965-1970	1970-1975	1975-1980	1980-1985	1985-1990	1990-1995	1995-2000	2000-2005	2005-2010	2010-2015
年平均人口増加数(千人)	10	11	12	－ 17	16	17	23	－ 2	28	14	26
年平均出生数(千人)	24	25	25	21	27	30	36	39	36	41	43
年平均死亡数(千人)	15	14	14	19	13	12	12	10	8	7	8
人口増加率(%)	1.82	1.94	1.87	−2.72	2.58	2.39	2.92	−0.22	3.11	1.32	2.28
粗出生率(人口千人あたり)	45.9	44.2	40.0	33.1	44.2	42.3	44.8	46.1	39.2	40.2	38.7
粗死亡率(人口千人あたり)	28.0	25.1	22.1	30.0	21.8	17.1	14.6	11.6	8.2	6.5	7.0
合計出生率(女子1人あたり)	6.37	6.16	5.54	4.31	5.39	5.21	5.69	7.01	6.96	6.53	5.91
純再生産率(女子1人あたり)	1.67	1.72	1.64	1.04	1.59	1.77	2.07	2.78	2.93	2.90	2.67
乳児死亡率(出生千人あたり)	221	201	183	254	184	141	119	85	64	50	44
出生時の平均余命(歳)											
男	34.4	36.9	39.2	30.0	39.2	45.0	49.0	56.0	60.0	65.2	66.1
女	35.6	38.1	40.7	32.5	40.7	48.0	52.0	58.0	63.0	67.6	69.5
男女計	35.0	37.5	40.0	31.2	39.9	46.5	50.5	57.0	61.5	66.4	67.7

B. 中 位 予 測 値

指　標	2015	2020	2025	2030	2035	2040	2045	2050	2055	2060
人口(千人)										
総数	1 185	1 315	1 445	1 577	1 712	1 856	2 009	2 162	2 309	2 448
男	602	667	734	800	869	941	1 019	1 096	1 170	1 240
女	583	647	712	777	843	915	991	1 066	1 139	1 208
性比(女100につき男)	103.2	103.1	103.1	103.0	103.0	102.9	102.8	102.8	102.7	102.7
年齢分布(%)										
0－4歳	17.2	15.8	14.6	13.5	12.8	12.3	11.9	11.2	10.3	9.5
5－14歳	25.2	26.5	28.0	26.2	24.5	23.0	22.0	21.4	20.7	19.5
15－24歳	19.8	19.8	19.0	20.6	22.3	21.0	19.7	18.7	18.2	18.1
60歳以上	7.2	6.8	6.7	6.8	7.2	6.9	7.4	8.1	8.9	10.0
65歳以上	5.6	4.9	4.6	4.5	4.8	5.1	4.9	5.4	6.0	6.8
80歳以上	0.5	0.5	0.7	1.0	0.8	0.7	0.8	1.0	1.1	1.0
6－11歳	15.0	16.8	17.2	15.8	14.7	13.8	13.3	13.0	12.5	11.7
12－14歳	7.5	6.4	8.0	7.7	7.2	6.7	6.4	6.2	6.1	5.9
15－17歳	6.7	6.7	6.1	7.7	7.0	6.6	6.2	5.9	5.8	5.8
18－23歳	11.4	11.5	11.2	11.3	13.4	12.4	11.7	11.0	10.7	10.7
15－24歳女子(%)	44.9	45.0	44.5	47.9	49.9	51.2	51.6	51.8	51.9	52.7
中位数年齢(歳)	18.5	18.5	18.7	19.2	20.6	21.9	23.1	24.3	25.5	26.9
人口密度(1km²あたり)	80	88	97	106	115	125	135	145	155	165

指　標	2010-2015	2015-2020	2020-2025	2025-2030	2030-2035	2035-2040	2040-2045	2045-2050	2050-2055	2055-2060
年平均人口増加数(千人)	26	26	26	26	27	29	31	30	29	28
年平均出生数(千人)	43	44	44	45	45	47	49	50	49	48
年平均死亡数(千人)	8	8	8	8	8	9	9	9	10	11
年平均純移動数(千人)	−10	−10	−10	−10	−10	−10	−10	−10	−10	−9
人口増加率(%)	2.28	2.08	1.90	1.74	1.65	1.62	1.58	1.46	1.31	1.17
粗出生率(人口千人あたり)	38.7	35.2	32.2	29.5	27.7	26.6	25.6	24.0	21.9	20.0
粗死亡率(人口千人あたり)	7.0	6.5	6.0	5.5	5.1	4.8	4.6	4.5	4.5	4.6
純移動率(人口千人あたり)	−8.9	−8.0	−7.2	−6.6	−6.1	−5.6	−5.2	−4.8	−4.3	−3.8
合計出生率（女子1人あたり）	5.91	5.33	4.78	4.30	3.88	3.53	3.23	2.99	2.80	2.63
純再生産率（女子1人あたり）	2.67	2.44	2.21	2.01	1.82	1.67	1.53	1.43	1.34	1.26
乳児死亡率（出生千人あたり）	44	38	32	28	25	22	19	17	15	13
5歳未満の死亡数(出生千人あたり	56	47	40	35	30	26	23	20	17	15
出生時の平均余命(歳)										
男	66.1	67.5	68.8	69.9	70.8	71.7	72.6	73.4	74.3	75.2
女	69.5	71.1	72.5	73.7	74.7	75.7	76.5	77.3	78.1	78.8
男女計	67.7	69.3	70.6	71.7	72.7	73.6	74.5	75.3	76.1	76.9

C. 高位予測値

	2015	2020	2025	2030	2035	2040	2045	2050	2055	2060
人口(千人)										
総数	1 185	1 324	1 473	1 629	1 793	1 973	2 171	2 382	2 599	2 818
男	602	672	748	827	910	1 001	1 101	1 208	1 318	1 429
女	583	652	725	802	883	972	1 070	1 174	1 281	1 389
性比(女100につき男)	103.2	103.1	103.1	103.0	102.9	102.9	102.8	102.7	102.6	102.5
年齢分布(%)										
0－4歳	17.2	16.5	15.6	14.6	13.8	13.4	13.1	12.6	11.9	11.1
5－14歳	25.2	26.3	28.2	27.1	25.7	24.3	23.3	22.9	22.4	21.5
15－24歳	19.8	19.7	18.7	20.0	21.8	21.2	20.2	19.2	18.6	18.6
60歳以上	7.2	6.7	6.6	6.6	6.8	6.5	6.9	7.3	7.9	8.6
65歳以上	5.6	4.9	4.5	4.4	4.5	4.8	4.6	4.9	5.3	5.9
80歳以上	0.5	0.5	0.7	1.0	0.7	0.7	0.7	0.9	1.0	0.9
15－49歳女子(%)	44.9	44.7	43.7	46.4	48.2	49.6	50.1	50.4	50.5	51.5
中位数年齢(歳)	18.5	18.3	18.3	18.5	19.5	20.6	21.6	22.5	23.4	24.3

	2010-2015	2015-2020	2020-2025	2025-2030	2030-2035	2035-2040	2040-2045	2045-2050	2050-2055	2055-2060
年平均人口増加数(千人)	26	28	30	31	33	36	40	42	43	44
年平均出生数(千人)	43	46	48	50	51	55	59	62	63	64
年平均死亡数(千人)	8	8	8	9	9	9	9	10	10	11
人口増加率(%)	2.28	2.23	2.13	2.02	1.92	1.91	1.92	1.85	1.74	1.62
粗出生率(人口千人あたり)	38.7	36.7	34.4	32.1	30.0	29.0	28.4	27.2	25.4	23.6
粗死亡率(人口千人あたり)	7.0	6.5	6.0	5.5	5.0	4.7	4.4	4.3	4.2	4.1
合計出生率（女子1人あたり）	5.91	5.58	5.18	4.80	4.38	4.03	3.73	3.49	3.30	3.13
純再生産率（女子1人あたり）	2.67	2.55	2.40	2.24	2.06	1.90	1.77	1.66	1.58	1.50

D. 低位予測値

	2015	2020	2025	2030	2035	2040	2045	2050	2055	2060
人口(千人)										
総数	1 185	1 305	1 418	1 524	1 630	1 740	1 850	1 949	2 034	2 105
男	602	662	720	773	827	882	938	987	1 030	1 065
女	583	642	698	751	803	858	912	962	1 004	1 039
性比(女100につき男)	103.2	103.1	103.1	103.0	102.9	102.9	102.8	102.7	102.6	102.5
年齢分布(%)										
0－4歳	17.2	15.2	13.6	12.3	11.6	11.2	10.6	9.7	8.6	7.8
5－14歳	25.2	26.7	27.9	25.3	23.1	21.4	20.5	19.8	18.7	17.1
15－24歳	19.8	20.0	19.4	21.3	22.8	20.8	19.1	18.0	17.6	17.3
60歳以上	7.2	6.8	6.8	7.1	7.5	7.4	8.1	8.9	10.1	11.6
65歳以上	5.6	4.9	4.7	4.7	5.0	5.5	5.4	6.0	6.8	7.9
80歳以上	0.5	0.5	0.7	1.1	0.8	0.8	0.9	1.1	1.2	1.2
15－49歳女子(%)	44.9	45.4	45.4	49.6	51.8	53.0	53.2	53.2	53.2	53.7
中位数年齢(歳)	18.5	18.7	19.2	19.9	21.7	23.3	24.9	26.5	28.2	30.0

	2010-2015	2015-2020	2020-2025	2025-2030	2030-2035	2035-2040	2040-2045	2045-2050	2050-2055	2055-2060
年平均人口増加数(千人)	26	24	23	21	21	22	22	20	17	14
年平均出生数(千人)	43	42	41	39	40	40	41	39	36	34
年平均死亡数(千人)	8	8	8	8	8	8	9	9	10	11
人口増加率(%)	2.28	1.93	1.66	1.44	1.35	1.30	1.22	1.05	0.85	0.68
粗出生率(人口千人あたり)	38.7	33.7	29.9	26.8	25.1	23.9	22.6	20.6	18.2	16.3
粗死亡率(人口千人あたり)	7.0	6.4	5.9	5.6	5.2	5.0	4.8	4.8	4.9	5.1
合計出生率（女子1人あたり）	5.91	5.08	4.38	3.80	3.38	3.03	2.73	2.49	2.30	2.13
純再生産率（女子1人あたり）	2.67	2.32	2.03	1.77	1.59	1.43	1.30	1.19	1.10	1.02

E. 出生力一定予測値

	2015	2020	2025	2030	2035	2040	2045	2050	2055	2060
人口(千人)										
総数	1 185	1 336	1 515	1 723	1 972	2 279	2 657	3 115	3 666	4 326
男	602	678	769	875	1 001	1 157	1 349	1 581	1 862	2 198
女	583	658	746	848	971	1 122	1 308	1 534	1 804	2 129
中位数年齢(歳)	18.5	18.1	17.5	17.3	17.5	17.6	17.6	17.4	17.4	17.4

	2010-2015	2015-2020	2020-2025	2025-2030	2030-2035	2035-2040	2040-2045	2045-2050	2050-2055	2055-2060
人口増加率(%)	2.28	2.40	2.51	2.58	2.70	2.89	3.07	3.18	3.26	3.31
粗出生率(人口千人あたり)	38.7	38.5	38.1	37.4	37.3	38.1	38.8	39.0	38.8	38.5
粗死亡率(人口千人あたり)	7.0	6.5	6.0	5.5	5.0	4.5	4.1	3.8	3.5	3.2

Togo

A. 推 計 値

指　標	1960	1965	1970	1975	1980	1985	1990	1995	2000	2005	2010
人口(千人)											
総数	1 581	1 709	2 116	2 410	2 721	3 253	3 787	4 284	4 875	5 578	6 391
男	779	843	1 044	1 190	1 344	1 607	1 868	2 092	2 383	2 737	3 148
女	802	866	1 072	1 220	1 377	1 645	1 919	2 192	2 492	2 841	3 243
性比(女100につき男)	97.1	97.3	97.4	97.5	97.6	97.7	97.4	95.4	95.6	96.4	97.1
年齢分布(%)											
0－4歳	17.5	18.1	18.5	18.9	19.0	18.7	18.1	17.3	16.8	16.8	16.7
5－14歳	25.4	25.7	26.2	26.8	27.4	27.9	28.2	28.4	27.6	26.5	26.2
15－24歳	18.7	18.6	18.4	18.3	18.4	18.8	19.3	20.1	20.9	20.9	20.2
60歳以上	5.2	4.9	4.8	4.8	4.8	4.8	4.7	4.7	4.6	4.5	4.4
65歳以上	3.2	3.0	2.9	2.9	2.9	3.0	3.0	3.0	2.9	2.8	2.7
80歳以上	0.2	0.2	0.2	0.2	0.2	0.2	0.3	0.3	0.3	0.2	0.2
15－49歳女子(%)	46.2	45.5	44.7	43.9	43.4	43.4	44.0	45.1	46.6	47.7	48.1
中位数年齢(歳)	18.5	18.1	17.6	17.1	16.8	16.7	16.8	16.9	17.5	18.0	18.4
人口密度(1k㎡あたり)	29	31	39	44	50	60	70	79	90	103	118

指　標	1960-1965	1965-1970	1970-1975	1975-1980	1980-1985	1985-1990	1990-1995	1995-2000	2000-2005	2005-2010	2010-2015
年平均人口増加数(千人)	26	81	59	62	106	107	99	118	141	163	183
年平均出生数(千人)	78	92	109	122	138	155	167	182	208	231	249
年平均死亡数(千人)	37	38	40	40	41	44	48	58	65	67	64
人口増加率(%)	1.56	4.27	2.61	2.42	3.57	3.04	2.47	2.58	2.70	2.72	2.67
粗出生率(人口千人あたり)	47.7	48.1	48.3	47.7	46.1	44.0	41.3	39.8	39.7	38.7	36.3
粗死亡率(人口千人あたり)	22.7	20.1	17.8	15.7	13.9	12.5	11.9	12.7	12.4	11.2	9.3
合計出生率(女子１人あたり)	6.65	6.94	7.20	7.28	7.06	6.62	6.02	5.54	5.31	5.04	4.69
純再生産率(女子１人あたり)	2.07	2.29	2.51	2.66	2.69	2.59	2.36	2.13	2.05	2.01	1.95
乳児死亡率(出生千人あたり)	145	128	113	101	92	87	83	80	77	64	50
出生時の平均余命(歳)											
男	40.9	43.8	46.6	49.3	51.8	53.8	54.9	52.9	53.0	55.0	58.3
女	42.9	46.3	49.6	52.6	55.4	57.1	56.6	54.5	54.7	56.3	59.7
男女計	41.9	45.0	48.1	50.9	53.6	55.4	55.8	53.7	53.9	55.7	59.0

B. 中 位 予 測 値

指　標	2015	2020	2025	2030	2035	2040	2045	2050	2055	2060
人口(千人)										
総数	7 305	8 294	9 352	10 489	11 706	12 991	14 322	15 681	17 055	18 434
男	3 609	4 109	4 643	5 216	5 827	6 470	7 135	7 810	8 491	9 174
女	3 695	4 185	4 709	5 274	5 880	6 521	7 187	7 870	8 563	9 261
性比(女100につき男)	97.7	98.2	98.6	98.9	99.1	99.2	99.3	99.2	99.2	99.1
年齢分布(%)										
0－4歳	15.9	15.0	14.2	13.6	13.1	12.5	11.9	11.3	10.8	10.3
5－14歳	26.4	25.9	25.0	24.0	23.1	22.4	21.7	21.0	20.2	19.5
15－24歳	19.5	19.6	20.1	20.1	19.7	19.1	18.6	18.4	18.1	17.7
60歳以上	4.5	4.6	4.8	5.2	5.8	6.5	7.3	8.1	8.9	9.6
65歳以上	2.8	2.9	3.0	3.2	3.5	3.9	4.5	5.2	5.8	6.4
80歳以上	0.2	0.3	0.3	0.3	0.3	0.4	0.4	0.5	0.6	0.8
6－11歳	16.3	15.9	15.3	14.6	14.1	13.6	13.2	12.8	12.3	11.8
12－14歳	7.1	7.2	7.1	6.8	6.5	6.4	6.2	6.1	5.9	5.7
15－17歳	6.4	6.6	6.7	6.5	6.3	6.1	5.9	5.8	5.7	5.5
18－23歳	11.4	11.3	11.7	11.8	11.6	11.3	11.0	10.8	10.7	10.5
15－24歳女子(%)	48.3	49.0	49.8	50.4	50.8	50.9	51.2	51.5	51.5	51.3
中位数年齢(歳)	18.7	19.2	20.0	21.0	21.9	22.8	23.7	24.6	25.5	26.5
人口密度(1k㎡あたり)	134	152	172	193	215	239	263	288	314	339

指　標	2010-2015	2015-2020	2020-2025	2025-2030	2030-2035	2035-2040	2040-2045	2045-2050	2050-2055	2055-2060
年平均人口増加数(千人)	183	198	212	227	243	257	266	272	275	276
年平均出生数(千人)	249	264	279	298	317	334	349	362	374	385
年平均死亡数(千人)	64	64	66	68	71	76	81	89	98	107
年平均純移動数(千人)	−2	−2	−2	−2	−2	−2	−2	−2	−2	−2
人口増加率(%)	2.67	2.54	2.40	2.30	2.20	2.08	1.95	1.81	1.68	1.56
粗出生率(人口千人あたり)	36.3	33.9	31.7	30.0	28.5	27.1	25.6	24.2	22.9	21.7
粗死亡率(人口千人あたり)	9.3	8.2	7.5	6.9	6.4	6.1	6.0	5.9	6.0	6.1
純移動率(人口千人あたり)	−0.3	−0.3	−0.2	−0.2	−0.2	−0.2	−0.1	−0.1	−0.1	−0.1
合計出生率 (女子１人あたり)	4.69	4.35	4.04	3.77	3.53	3.33	3.15	3.00	2.86	2.74
純再生産率 (女子１人あたり)	1.95	1.86	1.77	1.69	1.61	1.55	1.48	1.42	1.36	1.31
乳児死亡率 (出生千人あたり)	50	42	36	31	26	21	18	15	12	11
５歳未満の死亡数(出生千人あたり	86	72	62	52	44	36	30	24	20	17
出生時の平均余命(歳)										
男	58.3	60.3	62.0	63.6	65.0	66.3	67.5	68.6	69.6	70.5
女	59.7	61.9	63.9	65.7	67.4	69.0	70.4	71.7	72.8	73.9
男女計	59.0	61.1	62.9	64.7	66.2	67.7	69.0	70.1	71.2	72.2

C. 高位予測値

	2015	2020	2025	2030	2035	2040	2045	2050	2055	2060
人口(千人)										
総数	7 305	8 365	9 554	10 878	12 315	13 874	15 560	17 370	19 293	21 318
男	3 609	4 145	4 744	5 411	6 132	6 914	7 757	8 660	9 617	10 624
女	3 695	4 220	4 809	5 467	6 182	6 960	7 803	8 710	9 676	10 694
性比(女100につき男)	97.7	98.2	98.6	98.8	99.0	99.1	99.1	99.0	98.9	98.7
年齢分布(%)										
0－4歳	15.9	15.8	15.3	14.9	14.2	13.7	13.3	12.9	12.4	12.0
5－14歳	26.4	25.7	25.2	25.0	24.5	23.9	23.2	22.6	22.1	21.6
15－24歳	19.5	19.4	19.7	19.4	19.2	19.3	19.2	18.9	18.5	18.3
60歳以上	4.5	4.5	4.7	5.0	5.5	6.1	6.7	7.4	7.8	8.3
65歳以上	2.8	2.8	2.9	3.1	3.3	3.7	4.2	4.7	5.1	5.5
80歳以上	0.2	0.3	0.3	0.3	0.3	0.3	0.4	0.5	0.6	0.7
15－49歳女子(%)	48.3	48.5	48.8	48.7	48.8	49.1	49.6	49.9	50.1	50.1
中位数年齢(歳)	18.7	19.0	19.5	20.0	20.5	21.2	21.9	22.6	23.3	23.9

	2010-2015	2015-2020	2020-2025	2025-2030	2030-2035	2035-2040	2040-2045	2045-2050	2050-2055	2055-2060
年平均人口増加数(千人)	183	212	238	265	287	312	337	362	385	405
年平均出生数(千人)	249	279	307	337	363	392	423	456	488	518
年平均死亡数(千人)	64	65	67	70	74	78	84	92	101	111
人口増加率(%)	2.67	2.71	2.66	2.60	2.48	2.39	2.29	2.20	2.10	2.00
粗出生率(人口千人あたり)	36.3	35.6	34.3	33.0	31.3	29.9	28.8	27.7	26.6	25.5
粗死亡率(人口千人あたり)	9.3	8.3	7.5	6.9	6.3	6.0	5.7	5.6	5.5	5.5
合計出生率(女子1人あたり)	4.69	4.60	4.44	4.27	4.03	3.83	3.65	3.50	3.36	3.24
純再生産率(女子1人あたり)	1.95	1.97	1.95	1.91	1.84	1.78	1.71	1.66	1.60	1.55

D. 低位予測値

	2015	2020	2025	2030	2035	2040	2045	2050	2055	2060
人口(千人)										
総数	7 305	8 222	9 150	10 101	11 100	12 119	13 119	14 073	14 969	15 802
男	3 609	4 073	4 542	5 021	5 522	6 032	6 530	7 003	7 443	7 850
女	3 695	4 149	4 608	5 080	5 578	6 087	6 589	7 071	7 526	7 952
性比(女100につき男)	97.7	98.2	98.6	98.8	99.0	99.1	99.1	99.0	98.9	98.7
年齢分布(%)										
0－4歳	15.9	14.3	13.1	12.3	11.8	11.2	10.4	9.7	9.0	8.5
5－14歳	26.4	26.2	24.8	22.9	21.5	20.7	20.0	19.1	18.1	17.1
15－24歳	19.5	19.8	20.5	20.9	20.1	18.9	18.0	17.6	17.4	16.9
60歳以上	4.5	4.6	4.9	5.4	6.1	7.0	8.0	9.1	10.1	11.2
65歳以上	2.8	2.9	3.1	3.3	3.7	4.2	4.9	5.8	6.6	7.5
80歳以上	0.2	0.3	0.3	0.3	0.3	0.4	0.5	0.6	0.7	0.9
15－49歳女子(%)	48.3	49.4	50.9	52.4	52.9	52.9	53.0	53.1	53.0	52.4
中位数年齢(歳)	18.7	19.4	20.6	21.9	23.3	24.6	25.9	27.2	28.4	29.7

	2010-2015	2015-2020	2020-2025	2025-2030	2030-2035	2035-2040	2040-2045	2045-2050	2050-2055	2055-2060
年平均人口増加数(千人)	183	183	186	190	200	204	200	191	179	167
年平均出生数(千人)	249	249	252	258	271	279	281	278	275	272
年平均死亡数(千人)	64	63	64	66	69	73	78	86	94	104
人口増加率(%)	2.67	2.37	2.14	1.98	1.89	1.76	1.59	1.40	1.23	1.08
粗出生率(人口千人あたり)	36.3	32.1	29.0	26.8	25.5	24.0	22.2	20.5	19.0	17.7
粗死亡率(人口千人あたり)	9.3	8.2	7.4	6.8	6.5	6.3	6.2	6.3	6.5	6.7
合計出生率(女子1人あたり)	4.69	4.10	3.64	3.27	3.03	2.83	2.65	2.50	2.36	2.24
純再生産率(女子1人あたり)	1.95	1.76	1.60	1.47	1.39	1.31	1.25	1.18	1.13	1.07

E. 出生力一定予測値

	2015	2020	2025	2030	2035	2040	2045	2050	2055	2060
人口(千人)										
総数	7 305	8 375	9 619	11 064	12 736	14 667	16 902	19 491	22 493	25 975
男	3 609	4 150	4 777	5 504	6 344	7 312	8 432	9 727	11 228	12 968
女	3 695	4 225	4 842	5 560	6 392	7 354	8 470	9 764	11 265	13 007
中位数年齢(歳)	18.7	19.0	19.3	19.6	19.6	19.7	19.8	19.8	19.8	19.8

	2010-2015	2015-2020	2020-2025	2025-2030	2030-2035	2035-2040	2040-2045	2045-2050	2050-2055	2055-2060
人口増加率(%)	2.67	2.74	2.77	2.80	2.81	2.82	2.84	2.85	2.87	2.88
粗出生率(人口千人あたり)	36.3	35.9	35.4	35.0	34.6	34.3	34.0	33.9	33.8	33.7
粗死亡率(人口千人あたり)	9.3	8.3	7.6	6.9	6.4	5.9	5.6	5.3	5.1	4.9

Tonga

A. 推 計 値

指　標	1960	1965	1970	1975	1980	1985	1990	1995	2000	2005	2010
人口(千人)											
総数	62	74	84	88	93	94	95	96	98	101	104
男	31	38	43	45	47	47	48	49	50	51	52
女	30	36	41	43	46	46	47	47	48	50	52
性比(女100につき男)	103.1	104.1	104.9	104.9	103.8	102.2	102.9	102.8	103.5	100.6	100.3
年齢分布(%)											
０－４歳	19.0	19.7	17.9	14.6	14.3	15.3	14.1	14.0	13.6	13.6	13.2
５－14歳	26.4	26.5	30.2	31.0	27.4	25.5	25.3	25.5	24.8	24.4	24.2
15－24歳	18.4	18.1	18.0	19.3	21.2	23.7	23.2	19.6	21.1	19.3	18.5
60歳以上	5.3	4.8	4.3	4.6	5.3	6.0	7.0	8.0	8.3	8.3	8.0
65歳以上	3.4	3.1	2.9	3.0	3.3	3.8	4.5	5.4	5.7	6.0	5.9
80歳以上	0.5	0.4	0.4	0.4	0.5	0.6	0.7	0.8	0.9	1.0	1.3
15－49歳女子(%)	44.6	44.6	43.1	44.6	46.9	47.6	47.7	46.7	47.3	48.0	48.2
中位数年齢(歳)	17.3	16.9	15.9	16.9	18.3	18.4	19.7	19.9	20.0	21.1	21.3
人口密度(1k㎡あたり)	86	103	117	123	129	130	132	133	136	140	144

指　標	1960-1965	1965-1970	1970-1975	1975-1980	1980-1985	1985-1990	1990-1995	1995-2000	2000-2005	2005-2010	2010-2015
年平均人口増加数(千人)	3	2	1	1	0	0	0	0	1	1	0
年平均出生数(千人)	3	3	3	3	3	3	3	3	3	3	3
年平均死亡数(千人)	1	1	1	1	1	1	1	1	1	1	1
人口増加率(%)	3.77	2.53	0.92	1.03	0.20	0.25	0.15	0.42	0.60	0.60	0.42
粗出生率(人口千人あたり)	45.8	40.3	33.1	33.8	34.9	31.4	30.9	28.3	28.6	28.2	25.7
粗死亡率(人口千人あたり)	8.5	7.2	6.2	6.1	6.0	5.8	6.1	6.2	6.3	6.2	6.1
合計出生率(女子１人あたり)	7.30	6.50	5.50	5.50	5.50	4.74	4.62	4.29	4.23	4.03	3.79
純再生産率(女子１人あたり)	3.13	2.85	2.45	2.48	2.51	2.18	2.13	1.99	1.97	1.89	1.78
乳児死亡率(出生千人あたり)	47	42	37	34	31	28	26	25	23	22	20
出生時の平均余命(歳)											
男	61.9	63.4	64.9	65.9	66.9	67.8	68.4	68.8	68.8	69.1	69.7
女	62.7	64.7	66.5	68.0	69.5	70.8	71.4	72.1	73.5	74.7	75.6
男女計	62.3	64.0	65.6	66.9	68.1	69.3	69.9	70.5	71.2	71.8	72.6

B. 中 位 予 測 値

指　標	2015	2020	2025	2030	2035	2040	2045	2050	2055	2060
人口(千人)										
総数	106	111	115	121	126	132	136	140	143	146
男	53	56	58	61	64	66	69	71	72	74
女	53	55	57	60	63	65	67	69	70	72
性比(女100につき男)	100.6	100.8	101.0	101.3	101.5	101.8	102.1	102.4	102.8	103.2
年齢分布(%)										
０－４歳	12.2	11.0	10.8	10.9	10.8	10.4	9.6	8.8	8.4	8.2
５－14歳	24.6	23.3	21.2	19.9	19.8	19.9	19.6	18.7	17.4	16.3
15－24歳	19.9	20.9	21.2	20.1	18.1	17.1	17.2	17.6	17.6	16.9
60歳以上	8.2	9.1	9.7	10.5	11.7	12.3	12.8	12.9	14.1	15.7
65歳以上	5.9	5.9	6.8	7.3	8.1	9.1	9.6	10.1	10.2	11.2
80歳以上	1.4	1.4	1.4	1.4	1.5	1.9	2.2	2.5	3.0	3.2
６－11歳	15.0	13.9	12.6	12.0	12.0	12.1	11.8	11.2	10.3	9.7
12－14歳	7.1	7.1	6.6	5.9	5.7	5.7	5.8	5.7	5.4	5.0
15－17歳	6.7	6.9	6.7	6.0	5.5	5.5	5.6	5.6	5.5	5.1
18－23歳	11.6	12.2	12.6	12.1	10.8	10.0	10.1	10.4	10.5	10.2
15－24歳女子(%)	47.5	48.4	48.9	48.9	48.4	48.7	48.7	48.7	48.4	47.5
中位数年齢(歳)	21.3	22.3	23.4	24.6	25.8	26.7	27.6	28.4	29.4	30.6
人口密度(1k㎡あたり)	147	154	160	168	175	183	189	194	198	203

指　標	2010-2015	2015-2020	2020-2025	2025-2030	2030-2035	2035-2040	2040-2045	2045-2050	2050-2055	2055-2060
年平均人口増加数(千人)	0	1	1	1	1	1	1	1	1	1
年平均出生数(千人)	3	3	3	3	3	3	3	3	2	2
年平均死亡数(千人)	1	1	1	1	1	1	1	1	1	1
年平均純移動数(千人)	−2	−1	−1	−1	−1	−1	−1	−1	−1	−1
人口増加率(%)	0.42	0.85	0.83	0.89	0.91	0.83	0.68	0.51	0.45	0.45
粗出生率(人口千人あたり)	25.7	23.3	22.7	22.9	22.7	21.7	20.0	18.4	17.3	17.0
粗死亡率(人口千人あたり)	6.1	5.9	5.8	5.7	5.8	5.9	6.0	6.2	6.3	6.5
純移動率(人口千人あたり)	−15.4	−8.9	−8.6	−8.3	−7.9	−7.5	−7.3	−7.1	−6.5	−6.1
合計出生率（女子１人あたり）	3.79	3.58	3.39	3.22	3.08	2.94	2.83	2.72	2.62	2.53
純再生産率（女子１人あたり）	1.78	1.69	1.60	1.53	1.46	1.40	1.35	1.30	1.25	1.21
乳児死亡率（出生千人あたり）	20	19	17	16	15	14	13	12	11	10
５歳未満の死亡数(出生千人あたり	24	22	21	19	17	16	15	14	12	12
出生時の平均余命(歳)										
男	69.7	70.4	71.2	72.0	72.8	73.6	74.5	75.4	76.3	77.3
女	75.6	76.4	77.2	77.9	78.7	79.3	80.0	80.7	81.4	81.9
男女計	72.6	73.4	74.2	75.0	75.8	76.6	77.4	78.1	78.9	79.7

C. 高位予測値

	2015	2020	2025	2030	2035	2040	2045	2050	2055	2060
人口(千人)										
総数	106	112	118	125	133	141	148	155	162	171
男	53	56	59	63	67	71	75	79	82	87
女	53	56	59	62	66	70	73	76	80	84
性比(女100につき男)	100.6	100.8	100.9	101.1	101.3	101.5	101.8	102.1	102.5	102.9
年齢分布(%)										
0－4歳	12.2	11.7	11.8	12.1	12.0	11.4	10.7	10.2	10.0	10.0
5－14歳	24.6	23.1	21.5	21.1	21.4	21.6	21.2	20.2	19.1	18.4
15－24歳	19.9	20.8	20.8	19.3	17.9	17.6	18.2	18.6	18.4	17.5
60歳以上	8.2	9.0	9.5	10.2	11.1	11.5	11.8	11.7	12.4	13.4
65歳以上	5.9	5.9	6.7	7.1	7.7	8.5	8.9	9.1	8.9	9.5
80歳以上	1.4	1.4	1.3	1.3	1.4	1.8	2.0	2.3	2.6	2.8
15－49歳女子(%)	47.5	48.0	47.9	47.2	46.6	47.3	47.7	48.2	48.2	47.6
中位数年齢(歳)	21.3	22.1	22.9	23.7	24.3	24.6	25.0	25.7	26.6	27.6

	2010-2015	2015-2020	2020-2025	2025-2030	2030-2035	2035-2040	2040-2045	2045-2050	2050-2055	2055-2060
年平均人口増加数(千人)	0	1	1	1	2	2	1	1	1	2
年平均出生数(千人)	3	3	3	3	3	3	3	3	3	3
年平均死亡数(千人)	1	1	1	1	1	1	1	1	1	1
人口増加率(%)	0.42	1.00	1.08	1.20	1.22	1.14	1.01	0.92	0.93	0.99
粗出生率(人口千人あたり)	25.7	24.8	25.1	25.7	25.3	24.1	22.5	21.3	20.9	20.9
粗死亡率(人口千人あたり)	6.1	5.9	5.8	5.6	5.6	5.6	5.6	5.7	5.7	5.7
合計出生率(女子1人あたり)	3.79	3.83	3.79	3.72	3.58	3.44	3.33	3.22	3.12	3.03
純再生産率(女子1人あたり)	1.78	1.81	1.79	1.77	1.70	1.64	1.59	1.54	1.49	1.45

D. 低位予測値

	2015	2020	2025	2030	2035	2040	2045	2050	2055	2060
人口(千人)										
総数	106	110	113	116	120	123	124	125	125	124
男	53	55	57	58	60	62	63	63	63	63
女	53	55	56	58	59	61	62	62	61	61
性比(女100につき男)	100.6	100.8	100.9	101.1	101.3	101.5	101.8	102.1	102.5	102.9
年齢分布(%)										
0－4歳	12.2	10.3	9.7	9.5	9.5	9.2	8.4	7.4	6.7	6.4
5－14歳	24.6	23.5	20.9	18.7	17.9	17.8	17.7	16.8	15.4	13.8
15－24歳	19.9	21.1	21.7	20.8	18.4	16.4	15.9	16.2	16.5	15.9
60歳以上	8.2	9.2	9.9	10.9	12.3	13.3	14.1	14.5	16.1	18.6
65歳以上	5.9	6.0	6.9	7.6	8.5	9.7	10.6	11.3	11.7	13.2
80歳以上	1.4	1.4	1.4	1.4	1.6	2.1	2.4	2.8	3.4	3.8
15－49歳女子(%)	47.5	48.7	49.9	50.7	50.3	50.4	49.7	49.1	48.3	46.7
中位数年齢(歳)	21.3	22.5	23.9	25.6	27.3	28.9	30.6	32.1	33.7	35.2

	2010-2015	2015-2020	2020-2025	2025-2030	2030-2035	2035-2040	2040-2045	2045-2050	2050-2055	2055-2060
年平均人口増加数(千人)	0	1	1	1	1	1	0	0	0	0
年平均出生数(千人)	3	2	2	2	2	2	2	2	2	2
年平均死亡数(千人)	1	1	1	1	1	1	1	1	1	1
人口増加率(%)	0.42	0.69	0.58	0.56	0.57	0.49	0.31	0.08	−0.07	−0.14
粗出生率(人口千人あたり)	25.7	21.7	20.3	19.9	19.9	19.1	17.4	15.3	13.8	13.1
粗死亡率(人口千人あたり)	6.1	5.9	5.8	5.8	6.0	6.2	6.4	6.7	7.1	7.4
合計出生率(女子1人あたり)	3.79	3.33	2.99	2.72	2.58	2.44	2.33	2.22	2.12	2.03
純再生産率(女子1人あたり)	1.78	1.57	1.41	1.29	1.22	1.16	1.11	1.06	1.01	0.97

E. 出生力一定予測値

	2015	2020	2025	2030	2035	2040	2045	2050	2055	2060
人口(千人)										
総数	106	112	118	125	134	144	153	163	175	188
男	53	56	59	63	68	73	78	83	89	96
女	53	56	59	62	67	71	76	80	86	92
中位数年齢(歳)	21.3	22.1	22.9	23.6	24.0	24.0	23.9	24.1	24.5	24.9

	2010-2015	2015-2020	2020-2025	2025-2030	2030-2035	2035-2040	2040-2045	2045-2050	2050-2055	2055-2060
人口増加率(%)	0.42	0.99	1.09	1.25	1.35	1.35	1.29	1.27	1.35	1.47
粗出生率(人口千人あたり)	25.7	24.7	25.2	26.2	26.6	26.0	25.0	24.3	24.4	24.9
粗死亡率(人口千人あたり)	6.1	5.9	5.8	5.6	5.6	5.5	5.5	5.5	5.4	5.3

Trinidad and Tobago

A. 推 計 値

指 標	1960	1965	1970	1975	1980	1985	1990	1995	2000	2005	2010
人口(千人)											
総数	848	912	946	1 011	1 085	1 171	1 222	1 255	1 268	1 297	1 328
男	426	455	470	502	539	582	609	625	631	643	657
女	423	457	476	510	546	589	613	630	637	654	671
性比(女100につき男)	100.7	99.5	98.6	98.4	98.8	98.9	99.2	99.2	98.9	98.3	98.0
年齢分布(%)											
0－4歳	16.3	16.0	12.8	12.0	12.2	13.1	10.9	8.4	7.1	7.1	7.3
5－14歳	26.5	27.4	28.6	25.6	21.8	21.2	22.7	22.3	18.5	14.8	13.4
15－24歳	17.3	18.5	19.8	21.9	23.1	20.8	18.0	18.2	20.2	20.2	16.5
60歳以上	5.6	5.7	6.7	7.6	8.0	8.1	8.3	8.7	9.6	10.8	12.4
65歳以上	3.5	3.4	4.2	4.8	5.5	5.6	5.8	6.1	6.5	7.2	8.3
80歳以上	0.5	0.5	0.5	0.6	0.7	0.8	1.0	1.1	1.2	1.4	1.5
15－49歳女子(%)	45.3	44.8	45.6	48.4	51.6	51.2	51.2	52.5	55.4	56.5	54.6
中位数年齢(歳)	18.7	18.3	18.8	20.1	21.7	22.7	24.1	25.7	27.8	29.9	31.9
人口密度(1km²あたり)	165	178	184	197	212	228	238	245	247	253	259

	1960-1965	1965-1970	1970-1975	1975-1980	1980-1985	1985-1990	1990-1995	1995-2000	2000-2005	2005-2010	2010-2015
年平均人口増加数(千人)	13	7	13	15	17	10	7	3	6	6	6
年平均出生数(千人)	32	26	26	29	33	28	22	19	19	20	20
年平均死亡数(千人)	7	7	7	8	9	9	9	10	11	12	12
人口増加率(%)	1.45	0.72	1.34	1.41	1.52	0.85	0.54	0.21	0.45	0.48	0.48
粗出生率(人口千人あたり)	35.9	27.9	26.9	27.5	28.9	23.6	18.1	15.1	14.9	15.3	14.7
粗死亡率(人口千人あたり)	8.3	7.4	7.5	7.5	7.7	7.6	7.6	7.8	8.3	8.9	9.2
合計出生率(女子1人あたり)	5.04	3.81	3.45	3.24	3.28	2.75	2.18	1.82	1.75	1.80	1.80
純再生産率(女子1人あたり)	2.26	1.72	1.57	1.49	1.53	1.29	1.02	0.85	0.82	0.84	0.85
乳児死亡率(出生千人あたり)	51	48	43	38	32	29	28	29	29	27	25
出生時の平均余命(歳)											
男	62.4	62.9	63.2	64.2	64.5	65.0	65.4	65.0	65.1	65.9	66.9
女	66.0	66.8	67.9	69.3	70.2	70.7	71.3	72.2	72.5	73.0	73.8
男女計	64.1	64.8	65.5	66.7	67.3	67.8	68.2	68.4	68.7	69.3	70.2

B. 中 位 予 測 値

	2015	2020	2025	2030	2035	2040	2045	2050	2055	2060
人口(千人)										
総数	1 360	1 378	1 380	1 372	1 359	1 341	1 319	1 291	1 259	1 223
男	671	677	675	667	657	645	632	618	601	583
女	689	701	706	705	702	696	686	674	658	640
性比(女100につき男)	97.4	96.6	95.6	94.6	93.6	92.8	92.1	91.7	91.3	91.1
年齢分布(%)										
0－4歳	7.1	6.3	5.6	5.3	5.3	5.4	5.4	5.3	5.1	4.9
5－14歳	13.7	13.9	13.2	11.9	11.0	10.7	10.9	11.1	11.0	10.7
15－24歳	13.5	12.5	13.2	13.7	13.1	12.0	11.2	10.9	11.2	11.5
60歳以上	14.2	16.4	18.9	20.2	21.5	23.1	26.1	28.2	28.7	28.5
65歳以上	9.4	11.0	12.7	14.8	15.7	16.7	18.0	20.7	22.5	22.9
80歳以上	1.6	1.8	2.1	2.5	3.1	3.7	4.4	4.6	4.9	5.5
6－11歳	8.4	8.4	7.8	7.0	6.5	6.4	6.5	6.6	6.6	6.4
12－14歳	3.9	4.1	4.2	3.9	3.5	3.3	3.2	3.3	3.4	3.4
15－17歳	3.8	4.0	4.2	4.1	3.7	3.4	3.2	3.3	3.4	3.4
18－23歳	8.1	7.3	7.8	8.3	8.1	7.3	6.7	6.5	6.7	6.9
15－24歳女子(%)	51.2	49.7	49.0	48.1	45.1	42.6	41.4	41.2	41.0	40.3
中位数年齢(歳)	33.8	36.2	38.3	40.2	41.3	41.7	42.0	42.6	43.4	44.2
人口密度(1km²あたり)	265	269	269	268	265	261	257	252	245	238

	2010-2015	2015-2020	2020-2025	2025-2030	2030-2035	2035-2040	2040-2045	2045-2050	2050-2055	2055-2060
年平均人口増加数(千人)	6	4	1	－ 2	－ 3	－ 4	－ 4	－ 6	－ 6	－ 7
年平均出生数(千人)	20	18	16	15	15	15	15	14	13	12
年平均死亡数(千人)	12	13	15	16	17	18	18	19	19	19
年平均純移動数(千人)	−1	−1	−1	−1	−1	−1	−1	−1	−1	−1
人口増加率(%)	0.48	0.26	0.04	−0.11	−0.20	−0.27	−0.33	−0.42	−0.51	−0.58
粗出生率(人口千人あたり)	14.7	13.1	11.6	10.8	10.8	10.9	10.9	10.6	10.2	9.9
粗死亡率(人口千人あたり)	9.2	9.8	10.6	11.5	12.3	13.1	13.8	14.4	14.8	15.3
純移動率(人口千人あたり)	−0.7	−0.7	−0.6	−0.5	−0.4	−0.4	−0.5	−0.5	−0.4	−0.4
合計出生率 (女子1人あたり)	1.80	1.73	1.69	1.68	1.68	1.68	1.69	1.70	1.72	1.73
純再生産率 (女子1人あたり)	0.85	0.82	0.80	0.80	0.80	0.80	0.81	0.82	0.82	0.83
乳児死亡率 (出生千人あたり)	25	23	21	19	17	16	14	13	12	11
5歳未満の死亡数(出生千人あた	31	29	26	24	22	19	18	16	15	13
出生時の平均余命(歳)										
男	66.9	67.3	67.8	68.2	68.7	69.2	69.9	70.4	71.1	71.7
女	73.8	74.4	75.0	75.6	76.1	76.7	77.2	77.7	78.3	78.9
男女計	70.2	70.7	71.3	71.8	72.3	72.9	73.5	74.0	74.7	75.3

C. 高位予測値

	2015	2020	2025	2030	2035	2040	2045	2050	2055	2060
人口(千人)										
総数	1 360	1 390	1 411	1 425	1 433	1 438	1 443	1 446	1 449	1 451
男	671	683	690	694	695	695	695	696	697	699
女	689	707	721	731	738	744	747	750	752	753
性比(女100につき男)	97.4	96.5	95.4	94.2	93.1	92.0	91.1	90.3	89.6	88.9
年齢分布(%)										
0－4歳	7.1	7.2	6.8	6.6	6.5	6.7	6.8	6.9	6.9	6.8
5－14歳	13.7	13.8	13.8	13.7	13.2	13.0	13.1	13.3	13.6	13.7
15－24歳	13.5	12.4	12.9	13.2	13.3	13.3	13.0	12.8	12.8	13.1
60歳以上	14.2	16.3	18.5	19.4	20.4	21.5	23.8	25.1	25.0	24.0
65歳以上	9.4	10.9	12.5	14.3	14.9	15.6	16.5	18.5	19.6	19.3
80歳以上	1.6	1.8	2.1	2.4	2.9	3.4	4.0	4.1	4.2	4.7
15－49歳女子(%)	51.2	49.3	48.0	46.4	43.7	41.9	41.5	41.9	42.2	42.3
中位数年齢(歳)	33.8	36.0	37.6	38.8	39.1	38.7	38.4	38.3	38.2	38.2

	2010-2015	2015-2020	2020-2025	2025-2030	2030-2035	2035-2040	2040-2045	2045-2050	2050-2055	2055-2060
年平均人口増加数(千人)	6	6	4	3	2	1	1	1	1	0
年平均出生数(千人)	20	21	20	19	19	20	20	20	20	20
年平均死亡数(千人)	12	14	15	16	17	18	19	19	19	19
人口増加率(%)	0.48	0.44	0.30	0.20	0.11	0.07	0.06	0.05	0.04	0.03
粗出生率(人口千人あたり)	14.7	14.9	14.1	13.7	13.4	13.6	13.9	14.0	14.0	13.9
粗死亡率(人口千人あたり)	9.2	9.9	10.5	11.2	11.9	12.4	12.8	13.1	13.2	13.2
合計出生率 (女子1人あたり)	1.80	1.98	2.09	2.18	2.18	2.18	2.19	2.20	2.22	2.23
純再生産率 (女子1人あたり)	0.85	0.94	0.99	1.03	1.04	1.04	1.05	1.05	1.06	1.07

D. 低位予測値

	2015	2020	2025	2030	2035	2040	2045	2050	2055	2060
人口(千人)										
総数	1 360	1 365	1 349	1 320	1 284	1 244	1 198	1 145	1 085	1 021
男	671	670	659	640	619	596	571	543	513	480
女	689	695	690	679	665	648	627	602	572	540
性比(女100につき男)	97.4	96.5	95.4	94.2	93.1	92.0	91.1	90.3	89.6	88.9
年齢分布(%)										
0－4歳	7.1	5.4	4.4	3.9	3.9	4.0	3.9	3.7	3.3	3.1
5－14歳	13.7	14.0	12.5	10.1	8.5	8.1	8.3	8.4	8.2	7.6
15－24歳	13.5	12.6	13.5	14.2	12.9	10.5	9.0	8.6	9.0	9.2
60歳以上	14.2	16.6	19.4	21.0	22.7	24.9	28.7	31.8	33.3	34.1
65歳以上	9.4	11.1	13.0	15.4	16.7	18.0	19.9	23.3	26.1	27.5
80歳以上	1.6	1.8	2.2	2.6	3.2	4.0	4.9	5.1	5.7	6.6
15－49歳女子(%)	51.2	50.2	50.1	49.9	46.7	43.4	41.2	40.1	38.8	36.8
中位数年齢(歳)	33.8	36.5	39.0	41.4	43.3	44.8	45.7	46.9	48.4	50.1

	2010-2015	2015-2020	2020-2025	2025-2030	2030-2035	2035-2040	2040-2045	2045-2050	2050-2055	2055-2060
年平均人口増加数(千人)	6	1	− 3	− 6	− 7	− 8	− 9	− 11	− 12	− 13
年平均出生数(千人)	20	15	12	10	10	10	10	9	7	6
年平均死亡数(千人)	12	13	15	16	17	18	18	19	19	19
人口増加率(%)	0.48	0.07	−0.23	−0.44	−0.54	−0.64	−0.75	−0.91	−1.07	−1.22
粗出生率(人口千人あたり)	14.7	11.2	9.0	7.8	7.9	8.0	7.9	7.3	6.6	6.1
粗死亡率(人口千人あたり)	9.2	9.8	10.7	11.7	12.8	13.9	14.9	15.9	16.8	17.8
合計出生率 (女子1人あたり)	1.80	1.48	1.29	1.18	1.18	1.18	1.19	1.20	1.22	1.23
純再生産率 (女子1人あたり)	0.85	0.70	0.61	0.56	0.56	0.56	0.57	0.58	0.58	0.59

E. 出生力一定予測値

	2015	2020	2025	2030	2035	2040	2045	2050	2055	2060
人口(千人)										
総数	1 360	1 380	1 387	1 385	1 377	1 364	1 346	1 322	1 294	1 265
男	671	678	678	673	666	657	646	633	619	604
女	689	702	709	712	711	707	700	689	676	661
中位数年齢(歳)	33.8	36.2	38.1	39.9	40.8	41.0	41.2	41.8	42.4	43.0

	2010-2015	2015-2020	2020-2025	2025-2030	2030-2035	2035-2040	2040-2045	2045-2050	2050-2055	2055-2060
人口増加率(%)	0.48	0.29	0.10	−0.03	−0.12	−0.19	−0.27	−0.36	−0.42	−0.47
粗出生率(人口千人あたり)	14.7	13.4	12.2	11.6	11.5	11.5	11.3	11.0	10.7	10.6
粗死亡率(人口千人あたり)	9.2	9.8	10.6	11.4	12.2	13.0	13.6	14.1	14.5	14.8

Tunisia

A. 推 計 値

指　標	1960	1965	1970	1975	1980	1985	1990	1995	2000	2005	2010
人口(千人)											
総数	4 176	4 545	5 060	5 652	6 368	7 322	8 233	9 114	9 699	10 102	10 639
男	2 082	2 282	2 538	2 842	3 201	3 675	4 139	4 590	4 866	5 032	5 276
女	2 094	2 263	2 523	2 810	3 167	3 647	4 093	4 524	4 833	5 071	5 363
性比(女100につき男)	99.4	100.9	100.6	101.1	101.1	100.8	101.1	101.5	100.7	99.2	98.4
年齢分布(%)											
０－４歳	16.8	18.1	16.7	15.8	15.4	14.3	12.9	10.5	8.7	7.9	8.1
５－14歳	26.7	27.9	28.8	27.9	26.4	24.9	24.3	23.3	20.9	17.6	15.2
15－24歳	16.5	15.1	17.6	20.4	20.9	20.6	19.7	19.7	20.3	20.7	18.7
60歳以上	5.9	5.7	5.7	6.0	6.0	6.9	7.5	8.7	9.6	10.0	10.4
65歳以上	3.7	3.5	3.5	3.7	3.9	4.5	4.9	5.6	6.7	7.4	7.5
80歳以上	0.4	0.4	0.4	0.4	0.4	0.4	0.5	0.7	0.8	1.1	1.3
15－49歳女子(%)	44.3	42.5	43.7	45.4	46.7	47.4	48.5	51.5	54.9	56.7	56.5
中位数年齢(歳)	18.5	17.5	17.0	17.8	18.6	19.9	21.3	23.1	25.1	27.2	29.2
人口密度(1k㎡あたり)	27	29	33	36	41	47	53	59	62	65	68

指　標	1960-1965	1965-1970	1970-1975	1975-1980	1980-1985	1985-1990	1990-1995	1995-2000	2000-2005	2005-2010	2010-2015
年平均人口増加数(千人)	74	103	118	143	191	182	176	117	81	107	123
年平均出生数(千人)	197	208	210	219	227	226	198	176	165	177	201
年平均死亡数(千人)	95	85	72	62	53	53	50	52	56	63	72
人口増加率(%)	1.69	2.15	2.21	2.38	2.79	2.35	2.03	1.25	0.82	1.04	1.12
粗出生率(人口千人あたり)	45.2	43.2	39.1	36.5	33.1	29.0	22.9	18.7	16.6	17.0	18.4
粗死亡率(人口千人あたり)	21.7	17.7	13.4	10.3	7.8	6.9	5.8	5.5	5.7	6.0	6.6
合計出生率(女子１人あたり)	6.99	6.92	6.39	5.65	4.82	4.00	2.98	2.34	2.04	2.02	2.16
純再生産率(女子１人あたり)	2.26	2.44	2.45	2.34	2.11	1.81	1.38	1.09	0.96	0.96	1.02
乳児死亡率(出生千人あたり)	195	173	140	97	66	49	35	29	23	19	19
出生時の平均余命(歳)											
男	42.8	47.3	53.0	58.5	62.8	65.4	68.1	70.1	71.4	72.3	72.3
女	44.8	49.4	55.2	60.3	65.9	69.1	72.7	75.0	76.3	77.0	77.0
男女計	43.7	48.3	54.1	59.4	64.3	67.1	70.3	72.4	73.7	74.6	74.6

B. 中 位 予 測 値

指　標	2015	2020	2025	2030	2035	2040	2045	2050	2055	2060
人口(千人)										
総数	11 254	11 835	12 320	12 686	12 955	13 166	13 342	13 476	13 541	13 530
男	5 561	5 846	6 084	6 262	6 393	6 498	6 590	6 667	6 717	6 732
女	5 692	5 989	6 236	6 424	6 562	6 668	6 752	6 808	6 824	6 797
性比(女100につき男)	97.7	97.6	97.6	97.5	97.4	97.4	97.6	97.9	98.4	99.0
年齢分布(%)										
０－４歳	8.7	8.1	7.3	6.4	5.9	5.8	5.9	5.9	5.7	5.4
５－14歳	14.6	15.5	15.7	14.6	13.1	12.0	11.4	11.5	11.7	11.6
15－24歳	15.6	13.6	13.2	14.3	14.9	14.0	12.7	11.6	11.2	11.4
60歳以上	11.7	13.4	15.5	17.7	19.5	21.6	24.1	26.5	28.0	28.6
65歳以上	7.6	8.8	10.4	12.4	14.3	15.8	17.5	19.6	21.7	23.1
80歳以上	1.6	1.7	1.7	1.9	2.5	3.3	4.1	4.8	5.3	6.1
６－11歳	8.8	9.6	9.5	8.6	7.7	7.1	6.8	6.9	7.0	6.9
12－14歳	4.2	4.2	4.7	4.6	4.2	3.8	3.4	3.4	3.5	3.5
15－17歳	4.3	4.0	4.3	4.7	4.4	4.0	3.6	3.4	3.4	3.5
18－23歳	9.6	8.1	7.7	8.4	9.0	8.5	7.7	7.0	6.7	6.8
15－24歳女子(%)	54.1	51.1	49.4	48.4	46.8	44.8	43.3	42.5	42.2	41.9
中位数年齢(歳)	31.2	32.9	34.8	36.5	38.0	39.0	39.6	40.4	41.6	42.8
人口密度(1k㎡あたり)	72	76	79	82	83	85	86	87	87	87

指　標	2010-2015	2015-2020	2020-2025	2025-2030	2030-2035	2035-2040	2040-2045	2045-2050	2050-2055	2055-2060
年平均人口増加数(千人)	123	116	97	73	54	42	35	27	13	－2
年平均出生数(千人)	201	196	182	165	155	155	160	161	156	147
年平均死亡数(千人)	72	76	81	88	97	109	120	130	139	145
年平均純移動数(千人)	−7	−4	−4	−4	−4	−4	−4	−4	−4	−4
人口増加率(%)	1.12	1.01	0.80	0.59	0.42	0.32	0.27	0.20	0.10	−0.02
粗出生率(人口千人あたり)	18.4	17.0	15.0	13.2	12.1	11.9	12.0	12.0	11.5	10.8
粗死亡率(人口千人あたり)	6.6	6.6	6.7	7.0	7.6	8.3	9.1	9.7	10.3	10.7
純移動率(人口千人あたり)	−0.6	−0.3	−0.3	−0.3	−0.3	−0.3	−0.3	−0.3	−0.3	−0.3
合計出生率 (女子１人あたり)	2.16	2.07	1.99	1.93	1.89	1.86	1.84	1.83	1.82	1.82
純再生産率 (女子１人あたり)	1.02	0.98	0.95	0.92	0.90	0.89	0.88	0.88	0.88	0.88
乳児死亡率 (出生千人あたり)	19	16	14	12	11	10	9	8	8	7
５歳未満の死亡数(出生千人あた	20	18	16	14	12	11	10	10	9	9
出生時の平均余命(歳)										
男	72.3	73.2	74.1	74.9	75.8	76.6	77.4	78.2	79.1	79.9
女	77.0	77.9	78.6	79.2	79.9	80.4	81.0	81.5	82.0	82.5
男女計	74.6	75.5	76.3	77.1	77.8	78.5	79.2	79.9	80.6	81.3

C. 高位予測値

	2015	2020	2025	2030	2035	2040	2045	2050	2055	2060
人口(千人)										
総数	11 254	11 952	12 616	13 193	13 665	14 094	14 529	14 978	15 414	15 806
男	5 561	5 906	6 235	6 522	6 757	6 972	7 197	7 436	7 675	7 897
女	5 692	6 046	6 381	6 671	6 909	7 121	7 332	7 542	7 739	7 909
性比(女100につき男)	97.7	97.5	97.4	97.2	97.0	96.9	96.9	97.2	97.5	98.1
年齢分布(%)										
0－4歳	8.7	9.0	8.5	7.8	7.1	7.0	7.2	7.4	7.4	7.2
5－14歳	14.6	15.3	16.3	16.3	15.3	14.1	13.4	13.5	14.0	14.3
15－24歳	15.6	13.5	12.9	13.8	14.9	15.1	14.3	13.2	12.6	12.8
60歳以上	11.7	13.2	15.1	17.0	18.5	20.2	22.1	23.8	24.6	24.5
65歳以上	7.6	8.7	10.2	11.9	13.6	14.7	16.1	17.6	19.1	19.7
80歳以上	1.6	1.6	1.6	1.8	2.4	3.1	3.7	4.3	4.7	5.2
15－49歳女子(%)	54.1	50.6	48.3	46.6	45.3	44.0	43.2	42.9	43.0	43.3
中位数年齢(歳)	31.2	32.6	34.0	35.1	35.8	35.9	36.0	36.4	37.0	37.6

	2010-2015	2015-2020	2020-2025	2025-2030	2030-2035	2035-2040	2040-2045	2045-2050	2050-2055	2055-2060
年平均人口増加数(千人)	123	140	133	115	95	86	87	90	87	78
年平均出生数(千人)	201	220	218	208	196	199	212	225	231	229
年平均死亡数(千人)	72	76	81	88	98	109	121	131	140	147
人口増加率(%)	1.12	1.20	1.08	0.89	0.70	0.62	0.61	0.61	0.57	0.50
粗出生率(人口千人あたり)	18.4	18.9	17.8	16.1	14.6	14.3	14.8	15.3	15.2	14.6
粗死亡率(人口千人あたり)	6.6	6.6	6.6	6.9	7.3	7.9	8.5	8.9	9.2	9.4
合計出生率（女子１人あたり）	2.16	2.32	2.39	2.43	2.39	2.36	2.34	2.33	2.32	2.32
純再生産率（女子１人あたり）	1.02	1.10	1.14	1.16	1.14	1.13	1.12	1.12	1.12	1.12

D. 低位予測値

	2015	2020	2025	2030	2035	2040	2045	2050	2055	2060
人口(千人)										
総数	11 254	11 719	12 024	12 179	12 245	12 244	12 181	12 040	11 805	11 479
男	5 561	5 787	5 933	6 003	6 030	6 026	5 996	5 933	5 829	5 683
女	5 692	5 932	6 091	6 176	6 215	6 218	6 185	6 107	5 976	5 796
性比(女100につき男)	97.7	97.5	97.4	97.2	97.0	96.9	96.9	97.2	97.5	98.1
年齢分布(%)										
0－4歳	8.7	7.2	5.9	4.9	4.6	4.5	4.5	4.3	4.0	3.6
5－14歳	14.6	15.6	15.2	12.8	10.7	9.5	9.1	9.1	9.0	8.6
15－24歳	15.6	13.7	13.6	14.9	14.8	12.6	10.7	9.5	9.3	9.5
60歳以上	11.7	13.5	15.9	18.5	20.7	23.2	26.4	29.6	32.1	33.7
65歳以上	7.6	8.9	10.7	12.9	15.2	17.0	19.1	21.9	24.9	27.2
80歳以上	1.6	1.7	1.7	1.9	2.7	3.5	4.5	5.4	6.1	7.2
15－49歳女子(%)	54.1	51.6	50.6	50.3	48.5	45.7	43.3	41.7	40.6	39.4
中位数年齢(歳)	31.2	33.2	35.6	37.9	40.1	41.9	43.4	44.7	46.3	48.3

	2010-2015	2015-2020	2020-2025	2025-2030	2030-2035	2035-2040	2040-2045	2045-2050	2050-2055	2055-2060
年平均人口増加数(千人)	123	93	61	31	13	0	− 13	− 28	− 47	− 65
年平均出生数(千人)	201	172	145	122	114	112	111	105	95	83
年平均死亡数(千人)	72	75	80	87	97	108	120	129	138	144
人口増加率(%)	1.12	0.81	0.51	0.26	0.11	0.00	−0.10	−0.23	−0.40	−0.56
粗出生率(人口千人あたり)	18.4	15.0	12.2	10.1	9.3	9.1	9.1	8.7	7.9	7.1
粗死亡率(人口千人あたり)	6.6	6.6	6.7	7.2	7.9	8.8	9.8	10.7	11.6	12.4
合計出生率（女子１人あたり）	2.16	1.82	1.59	1.43	1.39	1.36	1.34	1.33	1.32	1.32
純再生産率（女子１人あたり）	1.02	0.86	0.76	0.68	0.66	0.65	0.64	0.64	0.64	0.64

E. 出生力一定予測値

	2015	2020	2025	2030	2035	2040	2045	2050	2055	2060
人口(千人)										
総数	11 254	11 879	12 441	12 903	13 283	13 624	13 956	14 272	14 546	14 761
男	5 561	5 869	6 146	6 374	6 561	6 732	6 904	7 075	7 231	7 362
女	5 692	6 011	6 295	6 530	6 722	6 892	7 052	7 197	7 315	7 398
中位数年齢(歳)	31.2	32.8	34.5	35.9	36.9	37.5	37.8	38.2	39.0	39.7

	2010-2015	2015-2020	2020-2025	2025-2030	2030-2035	2035-2040	2040-2045	2045-2050	2050-2055	2055-2060
人口増加率(%)	1.12	1.08	0.92	0.73	0.58	0.51	0.48	0.45	0.38	0.29
粗出生率(人口千人あたり)	18.4	17.7	16.2	14.6	13.6	13.5	13.9	14.0	13.7	13.1
粗死亡率(人口千人あたり)	6.6	6.6	6.7	6.9	7.4	8.1	8.7	9.3	9.7	10.0

Turkey

A. 推 計 値

指　標	1960	1965	1970	1975	1980	1985	1990	1995	2000	2005	2010
人口(千人)											
総数	27 553	31 000	34 772	39 186	43 906	49 178	53 995	58 522	63 240	67 861	72 310
男	13 729	15 404	17 245	19 449	21 755	24 290	26 637	28 820	31 114	33 364	35 525
女	13 824	15 597	17 527	19 737	22 150	24 888	27 358	29 702	32 126	34 496	36 786
性比(女100につき男)	99.3	98.8	98.4	98.5	98.2	97.6	97.4	97.0	96.8	96.7	96.6
年齢分布(%)											
０－４歳	17.6	16.7	15.9	15.6	15.1	13.9	12.3	11.0	10.5	9.6	8.9
５－14歳	25.0	26.8	26.2	25.2	24.9	24.6	23.9	22.3	20.2	19.0	18.0
15－24歳	17.3	16.8	18.5	19.6	19.5	19.2	19.5	20.0	19.9	18.8	17.4
60歳以上	5.6	5.9	6.3	6.9	6.5	6.6	7.2	8.1	8.8	9.3	10.1
65歳以上	3.1	3.7	3.9	4.5	4.7	4.4	4.5	5.1	6.0	6.5	7.0
80歳以上	0.3	0.3	0.4	0.4	0.6	0.6	0.7	0.8	0.7	0.9	1.1
15－49歳女子(%)	43.8	43.1	45.3	46.3	47.0	48.0	50.0	52.2	53.8	53.9	53.4
中位数年齢(歳)	19.1	18.6	18.7	19.3	19.8	20.7	21.8	23.2	24.7	26.4	28.2
人口密度(1k㎡あたり)	36	40	45	51	57	64	70	76	82	88	94

指　標	1960-1965	1965-1970	1970-1975	1975-1980	1980-1985	1985-1990	1990-1995	1995-2000	2000-2005	2005-2010	2010-2015
年平均人口増加数(千人)	689	754	883	944	1 054	963	906	944	924	890	1 271
年平均出生数(千人)	1 292	1 344	1 468	1 525	1 553	1 447	1 381	1 388	1 344	1 309	1 304
年平均死亡数(千人)	551	526	523	507	483	453	435	414	400	409	432
人口増加率(%)	2.36	2.30	2.39	2.28	2.27	1.87	1.61	1.55	1.41	1.27	1.69
粗出生率(人口千人あたり)	44.1	40.9	39.7	36.7	33.4	28.0	24.5	22.8	20.5	18.7	17.3
粗死亡率(人口千人あたり)	18.8	16.0	14.1	12.2	10.4	8.8	7.7	6.8	6.1	5.8	5.7
合計出生率(女子１人あたり)	6.14	5.74	5.34	4.65	4.07	3.35	2.87	2.62	2.35	2.18	2.10
純再生産率(女子１人あたり)	2.11	2.07	2.02	1.84	1.68	1.43	1.26	1.19	1.09	1.02	0.99
乳児死亡率(出生千人あたり)	179	160	145	120	95	73	56	37	25	16	13
出生時の平均余命(歳)											
男	44.4	48.2	50.9	54.0	56.8	59.6	61.8	64.7	68.0	69.9	71.5
女	50.2	53.5	56.7	60.3	63.9	66.7	69.4	72.5	74.9	76.9	78.1
男女計	47.2	50.8	53.8	57.0	60.2	63.0	65.5	68.5	71.4	73.4	74.8

B. 中 位 予 測 値

指　標	2015	2020	2025	2030	2035	2040	2045	2050	2055	2060
人口(千人)										
総数	78 666	82 256	84 862	87 717	90 461	92 744	94 544	95 819	96 588	96 856
男	38 675	40 428	41 698	43 117	44 508	45 688	46 660	47 392	47 889	48 129
女	39 991	41 828	43 163	44 600	45 953	47 056	47 884	48 427	48 700	48 727
性比(女100につき男)	96.7	96.7	96.6	96.7	96.9	97.1	97.4	97.9	98.3	98.8
年齢分布(%)										
０－４歳	8.7	7.6	7.1	6.6	6.2	5.9	5.7	5.4	5.2	5.0
５－14歳	17.0	16.2	15.0	13.9	13.0	12.3	11.8	11.3	10.9	10.5
15－24歳	16.6	16.1	15.2	14.6	13.9	13.0	12.3	11.8	11.4	11.1
60歳以上	11.2	13.0	14.9	17.0	19.4	22.0	24.5	26.6	28.5	30.3
65歳以上	7.5	8.8	10.4	12.1	14.0	16.1	18.3	20.6	22.5	24.0
80歳以上	1.4	1.6	1.9	2.2	2.9	3.7	4.5	5.4	6.4	7.6
６－11歳	10.2	9.8	8.9	8.3	7.7	7.3	7.0	6.7	6.5	6.3
12－14歳	5.1	4.8	4.6	4.3	4.0	3.8	3.6	3.5	3.3	3.2
15－17歳	5.1	4.8	4.5	4.4	4.1	3.8	3.6	3.5	3.4	3.3
18－23歳	9.8	9.7	9.1	8.7	8.4	7.9	7.4	7.1	6.9	6.7
15－24歳女子(%)	52.5	51.9	50.6	48.9	47.1	45.5	44.1	42.7	41.5	40.4
中位数年齢(歳)	29.8	31.6	33.5	35.2	37.0	38.7	40.3	41.8	43.2	44.5
人口密度(1k㎡あたり)	102	107	110	114	118	121	123	125	125	126

指　標	2010-2015	2015-2020	2020-2025	2025-2030	2030-2035	2035-2040	2040-2045	2045-2050	2050-2055	2055-2060
年平均人口増加数(千人)	1 271	718	521	571	549	457	360	255	154	54
年平均出生数(千人)	1 304	1 267	1 216	1 172	1 138	1 108	1 077	1 043	1 009	979
年平均死亡数(千人)	432	465	495	531	579	641	707	778	846	916
年平均純移動数(千人)	400	−84	−200	−70	−10	−10	−10	−10	−10	−9
人口増加率(%)	1.69	0.89	0.62	0.66	0.62	0.50	0.39	0.27	0.16	0.06
粗出生率(人口千人あたり)	17.3	15.7	14.6	13.6	12.8	12.1	11.5	11.0	10.5	10.1
粗死亡率(人口千人あたり)	5.7	5.8	5.9	6.2	6.5	7.0	7.5	8.2	8.8	9.5
純移動率(人口千人あたり)	5.3	−1.0	−2.4	−0.8	−0.1	−0.1	−0.1	−0.1	−0.1	−0.1
合計出生率（女子１人あたり）	2.10	2.01	1.92	1.86	1.82	1.79	1.76	1.75	1.75	1.75
純再生産率（女子１人あたり）	0.99	0.95	0.92	0.89	0.87	0.86	0.85	0.84	0.84	0.84
乳児死亡率（出生千人あたり）	13	10	8	7	6	5	4	4	4	3
５歳未満の死亡数(出生千人あたり	19	15	12	10	8	7	7	6	5	5
出生時の平均余命(歳)										
男	71.5	73.0	74.4	75.7	76.9	78.2	79.4	80.5	81.6	82.5
女	78.1	79.3	80.4	81.3	82.2	82.9	83.7	84.3	85.0	85.6
男女計	74.8	76.2	77.4	78.6	79.7	80.7	81.7	82.5	83.4	84.1

C. 高位予測値

	2015	2020	2025	2030	2035	2040	2045	2050	2055	2060
人口(千人)										
総数	78 666	83 036	86 890	91 300	95 608	99 542	103 238	106 790	110 213	113 390
男	38 675	40 827	42 736	44 950	47 141	49 167	51 108	53 005	54 860	56 588
女	39 991	42 209	44 154	46 350	48 467	50 376	52 130	53 785	55 354	56 802
性比(女100につき男)	96.7	96.6	96.4	96.3	96.4	96.5	96.8	97.1	97.4	97.7
年齢分布(%)										
0－4歳	8.7	8.5	8.3	8.1	7.6	7.2	7.0	7.0	7.0	6.9
5－14歳	17.0	16.0	15.5	15.5	15.2	14.6	13.9	13.5	13.3	13.4
15－24歳	16.6	16.0	14.8	14.0	13.9	14.2	14.0	13.5	12.9	12.6
60歳以上	11.2	12.9	14.6	16.3	18.3	20.5	22.4	23.9	25.0	25.9
65歳以上	7.5	8.7	10.2	11.6	13.2	15.0	16.8	18.5	19.7	20.5
80歳以上	1.4	1.6	1.8	2.1	2.8	3.4	4.1	4.8	5.6	6.5
15－49歳女子(%)	52.5	51.4	49.4	47.1	45.5	44.5	43.9	43.1	42.4	42.1
中位数年齢(歳)	29.8	31.3	32.7	33.8	35.0	36.1	36.9	37.5	38.0	38.6

	2010-2015	2015-2020	2020-2025	2025-2030	2030-2035	2035-2040	2040-2045	2045-2050	2050-2055	2055-2060
年平均人口増加数(千人)	1 271	874	771	882	862	787	739	710	685	635
年平均出生数(千人)	1 304	1 425	1 469	1 486	1 454	1 442	1 461	1 504	1 546	1 567
年平均死亡数(千人)	432	467	498	534	583	646	711	783	852	923
人口増加率(%)	1.69	1.08	0.91	0.99	0.92	0.81	0.73	0.68	0.63	0.57
粗出生率(人口千人あたり)	17.3	17.6	17.3	16.7	15.6	14.8	14.4	14.3	14.2	14.0
粗死亡率(人口千人あたり)	5.7	5.8	5.9	6.0	6.2	6.6	7.0	7.5	7.9	8.3
合計出生率 (女子1人あたり)	2.10	2.26	2.32	2.36	2.32	2.29	2.26	2.25	2.25	2.25
純再生産率 (女子1人あたり)	0.99	1.07	1.11	1.13	1.11	1.10	1.09	1.08	1.08	1.09

D. 低位予測値

	2015	2020	2025	2030	2035	2040	2045	2050	2055	2060
人口(千人)										
総数	78 666	81 476	82 833	84 134	85 322	86 006	86 083	85 441	84 106	82 153
男	38 675	40 029	40 661	41 284	41 879	42 241	42 331	42 082	41 503	40 607
女	39 991	41 446	42 172	42 850	43 443	43 765	43 752	43 359	42 603	41 546
性比(女100につき男)	96.7	96.6	96.4	96.3	96.4	96.5	96.8	97.1	97.4	97.7
年齢分布(%)										
0－4歳	8.7	6.7	5.7	5.0	4.8	4.5	4.2	3.8	3.4	3.2
5－14歳	17.0	16.3	14.4	12.1	10.5	9.6	9.2	8.8	8.1	7.5
15－24歳	16.6	16.3	15.6	15.2	13.8	11.7	10.3	9.6	9.4	9.1
60歳以上	11.2	13.1	15.3	17.7	20.6	23.7	26.9	29.9	32.7	35.7
65歳以上	7.5	8.9	10.7	12.6	14.8	17.3	20.1	23.1	25.8	28.3
80歳以上	1.4	1.7	1.9	2.3	3.1	4.0	4.9	6.0	7.4	9.0
15－49歳女子(%)	52.5	52.3	51.7	50.9	49.0	46.7	44.3	41.9	39.7	37.5
中位数年齢(歳)	29.8	31.9	34.3	36.7	39.0	41.4	43.7	46.0	48.2	50.5

	2010-2015	2015-2020	2020-2025	2025-2030	2030-2035	2035-2040	2040-2045	2045-2050	2050-2055	2055-2060
年平均人口増加数(千人)	1 271	562	272	260	238	137	15	－ 128	－ 267	－ 391
年平均出生数(千人)	1 304	1 109	963	857	822	784	728	655	582	528
年平均死亡数(千人)	432	463	491	527	575	637	702	773	840	910
人口増加率(%)	1.69	0.70	0.33	0.31	0.28	0.16	0.02	−0.15	−0.32	−0.47
粗出生率(人口千人あたり)	17.3	13.9	11.7	10.3	9.7	9.2	8.5	7.6	6.9	6.4
粗死亡率(人口千人あたり)	5.7	5.8	6.0	6.3	6.8	7.4	8.2	9.0	9.9	10.9
合計出生率 (女子1人あたり)	2.10	1.76	1.52	1.36	1.32	1.29	1.26	1.25	1.25	1.25
純再生産率 (女子1人あたり)	0.99	0.83	0.73	0.65	0.63	0.62	0.61	0.60	0.60	0.60

E. 出生力一定予測値

	2015	2020	2025	2030	2035	2040	2045	2050	2055	2060
人口(千人)										
総数	78 666	82 559	85 726	89 322	92 946	96 246	99 228	101 871	104 189	106 160
男	38 675	40 583	42 141	43 938	45 779	47 480	49 057	50 489	51 778	52 890
女	39 991	41 976	43 586	45 384	47 166	48 766	50 172	51 382	52 411	53 270
中位数年齢(歳)	29.8	31.5	33.1	34.6	36.1	37.4	38.5	39.4	40.2	40.9

	2010-2015	2015-2020	2020-2025	2025-2030	2030-2035	2035-2040	2040-2045	2045-2050	2050-2055	2055-2060
人口増加率(%)	1.69	0.97	0.75	0.82	0.80	0.70	0.61	0.53	0.45	0.38
粗出生率(人口千人あたり)	17.3	16.5	15.8	15.1	14.4	13.9	13.5	13.1	12.8	12.6
粗死亡率(人口千人あたり)	5.7	5.8	5.9	6.1	6.4	6.8	7.3	7.8	8.2	8.7

Turkmenistan

A. 推 計 値

指　標	1960	1965	1970	1975	1980	1985	1990	1995	2000	2005	2010
人口(千人)											
総数	1 594	1 890	2 188	2 520	2 861	3 229	3 668	4 188	4 501	4 748	5 042
男	782	929	1 077	1 241	1 406	1 587	1 809	2 068	2 222	2 342	2 483
女	812	961	1 111	1 279	1 455	1 642	1 859	2 120	2 279	2 406	2 559
性比(女100につき男)	96.3	96.7	96.9	97.0	96.6	96.7	97.3	97.5	97.5	97.3	97.0
年齢分布(%)											
0－4歳	18.0	18.6	16.2	15.8	15.3	15.4	15.8	14.2	10.9	10.6	10.0
5－14歳	21.5	25.8	28.8	27.6	26.1	25.1	24.7	25.4	25.4	22.0	19.2
15－24歳	16.2	13.4	15.9	19.8	21.7	21.0	19.5	19.2	19.9	21.4	21.8
60歳以上	7.8	7.4	7.2	6.8	6.0	5.9	6.2	6.2	6.6	6.0	6.1
65歳以上	5.2	4.7	4.7	4.5	4.3	3.9	3.8	4.1	4.3	4.6	4.1
80歳以上	0.7	0.7	0.7	0.7	0.7	0.7	0.7	0.6	0.6	0.6	0.8
15－49歳女子(%)	45.4	40.9	41.3	43.5	45.4	46.8	47.1	49.2	52.4	55.0	56.5
中位数年齢(歳)	21.9	18.8	17.6	17.9	18.7	19.5	19.7	20.2	21.6	22.9	24.5
人口密度(1km²あたり)	3	4	5	5	6	7	8	9	10	10	11

指　標	1960-1965	1965-1970	1970-1975	1975-1980	1980-1985	1985-1990	1990-1995	1995-2000	2000-2005	2005-2010	2010-2015
年平均人口増加数(千人)	59	60	66	68	74	88	104	63	49	59	66
年平均出生数(千人)	78	78	86	92	108	126	129	109	108	108	112
年平均死亡数(千人)	26	26	26	28	29	31	34	34	36	38	40
人口増加率(%)	3.41	2.93	2.82	2.54	2.42	2.55	2.65	1.44	1.07	1.20	1.27
粗出生率(人口千人あたり)	44.9	38.2	36.7	34.4	35.3	36.4	32.9	25.0	23.3	22.1	21.5
粗死亡率(人口千人あたり)	15.0	12.5	11.2	10.2	9.5	9.0	8.6	7.8	7.7	7.8	7.8
合計出生率(女子1人あたり)	6.75	6.34	6.19	5.32	4.79	4.55	4.03	3.03	2.76	2.50	2.34
純再生産率(女子1人あたり)	2.68	2.57	2.56	2.23	2.05	1.97	1.76	1.34	1.24	1.13	1.06
乳児死亡率(出生千人あたり)	130	121	111	101	91	81	76	61	52	50	47
出生時の平均余命(歳)											
男	52.0	54.0	55.6	56.6	58.1	59.3	58.8	59.7	60.4	60.6	61.3
女	59.1	61.2	62.7	63.8	65.3	66.3	66.6	67.6	68.2	68.9	69.7
男女計	55.5	57.6	59.2	60.2	61.8	62.8	62.7	63.6	64.2	64.7	65.4

B. 中 位 予 測 値

指　標	2015	2020	2025	2030	2035	2040	2045	2050	2055	2060
人口(千人)										
総数	5 374	5 685	5 952	6 160	6 316	6 432	6 513	6 555	6 555	6 514
男	2 641	2 787	2 909	3 001	3 067	3 113	3 144	3 155	3 146	3 116
女	2 733	2 898	3 042	3 158	3 249	3 318	3 369	3 400	3 409	3 398
性比(女100につき男)	96.6	96.2	95.6	95.0	94.4	93.8	93.3	92.8	92.3	91.7
年齢分布(%)										
0－4歳	9.8	9.2	8.4	7.5	7.0	6.8	6.6	6.4	6.1	5.9
5－14歳	18.4	17.8	17.3	16.3	15.0	13.9	13.2	13.0	12.8	12.4
15－24歳	19.0	16.7	16.3	16.2	16.1	15.4	14.3	13.4	13.0	12.9
60歳以上	6.9	8.3	10.0	11.4	12.7	14.1	15.8	18.2	20.5	21.3
65歳以上	4.2	4.9	6.1	7.5	8.6	9.6	10.6	12.0	14.0	15.9
80歳以上	0.8	0.8	0.7	0.8	1.1	1.5	1.8	2.0	2.2	2.6
6－11歳	11.1	10.8	10.5	9.7	8.9	8.2	7.9	7.8	7.6	7.4
12－14歳	5.4	5.2	5.2	5.0	4.7	4.3	4.0	3.9	3.9	3.8
15－17歳	5.1	5.2	5.0	5.0	4.8	4.5	4.1	3.9	3.9	3.9
18－23歳	11.8	9.8	9.8	9.6	9.7	9.3	8.7	8.1	7.8	7.7
15－24歳女子(%)	55.1	54.5	53.9	53.5	52.6	50.7	48.4	47.5	46.5	45.7
中位数年齢(歳)	26.4	28.2	30.1	31.5	32.9	34.2	35.4	36.7	37.9	39.0
人口密度(1km²あたり)	11	12	13	13	13	14	14	14	14	14

指　標	2010-2015	2015-2020	2020-2025	2025-2030	2030-2035	2035-2040	2040-2045	2045-2050	2050-2055	2055-2060
年平均人口増加数(千人)	66	62	53	42	31	23	16	8	0	－8
年平均出生数(千人)	112	111	105	98	93	91	89	87	83	79
年平均死亡数(千人)	40	43	47	51	56	62	68	74	78	82
年平均純移動数(千人)	−5	−5	−5	−5	−5	−5	−5	−5	−5	−4
人口増加率(%)	1.27	1.13	0.92	0.69	0.50	0.36	0.25	0.13	0.00	−0.13
粗出生率(人口千人あたり)	21.5	20.0	18.0	16.1	14.8	14.2	13.8	13.3	12.7	12.0
粗死亡率(人口千人あたり)	7.8	7.8	8.0	8.4	9.0	9.8	10.5	11.3	11.9	12.6
純移動率(人口千人あたり)	−1.0	−0.9	−0.9	−0.8	−0.8	−0.8	−0.8	−0.8	−0.7	−0.7
合計出生率（女子1人あたり）	2.34	2.22	2.11	2.02	1.95	1.89	1.84	1.81	1.79	1.78
純再生産率（女子1人あたり）	1.06	1.01	0.97	0.93	0.90	0.88	0.86	0.85	0.84	0.84
乳児死亡率（出生千人あたり）	47	43	40	37	35	32	30	27	25	23
5歳未満の死亡数(出生千人あたり	60	55	51	48	44	41	38	35	32	29
出生時の平均余命(歳)										
男	61.3	62.0	62.6	63.2	63.8	64.4	65.0	65.5	66.0	66.6
女	69.7	70.4	71.1	71.8	72.4	73.1	73.7	74.3	74.9	75.5
男女計	65.4	66.1	66.8	67.4	68.0	68.7	69.3	69.8	70.4	71.0

C. 高位予測値

	2015	2020	2025	2030	2035	2040	2045	2050	2055	2060
人口(千人)										
総数	5 374	5 745	6 106	6 428	6 698	6 936	7 161	7 377	7 578	7 754
男	2 641	2 817	2 987	3 137	3 260	3 369	3 471	3 571	3 663	3 742
女	2 733	2 927	3 118	3 291	3 438	3 568	3 689	3 806	3 916	4 012
性比(女100につき男)	96.6	96.1	95.4	94.7	93.9	93.1	92.4	91.6	90.7	89.8
年齢分布(%)										
0－4歳	9.8	10.2	9.7	9.0	8.3	8.0	8.0	8.1	8.0	7.8
5－14歳	18.4	17.6	17.9	18.0	17.2	16.2	15.4	15.2	15.3	15.3
15－24歳	19.0	16.5	15.9	15.5	16.0	16.4	15.9	15.0	14.3	14.2
60歳以上	6.9	8.2	9.8	10.9	12.0	13.1	14.4	16.2	17.7	17.9
65歳以上	4.2	4.8	6.0	7.2	8.1	8.9	9.7	10.7	12.1	13.3
80歳以上	0.8	0.8	0.7	0.7	1.0	1.4	1.7	1.8	1.9	2.2
15－49歳女子(%)	55.1	54.0	52.6	51.3	50.6	49.2	47.8	47.3	46.8	46.6
中位数年齢(歳)	26.4	28.0	29.3	30.0	30.9	31.6	32.1	32.7	33.4	34.1

	2010-2015	2015-2020	2020-2025	2025-2030	2030-2035	2035-2040	2040-2045	2045-2050	2050-2055	2055-2060
年平均人口増加数(千人)	66	74	72	65	54	48	45	43	40	35
年平均出生数(千人)	112	123	125	122	117	116	120	123	125	124
年平均死亡数(千人)	40	44	48	52	58	64	70	75	80	85
人口増加率(%)	1.27	1.34	1.22	1.03	0.82	0.70	0.64	0.59	0.54	0.46
粗出生率(人口千人あたり)	21.5	22.2	21.1	19.4	17.8	17.1	17.0	17.0	16.8	16.2
粗死亡率(人口千人あたり)	7.8	7.9	8.0	8.3	8.8	9.3	9.9	10.4	10.7	11.0
合計出生率（女子１人あたり）	2.34	2.47	2.51	2.52	2.45	2.39	2.34	2.31	2.29	2.28
純再生産率（女子１人あたり）	1.06	1.13	1.15	1.16	1.14	1.11	1.10	1.09	1.08	1.08

D. 低位予測値

	2015	2020	2025	2030	2035	2040	2045	2050	2055	2060
人口(千人)										
総数	5 374	5 626	5 798	5 891	5 934	5 931	5 881	5 775	5 615	5 407
男	2 641	2 757	2 831	2 865	2 873	2 860	2 824	2 761	2 671	2 558
女	2 733	2 869	2 966	3 026	3 061	3 071	3 057	3 014	2 944	2 849
性比(女100につき男)	96.6	96.1	95.4	94.7	93.9	93.1	92.4	91.6	90.7	89.8
年齢分布(%)										
0－4歳	9.8	8.3	7.0	5.9	5.5	5.3	5.0	4.6	4.2	3.9
5－14歳	18.4	18.0	16.8	14.5	12.4	11.2	10.7	10.4	9.9	9.2
15－24歳	19.0	16.9	16.8	16.9	16.1	14.1	12.3	11.3	11.0	10.9
60歳以上	6.9	8.4	10.3	11.9	13.5	15.3	17.6	20.7	23.9	25.7
65歳以上	4.2	4.9	6.3	7.9	9.1	10.4	11.8	13.6	16.4	19.1
80歳以上	0.8	0.8	0.7	0.8	1.1	1.6	2.0	2.3	2.6	3.1
15－49歳女子(%)	55.1	55.1	55.3	55.8	54.9	52.3	49.1	47.4	45.5	43.6
中位数年齢(歳)	26.4	28.5	30.9	33.0	35.0	36.9	38.8	40.7	42.8	44.8

	2010-2015	2015-2020	2020-2025	2025-2030	2030-2035	2035-2040	2040-2045	2045-2050	2050-2055	2055-2060
年平均人口増加数(千人)	66	50	34	19	9	－ 1	－ 10	－ 21	－ 32	－ 42
年平均出生数(千人)	112	98	85	73	69	66	62	56	49	43
年平均死亡数(千人)	40	43	46	50	55	61	67	72	77	80
人口増加率(%)	1.27	0.92	0.60	0.32	0.15	−0.01	−0.17	−0.36	−0.57	−0.76
粗出生率(人口千人あたり)	21.5	17.9	14.9	12.6	11.6	11.1	10.5	9.6	8.6	7.9
粗死亡率(人口千人あたり)	7.8	7.8	8.0	8.5	9.3	10.3	11.3	12.4	13.4	14.6
合計出生率（女子１人あたり）	2.34	1.97	1.71	1.52	1.45	1.39	1.34	1.31	1.29	1.28
純再生産率（女子１人あたり）	1.06	0.90	0.79	0.70	0.67	0.65	0.63	0.62	0.61	0.60

E. 出生力一定予測値

	2015	2020	2025	2030	2035	2040	2045	2050	2055	2060
人口(千人)										
総数	5 374	5 717	6 035	6 315	6 565	6 796	7 015	7 217	7 396	7 556
男	2 641	2 803	2 952	3 080	3 193	3 298	3 398	3 490	3 571	3 643
女	2 733	2 914	3 083	3 235	3 372	3 498	3 617	3 727	3 825	3 913
中位数年齢(歳)	26.4	28.1	29.7	30.7	31.6	32.3	32.9	33.4	33.9	34.3

	2010-2015	2015-2020	2020-2025	2025-2030	2030-2035	2035-2040	2040-2045	2045-2050	2050-2055	2055-2060
人口増加率(%)	1.27	1.24	1.08	0.91	0.78	0.69	0.63	0.57	0.49	0.43
粗出生率(人口千人あたり)	21.5	21.2	19.7	18.3	17.4	17.2	17.1	16.9	16.5	16.2
粗死亡率(人口千人あたり)	7.8	7.9	8.0	8.4	8.9	9.5	10.1	10.5	10.9	11.3

Uganda

A. 推計値

指　標	1960	1965	1970	1975	1980	1985	1990	1995	2000	2005	2010
人口(千人)											
総数	6 788	8 014	9 446	10 827	12 548	14 631	17 384	20 413	23 758	28 042	33 149
男	3 374	3 982	4 695	5 384	6 242	7 276	8 635	10 133	11 809	13 971	16 553
女	3 414	4 032	4 751	5 443	6 306	7 355	8 750	10 280	11 949	14 072	16 596
性比(女100につき男)	98.8	98.8	98.8	98.9	99.0	98.9	98.7	98.6	98.8	99.3	99.7
年齢分布(%)											
0－4歳	19.1	19.1	19.4	19.3	19.4	19.6	19.7	20.0	19.9	19.9	19.4
5－14歳	26.8	27.4	27.5	27.8	28.0	28.0	28.4	28.8	29.4	29.5	29.5
15－24歳	17.6	18.3	18.7	19.0	19.0	19.2	19.4	19.6	20.0	20.1	20.1
60歳以上	4.2	4.2	4.2	4.3	4.3	4.3	4.3	4.3	4.1	4.0	3.9
65歳以上	2.6	2.6	2.6	2.6	2.6	2.7	2.7	2.7	2.7	2.6	2.5
80歳以上	0.3	0.3	0.3	0.3	0.3	0.3	0.3	0.3	0.3	0.3	0.3
15－49歳女子(%)	44.8	44.2	43.9	43.5	43.3	43.2	43.4	42.9	42.6	42.5	43.3
中位数年齢(歳)	17.1	16.7	16.5	16.4	16.2	16.1	15.9	15.6	15.3	15.3	15.5
人口密度(1km²あたり)	34	40	47	54	63	73	87	102	119	140	166

	1960-1965	1965-1970	1970-1975	1975-1980	1980-1985	1985-1990	1990-1995	1995-2000	2000-2005	2005-2010	2010-2015
年平均人口増加数(千人)	245	286	276	344	417	551	606	669	857	1 021	1 177
年平均出生数(千人)	365	428	493	571	669	794	941	1 077	1 239	1 411	1 576
年平均死亡数(千人)	144	152	169	194	230	290	359	399	381	363	370
人口増加率(%)	3.32	3.29	2.73	2.95	3.07	3.45	3.21	3.04	3.32	3.35	3.27
粗出生率(人口千人あたり)	49.3	49.0	48.7	48.9	49.3	49.6	49.8	48.8	47.8	46.1	43.7
粗死亡率(人口千人あたり)	19.5	17.4	16.7	16.6	16.9	18.1	19.0	18.1	14.7	11.9	10.2
合計出生率(女子1人あたり)	7.05	7.12	7.10	7.10	7.10	7.10	7.06	6.95	6.75	6.38	5.91
純再生産率(女子1人あたり)	2.35	2.48	2.52	2.53	2.52	2.45	2.40	2.40	2.51	2.51	2.41
乳児死亡率(出生千人あたり)	130	117	112	111	113	116	110	98	81	70	61
出生時の平均余命(歳)											
男	43.8	46.6	47.7	47.8	47.0	44.3	42.2	43.2	48.1	53.3	55.7
女	47.0	49.7	50.7	50.8	50.6	48.6	46.1	45.8	50.1	55.2	58.8
男女計	45.4	48.1	49.1	49.3	48.7	46.4	44.1	44.5	49.2	54.3	57.2

B. 中位予測値

	2015	2020	2025	2030	2035	2040	2045	2050	2055	2060
人口(千人)										
総数	39 032	45 856	53 497	61 929	71 102	80 904	91 190	101 873	112 864	124 029
男	19 507	22 916	26 729	30 927	35 485	40 342	45 432	50 714	56 145	61 660
女	19 525	22 940	26 768	31 002	35 617	40 562	45 758	51 159	56 718	62 369
性比(女100につき男)	99.9	99.9	99.9	99.8	99.6	99.5	99.3	99.1	99.0	98.9
年齢分布(%)										
0－4歳	18.6	17.8	17.0	16.1	15.3	14.4	13.5	12.8	12.0	11.4
5－14歳	29.4	28.8	27.9	27.1	26.2	25.3	24.3	23.2	22.2	21.2
15－24歳	20.3	20.6	20.8	20.7	20.5	20.3	20.0	19.7	19.3	18.8
60歳以上	3.8	3.6	3.6	3.7	4.1	4.7	5.3	6.0	6.9	7.7
65歳以上	2.5	2.4	2.4	2.3	2.5	2.8	3.3	3.9	4.4	5.1
80歳以上	0.4	0.3	0.3	0.4	0.4	0.4	0.4	0.5	0.6	0.7
6－11歳	18.2	17.7	17.2	16.6	16.0	15.5	14.8	14.1	13.5	12.9
12－14歳	7.8	7.8	7.6	7.4	7.3	7.1	6.9	6.6	6.4	6.1
15－17歳	6.9	7.0	7.0	6.9	6.8	6.6	6.5	6.3	6.1	5.9
18－23歳	11.7	11.8	12.1	12.1	12.0	11.9	11.8	11.6	11.4	11.2
15－24歳女子(%)	44.6	46.1	47.5	48.5	49.4	50.2	50.9	51.5	51.8	51.9
中位数年齢(歳)	15.9	16.5	17.3	18.1	18.9	19.8	20.8	21.9	23.1	24.2
人口密度(1km²あたり)	195	229	268	310	356	405	456	510	565	621

	2010-2015	2015-2020	2020-2025	2025-2030	2030-2035	2035-2040	2040-2045	2045-2050	2050-2055	2055-2060
年平均人口増加数(千人)	1 177	1 365	1 528	1 686	1 835	1 960	2 057	2 137	2 198	2 233
年平均出生数(千人)	1 576	1 757	1 942	2 123	2 290	2 441	2 574	2 697	2 810	2 906
年平均死亡数(千人)	370	362	383	406	426	451	486	531	583	646
年平均純移動数(千人)	−30	−30	−30	−30	−30	−30	−30	−30	−29	−27
人口増加率(%)	3.27	3.22	3.08	2.93	2.76	2.58	2.39	2.22	2.05	1.89
粗出生率(人口千人あたり)	43.7	41.4	39.1	36.8	34.4	32.1	29.9	27.9	26.2	24.5
粗死亡率(人口千人あたり)	10.2	8.5	7.7	7.0	6.4	5.9	5.7	5.5	5.4	5.5
純移動率(人口千人あたり)	−0.8	−0.7	−0.6	−0.5	−0.5	−0.4	−0.3	−0.3	−0.3	−0.2
合計出生率(女子1人あたり)	5.91	5.46	5.02	4.62	4.25	3.92	3.62	3.37	3.16	2.97
純再生産率(女子1人あたり)	2.41	2.32	2.17	2.03	1.90	1.78	1.66	1.55	1.47	1.39
乳児死亡率(出生千人あたり)	61	56	53	48	42	38	34	31	28	25
5歳未満の死亡数(出生千人あたり	93	84	79	70	60	53	47	41	37	33
出生時の平均余命(歳)										
男	55.7	58.9	60.5	61.7	63.1	64.4	65.6	66.8	67.9	68.9
女	58.8	63.1	64.7	66.3	67.9	69.3	70.4	71.5	72.5	73.5
男女計	57.2	61.0	62.6	63.9	65.5	66.8	68.0	69.1	70.2	71.2

C. 高位予測値

	2015	2020	2025	2030	2035	2040	2045	2050	2055	2060
人口(千人)										
総数	39 032	46 232	54 587	64 086	74 542	85 983	98 461	112 009	126 543	141 890
男	19 507	23 105	27 279	32 014	37 218	42 900	49 093	55 819	63 035	70 656
女	19 525	23 126	27 308	32 072	37 324	43 083	49 368	56 190	63 508	71 235
性比(女100につき男)	99.9	99.9	99.8	99.7	99.5	99.3	99.1	98.9	98.7	98.5
年齢分布(%)										
0－4歳	18.6	18.5	18.0	17.3	16.3	15.5	14.8	14.2	13.6	13.0
5－14歳	29.4	28.5	28.0	27.8	27.3	26.5	25.5	24.6	23.8	23.1
15－24歳	20.3	20.4	20.4	20.0	20.1	20.3	20.3	20.0	19.5	19.2
60歳以上	3.8	3.6	3.5	3.6	3.9	4.4	4.9	5.5	6.1	6.8
65歳以上	2.5	2.4	2.3	2.3	2.4	2.7	3.1	3.5	3.9	4.4
80歳以上	0.4	0.3	0.3	0.3	0.3	0.3	0.4	0.4	0.5	0.6
15－49歳女子(%)	44.6	45.8	46.5	46.9	47.6	48.5	49.3	49.9	50.1	50.4
中位数年齢(歳)	15.9	16.3	16.8	17.3	17.9	18.6	19.5	20.3	21.2	22.1

	2010-2015	2015-2020	2020-2025	2025-2030	2030-2035	2035-2040	2040-2045	2045-2050	2050-2055	2055-2060
年平均人口増加数(千人)	1 177	1 440	1 671	1 900	2 091	2 288	2 496	2 710	2 907	3 069
年平均出生数(千人)	1 576	1 838	2 096	2 353	2 566	2 791	3 039	3 303	3 557	3 787
年平均死亡数(千人)	370	368	395	423	444	473	513	564	622	690
人口増加率(%)	3.27	3.39	3.32	3.21	3.02	2.86	2.71	2.58	2.44	2.29
粗出生率(人口千人あたり)	43.7	43.1	41.6	39.6	37.0	34.8	33.0	31.4	29.8	28.2
粗死亡率(人口千人あたり)	10.2	8.6	7.8	7.1	6.4	5.9	5.6	5.4	5.2	5.1
合計出生率（女子1人あたり）	5.91	5.71	5.42	5.12	4.75	4.42	4.12	3.87	3.66	3.47
純再生産率（女子1人あたり）	2.41	2.42	2.34	2.25	2.12	2.00	1.89	1.78	1.70	1.62

D. 低位予測値

	2015	2020	2025	2030	2035	2040	2045	2050	2055	2060
人口(千人)										
総数	39 032	45 481	52 406	59 773	67 668	75 871	84 094	92 167	100 014	107 556
男	19 507	22 727	26 179	29 840	33 754	37 807	41 859	45 827	49 675	53 366
女	19 525	22 754	26 227	29 933	33 913	38 064	42 236	46 340	50 339	54 190
性比(女100につき男)	99.9	99.9	99.8	99.7	99.5	99.3	99.1	98.9	98.7	98.5
年齢分布(%)										
0－4歳	18.6	17.2	15.9	14.9	14.1	13.2	12.2	11.2	10.4	9.7
5－14歳	29.4	29.0	27.8	26.2	24.9	23.9	22.9	21.7	20.3	19.0
15－24歳	20.3	20.8	21.3	21.5	21.0	20.3	19.7	19.3	19.0	18.3
60歳以上	3.8	3.7	3.6	3.8	4.3	5.0	5.8	6.7	7.7	8.9
65歳以上	2.5	2.5	2.4	2.4	2.6	3.0	3.6	4.3	5.0	5.8
80歳以上	0.4	0.3	0.3	0.4	0.4	0.4	0.4	0.5	0.6	0.8
15－49歳女子(%)	44.6	46.5	48.5	50.2	51.4	52.1	52.7	53.2	53.5	53.3
中位数年齢(歳)	15.9	16.7	17.7	18.8	20.0	21.2	22.5	23.8	25.2	26.8

	2010-2015	2015-2020	2020-2025	2025-2030	2030-2035	2035-2040	2040-2045	2045-2050	2050-2055	2055-2060
年平均人口増加数(千人)	1 177	1 290	1 385	1 473	1 579	1 641	1 645	1 615	1 569	1 508
年平均出生数(千人)	1 576	1 677	1 787	1 893	2 016	2 100	2 135	2 144	2 145	2 141
年平均死亡数(千人)	370	357	372	390	407	430	461	500	547	605
人口増加率(%)	3.27	3.06	2.84	2.63	2.48	2.29	2.06	1.83	1.63	1.45
粗出生率(人口千人あたり)	43.7	39.7	36.5	33.7	31.6	29.3	26.7	24.3	22.3	20.6
粗死亡率(人口千人あたり)	10.2	8.4	7.6	6.9	6.4	6.0	5.8	5.7	5.7	5.8
合計出生率（女子1人あたり）	5.91	5.21	4.62	4.12	3.75	3.42	3.12	2.87	2.66	2.47
純再生産率（女子1人あたり）	2.41	2.21	2.00	1.81	1.67	1.55	1.43	1.32	1.23	1.15

E. 出生力一定予測値

	2015	2020	2025	2030	2035	2040	2045	2050	2055	2060
人口(千人)										
総数	39 032	46 484	55 627	66 693	79 973	95 937	115 261	138 731	167 222	201 719
男	19 507	23 233	27 803	33 328	39 956	47 917	57 561	69 291	83 551	100 836
女	19 525	23 251	27 824	33 364	40 017	48 020	57 700	69 440	83 672	100 883
中位数年齢(歳)	15.9	16.2	16.4	16.3	16.3	16.4	16.5	16.5	16.5	16.5

	2010-2015	2015-2020	2020-2025	2025-2030	2030-2035	2035-2040	2040-2045	2045-2050	2050-2055	2055-2060
人口増加率(%)	3.27	3.49	3.59	3.63	3.63	3.64	3.67	3.71	3.74	3.75
粗出生率(人口千人あたり)	43.7	44.2	44.4	44.0	43.2	42.6	42.4	42.4	42.3	42.2
粗死亡率(人口千人あたり)	10.2	8.7	8.0	7.3	6.6	6.0	5.6	5.2	4.9	4.6

Ukraine

A. 推計値

指標	1960	1965	1970	1975	1980	1985	1990	1995	2000	2005	2010
人口(千人)											
総数	42 662	45 262	47 087	48 759	49 969	50 921	51 370	50 812	48 746	46 795	45 647
男	19 032	20 395	21 411	22 286	22 949	23 510	23 885	23 684	22 686	21 701	21 095
女	23 630	24 867	25 676	26 473	27 020	27 410	27 485	27 128	26 060	25 095	24 553
性比(女100につき男)	80.5	82.0	83.4	84.2	84.9	85.8	86.9	87.3	87.1	86.5	85.9
年齢分布(%)											
0－4歳	9.4	8.5	7.3	7.6	7.4	7.4	6.5	5.5	4.4	4.2	5.2
5－14歳	17.9	18.3	17.1	15.0	14.1	14.4	14.5	14.2	12.5	10.4	8.7
15－24歳	17.1	13.8	15.9	16.8	15.6	14.0	13.6	14.2	15.1	15.2	13.7
60歳以上	10.8	12.3	14.1	15.7	15.3	16.2	18.3	18.3	20.7	20.4	20.4
65歳以上	7.1	8.0	9.3	10.6	11.8	11.2	12.0	13.6	13.8	15.9	16.0
80歳以上	0.9	1.2	1.5	1.6	1.8	2.0	2.4	2.5	2.2	2.6	3.5
15－49歳女子(%)	51.3	48.2	49.8	49.0	47.1	46.6	44.8	46.9	48.8	48.5	47.3
中位数年齢(歳)	28.9	29.8	32.0	33.3	33.5	34.0	35.4	36.5	37.9	39.1	39.7
人口密度(1km²あたり)	74	78	81	84	86	88	89	88	84	81	79

指標	1960-1965	1965-1970	1970-1975	1975-1980	1980-1985	1985-1990	1990-1995	1995-2000	2000-2005	2005-2010	2010-2015
年平均人口増加数(千人)	520	365	334	242	190	90	－ 112	－ 413	－ 390	－ 230	－ 165
年平均出生数(千人)	786	701	742	747	757	686	572	437	402	477	488
年平均死亡数(千人)	357	390	449	526	604	596	698	757	759	754	692
人口増加率(%)	1.18	0.79	0.70	0.49	0.38	0.18	−0.22	−0.83	−0.82	−0.50	−0.36
粗出生率(人口千人あたり)	17.9	15.2	15.5	15.1	15.0	13.4	11.2	8.8	8.4	10.3	10.8
粗死亡率(人口千人あたり)	8.1	8.4	9.4	10.7	12.0	11.7	13.7	15.2	15.9	16.3	15.3
合計出生率(女子1人あたり)	2.13	2.02	2.08	1.98	2.00	1.90	1.62	1.24	1.15	1.38	1.49
純再生産率(女子1人あたり)	0.99	0.95	0.98	0.93	0.95	0.90	0.77	0.58	0.54	0.65	0.71
乳児死亡率(出生千人あたり)	31	23	21	23	20	18	17	17	15	13	9
出生時の平均余命(歳)											
男	66.5	66.7	65.9	64.6	64.1	66.0	63.6	61.9	61.9	62.3	65.7
女	72.1	73.7	74.4	74.0	73.7	74.6	73.7	73.0	73.4	73.8	75.7
男女計	69.7	70.7	70.6	69.7	69.2	70.6	68.7	67.4	67.5	67.9	70.7

B. 中位予測値

指標	2015	2020	2025	2030	2035	2040	2045	2050	2055	2060
人口(千人)										
総数	44 824	43 679	42 373	40 892	39 329	37 818	36 423	35 117	33 829	32 542
男	20 759	20 254	19 656	18 965	18 234	17 547	16 936	16 374	15 817	15 263
女	24 064	23 426	22 718	21 928	21 095	20 271	19 486	18 743	18 012	17 279
性比(女100につき男)	86.3	86.5	86.5	86.5	86.4	86.6	86.9	87.4	87.8	88.3
年齢分布(%)										
0－4歳	5.5	5.3	5.0	4.6	4.5	4.8	5.2	5.4	5.3	5.1
5－14歳	9.4	11.1	11.3	10.9	10.2	9.7	9.8	10.5	11.2	11.3
15－24歳	10.9	9.0	9.9	11.8	12.1	11.7	10.9	10.3	10.5	11.3
60歳以上	22.6	23.8	25.4	25.7	26.7	28.0	29.8	31.5	31.4	30.0
65歳以上	15.3	17.2	18.4	19.9	20.1	20.8	21.8	23.3	24.9	24.8
80歳以上	3.4	4.2	3.9	3.6	4.8	5.3	5.7	5.5	5.7	6.3
6－11歳	5.9	6.8	6.7	6.4	6.0	5.7	5.9	6.4	6.7	6.7
12－14歳	2.4	3.2	3.5	3.5	3.3	3.0	2.9	3.0	3.3	3.5
15－17歳	2.7	2.6	3.5	3.6	3.5	3.3	3.0	3.0	3.2	3.5
18－23歳	6.8	5.4	5.5	7.1	7.3	7.1	6.7	6.2	6.2	6.7
15－24歳女子(%)	44.7	43.1	42.1	41.0	39.4	37.5	36.8	37.3	38.7	39.0
中位数年齢(歳)	40.3	41.3	42.6	44.1	45.6	46.1	45.3	43.7	43.6	43.8
人口密度(1km²あたり)	77	75	73	71	68	65	63	61	58	56

指標	2010-2015	2015-2020	2020-2025	2025-2030	2030-2035	2035-2040	2040-2045	2045-2050	2050-2055	2055-2060
年平均人口増加数(千人)	－ 165	－ 229	－ 261	－ 296	－ 313	－ 302	－ 279	－ 261	－ 258	－ 257
年平均出生数(千人)	488	472	428	382	358	365	382	381	360	335
年平均死亡数(千人)	692	693	682	670	662	659	653	634	610	586
年平均純移動数(千人)	39	−8	−8	−8	−8	−8	−8	−8	−8	−7
人口増加率(%)	−0.36	−0.52	−0.61	−0.71	−0.78	−0.78	−0.75	−0.73	−0.75	−0.78
粗出生率(人口千人あたり)	10.8	10.7	10.0	9.2	8.9	9.5	10.3	10.7	10.5	10.1
粗死亡率(人口千人あたり)	15.3	15.7	15.8	16.1	16.5	17.1	17.6	17.7	17.7	17.6
純移動率(人口千人あたり)	0.9	−0.2	−0.2	−0.2	−0.2	−0.2	−0.2	−0.2	−0.2	−0.2
合計出生率(女子1人あたり)	1.49	1.56	1.61	1.65	1.69	1.72	1.74	1.76	1.78	1.79
純再生産率(女子1人あたり)	0.71	0.74	0.77	0.79	0.80	0.82	0.83	0.84	0.85	0.86
乳児死亡率(出生千人あたり)	9	8	8	7	7	7	6	6	6	6
5歳未満の死亡数(出生千人あたり)	11	10	9	9	8	8	8	7	7	7
出生時の平均余命(歳)										
男	65.7	66.2	66.6	67.1	67.6	68.1	68.6	69.2	69.8	70.4
女	75.7	76.1	76.5	76.9	77.3	77.7	78.1	78.5	78.8	79.2
男女計	70.7	71.2	71.6	72.0	72.4	72.9	73.3	73.8	74.3	74.8

C. 高位予測値

	2015	2020	2025	2030	2035	2040	2045	2050	2055	2060
人口(千人)										
総数	44 824	44 055	43 277	42 369	41 337	40 391	39 673	39 203	38 881	38 614
男	20 759	20 447	20 121	19 724	19 266	18 870	18 607	18 473	18 411	18 378
女	24 064	23 608	23 157	22 645	22 070	21 521	21 066	20 730	20 470	20 236
性比(女100につき男)	86.3	86.3	86.1	85.8	85.5	85.3	85.3	85.3	85.3	85.3
年齢分布(%)										
0－4歳	5.5	6.2	6.1	5.8	5.6	5.9	6.5	7.0	7.1	7.0
5－14歳	9.4	11.0	11.9	12.6	12.3	11.8	11.8	12.6	13.6	14.2
15－24歳	10.9	8.9	9.7	11.3	12.4	13.1	12.8	12.1	11.9	12.7
60歳以上	22.6	23.6	24.8	24.8	25.4	26.2	27.3	28.2	27.3	25.3
65歳以上	15.3	17.1	18.0	19.2	19.1	19.5	20.0	20.9	21.7	20.9
80歳以上	3.4	4.2	3.8	3.4	4.5	4.9	5.3	4.9	5.0	5.3
15－49歳女子(%)	44.7	42.7	41.3	39.7	38.5	37.3	37.4	38.4	40.1	41.1
中位数年齢(歳)	40.3	41.0	41.9	43.0	43.8	43.2	40.6	39.2	38.3	38.0

	2010-2015	2015-2020	2020-2025	2025-2030	2030-2035	2035-2040	2040-2045	2045-2050	2050-2055	2055-2060
年平均人口増加数(千人)	− 165	− 154	− 156	− 182	− 206	− 189	− 144	− 94	− 64	− 53
年平均出生数(千人)	488	548	535	497	465	479	520	551	557	545
年平均死亡数(千人)	692	694	683	671	663	661	655	637	614	591
人口増加率(%)	−0.36	−0.35	−0.36	−0.42	−0.49	−0.46	−0.36	−0.24	−0.17	−0.14
粗出生率(人口千人あたり)	10.8	12.3	12.3	11.6	11.1	11.7	13.0	14.0	14.3	14.1
粗死亡率(人口千人あたり)	15.3	15.6	15.6	15.7	15.9	16.2	16.4	16.2	15.7	15.2
合計出生率（女子１人あたり）	1.49	1.81	2.01	2.15	2.19	2.22	2.24	2.26	2.28	2.29
純再生産率（女子１人あたり）	0.71	0.86	0.96	1.02	1.04	1.06	1.07	1.08	1.09	1.10

D. 低位予測値

	2015	2020	2025	2030	2035	2040	2045	2050	2055	2060
人口(千人)										
総数	44 824	43 303	41 470	39 416	37 325	35 267	33 256	31 250	29 205	27 150
男	20 759	20 060	19 191	18 206	17 203	16 235	15 309	14 388	13 444	12 498
女	24 064	23 243	22 279	21 211	20 122	19 032	17 947	16 862	15 761	14 652
性比(女100につき男)	86.3	86.3	86.1	85.8	85.5	85.3	85.3	85.3	85.3	85.3
年齢分布(%)										
0－4歳	5.5	4.5	3.8	3.3	3.3	3.6	3.8	3.8	3.5	3.2
5－14歳	9.4	11.2	10.6	9.0	7.8	7.2	7.5	8.1	8.4	8.1
15－24歳	10.9	9.1	10.1	12.2	11.7	10.0	8.6	8.1	8.4	9.2
60歳以上	22.6	24.0	25.9	26.6	28.1	30.0	32.6	35.3	36.4	35.9
65歳以上	15.3	17.4	18.8	20.6	21.2	22.3	23.8	26.2	28.8	29.7
80歳以上	3.4	4.3	4.0	3.7	5.0	5.6	6.3	6.1	6.6	7.6
15－49歳女子(%)	44.7	43.4	42.9	42.4	40.4	37.6	36.0	35.7	36.4	35.6
中位数年齢(歳)	40.3	41.6	43.2	45.2	47.1	48.6	49.3	49.0	48.8	49.7

	2010-2015	2015-2020	2020-2025	2025-2030	2030-2035	2035-2040	2040-2045	2045-2050	2050-2055	2055-2060
年平均人口増加数(千人)	− 165	− 304	− 367	− 411	− 418	− 412	− 402	− 401	− 409	− 411
年平均出生数(千人)	488	396	322	266	251	254	257	238	205	177
年平均死亡数(千人)	692	692	681	669	661	658	651	631	607	581
人口増加率(%)	−0.36	−0.69	−0.87	−1.02	−1.09	−1.13	−1.17	−1.24	−1.35	−1.46
粗出生率(人口千人あたり)	10.8	9.0	7.6	6.6	6.5	7.0	7.5	7.4	6.8	6.3
粗死亡率(人口千人あたり)	15.3	15.7	16.1	16.5	17.2	18.1	19.0	19.6	20.1	20.6
合計出生率（女子１人あたり）	1.49	1.31	1.21	1.15	1.19	1.22	1.24	1.26	1.28	1.29
純再生産率（女子１人あたり）	0.71	0.62	0.58	0.55	0.57	0.58	0.59	0.60	0.61	0.62

E. 出生力一定予測値

	2015	2020	2025	2030	2035	2040	2045	2050	2055	2060
人口(千人)										
総数	44 824	43 476	41 856	40 101	38 351	36 613	34 835	33 020	31 197	29 415
男	20 759	20 151	19 394	18 563	17 738	16 936	16 130	15 308	14 478	13 672
女	24 064	23 325	22 463	21 538	20 613	19 677	18 704	17 712	16 718	15 743
中位数年齢(歳)	40.3	41.4	42.9	44.7	46.3	47.3	47.3	46.4	46.5	47.3

	2010-2015	2015-2020	2020-2025	2025-2030	2030-2035	2035-2040	2040-2045	2045-2050	2050-2055	2055-2060
人口増加率(%)	−0.36	−0.61	−0.76	−0.86	−0.89	−0.93	−1.00	−1.07	−1.14	−1.18
粗出生率(人口千人あたり)	10.8	9.8	8.6	8.0	8.1	8.5	8.5	8.2	7.8	7.7
粗死亡率(人口千人あたり)	15.3	15.7	16.0	16.3	16.9	17.6	18.3	18.6	18.9	19.2

United Arab Emirates

A. 推計値

指　標	1960	1965	1970	1975	1980	1985	1990	1995	2000	2005	2010
人口(千人)											
総数	93	150	235	531	1 017	1 350	1 811	2 350	3 050	4 482	8 329
男	46	88	149	369	709	880	1 192	1 566	2 066	3 186	6 232
女	46	62	86	162	307	470	620	784	984	1 296	2 097
性比(女100につき男)	100.1	141.4	172.5	226.9	230.7	187.2	192.2	199.9	210.0	245.8	297.1
年齢分布(%)											
0－4歳	18.6	15.7	15.7	11.8	12.8	13.7	12.4	9.2	8.5	6.4	5.1
5－14歳	26.1	22.8	19.4	16.5	15.2	17.9	18.3	17.4	17.0	11.8	8.2
15－24歳	17.9	22.8	20.2	21.2	18.2	14.5	15.7	15.6	16.0	17.5	17.4
60歳以上	5.5	3.2	2.3	2.9	2.0	2.0	1.9	1.8	1.7	1.6	1.5
65歳以上	3.4	2.3	1.4	1.5	1.5	1.2	1.2	1.0	1.1	0.9	0.7
80歳以上	0.3	0.2	0.2	0.1	0.1	0.0	0.1	0.2	0.1	0.1	0.1
15－49歳女子(%)	43.6	47.5	48.1	47.2	49.3	50.6	51.0	56.3	57.1	64.8	69.4
中位数年齢(歳)	17.7	20.2	22.7	25.2	26.1	26.3	26.7	27.9	28.2	29.5	31.1
人口密度(1km²あたり)	1	2	3	6	12	16	22	28	36	54	100

指　標	1960-1965	1965-1970	1970-1975	1975-1980	1980-1985	1985-1990	1990-1995	1995-2000	2000-2005	2005-2010	2010-2015
年平均人口増加数(千人)	12	17	59	97	67	92	108	140	286	769	166
年平均出生数(千人)	6	8	12	22	36	45	48	49	57	81	98
年平均死亡数(千人)	2	2	2	3	4	5	5	6	7	10	13
人口増加率(%)	9.69	8.97	16.28	12.98	5.68	5.87	5.21	5.21	7.70	12.40	1.89
粗出生率(人口千人あたり)	45.5	41.2	32.4	28.8	30.2	28.3	22.8	18.0	15.1	12.6	11.2
粗死亡率(人口千人あたり)	12.8	8.7	6.0	4.4	3.5	2.9	2.5	2.1	1.8	1.5	1.5
合計出生率(女子1人あたり)	6.87	6.77	6.36	5.66	5.23	4.83	3.88	2.97	2.40	1.97	1.82
純再生産率(女子1人あたり)	2.70	2.85	2.81	2.58	2.43	2.27	1.84	1.42	1.15	0.95	0.88
乳児死亡率(出生千人あたり)	111	79	57	41	30	22	16	12	9	7	6
出生時の平均余命(歳)											
男	52.3	57.7	61.8	65.1	67.6	69.7	71.3	72.7	74.0	75.2	76.0
女	57.4	62.1	65.7	68.4	70.6	72.3	73.6	74.9	76.3	77.3	78.2
男女計	54.8	59.6	63.4	66.3	68.7	70.7	72.2	73.5	74.8	75.9	76.7

B. 中位予測値

指　標	2015	2020	2025	2030	2035	2040	2045	2050	2055	2060
人口(千人)										
総数	9 157	9 822	10 434	10 977	11 500	11 995	12 430	12 789	13 068	13 283
男	6 708	7 032	7 320	7 550	7 758	7 954	8 105	8 205	8 254	8 269
女	2 449	2 790	3 114	3 427	3 742	4 041	4 325	4 584	4 814	5 014
性比(女100につき男)	274.0	252.0	235.0	220.3	207.3	196.8	187.4	179.0	171.5	164.9
年齢分布(%)										
0－4歳	5.4	4.8	4.3	4.0	4.1	4.1	4.0	3.9	3.9	3.9
5－14歳	8.6	9.4	9.2	8.3	7.7	7.5	7.7	7.8	7.7	7.6
15－24歳	12.7	11.7	12.0	11.0	9.9	9.0	8.5	8.4	8.5	8.6
60歳以上	2.3	4.2	7.4	11.3	14.6	16.8	19.5	23.5	27.2	30.0
65歳以上	1.1	1.9	3.4	6.3	9.6	12.4	14.1	16.3	19.8	23.1
80歳以上	0.1	0.1	0.2	0.4	0.7	1.4	2.7	4.1	5.3	5.8
6－11歳	5.3	5.8	5.5	5.0	4.6	4.6	4.7	4.7	4.6	4.5
12－14歳	2.3	2.6	2.8	2.6	2.3	2.2	2.2	2.3	2.3	2.3
15－17歳	2.5	2.4	2.9	2.6	2.4	2.2	2.1	2.2	2.2	2.2
18－23歳	8.1	7.5	7.4	6.9	6.1	5.6	5.2	5.1	5.2	5.3
15－24歳女子(%)	67.3	65.6	64.2	62.6	59.5	55.2	51.7	49.6	48.2	46.4
中位数年齢(歳)	33.3	34.1	34.8	36.6	38.6	40.5	42.1	43.4	44.4	45.2
人口密度(1km²あたり)	110	117	125	131	138	143	149	153	156	159

指　標	2010-2015	2015-2020	2020-2025	2025-2030	2030-2035	2035-2040	2040-2045	2045-2050	2050-2055	2055-2060
年平均人口増加数(千人)	166	133	122	109	105	99	87	72	56	43
年平均出生数(千人)	98	95	90	89	94	100	101	101	102	105
年平均死亡数(千人)	13	17	23	30	39	51	64	79	93	107
年平均純移動数(千人)	81	55	55	50	50	50	50	50	48	45
人口増加率(%)	1.89	1.40	1.21	1.02	0.93	0.84	0.71	0.57	0.43	0.33
粗出生率(人口千人あたり)	11.2	10.0	8.9	8.3	8.4	8.5	8.3	8.0	7.9	7.9
粗死亡率(人口千人あたり)	1.5	1.8	2.2	2.8	3.5	4.3	5.3	6.3	7.2	8.1
純移動率(人口千人あたり)	9.3	5.8	5.4	4.7	4.4	4.3	4.1	4.0	3.7	3.4
合計出生率（女子1人あたり）	1.82	1.73	1.66	1.62	1.60	1.60	1.62	1.63	1.65	1.67
純再生産率（女子1人あたり）	0.88	0.84	0.81	0.79	0.78	0.78	0.79	0.79	0.80	0.81
乳児死亡率（出生千人あたり）	6	5	5	4	3	3	3	2	2	2
5歳未満の死亡数(出生千人あたり	7	6	5	5	4	4	3	3	3	2
出生時の平均余命(歳)										
男	76.0	76.9	77.8	78.7	79.6	80.6	81.6	82.5	83.5	84.3
女	78.2	79.1	79.9	80.6	81.4	82.1	82.8	83.4	84.0	84.6
男女計	76.7	77.5	78.4	79.2	80.1	81.0	81.9	82.7	83.6	84.4

C. 高 位 予 測 値

	2015	2020	2025	2030	2035	2040	2045	2050	2055	2060
人口(千人)										
総数	9 157	9 890	10 611	11 290	11 962	12 629	13 272	13 879	14 438	14 960
男	6 708	7 067	7 410	7 710	7 994	8 278	8 535	8 761	8 954	9 126
女	2 449	2 824	3 201	3 580	3 968	4 351	4 737	5 118	5 484	5 834
性比(女100につき男)	274.0	253.8	238.8	225.7	213.9	204.4	195.8	188.0	181.1	175.0
年齢分布(%)										
0－4歳	5.4	5.5	5.2	5.1	5.1	5.3	5.4	5.4	5.5	5.5
5－14歳	8.6	9.3	9.7	9.7	9.4	9.4	9.6	9.9	10.1	10.3
15－24歳	12.7	11.6	11.8	10.7	10.1	10.0	9.8	9.8	10.0	10.2
60歳以上	2.3	4.2	7.3	11.0	14.1	16.0	18.3	21.6	24.7	26.6
65歳以上	1.1	1.9	3.4	6.1	9.2	11.7	13.2	15.1	17.9	20.5
80歳以上	0.1	0.1	0.2	0.4	0.7	1.3	2.5	3.8	4.8	5.1
15－49歳女子(%)	67.3	64.8	62.4	59.9	56.9	53.2	50.4	48.9	48.0	47.0
中位数年齢(歳)	33.3	33.9	34.5	36.0	37.7	39.2	40.3	40.9	41.1	41.2

	2010-2015	2015-2020	2020-2025	2025-2030	2030-2035	2035-2040	2040-2045	2045-2050	2050-2055	2055-2060
年平均人口増加数(千人)	166	147	144	136	134	133	129	121	112	104
年平均出生数(千人)	98	109	112	116	124	134	143	151	158	166
年平均死亡数(千人)	13	17	23	30	39	51	64	79	94	107
人口増加率(%)	1.89	1.54	1.41	1.24	1.16	1.09	0.99	0.90	0.79	0.71
粗出生率(人口千人あたり)	11.2	11.4	10.9	10.6	10.6	10.9	11.0	11.1	11.2	11.3
粗死亡率(人口千人あたり)	1.5	1.8	2.2	2.8	3.4	4.1	5.0	5.8	6.6	7.3
合計出生率（女子1人あたり）	1.82	1.98	2.06	2.12	2.10	2.10	2.12	2.13	2.15	2.17
純再生産率（女子1人あたり）	0.88	0.96	1.00	1.03	1.02	1.02	1.03	1.04	1.05	1.06

D. 低 位 予 測 値

	2015	2020	2025	2030	2035	2040	2045	2050	2055	2060
人口(千人)										
総数	9 157	9 754	10 258	10 664	11 040	11 371	11 622	11 778	11 837	11 816
男	6 708	6 997	7 230	7 390	7 523	7 635	7 693	7 689	7 626	7 520
女	2 449	2 757	3 028	3 274	3 517	3 735	3 929	4 090	4 211	4 296
性比(女100につき男)	274.0	253.8	238.8	225.7	213.9	204.4	195.8	188.0	181.1	175.0
年齢分布(%)										
0－4歳	5.4	4.1	3.3	2.9	2.9	2.9	2.7	2.5	2.4	2.4
5－14歳	8.6	9.4	8.7	6.9	5.8	5.5	5.6	5.5	5.2	4.9
15－24歳	12.7	11.8	12.2	11.3	9.7	8.0	6.9	6.7	6.8	6.7
60歳以上	2.3	4.2	7.6	11.6	15.3	17.8	20.9	25.5	30.1	33.7
65歳以上	1.1	1.9	3.5	6.4	10.0	13.0	15.1	17.7	21.8	26.0
80歳以上	0.1	0.1	0.2	0.4	0.7	1.5	2.9	4.5	5.8	6.5
15－49歳女子(%)	67.3	66.4	66.0	65.5	62.3	57.4	53.0	50.2	47.9	45.0
中位数年齢(歳)	33.3	34.2	35.2	37.2	39.5	41.8	43.9	45.8	47.6	49.1

	2010-2015	2015-2020	2020-2025	2025-2030	2030-2035	2035-2040	2040-2045	2045-2050	2050-2055	2055-2060
年平均人口増加数(千人)	166	119	101	81	75	66	50	31	12	－ 4
年平均出生数(千人)	98	81	68	61	64	67	64	60	57	57
年平均死亡数(千人)	13	17	23	30	39	50	64	79	93	106
人口増加率(%)	1.89	1.26	1.01	0.78	0.69	0.59	0.44	0.27	0.10	-0.03
粗出生率(人口千人あたり)	11.2	8.6	6.8	5.9	5.9	5.9	5.6	5.1	4.9	4.8
粗死亡率(人口千人あたり)	1.5	1.8	2.3	2.9	3.6	4.5	5.6	6.7	7.9	9.0
合計出生率（女子1人あたり）	1.82	1.48	1.26	1.12	1.10	1.10	1.12	1.13	1.15	1.17
純再生産率（女子1人あたり）	0.88	0.72	0.61	0.54	0.54	0.54	0.54	0.55	0.56	0.57

E. 出生力一定予測値

	2015	2020	2025	2030	2035	2040	2045	2050	2055	2060
人口(千人)										
総数	9 157	9 852	10 522	11 137	11 736	12 311	12 838	13 301	13 688	14 009
男	6 708	7 047	7 365	7 632	7 878	8 115	8 314	8 466	8 571	8 640
女	2 449	2 805	3 157	3 505	3 857	4 195	4 524	4 835	5 117	5 369
中位数年齢(歳)	33.3	34.0	34.7	36.3	38.2	39.9	41.2	42.2	42.9	43.4

	2010-2015	2015-2020	2020-2025	2025-2030	2030-2035	2035-2040	2040-2045	2045-2050	2050-2055	2055-2060
人口増加率(%)	1.89	1.46	1.32	1.14	1.05	0.96	0.84	0.71	0.57	0.46
粗出生率(人口千人あたり)	11.2	10.7	10.0	9.5	9.5	9.6	9.5	9.3	9.2	9.1
粗死亡率(人口千人あたり)	1.5	1.8	2.2	2.8	3.4	4.2	5.1	6.1	6.9	7.7

United Kingdom

A. 推 計 値

指　標	1960	1965	1970	1975	1980	1985	1990	1995	2000	2005	2010
人口(千人)											
総数	52 410	54 278	55 611	56 180	56 222	56 415	57 110	57 904	58 867	60 210	62 717
男	25 312	26 324	26 989	27 325	27 349	27 417	27 750	28 143	28 677	29 474	30 813
女	27 099	27 954	28 622	28 854	28 873	28 998	29 360	29 761	30 190	30 736	31 903
性比(女100につき男)	93.4	94.2	94.3	94.7	94.7	94.5	94.5	94.6	95.0	95.9	96.6
年齢分布(%)											
０－４歳	7.8	8.8	8.4	7.0	6.0	6.4	6.7	6.6	6.0	5.7	6.3
５－14歳	15.3	14.4	15.8	16.5	15.0	12.8	12.3	12.9	13.0	12.3	11.4
15－24歳	13.3	14.4	14.4	14.0	15.7	16.5	14.8	12.6	12.1	13.1	13.3
60歳以上	17.0	17.8	18.8	19.7	20.0	20.7	20.8	20.7	20.7	21.2	22.3
65歳以上	11.8	12.2	13.0	14.1	14.9	15.1	15.7	15.9	15.8	16.0	16.2
80歳以上	1.9	2.1	2.3	2.4	2.7	3.2	3.6	4.0	4.0	4.4	4.5
15－49歳女子(%)	45.4	44.4	43.6	43.4	45.5	47.5	48.1	47.6	46.8	47.3	47.3
中位数年齢(歳)	35.6	35.1	34.2	34.0	34.4	35.4	35.8	36.4	37.6	38.7	39.4
人口密度(1km²あたり)	217	224	230	232	232	233	236	239	243	249	259

指　標	1960-1965	1965-1970	1970-1975	1975-1980	1980-1985	1985-1990	1990-1995	1995-2000	2000-2005	2005-2010	2010-2015
年平均人口増加数(千人)	374	267	114	8	39	139	159	193	269	501	400
年平均出生数(千人)	976	929	756	673	721	780	762	729	681	774	804
年平均死亡数(千人)	631	646	664	673	663	661	645	637	606	578	584
人口増加率(%)	0.70	0.49	0.20	0.02	0.07	0.25	0.28	0.33	0.45	0.82	0.63
粗出生率(人口千人あたり)	18.3	16.9	13.5	12.0	12.8	13.7	13.3	12.5	11.4	12.6	12.6
粗死亡率(人口千人あたり)	11.8	11.8	11.9	12.0	11.8	11.6	11.2	10.9	10.2	9.4	9.2
合計出生率(女子１人あたり)	2.81	2.57	2.01	1.73	1.78	1.84	1.78	1.74	1.66	1.88	1.92
純再生産率(女子１人あたり)	1.33	1.22	0.96	0.83	0.85	0.88	0.85	0.84	0.80	0.91	0.93
乳児死亡率(出生千人あたり)	22	19	17	14	11	9	7	6	5	5	4
出生時の平均余命(歳)											
男	68.0	68.5	69.0	69.8	71.1	72.1	73.4	74.5	76.0	77.5	78.5
女	73.9	74.8	75.2	76.0	77.1	77.8	78.8	79.6	80.6	81.7	82.4
男女計	71.0	71.7	72.1	72.9	74.1	75.0	76.2	77.1	78.4	79.6	80.4

B. 中 位 予 測 値

指　標	2015	2020	2025	2030	2035	2040	2045	2050	2055	2060
人口(千人)										
総数	64 716	66 700	68 527	70 113	71 511	72 840	74 144	75 361	76 397	77 255
男	31 899	32 956	33 925	34 770	35 530	36 265	36 992	37 674	38 263	38 766
女	32 817	33 744	34 602	35 342	35 980	36 575	37 152	37 687	38 134	38 489
性比(女100につき男)	97.2	97.7	98.0	98.4	98.8	99.2	99.6	100.0	100.3	100.7
年齢分布(%)										
０－４歳	6.3	6.2	6.0	5.7	5.5	5.5	5.6	5.6	5.5	5.4
５－14歳	11.5	12.1	12.0	11.8	11.4	10.9	10.8	11.0	11.1	11.0
15－24歳	12.4	11.3	11.4	12.0	12.0	11.8	11.4	11.0	10.9	11.1
60歳以上	23.0	24.1	26.1	27.8	28.8	29.2	30.0	30.7	31.3	31.5
65歳以上	17.8	18.4	19.6	21.4	23.1	23.8	24.1	24.7	25.4	26.0
80歳以上	4.7	5.0	5.5	6.6	7.0	7.6	8.8	9.7	10.0	10.0
６－11歳	7.0	7.3	7.2	7.1	6.8	6.5	6.5	6.6	6.7	6.6
12－14歳	3.2	3.5	3.6	3.6	3.5	3.3	3.2	3.2	3.3	3.3
15－17歳	3.4	3.2	3.6	3.6	3.5	3.4	3.3	3.2	3.3	3.3
18－23歳	7.6	6.8	6.6	7.3	7.2	7.2	6.9	6.7	6.6	6.7
15－24歳女子(%)	45.2	42.9	42.1	42.0	41.6	41.0	40.3	40.1	40.4	40.2
中位数年齢(歳)	40.0	40.4	41.1	41.9	42.7	43.2	43.3	43.3	43.6	44.0
人口密度(1km²あたり)	267	276	283	290	296	301	306	311	316	319

指　標	2010-2015	2015-2020	2020-2025	2025-2030	2030-2035	2035-2040	2040-2045	2045-2050	2050-2055	2055-2060
年平均人口増加数(千人)	400	397	365	317	280	266	261	243	207	172
年平均出生数(千人)	804	815	811	788	779	799	826	840	838	830
年平均死亡数(千人)	584	598	616	641	670	703	735	767	793	811
年平均純移動数(千人)	180	180	170	170	170	170	170	170	162	153
人口増加率(%)	0.63	0.60	0.54	0.46	0.40	0.37	0.36	0.33	0.27	0.22
粗出生率(人口千人あたり)	12.6	12.4	12.0	11.4	11.0	11.1	11.2	11.2	11.0	10.8
粗死亡率(人口千人あたり)	9.2	9.1	9.1	9.2	9.5	9.7	10.0	10.3	10.4	10.6
純移動率(人口千人あたり)	2.8	2.7	2.5	2.5	2.4	2.4	2.3	2.3	2.1	2.0
合計出生率（女子１人あたり）	1.92	1.91	1.90	1.90	1.89	1.89	1.89	1.89	1.89	1.89
純再生産率（女子１人あたり）	0.93	0.92	0.92	0.92	0.92	0.92	0.92	0.92	0.92	0.92
乳児死亡率（出生千人あたり）	4	4	3	3	3	2	2	2	2	2
５歳未満の死亡数(出生千人あた	5	4	4	3	3	3	3	2	2	2
出生時の平均余命(歳)										
男	78.5	79.4	80.4	81.3	82.3	83.2	83.9	84.5	85.1	85.7
女	82.4	83.1	83.7	84.3	85.0	85.6	86.1	86.7	87.3	87.8
男女計	80.4	81.2	82.0	82.8	83.6	84.4	85.0	85.6	86.2	86.8

C. 高位予測値

	2015	2020	2025	2030	2035	2040	2045	2050	2055	2060
人口(千人)										
総数	64 716	67 232	69 909	72 529	74 958	77 393	80 000	82 839	85 823	88 847
男	31 899	33 229	34 633	36 009	37 297	38 598	39 993	41 505	43 091	44 704
女	32 817	34 004	35 276	36 521	37 661	38 795	40 008	41 334	42 731	44 143
性比(女100につき男)	97.2	97.6	97.9	98.2	98.4	98.8	99.1	99.4	99.7	100.1
年齢分布(%)										
0－4歳	6.3	6.9	7.1	6.9	6.6	6.6	6.8	7.1	7.2	7.2
5－14歳	11.5	12.0	12.5	13.3	13.4	13.0	12.7	12.9	13.3	13.6
15－24歳	12.4	11.2	11.1	11.6	12.1	12.9	12.9	12.5	12.2	12.4
60歳以上	23.0	23.9	25.6	26.9	27.5	27.5	27.8	28.0	27.9	27.4
65歳以上	17.8	18.3	19.2	20.7	22.0	22.4	22.4	22.5	22.7	22.6
80歳以上	4.7	4.9	5.4	6.3	6.7	7.2	8.1	8.8	8.9	8.7
15－49歳女子(%)	45.2	42.6	41.3	40.7	40.4	40.4	40.4	40.6	41.2	41.5
中位数年齢(歳)	40.0	40.1	40.3	40.6	40.8	40.6	39.8	39.2	38.7	38.7

	2010-2015	2015-2020	2020-2025	2025-2030	2030-2035	2035-2040	2040-2045	2045-2050	2050-2055	2055-2060
年平均人口増加数(千人)	400	503	535	524	486	487	522	568	597	605
年平均出生数(千人)	804	922	982	996	986	1 021	1 088	1 166	1 230	1 266
年平均死亡数(千人)	584	599	617	642	670	704	736	768	795	814
人口増加率(%)	0.63	0.76	0.78	0.74	0.66	0.64	0.66	0.70	0.71	0.69
粗出生率(人口千人あたり)	12.6	14.0	14.3	14.0	13.4	13.4	13.8	14.3	14.6	14.5
粗死亡率(人口千人あたり)	9.2	9.1	9.0	9.0	9.1	9.2	9.4	9.4	9.4	9.3
合計出生率 (女子1人あたり)	1.92	2.16	2.30	2.40	2.39	2.39	2.39	2.39	2.39	2.39
純再生産率 (女子1人あたり)	0.93	1.04	1.11	1.16	1.16	1.16	1.16	1.16	1.16	1.16

D. 低位予測値

	2015	2020	2025	2030	2035	2040	2045	2050	2055	2060
人口(千人)										
総数	64 716	66 168	67 145	67 696	68 066	68 313	68 404	68 216	67 659	66 805
男	31 899	32 683	33 217	33 532	33 765	33 946	34 052	34 014	33 787	33 414
女	32 817	33 485	33 928	34 164	34 300	34 367	34 353	34 202	33 872	33 392
性比(女100につき男)	97.2	97.6	97.9	98.2	98.4	98.8	99.1	99.4	99.7	100.1
年齢分布(%)										
0－4歳	6.3	5.4	4.8	4.4	4.3	4.3	4.3	4.2	3.9	3.7
5－14歳	11.5	12.2	11.5	10.2	9.2	8.7	8.7	8.7	8.6	8.3
15－24歳	12.4	11.3	11.6	12.4	11.8	10.6	9.6	9.2	9.2	9.4
60歳以上	23.0	24.3	26.6	28.8	30.2	31.2	32.5	33.9	35.4	36.4
65歳以上	17.8	18.6	20.0	22.2	24.2	25.4	26.2	27.3	28.7	30.1
80歳以上	4.7	5.0	5.6	6.8	7.3	8.2	9.5	10.7	11.3	11.5
15－49歳女子(%)	45.2	43.2	43.0	43.5	42.9	41.6	40.2	39.3	38.9	37.9
中位数年齢(歳)	40.0	40.7	41.9	43.2	44.6	45.8	46.7	47.4	48.3	49.5

	2010-2015	2015-2020	2020-2025	2025-2030	2030-2035	2035-2040	2040-2045	2045-2050	2050-2055	2055-2060
年平均人口増加数(千人)	400	290	195	110	74	49	18	－ 38	－ 111	－ 171
年平均出生数(千人)	804	708	641	580	573	581	582	558	518	485
年平均死亡数(千人)	584	598	615	640	669	702	734	765	791	808
人口増加率(%)	0.63	0.44	0.29	0.16	0.11	0.07	0.03	−0.06	−0.16	−0.25
粗出生率(人口千人あたり)	12.6	10.8	9.6	8.6	8.4	8.5	8.5	8.2	7.6	7.2
粗死亡率(人口千人あたり)	9.2	9.1	9.2	9.5	9.9	10.3	10.7	11.2	11.6	12.0
合計出生率 (女子1人あたり)	1.92	1.66	1.50	1.40	1.39	1.39	1.39	1.39	1.39	1.39
純再生産率 (女子1人あたり)	0.93	0.80	0.73	0.68	0.68	0.67	0.67	0.67	0.67	0.67

E. 出生力一定予測値

	2015	2020	2025	2030	2035	2040	2045	2050	2055	2060
人口(千人)										
総数	64 716	66 694	68 510	70 129	71 590	72 968	74 303	75 547	76 626	77 553
男	31 899	32 953	33 916	34 779	35 571	36 331	37 074	37 770	38 380	38 919
女	32 817	33 741	34 594	35 350	36 019	36 637	37 229	37 778	38 246	38 634
中位数年齢(歳)	40.0	40.4	41.1	41.9	42.7	43.2	43.2	43.2	43.5	43.8

	2010-2015	2015-2020	2020-2025	2025-2030	2030-2035	2035-2040	2040-2045	2045-2050	2050-2055	2055-2060
人口増加率(%)	0.63	0.60	0.54	0.47	0.41	0.38	0.36	0.33	0.28	0.24
粗出生率(人口千人あたり)	12.6	12.4	12.0	11.5	11.2	11.2	11.3	11.3	11.1	10.9
粗死亡率(人口千人あたり)	9.2	9.1	9.1	9.2	9.4	9.7	10.0	10.2	10.4	10.5

United Republic of Tanzania

A. 推 計 値

指　標	1960	1965	1970	1975	1980	1985	1990	1995	2000	2005	2010
人口(千人)											
総数	10 074	11 684	13 606	15 980	18 685	21 842	25 458	29 903	33 992	39 066	45 649
男	4 935	5 734	6 691	7 874	9 223	10 801	12 608	14 835	16 911	19 395	22 666
女	5 139	5 949	6 915	8 107	9 462	11 041	12 850	15 068	17 081	19 671	22 983
性比(女100につき男)	96.0	96.4	96.8	97.1	97.5	97.8	98.1	98.5	99.0	98.6	98.6
年齢分布(%)											
0－4歳	18.9	19.0	19.0	19.0	18.9	18.6	18.2	17.8	17.4	17.9	17.8
5－14歳	26.9	26.9	27.2	27.4	27.6	27.8	27.8	27.7	27.6	27.1	27.3
15－24歳	19.1	19.2	19.0	18.8	19.0	19.2	19.5	20.0	20.3	19.9	19.5
60歳以上	4.0	4.1	4.1	4.2	4.3	4.3	4.3	4.4	4.5	4.6	4.8
65歳以上	2.4	2.4	2.5	2.6	2.6	2.7	2.7	2.8	2.8	3.0	3.1
80歳以上	0.2	0.2	0.2	0.2	0.3	0.3	0.3	0.3	0.3	0.4	0.4
15－49歳女子(%)	45.5	45.5	44.9	44.7	44.5	44.6	44.9	45.4	45.8	45.6	45.8
中位数年齢(歳)	17.0	17.0	16.8	16.7	16.6	16.7	16.9	17.1	17.3	17.3	17.3
人口密度(1km²あたり)	11	13	15	18	21	25	29	34	38	44	52

指　標	1960-1965	1965-1970	1970-1975	1975-1980	1980-1985	1985-1990	1990-1995	1995-2000	2000-2005	2005-2010	2010-2015
年平均人口増加数(千人)	322	384	475	541	631	723	889	818	1 015	1 317	1 564
年平均出生数(千人)	534	616	709	821	932	1 061	1 197	1 341	1 536	1 780	1 966
年平均死亡数(千人)	218	239	258	275	308	351	426	482	462	411	362
人口増加率(%)	2.96	3.05	3.22	3.13	3.12	3.06	3.22	2.56	2.78	3.12	3.16
粗出生率(人口千人あたり)	49.1	48.7	47.9	47.3	46.0	44.9	43.2	42.0	42.0	42.0	39.7
粗死亡率(人口千人あたり)	20.0	18.9	17.4	15.9	15.2	14.9	15.4	15.1	12.6	9.7	7.3
合計出生率(女子1人あたり)	6.80	6.79	6.75	6.73	6.55	6.36	6.05	5.75	5.66	5.58	5.24
純再生産率(女子1人あたり)	2.22	2.28	2.34	2.42	2.38	2.33	2.19	2.11	2.22	2.33	2.32
乳児死亡率(出生千人あたり)	136	128	119	109	105	102	103	92	70	52	37
出生時の平均余命(歳)											
男	42.6	44.2	46.0	48.3	49.1	49.3	47.9	48.4	52.2	58.1	62.6
女	46.0	47.5	49.4	51.7	52.4	52.5	50.4	49.8	53.3	59.4	65.6
男女計	44.3	45.8	47.7	49.9	50.7	50.9	49.2	49.1	52.8	58.7	64.0

B. 中 位 予 測 値

指　標	2015	2020	2025	2030	2035	2040	2045	2050	2055	2060
人口(千人)										
総数	53 470	62 267	72 033	82 927	95 005	108 174	122 259	137 136	152 692	168 831
男	26 574	30 992	35 900	41 371	47 426	54 022	61 072	68 517	76 317	84 414
女	26 896	31 275	36 133	41 556	47 579	54 152	61 187	68 619	76 375	84 418
性比(女100につき男)	98.8	99.1	99.4	99.6	99.7	99.8	99.8	99.9	99.9	100.0
年齢分布(%)										
0－4歳	17.6	16.7	15.9	15.3	14.8	14.2	13.5	12.8	12.2	11.6
5－14歳	27.6	27.7	27.2	26.2	25.3	24.6	23.9	23.1	22.2	21.3
15－24歳	19.2	19.4	20.0	20.4	20.3	19.8	19.4	19.2	18.9	18.6
60歳以上	4.8	4.8	5.0	5.2	5.6	6.1	6.6	7.2	7.9	8.6
65歳以上	3.2	3.2	3.3	3.4	3.6	4.0	4.4	4.9	5.4	5.9
80歳以上	0.5	0.5	0.5	0.6	0.6	0.6	0.7	0.8	0.9	1.1
6－11歳	17.1	17.2	16.7	16.0	15.5	15.0	14.6	14.1	13.5	12.9
12－14歳	7.3	7.4	7.5	7.3	7.0	6.8	6.7	6.6	6.3	6.1
15－17歳	6.4	6.7	6.8	6.8	6.6	6.4	6.3	6.2	6.1	5.9
18－23歳	11.1	11.1	11.6	11.9	11.9	11.6	11.4	11.3	11.2	11.0
15－24歳女子(%)	45.8	46.5	47.4	48.2	48.8	49.3	49.7	50.3	50.6	50.7
中位数年齢(歳)	17.3	17.6	18.1	18.8	19.6	20.4	21.3	22.2	23.2	24.2
人口密度(1km²あたり)	60	70	81	94	107	122	138	155	172	191

指　標	2010-2015	2015-2020	2020-2025	2025-2030	2030-2035	2035-2040	2040-2045	2045-2050	2050-2055	2055-2060
年平均人口増加数(千人)	1 564	1 759	1 953	2 179	2 415	2 634	2 817	2 975	3 111	3 228
年平均出生数(千人)	1 966	2 166	2 376	2 623	2 890	3 148	3 378	3 591	3 794	3 991
年平均死亡数(千人)	362	366	383	404	434	474	521	576	644	728
年平均純移動数(千人)	−40	−40	−40	−40	−40	−40	−40	−40	−38	−36
人口増加率(%)	3.16	3.05	2.91	2.82	2.72	2.60	2.45	2.30	2.15	2.01
粗出生率(人口千人あたり)	39.7	37.4	35.4	33.9	32.5	31.0	29.3	27.7	26.2	24.8
粗死亡率(人口千人あたり)	7.3	6.3	5.7	5.2	4.9	4.7	4.5	4.4	4.4	4.5
純移動率(人口千人あたり)	−0.8	−0.7	−0.6	−0.5	−0.5	−0.4	−0.3	−0.3	−0.3	−0.2
合計出生率 (女子1人あたり)	5.24	4.92	4.61	4.33	4.07	3.83	3.61	3.42	3.25	3.10
純再生産率 (女子1人あたり)	2.32	2.22	2.11	2.00	1.90	1.80	1.70	1.62	1.54	1.47
乳児死亡率 (出生千人あたり)	37	32	28	26	24	22	21	19	18	17
5歳未満の死亡数(出生千人あたり	51	43	37	33	30	28	26	24	23	21
出生時の平均余命(歳)										
男	62.6	65.2	66.9	68.3	69.4	70.5	71.5	72.4	73.2	73.9
女	65.6	67.7	69.5	71.3	72.8	74.0	75.0	76.0	76.8	77.5
男女計	64.0	66.4	68.2	69.8	71.1	72.2	73.2	74.2	75.0	75.7

C. 高 位 予 測 値

	2015	2020	2025	2030	2035	2040	2045	2050	2055	2060
人口(千人)										
総数	53 470	62 798	73 556	85 912	99 770	115 240	132 386	151 245	171 739	193 779
男	26 574	31 261	36 671	42 882	49 836	57 595	66 193	75 651	85 950	97 032
女	26 896	31 537	36 885	43 031	49 934	57 645	66 193	75 594	85 789	96 747
性比(女100につき男)	98.8	99.1	99.3	99.5	99.5	99.6	99.6	99.6	99.6	99.6
年齢分布(%)										
0－4歳	17.6	17.4	17.0	16.5	15.9	15.3	14.8	14.3	13.7	13.2
5－14歳	27.6	27.5	27.3	27.0	26.5	25.9	25.1	24.5	23.8	23.2
15－24歳	19.2	19.3	19.6	19.7	19.9	19.9	19.8	19.5	19.2	18.9
60歳以上	4.8	4.8	4.8	5.0	5.3	5.7	6.1	6.6	7.0	7.5
65歳以上	3.2	3.2	3.2	3.3	3.5	3.7	4.1	4.4	4.8	5.2
80歳以上	0.5	0.5	0.5	0.5	0.6	0.6	0.6	0.7	0.8	1.0
15－49歳女子(%)	45.8	46.1	46.4	46.6	47.0	47.6	48.2	48.7	49.1	49.3
中位数年齢(歳)	17.3	17.4	17.7	18.0	18.5	19.1	19.8	20.5	21.3	22.0

	2010-2015	2015-2020	2020-2025	2025-2030	2030-2035	2035-2040	2040-2045	2045-2050	2050-2055	2055-2060
年平均人口増加数(千人)	1 564	1 865	2 152	2 471	2 772	3 094	3 429	3 772	4 099	4 408
年平均出生数(千人)	1 966	2 276	2 582	2 926	3 258	3 623	4 010	4 414	4 814	5 211
年平均死亡数(千人)	362	370	390	415	447	489	541	602	677	767
人口増加率(%)	3.16	3.22	3.16	3.11	2.99	2.88	2.77	2.66	2.54	2.42
粗出生率(人口千人あたり)	39.7	39.1	37.9	36.7	35.1	33.7	32.4	31.1	29.8	28.5
粗死亡率(人口千人あたり)	7.3	6.4	5.7	5.2	4.8	4.6	4.4	4.2	4.2	4.2
合計出生率(女子1人あたり)	5.24	5.17	5.01	4.83	4.57	4.33	4.11	3.92	3.75	3.60
純再生産率(女子1人あたり)	2.32	2.33	2.29	2.24	2.13	2.03	1.94	1.86	1.78	1.71

D. 低 位 予 測 値

	2015	2020	2025	2030	2035	2040	2045	2050	2055	2060
人口(千人)										
総数	53 470	61 737	70 510	79 942	90 253	101 196	112 415	123 682	134 876	145 930
男	26 574	30 724	35 130	39 861	45 022	50 493	56 095	61 714	67 308	72 832
女	26 896	31 013	35 380	40 081	45 231	50 702	56 320	61 968	67 568	73 098
性比(女100につき男)	98.8	99.1	99.3	99.5	99.5	99.6	99.6	99.6	99.6	99.6
年齢分布(%)										
0－4歳	17.6	16.0	14.9	14.1	13.6	12.9	12.1	11.2	10.5	9.9
5－14歳	27.6	28.0	27.0	25.3	23.9	23.1	22.4	21.4	20.3	19.1
15－24歳	19.2	19.6	20.5	21.2	20.8	19.7	19.0	18.7	18.5	18.0
60歳以上	4.8	4.9	5.1	5.4	5.8	6.5	7.2	8.0	8.9	9.9
65歳以上	3.2	3.3	3.4	3.6	3.8	4.2	4.8	5.4	6.1	6.9
80歳以上	0.5	0.5	0.5	0.6	0.6	0.7	0.8	0.9	1.1	1.3
15－49歳女子(%)	45.8	46.9	48.4	50.0	50.8	51.1	51.4	52.0	52.2	51.9
中位数年齢(歳)	17.3	17.8	18.6	19.6	20.9	22.0	23.1	24.2	25.5	26.8

	2010-2015	2015-2020	2020-2025	2025-2030	2030-2035	2035-2040	2040-2045	2045-2050	2050-2055	2055-2060
年平均人口増加数(千人)	1 564	1 653	1 755	1 886	2 062	2 189	2 244	2 253	2 239	2 211
年平均出生数(千人)	1 966	2 056	2 170	2 320	2 524	2 687	2 785	2 844	2 891	2 938
年平均死亡数(千人)	362	362	375	394	422	458	501	551	614	692
人口増加率(%)	3.16	2.88	2.66	2.51	2.43	2.29	2.10	1.91	1.73	1.58
粗出生率(人口千人あたり)	39.7	35.7	32.8	30.8	29.7	28.1	26.1	24.1	22.4	20.9
粗死亡率(人口千人あたり)	7.3	6.3	5.7	5.2	5.0	4.8	4.7	4.7	4.8	4.9
合計出生率(女子1人あたり)	5.24	4.67	4.21	3.83	3.57	3.33	3.11	2.92	2.75	2.60
純再生産率(女子1人あたり)	2.32	2.11	1.93	1.77	1.67	1.56	1.47	1.38	1.31	1.24

E. 出生力一定予測値

	2015	2020	2025	2030	2035	2040	2045	2050	2055	2060
人口(千人)										
総数	53 470	62 824	73 969	87 271	103 099	121 887	144 166	170 576	201 865	238 916
男	26 574	31 274	36 880	43 569	51 520	60 958	72 153	85 433	101 198	119 885
女	26 896	31 550	37 089	43 702	51 579	60 929	72 013	85 142	100 667	119 032
中位数年齢(歳)	17.3	17.4	17.5	17.7	17.8	17.8	17.9	18.0	18.1	18.2

	2010-2015	2015-2020	2020-2025	2025-2030	2030-2035	2035-2040	2040-2045	2045-2050	2050-2055	2055-2060
人口増加率(%)	3.16	3.22	3.27	3.31	3.33	3.35	3.36	3.36	3.37	3.37
粗出生率(人口千人あたり)	39.7	39.2	38.9	38.7	38.5	38.3	38.1	37.9	37.8	37.6
粗死亡率(人口千人あたり)	7.3	6.4	5.7	5.2	4.8	4.5	4.3	4.1	4.0	3.8

United States of America

A. 推 計 値

指　標	1960	1965	1970	1975	1980	1985	1990	1995	2000	2005	2010
人口(千人)											
総数	186 177	199 404	209 486	218 964	229 588	240 692	252 848	266 276	282 896	296 140	309 876
男	92 321	98 596	103 141	107 640	112 514	117 980	123 979	130 962	139 559	146 375	153 292
女	93 856	100 808	106 344	111 324	117 075	122 711	128 868	135 313	143 337	149 764	156 584
性比(女100につき男)	98.4	97.8	97.0	96.7	96.1	96.1	96.2	96.8	97.4	97.7	97.9
年齢分布(％)											
0－4歳	11.1	9.9	8.4	7.5	7.2	7.4	7.5	7.3	6.8	6.7	6.5
5－14歳	19.7	20.2	19.8	17.5	15.5	14.2	14.1	14.4	14.5	13.7	13.2
15－24歳	13.6	15.7	17.3	18.7	18.7	16.9	14.9	13.9	14.0	14.3	14.0
60歳以上	13.2	13.4	14.1	14.8	15.8	16.5	16.8	16.4	16.2	16.7	18.4
65歳以上	9.1	9.5	9.7	10.5	11.4	12.0	12.5	12.6	12.3	12.3	13.0
80歳以上	1.4	1.6	1.8	2.1	2.3	2.5	2.8	3.0	3.2	3.4	3.6
15－49歳女子(％)	45.5	45.4	46.5	48.4	50.3	51.3	51.5	51.1	50.2	49.0	47.0
中位数年齢(歳)	29.6	28.5	28.3	28.9	30.0	31.4	32.8	34.1	35.3	36.3	37.2
人口密度(1km²あたり)	20	22	23	24	25	26	28	29	31	32	34

指　標	1960-1965	1965-1970	1970-1975	1975-1980	1980-1985	1985-1990	1990-1995	1995-2000	2000-2005	2005-2010	2010-2015
年平均人口増加数(千人)	2 645	2 016	1 896	2 125	2 221	2 431	2 686	3 324	2 649	2 747	2 379
年平均出生数(千人)	4 277	3 672	3 342	3 323	3 623	3 883	4 036	3 949	4 088	4 208	3 980
年平均死亡数(千人)	1 823	1 955	2 015	1 972	2 058	2 189	2 264	2 364	2 469	2 475	2 602
人口増加率(％)	1.37	0.99	0.89	0.95	0.95	0.99	1.04	1.21	0.92	0.91	0.75
粗出生率(人口千人あたり)	22.2	18.0	15.6	14.8	15.4	15.7	15.6	14.4	14.1	13.9	12.6
粗死亡率(人口千人あたり)	9.5	9.6	9.4	8.8	8.8	8.9	8.7	8.6	8.5	8.2	8.2
合計出生率(女子1人あたり)	3.40	2.58	2.02	1.77	1.80	1.91	2.03	2.00	2.04	2.06	1.89
純再生産率(女子1人あたり)	1.60	1.21	0.95	0.84	0.86	0.92	0.97	0.96	0.98	0.99	0.91
乳児死亡率(出生千人あたり)	25	23	18	14	12	10	9	7	7	7	6
出生時の平均余命(歳)											
男	66.8	66.8	67.5	69.4	70.7	71.3	72.2	73.4	74.5	75.6	76.5
女	73.6	74.2	75.2	77.0	77.9	78.4	79.0	79.3	79.7	80.6	81.3
男女計	70.1	70.3	71.2	73.1	74.3	74.8	75.6	76.4	77.1	78.1	78.9

B. 中 位 予 測 値

指　標	2015	2020	2025	2030	2035	2040	2045	2050	2055	2060
人口(千人)										
総数	321 774	333 546	345 085	355 765	365 266	373 767	381 474	388 865	396 125	403 504
男	159 494	165 372	171 086	176 368	181 111	185 474	189 551	193 557	197 508	201 506
女	162 280	168 174	173 999	179 397	184 156	188 293	191 923	195 308	198 617	201 998
性比(女100につき男)	98.3	98.3	98.3	98.3	98.3	98.5	98.8	99.1	99.4	99.8
年齢分布(％)										
0－4歳	6.1	6.2	6.2	6.0	5.9	5.8	5.8	5.8	5.8	5.8
5－14歳	12.8	12.4	12.1	12.2	12.1	11.9	11.7	11.7	11.6	11.6
15－24歳	13.7	12.8	12.7	12.3	12.1	12.3	12.2	12.1	11.9	11.8
60歳以上	20.7	23.1	25.2	26.1	26.8	26.9	27.4	27.9	28.6	29.0
65歳以上	14.8	16.7	18.9	20.7	21.4	21.9	21.8	22.2	22.7	23.5
80歳以上	3.8	3.9	4.4	5.4	6.5	7.5	8.3	8.3	8.4	8.3
6－11歳	7.7	7.3	7.3	7.3	7.2	7.1	7.0	7.0	7.0	6.9
12－14歳	3.8	3.8	3.6	3.6	3.7	3.6	3.6	3.5	3.5	3.5
15－17歳	3.8	3.8	3.8	3.6	3.7	3.7	3.6	3.6	3.5	3.5
18－23歳	8.5	7.6	7.6	7.5	7.2	7.4	7.4	7.3	7.2	7.1
15－24歳女子(％)	45.2	44.4	43.8	43.5	42.9	42.6	42.0	41.9	41.8	41.4
中位数年齢(歳)	38.0	38.6	39.3	40.0	40.8	41.2	41.5	41.7	41.8	42.1
人口密度(1km²あたり)	35	36	38	39	40	41	42	43	43	44

指　標	2010-2015	2015-2020	2020-2025	2025-2030	2030-2035	2035-2040	2040-2045	2045-2050	2050-2055	2055-2060
年平均人口増加数(千人)	2 379	2 354	2 308	2 136	1 900	1 700	1 542	1 478	1 452	1 476
年平均出生数(千人)	3 980	4 120	4 240	4 275	4 295	4 345	4 404	4 485	4 574	4 637
年平均死亡数(千人)	2 602	2 766	2 933	3 139	3 395	3 645	3 863	4 007	4 072	4 061
年平均純移動数(千人)	1002	1000	1000	1000	1000	1000	1000	1000	950	900
人口増加率(％)	0.75	0.72	0.68	0.61	0.53	0.46	0.41	0.38	0.37	0.37
粗出生率(人口千人あたり)	12.6	12.6	12.5	12.2	11.9	11.8	11.7	11.6	11.7	11.6
粗死亡率(人口千人あたり)	8.2	8.4	8.6	9.0	9.4	9.9	10.2	10.4	10.4	10.2
純移動率(人口千人あたり)	3.2	3.1	2.9	2.9	2.8	2.7	2.6	2.6	2.4	2.3
合計出生率（女子1人あたり）	1.89	1.90	1.90	1.91	1.91	1.92	1.92	1.92	1.92	1.92
純再生産率（女子1人あたり）	0.91	0.91	0.92	0.92	0.92	0.93	0.93	0.93	0.93	0.93
乳児死亡率（出生千人あたり）	6	5	5	4	4	3	3	3	3	2
5歳未満の死亡数(出生千人あたり	7	6	6	5	5	4	4	4	3	3
出生時の平均余命(歳)										
男	76.5	77.3	78.1	79.0	79.9	80.9	81.8	82.6	83.3	83.9
女	81.3	81.9	82.5	83.1	83.6	84.2	84.8	85.3	85.9	86.4
男女計	78.9	79.6	80.3	81.1	81.8	82.6	83.3	84.0	84.6	85.2

C. 高位予測値

	2015	2020	2025	2030	2035	2040	2045	2050	2055	2060
人口(千人)										
総数	321 774	336 245	352 216	368 468	383 590	398 008	412 542	428 443	446 109	465 281
男	159 494	166 753	174 734	182 866	190 484	197 874	205 442	213 799	223 072	233 100
女	162 280	169 492	177 482	185 602	193 106	200 134	207 100	214 643	223 038	232 181
性比(女100につき男)	98.3	98.3	98.2	98.1	98.0	98.1	98.3	98.5	98.8	99.0
年齢分布(%)										
0－4歳	6.1	7.0	7.3	7.3	7.1	7.0	7.0	7.3	7.5	7.6
5－14歳	12.8	12.3	12.6	13.7	14.1	14.0	13.7	13.6	13.8	14.1
15－24歳	13.7	12.7	12.4	11.9	12.2	13.3	13.7	13.6	13.2	13.0
60歳以上	20.7	22.9	24.6	25.2	25.5	25.3	25.4	25.3	25.4	25.1
65歳以上	14.8	16.6	18.5	20.0	20.4	20.5	20.2	20.2	20.1	20.4
80歳以上	3.8	3.9	4.3	5.3	6.2	7.1	7.7	7.6	7.4	7.2
15－49歳女子(%)	45.2	44.1	43.0	42.0	41.6	41.8	41.9	42.3	42.5	42.6
中位数年齢(歳)	38.0	38.3	38.5	38.7	38.9	38.6	38.2	37.5	37.0	36.9

	2010-2015	2015-2020	2020-2025	2025-2030	2030-2035	2035-2040	2040-2045	2045-2050	2050-2055	2055-2060
年平均人口増加数(千人)	2 379	2 894	3 194	3 250	3 024	2 884	2 907	3 180	3 533	3 834
年平均出生数(千人)	3 980	4 663	5 132	5 396	5 426	5 536	5 779	6 200	6 671	7 014
年平均死亡数(千人)	2 602	2 769	2 938	3 145	3 401	3 652	3 872	4 019	4 088	4 080
人口増加率(%)	0.75	0.88	0.93	0.90	0.80	0.74	0.72	0.76	0.81	0.84
粗出生率(人口千人あたり)	12.6	14.2	14.9	15.0	14.4	14.2	14.3	14.7	15.3	15.4
粗死亡率(人口千人あたり)	8.2	8.4	8.5	8.7	9.0	9.3	9.6	9.6	9.3	9.0
合計出生率（女子１人あたり）	1.89	2.15	2.30	2.41	2.41	2.42	2.42	2.42	2.42	2.42
純再生産率（女子１人あたり）	0.91	1.03	1.11	1.16	1.17	1.17	1.17	1.17	1.17	1.18

D. 低位予測値

	2015	2020	2025	2030	2035	2040	2045	2050	2055	2060
人口(千人)										
総数	321 774	330 846	337 953	343 062	346 956	349 655	351 004	351 010	349 731	347 739
男	159 494	163 991	167 438	169 870	171 744	173 140	173 966	174 197	173 782	172 989
女	162 280	166 855	170 515	173 192	175 212	176 515	177 038	176 813	175 949	174 750
性比(女100につき男)	98.3	98.3	98.2	98.1	98.0	98.1	98.3	98.5	98.8	99.0
年齢分布(%)										
0－4歳	6.1	5.4	5.0	4.6	4.6	4.6	4.5	4.3	4.1	4.0
5－14歳	12.8	12.5	11.6	10.5	9.8	9.5	9.5	9.4	9.2	8.9
15－24歳	13.7	12.9	12.9	12.8	12.0	11.1	10.4	10.2	10.2	10.2
60歳以上	20.7	23.3	25.7	27.1	28.2	28.8	29.8	30.9	32.4	33.6
65歳以上	14.8	16.8	19.3	21.4	22.5	23.4	23.7	24.6	25.7	27.3
80歳以上	3.8	3.9	4.5	5.6	6.8	8.1	9.0	9.2	9.5	9.6
15－49歳女子(%)	45.2	44.8	44.7	45.0	44.3	43.4	42.0	41.3	40.5	39.4
中位数年齢(歳)	38.0	38.9	40.1	41.4	42.7	43.9	44.7	45.7	46.7	47.9

	2010-2015	2015-2020	2020-2025	2025-2030	2030-2035	2035-2040	2040-2045	2045-2050	2050-2055	2055-2060
年平均人口増加数(千人)	2 379	1 815	1 421	1 022	779	540	270	1	－ 256	－ 398
年平均出生数(千人)	3 980	3 577	3 349	3 155	3 168	3 177	3 123	2 997	2 852	2 745
年平均死亡数(千人)	2 602	2 763	2 928	3 133	3 389	3 637	3 854	3 996	4 058	4 044
人口増加率(%)	0.75	0.56	0.43	0.30	0.23	0.16	0.08	0.00	−0.07	−0.11
粗出生率(人口千人あたり)	12.6	11.0	10.0	9.3	9.2	9.1	8.9	8.5	8.1	7.9
粗死亡率(人口千人あたり)	8.2	8.5	8.8	9.2	9.8	10.4	11.0	11.4	11.6	11.6
合計出生率（女子１人あたり）	1.89	1.65	1.50	1.41	1.41	1.42	1.42	1.42	1.42	1.42
純再生産率（女子１人あたり）	0.91	0.79	0.73	0.68	0.68	0.68	0.69	0.69	0.69	0.69

E. 出生力一定予測値

	2015	2020	2025	2030	2035	2040	2045	2050	2055	2060
人口(千人)										
総数	321 774	333 432	344 617	354 931	364 069	372 149	379 401	386 218	392 729	399 233
男	159 494	165 313	170 846	175 940	180 496	184 644	188 488	192 200	195 767	199 317
女	162 280	168 119	173 771	178 991	183 573	187 505	190 913	194 018	196 962	199 916
中位数年齢(歳)	38.0	38.6	39.4	40.1	40.9	41.4	41.7	42.0	42.2	42.5

	2010-2015	2015-2020	2020-2025	2025-2030	2030-2035	2035-2040	2040-2045	2045-2050	2050-2055	2055-2060
人口増加率(%)	0.75	0.71	0.66	0.59	0.51	0.44	0.39	0.36	0.33	0.33
粗出生率(人口千人あたり)	12.6	12.5	12.3	12.0	11.7	11.6	11.5	11.4	11.4	11.3
粗死亡率(人口千人あたり)	8.2	8.4	8.6	9.0	9.4	9.9	10.3	10.5	10.5	10.3

United States Virgin Islands

A. 推 計 値

指　標	1960	1965	1970	1975	1980	1985	1990	1995	2000	2005	2010
人口(千人)											
総数	33	50	64	86	98	105	103	107	109	108	106
男	16	25	32	42	47	51	50	51	52	52	51
女	16	25	32	44	51	54	53	56	57	56	56
性比(女100につき男)	98.0	99.7	99.5	95.6	92.5	94.0	93.9	92.2	91.6	91.8	91.5
年齢分布(%)											
０－４歳	15.9	17.9	13.6	18.1	11.0	13.6	9.2	10.7	7.8	6.9	7.0
５－14歳	23.7	22.9	22.5	23.6	25.0	20.1	19.7	17.0	18.1	15.5	13.7
15－24歳	16.1	19.0	17.8	14.3	18.1	18.2	16.7	14.9	13.5	14.0	12.6
60歳以上	9.2	6.3	5.7	5.9	7.1	7.7	9.3	10.5	13.0	16.5	20.7
65歳以上	6.7	4.3	3.7	3.6	4.6	5.1	6.0	7.2	8.6	10.6	13.7
80歳以上	1.0	0.8	0.7	0.6	0.6	0.7	0.7	1.2	1.6	2.0	2.4
15－49歳女子(%)	43.2	46.4	51.7	47.1	51.3	52.5	53.1	50.8	48.4	47.7	45.1
中位数年齢(歳)	20.6	20.0	23.0	20.0	22.0	23.8	28.1	30.7	33.6	36.5	39.3
人口密度(1k㎡あたり)	93	142	183	245	281	299	295	306	310	308	304

指　標	1960-1965	1965-1970	1970-1975	1975-1980	1980-1985	1985-1990	1990-1995	1995-2000	2000-2005	2005-2010	2010-2015
年平均人口増加数(千人)	3	3	4	3	1	0	1	0	0	0	0
年平均出生数(千人)	2	3	3	3	2	2	2	2	2	2	1
年平均死亡数(千人)	0	0	0	0	1	1	1	1	1	1	1
人口増加率(%)	8.38	5.12	5.84	2.75	1.23	−0.27	0.72	0.28	−0.14	−0.26	−0.02
粗出生率(人口千人あたり)	41.7	46.8	38.7	28.3	24.4	23.9	21.2	15.6	14.4	15.9	14.1
粗死亡率(人口千人あたり)	9.1	7.3	5.8	5.1	5.2	5.2	5.3	5.5	6.1	6.9	7.4
合計出生率(女子１人あたり)	5.67	5.52	4.66	3.49	2.97	3.02	2.79	2.19	2.14	2.44	2.30
純再生産率(女子１人あたり)	2.55	2.52	2.16	1.63	1.40	1.43	1.33	1.04	1.02	1.16	1.10
乳児死亡率(出生千人あたり)	41	35	29	25	21	18	15	13	12	11	9
出生時の平均余命(歳)											
男	62.3	64.1	65.8	67.5	68.9	70.3	71.8	73.4	75.0	75.9	77.2
女	67.0	69.4	71.9	74.0	75.6	77.8	79.5	80.6	81.3	82.0	82.9
男女計	64.6	66.7	68.7	70.7	72.2	73.9	75.5	76.9	78.1	78.9	80.0

B. 中 位 予 測 値

指　標	2015	2020	2025	2030	2035	2040	2045	2050	2055	2060
人口(千人)										
総数	106	107	107	106	105	103	100	97	94	91
男	51	51	51	50	50	49	48	47	46	44
女	56	56	56	56	55	54	52	50	48	46
性比(女100につき男)	91.0	90.6	90.4	90.4	90.7	91.3	92.1	93.1	94.2	95.5
年齢分布(%)										
０－４歳	6.7	6.2	5.9	5.7	5.6	5.4	5.2	5.0	4.9	4.8
５－14歳	13.6	13.5	12.8	12.1	11.7	11.5	11.3	11.0	10.6	10.3
15－24歳	13.0	12.6	12.8	12.9	12.3	11.7	11.4	11.4	11.2	10.9
60歳以上	24.1	27.4	30.1	32.2	33.1	33.3	33.0	32.1	32.9	33.7
65歳以上	17.6	20.4	23.4	25.8	27.5	28.2	28.2	27.8	27.0	27.8
80歳以上	3.0	4.1	6.0	8.2	9.6	11.1	12.2	13.0	13.2	13.0
６－11歳	8.2	8.1	7.6	7.2	7.0	6.9	6.7	6.5	6.3	6.1
12－14歳	4.0	4.1	4.0	3.8	3.6	3.5	3.5	3.4	3.3	3.2
15－17歳	3.9	3.9	4.0	3.9	3.6	3.5	3.5	3.5	3.4	3.3
18－23歳	7.9	7.4	7.6	7.7	7.4	7.0	6.8	6.8	6.8	6.6
15－24歳女子(%)	41.3	38.8	38.0	37.6	37.4	37.8	37.4	37.5	37.4	36.5
中位数年齢(歳)	41.0	41.9	42.5	42.4	42.6	43.3	43.9	44.6	45.6	46.7
人口密度(1k㎡あたり)	304	306	305	303	299	293	285	277	268	259

指　標	2010-2015	2015-2020	2020-2025	2025-2030	2030-2035	2035-2040	2040-2045	2045-2050	2050-2055	2055-2060
年平均人口増加数(千人)	0	0	0	0	0	0	－1	－1	－1	－1
年平均出生数(千人)	1	1	1	1	1	1	1	1	1	1
年平均死亡数(千人)	1	1	1	1	1	1	1	1	1	1
年平均純移動数(千人)	−1	0	0	0	0	0	0	0	0	0
人口増加率(%)	−0.02	0.14	−0.02	−0.15	−0.28	−0.41	−0.53	−0.62	−0.64	−0.64
粗出生率(人口千人あたり)	14.1	12.8	12.1	11.7	11.4	11.0	10.6	10.2	9.9	9.7
粗死亡率(人口千人あたり)	7.4	8.1	8.9	9.8	10.8	11.7	12.3	12.7	12.7	12.6
純移動率(人口千人あたり)	−6.8	−3.4	−3.4	−3.4	−3.4	−3.5	−3.6	−3.7	−3.6	−3.5
合計出生率 (女子１人あたり)	2.30	2.18	2.09	2.01	1.95	1.91	1.88	1.86	1.85	1.84
純再生産率 (女子１人あたり)	1.10	1.04	1.00	0.96	0.94	0.92	0.90	0.90	0.89	0.89
乳児死亡率 (出生千人あたり)	9	8	8	7	6	6	5	5	5	4
５歳未満の死亡数(出生千人あた	11	10	9	8	7	7	6	6	5	5
出生時の平均余命(歳)										
男	77.2	78.6	79.9	81.1	82.0	82.8	83.5	84.3	84.9	85.6
女	82.9	83.8	84.6	85.3	86.1	86.8	87.5	88.1	88.8	89.4
男女計	80.0	81.2	82.3	83.4	84.2	85.0	85.7	86.4	87.0	87.6

C. 高 位 予 測 値

	2015	2020	2025	2030	2035	2040	2045	2050	2055	2060
人口(千人)										
総数	106	108	109	110	110	109	109	108	108	108
男	51	51	52	52	52	52	52	52	53	53
女	56	57	57	57	57	57	56	56	55	55
性比(女100につき男)	91.0	90.5	90.1	89.9	90.0	90.3	90.8	91.6	92.5	93.6
年齢分布(%)										
0－4歳	6.7	6.9	6.9	6.9	6.8	6.7	6.7	6.7	6.7	6.7
5－14歳	13.6	13.4	13.3	13.5	13.7	13.6	13.4	13.3	13.3	13.3
15－24歳	13.0	12.5	12.5	12.4	12.5	12.8	13.1	13.1	12.8	12.7
60歳以上	24.1	27.2	29.5	31.2	31.6	31.2	30.3	28.8	28.7	28.4
65歳以上	17.6	20.3	23.0	25.0	26.2	26.4	25.9	24.9	23.5	23.5
80歳以上	3.0	4.1	5.9	7.9	9.2	10.4	11.2	11.7	11.5	11.0
15－49歳女子(%)	41.3	38.6	37.4	36.5	36.5	37.3	37.6	38.3	38.9	39.0
中位数年齢(歳)	41.0	41.6	41.5	40.5	40.5	40.3	39.9	39.8	39.5	39.6

	2010-2015	2015-2020	2020-2025	2025-2030	2030-2035	2035-2040	2040-2045	2045-2050	2050-2055	2055-2060
年平均人口増加数(千人)	0	0	0	0	0	0	0	0	0	0
年平均出生数(千人)	1	2	2	2	2	1	1	1	1	1
年平均死亡数(千人)	1	1	1	1	1	1	1	1	1	1
人口増加率(%)	−0.02	0.28	0.21	0.14	0.02	−0.07	−0.12	−0.12	−0.08	−0.02
粗出生率(人口千人あたり)	14.1	14.3	14.2	14.3	13.9	13.6	13.6	13.6	13.7	13.6
粗死亡率(人口千人あたり)	7.4	8.1	8.8	9.6	10.4	11.1	11.5	11.5	11.3	10.9
合計出生率（女子1人あたり）	2.30	2.43	2.49	2.51	2.45	2.41	2.38	2.36	2.35	2.34
純再生産率（女子1人あたり）	1.10	1.16	1.19	1.20	1.18	1.16	1.14	1.14	1.13	1.13

D. 低 位 予 測 値

	2015	2020	2025	2030	2035	2040	2045	2050	2055	2060
人口(千人)										
総数	106	106	105	103	100	96	91	86	81	76
男	51	50	50	49	47	45	44	41	39	37
女	56	56	55	54	52	50	48	45	42	39
性比(女100につき男)	91.0	90.5	90.1	89.9	90.0	90.3	90.8	91.6	92.5	93.6
年齢分布(%)										
0－4歳	6.7	5.6	4.8	4.4	4.3	4.1	3.8	3.4	3.1	2.9
5－14歳	13.6	13.6	12.3	10.5	9.5	9.1	8.9	8.4	7.7	7.0
15－24歳	13.0	12.7	13.0	13.3	12.2	10.5	9.5	9.2	9.1	8.6
60歳以上	24.1	27.6	30.7	33.3	34.8	35.6	36.0	36.0	38.0	40.1
65歳以上	17.6	20.6	23.9	26.7	28.9	30.2	30.8	31.1	31.1	33.1
80歳以上	3.0	4.2	6.2	8.5	10.1	11.9	13.3	14.6	15.2	15.5
15－49歳女子(%)	41.3	39.1	38.7	38.8	38.5	38.4	37.0	36.3	35.1	32.7
中位数年齢(歳)	41.0	42.3	43.5	44.4	44.8	46.2	47.6	49.2	51.0	53.1

	2010-2015	2015-2020	2020-2025	2025-2030	2030-2035	2035-2040	2040-2045	2045-2050	2050-2055	2055-2060
年平均人口増加数(千人)	0	0	0	0	－1	－1	－1	－1	－1	－1
年平均出生数(千人)	1	1	1	1	1	1	1	1	1	0
年平均死亡数(千人)	1	1	1	1	1	1	1	1	1	1
人口増加率(%)	−0.02	−0.01	−0.25	−0.45	−0.60	−0.77	−0.95	−1.11	−1.22	−1.29
粗出生率(人口千人あたり)	14.1	11.4	9.9	9.0	8.8	8.4	7.7	6.9	6.3	5.9
粗死亡率(人口千人あたり)	7.4	8.1	9.0	10.0	11.2	12.4	13.3	14.0	14.5	14.8
合計出生率（女子1人あたり）	2.30	1.93	1.69	1.51	1.45	1.41	1.38	1.36	1.35	1.34
純再生産率（女子1人あたり）	1.10	0.93	0.81	0.72	0.70	0.68	0.66	0.65	0.65	0.65

E. 出生力一定予測値

	2015	2020	2025	2030	2035	2040	2045	2050	2055	2060
人口(千人)										
総数	106	107	108	108	108	107	106	104	103	103
男	51	51	51	51	51	51	51	51	50	50
女	56	56	57	57	56	56	55	54	53	52
中位数年齢(歳)	41.0	41.8	42.0	41.4	41.4	41.4	41.3	41.3	41.4	41.3

	2010-2015	2015-2020	2020-2025	2025-2030	2030-2035	2035-2040	2040-2045	2045-2050	2050-2055	2055-2060
人口増加率(%)	−0.02	0.20	0.11	0.02	−0.07	−0.16	−0.22	−0.24	−0.20	−0.15
粗出生率(人口千人あたり)	14.1	13.5	13.2	13.2	13.2	13.1	13.0	12.9	13.0	13.0
粗死亡率(人口千人あたり)	7.4	8.1	8.8	9.7	10.6	11.3	11.8	11.9	11.7	11.3

Uruguay

A. 推計値

指標	1960	1965	1970	1975	1980	1985	1990	1995	2000	2005	2010
人口(千人)											
総数	2 539	2 695	2 810	2 830	2 916	3 012	3 110	3 225	3 321	3 326	3 374
男	1 270	1 344	1 397	1 402	1 430	1 469	1 508	1 562	1 607	1 605	1 627
女	1 268	1 351	1 413	1 428	1 486	1 543	1 601	1 663	1 714	1 720	1 747
性比(女100につき男)	100.1	99.4	98.8	98.1	96.3	95.2	94.2	94.0	93.8	93.3	93.1
年齢分布(%)											
0－4歳	10.1	10.1	9.5	9.7	9.5	8.7	8.7	8.7	8.2	7.7	7.3
5－14歳	17.8	18.0	18.4	17.9	17.4	18.1	17.3	16.3	16.4	16.1	15.2
15－24歳	16.0	15.6	15.6	15.6	16.1	15.5	15.7	16.5	15.8	14.9	15.3
60歳以上	11.9	12.3	12.9	14.2	14.7	15.6	16.5	17.1	17.4	17.9	18.4
65歳以上	8.2	8.4	8.9	9.7	10.5	11.0	11.6	12.4	13.1	13.5	13.9
80歳以上	1.5	1.5	1.6	1.7	1.8	2.0	2.3	2.6	2.8	3.2	3.9
15－49歳女子(%)	50.4	49.3	48.8	47.3	46.8	46.0	46.4	47.1	47.0	46.8	46.6
中位数年齢(歳)	28.9	29.3	29.7	30.0	30.1	30.4	30.7	31.1	31.6	32.6	33.7
人口密度(1km²あたり)	15	15	16	16	17	17	18	18	19	19	19

指標	1960-1965	1965-1970	1970-1975	1975-1980	1980-1985	1985-1990	1990-1995	1995-2000	2000-2005	2005-2010	2010-2015
年平均人口増加数(千人)	31	23	4	17	19	20	23	19	1	10	11
年平均出生数(千人)	57	56	60	58	54	56	58	55	53	51	49
年平均死亡数(千人)	25	26	28	29	29	30	31	31	31	31	32
人口増加率(%)	1.19	0.84	0.14	0.60	0.65	0.64	0.73	0.59	0.03	0.29	0.34
粗出生率(人口千人あたり)	21.9	20.5	21.1	20.2	18.3	18.2	18.2	16.9	15.9	15.1	14.4
粗死亡率(人口千人あたり)	9.5	9.6	10.0	10.1	9.8	9.9	9.7	9.4	9.4	9.2	9.3
合計出生率(女子1人あたり)	2.90	2.80	3.00	2.89	2.57	2.53	2.49	2.30	2.20	2.12	2.04
純再生産率(女子1人あたり)	1.33	1.28	1.38	1.33	1.20	1.19	1.18	1.09	1.05	1.01	0.97
乳児死亡率(出生千人あたり)	48	47	46	42	34	23	20	16	14	13	13
出生時の平均余命(歳)											
男	65.4	65.5	65.6	66.3	67.6	68.6	69.2	70.5	71.6	72.5	73.3
女	71.6	71.9	72.2	73.1	74.5	75.8	76.9	78.0	78.9	79.7	80.4
男女計	68.3	68.6	68.8	69.6	71.0	72.1	73.0	74.2	75.3	76.2	77.0

B. 中位予測値

指標	2015	2020	2025	2030	2035	2040	2045	2050	2055	2060
人口(千人)										
総数	3 432	3 495	3 550	3 596	3 630	3 653	3 665	3 667	3 659	3 642
男	1 656	1 691	1 722	1 749	1 770	1 786	1 796	1 801	1 802	1 798
女	1 775	1 804	1 828	1 847	1 860	1 868	1 869	1 866	1 857	1 844
性比(女100につき男)	93.3	93.7	94.2	94.7	95.2	95.6	96.1	96.6	97.1	97.5
年齢分布(%)										
0－4歳	7.0	6.8	6.5	6.3	6.0	5.8	5.6	5.4	5.3	5.2
5－14歳	14.4	13.8	13.3	12.9	12.5	12.1	11.6	11.3	11.0	10.7
15－24歳	15.1	14.4	13.7	13.2	12.9	12.6	12.2	11.9	11.5	11.2
60歳以上	19.1	20.2	21.2	22.1	23.5	25.0	26.1	27.5	29.2	30.7
65歳以上	14.4	15.0	16.0	17.1	17.9	19.2	20.6	21.6	22.9	24.5
80歳以上	4.3	4.4	4.6	4.8	5.2	5.9	6.5	7.0	7.8	8.6
6－11歳	8.6	8.3	8.0	7.7	7.5	7.2	6.9	6.7	6.5	6.4
12－14歳	4.4	4.2	4.0	3.9	3.8	3.7	3.6	3.4	3.3	3.3
15－17歳	4.5	4.2	4.1	3.9	3.8	3.7	3.6	3.5	3.4	3.3
18－23歳	9.2	8.7	8.3	8.0	7.7	7.6	7.4	7.2	6.9	6.7
15－24歳女子(%)	46.4	46.2	45.6	44.7	44.2	43.5	42.4	41.3	40.5	39.7
中位数年齢(歳)	34.9	35.6	36.6	37.8	39.1	40.3	41.4	42.5	43.4	44.3
人口密度(1km²あたり)	20	20	20	21	21	21	21	21	21	21

指標	2010-2015	2015-2020	2020-2025	2025-2030	2030-2035	2035-2040	2040-2045	2045-2050	2050-2055	2055-2060
年平均人口増加数(千人)	11	13	11	9	7	5	2	0	－ 2	－ 3
年平均出生数(千人)	49	48	47	46	44	43	41	40	39	38
年平均死亡数(千人)	32	32	33	34	34	35	36	37	38	39
年平均純移動数(千人)	−6	−3	−3	−3	−3	−3	−3	−3	−3	−3
人口増加率(%)	0.34	0.37	0.31	0.26	0.19	0.13	0.07	0.01	−0.04	−0.10
粗出生率(人口千人あたり)	14.4	13.9	13.4	12.8	12.2	11.7	11.3	11.0	10.7	10.5
粗死亡率(人口千人あたり)	9.3	9.4	9.4	9.4	9.5	9.6	9.8	10.1	10.4	10.7
純移動率(人口千人あたり)	−1.8	−0.9	−0.9	−0.8	−0.8	−0.8	−0.8	−0.8	−0.8	−0.7
合計出生率（女子1人あたり）	2.04	1.98	1.94	1.90	1.87	1.85	1.84	1.83	1.82	1.82
純再生産率（女子1人あたり）	0.97	0.95	0.93	0.91	0.90	0.89	0.89	0.88	0.88	0.88
乳児死亡率（出生千人あたり）	13	11	10	9	8	7	7	6	6	5
5歳未満の死亡数(出生千人あたり	15	13	12	11	10	9	8	7	7	6
出生時の平均余命(歳)										
男	73.3	74.2	75.1	76.0	76.9	77.9	78.9	79.9	80.8	81.6
女	80.4	81.1	81.7	82.3	82.9	83.5	84.0	84.6	85.2	85.8
男女計	77.0	77.7	78.5	79.3	80.0	80.8	81.6	82.4	83.1	83.8

C. 高 位 予 測 値

	2015	2020	2025	2030	2035	2040	2045	2050	2055	2060
人口(千人)										
総数	3 432	3 525	3 628	3 733	3 828	3 917	4 005	4 097	4 193	4 289
男	1 656	1 706	1 762	1 819	1 871	1 921	1 970	2 022	2 076	2 130
女	1 775	1 819	1 866	1 914	1 957	1 996	2 035	2 076	2 118	2 160
性比(女100につき男)	93.3	93.6	94.0	94.3	94.6	94.9	95.2	95.6	95.9	96.2
年齢分布(%)										
0－4歳	7.0	7.6	7.7	7.7	7.3	7.1	7.0	7.1	7.1	7.1
5－14歳	14.4	13.7	13.9	14.6	14.7	14.3	13.8	13.5	13.5	13.6
15－24歳	15.1	14.3	13.4	12.8	13.0	13.7	13.9	13.5	13.0	12.8
60歳以上	19.1	20.0	20.8	21.3	22.3	23.4	23.9	24.6	25.5	26.1
65歳以上	14.4	14.9	15.7	16.4	17.0	17.9	18.9	19.3	20.0	20.8
80歳以上	4.3	4.4	4.5	4.7	5.0	5.5	6.0	6.3	6.8	7.3
15－49歳女子(%)	46.4	45.9	44.7	43.1	42.8	42.6	42.2	41.8	41.5	41.6
中位数年齢(歳)	34.9	35.3	35.8	36.4	37.0	37.5	37.8	37.7	37.8	38.1

	2010-2015	2015-2020	2020-2025	2025-2030	2030-2035	2035-2040	2040-2045	2045-2050	2050-2055	2055-2060
年平均人口増加数(千人)	11	19	21	21	19	18	18	18	19	19
年平均出生数(千人)	49	54	57	58	56	56	57	59	60	61
年平均死亡数(千人)	32	33	33	34	34	35	36	37	38	39
人口増加率(%)	0.34	0.54	0.58	0.57	0.50	0.46	0.45	0.45	0.46	0.45
粗出生率(人口千人あたり)	14.4	15.6	15.9	15.7	14.9	14.5	14.4	14.5	14.5	14.4
粗死亡率(人口千人あたり)	9.3	9.4	9.3	9.2	9.1	9.1	9.1	9.2	9.2	9.2
合計出生率(女子1人あたり)	2.04	2.23	2.34	2.40	2.37	2.35	2.34	2.33	2.32	2.32
純再生産率(女子1人あたり)	0.97	1.07	1.12	1.15	1.14	1.13	1.13	1.12	1.12	1.12

D. 低 位 予 測 値

	2015	2020	2025	2030	2035	2040	2045	2050	2055	2060
人口(千人)										
総数	3 432	3 465	3 472	3 458	3 433	3 394	3 338	3 265	3 176	3 073
男	1 656	1 675	1 682	1 678	1 669	1 653	1 629	1 596	1 555	1 507
女	1 775	1 789	1 790	1 779	1 764	1 741	1 710	1 670	1 621	1 566
性比(女100につき男)	93.3	93.6	94.0	94.3	94.6	94.9	95.2	95.6	95.9	96.2
年齢分布(%)										
0－4歳	7.0	6.0	5.3	4.8	4.6	4.4	4.1	3.8	3.5	3.3
5－14歳	14.4	13.9	12.8	11.2	10.1	9.5	9.1	8.7	8.1	7.6
15－24歳	15.1	14.5	14.0	13.8	12.7	11.2	10.2	9.7	9.4	9.0
60歳以上	19.1	20.3	21.7	23.0	24.8	27.0	28.7	30.9	33.7	36.4
65歳以上	14.4	15.2	16.4	17.7	18.9	20.7	22.7	24.3	26.4	29.0
80歳以上	4.3	4.5	4.7	5.0	5.5	6.3	7.2	7.9	8.9	10.2
15－49歳女子(%)	46.4	46.6	46.6	46.4	45.8	44.5	42.4	40.4	38.6	36.6
中位数年齢(歳)	34.9	35.9	37.4	39.1	41.1	43.0	44.9	46.8	48.8	50.7

	2010-2015	2015-2020	2020-2025	2025-2030	2030-2035	2035-2040	2040-2045	2045-2050	2050-2055	2055-2060
年平均人口増加数(千人)	11	7	1	－ 3	－ 5	－ 8	－ 11	－ 15	－ 18	－ 21
年平均出生数(千人)	49	42	37	34	32	30	28	25	23	21
年平均死亡数(千人)	32	32	33	34	34	35	36	37	38	39
人口増加率(%)	0.34	0.19	0.04	−0.08	−0.15	−0.23	−0.33	−0.44	−0.56	−0.66
粗出生率(人口千人あたり)	14.4	12.2	10.8	9.7	9.3	8.8	8.3	7.6	7.1	6.6
粗死亡率(人口千人あたり)	9.3	9.4	9.5	9.7	9.9	10.2	10.7	11.1	11.7	12.4
合計出生率(女子1人あたり)	2.04	1.73	1.54	1.40	1.37	1.35	1.34	1.33	1.32	1.32
純再生産率(女子1人あたり)	0.97	0.83	0.74	0.67	0.66	0.65	0.64	0.64	0.64	0.64

E. 出生力一定予測値

	2015	2020	2025	2030	2035	2040	2045	2050	2055	2060
人口(千人)										
総数	3 432	3 502	3 570	3 632	3 686	3 732	3 772	3 805	3 834	3 855
男	1 656	1 694	1 732	1 767	1 799	1 826	1 850	1 872	1 892	1 907
女	1 775	1 808	1 837	1 864	1 887	1 906	1 921	1 933	1 942	1 948
中位数年齢(歳)	34.9	35.5	36.4	37.4	38.5	39.5	40.3	41.0	41.5	42.0

	2010-2015	2015-2020	2020-2025	2025-2030	2030-2035	2035-2040	2040-2045	2045-2050	2050-2055	2055-2060
人口増加率(%)	0.34	0.41	0.38	0.34	0.30	0.25	0.21	0.18	0.15	0.11
粗出生率(人口千人あたり)	14.4	14.3	14.0	13.6	13.2	12.8	12.5	12.3	12.2	12.0
粗死亡率(人口千人あたり)	9.3	9.4	9.4	9.4	9.4	9.5	9.6	9.8	10.0	10.2

Uzbekistan

A. 推計値

指 標	1960	1965	1970	1975	1980	1985	1990	1995	2000	2005	2010
人口(千人)											
総数	8 789	10 234	11 973	13 981	15 952	18 174	20 515	22 687	24 518	25 922	27 740
男	4 237	4 970	5 830	6 863	7 844	8 968	10 141	11 258	12 144	12 782	13 651
女	4 552	5 264	6 143	7 118	8 108	9 206	10 374	11 430	12 374	13 140	14 088
性比(女100につき男)	93.1	94.4	94.9	96.4	96.7	97.4	97.7	98.5	98.1	97.3	96.9
年齢分布(%)											
０－４歳	14.9	18.5	16.0	15.7	15.1	15.7	15.9	13.8	11.2	9.8	10.3
５－14歳	19.5	25.9	29.2	27.7	25.8	24.8	25.0	26.3	25.7	22.3	18.7
15－24歳	17.2	12.5	15.0	19.8	21.9	20.8	19.2	19.0	20.1	22.2	22.0
60歳以上	9.4	8.9	8.7	7.8	6.7	6.4	6.5	6.6	7.1	6.7	6.7
65歳以上	6.0	5.6	5.9	5.5	5.1	4.4	4.0	4.4	4.7	5.1	4.7
80歳以上	0.8	0.8	0.8	0.9	0.9	1.0	0.9	0.8	0.7	0.8	1.0
15－49歳女子(%)	46.7	39.6	40.6	43.0	45.1	45.9	46.2	48.2	51.7	55.3	56.2
中位数年齢(歳)	24.2	19.2	17.6	17.9	18.8	19.5	19.4	19.9	21.1	22.9	24.5
人口密度(1k㎡あたり)	21	24	28	33	37	43	48	53	58	61	65

	1960-1965	1965-1970	1970-1975	1975-1980	1980-1985	1985-1990	1990-1995	1995-2000	2000-2005	2005-2010	2010-2015
年平均人口増加数(千人)	289	348	402	394	444	468	434	366	281	364	431
年平均出生数(千人)	343	374	434	510	606	693	674	585	540	607	672
年平均死亡数(千人)	116	115	121	131	138	147	160	160	169	185	203
人口増加率(%)	3.04	3.14	3.10	2.64	2.61	2.42	2.01	1.55	1.11	1.36	1.50
粗出生率(人口千人あたり)	36.0	33.7	33.5	34.1	35.5	35.8	31.2	24.8	21.4	22.6	23.3
粗死亡率(人口千人あたり)	12.2	10.3	9.4	8.8	8.1	7.6	7.4	6.8	6.7	6.9	7.0
合計出生率(女子１人あたり)	5.29	5.60	5.65	5.20	4.71	4.40	3.77	2.99	2.51	2.48	2.48
純再生産率(女子１人あたり)	2.17	2.35	2.42	2.25	2.07	1.96	1.67	1.34	1.13	1.12	1.13
乳児死亡率(出生千人あたり)	105	95	84	78	71	65	59	55	50	47	44
出生時の平均余命(歳)											
男	56.5	58.5	60.1	61.1	62.6	64.0	63.0	63.6	63.9	64.4	64.9
女	63.5	65.5	67.0	68.1	69.6	70.5	69.4	70.0	70.5	70.9	71.6
男女計	60.0	62.1	63.7	64.7	66.2	67.3	66.2	66.8	67.2	67.6	68.2

B. 中位予測値

	2015	2020	2025	2030	2035	2040	2045	2050	2055	2060
人口(千人)										
総数	29 893	31 767	33 254	34 397	35 349	36 168	36 792	37 126	37 160	36 953
男	14 699	15 637	16 369	16 919	17 370	17 753	18 040	18 182	18 172	18 040
女	15 194	16 131	16 885	17 477	17 980	18 415	18 752	18 944	18 988	18 913
性比(女100につき男)	96.7	96.9	96.9	96.8	96.6	96.4	96.2	96.0	95.7	95.4
年齢分布(%)										
０－４歳	10.7	9.6	8.3	7.4	7.1	7.1	6.9	6.5	6.0	5.8
５－14歳	17.8	18.8	18.5	16.7	14.9	13.8	13.6	13.6	13.2	12.4
15－24歳	18.8	16.0	15.7	17.0	17.0	15.5	14.0	13.2	13.2	13.4
60歳以上	7.4	8.9	10.6	11.8	13.1	14.5	16.4	19.1	21.2	22.2
65歳以上	4.7	5.3	6.6	8.1	9.0	10.0	11.1	12.7	15.0	16.7
80歳以上	1.0	1.1	1.0	1.0	1.3	1.8	2.3	2.5	2.7	3.1
６－11歳	10.9	11.6	11.1	9.8	8.7	8.3	8.2	8.2	7.8	7.4
12－14歳	4.9	5.2	5.6	5.3	4.7	4.2	4.0	4.1	4.1	3.9
15－17歳	5.2	4.7	5.2	5.5	5.0	4.4	4.0	4.0	4.1	4.0
18－23歳	11.6	9.6	9.0	10.0	10.4	9.5	8.4	7.9	7.9	8.0
15－24歳女子(%)	54.6	53.0	52.6	52.9	52.0	49.6	47.3	46.3	46.3	45.8
中位数年齢(歳)	26.3	28.1	29.9	31.4	32.6	33.6	34.8	36.4	37.9	39.2
人口密度(1k㎡あたり)	70	75	78	81	83	85	86	87	87	87

	2010-2015	2015-2020	2020-2025	2025-2030	2030-2035	2035-2040	2040-2045	2045-2050	2050-2055	2055-2060
年平均人口増加数(千人)	431	375	297	228	190	164	125	67	7	− 41
年平均出生数(千人)	672	643	583	536	527	535	529	500	465	440
年平均死亡数(千人)	203	218	235	257	287	321	354	383	410	436
年平均純移動数(千人)	−39	−50	−50	−50	−50	−50	−50	−50	−48	−45
人口増加率(%)	1.50	1.22	0.92	0.68	0.55	0.46	0.34	0.18	0.02	−0.11
粗出生率(人口千人あたり)	23.3	20.9	17.9	15.8	15.1	15.0	14.5	13.5	12.5	11.9
粗死亡率(人口千人あたり)	7.0	7.1	7.2	7.6	8.2	9.0	9.7	10.4	11.1	11.8
純移動率(人口千人あたり)	−1.4	−1.6	−1.5	−1.5	−1.4	−1.4	−1.4	−1.4	−1.3	−1.2
合計出生率 (女子１人あたり)	2.48	2.33	2.21	2.11	2.04	1.98	1.93	1.89	1.87	1.85
純再生産率 (女子１人あたり)	1.13	1.07	1.02	0.98	0.95	0.92	0.90	0.89	0.88	0.87
乳児死亡率 (出生千人あたり)	44	41	37	34	32	29	27	25	22	20
５歳未満の死亡数(出生千人あたり	53	49	45	42	39	36	33	30	27	25
出生時の平均余命(歳)										
男	64.9	65.4	65.9	66.4	66.8	67.2	67.6	68.2	68.7	69.2
女	71.6	72.3	72.9	73.5	74.1	74.6	75.2	75.8	76.3	76.9
男女計	68.2	68.8	69.4	69.9	70.4	70.9	71.4	71.9	72.5	73.0

C. 高 位 予 測 値

	2015	2020	2025	2030	2035	2040	2045	2050	2055	2060
人口(千人)										
総数	29 893	32 098	34 088	35 836	37 414	38 957	40 464	41 839	43 025	44 043
男	14 699	15 806	16 795	17 655	18 424	19 177	19 914	20 587	21 164	21 655
女	15 194	16 292	17 293	18 181	18 990	19 780	20 549	21 252	21 861	22 387
性比(女100につき男)	96.7	96.9	96.8	96.5	96.1	95.8	95.4	94.9	94.4	93.7
年齢分布(%)										
0－4歳	10.7	10.5	9.6	8.8	8.4	8.5	8.5	8.3	7.9	7.7
5－14歳	17.8	18.6	19.0	18.3	17.0	16.0	15.7	15.9	15.9	15.5
15－24歳	18.8	15.8	15.3	16.3	17.0	16.5	15.4	14.6	14.5	14.9
60歳以上	7.4	8.8	10.3	11.3	12.4	13.5	15.0	16.9	18.3	18.6
65歳以上	4.7	5.3	6.5	7.8	8.5	9.3	10.1	11.3	13.0	14.0
80歳以上	1.0	1.1	0.9	1.0	1.3	1.7	2.0	2.2	2.4	2.6
15－49歳女子(%)	54.6	52.5	51.4	50.9	50.1	48.2	46.6	46.0	46.4	46.6
中位数年齢(歳)	26.3	27.8	29.1	30.0	30.4	31.0	31.7	32.5	33.3	33.9

	2010-2015	2015-2020	2020-2025	2025-2030	2030-2035	2035-2040	2040-2045	2045-2050	2050-2055	2055-2060
年平均人口増加数(千人)	431	441	398	350	316	309	301	275	237	204
年平均出生数(千人)	672	712	688	663	658	686	713	717	705	696
年平均死亡数(千人)	203	221	240	263	293	327	361	392	420	447
人口増加率(%)	1.50	1.42	1.20	1.00	0.86	0.81	0.76	0.67	0.56	0.47
粗出生率(人口千人あたり)	23.3	23.0	20.8	19.0	18.0	18.0	18.0	17.4	16.6	16.0
粗死亡率(人口千人あたり)	7.0	7.1	7.2	7.5	8.0	8.6	9.1	9.5	9.9	10.3
合計出生率（女子１人あたり）	2.48	2.58	2.61	2.61	2.54	2.48	2.43	2.39	2.37	2.35
純再生産率（女子１人あたり）	1.13	1.18	1.20	1.21	1.18	1.15	1.14	1.12	1.11	1.11

D. 低 位 予 測 値

	2015	2020	2025	2030	2035	2040	2045	2050	2055	2060
人口(千人)										
総数	29 893	31 437	32 421	32 958	33 288	33 414	33 248	32 713	31 833	30 689
男	14 699	15 468	15 943	16 184	16 317	16 347	16 232	15 930	15 455	14 847
女	15 194	15 969	16 478	16 774	16 971	17 067	17 017	16 783	16 378	15 842
性比(女100につき男)	96.7	96.9	96.8	96.5	96.1	95.8	95.4	94.9	94.4	93.7
年齢分布(%)										
0－4歳	10.7	8.7	7.0	5.9	5.7	5.6	5.3	4.7	4.1	3.8
5－14歳	17.8	19.0	18.0	14.9	12.4	11.3	11.1	10.8	10.1	9.1
15－24歳	18.8	16.1	16.1	17.7	17.1	14.3	12.1	11.2	11.3	11.3
60歳以上	7.4	9.0	10.8	12.3	13.9	15.7	18.2	21.7	24.7	26.7
65歳以上	4.7	5.4	6.8	8.4	9.6	10.8	12.3	14.5	17.5	20.2
80歳以上	1.0	1.1	1.0	1.0	1.4	2.0	2.5	2.8	3.2	3.8
15－49歳女子(%)	54.6	53.6	53.9	55.2	54.2	51.1	48.0	46.3	45.5	43.8
中位数年齢(歳)	26.3	28.4	30.6	32.9	34.8	36.5	38.3	40.3	42.7	45.1

	2010-2015	2015-2020	2020-2025	2025-2030	2030-2035	2035-2040	2040-2045	2045-2050	2050-2055	2055-2060
年平均人口増加数(千人)	431	309	197	107	66	25	－ 33	－ 107	－ 176	－ 229
年平均出生数(千人)	672	574	477	409	397	390	364	319	273	244
年平均死亡数(千人)	203	215	230	252	281	315	347	376	402	427
人口増加率(%)	1.50	1.01	0.62	0.33	0.20	0.08	−0.10	−0.33	−0.55	−0.73
粗出生率(人口千人あたり)	23.3	18.7	14.9	12.5	12.0	11.7	10.9	9.7	8.5	7.8
粗死亡率(人口千人あたり)	7.0	7.0	7.2	7.7	8.5	9.4	10.4	11.4	12.5	13.7
合計出生率（女子１人あたり）	2.48	2.08	1.81	1.61	1.54	1.48	1.43	1.39	1.37	1.35
純再生産率（女子１人あたり）	1.13	0.95	0.83	0.75	0.71	0.69	0.67	0.65	0.64	0.64

E. 出生力一定予測値

	2015	2020	2025	2030	2035	2040	2045	2050	2055	2060
人口(千人)										
総数	29 893	31 963	33 778	35 364	36 895	38 451	39 962	41 318	42 520	43 652
男	14 699	15 737	16 637	17 414	18 159	18 919	19 659	20 322	20 907	21 459
女	15 194	16 226	17 141	17 951	18 736	19 532	20 303	20 996	21 612	22 194
中位数年齢(歳)	26.3	27.9	29.4	30.4	30.9	31.4	32.1	32.9	33.5	33.7

	2010-2015	2015-2020	2020-2025	2025-2030	2030-2035	2035-2040	2040-2045	2045-2050	2050-2055	2055-2060
人口増加率(%)	1.50	1.34	1.11	0.92	0.85	0.83	0.77	0.67	0.57	0.53
粗出生率(人口千人あたり)	23.3	22.1	19.8	18.2	17.9	18.3	18.2	17.5	16.9	16.7
粗死亡率(人口千人あたり)	7.0	7.1	7.2	7.6	8.1	8.7	9.2	9.6	10.0	10.4

Vanuatu

A. 推 計 値

指　標	1960	1965	1970	1975	1980	1985	1990	1995	2000	2005	2010
人口(千人)											
総数	64	74	85	100	116	130	147	168	185	209	236
男	33	38	45	53	61	68	75	86	95	107	120
女	31	36	40	47	55	62	71	82	90	103	116
性比(女100につき男)	106.7	105.8	112.4	112.7	111.8	108.6	105.9	105.3	104.7	104.1	103.1
年齢分布(%)											
０－４歳	18.7	18.5	17.3	16.9	16.9	16.7	16.2	15.6	15.3	14.2	14.4
５－14歳	27.5	27.7	28.0	28.0	27.6	27.6	27.6	27.2	26.2	25.5	23.8
15－24歳	19.6	19.5	18.6	19.5	20.2	19.3	18.4	18.8	19.9	20.3	19.2
60歳以上	4.0	3.9	4.6	4.5	4.6	5.0	5.3	5.2	5.0	5.2	5.7
65歳以上	2.5	2.4	3.0	3.0	3.0	3.3	3.6	3.5	3.3	3.3	3.9
80歳以上	0.3	0.3	0.3	0.4	0.5	0.5	0.6	0.6	0.6	0.5	0.5
15－49歳女子(%)	44.5	44.4	45.5	46.3	47.1	47.2	47.5	48.2	49.2	50.4	51.1
中位数年齢(歳)	16.8	16.8	17.3	17.3	17.5	17.8	18.1	18.5	18.9	19.8	21.2
人口密度(1k㎡あたり)	5	6	7	8	9	11	12	14	15	17	19

指　標	1960-1965	1965-1970	1970-1975	1975-1980	1980-1985	1985-1990	1990-1995	1995-2000	2000-2005	2005-2010	2010-2015
年平均人口増加数(千人)	2	2	3	3	3	3	4	3	5	5	6
年平均出生数(千人)	3	3	4	4	5	5	6	6	6	6	7
年平均死亡数(千人)	1	1	1	1	1	1	1	1	1	1	1
人口増加率(%)	3.08	2.79	3.14	2.93	2.35	2.40	2.75	1.91	2.47	2.42	2.27
粗出生率(人口千人あたり)	47.5	43.6	40.9	39.8	38.4	36.7	35.5	33.8	30.9	28.2	26.9
粗死亡率(人口千人あたり)	17.0	14.5	12.8	11.0	9.5	8.6	7.7	6.8	5.7	5.1	4.8
合計出生率(女子１人あたり)	7.00	6.46	6.11	5.75	5.40	5.04	4.83	4.59	4.11	3.63	3.41
純再生産率(女子１人あたり)	2.43	2.35	2.32	2.29	2.24	2.13	2.09	2.04	1.86	1.67	1.58
乳児死亡率(出生千人あたり)	133	116	100	85	71	61	52	42	35	29	24
出生時の平均余命(歳)											
男	46.6	49.6	52.4	55.3	58.2	60.6	62.9	64.9	66.7	68.2	69.6
女	49.5	52.5	55.6	58.7	61.8	63.6	65.8	68.2	70.3	72.1	73.6
男女計	47.9	50.9	53.8	56.8	59.8	61.9	64.2	66.4	68.4	70.0	71.5

B. 中 位 予 測 値

指　標	2015	2020	2025	2030	2035	2040	2045	2050	2055	2060
人口(千人)										
総数	265	294	324	354	385	416	446	476	504	531
男	134	149	164	179	194	209	224	239	253	267
女	131	145	160	176	191	207	222	237	251	264
性比(女100につき男)	102.6	102.2	101.9	101.6	101.3	101.1	101.0	100.9	101.0	101.0
年齢分布(%)										
０－４歳	13.1	12.4	11.7	11.0	10.5	10.0	9.5	9.0	8.6	8.1
５－14歳	23.4	22.9	21.6	20.6	19.6	18.8	18.1	17.4	16.7	16.0
15－24歳	18.3	18.0	18.1	18.1	17.3	16.8	16.2	15.8	15.4	15.0
60歳以上	6.5	7.1	8.2	9.1	10.0	11.1	12.6	14.2	15.3	16.7
65歳以上	4.2	4.8	5.3	6.2	6.9	7.7	8.6	9.8	11.3	12.2
80歳以上	0.5	0.6	0.8	0.8	1.0	1.2	1.6	1.9	2.2	2.5
６－11歳	14.5	14.0	13.1	12.5	11.9	11.4	11.0	10.5	10.1	9.7
12－14歳	6.2	6.6	6.2	6.0	5.7	5.5	5.3	5.1	4.9	4.7
15－17歳	6.0	5.6	6.0	5.5	5.4	5.2	5.0	4.8	4.7	4.6
18－23歳	10.6	10.7	10.5	10.9	10.3	10.0	9.7	9.4	9.2	9.0
15－24歳女子(%)	50.9	50.7	51.3	51.4	51.0	50.0	49.6	49.0	48.7	47.9
中位数年齢(歳)	22.2	23.1	24.2	25.2	26.5	27.8	29.0	30.2	31.4	32.6
人口密度(1k㎡あたり)	22	24	27	29	32	34	37	39	41	44

指　標	2010-2015	2015-2020	2020-2025	2025-2030	2030-2035	2035-2040	2040-2045	2045-2050	2050-2055	2055-2060
年平均人口増加数(千人)	6	6	6	6	6	6	6	6	6	5
年平均出生数(千人)	7	7	7	8	8	8	8	8	8	8
年平均死亡数(千人)	1	1	1	2	2	2	2	3	3	3
年平均純移動数(千人)	0	0	0	0	0	0	0	0	0	0
人口増加率(%)	2.27	2.11	1.94	1.79	1.66	1.54	1.41	1.28	1.16	1.04
粗出生率(人口千人あたり)	26.9	25.3	23.7	22.3	21.1	20.1	19.0	18.0	17.1	16.2
粗死亡率(人口千人あたり)	4.8	4.7	4.7	4.8	4.9	5.0	5.2	5.4	5.7	6.0
純移動率(人口千人あたり)	0.5	0.4	0.4	0.4	0.3	0.3	0.3	0.3	0.2	0.2
合計出生率（女子１人あたり）	3.41	3.22	3.05	2.90	2.77	2.65	2.55	2.45	2.37	2.29
純再生産率（女子１人あたり）	1.58	1.51	1.44	1.37	1.32	1.27	1.22	1.18	1.14	1.10
乳児死亡率（出生千人あたり）	24	21	18	16	14	12	11	10	9	8
５歳未満の死亡数(出生千人あたり	28	24	21	18	16	14	13	12	10	10
出生時の平均余命(歳)										
男	69.6	70.7	71.7	72.6	73.6	74.6	75.5	76.5	77.6	78.5
女	73.6	74.9	76.0	76.9	77.9	78.8	79.5	80.3	81.0	81.7
男女計	71.5	72.7	73.8	74.7	75.7	76.7	77.5	78.4	79.3	80.1

C. 高位予測値

	2015	2020	2025	2030	2035	2040	2045	2050	2055	2060
人口(千人)										
総数	265	297	331	368	406	445	485	527	571	615
男	134	150	167	186	204	224	244	265	287	310
女	131	147	164	183	201	221	241	262	283	305
性比(女100につき男)	102.6	102.2	101.8	101.4	101.1	100.8	100.6	100.5	100.4	100.4
年齢分布(%)										
0－4歳	13.1	13.2	12.8	12.4	11.7	11.2	10.8	10.5	10.2	9.8
5－14歳	23.4	22.7	21.9	21.8	21.4	20.6	19.8	19.2	18.7	18.3
15－24歳	18.3	17.9	17.7	17.4	17.1	17.3	17.2	16.8	16.3	16.0
60歳以上	6.5	7.0	8.0	8.7	9.5	10.4	11.5	12.8	13.5	14.5
65歳以上	4.2	4.7	5.1	5.9	6.6	7.2	7.9	8.9	9.9	10.6
80歳以上	0.5	0.6	0.8	0.8	1.0	1.1	1.5	1.7	1.9	2.2
15－49歳女子(%)	50.9	50.2	50.1	49.5	49.1	48.4	48.4	48.2	48.1	47.7
中位数年齢(歳)	22.2	22.9	23.5	24.1	24.9	25.6	26.4	27.3	28.2	29.0

	2010-2015	2015-2020	2020-2025	2025-2030	2030-2035	2035-2040	2040-2045	2045-2050	2050-2055	2055-2060
年平均人口増加数(千人)	6	6	7	7	8	8	8	8	9	9
年平均出生数(千人)	7	8	8	9	9	10	10	11	11	12
年平均死亡数(千人)	1	1	1	2	2	2	2	3	3	3
人口増加率(%)	2.27	2.29	2.21	2.10	1.95	1.84	1.74	1.66	1.58	1.49
粗出生率(人口千人あたり)	26.9	27.2	26.3	25.4	23.9	22.8	22.1	21.4	20.7	20.0
粗死亡率(人口千人あたり)	4.8	4.7	4.7	4.7	4.7	4.8	4.9	5.0	5.1	5.3
合計出生率（女子１人あたり）	3.41	3.47	3.45	3.40	3.27	3.15	3.05	2.95	2.87	2.79
純再生産率（女子１人あたり）	1.58	1.62	1.62	1.61	1.56	1.50	1.46	1.41	1.38	1.34

D. 低位予測値

	2015	2020	2025	2030	2035	2040	2045	2050	2055	2060
人口(千人)										
総数	265	291	317	341	364	387	408	426	442	455
男	134	147	160	171	183	194	205	214	222	228
女	131	144	157	169	181	193	203	213	221	227
性比(女100につき男)	102.6	102.2	101.8	101.4	101.1	100.8	100.6	100.5	100.4	100.4
年齢分布(%)										
0－4歳	13.1	11.6	10.4	9.6	9.1	8.7	8.1	7.5	6.9	6.4
5－14歳	23.4	23.1	21.2	19.3	17.7	16.7	16.1	15.3	14.4	13.4
15－24歳	18.3	18.2	18.5	18.9	17.6	16.1	15.0	14.5	14.2	13.7
60歳以上	6.5	7.1	8.4	9.4	10.6	11.9	13.7	15.8	17.5	19.5
65歳以上	4.2	4.8	5.4	6.4	7.3	8.3	9.4	11.0	12.8	14.3
80歳以上	0.5	0.6	0.8	0.9	1.1	1.3	1.7	2.1	2.5	3.0
15－49歳女子(%)	50.9	51.1	52.4	53.4	53.2	51.8	50.8	49.8	49.0	47.5
中位数年齢(歳)	22.2	23.4	24.9	26.4	28.2	30.0	31.9	33.7	35.4	37.1

	2010-2015	2015-2020	2020-2025	2025-2030	2030-2035	2035-2040	2040-2045	2045-2050	2050-2055	2055-2060
年平均人口増加数(千人)	6	5	5	5	5	5	4	4	3	3
年平均出生数(千人)	7	7	6	6	6	6	6	6	6	6
年平均死亡数(千人)	1	1	1	2	2	2	2	2	3	3
人口増加率(%)	2.27	1.93	1.66	1.46	1.34	1.21	1.05	0.89	0.73	0.58
粗出生率(人口千人あたり)	26.9	23.5	20.9	19.0	18.1	17.1	15.8	14.5	13.3	12.3
粗死亡率(人口千人あたり)	4.8	4.7	4.7	4.9	5.0	5.3	5.6	5.9	6.3	6.8
合計出生率（女子１人あたり）	3.41	2.97	2.65	2.40	2.27	2.15	2.05	1.95	1.87	1.79
純再生産率（女子１人あたり）	1.58	1.39	1.25	1.14	1.08	1.03	0.98	0.94	0.90	0.86

E. 出生力一定予測値

	2015	2020	2025	2030	2035	2040	2045	2050	2055	2060
人口(千人)										
総数	265	296	330	367	407	450	496	546	600	658
男	134	150	167	185	205	227	251	276	304	334
女	131	146	163	182	201	222	245	270	296	324
中位数年齢(歳)	22.2	22.9	23.6	24.1	24.8	25.2	25.7	26.0	26.4	26.6

	2010-2015	2015-2020	2020-2025	2025-2030	2030-2035	2035-2040	2040-2045	2045-2050	2050-2055	2055-2060
人口増加率(%)	2.27	2.25	2.18	2.12	2.06	2.00	1.95	1.92	1.89	1.86
粗出生率(人口千人あたり)	26.9	26.7	26.1	25.5	25.0	24.5	24.1	23.9	23.7	23.5
粗死亡率(人口千人あたり)	4.8	4.7	4.7	4.7	4.7	4.8	4.9	4.9	5.0	5.0

Venezuela (Bolivarian Republic of)

A. 推計値

指　標	1960	1965	1970	1975	1980	1985	1990	1995	2000	2005	2010
人口(千人)											
総数	8 147	9 825	11 588	13 361	15 344	17 508	19 862	22 189	24 481	26 769	28 996
男	4 152	4 998	5 883	6 768	7 756	8 833	10 008	11 165	12 291	13 399	14 474
女	3 995	4 827	5 705	6 593	7 588	8 675	9 854	11 023	12 191	13 370	14 522
性比(女100につき男)	103.9	103.6	103.1	102.6	102.2	101.8	101.6	101.3	100.8	100.2	99.7
年齢分布(%)											
０－４歳	18.8	19.3	17.4	15.3	14.9	14.4	13.9	12.6	11.5	10.8	10.1
５－14歳	27.0	27.4	28.9	28.7	26.1	24.5	24.0	23.6	22.6	20.9	19.6
15－24歳	18.6	18.4	18.8	19.9	21.6	21.7	20.0	19.2	19.3	19.4	18.9
60歳以上	3.8	4.0	4.2	4.7	5.1	5.4	5.7	6.0	6.6	7.4	8.3
65歳以上	2.3	2.4	2.6	2.9	3.2	3.5	3.7	3.9	4.3	4.9	5.5
80歳以上	0.3	0.3	0.3	0.4	0.4	0.5	0.6	0.6	0.7	0.9	1.0
15－49歳女子(%)	45.4	44.3	44.3	46.0	48.5	50.1	50.7	51.6	52.7	53.7	53.7
中位数年齢(歳)	17.1	16.6	16.8	17.7	18.7	19.9	21.0	22.0	23.1	24.4	25.9
人口密度(1km²あたり)	9	11	13	15	17	20	23	25	28	30	33

指　標	1960-1965	1965-1970	1970-1975	1975-1980	1980-1985	1985-1990	1990-1995	1995-2000	2000-2005	2005-2010	2010-2015
年平均人口増加数(千人)	336	353	355	397	433	471	465	459	458	445	422
年平均出生数(千人)	415	434	434	480	522	570	575	576	587	596	601
年平均死亡数(千人)	83	82	80	84	90	100	110	118	128	145	165
人口増加率(%)	3.75	3.30	2.85	2.77	2.64	2.52	2.22	1.97	1.79	1.60	1.41
粗出生率(人口千人あたり)	46.2	40.6	34.8	33.5	31.8	30.5	27.4	24.7	22.9	21.4	20.0
粗死亡率(人口千人あたり)	9.3	7.7	6.4	5.8	5.5	5.3	5.2	5.0	5.0	5.2	5.5
合計出生率(女子１人あたり)	6.66	5.90	4.94	4.47	3.96	3.65	3.25	2.94	2.72	2.55	2.40
純再生産率(女子１人あたり)	2.81	2.56	2.20	2.03	1.83	1.70	1.53	1.39	1.29	1.21	1.15
乳児死亡率(出生千人あたり)	74	61	49	41	33	28	23	21	18	16	14
出生時の平均余命(歳)											
男	59.0	61.2	63.2	64.6	65.9	66.8	67.5	68.2	68.8	69.4	69.9
女	62.5	65.6	68.6	70.4	71.8	72.4	73.2	75.4	77.2	77.7	78.2
男女計	60.7	63.3	65.7	67.4	68.7	69.5	70.2	71.6	72.8	73.4	73.9

B. 中位予測値

指　標	2015	2020	2025	2030	2035	2040	2045	2050	2055	2060
人口(千人)										
総数	31 108	33 116	34 978	36 673	38 191	39 513	40 636	41 562	42 295	42 847
男	15 487	16 449	17 338	18 145	18 866	19 495	20 031	20 480	20 846	21 136
女	15 621	16 667	17 640	18 529	19 325	20 018	20 605	21 083	21 449	21 711
性比(女100につき男)	99.1	98.7	98.3	97.9	97.6	97.4	97.2	97.1	97.2	97.4
年齢分布(%)										
０－４歳	9.5	8.9	8.3	7.7	7.2	6.8	6.5	6.2	5.9	5.7
５－14歳	18.6	17.7	16.8	15.8	14.9	14.1	13.4	12.8	12.3	11.8
15－24歳	17.7	16.9	16.3	15.8	15.2	14.6	13.9	13.3	12.8	12.3
60歳以上	9.4	10.9	13.0	14.8	16.4	18.1	19.9	21.9	23.7	25.4
65歳以上	6.3	7.2	8.6	10.3	11.9	13.2	14.7	16.2	18.0	19.7
80歳以上	1.2	1.4	1.6	2.0	2.4	3.0	3.8	4.6	5.1	5.8
６－11歳	11.2	10.7	10.1	9.5	8.9	8.4	8.0	7.6	7.3	7.0
12－14歳	5.5	5.3	5.0	4.8	4.5	4.3	4.1	3.9	3.7	3.6
15－17歳	5.4	5.2	5.0	4.8	4.6	4.3	4.1	3.9	3.8	3.7
18－23歳	10.6	10.0	9.7	9.5	9.2	8.8	8.4	8.0	7.7	7.4
15－24歳女子(%)	52.6	51.8	51.3	50.6	49.6	48.2	47.0	45.9	44.7	43.6
中位数年齢(歳)	27.4	29.0	30.6	32.1	33.6	35.0	36.5	38.0	39.4	40.7
人口密度(1km²あたり)	35	38	40	42	43	45	46	47	48	49

指　標	2010-2015	2015-2020	2020-2025	2025-2030	2030-2035	2035-2040	2040-2045	2045-2050	2050-2055	2055-2060
年平均人口増加数(千人)	422	402	372	339	303	264	225	185	147	110
年平均出生数(千人)	601	596	584	570	557	544	531	517	502	488
年平均死亡数(千人)	165	182	202	224	248	274	300	326	351	373
年平均純移動数(千人)	−14	−12	−10	−8	−6	−6	−6	−6	−5	−5
人口増加率(%)	1.41	1.25	1.09	0.95	0.81	0.68	0.56	0.45	0.35	0.26
粗出生率(人口千人あたり)	20.0	18.5	17.1	15.9	14.9	14.0	13.2	12.6	12.0	11.5
粗死亡率(人口千人あたり)	5.5	5.7	5.9	6.2	6.6	7.1	7.5	7.9	8.4	8.8
純移動率(人口千人あたり)	−0.5	−0.4	−0.3	−0.2	−0.2	−0.1	−0.1	−0.1	−0.1	−0.1
合計出生率 (女子１人あたり)	2.40	2.28	2.17	2.08	2.00	1.94	1.89	1.85	1.83	1.81
純再生産率 (女子１人あたり)	1.15	1.09	1.04	1.00	0.96	0.93	0.91	0.89	0.88	0.87
乳児死亡率 (出生千人あたり)	14	12	11	9	8	7	7	6	6	5
５歳未満の死亡数(出生千人あたり	16	14	12	11	10	9	8	7	7	6
出生時の平均余命(歳)										
男	69.9	70.9	72.0	73.0	74.0	75.1	76.2	77.3	78.3	79.4
女	78.2	79.0	79.8	80.6	81.2	81.9	82.5	83.2	83.8	84.4
男女計	73.9	74.9	75.8	76.7	77.6	78.5	79.4	80.2	81.1	81.9

C. 高位予測値

	2015	2020	2025	2030	2035	2040	2045	2050	2055	2060
人口(千人)										
総数	31 108	33 438	35 831	38 205	40 441	42 577	44 655	46 703	48 712	50 662
男	15 487	16 614	17 775	18 928	20 016	21 061	22 085	23 105	24 122	25 125
女	15 621	16 825	18 057	19 277	20 424	21 516	22 571	23 598	24 590	25 537
性比(女100につき男)	99.1	98.6	98.1	97.6	97.2	96.8	96.5	96.2	96.1	96.1
年齢分布(%)										
0－4歳	9.5	9.8	9.5	9.2	8.6	8.3	8.1	7.9	7.8	7.6
5－14歳	18.6	17.5	17.3	17.4	17.1	16.4	15.6	15.2	15.0	14.7
15－24歳	17.7	16.7	15.9	15.2	15.2	15.5	15.3	14.8	14.3	13.9
60歳以上	9.4	10.8	12.7	14.2	15.5	16.8	18.1	19.5	20.6	21.4
65歳以上	6.3	7.2	8.4	9.9	11.3	12.3	13.3	14.5	15.7	16.6
80歳以上	1.2	1.4	1.6	1.9	2.3	2.8	3.5	4.1	4.4	4.9
15－49歳女子(%)	52.6	51.3	50.1	48.6	47.7	46.8	46.2	45.6	45.1	44.7
中位数年齢(歳)	27.4	28.7	29.8	30.7	31.5	32.3	33.0	33.6	34.4	35.2

	2010-2015	2015-2020	2020-2025	2025-2030	2030-2035	2035-2040	2040-2045	2045-2050	2050-2055	2055-2060
年平均人口増加数(千人)	422	466	479	475	447	427	416	410	402	390
年平均出生数(千人)	601	661	691	707	703	709	725	745	762	772
年平均死亡数(千人)	165	183	203	225	250	276	303	329	355	377
人口増加率(%)	1.41	1.45	1.38	1.28	1.14	1.03	0.95	0.90	0.84	0.79
粗出生率(人口千人あたり)	20.0	20.5	20.0	19.1	17.9	17.1	16.6	16.3	16.0	15.5
粗死亡率(人口千人あたり)	5.5	5.7	5.9	6.1	6.3	6.7	7.0	7.2	7.4	7.6
合計出生率（女子1人あたり）	2.40	2.53	2.57	2.58	2.50	2.44	2.39	2.35	2.33	2.31
純再生産率（女子1人あたり）	1.15	1.21	1.23	1.24	1.20	1.17	1.15	1.13	1.12	1.11

D. 低位予測値

	2015	2020	2025	2030	2035	2040	2045	2050	2055	2060
人口(千人)										
総数	31 108	32 794	34 125	35 142	35 953	36 511	36 789	36 781	36 500	35 985
男	15 487	16 284	16 902	17 362	17 722	17 960	18 066	18 038	17 889	17 635
女	15 621	16 510	17 223	17 781	18 232	18 551	18 723	18 743	18 612	18 350
性比(女100につき男)	99.1	98.6	98.1	97.6	97.2	96.8	96.5	96.2	96.1	96.1
年齢分布(%)										
0－4歳	9.5	8.0	6.9	6.1	5.7	5.3	4.8	4.4	4.0	3.7
5－14歳	18.6	17.9	16.3	14.1	12.5	11.5	10.8	10.1	9.3	8.6
15－24歳	17.7	17.0	16.7	16.5	15.3	13.4	12.1	11.3	10.8	10.2
60歳以上	9.4	11.0	13.3	15.5	17.4	19.5	21.9	24.7	27.5	30.2
65歳以上	6.3	7.3	8.8	10.8	12.7	14.3	16.2	18.4	20.9	23.4
80歳以上	1.2	1.4	1.7	2.1	2.6	3.3	4.2	5.1	5.9	6.9
15－49歳女子(%)	52.6	52.3	52.5	52.7	51.7	49.8	47.7	45.8	43.7	41.3
中位数年齢(歳)	27.4	29.3	31.4	33.5	35.6	37.8	40.0	42.2	44.5	46.8

	2010-2015	2015-2020	2020-2025	2025-2030	2030-2035	2035-2040	2040-2045	2045-2050	2050-2055	2055-2060
年平均人口増加数(千人)	422	337	266	203	162	112	56	− 2	− 56	− 103
年平均出生数(千人)	601	530	476	433	414	389	359	327	296	271
年平均死亡数(千人)	165	181	200	222	246	272	298	323	347	369
人口増加率(%)	1.41	1.06	0.80	0.59	0.46	0.31	0.15	0.00	−0.15	−0.28
粗出生率(人口千人あたり)	20.0	16.6	14.2	12.5	11.7	10.7	9.8	8.9	8.1	7.5
粗死亡率(人口千人あたり)	5.5	5.7	6.0	6.4	6.9	7.5	8.1	8.8	9.5	10.2
合計出生率（女子1人あたり）	2.40	2.03	1.77	1.58	1.50	1.44	1.39	1.35	1.33	1.31
純再生産率（女子1人あたり）	1.15	0.97	0.85	0.76	0.72	0.69	0.67	0.65	0.64	0.63

E. 出生力一定予測値

	2015	2020	2025	2030	2035	2040	2045	2050	2055	2060
人口(千人)										
総数	31 108	33 272	35 440	37 577	39 668	41 711	43 718	45 696	47 651	49 593
男	15 487	16 529	17 574	18 607	19 621	20 619	21 607	22 592	23 582	24 582
女	15 621	16 743	17 866	18 970	20 047	21 092	22 112	23 104	24 069	25 011
中位数年齢(歳)	27.4	28.9	30.1	31.3	32.2	33.1	33.8	34.4	34.9	35.4

	2010-2015	2015-2020	2020-2025	2025-2030	2030-2035	2035-2040	2040-2045	2045-2050	2050-2055	2055-2060
人口増加率(%)	1.41	1.35	1.26	1.17	1.08	1.00	0.94	0.89	0.84	0.80
粗出生率(人口千人あたり)	20.0	19.5	18.8	18.1	17.4	17.0	16.6	16.3	16.1	15.8
粗死亡率(人口千人あたり)	5.5	5.7	5.9	6.2	6.5	6.8	7.1	7.4	7.6	7.7

Viet Nam

A. 推計値

指標	1960	1965	1970	1975	1980	1985	1990	1995	2000	2005	2010
人口(千人)											
総数	32 671	37 860	43 407	48 729	54 373	61 049	68 210	75 199	80 286	84 204	88 358
男	16 116	18 681	21 396	23 939	26 716	30 027	33 584	37 054	39 551	41 470	43 627
女	16 555	19 179	22 011	24 790	27 657	31 023	34 626	38 145	40 734	42 734	44 731
性比(女100につき男)	97.4	97.4	97.2	96.6	96.6	96.8	97.0	97.1	97.1	97.0	97.5
年齢分布(%)											
０－４歳	17.9	17.4	16.3	15.7	14.7	14.1	13.5	12.2	9.0	8.0	8.2
５－14歳	22.3	26.3	27.5	26.9	26.2	24.9	23.9	23.3	22.6	19.1	15.5
15－24歳	14.3	13.6	16.3	19.8	20.9	20.8	20.3	19.7	19.9	20.4	20.0
60歳以上	7.6	8.0	8.1	7.6	7.8	8.0	8.2	8.5	8.6	8.6	8.9
65歳以上	4.7	5.0	5.4	4.9	5.3	5.5	5.7	5.9	6.4	6.6	6.5
80歳以上	0.5	0.6	0.7	0.6	0.8	1.0	1.1	1.2	1.4	1.6	1.8
15－49歳女子(%)	44.3	41.0	41.2	43.1	44.6	46.1	48.2	50.3	53.8	56.3	57.0
中位数年齢(歳)	21.9	19.2	18.2	18.3	19.1	20.0	21.0	22.2	24.2	26.4	28.5
人口密度(1k㎡あたり)	105	122	140	157	175	197	220	243	259	272	285

指標	1960-1965	1965-1970	1970-1975	1975-1980	1980-1985	1985-1990	1990-1995	1995-2000	2000-2005	2005-2010	2010-2015
年平均人口増加数(千人)	1 038	1 109	1 064	1 129	1 335	1 432	1 398	1 017	784	831	1 018
年平均出生数(千人)	1 432	1 518	1 638	1 696	1 815	1 926	1 916	1 499	1 393	1 493	1 583
年平均死亡数(千人)	395	409	574	404	414	427	440	439	455	487	525
人口増加率(%)	2.95	2.74	2.31	2.19	2.32	2.22	1.95	1.31	0.95	0.96	1.12
粗出生率(人口千人あたり)	40.6	37.4	35.6	32.9	31.4	29.8	26.7	19.3	16.9	17.3	17.4
粗死亡率(人口千人あたり)	11.2	10.1	12.5	7.8	7.2	6.6	6.1	5.6	5.5	5.6	5.8
合計出生率(女子１人あたり)	6.42	6.46	6.33	5.50	4.60	3.85	3.23	2.25	1.92	1.93	1.96
純再生産率(女子１人あたり)	2.65	2.74	2.66	2.42	2.06	1.74	1.47	1.04	0.89	0.89	0.90
乳児死亡率(出生千人あたり)	67	57	54	46	41	37	34	29	25	22	19
出生時の平均余命(歳)											
男	56.8	57.9	52.7	61.6	63.6	65.3	66.6	67.9	68.9	69.7	70.7
女	64.4	67.1	63.5	70.6	72.5	74.2	75.9	77.5	78.7	79.7	80.3
男女計	60.5	62.3	57.8	66.1	68.1	69.8	71.2	72.7	73.8	74.7	75.6

B. 中位予測値

指標	2015	2020	2025	2030	2035	2040	2045	2050	2055	2060
人口(千人)										
総数	93 448	98 157	102 093	105 220	107 773	109 925	111 642	112 783	113 299	113 233
男	46 224	48 590	50 511	51 971	53 135	54 108	54 895	55 450	55 743	55 774
女	47 223	49 566	51 582	53 249	54 638	55 817	56 747	57 334	57 556	57 459
性比(女100につき男)	97.9	98.0	97.9	97.6	97.2	96.9	96.7	96.7	96.9	97.1
年齢分布(%)										
０－４歳	8.3	7.7	7.0	6.3	6.0	5.9	5.9	5.7	5.5	5.3
５－14歳	14.8	15.2	14.9	13.9	12.6	11.8	11.5	11.5	11.4	11.2
15－24歳	16.9	13.7	13.4	14.0	14.0	13.2	12.1	11.4	11.2	11.3
60歳以上	10.3	12.5	15.0	17.5	20.1	22.6	25.2	27.9	30.3	31.0
65歳以上	6.7	8.0	10.1	12.4	14.6	16.8	18.8	21.0	23.4	25.6
80歳以上	2.0	2.0	2.0	2.2	3.0	4.1	5.2	6.2	7.1	8.1
６－11歳	9.0	9.3	9.0	8.2	7.5	7.0	6.9	6.9	6.9	6.7
12－14歳	4.2	4.3	4.5	4.3	4.0	3.6	3.4	3.4	3.4	3.4
15－17歳	4.3	4.1	4.3	4.4	4.1	3.8	3.5	3.4	3.4	3.4
18－23歳	10.7	8.1	7.8	8.3	8.5	8.0	7.3	6.8	6.7	6.8
15－24歳女子(%)	54.8	52.3	50.2	48.4	46.4	43.7	41.1	40.1	39.9	39.5
中位数年齢(歳)	30.4	32.6	34.8	37.0	39.0	40.2	41.0	41.9	42.9	43.9
人口密度(1k㎡あたり)	301	317	329	339	348	355	360	364	365	365

指標	2010-2015	2015-2020	2020-2025	2025-2030	2030-2035	2035-2040	2040-2045	2045-2050	2050-2055	2055-2060
年平均人口増加数(千人)	1 018	942	787	626	510	431	343	228	103	－ 13
年平均出生数(千人)	1 583	1 551	1 447	1 345	1 306	1 315	1 326	1 308	1 267	1 222
年平均死亡数(千人)	525	569	620	680	755	845	943	1 040	1 126	1 199
年平均純移動数(千人)	−40	−40	−40	−40	−40	−40	−40	−40	−38	−36
人口増加率(%)	1.12	0.98	0.79	0.60	0.48	0.40	0.31	0.20	0.09	−0.01
粗出生率(人口千人あたり)	17.4	16.2	14.5	13.0	12.3	12.1	12.0	11.7	11.2	10.8
粗死亡率(人口千人あたり)	5.8	5.9	6.2	6.6	7.1	7.8	8.5	9.3	10.0	10.6
純移動率(人口千人あたり)	−0.4	−0.4	−0.4	−0.4	−0.4	−0.4	−0.4	−0.4	−0.3	−0.3
合計出生率 (女子１人あたり)	1.96	1.95	1.94	1.93	1.93	1.92	1.92	1.92	1.92	1.91
純再生産率 (女子１人あたり)	0.90	0.91	0.91	0.92	0.92	0.92	0.92	0.92	0.92	0.92
乳児死亡率 (出生千人あたり)	19	17	15	14	12	11	10	9	8	7
５歳未満の死亡数(出生千人あたり	24	22	19	17	15	14	13	11	10	9
出生時の平均余命(歳)										
男	70.7	71.7	72.6	73.6	74.6	75.6	76.7	77.7	78.8	79.7
女	80.3	80.8	81.3	81.9	82.4	82.9	83.5	84.0	84.5	85.1
男女計	75.6	76.3	77.0	77.8	78.5	79.3	80.1	80.9	81.7	82.4

C. 高 位 予 測 値

	2015	2020	2025	2030	2035	2040	2045	2050	2055	2060
人口(千人)										
総数	93 448	99 131	104 529	109 365	113 632	117 696	121 705	125 606	129 273	132 602
男	46 224	49 099	51 776	54 109	56 151	58 102	60 061	62 026	63 930	65 694
女	47 223	50 032	52 754	55 255	57 481	59 594	61 644	63 580	65 344	66 908
性比(女100につき男)	97.9	97.9	97.7	97.2	96.8	96.3	95.9	95.7	95.7	95.7
年齢分布(%)										
0－4歳	8.3	8.7	8.2	7.6	7.2	7.1	7.3	7.4	7.3	7.2
5－14歳	14.8	15.0	15.5	15.6	14.8	13.9	13.5	13.7	13.9	14.1
15－24歳	16.9	13.6	13.1	13.5	14.1	14.3	13.7	12.9	12.6	12.9
60歳以上	10.3	12.4	14.7	16.8	19.0	21.1	23.1	25.0	26.6	26.5
65歳以上	6.7	8.0	9.9	11.9	13.8	15.6	17.3	18.9	20.5	21.9
80歳以上	2.0	2.0	2.0	2.1	2.8	3.8	4.8	5.6	6.3	6.9
15－49歳女子(%)	54.8	51.8	49.0	46.7	44.9	42.9	41.0	40.6	40.9	41.2
中位数年齢(歳)	30.4	32.3	34.1	35.8	36.8	37.2	37.3	37.4	37.7	38.1

	2010-2015	2015-2020	2020-2025	2025-2030	2030-2035	2035-2040	2040-2045	2045-2050	2050-2055	2055-2060
年平均人口増加数(千人)	1 018	1 137	1 080	967	853	813	802	780	734	666
年平均出生数(千人)	1 583	1 750	1 745	1 693	1 655	1 705	1 794	1 871	1 910	1 915
年平均死亡数(千人)	525	573	626	686	762	852	952	1 051	1 138	1 213
人口増加率(%)	1.12	1.18	1.06	0.90	0.77	0.70	0.67	0.63	0.58	0.51
粗出生率(人口千人あたり)	17.4	18.2	17.1	15.8	14.8	14.7	15.0	15.1	15.0	14.6
粗死亡率(人口千人あたり)	5.8	5.9	6.1	6.4	6.8	7.4	8.0	8.5	8.9	9.3
合計出生率 (女子1人あたり)	1.96	2.20	2.34	2.43	2.43	2.42	2.42	2.42	2.42	2.41
純再生産率 (女子1人あたり)	0.90	1.02	1.10	1.16	1.16	1.16	1.16	1.16	1.16	1.16

D. 低 位 予 測 値

	2015	2020	2025	2030	2035	2040	2045	2050	2055	2060
人口(千人)										
総数	93 448	97 182	99 656	101 076	101 935	102 273	101 946	100 781	98 786	96 103
男	46 224	48 081	49 246	49 832	50 129	50 175	49 918	49 294	48 306	47 001
女	47 223	49 100	50 410	51 244	51 805	52 098	52 029	51 487	50 481	49 102
性比(女100につき男)	97.9	97.9	97.7	97.2	96.8	96.3	95.9	95.7	95.7	95.7
年齢分布(%)										
0－4歳	8.3	6.8	5.7	4.9	4.6	4.6	4.4	4.1	3.8	3.5
5－14歳	14.8	15.3	14.3	12.0	10.3	9.4	9.1	9.0	8.7	8.1
15－24歳	16.9	13.9	13.7	14.6	13.8	11.8	10.1	9.4	9.3	9.3
60歳以上	10.3	12.6	15.4	18.2	21.2	24.2	27.5	31.2	34.8	36.6
65歳以上	6.7	8.1	10.3	12.9	15.4	18.0	20.6	23.6	26.9	30.2
80歳以上	2.0	2.1	2.1	2.3	3.2	4.4	5.7	6.9	8.2	9.5
15－49歳女子(%)	54.8	52.8	51.3	50.3	48.0	44.6	40.9	39.2	38.1	36.7
中位数年齢(歳)	30.4	32.8	35.5	38.2	40.9	43.1	44.9	46.4	48.1	49.8

	2010-2015	2015-2020	2020-2025	2025-2030	2030-2035	2035-2040	2040-2045	2045-2050	2050-2055	2055-2060
年平均人口増加数(千人)	1 018	747	495	284	172	68	－ 65	－ 233	－ 399	－ 537
年平均出生数(千人)	1 583	1 352	1 149	997	961	945	910	838	755	686
年平均死亡数(千人)	525	565	614	673	749	838	935	1 031	1 116	1 187
人口増加率(%)	1.12	0.78	0.50	0.28	0.17	0.07	−0.06	−0.23	−0.40	−0.55
粗出生率(人口千人あたり)	17.4	14.2	11.7	9.9	9.5	9.3	8.9	8.3	7.6	7.0
粗死亡率(人口千人あたり)	5.8	5.9	6.2	6.7	7.4	8.2	9.2	10.2	11.2	12.2
合計出生率 (女子1人あたり)	1.96	1.70	1.54	1.43	1.43	1.42	1.42	1.42	1.42	1.41
純再生産率 (女子1人あたり)	0.90	0.79	0.73	0.68	0.68	0.68	0.68	0.68	0.68	0.68

E. 出生力一定予測値

	2015	2020	2025	2030	2035	2040	2045	2050	2055	2060
人口(千人)										
総数	93 448	98 191	102 154	105 367	108 082	110 408	112 218	113 353	113 820	113 753
男	46 224	48 649	50 659	52 270	53 623	54 792	55 733	56 387	56 754	56 880
女	47 223	49 543	51 495	53 097	54 459	55 616	56 485	56 966	57 066	56 874
中位数年齢(歳)	30.4	32.6	34.7	37.0	38.9	40.0	40.8	41.7	42.7	43.8

	2010-2015	2015-2020	2020-2025	2025-2030	2030-2035	2035-2040	2040-2045	2045-2050	2050-2055	2055-2060
人口増加率(%)	1.12	0.99	0.79	0.62	0.51	0.43	0.33	0.20	0.08	−0.01
粗出生率(人口千人あたり)	17.4	16.3	14.5	13.1	12.5	12.4	12.1	11.6	11.1	10.7
粗死亡率(人口千人あたり)	5.8	5.9	6.2	6.6	7.1	7.7	8.5	9.2	9.9	10.5

Western Sahara

A. 推計値

指標	1960	1965	1970	1975	1980	1985	1990	1995	2000	2005	2010
人口(千人)											
総数	33	51	77	75	151	182	217	253	306	428	512
男	18	28	42	40	81	97	114	132	160	226	270
女	15	23	35	35	70	86	103	122	146	202	242
性比(女100につき男)	115.4	118.6	121.2	116.0	116.1	112.9	110.1	108.3	109.9	112.0	111.3
年齢分布(%)											
0－4歳	16.5	17.2	17.1	17.7	15.2	16.0	14.5	13.3	11.3	10.5	9.7
5－14歳	20.6	20.4	23.1	28.4	21.6	22.1	24.1	23.9	22.2	19.8	17.4
15－24歳	22.9	21.5	19.2	20.3	21.5	18.5	18.4	19.2	20.5	19.7	18.4
60歳以上	4.2	4.0	3.9	4.0	5.1	4.7	4.2	3.7	3.9	3.7	4.2
65歳以上	2.6	2.5	2.4	2.5	3.3	3.0	2.7	2.4	2.6	2.4	2.5
80歳以上	0.1	0.1	0.1	0.2	0.4	0.4	0.3	0.3	0.3	0.3	0.3
15－49歳女子(%)	51.1	50.7	48.7	43.3	51.1	50.7	51.6	53.8	56.8	59.7	60.9
中位数年齢(歳)	20.8	21.1	20.2	16.7	21.2	21.4	21.2	21.4	23.0	25.0	27.3
人口密度(1k㎡あたり)	0	0	0	0	1	1	1	1	1	2	2

指標	1960-1965	1965-1970	1970-1975	1975-1980	1980-1985	1985-1990	1990-1995	1995-2000	2000-2005	2005-2010	2010-2015
年平均人口増加数(千人)	4	5	0	15	6	7	7	10	24	17	12
年平均出生数(千人)	2	3	3	5	7	7	7	7	9	10	10
年平均死亡数(千人)	1	1	2	2	2	2	2	2	2	3	3
人口増加率(%)	8.84	8.22	−0.51	13.99	3.80	3.46	3.11	3.76	6.73	3.60	2.23
粗出生率(人口千人あたり)	52.0	50.0	44.4	44.1	39.9	34.8	31.3	25.9	24.1	21.5	19.1
粗死亡率(人口千人あたり)	24.7	22.6	20.0	17.3	14.3	11.0	9.1	7.6	6.5	5.8	5.6
合計出生率(女子1人あたり)	6.53	6.60	6.57	6.23	5.33	4.54	3.96	3.18	2.81	2.44	2.20
純再生産率(女子1人あたり)	1.97	2.08	2.14	2.19	2.01	1.82	1.64	1.36	1.24	1.10	1.01
乳児死亡率(出生千人あたり)	187	174	160	134	110	88	76	64	53	44	37
出生時の平均余命(歳)											
男	38.0	39.9	41.9	46.2	50.5	54.8	57.3	59.8	62.3	64.3	65.9
女	41.0	43.0	45.1	49.4	53.7	58.1	60.6	63.1	65.8	68.1	69.8
男女計	39.3	41.2	43.3	47.6	51.9	56.2	58.7	61.3	63.9	66.0	67.6

B. 中位予測値

指標	2015	2020	2025	2030	2035	2040	2045	2050	2055	2060
人口(千人)										
総数	573	631	687	738	785	828	867	901	930	955
男	300	329	356	381	403	423	440	456	469	481
女	273	302	330	357	382	405	426	445	461	474
性比(女100につき男)	110.1	109.0	107.8	106.6	105.5	104.3	103.3	102.5	101.8	101.4
年齢分布(%)										
0－4歳	8.8	8.0	7.3	6.7	6.3	6.0	5.8	5.7	5.5	5.4
5－14歳	16.9	16.1	15.0	13.9	12.9	12.2	11.7	11.4	11.2	10.9
15－24歳	16.3	15.1	15.1	14.7	14.0	13.2	12.5	12.0	11.7	11.5
60歳以上	5.5	7.4	9.7	12.4	15.1	17.8	20.2	22.0	23.6	24.6
65歳以上	2.9	4.0	5.6	7.4	9.6	11.8	13.9	15.8	17.4	18.7
80歳以上	0.3	0.4	0.4	0.6	0.9	1.4	1.9	2.6	3.3	4.2
6－11歳	10.3	9.7	9.0	8.3	7.7	7.3	7.0	6.9	6.7	6.6
12－14歳	4.8	4.8	4.5	4.2	3.9	3.7	3.5	3.4	3.4	3.3
15－17歳	4.6	4.6	4.5	4.3	4.0	3.8	3.6	3.5	3.4	3.3
18－23歳	10.0	8.9	9.1	8.9	8.5	8.0	7.6	7.3	7.0	6.9
15－24歳女子(%)	59.5	57.8	55.9	53.8	51.8	50.0	48.3	47.2	46.0	44.7
中位数年齢(歳)	29.4	31.3	33.2	34.9	36.2	37.5	38.7	39.8	40.9	41.8
人口密度(1k㎡あたり)	2	2	3	3	3	3	3	3	3	4

指標	2010-2015	2015-2020	2020-2025	2025-2030	2030-2035	2035-2040	2040-2045	2045-2050	2050-2055	2055-2060
年平均人口増加数(千人)	12	12	11	10	9	9	8	7	6	5
年平均出生数(千人)	10	10	10	10	10	10	10	10	10	10
年平均死亡数(千人)	3	3	4	4	5	6	7	8	9	10
年平均純移動数(千人)	5	5	5	5	5	5	5	5	5	4
人口増加率(%)	2.23	1.95	1.68	1.44	1.24	1.07	0.91	0.78	0.64	0.52
粗出生率(人口千人あたり)	19.1	17.2	15.4	14.0	13.1	12.5	12.0	11.6	11.2	10.8
粗死亡率(人口千人あたり)	5.6	5.6	5.8	6.3	7.0	7.7	8.5	9.1	9.7	10.2
純移動率(人口千人あたり)	8.8	7.9	7.2	6.7	6.2	5.9	5.6	5.4	4.9	4.5
合計出生率 (女子1人あたり)	2.20	2.06	1.94	1.85	1.78	1.73	1.70	1.68	1.68	1.69
純再生産率 (女子1人あたり)	1.01	0.96	0.92	0.88	0.85	0.83	0.82	0.81	0.81	0.82
乳児死亡率 (出生千人あたり)	37	31	26	22	19	16	14	13	11	10
5歳未満の死亡数(出生千人あたり	46	37	31	26	22	19	16	15	13	12
出生時の平均余命(歳)										
男	65.9	67.5	69.0	70.1	71.2	72.4	73.4	74.4	75.5	76.6
女	69.8	71.6	73.2	74.5	75.7	76.7	77.7	78.6	79.5	80.3
男女計	67.6	69.3	70.8	72.1	73.2	74.3	75.4	76.4	77.4	78.4

C. 高 位 予 測 値

	2015	2020	2025	2030	2035	2040	2045	2050	2055	2060
人口(千人)										
総数	573	637	703	767	828	886	942	997	1 049	1 101
男	300	332	364	396	425	452	478	504	530	555
女	273	305	338	372	403	434	463	492	520	546
性比(女100につき男)	110.1	109.0	108.0	106.8	105.7	104.5	103.4	102.5	101.7	101.2
年齢分布(%)										
0－4歳	8.8	8.9	8.6	8.2	7.6	7.3	7.2	7.2	7.2	7.1
5－14歳	16.9	15.9	15.5	15.5	15.1	14.4	13.9	13.6	13.5	13.5
15－24歳	16.3	15.0	14.7	14.1	14.0	14.2	14.0	13.5	13.1	12.9
60歳以上	5.5	7.4	9.5	11.9	14.3	16.7	18.5	19.9	20.9	21.3
65歳以上	2.9	4.0	5.5	7.2	9.1	11.0	12.8	14.3	15.4	16.2
80歳以上	0.3	0.4	0.4	0.5	0.8	1.3	1.8	2.3	3.0	3.6
15－49歳女子(%)	59.5	57.2	54.5	51.7	49.8	48.5	47.6	47.0	46.3	45.6
中位数年齢(歳)	29.4	31.1	32.4	33.5	34.3	35.1	35.8	36.2	36.7	37.2

	2010-2015	2015-2020	2020-2025	2025-2030	2030-2035	2035-2040	2040-2045	2045-2050	2050-2055	2055-2060
年平均人口増加数(千人)	12	13	13	13	12	12	11	11	11	10
年平均出生数(千人)	10	12	12	13	13	13	14	14	15	16
年平均死亡数(千人)	3	3	4	5	5	6	7	8	9	10
人口増加率(%)	2.23	2.15	1.96	1.75	1.53	1.35	1.22	1.13	1.04	0.95
粗出生率(人口千人あたり)	19.1	19.2	18.2	17.2	16.0	15.3	14.9	14.8	14.7	14.6
粗死亡率(人口千人あたり)	5.6	5.6	5.8	6.2	6.7	7.3	7.9	8.4	8.8	9.0
合計出生率（女子１人あたり）	2.20	2.31	2.34	2.35	2.28	2.23	2.20	2.18	2.18	2.19
純再生産率（女子１人あたり）	1.01	1.08	1.10	1.12	1.09	1.07	1.06	1.05	1.05	1.06

D. 低 位 予 測 値

	2015	2020	2025	2030	2035	2040	2045	2050	2055	2060
人口(千人)										
総数	573	625	670	709	742	770	793	810	819	823
男	300	326	348	366	381	394	403	410	413	414
女	273	299	322	343	361	377	390	400	406	409
性比(女100につき男)	110.1	109.0	108.0	106.8	105.7	104.5	103.4	102.5	101.7	101.2
年齢分布(%)										
0－4歳	8.8	7.1	5.9	5.1	4.8	4.6	4.4	4.1	3.8	3.6
5－14歳	16.9	16.2	14.5	12.2	10.5	9.6	9.2	8.9	8.6	8.1
15－24歳	16.3	15.3	15.4	15.3	14.0	12.1	10.8	10.0	9.8	9.6
60歳以上	5.5	7.5	10.0	12.9	16.0	19.2	22.0	24.5	26.8	28.5
65歳以上	2.9	4.0	5.7	7.7	10.1	12.6	15.2	17.6	19.7	21.7
80歳以上	0.3	0.4	0.4	0.6	0.9	1.5	2.1	2.9	3.8	4.8
15－49歳女子(%)	59.5	58.3	57.3	56.1	54.0	51.6	49.1	47.3	45.2	43.0
中位数年齢(歳)	29.4	31.6	33.9	36.1	38.1	39.8	41.5	43.2	44.9	46.6

	2010-2015	2015-2020	2020-2025	2025-2030	2030-2035	2035-2040	2040-2045	2045-2050	2050-2055	2055-2060
年平均人口増加数(千人)	12	11	9	8	7	6	5	3	2	1
年平均出生数(千人)	10	9	8	7	7	7	7	7	6	6
年平均死亡数(千人)	3	3	4	4	5	6	7	8	9	10
人口増加率(%)	2.23	1.76	1.40	1.11	0.92	0.75	0.58	0.42	0.24	0.08
粗出生率(人口千人あたり)	19.1	15.2	12.4	10.6	9.8	9.3	8.8	8.2	7.6	7.2
粗死亡率(人口千人あたり)	5.6	5.5	5.8	6.4	7.2	8.1	9.1	10.0	10.8	11.6
合計出生率（女子１人あたり）	2.20	1.81	1.54	1.35	1.28	1.23	1.20	1.18	1.18	1.19
純再生産率（女子１人あたり）	1.01	0.85	0.73	0.64	0.61	0.59	0.58	0.57	0.57	0.57

E. 出生力一定予測値

	2015	2020	2025	2030	2035	2040	2045	2050	2055	2060
人口(千人)										
総数	573	635	696	757	816	872	927	981	1 031	1 080
男	300	331	361	390	418	445	471	496	520	544
女	273	304	335	367	397	427	456	484	511	536
中位数年齢(歳)	29.4	31.2	32.7	34.0	34.9	35.7	36.3	36.8	37.2	37.6

	2010-2015	2015-2020	2020-2025	2025-2030	2030-2035	2035-2040	2040-2045	2045-2050	2050-2055	2055-2060
人口増加率(%)	2.23	2.06	1.86	1.67	1.49	1.35	1.22	1.12	1.01	0.92
粗出生率(人口千人あたり)	19.1	18.3	17.2	16.4	15.7	15.3	15.0	14.7	14.5	14.3
粗死亡率(人口千人あたり)	5.6	5.6	5.8	6.2	6.8	7.4	8.0	8.5	8.9	9.2

Yemen

A. 推 計 値

指　標	1960	1965	1970	1975	1980	1985	1990	1995	2000	2005	2010
人口(千人)											
総数	5 166	5 619	6 156	6 794	8 059	9 774	11 961	15 266	17 795	20 504	23 592
男	2 586	2 801	3 033	3 306	3 943	4 812	5 924	7 741	9 001	10 356	11 918
女	2 580	2 819	3 123	3 488	4 117	4 962	6 037	7 525	8 794	10 149	11 674
性比(女100につき男)	100.2	99.4	97.1	94.8	95.8	97.0	98.1	102.9	102.4	102.0	102.1
年齢分布(%)											
０－４歳	16.5	17.1	18.8	19.8	20.9	21.5	21.6	20.2	17.6	16.3	15.6
５－14歳	25.9	25.1	25.6	27.6	28.5	29.2	30.2	30.0	31.0	29.5	26.8
15－24歳	19.5	20.4	19.5	18.0	18.0	18.4	18.6	17.7	20.0	21.8	22.9
60歳以上	5.4	5.1	4.9	4.8	4.5	4.2	3.9	4.6	4.1	4.0	4.2
65歳以上	3.4	3.2	3.1	3.0	2.8	2.7	2.5	3.2	2.8	2.5	2.5
80歳以上	0.4	0.3	0.3	0.3	0.3	0.3	0.3	0.5	0.4	0.4	0.3
15－49歳女子(%)	46.2	47.0	45.7	43.6	42.2	41.4	40.6	41.6	43.1	45.4	48.2
中位数年齢(歳)	18.5	18.5	17.8	16.3	15.3	14.7	14.3	14.9	15.6	16.7	18.0
人口密度(1k㎡あたり)	10	11	12	13	15	19	23	29	34	39	45

指　標	1960-1965	1965-1970	1970-1975	1975-1980	1980-1985	1985-1990	1990-1995	1995-2000	2000-2005	2005-2010	2010-2015
年平均人口増加数(千人)	91	107	128	253	343	437	661	506	542	618	648
年平均出生数(千人)	274	312	345	409	488	581	678	688	727	790	836
年平均死亡数(千人)	163	155	147	141	135	133	151	162	165	173	178
人口増加率(%)	1.68	1.83	1.97	3.42	3.86	4.04	4.88	3.07	2.83	2.81	2.57
粗出生率(人口千人あたり)	50.7	53.0	53.4	55.1	54.7	53.4	49.8	41.6	37.9	35.9	33.2
粗死亡率(人口千人あたり)	30.2	26.4	22.8	19.0	15.1	12.3	11.1	9.8	8.6	7.8	7.1
合計出生率(女子１人あたり)	7.45	7.70	7.90	8.50	8.80	8.80	8.20	6.80	5.95	5.10	4.35
純再生産率(女子１人あたり)	1.90	2.19	2.46	2.90	3.27	3.46	3.32	2.80	2.49	2.17	1.88
乳児死亡率(出生千人あたり)	251	213	180	147	117	95	84	75	68	61	54
出生時の平均余命(歳)											
男	33.6	37.9	41.9	46.6	51.5	55.2	57.1	58.5	59.7	60.8	62.2
女	35.9	40.4	44.7	49.5	54.5	58.2	60.0	61.3	62.4	63.4	64.9
男女計	34.7	39.1	43.3	48.1	53.0	56.8	58.6	59.8	61.0	62.0	63.5

B. 中 位 予 測 値

指　標	2015	2020	2025	2030	2035	2040	2045	2050	2055	2060
人口(千人)										
総数	26 832	30 030	33 181	36 335	39 361	42 211	44 839	47 170	49 126	50 657
男	13 553	15 150	16 724	18 311	19 832	21 257	22 559	23 695	24 628	25 336
女	13 279	14 879	16 457	18 024	19 530	20 954	22 281	23 475	24 499	25 321
性比(女100につき男)	102.1	101.8	101.6	101.6	101.5	101.4	101.2	100.9	100.5	100.1
年齢分布(%)										
０－４歳	14.6	13.7	12.5	11.4	10.5	9.7	8.9	8.3	7.6	7.0
５－14歳	25.6	24.8	23.7	22.3	20.7	19.3	18.1	17.0	15.9	14.9
15－24歳	22.1	20.5	20.1	20.0	19.6	18.9	17.9	17.0	16.3	15.6
60歳以上	4.7	5.0	5.2	5.3	5.7	6.7	8.1	9.9	12.0	13.6
65歳以上	2.8	3.2	3.4	3.6	3.7	4.0	4.8	6.0	7.5	9.1
80歳以上	0.3	0.3	0.3	0.4	0.5	0.5	0.6	0.6	0.7	1.0
６－11歳	15.7	15.1	14.4	13.5	12.5	11.6	10.9	10.2	9.5	8.9
12－14歳	7.2	7.0	6.8	6.6	6.2	5.8	5.4	5.1	4.9	4.6
15－17歳	6.8	6.5	6.5	6.4	6.1	5.8	5.4	5.1	4.9	4.6
18－23歳	13.2	12.0	11.8	11.8	11.7	11.3	10.7	10.2	9.8	9.4
15－24歳女子(%)	50.0	51.5	53.4	54.7	55.4	55.2	54.4	53.9	53.3	52.4
中位数年齢(歳)	19.3	20.4	21.7	23.0	24.5	26.2	27.9	29.6	31.4	33.0
人口密度(1k㎡あたり)	51	57	63	69	75	80	85	89	93	96

指　標	2010-2015	2015-2020	2020-2025	2025-2030	2030-2035	2035-2040	2040-2045	2045-2050	2050-2055	2055-2060
年平均人口増加数(千人)	648	639	630	631	605	570	526	466	391	306
年平均出生数(千人)	836	869	873	869	862	848	830	803	768	730
年平均死亡数(千人)	178	190	203	218	236	258	284	317	358	406
年平均純移動数(千人)	−10	−40	−40	−20	−20	−20	−20	−20	−19	−18
人口増加率(%)	2.57	2.25	2.00	1.82	1.60	1.40	1.21	1.01	0.81	0.61
粗出生率(人口千人あたり)	33.2	30.6	27.6	25.0	22.8	20.8	19.1	17.5	16.0	14.6
粗死亡率(人口千人あたり)	7.1	6.7	6.4	6.3	6.2	6.3	6.5	6.9	7.4	8.1
純移動率(人口千人あたり)	−0.4	−1.4	−1.3	−0.6	−0.5	−0.5	−0.5	−0.4	−0.4	−0.4
合計出生率（女子１人あたり）	4.35	3.79	3.36	3.02	2.75	2.52	2.32	2.16	2.01	1.89
純再生産率（女子１人あたり）	1.88	1.66	1.49	1.35	1.24	1.15	1.07	1.00	0.93	0.88
乳児死亡率（出生千人あたり）	54	49	44	40	36	33	30	27	24	21
５歳未満の死亡数(出生千人あたり	73	66	60	55	49	44	40	36	32	28
出生時の平均余命(歳)										
男	62.2	63.1	63.9	64.7	65.4	66.1	66.7	67.3	68.0	68.6
女	64.9	65.9	66.9	67.9	68.7	69.5	70.3	71.1	71.9	72.6
男女計	63.5	64.5	65.4	66.3	67.1	67.8	68.5	69.2	69.9	70.6

C. 高位予測値

	2015	2020	2025	2030	2035	2040	2045	2050	2055	2060
人口(千人)										
総数	26 832	30 301	33 942	37 775	41 557	45 286	48 974	52 567	55 975	59 121
男	13 553	15 289	17 113	19 046	20 952	22 825	24 668	26 447	28 120	29 652
女	13 279	15 012	16 829	18 729	20 605	22 461	24 306	26 119	27 855	29 469
性比(女100につき男)	102.1	101.8	101.6	101.5	101.4	101.2	101.0	100.6	100.0	99.4
年齢分布(%)										
0－4歳	14.6	14.4	13.7	12.8	11.8	11.0	10.4	9.8	9.3	8.8
5－14歳	25.6	24.6	24.0	23.5	22.5	21.2	19.9	18.9	18.2	17.4
15－24歳	22.1	20.3	19.6	19.3	19.2	19.2	18.8	18.0	17.2	16.6
60歳以上	4.7	5.0	5.1	5.1	5.4	6.2	7.4	8.9	10.5	11.7
65歳以上	2.8	3.1	3.4	3.4	3.5	3.7	4.4	5.4	6.6	7.8
80歳以上	0.3	0.3	0.3	0.4	0.5	0.5	0.5	0.6	0.6	0.8
15－49歳女子(%)	50.0	51.1	52.3	52.7	53.1	53.1	52.8	52.5	52.2	51.8
中位数年齢(歳)	19.3	20.2	21.1	22.0	23.1	24.2	25.6	26.9	28.2	29.5

	2010-2015	2015-2020	2020-2025	2025-2030	2030-2035	2035-2040	2040-2045	2045-2050	2050-2055	2055-2060
年平均人口増加数(千人)	648	694	728	767	756	746	738	718	682	629
年平均出生数(千人)	836	926	977	1 012	1 021	1 033	1 053	1 068	1 073	1 069
年平均死亡数(千人)	178	193	209	226	245	268	295	330	372	422
人口増加率(%)	2.57	2.43	2.27	2.14	1.91	1.72	1.57	1.42	1.26	1.09
粗出生率(人口千人あたり)	33.2	32.4	30.4	28.2	25.8	23.8	22.3	21.0	19.8	18.6
粗死亡率(人口千人あたり)	7.1	6.7	6.5	6.3	6.2	6.2	6.3	6.5	6.9	7.3
合計出生率(女子1人あたり)	4.35	4.04	3.76	3.52	3.25	3.02	2.82	2.66	2.51	2.39
純再生産率(女子1人あたり)	1.88	1.77	1.66	1.58	1.47	1.38	1.30	1.23	1.17	1.12

D. 低位予測値

	2015	2020	2025	2030	2035	2040	2045	2050	2055	2060
人口(千人)										
総数	26 832	29 759	32 420	34 895	37 170	39 168	40 812	42 025	42 749	42 964
男	13 553	15 012	16 336	17 576	18 714	19 704	20 504	21 071	21 376	21 415
女	13 279	14 747	16 084	17 319	18 456	19 464	20 308	20 954	21 373	21 549
性比(女100につき男)	102.1	101.8	101.6	101.5	101.4	101.2	101.0	100.6	100.0	99.4
年齢分布(%)										
0－4歳	14.6	12.9	11.3	9.9	9.1	8.2	7.4	6.5	5.8	5.1
5－14歳	25.6	25.0	23.5	21.1	18.8	17.2	15.9	14.6	13.3	12.1
15－24歳	22.1	20.7	20.6	20.9	20.1	18.4	16.8	15.7	15.0	14.1
60歳以上	4.7	5.1	5.3	5.6	6.0	7.2	8.9	11.2	13.8	16.1
65歳以上	2.8	3.2	3.5	3.7	3.9	4.3	5.3	6.7	8.6	10.7
80歳以上	0.3	0.3	0.3	0.4	0.5	0.6	0.6	0.7	0.8	1.1
15－49歳女子(%)	50.0	52.0	54.7	57.0	57.9	57.6	56.3	55.3	54.2	52.5
中位数年齢(歳)	19.3	20.7	22.3	24.1	26.1	28.3	30.5	32.8	35.1	37.3

	2010-2015	2015-2020	2020-2025	2025-2030	2030-2035	2035-2040	2040-2045	2045-2050	2050-2055	2055-2060
年平均人口増加数(千人)	648	585	532	495	455	400	329	243	145	43
年平均出生数(千人)	836	812	769	725	703	668	622	568	509	454
年平均死亡数(千人)	178	186	197	210	228	249	274	305	345	393
人口増加率(%)	2.57	2.07	1.71	1.47	1.26	1.05	0.82	0.59	0.34	0.10
粗出生率(人口千人あたり)	33.2	28.7	24.7	21.5	19.5	17.5	15.6	13.7	12.0	10.6
粗死亡率(人口千人あたり)	7.1	6.6	6.3	6.2	6.3	6.5	6.8	7.4	8.1	9.2
合計出生率(女子1人あたり)	4.35	3.54	2.96	2.52	2.25	2.02	1.82	1.66	1.51	1.39
純再生産率(女子1人あたり)	1.88	1.55	1.31	1.13	1.02	0.92	0.84	0.77	0.70	0.65

E. 出生力一定予測値

	2015	2020	2025	2030	2035	2040	2045	2050	2055	2060
人口(千人)										
総数	26 832	30 592	34 899	39 792	45 168	51 133	57 863	65 487	74 097	83 769
男	13 553	15 437	17 601	20 075	22 794	25 809	29 204	33 041	37 368	42 230
女	13 279	15 155	17 298	19 717	22 373	25 324	28 659	32 446	36 729	41 539
中位数年齢(歳)	19.3	20.0	20.3	20.6	20.7	21.0	21.4	21.6	21.7	21.7

	2010-2015	2015-2020	2020-2025	2025-2030	2030-2035	2035-2040	2040-2045	2045-2050	2050-2055	2055-2060
人口増加率(%)	2.57	2.62	2.64	2.62	2.53	2.48	2.47	2.48	2.47	2.45
粗出生率(人口千人あたり)	33.2	34.4	34.1	33.1	32.0	31.2	31.0	31.0	30.9	30.7
粗死亡率(人口千人あたり)	7.1	6.8	6.6	6.4	6.2	6.0	5.9	5.9	5.9	6.0

Zambia

A. 推計値

指標	1960	1965	1970	1975	1980	1985	1990	1995	2000	2005	2010
人口(千人)											
総数	3 050	3 560	4 185	4 983	5 929	7 017	8 143	9 254	10 585	12 044	13 917
男	1 515	1 768	2 080	2 476	2 947	3 484	4 039	4 589	5 257	5 998	6 943
女	1 535	1 791	2 106	2 507	2 983	3 533	4 104	4 664	5 328	6 046	6 975
性比(女100につき男)	98.7	98.7	98.8	98.8	98.8	98.6	98.4	98.4	98.7	99.2	99.5
年齢分布(%)											
0－4歳	18.8	19.4	19.8	19.8	19.7	18.9	18.9	18.3	18.1	18.5	18.4
5－14歳	26.7	26.8	27.4	28.0	28.4	28.7	28.5	28.7	28.4	28.2	28.3
15－24歳	18.8	18.7	18.4	18.3	18.6	19.3	19.9	20.7	21.1	20.9	20.4
60歳以上	4.2	4.2	4.3	4.3	4.3	4.3	4.2	4.3	4.3	4.4	4.4
65歳以上	2.5	2.5	2.6	2.6	2.7	2.7	2.7	2.7	2.8	2.9	2.9
80歳以上	0.3	0.3	0.3	0.2	0.3	0.3	0.3	0.3	0.3	0.3	0.4
15－49歳女子(%)	45.3	44.5	43.6	43.1	42.9	43.6	43.9	44.3	44.7	44.6	44.9
中位数年齢(歳)	17.2	16.9	16.4	16.1	15.9	16.1	16.2	16.3	16.5	16.5	16.5
人口密度(1km²あたり)	4	5	6	7	8	9	11	12	14	16	19

	1960-1965	1965-1970	1970-1975	1975-1980	1980-1985	1985-1990	1990-1995	1995-2000	2000-2005	2005-2010	2010-2015
年平均人口増加数(千人)	102	125	160	189	218	225	222	266	292	375	459
年平均出生数(千人)	164	195	228	268	305	357	396	440	497	559	611
年平均死亡数(千人)	63	69	74	82	99	133	169	190	187	160	146
人口増加率(%)	3.09	3.24	3.49	3.48	3.37	2.98	2.56	2.69	2.58	2.89	3.05
粗出生率(人口千人あたり)	49.7	50.3	49.7	49.1	47.1	47.1	45.5	44.4	43.9	43.1	40.6
粗死亡率(人口千人あたり)	19.0	17.8	16.1	15.0	15.3	17.5	19.4	19.2	16.5	12.3	9.7
合計出生率(女子1人あたり)	7.15	7.40	7.43	7.38	7.00	6.68	6.35	6.15	6.05	5.90	5.45
純再生産率(女子1人あたり)	2.39	2.56	2.67	2.71	2.55	2.33	2.10	2.03	2.11	2.27	2.25
乳児死亡率(出生千人あたり)	127	118	107	101	103	112	115	106	86	70	55
出生時の平均余命(歳)											
男	44.6	46.3	48.6	49.9	48.7	44.3	41.2	41.5	45.2	52.7	57.2
女	47.6	49.4	51.8	53.3	52.6	48.7	44.4	43.4	46.3	54.3	60.3
男女計	46.1	47.8	50.2	51.6	50.6	46.5	42.8	42.5	45.8	53.5	58.8

B. 中位予測値

指標	2015	2020	2025	2030	2035	2040	2045	2050	2055	2060
人口(千人)										
総数	16 212	18 882	21 892	25 313	29 141	33 371	37 990	42 975	48 282	53 885
男	8 094	9 423	10 921	12 614	14 502	16 586	18 861	21 316	23 932	26 700
女	8 118	9 460	10 971	12 699	14 639	16 785	19 130	21 660	24 350	27 185
性比(女100につき男)	99.7	99.6	99.5	99.3	99.1	98.8	98.6	98.4	98.3	98.2
年齢分布(%)										
0－4歳	17.6	17.0	16.4	15.9	15.3	14.7	14.1	13.6	13.0	12.5
5－14歳	28.3	27.8	27.1	26.5	25.8	25.1	24.4	23.7	23.0	22.3
15－24歳	20.0	20.1	20.4	20.3	20.0	19.8	19.6	19.3	19.0	18.7
60歳以上	4.3	4.1	4.0	4.1	4.6	5.2	5.9	6.6	7.2	7.9
65歳以上	2.9	2.8	2.7	2.7	2.8	3.2	3.7	4.3	4.8	5.3
80歳以上	0.4	0.4	0.4	0.5	0.4	0.4	0.5	0.5	0.7	0.9
6－11歳	17.6	17.1	16.7	16.3	15.8	15.4	14.9	14.5	14.0	13.6
12－14歳	7.5	7.6	7.4	7.3	7.1	7.0	6.8	6.7	6.5	6.3
15－17歳	6.7	6.8	6.8	6.7	6.6	6.5	6.4	6.3	6.1	6.0
18－23歳	11.6	11.6	11.8	11.8	11.6	11.6	11.4	11.3	11.2	11.0
15－24歳女子(%)	46.0	47.2	48.1	48.5	49.0	49.3	49.6	49.8	49.9	49.9
中位数年齢(歳)	16.9	17.3	17.9	18.5	19.2	19.8	20.6	21.4	22.2	23.0
人口密度(1km²あたり)	22	25	29	34	39	45	51	58	65	72

	2010-2015	2015-2020	2020-2025	2025-2030	2030-2035	2035-2040	2040-2045	2045-2050	2050-2055	2055-2060
年平均人口増加数(千人)	459	534	602	684	766	846	924	997	1 061	1 121
年平均出生数(千人)	611	682	756	838	926	1 015	1 105	1 196	1 286	1 375
年平均死亡数(千人)	146	140	146	149	155	164	177	195	220	250
年平均純移動数(千人)	−7	−8	−8	−5	−5	−5	−5	−5	−5	−5
人口増加率(%)	3.05	3.05	2.96	2.90	2.82	2.71	2.59	2.47	2.33	2.20
粗出生率(人口千人あたり)	40.6	38.9	37.1	35.5	34.0	32.5	31.0	29.6	28.2	26.9
粗死亡率(人口千人あたり)	9.7	8.0	7.1	6.3	5.7	5.2	4.9	4.8	4.8	4.9
純移動率(人口千人あたり)	−0.5	−0.5	−0.4	−0.2	−0.2	−0.2	−0.1	−0.1	−0.1	−0.1
合計出生率 (女子1人あたり)	5.45	5.14	4.85	4.59	4.34	4.12	3.91	3.73	3.56	3.41
純再生産率 (女子1人あたり)	2.25	2.22	2.15	2.07	1.99	1.91	1.83	1.76	1.68	1.61
乳児死亡率 (出生千人あたり)	55	47	40	36	32	29	26	24	22	21
5歳未満の死亡数(出生千人あたり	83	68	56	49	43	38	34	30	28	26
出生時の平均余命(歳)										
男	57.2	60.0	61.7	63.2	64.7	66.1	67.5	68.7	69.7	70.6
女	60.3	64.7	66.4	69.0	71.0	72.6	73.9	74.9	75.6	76.3
男女計	58.8	62.3	64.0	66.0	67.8	69.3	70.6	71.8	72.6	73.4

C. 高位予測値

	2015	2020	2025	2030	2035	2040	2045	2050	2055	2060
人口(千人)										
総数	16 212	19 039	22 344	26 197	30 542	35 432	40 947	47 128	53 939	61 348
男	8 094	9 502	11 149	13 060	15 209	17 625	20 351	23 408	26 783	30 460
女	8 118	9 537	11 195	13 137	15 333	17 807	20 596	23 720	27 157	30 888
性比(女100につき男)	99.7	99.6	99.5	99.3	98.9	98.6	98.3	98.1	97.9	97.7
年齢分布(%)										
0－4歳	17.6	17.7	17.4	17.0	16.3	15.7	15.3	14.9	14.5	13.9
5－14歳	28.3	27.6	27.3	27.3	27.0	26.3	25.5	24.9	24.5	24.0
15－24歳	20.0	20.0	20.0	19.6	19.6	19.9	19.9	19.6	19.2	19.0
60歳以上	4.3	4.0	3.9	4.0	4.4	4.9	5.5	6.0	6.5	6.9
65歳以上	2.9	2.8	2.6	2.6	2.7	3.0	3.5	3.9	4.3	4.7
80歳以上	0.4	0.4	0.4	0.4	0.4	0.4	0.4	0.5	0.6	0.8
15－49歳女子(%)	46.0	46.8	47.1	46.9	47.3	47.7	48.2	48.4	48.5	48.6
中位数年齢(歳)	16.9	17.2	17.4	17.7	18.1	18.7	19.3	19.9	20.5	21.1

	2010-2015	2015-2020	2020-2025	2025-2030	2030-2035	2035-2040	2040-2045	2045-2050	2050-2055	2055-2060
年平均人口増加数(千人)	459	565	661	771	869	978	1 103	1 236	1 362	1 482
年平均出生数(千人)	611	715	818	930	1 035	1 153	1 292	1 446	1 599	1 752
年平均死亡数(千人)	146	142	149	154	161	170	184	204	232	265
人口増加率(%)	3.05	3.22	3.20	3.18	3.07	2.97	2.89	2.81	2.70	2.57
粗出生率(人口千人あたり)	40.6	40.6	39.5	38.3	36.5	35.0	33.8	32.8	31.6	30.4
粗死亡率(人口千人あたり)	9.7	8.0	7.2	6.4	5.7	5.2	4.8	4.6	4.6	4.6
合計出生率（女子1人あたり）	5.45	5.39	5.25	5.09	4.84	4.62	4.41	4.23	4.06	3.91
純再生産率（女子1人あたり）	2.25	2.33	2.32	2.30	2.22	2.14	2.07	1.99	1.92	1.85

D. 低位予測値

	2015	2020	2025	2030	2035	2040	2045	2050	2055	2060
人口(千人)										
総数	16 212	18 726	21 441	24 428	27 742	31 328	35 101	38 993	42 955	46 974
男	8 094	9 344	10 694	12 168	13 797	15 556	17 404	19 309	21 248	23 220
女	8 118	9 382	10 748	12 260	13 945	15 772	17 697	19 684	21 706	23 755
性比(女100につき男)	99.7	99.6	99.5	99.3	98.9	98.6	98.3	98.1	97.9	97.7
年齢分布(%)										
0－4歳	17.6	16.4	15.4	14.7	14.2	13.6	12.8	12.1	11.4	10.9
5－14歳	28.3	28.0	27.0	25.6	24.5	23.7	23.1	22.3	21.3	20.3
15－24歳	20.0	20.3	20.8	21.0	20.5	19.7	19.1	18.9	18.7	18.3
60歳以上	4.3	4.1	4.1	4.3	4.8	5.6	6.4	7.3	8.1	9.1
65歳以上	2.9	2.8	2.7	2.8	3.0	3.4	4.1	4.7	5.4	6.1
80歳以上	0.4	0.4	0.5	0.5	0.5	0.5	0.5	0.6	0.8	1.0
15－49歳女子(%)	46.0	47.5	49.1	50.3	50.9	51.1	51.2	51.3	51.4	51.1
中位数年齢(歳)	16.9	17.5	18.4	19.3	20.3	21.3	22.2	23.2	24.2	25.3

	2010-2015	2015-2020	2020-2025	2025-2030	2030-2035	2035-2040	2040-2045	2045-2050	2050-2055	2055-2060
年平均人口増加数(千人)	459	503	543	597	663	717	755	778	792	804
年平均出生数(千人)	611	649	693	747	818	880	929	968	1 006	1 045
年平均死亡数(千人)	146	138	142	145	150	158	169	185	208	236
人口増加率(%)	3.05	2.88	2.71	2.61	2.55	2.43	2.27	2.10	1.94	1.79
粗出生率(人口千人あたり)	40.6	37.1	34.5	32.6	31.4	29.8	28.0	26.1	24.5	23.2
粗死亡率(人口千人あたり)	9.7	7.9	7.1	6.3	5.7	5.3	5.1	5.0	5.1	5.3
合計出生率（女子1人あたり）	5.45	4.89	4.45	4.09	3.84	3.62	3.41	3.23	3.06	2.91
純再生産率（女子1人あたり）	2.25	2.11	1.97	1.85	1.76	1.68	1.60	1.52	1.45	1.38

E. 出生力一定予測値

	2015	2020	2025	2030	2035	2040	2045	2050	2055	2060
人口(千人)										
総数	16 212	19 051	22 467	26 579	31 475	37 299	44 248	52 529	62 359	74 012
男	8 094	9 508	11 211	13 253	15 679	18 567	22 017	26 135	31 033	36 854
女	8 118	9 543	11 256	13 327	15 796	18 732	22 231	26 394	31 326	37 158
中位数年齢(歳)	16.9	17.1	17.3	17.4	17.4	17.5	17.7	17.7	17.8	17.8

	2010-2015	2015-2020	2020-2025	2025-2030	2030-2035	2035-2040	2040-2045	2045-2050	2050-2055	2055-2060
人口増加率(%)	3.05	3.23	3.30	3.36	3.38	3.40	3.42	3.43	3.43	3.43
粗出生率(人口千人あたり)	40.6	40.7	40.5	40.1	39.6	39.2	39.0	38.9	38.7	38.6
粗死亡率(人口千人あたり)	9.7	8.0	7.2	6.4	5.7	5.2	4.8	4.5	4.4	4.3

Zimbabwe

A. 推計値

指　標	1960	1965	1970	1975	1980	1985	1990	1995	2000	2005	2010
人口(千人)											
総数	3 752	4 422	5 206	6 170	7 289	8 863	10 485	11 683	12 500	12 984	13 974
男	1 871	2 205	2 596	3 076	3 624	4 411	5 219	5 806	6 220	6 436	6 905
女	1 881	2 217	2 611	3 095	3 665	4 452	5 265	5 878	6 280	6 548	7 069
性比(女100につき男)	99.5	99.5	99.4	99.4	98.9	99.1	99.1	98.8	99.0	98.3	97.7
年齢分布(%)											
0－4歳	19.3	19.6	19.5	19.7	19.9	19.0	17.0	15.6	14.7	14.9	15.8
5－14歳	25.9	28.1	28.6	28.7	29.0	29.0	29.1	28.9	28.0	27.0	25.7
15－24歳	18.1	17.0	17.8	19.3	19.5	19.7	20.1	21.2	23.4	24.3	23.2
60歳以上	5.3	5.1	4.9	4.7	4.7	4.5	4.6	4.7	4.7	4.7	4.5
65歳以上	3.4	3.3	3.2	3.1	3.0	3.0	3.0	3.1	3.2	3.2	3.2
80歳以上	0.3	0.4	0.4	0.4	0.4	0.4	0.4	0.4	0.5	0.5	0.5
15－49歳女子(%)	43.9	41.8	41.7	41.9	41.8	43.1	45.0	46.6	48.6	49.6	50.2
中位数年齢(歳)	17.4	16.3	15.9	15.7	15.5	16.0	16.8	17.3	17.8	18.2	18.5
人口密度(1km²あたり)	10	11	13	16	19	23	27	30	32	34	36

	1960-1965	1965-1970	1970-1975	1975-1980	1980-1985	1985-1990	1990-1995	1995-2000	2000-2005	2005-2010	2010-2015
年平均人口増加数(千人)	134	157	193	224	315	324	240	163	97	198	326
年平均出生数(千人)	197	229	271	320	363	382	393	401	426	480	533
年平均死亡数(千人)	61	66	72	76	76	82	115	197	250	220	164
人口増加率(%)	3.29	3.27	3.40	3.33	3.91	3.36	2.16	1.35	0.76	1.47	2.21
粗出生率(人口千人あたり)	48.2	47.5	47.6	47.6	44.9	39.5	35.4	33.1	33.4	35.6	36.1
粗死亡率(人口千人あたり)	15.0	13.7	12.6	11.3	9.5	8.5	10.4	16.3	19.6	16.3	11.1
合計出生率(女子1人あたり)	7.30	7.40	7.40	7.30	6.74	5.66	4.77	4.20	4.02	4.02	4.02
純再生産率(女子1人あたり)	2.73	2.83	2.90	2.96	2.84	2.42	1.97	1.57	1.43	1.52	1.67
乳児死亡率(出生千人あたり)	97	90	83	74	63	57	59	67	69	62	48
出生時の平均余命(歳)											
男	50.9	52.5	54.1	56.1	58.9	59.8	54.8	45.1	41.3	45.0	53.6
女	54.1	55.8	57.5	59.6	62.6	63.5	56.9	44.8	40.1	44.9	56.0
男女計	52.5	54.1	55.8	57.8	60.8	61.6	55.8	44.9	40.7	45.0	54.8

B. 中位予測値

	2015	2020	2025	2030	2035	2040	2045	2050	2055	2060
人口(千人)										
総数	15 603	17 471	19 370	21 353	23 405	25 510	27 606	29 615	31 472	33 146
男	7 688	8 609	9 551	10 538	11 558	12 602	13 638	14 628	15 541	16 363
女	7 915	8 861	9 819	10 815	11 848	12 909	13 969	14 987	15 931	16 782
性比(女100につき男)	97.1	97.2	97.3	97.4	97.6	97.6	97.6	97.6	97.6	97.5
年齢分布(%)										
0－4歳	16.1	14.6	13.1	12.2	11.5	11.0	10.3	9.6	8.9	8.3
5－14歳	25.5	26.2	25.6	23.5	21.7	20.5	19.7	18.9	17.9	16.9
15－24歳	20.9	19.6	19.9	21.0	20.8	19.4	18.2	17.5	17.1	16.7
60歳以上	4.4	4.3	4.4	4.6	5.2	6.5	8.3	10.2	11.7	13.0
65歳以上	3.0	3.0	3.0	3.1	3.3	3.8	4.9	6.5	8.0	9.3
80歳以上	0.5	0.5	0.5	0.5	0.6	0.6	0.6	0.7	1.0	1.4
6－11歳	15.7	16.3	15.5	14.1	13.1	12.4	11.9	11.4	10.8	10.1
12－14歳	6.9	7.0	7.4	7.0	6.4	6.0	5.7	5.6	5.4	5.1
15－17歳	6.5	6.3	6.7	6.9	6.4	5.9	5.6	5.4	5.3	5.1
18－23歳	12.4	11.4	11.4	12.2	12.5	11.6	10.8	10.4	10.2	10.0
15－24歳女子(%)	50.6	51.4	52.8	54.1	53.9	53.1	52.5	52.3	52.2	51.7
中位数年齢(歳)	18.9	19.5	20.3	21.6	23.0	24.5	26.0	27.5	28.9	30.2
人口密度(1km²あたり)	40	45	50	55	61	66	71	77	81	86

	2010-2015	2015-2020	2020-2025	2025-2030	2030-2035	2035-2040	2040-2045	2045-2050	2050-2055	2055-2060
年平均人口増加数(千人)	326	374	380	397	410	421	419	402	371	335
年平均出生数(千人)	533	535	532	539	558	576	585	582	572	561
年平均死亡数(千人)	164	129	130	133	137	145	156	170	191	217
年平均純移動数(千人)	−44	−33	−21	−10	−10	−10	−10	−10	−10	−9
人口増加率(%)	2.21	2.26	2.06	1.95	1.84	1.72	1.58	1.40	1.22	1.04
粗出生率(人口千人あたり)	36.1	32.4	28.9	26.5	24.9	23.5	22.0	20.3	18.7	17.4
粗死亡率(人口千人あたり)	11.1	7.8	7.1	6.5	6.1	5.9	5.9	6.0	6.3	6.7
純移動率(人口千人あたり)	−3.0	−2.0	−1.2	−0.5	−0.4	−0.4	−0.4	−0.4	−0.3	−0.3
合計出生率 (女子1人あたり)	4.02	3.65	3.34	3.10	2.89	2.72	2.57	2.43	2.31	2.21
純再生産率 (女子1人あたり)	1.67	1.60	1.50	1.41	1.33	1.27	1.20	1.14	1.09	1.04
乳児死亡率 (出生千人あたり)	48	39	35	32	29	26	24	22	21	19
5歳未満の死亡数(出生千人あたり	72	55	49	43	38	34	30	28	27	25
出生時の平均余命(歳)										
男	53.6	60.8	62.5	64.2	65.7	67.0	68.2	69.3	70.2	71.0
女	56.0	64.0	65.8	67.5	69.1	70.6	71.9	73.0	73.8	74.6
男女計	54.8	62.4	64.2	65.9	67.4	68.8	70.0	71.2	72.1	72.8

C. 高 位 予 測 値

	2015	2020	2025	2030	2035	2040	2045	2050	2055	2060
人口(千人)										
総数	15 603	17 646	19 848	22 246	24 779	27 474	30 304	33 196	36 081	38 915
男	7 688	8 697	9 791	10 986	12 247	13 587	14 991	16 425	17 855	19 260
女	7 915	8 948	10 057	11 260	12 532	13 887	15 312	16 771	18 227	19 655
性比(女100につき男)	97.1	97.1	97.2	97.3	97.4	97.4	97.3	97.2	97.1	96.9
年齢分布(%)										
０－４歳	16.1	15.4	14.4	13.6	12.8	12.3	11.8	11.3	10.7	10.1
５－14歳	25.5	26.0	25.8	24.7	23.4	22.3	21.5	20.9	20.2	19.3
15－24歳	20.9	19.4	19.4	20.1	20.3	19.7	18.9	18.3	17.9	17.6
60歳以上	4.4	4.3	4.3	4.4	4.9	6.0	7.6	9.1	10.2	11.0
65歳以上	3.0	2.9	2.9	2.9	3.1	3.5	4.5	5.8	7.0	7.9
80歳以上	0.5	0.5	0.5	0.5	0.5	0.6	0.6	0.7	0.8	1.2
15－49歳女子(%)	50.6	50.9	51.6	51.9	51.7	51.1	50.7	50.7	50.9	50.8
中位数年齢(歳)	18.9	19.2	19.7	20.5	21.6	22.7	23.8	24.8	25.8	26.8

	2010-2015	2015-2020	2020-2025	2025-2030	2030-2035	2035-2040	2040-2045	2045-2050	2050-2055	2055-2060
年平均人口増加数(千人)	326	409	440	480	506	539	566	578	577	567
年平均出生数(千人)	533	572	595	626	658	699	738	767	787	804
年平均死亡数(千人)	164	131	133	137	142	150	162	178	201	229
人口増加率(%)	2.21	2.46	2.35	2.28	2.16	2.07	1.96	1.82	1.67	1.51
粗出生率(人口千人あたり)	36.1	34.4	31.8	29.8	28.0	26.8	25.5	24.1	22.7	21.5
粗死亡率(人口千人あたり)	11.1	7.9	7.1	6.5	6.0	5.7	5.6	5.6	5.8	6.1
合計出生率（女子１人あたり）	4.02	3.90	3.74	3.60	3.39	3.22	3.07	2.93	2.81	2.71
純再生産率（女子１人あたり）	1.67	1.71	1.68	1.64	1.56	1.50	1.44	1.38	1.33	1.28

D. 低 位 予 測 値

	2015	2020	2025	2030	2035	2040	2045	2050	2055	2060
人口(千人)										
総数	15 603	17 296	18 892	20 461	22 038	23 578	25 003	26 235	27 224	27 956
男	7 688	8 522	9 311	10 090	10 872	11 632	12 331	12 932	13 409	13 758
女	7 915	8 774	9 581	10 371	11 166	11 946	12 672	13 304	13 815	14 198
性比(女100につき男)	97.1	97.1	97.2	97.3	97.4	97.4	97.3	97.2	97.1	96.9
年齢分布(%)										
０－４歳	16.1	13.7	11.9	10.6	10.1	9.4	8.7	7.8	7.0	6.3
５－14歳	25.5	26.5	25.3	22.2	19.8	18.4	17.6	16.6	15.3	14.0
15－24歳	20.9	19.7	20.4	21.9	21.3	19.0	17.2	16.4	16.0	15.4
60歳以上	4.4	4.4	4.5	4.8	5.5	7.0	9.2	11.5	13.6	15.4
65歳以上	3.0	3.0	3.1	3.2	3.5	4.1	5.4	7.3	9.3	11.0
80歳以上	0.5	0.5	0.5	0.5	0.6	0.6	0.7	0.8	1.1	1.7
15－49歳女子(%)	50.6	51.9	54.1	56.4	56.4	55.4	54.4	53.8	53.3	52.2
中位数年齢(歳)	18.9	19.7	21.0	22.7	24.5	26.6	28.6	30.7	32.6	34.5

	2010-2015	2015-2020	2020-2025	2025-2030	2030-2035	2035-2040	2040-2045	2045-2050	2050-2055	2055-2060
年平均人口増加数(千人)	326	339	319	314	315	308	285	246	198	146
年平均出生数(千人)	533	498	468	452	459	458	445	420	390	362
年平均死亡数(千人)	164	127	127	129	133	140	150	163	182	207
人口増加率(%)	2.21	2.06	1.77	1.60	1.49	1.35	1.17	0.96	0.74	0.53
粗出生率(人口千人あたり)	36.1	30.3	25.9	23.0	21.6	20.1	18.3	16.4	14.6	13.1
粗死亡率(人口千人あたり)	11.1	7.7	7.0	6.5	6.3	6.1	6.2	6.4	6.8	7.5
合計出生率（女子１人あたり）	4.02	3.40	2.94	2.60	2.39	2.22	2.07	1.93	1.81	1.71
純再生産率（女子１人あたり）	1.67	1.49	1.32	1.18	1.10	1.03	0.97	0.91	0.86	0.81

E. 出生力一定予測値

	2015	2020	2025	2030	2035	2040	2045	2050	2055	2060
人口(千人)										
総数	15 603	17 701	20 081	22 802	25 898	29 440	33 459	37 977	43 023	48 660
男	7 688	8 725	9 908	11 265	12 809	14 574	16 576	18 827	21 342	24 157
女	7 915	8 976	10 173	11 537	13 089	14 866	16 883	19 150	21 680	24 503
中位数年齢(歳)	18.9	19.2	19.4	19.8	20.4	20.9	21.2	21.5	21.6	21.8

	2010-2015	2015-2020	2020-2025	2025-2030	2030-2035	2035-2040	2040-2045	2045-2050	2050-2055	2055-2060
人口増加率(%)	2.21	2.52	2.52	2.54	2.55	2.56	2.56	2.53	2.50	2.46
粗出生率(人口千人あたり)	36.1	35.0	33.5	32.4	31.9	31.6	31.3	30.9	30.5	30.2
粗死亡率(人口千人あたり)	11.1	7.9	7.2	6.5	6.0	5.6	5.4	5.3	5.3	5.4

Ⅱ. 人口学的主要指標

表A. 3.　主要地域、地域別年央総人口：推計および中位予測値、1960-2060年

推計値：1960-2015

主要地域、地域および国	人口（千人）										
	1960	1965	1970	1975	1980	1985	1990	1995	2000	2005	2010
WORLD	3 018 344	3 322 495	3 682 488	4 061 399	4 439 632	4 852 541	5 309 668	5 735 123	6 126 622	6 519 636	6 929 725
More developed regions	914 951	965 645	1 007 682	1 047 312	1 081 844	1 113 605	1 144 463	1 169 761	1 188 812	1 208 920	1 233 376
Less developed regions	2 103 393	2 356 850	2 674 806	3 014 087	3 357 789	3 738 936	4 165 205	4 565 362	4 937 810	5 310 716	5 696 349
Least developed countries	241 073	271 724	308 870	347 329	393 172	446 546	510 058	585 189	664 386	752 805	847 255
Less developed regions, excluding least developed countries	1 862 321	2 085 126	2 365 936	2 666 758	2 964 617	3 292 390	3 655 147	3 980 173	4 273 424	4 557 911	4 849 094
Less developed regions, excluding China	1 445 203	1 633 796	1 847 527	2 087 822	2 356 842	2 661 377	2 984 213	3 309 822	3 638 685	3 975 101	4 324 652
High-income countries	912 007	969 982	1 019 422	1 067 978	1 113 605	1 158 471	1 202 698	1 243 808	1 280 673	1 319 249	1 365 643
Middle-income countries	1 948 061	2 175 595	2 463 090	2 767 395	3 072 828	3 409 109	3 781 822	4 116 838	4 417 643	4 709 628	5 002 954
Upper-middle-income countries	1 006 125	1 118 524	1 275 035	1 431 534	1 566 864	1 710 717	1 880 875	2 012 903	2 112 612	2 204 280	2 294 244
Lower-middle-income countries	941 936	1 057 071	1 188 054	1 335 861	1 505 963	1 698 392	1 900 946	2 103 934	2 305 031	2 505 348	2 708 711
Low-income countries	157 188	175 683	198 589	224 588	251 638	283 235	323 227	372 372	425 993	488 164	558 333
Sub-Saharan Africa	221 190	249 199	282 743	322 877	371 058	427 049	491 498	562 978	642 172	733 322	840 390
AFRICA	284 887	321 999	365 626	416 490	477 965	550 028	631 614	720 416	814 063	920 239	1 044 107
Eastern Africa	84 305	96 105	110 428	127 356	147 512	170 739	198 232	225 310	259 373	297 636	342 743
Middle Africa	32 216	36 107	40 846	46 383	53 135	61 164	70 886	83 875	96 113	111 913	130 598
Northern Africa	63 697	72 801	82 883	93 613	106 908	122 978	140 117	157 438	171 891	186 917	203 717
Southern Africa	19 724	22 417	25 454	29 093	32 997	37 489	42 049	47 375	51 451	55 274	59 067
Western Africa	84 946	94 570	106 015	120 045	137 414	157 658	180 331	206 419	235 235	268 498	307 982
ASIA	1 686 698	1 874 812	2 120 430	2 378 066	2 625 584	2 897 177	3 202 475	3 474 849	3 714 470	3 944 670	4 169 860
Eastern Asia	788 145	862 443	978 113	1 089 536	1 173 372	1 258 750	1 368 592	1 448 738	1 496 284	1 536 540	1 575 320
South-Central Asia	618 559	690 968	774 758	869 960	980 320	1 105 478	1 239 666	1 372 574	1 507 050	1 639 167	1 765 129
Central Asia	24 616	29 096	33 156	37 349	41 277	45 738	50 405	53 178	55 117	58 043	62 139
Southern Asia	593 943	661 873	741 603	832 611	939 043	1 059 740	1 189 261	1 319 396	1 451 933	1 581 124	1 702 991
South-Eastern Asia	213 838	245 876	281 521	319 721	358 106	401 712	445 665	486 881	526 179	563 157	596 708
Western Asia	66 156	75 524	86 037	98 849	113 786	131 237	148 552	166 656	184 957	205 806	232 703
EUROPE	605 619	635 118	657 221	677 318	693 859	707 899	721 086	727 778	726 407	729 007	735 395
Eastern Europe	253 630	267 164	276 396	285 657	295 042	303 699	310 027	309 569	303 789	297 482	294 591
Northern Europe	81 790	84 839	87 305	88 957	89 833	90 644	92 040	93 153	94 397	96 239	99 682
Southern Europe	117 879	123 015	127 617	133 259	138 495	141 762	143 404	144 147	145 058	149 735	153 360
Western Europe	152 320	160 100	165 903	169 445	170 489	171 794	175 615	180 909	183 163	185 552	187 762
LATIN AMERICA AND THE CARIBBEAN	221 190	253 874	288 494	325 812	365 035	405 906	446 889	487 326	526 890	563 826	599 823
Caribbean	20 724	23 088	25 306	27 629	29 748	31 920	34 198	36 375	38 314	40 028	41 621
Central America	51 400	59 975	69 702	81 138	92 425	103 422	114 823	127 032	138 780	148 989	161 117
South America	149 066	170 811	193 486	217 046	242 862	270 565	297 869	323 919	349 796	374 809	397 085
NORTHERN AMERICA	204 167	219 189	231 029	242 215	254 217	266 658	280 633	295 700	313 724	328 524	344 129
OCEANIA	15 784	17 502	19 688	21 498	22 972	24 873	26 971	29 054	31 068	33 369	36 411
Australia/New Zealand	12 664	13 996	15 724	16 976	17 855	19 059	20 494	21 800	22 965	24 409	26 532
Melanesia	2 620	2 927	3 306	3 808	4 339	4 944	5 514	6 208	6 993	7 816	8 716
Micronesia	191	218	248	272	304	357	415	467	497	503	502
Polynesia	308	360	410	443	475	513	548	579	612	641	660

表A. 3. 主要地域、地域別年央総人口：推計および中位予測値（続）

2015-2060：中位予測値

人口（千人）										主要地域、地域および国
2015	2020	2025	2030	2035	2040	2045	2050	2055	2060	
7 349 472	7 758 157	8 141 661	8 500 766	8 838 908	9 157 234	9 453 892	9 725 148	9 968 809	10 184 290	**WORLD**
1 251 351	1 266 360	1 277 210	1 283 920	1 287 051	1 287 935	1 287 580	1 286 422	1 284 201	1 281 157	More developed regions
6 098 121	6 491 797	6 864 451	7 216 847	7 551 857	7 869 299	8 166 312	8 438 726	8 684 607	8 903 133	Less developed regions
954 158	1 070 680	1 194 702	1 325 694	1 462 796	1 604 725	1 749 973	1 896 921	2 044 313	2 190 644	Least developed countries
5 143 963	5 421 116	5 669 749	5 891 153	6 089 061	6 264 575	6 416 339	6 541 805	6 640 295	6 712 488	Less developed regions, excluding least developed countries
4 690 815	5 057 356	5 417 821	5 769 515	6 111 914	6 443 373	6 761 090	7 060 907	7 340 616	7 598 505	Less developed regions, excluding China
1 401 479	1 431 215	1 455 448	1 474 557	1 488 948	1 499 524	1 507 184	1 512 496	1 515 279	1 515 997	High-income countries
5 306 283	5 597 099	5 861 087	6 098 849	6 313 888	6 507 385	6 677 875	6 822 476	6 940 394	7 031 941	Middle-income countries
2 390 125	2 468 631	2 525 476	2 566 850	2 596 525	2 615 749	2 624 357	2 621 635	2 607 310	2 582 143	Upper-middle-income countries
2 916 158	3 128 467	3 335 611	3 531 999	3 717 363	3 891 635	4 053 518	4 200 842	4 333 084	4 449 798	Lower-middle-income countries
638 735	726 696	821 812	923 887	1 032 448	1 146 566	1 264 956	1 386 201	1 509 078	1 632 223	Low-income countries
962 287	1 095 658	1 240 321	1 396 853	1 565 052	1 743 673	1 930 497	2 123 232	2 319 938	2 518 616	**Sub-Saharan Africa**
1 186 178	1 340 103	1 504 213	1 679 301	1 865 922	2 063 030	2 267 856	2 477 536	2 689 773	2 902 500	**AFRICA**
394 477	451 393	512 821	578 804	649 067	723 008	799 709	878 236	957 666	1 037 041	Eastern Africa
151 952	175 950	202 533	231 643	263 181	296 859	332 295	369 090	406 959	445 483	Middle Africa
223 892	244 445	263 892	282 448	300 870	319 357	337 359	354 304	369 835	383 884	Northern Africa
62 634	65 484	67 897	70 116	72 246	74 308	76 260	78 029	79 510	80 662	Southern Africa
353 224	402 831	457 071	516 290	580 558	649 499	722 233	797 877	875 803	955 430	Western Africa
4 393 296	4 598 426	4 774 708	4 922 830	5 045 488	5 143 850	5 218 033	5 266 848	5 290 517	5 290 030	**ASIA**
1 612 287	1 639 673	1 651 108	1 650 198	1 640 321	1 622 927	1 598 308	1 566 759	1 528 656	1 484 794	Eastern Asia
1 890 288	2 012 032	2 124 700	2 226 204	2 316 048	2 393 790	2 459 650	2 512 459	2 552 024	2 577 995	South-Central Asia
67 314	71 872	75 692	78 827	81 616	84 263	86 690	88 664	90 064	90 944	Central Asia
1 822 974	1 940 160	2 049 008	2 147 377	2 234 432	2 309 527	2 372 960	2 423 795	2 461 960	2 487 052	Southern Asia
633 490	667 627	698 154	724 848	747 730	766 623	781 401	792 139	799 171	803 096	South-Eastern Asia
257 231	279 094	300 747	321 580	341 389	360 511	378 674	395 491	410 666	424 144	Western Asia
738 442	739 725	738 090	733 929	728 037	721 355	714 355	706 793	698 296	689 029	**EUROPE**
292 943	289 796	284 929	278 596	271 397	264 321	257 838	251 756	245 675	239 381	Eastern Europe
102 358	105 207	107 840	110 126	112 110	113 973	115 809	117 563	119 102	120 416	Northern Europe
152 348	151 798	150 771	149 455	148 048	146 395	144 394	141 941	139 004	135 727	Southern Europe
190 794	192 924	194 549	195 751	196 482	196 666	196 314	195 533	194 514	193 506	Western Europe
634 387	666 502	695 584	721 067	742 747	760 484	774 305	784 247	790 450	792 959	**LATIN AMERICA AND THE CARIBBEAN**
43 199	44 552	45 729	46 700	47 441	47 923	48 146	48 100	47 818	47 334	Caribbean
172 740	183 824	194 120	203 401	211 556	218 534	224 330	228 925	232 308	234 443	Central America
418 447	438 126	455 735	470 966	483 750	494 027	501 829	507 223	510 325	511 183	South America
357 838	371 269	384 274	396 278	406 905	416 364	424 930	433 114	441 089	449 146	**NORTHERN AMERICA**
39 331	42 131	44 791	47 361	49 809	52 150	54 413	56 609	58 684	60 626	**OCEANIA**
28 497	30 327	32 007	33 585	35 046	36 427	37 774	39 104	40 363	41 542	Australia/New Zealand
9 623	10 542	11 476	12 419	13 358	14 275	15 157	15 996	16 789	17 534	Melanesia
526	552	579	607	632	655	674	690	704	716	Micronesia
684	710	729	751	774	793	808	819	827	833	Polynesia

表A. 4. 主要地域、地域別年央総人口：高位予測値、1920-2060年

高位予測値

主要地域、地域および国	人口（千人）									
	2015	2020	2025	2030	2035	2040	2045	2050	2055	2060
WORLD	7 349 472	7 827 607	8 322 369	8 821 836	9 306 009	9 789 249	10 286 184	10 801 105	11 328 639	11 859 342
More developed regions	1 251 351	1 276 440	1 302 805	1 328 062	1 349 387	1 369 273	1 390 686	1 416 263	1 446 261	1 479 266
Less developed regions	6 098 121	6 551 167	7 019 564	7 493 774	7 956 622	8 419 976	8 895 498	9 384 842	9 882 378	10 380 077
Least developed countries	954 158	1 080 062	1 221 046	1 375 738	1 539 788	1 714 319	1 900 835	2 099 510	2 309 138	2 527 514
Less developed regions, excluding least developed countries	5 143 963	5 471 105	5 798 518	6 118 036	6 416 833	6 705 658	6 994 664	7 285 333	7 573 240	7 852 562
Less developed regions, excluding China	4 690 815	5 104 061	5 542 929	5 996 979	6 448 359	6 905 256	7 377 349	7 865 849	8 365 411	8 868 316
High-income countries	1 401 479	1 442 784	1 485 033	1 525 972	1 561 966	1 595 138	1 628 547	1 665 276	1 705 895	1 749 148
Middle-income countries	5 306 283	5 648 873	5 994 756	6 334 802	6 655 400	6 968 021	7 283 291	7 602 390	7 920 425	8 231 008
Upper-middle-income countries	2 390 125	2 491 232	2 581 251	2 661 660	2 730 307	2 792 388	2 851 615	2 908 724	2 962 546	3 011 479
Lower-middle-income countries	2 916 158	3 157 641	3 413 505	3 673 142	3 925 093	4 175 633	4 431 675	4 693 666	4 957 879	5 219 529
Low-income countries	638 735	732 777	839 196	957 462	1 084 833	1 222 079	1 370 142	1 529 045	1 697 735	1 874 408
Sub-Saharan Africa	962 287	1 104 712	1 265 949	1 446 264	1 642 377	1 855 678	2 087 171	2 336 665	2 602 717	2 883 027
AFRICA	1 186 178	1 351 427	1 535 858	1 739 608	1 959 462	2 197 531	2 454 783	2 730 670	3 023 309	3 330 116
Eastern Africa	394 477	455 255	523 849	600 176	682 531	771 368	867 204	970 058	1 079 098	1 193 034
Middle Africa	151 952	177 335	206 515	239 449	275 590	315 122	358 235	404 907	454 969	507 995
Northern Africa	223 892	246 714	269 910	293 344	317 084	341 853	367 613	394 005	420 592	447 089
Southern Africa	62 634	66 153	69 647	73 237	76 798	80 474	84 365	88 441	92 528	96 494
Western Africa	353 224	405 969	465 938	533 403	607 458	688 713	777 367	873 260	976 122	1 085 504
ASIA	4 393 296	4 640 835	4 883 252	5 112 816	5 317 953	5 507 736	5 692 144	5 873 168	6 047 189	6 209 069
Eastern Asia	1 612 287	1 653 896	1 685 025	1 706 387	1 718 037	1 723 704	1 726 009	1 726 119	1 724 047	1 719 171
South-Central Asia	1 890 288	2 031 483	2 176 223	2 318 585	2 450 213	2 574 909	2 698 775	2 821 859	2 940 565	3 050 787
Central Asia	67 314	72 592	77 529	82 026	86 239	90 543	95 009	99 428	103 588	107 452
Southern Asia	1 822 974	1 958 891	2 098 694	2 236 559	2 363 974	2 484 366	2 603 766	2 722 432	2 836 977	2 943 336
South-Eastern Asia	633 490	673 853	714 518	753 973	790 067	823 593	855 514	886 598	917 103	946 948
Western Asia	257 231	281 603	307 486	333 871	359 637	385 531	411 847	438 591	465 474	492 162
EUROPE	738 442	745 677	752 929	759 103	763 207	766 980	771 988	779 095	788 097	798 193
Eastern Europe	292 943	292 322	291 044	288 651	285 163	282 059	280 307	280 056	280 770	281 732
Northern Europe	102 358	106 041	110 006	113 915	117 515	121 103	124 959	129 221	133 782	138 471
Southern Europe	152 348	152 938	153 588	154 256	154 792	155 132	155 309	155 400	155 487	155 632
Western Europe	190 794	194 376	198 291	202 280	205 737	208 687	211 414	214 417	218 058	222 358
LATIN AMERICA AND THE CARIBBEAN	634 387	672 904	712 371	750 821	785 793	818 179	849 043	878 924	907 769	934 967
Caribbean	43 199	44 955	46 777	48 548	50 102	51 478	52 741	53 918	55 029	56 058
Central America	172 740	185 649	198 964	212 076	224 196	235 577	246 543	257 212	267 472	277 076
South America	418 447	442 300	466 630	490 197	511 495	531 124	549 759	567 794	585 268	601 833
NORTHERN AMERICA	357 838	374 278	392 216	410 408	427 261	443 265	459 368	476 931	496 369	517 420
OCEANIA	39 331	42 486	45 742	49 081	52 332	55 558	58 858	62 317	65 906	69 578
Australia/New Zealand	28 497	30 580	32 676	34 779	36 777	38 736	40 747	42 885	45 120	47 415
Melanesia	9 623	10 634	11 729	12 892	14 074	15 273	16 497	17 754	19 042	20 351
Micronesia	526	557	592	630	666	701	734	767	801	835
Polynesia	684	716	745	780	815	849	881	911	943	977

表A. 5. 主要地域、地域別年央総人口：低位予測値、2020-2060年

低位予測値

主要地域、地域および国	人口（千人）									
	2015	2020	2025	2030	2035	2040	2045	2050	2055	2060
WORLD	7 349 472	7 688 595	7 960 813	8 179 515	8 372 455	8 532 257	8 647 359	8 710 042	8 720 959	8 685 876
More developed regions	1 251 351	1 256 280	1 251 616	1 239 777	1 224 773	1 207 058	1 186 470	1 162 261	1 133 963	1 102 810
Less developed regions	6 098 121	6 432 315	6 709 197	6 939 738	7 147 683	7 325 198	7 460 889	7 547 781	7 586 996	7 583 066
Least developed countries	954 158	1 061 188	1 168 218	1 275 468	1 385 755	1 496 142	1 603 147	1 704 077	1 797 828	1 883 682
Less developed regions, excluding least developed countries	5 143 963	5 371 127	5 540 979	5 664 270	5 761 928	5 829 057	5 857 742	5 843 704	5 789 168	5 699 384
Less developed regions, excluding China	4 690 815	5 010 539	5 292 572	5 541 869	5 776 000	5 987 105	6 164 914	6 302 588	6 400 560	6 461 716
High-income countries	1 401 479	1 419 646	1 425 862	1 423 142	1 416 015	1 404 522	1 388 270	1 366 456	1 338 566	1 306 110
Middle-income countries	5 306 283	5 545 325	5 727 419	5 862 895	5 973 087	6 052 743	6 093 487	6 090 689	6 046 680	5 966 538
Upper-middle-income countries	2 390 125	2 446 031	2 469 702	2 472 041	2 463 040	2 441 433	2 404 958	2 352 327	2 284 005	2 202 287
Lower-middle-income countries	2 916 158	3 099 294	3 257 717	3 390 855	3 510 046	3 611 310	3 688 529	3 738 362	3 762 675	3 764 251
Low-income countries	638 735	720 503	804 287	890 130	979 916	1 071 482	1 162 045	1 249 321	1 332 141	1 409 681
Sub-Saharan Africa	962 287	1 086 604	1 214 694	1 347 442	1 487 909	1 632 843	1 777 743	1 919 003	2 054 616	2 183 195
AFRICA	1 186 178	1 328 780	1 472 568	1 618 995	1 772 593	1 929 941	2 085 695	2 235 611	2 377 449	2 509 952
Eastern Africa	394 477	447 531	501 792	557 431	615 677	675 143	733 924	790 507	844 045	893 997
Middle Africa	151 952	174 565	198 551	223 838	250 803	278 788	306 989	334 761	361 791	387 743
Northern Africa	223 892	242 175	257 875	271 552	284 684	297 098	307 952	316 608	322 833	326 757
Southern Africa	62 634	64 815	66 147	66 996	67 705	68 226	68 442	68 272	67 663	66 643
Western Africa	353 224	399 693	448 204	499 177	553 724	610 686	668 388	725 463	781 118	834 813
ASIA	4 393 296	4 555 907	4 666 024	4 732 662	4 773 201	4 784 055	4 759 867	4 698 178	4 602 000	4 476 473
Eastern Asia	1 612 287	1 625 450	1 617 191	1 594 009	1 562 667	1 523 155	1 474 508	1 416 645	1 350 250	1 276 997
South-Central Asia	1 890 288	1 992 581	2 073 176	2 133 823	2 182 093	2 215 075	2 229 641	2 224 225	2 200 961	2 162 089
Central Asia	67 314	71 151	73 855	75 628	77 000	78 050	78 620	78 498	77 640	76 166
Southern Asia	1 822 974	1 921 430	1 999 321	2 058 195	2 105 093	2 137 025	2 151 020	2 145 727	2 123 321	2 085 923
South-Eastern Asia	633 490	661 290	681 649	695 542	705 266	710 094	709 353	702 800	690 871	674 628
Western Asia	257 231	276 585	294 008	309 289	323 175	335 732	346 366	354 508	359 919	362 758
EUROPE	738 442	733 773	723 251	708 756	692 905	676 009	657 879	637 735	615 191	590 985
Eastern Europe	292 943	287 269	278 814	268 542	257 654	246 723	235 907	224 896	213 440	201 626
Northern Europe	102 358	104 374	105 675	106 337	106 709	106 882	106 835	106 412	105 478	104 122
Southern Europe	152 348	150 659	147 955	144 654	141 310	137 707	133 674	129 025	123 666	117 774
Western Europe	190 794	191 472	190 806	189 222	187 232	184 697	181 463	177 401	172 608	167 463
LATIN AMERICA AND THE CARIBBEAN	634 387	660 100	678 797	691 312	699 903	703 879	702 716	696 204	684 637	668 510
Caribbean	43 199	44 149	44 681	44 853	44 789	44 427	43 727	42 664	41 284	39 653
Central America	172 740	181 999	189 275	194 725	198 971	201 804	203 052	202 634	200 618	197 117
South America	418 447	433 952	444 841	451 734	456 143	457 648	455 938	450 906	442 735	431 740
NORTHERN AMERICA	357 838	368 259	376 332	382 148	386 564	389 607	391 145	391 183	389 753	387 493
OCEANIA	39 331	41 776	43 841	45 642	47 289	48 766	50 056	51 132	51 928	52 464
Australia/New Zealand	28 497	30 075	31 338	32 390	33 316	34 132	34 852	35 465	35 906	36 189
Melanesia	9 623	10 450	11 223	11 946	12 643	13 288	13 851	14 318	14 688	14 963
Micronesia	526	548	567	583	598	609	616	618	615	608
Polynesia	684	704	713	722	732	738	738	731	720	704

表A. 6. 主要地域、地域別年央総人口：出生率一定予測値、2020-2060年

出生率一定予測値

主要地域、地域および国	人口（千人）									
	2015	2020	2025	2030	2035	2040	2045	2050	2055	2060
WORLD	7 349 472	7 788 603	8 236 838	8 697 714	9 179 755	9 694 762	10 254 919	10 872 161	11 562 316	12 345 341
More developed regions	1 251 351	1 264 469	1 272 109	1 275 500	1 275 567	1 272 834	1 267 576	1 260 189	1 250 903	1 240 536
Less developed regions	6 098 121	6 524 134	6 964 729	7 422 214	7 904 188	8 421 928	8 987 344	9 611 972	10 311 413	11 104 805
Least developed countries	954 158	1 083 226	1 235 317	1 411 978	1 615 569	1 851 415	2 127 707	2 453 436	2 838 473	3 293 843
Less developed regions, excluding least developed countries	5 143 963	5 440 907	5 729 412	6 010 236	6 288 619	6 570 513	6 859 636	7 158 536	7 472 940	7 810 963
Less developed regions, excluding China	4 690 815	5 092 259	5 525 140	5 987 478	6 482 422	7 020 187	7 614 959	8 279 252	9 026 444	9 872 049
High-income countries	1 401 479	1 430 259	1 452 978	1 470 841	1 484 586	1 494 726	1 501 673	1 505 881	1 507 535	1 507 600
Middle-income countries	5 306 283	5 618 984	5 927 513	6 232 399	6 539 013	6 854 014	7 182 283	7 527 646	7 897 363	8 300 983
Upper-middle-income countries	2 390 125	2 470 860	2 532 281	2 580 712	2 620 874	2 654 334	2 679 821	2 696 826	2 708 165	2 718 496
Lower-middle-income countries	2 916 158	3 148 125	3 395 231	3 651 686	3 918 139	4 199 680	4 502 462	4 830 820	5 189 199	5 582 487
Low-income countries	638 735	736 198	852 989	990 914	1 152 390	1 342 052	1 566 790	1 834 257	2 152 826	2 531 938
Sub-Saharan Africa	962 287	1 108 362	1 282 140	1 487 542	1 729 184	2 014 166	2 351 942	2 753 402	3 230 888	3 798 655
AFRICA	1 186 178	1 354 979	1 552 302	1 782 129	2 050 028	2 363 975	2 733 637	3 169 811	3 684 873	4 293 510
Eastern Africa	394 477	457 399	532 386	620 528	723 124	842 711	983 013	1 148 143	1 342 280	1 569 977
Middle Africa	151 952	178 172	210 034	248 333	294 151	349 105	415 430	495 697	592 910	710 586
Northern Africa	223 892	246 617	270 162	294 587	320 844	349 810	381 695	416 409	453 985	494 856
Southern Africa	62 634	65 814	68 898	72 084	75 459	79 083	82 985	87 139	91 452	95 871
Western Africa	353 224	406 977	470 822	546 597	636 450	743 267	870 514	1 022 423	1 204 247	1 422 221
ASIA	4 393 296	4 612 526	4 817 368	5 007 548	5 185 819	5 355 545	5 518 782	5 676 245	5 831 035	5 987 456
Eastern Asia	1 612 287	1 636 699	1 643 057	1 635 787	1 619 371	1 595 017	1 560 768	1 515 823	1 462 465	1 404 252
South-Central Asia	1 890 288	2 024 177	2 160 905	2 297 076	2 431 119	2 564 312	2 699 970	2 838 882	2 980 944	3 125 702
Central Asia	67 314	72 295	76 838	81 023	85 301	89 917	94 738	99 520	104 237	109 092
Southern Asia	1 822 974	1 951 882	2 084 068	2 216 052	2 345 818	2 474 395	2 605 233	2 739 362	2 876 707	3 016 610
South-Eastern Asia	633 490	670 543	706 547	740 871	773 460	804 405	834 009	862 681	891 024	919 757
Western Asia	257 231	281 107	306 859	333 815	361 869	391 811	424 035	458 858	496 603	537 746
EUROPE	738 442	738 151	734 000	727 345	719 274	709 974	699 200	686 795	672 937	658 289
Eastern Europe	292 943	288 728	282 201	274 418	266 211	257 866	249 216	240 206	230 982	221 751
Northern Europe	102 358	105 179	107 752	110 010	111 996	113 842	115 627	117 310	118 774	120 024
Southern Europe	152 348	151 517	150 059	148 187	146 110	143 656	140 686	137 095	132 876	128 199
Western Europe	190 794	192 727	193 988	194 730	194 957	194 610	193 670	192 184	190 305	188 314
LATIN AMERICA AND THE CARIBBEAN	634 387	669 457	704 037	736 937	767 625	796 182	822 970	848 102	871 663	893 604
Caribbean	43 199	44 774	46 358	47 881	49 310	50 639	51 899	53 101	54 285	55 484
Central America	172 740	184 990	197 529	209 953	222 024	233 761	245 296	256 657	267 819	278 711
South America	418 447	439 693	460 150	479 103	496 291	511 783	525 776	538 344	549 559	559 409
NORTHERN AMERICA	357 838	371 206	383 903	395 549	405 806	414 827	422 902	430 449	437 580	444 632
OCEANIA	39 331	42 285	45 228	48 206	51 203	54 258	57 429	60 760	64 228	67 850
Australia/New Zealand	28 497	30 384	32 150	33 835	35 432	36 984	38 526	40 076	41 577	43 024
Melanesia	9 623	10 631	11 747	12 970	14 294	15 721	17 271	18 972	20 850	22 926
Micronesia	526	556	590	627	665	703	743	784	830	879
Polynesia	684	714	741	774	812	850	888	928	971	1 020

表A. 7. 主要地域、地域別年平均人口増加率：推計および中位予測値、1960-2060年

推計値:1960-2015

主要地域、地域および国	年平均増加率(%)									
	1960-1965	1965-1970	1970-1975	1975-1980	1980-1985	1985-1990	1990-1995	1995-2000	2000-2005	2005-2010
WORLD	1.92	2.06	1.96	1.78	1.78	1.80	1.54	1.32	1.24	1.22
More developed regions	1.08	0.85	0.77	0.65	0.58	0.55	0.44	0.32	0.34	0.40
Less developed regions	2.28	2.53	2.39	2.16	2.15	2.16	1.84	1.57	1.46	1.40
Least developed countries	2.39	2.56	2.35	2.48	2.55	2.66	2.75	2.54	2.50	2.36
Less developed regions, excluding least developed countries	2.26	2.53	2.39	2.12	2.10	2.09	1.70	1.42	1.29	1.24
Less developed regions, excluding China	2.45	2.46	2.45	2.42	2.43	2.29	2.07	1.90	1.77	1.69
High-income countries	1.23	0.99	0.93	0.84	0.79	0.75	0.67	0.58	0.59	0.69
Middle-income countries	2.21	2.48	2.33	2.09	2.08	2.08	1.70	1.41	1.28	1.21
Upper-middle-income countries	2.12	2.62	2.32	1.81	1.76	1.90	1.36	0.97	0.85	0.80
Lower-middle-income countries	2.31	2.34	2.35	2.40	2.41	2.25	2.03	1.83	1.67	1.56
Low-income countries	2.23	2.45	2.46	2.28	2.37	2.64	2.83	2.69	2.73	2.69
Sub-Saharan Africa	2.39	2.53	2.66	2.78	2.81	2.81	2.72	2.63	2.66	2.73
AFRICA	2.45	2.54	2.61	2.75	2.81	2.77	2.63	2.44	2.45	2.53
Eastern Africa	2.62	2.78	2.85	2.94	2.93	2.99	2.56	2.82	2.75	2.82
Middle Africa	2.28	2.47	2.54	2.72	2.81	2.95	3.37	2.72	3.04	3.09
Northern Africa	2.67	2.59	2.44	2.66	2.80	2.61	2.33	1.76	1.68	1.72
Southern Africa	2.56	2.54	2.67	2.52	2.55	2.30	2.39	1.65	1.43	1.33
Western Africa	2.15	2.29	2.49	2.70	2.75	2.69	2.70	2.61	2.65	2.74
ASIA	2.12	2.46	2.29	1.98	1.97	2.00	1.63	1.33	1.20	1.11
Eastern Asia	1.80	2.52	2.16	1.48	1.41	1.67	1.14	0.65	0.53	0.50
South-Central Asia	2.21	2.29	2.32	2.39	2.40	2.29	2.04	1.87	1.68	1.48
Central Asia	3.34	2.61	2.38	2.00	2.05	1.94	1.07	0.72	1.03	1.36
Southern Asia	2.17	2.28	2.32	2.41	2.42	2.31	2.08	1.91	1.71	1.49
South-Eastern Asia	2.79	2.71	2.55	2.27	2.30	2.08	1.77	1.55	1.36	1.16
Western Asia	2.65	2.61	2.78	2.81	2.85	2.48	2.30	2.08	2.14	2.46
EUROPE	0.95	0.68	0.60	0.48	0.40	0.37	0.19	−0.04	0.07	0.17
Eastern Europe	1.04	0.68	0.66	0.65	0.58	0.41	−0.03	−0.38	−0.42	−0.20
Northern Europe	0.73	0.57	0.38	0.20	0.18	0.31	0.24	0.27	0.39	0.70
Southern Europe	0.85	0.74	0.87	0.77	0.47	0.23	0.10	0.13	0.64	0.48
Western Europe	1.00	0.71	0.42	0.12	0.15	0.44	0.59	0.25	0.26	0.24
LATIN AMERICA AND THE CARIBBEAN	2.76	2.56	2.43	2.27	2.12	1.92	1.73	1.56	1.36	1.24
Caribbean	2.16	1.83	1.76	1.48	1.41	1.38	1.23	1.04	0.88	0.78
Central America	3.09	3.01	3.04	2.61	2.25	2.09	2.02	1.77	1.42	1.57
South America	2.72	2.49	2.30	2.25	2.16	1.92	1.68	1.54	1.38	1.16
NORTHERN AMERICA	1.42	1.05	0.95	0.97	0.96	1.02	1.05	1.18	0.92	0.93
OCEANIA	2.07	2.35	1.76	1.33	1.59	1.62	1.49	1.34	1.43	1.74
Australia/New Zealand	2.00	2.33	1.53	1.01	1.31	1.45	1.24	1.04	1.22	1.67
Melanesia	2.22	2.43	2.83	2.61	2.61	2.18	2.37	2.38	2.23	2.18
Micronesia	2.66	2.54	1.83	2.22	3.22	3.01	2.36	1.26	0.26	−0.04
Polynesia	3.15	2.56	1.57	1.38	1.55	1.32	1.12	1.11	0.91	0.59

表A. 7. 主要地域、地域別年平均人口増加率：推計および中位予測値（続）

2015-2060：中位予測値

2010-2015	2015-2020	2020-2025	2025-2030	2030-2035	2035-2040	2040-2045	2045-2050	2050-2055	2055-2060	主要地域、地域および国
年平均増加率（%）										
1.18	1.08	0.97	0.86	0.78	0.71	0.64	0.57	0.50	0.43	**WORLD**
0.29	0.24	0.17	0.11	0.05	0.01	−0.01	−0.02	−0.04	−0.05	More developed regions
1.36	1.25	1.12	1.00	0.91	0.82	0.74	0.66	0.57	0.50	Less developed regions
2.38	2.30	2.19	2.08	1.97	1.85	1.73	1.61	1.50	1.38	Least developed countries
1.18	1.05	0.90	0.77	0.66	0.57	0.48	0.39	0.30	0.22	Less developed regions, excluding least developed countries
1.63	1.51	1.38	1.26	1.15	1.06	0.96	0.87	0.78	0.69	Less developed regions, excluding China
0.52	0.42	0.34	0.26	0.19	0.14	0.10	0.07	0.04	0.01	High-income countries
1.18	1.07	0.92	0.80	0.69	0.60	0.52	0.43	0.34	0.26	Middle-income countries
0.82	0.65	0.46	0.33	0.23	0.15	0.07	−0.02	−0.11	−0.19	Upper-middle-income countries
1.48	1.41	1.28	1.14	1.02	0.92	0.82	0.71	0.62	0.53	Lower-middle-income countries
2.69	2.58	2.46	2.34	2.22	2.10	1.97	1.83	1.70	1.57	Low-income countries
2.71	2.60	2.48	2.38	2.27	2.16	2.04	1.90	1.77	1.64	**Sub-Saharan Africa**
2.55	2.44	2.31	2.20	2.11	2.01	1.89	1.77	1.64	1.52	**AFRICA**
2.81	2.70	2.55	2.42	2.29	2.16	2.02	1.87	1.73	1.59	Eastern Africa
3.03	2.93	2.81	2.69	2.55	2.41	2.26	2.10	1.95	1.81	Middle Africa
1.89	1.76	1.53	1.36	1.26	1.19	1.10	0.98	0.86	0.75	Northern Africa
1.17	0.89	0.72	0.64	0.60	0.56	0.52	0.46	0.38	0.29	Southern Africa
2.74	2.63	2.53	2.44	2.35	2.24	2.12	1.99	1.86	1.74	Western Africa
1.04	0.91	0.75	0.61	0.49	0.39	0.29	0.19	0.09	0.00	**ASIA**
0.46	0.34	0.14	−0.01	−0.12	−0.21	−0.31	−0.40	−0.49	−0.58	Eastern Asia
1.37	1.25	1.09	0.93	0.79	0.66	0.54	0.43	0.31	0.20	South-Central Asia
1.60	1.31	1.04	0.81	0.70	0.64	0.57	0.45	0.31	0.19	Central Asia
1.36	1.25	1.09	0.94	0.80	0.66	0.54	0.42	0.31	0.20	Southern Asia
1.20	1.05	0.89	0.75	0.62	0.50	0.38	0.27	0.18	0.10	South-Eastern Asia
2.00	1.63	1.49	1.34	1.20	1.09	0.98	0.87	0.75	0.65	Western Asia
0.08	0.04	−0.04	−0.11	−0.16	−0.18	−0.20	−0.21	−0.24	−0.27	**EUROPE**
−0.11	−0.22	−0.34	−0.45	−0.52	−0.53	−0.50	−0.48	−0.49	−0.52	Eastern Europe
0.53	0.55	0.49	0.42	0.36	0.33	0.32	0.30	0.26	0.22	Northern Europe
−0.13	−0.07	−0.14	−0.18	−0.19	−0.22	−0.28	−0.34	−0.42	−0.48	Southern Europe
0.32	0.22	0.17	0.12	0.07	0.02	−0.04	−0.08	−0.10	−0.10	Western Europe
1.12	0.99	0.85	0.72	0.59	0.47	0.36	0.26	0.16	0.06	**LATIN AMERICA AND THE CARIBBEAN**
0.74	0.62	0.52	0.42	0.32	0.20	0.09	−0.02	−0.12	−0.20	Caribbean
1.39	1.24	1.09	0.93	0.79	0.65	0.52	0.41	0.29	0.18	Central America
1.05	0.92	0.79	0.66	0.54	0.42	0.31	0.21	0.12	0.03	South America
0.78	0.74	0.69	0.62	0.53	0.46	0.41	0.38	0.37	0.36	**NORTHERN AMERICA**
1.54	1.38	1.23	1.12	1.01	0.92	0.85	0.79	0.72	0.65	**OCEANIA**
1.43	1.25	1.08	0.96	0.85	0.77	0.73	0.69	0.63	0.58	Australia/New Zealand
1.98	1.82	1.70	1.58	1.46	1.33	1.20	1.08	0.97	0.87	Melanesia
0.93	0.97	0.95	0.92	0.82	0.70	0.59	0.48	0.40	0.33	Micronesia
0.73	0.72	0.53	0.60	0.60	0.50	0.38	0.27	0.19	0.15	Polynesia

表A. 8. 主要地域、地域別年平均人口増加率：高位予測値、2015-2060年

高位予測値

主要地域、地域および国	年平均増加率(%)									
	2010-2015	2015-2020	2020-2025	2025-2030	2030-2035	2035-2040	2040-2045	2045-2050	2050-2055	2055-2060
WORLD	1.18	1.26	1.23	1.17	1.07	1.01	0.99	0.98	0.95	0.92
More developed regions	0.29	0.40	0.41	0.38	0.32	0.29	0.31	0.36	0.42	0.45
Less developed regions	1.36	1.43	1.38	1.31	1.20	1.13	1.10	1.07	1.03	0.98
Least developed countries	2.38	2.48	2.45	2.39	2.25	2.15	2.07	1.99	1.90	1.81
Less developed regions, excluding least developed countries	1.18	1.23	1.16	1.07	0.95	0.88	0.84	0.81	0.78	0.72
Less developed regions, excluding China	1.63	1.69	1.65	1.58	1.45	1.37	1.32	1.28	1.23	1.17
High-income countries	0.52	0.58	0.58	0.54	0.47	0.42	0.42	0.45	0.48	0.50
Middle-income countries	1.18	1.25	1.19	1.10	0.99	0.92	0.89	0.86	0.82	0.77
Upper-middle-income countries	0.82	0.83	0.71	0.61	0.51	0.45	0.42	0.40	0.37	0.33
Lower-middle-income countries	1.48	1.59	1.56	1.47	1.33	1.24	1.19	1.15	1.10	1.03
Low-income countries	2.69	2.75	2.71	2.64	2.50	2.38	2.29	2.20	2.09	1.98
Sub-Saharan Africa	2.71	2.76	2.73	2.66	2.54	2.44	2.35	2.26	2.16	2.05
AFRICA	2.55	2.61	2.56	2.49	2.38	2.29	2.21	2.13	2.04	1.93
Eastern Africa	2.81	2.87	2.81	2.72	2.57	2.45	2.34	2.24	2.13	2.01
Middle Africa	3.03	3.09	3.05	2.96	2.81	2.68	2.57	2.45	2.33	2.21
Northern Africa	1.89	1.94	1.80	1.67	1.56	1.50	1.45	1.39	1.31	1.22
Southern Africa	1.17	1.09	1.03	1.01	0.95	0.94	0.94	0.94	0.90	0.84
Western Africa	2.74	2.78	2.76	2.71	2.60	2.51	2.42	2.33	2.23	2.12
ASIA	1.04	1.10	1.02	0.92	0.79	0.70	0.66	0.63	0.58	0.53
Eastern Asia	0.46	0.51	0.37	0.25	0.14	0.07	0.03	0.00	-0.02	-0.06
South-Central Asia	1.37	1.44	1.38	1.27	1.10	0.99	0.94	0.89	0.82	0.74
Central Asia	1.60	1.51	1.32	1.13	1.00	0.97	0.96	0.91	0.82	0.73
Southern Asia	1.36	1.44	1.38	1.27	1.11	0.99	0.94	0.89	0.82	0.74
South-Eastern Asia	1.20	1.24	1.17	1.08	0.94	0.83	0.76	0.71	0.68	0.64
Western Asia	2.00	1.81	1.76	1.65	1.49	1.39	1.32	1.26	1.19	1.12
EUROPE	0.08	0.20	0.19	0.16	0.11	0.10	0.13	0.18	0.23	0.26
Eastern Europe	-0.11	-0.04	-0.09	-0.17	-0.24	-0.22	-0.13	-0.02	0.05	0.07
Northern Europe	0.53	0.71	0.73	0.70	0.62	0.60	0.63	0.67	0.69	0.69
Southern Europe	-0.13	0.08	0.09	0.09	0.07	0.04	0.02	0.01	0.01	0.02
Western Europe	0.32	0.37	0.40	0.40	0.34	0.29	0.26	0.28	0.34	0.39
LATIN AMERICA AND THE CARIBBEAN	1.12	1.18	1.14	1.05	0.91	0.81	0.74	0.69	0.65	0.59
Caribbean	0.74	0.80	0.80	0.74	0.63	0.54	0.49	0.44	0.41	0.37
Central America	1.39	1.44	1.39	1.28	1.11	0.99	0.91	0.85	0.78	0.71
South America	1.05	1.11	1.07	0.99	0.85	0.75	0.69	0.65	0.61	0.56
NORTHERN AMERICA	0.78	0.90	0.94	0.91	0.81	0.74	0.71	0.75	0.80	0.83
OCEANIA	1.54	1.54	1.48	1.41	1.28	1.20	1.15	1.14	1.12	1.08
Australia/New Zealand	1.43	1.41	1.33	1.25	1.12	1.04	1.01	1.02	1.02	0.99
Melanesia	1.98	2.00	1.96	1.89	1.75	1.64	1.54	1.47	1.40	1.33
Micronesia	0.93	1.14	1.21	1.24	1.12	1.01	0.93	0.88	0.87	0.85
Polynesia	0.73	0.89	0.80	0.91	0.90	0.81	0.73	0.69	0.69	0.69

表A. 9. 主要地域、地域別年平均人口増加率：低位予測値、2015-2060年

低位予測値

主要地域、地域および国	年平均増加率(%)									
	2010-2015	2015-2020	2020-2025	2025-2030	2030-2035	2035-2040	2040-2045	2045-2050	2050-2055	2055-2060
WORLD	1.18	0.90	0.70	0.54	0.47	0.38	0.27	0.14	0.03	−0.08
More developed regions	0.29	0.08	−0.07	−0.19	−0.24	−0.29	−0.34	−0.41	−0.49	−0.56
Less developed regions	1.36	1.07	0.84	0.68	0.59	0.49	0.37	0.23	0.10	−0.01
Least developed countries	2.38	2.13	1.92	1.76	1.66	1.53	1.38	1.22	1.07	0.93
Less developed regions, excluding least developed countries	1.18	0.86	0.62	0.44	0.34	0.23	0.10	−0.05	−0.19	−0.31
Less developed regions, excluding China	1.63	1.32	1.10	0.92	0.83	0.72	0.59	0.44	0.31	0.19
High-income countries	0.52	0.26	0.09	−0.04	−0.10	−0.16	−0.23	−0.32	−0.41	−0.49
Middle-income countries	1.18	0.88	0.65	0.47	0.37	0.27	0.13	−0.01	−0.15	−0.27
Upper-middle-income countries	0.82	0.46	0.19	0.02	−0.07	−0.18	−0.30	−0.44	−0.59	−0.73
Lower-middle-income countries	1.48	1.22	1.00	0.80	0.69	0.57	0.42	0.27	0.13	0.01
Low-income countries	2.69	2.41	2.20	2.03	1.92	1.79	1.62	1.45	1.28	1.13
Sub-Saharan Africa	2.71	2.43	2.23	2.07	1.98	1.86	1.70	1.53	1.37	1.21
AFRICA	2.55	2.27	2.06	1.90	1.81	1.70	1.55	1.39	1.23	1.09
Eastern Africa	2.81	2.52	2.29	2.10	1.99	1.84	1.67	1.49	1.31	1.15
Middle Africa	3.03	2.78	2.58	2.40	2.28	2.12	1.93	1.73	1.55	1.39
Northern Africa	1.89	1.57	1.26	1.03	0.94	0.85	0.72	0.55	0.39	0.24
Southern Africa	1.17	0.69	0.41	0.26	0.21	0.15	0.06	−0.05	−0.18	−0.30
Western Africa	2.74	2.47	2.29	2.15	2.07	1.96	1.81	1.64	1.48	1.33
ASIA	1.04	0.73	0.48	0.28	0.17	0.05	−0.10	−0.26	−0.41	−0.55
Eastern Asia	0.46	0.16	−0.10	−0.29	−0.40	−0.51	−0.65	−0.80	−0.96	−1.12
South-Central Asia	1.37	1.05	0.79	0.58	0.45	0.30	0.13	−0.05	−0.21	−0.36
Central Asia	1.60	1.11	0.75	0.48	0.36	0.27	0.15	−0.03	−0.22	−0.38
Southern Asia	1.36	1.05	0.80	0.58	0.45	0.30	0.13	−0.05	−0.21	−0.36
South-Eastern Asia	1.20	0.86	0.61	0.40	0.28	0.14	−0.02	−0.19	−0.34	−0.48
Western Asia	2.00	1.45	1.22	1.01	0.88	0.76	0.62	0.47	0.30	0.16
EUROPE	0.08	−0.13	−0.29	−0.41	−0.45	−0.49	−0.54	−0.62	−0.72	−0.80
Eastern Europe	−0.11	−0.39	−0.60	−0.75	−0.83	−0.87	−0.90	−0.96	−1.05	−1.14
Northern Europe	0.53	0.39	0.25	0.13	0.07	0.03	−0.01	−0.08	−0.18	−0.26
Southern Europe	−0.13	−0.22	−0.36	−0.45	−0.47	−0.52	−0.60	−0.71	−0.85	−0.98
Western Europe	0.32	0.07	−0.07	−0.17	−0.21	−0.27	−0.35	−0.45	−0.55	−0.61
LATIN AMERICA AND THE CARIBBEAN	1.12	0.80	0.56	0.37	0.25	0.11	−0.03	−0.19	−0.34	−0.48
Caribbean	0.74	0.44	0.24	0.08	−0.03	−0.16	−0.32	−0.49	−0.66	−0.81
Central America	1.39	1.04	0.78	0.57	0.43	0.28	0.12	−0.04	−0.20	−0.35
South America	1.05	0.73	0.50	0.31	0.19	0.07	−0.08	−0.22	−0.37	−0.50
NORTHERN AMERICA	0.78	0.57	0.43	0.31	0.23	0.16	0.08	0.00	−0.07	−0.12
OCEANIA	1.54	1.21	0.97	0.81	0.71	0.62	0.52	0.43	0.31	0.21
Australia/New Zealand	1.43	1.08	0.82	0.66	0.56	0.48	0.42	0.35	0.25	0.16
Melanesia	1.98	1.65	1.43	1.25	1.14	0.99	0.83	0.66	0.51	0.37
Micronesia	0.93	0.80	0.68	0.58	0.49	0.37	0.23	0.06	−0.09	−0.21
Polynesia	0.73	0.55	0.26	0.26	0.27	0.16	0.01	−0.18	−0.33	−0.44

表A. 10. 主要地域、地域別年平均人口増加率：出生率一定予測値、2015-2060年

出生率一定予測値

主要地域、地域および国	年平均増加率(%)									
	2010-2015	2015-2020	2020-2025	2025-2030	2030-2035	2035-2040	2040-2045	2045-2050	2050-2055	2055-2060
WORLD	1.18	1.16	1.12	1.09	1.08	1.09	1.12	1.17	1.23	1.31
More developed regions	0.29	0.21	0.12	0.05	0.00	−0.04	−0.08	−0.12	−0.15	−0.17
Less developed regions	1.36	1.35	1.31	1.27	1.26	1.27	1.30	1.34	1.41	1.48
Least developed countries	2.38	2.54	2.63	2.67	2.69	2.73	2.78	2.85	2.92	2.98
Less developed regions, excluding least developed countries	1.18	1.12	1.03	0.96	0.91	0.88	0.86	0.85	0.86	0.89
Less developed regions, excluding China	1.63	1.64	1.63	1.61	1.59	1.59	1.63	1.67	1.73	1.79
High-income countries	0.52	0.41	0.32	0.24	0.19	0.14	0.09	0.06	0.02	0.00
Middle-income countries	1.18	1.15	1.07	1.00	0.96	0.94	0.94	0.94	0.96	1.00
Upper-middle-income countries	0.82	0.66	0.49	0.38	0.31	0.25	0.19	0.13	0.08	0.08
Lower-middle-income countries	1.48	1.53	1.51	1.46	1.41	1.39	1.39	1.41	1.43	1.46
Low-income countries	2.69	2.84	2.95	3.00	3.02	3.05	3.10	3.15	3.20	3.24
Sub-Saharan Africa	2.71	2.83	2.91	2.97	3.01	3.05	3.10	3.15	3.20	3.24
AFRICA	2.55	2.66	2.72	2.76	2.80	2.85	2.91	2.96	3.01	3.06
Eastern Africa	2.81	2.96	3.04	3.06	3.06	3.06	3.08	3.11	3.12	3.13
Middle Africa	3.03	3.18	3.29	3.35	3.39	3.43	3.48	3.53	3.58	3.62
Northern Africa	1.89	1.93	1.82	1.73	1.71	1.73	1.75	1.74	1.73	1.72
Southern Africa	1.17	0.99	0.92	0.90	0.92	0.94	0.96	0.98	0.97	0.94
Western Africa	2.74	2.83	2.91	2.99	3.04	3.10	3.16	3.22	3.27	3.33
ASIA	1.04	0.97	0.87	0.77	0.70	0.64	0.60	0.56	0.54	0.53
Eastern Asia	0.46	0.30	0.08	−0.09	−0.20	−0.30	−0.43	−0.58	−0.72	−0.81
South-Central Asia	1.37	1.37	1.31	1.22	1.13	1.07	1.03	1.00	0.98	0.95
Central Asia	1.60	1.43	1.22	1.06	1.03	1.05	1.04	0.99	0.93	0.91
Southern Asia	1.36	1.37	1.31	1.23	1.14	1.07	1.03	1.00	0.98	0.95
South-Eastern Asia	1.20	1.14	1.05	0.95	0.86	0.79	0.72	0.68	0.65	0.64
Western Asia	2.00	1.78	1.75	1.68	1.61	1.59	1.58	1.58	1.58	1.59
EUROPE	0.08	−0.01	−0.11	−0.18	−0.22	−0.26	−0.31	−0.36	−0.41	−0.44
Eastern Europe	−0.11	−0.29	−0.46	−0.56	−0.61	−0.64	−0.68	−0.74	−0.78	−0.82
Northern Europe	0.53	0.54	0.48	0.42	0.36	0.33	0.31	0.29	0.25	0.21
Southern Europe	−0.13	−0.11	−0.19	−0.25	−0.28	−0.34	−0.42	−0.52	−0.63	−0.72
Western Europe	0.32	0.20	0.13	0.08	0.02	−0.04	−0.10	−0.15	−0.20	−0.21
LATIN AMERICA AND THE CARIBBEAN	1.12	1.08	1.01	0.91	0.82	0.73	0.66	0.60	0.55	0.50
Caribbean	0.74	0.72	0.70	0.65	0.59	0.53	0.49	0.46	0.44	0.44
Central America	1.39	1.37	1.31	1.22	1.12	1.03	0.96	0.91	0.85	0.80
South America	1.05	0.99	0.91	0.81	0.71	0.62	0.54	0.47	0.41	0.36
NORTHERN AMERICA	0.78	0.73	0.67	0.60	0.51	0.44	0.39	0.35	0.33	0.32
OCEANIA	1.54	1.45	1.35	1.28	1.21	1.16	1.14	1.13	1.11	1.10
Australia/New Zealand	1.43	1.28	1.13	1.02	0.92	0.86	0.82	0.79	0.74	0.68
Melanesia	1.98	1.99	2.00	1.98	1.94	1.90	1.88	1.88	1.89	1.90
Micronesia	0.93	1.10	1.17	1.22	1.18	1.13	1.09	1.09	1.12	1.17
Polynesia	0.73	0.84	0.74	0.88	0.94	0.92	0.89	0.87	0.92	0.99

表A. 11. 主要地域、地域および国別、年央総人口：推計および中位予測値、2015-2060年

推計値:1960-2015

主要地域、地域および国	人口（千人）										
	1960	1965	1970	1975	1980	1985	1990	1995	2000	2005	2010
WORLD	3 018 344	3 322 495	3 682 488	4 061 399	4 439 632	4 852 541	5 309 668	5 735 123	6 126 622	6 519 636	6 929 725
More developed regions	914 951	965 645	1 007 682	1 047 312	1 081 844	1 113 605	1 144 463	1 169 761	1 188 812	1 208 920	1 233 376
Less developed regions	2 103 393	2 356 850	2 674 806	3 014 087	3 357 789	3 738 936	4 165 205	4 565 362	4 937 810	5 310 716	5 696 349
Least developed countries	241 073	271 724	308 870	347 329	393 172	446 546	510 058	585 189	664 386	752 805	847 255
Less developed regions, excluding least developed countries	1 862 321	2 085 126	2 365 936	2 666 758	2 964 617	3 292 390	3 655 147	3 980 173	4 273 424	4 557 911	4 849 094
Less developed regions, excluding China	1 445 203	1 633 796	1 847 527	2 087 822	2 356 842	2 661 377	2 984 213	3 309 822	3 638 685	3 975 101	4 324 652
High-income countries	912 007	969 982	1 019 422	1 067 978	1 113 605	1 158 471	1 202 698	1 243 808	1 280 673	1 319 249	1 365 643
Middle-income countries	1 948 061	2 175 595	2 463 090	2 767 395	3 072 828	3 409 109	3 781 822	4 116 838	4 417 643	4 709 628	5 002 954
Upper-middle-income countries	1 006 125	1 118 524	1 275 035	1 431 534	1 566 864	1 710 717	1 880 875	2 012 903	2 112 612	2 204 280	2 294 244
Lower-middle-income countries	941 936	1 057 071	1 188 054	1 335 861	1 505 963	1 698 392	1 900 946	2 103 934	2 305 031	2 505 348	2 708 711
Low-income countries	157 188	175 683	198 589	224 588	251 638	283 235	323 227	372 372	425 993	488 164	558 333
Sub-Saharan Africa	221 190	249 199	282 743	322 877	371 058	427 049	491 498	562 978	642 172	733 322	840 390
AFRICA	284 887	321 999	365 626	416 490	477 965	550 028	631 614	720 416	814 063	920 239	1 044 107
EASTERN AFRICA	84 305	96 105	110 428	127 356	147 512	170 739	198 232	225 310	259 373	297 636	342 743
Burundi	2 787	3 079	3 457	3 677	4 127	4 774	5 613	6 239	6 767	7 934	9 461
Comoros	189	205	228	256	309	358	415	480	548	619	699
Djibouti	84	115	160	224	359	423	588	661	723	778	831
Eritrea	1 408	1 589	1 805	2 070	2 384	2 756	3 139	3 164	3 535	4 191	4 690
Ethiopia	22 151	25 014	28 415	32 569	35 240	40 776	48 057	57 237	66 444	76 608	87 562
Kenya	8 105	9 505	11 252	13 486	16 268	19 661	23 446	27 373	31 066	35 349	40 328
Madagascar	5 099	5 769	6 576	7 576	8 747	9 981	11 546	13 453	15 745	18 290	21 080
Malawi	3 619	4 059	4 604	5 293	6 163	7 206	9 409	9 823	11 193	12 748	14 770
Mauritius	660	753	826	892	966	1 016	1 056	1 129	1 185	1 222	1 248
Mayotte	24	31	37	45	55	72	95	123	150	178	209
Mozambique	7 493	8 303	9 262	10 405	11 936	13 103	13 372	15 913	18 265	21 127	24 321
Réunion	336	391	462	485	509	559	611	674	737	792	831
Rwanda	2 933	3 233	3 755	4 359	5 141	6 118	7 260	5 913	8 022	9 008	10 294
Seychelles	42	47	52	60	66	70	71	77	81	89	93
Somalia	2 756	3 070	3 445	3 881	6 090	6 068	6 322	6 346	7 385	8 467	9 582
South Sudan	2 955	3 264	3 647	4 117	4 701	5 445	5 762	5 453	6 693	8 100	10 056
Uganda	6 788	8 014	9 446	10 827	12 548	14 631	17 384	20 413	23 758	28 042	33 149
United Republic of Tanzania	10 074	11 684	13 606	15 980	18 685	21 842	25 458	29 903	33 992	39 066	45 649
Zambia	3 050	3 560	4 185	4 983	5 929	7 017	8 143	9 254	10 585	12 044	13 917
Zimbabwe	3 752	4 422	5 206	6 170	7 289	8 863	10 485	11 683	12 500	12 984	13 974
MIDDLE AFRICA	32 216	36 107	40 846	46 383	53 135	61 164	70 886	83 875	96 113	111 913	130 598
Angola	5 271	5 765	6 301	7 107	8 212	9 745	11 128	13 043	15 059	17 913	21 220
Cameroon	5 361	5 988	6 771	7 740	8 932	10 381	12 070	13 930	15 928	18 127	20 591
Central African Republic	1 504	1 649	1 829	2 017	2 274	2 627	2 938	3 336	3 726	4 056	4 445
Chad	3 003	3 311	3 645	4 089	4 513	5 093	5 958	7 002	8 343	10 068	11 896
Congo	1 014	1 158	1 335	1 556	1 802	2 084	2 386	2 721	3 109	3 503	4 066
Democratic Republic of the Congo	15 248	17 370	20 010	22 902	26 357	29 986	34 963	42 184	48 049	56 090	65 939
Equatorial Guinea	252	269	291	238	221	314	377	448	531	626	729
Gabon	499	533	590	650	729	830	952	1 086	1 232	1 378	1 542
São Tomé and Príncipe	64	65	74	83	95	104	114	126	137	153	171
NORTHERN AFRICA	63 697	72 801	82 883	93 613	106 908	122 978	140 117	157 438	171 891	186 917	203 717
Algeria	11 125	12 627	14 550	16 709	19 338	22 566	25 912	28 904	31 184	33 268	36 036
Egypt	27 072	30 873	34 809	38 624	43 370	49 374	56 397	62 435	68 335	74 942	82 041
Libya	1 435	1 717	2 114	2 622	3 191	3 841	4 398	4 878	5 337	5 802	6 266
Morocco	12 329	14 248	16 040	17 855	20 072	22 596	24 950	27 162	28 951	30 385	32 108
Sudan	7 527	8 739	10 233	12 076	14 418	17 098	20 009	24 692	28 080	31 990	36 115
Tunisia	4 176	4 545	5 060	5 652	6 368	7 322	8 233	9 114	9 699	10 102	10 639
Western Sahara	33	51	77	75	151	182	217	253	306	428	512
SOUTHERN AFRICA	19 724	22 417	25 454	29 093	32 997	37 489	42 049	47 375	51 451	55 274	59 067
Botswana	524	596	693	822	996	1 183	1 380	1 576	1 737	1 864	2 048
Lesotho	851	933	1 032	1 149	1 307	1 468	1 598	1 754	1 856	1 926	2 011
Namibia	603	683	780	906	1 013	1 149	1 415	1 654	1 898	2 027	2 194
South Africa	17 396	19 814	22 503	25 699	29 077	32 983	36 793	41 427	44 897	48 353	51 622
Swaziland	349	392	446	517	603	705	863	963	1 064	1 105	1 193
WESTERN AFRICA	84 946	94 570	106 015	120 045	137 414	157 658	180 331	206 419	235 235	268 498	307 982
Benin	2 432	2 632	2 908	3 263	3 718	4 287	5 001	5 986	6 949	8 182	9 510
Burkina Faso	4 829	5 175	5 625	6 155	6 823	7 728	8 811	10 090	11 608	13 422	15 632
Cabo Verde	202	231	270	273	286	314	341	389	439	474	490

表A. 11. 主要地域、地域および国別、年央総人口：推計および中位予測値（続）

2020-2060：中位予測値

人口（千人）										主要地域、地域および国
2015	2020	2025	2030	2035	2040	2045	2050	2055	2060	
7 349 472	7 758 157	8 141 661	8 500 766	8 838 908	9 157 234	9 453 892	9 725 148	9 968 809	10 184 290	**WORLD**
1 251 351	1 266 360	1 277 210	1 283 920	1 287 051	1 287 935	1 287 580	1 286 422	1 284 201	1 281 157	More developed regions
6 098 121	6 491 797	6 864 451	7 216 847	7 551 857	7 869 299	8 166 312	8 438 726	8 684 607	8 903 133	Less developed regions
954 158	1 070 680	1 194 702	1 325 694	1 462 796	1 604 725	1 749 973	1 896 921	2 044 313	2 190 644	Least developed countries
5 143 963	5 421 116	5 669 749	5 891 153	6 089 061	6 264 575	6 416 339	6 541 805	6 640 295	6 712 488	Less developed regions, excluding least developed countries
4 690 815	5 057 356	5 417 821	5 769 515	6 111 914	6 443 373	6 761 090	7 060 907	7 340 616	7 598 505	Less developed regions, excluding China
1 401 479	1 431 215	1 455 448	1 474 557	1 488 948	1 499 524	1 507 184	1 512 496	1 515 279	1 515 997	High-income countries
5 306 283	5 597 099	5 861 087	6 098 849	6 313 888	6 507 385	6 677 875	6 822 476	6 940 394	7 031 941	Middle-income countries
2 390 125	2 468 631	2 525 476	2 566 850	2 596 525	2 615 749	2 624 357	2 621 635	2 607 310	2 582 143	Upper-middle-income countries
2 916 158	3 128 467	3 335 611	3 531 999	3 717 363	3 891 635	4 053 518	4 200 842	4 333 084	4 449 798	Lower-middle-income countries
638 735	726 696	821 812	923 887	1 032 448	1 146 566	1 264 956	1 386 201	1 509 078	1 632 223	Low-income countries
962 287	1 095 658	1 240 321	1 396 853	1 565 052	1 743 673	1 930 497	2 123 232	2 319 938	2 518 616	**Sub-Saharan Africa**
1 186 178	1 340 103	1 504 213	1 679 301	1 865 922	2 063 030	2 267 856	2 477 536	2 689 773	2 902 500	**AFRICA**
394 477	451 393	512 821	578 804	649 067	723 008	799 709	878 236	957 666	1 037 041	**EASTERN AFRICA**
11 179	13 126	15 177	17 357	19 777	22 505	25 505	28 668	31 911	35 235	Burundi
788	883	981	1 081	1 184	1 290	1 397	1 502	1 605	1 705	Comoros
888	947	1 003	1 054	1 097	1 133	1 163	1 186	1 203	1 212	Djibouti
5 228	5 892	6 585	7 311	8 077	8 870	9 660	10 421	11 150	11 845	Eritrea
99 391	111 971	125 044	138 297	151 431	164 270	176 663	188 455	199 466	209 459	Ethiopia
46 050	52 187	58 610	65 412	72 600	80 091	87 770	95 505	103 198	110 757	Kenya
24 235	27 799	31 728	35 960	40 450	45 177	50 139	55 294	60 597	65 972	Madagascar
17 215	20 022	23 134	26 584	30 331	34 360	38 651	43 155	47 810	52 546	Malawi
1 273	1 291	1 304	1 310	1 307	1 295	1 274	1 249	1 222	1 194	Mauritius
240	273	308	344	382	421	460	497	533	567	Mayotte
27 978	31 993	36 462	41 437	46 896	52 777	59 009	65 544	72 293	79 139	Mozambique
861	892	921	947	967	981	988	989	984	976	Réunion
11 610	12 997	14 377	15 785	17 223	18 644	19 977	21 187	22 267	23 222	Rwanda
96	99	100	101	101	101	101	100	98	96	Seychelles
10 787	12 423	14 344	16 493	18 844	21 388	24 119	27 030	30 101	33 285	Somalia
12 340	14 122	15 951	17 810	19 747	21 744	23 786	25 855	27 920	29 941	South Sudan
39 032	45 856	53 497	61 929	71 102	80 904	91 190	101 873	112 864	124 029	Uganda
53 470	62 267	72 033	82 927	95 005	108 174	122 259	137 136	152 692	168 831	United Republic of Tanzania
16 212	18 882	21 892	25 313	29 141	33 371	37 990	42 975	48 282	53 885	Zambia
15 603	17 471	19 370	21 353	23 405	25 510	27 606	29 615	31 472	33 146	Zimbabwe
151 952	175 950	202 533	231 643	263 181	296 859	332 295	369 090	406 959	445 483	**MIDDLE AFRICA**
25 022	29 245	34 016	39 351	45 230	51 581	58 349	65 473	72 905	80 565	Angola
23 344	26 333	29 530	32 947	36 577	40 398	44 346	48 362	52 405	56 430	Cameroon
4 900	5 409	5 942	6 490	7 051	7 623	8 204	8 782	9 343	9 874	Central African Republic
14 037	16 431	19 075	21 946	25 010	28 247	31 631	35 131	38 718	42 355	Chad
4 620	5 263	5 983	6 790	7 681	8 647	9 668	10 732	11 837	12 979	Congo
77 267	90 169	104 536	120 304	137 444	155 794	175 145	195 277	216 046	237 217	Democratic Republic of the Congo
845	971	1 102	1 238	1 378	1 521	1 667	1 816	1 966	2 113	Equatorial Guinea
1 725	1 917	2 116	2 321	2 531	2 743	2 955	3 164	3 364	3 551	Gabon
190	211	233	256	280	305	329	353	376	399	São Tomé and Príncipe
223 892	244 445	263 892	282 448	300 870	319 357	337 359	354 304	369 835	383 884	**NORTHERN AFRICA**
39 667	43 008	45 865	48 274	50 424	52 496	54 546	56 461	58 041	59 183	Algeria
91 508	100 518	108 939	117 102	125 589	134 428	143 064	151 111	158 493	165 322	Egypt
6 278	6 700	7 086	7 418	7 713	7 980	8 207	8 375	8 474	8 516	Libya
34 378	36 444	38 255	39 787	41 073	42 148	43 027	43 696	44 144	44 364	Morocco
40 235	45 308	50 740	56 443	62 331	68 311	74 307	80 284	86 212	92 015	Sudan
11 254	11 835	12 320	12 686	12 955	13 166	13 342	13 476	13 541	13 530	Tunisia
573	631	687	738	785	828	867	901	930	955	Western Sahara
62 634	65 484	67 897	70 116	72 246	74 308	76 260	78 029	79 510	80 662	**SOUTHERN AFRICA**
2 262	2 460	2 646	2 817	2 976	3 126	3 265	3 389	3 492	3 573	Botswana
2 135	2 258	2 373	2 486	2 603	2 728	2 858	2 987	3 107	3 210	Lesotho
2 459	2 731	3 002	3 272	3 539	3 805	4 068	4 322	4 560	4 780	Namibia
54 490	56 669	58 436	60 034	61 551	63 001	64 348	65 540	66 493	67 183	South Africa
1 287	1 366	1 438	1 507	1 576	1 648	1 722	1 792	1 857	1 915	Swaziland
353 224	402 831	457 071	516 290	580 558	649 499	722 233	797 877	875 803	955 430	**WESTERN AFRICA**
10 880	12 361	13 937	15 593	17 306	19 050	20 803	22 549	24 270	25 946	Benin
18 106	20 861	23 903	27 244	30 859	34 695	38 689	42 789	46 978	51 221	Burkina Faso
521	553	585	614	642	667	689	707	721	730	Cabo Verde

表A. 11. 主要地域、地域および国別、年央総人口：推計および中位予測値（続）

推計値:1960-2015

主要地域、地域および国	人口（千人）										
	1960	1965	1970	1975	1980	1985	1990	1995	2000	2005	2010
Côte d'Ivoire	3 475	4 220	5 242	6 606	8 266	10 158	12 166	14 404	16 518	18 133	20 132
Gambia	368	401	447	521	604	732	917	1 066	1 229	1 441	1 693
Ghana	6 652	7 711	8 597	9 831	10 802	12 716	14 628	16 761	18 825	21 390	24 318
Guinea	3 577	3 878	4 215	4 360	4 507	5 079	6 034	7 863	8 799	9 669	11 012
Guinea-Bissau	616	653	712	778	850	945	1 056	1 181	1 315	1 463	1 634
Liberia	1 120	1 253	1 420	1 629	1 893	2 197	2 103	2 080	2 892	3 270	3 958
Mali	5 264	5 568	5 949	6 482	7 090	7 832	8 482	9 641	11 047	12 881	15 167
Mauritania	858	992	1 149	1 329	1 534	1 767	2 024	2 334	2 711	3 154	3 591
Niger	3 395	3 922	4 497	5 171	5 963	6 838	7 912	9 362	11 225	13 485	16 292
Nigeria	45 212	50 239	56 132	63 566	73 698	83 902	95 617	108 425	122 877	139 611	159 425
Saint Helena	5	5	5	5	5	6	6	5	5	4	4
Senegal	3 178	3 649	4 218	4 900	5 569	6 438	7 514	8 711	9 861	11 269	12 957
Sierra Leone	2 182	2 333	2 514	2 766	3 086	3 466	3 931	3 838	4 061	5 071	5 776
Togo	1 581	1 709	2 116	2 410	2 721	3 253	3 787	4 284	4 875	5 578	6 391
ASIA	1 686 698	1 874 812	2 120 430	2 378 066	2 625 584	2 897 177	3 202 475	3 474 849	3 714 470	3 944 670	4 169 860
EASTERN ASIA	788 145	862 443	978 113	1 089 536	1 173 372	1 258 750	1 368 592	1 448 738	1 496 284	1 536 540	1 575 320
China	644 450	706 591	808 511	905 580	977 837	1 052 622	1 154 606	1 227 841	1 269 975	1 305 601	1 340 969
China, Hong Kong SAR	3 076	3 802	3 958	4 355	5 054	5 415	5 794	6 144	6 784	6 842	6 994
China, Macao SAR	171	207	251	248	246	296	360	398	432	468	535
Dem. People's Republic of Korea	11 424	12 548	14 410	16 275	17 372	18 778	20 194	21 764	22 840	23 813	24 501
Japan	92 501	97 342	103 708	110 805	115 912	119 989	122 249	124 483	125 715	126 979	127 320
Mongolia	956	1 107	1 279	1 480	1 690	1 922	2 184	2 298	2 397	2 526	2 713
Republic of Korea	25 074	28 393	31 437	34 713	37 451	40 502	42 972	44 653	46 206	47 606	49 090
Other non-specified areas	10 493	12 454	14 559	16 080	17 810	19 226	20 232	21 156	21 935	22 704	23 200
SOUTH-CENTRAL ASIA	618 559	690 968	774 758	869 960	980 320	1 105 478	1 239 666	1 372 574	1 507 050	1 639 167	1 765 129
CENTRAL ASIA	24 616	29 096	33 156	37 349	41 277	45 738	50 405	53 178	55 117	58 043	62 139
Kazakhstan	9 996	11 909	13 110	14 136	14 919	15 780	16 530	15 926	14 957	15 452	16 311
Kyrgyzstan	2 173	2 573	2 964	3 299	3 627	4 013	4 395	4 592	4 955	5 115	5 465
Tajikistan	2 064	2 490	2 920	3 413	3 918	4 541	5 297	5 784	6 186	6 806	7 582
Turkmenistan	1 594	1 890	2 188	2 520	2 861	3 229	3 668	4 188	4 501	4 748	5 042
Uzbekistan	8 789	10 234	11 973	13 981	15 952	18 174	20 515	22 687	24 518	25 922	27 740
SOUTHERN ASIA	593 943	661 873	741 603	832 611	939 043	1 059 740	1 189 261	1 319 396	1 451 933	1 581 124	1 702 991
Afghanistan	8 995	9 935	11 121	12 583	13 211	11 630	12 068	16 773	19 702	24 400	27 962
Bangladesh	48 201	55 835	65 049	71 247	81 364	93 015	105 983	118 428	131 281	142 930	151 617
Bhutan	224	253	291	349	413	469	536	509	564	651	720
India	449 662	497 920	553 943	621 704	697 230	782 085	870 602	960 875	1 053 481	1 144 326	1 230 985
Iran (Islamic Republic of)	21 907	24 955	28 514	32 731	38 668	47 291	56 169	60 319	65 850	70 122	74 253
Maldives	90	103	116	136	158	190	223	254	280	305	333
Nepal	10 057	10 905	11 987	13 313	14 890	16 714	18 742	21 391	23 740	25 507	26 876
Pakistan	44 912	50 849	58 094	66 791	78 072	92 165	107 608	122 600	138 250	153 356	170 044
Sri Lanka	9 896	11 118	12 487	13 756	15 037	16 181	17 331	18 248	18 784	19 526	20 201
SOUTH-EASTERN ASIA	213 838	245 876	281 521	319 721	358 106	401 712	445 665	486 881	526 179	563 157	596 708
Brunei Darussalam	82	103	130	161	193	223	257	295	331	362	393
Cambodia	5 722	6 467	7 022	7 552	6 718	7 743	9 009	10 694	12 198	13 320	14 364
Indonesia	87 793	100 309	114 835	130 724	147 490	165 012	181 437	196 958	211 540	226 255	241 613
Lao People's Democratic Republic	2 120	2 381	2 686	3 048	3 253	3 680	4 248	4 858	5 343	5 745	6 261
Malaysia	8 161	9 570	10 909	12 312	13 834	15 764	18 211	20 725	23 421	25 796	28 120
Myanmar	21 486	24 024	27 166	30 641	34 471	38 509	42 007	44 711	47 670	49 985	51 733
Philippines	26 273	30 914	35 805	41 295	47 397	54 324	61 947	69 836	77 932	86 141	93 039
Singapore	1 634	1 880	2 074	2 262	2 415	2 709	3 016	3 483	3 918	4 496	5 079
Thailand	27 397	31 823	36 885	42 335	47 385	52 041	56 583	59 266	62 693	65 864	66 692
Timor-Leste	500	547	603	662	578	657	740	856	847	989	1 057
Viet Nam	32 671	37 860	43 407	48 729	54 373	61 049	68 210	75 199	80 286	84 204	88 358
WESTERN ASIA	66 156	75 524	86 037	98 849	113 786	131 237	148 552	166 656	184 957	205 806	232 703
Armenia	1 867	2 205	2 518	2 826	3 096	3 339	3 545	3 223	3 076	3 015	2 963
Azerbaijan	3 898	4 580	5 178	5 694	6 164	6 674	7 217	7 771	8 118	8 563	9 100
Bahrain	163	187	213	267	360	419	496	564	667	867	1 261
Cyprus	573	581	614	650	685	704	767	855	943	1 033	1 104
Georgia	4 160	4 477	4 707	4 908	5 073	5 287	5 460	5 067	4 744	4 475	4 250
Iraq	7 290	8 376	9 918	11 685	13 653	15 576	17 478	20 218	23 575	27 018	30 868
Israel	2 090	2 523	2 850	3 337	3 745	4 083	4 499	5 332	6 014	6 604	7 420
Jordan	889	1 120	1 655	1 985	2 281	2 783	3 358	4 320	4 767	5 333	6 518
Kuwait	262	482	750	1 051	1 384	1 735	2 059	1 637	1 929	2 264	3 059
Lebanon	1 805	2 092	2 297	2 576	2 605	2 677	2 703	3 033	3 235	3 987	4 337
Oman	552	625	724	882	1 154	1 498	1 812	2 192	2 239	2 507	2 944

表A. 11. 主要地域、地域および国別、年央総人口：推計および中位予測値（続）

2020-2060:中位予測値

人口（千人）										主要地域、地域および国
2015	2020	2025	2030	2035	2040	2045	2050	2055	2060	
22 702	25 566	28 717	32 143	35 857	39 882	44 204	48 797	53 643	58 717	Côte d'Ivoire
1 991	2 326	2 698	3 105	3 544	4 010	4 492	4 981	5 471	5 954	Gambia
27 410	30 530	33 678	36 865	40 123	43 454	46 799	50 071	53 203	56 175	Ghana
12 609	14 355	16 246	18 276	20 433	22 700	25 060	27 486	29 947	32 411	Guinea
1 844	2 068	2 301	2 541	2 789	3 045	3 305	3 564	3 817	4 061	Guinea-Bissau
4 503	5 091	5 728	6 414	7 140	7 892	8 661	9 436	10 215	10 992	Liberia
17 600	20 457	23 702	27 370	31 441	35 854	40 535	45 404	50 427	55 560	Mali
4 068	4 573	5 107	5 666	6 248	6 844	7 446	8 049	8 649	9 242	Mauritania
19 899	24 315	29 645	35 966	43 358	51 878	61 523	72 238	83 917	96 461	Niger
182 202	206 831	233 558	262 599	293 965	327 406	362 396	398 508	435 496	473 123	Nigeria
4	4	4	4	4	4	4	4	4	4	Saint Helena
15 129	17 487	20 037	22 802	25 816	29 086	32 571	36 223	39 986	43 835	Senegal
6 453	7 160	7 874	8 598	9 325	10 041	10 734	11 392	12 004	12 562	Sierra Leone
7 305	8 294	9 352	10 489	11 706	12 991	14 322	15 681	17 055	18 434	Togo
4 393 296	4 598 426	4 774 708	4 922 830	5 045 488	5 143 850	5 218 033	5 266 848	5 290 517	5 290 030	**ASIA**
1 612 287	1 639 673	1 651 108	1 650 198	1 640 321	1 622 927	1 598 308	1 566 759	1 528 656	1 484 794	**EASTERN ASIA**
1 376 049	1 402 848	1 414 872	1 415 545	1 408 316	1 394 715	1 374 657	1 348 056	1 315 148	1 276 757	China
7 288	7 557	7 781	7 951	8 058	8 107	8 131	8 148	8 142	8 109	China, Hong Kong SAR
588	634	679	720	754	784	811	838	863	886	China, Macao SAR
25 155	25 763	26 292	26 701	26 943	27 030	27 007	26 907	26 756	26 582	Dem. People's Republic of Korea
126 573	125 039	122 840	120 127	117 063	113 788	110 521	107 411	104 453	101 440	Japan
2 959	3 179	3 364	3 519	3 657	3 785	3 909	4 028	4 135	4 218	Mongolia
50 293	51 251	51 982	52 519	52 715	52 398	51 649	50 593	49 321	47 926	Republic of Korea
23 381	23 402	23 298	23 116	22 814	22 320	21 622	20 778	19 838	18 875	Other non-specified areas
1 890 288	2 012 032	2 124 700	2 226 204	2 316 048	2 393 790	2 459 650	2 512 459	2 552 024	2 577 995	**SOUTH-CENTRAL ASIA**
67 314	71 872	75 692	78 827	81 616	84 263	86 690	88 664	90 064	90 944	**CENTRAL ASIA**
17 625	18 616	19 420	20 072	20 665	21 265	21 875	22 447	22 921	23 282	Kazakhstan
5 940	6 384	6 766	7 097	7 408	7 713	7 998	8 248	8 454	8 618	Kyrgyzstan
8 482	9 419	10 300	11 102	11 878	12 685	13 511	14 288	14 973	15 577	Tajikistan
5 374	5 685	5 952	6 160	6 316	6 432	6 513	6 555	6 555	6 514	Turkmenistan
29 893	31 767	33 254	34 397	35 349	36 168	36 792	37 126	37 160	36 953	Uzbekistan
1 822 974	1 940 160	2 049 008	2 147 377	2 234 432	2 309 527	2 372 960	2 423 795	2 461 960	2 487 052	**SOUTHERN ASIA**
32 527	36 443	40 197	43 852	47 362	50 602	53 487	55 955	57 998	59 619	Afghanistan
160 996	170 467	179 063	186 460	192 500	197 134	200 381	202 209	202 703	201 942	Bangladesh
775	817	855	886	911	929	942	950	952	948	Bhutan
1 311 051	1 388 859	1 461 625	1 527 658	1 585 350	1 633 728	1 673 619	1 705 333	1 729 354	1 745 182	India
79 109	83 403	86 497	88 529	89 996	91 205	92 060	92 219	91 405	89 617	Iran (Islamic Republic of)
364	393	417	437	453	469	483	494	501	503	Maldives
28 514	30 184	31 754	33 104	34 187	35 027	35 688	36 159	36 416	36 439	Nepal
188 925	208 437	227 182	244 916	262 127	278 987	295 089	309 640	322 270	332 978	Pakistan
20 715	21 157	21 417	21 536	21 546	21 446	21 211	20 836	20 362	19 824	Sri Lanka
633 490	667 627	698 154	724 848	747 730	766 623	781 401	792 139	799 171	803 096	**SOUTH-EASTERN ASIA**
423	450	475	496	513	528	539	546	549	549	Brunei Darussalam
15 578	16 809	17 944	18 991	19 988	20 939	21 806	22 545	23 158	23 656	Cambodia
257 564	271 857	284 505	295 482	304 847	312 439	318 216	322 237	324 727	326 038	Indonesia
6 802	7 398	7 966	8 489	8 973	9 421	9 826	10 172	10 456	10 673	Lao People's Democratic Republic
30 331	32 374	34 334	36 107	37 618	38 853	39 862	40 725	41 448	41 995	Malaysia
53 897	56 242	58 373	60 242	61 752	62 804	63 387	63 575	63 483	63 171	Myanmar
100 699	108 436	116 151	123 575	130 556	137 020	142 921	148 260	152 971	157 074	Philippines
5 604	6 007	6 231	6 418	6 558	6 647	6 686	6 681	6 636	6 561	Singapore
67 959	68 581	68 637	68 250	67 442	66 190	64 507	62 452	60 133	57 698	Thailand
1 185	1 315	1 445	1 577	1 712	1 856	2 009	2 162	2 309	2 448	Timor-Leste
93 448	98 157	102 093	105 220	107 773	109 925	111 642	112 783	113 299	113 233	Viet Nam
257 231	279 094	300 747	321 580	341 389	360 511	378 674	395 491	410 666	424 144	**WESTERN ASIA**
3 018	3 038	3 029	2 993	2 940	2 879	2 809	2 729	2 638	2 542	Armenia
9 754	10 241	10 547	10 727	10 860	10 961	11 001	10 963	10 872	10 749	Azerbaijan
1 377	1 486	1 571	1 642	1 705	1 759	1 797	1 822	1 834	1 834	Bahrain
1 165	1 218	1 262	1 300	1 332	1 359	1 383	1 402	1 416	1 425	Cyprus
4 000	3 977	3 934	3 868	3 779	3 680	3 584	3 483	3 371	3 247	Georgia
36 423	41 972	47 797	54 071	60 873	68 127	75 758	83 652	91 728	99 958	Iraq
8 064	8 718	9 359	9 998	10 646	11 301	11 962	12 610	13 228	13 808	Israel
7 595	8 167	8 547	9 109	9 808	10 492	11 137	11 717	12 217	12 644	Jordan
3 892	4 317	4 672	4 987	5 252	5 499	5 725	5 924	6 081	6 193	Kuwait
5 851	5 891	5 408	5 292	5 429	5 517	5 573	5 610	5 631	5 629	Lebanon
4 491	4 816	5 058	5 238	5 376	5 507	5 659	5 844	5 986	6 070	Oman

表A. 11.　主要地域、地域および国別、年央総人口：推計および中位予測値（続）

推計値:1960-2015

主要地域、地域および国	人口（千人）										
	1960	1965	1970	1975	1980	1985	1990	1995	2000	2005	2010
Qatar	47	74	109	164	224	371	476	501	593	837	1 766
Saudi Arabia	4 087	4 844	5 836	7 429	9 913	13 361	16 361	18 854	21 392	24 745	28 091
State of Palestine	1 069	1 192	1 125	1 322	1 509	1 759	2 101	2 618	3 224	3 579	4 069
Syrian Arab Republic	4 593	5 398	6 379	7 564	8 956	10 667	12 452	14 332	16 354	18 133	20 721
Turkey	27 553	31 000	34 772	39 186	43 906	49 178	53 995	58 522	63 240	67 861	72 310
United Arab Emirates	93	150	235	531	1 017	1 350	1 811	2 350	3 050	4 482	8 329
Yemen	5 166	5 619	6 156	6 794	8 059	9 774	11 961	15 266	17 795	20 504	23 592
EUROPE	605 619	635 118	657 221	677 318	693 859	707 899	721 086	727 778	726 407	729 007	735 395
EASTERN EUROPE	253 630	267 164	276 396	285 657	295 042	303 699	310 027	309 569	303 789	297 482	294 591
Belarus	8 190	8 607	9 039	9 366	9 654	9 991	10 232	10 160	9 952	9 641	9 492
Bulgaria	7 866	8 207	8 495	8 727	8 865	8 960	8 821	8 358	8 001	7 683	7 407
Czech Republic	9 579	9 801	9 811	10 058	10 338	10 316	10 324	10 336	10 263	10 231	10 507
Hungary	10 001	10 170	10 346	10 541	10 759	10 573	10 385	10 352	10 224	10 096	10 015
Poland	29 716	31 540	32 817	34 168	35 783	37 486	38 195	38 592	38 486	38 464	38 575
Republic of Moldova	3 004	3 336	3 595	3 839	4 010	4 215	4 364	4 339	4 201	4 158	4 084
Romania	18 614	19 380	20 549	21 666	22 612	23 104	23 489	22 965	22 128	21 408	20 299
Russian Federation	119 860	126 484	130 126	133 788	138 063	142 976	147 569	148 293	146 401	143 623	143 158
Slovakia	4 137	4 379	4 532	4 744	4 989	5 158	5 278	5 363	5 386	5 385	5 407
Ukraine	42 662	45 262	47 087	48 759	49 969	50 921	51 370	50 812	48 746	46 795	45 647
NORTHERN EUROPE	81 790	84 839	87 305	88 957	89 833	90 644	92 040	93 153	94 397	96 239	99 682
Channel Islands	109	115	121	126	128	134	141	144	149	154	160
Denmark	4 581	4 760	4 930	5 061	5 123	5 113	5 140	5 233	5 338	5 418	5 551
Estonia	1 217	1 290	1 360	1 422	1 474	1 522	1 565	1 433	1 399	1 356	1 332
Faeroe Islands	34	36	39	41	43	46	48	44	46	48	49
Finland	4 430	4 565	4 607	4 711	4 779	4 902	4 987	5 108	5 176	5 246	5 368
Iceland	176	192	204	218	228	241	255	267	281	297	318
Ireland	2 819	2 857	2 947	3 181	3 431	3 560	3 563	3 645	3 842	4 204	4 617
Isle of Man	48	51	57	61	65	64	70	72	77	80	84
Latvia	2 132	2 261	2 366	2 457	2 513	2 582	2 664	2 488	2 371	2 228	2 091
Lithuania	2 771	2 967	3 137	3 300	3 432	3 564	3 697	3 628	3 486	3 343	3 123
Norway	3 582	3 724	3 876	4 006	4 083	4 148	4 240	4 360	4 492	4 624	4 891
Sweden	7 480	7 741	8 049	8 193	8 311	8 351	8 559	8 827	8 872	9 030	9 382
United Kingdom	52 410	54 278	55 611	56 180	56 222	56 415	57 110	57 904	58 867	60 210	62 717
SOUTHERN EUROPE	117 879	123 015	127 617	133 259	138 495	141 762	143 404	144 147	145 058	149 735	153 360
Albania	1 636	1 896	2 151	2 411	2 681	2 967	3 281	3 107	3 122	3 082	2 902
Andorra	13	19	24	31	36	45	55	64	65	81	84
Bosnia and Herzegovina	3 215	3 525	3 746	3 972	4 145	4 370	4 527	3 879	3 793	3 833	3 835
Croatia	4 193	4 329	4 423	4 501	4 598	4 716	4 776	4 617	4 428	4 378	4 316
Gibraltar	22	23	25	25	27	27	27	27	27	29	31
Greece	8 311	8 534	8 779	9 030	9 620	9 908	10 132	10 641	10 954	11 070	11 178
Holy See	1	1	1	1	1	1	1	1	1	1	1
Italy	49 715	51 693	53 523	55 269	56 336	56 911	57 008	57 120	57 147	58 657	59 588
Malta	313	306	304	308	320	338	356	372	387	397	412
Montenegro	487	534	520	554	581	614	615	620	614	616	622
Portugal	8 875	8 889	8 670	9 186	9 756	9 929	9 890	10 078	10 279	10 480	10 585
San Marino	15	17	19	20	21	23	24	26	27	29	31
Serbia	7 557	7 835	8 120	8 497	8 908	9 253	9 518	9 884	9 463	9 187	9 059
Slovenia	1 587	1 629	1 670	1 743	1 836	1 945	2 007	1 991	1 989	1 997	2 052
Spain	30 451	32 192	33 923	35 909	37 705	38 734	39 192	39 764	40 750	43 855	46 601
TFYR Macedonia	1 489	1 592	1 721	1 803	1 924	1 982	1 996	1 954	2 012	2 043	2 062
WESTERN EUROPE	152 320	160 100	165 903	169 445	170 489	171 794	175 615	180 909	183 163	185 552	187 762
Austria	7 066	7 299	7 510	7 628	7 597	7 601	7 707	7 973	8 051	8 235	8 392
Belgium	9 141	9 440	9 664	9 769	9 856	9 893	9 978	10 162	10 268	10 561	10 930
France	45 866	48 952	50 844	53 011	54 053	55 380	56 943	58 224	59 387	61 242	62 961
Germany	73 180	75 991	78 367	78 667	78 160	77 570	78 958	81 613	81 896	81 247	80 435
Liechtenstein	17	19	21	23	26	27	29	31	33	35	36
Luxembourg	315	330	340	354	364	367	382	408	436	458	508
Monaco	22	23	23	25	27	29	29	31	32	34	37
Netherlands	11 419	12 216	12 965	13 611	14 103	14 472	14 915	15 451	15 894	16 332	16 632
Switzerland	5 296	5 830	6 169	6 356	6 304	6 456	6 674	7 017	7 166	7 409	7 831
LATIN AMERICA AND THE CARIBBEAN	221 190	253 874	288 494	325 812	365 035	405 906	446 889	487 326	526 890	563 826	599 823
CARIBBEAN	20 724	23 088	25 306	27 629	29 748	31 920	34 198	36 375	38 314	40 028	41 621
Anguilla	6	6	6	7	7	7	8	10	11	13	14
Antigua and Barbuda	55	60	65	69	70	66	62	68	78	83	87
Aruba	54	57	59	61	60	63	62	80	91	100	102

表A. 11. 主要地域、地域および国別、年央総人口：推計および中位予測値（続）

2020-2060：中位予測値

人口（千人）										主要地域、地域および国
2015	2020	2025	2030	2035	2040	2045	2050	2055	2060	
2 235	2 452	2 640	2 781	2 902	3 013	3 115	3 205	3 278	3 332	Qatar
31 540	34 366	36 847	39 132	41 235	43 136	44 763	46 059	47 021	47 686	Saudi Arabia
4 668	5 333	6 040	6 765	7 504	8 259	9 025	9 791	10 544	11 273	State of Palestine
18 502	20 994	25 559	28 647	30 424	32 070	33 571	34 902	36 039	36 958	Syrian Arab Republic
78 666	82 256	84 862	87 717	90 461	92 744	94 544	95 819	96 588	96 856	Turkey
9 157	9 822	10 434	10 977	11 500	11 995	12 430	12 789	13 068	13 283	United Arab Emirates
26 832	30 030	33 181	36 335	39 361	42 211	44 839	47 170	49 126	50 657	Yemen
738 442	739 725	738 090	733 929	728 037	721 355	714 355	706 793	698 296	689 029	**EUROPE**
292 943	289 796	284 929	278 596	271 397	264 321	257 838	251 756	245 675	239 381	**EASTERN EUROPE**
9 496	9 365	9 194	8 977	8 740	8 513	8 311	8 125	7 942	7 757	Belarus
7 150	6 884	6 603	6 300	5 989	5 691	5 415	5 154	4 898	4 645	Bulgaria
10 543	10 573	10 550	10 461	10 328	10 194	10 077	9 965	9 835	9 672	Czech Republic
9 855	9 685	9 492	9 275	9 032	8 784	8 546	8 318	8 095	7 865	Hungary
38 612	38 407	37 924	37 207	36 297	35 286	34 228	33 136	32 010	30 827	Poland
4 069	4 021	3 945	3 839	3 707	3 557	3 402	3 243	3 079	2 909	Republic of Moldova
19 511	18 848	18 229	17 639	17 046	16 449	15 835	15 207	14 567	13 932	Romania
143 457	142 898	141 205	138 652	135 674	132 892	130 588	128 599	126 655	124 604	Russian Federation
5 426	5 435	5 414	5 353	5 255	5 136	5 013	4 892	4 766	4 628	Slovakia
44 824	43 679	42 373	40 892	39 329	37 818	36 423	35 117	33 829	32 542	Ukraine
102 358	105 207	107 840	110 126	112 110	113 973	115 809	117 563	119 102	120 416	**NORTHERN EUROPE**
164	167	171	174	177	179	180	181	181	181	Channel Islands
5 669	5 776	5 892	6 003	6 097	6 173	6 237	6 299	6 363	6 430	Denmark
1 313	1 295	1 272	1 243	1 212	1 183	1 156	1 129	1 101	1 072	Estonia
48	49	49	50	51	52	52	52	52	52	Faeroe Islands
5 503	5 585	5 656	5 706	5 732	5 739	5 742	5 752	5 766	5 783	Finland
329	342	354	364	373	380	385	389	391	393	Iceland
4 688	4 874	5 048	5 204	5 360	5 519	5 667	5 789	5 879	5 943	Ireland
88	91	94	96	99	101	102	104	105	107	Isle of Man
1 971	1 919	1 865	1 806	1 747	1 692	1 642	1 593	1 548	1 504	Latvia
2 878	2 795	2 725	2 655	2 580	2 505	2 437	2 375	2 321	2 272	Lithuania
5 211	5 494	5 725	5 945	6 142	6 321	6 491	6 658	6 816	6 961	Norway
9 779	10 120	10 463	10 766	11 030	11 290	11 574	11 881	12 182	12 463	Sweden
64 716	66 700	68 527	70 113	71 511	72 840	74 144	75 361	76 397	77 255	United Kingdom
152 348	151 798	150 771	149 455	148 048	146 395	144 394	141 941	139 004	135 727	**SOUTHERN EUROPE**
2 897	2 935	2 960	2 954	2 915	2 855	2 785	2 710	2 634	2 554	Albania
70	70	70	71	72	73	73	72	71	69	Andorra
3 810	3 758	3 681	3 584	3 469	3 340	3 206	3 069	2 931	2 793	Bosnia and Herzegovina
4 240	4 162	4 072	3 977	3 876	3 771	3 664	3 554	3 444	3 333	Croatia
32	33	33	33	33	33	32	32	32	31	Gibraltar
10 955	10 825	10 657	10 480	10 302	10 124	9 931	9 705	9 435	9 135	Greece
1	1	1	1	1	1	1	1	1	1	Holy See
59 798	59 741	59 486	59 100	58 635	58 078	57 380	56 513	55 494	54 387	Italy
419	423	426	428	427	423	417	411	405	400	Malta
626	626	623	618	610	600	588	574	561	547	Montenegro
10 350	10 161	9 991	9 845	9 713	9 576	9 411	9 216	8 990	8 752	Portugal
32	32	33	33	33	33	33	33	32	32	San Marino
8 851	8 674	8 485	8 281	8 058	7 817	7 570	7 331	7 099	6 870	Serbia
2 068	2 075	2 070	2 054	2 030	2 003	1 974	1 942	1 905	1 865	Slovenia
46 122	46 194	46 095	45 920	45 819	45 647	45 347	44 840	44 076	43 114	Spain
2 078	2 088	2 089	2 078	2 055	2 021	1 981	1 938	1 893	1 846	TFYR Macedonia
190 794	192 924	194 549	195 751	196 482	196 666	196 314	195 533	194 514	193 506	**WESTERN EUROPE**
8 545	8 656	8 763	8 844	8 886	8 894	8 880	8 846	8 788	8 716	Austria
11 299	11 634	11 837	12 019	12 177	12 315	12 432	12 527	12 597	12 652	Belgium
64 395	65 720	66 896	68 007	69 049	69 931	70 613	71 137	71 602	72 061	France
80 689	80 392	79 960	79 294	78 403	77 300	75 999	74 513	72 923	71 391	Germany
38	39	40	41	42	42	43	43	43	44	Liechtenstein
567	605	644	678	711	743	774	803	831	858	Luxembourg
38	38	39	40	41	42	43	44	45	46	Monaco
16 925	17 185	17 418	17 605	17 715	17 738	17 686	17 602	17 513	17 435	Netherlands
8 299	8 654	8 952	9 223	9 457	9 660	9 845	10 019	10 172	10 304	Switzerland
634 387	666 502	695 584	721 067	742 747	760 484	774 305	784 247	790 450	792 959	**LATIN AMERICA AND THE CARIBBEAN**
43 199	44 552	45 729	46 700	47 441	47 923	48 146	48 100	47 818	47 334	**CARIBBEAN**
15	15	16	16	16	16	15	15	15	14	Anguilla
92	96	101	105	108	111	113	114	115	116	Antigua and Barbuda
104	105	106	107	107	106	104	102	99	98	Aruba

表A. 11.　主要地域、地域および国別、年央総人口：推計および中位予測値（続）

推計値：1960-2015

主要地域、地域および国	人口（千人）										
	1960	1965	1970	1975	1980	1985	1990	1995	2000	2005	2010
Bahamas	110	140	169	189	211	235	256	280	298	329	361
Barbados	231	235	239	246	252	256	260	265	270	274	280
British Virgin Islands	8	9	10	10	11	13	16	18	21	23	27
Caribbean Netherlands	8	9	10	11	11	12	13	15	14	14	21
Cayman Islands	8	8	9	12	16	19	25	32	42	49	56
Cuba	7 141	7 952	8 715	9 438	9 835	10 083	10 582	10 906	11 117	11 261	11 308
Curaçao	127	134	144	150	148	150	147	144	132	129	148
Dominica	60	65	71	72	75	74	71	71	70	71	71
Dominican Republic	3 294	3 879	4 503	5 150	5 809	6 489	7 184	7 892	8 563	9 238	9 898
Grenada	90	95	94	92	89	100	96	100	102	103	105
Guadeloupe	275	300	319	328	331	359	390	408	431	451	457
Haiti	3 866	4 271	4 709	5 140	5 689	6 384	7 100	7 820	8 549	9 263	10 000
Jamaica	1 631	1 763	1 873	2 018	2 142	2 312	2 386	2 490	2 600	2 678	2 741
Martinique	282	311	325	328	325	340	358	369	387	397	395
Montserrat	12	12	12	12	12	11	11	10	5	5	5
Puerto Rico	2 356	2 578	2 710	2 932	3 188	3 370	3 518	3 690	3 797	3 761	3 710
Saint Kitts and Nevis	51	49	45	44	43	42	41	43	46	49	52
Saint Lucia	90	96	104	110	118	126	138	147	157	165	177
Saint Vincent and the Grenadines	81	86	90	96	101	104	108	108	108	109	109
Sint Maarten (Dutch part)	3	4	7	10	13	19	29	31	32	33	33
Trinidad and Tobago	848	912	946	1 011	1 085	1 171	1 222	1 255	1 268	1 297	1 328
Turks and Caicos Islands	6	6	6	7	8	10	12	15	19	26	31
United States Virgin Islands	33	50	64	86	98	105	103	107	109	108	106
CENTRAL AMERICA	51 400	59 975	69 702	81 138	92 425	103 422	114 823	127 032	138 780	148 989	161 117
Belize	92	106	122	133	144	165	188	207	247	283	322
Costa Rica	1 333	1 590	1 849	2 097	2 389	2 730	3 096	3 511	3 925	4 248	4 545
El Salvador	2 763	3 198	3 669	4 148	4 578	4 921	5 252	5 589	5 812	5 947	6 038
Guatemala	4 128	4 728	5 423	6 238	7 119	8 117	9 159	10 357	11 689	13 184	14 732
Honduras	2 002	2 353	2 691	3 108	3 636	4 237	4 903	5 591	6 243	6 880	7 504
Mexico	38 174	44 623	52 030	60 872	69 331	77 323	85 609	94 427	102 809	109 748	118 618
Nicaragua	1 775	2 063	2 398	2 797	3 250	3 709	4 145	4 612	5 027	5 379	5 738
Panama	1 133	1 315	1 519	1 745	1 979	2 219	2 471	2 738	3 029	3 319	3 621
SOUTH AMERICA	149 066	170 811	193 486	217 046	242 862	270 565	297 869	323 919	349 796	374 809	397 085
Argentina	20 619	22 283	23 973	26 067	28 106	30 389	32 730	34 995	37 057	39 145	41 223
Bolivia	3 693	4 071	4 506	5 009	5 590	6 212	6 856	7 567	8 340	9 125	9 918
Brazil	72 494	84 130	95 982	108 431	122 200	136 836	150 393	162 755	175 786	188 479	198 614
Chile	7 696	8 612	9 562	10 421	11 234	12 109	13 141	14 194	15 170	16 097	17 015
Colombia	16 480	19 144	22 061	24 757	27 738	31 012	34 272	37 442	40 404	43 286	45 918
Ecuador	4 546	5 250	6 073	6 987	7 976	9 046	10 218	11 441	12 629	13 735	14 935
Falkland Islands (Malvinas)	2	2	2	2	2	2	2	2	3	3	3
French Guiana	32	39	48	56	67	86	116	137	163	203	234
Guyana	564	650	696	740	787	765	720	727	742	742	753
Paraguay	1 903	2 171	2 474	2 791	3 181	3 672	4 214	4 761	5 303	5 795	6 210
Peru	10 062	11 608	13 341	15 230	17 359	19 545	21 827	24 039	25 915	27 610	29 374
Suriname	290	332	371	363	363	371	408	446	481	492	518
Uruguay	2 539	2 695	2 810	2 830	2 916	3 012	3 110	3 225	3 321	3 326	3 374
Venezuela (Bolivarian Republic of)	8 147	9 825	11 588	13 361	15 344	17 508	19 862	22 189	24 481	26 769	28 996
NORTHERN AMERICA	204 167	219 189	231 029	242 215	254 217	266 658	280 633	295 700	313 724	328 524	344 129
Bermuda	45	49	52	55	57	59	61	63	64	65	64
Canada	17 909	19 694	21 439	23 141	24 516	25 848	27 662	29 299	30 702	32 256	34 126
Greenland	31	38	46	50	50	53	56	56	56	57	57
Saint Pierre and Miquelon	5	5	5	6	6	6	6	6	6	6	6
United States of America	186 177	199 404	209 486	218 964	229 588	240 692	252 848	266 276	282 896	296 140	309 876
OCEANIA	15 784	17 502	19 688	21 498	22 972	24 873	26 971	29 054	31 068	33 369	36 411
AUSTRALIA/NEW ZEALAND	12 664	13 996	15 724	16 976	17 855	19 059	20 494	21 800	22 965	24 409	26 532
Australia	10 292	11 368	12 905	13 893	14 708	15 791	17 097	18 125	19 107	20 274	22 163
New Zealand	2 372	2 628	2 820	3 083	3 147	3 268	3 398	3 675	3 858	4 135	4 369
MELANESIA	2 620	2 927	3 306	3 808	4 339	4 944	5 514	6 208	6 993	7 816	8 716
Fiji	393	464	521	577	635	712	729	775	811	822	860
New Caledonia	78	91	105	128	142	154	169	189	210	229	246
Papua New Guinea	1 967	2 161	2 435	2 810	3 215	3 678	4 158	4 716	5 374	6 087	6 848
Solomon Islands	118	137	160	193	231	271	312	359	412	469	526
Vanuatu	64	74	85	100	116	130	147	168	185	209	236
MICRONESIA	191	218	248	272	304	357	415	467	497	503	502
Guam	67	75	84	93	104	117	130	146	155	158	159

表A. 11. 主要地域、地域および国別、年央総人口：推計および中位予測値（続）

2020-2060：中位予測値

人口（千人）										主要地域、地域および国
2015	2020	2025	2030	2035	2040	2045	2050	2055	2060	
388	410	429	446	460	471	480	489	495	500	Bahamas
284	288	290	290	290	288	285	282	278	275	Barbados
30	33	34	35	36	37	37	38	38	38	British Virgin Islands
25	26	27	28	29	29	30	30	30	30	Caribbean Netherlands
60	64	68	71	74	77	79	82	84	85	Cayman Islands
11 390	11 366	11 319	11 237	11 103	10 909	10 654	10 339	9 972	9 573	Cuba
157	164	170	175	179	183	186	189	192	194	Curaçao
73	74	76	76	76	76	75	74	73	71	Dominica
10 528	11 107	11 626	12 087	12 491	12 819	13 069	13 238	13 339	13 377	Dominican Republic
107	109	111	112	112	112	112	110	108	105	Grenada
468	478	485	491	496	500	501	498	492	485	Guadeloupe
10 711	11 378	12 005	12 578	13 090	13 534	13 903	14 189	14 395	14 523	Haiti
2 793	2 840	2 867	2 867	2 846	2 811	2 765	2 710	2 641	2 558	Jamaica
396	395	393	391	387	380	370	358	346	336	Martinique
5	5	5	5	5	5	5	5	5	5	Montserrat
3 683	3 675	3 660	3 638	3 597	3 536	3 459	3 367	3 265	3 155	Puerto Rico
56	58	61	63	65	66	67	68	68	68	Saint Kitts and Nevis
185	192	197	202	205	207	208	207	206	203	Saint Lucia
109	111	112	112	112	112	111	109	107	104	Saint Vincent and the Grenadines
39	41	44	46	48	49	51	52	53	55	Sint Maarten (Dutch part)
1 360	1 378	1 380	1 372	1 359	1 341	1 319	1 291	1 259	1 223	Trinidad and Tobago
34	37	39	42	44	45	47	48	49	49	Turks and Caicos Islands
106	107	107	106	105	103	100	97	94	91	United States Virgin Islands
172 740	183 824	194 120	203 401	211 556	218 534	224 330	228 925	232 308	234 443	**CENTRAL AMERICA**
359	398	436	472	505	535	563	588	610	629	Belize
4 808	5 044	5 246	5 413	5 548	5 650	5 721	5 759	5 766	5 746	Costa Rica
6 127	6 231	6 329	6 408	6 464	6 476	6 450	6 390	6 302	6 183	El Salvador
16 343	18 015	19 720	21 424	23 103	24 730	26 287	27 754	29 112	30 337	Guatemala
8 075	8 651	9 212	9 737	10 206	10 607	10 943	11 217	11 429	11 576	Honduras
127 017	134 837	141 924	148 133	153 404	157 762	161 213	163 754	165 390	166 111	Mexico
6 082	6 418	6 736	7 033	7 306	7 537	7 723	7 863	7 958	8 006	Nicaragua
3 929	4 231	4 517	4 781	5 020	5 238	5 431	5 599	5 740	5 854	Panama
418 447	438 126	455 735	470 966	483 750	494 027	501 829	507 223	510 325	511 183	**SOUTH AMERICA**
43 417	45 517	47 500	49 365	51 099	52 699	54 153	55 445	56 556	57 470	Argentina
10 725	11 548	12 370	13 177	13 952	14 679	15 352	15 963	16 507	16 978	Bolivia
207 848	215 997	222 976	228 663	233 006	236 015	237 744	238 270	237 686	236 014	Brazil
17 948	18 842	19 639	20 250	20 751	21 142	21 423	21 601	21 677	21 662	Chile
48 229	50 229	51 878	53 175	54 125	54 723	54 983	54 927	54 615	54 073	Colombia
16 144	17 338	18 483	19 563	20 568	21 484	22 300	23 013	23 614	24 108	Ecuador
3	3	3	3	3	3	3	3	3	3	Falkland Islands (Malvinas)
269	304	341	381	422	463	505	546	586	626	French Guiana
767	787	807	821	826	824	816	806	796	783	Guyana
6 639	7 067	7 474	7 845	8 175	8 458	8 697	8 895	9 052	9 162	Paraguay
31 377	33 317	35 152	36 855	38 391	39 754	40 928	41 899	42 656	43 196	Peru
543	565	584	599	611	619	624	624	623	620	Suriname
3 432	3 495	3 550	3 596	3 630	3 653	3 665	3 667	3 659	3 642	Uruguay
31 108	33 116	34 978	36 673	38 191	39 513	40 636	41 562	42 295	42 847	Venezuela (Bolivarian Republic of)
357 838	371 269	384 274	396 278	406 905	416 364	424 930	433 114	441 089	449 146	**NORTHERN AMERICA**
62	61	60	59	58	57	55	54	52	50	Bermuda
35 940	37 600	39 066	40 390	41 518	42 479	43 340	44 136	44 853	45 534	Canada
56	56	57	57	56	55	54	52	51	50	Greenland
6	6	7	7	7	7	7	7	7	7	Saint Pierre and Miquelon
321 774	333 546	345 085	355 765	365 266	373 767	381 474	388 865	396 125	403 504	United States of America
39 331	42 131	44 791	47 361	49 809	52 150	54 413	56 609	58 684	60 626	**OCEANIA**
28 497	30 327	32 007	33 585	35 046	36 427	37 774	39 104	40 363	41 542	**AUSTRALIA/NEW ZEALANE**
23 969	25 598	27 084	28 482	29 785	31 032	32 264	33 496	34 673	35 780	Australia
4 529	4 730	4 923	5 103	5 261	5 395	5 509	5 607	5 690	5 762	New Zealand
9 623	10 542	11 476	12 419	13 358	14 275	15 157	15 996	16 789	17 534	**MELANESIA**
892	915	931	940	944	943	936	924	908	890	Fiji
263	280	296	311	326	339	352	363	374	383	New Caledonia
7 619	8 413	9 228	10 057	10 885	11 699	12 486	13 240	13 958	14 634	Papua New Guinea
584	640	698	757	818	878	937	992	1 045	1 095	Solomon Islands
265	294	324	354	385	416	446	476	504	531	Vanuatu
526	552	579	607	632	655	674	690	704	716	**MICRONESIA**
170	180	191	200	209	216	222	228	232	236	Guam

表A. 11. 主要地域、地域および国別、年央総人口：推計および中位予測値（続）

推計値：1960-2015

主要地域、地域および国	人口（千人）										
	1960	1965	1970	1975	1980	1985	1990	1995	2000	2005	2010
Kiribati	41	46	51	55	59	64	72	78	84	92	103
Marshall Islands	15	17	20	26	31	38	47	51	52	52	52
Micronesia (Fed. States of)	45	52	61	63	73	86	96	108	107	106	104
Nauru	4	6	6	7	7	8	9	10	10	10	10
Northern Mariana Islands	10	11	13	15	17	30	44	58	68	64	54
Palau	10	11	11	12	12	14	15	17	19	20	20
POLYNESIA	308	360	410	443	475	513	548	579	612	641	660
American Samoa	20	24	27	30	32	39	47	53	58	59	56
Cook Islands	18	19	21	20	18	18	18	18	18	19	20
French Polynesia	78	93	110	131	152	175	198	215	237	255	268
Niue	5	5	5	4	3	3	2	2	2	2	2
Samoa	109	127	143	151	156	160	163	170	175	180	186
Tokelau	2	2	2	2	2	2	2	2	2	1	1
Tonga	62	74	84	88	93	94	95	96	98	101	104
Tuvalu	6	7	7	8	8	9	9	9	9	10	10
Wallis and Futuna Islands	9	9	9	9	11	14	14	14	14	14	14

表A. 11. 主要地域、地域および国別、年央総人口：推計および中位予測値（続）

2020-2060：中位予測値

人口（千人）										主要地域、地域および国
2015	2020	2025	2030	2035	2040	2045	2050	2055	2060	
112	122	132	142	150	159	169	178	187	195	Kiribati
53	53	54	56	59	62	65	67	67	69	Marshall Islands
104	108	112	118	122	125	127	129	131	132	Micronesia (Fed. States of)
10	10	11	11	11	11	11	11	10	10	Nauru
55	56	56	56	56	55	53	51	48	45	Northern Mariana Islands
21	22	24	25	26	27	27	28	28	29	Palau
684	710	729	751	774	793	808	819	827	833	**POLYNESIA**
56	56	57	57	58	58	58	57	56	55	American Samoa
21	21	22	23	23	23	24	24	24	24	Cook Islands
283	296	303	313	320	325	328	330	331	331	French Polynesia
2	2	2	2	2	2	2	2	2	2	Niue
193	199	205	210	219	228	235	241	245	249	Samoa
1	1	1	1	1	2	2	2	2	2	Tokelau
106	111	115	121	126	132	136	140	143	146	Tonga
10	10	10	11	11	11	11	11	11	11	Tuvalu
13	13	13	13	13	13	13	13	13	13	Wallis and Futuna Islands

表A. 12. 主要地域、地域および国別、年央総人口：高位予測値、2015-2060年

高位予測値

主要地域、地域および国	人口（千人）									
	2015	2020	2025	2030	2035	2040	2045	2050	2055	2060
WORLD	7 349 472	7 827 607	8 322 369	8 821 836	9 306 009	9 789 249	10 286 184	10 801 105	11 328 639	11 859 342
More developed regions	1 251 351	1 276 440	1 302 805	1 328 062	1 349 387	1 369 273	1 390 686	1 416 263	1 446 261	1 479 266
Less developed regions	6 098 121	6 551 167	7 019 564	7 493 774	7 956 622	8 419 976	8 895 498	9 384 842	9 882 378	10 380 077
Least developed countries	954 158	1 080 062	1 221 046	1 375 738	1 539 788	1 714 319	1 900 835	2 099 510	2 309 138	2 527 514
Less developed regions, excluding least developed countries	5 143 963	5 471 105	5 798 518	6 118 036	6 416 833	6 705 658	6 994 664	7 285 333	7 573 240	7 852 562
Less developed regions, excluding China	4 690 815	5 104 061	5 542 929	5 996 979	6 448 359	6 905 256	7 377 349	7 865 849	8 365 411	8 868 316
High-income countries	1 401 479	1 442 784	1 485 033	1 525 972	1 561 966	1 595 138	1 628 547	1 665 276	1 705 895	1 749 148
Middle-income countries	5 306 283	5 648 873	5 994 756	6 334 802	6 655 400	6 968 021	7 283 291	7 602 390	7 920 425	8 231 008
Upper-middle-income countries	2 390 125	2 491 232	2 581 251	2 661 660	2 730 307	2 792 388	2 851 615	2 908 724	2 962 546	3 011 479
Lower-middle-income countries	2 916 158	3 157 641	3 413 505	3 673 142	3 925 093	4 175 633	4 431 675	4 693 666	4 957 879	5 219 529
Low-income countries	638 735	732 777	839 196	957 462	1 084 833	1 222 079	1 370 142	1 529 045	1 697 735	1 874 408
Sub-Saharan Africa	962 287	1 104 712	1 265 949	1 446 264	1 642 377	1 855 678	2 087 171	2 336 665	2 602 717	2 883 027
AFRICA	1 186 178	1 351 427	1 535 858	1 739 608	1 959 462	2 197 531	2 454 783	2 730 670	3 023 309	3 330 116
EASTERN AFRICA	394 477	455 255	523 849	600 176	682 531	771 368	867 204	970 058	1 079 098	1 193 034
Burundi	11 179	13 230	15 466	17 911	20 646	23 780	27 334	31 234	35 395	39 809
Comoros	788	891	1 002	1 121	1 245	1 376	1 515	1 660	1 812	1 967
Djibouti	888	955	1 026	1 096	1 158	1 214	1 267	1 318	1 367	1 413
Eritrea	5 228	5 944	6 732	7 590	8 510	9 489	10 508	11 555	12 626	13 718
Ethiopia	99 391	112 936	127 830	143 690	159 746	175 965	192 456	209 259	226 179	242 816
Kenya	46 050	52 649	59 906	67 891	76 456	85 644	95 487	105 933	116 890	128 230
Madagascar	24 235	28 049	32 445	37 346	42 617	48 322	54 565	61 371	68 691	76 428
Malawi	17 215	20 192	23 622	27 537	31 843	36 587	41 806	47 483	53 583	60 042
Mauritius	1 273	1 303	1 334	1 363	1 383	1 392	1 395	1 398	1 404	1 414
Mayotte	240	276	315	357	403	450	499	550	601	653
Mozambique	27 978	32 250	37 198	42 873	49 171	56 106	63 693	71 948	80 817	90 185
Réunion	861	899	941	981	1 018	1 049	1 076	1 100	1 122	1 144
Rwanda	11 610	13 116	14 709	16 415	18 191	20 000	21 800	23 580	25 329	27 035
Seychelles	96	100	102	105	107	109	110	112	113	114
Somalia	10 787	12 515	14 612	17 023	19 687	22 631	25 902	29 534	33 514	37 789
South Sudan	12 340	14 236	16 275	18 436	20 717	23 125	25 693	28 446	31 352	34 345
Uganda	39 032	46 232	54 587	64 086	74 542	85 983	98 461	112 009	126 543	141 890
United Republic of Tanzania	53 470	62 798	73 556	85 912	99 770	115 240	132 386	151 245	171 739	193 779
Zambia	16 212	19 039	22 344	26 197	30 542	35 432	40 947	47 128	53 939	61 348
Zimbabwe	15 603	17 646	19 848	22 246	24 779	27 474	30 304	33 196	36 081	38 915
MIDDLE AFRICA	151 952	177 335	206 515	239 449	275 590	315 122	358 235	404 907	454 969	507 995
Angola	25 022	29 475	34 677	40 656	47 321	54 694	62 833	71 750	81 416	91 749
Cameroon	23 344	26 557	30 159	34 150	38 444	43 069	48 033	53 331	58 938	64 793
Central African Republic	4 900	5 455	6 071	6 734	7 424	8 151	8 924	9 741	10 586	11 441
Chad	14 037	16 559	19 445	22 675	26 167	29 948	34 056	38 499	43 246	48 251
Congo	4 620	5 307	6 107	7 032	8 065	9 212	10 470	11 841	13 325	14 917
Democratic Republic of the Congo	77 267	90 857	106 530	124 246	143 764	165 171	188 545	213 850	241 025	269 862
Equatorial Guinea	845	979	1 125	1 281	1 445	1 619	1 805	2 004	2 213	2 429
Gabon	1 725	1 934	2 163	2 409	2 665	2 933	3 211	3 501	3 797	4 095
São Tomé and Príncipe	190	213	238	265	294	325	357	390	424	459
NORTHERN AFRICA	223 892	246 714	269 910	293 344	317 084	341 853	367 613	394 005	420 592	447 089
Algeria	39 667	43 420	46 932	50 142	53 110	56 104	59 273	62 541	65 681	68 536
Egypt	91 508	101 455	111 417	121 616	132 410	144 120	156 370	168 768	181 168	193 648
Libya	6 278	6 764	7 252	7 713	8 143	8 556	8 949	9 309	9 628	9 917
Morocco	34 378	36 792	39 159	41 384	43 379	45 230	47 015	48 760	50 443	52 021
Sudan	40 235	45 694	51 830	58 529	65 549	72 864	80 535	88 653	97 208	106 059
Tunisia	11 254	11 952	12 616	13 193	13 665	14 094	14 529	14 978	15 414	15 806
Western Sahara	573	637	703	767	828	886	942	997	1 049	1 101
SOUTHERN AFRICA	62 634	66 153	69 647	73 237	76 798	80 474	84 365	88 441	92 528	96 494
Botswana	2 262	2 485	2 712	2 936	3 152	3 365	3 579	3 793	3 999	4 194
Lesotho	2 135	2 281	2 437	2 601	2 775	2 968	3 181	3 409	3 641	3 868
Namibia	2 459	2 758	3 076	3 409	3 747	4 096	4 463	4 845	5 233	5 620
South Africa	54 490	57 248	59 944	62 714	65 446	68 254	71 228	74 352	77 482	80 511
Swaziland	1 287	1 381	1 477	1 577	1 680	1 791	1 913	2 042	2 173	2 302
WESTERN AFRICA	353 224	405 969	465 938	533 403	607 458	688 713	777 367	873 260	976 122	1 085 504
Benin	10 880	12 464	14 229	16 154	18 177	20 294	22 524	24 874	27 329	29 854
Burkina Faso	18 106	21 026	24 377	28 173	32 332	36 852	41 734	46 975	52 577	58 498
Cabo Verde	521	559	601	643	683	722	761	799	835	868

表A. 12. 主要地域、地域および国別、年央総人口：高位予測値（続）

高位予測値

主要地域、地域および国	人口（千人）									
	2015	2020	2025	2030	2035	2040	2045	2050	2055	2060
Côte d'Ivoire	22 702	25 778	29 316	33 287	37 646	42 496	47 899	53 859	60 379	67 461
Gambia	1 991	2 344	2 751	3 208	3 708	4 250	4 832	5 447	6 090	6 755
Ghana	27 410	30 796	34 403	38 219	42 186	46 362	50 757	55 332	60 030	64 805
Guinea	12 609	14 472	16 580	18 921	21 450	24 184	27 136	30 306	33 670	37 201
Guinea-Bissau	1 844	2 085	2 348	2 630	2 926	3 240	3 574	3 926	4 291	4 665
Liberia	4 503	5 133	5 848	6 647	7 505	8 417	9 390	10 426	11 524	12 674
Mali	17 600	20 610	24 145	28 250	32 870	37 998	43 623	49 703	56 228	63 160
Mauritania	4 068	4 610	5 210	5 863	6 551	7 276	8 039	8 843	9 688	10 569
Niger	19 899	24 483	30 144	36 986	45 058	54 525	65 494	77 998	92 001	107 459
Nigeria	182 202	208 387	237 932	271 014	307 146	346 548	389 197	434 989	483 862	535 670
Saint Helena	4	4	4	4	4	5	5	5	5	5
Senegal	15 129	17 633	20 449	23 599	27 068	30 903	35 117	39 701	44 622	49 855
Sierra Leone	6 453	7 222	8 047	8 928	9 834	10 766	11 725	12 707	13 699	14 687
Togo	7 305	8 365	9 554	10 878	12 315	13 874	15 560	17 370	19 293	21 318
ASIA	4 393 296	4 640 835	4 883 252	5 112 816	5 317 953	5 507 736	5 692 144	5 873 168	6 047 189	6 209 069
EASTERN ASIA	1 612 287	1 653 896	1 685 025	1 706 387	1 718 037	1 723 704	1 726 009	1 726 119	1 724 047	1 719 171
China	1 376 049	1 415 221	1 444 158	1 463 798	1 474 983	1 481 463	1 485 150	1 486 323	1 484 602	1 479 643
China, Hong Kong SAR	7 288	7 627	7 952	8 235	8 443	8 587	8 719	8 880	9 059	9 234
China, Macao SAR	588	640	695	748	793	834	874	918	963	1 009
Dem. People's Republic of Korea	25 155	25 991	26 892	27 757	28 434	28 959	29 454	30 022	30 674	31 369
Japan	126 573	125 905	124 984	123 772	122 142	120 292	118 584	117 353	116 675	116 238
Mongolia	2 959	3 211	3 445	3 660	3 858	4 055	4 259	4 475	4 696	4 907
Republic of Korea	50 293	51 683	53 069	54 403	55 340	55 677	55 563	55 276	55 035	54 897
Other non-specified areas	23 381	23 618	23 829	24 014	24 043	23 836	23 406	22 873	22 343	21 875
SOUTH-CENTRAL ASIA	1 890 288	2 031 483	2 176 223	2 318 585	2 450 213	2 574 909	2 698 775	2 821 859	2 940 565	3 050 787
CENTRAL ASIA	67 314	72 592	77 529	82 026	86 239	90 543	95 009	99 428	103 588	107 452
Kazakhstan	17 625	18 792	19 864	20 842	21 776	22 772	23 865	25 015	26 150	27 234
Kyrgyzstan	5 940	6 445	6 926	7 377	7 820	8 281	8 758	9 236	9 703	10 154
Tajikistan	8 482	9 512	10 546	11 544	12 531	13 597	14 762	15 960	17 131	18 267
Turkmenistan	5 374	5 745	6 106	6 428	6 698	6 936	7 161	7 377	7 578	7 754
Uzbekistan	29 893	32 098	34 088	35 836	37 414	38 957	40 464	41 839	43 025	44 043
SOUTHERN ASIA	1 822 974	1 958 891	2 098 694	2 236 559	2 363 974	2 484 366	2 603 766	2 722 432	2 836 977	2 943 336
Afghanistan	32 527	36 739	41 059	45 538	49 982	54 286	58 418	62 358	66 105	69 630
Bangladesh	160 996	172 274	183 826	194 910	204 741	213 675	222 049	229 813	236 815	242 951
Bhutan	775	826	877	926	967	1 003	1 036	1 067	1 096	1 120
India	1 311 051	1 402 091	1 496 797	1 590 921	1 677 016	1 757 001	1 836 286	1 916 062	1 994 092	2 066 986
Iran (Islamic Republic of)	79 109	84 366	88 822	92 346	95 267	98 086	100 827	103 205	104 867	105 668
Maldives	364	398	429	456	481	505	530	554	575	592
Nepal	28 514	30 523	32 661	34 716	36 496	38 118	39 733	41 308	42 754	44 018
Pakistan	188 925	210 326	232 321	254 362	276 264	298 659	321 681	344 749	367 261	388 863
Sri Lanka	20 715	21 348	21 903	22 384	22 760	23 033	23 205	23 315	23 413	23 508
SOUTH-EASTERN ASIA	633 490	673 853	714 518	753 973	790 067	823 593	855 514	886 598	917 103	946 948
Brunei Darussalam	423	455	486	516	542	565	586	606	624	639
Cambodia	15 578	16 927	18 336	19 727	21 057	22 378	23 720	25 069	26 387	27 640
Indonesia	257 564	274 398	291 181	307 427	322 318	336 097	349 161	361 796	374 158	386 341
Lao People's Democratic Republic	6 802	7 475	8 175	8 869	9 535	10 193	10 854	11 505	12 131	12 718
Malaysia	30 331	32 715	35 245	37 732	39 944	41 885	43 672	45 482	47 358	49 210
Myanmar	53 897	56 767	59 772	62 771	65 434	67 682	69 585	71 316	73 048	74 792
Philippines	100 699	109 448	118 889	128 597	138 066	147 432	156 789	166 210	175 641	185 057
Singapore	5 604	6 057	6 360	6 643	6 875	7 053	7 187	7 296	7 388	7 466
Thailand	67 959	69 154	70 072	70 697	70 870	70 638	70 084	69 330	68 496	67 667
Timor-Leste	1 185	1 324	1 473	1 629	1 793	1 973	2 171	2 382	2 599	2 818
Viet Nam	93 448	99 131	104 529	109 365	113 632	117 696	121 705	125 606	129 273	132 602
WESTERN ASIA	257 231	281 603	307 486	333 871	359 637	385 531	411 847	438 591	465 474	492 162
Armenia	3 018	3 069	3 103	3 113	3 103	3 089	3 075	3 061	3 043	3 022
Azerbaijan	9 754	10 338	10 780	11 114	11 419	11 738	12 041	12 300	12 532	12 762
Bahrain	1 377	1 498	1 601	1 695	1 783	1 863	1 931	1 991	2 043	2 086
Cyprus	1 165	1 230	1 291	1 351	1 403	1 451	1 497	1 546	1 595	1 643
Georgia	4 000	4 012	4 019	4 008	3 967	3 920	3 888	3 868	3 849	3 822
Iraq	36 423	42 335	48 824	56 049	63 983	72 684	82 214	92 540	103 601	115 371
Israel	8 064	8 788	9 546	10 340	11 155	12 000	12 884	13 805	14 753	15 714
Jordan	7 595	8 242	8 748	9 474	10 352	11 239	12 130	13 010	13 865	14 689
Kuwait	3 892	4 362	4 789	5 188	5 536	5 877	6 216	6 555	6 874	7 162
Lebanon	5 851	5 957	5 573	5 562	5 791	5 967	6 125	6 298	6 485	6 663
Oman	4 491	4 856	5 162	5 417	5 629	5 844	6 099	6 413	6 702	6 942

表A. 12. 主要地域、地域および国別、年央総人口：高位予測値（続）

高位予測値

主要地域、地域および国	人口（千人）									
	2015	2020	2025	2030	2035	2040	2045	2050	2055	2060
Qatar	2 235	2 469	2 686	2 864	3 022	3 174	3 323	3 471	3 610	3 738
Saudi Arabia	31 540	34 657	37 627	40 558	43 351	45 997	48 472	50 773	52 913	54 908
State of Palestine	4 668	5 382	6 178	7 027	7 907	8 831	9 811	10 845	11 921	13 023
Syrian Arab Republic	18 502	21 179	26 116	29 745	32 107	34 401	36 654	38 881	41 061	43 148
Turkey	78 666	83 036	86 890	91 300	95 608	99 542	103 238	106 790	110 213	113 390
United Arab Emirates	9 157	9 890	10 611	11 290	11 962	12 629	13 272	13 879	14 438	14 960
Yemen	26 832	30 301	33 942	37 775	41 557	45 286	48 974	52 567	55 975	59 121
EUROPE	738 442	745 677	752 929	759 103	763 207	766 980	771 988	779 095	788 097	798 193
EASTERN EUROPE	292 943	292 322	291 044	288 651	285 163	282 059	280 307	280 056	280 770	281 732
Belarus	9 496	9 447	9 394	9 305	9 187	9 090	9 047	9 060	9 106	9 162
Bulgaria	7 150	6 936	6 728	6 506	6 271	6 052	5 867	5 718	5 593	5 482
Czech Republic	10 543	10 659	10 760	10 810	10 808	10 813	10 856	10 940	11 048	11 148
Hungary	9 855	9 766	9 693	9 613	9 498	9 379	9 278	9 216	9 196	9 194
Poland	38 612	38 751	38 754	38 566	38 139	37 615	37 109	36 689	36 354	36 023
Republic of Moldova	4 069	4 062	4 043	3 998	3 920	3 826	3 734	3 653	3 576	3 497
Romania	19 511	18 987	18 569	18 214	17 855	17 500	17 152	16 836	16 565	16 337
Russian Federation	143 457	144 175	144 292	143 720	142 625	141 916	142 154	143 326	145 038	146 865
Slovakia	5 426	5 484	5 533	5 550	5 523	5 476	5 435	5 415	5 413	5 409
Ukraine	44 824	44 055	43 277	42 369	41 337	40 391	39 673	39 203	38 881	38 614
NORTHERN EUROPE	102 358	106 041	110 006	113 915	117 515	121 103	124 959	129 221	133 782	138 471
Channel Islands	164	169	174	180	185	190	194	198	203	207
Denmark	5 669	5 819	6 008	6 214	6 402	6 572	6 739	6 930	7 154	7 406
Estonia	1 313	1 306	1 298	1 286	1 271	1 258	1 251	1 248	1 249	1 251
Faeroe Islands	48	49	50	52	53	55	56	57	58	60
Finland	5 503	5 627	5 764	5 895	5 999	6 090	6 189	6 317	6 473	6 650
Iceland	329	345	361	378	392	404	416	428	440	452
Ireland	4 688	4 914	5 147	5 376	5 611	5 859	6 109	6 351	6 581	6 804
Isle of Man	88	92	95	99	103	107	110	114	118	122
Latvia	1 971	1 935	1 904	1 871	1 835	1 805	1 782	1 769	1 765	1 767
Lithuania	2 878	2 817	2 782	2 753	2 714	2 675	2 647	2 641	2 653	2 676
Norway	5 211	5 538	5 842	6 153	6 443	6 718	6 999	7 306	7 635	7 973
Sweden	9 779	10 199	10 670	11 129	11 549	11 979	12 464	13 023	13 631	14 255
United Kingdom	64 716	67 232	69 909	72 529	74 958	77 393	80 000	82 839	85 823	88 847
SOUTHERN EUROPE	152 348	152 938	153 588	154 256	154 792	155 132	155 309	155 400	155 487	155 632
Albania	2 897	2 963	3 031	3 073	3 078	3 061	3 042	3 031	3 031	3 030
Andorra	70	70	72	74	75	77	78	79	79	79
Bosnia and Herzegovina	3 810	3 790	3 759	3 713	3 643	3 558	3 472	3 396	3 331	3 271
Croatia	4 240	4 195	4 153	4 114	4 068	4 016	3 966	3 927	3 900	3 883
Gibraltar	32	33	33	34	34	35	35	35	36	36
Greece	10 955	10 909	10 861	10 826	10 786	10 747	10 703	10 648	10 579	10 506
Holy See	1	1	1	1	1	1	1	1	1	1
Italy	59 798	60 155	60 524	60 896	61 182	61 393	61 531	61 643	61 797	62 033
Malta	419	426	434	443	449	451	451	452	456	461
Montenegro	626	631	636	641	643	642	640	639	641	643
Portugal	10 350	10 239	10 185	10 175	10 176	10 171	10 145	10 108	10 074	10 054
San Marino	32	33	33	34	35	35	36	36	36	37
Serbia	8 851	8 743	8 661	8 583	8 481	8 358	8 239	8 156	8 116	8 100
Slovenia	2 068	2 091	2 108	2 118	2 118	2 117	2 119	2 124	2 133	2 142
Spain	46 122	46 552	46 959	47 373	47 858	48 308	48 695	48 972	49 119	49 188
TFYR Macedonia	2 078	2 107	2 136	2 158	2 165	2 161	2 154	2 153	2 159	2 168
WESTERN EUROPE	190 794	194 376	198 291	202 280	205 737	208 687	211 414	214 417	218 058	222 358
Austria	8 545	8 724	8 939	9 148	9 311	9 439	9 556	9 686	9 833	9 995
Belgium	11 299	11 723	12 065	12 418	12 746	13 065	13 392	13 749	14 134	14 540
France	64 395	66 206	68 155	70 242	72 286	74 229	76 123	78 136	80 405	82 907
Germany	80 689	80 998	81 509	81 949	82 090	81 989	81 765	81 595	81 650	82 006
Liechtenstein	38	39	41	42	44	45	46	47	49	50
Luxembourg	567	610	658	703	747	791	835	880	928	978
Monaco	38	39	40	41	43	44	46	47	49	52
Netherlands	16 925	17 312	17 750	18 193	18 558	18 835	19 065	19 331	19 678	20 097
Switzerland	8 299	8 725	9 135	9 544	9 912	10 251	10 586	10 946	11 332	11 734
LATIN AMERICA AND THE CARIBBEAN	634 387	672 904	712 371	750 821	785 793	818 179	849 043	878 924	907 769	934 967
CARIBBEAN	43 199	44 955	46 777	48 548	50 102	51 478	52 741	53 918	55 029	56 058
Anguilla	15	15	16	16	17	17	17	17	17	17
Antigua and Barbuda	92	97	103	109	115	119	124	128	132	137
Aruba	104	106	109	111	113	113	113	113	113	115

高位予測値

主要地域、地域および国	人口（千人）									
	2015	2020	2025	2030	2035	2040	2045	2050	2055	2060
Bahamas	388	414	439	464	485	504	523	542	562	581
Barbados	284	290	296	301	304	307	309	312	317	322
British Virgin Islands	30	33	35	37	38	39	41	42	43	44
Caribbean Netherlands	25	27	28	29	30	31	32	33	34	35
Cayman Islands	60	64	69	74	78	82	86	90	94	98
Cuba	11 390	11 452	11 537	11 610	11 626	11 590	11 515	11 411	11 285	11 149
Curaçao	157	165	173	181	188	194	201	208	216	224
Dominica	73	75	78	79	81	81	82	83	84	84
Dominican Republic	10 528	11 216	11 915	12 605	13 253	13 860	14 438	14 987	15 512	16 010
Grenada	107	111	114	117	119	121	123	125	126	127
Guadeloupe	468	481	494	507	519	531	540	547	553	559
Haiti	10 711	11 487	12 297	13 109	13 869	14 588	15 279	15 947	16 595	17 209
Jamaica	2 793	2 869	2 941	2 991	3 019	3 036	3 054	3 073	3 087	3 090
Martinique	396	398	401	404	405	404	400	395	393	392
Montserrat	5	5	5	6	6	6	6	6	6	6
Puerto Rico	3 683	3 708	3 743	3 780	3 794	3 789	3 776	3 761	3 748	3 733
Saint Kitts and Nevis	56	59	62	66	69	71	74	76	78	80
Saint Lucia	185	194	202	210	217	223	228	232	237	241
Saint Vincent and the Grenadines	109	112	114	117	119	121	122	123	125	125
Sint Maarten (Dutch part)	39	42	45	48	50	53	55	58	61	63
Trinidad and Tobago	1 360	1 390	1 411	1 425	1 433	1 438	1 443	1 446	1 449	1 451
Turks and Caicos Islands	34	37	40	43	46	49	51	53	55	58
United States Virgin Islands	106	108	109	110	110	109	109	108	108	108
CENTRAL AMERICA	172 740	185 649	198 964	212 076	224 196	235 577	246 543	257 212	267 472	277 076
Belize	359	402	448	493	536	578	620	662	704	744
Costa Rica	4 808	5 092	5 371	5 631	5 859	6 062	6 247	6 419	6 578	6 725
El Salvador	6 127	6 299	6 506	6 715	6 898	7 046	7 176	7 295	7 407	7 503
Guatemala	16 343	18 194	20 213	22 340	24 484	26 653	28 871	31 133	33 411	35 664
Honduras	8 075	8 742	9 459	10 182	10 854	11 478	12 072	12 648	13 201	13 719
Mexico	127 017	136 164	145 434	154 400	162 508	169 994	177 105	183 937	190 413	196 362
Nicaragua	6 082	6 485	6 912	7 344	7 757	8 145	8 513	8 862	9 191	9 493
Panama	3 929	4 270	4 622	4 970	5 299	5 620	5 939	6 256	6 566	6 866
SOUTH AMERICA	418 447	442 300	466 630	490 197	511 495	531 124	549 759	567 794	585 268	601 833
Argentina	43 417	45 925	48 575	51 291	53 926	56 539	59 168	61 833	64 532	67 228
Bolivia	10 725	11 656	12 663	13 713	14 751	15 779	16 814	17 861	18 906	19 934
Brazil	207 848	218 080	228 365	238 075	246 460	253 867	260 654	267 034	273 048	278 519
Chile	17 948	19 010	20 073	21 010	21 835	22 571	23 249	23 899	24 525	25 113
Colombia	48 229	50 718	53 146	55 401	57 300	58 908	60 328	61 618	62 830	63 944
Ecuador	16 144	17 504	18 925	20 362	21 748	23 101	24 439	25 765	27 063	28 323
Falkland Islands (Malvinas)	3	3	3	3	3	3	3	3	3	3
French Guiana	269	307	349	394	443	493	545	599	655	713
Guyana	767	794	828	857	878	893	907	922	939	956
Paraguay	6 639	7 138	7 662	8 182	8 667	9 123	9 567	10 009	10 444	10 859
Peru	31 377	33 633	35 985	38 346	40 567	42 685	44 740	46 750	48 700	50 554
Suriname	543	570	597	624	647	667	685	701	718	735
Uruguay	3 432	3 525	3 628	3 733	3 828	3 917	4 005	4 097	4 193	4 289
Venezuela (Bolivarian Republic of)	31 108	33 438	35 831	38 205	40 441	42 577	44 655	46 703	48 712	50 662
NORTHERN AMERICA	357 838	374 278	392 216	410 408	427 261	443 265	459 368	476 931	496 369	517 420
Bermuda	62	61	61	61	61	61	60	59	59	59
Canada	35 940	37 908	39 874	41 813	43 544	45 129	46 699	48 362	50 133	52 012
Greenland	56	57	58	59	59	59	59	59	60	60
Saint Pierre and Miquelon	6	6	7	7	7	8	8	8	8	9
United States of America	321 774	336 245	352 216	368 468	383 590	398 008	412 542	428 443	446 109	465 281
OCEANIA	39 331	42 486	45 742	49 081	52 332	55 558	58 858	62 317	65 906	69 578
AUSTRALIA/NEW ZEALAND	28 497	30 580	32 676	34 779	36 777	38 736	40 747	42 885	45 120	47 415
Australia	23 969	25 813	27 654	29 497	31 255	32 992	34 790	36 713	38 725	40 788
New Zealand	4 529	4 767	5 022	5 282	5 522	5 743	5 957	6 173	6 395	6 627
MELANESIA	9 623	10 634	11 729	12 892	14 074	15 273	16 497	17 754	19 042	20 351
Fiji	892	924	953	978	1 000	1 018	1 034	1 047	1 061	1 074
New Caledonia	263	282	302	323	343	363	382	401	421	441
Papua New Guinea	7 619	8 485	9 430	10 438	11 464	12 509	13 578	14 679	15 807	16 954
Solomon Islands	584	646	713	785	861	939	1 018	1 099	1 182	1 268
Vanuatu	265	297	331	368	406	445	485	527	571	615
MICRONESIA	526	557	592	630	666	701	734	767	801	835
Guam	170	182	195	208	220	231	242	253	264	276

表A. 12. 主要地域、地域および国別、年央総人口：高位予測値（続）

高位予測値

主要地域、地域および国	人口（千人）									
	2015	2020	2025	2030	2035	2040	2045	2050	2055	2060
Kiribati	112	124	135	147	158	170	183	197	211	226
Marshall Islands	53	54	55	57	62	66	71	74	76	80
Micronesia (Fed. States of)	104	109	115	123	129	135	139	144	150	156
Nauru	10	10	11	11	11	11	12	12	12	12
Northern Mariana Islands	55	56	57	58	59	58	57	56	55	53
Palau	21	23	24	26	27	29	30	31	32	33
POLYNESIA	684	716	745	780	815	849	881	911	943	977
American Samoa	56	56	58	60	61	63	63	64	66	67
Cook Islands	21	22	23	23	24	25	26	27	27	28
French Polynesia	283	299	311	325	337	348	358	367	377	386
Niue	2	2	2	2	2	2	2	2	2	2
Samoa	193	201	209	218	230	243	255	267	278	291
Tokelau	1	1	1	2	2	2	2	2	2	2
Tonga	106	112	118	125	133	141	148	155	162	171
Tuvalu	10	10	11	11	12	12	12	13	13	14
Wallis and Futuna Islands	13	13	14	14	14	14	15	15	15	16

表A. 13. 主要地域、地域および国別、年央総人口：低位予測値、2015-2060年

低位予測値

主要地域、地域および国	人口（千人）									
	2015	2020	2025	2030	2035	2040	2045	2050	2055	2060
WORLD	7 349 472	7 688 595	7 960 813	8 179 515	8 372 455	8 532 257	8 647 359	8 710 042	8 720 959	8 685 876
More developed regions	1 251 351	1 256 280	1 251 616	1 239 777	1 224 773	1 207 058	1 186 470	1 162 261	1 133 963	1 102 810
Less developed regions	6 098 121	6 432 315	6 709 197	6 939 738	7 147 683	7 325 198	7 460 889	7 547 781	7 586 996	7 583 066
Least developed countries	954 158	1 061 188	1 168 218	1 275 468	1 385 755	1 496 142	1 603 147	1 704 077	1 797 828	1 883 682
Less developed regions, excluding least developed countries	5 143 963	5 371 127	5 540 979	5 664 270	5 761 928	5 829 057	5 857 742	5 843 704	5 789 168	5 699 384
Less developed regions, excluding China	4 690 815	5 010 539	5 292 572	5 541 869	5 776 000	5 987 105	6 164 914	6 302 588	6 400 560	6 461 716
High-income countries	1 401 479	1 419 646	1 425 862	1 423 142	1 416 015	1 404 522	1 388 270	1 366 456	1 338 566	1 306 110
Middle-income countries	5 306 283	5 545 325	5 727 419	5 862 895	5 973 087	6 052 743	6 093 487	6 090 689	6 046 680	5 966 538
Upper-middle-income countries	2 390 125	2 446 031	2 469 702	2 472 041	2 463 040	2 441 433	2 404 958	2 352 327	2 284 005	2 202 287
Lower-middle-income countries	2 916 158	3 099 294	3 257 717	3 390 855	3 510 046	3 611 310	3 688 529	3 738 362	3 762 675	3 764 251
Low-income countries	638 735	720 503	804 287	890 130	979 916	1 071 482	1 162 045	1 249 321	1 332 141	1 409 681
Sub-Saharan Africa	962 287	1 086 604	1 214 694	1 347 442	1 487 909	1 632 843	1 777 743	1 919 003	2 054 616	2 183 195
AFRICA	1 186 178	1 328 780	1 472 568	1 618 995	1 772 593	1 929 941	2 085 695	2 235 611	2 377 449	2 509 952
EASTERN AFRICA	394 477	447 531	501 792	557 431	615 677	675 143	733 924	790 507	844 045	893 997
Burundi	11 179	13 023	14 887	16 803	18 908	21 237	23 707	26 190	28 608	30 970
Comoros	788	876	960	1 042	1 124	1 205	1 281	1 351	1 412	1 464
Djibouti	888	938	980	1 012	1 036	1 052	1 060	1 059	1 048	1 028
Eritrea	5 228	5 839	6 439	7 031	7 644	8 257	8 831	9 336	9 767	10 130
Ethiopia	99 391	111 006	122 257	132 904	143 127	152 670	161 229	168 555	174 515	179 023
Kenya	46 050	51 724	57 315	62 933	68 754	74 607	80 279	85 590	90 461	94 840
Madagascar	24 235	27 549	31 010	34 575	38 291	42 075	45 848	49 527	53 078	56 454
Malawi	17 215	19 853	22 646	25 631	28 823	32 161	35 585	39 019	42 396	45 645
Mauritius	1 273	1 279	1 273	1 256	1 231	1 199	1 158	1 109	1 057	1 002
Mayotte	240	271	301	331	362	392	421	446	469	488
Mozambique	27 978	31 736	35 725	40 000	44 627	49 482	54 435	59 393	64 249	68 901
Réunion	861	885	902	912	917	915	904	885	859	828
Rwanda	11 610	12 877	14 046	15 154	16 257	17 297	18 192	18 897	19 411	19 752
Seychelles	96	98	98	97	96	94	92	88	84	80
Somalia	10 787	12 330	14 075	15 963	18 002	20 155	22 374	24 622	26 875	29 101
South Sudan	12 340	14 009	15 626	17 183	18 778	20 372	21 916	23 364	24 689	25 876
Uganda	39 032	45 481	52 406	59 773	67 668	75 871	84 094	92 167	100 014	107 556
United Republic of Tanzania	53 470	61 737	70 510	79 942	90 253	101 196	112 415	123 682	134 876	145 930
Zambia	16 212	18 726	21 441	24 428	27 742	31 328	35 101	38 993	42 955	46 974
Zimbabwe	15 603	17 296	18 892	20 461	22 038	23 578	25 003	26 235	27 224	27 956
MIDDLE AFRICA	151 952	174 565	198 551	223 838	250 803	278 788	306 989	334 761	361 791	387 743
Angola	25 022	29 016	33 354	38 047	43 144	48 502	53 979	59 462	64 899	70 229
Cameroon	23 344	26 109	28 901	31 744	34 714	37 753	40 745	43 598	46 268	48 729
Central African Republic	4 900	5 362	5 812	6 246	6 678	7 102	7 503	7 868	8 186	8 447
Chad	14 037	16 304	18 705	21 217	23 856	26 561	29 261	31 900	34 454	36 901
Congo	4 620	5 220	5 859	6 547	7 298	8 089	8 887	9 674	10 446	11 202
Democratic Republic of the Congo	77 267	89 482	102 542	116 362	131 141	146 518	162 072	177 461	192 512	207 013
Equatorial Guinea	845	963	1 080	1 195	1 310	1 423	1 533	1 638	1 735	1 824
Gabon	1 725	1 900	2 069	2 233	2 396	2 556	2 706	2 841	2 958	3 053
São Tomé and Príncipe	190	209	228	247	266	285	302	318	332	344
NORTHERN AFRICA	223 892	242 175	257 875	271 552	284 684	297 098	307 952	316 608	322 833	326 757
Algeria	39 667	42 595	44 797	46 407	47 739	48 911	49 914	50 631	50 900	50 667
Egypt	91 508	99 581	106 461	112 588	118 783	124 875	130 226	134 498	137 683	139 936
Libya	6 278	6 636	6 920	7 123	7 284	7 406	7 476	7 473	7 388	7 236
Morocco	34 378	36 097	37 350	38 190	38 773	39 099	39 148	38 894	38 335	37 494
Sudan	40 235	44 922	49 651	54 357	59 117	63 793	68 215	72 262	75 902	79 121
Tunisia	11 254	11 719	12 024	12 179	12 245	12 244	12 181	12 040	11 805	11 479
Western Sahara	573	625	670	709	742	770	793	810	819	823
SOUTHERN AFRICA	62 634	64 815	66 147	66 996	67 705	68 226	68 442	68 272	67 663	66 643
Botswana	2 262	2 435	2 580	2 697	2 801	2 890	2 959	3 005	3 022	3 013
Lesotho	2 135	2 234	2 310	2 371	2 433	2 493	2 549	2 594	2 623	2 630
Namibia	2 459	2 704	2 929	3 135	3 333	3 518	3 685	3 827	3 941	4 025
South Africa	54 490	56 090	56 928	57 355	57 666	57 818	57 712	57 289	56 509	55 406
Swaziland	1 287	1 352	1 400	1 437	1 473	1 507	1 536	1 557	1 568	1 569
WESTERN AFRICA	353 224	399 693	448 204	499 177	553 724	610 686	668 388	725 463	781 118	834 813
Benin	10 880	12 258	13 645	15 032	16 437	17 817	19 124	20 325	21 405	22 359
Burkina Faso	18 106	20 695	23 429	26 316	29 389	32 559	35 714	38 770	41 704	44 491
Cabo Verde	521	547	569	586	602	613	620	622	618	609

表A. 13. 主要地域、地域および国別、年央総人口：低位予測値（続）

低位予測値

主要地域、地域および国	人口（千人）									
	2015	2020	2025	2030	2035	2040	2045	2050	2055	2060
Côte d'Ivoire	22 702	25 353	28 118	30 999	34 075	37 307	40 624	43 980	47 351	50 701
Gambia	1 991	2 307	2 645	3 002	3 381	3 771	4 159	4 533	4 885	5 208
Ghana	27 410	30 265	32 953	35 511	38 066	40 574	42 934	45 032	46 803	48 250
Guinea	12 609	14 238	15 913	17 631	19 419	21 236	23 040	24 792	26 457	28 010
Guinea-Bissau	1 844	2 051	2 254	2 451	2 652	2 851	3 042	3 217	3 372	3 505
Liberia	4 503	5 048	5 608	6 181	6 777	7 373	7 950	8 490	8 991	9 450
Mali	17 600	20 304	23 259	26 490	30 018	33 735	37 526	41 281	44 961	48 523
Mauritania	4 068	4 537	5 004	5 470	5 945	6 416	6 867	7 287	7 670	8 015
Niger	19 899	24 147	29 145	34 946	41 662	49 259	57 637	66 673	76 214	86 126
Nigeria	182 202	205 275	229 183	254 184	280 813	308 444	336 177	363 370	389 684	414 883
Saint Helena	4	4	4	4	4	4	4	4	4	3
Senegal	15 129	17 342	19 624	22 004	24 566	27 283	30 077	32 870	35 598	38 239
Sierra Leone	6 453	7 099	7 701	8 268	8 817	9 325	9 772	10 144	10 432	10 637
Togo	7 305	8 222	9 150	10 101	11 100	12 119	13 119	14 073	14 969	15 802
ASIA	4 393 296	4 555 907	4 666 024	4 732 662	4 773 201	4 784 055	4 759 867	4 698 178	4 602 000	4 476 473
EASTERN ASIA	1 612 287	1 625 450	1 617 191	1 594 009	1 562 667	1 523 155	1 474 508	1 416 645	1 350 250	1 276 997
China	1 376 049	1 390 475	1 385 587	1 367 292	1 341 708	1 308 925	1 267 824	1 218 251	1 160 889	1 097 309
China, Hong Kong SAR	7 288	7 487	7 610	7 667	7 673	7 628	7 549	7 440	7 285	7 090
China, Macao SAR	588	627	662	691	716	735	750	762	770	774
Dem. People's Republic of Korea	25 155	25 534	25 692	25 645	25 452	25 109	24 612	23 952	23 165	22 323
Japan	126 573	124 173	120 695	116 483	111 987	107 311	102 594	97 879	93 113	88 144
Mongolia	2 959	3 147	3 283	3 378	3 455	3 518	3 566	3 598	3 608	3 588
Republic of Korea	50 293	50 820	50 896	50 634	50 090	49 124	47 761	46 023	43 929	41 591
Other non-specified areas	23 381	23 187	22 766	22 219	21 586	20 805	19 852	18 741	17 492	16 178
SOUTH-CENTRAL ASIA	1 890 288	1 992 581	2 073 176	2 133 823	2 182 093	2 215 075	2 229 641	2 224 225	2 200 961	2 162 089
CENTRAL ASIA	67 314	71 151	73 855	75 628	77 000	78 050	78 620	78 498	77 640	76 166
Kazakhstan	17 625	18 440	18 976	19 303	19 555	19 770	19 931	19 993	19 911	19 686
Kyrgyzstan	5 940	6 322	6 607	6 816	6 997	7 152	7 261	7 311	7 300	7 232
Tajikistan	8 482	9 326	10 053	10 661	11 226	11 783	12 298	12 705	12 983	13 153
Turkmenistan	5 374	5 626	5 798	5 891	5 934	5 931	5 881	5 775	5 615	5 407
Uzbekistan	29 893	31 437	32 421	32 958	33 288	33 414	33 248	32 713	31 833	30 689
SOUTHERN ASIA	1 822 974	1 921 430	1 999 321	2 058 195	2 105 093	2 137 025	2 151 020	2 145 727	2 123 321	2 085 923
Afghanistan	32 527	36 146	39 334	42 165	44 746	46 947	48 667	49 828	50 432	50 512
Bangladesh	160 996	168 659	174 301	178 010	180 336	181 021	179 924	177 042	172 608	166 841
Bhutan	775	809	832	846	854	856	852	840	821	795
India	1 311 051	1 375 627	1 426 454	1 464 395	1 493 755	1 511 966	1 517 202	1 509 385	1 490 757	1 462 788
Iran (Islamic Republic of)	79 109	82 441	84 171	84 711	84 740	84 411	83 573	81 903	79 188	75 500
Maldives	364	389	406	417	426	433	437	438	433	424
Nepal	28 514	29 846	30 847	31 492	31 891	32 013	31 875	31 478	30 839	29 964
Pakistan	188 925	206 547	222 044	235 470	248 011	259 511	269 238	276 349	280 702	282 571
Sri Lanka	20 715	20 966	20 932	20 688	20 333	19 866	19 252	18 465	17 540	16 528
SOUTH-EASTERN ASIA	633 490	661 290	681 649	695 542	705 266	710 094	709 353	702 800	690 871	674 628
Brunei Darussalam	423	446	463	476	485	491	493	490	482	469
Cambodia	15 578	16 580	17 411	18 074	18 650	19 138	19 495	19 677	19 686	19 542
Indonesia	257 564	269 317	277 829	283 537	287 433	289 127	288 353	285 079	279 607	272 479
Lao People's Democratic Republic	6 802	7 321	7 757	8 109	8 413	8 662	8 839	8 930	8 940	8 873
Malaysia	30 331	32 034	33 422	34 481	35 294	35 842	36 131	36 181	35 977	35 518
Myanmar	53 897	55 718	56 975	57 713	58 073	57 960	57 327	56 190	54 629	52 729
Philippines	100 699	107 424	113 413	118 554	123 078	126 789	129 556	131 357	132 145	132 003
Singapore	5 604	5 957	6 103	6 194	6 242	6 242	6 192	6 092	5 941	5 754
Thailand	67 959	68 008	67 202	65 804	64 031	61 828	59 169	56 074	52 644	49 054
Timor-Leste	1 185	1 305	1 418	1 524	1 630	1 740	1 850	1 949	2 034	2 105
Viet Nam	93 448	97 182	99 656	101 076	101 935	102 273	101 946	100 781	98 786	96 103
WESTERN ASIA	257 231	276 585	294 008	309 289	323 175	335 732	346 366	354 508	359 919	362 758
Armenia	3 018	3 007	2 954	2 872	2 777	2 672	2 553	2 419	2 273	2 121
Azerbaijan	9 754	10 143	10 315	10 340	10 305	10 206	10 018	9 737	9 392	9 005
Bahrain	1 377	1 474	1 540	1 588	1 627	1 655	1 666	1 661	1 641	1 608
Cyprus	1 165	1 207	1 233	1 250	1 262	1 268	1 270	1 265	1 251	1 230
Georgia	4 000	3 942	3 850	3 729	3 590	3 441	3 287	3 118	2 932	2 735
Iraq	36 423	41 610	46 770	52 092	57 773	63 634	69 501	75 210	80 681	85 905
Israel	8 064	8 648	9 172	9 656	10 137	10 606	11 053	11 453	11 784	12 046
Jordan	7 595	8 091	8 346	8 744	9 265	9 749	10 165	10 478	10 679	10 784
Kuwait	3 892	4 271	4 556	4 786	4 968	5 124	5 246	5 325	5 349	5 321
Lebanon	5 851	5 826	5 243	5 021	5 068	5 071	5 036	4 964	4 858	4 723
Oman	4 491	4 776	4 954	5 059	5 123	5 171	5 225	5 297	5 317	5 278

表A. 13. 主要地域、地域および国別、年央総人口：低位予測値（続）

低位予測値

主要地域、地域および国	人口（千人）									
	2015	2020	2025	2030	2035	2040	2045	2050	2055	2060
Qatar	2 235	2 435	2 593	2 699	2 782	2 855	2 912	2 953	2 972	2 968
Saudi Arabia	31 540	34 076	36 067	37 706	39 121	40 282	41 100	41 499	41 471	41 068
State of Palestine	4 668	5 285	5 902	6 502	7 102	7 693	8 259	8 785	9 258	9 675
Syrian Arab Republic	18 502	20 808	25 002	27 550	28 744	29 759	30 558	31 102	31 368	31 357
Turkey	78 666	81 476	82 833	84 134	85 322	86 006	86 083	85 441	84 106	82 153
United Arab Emirates	9 157	9 754	10 258	10 664	11 040	11 371	11 622	11 778	11 837	11 816
Yemen	26 832	29 759	32 420	34 895	37 170	39 168	40 812	42 025	42 749	42 964
EUROPE	738 442	733 773	723 251	708 756	692 905	676 009	657 879	637 735	615 191	590 985
EASTERN EUROPE	292 943	287 269	278 814	268 542	257 654	246 723	235 907	224 896	213 440	201 626
Belarus	9 496	9 282	8 994	8 650	8 293	7 940	7 592	7 238	6 873	6 504
Bulgaria	7 150	6 833	6 478	6 094	5 708	5 333	4 975	4 620	4 262	3 903
Czech Republic	10 543	10 487	10 340	10 112	9 848	9 577	9 311	9 029	8 707	8 342
Hungary	9 855	9 604	9 292	8 937	8 567	8 194	7 827	7 458	7 075	6 674
Poland	38 612	38 064	37 093	35 847	34 459	32 975	31 413	29 764	28 033	26 230
Republic of Moldova	4 069	3 980	3 846	3 680	3 494	3 292	3 081	2 862	2 634	2 399
Romania	19 511	18 708	17 889	17 064	16 240	15 407	14 552	13 663	12 737	11 800
Russian Federation	143 457	141 622	138 118	133 585	128 734	123 938	119 301	114 618	109 741	104 693
Slovakia	5 426	5 386	5 295	5 156	4 987	4 799	4 601	4 394	4 172	3 932
Ukraine	44 824	43 303	41 470	39 416	37 325	35 267	33 256	31 250	29 205	27 150
NORTHERN EUROPE	102 358	104 374	105 675	106 337	106 709	106 882	106 835	106 412	105 478	104 122
Channel Islands	164	166	168	168	168	168	166	164	161	158
Denmark	5 669	5 732	5 775	5 792	5 792	5 775	5 742	5 693	5 626	5 546
Estonia	1 313	1 285	1 246	1 201	1 154	1 108	1 063	1 015	965	912
Faeroe Islands	48	48	49	49	49	49	48	47	46	45
Finland	5 503	5 543	5 547	5 517	5 464	5 390	5 305	5 212	5 111	5 004
Iceland	329	339	347	351	354	355	354	351	346	339
Ireland	4 688	4 834	4 950	5 032	5 110	5 181	5 233	5 249	5 223	5 161
Isle of Man	88	90	92	93	94	95	95	94	94	93
Latvia	1 971	1 903	1 826	1 742	1 659	1 581	1 504	1 426	1 348	1 269
Lithuania	2 878	2 772	2 667	2 557	2 447	2 337	2 230	2 123	2 015	1 910
Norway	5 211	5 450	5 607	5 736	5 842	5 926	5 991	6 036	6 054	6 045
Sweden	9 779	10 042	10 256	10 403	10 511	10 605	10 700	10 785	10 831	10 835
United Kingdom	64 716	66 168	67 145	67 696	68 066	68 313	68 404	68 216	67 659	66 805
SOUTHERN EUROPE	152 348	150 659	147 955	144 654	141 310	137 707	133 674	129 025	123 666	117 774
Albania	2 897	2 907	2 888	2 834	2 753	2 652	2 537	2 410	2 275	2 135
Andorra	70	69	69	69	69	69	68	66	64	61
Bosnia and Herzegovina	3 810	3 726	3 602	3 454	3 294	3 123	2 945	2 758	2 566	2 372
Croatia	4 240	4 130	3 991	3 839	3 685	3 527	3 366	3 198	3 022	2 841
Gibraltar	32	32	32	32	31	31	30	29	28	27
Greece	10 955	10 742	10 452	10 133	9 818	9 502	9 170	8 796	8 367	7 896
Holy See	1	1	1	1	1	1	1	1	1	1
Italy	59 798	59 328	58 449	57 305	56 090	54 778	53 298	51 581	49 613	47 466
Malta	419	420	418	413	405	396	384	372	358	344
Montenegro	626	621	610	595	578	558	537	513	487	461
Portugal	10 350	10 082	9 798	9 515	9 250	8 984	8 690	8 358	7 984	7 583
San Marino	32	32	32	32	32	31	31	30	29	28
Serbia	8 851	8 604	8 309	7 979	7 636	7 280	6 917	6 546	6 165	5 777
Slovenia	2 068	2 059	2 031	1 990	1 942	1 889	1 832	1 767	1 694	1 615
Spain	46 122	45 835	45 230	44 466	43 782	43 003	42 059	40 868	39 364	37 608
TFYR Macedonia	2 078	2 070	2 043	1 999	1 945	1 882	1 811	1 733	1 649	1 559
WESTERN EUROPE	190 794	191 472	190 806	189 222	187 232	184 697	181 463	177 401	172 608	167 463
Austria	8 545	8 587	8 587	8 540	8 462	8 352	8 215	8 038	7 815	7 562
Belgium	11 299	11 545	11 608	11 620	11 609	11 570	11 490	11 359	11 173	10 951
France	64 395	65 234	65 637	65 773	65 814	65 657	65 210	64 443	63 434	62 279
Germany	80 689	79 786	78 411	76 639	74 717	72 628	70 314	67 689	64 784	61 811
Liechtenstein	38	38	39	40	40	40	40	39	39	38
Luxembourg	567	600	630	653	675	695	714	729	740	748
Monaco	38	38	39	39	39	40	40	40	40	40
Netherlands	16 925	17 059	17 087	17 016	16 873	16 645	16 330	15 943	15 502	15 037
Switzerland	8 299	8 584	8 768	8 902	9 002	9 071	9 112	9 121	9 081	8 998
LATIN AMERICA AND THE CARIBBEAN	634 387	660 100	678 797	691 312	699 903	703 879	702 716	696 204	684 637	668 510
CARIBBEAN	43 199	44 149	44 681	44 853	44 789	44 427	43 727	42 664	41 284	39 653
Anguilla	15	15	15	15	15	15	14	13	13	12
Antigua and Barbuda	92	95	98	101	102	103	103	102	100	98
Aruba	104	105	104	103	101	99	95	91	87	82

表A. 13. 主要地域、地域および国別、年央総人口：低位予測値（続）

低位予測値

主要地域、地域および国	人口（千人）									
	2015	2020	2025	2030	2035	2040	2045	2050	2055	2060
Bahamas	388	406	419	428	434	438	439	438	433	427
Barbados	284	285	284	280	275	269	261	253	243	234
British Virgin Islands	30	32	33	34	34	35	34	34	33	33
Caribbean Netherlands	25	26	27	27	28	28	27	27	27	26
Cayman Islands	60	63	66	69	71	72	73	74	74	74
Cuba	11 390	11 279	11 101	10 864	10 583	10 240	9 828	9 342	8 790	8 199
Curaçao	157	162	166	169	170	171	171	170	169	167
Dominica	73	74	74	73	72	70	68	66	63	59
Dominican Republic	10 528	10 997	11 338	11 569	11 734	11 803	11 767	11 623	11 392	11 086
Grenada	107	108	108	107	106	103	100	97	92	86
Guadeloupe	468	474	476	475	473	469	462	450	435	418
Haiti	10 711	11 269	11 712	12 048	12 312	12 491	12 565	12 521	12 365	12 110
Jamaica	2 793	2 811	2 793	2 742	2 675	2 591	2 491	2 376	2 244	2 100
Martinique	396	392	386	378	368	355	340	322	304	286
Montserrat	5	5	5	5	5	5	5	5	5	4
Puerto Rico	3 683	3 642	3 578	3 497	3 401	3 286	3 153	3 000	2 831	2 652
Saint Kitts and Nevis	56	58	60	61	61	61	61	60	59	57
Saint Lucia	185	190	193	194	193	191	188	184	178	171
Saint Vincent and the Grenadines	109	110	109	107	105	103	100	96	91	86
Sint Maarten (Dutch part)	39	41	43	44	45	46	47	47	47	47
Trinidad and Tobago	1 360	1 365	1 349	1 320	1 284	1 244	1 198	1 145	1 085	1 021
Turks and Caicos Islands	34	37	38	40	41	42	43	43	43	42
United States Virgin Islands	106	106	105	103	100	96	91	86	81	76
CENTRAL AMERICA	172 740	181 999	189 275	194 725	198 971	201 804	203 052	202 634	200 618	197 117
Belize	359	394	424	450	473	493	508	519	525	527
Costa Rica	4 808	4 995	5 121	5 195	5 238	5 246	5 216	5 145	5 033	4 888
El Salvador	6 127	6 162	6 152	6 101	6 032	5 919	5 761	5 558	5 318	5 046
Guatemala	16 343	17 836	19 227	20 508	21 728	22 836	23 795	24 578	25 174	25 579
Honduras	8 075	8 559	8 966	9 292	9 560	9 751	9 859	9 883	9 826	9 693
Mexico	127 017	133 510	138 413	141 865	144 340	145 756	145 999	145 024	142 895	139 708
Nicaragua	6 082	6 351	6 561	6 723	6 858	6 942	6 970	6 939	6 852	6 712
Panama	3 929	4 192	4 412	4 591	4 742	4 862	4 945	4 989	4 994	4 965
SOUTH AMERICA	418 447	433 952	444 841	451 734	456 143	457 648	455 938	450 906	442 735	431 740
Argentina	43 417	45 109	46 425	47 438	48 286	48 926	49 321	49 441	49 260	48 784
Bolivia	10 725	11 441	12 078	12 640	13 157	13 596	13 941	14 180	14 312	14 341
Brazil	207 848	213 914	217 588	219 251	219 632	218 562	215 930	211 728	206 078	199 125
Chile	17 948	18 675	19 204	19 490	19 671	19 735	19 665	19 452	19 098	18 626
Colombia	48 229	49 740	50 609	50 950	50 959	50 600	49 843	48 687	47 195	45 422
Ecuador	16 144	17 173	18 041	18 764	19 393	19 897	20 250	20 447	20 489	20 391
Falkland Islands (Malvinas)	3	3	3	3	3	3	3	3	3	2
French Guiana	269	302	334	367	400	434	466	495	522	546
Guyana	767	779	787	785	775	756	730	700	667	633
Paraguay	6 639	6 997	7 286	7 507	7 684	7 802	7 859	7 851	7 784	7 658
Peru	31 377	33 001	34 319	35 364	36 221	36 860	37 238	37 324	37 116	36 638
Suriname	543	560	570	575	576	573	565	552	536	517
Uruguay	3 432	3 465	3 472	3 458	3 433	3 394	3 338	3 265	3 176	3 073
Venezuela (Bolivarian Republic of)	31 108	32 794	34 125	35 142	35 953	36 511	36 789	36 781	36 500	35 985
NORTHERN AMERICA	357 838	368 259	376 332	382 148	386 564	389 607	391 145	391 183	389 753	387 493
Bermuda	62	60	59	57	56	53	51	48	46	43
Canada	35 940	37 291	38 257	38 968	39 493	39 840	40 035	40 072	39 926	39 663
Greenland	56	56	55	54	53	51	49	46	44	41
Saint Pierre and Miquelon	6	6	7	7	7	7	7	7	7	6
United States of America	321 774	330 846	337 953	343 062	346 956	349 655	351 004	351 010	349 731	347 739
OCEANIA	39 331	41 776	43 841	45 642	47 289	48 766	50 056	51 132	51 928	52 464
AUSTRALIA/NEW ZEALAND	28 497	30 075	31 338	32 390	33 316	34 132	34 852	35 465	35 906	36 189
Australia	23 969	25 382	26 515	27 466	28 316	29 083	29 780	30 398	30 872	31 208
New Zealand	4 529	4 692	4 824	4 924	5 000	5 049	5 071	5 067	5 034	4 980
MELANESIA	9 623	10 450	11 223	11 946	12 643	13 288	13 851	14 318	14 688	14 963
Fiji	892	907	909	902	888	869	842	808	770	727
New Caledonia	263	277	289	299	308	316	323	327	330	331
Papua New Guinea	7 619	8 340	9 026	9 676	10 308	10 897	11 421	11 867	12 230	12 513
Solomon Islands	584	635	682	728	775	818	858	890	916	936
Vanuatu	265	291	317	341	364	387	408	426	442	455
MICRONESIA	526	548	567	583	598	609	616	618	615	608
Guam	170	179	186	193	198	201	203	204	203	201

表A. 13. 主要地域、地域および国別、年央総人口：低位予測値（続）

低位予測値

主要地域、地域および国	人口（千人）									
	2015	2020	2025	2030	2035	2040	2045	2050	2055	2060
Kiribati	112	121	129	136	143	149	155	160	164	167
Marshall Islands	53	53	53	54	56	58	59	60	59	58
Micronesia (Fed. States of)	104	107	110	113	115	115	115	114	113	110
Nauru	10	10	10	10	10	10	10	9	9	9
Northern Mariana Islands	55	55	55	54	53	51	49	46	42	38
Palau	21	22	23	24	24	25	25	25	25	25
POLYNESIA	684	704	713	722	732	738	738	731	720	704
American Samoa	56	55	55	55	55	54	52	50	47	45
Cook Islands	21	21	21	22	22	22	21	21	21	20
French Polynesia	283	293	296	300	302	302	299	295	289	281
Niue	2	2	2	2	2	2	2	2	2	2
Samoa	193	198	201	203	208	213	215	216	214	211
Tokelau	1	1	1	1	1	1	1	1	1	1
Tonga	106	110	113	116	120	123	124	125	125	124
Tuvalu	10	10	10	10	10	10	10	10	9	9
Wallis and Futuna Islands	13	13	13	13	13	12	12	12	12	11

表A. 14. 主要地域、地域および国別、年央総人口：出生率一定予測値、2015-2060年

出生率一定予測値

主要地域、地域および国	人口（千人）									
	2015	2020	2025	2030	2035	2040	2045	2050	2055	2060
WORLD	7 349 472	7 688 595	7 960 813	8 179 515	8 372 455	8 532 257	8 647 359	8 710 042	8 720 959	8 685 876
More developed regions	1 251 351	1 256 280	1 251 616	1 239 777	1 224 773	1 207 058	1 186 470	1 162 261	1 133 963	1 102 810
Less developed regions	6 098 121	6 432 315	6 709 197	6 939 738	7 147 683	7 325 198	7 460 889	7 547 781	7 586 996	7 583 066
Least developed countries	954 158	1 061 188	1 168 218	1 275 468	1 385 755	1 496 142	1 603 147	1 704 077	1 797 828	1 883 682
Less developed regions, excluding least developed countries	5 143 963	5 371 127	5 540 979	5 664 270	5 761 928	5 829 057	5 857 742	5 843 704	5 789 168	5 699 384
Less developed regions, excluding China	4 690 815	5 010 539	5 292 572	5 541 869	5 776 000	5 987 105	6 164 914	6 302 588	6 400 560	6 461 716
High-income countries	1 401 479	1 419 646	1 425 862	1 423 142	1 416 015	1 404 522	1 388 270	1 366 456	1 338 566	1 306 110
Middle-income countries	5 306 283	5 545 325	5 727 419	5 862 895	5 973 087	6 052 743	6 093 487	6 090 689	6 046 680	5 966 538
Upper-middle-income countries	2 390 125	2 446 031	2 469 702	2 472 041	2 463 040	2 441 433	2 404 958	2 352 327	2 284 005	2 202 287
Lower-middle-income countries	2 916 158	3 099 294	3 257 717	3 390 855	3 510 046	3 611 310	3 688 529	3 738 362	3 762 675	3 764 251
Low-income countries	638 735	720 503	804 287	890 130	979 916	1 071 482	1 162 045	1 249 321	1 332 141	1 409 681
Sub-Saharan Africa	962 287	1 086 604	1 214 694	1 347 442	1 487 909	1 632 843	1 777 743	1 919 003	2 054 616	2 183 195
AFRICA	1 186 178	1 328 780	1 472 568	1 618 995	1 772 593	1 929 941	2 085 695	2 235 611	2 377 449	2 509 952
EASTERN AFRICA	394 477	447 531	501 792	557 431	615 677	675 143	733 924	790 507	844 045	893 997
Burundi	11 179	13 023	14 887	16 803	18 908	21 237	23 707	26 190	28 608	30 970
Comoros	788	876	960	1 042	1 124	1 205	1 281	1 351	1 412	1 464
Djibouti	888	938	980	1 012	1 036	1 052	1 060	1 059	1 048	1 028
Eritrea	5 228	5 839	6 439	7 031	7 644	8 257	8 831	9 336	9 767	10 130
Ethiopia	99 391	111 006	122 257	132 904	143 127	152 670	161 229	168 555	174 515	179 023
Kenya	46 050	51 724	57 315	62 933	68 754	74 607	80 279	85 590	90 461	94 840
Madagascar	24 235	27 549	31 010	34 575	38 291	42 075	45 848	49 527	53 078	56 454
Malawi	17 215	19 853	22 646	25 631	28 823	32 161	35 585	39 019	42 396	45 645
Mauritius	1 273	1 279	1 273	1 256	1 231	1 199	1 158	1 109	1 057	1 002
Mayotte	240	271	301	331	362	392	421	446	469	488
Mozambique	27 978	31 736	35 725	40 000	44 627	49 482	54 435	59 393	64 249	68 901
Réunion	861	885	902	912	917	915	904	885	859	828
Rwanda	11 610	12 877	14 046	15 154	16 257	17 297	18 192	18 897	19 411	19 752
Seychelles	96	98	98	97	96	94	92	88	84	80
Somalia	10 787	12 330	14 075	15 963	18 002	20 155	22 374	24 622	26 875	29 101
South Sudan	12 340	14 009	15 626	17 183	18 778	20 372	21 916	23 364	24 689	25 876
Uganda	39 032	45 481	52 406	59 773	67 668	75 871	84 094	92 167	100 014	107 556
United Republic of Tanzania	53 470	61 737	70 510	79 942	90 253	101 196	112 415	123 682	134 876	145 930
Zambia	16 212	18 726	21 441	24 428	27 742	31 328	35 101	38 993	42 955	46 974
Zimbabwe	15 603	17 296	18 892	20 461	22 038	23 578	25 003	26 235	27 224	27 956
MIDDLE AFRICA	151 952	174 565	198 551	223 838	250 803	278 788	306 989	334 761	361 791	387 743
Angola	25 022	29 016	33 354	38 047	43 144	48 502	53 979	59 462	64 899	70 229
Cameroon	23 344	26 109	28 901	31 744	34 714	37 753	40 745	43 598	46 268	48 729
Central African Republic	4 900	5 362	5 812	6 246	6 678	7 102	7 503	7 868	8 186	8 447
Chad	14 037	16 304	18 705	21 217	23 856	26 561	29 261	31 900	34 454	36 901
Congo	4 620	5 220	5 859	6 547	7 298	8 089	8 887	9 674	10 446	11 202
Democratic Republic of the Congo	77 267	89 482	102 542	116 362	131 141	146 518	162 072	177 461	192 512	207 013
Equatorial Guinea	845	963	1 080	1 195	1 310	1 423	1 533	1 638	1 735	1 824
Gabon	1 725	1 900	2 069	2 233	2 396	2 556	2 706	2 841	2 958	3 053
São Tomé and Príncipe	190	209	228	247	266	285	302	318	332	344
NORTHERN AFRICA	223 892	242 175	257 875	271 552	284 684	297 098	307 952	316 608	322 833	326 757
Algeria	39 667	42 595	44 797	46 407	47 739	48 911	49 914	50 631	50 900	50 667
Egypt	91 508	99 581	106 461	112 588	118 783	124 875	130 226	134 498	137 683	139 936
Libya	6 278	6 636	6 920	7 123	7 284	7 406	7 476	7 473	7 388	7 236
Morocco	34 378	36 097	37 350	38 190	38 773	39 099	39 148	38 894	38 335	37 494
Sudan	40 235	44 922	49 651	54 357	59 117	63 793	68 215	72 262	75 902	79 121
Tunisia	11 254	11 719	12 024	12 179	12 245	12 244	12 181	12 040	11 805	11 479
Western Sahara	573	625	670	709	742	770	793	810	819	823
SOUTHERN AFRICA	62 634	64 815	66 147	66 996	67 705	68 226	68 442	68 272	67 663	66 643
Botswana	2 262	2 435	2 580	2 697	2 801	2 890	2 959	3 005	3 022	3 013
Lesotho	2 135	2 234	2 310	2 371	2 433	2 493	2 549	2 594	2 623	2 630
Namibia	2 459	2 704	2 929	3 135	3 333	3 518	3 685	3 827	3 941	4 025
South Africa	54 490	56 090	56 928	57 355	57 666	57 818	57 712	57 289	56 509	55 406
Swaziland	1 287	1 352	1 400	1 437	1 473	1 507	1 536	1 557	1 568	1 569
WESTERN AFRICA	353 224	399 693	448 204	499 177	553 724	610 686	668 388	725 463	781 118	834 813
Benin	10 880	12 258	13 645	15 032	16 437	17 817	19 124	20 325	21 405	22 359
Burkina Faso	18 106	20 695	23 429	26 316	29 389	32 559	35 714	38 770	41 704	44 491
Cabo Verde	521	547	569	586	602	613	620	622	618	609

表A. 14.　主要地域、地域および国別、年央総人口：出生率一定予測値（続）

出生率一定予測値

主要地域、地域および国	人口（千人）									
	2015	2020	2025	2030	2035	2040	2045	2050	2055	2060
Côte d'Ivoire	22 702	25 353	28 118	30 999	34 075	37 307	40 624	43 980	47 351	50 701
Gambia	1 991	2 307	2 645	3 002	3 381	3 771	4 159	4 533	4 885	5 208
Ghana	27 410	30 265	32 953	35 511	38 066	40 574	42 934	45 032	46 803	48 250
Guinea	12 609	14 238	15 913	17 631	19 419	21 236	23 040	24 792	26 457	28 010
Guinea-Bissau	1 844	2 051	2 254	2 451	2 652	2 851	3 042	3 217	3 372	3 505
Liberia	4 503	5 048	5 608	6 181	6 777	7 373	7 950	8 490	8 991	9 450
Mali	17 600	20 304	23 259	26 490	30 018	33 735	37 526	41 281	44 961	48 523
Mauritania	4 068	4 537	5 004	5 470	5 945	6 416	6 867	7 287	7 670	8 015
Niger	19 899	24 147	29 145	34 946	41 662	49 259	57 637	66 673	76 214	86 126
Nigeria	182 202	205 275	229 183	254 184	280 813	308 444	336 177	363 370	389 684	414 883
Saint Helena	4	4	4	4	4	4	4	4	4	3
Senegal	15 129	17 342	19 624	22 004	24 566	27 283	30 077	32 870	35 598	38 239
Sierra Leone	6 453	7 099	7 701	8 268	8 817	9 325	9 772	10 144	10 432	10 637
Togo	7 305	8 222	9 150	10 101	11 100	12 119	13 119	14 073	14 969	15 802
ASIA	4 393 296	4 555 907	4 666 024	4 732 662	4 773 201	4 784 055	4 759 867	4 698 178	4 602 000	4 476 473
EASTERN ASIA	1 612 287	1 625 450	1 617 191	1 594 009	1 562 667	1 523 155	1 474 508	1 416 645	1 350 250	1 276 997
China	1 376 049	1 390 475	1 385 587	1 367 292	1 341 708	1 308 925	1 267 824	1 218 251	1 160 889	1 097 309
China, Hong Kong SAR	7 288	7 487	7 610	7 667	7 673	7 628	7 549	7 440	7 285	7 090
China, Macao SAR	588	627	662	691	716	735	750	762	770	774
Dem. People's Republic of Korea	25 155	25 534	25 692	25 645	25 452	25 109	24 612	23 952	23 165	22 323
Japan	126 573	124 173	120 695	116 483	111 987	107 311	102 594	97 879	93 113	88 144
Mongolia	2 959	3 147	3 283	3 378	3 455	3 518	3 566	3 598	3 608	3 588
Republic of Korea	50 293	50 820	50 896	50 634	50 090	49 124	47 761	46 023	43 929	41 591
Other non-specified areas	23 381	23 187	22 766	22 219	21 586	20 805	19 852	18 741	17 492	16 178
SOUTH-CENTRAL ASIA	1 890 288	1 992 581	2 073 176	2 133 823	2 182 093	2 215 075	2 229 641	2 224 225	2 200 961	2 162 089
CENTRAL ASIA	67 314	71 151	73 855	75 628	77 000	78 050	78 620	78 498	77 640	76 166
Kazakhstan	17 625	18 440	18 976	19 303	19 555	19 770	19 931	19 993	19 911	19 686
Kyrgyzstan	5 940	6 322	6 607	6 816	6 997	7 152	7 261	7 311	7 300	7 232
Tajikistan	8 482	9 326	10 053	10 661	11 226	11 783	12 298	12 705	12 983	13 153
Turkmenistan	5 374	5 626	5 798	5 891	5 934	5 931	5 881	5 775	5 615	5 407
Uzbekistan	29 893	31 437	32 421	32 958	33 288	33 414	33 248	32 713	31 833	30 689
SOUTHERN ASIA	1 822 974	1 921 430	1 999 321	2 058 195	2 105 093	2 137 025	2 151 020	2 145 727	2 123 321	2 085 923
Afghanistan	32 527	36 146	39 334	42 165	44 746	46 947	48 667	49 828	50 432	50 512
Bangladesh	160 996	168 659	174 301	178 010	180 336	181 021	179 924	177 042	172 608	166 841
Bhutan	775	809	832	846	854	856	852	840	821	795
India	1 311 051	1 375 627	1 426 454	1 464 395	1 493 755	1 511 966	1 517 202	1 509 385	1 490 757	1 462 788
Iran (Islamic Republic of)	79 109	82 441	84 171	84 711	84 740	84 411	83 573	81 903	79 188	75 500
Maldives	364	389	406	417	426	433	437	438	433	424
Nepal	28 514	29 846	30 847	31 492	31 891	32 013	31 875	31 478	30 839	29 964
Pakistan	188 925	206 547	222 044	235 470	248 011	259 511	269 238	276 349	280 702	282 571
Sri Lanka	20 715	20 966	20 932	20 688	20 333	19 866	19 252	18 465	17 540	16 528
SOUTH-EASTERN ASIA	633 490	661 290	681 649	695 542	705 266	710 094	709 353	702 800	690 871	674 628
Brunei Darussalam	423	446	463	476	485	491	493	490	482	469
Cambodia	15 578	16 580	17 411	18 074	18 650	19 138	19 495	19 677	19 686	19 542
Indonesia	257 564	269 317	277 829	283 537	287 433	289 127	288 353	285 079	279 607	272 479
Lao People's Democratic Republic	6 802	7 321	7 757	8 109	8 413	8 662	8 839	8 930	8 940	8 873
Malaysia	30 331	32 034	33 422	34 481	35 294	35 842	36 131	36 181	35 977	35 518
Myanmar	53 897	55 718	56 975	57 713	58 073	57 960	57 327	56 190	54 629	52 729
Philippines	100 699	107 424	113 413	118 554	123 078	126 789	129 556	131 357	132 145	132 003
Singapore	5 604	5 957	6 103	6 194	6 242	6 242	6 192	6 092	5 941	5 754
Thailand	67 959	68 008	67 202	65 804	64 031	61 828	59 169	56 074	52 644	49 054
Timor-Leste	1 185	1 305	1 418	1 524	1 630	1 740	1 850	1 949	2 034	2 105
Viet Nam	93 448	97 182	99 656	101 076	101 935	102 273	101 946	100 781	98 786	96 103
WESTERN ASIA	257 231	276 585	294 008	309 289	323 175	335 732	346 366	354 508	359 919	362 758
Armenia	3 018	3 007	2 954	2 872	2 777	2 672	2 553	2 419	2 273	2 121
Azerbaijan	9 754	10 143	10 315	10 340	10 305	10 206	10 018	9 737	9 392	9 005
Bahrain	1 377	1 474	1 540	1 588	1 627	1 655	1 666	1 661	1 641	1 608
Cyprus	1 165	1 207	1 233	1 250	1 262	1 268	1 270	1 265	1 251	1 230
Georgia	4 000	3 942	3 850	3 729	3 590	3 441	3 287	3 118	2 932	2 735
Iraq	36 423	41 610	46 770	52 092	57 773	63 634	69 501	75 210	80 681	85 905
Israel	8 064	8 648	9 172	9 656	10 137	10 606	11 053	11 453	11 784	12 046
Jordan	7 595	8 091	8 346	8 744	9 265	9 749	10 165	10 478	10 679	10 784
Kuwait	3 892	4 271	4 556	4 786	4 968	5 124	5 246	5 325	5 349	5 321
Lebanon	5 851	5 826	5 243	5 021	5 068	5 071	5 036	4 964	4 858	4 723
Oman	4 491	4 776	4 954	5 059	5 123	5 171	5 225	5 297	5 317	5 278

表A. 14. 主要地域、地域および国別、年央総人口：出生率一定予測値（続）

出生率一定予測値

主要地域、地域および国	人口（千人）									
	2015	2020	2025	2030	2035	2040	2045	2050	2055	2060
Qatar	2 235	2 435	2 593	2 699	2 782	2 855	2 912	2 953	2 972	2 968
Saudi Arabia	31 540	34 076	36 067	37 706	39 121	40 282	41 100	41 499	41 471	41 068
State of Palestine	4 668	5 285	5 902	6 502	7 102	7 693	8 259	8 785	9 258	9 675
Syrian Arab Republic	18 502	20 808	25 002	27 550	28 744	29 759	30 558	31 102	31 368	31 357
Turkey	78 666	81 476	82 833	84 134	85 322	86 006	86 083	85 441	84 106	82 153
United Arab Emirates	9 157	9 754	10 258	10 664	11 040	11 371	11 622	11 778	11 837	11 816
Yemen	26 832	29 759	32 420	34 895	37 170	39 168	40 812	42 025	42 749	42 964
EUROPE	738 442	733 773	723 251	708 756	692 905	676 009	657 879	637 735	615 191	590 985
EASTERN EUROPE	292 943	287 269	278 814	268 542	257 654	246 723	235 907	224 896	213 440	201 626
Belarus	9 496	9 282	8 994	8 650	8 293	7 940	7 592	7 238	6 873	6 504
Bulgaria	7 150	6 833	6 478	6 094	5 708	5 333	4 975	4 620	4 262	3 903
Czech Republic	10 543	10 487	10 340	10 112	9 848	9 577	9 311	9 029	8 707	8 342
Hungary	9 855	9 604	9 292	8 937	8 567	8 194	7 827	7 458	7 075	6 674
Poland	38 612	38 064	37 093	35 847	34 459	32 975	31 413	29 764	28 033	26 230
Republic of Moldova	4 069	3 980	3 846	3 680	3 494	3 292	3 081	2 862	2 634	2 399
Romania	19 511	18 708	17 889	17 064	16 240	15 407	14 552	13 663	12 737	11 800
Russian Federation	143 457	141 622	138 118	133 585	128 734	123 938	119 301	114 618	109 741	104 693
Slovakia	5 426	5 386	5 295	5 156	4 987	4 799	4 601	4 394	4 172	3 932
Ukraine	44 824	43 303	41 470	39 416	37 325	35 267	33 256	31 250	29 205	27 150
NORTHERN EUROPE	102 358	104 374	105 675	106 337	106 709	106 882	106 835	106 412	105 478	104 122
Channel Islands	164	166	168	168	168	168	166	164	161	158
Denmark	5 669	5 732	5 775	5 792	5 792	5 775	5 742	5 693	5 626	5 546
Estonia	1 313	1 285	1 246	1 201	1 154	1 108	1 063	1 015	965	912
Faeroe Islands	48	48	49	49	49	49	48	47	46	45
Finland	5 503	5 543	5 547	5 517	5 464	5 390	5 305	5 212	5 111	5 004
Iceland	329	339	347	351	354	355	354	351	346	339
Ireland	4 688	4 834	4 950	5 032	5 110	5 181	5 233	5 249	5 223	5 161
Isle of Man	88	90	92	93	94	95	95	94	94	93
Latvia	1 971	1 903	1 826	1 742	1 659	1 581	1 504	1 426	1 348	1 269
Lithuania	2 878	2 772	2 667	2 557	2 447	2 337	2 230	2 123	2 015	1 910
Norway	5 211	5 450	5 607	5 736	5 842	5 926	5 991	6 036	6 054	6 045
Sweden	9 779	10 042	10 256	10 403	10 511	10 605	10 700	10 785	10 831	10 835
United Kingdom	64 716	66 168	67 145	67 696	68 066	68 313	68 404	68 216	67 659	66 805
SOUTHERN EUROPE	152 348	150 659	147 955	144 654	141 310	137 707	133 674	129 025	123 666	117 774
Albania	2 897	2 907	2 888	2 834	2 753	2 652	2 537	2 410	2 275	2 135
Andorra	70	69	69	69	69	69	68	66	64	61
Bosnia and Herzegovina	3 810	3 726	3 602	3 454	3 294	3 123	2 945	2 758	2 566	2 372
Croatia	4 240	4 130	3 991	3 839	3 685	3 527	3 366	3 198	3 022	2 841
Gibraltar	32	32	32	32	31	31	30	29	28	27
Greece	10 955	10 742	10 452	10 133	9 818	9 502	9 170	8 796	8 367	7 896
Holy See	1	1	1	1	1	1	1	1	1	1
Italy	59 798	59 328	58 449	57 305	56 090	54 778	53 298	51 581	49 613	47 466
Malta	419	420	418	413	405	396	384	372	358	344
Montenegro	626	621	610	595	578	558	537	513	487	461
Portugal	10 350	10 082	9 798	9 515	9 250	8 984	8 690	8 358	7 984	7 583
San Marino	32	32	32	32	32	31	31	30	29	28
Serbia	8 851	8 604	8 309	7 979	7 636	7 280	6 917	6 546	6 165	5 777
Slovenia	2 068	2 059	2 031	1 990	1 942	1 889	1 832	1 767	1 694	1 615
Spain	46 122	45 835	45 230	44 466	43 782	43 003	42 059	40 868	39 364	37 608
TFYR Macedonia	2 078	2 070	2 043	1 999	1 945	1 882	1 811	1 733	1 649	1 559
WESTERN EUROPE	190 794	191 472	190 806	189 222	187 232	184 697	181 463	177 401	172 608	167 463
Austria	8 545	8 587	8 587	8 540	8 462	8 352	8 215	8 038	7 815	7 562
Belgium	11 299	11 545	11 608	11 620	11 609	11 570	11 490	11 359	11 173	10 951
France	64 395	65 234	65 637	65 773	65 814	65 657	65 210	64 443	63 434	62 279
Germany	80 689	79 786	78 411	76 639	74 717	72 628	70 314	67 689	64 784	61 811
Liechtenstein	38	38	39	40	40	40	40	39	39	38
Luxembourg	567	600	630	653	675	695	714	729	740	748
Monaco	38	38	39	39	39	40	40	40	40	40
Netherlands	16 925	17 059	17 087	17 016	16 873	16 645	16 330	15 943	15 502	15 037
Switzerland	8 299	8 584	8 768	8 902	9 002	9 071	9 112	9 121	9 081	8 998
LATIN AMERICA AND THE CARIBBEAN	634 387	660 100	678 797	691 312	699 903	703 879	702 716	696 204	684 637	668 510
CARIBBEAN	43 199	44 149	44 681	44 853	44 789	44 427	43 727	42 664	41 284	39 653
Anguilla	15	15	15	15	15	15	14	13	13	12
Antigua and Barbuda	92	95	98	101	102	103	103	102	100	98
Aruba	104	105	104	103	101	99	95	91	87	82

出生率一定予測値

主要地域、地域および国	人口（千人）									
	2015	2020	2025	2030	2035	2040	2045	2050	2055	2060
Bahamas	388	406	419	428	434	438	439	438	433	427
Barbados	284	285	284	280	275	269	261	253	243	234
British Virgin Islands	30	32	33	34	34	35	34	34	33	33
Caribbean Netherlands	25	26	27	27	28	28	27	27	27	26
Cayman Islands	60	63	66	69	71	72	73	74	74	74
Cuba	11 390	11 279	11 101	10 864	10 583	10 240	9 828	9 342	8 790	8 199
Curaçao	157	162	166	169	170	171	171	170	169	167
Dominica	73	74	74	73	72	70	68	66	63	59
Dominican Republic	10 528	10 997	11 338	11 569	11 734	11 803	11 767	11 623	11 392	11 086
Grenada	107	108	108	107	106	103	100	97	92	86
Guadeloupe	468	474	476	475	473	469	462	450	435	418
Haiti	10 711	11 269	11 712	12 048	12 312	12 491	12 565	12 521	12 365	12 110
Jamaica	2 793	2 811	2 793	2 742	2 675	2 591	2 491	2 376	2 244	2 100
Martinique	396	392	386	378	368	355	340	322	304	286
Montserrat	5	5	5	5	5	5	5	5	5	4
Puerto Rico	3 683	3 642	3 578	3 497	3 401	3 286	3 153	3 000	2 831	2 652
Saint Kitts and Nevis	56	58	60	61	61	61	61	60	59	57
Saint Lucia	185	190	193	194	193	191	188	184	178	171
Saint Vincent and the Grenadines	109	110	109	107	105	103	100	96	91	86
Sint Maarten (Dutch part)	39	41	43	44	45	46	47	47	47	47
Trinidad and Tobago	1 360	1 365	1 349	1 320	1 284	1 244	1 198	1 145	1 085	1 021
Turks and Caicos Islands	34	37	38	40	41	42	43	43	43	42
United States Virgin Islands	106	106	105	103	100	96	91	86	81	76
CENTRAL AMERICA	172 740	181 999	189 275	194 725	198 971	201 804	203 052	202 634	200 618	197 117
Belize	359	394	424	450	473	493	508	519	525	527
Costa Rica	4 808	4 995	5 121	5 195	5 238	5 246	5 216	5 145	5 033	4 888
El Salvador	6 127	6 162	6 152	6 101	6 032	5 919	5 761	5 558	5 318	5 046
Guatemala	16 343	17 836	19 227	20 508	21 728	22 836	23 795	24 578	25 174	25 579
Honduras	8 075	8 559	8 966	9 292	9 560	9 751	9 859	9 883	9 826	9 693
Mexico	127 017	133 510	138 413	141 865	144 340	145 756	145 999	145 024	142 895	139 708
Nicaragua	6 082	6 351	6 561	6 723	6 858	6 942	6 970	6 939	6 852	6 712
Panama	3 929	4 192	4 412	4 591	4 742	4 862	4 945	4 989	4 994	4 965
SOUTH AMERICA	418 447	433 952	444 841	451 734	456 143	457 648	455 938	450 906	442 735	431 740
Argentina	43 417	45 109	46 425	47 438	48 286	48 926	49 321	49 441	49 260	48 784
Bolivia	10 725	11 441	12 078	12 640	13 157	13 596	13 941	14 180	14 312	14 341
Brazil	207 848	213 914	217 588	219 251	219 632	218 562	215 930	211 728	206 078	199 125
Chile	17 948	18 675	19 204	19 490	19 671	19 735	19 665	19 452	19 098	18 626
Colombia	48 229	49 740	50 609	50 950	50 959	50 600	49 843	48 687	47 195	45 422
Ecuador	16 144	17 173	18 041	18 764	19 393	19 897	20 250	20 447	20 489	20 391
Falkland Islands (Malvinas)	3	3	3	3	3	3	3	3	3	2
French Guiana	269	302	334	367	400	434	466	495	522	546
Guyana	767	779	787	785	775	756	730	700	667	633
Paraguay	6 639	6 997	7 286	7 507	7 684	7 802	7 859	7 851	7 784	7 658
Peru	31 377	33 001	34 319	35 364	36 221	36 860	37 238	37 324	37 116	36 638
Suriname	543	560	570	575	576	573	565	552	536	517
Uruguay	3 432	3 465	3 472	3 458	3 433	3 394	3 338	3 265	3 176	3 073
Venezuela (Bolivarian Republic of)	31 108	32 794	34 125	35 142	35 953	36 511	36 789	36 781	36 500	35 985
NORTHERN AMERICA	357 838	368 259	376 332	382 148	386 564	389 607	391 145	391 183	389 753	387 493
Bermuda	62	60	59	57	56	53	51	48	46	43
Canada	35 940	37 291	38 257	38 968	39 493	39 840	40 035	40 072	39 926	39 663
Greenland	56	56	55	54	53	51	49	46	44	41
Saint Pierre and Miquelon	6	6	7	7	7	7	7	7	7	6
United States of America	321 774	330 846	337 953	343 062	346 956	349 655	351 004	351 010	349 731	347 739
OCEANIA	39 331	41 776	43 841	45 642	47 289	48 766	50 056	51 132	51 928	52 464
AUSTRALIA/NEW ZEALAND	28 497	30 075	31 338	32 390	33 316	34 132	34 852	35 465	35 906	36 189
Australia	23 969	25 382	26 515	27 466	28 316	29 083	29 780	30 398	30 872	31 208
New Zealand	4 529	4 692	4 824	4 924	5 000	5 049	5 071	5 067	5 034	4 980
MELANESIA	9 623	10 450	11 223	11 946	12 643	13 288	13 851	14 318	14 688	14 963
Fiji	892	907	909	902	888	869	842	808	770	727
New Caledonia	263	277	289	299	308	316	323	327	330	331
Papua New Guinea	7 619	8 340	9 026	9 676	10 308	10 897	11 421	11 867	12 230	12 513
Solomon Islands	584	635	682	728	775	818	858	890	916	936
Vanuatu	265	291	317	341	364	387	408	426	442	455
MICRONESIA	526	548	567	583	598	609	616	618	615	608
Guam	170	179	186	193	198	201	203	204	203	201

表A. 14. 主要地域、地域および国別、年央総人口：出生率一定予測値（続）

出生率一定予測値

主要地域、地域および国	人口（千人）									
	2015	2020	2025	2030	2035	2040	2045	2050	2055	2060
Kiribati	112	121	129	136	143	149	155	160	164	167
Marshall Islands	53	53	53	54	56	58	59	60	59	58
Micronesia (Fed. States of)	104	107	110	113	115	115	115	114	113	110
Nauru	10	10	10	10	10	10	10	9	9	9
Northern Mariana Islands	55	55	55	54	53	51	49	46	42	38
Palau	21	22	23	24	24	25	25	25	25	25
POLYNESIA	684	704	713	722	732	738	738	731	720	704
American Samoa	56	55	55	55	55	54	52	50	47	45
Cook Islands	21	21	21	22	22	22	21	21	21	20
French Polynesia	283	293	296	300	302	302	299	295	289	281
Niue	2	2	2	2	2	2	2	2	2	2
Samoa	193	198	201	203	208	213	215	216	214	211
Tokelau	1	1	1	1	1	1	1	1	1	1
Tonga	106	110	113	116	120	123	124	125	125	124
Tuvalu	10	10	10	10	10	10	10	10	9	9
Wallis and Futuna Islands	13	13	13	13	13	12	12	12	12	11

表A. 15. 主要地域、地域および国別年平均人口増加率：推計および中位予測値、1960-2060年

推計値：1960-2010

主要地域、地域および国	年平均増加率(%)									
	1960-1965	1965-1970	1970-1975	1975-1980	1980-1985	1985-1990	1990-1995	1995-2000	2000-2005	2005-2010
WORLD	1.92	2.06	1.96	1.78	1.78	1.80	1.54	1.32	1.24	1.22
More developed regions	1.08	0.85	0.77	0.65	0.58	0.55	0.44	0.32	0.34	0.40
Less developed regions	2.28	2.53	2.39	2.16	2.15	2.16	1.84	1.57	1.46	1.40
Least developed countries	2.39	2.56	2.35	2.48	2.55	2.66	2.75	2.54	2.50	2.36
Less developed regions, excluding least developed countries	2.26	2.53	2.39	2.12	2.10	2.09	1.70	1.42	1.29	1.24
Less developed regions, excluding China	2.45	2.46	2.45	2.42	2.43	2.29	2.07	1.90	1.77	1.69
High-income countries	1.23	0.99	0.93	0.84	0.79	0.75	0.67	0.58	0.59	0.69
Middle-income countries	2.21	2.48	2.33	2.09	2.08	2.08	1.70	1.41	1.28	1.21
Upper-middle-income countries	2.12	2.62	2.32	1.81	1.76	1.90	1.36	0.97	0.85	0.80
Lower-middle-income countries	2.31	2.34	2.35	2.40	2.41	2.25	2.03	1.83	1.67	1.56
Low-income countries	2.23	2.45	2.46	2.28	2.37	2.64	2.83	2.69	2.73	2.69
Sub-Saharan Africa	2.39	2.53	2.66	2.78	2.81	2.81	2.72	2.63	2.66	2.73
AFRICA	2.45	2.54	2.61	2.75	2.81	2.77	2.63	2.44	2.45	2.53
EASTERN AFRICA	2.62	2.78	2.85	2.94	2.93	2.99	2.56	2.82	2.75	2.82
Burundi	2.00	2.32	1.23	2.31	2.92	3.24	2.11	1.63	3.18	3.52
Comoros	1.69	2.13	2.30	3.71	2.96	2.98	2.89	2.66	2.44	2.43
Djibouti	6.36	6.57	6.79	9.42	3.31	6.58	2.33	1.78	1.49	1.30
Eritrea	2.43	2.55	2.74	2.82	2.91	2.60	0.16	2.22	3.41	2.25
Ethiopia	2.43	2.55	2.73	1.58	2.92	3.29	3.50	2.98	2.85	2.67
Kenya	3.19	3.38	3.62	3.75	3.79	3.52	3.10	2.53	2.58	2.64
Madagascar	2.47	2.62	2.83	2.87	2.64	2.91	3.06	3.15	3.00	2.84
Malawi	2.30	2.52	2.79	3.05	3.13	5.34	0.86	2.61	2.60	2.94
Mauritius	2.64	1.85	1.53	1.59	1.00	0.77	1.33	0.98	0.61	0.42
Mayotte	4.79	3.83	4.15	3.85	5.37	5.47	5.24	3.98	3.39	3.17
Mozambique	2.05	2.19	2.33	2.75	1.87	0.41	3.48	2.76	2.91	2.82
Réunion	3.04	3.35	0.96	0.99	1.85	1.78	1.96	1.79	1.44	0.96
Rwanda	1.94	2.99	2.99	3.30	3.48	3.42	−4.11	6.10	2.32	2.67
Seychelles	2.37	2.26	2.59	2.13	1.04	0.22	1.65	1.13	1.79	0.95
Somalia	2.15	2.31	2.38	9.01	−0.07	0.82	0.08	3.03	2.73	2.47
South Sudan	1.99	2.22	2.43	2.65	2.94	1.13	−1.10	4.10	3.82	4.33
Uganda	3.32	3.29	2.73	2.95	3.07	3.45	3.21	3.04	3.32	3.35
United Republic of Tanzania	2.96	3.05	3.22	3.13	3.12	3.06	3.22	2.56	2.78	3.12
Zambia	3.09	3.24	3.49	3.48	3.37	2.98	2.56	2.69	2.58	2.89
Zimbabwe	3.29	3.27	3.40	3.33	3.91	3.36	2.16	1.35	0.76	1.47
MIDDLE AFRICA	2.28	2.47	2.54	2.72	2.81	2.95	3.37	2.72	3.04	3.09
Angola	1.79	1.78	2.41	2.89	3.42	2.65	3.18	2.88	3.47	3.39
Cameroon	2.21	2.46	2.68	2.87	3.01	3.02	2.87	2.68	2.59	2.55
Central African Republic	1.85	2.07	1.96	2.40	2.89	2.23	2.54	2.21	1.70	1.83
Chad	1.96	1.92	2.30	1.97	2.42	3.14	3.23	3.51	3.76	3.34
Congo	2.66	2.85	3.07	2.93	2.91	2.71	2.63	2.67	2.39	2.98
Democratic Republic of the Congo	2.61	2.83	2.70	2.81	2.58	3.07	3.76	2.60	3.10	3.24
Equatorial Guinea	1.33	1.53	−3.99	−1.54	7.09	3.65	3.45	3.38	3.29	3.04
Gabon	1.29	2.05	1.92	2.31	2.59	2.75	2.64	2.51	2.24	2.25
São Tomé and Príncipe	0.17	2.72	2.13	2.79	1.74	1.85	2.03	1.75	2.20	2.19
NORTHERN AFRICA	2.67	2.59	2.44	2.66	2.80	2.61	2.33	1.76	1.68	1.72
Algeria	2.53	2.84	2.77	2.92	3.09	2.77	2.19	1.52	1.29	1.60
Egypt	2.63	2.40	2.08	2.32	2.59	2.66	2.03	1.81	1.85	1.81
Libya	3.60	4.16	4.30	3.93	3.70	2.71	2.07	1.80	1.67	1.54
Morocco	2.90	2.37	2.14	2.34	2.37	1.98	1.70	1.28	0.97	1.10
Sudan	2.98	3.16	3.31	3.55	3.41	3.15	4.21	2.57	2.61	2.43
Tunisia	1.69	2.15	2.21	2.38	2.79	2.35	2.03	1.25	0.82	1.04
Western Sahara	8.84	8.22	−0.51	13.99	3.80	3.46	3.11	3.76	6.73	3.60
SOUTHERN AFRICA	2.56	2.54	2.67	2.52	2.55	2.30	2.39	1.65	1.43	1.33
Botswana	2.57	3.03	3.41	3.85	3.43	3.08	2.66	1.94	1.42	1.88
Lesotho	1.84	2.02	2.15	2.58	2.32	1.69	1.87	1.14	0.74	0.86
Namibia	2.49	2.68	2.98	2.24	2.53	4.16	3.12	2.75	1.32	1.58
South Africa	2.60	2.55	2.66	2.47	2.52	2.19	2.37	1.61	1.48	1.31
Swaziland	2.29	2.59	2.97	3.09	3.13	4.02	2.21	1.98	0.76	1.54
WESTERN AFRICA	2.15	2.29	2.49	2.70	2.75	2.69	2.70	2.61	2.65	2.74
Benin	1.59	1.99	2.31	2.61	2.85	3.08	3.59	2.99	3.27	3.01
Burkina Faso	1.38	1.67	1.80	2.06	2.49	2.62	2.71	2.80	2.90	3.05
Cabo Verde	2.69	3.10	0.18	0.93	1.90	1.67	2.63	2.40	1.56	0.67

表A. 15.　主要地域、地域および国別年平均人口増加率：推計および中位予測値（続）

2010-2060：中位予測値

2010-2015	2015-2020	2020-2025	2025-2030	2030-2035	2035-2040	2040-2045	2045-2050	2050-2055	2055-2060	主要地域、地域および国
年平均増加率（%）										
1.18	1.08	0.97	0.86	0.78	0.71	0.64	0.57	0.50	0.43	**WORLD**
0.29	0.24	0.17	0.11	0.05	0.01	−0.01	−0.02	−0.04	−0.05	More developed regions
1.36	1.25	1.12	1.00	0.91	0.82	0.74	0.66	0.57	0.50	Less developed regions
2.38	2.30	2.19	2.08	1.97	1.85	1.73	1.61	1.50	1.38	Least developed countries
1.18	1.05	0.90	0.77	0.66	0.57	0.48	0.39	0.30	0.22	Less developed regions, excluding least developed countries
1.63	1.51	1.38	1.26	1.15	1.06	0.96	0.87	0.78	0.69	Less developed regions, excluding China
0.52	0.42	0.34	0.26	0.19	0.14	0.10	0.07	0.04	0.01	High-income countries
1.18	1.07	0.92	0.80	0.69	0.60	0.52	0.43	0.34	0.26	Middle-income countries
0.82	0.65	0.46	0.33	0.23	0.15	0.07	−0.02	−0.11	−0.19	Upper-middle-income countries
1.48	1.41	1.28	1.14	1.02	0.92	0.82	0.71	0.62	0.53	Lower-middle-income countries
2.69	2.58	2.46	2.34	2.22	2.10	1.97	1.83	1.70	1.57	Low-income countries
2.71	2.60	2.48	2.38	2.27	2.16	2.04	1.90	1.77	1.64	**Sub-Saharan Africa**
2.55	2.44	2.31	2.20	2.11	2.01	1.89	1.77	1.64	1.52	**AFRICA**
2.81	2.70	2.55	2.42	2.29	2.16	2.02	1.87	1.73	1.59	**EASTERN AFRICA**
3.34	3.21	2.90	2.69	2.61	2.59	2.50	2.34	2.14	1.98	Burundi
2.42	2.27	2.10	1.95	1.82	1.71	1.59	1.46	1.33	1.20	Comoros
1.33	1.28	1.16	0.98	0.80	0.65	0.52	0.40	0.28	0.16	Djibouti
2.17	2.39	2.23	2.09	1.99	1.88	1.71	1.52	1.35	1.21	Eritrea
2.53	2.38	2.21	2.02	1.82	1.63	1.46	1.29	1.14	0.98	Ethiopia
2.65	2.50	2.32	2.20	2.09	1.96	1.83	1.69	1.55	1.41	Kenya
2.79	2.74	2.64	2.51	2.35	2.21	2.08	1.96	1.83	1.70	Madagascar
3.06	3.02	2.89	2.78	2.64	2.49	2.35	2.20	2.05	1.89	Malawi
0.40	0.28	0.19	0.09	−0.04	−0.19	−0.32	−0.40	−0.44	−0.46	Mauritius
2.79	2.59	2.38	2.24	2.10	1.94	1.75	1.56	1.39	1.24	Mayotte
2.80	2.68	2.62	2.56	2.48	2.36	2.23	2.10	1.96	1.81	Mozambique
0.73	0.70	0.65	0.55	0.42	0.29	0.14	0.01	−0.10	−0.17	Réunion
2.41	2.26	2.02	1.87	1.75	1.59	1.38	1.18	0.99	0.84	Rwanda
0.72	0.49	0.29	0.16	0.07	0.00	−0.11	−0.25	−0.37	−0.43	Seychelles
2.37	2.82	2.88	2.79	2.67	2.53	2.40	2.28	2.15	2.01	Somalia
4.09	2.70	2.44	2.21	2.07	1.93	1.80	1.67	1.54	1.40	South Sudan
3.27	3.22	3.08	2.93	2.76	2.58	2.39	2.22	2.05	1.89	Uganda
3.16	3.05	2.91	2.82	2.72	2.60	2.45	2.30	2.15	2.01	United Republic of Tanzania
3.05	3.05	2.96	2.90	2.82	2.71	2.59	2.47	2.33	2.20	Zambia
2.21	2.26	2.06	1.95	1.84	1.72	1.58	1.40	1.22	1.04	Zimbabwe
3.03	2.93	2.81	2.69	2.55	2.41	2.26	2.10	1.95	1.81	**MIDDLE AFRICA**
3.30	3.12	3.02	2.91	2.78	2.63	2.47	2.30	2.15	2.00	Angola
2.51	2.41	2.29	2.19	2.09	1.99	1.87	1.73	1.61	1.48	Cameroon
1.95	1.98	1.88	1.77	1.66	1.56	1.47	1.36	1.24	1.11	Central African Republic
3.31	3.15	2.98	2.81	2.61	2.43	2.26	2.10	1.95	1.80	Chad
2.56	2.61	2.56	2.53	2.47	2.37	2.23	2.09	1.96	1.84	Congo
3.17	3.09	2.96	2.81	2.66	2.51	2.34	2.18	2.02	1.87	Democratic Republic of the Congo
2.96	2.78	2.54	2.32	2.14	1.98	1.84	1.71	1.58	1.44	Equatorial Guinea
2.25	2.11	1.97	1.85	1.73	1.61	1.49	1.36	1.23	1.08	Gabon
2.16	2.06	1.98	1.90	1.80	1.68	1.54	1.40	1.28	1.16	São Tomé and Príncipe
1.89	1.76	1.53	1.36	1.26	1.19	1.10	0.98	0.86	0.75	**NORTHERN AFRICA**
1.92	1.62	1.29	1.02	0.87	0.81	0.77	0.69	0.55	0.39	Algeria
2.18	1.88	1.61	1.45	1.40	1.36	1.25	1.10	0.95	0.84	Egypt
0.04	1.30	1.12	0.92	0.78	0.68	0.56	0.41	0.23	0.10	Libya
1.37	1.17	0.97	0.79	0.64	0.52	0.41	0.31	0.20	0.10	Morocco
2.16	2.38	2.27	2.13	1.98	1.83	1.68	1.55	1.43	1.30	Sudan
1.12	1.01	0.80	0.59	0.42	0.32	0.27	0.20	0.10	−0.02	Tunisia
2.23	1.95	1.68	1.44	1.24	1.07	0.91	0.78	0.64	0.52	Western Sahara
1.17	0.89	0.72	0.64	0.60	0.56	0.52	0.46	0.38	0.29	**SOUTHERN AFRICA**
1.99	1.68	1.46	1.25	1.10	0.98	0.87	0.74	0.60	0.46	Botswana
1.20	1.12	1.00	0.93	0.92	0.94	0.93	0.89	0.79	0.66	Lesotho
2.28	2.10	1.89	1.72	1.57	1.45	1.34	1.21	1.08	0.94	Namibia
1.08	0.78	0.61	0.54	0.50	0.47	0.42	0.37	0.29	0.21	South Africa
1.51	1.20	1.03	0.93	0.90	0.89	0.87	0.80	0.71	0.61	Swaziland
2.74	2.63	2.53	2.44	2.35	2.24	2.12	1.99	1.86	1.74	**WESTERN AFRICA**
2.69	2.55	2.40	2.25	2.09	1.92	1.76	1.61	1.47	1.34	Benin
2.94	2.83	2.72	2.62	2.49	2.34	2.18	2.02	1.87	1.73	Burkina Faso
1.19	1.21	1.12	1.00	0.88	0.77	0.64	0.51	0.38	0.26	Cabo Verde

表A. 15. 主要地域、地域および国別年平均人口増加率：推計および中位予測値（続）

推計値：1960-2010

主要地域、地域および国	年平均増加率(%)									
	1960-1965	1965-1970	1970-1975	1975-1980	1980-1985	1985-1990	1990-1995	1995-2000	2000-2005	2005-2010
Côte d'Ivoire	3.89	4.34	4.63	4.48	4.12	3.61	3.38	2.74	1.87	2.09
Gambia	1.72	2.19	3.05	2.97	3.83	4.50	3.01	2.85	3.18	3.23
Ghana	2.95	2.18	2.68	1.88	3.26	2.80	2.72	2.32	2.55	2.57
Guinea	1.61	1.67	0.67	0.66	2.39	3.45	5.30	2.25	1.89	2.60
Guinea-Bissau	1.14	1.74	1.79	1.76	2.12	2.23	2.23	2.16	2.12	2.22
Liberia	2.24	2.50	2.75	3.00	2.99	−0.88	−0.22	6.59	2.46	3.82
Mali	1.13	1.32	1.72	1.79	1.99	1.60	2.56	2.72	3.07	3.27
Mauritania	2.91	2.93	2.91	2.88	2.83	2.71	2.85	3.00	3.03	2.60
Niger	2.88	2.74	2.79	2.85	2.74	2.92	3.37	3.63	3.67	3.78
Nigeria	2.11	2.22	2.49	2.96	2.59	2.61	2.51	2.50	2.55	2.65
Saint Helena	−0.53	1.09	1.17	0.58	0.94	−0.20	−0.90	−0.67	−3.59	−0.48
Senegal	2.77	2.90	3.00	2.56	2.90	3.09	2.96	2.48	2.67	2.79
Sierra Leone	1.34	1.50	1.91	2.19	2.32	2.52	−0.48	1.13	4.45	2.60
Togo	1.56	4.27	2.61	2.42	3.57	3.04	2.47	2.58	2.70	2.72
ASIA	2.12	2.46	2.29	1.98	1.97	2.00	1.63	1.33	1.20	1.11
EASTERN ASIA	1.80	2.52	2.16	1.48	1.41	1.67	1.14	0.65	0.53	0.50
China	1.84	2.70	2.27	1.54	1.47	1.85	1.23	0.68	0.55	0.54
China, Hong Kong SAR	4.24	0.81	1.91	2.97	1.38	1.35	1.18	1.98	0.17	0.44
China, Macao SAR	3.76	3.86	−0.22	−0.16	3.70	3.89	2.05	1.61	1.61	2.66
Dem. People's Republic of Korea	1.88	2.77	2.43	1.31	1.56	1.45	1.50	0.97	0.83	0.57
Japan	1.02	1.27	1.32	0.90	0.69	0.37	0.36	0.20	0.20	0.05
Mongolia	2.95	2.88	2.92	2.65	2.58	2.56	1.02	0.85	1.05	1.42
Republic of Korea	2.49	2.04	1.98	1.52	1.57	1.18	0.77	0.68	0.60	0.61
Other non-specified areas	3.43	3.12	1.99	2.04	1.53	1.02	0.89	0.72	0.69	0.43
SOUTH-CENTRAL ASIA	2.21	2.29	2.32	2.39	2.40	2.29	2.04	1.87	1.68	1.48
CENTRAL ASIA	3.34	2.61	2.38	2.00	2.05	1.94	1.07	0.72	1.03	1.36
Kazakhstan	3.50	1.92	1.51	1.08	1.12	0.93	−0.75	−1.26	0.65	1.08
Kyrgyzstan	3.39	2.83	2.14	1.90	2.02	1.81	0.88	1.52	0.64	1.32
Tajikistan	3.75	3.19	3.12	2.76	2.95	3.08	1.76	1.34	1.91	2.16
Turkmenistan	3.41	2.93	2.82	2.54	2.42	2.55	2.65	1.44	1.07	1.20
Uzbekistan	3.04	3.14	3.10	2.64	2.61	2.42	2.01	1.55	1.11	1.36
SOUTHERN ASIA	2.17	2.28	2.32	2.41	2.42	2.31	2.08	1.91	1.71	1.49
Afghanistan	1.99	2.26	2.47	0.98	−2.55	0.74	6.58	3.22	4.28	2.73
Bangladesh	2.94	3.06	1.82	2.66	2.68	2.61	2.22	2.06	1.70	1.18
Bhutan	2.40	2.86	3.61	3.34	2.57	2.65	−1.02	2.06	2.87	2.02
India	2.04	2.13	2.31	2.29	2.30	2.14	1.97	1.84	1.65	1.46
Iran (Islamic Republic of)	2.61	2.67	2.76	3.33	4.03	3.44	1.43	1.76	1.26	1.15
Maldives	2.67	2.38	3.30	2.97	3.61	3.27	2.59	1.97	1.68	1.73
Nepal	1.62	1.89	2.10	2.24	2.31	2.29	2.64	2.08	1.44	1.05
Pakistan	2.48	2.66	2.79	3.12	3.32	3.10	2.61	2.40	2.07	2.07
Sri Lanka	2.33	2.32	1.94	1.78	1.47	1.37	1.03	0.58	0.78	0.68
SOUTH-EASTERN ASIA	2.79	2.71	2.55	2.27	2.30	2.08	1.77	1.55	1.36	1.16
Brunei Darussalam	4.51	4.71	4.29	3.66	2.89	2.83	2.76	2.28	1.81	1.67
Cambodia	2.45	1.65	1.46	−2.34	2.84	3.03	3.43	2.63	1.76	1.51
Indonesia	2.67	2.71	2.59	2.41	2.25	1.90	1.64	1.43	1.35	1.31
Lao People's Democratic Republic	2.32	2.41	2.53	1.30	2.47	2.87	2.68	1.90	1.45	1.72
Malaysia	3.19	2.62	2.42	2.33	2.61	2.89	2.59	2.45	1.93	1.73
Myanmar	2.23	2.46	2.41	2.36	2.22	1.74	1.25	1.28	0.95	0.69
Philippines	3.25	2.94	2.85	2.76	2.73	2.63	2.40	2.19	2.00	1.54
Singapore	2.80	1.97	1.74	1.30	2.30	2.15	2.88	2.36	2.75	2.44
Thailand	3.00	2.95	2.76	2.25	1.88	1.67	0.93	1.12	0.99	0.25
Timor-Leste	1.82	1.94	1.87	−2.72	2.58	2.39	2.92	−0.22	3.11	1.32
Viet Nam	2.95	2.74	2.31	2.19	2.32	2.22	1.95	1.31	0.95	0.96
WESTERN ASIA	2.65	2.61	2.78	2.81	2.85	2.48	2.30	2.08	2.14	2.46
Armenia	3.32	2.66	2.30	1.83	1.51	1.20	−1.90	−0.93	−0.40	−0.34
Azerbaijan	3.22	2.46	1.90	1.59	1.59	1.56	1.48	0.87	1.07	1.22
Bahrain	2.85	2.58	4.49	6.00	3.06	3.35	2.56	3.36	5.25	7.50
Cyprus	0.28	1.09	1.14	1.07	0.53	1.71	2.19	1.96	1.81	1.33
Georgia	1.47	1.00	0.84	0.66	0.83	0.64	−1.50	−1.32	−1.17	−1.03
Iraq	2.78	3.38	3.28	3.11	2.64	2.30	2.91	3.07	2.73	2.67
Israel	3.76	2.44	3.16	2.31	1.73	1.94	3.40	2.41	1.87	2.33
Jordan	4.62	7.81	3.64	2.78	3.98	3.76	5.04	1.97	2.24	4.01
Kuwait	12.20	8.84	6.75	5.51	4.52	3.42	−4.59	3.29	3.19	6.03
Lebanon	2.96	1.87	2.29	0.23	0.54	0.20	2.31	1.29	4.18	1.68
Oman	2.49	2.94	3.95	5.38	5.22	3.80	3.81	0.43	2.26	3.21

表A. 15. 主要地域、地域および国別年平均人口増加率：推計および中位予測値（続）

2010-2060：中位予測値

年平均増加率(％)										主要地域、地域および国
2010-2015	2015-2020	2020-2025	2025-2030	2030-2035	2035-2040	2040-2045	2045-2050	2050-2055	2055-2060	
2.40	2.38	2.33	2.25	2.19	2.13	2.06	1.98	1.89	1.81	Côte d'Ivoire
3.24	3.11	2.97	2.81	2.65	2.47	2.27	2.07	1.88	1.69	Gambia
2.39	2.16	1.96	1.81	1.69	1.60	1.48	1.35	1.21	1.09	Ghana
2.71	2.59	2.48	2.35	2.23	2.11	1.98	1.85	1.72	1.58	Guinea
2.42	2.29	2.13	1.98	1.87	1.75	1.64	1.51	1.37	1.24	Guinea-Bissau
2.58	2.45	2.36	2.26	2.15	2.00	1.86	1.71	1.59	1.47	Liberia
2.98	3.01	2.95	2.88	2.77	2.63	2.45	2.27	2.10	1.94	Mali
2.49	2.34	2.21	2.08	1.95	1.82	1.69	1.56	1.44	1.33	Mauritania
4.00	4.01	3.96	3.87	3.74	3.59	3.41	3.21	3.00	2.79	Niger
2.67	2.54	2.43	2.34	2.26	2.16	2.03	1.90	1.78	1.66	Nigeria
-1.04	0.45	0.48	0.35	0.10	-0.13	-0.25	-0.28	-0.26	-0.25	Saint Helena
3.10	2.90	2.72	2.59	2.48	2.39	2.26	2.13	1.98	1.84	Senegal
2.22	2.08	1.90	1.76	1.62	1.48	1.34	1.19	1.05	0.91	Sierra Leone
2.67	2.54	2.40	2.30	2.20	2.08	1.95	1.81	1.68	1.56	Togo
1.04	0.91	0.75	0.61	0.49	0.39	0.29	0.19	0.09	0.00	**ASIA**
0.46	0.34	0.14	-0.01	-0.12	-0.21	-0.31	-0.40	-0.49	-0.58	**EASTERN ASIA**
0.52	0.39	0.17	0.01	-0.10	-0.19	-0.29	-0.39	-0.49	-0.59	China
0.83	0.73	0.58	0.43	0.27	0.12	0.06	0.04	-0.01	-0.08	China, Hong Kong SAR
1.89	1.51	1.38	1.17	0.94	0.78	0.68	0.64	0.59	0.52	China, Macao SAR
0.53	0.48	0.41	0.31	0.18	0.07	-0.02	-0.07	-0.11	-0.13	Dem. People's Republic of Korea
-0.12	-0.24	-0.36	-0.45	-0.52	-0.57	-0.58	-0.57	-0.56	-0.59	Japan
1.74	1.43	1.13	0.90	0.77	0.69	0.65	0.60	0.52	0.40	Mongolia
0.48	0.38	0.28	0.21	0.08	-0.12	-0.29	-0.41	-0.51	-0.57	Republic of Korea
0.16	0.02	-0.09	-0.16	-0.26	-0.44	-0.64	-0.80	-0.93	-1.00	Other non-specified areas
1.37	1.25	1.09	0.93	0.79	0.66	0.54	0.43	0.31	0.20	**SOUTH-CENTRAL ASIA**
1.60	1.31	1.04	0.81	0.70	0.64	0.57	0.45	0.31	0.19	**CENTRAL ASIA**
1.55	1.09	0.85	0.66	0.58	0.57	0.57	0.52	0.42	0.31	Kazakhstan
1.67	1.44	1.16	0.95	0.86	0.81	0.73	0.62	0.49	0.38	Kyrgyzstan
2.24	2.10	1.79	1.50	1.35	1.31	1.26	1.12	0.94	0.79	Tajikistan
1.27	1.13	0.92	0.69	0.50	0.36	0.25	0.13	0.00	-0.13	Turkmenistan
1.50	1.22	0.92	0.68	0.55	0.46	0.34	0.18	0.02	-0.11	Uzbekistan
1.36	1.25	1.09	0.94	0.80	0.66	0.54	0.42	0.31	0.20	**SOUTHERN ASIA**
3.02	2.27	1.96	1.74	1.54	1.32	1.11	0.90	0.72	0.55	Afghanistan
1.20	1.14	0.98	0.81	0.64	0.48	0.33	0.18	0.05	-0.08	Bangladesh
1.46	1.07	0.90	0.72	0.55	0.41	0.28	0.16	0.04	-0.09	Bhutan
1.26	1.15	1.02	0.88	0.74	0.60	0.48	0.38	0.28	0.18	India
1.27	1.06	0.73	0.46	0.33	0.27	0.19	0.04	-0.18	-0.40	Iran (Islamic Republic of)
1.79	1.56	1.20	0.91	0.74	0.67	0.60	0.46	0.27	0.08	Maldives
1.18	1.14	1.01	0.83	0.64	0.49	0.37	0.26	0.14	0.01	Nepal
2.11	1.97	1.72	1.50	1.36	1.25	1.12	0.96	0.80	0.65	Pakistan
0.50	0.42	0.24	0.11	0.01	-0.09	-0.22	-0.36	-0.46	-0.54	Sri Lanka
1.20	1.05	0.89	0.75	0.62	0.50	0.38	0.27	0.18	0.10	**SOUTH-EASTERN ASIA**
1.47	1.25	1.05	0.87	0.70	0.55	0.42	0.27	0.12	-0.03	Brunei Darussalam
1.62	1.52	1.31	1.13	1.02	0.93	0.81	0.67	0.54	0.43	Cambodia
1.28	1.08	0.91	0.76	0.62	0.49	0.37	0.25	0.15	0.08	Indonesia
1.66	1.68	1.48	1.27	1.11	0.98	0.84	0.69	0.55	0.41	Lao People's Democratic Republic
1.51	1.30	1.18	1.01	0.82	0.65	0.51	0.43	0.35	0.26	Malaysia
0.82	0.85	0.74	0.63	0.50	0.34	0.19	0.06	-0.03	-0.10	Myanmar
1.58	1.48	1.38	1.24	1.10	0.97	0.84	0.73	0.63	0.53	Philippines
1.97	1.39	0.73	0.59	0.43	0.27	0.12	-0.01	-0.14	-0.23	Singapore
0.38	0.18	0.02	-0.11	-0.24	-0.38	-0.52	-0.65	-0.76	-0.83	Thailand
2.28	2.08	1.90	1.74	1.65	1.62	1.58	1.46	1.31	1.17	Timor-Leste
1.12	0.98	0.79	0.60	0.48	0.40	0.31	0.20	0.09	-0.01	Viet Nam
2.00	1.63	1.49	1.34	1.20	1.09	0.98	0.87	0.75	0.65	**WESTERN ASIA**
0.36	0.14	-0.06	-0.24	-0.36	-0.42	-0.49	-0.58	-0.67	-0.75	Armenia
1.39	0.97	0.59	0.34	0.25	0.19	0.07	-0.07	-0.17	-0.23	Azerbaijan
1.76	1.52	1.11	0.89	0.76	0.62	0.42	0.28	0.13	0.00	Bahrain
1.09	0.89	0.70	0.60	0.49	0.40	0.34	0.28	0.20	0.12	Cyprus
-1.21	-0.11	-0.22	-0.34	-0.47	-0.53	-0.53	-0.57	-0.66	-0.75	Georgia
3.31	2.84	2.60	2.47	2.37	2.25	2.12	1.98	1.84	1.72	Iraq
1.66	1.56	1.42	1.32	1.26	1.20	1.14	1.06	0.96	0.86	Israel
3.06	1.45	0.91	1.27	1.48	1.35	1.19	1.01	0.84	0.69	Jordan
4.81	2.07	1.58	1.30	1.04	0.92	0.81	0.68	0.52	0.36	Kuwait
5.99	0.14	-1.71	-0.44	0.51	0.32	0.20	0.13	0.08	-0.01	Lebanon
8.45	1.40	0.98	0.70	0.52	0.48	0.54	0.64	0.48	0.28	Oman

表A. 15.　主要地域、地域および国別年平均人口増加率：推計および中位予測値（続）

推計値：1960-2010

主要地域、地域および国	年平均増加率（%）									
	1960-1965	1965-1970	1970-1975	1975-1980	1980-1985	1985-1990	1990-1995	1995-2000	2000-2005	2005-2010
Qatar	8.82	7.93	8.15	6.17	10.12	5.00	1.00	3.39	6.88	14.93
Saudi Arabia	3.40	3.73	4.83	5.77	5.97	4.05	2.84	2.53	2.91	2.54
State of Palestine	2.16	−1.15	3.23	2.66	3.06	3.56	4.40	4.16	2.09	2.56
Syrian Arab Republic	3.23	3.34	3.41	3.38	3.50	3.09	2.81	2.64	2.07	2.67
Turkey	2.36	2.30	2.39	2.28	2.27	1.87	1.61	1.55	1.41	1.27
United Arab Emirates	9.69	8.97	16.28	12.98	5.68	5.87	5.21	5.21	7.70	12.40
Yemen	1.68	1.83	1.97	3.42	3.86	4.04	4.88	3.07	2.83	2.81
EUROPE	0.95	0.68	0.60	0.48	0.40	0.37	0.19	−0.04	0.07	0.17
EASTERN EUROPE	1.04	0.68	0.66	0.65	0.58	0.41	−0.03	−0.38	−0.42	−0.20
Belarus	0.99	0.98	0.71	0.61	0.69	0.48	−0.14	−0.41	−0.64	−0.31
Bulgaria	0.85	0.69	0.54	0.31	0.21	−0.31	−1.08	−0.88	−0.81	−0.73
Czech Republic	0.46	0.02	0.50	0.55	−0.04	0.02	0.02	−0.14	−0.06	0.53
Hungary	0.34	0.34	0.38	0.41	−0.35	−0.36	−0.06	−0.25	−0.25	−0.16
Poland	1.19	0.79	0.81	0.92	0.93	0.38	0.21	−0.06	−0.01	0.06
Republic of Moldova	2.10	1.50	1.32	0.87	1.00	0.70	−0.12	−0.65	−0.21	−0.36
Romania	0.81	1.17	1.06	0.86	0.43	0.33	−0.45	−0.74	−0.66	−1.06
Russian Federation	1.08	0.57	0.56	0.63	0.70	0.63	0.10	−0.26	−0.38	−0.07
Slovakia	1.13	0.69	0.92	1.00	0.67	0.46	0.32	0.09	0.00	0.08
Ukraine	1.18	0.79	0.70	0.49	0.38	0.18	−0.22	−0.83	−0.82	−0.50
NORTHERN EUROPE	0.73	0.57	0.38	0.20	0.18	0.31	0.24	0.27	0.39	0.70
Channel Islands	0.99	1.05	0.84	0.28	0.85	1.00	0.48	0.64	0.74	0.67
Denmark	0.77	0.70	0.53	0.24	−0.04	0.11	0.36	0.40	0.30	0.49
Estonia	1.18	1.05	0.89	0.72	0.64	0.56	−1.77	−0.48	−0.63	−0.35
Faeroe Islands	1.19	1.19	0.98	1.19	1.27	0.93	−1.71	1.06	0.78	0.10
Finland	0.60	0.18	0.45	0.29	0.51	0.34	0.48	0.27	0.27	0.46
Iceland	1.82	1.23	1.29	0.91	1.13	1.08	0.97	1.00	1.08	1.39
Ireland	0.27	0.62	1.53	1.52	0.74	0.02	0.46	1.05	1.80	1.88
Isle of Man	0.92	2.24	1.44	1.32	−0.20	1.74	0.53	1.24	0.90	0.97
Latvia	1.17	0.90	0.76	0.45	0.54	0.63	−1.37	−0.96	−1.25	−1.27
Lithuania	1.37	1.12	1.01	0.79	0.75	0.74	−0.38	−0.80	−0.84	−1.36
Norway	0.78	0.80	0.66	0.38	0.32	0.44	0.56	0.60	0.58	1.12
Sweden	0.69	0.78	0.35	0.29	0.10	0.49	0.62	0.10	0.35	0.77
United Kingdom	0.70	0.49	0.20	0.02	0.07	0.25	0.28	0.33	0.45	0.82
SOUTHERN EUROPE	0.85	0.74	0.87	0.77	0.47	0.23	0.10	0.13	0.64	0.48
Albania	2.95	2.52	2.29	2.12	2.02	2.02	−1.09	0.10	−0.26	−1.21
Andorra	6.48	5.38	4.70	3.22	4.25	4.02	3.16	0.48	4.33	0.77
Bosnia and Herzegovina	1.84	1.22	1.17	0.85	1.06	0.71	−3.09	−0.45	0.21	0.01
Croatia	0.64	0.43	0.35	0.43	0.51	0.25	−0.68	−0.84	−0.23	−0.28
Gibraltar	1.54	1.17	0.62	0.87	0.03	0.17	0.33	0.05	1.23	1.11
Greece	0.53	0.57	0.57	1.27	0.59	0.45	0.98	0.58	0.21	0.19
Holy See	−1.16	−5.54	2.36	−0.08	0.57	0.61	0.28	0.15	0.28	0.03
Italy	0.78	0.70	0.64	0.38	0.20	0.03	0.04	0.01	0.52	0.32
Malta	−0.43	−0.12	0.21	0.78	1.12	1.00	0.92	0.78	0.51	0.74
Montenegro	1.82	−0.54	1.29	0.93	1.11	0.03	0.18	−0.22	0.09	0.18
Portugal	0.03	−0.50	1.16	1.20	0.35	−0.08	0.38	0.39	0.39	0.20
San Marino	2.50	1.86	0.61	1.59	1.22	1.14	1.47	1.16	1.29	0.97
Serbia	0.72	0.71	0.91	0.95	0.76	0.56	0.76	−0.87	−0.59	−0.28
Slovenia	0.53	0.49	0.86	1.04	1.16	0.62	−0.15	−0.03	0.08	0.55
Spain	1.11	1.05	1.14	0.98	0.54	0.24	0.29	0.49	1.47	1.22
TFYR Macedonia	1.35	1.55	0.93	1.30	0.59	0.15	−0.43	0.59	0.30	0.19
WESTERN EUROPE	1.00	0.71	0.42	0.12	0.15	0.44	0.59	0.25	0.26	0.24
Austria	0.65	0.57	0.31	−0.08	0.01	0.28	0.68	0.20	0.45	0.38
Belgium	0.65	0.47	0.22	0.18	0.08	0.17	0.37	0.21	0.56	0.69
France	1.30	0.76	0.84	0.39	0.49	0.56	0.45	0.40	0.62	0.55
Germany	0.75	0.62	0.08	−0.13	−0.15	0.36	0.66	0.07	−0.16	−0.20
Liechtenstein	2.44	2.63	1.94	1.98	1.05	1.06	1.40	1.53	0.92	0.80
Luxembourg	0.97	0.57	0.83	0.56	0.16	0.80	1.34	1.33	0.97	2.08
Monaco	0.73	0.17	1.41	1.19	1.51	0.41	0.84	0.88	1.05	1.72
Netherlands	1.35	1.19	0.97	0.71	0.52	0.60	0.71	0.57	0.54	0.36
Switzerland	1.92	1.13	0.60	−0.17	0.48	0.67	1.00	0.42	0.67	1.11
LATIN AMERICA AND THE CARIBBEAN	2.76	2.56	2.43	2.27	2.12	1.92	1.73	1.56	1.36	1.24
CARIBBEAN	2.16	1.83	1.76	1.48	1.41	1.38	1.23	1.04	0.88	0.78
Anguilla	0.84	0.91	0.71	0.20	−0.11	4.48	3.26	2.43	2.65	1.71
Antigua and Barbuda	1.74	1.83	1.15	0.30	−1.34	−1.20	1.98	2.55	1.23	1.10
Aruba	1.13	0.59	0.53	−0.19	0.95	−0.28	5.13	2.46	1.92	0.31

表A. 15. 主要地域、地域および国別年平均人口増加率：推計および中位予測値（続）

2010-2060：中位予測値

2010-2015	2015-2020	2020-2025	2025-2030	2030-2035	2035-2040	2040-2045	2045-2050	2050-2055	2055-2060	主要地域、地域および国
年平均増加率（%）										
4.72	1.85	1.47	1.05	0.85	0.75	0.66	0.57	0.45	0.33	Qatar
2.32	1.72	1.39	1.20	1.05	0.90	0.74	0.57	0.41	0.28	Saudi Arabia
2.75	2.66	2.49	2.27	2.08	1.92	1.77	1.63	1.48	1.34	State of Palestine
-2.27	2.53	3.94	2.28	1.20	1.05	0.92	0.78	0.64	0.50	Syrian Arab Republic
1.69	0.89	0.62	0.66	0.62	0.50	0.39	0.27	0.16	0.06	Turkey
1.89	1.40	1.21	1.02	0.93	0.84	0.71	0.57	0.43	0.33	United Arab Emirates
2.57	2.25	2.00	1.82	1.60	1.40	1.21	1.01	0.81	0.61	Yemen
0.08	0.04	-0.04	-0.11	-0.16	-0.18	-0.20	-0.21	-0.24	-0.27	**EUROPE**
-0.11	-0.22	-0.34	-0.45	-0.52	-0.53	-0.50	-0.48	-0.49	-0.52	**EASTERN EUROPE**
0.01	-0.28	-0.37	-0.48	-0.54	-0.53	-0.48	-0.45	-0.46	-0.47	Belarus
-0.71	-0.76	-0.83	-0.94	-1.01	-1.02	-0.99	-0.99	-1.02	-1.06	Bulgaria
0.07	0.06	-0.05	-0.17	-0.26	-0.26	-0.23	-0.22	-0.26	-0.33	Czech Republic
-0.32	-0.35	-0.40	-0.46	-0.53	-0.56	-0.55	-0.54	-0.54	-0.58	Hungary
0.02	-0.11	-0.25	-0.38	-0.50	-0.57	-0.61	-0.65	-0.69	-0.75	Poland
-0.08	-0.24	-0.38	-0.54	-0.70	-0.82	-0.89	-0.96	-1.04	-1.14	Republic of Moldova
-0.79	-0.69	-0.67	-0.66	-0.68	-0.71	-0.76	-0.81	-0.86	-0.89	Romania
0.04	-0.08	-0.24	-0.37	-0.43	-0.41	-0.35	-0.31	-0.31	-0.33	Russian Federation
0.07	0.03	-0.08	-0.23	-0.37	-0.46	-0.48	-0.49	-0.52	-0.59	Slovakia
-0.36	-0.52	-0.61	-0.71	-0.78	-0.78	-0.75	-0.73	-0.75	-0.78	Ukraine
0.53	0.55	0.49	0.42	0.36	0.33	0.32	0.30	0.26	0.22	**NORTHERN EUROPE**
0.51	0.46	0.41	0.36	0.30	0.22	0.15	0.09	0.04	0.02	Channel Islands
0.42	0.37	0.40	0.38	0.31	0.25	0.21	0.20	0.20	0.21	Denmark
-0.30	-0.27	-0.36	-0.46	-0.51	-0.49	-0.46	-0.47	-0.50	-0.54	Estonia
-0.15	0.23	0.25	0.32	0.35	0.27	0.12	0.01	-0.01	0.03	Faeroe Islands
0.50	0.29	0.25	0.18	0.09	0.03	0.01	0.03	0.05	0.06	Finland
0.70	0.76	0.68	0.58	0.46	0.36	0.28	0.20	0.13	0.08	Iceland
0.31	0.78	0.70	0.61	0.59	0.58	0.53	0.43	0.31	0.22	Ireland
0.80	0.69	0.61	0.54	0.48	0.42	0.37	0.29	0.26	0.23	Isle of Man
-1.18	-0.53	-0.57	-0.64	-0.67	-0.64	-0.61	-0.60	-0.58	-0.57	Latvia
-1.63	-0.59	-0.51	-0.52	-0.57	-0.59	-0.56	-0.51	-0.46	-0.43	Lithuania
1.27	1.06	0.82	0.75	0.66	0.57	0.53	0.51	0.47	0.42	Norway
0.83	0.69	0.67	0.57	0.48	0.47	0.50	0.52	0.50	0.46	Sweden
0.63	0.60	0.54	0.46	0.40	0.37	0.36	0.33	0.27	0.22	United Kingdom
-0.13	-0.07	-0.14	-0.18	-0.19	-0.22	-0.28	-0.34	-0.42	-0.48	**SOUTHERN EUROPE**
-0.04	0.26	0.17	-0.04	-0.26	-0.42	-0.50	-0.54	-0.57	-0.62	Albania
-3.61	-0.23	0.23	0.24	0.24	0.19	0.05	-0.15	-0.37	-0.51	Andorra
-0.13	-0.28	-0.42	-0.53	-0.65	-0.75	-0.82	-0.88	-0.92	-0.97	Bosnia and Herzegovina
-0.36	-0.37	-0.44	-0.48	-0.51	-0.55	-0.58	-0.61	-0.63	-0.65	Croatia
0.94	0.24	0.12	0.00	-0.07	-0.09	-0.12	-0.16	-0.22	-0.26	Gibraltar
-0.40	-0.24	-0.31	-0.34	-0.34	-0.35	-0.38	-0.46	-0.56	-0.65	Greece
0.03	0.10	-0.05	0.08	0.10	0.12	0.10	0.15	0.15	0.19	Holy See
0.07	-0.02	-0.09	-0.13	-0.16	-0.19	-0.24	-0.31	-0.36	-0.40	Italy
0.32	0.20	0.15	0.09	-0.05	-0.18	-0.28	-0.30	-0.29	-0.27	Malta
0.12	0.00	-0.09	-0.17	-0.24	-0.34	-0.41	-0.47	-0.49	-0.50	Montenegro
-0.45	-0.37	-0.34	-0.30	-0.27	-0.28	-0.35	-0.42	-0.49	-0.54	Portugal
0.70	0.43	0.24	0.16	0.08	0.00	-0.09	-0.17	-0.24	-0.25	San Marino
-0.47	-0.41	-0.44	-0.49	-0.55	-0.61	-0.64	-0.64	-0.64	-0.66	Serbia
0.15	0.07	-0.05	-0.16	-0.23	-0.27	-0.29	-0.33	-0.38	-0.43	Slovenia
-0.21	0.03	-0.04	-0.08	-0.04	-0.08	-0.13	-0.23	-0.34	-0.44	Spain
0.16	0.10	0.01	-0.11	-0.23	-0.33	-0.40	-0.44	-0.47	-0.51	TFYR Macedonia
0.32	0.22	0.17	0.12	0.07	0.02	-0.04	-0.08	-0.10	-0.10	**WESTERN EUROPE**
0.36	0.26	0.25	0.19	0.10	0.02	-0.03	-0.08	-0.13	-0.16	Austria
0.66	0.59	0.35	0.31	0.26	0.23	0.19	0.15	0.11	0.09	Belgium
0.45	0.41	0.36	0.33	0.30	0.25	0.19	0.15	0.13	0.13	France
0.06	-0.07	-0.11	-0.17	-0.23	-0.28	-0.34	-0.40	-0.43	-0.43	Germany
0.68	0.64	0.61	0.52	0.39	0.27	0.20	0.17	0.14	0.14	Liechtenstein
2.21	1.30	1.24	1.03	0.96	0.88	0.81	0.76	0.68	0.62	Luxembourg
0.48	0.39	0.42	0.46	0.44	0.37	0.36	0.42	0.46	0.47	Monaco
0.35	0.31	0.27	0.21	0.13	0.03	-0.06	-0.10	-0.10	-0.09	Netherlands
1.16	0.84	0.68	0.60	0.50	0.43	0.38	0.35	0.30	0.26	Switzerland
1.12	0.99	0.85	0.72	0.59	0.47	0.36	0.26	0.16	0.06	**LATIN AMERICA AND THE CARIBBEAN**
0.74	0.62	0.52	0.42	0.32	0.20	0.09	-0.02	-0.12	-0.20	**CARIBBEAN**
1.19	0.87	0.41	0.22	0.05	-0.12	-0.27	-0.40	-0.48	-0.53	Anguilla
1.03	0.98	0.90	0.79	0.64	0.50	0.36	0.25	0.16	0.10	Antigua and Barbuda
0.45	0.29	0.21	0.12	-0.03	-0.21	-0.38	-0.46	-0.43	-0.36	Aruba

表A. 15. 主要地域、地域および国別年平均人口増加率：推計および中位予測値（続）

推計値：1960-2010

主要地域、地域および国	年平均増加率（%）									
	1960-1965	1965-1970	1970-1975	1975-1980	1980-1985	1985-1990	1990-1995	1995-2000	2000-2005	2005-2010
Bahamas	4.92	3.80	2.18	2.18	2.16	1.77	1.78	1.23	2.00	1.83
Barbados	0.38	0.29	0.59	0.50	0.29	0.34	0.35	0.37	0.31	0.40
British Virgin Islands	1.85	2.13	1.33	0.98	3.80	4.25	2.26	2.27	2.31	3.23
Caribbean Netherlands	2.45	2.53	1.25	0.32	1.42	1.58	2.98	−0.97	0.02	7.49
Cayman Islands	1.24	1.77	5.83	5.57	3.56	5.17	4.72	5.49	3.08	2.65
Cuba	2.15	1.83	1.60	0.82	0.50	0.97	0.60	0.38	0.26	0.08
Curaçao	1.06	1.41	0.90	−0.30	0.32	−0.50	−0.38	−1.71	−0.41	2.63
Dominica	1.61	1.78	0.28	0.87	−0.45	−0.75	0.12	−0.48	0.25	0.18
Dominican Republic	3.27	2.98	2.68	2.41	2.21	2.03	1.88	1.63	1.52	1.38
Grenada	1.02	−0.03	−0.42	−0.76	2.31	−0.74	0.81	0.27	0.26	0.33
Guadeloupe	1.74	1.24	0.51	0.20	1.62	1.67	0.92	1.10	0.89	0.27
Haiti	1.99	1.95	1.75	2.03	2.31	2.13	1.93	1.78	1.61	1.53
Jamaica	1.56	1.21	1.49	1.20	1.53	0.63	0.85	0.87	0.59	0.47
Martinique	1.99	0.87	0.17	−0.15	0.87	1.06	0.57	0.97	0.51	−0.12
Montserrat	−0.43	−0.36	0.26	0.24	−1.02	−1.07	−0.96	−14.50	−0.74	0.72
Puerto Rico	1.80	1.00	1.58	1.67	1.11	0.86	0.95	0.57	−0.19	−0.28
Saint Kitts and Nevis	−0.79	−1.84	−0.27	−0.49	−0.56	−0.57	0.98	1.20	1.52	1.27
Saint Lucia	1.38	1.57	1.05	1.44	1.38	1.78	1.24	1.30	1.05	1.40
Saint Vincent and the Grenadines	1.20	1.02	1.11	1.00	0.78	0.57	0.11	−0.04	0.16	0.10
Sint Maarten (Dutch part)	9.09	8.60	6.62	6.31	7.47	8.11	1.41	0.76	0.44	0.36
Trinidad and Tobago	1.45	0.72	1.34	1.41	1.52	0.85	0.54	0.21	0.45	0.48
Turks and Caicos Islands	−0.19	−0.13	3.01	2.79	4.67	3.90	5.67	4.16	6.75	3.17
United States Virgin Islands	8.38	5.12	5.84	2.75	1.23	−0.27	0.72	0.28	−0.14	−0.26
CENTRAL AMERICA	3.09	3.01	3.04	2.61	2.25	2.09	2.02	1.77	1.42	1.57
Belize	2.84	2.82	1.74	1.57	2.69	2.57	1.97	3.56	2.72	2.54
Costa Rica	3.52	3.02	2.52	2.61	2.67	2.51	2.52	2.23	1.58	1.35
El Salvador	2.92	2.75	2.45	1.97	1.45	1.30	1.24	0.78	0.46	0.30
Guatemala	2.72	2.74	2.80	2.64	2.63	2.41	2.46	2.42	2.41	2.22
Honduras	3.22	2.69	2.88	3.14	3.06	2.92	2.63	2.21	1.94	1.74
Mexico	3.12	3.07	3.14	2.60	2.18	2.04	1.96	1.70	1.31	1.55
Nicaragua	3.01	3.01	3.08	3.00	2.64	2.22	2.14	1.72	1.36	1.29
Panama	2.98	2.89	2.77	2.51	2.30	2.15	2.05	2.02	1.83	1.74
SOUTH AMERICA	2.72	2.49	2.30	2.25	2.16	1.92	1.68	1.54	1.38	1.16
Argentina	1.55	1.46	1.68	1.51	1.56	1.48	1.34	1.15	1.10	1.03
Bolivia	1.95	2.03	2.12	2.19	2.11	1.98	1.97	1.95	1.80	1.67
Brazil	2.98	2.64	2.44	2.39	2.26	1.89	1.58	1.54	1.39	1.05
Chile	2.25	2.09	1.72	1.50	1.50	1.64	1.54	1.33	1.19	1.11
Colombia	3.00	2.84	2.31	2.27	2.23	2.00	1.77	1.52	1.38	1.18
Ecuador	2.88	2.91	2.81	2.65	2.52	2.44	2.26	1.98	1.68	1.67
Falkland Islands (Malvinas)	−0.66	−0.82	−0.76	−0.65	0.00	1.42	4.04	3.33	0.42	−0.59
French Guiana	3.88	4.18	3.19	3.50	5.10	5.85	3.42	3.44	4.42	2.78
Guyana	2.84	1.34	1.24	1.22	−0.56	−1.21	0.18	0.42	0.01	0.29
Paraguay	2.64	2.62	2.41	2.61	2.87	2.75	2.44	2.16	1.78	1.38
Peru	2.86	2.78	2.65	2.62	2.37	2.21	1.93	1.50	1.27	1.24
Suriname	2.70	2.25	−0.47	0.01	0.47	1.89	1.76	1.51	0.46	1.04
Uruguay	1.19	0.84	0.14	0.60	0.65	0.64	0.73	0.59	0.03	0.29
Venezuela (Bolivarian Republic of)	3.75	3.30	2.85	2.77	2.64	2.52	2.22	1.97	1.79	1.60
NORTHERN AMERICA	1.42	1.05	0.95	0.97	0.96	1.02	1.05	1.18	0.92	0.93
Bermuda	1.81	1.21	1.01	0.71	0.67	0.67	0.57	0.42	0.34	−0.36
Canada	1.90	1.70	1.53	1.16	1.06	1.36	1.15	0.94	0.99	1.13
Greenland	3.90	3.87	1.47	0.24	1.17	0.89	0.07	0.13	0.28	−0.14
Saint Pierre and Miquelon	0.70	1.37	1.50	0.39	0.36	0.56	0.07	−0.10	−0.04	0.05
United States of America	1.37	0.99	0.89	0.95	0.95	0.99	1.04	1.21	0.92	0.91
OCEANIA	2.07	2.35	1.76	1.33	1.59	1.62	1.49	1.34	1.43	1.74
AUSTRALIA/NEW ZEALAND	2.00	2.33	1.53	1.01	1.31	1.45	1.24	1.04	1.22	1.67
Australia	1.99	2.54	1.48	1.14	1.42	1.59	1.17	1.06	1.19	1.78
New Zealand	2.05	1.41	1.79	0.41	0.76	0.78	1.57	0.97	1.38	1.10
MELANESIA	2.22	2.43	2.83	2.61	2.61	2.18	2.37	2.38	2.23	2.18
Fiji	3.30	2.30	2.05	1.94	2.27	0.47	1.25	0.90	0.26	0.91
New Caledonia	3.11	2.82	3.99	2.02	1.63	1.81	2.31	2.09	1.71	1.49
Papua New Guinea	1.88	2.39	2.87	2.70	2.69	2.45	2.52	2.61	2.49	2.36
Solomon Islands	2.99	3.16	3.76	3.52	3.21	2.82	2.83	2.76	2.59	2.29
Vanuatu	3.08	2.79	3.14	2.93	2.35	2.40	2.75	1.91	2.47	2.42
MICRONESIA	2.66	2.54	1.83	2.22	3.22	3.01	2.36	1.26	0.26	−0.04
Guam	2.29	2.28	2.14	2.19	2.26	2.25	2.19	1.30	0.39	0.13

表A. 15. 主要地域、地域および国別年平均人口増加率：推計および中位予測値（続）

2010-2060：中位予測値

年平均増加率（％）										主要地域、地域および国
2010-2015	2015-2020	2020-2025	2025-2030	2030-2035	2035-2040	2040-2045	2045-2050	2050-2055	2055-2060	
1.45	1.08	0.93	0.77	0.61	0.48	0.40	0.34	0.26	0.19	Bahamas
0.33	0.24	0.14	0.05	−0.05	−0.13	−0.19	−0.23	−0.23	−0.22	Barbados
2.02	1.61	0.90	0.69	0.52	0.38	0.28	0.18	0.08	−0.01	British Virgin Islands
3.43	1.26	0.71	0.58	0.45	0.33	0.25	0.18	0.13	0.09	Caribbean Netherlands
1.55	1.27	1.13	1.01	0.87	0.74	0.62	0.54	0.47	0.45	Cayman Islands
0.14	−0.04	−0.08	−0.15	−0.24	−0.35	−0.47	−0.60	−0.72	−0.82	Cuba
1.26	0.82	0.72	0.59	0.48	0.39	0.35	0.32	0.29	0.27	Curaçao
0.42	0.45	0.35	0.17	0.00	−0.11	−0.17	−0.26	−0.37	−0.49	Dominica
1.24	1.07	0.92	0.78	0.66	0.52	0.39	0.26	0.15	0.06	Dominican Republic
0.41	0.47	0.35	0.16	0.05	−0.03	−0.12	−0.26	−0.41	−0.56	Grenada
0.50	0.38	0.30	0.26	0.22	0.15	0.03	−0.12	−0.24	−0.28	Guadeloupe
1.38	1.21	1.07	0.93	0.80	0.67	0.54	0.41	0.29	0.18	Haiti
0.38	0.33	0.19	0.00	−0.14	−0.25	−0.33	−0.41	−0.52	−0.63	Jamaica
0.09	−0.08	−0.07	−0.13	−0.23	−0.37	−0.52	−0.64	−0.66	−0.61	Martinique
0.68	0.47	0.35	0.27	0.17	0.06	−0.03	−0.15	−0.20	−0.26	Montserrat
−0.14	−0.05	−0.08	−0.12	−0.23	−0.34	−0.44	−0.54	−0.61	−0.69	Puerto Rico
1.19	1.02	0.84	0.68	0.55	0.41	0.29	0.17	0.07	−0.01	Saint Kitts and Nevis
0.84	0.72	0.59	0.45	0.31	0.18	0.06	−0.05	−0.14	−0.23	Saint Lucia
0.03	0.23	0.16	0.08	0.01	−0.05	−0.18	−0.31	−0.41	−0.49	Saint Vincent and the Grenadines
3.13	1.31	1.16	0.97	0.78	0.65	0.58	0.52	0.47	0.42	Sint Maarten (Dutch part)
0.48	0.26	0.04	−0.11	−0.20	−0.27	−0.33	−0.42	−0.51	−0.58	Trinidad and Tobago
2.05	1.47	1.25	1.10	0.96	0.79	0.62	0.47	0.35	0.29	Turks and Caicos Islands
−0.02	0.14	−0.02	−0.15	−0.28	−0.41	−0.53	−0.62	−0.64	−0.64	United States Virgin Islands
1.39	1.24	1.09	0.93	0.79	0.65	0.52	0.41	0.29	0.18	**CENTRAL AMERICA**
2.22	2.04	1.83	1.58	1.36	1.16	1.01	0.88	0.74	0.61	Belize
1.12	0.96	0.79	0.63	0.49	0.37	0.25	0.14	0.03	−0.07	Costa Rica
0.29	0.34	0.31	0.25	0.17	0.04	−0.08	−0.19	−0.28	−0.38	El Salvador
2.08	1.95	1.81	1.66	1.51	1.36	1.22	1.09	0.96	0.82	Guatemala
1.47	1.38	1.26	1.11	0.94	0.77	0.62	0.50	0.38	0.26	Honduras
1.37	1.20	1.02	0.86	0.70	0.56	0.43	0.31	0.20	0.09	Mexico
1.17	1.08	0.97	0.86	0.76	0.62	0.49	0.36	0.24	0.12	Nicaragua
1.64	1.48	1.31	1.13	0.98	0.85	0.73	0.61	0.50	0.39	Panama
1.05	0.92	0.79	0.66	0.54	0.42	0.31	0.21	0.12	0.03	**SOUTH AMERICA**
1.04	0.95	0.85	0.77	0.69	0.62	0.54	0.47	0.40	0.32	Argentina
1.56	1.48	1.38	1.26	1.14	1.02	0.90	0.78	0.67	0.56	Bolivia
0.91	0.77	0.64	0.50	0.38	0.26	0.15	0.04	−0.05	−0.14	Brazil
1.07	0.97	0.83	0.61	0.49	0.37	0.26	0.17	0.07	−0.01	Chile
0.98	0.81	0.65	0.49	0.35	0.22	0.10	−0.02	−0.11	−0.20	Colombia
1.56	1.43	1.28	1.14	1.00	0.87	0.75	0.63	0.52	0.41	Ecuador
0.33	0.20	0.08	−0.05	−0.12	−0.12	−0.12	−0.13	−0.15	−0.19	Falkland Islands (Malvinas)
2.78	2.49	2.31	2.18	2.04	1.89	1.73	1.57	1.42	1.30	French Guiana
0.36	0.51	0.51	0.34	0.13	−0.06	−0.18	−0.25	−0.27	−0.32	Guyana
1.34	1.25	1.12	0.97	0.82	0.68	0.56	0.45	0.35	0.24	Paraguay
1.32	1.20	1.07	0.95	0.82	0.70	0.58	0.47	0.36	0.25	Peru
0.94	0.79	0.66	0.52	0.39	0.26	0.14	0.03	−0.05	−0.11	Suriname
0.34	0.37	0.31	0.26	0.19	0.13	0.07	0.01	−0.04	−0.10	Uruguay
1.41	1.25	1.09	0.95	0.81	0.68	0.56	0.45	0.35	0.26	Venezuela (Bolivarian Republic of)
0.78	0.74	0.69	0.62	0.53	0.46	0.41	0.38	0.37	0.36	**NORTHERN AMERICA**
−0.62	−0.44	−0.19	−0.25	−0.34	−0.46	−0.58	−0.66	−0.66	−0.59	Bermuda
1.04	0.90	0.77	0.67	0.55	0.46	0.40	0.36	0.32	0.30	Canada
−0.13	0.10	0.10	−0.08	−0.24	−0.36	−0.44	−0.47	−0.46	−0.44	Greenland
0.05	0.38	0.76	0.67	0.56	0.42	0.28	0.19	0.11	0.06	Saint Pierre and Miquelon
0.75	0.72	0.68	0.61	0.53	0.46	0.41	0.38	0.37	0.37	United States of America
1.54	1.38	1.23	1.12	1.01	0.92	0.85	0.79	0.72	0.65	**OCEANIA**
1.43	1.25	1.08	0.96	0.85	0.77	0.73	0.69	0.63	0.58	**AUSTRALIA/NEW ZEALAND**
1.57	1.32	1.13	1.01	0.90	0.82	0.78	0.75	0.69	0.63	Australia
0.72	0.87	0.80	0.72	0.61	0.50	0.42	0.35	0.29	0.25	New Zealand
1.98	1.82	1.70	1.58	1.46	1.33	1.20	1.08	0.97	0.87	**MELANESIA**
0.74	0.52	0.33	0.20	0.09	−0.03	−0.15	−0.26	−0.33	−0.41	Fiji
1.32	1.21	1.11	1.02	0.92	0.82	0.73	0.65	0.57	0.49	New Caledonia
2.14	1.98	1.85	1.72	1.58	1.44	1.30	1.17	1.06	0.95	Papua New Guinea
2.07	1.85	1.72	1.63	1.55	1.43	1.29	1.15	1.03	0.94	Solomon Islands
2.27	2.11	1.94	1.79	1.66	1.54	1.41	1.28	1.16	1.04	Vanuatu
0.93	0.97	0.95	0.92	0.82	0.70	0.59	0.48	0.40	0.33	**MICRONESIA**
1.27	1.20	1.11	0.98	0.84	0.69	0.57	0.47	0.39	0.32	Guam

表A. 15. 主要地域、地域および国別年平均人口増加率：推計および中位予測値（続）

推計値：1960-2010

主要地域、地域および国	年平均増加率（%）									
	1960-1965	1965-1970	1970-1975	1975-1980	1980-1985	1985-1990	1990-1995	1995-2000	2000-2005	2005-2010
Kiribati	2.38	1.94	1.50	1.46	1.51	2.47	1.42	1.65	1.79	2.12
Marshall Islands	3.29	3.31	4.53	3.57	4.52	4.20	1.51	0.44	−0.04	0.14
Micronesia (Fed. States of)	3.19	3.24	0.55	2.89	3.21	2.34	2.20	−0.02	−0.23	−0.49
Nauru	5.16	2.47	1.70	1.15	1.75	2.27	1.70	0.14	0.15	−0.18
Northern Mariana Islands	2.05	3.37	2.86	2.25	11.53	7.42	5.37	3.48	−1.22	−3.57
Palau	2.24	1.26	1.35	−0.14	2.32	1.93	2.68	2.11	0.75	0.56
POLYNESIA	3.15	2.56	1.57	1.38	1.55	1.32	1.12	1.11	0.91	0.59
American Samoa	3.23	2.98	1.85	1.62	3.80	3.62	2.34	1.69	0.55	−1.21
Cook Islands	0.76	2.42	−1.01	−2.88	0.11	−0.12	0.77	−0.53	1.69	0.89
French Polynesia	3.59	3.35	3.35	2.99	2.88	2.48	1.63	1.95	1.43	1.01
Niue	1.07	0.14	−5.12	−3.10	−4.51	−3.04	−1.47	−2.63	−2.39	−0.79
Samoa	3.13	2.39	1.12	0.54	0.57	0.35	0.88	0.52	0.60	0.67
Tokelau	0.54	−3.46	−0.55	−0.27	1.96	−1.25	−1.14	0.42	−4.98	−1.28
Tonga	3.77	2.53	0.92	1.03	0.20	0.25	0.15	0.42	0.60	0.60
Tuvalu	2.22	1.35	1.04	0.93	1.43	0.81	0.49	0.41	0.58	0.27
Wallis and Futuna Islands	1.49	−0.85	0.62	4.17	3.73	0.51	0.38	0.49	−0.35	−0.98

表A. 15. 主要地域、地域および国別年平均人口増加率：推計および中位予測値（続）

2010-2060：中位予測値

2010-2015	2015-2020	2020-2025	2025-2030	2030-2035	2035-2040	2040-2045	2045-2050	2050-2055	2055-2060	主要地域、地域および国
年平均増加率（%）										
1.82	1.71	1.55	1.36	1.20	1.16	1.15	1.08	0.98	0.86	Kiribati
0.21	0.10	0.16	0.69	1.09	1.16	0.88	0.47	0.27	0.33	Marshall Islands
0.16	0.63	0.83	0.92	0.72	0.50	0.35	0.29	0.27	0.20	Micronesia (Fed. States of)
0.39	0.36	0.34	0.21	0.11	−0.02	−0.13	−0.24	−0.29	−0.35	Nauru
0.44	0.25	0.12	0.00	−0.17	−0.38	−0.63	−0.87	−1.08	−1.24	Northern Mariana Islands
0.79	1.06	1.04	0.94	0.78	0.62	0.49	0.43	0.38	0.34	Palau
0.73	0.72	0.53	0.60	0.60	0.50	0.38	0.27	0.19	0.15	**POLYNESIA**
−0.04	0.11	0.24	0.27	0.23	0.02	−0.14	−0.24	−0.28	−0.35	American Samoa
0.53	0.58	0.55	0.45	0.36	0.33	0.25	0.18	0.07	−0.04	Cook Islands
1.07	0.93	0.48	0.60	0.44	0.31	0.21	0.14	0.06	−0.04	French Polynesia
−0.14	0.14	−0.01	0.51	0.38	0.36	0.24	0.24	0.23	0.18	Niue
0.76	0.60	0.55	0.56	0.81	0.77	0.63	0.46	0.37	0.35	Samoa
1.93	1.64	0.68	0.63	0.40	0.34	0.37	0.48	0.37	0.34	Tokelau
0.42	0.85	0.83	0.89	0.91	0.83	0.68	0.51	0.45	0.45	Tonga
0.18	0.37	0.58	0.63	0.46	0.27	0.03	−0.06	0.10	0.22	Tuvalu
−0.62	−0.09	0.19	0.13	0.10	0.01	−0.04	−0.06	−0.04	−0.07	Wallis and Futuna Islands

表A. 16. 主要地域、地域および国別年平均人口増加率：高位予測値、2015-2060年

高位予測値

主要地域、地域および国	年平均増加率(%)									
	2010-2015	2015-2020	2020-2025	2025-2030	2030-2035	2035-2040	2040-2045	2045-2050	2050-2055	2055-2060
WORLD	1.18	1.26	1.23	1.17	1.07	1.01	0.99	0.98	0.95	0.92
More developed regions	0.29	0.40	0.41	0.38	0.32	0.29	0.31	0.36	0.42	0.45
Less developed regions	1.36	1.43	1.38	1.31	1.20	1.13	1.10	1.07	1.03	0.98
Least developed countries	2.38	2.48	2.45	2.39	2.25	2.15	2.07	1.99	1.90	1.81
Less developed regions, excluding least developed countries	1.18	1.23	1.16	1.07	0.95	0.88	0.84	0.81	0.78	0.72
Less developed regions, excluding China	1.63	1.69	1.65	1.58	1.45	1.37	1.32	1.28	1.23	1.17
High-income countries	0.52	0.58	0.58	0.54	0.47	0.42	0.42	0.45	0.48	0.50
Middle-income countries	1.18	1.25	1.19	1.10	0.99	0.92	0.89	0.86	0.82	0.77
Upper-middle-income countries	0.82	0.83	0.71	0.61	0.51	0.45	0.42	0.40	0.37	0.33
Lower-middle-income countries	1.48	1.59	1.56	1.47	1.33	1.24	1.19	1.15	1.10	1.03
Low-income countries	2.69	2.75	2.71	2.64	2.50	2.38	2.29	2.20	2.09	1.98
Sub-Saharan Africa	2.71	2.76	2.73	2.66	2.54	2.44	2.35	2.26	2.16	2.05
AFRICA	2.55	2.61	2.56	2.49	2.38	2.29	2.21	2.13	2.04	1.93
EASTERN AFRICA	2.81	2.87	2.81	2.72	2.57	2.45	2.34	2.24	2.13	2.01
Burundi	3.34	3.37	3.12	2.94	2.84	2.83	2.79	2.67	2.50	2.35
Comoros	2.42	2.44	2.35	2.25	2.10	2.00	1.92	1.83	1.75	1.65
Djibouti	1.33	1.46	1.44	1.31	1.10	0.95	0.85	0.78	0.73	0.66
Eritrea	2.17	2.57	2.49	2.40	2.29	2.18	2.04	1.90	1.77	1.66
Ethiopia	2.53	2.56	2.48	2.34	2.12	1.93	1.79	1.67	1.56	1.42
Kenya	2.65	2.68	2.58	2.50	2.38	2.27	2.18	2.08	1.97	1.85
Madagascar	2.79	2.92	2.91	2.81	2.64	2.51	2.43	2.35	2.25	2.14
Malawi	3.06	3.19	3.14	3.07	2.91	2.78	2.67	2.55	2.42	2.28
Mauritius	0.40	0.47	0.47	0.43	0.28	0.14	0.04	0.04	0.09	0.14
Mayotte	2.79	2.77	2.64	2.55	2.39	2.23	2.07	1.92	1.78	1.66
Mozambique	2.80	2.84	2.85	2.84	2.74	2.64	2.54	2.44	2.33	2.19
Réunion	0.73	0.87	0.90	0.85	0.72	0.61	0.51	0.44	0.40	0.38
Rwanda	2.41	2.44	2.29	2.19	2.06	1.90	1.72	1.57	1.43	1.30
Seychelles	0.72	0.66	0.55	0.46	0.39	0.35	0.31	0.24	0.20	0.19
Somalia	2.37	2.97	3.10	3.05	2.91	2.79	2.70	2.63	2.53	2.40
South Sudan	4.09	2.86	2.68	2.49	2.33	2.20	2.11	2.04	1.95	1.82
Uganda	3.27	3.39	3.32	3.21	3.02	2.86	2.71	2.58	2.44	2.29
United Republic of Tanzania	3.16	3.22	3.16	3.11	2.99	2.88	2.77	2.66	2.54	2.42
Zambia	3.05	3.22	3.20	3.18	3.07	2.97	2.89	2.81	2.70	2.57
Zimbabwe	2.21	2.46	2.35	2.28	2.16	2.07	1.96	1.82	1.67	1.51
MIDDLE AFRICA	3.03	3.09	3.05	2.96	2.81	2.68	2.57	2.45	2.33	2.21
Angola	3.30	3.28	3.25	3.18	3.04	2.90	2.77	2.65	2.53	2.39
Cameroon	2.51	2.58	2.54	2.49	2.37	2.27	2.18	2.09	2.00	1.89
Central African Republic	1.95	2.15	2.14	2.07	1.95	1.87	1.81	1.75	1.66	1.55
Chad	3.31	3.30	3.21	3.07	2.87	2.70	2.57	2.45	2.33	2.19
Congo	2.56	2.77	2.81	2.82	2.74	2.66	2.56	2.46	2.36	2.26
Democratic Republic of the Congo	3.17	3.24	3.18	3.08	2.92	2.78	2.65	2.52	2.39	2.26
Equatorial Guinea	2.96	2.94	2.78	2.61	2.41	2.27	2.18	2.09	1.98	1.86
Gabon	2.25	2.28	2.24	2.16	2.02	1.91	1.82	1.73	1.63	1.51
São Tomé and Príncipe	2.16	2.23	2.23	2.19	2.08	1.97	1.87	1.76	1.67	1.59
NORTHERN AFRICA	1.89	1.94	1.80	1.67	1.56	1.50	1.45	1.39	1.31	1.22
Algeria	1.92	1.81	1.56	1.32	1.15	1.10	1.10	1.07	0.98	0.85
Egypt	2.18	2.06	1.87	1.75	1.70	1.70	1.63	1.53	1.42	1.33
Libya	0.04	1.49	1.39	1.23	1.09	0.99	0.90	0.79	0.68	0.59
Morocco	1.37	1.36	1.25	1.11	0.94	0.84	0.77	0.73	0.68	0.62
Sudan	2.16	2.55	2.52	2.43	2.27	2.12	2.00	1.92	1.84	1.74
Tunisia	1.12	1.20	1.08	0.89	0.70	0.62	0.61	0.61	0.57	0.50
Western Sahara	2.23	2.15	1.96	1.75	1.53	1.35	1.22	1.13	1.04	0.95
SOUTHERN AFRICA	1.17	1.09	1.03	1.01	0.95	0.94	0.94	0.94	0.90	0.84
Botswana	1.99	1.88	1.75	1.59	1.41	1.31	1.24	1.16	1.06	0.95
Lesotho	1.20	1.33	1.32	1.30	1.29	1.35	1.39	1.39	1.31	1.21
Namibia	2.28	2.30	2.18	2.06	1.89	1.79	1.72	1.64	1.54	1.43
South Africa	1.08	0.99	0.92	0.90	0.85	0.84	0.85	0.86	0.83	0.77
Swaziland	1.51	1.40	1.35	1.31	1.27	1.29	1.32	1.30	1.24	1.16
WESTERN AFRICA	2.74	2.78	2.76	2.71	2.60	2.51	2.42	2.33	2.23	2.12
Benin	2.69	2.72	2.65	2.54	2.36	2.20	2.09	1.99	1.88	1.77
Burkina Faso	2.94	2.99	2.96	2.89	2.75	2.62	2.49	2.37	2.25	2.13
Cabo Verde	1.19	1.43	1.44	1.35	1.22	1.12	1.05	0.97	0.88	0.78

表A. 16. 主要地域、地域および国別年平均人口増加率：高位予測値（続）

高位予測値

主要地域、地域および国	年平均増加率(%)									
	2010-2015	2015-2020	2020-2025	2025-2030	2030-2035	2035-2040	2040-2045	2045-2050	2050-2055	2055-2060
Côte d'Ivoire	2.40	2.54	2.57	2.54	2.46	2.42	2.39	2.35	2.29	2.22
Gambia	3.24	3.27	3.20	3.08	2.90	2.73	2.57	2.40	2.23	2.07
Ghana	2.39	2.33	2.22	2.10	1.98	1.89	1.81	1.73	1.63	1.53
Guinea	2.71	2.76	2.72	2.64	2.51	2.40	2.30	2.21	2.11	1.99
Guinea-Bissau	2.42	2.46	2.37	2.27	2.14	2.04	1.96	1.88	1.78	1.67
Liberia	2.58	2.62	2.61	2.56	2.43	2.30	2.19	2.09	2.00	1.90
Mali	2.98	3.16	3.17	3.14	3.03	2.90	2.76	2.61	2.47	2.33
Mauritania	2.49	2.50	2.45	2.36	2.22	2.10	2.00	1.91	1.83	1.74
Niger	4.00	4.15	4.16	4.09	3.95	3.81	3.67	3.50	3.30	3.11
Nigeria	2.67	2.69	2.65	2.60	2.50	2.41	2.32	2.23	2.13	2.03
Saint Helena	−1.04	0.63	0.76	0.69	0.39	0.15	0.08	0.15	0.27	0.31
Senegal	3.10	3.06	2.96	2.87	2.74	2.65	2.56	2.45	2.34	2.22
Sierra Leone	2.22	2.25	2.16	2.08	1.93	1.81	1.71	1.61	1.50	1.39
Togo	2.67	2.71	2.66	2.60	2.48	2.39	2.29	2.20	2.10	2.00
ASIA	1.04	1.10	1.02	0.92	0.79	0.70	0.66	0.63	0.58	0.53
EASTERN ASIA	0.46	0.51	0.37	0.25	0.14	0.07	0.03	0.00	−0.02	−0.06
China	0.52	0.56	0.41	0.27	0.15	0.09	0.05	0.02	−0.02	−0.07
China, Hong Kong SAR	0.83	0.91	0.83	0.70	0.50	0.34	0.31	0.36	0.40	0.38
China, Macao SAR	1.89	1.71	1.65	1.45	1.17	1.00	0.95	0.97	0.97	0.93
Dem. People's Republic of Korea	0.53	0.65	0.68	0.63	0.48	0.37	0.34	0.38	0.43	0.45
Japan	−0.12	−0.11	−0.15	−0.20	−0.27	−0.31	−0.29	−0.21	−0.12	−0.08
Mongolia	1.74	1.63	1.41	1.21	1.06	0.99	0.99	0.99	0.96	0.88
Republic of Korea	0.48	0.55	0.53	0.50	0.34	0.12	−0.04	−0.10	−0.09	−0.05
Other non-specified areas	0.16	0.20	0.18	0.15	0.02	−0.17	−0.37	−0.46	−0.47	−0.42
SOUTH-CENTRAL ASIA	1.37	1.44	1.38	1.27	1.10	0.99	0.94	0.89	0.82	0.74
CENTRAL ASIA	1.60	1.51	1.32	1.13	1.00	0.97	0.96	0.91	0.82	0.73
Kazakhstan	1.55	1.28	1.11	0.96	0.88	0.89	0.94	0.94	0.89	0.81
Kyrgyzstan	1.67	1.63	1.44	1.26	1.17	1.15	1.12	1.06	0.99	0.91
Tajikistan	2.24	2.29	2.06	1.81	1.64	1.63	1.64	1.56	1.42	1.28
Turkmenistan	1.27	1.34	1.22	1.03	0.82	0.70	0.64	0.59	0.54	0.46
Uzbekistan	1.50	1.42	1.20	1.00	0.86	0.81	0.76	0.67	0.56	0.47
SOUTHERN ASIA	1.36	1.44	1.38	1.27	1.11	0.99	0.94	0.89	0.82	0.74
Afghanistan	3.02	2.44	2.22	2.07	1.86	1.65	1.47	1.31	1.17	1.04
Bangladesh	1.20	1.35	1.30	1.17	0.98	0.85	0.77	0.69	0.60	0.51
Bhutan	1.46	1.28	1.21	1.07	0.88	0.73	0.64	0.59	0.54	0.45
India	1.26	1.34	1.31	1.22	1.05	0.93	0.88	0.85	0.80	0.72
Iran (Islamic Republic of)	1.27	1.29	1.03	0.78	0.62	0.58	0.55	0.47	0.32	0.15
Maldives	1.79	1.79	1.52	1.24	1.04	0.98	0.97	0.89	0.75	0.58
Nepal	1.18	1.36	1.35	1.22	1.00	0.87	0.83	0.78	0.69	0.58
Pakistan	2.11	2.15	1.99	1.81	1.65	1.56	1.49	1.39	1.27	1.14
Sri Lanka	0.50	0.60	0.51	0.43	0.33	0.24	0.15	0.10	0.08	0.08
SOUTH-EASTERN ASIA	1.20	1.24	1.17	1.08	0.94	0.83	0.76	0.71	0.68	0.64
Brunei Darussalam	1.47	1.45	1.33	1.18	0.98	0.84	0.75	0.67	0.58	0.47
Cambodia	1.62	1.66	1.60	1.46	1.31	1.22	1.16	1.11	1.03	0.93
Indonesia	1.28	1.27	1.19	1.09	0.95	0.84	0.76	0.71	0.67	0.64
Lao People's Democratic Republic	1.66	1.89	1.79	1.63	1.45	1.34	1.26	1.17	1.06	0.94
Malaysia	1.51	1.51	1.49	1.36	1.14	0.95	0.84	0.81	0.81	0.77
Myanmar	0.82	1.04	1.03	0.98	0.83	0.68	0.55	0.49	0.48	0.47
Philippines	1.58	1.67	1.66	1.57	1.42	1.31	1.23	1.17	1.10	1.04
Singapore	1.97	1.55	0.98	0.87	0.69	0.51	0.38	0.30	0.25	0.21
Thailand	0.38	0.35	0.26	0.18	0.05	−0.07	−0.16	−0.22	−0.24	−0.24
Timor-Leste	2.28	2.23	2.13	2.02	1.92	1.91	1.92	1.85	1.74	1.62
Viet Nam	1.12	1.18	1.06	0.90	0.77	0.70	0.67	0.63	0.58	0.51
WESTERN ASIA	2.00	1.81	1.76	1.65	1.49	1.39	1.32	1.26	1.19	1.12
Armenia	0.36	0.34	0.22	0.06	−0.06	−0.09	−0.09	−0.10	−0.11	−0.14
Azerbaijan	1.39	1.16	0.84	0.61	0.54	0.55	0.51	0.43	0.37	0.36
Bahrain	1.76	1.68	1.33	1.15	1.01	0.88	0.71	0.61	0.51	0.42
Cyprus	1.09	1.07	0.98	0.91	0.76	0.67	0.63	0.64	0.63	0.59
Georgia	−1.21	0.06	0.04	−0.06	−0.20	−0.24	−0.17	−0.10	−0.10	−0.14
Iraq	3.31	3.01	2.85	2.76	2.65	2.55	2.46	2.37	2.26	2.15
Israel	1.66	1.72	1.65	1.60	1.52	1.46	1.42	1.38	1.33	1.26
Jordan	3.06	1.64	1.19	1.59	1.77	1.65	1.53	1.40	1.27	1.15
Kuwait	4.81	2.28	1.87	1.60	1.30	1.19	1.12	1.06	0.95	0.82
Lebanon	5.99	0.36	−1.33	−0.04	0.81	0.60	0.52	0.56	0.59	0.54
Oman	8.45	1.57	1.22	0.96	0.77	0.75	0.86	1.00	0.88	0.70

表A. 16. 主要地域、地域および国別年平均人口増加率：高位予測値（続）

高位予測値

主要地域、地域および国	年平均増加率(%)									
	2010-2015	2015-2020	2020-2025	2025-2030	2030-2035	2035-2040	2040-2045	2045-2050	2050-2055	2055-2060
Qatar	4.72	1.99	1.68	1.29	1.07	0.98	0.92	0.87	0.79	0.70
Saudi Arabia	2.32	1.88	1.64	1.50	1.33	1.19	1.05	0.93	0.83	0.74
State of Palestine	2.75	2.85	2.76	2.58	2.36	2.21	2.11	2.01	1.89	1.77
Syrian Arab Republic	−2.27	2.70	4.19	2.60	1.53	1.38	1.27	1.18	1.09	0.99
Turkey	1.69	1.08	0.91	0.99	0.92	0.81	0.73	0.68	0.63	0.57
United Arab Emirates	1.89	1.54	1.41	1.24	1.16	1.09	0.99	0.90	0.79	0.71
Yemen	2.57	2.43	2.27	2.14	1.91	1.72	1.57	1.42	1.26	1.09
EUROPE	0.08	0.20	0.19	0.16	0.11	0.10	0.13	0.18	0.23	0.26
EASTERN EUROPE	−0.11	−0.04	−0.09	−0.17	−0.24	−0.22	−0.13	−0.02	0.05	0.07
Belarus	0.01	−0.10	−0.11	−0.19	−0.26	−0.21	−0.10	0.03	0.10	0.12
Bulgaria	−0.71	−0.61	−0.61	−0.67	−0.74	−0.71	−0.62	−0.52	−0.44	−0.40
Czech Republic	0.07	0.22	0.19	0.09	0.00	0.01	0.08	0.15	0.20	0.18
Hungary	−0.32	−0.18	−0.15	−0.17	−0.24	−0.25	−0.22	−0.13	−0.05	0.00
Poland	0.02	0.07	0.00	−0.10	−0.22	−0.28	−0.27	−0.23	−0.18	−0.18
Republic of Moldova	−0.08	−0.03	−0.09	−0.22	−0.39	−0.49	−0.48	−0.44	−0.42	−0.45
Romania	−0.79	−0.55	−0.45	−0.39	−0.40	−0.40	−0.40	−0.37	−0.32	−0.28
Russian Federation	0.04	0.10	0.02	−0.08	−0.15	−0.10	0.03	0.16	0.24	0.25
Slovakia	0.07	0.21	0.18	0.06	−0.10	−0.17	−0.15	−0.07	−0.01	−0.01
Ukraine	−0.36	−0.35	−0.36	−0.42	−0.49	−0.46	−0.36	−0.24	−0.17	−0.14
NORTHERN EUROPE	0.53	0.71	0.73	0.70	0.62	0.60	0.63	0.67	0.69	0.69
Channel Islands	0.51	0.61	0.65	0.64	0.56	0.48	0.44	0.44	0.46	0.48
Denmark	0.42	0.52	0.64	0.67	0.59	0.52	0.50	0.56	0.64	0.69
Estonia	−0.30	−0.11	−0.12	−0.19	−0.24	−0.20	−0.12	−0.04	0.01	0.03
Faeroe Islands	−0.15	0.35	0.46	0.61	0.65	0.56	0.43	0.37	0.43	0.54
Finland	0.50	0.44	0.48	0.45	0.35	0.30	0.32	0.41	0.49	0.54
Iceland	0.70	0.92	0.93	0.87	0.73	0.63	0.57	0.55	0.56	0.56
Ireland	0.31	0.94	0.93	0.87	0.86	0.86	0.84	0.78	0.71	0.67
Isle of Man	0.80	0.83	0.84	0.81	0.75	0.69	0.67	0.65	0.68	0.69
Latvia	−1.18	−0.37	−0.32	−0.35	−0.38	−0.33	−0.25	−0.15	−0.05	0.02
Lithuania	−1.63	−0.43	−0.25	−0.21	−0.29	−0.29	−0.20	−0.05	0.10	0.18
Norway	1.27	1.22	1.07	1.04	0.92	0.84	0.82	0.86	0.88	0.87
Sweden	0.83	0.84	0.90	0.84	0.74	0.73	0.80	0.88	0.91	0.90
United Kingdom	0.63	0.76	0.78	0.74	0.66	0.64	0.66	0.70	0.71	0.69
SOUTHERN EUROPE	−0.13	0.08	0.09	0.09	0.07	0.04	0.02	0.01	0.01	0.02
Albania	−0.04	0.45	0.45	0.28	0.03	−0.11	−0.12	−0.07	0.00	0.00
Andorra	−3.61	−0.07	0.43	0.48	0.50	0.46	0.34	0.18	0.03	−0.05
Bosnia and Herzegovina	−0.13	−0.11	−0.17	−0.25	−0.38	−0.47	−0.49	−0.45	−0.39	−0.36
Croatia	−0.36	−0.22	−0.20	−0.19	−0.23	−0.26	−0.25	−0.20	−0.14	−0.09
Gibraltar	0.94	0.40	0.34	0.26	0.19	0.20	0.23	0.25	0.26	0.26
Greece	−0.40	−0.08	−0.09	−0.06	−0.07	−0.07	−0.08	−0.10	−0.13	−0.14
Holy See	0.03	0.17	0.17	0.29	0.29	0.33	0.35	0.39	0.43	0.46
Italy	0.07	0.12	0.12	0.12	0.09	0.07	0.05	0.04	0.05	0.08
Malta	0.32	0.35	0.39	0.40	0.25	0.10	0.01	0.05	0.15	0.25
Montenegro	0.12	0.17	0.16	0.14	0.07	−0.02	−0.06	−0.03	0.04	0.08
Portugal	−0.45	−0.22	−0.11	−0.02	0.00	−0.01	−0.05	−0.07	−0.07	−0.04
San Marino	0.70	0.58	0.46	0.42	0.33	0.25	0.19	0.18	0.19	0.23
Serbia	−0.47	−0.25	−0.19	−0.18	−0.24	−0.29	−0.29	−0.20	−0.10	−0.04
Slovenia	0.15	0.23	0.17	0.09	0.01	−0.01	0.02	0.05	0.08	0.09
Spain	−0.21	0.19	0.17	0.18	0.20	0.19	0.16	0.11	0.06	0.03
TFYR Macedonia	0.16	0.27	0.28	0.20	0.07	−0.04	−0.06	−0.01	0.06	0.08
WESTERN EUROPE	0.32	0.37	0.40	0.40	0.34	0.29	0.26	0.28	0.34	0.39
Austria	0.36	0.42	0.49	0.46	0.35	0.27	0.25	0.27	0.30	0.33
Belgium	0.66	0.74	0.58	0.58	0.52	0.49	0.50	0.53	0.55	0.57
France	0.45	0.56	0.58	0.60	0.57	0.53	0.50	0.52	0.57	0.61
Germany	0.06	0.08	0.13	0.11	0.03	−0.02	−0.06	−0.04	0.01	0.09
Liechtenstein	0.68	0.79	0.84	0.80	0.65	0.53	0.48	0.52	0.57	0.61
Luxembourg	2.21	1.47	1.50	1.32	1.23	1.14	1.08	1.07	1.06	1.04
Monaco	0.48	0.51	0.62	0.71	0.69	0.61	0.63	0.73	0.84	0.89
Netherlands	0.35	0.45	0.50	0.49	0.40	0.30	0.24	0.28	0.36	0.42
Switzerland	1.16	1.00	0.92	0.88	0.76	0.67	0.64	0.67	0.69	0.70
LATIN AMERICA AND THE CARIBBEAN	1.12	1.18	1.14	1.05	0.91	0.81	0.74	0.69	0.65	0.59
CARIBBEAN	0.74	0.80	0.80	0.74	0.63	0.54	0.49	0.44	0.41	0.37
Anguilla	1.19	1.06	0.68	0.54	0.36	0.23	0.15	0.11	0.08	0.09
Antigua and Barbuda	1.03	1.17	1.19	1.12	0.95	0.81	0.73	0.69	0.67	0.65
Aruba	0.45	0.44	0.46	0.44	0.29	0.10	−0.03	−0.03	0.09	0.23

高位予測値

主要地域、地域および国	年平均増加率(%)									
	2010-2015	2015-2020	2020-2025	2025-2030	2030-2035	2035-2040	2040-2045	2045-2050	2050-2055	2055-2060
Bahamas	1.45	1.28	1.21	1.09	0.90	0.77	0.72	0.72	0.71	0.68
Barbados	0.33	0.40	0.39	0.34	0.24	0.17	0.15	0.19	0.28	0.34
British Virgin Islands	2.02	1.78	1.16	0.98	0.78	0.65	0.58	0.56	0.54	0.49
Caribbean Netherlands	3.43	1.41	0.94	0.86	0.72	0.61	0.58	0.58	0.59	0.58
Cayman Islands	1.55	1.43	1.37	1.29	1.15	1.03	0.95	0.90	0.88	0.90
Cuba	0.14	0.11	0.15	0.13	0.03	-0.06	-0.13	-0.18	-0.22	-0.24
Curaçao	1.26	0.97	0.95	0.87	0.75	0.68	0.68	0.72	0.74	0.74
Dominica	0.42	0.64	0.65	0.49	0.29	0.20	0.22	0.23	0.19	0.11
Dominican Republic	1.24	1.27	1.21	1.13	1.00	0.90	0.82	0.75	0.69	0.63
Grenada	0.41	0.69	0.66	0.50	0.38	0.32	0.31	0.27	0.19	0.09
Guadeloupe	0.50	0.53	0.52	0.53	0.49	0.43	0.34	0.26	0.22	0.23
Haiti	1.38	1.40	1.36	1.28	1.13	1.01	0.93	0.86	0.80	0.73
Jamaica	0.38	0.54	0.49	0.34	0.19	0.11	0.12	0.13	0.09	0.02
Martinique	0.09	0.06	0.16	0.16	0.06	-0.08	-0.19	-0.22	-0.14	-0.02
Montserrat	0.68	0.63	0.59	0.57	0.48	0.40	0.36	0.33	0.34	0.34
Puerto Rico	-0.14	0.13	0.19	0.20	0.07	-0.02	-0.07	-0.08	-0.07	-0.08
Saint Kitts and Nevis	1.19	1.21	1.12	1.02	0.87	0.74	0.66	0.61	0.58	0.55
Saint Lucia	0.84	0.91	0.87	0.78	0.63	0.52	0.45	0.40	0.37	0.33
Saint Vincent and the Grenadines	0.03	0.43	0.45	0.42	0.35	0.31	0.25	0.20	0.17	0.14
Sint Maarten (Dutch part)	3.13	1.49	1.43	1.28	1.07	0.94	0.91	0.93	0.93	0.90
Trinidad and Tobago	0.48	0.44	0.30	0.20	0.11	0.07	0.06	0.05	0.04	0.03
Turks and Caicos Islands	2.05	1.64	1.50	1.40	1.25	1.11	0.98	0.88	0.81	0.78
United States Virgin Islands	-0.02	0.28	0.21	0.14	0.02	-0.07	-0.12	-0.12	-0.08	-0.02
CENTRAL AMERICA	1.39	1.44	1.39	1.28	1.11	0.99	0.91	0.85	0.78	0.71
Belize	2.22	2.25	2.14	1.94	1.69	1.50	1.39	1.32	1.22	1.11
Costa Rica	1.12	1.15	1.07	0.95	0.79	0.68	0.60	0.54	0.49	0.44
El Salvador	0.29	0.56	0.65	0.63	0.54	0.43	0.36	0.33	0.31	0.26
Guatemala	2.08	2.15	2.11	2.00	1.83	1.70	1.60	1.51	1.41	1.31
Honduras	1.47	1.59	1.58	1.47	1.28	1.12	1.01	0.93	0.86	0.77
Mexico	1.37	1.39	1.32	1.20	1.02	0.90	0.82	0.76	0.69	0.62
Nicaragua	1.17	1.28	1.27	1.21	1.10	0.98	0.88	0.80	0.73	0.65
Panama	1.64	1.66	1.58	1.45	1.28	1.18	1.10	1.04	0.97	0.89
SOUTH AMERICA	1.05	1.11	1.07	0.99	0.85	0.75	0.69	0.65	0.61	0.56
Argentina	1.04	1.12	1.12	1.09	1.00	0.95	0.91	0.88	0.86	0.82
Bolivia	1.56	1.67	1.66	1.59	1.46	1.35	1.27	1.21	1.14	1.06
Brazil	0.91	0.96	0.92	0.83	0.69	0.59	0.53	0.48	0.45	0.40
Chile	1.07	1.15	1.09	0.91	0.77	0.66	0.59	0.55	0.52	0.47
Colombia	0.98	1.01	0.94	0.83	0.67	0.55	0.48	0.42	0.39	0.35
Ecuador	1.56	1.62	1.56	1.46	1.32	1.21	1.13	1.06	0.98	0.91
Falkland Islands (Malvinas)	0.33	0.35	0.29	0.21	0.15	0.18	0.23	0.28	0.33	0.35
French Guiana	2.78	2.66	2.56	2.47	2.31	2.16	2.01	1.89	1.78	1.69
Guyana	0.36	0.70	0.82	0.70	0.49	0.34	0.30	0.32	0.36	0.36
Paraguay	1.34	1.45	1.42	1.32	1.15	1.02	0.95	0.90	0.85	0.78
Peru	1.32	1.39	1.35	1.27	1.13	1.02	0.94	0.88	0.82	0.75
Suriname	0.94	0.97	0.94	0.86	0.72	0.61	0.53	0.49	0.48	0.47
Uruguay	0.34	0.54	0.58	0.57	0.50	0.46	0.45	0.45	0.46	0.45
Venezuela (Bolivarian Republic of)	1.41	1.45	1.38	1.28	1.14	1.03	0.95	0.90	0.84	0.79
NORTHERN AMERICA	0.78	0.90	0.94	0.91	0.81	0.74	0.71	0.75	0.80	0.83
Bermuda	-0.62	-0.30	0.04	0.04	-0.05	-0.17	-0.26	-0.26	-0.16	-0.02
Canada	1.04	1.07	1.01	0.95	0.81	0.72	0.68	0.70	0.72	0.74
Greenland	-0.13	0.27	0.37	0.25	0.08	0.00	0.01	0.07	0.15	0.21
Saint Pierre and Miquelon	0.05	0.55	1.02	0.98	0.84	0.70	0.59	0.57	0.57	0.57
United States of America	0.75	0.88	0.93	0.90	0.80	0.74	0.72	0.76	0.81	0.84
OCEANIA	1.54	1.54	1.48	1.41	1.28	1.20	1.15	1.14	1.12	1.08
AUSTRALIA/NEW ZEALAND	1.43	1.41	1.33	1.25	1.12	1.04	1.01	1.02	1.02	0.99
Australia	1.57	1.48	1.38	1.29	1.16	1.08	1.06	1.08	1.07	1.04
New Zealand	0.72	1.03	1.04	1.01	0.89	0.79	0.73	0.71	0.71	0.71
MELANESIA	1.98	2.00	1.96	1.89	1.75	1.64	1.54	1.47	1.40	1.33
Fiji	0.74	0.70	0.61	0.54	0.43	0.36	0.31	0.26	0.26	0.25
New Caledonia	1.32	1.39	1.38	1.33	1.21	1.11	1.03	0.99	0.96	0.92
Papua New Guinea	2.14	2.15	2.11	2.03	1.88	1.74	1.64	1.56	1.48	1.40
Solomon Islands	2.07	2.02	1.98	1.94	1.84	1.73	1.63	1.53	1.46	1.39
Vanuatu	2.27	2.29	2.21	2.10	1.95	1.84	1.74	1.66	1.58	1.49
MICRONESIA	0.93	1.14	1.21	1.24	1.12	1.01	0.93	0.88	0.87	0.85
Guam	1.27	1.37	1.37	1.29	1.13	1.00	0.93	0.89	0.86	0.82

表A. 16.　主要地域、地域および国別年平均人口増加率：高位予測値（続）

高位予測値

主要地域、地域および国	年平均増加率(%)									
	2010-2015	2015-2020	2020-2025	2025-2030	2030-2035	2035-2040	2040-2045	2045-2050	2050-2055	2055-2060
Kiribati	1.82	1.88	1.81	1.66	1.48	1.43	1.46	1.46	1.43	1.34
Marshall Islands	0.21	0.23	0.36	0.98	1.43	1.52	1.23	0.85	0.70	0.83
Micronesia (Fed. States of)	0.16	0.81	1.13	1.28	1.05	0.81	0.69	0.72	0.80	0.79
Nauru	0.39	0.53	0.59	0.52	0.40	0.29	0.21	0.19	0.21	0.23
Northern Mariana Islands	0.44	0.42	0.38	0.29	0.12	−0.09	−0.29	−0.45	−0.58	−0.63
Palau	0.79	1.24	1.33	1.28	1.09	0.91	0.80	0.78	0.79	0.79
POLYNESIA	0.73	0.89	0.80	0.91	0.90	0.81	0.73	0.69	0.69	0.69
American Samoa	−0.04	0.29	0.53	0.62	0.56	0.37	0.30	0.33	0.38	0.36
Cook Islands	0.53	0.77	0.84	0.79	0.67	0.64	0.62	0.63	0.58	0.49
French Polynesia	1.07	1.12	0.76	0.92	0.74	0.61	0.55	0.54	0.53	0.48
Niue	−0.14	0.32	0.27	0.79	0.73	0.71	0.65	0.69	0.70	0.71
Samoa	0.76	0.75	0.79	0.86	1.11	1.08	0.98	0.88	0.86	0.89
Tokelau	1.93	1.83	1.01	1.00	0.71	0.63	0.74	0.90	0.89	0.86
Tonga	0.42	1.00	1.08	1.20	1.22	1.14	1.01	0.92	0.93	0.99
Tuvalu	0.18	0.54	0.88	1.00	0.82	0.62	0.44	0.46	0.73	0.89
Wallis and Futuna Islands	−0.62	0.07	0.45	0.46	0.40	0.32	0.32	0.39	0.48	0.47

表A. 17. 主要地域、地域および国別年平均人口増加率：低位予測値、2020-2060年

低位予測値

主要地域、地域および国	年平均増加率(%)									
	2010-2015	2015-2020	2020-2025	2025-2030	2030-2035	2035-2040	2040-2045	2045-2050	2050-2055	2055-2060
WORLD	1.18	0.90	0.70	0.54	0.47	0.38	0.27	0.14	0.03	−0.08
More developed regions	0.29	0.08	−0.07	−0.19	−0.24	−0.29	−0.34	−0.41	−0.49	−0.56
Less developed regions	1.36	1.07	0.84	0.68	0.59	0.49	0.37	0.23	0.10	−0.01
Least developed countries	2.38	2.13	1.92	1.76	1.66	1.53	1.38	1.22	1.07	0.93
Less developed regions, excluding least developed countries	1.18	0.86	0.62	0.44	0.34	0.23	0.10	−0.05	−0.19	−0.31
Less developed regions, excluding China	1.63	1.32	1.10	0.92	0.83	0.72	0.59	0.44	0.31	0.19
High-income countries	0.52	0.26	0.09	−0.04	−0.10	−0.16	−0.23	−0.32	−0.41	−0.49
Middle-income countries	1.18	0.88	0.65	0.47	0.37	0.27	0.13	−0.01	−0.15	−0.27
Upper-middle-income countries	0.82	0.46	0.19	0.02	−0.07	−0.18	−0.30	−0.44	−0.59	−0.73
Lower-middle-income countries	1.48	1.22	1.00	0.80	0.69	0.57	0.42	0.27	0.13	0.01
Low-income countries	2.69	2.41	2.20	2.03	1.92	1.79	1.62	1.45	1.28	1.13
Sub-Saharan Africa	2.71	2.43	2.23	2.07	1.98	1.86	1.70	1.53	1.37	1.21
AFRICA	2.55	2.27	2.06	1.90	1.81	1.70	1.55	1.39	1.23	1.09
EASTERN AFRICA	2.81	2.52	2.29	2.10	1.99	1.84	1.67	1.49	1.31	1.15
Burundi	3.34	3.05	2.68	2.42	2.36	2.32	2.20	1.99	1.77	1.59
Comoros	2.42	2.10	1.84	1.63	1.52	1.39	1.23	1.06	0.88	0.73
Djibouti	1.33	1.10	0.88	0.63	0.46	0.31	0.16	−0.02	−0.20	−0.39
Eritrea	2.17	2.21	1.96	1.76	1.67	1.54	1.34	1.11	0.90	0.73
Ethiopia	2.53	2.21	1.93	1.67	1.48	1.29	1.09	0.89	0.70	0.51
Kenya	2.65	2.32	2.05	1.87	1.77	1.63	1.47	1.28	1.11	0.95
Madagascar	2.79	2.56	2.37	2.18	2.04	1.89	1.72	1.54	1.39	1.23
Malawi	3.06	2.85	2.63	2.48	2.35	2.19	2.02	1.84	1.66	1.48
Mauritius	0.40	0.10	−0.11	−0.27	−0.39	−0.54	−0.70	−0.85	−0.97	−1.06
Mayotte	2.79	2.41	2.11	1.91	1.78	1.61	1.41	1.19	0.98	0.81
Mozambique	2.80	2.52	2.37	2.26	2.19	2.07	1.91	1.74	1.57	1.40
Réunion	0.73	0.54	0.39	0.23	0.10	−0.05	−0.23	−0.43	−0.60	−0.72
Rwanda	2.41	2.07	1.74	1.52	1.40	1.24	1.01	0.76	0.54	0.35
Seychelles	0.72	0.31	0.03	−0.17	−0.27	−0.39	−0.55	−0.77	−0.96	−1.10
Somalia	2.37	2.67	2.65	2.52	2.40	2.26	2.09	1.92	1.75	1.59
South Sudan	4.09	2.54	2.19	1.90	1.77	1.63	1.46	1.28	1.10	0.94
Uganda	3.27	3.06	2.84	2.63	2.48	2.29	2.06	1.83	1.63	1.45
United Republic of Tanzania	3.16	2.88	2.66	2.51	2.43	2.29	2.10	1.91	1.73	1.58
Zambia	3.05	2.88	2.71	2.61	2.55	2.43	2.27	2.10	1.94	1.79
Zimbabwe	2.21	2.06	1.77	1.60	1.49	1.35	1.17	0.96	0.74	0.53
MIDDLE AFRICA	3.03	2.78	2.58	2.40	2.28	2.12	1.93	1.73	1.55	1.39
Angola	3.30	2.96	2.79	2.63	2.51	2.34	2.14	1.94	1.75	1.58
Cameroon	2.51	2.24	2.03	1.88	1.79	1.68	1.53	1.35	1.19	1.04
Central African Republic	1.95	1.80	1.61	1.44	1.34	1.23	1.10	0.95	0.79	0.63
Chad	3.31	2.99	2.75	2.52	2.34	2.15	1.94	1.73	1.54	1.37
Congo	2.56	2.44	2.31	2.22	2.17	2.06	1.88	1.70	1.54	1.40
Democratic Republic of the Congo	3.17	2.94	2.73	2.53	2.39	2.22	2.02	1.81	1.63	1.45
Equatorial Guinea	2.96	2.61	2.30	2.02	1.84	1.66	1.49	1.32	1.16	1.00
Gabon	2.25	1.93	1.70	1.52	1.41	1.29	1.14	0.98	0.81	0.63
São Tomé and Príncipe	2.16	1.90	1.72	1.59	1.49	1.36	1.20	1.02	0.85	0.70
NORTHERN AFRICA	1.89	1.57	1.26	1.03	0.94	0.85	0.72	0.55	0.39	0.24
Algeria	1.92	1.43	1.01	0.71	0.57	0.49	0.41	0.29	0.11	−0.09
Egypt	2.18	1.69	1.34	1.12	1.07	1.00	0.84	0.65	0.47	0.33
Libya	0.04	1.11	0.84	0.58	0.45	0.33	0.19	−0.01	−0.23	−0.42
Morocco	1.37	0.98	0.68	0.45	0.30	0.17	0.03	−0.13	−0.29	−0.44
Sudan	2.16	2.20	2.00	1.81	1.68	1.52	1.34	1.15	0.98	0.83
Tunisia	1.12	0.81	0.51	0.26	0.11	0.00	−0.10	−0.23	−0.40	−0.56
Western Sahara	2.23	1.76	1.40	1.11	0.92	0.75	0.58	0.42	0.24	0.08
SOUTHERN AFRICA	1.17	0.69	0.41	0.26	0.21	0.15	0.06	−0.05	−0.18	−0.30
Botswana	1.99	1.47	1.15	0.89	0.75	0.63	0.48	0.31	0.12	−0.06
Lesotho	1.20	0.91	0.67	0.52	0.51	0.49	0.44	0.35	0.22	0.06
Namibia	2.28	1.90	1.59	1.36	1.22	1.08	0.93	0.76	0.58	0.42
South Africa	1.08	0.58	0.30	0.15	0.11	0.05	−0.04	−0.15	−0.27	−0.39
Swaziland	1.51	0.99	0.70	0.52	0.49	0.46	0.39	0.27	0.14	0.02
WESTERN AFRICA	2.74	2.47	2.29	2.15	2.07	1.96	1.81	1.64	1.48	1.33
Benin	2.69	2.39	2.15	1.94	1.79	1.61	1.42	1.22	1.04	0.87
Burkina Faso	2.94	2.67	2.48	2.32	2.21	2.05	1.85	1.64	1.46	1.29
Cabo Verde	1.19	0.98	0.79	0.61	0.51	0.38	0.23	0.05	−0.12	−0.28

表A. 17. 主要地域、地域および国別年平均人口増加率：低位予測値（続）

低位予測値

主要地域、地域および国	年平均増加率(%)									
	2010-2015	2015-2020	2020-2025	2025-2030	2030-2035	2035-2040	2040-2045	2045-2050	2050-2055	2055-2060
Côte d'Ivoire	2.40	2.21	2.07	1.95	1.89	1.81	1.70	1.59	1.48	1.37
Gambia	3.24	2.95	2.73	2.53	2.38	2.19	1.96	1.72	1.49	1.28
Ghana	2.39	1.98	1.70	1.50	1.39	1.28	1.13	0.95	0.77	0.61
Guinea	2.71	2.43	2.23	2.05	1.93	1.79	1.63	1.47	1.30	1.14
Guinea-Bissau	2.42	2.13	1.88	1.68	1.57	1.45	1.30	1.12	0.94	0.78
Liberia	2.58	2.29	2.10	1.95	1.84	1.69	1.51	1.32	1.15	1.00
Mali	2.98	2.86	2.72	2.60	2.50	2.34	2.13	1.91	1.71	1.53
Mauritania	2.49	2.18	1.96	1.78	1.67	1.52	1.36	1.19	1.03	0.88
Niger	4.00	3.87	3.76	3.63	3.52	3.35	3.14	2.91	2.68	2.45
Nigeria	2.67	2.39	2.20	2.07	1.99	1.88	1.72	1.56	1.40	1.25
Saint Helena	-1.04	0.30	0.19	0.00	-0.22	-0.44	-0.60	-0.71	-0.77	-0.83
Senegal	3.10	2.73	2.47	2.29	2.20	2.10	1.95	1.78	1.60	1.43
Sierra Leone	2.22	1.91	1.63	1.42	1.29	1.12	0.94	0.75	0.56	0.39
Togo	2.67	2.37	2.14	1.98	1.89	1.76	1.59	1.40	1.23	1.08
ASIA	1.04	0.73	0.48	0.28	0.17	0.05	-0.10	-0.26	-0.41	-0.55
EASTERN ASIA	0.46	0.16	-0.10	-0.29	-0.40	-0.51	-0.65	-0.80	-0.96	-1.12
China	0.52	0.21	-0.07	-0.27	-0.38	-0.50	-0.64	-0.80	-0.97	-1.13
China, Hong Kong SAR	0.83	0.54	0.33	0.15	0.02	-0.12	-0.21	-0.29	-0.42	-0.54
China, Macao SAR	1.89	1.29	1.09	0.87	0.69	0.53	0.41	0.32	0.21	0.12
Dem. People's Republic of Korea	0.53	0.30	0.12	-0.04	-0.15	-0.27	-0.40	-0.54	-0.67	-0.74
Japan	-0.12	-0.38	-0.57	-0.71	-0.79	-0.85	-0.90	-0.94	-1.00	-1.10
Mongolia	1.74	1.23	0.85	0.57	0.45	0.36	0.28	0.18	0.06	-0.11
Republic of Korea	0.48	0.21	0.03	-0.10	-0.22	-0.39	-0.56	-0.74	-0.93	-1.09
Other non-specified areas	0.16	-0.17	-0.37	-0.49	-0.58	-0.74	-0.94	-1.15	-1.38	-1.56
SOUTH-CENTRAL ASIA	1.37	1.05	0.79	0.58	0.45	0.30	0.13	-0.05	-0.21	-0.36
CENTRAL ASIA	1.60	1.11	0.75	0.48	0.36	0.27	0.15	-0.03	-0.22	-0.38
Kazakhstan	1.55	0.90	0.57	0.34	0.26	0.22	0.16	0.06	-0.08	-0.23
Kyrgyzstan	1.67	1.25	0.88	0.62	0.53	0.44	0.30	0.14	-0.03	-0.19
Tajikistan	2.24	1.90	1.50	1.17	1.04	0.97	0.86	0.65	0.43	0.26
Turkmenistan	1.27	0.92	0.60	0.32	0.15	-0.01	-0.17	-0.36	-0.57	-0.76
Uzbekistan	1.50	1.01	0.62	0.33	0.20	0.08	-0.10	-0.33	-0.55	-0.73
SOUTHERN ASIA	1.36	1.05	0.80	0.58	0.45	0.30	0.13	-0.05	-0.21	-0.36
Afghanistan	3.02	2.11	1.69	1.39	1.19	0.96	0.72	0.47	0.24	0.03
Bangladesh	1.20	0.93	0.66	0.42	0.26	0.08	-0.12	-0.32	-0.51	-0.68
Bhutan	1.46	0.86	0.58	0.33	0.19	0.04	-0.11	-0.28	-0.46	-0.64
India	1.26	0.96	0.73	0.53	0.40	0.24	0.07	-0.10	-0.25	-0.38
Iran (Islamic Republic of)	1.27	0.83	0.42	0.13	0.01	-0.08	-0.20	-0.40	-0.67	-0.95
Maldives	1.79	1.32	0.88	0.55	0.41	0.32	0.21	0.02	-0.21	-0.43
Nepal	1.18	0.91	0.66	0.41	0.25	0.08	-0.09	-0.25	-0.41	-0.58
Pakistan	2.11	1.78	1.45	1.17	1.04	0.91	0.74	0.52	0.31	0.13
Sri Lanka	0.50	0.24	-0.03	-0.24	-0.35	-0.46	-0.63	-0.84	-1.03	-1.19
SOUTH-EASTERN ASIA	1.20	0.86	0.61	0.40	0.28	0.14	-0.02	-0.19	-0.34	-0.48
Brunei Darussalam	1.47	1.05	0.76	0.54	0.39	0.24	0.07	-0.13	-0.34	-0.53
Cambodia	1.62	1.25	0.98	0.75	0.63	0.52	0.37	0.19	0.01	-0.15
Indonesia	1.28	0.89	0.62	0.41	0.27	0.12	-0.05	-0.23	-0.39	-0.52
Lao People's Democratic Republic	1.66	1.47	1.16	0.89	0.74	0.58	0.41	0.21	0.02	-0.15
Malaysia	1.51	1.09	0.85	0.62	0.47	0.31	0.16	0.03	-0.11	-0.26
Myanmar	0.82	0.66	0.45	0.26	0.13	-0.04	-0.22	-0.40	-0.56	-0.71
Philippines	1.58	1.29	1.09	0.89	0.75	0.59	0.43	0.28	0.12	-0.02
Singapore	1.97	1.22	0.48	0.30	0.16	0.00	-0.16	-0.33	-0.50	-0.64
Thailand	0.38	0.01	-0.24	-0.42	-0.55	-0.70	-0.88	-1.08	-1.26	-1.41
Timor-Leste	2.28	1.93	1.66	1.44	1.35	1.30	1.22	1.05	0.85	0.68
Viet Nam	1.12	0.78	0.50	0.28	0.17	0.07	-0.06	-0.23	-0.40	-0.55
WESTERN ASIA	2.00	1.45	1.22	1.01	0.88	0.76	0.62	0.47	0.30	0.16
Armenia	0.36	-0.07	-0.35	-0.56	-0.67	-0.78	-0.91	-1.08	-1.24	-1.38
Azerbaijan	1.39	0.78	0.34	0.05	-0.07	-0.19	-0.37	-0.57	-0.72	-0.84
Bahrain	1.76	1.36	0.87	0.61	0.49	0.35	0.12	-0.05	-0.24	-0.41
Cyprus	1.09	0.70	0.42	0.27	0.19	0.11	0.03	-0.08	-0.21	-0.34
Georgia	-1.21	-0.29	-0.48	-0.64	-0.76	-0.85	-0.92	-1.05	-1.23	-1.39
Iraq	3.31	2.66	2.34	2.16	2.07	1.93	1.76	1.58	1.40	1.26
Israel	1.66	1.40	1.18	1.03	0.97	0.91	0.83	0.71	0.57	0.44
Jordan	3.06	1.27	0.62	0.93	1.16	1.02	0.84	0.61	0.38	0.20
Kuwait	4.81	1.86	1.29	0.99	0.75	0.62	0.47	0.30	0.09	-0.11
Lebanon	5.99	-0.09	-2.11	-0.87	0.19	0.01	-0.14	-0.29	-0.43	-0.57
Oman	8.45	1.23	0.73	0.42	0.25	0.19	0.21	0.27	0.08	-0.15

表A. 17. 主要地域、地域および国別年平均人口増加率：低位予測値（続）

低位予測値

主要地域、地域および国	年平均増加率(%)									
	2010-2015	2015-2020	2020-2025	2025-2030	2030-2035	2035-2040	2040-2045	2045-2050	2050-2055	2055-2060
Qatar	4.72	1.71	1.26	0.80	0.61	0.51	0.40	0.28	0.13	−0.03
Saudi Arabia	2.32	1.55	1.14	0.89	0.74	0.59	0.40	0.19	−0.01	−0.20
State of Palestine	2.75	2.48	2.21	1.94	1.77	1.60	1.42	1.23	1.05	0.88
Syrian Arab Republic	−2.27	2.35	3.67	1.94	0.85	0.69	0.53	0.35	0.17	−0.01
Turkey	1.69	0.70	0.33	0.31	0.28	0.16	0.02	−0.15	−0.32	−0.47
United Arab Emirates	1.89	1.26	1.01	0.78	0.69	0.59	0.44	0.27	0.10	−0.03
Yemen	2.57	2.07	1.71	1.47	1.26	1.05	0.82	0.59	0.34	0.10
EUROPE	0.08	−0.13	−0.29	−0.41	−0.45	−0.49	−0.54	−0.62	−0.72	−0.80
EASTERN EUROPE	−0.11	−0.39	−0.60	−0.75	−0.83	−0.87	−0.90	−0.96	−1.05	−1.14
Belarus	0.01	−0.46	−0.63	−0.78	−0.84	−0.87	−0.90	−0.95	−1.03	−1.11
Bulgaria	−0.71	−0.91	−1.07	−1.22	−1.31	−1.36	−1.39	−1.48	−1.62	−1.76
Czech Republic	0.07	−0.11	−0.28	−0.45	−0.53	−0.56	−0.56	−0.62	−0.73	−0.86
Hungary	−0.32	−0.52	−0.66	−0.78	−0.85	−0.89	−0.92	−0.97	−1.05	−1.17
Poland	0.02	−0.29	−0.52	−0.68	−0.79	−0.88	−0.97	−1.08	−1.20	−1.33
Republic of Moldova	−0.08	−0.44	−0.68	−0.89	−1.04	−1.19	−1.33	−1.48	−1.66	−1.87
Romania	−0.79	−0.84	−0.90	−0.94	−0.99	−1.05	−1.14	−1.26	−1.40	−1.53
Russian Federation	0.04	−0.26	−0.50	−0.67	−0.74	−0.76	−0.76	−0.80	−0.87	−0.94
Slovakia	0.07	−0.15	−0.34	−0.53	−0.67	−0.77	−0.84	−0.92	−1.04	−1.18
Ukraine	−0.36	−0.69	−0.87	−1.02	−1.09	−1.13	−1.17	−1.24	−1.35	−1.46
NORTHERN EUROPE	0.53	0.39	0.25	0.13	0.07	0.03	−0.01	−0.08	−0.18	−0.26
Channel Islands	0.51	0.31	0.18	0.07	0.01	−0.07	−0.16	−0.26	−0.37	−0.44
Denmark	0.42	0.22	0.15	0.06	0.00	−0.06	−0.12	−0.17	−0.24	−0.29
Estonia	−0.30	−0.43	−0.61	−0.75	−0.80	−0.81	−0.83	−0.91	−1.02	−1.13
Faeroe Islands	−0.15	0.10	0.04	0.03	0.03	−0.05	−0.21	−0.37	−0.46	−0.49
Finland	0.50	0.14	0.02	−0.11	−0.19	−0.27	−0.32	−0.35	−0.39	−0.42
Iceland	0.70	0.59	0.42	0.27	0.16	0.06	−0.05	−0.18	−0.30	−0.40
Ireland	0.31	0.61	0.47	0.33	0.31	0.28	0.20	0.06	−0.10	−0.24
Isle of Man	0.80	0.54	0.38	0.25	0.19	0.13	0.05	−0.07	−0.16	−0.23
Latvia	−1.18	−0.70	−0.83	−0.94	−0.97	−0.97	−1.00	−1.06	−1.13	−1.20
Lithuania	−1.63	−0.75	−0.78	−0.84	−0.89	−0.92	−0.94	−0.99	−1.04	−1.07
Norway	1.27	0.90	0.57	0.45	0.37	0.29	0.22	0.15	0.06	−0.03
Sweden	0.83	0.53	0.42	0.28	0.21	0.18	0.18	0.16	0.09	0.01
United Kingdom	0.63	0.44	0.29	0.16	0.11	0.07	0.03	−0.06	−0.16	−0.25
SOUTHERN EUROPE	−0.13	−0.22	−0.36	−0.45	−0.47	−0.52	−0.60	−0.71	−0.85	−0.98
Albania	−0.04	0.07	−0.13	−0.38	−0.58	−0.75	−0.89	−1.03	−1.15	−1.27
Andorra	−3.61	−0.40	0.02	−0.02	−0.03	−0.10	−0.25	−0.48	−0.75	−0.96
Bosnia and Herzegovina	−0.13	−0.45	−0.68	−0.84	−0.95	−1.06	−1.18	−1.31	−1.45	−1.57
Croatia	−0.36	−0.53	−0.68	−0.78	−0.82	−0.87	−0.94	−1.03	−1.13	−1.23
Gibraltar	0.94	0.09	−0.11	−0.27	−0.35	−0.40	−0.48	−0.58	−0.69	−0.79
Greece	−0.40	−0.39	−0.55	−0.62	−0.63	−0.65	−0.71	−0.83	−1.00	−1.16
Holy See	0.03	0.00	−0.18	−0.13	−0.13	−0.15	−0.16	−0.10	−0.08	−0.08
Italy	0.07	−0.16	−0.30	−0.40	−0.43	−0.47	−0.55	−0.66	−0.78	−0.89
Malta	0.32	0.05	−0.10	−0.24	−0.37	−0.49	−0.59	−0.66	−0.73	−0.80
Montenegro	0.12	−0.17	−0.36	−0.50	−0.57	−0.68	−0.80	−0.92	−1.02	−1.12
Portugal	−0.45	−0.52	−0.57	−0.59	−0.56	−0.59	−0.67	−0.78	−0.92	−1.03
San Marino	0.70	0.28	0.00	−0.13	−0.19	−0.28	−0.39	−0.52	−0.66	−0.73
Serbia	−0.47	−0.57	−0.70	−0.81	−0.88	−0.95	−1.02	−1.10	−1.20	−1.30
Slovenia	0.15	−0.08	−0.27	−0.41	−0.49	−0.55	−0.62	−0.72	−0.85	−0.95
Spain	−0.21	−0.13	−0.27	−0.34	−0.31	−0.36	−0.44	−0.58	−0.75	−0.91
TFYR Macedonia	0.16	−0.08	−0.26	−0.43	−0.55	−0.66	−0.77	−0.88	−1.00	−1.12
WESTERN EUROPE	0.32	0.07	−0.07	−0.17	−0.21	−0.27	−0.35	−0.45	−0.55	−0.61
Austria	0.36	0.10	0.00	−0.11	−0.19	−0.26	−0.33	−0.44	−0.56	−0.66
Belgium	0.66	0.43	0.11	0.02	−0.02	−0.07	−0.14	−0.23	−0.33	−0.40
France	0.45	0.26	0.12	0.04	0.01	−0.05	−0.14	−0.24	−0.32	−0.37
Germany	0.06	−0.23	−0.35	−0.46	−0.51	−0.57	−0.65	−0.76	−0.88	−0.94
Liechtenstein	0.68	0.49	0.36	0.22	0.11	−0.01	−0.10	−0.19	−0.28	−0.33
Luxembourg	2.21	1.12	0.98	0.72	0.67	0.60	0.52	0.43	0.31	0.21
Monaco	0.48	0.27	0.22	0.19	0.17	0.10	0.08	0.09	0.07	0.04
Netherlands	0.35	0.16	0.03	−0.08	−0.17	−0.27	−0.38	−0.48	−0.56	−0.61
Switzerland	1.16	0.68	0.43	0.30	0.22	0.15	0.09	0.02	−0.09	−0.19
LATIN AMERICA AND THE CARIBBEAN	1.12	0.80	0.56	0.37	0.25	0.11	−0.03	−0.19	−0.34	−0.48
CARIBBEAN	0.74	0.44	0.24	0.08	−0.03	−0.16	−0.32	−0.49	−0.66	−0.81
Anguilla	1.19	0.69	0.13	−0.11	−0.29	−0.48	−0.69	−0.89	−1.06	−1.17
Antigua and Barbuda	1.03	0.79	0.61	0.43	0.30	0.15	−0.03	−0.21	−0.36	−0.46
Aruba	0.45	0.14	−0.05	−0.22	−0.37	−0.55	−0.75	−0.90	−0.96	−0.96

低位予測値

主要地域、地域および国	年平均増加率(%)									
	2010-2015	2015-2020	2020-2025	2025-2030	2030-2035	2035-2040	2040-2045	2045-2050	2050-2055	2055-2060
Bahamas	1.45	0.89	0.64	0.43	0.29	0.16	0.05	-0.06	-0.19	-0.31
Barbados	0.33	0.08	-0.11	-0.27	-0.37	-0.47	-0.56	-0.67	-0.75	-0.80
British Virgin Islands	2.02	1.43	0.63	0.38	0.22	0.08	-0.05	-0.22	-0.38	-0.52
Caribbean Netherlands	3.43	1.11	0.48	0.29	0.17	0.04	-0.09	-0.22	-0.33	-0.41
Cayman Islands	1.55	1.11	0.89	0.71	0.57	0.43	0.29	0.16	0.05	-0.01
Cuba	0.14	-0.20	-0.32	-0.43	-0.52	-0.66	-0.82	-1.02	-1.22	-1.39
Curaçao	1.26	0.66	0.47	0.29	0.18	0.09	0.00	-0.08	-0.16	-0.21
Dominica	0.42	0.25	0.05	-0.18	-0.33	-0.45	-0.58	-0.75	-0.94	-1.11
Dominican Republic	1.24	0.87	0.61	0.41	0.28	0.12	-0.06	-0.25	-0.40	-0.55
Grenada	0.41	0.26	0.03	-0.21	-0.31	-0.42	-0.58	-0.80	-1.03	-1.25
Guadeloupe	0.50	0.24	0.08	-0.03	-0.08	-0.17	-0.32	-0.51	-0.69	-0.81
Haiti	1.38	1.02	0.77	0.57	0.43	0.29	0.12	-0.07	-0.25	-0.42
Jamaica	0.38	0.13	-0.13	-0.37	-0.50	-0.64	-0.79	-0.95	-1.14	-1.33
Martinique	0.09	-0.23	-0.30	-0.43	-0.54	-0.69	-0.88	-1.07	-1.19	-1.23
Montserrat	0.68	0.32	0.11	-0.03	-0.15	-0.29	-0.44	-0.61	-0.72	-0.83
Puerto Rico	-0.14	-0.22	-0.36	-0.46	-0.56	-0.69	-0.83	-1.00	-1.16	-1.31
Saint Kitts and Nevis	1.19	0.83	0.55	0.33	0.20	0.06	-0.11	-0.28	-0.45	-0.58
Saint Lucia	0.84	0.53	0.29	0.09	-0.04	-0.18	-0.33	-0.50	-0.66	-0.81
Saint Vincent and the Grenadines	0.03	0.04	-0.15	-0.29	-0.36	-0.44	-0.63	-0.83	-1.01	-1.16
Sint Maarten (Dutch part)	3.13	1.13	0.88	0.64	0.48	0.34	0.22	0.11	0.01	-0.07
Trinidad and Tobago	0.48	0.07	-0.23	-0.44	-0.54	-0.64	-0.75	-0.91	-1.07	-1.22
Turks and Caicos Islands	2.05	1.29	0.99	0.78	0.63	0.46	0.26	0.07	-0.10	-0.21
United States Virgin Islands	-0.02	-0.01	-0.25	-0.45	-0.60	-0.77	-0.95	-1.11	-1.22	-1.29
CENTRAL AMERICA	1.39	1.04	0.78	0.57	0.43	0.28	0.12	-0.04	-0.20	-0.35
Belize	2.22	1.83	1.50	1.19	0.99	0.79	0.61	0.42	0.25	0.08
Costa Rica	1.12	0.77	0.50	0.29	0.16	0.03	-0.11	-0.27	-0.44	-0.59
El Salvador	0.29	0.12	-0.04	-0.17	-0.23	-0.38	-0.54	-0.72	-0.88	-1.05
Guatemala	2.08	1.75	1.50	1.29	1.16	1.00	0.82	0.65	0.48	0.32
Honduras	1.47	1.16	0.93	0.72	0.57	0.40	0.22	0.05	-0.12	-0.27
Mexico	1.37	1.00	0.72	0.49	0.35	0.20	0.03	-0.13	-0.30	-0.45
Nicaragua	1.17	0.87	0.65	0.49	0.40	0.24	0.08	-0.09	-0.25	-0.42
Panama	1.64	1.29	1.03	0.80	0.64	0.50	0.34	0.18	0.02	-0.12
SOUTH AMERICA	1.05	0.73	0.50	0.31	0.19	0.07	-0.08	-0.22	-0.37	-0.50
Argentina	1.04	0.77	0.58	0.43	0.35	0.26	0.16	0.05	-0.07	-0.19
Bolivia	1.56	1.29	1.08	0.91	0.80	0.66	0.50	0.34	0.19	0.04
Brazil	0.91	0.58	0.34	0.15	0.04	-0.10	-0.24	-0.39	-0.54	-0.69
Chile	1.07	0.79	0.56	0.30	0.19	0.07	-0.07	-0.22	-0.37	-0.50
Colombia	0.98	0.62	0.35	0.13	0.00	-0.14	-0.30	-0.47	-0.62	-0.77
Ecuador	1.56	1.24	0.99	0.79	0.66	0.51	0.35	0.19	0.04	-0.10
Falkland Islands (Malvinas)	0.33	0.05	-0.15	-0.33	-0.41	-0.44	-0.48	-0.56	-0.64	-0.73
French Guiana	2.78	2.32	2.05	1.87	1.75	1.60	1.42	1.23	1.05	0.90
Guyana	0.36	0.31	0.19	-0.05	-0.26	-0.49	-0.69	-0.85	-0.95	-1.07
Paraguay	1.34	1.05	0.81	0.60	0.47	0.31	0.14	-0.02	-0.17	-0.33
Peru	1.32	1.01	0.78	0.60	0.48	0.35	0.20	0.05	-0.11	-0.26
Suriname	0.94	0.61	0.37	0.17	0.04	-0.12	-0.28	-0.45	-0.60	-0.72
Uruguay	0.34	0.19	0.04	-0.08	-0.15	-0.23	-0.33	-0.44	-0.56	-0.66
Venezuela (Bolivarian Republic of)	1.41	1.06	0.80	0.59	0.46	0.31	0.15	0.00	-0.15	-0.28
NORTHERN AMERICA	0.78	0.57	0.43	0.31	0.23	0.16	0.08	0.00	-0.07	-0.12
Bermuda	-0.62	-0.59	-0.42	-0.55	-0.65	-0.78	-0.93	-1.07	-1.16	-1.17
Canada	1.04	0.74	0.51	0.37	0.27	0.18	0.10	0.02	-0.07	-0.13
Greenland	-0.13	-0.08	-0.18	-0.43	-0.60	-0.76	-0.90	-1.02	-1.09	-1.15
Saint Pierre and Miquelon	0.05	0.21	0.50	0.35	0.24	0.10	-0.05	-0.20	-0.34	-0.45
United States of America	0.75	0.56	0.43	0.30	0.23	0.16	0.08	0.00	-0.07	-0.11
OCEANIA	1.54	1.21	0.97	0.81	0.71	0.62	0.52	0.43	0.31	0.21
AUSTRALIA/NEW ZEALAND	1.43	1.08	0.82	0.66	0.56	0.48	0.42	0.35	0.25	0.16
Australia	1.57	1.15	0.87	0.71	0.61	0.54	0.47	0.41	0.31	0.22
New Zealand	0.72	0.71	0.55	0.41	0.31	0.19	0.09	-0.02	-0.13	-0.21
MELANESIA	1.98	1.65	1.43	1.25	1.14	0.99	0.83	0.66	0.51	0.37
Fiji	0.74	0.33	0.05	-0.16	-0.29	-0.45	-0.63	-0.82	-0.97	-1.13
New Caledonia	1.32	1.04	0.84	0.69	0.61	0.51	0.40	0.29	0.17	0.05
Papua New Guinea	2.14	1.81	1.58	1.39	1.27	1.11	0.94	0.77	0.60	0.46
Solomon Islands	2.07	1.68	1.45	1.31	1.23	1.10	0.93	0.74	0.58	0.44
Vanuatu	2.27	1.93	1.66	1.46	1.34	1.21	1.05	0.89	0.73	0.58
MICRONESIA	0.93	0.80	0.68	0.58	0.49	0.37	0.23	0.06	-0.09	-0.21
Guam	1.27	1.02	0.83	0.65	0.52	0.36	0.20	0.05	-0.08	-0.19

表A. 17. 主要地域、地域および国別年平均人口増加率：低位予測値（続）

低位予測値

主要地域、地域および国	年平均増加率（%）									
	2010-2015	2015-2020	2020-2025	2025-2030	2030-2035	2035-2040	2040-2045	2045-2050	2050-2055	2055-2060
Kiribati	1.82	1.53	1.28	1.04	0.90	0.85	0.80	0.68	0.51	0.35
Marshall Islands	0.21	−0.03	−0.05	0.40	0.72	0.76	0.48	0.06	−0.20	−0.21
Micronesia (Fed. States of)	0.16	0.44	0.52	0.53	0.35	0.14	−0.03	−0.17	−0.29	−0.45
Nauru	0.39	0.19	0.08	−0.11	−0.22	−0.35	−0.50	−0.67	−0.82	−0.95
Northern Mariana Islands	0.44	0.08	−0.14	−0.32	−0.48	−0.69	−0.97	−1.27	−1.58	−1.84
Palau	0.79	0.88	0.74	0.57	0.44	0.30	0.16	0.06	−0.04	−0.14
POLYNESIA	0.73	0.55	0.26	0.26	0.27	0.16	0.01	−0.18	−0.33	−0.44
American Samoa	−0.04	−0.07	−0.06	−0.10	−0.13	−0.37	−0.61	−0.84	−1.00	−1.16
Cook Islands	0.53	0.39	0.24	0.09	0.02	−0.01	−0.13	−0.28	−0.44	−0.59
French Polynesia	1.07	0.74	0.18	0.27	0.12	−0.02	−0.15	−0.28	−0.42	−0.57
Niue	−0.14	−0.04	−0.29	0.15	0.04	0.01	−0.15	−0.20	−0.30	−0.37
Samoa	0.76	0.45	0.31	0.24	0.49	0.43	0.26	0.02	−0.15	−0.25
Tokelau	1.93	1.48	0.35	0.25	0.04	0.00	0.03	0.04	−0.14	−0.22
Tonga	0.42	0.69	0.58	0.56	0.57	0.49	0.31	0.08	−0.07	−0.14
Tuvalu	0.18	0.19	0.27	0.21	0.06	−0.14	−0.41	−0.62	−0.59	−0.54
Wallis and Futuna Islands	−0.62	−0.26	−0.09	−0.22	−0.23	−0.32	−0.42	−0.51	−0.56	−0.64

表A. 18. 主要地域、地域および国別年平均人口増加率：出生率一定予測値、2020-2060年

出生率一定予測値

主要地域、地域および国	年平均増加率(%)									
	2010-2015	2015-2020	2020-2025	2025-2030	2030-2035	2035-2040	2040-2045	2045-2050	2050-2055	2055-2060
WORLD	1.18	1.16	1.12	1.09	1.08	1.09	1.12	1.17	1.23	1.31
More developed regions	0.29	0.21	0.12	0.05	0.00	−0.04	−0.08	−0.12	−0.15	−0.17
Less developed regions	1.36	1.35	1.31	1.27	1.26	1.27	1.30	1.34	1.41	1.48
Least developed countries	2.38	2.54	2.63	2.67	2.69	2.73	2.78	2.85	2.92	2.98
Less developed regions, excluding least developed countries	1.18	1.12	1.03	0.96	0.91	0.88	0.86	0.85	0.86	0.89
Less developed regions, excluding China	1.63	1.64	1.63	1.61	1.59	1.59	1.63	1.67	1.73	1.79
High-income countries	0.52	0.41	0.32	0.24	0.19	0.14	0.09	0.06	0.02	0.00
Middle-income countries	1.18	1.15	1.07	1.00	0.96	0.94	0.94	0.94	0.96	1.00
Upper-middle-income countries	0.82	0.66	0.49	0.38	0.31	0.25	0.19	0.13	0.08	0.08
Lower-middle-income countries	1.48	1.53	1.51	1.46	1.41	1.39	1.39	1.41	1.43	1.46
Low-income countries	2.69	2.84	2.95	3.00	3.02	3.05	3.10	3.15	3.20	3.24
Sub-Saharan Africa	2.71	2.83	2.91	2.97	3.01	3.05	3.10	3.15	3.20	3.24
AFRICA	2.55	2.66	2.72	2.76	2.80	2.85	2.91	2.96	3.01	3.06
EASTERN AFRICA	2.81	2.96	3.04	3.06	3.06	3.06	3.08	3.11	3.12	3.13
Burundi	3.34	3.38	3.29	3.23	3.27	3.37	3.45	3.49	3.48	3.48
Comoros	2.42	2.50	2.52	2.51	2.50	2.50	2.52	2.55	2.57	2.59
Djibouti	1.33	1.52	1.55	1.46	1.35	1.27	1.24	1.24	1.26	1.26
Eritrea	2.17	2.63	2.68	2.70	2.70	2.69	2.66	2.63	2.61	2.61
Ethiopia	2.53	2.79	2.92	2.93	2.85	2.78	2.77	2.78	2.79	2.78
Kenya	2.65	2.71	2.71	2.71	2.71	2.70	2.71	2.72	2.72	2.71
Madagascar	2.79	2.93	2.99	2.97	2.92	2.90	2.91	2.92	2.92	2.91
Malawi	3.06	3.26	3.32	3.36	3.35	3.35	3.36	3.36	3.35	3.34
Mauritius	0.40	0.33	0.23	0.10	−0.07	−0.24	−0.37	−0.46	−0.52	−0.58
Mayotte	2.79	2.85	2.83	2.82	2.78	2.71	2.65	2.59	2.56	2.54
Mozambique	2.80	2.93	3.06	3.17	3.24	3.30	3.35	3.40	3.43	3.44
Réunion	0.73	0.78	0.79	0.72	0.63	0.52	0.41	0.32	0.26	0.24
Rwanda	2.41	2.53	2.53	2.53	2.50	2.45	2.40	2.37	2.35	2.34
Seychelles	0.72	0.56	0.43	0.35	0.32	0.29	0.23	0.15	0.10	0.11
Somalia	2.37	3.01	3.28	3.39	3.45	3.50	3.58	3.67	3.74	3.80
South Sudan	4.09	2.93	2.87	2.82	2.82	2.83	2.87	2.92	2.96	2.98
Uganda	3.27	3.49	3.59	3.63	3.63	3.64	3.67	3.71	3.74	3.75
United Republic of Tanzania	3.16	3.22	3.27	3.31	3.33	3.35	3.36	3.36	3.37	3.37
Zambia	3.05	3.23	3.30	3.36	3.38	3.40	3.42	3.43	3.43	3.43
Zimbabwe	2.21	2.52	2.52	2.54	2.55	2.56	2.56	2.53	2.50	2.46
MIDDLE AFRICA	3.03	3.18	3.29	3.35	3.39	3.43	3.48	3.53	3.58	3.62
Angola	3.30	3.37	3.49	3.57	3.62	3.67	3.74	3.81	3.87	3.92
Cameroon	2.51	2.68	2.76	2.81	2.83	2.86	2.90	2.93	2.95	2.97
Central African Republic	1.95	2.21	2.33	2.38	2.41	2.45	2.50	2.55	2.57	2.58
Chad	3.31	3.45	3.54	3.57	3.56	3.59	3.66	3.73	3.79	3.83
Congo	2.56	2.79	2.90	2.99	3.05	3.07	3.09	3.10	3.11	3.12
Democratic Republic of the Congo	3.17	3.33	3.44	3.49	3.52	3.55	3.60	3.64	3.68	3.72
Equatorial Guinea	2.96	3.01	3.00	2.98	2.97	2.98	3.02	3.07	3.11	3.12
Gabon	2.25	2.37	2.41	2.41	2.40	2.39	2.39	2.39	2.38	2.36
São Tomé and Príncipe	2.16	2.30	2.39	2.47	2.49	2.50	2.50	2.51	2.53	2.57
NORTHERN AFRICA	1.89	1.93	1.82	1.73	1.71	1.73	1.75	1.74	1.73	1.72
Algeria	1.92	1.85	1.63	1.42	1.31	1.31	1.36	1.36	1.30	1.20
Egypt	2.18	2.04	1.88	1.79	1.81	1.87	1.88	1.83	1.79	1.78
Libya	0.04	1.46	1.39	1.25	1.16	1.10	1.04	0.94	0.83	0.76
Morocco	1.37	1.30	1.19	1.06	0.96	0.89	0.85	0.81	0.78	0.74
Sudan	2.16	2.60	2.66	2.66	2.62	2.58	2.58	2.59	2.62	2.63
Tunisia	1.12	1.08	0.92	0.73	0.58	0.51	0.48	0.45	0.38	0.29
Western Sahara	2.23	2.06	1.86	1.67	1.49	1.35	1.22	1.12	1.01	0.92
SOUTHERN AFRICA	1.17	0.99	0.92	0.90	0.92	0.94	0.96	0.98	0.97	0.94
Botswana	1.99	1.85	1.75	1.64	1.55	1.50	1.47	1.43	1.37	1.31
Lesotho	1.20	1.29	1.33	1.36	1.44	1.55	1.66	1.73	1.74	1.70
Namibia	2.28	2.29	2.24	2.18	2.13	2.10	2.10	2.10	2.09	2.07
South Africa	1.08	0.87	0.78	0.77	0.78	0.79	0.81	0.81	0.79	0.76
Swaziland	1.51	1.42	1.43	1.47	1.55	1.65	1.76	1.83	1.86	1.86
WESTERN AFRICA	2.74	2.83	2.91	2.99	3.04	3.10	3.16	3.22	3.27	3.33
Benin	2.69	2.79	2.83	2.83	2.80	2.77	2.77	2.79	2.82	2.83
Burkina Faso	2.94	3.07	3.17	3.24	3.27	3.29	3.31	3.34	3.38	3.41
Cabo Verde	1.19	1.35	1.36	1.31	1.24	1.16	1.09	1.01	0.93	0.86

表A. 18. 主要地域、地域および国別年平均人口増加率：出生率一定予測値（続）

出生率一定予測値

主要地域、地域および国	年平均増加率（%）									
	2010-2015	2015-2020	2020-2025	2025-2030	2030-2035	2035-2040	2040-2045	2045-2050	2050-2055	2055-2060
Côte d'Ivoire	2.40	2.57	2.69	2.75	2.80	2.87	2.94	3.02	3.08	3.13
Gambia	3.24	3.29	3.33	3.36	3.38	3.39	3.41	3.42	3.44	3.46
Ghana	2.39	2.35	2.31	2.27	2.25	2.26	2.26	2.26	2.26	2.27
Guinea	2.71	2.86	2.96	3.01	3.04	3.08	3.13	3.17	3.21	3.23
Guinea-Bissau	2.42	2.53	2.57	2.58	2.59	2.62	2.67	2.71	2.74	2.77
Liberia	2.58	2.67	2.77	2.81	2.82	2.82	2.84	2.86	2.88	2.90
Mali	2.98	3.26	3.43	3.57	3.67	3.74	3.81	3.85	3.90	3.94
Mauritania	2.49	2.53	2.55	2.55	2.53	2.51	2.50	2.51	2.53	2.55
Niger	4.00	4.11	4.23	4.35	4.43	4.49	4.54	4.59	4.62	4.64
Nigeria	2.67	2.74	2.81	2.88	2.95	3.01	3.06	3.11	3.17	3.22
Saint Helena	−1.04	0.49	0.53	0.41	0.13	−0.10	−0.21	−0.25	−0.22	−0.23
Senegal	3.10	3.14	3.15	3.16	3.17	3.19	3.21	3.21	3.21	3.21
Sierra Leone	2.22	2.38	2.47	2.54	2.57	2.60	2.64	2.69	2.73	2.76
Togo	2.67	2.74	2.77	2.80	2.81	2.82	2.84	2.85	2.87	2.88
ASIA	1.04	0.97	0.87	0.77	0.70	0.64	0.60	0.56	0.54	0.53
EASTERN ASIA	0.46	0.30	0.08	−0.09	−0.20	−0.30	−0.43	−0.58	−0.72	−0.81
China	0.52	0.35	0.11	−0.07	−0.18	−0.28	−0.42	−0.58	−0.73	−0.83
China, Hong Kong SAR	0.83	0.64	0.45	0.27	0.10	−0.04	−0.14	−0.23	−0.35	−0.47
China, Macao SAR	1.89	1.39	1.17	0.91	0.69	0.53	0.41	0.31	0.18	0.06
Dem. People's Republic of Korea	0.53	0.52	0.48	0.39	0.27	0.16	0.11	0.08	0.06	0.05
Japan	−0.12	−0.29	−0.43	−0.55	−0.64	−0.71	−0.75	−0.78	−0.81	−0.87
Mongolia	1.74	1.55	1.28	1.09	1.06	1.10	1.11	1.06	0.98	0.93
Republic of Korea	0.48	0.31	0.19	0.06	−0.11	−0.30	−0.47	−0.63	−0.79	−0.92
Other non-specified areas	0.16	0.02	−0.11	−0.24	−0.41	−0.62	−0.82	−1.01	−1.19	−1.34
SOUTH-CENTRAL ASIA	1.37	1.37	1.31	1.22	1.13	1.07	1.03	1.00	0.98	0.95
CENTRAL ASIA	1.60	1.43	1.22	1.06	1.03	1.05	1.04	0.99	0.93	0.91
Kazakhstan	1.55	1.17	0.95	0.83	0.88	0.95	0.97	0.91	0.86	0.86
Kyrgyzstan	1.67	1.60	1.40	1.25	1.27	1.33	1.34	1.29	1.26	1.27
Tajikistan	2.24	2.25	2.07	1.88	1.82	1.88	1.92	1.90	1.85	1.83
Turkmenistan	1.27	1.24	1.08	0.91	0.78	0.69	0.63	0.57	0.49	0.43
Uzbekistan	1.50	1.34	1.11	0.92	0.85	0.83	0.77	0.67	0.57	0.53
SOUTHERN ASIA	1.36	1.37	1.31	1.23	1.14	1.07	1.03	1.00	0.98	0.95
Afghanistan	3.02	2.84	2.97	3.02	2.96	2.89	2.90	2.94	2.99	3.02
Bangladesh	1.20	1.27	1.21	1.09	0.97	0.86	0.77	0.68	0.59	0.52
Bhutan	1.46	1.20	1.13	1.00	0.87	0.74	0.65	0.57	0.48	0.39
India	1.26	1.25	1.20	1.11	1.01	0.93	0.87	0.84	0.80	0.75
Iran (Islamic Republic of)	1.27	1.15	0.87	0.63	0.50	0.41	0.30	0.15	−0.04	−0.22
Maldives	1.79	1.71	1.48	1.23	1.08	1.01	0.95	0.85	0.70	0.56
Nepal	1.18	1.31	1.31	1.19	1.04	0.93	0.89	0.83	0.76	0.67
Pakistan	2.11	2.18	2.10	2.00	1.94	1.93	1.93	1.93	1.91	1.89
Sri Lanka	0.50	0.49	0.36	0.26	0.19	0.10	−0.01	−0.10	−0.15	−0.17
SOUTH-EASTERN ASIA	1.20	1.14	1.05	0.95	0.86	0.79	0.72	0.68	0.65	0.64
Brunei Darussalam	1.47	1.31	1.16	0.99	0.83	0.69	0.56	0.43	0.30	0.17
Cambodia	1.62	1.63	1.54	1.43	1.36	1.32	1.29	1.24	1.19	1.15
Indonesia	1.28	1.19	1.09	1.00	0.91	0.84	0.78	0.73	0.70	0.69
Lao People's Democratic Republic	1.66	1.90	1.88	1.79	1.71	1.67	1.66	1.64	1.60	1.56
Malaysia	1.51	1.37	1.29	1.14	0.96	0.79	0.68	0.61	0.56	0.48
Myanmar	0.82	0.94	0.90	0.84	0.74	0.61	0.50	0.42	0.39	0.37
Philippines	1.58	1.61	1.61	1.54	1.47	1.41	1.38	1.37	1.36	1.36
Singapore	1.97	1.37	0.70	0.55	0.38	0.21	0.05	−0.10	−0.24	−0.34
Thailand	0.38	0.23	0.09	−0.06	−0.21	−0.36	−0.51	−0.65	−0.77	−0.85
Timor-Leste	2.28	2.40	2.51	2.58	2.70	2.89	3.07	3.18	3.26	3.31
Viet Nam	1.12	0.99	0.79	0.62	0.51	0.43	0.33	0.20	0.08	−0.01
WESTERN ASIA	2.00	1.78	1.75	1.68	1.61	1.59	1.58	1.58	1.58	1.59
Armenia	0.36	0.14	−0.09	−0.26	−0.33	−0.42	−0.55	−0.71	−0.81	−0.87
Azerbaijan	1.39	1.05	0.70	0.45	0.38	0.39	0.33	0.21	0.13	0.12
Bahrain	1.76	1.61	1.24	1.04	0.94	0.84	0.67	0.55	0.42	0.32
Cyprus	1.09	0.92	0.73	0.59	0.46	0.36	0.28	0.21	0.11	0.01
Georgia	−1.21	−0.15	−0.29	−0.40	−0.44	−0.48	−0.57	−0.69	−0.79	−0.83
Iraq	3.31	2.98	2.89	2.86	2.86	2.84	2.84	2.83	2.82	2.81
Israel	1.66	1.65	1.57	1.54	1.53	1.52	1.51	1.49	1.46	1.44
Jordan	3.06	1.68	1.31	1.77	2.05	2.00	1.96	1.92	1.87	1.84
Kuwait	4.81	2.15	1.70	1.44	1.18	1.08	0.98	0.87	0.74	0.60
Lebanon	5.99	0.15	−1.71	−0.44	0.51	0.33	0.22	0.14	0.06	−0.04
Oman	8.45	1.62	1.32	1.13	1.03	1.07	1.21	1.37	1.28	1.16

表A. 18. 主要地域、地域および国別年平均人口増加率：出生率一定予測値（続）

出生率一定予測値

主要地域、地域および国	年平均増加率(%)									
	2010-2015	2015-2020	2020-2025	2025-2030	2030-2035	2035-2040	2040-2045	2045-2050	2050-2055	2055-2060
Qatar	4.72	1.93	1.60	1.20	1.02	0.94	0.88	0.81	0.71	0.60
Saudi Arabia	2.32	1.89	1.69	1.58	1.48	1.39	1.30	1.22	1.16	1.11
State of Palestine	2.75	2.91	2.91	2.82	2.72	2.67	2.66	2.66	2.65	2.63
Syrian Arab Republic	−2.27	2.71	4.24	2.70	1.72	1.65	1.60	1.57	1.53	1.49
Turkey	1.69	0.97	0.75	0.82	0.80	0.70	0.61	0.53	0.45	0.38
United Arab Emirates	1.89	1.46	1.32	1.14	1.05	0.96	0.84	0.71	0.57	0.46
Yemen	2.57	2.62	2.64	2.62	2.53	2.48	2.47	2.48	2.47	2.45
EUROPE	0.08	−0.01	−0.11	−0.18	−0.22	−0.26	−0.31	−0.36	−0.41	−0.44
EASTERN EUROPE	−0.11	−0.29	−0.46	−0.56	−0.61	−0.64	−0.68	−0.74	−0.78	−0.82
Belarus	0.01	−0.37	−0.51	−0.61	−0.63	−0.64	−0.68	−0.74	−0.79	−0.79
Bulgaria	−0.71	−0.84	−0.97	−1.07	−1.14	−1.19	−1.24	−1.31	−1.40	−1.48
Czech Republic	0.07	−0.03	−0.18	−0.31	−0.39	−0.42	−0.45	−0.50	−0.59	−0.69
Hungary	−0.32	−0.42	−0.51	−0.60	−0.68	−0.73	−0.76	−0.80	−0.86	−0.94
Poland	0.02	−0.10	−0.27	−0.42	−0.54	−0.62	−0.71	−0.79	−0.87	−0.95
Republic of Moldova	−0.08	−0.23	−0.41	−0.61	−0.78	−0.92	−1.05	−1.17	−1.31	−1.46
Romania	−0.79	−0.75	−0.74	−0.74	−0.79	−0.87	−0.96	−1.04	−1.12	−1.19
Russian Federation	0.04	−0.17	−0.38	−0.48	−0.51	−0.51	−0.53	−0.57	−0.60	−0.60
Slovakia	0.07	−0.05	−0.21	−0.38	−0.51	−0.62	−0.69	−0.77	−0.86	−0.97
Ukraine	−0.36	−0.61	−0.76	−0.86	−0.89	−0.93	−1.00	−1.07	−1.14	−1.18
NORTHERN EUROPE	0.53	0.54	0.48	0.42	0.36	0.33	0.31	0.29	0.25	0.21
Channel Islands	0.51	0.43	0.37	0.31	0.23	0.14	0.06	−0.02	−0.09	−0.13
Denmark	0.42	0.36	0.37	0.33	0.25	0.18	0.14	0.12	0.11	0.10
Estonia	−0.30	−0.34	−0.47	−0.57	−0.60	−0.60	−0.63	−0.70	−0.76	−0.81
Faeroe Islands	−0.15	0.28	0.36	0.47	0.51	0.44	0.33	0.28	0.33	0.43
Finland	0.50	0.28	0.23	0.15	0.06	−0.01	−0.03	−0.02	−0.01	−0.01
Iceland	0.70	0.80	0.74	0.65	0.55	0.46	0.38	0.32	0.27	0.23
Ireland	0.31	0.80	0.73	0.63	0.61	0.60	0.56	0.47	0.36	0.27
Isle of Man	0.80	0.69	0.62	0.55	0.49	0.43	0.38	0.31	0.28	0.26
Latvia	−1.18	−0.60	−0.70	−0.77	−0.79	−0.79	−0.82	−0.87	−0.91	−0.93
Lithuania	−1.63	−0.63	−0.62	−0.65	−0.70	−0.71	−0.72	−0.73	−0.75	−0.75
Norway	1.27	1.05	0.81	0.73	0.63	0.55	0.50	0.48	0.43	0.38
Sweden	0.83	0.68	0.66	0.56	0.48	0.46	0.49	0.51	0.48	0.44
United Kingdom	0.63	0.60	0.54	0.47	0.41	0.38	0.36	0.33	0.28	0.24
SOUTHERN EUROPE	−0.13	−0.11	−0.19	−0.25	−0.28	−0.34	−0.42	−0.52	−0.63	−0.72
Albania	−0.04	0.27	0.18	−0.05	−0.27	−0.40	−0.45	−0.51	−0.58	−0.66
Andorra	−3.61	−0.18	0.26	0.21	0.17	0.08	−0.07	−0.28	−0.50	−0.70
Bosnia and Herzegovina	−0.13	−0.27	−0.42	−0.57	−0.71	−0.83	−0.94	−1.03	−1.11	−1.20
Croatia	−0.36	−0.36	−0.43	−0.49	−0.54	−0.59	−0.64	−0.69	−0.73	−0.77
Gibraltar	0.94	0.24	0.12	0.00	−0.06	−0.09	−0.11	−0.16	−0.21	−0.25
Greece	−0.40	−0.23	−0.32	−0.36	−0.39	−0.43	−0.50	−0.61	−0.73	−0.84
Holy See	0.03	0.10	−0.05	0.08	0.10	0.12	0.10	0.15	0.15	0.19
Italy	0.07	−0.07	−0.16	−0.22	−0.27	−0.32	−0.40	−0.49	−0.58	−0.66
Malta	0.32	0.18	0.10	−0.02	−0.21	−0.35	−0.43	−0.47	−0.49	−0.54
Montenegro	0.12	0.04	−0.05	−0.12	−0.21	−0.31	−0.39	−0.44	−0.46	−0.49
Portugal	−0.45	−0.36	−0.33	−0.32	−0.33	−0.38	−0.47	−0.57	−0.66	−0.74
San Marino	0.70	0.41	0.16	0.05	−0.05	−0.15	−0.27	−0.38	−0.49	−0.55
Serbia	−0.47	−0.43	−0.49	−0.56	−0.64	−0.71	−0.76	−0.79	−0.82	−0.87
Slovenia	0.15	0.00	−0.15	−0.26	−0.33	−0.38	−0.44	−0.54	−0.64	−0.70
Spain	−0.21	−0.03	−0.13	−0.17	−0.15	−0.20	−0.29	−0.43	−0.58	−0.71
TFYR Macedonia	0.16	0.06	−0.07	−0.21	−0.34	−0.45	−0.53	−0.61	−0.69	−0.77
WESTERN EUROPE	0.32	0.20	0.13	0.08	0.02	−0.04	−0.10	−0.15	−0.20	−0.21
Austria	0.36	0.21	0.16	0.07	−0.03	−0.11	−0.18	−0.26	−0.36	−0.43
Belgium	0.66	0.57	0.32	0.28	0.24	0.20	0.15	0.10	0.05	0.02
France	0.45	0.41	0.36	0.34	0.32	0.27	0.21	0.17	0.16	0.16
Germany	0.06	−0.11	−0.18	−0.26	−0.33	−0.40	−0.47	−0.56	−0.64	−0.67
Liechtenstein	0.68	0.62	0.56	0.45	0.32	0.18	0.09	0.04	−0.01	−0.03
Luxembourg	2.21	1.25	1.18	0.95	0.87	0.78	0.70	0.63	0.54	0.46
Monaco	0.48	0.41	0.46	0.50	0.50	0.44	0.44	0.51	0.57	0.59
Netherlands	0.35	0.29	0.25	0.19	0.09	−0.01	−0.10	−0.15	−0.17	−0.17
Switzerland	1.16	0.80	0.60	0.50	0.40	0.32	0.26	0.21	0.13	0.05
LATIN AMERICA AND THE CARIBBEAN	1.12	1.08	1.01	0.91	0.82	0.73	0.66	0.60	0.55	0.50
CARIBBEAN	0.74	0.72	0.70	0.65	0.59	0.53	0.49	0.46	0.44	0.44
Anguilla	1.19	0.93	0.51	0.34	0.17	0.00	−0.14	−0.25	−0.32	−0.36
Antigua and Barbuda	1.03	1.03	0.99	0.89	0.76	0.64	0.53	0.45	0.38	0.35
Aruba	0.45	0.33	0.25	0.14	−0.04	−0.23	−0.37	−0.44	−0.43	−0.39

表A. 18. 主要地域、地域および国別年平均人口増加率：出生率一定予測値（続）

出生率一定予測値

主要地域、地域および国	年平均増加率(%)									
	2010-2015	2015-2020	2020-2025	2025-2030	2030-2035	2035-2040	2040-2045	2045-2050	2050-2055	2055-2060
Bahamas	1.45	1.13	0.98	0.82	0.68	0.57	0.49	0.43	0.36	0.29
Barbados	0.33	0.23	0.12	0.02	−0.08	−0.17	−0.24	−0.28	−0.29	−0.28
British Virgin Islands	2.02	1.66	0.98	0.79	0.64	0.53	0.44	0.37	0.30	0.23
Caribbean Netherlands	3.43	1.30	0.77	0.63	0.51	0.41	0.33	0.27	0.22	0.20
Cayman Islands	1.55	1.26	1.13	1.00	0.86	0.72	0.60	0.51	0.45	0.42
Cuba	0.14	−0.02	−0.05	−0.13	−0.24	−0.36	−0.48	−0.62	−0.76	−0.86
Curaçao	1.26	0.84	0.76	0.65	0.55	0.49	0.46	0.45	0.43	0.43
Dominica	0.42	0.49	0.42	0.25	0.08	−0.03	−0.08	−0.15	−0.24	−0.34
Dominican Republic	1.24	1.19	1.13	1.07	1.01	0.95	0.90	0.85	0.82	0.79
Grenada	0.41	0.54	0.50	0.37	0.30	0.23	0.18	0.10	0.02	−0.06
Guadeloupe	0.50	0.42	0.37	0.36	0.33	0.27	0.16	0.05	−0.03	−0.04
Haiti	1.38	1.41	1.42	1.39	1.33	1.28	1.25	1.24	1.25	1.25
Jamaica	0.38	0.40	0.31	0.15	0.04	−0.04	−0.07	−0.12	−0.20	−0.27
Martinique	0.09	−0.03	0.01	−0.05	−0.15	−0.29	−0.41	−0.50	−0.50	−0.44
Montserrat	0.68	0.52	0.44	0.39	0.32	0.23	0.18	0.10	0.09	0.07
Puerto Rico	−0.14	−0.01	−0.04	−0.09	−0.21	−0.32	−0.43	−0.53	−0.61	−0.70
Saint Kitts and Nevis	1.19	1.10	0.97	0.85	0.73	0.62	0.52	0.44	0.38	0.34
Saint Lucia	0.84	0.79	0.71	0.60	0.49	0.37	0.27	0.18	0.11	0.04
Saint Vincent and the Grenadines	0.03	0.31	0.30	0.26	0.22	0.18	0.08	−0.02	−0.08	−0.12
Sint Maarten (Dutch part)	3.13	1.36	1.21	1.02	0.85	0.71	0.63	0.57	0.52	0.48
Trinidad and Tobago	0.48	0.29	0.10	−0.03	−0.12	−0.19	−0.27	−0.36	−0.42	−0.47
Turks and Caicos Islands	2.05	1.55	1.38	1.26	1.14	0.99	0.85	0.73	0.63	0.58
United States Virgin Islands	−0.02	0.20	0.11	0.02	−0.07	−0.16	−0.22	−0.24	−0.20	−0.15
CENTRAL AMERICA	1.39	1.37	1.31	1.22	1.12	1.03	0.96	0.91	0.85	0.80
Belize	2.22	2.19	2.08	1.90	1.73	1.60	1.52	1.47	1.40	1.32
Costa Rica	1.12	1.03	0.89	0.74	0.60	0.48	0.37	0.27	0.16	0.07
El Salvador	0.29	0.42	0.46	0.43	0.38	0.27	0.19	0.11	0.04	−0.03
Guatemala	2.08	2.15	2.16	2.11	2.03	1.97	1.94	1.91	1.88	1.84
Honduras	1.47	1.56	1.55	1.46	1.33	1.21	1.13	1.06	0.99	0.93
Mexico	1.37	1.31	1.23	1.13	1.01	0.91	0.84	0.77	0.70	0.63
Nicaragua	1.17	1.21	1.19	1.14	1.08	0.99	0.91	0.83	0.75	0.68
Panama	1.64	1.57	1.47	1.34	1.23	1.15	1.08	1.03	0.97	0.91
SOUTH AMERICA	1.05	0.99	0.91	0.81	0.71	0.62	0.54	0.47	0.41	0.36
Argentina	1.04	1.00	0.96	0.91	0.87	0.83	0.80	0.77	0.73	0.70
Bolivia	1.56	1.63	1.64	1.61	1.56	1.50	1.47	1.45	1.43	1.41
Brazil	0.91	0.83	0.73	0.61	0.48	0.37	0.27	0.17	0.08	−0.01
Chile	1.07	1.01	0.88	0.66	0.53	0.42	0.31	0.21	0.12	0.03
Colombia	0.98	0.90	0.79	0.66	0.52	0.40	0.30	0.20	0.13	0.06
Ecuador	1.56	1.53	1.47	1.38	1.31	1.23	1.17	1.12	1.07	1.03
Falkland Islands (Malvinas)	0.33	0.20	0.08	−0.05	−0.11	−0.10	−0.10	−0.12	−0.13	−0.17
French Guiana	2.78	2.65	2.59	2.53	2.45	2.35	2.26	2.19	2.15	2.11
Guyana	0.36	0.61	0.71	0.58	0.42	0.32	0.30	0.34	0.40	0.43
Paraguay	1.34	1.36	1.32	1.23	1.14	1.06	1.01	0.97	0.94	0.90
Peru	1.32	1.31	1.27	1.20	1.12	1.06	1.00	0.95	0.90	0.85
Suriname	0.94	0.89	0.83	0.75	0.66	0.58	0.52	0.47	0.46	0.46
Uruguay	0.34	0.41	0.38	0.34	0.30	0.25	0.21	0.18	0.15	0.11
Venezuela (Bolivarian Republic of)	1.41	1.35	1.26	1.17	1.08	1.00	0.94	0.89	0.84	0.80
NORTHERN AMERICA	0.78	0.73	0.67	0.60	0.51	0.44	0.39	0.35	0.33	0.32
Bermuda	−0.62	−0.42	−0.17	−0.25	−0.36	−0.49	−0.61	−0.69	−0.70	−0.65
Canada	1.04	0.93	0.79	0.67	0.55	0.45	0.38	0.34	0.28	0.24
Greenland	−0.13	0.17	0.21	0.04	−0.12	−0.22	−0.26	−0.25	−0.21	−0.18
Saint Pierre and Miquelon	0.05	0.44	0.87	0.79	0.68	0.56	0.46	0.41	0.37	0.33
United States of America	0.75	0.71	0.66	0.59	0.51	0.44	0.39	0.36	0.33	0.33
OCEANIA	1.54	1.45	1.35	1.28	1.21	1.16	1.14	1.13	1.11	1.10
AUSTRALIA/NEW ZEALAND	1.43	1.28	1.13	1.02	0.92	0.86	0.82	0.79	0.74	0.68
Australia	1.57	1.35	1.18	1.06	0.96	0.90	0.86	0.84	0.78	0.72
New Zealand	0.72	0.91	0.87	0.81	0.71	0.62	0.55	0.51	0.46	0.45
MELANESIA	1.98	1.99	2.00	1.98	1.94	1.90	1.88	1.88	1.89	1.90
Fiji	0.74	0.62	0.50	0.44	0.41	0.38	0.34	0.31	0.33	0.36
New Caledonia	1.32	1.29	1.24	1.16	1.07	0.99	0.92	0.87	0.81	0.75
Papua New Guinea	2.14	2.16	2.16	2.14	2.08	2.03	2.00	1.99	1.99	1.99
Solomon Islands	2.07	2.07	2.11	2.16	2.17	2.15	2.12	2.12	2.14	2.18
Vanuatu	2.27	2.25	2.18	2.12	2.06	2.00	1.95	1.92	1.89	1.86
MICRONESIA	0.93	1.10	1.17	1.22	1.18	1.13	1.09	1.09	1.12	1.17
Guam	1.27	1.27	1.24	1.16	1.05	0.95	0.87	0.83	0.79	0.77

表A. 18. 主要地域、地域および国別年平均人口増加率：出生率一定予測値（続）

出生率一定予測値

主要地域、地域および国	年平均増加率(%)									
	2010-2015	2015-2020	2020-2025	2025-2030	2030-2035	2035-2040	2040-2045	2045-2050	2050-2055	2055-2060
Kiribati	1.82	1.86	1.81	1.71	1.66	1.69	1.74	1.78	1.79	1.79
Marshall Islands	0.21	0.36	0.72	1.50	1.95	2.07	1.91	1.74	1.82	2.09
Micronesia (Fed. States of)	0.16	0.83	1.18	1.35	1.22	1.09	1.06	1.14	1.25	1.28
Nauru	0.39	0.41	0.43	0.32	0.23	0.13	0.04	−0.04	−0.07	−0.08
Northern Mariana Islands	0.44	0.25	0.07	−0.11	−0.31	−0.56	−0.84	−1.12	−1.40	−1.64
Palau	0.79	1.12	1.14	1.05	0.89	0.72	0.60	0.55	0.52	0.49
POLYNESIA	0.73	0.84	0.74	0.88	0.94	0.92	0.89	0.87	0.92	0.99
American Samoa	−0.04	0.23	0.47	0.60	0.64	0.51	0.47	0.52	0.63	0.72
Cook Islands	0.53	0.70	0.76	0.72	0.67	0.67	0.65	0.62	0.57	0.50
French Polynesia	1.07	1.00	0.58	0.72	0.58	0.49	0.43	0.37	0.31	0.24
Niue	−0.14	0.25	0.20	0.74	0.71	0.74	0.67	0.72	0.75	0.78
Samoa	0.76	0.79	0.88	1.02	1.37	1.42	1.41	1.41	1.51	1.65
Tokelau	1.93	1.92	1.13	1.21	1.02	0.98	1.10	1.33	1.42	1.43
Tonga	0.42	0.99	1.09	1.25	1.35	1.35	1.29	1.27	1.35	1.47
Tuvalu	0.18	0.47	0.78	0.91	0.85	0.73	0.56	0.55	0.84	1.10
Wallis and Futuna Islands	−0.62	0.00	0.35	0.34	0.34	0.29	0.29	0.33	0.39	0.39

表A. 19.　主要地域、地域および国別、年次別補間年央人口：推計値、1990-2010年

推計値

主要地域、地域および国	人口（千人）										
	1990	1991	1992	1993	1994	1995	1996	1997	1998	1999	2000
WORLD	5 309 668	5 398 329	5 485 115	5 570 045	5 653 316	5 735 123	5 815 392	5 894 155	5 971 883	6 049 205	6 126 622
More developed regions	1 144 463	1 150 058	1 155 412	1 160 497	1 165 284	1 169 761	1 173 920	1 177 797	1 181 488	1 185 125	1 188 812
Less developed regions	4 165 205	4 248 271	4 329 703	4 409 548	4 488 032	4 565 362	4 641 472	4 716 358	4 790 395	4 864 080	4 937 810
Least developed countries	510 058	524 325	539 126	554 321	569 720	585 189	600 665	616 193	631 886	647 911	664 386
Less developed regions, excluding least developed	3 655 147	3 723 947	3 790 578	3 855 227	3 918 312	3 980 173	4 040 808	4 100 165	4 158 509	4 216 169	4 273 424
Less developed regions, excluding China	2 984 213	3 049 295	3 114 349	3 179 406	3 244 543	3 309 822	3 375 245	3 440 799	3 506 525	3 572 471	3 638 685
High-income countries	1 202 698	1 211 240	1 219 659	1 227 919	1 235 976	1 243 808	1 251 413	1 258 828	1 266 119	1 273 375	1 280 673
Middle-income countries	3 781 822	3 852 696	3 921 410	3 988 107	4 053 149	4 116 838	4 179 138	4 240 011	4 299 783	4 358 881	4 417 643
Upper-middle-income countries	1 880 875	1 911 017	1 939 060	1 965 160	1 989 675	2 012 903	2 034 821	2 055 402	2 074 968	2 093 930	2 112 612
Lower-middle-income countries	1 900 946	1 941 679	1 982 350	2 022 947	2 063 474	2 103 934	2 144 317	2 184 608	2 224 815	2 264 951	2 305 031
Low-income countries	323 227	332 434	342 050	351 988	362 123	372 372	382 698	393 135	403 759	414 684	425 993
Sub-Saharan Africa	491 498	505 244	519 268	533 566	548 134	562 978	578 105	593 539	609 325	625 519	642 172
AFRICA	631 614	648 900	666 489	684 319	702 310	720 416	738 623	756 979	775 584	794 575	814 063
EASTERN AFRICA	198 232	203 557	208 775	214 020	219 485	225 310	231 548	238 160	245 073	252 171	259 373
Burundi	5 613	5 759	5 895	6 020	6 134	6 239	6 333	6 420	6 512	6 624	6 767
Comoros	415	428	440	453	466	480	493	507	520	534	548
Djibouti	588	611	627	639	650	661	673	686	698	711	723
Eritrea	3 139	3 161	3 161	3 151	3 148	3 164	3 203	3 261	3 337	3 430	3 535
Ethiopia	48 057	49 785	51 603	53 478	55 367	57 237	59 076	60 893	62 708	64 550	66 444
Kenya	23 446	24 234	25 030	25 825	26 608	27 373	28 116	28 842	29 565	30 301	31 066
Madagascar	11 546	11 898	12 264	12 644	13 040	13 453	13 883	14 329	14 790	15 263	15 745
Malawi	9 409	9 604	9 683	9 698	9 726	9 823	10 007	10 260	10 564	10 883	11 193
Mauritius	1 056	1 068	1 083	1 099	1 114	1 129	1 142	1 154	1 165	1 176	1 185
Mayotte	95	100	106	112	117	123	129	134	140	145	150
Mozambique	13 372	13 720	14 204	14 776	15 363	15 913	16 411	16 873	17 317	17 774	18 265
Réunion	611	622	635	648	661	674	686	699	712	724	737
Rwanda	7 260	7 071	6 713	6 300	5 996	5 913	6 098	6 506	7 047	7 585	8 022
Seychelles	71	71	73	74	75	77	78	78	79	80	81
Somalia	6 322	6 320	6 294	6 269	6 279	6 346	6 481	6 673	6 904	7 148	7 385
South Sudan	5 762	5 699	5 593	5 484	5 425	5 453	5 584	5 807	6 093	6 398	6 693
Uganda	17 384	17 973	18 572	19 178	19 791	20 413	21 041	21 679	22 337	23 026	23 758
United Republic of Tanzania	25 458	26 307	27 204	28 123	29 030	29 903	30 734	31 534	32 324	33 135	33 992
Zambia	8 143	8 361	8 577	8 794	9 018	9 254	9 502	9 764	10 034	10 309	10 585
Zimbabwe	10 485	10 763	11 020	11 257	11 477	11 683	11 878	12 060	12 227	12 374	12 500
MIDDLE AFRICA	70 886	73 309	75 911	78 610	81 291	83 875	86 329	88 690	91 036	93 483	96 113
Angola	11 128	11 472	11 849	12 247	12 648	13 043	13 425	13 802	14 188	14 602	15 059
Cameroon	12 070	12 430	12 797	13 169	13 547	13 930	14 317	14 710	15 109	15 514	15 928
Central African Republic	2 938	3 011	3 089	3 171	3 254	3 336	3 417	3 498	3 577	3 653	3 726
Chad	5 958	6 151	6 350	6 557	6 773	7 002	7 242	7 494	7 760	8 043	8 343
Congo	2 386	2 450	2 515	2 581	2 650	2 721	2 796	2 874	2 953	3 032	3 109
Democratic Republic of the Congo	34 963	36 309	37 784	39 315	40 804	42 184	43 425	44 558	45 648	46 788	48 049
Equatorial Guinea	377	390	404	418	433	448	464	480	496	513	531
Gabon	952	978	1 005	1 031	1 059	1 086	1 115	1 144	1 173	1 202	1 232
São Tomé and Príncipe	114	116	118	121	123	126	128	130	132	135	137
NORTHERN AFRICA	140 117	143 656	147 221	150 753	154 176	157 438	160 518	163 440	166 259	169 056	171 891
Algeria	25 912	26 554	27 181	27 786	28 362	28 904	29 412	29 888	30 337	30 767	31 184
Egypt	56 397	57 690	58 922	60 108	61 273	62 435	63 596	64 755	65 923	67 113	68 335
Libya	4 398	4 499	4 597	4 692	4 785	4 878	4 970	5 062	5 154	5 245	5 337
Morocco	24 950	25 410	25 866	26 314	26 748	27 162	27 557	27 934	28 292	28 631	28 951
Sudan	20 009	20 861	21 821	22 829	23 806	24 692	25 466	26 149	26 777	27 407	28 080
Tunisia	8 233	8 418	8 603	8 785	8 957	9 114	9 256	9 384	9 499	9 604	9 699
Western Sahara	217	224	231	238	246	253	261	268	277	290	306
SOUTHERN AFRICA	42 049	43 094	44 189	45 299	46 373	47 375	48 291	49 134	49 922	50 687	51 451
Botswana	1 380	1 420	1 460	1 500	1 539	1 576	1 612	1 646	1 678	1 708	1 737
Lesotho	1 598	1 628	1 660	1 693	1 725	1 754	1 779	1 802	1 822	1 840	1 856
Namibia	1 415	1 466	1 514	1 559	1 606	1 654	1 705	1 758	1 810	1 857	1 898
South Africa	36 793	37 692	38 647	39 620	40 558	41 427	42 210	42 922	43 584	44 234	44 897
Swaziland	863	887	908	926	944	963	985	1 007	1 029	1 048	1 064
WESTERN AFRICA	180 331	185 284	190 393	195 636	200 985	206 419	211 937	217 555	223 293	229 178	235 235
Benin	5 001	5 183	5 378	5 582	5 787	5 986	6 176	6 361	6 546	6 740	6 949
Burkina Faso	8 811	9 050	9 297	9 552	9 817	10 090	10 373	10 666	10 969	11 283	11 608
Cabo Verde	341	349	358	368	379	389	400	410	420	430	439

表A. 19. 主要地域、地域および国別、年次別補間年央人口：推計値（続）

推計値

人口（千人）										主要地域、地域および国
2001	2002	2003	2004	2005	2006	2007	2008	2009	2010	
6 204 311	6 282 302	6 360 765	6 439 842	6 519 636	6 600 220	6 681 607	6 763 733	6 846 480	6 929 725	**WORLD**
1 192 558	1 196 366	1 200 311	1 204 479	1 208 920	1 213 683	1 218 718	1 223 838	1 228 786	1 233 376	More developed regions
5 011 752	5 085 936	5 160 454	5 235 363	5 310 716	5 386 537	5 462 889	5 539 895	5 617 693	5 696 349	Less developed regions
681 362	698 795	716 594	734 627	752 805	771 094	789 553	808 297	827 492	847 255	Least developed countries
4 330 390	4 387 141	4 443 860	4 500 737	4 557 911	4 615 443	4 673 337	4 731 598	4 790 202	4 849 094	Less developed regions, excluding least developed countries
3 705 195	3 772 032	3 839 253	3 906 924	3 975 101	4 043 771	4 112 950	4 182 744	4 253 288	4 324 652	Less developed regions, excluding China
1 287 992	1 295 346	1 302 889	1 310 818	1 319 249	1 328 266	1 337 761	1 347 423	1 356 822	1 365 643	High-income countries
4 476 238	4 534 705	4 593 089	4 651 390	4 709 628	4 767 807	4 826 021	4 884 468	4 943 397	5 002 954	Middle-income countries
2 131 180	2 149 655	2 168 034	2 186 252	2 204 280	2 222 097	2 239 792	2 257 563	2 275 663	2 294 244	Upper-middle-income countries
2 345 058	2 385 050	2 425 055	2 465 138	2 505 348	2 545 710	2 586 229	2 626 906	2 667 734	2 708 711	Lower-middle-income countries
437 714	449 827	462 303	475 093	488 164	501 506	515 143	529 120	543 502	558 333	Low-income countries
659 302	676 928	695 102	713 885	733 322	753 431	774 211	795 647	817 715	840 390	**Sub-Saharan Africa**
834 089	854 666	875 849	897 692	920 239	943 508	967 511	992 269	1 017 801	1 044 107	**AFRICA**
266 661	274 076	281 666	289 502	297 636	306 080	314 820	323 851	333 162	342 743	**EASTERN AFRICA**
6 947	7 160	7 401	7 662	7 934	8 218	8 515	8 822	9 138	9 461	Burundi
562	575	590	604	619	634	649	665	682	699	Comoros
734	745	757	768	778	789	799	810	820	831	Djibouti
3 655	3 789	3 928	4 065	4 191	4 304	4 406	4 501	4 594	4 690	Eritrea
68 393	70 391	72 432	74 507	76 608	78 736	80 892	83 080	85 302	87 562	Ethiopia
31 863	32 692	33 551	34 437	35 349	36 286	37 251	38 244	39 270	40 328	Kenya
16 236	16 736	17 245	17 763	18 290	18 826	19 371	19 927	20 496	21 080	Madagascar
11 492	11 789	12 090	12 408	12 748	13 112	13 498	13 905	14 329	14 770	Malawi
1 194	1 202	1 209	1 216	1 222	1 228	1 233	1 238	1 243	1 248	Mauritius
156	161	167	172	178	184	190	196	203	209	Mayotte
18 792	19 349	19 928	20 523	21 127	21 738	22 360	22 995	23 648	24 321	Mozambique
749	760	771	782	792	801	809	817	824	831	Réunion
8 329	8 539	8 686	8 829	9 008	9 231	9 481	9 750	10 025	10 294	Rwanda
83	84	86	87	89	90	91	92	92	93	Seychelles
7 610	7 827	8 039	8 251	8 467	8 687	8 909	9 133	9 357	9 582	Somalia
6 968	7 233	7 500	7 784	8 100	8 446	8 815	9 209	9 623	10 056	South Sudan
24 535	25 356	26 218	27 115	28 042	29 001	29 992	31 014	32 067	33 149	Uganda
34 899	35 855	36 866	37 935	39 066	40 261	41 522	42 845	44 222	45 649	United Republic of Tanzania
10 861	11 140	11 426	11 726	12 044	12 382	12 739	13 115	13 508	13 917	Zambia
12 604	12 691	12 774	12 868	12 984	13 128	13 298	13 495	13 721	13 974	Zimbabwe
98 953	101 979	105 172	108 492	111 913	115 432	119 061	122 798	126 644	130 598	**MIDDLE AFRICA**
15 563	16 110	16 691	17 296	17 913	18 541	19 184	19 842	20 520	21 220	Angola
16 349	16 779	17 219	17 668	18 127	18 597	19 078	19 570	20 075	20 591	Cameroon
3 795	3 860	3 923	3 988	4 056	4 127	4 202	4 280	4 361	4 445	Central African Republic
8 664	9 002	9 354	9 710	10 068	10 424	10 780	11 140	11 511	11 896	Chad
3 184	3 257	3 332	3 413	3 503	3 605	3 716	3 833	3 951	4 066	Congo
49 449	50 971	52 602	54 315	56 090	57 927	59 835	61 809	63 845	65 939	Democratic Republic of the Congo
549	568	587	606	626	646	666	686	707	729	Equatorial Guinea
1 260	1 289	1 318	1 348	1 378	1 409	1 441	1 474	1 507	1 542	Gabon
140	143	146	150	153	157	160	164	167	171	São Tomé and Príncipe
174 787	177 738	180 747	183 807	186 917	190 076	193 300	196 622	200 085	203 717	**NORTHERN AFRICA**
31 590	31 990	32 395	32 817	33 268	33 749	34 262	34 811	35 402	36 036	Algeria
69 600	70 909	72 248	73 596	74 942	76 274	77 605	78 976	80 442	82 041	Egypt
5 428	5 518	5 609	5 703	5 802	5 907	6 018	6 123	6 209	6 266	Libya
29 251	29 536	29 813	30 093	30 385	30 691	31 011	31 351	31 715	32 108	Morocco
28 805	29 570	30 366	31 176	31 990	32 809	33 638	34 470	35 297	36 115	Sudan
9 786	9 864	9 939	10 017	10 102	10 196	10 299	10 408	10 522	10 639	Tunisia
326	351	378	404	428	449	467	483	498	512	Western Sahara
52 219	52 984	53 749	54 512	55 274	56 036	56 798	57 558	58 316	59 067	**SOUTHERN AFRICA**
1 763	1 787	1 810	1 836	1 864	1 896	1 930	1 968	2 007	2 048	Botswana
1 871	1 885	1 899	1 912	1 926	1 940	1 956	1 972	1 990	2 011	Lesotho
1 931	1 958	1 981	2 003	2 027	2 054	2 083	2 116	2 152	2 194	Namibia
45 579	46 272	46 971	47 667	48 353	49 028	49 694	50 349	50 992	51 622	South Africa
1 075	1 082	1 088	1 095	1 105	1 118	1 135	1 154	1 174	1 193	Swaziland
241 470	247 889	254 515	261 378	268 498	275 883	283 532	291 440	299 593	307 982	**WESTERN AFRICA**
7 175	7 415	7 666	7 923	8 182	8 444	8 708	8 974	9 241	9 510	Benin
11 944	12 291	12 652	13 028	13 422	13 834	14 264	14 709	15 166	15 632	Burkina Faso
447	455	463	469	474	478	481	484	487	490	Cabo Verde

表A. 19. 主要地域、地域および国別、年次別補間年央人口：推計値（続）

推計値

主要地域、地域および国	人口（千人）										
	1990	1991	1992	1993	1994	1995	1996	1997	1998	1999	2000
Côte d'Ivoire	12 166	12 601	13 047	13 500	13 954	14 404	14 852	15 296	15 728	16 138	16 518
Gambia	917	949	980	1 008	1 037	1 066	1 096	1 127	1 159	1 193	1 229
Ghana	14 628	15 043	15 472	15 907	16 339	16 761	17 169	17 569	17 969	18 384	18 825
Guinea	6 034	6 367	6 751	7 156	7 536	7 863	8 125	8 331	8 498	8 647	8 799
Guinea-Bissau	1 056	1 080	1 105	1 130	1 155	1 181	1 207	1 234	1 260	1 288	1 315
Liberia	2 103	2 066	2 029	2 006	2 019	2 080	2 198	2 365	2 558	2 742	2 892
Mali	8 482	8 673	8 891	9 131	9 384	9 641	9 901	10 168	10 445	10 737	11 047
Mauritania	2 024	2 081	2 140	2 202	2 267	2 334	2 404	2 476	2 551	2 630	2 711
Niger	7 912	8 169	8 442	8 733	9 039	9 362	9 702	10 059	10 433	10 821	11 225
Nigeria	95 617	98 085	100 592	103 145	105 753	108 425	111 165	113 975	116 861	119 826	122 877
Saint Helena	6	5	5	5	5	5	5	5	5	5	5
Senegal	7 514	7 750	7 991	8 234	8 475	8 711	8 939	9 163	9 387	9 618	9 861
Sierra Leone	3 931	3 946	3 929	3 894	3 859	3 838	3 833	3 843	3 878	3 949	4 061
Togo	3 787	3 887	3 984	4 081	4 181	4 284	4 393	4 506	4 625	4 748	4 875
ASIA	3 202 475	3 260 422	3 316 482	3 370 737	3 423 451	3 474 849	3 524 866	3 573 474	3 621 001	3 667 887	3 714 470
EASTERN ASIA	1 368 592	1 387 766	1 405 324	1 421 261	1 435 692	1 448 738	1 460 323	1 470 468	1 479 536	1 488 016	1 496 284
China	1 154 606	1 172 328	1 188 450	1 202 983	1 216 067	1 227 841	1 238 235	1 247 259	1 255 263	1 262 714	1 269 975
China, Hong Kong SAR	5 794	5 857	5 915	5 974	6 049	6 144	6 267	6 411	6 560	6 689	6 784
China, Macao SAR	360	369	378	385	392	398	405	412	419	425	432
Dem. People's Republic of Korea	20 194	20 510	20 838	21 166	21 479	21 764	22 017	22 241	22 445	22 642	22 840
Japan	122 249	122 703	123 180	123 659	124 102	124 483	124 795	125 048	125 266	125 481	125 715
Mongolia	2 184	2 218	2 244	2 263	2 280	2 298	2 317	2 336	2 356	2 376	2 397
Republic of Korea	42 972	43 359	43 708	44 031	44 343	44 653	44 967	45 284	45 600	45 908	46 206
Other non-specified areas	20 232	20 422	20 611	20 800	20 982	21 156	21 320	21 477	21 629	21 781	21 935
SOUTH-CENTRAL ASIA	1 239 666	1 266 394	1 292 944	1 319 403	1 345 914	1 372 574	1 399 390	1 426 304	1 453 266	1 480 201	1 507 050
CENTRAL ASIA	50 405	51 116	51 732	52 266	52 741	53 178	53 579	53 948	54 309	54 692	55 117
Kazakhstan	16 530	16 514	16 433	16 298	16 123	15 926	15 705	15 466	15 238	15 060	14 957
Kyrgyzstan	4 395	4 442	4 477	4 508	4 544	4 592	4 657	4 735	4 818	4 894	4 955
Tajikistan	5 297	5 418	5 523	5 617	5 703	5 784	5 862	5 937	6 012	6 094	6 186
Turkmenistan	3 668	3 772	3 882	3 992	4 096	4 188	4 268	4 336	4 395	4 449	4 501
Uzbekistan	20 515	20 970	21 416	21 852	22 276	22 687	23 087	23 475	23 846	24 195	24 518
SOUTHERN ASIA	1 189 261	1 215 278	1 241 212	1 267 137	1 293 173	1 319 396	1 345 812	1 372 357	1 398 956	1 425 509	1 451 933
Afghanistan	12 068	12 789	13 746	14 824	15 870	16 773	17 482	18 034	18 511	19 038	19 702
Bangladesh	105 983	108 510	110 987	113 442	115 914	118 428	120 987	123 574	126 170	128 746	131 281
Bhutan	536	535	528	519	511	509	512	521	534	548	564
India	870 602	888 514	906 461	924 476	942 604	960 875	979 290	997 817	1 016 403	1 034 977	1 053 481
Iran (Islamic Republic of)	56 169	57 288	58 130	58 812	59 501	60 319	61 307	62 426	63 616	64 780	65 850
Maldives	223	230	236	242	248	254	260	265	270	275	280
Nepal	18 742	19 237	19 766	20 313	20 859	21 391	21 903	22 395	22 866	23 315	23 740
Pakistan	107 608	110 634	113 616	116 580	119 565	122 600	125 698	128 846	132 014	135 158	138 250
Sri Lanka	17 331	17 541	17 742	17 930	18 100	18 248	18 374	18 478	18 572	18 671	18 784
SOUTH-EASTERN ASIA	445 665	454 144	462 477	470 688	478 814	486 881	494 891	502 830	510 695	518 480	526 179
Brunei Darussalam	257	264	272	280	287	295	302	310	317	324	331
Cambodia	9 009	9 324	9 659	10 007	10 355	10 694	11 022	11 339	11 642	11 928	12 198
Indonesia	181 437	184 615	187 762	190 873	193 940	196 958	199 927	202 854	205 753	208 644	211 540
Lao People's Democratic Republic	4 248	4 372	4 497	4 622	4 743	4 858	4 966	5 069	5 165	5 256	5 343
Malaysia	18 211	18 710	19 205	19 701	20 206	20 725	21 261	21 808	22 358	22 899	23 421
Myanmar	42 007	42 588	43 126	43 642	44 164	44 711	45 291	45 896	46 510	47 107	47 670
Philippines	61 947	63 510	65 079	66 655	68 240	69 836	71 437	73 043	74 656	76 285	77 932
Singapore	3 016	3 100	3 193	3 291	3 389	3 483	3 570	3 653	3 736	3 823	3 918
Thailand	56 583	57 226	57 762	58 238	58 723	59 266	59 879	60 545	61 251	61 974	62 693
Timor-Leste	740	765	793	820	843	856	859	854	845	841	847
Viet Nam	68 210	69 671	71 130	72 559	73 924	75 199	76 376	77 460	78 463	79 400	80 286
WESTERN ASIA	148 552	152 119	155 737	159 384	163 031	166 656	170 262	173 871	177 504	181 189	184 957
Armenia	3 545	3 512	3 449	3 370	3 290	3 223	3 173	3 138	3 113	3 094	3 076
Azerbaijan	7 217	7 333	7 451	7 567	7 675	7 771	7 852	7 922	7 985	8 048	8 118
Bahrain	496	510	523	536	549	564	580	598	618	641	667
Cyprus	767	783	801	819	837	855	873	891	908	925	943
Georgia	5 460	5 418	5 346	5 253	5 156	5 067	4 990	4 921	4 860	4 802	4 744
Iraq	17 478	17 953	18 469	19 022	19 607	20 218	20 855	21 519	22 201	22 889	23 575
Israel	4 499	4 642	4 807	4 986	5 164	5 332	5 486	5 630	5 764	5 891	6 014
Jordan	3 358	3 539	3 744	3 957	4 155	4 320	4 448	4 545	4 621	4 691	4 767
Kuwait	2 059	2 007	1 909	1 792	1 692	1 637	1 638	1 686	1 766	1 853	1 929
Lebanon	2 703	2 752	2 822	2 901	2 975	3 033	3 071	3 093	3 114	3 157	3 235
Oman	1 812	1 892	1 980	2 066	2 140	2 192	2 220	2 228	2 225	2 225	2 239

推計値

人口（千人）										主要地域、地域および国
2001	2002	2003	2004	2005	2006	2007	2008	2009	2010	
16 865	17 185	17 492	17 803	18 133	18 486	18 862	19 262	19 685	20 132	Côte d'Ivoire
1 267	1 308	1 350	1 395	1 441	1 488	1 536	1 587	1 639	1 693	Gambia
19 294	19 788	20 305	20 840	21 390	21 952	22 528	23 116	23 713	24 318	Ghana
8 956	9 114	9 282	9 465	9 669	9 898	10 153	10 427	10 716	11 012	Guinea
1 344	1 372	1 402	1 432	1 463	1 495	1 527	1 561	1 597	1 634	Guinea-Bissau
2 999	3 071	3 124	3 185	3 270	3 385	3 522	3 673	3 821	3 958	Liberia
11 376	11 723	12 089	12 475	12 881	13 310	13 759	14 223	14 695	15 167	Mali
2 797	2 885	2 975	3 065	3 154	3 242	3 328	3 415	3 502	3 591	Mauritania
11 642	12 076	12 527	12 996	13 485	13 996	14 528	15 085	15 672	16 292	Niger
126 015	129 246	132 581	136 033	139 611	143 318	147 153	151 116	155 207	159 425	Nigeria
5	5	5	4	4	4	4	4	4	4	Saint Helena
10 118	10 389	10 673	10 967	11 269	11 578	11 897	12 230	12 582	12 957	Senegal
4 220	4 422	4 648	4 870	5 071	5 243	5 391	5 522	5 647	5 776	Sierra Leone
5 006	5 142	5 283	5 429	5 578	5 732	5 890	6 053	6 220	6 391	Togo
3 760 898	3 807 164	3 853 258	3 899 107	3 944 670	3 989 937	4 034 977	4 079 896	4 124 832	4 169 860	**ASIA**
1 504 488	1 512 615	1 520 686	1 528 668	1 536 540	1 544 333	1 552 099	1 559 851	1 567 595	1 575 320	**EASTERN ASIA**
1 277 189	1 284 350	1 291 485	1 298 573	1 305 601	1 312 601	1 319 625	1 326 691	1 333 807	1 340 969	China
6 837	6 855	6 850	6 842	6 842	6 856	6 879	6 910	6 949	6 994	China, Hong Kong SAR
438	444	451	459	468	480	493	507	521	535	China, Macao SAR
23 043	23 248	23 449	23 639	23 813	23 970	24 112	24 244	24 372	24 501	Dem. People's Republic of Korea
125 974	126 250	126 524	126 773	126 979	127 137	127 250	127 318	127 341	127 320	Japan
2 420	2 444	2 469	2 497	2 526	2 558	2 593	2 630	2 670	2 713	Mongolia
46 492	46 770	47 043	47 320	47 606	47 902	48 205	48 510	48 807	49 090	Republic of Korea
22 094	22 255	22 414	22 565	22 704	22 830	22 942	23 042	23 128	23 200	Other non-specified areas
1 533 810	1 560 474	1 586 973	1 613 222	1 639 167	1 664 766	1 690 047	1 715 111	1 740 104	1 765 129	**SOUTH-CENTRAL ASIA**
55 598	56 134	56 725	57 363	58 043	58 764	59 528	60 341	61 211	62 139	**CENTRAL ASIA**
14 943	15 011	15 139	15 294	15 452	15 603	15 755	15 916	16 098	16 311	Kazakhstan
4 998	5 028	5 051	5 078	5 115	5 167	5 229	5 301	5 380	5 465	Kyrgyzstan
6 290	6 407	6 533	6 667	6 806	6 950	7 099	7 254	7 415	7 582	Tajikistan
4 552	4 600	4 648	4 697	4 748	4 802	4 858	4 918	4 979	5 042	Turkmenistan
24 815	25 089	25 354	25 627	25 922	26 243	26 587	26 953	27 338	27 740	Uzbekistan
1 478 212	1 504 340	1 530 248	1 555 859	1 581 124	1 606 002	1 630 519	1 654 770	1 678 893	1 702 991	**SOUTHERN ASIA**
20 531	21 487	22 507	23 500	24 400	25 184	25 878	26 529	27 207	27 962	Afghanistan
133 776	136 228	138 600	140 844	142 930	144 839	146 593	148 252	149 906	151 617	Bangladesh
581	598	616	634	651	667	681	695	708	720	Bhutan
1 071 888	1 090 189	1 108 370	1 126 419	1 144 326	1 162 088	1 179 686	1 197 070	1 214 182	1 230 985	India
66 813	67 697	68 522	69 322	70 122	70 923	71 721	72 531	73 371	74 253	Iran (Islamic Republic of)
285	290	295	300	305	310	316	321	327	333	Maldives
24 141	24 517	24 869	25 198	25 507	25 794	26 064	26 325	26 593	26 876	Nepal
141 282	144 272	147 252	150 268	153 356	156 524	159 768	163 097	166 521	170 044	Pakistan
18 915	19 061	19 217	19 374	19 526	19 672	19 814	19 950	20 079	20 201	Sri Lanka
533 808	541 368	548 815	556 089	563 157	569 985	576 613	583 168	589 827	596 708	**SOUTH-EASTERN ASIA**
337	343	350	356	362	368	374	381	387	393	Brunei Darussalam
12 449	12 682	12 901	13 112	13 320	13 525	13 729	13 934	14 144	14 364	Cambodia
214 448	217 369	220 308	223 269	226 255	229 264	232 297	235 361	238 465	241 613	Indonesia
5 425	5 502	5 579	5 659	5 745	5 839	5 940	6 045	6 153	6 261	Lao People's Democratic Republic
23 921	24 402	24 869	25 332	25 796	26 263	26 731	27 197	27 661	28 120	Malaysia
48 196	48 690	49 152	49 583	49 985	50 356	50 699	51 030	51 370	51 733	Myanmar
79 605	81 294	82 972	84 596	86 141	87 593	88 966	90 297	91 642	93 039	Philippines
4 023	4 136	4 255	4 375	4 496	4 615	4 733	4 850	4 965	5 079	Singapore
63 415	64 137	64 817	65 405	65 864	66 174	66 354	66 453	66 548	66 692	Thailand
866	895	929	963	989	1 008	1 021	1 031	1 042	1 057	Timor-Leste
81 124	81 917	82 683	83 440	84 204	84 980	85 771	86 589	87 449	88 358	Viet Nam
188 792	192 707	196 784	201 128	205 806	210 854	216 218	221 765	227 306	232 703	**WESTERN ASIA**
3 060	3 047	3 036	3 026	3 015	3 002	2 988	2 975	2 966	2 963	Armenia
8 196	8 281	8 372	8 466	8 563	8 662	8 763	8 869	8 980	9 100	Azerbaijan
695	725	762	808	867	941	1 027	1 116	1 197	1 261	Bahrain
961	980	998	1 016	1 033	1 048	1 063	1 077	1 090	1 104	Cyprus
4 686	4 630	4 576	4 524	4 475	4 429	4 386	4 343	4 299	4 250	Georgia
24 259	24 944	25 630	26 321	27 018	27 717	28 424	29 163	29 971	30 868	Iraq
6 130	6 240	6 351	6 470	6 604	6 755	6 921	7 094	7 263	7 420	Israel
4 850	4 939	5 043	5 172	5 333	5 530	5 759	6 010	6 267	6 518	Jordan
1 990	2 042	2 096	2 166	2 264	2 389	2 539	2 705	2 881	3 059	Kuwait
3 360	3 523	3 701	3 863	3 987	4 057	4 085	4 109	4 182	4 337	Lebanon
2 273	2 323	2 385	2 448	2 507	2 553	2 594	2 652	2 762	2 944	Oman

表A. 19. 主要地域、地域および国別、年次別補間年央人口：推計値（続）

推計値

主要地域、地域および国	人口（千人）										
	1990	1991	1992	1993	1994	1995	1996	1997	1998	1999	2000
Qatar	476	485	490	492	495	501	512	528	549	571	593
Saudi Arabia	16 361	16 891	17 399	17 891	18 373	18 854	19 331	19 810	20 302	20 826	21 392
State of Palestine	2 101	2 191	2 287	2 391	2 502	2 618	2 742	2 872	3 000	3 120	3 224
Syrian Arab Republic	12 452	12 818	13 186	13 560	13 941	14 332	14 736	15 152	15 569	15 972	16 354
Turkey	53 995	54 910	55 811	56 707	57 609	58 522	59 451	60 394	61 345	62 296	63 240
United Arab Emirates	1 811	1 913	2 019	2 128	2 238	2 350	2 468	2 595	2 734	2 884	3 050
Yemen	11 961	12 571	13 245	13 948	14 633	15 266	15 835	16 350	16 830	17 304	17 795
EUROPE	721 086	723 079	724 805	726 203	727 205	727 778	727 890	727 604	727 104	726 643	726 407
EASTERN EUROPE	310 027	310 510	310 686	310 570	310 189	309 569	308 722	307 665	306 450	305 139	303 789
Belarus	10 232	10 241	10 235	10 216	10 190	10 160	10 127	10 091	10 051	10 005	9 952
Bulgaria	8 821	8 745	8 654	8 552	8 452	8 358	8 275	8 200	8 132	8 066	8 001
Czech Republic	10 324	10 328	10 334	10 338	10 339	10 336	10 327	10 314	10 298	10 281	10 263
Hungary	10 385	10 370	10 365	10 364	10 361	10 352	10 335	10 311	10 283	10 253	10 224
Poland	38 195	38 298	38 397	38 486	38 553	38 592	38 600	38 583	38 551	38 515	38 486
Republic of Moldova	4 364	4 374	4 375	4 370	4 357	4 339	4 315	4 285	4 253	4 224	4 201
Romania	23 489	23 454	23 373	23 256	23 116	22 965	22 805	22 633	22 459	22 289	22 128
Russian Federation	147 569	148 040	148 322	148 436	148 416	148 293	148 078	147 773	147 385	146 924	146 401
Slovakia	5 278	5 298	5 317	5 335	5 351	5 363	5 372	5 378	5 383	5 385	5 386
Ukraine	51 370	51 361	51 314	51 217	51 053	50 812	50 490	50 096	49 655	49 197	48 746
NORTHERN EUROPE	92 040	92 287	92 514	92 727	92 938	93 153	93 379	93 615	93 862	94 122	94 397
Channel Islands	141	142	142	143	143	144	145	146	147	148	149
Denmark	5 140	5 154	5 171	5 191	5 211	5 233	5 254	5 277	5 299	5 319	5 338
Estonia	1 565	1 548	1 521	1 488	1 457	1 433	1 418	1 410	1 406	1 404	1 399
Faeroe Islands	48	47	47	46	45	44	44	44	45	46	46
Finland	4 987	5 009	5 035	5 061	5 086	5 108	5 126	5 141	5 153	5 165	5 176
Iceland	255	257	260	262	265	267	270	273	276	278	281
Ireland	3 563	3 570	3 582	3 599	3 621	3 645	3 674	3 706	3 744	3 789	3 842
Isle of Man	70	71	71	71	72	72	73	74	75	76	77
Latvia	2 664	2 645	2 611	2 569	2 525	2 488	2 458	2 435	2 415	2 395	2 371
Lithuania	3 697	3 699	3 691	3 674	3 652	3 628	3 602	3 574	3 545	3 515	3 486
Norway	4 240	4 262	4 286	4 310	4 334	4 360	4 386	4 413	4 440	4 466	4 492
Sweden	8 559	8 617	8 678	8 738	8 789	8 827	8 849	8 859	8 861	8 864	8 872
United Kingdom	57 110	57 265	57 419	57 576	57 737	57 904	58 079	58 264	58 457	58 658	58 867
SOUTHERN EUROPE	143 404	143 601	143 776	143 927	144 049	144 147	144 207	144 251	144 350	144 598	145 058
Albania	3 281	3 275	3 241	3 190	3 141	3 107	3 092	3 092	3 103	3 115	3 122
Andorra	55	57	59	61	63	64	64	64	64	64	65
Bosnia and Herzegovina	4 527	4 438	4 301	4 141	3 992	3 879	3 811	3 779	3 776	3 784	3 793
Croatia	4 776	4 760	4 733	4 698	4 658	4 617	4 575	4 532	4 492	4 456	4 428
Gibraltar	27	27	27	27	27	27	27	27	27	27	27
Greece	10 132	10 218	10 321	10 433	10 543	10 641	10 726	10 798	10 859	10 911	10 954
Holy See	1	1	1	1	1	1	1	1	1	1	1
Italy	57 008	57 030	57 063	57 097	57 119	57 120	57 092	57 045	57 011	57 035	57 147
Malta	356	359	362	366	369	372	376	379	382	385	387
Montenegro	615	616	617	619	620	620	620	618	616	615	614
Portugal	9 890	9 910	9 943	9 987	10 034	10 078	10 120	10 160	10 198	10 238	10 279
San Marino	24	24	25	25	26	26	26	27	27	27	27
Serbia	9 518	9 604	9 703	9 798	9 864	9 884	9 852	9 775	9 670	9 560	9 463
Slovenia	2 007	2 008	2 006	2 001	1 996	1 991	1 989	1 988	1 988	1 989	1 989
Spain	39 192	39 287	39 397	39 518	39 642	39 764	39 879	39 996	40 152	40 393	40 750
TFYR Macedonia	1 996	1 988	1 977	1 965	1 956	1 954	1 958	1 969	1 984	1 999	2 012
WESTERN EUROPE	175 615	176 681	177 828	178 979	180 030	180 909	181 582	182 073	182 443	182 783	183 163
Austria	7 707	7 755	7 813	7 875	7 930	7 973	8 000	8 015	8 023	8 033	8 051
Belgium	9 978	10 011	10 050	10 092	10 130	10 162	10 185	10 202	10 217	10 237	10 268
France	56 943	57 227	57 495	57 750	57 992	58 224	58 443	58 653	58 867	59 108	59 387
Germany	78 958	79 484	80 076	80 676	81 207	81 613	81 871	81 994	82 010	81 966	81 896
Liechtenstein	29	29	30	30	30	31	31	32	32	33	33
Luxembourg	382	386	391	397	402	408	414	420	426	431	436
Monaco	29	30	30	30	30	31	31	31	32	32	32
Netherlands	14 915	15 019	15 128	15 239	15 348	15 451	15 547	15 636	15 722	15 807	15 894
Switzerland	6 674	6 740	6 814	6 890	6 960	7 017	7 060	7 090	7 114	7 137	7 166
LATIN AMERICA AND THE CARIBBEAN	446 889	455 030	463 140	471 221	479 282	487 326	495 357	503 365	511 316	519 168	526 890
CARIBBEAN	34 198	34 647	35 091	35 528	35 956	36 375	36 783	37 181	37 569	37 946	38 314
Anguilla	8	9	9	9	10	10	10	10	11	11	11
Antigua and Barbuda	62	62	63	65	67	68	70	72	74	76	78
Aruba	62	65	68	72	77	80	83	85	87	89	91

表A. 19. 主要地域、地域および国別、年次別補間年央人口：推計値（続）

推計値

人口（千人）										主要地域、地域および国
2001	2002	2003	2004	2005	2006	2007	2008	2009	2010	
614	634	668	732	837	988	1 179	1 389	1 591	1 766	Qatar
22 008	22 668	23 358	24 056	24 745	25 420	26 084	26 743	27 409	28 091	Saudi Arabia
3 310	3 381	3 443	3 507	3 579	3 663	3 755	3 855	3 960	4 069	State of Palestine
16 694	16 998	17 304	17 672	18 133	18 728	19 426	20 097	20 567	20 721	Syrian Arab Republic
64 183	65 126	66 060	66 974	67 861	68 705	69 515	70 344	71 261	72 310	Turkey
3 218	3 394	3 626	3 976	4 482	5 171	6 010	6 900	7 705	8 329	United Arab Emirates
18 306	18 832	19 374	19 932	20 504	21 094	21 701	22 323	22 954	23 592	Yemen
726 454	726 753	727 301	728 064	729 007	730 152	731 488	732 900	734 240	735 395	**EUROPE**
302 417	301 043	299 724	298 522	297 482	296 627	295 949	295 416	294 977	294 591	**EASTERN EUROPE**
9 892	9 826	9 759	9 696	9 641	9 594	9 556	9 526	9 505	9 492	Belarus
7 934	7 869	7 805	7 743	7 683	7 625	7 568	7 514	7 460	7 407	Bulgaria
10 244	10 225	10 212	10 212	10 231	10 271	10 330	10 398	10 460	10 507	Czech Republic
10 196	10 168	10 141	10 117	10 096	10 078	10 064	10 051	10 035	10 015	Hungary
38 467	38 455	38 451	38 455	38 464	38 479	38 500	38 526	38 551	38 575	Poland
4 186	4 177	4 172	4 166	4 158	4 145	4 128	4 111	4 096	4 084	Republic of Moldova
21 983	21 852	21 723	21 578	21 408	21 206	20 980	20 742	20 510	20 299	Romania
145 818	145 196	144 583	144 044	143 623	143 338	143 180	143 123	143 127	143 158	Russian Federation
5 386	5 385	5 385	5 384	5 385	5 388	5 392	5 397	5 402	5 407	Slovakia
48 311	47 891	47 494	47 127	46 795	46 503	46 249	46 028	45 831	45 647	Ukraine
94 683	94 984	95 325	95 736	96 239	96 844	97 539	98 280	99 009	99 682	**NORTHERN EUROPE**
150	151	152	153	154	155	157	158	159	160	Channel Islands
5 355	5 369	5 383	5 399	5 418	5 441	5 467	5 495	5 524	5 551	Denmark
1 392	1 383	1 373	1 364	1 356	1 349	1 344	1 340	1 336	1 332	Estonia
47	47	48	48	48	49	49	49	49	49	Faeroe Islands
5 188	5 201	5 214	5 229	5 246	5 267	5 289	5 314	5 340	5 368	Finland
284	287	290	293	297	301	305	310	314	318	Iceland
3 902	3 968	4 041	4 120	4 204	4 294	4 389	4 480	4 559	4 617	Ireland
78	78	79	80	80	81	82	83	84	84	Isle of Man
2 345	2 317	2 287	2 257	2 228	2 199	2 171	2 144	2 117	2 091	Latvia
3 459	3 433	3 406	3 377	3 343	3 306	3 264	3 220	3 172	3 123	Lithuania
4 515	4 537	4 561	4 589	4 624	4 667	4 717	4 772	4 830	4 891	Norway
8 889	8 912	8 943	8 982	9 030	9 087	9 153	9 226	9 303	9 382	Sweden
59 080	59 301	59 548	59 846	60 210	60 649	61 152	61 690	62 221	62 717	United Kingdom
145 751	146 642	147 665	148 722	149 735	150 697	151 605	152 396	152 996	153 360	**SOUTHERN EUROPE**
3 124	3 123	3 117	3 104	3 082	3 051	3 011	2 968	2 930	2 902	Albania
68	71	75	78	81	83	85	86	85	84	Andorra
3 800	3 808	3 817	3 826	3 833	3 839	3 840	3 840	3 838	3 835	Bosnia and Herzegovina
4 408	4 397	4 390	4 385	4 378	4 369	4 357	4 344	4 330	4 316	Croatia
28	28	28	29	29	29	30	30	30	31	Gibraltar
10 988	11 011	11 030	11 048	11 070	11 098	11 131	11 162	11 179	11 178	Greece
1	1	1	1	1	1	1	1	1	1	Holy See
57 359	57 656	58 002	58 348	58 657	58 918	59 139	59 319	59 467	59 588	Italy
389	391	393	395	397	400	403	406	409	412	Malta
613	614	614	615	616	617	619	620	621	622	Montenegro
10 320	10 362	10 403	10 442	10 480	10 517	10 551	10 577	10 590	10 585	Portugal
28	28	29	29	29	30	30	30	30	31	San Marino
9 385	9 320	9 268	9 225	9 187	9 155	9 130	9 110	9 087	9 059	Serbia
1 988	1 988	1 988	1 991	1 997	2 006	2 017	2 031	2 043	2 052	Slovenia
41 231	41 815	42 475	43 167	43 855	44 538	45 210	45 817	46 295	46 601	Spain
2 022	2 029	2 034	2 038	2 043	2 047	2 051	2 055	2 059	2 062	TFYR Macedonia
183 603	184 084	184 588	185 084	185 552	185 984	186 395	186 809	187 257	187 762	**WESTERN EUROPE**
8 079	8 115	8 155	8 197	8 235	8 269	8 301	8 331	8 361	8 392	Austria
10 311	10 365	10 426	10 493	10 561	10 632	10 705	10 779	10 854	10 930	Belgium
59 712	60 076	60 465	60 859	61 242	61 610	61 966	62 310	62 641	62 961	France
81 809	81 700	81 569	81 418	81 247	81 056	80 855	80 666	80 520	80 435	Germany
34	34	34	35	35	35	35	36	36	36	Liechtenstein
440	444	447	452	458	466	475	485	496	508	Luxembourg
32	33	33	33	34	34	35	36	36	37	Monaco
15 984	16 076	16 167	16 253	16 332	16 401	16 463	16 520	16 575	16 632	Netherlands
7 201	7 242	7 290	7 345	7 409	7 480	7 560	7 647	7 737	7 831	Switzerland
534 468	541 913	549 259	556 552	563 826	571 089	578 331	585 542	592 710	599 823	**LATIN AMERICA AND THE CARIBBEAN**
38 672	39 022	39 364	39 699	40 028	40 352	40 671	40 987	41 303	41 621	**CARIBBEAN**
11	12	12	12	13	13	13	13	14	14	Anguilla
79	80	81	82	83	83	84	85	86	87	Antigua and Barbuda
93	95	97	99	100	101	101	101	101	102	Aruba

表A. 19.　主要地域、地域および国別、年次別補間年央人口：推計値（続）

推計値

主要地域、地域および国	人口（千人）										
	1990	1991	1992	1993	1994	1995	1996	1997	1998	1999	2000
Bahamas	256	261	266	271	276	280	284	287	290	294	298
Barbados	260	261	262	263	264	265	266	267	268	269	270
British Virgin Islands	16	17	17	18	18	18	19	19	20	20	21
Caribbean Netherlands	13	13	14	14	15	15	15	15	15	15	14
Cayman Islands	25	26	27	29	30	32	34	36	38	40	42
Cuba	10 582	10 665	10 736	10 798	10 853	10 906	10 955	11 000	11 042	11 081	11 117
Curaçao	147	146	146	146	145	144	142	140	137	134	132
Dominica	71	71	71	71	71	71	71	71	70	70	70
Dominican Republic	7 184	7 326	7 469	7 611	7 753	7 892	8 029	8 163	8 296	8 429	8 563
Grenada	96	96	97	98	99	100	101	101	101	101	102
Guadeloupe	390	394	398	401	404	408	412	417	422	426	431
Haiti	7 100	7 243	7 387	7 531	7 675	7 820	7 966	8 112	8 258	8 404	8 549
Jamaica	2 386	2 403	2 423	2 444	2 467	2 490	2 512	2 535	2 558	2 580	2 600
Martinique	358	361	363	364	366	369	372	376	380	384	387
Montserrat	11	11	11	11	11	10	9	8	7	6	5
Puerto Rico	3 518	3 552	3 587	3 623	3 657	3 690	3 719	3 747	3 770	3 787	3 797
Saint Kitts and Nevis	41	41	41	42	42	43	43	44	44	45	46
Saint Lucia	138	140	142	144	145	147	149	151	153	155	157
Saint Vincent and the Grenadines	108	108	108	108	108	108	108	108	108	108	108
Sint Maarten (Dutch part)	29	30	30	30	30	31	31	31	31	32	32
Trinidad and Tobago	1 222	1 230	1 237	1 244	1 250	1 255	1 258	1 261	1 263	1 265	1 268
Turks and Caicos Islands	12	12	13	14	15	15	16	17	17	18	19
United States Virgin Islands	103	104	104	105	106	107	108	108	108	108	109
CENTRAL AMERICA	114 823	117 221	119 659	122 121	124 584	127 032	129 468	131 890	134 270	136 573	138 780
Belize	188	191	194	198	202	207	214	222	230	239	247
Costa Rica	3 096	3 176	3 257	3 341	3 426	3 511	3 597	3 683	3 767	3 849	3 925
El Salvador	5 252	5 322	5 392	5 462	5 528	5 589	5 643	5 692	5 736	5 776	5 812
Guatemala	9 159	9 385	9 619	9 860	10 106	10 357	10 612	10 872	11 137	11 409	11 689
Honduras	4 903	5 041	5 180	5 318	5 455	5 591	5 725	5 856	5 986	6 115	6 243
Mexico	85 609	87 347	89 110	90 887	92 664	94 427	96 182	97 926	99 632	101 267	102 809
Nicaragua	4 145	4 237	4 331	4 427	4 521	4 612	4 701	4 787	4 870	4 950	5 027
Panama	2 471	2 523	2 575	2 629	2 683	2 738	2 795	2 853	2 911	2 970	3 029
SOUTH AMERICA	297 869	303 162	308 390	313 572	318 742	323 919	329 106	334 294	339 478	344 649	349 796
Argentina	32 730	33 194	33 655	34 111	34 558	34 995	35 420	35 834	36 242	36 648	37 057
Bolivia	6 856	6 993	7 132	7 274	7 419	7 567	7 717	7 871	8 026	8 183	8 340
Brazil	150 393	152 917	155 379	157 812	160 261	162 755	165 303	167 894	170 516	173 153	175 786
Chile	13 141	13 354	13 567	13 779	13 988	14 194	14 396	14 594	14 789	14 980	15 170
Colombia	34 272	34 917	35 559	36 195	36 824	37 442	38 049	38 645	39 234	39 819	40 404
Ecuador	10 218	10 461	10 706	10 951	11 196	11 441	11 683	11 925	12 164	12 399	12 629
Falkland Islands (Malvinas)	2	2	2	2	2	2	3	3	3	3	3
French Guiana	116	121	125	129	133	137	142	146	151	157	163
Guyana	720	718	718	720	723	727	730	734	737	740	742
Paraguay	4 214	4 323	4 433	4 542	4 651	4 761	4 871	4 980	5 089	5 197	5 303
Peru	21 827	22 283	22 737	23 184	23 619	24 039	24 441	24 827	25 200	25 561	25 915
Suriname	408	416	424	431	438	446	454	462	469	476	481
Uruguay	3 110	3 132	3 155	3 178	3 202	3 225	3 248	3 271	3 292	3 309	3 321
Venezuela (Bolivarian Republic of)	19 862	20 332	20 799	21 264	21 727	22 189	22 649	23 108	23 566	24 023	24 481
NORTHERN AMERICA	280 633	283 505	286 386	289 333	292 422	295 700	299 199	302 879	306 625	310 277	313 724
Bermuda	61	61	62	62	62	63	63	63	64	64	64
Canada	27 662	28 014	28 354	28 681	28 996	29 299	29 591	29 871	30 145	30 420	30 702
Greenland	56	56	56	56	56	56	56	56	56	56	56
Saint Pierre and Miquelon	6	6	6	6	6	6	6	6	6	6	6
United States of America	252 848	255 367	257 908	260 527	263 301	266 276	269 483	272 883	276 354	279 731	282 896
OCEANIA	26 971	27 393	27 814	28 233	28 646	29 054	29 456	29 854	30 252	30 655	31 068
AUSTRALIA/NEW ZEALAND	20 494	20 771	21 041	21 303	21 555	21 800	22 036	22 265	22 493	22 724	22 965
Australia	17 097	17 326	17 538	17 738	17 932	18 125	18 318	18 513	18 709	18 907	19 107
New Zealand	3 398	3 446	3 503	3 564	3 623	3 675	3 717	3 752	3 784	3 817	3 858
MELANESIA	5 514	5 641	5 775	5 916	6 060	6 208	6 360	6 515	6 672	6 832	6 993
Fiji	729	735	745	755	766	775	784	793	800	806	811
New Caledonia	169	172	176	181	185	189	193	198	202	206	210
Papua New Guinea	4 158	4 262	4 369	4 481	4 596	4 716	4 840	4 969	5 102	5 237	5 374
Solomon Islands	312	321	330	339	349	359	369	380	390	401	412
Vanuatu	147	151	155	160	164	168	172	175	178	181	185
MICRONESIA	415	426	437	448	458	467	475	482	488	493	497
Guam	130	134	137	140	143	146	148	150	152	154	155

表A. 19. 主要地域、地域および国別、年次別補間年央人口：推計値（続）

推計値

人口（千人）										主要地域、地域および国
2001	2002	2003	2004	2005	2006	2007	2008	2009	2010	
303	309	316	323	329	336	342	349	355	361	Bahamas
271	271	272	273	274	275	276	277	278	280	Barbados
21	22	22	23	23	24	25	26	26	27	British Virgin Islands
14	14	14	14	14	15	17	18	20	21	Caribbean Netherlands
43	45	46	47	49	50	51	53	54	56	Cayman Islands
11 151	11 185	11 215	11 241	11 261	11 275	11 284	11 290	11 297	11 308	Cuba
130	129	128	128	129	132	136	140	144	148	Curaçao
70	70	70	70	71	71	71	71	71	71	Dominica
8 697	8 832	8 968	9 103	9 238	9 371	9 504	9 636	9 768	9 898	Dominican Republic
102	102	102	103	103	103	104	104	104	105	Grenada
436	440	444	448	451	453	454	455	456	457	Guadeloupe
8 693	8 835	8 977	9 119	9 263	9 409	9 557	9 705	9 853	10 000	Haiti
2 618	2 635	2 650	2 664	2 678	2 691	2 705	2 717	2 730	2 741	Jamaica
390	393	395	396	397	397	397	396	395	395	Martinique
5	4	4	5	5	5	5	5	5	5	Montserrat
3 799	3 795	3 785	3 773	3 761	3 750	3 739	3 728	3 718	3 710	Puerto Rico
46	47	48	48	49	50	50	51	52	52	Saint Kitts and Nevis
159	160	162	163	165	168	170	173	175	177	Saint Lucia
108	108	108	109	109	109	109	109	109	109	Saint Vincent and the Grenadines
32	32	32	32	33	33	32	32	33	33	Sint Maarten (Dutch part)
1 272	1 278	1 284	1 291	1 297	1 303	1 309	1 315	1 322	1 328	Trinidad and Tobago
20	22	23	25	26	28	29	29	30	31	Turks and Caicos Islands
109	108	108	108	108	107	107	107	107	106	United States Virgin Islands
140 872	142 866	144 827	146 847	148 989	151 276	153 686	156 172	158 666	161 117	**CENTRAL AMERICA**
255	262	269	276	283	291	298	306	314	322	Belize
3 997	4 063	4 126	4 187	4 248	4 309	4 369	4 430	4 488	4 545	Costa Rica
5 845	5 874	5 901	5 925	5 947	5 968	5 986	6 004	6 021	6 038	El Salvador
11 977	12 272	12 573	12 878	13 184	13 490	13 798	14 107	14 418	14 732	Guatemala
6 371	6 499	6 626	6 753	6 880	7 007	7 134	7 259	7 383	7 504	Honduras
104 240	105 578	106 888	108 258	109 748	111 383	113 139	114 973	116 816	118 618	Mexico
5 101	5 172	5 241	5 310	5 379	5 450	5 522	5 595	5 667	5 738	Nicaragua
3 087	3 145	3 203	3 261	3 319	3 379	3 438	3 499	3 559	3 621	Panama
354 924	360 026	365 068	370 006	374 809	379 461	383 974	388 383	392 741	397 085	**SOUTH AMERICA**
37 472	37 889	38 309	38 729	39 145	39 559	39 970	40 382	40 799	41 223	Argentina
8 496	8 653	8 810	8 968	9 125	9 283	9 441	9 600	9 759	9 918	Bolivia
178 419	181 046	183 627	186 116	188 479	190 698	192 785	194 770	196 701	198 614	Brazil
15 358	15 545	15 729	15 913	16 097	16 280	16 463	16 646	16 830	17 015	Chile
40 989	41 572	42 152	42 724	43 286	43 836	44 375	44 902	45 416	45 918	Colombia
12 853	13 072	13 290	13 510	13 735	13 967	14 205	14 448	14 691	14 935	Ecuador
3	3	3	3	3	3	3	3	3	3	Falkland Islands (Malvinas)
171	179	187	196	203	210	216	222	228	234	French Guiana
743	743	743	742	742	744	746	748	751	753	Guyana
5 407	5 509	5 608	5 704	5 795	5 883	5 966	6 047	6 128	6 210	Paraguay
26 261	26 601	26 938	27 273	27 610	27 950	28 293	28 642	29 002	29 374	Peru
484	486	488	489	492	496	501	507	513	518	Suriname
3 327	3 328	3 326	3 324	3 326	3 331	3 340	3 351	3 363	3 374	Uruguay
24 940	25 399	25 858	26 314	26 769	27 221	27 671	28 117	28 559	28 996	Venezuela (Bolivarian Republic of)
316 914	319 887	322 730	325 578	328 524	331 600	334 766	337 964	341 106	344 129	**NORTHERN AMERICA**
64	65	65	65	65	65	65	65	64	64	Bermuda
30 991	31 289	31 597	31 919	32 256	32 611	32 982	33 363	33 747	34 126	Canada
56	57	57	57	57	57	57	57	57	57	Greenland
6	6	6	6	6	6	6	6	6	6	Saint Pierre and Miquelon
285 796	288 471	291 005	293 531	296 140	298 861	301 656	304 473	307 232	309 876	United States of America
31 488	31 918	32 368	32 849	33 369	33 933	34 535	35 161	35 791	36 411	**OCEANIA**
23 216	23 476	23 755	24 064	24 409	24 794	25 214	25 656	26 100	26 532	**AUSTRALIA/NEW ZEALAND**
19 309	19 514	19 735	19 985	20 274	20 606	20 976	21 370	21 771	22 163	Australia
3 907	3 962	4 020	4 079	4 135	4 188	4 238	4 285	4 329	4 369	New Zealand
7 154	7 316	7 479	7 645	7 816	7 991	8 170	8 352	8 534	8 716	**MELANESIA**
814	816	817	818	822	827	835	843	852	860	Fiji
214	218	221	225	229	232	236	239	243	246	New Caledonia
5 513	5 653	5 796	5 940	6 087	6 236	6 387	6 540	6 694	6 848	Papua New Guinea
424	435	446	458	469	481	492	503	515	526	Solomon Islands
189	194	199	204	209	215	220	225	231	236	Vanuatu
500	502	503	503	503	503	502	501	501	502	**MICRONESIA**
156	157	158	158	158	158	158	158	159	159	Guam

表A. 19. 主要地域、地域および国別、年次別補間年央人口：推計値（続）

推計値

主要地域、地域および国	人口（千人）										
	1990	1991	1992	1993	1994	1995	1996	1997	1998	1999	2000
Kiribati	72	74	75	76	77	78	79	80	82	83	84
Marshall Islands	47	48	49	50	51	51	51	52	52	52	52
Micronesia (Fed. States of)	96	99	101	104	106	108	108	109	108	108	107
Nauru	9	9	10	10	10	10	10	10	10	10	10
Northern Mariana Islands	44	47	49	52	55	58	60	63	65	67	68
Palau	15	15	16	16	17	17	18	18	19	19	19
POLYNESIA	548	554	561	567	573	579	586	593	599	606	612
American Samoa	47	48	50	51	52	53	54	55	56	57	58
Cook Islands	18	18	18	18	18	18	18	18	18	18	18
French Polynesia	198	202	205	208	212	215	219	224	228	233	237
Niue	2	2	2	2	2	2	2	2	2	2	2
Samoa	163	164	166	167	169	170	171	172	173	174	175
Tokelau	2	2	2	2	2	2	2	2	2	2	2
Tonga	95	95	95	96	96	96	96	97	97	97	98
Tuvalu	9	9	9	9	9	9	9	9	9	9	9
Wallis and Futuna Islands	14	14	14	14	14	14	14	14	14	14	14

表A. 19. 主要地域、地域および国別、年次別補間年央人口：推計値（続）

推計値

人口（千人）										主要地域、地域および国
2001	2002	2003	2004	2005	2006	2007	2008	2009	2010	
86	87	89	91	92	94	96	98	101	103	Kiribati
52	52	52	52	52	52	52	52	52	52	Marshall Islands
107	107	107	107	106	106	105	104	104	104	Micronesia (Fed. States of)
10	10	10	10	10	10	10	10	10	10	Nauru
69	68	68	66	64	62	60	57	55	54	Northern Mariana Islands
19	20	20	20	20	20	20	20	20	20	Palau
619	625	631	636	641	645	649	653	656	660	**POLYNESIA**
58	59	59	59	59	59	58	57	56	56	American Samoa
18	18	19	19	19	20	20	20	20	20	Cook Islands
241	245	249	252	255	258	260	263	265	268	French Polynesia
2	2	2	2	2	2	2	2	2	2	Niue
176	177	178	179	180	181	182	183	185	186	Samoa
2	1	1	1	1	1	1	1	1	1	Tokelau
98	99	100	100	101	102	102	103	103	104	Tonga
9	10	10	10	10	10	10	10	10	10	Tuvalu
15	14	14	14	14	14	14	14	14	14	Wallis and Futuna Islands

表A. 20. 主要地域、地域および国別、年次別補間年央人口：推計値および中位予測値、2011-2030年

推計値:2011-2015

主要地域、地域および国	人口（千人）									
	2011	2012	2013	2014	2015	2016	2017	2018	2019	2020
WORLD	7 013 427	7 097 500	7 181 715	7 265 786	7 349 472	7 432 663	7 515 284	7 597 176	7 678 175	7 758 157
More developed regions	1 237 532	1 241 302	1 244 774	1 248 089	1 251 351	1 254 577	1 257 723	1 260 764	1 263 654	1 266 360
Less developed regions	5 775 895	5 856 198	5 936 941	6 017 697	6 098 121	6 178 087	6 257 561	6 336 411	6 414 520	6 491 797
Least developed countries	867 624	888 560	910 013	931 900	954 158	976 773	999 755	1 023 081	1 046 729	1 070 680
Less developed regions, excluding least developed countries	4 908 272	4 967 638	5 026 928	5 085 796	5 143 963	5 201 313	5 257 806	5 313 330	5 367 792	5 421 116
Less developed regions, excluding China	4 396 871	4 469 848	4 543 358	4 617 094	4 690 815	4 764 424	4 837 914	4 911 244	4 984 398	5 057 356
High-income countries	1 373 769	1 381 274	1 388 272	1 394 959	1 401 479	1 407 849	1 414 017	1 419 978	1 425 714	1 431 215
Middle-income countries	5 063 198	5 123 990	5 185 033	5 245 909	5 306 283	5 366 041	5 425 155	5 483 466	5 540 820	5 597 099
Upper-middle-income countries	2 313 381	2 332 932	2 352 544	2 371 732	2 390 125	2 407 604	2 424 204	2 439 897	2 454 700	2 468 631
Lower-middle-income countries	2 749 816	2 791 058	2 832 489	2 874 178	2 916 158	2 958 438	3 000 951	3 043 569	3 086 121	3 128 467
Low-income countries	573 629	589 368	605 506	621 978	638 735	655 762	673 068	690 653	708 527	726 696
Sub-Saharan Africa	863 673	887 554	911 987	936 913	962 287	988 088	1 014 319	1 040 983	1 068 092	1 095 658
AFRICA	1 071 200	1 099 053	1 127 576	1 156 649	1 186 178	1 216 130	1 246 505	1 277 292	1 308 492	1 340 103
EASTERN AFRICA	352 593	362 712	373 081	383 675	394 477	405 478	416 676	428 064	439 638	451 393
Burundi	9 790	10 125	10 466	10 817	11 179	11 553	11 936	12 329	12 726	13 126
Comoros	716	734	752	770	788	807	826	845	864	883
Djibouti	842	853	865	876	888	900	911	923	935	947
Eritrea	4 790	4 892	4 999	5 110	5 228	5 352	5 482	5 617	5 754	5 892
Ethiopia	89 859	92 191	94 558	96 959	99 391	101 853	104 345	106 863	109 406	111 971
Kenya	41 420	42 543	43 693	44 864	46 050	47 251	48 467	49 695	50 935	52 187
Madagascar	21 679	22 294	22 925	23 572	24 235	24 916	25 613	26 326	27 055	27 799
Malawi	15 227	15 700	16 190	16 695	17 215	17 750	18 299	18 861	19 436	20 022
Mauritius	1 253	1 258	1 264	1 269	1 273	1 277	1 281	1 285	1 288	1 291
Mayotte	215	221	227	234	240	246	253	260	266	273
Mozambique	25 017	25 733	26 467	27 216	27 978	28 751	29 538	30 339	31 157	31 993
Réunion	837	843	849	855	861	867	873	880	886	892
Rwanda	10 556	10 817	11 078	11 342	11 610	11 883	12 160	12 439	12 718	12 997
Seychelles	94	95	95	96	96	97	98	98	98	99
Somalia	9 807	10 034	10 268	10 518	10 787	11 079	11 392	11 723	12 068	12 423
South Sudan	10 510	10 981	11 454	11 911	12 340	12 733	13 096	13 439	13 777	14 122
Uganda	34 260	35 401	36 573	37 783	39 032	40 323	41 653	43 021	44 423	45 856
United Republic of Tanzania	47 123	48 646	50 213	51 823	53 470	55 155	56 878	58 637	60 433	62 267
Zambia	14 344	14 787	15 246	15 721	16 212	16 717	17 238	17 773	18 321	18 882
Zimbabwe	14 256	14 565	14 898	15 246	15 603	15 967	16 338	16 713	17 092	17 471
MIDDLE AFRICA	134 658	138 823	143 093	147 469	151 952	156 541	161 237	166 037	170 942	175 950
Angola	21 942	22 686	23 448	24 228	25 022	25 831	26 656	27 498	28 360	29 245
Cameroon	21 119	21 659	22 211	22 773	23 344	23 924	24 514	25 112	25 718	26 333
Central African Republic	4 531	4 620	4 711	4 804	4 900	4 998	5 099	5 201	5 304	5 409
Chad	12 299	12 715	13 146	13 587	14 037	14 497	14 965	15 444	15 932	16 431
Congo	4 177	4 286	4 394	4 505	4 620	4 741	4 866	4 996	5 128	5 263
Democratic Republic of the Congo	68 087	70 291	72 553	74 877	77 267	79 723	82 243	84 825	87 468	90 169
Equatorial Guinea	751	774	797	821	845	870	894	920	945	971
Gabon	1 577	1 613	1 650	1 688	1 725	1 763	1 801	1 840	1 878	1 917
São Tomé and Príncipe	175	178	182	186	190	194	198	203	207	211
NORTHERN AFRICA	207 528	211 500	215 589	219 736	223 892	228 042	232 186	236 310	240 399	244 445
Algeria	36 717	37 439	38 186	38 934	39 667	40 376	41 064	41 730	42 377	43 008
Egypt	83 788	85 661	87 614	89 580	91 508	93 384	95 215	97 007	98 771	100 518
Libya	6 289	6 283	6 266	6 259	6 278	6 330	6 409	6 505	6 606	6 700
Morocco	32 532	32 984	33 453	33 921	34 378	34 817	35 241	35 652	36 052	36 444
Sudan	36 918	37 712	38 515	39 350	40 235	41 176	42 166	43 196	44 248	45 308
Tunisia	10 759	10 881	11 006	11 130	11 254	11 375	11 495	11 612	11 725	11 835
Western Sahara	525	538	550	561	573	584	596	608	620	631
SOUTHERN AFRICA	59 813	60 551	61 273	61 970	62 634	63 261	63 854	64 418	64 960	65 484
Botswana	2 090	2 133	2 177	2 220	2 262	2 304	2 344	2 383	2 422	2 460
Lesotho	2 033	2 057	2 083	2 109	2 135	2 160	2 185	2 210	2 234	2 258
Namibia	2 240	2 292	2 347	2 403	2 459	2 514	2 569	2 623	2 677	2 731
South Africa	52 237	52 837	53 417	53 969	54 490	54 979	55 436	55 867	56 276	56 669
Swaziland	1 212	1 232	1 251	1 269	1 287	1 304	1 320	1 336	1 351	1 366
WESTERN AFRICA	316 608	325 468	334 540	343 799	353 224	362 807	372 551	382 463	392 553	402 831
Benin	9 779	10 050	10 322	10 598	10 880	11 167	11 459	11 755	12 056	12 361
Burkina Faso	16 107	16 591	17 085	17 589	18 106	18 634	19 173	19 724	20 287	20 861
Cabo Verde	495	501	507	514	521	527	533	540	546	553

表A. 20. 主要地域、地域および国別、年次別補間年央人口：推計値および中位予測値（続）

2016-2030：中位予測値

人口（千人）										主要地域、地域および国
2021	2022	2023	2024	2025	2026	2027	2028	2029	2030	
7 837 029	7 914 764	7 991 397	8 067 008	8 141 661	8 215 349	8 288 055	8 359 824	8 430 712	8 500 766	**WORLD**
1 268 878	1 271 220	1 273 386	1 275 382	1 277 210	1 278 874	1 280 374	1 281 712	1 282 892	1 283 920	More developed regions
6 568 151	6 643 544	6 718 011	6 791 627	6 864 451	6 936 475	7 007 681	7 078 112	7 147 820	7 216 847	Less developed regions
1 094 919	1 119 438	1 144 237	1 169 324	1 194 702	1 220 365	1 246 302	1 272 507	1 298 973	1 325 694	Least developed countries
5 473 231	5 524 106	5 573 774	5 622 303	5 669 749	5 716 110	5 761 379	5 805 605	5 848 847	5 891 153	Less developed regions, excluding least developed
5 130 071	5 202 492	5 274 599	5 346 379	5 417 821	5 488 900	5 559 600	5 629 927	5 699 895	5 769 515	Less developed regions, excluding China
1 436 487	1 441 545	1 446 389	1 451 023	1 455 448	1 459 668	1 463 688	1 467 509	1 471 131	1 474 557	High-income countries
5 652 206	5 706 110	5 758 842	5 810 481	5 861 087	5 910 653	5 959 162	6 006 660	6 053 207	6 098 849	Middle-income countries
2 481 651	2 493 745	2 504 999	2 515 543	2 525 476	2 534 833	2 543 616	2 551 860	2 559 596	2 566 850	Upper-middle-income countries
3 170 555	3 212 365	3 253 843	3 294 938	3 335 611	3 375 820	3 415 546	3 454 800	3 493 611	3 531 999	Lower-middle-income countries
745 154	763 895	782 917	802 223	821 812	841 681	861 825	882 243	902 931	923 887	Low-income countries
1 123 676	1 152 140	1 181 060	1 210 451	1 240 321	1 270 673	1 301 501	1 332 808	1 364 593	1 396 853	**Sub-Saharan Africa**
1 372 113	1 404 512	1 437 315	1 470 542	1 504 213	1 538 328	1 572 883	1 607 889	1 643 359	1 679 301	**AFRICA**
463 324	475 427	487 707	500 170	512 821	525 657	538 675	551 874	565 251	578 804	**EASTERN AFRICA**
13 529	13 935	14 345	14 758	15 177	15 600	16 028	16 462	16 905	17 357	Burundi
902	922	941	961	981	1 001	1 021	1 041	1 061	1 081	Comoros
958	970	981	992	1 003	1 014	1 024	1 034	1 044	1 054	Djibouti
6 029	6 167	6 305	6 444	6 585	6 728	6 871	7 016	7 162	7 311	Eritrea
114 556	117 158	119 775	122 405	125 044	127 690	130 341	132 995	135 648	138 297	Ethiopia
53 448	54 719	56 001	57 298	58 610	59 939	61 283	62 643	64 020	65 412	Kenya
28 557	29 330	30 116	30 916	31 728	32 552	33 387	34 234	35 092	35 960	Madagascar
20 620	21 229	21 850	22 485	23 134	23 798	24 475	25 166	25 869	26 584	Malawi
1 294	1 297	1 299	1 302	1 304	1 305	1 307	1 308	1 309	1 310	Mauritius
280	287	294	301	308	315	322	329	337	344	Mayotte
32 848	33 722	34 615	35 528	36 462	37 416	38 391	39 386	40 401	41 437	Mozambique
898	904	910	916	921	927	932	937	942	947	Réunion
13 273	13 549	13 824	14 100	14 377	14 656	14 936	15 217	15 500	15 785	Rwanda
99	100	100	100	100	101	101	101	101	101	Seychelles
12 787	13 162	13 546	13 940	14 344	14 757	15 178	15 608	16 047	16 493	Somalia
14 478	14 842	15 211	15 581	15 951	16 319	16 688	17 059	17 433	17 810	South Sudan
47 321	48 817	50 345	51 904	53 497	55 121	56 777	58 463	60 181	61 929	Uganda
64 139	66 050	68 000	69 994	72 033	74 118	76 249	78 428	80 653	82 927	United Republic of Tanzania
19 456	20 043	20 643	21 259	21 892	22 543	23 210	23 895	24 596	25 313	Zambia
17 849	18 227	18 605	18 985	19 370	19 760	20 153	20 551	20 951	21 353	Zimbabwe
181 062	186 276	191 593	197 012	202 533	208 155	213 877	219 699	225 622	231 643	**MIDDLE AFRICA**
30 154	31 085	32 039	33 016	34 016	35 038	36 082	37 150	38 239	39 351	Angola
26 956	27 586	28 226	28 873	29 530	30 196	30 870	31 554	32 246	32 947	Cameroon
5 514	5 620	5 727	5 834	5 942	6 051	6 160	6 269	6 379	6 490	Central African Republic
16 940	17 460	17 988	18 527	19 075	19 632	20 198	20 773	21 356	21 946	Chad
5 401	5 542	5 685	5 833	5 983	6 137	6 295	6 456	6 621	6 790	Congo
92 928	95 745	98 619	101 549	104 536	107 579	110 676	113 829	117 038	120 304	Democratic Republic of the Congo
997	1 023	1 049	1 076	1 102	1 129	1 156	1 183	1 211	1 238	Equatorial Guinea
1 956	1 996	2 036	2 076	2 116	2 157	2 197	2 238	2 279	2 321	Gabon
215	220	224	228	233	238	242	247	251	256	São Tomé and Príncipe
248 437	252 373	256 254	260 092	263 892	267 655	271 382	275 081	278 767	282 448	**NORTHERN AFRICA**
43 620	44 211	44 782	45 333	45 865	46 378	46 874	47 353	47 819	48 274	Algeria
102 245	103 947	105 628	107 290	108 939	110 575	112 201	113 825	115 456	117 102	Egypt
6 786	6 866	6 941	7 014	7 086	7 157	7 225	7 291	7 355	7 418	Libya
36 828	37 201	37 564	37 915	38 255	38 583	38 900	39 206	39 501	39 787	Morocco
46 375	47 450	48 535	49 631	50 740	51 862	52 994	54 135	55 285	56 443	Sudan
11 941	12 043	12 140	12 233	12 320	12 403	12 480	12 553	12 622	12 686	Tunisia
643	654	665	676	687	697	708	718	728	738	Western Sahara
65 993	66 486	66 966	67 436	67 897	68 351	68 799	69 243	69 681	70 116	**SOUTHERN AFRICA**
2 498	2 536	2 573	2 610	2 646	2 681	2 716	2 750	2 784	2 817	Botswana
2 281	2 305	2 328	2 351	2 373	2 396	2 418	2 441	2 463	2 486	Lesotho
2 786	2 840	2 894	2 948	3 002	3 057	3 111	3 165	3 218	3 272	Namibia
57 046	57 410	57 761	58 102	58 436	58 765	59 088	59 407	59 723	60 034	South Africa
1 381	1 396	1 410	1 424	1 438	1 452	1 466	1 479	1 493	1 507	Swaziland
413 298	423 950	434 794	445 833	457 071	468 510	480 149	491 992	504 039	516 290	**WESTERN AFRICA**
12 669	12 981	13 296	13 615	13 937	14 262	14 591	14 922	15 256	15 593	Benin
21 446	22 042	22 650	23 271	23 903	24 548	25 204	25 873	26 553	27 244	Burkina Faso
559	566	572	578	585	591	597	603	609	614	Cabo Verde

表A. 20. 主要地域、地域および国別、年次別補間年央人口：推計値および中位予測値（続）

推計値:2011-2015

主要地域、地域および国	人口（千人）									
	2011	2012	2013	2014	2015	2016	2017	2018	2019	2020
Côte d'Ivoire	20 604	21 103	21 622	22 157	22 702	23 254	23 816	24 387	24 970	25 566
Gambia	1 749	1 807	1 867	1 928	1 991	2 055	2 120	2 187	2 256	2 326
Ghana	24 929	25 545	26 164	26 787	27 410	28 033	28 657	29 280	29 905	30 530
Guinea	11 316	11 629	11 949	12 276	12 609	12 947	13 291	13 639	13 994	14 355
Guinea-Bissau	1 674	1 715	1 757	1 801	1 844	1 888	1 933	1 978	2 023	2 068
Liberia	4 080	4 190	4 294	4 397	4 503	4 615	4 730	4 849	4 969	5 091
Mali	15 639	16 112	16 592	17 086	17 600	18 135	18 690	19 264	19 853	20 457
Mauritania	3 683	3 777	3 873	3 970	4 068	4 166	4 266	4 368	4 470	4 573
Niger	16 946	17 636	18 359	19 114	19 899	20 715	21 564	22 445	23 362	24 315
Nigeria	163 771	168 240	172 817	177 476	182 202	186 988	191 836	196 753	201 749	206 831
Saint Helena	4	4	4	4	4	4	4	4	4	4
Senegal	13 357	13 780	14 221	14 673	15 129	15 589	16 054	16 524	17 002	17 487
Sierra Leone	5 909	6 043	6 179	6 316	6 453	6 592	6 733	6 875	7 018	7 160
Togo	6 566	6 746	6 929	7 115	7 305	7 497	7 692	7 890	8 090	8 294
ASIA	4 215 002	4 260 153	4 305 102	4 349 561	4 393 296	4 436 224	4 478 315	4 519 452	4 559 518	4 598 426
EASTERN ASIA	1 583 024	1 590 670	1 598 170	1 605 408	1 612 287	1 618 778	1 624 854	1 630 425	1 635 389	1 639 673
China	1 348 174	1 355 387	1 362 514	1 369 436	1 376 049	1 382 323	1 388 233	1 393 686	1 398 582	1 402 848
China, Hong Kong SAR	7 044	7 102	7 164	7 227	7 288	7 346	7 402	7 455	7 507	7 557
China, Macao SAR	547	558	568	578	588	597	606	615	624	634
Dem. People's Republic of Korea	24 631	24 763	24 896	25 027	25 155	25 281	25 405	25 527	25 646	25 763
Japan	127 253	127 140	126 985	126 795	126 573	126 324	126 045	125 738	125 403	125 039
Mongolia	2 759	2 808	2 859	2 910	2 959	3 006	3 052	3 096	3 138	3 179
Republic of Korea	49 357	49 608	49 847	50 074	50 293	50 504	50 705	50 897	51 079	51 251
Other non-specified areas	23 259	23 303	23 337	23 362	23 381	23 396	23 405	23 410	23 409	23 402
SOUTH-CENTRAL ASIA	1 790 208	1 815 300	1 840 377	1 865 389	1 890 288	1 915 065	1 939 702	1 964 129	1 988 262	2 012 032
CENTRAL ASIA	63 127	64 166	65 231	66 288	67 314	68 298	69 241	70 146	71 022	71 872
Kazakhstan	16 554	16 821	17 100	17 372	17 625	17 855	18 064	18 256	18 439	18 616
Kyrgyzstan	5 554	5 648	5 746	5 844	5 940	6 034	6 125	6 213	6 300	6 384
Tajikistan	7 754	7 931	8 112	8 296	8 482	8 669	8 858	9 047	9 234	9 419
Turkmenistan	5 107	5 173	5 240	5 307	5 374	5 439	5 503	5 565	5 626	5 685
Uzbekistan	28 158	28 592	29 033	29 470	29 893	30 300	30 691	31 065	31 423	31 767
SOUTHERN ASIA	1 727 081	1 751 134	1 775 147	1 799 101	1 822 974	1 846 767	1 870 461	1 893 983	1 917 240	1 940 160
Afghanistan	28 809	29 727	30 683	31 628	32 527	33 370	34 169	34 936	35 689	36 443
Bangladesh	153 406	155 257	157 157	159 078	160 996	162 911	164 828	166 735	168 618	170 467
Bhutan	732	744	755	765	775	784	793	801	809	817
India	1 247 446	1 263 590	1 279 499	1 295 292	1 311 051	1 326 802	1 342 513	1 358 138	1 373 605	1 388 859
Iran (Islamic Republic of)	75 184	76 157	77 152	78 144	79 109	80 043	80 946	81 810	82 631	83 403
Maldives	339	345	351	357	364	370	376	382	388	393
Nepal	27 179	27 501	27 835	28 175	28 514	28 851	29 187	29 522	29 854	30 184
Pakistan	173 670	177 392	181 193	185 044	188 925	192 827	196 744	200 663	204 565	208 437
Sri Lanka	20 316	20 422	20 522	20 619	20 715	20 811	20 905	20 996	21 081	21 157
SOUTH-EASTERN ASIA	603 860	611 233	618 724	626 181	633 490	640 619	647 590	654 404	661 079	667 627
Brunei Darussalam	399	406	411	417	423	429	434	440	445	450
Cambodia	14 593	14 832	15 079	15 328	15 578	15 827	16 076	16 324	16 569	16 809
Indonesia	244 808	248 038	251 268	254 455	257 564	260 581	263 510	266 357	269 136	271 857
Lao People's Democratic Republic	6 367	6 473	6 580	6 689	6 802	6 918	7 038	7 158	7 279	7 398
Malaysia	28 573	29 022	29 465	29 902	30 331	30 752	31 164	31 571	31 973	32 374
Myanmar	52 125	52 544	52 984	53 437	53 897	54 363	54 836	55 311	55 781	56 242
Philippines	94 501	96 017	97 572	99 139	100 699	102 250	103 797	105 341	106 887	108 436
Singapore	5 191	5 300	5 405	5 507	5 604	5 697	5 785	5 867	5 941	6 007
Thailand	66 903	67 164	67 451	67 726	67 959	68 147	68 298	68 416	68 509	68 581
Timor-Leste	1 078	1 102	1 129	1 157	1 185	1 211	1 237	1 263	1 289	1 315
Viet Nam	89 322	90 336	91 379	92 423	93 448	94 444	95 415	96 357	97 271	98 157
WESTERN ASIA	237 910	242 950	247 831	252 583	257 231	261 762	266 170	270 494	274 789	279 094
Armenia	2 968	2 978	2 992	3 006	3 018	3 026	3 032	3 035	3 037	3 038
Azerbaijan	9 228	9 361	9 497	9 630	9 754	9 868	9 974	10 070	10 159	10 241
Bahrain	1 306	1 334	1 349	1 362	1 377	1 397	1 419	1 442	1 465	1 486
Cyprus	1 117	1 129	1 142	1 154	1 165	1 177	1 188	1 198	1 208	1 218
Georgia	4 196	4 139	4 083	4 035	4 000	3 980	3 973	3 974	3 977	3 977
Iraq	31 868	32 958	34 107	35 273	36 423	37 548	38 654	39 751	40 854	41 972
Israel	7 563	7 695	7 818	7 939	8 064	8 192	8 323	8 455	8 588	8 718
Jordan	6 760	6 994	7 215	7 416	7 595	7 748	7 877	7 985	8 080	8 167
Kuwait	3 239	3 420	3 594	3 753	3 892	4 007	4 100	4 177	4 247	4 317
Lebanon	4 592	4 924	5 287	5 612	5 851	5 988	6 039	6 022	5 965	5 891
Oman	3 210	3 545	3 907	4 236	4 491	4 654	4 741	4 774	4 790	4 816

表A. 20. 主要地域、地域および国別、年次別補間年央人口：推計値および中位予測値（続）

2016-2030：中位予測値

人口（千人）										主要地域、地域および国
2021	2022	2023	2024	2025	2026	2027	2028	2029	2030	
26 173	26 792	27 423	28 065	28 717	29 380	30 054	30 739	31 435	32 143	Côte d'Ivoire
2 397	2 470	2 544	2 620	2 698	2 776	2 856	2 938	3 021	3 105	Gambia
31 158	31 786	32 416	33 046	33 678	34 312	34 946	35 583	36 223	36 865	Ghana
14 722	15 094	15 473	15 857	16 246	16 642	17 042	17 448	17 859	18 276	Guinea
2 114	2 161	2 207	2 254	2 301	2 348	2 396	2 444	2 492	2 541	Guinea-Bissau
5 214	5 340	5 467	5 596	5 728	5 861	5 997	6 134	6 273	6 414	Liberia
21 074	21 707	22 355	23 020	23 702	24 402	25 118	25 852	26 603	27 370	Mali
4 678	4 783	4 890	4 998	5 107	5 217	5 328	5 440	5 553	5 666	Mauritania
25 305	26 332	27 398	28 502	29 645	30 827	32 050	33 313	34 619	35 966	Niger
212 001	217 256	222 598	228 032	233 558	239 177	244 891	250 699	256 602	262 599	Nigeria
4	4	4	4	4	4	4	4	4	4	Saint Helena
17 981	18 483	18 993	19 511	20 037	20 571	21 115	21 667	22 229	22 802	Senegal
7 303	7 445	7 588	7 731	7 874	8 018	8 163	8 307	8 452	8 598	Sierra Leone
8 500	8 708	8 920	9 134	9 352	9 573	9 797	10 025	10 255	10 489	Togo
4 636 105	4 672 534	4 707 739	4 741 781	4 774 708	4 806 518	4 837 199	4 866 784	4 895 316	4 922 830	**ASIA**
1 643 237	1 646 094	1 648 301	1 649 948	1 651 108	1 651 798	1 652 016	1 651 799	1 651 182	1 650 198	**EASTERN ASIA**
1 406 441	1 409 375	1 411 703	1 413 512	1 414 872	1 415 800	1 416 294	1 416 391	1 416 131	1 415 545	China
7 606	7 653	7 698	7 740	7 781	7 820	7 856	7 890	7 922	7 951	China, Hong Kong SAR
643	652	661	670	679	687	696	704	712	720	China, Macao SAR
25 876	25 986	26 092	26 195	26 292	26 385	26 473	26 556	26 632	26 701	Dem. People's Republic of Korea
124 648	124 231	123 790	123 326	122 840	122 333	121 807	121 263	120 703	120 127	Japan
3 219	3 257	3 294	3 329	3 364	3 397	3 429	3 460	3 490	3 519	Mongolia
51 414	51 568	51 713	51 851	51 982	52 108	52 226	52 335	52 433	52 519	Republic of Korea
23 390	23 372	23 350	23 325	23 298	23 268	23 235	23 200	23 160	23 116	Other non-specified areas
2 035 405	2 058 368	2 080 908	2 103 021	2 124 700	2 145 928	2 166 691	2 186 988	2 206 825	2 226 204	**SOUTH-CENTRAL ASIA**
72 696	73 490	74 254	74 988	75 692	76 366	77 012	77 634	78 238	78 827	**CENTRAL ASIA**
18 790	18 957	19 119	19 273	19 420	19 560	19 694	19 824	19 949	20 072	Kazakhstan
6 465	6 544	6 621	6 695	6 766	6 836	6 903	6 969	7 033	7 097	Kyrgyzstan
9 601	9 781	9 957	10 130	10 300	10 465	10 628	10 788	10 946	11 102	Tajikistan
5 743	5 798	5 852	5 903	5 952	5 998	6 042	6 083	6 122	6 160	Turkmenistan
32 096	32 409	32 706	32 988	33 254	33 507	33 745	33 971	34 188	34 397	Uzbekistan
1 962 709	1 984 878	2 006 654	2 028 033	2 049 008	2 069 562	2 089 679	2 109 354	2 128 587	2 147 377	**SOUTHERN ASIA**
37 199	37 954	38 705	39 454	40 197	40 936	41 671	42 402	43 129	43 852	Afghanistan
172 274	174 039	175 758	177 433	179 063	180 646	182 178	183 658	185 086	186 460	Bangladesh
825	833	840	848	855	862	868	874	880	886	Bhutan
1 403 883	1 418 681	1 433 243	1 447 560	1 461 625	1 475 425	1 488 943	1 502 165	1 515 075	1 527 658	India
84 124	84 791	85 406	85 974	86 497	86 976	87 412	87 812	88 182	88 529	Iran (Islamic Republic of)
398	404	408	413	417	422	426	430	433	437	Maldives
30 511	30 832	31 147	31 455	31 754	32 044	32 325	32 595	32 855	33 104	Nepal
212 270	216 063	219 812	223 518	227 182	230 802	234 377	237 914	241 425	244 916	Pakistan
21 224	21 283	21 334	21 378	21 417	21 451	21 479	21 503	21 521	21 536	Sri Lanka
674 038	680 296	686 400	692 353	698 154	703 801	709 292	714 628	719 813	724 848	**SOUTH-EASTERN ASIA**
456	461	465	470	475	479	484	488	492	496	Brunei Darussalam
17 045	17 276	17 502	17 725	17 944	18 159	18 371	18 580	18 786	18 991	Cambodia
274 519	277 116	279 646	282 109	284 505	286 832	289 092	291 285	293 415	295 482	Indonesia
7 515	7 631	7 744	7 856	7 966	8 074	8 181	8 285	8 388	8 489	Lao People's Democratic Republic
32 774	33 172	33 565	33 953	34 334	34 706	35 070	35 426	35 771	36 107	Malaysia
56 691	57 128	57 552	57 967	58 373	58 771	59 157	59 532	59 894	60 242	Myanmar
109 988	111 538	113 085	114 624	116 151	117 666	119 167	120 653	122 123	123 575	Philippines
6 063	6 111	6 153	6 192	6 231	6 270	6 309	6 347	6 384	6 418	Singapore
68 634	68 664	68 673	68 664	68 637	68 593	68 532	68 455	68 361	68 250	Thailand
1 341	1 367	1 393	1 419	1 445	1 472	1 498	1 524	1 550	1 577	Timor-Leste
99 012	99 833	100 620	101 373	102 093	102 778	103 431	104 053	104 648	105 220	Viet Nam
283 426	287 776	292 129	296 459	300 747	304 992	309 200	313 369	317 496	321 580	**WESTERN ASIA**
3 038	3 038	3 036	3 033	3 029	3 023	3 017	3 010	3 002	2 993	Armenia
10 315	10 383	10 444	10 498	10 547	10 591	10 630	10 665	10 697	10 727	Azerbaijan
1 505	1 523	1 539	1 555	1 571	1 586	1 600	1 614	1 628	1 642	Bahrain
1 228	1 237	1 245	1 254	1 262	1 270	1 278	1 286	1 293	1 300	Cyprus
3 973	3 966	3 956	3 945	3 934	3 923	3 911	3 898	3 884	3 868	Georgia
43 108	44 257	45 421	46 601	47 797	49 012	50 246	51 500	52 774	54 071	Iraq
8 848	8 976	9 104	9 232	9 359	9 487	9 614	9 742	9 870	9 998	Israel
8 246	8 318	8 389	8 464	8 547	8 641	8 746	8 860	8 982	9 109	Jordan
4 389	4 461	4 533	4 604	4 672	4 738	4 803	4 867	4 928	4 987	Kuwait
5 805	5 702	5 593	5 492	5 408	5 347	5 308	5 290	5 286	5 292	Lebanon
4 857	4 906	4 960	5 012	5 058	5 099	5 137	5 172	5 206	5 238	Oman

表A. 20.　主要地域、地域および国別、年次別補間年央人口：推計値および中位予測値（続）

推計値:2011-2015

主要地域、地域および国	人口（千人）									
	2011	2012	2013	2014	2015	2016	2017	2018	2019	2020
Qatar	1 905	2 016	2 101	2 172	2 235	2 291	2 338	2 378	2 416	2 452
Saudi Arabia	28 788	29 496	30 201	30 887	31 540	32 158	32 743	33 300	33 839	34 366
State of Palestine	4 181	4 298	4 418	4 542	4 668	4 797	4 928	5 061	5 196	5 333
Syrian Arab Republic	20 501	19 979	19 323	18 772	18 502	18 564	18 907	19 482	20 202	20 994
Turkey	73 517	74 849	76 224	77 524	78 666	79 622	80 418	81 086	81 685	82 256
United Arab Emirates	8 735	8 953	9 040	9 086	9 157	9 267	9 398	9 543	9 688	9 822
Yemen	24 235	24 883	25 533	26 184	26 832	27 478	28 120	28 758	29 395	30 030
EUROPE	736 316	737 022	737 561	738 016	738 442	738 849	739 208	739 495	739 676	739 725
EASTERN EUROPE	294 250	293 950	293 658	293 333	292 943	292 471	291 915	291 277	290 568	289 796
Belarus	9 488	9 491	9 497	9 500	9 496	9 482	9 459	9 429	9 397	9 365
Bulgaria	7 355	7 304	7 253	7 201	7 150	7 098	7 045	6 992	6 939	6 884
Czech Republic	10 534	10 545	10 545	10 543	10 543	10 548	10 555	10 563	10 570	10 573
Hungary	9 989	9 958	9 925	9 890	9 855	9 821	9 788	9 754	9 720	9 685
Poland	38 594	38 609	38 619	38 620	38 612	38 593	38 564	38 523	38 471	38 407
Republic of Moldova	4 078	4 075	4 074	4 072	4 069	4 063	4 055	4 045	4 033	4 021
Romania	20 112	19 945	19 794	19 652	19 511	19 373	19 238	19 105	18 975	18 848
Russian Federation	143 211	143 288	143 367	143 429	143 457	143 440	143 375	143 261	143 102	142 898
Slovakia	5 411	5 415	5 419	5 423	5 426	5 429	5 432	5 434	5 435	5 435
Ukraine	45 478	45 320	45 165	45 002	44 824	44 624	44 405	44 170	43 926	43 679
NORTHERN EUROPE	100 284	100 826	101 330	101 832	102 358	102 911	103 483	104 064	104 642	105 207
Channel Islands	160	161	162	163	164	164	165	166	167	167
Denmark	5 577	5 601	5 624	5 647	5 669	5 691	5 712	5 733	5 754	5 776
Estonia	1 328	1 324	1 320	1 316	1 313	1 309	1 306	1 302	1 299	1 295
Faeroe Islands	48	48	48	48	48	48	48	48	49	49
Finland	5 396	5 425	5 453	5 480	5 503	5 524	5 541	5 556	5 571	5 585
Iceland	321	323	325	327	329	332	334	337	340	342
Ireland	4 653	4 668	4 671	4 675	4 688	4 714	4 749	4 791	4 834	4 874
Isle of Man	85	86	86	87	88	88	89	90	90	91
Latvia	2 064	2 037	2 012	1 989	1 971	1 956	1 945	1 936	1 928	1 919
Lithuania	3 071	3 016	2 964	2 917	2 878	2 850	2 831	2 817	2 806	2 795
Norway	4 954	5 018	5 083	5 148	5 211	5 272	5 331	5 387	5 442	5 494
Sweden	9 462	9 543	9 624	9 703	9 779	9 852	9 921	9 987	10 053	10 120
United Kingdom	63 165	63 574	63 956	64 331	64 716	65 111	65 511	65 913	66 310	66 700
SOUTHERN EUROPE	153 451	153 292	152 976	152 629	152 348	152 163	152 052	151 986	151 913	151 798
Albania	2 886	2 881	2 883	2 890	2 897	2 904	2 911	2 919	2 927	2 935
Andorra	82	79	76	73	70	69	69	69	69	70
Bosnia and Herzegovina	3 832	3 828	3 824	3 818	3 810	3 802	3 793	3 782	3 771	3 758
Croatia	4 302	4 287	4 271	4 256	4 240	4 225	4 210	4 195	4 179	4 162
Gibraltar	31	31	32	32	32	32	32	33	33	33
Greece	11 153	11 110	11 055	11 001	10 955	10 919	10 893	10 872	10 851	10 825
Holy See	1	1	1	1	1	1	1	1	1	1
Italy	59 679	59 738	59 771	59 789	59 798	59 801	59 798	59 788	59 770	59 741
Malta	414	416	417	418	419	420	421	421	422	423
Montenegro	623	624	625	625	626	626	626	626	626	626
Portugal	10 559	10 515	10 460	10 402	10 350	10 304	10 265	10 229	10 195	10 161
San Marino	31	31	31	32	32	32	32	32	32	32
Serbia	9 024	8 983	8 938	8 893	8 851	8 813	8 777	8 743	8 709	8 674
Slovenia	2 059	2 063	2 065	2 066	2 068	2 069	2 071	2 073	2 074	2 075
Spain	46 708	46 637	46 455	46 260	46 122	46 065	46 070	46 117	46 167	46 194
TFYR Macedonia	2 066	2 069	2 073	2 076	2 078	2 081	2 083	2 085	2 087	2 088
WESTERN EUROPE	188 331	188 953	189 598	190 222	190 794	191 303	191 758	192 169	192 553	192 924
Austria	8 424	8 455	8 487	8 517	8 545	8 570	8 592	8 614	8 634	8 656
Belgium	11 005	11 080	11 153	11 226	11 299	11 372	11 444	11 513	11 577	11 634
France	63 268	63 562	63 845	64 121	64 395	64 668	64 939	65 206	65 467	65 720
Germany	80 425	80 478	80 566	80 646	80 689	80 682	80 636	80 561	80 475	80 392
Liechtenstein	37	37	37	37	38	38	38	38	39	39
Luxembourg	520	532	545	557	567	576	584	591	598	605
Monaco	37	37	38	38	38	38	38	38	38	38
Netherlands	16 690	16 749	16 809	16 868	16 925	16 980	17 033	17 085	17 135	17 185
Switzerland	7 926	8 023	8 119	8 211	8 299	8 379	8 454	8 524	8 590	8 654
LATIN AMERICA AND THE CARIBBEAN	606 878	613 874	620 799	627 641	634 387	641 029	647 565	653 991	660 304	666 502
CARIBBEAN	41 941	42 264	42 584	42 897	43 199	43 489	43 768	44 036	44 297	44 552
Anguilla	14	14	14	14	15	15	15	15	15	15
Antigua and Barbuda	88	89	90	91	92	93	94	95	95	96
Aruba	102	102	103	103	104	104	105	105	105	105

2016-2030：中位予測値

2021	2022	2023	2024	2025	2026	2027	2028	2029	2030	主要地域、地域および国
人口（千人）										
2 490	2 529	2 568	2 605	2 640	2 671	2 701	2 729	2 755	2 781	Qatar
34 883	35 389	35 883	36 369	36 847	37 317	37 782	38 239	38 689	39 132	Saudi Arabia
5 472	5 612	5 754	5 897	6 040	6 184	6 328	6 473	6 619	6 765	State of Palestine
21 854	22 789	23 754	24 691	25 559	26 336	27 022	27 625	28 162	28 647	Syrian Arab Republic
82 806	83 326	83 832	84 340	84 862	85 406	85 972	86 554	87 139	87 717	Turkey
9 948	10 073	10 197	10 317	10 434	10 547	10 657	10 765	10 872	10 977	United Arab Emirates
30 662	31 292	31 921	32 550	33 181	33 814	34 448	35 081	35 711	36 335	Yemen
739 638	739 424	739 088	738 640	738 090	737 439	736 691	735 851	734 928	733 929	**EUROPE**
288 958	288 051	287 075	286 033	284 929	283 766	282 547	281 276	279 957	278 596	**EASTERN EUROPE**
9 333	9 300	9 267	9 232	9 194	9 154	9 112	9 068	9 023	8 977	Belarus
6 830	6 774	6 718	6 661	6 603	6 544	6 484	6 424	6 362	6 300	Bulgaria
10 574	10 572	10 567	10 560	10 550	10 537	10 522	10 504	10 484	10 461	Czech Republic
9 648	9 611	9 572	9 533	9 492	9 451	9 409	9 365	9 321	9 275	Hungary
38 332	38 246	38 148	38 041	37 924	37 798	37 663	37 520	37 367	37 207	Poland
4 008	3 994	3 979	3 962	3 945	3 926	3 906	3 884	3 862	3 839	Republic of Moldova
18 721	18 596	18 472	18 350	18 229	18 110	17 991	17 874	17 757	17 639	Romania
142 648	142 351	142 008	141 625	141 205	140 752	140 267	139 753	139 214	138 652	Russian Federation
5 434	5 431	5 427	5 421	5 414	5 405	5 395	5 382	5 368	5 353	Slovakia
43 430	43 176	42 916	42 649	42 373	42 090	41 799	41 501	41 199	40 892	Ukraine
105 759	106 299	106 826	107 340	107 840	108 326	108 798	109 254	109 697	110 126	**NORTHERN EUROPE**
168	169	170	170	171	172	172	173	174	174	Channel Islands
5 798	5 821	5 845	5 868	5 892	5 915	5 938	5 960	5 982	6 003	Denmark
1 291	1 287	1 282	1 277	1 272	1 267	1 261	1 255	1 249	1 243	Estonia
49	49	49	49	49	50	50	50	50	50	Faeroe Islands
5 600	5 614	5 629	5 643	5 656	5 667	5 679	5 689	5 698	5 706	Finland
345	347	349	352	354	356	358	360	363	364	Iceland
4 912	4 948	4 982	5 016	5 048	5 081	5 112	5 143	5 173	5 204	Ireland
91	92	93	93	94	94	95	95	96	96	Isle of Man
1 909	1 899	1 888	1 876	1 865	1 853	1 842	1 830	1 818	1 806	Latvia
2 782	2 768	2 753	2 739	2 725	2 711	2 697	2 683	2 669	2 655	Lithuania
5 543	5 590	5 636	5 680	5 725	5 769	5 814	5 858	5 902	5 945	Norway
10 189	10 259	10 328	10 397	10 463	10 528	10 590	10 651	10 709	10 766	Sweden
67 082	67 457	67 823	68 180	68 527	68 864	69 190	69 506	69 813	70 113	United Kingdom
151 638	151 450	151 237	151 009	150 771	150 524	150 266	149 999	149 728	149 455	**SOUTHERN EUROPE**
2 942	2 948	2 953	2 957	2 960	2 961	2 961	2 960	2 957	2 954	Albania
70	70	70	70	70	71	71	71	71	71	Andorra
3 744	3 730	3 714	3 698	3 681	3 663	3 644	3 625	3 605	3 584	Bosnia and Herzegovina
4 145	4 128	4 110	4 091	4 072	4 054	4 035	4 015	3 996	3 977	Croatia
33	33	33	33	33	33	33	33	33	33	Gibraltar
10 796	10 763	10 728	10 692	10 657	10 622	10 586	10 551	10 515	10 480	Greece
1	1	1	1	1	1	1	1	1	1	Holy See
59 704	59 659	59 608	59 550	59 486	59 418	59 344	59 266	59 185	59 100	Italy
424	424	425	426	426	427	427	428	428	428	Malta
625	625	624	624	623	622	621	620	619	618	Montenegro
10 126	10 091	10 057	10 023	9 991	9 960	9 930	9 901	9 872	9 845	Portugal
33	33	33	33	33	33	33	33	33	33	San Marino
8 637	8 600	8 562	8 524	8 485	8 445	8 405	8 365	8 323	8 281	Serbia
2 075	2 074	2 073	2 072	2 070	2 067	2 064	2 061	2 058	2 054	Slovenia
46 194	46 181	46 156	46 126	46 095	46 061	46 024	45 986	45 950	45 920	Spain
2 089	2 090	2 090	2 090	2 089	2 088	2 086	2 084	2 082	2 078	TFYR Macedonia
193 283	193 624	193 950	194 258	194 549	194 823	195 081	195 323	195 546	195 751	**WESTERN EUROPE**
8 677	8 700	8 722	8 743	8 763	8 782	8 800	8 816	8 831	8 844	Austria
11 684	11 727	11 765	11 801	11 837	11 873	11 911	11 948	11 984	12 019	Belgium
65 966	66 204	66 438	66 668	66 896	67 122	67 346	67 569	67 789	68 007	France
80 314	80 235	80 152	80 062	79 960	79 847	79 723	79 589	79 446	79 294	Germany
39	39	39	40	40	40	40	41	41	41	Liechtenstein
613	621	629	636	644	651	658	665	671	678	Luxembourg
39	39	39	39	39	39	40	40	40	40	Monaco
17 234	17 282	17 329	17 375	17 418	17 460	17 500	17 538	17 573	17 605	Netherlands
8 717	8 778	8 837	8 895	8 952	9 008	9 064	9 118	9 171	9 223	Switzerland
672 581	678 534	684 357	690 042	695 584	700 980	706 226	711 323	716 269	721 067	**LATIN AMERICA AND THE CARIBBEAN**
44 802	45 045	45 281	45 509	45 729	45 941	46 144	46 338	46 524	46 700	**CARIBBEAN**
15	15	15	16	16	16	16	16	16	16	Anguilla
97	98	99	100	101	102	103	103	104	105	Antigua and Barbuda
106	106	106	106	106	107	107	107	107	107	Aruba

表A. 20. 主要地域、地域および国別、年次別補間年央人口：推計値および中位予測値（続）

推計値:2011-2015

主要地域、地域および国	人口（千人）									
	2011	2012	2013	2014	2015	2016	2017	2018	2019	2020
Bahamas	367	372	378	383	388	393	397	401	406	410
Barbados	281	282	283	283	284	285	286	286	287	288
British Virgin Islands	28	29	29	30	30	31	31	32	32	33
Caribbean Netherlands	22	23	24	24	25	25	26	26	26	26
Cayman Islands	57	58	58	59	60	61	62	62	63	64
Cuba	11 324	11 343	11 363	11 379	11 390	11 393	11 390	11 383	11 374	11 366
Curaçao	150	153	154	156	157	159	160	161	163	164
Dominica	71	72	72	72	73	73	73	74	74	74
Dominican Republic	10 027	10 155	10 281	10 406	10 528	10 649	10 767	10 882	10 996	11 107
Grenada	105	105	106	106	107	107	108	108	109	109
Guadeloupe	459	461	464	466	468	471	472	474	476	478
Haiti	10 145	10 289	10 431	10 572	10 711	10 848	10 983	11 117	11 248	11 378
Jamaica	2 752	2 763	2 773	2 783	2 793	2 803	2 813	2 823	2 832	2 840
Martinique	395	395	396	396	396	396	396	396	395	395
Montserrat	5	5	5	5	5	5	5	5	5	5
Puerto Rico	3 702	3 696	3 691	3 687	3 683	3 681	3 679	3 678	3 677	3 675
Saint Kitts and Nevis	53	54	54	55	56	56	57	57	58	58
Saint Lucia	179	181	182	184	185	186	188	189	190	192
Saint Vincent and the Grenadines	109	109	109	109	109	110	110	110	110	111
Sint Maarten (Dutch part)	34	35	36	38	39	40	40	41	41	41
Trinidad and Tobago	1 335	1 342	1 348	1 354	1 360	1 365	1 369	1 373	1 375	1 378
Turks and Caicos Islands	32	32	33	34	34	35	35	36	36	37
United States Virgin Islands	106	106	106	106	106	106	107	107	107	107
CENTRAL AMERICA	163 511	165 860	168 172	170 461	172 740	175 005	177 249	179 469	181 662	183 824
Belize	329	337	344	352	359	367	375	382	390	398
Costa Rica	4 600	4 654	4 706	4 758	4 808	4 857	4 906	4 953	4 999	5 044
El Salvador	6 055	6 072	6 090	6 108	6 127	6 146	6 167	6 188	6 210	6 231
Guatemala	15 049	15 369	15 691	16 015	16 343	16 673	17 005	17 340	17 677	18 015
Honduras	7 621	7 736	7 849	7 962	8 075	8 190	8 305	8 420	8 536	8 651
Mexico	120 365	122 071	123 740	125 386	127 017	128 632	130 223	131 788	133 327	134 837
Nicaragua	5 808	5 877	5 946	6 014	6 082	6 150	6 218	6 285	6 352	6 418
Panama	3 682	3 744	3 806	3 868	3 929	3 990	4 051	4 112	4 172	4 231
SOUTH AMERICA	401 426	405 750	410 044	414 282	418 447	422 535	426 548	430 486	434 345	438 126
Argentina	41 656	42 095	42 538	42 980	43 417	43 847	44 272	44 692	45 106	45 517
Bolivia	10 078	10 239	10 400	10 562	10 725	10 888	11 053	11 218	11 383	11 548
Brazil	200 518	202 402	204 259	206 078	207 848	209 568	211 243	212 873	214 458	215 997
Chile	17 201	17 388	17 576	17 763	17 948	18 132	18 313	18 493	18 669	18 842
Colombia	46 406	46 881	47 342	47 791	48 229	48 654	49 068	49 469	49 856	50 229
Ecuador	15 177	15 419	15 661	15 903	16 144	16 385	16 626	16 865	17 103	17 338
Falkland Islands (Malvinas)	3	3	3	3	3	3	3	3	3	3
French Guiana	240	247	254	261	269	276	283	290	297	304
Guyana	756	758	761	764	767	771	774	778	783	787
Paraguay	6 294	6 379	6 466	6 553	6 639	6 725	6 812	6 897	6 983	7 067
Peru	29 760	30 159	30 565	30 973	31 377	31 774	32 166	32 554	32 937	33 317
Suriname	523	529	533	538	543	548	552	556	561	565
Uruguay	3 386	3 397	3 408	3 420	3 432	3 444	3 457	3 470	3 482	3 495
Venezuela (Bolivarian Republic of)	29 428	29 854	30 276	30 694	31 108	31 519	31 926	32 328	32 725	33 116
NORTHERN AMERICA	347 017	349 793	352 492	355 161	357 838	360 529	363 224	365 918	368 602	371 269
Bermuda	64	63	63	62	62	62	61	61	61	61
Canada	34 500	34 868	35 231	35 588	35 940	36 286	36 626	36 958	37 283	37 600
Greenland	56	56	56	56	56	56	56	56	56	56
Saint Pierre and Miquelon	6	6	6	6	6	6	6	6	6	6
United States of America	312 390	314 799	317 136	319 449	321 774	324 119	326 474	328 836	331 195	333 546
OCEANIA	37 015	37 605	38 185	38 759	39 331	39 901	40 467	41 028	41 583	42 131
AUSTRALIA/NEW ZEALAND	26 947	27 347	27 736	28 118	28 497	28 875	29 247	29 613	29 973	30 327
Australia	22 542	22 911	23 270	23 622	23 969	24 309	24 642	24 967	25 285	25 598
New Zealand	4 404	4 436	4 465	4 495	4 529	4 565	4 605	4 647	4 689	4 730
MELANESIA	8 898	9 079	9 260	9 441	9 623	9 805	9 989	10 172	10 357	10 542
Fiji	867	874	880	886	892	898	903	907	911	915
New Caledonia	250	253	256	260	263	266	270	273	276	280
Papua New Guinea	7 001	7 155	7 309	7 464	7 619	7 776	7 934	8 093	8 252	8 413
Solomon Islands	538	549	561	572	584	595	606	617	629	640
Vanuatu	242	247	253	259	265	270	276	282	288	294
MICRONESIA	505	510	515	521	526	532	537	542	547	552
Guam	161	163	165	168	170	172	174	176	178	180

表A. 20. 主要地域、地域および国別、年次別補間年央人口：推計値および中位予測値（続）

2016-2030：中位予測値

人口（千人）										主要地域、地域および国
2021	2022	2023	2024	2025	2026	2027	2028	2029	2030	
414	418	422	425	429	433	436	440	443	446	Bahamas
288	289	289	289	290	290	290	290	290	290	Barbados
33	33	34	34	34	34	35	35	35	35	British Virgin Islands
27	27	27	27	27	28	28	28	28	28	Caribbean Netherlands
65	65	66	67	68	68	69	70	70	71	Cayman Islands
11 357	11 349	11 340	11 331	11 319	11 306	11 291	11 275	11 257	11 237	Cuba
165	166	167	169	170	171	172	173	174	175	Curaçao
75	75	75	75	76	76	76	76	76	76	Dominica
11 215	11 322	11 426	11 527	11 626	11 723	11 817	11 910	11 999	12 087	Dominican Republic
110	110	111	111	111	112	112	112	112	112	Grenada
479	481	482	483	485	486	487	489	490	491	Guadeloupe
11 507	11 634	11 760	11 883	12 005	12 124	12 241	12 356	12 468	12 578	Haiti
2 847	2 854	2 859	2 864	2 867	2 869	2 870	2 870	2 868	2 867	Jamaica
394	394	394	394	393	393	393	392	392	391	Martinique
5	5	5	5	5	5	5	5	5	5	Montserrat
3 673	3 670	3 667	3 664	3 660	3 657	3 653	3 649	3 644	3 638	Puerto Rico
59	60	60	61	61	61	62	62	63	63	Saint Kitts and Nevis
193	194	195	196	197	198	199	200	201	202	Saint Lucia
111	111	111	111	112	112	112	112	112	112	Saint Vincent and the Grenadines
42	42	43	43	44	44	45	45	46	46	Sint Maarten (Dutch part)
1 379	1 380	1 381	1 381	1 380	1 379	1 378	1 377	1 375	1 372	Trinidad and Tobago
37	38	38	39	39	40	40	41	41	42	Turks and Caicos Islands
107	107	107	107	107	107	107	107	106	106	United States Virgin Islands
185 954	188 051	190 112	192 136	194 120	196 062	197 962	199 819	201 632	203 401	**CENTRAL AMERICA**
406	413	421	428	436	443	451	458	465	472	Belize
5 087	5 129	5 169	5 208	5 246	5 282	5 317	5 351	5 383	5 413	Costa Rica
6 252	6 272	6 292	6 311	6 329	6 347	6 363	6 379	6 394	6 408	El Salvador
18 354	18 695	19 036	19 378	19 720	20 062	20 403	20 744	21 084	21 424	Guatemala
8 765	8 878	8 991	9 102	9 212	9 321	9 428	9 533	9 636	9 737	Honduras
136 318	137 769	139 187	140 573	141 924	143 239	144 518	145 760	146 965	148 133	Mexico
6 483	6 548	6 611	6 674	6 736	6 797	6 858	6 917	6 976	7 033	Nicaragua
4 290	4 348	4 405	4 461	4 517	4 572	4 625	4 678	4 730	4 781	Panama
441 825	445 439	448 964	452 397	455 735	458 977	462 120	465 165	468 114	470 966	**SOUTH AMERICA**
45 923	46 324	46 721	47 113	47 500	47 883	48 261	48 634	49 002	49 365	Argentina
11 713	11 878	12 043	12 207	12 370	12 533	12 696	12 857	13 017	13 177	Bolivia
217 490	218 936	220 333	221 681	222 976	224 220	225 411	226 548	227 633	228 663	Brazil
19 012	19 179	19 340	19 493	19 639	19 775	19 903	20 023	20 138	20 250	Chile
50 587	50 931	51 261	51 576	51 878	52 165	52 439	52 698	52 944	53 175	Colombia
17 572	17 803	18 032	18 259	18 483	18 705	18 924	19 140	19 353	19 563	Ecuador
3	3	3	3	3	3	3	3	3	3	Falkland Islands (Malvinas)
311	319	326	334	341	349	357	365	373	381	French Guiana
791	795	800	804	807	811	814	816	819	821	Guyana
7 151	7 233	7 315	7 395	7 474	7 551	7 627	7 701	7 774	7 845	Paraguay
33 694	34 065	34 432	34 795	35 152	35 504	35 851	36 192	36 527	36 855	Peru
569	573	577	580	584	587	590	594	597	599	Suriname
3 507	3 518	3 529	3 540	3 550	3 560	3 569	3 579	3 587	3 596	Uruguay
33 501	33 880	34 253	34 619	34 978	35 331	35 677	36 016	36 348	36 673	Venezuela (Bolivarian Republic of)
373 918	376 550	379 159	381 736	384 274	386 771	389 224	391 630	393 983	396 278	**NORTHERN AMERICA**
60	60	60	60	60	60	60	60	59	59	Bermuda
37 907	38 207	38 498	38 784	39 066	39 343	39 615	39 881	40 140	40 390	Canada
57	57	57	57	57	57	57	57	57	57	Greenland
6	7	7	7	7	7	7	7	7	7	Saint Pierre and Miquelon
335 887	338 220	340 537	342 828	345 085	347 304	349 486	351 626	353 720	355 765	United States of America
42 673	43 210	43 740	44 267	44 791	45 313	45 831	46 346	46 856	47 361	**OCEANIA**
30 674	31 015	31 350	31 680	32 007	32 331	32 651	32 967	33 279	33 585	**AUSTRALIA/NEW ZEALAND**
25 905	26 206	26 503	26 795	27 084	27 370	27 654	27 934	28 210	28 482	Australia
4 770	4 809	4 847	4 885	4 923	4 960	4 997	5 033	5 069	5 103	New Zealand
10 728	10 914	11 101	11 288	11 476	11 664	11 853	12 042	12 230	12 419	**MELANESIA**
919	922	925	928	931	933	935	937	939	940	Fiji
283	286	289	292	296	299	302	305	308	311	New Caledonia
8 574	8 737	8 900	9 064	9 228	9 393	9 559	9 725	9 891	10 057	Papua New Guinea
651	663	674	686	698	709	721	733	745	757	Solomon Islands
300	306	312	318	324	330	336	342	348	354	Vanuatu
558	563	568	574	579	585	590	596	601	607	**MICRONESIA**
182	185	187	189	191	193	195	196	198	200	Guam

表A. 20. 主要地域、地域および国別、年次別補間年央人口：推計値および中位予測値（続）

推計値:2011-2015

主要地域、地域および国	人口（千人）									
	2011	2012	2013	2014	2015	2016	2017	2018	2019	2020
Kiribati	105	107	109	110	112	114	116	118	120	122
Marshall Islands	53	53	53	53	53	53	53	53	53	53
Micronesia (Fed. States of)	103	104	104	104	104	105	106	106	107	108
Nauru	10	10	10	10	10	10	10	10	10	10
Northern Mariana Islands	53	53	54	55	55	55	56	56	56	56
Palau	21	21	21	21	21	22	22	22	22	22
POLYNESIA	664	669	674	679	684	690	695	700	705	710
American Samoa	55	55	55	55	56	56	56	56	56	56
Cook Islands	20	21	21	21	21	21	21	21	21	21
French Polynesia	271	274	277	280	283	286	289	292	294	296
Niue	2	2	2	2	2	2	2	2	2	2
Samoa	187	189	190	192	193	195	196	197	198	199
Tokelau	1	1	1	1	1	1	1	1	1	1
Tonga	104	105	105	106	106	107	108	109	110	111
Tuvalu	10	10	10	10	10	10	10	10	10	10
Wallis and Futuna Islands	13	13	13	13	13	13	13	13	13	13

表A. 20.　主要地域、地域および国別、年次別補間年央人口：推計値および中位予測値（続）

2016-2030：中位予測値

2021	2022	2023	2024	2025	2026	2027	2028	2029	2030	主要地域、地域および国
人口（千人）										
124	126	128	130	132	134	136	138	140	142	Kiribati
53	53	53	54	54	54	54	55	55	56	Marshall Islands
109	110	110	111	112	113	114	116	117	118	Micronesia (Fed. States of)
10	10	11	11	11	11	11	11	11	11	Nauru
56	56	56	56	56	56	56	56	56	56	Northern Mariana Islands
23	23	23	23	24	24	24	24	25	25	Palau
714	718	721	725	729	733	737	742	746	751	**POLYNESIA**
56	56	56	56	57	57	57	57	57	57	American Samoa
22	22	22	22	22	22	22	22	22	23	Cook Islands
298	299	301	302	303	305	307	309	311	313	French Polynesia
2	2	2	2	2	2	2	2	2	2	Niue
200	201	203	204	205	206	207	208	209	210	Samoa
1	1	1	1	1	1	1	1	1	1	Tokelau
112	113	114	114	115	116	117	119	120	121	Tonga
10	10	10	10	10	10	11	11	11	11	Tuvalu
13	13	13	13	13	13	13	13	13	13	Wallis and Futuna Islands

表A. 21. 主要地域、地域および国別、粗出生率：推計および中位予測値、1960-2060年

推計値:1960-2015

主要地域、地域および国	粗出生率（人口千人あたり）									
	1960-1965	1965-1970	1970-1975	1975-1980	1980-1985	1985-1990	1990-1995	1995-2000	2000-2005	2005-2010
WORLD	35.4	34.1	31.6	28.6	27.8	27.5	24.5	21.9	20.8	20.2
More developed regions	19.7	17.3	16.0	14.8	14.4	13.9	12.4	11.2	11.0	11.4
Less developed regions	42.0	40.7	37.2	33.2	32.0	31.4	27.7	24.6	23.1	22.2
Least developed countries	47.9	47.5	46.8	46.2	45.4	43.6	41.4	39.6	37.6	35.5
Less developed regions, excluding least developed countries	41.3	39.8	35.9	31.4	30.2	29.7	25.7	22.3	20.8	19.9
Less developed regions, excluding China	43.1	41.2	39.5	37.7	36.4	33.9	31.1	28.7	26.9	25.5
High-income countries	21.3	18.7	17.3	16.0	15.6	14.9	13.7	12.5	12.1	12.2
Middle-income countries	40.9	39.7	36.0	31.8	30.6	30.1	26.1	22.8	21.3	20.5
Upper-middle-income countries	40.0	39.1	33.4	26.5	25.1	26.4	21.2	16.8	15.5	15.1
Lower-middle-income countries	41.9	40.3	38.9	37.4	36.3	33.9	30.9	28.4	26.6	25.1
Low-income countries	47.0	47.1	46.5	45.7	45.9	45.1	43.9	42.6	40.8	38.9
Sub-Saharan Africa	47.4	47.0	47.1	46.9	46.2	45.0	43.4	42.2	41.2	39.7
AFRICA	47.4	46.4	45.9	45.6	44.6	42.9	40.5	38.8	37.8	36.9
EASTERN AFRICA	49.0	48.6	48.6	48.4	47.7	46.6	44.6	43.2	41.5	39.6
Burundi	48.2	47.8	47.4	49.9	51.2	51.4	47.7	43.6	42.5	44.3
Comoros	48.0	46.7	45.9	46.7	46.9	44.5	40.7	38.4	37.1	36.0
Djibouti	44.2	44.9	44.8	42.0	39.7	40.1	38.9	32.9	30.0	27.6
Eritrea	47.8	47.6	46.9	46.5	46.4	44.8	40.8	36.8	37.2	37.9
Ethiopia	48.0	47.6	48.6	48.5	49.3	48.3	46.7	45.5	41.3	36.4
Kenya	51.0	50.6	50.8	49.9	48.4	45.1	39.5	38.1	38.7	37.9
Madagascar	48.4	48.1	48.5	47.4	42.5	45.2	44.8	42.9	39.2	36.3
Malawi	52.6	53.7	53.6	53.4	52.4	51.5	47.5	45.5	43.6	42.5
Mauritius	43.8	33.2	26.8	26.5	20.3	21.0	20.4	17.9	16.0	13.3
Mayotte	44.9	46.6	47.8	49.4	47.1	44.4	36.1	36.1	36.5	36.4
Mozambique	48.6	48.0	47.3	47.9	47.3	45.2	46.0	45.4	44.0	42.0
Réunion	43.0	36.5	26.8	23.5	23.4	24.2	22.0	20.3	19.7	17.9
Rwanda	50.7	49.3	51.1	53.4	53.1	50.9	44.9	42.2	39.3	37.6
Seychelles	38.5	36.4	33.3	29.3	26.7	24.3	22.1	19.0	19.2	19.4
Somalia	47.4	47.0	46.0	45.6	46.1	47.5	49.2	49.7	47.4	46.2
South Sudan	51.4	51.4	50.1	48.8	47.5	47.9	46.6	44.6	41.5	39.4
Uganda	49.3	49.0	48.7	48.9	49.3	49.6	49.8	48.8	47.8	46.1
United Republic of Tanzania	49.1	48.7	47.9	47.3	46.0	44.9	43.2	42.0	42.0	42.0
Zambia	49.7	50.3	49.7	49.1	47.1	47.1	45.5	44.4	43.9	43.1
Zimbabwe	48.2	47.5	47.6	47.6	44.9	39.5	35.4	33.1	33.4	35.6
MIDDLE AFRICA	46.8	46.9	46.9	47.1	47.6	47.7	47.2	46.6	45.8	44.2
Angola	53.8	53.0	53.0	53.5	53.2	52.9	52.4	51.6	50.3	48.7
Cameroon	43.7	44.8	45.2	45.3	46.4	45.6	43.6	41.6	40.9	39.6
Central African Republic	43.8	43.5	42.7	42.2	42.4	41.9	40.2	39.9	38.4	35.6
Chad	45.6	45.9	48.1	49.4	50.0	50.6	51.3	51.2	50.2	48.5
Congo	42.8	43.1	43.5	43.1	40.9	38.9	37.9	38.7	38.9	38.5
Democratic Republic of the Congo	46.8	46.8	46.4	46.3	47.0	47.6	47.7	47.4	46.6	44.8
Equatorial Guinea	40.1	40.7	36.8	32.9	41.6	47.2	44.7	40.9	38.1	36.9
Gabon	34.3	36.7	37.2	37.8	38.3	37.7	36.3	34.3	32.3	31.5
São Tomé and Príncipe	46.9	42.4	40.4	40.9	40.5	39.9	39.4	39.3	38.4	36.5
NORTHERN AFRICA	47.0	44.5	42.0	40.9	39.2	35.6	30.4	26.3	25.1	25.5
Algeria	49.5	47.5	46.6	45.0	40.8	35.2	28.8	21.6	19.2	23.1
Egypt	44.9	41.8	38.9	39.0	39.0	36.6	29.8	25.5	25.2	25.2
Libyan Arab Jamahiriya	50.1	51.6	49.3	43.7	37.0	32.4	25.4	22.4	21.9	22.9
Morocco	50.0	45.4	40.9	38.6	36.7	31.4	27.5	23.2	20.6	20.8
Sudan	46.6	46.9	46.9	46.1	44.2	42.1	41.6	40.3	38.9	36.1
Tunisia	45.2	43.2	39.1	36.5	33.1	29.0	22.9	18.7	16.6	17.0
Western Sahara	52.0	50.0	44.4	44.1	39.9	34.8	31.3	25.9	24.1	21.5
SOUTHERN AFRICA	41.4	38.9	38.5	36.8	34.9	32.1	28.4	25.9	24.6	22.9
Botswana	46.6	46.1	45.5	45.0	42.5	37.3	32.1	28.9	26.4	25.3
Lesotho	42.3	42.5	42.7	41.9	39.8	36.7	34.1	33.1	29.8	28.4
Namibia	42.3	42.4	44.2	43.8	41.2	39.1	36.8	33.1	30.4	29.5
South Africa	41.0	38.2	37.7	35.8	33.9	31.1	27.5	24.9	23.9	22.1
Swaziland	47.9	48.9	49.3	48.4	47.7	46.1	39.9	34.1	31.8	31.4
WESTERN AFRICA	47.5	47.2	47.7	47.7	46.7	45.3	44.0	43.1	42.4	41.2
Benin	45.3	46.5	46.9	47.2	47.2	46.8	45.6	43.6	41.7	39.1
Burkina Faso	47.2	47.5	47.5	48.8	49.0	47.8	47.1	46.7	45.6	43.7
Cabo Verde	47.0	43.2	40.6	40.6	42.1	42.2	37.2	31.4	25.5	22.8

表A. 21. 主要地域、地域および国別、粗出生率：推計および中位予測値（続）

2015-2060:中位予測値

粗出生率（人口千人あたり）										主要地域、地域および国
2010-2015	2015-2020	2020-2025	2025-2030	2030-2035	2035-2040	2040-2045	2045-2050	2050-2055	2055-2060	
19.6	18.6	17.5	16.6	16.1	15.7	15.3	14.9	14.4	14.0	**WORLD**
11.1	10.9	10.5	10.2	10.0	10.1	10.3	10.4	10.3	10.3	More developed regions
21.4	20.2	18.8	17.8	17.1	16.6	16.1	15.5	15.0	14.5	Less developed regions
33.3	31.6	29.8	28.2	26.8	25.4	24.0	22.8	21.6	20.6	Least developed countries
19.2	18.0	16.6	15.6	14.9	14.4	14.0	13.5	13.0	12.6	Less developed regions, excluding least developed countries
24.2	22.7	21.3	20.1	19.2	18.4	17.6	16.9	16.2	15.6	Less developed regions, excluding China
11.8	11.5	11.1	10.7	10.4	10.4	10.4	10.4	10.4	10.3	High-income countries
19.7	18.5	17.1	16.0	15.4	14.9	14.4	14.0	13.5	13.0	Middle-income countries
15.0	13.9	12.5	11.5	11.2	11.1	11.0	10.8	10.5	10.2	Upper-middle-income countries
23.6	22.1	20.7	19.4	18.4	17.5	16.7	16.0	15.3	14.7	Lower-middle-income countries
36.6	34.6	32.6	30.8	29.1	27.5	25.9	24.4	23.1	21.8	Low-income countries
37.9	35.8	33.8	32.0	30.4	28.8	27.2	25.6	24.2	22.8	**Sub-Saharan Africa**
35.8	33.6	31.6	30.0	28.6	27.2	25.8	24.4	23.0	21.8	**AFRICA**
37.3	35.0	32.8	30.9	29.1	27.4	25.8	24.3	22.9	21.6	**EASTERN AFRICA**
44.2	42.2	38.2	35.1	33.6	32.8	31.5	29.5	27.3	25.6	Burundi
34.6	32.2	29.8	27.8	26.3	24.9	23.6	22.3	21.0	19.9	Comoros
25.7	23.7	21.9	20.1	18.4	17.1	16.2	15.4	14.7	13.9	Djibouti
35.0	31.7	28.8	27.0	25.8	24.5	22.8	21.1	19.7	18.5	Eritrea
33.2	30.7	28.2	25.8	23.4	21.4	19.7	18.2	16.9	15.7	Ethiopia
35.4	32.8	30.5	28.8	27.4	25.9	24.3	22.8	21.5	20.3	Kenya
34.8	33.6	32.0	30.2	28.5	26.9	25.6	24.4	23.2	22.0	Madagascar
39.6	37.6	35.4	33.4	31.4	29.6	27.9	26.3	24.8	23.3	Malawi
11.4	10.8	10.6	10.4	10.0	9.4	8.9	8.7	8.8	8.9	Mauritius
31.7	28.3	26.2	24.8	23.5	22.0	20.3	18.7	17.3	16.1	Mayotte
40.0	37.7	36.1	34.4	32.7	30.8	28.8	27.0	25.4	23.9	Mozambique
15.7	14.3	13.4	12.8	12.2	11.6	10.9	10.5	10.1	9.9	Réunion
32.9	29.6	26.6	24.7	23.3	21.6	19.6	17.7	16.1	15.0	Rwanda
18.0	15.7	14.0	13.0	12.8	12.8	12.6	12.0	11.4	11.0	Seychelles
43.9	42.9	41.2	39.1	36.8	34.5	32.5	30.7	28.9	27.1	Somalia
37.3	35.5	33.5	31.4	29.3	27.4	25.8	24.3	22.9	21.6	South Sudan
43.7	41.4	39.1	36.8	34.4	32.1	29.9	27.9	26.2	24.5	Uganda
39.7	37.4	35.4	33.9	32.5	31.0	29.3	27.7	26.2	24.8	United Republic of Tanzania
40.6	38.9	37.1	35.5	34.0	32.5	31.0	29.6	28.2	26.9	Zambia
36.1	32.4	28.9	26.5	24.9	23.5	22.0	20.3	18.7	17.4	Zimbabwe
42.1	39.9	37.7	35.5	33.4	31.4	29.3	27.4	25.7	24.2	**MIDDLE AFRICA**
46.2	43.8	41.6	39.4	37.1	34.7	32.4	30.2	28.2	26.4	Angola
37.5	35.0	32.7	30.7	28.9	27.2	25.6	24.0	22.6	21.4	Cameroon
34.3	32.4	30.1	27.6	25.4	23.7	22.1	20.7	19.4	18.2	Central African Republic
45.9	43.6	41.2	38.6	36.0	33.5	31.2	29.1	27.1	25.3	Chad
37.3	34.7	32.9	31.8	30.7	29.4	27.8	26.2	25.0	23.8	Congo
42.6	40.4	38.2	36.0	33.8	31.7	29.6	27.6	25.9	24.3	Democratic Republic of the Congo
35.5	33.6	31.1	28.7	26.7	25.0	23.5	22.0	20.6	19.2	Equatorial Guinea
30.8	28.4	26.4	24.6	23.1	21.8	20.6	19.5	18.4	17.3	Gabon
34.9	32.2	30.2	28.6	27.2	25.9	24.5	23.2	21.9	20.7	São Tomé and Príncipe
27.0	24.2	21.7	20.0	19.2	18.8	18.0	17.1	16.2	15.4	**NORTHERN AFRICA**
25.1	21.5	18.2	15.7	14.5	14.2	14.3	14.0	13.1	12.0	Algeria
28.5	25.1	22.3	20.6	20.3	20.1	19.1	17.7	16.5	15.7	Egypt
21.7	18.7	16.2	14.6	13.8	13.6	13.2	12.5	11.7	11.0	Libyan Arab Jamahiriya
21.3	19.1	17.1	15.4	14.3	13.6	13.1	12.6	12.0	11.3	Morocco
33.7	31.7	30.0	28.3	26.7	25.1	23.6	22.3	21.2	20.2	Sudan
18.4	17.0	15.0	13.2	12.1	11.9	12.0	12.0	11.5	10.8	Tunisia
19.1	17.2	15.4	14.0	13.1	12.5	12.0	11.6	11.2	10.8	Western Sahara
22.0	20.7	19.1	17.9	17.1	16.4	15.6	14.8	14.1	13.5	**SOUTHERN AFRICA**
25.6	23.2	20.8	18.8	17.5	16.6	15.8	15.0	14.1	13.3	Botswana
28.9	27.7	25.5	23.6	22.3	21.3	20.1	18.9	17.7	16.6	Lesotho
30.2	28.2	25.9	23.9	22.3	21.1	20.1	18.9	17.7	16.6	Namibia
21.0	19.8	18.3	17.2	16.4	15.8	15.0	14.3	13.6	13.0	South Africa
30.2	28.3	26.0	24.0	22.7	21.6	20.4	19.0	17.6	16.4	Swaziland
39.8	37.5	35.5	33.7	32.2	30.6	29.0	27.3	25.8	24.4	**WESTERN AFRICA**
36.6	34.6	32.6	30.7	28.8	27.0	25.4	23.9	22.6	21.4	Benin
40.8	38.4	36.3	34.4	32.5	30.6	28.6	26.8	25.2	23.8	Burkina Faso
21.8	20.2	18.1	16.1	14.6	13.6	12.8	12.0	11.3	10.7	Cabo Verde

表A. 21.　主要地域、地域および国別、粗出生率：推計および中位予測値（続）

推計値：1960-2015

主要地域、地域および国	粗出生率（人口千人あたり）									
	1960-1965	1965-1970	1970-1975	1975-1980	1980-1985	1985-1990	1990-1995	1995-2000	2000-2005	2005-2010
Côte d'Ivoire	54.3	53.5	51.9	49.9	46.4	43.9	42.3	41.5	40.0	38.4
Gambia	49.7	49.8	50.9	51.6	50.0	48.2	46.9	45.8	44.8	43.7
Ghana	47.3	47.3	45.9	44.0	42.3	40.1	37.7	35.1	34.4	33.5
Guinea	45.6	45.0	45.8	46.9	47.4	47.0	45.8	43.8	41.8	39.7
Guinea-Bissau	42.0	42.3	43.6	45.1	47.5	46.2	44.4	41.9	40.1	39.0
Liberia	49.2	49.0	49.2	49.0	48.5	46.7	44.1	43.5	41.6	38.6
Mali	50.1	50.3	50.4	49.9	49.4	48.7	48.8	48.4	48.4	47.1
Mauritania	48.4	46.8	45.4	43.9	42.2	41.2	40.1	38.8	37.6	36.0
Niger	57.7	55.8	55.9	55.5	54.6	55.0	55.0	54.0	52.4	50.8
Nigeria	46.1	45.7	46.8	47.1	46.2	44.8	43.6	43.1	42.8	41.7
Senegal	50.3	50.1	50.4	49.5	47.1	44.8	42.4	40.5	39.6	38.9
Sierra Leone	46.0	45.9	46.0	46.4	46.7	46.7	46.0	45.1	43.8	41.3
Togo	47.7	48.1	48.3	47.7	46.1	44.0	41.3	39.8	39.7	38.7
ASIA	39.9	39.0	35.0	30.1	29.0	28.8	24.8	21.2	19.5	18.7
EASTERN ASIA	37.0	37.0	30.6	21.8	20.5	23.4	18.1	13.1	11.8	11.8
China	39.7	39.9	32.2	22.6	21.4	25.2	19.0	13.3	12.1	12.2
China, Hong Kong SAR	34.6	22.1	20.4	17.3	15.4	13.1	12.0	8.0	8.4	8.9
China, Macao SAR	25.1	13.8	10.0	10.2	19.9	21.9	15.7	11.3	7.7	8.8
Dem. People's Republic of Korea	32.5	38.6	32.6	19.7	21.8	20.6	20.8	19.1	16.7	14.7
Japan	17.2	17.8	19.0	15.2	12.8	11.2	9.9	9.5	8.9	8.7
Mongolia	48.0	44.9	43.1	39.6	38.2	36.3	27.5	21.2	18.9	22.2
Republic of Korea	39.9	32.9	30.3	23.1	20.4	15.5	16.0	13.6	10.2	9.6
Other non-specified areas	36.1	29.8	25.0	23.1	20.8	17.3	16.0	14.7	11.8	10.2
SOUTH-CENTRAL ASIA	42.4	40.7	39.3	37.8	36.9	34.5	31.0	28.2	25.7	23.7
CENTRAL ASIA	36.6	31.6	30.7	30.2	32.0	32.8	28.6	23.2	21.1	23.3
Kazakhstan	33.9	26.2	24.9	23.9	25.0	25.6	20.7	16.3	16.7	21.7
Kyrgyzstan	38.2	32.1	29.7	27.8	31.7	32.4	29.1	24.4	20.8	24.0
Tajikistan	44.7	41.9	40.8	38.3	40.7	42.1	37.7	32.8	29.2	29.5
Turkmenistan	44.9	38.2	36.7	34.4	35.3	36.4	32.9	25.0	23.3	22.1
Uzbekistan	36.0	33.7	33.5	34.1	35.5	35.8	31.2	24.8	21.4	22.6
SOUTHERN ASIA	42.6	41.2	39.7	38.2	37.2	34.6	31.1	28.4	25.8	23.7
Afghanistan	51.5	51.7	51.4	50.8	50.3	49.6	48.6	49.1	46.8	42.3
Bangladesh	49.1	48.5	46.8	44.6	42.2	37.8	33.0	29.3	26.0	22.5
Bhutan	49.9	49.2	47.8	46.0	42.6	40.6	34.8	30.4	25.0	21.9
India	41.5	39.9	38.4	36.6	35.5	33.0	30.0	27.6	25.3	22.9
Iran (Islamic Republic of)	46.4	43.5	41.3	42.7	44.6	38.2	28.1	20.9	17.9	18.1
Maldives	54.7	52.4	48.2	44.8	48.4	45.2	35.9	26.0	21.1	20.9
Nepal	44.1	43.1	42.5	42.3	41.2	39.6	37.3	34.3	29.7	25.3
Pakistan	44.3	43.7	42.6	42.3	42.1	42.0	38.2	34.3	30.3	30.3
Sri Lanka	35.1	32.6	28.8	27.8	25.8	21.9	19.8	18.5	18.6	18.4
SOUTH-EASTERN ASIA	42.6	40.2	37.2	34.2	31.8	28.5	25.7	22.6	21.3	20.3
Brunei Darussalam	41.9	35.1	37.8	35.6	31.4	32.0	30.1	24.7	19.6	18.4
Cambodia	46.0	44.1	42.1	40.6	50.6	46.2	38.0	30.8	26.5	26.3
Indonesia	43.6	41.5	38.3	34.9	31.7	27.5	24.4	21.8	21.6	21.3
Lao People's Democratic Republic	42.9	42.8	43.1	42.6	42.8	43.1	41.6	34.9	29.8	29.0
Malaysia	39.5	34.2	31.4	29.4	29.5	28.7	27.5	25.3	19.7	17.0
Myanmar	42.8	40.8	38.7	36.8	34.5	29.1	25.5	24.4	24.0	21.2
Philippines	43.0	40.4	38.3	37.4	35.7	34.1	31.9	30.2	28.8	25.6
Singapore	33.6	25.2	22.1	16.9	17.0	17.8	17.6	14.3	11.3	10.1
Thailand	42.2	40.4	34.7	29.0	24.2	20.5	18.1	15.6	13.5	12.2
Timor-Leste	45.9	44.2	40.0	33.1	44.2	42.3	44.8	46.1	39.2	40.2
Viet Nam	40.6	37.4	35.6	32.9	31.4	29.8	26.7	19.3	16.9	17.3
WESTERN ASIA	42.7	40.6	39.4	37.7	35.9	32.9	30.0	27.5	25.2	24.1
Armenia	34.9	24.6	22.5	22.1	22.9	23.2	19.1	13.5	13.8	14.2
Azerbaijan	41.3	32.4	26.8	25.2	25.6	27.3	26.1	18.9	17.3	21.1
Bahrain	45.6	41.5	35.2	33.0	33.0	31.4	26.7	22.5	20.0	17.0
Cyprus	24.8	20.1	18.8	18.9	20.6	19.6	18.1	14.6	12.3	11.9
Georgia	24.6	19.4	19.4	18.8	18.4	18.0	15.5	12.7	11.9	13.9
Iraq	43.7	46.7	43.7	41.2	39.0	38.3	37.1	36.6	34.9	35.5
Israel	25.5	25.3	27.4	26.2	23.7	22.7	21.4	21.4	21.2	21.1
Jordan	53.5	52.1	48.9	42.7	39.7	35.3	34.0	32.3	30.2	28.7
Kuwait	43.7	48.9	48.1	40.7	36.3	25.3	19.9	24.5	21.3	23.2
Lebanon	37.2	33.7	31.4	30.4	28.8	25.9	23.3	20.6	16.3	12.7
Oman	49.1	48.6	48.0	50.1	48.2	42.9	33.4	26.9	22.4	21.4
Qatar	40.8	38.4	34.6	35.6	33.3	24.9	21.4	20.2	18.3	13.0

表A. 21. 主要地域、地域および国別、粗出生率：推計および中位予測値（続）

2015-2060：中位予測値

粗出生率（人口千人あたり）										主要地域、地域および国
2010-2015	2015-2020	2020-2025	2025-2030	2030-2035	2035-2040	2040-2045	2045-2050	2050-2055	2055-2060	
37.4	36.2	34.6	32.9	31.2	29.8	28.4	27.0	25.8	24.6	Côte d'Ivoire
42.8	40.4	38.2	36.1	34.0	31.9	29.8	27.6	25.6	23.8	Gambia
33.5	30.7	28.2	26.4	25.2	24.3	23.2	22.0	20.8	19.7	Ghana
37.6	35.2	33.0	31.0	29.1	27.3	25.6	24.1	22.7	21.4	Guinea
37.7	35.4	32.8	30.6	28.8	27.2	25.7	24.2	22.8	21.5	Guinea-Bissau
35.7	33.7	31.9	30.3	28.7	26.9	25.3	23.9	22.6	21.5	Liberia
44.4	41.4	39.1	37.0	34.9	32.6	30.3	28.1	26.1	24.4	Mali
34.0	32.0	30.4	28.9	27.5	26.2	24.9	23.7	22.5	21.5	Mauritania
49.8	48.6	47.0	45.0	43.0	40.8	38.6	36.3	33.9	31.7	Niger
40.3	37.9	35.8	34.1	32.6	31.0	29.2	27.5	25.9	24.5	Nigeria
38.9	35.7	33.1	31.1	29.7	28.5	27.1	25.7	24.2	22.9	Senegal
36.9	34.2	31.4	29.0	26.9	24.9	23.1	21.5	20.0	18.7	Sierra Leone
36.3	33.9	31.7	30.0	28.5	27.1	25.6	24.2	22.9	21.7	Togo
17.8	16.6	15.2	14.1	13.4	12.9	12.5	12.0	11.5	11.1	**ASIA**
12.0	11.1	9.7	8.9	8.7	8.8	8.8	8.7	8.5	8.3	**EASTERN ASIA**
12.4	11.4	9.8	9.0	8.8	8.9	8.9	8.8	8.5	8.2	China
10.1	9.8	9.1	8.3	7.6	7.1	7.6	8.5	9.0	8.9	China, Hong Kong SAR
11.2	11.7	11.2	10.2	9.2	8.9	9.4	10.0	10.4	10.4	China, Macao SAR
14.4	14.2	13.8	13.1	12.2	11.6	11.4	11.5	11.4	11.1	Dem. People's Republic of Korea
8.3	8.1	7.9	7.8	7.8	7.8	7.9	8.0	8.0	8.1	Japan
24.6	21.4	18.5	16.5	15.5	15.1	15.0	14.9	14.3	13.4	Mongolia
9.2	9.1	8.9	8.9	8.4	7.6	7.2	7.4	7.7	8.0	Republic of Korea
8.4	7.6	7.2	7.3	7.2	6.7	6.2	6.2	6.3	6.6	Other non-specified areas
21.6	20.1	18.4	17.0	15.8	14.8	14.0	13.3	12.6	11.9	**SOUTH-CENTRAL ASIA**
24.2	21.8	19.0	17.0	16.3	16.3	16.1	15.3	14.2	13.4	**CENTRAL ASIA**
22.5	19.9	17.4	15.7	15.3	15.7	16.0	15.6	14.7	13.6	Kazakhstan
27.1	24.0	20.9	18.8	18.2	18.2	17.8	16.9	15.7	14.7	Kyrgyzstan
31.0	28.7	25.3	22.3	21.0	20.9	20.7	19.4	17.8	16.5	Tajikistan
21.5	20.0	18.0	16.1	14.8	14.2	13.8	13.3	12.7	12.0	Turkmenistan
23.3	20.9	17.9	15.8	15.1	15.0	14.5	13.5	12.5	11.9	Uzbekistan
21.5	20.0	18.4	17.0	15.8	14.7	13.9	13.2	12.5	11.9	**SOUTHERN ASIA**
35.6	31.5	28.1	25.4	23.1	20.9	18.8	17.0	15.6	14.4	Afghanistan
20.4	18.6	16.9	15.2	13.8	12.7	11.8	11.2	10.6	10.1	Bangladesh
18.2	16.9	15.3	13.7	12.5	11.5	10.8	10.4	10.0	9.7	Bhutan
20.4	19.1	17.8	16.6	15.3	14.2	13.4	12.7	12.2	11.6	India
18.1	15.6	12.4	10.3	9.7	10.1	10.4	9.9	9.1	8.4	Iran (Islamic Republic of)
21.7	19.3	15.8	13.1	11.8	11.7	11.7	11.1	10.1	9.3	Maldives
21.0	19.8	18.3	16.4	14.4	13.0	12.1	11.4	10.6	9.9	Nepal
29.8	27.6	24.8	22.5	21.0	20.0	19.0	17.7	16.4	15.3	Pakistan
16.4	14.9	13.6	12.9	12.7	12.4	11.8	11.0	10.4	10.0	Sri Lanka
19.3	17.9	16.6	15.5	14.7	14.1	13.5	13.0	12.5	12.1	**SOUTH-EASTERN ASIA**
16.6	14.9	13.3	12.0	11.0	10.5	10.2	9.8	9.4	9.1	Brunei Darussalam
24.5	22.9	20.3	18.4	17.3	16.5	15.6	14.4	13.4	12.7	Cambodia
20.5	18.5	17.1	15.9	15.2	14.5	13.9	13.3	12.8	12.4	Indonesia
27.2	25.2	22.5	20.0	18.2	16.8	15.7	14.4	13.3	12.4	Lao People's Democratic Republic
16.9	16.6	15.8	14.6	13.3	12.2	11.5	11.2	11.1	10.8	Malaysia
18.2	17.1	16.3	15.7	14.9	14.0	13.1	12.4	12.1	11.9	Myanmar
24.0	22.7	21.4	20.2	19.1	18.0	17.1	16.3	15.5	14.8	Philippines
9.3	8.7	8.3	8.0	7.5	7.1	6.8	6.7	6.6	6.6	Singapore
11.2	9.9	9.0	8.6	8.3	8.1	7.9	7.7	7.6	7.6	Thailand
38.7	35.2	32.2	29.5	27.7	26.6	25.6	24.0	21.9	20.0	Timor-Leste
17.4	16.2	14.5	13.0	12.3	12.1	12.0	11.7	11.2	10.8	Viet Nam
22.8	21.1	19.6	18.4	17.5	16.9	16.2	15.5	14.8	14.2	**WESTERN ASIA**
13.3	12.6	10.8	9.4	8.9	9.3	9.6	9.4	8.8	8.3	Armenia
21.2	18.0	14.5	12.6	12.7	13.2	12.9	12.1	11.5	11.3	Azerbaijan
15.4	13.1	11.5	10.6	10.1	9.7	9.3	8.9	8.6	8.3	Bahrain
11.5	10.9	10.3	9.8	9.2	9.0	9.0	9.0	9.0	8.9	Cyprus
13.7	12.9	11.7	10.4	9.5	9.7	10.5	10.8	10.3	9.6	Georgia
35.1	33.2	31.1	29.6	28.4	27.3	26.1	24.9	23.7	22.6	Iraq
21.5	19.6	18.2	17.4	17.0	16.7	16.4	15.7	14.9	14.1	Israel
27.9	24.9	22.4	20.6	19.5	18.5	17.4	16.1	14.9	13.9	Jordan
20.7	18.4	15.6	13.5	12.5	12.3	12.3	12.2	11.6	11.0	Kuwait
15.0	15.4	15.1	13.6	11.6	10.1	9.5	9.6	9.8	9.7	Lebanon
20.8	17.5	14.7	12.1	10.7	10.8	11.3	11.3	10.6	9.6	Oman
12.1	11.5	10.6	9.6	8.9	8.5	8.4	8.4	8.3	8.1	Qatar

表A. 21. 主要地域、地域および国別、粗出生率：推計および中位予測値（続）

推計値：1960-2015

主要地域、地域および国	粗出生率（人口千人あたり）									
	1960-1965	1965-1970	1970-1975	1975-1980	1980-1985	1985-1990	1990-1995	1995-2000	2000-2005	2005-2010
Saudi Arabia	47.6	47.0	46.4	44.0	42.5	37.9	33.1	28.5	24.4	22.6
State of Palestine	52.1	51.4	48.7	47.2	44.9	45.1	45.7	40.8	35.9	34.0
Syrian Arab Republic	47.3	45.8	46.0	45.4	42.8	38.4	33.5	32.0	28.8	26.3
Turkey	44.1	40.9	39.7	36.7	33.4	28.0	24.5	22.8	20.5	18.7
United Arab Emirates	45.5	41.2	32.4	28.8	30.2	28.3	22.8	18.0	15.1	12.6
Yemen	50.7	53.0	53.4	55.1	54.7	53.4	49.8	41.6	37.9	35.9
EUROPE	19.1	16.8	15.6	14.7	14.3	13.6	11.5	10.3	10.1	10.8
EASTERN EUROPE	19.5	15.9	16.2	16.5	16.5	15.4	11.5	9.3	9.4	10.8
Belarus	22.4	17.4	15.8	15.6	16.6	15.3	12.1	9.4	9.2	10.7
Bulgaria	16.7	15.8	16.1	15.9	13.9	13.1	10.5	8.3	8.5	9.9
Czech Republic	14.5	14.3	17.4	17.8	13.6	12.7	11.6	8.7	9.1	10.8
Hungary	13.5	14.5	15.5	16.0	12.7	12.3	11.7	9.7	9.4	9.6
Poland	19.6	16.6	17.5	19.0	19.3	16.2	13.6	10.7	9.3	10.5
Republic of Moldova	25.6	20.3	19.8	20.3	21.6	21.1	15.7	13.0	10.2	11.0
Romania	16.5	21.5	20.0	19.2	16.2	15.8	11.3	10.3	10.0	10.3
Russian Federation	21.1	15.0	15.4	15.8	16.7	16.2	10.9	8.9	9.8	11.3
Slovakia	20.4	18.0	19.3	20.2	18.2	16.2	13.9	10.8	9.7	10.4
Ukraine	17.9	15.2	15.5	15.1	15.0	13.4	11.2	8.8	8.4	10.3
NORTHERN EUROPE	18.0	16.7	14.2	12.7	13.0	13.7	13.2	12.1	11.4	12.4
Channel Islands	17.0	16.0	13.5	11.8	11.6	12.1	12.3	11.3	10.7	10.0
Denmark	17.3	16.1	14.4	12.3	10.4	11.3	12.8	12.6	12.0	11.8
Estonia	15.5	15.1	15.7	15.1	15.3	15.6	11.2	9.1	9.7	11.5
Finland	18.2	15.9	12.9	13.5	13.3	12.6	12.9	11.5	11.0	11.2
Iceland	25.9	22.1	21.0	19.1	18.0	17.2	17.2	15.5	14.4	15.0
Ireland	22.2	21.1	23.7	22.0	19.5	15.6	13.7	14.4	15.4	16.1
Latvia	15.1	13.6	14.5	13.7	15.0	15.5	11.4	8.0	8.9	10.3
Lithuania	20.3	17.8	16.8	15.5	15.6	15.8	13.5	10.6	9.0	9.7
Norway	17.4	17.0	15.2	12.9	12.3	13.3	13.9	13.4	12.4	12.6
Sweden	14.9	14.8	13.5	11.7	11.3	13.0	13.6	10.4	10.8	11.9
United Kingdom	18.3	16.9	13.5	12.0	12.8	13.7	13.3	12.5	11.4	12.6
SOUTHERN EUROPE	20.4	19.2	17.9	15.9	13.4	11.7	10.7	10.1	10.0	10.1
Albania	39.3	33.7	30.4	27.7	26.4	25.9	23.1	18.7	14.4	11.3
Bosnia and Herzegovina	30.3	25.2	22.4	18.5	18.6	16.4	13.1	11.9	8.7	9.3
Croatia	17.1	14.9	15.0	14.5	14.1	12.5	10.5	10.8	9.4	10.1
Greece	18.2	17.5	15.7	15.8	13.5	10.8	10.0	9.6	9.5	10.4
Italy	18.6	17.8	16.2	13.2	10.9	10.0	9.7	9.2	9.4	9.5
Malta	21.4	15.5	16.7	18.9	17.1	16.8	14.9	12.9	9.8	9.0
Montenegro	27.9	22.9	20.6	18.7	18.6	17.2	15.8	14.1	13.5	13.1
Portugal	23.8	22.2	19.7	18.0	14.6	12.0	11.1	11.0	10.8	9.7
Serbia	19.5	18.7	18.8	18.7	17.4	16.0	13.9	13.4	11.9	10.6
Slovenia	17.8	17.0	16.8	16.8	15.0	12.7	10.0	9.2	8.8	9.8
Spain	21.2	20.0	19.4	17.5	13.4	10.9	9.9	9.4	10.2	10.6
TFYR Macedonia	28.4	27.0	23.4	21.6	20.7	18.7	16.9	14.2	12.6	11.1
WESTERN EUROPE	18.1	16.7	13.5	11.8	12.1	12.0	11.3	11.0	10.6	10.3
Austria	18.6	17.2	13.7	11.5	11.8	11.2	11.6	10.4	9.6	9.3
Belgium	17.2	15.3	13.6	12.3	12.1	11.9	11.9	11.2	11.2	11.8
France	18.1	17.0	16.0	13.8	14.1	13.6	12.7	12.5	12.7	12.7
Germany	17.6	16.0	11.4	10.3	10.7	10.9	9.9	9.6	8.7	8.3
Luxembourg	16.4	14.5	11.8	11.0	11.5	11.8	13.1	13.1	11.8	11.4
Netherlands	21.1	19.2	15.3	12.6	12.2	12.7	12.8	12.5	12.3	11.2
Switzerland	18.9	17.6	14.3	11.7	11.6	11.9	12.0	11.3	10.1	10.1
LATIN AMERICA AND THE CARIBBEAN	41.0	37.9	35.4	33.2	30.9	28.0	25.3	23.4	21.4	19.1
CARIBBEAN	39.4	35.3	31.4	27.4	27.2	26.0	23.7	21.7	20.1	18.9
Antigua and Barbuda	32.1	31.2	26.9	19.4	19.2	18.8	19.0	20.4	19.5	17.6
Aruba	32.9	26.3	22.9	22.5	22.3	20.8	18.1	15.3	13.2	11.5
Bahamas	33.6	26.3	27.1	24.9	27.1	24.1	23.6	20.1	15.7	15.8
Barbados	29.1	23.5	20.5	18.0	17.6	16.5	15.5	14.4	13.3	12.7
Cuba	35.4	31.5	26.5	17.4	16.5	17.7	15.4	13.9	12.4	11.3
Curaçao	30.5	27.4	22.2	20.7	20.3	20.6	18.6	15.2	13.4	12.3
Dominican Republic	49.6	44.3	39.4	35.5	33.4	30.9	28.7	25.9	24.6	23.0
Grenada	41.0	28.9	29.1	29.8	32.5	31.6	24.8	20.7	18.8	19.3
Guadeloupe	35.7	32.8	28.2	23.8	19.6	20.2	17.7	17.2	15.9	15.1
Haiti	43.6	40.7	38.2	40.0	42.8	39.1	35.5	32.7	29.7	27.8
Jamaica	41.5	38.7	32.7	29.2	28.9	26.6	24.7	23.0	20.1	18.7
Martinique	35.3	32.0	25.9	18.4	17.1	18.0	16.5	15.4	14.3	13.5

表A. 21. 主要地域、地域および国別、粗出生率：推計および中位予測値（続）

2015-2060：中位予測値

粗出生率（人口千人あたり）										主要地域、地域および国
2010-2015	2015-2020	2020-2025	2025-2030	2030-2035	2035-2040	2040-2045	2045-2050	2050-2055	2055-2060	
20.8	18.5	16.7	15.4	14.6	14.0	13.3	12.5	11.7	11.1	Saudi Arabia
33.1	31.4	29.2	26.9	25.0	23.5	22.2	20.9	19.7	18.5	State of Palestine
24.1	21.2	20.7	19.3	17.8	16.6	15.6	14.7	13.7	12.8	Syrian Arab Republic
17.3	15.7	14.6	13.6	12.8	12.1	11.5	11.0	10.5	10.1	Turkey
11.2	10.0	8.9	8.3	8.4	8.5	8.3	8.0	7.9	7.9	United Arab Emirates
33.2	30.6	27.6	25.0	22.8	20.8	19.1	17.5	16.0	14.6	Yemen
10.8	10.5	10.0	9.6	9.4	9.6	9.9	10.1	10.0	9.8	**EUROPE**
11.5	11.2	10.3	9.4	9.2	9.8	10.5	10.8	10.6	10.2	**EASTERN EUROPE**
11.7	11.6	10.7	9.7	9.5	10.1	11.1	11.4	11.1	10.6	Belarus
9.4	9.5	9.1	8.6	8.5	9.0	9.4	9.6	9.5	9.4	Bulgaria
10.2	10.0	9.4	8.8	8.5	9.1	9.6	9.7	9.6	9.3	Czech Republic
9.3	9.4	9.1	8.8	8.6	8.7	8.8	9.0	9.0	9.0	Hungary
10.4	9.5	8.6	7.8	7.5	7.7	8.0	8.1	7.9	7.6	Poland
10.9	10.1	9.0	8.3	7.8	7.9	8.1	8.2	8.1	7.9	Republic of Moldova
9.4	9.0	8.7	8.5	8.8	9.1	9.1	8.9	8.7	8.8	Romania
12.7	12.3	11.3	10.2	10.0	10.7	11.7	12.1	11.8	11.2	Russian Federation
10.5	10.4	9.8	9.0	8.4	8.5	8.9	9.2	9.2	9.0	Slovakia
10.8	10.7	10.0	9.2	8.9	9.5	10.3	10.7	10.5	10.1	Ukraine
12.3	12.1	11.8	11.2	10.9	11.0	11.2	11.2	11.0	10.8	**NORTHERN EUROPE**
9.6	9.3	9.2	9.1	9.0	8.9	8.8	8.8	8.9	9.0	Channel Islands
10.4	10.7	11.3	11.5	11.3	10.9	10.6	10.6	10.7	10.9	Denmark
10.7	10.8	10.2	9.4	9.1	9.6	10.2	10.3	10.1	9.7	Estonia
10.7	10.7	10.5	10.2	10.0	10.0	10.1	10.2	10.1	10.0	Finland
13.6	12.9	12.3	11.7	11.1	10.8	10.7	10.5	10.2	9.9	Iceland
15.4	13.3	11.8	11.3	11.7	12.3	12.3	11.7	11.0	10.7	Ireland
10.0	10.1	9.9	9.2	9.0	9.4	9.9	10.1	10.1	10.0	Latvia
10.2	10.4	10.8	10.3	9.6	9.5	10.1	10.7	10.9	10.7	Lithuania
11.7	11.9	11.9	11.5	11.1	11.0	11.0	11.0	11.0	10.9	Norway
12.0	12.2	12.0	11.4	11.1	11.3	11.6	11.8	11.7	11.4	Sweden
12.6	12.4	12.0	11.4	11.0	11.1	11.2	11.2	11.0	10.8	United Kingdom
9.1	8.6	8.2	8.1	8.1	8.3	8.4	8.3	8.2	8.2	**SOUTHERN EUROPE**
13.1	13.8	13.2	11.7	10.1	9.4	9.4	9.8	9.8	9.3	Albania
9.1	8.4	7.7	7.3	7.0	7.0	7.2	7.4	7.3	7.2	Bosnia and Herzegovina
9.8	9.2	8.7	8.5	8.5	8.5	8.6	8.5	8.4	8.4	Croatia
8.9	8.0	7.4	7.4	7.5	7.8	8.0	7.9	7.6	7.5	Greece
8.6	8.3	8.1	8.1	8.3	8.4	8.4	8.4	8.4	8.5	Italy
8.9	9.0	9.5	10.1	9.8	8.9	8.3	8.2	8.6	9.0	Malta
11.9	11.1	10.6	10.4	10.2	9.9	9.7	9.5	9.3	9.3	Montenegro
8.5	7.6	7.1	7.2	7.4	7.6	7.5	7.3	7.2	7.3	Portugal
10.2	10.2	10.2	10.0	9.8	9.6	9.4	9.3	9.4	9.5	Serbia
10.5	10.1	9.3	8.6	8.5	8.9	9.5	9.8	9.6	9.3	Slovenia
9.3	8.6	7.9	7.6	7.7	8.1	8.3	8.3	8.1	8.0	Spain
11.3	11.2	10.8	10.2	9.7	9.3	9.2	9.4	9.4	9.4	TFYR Macedonia
10.2	10.2	10.1	9.9	9.8	9.6	9.6	9.7	9.8	9.8	**WESTERN EUROPE**
9.5	9.7	9.7	9.5	9.0	8.7	8.8	9.0	9.2	9.3	Austria
11.6	11.4	11.0	10.6	10.4	10.5	10.7	10.7	10.6	10.5	Belgium
12.4	11.9	11.6	11.5	11.5	11.5	11.3	11.1	11.0	10.9	France
8.3	8.7	8.7	8.4	8.1	7.9	7.9	8.1	8.4	8.5	Germany
11.3	11.6	11.4	11.2	11.0	10.8	10.7	10.8	10.9	10.9	Luxembourg
10.6	10.5	10.6	10.6	10.4	10.1	9.9	9.9	10.1	10.2	Netherlands
10.2	10.5	10.4	10.1	9.7	9.5	9.6	9.9	10.1	10.1	Switzerland
17.8	16.5	15.2	14.1	13.2	12.4	11.8	11.3	10.8	10.4	**LATIN AMERICA AND THE CARIBBEAN**
17.7	16.6	15.5	14.5	13.7	13.0	12.4	11.9	11.4	11.0	**CARIBBEAN**
16.5	16.0	15.3	14.4	13.4	12.6	12.1	11.8	11.5	11.2	Antigua and Barbuda
10.3	10.0	10.5	11.0	10.8	10.1	9.4	9.2	9.5	9.9	Aruba
15.4	14.6	13.7	12.7	11.8	11.2	11.0	11.0	10.9	10.5	Bahamas
12.2	11.8	11.4	11.2	11.0	10.9	10.8	10.8	10.7	10.7	Barbados
10.5	9.7	9.1	8.7	8.4	8.2	8.0	7.9	7.9	7.9	Cuba
13.3	13.2	12.8	12.2	11.6	11.4	11.4	11.4	11.3	11.0	Curaçao
21.4	19.6	18.1	16.8	15.6	14.6	13.6	12.8	12.1	11.5	Dominican Republic
19.4	18.3	16.0	13.9	12.7	12.4	12.2	11.6	10.6	9.7	Grenada
13.7	12.3	11.5	11.4	11.6	11.6	11.1	10.3	9.8	9.7	Guadeloupe
25.5	23.7	21.9	20.2	18.7	17.5	16.4	15.4	14.5	13.7	Haiti
17.6	16.8	15.1	13.4	11.9	11.2	10.9	10.6	10.2	9.6	Jamaica
11.7	10.6	10.6	10.6	10.3	9.8	9.4	9.3	9.5	9.8	Martinique

表A. 21. 主要地域、地域および国別、粗出生率：推計および中位予測値（続）

推計値：1960-2015

主要地域、地域および国	粗出生率（人口千人あたり）									
	1960-1965	1965-1970	1970-1975	1975-1980	1980-1985	1985-1990	1990-1995	1995-2000	2000-2005	2005-2010
Puerto Rico	32.3	26.7	25.0	23.7	20.5	18.6	17.5	15.4	13.8	12.7
Saint Lucia	45.9	41.2	37.1	37.4	33.3	30.2	26.1	21.7	18.0	17.2
Saint Vincent and the Grenadines	46.3	42.3	38.3	32.8	29.2	25.8	24.0	21.4	18.6	17.7
Trinidad and Tobago	35.9	27.9	26.9	27.5	28.9	23.6	18.1	15.1	14.9	15.3
United States Virgin Islands	41.7	46.8	38.7	28.3	24.4	23.9	21.2	15.6	14.4	15.9
CENTRAL AMERICA	45.0	43.7	43.3	38.1	33.9	31.3	29.1	26.8	24.1	21.8
Belize	43.7	42.2	42.0	42.4	39.9	37.2	34.4	31.2	28.5	24.5
Costa Rica	43.1	36.6	29.9	29.6	29.5	28.0	24.9	21.5	17.9	16.6
El Salvador	46.7	44.0	41.7	39.2	35.4	32.2	29.6	26.3	22.0	19.2
Guatemala	46.0	44.8	44.3	44.0	42.9	39.2	37.8	36.0	33.2	29.7
Honduras	49.5	48.4	45.9	44.5	42.3	39.5	37.1	33.7	29.2	25.2
Mexico	44.6	43.6	43.7	37.2	32.3	29.8	27.6	25.5	23.0	20.9
Nicaragua	48.5	46.2	46.2	45.2	42.9	38.3	33.3	28.8	25.3	23.3
Panama	40.9	38.8	36.2	32.5	29.5	27.3	25.2	24.3	22.1	21.0
SOUTH AMERICA	39.8	36.2	33.0	32.1	30.1	27.0	24.1	22.3	20.5	18.0
Argentina	23.2	22.5	23.4	25.7	23.1	22.2	21.3	19.7	19.2	18.5
Bolivia	43.9	42.8	41.8	41.2	39.2	36.6	34.3	32.2	29.5	26.8
Brazil	42.3	37.2	33.9	32.9	30.9	26.4	22.7	21.6	19.8	16.4
Chile	35.0	32.1	27.1	23.8	22.7	22.7	20.4	17.8	15.9	14.5
Colombia	44.2	41.1	34.2	32.5	30.7	27.7	25.1	21.9	20.1	18.0
Ecuador	43.6	42.2	39.6	36.2	33.5	31.4	28.7	26.3	23.8	22.5
French Guiana	31.6	32.4	30.4	25.8	28.9	30.1	31.6	29.5	28.2	28.2
Guyana	37.0	35.2	35.6	34.9	34.4	33.4	31.6	27.6	23.7	19.8
Paraguay	41.2	39.4	35.6	36.1	36.7	35.0	32.0	29.3	25.1	23.3
Peru	46.7	44.3	40.4	38.3	34.0	31.6	28.7	25.4	23.0	21.4
Suriname	44.6	39.4	34.6	29.7	29.4	28.7	26.3	23.3	21.3	19.9
Uruguay	21.9	20.5	21.1	20.2	18.3	18.2	18.2	16.9	15.9	15.1
Venezuela (Bolivarian Republic of)	46.2	40.6	34.8	33.5	31.8	30.5	27.4	24.7	22.9	21.4
NORTHERN AMERICA	22.4	18.0	15.6	14.8	15.3	15.6	15.4	14.1	13.8	13.6
Canada	24.8	18.5	15.6	15.0	14.6	14.1	13.7	11.6	10.6	11.1
United States of America	22.2	18.0	15.6	14.8	15.4	15.7	15.6	14.4	14.1	13.9
OCEANIA	26.2	24.5	24.1	21.0	20.4	19.8	19.6	18.7	17.8	18.1
AUSTRALIA/NEW ZEALAND	22.2	20.4	19.5	16.0	15.6	15.3	15.0	13.8	13.0	14.0
Australia	21.4	19.9	19.1	15.8	15.5	15.1	14.7	13.5	12.8	13.8
New Zealand	25.8	22.7	21.0	17.0	15.9	16.6	16.6	14.9	14.2	14.9
MELANESIA	41.8	41.1	43.2	39.9	37.2	34.6	34.2	33.9	32.1	30.2
Fiji	42.3	35.8	33.0	33.7	33.1	29.8	28.1	25.6	24.0	22.4
New Caledonia	34.1	35.5	37.0	29.3	25.7	23.6	23.6	20.8	18.3	17.2
Papua New Guinea	41.8	42.3	45.4	41.1	38.0	35.4	35.2	35.6	33.6	31.5
Solomon Islands	41.1	42.4	47.9	46.0	42.4	41.0	38.8	36.3	35.1	34.0
Vanuatu	47.5	43.6	40.9	39.8	38.4	36.7	35.5	33.8	30.9	28.2
MICRONESIA	41.6	37.8	35.7	35.0	34.2	32.3	29.9	27.5	24.7	22.4
Guam	38.6	32.6	31.5	29.9	27.2	27.1	24.0	23.0	20.7	18.3
Kiribati	45.5	38.3	32.4	35.3	36.8	37.3	35.5	31.8	29.8	29.5
Micronesia (Fed. States of)	42.7	42.0	39.9	38.2	39.3	35.5	32.8	31.4	28.1	24.5
POLYNESIA	44.5	40.4	36.1	34.3	33.5	32.3	29.6	26.7	24.5	23.1
French Polynesia	38.9	36.1	34.3	31.8	30.4	30.2	25.8	21.3	19.1	17.5
Samoa	47.3	43.1	39.7	37.7	36.2	34.3	32.2	31.6	29.6	29.2
Tonga	45.8	40.3	33.1	33.8	34.9	31.4	30.9	28.3	28.6	28.2

表A. 21. 主要地域、地域および国別、粗出生率：推計および中位予測値（続）

2015-2060：中位予測値

主要地域、地域および国	2010-2015	2015-2020	2020-2025	2025-2030	2030-2035	2035-2040	2040-2045	2045-2050	2050-2055	2055-2060
	粗出生率（人口千人あたり）									
Puerto Rico	12.1	11.4	10.7	10.1	9.6	9.1	8.9	8.7	8.5	8.3
Saint Lucia	15.5	14.4	13.4	12.4	11.5	10.8	10.3	10.0	9.7	9.4
Saint Vincent and the Grenadines	16.4	15.1	13.9	12.9	12.1	11.5	11.0	10.5	10.1	9.7
Trinidad and Tobago	14.7	13.1	11.6	10.8	10.8	10.9	10.9	10.6	10.2	9.9
United States Virgin Islands	14.1	12.8	12.1	11.7	11.4	11.0	10.6	10.2	9.9	9.7
CENTRAL AMERICA	20.1	18.5	17.0	15.5	14.3	13.3	12.5	11.8	11.2	10.7
Belize	23.3	22.2	20.8	19.1	17.4	16.0	15.1	14.4	13.7	13.0
Costa Rica	15.1	14.0	12.8	11.8	11.1	10.5	10.0	9.7	9.4	9.2
El Salvador	17.5	16.9	15.7	14.3	13.0	11.9	11.2	10.7	10.2	9.7
Guatemala	27.7	25.8	24.0	22.2	20.5	19.1	17.8	16.7	15.6	14.7
Honduras	21.7	20.3	18.8	17.1	15.4	14.0	13.0	12.2	11.5	10.9
Mexico	19.3	17.7	16.1	14.7	13.5	12.5	11.7	11.1	10.5	10.1
Nicaragua	21.0	18.9	17.0	15.4	14.1	13.0	12.1	11.3	10.7	10.1
Panama	19.8	18.4	17.1	16.0	15.0	14.2	13.4	12.7	12.1	11.7
SOUTH AMERICA	16.8	15.6	14.5	13.5	12.7	12.0	11.4	11.0	10.6	10.2
Argentina	17.8	16.9	15.9	15.1	14.4	13.8	13.3	12.7	12.2	11.8
Bolivia	24.4	23.0	21.5	20.0	18.7	17.4	16.3	15.4	14.5	13.8
Brazil	15.1	14.0	12.9	12.0	11.2	10.6	10.1	9.7	9.5	9.3
Chile	13.5	12.7	11.9	11.2	10.5	10.0	9.7	9.4	9.2	9.1
Colombia	16.2	14.8	13.5	12.5	11.7	11.1	10.6	10.2	9.8	9.6
Ecuador	21.2	19.7	18.2	16.9	15.7	14.7	13.8	13.1	12.3	11.7
French Guiana	26.1	23.7	22.4	21.6	20.8	19.9	18.8	17.8	16.9	16.2
Guyana	18.8	19.9	19.8	18.3	16.6	15.3	14.6	14.2	13.7	13.1
Paraguay	21.7	20.7	19.4	17.9	16.5	15.4	14.5	13.8	13.1	12.5
Peru	20.4	18.7	17.1	15.7	14.6	13.8	13.0	12.3	11.6	11.0
Suriname	18.6	17.4	16.3	15.3	14.5	13.7	13.0	12.5	12.0	11.6
Uruguay	14.4	13.9	13.4	12.8	12.2	11.7	11.3	11.0	10.7	10.5
Venezuela (Bolivarian Republic of)	20.0	18.5	17.1	15.9	14.9	14.0	13.2	12.6	12.0	11.5
NORTHERN AMERICA	12.4	12.4	12.3	12.0	11.7	11.5	11.4	11.4	11.5	11.4
Canada	10.9	10.5	10.2	9.8	9.4	9.3	9.5	9.7	9.8	9.7
United States of America	12.6	12.6	12.5	12.2	11.9	11.8	11.7	11.6	11.7	11.6
OCEANIA	17.3	16.5	15.7	15.0	14.4	14.1	13.8	13.6	13.3	12.9
AUSTRALIA/NEW ZEALAND	13.5	13.0	12.4	11.7	11.2	11.1	11.2	11.2	11.1	10.9
Australia	13.5	13.0	12.3	11.6	11.2	11.1	11.2	11.3	11.2	10.9
New Zealand	13.7	12.9	12.5	12.1	11.7	11.4	11.2	10.9	10.7	10.5
MELANESIA	28.0	26.3	24.9	23.8	22.6	21.4	20.3	19.3	18.4	17.6
Fiji	20.7	18.8	17.3	16.4	15.8	15.1	14.4	13.7	13.0	12.4
New Caledonia	15.7	14.9	14.2	13.5	12.9	12.3	11.8	11.5	11.3	11.1
Papua New Guinea	29.1	27.4	26.0	24.8	23.5	22.2	21.0	19.9	19.0	18.1
Solomon Islands	30.9	27.9	26.1	24.9	23.9	22.6	21.3	20.0	18.8	17.9
Vanuatu	26.9	25.3	23.7	22.3	21.1	20.1	19.0	18.0	17.1	16.2
MICRONESIA	21.0	19.8	18.9	18.1	17.4	16.6	15.8	15.0	14.4	13.9
Guam	17.5	16.9	16.2	15.2	14.2	13.3	12.6	12.1	11.7	11.3
Kiribati	29.2	27.6	25.6	23.5	22.0	21.6	21.6	20.9	19.8	18.5
Micronesia (Fed. States of)	23.6	23.7	23.6	22.5	20.4	18.0	16.5	15.9	15.6	15.1
POLYNESIA	21.3	19.8	18.9	18.1	17.4	16.6	15.7	14.9	14.2	13.7
French Polynesia	16.5	15.5	14.2	12.9	11.8	11.1	10.8	10.7	10.5	10.1
Samoa	26.4	24.1	23.1	22.9	22.9	22.2	20.7	18.9	17.5	16.8
Tonga	25.7	23.3	22.7	22.9	22.7	21.7	20.0	18.4	17.3	17.0

表A. 22. 主要地域、地域および国別、粗出生率：推計および高位予測値、1960-2060年

推計値：1960-2015

主要地域、地域および国	粗出生率（人口千人あたり）									
	1960-1965	1965-1970	1970-1975	1975-1980	1980-1985	1985-1990	1990-1995	1995-2000	2000-2005	2005-2010
WORLD	35.4	34.1	31.6	28.6	27.8	27.5	24.5	21.9	20.8	20.2
More developed regions	19.7	17.3	16.0	14.8	14.4	13.9	12.4	11.2	11.0	11.4
Less developed regions	42.0	40.7	37.2	33.2	32.0	31.4	27.7	24.6	23.1	22.2
Least developed countries	47.9	47.5	46.8	46.2	45.4	43.6	41.4	39.6	37.6	35.5
Less developed regions, excluding least developed countries	41.3	39.8	35.9	31.4	30.2	29.7	25.7	22.3	20.8	19.9
Less developed regions, excluding China	43.1	41.2	39.5	37.7	36.4	33.9	31.1	28.7	26.9	25.5
High-income countries	21.3	18.7	17.3	16.0	15.6	14.9	13.7	12.5	12.1	12.2
Middle-income countries	40.9	39.7	36.0	31.8	30.6	30.1	26.1	22.8	21.3	20.5
Upper-middle-income countries	40.0	39.1	33.4	26.5	25.1	26.4	21.2	16.8	15.5	15.1
Lower-middle-income countries	41.9	40.3	38.9	37.4	36.3	33.9	30.9	28.4	26.6	25.1
Low-income countries	47.0	47.1	46.5	45.7	45.9	45.1	43.9	42.6	40.8	38.9
Sub-Saharan Africa	47.4	47.0	47.1	46.9	46.2	45.0	43.4	42.2	41.2	39.7
AFRICA	47.4	46.4	45.9	45.6	44.6	42.9	40.5	38.8	37.8	36.9
EASTERN AFRICA	49.0	48.6	48.6	48.4	47.7	46.6	44.6	43.2	41.5	39.6
Burundi	48.2	47.8	47.4	49.9	51.2	51.4	47.7	43.6	42.5	44.3
Comoros	48.0	46.7	45.9	46.7	46.9	44.5	40.7	38.4	37.1	36.0
Djibouti	44.2	44.9	44.8	42.0	39.7	40.1	38.9	32.9	30.0	27.6
Eritrea	47.8	47.6	46.9	46.5	46.4	44.8	40.8	36.8	37.2	37.9
Ethiopia	48.0	47.6	48.6	48.5	49.3	48.3	46.7	45.5	41.3	36.4
Kenya	51.0	50.6	50.8	49.9	48.4	45.1	39.5	38.1	38.7	37.9
Madagascar	48.4	48.1	48.5	47.4	42.5	45.2	44.8	42.9	39.2	36.3
Malawi	52.6	53.7	53.6	53.4	52.4	51.5	47.5	45.5	43.6	42.5
Mauritius	43.8	33.2	26.8	26.5	20.3	21.0	20.4	17.9	16.0	13.3
Mayotte	44.9	46.6	47.8	49.4	47.1	44.4	36.1	36.1	36.5	36.4
Mozambique	48.6	48.0	47.3	47.9	47.3	45.2	46.0	45.4	44.0	42.0
Réunion	43.0	36.5	26.8	23.5	23.4	24.2	22.0	20.3	19.7	17.9
Rwanda	50.7	49.3	51.1	53.4	53.1	50.9	44.9	42.2	39.3	37.6
Seychelles	38.5	36.4	33.3	29.3	26.7	24.3	22.1	19.0	19.2	19.4
Somalia	47.4	47.0	46.0	45.6	46.1	47.5	49.2	49.7	47.4	46.2
South Sudan	51.4	51.4	50.1	48.8	47.5	47.9	46.6	44.6	41.5	39.4
Uganda	49.3	49.0	48.7	48.9	49.3	49.6	49.8	48.8	47.8	46.1
United Republic of Tanzania	49.1	48.7	47.9	47.3	46.0	44.9	43.2	42.0	42.0	42.0
Zambia	49.7	50.3	49.7	49.1	47.1	47.1	45.5	44.4	43.9	43.1
Zimbabwe	48.2	47.5	47.6	47.6	44.9	39.5	35.4	33.1	33.4	35.6
MIDDLE AFRICA	46.8	46.9	46.9	47.1	47.6	47.7	47.2	46.6	45.8	44.2
Angola	53.8	53.0	53.0	53.5	53.2	52.9	52.4	51.6	50.3	48.7
Cameroon	43.7	44.8	45.2	45.3	46.4	45.6	43.6	41.6	40.9	39.6
Central African Republic	43.8	43.5	42.7	42.2	42.4	41.9	40.2	39.9	38.4	35.6
Chad	45.6	45.9	48.1	49.4	50.0	50.6	51.3	51.2	50.2	48.5
Congo	42.8	43.1	43.5	43.1	40.9	38.9	37.9	38.7	38.9	38.5
Democratic Republic of the Congo	46.8	46.8	46.4	46.3	47.0	47.6	47.7	47.4	46.6	44.8
Equatorial Guinea	40.1	40.7	36.8	32.9	41.6	47.2	44.7	40.9	38.1	36.9
Gabon	34.3	36.7	37.2	37.8	38.3	37.7	36.3	34.3	32.3	31.5
São Tomé and Príncipe	46.9	42.4	40.4	40.9	40.5	39.9	39.4	39.3	38.4	36.5
NORTHERN AFRICA	47.0	44.5	42.0	40.9	39.2	35.6	30.4	26.3	25.1	25.5
Algeria	49.5	47.5	46.6	45.0	40.8	35.2	28.8	21.6	19.2	23.1
Egypt	44.9	41.8	38.9	39.0	39.0	36.6	29.8	25.5	25.2	25.2
Libyan Arab Jamahiriya	50.1	51.6	49.3	43.7	37.0	32.4	25.4	22.4	21.9	22.9
Morocco	50.0	45.4	40.9	38.6	36.7	31.4	27.5	23.2	20.6	20.8
Sudan	46.6	46.9	46.9	46.1	44.2	42.1	41.6	40.3	38.9	36.1
Tunisia	45.2	43.2	39.1	36.5	33.1	29.0	22.9	18.7	16.6	17.0
Western Sahara	52.0	50.0	44.4	44.1	39.9	34.8	31.3	25.9	24.1	21.5
SOUTHERN AFRICA	41.4	38.9	38.5	36.8	34.9	32.1	28.4	25.9	24.6	22.9
Botswana	46.6	46.1	45.5	45.0	42.5	37.3	32.1	28.9	26.4	25.3
Lesotho	42.3	42.5	42.7	41.9	39.8	36.7	34.1	33.1	29.8	28.4
Namibia	42.3	42.4	44.2	43.8	41.2	39.1	36.8	33.1	30.4	29.5
South Africa	41.0	38.2	37.7	35.8	33.9	31.1	27.5	24.9	23.9	22.1
Swaziland	47.9	48.9	49.3	48.4	47.7	46.1	39.9	34.1	31.8	31.4
WESTERN AFRICA	47.5	47.2	47.7	47.7	46.7	45.3	44.0	43.1	42.4	41.2
Benin	45.3	46.5	46.9	47.2	47.2	46.8	45.6	43.6	41.7	39.1
Burkina Faso	47.2	47.5	47.5	48.8	49.0	47.8	47.1	46.7	45.6	43.7
Cabo Verde	47.0	43.2	40.6	40.6	42.1	42.2	37.2	31.4	25.5	22.8

表A. 22. 主要地域、地域および国別、粗出生率：推計および高位予測値（続）

2015-2060:高位予測値

粗出生率（人口千人あたり）										主要地域、地域および国
2010-2015	2015-2020	2020-2025	2025-2030	2030-2035	2035-2040	2040-2045	2045-2050	2050-2055	2055-2060	
19.6	20.4	20.1	19.5	18.7	18.3	18.3	18.3	18.1	17.7	**WORLD**
11.1	12.4	12.8	12.7	12.3	12.4	12.8	13.4	13.8	14.0	More developed regions
21.4	22.0	21.5	20.8	19.8	19.3	19.1	19.0	18.7	18.3	Less developed regions
33.3	33.4	32.5	31.3	29.5	28.1	27.1	26.2	25.2	24.3	Least developed countries
19.2	19.8	19.2	18.5	17.5	17.1	17.0	17.0	16.8	16.4	Less developed regions, excluding least developed countries
24.2	24.6	24.0	23.2	21.9	21.2	20.8	20.5	20.0	19.4	Less developed regions, excluding China
11.8	13.1	13.4	13.3	12.8	12.7	13.0	13.4	13.8	14.0	High-income countries
19.7	20.3	19.7	19.0	18.0	17.6	17.5	17.5	17.2	16.8	Middle-income countries
15.0	15.7	14.9	14.2	13.6	13.6	13.8	14.0	14.0	13.9	Upper-middle-income countries
23.6	24.0	23.4	22.5	21.2	20.3	20.0	19.7	19.2	18.6	Lower-middle-income countries
36.6	36.4	35.2	33.8	31.8	30.2	28.9	27.8	26.6	25.4	Low-income countries
37.9	37.5	36.3	34.9	33.0	31.5	30.1	28.9	27.7	26.4	**Sub-Saharan Africa**
35.8	35.4	34.2	32.9	31.2	29.9	28.8	27.7	26.6	25.4	**AFRICA**
37.3	36.8	35.4	33.9	31.8	30.2	28.9	27.7	26.5	25.3	**EASTERN AFRICA**
44.2	43.9	40.6	37.7	36.0	35.2	34.3	32.7	30.7	29.0	Burundi
34.6	33.9	32.3	30.7	28.9	27.6	26.6	25.6	24.6	23.6	Comoros
25.7	25.6	24.7	23.3	21.2	19.8	19.0	18.5	18.2	17.8	Djibouti
35.0	33.5	31.5	30.0	28.5	27.2	25.8	24.5	23.3	22.3	Eritrea
33.2	32.5	31.0	29.0	26.4	24.3	22.9	21.8	20.7	19.5	Ethiopia
35.4	34.6	33.1	31.9	30.2	28.8	27.6	26.4	25.3	24.2	Kenya
34.8	35.4	34.7	33.3	31.2	29.8	28.8	28.0	27.0	25.8	Madagascar
39.6	39.3	38.0	36.3	34.1	32.3	30.9	29.6	28.3	26.9	Malawi
11.4	12.6	13.3	13.5	12.7	12.0	11.6	11.9	12.6	13.0	Mauritius
31.7	30.0	28.8	27.9	26.4	24.8	23.4	22.0	20.8	19.8	Mayotte
40.0	39.4	38.5	37.3	35.2	33.4	31.7	30.2	28.7	27.3	Mozambique
15.7	15.9	15.8	15.6	14.8	14.3	13.9	13.8	13.9	13.8	Réunion
32.9	31.5	29.4	28.0	26.2	24.5	22.7	21.2	20.0	19.0	Rwanda
18.0	17.4	16.4	15.7	15.4	15.6	15.7	15.6	15.3	15.0	Seychelles
43.9	44.5	43.5	41.8	39.2	37.0	35.3	33.9	32.4	30.7	Somalia
37.3	37.2	36.1	34.3	31.9	30.0	28.7	27.7	26.6	25.3	South Sudan
43.7	43.1	41.6	39.6	37.0	34.8	33.0	31.4	29.8	28.2	Uganda
39.7	39.1	37.9	36.7	35.1	33.7	32.4	31.1	29.8	28.5	United Republic of Tanzania
40.6	40.6	39.5	38.3	36.5	35.0	33.8	32.8	31.6	30.4	Zambia
36.1	34.4	31.8	29.8	28.0	26.8	25.5	24.1	22.7	21.5	Zimbabwe
42.1	41.5	40.1	38.4	36.0	34.0	32.3	30.8	29.3	27.8	**MIDDLE AFRICA**
46.2	45.5	44.1	42.3	39.7	37.4	35.4	33.6	31.8	30.1	Angola
37.5	36.8	35.4	33.7	31.6	30.0	28.6	27.4	26.2	25.1	Cameroon
34.3	34.3	32.9	30.8	28.4	26.6	25.4	24.4	23.3	22.1	Central African Republic
45.9	45.3	43.7	41.4	38.6	36.2	34.3	32.5	30.8	29.0	Chad
37.3	36.4	35.4	34.7	33.4	32.2	30.9	29.7	28.6	27.6	Congo
42.6	42.1	40.6	38.8	36.4	34.3	32.5	30.9	29.4	27.9	Democratic Republic of the Congo
35.5	35.3	33.6	31.7	29.5	27.9	26.8	25.6	24.4	23.1	Equatorial Guinea
30.8	30.2	29.0	27.7	25.9	24.6	23.6	22.8	21.9	21.0	Gabon
34.9	33.8	32.7	31.4	29.8	28.5	27.4	26.2	25.2	24.2	São Tomé and Príncipe
27.0	26.0	24.4	23.0	22.0	21.6	21.2	20.6	19.9	19.2	**NORTHERN AFRICA**
25.1	23.4	20.9	18.6	17.1	16.8	17.2	17.3	16.6	15.7	Algeria
28.5	27.0	24.8	23.6	23.1	23.1	22.5	21.5	20.5	19.7	Egypt
21.7	20.6	18.9	17.6	16.7	16.3	16.1	15.7	15.1	14.7	Libyan Arab Jamahiriya
21.3	21.0	19.8	18.4	17.0	16.3	16.1	16.0	15.6	15.2	Morocco
33.7	33.5	32.6	31.4	29.4	27.7	26.5	25.7	24.9	23.9	Sudan
18.4	18.9	17.8	16.1	14.6	14.3	14.8	15.3	15.2	14.6	Tunisia
19.1	19.2	18.2	17.2	16.0	15.3	14.9	14.8	14.7	14.6	Western Sahara
22.0	22.7	22.1	21.3	20.2	19.5	19.2	18.8	18.3	17.7	**SOUTHERN AFRICA**
25.6	25.2	23.7	22.1	20.4	19.5	19.0	18.5	17.9	17.2	Botswana
28.9	29.8	28.6	27.1	25.6	24.8	24.0	23.0	22.0	21.0	Lesotho
30.2	30.2	28.8	27.1	25.3	24.2	23.5	22.7	21.7	20.6	Namibia
21.0	21.8	21.2	20.6	19.5	18.9	18.6	18.3	17.8	17.2	South Africa
30.2	30.5	29.1	27.6	25.9	24.9	24.1	23.1	21.9	20.7	Swaziland
39.8	39.1	37.8	36.5	34.7	33.2	31.8	30.4	29.1	27.8	**WESTERN AFRICA**
36.6	36.4	35.2	33.7	31.6	29.8	28.5	27.4	26.3	25.2	Benin
40.8	40.1	38.7	37.2	35.1	33.2	31.6	30.1	28.7	27.4	Burkina Faso
21.8	22.4	21.2	19.5	17.8	16.8	16.4	16.0	15.4	14.9	Cabo Verde

表A. 22. 主要地域、地域および国別、粗出生率：推計および高位予測値（続）

推計値：1960−2015

主要地域、地域および国	粗出生率（人口千人あたり）									
	1960−1965	1965−1970	1970−1975	1975−1980	1980−1985	1985−1990	1990−1995	1995−2000	2000−2005	2005−2010
Côte d'Ivoire	54.3	53.5	51.9	49.9	46.4	43.9	42.3	41.5	40.0	38.4
Gambia	49.7	49.8	50.9	51.6	50.0	48.2	46.9	45.8	44.8	43.7
Ghana	47.3	47.3	45.9	44.0	42.3	40.1	37.7	35.1	34.4	33.5
Guinea	45.6	45.0	45.8	46.9	47.4	47.0	45.8	43.8	41.8	39.7
Guinea-Bissau	42.0	42.3	43.6	45.1	47.5	46.2	44.4	41.9	40.1	39.0
Liberia	49.2	49.0	49.2	49.0	48.5	46.7	44.1	43.5	41.6	38.6
Mali	50.1	50.3	50.4	49.9	49.4	48.7	48.8	48.4	48.4	47.1
Mauritania	48.4	46.8	45.4	43.9	42.2	41.2	40.1	38.8	37.6	36.0
Niger	57.7	55.8	55.9	55.5	54.6	55.0	55.0	54.0	52.4	50.8
Nigeria	46.1	45.7	46.8	47.1	46.2	44.8	43.6	43.1	42.8	41.7
Senegal	50.3	50.1	50.4	49.5	47.1	44.8	42.4	40.5	39.6	38.9
Sierra Leone	46.0	45.9	46.0	46.4	46.7	46.7	46.0	45.1	43.8	41.3
Togo	47.7	48.1	48.3	47.7	46.1	44.0	41.3	39.8	39.7	38.7
ASIA	39.9	39.0	35.0	30.1	29.0	28.8	24.8	21.2	19.5	18.7
EASTERN ASIA	37.0	37.0	30.6	21.8	20.5	23.4	18.1	13.1	11.8	11.8
China	39.7	39.9	32.2	22.6	21.4	25.2	19.0	13.3	12.1	12.2
China, Hong Kong SAR	34.6	22.1	20.4	17.3	15.4	13.1	12.0	8.0	8.4	8.9
China, Macao SAR	25.1	13.8	10.0	10.2	19.9	21.9	15.7	11.3	7.7	8.8
Dem. People's Republic of Korea	32.5	38.6	32.6	19.7	21.8	20.6	20.8	19.1	16.7	14.7
Japan	17.2	17.8	19.0	15.2	12.8	11.2	9.9	9.5	8.9	8.7
Mongolia	48.0	44.9	43.1	39.6	38.2	36.3	27.5	21.2	18.9	22.2
Republic of Korea	39.9	32.9	30.3	23.1	20.4	15.5	16.0	13.6	10.2	9.6
Other non-specified areas	36.1	29.8	25.0	23.1	20.8	17.3	16.0	14.7	11.8	10.2
SOUTH-CENTRAL ASIA	42.4	40.7	39.3	37.8	36.9	34.5	31.0	28.2	25.7	23.7
CENTRAL ASIA	36.6	31.6	30.7	30.2	32.0	32.8	28.6	23.2	21.1	23.3
Kazakhstan	33.9	26.2	24.9	23.9	25.0	25.6	20.7	16.3	16.7	21.7
Kyrgyzstan	38.2	32.1	29.7	27.8	31.7	32.4	29.1	24.4	20.8	24.0
Tajikistan	44.7	41.9	40.8	38.3	40.7	42.1	37.7	32.8	29.2	29.5
Turkmenistan	44.9	38.2	36.7	34.4	35.3	36.4	32.9	25.0	23.3	22.1
Uzbekistan	36.0	33.7	33.5	34.1	35.5	35.8	31.2	24.8	21.4	22.6
SOUTHERN ASIA	42.6	41.2	39.7	38.2	37.2	34.6	31.1	28.4	25.8	23.7
Afghanistan	51.5	51.7	51.4	50.8	50.3	49.6	48.6	49.1	46.8	42.3
Bangladesh	49.1	48.5	46.8	44.6	42.2	37.8	33.0	29.3	26.0	22.5
Bhutan	49.9	49.2	47.8	46.0	42.6	40.6	34.8	30.4	25.0	21.9
India	41.5	39.9	38.4	36.6	35.5	33.0	30.0	27.6	25.3	22.9
Iran (Islamic Republic of)	46.4	43.5	41.3	42.7	44.6	38.2	28.1	20.9	17.9	18.1
Maldives	54.7	52.4	48.2	44.8	48.4	45.2	35.9	26.0	21.1	20.9
Nepal	44.1	43.1	42.5	42.3	41.2	39.6	37.3	34.3	29.7	25.3
Pakistan	44.3	43.7	42.6	42.3	42.1	42.0	38.2	34.3	30.3	30.3
Sri Lanka	35.1	32.6	28.8	27.8	25.8	21.9	19.8	18.5	18.6	18.4
SOUTH-EASTERN ASIA	42.6	40.2	37.2	34.2	31.8	28.5	25.7	22.6	21.3	20.3
Brunei Darussalam	41.9	35.1	37.8	35.6	31.4	32.0	30.1	24.7	19.6	18.4
Cambodia	46.0	44.1	42.1	40.6	50.6	46.2	38.0	30.8	26.5	26.3
Indonesia	43.6	41.5	38.3	34.9	31.7	27.5	24.4	21.8	21.6	21.3
Lao People's Democratic Republic	42.9	42.8	43.1	42.6	42.8	43.1	41.6	34.9	29.8	29.0
Malaysia	39.5	34.2	31.4	29.4	29.5	28.7	27.5	25.3	19.7	17.0
Myanmar	42.8	40.8	38.7	36.8	34.5	29.1	25.5	24.4	24.0	21.2
Philippines	43.0	40.4	38.3	37.4	35.7	34.1	31.9	30.2	28.8	25.6
Singapore	33.6	25.2	22.1	16.9	17.0	17.8	17.6	14.3	11.3	10.1
Thailand	42.2	40.4	34.7	29.0	24.2	20.5	18.1	15.6	13.5	12.2
Timor-Leste	45.9	44.2	40.0	33.1	44.2	42.3	44.8	46.1	39.2	40.2
Viet Nam	40.6	37.4	35.6	32.9	31.4	29.8	26.7	19.3	16.9	17.3
WESTERN ASIA	42.7	40.6	39.4	37.7	35.9	32.9	30.0	27.5	25.2	24.1
Armenia	34.9	24.6	22.5	22.1	22.9	23.2	19.1	13.5	13.8	14.2
Azerbaijan	41.3	32.4	26.8	25.2	25.6	27.3	26.1	18.9	17.3	21.1
Bahrain	45.6	41.5	35.2	33.0	33.0	31.4	26.7	22.5	20.0	17.0
Cyprus	24.8	20.1	18.8	18.9	20.6	19.6	18.1	14.6	12.3	11.9
Georgia	24.6	19.4	19.4	18.8	18.4	18.0	15.5	12.7	11.9	13.9
Iraq	43.7	46.7	43.7	41.2	39.0	38.3	37.1	36.6	34.9	35.5
Israel	25.5	25.3	27.4	26.2	23.7	22.7	21.4	21.4	21.2	21.1
Jordan	53.5	52.1	48.9	42.7	39.7	35.3	34.0	32.3	30.2	28.7
Kuwait	43.7	48.9	48.1	40.7	36.3	25.3	19.9	24.5	21.3	23.2
Lebanon	37.2	33.7	31.4	30.4	28.8	25.9	23.3	20.6	16.3	12.7
Oman	49.1	48.6	48.0	50.1	48.2	42.9	33.4	26.9	22.4	21.4
Qatar	40.8	38.4	34.6	35.6	33.3	24.9	21.4	20.2	18.3	13.0

表A. 22. 主要地域、地域および国別、粗出生率：推計および高位予測値（続）

2015-2060:高位予測値

2010-2015	2015-2020	2020-2025	2025-2030	2030-2035	2035-2040	2040-2045	2045-2050	2050-2055	2055-2060	主要地域、地域および国
粗出生率（人口千人あたり）										
37.4	38.0	37.1	35.7	33.9	32.6	31.6	30.4	29.3	28.2	Côte d'Ivoire
42.8	42.1	40.6	38.8	36.5	34.4	32.5	30.6	28.9	27.2	Gambia
33.5	32.5	30.8	29.4	27.9	27.0	26.2	25.4	24.4	23.4	Ghana
37.6	36.9	35.5	33.9	31.8	30.1	28.7	27.4	26.2	25.0	Guinea
37.7	37.1	35.4	33.6	31.5	30.0	28.8	27.7	26.4	25.2	Guinea-Bissau
35.7	35.4	34.4	33.3	31.4	29.7	28.3	27.3	26.3	25.2	Liberia
44.4	43.0	41.4	39.7	37.4	35.2	33.2	31.2	29.5	27.9	Mali
34.0	33.7	32.8	31.7	30.2	28.8	27.7	26.8	26.0	25.1	Mauritania
49.8	50.0	49.0	47.3	45.0	43.0	41.0	39.0	36.8	34.7	Niger
40.3	39.4	38.1	36.8	35.0	33.4	32.0	30.5	29.1	27.8	Nigeria
38.9	37.4	35.5	33.8	32.2	31.0	29.8	28.7	27.5	26.3	Senegal
36.9	36.0	34.2	32.3	29.9	28.0	26.5	25.2	24.0	22.8	Sierra Leone
36.3	35.6	34.3	33.0	31.3	29.9	28.8	27.7	26.6	25.5	Togo
17.8	18.4	17.8	17.0	16.1	15.6	15.6	15.6	15.4	15.0	**ASIA**
12.0	12.8	11.9	11.3	10.9	11.0	11.4	11.7	11.8	11.8	**EASTERN ASIA**
12.4	13.2	12.1	11.3	11.0	11.1	11.5	11.8	11.9	11.7	China
10.1	11.6	11.5	10.9	9.7	9.0	9.6	11.2	12.3	12.5	China, Hong Kong SAR
11.2	13.8	14.1	13.1	11.5	11.1	11.9	13.0	13.8	13.9	China, Macao SAR
14.4	16.0	16.5	16.1	14.8	14.0	14.2	14.9	15.4	15.2	Dem. People's Republic of Korea
8.3	9.4	9.8	10.0	9.8	9.8	10.1	10.6	11.2	11.6	Japan
24.6	23.4	21.2	19.4	18.0	17.7	17.8	18.0	17.8	17.0	Mongolia
9.2	10.7	11.2	11.6	10.8	9.5	9.0	9.6	10.7	11.6	Republic of Korea
8.4	9.4	9.8	10.1	9.6	8.7	8.1	8.4	9.3	10.3	Other non-specified areas
21.6	22.0	21.3	20.2	18.6	17.7	17.4	17.2	16.7	16.0	**SOUTH-CENTRAL ASIA**
24.2	23.9	21.8	20.0	19.0	19.1	19.3	19.0	18.1	17.3	**CENTRAL ASIA**
22.5	21.8	19.9	18.5	17.9	18.4	19.0	19.0	18.3	17.3	Kazakhstan
27.1	25.9	23.5	21.7	20.9	21.0	21.0	20.4	19.5	18.5	Kyrgyzstan
31.0	30.7	28.1	25.3	23.7	23.8	24.0	23.2	21.8	20.4	Tajikistan
21.5	22.2	21.1	19.4	17.8	17.1	17.0	17.0	16.8	16.2	Turkmenistan
23.3	23.0	20.8	19.0	18.0	18.0	18.0	17.4	16.6	16.0	Uzbekistan
21.5	21.9	21.3	20.2	18.6	17.7	17.3	17.1	16.6	15.9	**SOUTHERN ASIA**
35.6	33.2	30.8	28.7	26.3	24.0	22.1	20.6	19.4	18.4	Afghanistan
20.4	20.8	20.0	18.7	16.9	16.0	15.6	15.3	14.9	14.4	Bangladesh
18.2	19.0	18.4	17.2	15.5	14.3	13.9	13.9	13.9	13.7	Bhutan
20.4	21.0	20.6	19.8	18.2	17.1	16.8	16.7	16.3	15.7	India
18.1	17.8	15.3	13.3	12.4	12.8	13.4	13.4	12.8	12.2	Iran (Islamic Republic of)
21.7	21.6	18.9	16.3	14.6	14.5	14.9	14.8	14.0	13.1	Maldives
21.0	22.1	21.7	20.1	17.6	16.3	16.0	15.6	14.9	14.2	Nepal
29.8	29.5	27.6	25.6	23.8	22.9	22.3	21.4	20.3	19.3	Pakistan
16.4	16.7	16.2	15.8	15.4	14.9	14.4	14.2	14.1	14.0	Sri Lanka
19.3	19.7	19.3	18.6	17.5	16.9	16.7	16.5	16.4	16.1	**SOUTH-EASTERN ASIA**
16.6	16.8	16.0	15.0	13.7	13.1	13.1	13.2	13.2	12.9	Brunei Darussalam
24.5	24.3	23.2	21.5	19.8	19.0	18.6	18.2	17.4	16.6	Cambodia
20.5	20.4	19.8	19.1	18.1	17.5	17.2	17.0	16.8	16.4	Indonesia
27.2	27.3	25.6	23.5	21.3	20.1	19.3	18.5	17.5	16.6	Lao People's Democratic Republic
16.9	18.7	18.9	18.1	16.3	14.9	14.2	14.4	14.8	14.8	Malaysia
18.2	19.0	19.2	19.0	18.0	16.8	16.1	15.8	15.9	16.0	Myanmar
24.0	24.6	24.2	23.4	22.0	21.1	20.4	19.9	19.3	18.7	Philippines
9.3	10.4	10.7	10.7	10.0	9.3	9.1	9.3	9.7	10.0	Singapore
11.2	11.5	11.4	11.2	10.8	10.6	10.6	10.8	11.1	11.4	Thailand
38.7	36.7	34.4	32.1	30.0	29.0	28.4	27.2	25.4	23.6	Timor-Leste
17.4	18.2	17.1	15.8	14.8	14.7	15.0	15.1	15.0	14.6	Viet Nam
22.8	22.9	22.2	21.4	20.3	19.6	19.2	18.9	18.5	18.0	**WESTERN ASIA**
13.3	14.6	13.5	12.1	11.3	11.8	12.6	12.8	12.6	12.1	Armenia
21.2	20.0	16.9	15.2	15.3	16.3	16.5	16.0	15.5	15.4	Azerbaijan
15.4	14.7	13.8	13.2	12.5	12.1	11.9	11.8	11.7	11.7	Bahrain
11.5	12.7	13.0	12.7	11.8	11.3	11.5	12.1	12.6	12.7	Cyprus
13.7	14.6	14.0	12.9	11.6	11.8	13.1	14.1	14.1	13.4	Georgia
35.1	34.9	33.7	32.5	31.1	30.1	29.3	28.4	27.4	26.4	Iraq
21.5	21.2	20.5	20.0	19.4	19.1	18.9	18.6	18.1	17.5	Israel
27.9	26.7	25.1	23.7	22.2	21.2	20.4	19.5	18.6	17.7	Jordan
20.7	20.6	18.4	16.5	15.1	14.9	15.3	15.5	15.3	14.7	Kuwait
15.0	17.6	18.2	16.9	14.2	12.4	12.2	13.0	13.8	13.8	Lebanon
20.8	19.2	17.0	14.6	13.0	13.2	14.1	14.5	14.1	13.1	Oman
12.1	12.9	12.7	12.0	11.1	10.8	10.9	11.2	11.4	11.3	Qatar

表A. 22. 主要地域、地域および国別、粗出生率：推計および高位予測値（続）

推計値：1960–2015

主要地域、地域および国	粗出生率（人口千人あたり）									
	1960–1965	1965–1970	1970–1975	1975–1980	1980–1985	1985–1990	1990–1995	1995–2000	2000–2005	2005–2010
Saudi Arabia	47.6	47.0	46.4	44.0	42.5	37.9	33.1	28.5	24.4	22.6
State of Palestine	52.1	51.4	48.7	47.2	44.9	45.1	45.7	40.8	35.9	34.0
Syrian Arab Republic	47.3	45.8	46.0	45.4	42.8	38.4	33.5	32.0	28.8	26.3
Turkey	44.1	40.9	39.7	36.7	33.4	28.0	24.5	22.8	20.5	18.7
United Arab Emirates	45.5	41.2	32.4	28.8	30.2	28.3	22.8	18.0	15.1	12.6
Yemen	50.7	53.0	53.4	55.1	54.7	53.4	49.8	41.6	37.9	35.9
EUROPE	19.1	16.8	15.6	14.7	14.3	13.6	11.5	10.3	10.1	10.8
EASTERN EUROPE	19.5	15.9	16.2	16.5	16.5	15.4	11.5	9.3	9.4	10.8
Belarus	22.4	17.4	15.8	15.6	16.6	15.3	12.1	9.4	9.2	10.7
Bulgaria	16.7	15.8	16.1	15.9	13.9	13.1	10.5	8.3	8.5	9.9
Czech Republic	14.5	14.3	17.4	17.8	13.6	12.7	11.6	8.7	9.1	10.8
Hungary	13.5	14.5	15.5	16.0	12.7	12.3	11.7	9.7	9.4	9.6
Poland	19.6	16.6	17.5	19.0	19.3	16.2	13.6	10.7	9.3	10.5
Republic of Moldova	25.6	20.3	19.8	20.3	21.6	21.1	15.7	13.0	10.2	11.0
Romania	16.5	21.5	20.0	19.2	16.2	15.8	11.3	10.3	10.0	10.3
Russian Federation	21.1	15.0	15.4	15.8	16.7	16.2	10.9	8.9	9.8	11.3
Slovakia	20.4	18.0	19.3	20.2	18.2	16.2	13.9	10.8	9.7	10.4
Ukraine	17.9	15.2	15.5	15.1	15.0	13.4	11.2	8.8	8.4	10.3
NORTHERN EUROPE	18.0	16.7	14.2	12.7	13.0	13.7	13.2	12.1	11.4	12.4
Channel Islands	17.0	16.0	13.5	11.8	11.6	12.1	12.3	11.3	10.7	10.0
Denmark	17.3	16.1	14.4	12.3	10.4	11.3	12.8	12.6	12.0	11.8
Estonia	15.5	15.1	15.7	15.1	15.3	15.6	11.2	9.1	9.7	11.5
Finland	18.2	15.9	12.9	13.5	13.3	12.6	12.9	11.5	11.0	11.2
Iceland	25.9	22.1	21.0	19.1	18.0	17.2	17.2	15.5	14.4	15.0
Ireland	22.2	21.1	23.7	22.0	19.5	15.6	13.7	14.4	15.4	16.1
Latvia	15.1	13.6	14.5	13.7	15.0	15.5	11.4	8.0	8.9	10.3
Lithuania	20.3	17.8	16.8	15.5	15.6	15.8	13.5	10.6	9.0	9.7
Norway	17.4	17.0	15.2	12.9	12.3	13.3	13.9	13.4	12.4	12.6
Sweden	14.9	14.8	13.5	11.7	11.3	13.0	13.6	10.4	10.8	11.9
United Kingdom	18.3	16.9	13.5	12.0	12.8	13.7	13.3	12.5	11.4	12.6
SOUTHERN EUROPE	20.4	19.2	17.9	15.9	13.4	11.7	10.7	10.1	10.0	10.1
Albania	39.3	33.7	30.4	27.7	26.4	25.9	23.1	18.7	14.4	11.3
Bosnia and Herzegovina	30.3	25.2	22.4	18.5	18.6	16.4	13.1	11.9	8.7	9.3
Croatia	17.1	14.9	15.0	14.5	14.1	12.5	10.5	10.8	9.4	10.1
Greece	18.2	17.5	15.7	15.8	13.5	10.8	10.0	9.6	9.5	10.4
Italy	18.6	17.8	16.2	13.2	10.9	10.0	9.7	9.2	9.4	9.5
Malta	21.4	15.5	16.7	18.9	17.1	16.8	14.9	12.9	9.8	9.0
Montenegro	27.9	22.9	20.6	18.7	18.6	17.2	15.8	14.1	13.5	13.1
Portugal	23.8	22.2	19.7	18.0	14.6	12.0	11.1	11.0	10.8	9.7
Serbia	19.5	18.7	18.8	18.7	17.4	16.0	13.9	13.4	11.9	10.6
Slovenia	17.8	17.0	16.8	16.8	15.0	12.7	10.0	9.2	8.8	9.8
Spain	21.2	20.0	19.4	17.5	13.4	10.9	9.9	9.4	10.2	10.6
TFYR Macedonia	28.4	27.0	23.4	21.6	20.7	18.7	16.9	14.2	12.6	11.1
WESTERN EUROPE	18.1	16.7	13.5	11.8	12.1	12.0	11.3	11.0	10.6	10.3
Austria	18.6	17.2	13.7	11.5	11.8	11.2	11.6	10.4	9.6	9.3
Belgium	17.2	15.3	13.6	12.3	12.1	11.9	11.9	11.2	11.2	11.8
France	18.1	17.0	16.0	13.8	14.1	13.6	12.7	12.5	12.7	12.7
Germany	17.6	16.0	11.4	10.3	10.7	10.9	9.9	9.6	8.7	8.3
Luxembourg	16.4	14.5	11.8	11.0	11.5	11.8	13.1	13.1	11.8	11.4
Netherlands	21.1	19.2	15.3	12.6	12.2	12.7	12.8	12.5	12.3	11.2
Switzerland	18.9	17.6	14.3	11.7	11.6	11.9	12.0	11.3	10.1	10.1
LATIN AMERICA AND THE CARIBBEAN	41.0	37.9	35.4	33.2	30.9	28.0	25.3	23.4	21.4	19.1
CARIBBEAN	39.4	35.3	31.4	27.4	27.2	26.0	23.7	21.7	20.1	18.9
Antigua and Barbuda	32.1	31.2	26.9	19.4	19.2	18.8	19.0	20.4	19.5	17.6
Aruba	32.9	26.3	22.9	22.5	22.3	20.8	18.1	15.3	13.2	11.5
Bahamas	33.6	26.3	27.1	24.9	27.1	24.1	23.6	20.1	15.7	15.8
Barbados	29.1	23.5	20.5	18.0	17.6	16.5	15.5	14.4	13.3	12.7
Cuba	35.4	31.5	26.5	17.4	16.5	17.7	15.4	13.9	12.4	11.3
Curaçao	30.5	27.4	22.2	20.7	20.3	20.6	18.6	15.2	13.4	12.3
Dominican Republic	49.6	44.3	39.4	35.5	33.4	30.9	28.7	25.9	24.6	23.0
Grenada	41.0	28.9	29.1	29.8	32.5	31.6	24.8	20.7	18.8	19.3
Guadeloupe	35.7	32.8	28.2	23.8	19.6	20.2	17.7	17.2	15.9	15.1
Haiti	43.6	40.7	38.2	40.0	42.8	39.1	35.5	32.7	29.7	27.8
Jamaica	41.5	38.7	32.7	29.2	28.9	26.6	24.7	23.0	20.1	18.7
Martinique	35.3	32.0	25.9	18.4	17.1	18.0	16.5	15.4	14.3	13.5

表A. 22. 主要地域、地域および国別、粗出生率：推計および高位予測値（続）

2015-2060:高位予測値

粗出生率（人口千人あたり）										主要地域、地域および国
2010-2015	2015-2020	2020-2025	2025-2030	2030-2035	2035-2040	2040-2045	2045-2050	2050-2055	2055-2060	
20.8	20.2	19.2	18.3	17.3	16.6	16.0	15.5	15.1	14.8	Saudi Arabia
33.1	33.3	31.9	29.9	27.7	26.2	25.2	24.3	23.3	22.2	State of Palestine
24.1	23.0	23.6	22.7	20.8	19.6	18.7	18.1	17.5	16.8	Syrian Arab Republic
17.3	17.6	17.3	16.7	15.6	14.8	14.4	14.3	14.2	14.0	Turkey
11.2	11.4	10.9	10.6	10.6	10.9	11.0	11.1	11.2	11.3	United Arab Emirates
33.2	32.4	30.4	28.2	25.8	23.8	22.3	21.0	19.8	18.6	Yemen
10.8	12.1	12.3	12.1	11.7	11.9	12.4	13.0	13.4	13.5	**EUROPE**
11.5	12.8	12.6	11.9	11.4	12.0	13.2	14.0	14.3	14.0	**EASTERN EUROPE**
11.7	13.3	13.1	12.2	11.7	12.4	13.8	14.8	14.9	14.5	Belarus
9.4	10.9	11.2	10.9	10.6	11.1	11.9	12.7	13.2	13.3	Bulgaria
10.2	11.6	11.6	11.1	10.6	11.2	11.9	12.5	13.0	13.0	Czech Republic
9.3	11.0	11.5	11.4	11.0	10.9	11.2	11.8	12.5	12.9	Hungary
10.4	11.3	10.9	10.4	9.7	9.8	10.4	11.1	11.4	11.4	Poland
10.9	12.1	11.7	11.1	10.2	10.3	10.9	11.6	12.0	12.0	Republic of Moldova
9.4	10.4	10.7	10.9	11.1	11.4	11.6	11.8	12.2	12.6	Romania
12.7	14.1	13.7	12.7	12.2	13.1	14.5	15.5	15.6	15.1	Russian Federation
10.5	12.2	12.2	11.6	10.7	10.6	11.3	12.1	12.8	12.8	Slovakia
10.8	12.3	12.3	11.6	11.1	11.7	13.0	14.0	14.3	14.1	Ukraine
12.3	13.7	14.1	13.9	13.3	13.3	13.7	14.2	14.5	14.5	**NORTHERN EUROPE**
9.6	10.8	11.4	11.7	11.4	11.2	11.3	11.7	12.3	12.6	Channel Islands
10.4	12.2	13.6	14.3	13.8	13.3	13.0	13.4	14.2	14.7	Denmark
10.7	12.3	12.4	11.7	11.2	11.8	12.7	13.3	13.6	13.4	Estonia
10.7	12.2	12.7	12.7	12.2	12.2	12.6	13.2	13.6	13.7	Finland
13.6	14.5	14.8	14.5	13.5	13.1	13.2	13.4	13.6	13.6	Iceland
15.4	15.0	14.0	13.8	14.2	14.7	14.9	14.6	14.3	14.2	Ireland
10.0	11.7	12.2	11.7	11.2	11.6	12.4	13.2	13.8	13.8	Latvia
10.2	11.9	13.2	13.0	11.8	11.6	12.6	13.9	14.8	14.8	Lithuania
11.7	13.5	14.3	14.3	13.6	13.3	13.5	14.1	14.5	14.6	Norway
12.0	13.8	14.3	14.0	13.4	13.6	14.2	14.8	15.2	15.1	Sweden
12.6	14.0	14.3	14.0	13.4	13.4	13.8	14.3	14.6	14.5	United Kingdom
9.1	10.1	10.3	10.5	10.3	10.4	10.7	11.0	11.4	11.7	**SOUTHERN EUROPE**
13.1	15.7	16.0	14.5	12.5	11.7	12.1	13.1	13.7	13.3	Albania
9.1	10.1	10.1	9.8	9.1	9.0	9.5	10.3	10.9	11.1	Bosnia and Herzegovina
9.8	10.7	11.0	11.1	10.8	10.7	10.9	11.4	11.9	12.1	Croatia
8.9	9.5	9.6	9.8	9.8	10.0	10.3	10.5	10.7	11.0	Greece
8.6	9.6	10.1	10.4	10.4	10.5	10.6	10.9	11.4	11.9	Italy
8.9	10.5	11.8	12.9	12.4	11.1	10.5	10.8	11.9	12.8	Malta
11.9	12.7	13.0	13.1	12.7	12.3	12.2	12.5	13.0	13.2	Montenegro
8.5	9.1	9.3	9.7	9.8	9.8	9.7	9.9	10.3	10.8	Portugal
10.2	11.8	12.5	12.7	12.3	11.8	11.8	12.4	13.1	13.5	Serbia
10.5	11.6	11.4	10.8	10.5	11.0	11.8	12.6	12.9	12.8	Slovenia
9.3	10.1	10.0	9.9	9.9	10.3	10.6	10.8	11.0	11.3	Spain
11.3	12.9	13.3	13.0	12.1	11.6	11.7	12.4	13.2	13.3	TFYR Macedonia
10.2	11.7	12.3	12.5	12.1	11.8	11.9	12.5	13.1	13.5	**WESTERN EUROPE**
9.5	11.3	12.0	12.1	11.3	10.8	11.0	11.7	12.6	13.0	Austria
11.6	12.9	13.2	13.1	12.7	12.8	13.2	13.7	14.1	14.2	Belgium
12.4	13.4	13.7	14.0	13.9	13.8	13.8	14.1	14.5	14.7	France
8.3	10.1	10.9	10.9	10.3	9.9	10.0	10.7	11.6	12.2	Germany
11.3	13.3	14.0	14.1	13.6	13.2	13.2	13.7	14.3	14.5	Luxembourg
10.6	12.0	12.8	13.2	12.8	12.3	12.2	12.8	13.6	14.0	Netherlands
10.2	12.1	12.8	12.7	12.0	11.7	11.9	12.6	13.3	13.7	Switzerland
17.8	18.4	18.0	17.3	16.1	15.3	15.0	14.8	14.7	14.4	**LATIN AMERICA AND THE CARIBBEAN**
17.7	18.4	18.1	17.5	16.4	15.8	15.5	15.4	15.3	15.0	**CARIBBEAN**
16.5	17.8	18.1	17.5	16.2	15.3	15.1	15.4	15.5	15.3	Antigua and Barbuda
10.3	11.5	12.9	13.9	13.4	12.5	12.0	12.3	13.3	14.0	Aruba
15.4	16.5	16.5	15.7	14.4	13.7	13.8	14.3	14.5	14.4	Bahamas
12.2	13.4	13.8	13.8	13.4	13.2	13.4	13.9	14.4	14.6	Barbados
10.5	11.2	11.3	11.2	10.7	10.5	10.6	11.0	11.4	11.6	Cuba
13.3	14.8	15.1	14.9	14.1	13.9	14.2	14.7	14.9	14.8	Curaçao
21.4	21.6	21.0	20.0	18.7	17.8	17.2	16.7	16.2	15.7	Dominican Republic
19.4	20.4	18.9	16.9	15.4	15.2	15.4	15.4	14.7	13.9	Grenada
13.7	13.7	13.6	13.9	14.0	14.0	13.6	13.2	13.1	13.4	Guadeloupe
25.5	25.7	24.8	23.5	21.7	20.4	19.6	19.0	18.4	17.8	Haiti
17.6	18.8	18.0	16.4	14.6	14.0	14.3	14.5	14.3	13.7	Jamaica
11.7	12.0	12.7	13.2	12.7	12.1	11.7	12.1	13.0	13.7	Martinique

表A. 22. 主要地域、地域および国別、粗出生率：推計および高位予測値（続）

推計値：1960-2015

主要地域、地域および国	粗出生率（人口千人あたり）									
	1960-1965	1965-1970	1970-1975	1975-1980	1980-1985	1985-1990	1990-1995	1995-2000	2000-2005	2005-2010
Puerto Rico	32.3	26.7	25.0	23.7	20.5	18.6	17.5	15.4	13.8	12.7
Saint Lucia	45.9	41.2	37.1	37.4	33.3	30.2	26.1	21.7	18.0	17.2
Saint Vincent and the Grenadines	46.3	42.3	38.3	32.8	29.2	25.8	24.0	21.4	18.6	17.7
Trinidad and Tobago	35.9	27.9	26.9	27.5	28.9	23.6	18.1	15.1	14.9	15.3
United States Virgin Islands	41.7	46.8	38.7	28.3	24.4	23.9	21.2	15.6	14.4	15.9
CENTRAL AMERICA	45.0	43.7	43.3	38.1	33.9	31.3	29.1	26.8	24.1	21.8
Belize	43.7	42.2	42.0	42.4	39.9	37.2	34.4	31.2	28.5	24.5
Costa Rica	43.1	36.6	29.9	29.6	29.5	28.0	24.9	21.5	17.9	16.6
El Salvador	46.7	44.0	41.7	39.2	35.4	32.2	29.6	26.3	22.0	19.2
Guatemala	46.0	44.8	44.3	44.0	42.9	39.2	37.8	36.0	33.2	29.7
Honduras	49.5	48.4	45.9	44.5	42.3	39.5	37.1	33.7	29.2	25.2
Mexico	44.6	43.6	43.7	37.2	32.3	29.8	27.6	25.5	23.0	20.9
Nicaragua	48.5	46.2	46.2	45.2	42.9	38.3	33.3	28.8	25.3	23.3
Panama	40.9	38.8	36.2	32.5	29.5	27.3	25.2	24.3	22.1	21.0
SOUTH AMERICA	39.8	36.2	33.0	32.1	30.1	27.0	24.1	22.3	20.5	18.0
Argentina	23.2	22.5	23.4	25.7	23.1	22.2	21.3	19.7	19.2	18.5
Bolivia	43.9	42.8	41.8	41.2	39.2	36.6	34.3	32.2	29.5	26.8
Brazil	42.3	37.2	33.9	32.9	30.9	26.4	22.7	21.6	19.8	16.4
Chile	35.0	32.1	27.1	23.8	22.7	22.7	20.4	17.8	15.9	14.5
Colombia	44.2	41.1	34.2	32.5	30.7	27.7	25.1	21.9	20.1	18.0
Ecuador	43.6	42.2	39.6	36.2	33.5	31.4	28.7	26.3	23.8	22.5
French Guiana	31.6	32.4	30.4	25.8	28.9	30.1	31.6	29.5	28.2	28.2
Guyana	37.0	35.2	35.6	34.9	34.4	33.4	31.6	27.6	23.7	19.8
Paraguay	41.2	39.4	35.6	36.1	36.7	35.0	32.0	29.3	25.1	23.3
Peru	46.7	44.3	40.4	38.3	34.0	31.6	28.7	25.4	23.0	21.4
Suriname	44.6	39.4	34.6	29.7	29.4	28.7	26.3	23.3	21.3	19.9
Uruguay	21.9	20.5	21.1	20.2	18.3	18.2	18.2	16.9	15.9	15.1
Venezuela (Bolivarian Republic of)	46.2	40.6	34.8	33.5	31.8	30.5	27.4	24.7	22.9	21.4
NORTHERN AMERICA	22.4	18.0	15.6	14.8	15.3	15.6	15.4	14.1	13.8	13.6
Canada	24.8	18.5	15.6	15.0	14.6	14.1	13.7	11.6	10.6	11.1
United States of America	22.2	18.0	15.6	14.8	15.4	15.7	15.6	14.4	14.1	13.9
OCEANIA	26.2	24.5	24.1	21.0	20.4	19.8	19.6	18.7	17.8	18.1
AUSTRALIA/NEW ZEALAND	22.2	20.4	19.5	16.0	15.6	15.3	15.0	13.8	13.0	14.0
Australia	21.4	19.9	19.1	15.8	15.5	15.1	14.7	13.5	12.8	13.8
New Zealand	25.8	22.7	21.0	17.0	15.9	16.6	16.6	14.9	14.2	14.9
MELANESIA	41.8	41.1	43.2	39.9	37.2	34.6	34.2	33.9	32.1	30.2
Fiji	42.3	35.8	33.0	33.7	33.1	29.8	28.1	25.6	24.0	22.4
New Caledonia	34.1	35.5	37.0	29.3	25.7	23.6	23.6	20.8	18.3	17.2
Papua New Guinea	41.8	42.3	45.4	41.1	38.0	35.4	35.2	35.6	33.6	31.5
Solomon Islands	41.1	42.4	47.9	46.0	42.4	41.0	38.8	36.3	35.1	34.0
Vanuatu	47.5	43.6	40.9	39.8	38.4	36.7	35.5	33.8	30.9	28.2
MICRONESIA	41.6	37.8	35.7	35.0	34.2	32.3	29.9	27.5	24.7	22.4
Guam	38.6	32.6	31.5	29.9	27.2	27.1	24.0	23.0	20.7	18.3
Kiribati	45.5	38.3	32.4	35.3	36.8	37.3	35.5	31.8	29.8	29.5
Micronesia (Fed. States of)	42.7	42.0	39.9	38.2	39.3	35.5	32.8	31.4	28.1	24.5
POLYNESIA	44.5	40.4	36.1	34.3	33.5	32.3	29.6	26.7	24.5	23.1
French Polynesia	38.9	36.1	34.3	31.8	30.4	30.2	25.8	21.3	19.1	17.5
Samoa	47.3	43.1	39.7	37.7	36.2	34.3	32.2	31.6	29.6	29.2
Tonga	45.8	40.3	33.1	33.8	34.9	31.4	30.9	28.3	28.6	28.2

表A. 22. 主要地域、地域および国別、粗出生率：推計および高位予測値（続）

2015-2060:高位予測値

粗出生率（人口千人あたり）										主要地域、地域および国
2010-2015	2015-2020	2020-2025	2025-2030	2030-2035	2035-2040	2040-2045	2045-2050	2050-2055	2055-2060	
12.1	13.1	13.2	13.0	12.1	11.6	11.6	11.9	12.2	12.3	Puerto Rico
15.5	16.3	16.2	15.5	14.3	13.6	13.4	13.5	13.5	13.4	Saint Lucia
16.4	17.0	16.7	16.0	14.9	14.4	14.3	14.3	14.2	13.9	Saint Vincent and the Grenadines
14.7	14.9	14.1	13.7	13.4	13.6	13.9	14.0	14.0	13.9	Trinidad and Tobago
14.1	14.3	14.2	14.3	13.9	13.6	13.6	13.6	13.7	13.6	United States Virgin Islands
20.1	20.5	19.9	18.8	17.3	16.3	15.8	15.5	15.2	14.8	**CENTRAL AMERICA**
23.3	24.4	23.9	22.6	20.5	19.2	18.6	18.3	17.8	17.2	Belize
15.1	15.9	15.5	14.9	13.8	13.2	13.0	13.0	13.1	13.0	Costa Rica
17.5	19.0	18.9	17.8	16.1	15.0	14.6	14.5	14.4	14.0	El Salvador
27.7	27.8	26.9	25.5	23.6	22.2	21.2	20.5	19.6	18.7	Guatemala
21.7	22.5	22.0	20.7	18.6	17.2	16.4	15.9	15.5	15.0	Honduras
19.3	19.6	19.0	17.9	16.4	15.5	15.0	14.8	14.5	14.1	Mexico
21.0	21.0	20.0	18.7	17.1	16.1	15.5	15.0	14.6	14.2	Nicaragua
19.8	20.2	19.8	19.1	17.9	17.1	16.7	16.5	16.1	15.7	Panama
16.8	17.5	17.3	16.6	15.5	14.9	14.6	14.5	14.4	14.2	**SOUTH AMERICA**
17.8	18.6	18.5	18.1	17.2	16.7	16.3	16.1	15.9	15.7	Argentina
24.4	24.9	24.3	23.3	21.6	20.4	19.7	19.1	18.5	17.8	Bolivia
15.1	15.9	15.7	15.1	14.1	13.5	13.3	13.3	13.3	13.2	Brazil
13.5	14.4	14.5	14.1	13.1	12.6	12.5	12.6	12.8	12.8	Chile
16.2	16.8	16.4	15.7	14.6	13.9	13.7	13.7	13.6	13.5	Colombia
21.2	21.6	21.0	20.1	18.7	17.8	17.2	16.7	16.3	15.7	Ecuador
26.1	25.4	24.9	24.5	23.5	22.6	21.6	20.8	20.3	19.7	French Guiana
18.8	21.8	22.8	21.6	19.5	18.4	18.2	18.3	18.1	17.5	Guyana
21.7	22.7	22.3	21.2	19.5	18.4	17.8	17.5	17.1	16.6	Paraguay
20.4	20.6	19.9	18.9	17.5	16.6	16.1	15.7	15.4	14.9	Peru
18.6	19.2	19.0	18.4	17.3	16.5	16.1	15.9	15.8	15.6	Suriname
14.4	15.6	15.9	15.7	14.9	14.5	14.4	14.5	14.5	14.4	Uruguay
20.0	20.5	20.0	19.1	17.9	17.1	16.6	16.3	16.0	15.5	Venezuela (Bolivarian Republic of)
12.4	14.0	14.7	14.7	14.2	13.9	14.0	14.5	15.0	15.2	**NORTHERN AMERICA**
10.9	12.2	12.6	12.5	11.9	11.7	12.0	12.6	13.1	13.3	Canada
12.6	14.2	14.9	15.0	14.4	14.2	14.3	14.7	15.3	15.4	United States of America
17.3	18.1	18.2	17.9	17.1	16.6	16.6	16.7	16.7	16.5	**OCEANIA**
13.5	14.6	14.8	14.5	13.8	13.6	13.8	14.2	14.5	14.4	**AUSTRALIA/NEW ZEALANC**
13.5	14.6	14.8	14.4	13.7	13.5	13.8	14.2	14.5	14.5	Australia
13.7	14.4	14.9	14.9	14.3	13.9	13.8	13.9	14.1	14.2	New Zealand
28.0	28.0	27.6	26.8	25.4	24.2	23.3	22.7	22.0	21.3	**MELANESIA**
20.7	20.5	19.9	19.4	18.6	18.0	17.6	17.2	16.9	16.4	Fiji
15.7	16.7	16.8	16.5	15.7	15.0	14.6	14.6	14.7	14.7	New Caledonia
29.1	29.2	28.7	27.8	26.3	25.0	24.0	23.3	22.6	21.9	Papua New Guinea
30.9	29.6	28.7	27.9	26.6	25.3	24.1	23.1	22.3	21.5	Solomon Islands
26.9	27.2	26.3	25.4	23.9	22.8	22.1	21.4	20.7	20.0	Vanuatu
21.0	21.5	21.5	21.1	20.1	19.2	18.6	18.2	18.0	17.7	**MICRONESIA**
17.5	18.7	18.8	18.2	16.9	16.0	15.7	15.7	15.5	15.2	Guam
29.2	29.4	28.2	26.4	24.5	24.0	24.2	24.1	23.4	22.2	Kiribati
23.6	25.5	26.5	25.8	23.2	20.5	19.0	19.0	19.5	19.3	Micronesia (Fed. States of)
21.3	21.4	21.4	21.0	20.0	19.1	18.4	18.0	17.8	17.6	**POLYNESIA**
16.5	17.3	16.9	15.9	14.5	13.6	13.5	13.9	14.2	13.9	French Polynesia
26.4	25.5	25.3	25.6	25.3	24.5	23.2	21.9	21.0	20.6	Samoa
25.7	24.8	25.1	25.7	25.3	24.1	22.5	21.3	20.9	20.9	Tonga

表A. 23. 主要地域、地域および国別、粗出生率：推計および低位予測値、1960-2060年

推計値:1960-2015

主要地域、地域および国	粗出生率（人口千人あたり）									
	1960-1965	1965-1970	1970-1975	1975-1980	1980-1985	1985-1990	1990-1995	1995-2000	2000-2005	2005-2010
WORLD	35.4	34.1	31.6	28.6	27.8	27.5	24.5	21.9	20.8	20.2
More developed regions	19.7	17.3	16.0	14.8	14.4	13.9	12.4	11.2	11.0	11.4
Less developed regions	42.0	40.7	37.2	33.2	32.0	31.4	27.7	24.6	23.1	22.2
Least developed countries	47.9	47.5	46.8	46.2	45.4	43.6	41.4	39.6	37.6	35.5
Less developed regions, excluding least developed countries	41.3	39.8	35.9	31.4	30.2	29.7	25.7	22.3	20.8	19.9
Less developed regions, excluding China	43.1	41.2	39.5	37.7	36.4	33.9	31.1	28.7	26.9	25.5
High-income countries	21.3	18.7	17.3	16.0	15.6	14.9	13.7	12.5	12.1	12.2
Middle-income countries	40.9	39.7	36.0	31.8	30.6	30.1	26.1	22.8	21.3	20.5
Upper-middle-income countries	40.0	39.1	33.4	26.5	25.1	26.4	21.2	16.8	15.5	15.1
Lower-middle-income countries	41.9	40.3	38.9	37.4	36.3	33.9	30.9	28.4	26.6	25.1
Low-income countries	47.0	47.1	46.5	45.7	45.9	45.1	43.9	42.6	40.8	38.9
Sub-Saharan Africa	47.4	47.0	47.1	46.9	46.2	45.0	43.4	42.2	41.2	39.7
AFRICA	47.4	46.4	45.9	45.6	44.6	42.9	40.5	38.8	37.8	36.9
EASTERN AFRICA	49.0	48.6	48.6	48.4	47.7	46.6	44.6	43.2	41.5	39.6
Burundi	48.2	47.8	47.4	49.9	51.2	51.4	47.7	43.6	42.5	44.3
Comoros	48.0	46.7	45.9	46.7	46.9	44.5	40.7	38.4	37.1	36.0
Djibouti	44.2	44.9	44.8	42.0	39.7	40.1	38.9	32.9	30.0	27.6
Eritrea	47.8	47.6	46.9	46.5	46.4	44.8	40.8	36.8	37.2	37.9
Ethiopia	48.0	47.6	48.6	48.5	49.3	48.3	46.7	45.5	41.3	36.4
Kenya	51.0	50.6	50.8	49.9	48.4	45.1	39.5	38.1	38.7	37.9
Madagascar	48.4	48.1	48.5	47.4	42.5	45.2	44.8	42.9	39.2	36.3
Malawi	52.6	53.7	53.6	53.4	52.4	51.5	47.5	45.5	43.6	42.5
Mauritius	43.8	33.2	26.8	26.5	20.3	21.0	20.4	17.9	16.0	13.3
Mayotte	44.9	46.6	47.8	49.4	47.1	44.4	36.1	36.1	36.5	36.4
Mozambique	48.6	48.0	47.3	47.9	47.3	45.2	46.0	45.4	44.0	42.0
Réunion	43.0	36.5	26.8	23.5	23.4	24.2	22.0	20.3	19.7	17.9
Rwanda	50.7	49.3	51.1	53.4	53.1	50.9	44.9	42.2	39.3	37.6
Seychelles	38.5	36.4	33.3	29.3	26.7	24.3	22.1	19.0	19.2	19.4
Somalia	47.4	47.0	46.0	45.6	46.1	47.5	49.2	49.7	47.4	46.2
South Sudan	51.4	51.4	50.1	48.8	47.5	47.9	46.6	44.6	41.5	39.4
Uganda	49.3	49.0	48.7	48.9	49.3	49.6	49.8	48.8	47.8	46.1
United Republic of Tanzania	49.1	48.7	47.9	47.3	46.0	44.9	43.2	42.0	42.0	42.0
Zambia	49.7	50.3	49.7	49.1	47.1	47.1	45.5	44.4	43.9	43.1
Zimbabwe	48.2	47.5	47.6	47.6	44.9	39.5	35.4	33.1	33.4	35.6
MIDDLE AFRICA	46.8	46.9	46.9	47.1	47.6	47.7	47.2	46.6	45.8	44.2
Angola	53.8	53.0	53.0	53.5	53.2	52.9	52.4	51.6	50.3	48.7
Cameroon	43.7	44.8	45.2	45.3	46.4	45.6	43.6	41.6	40.9	39.6
Central African Republic	43.8	43.5	42.7	42.2	42.4	41.9	40.2	39.9	38.4	35.6
Chad	45.6	45.9	48.1	49.4	50.0	50.6	51.3	51.2	50.2	48.5
Congo	42.8	43.1	43.5	43.1	40.9	38.9	37.9	38.7	38.9	38.5
Democratic Republic of the Congo	46.8	46.8	46.4	46.3	47.0	47.6	47.7	47.4	46.6	44.8
Equatorial Guinea	40.1	40.7	36.8	32.9	41.6	47.2	44.7	40.9	38.1	36.9
Gabon	34.3	36.7	37.2	37.8	38.3	37.7	36.3	34.3	32.3	31.5
São Tomé and Príncipe	46.9	42.4	40.4	40.9	40.5	39.9	39.4	39.3	38.4	36.5
NORTHERN AFRICA	47.0	44.5	42.0	40.9	39.2	35.6	30.4	26.3	25.1	25.5
Algeria	49.5	47.5	46.6	45.0	40.8	35.2	28.8	21.6	19.2	23.1
Egypt	44.9	41.8	38.9	39.0	39.0	36.6	29.8	25.5	25.2	25.2
Libyan Arab Jamahiriya	50.1	51.6	49.3	43.7	37.0	32.4	25.4	22.4	21.9	22.9
Morocco	50.0	45.4	40.9	38.6	36.7	31.4	27.5	23.2	20.6	20.8
Sudan	46.6	46.9	46.9	46.1	44.2	42.1	41.6	40.3	38.9	36.1
Tunisia	45.2	43.2	39.1	36.5	33.1	29.0	22.9	18.7	16.6	17.0
Western Sahara	52.0	50.0	44.4	44.1	39.9	34.8	31.3	25.9	24.1	21.5
SOUTHERN AFRICA	41.4	38.9	38.5	36.8	34.9	32.1	28.4	25.9	24.6	22.9
Botswana	46.6	46.1	45.5	45.0	42.5	37.3	32.1	28.9	26.4	25.3
Lesotho	42.3	42.5	42.7	41.9	39.8	36.7	34.1	33.1	29.8	28.4
Namibia	42.3	42.4	44.2	43.8	41.2	39.1	36.8	33.1	30.4	29.5
South Africa	41.0	38.2	37.7	35.8	33.9	31.1	27.5	24.9	23.9	22.1
Swaziland	47.9	48.9	49.3	48.4	47.7	46.1	39.9	34.1	31.8	31.4
WESTERN AFRICA	47.5	47.2	47.7	47.7	46.7	45.3	44.0	43.1	42.4	41.2
Benin	45.3	46.5	46.9	47.2	47.2	46.8	45.6	43.6	41.7	39.1
Burkina Faso	47.2	47.5	47.5	48.8	49.0	47.8	47.1	46.7	45.6	43.7
Cabo Verde	47.0	43.2	40.6	40.6	42.1	42.2	37.2	31.4	25.5	22.8

表A. 23. 主要地域、地域および国別、粗出生率：推計および低位予測値（続）

2015-2060：低位予測値

粗出生率（人口千人あたり）										主要地域、地域および国
2010-2015	2015-2020	2020-2025	2025-2030	2030-2035	2035-2040	2040-2045	2045-2050	2050-2055	2055-2060	
19.6	16.8	14.9	13.6	13.2	12.8	12.2	11.5	10.8	10.2	**WORLD**
11.1	9.3	8.2	7.5	7.5	7.6	7.7	7.4	7.0	6.7	More developed regions
21.4	18.3	16.1	14.7	14.2	13.7	12.9	12.1	11.3	10.7	Less developed regions
33.3	29.7	27.1	25.0	23.8	22.4	20.8	19.3	17.9	16.8	Least developed countries
19.2	16.1	13.9	12.4	12.0	11.5	10.8	10.1	9.3	8.8	Less developed regions, excluding least developed countries
24.2	20.8	18.5	16.9	16.2	15.4	14.4	13.4	12.5	11.8	Less developed regions, excluding China
11.8	9.9	8.7	7.9	7.8	7.9	7.8	7.5	7.0	6.7	High-income countries
19.7	16.6	14.4	12.9	12.5	12.0	11.3	10.5	9.8	9.2	Middle-income countries
15.0	12.1	9.9	8.7	8.5	8.4	8.1	7.6	7.1	6.6	Upper-middle-income countries
23.6	20.2	17.8	16.1	15.3	14.4	13.4	12.3	11.4	10.8	Lower-middle-income countries
36.6	32.8	30.0	27.7	26.2	24.5	22.7	21.0	19.4	18.0	Low-income countries
37.9	34.1	31.2	29.0	27.6	25.9	24.0	22.2	20.5	19.1	**Sub-Saharan Africa**
35.8	31.9	29.0	26.9	25.7	24.3	22.6	20.9	19.4	18.1	**AFRICA**
37.3	33.2	30.1	27.7	26.1	24.4	22.6	20.7	19.1	17.7	**EASTERN AFRICA**
44.2	40.5	35.8	32.4	31.1	30.3	28.6	26.2	23.8	22.0	Burundi
34.6	30.4	27.2	24.7	23.4	22.0	20.5	18.8	17.3	16.0	Comoros
25.7	21.9	19.0	16.7	15.3	14.1	13.2	12.2	11.1	10.0	Djibouti
35.0	29.9	26.1	23.8	22.7	21.4	19.6	17.5	15.8	14.6	Eritrea
33.2	28.9	25.4	22.3	20.2	18.2	16.3	14.6	13.0	11.7	Ethiopia
35.4	30.9	27.7	25.5	24.3	22.7	20.9	19.1	17.6	16.3	Kenya
34.8	31.8	29.3	27.0	25.5	23.9	22.2	20.6	19.2	17.9	Madagascar
39.6	35.8	32.8	30.3	28.5	26.6	24.7	22.8	21.1	19.5	Malawi
11.4	9.0	7.8	7.1	7.0	6.6	6.1	5.6	5.3	5.1	Mauritius
31.7	26.5	23.5	21.6	20.4	18.9	17.1	15.3	13.6	12.3	Mayotte
40.0	36.0	33.5	31.5	29.9	27.9	25.8	23.7	21.8	20.2	Mozambique
15.7	12.6	10.9	9.8	9.3	8.7	7.9	7.2	6.6	6.2	Réunion
32.9	27.7	23.7	21.2	20.0	18.3	16.2	14.0	12.1	10.9	Rwanda
18.0	14.0	11.5	10.1	9.9	9.8	9.4	8.5	7.6	7.1	Seychelles
43.9	41.3	38.8	36.3	34.2	31.9	29.5	27.3	25.2	23.4	Somalia
37.3	33.8	30.9	28.2	26.4	24.6	22.6	20.8	19.1	17.6	South Sudan
43.7	39.7	36.5	33.7	31.6	29.3	26.7	24.3	22.3	20.6	Uganda
39.7	35.7	32.8	30.8	29.7	28.1	26.1	24.1	22.4	20.9	United Republic of Tanzania
40.6	37.1	34.5	32.6	31.4	29.8	28.0	26.1	24.5	23.2	Zambia
36.1	30.3	25.9	23.0	21.6	20.1	18.3	16.4	14.6	13.1	Zimbabwe
42.1	38.2	35.1	32.5	30.6	28.5	26.2	23.9	22.0	20.3	**MIDDLE AFRICA**
46.2	42.1	39.1	36.5	34.4	31.8	29.2	26.6	24.4	22.6	Angola
37.5	33.2	30.0	27.5	25.9	24.3	22.4	20.5	18.9	17.5	Cameroon
34.3	30.6	27.2	24.2	22.3	20.4	18.7	17.0	15.4	14.1	Central African Republic
45.9	41.9	38.6	35.5	33.2	30.6	28.0	25.5	23.3	21.4	Chad
37.3	33.0	30.4	28.7	27.9	26.4	24.5	22.6	21.1	19.9	Congo
42.6	38.8	35.7	33.1	31.1	28.8	26.5	24.2	22.2	20.5	Democratic Republic of the Congo
35.5	31.8	28.5	25.6	23.7	21.9	20.0	18.2	16.6	15.2	Equatorial Guinea
30.8	26.6	23.7	21.4	20.0	18.8	17.4	16.0	14.7	13.5	Gabon
34.9	30.4	27.6	25.6	24.4	23.0	21.5	19.9	18.4	17.1	São Tomé and Príncipe
27.0	22.3	19.0	16.9	16.3	15.7	14.8	13.6	12.4	11.5	**NORTHERN AFRICA**
25.1	19.5	15.4	12.6	11.6	11.3	11.2	10.6	9.5	8.3	Algeria
28.5	23.3	19.6	17.5	17.3	16.8	15.5	13.9	12.6	11.7	Egypt
21.7	16.8	13.4	11.3	10.7	10.5	10.1	9.2	8.2	7.3	Libyan Arab Jamahiriya
21.3	17.2	14.3	12.2	11.3	10.7	10.0	9.2	8.3	7.5	Morocco
33.7	29.9	27.3	25.1	23.7	22.1	20.4	18.8	17.3	16.2	Sudan
18.4	15.0	12.2	10.1	9.3	9.1	9.1	8.7	7.9	7.1	Tunisia
19.1	15.2	12.4	10.6	9.8	9.3	8.8	8.2	7.6	7.2	Western Sahara
22.0	18.6	16.0	14.3	13.7	13.0	12.0	10.8	9.9	9.2	**SOUTHERN AFRICA**
25.6	21.1	17.8	15.3	14.3	13.4	12.4	11.3	10.2	9.3	Botswana
28.9	25.5	22.3	19.9	18.8	17.6	16.1	14.6	13.3	12.1	Lesotho
30.2	26.2	22.9	20.4	19.1	17.8	16.5	15.0	13.6	12.4	Namibia
21.0	17.7	15.2	13.6	13.0	12.3	11.4	10.3	9.4	8.7	South Africa
30.2	26.2	22.7	20.2	19.1	18.0	16.5	14.7	13.1	12.0	Swaziland
39.8	35.8	33.0	30.9	29.5	27.9	26.0	24.1	22.3	20.8	**WESTERN AFRICA**
36.6	32.8	29.9	27.5	25.9	24.1	22.1	20.3	18.7	17.3	Benin
40.8	36.7	33.8	31.4	29.8	27.7	25.5	23.4	21.6	20.0	Burkina Faso
21.8	18.0	14.8	12.4	11.2	10.2	9.2	8.2	7.4	6.7	Cabo Verde

表A. 23. 主要地域、地域および国別、粗出生率：推計および低位予測値（続）

推計値:1960-2015

主要地域、地域および国	粗出生率（人口千人あたり）									
	1960-1965	1965-1970	1970-1975	1975-1980	1980-1985	1985-1990	1990-1995	1995-2000	2000-2005	2005-2010
Côte d'Ivoire	54.3	53.5	51.9	49.9	46.4	43.9	42.3	41.5	40.0	38.4
Gambia	49.7	49.8	50.9	51.6	50.0	48.2	46.9	45.8	44.8	43.7
Ghana	47.3	47.3	45.9	44.0	42.3	40.1	37.7	35.1	34.4	33.5
Guinea	45.6	45.0	45.8	46.9	47.4	47.0	45.8	43.8	41.8	39.7
Guinea-Bissau	42.0	42.3	43.6	45.1	47.5	46.2	44.4	41.9	40.1	39.0
Liberia	49.2	49.0	49.2	49.0	48.5	46.7	44.1	43.5	41.6	38.6
Mali	50.1	50.3	50.4	49.9	49.4	48.7	48.8	48.4	48.4	47.1
Mauritania	48.4	46.8	45.4	43.9	42.2	41.2	40.1	38.8	37.6	36.0
Niger	57.7	55.8	55.9	55.5	54.6	55.0	55.0	54.0	52.4	50.8
Nigeria	46.1	45.7	46.8	47.1	46.2	44.8	43.6	43.1	42.8	41.7
Senegal	50.3	50.1	50.4	49.5	47.1	44.8	42.4	40.5	39.6	38.9
Sierra Leone	46.0	45.9	46.0	46.4	46.7	46.7	46.0	45.1	43.8	41.3
Togo	47.7	48.1	48.3	47.7	46.1	44.0	41.3	39.8	39.7	38.7
ASIA	39.9	39.0	35.0	30.1	29.0	28.8	24.8	21.2	19.5	18.7
EASTERN ASIA	37.0	37.0	30.6	21.8	20.5	23.4	18.1	13.1	11.8	11.8
China	39.7	39.9	32.2	22.6	21.4	25.2	19.0	13.3	12.1	12.2
China, Hong Kong SAR	34.6	22.1	20.4	17.3	15.4	13.1	12.0	8.0	8.4	8.9
China, Macao SAR	25.1	13.8	10.0	10.2	19.9	21.9	15.7	11.3	7.7	8.8
Dem. People's Republic of Korea	32.5	38.6	32.6	19.7	21.8	20.6	20.8	19.1	16.7	14.7
Japan	17.2	17.8	19.0	15.2	12.8	11.2	9.9	9.5	8.9	8.7
Mongolia	48.0	44.9	43.1	39.6	38.2	36.3	27.5	21.2	18.9	22.2
Republic of Korea	39.9	32.9	30.3	23.1	20.4	15.5	16.0	13.6	10.2	9.6
Other non-specified areas	36.1	29.8	25.0	23.1	20.8	17.3	16.0	14.7	11.8	10.2
SOUTH-CENTRAL ASIA	42.4	40.7	39.3	37.8	36.9	34.5	31.0	28.2	25.7	23.7
CENTRAL ASIA	36.6	31.6	30.7	30.2	32.0	32.8	28.6	23.2	21.1	23.3
Kazakhstan	33.9	26.2	24.9	23.9	25.0	25.6	20.7	16.3	16.7	21.7
Kyrgyzstan	38.2	32.1	29.7	27.8	31.7	32.4	29.1	24.4	20.8	24.0
Tajikistan	44.7	41.9	40.8	38.3	40.7	42.1	37.7	32.8	29.2	29.5
Turkmenistan	44.9	38.2	36.7	34.4	35.3	36.4	32.9	25.0	23.3	22.1
Uzbekistan	36.0	33.7	33.5	34.1	35.5	35.8	31.2	24.8	21.4	22.6
SOUTHERN ASIA	42.6	41.2	39.7	38.2	37.2	34.6	31.1	28.4	25.8	23.7
Afghanistan	51.5	51.7	51.4	50.8	50.3	49.6	48.6	49.1	46.8	42.3
Bangladesh	49.1	48.5	46.8	44.6	42.2	37.8	33.0	29.3	26.0	22.5
Bhutan	49.9	49.2	47.8	46.0	42.6	40.6	34.8	30.4	25.0	21.9
India	41.5	39.9	38.4	36.6	35.5	33.0	30.0	27.6	25.3	22.9
Iran (Islamic Republic of)	46.4	43.5	41.3	42.7	44.6	38.2	28.1	20.9	17.9	18.1
Maldives	54.7	52.4	48.2	44.8	48.4	45.2	35.9	26.0	21.1	20.9
Nepal	44.1	43.1	42.5	42.3	41.2	39.6	37.3	34.3	29.7	25.3
Pakistan	44.3	43.7	42.6	42.3	42.1	42.0	38.2	34.3	30.3	30.3
Sri Lanka	35.1	32.6	28.8	27.8	25.8	21.9	19.8	18.5	18.6	18.4
SOUTH-EASTERN ASIA	42.6	40.2	37.2	34.2	31.8	28.5	25.7	22.6	21.3	20.3
Brunei Darussalam	41.9	35.1	37.8	35.6	31.4	32.0	30.1	24.7	19.6	18.4
Cambodia	46.0	44.1	42.1	40.6	50.6	46.2	38.0	30.8	26.5	26.3
Indonesia	43.6	41.5	38.3	34.9	31.7	27.5	24.4	21.8	21.6	21.3
Lao People's Democratic Republic	42.9	42.8	43.1	42.6	42.8	43.1	41.6	34.9	29.8	29.0
Malaysia	39.5	34.2	31.4	29.4	29.5	28.7	27.5	25.3	19.7	17.0
Myanmar	42.8	40.8	38.7	36.8	34.5	29.1	25.5	24.4	24.0	21.2
Philippines	43.0	40.4	38.3	37.4	35.7	34.1	31.9	30.2	28.8	25.6
Singapore	33.6	25.2	22.1	16.9	17.0	17.8	17.6	14.3	11.3	10.1
Thailand	42.2	40.4	34.7	29.0	24.2	20.5	18.1	15.6	13.5	12.2
Timor-Leste	45.9	44.2	40.0	33.1	44.2	42.3	44.8	46.1	39.2	40.2
Viet Nam	40.6	37.4	35.6	32.9	31.4	29.8	26.7	19.3	16.9	17.3
WESTERN ASIA	42.7	40.6	39.4	37.7	35.9	32.9	30.0	27.5	25.2	24.1
Armenia	34.9	24.6	22.5	22.1	22.9	23.2	19.1	13.5	13.8	14.2
Azerbaijan	41.3	32.4	26.8	25.2	25.6	27.3	26.1	18.9	17.3	21.1
Bahrain	45.6	41.5	35.2	33.0	33.0	31.4	26.7	22.5	20.0	17.0
Cyprus	24.8	20.1	18.8	18.9	20.6	19.6	18.1	14.6	12.3	11.9
Georgia	24.6	19.4	19.4	18.8	18.4	18.0	15.5	12.7	11.9	13.9
Iraq	43.7	46.7	43.7	41.2	39.0	38.3	37.1	36.6	34.9	35.5
Israel	25.5	25.3	27.4	26.2	23.7	22.7	21.4	21.4	21.2	21.1
Jordan	53.5	52.1	48.9	42.7	39.7	35.3	34.0	32.3	30.2	28.7
Kuwait	43.7	48.9	48.1	40.7	36.3	25.3	19.9	24.5	21.3	23.2
Lebanon	37.2	33.7	31.4	30.4	28.8	25.9	23.3	20.6	16.3	12.7
Oman	49.1	48.6	48.0	50.1	48.2	42.9	33.4	26.9	22.4	21.4
Qatar	40.8	38.4	34.6	35.6	33.3	24.9	21.4	20.2	18.3	13.0

表A. 23. 主要地域、地域および国別、粗出生率：推計および低位予測値（続）

2015-2060：低位予測値

粗出生率（人口千人あたり）										主要地域、地域および国
2010-2015	2015-2020	2020-2025	2025-2030	2030-2035	2035-2040	2040-2045	2045-2050	2050-2055	2055-2060	
37.4	34.5	32.0	29.8	28.4	26.8	25.1	23.5	22.0	20.7	Côte d'Ivoire
42.8	38.7	35.8	33.3	31.4	29.2	26.8	24.4	22.2	20.2	Gambia
33.5	28.9	25.6	23.3	22.3	21.3	20.0	18.6	17.0	15.8	Ghana
37.6	33.5	30.5	27.9	26.2	24.3	22.4	20.7	19.0	17.5	Guinea
37.7	33.6	30.1	27.4	25.8	24.2	22.5	20.6	18.9	17.5	Guinea-Bissau
35.7	31.9	29.2	27.2	25.7	24.0	22.1	20.3	18.8	17.6	Liberia
44.4	39.8	36.7	34.2	32.2	29.9	27.3	24.8	22.6	20.8	Mali
34.0	30.4	27.8	25.9	24.7	23.4	21.9	20.3	18.9	17.8	Mauritania
49.8	47.1	44.9	42.6	40.8	38.5	36.0	33.4	30.8	28.5	Niger
40.3	36.2	33.4	31.4	30.0	28.3	26.3	24.3	22.5	20.9	Nigeria
38.9	34.0	30.6	28.2	27.0	25.8	24.3	22.5	20.8	19.3	Senegal
36.9	32.3	28.6	25.6	23.6	21.5	19.4	17.5	15.8	14.5	Sierra Leone
36.3	32.1	29.0	26.8	25.5	24.0	22.2	20.5	19.0	17.7	Togo
17.8	14.7	12.5	11.0	10.5	10.0	9.3	8.5	7.8	7.3	**ASIA**
12.0	9.4	7.4	6.4	6.4	6.4	6.2	5.9	5.4	5.0	**EASTERN ASIA**
12.4	9.7	7.5	6.4	6.4	6.5	6.3	5.9	5.4	4.9	China
10.1	7.9	6.5	5.6	5.3	5.1	5.4	5.9	5.9	5.5	China, Hong Kong SAR
11.2	9.6	8.3	7.1	6.6	6.5	6.8	7.0	7.1	6.9	China, Macao SAR
14.4	12.4	11.1	9.9	9.4	8.9	8.5	8.0	7.5	7.1	Dem. People's Republic of Korea
8.3	6.7	5.9	5.4	5.5	5.7	5.7	5.5	5.1	4.9	Japan
24.6	19.4	15.7	13.4	12.6	12.3	12.0	11.6	10.8	9.7	Mongolia
9.2	7.4	6.4	6.0	5.9	5.4	5.2	5.1	4.9	4.6	Republic of Korea
8.4	5.8	4.6	4.3	4.5	4.4	4.2	4.0	3.6	3.3	Other non-specified areas
21.6	18.1	15.5	13.5	12.6	11.6	10.5	9.4	8.5	7.9	**SOUTH-CENTRAL ASIA**
24.2	19.8	16.2	13.8	13.3	13.1	12.6	11.5	10.3	9.4	**CENTRAL ASIA**
22.5	18.1	14.8	12.8	12.5	12.8	12.8	12.1	11.0	9.9	Kazakhstan
27.1	22.0	18.2	15.8	15.3	15.1	14.5	13.3	11.9	10.8	Kyrgyzstan
31.0	26.6	22.4	19.2	18.1	17.8	17.1	15.5	13.7	12.4	Tajikistan
21.5	17.9	14.9	12.6	11.6	11.1	10.5	9.6	8.6	7.9	Turkmenistan
23.3	18.7	14.9	12.5	12.0	11.7	10.9	9.7	8.5	7.8	Uzbekistan
21.5	18.0	15.4	13.5	12.6	11.6	10.5	9.3	8.5	7.9	**SOUTHERN ASIA**
35.6	29.8	25.3	21.9	19.7	17.5	15.3	13.3	11.6	10.3	Afghanistan
20.4	16.5	13.7	11.5	10.3	9.2	8.1	7.2	6.5	6.0	Bangladesh
18.2	14.8	12.1	10.0	9.1	8.3	7.6	6.9	6.3	5.8	Bhutan
20.4	17.1	14.9	13.1	12.2	11.1	9.9	8.9	8.1	7.6	India
18.1	13.2	9.3	7.1	6.8	7.1	7.2	6.6	5.6	4.8	Iran (Islamic Republic of)
21.7	17.0	12.6	9.6	8.7	8.6	8.3	7.5	6.4	5.6	Maldives
21.0	17.6	14.9	12.4	10.9	9.5	8.3	7.3	6.5	5.8	Nepal
29.8	25.7	22.0	19.2	17.9	16.9	15.5	13.9	12.3	11.2	Pakistan
16.4	13.1	11.0	9.8	9.7	9.6	8.9	7.9	6.8	6.1	Sri Lanka
19.3	16.0	13.7	12.2	11.6	11.0	10.3	9.5	8.7	8.2	**SOUTH-EASTERN ASIA**
16.6	12.9	10.4	8.8	8.1	7.7	7.2	6.6	5.9	5.5	Brunei Darussalam
24.5	20.1	17.2	14.8	13.7	12.9	11.9	10.6	9.3	8.5	Cambodia
20.5	16.7	14.3	12.6	12.0	11.4	10.5	9.7	8.9	8.3	Indonesia
27.2	23.1	19.3	16.3	14.7	13.4	11.9	10.4	9.1	8.2	Lao People's Democratic Republic
16.9	14.5	12.6	10.9	10.0	9.2	8.5	8.0	7.4	6.9	Malaysia
18.2	15.1	13.3	12.0	11.5	10.8	9.9	9.0	8.3	7.8	Myanmar
24.0	20.9	18.6	16.9	15.9	14.8	13.7	12.6	11.6	10.7	Philippines
9.3	7.0	5.8	5.1	4.9	4.7	4.5	4.1	3.8	3.6	Singapore
11.2	8.2	6.5	5.7	5.7	5.5	5.3	4.8	4.4	4.1	Thailand
38.7	33.7	29.9	26.8	25.1	23.9	22.6	20.6	18.2	16.3	Timor-Leste
17.4	14.2	11.7	9.9	9.5	9.3	8.9	8.3	7.6	7.0	Viet Nam
22.8	19.3	16.9	15.2	14.6	13.9	13.1	12.1	11.2	10.4	**WESTERN ASIA**
13.3	10.6	8.1	6.5	6.3	6.6	6.6	6.1	5.3	4.7	Armenia
21.2	16.1	12.0	9.9	9.9	10.0	9.4	8.4	7.7	7.3	Azerbaijan
15.4	11.5	9.2	7.8	7.4	7.1	6.6	6.1	5.6	5.2	Bahrain
11.5	9.0	7.5	6.6	6.4	6.4	6.3	6.0	5.7	5.4	Cyprus
13.7	11.1	9.2	7.8	7.2	7.4	7.9	7.7	6.8	5.9	Georgia
35.1	31.4	28.5	26.5	25.5	24.3	22.8	21.2	19.8	18.6	Iraq
21.5	18.0	15.9	14.6	14.3	14.1	13.6	12.7	11.6	10.6	Israel
27.9	23.1	19.7	17.4	16.4	15.5	14.2	12.6	11.1	10.0	Jordan
20.7	16.2	12.7	10.3	9.7	9.5	9.3	8.8	8.0	7.4	Kuwait
15.0	13.3	11.8	10.0	8.7	7.6	6.8	6.4	6.0	5.7	Lebanon
20.8	15.8	12.3	9.4	8.2	8.2	8.4	8.0	7.2	6.2	Oman
12.1	10.1	8.4	7.0	6.5	6.2	5.9	5.7	5.4	5.1	Qatar

表A. 23.　主要地域、地域および国別、粗出生率：推計および低位予測値（続）

推計値：1960-2015

主要地域、地域および国	粗出生率（人口千人あたり）									
	1960-1965	1965-1970	1970-1975	1975-1980	1980-1985	1985-1990	1990-1995	1995-2000	2000-2005	2005-2010
Saudi Arabia	47.6	47.0	46.4	44.0	42.5	37.9	33.1	28.5	24.4	22.6
State of Palestine	52.1	51.4	48.7	47.2	44.9	45.1	45.7	40.8	35.9	34.0
Syrian Arab Republic	47.3	45.8	46.0	45.4	42.8	38.4	33.5	32.0	28.8	26.3
Turkey	44.1	40.9	39.7	36.7	33.4	28.0	24.5	22.8	20.5	18.7
United Arab Emirates	45.5	41.2	32.4	28.8	30.2	28.3	22.8	18.0	15.1	12.6
Yemen	50.7	53.0	53.4	55.1	54.7	53.4	49.8	41.6	37.9	35.9
EUROPE	19.1	16.8	15.6	14.7	14.3	13.6	11.5	10.3	10.1	10.8
EASTERN EUROPE	19.5	15.9	16.2	16.5	16.5	15.4	11.5	9.3	9.4	10.8
Belarus	22.4	17.4	15.8	15.6	16.6	15.3	12.1	9.4	9.2	10.7
Bulgaria	16.7	15.8	16.1	15.9	13.9	13.1	10.5	8.3	8.5	9.9
Czech Republic	14.5	14.3	17.4	17.8	13.6	12.7	11.6	8.7	9.1	10.8
Hungary	13.5	14.5	15.5	16.0	12.7	12.3	11.7	9.7	9.4	9.6
Poland	19.6	16.6	17.5	19.0	19.3	16.2	13.6	10.7	9.3	10.5
Republic of Moldova	25.6	20.3	19.8	20.3	21.6	21.1	15.7	13.0	10.2	11.0
Romania	16.5	21.5	20.0	19.2	16.2	15.8	11.3	10.3	10.0	10.3
Russian Federation	21.1	15.0	15.4	15.8	16.7	16.2	10.9	8.9	9.8	11.3
Slovakia	20.4	18.0	19.3	20.2	18.2	16.2	13.9	10.8	9.7	10.4
Ukraine	17.9	15.2	15.5	15.1	15.0	13.4	11.2	8.8	8.4	10.3
NORTHERN EUROPE	18.0	16.7	14.2	12.7	13.0	13.7	13.2	12.1	11.4	12.4
Channel Islands	17.0	16.0	13.5	11.8	11.6	12.1	12.3	11.3	10.7	10.0
Denmark	17.3	16.1	14.4	12.3	10.4	11.3	12.8	12.6	12.0	11.8
Estonia	15.5	15.1	15.7	15.1	15.3	15.6	11.2	9.1	9.7	11.5
Finland	18.2	15.9	12.9	13.5	13.3	12.6	12.9	11.5	11.0	11.2
Iceland	25.9	22.1	21.0	19.1	18.0	17.2	17.2	15.5	14.4	15.0
Ireland	22.2	21.1	23.7	22.0	19.5	15.6	13.7	14.4	15.4	16.1
Latvia	15.1	13.6	14.5	13.7	15.0	15.5	11.4	8.0	8.9	10.3
Lithuania	20.3	17.8	16.8	15.5	15.6	15.8	13.5	10.6	9.0	9.7
Norway	17.4	17.0	15.2	12.9	12.3	13.3	13.9	13.4	12.4	12.6
Sweden	14.9	14.8	13.5	11.7	11.3	13.0	13.6	10.4	10.8	11.9
United Kingdom	18.3	16.9	13.5	12.0	12.8	13.7	13.3	12.5	11.4	12.6
SOUTHERN EUROPE	20.4	19.2	17.9	15.9	13.4	11.7	10.7	10.1	10.0	10.1
Albania	39.3	33.7	30.4	27.7	26.4	25.9	23.1	18.7	14.4	11.3
Bosnia and Herzegovina	30.3	25.2	22.4	18.5	18.6	16.4	13.1	11.9	8.7	9.3
Croatia	17.1	14.9	15.0	14.5	14.1	12.5	10.5	10.8	9.4	10.1
Greece	18.2	17.5	15.7	15.8	13.5	10.8	10.0	9.6	9.5	10.4
Italy	18.6	17.8	16.2	13.2	10.9	10.0	9.7	9.2	9.4	9.5
Malta	21.4	15.5	16.7	18.9	17.1	16.8	14.9	12.9	9.8	9.0
Montenegro	27.9	22.9	20.6	18.7	18.6	17.2	15.8	14.1	13.5	13.1
Portugal	23.8	22.2	19.7	18.0	14.6	12.0	11.1	11.0	10.8	9.7
Serbia	19.5	18.7	18.8	18.7	17.4	16.0	13.9	13.4	11.9	10.6
Slovenia	17.8	17.0	16.8	16.8	15.0	12.7	10.0	9.2	8.8	9.8
Spain	21.2	20.0	19.4	17.5	13.4	10.9	9.9	9.4	10.2	10.6
TFYR Macedonia	28.4	27.0	23.4	21.6	20.7	18.7	16.9	14.2	12.6	11.1
WESTERN EUROPE	18.1	16.7	13.5	11.8	12.1	12.0	11.3	11.0	10.6	10.3
Austria	18.6	17.2	13.7	11.5	11.8	11.2	11.6	10.4	9.6	9.3
Belgium	17.2	15.3	13.6	12.3	12.1	11.9	11.9	11.2	11.2	11.8
France	18.1	17.0	16.0	13.8	14.1	13.6	12.7	12.5	12.7	12.7
Germany	17.6	16.0	11.4	10.3	10.7	10.9	9.9	9.6	8.7	8.3
Luxembourg	16.4	14.5	11.8	11.0	11.5	11.8	13.1	13.1	11.8	11.4
Netherlands	21.1	19.2	15.3	12.6	12.2	12.7	12.8	12.5	12.3	11.2
Switzerland	18.9	17.6	14.3	11.7	11.6	11.9	12.0	11.3	10.1	10.1
LATIN AMERICA AND THE CARIBBEAN	41.0	37.9	35.4	33.2	30.9	28.0	25.3	23.4	21.4	19.1
CARIBBEAN	39.4	35.3	31.4	27.4	27.2	26.0	23.7	21.7	20.1	18.9
Antigua and Barbuda	32.1	31.2	26.9	19.4	19.2	18.8	19.0	20.4	19.5	17.6
Aruba	32.9	26.3	22.9	22.5	22.3	20.8	18.1	15.3	13.2	11.5
Bahamas	33.6	26.3	27.1	24.9	27.1	24.1	23.6	20.1	15.7	15.8
Barbados	29.1	23.5	20.5	18.0	17.6	16.5	15.5	14.4	13.3	12.7
Cuba	35.4	31.5	26.5	17.4	16.5	17.7	15.4	13.9	12.4	11.3
Curaçao	30.5	27.4	22.2	20.7	20.3	20.6	18.6	15.2	13.4	12.3
Dominican Republic	49.6	44.3	39.4	35.5	33.4	30.9	28.7	25.9	24.6	23.0
Grenada	41.0	28.9	29.1	29.8	32.5	31.6	24.8	20.7	18.8	19.3
Guadeloupe	35.7	32.8	28.2	23.8	19.6	20.2	17.7	17.2	15.9	15.1
Haiti	43.6	40.7	38.2	40.0	42.8	39.1	35.5	32.7	29.7	27.8
Jamaica	41.5	38.7	32.7	29.2	28.9	26.6	24.7	23.0	20.1	18.7
Martinique	35.3	32.0	25.9	18.4	17.1	18.0	16.5	15.4	14.3	13.5

表A. 23. 主要地域、地域および国別、粗出生率：推計および低位予測値（続）

2015-2060：低位予測値

2010-2015	2015-2020	2020-2025	2025-2030	2030-2035	2035-2040	2040-2045	2045-2050	2050-2055	2055-2060	主要地域、地域および国
粗出生率（人口千人あたり）										
20.8	16.8	14.1	12.3	11.6	11.1	10.3	9.3	8.3	7.5	Saudi Arabia
33.1	29.6	26.5	23.7	22.0	20.5	19.0	17.4	15.9	14.6	State of Palestine
24.1	19.4	17.8	15.8	14.5	13.4	12.3	11.1	9.9	8.8	Syrian Arab Republic
17.3	13.9	11.7	10.3	9.7	9.2	8.5	7.6	6.9	6.4	Turkey
11.2	8.6	6.8	5.9	5.9	5.9	5.6	5.1	4.9	4.8	United Arab Emirates
33.2	28.7	24.7	21.5	19.5	17.5	15.6	13.7	12.0	10.6	Yemen
10.8	8.9	7.7	6.9	6.9	7.2	7.3	7.1	6.6	6.3	**EUROPE**
11.5	9.4	7.9	6.8	6.8	7.3	7.7	7.6	7.0	6.4	**EASTERN EUROPE**
11.7	9.9	8.3	7.1	7.1	7.6	8.2	8.1	7.4	6.8	Belarus
9.4	8.0	7.0	6.3	6.3	6.7	6.9	6.7	6.1	5.6	Bulgaria
10.2	8.4	7.2	6.3	6.3	6.7	7.1	6.9	6.4	5.9	Czech Republic
9.3	7.7	6.7	6.1	6.1	6.2	6.3	6.2	5.8	5.4	Hungary
10.4	7.8	6.1	5.2	5.1	5.3	5.5	5.3	4.7	4.2	Poland
10.9	8.1	6.2	5.3	5.2	5.3	5.3	5.1	4.6	4.2	Republic of Moldova
9.4	7.6	6.5	6.1	6.4	6.6	6.6	6.0	5.4	5.2	Romania
12.7	10.6	8.9	7.6	7.5	8.2	8.8	8.7	8.0	7.4	Russian Federation
10.5	8.6	7.3	6.3	6.0	6.1	6.3	6.2	5.8	5.4	Slovakia
10.8	9.0	7.6	6.6	6.5	7.0	7.5	7.4	6.8	6.3	Ukraine
12.3	10.5	9.4	8.5	8.4	8.5	8.5	8.1	7.6	7.2	**NORTHERN EUROPE**
9.6	7.8	6.8	6.3	6.4	6.4	6.3	6.0	5.7	5.6	Channel Islands
10.4	9.2	8.9	8.5	8.5	8.4	8.0	7.7	7.4	7.2	Denmark
10.7	9.2	7.9	6.9	6.8	7.3	7.6	7.3	6.7	6.1	Estonia
10.7	9.2	8.3	7.5	7.5	7.6	7.5	7.3	6.8	6.5	Finland
13.6	11.3	9.8	8.7	8.4	8.2	8.1	7.6	6.9	6.4	Iceland
15.4	11.7	9.6	8.7	9.1	9.6	9.5	8.7	7.8	7.3	Ireland
10.0	8.5	7.5	6.6	6.6	7.0	7.3	7.1	6.6	6.2	Latvia
10.2	8.8	8.3	7.5	7.2	7.2	7.5	7.5	7.2	6.8	Lithuania
11.7	10.3	9.4	8.6	8.5	8.4	8.3	8.0	7.6	7.3	Norway
12.0	10.7	9.7	8.7	8.5	8.8	8.9	8.7	8.3	7.9	Sweden
12.6	10.8	9.6	8.6	8.4	8.5	8.5	8.2	7.6	7.2	United Kingdom
9.1	7.2	6.1	5.6	5.7	5.9	6.0	5.7	5.3	5.0	**SOUTHERN EUROPE**
13.1	11.9	10.4	8.7	7.6	7.0	6.7	6.6	6.2	5.5	Albania
9.1	6.8	5.3	4.6	4.6	4.7	4.9	4.6	4.1	3.8	Bosnia and Herzegovina
9.8	7.7	6.5	5.9	6.0	6.1	6.1	5.8	5.3	4.9	Croatia
8.9	6.5	5.3	4.8	5.1	5.4	5.6	5.3	4.8	4.4	Greece
8.6	6.9	6.1	5.7	5.9	6.1	6.1	5.8	5.5	5.3	Italy
8.9	7.5	7.1	7.1	7.1	6.5	6.0	5.7	5.5	5.5	Malta
11.9	9.5	8.1	7.4	7.4	7.3	7.0	6.4	5.9	5.5	Montenegro
8.5	6.1	4.9	4.6	4.9	5.1	5.1	4.8	4.4	4.2	Portugal
10.2	8.6	7.8	7.2	7.2	7.1	6.8	6.4	5.9	5.6	Serbia
10.5	8.6	7.2	6.3	6.3	6.7	7.1	7.0	6.4	5.9	Slovenia
9.3	7.1	5.8	5.2	5.4	5.7	5.9	5.7	5.2	4.9	Spain
11.3	9.4	8.2	7.3	7.0	6.8	6.7	6.4	6.0	5.6	TFYR Macedonia
10.2	8.8	7.9	7.3	7.3	7.3	7.2	6.9	6.6	6.3	**WESTERN EUROPE**
9.5	8.2	7.4	6.7	6.6	6.4	6.4	6.3	6.1	5.9	Austria
11.6	9.9	8.7	7.9	7.9	8.1	8.1	7.7	7.3	6.9	Belgium
12.4	10.5	9.4	8.8	8.9	9.0	8.7	8.2	7.6	7.3	France
8.3	7.2	6.4	5.8	5.7	5.6	5.6	5.5	5.4	5.2	Germany
11.3	9.8	8.8	8.1	8.1	8.1	8.0	7.8	7.6	7.4	Luxembourg
10.6	9.1	8.3	7.8	7.8	7.7	7.4	7.1	6.8	6.6	Netherlands
10.2	8.9	7.9	7.2	7.1	7.1	7.1	7.1	6.9	6.7	Switzerland
17.8	14.5	12.4	10.8	10.1	9.3	8.5	7.8	7.1	6.6	**LATIN AMERICA AND THE CARIBBEAN**
17.7	14.8	12.8	11.3	10.7	10.0	9.2	8.4	7.6	7.1	**CARIBBEAN**
16.5	14.1	12.4	11.0	10.3	9.6	8.9	8.3	7.7	7.3	Antigua and Barbuda
10.3	8.5	8.0	7.8	7.8	7.4	6.8	6.2	6.0	6.0	Aruba
15.4	12.7	10.8	9.4	8.8	8.4	8.1	7.8	7.3	6.8	Bahamas
12.2	10.2	9.0	8.3	8.3	8.3	8.1	7.7	7.2	6.9	Barbados
10.5	8.2	6.9	6.1	6.0	5.8	5.5	5.1	4.8	4.6	Cuba
13.3	11.7	10.4	9.4	9.0	8.7	8.5	8.2	7.8	7.4	Curaçao
21.4	17.7	15.1	13.3	12.3	11.2	10.0	8.9	8.0	7.4	Dominican Republic
19.4	16.2	13.0	10.6	9.8	9.5	8.9	7.8	6.6	5.8	Grenada
13.7	10.8	9.4	8.8	9.0	9.0	8.5	7.5	6.7	6.2	Guadeloupe
25.5	21.8	18.9	16.7	15.4	14.2	12.9	11.7	10.5	9.6	Haiti
17.6	14.7	12.2	10.1	9.1	8.3	7.7	7.0	6.2	5.6	Jamaica
11.7	9.2	8.4	7.9	7.8	7.4	6.9	6.5	6.2	6.1	Martinique

表A. 23. 主要地域、地域および国別、粗出生率：推計および低位予測値（続）

推計値：1960-2015

主要地域、地域および国	粗出生率（人口千人あたり）									
	1960-1965	1965-1970	1970-1975	1975-1980	1980-1985	1985-1990	1990-1995	1995-2000	2000-2005	2005-2010
Puerto Rico	32.3	26.7	25.0	23.7	20.5	18.6	17.5	15.4	13.8	12.7
Saint Lucia	45.9	41.2	37.1	37.4	33.3	30.2	26.1	21.7	18.0	17.2
Saint Vincent and the Grenadines	46.3	42.3	38.3	32.8	29.2	25.8	24.0	21.4	18.6	17.7
Trinidad and Tobago	35.9	27.9	26.9	27.5	28.9	23.6	18.1	15.1	14.9	15.3
United States Virgin Islands	41.7	46.8	38.7	28.3	24.4	23.9	21.2	15.6	14.4	15.9
CENTRAL AMERICA	45.0	43.7	43.3	38.1	33.9	31.3	29.1	26.8	24.1	21.8
Belize	43.7	42.2	42.0	42.4	39.9	37.2	34.4	31.2	28.5	24.5
Costa Rica	43.1	36.6	29.9	29.6	29.5	28.0	24.9	21.5	17.9	16.6
El Salvador	46.7	44.0	41.7	39.2	35.4	32.2	29.6	26.3	22.0	19.2
Guatemala	46.0	44.8	44.3	44.0	42.9	39.2	37.8	36.0	33.2	29.7
Honduras	49.5	48.4	45.9	44.5	42.3	39.5	37.1	33.7	29.2	25.2
Mexico	44.6	43.6	43.7	37.2	32.3	29.8	27.6	25.5	23.0	20.9
Nicaragua	48.5	46.2	46.2	45.2	42.9	38.3	33.3	28.8	25.3	23.3
Panama	40.9	38.8	36.2	32.5	29.5	27.3	25.2	24.3	22.1	21.0
SOUTH AMERICA	39.8	36.2	33.0	32.1	30.1	27.0	24.1	22.3	20.5	18.0
Argentina	23.2	22.5	23.4	25.7	23.1	22.2	21.3	19.7	19.2	18.5
Bolivia	43.9	42.8	41.8	41.2	39.2	36.6	34.3	32.2	29.5	26.8
Brazil	42.3	37.2	33.9	32.9	30.9	26.4	22.7	21.6	19.8	16.4
Chile	35.0	32.1	27.1	23.8	22.7	22.7	20.4	17.8	15.9	14.5
Colombia	44.2	41.1	34.2	32.5	30.7	27.7	25.1	21.9	20.1	18.0
Ecuador	43.6	42.2	39.6	36.2	33.5	31.4	28.7	26.3	23.8	22.5
French Guiana	31.6	32.4	30.4	25.8	28.9	30.1	31.6	29.5	28.2	28.2
Guyana	37.0	35.2	35.6	34.9	34.4	33.4	31.6	27.6	23.7	19.8
Paraguay	41.2	39.4	35.6	36.1	36.7	35.0	32.0	29.3	25.1	23.3
Peru	46.7	44.3	40.4	38.3	34.0	31.6	28.7	25.4	23.0	21.4
Suriname	44.6	39.4	34.6	29.7	29.4	28.7	26.3	23.3	21.3	19.9
Uruguay	21.9	20.5	21.1	20.2	18.3	18.2	18.2	16.9	15.9	15.1
Venezuela (Bolivarian Republic of)	46.2	40.6	34.8	33.5	31.8	30.5	27.4	24.7	22.9	21.4
NORTHERN AMERICA	22.4	18.0	15.6	14.8	15.3	15.6	15.4	14.1	13.8	13.6
Canada	24.8	18.5	15.6	15.0	14.6	14.1	13.7	11.6	10.6	11.1
United States of America	22.2	18.0	15.6	14.8	15.4	15.7	15.6	14.4	14.1	13.9
OCEANIA	26.2	24.5	24.1	21.0	20.4	19.8	19.6	18.7	17.8	18.1
AUSTRALIA/NEW ZEALAND	22.2	20.4	19.5	16.0	15.6	15.3	15.0	13.8	13.0	14.0
Australia	21.4	19.9	19.1	15.8	15.5	15.1	14.7	13.5	12.8	13.8
New Zealand	25.8	22.7	21.0	17.0	15.9	16.6	16.6	14.9	14.2	14.9
MELANESIA	41.8	41.1	43.2	39.9	37.2	34.6	34.2	33.9	32.1	30.2
Fiji	42.3	35.8	33.0	33.7	33.1	29.8	28.1	25.6	24.0	22.4
New Caledonia	34.1	35.5	37.0	29.3	25.7	23.6	23.6	20.8	18.3	17.2
Papua New Guinea	41.8	42.3	45.4	41.1	38.0	35.4	35.2	35.6	33.6	31.5
Solomon Islands	41.1	42.4	47.9	46.0	42.4	41.0	38.8	36.3	35.1	34.0
Vanuatu	47.5	43.6	40.9	39.8	38.4	36.7	35.5	33.8	30.9	28.2
MICRONESIA	41.6	37.8	35.7	35.0	34.2	32.3	29.9	27.5	24.7	22.4
Guam	38.6	32.6	31.5	29.9	27.2	27.1	24.0	23.0	20.7	18.3
Kiribati	45.5	38.3	32.4	35.3	36.8	37.3	35.5	31.8	29.8	29.5
Micronesia (Fed. States of)	42.7	42.0	39.9	38.2	39.3	35.5	32.8	31.4	28.1	24.5
POLYNESIA	44.5	40.4	36.1	34.3	33.5	32.3	29.6	26.7	24.5	23.1
French Polynesia	38.9	36.1	34.3	31.8	30.4	30.2	25.8	21.3	19.1	17.5
Samoa	47.3	43.1	39.7	37.7	36.2	34.3	32.2	31.6	29.6	29.2
Tonga	45.8	40.3	33.1	33.8	34.9	31.4	30.9	28.3	28.6	28.2

表A. 23. 主要地域、地域および国別、粗出生率：推計および低位予測値（続）

2015-2060：低位予測値

粗出生率（人口千人あたり）										主要地域、地域および国
2010-2015	2015-2020	2020-2025	2025-2030	2030-2035	2035-2040	2040-2045	2045-2050	2050-2055	2055-2060	
12.1	9.6	8.1	7.1	6.9	6.5	6.1	5.6	5.0	4.7	Puerto Rico
15.5	12.5	10.5	9.0	8.4	7.8	7.2	6.6	6.0	5.6	Saint Lucia
16.4	13.2	11.0	9.5	8.9	8.4	7.7	6.9	6.2	5.7	Saint Vincent and the Grenadines
14.7	11.2	9.0	7.8	7.9	8.0	7.9	7.3	6.6	6.1	Trinidad and Tobago
14.1	11.4	9.9	9.0	8.8	8.4	7.7	6.9	6.3	5.9	United States Virgin Islands
20.1	16.5	14.0	12.0	11.0	10.0	9.1	8.2	7.4	6.8	**CENTRAL AMERICA**
23.3	20.1	17.5	15.3	13.9	12.6	11.5	10.4	9.6	8.8	Belize
15.1	12.0	9.9	8.6	8.1	7.5	7.0	6.5	6.0	5.6	Costa Rica
17.5	14.7	12.5	10.6	9.6	8.6	7.7	6.9	6.2	5.6	El Salvador
27.7	23.8	21.0	18.6	17.2	15.8	14.3	12.9	11.6	10.6	Guatemala
21.7	18.2	15.5	13.3	11.9	10.7	9.5	8.5	7.6	7.0	Honduras
19.3	15.7	13.1	11.2	10.2	9.3	8.3	7.4	6.7	6.2	Mexico
21.0	16.8	13.9	11.8	10.7	9.7	8.6	7.7	6.9	6.2	Nicaragua
19.8	16.5	14.3	12.7	11.9	11.0	10.0	9.0	8.3	7.7	Panama
16.8	13.7	11.6	10.2	9.6	8.9	8.2	7.5	6.9	6.4	**SOUTH AMERICA**
17.8	15.1	13.2	12.0	11.4	10.8	10.1	9.3	8.6	8.0	Argentina
24.4	21.0	18.6	16.6	15.4	14.2	12.9	11.6	10.6	9.7	Bolivia
15.1	12.0	10.0	8.7	8.2	7.6	7.0	6.4	5.9	5.5	Brazil
13.5	10.9	9.3	8.1	7.7	7.3	6.8	6.3	5.9	5.5	Chile
16.2	12.9	10.6	9.1	8.6	8.1	7.4	6.8	6.2	5.8	Colombia
21.2	17.8	15.3	13.5	12.5	11.5	10.4	9.4	8.5	7.8	Ecuador
26.1	22.0	19.8	18.5	17.9	17.0	15.9	14.6	13.4	12.6	French Guiana
18.8	18.0	16.8	14.8	13.4	12.1	11.0	10.2	9.4	8.7	Guyana
21.7	18.7	16.3	14.3	13.2	12.2	11.1	10.1	9.1	8.4	Paraguay
20.4	16.8	14.3	12.4	11.5	10.7	9.8	8.8	7.9	7.2	Peru
18.6	15.5	13.5	12.0	11.4	10.6	9.8	9.0	8.2	7.6	Suriname
14.4	12.2	10.8	9.7	9.3	8.8	8.3	7.6	7.1	6.6	Uruguay
20.0	16.6	14.2	12.5	11.7	10.7	9.8	8.9	8.1	7.5	Venezuela (Bolivarian Republic of)
12.4	10.8	9.8	9.0	8.9	8.9	8.7	8.4	8.0	7.7	**NORTHERN AMERICA**
10.9	8.9	7.7	6.9	6.7	6.8	6.9	6.8	6.5	6.3	Canada
12.6	11.0	10.0	9.3	9.2	9.1	8.9	8.5	8.1	7.9	United States of America
17.3	14.7	13.1	12.0	11.6	11.3	10.9	10.4	9.8	9.2	**OCEANIA**
13.5	11.3	9.8	8.7	8.5	8.4	8.4	8.2	7.8	7.3	**AUSTRALIA/NEW ZEALAND**
13.5	11.3	9.8	8.7	8.4	8.3	8.4	8.2	7.8	7.4	Australia
13.7	11.3	10.1	9.2	8.9	8.7	8.4	7.9	7.4	7.0	New Zealand
28.0	24.5	22.2	20.5	19.6	18.4	17.1	15.8	14.7	13.7	**MELANESIA**
20.7	16.9	14.6	13.2	12.7	12.0	11.0	10.0	9.1	8.3	Fiji
15.7	13.1	11.5	10.3	9.9	9.4	8.9	8.4	7.9	7.5	New Caledonia
29.1	25.6	23.3	21.5	20.5	19.2	17.8	16.4	15.2	14.3	Papua New Guinea
30.9	26.2	23.5	21.8	20.9	19.8	18.2	16.6	15.2	14.1	Solomon Islands
26.9	23.5	20.9	19.0	18.1	17.1	15.8	14.5	13.3	12.3	Vanuatu
21.0	18.1	16.2	15.0	14.5	13.8	12.9	11.8	10.7	10.0	**MICRONESIA**
17.5	15.2	13.5	12.0	11.2	10.3	9.5	8.7	8.0	7.5	Guam
29.2	25.8	23.0	20.5	19.3	19.0	18.8	17.7	16.0	14.6	Kiribati
23.6	21.9	20.7	19.0	17.3	15.3	13.7	12.6	11.7	10.8	Micronesia (Fed. States of)
21.3	18.1	16.3	15.1	14.7	14.0	12.9	11.7	10.6	9.8	**POLYNESIA**
16.5	13.6	11.5	9.8	9.0	8.3	7.9	7.5	7.0	6.4	French Polynesia
26.4	22.6	20.9	20.2	20.3	19.6	18.0	15.9	14.0	13.0	Samoa
25.7	21.7	20.3	19.9	19.9	19.1	17.4	15.3	13.8	13.1	Tonga

表A. 24. 主要地域、地域および国別、合計出生率：推計および中位予測値、1960-2060年

推計値：1960-2015

主要地域、地域および国	合計出生率（女性一人あたり子供）									
	1960-1965	1965-1970	1970-1975	1975-1980	1980-1985	1985-1990	1990-1995	1995-2000	2000-2005	2005-2010
WORLD	5.02	4.92	4.48	3.87	3.59	3.45	3.04	2.74	2.62	2.56
More developed regions	2.69	2.39	2.15	1.92	1.84	1.81	1.67	1.57	1.58	1.67
Less developed regions	6.13	6.03	5.42	4.59	4.17	3.92	3.39	3.00	2.83	2.72
Least developed countries	6.70	6.74	6.73	6.67	6.53	6.19	5.77	5.39	5.01	4.62
Less developed regions, excluding least developed countries	6.05	5.94	5.25	4.32	3.87	3.64	3.09	2.69	2.52	2.42
Less developed regions, excluding China	6.13	5.96	5.68	5.27	4.92	4.46	4.00	3.63	3.34	3.13
High-income countries	2.94	2.60	2.34	2.07	1.98	1.91	1.80	1.71	1.69	1.76
Middle-income countries	5.94	5.88	5.24	4.39	3.96	3.72	3.16	2.75	2.59	2.48
Upper-middle-income countries	6.00	5.98	4.93	3.58	3.08	3.03	2.38	1.93	1.84	1.82
Lower-middle-income countries	5.89	5.79	5.58	5.25	4.93	4.49	4.01	3.61	3.31	3.08
Low-income countries	6.47	6.56	6.57	6.47	6.53	6.44	6.23	6.00	5.67	5.31
Sub-Saharan Africa	6.65	6.66	6.75	6.77	6.69	6.51	6.18	5.91	5.68	5.40
AFRICA	6.70	6.67	6.67	6.62	6.48	6.20	5.73	5.35	5.10	4.89
EASTERN AFRICA	7.07	7.09	7.13	7.11	7.00	6.82	6.41	6.08	5.76	5.38
Burundi	7.07	7.27	7.34	7.48	7.43	7.59	7.43	7.18	6.91	6.52
Comoros	6.91	7.05	7.05	7.05	7.05	6.70	6.10	5.60	5.20	4.90
Djibouti	6.55	6.71	6.85	6.64	6.26	6.18	5.85	4.81	4.21	3.70
Eritrea	6.82	6.70	6.62	6.62	6.70	6.51	6.20	5.60	5.10	4.80
Ethiopia	6.90	6.87	7.10	7.18	7.42	7.37	7.09	6.83	6.13	5.26
Kenya	8.07	8.11	7.99	7.64	7.22	6.54	5.57	5.07	5.00	4.80
Madagascar	7.30	7.30	7.30	7.00	6.10	6.30	6.14	5.80	5.28	4.83
Malawi	7.00	7.20	7.40	7.60	7.60	7.30	6.70	6.40	6.10	5.80
Mauritius	6.20	4.61	3.47	3.11	2.30	2.31	2.25	2.03	1.93	1.70
Mayotte	7.91	7.91	7.91	7.91	7.35	6.73	5.25	5.08	4.80	4.60
Mozambique	6.60	6.60	6.58	6.53	6.44	6.33	6.12	5.85	5.80	5.65
Réunion	6.56	5.67	3.88	3.12	2.78	2.71	2.41	2.33	2.45	2.40
Rwanda	8.20	8.20	8.28	8.43	8.38	7.99	6.55	5.90	5.40	4.85
Seychelles	5.59	5.92	5.38	4.27	3.51	2.94	2.57	2.18	2.20	2.30
Somalia	7.25	7.25	7.10	7.00	7.07	7.26	7.53	7.70	7.44	7.10
South Sudan	6.75	6.85	6.90	6.92	6.78	6.83	6.65	6.42	6.00	5.60
Uganda	7.05	7.12	7.10	7.10	7.10	7.10	7.06	6.95	6.75	6.38
United Republic of Tanzania	6.80	6.79	6.75	6.73	6.55	6.36	6.05	5.75	5.66	5.58
Zambia	7.15	7.40	7.43	7.38	7.00	6.68	6.35	6.15	6.05	5.90
Zimbabwe	7.30	7.40	7.40	7.30	6.74	5.66	4.77	4.20	4.02	4.02
MIDDLE AFRICA	6.20	6.31	6.45	6.60	6.77	6.87	6.83	6.73	6.54	6.24
Angola	7.40	7.40	7.35	7.35	7.30	7.25	7.15	7.00	6.80	6.60
Cameroon	5.81	6.09	6.31	6.47	6.70	6.60	6.22	5.77	5.49	5.21
Central African Republic	5.90	5.95	5.95	5.95	5.95	5.90	5.65	5.54	5.30	4.85
Chad	6.30	6.40	6.67	6.87	7.04	7.21	7.39	7.41	7.24	6.85
Congo	5.99	6.19	6.35	6.35	6.00	5.55	5.21	5.13	5.10	5.05
Democratic Republic of the Congo	6.04	6.15	6.29	6.46	6.72	6.98	7.10	7.10	6.95	6.60
Equatorial Guinea	5.53	5.66	5.68	5.68	5.79	5.89	5.89	5.87	5.64	5.36
Gabon	4.59	4.93	5.23	5.57	5.72	5.58	5.22	4.77	4.35	4.15
São Tomé and Príncipe	6.30	6.40	6.52	6.50	6.24	5.96	5.68	5.41	5.15	4.90
NORTHERN AFRICA	6.90	6.73	6.40	6.14	5.74	5.10	4.20	3.47	3.13	3.09
Algeria	7.65	7.65	7.57	7.18	6.32	5.30	4.12	2.89	2.38	2.72
Egypt	6.55	6.20	5.70	5.60	5.49	5.15	4.12	3.41	3.15	2.98
Libyan Arab Jamahiriya	7.30	7.99	8.10	7.67	6.68	5.71	4.22	3.25	2.75	2.66
Morocco	7.15	6.90	6.43	5.90	5.40	4.45	3.70	2.97	2.52	2.49
Sudan	6.75	6.86	6.90	6.92	6.63	6.30	6.00	5.63	5.25	4.83
Tunisia	6.99	6.92	6.39	5.65	4.82	4.00	2.98	2.34	2.04	2.02
Western Sahara	6.53	6.60	6.57	6.23	5.33	4.54	3.96	3.18	2.81	2.44
SOUTHERN AFRICA	6.12	5.77	5.57	5.14	4.71	4.16	3.50	3.09	2.90	2.65
Botswana	6.65	6.70	6.55	6.37	5.97	5.11	4.32	3.70	3.18	2.90
Lesotho	5.81	5.80	5.80	5.69	5.46	5.14	4.70	4.37	3.79	3.37
Namibia	6.20	6.30	6.60	6.60	6.20	5.55	4.91	4.29	3.81	3.60
South Africa	6.10	5.70	5.47	5.00	4.56	4.00	3.34	2.95	2.80	2.55
Swaziland	6.75	6.85	6.87	6.73	6.54	6.13	5.30	4.49	4.01	3.75
WESTERN AFRICA	6.54	6.60	6.79	6.90	6.84	6.67	6.41	6.14	5.95	5.74
Benin	6.42	6.65	6.83	7.00	7.01	6.88	6.56	6.16	5.78	5.31
Burkina Faso	6.35	6.56	6.70	7.02	7.17	7.07	6.93	6.73	6.43	6.08
Cabo Verde	6.97	6.97	6.86	6.62	6.10	5.63	4.93	4.14	3.22	2.62

表A. 24. 主要地域、地域および国別、合計出生率：推計および中位予測値（続）

2015-2060：中位予測値

合計出生率（女性一人あたり子供）										主要地域、地域および国
2010-2015	2015-2020	2020-2025	2025-2030	2030-2035	2035-2040	2040-2045	2045-2050	2050-2055	2055-2060	
2.51	2.47	2.43	2.38	2.35	2.31	2.28	2.25	2.22	2.18	**WORLD**
1.67	1.69	1.72	1.75	1.77	1.79	1.81	1.82	1.83	1.84	More developed regions
2.65	2.58	2.52	2.47	2.42	2.37	2.33	2.30	2.26	2.22	Less developed regions
4.27	3.98	3.72	3.50	3.33	3.17	3.04	2.91	2.79	2.69	Least developed countries
2.37	2.32	2.26	2.22	2.18	2.14	2.11	2.09	2.07	2.04	Less developed regions, excluding least developed countries
2.98	2.85	2.73	2.63	2.55	2.48	2.42	2.37	2.32	2.27	Less developed regions, excluding China
1.75	1.76	1.77	1.79	1.80	1.81	1.82	1.82	1.83	1.83	High-income countries
2.42	2.36	2.31	2.26	2.22	2.18	2.15	2.13	2.11	2.08	Middle-income countries
1.85	1.86	1.84	1.83	1.85	1.86	1.87	1.89	1.90	1.90	Upper-middle-income countries
2.90	2.75	2.62	2.52	2.43	2.35	2.29	2.24	2.19	2.15	Lower-middle-income countries
4.89	4.52	4.17	3.88	3.63	3.42	3.24	3.07	2.92	2.79	Low-income countries
5.10	4.75	4.42	4.13	3.86	3.63	3.42	3.23	3.06	2.91	**Sub-Saharan Africa**
4.71	4.41	4.14	3.89	3.66	3.46	3.27	3.11	2.96	2.83	**AFRICA**
4.94	4.52	4.16	3.85	3.59	3.37	3.19	3.02	2.88	2.75	**EASTERN AFRICA**
6.08	5.66	5.26	4.89	4.55	4.23	3.95	3.69	3.48	3.28	Burundi
4.60	4.23	3.91	3.63	3.39	3.19	3.01	2.86	2.73	2.61	Comoros
3.30	2.99	2.74	2.55	2.40	2.28	2.18	2.09	2.02	1.96	Djibouti
4.40	4.02	3.70	3.41	3.18	2.98	2.81	2.67	2.55	2.44	Eritrea
4.59	3.99	3.49	3.11	2.82	2.60	2.43	2.28	2.17	2.07	Ethiopia
4.44	4.10	3.81	3.56	3.34	3.16	3.00	2.85	2.72	2.60	Kenya
4.50	4.21	3.94	3.71	3.51	3.33	3.17	3.03	2.90	2.79	Madagascar
5.25	4.88	4.54	4.23	3.96	3.72	3.51	3.32	3.16	3.01	Malawi
1.50	1.44	1.43	1.47	1.51	1.55	1.58	1.61	1.64	1.67	Mauritius
4.10	3.73	3.43	3.18	2.96	2.78	2.62	2.48	2.36	2.24	Mayotte
5.45	5.12	4.79	4.47	4.16	3.88	3.62	3.39	3.19	3.01	Mozambique
2.24	2.12	2.02	1.95	1.90	1.87	1.85	1.84	1.83	1.82	Réunion
4.05	3.62	3.27	2.98	2.75	2.54	2.37	2.21	2.08	1.97	Rwanda
2.33	2.21	2.11	2.03	1.97	1.92	1.89	1.86	1.85	1.84	Seychelles
6.61	6.12	5.65	5.22	4.80	4.43	4.09	3.79	3.54	3.31	Somalia
5.15	4.73	4.35	4.00	3.70	3.43	3.20	3.01	2.85	2.71	South Sudan
5.91	5.46	5.02	4.62	4.25	3.92	3.62	3.37	3.16	2.97	Uganda
5.24	4.92	4.61	4.33	4.07	3.83	3.61	3.42	3.25	3.10	United Republic of Tanzania
5.45	5.14	4.85	4.59	4.34	4.12	3.91	3.73	3.56	3.41	Zambia
4.02	3.65	3.34	3.10	2.89	2.72	2.57	2.43	2.31	2.21	Zimbabwe
5.82	5.38	4.97	4.59	4.23	3.92	3.63	3.38	3.17	2.99	**MIDDLE AFRICA**
6.20	5.79	5.38	4.98	4.60	4.24	3.92	3.64	3.38	3.17	Angola
4.81	4.46	4.13	3.84	3.58	3.37	3.17	3.01	2.86	2.74	Cameroon
4.41	4.02	3.66	3.35	3.08	2.87	2.70	2.55	2.43	2.33	Central African Republic
6.31	5.79	5.30	4.85	4.43	4.06	3.74	3.46	3.22	3.03	Chad
4.95	4.64	4.36	4.10	3.86	3.65	3.46	3.29	3.14	3.00	Congo
6.15	5.66	5.20	4.77	4.37	4.02	3.70	3.43	3.21	3.01	Democratic Republic of the Congo
4.97	4.52	4.10	3.72	3.39	3.11	2.89	2.70	2.55	2.43	Equatorial Guinea
4.00	3.68	3.40	3.16	2.97	2.80	2.66	2.54	2.44	2.35	Gabon
4.67	4.36	4.07	3.81	3.58	3.38	3.19	3.04	2.90	2.78	São Tomé and Príncipe
3.27	3.05	2.89	2.75	2.63	2.51	2.41	2.34	2.29	2.24	**NORTHERN AFRICA**
2.93	2.62	2.41	2.26	2.15	2.06	2.00	1.96	1.93	1.91	Algeria
3.38	3.16	2.98	2.82	2.69	2.58	2.47	2.38	2.30	2.22	Egypt
2.53	2.32	2.14	2.01	1.91	1.84	1.79	1.77	1.76	1.76	Libyan Arab Jamahiriya
2.56	2.38	2.24	2.13	2.04	1.97	1.92	1.88	1.85	1.83	Morocco
4.46	4.13	3.83	3.57	3.35	3.16	2.99	2.85	2.72	2.61	Sudan
2.16	2.07	1.99	1.93	1.89	1.86	1.84	1.83	1.82	1.82	Tunisia
2.20	2.06	1.94	1.85	1.78	1.73	1.70	1.68	1.68	1.69	Western Sahara
2.51	2.38	2.27	2.17	2.09	2.02	1.97	1.92	1.89	1.86	**SOUTHERN AFRICA**
2.90	2.67	2.49	2.35	2.22	2.12	2.03	1.97	1.91	1.87	Botswana
3.26	3.01	2.81	2.64	2.51	2.40	2.30	2.21	2.14	2.07	Lesotho
3.60	3.31	3.07	2.88	2.71	2.57	2.45	2.34	2.24	2.16	Namibia
2.40	2.28	2.18	2.09	2.02	1.96	1.91	1.87	1.84	1.82	South Africa
3.36	3.06	2.82	2.63	2.48	2.35	2.23	2.13	2.05	1.98	Swaziland
5.54	5.21	4.88	4.57	4.27	4.00	3.75	3.53	3.32	3.14	**WESTERN AFRICA**
4.89	4.50	4.15	3.84	3.57	3.34	3.14	2.96	2.82	2.69	Benin
5.65	5.23	4.84	4.48	4.15	3.84	3.58	3.34	3.14	2.97	Burkina Faso
2.37	2.19	2.05	1.94	1.86	1.80	1.77	1.74	1.73	1.73	Cabo Verde

表A. 24. 主要地域、地域および国別、合計出生率：推計および中位予測値（続）

推計値：1960-2015

主要地域、地域および国	合計出生率（女性一人あたり子供）									
	1960-1965	1965-1970	1970-1975	1975-1980	1980-1985	1985-1990	1990-1995	1995-2000	2000-2005	2005-2010
Côte d'Ivoire	7.53	7.83	7.93	7.81	7.31	6.85	6.41	6.05	5.68	5.36
Gambia	5.70	5.96	6.20	6.34	6.29	6.14	6.08	5.99	5.85	5.79
Ghana	6.84	6.95	6.90	6.69	6.35	5.88	5.34	4.81	4.57	4.29
Guinea	6.15	6.18	6.29	6.45	6.59	6.63	6.51	6.24	5.91	5.54
Guinea-Bissau	5.95	6.00	6.10	6.25	6.70	6.68	6.50	6.05	5.60	5.23
Liberia	6.47	6.59	6.80	6.93	6.96	6.72	6.27	6.05	5.68	5.23
Mali	7.00	7.10	7.15	7.15	7.15	7.15	7.15	6.95	6.85	6.70
Mauritania	6.79	6.79	6.75	6.57	6.28	6.09	5.85	5.55	5.26	4.97
Niger	7.44	7.32	7.52	7.63	7.59	7.69	7.74	7.75	7.72	7.68
Nigeria	6.35	6.35	6.61	6.76	6.76	6.60	6.37	6.17	6.05	5.91
Senegal	7.06	7.24	7.41	7.45	7.25	6.88	6.35	5.78	5.38	5.15
Sierra Leone	5.97	5.97	6.06	6.25	6.46	6.66	6.62	6.41	6.05	5.51
Togo	6.65	6.94	7.20	7.28	7.06	6.62	6.02	5.54	5.31	5.04
ASIA	5.78	5.73	5.06	4.10	3.70	3.51	2.96	2.55	2.39	2.29
EASTERN ASIA	5.48	5.56	4.43	2.86	2.45	2.62	1.96	1.48	1.48	1.52
China	6.15	6.30	4.85	3.01	2.52	2.75	2.00	1.48	1.50	1.53
China, Hong Kong SAR	5.31	3.65	3.29	2.31	1.72	1.36	1.24	0.87	0.96	1.03
China, Macao SAR	4.41	2.74	1.79	1.41	1.98	1.94	1.41	1.12	0.83	0.94
Dem. People's Republic of Korea	3.85	4.39	4.00	2.68	2.80	2.36	2.25	2.01	2.01	2.00
Japan	1.99	2.02	2.13	1.83	1.75	1.66	1.48	1.37	1.30	1.34
Mongolia	7.50	7.50	7.50	6.65	5.75	4.84	3.27	2.40	2.08	2.37
Republic of Korea	5.63	4.71	4.28	2.92	2.23	1.60	1.70	1.51	1.22	1.23
Other non-specified areas	5.29	4.41	3.38	2.64	2.20	1.85	1.79	1.73	1.43	1.26
SOUTH-CENTRAL ASIA	6.03	5.89	5.63	5.26	4.98	4.54	4.01	3.58	3.17	2.84
CENTRAL ASIA	5.11	4.84	4.76	4.28	4.05	3.98	3.49	2.84	2.52	2.64
Kazakhstan	4.43	3.67	3.46	3.06	2.96	3.03	2.55	2.00	2.01	2.54
Kyrgyzstan	5.39	5.01	4.73	4.05	4.10	4.02	3.61	2.99	2.50	2.78
Tajikistan	6.30	6.72	6.83	5.90	5.54	5.41	4.88	4.29	3.71	3.48
Turkmenistan	6.75	6.34	6.19	5.32	4.79	4.55	4.03	3.03	2.76	2.50
Uzbekistan	5.29	5.60	5.65	5.20	4.71	4.40	3.77	2.99	2.51	2.48
SOUTHERN ASIA	6.07	5.94	5.67	5.31	5.03	4.57	4.04	3.61	3.19	2.85
Afghanistan	7.45	7.45	7.45	7.45	7.45	7.47	7.48	7.65	7.18	6.35
Bangladesh	6.80	6.92	6.91	6.63	5.98	4.98	4.06	3.43	2.93	2.48
Bhutan	6.67	6.67	6.67	6.67	6.39	6.11	5.07	4.13	3.14	2.62
India	5.89	5.72	5.41	4.97	4.68	4.27	3.83	3.48	3.14	2.80
Iran (Islamic Republic of)	6.91	6.68	6.24	6.28	6.53	5.62	3.95	2.63	1.97	1.79
Maldives	7.12	7.22	7.17	6.85	7.26	6.66	5.16	3.52	2.57	2.26
Nepal	5.96	5.96	5.87	5.80	5.62	5.33	4.97	4.41	3.64	2.96
Pakistan	6.60	6.60	6.60	6.60	6.44	6.30	5.67	4.99	4.23	3.98
Sri Lanka	5.20	4.70	4.00	3.61	3.19	2.64	2.38	2.24	2.26	2.28
SOUTH-EASTERN ASIA	6.08	5.91	5.48	4.80	4.20	3.57	3.11	2.69	2.51	2.41
Brunei Darussalam	6.55	5.59	5.87	4.71	3.92	3.72	3.28	2.60	2.05	2.00
Cambodia	6.95	6.70	6.16	5.42	6.37	5.99	5.13	4.25	3.44	3.08
Indonesia	5.62	5.57	5.30	4.73	4.11	3.40	2.90	2.55	2.48	2.50
Lao People's Democratic Republic	5.97	5.98	5.99	6.15	6.36	6.27	5.88	4.81	3.90	3.50
Malaysia	6.03	5.21	4.56	3.93	3.73	3.59	3.42	3.18	2.45	2.07
Myanmar	6.10	6.10	5.74	5.21	4.70	3.80	3.20	2.95	2.85	2.55
Philippines	6.98	6.54	5.98	5.46	4.92	4.53	4.14	3.90	3.70	3.27
Singapore	5.12	3.65	2.82	1.84	1.69	1.70	1.73	1.57	1.35	1.26
Thailand	6.13	5.99	5.05	3.92	2.95	2.30	1.99	1.77	1.60	1.56
Timor-Leste	6.37	6.16	5.54	4.31	5.39	5.21	5.69	7.01	6.96	6.53
Viet Nam	6.42	6.46	6.33	5.50	4.60	3.85	3.23	2.25	1.92	1.93
WESTERN ASIA	6.07	5.91	5.70	5.33	4.96	4.47	4.02	3.59	3.21	3.02
Armenia	4.45	3.45	3.04	2.50	2.38	2.58	2.38	1.75	1.72	1.74
Azerbaijan	5.64	4.94	4.29	3.62	3.04	2.95	2.90	2.20	2.00	2.29
Bahrain	7.18	6.97	5.95	5.23	4.63	4.08	3.40	2.87	2.67	2.23
Cyprus	3.44	2.80	2.49	2.29	2.45	2.43	2.33	1.89	1.59	1.51
Georgia	2.98	2.61	2.60	2.39	2.27	2.26	2.05	1.72	1.58	1.80
Iraq	6.60	7.40	7.15	6.80	6.35	6.09	5.65	5.19	4.66	4.64
Israel	3.85	3.78	3.81	3.47	3.13	3.07	2.93	2.93	2.91	2.91
Jordan	8.00	8.00	7.79	7.38	7.05	6.02	5.09	4.34	3.85	3.59
Kuwait	7.30	7.40	6.95	5.90	5.00	3.15	2.40	3.00	2.60	2.55
Lebanon	5.69	5.23	4.67	4.23	3.75	3.23	2.80	2.43	2.01	1.58
Oman	7.25	7.31	7.41	8.10	8.32	7.85	6.27	4.46	3.21	2.90
Qatar	6.97	6.97	6.77	6.11	5.45	4.41	3.74	3.46	2.95	2.23

表A. 24. 主要地域、地域および国別、合計出生率：推計および中位予測値（続）

2015-2060：中位予測値

合計出生率（女性一人あたり子供）										主要地域、地域および国
2010-2015	2015-2020	2020-2025	2025-2030	2030-2035	2035-2040	2040-2045	2045-2050	2050-2055	2055-2060	
5.10	4.77	4.47	4.20	3.96	3.75	3.56	3.39	3.24	3.10	Côte d'Ivoire
5.78	5.53	5.22	4.87	4.51	4.15	3.81	3.48	3.20	2.96	Gambia
4.25	3.95	3.69	3.47	3.27	3.10	2.96	2.83	2.71	2.61	Ghana
5.13	4.73	4.36	4.02	3.72	3.46	3.23	3.04	2.88	2.74	Guinea
4.95	4.56	4.20	3.89	3.62	3.38	3.18	3.00	2.85	2.71	Guinea-Bissau
4.83	4.47	4.15	3.86	3.60	3.38	3.19	3.02	2.88	2.75	Liberia
6.35	5.92	5.47	5.03	4.62	4.23	3.88	3.57	3.30	3.07	Mali
4.69	4.39	4.11	3.86	3.63	3.43	3.25	3.10	2.96	2.84	Mauritania
7.63	7.46	7.13	6.68	6.21	5.75	5.30	4.87	4.47	4.11	Niger
5.74	5.41	5.07	4.74	4.42	4.12	3.84	3.59	3.37	3.18	Nigeria
5.18	4.83	4.51	4.22	3.97	3.74	3.54	3.36	3.20	3.06	Senegal
4.79	4.28	3.82	3.44	3.13	2.88	2.68	2.53	2.39	2.28	Sierra Leone
4.69	4.35	4.04	3.77	3.53	3.33	3.15	3.00	2.86	2.74	Togo
2.20	2.15	2.09	2.05	2.01	1.96	1.94	1.92	1.90	1.87	**ASIA**
1.55	1.58	1.59	1.63	1.68	1.70	1.71	1.73	1.74	1.75	**EASTERN ASIA**
1.55	1.59	1.63	1.66	1.68	1.70	1.72	1.74	1.75	1.76	China
1.20	1.30	1.38	1.44	1.50	1.55	1.59	1.63	1.66	1.68	China, Hong Kong SAR
1.19	1.34	1.45	1.54	1.61	1.67	1.71	1.74	1.77	1.79	China, Macao SAR
2.00	1.94	1.90	1.87	1.85	1.83	1.82	1.82	1.81	1.81	Dem. People's Republic of Korea
1.40	1.46	1.52	1.57	1.61	1.64	1.67	1.69	1.71	1.73	Japan
2.68	2.54	2.43	2.33	2.26	2.19	2.14	2.10	2.06	2.03	Mongolia
1.26	1.33	1.39	1.45	1.50	1.54	1.57	1.60	1.63	1.65	Republic of Korea
1.07	1.03	1.06	1.15	1.24	1.31	1.38	1.45	1.50	1.55	Other non-specified areas
2.57	2.42	2.30	2.18	2.09	2.02	1.97	1.93	1.90	1.86	**SOUTH-CENTRAL ASIA**
2.70	2.55	2.44	2.33	2.24	2.16	2.11	2.08	2.04	2.00	**CENTRAL ASIA**
2.64	2.53	2.44	2.35	2.28	2.21	2.15	2.10	2.06	2.02	Kazakhstan
3.12	2.93	2.77	2.64	2.53	2.44	2.35	2.28	2.21	2.15	Kyrgyzstan
3.55	3.32	3.12	2.95	2.80	2.68	2.57	2.46	2.37	2.29	Tajikistan
2.34	2.22	2.11	2.02	1.95	1.89	1.84	1.81	1.79	1.78	Turkmenistan
2.48	2.33	2.21	2.11	2.04	1.98	1.93	1.89	1.87	1.85	Uzbekistan
2.56	2.42	2.29	2.18	2.08	2.01	1.97	1.93	1.89	1.86	**SOUTHERN ASIA**
5.13	4.25	3.53	3.02	2.67	2.42	2.23	2.09	1.97	1.88	Afghanistan
2.23	2.08	1.95	1.84	1.76	1.71	1.68	1.67	1.67	1.68	Bangladesh
2.10	1.93	1.79	1.69	1.62	1.59	1.58	1.59	1.60	1.63	Bhutan
2.48	2.34	2.23	2.14	2.06	1.99	1.94	1.89	1.86	1.83	India
1.75	1.62	1.52	1.49	1.51	1.54	1.58	1.61	1.64	1.66	Iran (Islamic Republic of)
2.18	1.98	1.83	1.72	1.66	1.64	1.65	1.67	1.69	1.70	Maldives
2.32	2.09	1.95	1.85	1.77	1.73	1.70	1.69	1.69	1.70	Nepal
3.72	3.38	3.10	2.88	2.70	2.55	2.42	2.31	2.21	2.13	Pakistan
2.11	2.03	1.96	1.90	1.86	1.83	1.82	1.80	1.80	1.79	Sri Lanka
2.35	2.25	2.16	2.10	2.05	2.01	1.97	1.94	1.91	1.89	**SOUTH-EASTERN ASIA**
1.90	1.82	1.76	1.72	1.69	1.68	1.68	1.69	1.70	1.71	Brunei Darussalam
2.70	2.53	2.39	2.27	2.17	2.10	2.03	1.97	1.92	1.88	Cambodia
2.50	2.36	2.24	2.14	2.07	2.00	1.95	1.91	1.89	1.87	Indonesia
3.10	2.77	2.53	2.34	2.19	2.07	1.97	1.89	1.84	1.80	Lao People's Democratic Republic
1.97	1.90	1.83	1.79	1.76	1.74	1.73	1.72	1.73	1.73	Malaysia
2.25	2.13	2.04	1.95	1.89	1.84	1.81	1.79	1.78	1.77	Myanmar
3.04	2.87	2.72	2.59	2.47	2.37	2.28	2.20	2.12	2.06	Philippines
1.23	1.26	1.29	1.31	1.33	1.35	1.37	1.38	1.40	1.41	Singapore
1.53	1.46	1.42	1.43	1.47	1.51	1.55	1.58	1.62	1.64	Thailand
5.91	5.33	4.78	4.30	3.88	3.53	3.23	2.99	2.80	2.63	Timor-Leste
1.96	1.95	1.94	1.93	1.93	1.92	1.92	1.92	1.92	1.91	Viet Nam
2.91	2.75	2.61	2.51	2.43	2.36	2.29	2.24	2.19	2.15	**WESTERN ASIA**
1.55	1.51	1.50	1.52	1.55	1.58	1.61	1.63	1.66	1.68	Armenia
2.30	2.22	2.15	2.09	2.04	2.00	1.96	1.94	1.92	1.90	Azerbaijan
2.10	1.98	1.88	1.79	1.73	1.70	1.68	1.67	1.67	1.68	Bahrain
1.46	1.42	1.42	1.46	1.50	1.54	1.57	1.60	1.63	1.66	Cyprus
1.81	1.82	1.83	1.83	1.84	1.85	1.85	1.86	1.86	1.86	Georgia
4.64	4.35	4.09	3.86	3.65	3.47	3.31	3.17	3.04	2.92	Iraq
3.05	2.93	2.81	2.71	2.62	2.53	2.45	2.38	2.31	2.24	Israel
3.51	3.20	2.94	2.74	2.57	2.42	2.29	2.18	2.09	2.01	Jordan
2.15	2.04	1.97	1.92	1.90	1.88	1.87	1.86	1.86	1.86	Kuwait
1.72	1.71	1.70	1.70	1.71	1.71	1.72	1.72	1.73	1.74	Lebanon
2.88	2.51	2.26	2.06	1.91	1.80	1.73	1.69	1.68	1.69	Oman
2.08	1.95	1.84	1.76	1.71	1.67	1.65	1.65	1.66	1.67	Qatar

表A. 24. 主要地域、地域および国別、合計出生率：推計および中位予測値（続）

推計値：1960–2015

主要地域、地域および国	合計出生率（女性一人あたり子供）									
	1960–1965	1965–1970	1970–1975	1975–1980	1980–1985	1985–1990	1990–1995	1995–2000	2000–2005	2005–2010
Saudi Arabia	7.26	7.26	7.30	7.28	7.02	6.22	5.55	4.50	3.55	3.15
State of Palestine	8.00	8.00	7.69	7.50	7.05	6.76	6.61	5.80	5.03	4.60
Syrian Arab Republic	7.54	7.56	7.54	7.32	6.77	5.87	4.80	4.26	3.67	3.19
Turkey	6.14	5.74	5.34	4.65	4.07	3.35	2.87	2.62	2.35	2.18
United Arab Emirates	6.87	6.77	6.36	5.66	5.23	4.83	3.88	2.97	2.40	1.97
Yemen	7.45	7.70	7.90	8.50	8.80	8.80	8.20	6.80	5.95	5.10
EUROPE	2.57	2.37	2.17	1.97	1.88	1.81	1.57	1.43	1.43	1.55
EASTERN EUROPE	2.44	2.15	2.14	2.07	2.09	2.08	1.63	1.29	1.26	1.42
Belarus	2.69	2.38	2.25	2.09	2.09	2.00	1.68	1.31	1.26	1.43
Bulgaria	2.22	2.13	2.16	2.19	2.01	1.95	1.55	1.20	1.24	1.50
Czech Republic	2.21	1.96	2.21	2.36	1.97	1.90	1.65	1.17	1.19	1.43
Hungary	1.86	1.99	2.06	2.13	1.82	1.86	1.74	1.38	1.30	1.33
Poland	2.75	2.33	2.23	2.23	2.31	2.16	1.95	1.51	1.26	1.37
Republic of Moldova	3.15	2.66	2.56	2.44	2.55	2.64	2.11	1.70	1.24	1.27
Romania	2.10	2.87	2.65	2.55	2.26	2.22	1.51	1.34	1.32	1.45
Russian Federation	2.55	2.02	2.03	1.94	2.04	2.12	1.55	1.25	1.30	1.44
Slovakia	2.91	2.54	2.51	2.46	2.27	2.15	1.87	1.40	1.22	1.31
Ukraine	2.13	2.02	2.08	1.98	2.00	1.90	1.62	1.24	1.15	1.38
NORTHERN EUROPE	2.71	2.48	2.05	1.80	1.80	1.85	1.80	1.70	1.66	1.86
Channel Islands	2.56	2.36	1.86	1.52	1.44	1.45	1.46	1.40	1.41	1.42
Denmark	2.58	2.27	1.96	1.68	1.43	1.54	1.75	1.76	1.76	1.85
Estonia	1.94	2.02	2.15	2.06	2.09	2.20	1.63	1.33	1.39	1.66
Finland	2.66	2.19	1.62	1.66	1.69	1.66	1.82	1.74	1.75	1.84
Iceland	3.94	3.24	2.87	2.45	2.23	2.12	2.19	2.06	1.99	2.13
Ireland	4.07	3.77	3.82	3.25	2.76	2.18	1.91	1.94	1.97	2.00
Latvia	1.85	1.81	2.00	1.87	2.03	2.13	1.63	1.17	1.29	1.49
Lithuania	2.43	2.30	2.30	2.10	2.04	2.06	1.82	1.47	1.28	1.42
Norway	2.90	2.72	2.25	1.81	1.69	1.80	1.89	1.86	1.81	1.92
Sweden	2.31	2.17	1.91	1.66	1.64	1.91	2.01	1.56	1.67	1.89
United Kingdom	2.81	2.57	2.01	1.73	1.78	1.84	1.78	1.74	1.66	1.88
SOUTHERN EUROPE	2.69	2.67	2.54	2.23	1.83	1.56	1.41	1.35	1.37	1.44
Albania	6.23	5.26	4.60	3.90	3.41	3.15	2.79	2.38	1.95	1.60
Bosnia and Herzegovina	3.68	3.14	2.73	2.19	2.12	1.91	1.65	1.63	1.22	1.28
Croatia	2.22	2.00	1.98	1.90	1.87	1.72	1.52	1.62	1.41	1.52
Greece	2.20	2.38	2.32	2.32	1.96	1.53	1.37	1.30	1.28	1.46
Italy	2.50	2.50	2.32	1.89	1.52	1.35	1.27	1.22	1.30	1.42
Malta	3.15	2.12	2.01	2.12	1.93	2.01	1.99	1.87	1.47	1.39
Montenegro	3.42	2.89	2.62	2.31	2.21	2.11	2.05	1.91	1.85	1.82
Portugal	3.19	3.12	2.83	2.55	2.01	1.62	1.48	1.46	1.45	1.37
Serbia	2.51	2.43	2.36	2.37	2.32	2.23	1.96	1.92	1.71	1.56
Slovenia	2.34	2.27	2.20	2.16	1.93	1.65	1.33	1.25	1.21	1.38
Spain	2.81	2.84	2.85	2.55	1.88	1.46	1.28	1.19	1.29	1.39
TFYR Macedonia	3.65	3.44	2.86	2.54	2.45	2.27	2.12	1.83	1.64	1.46
WESTERN EUROPE	2.65	2.47	1.96	1.65	1.62	1.57	1.49	1.52	1.59	1.64
Austria	2.78	2.57	2.04	1.65	1.60	1.45	1.48	1.39	1.38	1.40
Belgium	2.65	2.39	2.01	1.70	1.60	1.56	1.61	1.60	1.68	1.82
France	2.83	2.64	2.30	1.86	1.87	1.81	1.71	1.76	1.88	1.97
Germany	2.47	2.36	1.71	1.51	1.46	1.43	1.30	1.35	1.35	1.36
Luxembourg	2.40	2.19	1.72	1.49	1.47	1.47	1.66	1.72	1.65	1.62
Netherlands	3.17	2.79	2.06	1.60	1.51	1.55	1.58	1.60	1.73	1.75
Switzerland	2.60	2.36	1.87	1.54	1.54	1.55	1.54	1.48	1.41	1.47
LATIN AMERICA AND THE CARIBBEAN	5.94	5.53	5.03	4.48	3.95	3.43	3.01	2.75	2.52	2.27
CARIBBEAN	5.48	5.01	4.37	3.62	3.41	3.13	2.83	2.64	2.50	2.40
Antigua and Barbuda	4.30	4.00	3.26	2.24	2.14	2.07	2.09	2.31	2.27	2.17
Aruba	4.40	3.30	2.65	2.45	2.36	2.30	2.17	1.95	1.82	1.74
Bahamas	4.50	3.58	3.54	2.95	3.05	2.65	2.64	2.33	1.87	1.91
Barbados	4.27	3.53	2.72	2.16	1.92	1.77	1.73	1.74	1.75	1.77
Cuba	4.68	4.30	3.60	2.15	1.85	1.85	1.65	1.64	1.64	1.63
Curaçao	4.40	3.80	2.87	2.45	2.25	2.30	2.28	2.12	2.09	1.98
Dominican Republic	7.35	6.65	5.68	4.76	4.15	3.65	3.31	2.98	2.83	2.67
Grenada	6.40	4.80	4.60	4.30	4.23	4.14	3.46	2.81	2.43	2.30
Guadeloupe	5.61	5.22	4.49	3.52	2.55	2.45	2.10	2.10	2.06	2.14
Haiti	6.30	6.00	5.60	5.80	6.21	5.70	5.15	4.62	4.00	3.55
Jamaica	5.64	5.78	5.00	4.00	3.55	3.10	2.84	2.70	2.45	2.28
Martinique	5.45	5.00	4.08	2.65	2.14	2.14	1.96	1.90	1.92	2.04

表A. 24. 主要地域、地域および国別、合計出生率：推計および中位予測値（続）

2015-2060：中位予測値

合計出生率（女性一人あたり子供）										主要地域、地域および国
2010-2015	2015-2020	2020-2025	2025-2030	2030-2035	2035-2040	2040-2045	2045-2050	2050-2055	2055-2060	
2.85	2.59	2.39	2.23	2.10	1.99	1.91	1.84	1.80	1.77	Saudi Arabia
4.28	3.95	3.65	3.40	3.18	3.01	2.85	2.71	2.59	2.49	State of Palestine
3.03	2.77	2.56	2.39	2.25	2.12	2.02	1.94	1.87	1.82	Syrian Arab Republic
2.10	2.01	1.92	1.86	1.82	1.79	1.76	1.75	1.75	1.75	Turkey
1.82	1.73	1.66	1.62	1.60	1.60	1.62	1.63	1.65	1.67	United Arab Emirates
4.35	3.79	3.36	3.02	2.75	2.52	2.32	2.16	2.01	1.89	Yemen
1.60	1.62	1.66	1.69	1.73	1.75	1.77	1.79	1.80	1.81	**EUROPE**
1.55	1.60	1.63	1.67	1.71	1.75	1.77	1.79	1.81	1.82	**EASTERN EUROPE**
1.58	1.64	1.69	1.73	1.76	1.78	1.80	1.82	1.83	1.84	Belarus
1.52	1.60	1.66	1.71	1.74	1.77	1.79	1.81	1.83	1.84	Bulgaria
1.45	1.54	1.60	1.65	1.70	1.73	1.76	1.78	1.80	1.81	Czech Republic
1.34	1.40	1.46	1.50	1.55	1.58	1.61	1.64	1.66	1.68	Hungary
1.37	1.33	1.33	1.38	1.43	1.48	1.52	1.56	1.60	1.63	Poland
1.27	1.23	1.24	1.31	1.37	1.42	1.47	1.52	1.56	1.60	Republic of Moldova
1.48	1.53	1.58	1.62	1.65	1.68	1.70	1.72	1.74	1.76	Romania
1.66	1.72	1.76	1.79	1.82	1.84	1.85	1.87	1.88	1.88	Russian Federation
1.37	1.44	1.50	1.55	1.59	1.62	1.65	1.68	1.70	1.72	Slovakia
1.49	1.56	1.61	1.65	1.69	1.72	1.74	1.76	1.78	1.79	Ukraine
1.87	1.88	1.88	1.88	1.88	1.88	1.89	1.89	1.89	1.89	**NORTHERN EUROPE**
1.46	1.49	1.52	1.54	1.57	1.59	1.61	1.62	1.64	1.65	Channel Islands
1.73	1.76	1.78	1.80	1.82	1.83	1.84	1.85	1.85	1.86	Denmark
1.59	1.66	1.71	1.74	1.77	1.79	1.81	1.82	1.83	1.84	Estonia
1.75	1.77	1.78	1.79	1.80	1.81	1.82	1.82	1.83	1.83	Finland
1.96	1.90	1.86	1.83	1.81	1.79	1.78	1.78	1.78	1.78	Iceland
2.01	2.00	1.99	1.98	1.97	1.96	1.96	1.95	1.95	1.95	Ireland
1.48	1.55	1.61	1.65	1.69	1.72	1.74	1.77	1.78	1.80	Latvia
1.57	1.63	1.68	1.72	1.75	1.78	1.79	1.81	1.82	1.83	Lithuania
1.80	1.81	1.82	1.83	1.84	1.84	1.85	1.85	1.86	1.86	Norway
1.92	1.93	1.93	1.93	1.93	1.94	1.94	1.94	1.94	1.94	Sweden
1.92	1.91	1.90	1.90	1.89	1.89	1.89	1.89	1.89	1.89	United Kingdom
1.41	1.45	1.49	1.52	1.55	1.59	1.63	1.66	1.68	1.70	**SOUTHERN EUROPE**
1.78	1.78	1.77	1.76	1.76	1.76	1.77	1.77	1.78	1.78	Albania
1.28	1.23	1.23	1.29	1.35	1.41	1.46	1.51	1.56	1.59	Bosnia and Herzegovina
1.52	1.48	1.48	1.51	1.54	1.57	1.61	1.63	1.66	1.68	Croatia
1.34	1.30	1.31	1.37	1.42	1.47	1.52	1.56	1.59	1.63	Greece
1.43	1.49	1.54	1.59	1.62	1.66	1.68	1.71	1.73	1.74	Italy
1.43	1.49	1.53	1.57	1.61	1.64	1.67	1.69	1.72	1.73	Malta
1.71	1.65	1.63	1.63	1.65	1.66	1.67	1.69	1.71	1.72	Montenegro
1.28	1.24	1.25	1.31	1.37	1.42	1.48	1.52	1.56	1.60	Portugal
1.56	1.59	1.62	1.65	1.67	1.69	1.71	1.73	1.74	1.76	Serbia
1.58	1.65	1.70	1.74	1.77	1.80	1.81	1.83	1.84	1.85	Slovenia
1.32	1.38	1.43	1.48	1.52	1.55	1.58	1.61	1.63	1.65	Spain
1.51	1.55	1.59	1.62	1.65	1.67	1.69	1.71	1.73	1.74	TFYR Macedonia
1.66	1.69	1.72	1.75	1.77	1.79	1.79	1.80	1.81	1.82	**WESTERN EUROPE**
1.47	1.53	1.58	1.62	1.66	1.68	1.71	1.73	1.75	1.76	Austria
1.82	1.83	1.84	1.85	1.86	1.87	1.87	1.88	1.88	1.89	Belgium
2.00	1.99	1.98	1.98	1.97	1.97	1.97	1.96	1.96	1.96	France
1.39	1.44	1.47	1.51	1.54	1.57	1.59	1.62	1.64	1.65	Germany
1.57	1.61	1.65	1.68	1.70	1.72	1.74	1.75	1.77	1.78	Luxembourg
1.75	1.77	1.78	1.80	1.81	1.82	1.82	1.83	1.84	1.84	Netherlands
1.52	1.57	1.62	1.65	1.68	1.71	1.73	1.75	1.76	1.77	Switzerland
2.15	2.05	1.96	1.90	1.85	1.81	1.79	1.78	1.77	1.77	**LATIN AMERICA AND THE CARIBBEAN**
2.29	2.19	2.10	2.03	1.98	1.93	1.89	1.86	1.83	1.81	**CARIBBEAN**
2.10	2.03	1.98	1.94	1.91	1.88	1.86	1.84	1.83	1.83	Antigua and Barbuda
1.68	1.62	1.61	1.63	1.65	1.66	1.68	1.70	1.72	1.73	Aruba
1.89	1.83	1.79	1.77	1.76	1.75	1.75	1.75	1.75	1.76	Bahamas
1.79	1.80	1.81	1.82	1.83	1.83	1.84	1.84	1.85	1.85	Barbados
1.63	1.58	1.57	1.59	1.60	1.62	1.65	1.67	1.69	1.70	Cuba
2.10	2.05	2.01	1.98	1.95	1.93	1.91	1.90	1.89	1.88	Curaçao
2.53	2.38	2.24	2.13	2.03	1.95	1.89	1.84	1.81	1.79	Dominican Republic
2.18	2.08	1.98	1.90	1.85	1.81	1.78	1.76	1.75	1.75	Grenada
2.17	2.10	2.05	2.00	1.97	1.94	1.92	1.91	1.90	1.89	Guadeloupe
3.13	2.85	2.63	2.46	2.32	2.21	2.11	2.03	1.97	1.91	Haiti
2.08	1.99	1.92	1.86	1.82	1.80	1.78	1.77	1.77	1.77	Jamaica
1.95	1.88	1.83	1.81	1.80	1.80	1.80	1.80	1.80	1.81	Martinique

表A. 24. 主要地域、地域および国別、合計出生率：推計および中位予測値（続）

推計値：1960-2015

主要地域、地域および国	合計出生率（女性一人あたり子供）									
	1960-1965	1965-1970	1970-1975	1975-1980	1980-1985	1985-1990	1990-1995	1995-2000	2000-2005	2005-2010
Puerto Rico	4.37	3.41	2.99	2.76	2.46	2.26	2.18	1.99	1.82	1.70
Saint Lucia	6.79	6.48	5.69	5.20	4.20	3.65	3.15	2.60	2.10	2.04
Saint Vincent and the Grenadines	7.02	6.41	5.54	4.42	3.64	3.10	2.85	2.55	2.24	2.13
Trinidad and Tobago	5.04	3.81	3.45	3.24	3.28	2.75	2.18	1.82	1.75	1.80
United States Virgin Islands	5.67	5.52	4.66	3.49	2.97	3.02	2.79	2.19	2.14	2.44
CENTRAL AMERICA	6.73	6.65	6.52	5.47	4.60	3.98	3.49	3.11	2.79	2.54
Belize	6.45	6.35	6.25	6.20	5.40	4.70	4.35	3.85	3.35	2.84
Costa Rica	6.28	5.26	4.06	3.70	3.50	3.31	3.01	2.61	2.17	2.01
El Salvador	6.67	6.36	5.95	5.42	4.75	4.17	3.69	3.20	2.62	2.23
Guatemala	6.50	6.30	6.20	6.20	6.10	5.50	5.15	4.70	4.16	3.61
Honduras	7.42	7.42	7.05	6.60	6.00	5.37	4.92	4.34	3.63	2.99
Mexico	6.75	6.75	6.71	5.40	4.37	3.75	3.25	2.89	2.63	2.43
Nicaragua	7.10	6.95	6.79	6.35	5.85	5.00	4.20	3.40	2.84	2.56
Panama	5.79	5.41	4.88	4.19	3.63	3.24	2.92	2.81	2.61	2.54
SOUTH AMERICA	5.74	5.22	4.61	4.25	3.78	3.27	2.86	2.62	2.41	2.15
Argentina	3.09	3.05	3.15	3.44	3.15	3.05	2.90	2.63	2.52	2.40
Bolivia	6.61	6.41	6.15	5.89	5.51	5.09	4.70	4.29	3.82	3.39
Brazil	6.15	5.38	4.72	4.31	3.80	3.10	2.60	2.45	2.25	1.90
Chile	4.96	4.46	3.57	2.93	2.66	2.60	2.38	2.16	2.00	1.88
Colombia	6.76	6.18	4.90	4.25	3.70	3.18	2.84	2.50	2.30	2.10
Ecuador	6.65	6.40	5.80	5.05	4.45	4.00	3.55	3.20	2.88	2.73
French Guiana	5.02	5.00	4.18	3.30	3.58	3.73	4.05	3.93	3.68	3.63
Guyana	5.56	5.28	5.00	4.52	4.11	3.77	3.44	3.12	2.95	2.77
Paraguay	6.45	6.15	5.35	5.20	5.12	4.77	4.31	3.88	3.24	2.89
Peru	6.95	6.70	6.00	5.40	4.65	4.10	3.57	3.10	2.80	2.60
Suriname	6.56	5.95	5.29	4.20	3.70	3.42	3.16	2.92	2.71	2.54
Uruguay	2.90	2.80	3.00	2.89	2.57	2.53	2.49	2.30	2.20	2.12
Venezuela (Bolivarian Republic of)	6.66	5.90	4.94	4.47	3.96	3.65	3.25	2.94	2.72	2.55
NORTHERN AMERICA	3.42	2.58	2.01	1.77	1.79	1.89	2.00	1.95	1.99	2.02
Canada	3.68	2.61	1.98	1.73	1.63	1.62	1.69	1.56	1.52	1.64
United States of America	3.40	2.58	2.02	1.77	1.80	1.91	2.03	2.00	2.04	2.06
OCEANIA	3.95	3.55	3.23	2.72	2.58	2.49	2.49	2.45	2.43	2.51
AUSTRALIA/NEW ZEALAND	3.41	2.96	2.59	2.02	1.92	1.89	1.90	1.82	1.80	1.99
Australia	3.27	2.87	2.54	1.99	1.91	1.86	1.86	1.79	1.77	1.95
New Zealand	4.02	3.35	2.84	2.18	1.97	2.03	2.07	1.95	1.95	2.14
MELANESIA	6.24	6.01	5.80	5.55	5.18	4.73	4.49	4.40	4.15	3.93
Fiji	5.95	5.00	4.20	4.00	3.80	3.47	3.35	3.19	2.98	2.75
New Caledonia	5.22	5.21	5.20	3.91	3.34	3.03	2.94	2.58	2.26	2.24
Papua New Guinea	6.28	6.21	6.09	5.87	5.47	4.97	4.70	4.64	4.39	4.13
Solomon Islands	6.40	6.54	7.24	7.04	6.43	6.13	5.53	4.91	4.60	4.40
Vanuatu	7.00	6.46	6.11	5.75	5.40	5.04	4.83	4.59	4.11	3.63
MICRONESIA	6.47	5.84	5.28	4.80	4.40	4.01	3.67	3.32	2.99	2.88
Guam	6.03	4.72	4.12	3.52	3.08	3.14	2.88	2.88	2.74	2.54
Kiribati	6.78	6.04	5.00	5.10	5.00	4.80	4.55	4.20	3.96	3.88
Micronesia (Fed. States of)	6.90	6.90	6.90	6.40	6.00	5.20	4.79	4.53	4.05	3.62
POLYNESIA	6.82	6.39	5.74	5.23	4.79	4.37	3.96	3.55	3.32	3.17
French Polynesia	5.44	5.20	4.86	4.23	3.82	3.64	3.11	2.61	2.36	2.17
Samoa	7.63	7.35	7.00	6.49	5.91	5.35	4.92	4.62	4.44	4.47
Tonga	7.30	6.50	5.50	5.50	5.50	4.74	4.62	4.29	4.23	4.03

表A. 24. 主要地域、地域および国別、合計出生率：推計および中位予測値（続）

2015-2060：中位予測値

2010-2015	2015-2020	2020-2025	2025-2030	2030-2035	2035-2040	2040-2045	2045-2050	2050-2055	2055-2060	主要地域、地域および国
合計出生率（女性一人あたり子供）										
1.64	1.59	1.56	1.57	1.59	1.61	1.63	1.65	1.67	1.69	Puerto Rico
1.92	1.82	1.74	1.69	1.66	1.65	1.65	1.66	1.67	1.68	Saint Lucia
2.01	1.90	1.81	1.75	1.71	1.69	1.69	1.69	1.70	1.71	Saint Vincent and the Grenadines
1.80	1.73	1.69	1.68	1.68	1.68	1.69	1.70	1.72	1.73	Trinidad and Tobago
2.30	2.18	2.09	2.01	1.95	1.91	1.88	1.86	1.85	1.84	United States Virgin Islands
2.37	2.21	2.08	1.98	1.90	1.85	1.81	1.79	1.78	1.77	**CENTRAL AMERICA**
2.64	2.46	2.31	2.19	2.10	2.01	1.95	1.89	1.85	1.82	Belize
1.85	1.76	1.70	1.67	1.66	1.67	1.68	1.69	1.70	1.72	Costa Rica
1.97	1.87	1.79	1.73	1.69	1.67	1.66	1.66	1.67	1.68	El Salvador
3.30	3.03	2.82	2.64	2.50	2.38	2.28	2.19	2.12	2.05	Guatemala
2.47	2.25	2.10	1.99	1.90	1.84	1.79	1.76	1.74	1.73	Honduras
2.29	2.14	2.01	1.90	1.82	1.76	1.73	1.72	1.71	1.72	Mexico
2.32	2.16	2.03	1.93	1.85	1.80	1.76	1.74	1.73	1.72	Nicaragua
2.48	2.36	2.25	2.16	2.08	2.02	1.97	1.92	1.89	1.87	Panama
2.05	1.96	1.89	1.84	1.81	1.79	1.78	1.77	1.77	1.77	**SOUTH AMERICA**
2.35	2.27	2.20	2.13	2.07	2.02	1.98	1.94	1.92	1.89	Argentina
3.04	2.83	2.66	2.51	2.39	2.29	2.20	2.13	2.06	2.00	Bolivia
1.82	1.74	1.69	1.66	1.65	1.65	1.66	1.67	1.68	1.70	Brazil
1.78	1.73	1.70	1.70	1.70	1.71	1.72	1.73	1.74	1.75	Chile
1.93	1.83	1.74	1.69	1.67	1.66	1.66	1.67	1.69	1.70	Colombia
2.59	2.44	2.32	2.21	2.12	2.04	1.97	1.92	1.88	1.85	Ecuador
3.48	3.28	3.11	2.97	2.84	2.74	2.64	2.56	2.48	2.41	French Guiana
2.60	2.47	2.37	2.27	2.19	2.12	2.05	2.00	1.96	1.92	Guyana
2.60	2.45	2.32	2.22	2.13	2.05	1.99	1.94	1.89	1.86	Paraguay
2.50	2.35	2.23	2.12	2.02	1.95	1.89	1.84	1.81	1.79	Peru
2.40	2.28	2.17	2.08	2.00	1.94	1.89	1.86	1.84	1.82	Suriname
2.04	1.98	1.94	1.90	1.87	1.85	1.84	1.83	1.82	1.82	Uruguay
2.40	2.28	2.17	2.08	2.00	1.94	1.89	1.85	1.83	1.81	Venezuela (Bolivarian Republic of)
1.86	1.86	1.87	1.88	1.88	1.89	1.89	1.90	1.90	1.90	**NORTHERN AMERICA**
1.61	1.56	1.56	1.58	1.60	1.62	1.64	1.67	1.69	1.70	Canada
1.89	1.90	1.90	1.91	1.91	1.92	1.92	1.92	1.92	1.92	United States of America
2.42	2.35	2.29	2.24	2.18	2.13	2.09	2.06	2.04	2.01	**OCEANIA**
1.94	1.88	1.85	1.82	1.80	1.79	1.79	1.79	1.79	1.79	**AUSTRALIA/NEW ZEALANE**
1.92	1.86	1.83	1.81	1.79	1.78	1.78	1.78	1.78	1.78	Australia
2.05	1.99	1.94	1.90	1.87	1.85	1.83	1.82	1.81	1.81	New Zealand
3.67	3.44	3.25	3.07	2.92	2.79	2.68	2.57	2.48	2.40	**MELANESIA**
2.61	2.48	2.37	2.27	2.18	2.10	2.04	1.98	1.94	1.91	Fiji
2.13	2.04	1.97	1.91	1.87	1.84	1.82	1.81	1.80	1.80	New Caledonia
3.84	3.58	3.36	3.17	3.01	2.86	2.74	2.63	2.53	2.44	Papua New Guinea
4.06	3.76	3.51	3.29	3.11	2.95	2.80	2.68	2.57	2.46	Solomon Islands
3.41	3.22	3.05	2.90	2.77	2.65	2.55	2.45	2.37	2.29	Vanuatu
2.84	2.73	2.60	2.47	2.39	2.35	2.31	2.25	2.18	2.13	**MICRONESIA**
2.42	2.32	2.22	2.14	2.07	2.01	1.97	1.93	1.90	1.88	Guam
3.79	3.58	3.39	3.23	3.09	2.96	2.84	2.74	2.65	2.56	Kiribati
3.33	3.08	2.87	2.70	2.56	2.44	2.33	2.24	2.15	2.08	Micronesia (Fed. States of)
2.95	2.78	2.65	2.57	2.52	2.46	2.38	2.31	2.25	2.20	**POLYNESIA**
2.07	1.99	1.92	1.86	1.82	1.79	1.77	1.76	1.75	1.75	French Polynesia
4.16	3.90	3.67	3.46	3.29	3.13	2.99	2.86	2.75	2.64	Samoa
3.79	3.58	3.39	3.22	3.08	2.94	2.83	2.72	2.62	2.53	Tonga

表A. 25. 主要地域、地域および国別、合計出生率：推計および高位予測値、1960-2060年

推計値：1960-2015

主要地域、地域および国	合計出生率（女性一人あたり子供）									
	1960-1965	1965-1970	1970-1975	1975-1980	1980-1985	1985-1990	1990-1995	1995-2000	2000-2005	2005-2010
WORLD	5.02	4.92	4.48	3.87	3.59	3.45	3.04	2.74	2.62	2.56
More developed regions	2.69	2.39	2.15	1.92	1.84	1.81	1.67	1.57	1.58	1.67
Less developed regions	6.13	6.03	5.42	4.59	4.17	3.92	3.39	3.00	2.83	2.72
Least developed countries	6.70	6.74	6.73	6.67	6.53	6.19	5.77	5.39	5.01	4.62
Less developed regions, excluding least developed countries	6.05	5.94	5.25	4.32	3.87	3.64	3.09	2.69	2.52	2.42
Less developed regions, excluding China	6.13	5.96	5.68	5.27	4.92	4.46	4.00	3.63	3.34	3.13
High-income countries	2.94	2.60	2.34	2.07	1.98	1.91	1.80	1.71	1.69	1.76
Middle-income countries	5.94	5.88	5.24	4.39	3.96	3.72	3.16	2.75	2.59	2.48
Upper-middle-income countries	6.00	5.98	4.93	3.58	3.08	3.03	2.38	1.93	1.84	1.82
Lower-middle-income countries	5.89	5.79	5.58	5.25	4.93	4.49	4.01	3.61	3.31	3.08
Low-income countries	6.47	6.56	6.57	6.47	6.53	6.44	6.23	6.00	5.67	5.31
Sub-Saharan Africa	6.65	6.66	6.75	6.77	6.69	6.51	6.18	5.91	5.68	5.40
AFRICA	6.70	6.67	6.67	6.62	6.48	6.20	5.73	5.35	5.10	4.89
EASTERN AFRICA	7.07	7.09	7.13	7.11	7.00	6.82	6.41	6.08	5.76	5.38
Burundi	7.07	7.27	7.34	7.48	7.43	7.59	7.43	7.18	6.91	6.52
Comoros	6.91	7.05	7.05	7.05	7.05	6.70	6.10	5.60	5.20	4.90
Djibouti	6.55	6.71	6.85	6.64	6.26	6.18	5.85	4.81	4.21	3.70
Eritrea	6.82	6.70	6.62	6.62	6.70	6.51	6.20	5.60	5.10	4.80
Ethiopia	6.90	6.87	7.10	7.18	7.42	7.37	7.09	6.83	6.13	5.26
Kenya	8.07	8.11	7.99	7.64	7.22	6.54	5.57	5.07	5.00	4.80
Madagascar	7.30	7.30	7.30	7.00	6.10	6.30	6.14	5.80	5.28	4.83
Malawi	7.00	7.20	7.40	7.60	7.60	7.30	6.70	6.40	6.10	5.80
Mauritius	6.20	4.61	3.47	3.11	2.30	2.31	2.25	2.03	1.93	1.70
Mayotte	7.91	7.91	7.91	7.91	7.35	6.73	5.25	5.08	4.80	4.60
Mozambique	6.60	6.60	6.58	6.53	6.44	6.33	6.12	5.85	5.80	5.65
Réunion	6.56	5.67	3.88	3.12	2.78	2.71	2.41	2.33	2.45	2.40
Rwanda	8.20	8.20	8.28	8.43	8.38	7.99	6.55	5.90	5.40	4.85
Seychelles	5.59	5.92	5.38	4.27	3.51	2.94	2.57	2.18	2.20	2.30
Somalia	7.25	7.25	7.10	7.00	7.07	7.26	7.53	7.70	7.44	7.10
South Sudan	6.75	6.85	6.90	6.92	6.78	6.83	6.65	6.42	6.00	5.60
Uganda	7.05	7.12	7.10	7.10	7.10	7.10	7.06	6.95	6.75	6.38
United Republic of Tanzania	6.80	6.79	6.75	6.73	6.55	6.36	6.05	5.75	5.66	5.58
Zambia	7.15	7.40	7.43	7.38	7.00	6.68	6.35	6.15	6.05	5.90
Zimbabwe	7.30	7.40	7.40	7.30	6.74	5.66	4.77	4.20	4.02	4.02
MIDDLE AFRICA	6.20	6.31	6.45	6.60	6.77	6.87	6.83	6.73	6.54	6.24
Angola	7.40	7.40	7.35	7.35	7.30	7.25	7.15	7.00	6.80	6.60
Cameroon	5.81	6.09	6.31	6.47	6.70	6.60	6.22	5.77	5.49	5.21
Central African Republic	5.90	5.95	5.95	5.95	5.95	5.90	5.65	5.54	5.30	4.85
Chad	6.30	6.40	6.67	6.87	7.04	7.21	7.39	7.41	7.24	6.85
Congo	5.99	6.19	6.35	6.35	6.00	5.55	5.21	5.13	5.10	5.05
Democratic Republic of the Congo	6.04	6.15	6.29	6.46	6.72	6.98	7.10	7.10	6.95	6.60
Equatorial Guinea	5.53	5.66	5.68	5.68	5.79	5.89	5.89	5.87	5.64	5.36
Gabon	4.59	4.93	5.23	5.57	5.72	5.58	5.22	4.77	4.35	4.15
São Tomé and Príncipe	6.30	6.40	6.52	6.50	6.24	5.96	5.68	5.41	5.15	4.90
NORTHERN AFRICA	6.90	6.73	6.40	6.14	5.74	5.10	4.20	3.47	3.13	3.09
Algeria	7.65	7.65	7.57	7.18	6.32	5.30	4.12	2.89	2.38	2.72
Egypt	6.55	6.20	5.70	5.60	5.49	5.15	4.12	3.41	3.15	2.98
Libyan Arab Jamahiriya	7.30	7.99	8.10	7.67	6.68	5.71	4.22	3.25	2.75	2.66
Morocco	7.15	6.90	6.43	5.90	5.40	4.45	3.70	2.97	2.52	2.49
Sudan	6.75	6.86	6.90	6.92	6.63	6.30	6.00	5.63	5.25	4.83
Tunisia	6.99	6.92	6.39	5.65	4.82	4.00	2.98	2.34	2.04	2.02
Western Sahara	6.53	6.60	6.57	6.23	5.33	4.54	3.96	3.18	2.81	2.44
SOUTHERN AFRICA	6.12	5.77	5.57	5.14	4.71	4.16	3.50	3.09	2.90	2.65
Botswana	6.65	6.70	6.55	6.37	5.97	5.11	4.32	3.70	3.18	2.90
Lesotho	5.81	5.80	5.80	5.69	5.46	5.14	4.70	4.37	3.79	3.37
Namibia	6.20	6.30	6.60	6.60	6.20	5.55	4.91	4.29	3.81	3.60
South Africa	6.10	5.70	5.47	5.00	4.56	4.00	3.34	2.95	2.80	2.55
Swaziland	6.75	6.85	6.87	6.73	6.54	6.13	5.30	4.49	4.01	3.75
WESTERN AFRICA	6.54	6.60	6.79	6.90	6.84	6.67	6.41	6.14	5.95	5.74
Benin	6.42	6.65	6.83	7.00	7.01	6.88	6.56	6.16	5.78	5.31
Burkina Faso	6.35	6.56	6.70	7.02	7.17	7.07	6.93	6.73	6.43	6.08
Cabo Verde	6.97	6.97	6.86	6.62	6.10	5.63	4.93	4.14	3.22	2.62

表A. 25. 主要地域、地域および国別、合計出生率：推計および高位予測値（続）

2015-2060:高位予測値

合計出生率（女性一人あたり子供）										主要地域、地域および国
2010-2015	2015-2020	2020-2025	2025-2030	2030-2035	2035-2040	2040-2045	2045-2050	2050-2055	2055-2060	
2.51	2.72	2.83	2.88	2.84	2.80	2.76	2.73	2.70	2.66	**WORLD**
1.67	1.94	2.12	2.25	2.28	2.29	2.31	2.32	2.33	2.34	More developed regions
2.65	2.83	2.91	2.96	2.91	2.86	2.81	2.78	2.74	2.70	Less developed regions
4.27	4.22	4.12	4.00	3.82	3.67	3.52	3.39	3.27	3.17	Least developed countries
2.37	2.57	2.66	2.71	2.67	2.63	2.60	2.58	2.55	2.52	Less developed regions, excluding least developed countries
2.98	3.09	3.13	3.13	3.04	2.97	2.90	2.85	2.80	2.75	Less developed regions, excluding China
1.75	2.01	2.17	2.29	2.30	2.31	2.31	2.32	2.33	2.33	High-income countries
2.42	2.61	2.71	2.76	2.71	2.67	2.64	2.61	2.59	2.56	Middle-income countries
1.85	2.11	2.23	2.33	2.34	2.36	2.36	2.38	2.39	2.39	Upper-middle-income countries
2.90	3.00	3.02	3.01	2.92	2.84	2.78	2.73	2.68	2.63	Lower-middle-income countries
4.89	4.77	4.58	4.38	4.13	3.92	3.73	3.56	3.41	3.28	Low-income countries
5.10	5.00	4.82	4.63	4.36	4.12	3.91	3.72	3.55	3.40	**Sub-Saharan Africa**
4.71	4.67	4.54	4.39	4.16	3.95	3.77	3.60	3.45	3.32	**AFRICA**
4.94	4.77	4.56	4.35	4.09	3.88	3.69	3.52	3.37	3.24	**EASTERN AFRICA**
6.08	5.91	5.66	5.39	5.05	4.73	4.45	4.19	3.98	3.78	Burundi
4.60	4.48	4.31	4.13	3.89	3.69	3.51	3.36	3.23	3.11	Comoros
3.30	3.24	3.14	3.05	2.90	2.78	2.68	2.59	2.52	2.46	Djibouti
4.40	4.27	4.10	3.91	3.68	3.48	3.31	3.17	3.05	2.94	Eritrea
4.59	4.24	3.89	3.61	3.32	3.10	2.93	2.78	2.67	2.57	Ethiopia
4.44	4.35	4.21	4.06	3.84	3.66	3.50	3.35	3.22	3.10	Kenya
4.50	4.46	4.34	4.21	4.01	3.83	3.67	3.53	3.40	3.29	Madagascar
5.25	5.13	4.94	4.73	4.46	4.22	4.01	3.82	3.66	3.51	Malawi
1.50	1.69	1.83	1.97	2.01	2.05	2.08	2.11	2.14	2.17	Mauritius
4.10	3.98	3.83	3.68	3.46	3.28	3.12	2.98	2.86	2.74	Mayotte
5.45	5.37	5.19	4.97	4.66	4.38	4.12	3.89	3.69	3.51	Mozambique
2.24	2.37	2.42	2.45	2.40	2.37	2.35	2.34	2.33	2.32	Réunion
4.05	3.87	3.67	3.48	3.25	3.04	2.87	2.71	2.58	2.47	Rwanda
2.33	2.46	2.51	2.53	2.47	2.42	2.39	2.36	2.35	2.34	Seychelles
6.61	6.37	6.05	5.72	5.30	4.93	4.59	4.29	4.04	3.81	Somalia
5.15	4.98	4.75	4.50	4.20	3.93	3.70	3.51	3.35	3.21	South Sudan
5.91	5.71	5.42	5.12	4.75	4.42	4.12	3.87	3.66	3.47	Uganda
5.24	5.17	5.01	4.83	4.57	4.33	4.11	3.92	3.75	3.60	United Republic of Tanzania
5.45	5.39	5.25	5.09	4.84	4.62	4.41	4.23	4.06	3.91	Zambia
4.02	3.90	3.74	3.60	3.39	3.22	3.07	2.93	2.81	2.71	Zimbabwe
5.82	5.63	5.37	5.09	4.73	4.42	4.13	3.88	3.67	3.49	**MIDDLE AFRICA**
6.20	6.04	5.78	5.48	5.10	4.74	4.42	4.14	3.88	3.67	Angola
4.81	4.71	4.53	4.34	4.08	3.87	3.67	3.51	3.36	3.24	Cameroon
4.41	4.27	4.06	3.85	3.58	3.37	3.20	3.05	2.93	2.83	Central African Republic
6.31	6.04	5.70	5.35	4.93	4.56	4.24	3.96	3.72	3.53	Chad
4.95	4.89	4.76	4.60	4.36	4.15	3.96	3.79	3.64	3.50	Congo
6.15	5.91	5.60	5.27	4.87	4.52	4.20	3.93	3.71	3.51	Democratic Republic of the Congo
4.97	4.77	4.50	4.22	3.89	3.61	3.39	3.20	3.05	2.93	Equatorial Guinea
4.00	3.93	3.80	3.66	3.47	3.30	3.16	3.04	2.94	2.85	Gabon
4.67	4.61	4.47	4.31	4.08	3.88	3.69	3.54	3.40	3.28	São Tomé and Príncipe
3.27	3.30	3.29	3.26	3.13	3.01	2.91	2.84	2.78	2.73	**NORTHERN AFRICA**
2.93	2.87	2.81	2.76	2.65	2.56	2.50	2.46	2.43	2.41	Algeria
3.38	3.41	3.38	3.32	3.19	3.08	2.97	2.88	2.80	2.72	Egypt
2.53	2.57	2.54	2.51	2.41	2.34	2.29	2.27	2.26	2.26	Libyan Arab Jamahiriya
2.56	2.63	2.64	2.63	2.54	2.47	2.42	2.38	2.35	2.33	Morocco
4.46	4.38	4.23	4.07	3.85	3.66	3.49	3.35	3.22	3.11	Sudan
2.16	2.32	2.39	2.43	2.39	2.36	2.34	2.33	2.32	2.32	Tunisia
2.20	2.31	2.34	2.35	2.28	2.23	2.20	2.18	2.18	2.19	Western Sahara
2.51	2.63	2.67	2.67	2.59	2.52	2.47	2.42	2.38	2.36	**SOUTHERN AFRICA**
2.90	2.92	2.89	2.85	2.72	2.62	2.53	2.47	2.41	2.37	Botswana
3.26	3.26	3.21	3.14	3.01	2.90	2.80	2.71	2.64	2.57	Lesotho
3.60	3.56	3.47	3.38	3.21	3.07	2.95	2.84	2.74	2.66	Namibia
2.40	2.53	2.58	2.59	2.52	2.46	2.41	2.37	2.34	2.32	South Africa
3.36	3.31	3.22	3.13	2.98	2.85	2.73	2.63	2.55	2.48	Swaziland
5.54	5.46	5.28	5.07	4.77	4.50	4.25	4.02	3.82	3.64	**WESTERN AFRICA**
4.89	4.75	4.55	4.34	4.07	3.84	3.64	3.46	3.32	3.19	Benin
5.65	5.48	5.24	4.98	4.65	4.34	4.08	3.84	3.64	3.47	Burkina Faso
2.37	2.44	2.45	2.44	2.36	2.30	2.27	2.24	2.23	2.23	Cabo Verde

表A. 25. 主要地域、地域および国別、合計出生率：推計および高位予測値（続）

推計値:1960-2015

主要地域、地域および国	合計出生率（女性一人あたり子供）									
	1960-1965	1965-1970	1970-1975	1975-1980	1980-1985	1985-1990	1990-1995	1995-2000	2000-2005	2005-2010
Côte d'Ivoire	7.53	7.83	7.93	7.81	7.31	6.85	6.41	6.05	5.68	5.36
Gambia	5.70	5.96	6.20	6.34	6.29	6.14	6.08	5.99	5.85	5.79
Ghana	6.84	6.95	6.90	6.69	6.35	5.88	5.34	4.81	4.57	4.29
Guinea	6.15	6.18	6.29	6.45	6.59	6.63	6.51	6.24	5.91	5.54
Guinea-Bissau	5.95	6.00	6.10	6.25	6.70	6.68	6.50	6.05	5.60	5.23
Liberia	6.47	6.59	6.80	6.93	6.96	6.72	6.27	6.05	5.68	5.23
Mali	7.00	7.10	7.15	7.15	7.15	7.15	7.15	6.95	6.85	6.70
Mauritania	6.79	6.79	6.75	6.57	6.28	6.09	5.85	5.55	5.26	4.97
Niger	7.44	7.32	7.52	7.63	7.59	7.69	7.74	7.75	7.72	7.68
Nigeria	6.35	6.35	6.61	6.76	6.76	6.60	6.37	6.17	6.05	5.91
Senegal	7.06	7.24	7.41	7.45	7.25	6.88	6.35	5.78	5.38	5.15
Sierra Leone	5.97	5.97	6.06	6.25	6.46	6.66	6.62	6.41	6.05	5.51
Togo	6.65	6.94	7.20	7.28	7.06	6.62	6.02	5.54	5.31	5.04
ASIA	5.78	5.73	5.06	4.10	3.70	3.51	2.96	2.55	2.39	2.29
EASTERN ASIA	5.48	5.56	4.43	2.86	2.45	2.62	1.96	1.48	1.48	1.52
China	6.15	6.30	4.85	3.01	2.52	2.75	2.00	1.48	1.50	1.53
China, Hong Kong SAR	5.31	3.65	3.29	2.31	1.72	1.36	1.24	0.87	0.96	1.03
China, Macao SAR	4.41	2.74	1.79	1.41	1.98	1.94	1.41	1.12	0.83	0.94
Dem. People's Republic of Korea	3.85	4.39	4.00	2.68	2.80	2.36	2.25	2.01	2.01	2.00
Japan	1.99	2.02	2.13	1.83	1.75	1.66	1.48	1.37	1.30	1.34
Mongolia	7.50	7.50	7.50	6.65	5.75	4.84	3.27	2.40	2.08	2.37
Republic of Korea	5.63	4.71	4.28	2.92	2.23	1.60	1.70	1.51	1.22	1.23
Other non-specified areas	5.29	4.41	3.38	2.64	2.20	1.85	1.79	1.73	1.43	1.26
SOUTH-CENTRAL ASIA	6.03	5.89	5.63	5.26	4.98	4.54	4.01	3.58	3.17	2.84
CENTRAL ASIA	5.11	4.84	4.76	4.28	4.05	3.98	3.49	2.84	2.52	2.64
Kazakhstan	4.43	3.67	3.46	3.06	2.96	3.03	2.55	2.00	2.01	2.54
Kyrgyzstan	5.39	5.01	4.73	4.05	4.10	4.02	3.61	2.99	2.50	2.78
Tajikistan	6.30	6.72	6.83	5.90	5.54	5.41	4.88	4.29	3.71	3.48
Turkmenistan	6.75	6.34	6.19	5.32	4.79	4.55	4.03	3.03	2.76	2.50
Uzbekistan	5.29	5.60	5.65	5.20	4.71	4.40	3.77	2.99	2.51	2.48
SOUTHERN ASIA	6.07	5.94	5.67	5.31	5.03	4.57	4.04	3.61	3.19	2.85
Afghanistan	7.45	7.45	7.45	7.45	7.45	7.47	7.48	7.65	7.18	6.35
Bangladesh	6.80	6.92	6.91	6.63	5.98	4.98	4.06	3.43	2.93	2.48
Bhutan	6.67	6.67	6.67	6.67	6.39	6.11	5.07	4.13	3.14	2.62
India	5.89	5.72	5.41	4.97	4.68	4.27	3.83	3.48	3.14	2.80
Iran (Islamic Republic of)	6.91	6.68	6.24	6.28	6.53	5.62	3.95	2.63	1.97	1.79
Maldives	7.12	7.22	7.17	6.85	7.26	6.66	5.16	3.52	2.57	2.26
Nepal	5.96	5.96	5.87	5.80	5.62	5.33	4.97	4.41	3.64	2.96
Pakistan	6.60	6.60	6.60	6.60	6.44	6.30	5.67	4.99	4.23	3.98
Sri Lanka	5.20	4.70	4.00	3.61	3.19	2.64	2.38	2.24	2.26	2.28
SOUTH-EASTERN ASIA	6.08	5.91	5.48	4.80	4.20	3.57	3.11	2.69	2.51	2.41
Brunei Darussalam	6.55	5.59	5.87	4.71	3.92	3.72	3.28	2.60	2.05	2.00
Cambodia	6.95	6.70	6.16	5.42	6.37	5.99	5.13	4.25	3.44	3.08
Indonesia	5.62	5.57	5.30	4.73	4.11	3.40	2.90	2.55	2.48	2.50
Lao People's Democratic Republic	5.97	5.98	5.99	6.15	6.36	6.27	5.88	4.81	3.90	3.50
Malaysia	6.03	5.21	4.56	3.93	3.73	3.59	3.42	3.18	2.45	2.07
Myanmar	6.10	6.10	5.74	5.21	4.70	3.80	3.20	2.95	2.85	2.55
Philippines	6.98	6.54	5.98	5.46	4.92	4.53	4.14	3.90	3.70	3.27
Singapore	5.12	3.65	2.82	1.84	1.69	1.70	1.73	1.57	1.35	1.26
Thailand	6.13	5.99	5.05	3.92	2.95	2.30	1.99	1.77	1.60	1.56
Timor-Leste	6.37	6.16	5.54	4.31	5.39	5.21	5.69	7.01	6.96	6.53
Viet Nam	6.42	6.46	6.33	5.50	4.60	3.85	3.23	2.25	1.92	1.93
WESTERN ASIA	6.07	5.91	5.70	5.33	4.96	4.47	4.02	3.59	3.21	3.02
Armenia	4.45	3.45	3.04	2.50	2.38	2.58	2.38	1.75	1.72	1.74
Azerbaijan	5.64	4.94	4.29	3.62	3.04	2.95	2.90	2.20	2.00	2.29
Bahrain	7.18	6.97	5.95	5.23	4.63	4.08	3.40	2.87	2.67	2.23
Cyprus	3.44	2.80	2.49	2.29	2.45	2.43	2.33	1.89	1.59	1.51
Georgia	2.98	2.61	2.60	2.39	2.27	2.26	2.05	1.72	1.58	1.80
Iraq	6.60	7.40	7.15	6.80	6.35	6.09	5.65	5.19	4.66	4.64
Israel	3.85	3.78	3.81	3.47	3.13	3.07	2.93	2.93	2.91	2.91
Jordan	8.00	8.00	7.79	7.38	7.05	6.02	5.09	4.34	3.85	3.59
Kuwait	7.30	7.40	6.95	5.90	5.00	3.15	2.40	3.00	2.60	2.55
Lebanon	5.69	5.23	4.67	4.23	3.75	3.23	2.80	2.43	2.01	1.58
Oman	7.25	7.31	7.41	8.10	8.32	7.85	6.27	4.46	3.21	2.90
Qatar	6.97	6.97	6.77	6.11	5.45	4.41	3.74	3.46	2.95	2.23

表A. 25. 主要地域、地域および国別、合計出生率：推計および高位予測値（続）

2015-2060：高位予測値

合計出生率（女性一人あたり子供）										主要地域、地域および国
2010-2015	2015-2020	2020-2025	2025-2030	2030-2035	2035-2040	2040-2045	2045-2050	2050-2055	2055-2060	
5.10	5.02	4.87	4.70	4.46	4.25	4.06	3.89	3.74	3.60	Côte d'Ivoire
5.78	5.78	5.62	5.37	5.01	4.65	4.31	3.98	3.70	3.46	Gambia
4.25	4.20	4.09	3.97	3.77	3.60	3.46	3.33	3.21	3.11	Ghana
5.13	4.98	4.76	4.52	4.22	3.96	3.73	3.54	3.38	3.24	Guinea
4.95	4.81	4.60	4.39	4.12	3.88	3.68	3.50	3.35	3.21	Guinea-Bissau
4.83	4.72	4.55	4.36	4.10	3.88	3.69	3.52	3.38	3.25	Liberia
6.35	6.17	5.87	5.53	5.12	4.73	4.38	4.07	3.80	3.57	Mali
4.69	4.64	4.51	4.36	4.13	3.93	3.75	3.60	3.46	3.34	Mauritania
7.63	7.71	7.53	7.18	6.71	6.25	5.80	5.37	4.97	4.61	Niger
5.74	5.66	5.47	5.24	4.92	4.62	4.34	4.09	3.87	3.68	Nigeria
5.18	5.08	4.91	4.72	4.47	4.24	4.04	3.86	3.70	3.56	Senegal
4.79	4.53	4.22	3.94	3.63	3.38	3.18	3.03	2.89	2.78	Sierra Leone
4.69	4.60	4.44	4.27	4.03	3.83	3.65	3.50	3.36	3.24	Togo
2.20	2.40	2.49	2.55	2.50	2.46	2.43	2.41	2.40	2.37	**ASIA**
1.55	1.83	1.99	2.13	2.18	2.21	2.21	2.22	2.24	2.25	**EASTERN ASIA**
1.55	1.84	2.03	2.16	2.18	2.20	2.22	2.24	2.25	2.26	China
1.20	1.55	1.78	1.94	2.00	2.05	2.09	2.13	2.16	2.18	China, Hong Kong SAR
1.19	1.59	1.85	2.04	2.11	2.17	2.21	2.24	2.27	2.29	China, Macao SAR
2.00	2.19	2.30	2.37	2.35	2.33	2.32	2.32	2.31	2.31	Dem. People's Republic of Korea
1.40	1.71	1.92	2.07	2.11	2.14	2.17	2.19	2.21	2.23	Japan
2.68	2.79	2.83	2.83	2.76	2.69	2.64	2.60	2.56	2.53	Mongolia
1.26	1.58	1.79	1.95	2.00	2.04	2.07	2.10	2.13	2.15	Republic of Korea
1.07	1.28	1.46	1.65	1.74	1.81	1.88	1.95	2.00	2.05	Other non-specified areas
2.57	2.67	2.70	2.68	2.59	2.51	2.47	2.43	2.39	2.36	**SOUTH-CENTRAL ASIA**
2.70	2.81	2.84	2.84	2.74	2.66	2.61	2.58	2.54	2.50	**CENTRAL ASIA**
2.64	2.78	2.84	2.85	2.78	2.71	2.65	2.60	2.56	2.52	Kazakhstan
3.12	3.18	3.17	3.14	3.03	2.94	2.85	2.78	2.71	2.65	Kyrgyzstan
3.55	3.57	3.52	3.45	3.30	3.18	3.07	2.96	2.87	2.79	Tajikistan
2.34	2.47	2.51	2.52	2.45	2.39	2.34	2.31	2.29	2.28	Turkmenistan
2.48	2.58	2.61	2.61	2.54	2.48	2.43	2.39	2.37	2.35	Uzbekistan
2.56	2.67	2.69	2.68	2.58	2.51	2.46	2.42	2.39	2.35	**SOUTHERN ASIA**
5.13	4.50	3.93	3.52	3.17	2.92	2.73	2.59	2.47	2.38	Afghanistan
2.23	2.33	2.35	2.34	2.26	2.21	2.18	2.17	2.17	2.18	Bangladesh
2.10	2.18	2.19	2.19	2.12	2.09	2.08	2.09	2.10	2.13	Bhutan
2.48	2.59	2.63	2.64	2.56	2.49	2.44	2.39	2.36	2.33	India
1.75	1.87	1.92	1.99	2.01	2.04	2.08	2.11	2.14	2.16	Iran (Islamic Republic of)
2.18	2.23	2.23	2.22	2.16	2.14	2.15	2.17	2.19	2.20	Maldives
2.32	2.34	2.35	2.35	2.27	2.23	2.20	2.19	2.19	2.20	Nepal
3.72	3.63	3.50	3.38	3.20	3.05	2.92	2.81	2.71	2.63	Pakistan
2.11	2.28	2.36	2.40	2.36	2.33	2.32	2.30	2.30	2.29	Sri Lanka
2.35	2.50	2.56	2.60	2.55	2.51	2.47	2.43	2.41	2.38	**SOUTH-EASTERN ASIA**
1.90	2.07	2.16	2.22	2.19	2.18	2.18	2.19	2.20	2.21	Brunei Darussalam
2.70	2.78	2.79	2.77	2.67	2.60	2.53	2.47	2.42	2.38	Cambodia
2.50	2.61	2.64	2.64	2.57	2.50	2.45	2.41	2.39	2.37	Indonesia
3.10	3.02	2.93	2.84	2.69	2.57	2.47	2.39	2.34	2.30	Lao People's Democratic Republic
1.97	2.15	2.23	2.29	2.26	2.24	2.23	2.22	2.23	2.23	Malaysia
2.25	2.38	2.44	2.45	2.39	2.34	2.31	2.29	2.28	2.27	Myanmar
3.04	3.12	3.12	3.09	2.97	2.87	2.78	2.70	2.62	2.56	Philippines
1.23	1.51	1.69	1.81	1.83	1.85	1.87	1.88	1.90	1.91	Singapore
1.53	1.71	1.82	1.93	1.97	2.01	2.05	2.08	2.12	2.14	Thailand
5.91	5.58	5.18	4.80	4.38	4.03	3.73	3.49	3.30	3.13	Timor-Leste
1.96	2.20	2.34	2.43	2.43	2.42	2.42	2.42	2.42	2.41	Viet Nam
2.91	2.99	3.01	3.01	2.93	2.85	2.78	2.72	2.68	2.64	**WESTERN ASIA**
1.55	1.76	1.90	2.02	2.05	2.08	2.11	2.13	2.16	2.18	Armenia
2.30	2.47	2.55	2.59	2.54	2.50	2.46	2.44	2.42	2.40	Azerbaijan
2.10	2.23	2.28	2.29	2.23	2.20	2.18	2.17	2.17	2.18	Bahrain
1.46	1.67	1.82	1.96	2.00	2.04	2.07	2.10	2.13	2.16	Cyprus
1.81	2.07	2.23	2.33	2.34	2.35	2.35	2.36	2.36	2.36	Georgia
4.64	4.60	4.49	4.36	4.15	3.97	3.81	3.67	3.54	3.42	Iraq
3.05	3.18	3.21	3.21	3.12	3.03	2.95	2.88	2.81	2.74	Israel
3.51	3.45	3.34	3.24	3.07	2.92	2.79	2.68	2.59	2.51	Jordan
2.15	2.29	2.37	2.42	2.40	2.38	2.37	2.36	2.36	2.36	Kuwait
1.72	1.96	2.10	2.20	2.21	2.21	2.22	2.22	2.23	2.24	Lebanon
2.88	2.76	2.66	2.56	2.41	2.30	2.23	2.19	2.18	2.19	Oman
2.08	2.20	2.24	2.26	2.21	2.17	2.15	2.15	2.16	2.17	Qatar

表A. 25. 主要地域、地域および国別、合計出生率：推計および高位予測値（続）

推計値:1960-2015

主要地域、地域および国	合計出生率（女性一人あたり子供）									
	1960-1965	1965-1970	1970-1975	1975-1980	1980-1985	1985-1990	1990-1995	1995-2000	2000-2005	2005-2010
Saudi Arabia	7.26	7.26	7.30	7.28	7.02	6.22	5.55	4.50	3.55	3.15
State of Palestine	8.00	8.00	7.69	7.50	7.05	6.76	6.61	5.80	5.03	4.60
Syrian Arab Republic	7.54	7.56	7.54	7.32	6.77	5.87	4.80	4.26	3.67	3.19
Turkey	6.14	5.74	5.34	4.65	4.07	3.35	2.87	2.62	2.35	2.18
United Arab Emirates	6.87	6.77	6.36	5.66	5.23	4.83	3.88	2.97	2.40	1.97
Yemen	7.45	7.70	7.90	8.50	8.80	8.80	8.20	6.80	5.95	5.10
EUROPE	2.57	2.37	2.17	1.97	1.88	1.81	1.57	1.43	1.43	1.55
EASTERN EUROPE	2.44	2.15	2.14	2.07	2.09	2.08	1.63	1.29	1.26	1.42
Belarus	2.69	2.38	2.25	2.09	2.09	2.00	1.68	1.31	1.26	1.43
Bulgaria	2.22	2.13	2.16	2.19	2.01	1.95	1.55	1.20	1.24	1.50
Czech Republic	2.21	1.96	2.21	2.36	1.97	1.90	1.65	1.17	1.19	1.43
Hungary	1.86	1.99	2.06	2.13	1.82	1.86	1.74	1.38	1.30	1.33
Poland	2.75	2.33	2.23	2.23	2.31	2.16	1.95	1.51	1.26	1.37
Republic of Moldova	3.15	2.66	2.56	2.44	2.55	2.64	2.11	1.70	1.24	1.27
Romania	2.10	2.87	2.65	2.55	2.26	2.22	1.51	1.34	1.32	1.45
Russian Federation	2.55	2.02	2.03	1.94	2.04	2.12	1.55	1.25	1.30	1.44
Slovakia	2.91	2.54	2.51	2.46	2.27	2.15	1.87	1.40	1.22	1.31
Ukraine	2.13	2.02	2.08	1.98	2.00	1.90	1.62	1.24	1.15	1.38
NORTHERN EUROPE	2.71	2.48	2.05	1.80	1.80	1.85	1.80	1.70	1.66	1.86
Channel Islands	2.56	2.36	1.86	1.52	1.44	1.45	1.46	1.40	1.41	1.42
Denmark	2.58	2.27	1.96	1.68	1.43	1.54	1.75	1.76	1.76	1.85
Estonia	1.94	2.02	2.15	2.06	2.09	2.20	1.63	1.33	1.39	1.66
Finland	2.66	2.19	1.62	1.66	1.69	1.66	1.82	1.74	1.75	1.84
Iceland	3.94	3.24	2.87	2.45	2.23	2.12	2.19	2.06	1.99	2.13
Ireland	4.07	3.77	3.82	3.25	2.76	2.18	1.91	1.94	1.97	2.00
Latvia	1.85	1.81	2.00	1.87	2.03	2.13	1.63	1.17	1.29	1.49
Lithuania	2.43	2.30	2.30	2.10	2.04	2.06	1.82	1.47	1.28	1.42
Norway	2.90	2.72	2.25	1.81	1.69	1.80	1.89	1.86	1.81	1.92
Sweden	2.31	2.17	1.91	1.66	1.64	1.91	2.01	1.56	1.67	1.89
United Kingdom	2.81	2.57	2.01	1.73	1.78	1.84	1.78	1.74	1.66	1.88
SOUTHERN EUROPE	2.69	2.67	2.54	2.23	1.83	1.56	1.41	1.35	1.37	1.44
Albania	6.23	5.26	4.60	3.90	3.41	3.15	2.79	2.38	1.95	1.60
Bosnia and Herzegovina	3.68	3.14	2.73	2.19	2.12	1.91	1.65	1.63	1.22	1.28
Croatia	2.22	2.00	1.98	1.90	1.87	1.72	1.52	1.62	1.41	1.52
Greece	2.20	2.38	2.32	2.32	1.96	1.53	1.37	1.30	1.28	1.46
Italy	2.50	2.50	2.32	1.89	1.52	1.35	1.27	1.22	1.30	1.42
Malta	3.15	2.12	2.01	2.12	1.93	2.01	1.99	1.87	1.47	1.39
Montenegro	3.42	2.89	2.62	2.31	2.21	2.11	2.05	1.91	1.85	1.82
Portugal	3.19	3.12	2.83	2.55	2.01	1.62	1.48	1.46	1.45	1.37
Serbia	2.51	2.43	2.36	2.37	2.32	2.23	1.96	1.92	1.71	1.56
Slovenia	2.34	2.27	2.20	2.16	1.93	1.65	1.33	1.25	1.21	1.38
Spain	2.81	2.84	2.85	2.55	1.88	1.46	1.28	1.19	1.29	1.39
TFYR Macedonia	3.65	3.44	2.86	2.54	2.45	2.27	2.12	1.83	1.64	1.46
WESTERN EUROPE	2.65	2.47	1.96	1.65	1.62	1.57	1.49	1.52	1.59	1.64
Austria	2.78	2.57	2.04	1.65	1.60	1.45	1.48	1.39	1.38	1.40
Belgium	2.65	2.39	2.01	1.70	1.60	1.56	1.61	1.60	1.68	1.82
France	2.83	2.64	2.30	1.86	1.87	1.81	1.71	1.76	1.88	1.97
Germany	2.47	2.36	1.71	1.51	1.46	1.43	1.30	1.35	1.35	1.36
Luxembourg	2.40	2.19	1.72	1.49	1.47	1.47	1.66	1.72	1.65	1.62
Netherlands	3.17	2.79	2.06	1.60	1.51	1.55	1.58	1.60	1.73	1.75
Switzerland	2.60	2.36	1.87	1.54	1.54	1.55	1.54	1.48	1.41	1.47
LATIN AMERICA AND THE CARIBBEAN	5.94	5.53	5.03	4.48	3.95	3.43	3.01	2.75	2.52	2.27
CARIBBEAN	5.48	5.01	4.37	3.62	3.41	3.13	2.83	2.64	2.50	2.40
Antigua and Barbuda	4.30	4.00	3.26	2.24	2.14	2.07	2.09	2.31	2.27	2.17
Aruba	4.40	3.30	2.65	2.45	2.36	2.30	2.17	1.95	1.82	1.74
Bahamas	4.50	3.58	3.54	2.95	3.05	2.65	2.64	2.33	1.87	1.91
Barbados	4.27	3.53	2.72	2.16	1.92	1.77	1.73	1.74	1.75	1.77
Cuba	4.68	4.30	3.60	2.15	1.85	1.85	1.65	1.64	1.64	1.63
Curaçao	4.40	3.80	2.87	2.45	2.25	2.30	2.28	2.12	2.09	1.98
Dominican Republic	7.35	6.65	5.68	4.76	4.15	3.65	3.31	2.98	2.83	2.67
Grenada	6.40	4.80	4.60	4.30	4.23	4.14	3.46	2.81	2.43	2.30
Guadeloupe	5.61	5.22	4.49	3.52	2.55	2.45	2.10	2.10	2.06	2.14
Haiti	6.30	6.00	5.60	5.80	6.21	5.70	5.15	4.62	4.00	3.55
Jamaica	5.64	5.78	5.00	4.00	3.55	3.10	2.84	2.70	2.45	2.28
Martinique	5.45	5.00	4.08	2.65	2.14	2.14	1.96	1.90	1.92	2.04

表A. 25.　主要地域、地域および国別、合計出生率：推計および高位予測値（続）

2015-2060：高位予測値

合計出生率（女性一人あたり子供）										主要地域、地域および国
2010-2015	2015-2020	2020-2025	2025-2030	2030-2035	2035-2040	2040-2045	2045-2050	2050-2055	2055-2060	
2.85	2.84	2.79	2.73	2.60	2.49	2.41	2.34	2.30	2.27	Saudi Arabia
4.28	4.20	4.05	3.90	3.68	3.51	3.35	3.21	3.09	2.99	State of Palestine
3.03	3.02	2.96	2.89	2.75	2.62	2.52	2.44	2.37	2.32	Syrian Arab Republic
2.10	2.26	2.32	2.36	2.32	2.29	2.26	2.25	2.25	2.25	Turkey
1.82	1.98	2.06	2.12	2.10	2.10	2.12	2.13	2.15	2.17	United Arab Emirates
4.35	4.04	3.76	3.52	3.25	3.02	2.82	2.66	2.51	2.39	Yemen
1.60	1.87	2.05	2.19	2.23	2.26	2.28	2.29	2.30	2.31	**EUROPE**
1.55	1.85	2.03	2.17	2.21	2.25	2.27	2.29	2.30	2.32	**EASTERN EUROPE**
1.58	1.89	2.09	2.23	2.26	2.28	2.30	2.32	2.33	2.34	Belarus
1.52	1.85	2.06	2.21	2.24	2.27	2.29	2.31	2.33	2.34	Bulgaria
1.45	1.79	2.00	2.15	2.20	2.23	2.26	2.28	2.30	2.31	Czech Republic
1.34	1.65	1.86	2.00	2.05	2.08	2.11	2.14	2.16	2.18	Hungary
1.37	1.58	1.73	1.88	1.93	1.98	2.02	2.06	2.10	2.13	Poland
1.27	1.48	1.64	1.81	1.87	1.92	1.97	2.02	2.06	2.10	Republic of Moldova
1.48	1.78	1.98	2.12	2.15	2.18	2.20	2.22	2.24	2.26	Romania
1.66	1.97	2.16	2.29	2.32	2.34	2.35	2.37	2.38	2.38	Russian Federation
1.37	1.69	1.90	2.05	2.09	2.12	2.15	2.18	2.20	2.22	Slovakia
1.49	1.81	2.01	2.15	2.19	2.22	2.24	2.26	2.28	2.29	Ukraine
1.87	2.13	2.28	2.38	2.38	2.38	2.39	2.39	2.39	2.39	**NORTHERN EUROPE**
1.46	1.74	1.92	2.04	2.07	2.09	2.11	2.12	2.14	2.15	Channel Islands
1.73	2.01	2.18	2.30	2.32	2.33	2.34	2.35	2.35	2.36	Denmark
1.59	1.91	2.11	2.24	2.27	2.29	2.31	2.32	2.33	2.34	Estonia
1.75	2.02	2.18	2.29	2.30	2.31	2.32	2.32	2.33	2.33	Finland
1.96	2.15	2.26	2.33	2.31	2.29	2.28	2.28	2.28	2.28	Iceland
2.01	2.25	2.39	2.48	2.47	2.46	2.46	2.45	2.45	2.45	Ireland
1.48	1.80	2.01	2.15	2.19	2.22	2.24	2.27	2.28	2.30	Latvia
1.57	1.88	2.08	2.22	2.25	2.28	2.29	2.31	2.32	2.33	Lithuania
1.80	2.06	2.22	2.33	2.34	2.34	2.35	2.35	2.36	2.36	Norway
1.92	2.18	2.33	2.43	2.43	2.44	2.44	2.44	2.44	2.44	Sweden
1.92	2.16	2.30	2.40	2.39	2.39	2.39	2.39	2.39	2.39	United Kingdom
1.41	1.70	1.89	2.02	2.05	2.09	2.13	2.16	2.18	2.20	**SOUTHERN EUROPE**
1.78	2.03	2.17	2.26	2.26	2.26	2.27	2.27	2.28	2.28	Albania
1.28	1.48	1.63	1.79	1.85	1.91	1.96	2.01	2.06	2.09	Bosnia and Herzegovina
1.52	1.73	1.88	2.01	2.04	2.07	2.11	2.13	2.16	2.18	Croatia
1.34	1.55	1.71	1.87	1.92	1.97	2.02	2.06	2.09	2.13	Greece
1.43	1.74	1.94	2.09	2.12	2.16	2.18	2.21	2.23	2.24	Italy
1.43	1.74	1.93	2.07	2.11	2.14	2.17	2.19	2.22	2.23	Malta
1.71	1.90	2.03	2.13	2.15	2.16	2.17	2.19	2.21	2.22	Montenegro
1.28	1.49	1.65	1.81	1.87	1.92	1.98	2.02	2.06	2.10	Portugal
1.56	1.84	2.02	2.15	2.17	2.19	2.21	2.23	2.24	2.26	Serbia
1.58	1.90	2.10	2.24	2.27	2.30	2.31	2.33	2.34	2.35	Slovenia
1.32	1.63	1.83	1.98	2.02	2.05	2.08	2.11	2.13	2.15	Spain
1.51	1.80	1.99	2.12	2.15	2.17	2.19	2.21	2.23	2.24	TFYR Macedonia
1.66	1.94	2.12	2.25	2.28	2.29	2.29	2.29	2.31	2.32	**WESTERN EUROPE**
1.47	1.78	1.98	2.12	2.16	2.18	2.21	2.23	2.25	2.26	Austria
1.82	2.08	2.24	2.35	2.36	2.37	2.37	2.38	2.38	2.39	Belgium
2.00	2.24	2.38	2.48	2.47	2.47	2.47	2.46	2.46	2.46	France
1.39	1.69	1.87	2.01	2.04	2.07	2.09	2.12	2.14	2.15	Germany
1.57	1.86	2.05	2.18	2.20	2.22	2.24	2.25	2.27	2.28	Luxembourg
1.75	2.02	2.18	2.30	2.31	2.32	2.32	2.33	2.34	2.34	Netherlands
1.52	1.82	2.02	2.15	2.18	2.21	2.23	2.25	2.26	2.27	Switzerland
2.15	2.30	2.36	2.39	2.35	2.31	2.29	2.28	2.27	2.27	**LATIN AMERICA AND THE CARIBBEAN**
2.29	2.43	2.50	2.53	2.47	2.43	2.39	2.36	2.33	2.31	**CARIBBEAN**
2.10	2.28	2.38	2.44	2.41	2.38	2.36	2.34	2.33	2.33	Antigua and Barbuda
1.68	1.87	2.01	2.13	2.15	2.16	2.18	2.20	2.22	2.23	Aruba
1.89	2.08	2.19	2.27	2.26	2.25	2.25	2.25	2.25	2.26	Bahamas
1.79	2.05	2.21	2.32	2.33	2.33	2.34	2.34	2.35	2.35	Barbados
1.63	1.83	1.97	2.09	2.10	2.12	2.15	2.17	2.19	2.20	Cuba
2.10	2.30	2.41	2.48	2.45	2.43	2.41	2.40	2.39	2.38	Curaçao
2.53	2.63	2.64	2.63	2.53	2.45	2.39	2.34	2.31	2.29	Dominican Republic
2.18	2.33	2.38	2.40	2.35	2.31	2.28	2.26	2.25	2.25	Grenada
2.17	2.35	2.45	2.50	2.47	2.44	2.42	2.41	2.40	2.39	Guadeloupe
3.13	3.10	3.03	2.96	2.82	2.71	2.61	2.53	2.47	2.41	Haiti
2.08	2.24	2.32	2.36	2.32	2.30	2.28	2.27	2.27	2.27	Jamaica
1.95	2.13	2.23	2.31	2.30	2.30	2.30	2.30	2.30	2.31	Martinique

表A. 25. 主要地域、地域および国別、合計出生率：推計および高位予測値（続）

推計値：1960-2015

主要地域、地域および国	合計出生率（女性一人あたり子供）									
	1960-1965	1965-1970	1970-1975	1975-1980	1980-1985	1985-1990	1990-1995	1995-2000	2000-2005	2005-2010
Puerto Rico	4.37	3.41	2.99	2.76	2.46	2.26	2.18	1.99	1.82	1.70
Saint Lucia	6.79	6.48	5.69	5.20	4.20	3.65	3.15	2.60	2.10	2.04
Saint Vincent and the Grenadines	7.02	6.41	5.54	4.42	3.64	3.10	2.85	2.55	2.24	2.13
Trinidad and Tobago	5.04	3.81	3.45	3.24	3.28	2.75	2.18	1.82	1.75	1.80
United States Virgin Islands	5.67	5.52	4.66	3.49	2.97	3.02	2.79	2.19	2.14	2.44
CENTRAL AMERICA	6.73	6.65	6.52	5.47	4.60	3.98	3.49	3.11	2.79	2.54
Belize	6.45	6.35	6.25	6.20	5.40	4.70	4.35	3.85	3.35	2.84
Costa Rica	6.28	5.26	4.06	3.70	3.50	3.31	3.01	2.61	2.17	2.01
El Salvador	6.67	6.36	5.95	5.42	4.75	4.17	3.69	3.20	2.62	2.23
Guatemala	6.50	6.30	6.20	6.20	6.10	5.50	5.15	4.70	4.16	3.61
Honduras	7.42	7.42	7.05	6.60	6.00	5.37	4.92	4.34	3.63	2.99
Mexico	6.75	6.75	6.71	5.40	4.37	3.75	3.25	2.89	2.63	2.43
Nicaragua	7.10	6.95	6.79	6.35	5.85	5.00	4.20	3.40	2.84	2.56
Panama	5.79	5.41	4.88	4.19	3.63	3.24	2.92	2.81	2.61	2.54
SOUTH AMERICA	5.74	5.22	4.61	4.25	3.78	3.27	2.86	2.62	2.41	2.15
Argentina	3.09	3.05	3.15	3.44	3.15	3.05	2.90	2.63	2.52	2.40
Bolivia	6.61	6.41	6.15	5.89	5.51	5.09	4.70	4.29	3.82	3.39
Brazil	6.15	5.38	4.72	4.31	3.80	3.10	2.60	2.45	2.25	1.90
Chile	4.96	4.46	3.57	2.93	2.66	2.60	2.38	2.16	2.00	1.88
Colombia	6.76	6.18	4.90	4.25	3.70	3.18	2.84	2.50	2.30	2.10
Ecuador	6.65	6.40	5.80	5.05	4.45	4.00	3.55	3.20	2.88	2.73
French Guiana	5.02	5.00	4.18	3.30	3.58	3.73	4.05	3.93	3.68	3.63
Guyana	5.56	5.28	5.00	4.52	4.11	3.77	3.44	3.12	2.95	2.77
Paraguay	6.45	6.15	5.35	5.20	5.12	4.77	4.31	3.88	3.24	2.89
Peru	6.95	6.70	6.00	5.40	4.65	4.10	3.57	3.10	2.80	2.60
Suriname	6.56	5.95	5.29	4.20	3.70	3.42	3.16	2.92	2.71	2.54
Uruguay	2.90	2.80	3.00	2.89	2.57	2.53	2.49	2.30	2.20	2.12
Venezuela (Bolivarian Republic of)	6.66	5.90	4.94	4.47	3.96	3.65	3.25	2.94	2.72	2.55
NORTHERN AMERICA	3.42	2.58	2.01	1.77	1.79	1.89	2.00	1.95	1.99	2.02
Canada	3.68	2.61	1.98	1.73	1.63	1.62	1.69	1.56	1.52	1.64
United States of America	3.40	2.58	2.02	1.77	1.80	1.91	2.03	2.00	2.04	2.06
OCEANIA	3.95	3.55	3.23	2.72	2.58	2.49	2.49	2.45	2.43	2.51
AUSTRALIA/NEW ZEALAND	3.41	2.96	2.59	2.02	1.92	1.89	1.90	1.82	1.80	1.99
Australia	3.27	2.87	2.54	1.99	1.91	1.86	1.86	1.79	1.77	1.95
New Zealand	4.02	3.35	2.84	2.18	1.97	2.03	2.07	1.95	1.95	2.14
MELANESIA	6.24	6.01	5.80	5.55	5.18	4.73	4.49	4.40	4.15	3.93
Fiji	5.95	5.00	4.20	4.00	3.80	3.47	3.35	3.19	2.98	2.75
New Caledonia	5.22	5.21	5.20	3.91	3.34	3.03	2.94	2.58	2.26	2.24
Papua New Guinea	6.28	6.21	6.09	5.87	5.47	4.97	4.70	4.64	4.39	4.13
Solomon Islands	6.40	6.54	7.24	7.04	6.43	6.13	5.53	4.91	4.60	4.40
Vanuatu	7.00	6.46	6.11	5.75	5.40	5.04	4.83	4.59	4.11	3.63
MICRONESIA	6.47	5.84	5.28	4.80	4.40	4.01	3.67	3.32	2.99	2.88
Guam	6.03	4.72	4.12	3.52	3.08	3.14	2.88	2.88	2.74	2.54
Kiribati	6.78	6.04	5.00	5.10	5.00	4.80	4.55	4.20	3.96	3.88
Micronesia (Fed. States of)	6.90	6.90	6.90	6.40	6.00	5.20	4.79	4.53	4.05	3.62
POLYNESIA	6.82	6.39	5.74	5.23	4.79	4.37	3.96	3.55	3.32	3.17
French Polynesia	5.44	5.20	4.86	4.23	3.82	3.64	3.11	2.61	2.36	2.17
Samoa	7.63	7.35	7.00	6.49	5.91	5.35	4.92	4.62	4.44	4.47
Tonga	7.30	6.50	5.50	5.50	5.50	4.74	4.62	4.29	4.23	4.03

表A. 25. 主要地域、地域および国別、合計出生率：推計および高位予測値（続）

2015-2060：高位予測値

合計出生率（女性一人あたり子供）										主要地域、地域および国
2010-2015	2015-2020	2020-2025	2025-2030	2030-2035	2035-2040	2040-2045	2045-2050	2050-2055	2055-2060	
1.64	1.84	1.96	2.07	2.09	2.11	2.13	2.15	2.17	2.19	Puerto Rico
1.92	2.07	2.14	2.19	2.16	2.15	2.15	2.16	2.17	2.18	Saint Lucia
2.01	2.15	2.21	2.25	2.21	2.19	2.19	2.19	2.20	2.21	Saint Vincent and the Grenadines
1.80	1.98	2.09	2.18	2.18	2.18	2.19	2.20	2.22	2.23	Trinidad and Tobago
2.30	2.43	2.49	2.51	2.45	2.41	2.38	2.36	2.35	2.34	United States Virgin Islands
2.37	2.46	2.48	2.48	2.40	2.34	2.31	2.28	2.27	2.27	**CENTRAL AMERICA**
2.64	2.71	2.71	2.69	2.60	2.51	2.45	2.39	2.35	2.32	Belize
1.85	2.01	2.10	2.17	2.16	2.17	2.18	2.19	2.20	2.22	Costa Rica
1.97	2.12	2.19	2.23	2.19	2.17	2.16	2.16	2.17	2.18	El Salvador
3.30	3.28	3.22	3.14	3.00	2.88	2.78	2.69	2.62	2.55	Guatemala
2.47	2.50	2.50	2.49	2.40	2.34	2.29	2.26	2.24	2.23	Honduras
2.29	2.39	2.41	2.40	2.32	2.26	2.23	2.22	2.21	2.22	Mexico
2.32	2.41	2.43	2.43	2.35	2.30	2.26	2.24	2.23	2.22	Nicaragua
2.48	2.61	2.65	2.66	2.58	2.52	2.47	2.42	2.39	2.37	Panama
2.05	2.21	2.29	2.34	2.31	2.29	2.28	2.27	2.27	2.27	**SOUTH AMERICA**
2.35	2.52	2.60	2.63	2.57	2.52	2.48	2.44	2.42	2.39	Argentina
3.04	3.08	3.06	3.01	2.89	2.79	2.70	2.63	2.56	2.50	Bolivia
1.82	1.99	2.09	2.16	2.15	2.15	2.16	2.17	2.18	2.20	Brazil
1.78	1.98	2.10	2.20	2.20	2.21	2.22	2.23	2.24	2.25	Chile
1.93	2.08	2.14	2.19	2.17	2.16	2.16	2.17	2.19	2.20	Colombia
2.59	2.69	2.72	2.71	2.62	2.54	2.47	2.42	2.38	2.35	Ecuador
3.48	3.53	3.51	3.47	3.34	3.24	3.14	3.06	2.98	2.91	French Guiana
2.60	2.72	2.77	2.77	2.69	2.62	2.55	2.50	2.46	2.42	Guyana
2.60	2.70	2.72	2.72	2.63	2.55	2.49	2.44	2.39	2.36	Paraguay
2.50	2.60	2.63	2.62	2.52	2.45	2.39	2.34	2.31	2.29	Peru
2.40	2.53	2.57	2.58	2.50	2.44	2.39	2.36	2.34	2.32	Suriname
2.04	2.23	2.34	2.40	2.37	2.35	2.34	2.33	2.32	2.32	Uruguay
2.40	2.53	2.57	2.58	2.50	2.44	2.39	2.35	2.33	2.31	Venezuela (Bolivarian Republic of)
1.86	2.11	2.27	2.38	2.38	2.39	2.39	2.40	2.40	2.40	**NORTHERN AMERICA**
1.61	1.81	1.96	2.08	2.10	2.12	2.14	2.17	2.19	2.20	Canada
1.89	2.15	2.30	2.41	2.41	2.42	2.42	2.42	2.42	2.42	United States of America
2.42	2.60	2.70	2.74	2.68	2.63	2.59	2.56	2.53	2.51	**OCEANIA**
1.94	2.13	2.25	2.32	2.30	2.29	2.29	2.29	2.29	2.29	**AUSTRALIA/NEW ZEALAND**
1.92	2.11	2.23	2.31	2.29	2.28	2.28	2.28	2.28	2.28	Australia
2.05	2.24	2.34	2.40	2.37	2.35	2.33	2.32	2.31	2.31	New Zealand
3.67	3.69	3.65	3.57	3.42	3.29	3.17	3.07	2.98	2.90	**MELANESIA**
2.61	2.73	2.77	2.77	2.68	2.60	2.54	2.48	2.44	2.41	Fiji
2.13	2.29	2.37	2.41	2.37	2.34	2.32	2.31	2.30	2.30	New Caledonia
3.84	3.83	3.76	3.67	3.51	3.36	3.24	3.13	3.03	2.94	Papua New Guinea
4.06	4.01	3.91	3.79	3.61	3.45	3.30	3.18	3.07	2.96	Solomon Islands
3.41	3.47	3.45	3.40	3.27	3.15	3.05	2.95	2.87	2.79	Vanuatu
2.84	2.98	2.99	2.96	2.89	2.85	2.81	2.75	2.67	2.62	**MICRONESIA**
2.42	2.57	2.62	2.64	2.57	2.51	2.47	2.43	2.40	2.38	Guam
3.79	3.83	3.79	3.73	3.59	3.46	3.34	3.24	3.15	3.06	Kiribati
3.33	3.33	3.27	3.20	3.06	2.94	2.83	2.74	2.65	2.58	Micronesia (Fed. States of)
2.95	3.03	3.05	3.07	3.02	2.96	2.88	2.80	2.74	2.69	**POLYNESIA**
2.07	2.24	2.32	2.36	2.32	2.29	2.27	2.26	2.25	2.25	French Polynesia
4.16	4.15	4.07	3.96	3.79	3.63	3.49	3.36	3.25	3.14	Samoa
3.79	3.83	3.79	3.72	3.58	3.44	3.33	3.22	3.12	3.03	Tonga

表A. 26.　主要地域、地域および国別、合計出生率：推計および低位予測値、1960-2060年

推計値：1960-2015

主要地域、地域および国	合計出生率（女性一人あたり子供）									
	1960-1965	1965-1970	1970-1975	1975-1980	1980-1985	1985-1990	1990-1995	1995-2000	2000-2005	2005-2010
WORLD	5.02	4.92	4.48	3.87	3.59	3.45	3.04	2.74	2.62	2.56
More developed regions	2.69	2.39	2.15	1.92	1.84	1.81	1.67	1.57	1.58	1.67
Less developed regions	6.13	6.03	5.42	4.59	4.17	3.92	3.39	3.00	2.83	2.72
Least developed countries	6.70	6.74	6.73	6.67	6.53	6.19	5.77	5.39	5.01	4.62
Less developed regions, excluding least developed countries	6.05	5.94	5.25	4.32	3.87	3.64	3.09	2.69	2.52	2.42
Less developed regions, excluding China	6.13	5.96	5.68	5.27	4.92	4.46	4.00	3.63	3.34	3.13
High-income countries	2.94	2.60	2.34	2.07	1.98	1.91	1.80	1.71	1.69	1.76
Middle-income countries	5.94	5.88	5.24	4.39	3.96	3.72	3.16	2.75	2.59	2.48
Upper-middle-income countries	6.00	5.98	4.93	3.58	3.08	3.03	2.38	1.93	1.84	1.82
Lower-middle-income countries	5.89	5.79	5.58	5.25	4.93	4.49	4.01	3.61	3.31	3.08
Low-income countries	6.47	6.56	6.57	6.47	6.53	6.44	6.23	6.00	5.67	5.31
Sub-Saharan Africa	6.65	6.66	6.75	6.77	6.69	6.51	6.18	5.91	5.68	5.40
AFRICA	6.70	6.67	6.67	6.62	6.48	6.20	5.73	5.35	5.10	4.89
EASTERN AFRICA	7.07	7.09	7.13	7.11	7.00	6.82	6.41	6.08	5.76	5.38
Burundi	7.07	7.27	7.34	7.48	7.43	7.59	7.43	7.18	6.91	6.52
Comoros	6.91	7.05	7.05	7.05	7.05	6.70	6.10	5.60	5.20	4.90
Djibouti	6.55	6.71	6.85	6.64	6.26	6.18	5.85	4.81	4.21	3.70
Eritrea	6.82	6.70	6.62	6.62	6.70	6.51	6.20	5.60	5.10	4.80
Ethiopia	6.90	6.87	7.10	7.18	7.42	7.37	7.09	6.83	6.13	5.26
Kenya	8.07	8.11	7.99	7.64	7.22	6.54	5.57	5.07	5.00	4.80
Madagascar	7.30	7.30	7.30	7.00	6.10	6.30	6.14	5.80	5.28	4.83
Malawi	7.00	7.20	7.40	7.60	7.60	7.30	6.70	6.40	6.10	5.80
Mauritius	6.20	4.61	3.47	3.11	2.30	2.31	2.25	2.03	1.93	1.70
Mayotte	7.91	7.91	7.91	7.91	7.35	6.73	5.25	5.08	4.80	4.60
Mozambique	6.60	6.60	6.58	6.53	6.44	6.33	6.12	5.85	5.80	5.65
Réunion	6.56	5.67	3.88	3.12	2.78	2.71	2.41	2.33	2.45	2.40
Rwanda	8.20	8.20	8.28	8.43	8.38	7.99	6.55	5.90	5.40	4.85
Seychelles	5.59	5.92	5.38	4.27	3.51	2.94	2.57	2.18	2.20	2.30
Somalia	7.25	7.25	7.10	7.00	7.07	7.26	7.53	7.70	7.44	7.10
South Sudan	6.75	6.85	6.90	6.92	6.78	6.83	6.65	6.42	6.00	5.60
Uganda	7.05	7.12	7.10	7.10	7.10	7.10	7.06	6.95	6.75	6.38
United Republic of Tanzania	6.80	6.79	6.75	6.73	6.55	6.36	6.05	5.75	5.66	5.58
Zambia	7.15	7.40	7.43	7.38	7.00	6.68	6.35	6.15	6.05	5.90
Zimbabwe	7.30	7.40	7.40	7.30	6.74	5.66	4.77	4.20	4.02	4.02
MIDDLE AFRICA	6.20	6.31	6.45	6.60	6.77	6.87	6.83	6.73	6.54	6.24
Angola	7.40	7.40	7.35	7.35	7.30	7.25	7.15	7.00	6.80	6.60
Cameroon	5.81	6.09	6.31	6.47	6.70	6.60	6.22	5.77	5.49	5.21
Central African Republic	5.90	5.95	5.95	5.95	5.95	5.90	5.65	5.54	5.30	4.85
Chad	6.30	6.40	6.67	6.87	7.04	7.21	7.39	7.41	7.24	6.85
Congo	5.99	6.19	6.35	6.35	6.00	5.55	5.21	5.13	5.10	5.05
Democratic Republic of the Congo	6.04	6.15	6.29	6.46	6.72	6.98	7.10	7.10	6.95	6.60
Equatorial Guinea	5.53	5.66	5.68	5.68	5.79	5.89	5.89	5.87	5.64	5.36
Gabon	4.59	4.93	5.23	5.57	5.72	5.58	5.22	4.77	4.35	4.15
São Tomé and Príncipe	6.30	6.40	6.52	6.50	6.24	5.96	5.68	5.41	5.15	4.90
NORTHERN AFRICA	6.90	6.73	6.40	6.14	5.74	5.10	4.20	3.47	3.13	3.09
Algeria	7.65	7.65	7.57	7.18	6.32	5.30	4.12	2.89	2.38	2.72
Egypt	6.55	6.20	5.70	5.60	5.49	5.15	4.12	3.41	3.15	2.98
Libyan Arab Jamahiriya	7.30	7.99	8.10	7.67	6.68	5.71	4.22	3.25	2.75	2.66
Morocco	7.15	6.90	6.43	5.90	5.40	4.45	3.70	2.97	2.52	2.49
Sudan	6.75	6.86	6.90	6.92	6.63	6.30	6.00	5.63	5.25	4.83
Tunisia	6.99	6.92	6.39	5.65	4.82	4.00	2.98	2.34	2.04	2.02
Western Sahara	6.53	6.60	6.57	6.23	5.33	4.54	3.96	3.18	2.81	2.44
SOUTHERN AFRICA	6.12	5.77	5.57	5.14	4.71	4.16	3.50	3.09	2.90	2.65
Botswana	6.65	6.70	6.55	6.37	5.97	5.11	4.32	3.70	3.18	2.90
Lesotho	5.81	5.80	5.80	5.69	5.46	5.14	4.70	4.37	3.79	3.37
Namibia	6.20	6.30	6.60	6.60	6.20	5.55	4.91	4.29	3.81	3.60
South Africa	6.10	5.70	5.47	5.00	4.56	4.00	3.34	2.95	2.80	2.55
Swaziland	6.75	6.85	6.87	6.73	6.54	6.13	5.30	4.49	4.01	3.75
WESTERN AFRICA	6.54	6.60	6.79	6.90	6.84	6.67	6.41	6.14	5.95	5.74
Benin	6.42	6.65	6.83	7.00	7.01	6.88	6.56	6.16	5.78	5.31
Burkina Faso	6.35	6.56	6.70	7.02	7.17	7.07	6.93	6.73	6.43	6.08
Cabo Verde	6.97	6.97	6.86	6.62	6.10	5.63	4.93	4.14	3.22	2.62

表A. 26. 主要地域、地域および国別、合計出生率：推計および低位予測値（続）

2015-2060:低位予測値

合計出生率（女性一人あたり子供）										主要地域、地域および国
2010-2015	2015-2020	2020-2025	2025-2030	2030-2035	2035-2040	2040-2045	2045-2050	2050-2055	2055-2060	
2.51	2.22	2.03	1.89	1.85	1.82	1.80	1.78	1.75	1.72	**WORLD**
1.67	1.44	1.32	1.25	1.27	1.29	1.31	1.32	1.34	1.35	More developed regions
2.65	2.33	2.12	1.97	1.92	1.88	1.85	1.83	1.80	1.76	Less developed regions
4.27	3.73	3.33	3.01	2.83	2.68	2.55	2.43	2.32	2.22	Least developed countries
2.37	2.07	1.86	1.72	1.68	1.65	1.62	1.61	1.59	1.56	Less developed regions, excluding least developed countries
2.98	2.60	2.33	2.13	2.05	1.99	1.94	1.90	1.85	1.81	Less developed regions, excluding China
1.75	1.51	1.37	1.29	1.30	1.31	1.32	1.33	1.33	1.34	High-income countries
2.42	2.11	1.91	1.76	1.72	1.69	1.67	1.65	1.63	1.61	Middle-income countries
1.85	1.60	1.44	1.34	1.35	1.37	1.38	1.41	1.42	1.42	Upper-middle-income countries
2.90	2.50	2.23	2.02	1.93	1.86	1.81	1.76	1.72	1.68	Lower-middle-income countries
4.89	4.27	3.78	3.39	3.14	2.93	2.75	2.59	2.44	2.31	Low-income countries
5.10	4.50	4.02	3.63	3.36	3.13	2.92	2.74	2.57	2.42	**Sub-Saharan Africa**
4.71	4.16	3.74	3.39	3.16	2.96	2.78	2.62	2.48	2.34	**AFRICA**
4.94	4.27	3.76	3.35	3.09	2.87	2.69	2.53	2.39	2.26	**EASTERN AFRICA**
6.08	5.41	4.86	4.39	4.05	3.73	3.45	3.19	2.98	2.78	Burundi
4.60	3.98	3.51	3.13	2.89	2.69	2.51	2.36	2.23	2.11	Comoros
3.30	2.74	2.34	2.05	1.90	1.78	1.68	1.59	1.52	1.46	Djibouti
4.40	3.77	3.30	2.91	2.68	2.48	2.31	2.17	2.05	1.94	Eritrea
4.59	3.74	3.09	2.61	2.32	2.10	1.93	1.78	1.67	1.57	Ethiopia
4.44	3.85	3.41	3.06	2.84	2.66	2.50	2.35	2.22	2.10	Kenya
4.50	3.96	3.54	3.21	3.01	2.83	2.67	2.53	2.40	2.29	Madagascar
5.25	4.63	4.14	3.73	3.46	3.22	3.01	2.82	2.66	2.51	Malawi
1.50	1.19	1.03	0.97	1.01	1.05	1.08	1.11	1.14	1.17	Mauritius
4.10	3.48	3.03	2.68	2.46	2.28	2.12	1.98	1.86	1.74	Mayotte
5.45	4.87	4.39	3.97	3.66	3.38	3.12	2.89	2.69	2.51	Mozambique
2.24	1.87	1.62	1.45	1.40	1.37	1.35	1.34	1.33	1.32	Réunion
4.05	3.37	2.87	2.48	2.25	2.04	1.87	1.71	1.58	1.47	Rwanda
2.33	1.96	1.71	1.53	1.47	1.42	1.39	1.36	1.35	1.34	Seychelles
6.61	5.87	5.25	4.72	4.30	3.93	3.59	3.29	3.04	2.81	Somalia
5.15	4.48	3.95	3.50	3.20	2.93	2.70	2.51	2.35	2.21	South Sudan
5.91	5.21	4.62	4.12	3.75	3.42	3.12	2.87	2.66	2.47	Uganda
5.24	4.67	4.21	3.83	3.57	3.33	3.11	2.92	2.75	2.60	United Republic of Tanzania
5.45	4.89	4.45	4.09	3.84	3.62	3.41	3.23	3.06	2.91	Zambia
4.02	3.40	2.94	2.60	2.39	2.22	2.07	1.93	1.81	1.71	Zimbabwe
5.82	5.13	4.57	4.09	3.73	3.42	3.13	2.88	2.67	2.49	**MIDDLE AFRICA**
6.20	5.54	4.98	4.48	4.10	3.74	3.42	3.14	2.88	2.67	Angola
4.81	4.21	3.73	3.34	3.08	2.87	2.67	2.51	2.36	2.24	Cameroon
4.41	3.77	3.26	2.85	2.58	2.37	2.20	2.05	1.93	1.83	Central African Republic
6.31	5.54	4.90	4.35	3.93	3.56	3.24	2.96	2.72	2.53	Chad
4.95	4.39	3.96	3.60	3.36	3.15	2.96	2.79	2.64	2.50	Congo
6.15	5.41	4.80	4.27	3.87	3.52	3.20	2.93	2.71	2.51	Democratic Republic of the Congo
4.97	4.27	3.70	3.22	2.89	2.61	2.39	2.20	2.05	1.93	Equatorial Guinea
4.00	3.43	3.00	2.66	2.47	2.30	2.16	2.04	1.94	1.85	Gabon
4.67	4.11	3.67	3.31	3.08	2.88	2.69	2.54	2.40	2.28	São Tomé and Príncipe
3.27	2.80	2.48	2.25	2.12	2.01	1.92	1.85	1.80	1.74	**NORTHERN AFRICA**
2.93	2.37	2.01	1.76	1.65	1.56	1.50	1.46	1.43	1.41	Algeria
3.38	2.91	2.58	2.32	2.19	2.08	1.97	1.88	1.80	1.72	Egypt
2.53	2.07	1.74	1.51	1.41	1.34	1.29	1.27	1.26	1.26	Libyan Arab Jamahiriya
2.56	2.13	1.84	1.63	1.54	1.47	1.42	1.38	1.35	1.33	Morocco
4.46	3.88	3.43	3.07	2.85	2.66	2.49	2.35	2.22	2.11	Sudan
2.16	1.82	1.59	1.43	1.39	1.36	1.34	1.33	1.32	1.32	Tunisia
2.20	1.81	1.54	1.35	1.28	1.23	1.20	1.18	1.18	1.19	Western Sahara
2.51	2.13	1.87	1.67	1.59	1.52	1.47	1.42	1.39	1.36	**SOUTHERN AFRICA**
2.90	2.42	2.09	1.85	1.72	1.62	1.53	1.47	1.41	1.37	Botswana
3.26	2.76	2.41	2.14	2.01	1.90	1.80	1.71	1.64	1.57	Lesotho
3.60	3.06	2.67	2.38	2.21	2.07	1.95	1.84	1.74	1.66	Namibia
2.40	2.03	1.78	1.59	1.52	1.46	1.41	1.37	1.34	1.32	South Africa
3.36	2.81	2.42	2.13	1.98	1.85	1.73	1.63	1.55	1.48	Swaziland
5.54	4.96	4.48	4.07	3.77	3.50	3.26	3.03	2.83	2.65	**WESTERN AFRICA**
4.89	4.25	3.75	3.34	3.07	2.84	2.64	2.46	2.32	2.19	Benin
5.65	4.98	4.44	3.98	3.65	3.34	3.08	2.84	2.64	2.47	Burkina Faso
2.37	1.94	1.65	1.44	1.36	1.30	1.27	1.24	1.23	1.23	Cabo Verde

表A. 26. 主要地域、地域および国別、合計出生率：推計および低位予測値（続）

推計値：1960-2015

主要地域、地域および国	合計出生率（女性一人あたり子供）									
	1960-1965	1965-1970	1970-1975	1975-1980	1980-1985	1985-1990	1990-1995	1995-2000	2000-2005	2005-2010
Côte d'Ivoire	7.53	7.83	7.93	7.81	7.31	6.85	6.41	6.05	5.68	5.36
Gambia	5.70	5.96	6.20	6.34	6.29	6.14	6.08	5.99	5.85	5.79
Ghana	6.84	6.95	6.90	6.69	6.35	5.88	5.34	4.81	4.57	4.29
Guinea	6.15	6.18	6.29	6.45	6.59	6.63	6.51	6.24	5.91	5.54
Guinea-Bissau	5.95	6.00	6.10	6.25	6.70	6.68	6.50	6.05	5.60	5.23
Liberia	6.47	6.59	6.80	6.93	6.96	6.72	6.27	6.05	5.68	5.23
Mali	7.00	7.10	7.15	7.15	7.15	7.15	7.15	6.95	6.85	6.70
Mauritania	6.79	6.79	6.75	6.57	6.28	6.09	5.85	5.55	5.26	4.97
Niger	7.44	7.32	7.52	7.63	7.59	7.69	7.74	7.75	7.72	7.68
Nigeria	6.35	6.35	6.61	6.76	6.76	6.60	6.37	6.17	6.05	5.91
Senegal	7.06	7.24	7.41	7.45	7.25	6.88	6.35	5.78	5.38	5.15
Sierra Leone	5.97	5.97	6.06	6.25	6.46	6.66	6.62	6.41	6.05	5.51
Togo	6.65	6.94	7.20	7.28	7.06	6.62	6.02	5.54	5.31	5.04
ASIA	5.78	5.73	5.06	4.10	3.70	3.51	2.96	2.55	2.39	2.29
EASTERN ASIA	5.48	5.56	4.43	2.86	2.45	2.62	1.96	1.48	1.48	1.52
China	6.15	6.30	4.85	3.01	2.52	2.75	2.00	1.48	1.50	1.53
China, Hong Kong SAR	5.31	3.65	3.29	2.31	1.72	1.36	1.24	0.87	0.96	1.03
China, Macao SAR	4.41	2.74	1.79	1.41	1.98	1.94	1.41	1.12	0.83	0.94
Dem. People's Republic of Korea	3.85	4.39	4.00	2.68	2.80	2.36	2.25	2.01	2.01	2.00
Japan	1.99	2.02	2.13	1.83	1.75	1.66	1.48	1.37	1.30	1.34
Mongolia	7.50	7.50	7.50	6.65	5.75	4.84	3.27	2.40	2.08	2.37
Republic of Korea	5.63	4.71	4.28	2.92	2.23	1.60	1.70	1.51	1.22	1.23
Other non-specified areas	5.29	4.41	3.38	2.64	2.20	1.85	1.79	1.73	1.43	1.26
SOUTH-CENTRAL ASIA	6.03	5.89	5.63	5.26	4.98	4.54	4.01	3.58	3.17	2.84
CENTRAL ASIA	5.11	4.84	4.76	4.28	4.05	3.98	3.49	2.84	2.52	2.64
Kazakhstan	4.43	3.67	3.46	3.06	2.96	3.03	2.55	2.00	2.01	2.54
Kyrgyzstan	5.39	5.01	4.73	4.05	4.10	4.02	3.61	2.99	2.50	2.78
Tajikistan	6.30	6.72	6.83	5.90	5.54	5.41	4.88	4.29	3.71	3.48
Turkmenistan	6.75	6.34	6.19	5.32	4.79	4.55	4.03	3.03	2.76	2.50
Uzbekistan	5.29	5.60	5.65	5.20	4.71	4.40	3.77	2.99	2.51	2.48
SOUTHERN ASIA	6.07	5.94	5.67	5.31	5.03	4.57	4.04	3.61	3.19	2.85
Afghanistan	7.45	7.45	7.45	7.45	7.45	7.47	7.48	7.65	7.18	6.35
Bangladesh	6.80	6.92	6.91	6.63	5.98	4.98	4.06	3.43	2.93	2.48
Bhutan	6.67	6.67	6.67	6.67	6.39	6.11	5.07	4.13	3.14	2.62
India	5.89	5.72	5.41	4.97	4.68	4.27	3.83	3.48	3.14	2.80
Iran (Islamic Republic of)	6.91	6.68	6.24	6.28	6.53	5.62	3.95	2.63	1.97	1.79
Maldives	7.12	7.22	7.17	6.85	7.26	6.66	5.16	3.52	2.57	2.26
Nepal	5.96	5.96	5.87	5.80	5.62	5.33	4.97	4.41	3.64	2.96
Pakistan	6.60	6.60	6.60	6.60	6.44	6.30	5.67	4.99	4.23	3.98
Sri Lanka	5.20	4.70	4.00	3.61	3.19	2.64	2.38	2.24	2.26	2.28
SOUTH-EASTERN ASIA	6.08	5.91	5.48	4.80	4.20	3.57	3.11	2.69	2.51	2.41
Brunei Darussalam	6.55	5.59	5.87	4.71	3.92	3.72	3.28	2.60	2.05	2.00
Cambodia	6.95	6.70	6.16	5.42	6.37	5.99	5.13	4.25	3.44	3.08
Indonesia	5.62	5.57	5.30	4.73	4.11	3.40	2.90	2.55	2.48	2.50
Lao People's Democratic Republic	5.97	5.98	5.99	6.15	6.36	6.27	5.88	4.81	3.90	3.50
Malaysia	6.03	5.21	4.56	3.93	3.73	3.59	3.42	3.18	2.45	2.07
Myanmar	6.10	6.10	5.74	5.21	4.70	3.80	3.20	2.95	2.85	2.55
Philippines	6.98	6.54	5.98	5.46	4.92	4.53	4.14	3.90	3.70	3.27
Singapore	5.12	3.65	2.82	1.84	1.69	1.70	1.73	1.57	1.35	1.26
Thailand	6.13	5.99	5.05	3.92	2.95	2.30	1.99	1.77	1.60	1.56
Timor-Leste	6.37	6.16	5.54	4.31	5.39	5.21	5.69	7.01	6.96	6.53
Viet Nam	6.42	6.46	6.33	5.50	4.60	3.85	3.23	2.25	1.92	1.93
WESTERN ASIA	6.07	5.91	5.70	5.33	4.96	4.47	4.02	3.59	3.21	3.02
Armenia	4.45	3.45	3.04	2.50	2.38	2.58	2.38	1.75	1.72	1.74
Azerbaijan	5.64	4.94	4.29	3.62	3.04	2.95	2.90	2.20	2.00	2.29
Bahrain	7.18	6.97	5.95	5.23	4.63	4.08	3.40	2.87	2.67	2.23
Cyprus	3.44	2.80	2.49	2.29	2.45	2.43	2.33	1.89	1.59	1.51
Georgia	2.98	2.61	2.60	2.39	2.27	2.26	2.05	1.72	1.58	1.80
Iraq	6.60	7.40	7.15	6.80	6.35	6.09	5.65	5.19	4.66	4.64
Israel	3.85	3.78	3.81	3.47	3.13	3.07	2.93	2.93	2.91	2.91
Jordan	8.00	8.00	7.79	7.38	7.05	6.02	5.09	4.34	3.85	3.59
Kuwait	7.30	7.40	6.95	5.90	5.00	3.15	2.40	3.00	2.60	2.55
Lebanon	5.69	5.23	4.67	4.23	3.75	3.23	2.80	2.43	2.01	1.58
Oman	7.25	7.31	7.41	8.10	8.32	7.85	6.27	4.46	3.21	2.90
Qatar	6.97	6.97	6.77	6.11	5.45	4.41	3.74	3.46	2.95	2.23

表A. 26. 主要地域、地域および国別、合計出生率：推計および低位予測値（続）

2015-2060：低位予測値

合計出生率（女性一人あたり子供）										主要地域、地域および国
2010-2015	2015-2020	2020-2025	2025-2030	2030-2035	2035-2040	2040-2045	2045-2050	2050-2055	2055-2060	
5.10	4.52	4.07	3.70	3.46	3.25	3.06	2.89	2.74	2.60	Côte d'Ivoire
5.78	5.28	4.82	4.37	4.01	3.65	3.31	2.98	2.70	2.46	Gambia
4.25	3.70	3.29	2.97	2.77	2.60	2.46	2.33	2.21	2.11	Ghana
5.13	4.48	3.96	3.52	3.22	2.96	2.73	2.54	2.38	2.24	Guinea
4.95	4.31	3.80	3.39	3.12	2.88	2.68	2.50	2.35	2.21	Guinea-Bissau
4.83	4.22	3.75	3.36	3.10	2.88	2.69	2.52	2.38	2.25	Liberia
6.35	5.67	5.07	4.53	4.12	3.73	3.38	3.07	2.80	2.57	Mali
4.69	4.14	3.71	3.36	3.13	2.93	2.75	2.60	2.46	2.34	Mauritania
7.63	7.21	6.73	6.18	5.71	5.25	4.80	4.37	3.97	3.61	Niger
5.74	5.16	4.67	4.24	3.92	3.62	3.34	3.09	2.87	2.68	Nigeria
5.18	4.58	4.11	3.72	3.47	3.24	3.04	2.86	2.70	2.56	Senegal
4.79	4.03	3.42	2.94	2.63	2.38	2.18	2.03	1.89	1.78	Sierra Leone
4.69	4.10	3.64	3.27	3.03	2.83	2.65	2.50	2.36	2.24	Togo
2.20	1.90	1.69	1.55	1.51	1.47	1.44	1.43	1.41	1.38	**ASIA**
1.55	1.33	1.20	1.13	1.17	1.20	1.21	1.23	1.24	1.26	**EASTERN ASIA**
1.55	1.34	1.23	1.16	1.18	1.20	1.22	1.24	1.25	1.26	China
1.20	1.05	0.98	0.94	1.00	1.05	1.09	1.13	1.16	1.18	China, Hong Kong SAR
1.19	1.09	1.05	1.04	1.11	1.17	1.21	1.24	1.27	1.29	China, Macao SAR
2.00	1.69	1.50	1.37	1.35	1.33	1.32	1.32	1.31	1.31	Dem. People's Republic of Korea
1.40	1.21	1.12	1.07	1.11	1.14	1.17	1.19	1.21	1.23	Japan
2.68	2.29	2.03	1.83	1.76	1.69	1.64	1.60	1.56	1.53	Mongolia
1.26	1.08	0.99	0.95	1.00	1.04	1.07	1.10	1.13	1.15	Republic of Korea
1.07	0.78	0.66	0.65	0.74	0.81	0.88	0.95	1.00	1.05	Other non-specified areas
2.57	2.17	1.90	1.68	1.59	1.52	1.47	1.43	1.40	1.37	**SOUTH-CENTRAL ASIA**
2.70	2.30	2.04	1.83	1.74	1.67	1.62	1.58	1.54	1.51	**CENTRAL ASIA**
2.64	2.28	2.04	1.85	1.78	1.71	1.65	1.60	1.56	1.52	Kazakhstan
3.12	2.68	2.37	2.14	2.03	1.94	1.85	1.78	1.71	1.65	Kyrgyzstan
3.55	3.07	2.72	2.45	2.30	2.18	2.07	1.96	1.87	1.79	Tajikistan
2.34	1.97	1.71	1.52	1.45	1.39	1.34	1.31	1.29	1.28	Turkmenistan
2.48	2.08	1.81	1.61	1.54	1.48	1.43	1.39	1.37	1.35	Uzbekistan
2.56	2.17	1.89	1.68	1.59	1.52	1.47	1.43	1.39	1.36	**SOUTHERN ASIA**
5.13	4.00	3.13	2.52	2.17	1.92	1.73	1.59	1.47	1.38	Afghanistan
2.23	1.83	1.55	1.34	1.26	1.21	1.18	1.17	1.17	1.18	Bangladesh
2.10	1.68	1.39	1.19	1.12	1.09	1.08	1.09	1.10	1.13	Bhutan
2.48	2.09	1.83	1.64	1.56	1.49	1.44	1.39	1.36	1.33	India
1.75	1.37	1.12	0.99	1.01	1.04	1.08	1.11	1.14	1.16	Iran (Islamic Republic of)
2.18	1.73	1.43	1.22	1.16	1.14	1.15	1.17	1.19	1.20	Maldives
2.32	1.84	1.55	1.35	1.27	1.23	1.20	1.19	1.19	1.20	Nepal
3.72	3.13	2.70	2.38	2.20	2.05	1.92	1.81	1.71	1.63	Pakistan
2.11	1.78	1.56	1.40	1.36	1.33	1.32	1.30	1.30	1.29	Sri Lanka
2.35	2.00	1.77	1.60	1.55	1.51	1.47	1.44	1.41	1.39	**SOUTH-EASTERN ASIA**
1.90	1.57	1.36	1.22	1.19	1.18	1.18	1.19	1.20	1.21	Brunei Darussalam
2.70	2.28	1.99	1.77	1.67	1.60	1.53	1.47	1.42	1.38	Cambodia
2.50	2.11	1.84	1.64	1.57	1.50	1.45	1.41	1.39	1.37	Indonesia
3.10	2.52	2.13	1.84	1.69	1.57	1.47	1.39	1.34	1.30	Lao People's Democratic Republic
1.97	1.65	1.43	1.29	1.26	1.24	1.23	1.22	1.23	1.23	Malaysia
2.25	1.88	1.64	1.45	1.39	1.34	1.31	1.29	1.28	1.27	Myanmar
3.04	2.62	2.32	2.09	1.97	1.87	1.78	1.70	1.62	1.56	Philippines
1.23	1.01	0.89	0.81	0.83	0.85	0.87	0.88	0.90	0.91	Singapore
1.53	1.21	1.02	0.93	0.97	1.01	1.05	1.08	1.12	1.14	Thailand
5.91	5.08	4.38	3.80	3.38	3.03	2.73	2.49	2.30	2.13	Timor-Leste
1.96	1.70	1.54	1.43	1.43	1.42	1.42	1.42	1.42	1.41	Viet Nam
2.91	2.50	2.22	2.01	1.93	1.86	1.80	1.75	1.71	1.68	**WESTERN ASIA**
1.55	1.26	1.10	1.02	1.05	1.08	1.11	1.13	1.16	1.18	Armenia
2.30	1.97	1.75	1.59	1.54	1.50	1.46	1.44	1.42	1.40	Azerbaijan
2.10	1.73	1.48	1.29	1.23	1.20	1.18	1.17	1.17	1.18	Bahrain
1.46	1.17	1.02	0.96	1.00	1.04	1.07	1.10	1.13	1.16	Cyprus
1.81	1.57	1.43	1.33	1.34	1.35	1.35	1.36	1.36	1.36	Georgia
4.64	4.10	3.69	3.36	3.15	2.97	2.81	2.67	2.54	2.42	Iraq
3.05	2.68	2.41	2.21	2.12	2.03	1.95	1.88	1.81	1.74	Israel
3.51	2.95	2.54	2.24	2.07	1.92	1.79	1.68	1.59	1.51	Jordan
2.15	1.79	1.57	1.42	1.40	1.38	1.37	1.36	1.36	1.36	Kuwait
1.72	1.46	1.30	1.20	1.21	1.21	1.22	1.22	1.23	1.24	Lebanon
2.88	2.26	1.86	1.56	1.41	1.30	1.23	1.19	1.18	1.19	Oman
2.08	1.70	1.44	1.26	1.21	1.17	1.15	1.15	1.16	1.17	Qatar

表A. 26. 主要地域、地域および国別、合計出生率：推計および低位予測値（続）

推計値：1960-2015

主要地域、地域および国	合計出生率（女性一人あたり子供）									
	1960-1965	1965-1970	1970-1975	1975-1980	1980-1985	1985-1990	1990-1995	1995-2000	2000-2005	2005-2010
Saudi Arabia	7.26	7.26	7.30	7.28	7.02	6.22	5.55	4.50	3.55	3.15
State of Palestine	8.00	8.00	7.69	7.50	7.05	6.76	6.61	5.80	5.03	4.60
Syrian Arab Republic	7.54	7.56	7.54	7.32	6.77	5.87	4.80	4.26	3.67	3.19
Turkey	6.14	5.74	5.34	4.65	4.07	3.35	2.87	2.62	2.35	2.18
United Arab Emirates	6.87	6.77	6.36	5.66	5.23	4.83	3.88	2.97	2.40	1.97
Yemen	7.45	7.70	7.90	8.50	8.80	8.80	8.20	6.80	5.95	5.10
EUROPE	2.57	2.37	2.17	1.97	1.88	1.81	1.57	1.43	1.43	1.55
EASTERN EUROPE	2.44	2.15	2.14	2.07	2.09	2.08	1.63	1.29	1.26	1.42
Belarus	2.69	2.38	2.25	2.09	2.09	2.00	1.68	1.31	1.26	1.43
Bulgaria	2.22	2.13	2.16	2.19	2.01	1.95	1.55	1.20	1.24	1.50
Czech Republic	2.21	1.96	2.21	2.36	1.97	1.90	1.65	1.17	1.19	1.43
Hungary	1.86	1.99	2.06	2.13	1.82	1.86	1.74	1.38	1.30	1.33
Poland	2.75	2.33	2.23	2.23	2.31	2.16	1.95	1.51	1.26	1.37
Republic of Moldova	3.15	2.66	2.56	2.44	2.55	2.64	2.11	1.70	1.24	1.27
Romania	2.10	2.87	2.65	2.55	2.26	2.22	1.51	1.34	1.32	1.45
Russian Federation	2.55	2.02	2.03	1.94	2.04	2.12	1.55	1.25	1.30	1.44
Slovakia	2.91	2.54	2.51	2.46	2.27	2.15	1.87	1.40	1.22	1.31
Ukraine	2.13	2.02	2.08	1.98	2.00	1.90	1.62	1.24	1.15	1.38
NORTHERN EUROPE	2.71	2.48	2.05	1.80	1.80	1.85	1.80	1.70	1.66	1.86
Channel Islands	2.56	2.36	1.86	1.52	1.44	1.45	1.46	1.40	1.41	1.42
Denmark	2.58	2.27	1.96	1.68	1.43	1.54	1.75	1.76	1.76	1.85
Estonia	1.94	2.02	2.15	2.06	2.09	2.20	1.63	1.33	1.39	1.66
Finland	2.66	2.19	1.62	1.66	1.69	1.66	1.82	1.74	1.75	1.84
Iceland	3.94	3.24	2.87	2.45	2.23	2.12	2.19	2.06	1.99	2.13
Ireland	4.07	3.77	3.82	3.25	2.76	2.18	1.91	1.94	1.97	2.00
Latvia	1.85	1.81	2.00	1.87	2.03	2.13	1.63	1.17	1.29	1.49
Lithuania	2.43	2.30	2.30	2.10	2.04	2.06	1.82	1.47	1.28	1.42
Norway	2.90	2.72	2.25	1.81	1.69	1.80	1.89	1.86	1.81	1.92
Sweden	2.31	2.17	1.91	1.66	1.64	1.91	2.01	1.56	1.67	1.89
United Kingdom	2.81	2.57	2.01	1.73	1.78	1.84	1.78	1.74	1.66	1.88
SOUTHERN EUROPE	2.69	2.67	2.54	2.23	1.83	1.56	1.41	1.35	1.37	1.44
Albania	6.23	5.26	4.60	3.90	3.41	3.15	2.79	2.38	1.95	1.60
Bosnia and Herzegovina	3.68	3.14	2.73	2.19	2.12	1.91	1.65	1.63	1.22	1.28
Croatia	2.22	2.00	1.98	1.90	1.87	1.72	1.52	1.62	1.41	1.52
Greece	2.20	2.38	2.32	2.32	1.96	1.53	1.37	1.30	1.28	1.46
Italy	2.50	2.50	2.32	1.89	1.52	1.35	1.27	1.22	1.30	1.42
Malta	3.15	2.12	2.01	2.12	1.93	2.01	1.99	1.87	1.47	1.39
Montenegro	3.42	2.89	2.62	2.31	2.21	2.11	2.05	1.91	1.85	1.82
Portugal	3.19	3.12	2.83	2.55	2.01	1.62	1.48	1.46	1.45	1.37
Serbia	2.51	2.43	2.36	2.37	2.32	2.23	1.96	1.92	1.71	1.56
Slovenia	2.34	2.27	2.20	2.16	1.93	1.65	1.33	1.25	1.21	1.38
Spain	2.81	2.84	2.85	2.55	1.88	1.46	1.28	1.19	1.29	1.39
TFYR Macedonia	3.65	3.44	2.86	2.54	2.45	2.27	2.12	1.83	1.64	1.46
WESTERN EUROPE	2.65	2.47	1.96	1.65	1.62	1.57	1.49	1.52	1.59	1.64
Austria	2.78	2.57	2.04	1.65	1.60	1.45	1.48	1.39	1.38	1.40
Belgium	2.65	2.39	2.01	1.70	1.60	1.56	1.61	1.60	1.68	1.82
France	2.83	2.64	2.30	1.86	1.87	1.81	1.71	1.76	1.88	1.97
Germany	2.47	2.36	1.71	1.51	1.46	1.43	1.30	1.35	1.35	1.36
Luxembourg	2.40	2.19	1.72	1.49	1.47	1.47	1.66	1.72	1.65	1.62
Netherlands	3.17	2.79	2.06	1.60	1.51	1.55	1.58	1.60	1.73	1.75
Switzerland	2.60	2.36	1.87	1.54	1.54	1.55	1.54	1.48	1.41	1.47
LATIN AMERICA AND THE CARIBBEAN	5.94	5.53	5.03	4.48	3.95	3.43	3.01	2.75	2.52	2.27
CARIBBEAN	5.48	5.01	4.37	3.62	3.41	3.13	2.83	2.64	2.50	2.40
Antigua and Barbuda	4.30	4.00	3.26	2.24	2.14	2.07	2.09	2.31	2.27	2.17
Aruba	4.40	3.30	2.65	2.45	2.36	2.30	2.17	1.95	1.82	1.74
Bahamas	4.50	3.58	3.54	2.95	3.05	2.65	2.64	2.33	1.87	1.91
Barbados	4.27	3.53	2.72	2.16	1.92	1.77	1.73	1.74	1.75	1.77
Cuba	4.68	4.30	3.60	2.15	1.85	1.85	1.65	1.64	1.64	1.63
Curaçao	4.40	3.80	2.87	2.45	2.25	2.30	2.28	2.12	2.09	1.98
Dominican Republic	7.35	6.65	5.68	4.76	4.15	3.65	3.31	2.98	2.83	2.67
Grenada	6.40	4.80	4.60	4.30	4.23	4.14	3.46	2.81	2.43	2.30
Guadeloupe	5.61	5.22	4.49	3.52	2.55	2.45	2.10	2.10	2.06	2.14
Haiti	6.30	6.00	5.60	5.80	6.21	5.70	5.15	4.62	4.00	3.55
Jamaica	5.64	5.78	5.00	4.00	3.55	3.10	2.84	2.70	2.45	2.28
Martinique	5.45	5.00	4.08	2.65	2.14	2.14	1.96	1.90	1.92	2.04

表A. 26. 主要地域、地域および国別、合計出生率：推計および低位予測値（続）

2015-2060：低位予測値

合計出生率（女性一人あたり子供）										主要地域、地域および国
2010-2015	2015-2020	2020-2025	2025-2030	2030-2035	2035-2040	2040-2045	2045-2050	2050-2055	2055-2060	
2.85	2.34	1.99	1.73	1.60	1.49	1.41	1.34	1.30	1.27	Saudi Arabia
4.28	3.70	3.25	2.90	2.68	2.51	2.35	2.21	2.09	1.99	State of Palestine
3.03	2.52	2.16	1.89	1.75	1.62	1.52	1.44	1.37	1.32	Syrian Arab Republic
2.10	1.76	1.52	1.36	1.32	1.29	1.26	1.25	1.25	1.25	Turkey
1.82	1.48	1.26	1.12	1.10	1.10	1.12	1.13	1.15	1.17	United Arab Emirates
4.35	3.54	2.96	2.52	2.25	2.02	1.82	1.66	1.51	1.39	Yemen
1.60	1.37	1.26	1.19	1.23	1.25	1.27	1.29	1.30	1.32	**EUROPE**
1.55	1.35	1.23	1.17	1.21	1.24	1.27	1.29	1.31	1.32	**EASTERN EUROPE**
1.58	1.39	1.29	1.23	1.26	1.28	1.30	1.32	1.33	1.34	Belarus
1.52	1.35	1.26	1.21	1.24	1.27	1.29	1.31	1.33	1.34	Bulgaria
1.45	1.29	1.20	1.15	1.20	1.23	1.26	1.28	1.30	1.31	Czech Republic
1.34	1.15	1.06	1.00	1.05	1.08	1.11	1.14	1.16	1.18	Hungary
1.37	1.08	0.93	0.88	0.93	0.98	1.02	1.06	1.10	1.13	Poland
1.27	0.98	0.84	0.81	0.87	0.92	0.97	1.02	1.06	1.10	Republic of Moldova
1.48	1.28	1.18	1.12	1.15	1.18	1.20	1.22	1.24	1.26	Romania
1.66	1.47	1.36	1.29	1.32	1.34	1.35	1.37	1.38	1.38	Russian Federation
1.37	1.19	1.10	1.05	1.09	1.12	1.15	1.18	1.20	1.22	Slovakia
1.49	1.31	1.21	1.15	1.19	1.22	1.24	1.26	1.28	1.29	Ukraine
1.87	1.63	1.48	1.38	1.38	1.38	1.39	1.39	1.39	1.39	**NORTHERN EUROPE**
1.46	1.24	1.12	1.04	1.07	1.09	1.11	1.12	1.14	1.15	Channel Islands
1.73	1.51	1.38	1.30	1.32	1.33	1.34	1.35	1.35	1.36	Denmark
1.59	1.41	1.31	1.24	1.27	1.29	1.31	1.32	1.33	1.34	Estonia
1.75	1.52	1.38	1.29	1.30	1.31	1.32	1.32	1.33	1.33	Finland
1.96	1.65	1.46	1.33	1.31	1.29	1.28	1.28	1.28	1.28	Iceland
2.01	1.75	1.59	1.48	1.47	1.46	1.46	1.45	1.45	1.45	Ireland
1.48	1.30	1.21	1.15	1.19	1.22	1.24	1.27	1.28	1.30	Latvia
1.57	1.38	1.28	1.22	1.25	1.28	1.29	1.31	1.32	1.33	Lithuania
1.80	1.56	1.42	1.33	1.34	1.34	1.35	1.35	1.36	1.36	Norway
1.92	1.68	1.53	1.43	1.43	1.44	1.44	1.44	1.44	1.44	Sweden
1.92	1.66	1.50	1.40	1.39	1.39	1.39	1.39	1.39	1.39	United Kingdom
1.41	1.20	1.08	1.02	1.05	1.09	1.13	1.16	1.18	1.20	**SOUTHERN EUROPE**
1.78	1.53	1.37	1.26	1.26	1.26	1.27	1.27	1.28	1.28	Albania
1.28	0.98	0.83	0.79	0.85	0.91	0.96	1.01	1.06	1.09	Bosnia and Herzegovina
1.52	1.23	1.08	1.01	1.04	1.07	1.11	1.13	1.16	1.18	Croatia
1.34	1.05	0.91	0.87	0.92	0.97	1.02	1.06	1.09	1.13	Greece
1.43	1.24	1.14	1.09	1.12	1.16	1.18	1.21	1.23	1.24	Italy
1.43	1.24	1.13	1.07	1.11	1.14	1.17	1.19	1.22	1.23	Malta
1.71	1.40	1.23	1.13	1.15	1.16	1.17	1.19	1.21	1.22	Montenegro
1.28	0.99	0.85	0.81	0.87	0.92	0.98	1.02	1.06	1.10	Portugal
1.56	1.34	1.22	1.15	1.17	1.19	1.21	1.23	1.24	1.26	Serbia
1.58	1.40	1.30	1.24	1.27	1.30	1.31	1.33	1.34	1.35	Slovenia
1.32	1.13	1.03	0.98	1.02	1.05	1.08	1.11	1.13	1.15	Spain
1.51	1.30	1.19	1.12	1.15	1.17	1.19	1.21	1.23	1.24	TFYR Macedonia
1.66	1.44	1.32	1.25	1.27	1.28	1.29	1.30	1.32	1.33	**WESTERN EUROPE**
1.47	1.28	1.18	1.12	1.16	1.18	1.21	1.23	1.25	1.26	Austria
1.82	1.58	1.44	1.35	1.36	1.37	1.37	1.38	1.38	1.39	Belgium
2.00	1.74	1.58	1.48	1.47	1.47	1.47	1.46	1.46	1.46	France
1.39	1.19	1.07	1.01	1.04	1.07	1.09	1.12	1.14	1.15	Germany
1.57	1.36	1.25	1.18	1.20	1.22	1.24	1.25	1.27	1.28	Luxembourg
1.75	1.52	1.38	1.30	1.31	1.32	1.32	1.33	1.34	1.34	Netherlands
1.52	1.32	1.22	1.15	1.18	1.21	1.23	1.25	1.26	1.27	Switzerland
2.15	1.80	1.56	1.40	1.35	1.32	1.30	1.28	1.28	1.27	**LATIN AMERICA AND THE CARIBBEAN**
2.29	1.94	1.70	1.54	1.48	1.43	1.39	1.36	1.34	1.32	**CARIBBEAN**
2.10	1.78	1.58	1.44	1.41	1.38	1.36	1.34	1.33	1.33	Antigua and Barbuda
1.68	1.37	1.21	1.13	1.15	1.16	1.18	1.20	1.22	1.23	Aruba
1.89	1.58	1.39	1.27	1.26	1.25	1.25	1.25	1.25	1.26	Bahamas
1.79	1.55	1.41	1.32	1.33	1.33	1.34	1.34	1.35	1.35	Barbados
1.63	1.33	1.17	1.09	1.10	1.12	1.15	1.17	1.19	1.20	Cuba
2.10	1.80	1.61	1.48	1.45	1.43	1.41	1.40	1.39	1.38	Curaçao
2.53	2.13	1.84	1.63	1.53	1.45	1.39	1.34	1.31	1.29	Dominican Republic
2.18	1.83	1.58	1.40	1.35	1.31	1.28	1.26	1.25	1.25	Grenada
2.17	1.85	1.65	1.50	1.47	1.44	1.42	1.41	1.40	1.39	Guadeloupe
3.13	2.60	2.23	1.96	1.82	1.71	1.61	1.53	1.47	1.41	Haiti
2.08	1.74	1.52	1.36	1.32	1.30	1.28	1.27	1.27	1.27	Jamaica
1.95	1.63	1.43	1.31	1.30	1.30	1.30	1.30	1.30	1.31	Martinique

表A. 26.　主要地域、地域および国別、合計出生率：推計および低位予測値（続）

推計値：1960-2015

主要地域、地域および国	合計出生率（女性一人あたり子供）									
	1960-1965	1965-1970	1970-1975	1975-1980	1980-1985	1985-1990	1990-1995	1995-2000	2000-2005	2005-2010
Puerto Rico	4.37	3.41	2.99	2.76	2.46	2.26	2.18	1.99	1.82	1.70
Saint Lucia	6.79	6.48	5.69	5.20	4.20	3.65	3.15	2.60	2.10	2.04
Saint Vincent and the Grenadines	7.02	6.41	5.54	4.42	3.64	3.10	2.85	2.55	2.24	2.13
Trinidad and Tobago	5.04	3.81	3.45	3.24	3.28	2.75	2.18	1.82	1.75	1.80
United States Virgin Islands	5.67	5.52	4.66	3.49	2.97	3.02	2.79	2.19	2.14	2.44
CENTRAL AMERICA	6.73	6.65	6.52	5.47	4.60	3.98	3.49	3.11	2.79	2.54
Belize	6.45	6.35	6.25	6.20	5.40	4.70	4.35	3.85	3.35	2.84
Costa Rica	6.28	5.26	4.06	3.70	3.50	3.31	3.01	2.61	2.17	2.01
El Salvador	6.67	6.36	5.95	5.42	4.75	4.17	3.69	3.20	2.62	2.23
Guatemala	6.50	6.30	6.20	6.20	6.10	5.50	5.15	4.70	4.16	3.61
Honduras	7.42	7.42	7.05	6.60	6.00	5.37	4.92	4.34	3.63	2.99
Mexico	6.75	6.75	6.71	5.40	4.37	3.75	3.25	2.89	2.63	2.43
Nicaragua	7.10	6.95	6.79	6.35	5.85	5.00	4.20	3.40	2.84	2.56
Panama	5.79	5.41	4.88	4.19	3.63	3.24	2.92	2.81	2.61	2.54
SOUTH AMERICA	5.74	5.22	4.61	4.25	3.78	3.27	2.86	2.62	2.41	2.15
Argentina	3.09	3.05	3.15	3.44	3.15	3.05	2.90	2.63	2.52	2.40
Bolivia	6.61	6.41	6.15	5.89	5.51	5.09	4.70	4.29	3.82	3.39
Brazil	6.15	5.38	4.72	4.31	3.80	3.10	2.60	2.45	2.25	1.90
Chile	4.96	4.46	3.57	2.93	2.66	2.60	2.38	2.16	2.00	1.88
Colombia	6.76	6.18	4.90	4.25	3.70	3.18	2.84	2.50	2.30	2.10
Ecuador	6.65	6.40	5.80	5.05	4.45	4.00	3.55	3.20	2.88	2.73
French Guiana	5.02	5.00	4.18	3.30	3.58	3.73	4.05	3.93	3.68	3.63
Guyana	5.56	5.28	5.00	4.52	4.11	3.77	3.44	3.12	2.95	2.77
Paraguay	6.45	6.15	5.35	5.20	5.12	4.77	4.31	3.88	3.24	2.89
Peru	6.95	6.70	6.00	5.40	4.65	4.10	3.57	3.10	2.80	2.60
Suriname	6.56	5.95	5.29	4.20	3.70	3.42	3.16	2.92	2.71	2.54
Uruguay	2.90	2.80	3.00	2.89	2.57	2.53	2.49	2.30	2.20	2.12
Venezuela (Bolivarian Republic of)	6.66	5.90	4.94	4.47	3.96	3.65	3.25	2.94	2.72	2.55
NORTHERN AMERICA	3.42	2.58	2.01	1.77	1.79	1.89	2.00	1.95	1.99	2.02
Canada	3.68	2.61	1.98	1.73	1.63	1.62	1.69	1.56	1.52	1.64
United States of America	3.40	2.58	2.02	1.77	1.80	1.91	2.03	2.00	2.04	2.06
OCEANIA	3.95	3.55	3.23	2.72	2.58	2.49	2.49	2.45	2.43	2.51
AUSTRALIA/NEW ZEALAND	3.41	2.96	2.59	2.02	1.92	1.89	1.90	1.82	1.80	1.99
Australia	3.27	2.87	2.54	1.99	1.91	1.86	1.86	1.79	1.77	1.95
New Zealand	4.02	3.35	2.84	2.18	1.97	2.03	2.07	1.95	1.95	2.14
MELANESIA	6.24	6.01	5.80	5.55	5.18	4.73	4.49	4.40	4.15	3.93
Fiji	5.95	5.00	4.20	4.00	3.80	3.47	3.35	3.19	2.98	2.75
New Caledonia	5.22	5.21	5.20	3.91	3.34	3.03	2.94	2.58	2.26	2.24
Papua New Guinea	6.28	6.21	6.09	5.87	5.47	4.97	4.70	4.64	4.39	4.13
Solomon Islands	6.40	6.54	7.24	7.04	6.43	6.13	5.53	4.91	4.60	4.40
Vanuatu	7.00	6.46	6.11	5.75	5.40	5.04	4.83	4.59	4.11	3.63
MICRONESIA	6.47	5.84	5.28	4.80	4.40	4.01	3.67	3.32	2.99	2.88
Guam	6.03	4.72	4.12	3.52	3.08	3.14	2.88	2.88	2.74	2.54
Kiribati	6.78	6.04	5.00	5.10	5.00	4.80	4.55	4.20	3.96	3.88
Micronesia (Fed. States of)	6.90	6.90	6.90	6.40	6.00	5.20	4.79	4.53	4.05	3.62
POLYNESIA	6.82	6.39	5.74	5.23	4.79	4.37	3.96	3.55	3.32	3.17
French Polynesia	5.44	5.20	4.86	4.23	3.82	3.64	3.11	2.61	2.36	2.17
Samoa	7.63	7.35	7.00	6.49	5.91	5.35	4.92	4.62	4.44	4.47
Tonga	7.30	6.50	5.50	5.50	5.50	4.74	4.62	4.29	4.23	4.03

表A. 26. 主要地域、地域および国別、合計出生率：推計および低位予測値（続）

2015-2060：低位予測値

2010-2015	2015-2020	2020-2025	2025-2030	2030-2035	2035-2040	2040-2045	2045-2050	2050-2055	2055-2060	主要地域、地域および国
合計出生率（女性一人あたり子供）										
1.64	1.34	1.16	1.07	1.09	1.11	1.13	1.15	1.17	1.19	Puerto Rico
1.92	1.57	1.34	1.19	1.16	1.15	1.15	1.16	1.17	1.18	Saint Lucia
2.01	1.65	1.41	1.25	1.21	1.19	1.19	1.19	1.20	1.21	Saint Vincent and the Grenadines
1.80	1.48	1.29	1.18	1.18	1.18	1.19	1.20	1.22	1.23	Trinidad and Tobago
2.30	1.93	1.69	1.51	1.45	1.41	1.38	1.36	1.35	1.34	United States Virgin Islands
2.37	1.96	1.69	1.48	1.40	1.35	1.31	1.29	1.28	1.28	**CENTRAL AMERICA**
2.64	2.21	1.91	1.69	1.60	1.51	1.45	1.39	1.35	1.32	Belize
1.85	1.51	1.30	1.17	1.16	1.17	1.18	1.19	1.20	1.22	Costa Rica
1.97	1.62	1.39	1.23	1.19	1.17	1.16	1.16	1.17	1.18	El Salvador
3.30	2.78	2.42	2.14	2.00	1.88	1.78	1.69	1.62	1.55	Guatemala
2.47	2.00	1.70	1.49	1.40	1.34	1.29	1.26	1.24	1.23	Honduras
2.29	1.89	1.61	1.40	1.32	1.26	1.23	1.22	1.21	1.22	Mexico
2.32	1.91	1.63	1.43	1.35	1.30	1.26	1.24	1.23	1.22	Nicaragua
2.48	2.11	1.85	1.66	1.58	1.52	1.47	1.42	1.39	1.37	Panama
2.05	1.71	1.49	1.34	1.31	1.29	1.28	1.27	1.27	1.27	**SOUTH AMERICA**
2.35	2.02	1.80	1.63	1.57	1.52	1.48	1.44	1.42	1.39	Argentina
3.04	2.58	2.26	2.01	1.89	1.79	1.70	1.63	1.56	1.50	Bolivia
1.82	1.49	1.29	1.16	1.15	1.15	1.16	1.17	1.18	1.20	Brazil
1.78	1.48	1.30	1.20	1.20	1.21	1.22	1.23	1.24	1.25	Chile
1.93	1.58	1.34	1.19	1.17	1.16	1.16	1.17	1.19	1.20	Colombia
2.59	2.19	1.92	1.71	1.62	1.54	1.47	1.42	1.38	1.35	Ecuador
3.48	3.03	2.71	2.47	2.34	2.24	2.14	2.06	1.98	1.91	French Guiana
2.60	2.22	1.97	1.77	1.69	1.62	1.55	1.50	1.46	1.42	Guyana
2.60	2.20	1.92	1.72	1.63	1.55	1.49	1.44	1.39	1.36	Paraguay
2.50	2.10	1.83	1.62	1.52	1.45	1.39	1.34	1.31	1.29	Peru
2.40	2.03	1.77	1.58	1.50	1.44	1.39	1.36	1.34	1.32	Suriname
2.04	1.73	1.54	1.40	1.37	1.35	1.34	1.33	1.32	1.32	Uruguay
2.40	2.03	1.77	1.58	1.50	1.44	1.39	1.35	1.33	1.31	Venezuela (Bolivarian Republic of)
1.86	1.61	1.47	1.38	1.38	1.39	1.39	1.40	1.40	1.40	**NORTHERN AMERICA**
1.61	1.31	1.16	1.08	1.10	1.12	1.14	1.17	1.19	1.20	Canada
1.89	1.65	1.50	1.41	1.41	1.42	1.42	1.42	1.42	1.42	United States of America
2.42	2.10	1.89	1.73	1.68	1.63	1.60	1.57	1.54	1.52	**OCEANIA**
1.94	1.63	1.45	1.32	1.30	1.29	1.29	1.29	1.29	1.29	**AUSTRALIA/NEW ZEALAND**
1.92	1.61	1.43	1.31	1.29	1.28	1.28	1.28	1.28	1.28	Australia
2.05	1.74	1.54	1.40	1.37	1.35	1.33	1.32	1.31	1.31	New Zealand
3.67	3.19	2.85	2.58	2.42	2.29	2.18	2.08	1.99	1.90	**MELANESIA**
2.61	2.23	1.97	1.77	1.68	1.60	1.54	1.48	1.44	1.41	Fiji
2.13	1.79	1.57	1.41	1.37	1.34	1.32	1.31	1.30	1.30	New Caledonia
3.84	3.33	2.96	2.67	2.51	2.36	2.24	2.13	2.03	1.94	Papua New Guinea
4.06	3.51	3.11	2.79	2.61	2.45	2.30	2.18	2.07	1.96	Solomon Islands
3.41	2.97	2.65	2.40	2.27	2.15	2.05	1.95	1.87	1.79	Vanuatu
2.84	2.48	2.20	1.98	1.90	1.85	1.81	1.76	1.70	1.65	**MICRONESIA**
2.42	2.07	1.82	1.64	1.57	1.51	1.47	1.43	1.40	1.38	Guam
3.79	3.33	2.99	2.73	2.59	2.46	2.34	2.24	2.15	2.06	Kiribati
3.33	2.83	2.47	2.20	2.06	1.94	1.83	1.74	1.65	1.58	Micronesia (Fed. States of)
2.95	2.53	2.26	2.08	2.03	1.97	1.89	1.82	1.76	1.72	**POLYNESIA**
2.07	1.74	1.52	1.36	1.32	1.29	1.27	1.26	1.25	1.25	French Polynesia
4.16	3.65	3.27	2.96	2.79	2.63	2.49	2.36	2.25	2.14	Samoa
3.79	3.33	2.99	2.72	2.58	2.44	2.33	2.22	2.12	2.03	Tonga

表A. 27. 主要地域、地域および国別、粗死亡率：推計および中位予測値、1960-2060年

推計値：1960-2015

主要地域、地域および国	粗死亡率（人口千人あたり）									
	1960-1965	1965-1970	1970-1975	1975-1980	1980-1985	1985-1990	1990-1995	1995-2000	2000-2005	2005-2010
WORLD	16.2	13.5	12.0	10.8	10.1	9.5	9.1	8.7	8.4	8.0
More developed regions	9.4	9.5	9.6	9.6	9.7	9.7	10.0	10.3	10.3	10.1
Less developed regions	19.1	15.1	12.9	11.2	10.2	9.4	8.8	8.4	7.9	7.6
Least developed countries	23.3	21.3	20.4	19.1	17.0	15.4	14.6	13.0	11.5	9.8
Less developed regions, excluding least developed countries	18.5	14.3	11.9	10.1	9.2	8.6	8.0	7.6	7.4	7.2
Less developed regions, excluding China	18.4	16.2	14.5	12.9	11.6	10.6	9.7	9.1	8.5	8.0
High-income countries	9.6	9.5	9.4	9.2	9.2	9.1	9.2	9.3	9.2	9.0
Middle-income countries	18.6	14.6	12.3	10.6	9.7	9.0	8.4	8.0	7.7	7.5
Upper-middle-income countries	18.4	12.7	9.8	8.0	7.4	7.1	6.8	6.6	6.5	6.6
Lower-middle-income countries	18.9	16.7	15.1	13.2	12.0	11.0	10.0	9.3	8.7	8.2
Low-income countries	24.1	22.2	20.6	20.3	18.0	16.7	16.3	15.0	13.2	11.0
Sub-Saharan Africa	23.4	21.7	20.0	18.5	17.2	16.4	16.2	15.6	14.6	12.5
AFRICA	22.3	20.4	18.8	17.2	15.8	14.7	14.4	13.7	13.0	11.3
EASTERN AFRICA	22.4	20.6	19.2	18.0	17.4	16.6	17.1	15.4	13.6	10.9
Burundi	22.5	21.1	20.5	19.2	18.2	17.4	18.2	14.9	13.8	12.9
Comoros	22.5	20.4	18.3	16.8	14.6	12.4	10.6	9.6	9.3	8.6
Djibouti	17.4	16.2	14.0	12.1	11.8	10.5	10.8	10.4	10.2	9.6
Eritrea	24.5	22.7	20.7	19.2	18.2	16.2	13.8	10.4	8.9	8.2
Ethiopia	23.5	21.8	20.9	20.8	21.5	19.0	17.3	15.2	12.7	9.6
Kenya	18.8	16.5	14.4	12.5	10.7	10.0	10.4	12.7	13.0	10.6
Madagascar	23.8	21.7	19.8	18.0	16.0	15.9	14.1	11.4	9.2	7.9
Malawi	26.4	25.7	23.7	21.9	20.3	20.5	20.1	18.7	17.0	12.5
Mauritius	8.6	7.3	6.8	6.2	5.9	6.3	6.1	6.6	6.7	7.1
Mayotte	14.1	11.1	8.9	7.1	5.6	4.5	3.7	3.2	2.9	2.7
Mozambique	27.5	25.6	23.5	22.1	22.7	21.5	20.1	17.2	15.3	13.5
Réunion	11.4	8.9	7.1	6.4	6.0	5.7	5.4	5.1	5.1	5.2
Rwanda	22.2	20.5	20.3	19.6	16.6	17.6	44.9	16.4	14.4	9.4
Seychelles	10.9	9.8	8.3	7.4	7.1	7.0	7.3	7.4	7.2	7.4
Somalia	25.8	24.0	22.2	20.7	19.4	19.0	20.2	16.5	15.0	13.7
South Sudan	31.5	29.3	27.1	25.0	24.1	22.2	19.3	17.0	15.2	13.6
Uganda	19.5	17.4	16.7	16.6	16.9	18.1	19.0	18.1	14.7	11.9
United Republic of Tanzania	20.0	18.9	17.4	15.9	15.2	14.9	15.4	15.1	12.6	9.7
Zambia	19.0	17.8	16.1	15.0	15.3	17.5	19.4	19.2	16.5	12.3
Zimbabwe	15.0	13.7	12.6	11.3	9.5	8.5	10.4	16.3	19.6	16.3
MIDDLE AFRICA	24.0	22.4	20.7	19.5	18.5	17.7	17.1	17.0	15.5	13.5
Angola	31.0	28.6	26.5	24.9	24.3	23.5	23.1	21.1	17.7	15.8
Cameroon	21.6	20.2	18.4	16.6	15.2	14.4	13.7	13.7	14.0	13.2
Central African Republic	26.9	24.3	21.0	18.2	16.8	16.7	17.2	18.5	19.1	17.5
Chad	25.8	24.3	22.6	21.5	20.4	19.3	18.8	18.0	17.5	16.4
Congo	16.2	14.8	13.8	13.0	12.1	12.0	12.9	14.5	14.3	11.4
Democratic Republic of the Congo	22.3	21.2	19.7	19.1	18.1	17.4	16.5	16.9	14.8	12.3
Equatorial Guinea	26.9	25.3	23.7	22.1	20.1	19.4	17.6	15.4	13.9	12.5
Gabon	25.1	21.9	18.9	16.2	13.7	11.4	10.9	11.0	11.3	10.3
São Tomé and Príncipe	16.9	13.1	12.7	10.4	11.1	10.4	9.7	9.3	8.7	7.7
NORTHERN AFRICA	18.4	16.3	14.6	12.7	10.6	8.8	7.8	7.0	6.7	6.5
Algeria	19.4	17.4	15.8	13.3	9.2	6.8	6.1	5.3	5.0	5.1
Egypt	18.4	16.4	15.2	13.1	11.4	9.3	7.9	6.8	6.6	6.4
Libyan Arab Jamahiriya	20.0	15.2	11.4	8.5	6.5	5.6	4.8	4.8	4.8	4.8
Morocco	17.5	15.4	13.6	12.1	10.0	8.1	6.9	6.5	6.2	6.1
Sudan	16.8	15.4	14.2	13.4	12.9	12.3	11.7	11.0	10.0	8.9
Tunisia	21.7	17.7	13.4	10.3	7.8	6.9	5.8	5.5	5.7	6.0
Western Sahara	24.7	22.6	20.0	17.3	14.3	11.0	9.1	7.6	6.5	5.8
SOUTHERN AFRICA	16.4	14.9	13.3	11.8	10.0	8.7	8.0	9.9	13.9	14.3
Botswana	15.6	14.0	12.0	9.9	8.4	7.4	7.9	12.5	14.6	8.4
Lesotho	18.3	17.8	16.8	15.1	13.0	11.6	9.9	13.5	18.8	17.3
Namibia	17.4	15.4	13.8	12.1	10.5	9.3	8.7	9.7	12.1	8.9
South Africa	16.3	14.7	13.1	11.7	9.9	8.5	7.9	9.6	13.7	14.7
Swaziland	19.6	18.5	16.4	14.3	12.0	10.4	9.5	12.0	15.7	15.0
WESTERN AFRICA	25.9	24.1	22.2	20.1	18.3	17.4	16.9	16.5	15.5	13.4
Benin	27.6	24.9	22.2	20.0	18.2	15.7	13.5	12.9	11.7	10.3
Burkina Faso	27.5	25.5	23.7	21.5	18.1	17.2	16.9	16.2	14.6	11.5
Cabo Verde	19.1	15.6	13.2	11.2	9.6	8.6	7.5	6.2	5.6	5.4

表A. 27. 主要地域、地域および国別、粗死亡率：推計および中位予測値（続）

2015-2060：中位予測値

粗死亡率（人口千人あたり）										主要地域、地域および国
2010-2015	2015-2020	2020-2025	2025-2030	2030-2035	2035-2040	2040-2045	2045-2050	2050-2055	2055-2060	
7.8	7.8	7.9	8.0	8.3	8.6	8.9	9.2	9.4	9.7	**WORLD**
10.0	10.4	10.6	10.9	11.3	11.8	12.1	12.4	12.4	12.4	More developed regions
7.4	7.3	7.3	7.5	7.7	8.1	8.4	8.7	9.0	9.3	Less developed regions
8.5	7.7	7.2	6.8	6.5	6.3	6.2	6.2	6.3	6.4	Least developed countries
7.2	7.2	7.4	7.6	8.0	8.5	9.0	9.4	9.8	10.2	Less developed regions, excluding least developed countries
7.5	7.3	7.2	7.2	7.3	7.5	7.7	7.9	8.2	8.5	Less developed regions, excluding China
9.0	9.2	9.5	9.8	10.2	10.7	11.1	11.5	11.6	11.7	High-income countries
7.4	7.4	7.5	7.7	8.1	8.5	8.9	9.4	9.7	10.1	Middle-income countries
6.9	7.1	7.5	8.0	8.7	9.4	10.1	10.8	11.4	11.9	Upper-middle-income countries
7.8	7.5	7.5	7.5	7.7	7.9	8.2	8.5	8.7	9.0	Lower-middle-income countries
9.3	8.3	7.5	6.9	6.5	6.1	5.9	5.8	5.8	5.9	Low-income countries
10.6	9.5	8.7	8.0	7.4	7.0	6.6	6.4	6.3	6.3	**Sub-Saharan Africa**
9.8	8.9	8.2	7.7	7.2	6.9	6.7	6.5	6.4	6.5	**AFRICA**
8.9	7.7	7.0	6.4	5.9	5.6	5.4	5.4	5.4	5.5	**EASTERN AFRICA**
11.7	10.5	9.4	8.4	7.7	7.1	6.6	6.2	6.0	5.9	Burundi
7.7	7.1	6.7	6.4	6.3	6.3	6.3	6.4	6.5	6.7	Comoros
8.7	8.5	8.5	8.5	8.7	9.0	9.4	9.9	10.5	11.0	Djibouti
6.9	6.0	5.5	5.1	4.9	4.9	5.0	5.2	5.5	5.9	Eritrea
7.8	6.8	6.1	5.6	5.2	5.1	5.1	5.3	5.5	5.9	Ethiopia
8.7	7.6	7.1	6.7	6.4	6.1	5.9	5.9	5.9	6.1	Kenya
6.9	6.2	5.6	5.2	4.9	4.8	4.8	4.8	4.9	5.0	Madagascar
8.6	6.8	6.0	5.4	4.9	4.5	4.2	4.1	4.2	4.3	Malawi
7.3	8.0	8.7	9.5	10.4	11.3	12.1	12.8	13.2	13.5	Mauritius
2.5	2.4	2.4	2.4	2.5	2.7	2.9	3.1	3.4	3.7	Mayotte
11.8	10.8	9.8	8.8	7.8	7.1	6.5	6.0	5.7	5.7	Mozambique
5.5	5.8	6.2	6.7	7.3	8.0	8.9	9.7	10.5	11.0	Réunion
7.5	6.4	5.8	5.4	5.3	5.2	5.3	5.5	5.8	6.2	Rwanda
7.6	7.7	7.9	8.4	9.0	9.8	10.6	11.4	12.1	12.4	Seychelles
12.4	11.3	10.3	9.3	8.5	7.7	7.2	6.7	6.4	6.2	Somalia
12.0	10.9	9.9	9.0	8.4	7.9	7.6	7.4	7.4	7.4	South Sudan
10.2	8.5	7.7	7.0	6.4	5.9	5.7	5.5	5.4	5.5	Uganda
7.3	6.3	5.7	5.2	4.9	4.7	4.5	4.4	4.4	4.5	United Republic of Tanzania
9.7	8.0	7.1	6.3	5.7	5.2	4.9	4.8	4.8	4.9	Zambia
11.1	7.8	7.1	6.5	6.1	5.9	5.9	6.0	6.3	6.7	Zimbabwe
11.9	10.7	9.6	8.7	7.9	7.3	6.8	6.4	6.2	6.1	**MIDDLE AFRICA**
14.2	12.7	11.5	10.3	9.3	8.4	7.7	7.1	6.7	6.4	Angola
11.9	10.6	9.5	8.6	7.8	7.2	6.7	6.5	6.4	6.5	Cameroon
15.2	13.1	11.6	10.3	9.1	8.3	7.6	7.3	7.2	7.2	Central African Republic
14.5	13.3	12.2	11.1	10.3	9.5	8.8	8.3	7.8	7.5	Chad
9.0	7.8	7.0	6.4	6.0	5.6	5.4	5.3	5.3	5.4	Congo
10.7	9.6	8.7	7.8	7.1	6.5	6.1	5.8	5.6	5.5	Democratic Republic of the Congo
11.0	10.3	9.6	8.9	8.4	8.0	7.6	7.2	6.8	6.6	Equatorial Guinea
9.0	7.9	7.2	6.6	6.2	6.1	6.1	6.2	6.4	6.7	Gabon
7.1	6.5	6.1	5.9	5.9	6.0	6.3	6.5	6.8	7.0	São Tomé and Príncipe
6.3	6.0	6.0	6.0	6.2	6.5	6.7	7.0	7.3	7.7	**NORTHERN AFRICA**
5.1	5.1	5.1	5.2	5.5	6.0	6.4	6.9	7.4	7.9	Algeria
6.2	5.9	5.8	5.8	6.0	6.1	6.3	6.5	6.7	7.1	Egypt
5.3	5.4	5.6	6.0	6.6	7.3	8.1	9.0	9.8	10.4	Libyan Arab Jamahiriya
5.7	5.7	5.8	6.0	6.4	7.0	7.6	8.1	8.6	9.1	Morocco
7.9	7.5	7.1	6.9	6.7	6.6	6.6	6.7	6.8	7.0	Sudan
6.6	6.6	6.7	7.0	7.6	8.3	9.1	9.7	10.3	10.7	Tunisia
5.6	5.6	5.8	6.3	7.0	7.7	8.5	9.1	9.7	10.2	Western Sahara
12.2	12.3	12.1	11.7	11.3	11.0	10.7	10.5	10.5	10.8	**SOUTHERN AFRICA**
7.5	7.7	7.4	7.4	7.6	7.8	8.1	8.4	8.9	9.5	Botswana
14.9	14.7	13.8	12.7	11.6	10.4	9.4	8.7	8.6	8.9	Lesotho
7.3	7.0	6.8	6.7	6.7	6.7	6.7	6.8	7.0	7.2	Namibia
12.5	12.6	12.5	12.1	11.7	11.4	11.1	10.9	11.0	11.2	South Africa
14.1	14.9	14.3	13.4	12.3	11.4	10.5	9.8	9.4	9.4	Swaziland
11.8	10.7	9.8	9.0	8.4	7.9	7.5	7.2	6.9	6.8	**WESTERN AFRICA**
9.6	9.0	8.5	8.1	7.9	7.7	7.7	7.7	7.8	7.9	Benin
10.0	8.9	8.0	7.3	6.8	6.4	6.2	6.1	6.0	6.1	Burkina Faso
5.5	5.1	4.7	4.5	4.7	5.2	5.8	6.5	7.1	7.8	Cabo Verde

表A. 27. 主要地域、地域および国別、粗死亡率：推計および中位予測値（続）

推計値：1960-2015

主要地域、地域および国	粗死亡率（人口千人あたり）									
	1960-1965	1965-1970	1970-1975	1975-1980	1980-1985	1985-1990	1990-1995	1995-2000	2000-2005	2005-2010
Côte d'Ivoire	26.0	23.0	19.3	16.6	14.6	13.7	14.2	16.5	17.1	15.2
Gambia	30.9	28.0	24.3	20.8	17.6	15.1	13.9	12.7	11.0	9.7
Ghana	17.8	16.6	15.5	14.3	13.2	11.7	10.3	10.6	10.5	9.6
Guinea	28.7	27.5	26.3	24.3	21.9	18.5	16.1	15.4	15.0	12.7
Guinea-Bissau	24.3	22.8	21.7	20.7	19.6	18.4	16.8	15.5	14.6	13.6
Liberia	28.2	25.7	23.2	20.3	18.6	18.3	17.6	14.4	13.9	10.3
Mali	36.3	33.6	30.1	26.9	23.6	20.9	19.4	18.5	16.6	13.1
Mauritania	19.0	17.0	15.5	13.9	12.0	10.9	10.3	9.7	9.4	8.9
Niger	28.3	27.9	27.4	26.4	24.3	23.4	21.4	18.3	15.3	12.7
Nigeria	25.1	23.4	21.8	20.1	18.6	18.5	18.3	17.9	17.0	14.8
Senegal	25.6	25.6	23.3	18.8	15.3	12.2	11.1	11.2	10.1	8.3
Sierra Leone	32.6	30.9	26.9	24.5	23.5	25.0	27.6	26.3	21.5	17.5
Togo	22.7	20.1	17.8	15.7	13.9	12.5	11.9	12.7	12.4	11.2
ASIA	18.8	14.4	12.0	10.2	9.3	8.6	8.0	7.5	7.1	7.0
EASTERN ASIA	18.8	12.1	8.8	7.0	6.5	6.6	6.5	6.6	6.4	6.7
China	21.0	13.0	9.3	7.2	6.6	6.7	6.6	6.5	6.2	6.5
China, Hong Kong SAR	5.4	4.9	4.5	4.7	4.8	5.3	5.4	5.3	5.5	5.9
China, Macao SAR	8.5	6.8	6.6	6.9	7.2	6.0	5.2	4.9	4.9	4.7
Dem. People's Republic of Korea	13.8	10.9	8.3	6.6	6.3	6.1	5.8	9.4	8.4	9.0
Japan	7.4	6.9	6.6	6.2	6.3	6.4	7.0	7.5	7.9	8.9
Mongolia	18.6	16.1	14.0	13.1	12.4	10.8	9.4	8.3	7.2	6.9
Republic of Korea	13.0	9.9	7.8	7.0	6.4	5.7	5.5	5.4	5.2	5.2
Other non-specified areas	6.6	5.6	4.8	4.6	4.8	5.0	5.4	5.8	5.9	6.3
SOUTH-CENTRAL ASIA	20.5	17.9	16.0	13.9	12.6	11.3	9.9	8.8	8.1	7.6
CENTRAL ASIA	12.4	10.6	9.7	9.1	8.7	8.2	8.5	8.5	8.0	7.9
Kazakhstan	11.6	9.8	9.0	8.8	8.6	8.2	9.5	11.7	10.8	10.5
Kyrgyzstan	14.2	11.8	10.5	9.8	9.4	8.6	8.3	7.9	7.6	7.9
Tajikistan	14.2	12.7	11.5	10.5	10.2	9.8	9.7	8.5	7.1	6.1
Turkmenistan	15.0	12.5	11.2	10.2	9.5	9.0	8.6	7.8	7.7	7.8
Uzbekistan	12.2	10.3	9.4	8.8	8.1	7.6	7.4	6.8	6.7	6.9
SOUTHERN ASIA	20.8	18.2	16.3	14.1	12.8	11.4	9.9	8.8	8.1	7.6
Afghanistan	31.2	28.8	26.4	23.7	20.7	17.2	14.3	12.8	11.5	9.9
Bangladesh	19.2	17.5	19.8	15.2	13.5	11.3	9.3	7.5	6.5	5.9
Bhutan	30.2	28.0	24.3	20.5	17.4	14.8	12.1	9.9	7.8	6.7
India	21.1	18.5	16.1	14.0	12.7	11.6	10.2	9.1	8.4	7.9
Iran (Islamic Republic of)	20.3	17.3	14.3	11.7	13.6	9.1	6.0	5.3	5.1	5.2
Maldives	26.8	23.3	19.1	15.1	12.4	10.1	7.5	5.5	4.2	3.6
Nepal	26.5	23.9	21.5	19.3	16.9	14.3	11.6	9.4	7.8	7.0
Pakistan	19.1	16.3	14.3	13.1	12.2	11.3	10.2	9.2	8.4	8.0
Sri Lanka	11.0	8.7	7.3	6.7	6.1	6.5	6.6	7.7	6.1	6.4
SOUTH-EASTERN ASIA	14.7	12.7	11.7	10.7	8.8	7.8	7.2	6.9	6.9	6.8
Brunei Darussalam	8.3	6.7	6.0	5.5	4.3	4.0	3.5	3.2	2.8	3.0
Cambodia	21.5	21.0	24.1	61.6	19.8	14.1	12.1	10.6	8.3	6.9
Indonesia	16.8	14.4	12.2	10.5	9.2	8.3	7.6	7.2	7.4	7.2
Lao People's Democratic Republic	19.7	18.8	17.8	17.0	16.1	14.5	12.8	10.7	9.0	7.9
Malaysia	9.5	7.7	6.7	6.0	5.5	5.0	4.7	4.5	4.4	4.6
Myanmar	20.5	16.3	14.7	13.3	12.0	10.7	9.8	9.3	8.9	8.6
Philippines	10.6	9.4	8.5	8.4	7.8	6.9	6.4	6.2	6.1	6.1
Singapore	5.6	5.5	5.3	5.1	4.8	4.6	4.2	4.6	4.5	4.5
Thailand	12.3	10.9	9.2	7.8	6.8	5.6	6.1	6.7	7.0	7.2
Timor-Leste	28.0	25.1	22.1	30.0	21.8	17.1	14.6	11.6	8.2	6.5
Viet Nam	11.2	10.1	12.5	7.8	7.2	6.6	6.1	5.6	5.5	5.6
WESTERN ASIA	17.1	14.4	12.4	10.6	9.2	7.8	7.0	6.2	5.6	5.4
Armenia	8.7	6.8	6.0	6.2	6.4	7.9	8.8	8.6	8.4	8.6
Azerbaijan	12.2	9.9	8.4	8.4	8.5	8.2	8.5	7.2	6.9	6.7
Bahrain	12.2	8.6	6.4	4.8	4.1	3.6	3.2	3.0	2.7	2.4
Cyprus	7.1	6.6	8.3	7.9	7.4	7.1	6.9	6.9	6.8	6.8
Georgia	12.2	10.5	9.7	9.1	9.4	9.3	9.8	10.0	10.1	10.9
Iraq	15.9	12.9	10.8	9.4	9.9	7.6	6.4	5.7	5.6	5.8
Israel	6.1	6.4	6.7	6.7	6.6	6.3	6.1	6.0	5.7	5.6
Jordan	14.6	11.7	9.3	7.4	6.5	5.5	4.8	4.3	4.0	3.9
Kuwait	7.9	6.5	5.5	4.4	3.6	2.8	2.6	2.7	2.7	2.7
Lebanon	9.8	8.6	7.7	7.3	7.2	7.0	6.6	5.9	5.2	4.7
Oman	20.8	17.8	14.9	11.6	8.6	6.4	4.8	3.9	3.3	3.0
Qatar	8.0	5.9	4.4	3.6	2.8	2.3	2.1	2.1	2.0	1.7

表A. 27. 主要地域、地域および国別、粗死亡率：推計および中位予測値（続）

2015-2060：中位予測値

粗死亡率（人口千人あたり）										主要地域、地域および国
2010-2015	2015-2020	2020-2025	2025-2030	2030-2035	2035-2040	2040-2045	2045-2050	2050-2055	2055-2060	
13.9	12.8	11.6	10.5	9.6	8.7	8.0	7.4	6.9	6.6	Côte d'Ivoire
9.0	8.2	7.6	7.1	6.8	6.6	6.5	6.4	6.4	6.5	Gambia
9.2	8.5	8.0	7.8	7.8	7.8	8.0	8.1	8.3	8.5	Ghana
10.4	9.2	8.2	7.4	6.7	6.2	5.8	5.6	5.5	5.5	Guinea
12.4	11.4	10.6	10.0	9.4	9.0	8.7	8.6	8.5	8.6	Guinea-Bissau
9.0	8.1	7.4	6.9	6.5	6.3	6.2	6.2	6.3	6.4	Liberia
11.0	9.3	7.9	6.7	5.9	5.2	4.7	4.5	4.4	4.4	Mali
8.1	7.7	7.5	7.4	7.4	7.4	7.5	7.6	7.7	7.9	Mauritania
9.6	8.3	7.2	6.3	5.5	4.9	4.5	4.1	3.9	3.8	Niger
13.3	12.2	11.3	10.5	9.8	9.2	8.8	8.4	8.0	7.8	Nigeria
6.6	5.6	4.9	4.4	4.1	4.0	3.9	3.9	4.0	4.1	Senegal
14.1	12.8	11.7	10.7	10.0	9.5	9.1	9.0	9.0	9.2	Sierra Leone
9.3	8.2	7.5	6.9	6.4	6.1	6.0	5.9	6.0	6.1	Togo
7.0	7.1	7.3	7.7	8.2	8.8	9.3	9.9	10.4	10.9	**ASIA**
7.2	7.6	8.2	8.9	9.8	10.8	11.7	12.6	13.3	14.0	**EASTERN ASIA**
7.0	7.4	7.9	8.6	9.6	10.6	11.6	12.5	13.3	13.9	China
6.0	6.6	7.2	7.8	8.6	9.6	10.7	11.8	12.6	13.1	China, Hong Kong SAR
4.8	4.9	5.1	5.6	6.5	7.7	8.8	9.6	10.1	10.3	China, Macao SAR
9.2	9.4	9.8	10.0	10.4	11.0	11.6	12.2	12.5	12.4	Dem. People's Republic of Korea
10.0	10.9	11.8	12.6	13.3	13.9	14.2	14.2	14.1	14.4	Japan
6.2	6.1	6.3	6.6	7.0	7.4	7.8	8.1	8.4	8.8	Mongolia
5.5	6.1	6.8	7.6	8.4	9.5	10.8	12.3	13.5	14.4	Republic of Korea
6.9	7.5	8.1	8.8	9.8	11.0	12.6	14.1	15.5	16.5	Other non-specified areas
7.1	7.0	7.0	7.1	7.4	7.7	8.1	8.6	9.0	9.5	**SOUTH-CENTRAL ASIA**
7.4	7.4	7.4	7.7	8.1	8.7	9.3	9.7	10.1	10.5	**CENTRAL ASIA**
8.9	9.0	8.9	9.1	9.5	10.0	10.3	10.5	10.5	10.5	Kazakhstan
6.4	6.3	6.2	6.4	6.9	7.5	8.0	8.3	8.5	8.8	Kyrgyzstan
5.7	5.5	5.4	5.5	5.8	6.1	6.5	6.8	7.1	7.4	Tajikistan
7.8	7.8	8.0	8.4	9.0	9.8	10.5	11.3	11.9	12.6	Turkmenistan
7.0	7.1	7.2	7.6	8.2	9.0	9.7	10.4	11.1	11.8	Uzbekistan
7.1	7.0	7.0	7.1	7.3	7.7	8.1	8.5	9.0	9.5	**SOUTHERN ASIA**
8.6	7.6	7.1	6.7	6.6	6.6	6.7	7.0	7.5	8.1	Afghanistan
5.5	5.3	5.2	5.4	5.8	6.4	7.1	7.9	8.7	9.6	Bangladesh
6.3	6.2	6.3	6.6	6.9	7.4	8.0	8.8	9.6	10.5	Bhutan
7.4	7.3	7.3	7.5	7.7	8.0	8.4	8.8	9.2	9.6	India
4.7	4.6	4.8	5.4	6.2	7.2	8.2	9.3	10.6	12.1	Iran (Islamic Republic of)
3.8	3.7	3.8	4.0	4.4	5.0	5.7	6.5	7.4	8.5	Maldives
6.5	6.2	6.1	6.1	6.2	6.4	6.6	7.0	7.6	8.3	Nepal
7.5	7.2	6.9	6.8	6.9	7.1	7.3	7.6	8.0	8.4	Pakistan
6.7	7.1	7.7	8.3	9.1	9.8	10.5	11.0	11.5	12.0	Sri Lanka
6.9	7.0	7.3	7.7	8.2	8.8	9.4	10.0	10.5	10.9	**SOUTH-EASTERN ASIA**
3.0	3.2	3.5	4.1	4.8	5.6	6.7	7.8	8.9	10.0	Brunei Darussalam
6.3	5.8	5.5	5.4	5.5	5.7	6.0	6.4	6.8	7.3	Cambodia
7.2	7.2	7.5	7.9	8.5	9.2	9.8	10.4	10.9	11.2	Indonesia
7.0	6.3	5.8	5.5	5.4	5.5	5.7	6.0	6.5	7.0	Lao People's Democratic Republic
4.8	5.2	5.5	6.0	6.5	7.0	7.6	8.2	8.7	9.3	Malaysia
8.3	8.4	8.7	9.2	9.8	10.4	11.1	11.7	12.2	12.8	Myanmar
6.7	6.8	7.0	7.2	7.4	7.8	8.1	8.4	8.7	9.0	Philippines
4.5	5.1	5.8	6.7	7.8	9.0	10.1	11.3	12.2	12.9	Singapore
7.7	8.4	9.1	10.0	11.0	12.1	13.3	14.5	15.5	16.1	Thailand
7.0	6.5	6.0	5.5	5.1	4.8	4.6	4.5	4.5	4.6	Timor-Leste
5.8	5.9	6.2	6.6	7.1	7.8	8.5	9.3	10.0	10.6	Viet Nam
5.3	5.2	5.3	5.4	5.7	6.1	6.5	7.0	7.4	7.9	**WESTERN ASIA**
9.0	9.6	9.8	10.1	10.8	11.7	12.7	13.4	13.8	14.0	Armenia
7.0	7.6	7.9	8.6	9.6	10.7	11.6	12.2	12.6	13.0	Azerbaijan
2.3	2.5	2.8	3.3	4.0	4.9	5.9	7.0	8.1	9.1	Bahrain
6.8	7.0	7.3	7.7	8.1	8.7	9.3	9.8	10.4	10.9	Cyprus
11.5	11.5	11.3	11.2	11.6	12.3	13.1	13.7	14.1	14.3	Georgia
5.3	5.0	4.7	4.6	4.6	4.7	4.8	5.0	5.2	5.3	Iraq
5.3	5.2	5.2	5.2	5.4	5.7	5.9	6.0	6.0	6.1	Israel
3.9	3.8	3.9	4.0	4.3	4.6	5.1	5.7	6.2	6.7	Jordan
2.5	2.6	2.9	3.4	4.1	4.9	5.9	6.9	7.8	8.7	Kuwait
4.6	4.5	4.9	5.4	5.7	6.2	6.8	7.6	8.4	9.1	Lebanon
2.7	2.7	2.8	3.2	3.6	4.2	4.8	5.6	6.4	7.4	Oman
1.5	1.5	1.7	2.1	2.5	3.0	3.8	4.6	5.5	6.5	Qatar

表A. 27. 主要地域、地域および国別、粗死亡率：推計および中位予測値（続）

推計値：1960-2015

主要地域、地域および国	粗死亡率（人口千人あたり）									
	1960-1965	1965-1970	1970-1975	1975-1980	1980-1985	1985-1990	1990-1995	1995-2000	2000-2005	2005-2010
Saudi Arabia	19.3	16.8	13.2	9.7	7.2	5.5	4.5	3.9	3.6	3.5
State of Palestine	16.7	14.0	11.2	8.8	6.8	5.5	4.8	4.1	3.8	3.7
Syrian Arab Republic	14.4	12.0	9.6	7.7	6.2	5.0	4.4	4.0	3.7	3.5
Turkey	18.8	16.0	14.1	12.2	10.4	8.8	7.7	6.8	6.1	5.8
United Arab Emirates	12.8	8.7	6.0	4.4	3.5	2.9	2.5	2.1	1.8	1.5
Yemen	30.2	26.4	22.8	19.0	15.1	12.3	11.1	9.8	8.6	7.8
EUROPE	9.7	9.9	10.2	10.5	10.8	10.7	11.2	11.6	11.7	11.3
EASTERN EUROPE	8.3	8.7	9.5	10.4	11.2	11.2	12.7	13.7	14.4	14.0
Belarus	9.5	8.9	9.2	9.8	10.7	10.4	12.3	14.6	15.4	15.1
Bulgaria	8.2	8.8	9.7	10.6	11.3	12.1	13.0	14.4	14.5	15.0
Czech Republic	10.5	11.5	12.6	12.6	13.0	12.6	11.9	11.0	10.7	10.3
Hungary	10.2	10.9	11.7	12.8	13.9	13.9	14.2	13.7	13.2	13.2
Poland	7.7	7.7	8.4	9.1	9.6	10.1	10.3	9.9	9.6	10.0
Republic of Moldova	11.0	9.7	9.6	10.2	11.2	10.2	10.8	11.7	11.7	12.2
Romania	8.4	9.8	9.4	9.7	10.2	10.8	11.4	12.3	12.1	12.5
Russian Federation	8.1	8.4	9.4	10.4	11.3	11.1	13.3	14.6	16.0	14.9
Slovakia	7.8	8.6	9.4	9.8	10.2	10.2	10.1	9.8	9.7	10.0
Ukraine	8.1	8.4	9.4	10.7	12.0	11.7	13.7	15.2	15.9	16.3
NORTHERN EUROPE	11.1	11.1	11.3	11.4	11.4	11.3	11.2	10.9	10.3	9.6
Channel Islands	12.3	12.0	11.9	11.7	11.3	11.0	10.5	10.1	9.4	8.9
Denmark	9.8	10.0	10.1	10.4	11.1	11.5	11.8	11.4	10.8	10.1
Estonia	10.7	10.7	11.2	12.1	12.3	12.1	13.9	13.8	13.3	12.8
Finland	9.4	9.8	9.7	9.4	9.4	9.9	9.9	9.7	9.5	9.3
Iceland	6.9	7.1	7.1	6.5	6.9	6.9	6.8	6.9	6.3	6.4
Ireland	11.8	11.4	10.9	10.1	9.3	9.0	8.6	8.4	7.4	6.4
Latvia	10.3	10.6	11.4	12.5	12.8	12.4	14.5	14.4	14.2	15.0
Lithuania	8.3	8.4	9.1	10.0	10.5	10.5	11.8	12.3	12.4	14.6
Norway	9.5	9.8	10.1	10.1	10.3	10.8	10.6	10.1	9.6	8.7
Sweden	10.1	10.3	10.4	11.0	11.1	11.2	11.0	10.7	10.4	9.9
United Kingdom	11.8	11.8	11.9	12.0	11.8	11.6	11.2	10.9	10.2	9.4
SOUTHERN EUROPE	9.7	9.5	9.4	9.3	9.1	9.1	9.4	9.6	9.6	9.5
Albania	9.8	8.5	7.5	6.5	6.2	5.8	6.3	6.2	5.6	6.5
Bosnia and Herzegovina	8.9	7.6	6.8	6.3	6.6	6.8	8.3	8.1	8.4	9.4
Croatia	10.8	10.6	10.7	11.0	11.4	11.1	11.2	10.9	11.6	11.8
Greece	9.4	9.6	10.3	10.2	10.0	9.5	9.2	9.3	9.4	9.9
Italy	9.9	10.0	9.9	9.9	9.8	9.6	9.8	9.9	9.8	9.7
Malta	8.6	8.4	8.3	8.0	7.6	7.4	7.3	7.4	7.7	8.3
Montenegro	8.9	7.8	7.0	6.8	6.8	7.1	7.4	9.3	10.0	10.3
Portugal	11.2	11.2	10.6	10.2	9.8	9.8	10.3	10.5	10.3	10.2
Serbia	10.0	9.3	9.2	9.4	9.6	9.8	10.0	10.8	11.9	12.6
Slovenia	9.8	10.3	10.3	10.2	10.7	9.8	9.8	9.6	9.5	9.2
Spain	8.8	8.6	8.6	8.2	7.8	8.2	8.7	9.0	8.9	8.4
TFYR Macedonia	9.6	8.0	7.1	7.0	7.4	7.3	7.7	7.8	8.0	8.7
WESTERN EUROPE	11.4	11.5	11.5	11.3	11.1	10.7	10.3	9.9	9.6	9.4
Austria	12.6	12.9	12.7	12.4	12.1	11.3	10.7	10.1	9.5	9.2
Belgium	12.3	12.4	12.3	12.0	11.6	11.1	10.6	10.4	10.3	9.9
France	11.3	11.1	10.8	10.4	10.2	9.7	9.3	9.2	9.0	8.7
Germany	11.9	12.3	12.4	12.4	12.2	11.8	11.3	10.7	10.3	10.3
Luxembourg	12.0	12.4	12.4	12.0	11.4	10.7	9.9	9.3	8.6	8.2
Netherlands	7.8	8.1	8.3	8.1	8.2	8.5	8.7	8.8	8.7	8.3
Switzerland	9.7	9.4	9.2	9.1	9.4	9.2	9.2	8.9	8.5	8.1
LATIN AMERICA AND THE CARIBBEAN	12.3	10.9	9.6	8.7	7.9	7.2	6.6	6.1	5.8	5.8
CARIBBEAN	11.8	10.3	9.2	8.4	8.4	8.2	8.1	7.9	7.8	7.6
Antigua and Barbuda	8.7	7.7	6.9	6.3	6.6	6.9	7.3	7.1	6.6	6.4
Aruba	6.1	5.7	5.8	6.2	6.5	7.0	7.0	6.9	7.1	7.6
Bahamas	7.7	6.6	6.3	5.9	5.7	5.5	5.5	5.7	5.5	5.8
Barbados	11.7	10.5	10.1	10.2	10.3	9.9	9.6	9.8	10.2	10.2
Cuba	8.5	7.2	6.3	5.8	6.1	6.7	7.2	7.1	7.2	7.0
Curaçao	8.0	6.8	6.4	6.0	5.8	6.0	6.6	7.5	8.2	8.2
Dominican Republic	14.5	11.8	9.7	8.3	7.5	6.6	6.0	6.0	6.0	6.0
Grenada	11.3	9.5	8.9	9.1	8.8	8.4	8.7	8.3	8.1	7.7
Guadeloupe	10.7	8.7	7.8	7.4	7.0	6.7	6.4	6.4	6.5	6.7
Haiti	21.1	18.7	17.1	16.1	15.6	13.8	12.4	11.3	10.6	9.7
Jamaica	8.5	8.1	7.2	6.4	6.5	6.8	7.1	7.2	7.2	7.0
Martinique	9.9	8.7	7.6	7.2	7.4	7.3	7.1	7.1	7.1	7.5

2015-2060：中位予測値

粗死亡率（人口千人あたり）										主要地域、地域および国
2010-2015	2015-2020	2020-2025	2025-2030	2030-2035	2035-2040	2040-2045	2045-2050	2050-2055	2055-2060	
3.4	3.5	3.9	4.4	5.1	5.9	6.8	7.6	8.4	9.1	Saudi Arabia
3.6	3.5	3.5	3.5	3.6	3.7	3.9	4.1	4.4	4.7	State of Palestine
5.6	5.5	5.4	5.4	5.5	5.8	6.2	6.6	7.0	7.5	Syrian Arab Republic
5.7	5.8	5.9	6.2	6.5	7.0	7.5	8.2	8.8	9.5	Turkey
1.5	1.8	2.2	2.8	3.5	4.3	5.3	6.3	7.2	8.1	United Arab Emirates
7.1	6.7	6.4	6.3	6.2	6.3	6.5	6.9	7.4	8.1	Yemen
11.1	11.4	11.6	11.9	12.2	12.7	13.1	13.4	13.6	13.6	**EUROPE**
13.3	13.7	13.9	14.2	14.7	15.3	15.8	15.9	15.8	15.7	**EASTERN EUROPE**
14.2	14.6	14.6	14.7	15.0	15.6	16.1	16.2	15.9	15.5	Belarus
15.1	15.6	16.0	16.5	17.0	17.5	17.6	17.6	17.8	18.1	Bulgaria
10.1	10.6	11.0	11.6	12.3	12.8	13.1	13.2	13.4	13.8	Czech Republic
13.2	13.5	13.8	14.1	14.6	14.9	15.1	15.1	15.2	15.5	Hungary
9.8	10.4	10.9	11.4	12.2	13.1	13.9	14.4	14.6	14.9	Poland
11.2	11.7	12.1	13.0	14.1	15.3	16.2	16.9	17.6	18.5	Republic of Moldova
12.9	13.7	14.1	14.5	15.0	15.6	16.0	16.3	16.6	17.0	Romania
13.9	14.3	14.4	14.6	15.0	15.6	16.0	15.9	15.6	15.2	Russian Federation
9.8	10.2	10.8	11.4	12.3	13.2	13.9	14.3	14.6	15.0	Slovakia
15.3	15.7	15.8	16.1	16.5	17.1	17.6	17.7	17.7	17.6	Ukraine
9.4	9.3	9.3	9.5	9.8	10.1	10.3	10.5	10.6	10.6	**NORTHERN EUROPE**
9.0	9.1	9.3	9.7	10.2	10.8	11.4	12.0	12.4	12.5	Channel Islands
9.7	9.6	9.9	10.3	10.7	10.9	11.0	11.0	11.0	11.0	Denmark
11.9	12.7	13.0	13.2	13.4	13.7	14.0	14.1	14.2	14.2	Estonia
9.6	9.9	10.1	10.5	11.1	11.8	12.0	11.9	11.6	11.2	Finland
6.3	6.5	6.6	6.9	7.5	8.2	9.0	9.5	9.8	10.0	Iceland
6.4	6.6	6.8	7.2	7.7	8.3	8.7	9.2	9.6	10.0	Ireland
14.5	15.4	15.6	15.6	15.6	15.7	15.9	16.0	15.9	15.6	Latvia
15.2	16.2	15.9	15.5	15.3	15.4	15.7	15.8	15.5	15.0	Lithuania
8.4	7.9	7.8	7.9	8.4	8.9	9.3	9.5	9.6	9.7	Norway
9.4	9.0	8.9	9.1	9.6	9.9	9.9	9.7	9.6	9.6	Sweden
9.2	9.1	9.1	9.2	9.5	9.7	10.0	10.3	10.4	10.6	United Kingdom
9.7	10.2	10.6	11.0	11.4	11.9	12.6	13.2	13.8	14.4	**SOUTHERN EUROPE**
7.2	7.7	8.2	8.7	9.3	10.1	10.9	11.6	11.9	12.1	Albania
10.3	11.1	11.8	12.5	13.3	14.4	15.3	16.0	16.4	16.7	Bosnia and Herzegovina
12.4	12.8	13.0	13.2	13.4	13.8	14.2	14.5	14.6	14.7	Croatia
10.5	11.3	11.5	11.7	11.9	12.3	12.9	13.5	14.3	15.0	Greece
9.7	10.2	10.7	11.1	11.5	12.0	12.6	13.2	13.7	14.2	Italy
8.8	9.3	9.9	10.6	11.2	11.7	12.0	12.2	12.4	12.7	Malta
9.9	10.3	10.8	11.2	11.8	12.5	13.0	13.3	13.4	13.5	Montenegro
10.3	10.7	11.0	11.4	11.9	12.4	13.0	13.6	14.2	14.7	Portugal
12.7	13.1	13.4	13.7	14.1	14.4	14.5	14.4	14.5	14.7	Serbia
9.4	10.0	10.4	10.8	11.4	12.2	13.0	13.7	14.0	14.1	Slovenia
8.8	9.1	9.5	9.9	10.3	11.0	11.8	12.7	13.6	14.5	Spain
9.2	9.7	10.2	10.8	11.4	12.1	12.8	13.3	13.6	14.0	TFYR Macedonia
9.7	10.0	10.2	10.4	10.7	11.2	11.7	12.2	12.5	12.5	**WESTERN EUROPE**
9.4	9.5	9.6	9.9	10.3	10.8	11.3	12.0	12.7	13.0	Austria
9.8	9.7	9.6	9.6	9.8	10.2	10.7	11.1	11.3	11.3	Belgium
8.9	9.1	9.2	9.4	9.6	10.1	10.5	10.8	10.8	10.7	France
10.8	11.3	11.6	12.0	12.2	12.6	13.2	14.1	14.6	14.7	Germany
7.4	7.1	7.0	7.0	7.2	7.5	7.9	8.3	8.7	8.9	Luxembourg
8.4	8.8	9.2	9.7	10.4	11.1	11.7	12.1	12.3	12.2	Netherlands
8.1	8.0	8.2	8.5	8.9	9.4	9.9	10.4	10.8	11.1	Switzerland
5.9	6.0	6.2	6.5	6.8	7.3	7.8	8.3	8.9	9.4	**LATIN AMERICA AND THE CARIBBEAN**
7.6	7.7	7.9	8.2	8.6	9.1	9.6	10.2	10.8	11.4	**CARIBBEAN**
6.2	6.1	6.1	6.4	6.9	7.5	8.4	9.2	9.8	10.1	Antigua and Barbuda
8.3	9.1	10.0	11.0	12.0	13.0	13.8	14.3	14.3	13.8	Aruba
6.0	6.5	6.9	7.5	8.0	8.7	9.3	9.9	10.3	10.5	Bahamas
10.5	10.9	11.4	12.0	12.7	13.4	13.9	14.2	14.1	13.8	Barbados
7.7	8.2	8.8	9.5	10.3	11.2	12.2	13.4	14.6	15.5	Cuba
8.2	8.6	9.1	9.6	10.1	10.6	11.0	11.2	11.2	11.0	Curaçao
6.0	6.2	6.4	6.6	7.0	7.3	7.8	8.3	8.7	9.2	Dominican Republic
7.2	7.1	7.1	7.3	7.7	8.3	9.0	9.6	10.3	11.1	Grenada
7.1	7.2	7.6	8.2	8.8	9.5	10.2	10.9	11.6	12.0	Guadeloupe
8.9	8.5	8.2	8.0	8.0	8.2	8.4	8.8	9.3	9.8	Haiti
6.8	7.1	7.3	7.6	8.1	8.8	9.5	10.3	11.1	11.7	Jamaica
8.0	9.0	9.6	10.2	11.0	11.9	12.9	13.9	14.4	14.2	Martinique

表A. 27. 主要地域、地域および国別、粗死亡率：推計および中位予測値（続）

推計値:1960-2015

主要地域、地域および国	粗死亡率（人口千人あたり）									
	1960-1965	1965-1970	1970-1975	1975-1980	1980-1985	1985-1990	1990-1995	1995-2000	2000-2005	2005-2010
Puerto Rico	6.8	6.5	6.3	5.7	6.5	6.8	7.9	8.0	8.0	8.1
Saint Lucia	12.0	10.1	8.5	7.3	6.2	6.0	7.0	7.4	7.2	6.5
Saint Vincent and the Grenadines	11.9	9.4	8.3	8.0	7.1	6.7	6.7	7.1	7.5	7.3
Trinidad and Tobago	8.3	7.4	7.5	7.5	7.7	7.6	7.6	7.8	8.3	8.9
United States Virgin Islands	9.1	7.3	5.8	5.1	5.2	5.2	5.3	5.5	6.1	6.9
CENTRAL AMERICA	12.6	11.2	9.9	8.3	7.1	6.2	5.5	5.1	4.8	4.8
Belize	10.4	8.9	7.9	7.2	6.1	5.4	5.6	6.1	5.7	4.9
Costa Rica	9.1	7.4	6.0	5.1	4.4	4.1	4.0	4.0	4.1	4.4
El Salvador	15.9	14.0	12.5	12.0	11.2	9.1	7.4	7.0	6.8	6.7
Guatemala	18.0	15.8	13.5	12.2	10.9	9.3	7.9	6.8	5.9	5.6
Honduras	18.3	16.0	13.7	11.4	9.2	7.3	6.3	5.6	5.3	5.1
Mexico	11.5	10.4	9.2	7.5	6.3	5.7	5.2	4.7	4.6	4.6
Nicaragua	17.0	14.4	12.6	11.3	10.2	8.5	6.5	5.6	5.1	4.9
Panama	9.2	8.1	7.0	5.9	5.4	5.1	4.9	4.8	4.8	4.9
SOUTH AMERICA	12.3	10.9	9.6	8.9	8.1	7.4	6.9	6.3	6.0	6.0
Argentina	8.8	9.1	9.0	8.9	8.5	8.4	8.1	7.8	7.8	7.7
Bolivia	22.7	20.7	18.8	17.0	15.2	13.6	12.1	10.7	9.4	8.4
Brazil	12.6	10.8	9.5	9.0	8.3	7.5	6.9	6.2	5.9	5.9
Chile	11.6	10.2	8.8	7.8	7.1	6.4	5.9	5.5	5.2	5.1
Colombia	11.4	10.0	8.7	7.6	6.5	6.2	6.1	5.7	5.6	5.6
Ecuador	14.5	13.0	11.4	9.5	8.0	6.7	5.8	5.4	5.2	5.2
French Guiana	12.4	9.4	8.2	7.5	6.2	5.2	4.5	4.0	3.5	3.2
Guyana	9.3	8.9	8.7	8.6	8.7	9.1	8.6	8.4	7.8	7.7
Paraguay	7.9	7.6	7.0	6.9	6.8	6.6	6.2	6.0	5.6	5.6
Peru	17.6	15.7	12.7	10.9	9.1	7.8	6.9	6.1	5.6	5.5
Suriname	10.6	9.0	8.3	7.4	7.3	7.3	7.2	7.2	7.6	7.3
Uruguay	9.5	9.6	10.0	10.1	9.8	9.9	9.7	9.4	9.4	9.2
Venezuela (Bolivarian Republic of)	9.3	7.7	6.4	5.8	5.5	5.3	5.2	5.0	5.0	5.2
NORTHERN AMERICA	9.3	9.4	9.2	8.6	8.6	8.7	8.6	8.5	8.4	8.1
Canada	7.7	7.4	7.3	7.1	7.0	7.1	7.1	7.3	7.2	7.3
United States of America	9.5	9.6	9.4	8.8	8.8	8.9	8.7	8.6	8.5	8.2
OCEANIA	10.6	10.0	9.4	8.6	8.0	8.0	7.6	7.4	7.1	6.8
AUSTRALIA/NEW ZEALAND	8.6	8.6	8.3	7.8	7.4	7.4	7.1	7.1	6.8	6.7
Australia	8.6	8.7	8.3	7.7	7.3	7.3	7.1	7.0	6.8	6.6
New Zealand	8.7	8.4	8.3	8.1	8.1	8.3	7.6	7.5	7.1	6.9
MELANESIA	19.9	16.5	14.5	12.3	10.4	10.1	9.4	8.8	8.2	7.6
Fiji	10.5	8.9	8.1	7.5	6.9	6.5	6.2	6.0	6.2	6.5
New Caledonia	10.9	9.6	8.3	7.2	6.6	6.1	5.8	5.5	5.6	5.9
Papua New Guinea	22.6	18.7	16.2	13.6	11.2	10.9	10.1	9.5	8.7	7.9
Solomon Islands	15.0	13.8	12.8	11.1	10.3	11.6	10.0	8.4	7.0	6.3
Vanuatu	17.0	14.5	12.8	11.0	9.5	8.6	7.7	6.8	5.7	5.1
MICRONESIA	11.0	9.5	8.4	7.9	7.4	6.7	6.1	5.6	5.3	5.4
Guam	7.5	6.2	5.3	5.0	4.8	4.7	4.7	4.5	4.6	4.7
Kiribati	16.1	13.7	11.8	11.7	11.6	10.4	9.1	8.0	7.3	7.2
Micronesia (Fed. States of)	10.9	9.6	8.8	7.7	7.2	6.7	6.4	6.3	6.4	6.3
POLYNESIA	11.2	9.7	8.6	7.9	7.0	6.4	6.1	5.7	5.5	5.4
French Polynesia	10.5	9.2	8.2	7.4	6.1	5.6	5.4	4.9	4.8	4.8
Samoa	13.6	11.8	10.5	9.4	8.5	7.7	6.9	6.3	5.9	5.7
Tonga	8.5	7.2	6.2	6.1	6.0	5.8	6.1	6.2	6.3	6.2

表A. 27.　主要地域、地域および国別、粗死亡率：推計および中位予測値（続）

2015-2060：中位予測値

粗死亡率（人口千人あたり）										主要地域、地域および国
2010-2015	2015-2020	2020-2025	2025-2030	2030-2035	2035-2040	2040-2045	2045-2050	2050-2055	2055-2060	
7.9	8.0	8.2	8.6	9.1	9.8	10.4	11.1	11.8	12.4	Puerto Rico
7.2	7.3	7.6	7.9	8.4	9.0	9.7	10.4	11.1	11.7	Saint Lucia
7.0	7.4	7.8	8.5	9.3	10.2	11.0	11.8	12.4	13.0	Saint Vincent and the Grenadines
9.2	9.8	10.6	11.5	12.3	13.1	13.8	14.4	14.8	15.3	Trinidad and Tobago
7.4	8.1	8.9	9.8	10.8	11.7	12.3	12.7	12.7	12.6	United States Virgin Islands
4.9	5.0	5.1	5.4	5.7	6.1	6.5	7.0	7.6	8.3	**CENTRAL AMERICA**
5.6	5.5	5.5	5.7	6.1	6.6	7.0	7.6	8.1	8.6	Belize
4.7	5.0	5.4	5.9	6.5	7.1	7.9	8.7	9.5	10.2	Costa Rica
6.7	7.0	7.2	7.4	7.6	7.9	8.4	8.9	9.5	10.1	El Salvador
5.4	5.3	5.2	5.1	5.1	5.2	5.3	5.6	5.9	6.2	Guatemala
5.0	5.0	5.1	5.3	5.5	5.8	6.3	6.8	7.3	8.0	Honduras
4.8	4.9	5.1	5.3	5.7	6.1	6.6	7.2	7.8	8.5	Mexico
4.8	4.8	4.9	5.0	5.3	5.7	6.1	6.7	7.3	8.0	Nicaragua
5.0	5.1	5.3	5.6	5.9	6.3	6.8	7.2	7.7	8.3	Panama
6.1	6.3	6.5	6.8	7.2	7.7	8.2	8.7	9.2	9.8	**SOUTH AMERICA**
7.6	7.5	7.5	7.5	7.6	7.7	7.9	8.1	8.3	8.6	Argentina
7.6	7.3	7.1	6.9	6.9	6.9	7.1	7.3	7.6	7.9	Bolivia
6.1	6.3	6.6	7.0	7.5	8.0	8.7	9.3	10.0	10.7	Brazil
5.1	5.2	5.5	5.9	6.4	7.1	7.8	8.5	9.3	9.9	Chile
5.8	6.1	6.5	7.0	7.7	8.4	9.1	9.8	10.5	11.1	Colombia
5.2	5.1	5.2	5.4	5.6	5.9	6.3	6.6	7.1	7.5	Ecuador
3.2	3.0	3.0	3.2	3.4	3.7	4.1	4.4	4.7	4.9	French Guiana
8.0	8.5	9.2	9.8	10.5	11.2	11.7	11.9	11.8	11.8	Guyana
5.6	5.8	6.1	6.4	6.7	7.1	7.5	7.9	8.3	8.8	Paraguay
5.6	5.6	5.7	5.8	6.0	6.3	6.7	7.2	7.6	8.2	Peru
7.3	7.6	8.0	8.4	8.9	9.4	10.0	10.6	11.0	11.2	Suriname
9.3	9.4	9.4	9.4	9.5	9.6	9.8	10.1	10.4	10.7	Uruguay
5.5	5.7	5.9	6.2	6.6	7.1	7.5	7.9	8.4	8.8	Venezuela (Bolivarian Republic of)
8.1	8.3	8.6	8.9	9.4	9.8	10.2	10.4	10.4	10.2	**NORTHERN AMERICA**
7.3	7.5	7.7	8.2	8.8	9.5	10.2	10.6	10.8	10.7	Canada
8.2	8.4	8.6	9.0	9.4	9.9	10.2	10.4	10.4	10.2	United States of America
6.9	6.8	6.9	7.1	7.5	7.8	8.2	8.4	8.6	8.6	**OCEANIA**
6.7	6.7	6.8	7.0	7.5	7.9	8.3	8.5	8.7	8.7	**AUSTRALIA/NEW ZEALAND**
6.7	6.7	6.7	7.0	7.4	7.8	8.2	8.3	8.5	8.5	Australia
6.8	6.9	7.1	7.4	8.0	8.7	9.2	9.6	9.9	9.9	New Zealand
7.4	7.3	7.3	7.4	7.5	7.7	7.9	8.1	8.3	8.6	**MELANESIA**
6.8	7.2	7.8	8.3	8.8	9.3	9.7	10.1	10.4	10.7	Fiji
6.9	6.9	6.9	7.1	7.2	7.5	7.8	8.2	8.5	8.8	New Caledonia
7.7	7.6	7.6	7.6	7.7	7.8	8.0	8.2	8.4	8.7	Papua New Guinea
5.9	5.5	5.4	5.3	5.4	5.5	5.7	6.0	6.3	6.5	Solomon Islands
4.8	4.7	4.7	4.8	4.9	5.0	5.2	5.4	5.7	6.0	Vanuatu
5.5	5.6	5.9	6.3	6.7	7.1	7.5	7.9	8.2	8.5	**MICRONESIA**
4.8	4.9	5.1	5.4	5.8	6.3	6.9	7.4	7.8	8.1	Guam
7.1	6.9	6.8	6.9	7.0	7.3	7.5	7.7	7.7	7.8	Kiribati
6.2	6.1	6.2	6.4	6.5	6.6	6.6	6.7	7.0	7.6	Micronesia (Fed. States of)
5.6	5.7	5.9	6.1	6.4	6.8	7.2	7.5	7.9	8.1	**POLYNESIA**
5.5	5.8	6.2	6.6	7.1	7.7	8.4	9.0	9.7	10.2	French Polynesia
5.4	5.3	5.3	5.4	5.5	5.6	5.7	5.9	6.0	6.1	Samoa
6.1	5.9	5.8	5.7	5.8	5.9	6.0	6.2	6.3	6.5	Tonga

表A. 28. 主要地域、地域および国別、粗死亡率：推計および高位予測値、1960-2060年

推計値：1960-2015

主要地域、地域および国	粗死亡率（人口千人あたり）									
	1960-1965	1965-1970	1970-1975	1975-1980	1980-1985	1985-1990	1990-1995	1995-2000	2000-2005	2005-2010
WORLD	16.2	13.5	12.0	10.8	10.1	9.5	9.1	8.7	8.4	8.0
More developed regions	9.4	9.5	9.6	9.6	9.7	9.7	10.0	10.3	10.3	10.1
Less developed regions	19.1	15.1	12.9	11.2	10.2	9.4	8.8	8.4	7.9	7.6
Least developed countries	23.3	21.3	20.4	19.1	17.0	15.4	14.6	13.0	11.5	9.8
Less developed regions, excluding least developed countries	18.5	14.3	11.9	10.1	9.2	8.6	8.0	7.6	7.4	7.2
Less developed regions, excluding China	18.4	16.2	14.5	12.9	11.6	10.6	9.7	9.1	8.5	8.0
High-income countries	9.6	9.5	9.4	9.2	9.2	9.1	9.2	9.3	9.2	9.0
Middle-income countries	18.6	14.6	12.3	10.6	9.7	9.0	8.4	8.0	7.7	7.5
Upper-middle-income countries	18.4	12.7	9.8	8.0	7.4	7.1	6.8	6.6	6.5	6.6
Lower-middle-income countries	18.9	16.7	15.1	13.2	12.0	11.0	10.0	9.3	8.7	8.2
Low-income countries	24.1	22.2	20.6	20.3	18.0	16.7	16.3	15.0	13.2	11.0
Sub-Saharan Africa	23.4	21.7	20.0	18.5	17.2	16.4	16.2	15.6	14.6	12.5
AFRICA	22.3	20.4	18.8	17.2	15.8	14.7	14.4	13.7	13.0	11.3
EASTERN AFRICA	22.4	20.6	19.2	18.0	17.4	16.6	17.1	15.4	13.6	10.9
Burundi	22.5	21.1	20.5	19.2	18.2	17.4	18.2	14.9	13.8	12.9
Comoros	22.5	20.4	18.3	16.8	14.6	12.4	10.6	9.6	9.3	8.6
Djibouti	17.4	16.2	14.0	12.1	11.8	10.5	10.8	10.4	10.2	9.6
Eritrea	24.5	22.7	20.7	19.2	18.2	16.2	13.8	10.4	8.9	8.2
Ethiopia	23.5	21.8	20.9	20.8	21.5	19.0	17.3	15.2	12.7	9.6
Kenya	18.8	16.5	14.4	12.5	10.7	10.0	10.4	12.7	13.0	10.6
Madagascar	23.8	21.7	19.8	18.0	16.0	15.9	14.1	11.4	9.2	7.9
Malawi	26.4	25.7	23.7	21.9	20.3	20.5	20.1	18.7	17.0	12.5
Mauritius	8.6	7.3	6.8	6.2	5.9	6.3	6.1	6.6	6.7	7.1
Mayotte	14.1	11.1	8.9	7.1	5.6	4.5	3.7	3.2	2.9	2.7
Mozambique	27.5	25.6	23.5	22.1	22.7	21.5	20.1	17.2	15.3	13.5
Réunion	11.4	8.9	7.1	6.4	6.0	5.7	5.4	5.1	5.1	5.2
Rwanda	22.2	20.5	20.3	19.6	16.6	17.6	44.9	16.4	14.4	9.4
Seychelles	10.9	9.8	8.3	7.4	7.1	7.0	7.3	7.4	7.2	7.4
Somalia	25.8	24.0	22.2	20.7	19.4	19.0	20.2	16.5	15.0	13.7
South Sudan	31.5	29.3	27.1	25.0	24.1	22.2	19.3	17.0	15.2	13.6
Uganda	19.5	17.4	16.7	16.6	16.9	18.1	19.0	18.1	14.7	11.9
United Republic of Tanzania	20.0	18.9	17.4	15.9	15.2	14.9	15.4	15.1	12.6	9.7
Zambia	19.0	17.8	16.1	15.0	15.3	17.5	19.4	19.2	16.5	12.3
Zimbabwe	15.0	13.7	12.6	11.3	9.5	8.5	10.4	16.3	19.6	16.3
MIDDLE AFRICA	24.0	22.4	20.7	19.5	18.5	17.7	17.1	17.0	15.5	13.5
Angola	31.0	28.6	26.5	24.9	24.3	23.5	23.1	21.1	17.7	15.8
Cameroon	21.6	20.2	18.4	16.6	15.2	14.4	13.7	13.7	14.0	13.2
Central African Republic	26.9	24.3	21.0	18.2	16.8	16.7	17.2	18.5	19.1	17.5
Chad	25.8	24.3	22.6	21.5	20.4	19.3	18.8	18.0	17.5	16.4
Congo	16.2	14.8	13.8	13.0	12.1	12.0	12.9	14.5	14.3	11.4
Democratic Republic of the Congo	22.3	21.2	19.7	19.1	18.1	17.4	16.5	16.9	14.8	12.3
Equatorial Guinea	26.9	25.3	23.7	22.1	20.1	19.4	17.6	15.4	13.9	12.5
Gabon	25.1	21.9	18.9	16.2	13.7	11.4	10.9	11.0	11.3	10.3
São Tomé and Príncipe	16.9	13.1	12.7	10.4	11.1	10.4	9.7	9.3	8.7	7.7
NORTHERN AFRICA	18.4	16.3	14.6	12.7	10.6	8.8	7.8	7.0	6.7	6.5
Algeria	19.4	17.4	15.8	13.3	9.2	6.8	6.1	5.3	5.0	5.1
Egypt	18.4	16.4	15.2	13.1	11.4	9.3	7.9	6.8	6.6	6.4
Libyan Arab Jamahiriya	20.0	15.2	11.4	8.5	6.5	5.6	4.8	4.8	4.8	4.8
Morocco	17.5	15.4	13.6	12.1	10.0	8.1	6.9	6.5	6.2	6.1
Sudan	16.8	15.4	14.2	13.4	12.9	12.3	11.7	11.0	10.0	8.9
Tunisia	21.7	17.7	13.4	10.3	7.8	6.9	5.8	5.5	5.7	6.0
Western Sahara	24.7	22.6	20.0	17.3	14.3	11.0	9.1	7.6	6.5	5.8
SOUTHERN AFRICA	16.4	14.9	13.3	11.8	10.0	8.7	8.0	9.9	13.9	14.3
Botswana	15.6	14.0	12.0	9.9	8.4	7.4	7.9	12.5	14.6	8.4
Lesotho	18.3	17.8	16.8	15.1	13.0	11.6	9.9	13.5	18.8	17.3
Namibia	17.4	15.4	13.8	12.1	10.5	9.3	8.7	9.7	12.1	8.9
South Africa	16.3	14.7	13.1	11.7	9.9	8.5	7.9	9.6	13.7	14.7
Swaziland	19.6	18.5	16.4	14.3	12.0	10.4	9.5	12.0	15.7	15.0
WESTERN AFRICA	25.9	24.1	22.2	20.1	18.3	17.4	16.9	16.5	15.5	13.4
Benin	27.6	24.9	22.2	20.0	18.2	15.7	13.5	12.9	11.7	10.3
Burkina Faso	27.5	25.5	23.7	21.5	18.1	17.2	16.9	16.2	14.6	11.5
Cabo Verde	19.1	15.6	13.2	11.2	9.6	8.6	7.5	6.2	5.6	5.4

表A. 28. 主要地域、地域および国別、粗死亡率：推計および高位予測値（続）

2015-2060：高位予測値

粗死亡率（人口千人あたり）										主要地域、地域および国
2010-2015	2015-2020	2020-2025	2025-2030	2030-2035	2035-2040	2040-2045	2045-2050	2050-2055	2055-2060	
7.8	7.8	7.8	7.9	8.0	8.2	8.4	8.5	8.5	8.6	**WORLD**
10.0	10.3	10.5	10.6	10.9	11.2	11.4	11.4	11.2	10.9	More developed regions
7.4	7.3	7.3	7.4	7.5	7.7	7.9	8.1	8.2	8.2	Less developed regions
8.5	7.8	7.3	6.8	6.4	6.2	6.0	5.9	5.9	5.9	Least developed countries
7.2	7.2	7.3	7.5	7.8	8.1	8.4	8.7	8.8	9.0	Less developed regions, excluding least developed countries
7.5	7.3	7.2	7.1	7.1	7.2	7.3	7.4	7.5	7.5	Less developed regions, excluding China
9.0	9.2	9.4	9.5	9.8	10.1	10.4	10.5	10.5	10.3	High-income countries
7.4	7.4	7.5	7.6	7.8	8.1	8.4	8.6	8.8	8.9	Middle-income countries
6.9	7.1	7.4	7.8	8.3	8.9	9.4	9.9	10.2	10.4	Upper-middle-income countries
7.8	7.6	7.5	7.4	7.5	7.6	7.7	7.8	7.9	8.0	Lower-middle-income countries
9.3	8.3	7.6	7.0	6.4	6.0	5.7	5.6	5.5	5.4	Low-income countries
10.6	9.6	8.8	8.0	7.4	6.9	6.5	6.2	6.0	5.9	**Sub-Saharan Africa**
9.8	9.0	8.3	7.7	7.2	6.7	6.4	6.2	6.1	6.0	**AFRICA**
8.9	7.7	7.0	6.4	5.9	5.5	5.3	5.1	5.1	5.1	**EASTERN AFRICA**
11.7	10.6	9.5	8.5	7.7	7.1	6.6	6.1	5.8	5.6	Burundi
7.7	7.2	6.7	6.4	6.2	6.1	6.1	6.0	6.1	6.1	Comoros
8.7	8.6	8.5	8.5	8.6	8.7	9.0	9.3	9.7	10.0	Djibouti
6.9	6.1	5.5	5.1	4.8	4.7	4.7	4.9	5.1	5.3	Eritrea
7.8	6.8	6.1	5.6	5.2	4.9	4.9	5.0	5.1	5.3	Ethiopia
8.7	7.6	7.2	6.7	6.3	6.0	5.7	5.6	5.6	5.6	Kenya
6.9	6.2	5.6	5.1	4.8	4.6	4.5	4.5	4.5	4.5	Madagascar
8.6	6.9	6.1	5.4	4.9	4.4	4.2	4.0	4.0	4.1	Malawi
7.3	8.0	8.6	9.2	9.9	10.6	11.2	11.6	11.7	11.6	Mauritius
2.5	2.4	2.4	2.4	2.4	2.5	2.7	2.9	3.1	3.3	Mayotte
11.8	10.9	9.9	8.8	7.8	6.9	6.3	5.8	5.5	5.4	Mozambique
5.5	5.8	6.1	6.5	7.0	7.6	8.2	8.9	9.3	9.5	Réunion
7.5	6.4	5.8	5.5	5.2	5.1	5.1	5.2	5.3	5.6	Rwanda
7.6	7.7	7.8	8.1	8.6	9.2	9.9	10.4	10.7	10.7	Seychelles
12.4	11.4	10.4	9.4	8.5	7.7	7.1	6.6	6.2	5.9	Somalia
12.0	11.0	10.0	9.1	8.3	7.8	7.4	7.2	7.0	6.9	South Sudan
10.2	8.6	7.8	7.1	6.4	5.9	5.6	5.4	5.2	5.1	Uganda
7.3	6.4	5.7	5.2	4.8	4.6	4.4	4.2	4.2	4.2	United Republic of Tanzania
9.7	8.0	7.2	6.4	5.7	5.2	4.8	4.6	4.6	4.6	Zambia
11.1	7.9	7.1	6.5	6.0	5.7	5.6	5.6	5.8	6.1	Zimbabwe
11.9	10.8	9.8	8.8	7.9	7.2	6.7	6.3	6.0	5.7	**MIDDLE AFRICA**
14.2	12.9	11.7	10.5	9.4	8.5	7.7	7.1	6.6	6.2	Angola
11.9	10.7	9.7	8.6	7.7	7.1	6.6	6.3	6.1	6.0	Cameroon
15.2	13.2	11.8	10.4	9.1	8.2	7.5	7.0	6.8	6.7	Central African Republic
14.5	13.4	12.4	11.3	10.4	9.5	8.8	8.2	7.7	7.3	Chad
9.0	7.9	7.0	6.4	5.9	5.5	5.2	5.0	5.0	5.0	Congo
10.7	9.7	8.8	7.9	7.1	6.5	6.0	5.7	5.4	5.2	Democratic Republic of the Congo
11.0	10.4	9.7	9.0	8.4	7.8	7.4	6.9	6.4	6.1	Equatorial Guinea
9.0	7.9	7.2	6.6	6.1	5.9	5.8	5.8	5.9	6.1	Gabon
7.1	6.6	6.2	5.9	5.9	5.9	6.1	6.2	6.4	6.5	São Tomé and Príncipe
6.3	6.1	5.9	5.9	6.0	6.2	6.3	6.5	6.6	6.8	**NORTHERN AFRICA**
5.1	5.1	5.1	5.2	5.4	5.7	6.0	6.4	6.7	7.0	Algeria
6.2	5.9	5.7	5.7	5.7	5.8	5.9	5.9	6.0	6.2	Egypt
5.3	5.4	5.6	5.9	6.3	6.9	7.6	8.2	8.8	9.2	Libyan Arab Jamahiriya
5.7	5.7	5.7	5.9	6.2	6.6	7.1	7.4	7.7	7.9	Morocco
7.9	7.6	7.2	6.9	6.7	6.5	6.4	6.4	6.4	6.5	Sudan
6.6	6.6	6.6	6.9	7.3	7.9	8.5	8.9	9.2	9.4	Tunisia
5.6	5.6	5.8	6.2	6.7	7.3	7.9	8.4	8.8	9.0	Western Sahara
12.2	12.4	12.0	11.5	10.9	10.4	9.9	9.6	9.4	9.4	**SOUTHERN AFRICA**
7.5	7.7	7.4	7.3	7.3	7.4	7.5	7.8	8.1	8.4	Botswana
14.9	14.7	13.7	12.5	11.2	9.9	8.8	8.0	7.8	7.9	Lesotho
7.3	7.1	6.8	6.6	6.4	6.4	6.3	6.3	6.3	6.4	Namibia
12.5	12.7	12.4	11.8	11.3	10.8	10.3	10.0	9.8	9.8	South Africa
14.1	14.9	14.3	13.2	12.0	10.9	9.9	9.1	8.6	8.4	Swaziland
11.8	10.8	9.9	9.1	8.4	7.8	7.3	6.9	6.6	6.4	**WESTERN AFRICA**
9.6	9.1	8.6	8.2	7.9	7.7	7.5	7.5	7.4	7.4	Benin
10.0	9.0	8.1	7.4	6.8	6.3	6.1	5.9	5.8	5.7	Burkina Faso
5.5	5.1	4.7	4.4	4.5	4.9	5.3	5.9	6.3	6.7	Cabo Verde

表A. 28. 主要地域、地域および国別、粗死亡率：推計および高位予測値（続）

推計値：1960-2015

主要地域、地域および国	粗死亡率（人口千人あたり）									
	1960-1965	1965-1970	1970-1975	1975-1980	1980-1985	1985-1990	1990-1995	1995-2000	2000-2005	2005-2010
Côte d'Ivoire	26.0	23.0	19.3	16.6	14.6	13.7	14.2	16.5	17.1	15.2
Gambia	30.9	28.0	24.3	20.8	17.6	15.1	13.9	12.7	11.0	9.7
Ghana	17.8	16.6	15.5	14.3	13.2	11.7	10.3	10.6	10.5	9.6
Guinea	28.7	27.5	26.3	24.3	21.9	18.5	16.1	15.4	15.0	12.7
Guinea-Bissau	24.3	22.8	21.7	20.7	19.6	18.4	16.8	15.5	14.6	13.6
Liberia	28.2	25.7	23.2	20.3	18.6	18.3	17.6	14.4	13.9	10.3
Mali	36.3	33.6	30.1	26.9	23.6	20.9	19.4	18.5	16.6	13.1
Mauritania	19.0	17.0	15.5	13.9	12.0	10.9	10.3	9.7	9.4	8.9
Niger	28.3	27.9	27.4	26.4	24.3	23.4	21.4	18.3	15.3	12.7
Nigeria	25.1	23.4	21.8	20.1	18.6	18.5	18.3	17.9	17.0	14.8
Senegal	25.6	25.6	23.3	18.8	15.3	12.2	11.1	11.2	10.1	8.3
Sierra Leone	32.6	30.9	26.9	24.5	23.5	25.0	27.6	26.3	21.5	17.5
Togo	22.7	20.1	17.8	15.7	13.9	12.5	11.9	12.7	12.4	11.2
ASIA	18.8	14.4	12.0	10.2	9.3	8.6	8.0	7.5	7.1	7.0
EASTERN ASIA	18.8	12.1	8.8	7.0	6.5	6.6	6.5	6.6	6.4	6.7
China	21.0	13.0	9.3	7.2	6.6	6.7	6.6	6.5	6.2	6.5
China, Hong Kong SAR	5.4	4.9	4.5	4.7	4.8	5.3	5.4	5.3	5.5	5.9
China, Macao SAR	8.5	6.8	6.6	6.9	7.2	6.0	5.2	4.9	4.9	4.7
Dem. People's Republic of Korea	13.8	10.9	8.3	6.6	6.3	6.1	5.8	9.4	8.4	9.0
Japan	7.4	6.9	6.6	6.2	6.3	6.4	7.0	7.5	7.9	8.9
Mongolia	18.6	16.1	14.0	13.1	12.4	10.8	9.4	8.3	7.2	6.9
Republic of Korea	13.0	9.9	7.8	7.0	6.4	5.7	5.5	5.4	5.2	5.2
Other non-specified areas	6.6	5.6	4.8	4.6	4.8	5.0	5.4	5.8	5.9	6.3
SOUTH-CENTRAL ASIA	20.5	17.9	16.0	13.9	12.6	11.3	9.9	8.8	8.1	7.6
CENTRAL ASIA	12.4	10.6	9.7	9.1	8.7	8.2	8.5	8.5	8.0	7.9
Kazakhstan	11.6	9.8	9.0	8.8	8.6	8.2	9.5	11.7	10.8	10.5
Kyrgyzstan	14.2	11.8	10.5	9.8	9.4	8.6	8.3	7.9	7.6	7.9
Tajikistan	14.2	12.7	11.5	10.5	10.2	9.8	9.7	8.5	7.1	6.1
Turkmenistan	15.0	12.5	11.2	10.2	9.5	9.0	8.6	7.8	7.7	7.8
Uzbekistan	12.2	10.3	9.4	8.8	8.1	7.6	7.4	6.8	6.7	6.9
SOUTHERN ASIA	20.8	18.2	16.3	14.1	12.8	11.4	9.9	8.8	8.1	7.6
Afghanistan	31.2	28.8	26.4	23.7	20.7	17.2	14.3	12.8	11.5	9.9
Bangladesh	19.2	17.5	19.8	15.2	13.5	11.3	9.3	7.5	6.5	5.9
Bhutan	30.2	28.0	24.3	20.5	17.4	14.8	12.1	9.9	7.8	6.7
India	21.1	18.5	16.1	14.0	12.7	11.6	10.2	9.1	8.4	7.9
Iran (Islamic Republic of)	20.3	17.3	14.3	11.7	13.6	9.1	6.0	5.3	5.1	5.2
Maldives	26.8	23.3	19.1	15.1	12.4	10.1	7.5	5.5	4.2	3.6
Nepal	26.5	23.9	21.5	19.3	16.9	14.3	11.6	9.4	7.8	7.0
Pakistan	19.1	16.3	14.3	13.1	12.2	11.3	10.2	9.2	8.4	8.0
Sri Lanka	11.0	8.7	7.3	6.7	6.1	6.5	6.6	7.7	6.1	6.4
SOUTH-EASTERN ASIA	14.7	12.7	11.7	10.7	8.8	7.8	7.2	6.9	6.9	6.8
Brunei Darussalam	8.3	6.7	6.0	5.5	4.3	4.0	3.5	3.2	2.8	3.0
Cambodia	21.5	21.0	24.1	61.6	19.8	14.1	12.1	10.6	8.3	6.9
Indonesia	16.8	14.4	12.2	10.5	9.2	8.3	7.6	7.2	7.4	7.2
Lao People's Democratic Republic	19.7	18.8	17.8	17.0	16.1	14.5	12.8	10.7	9.0	7.9
Malaysia	9.5	7.7	6.7	6.0	5.5	5.0	4.7	4.5	4.4	4.6
Myanmar	20.5	16.3	14.7	13.3	12.0	10.7	9.8	9.3	8.9	8.6
Philippines	10.6	9.4	8.5	8.4	7.8	6.9	6.4	6.2	6.1	6.1
Singapore	5.6	5.5	5.3	5.1	4.8	4.6	4.2	4.6	4.5	4.5
Thailand	12.3	10.9	9.2	7.8	6.8	5.6	6.1	6.7	7.0	7.2
Timor-Leste	28.0	25.1	22.1	30.0	21.8	17.1	14.6	11.6	8.2	6.5
Viet Nam	11.2	10.1	12.5	7.8	7.2	6.6	6.1	5.6	5.5	5.6
WESTERN ASIA	17.1	14.4	12.4	10.6	9.2	7.8	7.0	6.2	5.6	5.4
Armenia	8.7	6.8	6.0	6.2	6.4	7.9	8.8	8.6	8.4	8.6
Azerbaijan	12.2	9.9	8.4	8.4	8.5	8.2	8.5	7.2	6.9	6.7
Bahrain	12.2	8.6	6.4	4.8	4.1	3.6	3.2	3.0	2.7	2.4
Cyprus	7.1	6.6	8.3	7.9	7.4	7.1	6.9	6.9	6.8	6.8
Georgia	12.2	10.5	9.7	9.1	9.4	9.3	9.8	10.0	10.1	10.9
Iraq	15.9	12.9	10.8	9.4	9.9	7.6	6.4	5.7	5.6	5.8
Israel	6.1	6.4	6.7	6.7	6.6	6.3	6.1	6.0	5.7	5.6
Jordan	14.6	11.7	9.3	7.4	6.5	5.5	4.8	4.3	4.0	3.9
Kuwait	7.9	6.5	5.5	4.4	3.6	2.8	2.6	2.7	2.7	2.7
Lebanon	9.8	8.6	7.7	7.3	7.2	7.0	6.6	5.9	5.2	4.7
Oman	20.8	17.8	14.9	11.6	8.6	6.4	4.8	3.9	3.3	3.0
Qatar	8.0	5.9	4.4	3.6	2.8	2.3	2.1	2.1	2.0	1.7

表A. 28. 主要地域、地域および国別、粗死亡率：推計および高位予測値（続）

2015-2060:高位予測値

粗死亡率（人口千人あたり）										主要地域、地域および国
2010-2015	2015-2020	2020-2025	2025-2030	2030-2035	2035-2040	2040-2045	2045-2050	2050-2055	2055-2060	
13.9	12.8	11.7	10.6	9.5	8.6	7.8	7.1	6.6	6.1	Côte d'Ivoire
9.0	8.3	7.7	7.2	6.8	6.5	6.3	6.2	6.1	6.1	Gambia
9.2	8.5	8.1	7.8	7.7	7.7	7.7	7.7	7.8	7.8	Ghana
10.4	9.3	8.3	7.4	6.6	6.0	5.6	5.3	5.1	5.0	Guinea
12.4	11.6	10.8	10.1	9.4	9.0	8.6	8.4	8.2	8.1	Guinea-Bissau
9.0	8.2	7.5	6.9	6.4	6.1	5.9	5.9	5.8	5.9	Liberia
11.0	9.4	8.0	6.8	5.9	5.1	4.6	4.3	4.1	4.0	Mali
8.1	7.8	7.6	7.4	7.3	7.3	7.3	7.3	7.3	7.3	Mauritania
9.6	8.4	7.3	6.3	5.5	4.9	4.4	4.0	3.8	3.6	Niger
13.3	12.3	11.4	10.6	9.8	9.2	8.6	8.2	7.7	7.4	Nigeria
6.6	5.6	4.9	4.3	4.0	3.8	3.7	3.7	3.7	3.7	Senegal
14.1	12.9	11.8	10.8	10.0	9.3	8.9	8.7	8.5	8.5	Sierra Leone
9.3	8.3	7.5	6.9	6.3	6.0	5.7	5.6	5.5	5.5	Togo
7.0	7.1	7.3	7.6	7.9	8.3	8.7	9.0	9.3	9.5	**ASIA**
7.2	7.6	8.1	8.7	9.5	10.3	11.0	11.6	12.0	12.3	**EASTERN ASIA**
7.0	7.4	7.8	8.4	9.2	10.1	10.8	11.4	11.9	12.2	China
6.0	6.6	7.0	7.6	8.3	9.1	10.1	10.9	11.5	11.6	China, Hong Kong SAR
4.8	4.9	5.0	5.5	6.3	7.3	8.2	8.8	9.1	9.1	China, Macao SAR
9.2	9.4	9.7	9.8	10.0	10.4	10.8	11.1	11.1	10.8	Dem. People's Republic of Korea
10.0	10.9	11.7	12.3	12.9	13.3	13.3	13.1	12.8	12.7	Japan
6.2	6.1	6.2	6.4	6.7	7.0	7.2	7.4	7.5	7.7	Mongolia
5.5	6.1	6.7	7.4	8.1	9.0	10.1	11.3	12.3	12.8	Republic of Korea
6.9	7.4	8.0	8.6	9.4	10.4	11.7	13.0	14.0	14.5	Other non-specified areas
7.1	7.0	7.0	7.0	7.1	7.3	7.6	7.8	8.1	8.3	**SOUTH-CENTRAL ASIA**
7.4	7.4	7.4	7.5	7.9	8.3	8.7	8.9	9.1	9.2	**CENTRAL ASIA**
8.9	9.0	8.8	8.9	9.1	9.4	9.6	9.6	9.4	9.2	Kazakhstan
6.4	6.3	6.2	6.3	6.6	7.1	7.5	7.6	7.6	7.7	Kyrgyzstan
5.7	5.5	5.4	5.5	5.7	5.9	6.2	6.3	6.5	6.6	Tajikistan
7.8	7.9	8.0	8.3	8.8	9.3	9.9	10.4	10.7	11.0	Turkmenistan
7.0	7.1	7.2	7.5	8.0	8.6	9.1	9.5	9.9	10.3	Uzbekistan
7.1	7.0	7.0	7.0	7.1	7.3	7.5	7.8	8.0	8.3	**SOUTHERN ASIA**
8.6	7.7	7.2	6.8	6.5	6.4	6.5	6.6	6.9	7.3	Afghanistan
5.5	5.3	5.2	5.3	5.6	6.0	6.6	7.1	7.7	8.2	Bangladesh
6.3	6.3	6.3	6.4	6.7	7.0	7.5	8.0	8.6	9.2	Bhutan
7.4	7.3	7.3	7.4	7.4	7.6	7.8	8.0	8.2	8.3	India
4.7	4.6	4.8	5.2	5.9	6.8	7.6	8.5	9.4	10.5	Iran (Islamic Republic of)
3.8	3.7	3.7	3.9	4.2	4.7	5.2	5.9	6.5	7.3	Maldives
6.5	6.3	6.1	5.9	5.9	6.0	6.1	6.3	6.6	7.1	Nepal
7.5	7.3	7.0	6.9	6.8	6.9	7.0	7.2	7.3	7.5	Pakistan
6.7	7.1	7.6	8.1	8.7	9.2	9.7	10.0	10.2	10.3	Sri Lanka
6.9	7.0	7.2	7.5	7.9	8.4	8.8	9.1	9.4	9.5	**SOUTH-EASTERN ASIA**
3.0	3.2	3.5	3.9	4.6	5.3	6.2	7.1	7.9	8.7	Brunei Darussalam
6.3	5.8	5.5	5.3	5.3	5.5	5.6	5.9	6.1	6.4	Cambodia
7.2	7.2	7.4	7.7	8.1	8.7	9.1	9.5	9.7	9.7	Indonesia
7.0	6.4	5.8	5.4	5.2	5.2	5.3	5.5	5.7	6.1	Lao People's Democratic Republic
4.8	5.2	5.5	5.8	6.2	6.6	7.1	7.4	7.8	8.1	Malaysia
8.3	8.4	8.7	9.1	9.5	9.9	10.4	10.7	11.0	11.2	Myanmar
6.7	6.8	6.9	7.0	7.2	7.4	7.6	7.7	7.8	7.9	Philippines
4.5	5.1	5.8	6.6	7.5	8.5	9.5	10.4	11.1	11.5	Singapore
7.7	8.3	9.0	9.7	10.5	11.5	12.4	13.3	13.8	14.1	Thailand
7.0	6.5	6.0	5.5	5.0	4.7	4.4	4.3	4.2	4.1	Timor-Leste
5.8	5.9	6.1	6.4	6.8	7.4	8.0	8.5	8.9	9.3	Viet Nam
5.3	5.2	5.2	5.3	5.5	5.8	6.1	6.4	6.7	7.0	**WESTERN ASIA**
9.0	9.6	9.7	9.8	10.3	11.1	11.8	12.2	12.2	12.0	Armenia
7.0	7.6	7.9	8.5	9.3	10.2	10.8	11.2	11.2	11.3	Azerbaijan
2.3	2.5	2.8	3.3	3.9	4.7	5.6	6.5	7.4	8.1	Bahrain
6.8	7.0	7.2	7.5	7.8	8.2	8.6	9.0	9.3	9.6	Cyprus
11.5	11.5	11.2	11.0	11.1	11.7	12.2	12.5	12.6	12.4	Georgia
5.3	5.0	4.7	4.6	4.5	4.5	4.6	4.7	4.8	4.8	Iraq
5.3	5.2	5.1	5.1	5.2	5.4	5.5	5.5	5.5	5.5	Israel
3.9	3.9	3.9	4.0	4.1	4.4	4.8	5.2	5.6	5.9	Jordan
2.5	2.6	2.9	3.3	3.9	4.7	5.5	6.3	7.0	7.6	Kuwait
4.6	4.5	4.8	5.2	5.4	5.8	6.3	6.8	7.4	7.8	Lebanon
2.7	2.7	2.8	3.1	3.5	4.0	4.5	5.2	5.8	6.6	Oman
1.5	1.5	1.7	2.0	2.4	2.9	3.6	4.3	5.1	5.8	Qatar

表A. 28. 主要地域、地域および国別、粗死亡率：推計および高位予測値（続）

推計値：1960-2015

主要地域、地域および国	粗死亡率（人口千人あたり）									
	1960-1965	1965-1970	1970-1975	1975-1980	1980-1985	1985-1990	1990-1995	1995-2000	2000-2005	2005-2010
Saudi Arabia	19.3	16.8	13.2	9.7	7.2	5.5	4.5	3.9	3.6	3.5
State of Palestine	16.7	14.0	11.2	8.8	6.8	5.5	4.8	4.1	3.8	3.7
Syrian Arab Republic	14.4	12.0	9.6	7.7	6.2	5.0	4.4	4.0	3.7	3.5
Turkey	18.8	16.0	14.1	12.2	10.4	8.8	7.7	6.8	6.1	5.8
United Arab Emirates	12.8	8.7	6.0	4.4	3.5	2.9	2.5	2.1	1.8	1.5
Yemen	30.2	26.4	22.8	19.0	15.1	12.3	11.1	9.8	8.6	7.8
EUROPE	9.7	9.9	10.2	10.5	10.8	10.7	11.2	11.6	11.7	11.3
EASTERN EUROPE	8.3	8.7	9.5	10.4	11.2	11.2	12.7	13.7	14.4	14.0
Belarus	9.5	8.9	9.2	9.8	10.7	10.4	12.3	14.6	15.4	15.1
Bulgaria	8.2	8.8	9.7	10.6	11.3	12.1	13.0	14.4	14.5	15.0
Czech Republic	10.5	11.5	12.6	12.6	13.0	12.6	11.9	11.0	10.7	10.3
Hungary	10.2	10.9	11.7	12.8	13.9	13.9	14.2	13.7	13.2	13.2
Poland	7.7	7.7	8.4	9.1	9.6	10.1	10.3	9.9	9.6	10.0
Republic of Moldova	11.0	9.7	9.6	10.2	11.2	10.2	10.8	11.7	11.7	12.2
Romania	8.4	9.8	9.4	9.7	10.2	10.8	11.4	12.3	12.1	12.5
Russian Federation	8.1	8.4	9.4	10.4	11.3	11.1	13.3	14.6	16.0	14.9
Slovakia	7.8	8.6	9.4	9.8	10.2	10.2	10.1	9.8	9.7	10.0
Ukraine	8.1	8.4	9.4	10.7	12.0	11.7	13.7	15.2	15.9	16.3
NORTHERN EUROPE	11.1	11.1	11.3	11.4	11.4	11.3	11.2	10.9	10.3	9.6
Channel Islands	12.3	12.0	11.9	11.7	11.3	11.0	10.5	10.1	9.4	8.9
Denmark	9.8	10.0	10.1	10.4	11.1	11.5	11.8	11.4	10.8	10.1
Estonia	10.7	10.7	11.2	12.1	12.3	12.1	13.9	13.8	13.3	12.8
Finland	9.4	9.8	9.7	9.4	9.4	9.9	9.9	9.7	9.5	9.3
Iceland	6.9	7.1	7.1	6.5	6.9	6.9	6.8	6.9	6.3	6.4
Ireland	11.8	11.4	10.9	10.1	9.3	9.0	8.6	8.4	7.4	6.4
Latvia	10.3	10.6	11.4	12.5	12.8	12.4	14.5	14.4	14.2	15.0
Lithuania	8.3	8.4	9.1	10.0	10.5	10.5	11.8	12.3	12.4	14.6
Norway	9.5	9.8	10.1	10.1	10.3	10.8	10.6	10.1	9.6	8.7
Sweden	10.1	10.3	10.4	11.0	11.1	11.2	11.0	10.7	10.4	9.9
United Kingdom	11.8	11.8	11.9	12.0	11.8	11.6	11.2	10.9	10.2	9.4
SOUTHERN EUROPE	9.7	9.5	9.4	9.3	9.1	9.1	9.4	9.6	9.6	9.5
Albania	9.8	8.5	7.5	6.5	6.2	5.8	6.3	6.2	5.6	6.5
Bosnia and Herzegovina	8.9	7.6	6.8	6.3	6.6	6.8	8.3	8.1	8.4	9.4
Croatia	10.8	10.6	10.7	11.0	11.4	11.1	11.2	10.9	11.6	11.8
Greece	9.4	9.6	10.3	10.2	10.0	9.5	9.2	9.3	9.4	9.9
Italy	9.9	10.0	9.9	9.9	9.8	9.6	9.8	9.9	9.8	9.7
Malta	8.6	8.4	8.3	8.0	7.6	7.4	7.3	7.4	7.7	8.3
Montenegro	8.9	7.8	7.0	6.8	6.8	7.1	7.4	9.3	10.0	10.3
Portugal	11.2	11.2	10.6	10.2	9.8	9.8	10.3	10.5	10.3	10.2
Serbia	10.0	9.3	9.2	9.4	9.6	9.8	10.0	10.8	11.9	12.6
Slovenia	9.8	10.3	10.3	10.2	10.7	9.8	9.8	9.6	9.5	9.2
Spain	8.8	8.6	8.6	8.2	7.8	8.2	8.7	9.0	8.9	8.4
TFYR Macedonia	9.6	8.0	7.1	7.0	7.4	7.3	7.7	7.8	8.0	8.7
WESTERN EUROPE	11.4	11.5	11.5	11.3	11.1	10.7	10.3	9.9	9.6	9.4
Austria	12.6	12.9	12.7	12.4	12.1	11.3	10.7	10.1	9.5	9.2
Belgium	12.3	12.4	12.3	12.0	11.6	11.1	10.6	10.4	10.3	9.9
France	11.3	11.1	10.8	10.4	10.2	9.7	9.3	9.2	9.0	8.7
Germany	11.9	12.3	12.4	12.4	12.2	11.8	11.3	10.7	10.3	10.3
Luxembourg	12.0	12.4	12.4	12.0	11.4	10.7	9.9	9.3	8.6	8.2
Netherlands	7.8	8.1	8.3	8.1	8.2	8.5	8.7	8.8	8.7	8.3
Switzerland	9.7	9.4	9.2	9.1	9.4	9.2	9.2	8.9	8.5	8.1
LATIN AMERICA AND THE CARIBBEAN	12.3	10.9	9.6	8.7	7.9	7.2	6.6	6.1	5.8	5.8
CARIBBEAN	11.8	10.3	9.2	8.4	8.4	8.2	8.1	7.9	7.8	7.6
Antigua and Barbuda	8.7	7.7	6.9	6.3	6.6	6.9	7.3	7.1	6.6	6.4
Aruba	6.1	5.7	5.8	6.2	6.5	7.0	7.0	6.9	7.1	7.6
Bahamas	7.7	6.6	6.3	5.9	5.7	5.5	5.5	5.7	5.5	5.8
Barbados	11.7	10.5	10.1	10.2	10.3	9.9	9.6	9.8	10.2	10.2
Cuba	8.5	7.2	6.3	5.8	6.1	6.7	7.2	7.1	7.2	7.0
Curaçao	8.0	6.8	6.4	6.0	5.8	6.0	6.6	7.5	8.2	8.2
Dominican Republic	14.5	11.8	9.7	8.3	7.5	6.6	6.0	6.0	6.0	6.0
Grenada	11.3	9.5	8.9	9.1	8.8	8.4	8.7	8.3	8.1	7.7
Guadeloupe	10.7	8.7	7.8	7.4	7.0	6.7	6.4	6.4	6.5	6.7
Haiti	21.1	18.7	17.1	16.1	15.6	13.8	12.4	11.3	10.6	9.7
Jamaica	8.5	8.1	7.2	6.4	6.5	6.8	7.1	7.2	7.2	7.0
Martinique	9.9	8.7	7.6	7.2	7.4	7.3	7.1	7.1	7.1	7.5

表A. 28. 主要地域、地域および国別、粗死亡率：推計および高位予測値（続）

2015-2060:高位予測値

粗死亡率（人口千人あたり）										主要地域、地域および国
2010-2015	2015-2020	2020-2025	2025-2030	2030-2035	2035-2040	2040-2045	2045-2050	2050-2055	2055-2060	
3.4	3.5	3.8	4.3	4.9	5.6	6.4	7.0	7.6	8.1	Saudi Arabia
3.6	3.6	3.5	3.5	3.5	3.5	3.7	3.8	4.0	4.2	State of Palestine
5.6	5.5	5.3	5.3	5.3	5.5	5.8	6.1	6.3	6.6	Syrian Arab Republic
5.7	5.8	5.9	6.0	6.2	6.6	7.0	7.5	7.9	8.3	Turkey
1.5	1.8	2.2	2.8	3.4	4.1	5.0	5.8	6.6	7.3	United Arab Emirates
7.1	6.7	6.5	6.3	6.2	6.2	6.3	6.5	6.9	7.3	Yemen
11.1	11.4	11.5	11.6	11.8	12.0	12.3	12.4	12.2	12.0	**EUROPE**
13.3	13.6	13.7	13.9	14.1	14.5	14.7	14.5	14.1	13.6	**EASTERN EUROPE**
14.2	14.5	14.4	14.3	14.4	14.8	15.0	14.7	14.1	13.4	Belarus
15.1	15.6	15.8	16.1	16.4	16.6	16.4	16.1	15.9	15.6	Bulgaria
10.1	10.6	10.9	11.3	11.8	12.2	12.2	12.1	12.0	12.1	Czech Republic
13.2	13.4	13.6	13.7	14.0	14.1	14.0	13.8	13.6	13.5	Hungary
9.8	10.3	10.7	11.1	11.7	12.4	12.9	13.2	13.1	13.0	Poland
11.2	11.7	12.0	12.6	13.4	14.4	15.0	15.3	15.5	15.8	Republic of Moldova
12.9	13.6	14.0	14.2	14.5	14.8	15.0	14.9	14.9	14.8	Romania
13.9	14.2	14.2	14.2	14.4	14.8	14.9	14.5	13.9	13.2	Russian Federation
9.8	10.2	10.6	11.1	11.8	12.5	12.9	13.1	13.0	13.1	Slovakia
15.3	15.6	15.6	15.7	15.9	16.2	16.4	16.2	15.7	15.2	Ukraine
9.4	9.3	9.2	9.2	9.4	9.5	9.6	9.6	9.5	9.4	**NORTHERN EUROPE**
9.0	9.1	9.2	9.5	9.8	10.3	10.7	11.1	11.2	11.0	Channel Islands
9.7	9.6	9.8	10.0	10.3	10.4	10.3	10.1	9.9	9.7	Denmark
11.9	12.6	12.8	12.8	12.9	13.0	13.0	13.0	12.7	12.4	Estonia
9.6	9.8	9.9	10.2	10.7	11.2	11.3	10.9	10.4	9.9	Finland
6.3	6.4	6.5	6.7	7.2	7.8	8.4	8.7	8.8	8.8	Iceland
6.4	6.5	6.7	7.0	7.4	7.8	8.2	8.5	8.7	8.9	Ireland
14.5	15.3	15.4	15.2	14.9	14.9	14.8	14.6	14.2	13.6	Latvia
15.2	16.2	15.7	15.1	14.7	14.6	14.6	14.4	13.8	13.0	Lithuania
8.4	7.9	7.7	7.7	8.1	8.5	8.7	8.7	8.7	8.6	Norway
9.4	9.0	8.8	8.9	9.2	9.4	9.2	8.9	8.7	8.5	Sweden
9.2	9.1	9.0	9.0	9.1	9.2	9.4	9.4	9.4	9.3	United Kingdom
9.7	10.2	10.5	10.7	11.0	11.4	11.8	12.2	12.5	12.7	**SOUTHERN EUROPE**
7.2	7.7	8.1	8.5	8.9	9.5	10.1	10.5	10.6	10.4	Albania
10.3	11.0	11.6	12.1	12.8	13.6	14.3	14.6	14.6	14.5	Bosnia and Herzegovina
12.4	12.7	12.8	12.8	12.9	13.1	13.3	13.2	13.1	12.9	Croatia
10.5	11.2	11.4	11.4	11.5	11.7	12.0	12.5	12.9	13.2	Greece
9.7	10.2	10.6	10.9	11.1	11.5	11.8	12.2	12.5	12.6	Italy
8.8	9.2	9.7	10.3	10.8	11.1	11.2	11.2	11.2	11.1	Malta
9.9	10.3	10.6	10.9	11.3	11.8	12.1	12.1	11.9	11.7	Montenegro
10.3	10.7	10.9	11.1	11.4	11.8	12.2	12.6	12.8	13.0	Portugal
12.7	13.1	13.2	13.3	13.5	13.6	13.4	13.2	12.9	12.8	Serbia
9.4	9.9	10.3	10.5	11.0	11.6	12.3	12.6	12.7	12.5	Slovenia
8.8	9.1	9.4	9.6	10.0	10.5	11.1	11.8	12.4	12.8	Spain
9.2	9.7	10.1	10.5	11.0	11.4	11.9	12.1	12.1	12.1	TFYR Macedonia
9.7	9.9	10.1	10.2	10.3	10.6	11.0	11.2	11.3	11.0	**WESTERN EUROPE**
9.4	9.4	9.4	9.6	9.9	10.3	10.6	11.1	11.5	11.5	Austria
9.8	9.7	9.5	9.3	9.4	9.7	10.1	10.2	10.2	10.0	Belgium
8.9	9.1	9.1	9.1	9.3	9.6	9.8	9.9	9.7	9.4	France
10.8	11.2	11.5	11.7	11.8	12.0	12.4	13.0	13.2	12.9	Germany
7.4	7.1	6.9	6.8	6.9	7.1	7.4	7.7	7.9	7.9	Luxembourg
8.4	8.7	9.1	9.5	10.0	10.5	11.0	11.2	11.1	10.8	Netherlands
8.1	8.0	8.1	8.3	8.6	9.0	9.3	9.6	9.8	9.8	Switzerland
5.9	6.0	6.2	6.3	6.6	6.9	7.2	7.6	7.9	8.2	**LATIN AMERICA AND THE CARIBBEAN**
7.6	7.7	7.9	8.0	8.3	8.6	9.0	9.3	9.7	9.9	**CARIBBEAN**
6.2	6.1	6.1	6.2	6.6	7.1	7.8	8.4	8.7	8.8	Antigua and Barbuda
8.3	9.0	9.9	10.7	11.5	12.3	12.9	13.1	12.7	12.0	Aruba
6.0	6.4	6.8	7.3	7.7	8.2	8.7	9.0	9.2	9.3	Bahamas
10.5	10.8	11.2	11.7	12.2	12.7	12.9	13.0	12.6	12.0	Barbados
7.7	8.2	8.7	9.3	9.9	10.6	11.4	12.3	13.1	13.6	Cuba
8.2	8.6	9.0	9.4	9.7	10.1	10.3	10.3	10.1	9.7	Curaçao
6.0	6.2	6.3	6.5	6.7	6.9	7.2	7.5	7.7	8.0	Dominican Republic
7.2	7.1	7.0	7.1	7.4	7.8	8.2	8.7	9.0	9.4	Grenada
7.1	7.2	7.6	8.0	8.5	9.0	9.6	10.0	10.4	10.6	Guadeloupe
8.9	8.5	8.2	8.0	7.9	7.9	8.0	8.2	8.4	8.7	Haiti
6.8	7.1	7.2	7.4	7.7	8.2	8.8	9.3	9.7	10.0	Jamaica
8.0	9.0	9.5	10.0	10.6	11.3	12.1	12.8	12.9	12.4	Martinique

表A. 28. 主要地域、地域および国別、粗死亡率：推計および高位予測値（続）

推計値：1960-2015

主要地域、地域および国	粗死亡率（人口千人あたり）									
	1960-1965	1965-1970	1970-1975	1975-1980	1980-1985	1985-1990	1990-1995	1995-2000	2000-2005	2005-2010
Puerto Rico	6.8	6.5	6.3	5.7	6.5	6.8	7.9	8.0	8.0	8.1
Saint Lucia	12.0	10.1	8.5	7.3	6.2	6.0	7.0	7.4	7.2	6.5
Saint Vincent and the Grenadines	11.9	9.4	8.3	8.0	7.1	6.7	6.7	7.1	7.5	7.3
Trinidad and Tobago	8.3	7.4	7.5	7.5	7.7	7.6	7.6	7.8	8.3	8.9
United States Virgin Islands	9.1	7.3	5.8	5.1	5.2	5.2	5.3	5.5	6.1	6.9
CENTRAL AMERICA	12.6	11.2	9.9	8.3	7.1	6.2	5.5	5.1	4.8	4.8
Belize	10.4	8.9	7.9	7.2	6.1	5.4	5.6	6.1	5.7	4.9
Costa Rica	9.1	7.4	6.0	5.1	4.4	4.1	4.0	4.0	4.1	4.4
El Salvador	15.9	14.0	12.5	12.0	11.2	9.1	7.4	7.0	6.8	6.7
Guatemala	18.0	15.8	13.5	12.2	10.9	9.3	7.9	6.8	5.9	5.6
Honduras	18.3	16.0	13.7	11.4	9.2	7.3	6.3	5.6	5.3	5.1
Mexico	11.5	10.4	9.2	7.5	6.3	5.7	5.2	4.7	4.6	4.6
Nicaragua	17.0	14.4	12.6	11.3	10.2	8.5	6.5	5.6	5.1	4.9
Panama	9.2	8.1	7.0	5.9	5.4	5.1	4.9	4.8	4.8	4.9
SOUTH AMERICA	12.3	10.9	9.6	8.9	8.1	7.4	6.9	6.3	6.0	6.0
Argentina	8.8	9.1	9.0	8.9	8.5	8.4	8.1	7.8	7.8	7.7
Bolivia	22.7	20.7	18.8	17.0	15.2	13.6	12.1	10.7	9.4	8.4
Brazil	12.6	10.8	9.5	9.0	8.3	7.5	6.9	6.2	5.9	5.9
Chile	11.6	10.2	8.8	7.8	7.1	6.4	5.9	5.5	5.2	5.1
Colombia	11.4	10.0	8.7	7.6	6.5	6.2	6.1	5.7	5.6	5.6
Ecuador	14.5	13.0	11.4	9.5	8.0	6.7	5.8	5.4	5.2	5.2
French Guiana	12.4	9.4	8.2	7.5	6.2	5.2	4.5	4.0	3.5	3.2
Guyana	9.3	8.9	8.7	8.6	8.7	9.1	8.6	8.4	7.8	7.7
Paraguay	7.9	7.6	7.0	6.9	6.8	6.6	6.2	6.0	5.6	5.6
Peru	17.6	15.7	12.7	10.9	9.1	7.8	6.9	6.1	5.6	5.5
Suriname	10.6	9.0	8.3	7.4	7.3	7.3	7.2	7.2	7.6	7.3
Uruguay	9.5	9.6	10.0	10.1	9.8	9.9	9.7	9.4	9.4	9.2
Venezuela (Bolivarian Republic of)	9.3	7.7	6.4	5.8	5.5	5.3	5.2	5.0	5.0	5.2
NORTHERN AMERICA	9.3	9.4	9.2	8.6	8.6	8.7	8.6	8.5	8.4	8.1
Canada	7.7	7.4	7.3	7.1	7.0	7.1	7.1	7.3	7.2	7.3
United States of America	9.5	9.6	9.4	8.8	8.8	8.9	8.7	8.6	8.5	8.2
OCEANIA	10.6	10.0	9.4	8.6	8.0	8.0	7.6	7.4	7.1	6.8
AUSTRALIA/NEW ZEALAND	8.6	8.6	8.3	7.8	7.4	7.4	7.1	7.1	6.8	6.7
Australia	8.6	8.7	8.3	7.7	7.3	7.3	7.1	7.0	6.8	6.6
New Zealand	8.7	8.4	8.3	8.1	8.1	8.3	7.6	7.5	7.1	6.9
MELANESIA	19.9	16.5	14.5	12.3	10.4	10.1	9.4	8.8	8.2	7.6
Fiji	10.5	8.9	8.1	7.5	6.9	6.5	6.2	6.0	6.2	6.5
New Caledonia	10.9	9.6	8.3	7.2	6.6	6.1	5.8	5.5	5.6	5.9
Papua New Guinea	22.6	18.7	16.2	13.6	11.2	10.9	10.1	9.5	8.7	7.9
Solomon Islands	15.0	13.8	12.8	11.1	10.3	11.6	10.0	8.4	7.0	6.3
Vanuatu	17.0	14.5	12.8	11.0	9.5	8.6	7.7	6.8	5.7	5.1
MICRONESIA	11.0	9.5	8.4	7.9	7.4	6.7	6.1	5.6	5.3	5.4
Guam	7.5	6.2	5.3	5.0	4.8	4.7	4.7	4.5	4.6	4.7
Kiribati	16.1	13.7	11.8	11.7	11.6	10.4	9.1	8.0	7.3	7.2
Micronesia (Fed. States of)	10.9	9.6	8.8	7.7	7.2	6.7	6.4	6.3	6.4	6.3
POLYNESIA	11.2	9.7	8.6	7.9	7.0	6.4	6.1	5.7	5.5	5.4
French Polynesia	10.5	9.2	8.2	7.4	6.1	5.6	5.4	4.9	4.8	4.8
Samoa	13.6	11.8	10.5	9.4	8.5	7.7	6.9	6.3	5.9	5.7
Tonga	8.5	7.2	6.2	6.1	6.0	5.8	6.1	6.2	6.3	6.2

表A. 28. 主要地域、地域および国別、粗死亡率：推計および高位予測値（続）

2015-2060：高位予測値

粗死亡率（人口千人あたり）										主要地域、地域および国
2010-2015	2015-2020	2020-2025	2025-2030	2030-2035	2035-2040	2040-2045	2045-2050	2050-2055	2055-2060	
7.9	8.0	8.1	8.4	8.7	9.2	9.7	10.1	10.4	10.7	Puerto Rico
7.2	7.3	7.5	7.7	8.1	8.5	9.0	9.5	9.9	10.1	Saint Lucia
7.0	7.3	7.8	8.3	8.9	9.6	10.2	10.7	11.0	11.1	Saint Vincent and the Grenadines
9.2	9.9	10.5	11.2	11.9	12.4	12.8	13.1	13.2	13.2	Trinidad and Tobago
7.4	8.1	8.8	9.6	10.4	11.1	11.5	11.5	11.3	10.9	United States Virgin Islands
4.9	5.0	5.1	5.3	5.5	5.7	6.0	6.4	6.8	7.2	**CENTRAL AMERICA**
5.6	5.5	5.4	5.6	5.8	6.2	6.5	6.9	7.2	7.5	Belize
4.7	5.0	5.4	5.8	6.2	6.7	7.3	7.9	8.4	8.9	Costa Rica
6.7	7.0	7.1	7.2	7.3	7.4	7.7	8.0	8.3	8.6	El Salvador
5.4	5.3	5.1	5.0	5.0	5.0	5.0	5.1	5.3	5.5	Guatemala
5.0	5.1	5.1	5.2	5.3	5.5	5.9	6.2	6.6	7.0	Honduras
4.8	4.9	5.0	5.2	5.4	5.7	6.1	6.5	7.0	7.4	Mexico
4.8	4.8	4.8	4.9	5.1	5.4	5.7	6.1	6.5	6.9	Nicaragua
5.0	5.1	5.3	5.5	5.7	6.0	6.3	6.6	6.9	7.2	Panama
6.1	6.3	6.4	6.6	6.9	7.2	7.6	7.9	8.2	8.5	**SOUTH AMERICA**
7.6	7.5	7.4	7.3	7.3	7.3	7.3	7.3	7.4	7.5	Argentina
7.6	7.3	7.1	6.9	6.7	6.6	6.7	6.7	6.8	7.0	Bolivia
6.1	6.3	6.5	6.8	7.2	7.6	8.0	8.5	8.8	9.2	Brazil
5.1	5.2	5.4	5.7	6.2	6.7	7.3	7.8	8.3	8.7	Chile
5.8	6.1	6.4	6.9	7.3	7.9	8.5	9.0	9.3	9.6	Colombia
5.2	5.1	5.1	5.2	5.4	5.6	5.8	6.1	6.3	6.6	Ecuador
3.2	3.0	3.0	3.1	3.3	3.6	3.8	4.1	4.3	4.4	French Guiana
8.0	8.6	9.1	9.6	10.1	10.6	10.8	10.8	10.5	10.1	Guyana
5.6	5.9	6.1	6.3	6.5	6.7	7.0	7.2	7.5	7.7	Paraguay
5.6	5.6	5.6	5.7	5.8	6.0	6.3	6.6	6.8	7.1	Peru
7.3	7.6	7.9	8.2	8.5	8.9	9.3	9.6	9.7	9.7	Suriname
9.3	9.4	9.3	9.2	9.1	9.1	9.1	9.2	9.2	9.2	Uruguay
5.5	5.7	5.9	6.1	6.3	6.7	7.0	7.2	7.4	7.6	Venezuela (Bolivarian Republic of)
8.1	8.3	8.4	8.6	9.0	9.3	9.6	9.6	9.4	9.0	**NORTHERN AMERICA**
7.3	7.5	7.6	7.9	8.4	9.0	9.5	9.8	9.8	9.5	Canada
8.2	8.4	8.5	8.7	9.0	9.3	9.6	9.6	9.3	9.0	United States of America
6.9	6.8	6.8	7.0	7.2	7.5	7.7	7.8	7.8	7.7	**OCEANIA**
6.7	6.7	6.7	6.9	7.2	7.5	7.8	7.9	7.8	7.7	**AUSTRALIA/NEW ZEALAND**
6.7	6.7	6.7	6.8	7.1	7.4	7.6	7.7	7.7	7.5	Australia
6.8	6.8	7.0	7.2	7.7	8.2	8.6	8.9	8.9	8.8	New Zealand
7.4	7.4	7.4	7.4	7.4	7.4	7.5	7.6	7.7	7.7	**MELANESIA**
6.8	7.2	7.7	8.1	8.4	8.7	8.9	9.1	9.1	9.1	Fiji
6.9	6.9	6.9	6.9	7.0	7.1	7.3	7.6	7.7	7.8	New Caledonia
7.7	7.7	7.6	7.6	7.5	7.6	7.6	7.7	7.8	7.9	Papua New Guinea
5.9	5.6	5.4	5.3	5.2	5.3	5.4	5.6	5.7	5.8	Solomon Islands
4.8	4.7	4.7	4.7	4.7	4.8	4.9	5.0	5.1	5.3	Vanuatu
5.5	5.7	5.9	6.2	6.5	6.8	7.1	7.3	7.4	7.5	**MICRONESIA**
4.8	4.9	5.1	5.3	5.6	6.0	6.4	6.8	7.0	7.0	Guam
7.1	7.0	6.9	6.8	6.9	7.0	7.2	7.2	7.1	7.1	Kiribati
6.2	6.2	6.2	6.3	6.3	6.3	6.2	6.2	6.4	6.7	Micronesia (Fed. States of)
5.6	5.7	5.8	6.0	6.2	6.4	6.7	6.9	7.1	7.1	**POLYNESIA**
5.5	5.8	6.1	6.4	6.8	7.2	7.8	8.2	8.6	8.9	French Polynesia
5.4	5.3	5.2	5.3	5.3	5.3	5.4	5.4	5.4	5.4	Samoa
6.1	5.9	5.8	5.6	5.6	5.6	5.6	5.7	5.7	5.7	Tonga

表A. 29. 主要地域、地域および国別、粗死亡率：推計および低位予測値、1960-2060年

推計値:1960-2015

主要地域、地域および国	粗死亡率（人口千人あたり）									
	1960-1965	1965-1970	1970-1975	1975-1980	1980-1985	1985-1990	1990-1995	1995-2000	2000-2005	2005-2010
WORLD	16.2	13.5	12.0	10.8	10.1	9.5	9.1	8.7	8.4	8.0
More developed regions	9.4	9.5	9.6	9.6	9.7	9.7	10.0	10.3	10.3	10.1
Less developed regions	19.1	15.1	12.9	11.2	10.2	9.4	8.8	8.4	7.9	7.6
Least developed countries	23.3	21.3	20.4	19.1	17.0	15.4	14.6	13.0	11.5	9.8
Less developed regions, excluding least developed countries	18.5	14.3	11.9	10.1	9.2	8.6	8.0	7.6	7.4	7.2
Less developed regions, excluding China	18.4	16.2	14.5	12.9	11.6	10.6	9.7	9.1	8.5	8.0
High-income countries	9.6	9.5	9.4	9.2	9.2	9.1	9.2	9.3	9.2	9.0
Middle-income countries	18.6	14.6	12.3	10.6	9.7	9.0	8.4	8.0	7.7	7.5
Upper-middle-income countries	18.4	12.7	9.8	8.0	7.4	7.1	6.8	6.6	6.5	6.6
Lower-middle-income countries	18.9	16.7	15.1	13.2	12.0	11.0	10.0	9.3	8.7	8.2
Low-income countries	24.1	22.2	20.6	20.3	18.0	16.7	16.3	15.0	13.2	11.0
Sub-Saharan Africa	23.4	21.7	20.0	18.5	17.2	16.4	16.2	15.6	14.6	12.5
AFRICA	22.3	20.4	18.8	17.2	15.8	14.7	14.4	13.7	13.0	11.3
EASTERN AFRICA	22.4	20.6	19.2	18.0	17.4	16.6	17.1	15.4	13.6	10.9
Burundi	22.5	21.1	20.5	19.2	18.2	17.4	18.2	14.9	13.8	12.9
Comoros	22.5	20.4	18.3	16.8	14.6	12.4	10.6	9.6	9.3	8.6
Djibouti	17.4	16.2	14.0	12.1	11.8	10.5	10.8	10.4	10.2	9.6
Eritrea	24.5	22.7	20.7	19.2	18.2	16.2	13.8	10.4	8.9	8.2
Ethiopia	23.5	21.8	20.9	20.8	21.5	19.0	17.3	15.2	12.7	9.6
Kenya	18.8	16.5	14.4	12.5	10.7	10.0	10.4	12.7	13.0	10.6
Madagascar	23.8	21.7	19.8	18.0	16.0	15.9	14.1	11.4	9.2	7.9
Malawi	26.4	25.7	23.7	21.9	20.3	20.5	20.1	18.7	17.0	12.5
Mauritius	8.6	7.3	6.8	6.2	5.9	6.3	6.1	6.6	6.7	7.1
Mayotte	14.1	11.1	8.9	7.1	5.6	4.5	3.7	3.2	2.9	2.7
Mozambique	27.5	25.6	23.5	22.1	22.7	21.5	20.1	17.2	15.3	13.5
Réunion	11.4	8.9	7.1	6.4	6.0	5.7	5.4	5.1	5.1	5.2
Rwanda	22.2	20.5	20.3	19.6	16.6	17.6	44.9	16.4	14.4	9.4
Seychelles	10.9	9.8	8.3	7.4	7.1	7.0	7.3	7.4	7.2	7.4
Somalia	25.8	24.0	22.2	20.7	19.4	19.0	20.2	16.5	15.0	13.7
South Sudan	31.5	29.3	27.1	25.0	24.1	22.2	19.3	17.0	15.2	13.6
Uganda	19.5	17.4	16.7	16.6	16.9	18.1	19.0	18.1	14.7	11.9
United Republic of Tanzania	20.0	18.9	17.4	15.9	15.2	14.9	15.4	15.1	12.6	9.7
Zambia	19.0	17.8	16.1	15.0	15.3	17.5	19.4	19.2	16.5	12.3
Zimbabwe	15.0	13.7	12.6	11.3	9.5	8.5	10.4	16.3	19.6	16.3
MIDDLE AFRICA	24.0	22.4	20.7	19.5	18.5	17.7	17.1	17.0	15.5	13.5
Angola	31.0	28.6	26.5	24.9	24.3	23.5	23.1	21.1	17.7	15.8
Cameroon	21.6	20.2	18.4	16.6	15.2	14.4	13.7	13.7	14.0	13.2
Central African Republic	26.9	24.3	21.0	18.2	16.8	16.7	17.2	18.5	19.1	17.5
Chad	25.8	24.3	22.6	21.5	20.4	19.3	18.8	18.0	17.5	16.4
Congo	16.2	14.8	13.8	13.0	12.1	12.0	12.9	14.5	14.3	11.4
Democratic Republic of the Congo	22.3	21.2	19.7	19.1	18.1	17.4	16.5	16.9	14.8	12.3
Equatorial Guinea	26.9	25.3	23.7	22.1	20.1	19.4	17.6	15.4	13.9	12.5
Gabon	25.1	21.9	18.9	16.2	13.7	11.4	10.9	11.0	11.3	10.3
São Tomé and Príncipe	16.9	13.1	12.7	10.4	11.1	10.4	9.7	9.3	8.7	7.7
NORTHERN AFRICA	18.4	16.3	14.6	12.7	10.6	8.8	7.8	7.0	6.7	6.5
Algeria	19.4	17.4	15.8	13.3	9.2	6.8	6.1	5.3	5.0	5.1
Egypt	18.4	16.4	15.2	13.1	11.4	9.3	7.9	6.8	6.6	6.4
Libyan Arab Jamahiriya	20.0	15.2	11.4	8.5	6.5	5.6	4.8	4.8	4.8	4.8
Morocco	17.5	15.4	13.6	12.1	10.0	8.1	6.9	6.5	6.2	6.1
Sudan	16.8	15.4	14.2	13.4	12.9	12.3	11.7	11.0	10.0	8.9
Tunisia	21.7	17.7	13.4	10.3	7.8	6.9	5.8	5.5	5.7	6.0
Western Sahara	24.7	22.6	20.0	17.3	14.3	11.0	9.1	7.6	6.5	5.8
SOUTHERN AFRICA	16.4	14.9	13.3	11.8	10.0	8.7	8.0	9.9	13.9	14.3
Botswana	15.6	14.0	12.0	9.9	8.4	7.4	7.9	12.5	14.6	8.4
Lesotho	18.3	17.8	16.8	15.1	13.0	11.6	9.9	13.5	18.8	17.3
Namibia	17.4	15.4	13.8	12.1	10.5	9.3	8.7	9.7	12.1	8.9
South Africa	16.3	14.7	13.1	11.7	9.9	8.5	7.9	9.6	13.7	14.7
Swaziland	19.6	18.5	16.4	14.3	12.0	10.4	9.5	12.0	15.7	15.0
WESTERN AFRICA	25.9	24.1	22.2	20.1	18.3	17.4	16.9	16.5	15.5	13.4
Benin	27.6	24.9	22.2	20.0	18.2	15.7	13.5	12.9	11.7	10.3
Burkina Faso	27.5	25.5	23.7	21.5	18.1	17.2	16.9	16.2	14.6	11.5
Cabo Verde	19.1	15.6	13.2	11.2	9.6	8.6	7.5	6.2	5.6	5.4

表A. 29. 主要地域、地域および国別、粗死亡率：推計および低位予測値（続）

2015-2060：低位予測値

粗死亡率（人口千人あたり）										主要地域、地域および国
2010-2015	2015-2020	2020-2025	2025-2030	2030-2035	2035-2040	2040-2045	2045-2050	2050-2055	2055-2060	
7.8	7.8	7.9	8.2	8.6	9.0	9.5	10.0	10.5	11.0	**WORLD**
10.0	10.4	10.7	11.2	11.8	12.4	13.0	13.5	13.8	14.1	More developed regions
7.4	7.3	7.4	7.6	8.0	8.5	8.9	9.5	10.0	10.6	Less developed regions
8.5	7.7	7.1	6.8	6.6	6.5	6.5	6.6	6.8	7.1	Least developed countries
7.2	7.2	7.4	7.8	8.3	8.9	9.6	10.3	11.0	11.7	Less developed regions, excluding least developed countries
7.5	7.2	7.2	7.3	7.5	7.8	8.2	8.6	9.1	9.6	Less developed regions, excluding China
9.0	9.3	9.6	10.1	10.6	11.3	12.0	12.5	13.0	13.4	High-income countries
7.4	7.3	7.5	7.9	8.4	9.0	9.6	10.2	10.9	11.6	Middle-income countries
6.9	7.1	7.6	8.2	9.0	9.9	10.9	11.8	12.7	13.7	Upper-middle-income countries
7.8	7.5	7.5	7.6	7.9	8.3	8.7	9.2	9.7	10.3	Lower-middle-income countries
9.3	8.2	7.5	6.9	6.5	6.3	6.1	6.1	6.2	6.4	Low-income countries
10.6	9.5	8.6	8.0	7.5	7.1	6.8	6.7	6.7	6.8	**Sub-Saharan Africa**
9.8	8.8	8.2	7.7	7.3	7.1	6.9	6.8	6.9	7.1	**AFRICA**
8.9	7.6	6.9	6.4	6.0	5.7	5.6	5.6	5.8	6.1	**EASTERN AFRICA**
11.7	10.4	9.2	8.3	7.6	7.1	6.7	6.4	6.2	6.2	Burundi
7.7	7.0	6.6	6.4	6.4	6.4	6.6	6.8	7.1	7.5	Comoros
8.7	8.4	8.4	8.5	8.9	9.3	9.9	10.7	11.5	12.4	Djibouti
6.9	6.0	5.4	5.1	5.1	5.1	5.3	5.7	6.1	6.7	Eritrea
7.8	6.7	6.0	5.6	5.3	5.2	5.4	5.6	6.0	6.5	Ethiopia
8.7	7.5	7.0	6.7	6.5	6.3	6.2	6.2	6.4	6.7	Kenya
6.9	6.1	5.6	5.2	5.1	5.0	5.0	5.2	5.3	5.6	Madagascar
8.6	6.7	6.0	5.3	4.9	4.5	4.3	4.3	4.4	4.7	Malawi
7.3	8.0	8.8	9.8	10.9	12.0	13.1	14.1	15.0	15.7	Mauritius
2.5	2.4	2.4	2.5	2.7	2.8	3.1	3.4	3.8	4.2	Mayotte
11.8	10.7	9.7	8.7	7.9	7.2	6.6	6.2	6.0	6.1	Mozambique
5.5	5.8	6.3	6.8	7.6	8.5	9.6	10.7	11.9	12.7	Réunion
7.5	6.3	5.7	5.4	5.4	5.4	5.6	5.9	6.3	7.0	Rwanda
7.6	7.7	8.0	8.6	9.4	10.4	11.5	12.7	13.8	14.6	Seychelles
12.4	11.2	10.1	9.2	8.4	7.8	7.3	6.9	6.6	6.5	Somalia
12.0	10.7	9.7	8.9	8.4	8.0	7.8	7.8	7.8	8.1	South Sudan
10.2	8.4	7.6	6.9	6.4	6.0	5.8	5.7	5.7	5.8	Uganda
7.3	6.3	5.7	5.2	5.0	4.8	4.7	4.7	4.8	4.9	United Republic of Tanzania
9.7	7.9	7.1	6.3	5.7	5.3	5.1	5.0	5.1	5.3	Zambia
11.1	7.7	7.0	6.5	6.3	6.1	6.2	6.4	6.8	7.5	Zimbabwe
11.9	10.5	9.5	8.6	7.9	7.3	6.9	6.6	6.5	6.4	**MIDDLE AFRICA**
14.2	12.6	11.3	10.1	9.2	8.4	7.8	7.3	6.9	6.8	Angola
11.9	10.5	9.4	8.5	7.8	7.3	6.9	6.8	6.8	7.0	Cameroon
15.2	12.9	11.4	10.1	9.1	8.4	7.9	7.6	7.7	8.0	Central African Republic
14.5	13.1	12.0	11.0	10.2	9.5	8.9	8.4	8.1	7.9	Chad
9.0	7.8	6.9	6.4	6.0	5.7	5.6	5.5	5.6	5.8	Congo
10.7	9.5	8.5	7.7	7.1	6.6	6.2	6.0	5.9	5.9	Democratic Republic of the Congo
11.0	10.2	9.5	8.9	8.5	8.2	7.9	7.6	7.3	7.2	Equatorial Guinea
9.0	7.8	7.1	6.6	6.4	6.3	6.4	6.6	7.0	7.4	Gabon
7.1	6.5	6.1	5.9	5.9	6.2	6.5	6.8	7.2	7.7	São Tomé and Príncipe
6.3	6.0	6.0	6.1	6.4	6.8	7.2	7.6	8.1	8.7	**NORTHERN AFRICA**
5.1	5.0	5.1	5.3	5.7	6.3	6.9	7.5	8.3	9.1	Algeria
6.2	5.9	5.8	5.9	6.2	6.5	6.8	7.1	7.6	8.1	Egypt
5.3	5.4	5.6	6.1	6.8	7.7	8.7	9.8	11.0	12.0	Libyan Arab Jamahiriya
5.7	5.7	5.8	6.1	6.7	7.4	8.2	9.0	9.7	10.6	Morocco
7.9	7.4	7.1	6.9	6.8	6.8	6.9	7.1	7.4	7.8	Sudan
6.6	6.6	6.7	7.2	7.9	8.8	9.8	10.7	11.6	12.4	Tunisia
5.6	5.5	5.8	6.4	7.2	8.1	9.1	10.0	10.8	11.6	Western Sahara
12.2	12.3	12.2	12.0	11.8	11.7	11.6	11.6	11.9	12.4	**SOUTHERN AFRICA**
7.5	7.7	7.5	7.6	7.8	8.2	8.7	9.2	10.0	10.8	Botswana
14.9	14.6	13.8	13.0	12.0	11.0	10.1	9.5	9.6	10.2	Lesotho
7.3	7.0	6.9	6.8	6.9	7.0	7.2	7.4	7.7	8.2	Namibia
12.5	12.6	12.6	12.4	12.3	12.1	12.1	12.1	12.4	13.0	South Africa
14.1	14.8	14.3	13.6	12.8	12.1	11.3	10.7	10.5	10.6	Swaziland
11.8	10.6	9.7	9.0	8.4	8.0	7.7	7.4	7.3	7.3	**WESTERN AFRICA**
9.6	8.8	8.3	8.0	7.9	7.8	7.8	8.0	8.2	8.5	Benin
10.0	8.8	7.9	7.2	6.8	6.5	6.3	6.3	6.4	6.6	Burkina Faso
5.5	5.1	4.7	4.6	4.9	5.5	6.3	7.2	8.1	9.1	Cabo Verde

表A. 29. 主要地域、地域および国別、粗死亡率：推計および低位予測値（続）

推計値：1960-2015

主要地域、地域および国	粗死亡率（人口千人あたり）									
	1960-1965	1965-1970	1970-1975	1975-1980	1980-1985	1985-1990	1990-1995	1995-2000	2000-2005	2005-2010
Côte d'Ivoire	26.0	23.0	19.3	16.6	14.6	13.7	14.2	16.5	17.1	15.2
Gambia	30.9	28.0	24.3	20.8	17.6	15.1	13.9	12.7	11.0	9.7
Ghana	17.8	16.6	15.5	14.3	13.2	11.7	10.3	10.6	10.5	9.6
Guinea	28.7	27.5	26.3	24.3	21.9	18.5	16.1	15.4	15.0	12.7
Guinea-Bissau	24.3	22.8	21.7	20.7	19.6	18.4	16.8	15.5	14.6	13.6
Liberia	28.2	25.7	23.2	20.3	18.6	18.3	17.6	14.4	13.9	10.3
Mali	36.3	33.6	30.1	26.9	23.6	20.9	19.4	18.5	16.6	13.1
Mauritania	19.0	17.0	15.5	13.9	12.0	10.9	10.3	9.7	9.4	8.9
Niger	28.3	27.9	27.4	26.4	24.3	23.4	21.4	18.3	15.3	12.7
Nigeria	25.1	23.4	21.8	20.1	18.6	18.5	18.3	17.9	17.0	14.8
Senegal	25.6	25.6	23.3	18.8	15.3	12.2	11.1	11.2	10.1	8.3
Sierra Leone	32.6	30.9	26.9	24.5	23.5	25.0	27.6	26.3	21.5	17.5
Togo	22.7	20.1	17.8	15.7	13.9	12.5	11.9	12.7	12.4	11.2
ASIA	18.8	14.4	12.0	10.2	9.3	8.6	8.0	7.5	7.1	7.0
EASTERN ASIA	18.8	12.1	8.8	7.0	6.5	6.6	6.5	6.6	6.4	6.7
China	21.0	13.0	9.3	7.2	6.6	6.7	6.6	6.5	6.2	6.5
China, Hong Kong SAR	5.4	4.9	4.5	4.7	4.8	5.3	5.4	5.3	5.5	5.9
China, Macao SAR	8.5	6.8	6.6	6.9	7.2	6.0	5.2	4.9	4.9	4.7
Dem. People's Republic of Korea	13.8	10.9	8.3	6.6	6.3	6.1	5.8	9.4	8.4	9.0
Japan	7.4	6.9	6.6	6.2	6.3	6.4	7.0	7.5	7.9	8.9
Mongolia	18.6	16.1	14.0	13.1	12.4	10.8	9.4	8.3	7.2	6.9
Republic of Korea	13.0	9.9	7.8	7.0	6.4	5.7	5.5	5.4	5.2	5.2
Other non-specified areas	6.6	5.6	4.8	4.6	4.8	5.0	5.4	5.8	5.9	6.3
SOUTH-CENTRAL ASIA	20.5	17.9	16.0	13.9	12.6	11.3	9.9	8.8	8.1	7.6
CENTRAL ASIA	12.4	10.6	9.7	9.1	8.7	8.2	8.5	8.5	8.0	7.9
Kazakhstan	11.6	9.8	9.0	8.8	8.6	8.2	9.5	11.7	10.8	10.5
Kyrgyzstan	14.2	11.8	10.5	9.8	9.4	8.6	8.3	7.9	7.6	7.9
Tajikistan	14.2	12.7	11.5	10.5	10.2	9.8	9.7	8.5	7.1	6.1
Turkmenistan	15.0	12.5	11.2	10.2	9.5	9.0	8.6	7.8	7.7	7.8
Uzbekistan	12.2	10.3	9.4	8.8	8.1	7.6	7.4	6.8	6.7	6.9
SOUTHERN ASIA	20.8	18.2	16.3	14.1	12.8	11.4	9.9	8.8	8.1	7.6
Afghanistan	31.2	28.8	26.4	23.7	20.7	17.2	14.3	12.8	11.5	9.9
Bangladesh	19.2	17.5	19.8	15.2	13.5	11.3	9.3	7.5	6.5	5.9
Bhutan	30.2	28.0	24.3	20.5	17.4	14.8	12.1	9.9	7.8	6.7
India	21.1	18.5	16.1	14.0	12.7	11.6	10.2	9.1	8.4	7.9
Iran (Islamic Republic of)	20.3	17.3	14.3	11.7	13.6	9.1	6.0	5.3	5.1	5.2
Maldives	26.8	23.3	19.1	15.1	12.4	10.1	7.5	5.5	4.2	3.6
Nepal	26.5	23.9	21.5	19.3	16.9	14.3	11.6	9.4	7.8	7.0
Pakistan	19.1	16.3	14.3	13.1	12.2	11.3	10.2	9.2	8.4	8.0
Sri Lanka	11.0	8.7	7.3	6.7	6.1	6.5	6.6	7.7	6.1	6.4
SOUTH-EASTERN ASIA	14.7	12.7	11.7	10.7	8.8	7.8	7.2	6.9	6.9	6.8
Brunei Darussalam	8.3	6.7	6.0	5.5	4.3	4.0	3.5	3.2	2.8	3.0
Cambodia	21.5	21.0	24.1	61.6	19.8	14.1	12.1	10.6	8.3	6.9
Indonesia	16.8	14.4	12.2	10.5	9.2	8.3	7.6	7.2	7.4	7.2
Lao People's Democratic Republic	19.7	18.8	17.8	17.0	16.1	14.5	12.8	10.7	9.0	7.9
Malaysia	9.5	7.7	6.7	6.0	5.5	5.0	4.7	4.5	4.4	4.6
Myanmar	20.5	16.3	14.7	13.3	12.0	10.7	9.8	9.3	8.9	8.6
Philippines	10.6	9.4	8.5	8.4	7.8	6.9	6.4	6.2	6.1	6.1
Singapore	5.6	5.5	5.3	5.1	4.8	4.6	4.2	4.6	4.5	4.5
Thailand	12.3	10.9	9.2	7.8	6.8	5.6	6.1	6.7	7.0	7.2
Timor-Leste	28.0	25.1	22.1	30.0	21.8	17.1	14.6	11.6	8.2	6.5
Viet Nam	11.2	10.1	12.5	7.8	7.2	6.6	6.1	5.6	5.5	5.6
WESTERN ASIA	17.1	14.4	12.4	10.6	9.2	7.8	7.0	6.2	5.6	5.4
Armenia	8.7	6.8	6.0	6.2	6.4	7.9	8.8	8.6	8.4	8.6
Azerbaijan	12.2	9.9	8.4	8.4	8.5	8.2	8.5	7.2	6.9	6.7
Bahrain	12.2	8.6	6.4	4.8	4.1	3.6	3.2	3.0	2.7	2.4
Cyprus	7.1	6.6	8.3	7.9	7.4	7.1	6.9	6.9	6.8	6.8
Georgia	12.2	10.5	9.7	9.1	9.4	9.3	9.8	10.0	10.1	10.9
Iraq	15.9	12.9	10.8	9.4	9.9	7.6	6.4	5.7	5.6	5.8
Israel	6.1	6.4	6.7	6.7	6.6	6.3	6.1	6.0	5.7	5.6
Jordan	14.6	11.7	9.3	7.4	6.5	5.5	4.8	4.3	4.0	3.9
Kuwait	7.9	6.5	5.5	4.4	3.6	2.8	2.6	2.7	2.7	2.7
Lebanon	9.8	8.6	7.7	7.3	7.2	7.0	6.6	5.9	5.2	4.7
Oman	20.8	17.8	14.9	11.6	8.6	6.4	4.8	3.9	3.3	3.0
Qatar	8.0	5.9	4.4	3.6	2.8	2.3	2.1	2.1	2.0	1.7

表A. 29. 主要地域、地域および国別、粗死亡率：推計および低位予測値（続）

2015-2060：低位予測値

粗死亡率（人口千人あたり）										主要地域、地域および国
2010-2015	2015-2020	2020-2025	2025-2030	2030-2035	2035-2040	2040-2045	2045-2050	2050-2055	2055-2060	
13.9	12.7	11.5	10.5	9.6	8.9	8.2	7.7	7.4	7.2	Côte d'Ivoire
9.0	8.1	7.5	7.1	6.8	6.7	6.6	6.6	6.7	6.9	Gambia
9.2	8.4	7.9	7.8	7.9	8.0	8.3	8.6	8.9	9.4	Ghana
10.4	9.1	8.1	7.3	6.8	6.3	6.0	5.9	5.9	6.1	Guinea
12.4	11.3	10.4	9.8	9.3	9.0	8.8	8.8	8.9	9.2	Guinea-Bissau
9.0	8.0	7.3	6.8	6.6	6.4	6.4	6.6	6.8	7.1	Liberia
11.0	9.2	7.7	6.7	5.9	5.3	4.9	4.7	4.7	4.8	Mali
8.1	7.6	7.4	7.3	7.4	7.5	7.7	7.9	8.2	8.5	Mauritania
9.6	8.3	7.2	6.2	5.5	5.0	4.5	4.2	4.1	4.0	Niger
13.3	12.1	11.2	10.4	9.9	9.3	8.9	8.6	8.4	8.2	Nigeria
6.6	5.5	4.8	4.4	4.2	4.1	4.1	4.2	4.3	4.5	Senegal
14.1	12.7	11.5	10.7	10.0	9.6	9.4	9.4	9.7	10.1	Sierra Leone
9.3	8.2	7.4	6.8	6.5	6.3	6.2	6.3	6.5	6.7	Togo
7.0	7.1	7.4	7.9	8.5	9.2	10.0	10.8	11.7	12.5	**ASIA**
7.2	7.7	8.3	9.1	10.2	11.4	12.6	13.7	14.9	16.0	**EASTERN ASIA**
7.0	7.4	8.0	8.9	10.0	11.2	12.4	13.6	14.8	16.0	China
6.0	6.6	7.3	8.1	9.0	10.1	11.5	12.8	13.9	14.7	China, Hong Kong SAR
4.8	4.9	5.2	5.8	6.8	8.1	9.4	10.5	11.2	11.6	China, Macao SAR
9.2	9.4	9.9	10.3	10.9	11.6	12.5	13.5	14.2	14.5	Dem. People's Republic of Korea
10.0	10.9	11.9	12.9	13.9	14.7	15.2	15.4	15.6	16.3	Japan
6.2	6.1	6.3	6.7	7.3	7.9	8.4	9.0	9.5	10.1	Mongolia
5.5	6.1	6.9	7.8	8.8	10.1	11.6	13.4	15.0	16.4	Republic of Korea
6.9	7.5	8.2	9.1	10.2	11.7	13.6	15.5	17.4	18.9	Other non-specified areas
7.1	6.9	7.0	7.2	7.6	8.1	8.7	9.4	10.2	11.0	**SOUTH-CENTRAL ASIA**
7.4	7.3	7.4	7.8	8.4	9.2	10.0	10.6	11.3	12.1	**CENTRAL ASIA**
8.9	9.0	9.0	9.4	9.9	10.6	11.1	11.5	11.8	12.1	Kazakhstan
6.4	6.3	6.3	6.6	7.2	7.9	8.7	9.2	9.6	10.2	Kyrgyzstan
5.7	5.4	5.4	5.5	5.9	6.4	6.9	7.4	7.9	8.4	Tajikistan
7.8	7.8	8.0	8.5	9.3	10.3	11.3	12.4	13.4	14.6	Turkmenistan
7.0	7.0	7.2	7.7	8.5	9.4	10.4	11.4	12.5	13.7	Uzbekistan
7.1	6.9	7.0	7.2	7.6	8.1	8.7	9.4	10.1	11.0	**SOUTHERN ASIA**
8.6	7.5	6.9	6.6	6.6	6.7	7.0	7.4	8.1	9.0	Afghanistan
5.5	5.2	5.2	5.5	6.1	6.8	7.7	8.8	10.0	11.3	Bangladesh
6.3	6.2	6.4	6.7	7.2	7.9	8.7	9.7	10.8	12.2	Bhutan
7.4	7.2	7.3	7.6	8.0	8.5	9.0	9.7	10.3	11.1	India
4.7	4.6	4.9	5.5	6.5	7.6	8.9	10.3	12.0	14.1	Iran (Islamic Republic of)
3.8	3.7	3.8	4.1	4.6	5.3	6.2	7.2	8.4	9.9	Maldives
6.5	6.2	6.1	6.2	6.4	6.8	7.2	7.9	8.7	9.8	Nepal
7.5	7.1	6.8	6.8	6.9	7.3	7.7	8.2	8.8	9.5	Pakistan
6.7	7.1	7.8	8.6	9.5	10.5	11.4	12.2	13.1	14.0	Sri Lanka
6.9	7.0	7.3	7.8	8.5	9.3	10.2	11.0	11.9	12.6	**SOUTH-EASTERN ASIA**
3.0	3.2	3.6	4.2	5.0	6.0	7.2	8.6	10.0	11.5	Brunei Darussalam
6.3	5.8	5.6	5.6	5.8	6.2	6.6	7.2	7.8	8.6	Cambodia
7.2	7.2	7.5	8.1	8.8	9.7	10.6	11.5	12.3	13.0	Indonesia
7.0	6.3	5.8	5.5	5.6	5.8	6.1	6.7	7.3	8.2	Lao People's Democratic Republic
4.8	5.2	5.6	6.2	6.8	7.5	8.3	9.1	9.9	10.8	Malaysia
8.3	8.3	8.7	9.3	10.1	11.0	11.9	12.8	13.7	14.7	Myanmar
6.7	6.8	7.0	7.3	7.7	8.2	8.7	9.2	9.8	10.4	Philippines
4.5	5.1	5.9	6.9	8.2	9.5	10.9	12.2	13.5	14.6	Singapore
7.7	8.4	9.2	10.2	11.4	12.8	14.4	15.9	17.4	18.6	Thailand
7.0	6.4	5.9	5.6	5.2	5.0	4.8	4.8	4.9	5.1	Timor-Leste
5.8	5.9	6.2	6.7	7.4	8.2	9.2	10.2	11.2	12.2	Viet Nam
5.3	5.2	5.3	5.5	5.9	6.4	6.9	7.6	8.3	9.0	**WESTERN ASIA**
9.0	9.6	9.9	10.4	11.3	12.5	13.8	14.9	15.7	16.4	Armenia
7.0	7.6	8.0	8.7	9.9	11.3	12.4	13.4	14.2	15.1	Azerbaijan
2.3	2.5	2.8	3.4	4.2	5.2	6.3	7.6	8.9	10.2	Bahrain
6.8	7.0	7.4	7.9	8.5	9.2	10.0	10.8	11.6	12.5	Cyprus
11.5	11.5	11.4	11.5	12.1	13.0	14.1	15.1	15.9	16.7	Georgia
5.3	4.9	4.7	4.6	4.7	4.9	5.1	5.3	5.7	6.0	Iraq
5.3	5.2	5.2	5.3	5.6	6.0	6.3	6.5	6.7	7.0	Israel
3.9	3.8	3.9	4.1	4.4	4.9	5.5	6.2	7.0	7.7	Jordan
2.5	2.6	2.9	3.5	4.3	5.2	6.3	7.5	8.7	9.9	Kuwait
4.6	4.5	5.0	5.6	6.1	6.7	7.5	8.4	9.5	10.6	Lebanon
2.7	2.7	2.9	3.2	3.8	4.4	5.2	6.1	7.1	8.4	Oman
1.5	1.5	1.8	2.1	2.6	3.2	4.0	4.9	6.0	7.2	Qatar

表A. 29.　主要地域、地域および国別、粗死亡率：推計および低位予測値（続）

推計値：1960-2015

主要地域、地域および国	粗死亡率（人口千人あたり）									
	1960-1965	1965-1970	1970-1975	1975-1980	1980-1985	1985-1990	1990-1995	1995-2000	2000-2005	2005-2010
Saudi Arabia	19.3	16.8	13.2	9.7	7.2	5.5	4.5	3.9	3.6	3.5
State of Palestine	16.7	14.0	11.2	8.8	6.8	5.5	4.8	4.1	3.8	3.7
Syrian Arab Republic	14.4	12.0	9.6	7.7	6.2	5.0	4.4	4.0	3.7	3.5
Turkey	18.8	16.0	14.1	12.2	10.4	8.8	7.7	6.8	6.1	5.8
United Arab Emirates	12.8	8.7	6.0	4.4	3.5	2.9	2.5	2.1	1.8	1.5
Yemen	30.2	26.4	22.8	19.0	15.1	12.3	11.1	9.8	8.6	7.8
EUROPE	9.7	9.9	10.2	10.5	10.8	10.7	11.2	11.6	11.7	11.3
EASTERN EUROPE	8.3	8.7	9.5	10.4	11.2	11.2	12.7	13.7	14.4	14.0
Belarus	9.5	8.9	9.2	9.8	10.7	10.4	12.3	14.6	15.4	15.1
Bulgaria	8.2	8.8	9.7	10.6	11.3	12.1	13.0	14.4	14.5	15.0
Czech Republic	10.5	11.5	12.6	12.6	13.0	12.6	11.9	11.0	10.7	10.3
Hungary	10.2	10.9	11.7	12.8	13.9	13.9	14.2	13.7	13.2	13.2
Poland	7.7	7.7	8.4	9.1	9.6	10.1	10.3	9.9	9.6	10.0
Republic of Moldova	11.0	9.7	9.6	10.2	11.2	10.2	10.8	11.7	11.7	12.2
Romania	8.4	9.8	9.4	9.7	10.2	10.8	11.4	12.3	12.1	12.5
Russian Federation	8.1	8.4	9.4	10.4	11.3	11.1	13.3	14.6	16.0	14.9
Slovakia	7.8	8.6	9.4	9.8	10.2	10.2	10.1	9.8	9.7	10.0
Ukraine	8.1	8.4	9.4	10.7	12.0	11.7	13.7	15.2	15.9	16.3
NORTHERN EUROPE	11.1	11.1	11.3	11.4	11.4	11.3	11.2	10.9	10.3	9.6
Channel Islands	12.3	12.0	11.9	11.7	11.3	11.0	10.5	10.1	9.4	8.9
Denmark	9.8	10.0	10.1	10.4	11.1	11.5	11.8	11.4	10.8	10.1
Estonia	10.7	10.7	11.2	12.1	12.3	12.1	13.9	13.8	13.3	12.8
Finland	9.4	9.8	9.7	9.4	9.4	9.9	9.9	9.7	9.5	9.3
Iceland	6.9	7.1	7.1	6.5	6.9	6.9	6.8	6.9	6.3	6.4
Ireland	11.8	11.4	10.9	10.1	9.3	9.0	8.6	8.4	7.4	6.4
Latvia	10.3	10.6	11.4	12.5	12.8	12.4	14.5	14.4	14.2	15.0
Lithuania	8.3	8.4	9.1	10.0	10.5	10.5	11.8	12.3	12.4	14.6
Norway	9.5	9.8	10.1	10.1	10.3	10.8	10.6	10.1	9.6	8.7
Sweden	10.1	10.3	10.4	11.0	11.1	11.2	11.0	10.7	10.4	9.9
United Kingdom	11.8	11.8	11.9	12.0	11.8	11.6	11.2	10.9	10.2	9.4
SOUTHERN EUROPE	9.7	9.5	9.4	9.3	9.1	9.1	9.4	9.6	9.6	9.5
Albania	9.8	8.5	7.5	6.5	6.2	5.8	6.3	6.2	5.6	6.5
Bosnia and Herzegovina	8.9	7.6	6.8	6.3	6.6	6.8	8.3	8.1	8.4	9.4
Croatia	10.8	10.6	10.7	11.0	11.4	11.1	11.2	10.9	11.6	11.8
Greece	9.4	9.6	10.3	10.2	10.0	9.5	9.2	9.3	9.4	9.9
Italy	9.9	10.0	9.9	9.9	9.8	9.6	9.8	9.9	9.8	9.7
Malta	8.6	8.4	8.3	8.0	7.6	7.4	7.3	7.4	7.7	8.3
Montenegro	8.9	7.8	7.0	6.8	6.8	7.1	7.4	9.3	10.0	10.3
Portugal	11.2	11.2	10.6	10.2	9.8	9.8	10.3	10.5	10.3	10.2
Serbia	10.0	9.3	9.2	9.4	9.6	9.8	10.0	10.8	11.9	12.6
Slovenia	9.8	10.3	10.3	10.2	10.7	9.8	9.8	9.6	9.5	9.2
Spain	8.8	8.6	8.6	8.2	7.8	8.2	8.7	9.0	8.9	8.4
TFYR Macedonia	9.6	8.0	7.1	7.0	7.4	7.3	7.7	7.8	8.0	8.7
WESTERN EUROPE	11.4	11.5	11.5	11.3	11.1	10.7	10.3	9.9	9.6	9.4
Austria	12.6	12.9	12.7	12.4	12.1	11.3	10.7	10.1	9.5	9.2
Belgium	12.3	12.4	12.3	12.0	11.6	11.1	10.6	10.4	10.3	9.9
France	11.3	11.1	10.8	10.4	10.2	9.7	9.3	9.2	9.0	8.7
Germany	11.9	12.3	12.4	12.4	12.2	11.8	11.3	10.7	10.3	10.3
Luxembourg	12.0	12.4	12.4	12.0	11.4	10.7	9.9	9.3	8.6	8.2
Netherlands	7.8	8.1	8.3	8.1	8.2	8.5	8.7	8.8	8.7	8.3
Switzerland	9.7	9.4	9.2	9.1	9.4	9.2	9.2	8.9	8.5	8.1
LATIN AMERICA AND THE CARIBBEAN	12.3	10.9	9.6	8.7	7.9	7.2	6.6	6.1	5.8	5.8
CARIBBEAN	11.8	10.3	9.2	8.4	8.4	8.2	8.1	7.9	7.8	7.6
Antigua and Barbuda	8.7	7.7	6.9	6.3	6.6	6.9	7.3	7.1	6.6	6.4
Aruba	6.1	5.7	5.8	6.2	6.5	7.0	7.0	6.9	7.1	7.6
Bahamas	7.7	6.6	6.3	5.9	5.7	5.5	5.5	5.7	5.5	5.8
Barbados	11.7	10.5	10.1	10.2	10.3	9.9	9.6	9.8	10.2	10.2
Cuba	8.5	7.2	6.3	5.8	6.1	6.7	7.2	7.1	7.2	7.0
Curaçao	8.0	6.8	6.4	6.0	5.8	6.0	6.6	7.5	8.2	8.2
Dominican Republic	14.5	11.8	9.7	8.3	7.5	6.6	6.0	6.0	6.0	6.0
Grenada	11.3	9.5	8.9	9.1	8.8	8.4	8.7	8.3	8.1	7.7
Guadeloupe	10.7	8.7	7.8	7.4	7.0	6.7	6.4	6.4	6.5	6.7
Haiti	21.1	18.7	17.1	16.1	15.6	13.8	12.4	11.3	10.6	9.7
Jamaica	8.5	8.1	7.2	6.4	6.5	6.8	7.1	7.2	7.2	7.0
Martinique	9.9	8.7	7.6	7.2	7.4	7.3	7.1	7.1	7.1	7.5

表A. 29. 主要地域、地域および国別、粗死亡率：推計および低位予測値（続）

2015-2060：低位予測値

粗死亡率（人口千人あたり）										主要地域、地域および国
2010-2015	2015-2020	2020-2025	2025-2030	2030-2035	2035-2040	2040-2045	2045-2050	2050-2055	2055-2060	
3.4	3.5	3.9	4.5	5.3	6.2	7.3	8.3	9.3	10.4	Saudi Arabia
3.6	3.5	3.5	3.5	3.7	3.9	4.1	4.5	4.9	5.3	State of Palestine
5.6	5.5	5.4	5.5	5.8	6.2	6.6	7.2	7.9	8.6	Syrian Arab Republic
5.7	5.8	6.0	6.3	6.8	7.4	8.2	9.0	9.9	10.9	Turkey
1.5	1.8	2.3	2.9	3.6	4.5	5.6	6.7	7.9	9.0	United Arab Emirates
7.1	6.6	6.3	6.2	6.3	6.5	6.8	7.4	8.1	9.2	Yemen
11.1	11.4	11.8	12.2	12.7	13.4	14.1	14.7	15.2	15.6	**EUROPE**
13.3	13.7	14.1	14.6	15.4	16.3	17.0	17.5	17.8	18.2	**EASTERN EUROPE**
14.2	14.7	14.8	15.1	15.7	16.6	17.4	17.9	18.0	18.1	Belarus
15.1	15.7	16.2	16.9	17.7	18.4	18.9	19.4	20.1	21.0	Bulgaria
10.1	10.6	11.2	11.9	12.8	13.5	14.0	14.4	14.9	15.7	Czech Republic
13.2	13.5	14.0	14.5	15.2	15.8	16.3	16.6	17.1	17.9	Hungary
9.8	10.4	11.0	11.8	12.7	13.9	15.0	15.8	16.4	17.2	Poland
11.2	11.8	12.3	13.4	14.7	16.3	17.7	18.9	20.2	21.8	Republic of Moldova
12.9	13.7	14.3	14.9	15.6	16.5	17.2	17.9	18.7	19.7	Romania
13.9	14.3	14.6	15.0	15.7	16.6	17.3	17.6	17.6	17.7	Russian Federation
9.8	10.3	10.9	11.8	12.9	14.0	15.0	15.7	16.4	17.4	Slovakia
15.3	15.7	16.1	16.5	17.2	18.1	19.0	19.6	20.1	20.6	Ukraine
9.4	9.4	9.5	9.7	10.2	10.6	11.0	11.4	11.8	12.1	**NORTHERN EUROPE**
9.0	9.2	9.4	9.9	10.6	11.4	12.3	13.1	13.7	14.1	Channel Islands
9.7	9.6	10.0	10.6	11.2	11.6	11.8	12.0	12.3	12.6	Denmark
11.9	12.7	13.2	13.5	13.9	14.5	15.0	15.5	16.0	16.4	Estonia
9.6	9.9	10.2	10.7	11.5	12.4	12.9	13.0	12.9	12.8	Finland
6.3	6.5	6.7	7.1	7.8	8.7	9.6	10.4	11.0	11.4	Iceland
6.4	6.6	6.9	7.4	8.0	8.7	9.4	10.0	10.7	11.4	Ireland
14.5	15.4	15.8	16.0	16.2	16.6	17.2	17.6	17.9	18.1	Latvia
15.2	16.3	16.1	15.9	16.0	16.4	16.9	17.4	17.5	17.5	Lithuania
8.4	8.0	7.9	8.2	8.8	9.4	10.0	10.3	10.7	11.0	Norway
9.4	9.1	9.0	9.4	10.0	10.4	10.6	10.6	10.6	10.9	Sweden
9.2	9.1	9.2	9.5	9.9	10.3	10.7	11.2	11.6	12.0	United Kingdom
9.7	10.2	10.7	11.2	11.9	12.6	13.5	14.4	15.4	16.3	**SOUTHERN EUROPE**
7.2	7.7	8.3	9.0	9.8	10.7	11.8	12.8	13.6	14.1	Albania
10.3	11.1	11.9	12.8	13.9	15.2	16.5	17.5	18.4	19.3	Bosnia and Herzegovina
12.4	12.8	13.2	13.5	14.0	14.7	15.3	15.9	16.4	17.0	Croatia
10.5	11.3	11.7	12.0	12.4	13.0	13.8	14.8	15.9	17.0	Greece
9.7	10.3	10.8	11.4	12.0	12.6	13.4	14.3	15.2	16.0	Italy
8.8	9.3	10.0	10.9	11.7	12.4	13.0	13.4	13.9	14.5	Malta
9.9	10.4	10.9	11.6	12.3	13.3	14.1	14.7	15.2	15.8	Montenegro
10.3	10.8	11.2	11.7	12.4	13.1	14.0	14.9	15.8	16.7	Portugal
12.7	13.2	13.6	14.1	14.7	15.3	15.6	15.9	16.4	17.2	Serbia
9.4	10.0	10.5	11.0	11.8	12.8	13.9	14.9	15.6	16.1	Slovenia
8.8	9.2	9.6	10.1	10.7	11.6	12.7	13.8	15.1	16.3	Spain
9.2	9.8	10.3	11.1	12.0	12.9	13.8	14.6	15.4	16.2	TFYR Macedonia
9.7	10.0	10.3	10.7	11.2	11.8	12.5	13.3	13.9	14.2	**WESTERN EUROPE**
9.4	9.5	9.7	10.2	10.8	11.4	12.1	13.1	14.1	14.8	Austria
9.8	9.8	9.7	9.8	10.2	10.8	11.5	12.1	12.6	12.9	Belgium
8.9	9.1	9.4	9.6	10.0	10.7	11.3	11.8	12.0	12.2	France
10.8	11.3	11.8	12.3	12.7	13.3	14.2	15.3	16.3	16.7	Germany
7.4	7.2	7.1	7.2	7.5	7.9	8.5	9.1	9.7	10.1	Luxembourg
8.4	8.8	9.3	10.0	10.8	11.7	12.6	13.2	13.7	14.0	Netherlands
8.1	8.0	8.3	8.7	9.3	10.0	10.6	11.3	12.0	12.5	Switzerland
5.9	6.0	6.3	6.6	7.1	7.7	8.4	9.2	10.0	10.9	**LATIN AMERICA AND THE CARIBBEAN**
7.6	7.7	8.0	8.4	8.9	9.6	10.3	11.2	12.2	13.2	**CARIBBEAN**
6.2	6.1	6.2	6.6	7.2	8.0	9.1	10.2	11.2	11.8	Antigua and Barbuda
8.3	9.1	10.1	11.3	12.5	13.8	14.9	15.7	16.1	16.0	Aruba
6.0	6.5	7.0	7.7	8.4	9.2	10.1	10.8	11.5	12.1	Bahamas
10.5	10.9	11.5	12.3	13.2	14.2	15.0	15.6	15.9	16.0	Barbados
7.7	8.2	8.9	9.7	10.7	11.8	13.1	14.6	16.3	17.8	Cuba
8.2	8.6	9.2	9.8	10.5	11.2	11.8	12.3	12.5	12.6	Curaçao
6.0	6.1	6.4	6.8	7.3	7.8	8.4	9.2	9.9	10.8	Dominican Republic
7.2	7.1	7.2	7.5	8.1	8.9	9.8	10.8	11.8	13.2	Grenada
7.1	7.3	7.7	8.4	9.1	10.0	10.9	11.9	12.9	13.7	Guadeloupe
8.9	8.4	8.1	8.1	8.2	8.5	9.0	9.6	10.3	11.2	Haiti
6.8	7.1	7.4	7.9	8.5	9.4	10.4	11.5	12.7	13.9	Jamaica
8.0	9.0	9.7	10.5	11.4	12.5	13.9	15.3	16.2	16.5	Martinique

表A. 29. 主要地域、地域および国別、粗死亡率：推計および低位予測値（続）

推計値：1960-2015

主要地域、地域および国	粗死亡率（人口千人あたり）									
	1960-1965	1965-1970	1970-1975	1975-1980	1980-1985	1985-1990	1990-1995	1995-2000	2000-2005	2005-2010
Puerto Rico	6.8	6.5	6.3	5.7	6.5	6.8	7.9	8.0	8.0	8.1
Saint Lucia	12.0	10.1	8.5	7.3	6.2	6.0	7.0	7.4	7.2	6.5
Saint Vincent and the Grenadines	11.9	9.4	8.3	8.0	7.1	6.7	6.7	7.1	7.5	7.3
Trinidad and Tobago	8.3	7.4	7.5	7.5	7.7	7.6	7.6	7.8	8.3	8.9
United States Virgin Islands	9.1	7.3	5.8	5.1	5.2	5.2	5.3	5.5	6.1	6.9
CENTRAL AMERICA	12.6	11.2	9.9	8.3	7.1	6.2	5.5	5.1	4.8	4.8
Belize	10.4	8.9	7.9	7.2	6.1	5.4	5.6	6.1	5.7	4.9
Costa Rica	9.1	7.4	6.0	5.1	4.4	4.1	4.0	4.0	4.1	4.4
El Salvador	15.9	14.0	12.5	12.0	11.2	9.1	7.4	7.0	6.8	6.7
Guatemala	18.0	15.8	13.5	12.2	10.9	9.3	7.9	6.8	5.9	5.6
Honduras	18.3	16.0	13.7	11.4	9.2	7.3	6.3	5.6	5.3	5.1
Mexico	11.5	10.4	9.2	7.5	6.3	5.7	5.2	4.7	4.6	4.6
Nicaragua	17.0	14.4	12.6	11.3	10.2	8.5	6.5	5.6	5.1	4.9
Panama	9.2	8.1	7.0	5.9	5.4	5.1	4.9	4.8	4.8	4.9
SOUTH AMERICA	12.3	10.9	9.6	8.9	8.1	7.4	6.9	6.3	6.0	6.0
Argentina	8.8	9.1	9.0	8.9	8.5	8.4	8.1	7.8	7.8	7.7
Bolivia	22.7	20.7	18.8	17.0	15.2	13.6	12.1	10.7	9.4	8.4
Brazil	12.6	10.8	9.5	9.0	8.3	7.5	6.9	6.2	5.9	5.9
Chile	11.6	10.2	8.8	7.8	7.1	6.4	5.9	5.5	5.2	5.1
Colombia	11.4	10.0	8.7	7.6	6.5	6.2	6.1	5.7	5.6	5.6
Ecuador	14.5	13.0	11.4	9.5	8.0	6.7	5.8	5.4	5.2	5.2
French Guiana	12.4	9.4	8.2	7.5	6.2	5.2	4.5	4.0	3.5	3.2
Guyana	9.3	8.9	8.7	8.6	8.7	9.1	8.6	8.4	7.8	7.7
Paraguay	7.9	7.6	7.0	6.9	6.8	6.6	6.2	6.0	5.6	5.6
Peru	17.6	15.7	12.7	10.9	9.1	7.8	6.9	6.1	5.6	5.5
Suriname	10.6	9.0	8.3	7.4	7.3	7.3	7.2	7.2	7.6	7.3
Uruguay	9.5	9.6	10.0	10.1	9.8	9.9	9.7	9.4	9.4	9.2
Venezuela (Bolivarian Republic of)	9.3	7.7	6.4	5.8	5.5	5.3	5.2	5.0	5.0	5.2
NORTHERN AMERICA	9.3	9.4	9.2	8.6	8.6	8.7	8.6	8.5	8.4	8.1
Canada	7.7	7.4	7.3	7.1	7.0	7.1	7.1	7.3	7.2	7.3
United States of America	9.5	9.6	9.4	8.8	8.8	8.9	8.7	8.6	8.5	8.2
OCEANIA	10.6	10.0	9.4	8.6	8.0	8.0	7.6	7.4	7.1	6.8
AUSTRALIA/NEW ZEALANC	8.6	8.6	8.3	7.8	7.4	7.4	7.1	7.1	6.8	6.7
Australia	8.6	8.7	8.3	7.7	7.3	7.3	7.1	7.0	6.8	6.6
New Zealand	8.7	8.4	8.3	8.1	8.1	8.3	7.6	7.5	7.1	6.9
MELANESIA	19.9	16.5	14.5	12.3	10.4	10.1	9.4	8.8	8.2	7.6
Fiji	10.5	8.9	8.1	7.5	6.9	6.5	6.2	6.0	6.2	6.5
New Caledonia	10.9	9.6	8.3	7.2	6.6	6.1	5.8	5.5	5.6	5.9
Papua New Guinea	22.6	18.7	16.2	13.6	11.2	10.9	10.1	9.5	8.7	7.9
Solomon Islands	15.0	13.8	12.8	11.1	10.3	11.6	10.0	8.4	7.0	6.3
Vanuatu	17.0	14.5	12.8	11.0	9.5	8.6	7.7	6.8	5.7	5.1
MICRONESIA	11.0	9.5	8.4	7.9	7.4	6.7	6.1	5.6	5.3	5.4
Guam	7.5	6.2	5.3	5.0	4.8	4.7	4.7	4.5	4.6	4.7
Kiribati	16.1	13.7	11.8	11.7	11.6	10.4	9.1	8.0	7.3	7.2
Micronesia (Fed. States of)	10.9	9.6	8.8	7.7	7.2	6.7	6.4	6.3	6.4	6.3
POLYNESIA	11.2	9.7	8.6	7.9	7.0	6.4	6.1	5.7	5.5	5.4
French Polynesia	10.5	9.2	8.2	7.4	6.1	5.6	5.4	4.9	4.8	4.8
Samoa	13.6	11.8	10.5	9.4	8.5	7.7	6.9	6.3	5.9	5.7
Tonga	8.5	7.2	6.2	6.1	6.0	5.8	6.1	6.2	6.3	6.2

表A. 29. 主要地域、地域および国別、粗死亡率：推計および低位予測値（続）

2015-2060：低位予測値

2010-2015	2015-2020	2020-2025	2025-2030	2030-2035	2035-2040	2040-2045	2045-2050	2050-2055	2055-2060	主要地域、地域および国
粗死亡率（人口千人あたり）										
7.9	8.0	8.4	8.9	9.5	10.4	11.3	12.3	13.3	14.4	Puerto Rico
7.2	7.3	7.7	8.2	8.8	9.6	10.5	11.6	12.6	13.7	Saint Lucia
7.0	7.4	7.9	8.7	9.7	10.8	12.0	13.2	14.3	15.3	Saint Vincent and the Grenadines
9.2	9.8	10.7	11.7	12.8	13.9	14.9	15.9	16.8	17.8	Trinidad and Tobago
7.4	8.1	9.0	10.0	11.2	12.4	13.3	14.0	14.5	14.8	United States Virgin Islands
4.9	5.0	5.2	5.5	5.9	6.4	7.0	7.8	8.6	9.6	**CENTRAL AMERICA**
5.6	5.5	5.6	5.9	6.4	7.0	7.6	8.4	9.1	10.0	Belize
4.7	5.1	5.5	6.1	6.8	7.6	8.5	9.6	10.7	11.7	Costa Rica
6.7	7.0	7.3	7.6	8.0	8.5	9.2	10.0	10.9	12.0	El Salvador
5.4	5.3	5.2	5.2	5.3	5.5	5.7	6.1	6.5	7.1	Guatemala
5.0	5.0	5.1	5.3	5.7	6.2	6.8	7.4	8.3	9.2	Honduras
4.8	4.9	5.1	5.4	5.9	6.5	7.1	8.0	8.9	9.9	Mexico
4.8	4.8	4.9	5.2	5.5	6.0	6.7	7.4	8.3	9.3	Nicaragua
5.0	5.1	5.4	5.7	6.2	6.7	7.3	7.9	8.7	9.5	Panama
6.1	6.3	6.5	7.0	7.5	8.1	8.8	9.6	10.4	11.4	**SOUTH AMERICA**
7.6	7.5	7.6	7.7	7.9	8.2	8.5	8.9	9.3	9.9	Argentina
7.6	7.2	7.0	7.0	7.1	7.2	7.5	7.9	8.4	9.0	Bolivia
6.1	6.3	6.7	7.2	7.8	8.6	9.4	10.3	11.3	12.4	Brazil
5.1	5.2	5.6	6.0	6.7	7.5	8.4	9.4	10.4	11.3	Chile
5.8	6.1	6.6	7.2	8.0	8.9	9.9	10.9	11.8	12.9	Colombia
5.2	5.1	5.2	5.5	5.8	6.2	6.7	7.3	8.0	8.7	Ecuador
3.2	3.0	3.1	3.2	3.6	3.9	4.4	4.8	5.2	5.6	French Guiana
8.0	8.5	9.2	10.0	10.9	11.9	12.7	13.2	13.5	13.9	Guyana
5.6	5.8	6.1	6.5	6.9	7.5	8.0	8.7	9.3	10.2	Paraguay
5.6	5.6	5.7	5.9	6.2	6.7	7.2	7.9	8.6	9.4	Peru
7.3	7.6	8.0	8.6	9.3	10.0	10.9	11.7	12.4	13.1	Suriname
9.3	9.4	9.5	9.7	9.9	10.2	10.7	11.1	11.7	12.4	Uruguay
5.5	5.7	6.0	6.4	6.9	7.5	8.1	8.8	9.5	10.2	Venezuela (Bolivarian Republic of)
8.1	8.4	8.7	9.1	9.8	10.4	11.0	11.4	11.6	11.6	**NORTHERN AMERICA**
7.3	7.5	7.8	8.4	9.2	10.1	10.9	11.6	12.0	12.1	Canada
8.2	8.5	8.8	9.2	9.8	10.4	11.0	11.4	11.6	11.6	United States of America
6.9	6.9	7.0	7.3	7.7	8.2	8.7	9.1	9.5	9.8	**OCEANIA**
6.7	6.8	6.9	7.2	7.8	8.4	8.9	9.3	9.6	9.8	**AUSTRALIA/NEW ZEALAND**
6.7	6.7	6.8	7.2	7.7	8.2	8.7	9.1	9.4	9.6	Australia
6.8	6.9	7.2	7.6	8.4	9.2	9.9	10.5	11.0	11.3	New Zealand
7.4	7.3	7.3	7.5	7.7	8.0	8.3	8.7	9.1	9.6	**MELANESIA**
6.8	7.2	7.8	8.5	9.2	9.9	10.6	11.3	11.9	12.7	Fiji
6.9	7.0	7.0	7.2	7.5	8.0	8.4	9.0	9.5	10.1	New Caledonia
7.7	7.5	7.5	7.6	7.8	8.1	8.4	8.8	9.2	9.7	Papua New Guinea
5.9	5.5	5.3	5.3	5.5	5.7	6.0	6.5	6.9	7.4	Solomon Islands
4.8	4.7	4.7	4.9	5.0	5.3	5.6	5.9	6.3	6.8	Vanuatu
5.5	5.6	5.9	6.4	6.9	7.5	8.1	8.6	9.2	9.8	**MICRONESIA**
4.8	4.9	5.2	5.5	6.0	6.7	7.4	8.2	8.8	9.3	Guam
7.1	6.8	6.8	6.9	7.2	7.6	8.0	8.2	8.4	8.8	Kiribati
6.2	6.1	6.2	6.5	6.7	7.0	7.1	7.4	7.9	8.8	Micronesia (Fed. States of)
5.6	5.7	5.9	6.3	6.7	7.2	7.7	8.3	8.9	9.4	**POLYNESIA**
5.5	5.8	6.2	6.8	7.4	8.2	9.1	10.0	10.9	11.8	French Polynesia
5.4	5.3	5.3	5.4	5.7	5.9	6.1	6.4	6.7	7.0	Samoa
6.1	5.9	5.8	5.8	6.0	6.2	6.4	6.7	7.1	7.4	Tonga

表A. 30. 主要地域、地域および国別、出生時の平均余命：推計および中位予測値、1960-2060年

推計値：1960-2015

主要地域、地域および国	出生時の平均余命（歳）									
	1960-1965	1965-1970	1970-1975	1975-1980	1980-1985	1985-1990	1990-1995	1995-2000	2000-2005	2005-2010
WORLD										
男	49.4	53.5	56.1	58.1	59.7	61.4	62.3	63.3	64.9	66.7
女	52.7	57.3	60.0	62.3	64.3	65.8	66.9	67.9	69.2	71.1
男女計	51.1	55.4	58.0	60.2	62.0	63.6	64.5	65.6	67.1	68.8
More developed regions										
男	66.3	66.9	67.5	68.2	69.0	70.2	70.2	70.9	71.8	73.4
女	72.4	73.6	74.5	75.6	76.5	77.4	78.0	78.5	79.3	80.4
男女計	69.4	70.3	71.1	72.0	72.8	73.9	74.1	74.7	75.6	76.9
Less developed regions										
男	45.0	50.2	53.6	56.0	57.9	59.7	60.8	62.0	63.7	65.4
女	47.1	52.7	56.0	58.7	61.1	62.9	64.2	65.5	66.9	68.9
男女計	46.0	51.4	54.8	57.3	59.4	61.2	62.5	63.7	65.3	67.1
Least developed countries										
男	39.8	42.1	43.2	44.5	47.6	49.4	50.2	52.6	55.1	58.3
女	42.2	44.5	45.5	47.4	50.0	51.9	52.7	54.9	57.3	60.7
男女計	40.9	43.3	44.3	45.9	48.8	50.6	51.4	53.7	56.2	59.5
Less developed regions, excluding least developed countries										
男	45.8	51.5	55.3	58.0	59.7	61.5	62.8	63.9	65.5	67.0
女	47.8	54.0	57.7	60.7	63.0	64.8	66.3	67.5	68.9	70.5
男女計	46.8	52.7	56.5	59.3	61.3	63.1	64.5	65.6	67.1	68.7
Less developed regions, excluding China										
男	46.2	48.9	51.1	53.4	55.3	57.1	58.5	60.0	61.5	63.4
女	47.8	50.8	53.4	56.1	58.6	60.4	62.0	63.5	65.0	67.0
男女計	47.0	49.9	52.2	54.7	56.9	58.7	60.2	61.7	63.2	65.1
High-income countries										
男	65.2	65.9	66.8	67.8	68.9	70.2	70.6	71.6	72.6	74.2
女	71.4	72.6	73.9	75.2	76.3	77.4	78.1	78.9	79.7	80.9
男女計	68.3	69.3	70.4	71.5	72.6	73.8	74.4	75.2	76.1	77.5
Middle-income countries										
男	45.8	51.3	54.7	57.4	59.0	60.9	62.0	63.2	64.8	66.3
女	47.8	53.8	57.2	60.2	62.3	64.1	65.6	66.8	68.2	69.9
男女計	46.8	52.5	55.9	58.7	60.6	62.4	63.7	64.9	66.4	68.0
Upper-middle-income countries										
男	45.9	53.8	58.8	61.9	63.4	65.3	66.3	67.4	69.3	70.6
女	49.1	57.8	62.5	65.6	68.0	69.7	70.8	72.0	73.5	74.9
男女計	47.4	55.8	60.6	63.7	65.6	67.4	68.5	69.6	71.3	72.6
Lower-middle-income countries										
男	45.8	48.7	50.8	53.6	55.5	57.2	58.6	60.0	61.4	63.1
女	46.7	49.8	52.3	55.6	57.8	59.5	61.3	62.9	64.4	66.2
男女計	46.3	49.2	51.5	54.5	56.6	58.3	59.9	61.4	62.9	64.6
Low-income countries										
男	38.2	40.4	42.3	42.2	45.7	47.4	47.6	49.2	51.8	55.6
女	41.0	43.2	45.2	45.7	48.7	50.4	50.6	52.1	54.3	58.3
男女計	39.6	41.8	43.7	43.9	47.2	48.9	49.1	50.7	53.1	56.9
Sub-Saharan Africa										
男	39.3	41.2	43.2	45.2	46.7	47.6	47.4	48.1	49.4	52.9
女	42.0	44.0	46.2	48.2	49.8	50.8	50.4	50.5	51.2	54.8
男女計	40.6	42.6	44.7	46.7	48.2	49.2	48.9	49.3	50.3	53.8
AFRICA										
男	40.9	43.0	45.0	47.1	48.9	50.2	50.2	50.9	52.2	55.3
女	43.6	45.7	47.9	50.1	52.1	53.4	53.4	53.6	54.4	57.6
男女計	42.2	44.3	46.4	48.6	50.5	51.8	51.7	52.2	53.3	56.5
Eastern Africa										
男	40.5	42.5	44.4	46.0	46.6	47.1	45.8	47.7	50.2	55.0
女	43.6	45.6	47.5	49.1	49.7	50.6	49.0	50.3	52.2	57.5
男女計	42.0	44.1	45.9	47.5	48.1	48.8	47.4	49.0	51.2	56.2
Burundi										
男	40.4	41.9	42.6	44.8	46.3	47.4	45.7	49.2	50.3	52.0
女	43.6	45.1	45.8	48.0	49.8	50.9	48.9	52.5	53.7	55.4
男女計	42.0	43.5	44.2	46.4	48.0	49.2	47.3	50.9	52.0	53.7
Comoros										
男	41.0	43.0	45.2	47.4	50.7	53.7	56.3	57.8	58.0	59.3
女	44.0	46.0	48.6	50.8	53.9	56.9	59.4	60.9	61.2	62.5
男女計	42.5	44.5	46.8	49.1	52.3	55.3	57.8	59.3	59.6	60.9
Djibouti										
男	43.9	46.0	49.4	51.0	53.2	54.6	55.4	55.4	55.9	57.6
女	46.5	48.7	52.4	54.1	56.2	57.7	58.7	58.7	58.8	60.5
男女計	45.2	47.3	50.9	52.6	54.7	56.1	57.0	57.0	57.3	59.1

表A. 30. 主要地域、地域および国別、出生時の平均余命：推計および中位予測値（続）

2015-2060：中位予測値

出生時の平均余命（歳）										主要地域、地域および国
2010-2015	2015-2020	2020-2025	2025-2030	2030-2035	2035-2040	2040-2045	2045-2050	2050-2055	2055-2060	
										WORLD
68.3	69.5	70.5	71.5	72.4	73.3	74.2	75.1	75.9	76.7	男
72.7	73.9	74.9	75.9	76.8	77.6	78.4	79.1	79.8	80.4	女
70.5	71.7	72.7	73.7	74.6	75.4	76.3	77.1	77.8	78.5	男女計
										More developed regions
75.1	76.0	76.9	77.8	78.7	79.5	80.3	81.1	81.8	82.5	男
81.5	82.1	82.8	83.5	84.1	84.7	85.3	85.8	86.4	86.9	女
78.3	79.1	79.9	80.7	81.4	82.1	82.8	83.5	84.1	84.8	男女計
										Less developed regions
66.9	68.2	69.3	70.3	71.3	72.3	73.2	74.2	75.1	75.9	男
70.7	72.0	73.1	74.2	75.3	76.3	77.1	78.0	78.7	79.4	女
68.8	70.0	71.2	72.2	73.2	74.2	75.1	76.0	76.8	77.6	男女計
										Least developed countries
60.7	62.5	64.0	65.4	66.6	67.8	68.9	69.9	70.8	71.6	男
63.6	65.6	67.2	68.7	70.1	71.4	72.6	73.7	74.7	75.6	女
62.2	64.0	65.6	67.0	68.3	69.6	70.7	71.7	72.7	73.6	男女計
										Less developed regions, excluding least developed countries
68.3	69.5	70.5	71.5	72.5	73.4	74.4	75.3	76.2	77.1	男
72.1	73.4	74.5	75.5	76.5	77.4	78.2	79.0	79.7	80.4	女
70.2	71.4	72.4	73.5	74.4	75.3	76.2	77.1	77.9	78.7	男女計
										Less developed regions, excluding China
65.1	66.4	67.5	68.6	69.7	70.6	71.6	72.5	73.4	74.3	男
69.1	70.5	71.7	72.9	74.0	75.0	75.9	76.8	77.6	78.3	女
67.0	68.4	69.6	70.7	71.8	72.8	73.7	74.6	75.5	76.3	男女計
										High-income countries
75.7	76.7	77.6	78.5	79.4	80.2	81.0	81.7	82.4	83.1	男
81.9	82.6	83.3	84.0	84.6	85.2	85.7	86.3	86.9	87.4	女
78.8	79.6	80.5	81.2	82.0	82.7	83.4	84.0	84.6	85.3	男女計
										Middle-income countries
67.7	68.9	69.9	70.9	71.8	72.8	73.7	74.6	75.6	76.4	男
71.5	72.7	73.8	74.8	75.8	76.7	77.6	78.3	79.1	79.8	女
69.5	70.7	71.8	72.8	73.8	74.7	75.6	76.5	77.3	78.1	男女計
										Upper-middle-income countries
71.8	72.8	73.9	74.9	76.0	77.1	78.2	79.2	80.3	81.2	男
76.0	77.0	77.9	78.8	79.6	80.5	81.3	82.1	82.8	83.5	女
73.8	74.8	75.8	76.8	77.8	78.7	79.7	80.7	81.5	82.3	男女計
										Lower-middle-income countries
64.6	65.8	66.9	67.9	68.8	69.7	70.6	71.5	72.4	73.3	男
68.1	69.5	70.7	71.8	72.8	73.8	74.7	75.6	76.4	77.2	女
66.3	67.6	68.7	69.8	70.8	71.7	72.6	73.5	74.4	75.2	男女計
										Low-income countries
58.7	60.9	62.5	64.0	65.5	66.8	68.0	69.0	70.0	71.0	男
61.9	64.2	66.0	67.7	69.3	70.8	72.0	73.1	74.2	75.1	女
60.3	62.5	64.3	65.9	67.4	68.8	70.0	71.1	72.1	73.0	男女計
										Sub-Saharan Africa
55.9	57.9	59.5	61.1	62.7	64.2	65.5	66.7	67.9	68.9	男
58.4	60.6	62.3	64.2	65.9	67.6	69.1	70.4	71.7	72.8	女
57.2	59.2	60.9	62.6	64.3	65.8	67.3	68.6	69.8	70.9	男女計
										AFRICA
58.2	59.9	61.4	62.9	64.3	65.6	66.9	68.0	69.1	70.1	男
60.9	62.8	64.5	66.1	67.7	69.2	70.6	71.8	73.0	74.0	女
59.5	61.4	62.9	64.5	66.0	67.4	68.7	69.9	71.0	72.0	男女計
										Eastern Africa
58.9	61.6	63.3	64.9	66.3	67.6	68.8	69.9	70.9	71.8	男
62.2	65.1	67.0	68.8	70.5	71.9	73.2	74.3	75.3	76.2	女
60.5	63.4	65.1	66.8	68.4	69.8	71.0	72.1	73.1	74.0	男女計
										Burundi
54.2	56.0	57.6	59.3	61.2	62.8	64.4	65.7	67.0	68.1	男
58.0	60.2	62.0	63.9	65.9	67.7	69.3	70.6	71.7	72.8	女
56.1	58.1	59.7	61.6	63.5	65.2	66.8	68.2	69.3	70.4	男女計
										Comoros
61.2	62.5	63.7	64.8	65.7	66.6	67.5	68.3	69.1	69.8	男
64.5	66.0	67.3	68.5	69.6	70.6	71.7	72.6	73.5	74.3	女
62.8	64.2	65.4	66.6	67.6	68.6	69.5	70.4	71.2	72.0	男女計
										Djibouti
60.0	61.1	62.1	63.0	63.8	64.7	65.4	66.1	66.8	67.6	男
63.2	64.4	65.6	66.6	67.6	68.5	69.5	70.4	71.2	72.1	女
61.6	62.7	63.8	64.7	65.6	66.6	67.4	68.2	69.0	69.8	男女計

表A. 30. 主要地域、地域および国別、出生時の平均余命：推計および中位予測値（続）

推計値：1960-2015

主要地域、地域および国	出生時の平均余命（歳）									
	1960-1965	1965-1970	1970-1975	1975-1980	1980-1985	1985-1990	1990-1995	1995-2000	2000-2005	2005-2010
Eritrea										
男	35.9	37.2	39.1	40.9	42.0	44.4	48.1	52.2	55.2	57.6
女	40.2	42.1	43.9	45.0	46.0	48.7	52.5	56.8	59.6	62.2
男女計	38.0	39.6	41.4	42.9	44.0	46.5	50.3	54.5	57.4	59.9
Ethiopia										
男	38.6	40.6	42.0	42.8	42.1	44.7	46.6	49.3	52.3	57.6
女	41.6	43.7	45.1	45.8	45.0	47.7	49.6	52.2	55.0	60.6
男女計	40.1	42.1	43.5	44.3	43.5	46.2	48.1	50.7	53.6	59.1
Kenya										
男	46.0	48.7	51.6	54.4	57.2	57.6	55.5	50.8	50.8	55.6
女	50.2	52.9	55.8	58.3	60.9	61.4	59.2	53.0	51.8	57.4
男女計	48.0	50.7	53.7	56.3	59.0	59.4	57.3	51.9	51.3	56.5
Madagascar										
男	40.3	42.7	45.1	47.2	48.7	48.9	51.4	55.5	58.8	60.8
女	42.2	44.5	46.9	49.1	50.7	51.0	54.0	57.9	61.3	63.7
男女計	41.2	43.5	46.0	48.1	49.7	49.9	52.7	56.7	60.0	62.2
Malawi										
男	37.8	38.8	41.0	42.9	44.3	43.1	42.4	43.6	45.3	51.7
女	39.0	40.2	42.5	44.6	46.4	45.7	44.4	44.4	45.2	53.2
男女計	38.4	39.5	41.8	43.8	45.4	44.5	43.4	44.0	45.2	52.5
Mauritius										
男	59.4	60.8	60.7	61.5	64.5	64.7	66.6	66.8	68.9	69.4
女	63.0	65.0	66.3	70.0	71.8	72.5	74.1	74.2	75.5	76.3
男女計	61.2	63.0	63.5	65.7	68.1	68.5	70.3	70.4	72.1	72.8
Mayotte										
男	54.0	57.5	60.5	63.2	65.6	67.7	69.6	71.4	73.0	74.5
女	61.5	65.4	68.6	71.3	73.7	75.7	77.5	79.1	80.6	81.9
男女計	57.1	60.7	63.9	66.6	69.0	71.1	73.1	74.9	76.5	78.0
Mozambique										
男	34.8	36.7	38.8	40.7	40.0	41.0	42.6	45.9	47.9	50.4
女	37.6	39.7	42.0	43.8	43.0	44.0	45.8	49.5	51.3	53.4
男女計	36.2	38.1	40.4	42.2	41.5	42.5	44.3	47.7	49.6	51.9
Réunion										
男	54.0	57.5	60.5	63.2	65.6	67.7	69.6	71.4	73.0	74.5
女	61.5	65.4	68.6	71.3	73.7	75.7	77.5	79.1	80.6	81.9
男女計	57.7	61.4	64.6	67.3	69.6	71.7	73.6	75.3	76.8	78.2
Rwanda										
男	41.4	42.5	43.0	44.3	47.9	44.5	20.8	39.8	44.9	54.8
女	44.6	45.7	46.2	47.3	51.3	50.3	25.6	49.7	55.6	63.4
男女計	43.0	44.1	44.6	45.8	49.6	47.3	23.1	44.5	50.1	59.2
Seychelles										
男	60.1	61.3	63.7	65.4	66.6	67.3	65.8	66.9	67.9	68.1
女	65.6	67.5	70.5	72.9	74.5	75.3	75.9	76.4	76.8	77.3
男女計	62.8	64.4	67.0	69.0	70.3	71.1	70.6	71.4	72.1	72.4
Somalia										
男	36.5	38.5	40.4	42.3	44.0	44.9	43.5	48.3	50.0	51.7
女	39.5	41.6	43.5	45.4	47.1	48.0	46.5	51.4	53.1	54.8
男女計	38.0	40.0	41.9	43.8	45.5	46.4	45.0	49.8	51.5	53.2
South Sudan										
男	31.4	33.5	35.3	37.3	38.1	40.4	44.0	46.9	49.1	51.3
女	34.1	36.3	38.2	40.2	40.9	43.3	46.7	49.5	51.3	53.3
男女計	32.7	34.8	36.7	38.7	39.5	41.8	45.3	48.2	50.2	52.3
Uganda										
男	43.8	46.6	47.7	47.8	47.0	44.3	42.2	43.2	48.1	53.3
女	47.0	49.7	50.7	50.8	50.6	48.6	46.1	45.8	50.1	55.2
男女計	45.4	48.1	49.1	49.3	48.7	46.4	44.1	44.5	49.2	54.3
United Republic of Tanzania										
男	42.6	44.2	46.0	48.3	49.1	49.3	47.9	48.4	52.2	58.1
女	46.0	47.5	49.4	51.7	52.4	52.5	50.4	49.8	53.3	59.4
男女計	44.3	45.8	47.7	49.9	50.7	50.9	49.2	49.1	52.8	58.7
Zambia										
男	44.6	46.3	48.6	49.9	48.7	44.3	41.2	41.5	45.2	52.7
女	47.6	49.4	51.8	53.3	52.6	48.7	44.4	43.4	46.3	54.3
男女計	46.1	47.8	50.2	51.6	50.6	46.5	42.8	42.5	45.8	53.5
Zimbabwe										
男	50.9	52.5	54.1	56.1	58.9	59.8	54.8	45.1	41.3	45.0
女	54.1	55.8	57.5	59.6	62.6	63.5	56.9	44.8	40.1	44.9
男女計	52.5	54.1	55.8	57.8	60.8	61.6	55.8	44.9	40.7	45.0
Middle Africa										
男	38.6	40.4	42.6	44.2	45.6	46.5	47.2	47.1	49.1	51.8
女	41.6	43.3	45.5	47.1	48.6	49.6	50.3	49.9	51.6	54.3
男女計	40.1	41.9	44.1	45.6	47.1	48.1	48.8	48.5	50.4	53.1

表A. 30. 主要地域、地域および国別、出生時の平均余命：推計および中位予測値（続）

2015-2060：中位予測値

出生時の平均余命（歳）										主要地域、地域および国
2010-2015	2015-2020	2020-2025	2025-2030	2030-2035	2035-2040	2040-2045	2045-2050	2050-2055	2055-2060	
										Eritrea
60.9	62.9	64.6	66.1	67.4	68.5	69.4	70.3	71.1	72.0	男
65.2	67.3	69.1	70.7	72.1	73.3	74.4	75.3	76.2	77.0	女
63.1	65.1	66.9	68.5	69.8	70.9	71.9	72.8	73.7	74.5	男女計
										Ethiopia
61.3	63.7	65.7	67.5	69.0	70.2	71.2	72.2	73.1	74.0	男
65.0	67.8	69.9	71.7	73.4	74.8	75.9	76.9	77.8	78.7	女
63.1	65.7	67.8	69.6	71.2	72.5	73.6	74.5	75.5	76.3	男女計
										Kenya
59.1	61.1	62.3	63.7	65.3	66.7	68.1	69.4	70.4	71.3	男
62.2	65.5	66.8	68.2	69.7	71.3	72.8	74.0	75.1	76.0	女
60.6	63.3	64.5	66.0	67.5	69.0	70.4	71.7	72.7	73.6	男女計
										Madagascar
63.0	64.9	66.5	68.0	69.2	70.3	71.2	72.1	73.0	73.9	男
66.0	68.0	69.8	71.5	72.9	74.1	75.2	76.1	77.1	77.8	女
64.5	66.4	68.2	69.7	71.0	72.2	73.2	74.1	75.0	75.9	男女計
										Malawi
59.9	64.9	66.5	68.1	69.5	70.7	71.8	72.8	73.7	74.4	男
62.0	66.6	69.1	71.5	73.2	74.6	75.8	76.8	77.6	78.3	女
61.0	65.8	67.8	69.8	71.3	72.7	73.8	74.8	75.6	76.3	男女計
										Mauritius
70.7	71.6	72.5	73.4	74.4	75.3	76.3	77.3	78.4	79.4	男
77.7	78.5	79.2	79.9	80.5	81.2	81.8	82.4	83.0	83.6	女
74.1	75.0	75.8	76.6	77.4	78.2	79.1	79.9	80.7	81.5	男女計
										Mayotte
76.0	77.6	79.1	80.4	81.4	82.2	83.0	83.7	84.4	85.1	男
82.9	83.9	84.8	85.6	86.4	87.2	87.9	88.6	89.3	90.0	女
79.3	80.6	81.9	83.0	83.9	84.7	85.5	86.2	86.9	87.6	男女計
										Mozambique
52.9	55.0	56.9	59.1	61.3	63.3	65.1	66.7	68.0	68.9	男
56.2	57.3	59.4	62.0	64.7	67.0	68.9	70.8	72.2	73.1	女
54.6	56.2	58.2	60.6	63.0	65.2	67.1	68.8	70.1	71.0	男女計
										Réunion
76.0	77.6	79.1	80.3	81.3	82.2	83.0	83.7	84.4	85.0	男
82.9	83.8	84.7	85.6	86.4	87.1	87.9	88.6	89.2	89.9	女
79.5	80.8	82.0	83.0	83.9	84.7	85.5	86.2	86.9	87.6	男女計
										Rwanda
59.7	63.4	65.3	67.0	68.6	69.9	71.0	72.0	72.9	73.8	男
66.3	68.3	70.3	71.9	73.5	74.9	76.0	77.0	77.8	78.7	女
63.1	66.0	67.9	69.6	71.2	72.5	73.6	74.6	75.5	76.3	男女計
										Seychelles
68.7	69.6	70.5	71.4	72.4	73.2	74.2	75.2	76.2	77.2	男
77.9	78.6	79.3	79.9	80.5	81.1	81.7	82.2	82.8	83.3	女
72.9	73.7	74.6	75.5	76.3	77.1	77.9	78.7	79.5	80.3	男女計
										Somalia
53.3	54.9	56.5	58.1	59.6	61.0	62.2	63.4	64.5	65.5	男
56.5	58.2	59.9	61.5	63.1	64.6	66.0	67.3	68.6	69.7	女
54.9	56.5	58.2	59.8	61.3	62.8	64.1	65.4	66.5	67.6	男女計
										South Sudan
54.1	56.1	58.0	59.6	61.2	62.6	63.7	64.8	65.7	66.6	男
56.0	58.1	60.1	61.9	63.6	65.0	66.4	67.5	68.5	69.5	女
55.1	57.1	59.0	60.8	62.4	63.8	65.0	66.1	67.1	68.0	男女計
										Uganda
55.7	58.9	60.5	61.7	63.1	64.4	65.6	66.8	67.9	68.9	男
58.8	63.1	64.7	66.3	67.9	69.3	70.4	71.5	72.5	73.5	女
57.2	61.0	62.6	63.9	65.5	66.8	68.0	69.1	70.2	71.2	男女計
										United Republic of Tanzania
62.6	65.2	66.9	68.3	69.4	70.5	71.5	72.4	73.2	73.9	男
65.6	67.7	69.5	71.3	72.8	74.0	75.0	76.0	76.8	77.5	女
64.0	66.4	68.2	69.8	71.1	72.2	73.2	74.2	75.0	75.7	男女計
										Zambia
57.2	60.0	61.7	63.2	64.7	66.1	67.5	68.7	69.7	70.6	男
60.3	64.7	66.4	69.0	71.0	72.6	73.9	74.9	75.6	76.3	女
58.8	62.3	64.0	66.0	67.8	69.3	70.6	71.8	72.6	73.4	男女計
										Zimbabwe
53.6	60.8	62.5	64.2	65.7	67.0	68.2	69.3	70.2	71.0	男
56.0	64.0	65.8	67.5	69.1	70.6	71.9	73.0	73.8	74.6	女
54.8	62.4	64.2	65.9	67.4	68.8	70.0	71.2	72.1	72.8	男女計
										Middle Africa
54.3	56.1	57.9	59.7	61.3	62.9	64.4	65.7	66.9	68.0	男
57.0	59.0	60.9	62.9	64.8	66.5	68.2	69.7	71.0	72.3	女
55.6	57.6	59.4	61.2	63.0	64.7	66.3	67.6	68.9	70.1	男女計

表A. 30. 主要地域、地域および国別、出生時の平均余命：推計および中位予測値（続）

推計値：1960-2015

主要地域、地域および国	出生時の平均余命（歳）									
	1960-1965	1965-1970	1970-1975	1975-1980	1980-1985	1985-1990	1990-1995	1995-2000	2000-2005	2005-2010
Angola										
男	32.5	34.5	36.5	38.3	39.0	39.2	39.5	41.9	45.9	48.2
女	35.5	37.6	39.6	41.3	41.9	43.1	43.4	44.8	48.6	51.0
男女計	34.0	36.0	38.0	39.8	40.4	41.1	41.4	43.3	47.2	49.6
Cameroon										
男	41.4	43.5	45.9	48.5	50.7	51.8	52.2	51.5	50.7	51.8
女	44.0	46.2	49.0	51.6	53.7	54.8	55.1	53.9	52.5	53.7
男女計	42.7	44.9	47.4	50.1	52.2	53.3	53.6	52.7	51.6	52.7
Central African Republic										
男	36.0	38.5	42.0	45.6	47.3	47.3	45.9	43.9	42.8	44.6
女	39.2	41.9	45.9	49.8	52.0	52.1	50.3	47.5	45.6	47.6
男女計	37.6	40.2	43.9	47.6	49.6	49.6	48.1	45.7	44.2	46.1
Chad										
男	36.9	38.8	41.2	43.0	44.3	45.6	45.9	46.5	46.8	47.9
女	40.6	41.6	43.8	45.0	46.5	47.7	48.4	48.9	48.5	49.5
男女計	38.7	40.1	42.5	44.0	45.4	46.6	47.1	47.6	47.7	48.7
Congo										
男	48.8	51.0	52.7	54.0	55.1	54.5	52.3	49.9	50.3	55.4
女	51.5	54.0	55.6	56.9	57.9	57.5	55.2	52.2	52.4	57.7
男女計	50.2	52.5	54.1	55.4	56.5	56.0	53.8	51.1	51.4	56.5
Democratic Republic of the Congo										
男	40.2	41.5	43.3	44.2	45.7	46.8	48.1	47.5	50.4	54.0
女	43.0	44.4	46.2	47.0	48.5	49.7	51.0	50.3	53.3	56.9
男女計	41.6	43.0	44.8	45.6	47.1	48.2	49.6	48.9	51.8	55.5
Equatorial Guinea										
男	36.0	37.5	39.0	40.5	43.9	45.7	47.7	49.9	51.6	53.5
女	39.0	40.6	42.1	43.6	47.2	48.8	50.9	52.9	54.1	55.9
男女計	37.5	39.0	40.5	42.1	45.6	47.2	49.2	51.3	52.8	54.6
Gabon										
男	38.9	43.1	47.2	51.3	55.4	59.2	59.8	59.5	58.9	61.1
女	42.1	46.2	50.4	54.5	58.6	62.2	62.5	61.1	58.8	60.3
男女計	40.5	44.6	48.8	52.9	57.0	60.7	61.2	60.3	58.9	60.8
Sao Tome and Principe										
男	50.5	53.0	56.2	58.9	58.8	59.6	60.4	61.2	62.0	63.6
女	53.5	56.0	58.5	61.5	62.4	63.2	64.0	64.8	65.6	67.4
男女計	51.8	54.4	57.4	60.2	60.6	61.4	62.2	63.0	63.8	65.5
Northern Africa										
男	47.4	49.8	51.8	54.7	57.9	61.0	62.6	64.2	65.5	67.0
女	49.8	52.5	54.7	57.9	61.7	64.8	66.6	68.3	69.7	71.1
男女計	48.6	51.2	53.2	56.3	59.8	62.9	64.6	66.2	67.6	69.0
Algeria										
男	46.6	48.7	50.6	54.0	60.1	64.4	65.6	67.7	69.2	71.0
女	48.0	50.3	52.4	55.9	63.0	67.3	68.8	70.6	73.3	75.2
男女計	47.3	49.5	51.5	54.9	61.6	65.9	67.2	69.2	71.2	73.1
Egypt										
男	47.9	49.9	51.1	54.7	57.7	61.2	63.1	65.6	66.7	67.6
女	50.7	53.3	54.8	58.9	62.2	65.9	67.9	70.4	71.4	72.2
男女計	49.3	51.6	53.0	56.8	59.9	63.5	65.4	68.0	69.0	69.9
Libya										
男	45.7	52.0	56.6	60.7	63.9	65.9	67.8	68.7	69.1	69.5
女	48.3	54.8	60.4	64.5	67.5	69.4	71.2	72.0	72.8	74.4
男女計	46.9	53.3	58.4	62.5	65.6	67.5	69.3	70.2	70.8	71.8
Morocco										
男	48.6	50.6	52.5	54.7	58.1	61.7	64.3	66.0	68.0	70.2
女	50.5	52.6	54.6	56.8	61.1	64.7	67.7	69.3	71.0	72.7
男女計	49.5	51.6	53.5	55.7	59.6	63.2	66.0	67.6	69.5	71.5
Sudan										
男	47.8	49.8	51.6	52.6	53.0	53.7	54.5	55.5	57.0	59.2
女	50.7	52.7	54.5	55.5	56.0	56.6	57.6	59.0	60.8	62.7
男女計	49.2	51.2	53.1	54.0	54.5	55.1	56.0	57.2	58.9	60.9
Tunisia										
男	42.8	47.3	53.0	58.5	62.8	65.4	68.1	70.1	71.4	72.3
女	44.8	49.4	55.2	60.3	65.9	69.1	72.7	75.0	76.3	77.0
男女計	43.7	48.3	54.1	59.4	64.3	67.1	70.3	72.4	73.7	74.6
Western Sahara										
男	38.0	39.9	41.9	46.2	50.5	54.8	57.3	59.8	62.3	64.3
女	41.0	43.0	45.1	49.4	53.7	58.1	60.6	63.1	65.8	68.1
男女計	39.3	41.2	43.3	47.6	51.9	56.2	58.7	61.3	63.9	66.0
Southern Africa										
男	47.8	49.3	50.8	52.5	55.1	57.4	58.7	56.0	50.7	51.0
女	51.7	54.1	56.2	58.5	61.7	64.4	65.4	61.2	53.6	53.5
男女計	49.7	51.6	53.5	55.4	58.3	60.8	62.0	58.6	52.2	52.3

表A. 30.　主要地域、地域および国別、出生時の平均余命：推計および中位予測値（続）

2015-2060：中位予測値

出生時の平均余命（歳）										主要地域、地域および国
2010-2015	2015-2020	2020-2025	2025-2030	2030-2035	2035-2040	2040-2045	2045-2050	2050-2055	2055-2060	
										Angola
50.2	52.2	54.0	55.8	57.7	59.5	61.1	62.7	64.2	65.5	男
53.2	55.2	57.2	59.2	61.2	63.2	65.0	66.8	68.3	69.8	女
51.7	53.7	55.6	57.5	59.4	61.3	63.1	64.7	66.2	67.6	男女計
										Cameroon
53.7	55.9	57.8	59.9	61.9	63.7	65.3	66.6	68.0	69.1	男
56.0	58.2	60.4	62.9	65.2	67.3	69.1	70.6	72.0	73.2	女
54.9	57.0	59.1	61.4	63.5	65.5	67.2	68.6	69.9	71.1	男女計
										Central African Republic
47.8	51.1	53.6	56.2	58.8	61.3	63.5	65.5	67.2	68.6	男
51.3	55.5	58.3	61.2	64.0	66.7	69.1	71.1	72.7	74.2	女
49.5	53.3	55.9	58.6	61.4	63.9	66.3	68.3	69.9	71.4	男女計
										Chad
50.1	51.4	52.8	54.3	55.7	57.1	58.6	60.1	61.5	63.0	男
52.2	53.6	55.1	56.7	58.3	59.9	61.5	63.1	64.8	66.3	女
51.1	52.5	54.0	55.5	57.0	58.5	60.0	61.6	63.1	64.6	男女計
										Congo
60.0	62.4	64.4	66.1	67.5	68.8	69.9	70.8	71.5	72.3	男
62.9	65.5	67.7	69.6	71.1	72.6	73.9	75.0	75.8	76.5	女
61.4	63.9	66.1	67.8	69.3	70.6	71.9	72.8	73.7	74.4	男女計
										Democratic Republic of the Congo
56.7	58.4	60.1	61.7	63.3	64.7	66.0	67.2	68.2	69.3	男
59.5	61.4	63.2	65.0	66.8	68.3	69.8	71.2	72.4	73.6	女
58.1	59.9	61.6	63.4	65.0	66.5	67.9	69.2	70.3	71.4	男女計
										Equatorial Guinea
55.9	57.3	58.9	60.7	62.6	64.3	66.0	67.5	68.9	70.1	男
58.6	60.0	61.8	63.9	66.1	68.2	70.1	72.0	73.7	75.0	女
57.1	58.6	60.3	62.2	64.2	66.2	67.9	69.6	71.2	72.4	男女計
										Gabon
63.2	65.1	66.6	68.0	69.3	70.3	71.1	71.9	72.6	73.3	男
64.1	67.0	68.9	70.7	72.4	73.7	74.9	75.8	76.5	77.2	女
63.7	66.0	67.7	69.3	70.7	71.9	72.9	73.7	74.5	75.2	男女計
										Sao Tome and Principe
64.2	64.8	65.4	65.9	66.4	66.9	67.4	67.8	68.3	68.8	男
68.2	69.0	69.7	70.4	71.1	71.8	72.4	73.0	73.6	74.2	女
66.2	66.9	67.6	68.2	68.8	69.3	69.8	70.4	70.9	71.4	男女計
										Northern Africa
68.6	69.6	70.5	71.4	72.3	73.2	74.0	74.9	75.7	76.5	男
72.4	73.6	74.6	75.5	76.4	77.3	78.0	78.7	79.4	80.0	女
70.5	71.6	72.5	73.4	74.3	75.2	76.0	76.8	77.5	78.2	男女計
										Algeria
72.1	73.4	74.5	75.7	76.7	77.8	78.9	79.9	81.1	82.1	男
76.8	78.0	79.0	79.9	80.8	81.5	82.2	82.9	83.6	84.2	女
74.4	75.6	76.7	77.7	78.7	79.6	80.5	81.4	82.3	83.2	男女計
										Egypt
68.7	69.6	70.4	71.2	72.1	72.8	73.7	74.6	75.4	76.3	男
73.1	74.1	75.1	75.9	76.7	77.5	78.3	79.0	79.6	80.3	女
70.8	71.8	72.7	73.5	74.4	75.1	75.9	76.7	77.5	78.2	男女計
										Libya
68.8	69.5	70.3	71.0	71.8	72.6	73.4	74.2	75.1	76.1	男
74.4	75.2	76.0	76.7	77.4	78.0	78.7	79.3	79.9	80.5	女
71.5	72.2	73.0	73.8	74.5	75.2	76.0	76.7	77.5	78.3	男女計
										Morocco
72.6	73.8	74.8	75.8	76.8	77.7	78.6	79.5	80.5	81.4	男
74.6	76.0	77.2	78.2	79.1	80.0	80.7	81.5	82.1	82.7	女
73.6	74.9	76.0	77.0	78.0	78.9	79.7	80.5	81.3	82.1	男女計
										Sudan
61.6	62.6	63.7	64.6	65.5	66.4	67.2	67.9	68.6	69.2	男
64.6	65.8	67.1	68.2	69.3	70.3	71.2	72.1	73.0	73.8	女
63.1	64.2	65.3	66.4	67.4	68.3	69.2	70.0	70.8	71.5	男女計
										Tunisia
72.3	73.2	74.1	74.9	75.8	76.6	77.4	78.2	79.1	79.9	男
77.0	77.9	78.6	79.2	79.9	80.4	81.0	81.5	82.0	82.5	女
74.6	75.5	76.3	77.1	77.8	78.5	79.2	79.9	80.6	81.3	男女計
										Western Sahara
65.9	67.5	69.0	70.1	71.2	72.4	73.4	74.4	75.5	76.6	男
69.8	71.6	73.2	74.5	75.7	76.7	77.7	78.6	79.5	80.3	女
67.6	69.3	70.8	72.1	73.2	74.3	75.4	76.4	77.4	78.4	男女計
										Southern Africa
55.0	55.8	57.4	59.3	61.1	62.9	64.7	66.2	67.4	68.4	男
59.0	59.2	60.4	62.3	64.3	66.3	68.3	70.2	71.6	72.6	女
57.1	57.7	59.1	61.0	62.9	64.7	66.5	68.2	69.5	70.5	男女計

表A. 30. 主要地域、地域および国別、出生時の平均余命：推計および中位予測値（続）

推計値：1960-2015

主要地域、地域および国	出生時の平均余命（歳）									
	1960-1965	1965-1970	1970-1975	1975-1980	1980-1985	1985-1990	1990-1995	1995-2000	2000-2005	2005-2010
Botswana										
男	49.7	51.5	54.1	57.2	59.6	60.7	59.1	50.5	48.1	59.0
女	53.3	55.0	57.8	61.2	63.7	64.8	62.7	52.8	49.9	63.2
男女計	51.6	53.4	56.1	59.3	61.7	62.8	61.0	51.7	49.0	61.1
Lesotho										
男	46.4	47.2	48.5	50.9	53.9	56.0	58.5	51.2	43.6	45.3
女	49.0	49.7	51.0	53.4	56.5	58.5	61.4	53.1	43.7	45.8
男女計	47.8	48.5	49.8	52.2	55.3	57.3	60.0	52.2	43.7	45.6
Namibia										
男	46.3	49.2	52.0	54.9	56.6	58.1	58.8	56.2	51.4	57.2
女	50.6	53.2	55.9	58.0	61.1	63.2	63.6	60.5	55.4	62.9
男女計	48.4	51.2	53.9	56.5	58.9	60.7	61.2	58.4	53.4	60.1
South Africa										
男	48.0	49.5	51.0	52.5	55.1	57.5	58.8	56.6	51.2	50.8
女	52.0	54.5	56.6	58.8	62.0	64.9	66.0	62.2	54.4	53.4
男女計	50.0	51.9	53.7	55.5	58.4	61.0	62.3	59.3	52.8	52.2
Swaziland										
男	43.1	44.7	47.6	50.7	54.0	56.8	57.5	51.8	45.6	47.6
女	47.0	48.6	51.5	54.5	57.9	60.1	60.4	53.8	45.9	47.1
男女計	45.0	46.7	49.6	52.6	56.0	58.5	59.0	52.8	45.8	47.4
Western Africa										
男	36.7	38.6	40.9	43.5	45.8	46.8	47.3	47.8	49.0	52.1
女	38.8	40.7	43.1	45.7	48.0	49.0	49.4	49.2	50.2	53.2
男女計	37.8	39.6	42.0	44.6	46.9	47.9	48.3	48.5	49.6	52.6
Benin										
男	37.8	39.8	41.3	43.3	45.2	49.0	52.4	52.6	54.3	56.8
女	39.0	42.2	46.3	49.5	51.6	54.6	57.0	56.9	57.7	59.6
男女計	38.4	41.0	43.8	46.3	48.4	51.8	54.8	54.8	56.0	58.2
Burkina Faso										
男	34.6	37.0	39.1	42.2	47.2	48.3	48.1	48.3	50.5	54.5
女	36.7	39.2	41.5	44.6	49.5	50.5	50.4	51.3	52.6	57.0
男女計	35.6	38.0	40.3	43.4	48.4	49.5	49.3	49.9	51.6	55.8
Cabo Verde										
男	48.2	51.0	53.9	57.3	60.7	63.0	65.0	67.3	68.9	70.6
女	50.6	53.7	56.8	60.3	63.9	66.2	68.2	70.4	72.3	74.1
男女計	49.5	52.4	55.4	58.9	62.4	64.7	66.7	69.0	70.7	72.5
Côte d'Ivoire										
男	37.6	40.5	44.1	47.5	49.8	50.9	49.7	47.2	45.9	48.5
女	39.8	42.9	47.7	51.3	53.8	55.0	53.5	48.1	47.6	50.0
男女計	38.7	41.6	45.8	49.2	51.6	52.8	51.4	47.6	46.7	49.2
Gambia										
男	31.6	34.6	38.9	43.0	47.0	50.1	51.5	53.1	55.8	57.5
女	34.1	37.1	41.4	45.6	49.6	52.7	54.1	55.7	57.9	60.0
男女計	32.8	35.8	40.0	44.2	48.2	51.3	52.7	54.3	56.8	58.7
Ghana										
男	46.5	48.1	48.8	50.4	51.9	54.3	56.6	56.2	56.7	59.2
女	47.3	49.2	51.3	52.9	54.3	56.3	58.9	57.8	58.3	60.9
男女計	46.9	48.6	50.0	51.6	53.0	55.3	57.8	57.0	57.5	60.0
Guinea										
男	34.3	35.1	36.2	38.7	41.9	46.8	50.5	51.4	51.3	53.8
女	36.5	37.3	38.7	41.1	44.3	49.0	52.0	51.8	51.3	55.2
男女計	35.4	36.1	37.4	39.9	43.1	47.9	51.3	51.6	51.3	54.5
Guinea-Bissau										
男	37.1	39.1	41.0	43.0	44.7	46.1	47.8	49.4	51.2	51.6
女	40.2	42.2	44.0	46.0	48.5	50.3	52.2	52.8	52.5	54.5
男女計	38.6	40.6	42.5	44.5	46.6	48.2	49.9	51.1	51.9	53.0
Liberia										
男	33.2	36.1	39.1	42.7	45.2	45.4	45.7	51.9	51.6	57.2
女	37.8	39.9	42.7	46.5	48.9	49.5	49.8	53.3	53.2	59.0
男女計	35.4	37.9	40.8	44.5	47.0	47.3	47.7	52.6	52.4	58.1
Mali										
男	27.8	29.9	33.3	36.8	40.7	45.1	47.5	48.3	50.7	55.1
女	29.5	31.7	35.1	38.6	42.4	45.2	47.2	47.8	50.0	54.6
男女計	28.6	30.8	34.2	37.7	41.6	45.2	47.3	48.0	50.3	54.9
Mauritania										
男	44.6	47.0	49.1	51.3	54.4	56.5	57.5	58.3	58.6	59.7
女	45.8	48.9	51.5	54.2	57.1	59.0	60.2	61.4	61.9	62.9
男女計	45.2	47.9	50.3	52.7	55.8	57.8	58.9	59.9	60.3	61.3
Niger										
男	35.7	36.0	36.6	37.9	40.7	42.5	45.2	48.9	52.5	55.6
女	35.7	36.1	36.8	38.3	40.9	42.9	45.7	49.0	52.4	55.8
男女計	35.7	36.0	36.8	38.2	40.8	42.7	45.5	48.9	52.4	55.6

表A. 30. 主要地域、地域および国別、出生時の平均余命：推計および中位予測値（続）

2015-2060：中位予測値

出生時の平均余命（歳）										主要地域、地域および国
2010-2015	2015-2020	2020-2025	2025-2030	2030-2035	2035-2040	2040-2045	2045-2050	2050-2055	2055-2060	
										Botswana
61.8	62.4	64.2	65.5	66.6	67.7	68.7	69.7	70.7	71.6	男
66.5	66.9	68.4	69.6	70.6	71.5	72.4	73.3	74.1	75.0	女
64.1	64.6	66.3	67.5	68.6	69.6	70.5	71.5	72.4	73.3	男女計
										Lesotho
49.2	50.3	52.2	54.4	56.8	59.2	61.6	63.8	65.3	66.3	男
49.6	50.2	52.3	54.8	57.6	60.5	63.4	66.3	68.0	69.0	女
49.5	50.4	52.4	54.7	57.3	59.9	62.5	65.0	66.6	67.6	男女計
										Namibia
61.6	62.8	64.0	65.2	66.4	67.6	68.7	69.8	70.9	71.9	男
67.0	67.6	68.5	69.6	70.6	71.7	72.7	73.8	74.9	75.9	女
64.3	65.3	66.3	67.5	68.6	69.7	70.8	71.9	72.9	73.9	男女計
										South Africa
54.9	55.7	57.3	59.2	61.1	62.9	64.6	66.1	67.3	68.3	男
59.1	59.3	60.4	62.2	64.2	66.2	68.2	70.1	71.5	72.6	女
57.1	57.7	59.1	60.9	62.8	64.7	66.5	68.2	69.4	70.4	男女計
										Swaziland
49.7	49.5	51.1	53.2	55.4	57.5	59.5	61.4	63.0	64.4	男
48.5	47.7	49.4	52.1	55.1	58.0	60.8	63.3	65.3	67.0	女
49.2	48.7	50.4	52.7	55.4	57.8	60.2	62.3	64.1	65.7	男女計
										Western Africa
54.4	55.9	57.5	59.0	60.4	61.8	63.1	64.3	65.5	66.6	男
55.6	57.3	59.0	60.7	62.3	63.8	65.3	66.7	68.0	69.3	女
55.0	56.6	58.3	59.8	61.3	62.8	64.2	65.5	66.7	67.9	男女計
										Benin
57.8	58.8	59.8	60.7	61.5	62.3	63.1	63.8	64.5	65.2	男
60.6	61.8	62.9	63.9	64.8	65.7	66.6	67.4	68.2	69.0	女
59.2	60.3	61.3	62.3	63.2	64.0	64.8	65.6	66.3	67.1	男女計
										Burkina Faso
56.7	58.5	60.0	61.5	62.8	64.1	65.1	66.0	66.9	67.8	男
59.3	61.1	62.9	64.5	65.9	67.2	68.4	69.4	70.4	71.4	女
58.1	59.8	61.5	63.0	64.4	65.7	66.7	67.7	68.6	69.6	男女計
										Cabo Verde
71.1	72.2	73.2	74.3	75.3	76.3	77.3	78.3	79.4	80.4	男
74.7	75.9	77.1	78.1	79.0	79.9	80.7	81.4	82.2	82.9	女
73.0	74.2	75.3	76.4	77.3	78.2	79.1	79.9	80.8	81.7	男女計
										Côte d'Ivoire
50.2	52.0	54.0	56.0	58.0	60.0	62.0	63.8	65.5	67.1	男
51.9	53.8	55.8	57.9	60.0	62.2	64.3	66.4	68.3	70.2	女
51.0	52.8	54.9	56.9	59.0	61.1	63.1	65.1	66.9	68.6	男女計
										Gambia
58.5	59.7	60.9	61.8	62.7	63.4	64.1	64.7	65.4	66.0	男
61.2	62.5	63.7	64.7	65.7	66.6	67.4	68.1	68.9	69.6	女
59.8	61.1	62.3	63.3	64.2	65.0	65.8	66.4	67.1	67.8	男女計
										Ghana
60.1	61.0	61.8	62.5	63.2	63.9	64.6	65.2	65.8	66.4	男
62.0	63.0	64.0	65.0	65.9	66.8	67.6	68.4	69.2	70.0	女
61.0	62.0	62.9	63.8	64.6	65.4	66.1	66.8	67.5	68.1	男女計
										Guinea
57.6	59.6	61.5	63.4	65.2	66.7	68.2	69.5	70.7	71.8	男
58.5	60.7	62.8	64.9	66.8	68.7	70.3	71.9	73.2	74.4	女
58.0	60.2	62.2	64.1	66.0	67.7	69.3	70.7	71.9	73.1	男女計
										Guinea-Bissau
53.0	54.4	55.8	57.0	58.3	59.5	60.6	61.6	62.6	63.5	男
56.5	58.0	59.5	60.7	62.1	63.4	64.6	65.7	66.7	67.8	女
54.7	56.2	57.6	58.8	60.2	61.4	62.5	63.6	64.6	65.6	男女計
										Liberia
59.3	61.0	62.6	64.0	65.3	66.4	67.4	68.1	68.9	69.5	男
61.2	63.1	64.9	66.4	67.8	69.1	70.2	71.2	72.1	72.9	女
60.3	62.0	63.7	65.2	66.6	67.7	68.8	69.6	70.4	71.2	男女計
										Mali
57.4	59.8	62.1	64.2	66.1	67.8	69.3	70.6	71.7	72.7	男
57.0	59.6	62.1	64.5	66.6	68.5	70.3	71.8	73.1	74.3	女
57.2	59.7	62.1	64.4	66.4	68.1	69.8	71.2	72.4	73.5	男女計
										Mauritania
61.3	62.1	62.7	63.3	63.9	64.4	65.0	65.5	66.0	66.6	男
64.3	65.2	66.0	66.8	67.4	68.1	68.8	69.5	70.1	70.8	女
62.8	63.6	64.3	65.0	65.6	66.2	66.9	67.5	68.0	68.6	男女計
										Niger
59.9	61.9	63.7	65.3	66.6	67.7	68.7	69.5	70.2	70.8	男
61.6	63.8	65.8	67.5	69.0	70.3	71.5	72.4	73.3	74.1	女
60.7	62.8	64.7	66.4	67.7	69.0	70.1	70.9	71.7	72.4	男女計

表A. 30. 主要地域、地域および国別、出生時の平均余命：推計および中位予測値（続）

推計値：1960-2015

主要地域、地域および国	出生時の平均余命（歳）									
	1960-1965	1965-1970	1970-1975	1975-1980	1980-1985	1985-1990	1990-1995	1995-2000	2000-2005	2005-2010
Nigeria										
男	37.2	39.1	41.2	43.5	45.2	45.2	45.1	45.7	46.9	49.9
女	39.6	41.4	43.4	45.6	47.3	47.2	47.2	47.0	47.8	50.5
男女計	38.3	40.2	42.2	44.5	46.2	46.2	46.1	46.3	47.3	50.2
Senegal										
男	37.8	37.6	40.0	45.4	49.9	54.5	56.0	55.7	57.3	60.8
女	39.4	39.3	41.9	47.7	52.7	57.6	59.2	58.8	60.6	63.6
男女計	38.6	38.4	40.9	46.5	51.3	56.0	57.6	57.2	58.9	62.2
Sierra Leone										
男	29.5	31.4	36.7	39.4	40.7	38.9	35.2	35.9	40.1	45.1
女	32.5	33.9	36.9	40.0	41.1	39.4	36.7	37.5	42.6	46.7
男女計	31.0	32.6	36.8	39.7	40.9	39.1	36.0	36.7	41.3	45.9
Togo										
男	40.9	43.8	46.6	49.3	51.8	53.8	54.9	52.9	53.0	55.0
女	42.9	46.3	49.6	52.6	55.4	57.1	56.6	54.5	54.7	56.3
男女計	41.9	45.0	48.1	50.9	53.6	55.4	55.8	53.7	53.9	55.7
ASIA										
男	45.4	51.5	55.3	58.0	60.0	62.0	63.5	64.9	66.9	68.4
女	47.3	53.8	57.5	60.5	63.0	64.9	66.7	68.4	70.2	72.0
男女計	46.3	52.6	56.4	59.2	61.4	63.4	65.1	66.6	68.5	70.1
Eastern Asia										
男	45.1	54.6	60.8	64.6	66.7	67.8	68.5	69.6	72.1	73.6
女	48.2	58.9	64.3	68.0	70.3	71.6	72.7	74.0	76.0	77.7
男女計	46.6	56.7	62.6	66.3	68.5	69.7	70.6	71.7	74.0	75.6
China										
男	42.9	53.1	59.8	63.8	65.9	67.1	67.7	68.9	71.4	72.9
女	45.5	57.1	62.8	66.6	69.0	70.3	71.2	72.5	74.4	76.1
男女計	44.1	55.1	61.3	65.2	67.4	68.6	69.4	70.6	72.9	74.4
China, Hong Kong SAR										
男	64.9	67.0	69.0	70.8	72.4	73.9	75.3	76.6	78.5	79.4
女	72.2	74.1	75.9	77.4	78.8	80.1	81.2	82.3	84.3	85.4
男女計	68.8	70.9	72.8	74.2	75.7	76.9	78.2	79.4	81.3	82.4
China, Macao SAR										
男	64.1	66.1	67.9	69.6	71.1	72.4	73.6	74.8	75.8	76.8
女	67.7	70.0	72.0	73.9	75.5	77.0	78.3	79.5	80.6	81.6
男女計	66.1	68.3	70.1	71.8	73.3	74.7	76.0	77.1	78.1	79.2
Dem. People's Republic of Korea										
男	48.4	53.9	58.2	61.5	63.5	65.0	65.8	59.3	64.2	64.8
女	54.6	60.1	64.6	67.9	69.8	71.3	73.3	67.4	71.5	71.8
男女計	51.6	57.2	61.7	65.0	67.1	68.6	70.0	63.5	68.1	68.4
Japan										
男	66.5	68.7	70.5	72.6	74.1	75.5	76.3	77.1	78.3	79.1
女	71.5	73.9	75.8	77.9	79.6	81.3	82.4	83.7	85.2	86.0
男女計	69.0	71.3	73.1	75.3	76.9	78.5	79.4	80.5	81.8	82.6
Mongolia										
男	48.7	51.7	54.2	54.5	55.0	57.3	58.2	59.5	60.8	62.4
女	52.9	56.1	58.8	59.3	59.7	62.0	63.5	64.3	67.7	70.3
男女計	50.7	53.9	56.4	56.8	57.3	59.6	60.8	61.8	64.1	66.1
Republic of Korea										
男	52.3	55.8	59.5	60.9	63.2	66.2	68.7	71.1	73.8	76.5
女	57.6	62.1	67.1	69.2	71.8	74.6	77.0	78.7	80.8	83.2
男女計	54.9	58.8	63.2	64.9	67.4	70.4	72.9	74.9	77.4	80.0
Other non-specified areas										
男	62.6	64.5	67.1	68.5	70.0	71.1	71.9	72.5	74.2	75.2
女	67.7	69.6	72.1	73.6	74.8	76.1	77.4	78.3	80.0	81.5
男女計	65.0	66.9	69.4	70.8	72.1	73.3	74.4	75.2	76.9	78.2
South-Central Asia										
男	44.3	47.4	50.0	52.9	54.5	56.8	59.2	61.1	63.0	64.7
女	43.6	46.9	49.7	53.4	56.0	58.1	60.7	63.1	65.1	67.1
男女計	43.9	47.1	49.8	53.2	55.2	57.4	59.9	62.1	64.1	65.8
Central Asia										
男	54.7	56.6	58.2	59.2	60.7	62.3	61.0	60.1	61.2	62.4
女	63.1	65.1	66.6	67.6	69.1	70.1	69.0	68.7	69.7	70.7
男女計	58.9	60.9	62.5	63.6	65.0	66.3	65.0	64.3	65.4	66.5
Kazakhstan										
男	54.3	56.3	57.8	58.9	60.5	62.4	60.5	57.5	59.1	60.2
女	64.8	66.8	68.4	69.4	71.0	72.3	70.3	69.0	70.4	71.5
男女計	59.5	61.7	63.3	64.3	65.9	67.5	65.5	63.0	64.6	65.7

表A. 30.　主要地域、地域および国別、出生時の平均余命：推計および中位予測値（続）

2015-2060:中位予測値

出生時の平均余命（歳）										主要地域、地域および国
2010-2015	2015-2020	2020-2025	2025-2030	2030-2035	2035-2040	2040-2045	2045-2050	2050-2055	2055-2060	
										Nigeria
52.0	53.3	54.8	56.1	57.4	58.9	60.1	61.4	62.8	64.0	男
52.6	54.1	55.7	57.2	58.8	60.4	61.8	63.3	64.7	66.2	女
52.3	53.7	55.2	56.7	58.1	59.6	61.0	62.3	63.7	65.1	男女計
										Senegal
63.9	65.8	67.4	68.9	70.2	71.4	72.5	73.7	74.8	75.9	男
67.6	69.6	71.4	73.1	74.5	75.7	76.9	77.9	78.9	79.7	女
65.8	67.8	69.5	71.1	72.4	73.6	74.8	75.9	76.9	77.9	男女計
										Sierra Leone
49.7	51.5	53.3	55.1	56.9	58.4	59.8	61.1	62.2	63.3	男
50.7	52.7	54.7	56.5	58.4	60.1	61.7	63.1	64.4	65.6	女
50.2	52.1	54.0	55.8	57.6	59.2	60.7	62.1	63.3	64.4	男女計
										Togo
58.3	60.3	62.0	63.6	65.0	66.3	67.5	68.6	69.6	70.5	男
59.7	61.9	63.9	65.7	67.4	69.0	70.4	71.7	72.8	73.9	女
59.0	61.1	62.9	64.7	66.2	67.7	69.0	70.1	71.2	72.2	男女計
										ASIA
69.7	70.9	71.9	72.9	73.8	74.7	75.6	76.4	77.3	78.2	男
73.6	74.8	75.9	76.9	77.9	78.7	79.5	80.2	80.8	81.4	女
71.6	72.8	73.9	74.9	75.8	76.7	77.5	78.3	79.0	79.8	男女計
										Eastern Asia
74.7	75.7	76.8	77.8	78.8	79.8	80.8	81.9	83.0	84.0	男
78.6	79.6	80.5	81.3	82.0	82.8	83.5	84.2	85.0	85.6	女
76.6	77.6	78.6	79.5	80.4	81.3	82.2	83.1	84.0	84.8	男女計
										China
74.0	75.0	76.1	77.2	78.3	79.4	80.5	81.7	82.8	83.9	男
77.0	78.1	79.1	80.0	80.9	81.8	82.6	83.4	84.1	84.8	女
75.4	76.5	77.5	78.6	79.6	80.5	81.5	82.5	83.5	84.4	男女計
										China, Hong Kong SAR
80.9	81.7	82.4	83.1	83.8	84.5	85.1	85.6	86.2	86.8	男
86.6	87.4	88.1	88.8	89.5	90.1	90.7	91.4	91.9	92.5	女
83.7	84.5	85.3	86.0	86.7	87.4	88.1	88.7	89.3	89.9	男女計
										China, Macao SAR
78.1	79.3	80.6	81.8	82.8	83.6	84.4	85.1	85.8	86.4	男
82.5	83.4	84.2	85.0	85.7	86.4	87.1	87.8	88.4	89.1	女
80.3	81.3	82.4	83.4	84.3	85.1	85.8	86.5	87.2	87.8	男女計
										Dem. People's Republic of Korea
66.3	67.5	68.6	69.7	70.8	71.9	72.9	74.0	75.0	76.1	男
73.3	74.5	75.7	76.7	77.7	78.5	79.3	80.1	80.9	81.6	女
69.9	71.1	72.2	73.3	74.3	75.2	76.1	77.1	78.0	78.9	男女計
										Japan
80.0	80.8	81.5	82.3	83.0	83.6	84.2	84.9	85.5	86.0	男
86.5	87.3	88.0	88.7	89.4	90.1	90.7	91.3	91.9	92.5	女
83.3	84.1	84.8	85.5	86.2	86.8	87.5	88.1	88.7	89.3	男女計
										Mongolia
64.8	66.4	68.0	69.4	70.8	72.0	73.3	74.6	75.9	77.0	男
73.3	74.9	76.4	77.6	78.7	79.7	80.6	81.4	82.2	82.8	女
68.9	70.5	72.1	73.5	74.7	75.8	76.9	78.0	79.0	79.9	男女計
										Republic of Korea
78.0	79.5	80.6	81.5	82.4	83.2	84.0	84.7	85.4	86.0	男
84.6	85.7	86.7	87.7	88.5	89.3	90.0	90.7	91.4	92.1	女
81.4	82.8	83.7	84.6	85.5	86.3	87.0	87.7	88.4	89.0	男女計
										Other non-specified areas
76.4	77.6	78.8	80.0	81.1	82.0	82.8	83.5	84.1	84.8	男
82.3	83.0	83.8	84.5	85.2	85.8	86.4	87.0	87.6	88.2	女
79.3	80.3	81.3	82.2	83.1	83.9	84.6	85.2	85.8	86.5	男女計
										South-Central Asia
66.3	67.7	69.0	70.0	71.0	72.0	72.9	73.7	74.7	75.6	男
69.3	70.9	72.2	73.4	74.5	75.6	76.5	77.4	78.2	79.0	女
67.8	69.2	70.5	71.7	72.7	73.7	74.6	75.5	76.4	77.2	男女計
										Central Asia
64.5	65.1	65.7	66.3	66.9	67.5	68.1	68.7	69.3	70.0	男
72.3	73.0	73.6	74.3	74.9	75.5	76.1	76.7	77.3	77.8	女
68.4	69.0	69.7	70.3	70.9	71.5	72.1	72.7	73.3	73.9	男女計
										Kazakhstan
64.3	64.9	65.5	66.1	66.7	67.4	68.0	68.7	69.4	70.2	男
73.9	74.5	75.2	75.8	76.4	76.9	77.5	78.0	78.6	79.1	女
69.1	69.7	70.3	70.9	71.5	72.2	72.8	73.4	74.1	74.7	男女計

表A. 30. 主要地域、地域および国別、出生時の平均余命：推計および中位予測値（続）

推計値：1960-2015

主要地域、地域および国	出生時の平均余命（歳）									
	1960-1965	1965-1970	1970-1975	1975-1980	1980-1985	1985-1990	1990-1995	1995-2000	2000-2005	2005-2010
Kyrgyzstan										
男	53.1	55.2	56.9	58.0	59.7	62.1	62.1	62.0	62.7	62.7
女	61.5	63.7	65.3	66.5	68.1	69.8	70.3	70.0	70.6	71.1
男女計	57.3	59.6	61.3	62.4	64.0	66.1	66.3	65.9	66.6	66.7
Tajikistan										
男	54.8	56.9	58.4	59.5	60.2	61.0	58.6	59.3	60.9	64.3
女	59.6	61.6	63.1	64.1	65.3	66.2	66.0	67.0	68.6	71.0
男女計	57.2	59.3	60.8	61.9	62.8	63.7	62.2	62.9	64.4	67.3
Turkmenistan										
男	52.0	54.0	55.6	56.6	58.1	59.3	58.8	59.7	60.4	60.6
女	59.1	61.2	62.7	63.8	65.3	66.3	66.6	67.6	68.2	68.9
男女計	55.5	57.6	59.2	60.2	61.8	62.8	62.7	63.6	64.2	64.7
Uzbekistan										
男	56.5	58.5	60.1	61.1	62.6	64.0	63.0	63.6	63.9	64.4
女	63.5	65.5	67.0	68.1	69.6	70.5	69.4	70.0	70.5	70.9
男女計	60.0	62.1	63.7	64.7	66.2	67.3	66.2	66.8	67.2	67.6
Southern Asia										
男	43.9	47.1	49.7	52.7	54.3	56.6	59.1	61.2	63.1	64.8
女	42.9	46.2	49.1	52.9	55.5	57.6	60.3	62.9	65.0	66.9
男女計	43.4	46.6	49.4	52.8	54.9	57.0	59.7	62.0	64.0	65.8
Afghanistan										
男	32.7	34.9	37.1	39.6	42.8	46.8	50.7	53.1	54.9	57.0
女	34.2	36.4	38.7	41.2	44.4	48.7	52.8	55.3	57.1	59.2
男女計	33.4	35.6	37.8	40.4	43.6	47.7	51.8	54.2	56.0	58.0
Bangladesh										
男	46.9	49.1	46.3	52.0	54.1	56.7	59.6	63.6	66.2	68.2
女	47.5	49.6	46.3	52.4	54.5	57.3	60.4	64.0	67.3	70.0
男女計	47.2	49.3	46.3	52.2	54.3	57.0	60.0	63.8	66.7	69.0
Bhutan										
男	33.1	35.3	39.0	43.2	47.0	50.6	54.5	58.4	62.7	66.3
女	33.6	35.4	38.8	42.9	46.6	50.3	54.4	58.4	63.0	66.9
男女計	33.4	35.3	38.9	43.1	46.8	50.5	54.5	58.4	62.9	66.7
India										
男	43.4	46.6	49.8	52.6	54.8	56.6	58.7	60.8	62.7	64.5
女	42.0	45.4	49.0	52.6	55.1	57.0	59.7	62.4	64.5	66.5
男女計	42.7	46.0	49.4	52.6	54.9	56.7	59.2	61.6	63.6	65.5
Iran (Islamic Republic of)										
男	46.9	49.2	52.5	56.2	45.2	55.8	66.2	68.2	70.0	71.0
女	45.8	49.2	52.9	57.2	61.3	64.8	67.5	69.9	72.3	74.6
男女計	46.4	49.2	52.7	56.7	52.1	60.0	66.9	69.0	71.1	72.7
Maldives										
男	38.8	42.5	46.6	51.4	56.4	60.2	63.5	67.2	71.1	74.6
女	38.9	42.1	45.7	49.7	54.4	58.4	63.7	68.1	73.7	76.8
男女計	38.9	42.4	46.1	50.6	55.4	59.3	63.6	67.6	72.1	75.7
Nepal										
男	36.0	38.9	41.7	44.6	47.9	51.6	55.6	59.5	62.9	65.5
女	36.3	39.3	42.2	45.2	48.7	52.6	57.1	61.5	65.2	68.1
男女計	36.2	39.1	42.0	44.9	48.3	52.1	56.4	60.5	64.1	66.8
Pakistan										
男	47.4	51.2	54.1	55.9	57.3	58.7	60.1	61.4	62.5	63.5
女	47.7	51.4	54.2	56.5	58.4	60.1	61.5	62.9	64.3	65.4
男女計	47.5	51.3	54.2	56.1	57.8	59.3	60.8	62.1	63.4	64.4
Sri Lanka										
男	58.2	61.2	63.5	65.3	66.9	65.7	66.9	65.7	69.6	70.6
女	63.1	65.2	67.2	68.9	71.8	72.7	73.5	72.9	77.2	77.8
男女計	60.3	62.9	65.2	67.0	69.1	68.9	70.0	69.1	73.2	74.1
South-Eastern Asia										
男	50.9	53.5	54.4	55.7	59.8	61.9	63.2	64.4	65.4	66.5
女	54.8	57.6	59.0	60.5	64.1	66.5	68.2	69.6	70.8	72.2
男女計	52.8	55.5	56.7	58.0	61.9	64.2	65.7	66.9	68.0	69.3
Brunei Darussalam										
男	62.5	64.6	66.5	68.1	69.6	70.9	72.1	73.2	74.2	75.1
女	65.3	67.4	69.4	71.1	72.6	74.0	75.3	76.4	77.5	78.4
男女計	63.8	65.9	67.8	69.5	70.9	72.3	73.5	74.7	75.7	76.7
Cambodia										
男	39.7	40.1	35.3	11.9	42.8	49.6	51.9	54.2	58.5	62.7
女	43.2	44.0	40.7	18.1	47.3	54.4	56.6	58.6	63.0	67.4
男女計	41.4	42.0	37.8	14.5	45.1	52.0	54.3	56.4	60.8	65.1
Indonesia										
男	48.9	51.9	54.8	57.3	59.5	61.0	62.7	64.2	64.9	65.6
女	51.6	54.3	57.1	59.6	61.8	63.8	65.7	67.4	68.5	69.8
男女計	50.2	53.1	55.9	58.5	60.7	62.4	64.2	65.8	66.7	67.7

表A. 30. 主要地域、地域および国別、出生時の平均余命：推計および中位予測値（続）

2015-2060：中位予測値

出生時の平均余命（歳）										主要地域、地域および国
2010-2015	2015-2020	2020-2025	2025-2030	2030-2035	2035-2040	2040-2045	2045-2050	2050-2055	2055-2060	
										Kyrgyzstan
66.4	66.9	67.5	68.0	68.7	69.3	69.9	70.6	71.3	72.0	男
74.3	74.9	75.6	76.2	76.8	77.3	77.8	78.4	78.9	79.4	女
70.3	70.9	71.5	72.1	72.7	73.3	73.9	74.5	75.1	75.7	男女計
										Tajikistan
65.9	66.6	67.3	67.9	68.5	69.2	69.9	70.5	71.2	71.9	男
72.8	73.7	74.5	75.2	75.9	76.5	77.2	77.8	78.3	78.9	女
69.1	69.9	70.7	71.4	72.1	72.8	73.5	74.2	74.8	75.4	男女計
										Turkmenistan
61.3	62.0	62.6	63.2	63.8	64.4	65.0	65.5	66.0	66.6	男
69.7	70.4	71.1	71.8	72.4	73.1	73.7	74.3	74.9	75.5	女
65.4	66.1	66.8	67.4	68.0	68.7	69.3	69.8	70.4	71.0	男女計
										Uzbekistan
64.9	65.4	65.9	66.4	66.8	67.2	67.6	68.2	68.7	69.2	男
71.6	72.3	72.9	73.5	74.1	74.6	75.2	75.8	76.3	76.9	女
68.2	68.8	69.4	69.9	70.4	70.9	71.4	71.9	72.5	73.0	男女計
										Southern Asia
66.4	67.8	69.1	70.2	71.2	72.1	73.0	73.9	74.9	75.8	男
69.2	70.8	72.2	73.4	74.5	75.6	76.5	77.4	78.2	79.0	女
67.7	69.2	70.6	71.7	72.8	73.8	74.7	75.6	76.5	77.4	男女計
										Afghanistan
58.7	60.3	61.8	63.0	64.1	65.0	65.9	66.7	67.4	68.1	男
61.1	62.8	64.4	65.7	66.9	68.0	69.0	69.9	70.7	71.5	女
59.8	61.5	63.0	64.3	65.5	66.4	67.4	68.2	69.0	69.7	男女計
										Bangladesh
69.9	71.6	73.0	74.2	75.1	75.9	76.7	77.4	78.2	79.0	男
72.3	74.3	75.8	77.0	77.9	78.7	79.4	80.0	80.6	81.2	女
71.0	72.9	74.4	75.5	76.5	77.3	78.0	78.7	79.4	80.1	男女計
										Bhutan
68.6	70.4	71.7	72.8	73.8	74.7	75.6	76.5	77.3	78.2	男
69.1	71.0	72.7	74.0	75.2	76.2	77.2	78.0	78.8	79.5	女
68.9	70.7	72.2	73.4	74.5	75.5	76.4	77.2	78.0	78.8	男女計
										India
66.1	67.7	69.0	70.1	71.2	72.2	73.2	74.1	75.2	76.2	男
68.9	70.6	72.2	73.5	74.7	75.8	76.8	77.8	78.6	79.5	女
67.5	69.1	70.5	71.7	72.9	73.9	74.9	75.9	76.9	77.8	男女計
										Iran (Islamic Republic of)
74.0	74.7	75.5	76.1	76.8	77.5	78.2	78.9	79.6	80.4	男
76.2	77.1	77.8	78.4	79.1	79.7	80.2	80.7	81.2	81.7	女
75.1	75.9	76.6	77.3	77.9	78.6	79.2	79.8	80.4	81.0	男女計
										Maldives
75.4	76.7	77.7	78.7	79.7	80.6	81.5	82.4	83.3	84.0	男
77.4	78.6	79.5	80.4	81.1	81.7	82.4	83.0	83.6	84.1	女
76.4	77.6	78.6	79.5	80.4	81.2	82.0	82.7	83.4	84.0	男女計
										Nepal
67.6	69.4	70.8	72.1	73.2	74.2	75.3	76.3	77.3	78.3	男
70.5	72.3	74.0	75.4	76.5	77.5	78.5	79.3	80.1	80.9	女
69.0	70.9	72.4	73.7	74.9	76.0	77.0	78.0	78.9	79.7	男女計
										Pakistan
65.0	65.8	66.5	67.2	67.9	68.5	69.2	69.8	70.4	71.0	男
66.8	67.8	68.8	69.6	70.5	71.3	72.2	73.0	73.8	74.6	女
65.9	66.8	67.6	68.4	69.2	69.9	70.7	71.3	72.1	72.8	男女計
										Sri Lanka
71.2	72.2	73.1	74.1	75.1	76.1	77.2	78.1	79.2	80.2	男
78.0	78.8	79.6	80.3	81.0	81.7	82.4	83.0	83.6	84.2	女
74.6	75.5	76.4	77.3	78.2	79.0	79.8	80.7	81.5	82.3	男女計
										South-Eastern Asia
67.5	68.4	69.3	70.1	70.8	71.6	72.3	73.0	73.8	74.6	男
73.2	74.2	75.0	75.9	76.7	77.4	78.1	78.7	79.3	80.0	女
70.3	71.2	72.1	72.9	73.7	74.4	75.2	75.8	76.5	77.2	男女計
										Brunei Darussalam
76.6	77.8	78.9	80.0	81.1	82.3	83.3	84.2	85.0	85.7	男
80.4	81.3	82.2	83.0	83.7	84.5	85.2	85.9	86.6	87.2	女
78.4	79.5	80.5	81.5	82.4	83.4	84.2	85.0	85.7	86.4	男女計
										Cambodia
65.5	67.7	69.7	71.4	73.0	74.3	75.6	76.8	77.9	79.0	男
69.6	71.9	74.1	76.0	77.4	78.6	79.7	80.6	81.5	82.2	女
67.6	69.9	72.0	73.8	75.3	76.6	77.7	78.8	79.8	80.7	男女計
										Indonesia
66.6	67.4	68.2	68.9	69.5	70.1	70.8	71.5	72.1	73.0	男
70.7	71.7	72.6	73.5	74.3	75.0	75.8	76.5	77.2	77.9	女
68.6	69.5	70.3	71.1	71.9	72.5	73.3	73.9	74.6	75.4	男女計

表A. 30. 主要地域、地域および国別、出生時の平均余命：推計および中位予測値（続）

推計値：1960-2015

主要地域、地域および国	出生時の平均余命（歳）									
	1960-1965	1965-1970	1970-1975	1975-1980	1980-1985	1985-1990	1990-1995	1995-2000	2000-2005	2005-2010
Lao People's Democratic Republic										
男	42.4	44.0	45.6	47.1	48.6	51.2	53.5	56.1	59.0	61.8
女	45.7	47.0	48.5	49.7	51.1	53.6	56.2	58.9	61.7	64.5
男女計	44.0	45.5	47.0	48.4	49.9	52.4	54.8	57.5	60.3	63.2
Malaysia										
男	60.1	62.3	64.2	65.8	67.2	68.4	69.5	70.4	71.3	71.7
女	61.7	64.4	66.8	68.7	70.5	72.0	73.3	74.4	75.4	76.1
男女計	60.9	63.3	65.4	67.2	68.8	70.1	71.3	72.3	73.3	73.8
Myanmar										
男	41.4	47.1	49.4	51.6	53.6	55.6	57.4	59.2	60.9	62.2
女	47.2	52.3	54.4	56.4	58.3	60.1	61.8	63.4	65.0	66.3
男女計	44.2	49.6	51.9	54.0	55.9	57.8	59.6	61.3	62.9	64.3
Philippines										
男	57.4	58.5	59.6	59.5	60.5	62.1	63.0	63.5	63.9	64.4
女	59.9	61.7	63.3	63.9	65.4	67.4	68.6	69.4	70.2	70.9
男女計	58.6	60.1	61.4	61.7	62.9	64.7	65.7	66.4	67.0	67.5
Singapore										
男	63.4	64.3	66.0	68.2	70.3	72.9	74.8	75.3	76.7	78.7
女	70.0	70.8	72.8	74.3	75.7	77.1	79.2	80.1	81.8	83.7
男女計	66.4	67.2	69.1	71.0	72.9	74.9	77.0	77.7	79.2	81.2
Thailand										
男	53.7	55.9	58.2	60.5	62.8	66.9	66.8	66.5	67.7	69.8
女	58.5	60.6	63.3	66.2	68.9	72.7	73.7	74.3	74.9	76.6
男女計	56.0	58.2	60.7	63.3	65.7	69.8	70.2	70.3	71.2	73.1
Timor-Leste										
男	34.4	36.9	39.2	30.0	39.2	45.0	49.0	56.0	60.0	65.2
女	35.6	38.1	40.7	32.5	40.7	48.0	52.0	58.0	63.0	67.6
男女計	35.0	37.5	40.0	31.2	39.9	46.5	50.5	57.0	61.5	66.4
Viet Nam										
男	56.8	57.9	52.7	61.6	63.6	65.3	66.6	67.9	68.9	69.7
女	64.4	67.1	63.5	70.6	72.5	74.2	75.9	77.5	78.7	79.7
男女計	60.5	62.3	57.8	66.1	68.1	69.8	71.2	72.7	73.8	74.7
Western Asia										
男	48.2	51.8	54.9	58.0	59.5	62.7	64.4	66.4	68.3	69.4
女	52.3	55.9	59.4	62.7	65.9	68.3	70.2	72.1	73.5	74.7
男女計	50.2	53.9	57.1	60.3	62.6	65.4	67.2	69.2	70.8	72.0
Armenia										
男	63.9	66.0	67.5	67.3	67.7	65.8	64.5	66.8	69.1	70.6
女	70.1	72.2	73.6	73.6	73.8	70.8	71.5	73.4	76.0	77.3
男女計	67.0	69.2	70.8	70.6	70.9	68.4	68.1	70.2	72.7	74.0
Azerbaijan										
男	58.3	60.3	61.8	61.2	61.0	62.2	59.4	62.5	65.0	67.1
女	65.5	67.5	69.0	68.7	68.6	69.8	68.5	69.6	70.4	73.1
男女計	62.1	64.1	65.6	65.1	65.0	66.1	63.8	66.0	67.8	70.1
Bahrain										
男	52.7	59.0	63.6	67.0	69.4	70.8	72.0	73.2	74.2	74.9
女	58.5	63.8	67.7	70.3	72.1	73.2	74.1	75.1	75.9	76.7
男女計	55.3	61.1	65.4	68.4	70.5	71.8	72.9	74.0	75.0	75.7
Cyprus										
男	68.4	69.9	71.2	72.3	73.2	74.1	74.9	75.6	76.3	76.9
女	72.5	73.9	75.2	76.3	77.3	78.2	79.0	79.8	80.5	81.1
男女計	70.4	71.9	73.2	74.3	75.3	76.1	76.9	77.7	78.3	79.0
Georgia										
男	60.7	62.6	64.1	65.6	65.6	66.5	66.1	67.2	68.9	70.0
女	68.4	70.3	71.8	73.3	73.2	74.0	73.8	74.7	76.1	77.2
男女計	64.7	66.7	68.2	69.6	69.6	70.5	70.1	71.1	72.6	73.7
Iraq										
男	51.5	56.8	59.5	61.3	53.0	60.9	64.3	66.5	66.9	65.1
女	50.3	55.9	59.5	62.1	66.3	68.4	70.6	71.9	71.0	71.2
男女計	50.9	56.4	59.5	61.7	59.0	64.5	67.4	69.1	68.9	68.0
Israel										
男	69.6	70.3	71.0	71.9	72.9	74.0	75.2	76.3	77.5	78.7
女	72.5	73.4	74.2	75.2	76.4	77.6	79.0	80.3	81.5	82.7
男女計	71.0	71.8	72.6	73.5	74.6	75.8	77.1	78.3	79.6	80.8
Jordan										
男	54.2	57.6	60.8	63.7	65.9	67.9	69.1	70.0	70.8	71.5
女	55.1	59.3	63.0	66.4	68.8	70.6	71.9	72.8	73.8	74.6
男女計	54.6	58.4	61.9	65.0	67.3	69.1	70.4	71.3	72.2	73.0
Kuwait										
男	61.0	63.7	65.8	67.6	69.4	70.9	71.7	72.2	72.6	72.9
女	63.4	66.4	68.6	70.2	71.7	72.9	73.6	74.1	74.5	74.9
男女計	61.9	64.7	66.9	68.7	70.3	71.6	72.4	72.9	73.3	73.7

表A. 30. 主要地域、地域および国別、出生時の平均余命：推計および中位予測値（続）

2015-2060：中位予測値

出生時の平均余命（歳）										主要地域、地域および国
2010-2015	2015-2020	2020-2025	2025-2030	2030-2035	2035-2040	2040-2045	2045-2050	2050-2055	2055-2060	
										Lao People's Democratic Republic
64.1	66.1	68.0	69.7	71.1	72.5	73.7	74.8	75.9	76.9	男
66.8	69.1	71.1	73.0	74.7	76.1	77.4	78.4	79.4	80.2	女
65.5	67.6	69.6	71.4	72.9	74.4	75.6	76.6	77.7	78.6	男女計
										Malaysia
72.2	73.0	73.8	74.7	75.5	76.4	77.3	78.3	79.2	80.1	男
76.9	77.7	78.5	79.3	80.0	80.7	81.3	82.0	82.6	83.2	女
74.5	75.3	76.1	77.0	77.7	78.5	79.3	80.1	80.9	81.7	男女計
										Myanmar
63.6	64.4	65.1	65.8	66.4	67.0	67.6	68.1	68.7	69.3	男
67.7	68.6	69.5	70.3	71.0	71.7	72.5	73.2	73.8	74.5	女
65.6	66.5	67.3	68.0	68.7	69.4	70.0	70.6	71.2	71.8	男女計
										Philippines
64.7	65.4	66.0	66.6	67.2	67.8	68.4	69.1	69.7	70.5	男
71.6	72.4	73.1	73.9	74.6	75.3	75.9	76.6	77.2	77.8	女
68.0	68.7	69.4	70.1	70.8	71.4	72.0	72.7	73.4	74.1	男女計
										Singapore
79.6	80.6	81.5	82.4	83.1	83.9	84.6	85.3	85.9	86.5	男
85.6	86.7	87.5	88.3	89.1	89.9	90.6	91.2	91.8	92.5	女
82.6	83.7	84.6	85.4	86.2	86.9	87.6	88.3	88.9	89.5	男女計
										Thailand
70.8	71.8	72.8	73.8	74.8	75.9	76.9	77.9	79.0	80.0	男
77.6	78.5	79.3	80.0	80.8	81.5	82.1	82.8	83.3	83.9	女
74.1	75.1	76.0	76.9	77.8	78.6	79.5	80.3	81.1	82.0	男女計
										Timor-Leste
66.1	67.5	68.8	69.9	70.8	71.7	72.6	73.4	74.3	75.2	男
69.5	71.1	72.5	73.7	74.7	75.7	76.5	77.3	78.1	78.8	女
67.7	69.3	70.6	71.7	72.7	73.6	74.5	75.3	76.1	76.9	男女計
										Viet Nam
70.7	71.7	72.6	73.6	74.6	75.6	76.7	77.7	78.8	79.7	男
80.3	80.8	81.3	81.9	82.4	82.9	83.5	84.0	84.5	85.1	女
75.6	76.3	77.0	77.8	78.5	79.3	80.1	80.9	81.7	82.4	男女計
										Western Asia
70.0	71.3	72.2	73.0	73.9	74.8	75.7	76.4	77.2	77.9	男
75.6	76.6	77.4	78.2	78.9	79.5	80.2	80.7	81.2	81.7	女
72.7	73.8	74.7	75.5	76.3	77.1	77.8	78.5	79.1	79.7	男女計
										Armenia
70.7	71.5	72.2	73.0	73.9	74.7	75.6	76.4	77.4	78.3	男
78.4	79.0	79.6	80.1	80.7	81.3	81.8	82.4	82.9	83.5	女
74.4	75.4	76.1	76.8	77.5	78.3	79.0	79.7	80.4	81.1	男女計
										Azerbaijan
67.5	68.0	68.4	68.9	69.3	69.9	70.5	71.1	71.7	72.4	男
73.8	74.4	75.0	75.6	76.2	76.7	77.3	77.9	78.5	79.0	女
70.6	71.1	71.7	72.2	72.7	73.3	73.9	74.5	75.1	75.6	男女計
										Bahrain
75.6	76.2	76.9	77.6	78.3	79.1	79.8	80.6	81.3	82.2	男
77.4	78.1	78.8	79.5	80.1	80.7	81.3	81.9	82.4	82.9	女
76.4	77.1	77.7	78.4	79.1	79.8	80.5	81.2	81.8	82.5	男女計
										Cyprus
77.7	78.7	79.7	80.7	81.7	82.7	83.4	84.1	84.7	85.3	男
82.2	82.9	83.5	84.2	84.8	85.4	86.0	86.6	87.1	87.7	女
79.9	80.8	81.6	82.4	83.3	84.0	84.7	85.3	85.9	86.5	男女計
										Georgia
70.9	71.7	72.5	73.4	74.2	75.1	76.0	77.0	77.9	78.9	男
78.1	78.8	79.5	80.1	80.8	81.3	81.9	82.5	83.1	83.7	女
74.6	75.4	76.1	76.9	77.6	78.3	79.1	79.8	80.6	81.4	男女計
										Iraq
67.0	67.7	68.4	69.1	69.6	70.3	70.9	71.5	72.1	72.8	男
71.4	72.3	73.2	73.9	74.6	75.3	76.0	76.6	77.2	77.8	女
69.2	70.0	70.8	71.5	72.1	72.7	73.4	74.0	74.6	75.3	男女計
										Israel
80.2	81.3	82.5	83.4	84.1	84.8	85.6	86.2	86.9	87.5	男
83.8	84.6	85.3	86.0	86.7	87.4	88.1	88.7	89.4	90.0	女
82.1	83.0	83.9	84.7	85.5	86.1	86.8	87.5	88.1	88.7	男女計
										Jordan
72.2	72.9	73.6	74.3	75.1	75.9	76.6	77.4	78.3	79.1	男
75.5	76.3	77.1	77.9	78.6	79.3	79.9	80.5	81.1	81.7	女
73.8	74.6	75.3	76.0	76.8	77.5	78.2	78.9	79.6	80.4	男女計
										Kuwait
73.3	73.8	74.2	74.7	75.3	75.8	76.4	77.0	77.7	78.4	男
75.6	76.2	76.9	77.5	78.1	78.7	79.2	79.8	80.4	80.9	女
74.3	74.8	75.4	76.0	76.5	77.1	77.7	78.3	78.9	79.6	男女計

表A. 30.　主要地域、地域および国別、出生時の平均余命：推計および中位予測値（続）

推計値：1960-2015

主要地域、地域および国	出生時の平均余命（歳）									
	1960-1965	1965-1970	1970-1975	1975-1980	1980-1985	1985-1990	1990-1995	1995-2000	2000-2005	2005-2010
Lebanon										
男	62.3	63.7	65.0	65.9	66.7	67.9	69.6	71.7	73.9	76.0
女	65.8	67.2	68.6	69.4	70.1	71.3	72.5	74.8	77.4	79.7
男女計	64.0	65.4	66.7	67.6	68.4	69.6	71.0	73.2	75.6	77.7
Oman										
男	43.8	47.4	51.0	55.8	60.2	63.9	66.7	69.2	71.4	73.2
女	45.6	49.7	53.5	58.9	63.7	67.6	70.7	73.3	75.5	77.5
男女計	44.7	48.6	52.3	57.4	61.9	65.6	68.5	70.9	73.2	75.1
Qatar										
男	61.2	65.3	68.7	70.9	72.5	73.7	74.5	75.1	75.6	76.0
女	65.0	68.4	71.2	73.0	74.5	75.7	76.6	77.4	78.1	78.7
男女計	62.9	66.6	69.7	71.7	73.3	74.4	75.2	75.9	76.4	76.9
Saudi Arabia										
男	45.0	48.3	53.6	59.0	63.3	66.4	68.3	70.1	71.6	72.1
女	49.1	52.3	57.5	62.8	66.8	69.6	72.1	73.8	74.4	74.7
男女計	47.0	50.2	55.5	60.8	64.9	67.9	70.0	71.7	72.9	73.3
State of Palestine										
男	48.9	52.3	55.7	59.3	62.8	65.5	67.3	68.7	69.5	69.9
女	52.8	56.1	59.3	62.8	66.1	68.7	70.4	71.9	72.9	73.8
男女計	50.8	54.1	57.4	61.0	64.4	67.1	68.9	70.3	71.1	71.8
Syrian Arab Republic										
男	53.8	56.8	60.4	63.5	66.3	68.4	69.5	70.3	70.9	72.0
女	54.5	57.9	61.8	65.2	68.0	70.3	72.1	74.0	75.7	77.3
男女計	54.2	57.3	61.1	64.3	67.1	69.3	70.8	72.1	73.2	74.4
Turkey										
男	44.4	48.2	50.9	54.0	56.8	59.6	61.8	64.7	68.0	69.9
女	50.2	53.5	56.7	60.3	63.9	66.7	69.4	72.5	74.9	76.9
男女計	47.2	50.8	53.8	57.0	60.2	63.0	65.5	68.5	71.4	73.4
United Arab Emirates										
男	52.3	57.7	61.8	65.1	67.6	69.7	71.3	72.7	74.0	75.2
女	57.4	62.1	65.7	68.4	70.6	72.3	73.6	74.9	76.3	77.3
男女計	54.8	59.6	63.4	66.3	68.7	70.7	72.2	73.5	74.8	75.9
Yemen										
男	33.6	37.9	41.9	46.6	51.5	55.2	57.1	58.5	59.7	60.8
女	35.9	40.4	44.7	49.5	54.5	58.2	60.0	61.3	62.4	63.4
男女計	34.7	39.1	43.3	48.1	53.0	56.8	58.6	59.8	61.0	62.0
EUROPE										
男	66.0	66.5	66.9	67.0	67.5	68.9	68.4	68.9	69.6	71.3
女	72.0	73.2	74.1	74.8	75.6	76.5	76.8	77.3	78.0	79.3
男女計	69.2	70.0	70.6	71.0	71.6	72.8	72.6	73.1	73.8	75.3
Eastern Europe										
男	64.7	64.9	64.7	63.9	63.7	65.2	63.1	62.5	62.4	64.1
女	71.4	72.5	73.1	73.2	73.4	74.1	73.6	73.4	73.8	75.1
男女計	68.4	69.0	69.2	68.8	68.7	69.8	68.3	67.8	67.9	69.5
Belarus										
男	66.0	66.7	66.4	66.0	65.4	66.5	64.0	62.0	62.3	63.6
女	71.6	73.3	73.9	74.2	74.4	75.7	74.8	73.1	73.7	75.2
男女計	69.1	70.4	70.5	70.4	70.1	71.4	69.5	67.4	67.8	69.3
Bulgaria										
男	68.4	69.0	69.0	68.7	68.6	68.3	67.7	67.4	68.7	69.4
女	71.9	73.0	73.4	73.7	74.2	74.7	74.8	74.6	75.6	76.7
男女計	70.1	71.0	71.1	71.1	71.3	71.4	71.1	70.9	72.1	73.0
Czech Republic										
男	67.3	66.7	66.5	67.1	67.1	67.8	68.6	70.6	72.1	73.6
女	73.4	73.4	73.5	74.2	74.3	75.1	76.1	77.5	78.7	80.0
男女計	70.4	70.0	69.9	70.6	70.7	71.4	72.3	74.0	75.4	76.9
Hungary										
男	66.5	66.8	66.8	66.3	65.3	65.4	65.0	66.5	68.4	69.7
女	71.0	72.0	72.4	72.9	73.0	73.6	74.1	75.4	76.8	77.9
男女計	68.8	69.5	69.6	69.6	69.1	69.4	69.4	70.9	72.6	73.8
Poland										
男	65.1	66.5	67.0	66.7	66.9	66.8	66.8	68.5	70.3	71.2
女	71.2	72.9	74.0	74.6	75.1	75.3	75.7	77.1	78.7	79.8
男女計	68.3	69.8	70.6	70.7	71.0	71.0	71.2	72.8	74.5	75.5
Republic of Moldova										
男	59.0	61.0	61.6	61.6	61.7	64.1	63.6	62.7	63.6	64.4
女	66.5	68.0	68.4	68.4	68.3	70.7	70.9	70.5	71.6	72.1
男女計	62.9	64.6	65.2	65.2	65.1	67.5	67.3	66.6	67.6	68.3
Romania										
男	65.8	65.1	66.8	67.1	66.9	66.5	66.1	66.1	67.9	69.5
女	69.7	69.6	71.2	72.0	72.6	72.6	73.3	73.6	75.2	76.7
男女計	67.8	67.3	69.0	69.6	69.7	69.5	69.6	69.7	71.5	73.1

表A. 30.　主要地域、地域および国別、出生時の平均余命：推計および中位予測値（続）

2015–2060：中位予測値

2010–2015	2015–2020	2020–2025	2025–2030	2030–2035	2035–2040	2040–2045	2045–2050	2050–2055	2055–2060	主要地域、地域および国
出生時の平均余命（歳）										
										Lebanon
77.1	78.6	80.1	81.6	82.9	83.9	84.8	85.6	86.2	86.9	男
80.9	82.1	83.3	84.3	85.3	86.1	86.9	87.6	88.3	88.9	女
78.9	80.3	81.6	82.9	84.0	85.0	85.8	86.5	87.2	87.9	男女計
										Oman
74.7	76.0	77.2	78.5	79.7	80.9	82.1	83.2	84.1	84.9	男
78.9	79.9	80.9	81.8	82.5	83.3	84.0	84.6	85.3	85.9	女
76.4	77.5	78.6	79.8	80.8	81.8	82.8	83.7	84.5	85.2	男女計
										Qatar
77.1	77.9	78.8	79.6	80.5	81.4	82.3	83.2	84.0	84.8	男
79.7	80.4	81.1	81.8	82.4	83.1	83.7	84.2	84.8	85.4	女
77.9	78.7	79.5	80.3	81.1	81.9	82.7	83.5	84.2	85.0	男女計
										Saudi Arabia
72.8	73.5	74.2	74.9	75.6	76.3	77.0	77.7	78.5	79.2	男
75.5	76.3	77.1	77.8	78.4	79.0	79.6	80.2	80.8	81.3	女
74.1	74.8	75.4	76.1	76.7	77.4	78.1	78.7	79.5	80.1	男女計
										State of Palestine
70.7	71.5	72.2	73.0	73.8	74.5	75.4	76.2	77.0	77.8	男
74.7	75.6	76.5	77.2	78.0	78.7	79.4	80.1	80.7	81.3	女
72.6	73.5	74.3	75.1	75.8	76.6	77.4	78.1	78.8	79.6	男女計
										Syrian Arab Republic
64.0	65.2	66.4	67.5	68.7	69.9	71.0	72.1	73.3	74.5	男
76.3	77.2	78.0	78.8	79.6	80.3	81.0	81.6	82.2	82.8	女
69.5	70.7	71.8	72.8	73.9	74.9	75.9	76.9	77.8	78.7	男女計
										Turkey
71.5	73.0	74.4	75.7	76.9	78.2	79.4	80.5	81.6	82.5	男
78.1	79.3	80.4	81.3	82.2	82.9	83.7	84.3	85.0	85.6	女
74.8	76.2	77.4	78.6	79.7	80.7	81.7	82.5	83.4	84.1	男女計
										United Arab Emirates
76.0	76.9	77.8	78.7	79.6	80.6	81.6	82.5	83.5	84.3	男
78.2	79.1	79.9	80.6	81.4	82.1	82.8	83.4	84.0	84.6	女
76.7	77.5	78.4	79.2	80.1	81.0	81.9	82.7	83.6	84.4	男女計
										Yemen
62.2	63.1	63.9	64.7	65.4	66.1	66.7	67.3	68.0	68.6	男
64.9	65.9	66.9	67.9	68.7	69.5	70.3	71.1	71.9	72.6	女
63.5	64.5	65.4	66.3	67.1	67.8	68.5	69.2	69.9	70.6	男女計
										EUROPE
73.4	74.3	75.3	76.2	77.0	77.8	78.6	79.3	80.1	80.8	男
80.6	81.2	81.9	82.6	83.2	83.8	84.4	85.0	85.6	86.1	女
77.0	77.8	78.6	79.4	80.1	80.8	81.5	82.2	82.8	83.5	男女計
										Eastern Europe
66.9	67.5	68.2	68.9	69.7	70.4	71.1	71.9	72.6	73.4	男
76.8	77.4	77.9	78.4	78.9	79.4	79.9	80.3	80.8	81.3	女
71.9	72.4	73.1	73.7	74.3	74.9	75.5	76.1	76.7	77.3	男女計
										Belarus
65.3	65.9	66.6	67.2	67.9	68.7	69.4	70.1	70.9	71.7	男
77.0	77.4	77.9	78.3	78.8	79.2	79.6	80.0	80.4	80.8	女
71.1	71.7	72.2	72.8	73.4	74.0	74.5	75.1	75.7	76.2	男女計
										Bulgaria
70.6	71.1	71.7	72.3	72.9	73.5	74.2	74.9	75.6	76.4	男
77.6	78.0	78.5	79.0	79.4	79.9	80.4	80.8	81.3	81.7	女
74.0	74.5	75.1	75.6	76.1	76.6	77.2	77.8	78.4	79.0	男女計
										Czech Republic
75.4	76.3	77.2	78.2	79.2	80.1	81.1	81.9	82.6	83.3	男
81.3	81.9	82.5	83.1	83.8	84.3	84.9	85.4	86.0	86.5	女
78.3	79.1	79.9	80.6	81.4	82.2	82.9	83.6	84.2	84.9	男女計
										Hungary
71.2	71.9	72.7	73.5	74.2	75.0	75.8	76.7	77.6	78.5	男
78.5	79.1	79.7	80.2	80.7	81.3	81.8	82.3	82.8	83.4	女
75.0	75.6	76.2	76.9	77.5	78.2	78.8	79.5	80.2	80.9	男女計
										Poland
73.1	74.1	75.1	76.2	77.3	78.4	79.4	80.2	81.0	81.7	男
81.1	81.8	82.4	83.0	83.6	84.2	84.8	85.3	85.9	86.4	女
77.1	78.0	78.8	79.6	80.5	81.3	82.1	82.8	83.5	84.1	男女計
										Republic of Moldova
67.2	67.6	68.1	68.5	69.0	69.6	70.1	70.7	71.3	71.9	男
75.4	75.9	76.4	76.8	77.3	77.7	78.2	78.6	79.1	79.5	女
71.3	71.8	72.2	72.7	73.2	73.7	74.2	74.7	75.2	75.7	男女計
										Romania
70.9	71.6	72.4	73.2	74.0	74.8	75.6	76.5	77.4	78.3	男
78.1	78.7	79.3	79.9	80.4	81.0	81.6	82.1	82.7	83.2	女
74.5	75.1	75.8	76.5	77.2	77.9	78.6	79.3	80.0	80.8	男女計

表A. 30. 主要地域、地域および国別、出生時の平均余命：推計および中位予測値（続）

推計値：1960-2015

主要地域、地域および国	出生時の平均余命（歳）									
	1960-1965	1965-1970	1970-1975	1975-1980	1980-1985	1985-1990	1990-1995	1995-2000	2000-2005	2005-2010
Russian Federation										
男	63.1	63.2	62.8	61.6	61.5	63.9	60.6	59.6	58.6	61.0
女	71.4	72.6	72.9	72.8	73.0	73.9	72.8	72.3	72.0	73.7
男女計	67.9	68.5	68.3	67.6	67.5	69.1	66.6	65.7	64.9	67.1
Slovakia										
男	68.3	67.5	66.8	66.9	66.8	67.0	67.4	68.7	69.8	70.7
女	73.0	73.3	73.5	74.2	74.7	75.2	75.9	76.9	77.8	78.6
男女計	70.6	70.3	70.1	70.5	70.6	71.0	71.6	72.8	73.8	74.7
Ukraine										
男	66.5	66.7	65.9	64.6	64.1	66.0	63.6	61.9	61.9	62.3
女	72.1	73.7	74.4	74.0	73.7	74.6	73.7	73.0	73.4	73.8
男女計	69.7	70.7	70.6	69.7	69.2	70.6	68.7	67.4	67.5	67.9
Northern Europe										
男	68.2	68.7	69.1	69.7	70.7	71.7	72.5	73.6	75.2	76.6
女	74.0	74.9	75.5	76.2	77.2	77.9	78.7	79.4	80.5	81.6
男女計	71.1	71.8	72.3	73.0	74.0	74.8	75.6	76.6	77.9	79.1
Channel Islands										
男	67.9	68.5	68.9	69.8	71.0	72.1	73.3	74.5	76.0	77.5
女	73.9	74.7	75.2	75.9	77.0	77.8	78.8	79.5	80.5	81.7
男女計	70.9	71.6	72.1	72.9	74.0	74.9	76.1	77.0	78.3	79.6
Denmark										
男	70.4	70.6	70.9	71.3	71.4	71.8	72.5	73.5	74.9	76.3
女	74.5	75.3	76.4	77.3	77.5	77.7	78.0	78.5	79.6	80.8
男女計	72.4	72.9	73.6	74.3	74.4	74.7	75.2	76.0	77.3	78.6
Estonia										
男	64.9	65.7	65.4	64.2	64.1	65.6	62.9	63.6	66.0	68.3
女	73.0	74.1	74.5	74.2	74.2	74.7	74.1	75.3	77.1	79.0
男女計	69.4	70.3	70.3	69.4	69.3	70.3	68.5	69.4	71.6	73.8
Finland										
男	65.5	65.7	66.5	68.1	70.0	70.6	71.8	73.3	74.8	76.0
女	72.5	73.4	75.0	76.9	78.3	78.7	79.5	80.6	81.6	82.8
男女計	69.1	69.6	70.8	72.5	74.3	74.7	75.7	77.0	78.3	79.5
Iceland										
男	71.1	71.1	71.2	73.4	73.8	75.1	76.2	76.8	78.6	79.6
女	76.1	76.4	77.2	79.3	79.9	80.1	80.9	81.1	82.4	83.2
男女計	73.5	73.7	74.1	76.2	76.8	77.6	78.5	78.9	80.5	81.4
Ireland										
男	68.2	68.6	68.8	69.4	70.4	71.4	72.6	73.2	75.1	77.2
女	72.1	73.1	73.8	74.8	76.0	77.1	78.2	78.8	80.2	81.9
男女計	70.1	70.8	71.2	71.9	73.1	74.1	75.3	75.9	77.6	79.6
Latvia										
男	65.9	66.0	65.1	63.6	63.6	65.6	61.7	62.9	65.2	66.0
女	73.4	74.3	74.4	73.8	74.2	74.8	73.7	74.5	76.2	77.0
男女計	70.1	70.5	70.0	68.9	69.1	70.4	67.7	68.7	70.7	71.5
Lithuania										
男	66.3	67.4	66.8	65.8	65.4	66.9	64.2	64.5	65.7	65.2
女	73.0	74.8	75.3	75.4	75.5	75.9	75.3	76.1	77.5	77.6
男女計	69.9	71.3	71.2	70.7	70.5	71.6	69.7	70.3	71.6	71.3
Norway										
男	71.1	71.2	71.3	72.1	72.6	72.6	74.0	75.3	76.6	78.3
女	75.9	76.8	77.6	78.5	79.4	79.4	80.2	81.1	81.8	82.9
男女計	73.5	73.9	74.4	75.2	75.9	76.0	77.1	78.2	79.2	80.6
Sweden										
男	71.5	71.8	72.1	72.3	73.4	74.2	75.3	76.7	77.8	79.0
女	75.4	76.4	77.6	78.4	79.4	80.1	80.8	81.7	82.3	83.1
男女計	73.4	74.1	74.8	75.3	76.3	77.1	78.1	79.2	80.1	81.1
United Kingdom										
男	68.0	68.5	69.0	69.8	71.1	72.1	73.4	74.5	76.0	77.5
女	73.9	74.8	75.2	76.0	77.1	77.8	78.8	79.6	80.6	81.7
男女計	71.0	71.7	72.1	72.9	74.1	75.0	76.2	77.1	78.4	79.6
Southern Europe										
男	65.6	66.9	68.3	69.4	70.7	71.9	72.7	74.0	75.5	77.0
女	70.6	72.4	74.1	75.7	77.2	78.5	79.5	80.6	81.7	82.8
男女計	68.1	69.7	71.2	72.6	74.0	75.2	76.1	77.3	78.6	79.9
Albania										
男	63.7	65.1	66.0	68.3	68.5	69.3	68.9	70.2	72.4	73.4
女	66.0	67.4	69.5	71.2	73.0	75.0	74.9	76.1	78.7	79.7
男女計	64.8	66.2	67.7	69.7	70.6	72.0	71.7	73.0	75.3	76.3
Bosnia and Herzegovina										
男	60.2	62.7	65.3	67.2	67.8	69.2	66.2	70.9	72.0	72.9
女	63.6	66.7	69.6	72.3	73.4	74.5	74.2	76.1	77.5	78.1
男女計	61.9	64.7	67.5	69.9	70.7	71.9	70.1	73.6	74.8	75.5

表A. 30.　主要地域、地域および国別、出生時の平均余命：推計および中位予測値（続）

2015-2060：中位予測値

出生時の平均余命（歳）										主要地域、地域および国
2010-2015	2015-2020	2020-2025	2025-2030	2030-2035	2035-2040	2040-2045	2045-2050	2050-2055	2055-2060	
										Russian Federation
64.2	64.7	65.4	66.1	66.7	67.4	68.1	68.8	69.6	70.4	男
75.6	76.1	76.6	77.1	77.6	78.1	78.5	79.0	79.5	79.9	女
69.8	70.4	71.0	71.6	72.1	72.7	73.3	73.9	74.6	75.2	男女計
										Slovakia
72.2	73.0	73.8	74.6	75.4	76.2	77.1	78.0	78.9	79.8	男
79.7	80.3	80.8	81.3	81.8	82.3	82.8	83.4	83.9	84.3	女
76.0	76.7	77.3	78.0	78.6	79.3	80.0	80.7	81.4	82.1	男女計
										Ukraine
65.7	66.2	66.6	67.1	67.6	68.1	68.6	69.2	69.8	70.4	男
75.7	76.1	76.5	76.9	77.3	77.7	78.1	78.5	78.8	79.2	女
70.7	71.2	71.6	72.0	72.4	72.9	73.3	73.8	74.3	74.8	男女計
										Northern Europe
77.8	78.9	79.9	80.9	81.8	82.7	83.4	84.1	84.7	85.4	男
82.3	83.0	83.7	84.3	84.9	85.5	86.1	86.7	87.3	87.8	女
80.1	80.9	81.8	82.6	83.4	84.1	84.8	85.4	86.0	86.6	男女計
										Channel Islands
78.5	79.3	80.3	81.2	82.1	83.0	83.8	84.4	85.0	85.6	男
82.4	83.0	83.6	84.2	84.8	85.4	86.0	86.5	87.1	87.7	女
80.4	81.2	82.0	82.7	83.5	84.2	84.9	85.5	86.1	86.6	男女計
										Denmark
78.0	78.9	79.8	80.7	81.6	82.6	83.4	84.1	84.7	85.3	男
81.9	82.6	83.2	83.8	84.4	85.0	85.6	86.2	86.8	87.3	女
80.0	80.7	81.5	82.3	83.0	83.8	84.5	85.1	85.7	86.3	男女計
										Estonia
71.6	72.5	73.5	74.5	75.5	76.5	77.6	78.6	79.5	80.2	男
81.1	81.6	82.1	82.7	83.2	83.7	84.2	84.8	85.3	85.8	女
76.5	77.2	77.9	78.7	79.4	80.2	80.9	81.7	82.3	83.0	男女計
										Finland
77.6	78.8	80.0	81.0	81.9	82.6	83.2	83.9	84.5	85.1	男
83.4	84.1	84.8	85.5	86.2	86.8	87.4	88.0	88.7	89.2	女
80.5	81.5	82.4	83.3	84.0	84.7	85.3	86.0	86.6	87.1	男女計
										Iceland
80.7	81.7	82.7	83.6	84.3	84.9	85.6	86.2	86.8	87.3	男
83.8	84.5	85.1	85.8	86.4	87.0	87.6	88.2	88.8	89.4	女
82.3	83.1	83.9	84.7	85.3	86.0	86.6	87.2	87.8	88.3	男女計
										Ireland
78.4	79.5	80.7	81.8	82.7	83.5	84.2	84.8	85.4	86.0	男
82.7	83.5	84.3	84.9	85.6	86.2	86.9	87.5	88.1	88.6	女
80.6	81.5	82.5	83.4	84.2	84.9	85.5	86.1	86.7	87.3	男女計
										Latvia
68.9	69.5	70.3	71.0	71.8	72.6	73.3	74.2	75.1	75.9	男
78.7	79.1	79.6	80.0	80.5	81.0	81.4	81.9	82.3	82.8	女
73.9	74.5	75.1	75.6	76.2	76.8	77.4	78.0	78.7	79.4	男女計
										Lithuania
67.4	68.2	69.0	69.8	70.6	71.5	72.3	73.2	74.1	75.0	男
78.8	79.3	79.7	80.2	80.6	81.1	81.5	82.0	82.4	82.9	女
73.1	73.7	74.4	75.1	75.7	76.4	77.0	77.7	78.3	79.0	男女計
										Norway
79.2	80.2	81.2	82.2	83.0	83.6	84.3	84.9	85.5	86.0	男
83.4	84.0	84.6	85.2	85.8	86.4	87.0	87.5	88.1	88.7	女
81.3	82.1	82.9	83.7	84.4	85.0	85.6	86.2	86.7	87.3	男女計
										Sweden
80.1	81.1	82.2	83.1	83.8	84.5	85.1	85.7	86.3	86.8	男
83.7	84.4	85.0	85.7	86.3	86.9	87.5	88.1	88.6	89.2	女
81.9	82.8	83.6	84.4	85.0	85.7	86.3	86.9	87.4	88.0	男女計
										United Kingdom
78.5	79.4	80.4	81.3	82.3	83.2	83.9	84.5	85.1	85.7	男
82.4	83.1	83.7	84.3	85.0	85.6	86.1	86.7	87.3	87.8	女
80.4	81.2	82.0	82.8	83.6	84.4	85.0	85.6	86.2	86.8	男女計
										Southern Europe
78.4	79.5	80.4	81.3	82.1	82.8	83.6	84.3	84.9	85.6	男
83.9	84.6	85.4	86.1	86.9	87.6	88.2	88.9	89.5	90.1	女
81.2	82.1	83.0	83.8	84.5	85.2	85.9	86.6	87.2	87.8	男女計
										Albania
75.0	76.1	77.1	78.1	79.2	80.2	81.3	82.3	83.1	83.9	男
80.2	81.0	81.7	82.4	83.1	83.7	84.3	85.0	85.6	86.2	女
77.5	78.4	79.4	80.3	81.2	82.1	82.9	83.7	84.4	85.1	男女計
										Bosnia and Herzegovina
73.7	74.6	75.4	76.3	77.3	78.2	79.2	80.1	81.1	82.0	男
78.8	79.5	80.2	80.9	81.5	82.2	82.8	83.4	83.9	84.5	女
76.3	77.0	77.8	78.6	79.4	80.1	80.9	81.7	82.5	83.2	男女計

表A. 30.　主要地域、地域および国別、出生時の平均余命：推計および中位予測値（続）

推計値：1960-2015

主要地域、地域および国	出生時の平均余命（歳）									
	1960-1965	1965-1970	1970-1975	1975-1980	1980-1985	1985-1990	1990-1995	1995-2000	2000-2005	2005-2010
Croatia										
男	62.8	64.0	65.2	65.8	66.6	68.2	69.0	70.9	71.4	72.6
女	68.5	70.9	72.8	74.1	74.6	75.5	76.5	78.1	78.4	79.5
男女計	65.7	67.5	69.1	69.9	70.6	71.9	72.8	74.6	74.9	76.1
Greece										
男	66.9	67.6	69.2	70.0	71.4	72.5	74.8	75.2	76.3	77.3
女	71.6	72.7	74.5	75.8	77.8	78.9	80.1	80.8	81.9	82.3
男女計	69.2	70.1	71.8	72.8	74.5	75.7	77.4	78.0	79.1	79.8
Italy										
男	66.9	67.9	69.1	70.1	71.4	72.9	74.0	75.4	77.2	78.7
女	72.3	73.7	75.1	76.7	78.0	79.5	80.6	81.7	83.0	84.0
男女計	69.6	70.8	72.1	73.4	74.7	76.2	77.3	78.6	80.2	81.5
Malta										
男	67.5	69.0	70.3	71.5	72.7	73.8	74.8	75.8	76.8	77.7
女	71.2	72.5	73.7	74.9	76.1	77.1	78.2	79.2	80.2	81.1
男女計	69.3	70.7	72.0	73.2	74.4	75.5	76.5	77.5	78.5	79.5
Montenegro										
男	64.2	66.3	68.0	68.7	70.4	71.0	71.4	70.6	70.6	71.9
女	66.8	70.2	74.3	76.1	76.4	77.2	78.0	76.2	76.2	76.5
男女計	65.6	68.3	71.3	72.5	73.6	74.2	74.7	73.4	73.4	74.2
Portugal										
男	61.1	62.9	64.9	66.5	68.8	70.3	71.1	72.2	73.9	75.5
女	66.9	69.3	71.3	73.6	75.8	77.3	78.3	79.5	80.7	81.9
男女計	64.1	66.2	68.1	70.1	72.3	73.8	74.7	75.8	77.3	78.7
Serbia										
男	62.6	64.7	66.3	66.9	67.6	68.4	68.8	69.1	69.4	70.6
女	65.9	68.8	70.8	72.3	72.9	73.9	74.7	74.8	75.4	76.1
男女計	64.3	66.7	68.5	69.5	70.2	71.1	71.7	71.9	72.4	73.3
Slovenia										
男	66.1	65.6	66.0	67.0	67.1	68.6	69.7	71.3	72.8	75.1
女	72.0	72.6	73.5	74.8	75.2	76.6	77.6	79.1	80.4	82.0
男女計	69.2	69.2	69.8	71.0	71.2	72.7	73.7	75.3	76.7	78.6
Spain										
男	67.1	68.5	69.6	71.1	72.8	73.3	73.8	74.9	76.2	78.0
女	72.3	73.9	75.3	77.1	79.0	80.1	81.1	82.1	83.0	84.4
男女計	69.7	71.2	72.5	74.1	75.9	76.7	77.4	78.5	79.6	81.2
TFYR Macedonia										
男	61.6	64.2	66.0	66.8	67.2	68.9	69.5	70.4	71.3	72.1
女	62.7	65.8	68.7	70.2	70.8	72.5	73.7	75.0	76.4	76.7
男女計	62.1	65.0	67.3	68.5	68.9	70.7	71.5	72.7	73.8	74.4
Western Europe										
男	67.4	67.9	68.4	69.4	70.6	71.9	72.9	74.3	75.8	77.3
女	73.4	74.2	75.0	76.3	77.6	78.8	79.9	80.9	81.9	83.0
男女計	70.5	71.1	71.8	73.0	74.2	75.5	76.5	77.7	78.9	80.2
Austria										
男	66.3	66.7	67.0	68.3	69.4	71.3	72.6	74.0	75.8	77.2
女	72.6	73.3	74.1	75.4	76.5	78.0	79.2	80.5	81.6	82.7
男女計	69.5	70.1	70.7	72.0	73.1	74.8	76.0	77.4	78.8	80.1
Belgium										
男	67.3	67.6	68.2	69.3	70.5	71.8	73.0	74.0	75.2	76.7
女	73.2	73.8	74.7	75.9	77.2	78.5	79.6	80.5	81.3	82.2
男女計	70.2	70.7	71.4	72.5	73.8	75.1	76.3	77.3	78.3	79.5
France										
男	67.2	67.6	68.6	69.5	70.6	71.9	73.1	74.4	75.8	77.4
女	74.1	75.1	76.2	77.6	78.8	80.1	81.4	82.2	83.1	84.3
男女計	70.7	71.3	72.3	73.5	74.6	75.9	77.2	78.3	79.4	80.8
Germany										
男	67.1	67.6	67.9	68.9	70.2	71.6	72.5	73.9	75.6	77.1
女	72.6	73.4	74.1	75.3	76.7	78.0	79.0	80.2	81.4	82.3
男女計	70.0	70.7	71.2	72.3	73.7	75.0	75.9	77.2	78.6	79.8
Luxembourg										
男	66.0	66.6	66.8	67.8	69.3	70.7	72.2	73.6	75.1	76.7
女	72.5	73.2	73.9	75.2	76.4	78.2	79.1	80.2	81.4	82.2
男女計	69.1	69.8	70.2	71.4	72.9	74.5	75.8	77.0	78.3	79.5
Netherlands										
男	71.2	71.0	71.2	72.0	72.8	73.5	74.2	75.1	76.2	78.0
女	75.8	76.4	77.1	78.4	79.5	79.9	80.2	80.5	81.0	82.2
男女計	73.5	73.6	74.1	75.2	76.1	76.7	77.3	77.8	78.7	80.2
Switzerland										
男	68.7	69.6	70.6	71.9	72.7	73.8	74.5	76.1	77.7	79.3
女	74.4	75.4	76.8	78.5	79.4	80.6	81.3	82.2	83.1	84.1
男女計	71.6	72.6	73.7	75.2	76.1	77.2	77.9	79.2	80.5	81.8

表A. 30. 主要地域、地域および国別、出生時の平均余命：推計および中位予測値（続）

2015-2060：中位予測値

出生時の平均余命（歳）										主要地域、地域および国
2010-2015	2015-2020	2020-2025	2025-2030	2030-2035	2035-2040	2040-2045	2045-2050	2050-2055	2055-2060	
										Croatia
73.6	74.7	75.7	76.7	77.8	78.8	79.9	80.9	81.7	82.5	男
80.4	81.1	81.8	82.5	83.2	83.8	84.4	85.0	85.6	86.2	女
77.0	77.9	78.8	79.7	80.5	81.4	82.2	83.0	83.7	84.3	男女計
										Greece
77.6	78.8	80.0	81.0	81.8	82.5	83.2	83.8	84.4	85.0	男
83.6	84.3	85.0	85.7	86.3	87.0	87.6	88.2	88.8	89.4	女
80.6	81.6	82.5	83.4	84.1	84.8	85.4	86.0	86.6	87.2	男女計
										Italy
80.3	81.3	82.2	83.0	83.7	84.4	85.1	85.7	86.4	87.1	男
85.2	86.0	86.8	87.6	88.3	89.0	89.7	90.3	91.0	91.6	女
82.8	83.8	84.6	85.3	86.0	86.7	87.4	88.0	88.7	89.4	男女計
										Malta
78.6	79.6	80.6	81.6	82.6	83.5	84.3	85.0	85.6	86.2	男
82.0	82.7	83.4	84.1	84.8	85.4	86.0	86.6	87.2	87.8	女
80.3	81.2	82.0	82.9	83.7	84.5	85.2	85.8	86.4	87.0	男女計
										Montenegro
73.8	74.4	75.0	75.7	76.3	77.0	77.7	78.4	79.2	80.0	男
78.2	78.8	79.3	79.8	80.4	80.9	81.4	81.9	82.4	82.9	女
76.0	76.6	77.2	77.7	78.4	79.0	79.6	80.2	80.8	81.4	男女計
										Portugal
77.4	78.8	80.2	81.3	82.1	82.9	83.6	84.3	85.0	85.7	男
83.5	84.4	85.2	86.0	86.8	87.6	88.3	89.0	89.6	90.3	女
80.5	81.7	82.8	83.8	84.6	85.3	86.0	86.7	87.4	88.1	男女計
										Serbia
71.8	72.6	73.3	74.0	74.8	75.6	76.4	77.3	78.2	79.0	男
77.5	78.2	78.8	79.5	80.1	80.7	81.3	81.9	82.4	83.0	女
74.6	75.4	76.0	76.8	77.4	78.2	78.9	79.6	80.3	81.0	男女計
										Slovenia
76.9	78.1	79.2	80.4	81.2	82.0	82.7	83.3	84.0	84.6	男
83.1	83.9	84.5	85.2	85.8	86.5	87.1	87.7	88.3	88.9	女
80.1	81.0	81.9	82.8	83.5	84.2	84.8	85.5	86.1	86.7	男女計
										Spain
79.4	80.5	81.4	82.1	82.8	83.5	84.1	84.8	85.4	86.0	男
85.1	85.8	86.5	87.2	87.9	88.5	89.1	89.8	90.4	91.0	女
82.3	83.2	84.0	84.7	85.4	86.0	86.6	87.3	87.9	88.5	男女計
										TFYR Macedonia
72.9	73.6	74.5	75.2	76.1	77.0	77.9	78.7	79.7	80.6	男
77.5	78.2	79.0	79.6	80.3	81.0	81.6	82.2	82.8	83.4	女
75.2	75.9	76.7	77.4	78.2	79.0	79.7	80.5	81.2	82.0	男女計
										Western Europe
78.5	79.7	80.7	81.7	82.5	83.2	83.9	84.5	85.2	85.8	男
83.7	84.4	85.1	85.8	86.5	87.2	87.8	88.4	89.0	89.7	女
81.2	82.1	82.9	83.8	84.5	85.2	85.9	86.5	87.1	87.7	男女計
										Austria
78.5	79.7	80.9	81.9	82.7	83.4	84.1	84.8	85.4	86.1	男
83.6	84.4	85.1	85.8	86.5	87.2	87.8	88.5	89.1	89.7	女
81.1	82.1	83.0	83.9	84.6	85.3	86.0	86.6	87.3	87.9	男女計
										Belgium
78.0	79.1	80.2	81.3	82.2	83.0	83.7	84.3	85.0	85.6	男
83.0	83.7	84.4	85.1	85.8	86.4	87.1	87.7	88.3	88.9	女
80.5	81.4	82.3	83.2	84.0	84.7	85.4	86.0	86.6	87.2	男女計
										France
78.8	80.0	80.8	81.6	82.3	83.0	83.7	84.3	84.9	85.5	男
84.9	85.6	86.4	87.1	87.8	88.4	89.1	89.7	90.3	90.9	女
81.8	82.8	83.6	84.4	85.1	85.7	86.4	87.0	87.6	88.3	男女計
										Germany
78.2	79.3	80.4	81.5	82.4	83.1	83.9	84.5	85.1	85.8	男
83.1	83.8	84.5	85.1	85.8	86.4	87.1	87.7	88.3	88.9	女
80.6	81.5	82.4	83.3	84.1	84.8	85.5	86.1	86.7	87.3	男女計
										Luxembourg
78.9	80.2	81.4	82.3	83.1	83.9	84.6	85.3	85.9	86.6	男
83.7	84.4	85.2	85.9	86.6	87.3	88.0	88.7	89.3	89.9	女
81.3	82.3	83.3	84.1	84.9	85.6	86.3	87.0	87.6	88.2	男女計
										Netherlands
79.4	80.3	81.3	82.2	83.1	83.8	84.4	85.0	85.7	86.2	男
83.1	83.8	84.4	85.0	85.5	86.2	86.7	87.3	87.9	88.4	女
81.3	82.1	82.8	83.6	84.3	85.0	85.6	86.2	86.8	87.3	男女計
										Switzerland
80.4	81.6	82.4	83.2	83.9	84.6	85.2	85.9	86.5	87.1	男
84.7	85.5	86.2	86.9	87.5	88.2	88.8	89.4	90.0	90.6	女
82.7	83.6	84.3	85.0	85.7	86.4	87.0	87.6	88.2	88.8	男女計

表A. 30. 主要地域、地域および国別、出生時の平均余命：推計および中位予測値（続）

推計値：1960-2015

主要地域、地域および国	出生時の平均余命（歳）									
	1960-1965	1965-1970	1970-1975	1975-1980	1980-1985	1985-1990	1990-1995	1995-2000	2000-2005	2005-2010
LATIN AMERICA AND THE CARIBBEAN										
男	54.8	56.7	58.6	60.2	61.8	63.4	65.1	67.1	68.8	70.1
女	58.9	61.3	63.9	66.0	68.1	70.0	71.9	73.9	75.6	76.8
男女計	56.8	58.9	61.2	63.0	64.9	66.6	68.4	70.4	72.1	73.4
Caribbean										
男	56.8	59.4	61.3	62.6	63.6	64.7	65.4	66.4	67.4	68.7
女	60.0	62.7	64.9	66.4	67.5	69.1	70.2	71.6	72.6	74.0
男女計	58.4	61.0	63.0	64.5	65.5	66.8	67.7	68.9	70.0	71.3
Antigua and Barbuda										
男	60.5	62.3	63.9	65.4	66.8	68.0	69.3	70.4	71.5	72.6
女	65.2	67.2	68.9	70.5	71.9	73.2	74.4	75.4	76.4	77.4
男女計	63.2	65.0	66.7	68.2	69.5	70.8	71.9	73.0	74.1	75.0
Aruba										
男	64.8	66.4	67.5	68.8	70.5	70.8	71.1	71.2	71.5	72.3
女	68.3	70.0	72.6	74.3	75.2	75.8	76.0	76.2	76.4	77.1
男女計	66.6	68.2	70.0	71.5	72.9	73.3	73.6	73.7	74.0	74.7
Bahamas										
男	61.5	62.8	63.9	65.0	65.9	66.8	67.7	68.4	70.0	71.2
女	65.8	67.6	69.3	70.9	72.3	73.6	74.5	74.9	76.2	77.3
男女計	63.7	65.2	66.6	67.9	69.1	70.2	71.1	71.7	73.2	74.3
Barbados										
男	59.7	62.2	64.0	65.7	67.1	68.4	69.5	70.5	71.4	72.1
女	64.2	66.6	68.5	70.1	71.6	72.9	74.1	75.2	76.0	76.9
男女計	62.2	64.6	66.4	68.0	69.5	70.8	71.9	73.0	73.8	74.6
Cuba										
男	63.8	67.0	69.4	71.5	72.6	72.8	72.9	74.2	75.3	76.7
女	67.1	70.2	72.7	74.9	76.0	76.6	76.7	78.2	79.1	80.7
男女計	65.3	68.5	71.0	73.1	74.2	74.6	74.8	76.2	77.2	78.7
Curaçao										
男	64.8	66.4	67.5	69.5	70.9	71.4	71.5	71.1	71.2	72.7
女	68.2	70.0	72.3	74.8	76.4	77.4	77.5	77.8	78.6	79.4
男女計	66.5	68.2	69.9	72.2	73.7	74.4	74.5	74.6	75.0	76.1
Dominican Republic										
男	52.1	55.4	58.1	60.3	62.1	64.3	66.5	67.3	68.1	69.2
女	55.2	58.7	61.8	64.0	66.1	69.0	71.9	73.1	74.4	75.5
男女計	53.6	56.9	59.8	62.0	64.0	66.5	69.0	70.0	71.1	72.2
Grenada										
男	59.0	60.8	62.4	63.7	64.8	65.8	66.7	67.5	68.5	69.6
女	62.8	64.8	66.5	67.9	69.2	70.3	71.3	72.1	73.2	74.4
男女計	61.1	63.0	64.6	66.0	67.1	68.2	69.0	69.8	70.9	72.0
Guadeloupe										
男	58.0	60.8	63.2	65.4	67.5	69.3	71.1	72.7	74.3	75.7
女	63.0	66.4	69.3	71.9	74.2	76.2	78.1	79.8	81.4	82.9
男女計	60.5	63.6	66.2	68.6	70.8	72.8	74.6	76.3	77.9	79.4
Haiti										
男	42.2	44.9	46.8	48.6	50.3	52.3	53.8	55.4	56.5	58.2
女	44.9	47.6	49.4	51.6	53.0	55.2	57.0	58.9	60.1	62.3
男女計	43.5	46.2	48.1	50.1	51.6	53.7	55.4	57.1	58.3	60.2
Jamaica										
男	64.0	66.0	67.5	69.2	70.4	70.2	69.6	69.4	70.1	71.7
女	67.3	69.1	70.4	72.2	73.7	74.1	74.5	74.8	75.6	76.8
男女計	65.7	67.6	69.0	70.7	72.0	72.1	72.0	72.1	72.8	74.2
Martinique										
男	60.6	63.4	65.6	67.6	69.4	71.1	72.7	74.1	75.5	76.7
女	63.0	65.8	68.9	71.7	74.2	76.4	78.5	80.4	82.2	83.2
男女計	61.9	64.7	67.3	69.7	71.9	73.9	75.7	77.4	78.9	80.1
Puerto Rico										
男	66.3	67.7	69.0	70.2	70.5	70.6	69.3	70.3	72.7	73.8
女	72.1	73.9	75.8	76.9	77.4	78.8	78.5	79.6	80.9	81.8
男女計	69.1	70.7	72.4	73.5	73.9	74.6	73.8	74.9	76.8	77.9
Saint Lucia										
男	55.7	58.3	61.1	64.0	66.5	68.0	69.2	69.3	70.1	71.4
女	63.0	64.7	67.8	70.8	73.5	73.4	73.5	73.1	74.0	76.6
男女計	59.4	61.6	64.5	67.4	70.0	70.7	71.3	71.2	72.1	74.0
Saint Vincent and the Grenadines										
男	58.5	61.7	63.6	64.2	66.2	67.3	68.4	68.4	68.3	69.8
女	62.5	65.8	67.8	68.9	70.5	71.9	72.6	72.9	73.3	74.0
男女計	60.8	64.0	65.9	66.7	68.4	69.6	70.5	70.6	70.7	71.9
Trinidad and Tobago										
男	62.4	62.9	63.2	64.2	64.5	65.0	65.4	65.0	65.1	65.9
女	66.0	66.8	67.9	69.3	70.2	70.7	71.3	72.2	72.5	73.0
男女計	64.1	64.8	65.5	66.7	67.3	67.8	68.2	68.4	68.7	69.3

表A. 30. 主要地域、地域および国別、出生時の平均余命：推計および中位予測値（続）

2015-2060：中位予測値

出生時の平均余命（歳）										主要地域、地域および国
2010-2015	2015-2020	2020-2025	2025-2030	2030-2035	2035-2040	2040-2045	2045-2050	2050-2055	2055-2060	
										LATIN AMERICA AND THE CARIBBEAN
71.2	72.5	73.7	74.9	76.1	77.2	78.4	79.5	80.5	81.4	男
77.9	79.0	80.0	80.8	81.7	82.4	83.2	83.9	84.5	85.1	女
74.5	75.7	76.8	77.9	78.9	79.9	80.8	81.7	82.6	83.3	男女計
										Caribbean
69.7	70.8	71.8	72.9	73.8	74.8	75.6	76.4	77.1	77.7	男
75.2	76.2	77.1	78.0	78.8	79.6	80.3	80.9	81.5	82.0	女
72.4	73.5	74.5	75.4	76.3	77.2	78.0	78.6	79.3	79.8	男女計
										Antigua and Barbuda
73.3	74.2	75.0	75.9	76.9	77.8	78.8	79.8	80.8	81.8	男
78.2	79.0	79.8	80.5	81.2	81.9	82.6	83.2	83.9	84.5	女
75.8	76.7	77.5	78.3	79.1	80.0	80.8	81.6	82.5	83.3	男女計
										Aruba
72.9	73.5	74.2	74.8	75.6	76.3	77.1	77.8	78.6	79.4	男
77.8	78.4	79.0	79.6	80.2	80.7	81.3	81.8	82.3	82.9	女
75.4	76.0	76.7	77.3	78.0	78.7	79.3	80.0	80.6	81.2	男女計
										Bahamas
72.0	72.9	73.8	74.7	75.6	76.6	77.6	78.6	79.6	80.6	男
78.1	78.9	79.6	80.3	81.0	81.7	82.3	83.0	83.6	84.2	女
75.1	76.0	76.8	77.6	78.4	79.2	80.0	80.8	81.6	82.4	男女計
										Barbados
72.9	73.7	74.6	75.5	76.4	77.3	78.2	79.1	80.1	81.1	男
77.7	78.5	79.3	80.0	80.7	81.4	82.0	82.6	83.2	83.9	女
75.4	76.2	77.0	77.8	78.6	79.4	80.2	81.0	81.7	82.5	男女計
										Cuba
77.1	78.1	79.1	80.2	81.2	82.2	83.1	83.9	84.6	85.2	男
81.3	82.0	82.7	83.4	84.1	84.7	85.3	85.9	86.5	87.1	女
79.2	80.0	80.9	81.8	82.7	83.5	84.2	84.9	85.5	86.1	男女計
										Curaçao
74.5	75.5	76.5	77.6	78.6	79.7	80.7	81.7	82.4	83.1	男
80.7	81.4	82.1	82.8	83.4	84.1	84.7	85.3	85.8	86.4	女
77.8	78.6	79.5	80.3	81.2	82.1	82.8	83.6	84.2	84.9	男女計
										Dominican Republic
70.2	71.1	71.9	72.8	73.7	74.7	75.6	76.4	77.4	78.3	男
76.5	77.3	78.1	78.8	79.5	80.1	80.7	81.3	81.9	82.4	女
73.2	74.1	74.9	75.8	76.5	77.3	78.1	78.9	79.6	80.4	男女計
										Grenada
70.8	71.4	72.2	72.9	73.6	74.4	75.2	76.0	76.9	77.8	男
75.6	76.4	77.2	77.9	78.6	79.3	79.9	80.6	81.2	81.9	女
73.2	73.9	74.6	75.3	76.0	76.8	77.5	78.3	79.0	79.8	男女計
										Guadeloupe
76.8	78.5	79.8	80.8	81.7	82.5	83.3	84.1	84.8	85.5	男
84.0	85.0	86.0	86.8	87.7	88.5	89.3	90.1	90.8	91.4	女
80.5	81.9	83.1	84.0	85.0	85.8	86.6	87.4	88.1	88.8	男女計
										Haiti
60.2	61.7	63.1	64.3	65.5	66.6	67.5	68.4	69.2	70.0	男
64.4	66.0	67.6	68.9	70.1	71.3	72.4	73.3	74.3	75.2	女
62.3	63.9	65.3	66.6	67.8	68.9	69.9	70.8	71.7	72.6	男女計
										Jamaica
73.1	73.8	74.5	75.2	76.0	76.8	77.6	78.4	79.3	80.2	男
77.9	78.5	79.2	79.8	80.4	81.0	81.6	82.2	82.8	83.3	女
75.4	76.1	76.8	77.5	78.2	78.9	79.6	80.3	81.1	81.8	男女計
										Martinique
77.8	79.5	80.6	81.6	82.4	83.3	84.1	84.8	85.5	86.2	男
84.4	85.5	86.5	87.4	88.2	89.1	89.8	90.6	91.3	92.0	女
81.2	82.6	83.6	84.6	85.6	86.4	87.3	88.1	88.9	89.7	男女計
										Puerto Rico
75.2	76.4	77.6	78.7	79.7	80.5	81.2	81.8	82.4	83.0	男
83.2	83.8	84.5	85.1	85.7	86.3	86.9	87.5	88.0	88.6	女
79.2	80.2	81.1	82.0	82.8	83.5	84.1	84.7	85.3	85.8	男女計
										Saint Lucia
72.2	72.9	73.7	74.5	75.3	76.2	77.0	77.9	78.8	79.8	男
77.6	78.3	79.0	79.6	80.2	80.9	81.4	82.0	82.6	83.2	女
74.8	75.6	76.3	77.0	77.8	78.5	79.3	80.0	80.8	81.5	男女計
										Saint Vincent and the Grenadines
70.7	71.2	71.7	72.2	72.8	73.3	73.9	74.5	75.2	75.9	男
74.9	75.5	76.2	76.8	77.4	77.9	78.5	79.0	79.6	80.1	女
72.7	73.3	73.8	74.4	75.0	75.5	76.1	76.7	77.4	78.0	男女計
										Trinidad and Tobago
66.9	67.3	67.8	68.2	68.7	69.2	69.9	70.4	71.1	71.7	男
73.8	74.4	75.0	75.6	76.1	76.7	77.2	77.7	78.3	78.9	女
70.2	70.7	71.3	71.8	72.3	72.9	73.5	74.0	74.7	75.3	男女計

表A. 30. 主要地域、地域および国別、出生時の平均余命：推計および中位予測値（続）

推計値：1960-2015

主要地域、地域および国	出生時の平均余命（歳）									
	1960-1965	1965-1970	1970-1975	1975-1980	1980-1985	1985-1990	1990-1995	1995-2000	2000-2005	2005-2010
United States Virgin Islands										
男	62.3	64.1	65.8	67.5	68.9	70.3	71.8	73.4	75.0	75.9
女	67.0	69.4	71.9	74.0	75.6	77.8	79.5	80.6	81.3	82.0
男女計	64.6	66.7	68.7	70.7	72.2	73.9	75.5	76.9	78.1	78.9
Central America										
男	54.5	56.6	58.7	60.7	62.7	65.2	67.7	69.9	71.2	72.2
女	58.3	60.6	63.5	66.7	69.3	71.5	73.5	75.1	76.5	77.5
男女計	56.4	58.6	61.1	63.6	65.9	68.3	70.5	72.5	73.9	74.8
Belize										
男	60.1	63.1	65.5	66.9	68.5	69.5	68.2	66.0	65.7	67.0
女	62.7	65.4	68.0	70.4	72.3	73.6	73.1	71.5	71.6	72.4
男女計	61.3	64.3	66.7	68.7	70.4	71.5	70.6	68.6	68.5	69.6
Costa Rica										
男	61.0	63.6	65.7	68.2	70.9	72.5	73.6	74.7	75.5	76.1
女	63.8	66.9	69.8	73.0	76.3	77.9	78.7	79.5	80.2	80.8
男女計	62.4	65.2	67.7	70.5	73.4	75.1	76.1	77.0	77.8	78.4
El Salvador										
男	49.3	51.3	52.6	51.8	51.8	56.5	61.6	63.6	65.0	66.4
女	53.9	56.7	59.2	61.1	63.1	66.9	70.7	72.5	74.1	75.6
男女計	51.6	53.9	55.8	56.2	57.1	61.6	66.1	68.0	69.6	71.1
Guatemala										
男	46.2	49.0	52.4	54.4	56.1	58.3	60.5	62.9	65.5	66.7
女	47.9	51.3	55.4	58.0	60.6	63.7	66.8	70.0	72.5	73.8
男女計	47.0	50.1	53.8	56.1	58.3	60.9	63.6	66.4	69.0	70.3
Honduras										
男	46.3	49.2	52.1	55.6	59.4	63.2	65.4	67.5	68.6	69.6
女	49.8	53.0	56.2	59.9	63.8	67.7	70.1	72.3	73.4	74.5
男女計	48.0	51.0	54.1	57.7	61.6	65.4	67.7	69.8	71.0	72.0
Mexico										
男	56.4	58.2	60.1	62.2	64.4	66.8	69.0	71.3	72.4	73.3
女	60.6	62.5	65.2	68.6	71.2	73.0	74.6	76.1	77.4	78.1
男女計	58.5	60.3	62.6	65.3	67.7	69.8	71.8	73.7	74.9	75.7
Nicaragua										
男	47.3	50.5	53.7	55.3	56.5	59.0	63.5	65.9	68.0	69.8
女	50.0	53.4	56.8	60.0	62.6	65.5	68.7	71.1	73.8	75.9
男女計	48.7	52.0	55.3	57.6	59.5	62.2	66.1	68.5	70.9	72.8
Panama										
男	61.1	63.2	65.1	67.2	68.6	69.6	70.8	72.2	73.0	73.5
女	63.3	65.7	68.5	71.5	73.7	75.4	76.5	77.2	78.2	79.4
男女計	62.1	64.4	66.7	69.2	71.0	72.4	73.5	74.6	75.5	76.4
South America										
男	54.6	56.4	58.2	59.8	61.3	62.7	64.2	66.3	68.1	69.5
女	58.9	61.4	63.9	65.6	67.7	69.6	71.6	73.7	75.5	76.9
男女計	56.7	58.8	61.0	62.6	64.4	66.1	67.8	69.9	71.8	73.1
Argentina										
男	62.5	62.8	64.1	65.4	66.8	67.6	68.6	69.7	70.6	71.3
女	68.6	69.3	70.8	72.2	73.7	74.6	75.8	77.0	78.1	79.0
男女計	65.3	65.8	67.2	68.7	70.2	71.0	72.1	73.3	74.3	75.2
Bolivia (Plurinational State of)										
男	41.7	43.4	45.4	47.5	49.8	52.2	54.8	57.4	60.1	62.7
女	44.3	46.0	48.0	50.3	52.7	55.4	58.3	61.3	64.3	67.3
男女計	43.0	44.7	46.7	48.9	51.2	53.8	56.5	59.3	62.1	64.9
Brazil										
男	53.5	55.5	57.2	58.3	59.6	60.9	62.6	65.1	67.3	68.8
女	57.6	60.6	63.2	64.5	66.1	68.1	70.3	72.8	75.0	76.4
男女計	55.5	58.0	60.1	61.3	62.7	64.4	66.3	68.9	71.1	72.6
Chile										
男	56.0	58.5	61.0	63.5	65.9	68.3	70.5	72.6	74.6	76.4
女	61.7	64.5	67.3	70.0	72.6	75.0	77.2	79.2	81.0	82.7
男女計	58.8	61.5	64.1	66.7	69.2	71.6	73.8	75.9	77.9	79.6
Colombia										
男	56.2	58.3	59.7	61.8	63.6	64.5	64.5	66.5	68.0	69.2
女	59.7	61.8	63.9	66.3	70.2	71.7	73.0	74.2	75.4	76.6
男女計	57.9	60.1	61.8	64.0	66.9	68.0	68.7	70.3	71.7	72.9
Ecuador										
男	53.4	55.4	57.4	59.9	62.5	65.4	67.6	69.2	70.7	71.7
女	56.1	58.2	60.5	63.6	66.7	70.0	72.9	75.2	76.8	77.5
男女計	54.7	56.8	58.9	61.7	64.6	67.6	70.2	72.1	73.6	74.6
French Guiana										
男	56.4	61.4	62.5	63.1	66.0	68.2	70.0	71.5	72.8	75.0
女	63.2	68.0	69.5	70.5	73.0	74.5	76.0	77.5	80.1	81.4
男女計	59.5	64.4	65.7	66.5	69.2	71.1	72.8	74.2	76.1	78.0

表A. 30. 主要地域、地域および国別、出生時の平均余命：推計および中位予測値（続）

2015-2060：中位予測値

出生時の平均余命（歳）										主要地域、地域および国
2010-2015	2015-2020	2020-2025	2025-2030	2030-2035	2035-2040	2040-2045	2045-2050	2050-2055	2055-2060	
										United States Virgin Islands
77.2	78.6	79.9	81.1	82.0	82.8	83.5	84.3	84.9	85.6	男
82.9	83.8	84.6	85.3	86.1	86.8	87.5	88.1	88.8	89.4	女
80.0	81.2	82.3	83.4	84.2	85.0	85.7	86.4	87.0	87.6	男女計
										Central America
73.1	74.2	75.3	76.3	77.4	78.5	79.6	80.7	81.7	82.5	男
78.4	79.3	80.2	81.0	81.8	82.5	83.2	83.9	84.5	85.1	女
75.7	76.8	77.7	78.7	79.6	80.5	81.4	82.3	83.1	83.8	男女計
										Belize
67.2	67.8	68.3	68.8	69.3	69.8	70.5	71.1	71.8	72.5	男
72.7	73.5	74.2	74.9	75.6	76.2	76.8	77.5	78.1	78.7	女
69.8	70.5	71.1	71.7	72.4	73.0	73.6	74.3	75.0	75.6	男女計
										Costa Rica
76.7	77.8	78.9	80.0	81.1	82.1	82.9	83.7	84.3	84.9	男
81.7	82.4	83.1	83.8	84.4	85.0	85.6	86.2	86.7	87.3	女
79.2	80.1	81.0	81.9	82.8	83.6	84.3	84.9	85.5	86.1	男女計
										El Salvador
67.9	69.2	70.5	71.7	72.9	74.1	75.2	76.4	77.6	78.7	男
77.1	78.2	79.1	80.0	80.8	81.5	82.2	82.8	83.5	84.1	女
72.6	73.9	75.0	76.0	77.0	78.0	78.9	79.8	80.7	81.6	男女計
										Guatemala
67.9	69.1	70.2	71.3	72.3	73.4	74.4	75.3	76.4	77.4	男
75.0	76.1	77.2	78.1	78.9	79.6	80.3	81.0	81.6	82.2	女
71.5	72.6	73.7	74.7	75.7	76.6	77.4	78.2	79.1	79.9	男女計
										Honduras
70.4	71.4	72.3	73.3	74.2	75.1	76.0	77.0	77.9	79.0	男
75.4	76.4	77.3	78.2	78.9	79.7	80.3	81.0	81.7	82.3	女
72.8	73.8	74.8	75.7	76.5	77.4	78.2	79.0	79.8	80.6	男女計
										Mexico
74.0	75.2	76.2	77.3	78.4	79.5	80.7	81.8	82.8	83.6	男
78.9	79.9	80.7	81.5	82.3	83.0	83.7	84.4	85.0	85.7	女
76.5	77.5	78.5	79.4	80.3	81.3	82.2	83.1	83.9	84.7	男女計
										Nicaragua
71.4	72.9	74.3	75.7	76.9	78.2	79.4	80.6	81.7	82.6	男
77.5	78.8	79.9	80.9	81.8	82.6	83.4	84.0	84.7	85.3	女
74.5	75.9	77.2	78.3	79.4	80.4	81.5	82.4	83.3	84.0	男女計
										Panama
74.3	75.3	76.4	77.3	78.4	79.4	80.3	81.3	82.2	82.9	男
80.5	81.2	81.8	82.5	83.1	83.7	84.2	84.7	85.2	85.8	女
77.3	78.2	79.0	79.9	80.7	81.5	82.3	83.0	83.7	84.3	男女計
										South America
70.7	72.1	73.3	74.6	75.8	77.0	78.2	79.3	80.4	81.3	男
78.0	79.1	80.1	81.1	81.9	82.7	83.4	84.2	84.8	85.5	女
74.4	75.6	76.7	77.8	78.9	79.9	80.9	81.8	82.7	83.4	男女計
										Argentina
72.2	73.2	74.2	75.2	76.3	77.4	78.5	79.6	80.5	81.4	男
79.8	80.6	81.3	82.0	82.7	83.3	84.0	84.6	85.2	85.8	女
76.0	76.9	77.8	78.7	79.5	80.4	81.3	82.2	82.9	83.7	男女計
										Bolivia (Plurinational State of)
65.3	67.1	68.7	70.0	71.2	72.3	73.4	74.4	75.4	76.3	男
70.2	72.2	73.8	75.3	76.5	77.5	78.5	79.3	80.1	80.7	女
67.7	69.6	71.2	72.6	73.8	74.9	75.9	76.8	77.7	78.5	男女計
										Brazil
70.3	71.8	73.2	74.5	75.8	77.2	78.5	79.7	80.8	81.7	男
77.9	79.1	80.2	81.2	82.2	83.0	83.8	84.5	85.2	85.9	女
74.1	75.4	76.7	77.9	79.0	80.1	81.2	82.2	83.1	83.9	男女計
										Chile
78.1	79.8	81.0	82.0	82.9	83.7	84.5	85.2	85.9	86.5	男
84.1	85.3	86.3	87.2	88.1	88.8	89.6	90.3	91.0	91.7	女
81.2	82.7	83.8	84.7	85.6	86.4	87.1	87.8	88.5	89.1	男女計
										Colombia
70.2	71.2	72.3	73.4	74.5	75.5	76.6	77.7	78.8	79.9	男
77.4	78.3	79.2	79.9	80.7	81.4	82.1	82.8	83.5	84.1	女
73.7	74.7	75.7	76.6	77.6	78.5	79.4	80.2	81.2	82.0	男女計
										Ecuador
72.8	74.1	75.3	76.5	77.7	78.8	80.0	81.1	82.1	83.1	男
78.4	79.5	80.4	81.3	82.1	82.9	83.6	84.3	84.9	85.5	女
75.5	76.7	77.8	78.9	79.9	80.8	81.8	82.7	83.5	84.3	男女計
										French Guiana
75.8	77.3	78.8	80.1	81.2	82.1	82.9	83.7	84.4	85.1	男
82.6	83.6	84.5	85.4	86.2	87.0	87.8	88.5	89.2	89.9	女
79.0	80.3	81.6	82.8	83.7	84.6	85.4	86.1	86.8	87.6	男女計

表A. 30.　主要地域、地域および国別、出生時の平均余命：推計および中位予測値（続）

推計値：1960-2015

主要地域、地域および国	出生時の平均余命（歳）									
	1960-1965	1965-1970	1970-1975	1975-1980	1980-1985	1985-1990	1990-1995	1995-2000	2000-2005	2005-2010
Guyana										
男	58.2	59.2	59.5	59.6	59.7	59.7	60.5	61.6	62.6	63.4
女	63.3	64.1	64.6	65.4	66.1	67.0	67.4	67.8	68.2	68.4
男女計	60.7	61.6	62.0	62.4	62.8	63.2	63.8	64.6	65.3	65.8
Paraguay										
男	62.5	63.1	63.8	64.4	64.9	65.4	66.3	67.2	68.7	69.7
女	66.4	67.0	68.1	68.7	69.3	69.9	70.8	71.7	72.9	73.9
男女計	64.5	65.0	65.9	66.5	67.1	67.6	68.5	69.4	70.8	71.8
Peru										
男	47.8	50.1	53.9	56.7	59.5	62.0	64.4	66.8	69.0	70.5
女	50.5	53.0	57.2	60.5	63.7	66.7	69.2	71.9	74.3	75.9
男女計	49.1	51.5	55.5	58.5	61.5	64.3	66.8	69.3	71.6	73.1
Suriname										
男	58.7	60.5	61.7	62.8	63.6	64.0	64.4	64.6	64.8	66.4
女	62.5	64.5	66.5	67.7	69.8	70.7	71.1	71.4	71.7	73.1
男女計	60.5	62.4	64.0	65.1	66.5	67.1	67.6	67.8	68.1	69.6
Uruguay										
男	65.4	65.5	65.6	66.3	67.6	68.6	69.2	70.5	71.6	72.5
女	71.6	71.9	72.2	73.1	74.5	75.8	76.9	78.0	78.9	79.7
男女計	68.3	68.6	68.8	69.6	71.0	72.1	73.0	74.2	75.3	76.2
Venezuela (Bolivarian Republic of)										
男	59.0	61.2	63.2	64.6	65.9	66.8	67.5	68.2	68.8	69.4
女	62.5	65.6	68.6	70.4	71.8	72.4	73.2	75.4	77.2	77.7
男女計	60.7	63.3	65.7	67.4	68.7	69.5	70.2	71.6	72.8	73.4
NORTHERN AMERICA										
男	66.9	66.9	67.7	69.5	70.8	71.5	72.4	73.6	74.7	75.8
女	73.7	74.3	75.3	77.1	78.1	78.5	79.2	79.5	79.9	80.8
男女計	70.2	70.5	71.4	73.2	74.4	75.0	75.8	76.6	77.4	78.4
Canada										
男	68.4	68.9	69.6	70.7	72.3	73.5	74.6	75.6	77.2	78.3
女	74.5	75.6	76.6	78.0	79.3	80.1	80.8	81.3	82.1	82.9
男女計	71.3	72.1	72.9	74.2	75.7	76.7	77.7	78.5	79.7	80.7
United States of America										
男	66.8	66.8	67.5	69.4	70.7	71.3	72.2	73.4	74.5	75.6
女	73.6	74.2	75.2	77.0	77.9	78.4	79.0	79.3	79.7	80.6
男女計	70.1	70.3	71.2	73.1	74.3	74.8	75.6	76.4	77.1	78.1
OCEANIA										
男	61.2	62.3	63.5	65.1	66.9	67.8	69.5	70.9	72.6	74.3
女	66.8	68.1	69.5	71.4	73.7	74.2	75.7	76.5	77.7	79.0
男女計	63.9	65.0	66.4	68.2	70.2	70.9	72.5	73.6	75.1	76.6
Australia/New Zealand										
男	68.0	67.9	68.4	70.0	71.6	72.7	74.4	75.7	77.5	78.9
女	74.3	74.5	75.2	76.9	78.3	79.0	80.3	81.3	82.5	83.5
男女計	71.0	71.0	71.7	73.3	74.9	75.8	77.4	78.5	80.0	81.2
Australia										
男	67.9	67.8	68.4	70.1	71.8	73.0	74.6	75.9	77.7	79.1
女	74.3	74.5	75.2	77.1	78.7	79.3	80.6	81.6	82.7	83.7
男女計	71.0	71.0	71.7	73.5	75.2	76.1	77.6	78.7	80.2	81.4
New Zealand										
男	68.5	68.3	68.6	69.4	70.7	71.3	73.4	74.8	76.7	78.2
女	74.1	74.5	74.9	75.9	76.8	77.4	79.1	80.0	81.3	82.2
男女計	71.2	71.3	71.7	72.6	73.7	74.3	76.3	77.4	79.0	80.2
Melanesia										
男	41.9	45.9	49.2	51.9	53.9	54.4	55.9	57.6	59.3	61.1
女	44.2	48.2	51.4	54.7	59.2	59.3	61.1	62.1	63.6	65.4
男女計	43.0	47.0	50.2	53.2	56.3	56.7	58.3	59.8	61.4	63.1
Fiji										
男	55.1	57.2	59.1	60.7	62.0	63.1	64.0	64.8	65.5	66.1
女	59.0	60.9	62.5	63.9	65.5	67.0	68.3	69.6	70.7	71.9
男女計	56.9	58.9	60.7	62.2	63.7	64.9	66.1	67.1	68.0	68.8
New Caledonia										
男	56.4	59.1	61.5	63.7	65.6	67.3	68.8	70.1	71.3	72.4
女	59.9	63.3	66.3	68.8	71.0	72.9	74.6	76.0	77.2	78.3
男女計	58.0	61.0	63.7	66.0	68.1	69.9	71.5	72.8	74.1	75.2
Papua New Guinea										
男	39.0	43.3	46.8	49.5	51.7	52.3	53.9	55.8	57.6	59.5
女	41.0	45.2	48.7	52.2	57.5	57.6	59.5	60.4	61.8	63.7
男女計	39.9	44.2	47.7	50.8	54.3	54.8	56.5	58.0	59.6	61.5

表A. 30.　主要地域、地域および国別、出生時の平均余命：推計および中位予測値（続）

2015-2060:中位予測値

出生時の平均余命（歳）										主要地域、地域および国
2010-2015	2015-2020	2020-2025	2025-2030	2030-2035	2035-2040	2040-2045	2045-2050	2050-2055	2055-2060	
										Guyana
64.0	64.4	64.9	65.2	65.7	66.1	66.5	67.0	67.4	67.9	男
68.6	69.2	69.9	70.5	71.2	71.8	72.5	73.0	73.7	74.3	女
66.3	66.8	67.3	67.8	68.3	68.8	69.3	69.8	70.3	70.9	男女計
										Paraguay
70.7	71.0	71.4	71.9	72.4	72.9	73.5	74.1	74.8	75.4	男
74.9	75.5	76.1	76.7	77.3	77.9	78.5	79.1	79.6	80.2	女
72.7	73.2	73.7	74.2	74.7	75.3	75.9	76.5	77.1	77.8	男女計
										Peru
71.5	72.9	74.2	75.6	76.8	78.1	79.3	80.5	81.7	82.8	男
76.8	78.1	79.3	80.3	81.3	82.1	83.0	83.7	84.4	85.1	女
74.2	75.5	76.7	77.9	79.1	80.1	81.2	82.1	83.1	83.9	男女計
										Suriname
67.8	68.4	69.0	69.6	70.3	71.0	71.7	72.4	73.2	74.0	男
74.2	74.9	75.6	76.3	77.0	77.7	78.3	78.9	79.5	80.1	女
70.9	71.6	72.2	72.9	73.6	74.2	74.9	75.6	76.3	77.0	男女計
										Uruguay
73.3	74.2	75.1	76.0	76.9	77.9	78.9	79.9	80.8	81.6	男
80.4	81.1	81.7	82.3	82.9	83.5	84.0	84.6	85.2	85.8	女
77.0	77.7	78.5	79.3	80.0	80.8	81.6	82.4	83.1	83.8	男女計
										Venezuela (Bolivarian Republic of)
69.9	70.9	72.0	73.0	74.0	75.1	76.2	77.3	78.3	79.4	男
78.2	79.0	79.8	80.6	81.2	81.9	82.5	83.2	83.8	84.4	女
73.9	74.9	75.8	76.7	77.6	78.5	79.4	80.2	81.1	81.9	男女計
										NORTHERN AMERICA
76.8	77.6	78.5	79.4	80.3	81.2	82.1	82.9	83.6	84.2	男
81.5	82.1	82.7	83.3	83.9	84.5	85.1	85.6	86.2	86.7	女
79.2	79.9	80.6	81.4	82.1	82.9	83.6	84.3	84.9	85.5	男女計
										Canada
79.7	80.8	81.8	82.7	83.5	84.2	84.8	85.4	86.0	86.5	男
83.8	84.4	85.1	85.7	86.4	86.9	87.6	88.2	88.7	89.3	女
81.8	82.6	83.5	84.2	84.9	85.6	86.2	86.8	87.3	87.9	男女計
										United States of America
76.5	77.3	78.1	79.0	79.9	80.9	81.8	82.6	83.3	83.9	男
81.3	81.9	82.5	83.1	83.6	84.2	84.8	85.3	85.9	86.4	女
78.9	79.6	80.3	81.1	81.8	82.6	83.3	84.0	84.6	85.2	男女計
										OCEANIA
75.3	76.3	77.2	77.9	78.5	79.1	79.6	80.2	80.7	81.2	男
79.7	80.5	81.1	81.8	82.4	83.0	83.5	84.1	84.6	85.2	女
77.5	78.4	79.2	79.8	80.4	81.0	81.6	82.1	82.6	83.2	男女計
										Australia/New Zealand
79.9	81.0	82.0	82.9	83.6	84.3	84.9	85.6	86.1	86.8	男
84.1	84.8	85.5	86.2	86.8	87.5	88.1	88.7	89.3	89.9	女
82.0	82.9	83.8	84.5	85.2	85.9	86.5	87.1	87.7	88.4	男女計
										Australia
79.9	81.1	82.1	82.9	83.6	84.2	84.9	85.5	86.1	86.7	男
84.3	85.0	85.7	86.3	87.0	87.6	88.2	88.9	89.4	90.1	女
82.1	83.0	83.9	84.6	85.3	85.9	86.6	87.2	87.8	88.4	男女計
										New Zealand
79.7	80.8	81.8	82.8	83.6	84.4	85.0	85.7	86.3	86.9	男
83.4	84.0	84.7	85.4	86.0	86.7	87.3	87.9	88.5	89.1	女
81.6	82.4	83.3	84.1	84.9	85.5	86.2	86.8	87.4	88.0	男女計
										Melanesia
61.9	62.7	63.5	64.2	65.0	65.7	66.4	67.1	67.7	68.4	男
66.3	67.2	68.1	68.9	69.7	70.5	71.3	72.0	72.7	73.4	女
64.0	64.9	65.7	66.5	67.3	68.1	68.8	69.5	70.1	70.8	男女計
										Fiji
66.9	67.7	68.4	69.1	69.9	70.7	71.5	72.2	73.1	74.0	男
72.9	73.8	74.7	75.5	76.3	77.1	77.8	78.5	79.2	79.9	女
69.7	70.6	71.4	72.2	73.0	73.8	74.6	75.3	76.1	76.9	男女計
										New Caledonia
73.6	74.7	75.9	77.0	78.2	79.4	80.5	81.6	82.6	83.4	男
79.3	80.2	81.1	81.9	82.7	83.4	84.1	84.8	85.4	86.1	女
76.2	77.3	78.4	79.4	80.4	81.4	82.4	83.2	84.1	84.8	男女計
										Papua New Guinea
60.3	61.1	62.0	62.7	63.5	64.2	64.9	65.6	66.2	66.9	男
64.5	65.5	66.4	67.2	68.1	68.9	69.7	70.4	71.2	72.0	女
62.3	63.2	64.1	64.9	65.7	66.5	67.2	67.9	68.6	69.4	男女計

表A. 30. 主要地域、地域および国別、出生時の平均余命：推計および中位予測値（続）

推計値：1960-2015

主要地域、地域および国	出生時の平均余命（歳）									
	1960-1965	1965-1970	1970-1975	1975-1980	1980-1985	1985-1990	1990-1995	1995-2000	2000-2005	2005-2010
Solomon Islands										
男	49.9	52.4	54.9	57.4	58.2	55.5	57.9	60.4	62.9	65.1
女	51.4	53.9	56.4	58.9	59.5	56.3	58.8	62.0	66.0	67.8
男女計	50.4	53.0	55.5	58.0	58.7	55.8	58.3	61.1	64.4	66.4
Vanuatu										
男	46.6	49.6	52.4	55.3	58.2	60.6	62.9	64.9	66.7	68.2
女	49.5	52.5	55.6	58.7	61.8	63.6	65.8	68.2	70.3	72.1
男女計	47.9	50.9	53.8	56.8	59.8	61.9	64.2	66.4	68.4	70.0
Micronesia										
男	56.3	58.4	60.5	62.0	63.0	64.2	65.7	67.5	68.9	69.7
女	59.2	61.3	63.5	65.2	66.4	67.9	69.6	71.4	73.0	74.3
男女計	57.7	59.8	61.9	63.5	64.6	66.0	67.5	69.4	70.9	71.9
Guam										
男	60.4	62.6	64.6	66.4	67.9	69.2	70.4	71.9	73.6	74.7
女	64.7	67.1	69.2	71.0	72.5	73.8	75.0	76.6	78.5	80.3
男女計	62.2	64.6	66.7	68.4	70.0	71.3	72.5	74.1	75.9	77.4
Kiribati										
男	48.5	50.9	53.4	54.5	55.1	56.6	58.7	60.4	61.6	62.0
女	52.8	55.3	57.7	58.9	59.6	61.8	64.6	66.3	67.5	68.1
男女計	50.6	53.0	55.5	56.6	57.3	59.1	61.6	63.3	64.5	65.1
Micronesia (Fed. States of)										
男	58.1	60.1	62.2	64.3	64.8	65.4	65.9	66.5	66.9	67.6
女	59.2	61.2	63.3	65.4	65.9	66.5	67.0	67.6	68.2	69.1
男女計	58.6	60.6	62.7	64.8	65.3	65.9	66.5	67.1	67.6	68.3
Polynesia										
男	54.1	56.2	58.1	60.0	62.4	64.1	66.1	67.5	68.9	70.5
女	58.4	60.8	62.8	64.8	67.7	69.7	71.2	73.1	74.6	75.9
男女計	56.1	58.3	60.3	62.3	64.8	66.7	68.5	70.1	71.6	73.1
French Polynesia										
男	55.7	57.6	59.4	61.1	64.0	65.6	67.7	69.0	70.7	72.8
女	58.8	61.3	63.0	64.9	69.0	70.8	71.6	74.3	76.1	77.5
男女計	57.1	59.3	61.0	62.8	66.3	68.0	69.5	71.4	73.2	75.0
Samoa										
男	48.0	50.5	53.0	55.5	58.0	60.5	63.1	65.4	67.2	68.6
女	54.6	57.1	59.6	62.1	64.6	67.1	69.7	71.9	73.6	74.9
男女計	51.0	53.5	56.0	58.5	61.0	63.5	66.2	68.5	70.1	71.5
Tonga										
男	61.9	63.4	64.9	65.9	66.9	67.8	68.4	68.8	68.8	69.1
女	62.7	64.7	66.5	68.0	69.5	70.8	71.4	72.1	73.5	74.7
男女計	62.3	64.0	65.6	66.9	68.1	69.3	69.9	70.5	71.2	71.8

表A. 30. 主要地域、地域および国別、出生時の平均余命：推計および中位予測値（続）

2015–2060：中位予測値

出生時の平均余命（歳）										主要地域、地域および国
2010–2015	2015–2020	2020–2025	2025–2030	2030–2035	2035–2040	2040–2045	2045–2050	2050–2055	2055–2060	
										Solomon Islands
66.2	67.2	68.1	69.0	69.7	70.4	71.1	71.7	72.5	73.3	男
69.0	70.2	71.4	72.4	73.4	74.3	75.1	75.9	76.6	77.4	女
67.5	68.7	69.7	70.6	71.5	72.3	73.1	73.8	74.5	75.3	男女計
										Vanuatu
69.6	70.7	71.7	72.6	73.6	74.6	75.5	76.5	77.6	78.5	男
73.6	74.9	76.0	76.9	77.9	78.8	79.5	80.3	81.0	81.7	女
71.5	72.7	73.8	74.7	75.7	76.7	77.5	78.4	79.3	80.1	男女計
										Micronesia
70.5	71.6	72.7	73.8	74.7	75.6	76.3	76.9	77.6	78.2	男
75.3	76.5	77.6	78.6	79.5	80.3	81.1	81.8	82.4	83.0	女
72.8	74.0	75.1	76.1	77.1	77.9	78.7	79.3	80.0	80.6	男女計
										Guam
76.1	77.6	79.0	80.5	81.7	82.8	83.6	84.5	85.2	86.0	男
81.5	82.6	83.6	84.5	85.4	86.2	87.0	87.8	88.5	89.2	女
78.7	80.0	81.3	82.5	83.6	84.5	85.3	86.1	86.8	87.6	男女計
										Kiribati
62.6	63.5	64.4	65.2	66.0	66.7	67.3	67.9	68.6	69.3	男
68.9	70.0	71.0	71.9	72.7	73.5	74.2	74.9	75.7	76.3	女
65.7	66.8	67.7	68.5	69.3	70.1	70.7	71.4	72.1	72.8	男女計
										Micronesia (Fed. States of)
68.0	68.5	69.0	69.5	70.0	70.5	71.0	71.5	72.1	72.7	男
69.9	70.7	71.5	72.3	73.1	73.9	74.7	75.4	76.1	76.8	女
68.9	69.6	70.3	70.9	71.5	72.2	72.8	73.4	74.0	74.6	男女計
										Polynesia
71.7	72.9	74.1	75.3	76.4	77.5	78.7	79.8	80.8	81.8	男
77.1	78.2	79.1	80.0	80.8	81.6	82.4	83.1	83.8	84.5	女
74.3	75.4	76.5	77.6	78.6	79.6	80.5	81.5	82.4	83.1	男女計
										French Polynesia
74.0	75.1	76.3	77.5	78.7	79.9	81.1	82.2	83.3	84.2	男
78.6	79.6	80.5	81.4	82.3	83.1	83.8	84.5	85.3	86.0	女
76.1	77.2	78.3	79.4	80.4	81.5	82.4	83.4	84.3	85.1	男女計
										Samoa
70.0	71.3	72.6	73.8	75.0	76.2	77.4	78.5	79.7	80.7	男
76.4	77.6	78.7	79.7	80.6	81.4	82.2	83.0	83.6	84.3	女
73.0	74.3	75.5	76.7	77.7	78.8	79.8	80.7	81.6	82.5	男女計
										Tonga
69.7	70.4	71.2	72.0	72.8	73.6	74.5	75.4	76.3	77.3	男
75.6	76.4	77.2	77.9	78.7	79.3	80.0	80.7	81.4	81.9	女
72.6	73.4	74.2	75.0	75.8	76.6	77.4	78.1	78.9	79.7	男女計

表A. 31. 主要地域、地域および国別、乳児死亡率：推計および中位予測値、1960-2060年

推計値：1960-2015

主要地域、地域および国	乳児死亡率（出生千人あたり）									
	1960-1965	1965-1970	1970-1975	1975-1980	1980-1985	1985-1990	1990-1995	1995-2000	2000-2005	2005-2010
WORLD	122	105	95	85	76	67	63	57	49	42
More developed regions	33	26	22	18	15	13	11	9	7	6
Less developed regions	139	118	106	95	84	74	69	63	54	46
Least developed countries	168	154	151	136	125	114	107	93	79	67
Less developed regions, excluding least developed countries	135	112	98	87	76	66	60	55	47	40
Less developed regions, excluding China	142	129	119	106	94	83	76	68	59	51
High-income countries	39	32	25	21	17	15	12	10	8	7
Middle-income countries	137	115	103	91	80	69	64	58	49	42
Upper-middle-income countries	127	96	79	65	54	46	42	36	29	23
Lower-middle-income countries	147	134	126	111	98	88	79	70	60	52
Low-income countries	165	151	141	138	126	116	113	99	84	70
Sub-Saharan Africa	156	144	133	123	116	112	111	101	88	75
AFRICA	156	144	133	121	111	104	102	93	81	69
EASTERN AFRICA	150	139	129	121	117	112	113	95	79	64
Burundi	149	141	137	125	117	112	121	103	95	86
Comoros	167	154	139	127	109	93	81	74	73	67
Djibouti	131	120	104	96	87	81	76	72	68	63
Eritrea	179	161	140	125	116	105	90	73	62	54
Ethiopia	160	148	141	137	140	126	114	97	78	60
Kenya	117	104	92	80	70	68	72	74	68	59
Madagascar	157	145	134	122	109	108	100	78	58	46
Malawi	186	180	169	159	153	151	139	121	105	80
Mauritius	61	67	61	38	26	23	18	20	13	13
Mayotte	82	61	46	34	25	19	14	10	8	6
Mozambique	185	172	159	148	152	146	135	111	89	74
Réunion	82	61	46	34	25	19	14	10	8	6
Rwanda	143	137	135	128	109	114	289	116	90	59
Seychelles	72	64	43	28	18	12	12	11	11	10
Somalia	173	161	148	137	128	123	130	105	97	90
South Sudan	210	194	181	169	164	150	130	114	101	89
Uganda	130	117	112	111	113	116	110	98	81	70
United Republic of Tanzania	136	128	119	109	105	102	103	92	70	52
Zambia	127	118	107	101	103	112	115	106	86	70
Zimbabwe	97	90	83	74	63	57	59	67	69	62
MIDDLE AFRICA	161	150	138	130	123	118	113	112	101	89
Angola	200	186	173	161	157	153	151	138	116	104
Cameroon	145	133	120	108	98	93	90	88	87	82
Central African Republic	176	160	138	119	110	109	112	114	113	106
Chad	169	160	146	138	130	123	119	114	111	106
Congo	107	97	90	84	79	78	80	85	82	64
Democratic Republic of the Congo	151	144	134	129	122	116	110	113	100	84
Equatorial Guinea	176	167	158	149	130	121	111	100	91	80
Gabon	158	134	114	95	78	63	60	60	60	53
São Tomé and Príncipe	99	88	76	65	64	61	58	55	52	46
NORTHERN AFRICA	158	144	133	112	90	69	59	47	41	35
Algeria	143	132	122	105	75	55	48	42	37	34
Egypt	184	170	165	133	107	74	60	37	29	23
Libyan Arab Jamahiriya	166	121	90	67	51	41	33	30	27	24
Morocco	133	123	113	102	84	67	53	44	38	32
Sudan	111	102	93	89	87	84	80	74	67	60
Tunisia	195	173	140	97	66	49	35	29	23	19
Western Sahara	187	174	160	134	110	88	76	64	53	44
SOUTHERN AFRICA	96	89	82	74	64	55	51	56	59	53
Botswana	113	104	90	75	64	58	57	65	58	39
Lesotho	134	130	123	110	94	84	69	79	84	76
Namibia	131	115	101	87	76	67	60	58	57	43
South Africa	91	84	77	71	61	52	48	53	57	52
Swaziland	151	141	124	108	90	77	69	80	87	76
WESTERN AFRICA	172	159	146	132	123	120	116	108	95	82
Benin	177	163	148	134	122	113	103	92	82	74
Burkina Faso	192	172	154	133	119	110	104	100	90	78
Cabo Verde	125	108	93	76	61	50	42	33	27	21

表A. 31.　主要地域、地域および国別、乳児死亡率：推計および中位予測値（続）

2015-2060：中位予測値

乳児死亡率（出生千人あたり）										主要地域、地域および国
2010-2015	2015-2020	2020-2025	2025-2030	2030-2035	2035-2040	2040-2045	2045-2050	2050-2055	2055-2060	
36	32	29	26	23	21	19	17	15	14	**WORLD**
5	5	4	4	3	3	3	3	2	2	More developed regions
39	35	31	28	25	23	20	19	17	15	Less developed regions
57	50	45	40	36	32	29	26	23	21	Least developed countries
33	29	26	23	21	19	17	15	14	12	Less developed regions, excluding least developed countries
44	38	34	31	27	25	22	20	18	17	Less developed regions, excluding China
6	5	5	4	4	3	3	3	3	2	High-income countries
35	31	28	25	22	20	18	16	15	13	Middle-income countries
19	16	15	13	12	11	10	9	8	8	Upper-middle-income countries
44	39	34	30	27	24	22	19	18	16	Lower-middle-income countries
60	52	46	41	36	32	29	26	24	21	Low-income countries
64	56	50	45	40	36	32	29	26	23	**Sub-Saharan Africa**
59	52	47	42	38	34	30	27	24	22	**AFRICA**
53	47	42	37	33	30	27	25	23	21	**EASTERN AFRICA**
78	71	65	59	53	47	42	37	33	30	Burundi
58	52	47	42	38	34	31	28	25	23	Comoros
55	50	46	43	39	36	33	30	27	25	Djibouti
46	37	30	23	19	16	13	12	10	9	Eritrea
50	43	37	32	28	24	22	20	18	17	Ethiopia
52	48	44	39	34	30	26	24	22	20	Kenya
37	30	24	19	16	13	11	9	8	7	Madagascar
60	52	47	43	40	38	35	33	31	29	Malawi
12	10	9	8	7	6	5	5	4	4	Mauritius
4	3	3	2	2	2	2	2	2	1	Mayotte
64	57	50	45	40	36	32	29	26	24	Mozambique
4	3	3	2	2	2	2	2	2	1	Réunion
49	43	36	32	28	24	22	20	18	17	Rwanda
10	8	7	6	6	5	4	4	4	4	Seychelles
79	70	64	59	53	48	44	40	36	32	Somalia
78	68	60	54	48	44	40	36	33	30	South Sudan
61	56	53	48	42	38	34	31	28	25	Uganda
37	32	28	26	24	22	21	19	18	17	United Republic of Tanzania
55	47	40	36	32	29	26	24	22	21	Zambia
48	39	35	32	29	26	24	22	21	19	Zimbabwe
79	72	65	58	52	46	41	37	33	30	**MIDDLE AFRICA**
96	88	79	71	64	57	51	45	40	36	Angola
74	65	58	52	46	41	37	33	30	27	Cameroon
93	84	75	66	57	49	42	36	31	27	Central African Republic
96	87	78	70	64	58	53	47	42	37	Chad
51	44	38	35	31	28	25	23	22	20	Congo
73	66	60	53	48	42	38	34	30	27	Democratic Republic of the Congo
70	62	54	48	43	38	33	29	25	23	Equatorial Guinea
43	37	33	30	27	25	23	21	20	18	Gabon
44	41	39	37	35	34	32	30	29	27	São Tomé and Príncipe
30	26	23	21	18	16	14	13	12	11	**NORTHERN AFRICA**
30	25	21	17	15	12	11	9	8	7	Algeria
19	16	13	12	10	9	8	7	7	7	Egypt
24	21	18	16	14	13	11	10	9	8	Libyan Arab Jamahiriya
26	21	16	14	11	10	9	8	7	7	Morocco
53	48	44	40	36	32	29	26	24	22	Sudan
19	16	14	12	11	10	9	8	8	7	Tunisia
37	31	26	22	19	16	14	13	11	10	Western Sahara
40	35	31	28	25	22	20	19	17	16	**SOUTHERN AFRICA**
32	29	25	22	20	18	17	15	14	13	Botswana
60	50	42	37	32	28	25	22	20	18	Lesotho
34	29	25	22	20	19	17	16	14	13	Namibia
38	34	30	27	24	22	20	19	17	16	South Africa
65	58	52	45	39	34	30	26	24	21	Swaziland
71	62	54	48	43	38	33	30	26	23	**WESTERN AFRICA**
69	63	58	54	50	47	43	40	37	34	Benin
67	58	51	45	40	35	31	27	24	21	Burkina Faso
20	17	15	13	12	10	9	8	8	7	Cabo Verde

表A. 31. 主要地域、地域および国別、乳児死亡率：推計および中位予測値（続）

推計値:1960-2015

主要地域、地域および国	乳児死亡率（出生千人あたり）									
	1960-1965	1965-1970	1970-1975	1975-1980	1980-1985	1985-1990	1990-1995	1995-2000	2000-2005	2005-2010
Côte d'Ivoire	200	169	144	125	113	107	103	99	92	85
Gambia	144	127	113	101	90	82	75	70	60	51
Ghana	122	113	107	99	93	83	73	67	61	55
Guinea	195	192	186	171	157	142	128	112	95	81
Guinea-Bissau	168	159	152	143	135	129	122	115	108	102
Liberia	212	195	178	164	154	158	155	129	97	72
Mali	207	192	176	163	151	139	128	118	109	89
Mauritania	123	114	106	99	89	83	80	76	76	73
Niger	159	156	151	139	133	139	130	103	82	64
Nigeria	173	160	147	134	125	126	126	119	104	90
Senegal	118	113	108	97	85	75	72	68	61	54
Sierra Leone	221	211	181	162	151	152	161	149	135	117
Togo	145	128	113	101	92	87	83	80	77	64
ASIA	138	114	101	90	78	68	62	55	46	38
EASTERN ASIA	125	88	66	50	41	39	37	32	23	16
China	135	94	72	55	45	42	40	34	25	17
China, Hong Kong SAR	34	25	18	13	10	7	5	4	2	2
China, Macao SAR	44	35	28	22	17	13	11	8	6	5
Dem. People's Republic of Korea	80	58	45	36	31	27	42	58	28	27
Japan	26	16	12	9	7	5	4	4	3	3
Mongolia	135	119	107	105	102	92	68	54	41	31
Republic of Korea	90	64	38	33	25	15	10	7	5	5
Other non-specified areas	48	40	15	11	8	6	5	7	6	5
SOUTH-CENTRAL ASIA	159	147	139	121	106	94	83	72	61	52
CENTRAL ASIA	108	99	90	82	75	68	63	56	48	41
Kazakhstan	93	85	77	69	60	52	51	43	32	27
Kyrgyzstan	120	110	100	90	80	70	60	48	40	36
Tajikistan	142	134	125	116	107	98	88	80	63	45
Turkmenistan	130	121	111	101	91	81	76	61	52	50
Uzbekistan	105	95	84	78	71	65	59	55	50	47
SOUTHERN ASIA	161	149	141	123	108	95	83	72	61	52
Afghanistan	234	216	199	180	159	134	111	99	90	80
Bangladesh	166	152	183	140	126	109	90	73	56	43
Bhutan	212	189	159	131	110	92	76	62	52	40
India	158	147	136	121	106	93	82	71	60	50
Iran (Islamic Republic of)	175	154	124	95	71	50	40	32	25	19
Maldives	222	191	157	122	95	76	61	44	27	15
Nepal	211	190	169	151	131	110	88	68	53	41
Pakistan	171	149	135	126	119	110	102	93	84	77
Sri Lanka	62	53	44	36	29	24	20	16	13	10
SOUTH-EASTERN ASIA	115	99	86	81	68	56	47	41	34	29
Brunei Darussalam	49	39	31	25	20	16	13	10	8	6
Cambodia	134	132	139	320	154	86	86	86	66	45
Indonesia	144	124	105	92	80	68	56	45	36	30
Lao People's Democratic Republic	157	148	138	130	122	108	96	82	69	57
Malaysia	64	48	37	28	21	16	12	9	7	7
Myanmar	156	124	112	101	91	81	73	65	58	52
Philippines	77	68	59	62	55	40	36	32	29	26
Singapore	29	24	19	13	9	5	5	4	3	2
Thailand	93	78	63	51	42	33	26	21	17	13
Timor-Leste	221	201	183	254	184	141	119	85	64	50
Viet Nam	67	57	54	46	41	37	34	29	25	22
WESTERN ASIA	152	131	113	92	72	57	48	37	31	27
Armenia	73	68	63	58	53	48	44	35	27	21
Azerbaijan	110	105	100	95	90	85	82	61	52	41
Bahrain	105	71	47	32	23	19	15	12	10	8
Cyprus	40	32	25	19	15	12	9	7	6	4
Georgia	66	59	52	49	47	44	45	38	29	19
Iraq	129	91	73	57	43	38	37	36	35	33
Israel	28	24	21	17	14	11	8	6	5	4
Jordan	96	77	66	54	43	34	29	26	22	20
Kuwait	71	54	42	33	24	16	13	11	10	10
Lebanon	53	47	42	38	35	30	25	19	14	11
Oman	154	131	109	83	59	42	31	22	15	10
Qatar	69	51	37	29	23	18	15	12	9	8

2015-2060：中位予測値

乳児死亡率（出生千人あたり）										主要地域、地域および国
2010-2015	2015-2020	2020-2025	2025-2030	2030-2035	2035-2040	2040-2045	2045-2050	2050-2055	2055-2060	
73	63	54	47	41	35	30	25	20	16	Côte d'Ivoire
47	43	39	36	33	31	29	27	25	24	Gambia
51	47	43	40	38	35	33	30	28	25	Ghana
59	50	43	36	29	23	18	14	12	10	Guinea
92	82	75	69	62	57	52	47	43	40	Guinea-Bissau
61	52	45	39	32	27	24	21	18	16	Liberia
84	70	57	46	36	28	22	18	15	13	Mali
67	63	58	54	51	47	44	40	38	35	Mauritania
60	50	42	34	29	24	21	18	16	15	Niger
76	68	60	55	50	45	41	37	33	29	Nigeria
44	33	25	19	15	12	10	8	7	6	Senegal
94	81	70	62	54	49	44	39	35	32	Sierra Leone
50	42	36	31	26	21	18	15	12	11	Togo
31	27	23	20	18	15	13	12	11	9	**ASIA**
11	9	8	6	5	5	4	3	3	3	**EASTERN ASIA**
12	10	8	7	6	5	4	4	3	3	China
2	2	1	1	1	1	1	1	1	1	China, Hong Kong SAR
4	3	2	2	2	1	1	1	1	1	China, Macao SAR
22	19	17	15	13	11	10	8	7	6	Dem. People's Republic of Korea
2	2	2	1	1	1	1	1	1	1	Japan
26	19	14	10	8	6	5	3	3	2	Mongolia
3	2	2	1	1	1	1	1	1	1	Republic of Korea
4	4	3	2	2	2	2	2	1	1	Other non-specified areas
44	37	32	27	23	20	18	15	14	12	**SOUTH-CENTRAL ASIA**
34	31	28	26	23	21	19	17	16	14	**CENTRAL ASIA**
14	12	11	10	9	8	8	7	6	6	Kazakhstan
20	17	15	14	12	11	10	9	8	8	Kyrgyzstan
40	36	32	28	25	23	21	18	17	15	Tajikistan
47	43	40	37	35	32	30	27	25	23	Turkmenistan
44	41	37	34	32	29	27	25	22	20	Uzbekistan
44	37	32	27	23	20	18	15	14	12	**SOUTHERN ASIA**
71	64	57	51	47	43	39	35	33	30	Afghanistan
33	26	20	17	15	13	12	11	10	9	Bangladesh
30	24	20	17	14	12	11	10	9	8	Bhutan
41	34	28	23	19	16	13	12	10	9	India
15	13	11	10	9	8	7	6	6	6	Iran (Islamic Republic of)
9	7	6	5	4	4	4	3	3	3	Maldives
32	26	21	18	15	13	12	11	10	10	Nepal
70	63	57	51	45	41	36	32	29	25	Pakistan
8	7	6	5	5	4	4	3	3	3	Sri Lanka
24	22	20	18	16	15	13	12	11	10	**SOUTH-EASTERN ASIA**
4	4	4	4	4	4	3	3	3	2	Brunei Darussalam
30	20	13	10	7	5	4	4	3	3	Cambodia
25	22	20	18	17	15	14	12	11	9	Indonesia
47	38	30	24	20	16	14	12	11	10	Lao People's Democratic Republic
7	7	7	7	6	6	6	6	6	5	Malaysia
46	43	40	37	34	32	29	27	25	24	Myanmar
23	21	20	18	17	15	14	13	12	10	Philippines
2	1	1	1	1	1	1	1	1	1	Singapore
11	10	8	7	6	6	5	5	4	4	Thailand
44	38	32	28	25	22	19	17	15	13	Timor-Leste
19	17	15	14	12	11	10	9	8	7	Viet Nam
24	22	19	17	15	14	12	11	10	9	**WESTERN ASIA**
13	12	10	9	8	8	7	6	6	6	Armenia
40	36	33	30	27	24	21	19	17	16	Azerbaijan
7	6	5	5	4	4	3	3	3	3	Bahrain
4	4	3	3	2	2	2	2	2	2	Cyprus
14	12	10	9	8	8	7	6	6	5	Georgia
32	28	24	21	19	17	15	14	12	11	Iraq
3	3	3	2	2	2	2	1	1	1	Israel
17	15	13	11	10	9	8	7	6	5	Jordan
9	8	7	6	5	5	5	4	4	3	Kuwait
9	8	7	6	5	5	4	4	4	3	Lebanon
7	6	5	5	4	4	3	3	3	3	Oman
6	6	5	5	4	4	4	3	3	3	Qatar

表A. 31. 主要地域、地域および国別、乳児死亡率：推計および中位予測値（続）

推計値:1960-2015

主要地域、地域および国	乳児死亡率（出生千人あたり）									
	1960-1965	1965-1970	1970-1975	1975-1980	1980-1985	1985-1990	1990-1995	1995-2000	2000-2005	2005-2010
Saudi Arabia	161	137	105	77	56	41	30	23	19	16
State of Palestine	117	99	83	66	51	40	33	28	25	23
Syrian Arab Republic	108	90	71	55	43	33	26	21	18	15
Turkey	179	160	145	120	95	73	56	37	25	16
United Arab Emirates	111	79	57	41	30	22	16	12	9	7
Yemen	251	213	180	147	117	95	84	75	68	61
EUROPE	37	30	25	22	18	15	13	10	8	7
EASTERN EUROPE	40	32	27	27	23	21	19	17	14	10
Belarus	38	26	21	22	20	16	15	15	10	6
Bulgaria	37	31	26	22	18	14	15	15	13	10
Czech Republic	20	22	20	18	15	12	9	6	4	3
Hungary	43	37	36	26	20	17	13	10	7	6
Poland	50	36	28	23	20	17	16	10	7	6
Republic of Moldova	59	49	46	46	36	31	29	24	19	16
Romania	54	51	39	31	26	26	23	20	17	12
Russian Federation	40	31	26	29	26	24	22	21	16	11
Slovakia	27	25	25	22	18	14	12	9	7	6
Ukraine	31	23	21	23	20	18	17	17	15	13
NORTHERN EUROPE	23	19	16	14	11	9	7	6	5	4
Channel Islands	27	25	23	21	18	16	14	12	10	9
Denmark	20	16	12	9	8	8	6	5	5	4
Estonia	33	23	21	22	20	18	16	12	7	5
Finland	20	15	12	9	7	6	5	4	3	3
Iceland	17	13	12	9	6	6	5	4	3	2
Ireland	28	23	18	15	10	8	7	6	6	4
Latvia	30	22	20	23	19	15	18	16	10	8
Lithuania	43	27	22	22	18	15	16	11	8	6
Norway	17	14	11	9	7	8	6	4	4	3
Sweden	16	13	11	8	7	6	5	4	3	2
United Kingdom	22	19	17	14	11	9	7	6	5	5
SOUTHERN EUROPE	52	41	31	23	18	13	10	8	6	5
Albania	99	77	58	47	43	38	31	26	20	16
Bosnia and Herzegovina	98	73	49	34	26	18	18	11	10	9
Croatia	50	35	25	22	18	14	10	7	7	6
Greece	38	34	25	21	15	12	8	7	5	4
Italy	41	33	27	18	13	10	8	6	4	3
Malta	28	23	20	17	14	12	10	8	7	6
Montenegro	72	50	33	29	26	21	18	12	12	11
Portugal	79	61	47	31	20	14	10	6	5	3
Serbia	88	69	51	40	35	22	17	16	14	12
Slovenia	17	17	16	14	13	10	7	5	4	3
Spain	41	32	22	15	10	8	7	5	4	4
TFYR Macedonia	95	82	69	62	52	40	27	18	13	12
WESTERN EUROPE	27	21	18	13	10	8	7	5	4	4
Austria	33	26	24	17	13	9	7	5	5	4
Belgium	28	23	19	14	11	9	8	5	4	4
France	25	21	16	12	9	8	7	5	4	4
Germany	30	23	21	16	11	8	6	5	4	4
Luxembourg	29	21	18	13	12	9	7	5	5	2
Netherlands	16	13	11	9	8	7	6	5	5	4
Switzerland	21	17	14	10	8	7	6	5	5	4
LATIN AMERICA AND THE CARIBBEAN	101	91	80	71	60	48	39	32	25	22
CARIBBEAN	94	83	73	70	66	54	46	39	33	30
Antigua and Barbuda	62	50	41	33	27	22	18	15	12	10
Aruba	43	36	29	25	20	19	19	18	18	16
Bahamas	48	40	33	27	22	18	16	14	12	10
Barbados	60	45	37	30	25	20	17	14	12	11
Cuba	59	50	38	22	18	13	10	8	6	6
Curaçao	41	34	27	22	18	17	15	15	15	13
Dominican Republic	124	109	96	86	75	63	48	41	35	30
Grenada	69	55	44	35	28	22	18	14	12	10
Guadeloupe	52	42	33	27	21	17	14	11	9	7
Haiti	172	151	136	132	123	101	86	70	56	52
Jamaica	59	49	42	33	30	26	23	22	20	18
Martinique	55	45	35	28	22	17	14	11	9	8

表A. 31. 主要地域、地域および国別、乳児死亡率：推計および中位予測値（続）

2015-2060：中位予測値

乳児死亡率（出生千人あたり）										主要地域、地域および国
2010-2015	2015-2020	2020-2025	2025-2030	2030-2035	2035-2040	2040-2045	2045-2050	2050-2055	2055-2060	
15	13	11	10	9	8	7	6	6	6	Saudi Arabia
21	18	17	15	14	12	11	10	9	9	State of Palestine
18	15	12	10	8	7	6	5	5	4	Syrian Arab Republic
13	10	8	7	6	5	4	4	4	3	Turkey
6	5	5	4	3	3	3	2	2	2	United Arab Emirates
54	49	44	40	36	33	30	27	24	21	Yemen
5	5	4	4	3	3	3	3	3	2	**EUROPE**
8	7	6	6	5	5	5	5	4	4	**EASTERN EUROPE**
4	4	3	3	3	2	2	2	2	2	Belarus
9	8	7	7	6	6	5	5	5	4	Bulgaria
2	2	2	2	2	1	1	1	1	1	Czech Republic
5	4	4	4	4	4	4	4	4	4	Hungary
5	4	4	3	3	3	3	3	2	2	Poland
11	10	9	9	8	7	7	6	6	6	Republic of Moldova
10	8	7	7	6	5	5	4	4	4	Romania
8	7	7	6	6	6	5	5	5	4	Russian Federation
5	4	4	4	4	4	4	4	4	4	Slovakia
9	8	8	7	7	7	6	6	6	6	Ukraine
4	3	3	3	2	2	2	2	2	2	**NORTHERN EUROPE**
8	7	7	6	6	5	5	4	4	4	Channel Islands
3	4	3	3	3	3	2	2	2	2	Denmark
3	3	3	3	2	2	2	2	2	2	Estonia
2	2	2	1	1	1	1	1	1	1	Finland
2	2	2	2	1	1	1	1	1	1	Iceland
3	2	2	2	2	2	1	1	1	1	Ireland
6	6	5	5	5	4	4	4	4	4	Latvia
4	3	3	3	3	3	3	3	2	2	Lithuania
3	2	2	2	2	1	1	1	1	1	Norway
3	2	2	2	2	2	2	1	1	1	Sweden
4	4	3	3	3	2	2	2	2	2	United Kingdom
4	3	3	3	2	2	2	2	2	2	**SOUTHERN EUROPE**
14	13	11	10	9	8	7	6	5	5	Albania
8	6	6	5	5	4	4	4	3	3	Bosnia and Herzegovina
4	3	3	3	2	2	2	2	2	2	Croatia
3	2	2	2	2	2	1	1	1	1	Greece
2	2	2	2	1	1	1	1	1	1	Italy
5	4	4	3	3	2	2	2	2	2	Malta
4	4	4	3	3	3	3	3	3	3	Montenegro
3	3	2	2	2	2	1	1	1	1	Portugal
10	8	7	7	6	6	6	5	5	5	Serbia
3	3	2	2	2	2	2	2	1	1	Slovenia
3	3	2	2	2	2	1	1	1	1	Spain
10	9	7	6	6	5	5	4	4	4	TFYR Macedonia
3	3	2	2	2	2	2	1	1	1	**WESTERN EUROPE**
3	3	2	2	2	2	1	1	1	1	Austria
3	3	2	2	2	2	2	1	1	1	Belgium
3	3	2	2	2	2	2	2	1	1	France
3	3	2	2	2	2	1	1	1	1	Germany
2	1	1	1	1	1	1	1	1	1	Luxembourg
3	3	3	2	2	2	2	1	1	1	Netherlands
4	3	3	2	2	2	2	2	1	1	Switzerland
20	17	14	12	11	9	8	7	7	6	**LATIN AMERICA AND THE CARIBBEAN**
27	24	22	19	17	15	13	12	11	10	**CARIBBEAN**
9	8	7	6	5	5	4	4	3	3	Antigua and Barbuda
15	14	13	12	11	10	9	8	8	7	Aruba
9	8	7	6	6	5	5	4	4	4	Bahamas
10	8	7	6	5	5	4	4	4	3	Barbados
5	5	4	4	3	3	3	2	2	2	Cuba
10	9	8	7	6	5	5	4	4	4	Curaçao
25	23	20	17	15	13	12	11	10	9	Dominican Republic
10	9	8	7	6	5	5	4	4	4	Grenada
6	5	4	3	3	3	2	2	2	2	Guadeloupe
47	42	37	33	28	25	22	19	17	15	Haiti
15	13	12	11	10	9	8	7	7	6	Jamaica
6	5	4	4	3	3	2	2	2	2	Martinique

表A. 31. 主要地域、地域および国別、乳児死亡率：推計および中位予測値（続）

推計値：1960-2015

主要地域、地域および国	乳児死亡率（出生千人あたり）									
	1960-1965	1965-1970	1970-1975	1975-1980	1980-1985	1985-1990	1990-1995	1995-2000	2000-2005	2005-2010
Puerto Rico	45	33	25	20	17	14	12	11	8	7
Saint Lucia	90	57	46	33	24	20	17	15	14	12
Saint Vincent and the Grenadines	112	77	54	41	36	28	22	21	21	19
Trinidad and Tobago	51	48	43	38	32	29	28	29	29	27
United States Virgin Islands	41	35	29	25	21	18	15	13	12	11
CENTRAL AMERICA	96	86	75	63	53	44	36	30	23	22
Belize	78	69	60	50	40	35	30	23	20	17
Costa Rica	82	70	56	35	23	17	15	12	11	10
El Salvador	122	111	102	93	80	61	41	29	24	21
Guatemala	127	116	102	91	79	67	55	46	39	30
Honduras	136	119	104	81	65	53	43	35	31	29
Mexico	88	80	69	57	47	40	33	28	21	20
Nicaragua	131	114	98	90	80	65	48	34	26	24
Panama	62	52	43	36	34	30	26	23	20	17
SOUTH AMERICA	105	94	84	74	62	49	39	32	26	22
Argentina	60	57	48	39	32	27	24	22	15	15
Bolivia	157	147	135	123	111	98	85	73	61	51
Brazil	112	101	92	84	72	56	43	34	28	24
Chile	107	87	69	53	39	28	20	13	9	8
Colombia	92	82	73	57	43	35	28	24	20	19
Ecuador	119	107	95	81	68	55	43	34	27	23
French Guiana	73	51	46	43	32	26	21	17	14	11
Guyana	62	57	56	54	53	50	45	40	37	34
Paraguay	62	59	53	51	49	47	43	39	36	32
Peru	136	126	110	99	82	68	55	41	27	21
Suriname	56	49	44	40	41	40	35	29	24	22
Uruguay	48	47	46	42	34	23	20	16	14	13
Venezuela (Bolivarian Republic of)	74	61	49	41	33	28	23	21	18	16
NORTHERN AMERICA	26	23	18	14	11	10	9	7	7	7
Canada	27	21	17	13	9	8	6	5	5	5
United States of America	25	23	18	14	12	10	9	7	7	7
OCEANIA	49	45	42	38	33	31	28	27	25	22
AUSTRALIA/NEW ZEALAND	20	18	17	13	10	9	7	6	5	5
Australia	20	18	17	13	10	9	7	6	5	4
New Zealand	21	18	16	14	12	11	8	6	5	5
MELANESIA	118	103	91	80	68	68	62	57	52	46
Fiji	52	47	42	38	33	29	25	22	19	18
New Caledonia	80	66	54	44	36	29	24	20	17	15
Papua New Guinea	133	114	99	87	74	73	67	62	56	50
Solomon Islands	118	104	91	79	76	90	78	65	51	43
Vanuatu	133	116	100	85	71	61	52	42	35	29
MICRONESIA	82	72	62	56	52	48	42	35	31	29
Guam	60	50	41	34	29	24	21	17	14	11
Kiribati	118	106	93	87	84	75	64	57	52	49
Micronesia (Fed. States of)	77	68	58	49	47	45	42	40	38	35
POLYNESIA	75	67	60	52	40	31	27	22	20	18
French Polynesia	89	79	71	59	35	20	18	10	9	9
Samoa	87	78	69	60	52	44	36	30	26	22
Tonga	47	42	37	34	31	28	26	25	23	22

表A. 31. 主要地域、地域および国別、乳児死亡率：推計および中位予測値（続）

2015-2060：中位予測値

乳児死亡率（出生千人あたり）										主要地域、地域および国
2010-2015	2015-2020	2020-2025	2025-2030	2030-2035	2035-2040	2040-2045	2045-2050	2050-2055	2055-2060	
6	5	5	4	4	4	3	3	3	3	Puerto Rico
11	10	8	8	7	6	6	6	5	5	Saint Lucia
17	15	14	13	12	11	10	9	8	8	Saint Vincent and the Grenadines
25	23	21	19	17	16	14	13	12	11	Trinidad and Tobago
9	8	8	7	6	6	5	5	5	4	United States Virgin Islands
19	17	14	13	11	10	9	8	7	6	**CENTRAL AMERICA**
14	12	11	10	9	8	7	7	6	5	Belize
9	8	7	6	5	5	4	4	4	3	Costa Rica
17	14	12	10	9	8	7	7	6	6	El Salvador
23	19	16	14	12	10	9	8	7	7	Guatemala
28	24	21	19	17	15	13	12	11	10	Honduras
19	16	14	12	11	9	8	8	7	6	Mexico
20	16	13	11	10	9	8	7	6	6	Nicaragua
15	14	12	11	10	9	8	7	7	6	Panama
19	16	13	11	10	8	7	7	6	6	**SOUTH AMERICA**
14	12	10	9	8	7	6	6	5	5	Argentina
43	35	29	24	21	18	15	13	12	11	Bolivia
20	16	13	11	9	8	7	6	6	5	Brazil
7	6	5	4	4	3	3	3	2	2	Chile
18	15	13	11	10	9	8	7	6	6	Colombia
21	19	16	14	12	10	9	8	7	7	Ecuador
10	9	8	7	6	5	5	4	4	3	French Guiana
33	31	29	27	25	24	22	20	19	17	Guyana
29	28	26	24	22	20	18	16	15	13	Paraguay
19	15	12	11	9	8	7	6	5	5	Peru
17	15	14	12	11	10	9	8	7	7	Suriname
13	11	10	9	8	7	7	6	6	5	Uruguay
14	12	11	9	8	7	7	6	6	5	Venezuela (Bolivarian Republic of)
6	5	5	4	4	3	3	3	3	2	**NORTHERN AMERICA**
5	4	4	3	3	3	2	2	2	2	Canada
6	5	5	4	4	3	3	3	3	2	United States of America
20	19	18	17	16	15	14	13	12	11	**OCEANIA**
4	3	3	3	2	2	2	2	2	1	**AUSTRALIA/NEW ZEALAND**
4	3	3	3	2	2	2	2	2	1	Australia
4	4	3	3	3	3	2	2	2	2	New Zealand
44	41	38	36	34	32	30	28	27	25	**MELANESIA**
16	13	11	10	8	7	6	6	5	5	Fiji
13	11	10	9	8	7	6	6	5	5	New Caledonia
48	45	42	40	37	35	33	31	29	28	Papua New Guinea
38	34	30	27	24	22	20	18	16	15	Solomon Islands
24	21	18	16	14	12	11	10	9	8	Vanuatu
28	25	23	21	19	17	16	15	14	13	**MICRONESIA**
10	8	7	6	6	5	5	4	4	3	Guam
47	42	39	36	33	30	28	26	24	22	Kiribati
33	30	28	26	24	22	20	19	17	16	Micronesia (Fed. States of)
16	14	13	12	11	10	9	9	8	7	**POLYNESIA**
7	6	5	4	4	3	3	3	3	2	French Polynesia
20	18	16	15	14	12	12	11	10	9	Samoa
20	19	17	16	15	14	13	12	11	10	Tonga

表A. 32. 主要地域、地域および国別、5歳未満の子どもの死亡率：推計および中位予測値、1960-2060年

推計(2010-2015)および中位予測(2015-2060)

主要地域、地域および国	5歳未満の死亡率（出生千人あたり）									
	2010-2015	2015-2020	2020-2025	2025-2030	2030-2035	2035-2040	2040-2045	2045-2050	2050-2055	2055-2060
WORLD	50	44	40	36	32	29	26	23	21	19
More developed regions	6	6	5	4	4	4	3	3	3	3
Less developed regions	54	48	44	39	35	31	28	25	23	21
Least developed countries	86	75	66	58	51	45	40	36	32	29
Less developed regions, excluding least developed countries	45	39	35	32	28	25	23	21	19	17
Less developed regions, excluding China	61	54	48	43	38	34	31	28	25	22
High-income countries	7	6	6	5	5	4	4	4	3	3
Middle-income countries	48	42	38	34	31	27	25	22	20	18
Upper-middle-income countries	24	21	19	17	16	14	13	12	11	10
Lower-middle-income countries	60	53	47	41	37	33	30	27	24	22
Low-income countries	91	79	69	61	53	46	41	36	32	29
Sub-Saharan Africa	99	87	77	68	60	53	47	42	37	33
AFRICA	90	80	71	63	56	50	44	39	35	31
EASTERN AFRICA	79	68	60	52	45	40	36	32	29	27
Burundi	123	111	101	90	78	68	59	51	46	40
Comoros	78	69	61	53	47	42	37	33	30	27
Djibouti	83	76	70	64	59	54	49	44	40	36
Eritrea	60	48	38	30	25	20	17	15	13	12
Ethiopia	74	61	51	43	36	31	28	26	23	21
Kenya	78	70	62	54	47	40	34	30	28	26
Madagascar	55	44	35	28	23	19	16	13	11	10
Malawi	77	64	56	51	48	45	42	39	36	34
Mauritius	14	12	11	9	8	7	7	6	5	5
Mayotte	5	4	3	3	3	2	2	2	2	2
Mozambique	99	86	75	65	56	49	43	38	34	30
Réunion	5	4	3	3	3	2	2	2	2	2
Rwanda	73	61	50	43	36	31	28	25	23	21
Seychelles	13	10	9	8	7	6	6	5	5	5
Somalia	131	116	105	94	84	75	67	59	52	45
South Sudan	122	107	95	84	74	66	59	52	47	42
Uganda	93	84	79	70	60	53	47	41	37	33
United Republic of Tanzania	51	43	37	33	30	28	26	24	23	21
Zambia	83	68	56	49	43	38	34	30	28	26
Zimbabwe	72	55	49	43	38	34	30	28	27	25
MIDDLE AFRICA	126	113	100	88	78	68	59	52	46	40
Angola	156	140	125	111	98	86	75	65	56	49
Cameroon	115	101	89	77	67	58	51	45	40	35
Central African Republic	151	133	118	102	86	72	59	50	42	36
Chad	155	141	129	116	106	96	87	77	69	60
Congo	75	63	54	47	42	37	32	30	28	26
Democratic Republic of the Congo	115	103	91	80	70	61	52	46	40	35
Equatorial Guinea	109	95	82	71	61	52	45	38	32	29
Gabon	62	52	45	40	35	31	29	27	25	23
São Tomé and Príncipe	63	59	55	51	48	45	43	40	38	36
NORTHERN AFRICA	40	35	31	28	25	22	19	17	16	15
Algeria	36	30	25	20	17	15	13	11	9	8
Egypt	24	20	17	15	13	12	10	9	9	8
Libyan Arab Jamahiriya	29	25	22	19	17	15	13	12	11	10
Morocco	32	25	20	17	14	12	10	9	9	8
Sudan	82	74	66	59	52	46	41	36	32	29
Tunisia	20	18	16	14	12	11	10	10	9	9
Western Sahara	46	37	31	26	22	19	16	15	13	12
SOUTHERN AFRICA	52	44	39	34	31	28	25	23	21	19
Botswana	40	36	30	26	24	22	20	18	17	15
Lesotho	82	67	55	47	41	35	30	27	24	22
Namibia	42	36	31	26	24	22	20	18	17	15
South Africa	51	43	38	34	30	27	25	23	21	19
Swaziland	92	81	70	61	52	44	38	34	30	27
WESTERN AFRICA	111	98	86	77	68	60	53	47	41	36
Benin	108	100	92	85	79	73	67	63	58	53
Burkina Faso	108	96	84	73	65	57	49	43	38	33
Cabo Verde	24	20	17	15	13	12	11	10	9	8

表A. 32. 主要地域、地域および国別、5歳未満の子どもの死亡率：推計および中位予測値（続）

推計(2010-2015)および中位予測(2015-2060)

主要地域、地域および国	5歳未満の死亡率（出生千人あたり）									
	2010-2015	2015-2020	2020-2025	2025-2030	2030-2035	2035-2040	2040-2045	2045-2050	2050-2055	2055-2060
Côte d'Ivoire	105	91	78	69	61	52	44	37	29	23
Gambia	83	75	68	63	58	54	50	46	42	39
Ghana	78	71	66	61	57	53	49	45	41	38
Guinea	101	86	73	61	48	38	30	23	19	16
Guinea-Bissau	152	137	125	115	104	95	86	78	71	65
Liberia	85	73	63	54	46	39	33	29	26	23
Mali	122	102	84	68	54	42	32	26	22	18
Mauritania	90	84	78	73	68	64	59	55	51	47
Niger	104	88	73	60	50	41	35	30	27	24
Nigeria	122	109	98	90	81	74	66	59	53	46
Senegal	54	41	31	23	19	15	13	10	9	8
Sierra Leone	134	117	101	90	80	72	64	58	52	47
Togo	86	72	62	52	44	36	30	24	20	17
ASIA	39	34	29	25	22	19	17	15	13	12
EASTERN ASIA	13	11	9	7	6	5	5	4	4	3
China	14	11	9	8	7	6	5	4	4	3
China, Hong Kong SAR	3	2	2	2	2	1	1	1	1	1
China, Macao SAR	5	4	3	3	2	2	2	1	1	1
Dem. People's Republic of Korea	28	24	21	18	16	13	11	10	8	7
Japan	3	3	2	2	2	2	1	1	1	1
Mongolia	32	23	17	12	9	7	5	4	3	2
Republic of Korea	4	3	2	2	1	1	1	1	1	1
Other non-specified areas	5	4	4	3	3	2	2	2	2	2
SOUTH-CENTRAL ASIA	55	47	40	34	29	25	22	19	17	15
CENTRAL ASIA	42	38	35	32	29	26	24	22	20	18
Kazakhstan	17	15	14	13	11	10	9	9	8	7
Kyrgyzstan	23	20	18	16	14	13	12	11	10	9
Tajikistan	51	46	41	36	33	29	26	24	22	20
Turkmenistan	60	55	51	48	44	41	38	35	32	29
Uzbekistan	53	49	45	42	39	36	33	30	27	25
SOUTHERN ASIA	56	47	40	34	29	25	22	19	17	15
Afghanistan	99	86	76	68	60	54	48	44	40	36
Bangladesh	41	32	26	21	19	17	15	13	12	11
Bhutan	37	30	25	21	18	15	14	12	11	10
India	53	43	36	29	24	20	17	15	13	11
Iran (Islamic Republic of)	17	15	13	11	10	9	8	8	7	7
Maldives	11	8	7	6	5	5	4	4	4	3
Nepal	40	31	25	21	18	16	14	13	12	11
Pakistan	87	79	71	63	57	51	45	40	35	31
Sri Lanka	10	8	7	6	6	5	5	4	4	3
SOUTH-EASTERN ASIA	30	27	24	22	20	18	16	14	13	12
Brunei Darussalam	5	5	4	4	4	4	3	3	3	2
Cambodia	35	24	16	11	8	6	5	4	4	3
Indonesia	30	27	24	22	19	18	16	14	12	11
Lao People's Democratic Republic	60	47	37	29	23	19	16	14	13	11
Malaysia	8	8	8	8	7	7	7	7	6	6
Myanmar	60	54	50	45	42	38	35	33	30	28
Philippines	30	28	25	23	21	19	18	16	14	13
Singapore	2	2	2	1	1	1	1	1	1	1
Thailand	13	11	10	8	7	7	6	5	5	4
Timor-Leste	56	47	40	35	30	26	23	20	17	15
Viet Nam	24	22	19	17	15	14	13	11	10	9
WESTERN ASIA	31	27	24	21	19	17	15	14	12	11
Armenia	16	14	13	11	10	9	9	8	7	7
Azerbaijan	47	43	39	36	32	29	26	23	21	19
Bahrain	9	8	7	6	6	5	5	4	4	4
Cyprus	5	4	4	3	3	3	2	2	2	2
Georgia	16	14	12	11	10	9	8	8	7	6
Iraq	38	33	29	25	22	20	18	16	14	13
Israel	4	4	3	3	2	2	2	2	2	2
Jordan	20	17	15	13	11	10	9	8	7	6
Kuwait	11	10	9	8	7	6	6	5	5	4
Lebanon	11	9	8	7	6	6	5	5	4	4
Oman	9	7	6	6	5	5	4	4	4	3
Qatar	8	7	6	6	5	5	4	4	4	4

表A. 32. 主要地域、地域および国別、5歳未満の子どもの死亡率：推計および中位予測値（続）

推計(2010-2015)および中位予測(2015-2060)

主要地域、地域および国	5歳未満の死亡率（出生千人あたり）									
	2010-2015	2015-2020	2020-2025	2025-2030	2030-2035	2035-2040	2040-2045	2045-2050	2050-2055	2055-2060
Saudi Arabia	17	15	13	11	10	9	8	7	7	6
State of Palestine	24	22	19	17	16	14	13	12	11	10
Syrian Arab Republic	21	17	15	12	10	8	7	7	6	5
Turkey	19	15	12	10	8	7	7	6	5	5
United Arab Emirates	7	6	5	5	4	4	3	3	3	2
Yemen	73	66	60	55	49	44	40	36	32	28
EUROPE	6	6	5	4	4	4	4	3	3	3
EASTERN EUROPE	9	8	8	7	7	6	6	6	5	5
Belarus	5	5	4	4	3	3	3	3	2	2
Bulgaria	11	10	9	8	7	7	6	6	6	5
Czech Republic	3	3	2	2	2	2	2	2	1	1
Hungary	6	5	5	5	5	5	4	4	4	4
Poland	5	5	4	4	4	3	3	3	3	3
Republic of Moldova	13	12	11	11	10	9	8	8	7	7
Romania	13	11	10	9	8	7	6	6	5	5
Russian Federation	10	9	8	8	7	7	6	6	6	5
Slovakia	6	5	5	5	5	5	5	5	4	4
Ukraine	11	10	9	9	8	8	8	7	7	7
NORTHERN EUROPE	5	4	4	3	3	3	2	2	2	2
Channel Islands	9	9	8	7	7	6	6	5	5	5
Denmark	4	4	4	4	3	3	3	3	2	2
Estonia	4	4	4	3	3	3	3	3	3	3
Finland	3	2	2	2	2	2	1	1	1	1
Iceland	3	2	2	2	2	2	1	1	1	1
Ireland	4	3	3	2	2	2	2	2	2	2
Latvia	8	7	6	6	6	5	5	5	5	4
Lithuania	5	4	4	4	4	3	3	3	3	3
Norway	3	3	2	2	2	2	2	1	1	1
Sweden	3	3	3	2	2	2	2	2	2	2
United Kingdom	5	4	4	3	3	3	3	2	2	2
SOUTHERN EUROPE	4	4	3	3	3	2	2	2	2	2
Albania	16	14	12	11	9	8	8	7	6	5
Bosnia and Herzegovina	9	8	7	6	6	5	5	4	4	4
Croatia	5	4	4	3	3	3	3	2	2	2
Greece	4	3	3	2	2	2	2	2	1	1
Italy	3	2	2	2	2	2	1	1	1	1
Malta	6	5	4	4	3	3	3	2	2	2
Montenegro	8	7	6	6	5	5	5	5	5	5
Portugal	4	3	3	2	2	2	2	2	1	1
Serbia	12	10	9	8	7	7	7	6	6	6
Slovenia	3	3	3	3	2	2	2	2	2	2
Spain	4	3	3	2	2	2	2	2	2	1
TFYR Macedonia	11	9	8	7	6	5	5	5	4	4
WESTERN EUROPE	4	3	3	3	2	2	2	2	2	1
Austria	4	3	3	2	2	2	2	2	1	1
Belgium	4	3	3	3	2	2	2	2	2	2
France	4	3	3	3	2	2	2	2	2	2
Germany	4	3	3	2	2	2	2	2	1	1
Luxembourg	2	2	2	1	1	1	1	1	1	1
Netherlands	4	4	3	3	3	2	2	2	2	1
Switzerland	4	4	3	3	2	2	2	2	2	2
LATIN AMERICA AND THE CARIBBEAN	26	22	19	16	14	12	11	10	9	8
CARIBBEAN	39	35	32	28	25	22	19	17	15	14
Antigua and Barbuda	11	10	8	8	7	6	5	5	4	4
Aruba	17	16	15	14	13	12	11	10	10	9
Bahamas	13	11	10	9	8	8	7	6	6	5
Barbados	11	9	8	7	6	6	5	5	4	4
Cuba	7	6	5	5	4	4	3	3	3	3
Curaçao	12	11	9	8	7	6	6	5	5	4
Dominican Republic	28	25	22	19	17	15	14	13	12	11
Grenada	13	12	10	9	8	7	6	6	5	5
Guadeloupe	6	5	4	4	3	3	3	2	2	2
Haiti	77	68	60	53	46	40	35	30	26	24
Jamaica	18	16	14	13	12	11	10	9	8	8
Martinique	7	6	5	4	4	3	3	3	2	2

表A. 32. 主要地域、地域および国別、5歳未満の子どもの死亡率：推計および中位予測値（続）

推計(2010-2015)および中位予測(2015-2060)

主要地域、地域および国	5歳未満の死亡率（出生千人あたり）									
	2010-2015	2015-2020	2020-2025	2025-2030	2030-2035	2035-2040	2040-2045	2045-2050	2050-2055	2055-2060
Puerto Rico	7	6	6	5	5	4	4	4	3	3
Saint Lucia	15	13	12	10	9	9	8	8	7	7
Saint Vincent and the Grenadines	21	19	18	16	15	13	12	11	10	9
Trinidad and Tobago	31	29	26	24	22	19	18	16	15	13
United States Virgin Islands	11	10	9	8	7	7	6	6	5	5
CENTRAL AMERICA	25	21	19	16	14	12	11	10	9	8
Belize	17	14	13	12	10	9	8	8	7	6
Costa Rica	11	11	10	9	7	7	6	6	5	5
El Salvador	20	17	14	12	11	10	9	8	7	7
Guatemala	32	27	23	19	17	15	13	12	11	10
Honduras	40	35	31	27	23	21	19	17	15	14
Mexico	23	20	18	15	13	12	10	9	8	8
Nicaragua	24	19	16	13	12	10	9	8	8	7
Panama	20	18	16	14	13	12	10	10	9	8
SOUTH AMERICA	25	21	17	15	13	11	10	9	8	7
Argentina	16	14	12	10	9	8	7	7	6	6
Bolivia	72	59	48	40	34	29	25	21	19	17
Brazil	24	19	16	13	11	9	8	7	7	6
Chile	12	10	8	7	6	5	5	4	4	3
Colombia	25	22	19	16	14	12	11	10	9	8
Ecuador	25	23	19	17	14	13	11	10	9	8
French Guiana	11	11	9	8	7	6	6	5	5	4
Guyana	41	38	36	34	32	29	28	26	24	22
Paraguay	35	33	31	29	26	24	22	20	18	16
Peru	29	24	20	17	14	12	11	9	8	8
Suriname	23	20	18	16	14	13	12	11	10	9
Uruguay	15	13	12	11	10	9	8	7	7	6
Venezuela (Bolivarian Republic of)	16	14	12	11	10	9	8	7	7	6
NORTHERN AMERICA	7	6	6	5	4	4	4	3	3	3
Canada	5	5	4	4	3	3	3	2	2	2
United States of America	7	6	6	5	5	4	4	4	3	3
OCEANIA	26	24	22	21	20	18	17	16	14	13
AUSTRALIA/NEW ZEALAND	5	4	4	3	3	3	2	2	2	2
Australia	5	4	3	3	3	2	2	2	2	2
New Zealand	5	5	4	4	3	3	3	3	2	2
MELANESIA	56	53	49	46	43	40	37	35	33	31
Fiji	20	17	14	12	10	9	8	7	7	6
New Caledonia	15	13	12	10	9	8	7	7	6	6
Papua New Guinea	62	58	54	51	47	44	41	39	36	34
Solomon Islands	47	41	36	32	29	26	23	21	19	17
Vanuatu	28	24	21	18	16	14	13	12	10	10
MICRONESIA	34	31	28	25	23	21	19	18	17	15
Guam	11	10	8	7	7	6	5	5	4	4
Kiribati	60	54	48	44	40	36	34	31	28	26
Micronesia (Fed. States of)	40	37	33	31	28	26	24	22	20	18
POLYNESIA	18	16	15	14	13	12	11	10	9	9
French Polynesia	8	6	5	5	4	4	3	3	3	3
Samoa	23	21	19	17	16	15	14	13	12	11
Tonga	24	22	21	19	17	16	15	14	12	12

表A. 33. 主要地域、地域および国別、年齢階級別人口：推計および中位予測値、1960-2060年

推計値：1960-2015

主要地域、地域および国	人口（千人）										
	1960	1965	1970	1975	1980	1985	1990	1995	2000	2005	2010
WORLD											
0－14歳の人口	1 120 161	1 259 635	1 384 850	1 499 684	1 571 989	1 643 025	1 746 256	1 827 996	1 847 483	1 828 182	1 849 674
15－64歳の人口	1 747 453	1 894 733	2 103 230	2 336 316	2 608 508	2 924 835	3 240 439	3 537 108	3 860 142	4 216 816	4 551 006
65歳以上の人口	150 730	168 127	194 407	225 400	259 136	284 681	322 972	370 020	418 997	474 638	529 044
More developed regions											
0－14歳の人口	258 449	264 367	261 414	253 014	243 259	238 354	234 712	228 818	216 489	204 471	202 276
15－64歳の人口	578 574	613 395	646 730	681 181	712 088	745 451	766 420	782 038	802 268	819 458	832 819
65歳以上の人口	77 927	87 883	99 539	113 118	126 497	129 800	143 330	158 906	170 054	184 991	198 280
Less developed regions											
0－14歳の人口	861 712	995 268	1 123 436	1 246 670	1 328 730	1 404 670	1 511 544	1 599 178	1 630 994	1 623 711	1 647 398
15－64歳の人口	1 168 878	1 281 337	1 456 500	1 655 135	1 896 420	2 179 384	2 474 019	2 755 069	3 057 874	3 397 357	3 718 187
65歳以上の人口	72 803	80 245	94 869	112 282	132 639	154 881	179 642	211 114	248 943	289 648	330 764
Least developed countries											
0－14歳の人口	102 775	118 401	136 640	154 932	176 122	200 487	227 954	257 199	286 144	317 861	350 213
15－64歳の人口	131 486	145 684	163 335	182 026	205 051	232 462	266 264	309 335	356 484	409 771	467 686
65歳以上の人口	6 812	7 639	8 895	10 371	12 000	13 598	15 840	18 656	21 758	25 173	29 355
Less developed regions, excluding least developed countries											
0－14歳の人口	758 937	876 867	986 796	1 091 738	1 152 608	1 204 184	1 283 589	1 341 979	1 344 849	1 305 850	1 297 185
15－64歳の人口	1 037 392	1 135 654	1 293 165	1 473 109	1 691 370	1 946 923	2 207 755	2 445 735	2 701 390	2 987 587	3 250 501
65歳以上の人口	65 991	72 605	85 974	101 910	120 639	141 283	163 803	192 458	227 185	264 475	301 409
Less developed regions, excluding China											
0－14歳の人口	598 352	696 620	787 049	875 687	967 659	1 071 990	1 171 691	1 251 379	1 306 724	1 356 058	1 409 235
15－64歳の人口	797 937	881 117	995 781	1 136 707	1 301 502	1 489 117	1 696 317	1 921 352	2 170 120	2 430 258	2 698 668
65歳以上の人口	48 913	56 059	64 696	75 428	87 681	100 269	116 204	137 091	161 841	188 785	216 749
High-income countries											
0－14歳の人口	266 883	277 316	278 920	273 183	265 382	262 836	261 494	258 927	250 299	240 907	239 379
15－64歳の人口	569 983	608 054	644 790	686 053	726 197	768 514	800 126	827 905	860 522	892 381	924 031
65歳以上の人口	75 142	84 612	95 712	108 742	122 026	127 120	141 078	156 975	169 852	185 961	202 232
Middle-income countries											
0－14歳の人口	785 775	905 812	1 017 981	1 126 465	1 194 397	1 253 239	1 339 374	1 401 540	1 406 246	1 370 429	1 365 858
15－64歳の人口	1 091 166	1 191 233	1 352 128	1 530 875	1 748 983	2 006 975	2 270 657	2 514 030	2 775 871	3 066 426	3 329 129
65歳以上の人口	71 120	78 551	92 980	110 055	129 447	148 895	171 791	201 267	235 526	272 773	307 967
Upper-middle-income countries											
0－14歳の人口	407 086	466 451	524 087	578 098	586 252	576 192	596 961	608 276	582 301	519 699	489 084
15－64歳の人口	561 125	611 453	701 714	794 290	910 256	1 052 357	1 188 589	1 292 753	1 398 504	1 530 863	1 631 084
65歳以上の人口	37 914	40 620	49 235	59 147	70 356	82 168	95 326	111 874	131 807	153 718	174 075
Lower-middle-income countries											
0－14歳の人口	378 689	439 361	493 894	548 368	608 145	677 047	742 413	793 264	823 945	850 730	876 774
15－64歳の人口	530 041	579 780	650 414	736 585	838 728	954 618	1 082 069	1 221 277	1 377 367	1 535 563	1 698 044
65歳以上の人口	33 206	37 931	43 746	50 909	59 091	66 728	76 465	89 393	103 719	119 055	133 893
Low-income countries											
0－14歳の人口	67 036	75 964	87 353	99 439	111 657	126 386	144 796	166 899	190 269	216 127	243 700
15－64歳の人口	85 733	94 807	105 582	118 619	132 409	148 290	168 450	193 840	222 274	256 333	296 023
65歳以上の人口	4 420	4 912	5 654	6 530	7 572	8 559	9 981	11 633	13 450	15 705	18 610
Sub-Saharan Africa											
0－14歳の人口	94 746	108 448	124 707	144 234	167 275	194 248	223 335	252 219	285 150	322 985	367 158
15－64歳の人口	119 948	133 452	149 817	169 244	192 881	220 254	253 570	293 955	337 637	388 111	447 375
65歳以上の人口	6 497	7 298	8 219	9 399	10 901	12 547	14 593	16 804	19 385	22 226	25 858
AFRICA											
0－14歳の人口	122 316	140 843	161 593	185 224	213 283	246 415	281 651	314 438	347 392	384 926	431 790
15－64歳の人口	153 821	171 165	192 680	218 251	249 685	286 303	329 739	382 366	439 253	503 944	576 279
65歳以上の人口	8 751	9 990	11 352	13 016	14 998	17 309	20 224	23 612	27 419	31 368	36 037
Eastern Africa											
0－14歳の人口	37 420	43 324	50 369	58 717	68 362	79 709	92 522	103 896	118 719	134 795	152 947
15－64歳の人口	44 507	50 095	56 935	65 008	74 843	86 157	99 987	114 871	132 945	154 003	179 370
65歳以上の人口	2 378	2 686	3 125	3 632	4 307	4 873	5 723	6 543	7 709	8 838	10 425
Burundi											
0－14歳の人口	1 213	1 386	1 567	1 664	1 831	2 189	2 684	3 075	3 303	3 599	4 161
15－64歳の人口	1 491	1 601	1 786	1 892	2 161	2 435	2 762	2 987	3 268	4 117	5 055
65歳以上の人口	82	92	104	121	134	150	167	177	196	218	245
Comoros											
0－14歳の人口	79	91	103	116	140	165	193	219	241	262	288
15－64歳の人口	104	108	119	133	159	181	209	246	290	339	391
65歳以上の人口	6	6	7	8	10	11	13	14	16	18	20
Djibouti											
0－14歳の人口	36	50	72	105	167	190	264	286	299	293	284
15－64歳の人口	45	62	83	113	184	223	309	357	401	460	516
65歳以上の人口	2	3	4	5	8	11	15	18	22	26	31

表A. 33. 主要地域、地域および国別、年齢階級別人口：推計および中位予測値（続）

2020-2060：中位予測値

人口（千人）										主要地域、地域および国
2015	2020	2025	2030	2035	2040	2045	2050	2055	2060	
										WORLD
1 915 808	1 976 451	2 006 789	2 009 791	2 011 500	2 027 261	2 051 833	2 072 893	2 082 427	2 079 906	0－14歳の人口
4 825 484	5 056 696	5 285 842	5 496 133	5 675 536	5 830 537	5 979 836	6 093 230	6 167 928	6 260 115	15－64歳の人口
608 180	725 011	849 030	994 841	1 151 871	1 299 437	1 422 223	1 559 025	1 718 454	1 844 269	65歳以上の人口
										More developed regions
204 649	208 295	207 060	203 755	199 662	197 770	198 967	201 538	202 922	202 320	0－14歳の人口
825 886	812 337	799 027	784 601	775 602	765 143	756 020	743 952	733 412	728 230	15－64歳の人口
220 817	245 729	271 123	295 563	311 787	325 022	332 593	340 932	347 867	350 607	65歳以上の人口
										Less developed regions
1 711 159	1 768 156	1 799 729	1 806 037	1 811 838	1 829 491	1 852 866	1 871 354	1 879 504	1 877 585	0－14歳の人口
3 999 599	4 244 359	4 486 815	4 711 532	4 899 934	5 065 394	5 223 817	5 349 278	5 434 516	5 531 885	15－64歳の人口
387 363	479 282	577 906	699 278	840 085	974 414	1 089 629	1 218 094	1 370 587	1 493 663	65歳以上の人口
										Least developed countries
381 465	412 109	442 452	472 738	501 679	529 435	555 255	578 647	599 481	617 922	0－14歳の人口
538 623	618 825	704 923	795 526	891 371	990 951	1 092 214	1 193 179	1 294 704	1 393 900	15－64歳の人口
34 070	39 746	47 327	57 429	69 745	84 339	102 503	125 095	150 128	178 822	65歳以上の人口
										Less developed regions, excluding least developed countries
1 329 695	1 356 047	1 357 277	1 333 298	1 310 159	1 300 056	1 297 611	1 292 707	1 280 023	1 259 663	0－14歳の人口
3 460 975	3 625 534	3 781 893	3 916 006	4 008 563	4 074 443	4 131 602	4 156 098	4 139 812	4 137 985	15－64歳の人口
353 293	439 535	530 579	641 849	770 339	890 075	987 126	1 092 999	1 220 460	1 314 841	65歳以上の人口
										Less developed regions, excluding China
1 469 911	1 524 087	1 565 756	1 592 531	1 615 502	1 640 221	1 665 327	1 686 034	1 699 408	1 705 627	0－14歳の人口
2 968 966	3 228 737	3 481 213	3 728 637	3 964 408	4 181 207	4 374 255	4 538 981	4 689 352	4 830 096	15－64歳の人口
251 938	304 532	370 852	448 347	532 005	621 946	721 509	835 892	951 856	1 062 782	65歳以上の人口
										High-income countries
241 892	245 883	245 263	242 131	238 180	236 070	236 563	238 366	239 295	238 513	0－14歳の人口
931 329	928 524	922 151	913 013	907 884	900 460	893 813	883 543	874 325	868 244	15－64歳の人口
228 258	256 808	288 033	319 413	342 884	362 994	376 809	390 587	401 660	409 241	65歳以上の人口
										Middle-income countries
1 401 781	1 430 859	1 434 906	1 414 350	1 394 139	1 386 929	1 387 562	1 385 601	1 375 416	1 357 232	0－14歳の人口
3 546 640	3 723 581	3 895 386	4 044 748	4 153 566	4 235 744	4 307 129	4 345 136	4 341 611	4 353 332	15－64歳の人口
357 863	442 659	530 796	639 751	766 183	884 711	983 185	1 091 740	1 223 366	1 321 377	65歳以上の人口
										Upper-middle-income countries
497 106	501 737	489 038	461 710	438 564	428 330	425 803	423 109	416 091	404 719	0－14歳の人口
1 687 687	1 707 028	1 726 254	1 729 843	1 702 870	1 664 976	1 635 701	1 594 230	1 524 411	1 479 055	15－64歳の人口
205 331	259 866	310 184	375 296	455 091	522 443	562 853	604 295	666 808	698 369	65歳以上の人口
										Lower-middle-income countries
904 674	929 122	945 867	952 640	955 575	958 599	961 758	962 492	959 325	952 513	0－14歳の人口
1 858 952	2 016 553	2 169 132	2 314 905	2 450 696	2 570 768	2 671 428	2 750 905	2 817 200	2 874 278	15－64歳の人口
152 532	182 792	220 612	264 454	311 092	362 268	420 332	487 444	556 559	623 007	65歳以上の人口
										Low-income countries
271 389	298 965	325 886	352 575	378 439	403 512	426 956	448 177	466 975	483 428	0－14歳の人口
345 578	402 547	466 172	536 185	611 858	692 054	776 556	862 143	949 528	1 036 034	15－64歳の人口
21 768	25 183	29 754	35 127	42 152	51 001	61 444	75 881	92 575	112 761	65歳以上の人口
										Sub-Saharan Africa
414 011	459 900	503 621	546 300	589 580	632 847	673 912	711 106	744 106	773 430	0－14歳の人口
518 542	601 175	696 033	802 540	918 490	1 042 013	1 172 222	1 307 785	1 447 877	1 590 361	15－64歳の人口
29 734	34 583	40 668	48 014	56 981	68 812	84 363	104 341	127 955	154 824	65歳以上の人口
										AFRICA
485 979	538 167	585 083	626 758	670 093	715 079	758 608	797 574	830 991	859 841	0－14歳の人口
658 718	753 211	861 155	983 468	1 113 798	1 249 732	1 389 820	1 533 714	1 681 890	1 833 296	15－64歳の人口
41 482	48 726	57 976	69 076	82 030	98 219	119 428	146 248	176 893	209 364	65歳以上の人口
										Eastern Africa
171 340	189 206	206 279	222 867	239 127	255 050	269 909	283 247	294 946	305 158	0－14歳の人口
210 794	247 587	289 278	335 573	385 598	438 039	492 223	547 383	603 181	658 723	15－64歳の人口
12 343	14 600	17 263	20 364	24 342	29 919	37 576	47 607	59 539	73 160	65歳以上の人口
										Burundi
5 008	5 955	6 716	7 314	7 916	8 721	9 681	10 590	11 301	11 861	0－14歳の人口
5 894	6 817	8 002	9 487	11 208	13 033	14 900	16 875	19 046	21 455	15－64歳の人口
276	355	458	556	653	751	923	1 203	1 564	1 920	65歳以上の人口
										Comoros
318	346	368	386	402	420	437	452	463	470	0－14歳の人口
449	511	579	655	733	811	887	961	1 034	1 108	15－64歳の人口
22	27	33	41	49	59	72	89	108	127	65歳以上の人口
										Djibouti
291	296	298	294	286	277	269	263	257	250	0－14歳の人口
560	608	654	697	735	768	789	804	803	801	15－64歳の人口
37	43	51	63	75	88	105	120	143	162	65歳以上の人口

表A. 33. 主要地域、地域および国別、年齢階級別人口：推計および中位予測値（続）

推計値：1960-2015

主要地域、地域および国	人口（千人）										
	1960	1965	1970	1975	1980	1985	1990	1995	2000	2005	2010
Eritrea											
0－14歳の人口	635	705	813	943	1 098	1 282	1 474	1 571	1 633	1 760	1 986
15－64歳の人口	740	852	960	1 093	1 248	1 431	1 615	1 539	1 834	2 344	2 595
65歳以上の人口	33	32	32	34	38	43	50	54	67	88	109
Ethiopia											
0－14歳の人口	9 627	10 862	12 497	14 613	15 890	18 810	22 248	26 685	30 893	35 373	38 914
15－64歳の人口	11 940	13 509	15 150	17 049	18 227	20 741	24 296	28 787	33 495	38 861	45 757
65歳以上の人口	585	642	768	907	1 123	1 226	1 514	1 765	2 056	2 375	2 891
Kenya											
0－14歳の人口	3 764	4 601	5 520	6 695	8 129	9 824	11 481	12 709	13 768	15 166	17 184
15－64歳の人口	4 043	4 563	5 344	6 352	7 646	9 279	11 330	13 923	16 432	19 208	22 072
65歳以上の人口	298	341	388	439	493	558	634	740	866	975	1 073
Madagascar											
0－14歳の人口	2 177	2 590	2 987	3 485	4 054	4 547	5 211	6 030	7 164	8 197	9 150
15－64歳の人口	2 756	2 988	3 361	3 816	4 399	5 120	5 984	7 018	8 113	9 559	11 329
65歳以上の人口	166	191	229	275	294	314	351	405	468	534	600
Malawi											
0－14歳の人口	1 618	1 801	2 099	2 466	2 912	3 425	4 307	4 552	5 251	5 950	6 822
15－64歳の人口	1 902	2 153	2 388	2 701	3 104	3 597	4 849	4 971	5 612	6 416	7 475
65歳以上の人口	98	105	117	125	147	183	253	300	330	382	473
Mauritius											
0－14歳の人口	308	350	362	354	344	325	306	310	305	302	274
15－64歳の人口	336	384	443	514	587	649	700	760	807	839	879
65歳以上の人口	16	19	21	25	35	42	50	59	73	81	95
Mayotte											
0－14歳の人口	10	14	17	22	27	35	45	56	66	76	90
15－64歳の人口	13	15	18	21	26	35	46	63	80	97	112
65歳以上の人口	1	2	2	2	2	2	3	4	5	6	7
Mozambique											
0－14歳の人口	3 167	3 561	4 025	4 559	5 256	5 910	6 334	7 137	8 210	9 627	11 160
15－64歳の人口	4 119	4 506	4 967	5 536	6 322	6 794	6 614	8 290	9 486	10 827	12 364
65歳以上の人口	208	236	270	311	359	399	424	486	569	672	797
Réunion											
0－14歳の人口	151	178	209	203	191	186	189	200	211	213	211
15－64歳の人口	173	199	237	263	295	344	388	433	477	521	548
65歳以上の人口	12	13	16	19	23	29	34	41	49	58	71
Rwanda											
0－14歳の人口	1 401	1 592	1 795	2 056	2 468	3 035	3 613	2 591	3 611	3 807	4 370
15－64歳の人口	1 445	1 545	1 856	2 190	2 552	2 951	3 486	3 194	4 152	4 957	5 649
65歳以上の人口	87	96	104	113	121	132	161	128	259	244	274
Seychelles											
0－14歳の人口	16	20	23	25	25	25	25	24	23	22	21
15－64歳の人口	23	24	26	31	37	40	41	47	52	60	65
65歳以上の人口	3	3	3	4	4	5	5	5	6	6	7
Somalia											
0－14歳の人口	1 174	1 320	1 492	1 689	2 662	2 674	2 837	2 911	3 484	4 040	4 570
15－64歳の人口	1 501	1 655	1 844	2 066	3 227	3 195	3 282	3 241	3 685	4 181	4 741
65歳以上の人口	82	95	109	126	200	199	203	194	217	246	270
South Sudan											
0－14歳の人口	1 227	1 364	1 587	1 825	2 094	2 403	2 549	2 425	3 001	3 587	4 359
15－64歳の人口	1 648	1 817	1 969	2 189	2 485	2 897	3 055	2 871	3 489	4 254	5 358
65歳以上の人口	80	83	91	104	122	145	158	156	203	259	340
Uganda											
0－14歳の人口	3 116	3 732	4 427	5 107	5 950	6 963	8 352	9 963	11 710	13 859	16 233
15－64歳の人口	3 495	4 076	4 774	5 436	6 268	7 280	8 565	9 894	11 397	13 462	16 077
65歳以上の人口	177	206	245	284	330	388	468	556	651	721	840
United Republic of Tanzania											
0－14歳の人口	4 615	5 354	6 291	7 422	8 702	10 135	11 713	13 600	15 284	17 606	20 578
15－64歳の人口	5 220	6 044	6 974	8 149	9 494	11 125	13 054	15 478	17 744	20 296	23 642
65歳以上の人口	239	285	341	409	489	582	691	825	964	1 164	1 428
Zambia											
0－14歳の人口	1 388	1 642	1 975	2 382	2 855	3 341	3 864	4 351	4 923	5 616	6 488
15－64歳の人口	1 586	1 827	2 102	2 469	2 916	3 489	4 062	4 652	5 370	6 083	7 024
65歳以上の人口	77	91	109	132	158	187	218	251	292	345	405
Zimbabwe											
0－14歳の人口	1 698	2 111	2 505	2 987	3 567	4 247	4 833	5 200	5 338	5 441	5 804
15－64歳の人口	1 928	2 165	2 535	2 994	3 506	4 350	5 339	6 119	6 761	7 122	7 721
65歳以上の人口	126	146	167	189	216	266	312	364	400	422	449
Middle Africa											
0－14歳の人口	13 587	15 480	17 772	20 523	23 833	27 784	32 603	38 869	44 530	51 774	60 049
15－64歳の人口	17 584	19 473	21 775	24 382	27 611	31 451	36 076	42 439	48 696	56 829	66 721
65歳以上の人口	1 045	1 153	1 300	1 478	1 691	1 929	2 207	2 567	2 887	3 310	3 829

表A. 33. 主要地域、地域および国別、年齢階級別人口：推計および中位予測値（続）

2020-2060：中位予測値

人口（千人）										主要地域、地域および国
2015	2020	2025	2030	2035	2040	2045	2050	2055	2060	
										Eritrea
2 237	2 413	2 507	2 606	2 733	2 883	3 011	3 088	3 119	3 135	0－14歳の人口
2 854	3 317	3 890	4 486	5 087	5 671	6 220	6 739	7 259	7 798	15－64歳の人口
138	161	188	218	256	317	429	595	772	912	65歳以上の人口
										Ethiopia
41 188	43 267	45 497	47 352	48 488	48 986	49 052	48 898	48 539	47 900	0－14歳の人口
54 740	64 655	74 769	85 343	96 190	106 942	117 308	126 521	134 686	141 084	15－64歳の人口
3 463	4 049	4 779	5 602	6 753	8 341	10 303	13 037	16 241	20 474	65歳以上の人口
										Kenya
19 299	21 027	22 426	23 822	25 341	26 903	28 320	29 470	30 381	31 115	0－14歳の人口
25 461	29 531	34 175	39 183	44 393	49 639	54 863	60 047	65 271	70 717	15－64歳の人口
1 291	1 629	2 010	2 407	2 866	3 549	4 587	5 988	7 547	8 925	65歳以上の人口
										Madagascar
10 108	11 239	12 502	13 742	14 877	15 931	16 967	17 994	18 979	19 855	0－14歳の人口
13 439	15 700	18 153	20 888	23 932	27 205	30 645	34 300	37 940	41 575	15－64歳の人口
688	860	1 073	1 330	1 641	2 041	2 527	2 999	3 678	4 542	65歳以上の人口
										Malawi
7 774	8 814	9 808	10 823	11 804	12 766	13 710	14 622	15 480	16 253	0－14歳の人口
8 849	10 531	12 573	14 927	17 559	20 388	23 351	26 432	29 555	32 766	15－64歳の人口
592	678	753	834	967	1 206	1 590	2 101	2 775	3 526	65歳以上の人口
										Mauritius
246	220	207	204	200	193	182	172	165	162	0－14歳の人口
905	918	908	878	856	834	801	777	746	703	15－64歳の人口
122	154	189	227	251	268	291	300	310	329	65歳以上の人口
										Mayotte
100	106	109	114	121	127	131	133	134	133	0－14歳の人口
131	155	184	211	237	262	287	313	340	366	15－64歳の人口
9	12	15	19	24	32	41	50	59	68	65歳以上の人口
										Mozambique
12 675	14 116	15 597	17 160	18 794	20 368	21 802	23 083	24 244	25 287	0－14歳の人口
14 366	16 784	19 600	22 824	26 451	30 524	34 985	39 778	44 784	49 795	15－64歳の人口
937	1 094	1 265	1 453	1 651	1 885	2 222	2 684	3 265	4 057	65歳以上の人口
										Réunion
203	193	184	179	176	171	165	159	153	147	0－14歳の人口
569	586	595	591	580	576	576	578	574	565	15－64歳の人口
88	113	142	177	212	233	246	252	257	263	65歳以上の人口
										Rwanda
4 766	5 028	5 105	5 216	5 353	5 499	5 550	5 471	5 307	5 138	0－14歳の人口
6 520	7 555	8 748	9 881	11 074	12 184	13 208	14 074	14 813	15 590	15－64歳の人口
324	414	525	687	797	962	1 220	1 643	2 146	2 494	65歳以上の人口
										Seychelles
23	24	23	21	19	19	19	18	18	17	0－14歳の人口
67	67	67	67	66	64	62	60	58	57	15－64歳の人口
7	8	11	13	16	18	20	21	22	22	65歳以上の人口
										Somalia
5 038	5 720	6 478	7 299	8 078	8 825	9 548	10 268	10 974	11 634	0－14歳の人口
5 444	6 349	7 459	8 724	10 218	11 926	13 827	15 880	18 064	20 348	15－64歳の人口
305	353	407	470	547	637	744	882	1 063	1 303	65歳以上の人口
										South Sudan
5 193	5 784	6 332	6 818	7 238	7 607	7 944	8 261	8 546	8 776	0－14歳の人口
6 719	7 861	9 072	10 352	11 746	13 238	14 786	16 357	17 891	19 379	15－64歳の人口
428	477	548	640	762	899	1 056	1 238	1 483	1 785	65歳以上の人口
										Uganda
18 771	21 374	24 017	26 752	29 478	32 100	34 490	36 658	38 635	40 430	0－14歳の人口
19 290	23 362	28 216	33 721	39 840	46 498	53 672	61 289	69 234	77 312	15－64歳の人口
971	1 120	1 263	1 455	1 784	2 305	3 028	3 926	4 995	6 287	65歳以上の人口
										United Republic of Tanzania
24 168	27 686	31 073	34 427	38 070	41 930	45 696	49 201	52 442	55 532	0－14歳の人口
27 590	32 573	38 575	45 658	53 483	61 957	71 171	81 213	92 000	103 292	15－64歳の人口
1 712	2 008	2 385	2 843	3 452	4 288	5 391	6 722	8 250	10 007	65歳以上の人口
										Zambia
7 444	8 469	9 536	10 723	11 975	13 290	14 644	16 014	17 378	18 730	0－14歳の人口
8 297	9 883	11 767	13 917	16 344	19 012	21 924	25 124	28 572	32 277	15－64歳の人口
472	530	589	673	822	1 069	1 423	1 837	2 332	2 878	65歳以上の人口
										Zimbabwe
6 491	7 129	7 497	7 615	7 777	8 033	8 289	8 432	8 433	8 332	0－14歳の人口
8 649	9 823	11 293	13 083	14 866	16 508	17 961	19 262	20 511	21 736	15－64歳の人口
463	518	580	655	763	969	1 356	1 920	2 527	3 077	65歳以上の人口
										Middle Africa
69 022	78 085	87 151	96 271	105 364	114 177	122 379	129 821	136 548	142 582	0－14歳の人口
78 491	92 672	109 264	128 105	149 122	172 189	197 135	223 529	250 978	279 013	15－64歳の人口
4 438	5 193	6 119	7 267	8 695	10 492	12 780	15 740	19 433	23 888	65歳以上の人口

表A. 33. 主要地域、地域および国別、年齢階級別人口：推計および中位予測値（続）

推計値:1960-2015

主要地域、地域および国	人口（千人）										
	1960	1965	1970	1975	1980	1985	1990	1995	2000	2005	2010
Angola											
0－14歳の人口	2 336	2 645	2 901	3 296	3 855	4 628	5 319	6 228	7 201	8 607	10 218
15－64歳の人口	2 797	2 969	3 233	3 623	4 139	4 863	5 525	6 492	7 494	8 877	10 503
65歳以上の人口	138	151	167	189	218	254	283	322	363	428	499
Cameroon											
0－14歳の人口	2 146	2 448	2 856	3 373	3 991	4 745	5 586	6 433	7 212	8 033	8 939
15－64歳の人口	3 023	3 321	3 666	4 081	4 613	5 261	6 058	7 016	8 176	9 494	10 983
65歳以上の人口	192	218	249	285	328	375	426	481	540	601	668
Central African Republic											
0－14歳の人口	575	653	743	841	961	1 113	1 268	1 420	1 570	1 693	1 801
15－64歳の人口	864	927	1 011	1 093	1 219	1 409	1 552	1 783	2 010	2 203	2 470
65歳以上の人口	65	69	75	83	94	106	118	133	147	159	173
Chad											
0－14歳の人口	1 229	1 404	1 556	1 786	2 034	2 366	2 827	3 378	4 075	4 940	5 788
15－64歳の人口	1 659	1 781	1 954	2 155	2 321	2 555	2 938	3 410	4 030	4 856	5 803
65歳以上の人口	115	125	135	148	158	172	192	213	239	272	305
Congo											
0－14歳の人口	419	492	581	690	810	930	1 042	1 154	1 295	1 471	1 712
15－64歳の人口	557	622	703	808	925	1 076	1 255	1 467	1 700	1 906	2 208
65歳以上の人口	37	43	51	59	67	77	89	101	114	127	146
Democratic Republic of the Congo											
0－14歳の人口	6 612	7 535	8 784	10 151	11 755	13 506	15 966	19 557	22 387	26 165	30 641
15－64歳の人口	8 188	9 339	10 657	12 095	13 839	15 605	17 976	21 399	24 274	28 307	33 373
65歳以上の人口	447	496	569	657	764	875	1 020	1 228	1 387	1 618	1 925
Equatorial Guinea											
0－14歳の人口	93	103	113	107	97	109	143	189	228	258	292
15－64歳の人口	146	153	165	119	111	189	217	241	283	347	415
65歳以上の人口	13	13	13	13	13	16	17	18	20	21	22
Gabon											
0－14歳の人口	156	173	203	241	286	338	396	453	501	540	584
15－64歳の人口	309	324	349	368	398	442	499	569	658	760	875
65歳以上の人口	35	36	38	41	45	50	57	65	72	78	83
Sao Tome and Principe											
0－14歳の人口	21	27	35	39	45	49	54	57	61	66	74
15－64歳の人口	41	36	36	40	46	49	54	63	70	80	91
65歳以上の人口	3	2	4	3	5	5	5	6	6	7	6
Northern Africa											
0－14歳の人口	27 570	32 395	36 887	40 990	46 008	52 167	58 316	62 220	62 241	61 941	64 632
15－64歳の人口	33 873	37 713	42 863	49 007	56 803	66 049	76 169	88 411	101 615	115 833	128 905
65歳以上の人口	2 254	2 692	3 133	3 617	4 097	4 762	5 631	6 807	8 034	9 143	10 180
Algeria											
0－14歳の人口	4 955	5 945	6 818	7 808	8 948	10 237	11 230	11 474	10 687	9 672	9 799
15－64歳の人口	5 812	6 228	7 220	8 300	9 724	11 564	13 807	16 375	19 144	21 935	24 237
65歳以上の人口	358	453	512	601	666	765	876	1 056	1 352	1 661	2 000
Egypt											
0－14歳の人口	11 299	12 801	14 387	15 573	17 348	19 919	23 114	24 691	24 831	24 794	26 203
15－64歳の人口	14 702	16 778	18 902	21 295	24 017	27 158	30 636	34 673	40 038	46 378	51 805
65歳以上の人口	1 072	1 294	1 520	1 756	2 005	2 297	2 648	3 070	3 466	3 770	4 033
Libya											
0－14歳の人口	599	751	978	1 257	1 527	1 720	1 835	1 817	1 759	1 708	1 808
15－64歳の人口	780	907	1 073	1 290	1 575	2 012	2 426	2 892	3 377	3 861	4 194
65歳以上の人口	56	59	64	75	89	109	137	169	201	232	264
Morocco											
0－14歳の人口	5 512	6 814	7 654	8 208	8 701	9 399	9 896	10 084	9 718	9 242	9 015
15－64歳の人口	6 449	6 981	7 834	9 030	10 713	12 438	14 079	15 807	17 715	19 393	21 154
65歳以上の人口	368	453	552	616	658	760	975	1 270	1 517	1 751	1 939
Sudan											
0－14歳の人口	3 378	3 972	4 717	5 640	6 771	7 951	9 096	10 980	12 279	13 821	15 187
15－64歳の人口	3 906	4 496	5 208	6 076	7 222	8 646	10 324	12 982	14 963	17 197	19 793
65歳以上の人口	244	271	308	360	425	501	589	730	838	972	1 135
Tunisia											
0－14歳の人口	1 816	2 093	2 302	2 468	2 657	2 872	3 062	3 078	2 864	2 575	2 482
15－64歳の人口	2 205	2 292	2 582	2 978	3 462	4 123	4 770	5 529	6 182	6 781	7 362
65歳以上の人口	156	161	176	207	249	326	401	507	653	746	795
Western Sahara											
0－14歳の人口	12	19	31	35	56	70	84	94	102	130	138
15－64歳の人口	20	31	44	39	90	107	127	153	195	288	361
65歳以上の人口	1	1	2	2	5	5	6	6	8	10	13
Southern Africa											
0－14歳の人口	8 137	9 457	10 800	12 308	13 891	15 439	16 677	17 464	18 324	18 423	18 707
15－64歳の人口	10 825	12 092	13 774	15 838	18 075	20 874	24 022	28 305	31 111	34 369	37 482
65歳以上の人口	761	868	881	947	1 031	1 176	1 350	1 605	2 016	2 483	2 879

表A. 33. 主要地域、地域および国別、年齢階級別人口：推計および中位予測値（続）

2020-2060：中位予測値

2015	2020	2025	2030	2035	2040	2045	2050	2055	2060	主要地域、地域および国
人口（千人）										
										Angola
11 923	13 635	15 411	17 316	19 277	21 188	22 978	24 624	26 156	27 566	0－14歳の人口
12 520	14 895	17 732	20 983	24 690	28 864	33 492	38 537	43 904	49 498	15－64歳の人口
579	715	873	1 052	1 262	1 529	1 879	2 312	2 845	3 501	65歳以上の人口
										Cameroon
9 927	10 850	11 688	12 472	13 253	14 022	14 738	15 377	15 912	16 384	0－14歳の人口
12 669	14 640	16 883	19 356	21 991	24 760	27 613	30 469	33 336	36 176	15－64歳の人口
748	843	959	1 119	1 333	1 616	1 995	2 517	3 157	3 871	65歳以上の人口
										Central African Republic
1 914	2 034	2 160	2 251	2 314	2 366	2 419	2 467	2 504	2 521	0－14歳の人口
2 798	3 164	3 544	3 970	4 430	4 896	5 341	5 752	6 131	6 492	15－64歳の人口
189	211	238	269	306	361	444	562	708	861	65歳以上の人口
										Chad
6 699	7 646	8 615	9 576	10 482	11 321	12 085	12 783	13 411	13 972	0－14歳の人口
6 995	8 375	9 977	11 812	13 881	16 153	18 601	21 178	23 850	26 564	15－64歳の人口
344	411	482	558	648	773	945	1 170	1 457	1 820	65歳以上の人口
										Congo
1 970	2 207	2 424	2 644	2 908	3 187	3 450	3 682	3 895	4 104	0－14歳の人口
2 482	2 859	3 328	3 873	4 446	5 055	5 715	6 439	7 220	8 032	15－64歳の人口
169	197	231	272	328	405	503	610	722	843	65歳以上の人口
										Democratic Republic of the Congo
35 537	40 558	45 613	50 712	55 774	60 684	65 250	69 387	73 137	76 481	0－14歳の人口
39 439	46 930	55 750	65 795	77 092	89 579	103 202	117 705	132 831	148 304	15－64歳の人口
2 290	2 682	3 173	3 797	4 578	5 531	6 693	8 185	10 078	12 432	65歳以上の人口
										Equatorial Guinea
332	375	413	445	471	495	518	538	554	566	0－14歳の人口
489	562	639	725	823	934	1 053	1 170	1 278	1 383	15－64歳の人口
24	33	50	68	84	92	96	108	133	164	65歳以上の人口
										Gabon
641	694	736	762	787	811	834	853	867	874	0－14歳の人口
997	1 128	1 274	1 437	1 600	1 761	1 915	2 058	2 189	2 311	15－64歳の人口
88	95	106	122	144	171	206	252	307	366	65歳以上の人口
										Sao Tome and Principe
81	86	90	94	98	103	107	110	112	114	0－14歳の人口
103	119	135	153	170	188	203	221	237	255	15－64歳の人口
6	6	7	9	12	14	19	22	27	30	65歳以上の人口
										Northern Africa
71 968	78 266	81 462	80 458	80 513	82 232	84 696	86 468	86 884	86 410	0－14歳の人口
140 175	152 035	165 122	180 928	195 308	207 719	217 598	225 929	234 013	242 935	15－64歳の人口
11 748	14 143	17 308	21 062	25 049	29 407	35 065	41 907	48 938	54 539	65歳以上の人口
										Algeria
11 320	12 689	12 803	11 849	11 051	10 714	10 868	11 203	11 310	11 023	0－14歳の人口
25 991	27 346	29 414	31 944	33 943	35 262	35 758	35 688	35 592	35 853	15－64歳の人口
2 355	2 972	3 649	4 481	5 430	6 520	7 920	9 570	11 138	12 306	65歳以上の人口
										Egypt
30 344	33 461	35 309	34 713	35 048	36 483	38 073	38 824	38 628	38 190	0－14歳の人口
56 387	61 545	67 039	74 532	81 389	87 329	92 151	96 573	100 972	105 995	15－64歳の人口
4 777	5 512	6 592	7 857	9 152	10 617	12 840	15 714	18 893	21 138	65歳以上の人口
										Libya
1 873	1 888	1 786	1 659	1 582	1 560	1 569	1 568	1 530	1 464	0－14歳の人口
4 120	4 471	4 877	5 212	5 400	5 466	5 461	5 457	5 468	5 522	15－64歳の人口
285	341	423	546	731	954	1 177	1 350	1 475	1 530	65歳以上の人口
										Morocco
9 358	9 752	9 769	9 309	8 861	8 537	8 351	8 212	8 019	7 737	0－14歳の人口
22 899	24 049	25 094	26 249	27 228	27 905	28 155	27 927	27 567	27 136	15－64歳の人口
2 120	2 643	3 392	4 230	4 984	5 706	6 521	7 558	8 558	9 490	65歳以上の人口
										Sudan
16 296	17 527	18 811	20 112	21 353	22 448	23 367	24 160	24 890	25 551	0－14歳の人口
22 599	26 173	30 000	34 006	38 156	42 428	46 786	51 190	55 551	59 687	15－64歳の人口
1 339	1 608	1 930	2 325	2 822	3 435	4 154	4 934	5 770	6 777	65歳以上の人口
										Tunisia
2 628	2 796	2 832	2 664	2 467	2 339	2 315	2 347	2 352	2 290	0－14歳の人口
7 771	7 997	8 204	8 454	8 633	8 749	8 695	8 490	8 248	8 120	15－64歳の人口
854	1 042	1 284	1 569	1 855	2 077	2 332	2 639	2 941	3 119	65歳以上の人口
										Western Sahara
147	152	153	152	151	151	152	154	155	156	0－14歳の人口
408	454	495	531	559	579	593	604	614	621	15－64歳の人口
17	25	38	55	75	97	121	143	162	178	65歳以上の人口
										Southern Africa
18 810	19 123	18 823	18 438	18 002	17 717	17 492	17 197	16 789	16 329	0－14歳の人口
40 779	42 910	45 048	46 972	48 931	50 734	52 308	53 240	53 676	53 993	15－64歳の人口
3 045	3 451	4 026	4 706	5 313	5 857	6 460	7 592	9 044	10 341	65歳以上の人口

表A. 33. 主要地域、地域および国別、年齢階級別人口：推計および中位予測値（続）

推計値：1960-2015

主要地域、地域および国	人口（千人）										
	1960	1965	1970	1975	1980	1985	1990	1995	2000	2005	2010
Botswana											
0－14歳の人口	239	288	332	387	463	548	617	654	663	662	678
15－64歳の人口	264	287	339	412	508	606	726	880	1 023	1 143	1 299
65歳以上の人口	21	21	22	23	25	29	36	43	51	60	70
Lesotho											
0－14歳の人口	367	406	455	511	580	654	702	739	765	764	758
15－64歳の人口	448	488	535	590	675	754	828	940	1 007	1 073	1 167
65歳以上の人口	36	39	43	48	53	60	68	75	84	89	86
Namibia											
0－14歳の人口	251	290	337	401	472	540	618	695	768	807	836
15－64歳の人口	329	368	416	473	506	569	750	903	1 067	1 153	1 283
65歳以上の人口	22	25	28	31	35	40	48	56	63	67	75
South Africa											
0－14歳の人口	7 123	8 291	9 466	10 761	12 081	13 352	14 326	14 918	15 654	15 728	15 971
15－64歳の人口	9 601	10 750	12 261	14 108	16 094	18 604	21 293	25 104	27 456	30 393	33 043
65歳以上の人口	672	772	775	830	902	1 027	1 175	1 405	1 787	2 232	2 608
Swaziland											
0－14歳の人口	158	181	211	248	294	345	415	458	474	462	463
15－64歳の人口	182	200	223	255	293	341	425	478	558	608	690
65歳以上の人口	10	11	12	14	16	20	23	27	31	35	40
Western Africa											
0－14歳の人口	35 602	40 187	45 767	52 686	61 190	71 316	81 532	91 990	103 578	117 993	135 455
15－64歳の人口	47 031	51 792	57 335	64 017	72 352	81 772	93 486	108 340	124 885	142 910	163 802
65歳以上の人口	2 312	2 591	2 914	3 343	3 872	4 569	5 313	6 089	6 772	7 595	8 725
Benin											
0－14歳の人口	937	1 070	1 236	1 434	1 671	1 955	2 300	2 716	3 157	3 643	4 129
15－64歳の人口	1 373	1 441	1 545	1 693	1 902	2 178	2 534	3 084	3 590	4 310	5 107
65歳以上の人口	122	121	127	136	145	154	167	186	202	230	274
Burkina Faso											
0－14歳の人口	1 995	2 185	2 435	2 722	3 110	3 605	4 163	4 754	5 429	6 241	7 240
15－64歳の人口	2 721	2 859	3 034	3 249	3 496	3 865	4 358	5 028	5 858	6 837	8 007
65歳以上の人口	113	131	156	184	217	257	289	308	321	344	385
Cabo Verde											
0－14歳の人口	85	110	131	132	135	141	157	177	191	179	157
15－64歳の人口	107	111	128	128	137	158	170	194	226	268	306
65歳以上の人口	10	10	11	13	14	15	15	18	22	27	27
Côte d'Ivoire											
0－14歳の人口	1 445	1 798	2 312	2 967	3 757	4 597	5 442	6 292	7 177	7 994	8 788
15－64歳の人口	1 944	2 316	2 800	3 474	4 300	5 297	6 393	7 706	8 873	9 620	10 744
65歳以上の人口	86	106	130	165	209	264	331	407	467	519	600
Gambia											
0－14歳の人口	143	159	182	224	272	339	423	496	564	665	785
15－64歳の人口	217	232	254	283	314	371	469	540	632	739	865
65歳以上の人口	8	9	11	15	18	21	25	29	33	36	42
Ghana											
0－14歳の人口	2 949	3 423	3 922	4 529	4 938	5 704	6 410	7 159	7 799	8 600	9 506
15－64歳の人口	3 544	4 100	4 462	5 053	5 583	6 673	7 814	9 104	10 457	12 065	13 951
65歳以上の人口	159	188	213	250	281	340	404	499	568	724	860
Guinea											
0－14歳の人口	1 445	1 613	1 736	1 794	1 883	2 180	2 643	3 474	3 893	4 256	4 771
15－64歳の人口	2 009	2 143	2 350	2 431	2 479	2 730	3 182	4 112	4 606	5 102	5 897
65歳以上の人口	123	122	130	135	144	169	209	277	300	311	345
Guinea-Bissau											
0－14歳の人口	249	265	285	316	356	412	471	529	575	623	678
15－64歳の人口	350	367	404	435	462	496	544	609	696	794	905
65歳以上の人口	18	20	22	27	32	37	41	43	44	46	51
Liberia											
0－14歳の人口	464	535	618	721	850	997	948	916	1 250	1 417	1 716
15－64歳の人口	629	688	768	867	992	1 139	1 093	1 101	1 552	1 755	2 121
65歳以上の人口	27	29	34	40	50	61	62	63	90	99	122
Mali											
0－14歳の人口	2 149	2 324	2 504	2 778	3 124	3 536	3 958	4 489	5 137	6 005	7 141
15－64歳の人口	2 995	3 116	3 292	3 516	3 736	4 017	4 201	4 801	5 548	6 502	7 612
65歳以上の人口	120	128	153	189	230	279	323	351	361	374	414
Mauritania											
0－14歳の人口	383	452	529	608	696	793	902	1 024	1 163	1 316	1 472
15－64歳の人口	459	518	592	684	795	921	1 058	1 236	1 463	1 739	2 006
65歳以上の人口	17	22	28	36	44	53	63	74	86	99	113
Niger											
0－14歳の人口	1 635	1 902	2 170	2 478	2 832	3 264	3 772	4 438	5 380	6 618	8 140
15－64歳の人口	1 722	1 965	2 256	2 601	3 016	3 429	3 955	4 694	5 567	6 534	7 742
65歳以上の人口	38	55	72	92	115	145	185	230	278	333	410

表A. 33. 主要地域、地域および国別、年齢階級別人口：推計および中位予測値（続）

2020-2060：中位予測値

人口（千人）										主要地域、地域および国
2015	2020	2025	2030	2035	2040	2045	2050	2055	2060	
										Botswana
724	767	789	775	758	748	746	743	733	716	0－14歳の人口
1 457	1 591	1 733	1 895	2 044	2 163	2 244	2 292	2 328	2 364	15－64歳の人口
81	102	124	147	174	214	276	354	431	493	65歳以上の人口
										Lesotho
770	805	832	830	820	815	814	811	800	784	0－14歳の人口
1 276	1 359	1 444	1 560	1 689	1 813	1 921	2 013	2 092	2 158	15－64歳の人口
88	94	97	96	94	100	122	164	215	268	65歳以上の人口
										Namibia
902	981	1 049	1 077	1 096	1 116	1 138	1 156	1 163	1 158	0－14歳の人口
1 470	1 648	1 830	2 044	2 260	2 469	2 666	2 850	3 013	3 154	15－64歳の人口
87	103	124	151	183	221	264	315	384	469	65歳以上の人口
										South Africa
15 933	16 068	15 642	15 248	14 828	14 540	14 298	13 995	13 612	13 203	0－14歳の人口
35 815	37 502	39 172	40 536	41 924	43 198	44 315	44 863	44 975	45 014	15－64歳の人口
2 743	3 099	3 622	4 250	4 799	5 262	5 735	6 681	7 906	8 966	65歳以上の人口
										Swaziland
481	503	512	507	500	497	497	492	481	467	0－14歳の人口
760	810	867	937	1 014	1 091	1 163	1 222	1 267	1 303	15－64歳の人口
46	53	59	62	62	60	63	78	109	145	65歳以上の人口
										Western Africa
154 838	173 486	191 368	208 723	227 087	245 903	264 131	280 842	295 823	309 362	0－14歳の人口
188 478	218 007	252 444	291 890	334 839	381 051	430 555	483 633	540 042	598 632	15－64歳の人口
9 908	11 339	13 259	15 677	18 632	22 544	27 548	33 402	39 939	47 436	65歳以上の人口
										Benin
4 587	5 019	5 433	5 839	6 211	6 541	6 825	7 068	7 278	7 459	0－14歳の人口
5 979	6 975	8 065	9 219	10 440	11 715	13 026	14 343	15 638	16 877	15－64歳の人口
315	367	439	536	656	793	952	1 138	1 354	1 611	65歳以上の人口
										Burkina Faso
8 251	9 231	10 174	11 182	12 216	13 220	14 135	14 937	15 657	16 315	0－14歳の人口
9 421	11 131	13 134	15 335	17 744	20 366	23 169	26 133	29 226	32 369	15－64歳の人口
433	498	595	727	899	1 109	1 384	1 719	2 095	2 537	65歳以上の人口
										Cabo Verde
154	157	156	150	142	136	132	128	124	120	0－14歳の人口
342	370	398	422	447	467	480	481	473	462	15－64歳の人口
24	26	31	42	53	64	77	98	123	148	65歳以上の人口
										Côte d'Ivoire
9 642	10 638	11 750	12 820	13 843	14 884	15 956	17 035	18 101	19 143	0－14歳の人口
12 372	14 152	16 082	18 303	20 822	23 588	26 559	29 752	33 126	36 612	15－64歳の人口
687	775	885	1 021	1 192	1 411	1 689	2 010	2 417	2 962	65歳以上の人口
										Gambia
919	1 056	1 192	1 322	1 451	1 574	1 684	1 774	1 845	1 898	0－14歳の人口
1 025	1 215	1 438	1 700	1 990	2 313	2 656	3 020	3 403	3 790	15－64歳の人口
46	55	67	83	103	122	152	187	224	267	65歳以上の人口
										Ghana
10 640	11 615	12 326	12 711	13 159	13 724	14 329	14 846	15 196	15 402	0－14歳の人口
15 840	17 880	20 122	22 674	25 157	27 544	29 841	32 094	34 359	36 580	15－64歳の人口
930	1 035	1 230	1 481	1 808	2 185	2 628	3 130	3 648	4 192	65歳以上の人口
										Guinea
5 363	5 948	6 512	7 028	7 535	8 023	8 478	8 893	9 252	9 556	0－14歳の人口
6 860	7 940	9 178	10 596	12 142	13 789	15 507	17 275	19 063	20 837	15－64歳の人口
386	467	556	651	756	889	1 074	1 318	1 632	2 018	65歳以上の人口
										Guinea-Bissau
752	826	889	938	983	1 028	1 074	1 114	1 144	1 166	0－14歳の人口
1 034	1 172	1 331	1 510	1 700	1 891	2 081	2 266	2 450	2 631	15－64歳の人口
58	71	81	93	106	125	150	185	223	263	65歳以上の人口
										Liberia
1 905	2 068	2 231	2 409	2 588	2 754	2 897	3 019	3 130	3 232	0－14歳の人口
2 463	2 866	3 310	3 781	4 282	4 809	5 361	5 928	6 505	7 084	15－64歳の人口
136	157	187	224	271	330	402	489	580	676	65歳以上の人口
										Mali
8 364	9 550	10 674	11 883	13 198	14 502	15 693	16 706	17 571	18 322	0－14歳の人口
8 792	10 401	12 453	14 815	17 417	20 292	23 490	27 005	30 790	34 708	15－64歳の人口
443	506	575	671	827	1 060	1 353	1 692	2 067	2 531	65歳以上の人口
										Mauritania
1 628	1 771	1 902	2 031	2 161	2 286	2 401	2 503	2 592	2 672	0－14歳の人口
2 309	2 648	3 015	3 404	3 804	4 215	4 637	5 070	5 507	5 935	15－64歳の人口
131	155	189	232	283	342	408	477	551	635	65歳以上の人口
										Niger
10 042	12 297	14 887	17 788	20 981	24 421	28 028	31 680	35 225	38 595	0－14歳の人口
9 344	11 385	13 963	17 184	21 235	26 121	31 898	38 664	46 392	55 006	15－64歳の人口
513	633	795	994	1 142	1 336	1 597	1 893	2 301	2 860	65歳以上の人口

表A. 33. 主要地域、地域および国別、年齢階級別人口：推計および中位予測値（続）

推計値:1960-2015

主要地域、地域および国	人口（千人）										
	1960	1965	1970	1975	1980	1985	1990	1995	2000	2005	2010
Nigeria											
0－14歳の人口	18 816	21 071	23 897	27 568	32 411	37 716	42 909	47 854	53 456	60 831	70 024
15－64歳の人口	25 120	27 730	30 650	34 216	39 242	43 799	49 965	57 469	65 977	74 966	85 042
65歳以上の人口	1 275	1 438	1 585	1 782	2 045	2 386	2 744	3 102	3 444	3 814	4 358
Senegal											
0－14歳の人口	1 379	1 628	1 879	2 198	2 601	3 057	3 541	4 009	4 448	4 968	5 658
15－64歳の人口	1 715	1 928	2 233	2 578	2 819	3 200	3 750	4 432	5 099	5 944	6 898
65歳以上の人口	84	93	106	124	148	181	224	271	314	357	401
Sierra Leone											
0－14歳の人口	845	901	983	1 113	1 289	1 502	1 741	1 704	1 795	2 226	2 511
15－64歳の人口	1 274	1 364	1 455	1 567	1 698	1 853	2 071	2 029	2 164	2 719	3 116
65歳以上の人口	62	68	76	87	99	111	119	105	101	127	149
Togo											
0－14歳の人口	679	748	946	1 102	1 263	1 515	1 751	1 958	2 161	2 413	2 738
15－64歳の人口	851	910	1 109	1 240	1 379	1 642	1 924	2 199	2 574	3 012	3 480
65歳以上の人口	51	51	60	69	79	96	112	127	139	154	173
ASIA											
0－14歳の人口	671 901	768 386	862 463	951 750	995 661	1 026 963	1 087 506	1 135 573	1 130 486	1 084 394	1 062 377
15－64歳の人口	953 597	1 039 846	1 178 764	1 331 986	1 517 832	1 738 775	1 962 334	2 159 037	2 370 458	2 611 593	2 824 414
65歳以上の人口	61 200	66 580	79 203	94 330	112 091	131 439	152 635	180 238	213 527	248 682	283 069
Eastern Asia											
0－14歳の人口	306 179	341 018	381 208	418 329	408 125	377 426	379 546	384 805	359 116	300 626	269 340
15－64歳の人口	451 430	489 713	557 879	623 813	707 660	811 903	907 891	968 151	1 023 638	1 103 608	1 155 058
65歳以上の人口	30 537	31 711	39 027	47 394	57 587	69 421	81 155	95 781	113 530	132 306	150 923
China											
0－14歳の人口	257 492	291 797	328 855	363 573	353 939	325 592	333 012	341 418	318 321	262 283	233 528
15－64歳の人口	363 435	391 070	450 052	505 898	579 963	673 788	759 916	814 587	867 191	945 497	996 864
65歳以上の人口	23 523	23 724	29 604	36 109	43 936	53 243	61 678	71 837	84 463	97 820	110 577
China, Hong Kong SAR											
0－14歳の人口	1 258	1 507	1 467	1 372	1 284	1 257	1 245	1 193	1 167	968	843
15－64歳の人口	1 731	2 175	2 336	2 757	3 473	3 746	4 045	4 359	4 870	5 042	5 247
65歳以上の人口	87	120	155	227	297	412	504	592	747	832	903
China, Macao SAR											
0－14歳の人口	65	83	97	74	61	74	91	102	99	81	68
15－64歳の人口	95	109	138	156	164	200	244	267	301	353	428
65歳以上の人口	11	15	16	19	21	22	24	29	32	34	39
Dem. People's Republic of Korea											
0－14歳の人口	4 311	4 609	5 994	6 466	6 302	5 813	5 406	5 892	5 943	5 887	5 553
15－64歳の人口	6 747	7 536	7 959	9 281	10 448	12 232	13 908	14 758	15 545	16 156	16 797
65歳以上の人口	367	402	457	528	622	734	881	1 114	1 352	1 771	2 151
Japan											
0－14歳の人口	27 898	25 085	25 016	26 964	27 311	25 945	22 389	19 971	18 385	17 528	16 921
15－64歳の人口	59 307	66 149	71 399	75 107	78 116	81 806	85 253	86 596	85 731	84 250	81 189
65歳以上の人口	5 297	6 108	7 293	8 734	10 485	12 237	14 607	17 917	21 598	25 201	29 210
Mongolia											
0－14歳の人口	354	463	566	671	738	810	884	888	834	731	731
15－64歳の人口	556	589	652	737	875	1 029	1 210	1 323	1 475	1 701	1 878
65歳以上の人口	46	55	61	72	76	83	90	87	88	94	103
Republic of Korea											
0－14歳の人口	10 257	12 213	13 245	13 246	12 703	12 178	11 014	10 257	9 685	8 828	7 972
15－64歳の人口	13 879	15 219	17 150	20 260	23 302	26 569	29 818	31 757	33 131	34 401	35 674
65歳以上の人口	938	961	1 043	1 207	1 446	1 755	2 140	2 639	3 390	4 377	5 444
Other non-specified areas											
0－14歳の人口	4 545	5 261	5 969	5 965	5 787	5 757	5 505	5 086	4 684	4 321	3 723
15－64歳の人口	5 680	6 866	8 193	9 616	11 318	12 533	13 496	14 504	15 392	16 207	16 981
65歳以上の人口	268	328	397	499	705	935	1 231	1 566	1 860	2 176	2 497
South-Central Asia											
0－14歳の人口	249 339	287 829	321 635	355 660	393 913	439 902	485 562	519 498	538 264	546 197	554 507
15－64歳の人口	348 921	380 107	426 837	483 503	550 746	624 790	707 097	797 749	903 524	1 015 923	1 122 760
65歳以上の人口	20 298	23 032	26 286	30 796	35 661	40 786	47 007	55 327	65 263	77 047	87 863
Central Asia											
0－14歳の人口	8 877	12 207	13 910	14 917	15 573	17 148	19 041	19 792	19 188	17 869	17 809
15－64歳の人口	14 305	15 328	17 398	20 386	23 472	26 377	29 012	30 594	33 083	36 899	41 206
65歳以上の人口	1 434	1 561	1 848	2 045	2 232	2 213	2 352	2 792	2 846	3 275	3 123
Kazakhstan											
0－14歳の人口	3 622	4 634	4 925	4 896	4 833	5 057	5 202	4 737	4 135	3 806	3 944
15－64歳の人口	5 804	6 654	7 479	8 439	9 176	9 828	10 361	10 045	9 802	10 461	11 258
65歳以上の人口	570	621	706	801	910	895	967	1 144	1 020	1 184	1 109

2020-2060：中位予測値

人口（千人）										主要地域、地域および国
2015	2020	2025	2030	2035	2040	2045	2050	2055	2060	
										Nigeria
80 149	89 454	98 163	106 495	115 373	124 360	132 849	140 391	147 026	152 996	0－14歳の人口
97 066	111 724	128 869	148 499	169 667	192 301	216 463	242 332	269 823	298 324	15－64歳の人口
4 986	5 653	6 526	7 604	8 926	10 745	13 085	15 785	18 647	21 802	65歳以上の人口
										Senegal
6 621	7 542	8 369	9 037	9 786	10 629	11 506	12 339	13 062	13 691	0－14歳の人口
8 065	9 435	11 063	13 032	15 120	17 289	19 550	21 945	24 482	27 150	15－64歳の人口
444	511	605	733	910	1 168	1 515	1 938	2 442	2 994	65歳以上の人口
										Sierra Leone
2 734	2 915	3 039	3 147	3 229	3 288	3 323	3 334	3 325	3 302	0－14歳の人口
3 547	4 053	4 618	5 202	5 806	6 402	6 979	7 526	8 037	8 501	15－64歳の人口
172	192	217	248	290	351	432	531	642	758	65歳以上の人口
										Togo
3 085	3 398	3 670	3 944	4 232	4 533	4 819	5 073	5 294	5 491	0－14歳の人口
4 017	4 659	5 402	6 211	7 065	7 946	8 855	9 796	10 768	11 764	15－64歳の人口
202	236	279	335	409	512	648	812	992	1 179	65歳以上の人口
										ASIA
1 074 453	1 082 543	1 069 407	1 037 367	1 003 953	981 015	965 073	948 460	926 800	899 497	0－14歳の人口
2 988 295	3 109 142	3 221 310	3 306 068	3 349 503	3 367 279	3 380 390	3 362 221	3 303 050	3 255 370	15－64歳の人口
330 548	406 742	483 991	579 394	692 032	795 556	872 570	956 168	1 060 667	1 135 163	65歳以上の人口
										Eastern Asia
270 717	272 850	262 327	241 251	223 332	215 387	212 776	209 916	204 351	195 949	0－14歳の人口
1 163 681	1 145 949	1 132 277	1 105 494	1 052 693	994 804	955 711	912 367	843 676	796 848	15－64歳の人口
177 888	220 874	256 504	303 453	364 296	412 736	429 821	444 476	480 630	491 996	65歳以上の人口
										China
237 115	240 140	230 055	209 746	192 709	185 794	184 240	182 136	176 936	168 788	0－14歳の人口
1 007 504	993 101	984 213	962 628	916 313	866 002	832 586	794 529	730 288	687 891	15－64歳の人口
131 429	169 606	200 604	243 171	299 293	342 919	357 831	371 391	407 924	420 078	65歳以上の人口
										China, Hong Kong SAR
872	992	1 107	1 076	1 015	955	936	982	1 059	1 111	0－14歳の人口
5 319	5 191	4 942	4 786	4 691	4 598	4 487	4 354	4 245	4 152	15－64歳の人口
1 098	1 375	1 732	2 089	2 352	2 554	2 708	2 812	2 838	2 846	65歳以上の人口
										China, Macao SAR
76	95	111	114	112	110	112	119	129	137	0－14歳の人口
458	463	461	466	478	490	501	496	486	487	15－64歳の人口
53	76	107	139	163	184	198	223	248	263	65歳以上の人口
										Dem. People's Republic of Korea
5 325	5 215	5 267	5 232	5 081	4 864	4 684	4 600	4 571	4 521	0－14歳の人口
17 431	18 224	18 168	18 230	17 798	17 416	17 606	17 430	17 143	16 734	15－64歳の人口
2 400	2 323	2 858	3 239	4 064	4 750	4 717	4 878	5 042	5 326	65歳以上の人口
										Japan
16 272	15 758	15 236	14 684	14 212	13 865	13 598	13 354	13 101	12 831	0－14歳の人口
76 960	73 704	71 454	68 892	65 514	60 997	57 647	55 052	52 936	51 403	15－64歳の人口
33 342	35 577	36 150	36 552	37 338	38 926	39 276	39 006	38 416	37 206	65歳以上の人口
										Mongolia
835	935	952	894	847	829	837	856	868	861	0－14歳の人口
2 004	2 094	2 211	2 349	2 457	2 522	2 555	2 563	2 541	2 561	15－64歳の人口
120	150	201	277	352	435	518	609	726	797	65歳以上の人口
										Republic of Korea
7 037	6 874	6 900	6 937	6 855	6 559	6 119	5 787	5 714	5 779	0－14歳の人口
36 654	36 304	34 841	33 128	31 398	29 683	28 341	27 026	25 892	24 362	15－64歳の人口
6 602	8 074	10 241	12 454	14 462	16 156	17 190	17 781	17 715	17 786	65歳以上の人口
										Other non-specified areas
3 185	2 842	2 700	2 570	2 500	2 412	2 251	2 084	1 972	1 922	0－14歳の人口
17 351	16 867	15 986	15 015	14 043	13 097	11 987	10 918	10 146	9 259	15－64歳の人口
2 845	3 693	4 612	5 532	6 271	6 811	7 384	7 776	7 721	7 694	65歳以上の人口
										South-Central Asia
558 264	559 765	554 697	546 671	534 070	520 652	508 194	495 914	482 588	467 391	0－14歳の人口
1 230 219	1 329 030	1 421 064	1 500 593	1 570 951	1 627 081	1 664 777	1 681 172	1 682 849	1 677 410	15－64歳の人口
101 805	123 237	148 939	178 940	211 027	246 057	286 679	335 372	386 587	433 194	65歳以上の人口
										Central Asia
19 571	21 321	21 529	20 267	19 304	19 094	19 437	19 653	19 326	18 581	0－14歳の人口
44 434	46 537	49 047	52 092	54 934	56 886	58 075	58 576	58 403	58 690	15－64歳の人口
3 309	4 013	5 115	6 469	7 379	8 283	9 178	10 435	12 335	13 673	65歳以上の人口
										Kazakhstan
4 709	5 342	5 351	4 939	4 703	4 700	4 874	5 046	5 069	4 927	0－14歳の人口
11 729	11 876	12 396	13 086	13 729	14 139	14 402	14 571	14 594	14 858	15－64歳の人口
1 187	1 398	1 673	2 047	2 233	2 426	2 599	2 830	3 258	3 497	65歳以上の人口

表A. 33. 主要地域、地域および国別、年齢階級別人口：推計および中位予測値（続）

推計値：1960-2015

主要地域、地域および国	人口（千人）										
	1960	1965	1970	1975	1980	1985	1990	1995	2000	2005	2010
Kyrgyzstan											
0－14歳の人口	790	1 070	1 235	1 315	1 347	1 486	1 651	1 725	1 733	1 590	1 638
15－64歳の人口	1 229	1 342	1 545	1 788	2 072	2 319	2 524	2 617	2 951	3 239	3 582
65歳以上の人口	154	162	185	196	209	208	220	250	271	286	245
Tajikistan											
0－14歳の人口	806	1 124	1 357	1 551	1 683	1 938	2 311	2 564	2 653	2 610	2 694
15－64歳の人口	1 158	1 244	1 414	1 701	2 055	2 420	2 783	2 998	3 314	3 941	4 636
65歳以上の人口	100	121	149	161	180	183	203	222	219	255	252
Turkmenistan											
0－14歳の人口	629	839	985	1 095	1 182	1 309	1 484	1 656	1 634	1 552	1 474
15－64歳の人口	881	963	1 102	1 312	1 556	1 795	2 044	2 359	2 674	2 979	3 360
65歳以上の人口	83	88	102	113	122	126	139	173	193	217	208
Uzbekistan											
0－14歳の人口	3 029	4 540	5 408	6 060	6 528	7 359	8 392	9 110	9 033	8 311	8 061
15－64歳の人口	5 233	5 125	5 859	7 146	8 614	10 014	11 300	12 574	14 343	16 278	18 371
65歳以上の人口	528	568	706	775	810	801	823	1 004	1 143	1 333	1 308
Southern Asia											
0－14歳の人口	240 462	275 623	307 725	340 743	378 340	422 754	466 521	499 706	519 075	528 328	536 698
15－64歳の人口	334 617	364 779	409 440	463 117	527 273	598 413	678 085	767 155	870 441	979 024	1 081 553
65歳以上の人口	18 864	21 471	24 438	28 751	33 429	38 573	44 655	52 535	62 416	73 772	84 740
Afghanistan											
0－14歳の人口	3 793	4 266	4 918	5 686	6 071	5 501	5 800	8 017	9 568	11 613	13 307
15－64歳の人口	4 950	5 401	5 911	6 578	6 822	5 873	6 001	8 366	9 693	12 256	14 019
65歳以上の人口	252	269	292	319	319	256	266	389	441	531	636
Bangladesh											
0－14歳の人口	20 173	24 160	29 212	32 138	36 488	40 772	44 871	47 300	48 670	49 272	48 711
15－64歳の人口	26 734	30 194	34 051	36 955	42 392	49 457	57 809	67 145	77 591	87 578	95 801
65歳以上の人口	1 294	1 481	1 785	2 153	2 484	2 787	3 303	3 982	5 020	6 079	7 105
Bhutan											
0－14歳の人口	93	105	124	147	176	205	233	223	229	222	217
15－64歳の人口	126	142	161	193	226	252	286	268	314	403	471
65歳以上の人口	5	6	7	8	10	13	16	17	22	27	32
India											
0－14歳の人口	181 220	206 211	226 284	249 108	273 631	302 883	330 215	351 954	365 902	375 167	380 304
15－64歳の人口	254 680	275 612	309 280	350 870	398 284	450 014	507 015	569 835	641 156	714 483	787 737
65歳以上の人口	13 762	16 098	18 380	21 726	25 315	29 188	33 371	39 085	46 423	54 676	62 944
Iran (Islamic Republic of)											
0－14歳の人口	9 361	11 165	12 575	14 184	16 831	21 477	25 492	25 443	23 012	18 252	17 419
15－64歳の人口	11 666	12 911	14 997	17 506	20 686	24 422	28 801	32 597	40 065	48 413	53 172
65歳以上の人口	879	879	943	1 041	1 150	1 392	1 876	2 279	2 773	3 457	3 663
Maldives											
0－14歳の人口	35	43	54	63	72	88	106	118	114	102	95
15－64歳の人口	53	57	59	71	82	97	111	128	156	189	221
65歳以上の人口	2	2	3	3	4	5	6	8	10	14	16
Nepal											
0－14歳の人口	4 051	4 515	4 902	5 441	6 165	7 020	7 959	8 901	9 739	10 159	9 990
15－64歳の人口	5 752	6 094	6 734	7 454	8 236	9 127	10 121	11 714	13 106	14 234	15 549
65歳以上の人口	255	295	351	418	489	567	661	776	895	1 114	1 336
Pakistan											
0－14歳の人口	17 587	20 549	24 628	28 787	33 508	39 275	46 279	52 366	56 817	58 545	61 518
15－64歳の人口	25 378	28 288	31 250	35 468	41 562	49 317	57 123	65 341	75 771	88 275	101 000
65歳以上の人口	1 947	2 012	2 216	2 537	3 002	3 573	4 205	4 893	5 663	6 536	7 527
Sri Lanka											
0－14歳の人口	4 150	4 608	5 029	5 188	5 397	5 535	5 563	5 383	5 025	4 996	5 137
15－64歳の人口	5 278	6 081	6 996	8 021	8 983	9 855	10 818	11 760	12 589	13 192	13 584
65歳以上の人口	468	429	462	546	656	791	949	1 105	1 170	1 338	1 480
South-Eastern Asia											
0－14歳の人口	89 051	107 228	123 184	136 447	146 643	156 462	163 510	168 225	167 134	168 911	166 384
15－64歳の人口	117 122	129 946	148 127	171 546	197 722	229 471	263 849	297 051	333 243	365 182	397 563
65歳以上の人口	7 665	8 702	10 210	11 728	13 741	15 779	18 306	21 606	25 802	29 064	32 760
Brunei Darussalam											
0－14歳の人口	36	48	56	65	74	84	89	97	101	100	99
15－64歳の人口	43	51	69	91	113	133	161	190	222	251	280
65歳以上の人口	3	4	5	6	6	6	7	8	8	11	14
Cambodia											
0－14歳の人口	2 618	3 026	3 199	3 333	2 760	3 284	3 989	4 970	5 074	4 937	4 787
15－64歳の人口	2 960	3 278	3 643	4 022	3 776	4 241	4 759	5 400	6 748	7 932	9 041
65歳以上の人口	144	163	180	197	182	218	261	324	376	451	536
Indonesia											
0－14歳の人口	35 002	42 296	49 634	55 616	60 587	64 423	66 104	66 296	64 914	67 668	69 790
15－64歳の人口	49 644	54 653	61 393	70 598	81 612	94 592	108 466	122 480	136 665	147 729	159 901
65歳以上の人口	3 147	3 360	3 808	4 510	5 291	5 997	6 867	8 182	9 962	10 857	11 922

表A. 33. 主要地域、地域および国別、年齢階級別人口：推計および中位予測値（続）

2020-2060：中位予測値

人口（千人）										主要地域、地域および国
2015	2020	2025	2030	2035	2040	2045	2050	2055	2060	
										Kyrgyzstan
1 865	2 093	2 156	2 013	1 942	1 947	1 996	2 024	1 995	1 927	0－14歳の人口
3 824	3 976	4 196	4 535	4 829	5 051	5 224	5 352	5 404	5 507	15－64歳の人口
251	315	415	548	637	716	778	873	1 055	1 184	65歳以上の人口
										Tajikistan
2 955	3 325	3 568	3 548	3 493	3 544	3 710	3 859	3 885	3 804	0－14歳の人口
5 272	5 766	6 279	6 924	7 611	8 234	8 771	9 213	9 565	10 002	15－64歳の人口
255	328	453	630	775	906	1 031	1 215	1 523	1 771	65歳以上の人口
										Turkmenistan
1 517	1 538	1 531	1 470	1 390	1 327	1 293	1 270	1 238	1 190	0－14歳の人口
3 634	3 872	4 055	4 226	4 385	4 491	4 528	4 497	4 398	4 290	15－64歳の人口
223	276	365	464	542	615	692	788	919	1 034	65歳以上の人口
										Uzbekistan
8 526	9 024	8 923	8 297	7 777	7 575	7 564	7 454	7 139	6 733	0－14歳の人口
19 976	21 047	22 122	23 321	24 380	24 972	25 150	24 943	24 442	24 033	15－64歳の人口
1 392	1 696	2 209	2 779	3 193	3 621	4 078	4 729	5 579	6 187	65歳以上の人口
										Southern Asia
538 692	538 444	533 168	526 404	514 767	501 558	488 757	476 261	463 262	448 811	0－14歳の人口
1 185 785	1 282 492	1 372 016	1 448 501	1 516 017	1 570 195	1 606 702	1 622 596	1 624 447	1 618 720	15－64歳の人口
98 497	119 224	143 824	172 472	203 648	237 774	277 501	324 937	374 252	419 521	65歳以上の人口
										Afghanistan
14 325	14 747	14 785	14 892	14 883	14 751	14 430	13 918	13 332	12 759	0－14歳の人口
17 398	20 725	24 249	27 567	30 798	33 795	36 498	38 860	40 787	42 102	15－64歳の人口
803	971	1 162	1 392	1 681	2 056	2 559	3 177	3 879	4 758	65歳以上の人口
										Bangladesh
47 408	45 852	44 534	42 879	40 737	38 515	36 495	34 775	33 212	31 776	0－14歳の人口
105 580	115 923	123 999	129 805	134 033	136 960	137 513	136 020	133 259	129 485	15－64歳の人口
8 007	8 692	10 530	13 776	17 730	21 659	26 372	31 414	36 232	40 681	65歳以上の人口
										Bhutan
208	202	193	186	175	165	157	150	145	141	0－14歳の人口
527	569	605	632	650	660	654	633	608	583	15－64歳の人口
39	46	57	68	85	104	132	167	199	224	65歳以上の人口
										India
377 427	372 831	367 794	365 028	358 270	348 173	336 890	326 349	317 226	308 060	0－14歳の人口
859 994	925 489	984 742	1 033 293	1 076 151	1 110 401	1 134 451	1 144 649	1 144 256	1 136 986	15－64歳の人口
73 630	90 539	109 090	129 337	150 928	175 153	202 277	234 335	267 873	300 137	65歳以上の人口
										Iran (Islamic Republic of)
18 677	19 449	18 238	15 843	13 922	13 265	13 521	13 765	13 372	12 438	0－14歳の人口
56 428	58 738	61 496	64 085	65 476	65 302	62 820	58 143	53 724	51 487	15－64歳の人口
4 004	5 216	6 763	8 601	10 597	12 638	15 719	20 311	24 309	25 692	65歳以上の人口
										Maldives
100	106	105	96	86	81	81	82	80	75	0－14歳の人口
247	267	286	307	324	334	335	326	313	302	15－64歳の人口
17	20	26	34	43	54	67	86	108	126	65歳以上の人口
										Nepal
9 314	8 743	8 362	8 169	7 728	7 170	6 670	6 301	5 991	5 672	0－14歳の人口
17 618	19 547	21 272	22 502	23 640	24 550	25 136	25 314	25 061	24 377	15－64歳の人口
1 582	1 895	2 120	2 433	2 820	3 307	3 883	4 545	5 364	6 390	65歳以上の人口
										Pakistan
66 142	71 641	74 637	75 070	74 910	75 500	76 706	77 318	76 557	74 786	0－14歳の人口
114 295	127 315	141 323	156 328	171 171	184 741	196 352	206 165	214 290	221 623	15－64歳の人口
8 487	9 480	11 222	13 518	16 046	18 746	22 031	26 157	31 423	36 569	65歳以上の人口
										Sri Lanka
5 090	4 872	4 519	4 243	4 054	3 938	3 807	3 603	3 347	3 104	0－14歳の人口
13 697	13 920	14 045	13 980	13 775	13 452	12 942	12 487	12 150	11 776	15－64歳の人口
1 927	2 366	2 853	3 313	3 717	4 057	4 463	4 746	4 864	4 945	65歳以上の人口
										South-Eastern Asia
168 151	169 126	169 148	165 495	162 090	159 397	157 050	154 429	151 230	147 664	0－14歳の人口
427 681	452 244	470 803	487 722	499 977	508 076	513 026	513 938	514 688	512 460	15－64歳の人口
37 658	46 257	58 203	71 631	85 664	99 149	111 326	123 772	133 252	142 972	65歳以上の人口
										Brunei Darussalam
98	97	97	92	88	84	82	81	80	78	0－14歳の人口
307	326	337	347	351	350	343	334	324	317	15－64歳の人口
19	28	41	56	75	94	113	131	146	154	65歳以上の人口
										Cambodia
4 923	5 211	5 278	5 188	5 052	4 995	4 969	4 892	4 740	4 567	0－14歳の人口
10 013	10 781	11 666	12 498	13 322	14 032	14 837	14 759	15 073	15 092	15－64歳の人口
641	817	1 000	1 305	1 613	1 913	2 000	2 895	3 345	3 997	65歳以上の人口
										Indonesia
71 326	71 486	71 628	69 432	67 881	66 746	65 715	64 470	62 945	61 292	0－14歳の人口
172 913	184 463	192 839	201 145	206 648	209 984	211 906	212 536	214 257	214 918	15－64歳の人口
13 326	15 908	20 038	24 905	30 318	35 710	40 595	45 231	47 525	49 828	65歳以上の人口

表A. 33. 主要地域、地域および国別、年齢階級別人口：推計および中位予測値（続）

推計値:1960-2015

主要地域、地域および国	人口（千人）										
	1960	1965	1970	1975	1980	1985	1990	1995	2000	2005	2010
Lao People's Democratic Republic											
０－14歳の人口	893	1 008	1 133	1 295	1 444	1 635	1 878	2 154	2 314	2 327	2 315
15－64歳の人口	1 172	1 306	1 471	1 656	1 695	1 914	2 220	2 533	2 838	3 207	3 715
65歳以上の人口	55	68	82	97	114	131	150	171	190	211	230
Malaysia											
０－14歳の人口	3 713	4 444	4 885	5 218	5 394	6 043	6 756	7 397	7 803	7 768	7 674
15－64歳の人口	4 168	4 821	5 666	6 660	7 944	9 148	10 798	12 557	14 718	16 899	19 078
65歳以上の人口	280	305	357	434	495	573	658	772	900	1 130	1 367
Myanmar											
０－14歳の人口	8 705	10 243	11 521	12 820	14 166	15 352	15 806	15 568	15 214	15 353	15 410
15－64歳の人口	12 060	12 947	14 651	16 663	18 974	21 605	24 429	27 101	30 186	32 191	33 718
65歳以上の人口	721	833	994	1 157	1 331	1 552	1 771	2 042	2 269	2 440	2 606
Philippines											
０－14歳の人口	12 349	14 674	16 469	18 362	20 434	22 741	25 361	27 769	30 002	31 958	31 270
15－64歳の人口	13 108	15 310	18 265	21 641	25 441	29 862	34 640	39 913	45 414	51 235	57 904
65歳以上の人口	817	929	1 070	1 293	1 523	1 720	1 946	2 153	2 516	2 949	3 865
Singapore											
０－14歳の人口	707	821	805	743	653	658	647	775	841	861	881
15－64歳の人口	894	1 009	1 200	1 427	1 647	1 908	2 200	2 487	2 790	3 265	3 740
65歳以上の人口	33	50	69	93	114	143	169	221	287	370	458
Thailand											
０－14歳の人口	11 708	13 895	16 226	17 967	18 687	18 121	17 094	16 087	15 031	14 595	12 802
15－64歳の人口	14 781	16 836	19 368	22 854	26 923	31 848	36 933	39 924	43 546	46 191	47 955
65歳以上の人口	908	1 092	1 291	1 515	1 775	2 073	2 556	3 255	4 116	5 078	5 935
Timor-Leste											
０－14歳の人口	209	229	252	272	225	260	292	364	424	477	436
15－64歳の人口	277	305	334	371	340	384	435	475	404	486	576
65歳以上の人口	13	14	16	18	13	13	13	17	19	26	45
Viet Nam											
０－14歳の人口	13 112	16 545	19 003	20 756	22 218	23 860	25 494	26 747	25 416	22 866	20 919
15－64歳の人口	18 016	19 430	22 066	25 565	29 256	33 837	38 808	43 992	49 712	55 795	61 655
65歳以上の人口	1 543	1 885	2 338	2 408	2 898	3 353	3 907	4 461	5 157	5 542	5 783
Western Asia											
０－14歳の人口	27 332	32 310	36 436	41 314	46 980	53 173	58 888	63 045	65 972	68 660	72 146
15－64歳の人口	36 124	40 080	45 921	53 124	61 705	72 611	83 497	96 086	110 053	126 881	149 033
65歳以上の人口	2 700	3 135	3 680	4 412	5 101	5 453	6 167	7 525	8 932	10 265	11 524
Armenia											
０－14歳の人口	718	919	987	970	941	1 007	1 077	950	795	660	608
15－64歳の人口	1 031	1 165	1 391	1 691	1 970	2 152	2 269	2 003	1 973	2 005	2 043
65歳以上の人口	119	120	140	164	185	180	199	270	307	350	313
Azerbaijan											
０－14歳の人口	1 504	2 028	2 292	2 282	2 127	2 183	2 467	2 637	2 522	2 227	2 069
15－64歳の人口	2 143	2 293	2 599	3 096	3 707	4 168	4 449	4 769	5 141	5 786	6 492
65歳以上の人口	251	259	286	315	331	323	301	365	454	550	539
Bahrain											
０－14歳の人口	67	88	95	105	124	141	162	171	205	232	249
15－64歳の人口	90	96	112	155	228	268	323	380	446	615	987
65歳以上の人口	5	3	6	7	7	11	11	14	16	20	26
Cyprus											
０－14歳の人口	210	200	190	180	171	175	195	209	211	206	196
15－64歳の人口	329	344	362	407	450	459	495	560	636	716	780
65歳以上の人口	34	38	62	63	64	69	76	87	96	111	128
Georgia											
０－14歳の人口	1 191	1 409	1 441	1 394	1 308	1 329	1 344	1 222	1 040	821	719
15－64歳の人口	2 592	2 706	2 878	3 098	3 304	3 498	3 606	3 274	3 111	3 001	2 922
65歳以上の人口	377	363	388	416	461	460	510	571	593	653	609
Iraq											
０－14歳の人口	3 022	3 678	4 424	5 410	6 395	7 193	8 020	8 956	10 129	11 352	12 921
15－64歳の人口	4 041	4 393	5 096	5 788	6 700	7 758	8 791	10 536	12 628	14 755	16 935
65歳以上の人口	227	305	398	487	559	626	667	726	817	911	1 012
Israel											
０－14歳の人口	762	891	935	1 088	1 237	1 341	1 406	1 547	1 689	1 839	2 021
15－64歳の人口	1 230	1 492	1 730	1 992	2 184	2 390	2 693	3 266	3 722	4 102	4 625
65歳以上の人口	97	140	185	256	324	351	399	518	603	662	774
Jordan											
０－14歳の人口	386	503	759	937	1 117	1 311	1 552	1 757	1 877	2 009	2 392
15－64歳の人口	465	574	842	987	1 090	1 372	1 696	2 433	2 742	3 141	3 884
65歳以上の人口	38	42	54	61	73	100	111	130	149	184	243
Kuwait											
０－14歳の人口	94	181	329	476	561	635	718	490	532	594	721
15－64歳の人口	163	294	408	558	802	1 076	1 311	1 117	1 358	1 618	2 281
65歳以上の人口	5	7	14	17	21	24	30	30	40	52	57

表A. 33. 主要地域、地域および国別、年齢階級別人口：推計および中位予測値（続）

2020-2060：中位予測値

2015	2020	2025	2030	2035	2040	2045	2050	2055	2060	主要地域、地域および国
人口（千人）										
										Lao People's Democratic Republic
2 365	2 474	2 505	2 471	2 393	2 319	2 260	2 196	2 116	2 025	0－14歳の人口
4 178	4 617	5 091	5 569	6 039	6 448	6 776	7 002	7 105	7 095	15－64歳の人口
259	307	370	449	541	654	790	973	1 235	1 553	65歳以上の人口
										Malaysia
7 433	7 412	7 717	7 813	7 668	7 371	7 062	6 871	6 816	6 814	0－14歳の人口
21 122	22 692	23 721	24 706	25 669	26 523	27 103	27 012	26 617	26 116	15－64歳の人口
1 776	2 270	2 896	3 588	4 280	4 959	5 696	6 842	8 014	9 066	65歳以上の人口
										Myanmar
14 849	13 960	13 401	13 302	13 209	12 952	12 502	11 959	11 498	11 187	0－14歳の人口
36 159	38 675	40 568	41 718	42 451	42 920	43 139	43 148	42 952	42 347	15－64歳の人口
2 889	3 607	4 404	5 222	6 092	6 932	7 746	8 468	9 033	9 637	65歳以上の人口
										Philippines
32 172	33 363	34 387	34 997	35 299	35 410	35 336	35 153	34 812	34 341	0－14歳の人口
63 916	69 514	74 936	80 319	85 433	90 320	94 771	98 779	102 052	104 248	15－64歳の人口
4 612	5 558	6 829	8 260	9 824	11 291	12 814	14 328	16 108	18 485	65歳以上の人口
										Singapore
871	859	834	815	800	782	758	737	719	707	0－14歳の人口
4 078	4 242	4 198	4 105	4 008	3 882	3 771	3 678	3 597	3 474	15－64歳の人口
655	906	1 200	1 498	1 750	1 983	2 156	2 266	2 320	2 381	65歳以上の人口
										Thailand
12 036	11 219	10 351	9 533	8 992	8 623	8 284	7 927	7 562	7 212	0－14歳の人口
48 807	48 464	47 224	45 439	43 051	40 463	37 928	35 744	33 734	31 772	15－64歳の人口
7 117	8 898	11 061	13 278	15 398	17 104	18 295	18 781	18 838	18 715	65歳以上の人口
										Timor-Leste
502	557	616	627	637	655	682	706	715	709	0－14歳の人口
616	693	763	879	993	1 106	1 228	1 339	1 455	1 573	15－64歳の人口
66	64	66	72	82	95	99	117	138	166	65歳以上の人口
										Viet Nam
21 577	22 487	22 335	21 225	20 070	19 460	19 398	19 437	19 226	18 733	0－14歳の人口
65 572	67 775	69 459	70 997	72 013	72 050	71 224	69 608	67 522	65 510	15－64歳の人口
6 299	7 894	10 298	12 999	15 690	18 415	21 020	23 739	26 551	28 990	65歳以上の人口
										Western Asia
77 320	80 802	83 236	83 950	84 462	85 579	87 053	88 201	88 631	88 492	0－14歳の人口
166 714	181 920	197 166	212 259	225 882	237 318	246 876	254 744	261 836	268 652	15－64歳の人口
13 197	16 372	20 345	25 370	31 046	37 614	44 745	52 547	60 198	67 000	65歳以上の人口
										Armenia
555	582	553	486	428	399	395	393	377	348	0－14歳の人口
2 136	2 074	2 003	1 948	1 935	1 897	1 813	1 678	1 526	1 408	15－64歳の人口
327	382	472	559	577	582	602	658	735	785	65歳以上の人口
										Azerbaijan
2 138	2 406	2 507	2 227	2 029	2 005	2 049	2 036	1 951	1 857	0－14歳の人口
7 067	7 081	7 054	7 159	7 331	7 352	7 299	7 070	6 820	6 629	15－64歳の人口
549	753	987	1 341	1 500	1 604	1 654	1 857	2 101	2 263	65歳以上の人口
										Bahrain
296	301	288	264	255	251	249	246	241	235	0－14歳の人口
1 048	1 143	1 210	1 267	1 298	1 303	1 295	1 263	1 228	1 185	15－64歳の人口
33	43	73	110	152	205	253	313	365	414	65歳以上の人口
										Cyprus
193	196	196	193	189	186	185	187	190	192	0－14歳の人口
823	847	860	872	881	883	872	848	829	807	15－64歳の人口
150	176	206	235	262	291	325	367	398	426	65歳以上の人口
										Georgia
693	751	747	672	600	551	540	549	546	515	0－14歳の人口
2 746	2 642	2 538	2 464	2 400	2 315	2 196	2 054	1 897	1 786	15－64歳の人口
561	584	649	732	779	815	848	880	927	946	65歳以上の人口
										Iraq
14 927	16 955	18 728	20 369	22 082	23 926	25 806	27 576	29 173	30 623	0－14歳の人口
20 383	23 625	27 485	31 803	36 294	40 964	45 874	51 115	56 618	62 328	15－64歳の人口
1 113	1 393	1 585	1 899	2 497	3 237	4 078	4 961	5 936	7 007	65歳以上の人口
										Israel
2 245	2 398	2 482	2 491	2 545	2 639	2 750	2 840	2 883	2 882	0－14歳の人口
4 913	5 229	5 632	6 108	6 540	6 898	7 227	7 575	7 950	8 341	15－64歳の人口
906	1 092	1 245	1 399	1 561	1 765	1 985	2 195	2 395	2 586	65歳以上の人口
										Jordan
2 698	2 764	2 720	2 673	2 687	2 726	2 767	2 771	2 727	2 653	0－14歳の人口
4 609	5 088	5 461	5 957	6 470	6 897	7 277	7 606	7 942	8 247	15－64歳の人口
288	315	366	479	652	869	1 093	1 340	1 548	1 744	65歳以上の人口
										Kuwait
869	1 016	1 062	1 038	983	965	986	1 021	1 040	1 031	0－14歳の人口
2 947	3 195	3 437	3 698	3 900	4 034	4 109	4 087	4 059	4 066	15－64歳の人口
77	105	172	251	368	500	630	816	983	1 095	65歳以上の人口

表A. 33. 主要地域、地域および国別、年齢階級別人口：推計および中位予測値（続）

推計値：1960-2015

主要地域、地域および国	人口（千人）										
	1960	1965	1970	1975	1980	1985	1990	1995	2000	2005	2010
Lebanon											
0－14歳の人口	751	913	963	1 025	1 017	984	923	954	927	1 113	1 029
15－64歳の人口	946	1 069	1 219	1 424	1 447	1 554	1 621	1 886	2 079	2 577	2 944
65歳以上の人口	107	110	116	127	141	139	160	193	230	298	364
Oman											
0－14歳の人口	241	281	335	404	520	683	820	871	832	853	780
15－64歳の人口	294	324	366	451	603	779	951	1 275	1 352	1 589	2 082
65歳以上の人口	16	19	23	27	31	36	41	46	55	65	82
Qatar											
0－14歳の人口	20	29	40	55	75	107	135	133	154	196	238
15－64歳の人口	26	43	68	106	145	259	335	361	430	630	1 509
65歳以上の人口	1	2	2	3	3	5	6	7	10	11	19
Saudi Arabia											
0－14歳の人口	1 763	2 114	2 581	3 284	4 415	5 723	6 881	7 815	7 977	8 282	8 545
15－64歳の人口	2 175	2 557	3 054	3 903	5 204	7 293	9 021	10 493	12 792	15 763	18 768
65歳以上の人口	148	173	201	242	294	346	460	545	623	700	778
State of Palestine											
0－14歳の人口	495	567	556	666	753	860	1 020	1 272	1 542	1 632	1 727
15－64歳の人口	532	584	537	622	723	862	1 036	1 290	1 609	1 858	2 232
65歳以上の人口	43	40	32	33	34	38	45	56	73	90	111
Syrian Arab Republic											
0－14歳の人口	2 128	2 610	3 051	3 636	4 363	5 166	5 842	6 276	6 681	7 017	7 379
15－64歳の人口	2 282	2 593	3 118	3 695	4 330	5 193	6 233	7 598	9 123	10 499	12 610
65歳以上の人口	183	195	211	233	264	309	377	458	550	617	731
Turkey											
0－14歳の人口	11 745	13 472	14 643	16 023	17 588	18 955	19 575	19 503	19 430	19 424	19 435
15－64歳の人口	14 940	16 394	18 759	21 413	24 253	28 063	31 966	36 020	40 022	43 994	47 790
65歳以上の人口	868	1 135	1 370	1 749	2 065	2 160	2 454	2 999	3 788	4 442	5 086
United Arab Emirates											
0－14歳の人口	41	58	83	150	285	427	555	627	778	814	1 111
15－64歳の人口	48	89	150	373	717	907	1 235	1 700	2 240	3 627	7 160
65歳以上の人口	3	3	3	8	15	16	21	24	32	40	58
Yemen											
0－14歳の人口	2 194	2 371	2 734	3 225	3 982	4 951	6 195	7 655	8 652	9 386	10 006
15－64歳の人口	2 795	3 068	3 233	3 366	3 849	4 562	5 467	7 124	8 650	10 607	12 990
65歳以上の人口	177	180	189	203	229	261	299	488	494	511	596
EUROPE											
0－14歳の人口	163 244	168 341	166 188	160 349	153 640	150 309	147 398	140 187	127 191	115 815	113 390
15－64歳の人口	389 239	406 635	422 217	438 967	454 311	473 498	482 015	486 221	492 286	497 246	501 661
65歳以上の人口	53 135	60 142	68 817	78 002	85 908	84 092	91 673	101 370	106 930	115 947	120 344
Eastern Europe											
0－14歳の人口	75 075	76 349	71 146	66 556	66 510	70 115	70 862	65 295	55 113	45 631	43 515
15－64歳の人口	161 720	171 038	181 760	191 291	196 714	202 825	205 628	206 008	209 358	209 388	209 579
65歳以上の人口	16 835	19 777	23 490	27 810	31 819	30 760	33 537	38 266	39 318	42 464	41 497
Belarus											
0－14歳の人口	2 364	2 639	2 623	2 393	2 206	2 280	2 341	2 199	1 839	1 506	1 409
15－64歳の人口	5 142	5 263	5 605	6 039	6 411	6 715	6 799	6 699	6 772	6 717	6 758
65歳以上の人口	685	705	812	935	1 038	996	1 092	1 262	1 341	1 418	1 325
Bulgaria											
0－14歳の人口	2 051	1 986	1 938	1 941	1 961	1 936	1 792	1 495	1 254	1 049	1 002
15－64歳の人口	5 226	5 531	5 737	5 833	5 849	6 005	5 868	5 600	5 420	5 295	5 050
65歳以上の人口	589	690	819	953	1 055	1 019	1 161	1 263	1 327	1 338	1 355
Czech Republic											
0－14歳の人口	2 463	2 264	2 083	2 207	2 418	2 424	2 225	1 929	1 687	1 508	1 498
15－64歳の人口	6 221	6 498	6 538	6 534	6 517	6 685	6 792	7 046	7 166	7 292	7 393
65歳以上の人口	894	1 039	1 190	1 317	1 403	1 207	1 307	1 361	1 410	1 431	1 616
Hungary											
0－14歳の人口	2 533	2 381	2 161	2 124	2 366	2 288	2 117	1 871	1 719	1 565	1 467
15－64歳の人口	6 569	6 740	6 988	7 078	6 930	7 001	6 864	7 001	6 956	6 945	6 874
65歳以上の人口	899	1 050	1 197	1 340	1 463	1 284	1 403	1 480	1 549	1 586	1 675
Poland											
0－14歳の人口	10 009	10 006	9 016	8 195	8 612	9 533	9 623	8 923	7 492	6 278	5 771
15－64歳の人口	18 011	19 390	21 113	22 718	23 560	24 465	24 726	25 393	26 281	27 092	27 600
65歳以上の人口	1 697	2 144	2 687	3 256	3 611	3 488	3 846	4 276	4 713	5 094	5 204
Republic of Moldova											
0－14歳の人口	955	1 144	1 154	1 108	1 072	1 147	1 218	1 154	985	770	675
15－64歳の人口	1 863	1 997	2 213	2 469	2 627	2 750	2 784	2 794	2 820	2 975	2 995
65歳以上の人口	186	195	228	261	311	318	362	391	396	413	414
Romania											
0－14歳の人口	5 375	5 227	5 331	5 492	6 059	5 816	5 578	4 778	4 101	3 403	3 214
15－64歳の人口	11 968	12 621	13 479	14 134	14 248	15 098	15 467	15 420	15 015	14 748	13 872
65歳以上の人口	1 271	1 532	1 739	2 040	2 305	2 189	2 444	2 767	3 012	3 256	3 213

表A. 33. 主要地域、地域および国別、年齢階級別人口：推計および中位予測値（続）

2020-2060：中位予測値

人口（千人）										主要地域、地域および国
2015	2020	2025	2030	2035	2040	2045	2050	2055	2060	
										Lebanon
1 404	1 268	1 087	1 022	1 004	927	844	803	801	809	0－14歳の人口
3 971	4 073	3 698	3 526	3 548	3 601	3 602	3 499	3 327	3 125	15－64歳の人口
476	551	623	744	878	990	1 127	1 308	1 503	1 695	65歳以上の人口
										Oman
921	1 098	1 153	1 078	956	890	896	937	955	928	0－14歳の人口
3 453	3 554	3 680	3 859	3 992	4 031	3 970	3 861	3 767	3 723	15－64歳の人口
116	163	225	301	428	587	793	1 046	1 264	1 419	65歳以上の人口
										Qatar
347	383	405	402	393	385	384	391	399	403	0－14歳の人口
1 862	2 028	2 163	2 265	2 314	2 354	2 394	2 372	2 326	2 242	15－64歳の人口
26	42	71	115	196	275	336	442	554	687	65歳以上の人口
										Saudi Arabia
9 015	9 291	9 121	8 838	8 720	8 713	8 718	8 627	8 409	8 139	0－14歳の人口
21 623	23 807	25 894	27 658	28 916	29 566	30 020	30 381	30 709	31 104	15－64歳の人口
903	1 268	1 832	2 637	3 600	4 857	6 025	7 051	7 904	8 442	65歳以上の人口
										State of Palestine
1 878	2 079	2 270	2 415	2 524	2 622	2 722	2 818	2 897	2 949	0－14歳の人口
2 653	3 088	3 566	4 084	4 636	5 201	5 755	6 295	6 800	7 252	15－64歳の人口
138	166	204	266	344	435	547	678	847	1 072	65歳以上の人口
										Syrian Arab Republic
6 869	6 827	7 778	8 200	8 034	7 840	7 713	7 602	7 442	7 224	0－14歳の人口
10 882	13 203	16 483	18 754	20 307	21 682	22 659	23 293	23 807	24 277	15－64歳の人口
752	963	1 298	1 693	2 084	2 549	3 198	4 007	4 790	5 457	65歳以上の人口
										Turkey
20 194	19 547	18 711	17 973	17 388	16 912	16 468	16 013	15 532	15 054	0－14歳の人口
52 542	55 468	57 311	59 114	60 451	60 940	60 736	60 093	59 360	58 524	15－64歳の人口
5 930	7 240	8 840	10 630	12 623	14 892	17 340	19 714	21 696	23 278	65歳以上の人口
										United Arab Emirates
1 276	1 394	1 408	1 357	1 352	1 399	1 461	1 497	1 508	1 526	0－14歳の人口
7 777	8 245	8 667	8 932	9 050	9 112	9 213	9 204	8 974	8 688	15－64歳の人口
104	184	359	688	1 099	1 484	1 756	2 089	2 586	3 069	65歳以上の人口
										Yemen
10 804	11 548	12 017	12 252	12 293	12 244	12 121	11 895	11 560	11 124	0－14歳の人口
15 281	17 531	20 024	22 790	25 622	28 288	30 564	32 451	33 897	34 920	15－64歳の人口
748	950	1 140	1 293	1 446	1 679	2 154	2 824	3 668	4 613	65歳以上の人口
										EUROPE
116 240	118 587	116 455	111 739	107 218	105 050	105 591	107 011	107 134	105 453	0－14歳の人口
492 400	478 580	465 758	452 850	442 086	430 591	418 180	404 874	393 056	387 704	15－64歳の人口
129 802	142 559	155 877	169 340	178 734	185 714	190 584	194 908	198 107	195 872	65歳以上の人口
										Eastern Europe
46 541	48 942	47 847	44 125	40 556	38 865	39 308	40 430	40 496	39 110	0－14歳の人口
203 413	192 339	183 909	178 482	175 210	168 935	160 325	150 697	141 922	138 635	15－64歳の人口
42 989	48 515	53 174	55 990	55 631	56 521	58 205	60 629	63 257	61 636	65歳以上の人口
										Belarus
1 526	1 628	1 628	1 483	1 356	1 296	1 320	1 371	1 379	1 328	0－14歳の人口
6 642	6 301	5 966	5 752	5 643	5 483	5 265	4 980	4 695	4 573	15－64歳の人口
1 328	1 436	1 600	1 743	1 741	1 734	1 725	1 774	1 869	1 856	65歳以上の人口
										Bulgaria
1 011	1 018	961	897	827	782	767	760	738	700	0－14歳の人口
4 707	4 397	4 161	3 945	3 714	3 444	3 170	2 920	2 694	2 577	15－64歳の人口
1 432	1 469	1 481	1 458	1 448	1 465	1 478	1 474	1 465	1 368	65歳以上の人口
										Czech Republic
1 586	1 640	1 573	1 497	1 412	1 378	1 404	1 447	1 457	1 425	0－14歳の人口
7 052	6 782	6 692	6 588	6 457	6 149	5 757	5 510	5 322	5 225	15－64歳の人口
1 906	2 151	2 285	2 376	2 458	2 667	2 916	3 008	3 056	3 022	65歳以上の人口
										Hungary
1 435	1 412	1 359	1 310	1 247	1 196	1 165	1 150	1 135	1 113	0－14歳の人口
6 664	6 347	6 125	5 992	5 785	5 503	5 121	4 875	4 651	4 463	15－64歳の人口
1 756	1 927	2 009	1 973	2 000	2 086	2 259	2 293	2 308	2 290	65歳以上の人口
										Poland
5 771	5 824	5 436	4 906	4 450	4 191	4 117	4 116	4 034	3 839	0－14歳の人口
26 843	25 423	24 265	23 700	23 130	22 057	20 477	18 626	17 160	16 138	15－64歳の人口
5 998	7 160	8 223	8 600	8 718	9 038	9 634	10 395	10 815	10 850	65歳以上の人口
										Republic of Moldova
640	637	597	532	477	441	422	412	398	376	0－14歳の人口
3 024	2 879	2 765	2 651	2 577	2 464	2 302	2 090	1 831	1 656	15－64歳の人口
405	505	583	656	653	653	678	741	851	877	65歳以上の人口
										Romania
3 028	2 824	2 568	2 406	2 309	2 273	2 244	2 172	2 060	1 951	0－14歳の人口
13 105	12 321	11 741	11 398	10 588	9 819	9 067	8 588	8 117	7 917	15－64歳の人口
3 378	3 702	3 920	3 835	4 150	4 357	4 524	4 446	4 390	4 064	65歳以上の人口

表A. 33. 主要地域、地域および国別、年齢階級別人口：推計および中位予測値（続）

推計値：1960-2015

主要地域、地域および国	人口（千人）										
	1960	1965	1970	1975	1980	1985	1990	1995	2000	2005	2010
Russian Federation											
０－14歳の人口	36 397	37 226	34 108	30 809	29 768	32 197	33 797	31 709	26 709	21 792	21 317
15－64歳の人口	76 169	80 819	85 972	90 896	94 093	96 687	98 564	98 589	101 476	101 983	103 105
65歳以上の人口	7 294	8 439	10 046	12 083	14 202	14 092	15 207	17 995	18 217	19 848	18 735
Slovakia											
０－14歳の人口	1 302	1 335	1 243	1 228	1 303	1 368	1 340	1 220	1 060	905	824
15－64歳の人口	2 557	2 695	2 878	3 039	3 161	3 316	3 393	3 561	3 713	3 851	3 915
65歳以上の人口	278	349	411	478	525	474	545	581	613	629	668
Ukraine											
０－14歳の人口	11 626	12 142	11 487	11 060	10 745	11 124	10 830	10 017	8 267	6 855	6 339
15－64歳の人口	27 993	29 485	31 238	32 552	33 318	34 103	34 370	33 906	33 739	32 489	32 018
65歳以上の人口	3 043	3 635	4 362	5 147	5 907	5 693	6 170	6 889	6 741	7 452	7 291
Northern Europe											
０－14歳の人口	19 724	20 148	21 023	20 780	19 178	17 914	17 854	18 263	17 963	17 298	17 481
15－64歳の人口	52 894	54 716	55 268	56 059	57 661	59 422	60 157	60 501	61 808	63 743	66 006
65歳以上の人口	9 172	9 975	11 014	12 119	12 994	13 308	14 029	14 390	14 627	15 197	16 195
Channel Islands											
０－14歳の人口	24	25	26	26	23	22	23	24	26	25	24
15－64歳の人口	71	75	78	83	86	92	97	99	102	106	110
65歳以上の人口	14	16	17	18	19	20	21	21	21	23	25
Denmark											
０－14歳の人口	1 154	1 132	1 148	1 143	1 067	941	875	908	986	1 015	997
15－64歳の人口	2 940	3 085	3 176	3 239	3 317	3 399	3 462	3 525	3 559	3 582	3 629
65歳以上の人口	486	543	606	679	740	773	803	799	794	821	925
Estonia											
０－14歳の人口	281	293	299	307	319	336	347	295	246	205	202
15－64歳の人口	807	855	900	939	971	1 012	1 035	943	943	923	897
65歳以上の人口	128	143	160	176	185	175	183	195	210	227	233
Finland											
０－14歳の人口	1 347	1 239	1 134	1 037	971	951	963	972	940	911	886
15－64歳の人口	2 759	2 958	3 051	3 174	3 236	3 339	3 356	3 410	3 465	3 499	3 562
65歳以上の人口	324	367	422	500	572	612	668	726	772	836	920
Iceland											
０－14歳の人口	61	66	67	66	63	63	64	65	65	65	67
15－64歳の人口	100	110	120	132	143	154	164	172	183	196	213
65歳以上の人口	14	16	18	20	22	25	27	30	33	35	39
Ireland											
０－14歳の人口	872	882	906	987	1 043	1 066	980	884	821	848	957
15－64歳の人口	1 634	1 658	1 716	1 857	2 024	2 115	2 189	2 367	2 615	2 911	3 146
65歳以上の人口	314	317	325	337	364	379	394	395	405	445	514
Latvia											
０－14歳の人口	474	502	511	516	515	547	571	514	423	329	296
15－64歳の人口	1 433	1 510	1 570	1 627	1 672	1 730	1 777	1 633	1 591	1 516	1 411
65歳以上の人口	226	249	284	314	326	306	316	341	357	382	384
Lithuania											
０－14歳の人口	752	811	848	827	800	812	835	789	683	563	461
15－64歳の人口	1 799	1 890	1 971	2 097	2 242	2 381	2 461	2 393	2 318	2 244	2 115
65歳以上の人口	220	266	318	375	390	371	402	446	485	537	546
Norway											
０－14歳の人口	928	922	949	953	906	831	803	849	899	908	920
15－64歳の人口	2 258	2 356	2 428	2 505	2 577	2 669	2 746	2 815	2 912	3 035	3 237
65歳以上の人口	396	447	499	547	600	649	691	695	681	681	734
Sweden											
０－14歳の人口	1 678	1 621	1 678	1 695	1 628	1 517	1 535	1 664	1 635	1 572	1 549
15－64歳の人口	4 923	5 140	5 272	5 259	5 329	5 395	5 502	5 621	5 705	5 898	6 126
65歳以上の人口	879	980	1 100	1 238	1 354	1 440	1 522	1 541	1 532	1 560	1 708
United Kingdom											
０－14歳の人口	12 131	12 634	13 434	13 198	11 818	10 804	10 834	11 274	11 214	10 832	11 098
15－64歳の人口	34 119	35 026	34 928	35 085	35 999	37 069	37 291	37 450	38 336	39 748	41 474
65歳以上の人口	6 160	6 619	7 249	7 897	8 405	8 542	8 984	9 180	9 317	9 630	10 144
Southern Europe											
０－14歳の人口	32 173	33 073	33 916	34 384	33 411	31 033	27 774	24 778	22 922	22 560	22 660
15－64歳の人口	75 869	78 934	81 000	84 418	88 880	94 085	96 826	97 992	98 279	101 055	102 703
65歳以上の人口	9 837	11 007	12 702	14 456	16 204	16 644	18 804	21 376	23 857	26 121	27 997
Albania											
０－14歳の人口	657	787	880	935	964	1 008	1 073	1 014	945	810	622
15－64歳の人口	891	1 005	1 159	1 351	1 575	1 798	2 028	1 892	1 956	2 007	1 962
65歳以上の人口	89	103	112	125	142	160	181	200	221	265	318
Bosnia and Herzegovina											
０－14歳の人口	1 214	1 293	1 292	1 272	1 177	1 144	1 098	852	728	615	563
15－64歳の人口	1 889	2 090	2 276	2 478	2 722	2 983	3 142	2 691	2 650	2 715	2 755
65歳以上の人口	111	141	178	222	246	242	288	336	415	503	517

表A. 33. 主要地域、地域および国別、年齢階級別人口：推計および中位予測値（続）

2020-2060：中位予測値

2015	2020	2025	2030	2035	2040	2045	2050	2055	2060	主要地域、地域および国
人口（千人）										
										Russian Federation
24 032	25 933	25 993	23 970	21 976	21 164	21 738	22 750	23 061	22 386	0－14歳の人口
100 251	95 219	90 942	88 559	88 264	86 277	83 106	78 943	74 960	74 420	15－64歳の人口
19 174	21 746	24 270	26 123	25 434	25 451	25 744	26 906	28 634	27 797	65歳以上の人口
										Slovakia
821	843	828	787	728	683	666	669	671	657	0－14歳の人口
3 854	3 697	3 569	3 470	3 393	3 246	3 031	2 825	2 649	2 526	15－64歳の人口
751	895	1 017	1 096	1 133	1 207	1 317	1 399	1 446	1 444	65歳以上の人口
										Ukraine
6 691	7 182	6 905	6 337	5 773	5 461	5 465	5 583	5 563	5 334	0－14歳の人口
31 272	28 973	27 683	26 426	25 659	24 494	23 028	21 340	19 843	19 141	15－64歳の人口
6 861	7 524	7 785	8 130	7 898	7 863	7 930	8 194	8 423	8 067	65歳以上の人口
										Northern Europe
18 046	18 962	19 125	19 041	18 830	18 779	19 073	19 527	19 826	19 870	0－14歳の人口
65 930	66 450	67 186	67 284	67 367	68 000	68 709	68 993	69 098	69 307	15－64歳の人口
18 382	19 795	21 530	23 801	25 913	27 194	28 027	29 043	30 178	31 239	65歳以上の人口
										Channel Islands
24	24	24	24	24	24	24	25	25	25	0－14歳の人口
111	111	111	109	107	106	105	104	104	103	15－64歳の人口
28	32	36	41	46	49	51	52	52	53	65歳以上の人口
										Denmark
957	941	941	991	1 027	1 034	1 022	1 011	1 016	1 036	0－14歳の人口
3 637	3 671	3 694	3 657	3 603	3 621	3 669	3 754	3 789	3 764	15－64歳の人口
1 075	1 163	1 256	1 356	1 468	1 518	1 546	1 534	1 558	1 630	65歳以上の人口
										Estonia
211	218	206	192	178	170	171	174	173	166	0－14歳の人口
855	814	790	762	744	712	681	644	606	587	15－64歳の人口
246	263	277	289	290	300	304	311	323	319	65歳以上の人口
										Finland
899	920	916	904	893	884	886	894	899	897	0－14歳の人口
3 477	3 407	3 376	3 351	3 335	3 378	3 359	3 334	3 319	3 289	15－64歳の人口
1 127	1 258	1 363	1 450	1 504	1 477	1 497	1 523	1 548	1 598	65歳以上の人口
										Iceland
67	68	67	65	63	62	62	62	61	60	0－14歳の人口
217	221	224	226	228	230	232	229	228	224	15－64歳の人口
45	54	64	74	81	87	92	98	102	108	65歳以上の人口
										Ireland
1 021	1 029	970	909	901	942	994	1 020	1 009	981	0－14歳の人口
3 051	3 116	3 240	3 326	3 373	3 340	3 291	3 277	3 343	3 448	15－64歳の人口
616	729	839	970	1 086	1 237	1 382	1 493	1 527	1 514	65歳以上の人口
										Latvia
294	300	286	275	256	243	241	243	242	236	0－14歳の人口
1 295	1 234	1 181	1 120	1 084	1 040	998	948	890	853	15－64歳の人口
382	386	398	411	407	409	403	402	416	415	65歳以上の人口
										Lithuania
418	431	446	433	412	384	370	373	379	378	0－14歳の人口
1 918	1 829	1 727	1 634	1 576	1 526	1 493	1 453	1 392	1 322	15－64歳の人口
543	535	551	589	592	595	573	549	550	572	65歳以上の人口
										Norway
936	997	1 031	1 061	1 071	1 078	1 094	1 120	1 149	1 171	0－14歳の人口
3 424	3 546	3 622	3 694	3 743	3 800	3 893	3 962	4 008	4 044	15－64歳の人口
851	951	1 071	1 190	1 328	1 442	1 504	1 576	1 658	1 746	65歳以上の人口
										Sweden
1 690	1 823	1 887	1 915	1 910	1 920	1 980	2 069	2 141	2 178	0－14歳の人口
6 139	6 204	6 331	6 461	6 531	6 684	6 847	6 983	7 074	7 131	15－64歳の人口
1 950	2 094	2 245	2 390	2 589	2 686	2 747	2 829	2 967	3 154	65歳以上の人口
										United Kingdom
11 503	12 188	12 327	12 248	12 070	12 010	12 203	12 510	12 706	12 717	0－14歳の人口
41 719	42 209	42 802	42 856	42 954	43 475	44 052	44 214	44 252	44 448	15－64歳の人口
11 494	12 304	13 399	15 008	16 486	17 355	17 890	18 638	19 439	20 090	65歳以上の人口
										Southern Europe
22 099	21 171	19 846	18 936	18 456	18 360	18 404	18 331	18 027	17 594	0－14歳の人口
99 610	97 570	95 018	91 084	86 698	81 903	77 819	75 145	73 480	72 106	15－64歳の人口
30 639	33 057	35 907	39 435	42 894	46 133	48 170	48 465	47 498	46 026	65歳以上の人口
										Albania
537	534	568	552	501	442	404	390	386	374	0－14歳の人口
2 000	1 981	1 891	1 823	1 788	1 765	1 740	1 679	1 562	1 416	15－64歳の人口
359	421	501	579	626	648	641	642	687	763	65歳以上の人口
										Bosnia and Herzegovina
514	507	473	432	395	371	357	351	342	327	0－14歳の人口
2 708	2 571	2 439	2 296	2 185	2 049	1 911	1 735	1 577	1 473	15－64歳の人口
588	680	769	856	888	921	937	983	1 012	993	65歳以上の人口

表A. 33. 主要地域、地域および国別、年齢階級別人口：推計および中位予測値（続）

推計値:1960-2015

主要地域、地域および国	人口（千人）										
	1960	1965	1970	1975	1980	1985	1990	1995	2000	2005	2010
Croatia											
0－14歳の人口	1 153	1 114	1 029	985	968	982	945	851	767	689	668
15－64歳の人口	2 749	2 872	2 981	3 024	3 096	3 232	3 278	3 133	2 972	2 934	2 891
65歳以上の人口	291	343	413	492	534	502	553	632	689	755	757
Greece											
0－14歳の人口	2 198	2 167	2 186	2 156	2 189	2 100	1 942	1 781	1 662	1 633	1 634
15－64歳の人口	5 436	5 616	5 616	5 769	6 166	6 487	6 800	7 229	7 441	7 391	7 418
65歳以上の人口	677	751	977	1 105	1 266	1 321	1 390	1 631	1 851	2 046	2 125
Italy											
0－14歳の人口	12 457	12 698	13 195	13 342	12 373	10 882	9 389	8 571	8 194	8 274	8 355
15－64歳の人口	32 537	33 744	34 394	35 214	36 468	38 581	39 178	39 125	38 623	38 961	39 052
65歳以上の人口	4 721	5 251	5 933	6 713	7 496	7 448	8 441	9 424	10 330	11 422	12 181
Malta											
0－14歳の人口	126	109	89	79	77	82	85	84	81	71	67
15－64歳の人口	165	175	189	201	213	224	235	249	261	269	279
65歳以上の人口	22	22	26	28	30	32	36	40	45	57	66
Montenegro											
0－14歳の人口	170	187	171	167	159	158	156	145	132	124	123
15－64歳の人口	288	315	311	344	375	408	408	414	411	411	419
65歳以上の人口	30	32	37	43	47	47	51	61	71	81	80
Portugal											
0－14歳の人口	2 591	2 584	2 487	2 512	2 509	2 342	2 026	1 790	1 648	1 618	1 581
15－64歳の人口	5 575	5 540	5 342	5 704	6 124	6 379	6 513	6 777	6 958	7 061	7 016
65歳以上の人口	710	764	841	970	1 123	1 209	1 351	1 511	1 672	1 801	1 989
Serbia											
0－14歳の人口	2 258	2 182	2 043	2 089	2 200	2 273	2 263	2 181	1 960	1 732	1 562
15－64歳の人口	4 802	5 077	5 401	5 622	5 887	6 194	6 343	6 572	6 204	6 099	6 128
65歳以上の人口	497	576	676	786	821	787	912	1 131	1 299	1 356	1 369
Slovenia											
0－14歳の人口	439	423	403	414	429	437	416	363	314	280	286
15－64歳の人口	1 024	1 060	1 102	1 138	1 198	1 316	1 377	1 384	1 394	1 407	1 424
65歳以上の人口	123	146	165	191	209	192	214	245	281	309	342
Spain											
0－14歳の人口	8 330	8 920	9 538	9 845	9 774	9 060	7 839	6 638	6 019	6 278	6 803
15－64歳の人口	19 629	20 470	21 129	22 389	23 770	25 101	26 120	27 133	27 951	30 283	31 800
65歳以上の人口	2 492	2 802	3 256	3 674	4 161	4 573	5 233	5 993	6 780	7 294	7 999
TFYR Macedonia											
0－14歳の人口	566	590	585	570	574	546	523	487	454	415	374
15－64歳の人口	853	932	1 054	1 133	1 228	1 314	1 330	1 309	1 373	1 414	1 456
65歳以上の人口	70	70	81	100	122	122	144	157	185	214	232
Western Europe											
0－14歳の人口	36 273	38 770	40 103	38 629	34 542	31 248	30 908	31 850	31 193	30 326	29 734
15－64歳の人口	98 756	101 947	104 189	107 199	111 056	117 166	119 405	121 720	122 841	123 060	123 372
65歳以上の人口	17 291	19 383	21 611	23 617	24 891	23 380	25 303	27 338	29 129	32 166	34 656
Austria											
0－14歳の人口	1 570	1 707	1 846	1 778	1 559	1 377	1 306	1 414	1 356	1 316	1 236
15－64歳の人口	4 638	4 637	4 615	4 729	4 887	5 153	5 257	5 353	5 461	5 590	5 667
65歳以上の人口	858	955	1 049	1 121	1 150	1 070	1 144	1 206	1 234	1 328	1 489
Belgium											
0－14歳の人口	2 183	2 263	2 279	2 159	1 972	1 847	1 801	1 828	1 803	1 798	1 834
15－64歳の人口	5 862	5 973	6 090	6 238	6 459	6 693	6 675	6 708	6 728	6 950	7 218
65歳以上の人口	1 096	1 204	1 295	1 372	1 424	1 354	1 503	1 627	1 738	1 814	1 877
France											
0－14歳の人口	12 047	12 464	12 586	12 619	11 946	11 608	11 309	11 328	11 159	11 299	11 620
15－64歳の人口	28 504	30 586	31 735	33 283	34 583	36 742	37 650	38 098	38 665	39 758	40 622
65歳以上の人口	5 315	5 902	6 523	7 108	7 524	7 030	7 985	8 797	9 563	10 185	10 719
Germany											
0－14歳の人口	15 688	17 382	18 287	17 061	14 551	12 379	12 575	13 130	12 597	11 624	10 876
15－64歳の人口	49 068	49 103	49 389	49 892	51 356	53 947	54 640	55 896	56 029	54 329	52 986
65歳以上の人口	8 424	9 506	10 691	11 715	12 253	11 244	11 743	12 586	13 270	15 293	16 574
Luxembourg											
0－14歳の人口	67	74	75	73	68	63	66	75	83	85	90
15－64歳の人口	214	219	222	235	246	255	264	276	292	307	347
65歳以上の人口	34	38	43	47	50	49	51	57	61	66	71
Netherlands											
0－14歳の人口	3 432	3 466	3 557	3 490	3 175	2 817	2 705	2 828	2 936	2 986	2 889
15－64歳の人口	6 967	7 587	8 097	8 662	9 319	9 932	10 315	10 597	10 802	11 050	11 156
65歳以上の人口	1 020	1 163	1 311	1 459	1 610	1 723	1 894	2 025	2 157	2 296	2 587
Switzerland											
0－14歳の人口	1 279	1 404	1 464	1 440	1 261	1 149	1 137	1 237	1 250	1 206	1 179
15－64歳の人口	3 478	3 816	4 012	4 129	4 172	4 404	4 565	4 749	4 820	5 030	5 328
65歳以上の人口	539	609	693	787	871	903	972	1 030	1 096	1 172	1 324

表A. 33.　主要地域、地域および国別、年齢階級別人口：推計および中位予測値（続）

2020-2060：中位予測値

2015	2020	2025	2030	2035	2040	2045	2050	2055	2060	主要地域、地域および国
										人口（千人）
										Croatia
631	616	578	542	515	498	486	474	460	442	0－14歳の人口
2 806	2 678	2 566	2 458	2 367	2 255	2 137	2 019	1 918	1 847	15－64歳の人口
803	869	929	977	993	1 018	1 041	1 062	1 066	1 045	65歳以上の人口
										Greece
1 600	1 508	1 374	1 233	1 190	1 190	1 202	1 199	1 165	1 111	0－14歳の人口
7 011	6 903	6 736	6 542	6 202	5 819	5 464	5 125	4 969	4 794	15－64歳の人口
2 344	2 415	2 547	2 705	2 910	3 115	3 265	3 382	3 302	3 230	65歳以上の人口
										Italy
8 198	7 904	7 535	7 386	7 349	7 387	7 407	7 357	7 252	7 150	0－14歳の人口
38 199	37 493	36 528	34 796	32 871	31 074	29 934	29 337	28 942	28 567	15－64歳の人口
13 401	14 345	15 423	16 918	18 414	19 616	20 039	19 818	19 300	18 669	65歳以上の人口
										Malta
60	58	58	61	63	62	58	54	52	53	0－14歳の人口
278	276	270	262	257	250	240	235	228	217	15－64歳の人口
81	90	98	105	108	112	120	122	125	129	65歳以上の人口
										Montenegro
117	111	104	99	96	93	89	86	82	79	0－14歳の人口
424	415	409	399	391	380	367	350	338	324	15－64歳の人口
85	100	110	120	124	128	132	139	140	143	65歳以上の人口
										Portugal
1 454	1 315	1 188	1 112	1 092	1 102	1 102	1 080	1 045	1 014	0－14歳の人口
6 743	6 530	6 310	6 033	5 744	5 389	5 085	4 890	4 774	4 665	15－64歳の人口
2 152	2 316	2 493	2 700	2 877	3 085	3 225	3 245	3 171	3 073	65歳以上の人口
										Serbia
1 443	1 358	1 317	1 282	1 237	1 182	1 122	1 069	1 031	1 002	0－14歳の人口
5 896	5 638	5 459	5 276	5 070	4 840	4 608	4 412	4 183	3 981	15－64歳の人口
1 512	1 678	1 709	1 724	1 750	1 795	1 841	1 850	1 885	1 887	65歳以上の人口
										Slovenia
306	320	313	291	272	266	272	282	284	277	0－14歳の人口
1 390	1 324	1 275	1 236	1 192	1 148	1 085	1 030	994	987	15－64歳の人口
372	432	482	527	566	589	616	631	627	601	65歳以上の人口
										Spain
6 864	6 579	5 980	5 599	5 412	5 453	5 604	5 696	5 640	5 482	0－14歳の人口
30 592	30 229	29 642	28 506	27 219	25 569	23 940	23 096	22 816	22 714	15－64歳の人口
8 666	9 386	10 473	11 815	13 187	14 626	15 803	16 049	15 620	14 918	65歳以上の人口
										TFYR Macedonia
352	342	341	332	316	298	284	276	272	268	0－14歳の人口
1 470	1 443	1 403	1 368	1 327	1 285	1 232	1 167	1 106	1 050	15－64歳の人口
256	303	345	379	413	438	465	495	515	528	65歳以上の人口
										Western Europe
29 555	29 511	29 637	29 638	29 376	29 046	28 805	28 723	28 785	28 879	0－14歳の人口
123 446	122 221	119 646	116 001	112 811	111 753	111 326	110 039	108 555	107 655	15－64歳の人口
37 792	41 192	45 267	50 113	54 295	55 867	56 183	56 771	57 174	56 971	65歳以上の人口
										Austria
1 214	1 227	1 261	1 276	1 259	1 223	1 196	1 195	1 213	1 232	0－14歳の人口
5 728	5 718	5 589	5 386	5 187	5 092	5 047	4 943	4 829	4 708	15－64歳の人口
1 603	1 710	1 913	2 182	2 441	2 579	2 636	2 708	2 746	2 776	65歳以上の人口
										Belgium
1 915	2 013	2 015	1 987	1 957	1 956	1 986	2 025	2 047	2 046	0－14歳の人口
7 325	7 375	7 332	7 262	7 214	7 194	7 181	7 157	7 146	7 150	15－64歳の人口
2 059	2 246	2 489	2 769	3 006	3 165	3 265	3 345	3 405	3 456	65歳以上の人口
										France
11 903	11 819	11 690	11 634	11 698	11 849	11 961	11 963	11 899	11 851	0－14歳の人口
40 180	40 202	40 244	40 127	40 032	39 891	40 202	40 442	40 742	41 179	15－64歳の人口
12 313	13 700	14 961	16 247	17 319	18 191	18 451	18 731	18 960	19 032	65歳以上の人口
										Germany
10 397	10 331	10 470	10 449	10 141	9 717	9 394	9 270	9 307	9 362	0－14歳の人口
53 152	51 783	49 512	46 625	44 117	43 368	42 578	41 146	39 531	38 388	15－64歳の人口
17 139	18 278	19 978	22 220	24 144	24 215	24 027	24 096	24 085	23 641	65歳以上の人口
										Luxembourg
93	101	109	115	118	122	125	130	135	140	0－14歳の人口
395	414	430	439	448	461	475	486	498	509	15－64歳の人口
79	90	105	124	145	161	174	188	199	208	65歳以上の人口
										Netherlands
2 797	2 711	2 713	2 754	2 776	2 756	2 708	2 666	2 654	2 670	0－14歳の人口
11 043	10 984	10 783	10 466	10 164	10 054	10 088	10 102	10 041	9 933	15－64歳の人口
3 085	3 491	3 922	4 385	4 776	4 928	4 890	4 834	4 817	4 832	65歳以上の人口
										Switzerland
1 226	1 299	1 367	1 410	1 414	1 411	1 423	1 462	1 516	1 565	0－14歳の人口
5 575	5 696	5 708	5 650	5 603	5 646	5 708	5 713	5 718	5 738	15－64歳の人口
1 497	1 659	1 877	2 163	2 439	2 603	2 714	2 844	2 938	3 002	65歳以上の人口

表A. 33. 主要地域、地域および国別、年齢階級別人口：推計および中位予測値（続）

推計値:1960-2015

主要地域、地域および国	人口（千人）										
	1960	1965	1970	1975	1980	1985	1990	1995	2000	2005	2010
LATIN AMERICA AND THE CARIBBEAN											
0－14歳の人口	94 035	109 574	122 654	134 666	144 854	154 738	162 120	166 259	168 358	168 521	166 507
15－64歳の人口	119 083	134 602	154 326	177 588	204 273	232 949	263 555	296 090	329 176	360 791	392 795
65歳以上の人口	8 072	9 698	11 513	13 559	15 908	18 219	21 214	24 977	29 356	34 513	40 521
Caribbean											
0－14歳の人口	8 378	9 552	10 442	11 042	10 862	10 924	11 136	11 519	11 573	11 326	11 058
15－64歳の人口	11 502	12 540	13 643	15 136	17 119	18 980	20 796	22 338	23 921	25 538	26 999
65歳以上の人口	845	997	1 221	1 451	1 768	2 016	2 266	2 517	2 820	3 165	3 563
Antigua and Barbuda											
0－14歳の人口	23	25	26	26	24	20	18	20	23	23	23
15－64歳の人口	29	32	36	40	43	42	39	43	49	53	58
65歳以上の人口	2	2	3	3	4	4	5	6	5	6	6
Aruba											
0－14歳の人口	24	24	22	19	16	15	15	19	21	21	21
15－64歳の人口	29	32	35	38	40	43	42	56	63	70	70
65歳以上の人口	1	2	2	4	4	5	5	6	7	9	10
Bahamas											
0－14歳の人口	46	61	71	76	78	82	83	88	87	84	81
15－64歳の人口	59	75	92	106	124	143	162	179	195	224	254
65歳以上の人口	4	5	6	7	9	10	11	13	16	20	25
Barbados											
0－14歳の人口	88	92	89	78	75	69	63	61	59	57	56
15－64歳の人口	127	127	130	144	151	161	171	176	180	185	189
65歳以上の人口	16	17	20	24	27	26	26	28	31	32	35
Cuba											
0－14歳の人口	2 504	2 949	3 276	3 533	3 116	2 671	2 452	2 460	2 424	2 196	1 995
15－64歳の人口	4 305	4 607	4 929	5 271	5 956	6 551	7 194	7 441	7 597	7 830	7 900
65歳以上の人口	332	396	510	635	763	861	936	1 006	1 097	1 235	1 414
Curaçao											
0－14歳の人口	52	55	57	55	46	42	40	39	33	27	29
15－64歳の人口	68	73	79	87	93	99	96	93	86	86	99
65歳以上の人口	6	6	7	8	9	10	11	12	14	16	19
Dominican Republic											
0－14歳の人口	1 588	1 900	2 150	2 336	2 481	2 632	2 780	2 926	3 001	3 070	3 111
15－64歳の人口	1 621	1 878	2 232	2 667	3 150	3 635	4 122	4 610	5 122	5 643	6 186
65歳以上の人口	85	101	121	146	179	222	282	356	439	525	601
Grenada											
0－14歳の人口	44	47	47	39	36	38	37	38	36	31	29
15－64歳の人口	41	43	43	47	47	56	51	54	58	64	68
65歳以上の人口	4	5	5	6	6	6	8	8	8	8	8
Guadeloupe											
0－14歳の人口	118	133	137	137	113	110	107	104	106	109	104
15－64歳の人口	143	154	167	171	195	221	252	268	282	292	295
65歳以上の人口	14	13	15	19	23	27	31	37	43	50	58
Haiti											
0－14歳の人口	1 557	1 784	1 972	2 122	2 337	2 694	3 061	3 330	3 448	3 520	3 588
15－64歳の人口	2 184	2 343	2 564	2 817	3 120	3 430	3 753	4 177	4 753	5 351	5 966
65歳以上の人口	125	144	172	201	232	260	285	312	349	393	446
Jamaica											
0－14歳の人口	681	767	881	914	862	862	837	842	845	814	744
15－64歳の人口	880	901	888	987	1 135	1 288	1 371	1 461	1 550	1 648	1 767
65歳以上の人口	70	95	104	117	145	163	178	186	205	216	230
Martinique											
0－14歳の人口	119	138	135	132	99	93	88	88	89	84	77
15－64歳の人口	150	158	174	175	200	217	236	240	251	260	258
65歳以上の人口	13	15	17	20	26	30	34	40	47	54	60
Puerto Rico											
0－14歳の人口	1 004	997	990	985	1 006	997	956	933	895	834	759
15－64歳の人口	1 228	1 435	1 544	1 762	1 930	2 080	2 220	2 371	2 473	2 470	2 468
65歳以上の人口	123	145	176	184	252	292	342	386	430	457	482
Saint Lucia											
0－14歳の人口	40	45	52	51	52	51	50	51	51	47	45
15－64歳の人口	46	47	47	53	60	68	77	84	94	106	118
65歳以上の人口	4	4	5	5	6	7	10	11	12	12	15
Saint Vincent and the Grenadines											
0－14歳の人口	40	43	45	45	44	42	41	37	34	31	29
15－64歳の人口	38	39	41	45	51	57	60	64	66	70	73
65歳以上の人口	3	4	4	5	6	6	7	7	7	8	7
Trinidad and Tobago											
0－14歳の人口	363	396	392	381	369	401	410	386	324	283	275
15－64歳の人口	455	486	514	582	657	704	741	793	861	920	943
65歳以上の人口	30	31	40	49	59	65	70	76	83	94	110

表A. 33. 主要地域、地域および国別、年齢階級別人口：推計および中位予測値（続）

2020-2060：中位予測値

2015	2020	2025	2030	2035	2040	2045	2050	2055	2060	主要地域、地域および国
										LATIN AMERICA AND THE CARIBBEAN
163 168	159 218	156 356	152 335	147 602	142 745	138 188	134 030	130 144	126 390	0－14歳の人口
422 959	448 402	467 759	482 122	492 682	499 258	500 471	496 969	490 467	482 036	15－64歳の人口
48 260	58 882	71 469	86 609	102 463	118 481	135 647	153 248	169 840	184 533	65歳以上の人口
										Caribbean
10 831	10 618	10 358	10 048	9 686	9 333	8 996	8 667	8 339	8 007	0－14歳の人口
28 328	29 239	29 959	30 176	30 283	30 287	30 333	30 029	29 436	28 776	15－64歳の人口
4 041	4 695	5 412	6 476	7 472	8 303	8 817	9 403	10 042	10 551	65歳以上の人口
										Antigua and Barbuda
22	22	22	22	22	21	21	20	20	20	0－14歳の人口
63	67	69	70	69	69	71	72	72	71	15－64歳の人口
7	8	10	13	18	20	21	22	23	25	65歳以上の人口
										Aruba
19	17	16	17	17	17	16	15	14	14	0－14歳の人口
72	73	71	68	65	63	63	63	62	60	15－64歳の人口
13	16	19	23	25	26	25	24	23	24	65歳以上の人口
										Bahamas
81	86	87	86	84	81	80	80	81	81	0－14歳の人口
275	283	289	294	300	303	308	307	304	298	15－64歳の人口
32	41	53	66	76	87	93	102	111	121	65歳以上の人口
										Barbados
55	54	53	52	51	50	49	48	48	47	0－14歳の人口
189	187	182	176	172	167	165	161	159	157	15－64歳の人口
40	47	55	63	67	70	71	72	72	72	65歳以上の人口
										Cuba
1 857	1 719	1 620	1 530	1 457	1 392	1 333	1 281	1 235	1 192	0－14歳の人口
7 941	7 801	7 619	7 125	6 599	6 119	5 911	5 682	5 331	5 045	15－64歳の人口
1 591	1 846	2 080	2 582	3 047	3 397	3 410	3 375	3 406	3 337	65歳以上の人口
										Curaçao
30	31	33	33	32	32	32	33	33	33	0－14歳の人口
104	105	104	104	105	107	110	113	114	114	15－64歳の人口
23	28	33	38	42	44	43	43	44	47	65歳以上の人口
										Dominican Republic
3 154	3 138	3 080	2 995	2 904	2 806	2 700	2 587	2 475	2 368	0－14歳の人口
6 674	7 128	7 526	7 867	8 151	8 366	8 508	8 559	8 541	8 455	15－64歳の人口
700	841	1 021	1 225	1 436	1 648	1 861	2 091	2 323	2 555	65歳以上の人口
										Grenada
28	29	28	25	23	21	20	19	18	17	0－14歳の人口
71	72	74	75	77	77	76	72	67	63	15－64歳の人口
8	8	10	12	13	14	16	19	23	25	65歳以上の人口
										Guadeloupe
103	97	89	85	85	86	86	83	79	75	0－14歳の人口
297	299	299	291	281	273	268	269	271	270	15－64歳の人口
68	82	97	115	131	141	147	145	142	140	65歳以上の人口
										Haiti
3 614	3 631	3 608	3 566	3 492	3 407	3 314	3 213	3 106	2 994	0－14歳の人口
6 601	7 169	7 726	8 226	8 691	9 105	9 391	9 509	9 563	9 565	15－64歳の人口
496	579	671	786	907	1 023	1 198	1 466	1 726	1 964	65歳以上の人口
										Jamaica
659	644	631	612	549	495	458	435	414	387	0－14歳の人口
1 879	1 908	1 902	1 864	1 850	1 822	1 777	1 700	1 597	1 486	15－64歳の人口
255	288	334	391	447	494	530	574	630	685	65歳以上の人口
										Martinique
68	63	61	62	61	59	56	53	51	50	0－14歳の人口
253	243	230	210	195	189	192	196	192	185	15－64歳の人口
76	88	102	119	130	131	122	109	104	101	65歳以上の人口
										Puerto Rico
695	650	614	578	544	511	481	456	434	413	0－14歳の人口
2 455	2 438	2 399	2 349	2 283	2 205	2 108	2 001	1 887	1 764	15－64歳の人口
533	587	648	712	771	820	870	910	944	978	65歳以上の人口
										Saint Lucia
43	41	40	38	36	34	33	32	30	29	0－14歳の人口
126	132	135	137	137	136	135	132	128	123	15－64歳の人口
17	19	22	27	32	36	40	44	47	51	65歳以上の人口
										Saint Vincent and the Grenadines
27	25	24	22	21	20	19	18	17	16	0－14歳の人口
75	76	76	75	75	74	72	70	68	65	15－64歳の人口
8	9	12	15	17	18	20	21	22	24	65歳以上の人口
										Trinidad and Tobago
283	278	260	237	222	216	215	211	203	192	0－14歳の人口
949	948	945	932	923	901	866	813	772	751	15－64歳の人口
128	151	176	204	214	224	238	267	284	280	65歳以上の人口

人口（千人）

表A. 33. 主要地域、地域および国別、年齢階級別人口：推計および中位予測値（続）

推計値：1960-2015

主要地域、地域および国	人口（千人）										
	1960	1965	1970	1975	1980	1985	1990	1995	2000	2005	2010
United States Virgin Islands											
0－14歳の人口	13	20	23	36	35	35	30	30	28	24	22
15－64歳の人口	18	27	39	47	59	64	67	70	71	72	70
65歳以上の人口	2	2	2	3	5	5	6	8	9	11	15
Central America											
0－14歳の人口	23 560	27 993	32 267	37 390	41 610	44 499	45 795	47 522	49 299	50 003	50 001
15－64歳の人口	26 159	29 927	34 946	40 837	47 390	54 982	64 281	73 802	82 708	91 177	101 843
65歳以上の人口	1 681	2 055	2 488	2 911	3 426	3 941	4 747	5 708	6 773	7 808	9 274
Belize											
0－14歳の人口	42	50	58	63	67	74	82	88	101	110	115
15－64歳の人口	47	52	59	64	71	84	98	109	137	163	195
65歳以上の人口	4	5	5	6	6	7	8	9	10	9	12
Costa Rica											
0－14歳の人口	596	708	808	844	882	964	1 088	1 179	1 207	1 164	1 117
15－64歳の人口	697	832	979	1 175	1 410	1 648	1 863	2 151	2 495	2 809	3 089
65歳以上の人口	40	50	62	78	97	118	145	181	224	275	339
El Salvador											
0－14歳の人口	1 240	1 466	1 674	1 856	2 002	2 084	2 096	2 101	2 096	2 017	1 844
15－64歳の人口	1 431	1 628	1 877	2 155	2 415	2 647	2 928	3 218	3 393	3 548	3 752
65歳以上の人口	92	104	118	136	160	190	229	270	322	382	442
Guatemala											
0－14歳の人口	1 890	2 137	2 419	2 797	3 235	3 729	4 156	4 596	5 019	5 462	5 760
15－64歳の人口	2 127	2 459	2 846	3 261	3 673	4 141	4 699	5 387	6 206	7 162	8 314
65歳以上の人口	111	132	158	180	210	248	303	374	464	560	659
Honduras											
0－14歳の人口	923	1 109	1 284	1 476	1 707	1 957	2 229	2 476	2 651	2 728	2 690
15－64歳の人口	1 016	1 171	1 323	1 533	1 811	2 144	2 508	2 913	3 348	3 866	4 482
65歳以上の人口	63	73	84	98	117	136	167	202	244	286	331
Mexico											
0－14歳の人口	17 533	20 927	24 204	28 291	31 382	33 098	33 363	34 171	35 267	35 586	35 553
15－64歳の人口	19 357	22 104	25 884	30 312	35 287	41 191	48 602	55 886	62 393	68 299	76 092
65歳以上の人口	1 284	1 592	1 942	2 270	2 662	3 034	3 644	4 370	5 149	5 863	6 973
Nicaragua											
0－14歳の人口	840	1 014	1 151	1 313	1 524	1 741	1 896	1 991	1 992	1 934	1 881
15－64歳の人口	889	997	1 186	1 410	1 635	1 859	2 116	2 460	2 842	3 215	3 585
65歳以上の人口	45	52	61	74	90	109	133	162	193	230	272
Panama											
0－14歳の人口	497	583	670	749	809	852	887	920	968	1 002	1 041
15－64歳の人口	595	683	792	928	1 087	1 268	1 467	1 678	1 894	2 114	2 334
65歳以上の人口	41	48	57	68	82	99	117	140	167	202	246
South America											
0－14歳の人口	62 097	72 030	79 945	86 234	92 382	99 315	105 189	107 218	107 486	107 192	105 448
15－64歳の人口	81 423	92 135	105 737	121 614	139 764	158 987	178 479	199 949	222 547	244 077	263 953
65歳以上の人口	5 547	6 646	7 804	9 198	10 715	12 263	14 201	16 751	19 763	23 540	27 684
Argentina											
0－14歳の人口	6 335	6 711	7 023	7 600	8 524	9 377	10 020	10 195	10 370	10 538	10 665
15－64歳の人口	13 133	14 175	15 267	16 472	17 275	18 395	19 747	21 458	23 014	24 650	26 268
65歳以上の人口	1 150	1 397	1 683	1 996	2 308	2 617	2 963	3 341	3 673	3 958	4 289
Bolivia (Plurinational State of)											
0－14歳の人口	1 563	1 748	1 916	2 121	2 366	2 613	2 831	3 019	3 195	3 342	3 440
15－64歳の人口	1 961	2 154	2 417	2 703	3 011	3 349	3 723	4 185	4 722	5 291	5 888
65歳以上の人口	170	169	173	186	212	250	302	363	422	492	590
Brazil											
0－14歳の人口	31 429	36 849	40 790	43 902	46 872	50 765	53 201	53 005	52 174	51 866	50 411
15－64歳の人口	38 790	44 488	51 908	60 624	70 766	80 880	91 153	102 456	114 733	125 572	134 943
65歳以上の人口	2 275	2 793	3 284	3 905	4 562	5 192	6 039	7 294	8 879	11 041	13 260
Chile											
0－14歳の人口	2 990	3 370	3 660	3 768	3 740	3 703	3 850	4 007	4 029	3 876	3 719
15－64歳の人口	4 326	4 791	5 382	6 057	6 827	7 655	8 438	9 185	9 963	10 846	11 650
65歳以上の人口	379	451	520	595	668	750	853	1 001	1 178	1 374	1 646
Colombia											
0－14歳の人口	7 654	8 973	10 139	10 761	11 262	11 760	12 465	12 852	12 740	12 526	12 119
15－64歳の人口	8 304	9 549	11 180	13 114	15 438	18 044	20 385	22 943	25 748	28 517	31 107
65歳以上の人口	523	622	742	882	1 039	1 207	1 421	1 646	1 916	2 242	2 692
Ecuador											
0－14歳の人口	1 973	2 345	2 683	3 026	3 339	3 619	3 905	4 175	4 387	4 490	4 590
15－64歳の人口	2 359	2 669	3 129	3 674	4 308	5 054	5 880	6 747	7 611	8 484	9 434
65歳以上の人口	214	236	260	287	329	373	433	519	631	761	912
French Guiana											
0－14歳の人口	12	15	18	22	23	29	40	48	58	73	82
15－64歳の人口	18	22	27	32	41	54	71	84	99	123	142
65歳以上の人口	2	2	3	3	3	4	4	5	6	7	10

表A. 33. 主要地域、地域および国別、年齢階級別人口：推計および中位予測値（続）

2020-2060：中位予測値

人口（千人）										主要地域、地域および国
2015	2020	2025	2030	2035	2040	2045	2050	2055	2060	
										United States Virgin Islands
22	21	20	19	18	17	17	16	15	14	0－14歳の人口
66	64	62	60	58	56	55	54	54	52	15－64歳の人口
19	22	25	27	29	29	28	27	25	25	65歳以上の人口
										Central America
49 353	48 754	48 120	46 984	45 469	43 820	42 262	40 869	39 592	38 354	0－14歳の人口
112 438	121 582	129 472	136 282	141 492	145 016	147 085	147 788	147 144	145 119	15－64歳の人口
10 949	13 488	16 527	20 135	24 595	29 698	34 983	40 268	45 572	50 970	65歳以上の人口
										Belize
117	119	125	128	129	127	126	125	124	123	0－14歳の人口
229	262	291	317	343	367	389	405	417	424	15－64歳の人口
14	16	20	26	33	41	48	58	69	82	65歳以上の人口
										Costa Rica
1 073	1 052	1 017	979	940	905	877	853	833	812	0－14歳の人口
3 307	3 466	3 569	3 617	3 644	3 664	3 633	3 550	3 435	3 315	15－64歳の人口
428	526	660	817	964	1 081	1 211	1 356	1 498	1 619	65歳以上の人口
										El Salvador
1 656	1 550	1 481	1 415	1 320	1 217	1 126	1 052	992	935	0－14歳の人口
3 970	4 110	4 200	4 256	4 308	4 316	4 273	4 181	4 020	3 785	15－64歳の人口
501	571	647	737	836	943	1 052	1 157	1 289	1 463	65歳以上の人口
										Guatemala
5 985	6 192	6 423	6 584	6 678	6 721	6 730	6 711	6 660	6 580	0－14歳の人口
9 566	10 881	12 203	13 557	14 899	16 157	17 276	18 229	19 077	19 742	15－64歳の人口
792	941	1 093	1 284	1 526	1 852	2 281	2 815	3 374	4 015	65歳以上の人口
										Honduras
2 565	2 475	2 428	2 408	2 343	2 246	2 144	2 056	1 983	1 918	0－14歳の人口
5 118	5 692	6 192	6 605	6 982	7 303	7 517	7 605	7 578	7 442	15－64歳の人口
392	483	593	724	881	1 058	1 282	1 556	1 868	2 216	65歳以上の人口
										Mexico
35 064	34 494	33 835	32 735	31 407	30 032	28 765	27 653	26 656	25 716	0－14歳の人口
83 739	90 157	95 536	100 026	103 063	104 713	105 365	105 152	103 990	101 870	15－64歳の人口
8 214	10 186	12 553	15 371	18 934	23 017	27 082	30 949	34 744	38 526	65歳以上の人口
										Nicaragua
1 827	1 778	1 706	1 629	1 553	1 482	1 419	1 358	1 301	1 245	0－14歳の人口
3 946	4 243	4 520	4 780	4 998	5 136	5 187	5 150	5 059	4 938	15－64歳の人口
309	397	510	625	755	918	1 118	1 355	1 599	1 822	65歳以上の人口
										Panama
1 067	1 094	1 106	1 105	1 099	1 089	1 076	1 061	1 043	1 025	0－14歳の人口
2 562	2 770	2 960	3 124	3 255	3 359	3 446	3 517	3 568	3 603	15－64歳の人口
300	367	451	552	666	789	909	1 022	1 129	1 226	65歳以上の人口
										South America
102 984	99 846	97 878	95 303	92 447	89 592	86 930	84 494	82 213	80 029	0－14歳の人口
282 193	297 580	308 328	315 664	320 907	323 955	323 053	319 151	313 886	308 141	15－64歳の人口
33 270	40 699	49 530	59 998	70 396	80 480	91 846	103 577	114 226	123 013	65歳以上の人口
										Argentina
10 939	11 054	11 078	10 995	10 891	10 786	10 670	10 539	10 380	10 205	0－14歳の人口
27 734	29 167	30 537	31 889	33 105	34 009	34 431	34 864	35 135	35 256	15－64歳の人口
4 744	5 297	5 884	6 481	7 103	7 903	9 051	10 043	11 041	12 009	65歳以上の人口
										Bolivia (Plurinational State of)
3 480	3 527	3 586	3 649	3 670	3 657	3 623	3 579	3 526	3 464	0－14歳の人口
6 552	7 202	7 843	8 452	9 047	9 587	10 041	10 410	10 705	10 918	15－64歳の人口
693	820	942	1 076	1 236	1 435	1 687	1 974	2 276	2 595	65歳以上の人口
										Brazil
47 862	44 916	43 476	41 860	40 174	38 508	36 999	35 695	34 581	33 601	0－14歳の人口
143 680	150 739	154 320	155 839	156 413	155 702	152 870	148 308	143 729	139 434	15－64歳の人口
16 305	20 342	25 180	30 964	36 419	41 806	47 875	54 267	59 376	62 978	65歳以上の人口
										Chile
3 616	3 554	3 501	3 428	3 337	3 241	3 155	3 093	3 046	3 002	0－14歳の人口
12 357	12 869	13 182	13 249	13 197	13 142	13 058	12 853	12 484	12 105	15－64歳の人口
1 975	2 419	2 955	3 572	4 217	4 758	5 210	5 655	6 147	6 554	65歳以上の人口
										Colombia
11 713	11 185	10 664	10 179	9 715	9 308	8 943	8 603	8 288	7 991	0－14歳の人口
33 121	34 683	35 724	36 179	36 204	36 148	35 642	34 736	33 654	32 451	15－64歳の人口
3 395	4 361	5 490	6 817	8 206	9 267	10 398	11 588	12 674	13 631	65歳以上の人口
										Ecuador
4 685	4 787	4 819	4 793	4 735	4 664	4 582	4 490	4 387	4 278	0－14歳の人口
10 377	11 193	11 988	12 736	13 393	13 942	14 390	14 716	14 906	14 996	15－64歳の人口
1 082	1 358	1 676	2 034	2 440	2 877	3 328	3 806	4 322	4 834	65歳以上の人口
										French Guiana
91	98	103	109	117	125	132	137	141	144	0－14歳の人口
165	188	213	238	261	284	309	336	365	390	15－64歳の人口
13	18	25	33	43	54	65	73	81	91	65歳以上の人口

表A. 33. 主要地域、地域および国別、年齢階級別人口：推計および中位予測値（続）

推計値：1960-2015

主要地域、地域および国	人口（千人）										
	1960	1965	1970	1975	1980	1985	1990	1995	2000	2005	2010
Guyana											
0－14歳の人口	260	310	326	331	339	301	253	254	266	274	255
15－64歳の人口	285	318	345	382	419	432	437	438	445	437	466
65歳以上の人口	19	23	25	27	29	32	30	35	31	32	33
Paraguay											
0－14歳の人口	912	1 032	1 141	1 231	1 352	1 524	1 738	1 916	2 027	2 045	2 031
15－64歳の人口	930	1 066	1 247	1 458	1 707	2 003	2 303	2 639	3 040	3 471	3 848
65歳以上の人口	61	73	86	102	122	145	172	206	235	280	331
Peru											
0－14歳の人口	4 392	5 169	5 922	6 629	7 342	7 881	8 406	8 735	8 903	8 750	8 625
15－64歳の人口	5 324	6 033	6 956	8 058	9 383	10 927	12 551	14 258	15 746	17 296	18 928
65歳以上の人口	346	405	463	543	633	737	870	1 046	1 266	1 564	1 821
Suriname											
0－14歳の人口	138	160	179	172	144	131	139	153	161	146	148
15－64歳の人口	140	158	178	176	203	224	250	270	293	316	337
65歳以上の人口	12	13	14	14	16	17	19	23	27	30	34
Uruguay											
0－14歳の人口	707	756	784	783	785	808	809	807	816	791	759
15－64歳の人口	1 624	1 712	1 776	1 773	1 824	1 874	1 939	2 017	2 071	2 085	2 144
65歳以上の人口	207	226	250	274	307	330	362	401	435	450	471
Venezuela (Bolivarian Republic of)											
0－14歳の人口	3 731	4 590	5 364	5 887	6 295	6 805	7 531	8 050	8 357	8 475	8 604
15－64歳の人口	4 228	4 999	5 923	7 089	8 561	10 096	11 600	13 267	15 061	16 986	18 796
65歳以上の人口	188	236	301	385	488	607	731	872	1 064	1 308	1 596
NORTHERN AMERICA											
0－14歳の人口	63 421	66 719	65 567	60 961	57 737	57 573	60 369	63 912	66 054	66 224	66 857
15－64歳の人口	122 341	132 030	143 334	156 358	168 098	177 572	185 487	194 748	208 959	221 573	232 106
65歳以上の人口	18 405	20 440	22 128	24 896	28 382	31 513	34 777	37 039	38 711	40 727	45 166
Canada											
0－14歳の人口	6 041	6 552	6 460	6 056	5 581	5 503	5 727	5 974	5 885	5 701	5 621
15－64歳の人口	10 494	11 621	13 268	15 125	16 632	17 700	18 829	19 828	20 965	22 327	23 675
65歳以上の人口	1 374	1 520	1 712	1 960	2 303	2 645	3 106	3 498	3 852	4 228	4 830
United States of America											
0－14歳の人口	57 348	60 131	59 069	54 871	52 126	52 042	54 613	57 909	60 139	60 496	61 211
15－64歳の人口	111 801	120 357	130 006	141 163	151 389	159 789	166 572	174 835	187 909	199 157	208 343
65歳以上の人口	17 028	18 916	20 411	22 930	26 073	28 860	31 662	33 532	34 848	36 487	40 322
OCEANIA											
0－14歳の人口	5 244	5 772	6 384	6 735	6 813	7 026	7 213	7 625	8 003	8 301	8 753
15－64歳の人口	9 372	10 454	11 909	13 167	14 310	15 739	17 308	18 645	20 010	21 669	23 753
65歳以上の人口	1 167	1 276	1 395	1 596	1 849	2 109	2 450	2 784	3 054	3 400	3 906
Australia/New Zealand											
0－14歳の人口	3 886	4 222	4 643	4 740	4 571	4 527	4 556	4 747	4 860	4 904	5 109
15－64歳の人口	7 688	8 581	9 781	10 749	11 563	12 575	13 665	14 473	15 291	16 390	17 864
65歳以上の人口	1 090	1 193	1 301	1 486	1 721	1 958	2 273	2 579	2 814	3 115	3 559
Australia											
0－14歳の人口	3 106	3 365	3 747	3 815	3 715	3 722	3 767	3 901	3 982	4 012	4 213
15－64歳の人口	6 301	7 024	8 096	8 859	9 579	10 449	11 433	12 068	12 765	13 644	14 959
65歳以上の人口	885	979	1 062	1 218	1 415	1 621	1 897	2 156	2 361	2 618	2 991
New Zealand											
0－14歳の人口	780	857	895	925	856	805	790	846	878	892	896
15－64歳の人口	1 387	1 557	1 685	1 890	1 984	2 126	2 231	2 405	2 527	2 746	2 905
65歳以上の人口	205	214	239	268	307	337	376	423	454	497	568
Melanesia											
0－14歳の人口	1 131	1 279	1 436	1 678	1 918	2 160	2 296	2 491	2 754	3 016	3 279
15－64歳の人口	1 426	1 581	1 794	2 042	2 319	2 663	3 077	3 555	4 046	4 570	5 155
65歳以上の人口	63	67	76	88	102	121	141	163	192	230	282
Fiji											
0－14歳の人口	190	218	228	232	249	278	280	284	284	251	249
15－64歳の人口	195	236	281	331	370	414	427	468	499	537	569
65歳以上の人口	8	10	12	14	16	20	21	23	28	34	42
New Caledonia											
0－14歳の人口	29	35	40	48	51	54	54	57	60	61	58
15－64歳の人口	46	53	62	75	84	93	106	123	137	151	165
65歳以上の人口	3	3	4	5	6	7	8	10	12	16	23
Papua New Guinea											
0－14歳の人口	833	934	1 060	1 262	1 456	1 641	1 756	1 923	2 160	2 427	2 667
15－64歳の人口	1 087	1 180	1 322	1 488	1 690	1 954	2 305	2 679	3 080	3 500	3 990
65歳以上の人口	47	48	52	60	69	82	97	114	134	159	191

表A. 33. 主要地域、地域および国別、年齢階級別人口：推計および中位予測値（続）

2020-2060：中位予測値

人口（千人）										主要地域、地域および国
2015	2020	2025	2030	2035	2040	2045	2050	2055	2060	
										Guyana
221	203	213	217	209	194	180	171	163	156	0－14歳の人口
508	537	532	526	525	533	543	551	555	535	15－64歳の人口
38	47	63	79	93	97	93	85	78	92	65歳以上の人口
										Paraguay
2 001	2 022	2 032	2 025	1 983	1 926	1 871	1 823	1 777	1 726	0－14歳の人口
4 239	4 555	4 858	5 142	5 423	5 682	5 855	5 926	5 928	5 892	15－64歳の人口
400	491	584	678	769	850	972	1 147	1 347	1 544	65歳以上の人口
										Peru
8 753	8 835	8 798	8 589	8 354	8 135	7 939	7 745	7 527	7 289	0－14歳の人口
20 482	21 905	23 241	24 466	25 449	26 199	26 629	26 856	26 815	26 649	15－64歳の人口
2 142	2 578	3 113	3 800	4 587	5 420	6 361	7 299	8 314	9 258	65歳以上の人口
										Suriname
145	143	140	136	132	128	123	119	114	110	0－14歳の人口
360	379	392	398	404	407	411	409	403	399	15－64歳の人口
37	43	52	65	75	85	90	97	106	110	65歳以上の人口
										Uruguay
735	720	706	692	673	652	631	612	595	580	0－14歳の人口
2 201	2 250	2 276	2 291	2 307	2 300	2 278	2 263	2 226	2 171	15－64歳の人口
495	525	568	613	650	701	756	792	838	891	65歳以上の人口
										Venezuela (Bolivarian Republic of)
8 743	8 804	8 762	8 630	8 455	8 269	8 081	7 889	7 688	7 482	0－14歳の人口
20 415	21 913	23 219	24 258	25 179	26 018	26 595	26 923	26 981	26 942	15－64歳の人口
1 950	2 399	2 997	3 786	4 557	5 225	5 960	6 751	7 626	8 423	65歳以上の人口
										NORTHERN AMERICA
66 740	68 094	69 280	71 109	71 994	72 557	73 325	74 491	75 792	77 011	0－14歳の人口
237 704	240 549	241 657	242 104	246 427	251 335	257 166	260 492	263 462	264 707	15－64歳の人口
53 393	62 626	73 337	83 066	88 483	92 473	94 440	98 132	101 835	107 427	65歳以上の人口
										Canada
5 740	6 102	6 244	6 306	6 286	6 298	6 397	6 593	6 790	6 923	0－14歳の人口
24 400	24 623	24 646	24 605	24 998	25 440	25 785	25 908	26 007	25 998	15－64歳の人口
5 799	6 875	8 176	9 480	10 234	10 741	11 157	11 635	12 055	12 613	65歳以上の人口
										United States of America
60 977	61 970	63 015	64 783	65 688	66 239	66 909	67 880	68 985	70 072	0－14歳の人口
213 219	215 843	216 931	217 424	221 357	225 824	231 310	234 515	237 387	238 645	15－64歳の人口
47 578	55 732	65 138	73 559	78 221	81 704	83 255	86 470	89 754	94 787	65歳以上の人口
										OCEANIA
9 228	9 843	10 209	10 484	10 639	10 815	11 049	11 326	11 566	11 714	0－14歳の人口
25 408	26 813	28 203	29 521	31 040	32 342	33 810	34 961	36 005	37 001	15－64歳の人口
4 695	5 476	6 379	7 356	8 129	8 993	9 553	10 322	11 112	11 910	65歳以上の人口
										Australia/New Zealand
5 397	5 857	6 090	6 223	6 238	6 298	6 453	6 683	6 896	7 026	0－14歳の人口
18 822	19 503	20 158	20 756	21 576	22 220	23 027	23 535	23 959	24 415	15－64歳の人口
4 279	4 967	5 759	6 606	7 232	7 909	8 293	8 887	9 509	10 101	65歳以上の人口
										Australia
4 482	4 927	5 163	5 297	5 306	5 365	5 520	5 749	5 962	6 096	0－14歳の人口
15 881	16 493	17 089	17 660	18 438	19 048	19 770	20 214	20 591	21 044	15－64歳の人口
3 606	4 177	4 833	5 524	6 040	6 620	6 974	7 534	8 121	8 641	65歳以上の人口
										New Zealand
915	929	927	926	932	933	933	934	934	930	0－14歳の人口
2 940	3 010	3 069	3 096	3 138	3 172	3 257	3 321	3 368	3 372	15－64歳の人口
673	790	926	1 082	1 192	1 289	1 319	1 352	1 388	1 461	65歳以上の人口
										Melanesia
3 472	3 632	3 767	3 912	4 053	4 170	4 254	4 309	4 346	4 372	0－14歳の人口
5 812	6 497	7 208	7 903	8 583	9 221	9 859	10 482	11 087	11 623	15－64歳の人口
339	413	501	603	721	883	1 044	1 204	1 356	1 539	65歳以上の人口
										Fiji
256	256	245	232	222	214	205	194	183	172	0－14歳の人口
584	596	607	614	618	617	608	593	581	566	15－64歳の人口
52	63	79	94	104	112	123	136	144	152	65歳以上の人口
										New Caledonia
58	60	61	62	62	62	62	63	63	63	0－14歳の人口
178	189	198	205	212	218	225	231	235	235	15－64歳の人口
27	31	37	44	51	59	65	70	76	85	65歳以上の人口
										Papua New Guinea
2 830	2 972	3 108	3 255	3 393	3 504	3 587	3 647	3 692	3 728	0－14歳の人口
4 560	5 158	5 778	6 391	6 994	7 566	8 146	8 717	9 271	9 765	15－64歳の人口
229	282	342	411	499	629	753	876	995	1 141	65歳以上の人口

表A. 33. 主要地域、地域および国別、年齢階級別人口：推計および中位予測値（続）

推計値：1960-2015

主要地域、地域および国	人口（千人）										
	1960	1965	1970	1975	1980	1985	1990	1995	2000	2005	2010
Solomon Islands											
０－14歳の人口	50	59	69	92	109	129	142	156	173	194	214
15－64歳の人口	65	73	85	96	114	134	161	194	228	261	295
65歳以上の人口	3	5	6	6	7	8	9	10	12	14	17
Vanuatu											
０－14歳の人口	29	34	39	45	51	58	64	72	77	83	90
15－64歳の人口	33	38	44	52	61	68	77	90	102	119	137
65歳以上の人口	2	2	3	3	3	4	5	6	6	7	9
Micronesia											
０－14歳の人口	83	96	107	113	123	138	152	169	168	163	158
15－64歳の人口	103	116	134	149	170	207	248	280	310	318	320
65歳以上の人口	6	6	7	9	10	12	15	17	19	22	25
Guam											
０－14歳の人口	27	29	33	34	36	37	39	45	47	47	44
15－64歳の人口	39	44	50	57	65	75	86	94	100	102	104
65歳以上の人口	1	1	1	2	3	4	5	7	8	10	12
Kiribati											
０－14歳の人口	19	21	23	23	23	25	29	32	34	34	37
15－64歳の人口	21	23	26	30	34	37	41	43	48	55	62
65歳以上の人口	2	2	2	2	2	2	2	3	3	3	4
Micronesia (Fed. States of)											
０－14歳の人口	20	25	28	30	35	39	42	47	43	41	38
15－64歳の人口	23	26	31	31	36	44	50	57	60	61	61
65歳以上の人口	2	2	2	3	3	3	3	4	4	4	4
Polynesia											
０－14歳の人口	144	175	198	204	202	202	208	218	222	217	206
15－64歳の人口	156	176	200	226	258	294	318	337	362	391	414
65歳以上の人口	8	10	11	13	15	17	21	25	28	33	39
French Polynesia											
０－14歳の人口	34	43	50	56	61	64	71	74	75	71	64
15－64歳の人口	42	48	57	71	86	106	121	134	152	171	186
65歳以上の人口	2	3	3	4	5	5	7	8	10	13	18
Samoa											
０－14歳の人口	54	65	73	76	72	69	66	69	71	71	71
15－64歳の人口	53	59	67	72	79	87	91	94	96	100	105
65歳以上の人口	2	3	3	4	4	5	6	7	8	9	9
Tonga											
０－14歳の人口	28	34	41	40	39	38	37	38	38	38	39
15－64歳の人口	32	38	41	45	51	52	53	53	55	56	59
65歳以上の人口	2	2	2	3	3	4	4	5	6	6	6

表A. 33. 主要地域、地域および国別、年齢階級別人口：推計および中位予測値（続）

2020-2060：中位予測値

2015	2020	2025	2030	2035	2040	2045	2050	2055	2060	主要地域、地域および国
										人口（千人）
										Solomon Islands
230	240	245	251	261	270	277	280	280	280	0－14歳の人口
333	377	425	473	516	556	596	638	681	719	15－64歳の人口
20	23	27	33	41	52	65	75	84	96	65歳以上の人口
										Vanuatu
97	104	108	112	116	120	123	126	127	128	0－14歳の人口
157	176	199	220	242	264	285	303	320	338	15－64歳の人口
11	14	17	22	27	32	38	47	57	65	65歳以上の人口
										Micronesia
156	154	153	154	155	156	155	152	149	146	0－14歳の人口
339	356	373	386	398	410	424	436	446	452	15－64歳の人口
32	42	53	66	79	89	95	101	109	118	65歳以上の人口
										Guam
43	43	44	44	44	43	42	41	41	40	0－14歳の人口
112	118	123	127	130	134	138	142	143	143	15－64歳の人口
15	19	23	29	35	39	42	45	48	53	65歳以上の人口
										Kiribati
39	43	45	46	46	46	48	50	52	52	0－14歳の人口
69	74	81	88	94	102	108	114	119	125	15－64歳の人口
4	5	6	8	10	11	12	14	17	19	65歳以上の人口
										Micronesia (Fed. States of)
36	35	35	36	36	34	32	30	29	29	0－14歳の人口
64	67	70	73	78	83	88	89	89	87	15－64歳の人口
5	6	7	8	8	7	7	10	13	16	65歳以上の人口
										Polynesia
204	200	198	194	193	191	187	182	175	170	0－14歳の人口
436	456	464	476	483	490	499	508	514	512	15－64歳の人口
45	53	66	81	98	112	122	130	138	152	65歳以上の人口
										French Polynesia
63	62	65	63	59	56	54	53	52	51	0－14歳の人口
199	207	204	207	208	208	208	205	200	193	15－64歳の人口
21	27	34	42	52	60	67	72	79	86	65歳以上の人口
										Samoa
72	71	68	66	68	69	70	68	64	61	0－14歳の人口
111	116	123	127	131	135	140	146	153	158	15－64歳の人口
10	12	14	17	21	24	26	27	28	30	65歳以上の人口
										Tonga
39	38	37	37	39	40	40	38	37	36	0－14歳の人口
61	66	71	75	78	80	83	87	92	94	15－64歳の人口
6	7	8	9	10	12	13	14	15	16	65歳以上の人口

表A. 34. 主要地域、地域および国別在学人口：推計および中位予測値、1960-2060年

推計値：1960-2015

主要地域、地域および国	人口（千人）										
	1960	1965	1970	1975	1980	1985	1990	1995	2000	2005	2010
WORLD											
6－11歳の人口	430 882	478 457	528 459	587 034	623 389	633 072	669 611	737 717	746 324	719 524	724 266
12－14歳の人口	177 382	218 056	237 142	265 026	294 821	311 829	313 427	335 696	373 893	370 016	356 420
15－17歳の人口	157 611	190 292	227 545	243 862	275 928	301 958	312 751	317 398	348 390	378 262	362 077
18－23歳の人口	300 544	316 544	383 332	449 039	490 207	552 068	600 263	616 692	634 541	699 369	740 908
More developed regions											
6－11歳の人口	103 596	106 713	107 269	101 829	98 340	95 170	94 427	94 798	89 061	81 271	79 352
12－14歳の人口	48 063	51 785	53 794	53 847	50 914	49 589	47 802	48 373	48 542	44 908	41 171
15－17歳の人口	40 530	50 816	52 452	54 021	53 511	50 240	49 589	48 296	49 207	48 216	43 940
18－23歳の人口	83 945	84 408	100 128	105 273	108 599	106 380	101 379	99 324	97 892	100 407	97 474
Less developed regions											
6－11歳の人口	327 287	371 745	421 190	485 206	525 049	537 902	575 185	642 918	657 263	638 253	644 914
12－14歳の人口	129 319	166 271	183 348	211 179	243 907	262 240	265 625	287 323	325 351	325 108	315 249
15－17歳の人口	117 081	139 476	175 093	189 842	222 417	251 718	263 162	269 102	299 183	330 045	318 137
18－23歳の人口	216 599	232 136	283 205	343 766	381 608	445 688	498 884	517 368	536 649	598 962	643 434
Least developed countries											
6－11歳の人口	37 224	43 164	50 048	57 366	64 865	74 258	85 713	97 635	108 516	121 336	135 185
12－14歳の人口	16 011	18 434	21 410	24 583	28 169	31 947	36 960	43 116	48 634	54 088	60 614
15－17歳の人口	14 783	16 541	19 246	21 815	25 408	29 139	33 272	38 827	44 941	49 946	55 810
18－23歳の人口	26 033	28 869	32 643	36 492	42 683	49 871	57 355	65 984	76 851	88 216	97 580
Less developed regions, excluding least developed countries											
6－11歳の人口	290 063	328 581	371 142	427 839	460 184	463 644	489 472	545 284	548 747	516 917	509 730
12－14歳の人口	113 308	147 837	161 937	186 596	215 738	230 294	228 666	244 206	276 717	271 021	254 635
15－17歳の人口	102 298	122 935	155 847	168 026	197 009	222 578	229 891	230 275	254 242	280 099	262 327
18－23歳の人口	190 566	203 267	250 561	307 274	338 925	395 817	441 529	451 384	459 798	510 746	545 854
Less developed regions, excluding China											
6－11歳の人口	220 855	261 261	298 296	332 785	368 331	408 021	454 340	492 203	513 612	531 945	552 965
12－14歳の人口	90 613	110 957	130 327	148 913	165 646	183 965	203 690	228 048	245 517	255 685	264 768
15－17歳の人口	83 351	95 830	117 751	135 854	154 068	171 103	190 102	210 918	234 296	249 142	256 796
18－23歳の人口	153 336	164 608	192 437	233 214	270 153	306 087	340 100	376 569	419 425	463 368	488 877
High-income countries											
6－11歳の人口	106 354	111 300	114 363	110 004	106 892	104 651	104 975	105 880	102 429	96 017	94 433
12－14歳の人口	49 244	52 981	56 283	57 586	55 002	53 970	52 596	53 734	53 943	51 760	48 819
15－17歳の人口	41 907	52 048	53 918	57 062	57 438	54 421	54 093	53 276	54 463	54 418	51 424
18－23歳の人口	83 291	86 784	102 289	108 892	115 181	114 704	110 540	108 693	108 456	111 719	111 010
Middle-income countries											
6－11歳の人口	300 260	339 061	381 982	440 236	474 850	481 979	510 796	569 011	572 283	541 447	536 508
12－14歳の人口	117 354	153 192	166 855	191 694	221 934	237 462	237 987	254 826	288 594	282 510	266 519
15－17歳の人口	105 660	127 279	161 263	172 301	202 569	229 104	237 663	240 177	265 321	291 378	273 367
18－23歳の人口	199 601	210 259	259 610	315 830	347 301	406 347	453 669	466 656	478 555	531 417	566 137
Upper-middle-income countries											
6－11歳の人口	160 391	174 015	194 871	232 299	244 151	224 698	222 788	256 262	247 088	206 732	191 355
12－14歳の人口	60 251	82 689	84 566	98 289	118 140	122 036	109 379	110 135	132 426	120 391	100 245
15－17歳の人口	52 793	66 730	86 341	86 819	105 574	121 690	118 032	106 463	116 258	133 264	111 292
18－23歳の人口	99 376	105 699	137 669	167 994	176 642	213 311	239 716	229 007	211 922	237 788	257 195
Lower-middle-income countries											
6－11歳の人口	139 868	165 045	187 111	207 937	230 699	257 281	288 008	312 749	325 195	334 715	345 153
12－14歳の人口	57 102	70 503	82 290	93 405	103 794	115 427	128 608	144 690	156 168	162 119	166 274
15－17歳の人口	52 866	60 549	74 922	85 483	96 995	107 414	119 631	133 714	149 063	158 113	162 075
18－23歳の人口	100 224	104 560	121 941	147 836	170 659	193 036	213 953	237 649	266 633	293 629	308 942
Low-income countries											
6－11歳の人口	24 090	27 888	31 882	36 547	41 423	46 218	53 612	62 576	71 342	81 777	93 033
12－14歳の人口	10 712	11 791	13 901	15 629	17 764	20 285	22 729	27 017	31 226	35 605	40 944
15－17歳の人口	9 984	10 885	12 271	14 393	15 805	18 316	20 879	23 824	28 487	32 324	37 146
18－23歳の人口	17 549	19 379	21 287	24 162	27 532	30 805	35 830	41 128	47 304	55 987	63 502
Sub-Saharan Africa											
6－11歳の人口	34 392	39 492	45 586	52 600	61 209	71 810	83 288	94 957	106 780	121 314	138 899
12－14歳の人口	14 952	16 985	19 548	22 577	25 892	30 472	35 814	41 519	47 340	53 063	60 616
15－17歳の人口	13 747	15 419	17 666	20 363	23 363	27 200	32 077	37 466	43 255	49 044	55 286
18－23歳の人口	24 003	26 909	30 398	34 823	40 088	46 219	53 925	63 515	73 894	85 615	97 175
AFRICA											
6－11歳の人口	44 474	51 527	59 550	68 213	78 437	91 532	106 030	120 102	131 929	145 432	163 471
12－14歳の人口	19 079	22 058	25 590	29 571	33 721	39 077	45 750	53 090	59 950	65 503	72 472
15－17歳の人口	17 211	19 783	23 031	26 675	30 608	35 259	41 011	48 050	55 226	61 637	67 410
18－23歳の人口	30 207	33 714	38 932	45 164	52 354	60 410	69 626	81 404	94 888	109 294	121 769

表A. 34. 主要地域、地域および国別、在学人口：推計および中位予測値（続）

2020-2060：中位予測値

人口（千人）										主要地域、地域および国
2015	2020	2025	2030	2035	2040	2045	2050	2055	2060	
										WORLD
753 403	787 357	804 325	802 519	799 547	805 088	816 415	827 431	833 236	832 913	6－11歳の人口
361 288	376 819	394 673	401 692	399 734	398 674	402 095	408 101	413 626	416 252	12－14歳の人口
353 752	365 860	382 965	398 229	400 837	398 010	398 716	403 630	409 868	414 503	15－17歳の人口
717 591	706 597	730 729	765 306	792 592	796 794	792 534	795 088	805 384	817 706	18－23歳の人口
										More developed regions
82 114	83 801	83 663	82 526	80 323	78 836	79 239	80 697	81 615	81 473	6－11歳の人口
39 810	41 973	42 310	42 391	41 687	40 526	39 832	40 181	40 927	41 306	12－14歳の人口
40 058	40 907	42 919	42 735	42 674	41 694	40 610	40 296	40 895	41 553	15－17歳の人口
89 373	82 114	83 984	87 180	87 167	86 756	84 787	82 809	82 342	83 453	18－23歳の人口
										Less developed regions
671 289	703 556	720 661	719 993	719 224	726 252	737 176	746 734	751 621	751 440	6－11歳の人口
321 477	334 845	352 363	359 301	358 047	358 148	362 263	367 920	372 699	374 946	12－14歳の人口
313 694	324 953	340 046	355 493	358 163	356 316	358 107	363 334	368 973	372 949	15－17歳の人口
628 218	624 483	646 745	678 126	705 425	710 038	707 746	712 280	723 043	734 254	18－23歳の人口
										Least developed countries
147 957	159 778	172 363	184 700	196 484	207 943	218 718	228 492	237 152	244 859	6－11歳の人口
67 635	73 968	79 822	86 321	92 398	98 338	104 069	109 453	114 300	118 606	12－14歳の人口
62 832	69 720	75 803	81 802	88 358	94 301	100 203	105 824	111 049	115 692	15－17歳の人口
110 921	125 005	138 515	150 674	162 982	175 864	187 832	199 595	210 875	221 273	18－23歳の人口
										Less developed regions, excluding least developed countries
523 331	543 779	548 299	535 293	522 741	518 309	518 457	518 242	514 469	506 581	6－11歳の人口
253 842	260 877	272 541	272 980	265 649	259 810	258 194	258 467	258 399	256 340	12－14歳の人口
250 862	255 233	264 242	273 691	269 805	262 015	257 904	257 511	257 924	257 258	15－17歳の人口
517 297	499 478	508 230	527 452	542 443	534 174	519 915	512 685	512 167	512 980	18－23歳の人口
										Less developed regions, excluding China
576 880	603 565	622 452	632 584	640 953	651 004	661 976	671 815	678 395	681 309	6－11歳の人口
275 578	287 664	301 816	310 449	315 209	319 484	324 743	330 321	335 289	338 458	12－14歳の人口
267 448	278 803	291 685	304 879	311 423	315 668	320 311	325 897	331 421	335 865	15－17歳の人口
509 663	531 501	554 502	580 980	605 530	618 425	627 276	636 973	648 409	659 527	18－23歳の人口
										High-income countries
96 714	98 829	98 984	97 801	95 759	94 331	94 412	95 449	96 165	95 967	6－11歳の人口
47 339	49 240	49 932	50 048	49 329	48 278	47 602	47 757	48 293	48 592	12－14歳の人口
47 754	48 385	50 283	50 449	50 331	49 384	48 407	48 033	48 399	48 886	15－17歳の人口
105 117	98 251	99 630	102 536	102 994	102 442	100 569	98 756	98 103	98 752	18－23歳の人口
										Middle-income countries
551 988	572 911	578 662	567 265	555 830	552 464	553 927	555 022	552 284	545 280	6－11歳の人口
267 214	275 104	286 877	288 132	281 567	276 257	275 185	276 148	276 723	275 173	12－14歳の人口
263 036	268 851	278 376	288 070	285 145	278 011	274 399	274 605	275 740	275 671	15－17歳の人口
538 078	522 744	534 159	554 593	570 430	564 024	551 051	544 866	545 666	547 925	18－23歳の人口
										Upper-middle-income countries
195 409	203 887	201 442	187 388	175 217	170 573	170 333	170 240	168 115	163 717	6－11歳の人口
95 490	97 372	102 432	100 084	92 462	86 788	84 945	85 016	84 943	83 769	12－14歳の人口
95 765	95 606	98 820	102 425	97 190	89 458	85 373	84 644	84 889	84 445	15－17歳の人口
217 881	190 922	190 187	197 620	202 288	191 419	177 106	169 712	168 448	168 806	18－23歳の人口
										Lower-middle-income countries
356 579	369 024	377 221	379 877	380 613	381 891	383 594	384 782	384 169	381 563	6－11歳の人口
171 725	177 732	184 445	188 047	189 104	189 469	190 240	191 133	191 781	191 404	12－14歳の人口
167 272	173 245	179 557	185 645	187 955	188 553	189 026	189 960	190 850	191 226	15－17歳の人口
320 198	331 821	343 972	356 974	368 142	372 605	373 945	375 154	377 218	379 119	18－23歳の人口
										Low-income countries
104 398	115 318	126 385	137 160	147 663	157 993	167 773	176 659	184 489	191 373	6－11歳の人口
46 587	52 322	57 715	63 365	68 692	73 991	79 158	84 044	88 459	92 338	12－14歳の人口
42 823	48 473	54 153	59 562	65 215	70 469	75 761	80 841	85 578	89 796	15－17歳の人口
74 134	85 328	96 642	107 876	118 874	130 036	140 621	151 169	161 314	170 729	18－23歳の人口
										Sub-Saharan Africa
158 150	177 338	194 923	211 715	229 095	246 920	264 139	279 727	293 409	305 570	6－11歳の人口
69 428	79 169	88 789	97 474	105 895	114 690	123 667	132 286	140 028	146 816	12－14歳の人口
63 439	72 623	82 475	91 825	100 302	108 838	117 782	126 705	135 053	142 431	15－17歳の人口
110 298	126 568	145 030	164 592	183 065	200 121	217 359	235 287	253 085	269 653	18－23歳の人口
										AFRICA
185 159	208 967	227 953	243 824	260 857	279 281	297 775	314 326	328 280	340 217	6－11歳の人口
81 646	92 663	105 022	113 828	121 872	130 494	139 849	149 150	157 336	164 226	12－14歳の人口
75 184	85 230	96 850	108 503	116 404	124 664	133 624	143 103	152 106	159 785	15－17歳の人口
133 941	149 970	170 259	193 781	215 803	232 027	248 736	266 842	285 788	303 579	18－23歳の人口

表A. 34. 主要地域、地域および国別、在学人口：推計および中位予測値（続）

推計値：1960-2015

主要地域、地域および国	人口（千人）										
	1960	1965	1970	1975	1980	1985	1990	1995	2000	2005	2010
Eastern Africa											
6－11歳の人口	13 557	15 699	18 364	21 391	24 906	29 408	34 328	39 265	44 535	50 882	58 353
12－14歳の人口	5 794	6 699	7 781	9 109	10 434	12 375	14 677	16 966	19 726	22 122	25 526
15－17歳の人口	5 202	6 032	6 999	8 141	9 365	10 983	13 084	15 163	17 903	20 400	23 153
18－23歳の人口	8 998	10 235	11 902	13 802	15 974	18 535	21 842	25 456	30 230	35 375	40 339
Burundi											
6－11歳の人口	443	507	574	610	638	767	973	1 178	1 281	1 345	1 491
12－14歳の人口	172	218	252	277	288	302	380	484	576	632	660
15－17歳の人口	164	178	232	253	273	284	320	408	501	598	642
18－23歳の人口	292	309	357	433	500	529	562	608	751	1 008	1 195
Comoros											
6－11歳の人口	28	34	38	43	51	60	73	85	93	100	110
12－14歳の人口	11	14	17	19	22	25	30	37	42	45	49
15－17歳の人口	11	11	15	17	20	23	27	32	39	43	46
18－23歳の人口	20	20	22	28	35	40	45	53	64	76	85
Djibouti											
6－11歳の人口	13	17	26	38	60	74	95	112	122	115	111
12－14歳の人口	7	7	10	16	27	30	45	45	57	59	55
15－17歳の人口	6	8	9	13	26	29	39	45	46	58	56
18－23歳の人口	10	14	18	22	42	52	67	76	86	94	112
Eritrea											
6－11歳の人口	234	259	300	348	407	474	557	635	647	648	746
12－14歳の人口	112	113	130	149	174	203	236	273	320	321	317
15－17歳の人口	97	113	115	136	156	183	211	229	290	331	307
18－23歳の人口	164	194	218	231	269	310	354	337	451	606	615
Ethiopia											
6－11歳の人口	3 511	3 893	4 543	5 274	5 734	6 864	8 138	9 942	11 412	13 649	15 367
12－14歳の人口	1 589	1 712	1 913	2 255	2 310	2 893	3 402	4 274	4 910	5 709	6 939
15－17歳の人口	1 438	1 616	1 744	1 996	2 072	2 490	3 064	3 653	4 507	5 074	6 171
18－23歳の人口	2 483	2 827	3 151	3 438	3 588	4 162	5 065	6 131	7 339	8 725	10 032
Kenya											
6－11歳の人口	1 363	1 675	2 012	2 428	2 982	3 645	4 370	5 014	5 262	5 642	6 518
12－14歳の人口	515	687	836	1 009	1 217	1 506	1 835	2 206	2 528	2 586	2 799
15－17歳の人口	415	574	742	890	1 078	1 312	1 624	1 973	2 327	2 568	2 603
18－23歳の人口	746	846	1 156	1 479	1 789	2 170	2 654	3 297	3 952	4 653	5 014
Madagascar											
6－11歳の人口	785	950	1 089	1 263	1 494	1 753	1 877	2 216	2 690	3 161	3 542
12－14歳の人口	292	394	465	538	624	742	878	909	1 124	1 348	1 595
15－17歳の人口	271	318	425	487	564	659	785	897	956	1 212	1 433
18－23歳の人口	507	533	650	838	969	1 121	1 316	1 570	1 760	1 954	2 429
Malawi											
6－11歳の人口	582	639	752	890	1 053	1 251	1 566	1 700	1 982	2 255	2 564
12－14歳の人口	284	281	320	376	447	528	696	709	860	987	1 127
15－17歳の人口	250	283	283	335	396	472	622	659	751	906	1 027
18－23歳の人口	413	485	534	556	661	786	1 050	1 128	1 306	1 515	1 807
Mauritius											
6－11歳の人口	115	134	154	150	141	131	124	118	127	123	115
12－14歳の人口	47	57	66	80	72	69	64	62	58	65	60
15－17歳の人口	42	49	58	65	67	71	66	62	60	59	63
18－23歳の人口	71	82	93	104	120	132	136	130	132	114	118
Mayotte											
6－11歳の人口	4	5	6	8	10	13	17	22	25	28	34
12－14歳の人口	1	2	2	3	4	5	7	10	12	12	14
15－17歳の人口	1	2	2	3	4	5	6	9	11	12	13
18－23歳の人口	2	3	4	5	6	8	11	14	18	21	24
Mozambique											
6－11歳の人口	1 136	1 287	1 465	1 664	1 897	2 188	2 421	2 615	3 010	3 581	4 225
12－14歳の人口	500	554	632	721	822	927	1 065	1 166	1 289	1 508	1 799
15－17歳の人口	466	508	570	654	750	838	929	1 054	1 203	1 349	1 603
18－23歳の人口	823	902	991	1 120	1 306	1 419	1 452	1 753	2 081	2 383	2 698
Réunion											
6－11歳の人口	58	67	84	87	79	73	72	79	84	82	85
12－14歳の人口	22	31	36	41	43	39	37	37	42	42	41
15－17歳の人口	19	26	33	36	41	40	38	37	39	44	42
18－23歳の人口	31	39	46	59	66	73	80	73	72	82	82
Rwanda											
6－11歳の人口	507	599	662	733	872	1 094	1 348	1 140	1 340	1 419	1 659
12－14歳の人口	204	248	299	324	362	434	548	522	721	630	723
15－17歳の人口	163	214	266	307	330	379	471	454	637	705	624
18－23歳の人口	281	303	430	523	596	645	764	723	967	1 260	1 331

表A. 34. 主要地域、地域および国別、在学人口：推計および中位予測値（続）

2020-2060：中位予測値

人口（千人）										主要地域、地域および国
2015	2020	2025	2030	2035	2040	2045	2050	2055	2060	
										Eastern Africa
65 888	73 183	80 192	86 796	93 371	99 941	106 160	111 740	116 607	120 859	6－11歳の人口
29 257	33 037	36 698	40 223	43 498	46 826	50 116	53 219	55 981	58 388	12－14歳の人口
26 776	30 551	34 319	37 943	41 399	44 655	48 002	51 240	54 230	56 852	15－17歳の人口
46 345	53 563	61 109	68 627	75 876	82 741	89 319	95 993	102 438	108 358	18－23歳の人口
										Burundi
1 841	2 255	2 616	2 844	3 030	3 325	3 734	4 149	4 460	4 671	6－11歳の人口
742	932	1 136	1 318	1 419	1 513	1 669	1 881	2 089	2 237	12－14歳の人口
677	799	1 009	1 205	1 362	1 447	1 560	1 743	1 961	2 150	15－17歳の人口
1 271	1 359	1 624	2 032	2 419	2 710	2 890	3 134	3 507	3 937	18－23歳の人口
										Comoros
122	135	145	151	158	165	172	179	184	187	6－11歳の人口
54	61	67	72	75	78	82	86	89	92	12－14歳の人口
51	56	63	69	73	76	79	83	87	90	15－17歳の人口
91	100	112	125	137	144	151	158	165	173	18－23歳の人口
										Djibouti
114	118	119	118	115	111	107	105	103	101	6－11歳の人口
55	56	59	59	58	57	55	53	52	51	12－14歳の人口
53	55	56	58	58	57	56	54	52	51	15－17歳の人口
107	104	107	111	114	113	112	108	104	102	18－23歳の人口
										Eritrea
885	957	992	1 024	1 069	1 134	1 198	1 236	1 246	1 250	6－11歳の人口
376	450	478	496	511	536	570	601	618	622	12－14歳の人口
325	405	465	483	501	518	546	581	608	620	15－17歳の人口
580	656	813	921	960	994	1 032	1 091	1 159	1 210	18－23歳の人口
										Ethiopia
16 119	16 901	17 914	18 790	19 355	19 583	19 616	19 577	19 475	19 273	6－11歳の人口
7 690	8 018	8 455	8 977	9 407	9 679	9 773	9 786	9 766	9 714	12－14歳の人口
7 260	7 818	8 127	8 630	9 140	9 512	9 714	9 763	9 762	9 732	15－17歳の人口
12 428	14 460	15 521	16 235	17 245	18 239	18 954	19 328	19 428	19 429	18－23歳の人口
										Kenya
7 496	8 229	8 771	9 288	9 897	10 565	11 180	11 678	12 052	12 358	6－11歳の人口
3 278	3 770	4 120	4 386	4 646	4 961	5 301	5 605	5 849	6 029	12－14歳の人口
2 935	3 463	3 910	4 214	4 470	4 748	5 082	5 415	5 697	5 916	15－17歳の人口
5 200	5 911	6 935	7 792	8 397	8 918	9 493	10 163	10 819	11 373	18－23歳の人口
										Madagascar
3 872	4 306	4 835	5 358	5 823	6 242	6 651	7 071	7 482	7 855	6－11歳の人口
1 771	1 937	2 165	2 436	2 697	2 926	3 134	3 338	3 551	3 755	12－14歳の人口
1 668	1 827	2 012	2 264	2 538	2 787	3 005	3 210	3 417	3 630	15－17歳の人口
2 889	3 333	3 662	4 053	4 562	5 103	5 594	6 029	6 440	6 857	18－23歳の人口
										Malawi
2 987	3 391	3 793	4 204	4 598	4 985	5 363	5 739	6 094	6 417	6－11歳の人口
1 279	1 512	1 702	1 915	2 118	2 316	2 509	2 698	2 887	3 062	12－14歳の人口
1 175	1 349	1 587	1 776	1 995	2 194	2 391	2 582	2 770	2 956	15－17歳の人口
2 063	2 353	2 726	3 183	3 581	4 012	4 414	4 806	5 188	5 566	18－23歳の人口
										Mauritius
102	88	82	82	81	79	74	69	66	65	6－11歳の人口
58	50	43	41	41	41	39	37	34	33	12－14歳の人口
58	56	47	41	41	41	40	38	36	34	15－17歳の人口
124	116	109	92	83	82	81	80	76	71	18－23歳の人口
										Mayotte
40	43	43	45	47	50	52	54	54	53	6－11歳の人口
17	21	21	22	22	24	25	26	27	27	12－14歳の人口
16	18	21	21	22	23	24	26	27	27	15－17歳の人口
25	32	38	42	43	44	46	49	52	53	18－23歳の人口
										Mozambique
4 846	5 431	5 993	6 614	7 291	7 953	8 550	9 078	9 555	9 992	6－11歳の人口
2 127	2 433	2 726	3 003	3 323	3 663	3 995	4 289	4 551	4 788	12－14歳の人口
1 915	2 240	2 537	2 826	3 112	3 446	3 786	4 106	4 387	4 638	15－17歳の人口
3 218	3 842	4 480	5 075	5 647	6 235	6 903	7 579	8 210	8 767	18－23歳の人口
										Réunion
83	78	74	72	70	69	67	64	61	59	6－11歳の人口
42	41	38	37	36	35	34	33	32	30	12－14歳の人口
40	42	40	37	36	35	35	34	32	31	15－17歳の人口
77	78	82	77	73	70	69	67	66	63	18－23歳の人口
										Rwanda
1 902	1 997	2 029	2 059	2 109	2 190	2 238	2 214	2 144	2 067	6－11歳の人口
828	967	989	1 016	1 024	1 054	1 097	1 119	1 102	1 065	12－14歳の人口
766	873	989	989	1 018	1 028	1 067	1 106	1 113	1 085	15－17歳の人口
1 267	1 523	1 757	1 944	1 967	2 015	2 046	2 124	2 195	2 202	18－23歳の人口

表A. 34. 主要地域、地域および国別、在学人口：推計および中位予測値（続）

推計値：1960–2015

主要地域、地域および国	人口（千人）										
	1960	1965	1970	1975	1980	1985	1990	1995	2000	2005	2010
Seychelles											
6－11歳の人口	6	8	9	10	10	10	10	10	10	8	8
12－14歳の人口	2	3	4	5	5	5	5	5	5	4	4
15－17歳の人口	2	2	4	4	5	5	5	5	5	4	5
18－23歳の人口	4	4	4	7	8	9	8	9	9	10	9
Somalia											
6－11歳の人口	427	480	543	621	977	971	1 023	1 052	1 252	1 511	1 702
12－14歳の人口	183	210	236	267	425	421	434	440	517	608	735
15－17歳の人口	162	190	216	243	385	385	394	393	458	537	631
18－23歳の人口	295	320	374	425	665	664	686	676	772	894	1 034
South Sudan											
6－11歳の人口	427	477	568	670	769	887	922	892	1 121	1 367	1 658
12－14歳の人口	212	201	236	279	334	386	406	371	476	591	745
15－17歳の人口	200	205	203	250	296	356	370	345	417	534	677
18－23歳の人口	350	386	391	408	497	602	650	604	727	889	1 163
Uganda											
6－11歳の人口	1 135	1 360	1 607	1 871	2 173	2 540	3 056	3 648	4 340	5 134	6 082
12－14歳の人口	465	578	679	781	922	1 072	1 286	1 536	1 812	2 170	2 552
15－17歳の人口	424	500	614	697	816	965	1 147	1 370	1 620	1 917	2 286
18－23歳の人口	669	848	1 010	1 189	1 369	1 614	1 942	2 302	2 732	3 237	3 830
United Republic of Tanzania											
6－11歳の人口	1 666	1 941	2 294	2 715	3 200	3 765	4 366	5 102	5 777	6 520	7 722
12－14歳の人口	733	819	969	1 149	1 351	1 600	1 887	2 220	2 530	2 857	3 252
15－17歳の人口	652	761	857	1 030	1 209	1 430	1 694	2 021	2 310	2 592	2 976
18－23歳の人口	1 113	1 297	1 500	1 724	2 047	2 416	2 861	3 445	4 003	4 526	5 173
Zambia											
6－11歳の人口	501	590	712	869	1 047	1 250	1 430	1 640	1 847	2 090	2 436
12－14歳の人口	216	247	294	356	436	524	627	706	819	911	1 037
15－17歳の人口	193	226	260	314	382	467	557	655	737	844	940
18－23歳の人口	332	384	446	523	631	774	930	1 107	1 305	1 457	1 656
Zimbabwe											
6－11歳の人口	617	777	925	1 097	1 312	1 599	1 892	2 064	2 115	2 103	2 178
12－14歳の人口	225	320	386	465	548	662	810	956	1 028	1 037	1 022
15－17歳の人口	228	245	350	409	492	590	717	862	988	1 014	1 007
18－23歳の人口	393	440	508	691	810	1 010	1 208	1 418	1 701	1 873	1 934
Middle Africa											
6－11歳の人口	4 925	5 610	6 453	7 471	8 687	10 090	11 909	14 301	16 463	19 125	22 428
12－14歳の人口	2 133	2 423	2 762	3 184	3 696	4 285	4 998	6 032	7 035	8 210	9 539
15－17歳の人口	1 977	2 195	2 513	2 866	3 325	3 851	4 488	5 365	6 296	7 412	8 636
18－23歳の人口	3 499	3 878	4 336	4 934	5 668	6 571	7 635	9 085	10 575	12 564	14 809
Angola											
6－11歳の人口	831	955	1 042	1 179	1 373	1 668	1 922	2 256	2 608	3 132	3 765
12－14歳の人口	322	403	448	504	578	691	810	954	1 102	1 305	1 566
15－17歳の人口	306	332	413	457	523	618	717	860	990	1 172	1 389
18－23歳の人口	553	577	645	795	901	1 058	1 205	1 438	1 685	1 991	2 347
Cameroon											
6－11歳の人口	786	881	1 033	1 231	1 461	1 725	2 073	2 434	2 740	3 019	3 385
12－14歳の人口	350	387	434	514	614	727	856	1 036	1 213	1 359	1 492
15－17歳の人口	324	358	398	455	545	647	766	909	1 096	1 259	1 395
18－23歳の人口	579	637	705	787	910	1 084	1 288	1 522	1 818	2 176	2 492
Central African Republic											
6－11歳の人口	206	237	272	310	355	409	474	540	589	647	700
12－14歳の人口	90	101	117	134	154	177	203	237	269	288	321
15－17歳の人口	86	92	106	121	140	162	184	214	247	274	295
18－23歳の人口	157	168	183	206	240	284	315	370	427	483	539
Chad											
6－11歳の人口	448	517	566	636	729	856	1 024	1 222	1 484	1 819	2 153
12－14歳の人口	178	225	250	275	301	354	426	509	614	759	913
15－17歳の人口	171	187	233	253	273	309	377	451	545	669	812
18－23歳の人口	309	331	372	450	478	525	617	749	907	1 113	1 345
Congo											
6－11歳の人口	153	180	214	254	302	354	399	438	483	550	642
12－14歳の人口	66	76	90	107	127	151	178	199	218	239	276
15－17歳の人口	60	69	81	96	114	135	161	186	205	223	250
18－23歳の人口	107	120	137	162	191	228	271	324	374	405	451
Democratic Republic of the Congo											
6－11歳の人口	2 402	2 729	3 200	3 714	4 304	4 897	5 800	7 144	8 255	9 625	11 421
12－14歳の人口	1 084	1 182	1 367	1 587	1 850	2 104	2 435	2 987	3 483	4 107	4 805
15－17歳の人口	989	1 113	1 231	1 430	1 666	1 902	2 202	2 650	3 095	3 672	4 338
18－23歳の人口	1 713	1 961	2 205	2 445	2 844	3 254	3 783	4 516	5 168	6 156	7 349

表A. 34. 主要地域、地域および国別、在学人口：推計および中位予測値（続）

2020-2060：中位予測値

人口（千人）										主要地域、地域および国
2015	2020	2025	2030	2035	2040	2045	2050	2055	2060	
										Seychelles
9	10	9	8	8	8	8	7	7	7	6－11歳の人口
4	4	5	5	4	4	4	4	4	4	12－14歳の人口
4	4	5	5	4	4	4	4	4	4	15－17歳の人口
9	8	8	9	9	8	8	7	7	7	18－23歳の人口
										Somalia
1 899	2 139	2 448	2 788	3 110	3 412	3 703	3 994	4 287	4 566	6－11歳の人口
810	938	1 053	1 220	1 386	1 550	1 699	1 846	1 993	2 141	12－14歳の人口
749	837	974	1 097	1 275	1 438	1 598	1 745	1 892	2 041	15－17歳の人口
1 227	1 462	1 666	1 925	2 193	2 538	2 865	3 181	3 478	3 776	18－23歳の人口
										South Sudan
1 986	2 218	2 448	2 657	2 835	2 986	3 124	3 255	3 379	3 485	6－11歳の人口
890	1 003	1 111	1 224	1 327	1 415	1 490	1 560	1 626	1 689	12－14歳の人口
835	931	1 042	1 147	1 260	1 357	1 440	1 512	1 581	1 646	15－17歳の人口
1 463	1 679	1 869	2 078	2 292	2 514	2 707	2 872	3 017	3 154	18－23歳の人口
										Uganda
7 122	8 135	9 191	10 286	11 408	12 500	13 501	14 386	15 200	15 958	6－11歳の人口
3 046	3 569	4 072	4 609	5 157	5 724	6 268	6 767	7 203	7 612	12－14歳の人口
2 702	3 227	3 744	4 253	4 802	5 355	5 921	6 448	6 925	7 346	15－17歳の人口
4 560	5 426	6 460	7 481	8 514	9 609	10 721	11 842	12 890	13 832	18－23歳の人口
										United Republic of Tanzania
9 160	10 684	12 029	13 274	14 698	16 278	17 849	19 280	20 589	21 829	6－11歳の人口
3 899	4 615	5 405	6 050	6 674	7 401	8 199	8 983	9 687	10 338	12－14歳の人口
3 443	4 154	4 893	5 662	6 272	6 927	7 692	8 494	9 253	9 929	15－17歳の人口
5 931	6 939	8 340	9 846	11 328	12 566	13 903	15 437	17 031	18 527	18－23歳の人口
										Zambia
2 847	3 229	3 652	4 118	4 611	5 137	5 679	6 227	6 778	7 319	6－11歳の人口
1 218	1 433	1 615	1 840	2 072	2 322	2 588	2 859	3 133	3 409	12－14歳の人口
1 091	1 290	1 499	1 688	1 926	2 163	2 420	2 689	2 961	3 237	15－17歳の人口
1 878	2 189	2 587	2 994	3 393	3 866	4 347	4 863	5 400	5 945	18－23歳の人口
										Zimbabwe
2 457	2 842	3 009	3 015	3 058	3 168	3 294	3 378	3 390	3 347	6－11歳の人口
1 070	1 228	1 439	1 497	1 500	1 526	1 586	1 649	1 689	1 690	12－14歳の人口
1 013	1 107	1 299	1 480	1 494	1 500	1 542	1 608	1 665	1 690	15－17歳の人口
1 937	1 993	2 214	2 613	2 922	2 961	2 984	3 073	3 204	3 312	18－23歳の人口
										Middle Africa
26 091	29 734	33 364	37 025	40 753	44 408	47 847	50 951	53 720	56 262	6－11歳の人口
11 249	13 078	14 894	16 706	18 542	20 422	22 250	23 971	25 512	26 887	12－14歳の人口
10 083	11 887	13 715	15 519	17 340	19 195	21 073	22 865	24 528	26 002	15－17歳の人口
17 267	20 250	23 822	27 446	31 050	34 695	38 417	42 151	45 721	49 013	18－23歳の人口
										Angola
4 473	5 136	5 828	6 589	7 393	8 194	8 936	9 618	10 248	10 839	6－11歳の人口
1 887	2 238	2 560	2 912	3 296	3 702	4 104	4 473	4 815	5 129	12－14歳の人口
1 675	2 006	2 352	2 675	3 043	3 436	3 845	4 237	4 594	4 926	15－17歳の人口
2 795	3 360	4 021	4 696	5 355	6 093	6 883	7 695	8 471	9 182	18－23歳の人口
										Cameroon
3 807	4 201	4 539	4 857	5 177	5 489	5 802	6 072	6 296	6 491	6－11歳の人口
1 689	1 904	2 101	2 265	2 427	2 589	2 744	2 904	3 035	3 148	12－14歳の人口
1 545	1 762	1 972	2 157	2 317	2 480	2 641	2 797	2 952	3 072	15－17歳の人口
2 766	3 090	3 517	3 931	4 294	4 619	4 947	5 267	5 584	5 885	18－23歳の人口
										Central African Republic
730	784	845	887	913	935	957	980	998	1 008	6－11歳の人口
347	359	391	421	442	455	466	477	489	498	12－14歳の人口
328	349	365	402	428	446	457	469	481	492	15－17歳の人口
588	650	689	730	799	851	886	910	935	959	18－23歳の人口
										Chad
2 514	2 887	3 276	3 669	4 046	4 390	4 708	4 999	5 263	5 501	6－11歳の人口
1 082	1 258	1 443	1 637	1 833	2 020	2 190	2 350	2 494	2 627	12－14歳の人口
973	1 143	1 320	1 509	1 703	1 896	2 078	2 242	2 398	2 538	15－17歳の人口
1 634	1 952	2 288	2 641	3 016	3 402	3 785	4 144	4 473	4 783	18－23歳の人口
										Congo
750	862	939	1 018	1 122	1 240	1 352	1 447	1 529	1 613	6－11歳の人口
321	378	435	469	511	564	624	680	726	767	12－14歳の人口
289	340	399	450	482	529	586	646	698	741	15－17歳の人口
494	579	683	801	896	966	1 063	1 178	1 295	1 397	18－23歳の人口
										Democratic Republic of the Congo
13 415	15 411	17 448	19 492	21 566	23 604	25 515	27 240	28 775	30 190	6－11歳の人口
5 741	6 741	7 735	8 757	9 777	10 825	11 843	12 798	13 654	14 413	12－14歳の人口
5 101	6 100	7 096	8 091	9 119	10 146	11 194	12 192	13 112	13 931	15－17歳の人口
8 675	10 277	12 245	14 218	16 217	18 265	20 329	22 412	24 395	26 219	18－23歳の人口

表A. 34. 主要地域、地域および国別、在学人口：推計および中位予測値（続）

推計値：1960-2015

主要地域、地域および国	人口（千人）										
	1960	1965	1970	1975	1980	1985	1990	1995	2000	2005	2010
Equatorial Guinea											
6－11歳の人口	34	38	41	43	40	35	46	70	87	98	109
12－14歳の人口	14	17	19	19	21	20	16	24	37	44	49
15－17歳の人口	14	15	18	17	19	23	18	18	29	41	46
18－23歳の人口	25	27	29	24	29	47	45	38	41	63	83
Gabon											
6－11歳の人口	57	62	72	89	106	125	149	174	194	211	224
12－14歳の人口	26	28	31	36	45	53	63	75	87	97	105
15－17歳の人口	24	27	29	32	39	48	57	67	80	91	100
18－23歳の人口	47	49	53	57	65	79	97	115	136	161	182
Sao Tome and Principe											
6－11歳の人口	7	9	12	14	16	20	21	22	23	25	29
12－14歳の人口	2	4	5	6	7	7	10	10	11	11	12
15－17歳の人口	2	3	5	6	6	7	8	10	9	11	11
18－23歳の人口	8	8	8	9	10	12	13	15	18	18	21
Northern Africa											
6－11歳の人口	10 083	12 036	13 964	15 613	17 228	19 722	22 742	25 146	25 148	24 117	24 572
12－14歳の人口	4 127	5 073	6 042	6 994	7 829	8 605	9 936	11 571	12 609	12 440	11 856
15－17歳の人口	3 464	4 365	5 365	6 312	7 245	8 059	8 933	10 584	11 971	12 594	12 124
18－23歳の人口	6 204	6 805	8 534	10 341	12 267	14 191	15 701	17 889	20 995	23 680	24 594
Algeria											
6－11歳の人口	1 816	2 202	2 550	2 904	3 345	3 930	4 461	4 709	4 544	3 875	3 464
12－14歳の人口	684	936	1 095	1 279	1 446	1 685	1 986	2 248	2 355	2 262	1 871
15－17歳の人口	650	728	1 014	1 137	1 333	1 526	1 793	2 092	2 307	2 331	2 125
18－23歳の人口	1 163	1 183	1 481	1 960	2 252	2 660	3 080	3 604	4 169	4 590	4 578
Egypt											
6－11歳の人口	4 134	4 778	5 478	5 997	6 415	7 389	8 867	10 194	10 062	9 504	10 059
12－14歳の人口	1 828	2 043	2 437	2 750	3 015	3 178	3 735	4 480	5 203	4 949	4 693
15－17歳の人口	1 364	1 981	2 134	2 545	2 815	3 042	3 268	4 019	4 771	5 227	4 790
18－23歳の人口	2 456	2 895	3 865	4 126	4 834	5 423	5 786	6 503	8 101	9 639	10 178
Libya											
6－11歳の人口	216	267	343	463	589	682	727	760	709	659	686
12－14歳の人口	88	111	135	175	238	301	345	363	386	345	327
15－17歳の人口	84	95	121	149	197	266	321	356	370	377	331
18－23歳の人口	150	172	200	252	315	428	542	648	715	758	734
Morocco											
6－11歳の人口	1 988	2 542	2 958	3 203	3 329	3 585	3 987	4 062	3 980	3 756	3 478
12－14歳の人口	695	1 032	1 258	1 479	1 589	1 647	1 781	2 010	1 993	1 984	1 846
15－17歳の人口	647	770	1 085	1 314	1 509	1 588	1 660	1 828	2 007	1 935	1 925
18－23歳の人口	1 238	1 224	1 403	2 025	2 525	2 882	3 023	3 168	3 520	3 723	3 718
Sudan											
6－11歳の人口	1 236	1 448	1 721	2 070	2 511	2 995	3 445	4 097	4 619	5 239	5 877
12－14歳の人口	525	615	722	861	1 051	1 275	1 512	1 828	2 001	2 290	2 586
15－17歳の人口	470	553	648	766	930	1 135	1 361	1 682	1 861	2 066	2 376
18－23歳の人口	808	936	1 102	1 297	1 555	1 892	2 293	2 894	3 293	3 657	4 096
Tunisia											
6－11歳の人口	689	792	904	963	1 019	1 116	1 223	1 288	1 194	1 033	954
12－14歳の人口	303	334	389	445	479	508	562	624	652	584	507
15－17歳の人口	248	234	358	396	452	491	519	591	635	634	550
18－23歳の人口	385	389	474	673	766	887	953	1 044	1 159	1 260	1 233
Western Sahara											
6－11歳の人口	4	6	11	13	19	25	33	37	41	50	54
12－14歳の人口	2	3	5	6	10	10	14	17	20	26	25
15－17歳の人口	2	3	4	5	9	10	12	16	19	25	27
18－23歳の人口	5	7	9	9	20	20	24	28	37	51	57
Southern Africa											
6－11歳の人口	3 035	3 603	4 063	4 649	5 349	5 960	6 551	6 992	7 238	7 430	7 253
12－14歳の人口	1 276	1 552	1 814	2 034	2 342	2 699	2 979	3 297	3 525	3 634	3 721
15－17歳の人口	1 177	1 352	1 653	1 895	2 128	2 472	2 806	3 098	3 320	3 659	3 631
18－23歳の人口	2 056	2 332	2 745	3 321	3 773	4 289	4 953	5 702	5 878	6 826	7 403
Botswana											
6－11歳の人口	88	109	124	144	171	208	244	263	264	263	264
12－14歳の人口	32	46	55	62	73	86	106	124	132	132	132
15－17歳の人口	31	35	50	57	66	77	93	114	129	132	131
18－23歳の人口	57	59	72	100	117	133	157	191	232	259	265
Lesotho											
6－11歳の人口	138	152	171	192	219	252	277	291	301	311	300
12－14歳の人口	63	68	76	85	96	111	122	136	142	147	154
15－17歳の人口	55	64	69	78	88	100	110	123	135	141	148
18－23歳の人口	91	101	117	129	151	167	187	213	232	259	279

2020-2060：中位予測値

人口（千人）										主要地域、地域および国
2015	2020	2025	2030	2035	2040	2045	2050	2055	2060	
										Equatorial Guinea
126	144	161	175	185	195	204	213	221	226	6－11歳の人口
55	63	73	81	88	93	98	103	107	111	12－14歳の人口
51	58	67	76	84	90	95	100	105	109	15－17歳の人口
94	105	119	137	155	171	182	192	202	212	18－23歳の人口
										Gabon
245	275	291	301	311	321	331	339	346	350	6－11歳の人口
111	123	139	145	151	156	161	166	170	173	12－14歳の人口
107	115	129	143	147	153	157	162	167	171	15－17歳の人口
200	215	231	260	284	294	305	315	325	334	18－23歳の人口
										Sao Tome and Principe
32	34	35	37	39	40	42	44	45	45	6－11歳の人口
14	16	17	18	18	19	20	21	22	22	12－14歳の人口
13	15	16	17	18	18	19	20	21	22	15－17歳の人口
21	25	29	31	33	34	36	38	40	41	18－23歳の人口
										Northern Africa
27 010	31 629	33 030	32 110	31 762	32 361	33 636	34 599	34 871	34 647	6－11歳の人口
12 218	13 494	16 232	16 354	15 977	15 804	16 183	16 864	17 308	17 411	12－14歳の人口
11 745	12 606	14 376	16 679	16 101	15 826	15 842	16 398	17 053	17 354	15－17歳の人口
23 643	23 402	25 229	29 189	32 738	31 906	31 376	31 555	32 702	33 926	18－23歳の人口
										Algeria
4 201	5 271	5 319	4 846	4 435	4 216	4 265	4 460	4 594	4 509	6－11歳の人口
1 684	2 162	2 713	2 620	2 399	2 190	2 095	2 135	2 240	2 304	12－14歳の人口
1 747	1 787	2 400	2 765	2 517	2 307	2 132	2 094	2 172	2 273	15－17歳の人口
4 104	3 464	3 719	4 878	5 416	4 983	4 560	4 242	4 193	4 355	18－23歳の人口
										Egypt
11 081	13 602	14 434	13 808	13 684	14 270	15 196	15 648	15 539	15 269	6－11歳の人口
5 101	5 470	7 100	7 127	6 870	6 816	7 167	7 652	7 829	7 748	12－14歳の人口
4 750	5 279	5 934	7 394	6 975	6 808	6 900	7 355	7 766	7 814	15－17歳の人口
9 454	9 557	10 479	12 257	14 444	13 827	13 522	13 805	14 711	15 436	18－23歳の人口
										Libya
755	784	732	671	631	617	626	634	624	595	6－11歳の人口
335	384	392	361	333	313	308	314	318	311	12－14歳の人口
314	353	394	383	348	324	310	310	316	317	15－17歳の人口
586	631	717	785	758	692	646	621	622	634	18－23歳の人口
										Morocco
3 591	3 973	3 997	3 778	3 573	3 419	3 342	3 305	3 247	3 139	6－11歳の人口
1 702	1 796	2 016	1 974	1 871	1 766	1 693	1 659	1 643	1 613	12－14歳の人口
1 763	1 688	1 860	2 024	1 912	1 810	1 714	1 658	1 636	1 619	15－17歳の人口
3 703	3 400	3 325	3 676	3 909	3 711	3 506	3 324	3 224	3 185	18－23歳の人口
										Sudan
6 327	6 803	7 315	7 849	8 377	8 849	9 234	9 555	9 852	10 138	6－11歳の人口
2 897	3 154	3 401	3 659	3 929	4 195	4 429	4 618	4 777	4 926	12－14歳の人口
2 657	2 996	3 233	3 487	3 751	4 023	4 280	4 497	4 672	4 826	15－17歳の人口
4 665	5 330	5 975	6 464	6 973	7 505	8 047	8 555	8 983	9 331	18－23歳の人口
										Tunisia
995	1 134	1 171	1 097	1 001	929	913	936	953	935	6－11歳の人口
472	497	581	582	544	494	460	455	469	477	12－14歳の人口
486	474	524	594	567	523	476	453	459	473	15－17歳の人口
1 075	963	952	1 064	1 171	1 120	1 031	942	903	917	18－23歳の人口
										Western Sahara
59	61	62	61	61	60	61	62	62	63	6－11歳の人口
28	30	31	31	31	31	31	31	31	32	12－14歳の人口
26	29	31	32	32	31	31	31	32	32	15－17歳の人口
57	56	62	66	67	67	66	65	66	66	18－23歳の人口
										Southern Africa
7 530	7 683	7 604	7 429	7 207	7 092	7 027	6 933	6 775	6 579	6－11歳の人口
3 529	3 796	3 796	3 799	3 687	3 586	3 537	3 507	3 458	3 376	12－14歳の人口
3 682	3 523	3 829	3 773	3 767	3 634	3 556	3 523	3 490	3 429	15－17歳の人口
7 367	7 240	7 120	7 570	7 538	7 482	7 245	7 103	7 037	6 966	18－23歳の人口
										Botswana
277	309	320	313	304	298	298	299	296	289	6－11歳の人口
132	138	157	159	156	151	149	149	149	148	12－14歳の人口
132	133	145	161	158	154	150	149	150	149	15－17歳の人口
264	264	270	295	322	317	309	301	300	300	18－23歳の人口
										Lesotho
294	317	335	334	327	324	326	326	322	315	6－11歳の人口
146	145	159	167	165	162	161	162	162	160	12－14歳の人口
150	142	147	162	166	163	160	161	162	161	15－17歳の人口
291	291	278	292	319	325	320	316	317	319	18－23歳の人口

表A. 34. 主要地域、地域および国別、在学人口：推計および中位予測値（続）

推計値：1960-2015

主要地域、地域および国	人口（千人）										
	1960	1965	1970	1975	1980	1985	1990	1995	2000	2005	2010
Namibia											
6－11歳の人口	93	108	125	146	178	210	234	265	303	322	325
12－14歳の人口	40	47	54	63	73	90	107	117	134	153	160
15－17歳の人口	36	42	49	57	65	78	99	112	123	140	156
18－23歳の人口	61	72	84	98	107	126	169	202	228	241	274
South Africa											
6－11歳の人口	2 657	3 167	3 566	4 077	4 673	5 163	5 640	5 990	6 176	6 350	6 185
12－14歳の人口	1 117	1 362	1 596	1 785	2 055	2 358	2 579	2 843	3 024	3 109	3 185
15－17歳の人口	1 032	1 186	1 455	1 669	1 868	2 169	2 446	2 683	2 851	3 155	3 104
18－23歳の人口	1 809	2 060	2 423	2 939	3 333	3 787	4 342	4 989	5 056	5 917	6 408
Swaziland											
6－11歳の人口	58	67	77	91	109	127	155	183	193	184	179
12－14歳の人口	25	29	33	38	46	54	65	77	93	93	90
15－17歳の人口	22	26	30	34	40	48	58	67	83	90	92
18－23歳の人口	37	41	49	55	66	76	97	107	129	149	177
Western Africa											
6－11歳の人口	12 874	14 580	16 705	19 089	22 267	26 352	30 501	34 399	38 545	43 878	50 866
12－14歳の人口	5 750	6 312	7 190	8 251	9 420	11 113	13 160	15 223	17 054	19 097	21 830
15－17歳の人口	5 390	5 840	6 501	7 461	8 545	9 894	11 699	13 839	15 736	17 573	19 867
18－23歳の人口	9 450	10 463	11 415	12 765	14 672	16 825	19 495	23 272	27 211	30 849	34 624
Benin											
6－11歳の人口	338	386	450	526	612	718	848	1 006	1 184	1 373	1 576
12－14歳の人口	151	167	191	224	262	305	361	429	505	596	690
15－17歳の人口	149	151	173	200	236	275	323	386	453	538	631
18－23歳の人口	255	282	294	337	394	467	549	665	769	924	1 088
Burkina Faso											
6－11歳の人口	725	800	888	997	1 124	1 318	1 547	1 760	2 004	2 317	2 713
12－14歳の人口	329	353	393	436	495	558	661	775	875	1 000	1 158
15－17歳の人口	312	327	357	400	446	510	583	696	805	909	1 049
18－23歳の人口	543	579	616	676	755	856	985	1 146	1 365	1 578	1 798
Cabo Verde											
6－11歳の人口	32	41	51	52	51	51	58	71	78	74	61
12－14歳の人口	8	17	21	24	26	23	24	30	37	39	34
15－17歳の人口	8	11	20	19	26	24	22	25	32	38	36
18－23歳の人口	19	16	23	31	35	45	40	42	49	64	70
Côte d'Ivoire											
6－11歳の人口	497	619	810	1 052	1 353	1 707	2 038	2 347	2 675	3 054	3 381
12－14歳の人口	220	245	313	410	534	685	864	1 017	1 150	1 294	1 497
15－17歳の人口	210	233	274	361	468	602	758	934	1 058	1 165	1 341
18－23歳の人口	396	453	519	634	812	1 031	1 278	1 598	1 873	1 995	2 254
Gambia											
6－11歳の人口	47	56	60	79	96	122	154	182	205	244	291
12－14歳の人口	21	24	23	30	40	49	63	79	89	102	123
15－17歳の人口	20	24	23	30	32	47	55	71	84	94	110
18－23歳の人口	45	46	53	60	71	77	111	115	150	169	191
Ghana											
6－11歳の人口	1 067	1 231	1 439	1 690	1 857	2 150	2 433	2 745	3 029	3 283	3 619
12－14歳の人口	500	519	592	709	803	945	1 073	1 220	1 369	1 535	1 652
15－17歳の人口	439	511	513	624	716	861	986	1 121	1 268	1 430	1 597
18－23歳の人口	746	877	949	1 015	1 182	1 456	1 714	1 966	2 217	2 546	2 881
Guinea											
6－11歳の人口	532	601	641	652	678	791	968	1 285	1 455	1 602	1 810
12－14歳の人口	213	267	292	296	296	335	410	549	626	698	797
15－17歳の人口	207	222	277	276	277	303	365	491	564	632	729
18－23歳の人口	376	395	443	502	499	540	623	825	954	1 078	1 256
Guinea-Bissau											
6－11歳の人口	94	100	105	115	129	148	176	199	218	236	256
12－14歳の人口	38	46	48	51	55	62	72	87	97	107	115
15－17歳の人口	36	39	47	47	50	56	64	75	90	99	109
18－23歳の人口	61	68	77	89	90	97	108	125	148	174	193
Liberia											
6－11歳の人口	167	196	226	262	311	367	357	347	460	528	659
12－14歳の人口	72	83	97	113	132	156	153	156	209	223	279
15－17歳の人口	73	73	88	102	119	139	137	140	195	210	247
18－23歳の人口	130	139	146	174	203	236	230	237	337	379	438
Mali											
6－11歳の人口	774	839	894	993	1 131	1 292	1 464	1 645	1 879	2 192	2 624
12－14歳の人口	332	382	406	438	490	562	640	732	818	943	1 098
15－17歳の人口	328	333	385	406	444	504	574	666	755	851	991
18－23歳の人口	557	605	637	727	767	843	928	1 117	1 301	1 486	1 690

表A. 34. 主要地域、地域および国別、在学人口：推計および中位予測値（続）

2020-2060：中位予測値

人口（千人）										主要地域、地域および国
2015	2020	2025	2030	2035	2040	2045	2050	2055	2060	
										Namibia
341	387	419	429	436	442	452	462	467	465	6－11歳の人口……………………………
162	170	197	210	215	218	221	226	231	233	12－14歳の人口……………………………
160	163	178	205	212	216	219	223	228	232	15－17歳の人口……………………………
310	319	326	361	408	423	431	437	446	456	18－23歳の人口……………………………
										South Africa
6 431	6 471	6 324	6 149	5 941	5 829	5 753	5 648	5 497	5 321	6－11歳の人口……………………………
3 002	3 250	3 182	3 161	3 050	2 956	2 907	2 871	2 817	2 738	12－14歳の人口……………………………
3 152	2 997	3 264	3 143	3 130	3 002	2 929	2 892	2 852	2 789	15－17歳の人口……………………………
6 322	6 195	6 072	6 433	6 291	6 218	5 990	5 855	5 780	5 696	18－23歳の人口……………………………
										Swaziland
186	200	206	204	199	198	199	198	194	188	6－11歳の人口……………………………
88	93	100	103	101	99	98	99	99	97	12－14歳の人口……………………………
88	88	95	101	102	100	98	98	99	98	15－17歳の人口……………………………
180	172	174	188	199	200	196	193	194	195	18－23歳の人口……………………………
										Western Africa
58 641	66 737	73 763	80 465	87 765	95 479	103 104	110 103	116 307	121 869	6－11歳の人口……………………………
25 393	29 257	33 402	36 746	40 167	43 857	47 764	51 588	55 076	58 164	12－14歳の人口……………………………
22 898	26 662	30 612	34 590	37 797	41 353	45 150	49 077	52 805	56 148	15－17歳の人口……………………………
39 319	45 514	52 979	60 948	68 601	75 203	82 379	90 040	97 890	105 315	18－23歳の人口……………………………
										Benin
1 768	1 935	2 104	2 271	2 426	2 567	2 686	2 787	2 875	2 953	6－11歳の人口……………………………
792	887	967	1 054	1 137	1 214	1 283	1 342	1 392	1 436	12－14歳の人口……………………………
725	827	916	996	1 083	1 163	1 238	1 303	1 358	1 405	15－17歳の人口……………………………
1 262	1 453	1 652	1 826	1 989	2 161	2 321	2 468	2 597	2 706	18－23歳の人口……………………………
										Burkina Faso
3 162	3 542	3 909	4 307	4 729	5 152	5 537	5 871	6 163	6 435	6－11歳の人口……………………………
1 362	1 592	1 770	1 960	2 159	2 372	2 585	2 775	2 941	3 084	12－14歳の人口……………………………
1 224	1 441	1 661	1 831	2 028	2 232	2 448	2 654	2 834	2 991	15－17歳の人口……………………………
2 082	2 442	2 879	3 298	3 652	4 046	4 459	4 889	5 295	5 653	18－23歳の人口……………………………
										Cabo Verde
60	63	64	61	57	55	53	52	50	49	6－11歳の人口……………………………
30	30	32	32	30	28	27	26	26	25	12－14歳の人口……………………………
32	29	31	32	31	29	28	27	26	25	15－17歳の人口……………………………
69	62	58	61	63	62	58	55	53	52	18－23歳の人口……………………………
										Côte d'Ivoire
3 655	4 053	4 527	4 968	5 374	5 781	6 220	6 666	7 093	7 520	6－11歳の人口……………………………
1 655	1 788	2 004	2 244	2 465	2 670	2 878	3 106	3 333	3 548	12－14歳の人口……………………………
1 551	1 688	1 842	2 081	2 317	2 532	2 738	2 954	3 187	3 411	15－17歳の人口……………………………
2 667	3 052	3 330	3 669	4 144	4 615	5 048	5 469	5 913	6 379	18－23歳の人口……………………………
										Gambia
342	401	455	507	559	611	657	697	727	750	6－11歳の人口……………………………
146	171	202	227	254	280	306	329	348	363	12－14歳の人口……………………………
132	156	183	213	237	264	290	315	337	354	15－17歳の人口……………………………
225	268	317	372	429	479	532	584	633	675	18－23歳の人口……………………………
										Ghana
4 035	4 585	4 885	4 998	5 153	5 376	5 641	5 881	6 046	6 130	6－11歳の人口……………………………
1 811	2 013	2 319	2 426	2 488	2 567	2 684	2 819	2 938	3 017	12－14歳の人口……………………………
1 691	1 877	2 110	2 382	2 436	2 504	2 598	2 726	2 860	2 965	15－17歳の人口……………………………
3 153	3 367	3 738	4 236	4 698	4 828	4 971	5 169	5 427	5 689	18－23歳の人口……………………………
										Guinea
2 039	2 296	2 526	2 733	2 941	3 144	3 334	3 507	3 662	3 790	6－11歳の人口……………………………
905	1 020	1 154	1 263	1 369	1 474	1 576	1 672	1 758	1 835	12－14歳の人口……………………………
833	944	1 065	1 197	1 300	1 407	1 511	1 612	1 704	1 787	15－17歳の人口……………………………
1 455	1 665	1 889	2 137	2 391	2 604	2 818	3 028	3 228	3 412	18－23歳の人口……………………………
										Guinea-Bissau
284	318	346	365	383	401	420	438	452	462	6－11歳の人口……………………………
127	142	159	172	182	190	200	209	219	225	12－14歳の人口……………………………
118	131	147	164	175	184	193	203	212	221	15－17歳の人口……………………………
215	235	261	293	325	347	365	383	403	422	18－23歳の人口……………………………
										Liberia
741	800	864	935	1 010	1 082	1 141	1 192	1 236	1 279	6－11歳の人口……………………………
331	370	398	431	467	505	541	570	596	617	12－14歳の人口……………………………
297	345	379	408	443	480	518	552	579	603	15－17歳の人口……………………………
497	595	687	754	814	885	960	1 034	1 100	1 155	18－23歳の人口……………………………
										Mali
3 176	3 668	4 084	4 552	5 090	5 641	6 146	6 577	6 930	7 239	6－11歳の人口……………………………
1 316	1 607	1 840	2 046	2 287	2 561	2 838	3 088	3 301	3 473	12－14歳の人口……………………………
1 161	1 413	1 699	1 912	2 126	2 384	2 663	2 933	3 169	3 367	15－17歳の人口……………………………
1 941	2 315	2 831	3 377	3 807	4 249	4 771	5 329	5 863	6 330	18－23歳の人口……………………………

表A. 34. 主要地域、地域および国別、在学人口：推計および中位予測値（続）

推計値：1960-2015

主要地域、地域および国	人口（千人）										
	1960	1965	1970	1975	1980	1985	1990	1995	2000	2005	2010
Mauritania											
6－11歳の人口	137	166	196	226	260	299	340	388	441	500	564
12－14歳の人口	58	68	84	98	113	131	150	170	195	222	251
15－17歳の人口	53	60	73	89	103	119	136	157	179	205	232
18－23歳の人口	94	105	120	145	176	204	233	272	316	364	409
Niger											
6－11歳の人口	578	676	785	884	1 010	1 171	1 355	1 571	1 908	2 386	2 967
12－14歳の人口	247	287	333	390	433	503	587	679	786	958	1 206
15－17歳の人口	237	252	299	339	371	451	483	615	672	821	1 018
18－23歳の人口	394	451	494	546	566	711	757	940	1 102	1 275	1 574
Nigeria											
6－11歳の人口	6 846	7 688	8 789	9 983	11 783	13 966	16 128	17 944	19 825	22 486	26 226
12－14歳の人口	3 109	3 345	3 802	4 355	4 967	5 856	6 968	8 024	8 862	9 762	11 133
15－17歳の人口	2 896	3 146	3 433	3 952	4 562	5 177	6 203	7 303	8 267	9 065	10 109
18－23歳の人口	5 080	5 630	6 113	6 761	7 936	8 881	10 285	12 290	14 385	16 168	17 796
Senegal											
6－11歳の人口	487	584	672	779	942	1 141	1 329	1 520	1 694	1 869	2 131
12－14歳の人口	198	245	291	335	387	475	577	667	763	847	932
15－17歳の人口	188	209	262	305	346	412	510	609	695	791	872
18－23歳の人口	339	372	429	525	582	678	824	1 018	1 188	1 370	1 555
Sierra Leone											
6－11歳の人口	306	326	357	399	466	549	643	638	665	831	953
12－14歳の人口	145	148	160	175	196	231	274	280	298	364	416
15－17歳の人口	136	143	148	162	179	205	246	252	275	340	380
18－23歳の人口	242	261	274	288	317	351	408	423	469	597	672
Togo											
6－11歳の人口	247	271	343	400	463	563	660	751	822	902	1 033
12－14歳の人口	108	117	145	168	193	237	284	330	375	407	447
15－17歳の人口	99	106	131	150	172	210	253	298	345	385	417
18－23歳の人口	171	185	226	254	288	351	420	494	589	682	758
ASIA											
6－11歳の人口	258 907	288 108	323 099	374 361	401 249	395 669	413 039	463 448	464 604	431 118	419 213
12－14歳の人口	102 079	131 852	141 685	162 196	189 043	200 774	194 448	206 216	235 857	229 646	212 069
15－17歳の人口	92 375	110 478	138 222	145 962	171 797	195 122	199 127	194 714	215 452	238 939	220 689
18－23歳の人口	173 331	183 634	225 215	271 087	295 223	346 194	387 489	390 124	389 862	433 935	463 756
Eastern Asia											
6－11歳の人口	123 952	127 303	140 363	171 017	176 987	148 201	137 164	165 510	157 734	119 691	104 589
12－14歳の人口	47 800	63 587	61 524	70 925	87 565	88 696	70 728	67 447	87 026	76 383	57 410
15－17歳の人口	41 820	52 638	65 268	62 500	77 061	90 296	83 224	66 450	72 778	88 239	68 398
18－23歳の人口	77 911	83 662	107 906	126 553	128 164	157 145	178 257	160 244	133 710	151 181	169 035
China											
6－11歳の人口	104 257	107 788	119 744	149 347	153 968	127 020	117 925	148 181	141 204	103 982	90 002
12－14歳の人口	37 842	54 147	51 536	60 661	76 778	76 920	60 471	57 819	78 578	68 165	49 311
15－17歳の人口	32 922	42 515	55 941	52 448	66 750	79 188	71 691	56 708	63 482	79 683	60 090
18－23歳の人口	61 984	65 958	88 719	107 812	108 256	136 499	155 910	138 026	114 279	132 832	152 100
China, Hong Kong SAR											
6－11歳の人口	486	596	637	559	508	495	522	480	507	440	336
12－14歳の人口	192	256	297	332	283	257	256	261	267	267	220
15－17歳の人口	105	225	267	323	352	261	259	252	277	263	251
18－23歳の人口	207	283	456	559	769	656	557	524	534	556	535
China, Macao SAR											
6－11歳の人口	25	33	42	28	23	23	33	44	44	34	25
12－14歳の人口	14	15	24	19	14	14	14	17	24	21	17
15－17歳の人口	8	15	22	22	15	15	14	15	21	22	21
18－23歳の人口	11	17	32	38	38	37	36	32	36	45	59
Dem. People's Republic of Korea											
6－11歳の人口	1 281	1 888	2 149	2 591	2 912	2 152	2 089	2 322	2 406	2 398	2 283
12－14歳の人口	876	525	1 075	981	1 372	1 478	956	1 105	1 141	1 216	1 186
15－17歳の人口	869	772	595	1 166	1 033	1 476	1 338	891	1 165	1 153	1 220
18－23歳の人口	1 656	1 693	1 397	1 411	2 173	2 218	2 907	2 495	1 900	2 279	2 321
Japan											
6－11歳の人口	11 894	9 730	9 618	10 353	11 713	10 910	9 274	8 150	7 340	7 081	6 849
12－14歳の人口	6 584	5 745	4 798	4 860	5 161	6 074	5 269	4 605	4 012	3 639	3 583
15－17歳の人口	5 727	6 509	5 288	4 667	5 002	5 468	6 019	4 933	4 381	3 849	3 575
18－23歳の人口	10 124	11 511	12 461	10 325	9 356	9 981	11 017	11 555	9 683	8 703	7 867
Mongolia											
6－11歳の人口	125	160	214	254	285	309	337	377	356	292	262
12－14歳の人口	48	65	80	112	126	145	154	162	193	173	143
15－17歳の人口	47	52	71	90	120	132	149	152	167	193	159
18－23歳の人口	92	94	109	143	187	239	267	285	295	341	371

表A. 34. 主要地域、地域および国別、在学人口：推計および中位予測値（続）

2020-2060：中位予測値

人口（千人）										主要地域、地域および国
2015	2020	2025	2030	2035	2040	2045	2050	2055	2060	
										Mauritania
630	689	741	792	844	896	945	987	1 024	1 056	6－11歳の人口
283	317	345	371	396	423	449	473	493	512	12－14歳の人口
262	295	327	354	379	405	431	457	480	499	15－17歳の人口
462	524	589	652	705	755	807	860	910	955	18－23歳の人口
										Niger
3 683	4 549	5 545	6 677	7 925	9 280	10 728	12 209	13 664	15 036	6－11歳の人口
1 497	1 865	2 304	2 808	3 381	4 009	4 692	5 422	6 162	6 889	12－14歳の人口
1 290	1 605	2 003	2 469	2 999	3 597	4 246	4 949	5 689	6 427	15－17歳の人口
1 989	2 535	3 185	3 992	4 933	6 006	7 208	8 515	9 931	11 410	18－23歳の人口
										Nigeria
30 327	34 438	37 821	41 011	44 553	48 290	51 882	55 061	57 811	60 269	6－11歳の人口
13 074	15 083	17 188	18 768	20 408	22 198	24 094	25 889	27 473	28 844	12－14歳の人口
11 706	13 740	15 755	17 738	19 233	20 955	22 800	24 690	26 416	27 922	15－17歳の人口
19 993	23 253	27 226	31 285	35 053	38 166	41 639	45 364	49 129	52 573	18－23歳の人口
										Senegal
2 481	2 946	3 277	3 516	3 799	4 131	4 499	4 849	5 155	5 410	6－11歳の人口
1 074	1 246	1 502	1 640	1 766	1 908	2 078	2 265	2 437	2 589	12－14歳の人口
975	1 136	1 333	1 574	1 682	1 816	1 968	2 147	2 332	2 497	15－17歳の人口
1 732	1 957	2 278	2 700	3 130	3 365	3 635	3 946	4 306	4 672	18－23歳の人口
										Sierra Leone
1 066	1 136	1 190	1 238	1 273	1 302	1 320	1 327	1 327	1 320	6－11歳の人口
471	530	558	589	612	630	645	654	658	658	12－14歳の人口
432	489	539	563	594	615	632	645	652	655	15－17歳の人口
748	852	964	1 056	1 110	1 170	1 212	1 247	1 274	1 289	18－23歳の人口
										Togo
1 190	1 319	1 428	1 532	1 647	1 772	1 893	2 000	2 091	2 173	6－11歳の人口
518	598	660	715	767	826	889	950	1 003	1 048	12－14歳の人口
468	547	622	679	733	786	848	912	970	1 019	15－17歳の人口
829	940	1 096	1 241	1 356	1 465	1 575	1 699	1 826	1 941	18－23歳の人口
										ASIA
425 834	435 539	434 197	418 882	402 736	393 162	387 326	381 915	374 283	363 546	6－11歳の人口
208 765	212 450	217 897	216 377	207 701	200 031	195 703	192 915	190 286	186 343	12－14歳の人口
207 751	209 110	213 931	217 739	212 995	203 605	197 331	193 975	191 426	188 465	15－17歳の人口
434 779	413 647	416 349	426 263	431 781	421 141	403 593	391 783	385 338	380 346	18－23歳の人口
										Eastern Asia
106 107	111 546	109 661	98 579	89 183	85 845	85 357	84 757	82 950	79 780	6－11歳の人口
52 111	52 998	56 341	54 571	48 408	44 117	42 810	42 653	42 320	41 354	12－14歳の人口
52 983	52 140	54 147	56 414	52 422	46 179	43 208	42 654	42 546	41 980	15－17歳の人口
132 729	106 305	104 270	108 811	111 533	103 013	91 591	86 168	85 088	84 769	18－23歳の人口
										China
92 844	98 399	96 603	85 904	76 802	73 821	73 865	73 656	71 966	68 857	6－11歳の人口
44 949	46 430	49 722	48 056	42 089	37 925	36 806	36 936	36 780	35 854	12－14歳の人口
45 145	45 281	47 612	49 768	45 961	39 902	37 057	36 734	36 900	36 451	15－17歳の人口
116 060	90 804	90 511	95 568	98 198	90 028	78 943	73 804	73 209	73 397	18－23歳の人口
										China, Hong Kong SAR
287	398	460	439	416	387	364	376	419	450	6－11歳の人口
163	139	218	230	221	210	195	182	191	215	12－14歳の人口
204	154	163	242	232	222	210	195	188	205	15－17歳の人口
519	423	335	382	504	491	471	445	414	406	18－23歳の人口
										China, Macao SAR
25	37	45	47	46	44	43	46	51	55	6－11歳の人口
12	13	20	23	24	23	22	22	24	26	12－14歳の人口
17	13	16	23	24	25	24	23	23	25	15－17歳の人口
48	37	31	39	51	54	54	52	50	52	18－23歳の人口
										Dem. People's Republic of Korea
2 104	2 062	2 110	2 118	2 071	1 970	1 874	1 833	1 834	1 826	6－11歳の人口
1 139	1 029	1 036	1 054	1 059	1 032	978	931	915	918	12－14歳の人口
1 161	1 102	1 010	1 046	1 057	1 051	1 012	956	920	914	15－17歳の人口
2 406	2 308	2 165	2 032	2 088	2 110	2 091	2 009	1 903	1 838	18－23歳の人口
										Japan
6 537	6 372	6 177	5 927	5 715	5 573	5 466	5 372	5 277	5 167	6－11歳の人口
3 397	3 259	3 185	3 081	2 952	2 851	2 784	2 731	2 686	2 637	12－14歳の人口
3 555	3 334	3 233	3 159	3 040	2 915	2 829	2 771	2 720	2 675	15－17歳の人口
7 247	7 082	6 695	6 497	6 334	6 095	5 858	5 692	5 574	5 473	18－23歳の人口
										Mongolia
309	387	395	363	339	328	331	340	349	350	6－11歳の人口
127	158	199	194	180	168	163	165	170	175	12－14歳の人口
133	133	174	204	187	173	164	163	166	171	15－17歳の人口
308	261	273	353	397	368	342	325	323	331	18－23歳の人口

表A. 34. 主要地域、地域および国別、在学人口：推計および中位予測値（続）

推計値：1960-2015

主要地域、地域および国	人口（千人）										
	1960	1965	1970	1975	1980	1985	1990	1995	2000	2005	2010
Republic of Korea											
6－11歳の人口	4 221	5 041	5 488	5 399	5 360	4 950	4 619	3 946	3 980	3 612	3 244
12－14歳の人口	1 586	1 938	2 551	2 706	2 645	2 725	2 414	2 299	1 846	1 931	2 017
15－17歳の人口	1 447	1 659	1 970	2 589	2 557	2 606	2 658	2 289	2 177	2 141	2 104
18－23歳の人口	2 776	2 836	3 172	4 121	4 993	5 106	5 282	5 111	4 607	4 264	3 921
Other non-specified areas											
6－11歳の人口	1 663	2 066	2 471	2 487	2 219	2 341	2 365	2 010	1 896	1 852	1 587
12－14歳の人口	659	896	1 162	1 254	1 186	1 084	1 195	1 177	966	970	933
15－17歳の人口	695	891	1 112	1 195	1 231	1 150	1 096	1 209	1 106	935	979
18－23歳の人口	1 061	1 271	1 561	2 144	2 393	2 409	2 281	2 217	2 375	2 160	1 863
South-Central Asia											
6－11歳の人口	92 407	108 108	121 791	134 893	149 020	166 120	187 954	205 808	213 138	216 295	219 903
12－14歳の人口	37 687	46 546	53 708	60 768	67 290	74 404	83 160	94 565	103 014	105 771	107 653
15－17歳の人口	35 063	39 845	49 349	55 557	63 078	69 445	77 270	86 658	97 917	104 302	105 595
18－23歳の人口	66 145	69 150	80 531	97 216	111 449	125 710	138 558	153 584	173 616	194 841	205 100
Central Asia											
6－11歳の人口	3 176	4 646	5 728	5 783	6 013	6 467	7 218	8 134	8 084	7 143	6 600
12－14歳の人口	1 178	1 727	2 428	2 899	2 807	3 008	3 177	3 499	4 068	3 992	3 498
15－17歳の人口	996	1 356	2 025	2 616	2 854	2 748	3 004	3 184	3 630	4 112	3 850
18－23歳の人口	2 844	2 121	2 883	4 260	5 160	5 524	5 343	5 727	6 163	7 238	8 145
Kazakhstan											
6－11歳の人口	1 332	1 813	2 082	1 918	1 888	1 964	2 028	2 022	1 793	1 460	1 373
12－14歳の人口	501	727	935	1 040	903	935	941	910	966	880	707
15－17歳の人口	400	607	817	974	951	853	886	870	874	965	855
18－23歳の人口	1 258	929	1 259	1 684	1 832	1 810	1 607	1 619	1 569	1 791	1 971
Kyrgyzstan											
6－11歳の人口	277	411	510	505	522	559	629	699	717	644	600
12－14歳の人口	91	151	219	257	243	262	276	306	355	358	326
15－17歳の人口	75	113	182	233	249	235	265	277	324	361	356
18－23歳の人口	223	168	248	367	449	475	458	507	561	633	749
Tajikistan											
6－11歳の人口	270	404	544	597	645	705	843	1 028	1 075	1 050	1 014
12－14歳の人口	92	142	209	272	295	325	348	412	514	526	526
15－17歳の人口	86	106	170	226	287	297	329	357	438	527	521
18－23歳の人口	223	177	228	353	468	563	587	625	689	874	1 034
Turkmenistan											
6－11歳の人口	219	310	397	423	455	495	556	660	699	607	579
12－14歳の人口	77	115	161	201	209	227	247	282	333	348	287
15－17歳の人口	65	90	134	177	203	208	230	262	298	339	331
18－23歳の人口	165	138	191	284	366	405	417	469	521	588	668
Uzbekistan											
6－11歳の人口	1 078	1 707	2 195	2 340	2 503	2 744	3 163	3 724	3 799	3 382	3 034
12－14歳の人口	417	592	904	1 129	1 157	1 259	1 364	1 590	1 900	1 880	1 652
15－17歳の人口	370	440	722	1 006	1 164	1 154	1 294	1 418	1 696	1 920	1 788
18－23歳の人口	975	709	958	1 572	2 044	2 271	2 275	2 507	2 824	3 352	3 723
Southern Asia											
6－11歳の人口	89 231	103 462	116 063	129 110	143 006	159 653	180 737	197 674	205 054	209 152	213 303
12－14歳の人口	36 509	44 819	51 280	57 869	64 482	71 396	79 983	91 065	98 947	101 779	104 156
15－17歳の人口	34 067	38 489	47 324	52 942	60 224	66 697	74 265	83 475	94 288	100 190	101 744
18－23歳の人口	63 301	67 029	77 649	92 956	106 289	120 186	133 214	147 857	167 453	187 602	196 955
Afghanistan											
6－11歳の人口	1 372	1 541	1 788	2 078	2 223	2 021	2 147	2 947	3 493	4 337	5 167
12－14歳の人口	630	668	764	887	947	843	904	1 247	1 462	1 780	2 181
15－17歳の人口	570	634	681	796	849	751	793	1 114	1 297	1 620	1 860
18－23歳の人口	1 001	1 106	1 220	1 338	1 441	1 262	1 313	1 852	2 159	2 812	3 051
Bangladesh											
6－11歳の人口	7 118	8 679	10 743	12 323	13 563	15 464	17 495	18 745	19 277	19 676	19 856
12－14歳の人口	3 217	3 502	4 394	5 184	6 213	6 723	7 823	8 735	9 344	9 590	9 803
15－17歳の人口	2 970	3 294	3 722	4 255	5 642	6 438	7 027	8 122	8 952	9 383	9 502
18－23歳の人口	5 288	5 893	6 504	6 201	8 728	11 298	12 826	14 006	16 175	17 589	18 038
Bhutan											
6－11歳の人口	33	37	45	53	64	77	88	90	93	90	86
12－14歳の人口	16	16	19	22	26	32	39	38	45	46	45
15－17歳の人口	14	16	16	20	24	28	34	34	41	46	46
18－23歳の人口	25	29	32	35	42	47	56	55	69	90	94
India											
6－11歳の人口	67 887	77 994	85 731	94 365	104 140	114 879	128 287	138 861	144 172	148 464	152 121
12－14歳の人口	27 117	34 252	38 461	42 880	47 064	52 137	57 267	64 552	69 414	71 706	74 006
15－17歳の人口	25 348	28 813	36 142	39 789	44 314	48 636	53 905	59 559	66 639	70 217	72 197
18－23歳の人口	47 674	49 839	58 480	71 822	79 686	88 381	97 270	107 547	119 641	132 421	139 198

表A. 34. 主要地域、地域および国別、在学人口：推計および中位予測値（続）

2020-2060：中位予測値

人口（千人）										主要地域、地域および国
2015	2020	2025	2030	2035	2040	2045	2050	2055	2060	
										Republic of Korea
2 749	2 733	2 770	2 763	2 787	2 726	2 487	2 293	2 265	2 305	6－11歳の人口
1 547	1 371	1 373	1 390	1 379	1 404	1 364	1 227	1 140	1 137	12－14歳の人口
1 888	1 421	1 368	1 391	1 398	1 391	1 406	1 327	1 188	1 136	15－17歳の人口
4 212	3 673	2 893	2 781	2 819	2 826	2 830	2 834	2 654	2 401	18－23歳の人口
										Other non-specified areas
1 252	1 158	1 102	1 018	1 007	996	927	841	790	769	6－11歳の人口
775	599	588	543	504	506	498	459	415	393	12－14歳の人口
881	702	570	582	523	499	506	486	440	403	15－17歳の人口
1 928	1 718	1 367	1 157	1 143	1 040	1 003	1 007	960	872	18－23歳の人口
										South-Central Asia
223 556	223 447	222 770	220 212	214 961	209 431	204 207	199 730	194 857	188 818	6－11歳の人口
109 329	111 724	110 943	111 179	109 489	106 853	104 109	101 503	99 388	96 910	12－14歳の人口
107 847	109 719	111 480	110 351	110 480	108 114	105 395	102 713	100 299	98 196	15－17歳の人口
209 394	213 845	218 040	220 471	219 250	218 634	214 041	208 678	203 500	198 912	18－23歳の人口
										Central Asia
7 340	8 744	8 886	8 231	7 665	7 493	7 705	7 929	7 864	7 528	6－11歳の人口
3 200	3 715	4 469	4 382	4 065	3 777	3 724	3 852	3 963	3 910	12－14歳の人口
3 302	3 284	4 002	4 543	4 228	3 919	3 703	3 741	3 890	3 948	15－17歳の人口
7 455	6 482	6 652	8 057	8 861	8 300	7 689	7 325	7 430	7 708	18－23歳の人口
										Kazakhstan
1 751	2 251	2 222	2 000	1 864	1 836	1 917	2 021	2 061	2 007	6－11歳の人口
646	912	1 161	1 088	992	922	916	963	1 016	1 032	12－14歳の人口
647	714	1 028	1 175	1 038	959	910	930	985	1 027	15－17歳の人口
1 665	1 301	1 507	2 088	2 292	2 060	1 901	1 822	1 868	1 976	18－23歳の人口
										Kyrgyzstan
667	876	893	812	767	764	794	816	810	781	6－11歳の人口
284	336	458	434	402	378	380	397	407	403	12－14歳の人口
305	287	375	468	411	387	371	382	399	403	15－17歳の人口
667	579	573	758	889	799	748	724	747	779	18－23歳の人口
										Tajikistan
1 077	1 314	1 452	1 436	1 383	1 377	1 453	1 548	1 576	1 534	6－11歳の人口
500	536	676	725	713	684	685	729	777	786	12－14歳の人口
520	498	577	708	720	697	675	693	745	783	15－17歳の人口
1 024	1 006	989	1 168	1 389	1 411	1 365	1 330	1 378	1 479	18－23歳の人口
										Turkmenistan
596	614	623	599	561	530	515	510	501	482	6－11歳の人口
293	294	307	309	296	276	261	255	254	248	12－14歳の人口
275	296	295	309	304	287	268	257	253	251	15－17歳の人口
635	556	583	591	612	600	566	530	509	503	18－23歳の人口
										Uzbekistan
3 250	3 688	3 697	3 384	3 090	2 987	3 026	3 034	2 916	2 723	6－11歳の人口
1 478	1 637	1 867	1 825	1 662	1 517	1 481	1 508	1 509	1 441	12－14歳の人口
1 555	1 489	1 726	1 882	1 755	1 588	1 479	1 479	1 507	1 483	15－17歳の人口
3 465	3 040	3 001	3 451	3 678	3 431	3 109	2 920	2 927	2 971	18－23歳の人口
										Southern Asia
216 216	214 703	213 884	211 981	207 296	201 938	196 502	191 801	186 992	181 289	6－11歳の人口
106 129	108 008	106 474	106 797	105 424	103 076	100 385	97 651	95 425	93 000	12－14歳の人口
104 545	106 436	107 479	105 808	106 252	104 195	101 692	98 972	96 410	94 248	15－17歳の人口
201 938	207 362	211 388	212 415	210 389	210 334	206 352	201 353	196 070	191 204	18－23歳の人口
										Afghanistan
5 759	5 842	5 879	5 936	5 941	5 937	5 835	5 638	5 393	5 153	6－11歳の人口
2 617	2 901	2 878	2 936	2 947	2 955	2 955	2 896	2 795	2 671	12－14歳の人口
2 391	2 713	2 903	2 849	2 926	2 922	2 932	2 916	2 837	2 727	15－17歳の人口
3 937	4 728	5 342	5 633	5 602	5 717	5 726	5 744	5 702	5 548	18－23歳の人口
										Bangladesh
19 110	18 395	18 034	17 453	16 589	15 632	14 781	14 078	13 455	12 875	6－11歳の人口
9 894	9 422	9 132	8 969	8 654	8 213	7 729	7 317	6 960	6 661	12－14歳の人口
9 760	9 699	9 174	8 984	8 797	8 416	7 949	7 482	7 111	6 777	15－17歳の人口
18 605	19 178	18 902	18 011	17 636	17 208	16 438	15 506	14 656	13 930	18－23歳の人口
										Bhutan
86	81	78	76	71	67	63	61	59	57	6－11歳の人口
42	43	39	39	38	35	33	31	30	29	12－14歳の人口
44	42	42	38	39	37	34	32	31	30	15－17歳の人口
92	87	84	83	77	77	73	68	64	61	18－23歳の人口
										India
152 637	148 417	146 965	146 754	144 589	140 805	135 738	131 319	127 814	124 374	6－11歳の人口
75 830	76 150	73 349	73 444	73 076	72 002	70 017	67 379	65 306	63 595	12－14歳の人口
74 563	75 916	75 203	72 654	73 354	72 559	71 171	68 876	66 318	64 486	15－17歳の人口
143 726	148 332	150 797	148 609	145 004	145 704	144 160	141 199	136 575	131 762	18－23歳の人口

表A. 34. 主要地域、地域および国別、在学人口：推計および中位予測値（続）

推計値：1960-2015

主要地域、地域および国	人口（千人）										
	1960	1965	1970	1975	1980	1985	1990	1995	2000	2005	2010
Iran (Islamic Republic of)											
6－11歳の人口	3 478	4 230	4 766	5 350	6 114	7 776	10 128	10 961	9 719	7 137	6 450
12－14歳の人口	1 236	1 788	2 104	2 392	2 709	3 184	4 148	5 149	5 525	4 581	3 421
15－17歳の人口	1 065	1 401	1 945	2 195	2 521	2 939	3 622	4 334	5 434	5 454	4 018
18－23歳の人口	2 074	2 162	2 911	3 870	4 478	5 152	5 955	6 709	8 989	11 299	10 377
Maldives											
6－11歳の人口	11	15	20	23	27	31	40	49	49	42	36
12－14歳の人口	5	6	8	10	12	14	15	21	25	24	20
15－17歳の人口	6	5	6	9	11	12	14	17	23	25	23
18－23歳の人口	12	11	9	12	18	22	24	27	34	45	49
Nepal											
6－11歳の人口	1 518	1 710	1 819	2 018	2 287	2 633	3 022	3 410	3 798	4 145	4 139
12－14歳の人口	605	774	839	900	1 006	1 141	1 320	1 519	1 686	1 863	2 027
15－17歳の人口	603	631	806	844	922	1 042	1 191	1 400	1 544	1 643	1 813
18－23歳の人口	1 107	1 142	1 268	1 557	1 653	1 811	2 037	2 442	2 691	2 682	3 011
Pakistan											
6－11歳の人口	6 263	7 453	9 179	10 829	12 491	14 583	17 227	20 439	22 450	23 324	23 419
12－14歳の人口	2 995	3 047	3 773	4 623	5 470	6 303	7 366	8 653	10 392	11 200	11 686
15－17歳の人口	2 899	2 970	3 194	4 085	4 962	5 824	6 648	7 773	9 240	10 799	11 304
18－23歳の人口	5 106	5 643	5 784	6 484	8 389	10 290	11 722	13 171	15 548	18 555	21 220
Sri Lanka											
6－11歳の人口	1 552	1 803	1 972	2 071	2 097	2 189	2 301	2 174	2 002	1 938	2 029
12－14歳の人口	687	767	919	972	1 035	1 020	1 101	1 152	1 054	988	967
15－17歳の人口	593	725	811	949	981	1 027	1 032	1 122	1 118	1 003	981
18－23歳の人口	1 015	1 204	1 441	1 635	1 855	1 924	2 011	2 047	2 148	2 111	1 917
South-Eastern Asia											
6－11歳の人口	32 378	40 498	47 139	52 856	57 446	61 001	64 954	67 220	67 692	67 853	66 622
12－14歳の人口	12 712	16 487	20 379	23 572	26 391	28 731	30 405	32 677	33 497	34 417	33 309
15－17歳の人口	11 938	13 725	17 980	21 586	24 450	27 230	29 306	31 042	33 168	33 750	33 416
18－23歳の人口	22 476	23 704	28 022	36 196	42 868	48 790	54 065	57 797	61 315	64 191	63 331
Brunei Darussalam											
6－11歳の人口	13	18	22	24	28	33	34	37	41	41	41
12－14歳の人口	4	7	9	11	13	14	15	16	19	20	21
15－17歳の人口	4	5	9	10	12	13	13	16	17	19	21
18－23歳の人口	7	8	12	19	27	25	30	33	37	41	45
Cambodia											
6－11歳の人口	983	1 148	1 223	1 273	1 155	1 021	1 477	2 023	2 106	2 011	1 828
12－14歳の人口	369	492	538	572	511	575	440	820	1 044	1 086	979
15－17歳の人口	339	394	500	521	455	521	536	522	1 059	964	1 040
18－23歳の人口	598	653	762	921	792	883	1 018	1 039	1 199	1 982	1 662
Indonesia											
6－11歳の人口	12 403	15 792	18 852	21 470	23 640	25 333	26 652	26 634	26 098	27 344	28 306
12－14歳の人口	5 212	6 265	8 058	9 477	10 805	11 852	12 670	13 414	13 191	13 568	13 715
15－17歳の人口	5 167	5 431	6 882	8 662	9 951	11 222	12 155	12 917	13 420	13 410	12 981
18－23歳の人口	9 983	10 138	11 039	13 998	17 323	19 974	22 387	24 142	25 719	25 521	24 421
Lao People's Democratic Republic											
6－11歳の人口	336	377	420	479	545	614	694	815	940	945	891
12－14歳の人口	142	169	187	210	234	273	307	346	407	473	464
15－17歳の人口	128	150	175	193	212	245	285	318	362	428	476
18－23歳の人口	223	253	298	344	353	415	490	560	615	705	846
Malaysia											
6－11歳の人口	1 411	1 697	1 986	2 075	2 134	2 305	2 649	2 893	3 085	3 160	3 194
12－14歳の人口	547	710	824	983	1 027	1 049	1 186	1 346	1 464	1 555	1 651
15－17歳の人口	442	610	748	859	1 021	1 025	1 120	1 250	1 414	1 553	1 693
18－23歳の人口	843	916	1 216	1 454	1 750	2 005	2 047	2 288	2 589	3 009	3 429
Myanmar											
6－11歳の人口	3 238	3 899	4 325	4 900	5 438	5 951	6 437	6 304	5 933	5 990	6 314
12－14歳の人口	1 180	1 677	1 939	2 159	2 465	2 715	2 972	3 235	3 094	2 900	2 975
15－17歳の人口	1 108	1 303	1 814	2 000	2 249	2 555	2 788	3 029	3 201	2 926	2 863
18－23歳の人口	2 075	2 172	2 699	3 568	3 982	4 491	5 039	5 418	5 943	5 971	5 424
Philippines											
6－11歳の人口	4 684	5 627	6 317	7 054	7 808	8 739	9 755	10 870	11 740	12 503	12 343
12－14歳の人口	1 746	2 429	2 805	3 176	3 538	3 913	4 399	4 891	5 477	5 859	6 123
15－17歳の人口	1 598	1 943	2 617	2 915	3 296	3 665	4 065	4 566	5 066	5 603	5 990
18－23歳の人口	2 718	3 192	3 975	5 155	5 799	6 571	7 288	8 082	9 009	9 977	10 579
Singapore											
6－11歳の人口	256	339	345	299	271	257	249	288	360	361	362
12－14歳の人口	96	137	171	175	145	145	126	136	165	184	202
15－17歳の人口	88	121	153	178	168	145	145	131	154	184	214
18－23歳の人口	169	182	263	317	359	344	352	306	299	352	406

表A. 34. 主要地域、地域および国別、在学人口：推計および中位予測値（続）

2020-2060：中位予測値

人口（千人）										主要地域、地域および国
2015	2020	2025	2030	2035	2040	2045	2050	2055	2060	
										Iran (Islamic Republic of)
7 297	8 134	7 761	6 594	5 547	5 148	5 329	5 598	5 533	5 116	6－11歳の人口
3 171	3 727	4 115	3 837	3 221	2 712	2 556	2 681	2 815	2 757	12－14歳の人口
3 170	3 317	3 936	4 085	3 604	2 982	2 598	2 577	2 742	2 816	15－17歳の人口
7 792	6 347	6 766	7 870	8 011	7 036	5 853	5 172	5 173	5 479	18－23歳の人口
										Maldives
38	43	44	40	35	32	32	33	33	31	6－11歳の人口
18	19	22	22	20	17	16	16	17	16	12－14歳の人口
19	18	20	23	21	18	16	15	16	17	15－17歳の人口
44	37	35	40	44	41	36	32	31	32	18－23歳の人口
										Nepal
3 872	3 458	3 345	3 343	3 183	2 928	2 696	2 549	2 439	2 312	6－11歳の人口
2 033	1 915	1 678	1 676	1 660	1 574	1 440	1 328	1 261	1 208	12－14歳の人口
2 002	1 976	1 805	1 614	1 661	1 611	1 502	1 368	1 276	1 220	15－17歳の人口
3 460	3 879	3 810	3 447	3 164	3 211	3 104	2 880	2 629	2 458	18－23歳の人口
										Pakistan
25 324	28 349	29 946	30 081	29 728	29 814	30 484	31 057	30 906	30 120	6－11歳の人口
11 517	12 788	14 292	14 974	14 975	14 776	14 864	15 242	15 520	15 396	12－14歳の人口
11 637	11 737	13 376	14 634	14 985	14 845	14 715	14 942	15 339	15 484	15－17歳の人口
22 422	22 908	23 682	26 781	29 075	29 692	29 427	29 270	29 781	30 523	18－23歳の人口
										Sri Lanka
2 093	1 985	1 831	1 703	1 613	1 575	1 543	1 469	1 360	1 252	6－11歳の人口
1 007	1 043	969	900	833	791	776	760	720	665	12－14歳の人口
960	1 017	1 019	926	864	804	774	763	740	692	15－17歳の人口
1 861	1 867	1 969	1 941	1 776	1 648	1 536	1 482	1 460	1 411	18－23歳の人口
										South-Eastern Asia
66 037	68 082	68 384	66 564	65 038	63 939	63 118	62 174	60 964	59 507	6－11歳の人口
33 206	32 662	34 285	33 928	33 086	32 327	31 819	31 427	30 948	30 340	12－14歳の人口
33 046	32 910	32 850	34 401	33 433	32 642	31 977	31 547	31 152	30 626	15－17歳の人口
65 765	65 362	64 918	65 642	67 750	66 097	64 539	63 291	62 475	61 687	18－23歳の人口
										Brunei Darussalam
37	39	40	37	36	34	33	33	32	31	6－11歳の人口
21	18	20	20	19	18	17	16	16	16	12－14歳の人口
21	20	18	21	19	18	17	17	16	16	15－17歳の人口
42	43	39	38	41	39	37	35	34	33	18－23歳の人口
										Cambodia
1 918	2 079	2 147	2 100	2 017	1 989	1 998	1 983	1 922	1 841	6－11歳の人口
886	968	1 038	1 074	1 038	999	990	997	987	954	12－14歳の人口
927	884	998	1 048	1 061	1 013	984	985	990	970	15－17歳の人口
1 985	1 799	1 770	1 965	2 065	2 073	1 984	1 935	1 939	1 944	18－23歳の人口
										Indonesia
27 674	28 970	29 053	27 885	27 206	26 772	26 435	25 973	25 385	24 708	6－11歳の人口
14 184	13 572	14 746	14 347	13 875	13 531	13 341	13 175	12 936	12 641	12－14歳の人口
13 951	14 014	13 693	14 850	14 037	13 682	13 394	13 237	13 054	12 789	15－17歳の人口
25 928	27 636	27 510	27 633	29 107	27 809	27 078	26 552	26 243	25 871	18－23歳の人口
										Lao People's Democratic Republic
927	983	1 011	1 002	964	930	909	889	858	819	6－11歳の人口
435	467	489	505	497	477	461	451	441	425	12－14歳の人口
448	436	478	494	503	488	468	455	446	434	15－17歳の人口
918	874	870	942	977	988	958	920	896	879	18－23歳の人口
										Malaysia
2 890	2 894	3 090	3 160	3 120	2 997	2 846	2 740	2 716	2 735	6－11歳の人口
1 610	1 405	1 470	1 556	1 587	1 561	1 495	1 418	1 368	1 362	12－14歳の人口
1 647	1 557	1 393	1 523	1 584	1 591	1 547	1 473	1 402	1 368	15－17歳の人口
3 449	3 327	3 093	2 881	3 098	3 214	3 218	3 124	2 974	2 839	18－23歳の人口
										Myanmar
6 142	5 567	5 316	5 310	5 307	5 245	5 074	4 836	4 616	4 481	6－11歳の人口
3 182	3 037	2 728	2 651	2 646	2 647	2 613	2 521	2 399	2 291	12－14歳の人口
3 036	3 167	2 909	2 649	2 641	2 640	2 632	2 577	2 468	2 347	15－17歳の人口
5 672	6 071	6 212	5 706	5 275	5 244	5 245	5 221	5 100	4 883	18－23歳の人口
										Philippines
12 614	13 216	13 701	13 949	14 109	14 166	14 149	14 089	13 989	13 804	6－11歳の人口
6 131	6 301	6 631	6 852	6 964	7 048	7 066	7 059	7 026	6 979	12－14歳の人口
6 105	6 133	6 395	6 716	6 883	6 975	7 042	7 042	7 029	6 989	15－17歳の人口
11 782	12 029	12 200	12 743	13 336	13 660	13 849	13 965	13 975	13 948	18－23歳の人口
										Singapore
352	350	339	329	326	320	309	299	292	286	6－11歳の人口
195	186	180	174	170	169	165	160	154	150	12－14歳の人口
210	198	186	182	176	173	172	167	161	156	15－17歳の人口
454	439	405	383	373	362	356	353	343	331	18－23歳の人口

表A. 34.　主要地域、地域および国別、在学人口：推計および中位予測値（続）

推計値：1960-2015

主要地域、地域および国	人口（千人）										
	1960	1965	1970	1975	1980	1985	1990	1995	2000	2005	2010
Thailand											
6－11歳の人口	4 300	5 177	6 156	7 166	7 623	7 407	6 969	6 506	6 184	6 033	5 220
12－14歳の人口	1 804	2 146	2 600	3 098	3 641	3 788	3 664	3 442	3 204	3 147	2 750
15－17歳の人口	1 597	1 921	2 297	2 819	3 289	3 723	3 708	3 557	3 281	3 166	2 845
18－23歳の人口	3 045	3 235	3 862	4 803	5 740	6 532	7 175	7 061	6 429	6 345	5 680
Timor-Leste											
6－11歳の人口	78	85	95	106	92	86	106	132	156	196	176
12－14歳の人口	36	38	42	47	44	47	41	56	62	80	78
15－17歳の人口	32	37	39	43	45	43	50	42	58	67	73
18－23歳の人口	56	62	70	76	82	85	95	93	72	114	122
Viet Nam											
6－11歳の人口	4 676	6 339	7 400	8 009	8 712	9 255	9 932	10 718	11 048	9 269	7 947
12－14歳の人口	1 577	2 416	3 205	3 665	3 969	4 359	4 586	4 976	5 368	5 545	4 352
15－17歳の人口	1 436	1 811	2 747	3 387	3 753	4 073	4 440	4 696	5 137	5 429	5 221
18－23歳の人口	2 759	2 894	3 826	5 542	6 662	7 464	8 144	8 776	9 403	10 174	10 718
Western Asia											
6－11歳の人口	10 169	12 199	13 805	15 595	17 796	20 347	22 966	24 910	26 040	27 279	28 100
12－14歳の人口	3 880	5 233	6 074	6 931	7 798	8 944	10 155	11 527	12 320	13 076	13 697
15－17歳の人口	3 553	4 270	5 625	6 318	7 208	8 151	9 328	10 563	11 588	12 649	13 279
18－23歳の人口	6 799	7 118	8 756	11 121	12 742	14 549	16 609	18 499	21 222	23 722	26 289
Armenia											
6－11歳の人口	259	365	430	390	361	380	426	409	352	259	229
12－14歳の人口	87	139	196	222	188	181	185	185	198	167	123
15－17歳の人口	65	108	166	212	213	177	169	164	185	186	146
18－23歳の人口	214	148	235	353	438	400	331	272	309	351	346
Azerbaijan											
6－11歳の人口	500	773	967	946	831	822	935	1 081	1 101	927	775
12－14歳の人口	164	258	405	493	458	409	417	469	556	559	456
15－17歳の人口	129	196	312	440	488	427	422	420	502	574	531
18－23歳の人口	439	281	412	642	884	908	822	807	831	1 043	1 160
Bahrain											
6－11歳の人口	24	35	36	40	45	51	60	67	84	95	97
12－14歳の人口	11	15	17	18	21	22	25	30	33	40	45
15－17歳の人口	10	10	14	19	21	18	22	25	29	35	42
18－23歳の人口	16	21	21	37	50	41	49	57	66	94	119
Cyprus											
6－11歳の人口	82	79	79	72	66	66	77	83	86	86	77
12－14歳の人口	39	38	40	37	35	33	35	40	42	45	43
15－17歳の人口	30	37	36	36	35	34	33	38	45	45	49
18－23歳の人口	56	61	64	73	82	79	79	84	99	111	109
Georgia											
6－11歳の人口	441	562	621	557	519	522	538	510	452	325	258
12－14歳の人口	169	224	282	309	268	261	257	239	247	220	153
15－17歳の人口	162	191	255	289	289	251	251	232	229	237	186
18－23歳の人口	443	329	397	509	540	536	479	444	426	439	427
Iraq											
6－11歳の人口	1 191	1 352	1 549	2 062	2 453	2 765	3 074	3 439	3 851	4 381	4 874
12－14歳の人口	399	641	651	783	1 063	1 224	1 387	1 542	1 738	1 929	2 215
15－17歳の人口	414	451	683	670	875	1 133	1 262	1 445	1 609	1 805	2 012
18－23歳の人口	734	797	972	1 313	1 367	1 724	2 140	2 511	2 893	3 204	3 553
Israel											
6－11歳の人口	315	354	359	403	484	542	555	611	646	717	782
12－14歳の人口	128	181	178	190	204	249	276	304	316	326	366
15－17歳の人口	101	161	188	187	198	217	266	301	317	322	342
18－23歳の人口	181	232	334	388	375	396	452	561	625	645	666
Jordan											
6－11歳の人口	134	168	270	337	435	504	615	676	716	781	930
12－14歳の人口	65	71	110	136	178	229	266	331	338	358	429
15－17歳の人口	60	69	96	119	160	200	255	302	341	343	402
18－23歳の人口	103	126	175	195	254	325	424	571	610	678	747
Kuwait											
6－11歳の人口	34	63	121	166	215	240	298	200	199	232	251
12－14歳の人口	12	22	44	69	87	106	128	78	94	98	124
15－17歳の人口	8	21	32	60	71	90	130	64	87	92	122
18－23歳の人口	28	66	86	104	147	182	227	149	179	229	311
Lebanon											
6－11歳の人口	286	355	380	401	396	386	371	375	373	468	440
12－14歳の人口	98	152	172	191	185	179	178	187	187	250	252
15－17歳の人口	86	115	160	179	178	169	169	185	188	243	266
18－23歳の人口	164	178	232	318	312	315	303	353	369	467	520

表A. 34.　主要地域、地域および国別、在学人口：推計および中位予測値（続）

2020-2060：中位予測値

2015	2020	2025	2030	2035	2040	2045	2050	2055	2060	主要地域、地域および国
人口（千人）										
										Thailand
4 903	4 668	4 273	3 873	3 650	3 516	3 384	3 243	3 095	2 942	6－11歳の人口
2 542	2 392	2 290	2 067	1 878	1 779	1 715	1 647	1 580	1 507	12－14歳の人口
2 619	2 433	2 308	2 182	1 943	1 791	1 716	1 654	1 587	1 520	15－17歳の人口
5 425	5 001	4 650	4 415	4 122	3 678	3 394	3 245	3 128	3 005	18－23歳の人口
										Timor-Leste
178	221	248	249	252	257	268	282	288	286	6－11歳の人口
89	84	116	122	124	125	128	134	141	144	12－14歳の人口
79	88	89	122	120	122	124	128	135	141	15－17歳の人口
136	151	162	179	230	230	235	238	247	261	18－23歳の人口
										Viet Nam
8 401	9 096	9 167	8 670	8 053	7 714	7 712	7 808	7 771	7 572	6－11歳の人口
3 931	4 230	4 577	4 561	4 288	3 974	3 828	3 848	3 900	3 870	12－14歳の人口
4 001	3 979	4 382	4 614	4 464	4 149	3 882	3 813	3 864	3 895	15－17歳の人口
9 975	7 992	8 007	8 758	9 126	8 801	8 185	7 704	7 596	7 694	18－23歳の人口
										Western Asia
30 134	32 464	33 381	33 527	33 553	33 947	34 644	35 254	35 512	35 441	6－11歳の人口
14 119	15 067	16 328	16 698	16 718	16 733	16 964	17 332	17 630	17 739	12－14歳の人口
13 874	14 340	15 455	16 572	16 660	16 670	16 751	17 061	17 429	17 663	15－17歳の人口
26 892	28 135	29 121	31 339	33 248	33 397	33 422	33 647	34 276	34 977	18－23歳の人口
										Armenia
214	244	234	202	173	157	156	161	156	143	6－11歳の人口
93	109	124	115	99	84	77	78	80	77	12－14歳の人口
100	95	116	122	107	92	79	76	78	79	15－17歳の人口
281	194	190	227	235	206	175	153	147	152	18－23歳の人口
										Azerbaijan
709	1 000	1 083	913	792	781	825	834	794	747	6－11歳の人口
360	340	539	531	446	388	391	416	416	393	12－14歳の人口
400	343	390	574	495	414	380	399	418	407	15－17歳の人口
1 024	782	677	837	1 104	964	813	758	795	826	18－23歳の人口
										Bahrain
115	129	118	106	102	100	100	99	97	95	6－11歳の人口
51	58	66	57	53	51	50	50	49	48	12－14歳の人口
52	52	61	63	53	51	50	49	49	48	15－17歳の人口
130	127	123	141	139	118	113	111	110	108	18－23歳の人口
										Cyprus
76	79	79	78	76	74	73	74	76	77	6－11歳の人口
38	39	40	40	39	39	37	37	38	38	12－14歳の人口
43	39	41	42	41	40	40	38	38	39	15－17歳の人口
111	98	90	92	94	93	91	90	87	87	18－23歳の人口
										Georgia
254	314	311	277	246	218	209	219	225	213	6－11歳の人口
114	129	162	152	137	121	106	103	110	112	12－14歳の人口
139	110	142	163	144	129	113	102	104	111	15－17歳の人口
344	260	223	282	311	277	247	217	198	203	18－23歳の人口
										Iraq
5 677	6 576	7 312	7 934	8 584	9 325	10 101	10 841	11 501	12 084	6－11歳の人口
2 463	2 878	3 317	3 680	3 987	4 316	4 693	5 082	5 450	5 775	12－14歳の人口
2 343	2 589	3 048	3 466	3 801	4 106	4 455	4 843	5 226	5 579	15－17歳の人口
4 154	4 696	5 255	6 147	6 965	7 628	8 251	8 957	9 731	10 492	18－23歳の人口
										Israel
862	971	999	988	1 003	1 040	1 089	1 134	1 159	1 158	6－11歳の人口
396	433	497	497	495	503	523	547	570	581	12－14歳の人口
381	411	457	508	494	498	510	533	558	577	15－17歳の人口
701	773	837	936	1 014	997	1 005	1 033	1 078	1 126	18－23歳の人口
										Jordan
1 047	1 111	1 096	1 066	1 066	1 082	1 106	1 118	1 104	1 070	6－11歳の人口
485	508	539	537	532	532	541	554	559	550	12－14歳の人口
462	483	503	540	533	530	534	546	556	557	15－17歳の人口
847	895	922	996	1 069	1 061	1 056	1 066	1 089	1 109	18－23歳の人口
										Kuwait
328	401	439	426	393	380	387	405	419	417	6－11歳の人口
127	170	202	223	210	194	189	194	204	210	12－14歳の人口
129	136	185	210	221	202	190	189	197	207	15－17歳の人口
322	316	345	415	457	469	432	411	409	424	18－23歳の人口
										Lebanon
546	501	425	413	419	384	340	316	317	325	6－11歳の人口
311	245	207	192	210	209	189	167	157	158	12－14歳の人口
329	275	190	193	196	212	203	179	161	156	15－17歳の人口
696	615	441	351	381	395	419	396	351	318	18－23歳の人口

表A. 34. 主要地域、地域および国別、在学人口：推計および中位予測値（続）

推計値：1960-2015

主要地域、地域および国	人口（千人）										
	1960	1965	1970	1975	1980	1985	1990	1995	2000	2005	2010
Oman											
6－11歳の人口	86	102	123	147	180	244	314	348	337	352	283
12－14歳の人口	38	43	51	62	75	90	122	155	159	178	144
15－17歳の人口	36	39	45	55	67	81	95	130	147	171	152
18－23歳の人口	62	70	78	93	118	142	166	190	285	314	385
Qatar											
6－11歳の人口	7	10	14	19	26	37	53	53	59	79	94
12－14歳の人口	3	5	6	8	11	14	19	21	29	31	38
15－17歳の人口	3	4	6	9	11	12	18	16	28	24	28
18－23歳の人口	6	9	14	22	29	37	40	42	49	70	176
Saudi Arabia											
6－11歳の人口	645	768	943	1 189	1 620	2 110	2 632	3 135	3 198	3 351	3 361
12－14歳の人口	282	326	392	498	632	877	1 008	1 399	1 420	1 597	1 621
15－17歳の人口	251	301	352	446	565	748	879	1 124	1 184	1 497	1 524
18－23歳の人口	432	516	625	787	1 011	1 393	1 813	1 746	2 175	2 519	2 966
State of Palestine											
6－11歳の人口	180	198	204	251	280	323	376	466	602	649	664
12－14歳の人口	81	83	77	102	120	136	161	192	242	293	319
15－17歳の人口	71	79	68	83	106	123	142	175	212	252	304
18－23歳の人口	122	133	122	133	161	207	243	294	362	409	505
Syrian Arab Republic											
6－11歳の人口	793	983	1 138	1 338	1 625	1 972	2 292	2 507	2 578	2 806	2 926
12－14歳の人口	280	414	492	574	672	825	1 000	1 160	1 263	1 289	1 435
15－17歳の人口	249	318	453	516	605	723	890	1 065	1 204	1 283	1 334
18－23歳の人口	428	496	663	890	1 017	1 210	1 451	1 796	2 129	2 410	2 614
Turkey											
6－11歳の人口	4 368	5 152	5 575	6 047	6 738	7 443	7 879	7 834	7 645	7 797	7 818
12－14歳の人口	1 631	2 221	2 531	2 746	2 972	3 346	3 704	3 914	3 869	3 779	3 916
15－17歳の人口	1 533	1 771	2 366	2 558	2 790	3 070	3 475	3 776	3 896	3 811	3 787
18－23歳の人口	2 780	2 972	3 584	4 488	5 008	5 509	6 141	6 905	7 486	7 691	7 554
United Arab Emirates											
6－11歳の人口	15	21	28	55	100	157	208	253	320	314	404
12－14歳の人口	6	10	12	21	32	51	82	114	144	160	208
15－17歳の人口	6	10	12	21	29	38	79	91	119	170	244
18－23歳の人口	10	21	30	75	124	125	173	224	302	499	980
Yemen											
6－11歳の人口	809	858	969	1 174	1 424	1 781	2 265	2 862	3 442	3 662	3 836
12－14歳の人口	389	392	418	471	597	712	905	1 165	1 446	1 756	1 810
15－17歳の人口	342	389	379	419	506	640	770	1 011	1 266	1 558	1 807
18－23歳の人口	580	662	712	700	825	1 021	1 274	1 494	2 028	2 548	3 151
EUROPE											
6－11歳の人口	65 216	67 943	68 076	64 651	61 802	60 019	59 576	59 210	52 698	45 914	43 867
12－14歳の人口	29 684	32 610	34 135	33 983	32 060	30 890	29 993	30 171	30 008	26 077	22 842
15－17歳の人口	24 728	31 635	33 075	34 183	33 513	31 428	30 704	30 044	30 336	29 159	24 931
18－23歳の人口	56 929	51 877	62 475	66 198	68 312	66 496	63 009	61 326	60 321	61 497	58 369
Eastern Europe											
6－11歳の人口	30 388	32 255	29 578	25 587	25 867	27 918	28 912	28 718	23 431	17 795	16 231
12－14歳の人口	12 412	15 361	16 215	14 400	12 404	13 123	14 043	14 601	14 668	11 237	8 588
15－17歳の人口	9 290	13 939	15 844	15 603	13 509	12 307	13 635	14 316	14 802	13 725	10 129
18－23歳の人口	25 936	20 224	27 803	31 246	30 537	26 636	24 992	27 142	28 580	29 487	26 852
Belarus											
6－11歳の人口	876	1 090	1 136	951	869	882	950	968	790	591	523
12－14歳の人口	344	439	567	555	447	437	439	481	485	379	285
15－17歳の人口	296	377	491	557	503	430	442	449	487	448	342
18－23歳の人口	825	610	776	950	1 045	959	827	860	890	934	878
Bulgaria											
6－11歳の人口	841	798	767	757	778	808	729	639	532	417	379
12－14歳の人口	416	416	399	377	372	390	395	338	320	252	199
15－17歳の人口	363	426	405	386	373	372	390	366	322	293	219
18－23歳の人口	686	740	834	793	753	729	723	727	693	635	559
Czech Republic											
6－11歳の人口	1 051	914	822	808	949	1 071	906	780	738	587	549
12－14歳の人口	524	524	441	411	395	489	548	428	392	372	278
15－17歳の人口	458	540	496	418	405	417	523	524	395	387	348
18－23歳の人口	702	937	1 059	967	837	798	865	1 052	1 007	804	807
Hungary											
6－11歳の人口	1 068	1 039	815	812	911	1 025	857	743	731	630	575
12－14歳の人口	458	557	512	386	416	450	535	405	380	368	305
15－17歳の人口	463	481	565	463	372	431	478	511	380	377	351
18－23歳の人口	831	913	991	1 088	892	753	854	969	970	776	766

表A. 34.　主要地域、地域および国別、在学人口：推計および中位予測値（続）

2020-2060：中位予測値

人口（千人）										主要地域、地域および国
2015	2020	2025	2030	2035	2040	2045	2050	2055	2060	
										Oman
336	437	487	454	390	347	347	373	389	382	6－11歳の人口
132	174	226	247	224	192	172	175	188	196	12－14歳の人口
130	150	197	241	242	211	182	170	180	193	15－17歳の人口
479	358	379	452	523	491	430	373	355	374	18－23歳の人口
										Qatar
130	155	165	164	159	154	153	155	160	162	6－11歳の人口
61	65	79	82	82	79	77	77	78	80	12－14歳の人口
59	57	66	80	80	79	76	75	75	77	15－17歳の人口
209	215	196	194	207	206	204	192	188	187	18－23歳の人口
										Saudi Arabia
3 602	3 808	3 686	3 541	3 476	3 473	3 503	3 489	3 406	3 284	6－11歳の人口
1 612	1 835	1 909	1 824	1 763	1 732	1 735	1 753	1 742	1 697	12－14歳の人口
1 545	1 687	1 886	1 885	1 784	1 746	1 726	1 740	1 751	1 726	15－17歳の人口
2 885	3 160	3 498	3 790	3 768	3 553	3 474	3 445	3 473	3 487	18－23歳の人口
										State of Palestine
716	806	892	955	998	1 034	1 075	1 117	1 153	1 177	6－11歳の人口
328	359	406	448	478	499	517	538	559	577	12－14歳の人口
322	335	375	423	461	486	505	524	545	566	15－17歳の人口
603	638	674	756	849	922	972	1 009	1 048	1 091	18－23歳の人口
										Syrian Arab Republic
2 825	2 797	3 116	3 327	3 240	3 137	3 093	3 061	3 006	2 923	6－11歳の人口
1 391	1 427	1 540	1 651	1 665	1 609	1 561	1 544	1 527	1 498	12－14歳の人口
1 338	1 415	1 480	1 628	1 656	1 648	1 582	1 548	1 536	1 515	15－17歳の人口
2 072	2 682	2 850	3 015	3 228	3 288	3 253	3 136	3 077	3 051	18－23歳の人口
										Turkey
8 007	8 023	7 578	7 246	7 000	6 810	6 638	6 464	6 272	6 071	6－11歳の人口
4 029	3 937	3 913	3 745	3 595	3 483	3 390	3 306	3 219	3 122	12－14歳の人口
4 046	3 967	3 858	3 841	3 670	3 538	3 438	3 349	3 266	3 176	15－17歳の人口
7 739	7 983	7 741	7 653	7 606	7 286	7 031	6 833	6 660	6 495	18－23歳の人口
										United Arab Emirates
483	570	572	545	527	547	583	601	602	604	6－11歳の人口
208	251	295	284	269	261	274	293	300	299	12－14歳の人口
233	231	300	282	273	259	258	276	292	295	15－17歳の人口
741	732	774	755	704	672	647	651	680	702	18－23歳の人口
										Yemen
4 208	4 545	4 788	4 894	4 908	4 904	4 866	4 794	4 678	4 508	6－11歳の人口
1 919	2 110	2 268	2 396	2 436	2 442	2 441	2 419	2 384	2 325	12－14歳の人口
1 825	1 966	2 163	2 311	2 411	2 427	2 431	2 425	2 396	2 354	15－17歳の人口
3 553	3 610	3 904	4 301	4 594	4 771	4 808	4 815	4 800	4 745	18－23歳の人口
										EUROPE
46 312	48 138	47 449	45 468	43 144	41 690	41 885	42 899	43 292	42 639	6－11歳の人口
21 919	23 505	24 192	23 739	22 708	21 511	20 841	21 060	21 602	21 734	12－14歳の人口
22 031	22 496	24 116	24 252	23 491	22 352	21 283	20 954	21 393	21 844	15－17歳の人口
49 701	44 859	46 041	48 808	48 966	47 401	45 124	43 164	42 670	43 508	18－23歳の人口
										Eastern Europe
18 178	20 104	19 832	18 203	16 379	15 241	15 397	16 209	16 521	15 976	6－11歳の人口
8 064	9 254	10 173	9 852	9 020	8 083	7 556	7 729	8 168	8 275	12－14歳の人口
7 925	8 458	9 730	10 221	9 550	8 651	7 818	7 557	7 912	8 283	15－17歳の人口
19 759	16 073	17 219	19 578	20 253	18 933	17 133	15 601	15 238	15 944	18－23歳の人口
										Belarus
574	675	678	613	548	506	515	549	564	544	6－11歳の人口
260	287	349	333	305	270	250	259	277	283	12－14歳の人口
248	271	308	356	320	291	259	251	266	282	15－17歳の人口
680	509	547	634	699	637	576	518	507	537	18－23歳の人口
										Bulgaria
415	414	393	370	335	310	305	307	301	286	6－11歳の人口
186	213	202	196	182	165	153	152	153	149	12－14歳の人口
187	190	213	195	190	173	157	149	150	151	15－17歳の人口
422	364	379	407	380	365	332	301	289	292	18－23歳の人口
										Czech Republic
653	666	641	616	570	540	552	582	591	579	6－11歳の人口
277	339	328	323	307	283	269	279	294	296	12－14歳の人口
260	299	349	322	320	299	277	271	286	298	15－17歳の人口
670	542	623	693	656	643	601	560	554	583	18－23歳の人口
										Hungary
586	568	550	533	506	480	465	462	457	449	6－11歳の人口
287	296	281	276	266	252	239	233	231	229	12－14歳の人口
290	291	295	277	275	261	248	237	233	232	15－17歳の人口
688	588	589	589	561	551	525	499	478	470	18－23歳の人口

表A. 34. 主要地域、地域および国別、在学人口：推計および中位予測値（続）

推計値:1960-2015

主要地域、地域および国	人口（千人）										
	1960	1965	1970	1975	1980	1985	1990	1995	2000	2005	2010
Poland											
6－11歳の人口	4 030	4 389	3 717	3 085	3 252	3 743	4 078	3 750	3 189	2 571	2 159
12－14歳の人口	1 602	2 049	2 225	1 772	1 514	1 638	1 892	2 062	1 839	1 571	1 242
15－17歳の人口	1 198	1 818	2 147	2 112	1 610	1 514	1 737	1 963	2 025	1 713	1 442
18－23歳の人口	2 523	2 569	3 658	4 256	4 038	3 189	3 047	3 477	3 882	3 930	3 364
Republic of Moldova											
6－11歳の人口	356	473	492	427	418	441	485	505	431	315	259
12－14歳の人口	125	194	247	245	201	208	221	241	257	206	154
15－17歳の人口	130	144	223	242	225	202	211	225	244	246	187
18－23歳の人口	313	266	316	448	449	414	361	400	446	492	476
Romania											
6－11歳の人口	2 204	2 275	1 863	2 181	2 446	2 428	2 224	2 113	1 685	1 343	1 285
12－14歳の人口	913	1 127	1 150	849	1 169	1 193	1 229	1 061	1 081	776	664
15－17歳の人口	759	1 007	1 160	1 065	870	1 246	1 182	1 182	1 026	1 008	654
18－23歳の人口	1 817	1 595	2 040	2 297	2 008	1 856	2 396	2 304	2 198	1 970	1 620
Russian Federation											
6－11歳の人口	14 602	15 735	14 669	11 832	11 510	12 509	13 614	14 436	11 361	8 206	7 933
12－14歳の人口	5 915	7 263	7 901	7 157	5 623	5 908	6 289	7 002	7 573	5 376	3 944
15－17歳の人口	3 807	6 776	7 472	7 682	6 641	5 459	6 197	6 574	7 391	7 074	4 825
18－23歳の人口	13 013	8 774	13 338	14 879	15 289	13 139	11 376	12 507	13 510	14 999	13 922
Slovakia											
6－11歳の人口	532	554	506	463	501	566	553	506	454	369	314
12－14歳の人口	216	276	275	250	224	253	287	272	253	225	178
15－17歳の人口	200	234	286	264	239	225	268	289	265	242	209
18－23歳の人口	352	394	471	552	519	465	459	537	570	525	479
Ukraine											
6－11歳の人口	4 828	4 987	4 791	4 270	4 234	4 443	4 516	4 278	3 521	2 765	2 255
12－14歳の人口	1 899	2 515	2 498	2 398	2 043	2 158	2 208	2 310	2 088	1 711	1 339
15－17歳の人口	1 617	2 136	2 598	2 412	2 272	2 009	2 207	2 232	2 267	1 935	1 553
18－23歳の人口	4 874	3 427	4 321	5 015	4 706	4 334	4 084	4 308	4 414	4 422	3 980
Northern Europe											
6－11歳の人口	7 782	7 664	8 500	8 691	7 922	7 023	6 982	7 365	7 441	6 949	6 648
12－14歳の人口	4 159	3 774	3 846	4 337	4 355	3 905	3 468	3 522	3 722	3 764	3 534
15－17歳の人口	3 677	4 153	3 703	4 025	4 458	4 212	3 727	3 408	3 597	3 806	3 824
18－23歳の人口	6 546	7 458	8 093	7 572	8 254	8 880	8 323	7 372	6 969	7 523	8 017
Channel Islands											
6－11歳の人口	9	10	11	11	10	9	9	10	10	10	10
12－14歳の人口	5	5	5	6	6	5	4	4	5	5	5
15－17歳の人口	4	4	4	5	6	6	5	4	5	5	5
18－23歳の人口	9	10	12	12	12	14	14	11	10	11	11
Denmark											
6－11歳の人口	464	438	462	471	448	395	335	342	400	415	399
12－14歳の人口	252	226	219	234	236	223	197	165	177	207	208
15－17歳の人口	237	249	219	223	239	233	215	186	165	190	213
18－23歳の人口	390	473	487	443	455	479	467	433	376	350	408
Estonia											
6－11歳の人口	113	117	121	119	128	132	138	132	106	77	74
12－14歳の人口	53	58	61	62	60	66	66	63	65	50	36
15－17歳の人口	48	59	60	64	61	62	66	60	62	61	43
18－23歳の人口	114	107	124	132	133	129	128	118	119	122	115
Finland											
6－11歳の人口	561	496	468	435	376	377	395	384	390	370	346
12－14歳の人口	291	270	243	234	217	182	193	200	190	200	183
15－17歳の人口	225	298	251	237	228	205	179	199	198	191	201
18－23歳の人口	386	463	541	494	460	448	399	369	398	395	393
Iceland											
6－11歳の人口	24	27	28	26	25	25	25	26	27	26	26
12－14歳の人口	10	12	13	14	13	13	13	13	13	14	13
15－17歳の人口	9	11	12	14	13	13	13	13	13	13	14
18－23歳の人口	14	18	22	25	26	26	25	25	26	26	28
Ireland											
6－11歳の人口	354	346	366	377	418	440	420	368	318	323	364
12－14歳の人口	171	175	170	194	190	214	216	214	185	162	164
15－17歳の人口	149	169	171	175	201	192	217	216	207	174	162
18－23歳の人口	238	266	307	329	356	371	358	408	417	407	365
Latvia											
6－11歳の人口	185	202	209	199	207	211	219	229	188	126	111
12－14歳の人口	91	96	104	106	99	107	104	107	114	86	56
15－17歳の人口	93	96	100	112	108	101	110	99	109	101	72
18－23歳の人口	209	196	200	223	237	224	221	203	197	201	182

表A. 34. 主要地域、地域および国別、在学人口：推計および中位予測値（続）

2020-2060：中位予測値

2015	2020	2025	2030	2035	2040	2045	2050	2055	2060	主要地域、地域および国
人口（千人）										
										Poland
2 310	2 425	2 255	2 017	1 807	1 664	1 629	1 659	1 651	1 571	6－11歳の人口
1 047	1 188	1 209	1 115	995	893	823	814	832	824	12－14歳の人口
1 140	1 060	1 228	1 179	1 065	949	859	810	819	833	15－17歳の人口
2 798	2 245	2 174	2 423	2 324	2 098	1 871	1 699	1 618	1 636	18－23歳の人口
										Republic of Moldova
251	266	249	219	194	176	168	166	163	154	6－11歳の人口
121	127	133	122	107	95	86	83	82	80	12－14歳の人口
137	118	130	130	114	101	91	84	82	81	15－17歳の人口
362	266	238	257	253	223	197	177	164	161	18－23歳の人口
										Romania
1 267	1 157	1 043	972	920	907	909	888	839	787	6－11歳の人口
631	638	564	519	481	456	453	455	442	416	12－14歳の人口
642	623	618	535	502	467	451	452	451	431	15－17歳の人口
1 185	1 200	1 214	1 190	1 049	976	912	883	886	880	18－23歳の人口
										Russian Federation
9 151	10 623	10 830	9 917	8 859	8 235	8 450	9 090	9 408	9 154	6－11歳の人口
4 033	4 608	5 459	5 379	4 919	4 369	4 086	4 255	4 595	4 724	12－14歳の人口
3 652	4 336	4 933	5 596	5 224	4 716	4 230	4 121	4 406	4 703	15－17歳の人口
9 494	7 680	8 791	10 124	11 104	10 404	9 378	8 497	8 376	8 942	18－23歳の人口
										Slovakia
326	340	339	325	298	273	263	267	271	268	6－11歳の人口
154	166	170	170	161	147	135	131	134	136	12－14歳の人口
164	155	170	170	168	156	142	132	132	135	15－17歳の人口
405	326	316	339	340	333	310	282	265	265	18－23歳の人口
										Ukraine
2 645	2 970	2 854	2 622	2 341	2 150	2 140	2 240	2 276	2 185	6－11歳の人口
1 067	1 392	1 479	1 419	1 297	1 152	1 062	1 070	1 127	1 138	12－14歳の人口
1 206	1 115	1 485	1 460	1 372	1 236	1 104	1 051	1 088	1 138	15－17歳の人口
3 056	2 351	2 348	2 921	2 887	2 701	2 429	2 184	2 101	2 179	18－23歳の人口
										Northern Europe
7 196	7 621	7 673	7 700	7 565	7 448	7 555	7 793	7 960	7 990	6－11歳の人口
3 285	3 728	3 832	3 879	3 889	3 804	3 749	3 821	3 944	4 019	12－14歳の人口
3 435	3 427	3 897	3 890	3 938	3 916	3 822	3 812	3 916	4 028	15－17歳の人口
7 792	7 088	7 244	7 976	8 028	8 104	8 034	7 870	7 868	8 064	18－23歳の人口
										Channel Islands
10	10	10	10	10	10	10	10	10	10	6－11歳の人口
5	5	5	5	5	5	5	5	5	5	12－14歳の人口
5	5	5	5	5	5	5	5	5	5	15－17歳の人口
11	11	11	11	11	11	11	11	11	11	18－23歳の人口
										Denmark
398	371	364	392	413	417	411	404	402	411	6－11歳の人口
199	205	183	186	200	210	211	208	204	203	12－14歳の人口
210	201	204	182	195	208	215	213	209	206	15－17歳の人口
458	432	421	414	383	407	432	443	439	430	18－23歳の人口
										Estonia
88	89	84	80	72	67	67	70	70	68	6－11歳の人口
35	46	43	42	39	35	33	34	35	35	12－14歳の人口
32	39	47	42	41	38	34	33	34	35	15－17歳の人口
86	65	80	90	83	81	74	67	65	68	18－23歳の人口
										Finland
360	373	368	365	360	354	354	359	362	361	6－11歳の人口
171	186	189	186	186	182	179	180	182	184	12－14歳の人口
178	176	192	190	188	187	183	181	183	185	15－17歳の人口
406	362	366	390	387	383	380	373	370	373	18－23歳の人口
										Iceland
27	28	27	26	26	25	25	25	25	24	6－11歳の人口
12	14	14	13	13	13	12	12	12	12	12－14歳の人口
13	13	14	14	13	13	13	12	12	13	15－17歳の人口
30	26	26	28	28	27	26	26	25	25	18－23歳の人口
										Ireland
413	430	399	362	351	367	396	414	410	395	6－11歳の人口
181	211	216	197	180	175	186	201	208	205	12－14歳の人口
166	194	218	212	190	177	179	193	206	209	15－17歳の人口
305	340	401	441	425	385	362	368	395	419	18－23歳の人口
										Latvia
125	119	115	114	104	96	95	98	98	96	6－11歳の人口
53	64	57	59	57	51	48	48	49	49	12－14歳の人口
45	58	65	56	59	55	50	47	48	49	15－17歳の人口
132	95	117	125	113	116	108	98	94	96	18－23歳の人口

表A. 34. 主要地域、地域および国別、在学人口：推計および中位予測値（続）

推計値：1960-2015

主要地域、地域および国	人口（千人）										
	1960	1965	1970	1975	1980	1985	1990	1995	2000	2005	2010
Lithuania											
6－11歳の人口	288	325	354	332	324	318	330	334	292	236	177
12－14歳の人口	137	141	169	177	165	165	158	160	163	148	110
15－17歳の人口	140	134	149	175	174	163	165	152	162	155	133
18－23歳の人口	279	272	265	309	349	351	332	316	296	295	279
Norway											
6－11歳の人口	372	366	372	392	386	334	308	332	365	372	363
12－14歳の人口	189	182	184	185	200	193	163	155	170	187	191
15－17歳の人口	163	193	179	186	190	201	184	157	160	179	194
18－23歳の人口	264	333	377	363	372	387	402	365	323	334	379
Sweden											
6－11歳の人口	678	628	663	694	683	610	579	656	720	619	587
12－14歳の人口	377	331	317	334	351	341	303	295	337	375	300
15－17歳の人口	358	373	321	322	344	350	331	299	308	360	379
18－23歳の人口	591	741	763	657	669	699	718	671	608	648	761
United Kingdom											
6－11歳の人口	4 726	4 701	5 436	5 624	4 908	4 163	4 216	4 544	4 616	4 363	4 184
12－14歳の人口	2 579	2 273	2 356	2 787	2 814	2 391	2 045	2 143	2 299	2 323	2 262
15－17歳の人口	2 247	2 561	2 232	2 507	2 888	2 679	2 237	2 019	2 204	2 371	2 401
18－23歳の人口	4 047	4 572	4 987	4 580	5 174	5 743	5 250	4 443	4 190	4 726	5 087
Southern Europe											
6－11歳の人口	12 766	12 916	13 636	13 872	13 730	12 930	11 421	10 043	9 235	8 965	9 008
12－14歳の人口	6 250	6 224	6 428	6 897	6 987	6 898	6 444	5 618	4 979	4 720	4 541
15－17歳の人口	5 534	6 295	6 169	6 568	7 038	6 944	6 795	6 143	5 317	4 926	4 680
18－23歳の人口	11 125	10 977	12 026	12 252	13 191	13 922	13 822	13 320	12 030	10 872	9 964
Albania											
6－11歳の人口	238	299	352	369	380	394	414	417	403	349	263
12－14歳の人口	99	121	153	179	183	191	197	192	201	199	166
15－17歳の人口	94	105	133	164	184	184	194	182	180	200	174
18－23歳の人口	178	189	215	272	331	364	370	325	302	327	320
Bosnia and Herzegovina											
6－11歳の人口	487	503	531	514	487	444	449	367	291	266	219
12－14歳の人口	212	245	248	269	251	245	214	191	177	140	137
15－17歳の人口	163	231	246	251	267	243	232	175	186	166	132
18－23歳の人口	372	341	446	477	497	518	466	362	335	369	321
Croatia											
6－11歳の人口	479	457	422	387	388	395	391	360	304	289	262
12－14歳の人口	223	239	226	210	190	199	197	194	175	146	148
15－17歳の人口	179	236	237	218	203	191	201	191	181	166	140
18－23歳の人口	386	369	462	460	434	408	389	374	357	358	312
Greece											
6－11歳の人口	868	874	847	896	872	845	820	722	663	653	641
12－14歳の人口	434	423	428	422	471	432	451	432	371	348	327
15－17歳の人口	373	445	393	429	440	465	450	473	424	362	345
18－23歳の人口	842	747	775	780	848	894	937	975	979	881	746
Italy											
6－11歳の人口	4 983	4 871	5 314	5 471	5 244	4 547	3 780	3 428	3 308	3 281	3 333
12－14歳の人口	2 563	2 396	2 427	2 706	2 757	2 647	2 216	1 864	1 712	1 700	1 666
15－17歳の人口	2 251	2 548	2 335	2 511	2 785	2 738	2 523	2 056	1 792	1 730	1 713
18－23歳の人口	4 637	4 515	4 851	4 676	5 083	5 554	5 460	4 929	4 094	3 672	3 553
Malta											
6－11歳の人口	54	46	39	30	28	34	34	34	34	31	28
12－14歳の人口	24	23	21	19	14	15	18	17	18	16	16
15－17歳の人口	14	25	21	20	17	14	16	18	17	17	17
18－23歳の人口	27	30	44	38	37	34	28	33	35	33	31
Montenegro											
6－11歳の人口	66	74	71	67	64	62	64	59	53	50	49
12－14歳の人口	28	34	34	36	33	32	31	30	28	26	26
15－17歳の人口	28	29	34	35	35	32	32	29	30	27	26
18－23歳の人口	57	55	55	67	68	69	60	59	56	59	51
Portugal											
6－11歳の人口	1 016	992	1 015	1 002	1 025	979	851	716	651	635	648
12－14歳の人口	493	469	475	510	511	509	486	425	361	328	339
15－17歳の人口	450	450	450	478	518	490	504	466	407	344	340
18－23歳の人口	857	792	786	869	945	963	942	983	924	810	699
Serbia											
6－11歳の人口	969	880	798	812	863	919	919	904	795	712	646
12－14歳の人口	416	490	419	398	406	434	462	464	420	372	341
15－17歳の人口	317	457	476	397	400	414	445	473	404	400	343
18－23歳の人口	685	671	907	919	799	799	831	910	821	782	733

表A. 34. 主要地域、地域および国別、在学人口：推計および中位予測値（続）

2020-2060：中位予測値

2015	2020	2025	2030	2035	2040	2045	2050	2055	2060	主要地域、地域および国
										人口（千人）
										Lithuania
157	176	179	177	170	154	146	148	152	153	6－11歳の人口
81	78	90	88	89	85	76	72	74	76	12－14歳の人口
90	78	81	92	87	89	81	74	72	75	15－17歳の人口
235	178	156	166	181	175	175	160	147	145	18－23歳の人口
										Norway
374	395	413	428	432	432	436	447	460	470	6－11歳の人口
183	197	202	213	219	221	221	223	229	235	12－14歳の人口
192	191	204	208	220	224	225	225	228	234	15－17歳の人口
419	404	401	421	434	454	461	463	463	470	18－23歳の人口
										Sweden
676	726	756	779	770	759	781	823	858	877	6－11歳の人口
304	356	372	391	401	394	389	402	424	440	12－14歳の人口
287	332	377	386	405	409	399	400	419	439	15－17歳の人口
775	621	704	781	806	839	842	826	831	867	18－23歳の人口
										United Kingdom
4 558	4 895	4 949	4 957	4 847	4 755	4 824	4 987	5 102	5 115	6－11歳の人口
2 055	2 361	2 455	2 494	2 495	2 427	2 385	2 432	2 517	2 569	12－14歳の人口
2 212	2 135	2 484	2 498	2 531	2 506	2 434	2 423	2 494	2 572	15－17歳の人口
4 926	4 543	4 553	5 099	5 166	5 217	5 151	5 024	5 016	5 149	18－23歳の人口
										Southern Europe
9 108	8 662	8 049	7 620	7 375	7 327	7 380	7 406	7 299	7 095	6－11歳の人口
4 499	4 597	4 287	4 015	3 800	3 692	3 677	3 710	3 720	3 656	12－14歳の人口
4 488	4 547	4 553	4 173	3 948	3 766	3 702	3 712	3 743	3 726	15－17歳の人口
9 357	9 084	9 233	9 118	8 467	8 012	7 679	7 565	7 583	7 627	18－23歳の人口
										Albania
196	206	231	230	209	180	160	154	155	154	6－11歳の人口
125	92	106	115	114	102	87	78	76	77	12－14歳の人口
150	109	90	111	115	110	95	82	75	75	15－17歳の人口
328	281	204	180	215	221	208	180	155	144	18－23歳の人口
										Bosnia and Herzegovina
204	210	196	176	161	149	142	141	139	133	6－11歳の人口
102	105	104	97	87	80	74	71	71	69	12－14歳の人口
129	95	107	102	93	84	77	72	70	70	15－17歳の人口
269	244	197	211	201	183	166	153	143	141	18－23歳の人口
										Croatia
255	254	236	219	208	200	195	192	186	179	6－11歳の人口
125	130	126	117	109	103	100	97	96	93	12－14歳の人口
144	122	131	122	113	106	102	98	96	95	15－17歳の人口
283	277	248	258	242	224	211	202	196	192	18－23歳の人口
										Greece
644	647	562	490	474	472	480	487	476	450	6－11歳の人口
315	322	329	271	245	237	237	241	245	238	12－14歳の人口
300	323	326	317	255	243	238	240	245	245	15－17歳の人口
694	620	654	664	624	520	494	487	491	499	18－23歳の人口
										Italy
3 392	3 205	3 030	2 957	2 933	2 956	2 982	2 972	2 922	2 870	6－11歳の人口
1 681	1 716	1 585	1 520	1 480	1 474	1 487	1 500	1 492	1 464	12－14歳の人口
1 672	1 707	1 699	1 552	1 515	1 484	1 488	1 504	1 510	1 492	15－17歳の人口
3 463	3 429	3 497	3 422	3 177	3 092	3 041	3 052	3 078	3 081	18－23歳の人口
										Malta
24	23	23	24	26	26	24	22	21	21	6－11歳の人口
14	12	11	11	12	13	13	12	11	10	12－14歳の人口
15	13	12	11	12	12	13	13	11	10	15－17歳の人口
34	31	26	24	23	24	25	26	25	23	18－23歳の人口
										Montenegro
48	45	42	40	39	37	36	35	33	32	6－11歳の人口
24	24	22	21	20	19	19	18	17	16	12－14歳の人口
25	24	24	21	20	19	19	18	18	17	15－17歳の人口
52	50	47	46	42	40	38	37	36	35	18－23歳の人口
										Portugal
602	545	483	441	433	441	445	439	423	406	6－11歳の人口
320	298	270	239	219	218	223	224	220	212	12－14歳の人口
327	311	289	260	233	220	224	228	227	221	15－17歳の人口
649	643	622	584	531	483	462	468	474	471	18－23歳の人口
										Serbia
582	542	529	518	501	480	455	430	414	403	6－11歳の人口
319	285	269	263	257	249	238	225	213	205	12－14歳の人口
331	306	274	265	260	253	244	232	219	208	15－17歳の人口
671	649	595	539	521	511	496	477	454	428	18－23歳の人口

表A. 34. 主要地域、地域および国別、在学人口：推計および中位予測値（続）

推計値：1960-2015

主要地域、地域および国	人口（千人）										
	1960	1965	1970	1975	1980	1985	1990	1995	2000	2005	2010
Slovenia											
6－11歳の人口	182	168	161	163	169	179	175	154	129	111	109
12－14歳の人口	86	90	80	82	82	85	91	86	76	63	57
15－17歳の人口	75	87	88	79	84	87	87	91	82	72	60
18－23歳の人口	146	151	176	173	173	177	178	173	180	165	148
Spain											
6－11歳の人口	3 189	3 506	3 851	3 922	3 971	3 909	3 305	2 674	2 408	2 409	2 647
12－14歳の人口	1 576	1 571	1 797	1 954	1 968	1 997	1 975	1 616	1 340	1 286	1 231
15－17歳の人口	1 507	1 576	1 630	1 875	1 993	1 968	2 007	1 884	1 508	1 344	1 294
18－23歳の人口	2 769	2 944	3 098	3 285	3 757	3 922	3 943	3 999	3 741	3 208	2 855
TFYR Macedonia											
6－11歳の人口	230	237	227	233	230	214	212	198	188	170	154
12－14歳の人口	93	119	116	107	118	108	101	103	98	93	84
15－17歳の人口	84	101	121	107	109	113	100	99	102	94	90
18－23歳の人口	163	169	203	228	210	212	207	189	198	199	187
Western Europe											
6－11歳の人口	14 281	15 108	16 362	16 501	14 282	12 148	12 261	13 083	12 590	12 206	11 980
12－14歳の人口	6 864	7 252	7 646	8 348	8 314	6 963	6 038	6 430	6 639	6 357	6 178
15－17歳の人口	6 227	7 249	7 359	7 987	8 508	7 966	6 547	6 177	6 620	6 702	6 297
18－23歳の人口	13 323	13 218	14 552	15 128	16 330	17 057	15 872	13 492	12 742	13 614	13 536
Austria											
6－11歳の人口	581	654	757	766	653	536	525	564	568	540	496
12－14歳の人口	310	284	335	385	384	317	261	286	279	297	270
15－17歳の人口	333	296	295	360	391	365	293	271	290	291	298
18－23歳の人口	611	653	594	617	725	776	724	618	560	617	617
Belgium											
6－11歳の人口	868	899	949	891	803	738	722	733	740	720	713
12－14歳の人口	420	430	462	484	439	397	365	365	367	382	366
15－17歳の人口	336	446	434	480	476	422	383	362	365	376	388
18－23歳の人口	658	723	885	892	964	943	841	773	744	766	797
France											
6－11歳の人口	4 926	4 899	5 088	5 087	4 979	4 553	4 511	4 630	4 440	4 452	4 636
12－14歳の人口	2 386	2 493	2 472	2 587	2 522	2 548	2 230	2 319	2 328	2 258	2 273
15－17歳の人口	1 718	2 636	2 458	2 534	2 583	2 548	2 488	2 204	2 355	2 350	2 258
18－23歳の人口	3 306	3 901	5 150	5 063	5 077	5 191	5 167	4 860	4 479	4 749	4 693
Germany											
6－11歳の人口	6 012	6 744	7 507	7 629	5 943	4 728	4 975	5 513	5 107	4 763	4 441
12－14歳の人口	2 781	3 094	3 411	3 841	3 889	2 762	2 392	2 670	2 825	2 536	2 403
15－17歳の人口	3 018	2 841	3 235	3 608	3 979	3 582	2 499	2 555	2 789	2 814	2 461
18－23歳の人口	7 274	6 139	5 889	6 624	7 510	7 960	7 041	5 443	5 328	5 776	5 622
Luxembourg											
6－11歳の人口	26	29	31	31	28	25	26	29	33	35	36
12－14歳の人口	12	14	15	16	16	13	13	14	15	17	19
15－17歳の人口	12	13	15	16	17	15	13	13	15	16	18
18－23歳の人口	25	26	28	33	35	35	32	29	30	31	36
Netherlands											
6－11歳の人口	1 366	1 346	1 441	1 486	1 344	1 115	1 049	1 119	1 186	1 193	1 187
12－14歳の人口	697	665	678	735	762	663	549	535	572	600	591
15－17歳の人口	568	722	654	705	759	740	619	535	553	591	601
18－23歳の人口	980	1 190	1 406	1 341	1 449	1 534	1 474	1 247	1 107	1 145	1 204
Switzerland											
6－11歳の人口	500	533	585	608	528	450	449	490	512	499	465
12－14歳の人口	256	271	270	298	300	260	226	240	251	265	255
15－17歳の人口	240	293	268	282	303	292	250	234	251	260	271
18－23歳の人口	465	582	596	554	566	614	590	519	490	526	562
LATIN AMERICA AND THE CARIBBEAN											
6－11歳の人口	35 290	41 253	47 501	52 247	56 207	60 641	64 357	66 417	66 870	67 459	67 652
12－14歳の人口	14 530	17 850	20 577	23 941	25 937	28 020	30 220	32 105	33 013	33 008	33 626
15－17歳の人口	13 026	15 500	18 863	21 571	24 675	26 417	28 587	30 787	32 362	32 769	33 001
18－23歳の人口	22 843	25 915	31 074	37 320	42 801	48 397	52 017	56 504	60 630	63 423	64 694
Caribbean											
6－11歳の人口	3 194	3 537	4 147	4 443	4 396	4 207	4 344	4 619	4 660	4 544	4 424
12－14歳の人口	1 350	1 571	1 719	2 093	2 169	2 181	2 031	2 160	2 292	2 275	2 223
15－17歳の人口	1 242	1 352	1 591	1 793	2 128	2 132	2 098	2 005	2 179	2 273	2 219
18－23歳の人口	2 178	2 323	2 588	3 037	3 456	4 006	4 036	3 952	3 845	4 201	4 347
Antigua and Barbuda											
6－11歳の人口	9	10	10	11	10	8	7	8	9	10	9
12－14歳の人口	4	5	5	5	5	5	3	4	4	5	5
15－17歳の人口	4	4	5	5	5	5	3	3	4	4	5
18－23歳の人口	6	7	8	9	9	8	8	6	6	8	9

表A. 34. 主要地域、地域および国別、在学人口：推計および中位予測値（続）

2020-2060：中位予測値

2015	2020	2025	2030	2035	2040	2045	2050	2055	2060	主要地域、地域および国
										人口（千人）
										Slovenia
119	132	129	119	109	104	107	113	115	113	6－11歳の人口
54	61	67	64	59	54	52	54	57	58	12－14歳の人口
55	55	64	67	62	57	53	52	55	58	15－17歳の人口
120	111	114	130	134	125	115	107	107	112	18－23歳の人口
										Spain
2 895	2 709	2 443	2 264	2 148	2 153	2 233	2 306	2 297	2 220	6－11歳の人口
1 340	1 480	1 324	1 223	1 127	1 076	1 085	1 129	1 165	1 154	12－14歳の人口
1 256	1 404	1 467	1 270	1 199	1 109	1 083	1 111	1 156	1 176	15－17歳の人口
2 610	2 581	2 875	2 917	2 611	2 447	2 286	2 246	2 302	2 384	18－23歳の人口
										TFYR Macedonia
139	136	138	135	129	121	114	110	109	108	6－11歳の人口
77	68	69	69	67	64	60	57	55	55	12－14歳の人口
80	73	66	69	68	66	62	58	56	55	15－17歳の人口
176	158	143	133	137	136	130	123	115	110	18－23歳の人口
										Western Europe
11 830	11 751	11 896	11 945	11 824	11 674	11 553	11 491	11 511	11 578	6－11歳の人口
6 071	5 927	5 901	5 994	6 000	5 932	5 859	5 799	5 770	5 784	12－14歳の人口
6 182	6 064	5 936	5 968	6 054	6 020	5 941	5 873	5 822	5 807	15－17歳の人口
12 793	12 614	12 344	12 136	12 218	12 352	12 278	12 127	11 981	11 873	18－23歳の人口
										Austria
479	485	505	516	512	495	478	474	483	494	6－11歳の人口
252	239	244	255	260	257	248	240	238	243	12－14歳の人口
267	247	242	251	260	262	256	246	240	242	15－17歳の人口
624	546	507	500	518	535	537	525	505	494	18－23歳の人口
										Belgium
766	813	818	805	787	780	791	812	825	825	6－11歳の人口
363	399	412	414	406	397	394	402	412	418	12－14歳の人口
366	379	412	417	416	406	398	399	409	418	15－17歳の人口
805	762	782	836	848	843	824	811	814	833	18－23歳の人口
										France
4 800	4 751	4 695	4 643	4 650	4 729	4 801	4 809	4 772	4 740	6－11歳の人口
2 383	2 403	2 378	2 351	2 322	2 331	2 375	2 410	2 409	2 388	12－14歳の人口
2 309	2 418	2 401	2 374	2 347	2 328	2 353	2 401	2 422	2 409	15－17歳の人口
4 403	4 697	4 879	4 852	4 798	4 744	4 717	4 775	4 859	4 891	18－23歳の人口
										Germany
4 131	4 077	4 208	4 261	4 138	3 939	3 772	3 696	3 715	3 766	6－11歳の人口
2 212	2 057	2 049	2 127	2 143	2 070	1 969	1 887	1 855	1 869	12－14歳の人口
2 371	2 152	2 052	2 090	2 162	2 139	2 046	1 948	1 882	1 870	15－17歳の人口
5 113	4 792	4 389	4 223	4 309	4 426	4 365	4 180	3 986	3 862	18－23歳の人口
										Luxembourg
36	39	43	46	47	49	50	51	54	56	6－11歳の人口
19	19	21	23	24	25	25	26	27	28	12－14歳の人口
20	20	21	23	24	25	26	26	27	28	15－17歳の人口
42	45	46	46	50	53	54	56	57	58	18－23歳の人口
										Netherlands
1 133	1 074	1 076	1 101	1 116	1 114	1 092	1 067	1 057	1 066	6－11歳の人口
601	562	537	542	554	561	559	547	534	531	12－14歳の人口
594	595	550	538	549	561	564	558	544	533	15－17歳の人口
1 217	1 212	1 195	1 117	1 099	1 121	1 142	1 147	1 131	1 103	18－23歳の人口
										Switzerland
481	506	546	568	569	564	563	577	601	625	6－11歳の人口
240	245	257	280	288	288	285	285	292	305	12－14歳の人口
253	250	257	273	293	296	295	292	295	304	15－17歳の人口
585	555	542	557	591	626	632	629	622	627	18－23歳の人口
										LATIN AMERICA AND THE CARIBBEAN
65 318	63 847	63 065	61 532	59 605	57 587	55 709	54 014	52 472	50 974	6－11歳の人口
33 751	32 232	31 844	31 367	30 586	29 603	28 598	27 672	26 839	26 084	12－14歳の人口
33 631	33 221	31 729	31 620	30 987	30 113	29 103	28 126	27 245	26 451	15－17歳の人口
65 525	66 593	65 389	63 059	62 605	61 341	59 589	57 602	55 701	53 984	18－23歳の人口
										Caribbean
4 343	4 259	4 180	4 058	3 909	3 764	3 629	3 501	3 371	3 238	6－11歳の人口
2 172	2 135	2 096	2 064	1 998	1 925	1 854	1 788	1 726	1 662	12－14歳の人口
2 176	2 123	2 094	2 058	2 021	1 947	1 876	1 806	1 744	1 683	15－17歳の人口
4 294	4 198	4 117	4 064	4 003	3 920	3 779	3 639	3 508	3 389	18－23歳の人口
										Antigua and Barbuda
9	9	9	9	9	9	8	8	8	8	6－11歳の人口
5	4	4	4	4	4	4	4	4	4	12－14歳の人口
5	5	4	4	4	4	4	4	4	4	15－17歳の人口
9	9	9	9	9	9	9	9	8	8	18－23歳の人口

表A. 34.　主要地域、地域および国別、在学人口：推計および中位予測値（続）

推計値:1960-2015

主要地域、地域および国	人口（千人）										
	1960	1965	1970	1975	1980	1985	1990	1995	2000	2005	2010
Aruba											
6－11歳の人口	9	9	9	8	6	5	6	7	9	9	9
12－14歳の人口	4	4	4	4	4	3	3	3	4	5	5
15－17歳の人口	3	4	4	4	4	3	3	3	4	4	5
18－23歳の人口	5	6	7	7	8	8	5	6	6	8	7
Bahamas											
6－11歳の人口	18	24	31	31	32	31	34	34	36	34	31
12－14歳の人口	7	9	12	15	15	16	15	17	17	18	18
15－17歳の人口	6	8	10	12	16	15	16	15	17	18	20
18－23歳の人口	11	13	17	20	28	32	31	32	29	34	38
Barbados											
6－11歳の人口	34	37	38	32	32	28	25	25	24	23	23
12－14歳の人口	15	16	18	19	16	16	13	12	12	12	11
15－17歳の人口	13	15	16	17	17	15	15	12	12	12	12
18－23歳の人口	20	21	26	30	33	32	30	27	23	24	22
Cuba											
6－11歳の人口	998	1 025	1 312	1 471	1 386	1 056	905	1 023	1 000	897	817
12－14歳の人口	434	509	478	692	719	693	487	444	522	472	427
15－17歳の人口	424	443	504	516	736	694	633	431	459	515	436
18－23歳の人口	791	814	875	956	1 085	1 402	1 375	1 176	846	916	971
Curaçao											
6－11歳の人口	20	23	23	23	19	16	16	16	14	11	12
12－14歳の人口	8	10	12	12	10	9	8	7	7	7	6
15－17歳の人口	7	8	10	12	11	9	8	7	7	6	7
18－23歳の人口	12	14	15	18	20	19	14	11	8	9	11
Dominican Republic											
6－11歳の人口	579	720	834	915	975	1 025	1 095	1 156	1 205	1 214	1 238
12－14歳の人口	221	289	357	412	451	480	504	543	570	599	595
15－17歳の人口	188	237	308	371	419	452	479	507	548	572	594
18－23歳の人口	336	368	467	599	718	805	867	922	985	1 061	1 114
Grenada											
6－11歳の人口	16	19	21	15	14	14	14	16	15	13	11
12－14歳の人口	6	7	9	9	7	7	6	7	8	7	6
15－17歳の人口	5	6	7	8	7	7	6	6	7	8	6
18－23歳の人口	8	8	9	11	11	14	10	11	12	14	15
Guadeloupe											
6－11歳の人口	45	52	53	57	46	48	43	42	43	45	42
12－14歳の人口	19	23	24	27	26	23	24	21	21	23	21
15－17歳の人口	15	21	22	24	25	25	25	25	20	21	21
18－23歳の人口	24	31	36	32	40	42	44	40	38	31	32
Haiti											
6－11歳の人口	574	668	755	819	862	979	1 195	1 315	1 351	1 391	1 414
12－14歳の人口	239	288	329	374	404	419	483	602	645	663	686
15－17歳の人口	237	245	301	337	380	401	427	515	621	640	659
18－23歳の人口	432	450	483	579	648	724	764	831	1 014	1 193	1 241
Jamaica											
6－11歳の人口	248	282	353	377	350	332	332	335	340	340	304
12－14歳の人口	100	108	141	176	170	174	154	161	162	166	169
15－17歳の人口	90	106	107	153	155	171	157	149	154	160	167
18－23歳の人口	156	170	162	201	257	301	297	288	270	284	310
Martinique											
6－11歳の人口	47	54	53	55	42	38	34	36	37	35	32
12－14歳の人口	18	23	24	28	25	21	18	18	19	19	16
15－17歳の人口	16	20	21	26	26	23	22	19	15	20	17
18－23歳の人口	29	26	33	34	42	42	41	33	32	30	30
Puerto Rico											
6－11歳の人口	394	389	408	394	397	400	389	364	366	343	309
12－14歳の人口	189	183	198	197	204	207	205	194	183	180	169
15－17歳の人口	161	154	181	198	207	207	200	203	188	182	177
18－23歳の人口	231	259	301	363	350	360	358	374	367	356	345
Saint Lucia											
6－11歳の人口	15	17	21	21	21	21	20	21	21	19	18
12－14歳の人口	7	7	8	9	10	10	9	10	10	10	10
15－17歳の人口	6	6	6	8	9	9	9	9	10	11	10
18－23歳の人口	9	9	10	11	14	15	16	16	17	20	18
Saint Vincent and the Grenadines											
6－11歳の人口	15	17	18	18	18	17	17	15	14	13	12
12－14歳の人口	6	7	7	8	8	8	8	8	7	7	6
15－17歳の人口	5	6	7	7	8	8	7	7	7	6	6
18－23歳の人口	8	8	10	11	13	14	13	13	13	13	12

表A. 34. 主要地域、地域および国別、在学人口：推計および中位予測値（続）

2020-2060：中位予測値

人口（千人）										主要地域、地域および国
2015	2020	2025	2030	2035	2040	2045	2050	2055	2060	
										Aruba
8	7	6	7	7	7	7	6	6	6	6－11歳の人口……………………………
4	4	3	3	3	3	3	3	3	3	12－14歳の人口…………………………
5	4	4	3	3	3	4	3	3	3	15－17歳の人口…………………………
9	9	9	8	6	6	7	7	7	6	18－23歳の人口…………………………
										Bahamas
31	34	35	35	34	33	32	32	32	32	6－11歳の人口……………………………
15	16	17	18	17	17	16	16	16	16	12－14歳の人口…………………………
18	15	17	18	18	18	17	16	16	16	15－17歳の人口…………………………
40	35	32	35	37	36	36	35	33	33	18－23歳の人口…………………………
										Barbados
23	22	22	21	21	20	20	20	19	19	6－11歳の人口……………………………
11	11	11	11	11	10	10	10	10	10	12－14歳の人口…………………………
11	11	11	11	10	10	10	10	10	10	15－17歳の人口…………………………
22	21	21	21	21	20	20	19	19	19	18－23歳の人口…………………………
										Cuba
751	701	658	619	590	563	538	517	498	481	6－11歳の人口……………………………
398	360	345	322	305	291	277	265	255	246	12－14歳の人口…………………………
411	378	347	336	312	298	284	271	260	250	15－17歳の人口…………………………
858	799	737	688	660	617	588	561	535	513	18－23歳の人口…………………………
										Curaçao
11	12	13	13	13	13	13	13	13	13	6－11歳の人口……………………………
6	6	6	7	7	7	6	6	7	7	12－14歳の人口…………………………
6	6	6	7	7	7	6	6	6	7	15－17歳の人口…………………………
12	11	11	11	12	13	13	12	12	12	18－23歳の人口…………………………
										Dominican Republic
1 265	1 266	1 244	1 209	1 172	1 135	1 094	1 049	1 003	958	6－11歳の人口……………………………
614	624	625	612	596	577	559	538	516	493	12－14歳の人口…………………………
589	613	618	615	599	582	563	544	523	501	15－17歳の人口…………………………
1 145	1 151	1 191	1 202	1 195	1 165	1 130	1 094	1 057	1 016	18－23歳の人口…………………………
										Grenada
11	12	11	11	9	8	8	8	8	7	6－11歳の人口……………………………
5	6	6	6	5	4	4	4	4	4	12－14歳の人口…………………………
6	5	6	6	5	5	4	4	4	4	15－17歳の人口…………………………
12	11	10	11	11	10	9	8	7	7	18－23歳の人口…………………………
										Guadeloupe
43	40	36	34	34	35	35	34	32	30	6－11歳の人口……………………………
22	22	20	18	17	17	17	18	17	16	12－14歳の人口…………………………
20	21	21	19	17	17	17	17	17	17	15－17歳の人口…………………………
33	34	38	38	34	31	30	30	31	31	18－23歳の人口…………………………
										Haiti
1 438	1 443	1 442	1 430	1 402	1 368	1 333	1 295	1 253	1 209	6－11歳の人口……………………………
693	709	707	711	703	689	673	656	637	616	12－14歳の人口…………………………
680	685	700	696	699	688	673	656	640	621	15－17歳の人口…………………………
1 281	1 312	1 331	1 354	1 353	1 354	1 332	1 303	1 273	1 241	18－23歳の人口…………………………
										Jamaica
267	245	260	256	226	201	184	176	169	159	6－11歳の人口……………………………
146	131	117	133	124	110	98	90	87	83	12－14歳の人口…………………………
162	133	123	116	131	116	102	92	86	83	15－17歳の人口…………………………
324	297	248	225	223	242	215	190	170	161	18－23歳の人口…………………………
										Martinique
28	25	24	25	25	24	23	21	20	20	6－11歳の人口……………………………
16	14	12	12	12	12	12	11	10	10	12－14歳の人口…………………………
15	15	13	12	12	12	12	12	11	10	15－17歳の人口…………………………
29	29	29	25	23	24	24	23	22	21	18－23歳の人口…………………………
										Puerto Rico
279	263	249	234	220	207	194	184	175	167	6－11歳の人口……………………………
151	137	131	123	116	109	102	96	91	87	12－14歳の人口…………………………
163	145	134	128	120	113	107	100	94	89	15－17歳の人口…………………………
337	312	279	261	248	232	219	205	192	181	18－23歳の人口…………………………
										Saint Lucia
17	17	16	15	15	14	13	13	12	12	6－11歳の人口……………………………
9	9	8	8	8	7	7	7	6	6	12－14歳の人口…………………………
9	9	9	8	8	8	7	7	7	6	15－17歳の人口…………………………
20	18	17	17	16	16	15	14	14	13	18－23歳の人口…………………………
										Saint Vincent and the Grenadines
11	10	10	9	8	8	8	7	7	6	6－11歳の人口……………………………
6	5	5	5	4	4	4	4	4	3	12－14歳の人口…………………………
6	5	5	5	5	4	4	4	4	3	15－17歳の人口…………………………
12	11	10	10	9	9	8	8	7	7	18－23歳の人口…………………………

表A. 34. 主要地域、地域および国別、在学人口：推計および中位予測値（続）

推計値：1960-2015

主要地域、地域および国	人口（千人）										
	1960	1965	1970	1975	1980	1985	1990	1995	2000	2005	2010
Trinidad and Tobago											
6－11歳の人口	139	155	168	151	140	150	173	167	135	110	106
12－14歳の人口	59	67	74	86	71	70	74	89	81	65	53
15－17歳の人口	52	58	67	76	82	67	71	76	88	73	58
18－23歳の人口	83	98	106	128	148	152	127	133	147	164	137
United States Virgin Islands											
6－11歳の人口	5	7	9	12	14	12	12	11	12	10	9
12－14歳の人口	2	3	4	6	8	7	6	6	6	5	4
15－17歳の人口	2	3	3	5	7	7	6	5	6	5	5
18－23歳の人口	3	6	7	7	9	11	10	9	8	9	8
Central America											
6－11歳の人口	8 738	10 550	12 114	13 938	16 459	17 700	17 947	18 647	19 522	20 147	20 154
12－14歳の人口	3 422	4 444	5 248	6 011	6 861	8 255	8 619	8 813	9 197	9 606	10 066
15－17歳の人口	3 124	3 687	4 739	5 433	6 201	7 177	8 382	8 537	8 850	9 152	9 750
18－23歳の人口	5 202	6 120	7 375	9 210	10 516	11 949	13 971	16 131	16 522	17 010	18 158
Belize											
6－11歳の人口	15	19	22	24	26	27	32	35	39	44	47
12－14歳の人口	6	8	10	11	12	13	14	16	17	20	22
15－17歳の人口	5	6	8	10	11	12	13	14	17	18	21
18－23歳の人口	9	10	13	16	17	22	23	23	29	34	38
Costa Rica											
6－11歳の人口	215	264	323	345	333	363	425	473	490	480	445
12－14歳の人口	98	106	136	166	174	164	186	219	243	246	241
15－17歳の人口	82	104	115	149	172	172	168	202	234	248	246
18－23歳の人口	139	171	207	239	306	346	342	355	424	475	497
El Salvador											
6－11歳の人口	454	545	635	707	771	824	825	823	849	845	759
12－14歳の人口	185	230	272	310	336	364	383	377	384	412	411
15－17歳の人口	168	196	244	276	304	324	351	358	355	376	400
18－23歳の人口	294	329	389	464	511	549	596	635	642	648	697
Guatemala											
6－11歳の人口	710	789	896	1 036	1 202	1 405	1 621	1 757	1 933	2 147	2 294
12－14歳の人口	299	353	387	445	510	594	695	809	860	966	1 075
15－17歳の人口	253	318	363	400	461	530	621	726	825	881	1 005
18－23歳の人口	434	508	626	704	764	875	1 012	1 192	1 400	1 592	1 749
Honduras											
6－11歳の人口	335	408	474	558	637	739	857	956	1 045	1 104	1 094
12－14歳の人口	132	171	200	235	280	315	369	425	469	518	548
15－17歳の人口	117	145	179	209	249	292	329	385	434	479	527
18－23歳の人口	206	237	282	350	416	494	572	645	745	846	948
Mexico											
6－11歳の人口	6 520	7 914	9 076	10 497	12 600	13 342	13 094	13 442	13 986	14 345	14 355
12－14歳の人口	2 517	3 325	3 936	4 502	5 166	6 365	6 482	6 425	6 653	6 867	7 188
15－17歳の人口	2 320	2 718	3 557	4 070	4 653	5 452	6 451	6 352	6 440	6 584	6 984
18－23歳の人口	3 810	4 520	5 450	6 898	7 881	8 982	10 660	12 400	12 303	12 356	13 133
Nicaragua											
6－11歳の人口	304	392	433	482	570	662	746	798	803	781	749
12－14歳の人口	106	157	197	212	238	281	321	367	389	387	377
15－17歳の人口	107	117	174	201	215	245	287	330	369	379	374
18－23歳の人口	188	203	242	340	387	412	467	553	636	700	721
Panama											
6－11歳の人口	185	219	256	290	319	338	349	364	378	401	411
12－14歳の人口	79	93	111	129	145	160	169	174	183	189	204
15－17歳の人口	71	83	99	117	135	150	164	171	178	187	194
18－23歳の人口	122	142	166	198	235	269	301	328	343	358	375
South America											
6－11歳の人口	23 358	27 166	31 240	33 866	35 352	38 734	42 067	43 151	42 688	42 768	43 074
12－14歳の人口	9 758	11 835	13 611	15 837	16 907	17 584	19 571	21 131	21 524	21 127	21 338
15－17歳の人口	8 661	10 462	12 532	14 345	16 346	17 108	18 106	20 245	21 333	21 345	21 032
18－23歳の人口	15 462	17 472	21 112	25 073	28 829	32 442	34 009	36 421	40 262	42 211	42 189
Argentina											
6－11歳の人口	2 498	2 654	2 756	2 894	3 180	3 800	3 979	4 023	4 176	4 160	4 239
12－14歳の人口	1 145	1 267	1 338	1 400	1 437	1 611	1 978	1 961	2 018	2 090	2 055
15－17歳の人口	1 067	1 200	1 306	1 377	1 398	1 504	1 740	2 032	1 949	2 042	2 084
18－23歳の人口	1 981	2 174	2 434	2 666	2 704	2 837	3 068	3 567	3 979	3 908	4 073
Bolivia (Plurinational State of)											
6－11歳の人口	583	657	716	795	887	997	1 096	1 169	1 239	1 316	1 365
12－14歳の人口	242	294	323	355	393	437	493	543	577	613	653
15－17歳の人口	232	250	304	327	361	400	447	505	549	581	620
18－23歳の人口	384	441	494	583	631	692	766	868	982	1 065	1 134

表A. 34. 主要地域、地域および国別、在学人口：推計および中位予測値（続）

2020-2060：中位予測値

人口（千人）										主要地域、地域および国
2015	2020	2025	2030	2035	2040	2045	2050	2055	2060	
										Trinidad and Tobago
114	116	107	96	88	86	86	86	83	78	6－11歳の人口
53	57	58	53	47	44	43	43	43	41	12－14歳の人口
51	55	58	56	50	45	43	43	43	42	15－17歳の人口
111	100	108	114	110	98	89	84	84	85	18－23歳の人口
										United States Virgin Islands
9	9	8	8	7	7	7	6	6	6	6－11歳の人口
4	4	4	4	4	4	3	3	3	3	12－14歳の人口
4	4	4	4	4	4	3	3	3	3	15－17歳の人口
8	8	8	8	8	7	7	7	6	6	18－23歳の人口
										Central America
19 702	19 540	19 400	19 001	18 389	17 698	17 047	16 474	15 970	15 483	6－11歳の人口
9 987	9 752	9 724	9 640	9 432	9 113	8 766	8 445	8 164	7 919	12－14歳の人口
10 037	9 832	9 652	9 658	9 523	9 267	8 927	8 586	8 284	8 021	15－17歳の人口
19 300	19 749	19 384	19 115	19 084	18 797	18 270	17 596	16 935	16 349	18－23歳の人口
										Belize
46	47	50	52	52	51	50	50	50	50	6－11歳の人口
24	23	23	25	26	26	26	25	25	25	12－14歳の人口
23	24	23	24	26	26	26	26	25	25	15－17歳の人口
44	48	48	47	50	52	53	53	52	51	18－23歳の人口
										Costa Rica
431	425	412	397	379	365	353	344	336	327	6－11歳の人口
219	217	212	206	198	189	182	176	172	168	12－14歳の人口
235	215	217	209	203	194	186	180	174	170	15－17歳の人口
492	465	434	432	418	405	388	372	359	349	18－23歳の人口
										El Salvador
669	617	599	579	540	496	456	425	402	380	6－11歳の人口
361	322	297	294	283	263	240	221	206	195	12－14歳の人口
383	330	301	286	285	269	247	225	208	195	15－17歳の人口
745	708	620	569	549	542	510	467	426	393	18－23歳の人口
										Guatemala
2 350	2 439	2 549	2 624	2 666	2 685	2 693	2 688	2 673	2 644	6－11歳の人口
1 146	1 164	1 221	1 274	1 311	1 330	1 339	1 343	1 340	1 333	12－14歳の人口
1 100	1 153	1 174	1 241	1 287	1 318	1 331	1 338	1 340	1 335	15－17歳の人口
1 986	2 175	2 274	2 341	2 469	2 560	2 618	2 646	2 660	2 663	18－23歳の人口
										Honduras
1 042	978	967	973	951	910	866	828	799	774	6－11歳の人口
538	514	479	483	484	472	450	429	410	396	12－14歳の人口
544	525	498	472	484	478	462	439	419	403	15－17歳の人口
1 040	1 066	1 032	977	942	958	946	912	868	829	18－23歳の人口
										Mexico
14 006	13 878	13 688	13 273	12 732	12 155	11 624	11 163	10 766	10 392	6－11歳の人口
7 133	6 938	6 919	6 796	6 584	6 304	6 015	5 753	5 527	5 334	12－14歳の人口
7 181	7 025	6 868	6 861	6 684	6 444	6 153	5 873	5 627	5 417	15－17歳の人口
13 884	14 174	13 869	13 622	13 538	13 183	12 692	12 115	11 570	11 092	18－23歳の人口
										Nicaragua
736	719	692	661	628	599	573	549	526	503	6－11歳の人口
361	361	351	340	325	309	295	282	270	259	12－14歳の人口
363	352	354	343	332	316	300	287	275	263	15－17歳の人口
715	698	687	691	674	651	619	589	563	539	18－23歳の人口
										Panama
421	438	443	442	441	437	432	426	419	412	6－11歳の人口
205	213	220	222	222	221	219	216	213	210	12－14歳の人口
208	207	217	222	222	222	220	218	216	212	15－17歳の人口
394	416	420	437	445	445	444	442	438	432	18－23歳の人口
										South America
41 273	40 048	39 485	38 473	37 307	36 125	35 033	34 039	33 131	32 253	6－11歳の人口
21 592	20 345	20 024	19 663	19 156	18 564	17 978	17 439	16 949	16 503	12－14歳の人口
21 418	21 266	19 982	19 904	19 443	18 899	18 300	17 733	17 218	16 747	15－17歳の人口
41 932	42 647	41 888	39 880	39 518	38 624	37 540	36 367	35 257	34 247	18－23歳の人口
										Argentina
4 352	4 431	4 449	4 409	4 368	4 326	4 284	4 234	4 175	4 104	6－11歳の人口
2 137	2 174	2 224	2 222	2 202	2 182	2 161	2 140	2 114	2 085	12－14歳の人口
2 067	2 164	2 189	2 231	2 213	2 193	2 173	2 152	2 131	2 103	15－17歳の人口
4 142	4 162	4 317	4 386	4 449	4 417	4 378	4 339	4 297	4 253	18－23歳の人口
										Bolivia (Plurinational State of)
1 384	1 387	1 420	1 455	1 468	1 465	1 452	1 435	1 416	1 392	6－11歳の人口
676	686	686	709	725	730	729	722	714	705	12－14歳の人口
659	675	682	688	714	725	727	723	716	708	15－17歳の人口
1 220	1 296	1 332	1 347	1 368	1 415	1 437	1 441	1 433	1 420	18－23歳の人口

表A. 34.　主要地域、地域および国別、在学人口：推計および中位予測値（続）

推計値：1960-2015

主要地域、地域および国	人口（千人）										
	1960	1965	1970	1975	1980	1985	1990	1995	2000	2005	2010
Brazil											
6－11歳の人口	11 768	13 829	16 109	17 201	17 897	19 738	21 671	21 634	20 449	20 718	21 113
12－14歳の人口	4 863	5 980	6 946	8 229	8 559	8 938	9 962	10 966	10 752	10 073	10 435
15－17歳の人口	4 243	5 264	6 375	7 384	8 483	8 630	9 244	10 377	11 022	10 471	10 044
18－23歳の人口	7 764	8 641	10 677	12 824	14 980	16 799	17 264	18 641	20 801	21 737	20 674
Chile											
6－11歳の人口	1 133	1 301	1 434	1 536	1 510	1 447	1 484	1 620	1 651	1 572	1 497
12－14歳の人口	482	575	653	718	774	746	718	743	825	826	787
15－17歳の人口	453	509	607	677	739	771	730	722	772	843	819
18－23歳の人口	768	899	1 029	1 211	1 351	1 475	1 523	1 459	1 457	1 578	1 700
Colombia											
6－11歳の人口	2 884	3 377	3 908	4 376	4 346	4 544	4 973	5 142	5 175	5 013	4 906
12－14歳の人口	1 165	1 455	1 682	1 962	2 211	2 113	2 287	2 497	2 555	2 588	2 470
15－17歳の人口	987	1 260	1 537	1 766	2 049	2 201	2 111	2 361	2 527	2 552	2 551
18－23歳の人口	1 639	1 971	2 511	3 038	3 522	4 071	4 260	4 216	4 681	4 977	5 053
Ecuador											
6－11歳の人口	734	885	1 009	1 158	1 299	1 406	1 515	1 645	1 741	1 797	1 810
12－14歳の人口	284	379	443	507	585	653	705	760	829	871	901
15－17歳の人口	271	309	410	465	534	612	674	724	784	848	881
18－23歳の人口	467	536	639	818	935	1 077	1 226	1 346	1 444	1 562	1 685
French Guiana											
6－11歳の人口	5	6	7	9	9	12	15	18	23	28	32
12－14歳の人口	2	2	3	4	4	6	7	8	10	13	14
15－17歳の人口	1	2	3	4	4	5	6	8	8	12	13
18－23歳の人口	2	3	5	6	8	10	11	13	15	19	21
Guyana											
6－11歳の人口	102	120	135	126	132	118	97	101	106	119	114
12－14歳の人口	40	49	57	60	62	61	53	51	43	52	59
15－17歳の人口	33	42	50	55	59	56	50	49	40	37	51
18－23歳の人口	54	65	76	87	100	96	92	90	83	64	67
Paraguay											
6－11歳の人口	353	398	441	488	512	571	673	757	804	834	808
12－14歳の人口	142	173	193	216	242	251	287	341	381	401	417
15－17歳の人口	121	145	175	194	219	244	258	305	358	390	404
18－23歳の人口	195	222	273	329	371	431	476	516	613	712	764
Peru											
6－11歳の人口	1 611	1 906	2 232	2 550	2 804	3 097	3 274	3 446	3 576	3 471	3 409
12－14歳の人口	667	811	945	1 118	1 284	1 394	1 559	1 614	1 713	1 739	1 685
15－17歳の人口	601	711	858	995	1 180	1 326	1 439	1 586	1 621	1 720	1 712
18－23歳の人口	1 066	1 199	1 428	1 703	1 999	2 354	2 624	2 863	3 066	3 185	3 369
Suriname											
6－11歳の人口	50	61	72	72	59	49	53	61	66	58	60
12－14歳の人口	19	24	31	32	30	26	23	26	31	27	29
15－17歳の人口	15	19	26	27	30	25	25	23	28	28	26
18－23歳の人口	26	30	36	37	47	51	50	48	47	54	54
Uruguay											
6－11歳の人口	273	295	316	303	310	333	319	316	331	321	305
12－14歳の人口	131	136	148	155	143	155	168	155	158	162	157
15－17歳の人口	124	133	138	146	149	142	160	165	152	157	161
18－23歳の人口	241	248	260	256	277	278	284	318	320	292	307
Venezuela (Bolivarian Republic of)											
6－11歳の人口	1 363	1 677	2 104	2 356	2 408	2 622	2 917	3 218	3 350	3 360	3 417
12－14歳の人口	576	690	848	1 082	1 184	1 193	1 331	1 465	1 632	1 672	1 675
15－17歳の人口	513	618	745	930	1 142	1 191	1 223	1 388	1 522	1 664	1 666
18－23歳の人口	876	1 041	1 250	1 516	1 904	2 272	2 364	2 476	2 776	3 058	3 287
NORTHERN AMERICA											
6－11歳の人口	24 955	27 362	27 698	24 935	22 908	22 440	23 777	25 545	27 034	26 285	26 658
12－14歳の人口	11 083	12 644	13 950	14 040	12 745	11 624	11 629	12 664	13 551	14 154	13 719
15－17歳の人口	9 479	11 895	13 257	14 236	14 020	12 375	11 857	12 404	13 526	14 189	14 366
18－23歳の人口	15 874	19 722	23 537	27 012	29 048	27 945	25 362	24 440	26 063	28 153	28 946
Canada											
6－11歳の人口	2 365	2 647	2 779	2 488	2 206	2 178	2 286	2 394	2 460	2 337	2 191
12－14歳の人口	1 029	1 196	1 358	1 440	1 225	1 113	1 124	1 197	1 234	1 295	1 189
15－17歳の人口	867	1 110	1 274	1 424	1 418	1 166	1 148	1 190	1 257	1 300	1 309
18－23歳の人口	1 458	1 803	2 318	2 683	2 946	2 845	2 454	2 392	2 497	2 658	2 806
United States of America											
6－11歳の人口	22 579	24 701	24 903	22 432	20 689	20 251	21 480	23 139	24 561	23 936	24 457
12－14歳の人口	10 048	11 442	12 585	12 593	11 513	10 505	10 500	11 461	12 310	12 852	12 524
15－17歳の人口	8 607	10 780	11 977	12 805	12 595	11 203	10 704	11 209	12 263	12 883	13 052
18－23歳の人口	14 409	17 910	21 209	24 317	26 087	25 085	22 895	22 038	23 557	25 484	26 129

表A. 34. 主要地域、地域および国別、在学人口：推計および中位予測値（続）

2020-2060：中位予測値

人口（千人）										主要地域、地域および国
2015	2020	2025	2030	2035	2040	2045	2050	2055	2060	
										Brazil
19 255	18 021	17 593	16 957	16 268	15 575	14 942	14 393	13 937	13 542	6－11歳の人口
10 628	9 377	9 029	8 753	8 444	8 092	7 749	7 436	7 166	6 945	12－14歳の人口
10 570	10 309	9 035	8 950	8 623	8 303	7 946	7 616	7 319	7 069	15－17歳の人口
20 200	21 051	20 127	18 107	17 759	17 143	16 496	15 799	15 149	14 568	18－23歳の人口
										Chile
1 454	1 425	1 408	1 384	1 350	1 306	1 269	1 242	1 223	1 208	6－11歳の人口
755	735	719	707	695	677	655	637	623	614	12－14歳の人口
782	755	737	717	706	692	672	650	635	623	15－17歳の人口
1 666	1 598	1 541	1 484	1 447	1 425	1 396	1 356	1 313	1 281	18－23歳の人口
										Colombia
4 757	4 520	4 324	4 122	3 928	3 761	3 612	3 477	3 347	3 226	6－11歳の人口
2 452	2 354	2 238	2 146	2 040	1 946	1 864	1 791	1 725	1 660	12－14歳の人口
2 431	2 420	2 296	2 188	2 098	1 992	1 904	1 826	1 756	1 692	15－17歳の人口
5 000	4 821	4 753	4 522	4 316	4 131	3 929	3 758	3 606	3 471	18－23歳の人口
										Ecuador
1 857	1 914	1 934	1 925	1 902	1 875	1 844	1 808	1 768	1 724	6－11歳の人口
899	932	958	967	960	949	935	920	901	881	12－14歳の人口
903	904	944	962	964	955	943	928	912	893	15－17歳の人口
1 755	1 789	1 810	1 881	1 917	1 919	1 901	1 877	1 849	1 816	18－23歳の人口
										French Guiana
36	39	40	43	46	49	52	54	56	57	6－11歳の人口
16	18	20	20	22	23	25	26	27	28	12－14歳の人口
15	17	19	20	21	22	24	26	27	28	15－17歳の人口
26	31	36	39	41	43	46	49	52	55	18－23歳の人口
										Guyana
86	76	84	89	86	79	73	69	66	63	6－11歳の人口
57	39	38	42	44	42	39	36	34	32	12－14歳の人口
59	50	35	39	42	43	40	36	34	32	15－17歳の人口
97	109	90	67	74	81	81	75	68	64	18－23歳の人口
										Paraguay
796	801	813	818	801	776	752	733	716	697	6－11歳の人口
395	398	396	406	406	397	385	373	364	356	12－14歳の人口
411	388	397	396	406	402	390	378	367	359	15－17歳の人口
798	800	770	780	786	801	791	768	745	724	18－23歳の人口
										Peru
3 455	3 553	3 551	3 463	3 362	3 269	3 194	3 120	3 039	2 944	6－11歳の人口
1 689	1 714	1 779	1 763	1 721	1 669	1 624	1 588	1 551	1 511	12－14歳の人口
1 664	1 690	1 728	1 781	1 741	1 696	1 644	1 604	1 569	1 531	15－17歳の人口
3 364	3 302	3 355	3 453	3 526	3 454	3 361	3 262	3 184	3 115	18－23歳の人口
										Suriname
58	58	56	55	53	52	50	48	46	44	6－11歳の人口
29	29	29	28	27	27	26	25	24	23	12－14歳の人口
29	29	29	28	27	27	26	25	24	23	15－17歳の人口
53	57	57	56	55	54	52	51	49	47	18－23歳の人口
										Uruguay
295	289	284	279	272	263	254	246	239	233	6－11歳の人口
151	147	143	141	138	135	130	126	122	119	12－14歳の人口
154	148	145	142	140	137	133	128	124	121	15－17歳の人口
315	304	293	286	281	276	270	262	253	245	18－23歳の人口
										Venezuela (Bolivarian Republic of)
3 488	3 533	3 528	3 475	3 404	3 329	3 255	3 179	3 101	3 017	6－11歳の人口
1 707	1 741	1 765	1 759	1 731	1 695	1 658	1 621	1 583	1 544	12－14歳の人口
1 675	1 716	1 747	1 762	1 746	1 714	1 677	1 640	1 603	1 565	15－17歳の人口
3 295	3 326	3 407	3 471	3 497	3 465	3 401	3 330	3 259	3 187	18－23歳の人口
										NORTHERN AMERICA
27 117	26 963	27 571	28 605	28 947	29 053	29 319	29 757	30 276	30 832	6－11歳の人口
13 476	14 061	13 724	14 279	14 720	14 861	14 902	15 058	15 256	15 504	12－14歳の人口
13 417	13 987	14 349	14 055	14 799	15 088	15 160	15 225	15 400	15 600	15－17歳の人口
30 093	27 934	28 917	29 321	29 193	30 466	31 015	31 165	31 291	31 594	18－23歳の人口
										Canada
2 285	2 457	2 528	2 556	2 550	2 530	2 549	2 634	2 728	2 790	6－11歳の人口
1 114	1 228	1 284	1 326	1 332	1 331	1 317	1 331	1 375	1 419	12－14歳の人口
1 220	1 174	1 311	1 341	1 376	1 374	1 370	1 360	1 386	1 432	15－17歳の人口
2 885	2 572	2 531	2 752	2 827	2 884	2 883	2 870	2 854	2 903	18－23歳の人口
										United States of America
24 823	24 497	25 035	26 041	26 389	26 515	26 763	27 116	27 542	28 036	6－11歳の人口
12 357	12 828	12 436	12 949	13 383	13 526	13 581	13 723	13 878	14 082	12－14歳の人口
12 192	12 808	13 033	12 709	13 419	13 710	13 787	13 861	14 011	14 165	15－17歳の人口
27 197	25 353	26 377	26 560	26 358	27 575	28 125	28 287	28 429	28 684	18－23歳の人口

表A. 34. 主要地域、地域および国別、在学人口：推計および中位予測値（続）

推計値：1960-2015

主要地域、地域および国	人口（千人）										
	1960	1965	1970	1975	1980	1985	1990	1995	2000	2005	2010
OCEANIA											
6－11歳の人口	2 040	2 263	2 535	2 627	2 786	2 771	2 831	2 994	3 189	3 316	3 405
12－14歳の人口	926	1 043	1 204	1 294	1 315	1 444	1 386	1 452	1 515	1 630	1 692
15－17歳の人口	792	1 000	1 099	1 235	1 314	1 356	1 466	1 399	1 488	1 567	1 680
18－23歳の人口	1 361	1 682	2 099	2 259	2 468	2 625	2 762	2 893	2 776	3 067	3 374
Australia/New Zealand											
6－11歳の人口	1 531	1 677	1 877	1 889	1 917	1 801	1 799	1 894	1 989	1 990	1 978
12－14歳の人口	712	787	911	964	948	1 001	910	934	971	1 039	1 027
15－17歳の人口	596	777	832	933	975	969	1 009	915	963	1 020	1 068
18－23歳の人口	1 018	1 297	1 655	1 737	1 883	1 958	1 992	2 003	1 824	2 054	2 293
Australia											
6－11歳の人口	1 230	1 337	1 513	1 518	1 559	1 479	1 496	1 560	1 629	1 630	1 633
12－14歳の人口	573	634	737	773	765	819	752	777	798	849	847
15－17歳の人口	481	626	671	750	784	786	833	754	795	834	876
18－23歳の人口	828	1 053	1 366	1 417	1 543	1 602	1 654	1 665	1 515	1 700	1 908
New Zealand											
6－11歳の人口	300	340	364	371	358	322	303	334	360	360	345
12－14歳の人口	138	153	175	191	183	182	158	157	173	190	181
15－17歳の人口	115	151	161	183	191	182	176	161	169	185	192
18－23歳の人口	190	244	289	321	339	356	337	339	310	354	385
Melanesia											
6－11歳の人口	424	484	539	610	742	840	894	948	1 045	1 173	1 281
12－14歳の人口	181	213	242	272	305	380	413	449	470	518	592
15－17歳の人口	166	189	223	251	282	324	396	422	456	477	542
18－23歳の人口	290	325	376	439	492	557	651	779	838	892	958
Fiji											
6－11歳の人口	70	84	91	89	94	107	111	111	113	97	96
12－14歳の人口	30	35	43	46	47	47	49	55	53	48	47
15－17歳の人口	26	32	37	45	46	44	45	51	54	46	49
18－23歳の人口	43	52	62	75	83	89	81	87	98	94	94
New Caledonia											
6－11歳の人口	11	13	15	17	21	22	21	22	24	25	23
12－14歳の人口	5	6	7	8	9	11	11	11	11	13	12
15－17歳の人口	5	5	6	8	9	9	11	11	11	12	13
18－23歳の人口	8	10	11	14	15	17	19	22	22	23	24
Papua New Guinea											
6－11歳の人口	314	351	393	454	567	639	683	728	812	944	1 045
12－14歳の人口	134	157	175	196	225	292	317	343	362	409	479
15－17歳の人口	124	139	163	180	205	245	308	323	350	375	433
18－23歳の人口	220	239	275	319	356	409	501	606	646	696	756
Solomon Islands											
6－11歳の人口	19	22	26	33	41	50	54	59	66	74	83
12－14歳の人口	8	10	11	14	16	21	25	27	30	34	37
15－17歳の人口	8	9	10	12	14	17	23	26	27	31	34
18－23歳の人口	13	16	18	19	24	29	35	46	51	54	58
Vanuatu											
6－11歳の人口	11	13	15	17	20	22	25	28	30	33	34
12－14歳の人口	5	5	6	8	9	10	11	13	13	15	16
15－17歳の人口	4	5	6	7	8	8	9	11	13	14	14
18－23歳の人口	7	8	9	11	13	14	15	18	21	25	27
Micronesia											
6－11歳の人口	31	37	42	44	48	52	58	65	66	66	63
12－14歳の人口	12	15	19	20	22	24	26	30	31	31	31
15－17歳の人口	10	13	16	18	20	23	24	26	30	30	29
18－23歳の人口	20	24	29	33	36	43	48	47	51	53	53
Guam											
6－11歳の人口	10	12	13	14	14	15	15	17	19	19	18
12－14歳の人口	4	5	6	6	6	7	7	7	8	9	9
15－17歳の人口	3	4	4	5	6	7	7	7	8	8	9
18－23歳の人口	8	10	12	12	13	14	16	14	14	15	16
Kiribati											
6－11歳の人口	7	8	9	9	9	9	11	13	13	14	13
12－14歳の人口	3	3	4	5	4	4	5	5	6	6	7
15－17歳の人口	2	3	4	4	4	5	4	5	6	7	7
18－23歳の人口	4	4	6	7	8	8	9	7	9	11	13
Micronesia (Fed. States of)											
6－11歳の人口	8	9	11	12	14	15	17	19	17	17	16
12－14歳の人口	3	4	5	5	6	7	7	9	9	8	8
15－17歳の人口	3	3	4	4	5	6	7	8	8	8	8
18－23歳の人口	5	5	6	7	8	10	11	12	13	15	14

表A. 34. 主要地域、地域および国別、在学人口：推計および中位予測値（続）

2020-2060：中位予測値

人口（千人）										主要地域、地域および国
2015	2020	2025	2030	2035	2040	2045	2050	2055	2060	
										OCEANIA
3 662	3 904	4 088	4 207	4 259	4 315	4 400	4 519	4 633	4 705	6－11歳の人口
1 731	1 907	1 994	2 102	2 147	2 175	2 202	2 247	2 306	2 361	12－14歳の人口
1 739	1 816	1 990	2 060	2 161	2 188	2 215	2 248	2 298	2 357	15－17歳の人口
3 552	3 594	3 775	4 075	4 244	4 418	4 478	4 533	4 597	4 696	18－23歳の人口
										Australia/New Zealand
2 148	2 328	2 466	2 526	2 517	2 520	2 569	2 668	2 770	2 834	6－11歳の人口
1 018	1 147	1 208	1 292	1 307	1 303	1 305	1 332	1 383	1 431	12－14歳の人口
1 055	1 090	1 221	1 270	1 344	1 339	1 337	1 346	1 383	1 434	15－17歳の人口
2 332	2 239	2 332	2 553	2 675	2 793	2 790	2 787	2 807	2 878	18－23歳の人口
										Australia
1 781	1 950	2 095	2 156	2 142	2 145	2 195	2 293	2 394	2 460	6－11歳の人口
841	959	1 016	1 105	1 118	1 113	1 114	1 142	1 192	1 241	12－14歳の人口
873	910	1 028	1 077	1 156	1 147	1 144	1 154	1 191	1 242	15－17歳の人口
1 946	1 871	1 961	2 161	2 286	2 411	2 402	2 397	2 418	2 490	18－23歳の人口
										New Zealand
366	379	371	370	375	375	374	375	376	374	6－11歳の人口
177	189	192	187	188	190	190	190	190	190	12－14歳の人口
182	180	194	193	188	191	193	192	192	192	15－17歳の人口
386	369	371	392	389	383	388	390	389	388	18－23歳の人口
										Melanesia
1 372	1 433	1 482	1 542	1 603	1 656	1 693	1 717	1 733	1 744	6－11歳の人口
641	690	715	741	772	802	828	846	857	865	12－14歳の人口
613	656	700	721	750	781	811	833	849	858	15－17歳の人口
1 088	1 218	1 310	1 390	1 436	1 494	1 557	1 615	1 659	1 689	18－23歳の人口
										Fiji
103	105	99	93	89	86	83	79	74	70	6－11歳の人口
47	52	52	49	46	44	43	41	39	36	12－14歳の人口
46	48	52	50	47	44	43	41	39	37	15－17歳の人口
92	88	93	99	95	89	84	81	78	75	18－23歳の人口
										New Caledonia
23	24	24	25	25	25	25	25	25	25	6－11歳の人口
12	12	12	12	12	13	13	13	13	13	12－14歳の人口
12	12	12	12	13	13	13	13	13	13	15－17歳の人口
26	25	24	25	26	26	26	27	27	27	18－23歳の人口
										Papua New Guinea
1 117	1 168	1 219	1 281	1 341	1 390	1 426	1 451	1 471	1 486	6－11歳の人口
524	561	583	611	642	672	696	714	725	735	12－14歳の人口
500	537	570	591	622	653	681	702	718	728	15－17歳の人口
875	998	1 074	1 136	1 182	1 243	1 306	1 360	1 402	1 432	18－23歳の人口
										Solomon Islands
91	96	97	99	103	107	110	112	112	112	6－11歳の人口
41	46	48	48	49	51	53	55	56	56	12－14歳の人口
39	43	47	48	48	50	52	54	55	55	15－17歳の人口
67	76	85	91	93	94	98	102	106	109	18－23歳の人口
										Vanuatu
38	41	42	44	46	47	49	50	51	51	6－11歳の人口
17	19	20	21	22	23	24	24	25	25	12－14歳の人口
16	16	19	20	21	21	22	23	24	24	15－17歳の人口
28	32	34	39	40	42	43	45	46	48	18－23歳の人口
										Micronesia
62	62	61	61	62	62	62	61	60	59	6－11歳の人口
31	31	30	30	30	31	31	31	30	30	12－14歳の人口
32	31	31	30	30	30	31	31	31	30	15－17歳の人口
57	60	60	60	59	59	59	60	60	60	18－23歳の人口
										Guam
17	17	17	18	18	17	17	17	16	16	6－11歳の人口
9	9	8	9	9	9	9	8	8	8	12－14歳の人口
9	9	8	9	9	9	9	9	8	8	15－17歳の人口
17	18	18	17	17	18	18	18	17	17	18－23歳の人口
										Kiribati
15	17	18	18	18	18	19	20	21	21	6－11歳の人口
6	8	9	9	9	9	9	9	10	10	12－14歳の人口
7	6	8	9	9	9	9	9	10	10	15－17歳の人口
13	13	13	16	17	17	18	17	18	19	18－23歳の人口
										Micronesia (Fed. States of)
14	13	14	14	15	14	13	12	12	12	6－11歳の人口
8	7	7	7	7	7	7	6	6	6	12－14歳の人口
8	7	7	7	7	7	7	7	6	6	15－17歳の人口
15	15	13	13	13	13	14	14	13	11	18－23歳の人口

表A. 34.　主要地域、地域および国別、在学人口：推計および中位予測値（続）

推計値:1960-2015

主要地域、地域および国	人口（千人）										
	1960	1965	1970	1975	1980	1985	1990	1995	2000	2005	2010
Polynesia											
6－11歳の人口	54	66	78	83	80	77	80	87	89	87	84
12－14歳の人口	21	27	32	38	41	39	37	40	42	43	41
15－17歳の人口	20	22	28	33	37	40	37	36	39	41	41
18－23歳の人口	32	36	39	49	57	67	71	64	63	68	70
French Polynesia											
6－11歳の人口	13	17	19	23	24	24	26	31	31	29	28
12－14歳の人口	5	7	8	10	12	13	12	13	17	15	14
15－17歳の人口	5	5	7	9	11	13	12	12	14	16	15
18－23歳の人口	8	9	10	15	19	22	25	23	22	28	30
Samoa											
6－11歳の人口	21	25	28	30	29	27	26	27	28	28	28
12－14歳の人口	8	10	12	14	14	13	13	13	12	13	13
15－17歳の人口	7	8	11	12	13	13	13	12	11	11	12
18－23歳の人口	12	12	14	17	19	22	21	20	18	18	19
Tonga											
6－11歳の人口	10	12	16	17	15	14	15	15	15	15	15
12－14歳の人口	4	5	6	8	8	7	6	7	7	7	7
15－17歳の人口	4	5	5	6	7	8	6	6	7	6	7
18－23歳の人口	7	8	9	9	11	13	14	11	12	12	11

表A. 34. 主要地域、地域および国別、在学人口：推計および中位予測値（続）

2020-2060：中位予測値

2015	2020	2025	2030	2035	2040	2045	2050	2055	2060	主要地域、地域および国
人口（千人）										
										Polynesia
80	80	80	77	77	77	76	73	71	68	6－11歳の人口
41	39	40	39	38	38	38	37	36	35	12－14歳の人口
40	40	37	39	38	37	37	37	36	35	15－17歳の人口
76	75	73	72	74	72	71	71	70	69	18－23歳の人口
										French Polynesia
23	25	27	26	24	23	22	21	21	21	6－11歳の人口
14	10	13	13	13	12	11	11	10	11	12－14歳の人口
14	13	10	14	13	12	12	11	11	10	15－17歳の人口
30	28	24	21	27	26	24	23	22	21	18－23歳の人口
										Samoa
29	29	27	26	27	28	28	28	26	25	6－11歳の人口
13	15	14	13	13	13	14	14	14	13	12－14歳の人口
13	13	14	13	12	13	13	13	14	13	15－17歳の人口
22	23	24	26	24	23	23	24	25	25	18－23歳の人口
										Tonga
16	15	15	14	15	16	16	16	15	14	6－11歳の人口
8	8	8	7	7	8	8	8	8	7	12－14歳の人口
7	8	8	7	7	7	8	8	8	7	15－17歳の人口
12	14	15	15	14	13	14	14	15	15	18－23歳の人口

表A. 35. 主要地域、地域および国別、従属人口指数：推計および中位予測値、1960-2060年

推計値：1960-2015

主要地域、地域および国	従属人口指数										
	1960	1965	1970	1975	1980	1985	1990	1995	2000	2005	2010
WORLD											
従属人口指数	73	75	75	74	70	66	64	62	59	55	52
年少人口指数	64	66	66	64	60	56	54	52	48	43	41
老年人口指数	9	9	9	10	10	10	10	10	11	11	12
More developed regions											
従属人口指数	58	57	56	54	52	49	49	50	48	48	48
年少人口指数	45	43	40	37	34	32	31	29	27	25	24
老年人口指数	13	14	15	17	18	17	19	20	21	23	24
Less developed regions											
従属人口指数	80	84	84	82	77	72	68	66	61	56	53
年少人口指数	74	78	77	75	70	64	61	58	53	48	44
老年人口指数	6	6	7	7	7	7	7	8	8	9	9
Least developed countries											
従属人口指数	83	87	89	91	92	92	92	89	86	84	81
年少人口指数	78	81	84	85	86	86	86	83	80	78	75
老年人口指数	5	5	5	6	6	6	6	6	6	6	6
Less developed regions, excluding least developed countries											
従属人口指数	80	84	83	81	75	69	66	63	58	53	49
年少人口指数	73	77	76	74	68	62	58	55	50	44	40
老年人口指数	6	6	7	7	7	7	7	8	8	9	9
Less developed regions, excluding China											
従属人口指数	81	85	86	84	81	79	76	72	68	64	60
年少人口指数	75	79	79	77	74	72	69	65	60	56	52
老年人口指数	6	6	6	7	7	7	7	7	7	8	8
High-income countries											
従属人口指数	60	60	58	56	53	51	50	50	49	48	48
年少人口指数	47	46	43	40	37	34	33	31	29	27	26
老年人口指数	13	14	15	16	17	17	18	19	20	21	22
Middle-income countries											
従属人口指数	79	83	82	81	76	70	67	64	59	54	50
年少人口指数	72	76	75	74	68	62	59	56	51	45	41
老年人口指数	7	7	7	7	7	7	8	8	8	9	9
Upper-middle-income countries											
従属人口指数	79	83	82	80	72	63	58	56	51	44	41
年少人口指数	73	76	75	73	64	55	50	47	42	34	30
老年人口指数	7	7	7	7	8	8	8	9	9	10	11
Lower-middle-income countries											
従属人口指数	78	82	83	81	80	78	76	72	67	63	60
年少人口指数	71	76	76	74	73	71	69	65	60	55	52
老年人口指数	6	7	7	7	7	7	7	7	8	8	8
Low-income countries											
従属人口指数	83	85	88	89	90	91	92	92	92	90	89
年少人口指数	78	80	83	84	84	85	86	86	86	84	82
老年人口指数	5	5	5	6	6	6	6	6	6	6	6
Sub-Saharan Africa											
従属人口指数	84	87	89	91	92	94	94	92	90	89	88
年少人口指数	79	81	83	85	87	88	88	86	84	83	82
老年人口指数	5	5	5	6	6	6	6	6	6	6	6
AFRICA											
従属人口指数	85	88	90	91	91	92	92	88	85	83	81
年少人口指数	80	82	84	85	85	86	85	82	79	76	75
老年人口指数	6	6	6	6	6	6	6	6	6	6	6
Eastern Africa											
従属人口指数	89	92	94	96	97	98	98	96	95	93	91
年少人口指数	84	86	88	90	91	93	93	90	89	88	85
老年人口指数	5	5	5	6	6	6	6	6	6	6	6
Burundi											
従属人口指数	87	92	94	94	91	96	103	109	107	93	87
年少人口指数	81	87	88	88	85	90	97	103	101	87	82
老年人口指数	6	6	6	6	6	6	6	6	6	5	5
Comoros											
従属人口指数	82	90	93	93	94	97	98	95	89	82	79
年少人口指数	76	84	87	87	88	91	92	89	83	77	74
老年人口指数	6	6	6	6	6	6	6	6	6	5	5
Djibouti											
従属人口指数	84	84	92	98	95	90	90	85	80	69	61
年少人口指数	80	80	87	93	91	85	85	80	75	64	55
老年人口指数	4	4	5	5	5	5	5	5	5	6	6

表A. 35. 主要地域、地域および国別、従属人口指数：推計および中位予測値（続）

2020–2060：中位予測値

2015	2020	2025	2030	2035	2040	2045	2050	2055	2060	主要地域、地域および国
										WORLD
52	53	54	55	56	57	58	60	62	63	従属人口指数
40	39	38	37	35	35	34	34	34	33	年少人口指数
13	14	16	18	20	22	24	26	28	29	老年人口指数
										More developed regions
52	56	60	64	66	68	70	73	75	76	従属人口指数
25	26	26	26	26	26	26	27	28	28	年少人口指数
27	30	34	38	40	42	44	46	47	48	老年人口指数
										Less developed regions
52	53	53	53	54	55	56	58	60	61	従属人口指数
43	42	40	38	37	36	35	35	35	34	年少人口指数
10	11	13	15	17	19	21	23	25	27	老年人口指数
										Least developed countries
77	73	69	67	64	62	60	59	58	57	従属人口指数
71	67	63	59	56	53	51	48	46	44	年少人口指数
6	6	7	7	8	9	9	10	12	13	老年人口指数
										Less developed regions, excluding least developed countries
49	50	50	50	52	54	55	57	60	62	従属人口指数
38	37	36	34	33	32	31	31	31	30	年少人口指数
10	12	14	16	19	22	24	26	29	32	老年人口指数
										Less developed regions, excluding China
58	57	56	55	54	54	55	56	57	57	従属人口指数
50	47	45	43	41	39	38	37	36	35	年少人口指数
8	9	11	12	13	15	16	18	20	22	老年人口指数
										High-income countries
50	54	58	62	64	67	69	71	73	75	従属人口指数
26	26	27	27	26	26	26	27	27	27	年少人口指数
25	28	31	35	38	40	42	44	46	47	老年人口指数
										Middle-income countries
50	50	50	51	52	54	55	57	60	62	従属人口指数
40	38	37	35	34	33	32	32	32	31	年少人口指数
10	12	14	16	18	21	23	25	28	30	老年人口指数
										Upper-middle-income countries
42	45	46	48	52	57	60	64	71	75	従属人口指数
29	29	28	27	26	26	26	27	27	27	年少人口指数
12	15	18	22	27	31	34	38	44	47	老年人口指数
										Lower-middle-income countries
57	55	54	53	52	51	52	53	54	55	従属人口指数
49	46	44	41	39	37	36	35	34	33	年少人口指数
8	9	10	11	13	14	16	18	20	22	老年人口指数
										Low-income countries
85	81	76	72	69	66	63	61	59	58	従属人口指数
79	74	70	66	62	58	55	52	49	47	年少人口指数
6	6	6	7	7	7	8	9	10	11	老年人口指数
										Sub-Saharan Africa
86	82	78	74	70	67	65	62	60	58	従属人口指数
80	77	72	68	64	61	57	54	51	49	年少人口指数
6	6	6	6	6	7	7	8	9	10	老年人口指数
										AFRICA
80	78	75	71	68	65	63	62	60	58	従属人口指数
74	71	68	64	60	57	55	52	49	47	年少人口指数
6	6	7	7	7	8	9	10	11	11	老年人口指数
										Eastern Africa
87	82	77	72	68	65	62	60	59	57	従属人口指数
81	76	71	66	62	58	55	52	49	46	年少人口指数
6	6	6	6	6	7	8	9	10	11	老年人口指数
										Burundi
90	93	90	83	76	73	71	70	68	64	従属人口指数
85	87	84	77	71	67	65	63	59	55	年少人口指数
5	5	6	6	6	6	6	7	8	9	老年人口指数
										Comoros
76	73	69	65	62	59	57	56	55	54	従属人口指数
71	68	64	59	55	52	49	47	45	42	年少人口指数
5	5	6	6	7	7	8	9	10	11	老年人口指数
										Djibouti
59	56	53	51	49	48	47	48	50	51	従属人口指数
52	49	46	42	39	36	34	33	32	31	年少人口指数
7	7	8	9	10	11	13	15	18	20	老年人口指数

表A. 35. 主要地域、地域および国別、従属人口指数：推計および中位予測値（続）

推計値：1960-2015

主要地域、地域および国	従属人口指数										
	1960	1965	1970	1975	1980	1985	1990	1995	2000	2005	2010
Eritrea											
従属人口指数	90	86	88	89	91	93	94	106	93	79	81
年少人口指数	86	83	85	86	88	90	91	102	89	75	77
老年人口指数	4	4	3	3	3	3	3	3	4	4	4
Ethiopia											
従属人口指数	86	85	88	91	93	97	98	99	98	97	91
年少人口指数	81	80	82	86	87	91	92	93	92	91	85
老年人口指数	5	5	5	5	6	6	6	6	6	6	6
Kenya											
従属人口指数	100	108	111	112	113	112	107	97	89	84	83
年少人口指数	93	101	103	105	106	106	101	91	84	79	78
老年人口指数	7	7	7	7	6	6	6	5	5	5	5
Madagascar											
従属人口指数	85	93	96	99	99	95	93	92	94	91	86
年少人口指数	79	87	89	91	92	89	87	86	88	86	81
老年人口指数	6	6	7	7	7	6	6	6	6	6	5
Malawi											
従属人口指数	90	89	93	96	99	100	94	98	99	99	98
年少人口指数	85	84	88	91	94	95	89	92	94	93	91
老年人口指数	5	5	5	5	5	5	5	6	6	6	6
Mauritius											
従属人口指数	96	96	86	74	65	56	51	49	47	46	42
年少人口指数	92	91	82	69	59	50	44	41	38	36	31
老年人口指数	5	5	5	5	6	6	7	8	9	10	11
Mayotte											
従属人口指数	92	100	108	115	114	109	104	94	89	84	86
年少人口指数	80	89	97	105	105	102	98	89	83	78	80
老年人口指数	12	11	11	10	9	7	6	6	6	6	6
Mozambique											
従属人口指数	82	84	86	88	89	93	102	92	93	95	97
年少人口指数	77	79	81	82	83	87	96	86	87	89	90
老年人口指数	5	5	5	6	6	6	6	6	6	6	6
Réunion											
従属人口指数	94	96	95	84	72	62	58	56	55	52	51
年少人口指数	87	90	88	77	65	54	49	46	44	41	38
老年人口指数	7	7	7	7	8	8	9	9	10	11	13
Rwanda											
従属人口指数	103	109	102	99	101	107	108	85	93	82	82
年少人口指数	97	103	97	94	97	103	104	81	87	77	77
老年人口指数	6	6	6	5	5	4	5	4	6	5	5
Seychelles											
従属人口指数	81	94	98	90	82	73	74	62	57	47	43
年少人口指数	70	82	86	78	70	61	62	51	45	37	32
老年人口指数	11	12	12	12	12	12	12	11	12	10	10
Somalia											
従属人口指数	84	86	87	88	89	90	93	96	100	103	102
年少人口指数	78	80	81	82	82	84	86	90	95	97	96
老年人口指数	5	6	6	6	6	6	6	6	6	6	6
South Sudan											
従属人口指数	79	80	85	88	89	88	89	90	92	90	88
年少人口指数	74	75	81	83	84	83	83	84	86	84	81
老年人口指数	5	5	5	5	5	5	5	5	6	6	6
Uganda											
従属人口指数	94	97	98	99	100	101	103	106	108	108	106
年少人口指数	89	92	93	94	95	96	98	101	103	103	101
老年人口指数	5	5	5	5	5	5	5	6	6	5	5
United Republic of Tanzania											
従属人口指数	93	93	95	96	97	96	95	93	92	92	93
年少人口指数	88	89	90	91	92	91	90	88	86	87	87
老年人口指数	5	5	5	5	5	5	5	5	5	6	6
Zambia											
従属人口指数	92	95	99	102	103	101	100	99	97	98	98
年少人口指数	88	90	94	96	98	96	95	94	92	92	92
老年人口指数	5	5	5	5	5	5	5	5	5	6	6
Zimbabwe											
従属人口指数	95	104	105	106	108	104	96	91	85	82	81
年少人口指数	88	98	99	100	102	98	91	85	79	76	75
老年人口指数	7	7	7	6	6	6	6	6	6	6	6
Middle Africa											
従属人口指数	83	85	88	90	92	94	96	98	97	97	96
年少人口指数	77	79	82	84	86	88	90	92	91	91	90
老年人口指数	6	6	6	6	6	6	6	6	6	6	6

表A. 35. 主要地域、地域および国別、従属人口指数：推計および中位予測値（続）

2020-2060：中位予測値

従属人口指数										主要地域、地域および国
2015	2020	2025	2030	2035	2040	2045	2050	2055	2060	
										Eritrea
83	78	69	63	59	56	55	55	54	52	従属人口指数
78	73	64	58	54	51	48	46	43	40	年少人口指数
5	5	5	5	5	6	7	9	11	12	老年人口指数
										Ethiopia
82	73	67	62	57	54	51	49	48	48	従属人口指数
75	67	61	55	50	46	42	39	36	34	年少人口指数
6	6	6	7	7	8	9	10	12	15	老年人口指数
										Kenya
81	77	72	67	64	61	60	59	58	57	従属人口指数
76	71	66	61	57	54	52	49	47	44	年少人口指数
5	6	6	6	6	7	8	10	12	13	老年人口指数
										Madagascar
80	77	75	72	69	66	64	61	60	59	従属人口指数
75	72	69	66	62	59	55	52	50	48	年少人口指数
5	5	6	6	7	8	8	9	10	11	老年人口指数
										Malawi
95	90	84	78	73	69	66	63	62	60	従属人口指数
88	84	78	73	67	63	59	55	52	50	年少人口指数
7	6	6	6	6	6	7	8	9	11	老年人口指数
										Mauritius
41	41	44	49	53	55	59	61	64	70	従属人口指数
27	24	23	23	23	23	23	22	22	23	年少人口指数
13	17	21	26	29	32	36	39	42	47	老年人口指数
										Mayotte
83	76	68	63	61	61	60	59	57	55	従属人口指数
76	69	60	54	51	48	46	43	39	36	年少人口指数
7	7	8	9	10	12	14	16	17	19	老年人口指数
										Mozambique
95	91	86	82	77	73	69	65	61	59	従属人口指数
88	84	80	75	71	67	62	58	54	51	年少人口指数
7	7	6	6	6	6	6	7	7	8	老年人口指数
										Réunion
51	52	55	60	67	70	71	71	71	73	従属人口指数
36	33	31	30	30	30	29	27	27	26	年少人口指数
16	19	24	30	36	40	43	44	45	47	老年人口指数
										Rwanda
78	72	64	60	56	53	51	51	50	49	従属人口指数
73	67	58	53	48	45	42	39	36	33	年少人口指数
5	5	6	7	7	8	9	12	14	16	老年人口指数
										Seychelles
44	47	49	51	54	58	63	67	68	68	従属人口指数
34	35	34	31	29	30	30	31	30	29	年少人口指数
10	12	16	20	24	29	33	36	38	39	老年人口指数
										Somalia
98	96	92	89	84	79	74	70	67	64	従属人口指数
93	90	87	84	79	74	69	65	61	57	年少人口指数
6	6	5	5	5	5	5	6	6	6	老年人口指数
										South Sudan
84	80	76	72	68	64	61	58	56	55	従属人口指数
77	74	70	66	62	57	54	51	48	45	年少人口指数
6	6	6	6	6	7	7	8	8	9	老年人口指数
										Uganda
102	96	90	84	78	74	70	66	63	60	従属人口指数
97	91	85	79	74	69	64	60	56	52	年少人口指数
5	5	4	4	4	5	6	6	7	8	老年人口指数
										United Republic of Tanzania
94	91	87	82	78	75	72	69	66	63	従属人口指数
88	85	81	75	71	68	64	61	57	54	年少人口指数
6	6	6	6	6	7	8	8	9	10	老年人口指数
										Zambia
95	91	86	82	78	76	73	71	69	67	従属人口指数
90	86	81	77	73	70	67	64	61	58	年少人口指数
6	5	5	5	5	6	6	7	8	9	老年人口指数
										Zimbabwe
80	78	72	63	57	55	54	54	53	52	従属人口指数
75	73	66	58	52	49	46	44	41	38	年少人口指数
5	5	5	5	5	6	8	10	12	14	老年人口指数
										Middle Africa
94	90	85	81	76	72	69	65	62	60	従属人口指数
88	84	80	75	71	66	62	58	54	51	年少人口指数
6	6	6	6	6	6	6	7	8	9	老年人口指数

表A. 35. 主要地域、地域および国別、従属人口指数：推計および中位予測値（続）

推計値：1960-2015

主要地域、地域および国	従属人口指数										
	1960	1965	1970	1975	1980	1985	1990	1995	2000	2005	2010
Angola											
従属人口指数	88	94	95	96	98	100	101	101	101	102	102
年少人口指数	84	89	90	91	93	95	96	96	96	97	97
老年人口指数	5	5	5	5	5	5	5	5	5	5	5
Cameroon											
従属人口指数	77	80	85	90	94	97	99	99	95	91	87
年少人口指数	71	74	78	83	87	90	92	92	88	85	81
老年人口指数	6	7	7	7	7	7	7	7	7	6	6
Central African Republic											
従属人口指数	74	78	81	85	86	86	89	87	85	84	80
年少人口指数	67	70	73	77	79	79	82	80	78	77	73
老年人口指数	7	7	7	8	8	8	8	7	7	7	7
Chad											
従属人口指数	81	86	87	90	94	99	103	105	107	107	105
年少人口指数	74	79	80	83	88	93	96	99	101	102	100
老年人口指数	7	7	7	7	7	7	7	6	6	6	5
Congo											
従属人口指数	82	86	90	93	95	94	90	86	83	84	84
年少人口指数	75	79	83	85	88	86	83	79	76	77	78
老年人口指数	7	7	7	7	7	7	7	7	7	7	7
Democratic Republic of the Congo											
従属人口指数	86	86	88	89	90	92	94	97	98	98	98
年少人口指数	81	81	82	84	85	87	89	91	92	92	92
老年人口指数	5	5	5	5	6	6	6	6	6	6	6
Equatorial Guinea											
従属人口指数	73	76	76	101	99	66	74	86	87	80	76
年少人口指数	64	67	68	90	87	58	66	78	80	74	70
老年人口指数	9	8	8	11	12	8	8	8	7	6	5
Gabon											
従属人口指数	62	65	69	77	83	88	91	91	87	81	76
年少人口指数	50	54	58	66	72	76	79	80	76	71	67
老年人口指数	11	11	11	11	11	11	11	11	11	10	9
Sao Tome and Principe											
従属人口指数	58	78	108	106	109	109	110	101	97	92	89
年少人口指数	52	73	98	98	98	100	100	91	88	83	82
老年人口指数	6	5	10	8	10	10	10	9	9	9	7
Northern Africa											
従属人口指数	88	93	93	91	88	86	84	78	69	61	58
年少人口指数	81	86	86	84	81	79	77	70	61	53	50
老年人口指数	7	7	7	7	7	7	7	8	8	8	8
Algeria											
従属人口指数	91	103	102	101	99	95	88	77	63	52	49
年少人口指数	85	95	94	94	92	89	81	70	56	44	40
老年人口指数	6	7	7	7	7	7	6	6	7	8	8
Egypt											
従属人口指数	84	84	84	81	81	82	84	80	71	62	58
年少人口指数	77	76	76	73	72	73	75	71	62	53	51
老年人口指数	7	8	8	8	8	8	9	9	9	8	8
Libya											
従属人口指数	84	89	97	103	103	91	81	69	58	50	49
年少人口指数	77	83	91	97	97	85	76	63	52	44	43
老年人口指数	7	6	6	6	6	5	6	6	6	6	6
Morocco											
従属人口指数	91	104	105	98	87	82	77	72	63	57	52
年少人口指数	85	98	98	91	81	76	70	64	55	48	43
老年人口指数	6	6	7	7	6	6	7	8	9	9	9
Sudan											
従属人口指数	93	94	96	99	100	98	94	90	88	86	82
年少人口指数	86	88	91	93	94	92	88	85	82	80	77
老年人口指数	6	6	6	6	6	6	6	6	6	6	6
Tunisia											
従属人口指数	89	98	96	90	84	78	73	65	57	49	45
年少人口指数	82	91	89	83	77	70	64	56	46	38	34
老年人口指数	7	7	7	7	7	8	8	9	11	11	11
Western Sahara											
従属人口指数	66	67	74	94	67	70	70	66	56	49	42
年少人口指数	61	63	70	90	61	65	66	62	52	45	38
老年人口指数	4	4	4	5	5	5	5	4	4	4	4
Southern Africa											
従属人口指数	82	85	85	84	83	80	75	67	65	61	58
年少人口指数	75	78	78	78	77	74	69	62	59	54	50
老年人口指数	7	7	6	6	6	6	6	6	6	7	8

表A. 35. 主要地域、地域および国別、従属人口指数：推計および中位予測値（続）

2020-2060：中位予測値

従属人口指数										主要地域、地域および国
2015	2020	2025	2030	2035	2040	2045	2050	2055	2060	
										Angola
100	96	92	88	83	79	74	70	66	63	従属人口指数
95	92	87	83	78	73	69	64	60	56	年少人口指数
5	5	5	5	5	5	6	6	6	7	老年人口指数
										Cameroon
84	80	75	70	66	63	61	59	57	56	従属人口指数
78	74	69	64	60	57	53	50	48	45	年少人口指数
6	6	6	6	6	7	7	8	9	11	老年人口指数
										Central African Republic
75	71	68	63	59	56	54	53	52	52	従属人口指数
68	64	61	57	52	48	45	43	41	39	年少人口指数
7	7	7	7	7	7	8	10	12	13	老年人口指数
										Chad
101	96	91	86	80	75	70	66	62	59	従属人口指数
96	91	86	81	76	70	65	60	56	53	年少人口指数
5	5	5	5	5	5	5	6	6	7	老年人口指数
										Congo
86	84	80	75	73	71	69	67	64	62	従属人口指数
79	77	73	68	65	63	60	57	54	51	年少人口指数
7	7	7	7	7	8	9	9	10	10	老年人口指数
										Democratic Republic of the Congo
96	92	88	83	78	74	70	66	63	60	従属人口指数
90	86	82	77	72	68	63	59	55	52	年少人口指数
6	6	6	6	6	6	6	7	8	8	老年人口指数
										Equatorial Guinea
73	73	72	71	67	63	58	55	54	53	従属人口指数
68	67	65	61	57	53	49	46	43	41	年少人口指数
5	6	8	9	10	10	9	9	10	12	老年人口指数
										Gabon
73	70	66	61	58	56	54	54	54	54	従属人口指数
64	62	58	53	49	46	44	41	40	38	年少人口指数
9	8	8	8	9	10	11	12	14	16	老年人口指数
										Sao Tome and Principe
84	78	72	68	65	63	62	60	59	57	従属人口指数
79	73	67	61	58	55	53	50	47	45	年少人口指数
6	5	5	6	7	8	10	10	11	12	老年人口指数
										Northern Africa
60	61	60	56	54	54	55	57	58	58	従属人口指数
51	51	49	44	41	40	39	38	37	36	年少人口指数
8	9	10	12	13	14	16	19	21	22	老年人口指数
										Algeria
53	57	56	51	49	49	53	58	63	65	従属人口指数
44	46	44	37	33	30	30	31	32	31	年少人口指数
9	11	12	14	16	18	22	27	31	34	老年人口指数
										Egypt
62	63	63	57	54	54	55	56	57	56	従属人口指数
54	54	53	47	43	42	41	40	38	36	年少人口指数
8	9	10	11	11	12	14	16	19	20	老年人口指数
										Libya
52	50	45	42	43	46	50	53	55	54	従属人口指数
45	42	37	32	29	29	29	29	28	27	年少人口指数
7	8	9	10	14	17	22	25	27	28	老年人口指数
										Morocco
50	52	52	52	51	51	53	56	60	63	従属人口指数
41	41	39	35	33	31	30	29	29	29	年少人口指数
9	11	14	16	18	20	23	27	31	35	老年人口指数
										Sudan
78	73	69	66	63	61	59	57	55	54	従属人口指数
72	67	63	59	56	53	50	47	45	43	年少人口指数
6	6	6	7	7	8	9	10	10	11	老年人口指数
										Tunisia
45	48	50	50	50	50	53	59	64	67	従属人口指数
34	35	35	32	29	27	27	28	29	28	年少人口指数
11	13	16	19	21	24	27	31	36	38	老年人口指数
										Western Sahara
40	39	39	39	40	43	46	49	52	54	従属人口指数
36	34	31	29	27	26	26	25	25	25	年少人口指数
4	6	8	10	13	17	20	24	26	29	老年人口指数
										Southern Africa
54	53	51	49	48	46	46	47	48	49	従属人口指数
46	45	42	39	37	35	33	32	31	30	年少人口指数
7	8	9	10	11	12	12	14	17	19	老年人口指数

表A. 35. 主要地域、地域および国別、従属人口指数：推計および中位予測値（続）

推計値：1960-2015

主要地域、地域および国	従属人口指数										
	1960	1965	1970	1975	1980	1985	1990	1995	2000	2005	2010
Botswana											
従属人口指数	98	108	105	100	96	95	90	79	70	63	58
年少人口指数	90	100	98	94	91	90	85	74	65	58	52
老年人口指数	8	7	7	6	5	5	5	5	5	5	5
Lesotho											
従属人口指数	90	91	93	95	94	95	93	87	84	80	72
年少人口指数	82	83	85	87	86	87	85	79	76	71	65
老年人口指数	8	8	8	8	8	8	8	8	8	8	7
Namibia											
従属人口指数	83	85	88	91	100	102	89	83	78	76	71
年少人口指数	76	79	81	85	93	95	82	77	72	70	65
老年人口指数	7	7	7	7	7	7	6	6	6	6	6
South Africa											
従属人口指数	81	84	84	82	81	77	73	65	64	59	56
年少人口指数	74	77	77	76	75	72	67	59	57	52	48
老年人口指数	7	7	6	6	6	6	6	6	7	7	8
Swaziland											
従属人口指数	92	96	100	103	106	107	103	102	91	82	73
年少人口指数	87	91	94	98	101	101	98	96	85	76	67
老年人口指数	5	5	5	6	6	6	5	6	6	6	6
Western Africa											
従属人口指数	81	83	85	88	90	93	93	91	88	88	88
年少人口指数	76	78	80	82	85	87	87	85	83	83	83
老年人口指数	5	5	5	5	5	6	6	6	5	5	5
Benin											
従属人口指数	77	83	88	93	95	97	97	94	94	90	86
年少人口指数	68	74	80	85	88	90	91	88	88	85	81
老年人口指数	9	8	8	8	8	7	7	6	6	5	5
Burkina Faso											
従属人口指数	77	81	85	89	95	100	102	101	98	96	95
年少人口指数	73	76	80	84	89	93	96	95	93	91	90
老年人口指数	4	5	5	6	6	7	7	6	5	5	5
Cabo Verde											
従属人口指数	89	108	111	114	109	99	101	100	95	77	60
年少人口指数	80	99	102	103	99	90	93	91	85	67	51
老年人口指数	10	9	8	11	10	9	9	9	10	10	9
Côte d'Ivoire											
従属人口指数	79	82	87	90	92	92	90	87	86	88	87
年少人口指数	74	78	83	85	87	87	85	82	81	83	82
老年人口指数	4	5	5	5	5	5	5	5	5	5	6
Gambia											
従属人口指数	70	73	76	84	93	97	96	97	95	95	96
年少人口指数	66	69	72	79	87	91	90	92	89	90	91
老年人口指数	4	4	4	5	6	6	5	5	5	5	5
Ghana											
従属人口指数	88	88	93	95	93	91	87	84	80	77	74
年少人口指数	83	83	88	90	88	85	82	79	75	71	68
老年人口指数	4	5	5	5	5	5	5	5	5	6	6
Guinea											
従属人口指数	78	81	79	79	82	86	90	91	91	90	87
年少人口指数	72	75	74	74	76	80	83	85	85	83	81
老年人口指数	6	6	6	6	6	6	7	7	7	6	6
Guinea-Bissau											
従属人口指数	76	78	76	79	84	90	94	94	89	84	81
年少人口指数	71	72	71	73	77	83	87	87	83	78	75
老年人口指数	5	5	5	6	7	7	7	7	6	6	6
Liberia											
従属人口指数	78	82	85	88	91	93	92	89	86	86	87
年少人口指数	74	78	81	83	86	88	87	83	81	81	81
老年人口指数	4	4	4	5	5	5	6	6	6	6	6
Mali											
従属人口指数	76	79	81	84	90	95	102	101	99	98	99
年少人口指数	72	75	76	79	84	88	94	93	93	92	94
老年人口指数	4	4	5	5	6	7	8	7	7	6	5
Mauritania											
従属人口指数	87	92	94	94	93	92	91	89	85	81	79
年少人口指数	83	87	89	89	88	86	85	83	79	76	73
老年人口指数	4	4	5	5	6	6	6	6	6	6	6
Niger											
従属人口指数	97	100	99	99	98	99	100	99	102	106	110
年少人口指数	95	97	96	95	94	95	95	95	97	101	105
老年人口指数	2	3	3	4	4	4	5	5	5	5	5

表A. 35. 主要地域、地域および国別、従属人口指数：推計および中位予測値（続）

2020-2060：中位予測値

従属人口指数										主要地域、地域および国
2015	2020	2025	2030	2035	2040	2045	2050	2055	2060	
										Botswana
55	55	53	49	46	45	46	48	50	51	従属人口指数
50	48	46	41	37	35	33	32	31	30	年少人口指数
6	6	7	8	9	10	12	15	19	21	老年人口指数
										Lesotho
67	66	64	59	54	50	49	48	48	49	従属人口指数
60	59	58	53	49	45	42	40	38	36	年少人口指数
7	7	7	6	6	6	6	8	10	12	老年人口指数
										Namibia
67	66	64	60	57	54	53	52	51	52	従属人口指数
61	60	57	53	48	45	43	41	39	37	年少人口指数
6	6	7	7	8	9	10	11	13	15	老年人口指数
										South Africa
52	51	49	48	47	46	45	46	48	49	従属人口指数
44	43	40	38	35	34	32	31	30	29	年少人口指数
8	8	9	10	11	12	13	15	18	20	老年人口指数
										Swaziland
69	69	66	61	55	51	48	47	47	47	従属人口指数
63	62	59	54	49	46	43	40	38	36	年少人口指数
6	7	7	7	6	6	5	6	9	11	老年人口指数
										Western Africa
87	85	81	77	73	70	68	65	62	60	従属人口指数
82	80	76	72	68	65	61	58	55	52	年少人口指数
5	5	5	5	6	6	6	7	7	8	老年人口指数
										Benin
82	77	73	69	66	63	60	57	55	54	従属人口指数
77	72	67	63	59	56	52	49	47	44	年少人口指数
5	5	5	6	6	7	7	8	9	10	老年人口指数
										Burkina Faso
92	87	82	78	74	70	67	64	61	58	従属人口指数
88	83	77	73	69	65	61	57	54	50	年少人口指数
5	4	5	5	5	5	6	7	7	8	老年人口指数
										Cabo Verde
52	49	47	46	44	43	44	47	52	58	従属人口指数
45	42	39	35	32	29	27	27	26	26	年少人口指数
7	7	8	10	12	14	16	20	26	32	老年人口指数
										Côte d'Ivoire
83	81	79	76	72	69	66	64	62	60	従属人口指数
78	75	73	70	66	63	60	57	55	52	年少人口指数
6	5	6	6	6	6	6	7	7	8	老年人口指数
										Gambia
94	91	88	83	78	73	69	65	61	57	従属人口指数
90	87	83	78	73	68	63	59	54	50	年少人口指数
4	5	5	5	5	5	6	6	7	7	老年人口指数
										Ghana
73	71	67	63	59	58	57	56	55	54	従属人口指数
67	65	61	56	52	50	48	46	44	42	年少人口指数
6	6	6	7	7	8	9	10	11	11	老年人口指数
										Guinea
84	81	77	72	68	65	62	59	57	56	従属人口指数
78	75	71	66	62	58	55	51	49	46	年少人口指数
6	6	6	6	6	6	7	8	9	10	老年人口指数
										Guinea-Bissau
78	77	73	68	64	61	59	57	56	54	従属人口指数
73	70	67	62	58	54	52	49	47	44	年少人口指数
6	6	6	6	6	7	7	8	9	10	老年人口指数
										Liberia
83	78	73	70	67	64	62	59	57	55	従属人口指数
77	72	67	64	60	57	54	51	48	46	年少人口指数
6	5	6	6	6	7	8	8	9	10	老年人口指数
										Mali
100	97	90	85	81	77	73	68	64	60	従属人口指数
95	92	86	80	76	71	67	62	57	53	年少人口指数
5	5	5	5	5	5	6	6	7	7	老年人口指数
										Mauritania
76	73	69	66	64	62	61	59	57	56	従属人口指数
70	67	63	60	57	54	52	49	47	45	年少人口指数
6	6	6	7	7	8	9	9	10	11	老年人口指数
										Niger
113	114	112	109	104	99	93	87	81	75	従属人口指数
107	108	107	104	99	93	88	82	76	70	年少人口指数
5	6	6	6	5	5	5	5	5	5	老年人口指数

表A. 35. 主要地域、地域および国別、従属人口指数：推計および中位予測値（続）

推計値：1960-2015

主要地域、地域および国	従属人口指数										
	1960	1965	1970	1975	1980	1985	1990	1995	2000	2005	2010
Nigeria											
従属人口指数	80	81	83	86	88	92	91	89	86	86	87
年少人口指数	75	76	78	81	83	86	86	83	81	81	82
老年人口指数	5	5	5	5	5	5	5	5	5	5	5
Senegal											
従属人口指数	85	89	89	90	98	101	100	97	93	90	88
年少人口指数	80	84	84	85	92	96	94	90	87	84	82
老年人口指数	5	5	5	5	5	6	6	6	6	6	6
Sierra Leone											
従属人口指数	71	71	73	77	82	87	90	89	88	87	85
年少人口指数	66	66	68	71	76	81	84	84	83	82	81
老年人口指数	5	5	5	6	6	6	6	5	5	5	5
Togo											
従属人口指数	86	88	91	94	97	98	97	95	89	85	84
年少人口指数	80	82	85	89	92	92	91	89	84	80	79
老年人口指数	6	6	5	6	6	6	6	6	5	5	5
ASIA											
従属人口指数	77	80	80	79	73	67	63	61	57	51	48
年少人口指数	70	74	73	71	66	59	55	53	48	42	38
老年人口指数	6	6	7	7	7	8	8	8	9	10	10
Eastern Asia											
従属人口指数	75	76	75	75	66	55	51	50	46	39	36
年少人口指数	68	70	68	67	58	46	42	40	35	27	23
老年人口指数	7	6	7	8	8	9	9	10	11	12	13
China											
従属人口指数	77	81	80	79	69	56	52	51	46	38	35
年少人口指数	71	75	73	72	61	48	44	42	37	28	23
老年人口指数	6	6	7	7	8	8	8	9	10	10	11
China, Hong Kong SAR											
従属人口指数	78	75	69	58	46	45	43	41	39	36	33
年少人口指数	73	69	63	50	37	34	31	27	24	19	16
老年人口指数	5	5	7	8	9	11	12	14	15	17	17
China, Macao SAR											
従属人口指数	80	90	82	59	50	48	47	49	43	33	25
年少人口指数	68	76	70	47	37	37	37	38	33	23	16
老年人口指数	12	14	12	12	13	11	10	11	11	10	9
Dem. People's Republic of Korea											
従属人口指数	69	67	81	75	66	54	45	47	47	47	46
年少人口指数	64	61	75	70	60	48	39	40	38	36	33
老年人口指数	5	5	6	6	6	6	6	8	9	11	13
Japan											
従属人口指数	56	47	45	48	48	47	43	44	47	51	57
年少人口指数	47	38	35	36	35	32	26	23	21	21	21
老年人口指数	9	9	10	12	13	15	17	21	25	30	36
Mongolia											
従属人口指数	72	88	96	101	93	87	80	74	63	48	44
年少人口指数	64	79	87	91	84	79	73	67	57	43	39
老年人口指数	8	9	9	10	9	8	7	7	6	6	6
Republic of Korea											
従属人口指数	81	87	83	71	61	52	44	41	39	38	38
年少人口指数	74	80	77	65	55	46	37	32	29	26	22
老年人口指数	7	6	6	6	6	7	7	8	10	13	15
Other non-specified areas											
従属人口指数	85	81	78	67	57	53	50	46	43	40	37
年少人口指数	80	77	73	62	51	46	41	35	30	27	22
老年人口指数	5	5	5	5	6	7	9	11	12	13	15
South-Central Asia											
従属人口指数	77	82	82	80	78	77	75	72	67	61	57
年少人口指数	71	76	75	74	72	70	69	65	60	54	49
老年人口指数	6	6	6	6	6	7	7	7	7	8	8
Central Asia											
従属人口指数	72	90	91	83	76	73	74	74	67	57	51
年少人口指数	62	80	80	73	66	65	66	65	58	48	43
老年人口指数	10	10	11	10	10	8	8	9	9	9	8
Kazakhstan											
従属人口指数	72	79	75	68	63	61	60	59	53	48	45
年少人口指数	62	70	66	58	53	51	50	47	42	36	35
老年人口指数	10	9	9	9	10	9	9	11	10	11	10

表A. 35. 主要地域、地域および国別、従属人口指数：推計および中位予測値（続）

2020-2060：中位予測値

従属人口指数										主要地域、地域および国
2015	2020	2025	2030	2035	2040	2045	2050	2055	2060	
										Nigeria
88	85	81	77	73	70	67	64	61	59	従属人口指数
83	80	76	72	68	65	61	58	54	51	年少人口指数
5	5	5	5	5	6	6	7	7	7	老年人口指数
										Senegal
88	85	81	75	71	68	67	65	63	61	従属人口指数
82	80	76	69	65	61	59	56	53	50	年少人口指数
6	5	5	6	6	7	8	9	10	11	老年人口指数
										Sierra Leone
82	77	70	65	61	57	54	51	49	48	従属人口指数
77	72	66	60	56	51	48	44	41	39	年少人口指数
5	5	5	5	5	5	6	7	8	9	老年人口指数
										Togo
82	78	73	69	66	63	62	60	58	57	従属人口指数
77	73	68	64	60	57	54	52	49	47	年少人口指数
5	5	5	5	6	6	7	8	9	10	老年人口指数
										ASIA
47	48	48	49	51	53	54	57	60	63	従属人口指数
36	35	33	31	30	29	29	28	28	28	年少人口指数
11	13	15	18	21	24	26	28	32	35	老年人口指数
										Eastern Asia
39	43	46	49	56	63	67	72	81	86	従属人口指数
23	24	23	22	21	22	22	23	24	25	年少人口指数
15	19	23	27	35	41	45	49	57	62	老年人口指数
										China
37	41	44	47	54	61	65	70	80	86	従属人口指数
24	24	23	22	21	21	22	23	24	25	年少人口指数
13	17	20	25	33	40	43	47	56	61	老年人口指数
										China, Hong Kong SAR
37	46	57	66	72	76	81	87	92	95	従属人口指数
16	19	22	22	22	21	21	23	25	27	年少人口指数
21	26	35	44	50	56	60	65	67	69	老年人口指数
										China, Macao SAR
28	37	47	54	58	60	62	69	78	82	従属人口指数
17	20	24	25	23	22	22	24	26	28	年少人口指数
12	16	23	30	34	38	40	45	51	54	老年人口指数
										Dem. People's Republic of Korea
44	41	45	46	51	55	53	54	56	59	従属人口指数
31	29	29	29	29	28	27	26	27	27	年少人口指数
14	13	16	18	23	27	27	28	29	32	老年人口指数
										Japan
64	70	72	74	79	87	92	95	97	97	従属人口指数
21	21	21	21	22	23	24	24	25	25	年少人口指数
43	48	51	53	57	64	68	71	73	72	老年人口指数
										Mongolia
48	52	52	50	49	50	53	57	63	65	従属人口指数
42	45	43	38	34	33	33	33	34	34	年少人口指数
6	7	9	12	14	17	20	24	29	31	老年人口指数
										Republic of Korea
37	41	49	59	68	77	82	87	90	97	従属人口指数
19	19	20	21	22	22	22	21	22	24	年少人口指数
18	22	29	38	46	54	61	66	68	73	老年人口指数
										Other non-specified areas
35	39	46	54	62	70	80	90	96	104	従属人口指数
18	17	17	17	18	18	19	19	19	21	年少人口指数
16	22	29	37	45	52	62	71	76	83	老年人口指数
										South-Central Asia
54	51	50	48	47	47	48	49	52	54	従属人口指数
45	42	39	36	34	32	31	29	29	28	年少人口指数
8	9	10	12	13	15	17	20	23	26	老年人口指数
										Central Asia
51	54	54	51	49	48	49	51	54	55	従属人口指数
44	46	44	39	35	34	33	34	33	32	年少人口指数
7	9	10	12	13	15	16	18	21	23	老年人口指数
										Kazakhstan
50	57	57	53	51	50	52	54	57	57	従属人口指数
40	45	43	38	34	33	34	35	35	33	年少人口指数
10	12	13	16	16	17	18	19	22	24	老年人口指数

表A. 35. 主要地域、地域および国別、従属人口指数：推計および中位予測値（続）

推計値：1960-2015

主要地域、地域および国	従属人口指数										
	1960	1965	1970	1975	1980	1985	1990	1995	2000	2005	2010
Kyrgyzstan											
従属人口指数	77	92	92	85	75	73	74	75	68	58	53
年少人口指数	64	80	80	74	65	64	65	66	59	49	46
老年人口指数	13	12	12	11	10	9	9	10	9	9	7
Tajikistan											
従属人口指数	78	100	107	101	91	88	90	93	87	73	64
年少人口指数	70	90	96	91	82	80	83	86	80	66	58
老年人口指数	9	10	11	9	9	8	7	7	7	6	5
Turkmenistan											
従属人口指数	81	96	99	92	84	80	79	78	68	59	50
年少人口指数	71	87	89	83	76	73	73	70	61	52	44
老年人口指数	9	9	9	9	8	7	7	7	7	7	6
Uzbekistan											
従属人口指数	68	100	104	96	85	81	82	80	71	59	51
年少人口指数	58	89	92	85	76	73	74	72	63	51	44
老年人口指数	10	11	12	11	9	8	7	8	8	8	7
Southern Asia											
従属人口指数	77	81	81	80	78	77	75	72	67	62	57
年少人口指数	72	76	75	74	72	71	69	65	60	54	50
老年人口指数	6	6	6	6	6	6	7	7	7	8	8
Afghanistan											
従属人口指数	82	84	88	91	94	98	101	100	103	99	99
年少人口指数	77	79	83	86	89	94	97	96	99	95	95
老年人口指数	5	5	5	5	5	4	4	5	5	4	5
Bangladesh											
従属人口指数	80	85	91	93	92	88	83	76	69	63	58
年少人口指数	75	80	86	87	86	82	78	70	63	56	51
老年人口指数	5	5	5	6	6	6	6	6	6	7	7
Bhutan											
従属人口指数	78	78	81	80	83	86	87	90	80	62	53
年少人口指数	74	74	77	76	78	81	82	83	73	55	46
老年人口指数	4	4	4	4	5	5	6	6	7	7	7
India											
従属人口指数	77	81	79	77	75	74	72	69	64	60	56
年少人口指数	71	75	73	71	69	67	65	62	57	53	48
老年人口指数	5	6	6	6	6	6	7	7	7	8	8
Iran (Islamic Republic of)											
従属人口指数	88	93	90	87	87	94	95	85	64	45	40
年少人口指数	80	86	84	81	81	88	89	78	57	38	33
老年人口指数	8	7	6	6	6	6	7	7	7	7	7
Maldives											
従属人口指数	70	80	95	93	92	96	101	98	80	61	51
年少人口指数	65	76	90	88	87	91	96	92	73	54	43
老年人口指数	4	4	5	5	5	5	6	6	7	7	7
Nepal											
従属人口指数	75	79	78	79	81	83	85	83	81	79	73
年少人口指数	70	74	73	73	75	77	79	76	74	71	64
老年人口指数	4	5	5	6	6	6	7	7	7	8	9
Pakistan											
従属人口指数	77	80	86	88	88	87	88	88	82	74	68
年少人口指数	69	73	79	81	81	80	81	80	75	66	61
老年人口指数	8	7	7	7	7	7	7	7	7	7	7
Sri Lanka											
従属人口指数	88	83	78	71	67	64	60	55	49	48	49
年少人口指数	79	76	72	65	60	56	51	46	40	38	38
老年人口指数	9	7	7	7	7	8	9	9	9	10	11
South-Eastern Asia											
従属人口指数	83	89	90	86	81	75	69	64	58	54	50
年少人口指数	76	83	83	80	74	68	62	57	50	46	42
老年人口指数	7	7	7	7	7	7	7	7	8	8	8
Brunei Darussalam											
従属人口指数	90	100	87	77	71	68	59	55	49	44	40
年少人口指数	83	93	81	71	66	63	55	51	46	40	36
老年人口指数	7	7	7	6	5	5	4	4	4	4	5
Cambodia											
従属人口指数	93	97	93	88	78	83	89	98	81	68	59
年少人口指数	88	92	88	83	73	77	84	92	75	62	53
老年人口指数	5	5	5	5	5	5	5	6	6	6	6
Indonesia											
従属人口指数	77	84	87	85	81	74	67	61	55	53	51
年少人口指数	71	77	81	79	74	68	61	54	47	46	44
老年人口指数	6	6	6	6	6	6	6	7	7	7	7

表A. 35. 主要地域、地域および国別、従属人口指数：推計および中位予測値（続）

2020-2060：中位予測値

従属人口指数										主要地域、地域および国
2015	2020	2025	2030	2035	2040	2045	2050	2055	2060	
										Kyrgyzstan
55	61	61	56	53	53	53	54	56	56	従属人口指数
49	53	51	44	40	39	38	38	37	35	年少人口指数
7	8	10	12	13	14	15	16	20	21	老年人口指数
										Tajikistan
61	63	64	60	56	54	54	55	57	56	従属人口指数
56	58	57	51	46	43	42	42	41	38	年少人口指数
5	6	7	9	10	11	12	13	16	18	老年人口指数
										Turkmenistan
48	47	47	46	44	43	44	46	49	52	従属人口指数
42	40	38	35	32	30	29	28	28	28	年少人口指数
6	7	9	11	12	14	15	18	21	24	老年人口指数
										Uzbekistan
50	51	50	47	45	45	46	49	52	54	従属人口指数
43	43	40	36	32	30	30	30	29	28	年少人口指数
7	8	10	12	13	14	16	19	23	26	老年人口指数
										Southern Asia
54	51	49	48	47	47	48	49	52	54	従属人口指数
45	42	39	36	34	32	30	29	29	28	年少人口指数
8	9	10	12	13	15	17	20	23	26	老年人口指数
										Afghanistan
87	76	66	59	54	50	47	44	42	42	従属人口指数
82	71	61	54	48	44	40	36	33	30	年少人口指数
5	5	5	5	5	6	7	8	10	11	老年人口指数
										Bangladesh
52	47	44	44	44	44	46	49	52	56	従属人口指数
45	40	36	33	30	28	27	26	25	25	年少人口指数
8	7	8	11	13	16	19	23	27	31	老年人口指数
										Bhutan
47	44	41	40	40	41	44	50	57	63	従属人口指数
39	35	32	29	27	25	24	24	24	24	年少人口指数
7	8	9	11	13	16	20	26	33	38	老年人口指数
										India
52	50	48	48	47	47	48	49	51	53	従属人口指数
44	40	37	35	33	31	30	29	28	27	年少人口指数
9	10	11	13	14	16	18	20	23	26	老年人口指数
										Iran (Islamic Republic of)
40	42	41	38	37	40	47	59	70	74	従属人口指数
33	33	30	25	21	20	22	24	25	24	年少人口指数
7	9	11	13	16	19	25	35	45	50	老年人口指数
										Maldives
47	47	46	42	40	40	44	51	60	67	従属人口指数
41	40	37	31	26	24	24	25	25	25	年少人口指数
7	7	9	11	13	16	20	26	35	42	老年人口指数
										Nepal
62	54	49	47	45	43	42	43	45	49	従属人口指数
53	45	39	36	33	29	27	25	24	23	年少人口指数
9	10	10	11	12	13	15	18	21	26	老年人口指数
										Pakistan
65	64	61	57	53	51	50	50	50	50	従属人口指数
58	56	53	48	44	41	39	38	36	34	年少人口指数
7	7	8	9	9	10	11	13	15	17	老年人口指数
										Sri Lanka
51	52	52	54	56	59	64	67	68	68	従属人口指数
37	35	32	30	29	29	29	29	28	26	年少人口指数
14	17	20	24	27	30	34	38	40	42	老年人口指数
										South-Eastern Asia
48	48	48	49	50	51	52	54	55	57	従属人口指数
39	37	36	34	32	31	31	30	29	29	年少人口指数
9	10	12	15	17	20	22	24	26	28	老年人口指数
										Brunei Darussalam
38	38	41	43	46	51	57	64	70	73	従属人口指数
32	30	29	27	25	24	24	24	25	25	年少人口指数
6	9	12	16	21	27	33	39	45	49	老年人口指数
										Cambodia
56	56	54	52	50	49	47	53	54	57	従属人口指数
49	48	45	42	38	36	33	33	31	30	年少人口指数
6	8	9	10	12	14	13	20	22	26	老年人口指数
										Indonesia
49	47	48	47	48	49	50	52	52	52	従属人口指数
41	39	37	35	33	32	31	30	29	29	年少人口指数
8	9	10	12	15	17	19	21	22	23	老年人口指数

表A. 35. 主要地域、地域および国別、従属人口指数：推計および中位予測値（続）

推計値:1960-2015

主要地域、地域および国	従属人口指数										
	1960	1965	1970	1975	1980	1985	1990	1995	2000	2005	2010
Lao People's Democratic Republic											
従属人口指数	81	82	83	84	92	92	91	92	88	79	69
年少人口指数	76	77	77	78	85	85	85	85	82	73	62
老年人口指数	5	5	6	6	7	7	7	7	7	7	6
Malaysia											
従属人口指数	96	98	93	85	74	72	69	65	59	53	47
年少人口指数	89	92	86	78	68	66	63	59	53	46	40
老年人口指数	7	6	6	7	6	6	6	6	6	7	7
Myanmar											
従属人口指数	78	86	85	84	82	78	72	65	58	55	53
年少人口指数	72	79	79	77	75	71	65	57	50	48	46
老年人口指数	6	6	7	7	7	7	7	8	8	8	8
Philippines											
従属人口指数	100	102	96	91	86	82	79	75	72	68	61
年少人口指数	94	96	90	85	80	76	73	70	66	62	54
老年人口指数	6	6	6	6	6	6	6	5	6	6	7
Singapore											
従属人口指数	83	86	73	59	47	42	37	40	40	38	36
年少人口指数	79	81	67	52	40	34	29	31	30	26	24
老年人口指数	4	5	6	7	7	7	8	9	10	11	12
Thailand											
従属人口指数	85	89	90	85	76	63	53	48	44	43	39
年少人口指数	79	83	84	79	69	57	46	40	35	32	27
老年人口指数	6	6	7	7	7	7	7	8	9	11	12
Timor-Leste											
従属人口指数	80	80	80	78	70	71	70	80	110	103	84
年少人口指数	75	75	75	73	66	68	67	77	105	98	76
老年人口指数	5	5	5	5	4	3	3	4	5	5	8
Viet Nam											
従属人口指数	81	95	97	91	86	80	76	71	62	51	43
年少人口指数	73	85	86	81	76	71	66	61	51	41	34
老年人口指数	9	10	11	9	10	10	10	10	10	10	9
Western Asia											
従属人口指数	83	88	87	86	84	81	78	73	68	62	56
年少人口指数	76	81	79	78	76	73	71	66	60	54	48
老年人口指数	7	8	8	8	8	8	7	8	8	8	8
Armenia											
従属人口指数	81	89	81	67	57	55	56	61	56	50	45
年少人口指数	70	79	71	57	48	47	47	47	40	33	30
老年人口指数	12	10	10	10	9	8	9	13	16	17	15
Azerbaijan											
従属人口指数	82	100	99	84	66	60	62	63	58	48	40
年少人口指数	70	88	88	74	57	52	55	55	49	38	32
老年人口指数	12	11	11	10	9	8	7	8	9	10	8
Bahrain											
従属人口指数	80	95	90	72	58	57	54	48	50	41	28
年少人口指数	74	92	85	68	55	53	50	45	46	38	25
老年人口指数	5	3	5	4	3	4	3	4	4	3	3
Cyprus											
従属人口指数	74	69	70	60	52	53	55	53	48	44	42
年少人口指数	64	58	53	44	38	38	39	37	33	29	25
老年人口指数	10	11	17	16	14	15	15	15	15	15	16
Georgia											
従属人口指数	60	65	64	58	54	51	51	55	52	49	45
年少人口指数	46	52	50	45	40	38	37	37	33	27	25
老年人口指数	15	13	13	13	14	13	14	17	19	22	21
Iraq											
従属人口指数	80	91	95	102	104	101	99	92	87	83	82
年少人口指数	75	84	87	93	95	93	91	85	80	77	76
老年人口指数	6	7	8	8	8	8	8	7	6	6	6
Israel											
従属人口指数	70	69	65	67	71	71	67	63	62	61	60
年少人口指数	62	60	54	55	57	56	52	47	45	45	44
老年人口指数	8	9	11	13	15	15	15	16	16	16	17
Jordan											
従属人口指数	91	95	97	101	109	103	98	78	74	70	68
年少人口指数	83	88	90	95	102	96	92	72	68	64	62
老年人口指数	8	7	6	6	7	7	7	5	5	6	6
Kuwait											
従属人口指数	61	64	84	88	73	61	57	47	42	40	34
年少人口指数	57	62	81	85	70	59	55	44	39	37	32
老年人口指数	3	3	3	3	3	2	2	3	3	3	2

表A. 35. 主要地域、地域および国別、従属人口指数：推計および中位予測値（続）

2020-2060：中位予測値

従属人口指数										主要地域、地域および国
2015	2020	2025	2030	2035	2040	2045	2050	2055	2060	
										Lao People's Democratic Republic
63	60	56	52	49	46	45	45	47	50	従属人口指数……
57	54	49	44	40	36	33	31	30	29	年少人口指数……
6	7	7	8	9	10	12	14	17	22	老年人口指数……
										Malaysia
44	43	45	46	47	46	47	51	56	61	従属人口指数……
35	33	33	32	30	28	26	25	26	26	年少人口指数……
8	10	12	15	17	19	21	25	30	35	老年人口指数……
										Myanmar
49	45	44	44	45	46	47	47	48	49	従属人口指数……
41	36	33	32	31	30	29	28	27	26	年少人口指数……
8	9	11	13	14	16	18	20	21	23	老年人口指数……
										Philippines
58	56	55	54	53	52	51	50	50	51	従属人口指数……
50	48	46	44	41	39	37	36	34	33	年少人口指数……
7	8	9	10	11	13	14	15	16	18	老年人口指数……
										Singapore
37	42	48	56	64	71	77	82	85	89	従属人口指数……
21	20	20	20	20	20	20	20	20	20	年少人口指数……
16	21	29	36	44	51	57	62	64	69	老年人口指数……
										Thailand
39	42	45	50	57	64	70	75	78	82	従属人口指数……
25	23	22	21	21	21	22	22	22	23	年少人口指数……
15	18	23	29	36	42	48	53	56	59	老年人口指数……
										Timor-Leste
92	90	89	79	72	68	64	61	59	56	従属人口指数……
82	80	81	71	64	59	55	53	49	45	年少人口指数……
11	9	9	8	8	9	8	9	9	11	老年人口指数……
										Viet Nam
43	45	47	48	50	53	57	62	68	73	従属人口指数……
33	33	32	30	28	27	27	28	28	29	年少人口指数……
10	12	15	18	22	26	30	34	39	44	老年人口指数……
										Western Asia
54	53	53	52	51	52	53	55	57	58	従属人口指数……
46	44	42	40	37	36	35	35	34	33	年少人口指数……
8	9	10	12	14	16	18	21	23	25	老年人口指数……
										Armenia
41	47	51	54	52	52	55	63	73	80	従属人口指数……
26	28	28	25	22	21	22	23	25	25	年少人口指数……
15	18	24	29	30	31	33	39	48	56	老年人口指数……
										Azerbaijan
38	45	50	50	48	49	51	55	59	62	従属人口指数……
30	34	36	31	28	27	28	29	29	28	年少人口指数……
8	11	14	19	20	22	23	26	31	34	老年人口指数……
										Bahrain
31	30	30	30	31	35	39	44	49	55	従属人口指数……
28	26	24	21	20	19	19	19	20	20	年少人口指数……
3	4	6	9	12	16	19	25	30	35	老年人口指数……
										Cyprus
42	44	47	49	51	54	58	65	71	77	従属人口指数……
23	23	23	22	21	21	21	22	23	24	年少人口指数……
18	21	24	27	30	33	37	43	48	53	老年人口指数……
										Georgia
46	51	55	57	57	59	63	70	78	82	従属人口指数……
25	28	29	27	25	24	25	27	29	29	年少人口指数……
20	22	26	30	32	35	39	43	49	53	老年人口指数……
										Iraq
79	78	74	70	68	66	65	64	62	60	従属人口指数……
73	72	68	64	61	58	56	54	52	49	年少人口指数……
5	6	6	6	7	8	9	10	10	11	老年人口指数……
										Israel
64	67	66	64	63	64	66	66	66	66	従属人口指数……
46	46	44	41	39	38	38	37	36	35	年少人口指数……
18	21	22	23	24	26	27	29	30	31	老年人口指数……
										Jordan
65	61	57	53	52	52	53	54	54	53	従属人口指数……
59	54	50	45	42	40	38	36	34	32	年少人口指数……
6	6	7	8	10	13	15	18	19	21	老年人口指数……
										Kuwait
32	35	36	35	35	36	39	45	50	52	従属人口指数……
29	32	31	28	25	24	24	25	26	25	年少人口指数……
3	3	5	7	9	12	15	20	24	27	老年人口指数……

表A. 35. 主要地域、地域および国別、従属人口指数：推計および中位予測値（続）

推計値：1960-2015

主要地域、地域および国	従属人口指数										
	1960	1965	1970	1975	1980	1985	1990	1995	2000	2005	2010
Lebanon											
従属人口指数	91	96	88	81	80	72	67	61	56	55	47
年少人口指数	79	85	79	72	70	63	57	51	45	43	35
老年人口指数	11	10	10	9	10	9	10	10	11	12	12
Oman											
従属人口指数	87	93	98	96	92	92	91	72	66	58	41
年少人口指数	82	87	92	90	86	88	86	68	62	54	37
老年人口指数	6	6	6	6	5	5	4	4	4	4	4
Qatar											
従属人口指数	79	70	62	55	54	43	42	39	38	33	17
年少人口指数	74	66	58	51	52	41	40	37	36	31	16
老年人口指数	5	4	3	3	2	2	2	2	2	2	1
Saudi Arabia											
従属人口指数	88	89	91	90	90	83	81	80	67	57	50
年少人口指数	81	83	85	84	85	78	76	74	62	53	46
老年人口指数	7	7	7	6	6	5	5	5	5	4	4
State of Palestine											
従属人口指数	101	104	110	113	109	104	103	103	100	93	82
年少人口指数	93	97	104	107	104	100	98	99	96	88	77
老年人口指数	8	7	6	5	5	4	4	4	5	5	5
Syrian Arab Republic											
従属人口指数	101	108	105	105	107	105	100	89	79	73	64
年少人口指数	93	101	98	98	101	99	94	83	73	67	59
老年人口指数	8	8	7	6	6	6	6	6	6	6	6
Turkey											
従属人口指数	84	89	85	83	81	75	69	62	58	54	51
年少人口指数	79	82	78	75	73	68	61	54	49	44	41
老年人口指数	6	7	7	8	9	8	8	8	9	10	11
United Arab Emirates											
従属人口指数	93	69	57	42	42	49	47	38	36	24	16
年少人口指数	86	65	55	40	40	47	45	37	35	22	16
老年人口指数	7	4	2	2	2	2	2	1	1	1	1
Yemen											
従属人口指数	85	83	90	102	109	114	119	114	106	93	82
年少人口指数	79	77	85	96	103	109	113	107	100	88	77
老年人口指数	6	6	6	6	6	6	5	7	6	5	5
EUROPE											
従属人口指数	56	56	56	54	53	50	50	50	48	47	47
年少人口指数	42	41	39	37	34	32	31	29	26	23	23
老年人口指数	14	15	16	18	19	18	19	21	22	23	24
Eastern Europe											
従属人口指数	57	56	52	49	50	50	51	50	45	42	41
年少人口指数	46	45	39	35	34	35	34	32	26	22	21
老年人口指数	10	12	13	15	16	15	16	19	19	20	20
Belarus											
従属人口指数	59	64	61	55	51	49	50	52	47	44	40
年少人口指数	46	50	47	40	34	34	34	33	27	22	21
老年人口指数	13	13	14	15	16	15	16	19	20	21	20
Bulgaria											
従属人口指数	51	48	48	50	52	49	50	49	48	45	47
年少人口指数	39	36	34	33	34	32	31	27	23	20	20
老年人口指数	11	12	14	16	18	17	20	23	24	25	27
Czech Republic											
従属人口指数	54	51	50	54	59	54	52	47	43	40	42
年少人口指数	40	35	32	34	37	36	33	27	24	21	20
老年人口指数	14	16	18	20	22	18	19	19	20	20	22
Hungary											
従属人口指数	52	51	48	49	55	51	51	48	47	45	46
年少人口指数	39	35	31	30	34	33	31	27	25	23	21
老年人口指数	14	16	17	19	21	18	20	21	22	23	24
Poland											
従属人口指数	65	63	55	50	52	53	54	52	46	42	40
年少人口指数	56	52	43	36	37	39	39	35	29	23	21
老年人口指数	9	11	13	14	15	14	16	17	18	19	19
Republic of Moldova											
従属人口指数	61	67	62	55	53	53	57	55	49	40	36
年少人口指数	51	57	52	45	41	42	44	41	35	26	23
老年人口指数	10	10	10	11	12	12	13	14	14	14	14
Romania											
従属人口指数	56	54	52	53	59	53	52	49	47	45	46
年少人口指数	45	41	40	39	43	39	36	31	27	23	23
老年人口指数	11	12	13	14	16	15	16	18	20	22	23

表A. 35. 主要地域、地域および国別、従属人口指数：推計および中位予測値（続）

2020-2060：中位予測値

従属人口指数										主要地域、地域および国
2015	2020	2025	2030	2035	2040	2045	2050	2055	2060	
										Lebanon
47	45	46	50	53	53	55	60	69	80	従属人口指数
35	31	29	29	28	26	23	23	24	26	年少人口指数
12	14	17	21	25	28	31	37	45	54	老年人口指数
										Oman
30	36	37	36	35	37	43	51	59	63	従属人口指数
27	31	31	28	24	22	23	24	25	25	年少人口指数
3	5	6	8	11	15	20	27	34	38	老年人口指数
										Qatar
20	21	22	23	25	28	30	35	41	49	従属人口指数
19	19	19	18	17	16	16	16	17	18	年少人口指数
1	2	3	5	8	12	14	19	24	31	老年人口指数
										Saudi Arabia
46	44	42	41	43	46	49	52	53	53	従属人口指数
42	39	35	32	30	29	29	28	27	26	年少人口指数
4	5	7	10	12	16	20	23	26	27	老年人口指数
										State of Palestine
76	73	69	66	62	59	57	56	55	55	従属人口指数
71	67	64	59	54	50	47	45	43	41	年少人口指数
5	5	6	7	7	8	10	11	12	15	老年人口指数
										Syrian Arab Republic
70	59	55	53	50	48	48	50	51	52	従属人口指数
63	52	47	44	40	36	34	33	31	30	年少人口指数
7	7	8	9	10	12	14	17	20	22	老年人口指数
										Turkey
50	48	48	48	50	52	56	59	63	65	従属人口指数
38	35	33	30	29	28	27	27	26	26	年少人口指数
11	13	15	18	21	24	29	33	37	40	老年人口指数
										United Arab Emirates
18	19	20	23	27	32	35	39	46	53	従属人口指数
16	17	16	15	15	15	16	16	17	18	年少人口指数
1	2	4	8	12	16	19	23	29	35	老年人口指数
										Yemen
76	71	66	59	54	49	47	45	45	45	従属人口指数
71	66	60	54	48	43	40	37	34	32	年少人口指数
5	5	6	6	6	6	7	9	11	13	老年人口指数
										EUROPE
50	55	58	62	65	68	71	75	78	78	従属人口指数
24	25	25	25	24	24	25	26	27	27	年少人口指数
26	30	33	37	40	43	46	48	50	51	老年人口指数
										Eastern Europe
44	51	55	56	55	56	61	67	73	73	従属人口指数
23	25	26	25	23	23	25	27	29	28	年少人口指数
21	25	29	31	32	33	36	40	45	44	老年人口指数
										Belarus
43	49	54	56	55	55	58	63	69	70	従属人口指数
23	26	27	26	24	24	25	28	29	29	年少人口指数
20	23	27	30	31	32	33	36	40	41	老年人口指数
										Bulgaria
52	57	59	60	61	65	71	76	82	80	従属人口指数
21	23	23	23	22	23	24	26	27	27	年少人口指数
30	33	36	37	39	43	47	50	54	53	老年人口指数
										Czech Republic
50	56	58	59	60	66	75	81	85	85	従属人口指数
22	24	24	23	22	22	24	26	27	27	年少人口指数
27	32	34	36	38	43	51	55	57	58	老年人口指数
										Hungary
48	53	55	55	56	60	67	71	74	76	従属人口指数
22	22	22	22	22	22	23	24	24	25	年少人口指数
26	30	33	33	35	38	44	47	50	51	老年人口指数
										Poland
44	51	56	57	57	60	67	78	87	91	従属人口指数
21	23	22	21	19	19	20	22	24	24	年少人口指数
22	28	34	36	38	41	47	56	63	67	老年人口指数
										Republic of Moldova
35	40	43	45	44	44	48	55	68	76	従属人口指数
21	22	22	20	18	18	18	20	22	23	年少人口指数
13	18	21	25	25	27	29	35	46	53	老年人口指数
										Romania
49	53	55	55	61	68	75	77	79	76	従属人口指数
23	23	22	21	22	23	25	25	25	25	年少人口指数
26	30	33	34	39	44	50	52	54	51	老年人口指数

表A. 35. 主要地域、地域および国別、従属人口指数：推計および中位予測値（続）

推計値：1960-2015

主要地域、地域および国	従属人口指数										
	1960	1965	1970	1975	1980	1985	1990	1995	2000	2005	2010
Russian Federation											
従属人口指数	57	57	51	47	47	48	50	50	44	41	39
年少人口指数	48	46	40	34	32	33	34	32	26	21	21
老年人口指数	10	10	12	13	15	15	15	18	18	19	18
Slovakia											
従属人口指数	62	62	57	56	58	56	56	51	45	40	38
年少人口指数	51	50	43	40	41	41	39	34	29	23	21
老年人口指数	11	13	14	16	17	14	16	16	16	16	17
Ukraine											
従属人口指数	52	54	51	50	50	49	49	50	44	44	43
年少人口指数	42	41	37	34	32	33	32	30	25	21	20
老年人口指数	11	12	14	16	18	17	18	20	20	23	23
Northern Europe											
従属人口指数	55	55	58	59	56	53	53	54	53	51	51
年少人口指数	37	37	38	37	33	30	30	30	29	27	26
老年人口指数	17	18	20	22	23	22	23	24	24	24	25
Channel Islands											
従属人口指数	53	54	55	53	50	46	44	46	46	45	45
年少人口指数	33	33	34	31	27	24	23	25	25	24	22
老年人口指数	20	21	22	22	22	22	21	21	21	22	23
Denmark											
従属人口指数	56	54	55	56	54	50	48	48	50	51	53
年少人口指数	39	37	36	35	32	28	25	26	28	28	27
老年人口指数	17	18	19	21	22	23	23	23	22	23	25
Estonia											
従属人口指数	51	51	51	52	52	50	51	52	48	47	48
年少人口指数	35	34	33	33	33	33	34	31	26	22	22
老年人口指数	16	17	18	19	19	17	18	21	22	25	26
Finland											
従属人口指数	61	54	51	48	48	47	49	50	49	50	51
年少人口指数	49	42	37	33	30	28	29	29	27	26	25
老年人口指数	12	12	14	16	18	18	20	21	22	24	26
Iceland											
従属人口指数	75	75	71	65	60	57	55	55	54	51	49
年少人口指数	61	60	56	49	44	41	39	38	36	33	31
老年人口指数	14	15	15	15	16	16	17	17	18	18	18
Ireland											
従属人口指数	73	72	72	71	70	68	63	54	47	44	47
年少人口指数	53	53	53	53	52	50	45	37	31	29	30
老年人口指数	19	19	19	18	18	18	18	17	15	15	16
Latvia											
従属人口指数	49	50	51	51	50	49	50	52	49	47	48
年少人口指数	33	33	33	32	31	32	32	31	27	22	21
老年人口指数	16	16	18	19	19	18	18	21	22	25	27
Lithuania											
従属人口指数	54	57	59	57	53	50	50	52	50	49	48
年少人口指数	42	43	43	39	36	34	34	33	29	25	22
老年人口指数	12	14	16	18	17	16	16	19	21	24	26
Norway											
従属人口指数	59	58	60	60	58	55	54	55	54	52	51
年少人口指数	41	39	39	38	35	31	29	30	31	30	28
老年人口指数	18	19	21	22	23	24	25	25	23	22	23
Sweden											
従属人口指数	52	51	53	56	56	55	56	57	56	53	53
年少人口指数	34	32	32	32	31	28	28	30	29	27	25
老年人口指数	18	19	21	24	25	27	28	27	27	26	28
United Kingdom											
従属人口指数	54	55	59	60	56	52	53	55	54	51	51
年少人口指数	36	36	38	38	33	29	29	30	29	27	27
老年人口指数	18	19	21	23	23	23	24	25	24	24	24
Southern Europe											
従属人口指数	55	56	58	58	56	51	48	47	48	48	49
年少人口指数	42	42	42	41	38	33	29	25	23	22	22
老年人口指数	13	14	16	17	18	18	19	22	24	26	27
Albania											
従属人口指数	84	89	86	79	70	65	62	64	60	54	48
年少人口指数	74	78	76	69	61	56	53	54	48	40	32
老年人口指数	10	10	10	9	9	9	9	11	11	13	16
Bosnia and Herzegovina											
従属人口指数	70	69	65	60	52	46	44	44	43	41	39
年少人口指数	64	62	57	51	43	38	35	32	27	23	20
老年人口指数	6	7	8	9	9	8	9	12	16	19	19

表A. 35. 主要地域、地域および国別、従属人口指数：推計および中位予測値（続）

2020-2060：中位予測値

2015	2020	2025	2030	2035	2040	2045	2050	2055	2060	主要地域、地域および国
従属人口指数										
										Russian Federation
43	50	55	57	54	54	57	63	69	67	従属人口指数
24	27	29	27	25	25	26	29	31	30	年少人口指数
19	23	27	29	29	29	31	34	38	37	老年人口指数
										Slovakia
41	47	52	54	55	58	65	73	80	83	従属人口指数
21	23	23	23	21	21	22	24	25	26	年少人口指数
19	24	28	32	33	37	43	50	55	57	老年人口指数
										Ukraine
43	51	53	55	53	54	58	65	70	70	従属人口指数
21	25	25	24	22	22	24	26	28	28	年少人口指数
22	26	28	31	31	32	34	38	42	42	老年人口指数
										Northern Europe
55	58	61	64	66	68	69	70	72	74	従属人口指数
27	29	28	28	28	28	28	28	29	29	年少人口指数
28	30	32	35	38	40	41	42	44	45	老年人口指数
										Channel Islands
47	50	54	60	66	69	72	73	74	75	従属人口指数
22	22	22	22	23	23	23	24	24	24	年少人口指数
25	29	33	38	43	46	48	50	50	51	老年人口指数
										Denmark
56	57	59	64	69	70	70	68	68	71	従属人口指数
26	26	25	27	28	29	28	27	27	28	年少人口指数
30	32	34	37	41	42	42	41	41	43	老年人口指数
										Estonia
53	59	61	63	63	66	70	75	82	83	従属人口指数
25	27	26	25	24	24	25	27	29	28	年少人口指数
29	32	35	38	39	42	45	48	53	54	老年人口指数
										Finland
58	64	68	70	72	70	71	73	74	76	従属人口指数
26	27	27	27	27	26	26	27	27	27	年少人口指数
32	37	40	43	45	44	45	46	47	49	老年人口指数
										Iceland
52	55	58	61	63	65	66	69	71	75	従属人口指数
31	31	30	29	28	27	27	27	27	27	年少人口指数
21	24	28	33	36	38	40	43	45	48	老年人口指数
										Ireland
54	56	56	56	59	65	72	77	76	72	従属人口指数
33	33	30	27	27	28	30	31	30	28	年少人口指数
20	23	26	29	32	37	42	46	46	44	老年人口指数
										Latvia
52	56	58	61	61	63	65	68	74	76	従属人口指数
23	24	24	25	24	23	24	26	27	28	年少人口指数
29	31	34	37	38	39	40	42	47	49	老年人口指数
										Lithuania
50	53	58	63	64	64	63	63	67	72	従属人口指数
22	24	26	26	26	25	25	26	27	29	年少人口指数
28	29	32	36	38	39	38	38	40	43	老年人口指数
										Norway
52	55	58	61	64	66	67	68	70	72	従属人口指数
27	28	28	29	29	28	28	28	29	29	年少人口指数
25	27	30	32	35	38	39	40	41	43	老年人口指数
										Sweden
59	63	65	67	69	69	69	70	72	75	従属人口指数
28	29	30	30	29	29	29	30	30	31	年少人口指数
32	34	35	37	40	40	40	41	42	44	老年人口指数
										United Kingdom
55	58	60	64	66	68	68	70	73	74	従属人口指数
28	29	29	29	28	28	28	28	29	29	年少人口指数
28	29	31	35	38	40	41	42	44	45	老年人口指数
										Southern Europe
53	56	59	64	71	79	86	89	89	88	従属人口指数
22	22	21	21	21	22	24	24	25	24	年少人口指数
31	34	38	43	49	56	62	64	65	64	老年人口指数
										Albania
45	48	56	62	63	62	60	61	69	80	従属人口指数
27	27	30	30	28	25	23	23	25	26	年少人口指数
18	21	26	32	35	37	37	38	44	54	老年人口指数
										Bosnia and Herzegovina
41	46	51	56	59	63	68	77	86	90	従属人口指数
19	20	19	19	18	18	19	20	22	22	年少人口指数
22	26	32	37	41	45	49	57	64	67	老年人口指数

表A. 35. 主要地域、地域および国別、従属人口指数：推計および中位予測値（続）

推計値：1960-2015

主要地域、地域および国	従属人口指数										
	1960	1965	1970	1975	1980	1985	1990	1995	2000	2005	2010
Croatia											
従属人口指数	53	51	48	49	49	46	46	47	49	49	49
年少人口指数	42	39	35	33	31	30	29	27	26	23	23
老年人口指数	11	12	14	16	17	16	17	20	23	26	26
Greece											
従属人口指数	53	52	56	57	56	53	49	47	47	50	51
年少人口指数	40	39	39	37	36	32	29	25	22	22	22
老年人口指数	12	13	17	19	21	20	20	23	25	28	29
Italy											
従属人口指数	53	53	56	57	54	48	46	46	48	51	53
年少人口指数	38	38	38	38	34	28	24	22	21	21	21
老年人口指数	15	16	17	19	21	19	22	24	27	29	31
Malta											
従属人口指数	90	75	61	53	50	51	52	50	48	48	48
年少人口指数	76	62	47	39	36	37	36	34	31	27	24
老年人口指数	13	13	14	14	14	14	15	16	17	21	24
Montenegro											
従属人口指数	69	70	67	61	55	50	51	50	49	50	48
年少人口指数	59	59	55	48	42	39	38	35	32	30	29
老年人口指数	10	10	12	13	13	12	12	15	17	20	19
Portugal											
従属人口指数	59	60	62	61	59	56	52	49	48	48	51
年少人口指数	46	47	47	44	41	37	31	26	24	23	23
老年人口指数	13	14	16	17	18	19	21	22	24	25	28
Serbia											
従属人口指数	57	54	50	51	51	49	50	50	53	51	48
年少人口指数	47	43	38	37	37	37	36	33	32	28	25
老年人口指数	10	11	13	14	14	13	14	17	21	22	22
Slovenia											
従属人口指数	55	54	51	53	53	48	46	44	43	42	44
年少人口指数	43	40	37	36	36	33	30	26	23	20	20
老年人口指数	12	14	15	17	17	15	16	18	20	22	24
Spain											
従属人口指数	55	57	61	60	59	54	50	47	46	45	47
年少人口指数	42	44	45	44	41	36	30	24	22	21	21
老年人口指数	13	14	15	16	18	18	20	22	24	24	25
TFYR Macedonia											
従属人口指数	74	71	63	59	57	51	50	49	47	44	42
年少人口指数	66	63	55	50	47	42	39	37	33	29	26
老年人口指数	8	8	8	9	10	9	11	12	13	15	16
Western Europe											
従属人口指数	54	57	59	58	54	47	47	49	49	51	52
年少人口指数	37	38	38	36	31	27	26	26	25	25	24
老年人口指数	18	19	21	22	22	20	21	22	24	26	28
Austria											
従属人口指数	52	57	63	61	55	47	47	49	47	47	48
年少人口指数	34	37	40	38	32	27	25	26	25	24	22
老年人口指数	18	21	23	24	24	21	22	23	23	24	26
Belgium											
従属人口指数	56	58	59	57	53	48	49	51	53	52	51
年少人口指数	37	38	37	35	31	28	27	27	27	26	25
老年人口指数	19	20	21	22	22	20	23	24	26	26	26
France											
従属人口指数	61	60	60	59	56	51	51	53	54	54	55
年少人口指数	42	41	40	38	35	32	30	30	29	28	29
老年人口指数	19	19	21	21	22	19	21	23	25	26	26
Germany											
従属人口指数	49	55	59	58	52	44	45	46	46	50	52
年少人口指数	32	35	37	34	28	23	23	23	22	21	21
老年人口指数	17	19	22	23	24	21	21	23	24	28	31
Luxembourg											
従属人口指数	47	51	53	51	48	44	44	48	49	49	46
年少人口指数	31	34	34	31	28	25	25	27	28	28	26
老年人口指数	16	17	19	20	20	19	19	21	21	22	20
Netherlands											
従属人口指数	64	61	60	57	51	46	45	46	47	48	49
年少人口指数	49	46	44	40	34	28	26	27	27	27	26
老年人口指数	15	15	16	17	17	17	18	19	20	21	23
Switzerland											
従属人口指数	52	53	54	54	51	47	46	48	49	47	47
年少人口指数	37	37	36	35	30	26	25	26	26	24	22
老年人口指数	16	16	17	19	21	20	21	22	23	23	25

表A. 35.　主要地域、地域および国別、従属人口指数：推計および中位予測値（続）

2020-2060：中位予測値

従属人口指数										主要地域、地域および国
2015	2020	2025	2030	2035	2040	2045	2050	2055	2060	
										Croatia
51	55	59	62	64	67	71	76	80	80	従属人口指数
23	23	23	22	22	22	23	23	24	24	年少人口指数
29	32	36	40	42	45	49	53	56	57	老年人口指数
										Greece
56	57	58	60	66	74	82	89	90	91	従属人口指数
23	22	20	19	19	20	22	23	23	23	年少人口指数
33	35	38	41	47	54	60	66	66	67	老年人口指数
										Italy
57	59	63	70	78	87	92	93	92	90	従属人口指数
21	21	21	21	22	24	25	25	25	25	年少人口指数
35	38	42	49	56	63	67	68	67	65	老年人口指数
										Malta
51	53	58	63	66	69	74	75	78	84	従属人口指数
22	21	22	23	24	25	24	23	23	24	年少人口指数
29	33	36	40	42	45	50	52	55	60	老年人口指数
										Montenegro
48	51	52	55	56	58	60	64	66	69	従属人口指数
28	27	25	25	24	24	24	24	24	24	年少人口指数
20	24	27	30	32	34	36	40	42	44	老年人口指数
										Portugal
53	56	58	63	69	78	85	88	88	88	従属人口指数
22	20	19	18	19	20	22	22	22	22	年少人口指数
32	35	40	45	50	57	63	66	66	66	老年人口指数
										Serbia
50	54	55	57	59	62	64	66	70	73	従属人口指数
24	24	24	24	24	24	24	24	25	25	年少人口指数
26	30	31	33	35	37	40	42	45	47	老年人口指数
										Slovenia
49	57	62	66	70	74	82	89	92	89	従属人口指数
22	24	25	24	23	23	25	27	29	28	年少人口指数
27	33	38	43	47	51	57	61	63	61	老年人口指数
										Spain
51	53	56	61	68	79	89	94	93	90	従属人口指数
22	22	20	20	20	21	23	25	25	24	年少人口指数
28	31	35	41	48	57	66	69	68	66	老年人口指数
										TFYR Macedonia
41	45	49	52	55	57	61	66	71	76	従属人口指数
24	24	24	24	24	23	23	24	25	25	年少人口指数
17	21	25	28	31	34	38	42	47	50	老年人口指数
										Western Europe
55	58	63	69	74	76	76	78	79	80	従属人口指数
24	24	25	26	26	26	26	26	27	27	年少人口指数
31	34	38	43	48	50	50	52	53	53	老年人口指数
										Austria
49	51	57	64	71	75	76	79	82	85	従属人口指数
21	21	23	24	24	24	24	24	25	26	年少人口指数
28	30	34	41	47	51	52	55	57	59	老年人口指数
										Belgium
54	58	61	65	69	71	73	75	76	77	従属人口指数
26	27	27	27	27	27	28	28	29	29	年少人口指数
28	30	34	38	42	44	45	47	48	48	老年人口指数
										France
60	63	66	69	72	75	76	76	76	75	従属人口指数
30	29	29	29	29	30	30	30	29	29	年少人口指数
31	34	37	40	43	46	46	46	47	46	老年人口指数
										Germany
52	55	61	70	78	78	78	81	84	86	従属人口指数
20	20	21	22	23	22	22	23	24	24	年少人口指数
32	35	40	48	55	56	56	59	61	62	老年人口指数
										Luxembourg
44	46	50	54	59	61	63	65	67	68	従属人口指数
24	24	25	26	26	26	26	27	27	27	年少人口指数
20	22	24	28	32	35	37	39	40	41	老年人口指数
										Netherlands
53	56	62	68	74	76	75	74	74	76	従属人口指数
25	25	25	26	27	27	27	26	26	27	年少人口指数
28	32	36	42	47	49	48	48	48	49	老年人口指数
										Switzerland
49	52	57	63	69	71	72	75	78	80	従属人口指数
22	23	24	25	25	25	25	26	27	27	年少人口指数
27	29	33	38	44	46	48	50	51	52	老年人口指数

表A. 35. 主要地域、地域および国別、従属人口指数：推計および中位予測値（続）

推計値：1960-2015

主要地域、地域および国	従属人口指数										
	1960	1965	1970	1975	1980	1985	1990	1995	2000	2005	2010
LATIN AMERICA AND THE CARIBBEAN											
従属人口指数	86	89	87	83	79	74	70	65	60	56	53
年少人口指数	79	81	79	76	71	66	62	56	51	47	42
老年人口指数	7	7	7	8	8	8	8	8	9	10	10
Caribbean											
従属人口指数	80	84	85	83	74	68	64	63	60	57	54
年少人口指数	73	76	77	73	63	58	54	52	48	44	41
老年人口指数	7	8	9	10	10	11	11	11	12	12	13
Antigua and Barbuda											
従属人口指数	88	85	79	73	64	56	61	61	57	55	50
年少人口指数	80	78	72	65	55	46	48	47	46	44	39
老年人口指数	8	7	7	8	9	10	13	13	11	11	11
Aruba											
従属人口指数	86	80	70	60	50	47	48	44	44	43	45
年少人口指数	82	74	64	50	40	36	36	34	33	31	30
老年人口指数	5	6	7	9	10	11	11	10	11	12	15
Bahamas											
従属人口指数	86	88	84	79	70	64	58	56	53	47	42
年少人口指数	79	81	77	72	63	58	51	49	45	38	32
老年人口指数	7	6	6	7	7	7	7	7	8	9	10
Barbados											
従属人口指数	81	86	83	71	68	59	52	50	50	48	48
年少人口指数	69	73	68	54	50	43	37	34	33	31	29
老年人口指数	12	13	15	17	18	16	15	16	17	17	18
Cuba											
従属人口指数	66	73	77	79	65	54	47	47	46	44	43
年少人口指数	58	64	66	67	52	41	34	33	32	28	25
老年人口指数	8	9	10	12	13	13	13	14	14	16	18
Curaçao											
従属人口指数	86	84	82	72	59	52	53	55	54	50	49
年少人口指数	76	75	72	63	49	42	42	41	38	32	30
老年人口指数	9	8	9	10	10	10	12	13	16	18	20
Dominican Republic											
従属人口指数	103	107	102	93	84	79	74	71	67	64	60
年少人口指数	98	101	96	88	79	72	67	63	59	54	50
老年人口指数	5	5	5	5	6	6	7	8	9	9	10
Grenada											
従属人口指数	117	120	120	95	89	80	88	85	75	61	53
年少人口指数	107	109	108	83	76	68	73	71	61	48	42
老年人口指数	11	11	12	12	13	11	15	15	14	12	11
Guadeloupe											
従属人口指数	93	95	91	92	70	62	55	52	53	55	55
年少人口指数	83	86	82	80	58	50	43	39	38	37	35
老年人口指数	10	8	9	11	12	12	12	14	15	17	20
Haiti											
従属人口指数	77	82	84	82	82	86	89	87	80	73	68
年少人口指数	71	76	77	75	75	79	82	80	73	66	60
老年人口指数	6	6	7	7	7	8	8	7	7	7	7
Jamaica											
従属人口指数	85	96	111	104	89	80	74	70	68	62	55
年少人口指数	77	85	99	93	76	67	61	58	55	49	42
老年人口指数	8	11	12	12	13	13	13	13	13	13	13
Martinique											
従属人口指数	88	97	87	87	63	57	52	53	54	53	53
年少人口指数	80	87	78	75	50	43	37	37	35	32	30
老年人口指数	8	10	10	12	13	14	15	17	19	21	23
Puerto Rico											
従属人口指数	92	80	76	66	65	62	58	56	54	52	50
年少人口指数	82	70	64	56	52	48	43	39	36	34	31
老年人口指数	10	10	11	10	13	14	15	16	17	19	20
Saint Lucia											
従属人口指数	96	107	121	106	96	86	79	74	66	56	51
年少人口指数	87	98	111	96	86	76	65	61	54	44	38
老年人口指数	8	9	10	10	10	10	13	13	13	11	13
Saint Vincent and the Grenadines											
従属人口指数	116	121	120	112	98	84	79	70	62	56	50
年少人口指数	107	112	109	101	86	73	68	58	51	44	40
老年人口指数	9	9	11	11	11	10	11	11	11	11	10
Trinidad and Tobago											
従属人口指数	86	88	84	74	65	66	65	58	47	41	41
年少人口指数	80	82	76	65	56	57	55	49	38	31	29
老年人口指数	7	6	8	8	9	9	10	10	10	10	12

表A. 35. 主要地域、地域および国別、従属人口指数：推計および中位予測値（続）

2020-2060：中位予測値

2015	2020	2025	2030	2035	2040	2045	2050	2055	2060	主要地域、地域および国
										LATIN AMERICA AND THE CARIBBEAN
50	49	49	50	51	52	55	58	61	65	従属人口指数
39	36	33	32	30	29	28	27	27	26	年少人口指数
11	13	15	18	21	24	27	31	35	38	老年人口指数
										Caribbean
52	52	53	55	57	58	59	60	62	64	従属人口指数
38	36	35	33	32	31	30	29	28	28	年少人口指数
14	16	18	21	25	27	29	31	34	37	老年人口指数
										Antigua and Barbuda
46	45	47	51	57	60	58	59	60	63	従属人口指数
35	33	32	32	32	30	29	28	28	27	年少人口指数
10	12	15	19	26	29	30	31	32	35	老年人口指数
										Aruba
44	45	49	58	64	67	66	62	59	63	従属人口指数
26	24	23	24	26	27	25	24	23	24	年少人口指数
18	21	27	34	38	40	40	38	36	39	老年人口指数
										Bahamas
41	45	48	52	53	55	56	59	63	67	従属人口指数
30	30	30	29	28	27	26	26	27	27	年少人口指数
12	15	18	22	25	29	30	33	37	41	老年人口指数
										Barbados
50	54	59	65	69	72	73	75	75	75	従属人口指数
29	29	29	29	29	30	30	30	30	30	年少人口指数
21	25	30	36	39	42	43	45	45	46	老年人口指数
										Cuba
43	46	49	58	68	78	80	82	87	90	従属人口指数
23	22	21	21	22	23	23	23	23	24	年少人口指数
20	24	27	36	46	56	58	59	64	66	老年人口指数
										Curaçao
51	56	63	69	71	71	68	67	68	70	従属人口指数
29	29	31	32	31	30	29	29	29	29	年少人口指数
22	27	32	37	40	41	39	38	39	41	老年人口指数
										Dominican Republic
58	56	54	54	53	53	54	55	56	58	従属人口指数
47	44	41	38	36	34	32	30	29	28	年少人口指数
10	12	14	16	18	20	22	24	27	30	老年人口指数
										Grenada
51	51	51	50	47	46	48	54	62	66	従属人口指数
40	40	38	34	30	27	27	27	27	26	年少人口指数
11	12	13	16	17	18	21	26	35	40	老年人口指数
										Guadeloupe
58	60	62	69	77	83	87	85	82	80	従属人口指数
35	32	30	29	30	32	32	31	29	28	年少人口指数
23	27	32	40	47	52	55	54	52	52	老年人口指数
										Haiti
62	59	55	53	51	49	48	49	51	52	従属人口指数
55	51	47	43	40	37	35	34	32	31	年少人口指数
8	8	9	10	10	11	13	15	18	21	老年人口指数
										Jamaica
49	49	51	54	54	54	56	59	65	72	従属人口指数
35	34	33	33	30	27	26	26	26	26	年少人口指数
14	15	18	21	24	27	30	34	39	46	老年人口指数
										Martinique
57	62	71	86	98	100	92	83	80	81	従属人口指数
27	26	27	29	31	31	29	27	26	27	年少人口指数
30	36	45	57	67	69	63	56	54	54	老年人口指数
										Puerto Rico
50	51	53	55	58	60	64	68	73	79	従属人口指数
28	27	26	25	24	23	23	23	23	23	年少人口指数
22	24	27	30	34	37	41	45	50	55	老年人口指数
										Saint Lucia
47	45	46	48	50	52	54	57	60	65	従属人口指数
34	31	29	28	27	25	24	24	24	24	年少人口指数
13	14	16	20	24	27	30	33	37	42	老年人口指数
										Saint Vincent and the Grenadines
47	46	47	49	50	51	53	55	58	61	従属人口指数
36	33	31	30	28	27	26	25	25	25	年少人口指数
11	12	15	20	22	25	27	30	33	36	老年人口指数
										Trinidad and Tobago
43	45	46	47	47	49	52	59	63	63	従属人口指数
30	29	27	25	24	24	25	26	26	26	年少人口指数
13	16	19	22	23	25	27	33	37	37	老年人口指数

表A. 35. 主要地域、地域および国別、従属人口指数：推計および中位予測値（続）

推計値:1960-2015

主要地域、地域および国	従属人口指数										
	1960	1965	1970	1975	1980	1985	1990	1995	2000	2005	2010
United States Virgin Islands											
従属人口指数	86	82	66	83	68	63	54	54	53	49	52
年少人口指数	74	74	60	77	60	55	44	42	40	33	32
老年人口指数	12	8	6	7	8	8	9	11	13	16	21
Central America											
従属人口指数	96	100	99	99	95	88	79	72	68	63	58
年少人口指数	90	94	92	92	88	81	71	64	60	55	49
老年人口指数	6	7	7	7	7	7	7	8	8	9	9
Belize											
従属人口指数	98	106	106	109	104	96	91	89	81	73	65
年少人口指数	90	97	97	100	95	88	83	81	74	68	59
老年人口指数	8	9	9	10	9	8	8	9	7	6	6
Costa Rica											
従属人口指数	91	91	89	79	69	66	66	63	57	51	47
年少人口指数	86	85	82	72	63	58	58	55	48	41	36
老年人口指数	6	6	6	7	7	7	8	8	9	10	11
El Salvador											
従属人口指数	93	96	95	92	90	86	79	74	71	68	61
年少人口指数	87	90	89	86	83	79	72	65	62	57	49
老年人口指数	6	6	6	6	7	7	8	8	10	11	12
Guatemala											
従属人口指数	94	92	91	91	94	96	95	92	88	84	77
年少人口指数	89	87	85	86	88	90	88	85	81	76	69
老年人口指数	5	5	6	6	6	6	6	7	7	8	8
Honduras											
従属人口指数	97	101	103	103	101	98	96	92	86	78	67
年少人口指数	91	95	97	96	94	91	89	85	79	71	60
老年人口指数	6	6	6	6	6	6	7	7	7	7	7
Mexico											
従属人口指数	97	102	101	101	96	88	76	69	65	61	56
年少人口指数	91	95	94	93	89	80	69	61	57	52	47
老年人口指数	7	7	8	7	8	7	7	8	8	9	9
Nicaragua											
従属人口指数	100	107	102	98	99	99	96	87	77	67	60
年少人口指数	94	102	97	93	93	94	90	81	70	60	52
老年人口指数	5	5	5	5	6	6	6	7	7	7	8
Panama											
従属人口指数	90	92	92	88	82	75	68	63	60	57	55
年少人口指数	84	85	85	81	74	67	60	55	51	47	45
老年人口指数	7	7	7	7	8	8	8	8	9	10	11
South America											
従属人口指数	83	85	83	78	74	70	67	62	57	54	50
年少人口指数	76	78	76	71	66	62	59	54	48	44	40
老年人口指数	7	7	7	8	8	8	8	8	9	10	10
Argentina											
従属人口指数	57	57	57	58	63	65	66	63	61	59	57
年少人口指数	48	47	46	46	49	51	51	48	45	43	41
老年人口指数	9	10	11	12	13	14	15	16	16	16	16
Bolivia (Plurinational State of)											
従属人口指数	88	89	86	85	86	85	84	81	77	72	68
年少人口指数	80	81	79	78	79	78	76	72	68	63	58
老年人口指数	9	8	7	7	7	7	8	9	9	9	10
Brazil											
従属人口指数	87	89	85	79	73	69	65	59	53	50	47
年少人口指数	81	83	79	72	66	63	58	52	45	41	37
老年人口指数	6	6	6	6	6	6	7	7	8	9	10
Chile											
従属人口指数	78	80	78	72	65	58	56	55	52	48	46
年少人口指数	69	70	68	62	55	48	46	44	40	36	32
老年人口指数	9	9	10	10	10	10	10	11	12	13	14
Colombia											
従属人口指数	98	100	97	89	80	72	68	63	57	52	48
年少人口指数	92	94	91	82	73	65	61	56	49	44	39
老年人口指数	6	7	7	7	7	7	7	7	7	8	9
Ecuador											
従属人口指数	93	97	94	90	85	79	74	70	66	62	58
年少人口指数	84	88	86	82	78	72	66	62	58	53	49
老年人口指数	9	9	8	8	8	7	7	8	8	9	10
French Guiana											
従属人口指数	79	80	78	76	64	60	63	64	65	65	65
年少人口指数	67	69	68	68	56	53	57	58	59	59	58
老年人口指数	12	11	9	9	8	7	6	6	6	6	7

表A. 35.　主要地域、地域および国別、従属人口指数：推計および中位予測値（続）

2020–2060：中位予測値

従属人口指数										主要地域、地域および国
2015	2020	2025	2030	2035	2040	2045	2050	2055	2060	
										United States Virgin Islands
61	67	73	77	81	82	81	78	74	75	従属人口指数
33	33	32	32	31	31	30	29	27	26	年少人口指数
28	34	41	46	50	51	51	49	47	49	老年人口指数
										Central America
54	51	50	49	50	51	53	55	58	62	従属人口指数
44	40	37	34	32	30	29	28	27	26	年少人口指数
10	11	13	15	17	20	24	27	31	35	老年人口指数
										Belize
57	52	50	49	47	46	45	45	46	48	従属人口指数
51	46	43	41	38	35	32	31	30	29	年少人口指数
6	6	7	8	10	11	12	14	17	19	老年人口指数
										Costa Rica
45	46	47	50	52	54	57	62	68	73	従属人口指数
32	30	28	27	26	25	24	24	24	24	年少人口指数
13	15	18	23	26	29	33	38	44	49	老年人口指数
										El Salvador
54	52	51	51	50	50	51	53	57	63	従属人口指数
42	38	35	33	31	28	26	25	25	25	年少人口指数
13	14	15	17	19	22	25	28	32	39	老年人口指数
										Guatemala
71	66	62	58	55	53	52	52	53	54	従属人口指数
63	57	53	49	45	42	39	37	35	33	年少人口指数
8	9	9	9	10	11	13	15	18	20	老年人口指数
										Honduras
58	52	49	47	46	45	46	47	51	56	従属人口指数
50	43	39	36	34	31	29	27	26	26	年少人口指数
8	8	10	11	13	14	17	20	25	30	老年人口指数
										Mexico
52	50	49	48	49	51	53	56	59	63	従属人口指数
42	38	35	33	30	29	27	26	26	25	年少人口指数
10	11	13	15	18	22	26	29	33	38	老年人口指数
										Nicaragua
54	51	49	47	46	47	49	53	57	62	従属人口指数
46	42	38	34	31	29	27	26	26	25	年少人口指数
8	9	11	13	15	18	22	26	32	37	老年人口指数
										Panama
53	53	53	53	54	56	58	59	61	62	従属人口指数
42	39	37	35	34	32	31	30	29	28	年少人口指数
12	13	15	18	20	23	26	29	32	34	老年人口指数
										South America
48	47	48	49	51	52	55	59	63	66	従属人口指数
36	34	32	30	29	28	27	26	26	26	年少人口指数
12	14	16	19	22	25	28	32	36	40	老年人口指数
										Argentina
57	56	56	55	54	55	57	59	61	63	従属人口指数
39	38	36	34	33	32	31	30	30	29	年少人口指数
17	18	19	20	21	23	26	29	31	34	老年人口指数
										Bolivia (Plurinational State of)
64	60	58	56	54	53	53	53	54	56	従属人口指数
53	49	46	43	41	38	36	34	33	32	年少人口指数
11	11	12	13	14	15	17	19	21	24	老年人口指数
										Brazil
45	43	44	47	49	52	56	61	65	69	従属人口指数
33	30	28	27	26	25	24	24	24	24	年少人口指数
11	13	16	20	23	27	31	37	41	45	老年人口指数
										Chile
45	46	49	53	57	61	64	68	74	79	従属人口指数
29	28	27	26	25	25	24	24	24	25	年少人口指数
16	19	22	27	32	36	40	44	49	54	老年人口指数
										Colombia
46	45	45	47	50	51	54	58	62	67	従属人口指数
35	32	30	28	27	26	25	25	25	25	年少人口指数
10	13	15	19	23	26	29	33	38	42	老年人口指数
										Ecuador
56	55	54	54	54	54	55	56	58	61	従属人口指数
45	43	40	38	35	33	32	31	29	29	年少人口指数
10	12	14	16	18	21	23	26	29	32	老年人口指数
										French Guiana
63	62	60	60	61	63	64	63	61	60	従属人口指数
55	52	48	46	45	44	43	41	39	37	年少人口指数
8	10	12	14	16	19	21	22	22	23	老年人口指数

表A. 35. 主要地域、地域および国別、従属人口指数：推計および中位予測値（続）

推計値：1960-2015

主要地域、地域および国	従属人口指数										
	1960	1965	1970	1975	1980	1985	1990	1995	2000	2005	2010
Guyana											
従属人口指数	98	105	102	94	88	77	65	66	67	70	62
年少人口指数	91	98	94	87	81	70	58	58	60	63	55
老年人口指数	7	7	7	7	7	8	7	8	7	7	7
Paraguay											
従属人口指数	105	104	98	91	86	83	83	80	74	67	61
年少人口指数	98	97	92	84	79	76	75	73	67	59	53
老年人口指数	7	7	7	7	7	7	7	8	8	8	9
Peru											
従属人口指数	89	92	92	89	85	79	74	69	65	60	55
年少人口指数	83	86	85	82	78	72	67	61	57	51	46
老年人口指数	6	7	7	7	7	7	7	7	8	9	10
Suriname											
従属人口指数	107	109	109	105	78	66	63	65	64	56	54
年少人口指数	99	101	101	98	71	59	55	57	55	46	44
老年人口指数	9	8	8	8	8	8	8	8	9	10	10
Uruguay											
従属人口指数	56	57	58	60	60	61	60	60	60	60	57
年少人口指数	44	44	44	44	43	43	42	40	39	38	35
老年人口指数	13	13	14	15	17	18	19	20	21	22	22
Venezuela (Bolivarian Republic of)											
従属人口指数	93	97	96	88	79	73	71	67	63	58	54
年少人口指数	88	92	91	83	74	67	65	61	55	50	46
老年人口指数	4	5	5	5	6	6	6	7	7	8	8
NORTHERN AMERICA											
従属人口指数	67	66	61	55	51	50	51	52	50	48	48
年少人口指数	52	51	46	39	34	32	33	33	32	30	29
老年人口指数	15	15	15	16	17	18	19	19	19	18	19
Canada											
従属人口指数	71	69	62	53	47	46	47	48	46	44	44
年少人口指数	58	56	49	40	34	31	30	30	28	26	24
老年人口指数	13	13	13	13	14	15	16	18	18	19	20
United States of America											
従属人口指数	67	66	61	55	52	51	52	52	51	49	49
年少人口指数	51	50	45	39	34	33	33	33	32	30	29
老年人口指数	15	16	16	16	17	18	19	19	19	18	19
OCEANIA											
従属人口指数	68	67	65	63	61	58	56	56	55	54	53
年少人口指数	56	55	54	51	48	45	42	41	40	38	37
老年人口指数	12	12	12	12	13	13	14	15	15	16	16
Australia/New Zealand											
従属人口指数	65	63	61	58	54	52	50	51	50	49	49
年少人口指数	51	49	47	44	40	36	33	33	32	30	29
老年人口指数	14	14	13	14	15	16	17	18	18	19	20
Australia											
従属人口指数	63	62	59	57	54	51	50	50	50	49	48
年少人口指数	49	48	46	43	39	36	33	32	31	29	28
老年人口指数	14	14	13	14	15	16	17	18	18	19	20
New Zealand											
従属人口指数	71	69	67	63	59	54	52	53	53	51	50
年少人口指数	56	55	53	49	43	38	35	35	35	32	31
老年人口指数	15	14	14	14	15	16	17	18	18	18	20
Melanesia											
従属人口指数	84	85	84	86	87	86	79	75	73	71	69
年少人口指数	79	81	80	82	83	81	75	70	68	66	64
老年人口指数	4	4	4	4	4	5	5	5	5	5	5
Fiji											
従属人口指数	102	96	85	74	72	72	71	66	62	53	51
年少人口指数	98	92	81	70	68	67	66	61	57	47	44
老年人口指数	4	4	4	4	4	5	5	5	6	6	7
New Caledonia											
従属人口指数	70	71	70	70	68	66	58	54	53	51	49
年少人口指数	63	65	64	63	61	58	50	46	44	41	35
老年人口指数	6	6	6	7	7	8	8	8	9	10	14
Papua New Guinea											
従属人口指数	81	83	84	89	90	88	80	76	74	74	72
年少人口指数	77	79	80	85	86	84	76	72	70	69	67
老年人口指数	4	4	4	4	4	4	4	4	4	5	5

表A. 35. 主要地域、地域および国別、従属人口指数：推計および中位予測値（続）

2020-2060：中位予測値

2015	2020	2025	2030	2035	2040	2045	2050	2055	2060	主要地域、地域および国
										Guyana
51	47	52	56	57	55	50	46	43	46	従属人口指数
44	38	40	41	40	36	33	31	29	29	年少人口指数
8	9	12	15	18	18	17	15	14	17	老年人口指数
										Paraguay
57	55	54	53	51	49	49	50	53	56	従属人口指数
47	44	42	39	37	34	32	31	30	29	年少人口指数
9	11	12	13	14	15	17	19	23	26	老年人口指数
										Peru
53	52	51	51	51	52	54	56	59	62	従属人口指数
43	40	38	35	33	31	30	29	28	27	年少人口指数
10	12	13	16	18	21	24	27	31	35	老年人口指数
										Suriname
51	49	49	50	51	52	52	53	55	55	従属人口指数
40	38	36	34	33	31	30	29	28	28	年少人口指数
10	11	13	16	19	21	22	24	26	28	老年人口指数
										Uruguay
56	55	56	57	57	59	61	62	64	68	従属人口指数
33	32	31	30	29	28	28	27	27	27	年少人口指数
23	23	25	27	28	30	33	35	38	41	老年人口指数
										Venezuela (Bolivarian Republic of)
52	51	51	51	52	52	53	54	57	59	従属人口指数
43	40	38	36	34	32	30	29	28	28	年少人口指数
10	11	13	16	18	20	22	25	28	31	老年人口指数
										NORTHERN AMERICA
51	54	59	64	65	66	65	66	67	70	従属人口指数
28	28	29	29	29	29	29	29	29	29	年少人口指数
22	26	30	34	36	37	37	38	39	41	老年人口指数
										Canada
47	53	59	64	66	67	68	70	72	75	従属人口指数
24	25	25	26	25	25	25	25	26	27	年少人口指数
24	28	33	39	41	42	43	45	46	49	老年人口指数
										United States of America
51	55	59	64	65	66	65	66	67	69	従属人口指数
29	29	29	30	30	29	29	29	29	29	年少人口指数
22	26	30	34	35	36	36	37	38	40	老年人口指数
										OCEANIA
55	57	59	60	60	61	61	62	63	64	従属人口指数
36	37	36	36	34	33	33	32	32	32	年少人口指数
18	20	23	25	26	28	28	30	31	32	老年人口指数
										Australia/New Zealand
51	55	59	62	62	64	64	66	68	70	従属人口指数
29	30	30	30	29	28	28	28	29	29	年少人口指数
23	25	29	32	34	36	36	38	40	41	老年人口指数
										Australia
51	55	58	61	62	63	63	66	68	70	従属人口指数
28	30	30	30	29	28	28	28	29	29	年少人口指数
23	25	28	31	33	35	35	37	39	41	老年人口指数
										New Zealand
54	57	60	65	68	70	69	69	69	71	従属人口指数
31	31	30	30	30	29	29	28	28	28	年少人口指数
23	26	30	35	38	41	41	41	41	43	老年人口指数
										Melanesia
66	62	59	57	56	55	54	53	51	51	従属人口指数
60	56	52	50	47	45	43	41	39	38	年少人口指数
6	6	7	8	8	10	11	11	12	13	老年人口指数
										Fiji
53	54	53	53	53	53	54	56	56	57	従属人口指数
44	43	40	38	36	35	34	33	32	30	年少人口指数
9	11	13	15	17	18	20	23	25	27	老年人口指数
										New Caledonia
48	48	49	51	53	56	57	57	59	63	従属人口指数
33	32	31	30	29	29	28	27	27	27	年少人口指数
15	16	18	21	24	27	29	30	32	36	老年人口指数
										Papua New Guinea
67	63	60	57	56	55	53	52	51	50	従属人口指数
62	58	54	51	49	46	44	42	40	38	年少人口指数
5	5	6	6	7	8	9	10	11	12	老年人口指数

表A. 35. 主要地域、地域および国別、従属人口指数：推計および中位予測値（続）

推計値：1960-2015

主要地域、地域および国	従属人口指数										
	1960	1965	1970	1975	1980	1985	1990	1995	2000	2005	2010
Solomon Islands											
従属人口指数	83	88	88	103	102	102	93	85	81	80	79
年少人口指数	78	81	81	96	96	96	88	80	76	74	73
老年人口指数	5	7	7	7	6	6	5	5	5	5	6
Vanuatu											
従属人口指数	95	94	93	92	91	91	90	86	81	75	73
年少人口指数	90	90	87	86	85	85	83	79	75	70	66
老年人口指数	5	5	6	6	6	6	7	6	6	6	7
Micronesia											
従属人口指数	86	88	85	82	78	72	67	67	60	58	57
年少人口指数	80	82	80	76	72	66	61	61	54	51	49
老年人口指数	6	6	5	6	6	6	6	6	6	7	8
Guam											
従属人口指数	71	70	69	64	59	55	51	55	56	56	53
年少人口指数	69	67	66	60	55	50	45	48	48	46	42
老年人口指数	3	3	3	4	5	5	6	7	8	10	11
Kiribati											
従属人口指数	96	99	93	82	75	75	78	80	76	68	66
年少人口指数	88	92	87	75	69	69	72	74	70	62	60
老年人口指数	7	7	7	7	6	6	6	6	6	6	6
Micronesia (Fed. States of)											
従属人口指数	96	102	97	107	104	97	91	89	79	75	69
年少人口指数	89	95	91	98	96	90	84	82	72	68	62
老年人口指数	7	7	7	9	7	7	7	7	7	7	6
Polynesia											
従属人口指数	98	105	105	96	84	75	72	72	69	64	59
年少人口指数	92	99	99	90	78	69	65	65	61	56	50
老年人口指数	5	5	5	6	6	6	7	7	8	8	10
French Polynesia											
従属人口指数	85	95	94	85	76	65	64	61	56	49	44
年少人口指数	80	90	89	79	70	60	58	55	50	41	34
老年人口指数	5	5	5	5	6	5	6	6	7	8	10
Samoa											
従属人口指数	106	116	114	110	96	85	79	81	82	80	76
年少人口指数	102	111	109	105	91	79	72	74	74	71	68
老年人口指数	4	5	5	5	5	6	7	8	8	9	9
Tonga											
従属人口指数	95	98	104	95	82	81	78	81	79	79	76
年少人口指数	89	91	98	89	76	74	70	72	68	68	66
老年人口指数	7	6	6	6	6	7	8	10	10	11	10

表A. 35. 主要地域、地域および国別、従属人口指数：推計および中位予測値（続）

2020-2060：中位予測値

従属人口指数										主要地域、地域および国
2015	2020	2025	2030	2035	2040	2045	2050	2055	2060	
										Solomon Islands
75	70	64	60	58	58	57	56	54	52	従属人口指数
69	64	58	53	50	49	46	44	41	39	年少人口指数
6	6	6	7	8	9	11	12	12	13	老年人口指数
										Vanuatu
69	67	63	61	59	57	57	57	58	57	従属人口指数
62	59	54	51	48	45	43	41	40	38	年少人口指数
7	8	9	10	11	12	13	15	18	19	老年人口指数
										Micronesia
55	55	55	57	59	60	59	58	58	59	従属人口指数
46	43	41	40	39	38	36	35	34	32	年少人口指数
9	12	14	17	20	22	22	23	24	26	老年人口指数
										Guam
52	52	54	58	60	61	61	61	62	65	従属人口指数
39	36	35	35	34	32	30	29	28	28	年少人口指数
13	16	19	23	27	29	30	31	34	37	老年人口指数
										Kiribati
63	66	64	62	59	56	56	57	57	57	従属人口指数
57	59	56	52	49	46	44	44	44	42	年少人口指数
6	7	8	9	11	11	11	12	14	15	老年人口指数
										Micronesia (Fed. States of)
62	60	61	60	57	50	45	44	47	52	従属人口指数
55	51	50	49	46	41	36	34	33	33	年少人口指数
7	9	10	11	10	9	8	11	14	18	老年人口指数
										Polynesia
57	55	57	58	60	62	62	61	61	63	従属人口指数
47	44	43	41	40	39	38	36	34	33	年少人口指数
10	12	14	17	20	23	24	26	27	30	老年人口指数
										French Polynesia
42	43	49	51	54	56	58	61	66	71	従属人口指数
31	30	32	30	29	27	26	26	26	27	年少人口指数
11	13	17	20	25	29	32	35	40	44	老年人口指数
										Samoa
74	71	67	66	68	69	68	65	60	58	従属人口指数
65	61	55	52	52	51	50	46	42	39	年少人口指数
9	10	12	14	16	18	18	18	18	19	老年人口指数
										Tonga
74	67	63	62	63	65	64	60	56	55	従属人口指数
64	57	52	50	50	50	48	44	40	38	年少人口指数
10	10	11	12	13	15	16	16	16	17	老年人口指数

国際連合・世界人口予測1960-2060 2015年改訂版 第I分冊
〔世界人口年鑑・別巻〕

2015年12月30日　発　行

原著編集　国際連合経済社会情報・政策分析局 人口部
翻　　訳　原書房編集部
発 行 者　成　瀬　雅　人
発 行 所　**㈱ 原　書　房**
〒160-0022 東京都新宿区新宿1-25-13
電話・代表03(3354)0685 振替・00150-6-151594
http://www.harashobo.co.jp

VOL.I (分売はいたしません)

印刷・製本　明光社

ISBN978-4-562-05268-4